MICHELIN

DEUTSCHLAND

DIE GRUNDSÄTZE DES GUIDE MICHELIN

ERFAHRUNG IM DIENSTE DER QUALITÄT

Ob in Japan, in den Vereinigten Staaten, in China oder in Europa, die Inspektoren des Guide MICHELIN respektieren weltweit exakt dieselben Kriterien, um die Qualität eines Restaurants oder eines Hotels zu überprüfen. Dass der Guide MICHELIN heute weltweit bekannt und geachtet ist, verdankt er der Beständigkeit seiner Kriterien und der Achtung gegenüber seinen Lesern. Diese Grundsätze möchten wir hier bekräftigen:

Der anonyme Besuch

Die oberste Regel. Die Inspektoren testen anonym und regelmässig die Restaurants und Hotels, um das Leistungsniveau in seiner Gesamtheit zu beurteilen. Sie bezahlen alle in Anspruch genommenen Leistungen und geben sich nur zu erkennen, um ergänzende Auskünfte zu erhalten. Die Zuschriften unserer Leser stellen darüber hinaus wertvolle Erfahrungsberichte für uns dar und wir benutzen diese Hinweise, um unsere Besuche vorzubereiten.

Die Unabhängigkeit

Um einen objektiven Standpunkt zu bewahren, der einzig und allein dem Interesse des Lesers dient, wird die Auswahl der Häuser in kompletter Unabhängigkeit erstellt. Die Empfehlung im Guide MICHELIN ist daher kostenlos. Die Entscheidungen werden vom Chefredakteur und seinen Inspektoren gemeinsam gefällt. Für die höchste Auszeichnung wird zusätzlich auf europäischer Ebene entschieden.

Die bemerkenswertesten Küchen sind die mit MICHELIN Stern – einem ✪, zwei ✪✪ oder drei ✪✪✪. Von traditionell bis innovativ, von schlicht bis aufwändig – ganz unabhängig vom Stil erwarten wir immer das Gleiche: beste Produktqualität, Know-how des Küchenchefs, Originalität der Gerichte sowie Beständigkeit auf Dauer und über die gesamte Speisekarte hinweg.

Die Auswahl der Besten

Der Guide MICHELIN ist weit davon entfernt, ein reines Adressbuch darzustellen, er konzentriert sich vielmehr auf eine Auswahl der besten Hotels und Restaurants in allen Komfort- und Preiskategorien. Eine einzigartige Auswahl, die auf ein und derselben Methode aller Inspektoren weltweit basiert.

✿✿✿ DREI MICHELIN STERNE

Eine einzigartige Küche – eine Reise wert!

Die Handschrift eines großartigen Küchenchefs! Erstklassige Produkte, Reinheit und Kraft der Aromen, Balance der Kompositionen: Hier wird die Küche zur Kunst erhoben. Perfekt zubereitete Gerichte, die nicht selten zu Klassikern werden – eine Reise wert!

✿✿ ZWEI MICHELIN STERNE

Eine Spitzenküche – einen Umweg wert!

Beste Produkte werden von einem talentierten Küchenchef und seinem Team mit Know-how und Inspiration in subtilen, markanten und mitunter neuartigen Speisen trefflich in Szene gesetzt – einen Umweg wert!

✿ EIN MICHELIN STERN

Eine Küche voller Finesse – einen Stopp wert!

Produkte von ausgesuchter Qualität, unverkennbare Finesse auf dem Teller, ausgeprägte Aromen, Beständigkeit in der Zubereitung – einen Stopp wert!

BIB GOURMAND

Unser bestes Preis-Leistungs-Verhältnis.

Ein Maximum an Schlemmerei für bis 37€: gute Produkte, die schön zur Geltung gebracht werden, eine moderate Rechnung, eine Küche mit exzellentem Preis-Leistungs-Verhältnis.

DER TELLER

Eine Küche mit guter Qualität.

Qualitätsprodukte, fachkundig zubereitet: einfach ein gutes Essen!

Die jährliche Aktualisierung

Alle praktischen Hinweise, alle Klassifizierungen und Auszeichnungen werden jährlich aktualisiert, um die genauestmögliche Information zu bieten.

Die Einheitlichkeit der Auswahl.

Die Kriterien für die Klassifizierung im Guide MICHELIN sind weltweit identisch. Jede Kultur hat ihren eigenen Küchenstil, aber gute Qualität muss der einheitliche Grundsatz bleiben.

Denn unser einziges Ziel ist es, Ihnen bei Ihren Reisen behilflich zu sein. Mobilität im Zeichen von Vergnügen und Sicherheit ist die Mission von Michelin.

LIEBE LESER,

Neue Saison, neue Ausgabe des Guide MICHELIN Deutschland – und immer mehr Geschmack! Freude an gutem Essen, Freude an charmanten Hotels..., Freude an allen Häusern, in denen man willkommen ist und sich wohlfühlt. Die Selektion 2018, gewissenhaft aktualisiert und aufgefrischt, vereint all das, um Sie bestmöglich zu begleiten.

- *Das ganze Jahr über dreht sich bei den MICHELIN Inspektoren alles darum, hochwertige Adressen – Restaurants, Hotels und Pensionen – in allen Komfortklassen und Preiskategorien zu finden. Die heutige Gastronomie ist überaus lebendig angesichts der sich ständig entwickelnden Küchen und kulinarischer Verschmelzungen.*

- *Gutes Essen erwartet Sie in allen Restaurants, die wir empfehlen, doch die bemerkenswertesten Küchen sind die mit MICHELIN Stern ✿ – einem, zwei oder drei. Von traditionell bis innovativ, von schlicht bis aufwändig – ganz unabhängig vom Stil erwarten wir immer das Gleiche: beste Produktqualität, Know-how des Küchenchefs, Originalität der Gerichte sowie Beständigkeit auf Dauer und über die gesamte Speisekarte hinweg.*

- *Sich zu verwöhnen muss nicht teuer sein, nicht einmal ein Essen mit der ganzen Familie oder Freunden – dafür sorgt ein treuer Verbündeter: der Bib Gourmand ☺, unsere Auszeichnung für gutes Essen zu fairen Preisen.*

- *Wir nehmen die Bedürfnisse unserer Leser ernst und schätzen Ihre Meinungen und Vorschläge. So können wir unsere Auswahl immer weiter verbessern und Ihnen auf Ihren Reisen zur Seite stehen... auf all Ihren Reisen!*

INHALTSVERZEICHNIS

Einleitung

2018...
DIE TOP-ADRESSEN

DIE NEUEN STERNE...

✿✿✿

München	**Atelier**

✿✿

Bentheim, Bad	**Keilings Restaurant**
Geisenheim	**Schwarzenstein Nils Henkel**
Öhringen / Friedrichsruhe	**Wald & Schlosshotel Friedrichsruhe - Gourmet-Restaurant "Le Cerf"**
Wangels	**Courtier**

Michelin

Andernach	**Ai Pero**
Andernach	**YOSO**
Berlin	**GOLVET**
Berlin	**Cookies Cream**
Berlin	**tulus lotrek**
Burg (Spreewald)	**17 fuffzig**
Buxtehude	**N°4**
Düsseldorf	**Fritz's Frau Franzi**
Düsseldorf	**Yoshi by Nagaya**
Essen	**Schloss Hugenpoet - Laurushaus**
Grenzach-Wyhlen	**Eckert**
Haltern am See	**Ratsstuben**
Hamburg	**Jellyfish**
Hilders	**BjörnsOx**
Kallstadt	**Intense**
Kassel	**Voit**
Kirchheim an der Weinstraße	**Schwarz Gourmet**
Köln	**WeinAmRhein**
Kötzting	**Leo's by Stephan Brandl**
Mannheim	**Le Corange**
Mannheim	**Emma Wolf since 1920**
Meerbusch	**Anthony's**
München	**Schuhbecks Fine Dining**
München	**Schwarzreiter**
Schmallenberg	**Deimann - Hofgut**
Tuttlingen	**Anima**
Ulm	**SIEDEPUNKT**
Usedom / Heringsdorf	**The O'room by Tom Wickboldt**
Wenigerode	**Zeitwerk by Robin Pietsch**

... DIE NEUEN

Und finden Sie alle Sterne-Restaurants 2018 am Ende des Guide MICHELIN, Seite 1070.

BIB GOURMAND

Berlin	**Frühsammers Restaurant - Grundschlag**
Blankenbach	**Brennhaus Behl**
Dresden	**e-VITRUM**
Dürkheim, Bad	**Käsbüro**
Düsseldorf	**Brasserie Hülsmann**
Freiburg im Breisgau	**Markgräfler Hof**
Freiburg im Breisgau	**Eichhalde**
Friedberg	**Speisezimmer**
Glottertal	**Wirtshaus zur Sonne**
Gundelfingen	**Sonne Wildtal**
Gundelfingen an der Donau	**neuhof am see**
Hamburg	**RIVE Bistro**
Hamburg	**Brechtmanns Bistro**
Hartmannsdorf	**Laurus Vital**
Hinterzarten	**Prüfer's**
Kaisheim	**Weingärtnerhaus**
Kissingen, Bad	**Schuberts Weinstube**
Konstanz	**Brasserie Colette Tim Raue**
Liebenzell, Bad	**Gasthaus Hirsch**
Marktbreit	**Alter Esel**
München	**La Bohème**
Neupotz	**Zur Krone**
Pirna	**Genusswerk**
Ratshausen	**Adler**
Samerberg	**Gasthof Alpenrose**
Schwetzingen	**möbius**
Speyer	**CLYNe - Das Restaurant**
Staufen	**Die Krone**
Traunstein	**Restaurant 1888**
Usedom / Ahlbeck	**Kaisers Eck**
Wernigerode	**Travel Charme Gothisches Haus - Die Stuben**
Wildemann	**Rathaus**
Wittenberge	**Das Kranhaus by Mika**

Die Sterne 2018

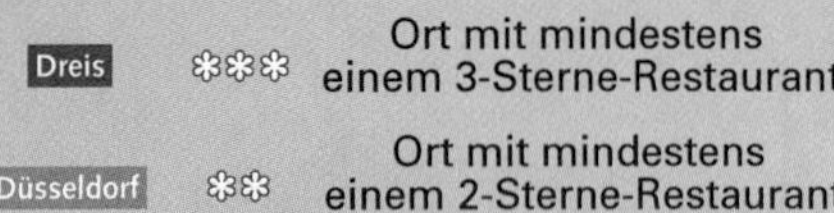
Dreis
Ort mit mindestens einem 3-Sterne-Restaurant
Düsseldorf
Ort mit mindestens einem 2-Sterne-Restaurant
Bonn
Ort mit mindestens einem 1-Stern-Restaurant

Norderney
Leer
Bad Zwischenahn

Bad Bentheim
Hörstel
Osnabrüc
Münster
Haltern am See
Xanten
Dorsten
Essen
Dortmur
Mülheim an der Ruhr
Odenthal
Velbert
Meerbusch
Düsseldorf
Remscheid
Heinsberg
Pulheim
Gummersba
Kerpen
Köln
Bergisch Gladbach
Aachen
Euskirchen
Bonn
Wiesbade
Bad Neuenahr-Ahrweiler
Limburg an der Lahn
Andernach
Koblenz
Daun
Balduinstein
Piesport
Main
Eltville
Dreis
Geisenheim
Trittenheim
Stromberg
Trier
Heidesheim am Rhein
Selze
Naurath
Bad Sobernheim
Neuhütten
Perl
Mannheim
Sankt Wendel
Blieskastel
Saarbrücken
Pirmasens
Baiersbronn
Bad Peterstal-Griesbach
Rust
Lahr
Vogtsburg
Endinge
Freiburg im Breisgau
Pfaffenweiler
Bad Krozingen
Horbe
Sulzburg
Häuser
Grenzach-Wyhlen
Bad Säckinge

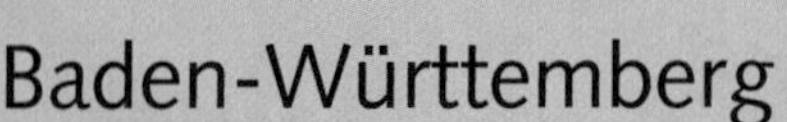
Baden-Württemberg

Amorbach
Neuleiningen
Kallstadt
Mannheim
Deidesheim
Heidelberg
Neustadt an der Weinstraße
Friedrichsruhe
Herxheim
Kirchheim an der Weinstraße
Weingarten
Bietigheim Bissingen
Karlsruhe
Vaihingen an der Enz
Ettlingen
Ludwigsburg
Waldbronn
Asperg
Waiblingen
Kuppenheim
Fellbach
Baden-Baden
Gernsbach
Stuttgart
Kernen im Remstal
Sasbachwalden
Bad Teinach Zavelstein
Ehningen
Waldenbuch
Baiersbronn
Tübingen
Nagold
Pliezhausen
Durbach
Bad Peterstal-Griesbach
A 6
A 5
A 61
A 65
A 8
A 81
10
35
45
27
14
462
294
28

Tinnum
Rantum
Glücksburg
Hörnum
Wyk auf Föhr
Kiel
Panker
Wangels
Dierhagen
Binz
Scharbeutz
Bad Doberan
Rostock
Cuxhaven
Timmendorfer Strand
Heringsdorf
Stolpe
Lübeck
Krakow am See
Hamburg
Buxtehude
Feldberger Seenlandschaft
Celle
Berlin
Burgwedel
Wolfsburg
Potsdam
Hannover
Aerzen
Wernigerode
Rheda-Wiedenbrück
Burg
Paderborn
Friedland
Leipzig
Schmallenberg
Kassel
Kirschau
Frankenberg (Eder)
Erfurt
Dresden
Weimar
Bad Hersfeld
Hilders
Bad Homburg
Bad Kissingen
Coburg
Frankfurt am Main
Wirsberg
Würzburg
Auerbach in der Oberpfalz
Sommerhausen
Wernberg-Köblitz
Heroldsberg
Weikersheim
Nürnberg
Rötz
Mulfingen
Langenzenn
Neunburg vorm Wald
Schwäbisch Hall
Bad Kötzting
Teisnach
Regensburg
Nördlingen
Niederwinkling
Waldkirchen
Salach
Langenau
Hohenkammer
Pleiskirchen
Sonnenbühl
Ulm
Augsburg
München
Kirchdorf
Tuttlingen
Starnberg
Meersburg
Öhningen
Amtzell
Aschau im Chiemgau
Konstanz
Lindau im Bodensee
Rottach-Egern
Berchtesgaden
Ofterschwang
Krün
Mittenwald
Hirschegg
Oberstdorf

Bib Gourmand 2018

• Orte mit mindestens einem Bib Gourmand-Haus.

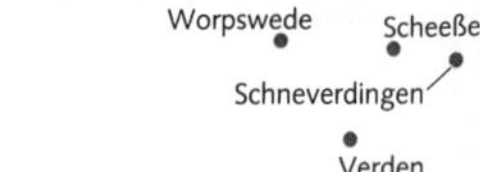

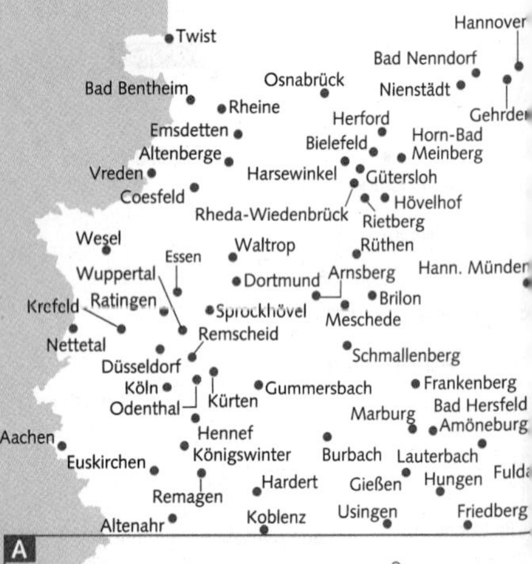

Burg auf Fehmarn
Panker
Wustrow
Greifswald
Ahlbeck
Nakenstorf
Lübeck
Waren
Gross Nemerow
ütjensee
Wittenberge
Berlin
elle
Gifhorn
Reichenwalde
Braunschweig
Magdeburg
Dessau
Wildemann
Wernigerode
Quedlinburg
inbeck
Nordhausen
Merseburg
Radeburg
Görlitz
Hoyerswerda
Wilthen
Dresden
Pirna
Hartmannsdorf
Eisenach
Erfurt
Weimar
Chemnitz
Finsterbergen
Aue
Auerbach
Lichtenberg
Stockheim
Presseck
Küps
Weißenstadt
Schwarzach
am Main
Bindlach
Forchheim
Heroldsberg
Heßdorf
Lauf an der Pegnitz
Wernberg-Köblitz
Erlangen
Amberg
Rötz
Illschwang
Nürnberg
Ponholz
Marktbergel
Pilsach
Cham
Ansbach
Spalt
Donaustauf
Pleinfeld
Bad Abbach
Neutraubling
Pappenheim
Passau
Hauzenberg
Nördlingen
Neuburg an der Donau
Windorf
Kaisheim
Altdorf
Neuburg am Inn
Höchstädt an der Donau
Bad Füssing
Wertingen
Oberding
Dachau
Zorneding
Ulm
Bergkirchen
Forstinning
Wasserburg am Inn
München
Waging am See
Dießen am Ammersee
Aying
Traunstein
Frasdorf
Teisendorf
Münsing
Bad Tölz
Samerberg
Piding
Bad Grönenbach
Wackersberg
Neubeuern
Bad
Wiessee
Feldkirchen-
Westerham
Roßhaupten
Pfronten
Lenggries
Kreuth
Garmisch-Partenkirchen
Oberstdorf

A

Kehl
Offenburg
Berghaupten
Friesenheim
Lahr
Ringsheim
Kenzingen
Endingen am Kaiserstuhl
Denzlingen
March
Ihringen
Gundelfingen
Freiburg im Breisgau
Kirchzarten
Staufen im Breisgau
Heitersheim
Sulzburg
Bad Bellingen
Kandern
Steinen
Schopfheim

Bib Gourmand 2018

- Orte mit mindestens einem Bib Gourmand-Haus.

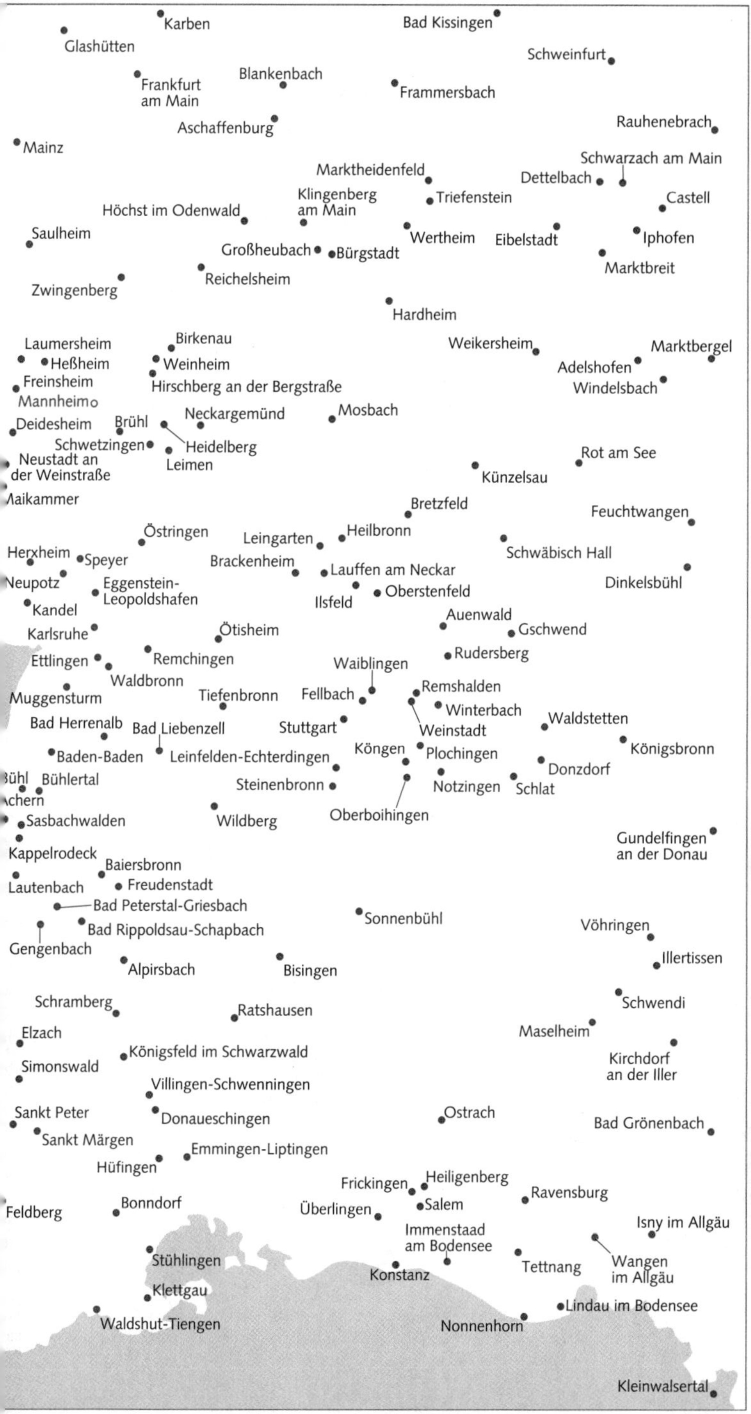

Karben
Bad Kissingen
Glashütten
Schweinfurt
Blankenbach
Frankfurt am Main
Frammersbach
Aschaffenburg
Rauhenebrach
Mainz
Schwarzach am Main
Marktheidenfeld
Dettelbach
Klingenberg am Main
Triefenstein
Castell
Höchst im Odenwald
Saulheim
Wertheim
Eibelstadt
Iphofen
Großheubach
Bürgstadt
Marktbreit
Reichelsheim
Zwingenberg
Hardheim
Birkenau
Laumersheim
Weikersheim
Marktbergel
Heßheim
Weinheim
Adelshofen
Freinsheim
Hirschberg an der Bergstraße
Windelsbach
Mannheim
Neckargemünd
Mosbach
Deidesheim
Brühl
Schwetzingen
Heidelberg
Rot am See
Neustadt an der Weinstraße
Leimen
Künzelsau
aikammer
Bretzfeld
Feuchtwangen
Östringen
Leingarten
Heilbronn
Herxheim
Speyer
Schwäbisch Hall
Brackenheim
Lauffen am Neckar
Neupotz
Eggenstein-Leopoldshafen
Dinkelsbühl
Ilsfeld
Oberstenfeld
Kandel
Auenwald
Karlsruhe
Ötisheim
Gschwend
Rudersberg
Ettlingen
Remchingen
Waiblingen
Waldbronn
Remshalden
Muggensturm
Tiefenbronn
Fellbach
Winterbach
Bad Herrenalb
Bad Liebenzell
Stuttgart
Weinstadt
Waldstetten
Königsbronn
Köngen
Plochingen
Baden-Baden
Leinfelden-Echterdingen
Donzdorf
ühl
Bühlertal
Steinenbronn
Notzingen
Schlat
chern
Oberboihingen
Sasbachwalden
Wildberg
Gundelfingen an der Donau
Kappelrodeck
Baiersbronn
Lautenbach
Freudenstadt
Bad Peterstal-Griesbach
Sonnenbühl
Vöhringen
Bad Rippoldsau-Schapbach
Gengenbach
Illertissen
Alpirsbach
Bisingen
Schwendi
Schramberg
Ratshausen
Elzach
Maselheim
Königsfeld im Schwarzwald
Kirchdorf an der Iller
Simonswald
Villingen-Schwenningen
Sankt Peter
Ostrach
Donaueschingen
Bad Grönenbach
Sankt Märgen
Emmingen-Liptingen
Hüfingen
Frickingen
Heiligenberg
Ravensburg
Feldberg
Bonndorf
Salem
Überlingen
Isny im Allgäu
Immenstaad am Bodensee
Stühlingen
Tettnang
Wangen im Allgäu
Konstanz
Klettgau
Lindau im Bodensee
Waldshut-Tiengen
Nonnenhorn
Kleinwalsertal

TRADITION & MODERNE...

WO STEHT DIEDEUTSCHE KÜCHE HEUTE?

Typisch deutsches Essen wird zwar nach wie vor häufig mit Deftigem und Bodenständigem assoziiert, doch dieses Klischee wird inzwischen längst nicht mehr erfüllt, denn es hat sich viel getan in den Küchen deutscher Restaurants. So werden Weißwurst und Sauerkraut durch zahlreiche tolle Gerichte ergänzt – Tradition und Moderne sind also kein Widerspruch.

In den letzten zwei bis drei Jahrzehnten hat in der deutschen Gastronomie eine dynamische Entwicklung stattgefunden, die der hiesigen Küche ein neues Gesicht gab. Wo vor ca. 30 Jahren gehobene Gastronomie gleichbedeutend war mit französischer Küche, hat die deutsche Küche sukzessive eine eigene Identität gefunden und einen wichtigen Platz in Europa eingenommen, heimische Produkte und deutsche Klassiker werden modern und raffiniert interpretiert. Viele junge Gastronomen

J.-C. Vaillant/Photononstop

mit Ausbildung bei großen Lehrmeistern haben frischen Wind und eigene Ideen in die Restaurants des Landes gebracht und sprechen damit auch ein jüngeres Publikum an. Und das spiegelt sich auch im Guide MICHELIN Deutschland wider: Immer mehr Restaurants präsentieren sich locker, leger und ambitioniert. Gerade in den Metropolen ist inzwischen eine lebhafte, abwechslungsreiche und spannende Gastronomie zu Hause, die weit entfernt ist vom ursprünglichen „deftig-deutsch"-Image. Vor allem Berlin sticht mit einer besonderen gastronomischen Vielfalt hervor.

Traditionelles ist nach wie vor gefragt

Sowohl die Spitzengastronomie als auch die traditionelle deutsche Küche erfreuen sich großer Beliebtheit und bestehen erfolgreich nebeneinander. Zur Vielfalt regionaler Spezialitäten gehören im Norden natürlich Hering, Krabben & Co., ebenso Labskaus, ein Gericht aus gepökeltem Rindfleisch, Roter Bete, Zwiebeln und Kartoffeln, das mit Rollmops und Spiegelei serviert wird, sowie Grünkohl mit Pinkel, eine grobe geräucherte Grützwurst. Im Rheinland kommt u. a. der Rheinische Sauerbraten auf den Tisch, der traditionell mit Pferdefleisch zubereitet wird. Aus dem Osten kennt man Königsberger Klopse, nämlich gekochte Hackfleischbällchen in heller Kapern-Sauce, sowie Leipziger Allerlei, ein Gericht aus Gemüse, das es in verschiedenen Varianten gibt, z. B. mit Erbsen, Karotten, Spargel, Blumenkohl... Ein echtes bayerisches Schmankerl sind Weißwürste, die traditionsgemäß mit Brezel und süßem Senf serviert und vormittags gegessen werden. Typisch bayerisch sind aber auch Schweinebraten und Leberkäse und natürlich „Obatzda", eine Käsecreme aus reifem Camembert, Zwiebeln, Paprikagewürz und Kümmel – der Inbegriff einer bayerischen Brotzeit und ein Muss zur Biergartenzeit! Spezialitäten der (süd-) hessischen Küche sind die Frankfurter Grüne Soße (eine kalte Kräutersoße, zu der man Pellkartoffeln isst) oder auch „Handkäs mit Musik", ein Sauermilchkäse (häufig mit Kümmel) in Zwiebel-Essig-Öl-Marinade – dazu trinkt man am liebsten Apfelwein. Der perfekte Ort dafür sind die traditionellen Frankfurter „Äppelwoilokale"!

Und was hat der Südwesten Deutschlands zu bieten? In der Pfalz ist der Saumagen, hergestellt aus Schweinefleisch, Brät und Kartoffeln, eine Delikatesse, die sich nicht nur als Leibspeise von Altbundeskanzler Helmut Kohl einen Namen gemacht hat. Lecker auch Kartoffelsuppe mit Zwetschgenkuchen – oder wie der Pfälzer sagt: „Grumbeersupp un Quetschekuche". Typisch schwäbisch sind Spätzle (z. B. zu Linsen) oder Maultaschen.

Brot

Nirgendwo gibt es so viele verschiedene Brotsorten wie in Deutschland: Weizen- und Weizenmischbrot, Roggen- und Roggenmischbrot, Mehrkornbrote, Dinkel-, Hafer- und Maisbrot, Kartoffelbrot... Unterschieden werden sie nach Getreideart, nach Vollkorn- und Schrotanteil, nach Sauerteig- oder Hefezusatz, nach besonderen Zugaben wie Soja, Malz, Leinsamen, Sonnenblumenkernen oder Joghurt. Daneben gibt es auch Brote mit Vitaminzusatz, besonders hohem Eiweiß- oder auch Ballaststoffanteil sowie kohlenhydratreduziertes Brot. Weitere Sorten sind Pumpernickel und Knäckebrot, denen ein bestimmtes Backverfahren zugrunde liegt.

Der Deutschen liebstes Brot ist das Mischbrot mit Namen wie Kommissbrot, Paderborner Landbrot oder Schwarzwälder Brot. Auch bei der Form gibt es Vorlieben – der eine mag sein Brot als Laib, der andere bevorzugt die Kastenform.

Bier und Wein

Überall in Deutschland wird gerne Bier getrunken. Das beliebteste und deutschlandweit meistproduzierte ist das Pils, ein untergäriges Bier mit vergleichsweise hohem Hopfengehalt, benannt nach der böhmischen Stadt Pilsen. Aber auch diverse regionale Biersorten haben ihre treuen Anhänger, man denke nur an die mit einem Augenzwinkern zu sehende Rivalität zwischen Fans des „Kölsch" und des „Alt" – weder

K. Sciluna/John Warburton-Lee/Photononstop

H. Paul/Photononstop

Kölner noch Düsseldorfer verstehen Spaß, wenn es um „ihr" Bier geht! Daneben sind auch Helles, Märzen oder Weizenbier gefragt, ebenso die mit Limonade gemischte Variante, in Süddeutschland als „Radler" bekannt, im Norden als „Alsterwasser".

In Sachen Wein haben die 13 Weinbauregionen in Deutschland so einiges zu bieten, hier ist eine ähnliche Entwicklung wie in der Küche zu erkennen: Früher dominierten auf der Karte französische Weine, inzwischen hat es bedeutende Qualitätssteigerungen beim deutschen Wein gegeben, eine junge Winzergeneration hat das Ruder übernommen. Das größte unter den deutschen Weinbaugebieten ist Rheinhessen, gefolgt von der Pfalz, Baden und Württemberg. Das älteste Anbaugebiet ist übrigens das an Mosel, Saar und Ruwer.

Es gibt vier Güteklassen für deutschen Wein: Deutscher Tafelwein, Landwein, Qualitätswein und Qualitätswein mit Prädikat. Auf dem Etikett eines Prädikatsweins findet sich außerdem seine Qualitätsstufe: 1. Kabinett, 2. Spätlese, 3. Auslese, 4. Beerenauslese, 5. Trockenbeerenauslese (oder Eiswein). Die Bezeichnungen „Großes Gewächs" oder „Erstes Gewächs" entsprechen Lagenbezeichnungen, die besondere Qualitätsanforderungen erfüllen müssen.

Da bleibt nur zu sagen: Wohl bekomms!

WEIN IN DEUTSCHLAND

In Deutschland sind ca. 100 000 Hektar mit Weinreben bepflanzt. Das Land ist in 13 Weinanbaugebiete unterteilt. Bei Qualitätsweinen wird die Herkunft aus einer dieser Regionen immer angegeben.

Die wichtigsten weißweinsorten

Chardonnay • wird in den letzten Jahren zunehmend auch in Deutschland angebaut, vor allem in Baden, der Pfalz und in Rheinhessen. Hochwertige Weine werden oft auch in Barrique ausgebaut.

Grauburgunder (Ruländer) • wird inzwischen vor allem trocken ausgebaut. Meist buttrig-nussiges Bukett mit fruchtigen Aromen. Spätlesen passen durchaus auch zu kräftigen Fleischgerichten.

Gutedel • wächst fast ausschließlich im badischen Markgräflerland und ist eine der ältesten Rebsorten überhaupt. Meist wird die Traube zu leichten, süffigen Weinen ausgebaut, die jung getrunken werden sollten.

Kerner • Diese Kreuzung aus Riesling und Trollinger ergibt aromatische, säurebetonte Weine.

Müller-Thurgau (Rivaner) • leichter, unkomplizierter Wein. Nach dem Riesling die am zweithäufigsten angebaute Traube in Deutschland.

Riesling • die bedeutendste deutsche Rebe mit über 20 % der gesamten Rebfläche. Rieslingtrauben liefern ausgewogene, rassige Weine. Typisch für den Riesling ist sein Duft nach Aprikosen und die oft kräftige Säure.

Silvaner • Die Rebsorte wird insbesondere in Rheinhessen, Franken und in der Pfalz angebaut. Die Weine sind füllig, stoffig, teils wuchtig.

Weißburgunder • hat derzeit die größten Zuwachsraten in Deutschland. Diese Weine besitzen meist eine angenehme, fruchtige Säure und ein dezentes Aroma.

T. Jäger/Westend61/Photononstop

Die wichtigsten Rotweinsorten

Dornfelder • Aus der ertragreichen Traube gehen fruchtige, körperreiche Weine hervor. Er wird hauptsächlich in der Pfalz, in Rheinhessen und in Württemberg angebaut.

Lemberger • Die Rebsorte ist in Österreich als Blaufränkisch bekannt. Der körperreiche Wein hat eine kräftige Farbe und eine dominante Tanninnote.

Portugieser • ist nach dem Spätburgunder die zweitwichtigste Rotweinsorte in Deutschland. Er wird gerne als leichter, fruchtiger Sommerwein getrunken.

Sankt Laurent • Aus dieser Traube, die vor allem in der Pfalz angebaut wird, werden fleischige, samtige Weine mit viel Substanz erzeugt.

Spätburgunder (Pinot noir) • ist die meistangebaute Rotweinsorte in Deutschland. Vollmundige Rotweine mit feiner Säure und meist wenig Gerbstoffen.

Trollinger • Die Württemberger Hausrebe. Trollinger sind süffige Trinkweine von überwiegend heller Farbe und mit feinen Fruchtaromen.

HINWEISE ZUR BENUTZUNG

RESTAURANTS

Die Restaurants sind nach der Qualität ihrer Küche klassifiziert.

Sterne

✽✽✽ Eine einzigartige Küche – eine Reise wert!

✽✽ Eine Spitzenküche – einen Umweg wert!

✽ Eine Küche voller Finesse – einen Stopp wert!

Bib Gourmand

☺ Unser bestes Preis-Leistungs-Verhältnis.

Der Teller

🍴 Eine Küche von guter Qualität

In jeder Qualitätskategorie sind die Restaurants nach ihrem Komfort von XXXXX bis X sowie nach der Präferenz der Inspektoren klassifiziert.
Rot: unsere schönsten Adressen.

HOTELS

Komfortkategorien: Die Hotels sind nach ihrem Komfort von 🏨🏨 bis zu 🏠 Häuschen klassifiziert.

In jeder Kategorie drückt die Reihenfolge eine weitere Rangordnung aus.

Rot: unsere schönsten Adressen.

ALBSTADT
Baden-Württemberg – 45 330 Ew – Hö
Michelin Straßenkarte 545

✽ **Weinhaus**
KREATIV • ELEGANT XXX In ein
Kreus dieses gemütliche rustik
phäre und klassischer Küche. A
auf der Terrasse vor dem Haus.
➜ Allerlei von der Gänsestopfle
gnersauce. Dessertteller «Weinh
Menü 48/68 € – Karte 45/52 €
Stadtplan : C3-a – *Georg-Glock-*
haus.com – geschl. Sonntag-Mo

☺ **Alte Post**
REGIONAL • TRADITIONELL XX
erwartet Sie ein Stück Bella Ita
phäre und natürlich typische Sp
Menü 22/36€ – Karte 20/28 €
Stadtplan : A2-c – *Schleidener*
Montag

🍴 **Adler** N
TRADITIONELLE KÜCHE • BUR
Klosterguts befindet sich dieses
Speisenangebot.
Menü 21 € – Karte 13/25 €
Stadtplan : D1-c – *Valdhäuser S*
www.adler-albstadt.com – ges

🏨 **Bären**
FERIENHOTEL · GEMÜTLICH F
methotel engagiert und sehr pe
schiedenen Zimmerkategorien.
kleinen Details und Dachterrasse
hausgebackenen Kuchen.
65 Zim – 84/156 € 164/2
Stadtplan : A1-z – *Flandernstr.*
www.baren-hotel.com – gesch.
🍴 **Panoramastüble** – siehe Rest

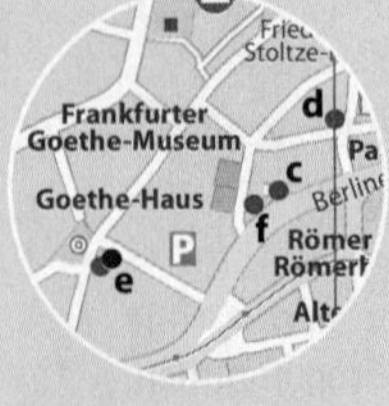

Lage des Hauses

Markierung auf dem Stadtplan (Planquadrat und Koordinate).

Schlüsselwörter

Schlüsselwörter lassen auf den ersten Blick den Küchenstil (bei Restaurants) und das Ambiente eines Hauses erkennen.

Lokalisierung

- Berlin
- Hamburg
- München

Einrichtungen & Service

🍇	Besonders interessante Weinkarte
	Hotel mit Restaurant
	Restaurant vermietet auch Zimmer
	Ruhige Lage • Schöne Aussicht
	Park oder Garten • Tennis
	Golfplatz
	Fahrstuhl
	Für Körperbehinderte leicht zugängliche Räume
A/C	Klimaanlage
	Terrasse mit Speiseservice
	Hunde sind unerwünscht
	Freibad oder Hallenbad
Spa	Wellnesscenter
	Sauna • Fitnessraum
	Privat-Salons
	Veranstaltungsraum
P	Parkplatz • Garage
	Kreditkarten nicht akzeptiert
U	Nachstgelegene U-Bahnstation (in Berlin)

N Neu empfohles Haus im Guide MICHELIN

ionalatlas **63** G20

storischen Stadthause führt Familie estaurant mit angenehmer Atmossen Sie im neuzeitlichen Bistro oder

unter der Pinienkruste mit Champa-

ng erforderlich)
9- ✆ 07431 90070 – wwww.wein-

an es von außen nicht vermutet: Hier ilvolles Ambiente, herzliche Atmos-

,50 € - 🚹 24/30 € - 🚹🚹 36 €
139- ✆ 07431 58370 – geschl.

n Nebengebäude eines ehemaligen estaltete Restaurant mit regionalem

9- ✆ 07431 99141 –
ienstagmittag

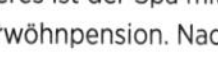

ann leitet ihr Wellness- und Gourman wohnt hier komfortabel in vereres ist der Spa mit seinen schönen wöhnpension. Nachmittags gibt's

✆ 07431 26600 –

Preise

Restaurants

Menü 20/42 €	Günstigstes Menü/ teuerstes Menü
Karte 30/41 €	Mahlzeiten à la carte (Preis Min/Max)

Hotels

☕🚹 60/75 € ☕🚹🚹 70/120 €	Mindest- und Höchstpreis für Einzelzimmer und Doppelzimmer, inkl. Frühstück
☕ 10 €	Preis des Frühstücks
½ P	Das Haus bietet auch Halbpension an

LEGENDE DER STADTPLÄNE

Sehenswürdigkeiten

• Hotels
• Restaurants

Interessantes Gebäude
Interessantes Gotteshaus: Katholisch • Protestantisch

Straßen

Autobahn • Schnellstraße
Numerierte Ausfahrten
Hauptverkehrsstraße
Gesperrte Strasse oder Strasse mit Verkehrsbeschränkungen
Fussgängerzone Einbahnstrasse • Strassenbahn
Parkplatz • Park -and-Ride-Plätze
Tunnel
Bahnhof und Bahnlinie
Standseilbahn
Luftseilbahn

Sonstige Zeichen

Informationsstelle
Moschee • Synagoge
Turm • Ruine • Windmühle
Garten, Park, Wäldchen • Friedhof
Stadion • Golfplatz • Pferderennbahn
Freibad
Aussicht • Rundblick
Denkmal • Brunnen
Jachthafen • Leuchtturm
Flughafen • U-Bahnstation • Autobusbahnhof
Schiffsverbindungen: Autofähre • Personenfähre
Hauptpostamt (postlagernde Sendungen)
Krankenhaus • Markthalle
Rathaus • Universität, Hochschule
Kantonspolizei • Stadtpolizei
Öffentliches Gebäude, durch einen Buchstaben gekennzeichnet:
M H Museum • Rathaus
P T Präfektur • Theater

THE MICHELIN GUIDE'S COMMITMENTS

EXPERIENCED IN QUALITY!

Whether they are in Japan, the USA, China or Europe, our inspectors apply the same criteria to judge the quality of each and every hotel and restaurant that they visit. The Michelin guide commands a worldwide reputation thanks to the commitments we make to our readers – and we reiterate these below:

Anonymous inspections

Our inspectors make regular and anonymous visits to hotels and restaurants to gauge the quality of products and services offered to an ordinary customer. They settle their own bill and may then introduce themselves and ask for more information about the establishment. Our readers' comments are also a valuable source of information, which we can follow up with a visit of our own.

Independence

To remain totally objective for our readers, the selection is made with complete independence. Entry into the guide is free. All decisions are discussed with the Editor and our highest awards are considered at a European level.

Our famous one ✿, two ✿✿ and three ✿✿✿ stars identify establishments serving the highest quality cuisine – taking into account the quality of ingredients, the mastery of techniques and flavours, the levels of creativity and, of course, consistency.

Selection and choice

The guide offers a selection of the best hotels and restaurants in every category of comfort and price. This is only possible because all the inspectors rigorously apply the same methods.

✿✿✿ THREE MICHELIN STARS

Exceptional cuisine, worth a special journey!

Our highest award is given for the superlative cooking of chefs at the peak of their profession. The ingredients are exemplary, the cooking is elevated to an art form and their dishes are often destined to become classics.

✿✿ TWO MICHELIN STARS

Excellent cooking, worth a detour!

The personality and talent of the chef and their team is evident in the expertly crafted dishes, which are refined, inspired and sometimes original.

✿ ONE MICHELIN STAR

High quality cooking, worth a stop!

Using top quality ingredients, dishes with distinct flavours are carefully prepared to a consistently high standard.

BIB GOURMAND

Good quality, good value cooking.

'Bibs' are awarded for simple yet skilful cooking for up to 37€.

THE PLATE

Good cooking

Fresh ingredients, capably prepared: simply a good meal.

Annual updates

All the practical information, classifications and awards are revised and updated every year to give the most reliable information possible.

Consistency

The criteria for the classifications are the same in every country covered by the MICHELIN guide.

The sole intention of Michelin is to make your travels safe and enjoyable.

DEAR READER

Another year, another exciting edition of the MICHELIN Guide. Wonderful restaurants, charming hotels – establishments where hospitality is elevated to new heights. The guide brings you all these and more, and has been carefully updated for 2018 to provide you with the perfect travel companion.

- *All year, the Michelin inspectors have been focusing their efforts on finding top quality establishments – restaurants, hotels and guesthouses – across all categories of comfort and price. Our palates get sharper and sharper as they come across ever-evolving cuisines and culinary crossovers that bring an extraordinary vitality to contemporary cooking.*

- *You'll eat well in all of the places we recommend but our stars ✿ – one, two and three – mark out the most remarkable kitchens. Whatever the cooking or restaurant style – from the traditional to the innovative, the modest to the extravagant – we look for the same things: the quality of the produce; the expertise of the chef; the originality of the dishes; and consistency throughout the meal and across the seasons.*

- *Since treating yourself doesn't have to be costly, you can rely on a faithful ally when it comes to sharing meals with family and friends: the Bib Gourmand ☺, our award for good food at moderate prices.*

- *We listen to our readers' needs and we truly value your opinions and recommendations so we can keep improving our selection and help you on your journeys... all of your journeys!*

CONTENTS

Introduction

Michelin

SEEK AND SELECT...

HOW TO USE THIS GUIDE

RESTAURANTS

Restaurants are classified by the quality of their cuisine :

Stars

✿✿✿ **Exceptional** cuisine, worth a special journey!

✿✿ **Excellent** cooking, worth a detour!

✿ **High quality** cooking, worth a stop!

Bib Gourmand

Good quality, good value cooking.

The Plate

Good cooking.

Within each cuisine category, restaurants are listed by comfort, from XXXXX to X, and in order of preference by the inspectors.

Red: Our most delightful places.

HOTELS

Hotels are classified by categories of comfort, from 🏨 to 🏠.

Red: Our most delightful places.

Within each category, establishments are listed in order of preference.

ALBSTADT
Baden-Württemberg – 45 330 Ew – Höh
Michelin Straßenkarte 545

Weinhaus
KREATIV • ELEGANT XXX In eine
Kreus dieses gemütliche rustika
phäre und klassischer Küche. Ar
auf der Terrasse vor dem Haus.
➜ Allerlei von der Gänsestopfleb
gnersauce. Dessertteller «Weinha
Menü 48/68 € – Karte 45/52 € (
Stadtplan : C3-a – *Georg-Glock-*
haus.com – geschl. Sonntag-Mo

Alte Post
REGIONAL • TRADITIONELL XX
erwartet Sie ein Stück Bella Ital
phäre und natürlich typische Spe
Menü 22/36€ – Karte 20/28 €
Stadtplan : A2-c – *Schleidener*
Montag

Adler
TRADITIONELLE KÜCHE • BUR
Klosterguts befindet sich dieses
Speisenangebot.
Menü 21 € – Karte 13/25 €
Stadtplan : D1-c – *Valdhäuser S*
www.adler-albstadt.com – gesc

Bären
FERIENHOTEL • GEMÜTLICH Fa
methotel engagiert und sehr pe
schiedenen Zimmerkategorien. E
kleinen Details und Dachterrasse
hausgebackenen Kuchen.
65 Zim – 84/156 € 164/2
Stadtplan : A1-z – *Flandernstr.*
www.baren-hotel.com – geschl.
Panoramastüble – siehe Rest

Locating the establishment

Location and coordinates on the town plan, with main sights.

Key words

Each entry comes with two keywords, making it quick and easy to identify the type of establishment and/ or the food that it serves.

Locating the region

- Berlin
- Hamburg
- München

ionalatlas **63** G20

storischen Stadthause führt Familie
estaurant mit angenehmer Atmossen Sie im neuzeitlichen Bistro oder

unter der Pinienkruste mit Champa-

ng erforderlich)
9– 07431 90070 – wwww.wein-

an es von außen nicht vermutet: Hier
ilvolles Ambiente, herzliche Atmos-

50 € – 24/30 € – 36 €
439– 07431 58370 – geschl.

n Nebengebäude eines ehemaligen
estaltete Restaurant mit regionalem

'9– 07431 99141 –
Dienstagmittag

ann leitet ihr Wellness- und Gourman wohnt hier komfortabel in vereres ist der Spa mit seinen schönen
wöhnpension. Nachmittags gibt's

07431 26600 –

Facilities & services

Particularly interesting wine list
Hotel with a restaurant
Restaurant with bedrooms
Peaceful
Great view
Garden or park • Tennis
Golf course
Lift
Wheelchair access
Air conditioning
Outside dining available
No dogs allowed
Outdoor pool • indoor pool
Wellness centre
Sauna • Exercise room
Private dining rooms
Conference rooms
Car park • Garage
Credit cards not accepted
U Nearest metro station (in Berlin)

N New establishment in the guide

Prices

Restaurants

Menu 20/42 €	Fixed price menu. Lowest/highest price
Carte 30/41 €	À la carte menu. Lowest/highest price

Hotels

60/75 € 70/120 €	Lowest/highest price for single and double room, breakfast included
10 €	Breakfast price where not included in rate.
½ P	Establishment also offering half board

TOWN PLAN KEY

- Hotels
- Restaurants

Sights

Place of interest
Interesting place of worship

Roads

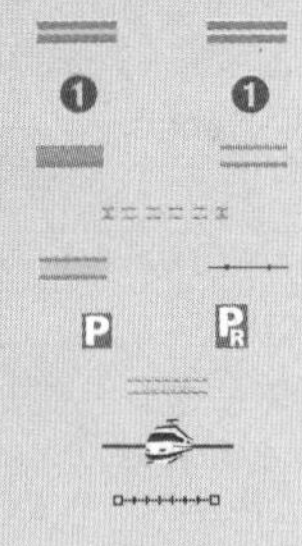

Motorway, dual carriageway
Junction: complete, limited
Main traffic artery
Unsuitable for traffic; street subject to restrictions
Pedestrian street • Tramway
Car park • Park and Ride
Gateway • Street passing under arch • Tunnel
Station and railway
Funicular
Cable car, cable way

Various signs

Tourist Information Centre
Mosque • Synagogue
Tower or mast • Ruins • Windmill
Garden, park, wood • Cemetery
Stadium • Golf course • Racecourse
Outdoor or indoor swimming pool
View – Panorama
Monument • Fountain
Pleasure boat harbour • Lighthouse
Airport • Underground station • Coach station
Ferry services: passengers and cars/passengers only
Main post office with poste restante
Hospital • Covered market
Town Hall • University, College
Police (in large towns police headquarters)
Public buildings located by letter:
Museum – Town Hall
Provincial Government Office – Theatre

Plat du jour
Span. Lamm
Chorizo/Paprika
Kartoffel 20,50€
Kabeljau
Wasabi/Shiitake
Spargel 18,50€
Rinderfilet
Rotwein Schalotten
Drillinge 28,-€
BBQ-Burger
Beef/Cheddar
French Fries
17,50€
Rippe
Iberico/BBQ
Kartoffel 21,-€
Lachs
Filet/Estragon
Gemüse 16,90€
Spanferkel
Aprikose/Rucola
Jus 20,50€
Tagliolini
Gamba/Tomate
Basilikum 16,-€

Deutschland in Karten

Regional maps

Ort mit mindestens...

- ● einem Hotel oder Restaurant
- ✿ einem Sternerestaurant
- ☺ einem„Bib Gourmand" Restaurant
- ⌂ einem besonders angenehmen Hotel

Place with at least...

- ● one hotel or a restaurant
- ✿ one starred establishment
- ☺ one restaurant « Bib Gourmand »
- ⌂ one particularly pleasant accommodation

7
15
16
26
25
27
Dortmund
Essen
Düsseldorf
Köln
Bonn
35
36
37
45
46
53
Freiburg im Breisgau
61

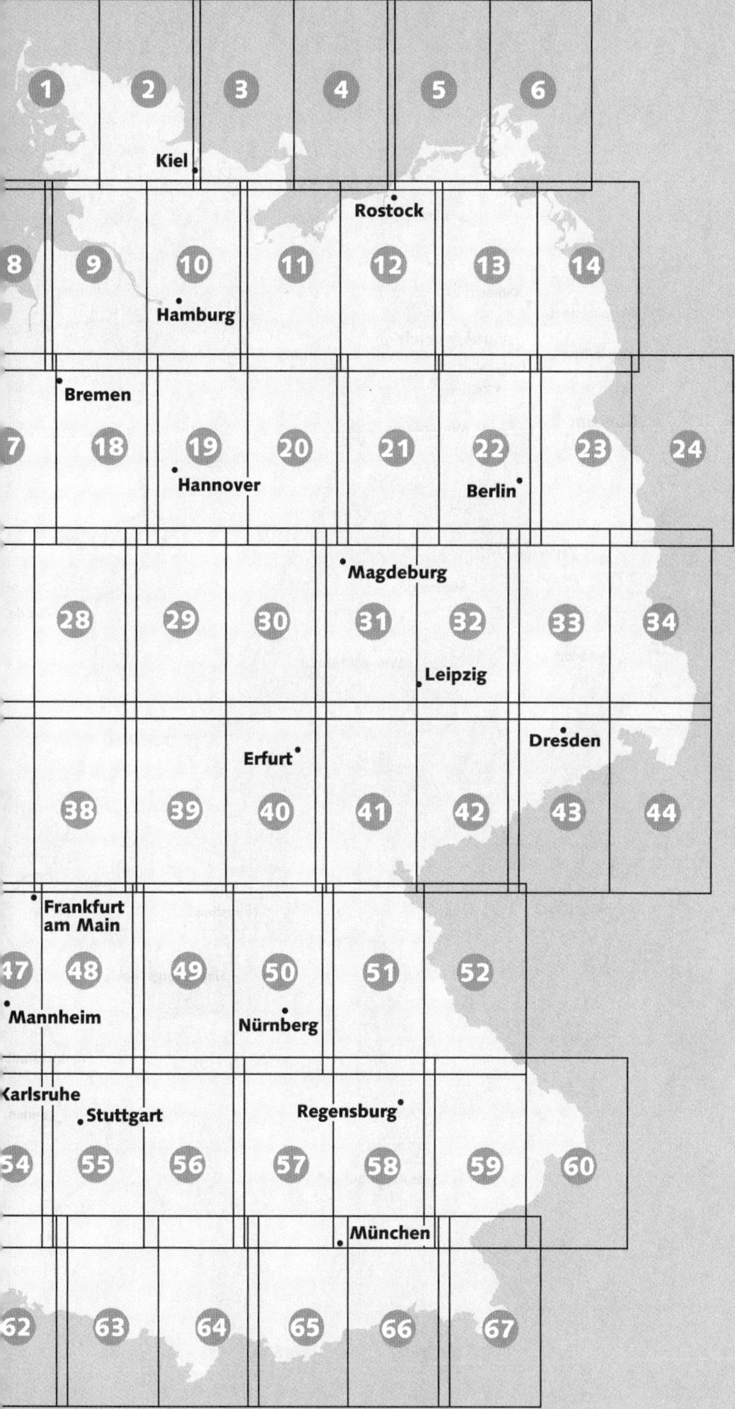

1
2
3
4
5
6
Kiel
Rostock
8
9
10
11
12
13
14
Hamburg
Bremen
7
18
19
20
21
22
23
24
Hannover
Berlin
Magdeburg
28
29
30
31
32
33
34
Leipzig
Dresden
Erfurt
38
39
40
41
42
43
44
Frankfurt am Main
47
48
49
50
51
52
Mannheim
Nürnberg
Karlsruhe
Stuttgart
Regensburg
54
55
56
57
58
59
60
München
62
63
64
65
66
67

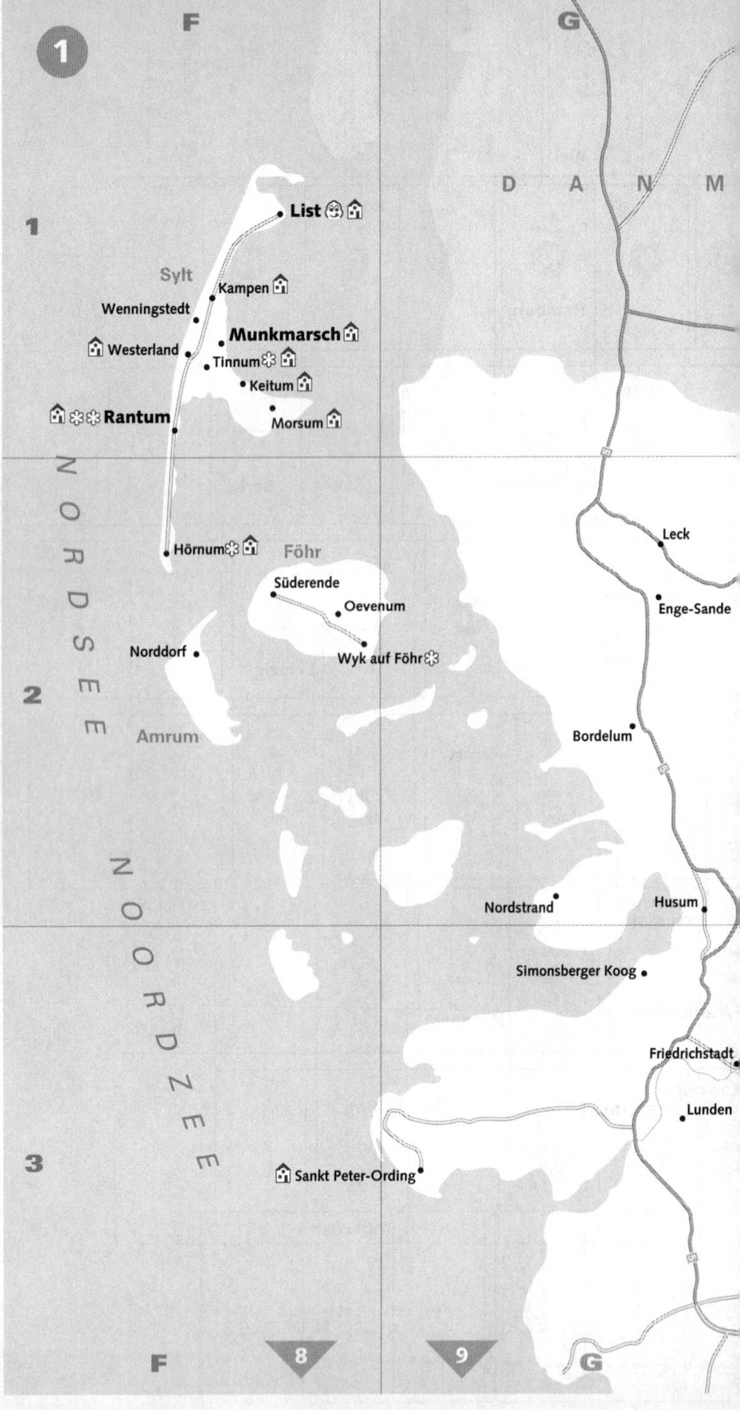

1
F
G
D A N M
1
Sylt
List
Kampen
Wenningstedt
Munkmarsch
Westerland
Tinnum
Keitum
Rantum
Morsum
NORDSEE
Hörnum
Föhr
Leck
Süderende
Enge-Sande
Oevenum
Norddorf
Wyk auf Föhr
2
Amrum
Bordelum
NOORDZEE
Nordstrand
Husum
Simonsberger Koog
Friedrichstadt
Lunden
3
Sankt Peter-Ording
F
8
9
G

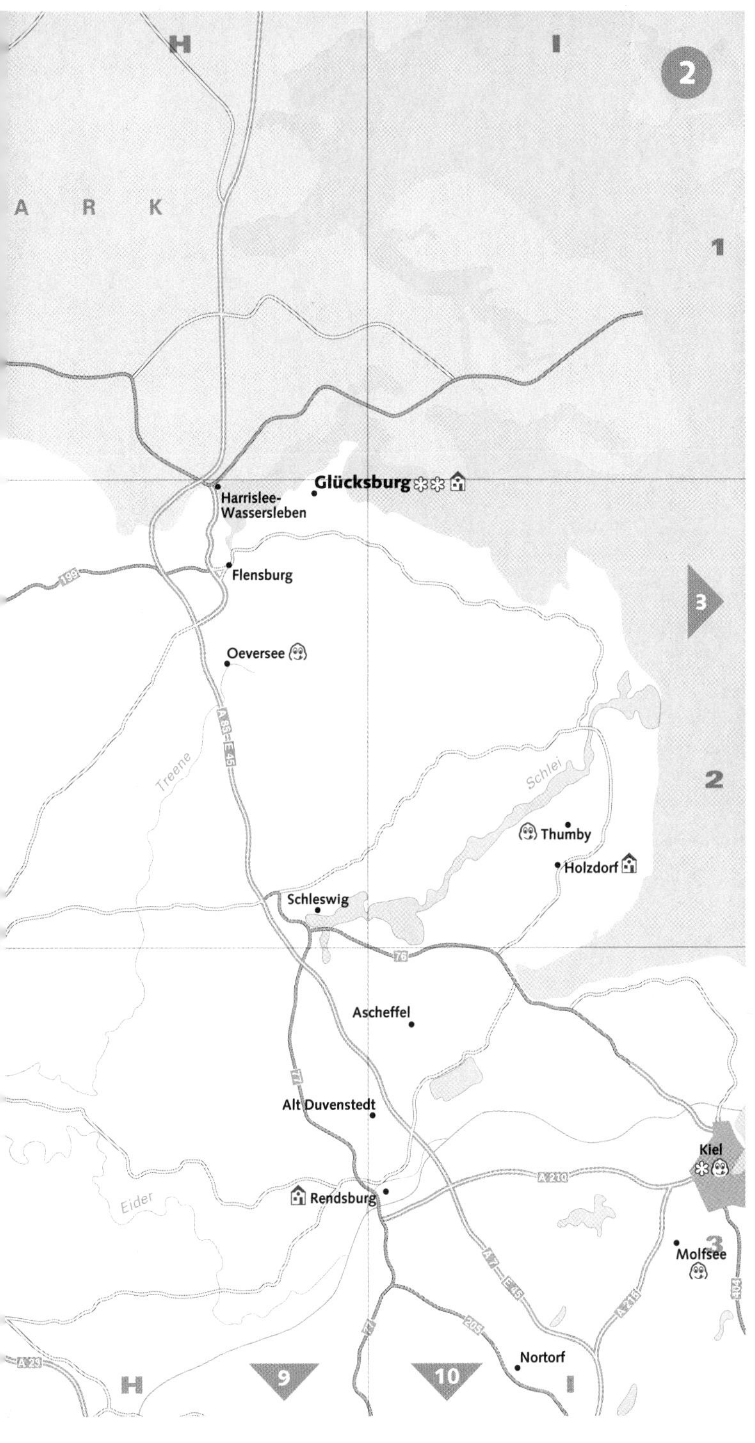
H
I
2
A R K
1
Glücksburg
Harrislee-
Wassersleben
Flensburg
199
3
Oeversee
A 85 - E 45
Treene
Schlei
2
Thumby
Holzdorf
Schleswig
76
Ascheffel
77
Alt Duvenstedt
Kiel
A 210
Eider
Rendsburg
3
Molfsee
404
A 7 - E 45
A 215
205
77
Nortorf
A 23
H
9
10
I

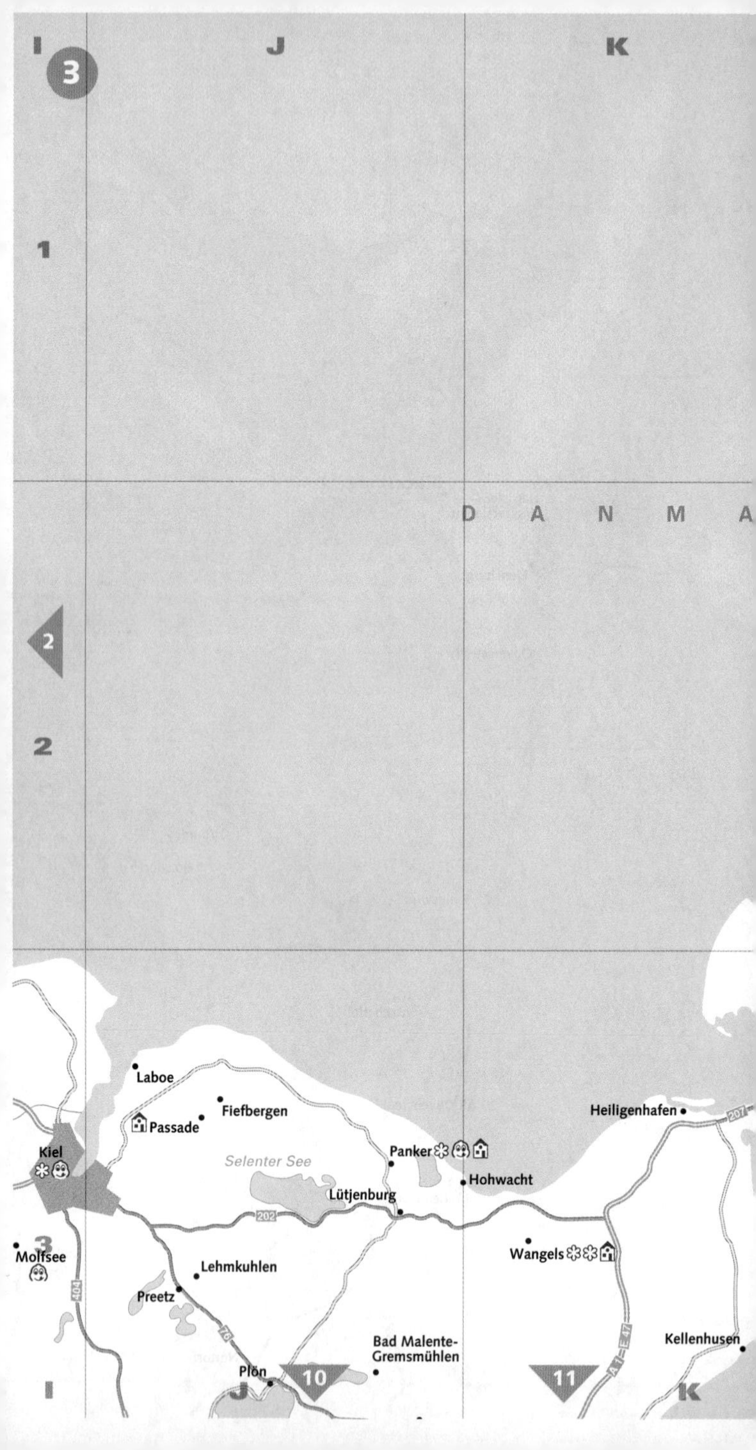

I
J
K
3
1
D A N M A
2
2
Laboe
Fiefbergen
Passade
Kiel
Selenter See
Panker
Hohwacht
Heiligenhafen
207
Lütjenburg
202
3
Molfsee
Lehmkuhlen
Wangels
Preetz
404
76
Bad Malente-
Gremsmühlen
Kellenhusen
Plön
10
11
A 1 - E 47
I
J
K

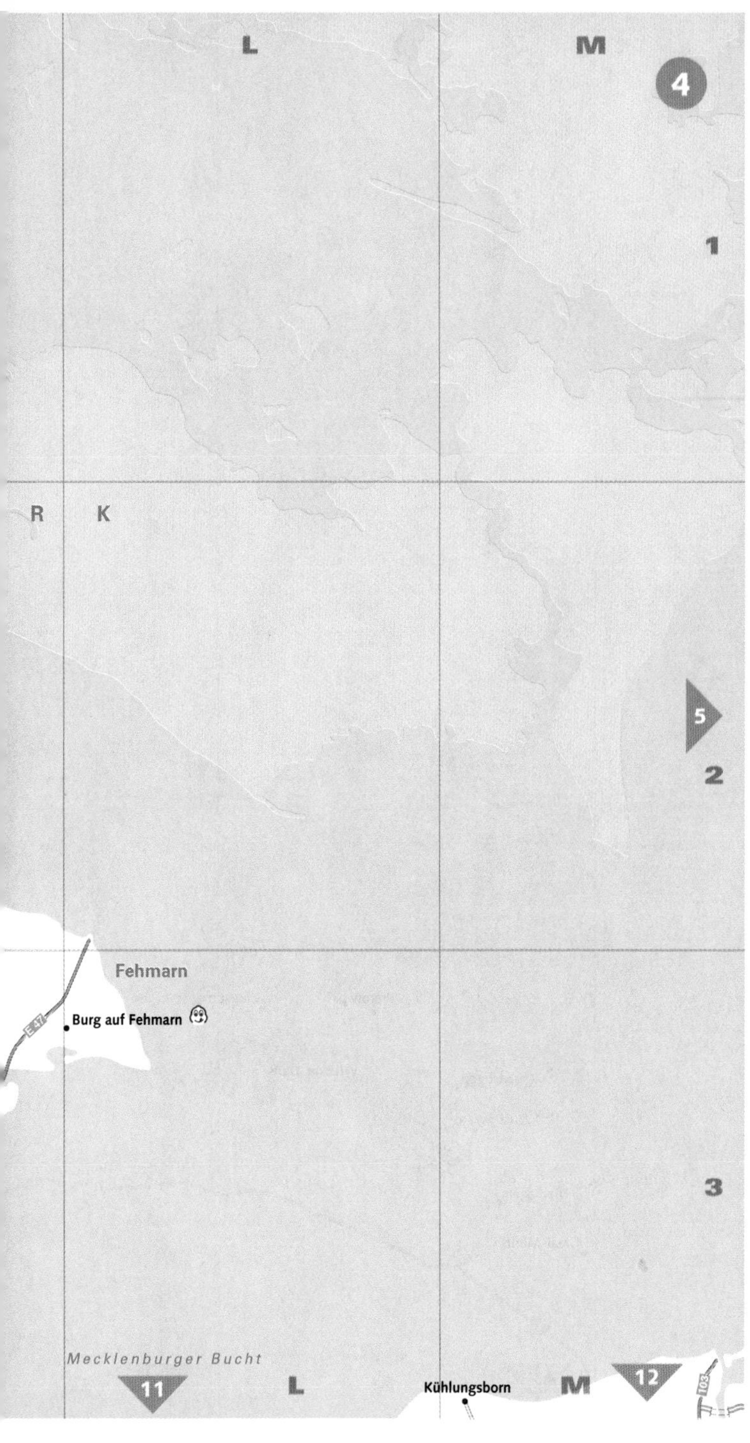

L
M
4
1
R
K
5
2
Fehmarn
E 47
Burg auf Fehmarn
3
Mecklenburger Bucht
11
L
Kühlungsborn
M
12
103

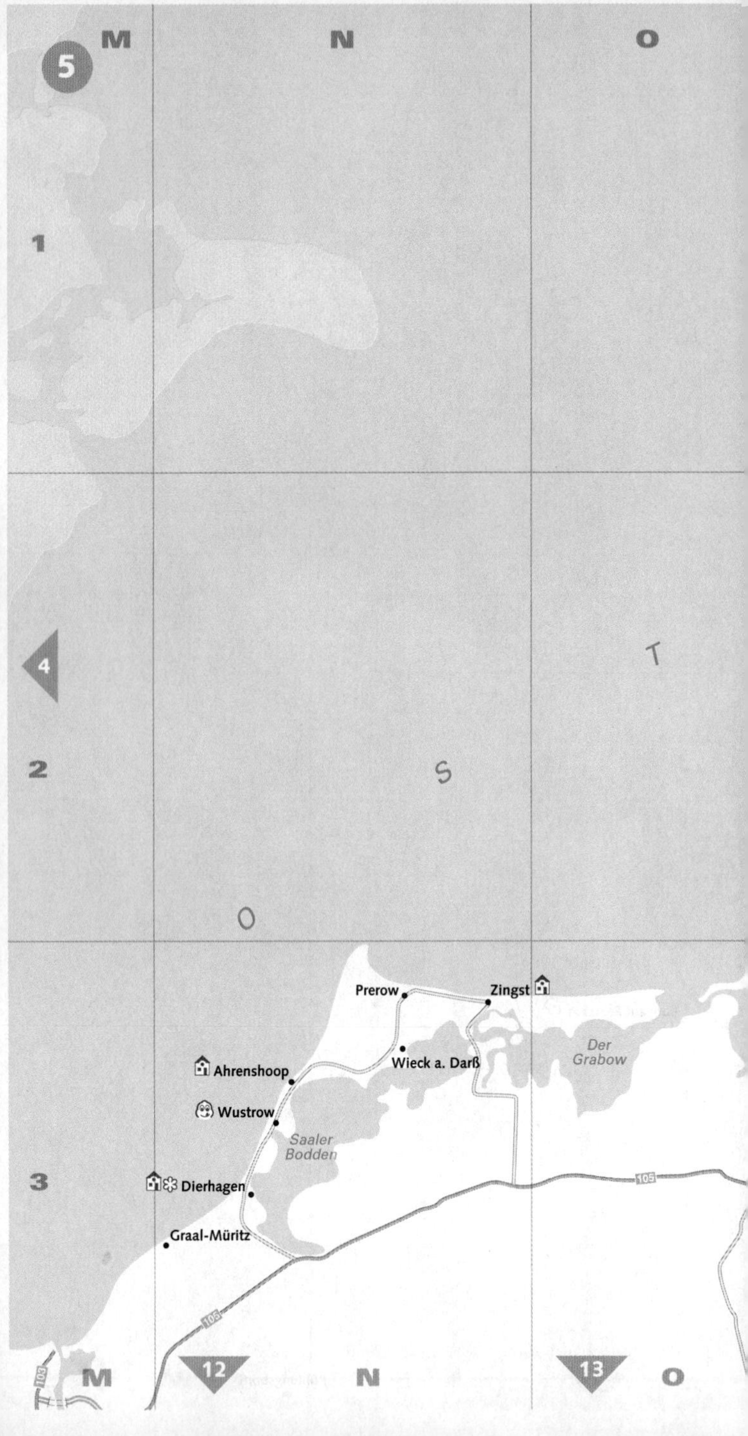

5
M
N
O
1
4
2
T
S
O
3
Prerow
Zingst
Der Grabow
Wieck a. Darß
Ahrenshoop
Wustrow
Saaler Bodden
Dierhagen
105
Graal-Müritz
105
103
12
13

P
Q
6
1
E
E
S
2
iddensee
Lohme
Sagard
Saßnitz
Ralswiek
Rügen
Binz
Sellin
Sehlen
Baabe
Putbus
Göhren
Stralsund
3
Greifswalder
Bodden
13
P
14
Q

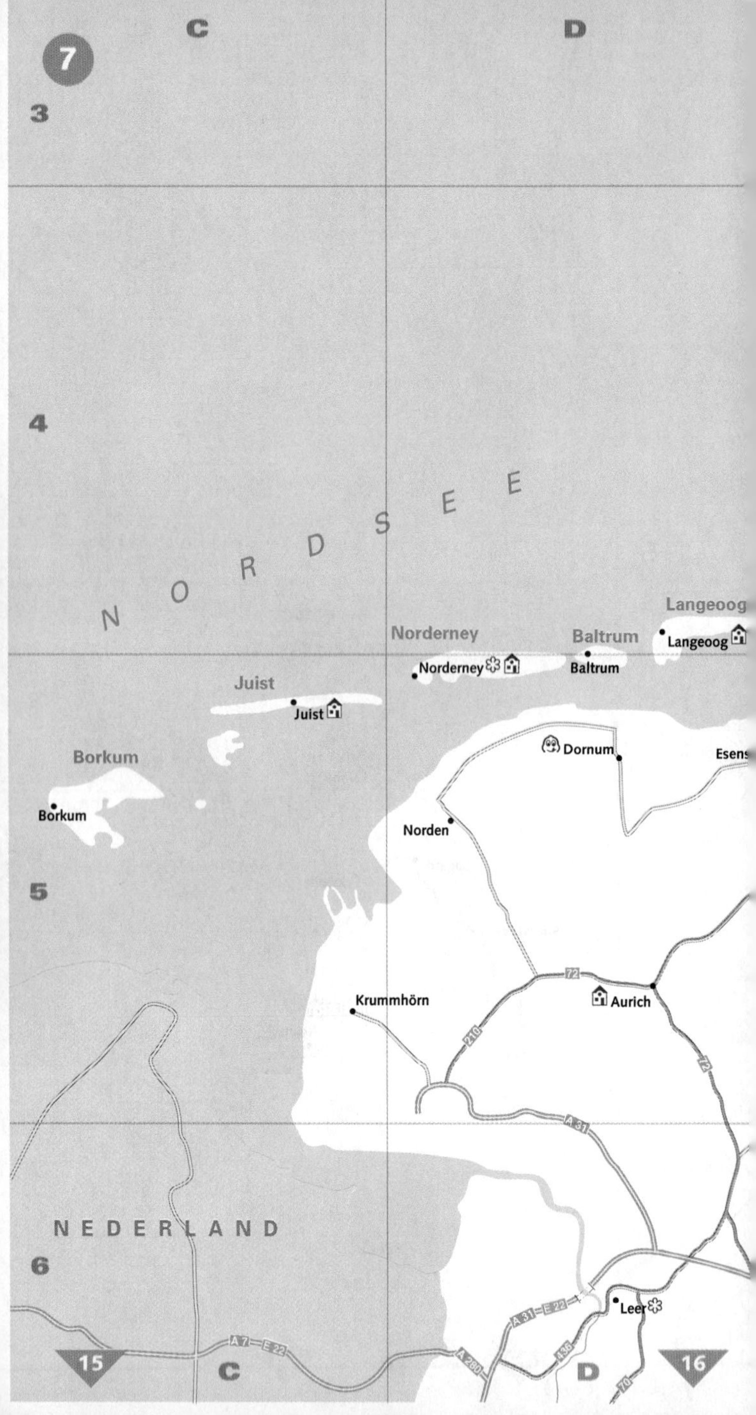
7
C
D
3
4
5
6
N O R D S E E
Langeoog
Norderney
Baltrum
Langeoog
Norderney
Baltrum
Juist
Juist
Borkum
Borkum
Dornum
Esens
Norden
Krummhörn
Aurich
72
210
A 31
NEDERLAND
Leer
A 31 E 22
A 7 E 22
A 280
436
70
15
16
C
D

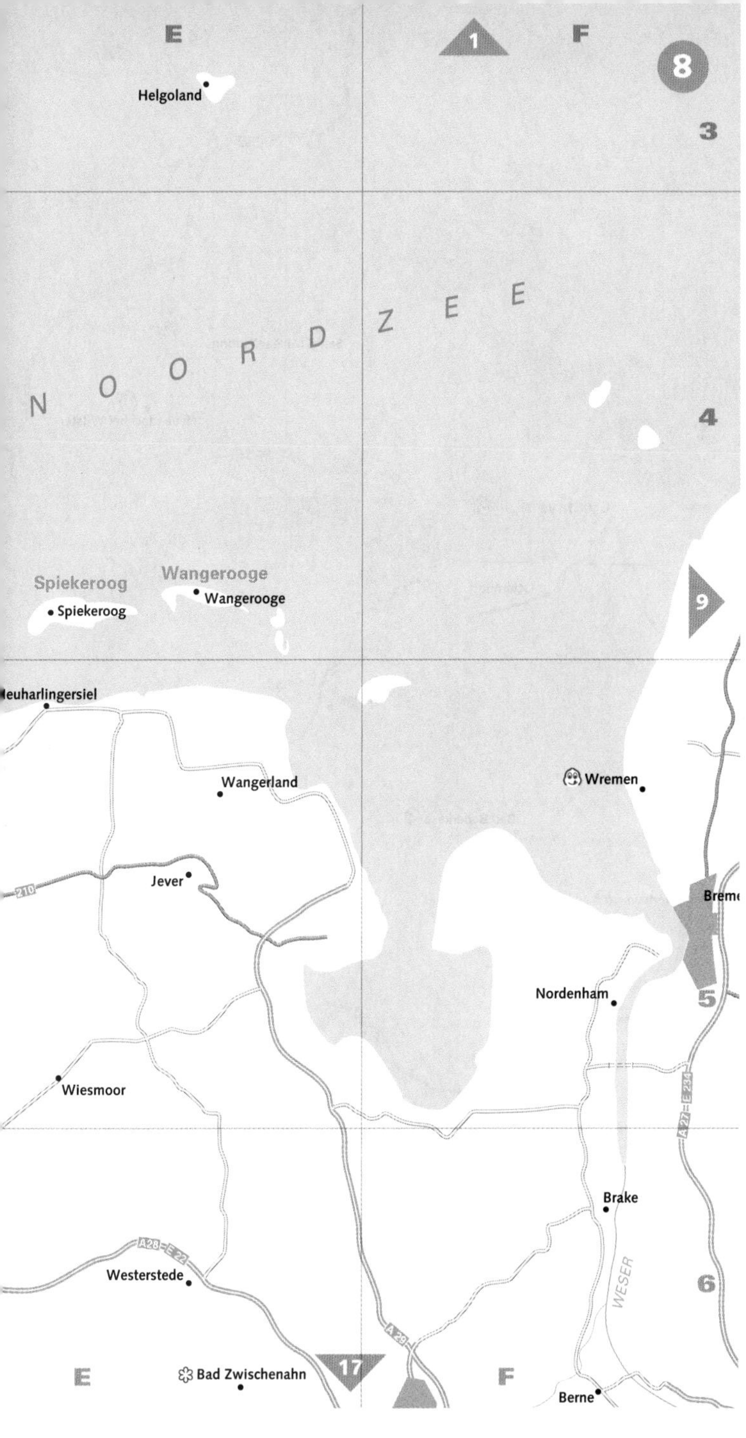

E
1
F
8
3
Helgoland
N O O R D Z E E
4
Spiekeroog
• Spiekeroog
Wangerooge
Wangerooge
9
euharlingersiel
Wangerland
Wremen
Jever
210
Breme
Nordenham
5
Wiesmoor
A 27 E 234
Brake
A28 E 22
Westerstede
WESER
6
A 29
E
Bad Zwischenahn
17
F
Berne

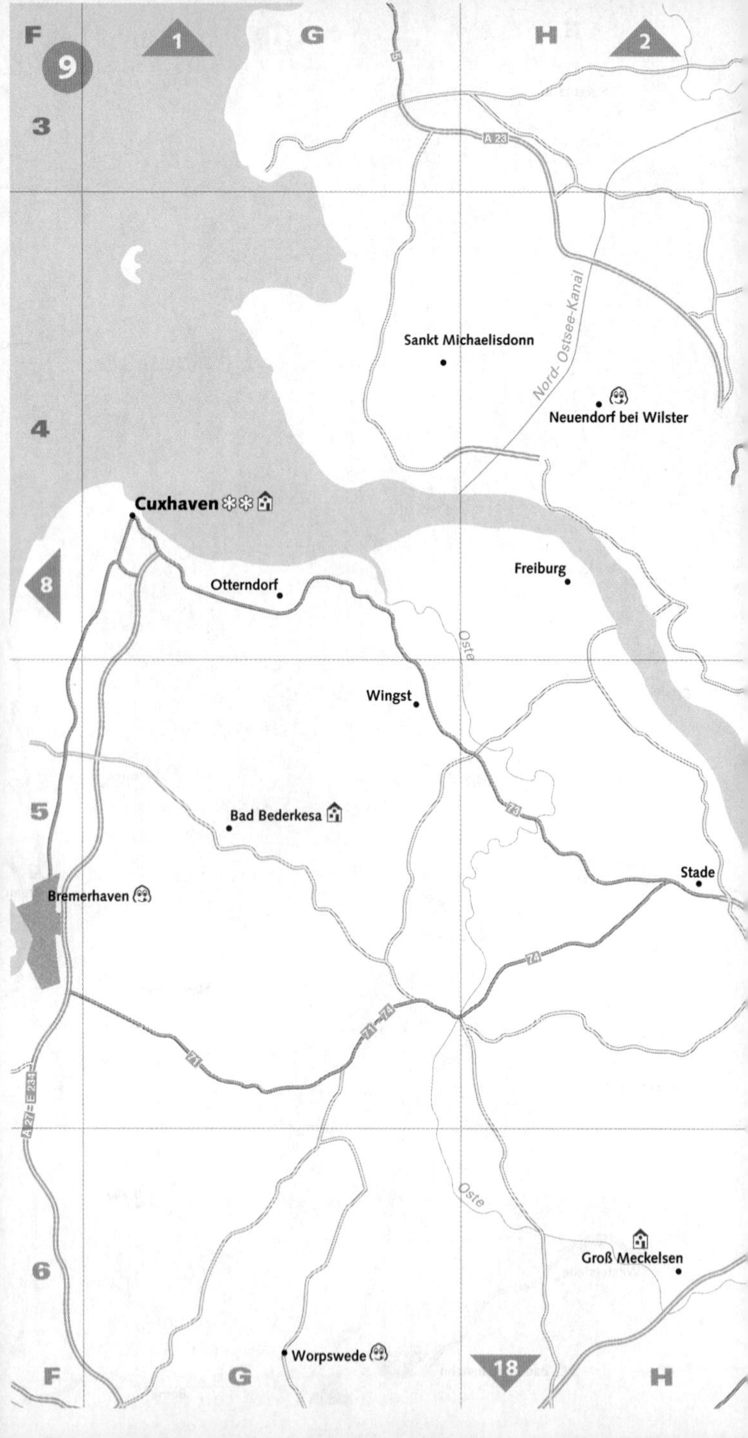
F
9
1
G
H
2
3
4
5
6
A 23
Nord- Ostsee-Kanal
Sankt Michaelisdonn
Neuendorf bei Wilster
Cuxhaven
8
Otterndorf
Freiburg
Oste
Wingst
73
Bad Bederkesa
Stade
Bremerhaven
74
71
A 27 - E 234
Oste
Groß Meckelsen
Worpswede
18
F
G
H

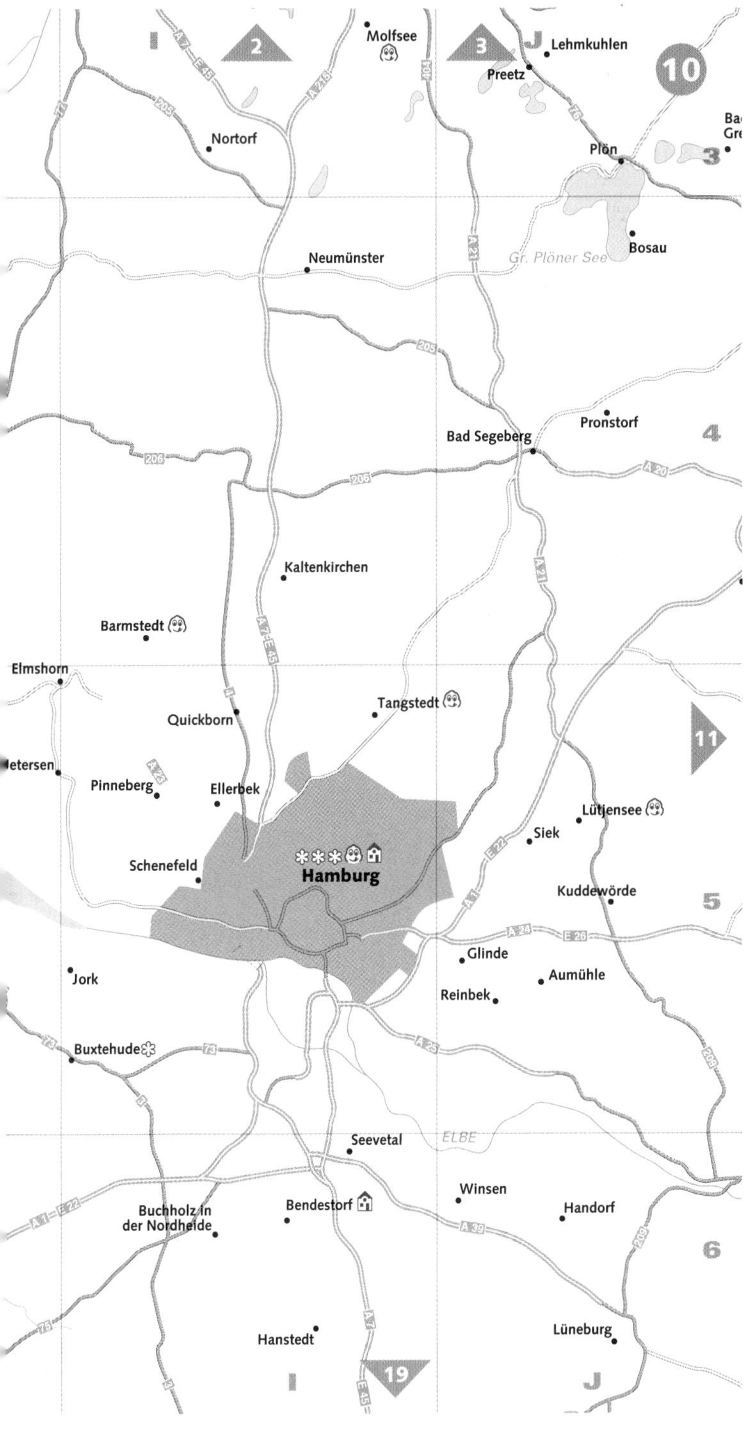

I
2
Molfsee
3
J
Lehmkuhlen
Preetz
10
Nortorf
Plön
3
Bosau
Gr. Plöner See
Neumünster
Pronstorf
Bad Segeberg
4
Kaltenkirchen
Barmstedt
Elmshorn
Tangstedt
Quickborn
11
Pinneberg
Ellerbek
Lütjensee
Siek
Schenefeld
Hamburg
Kuddewörde
5
Glinde
Jork
Aumühle
Reinbek
Buxtehude
ELBE
Seevetal
Winsen
Bendestorf
Handorf
Buchholz in der Nordheide
6
Hanstedt
Lüneburg
19
I
J

11
J
K
L
3
4
Wangels
Bad Malente-
Gremsmühlen
Kellenhusen
Mecklenburger Bucht
Eutin
Neustadt in Holstein
Scharbeutz
Timmendorfer Strand
Poel
Boltenhagen
Ratekau
Kalkhorst
Klütz
Damshagen
Wismar
LÜBECK
Hamberge
105
A 20 E 22
A 1 E 47
76
75
10
106
Schweriner
See
104
Schwerin
Mölln
Schaalsee
5
321
A 24 E 26
209
5
Ludwigslu
6
J
K
20
L

4
M
5
Graal-Müritz
N
12
3
Kühlungsborn
Bad Doberan
Rostock
4
Benz
Neukloster
Nakenstorf
Warnow
13
Güstrow
Kuhlen-Wendorf
Krakow am See
5
Malchow
Plau am See
Plauer See
Elde
Fincken
6
M
21
N

13
N
5
O
6
3
96N
96-E251
Neuenkirchen
Greifswald
A 20
4
Peene
108
Kummerower See
104
12
Hohen Demzin
Bülow
Malchiner See
Lupendorf
104
5
Neubrandenburg
Groß Plasten
192
Waren
Malchow
Göhren-Lebbin
Gross Nemerow
Müritz
Röbel
Ludorf
Neustrelitz
Fincken
6
A 19-E 55
N
22
O
96-E251

Greitswalder
Bodden
P
6
Q
R
14
3
Trassenheide
Zinnowitz
Pommersche
Bucht
Koserow
Usedom
109
Bansin
Heringsdorf
Ahlbeck
4
Stolpe
109
5
A 20
198
108
eldberger Seenlandschaft
A 11 E 28
198
6
Oberuckersee
23
P
Q
R
168

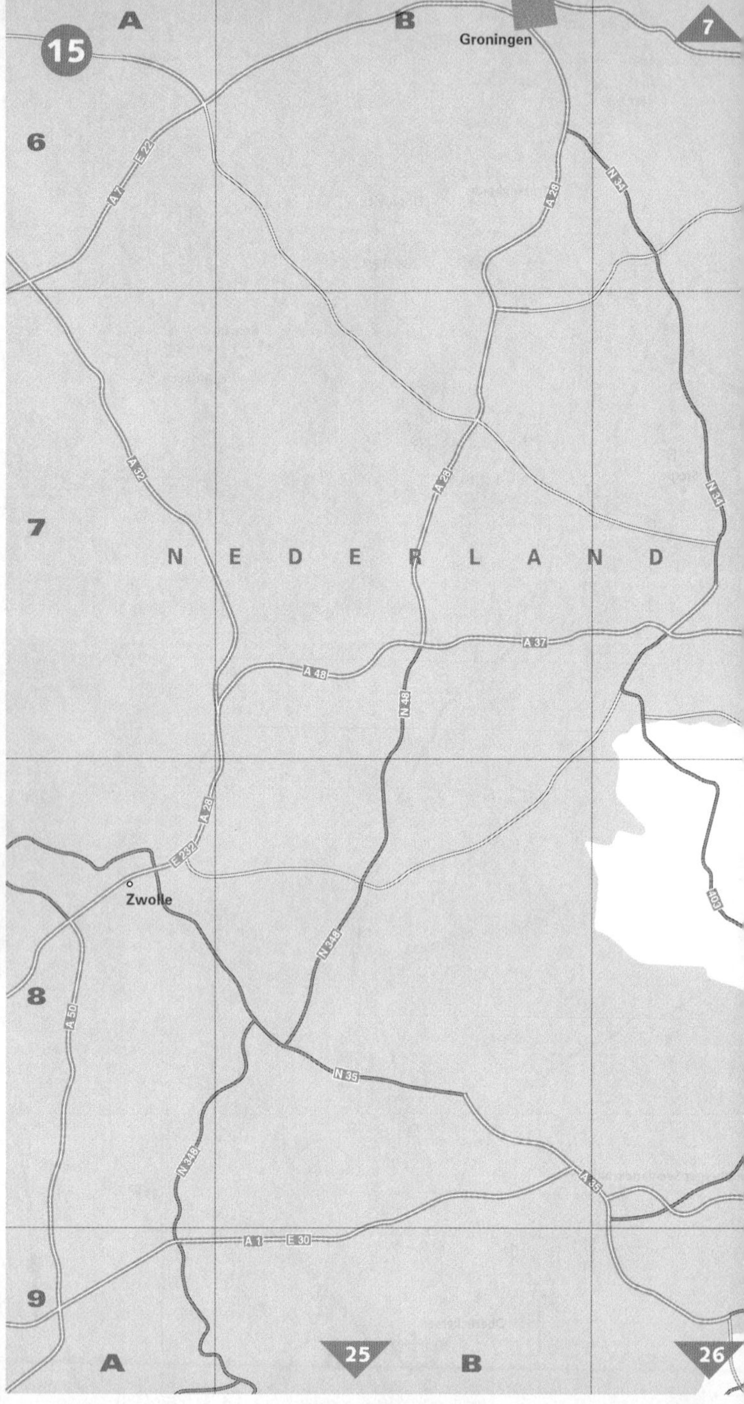

15
A
B
7
Groningen
6
E 22
A 7
A 28
N 34
A 32
7
N E D E R L A N D
A 37
A 48
N 48
A 28
E 232
Zwolle
N 348
403
8
A 50
N 35
N 348
A 35
A 1
E 30
9
A
25
B
26

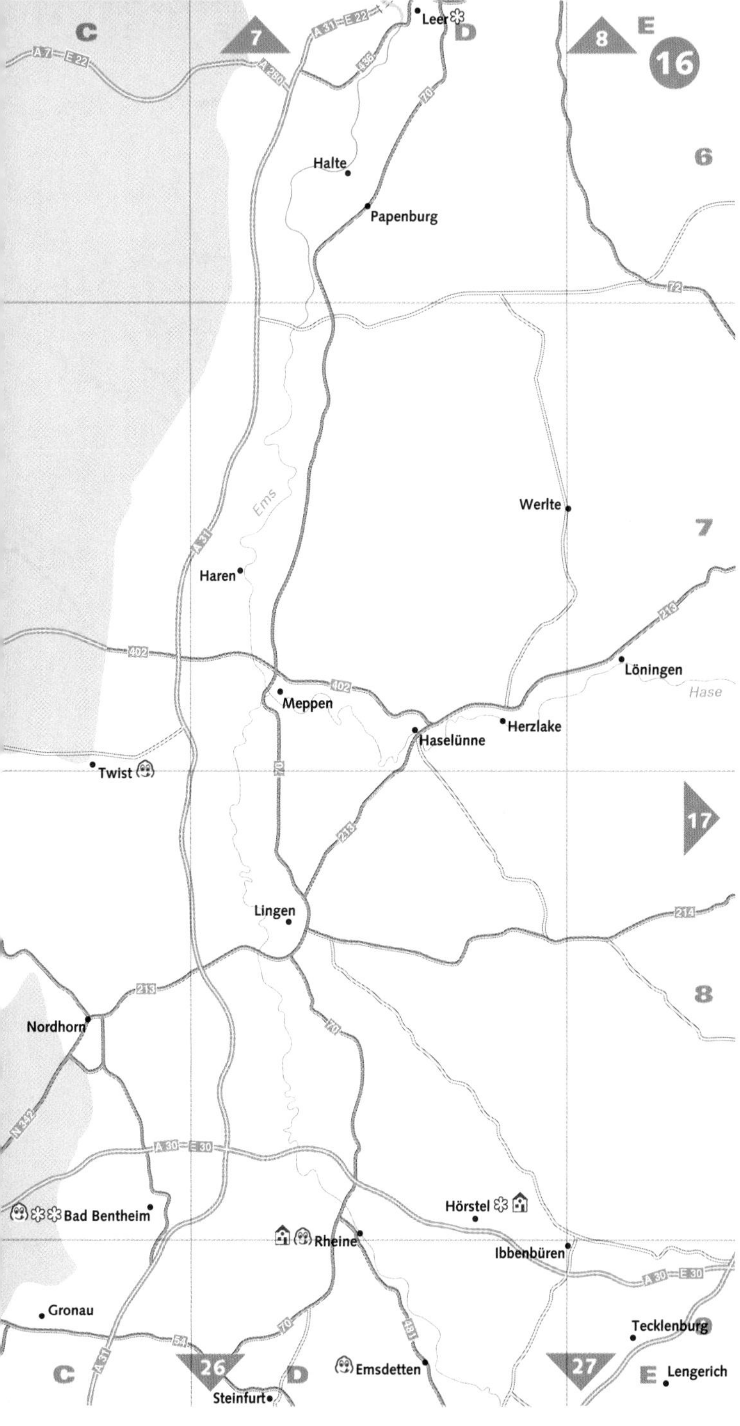

C
D
E
7
8
16
6
7
8
17
26
27
A 7
E 22
A 280
A 31
E 22
436
70
72
213
402
214
N 342
A 30
E 30
54
481
Leer
Halte
Papenburg
Ems
Werlte
Haren
Löningen
Hase
Meppen
Herzlake
Haselünne
Twist
Lingen
Nordhorn
Bad Bentheim
Hörstel
Rheine
Ibbenbüren
Gronau
Tecklenburg
Emsdetten
Lengerich
Steinfurt

17
E
F
8
Bad Zwischenahn
Oldenburg
Berne
6
A 29
A 28
E 22
72
Hunte
A 29
213
A 1
E 37
Wildeshausen
Cloppenburg
7
72
213
Löningen
Hase
Dinklage
16
214
214
A 1
E 37
8
51
Rahden
Wallenhorst
51 65
Bad Essen
65
OSNABRÜCK
A 30
E 30
9
Tecklenburg
A 33
Melle
Lengerich
E
27
A 30
E 30
F
28
Löhne

G
9
H
I
18
Worpswede
Scheeßel
6
Rotenburg/
Wümme
E 234
Bremen
A 1 - E 37
215
Verden
A 27
E 234
Walsrode
7
Bruchhausen-Vilsen
215
Aller
19
Essel
214
214
Schwarmstedt
A 7 - E 45
215
Leine
6
61
Wedemark
A 352
Garbsen
Hannover
Petershagen
Bad Nenndorf
Stadthagen
61
65
Minden
Nienstädt
Barsinghausen
Gehrden
Ronnenberg
9
Bückeburg
A 2 - E 30
28
29
G
Rinteln
H
217
I

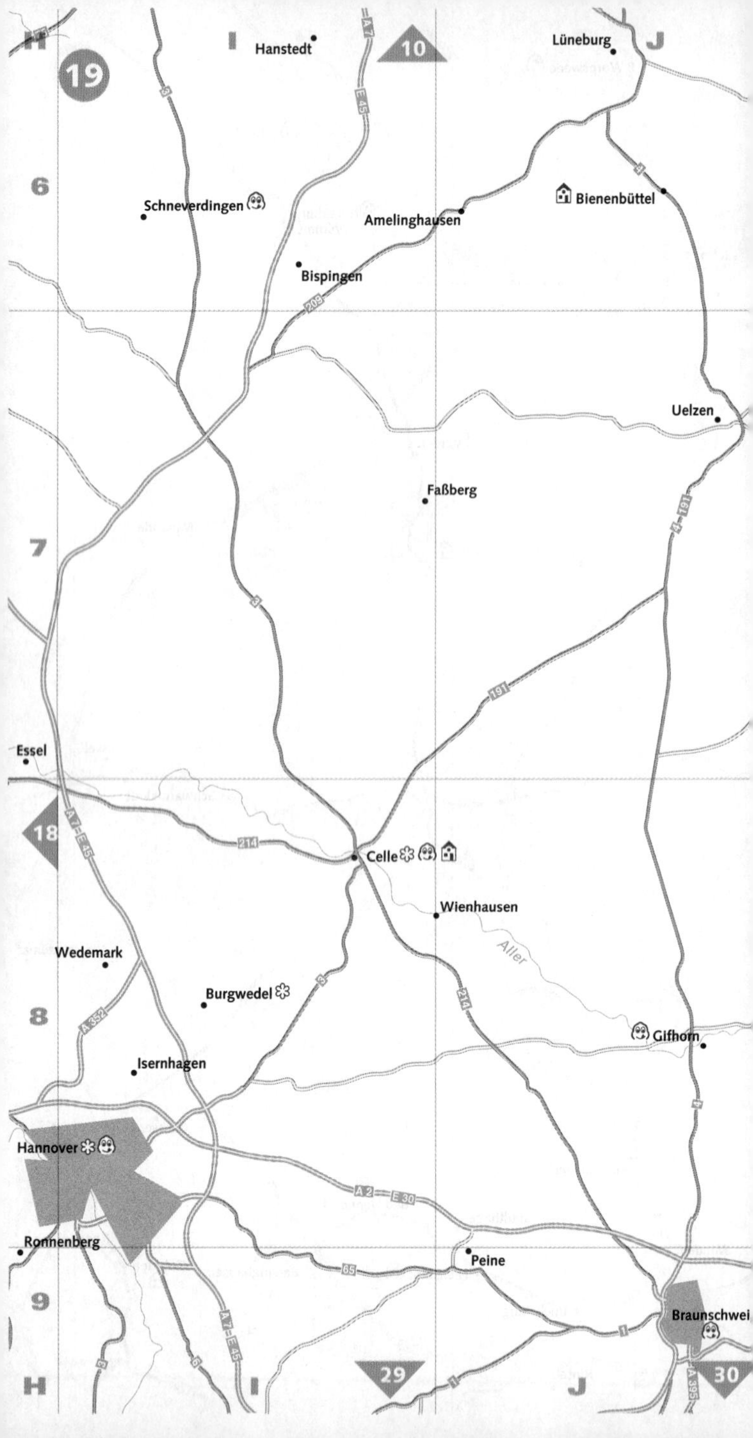
19
H
I
J
10
Hanstedt
Lüneburg
6
Schneverdingen
Amelinghausen
Bienenbüttel
Bispingen
Uelzen
Faßberg
7
Essel
18
Celle
Wienhausen
Aller
Wedemark
Burgwedel
8
Gifhorn
Isernhagen
Hannover
Ronnenberg
Peine
9
Braunschwei
29
30

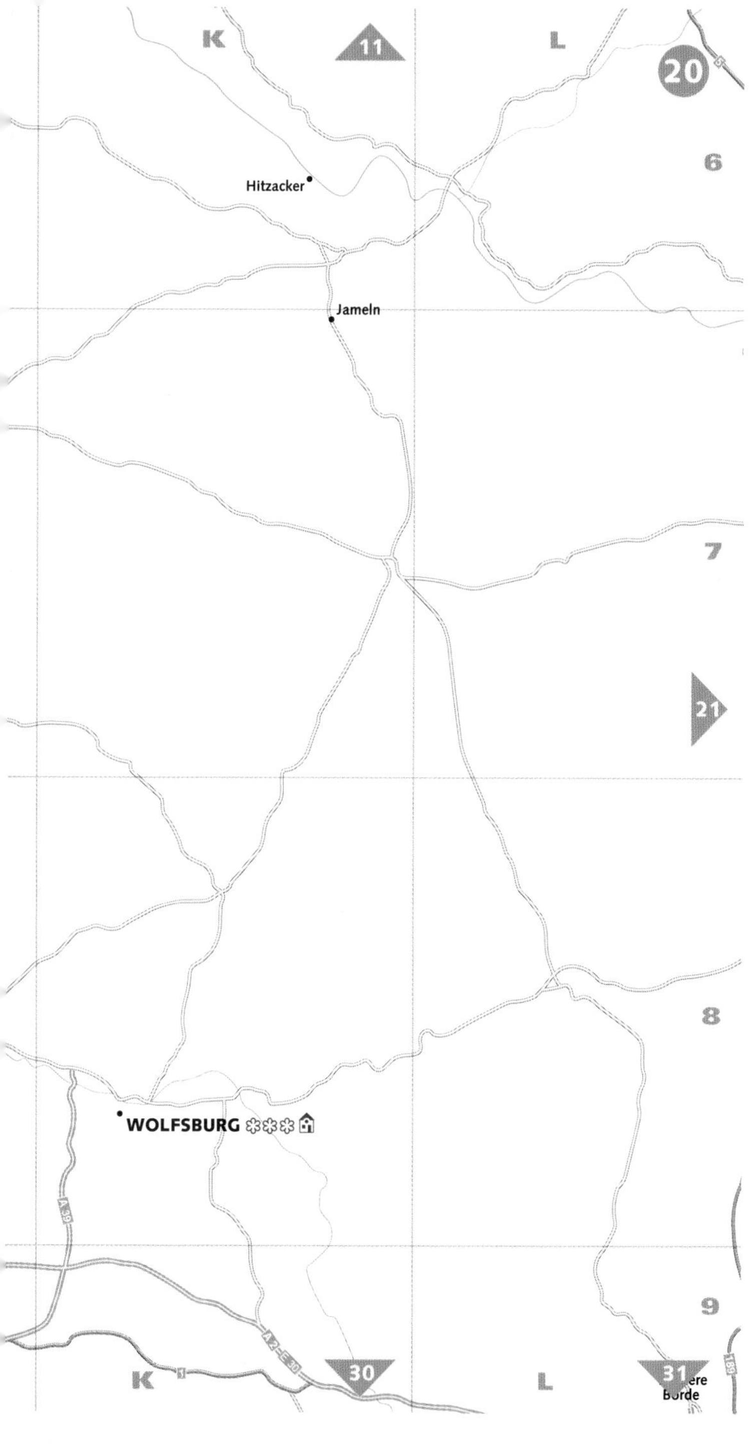
K
11
L
20
6
Hitzacker
Jameln
7
21
8
WOLFSBURG
A 39
9
A 2 - E 30
1
K
30
L
31
Börde
189

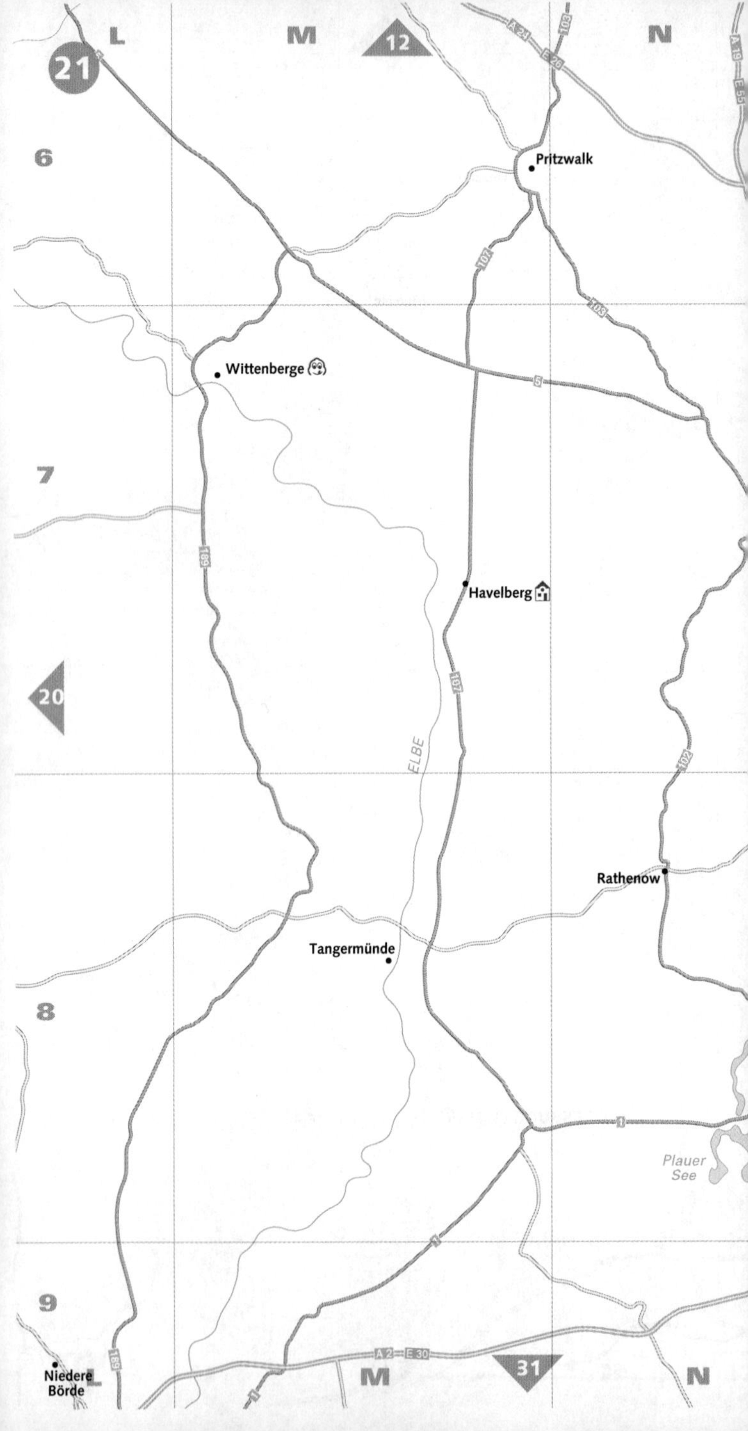
L
M
12
N
21
6
Pritzwalk
Wittenberge
7
Havelberg
20
ELBE
Rathenow
Tangermünde
8
Plauer
See
9
Niedere
Börde
L
M
31
N

O
P
13
22
6
7
23
8
9
32
Rheinsberg
Kremmen
Nauen
Berlin
Potsdam
Brandenburg an der Havel
Werder
Schwielowsee
Michendorf
Nuthetal
Havel
Ruppiner
96 E 251
A 24 E 26 E 55
167
5
A10
A 111
E 26
A 114
E 55
A 115 E 51
1
101
96
E 30 A 2
A 9
102
2

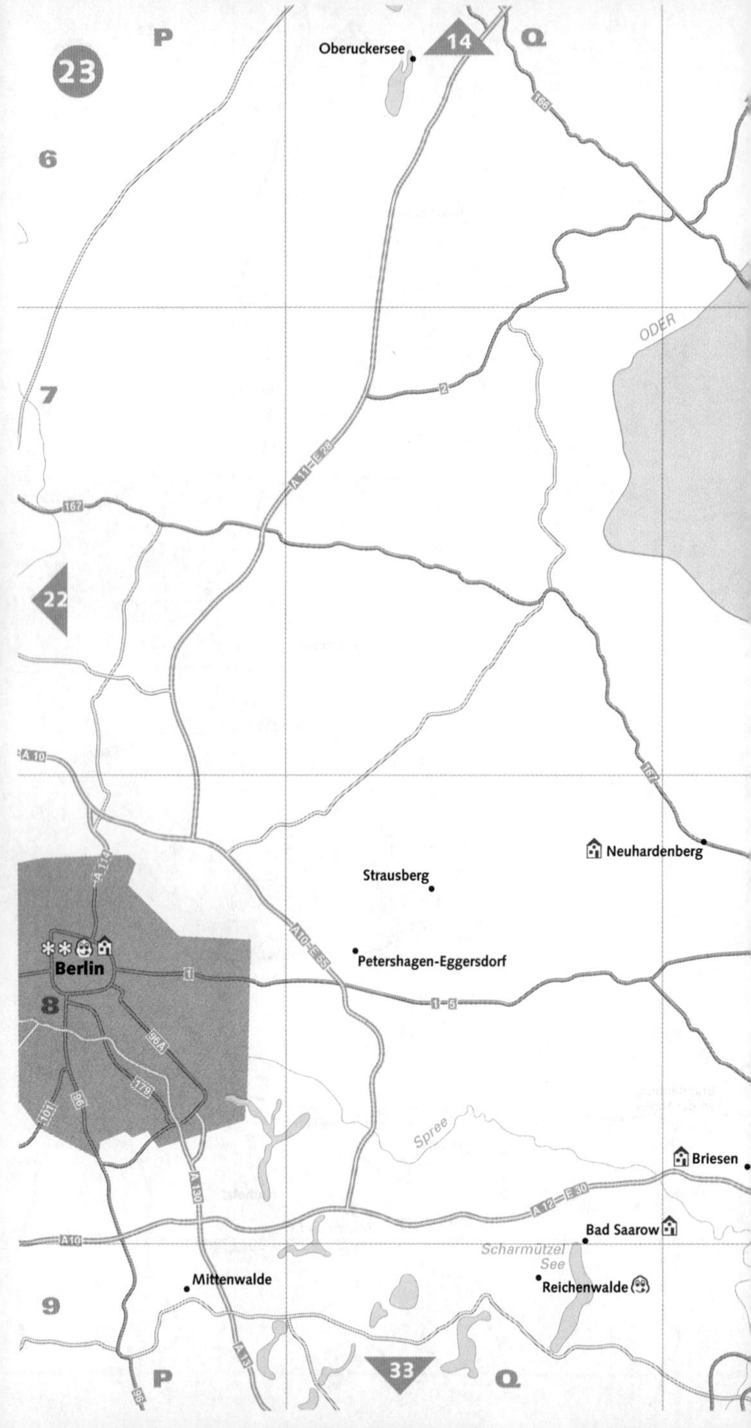
23
P
Q
14
Oberuckersee
6
7
8
9
ODER
22
Berlin
Neuhardenberg
Strausberg
Petershagen-Eggersdorf
Spree
Briesen
Bad Saarow
Scharmützel
See
Reichenwalde
Mittenwalde
33
P
Q

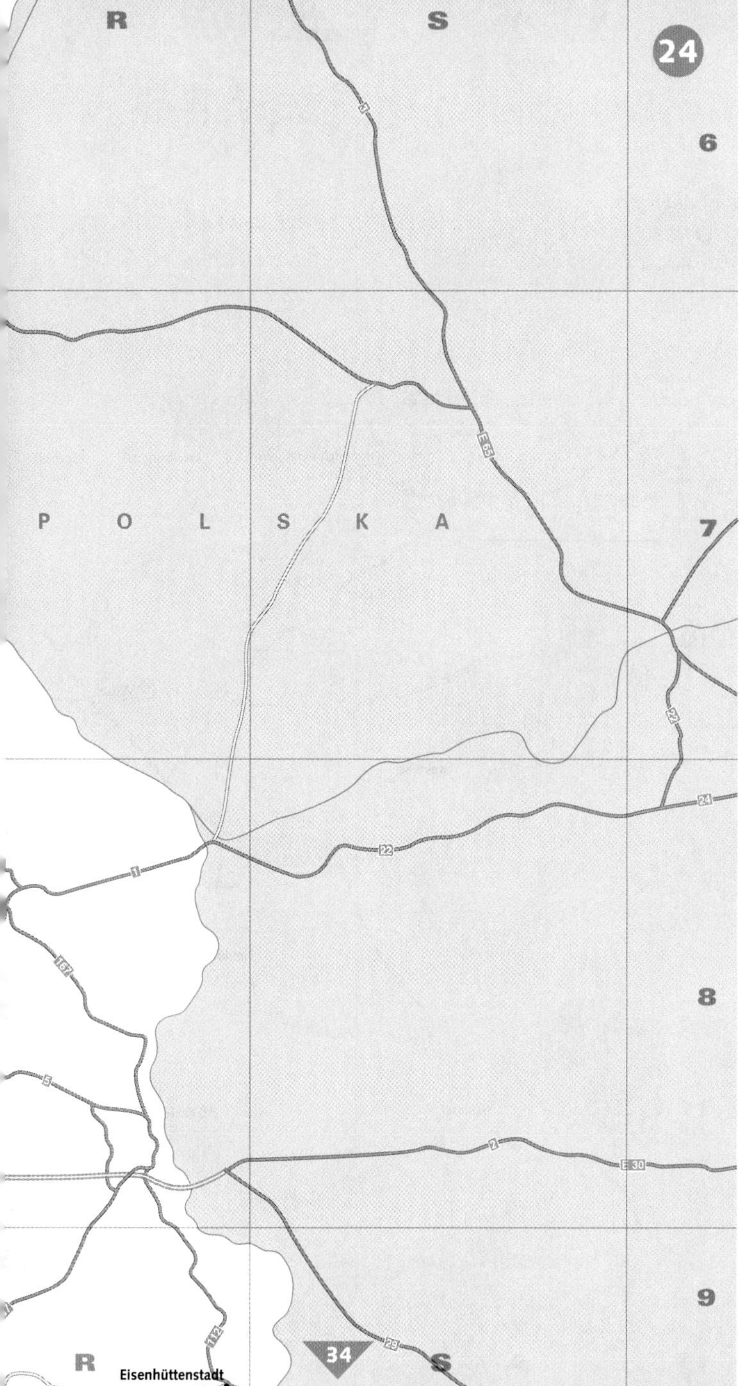

R
S
24
6
POLSKA
7
8
9
3
E 65
22
24
1
167
5
2
E 30
112
29
34
Eisenhüttenstadt

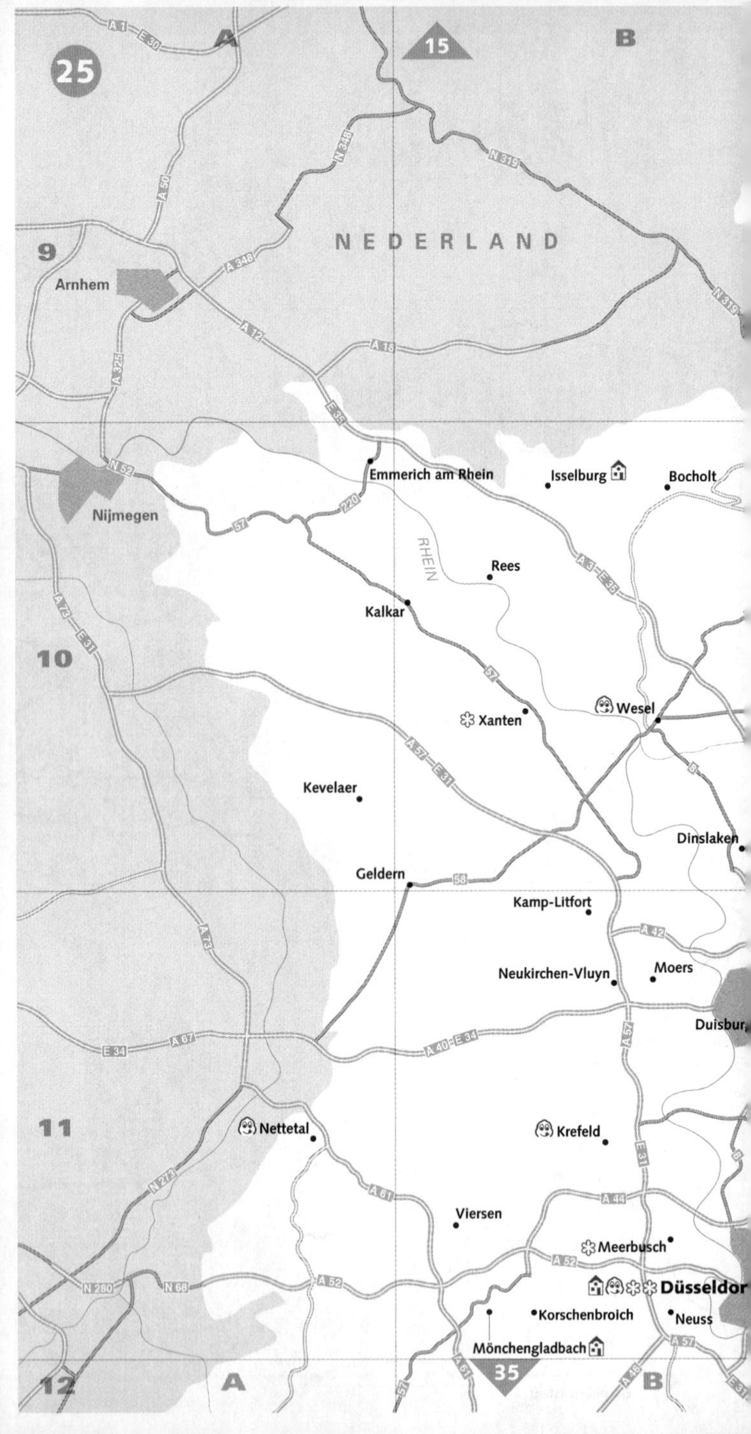
25
A
15
B
9
10
11
12
NEDERLAND
Arnhem
Nijmegen
Emmerich am Rhein
Isselburg
Bocholt
RHEIN
Rees
Kalkar
Xanten
Wesel
Kevelaer
Dinslaken
Geldern
Kamp-Litfort
Neukirchen-Vluyn
Moers
Duisbur
Nettetal
Krefeld
Viersen
Meerbusch
Düsseldor
Korschenbroich
Neuss
Mönchengladbach
35
A 1
E 30
A 50
N 348
N 319
A 348
A 12
A 18
A 325
E 35
N 52
220
57
A 3
A 73
E 31
A 57
58
8
A 42
A 67
E 34
A 40
N 273
A 61
A 44
A 52
N 280
N 68
A 46

15
16
26
Gronau
Emsdetten
Steinfurt
Greven
9
Vreden
Altenberge
Billerbeck
Coesfeld
Münster
Nottuln
Velen
10
Haltern am See
Lüdinghausen
Nordkirchen
Schermbeck
Lippe
27
Dorsten
Werne
Datteln
Recklinghausen
Waltrop
Bottrop
Gelsenkirchen
Dortmund
Oberhausen
Bochum
Essen
Mülheim
an der Ruhr
Schwerte
Ruhr
Hattingen
11
Sprockhövel
Iserlohn
Velbert
Ratingen
Wuppertal
Erkrath
Werdohl
Lüdenscheid
Radevormwald
Haan
Remscheid
Hilden
Solingen
36
Hückeswagen
C
D

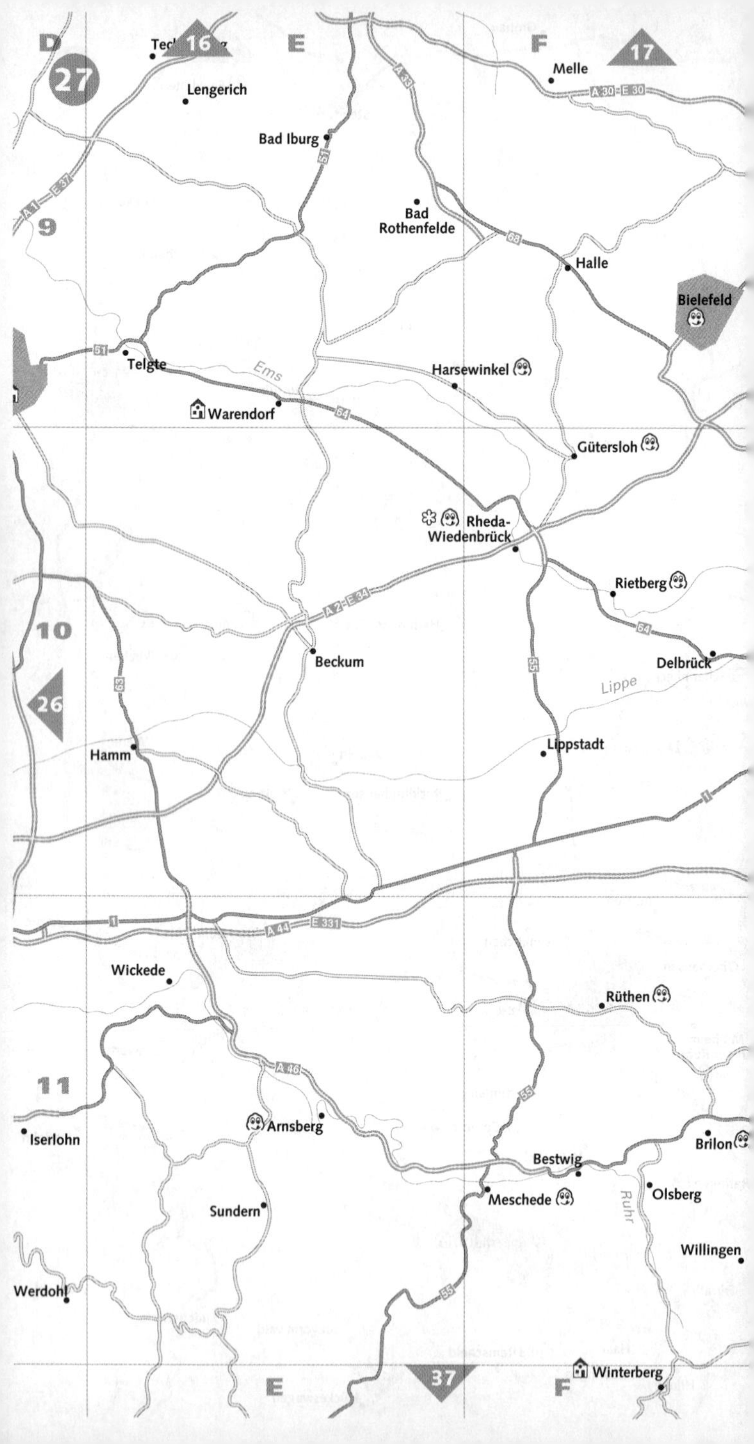

D
E
F
16
17
27
Lengerich
Melle
A 30 - E 30
A 33
Bad Iburg
51
A 1 - E 37
9
Bad Rothenfelde
68
Halle
Bielefeld
51
Telgte
Ems
Harsewinkel
Warendorf
64
Gütersloh
Rheda-Wiedenbrück
Rietberg
A 2 - E 34
10
Beckum
64
Delbrück
63
55
Lippe
26
Hamm
Lippstadt
1
1
A 44
E 331
Wickede
Rüthen
A 46
11
55
Iserlohn
Arnsberg
Brilon
Bestwig
Meschede
Olsberg
Ruhr
Sundern
Willingen
Werdohl
55
E
37
F
Winterberg

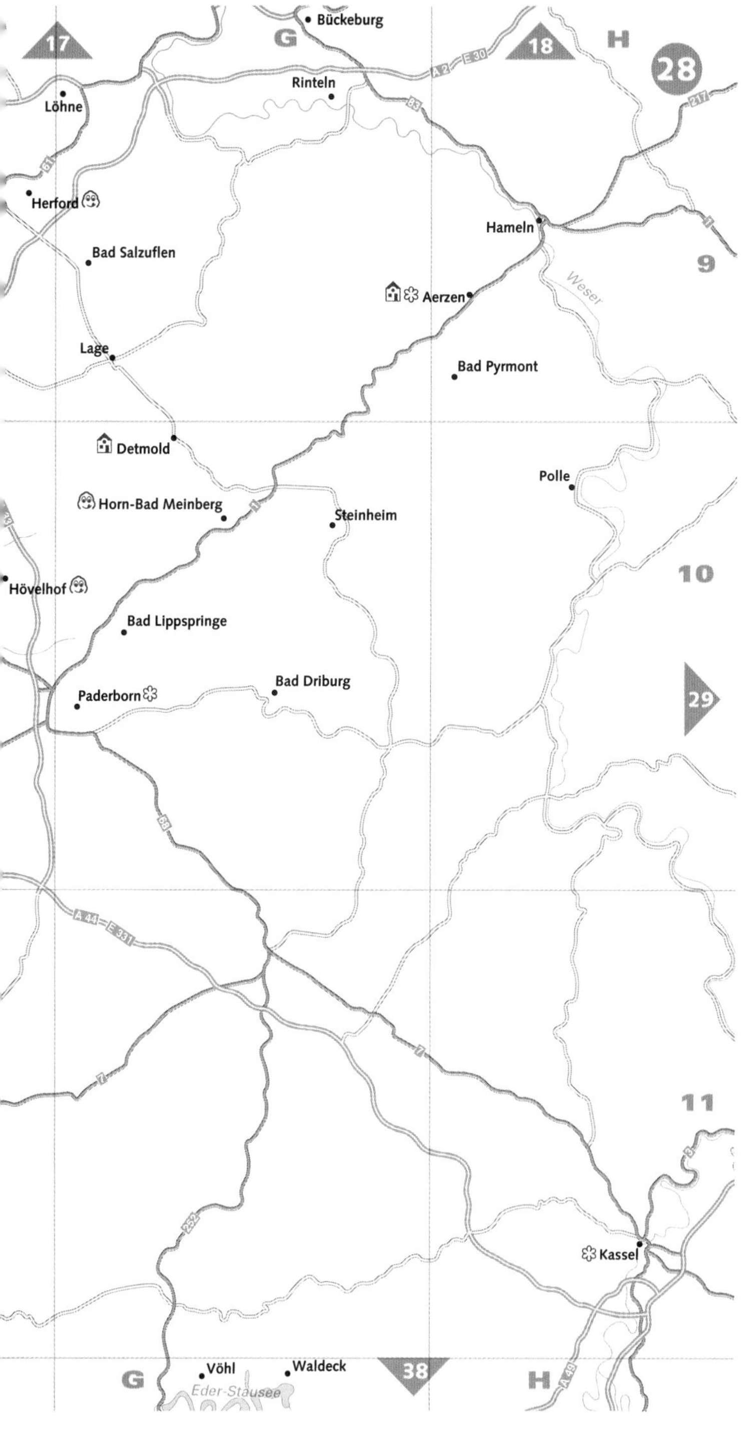
17
18
28
29
38
G
H
9
10
11
Bückeburg
Rinteln
Löhne
Herford
Bad Salzuflen
Hameln
Aerzen
Weser
Lage
Bad Pyrmont
Detmold
Polle
Horn-Bad Meinberg
Steinheim
Hövelhof
Bad Lippspringe
Bad Driburg
Paderborn
A 2
E 30
A 44
E 331
Kassel
Vöhl
Waldeck
Eder-Stausee
A 49

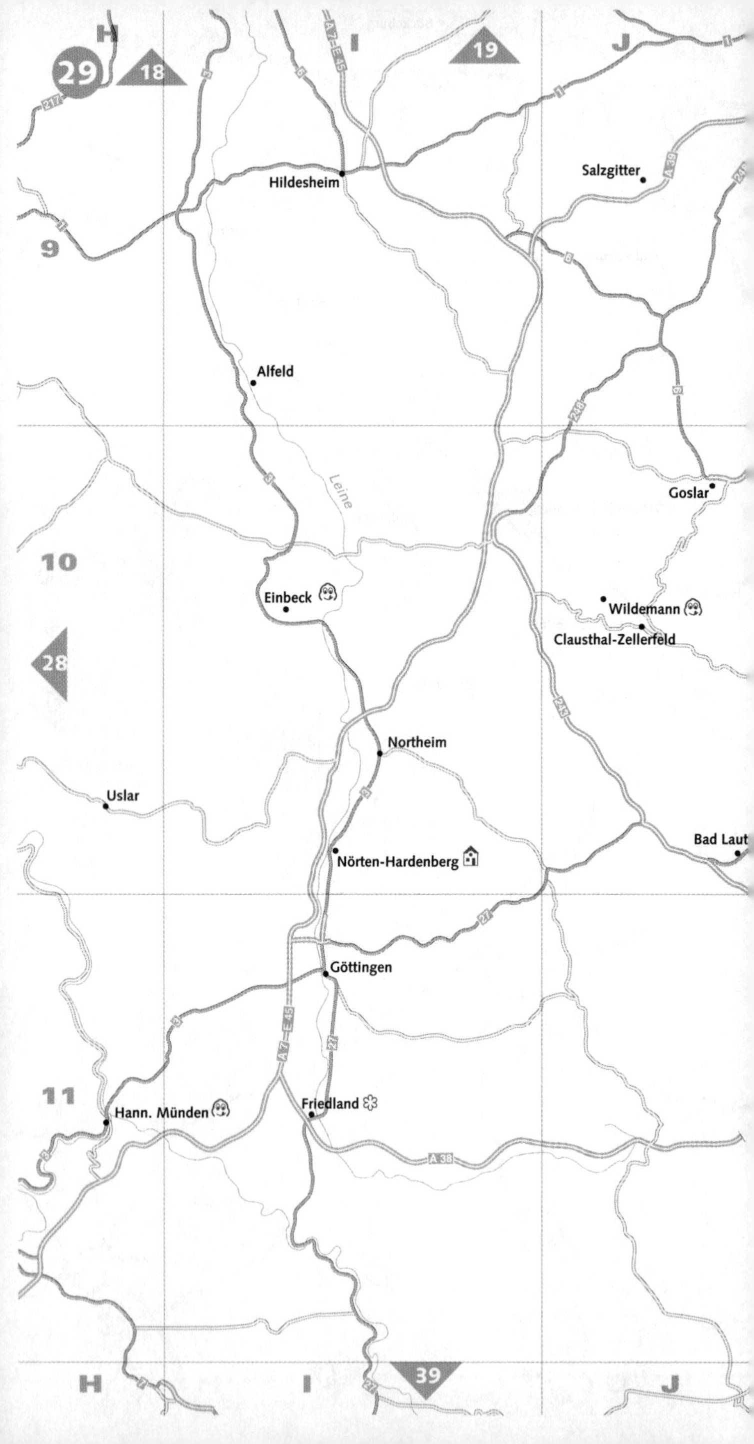

H
I
J
29
18
19
28
39
9
10
11
Hildesheim
Salzgitter
Alfeld
Leine
Goslar
Einbeck
Wildemann
Clausthal-Zellerfeld
Northeim
Uslar
Bad Laut
Nörten-Hardenberg
Göttingen
Hann. Münden
Friedland
A 7-E 45
A 38
A 39
1
3
6
9
27
217
243
248

unschweig
19
K
20
L
30
9
Dedeleben
Bad Harzburg
Halberstadt
Ilsenburg
Wernigerode
10
Blankenburg
Quedlinburg
Schierke
Elend
Braunlage
31
Bad Sachsa
Nordhausen
A 38
11
K
40
L

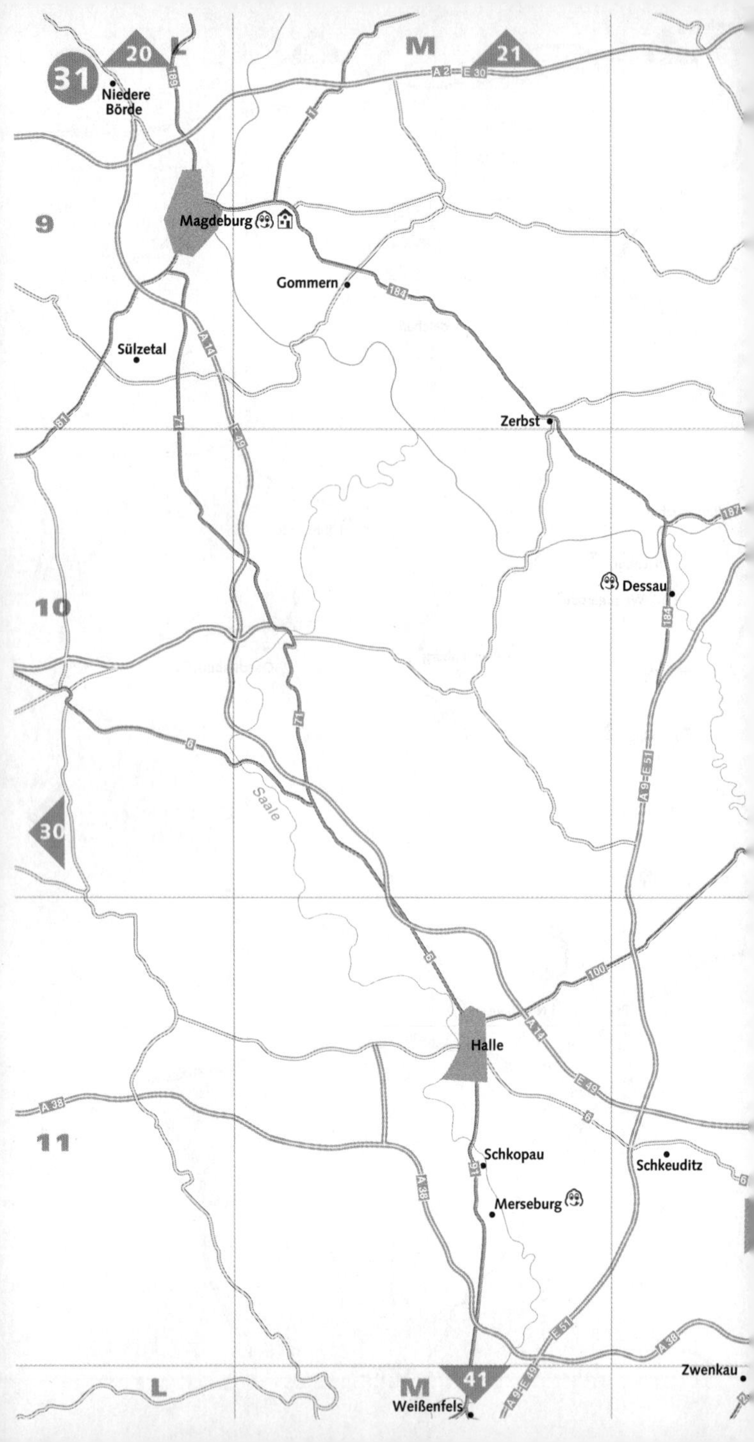

31
20
L
M
21
Niedere Börde
Magdeburg
Gommern
Sülzetal
Zerbst
Dessau
Saale
Halle
Schkopau
Merseburg
Schkeuditz
Zwenkau
Weißenfels
9
10
11
30
41
L
M
A 2
E 30
A 14
E 49
A 9
E 51
A 38
184
187
100
71
81
189
1
6
91

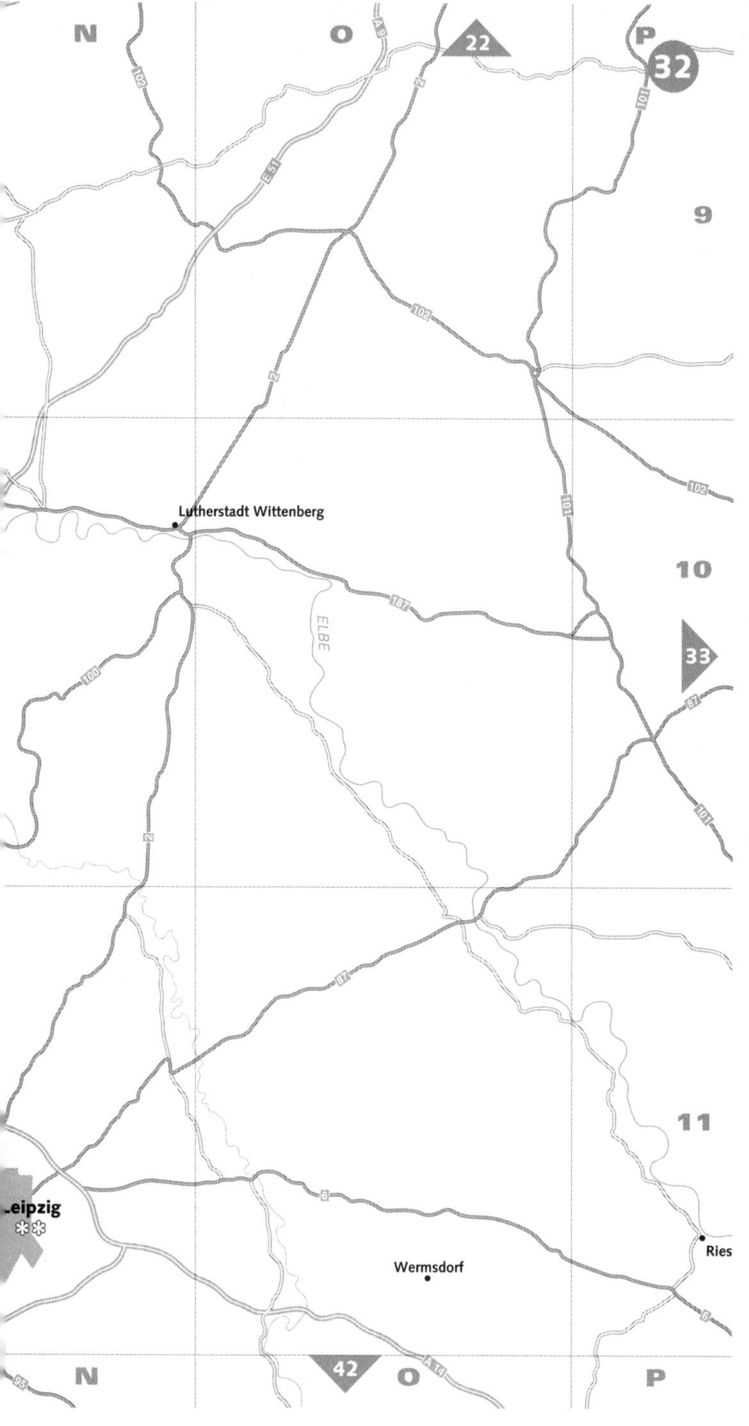

N
O
P
22
32
9
10
11
33
42
Lutherstadt Wittenberg
ELBE
Leipzig
Wermsdorf
Ries
A 9
E 51
A 14
2
101
102
187
100
87
6
95

33
P
Q
23
9
10
11
32
43
Schwielochsee
Schlepzig
Lübben
Lübbenau
Burg (Spreewald)
Finsterwalde
Senftenberg
Zeithain
Riesa
Radeburg
96
87
102
101
169
97
6
A 13
A 15
A 4
E 36
E 55

R
S
24
34
Eisenhüttenstadt
112
87
29
9
32
168
97
P O L S K A
10
115
12
18
Spree
Hoyerswerda
11
A 4
R
44
S
T
6
Görlitz

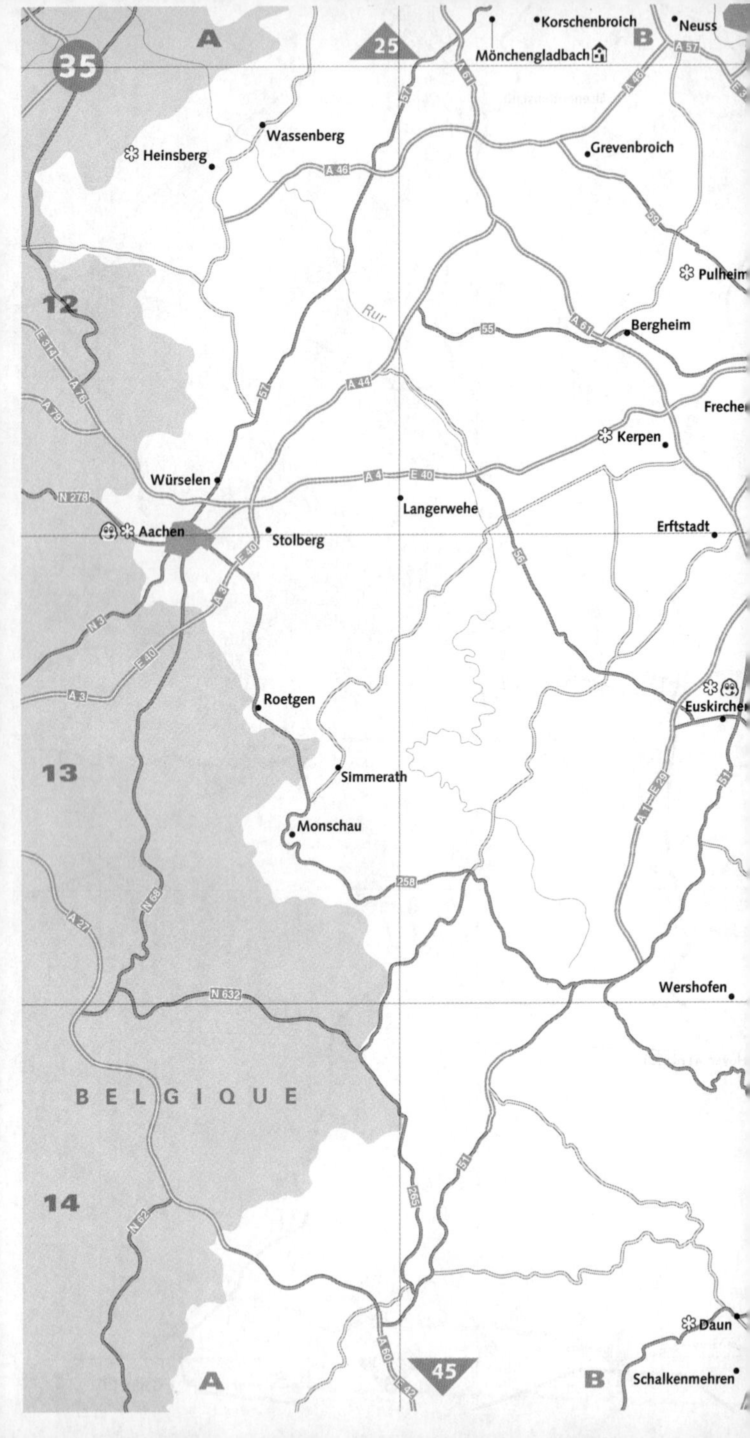
35
A
25
B
Korschenbroich
Neuss
Mönchengladbach
A 57
A 61
A 46
E 3
Wassenberg
Heinsberg
Grevenbroich
A 46
59
Pulheim
12
Rur
Bergheim
55
A 61
E 314
A 76
A 79
57
A 44
Freche
Kerpen
Würselen
A 4
E 40
N 278
Langerwehe
Aachen
Stolberg
Erftstadt
E 40
A 3
56
N 3
E 40
A 3
Roetgen
Euskirche
13
Simmerath
A 1
E 29
51
Monschau
258
N 68
A 27
Wershofen
N 632
B E L G I Q U E
51
14
592
N 62
Daun
A 60
45
E 42
A
B
Schalkenmehren

Haan
Hilden
Solingen
Remscheid
Radevormwald
Lüdenscheid
26
36
C
D
Hückeswagen
Burscheid
Kürten
Odenthal
Gummersbach
Bergneustadt
12
BERGISCH
GLADBACH
Köln
Reichshof
Rösrath
Lohmar
Troisdorf
Niederkassel
Sieg
Hennef
Bonn
Swisttal
Königswinter
37
13
Bad Honnef
Wachtberg
Unkel
Vettelschoss
Remagen
Bad Neuenahr-
Ahrweiler
Roßbach
Dernau
Sinzig
Altenahr
Hardert
RHEIN
Burgbrohl
Neuwied
Andernach
Bendorf
Höhr-
Grenzhausen
Maria Laach
Vallendar
Mülheim-Kärlich
Nürburg
Koblenz
Mayen
Bad Ems
Kobern-Gondorf
14
Boppard
45
46
Cochem
Mosel
Treis-Karden

D
E
F
37
27
Winterberg
Schmallenberg
Lennestadt
Attendorn
Hallenberg
Bad Berleburg
12
Hilchenbach
Wenden
Reichshof
Bad Laasphe
Siegen
Lahn
Kirchen
Betzdorf
Burbach
13
36
Höhn
Wettenberg
Westerburg
Gie
Wetzlar
Braunfels
Weilburg
Hadamar
Montabaur
ausen
Limburg an der Lahn
ad Ems
Balduinstein
Lahn
Usingen
14
Neu-Anspach
Bad Homburg
vor der Höhe
Idstein
Glashütten
Oberurse
Nastätten
Hohenstein
46
47
Königstein
im Taunus
Kronberg
im Taunus
D
E
F

G
28
H
38
Vöhl
Waldeck
Eder-Stausee
Felsberg
Melsunge
Frankenau
Eder
Frankenberg (Eder)
Mor
12
Burgwald
Oberaula
arburg
Amöneburg
39
Fulda
13
Lauterbach
Grünberg
Fu
Hungen
Gedern
14
Bad Nauheim
Friedberg
Rosbach v.d. Höhe
Bad Soden-Salmünster
Karben
Ronneburg
Bad Orb
Vilbel
47
Gelnhausen
48
G
H
Erlensee

H
39
29
I
J
Melsungen
Morschen
Fulda
12
Herleshausen
Eisenach
Werra
Friedewald
Bad Hersfeld
38
Floh-Seligenth
Werra
Tann
13
Hofbieber
Hilders
Meiningen
Fulda
Fladungen
Poppenhausen
Mellrichstadt
14
Bad Neustadt
an der Saale
H
48
I
49
J
Bad Kissingen

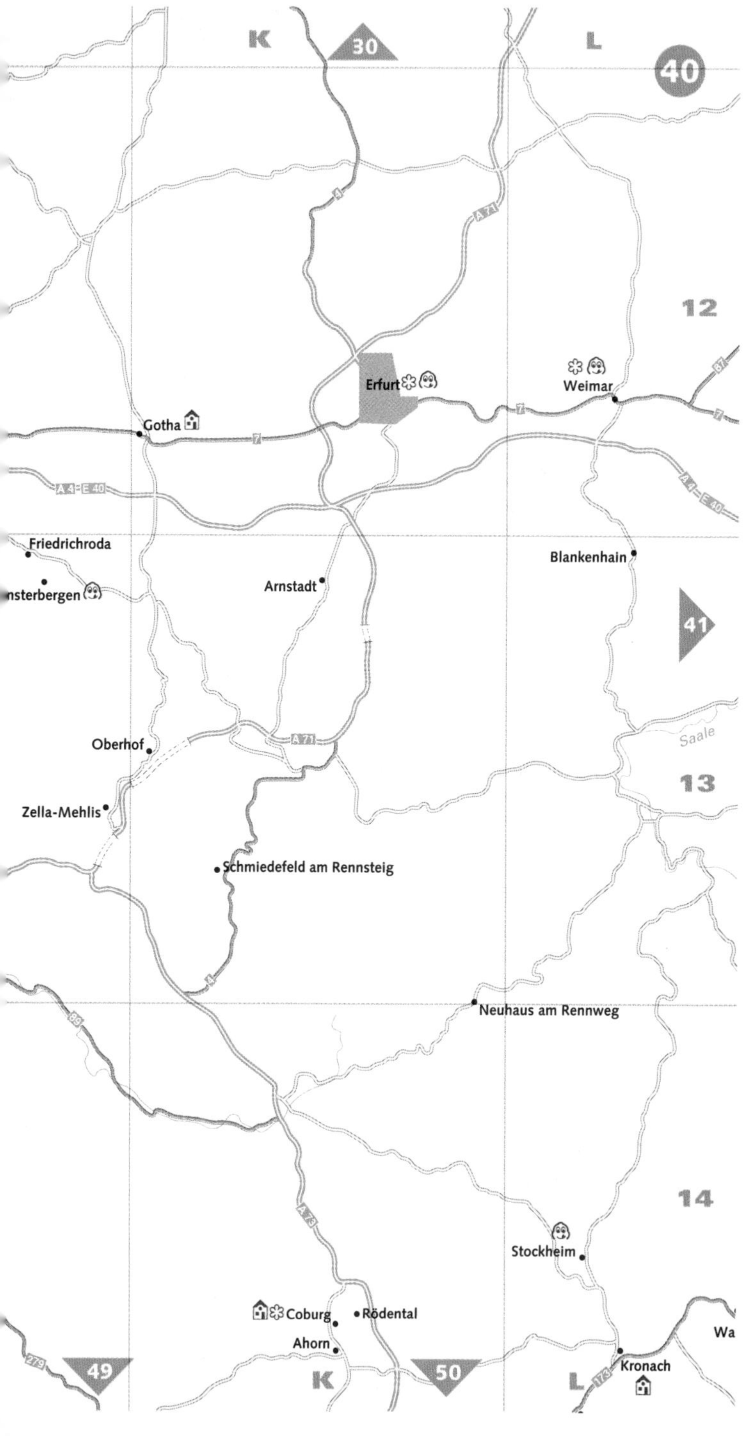

K
30
L
40
A 71
4
12
Erfurt
Weimar
Gotha
7
A 4 - E 40
Friedrichroda
nsterbergen
Arnstadt
Blankenhain
41
A 71
Oberhof
Saale
13
Zella-Mehlis
Schmiedefeld am Rennsteig
4
Neuhaus am Rennweg
89
A 73
14
Stockheim
Coburg
Rödental
Ahorn
Wa
279
49
K
50
L
173
Kronach

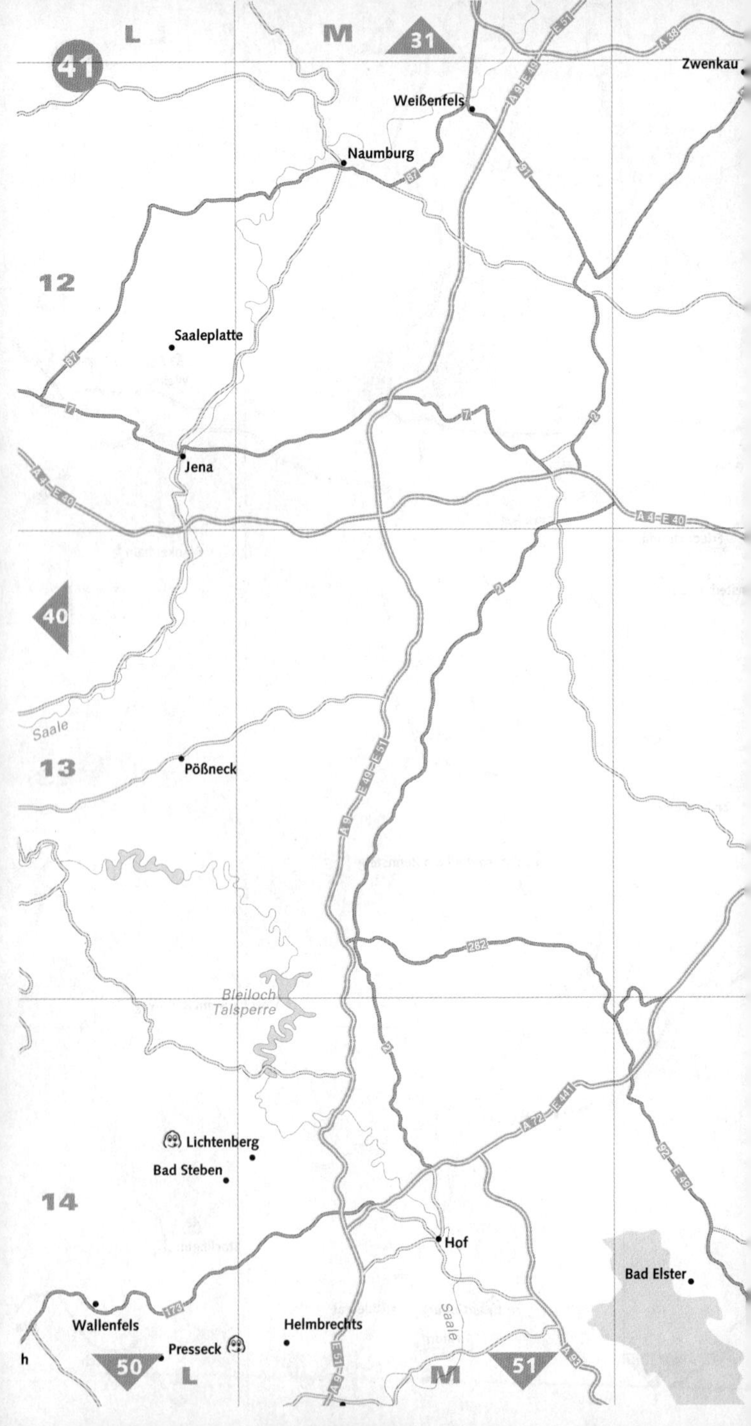

41
L
M
31
L
M
50
51
40
12
13
14
Zwenkau
Weißenfels
Naumburg
Saaleplatte
Jena
Saale
Pößneck
Bleiloch Talsperre
Lichtenberg
Bad Steben
Hof
Bad Elster
Wallenfels
Presseck
Helmbrechts
Saale
A 9-E 49
E 51
A 38
91
87
7
2
A 4-E 40
A 9-E 49-E 51
282
A 72-E 441
92-E 49
173
A 93

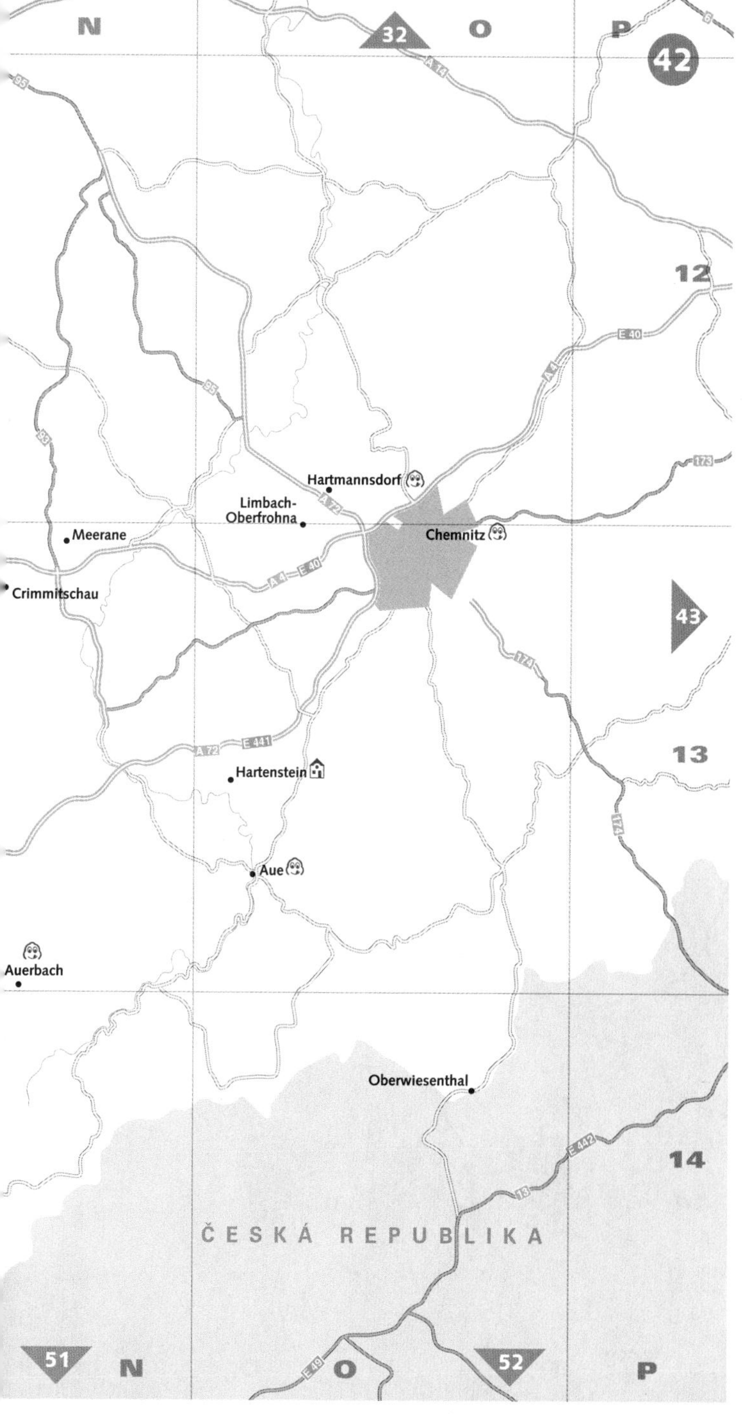
N
32
O
P
42
12
Hartmannsdorf
Limbach-
Oberfrohna
Meerane
Chemnitz
Crimmitschau
43
Hartenstein
13
Aue
Auerbach
Oberwiesenthal
14
ČESKÁ REPUBLIKA
51
N
O
52
P

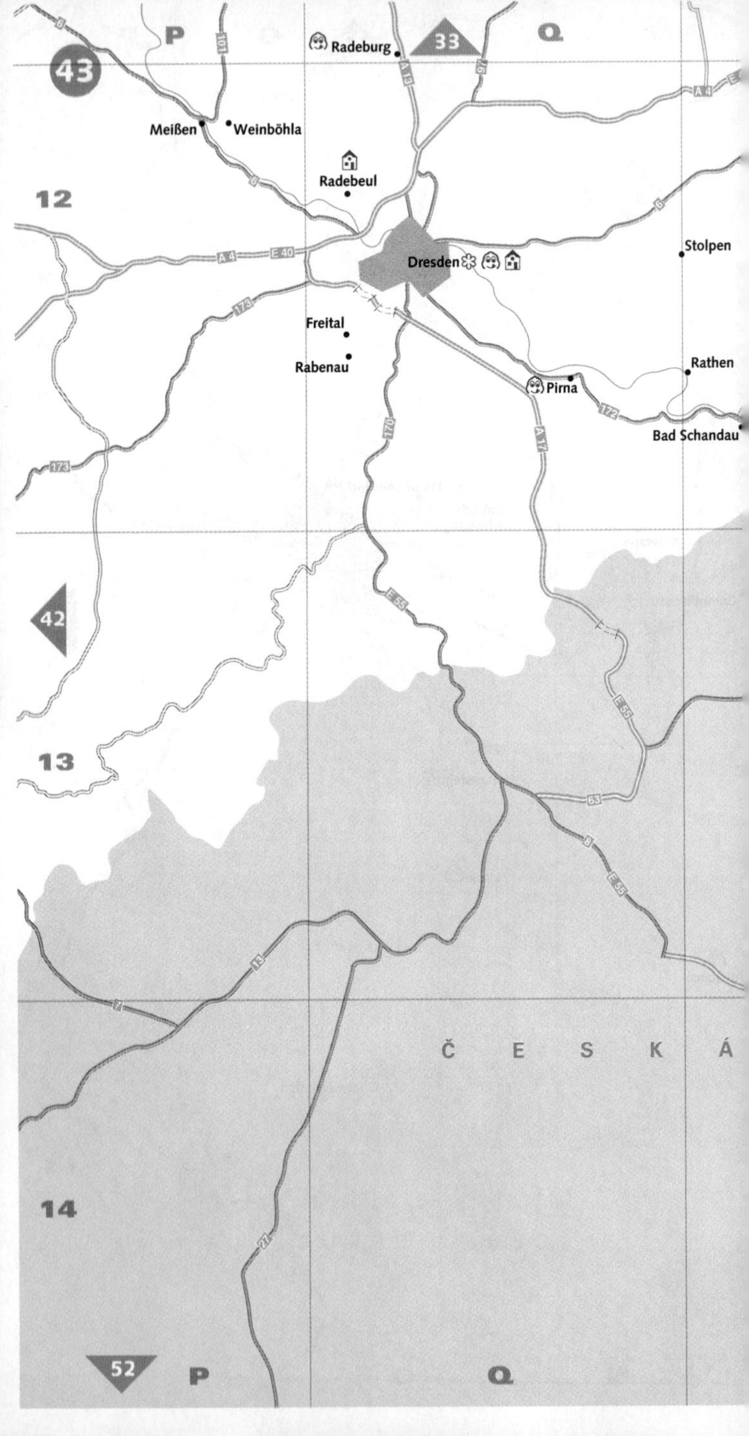

P
Q
43
33
Radeburg
Meißen
Weinböhla
Radebeul
12
Dresden
Stolpen
Freital
Rabenau
Rathen
Pirna
Bad Schandau
42
13
ČESKÁ
14
52
P
Q

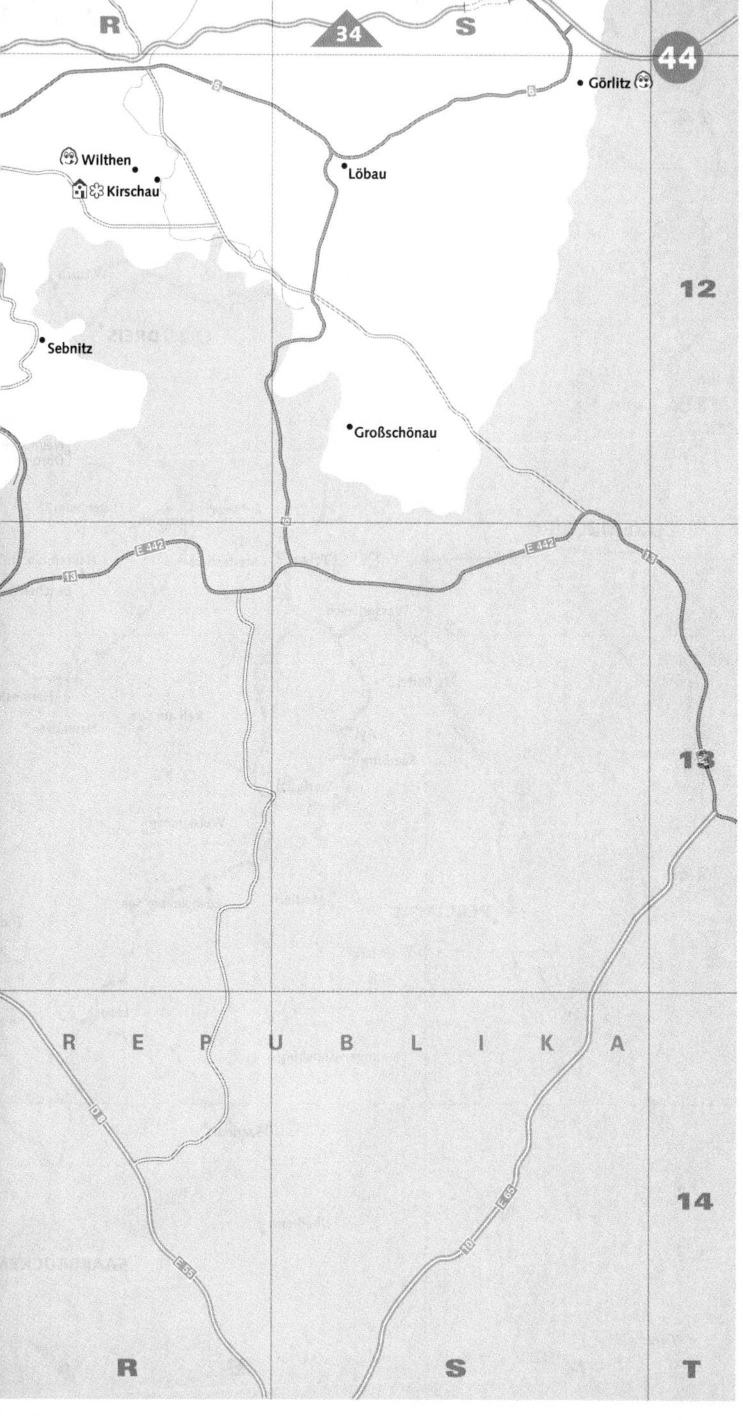
R
34
S
44
6
Görlitz
Wilthen
Kirschau
Löbau
12
Sebnitz
Großschönau
E 442
13
13
R E P U B L I K A
D 8
14
E 65
10
E 55
R
S
T

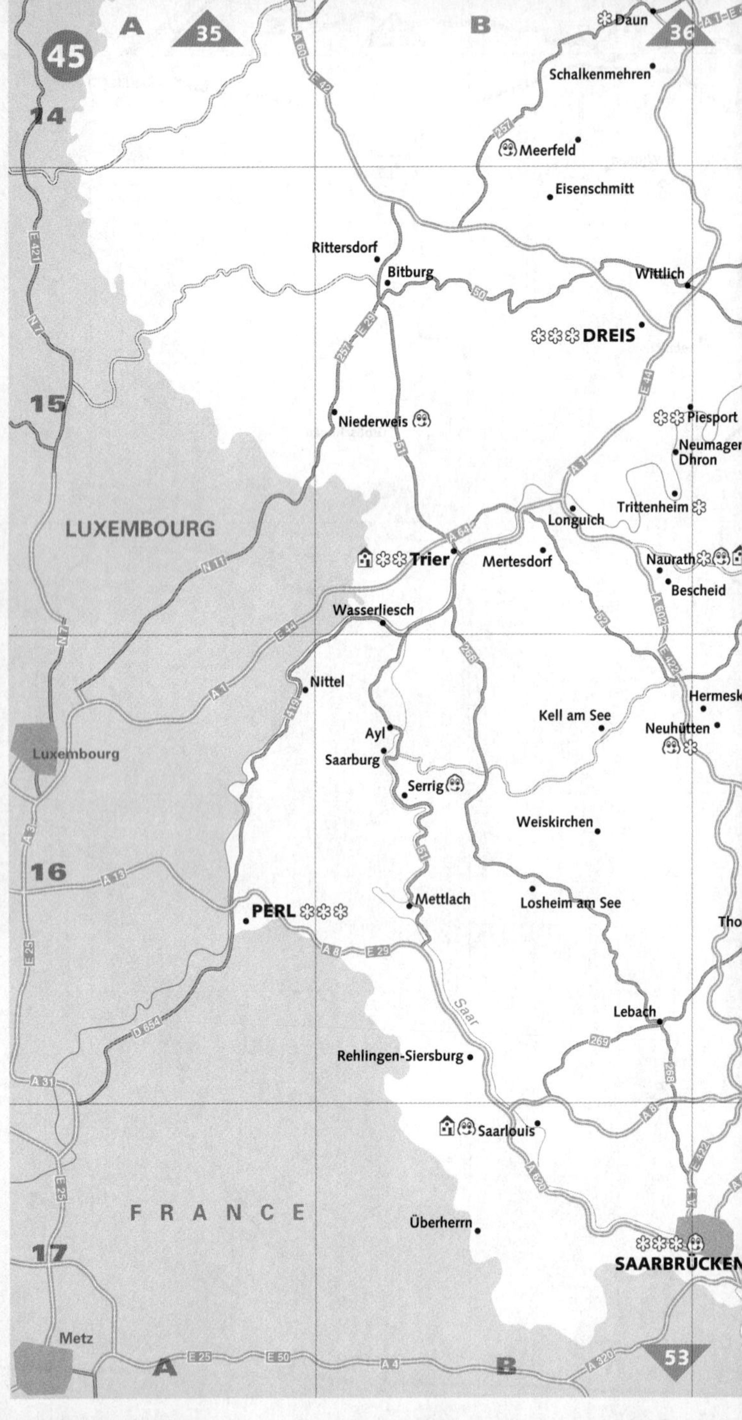
45
A
35
B
36
53
14
15
16
17
Daun
Schalkenmehren
Meerfeld
Eisenschmitt
Rittersdorf
Bitburg
Wittlich
DREIS
Niederweis
Piesport
Neumagen-Dhron
Trittenheim
Longuich
Trier
Mertesdorf
Naurath
Bescheid
LUXEMBOURG
Luxembourg
Wasserliesch
Nittel
Hermesk
Kell am See
Neuhütten
Ayl
Saarburg
Serrig
Weiskirchen
Losheim am See
Mettlach
PERL
Tho
Saar
Lebach
Rehlingen-Siersburg
Saarlouis
FRANCE
Überherrn
SAARBRÜCKEN
Metz

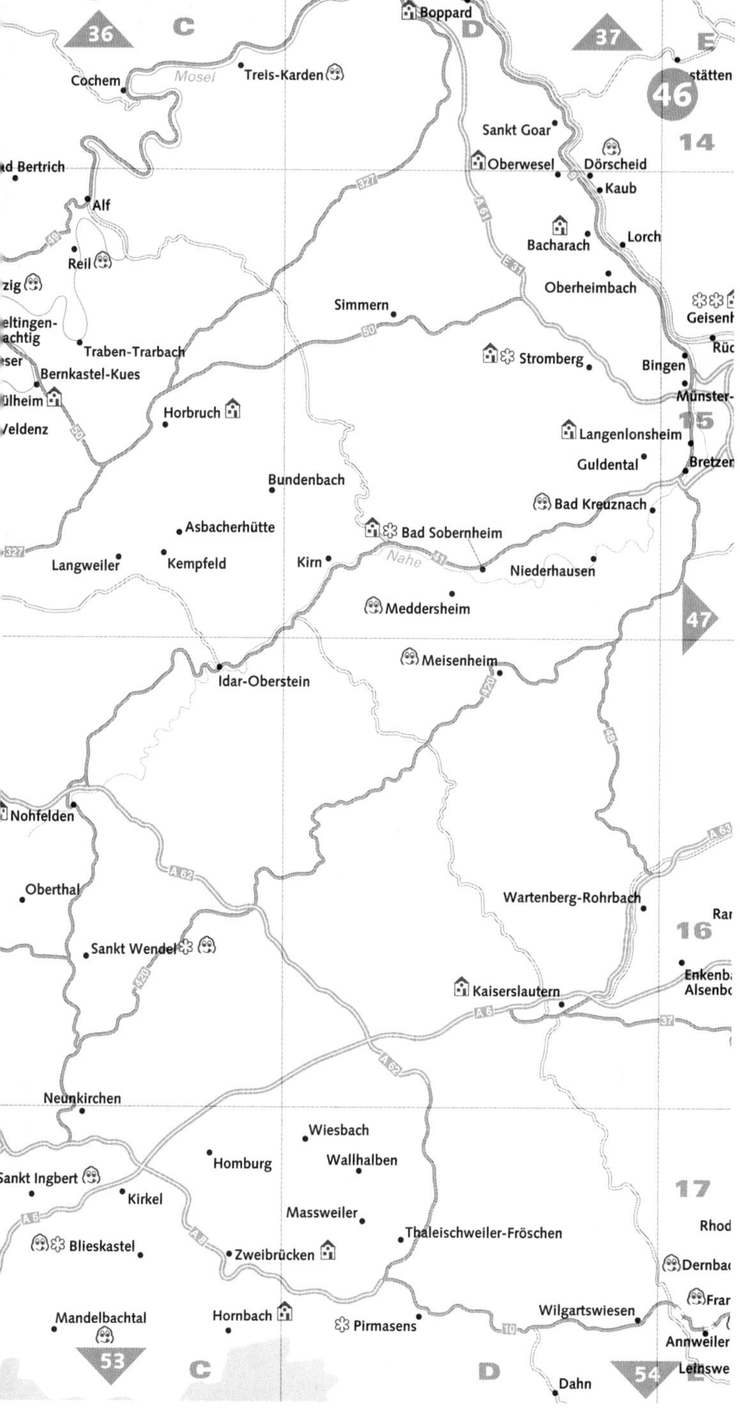

36
C
Boppard
D
37
E
46
Cochem
Mosel
Treis-Karden
stätten
Sankt Goar
14
Oberwesel
Dörscheid
Kaub
Alf
Bacharach
Lorch
Reil
Oberheimbach
Simmern
Geisen
Traben-Trarbach
Stromberg
Bingen
Bernkastel-Kues
Münster-
Horbruch
15
Veldenz
Langenlonsheim
Guldental
Bretzen
Bundenbach
Bad Kreuznach
Asbacherhütte
Bad Sobernheim
Langweiler
Kempfeld
Kirn
Nahe
Niederhausen
Meddersheim
47
Meisenheim
Idar-Oberstein
Nohfelden
Oberthal
Wartenberg-Rohrbach
16
Sankt Wendel
Kaiserslautern
Neunkirchen
Wiesbach
Homburg
Wallhalben
Sankt Ingbert
Kirkel
17
Massweiler
Thaleischweiler-Fröschen
Blieskastel
Zweibrücken
Wilgartswiesen
Mandelbachtal
Hornbach
Pirmasens
Annweiler
53
C
D
54
Dahn

47
E
37
Nastätten
Hohenstein
14
Idstein
Glashütten
Bad Homburg vor der Höhe
F
38
Oberursel
Königstein im Taunus
Kronberg im Taunus
Taunusstein
Frankfurt am Main
Offenbach am Main
Wiesbaden
Hofheim
Kelsterbach
Kiedrich
Walluf
Oestrich-Winkel
Eltville am Rhein
Neu-Isenburg
Geisenheim
Rüdesheim
Mainz
Heidesheim am Rhein
Ingelheim
Dreieich
Langen
Münster-Sarmsheim
Schwabenheim
15
Jugenheim
Bretzenheim
Saulheim
Nierstein
Oppenheim
Darmstadt
St. Johann
Sprendlingen
Selzen
Mühltal
Eckelsheim
Flonheim
46
Alzey
Zwingenberg
Flörsheim-Dalsheim
Zellertal
Worms
Heppenheim
Grünstadt
Laumersheim
Heßheim
16
Neuleiningen
Birkenau
Ramsen
Kirchheim an der Weinstraße
Großkarlbach
Viernheim
Weinheim
Weisenheim am Berg
Freinsheim
Mannheim
Hirschberg
Enkenbach-Alsenborn
Kallstadt
Ludwigshafen am Rhein
Schriesheim
Bad Dürkheim
Ladenburg
Wachenheim
Gönnheim
Forst an der Weinstraße
Altrip
Deidesheim
Heidelberg
Ruppertsberg
Brühl
Schwetzingen
Schifferstadt
Neckargemünd
Haßloch
Ketsch
17
Neustadt an der Weinstraße
Leimen
Speyer
Sankt Martin
Maikammer
Rhodt unter Rietburg
Edenkoben
Walldorf
Weyher
Altdorf
Dernbach
Edesheim
Rauenberg
Gleisweiler
Frankweiler
Zeiskam
Ilbesheim bei Landau
Bad Schönborn
Annweiler
Östringen
Leinsweiler
54
Bellheim
55
Landau in der Pfalz
F

38
Ronneburg
G
Bad Orb
H
39
48
Gelnhausen
Erlensee
14
Linsengericht
Maintal
Hanau
Mühlheim am Main
Kahl am Main
Blankenbach
Frammersbach
Heigenbrücken
Johannesberg
MAIN
Lohr am Main
Aschaffenburg
Niedernberg
15
Mespelbrunn
Groß-Umstadt
Kleinwallstadt
Heimbuchenthal
MAIN
Marktheidenfeld
Triefenstein
Höchst im Odenwald
Kreuzwertheim
Klingenberg am Main
Bad König
Laudenbach
Wertheim
Großheubach
Bürgstadt
Rüdenau
49
Reichelsheim
Miltenberg
Michelstadt
Grasellenbach
Amorbach
Tauberbischofsheim
Hardheim
16
Hirschhorn
Neckar
Mosbach
Neckarzimmern
Jagst
Schöntal
Jagsthausen
Künzelsau
17
Friedrichsruhe
Bad Wimpfen
55
G
Öhringen
H
Waldenburg
56

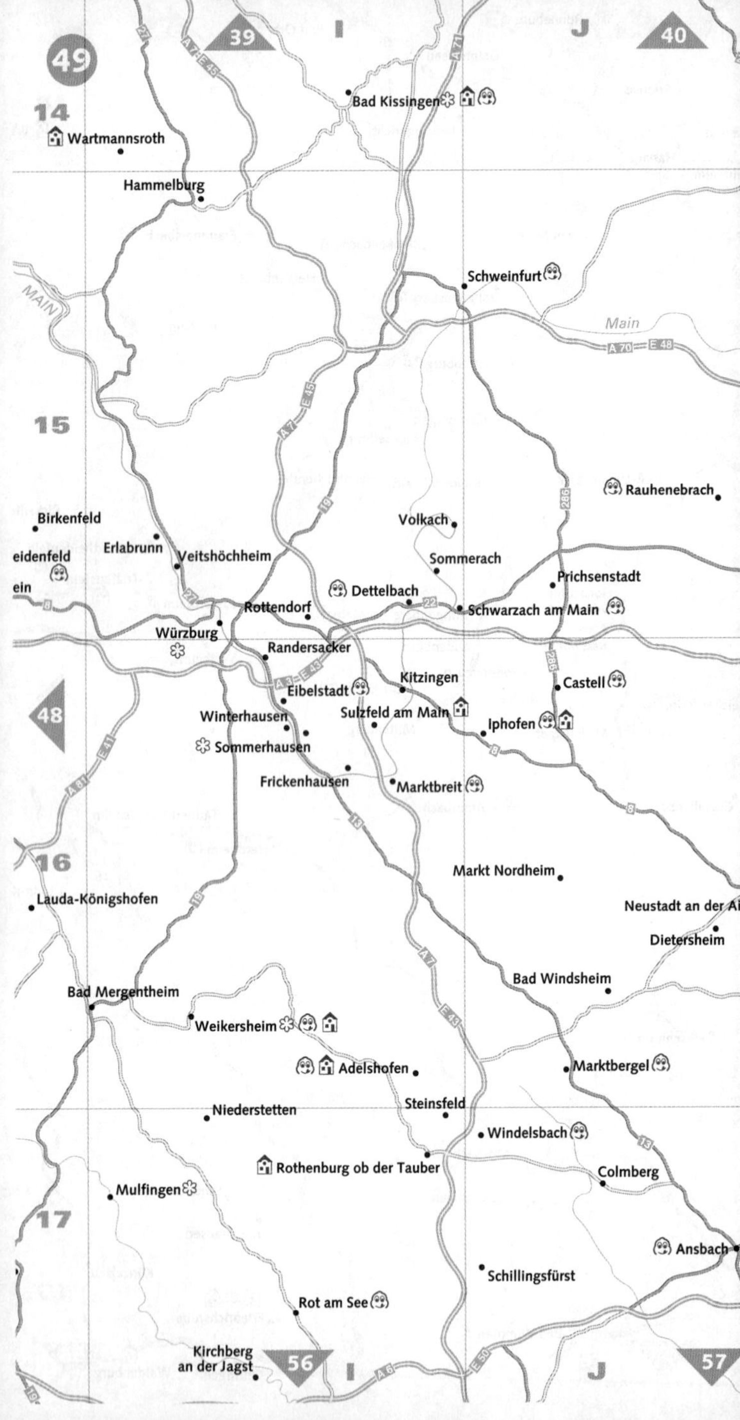
49
39
I
J
40
14
Wartmannsroth
Bad Kissingen
Hammelburg
MAIN
Schweinfurt
Main
A 70
E 48
A 7
E 45
15
Rauhenebrach
Birkenfeld
Erlabrunn
Volkach
eidenfeld
Veitshöchheim
Sommerach
Prichsenstadt
ein
Dettelbach
Rottendorf
Schwarzach am Main
Würzburg
Randersacker
A 3
E 43
Kitzingen
Castell
48
Eibelstadt
Sulzfeld am Main
Winterhausen
Iphofen
Sommerhausen
Frickenhausen
Marktbreit
A 81
E 41
16
Markt Nordheim
Lauda-Königshofen
Neustadt an der Ai
Dietersheim
Bad Windsheim
Bad Mergentheim
Weikersheim
Adelshofen
Marktbergel
Niederstetten
Steinsfeld
Windelsbach
Rothenburg ob der Tauber
Colmberg
Mulfingen
17
Ansbach
Schillingsfürst
Rot am See
Kirchberg
an der Jagst
56
A 6
E 50
57

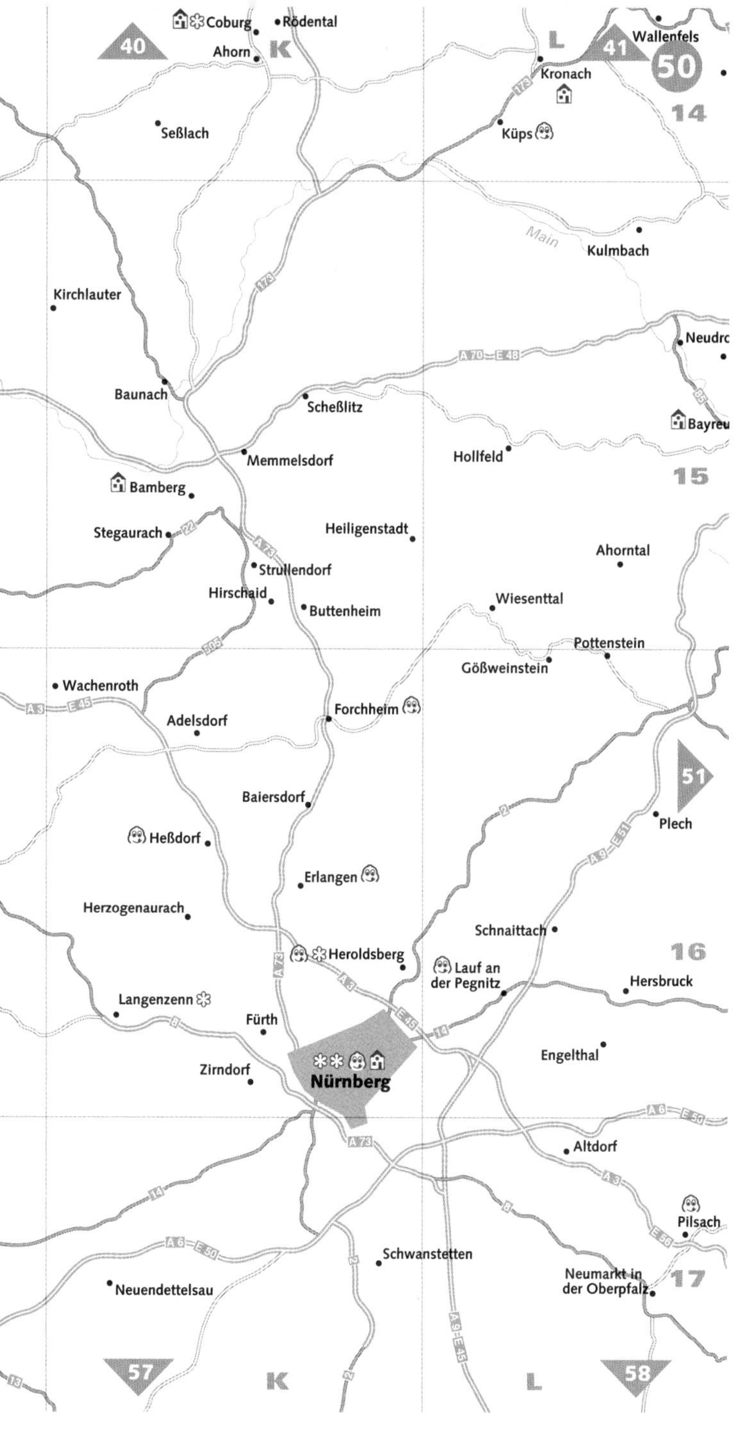
40
Coburg
Rödental
Ahorn
K
L
41
Wallenfels
50
Kronach
14
Seßlach
Küps
Main
Kulmbach
Kirchlauter
A 70 - E 48
Neudro
Baunach
Scheßlitz
Bayreu
Memmelsdorf
Hollfeld
15
Bamberg
Stegaurach
Heiligenstadt
Ahorntal
Strullendorf
Hirschaid
Buttenheim
Wiesenttal
Pottenstein
Gößweinstein
Wachenroth
A 3
E 45
Forchheim
Adelsdorf
51
Baiersdorf
Plech
Heßdorf
A 9
E 51
Erlangen
Herzogenaurach
Schnaittach
16
Heroldsberg
Lauf an
der Pegnitz
Hersbruck
Langenzenn
Fürth
A 73
Engelthal
Zirndorf
Nürnberg
A 6
E 50
Altdorf
Pilsach
Schwanstetten
Neumarkt in
der Oberpfalz
17
Neuendettelsau
A 9 - E 45
57
K
L
58

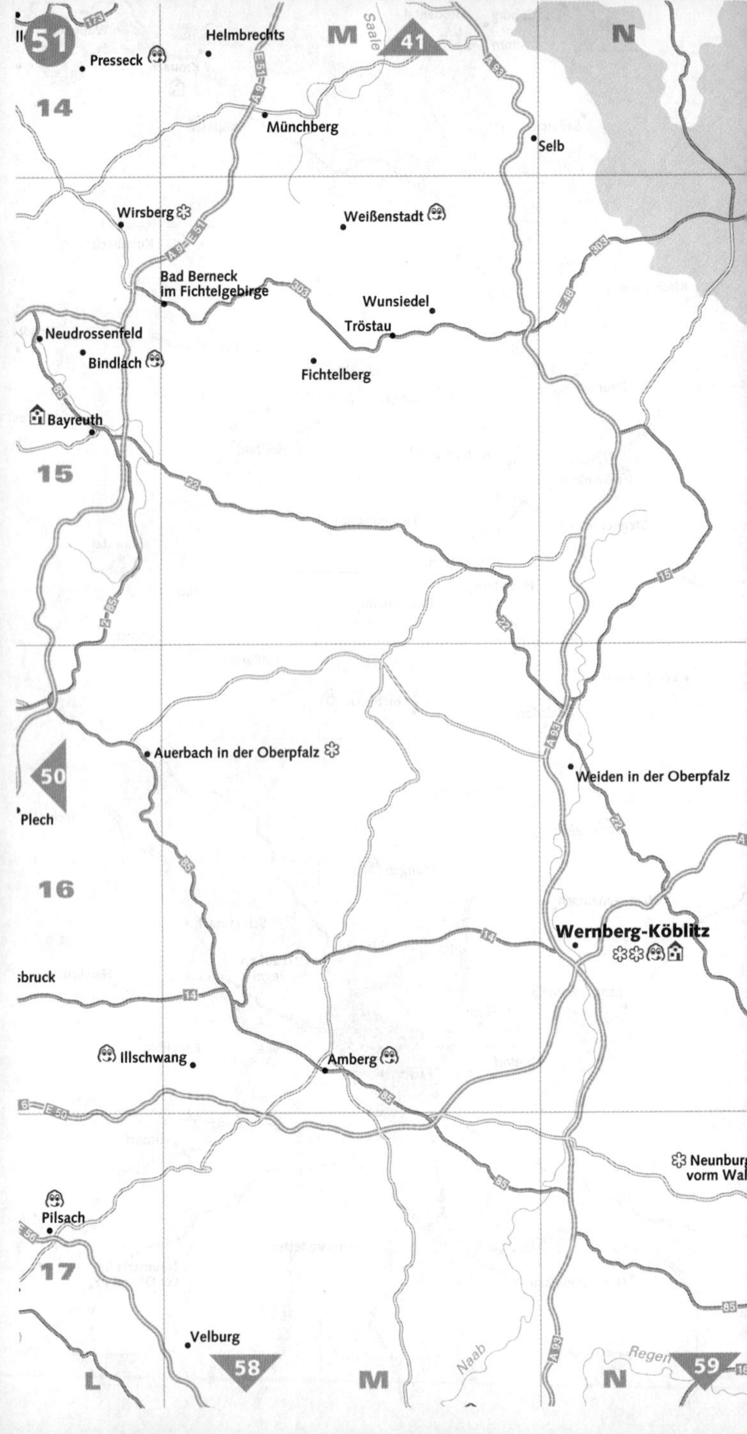

51
Presseck
Helmbrechts
M
Saale
41
N
14
Münchberg
Selb
Wirsberg
Weißenstadt
Bad Berneck
im Fichtelgebirge
Wunsiedel
Tröstau
Neudrossenfeld
Bindlach
Fichtelberg
Bayreuth
15
Auerbach in der Oberpfalz
50
Plech
Weiden in der Oberpfalz
16
Wernberg-Köblitz
Illschwang
Amberg
Neunburg
vorm Wal
Pilsach
17
Velburg
58
Naab
Regen
59
L
M
N

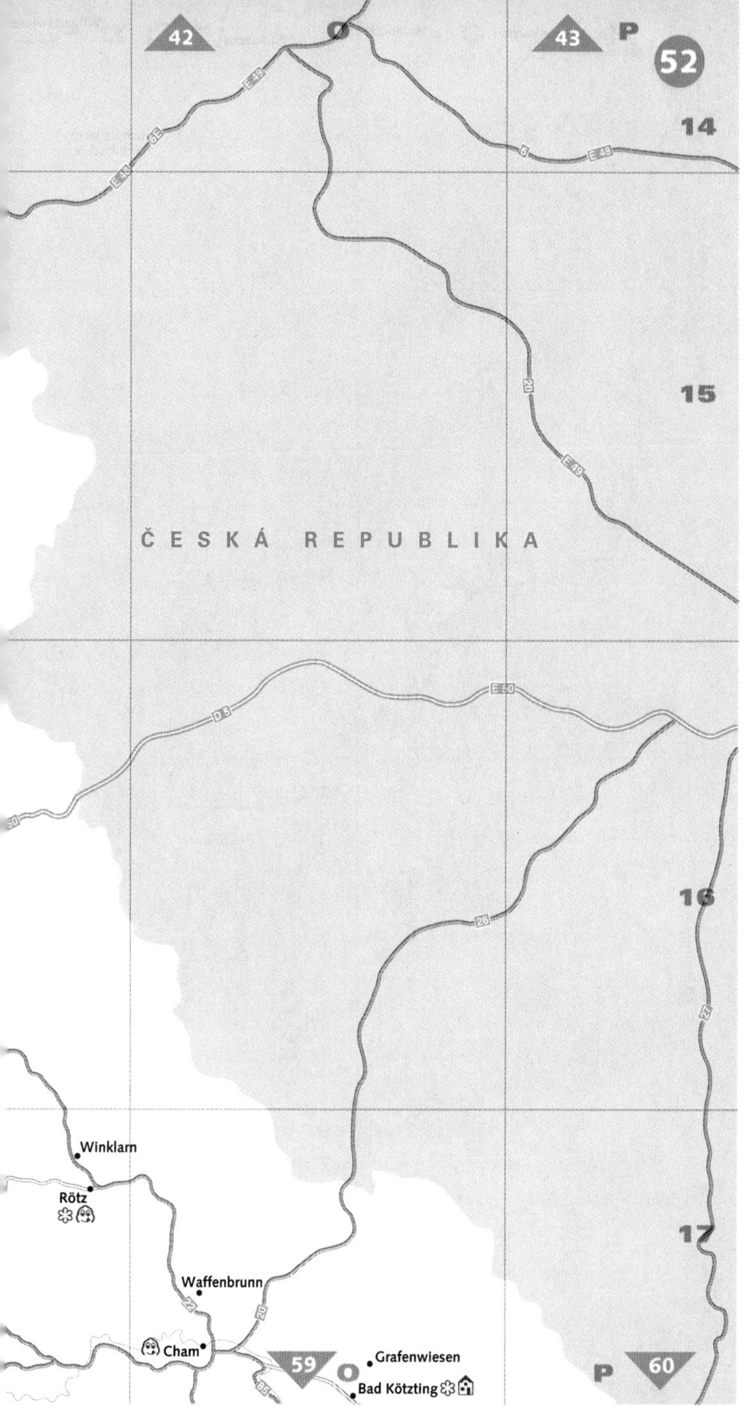

42
43
52
O
P
14
15
16
17
E 49
E 48
6
20
ČESKÁ REPUBLIKA
E 50
D 5
26
27
Winklarn
Rötz
Waffenbrunn
22
20
Cham
85
59
O
Grafenwiesen
Bad Kötzting
P
60

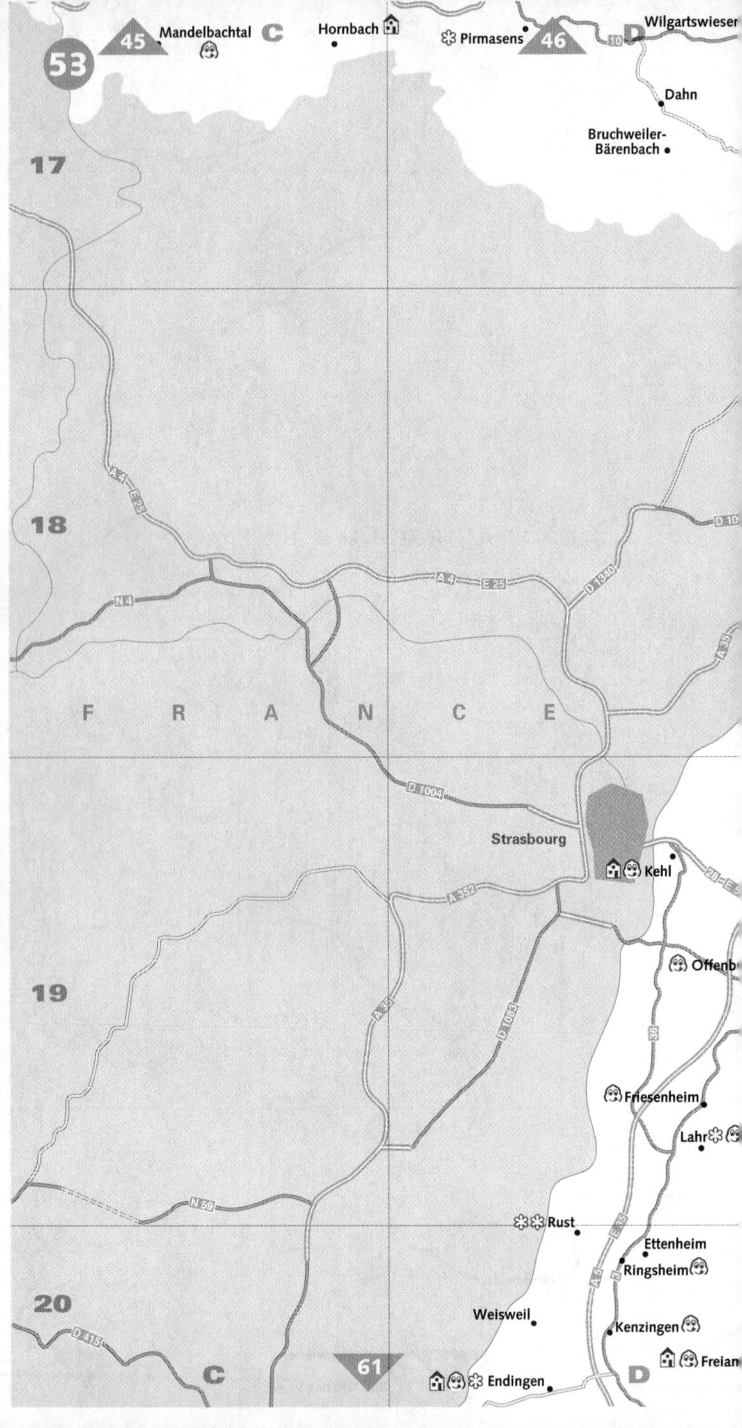

53
45
Mandelbachtal
C
Hornbach
Pirmasens
46
D
Wilgartswieser
10
Dahn
Bruchweiler-
Bärenbach
17
18
A 4
E 25
N 4
D 1340
D 10
A 35
F R A N C E
D 1004
Strasbourg
Kehl
A 352
Offenb
19
A 35
D 1083
36
Friesenheim
Lahr
N 59
Rust
Ettenheim
Ringsheim
A 5
E 35
20
Weisweil
Kenzingen
D 415
C
61
Endingen
D
Freian

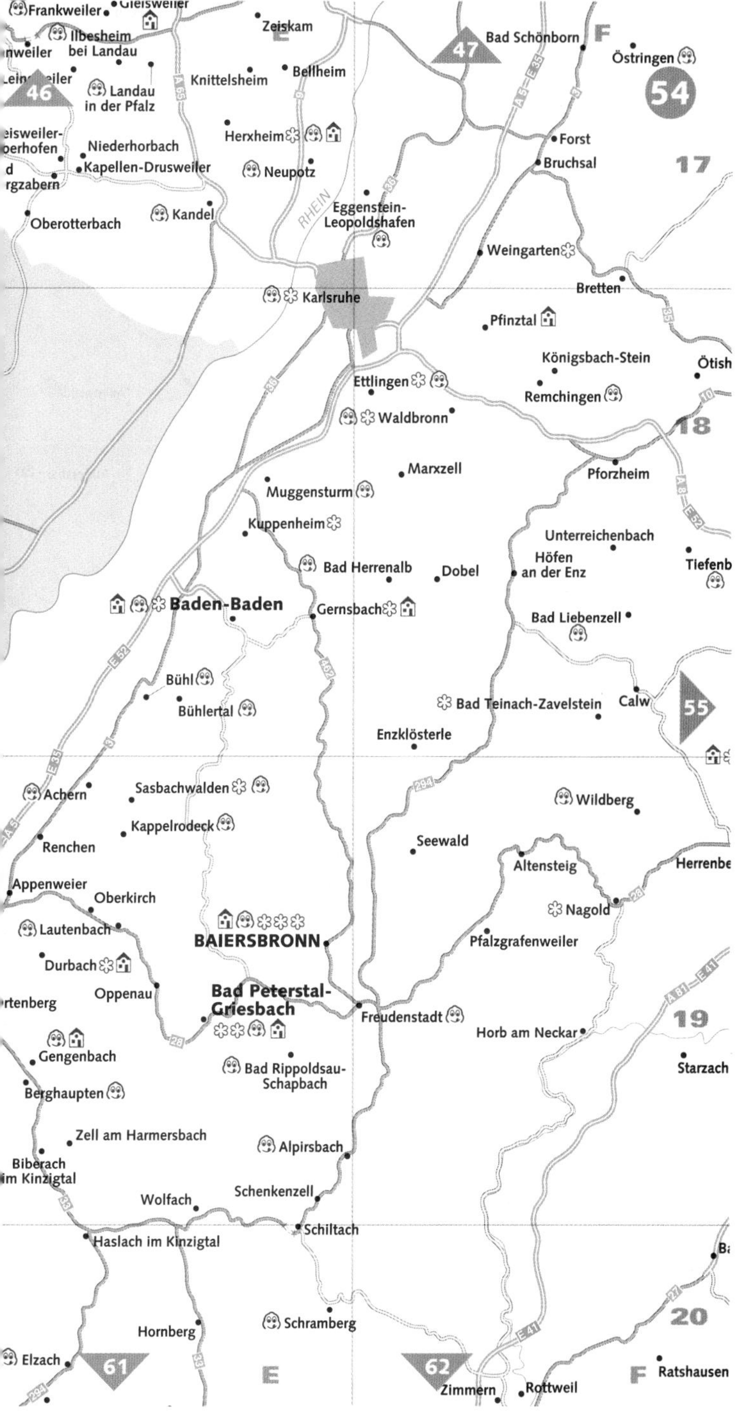
Frankweiler
Gleisweiler
Zeiskam
Ilbesheim bei Landau
Bad Schönborn
Östringen
54
47
46
Landau in der Pfalz
Knittelsheim
Bellheim
Herxheim
Niederhorbach
Kapellen-Drusweiler
Neupotz
Forst
Bruchsal
17
Oberotterbach
Kandel
RHEIN
Eggenstein-Leopoldshafen
Weingarten
Bretten
Karlsruhe
Pfinztal
Königsbach-Stein
Ötish
Ettlingen
Remchingen
Waldbronn
18
Marxzell
Pforzheim
Muggensturm
Kuppenheim
Unterreichenbach
Bad Herrenalb
Dobel
Höfen an der Enz
Tiefenb
Baden-Baden
Gernsbach
Bad Liebenzell
Bühl
Bühlertal
Bad Teinach-Zavelstein
Calw
55
Enzklösterle
Achern
Sasbachwalden
Wildberg
Kappelrodeck
Renchen
Seewald
Altensteig
Herrenbe
Appenweier
Oberkirch
Nagold
Lautenbach
BAIERSBRONN
Pfalzgrafenweiler
Durbach
Oppenau
Bad Peterstal-Griesbach
rtenberg
Freudenstadt
Horb am Neckar
19
Gengenbach
Bad Rippoldsau-Schapbach
Starzach
Berghaupten
Zell am Harmersbach
Alpirsbach
Biberach im Kinzigtal
Wolfach
Schenkenzell
Schiltach
Haslach im Kinzigtal
Ba
20
Hornberg
Schramberg
Elzach
61
62
E
F
Ratshausen
Zimmern
Rottweil

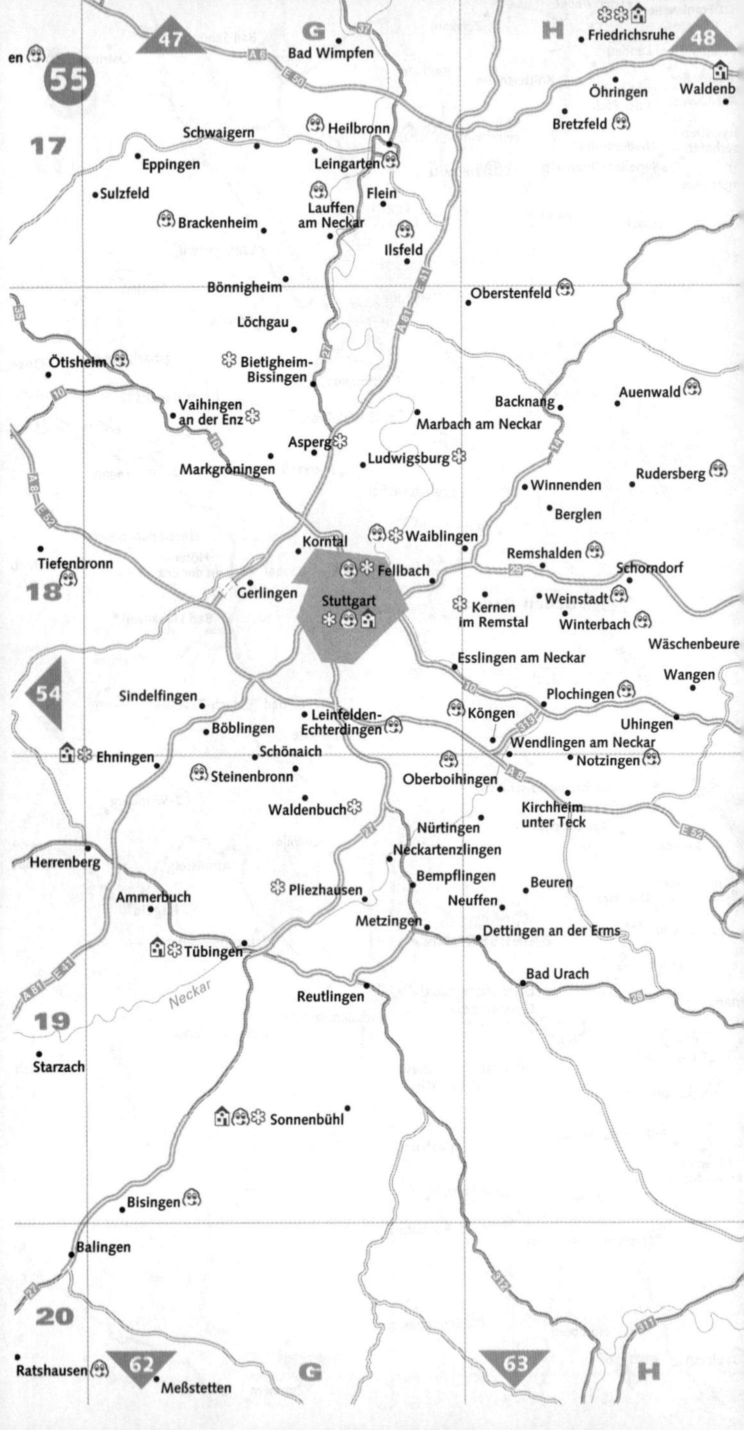

47
G
H
48
55
17
18
19
20
54
62
63
Friedrichsruhe
Bad Wimpfen
Öhringen
Waldenb
Bretzfeld
Heilbronn
Schwaigern
Eppingen
Leingarten
Sulzfeld
Flein
Lauffen am Neckar
Brackenheim
Ilsfeld
Bönnigheim
Oberstenfeld
Löchgau
Ötisheim
Bietigheim-Bissingen
Vaihingen an der Enz
Backnang
Auenwald
Marbach am Neckar
Asperg
Ludwigsburg
Markgröningen
Winnenden
Rudersberg
Berglen
Waiblingen
Korntal
Remshalden
Tiefenbronn
Fellbach
Schorndorf
Gerlingen
Stuttgart
Kernen im Remstal
Weinstadt
Winterbach
Wäschenbeure
Esslingen am Neckar
Wangen
Sindelfingen
Plochingen
Köngen
Leinfelden-Echterdingen
Böblingen
Uhingen
Wendlingen am Neckar
Ehningen
Schönaich
Notzingen
Steinenbronn
Oberboihingen
Waldenbuch
Kirchheim unter Teck
Nürtingen
Neckartenzlingen
Herrenberg
Bempflingen
Beuren
Ammerbuch
Pliezhausen
Neuffen
Metzingen
Dettingen an der Erms
Tübingen
Bad Urach
Neckar
Reutlingen
Starzach
Sonnenbühl
Bisingen
Balingen
Ratshausen
Meßstetten

48
49
I
J
56
Rot am See
Kirchberg an der Jagst
Feuchtwangen
17
Schwäbisch Hall
Dinkelsbühl
Fichtenau
Jagst
Ellwangen
Gschwend
Aalen
Nördlingen
18
Schwäbisch Gmünd
Waldstetten
Königsbronn
57
Salach
Donzdorf
chlat
Geislingen an der Steige
Giengen an der Brenz
Höchstädt an der Donau
Dillingen an der Donau
Amstetten
ad Ditzenbach
Gundelfingen an der Donau
Rammingen
Langenau
19
DONAU
Blaubeuren
Ulm
Neu Ulm
Schelklingen
Ichenhausen
Neuburg an der Kammel
Vöhringen
Thannhausen
Ehingen
Burgrieden
20
Illertissen
63
64
I
J
Schwendi

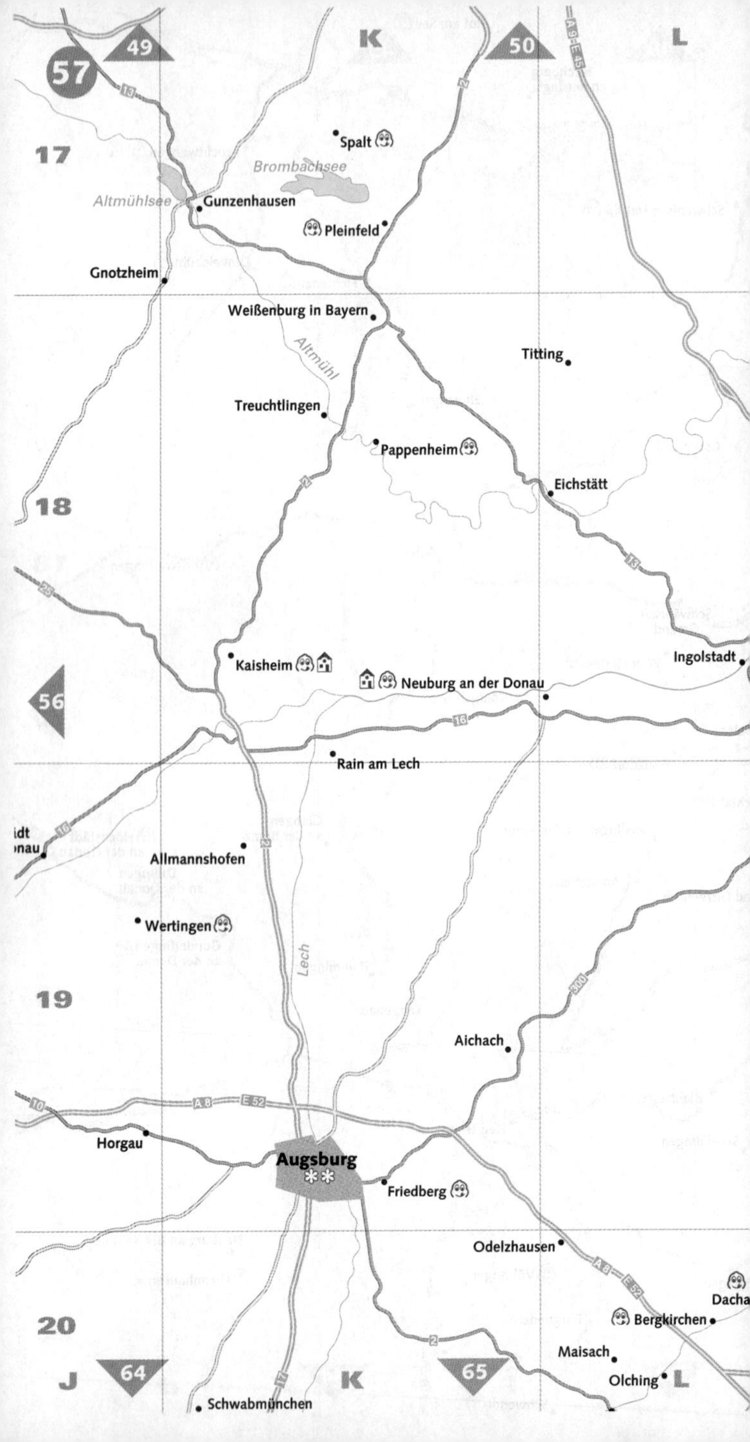
57
49
K
50
L
17
Spalt
Brombachsee
Altmühlsee
Gunzenhausen
Pleinfeld
Gnotzheim
Weißenburg in Bayern
Altmühl
Titting
Treuchtlingen
Pappenheim
Eichstätt
18
Kaisheim
Ingolstadt
56
Neuburg an der Donau
Rain am Lech
Allmannshofen
Wertingen
Lech
19
Aichach
Horgau
Augsburg
Friedberg
Odelzhausen
Dacha
Bergkirchen
20
Maisach
J
64
K
65
Olching
L
Schwabmünchen

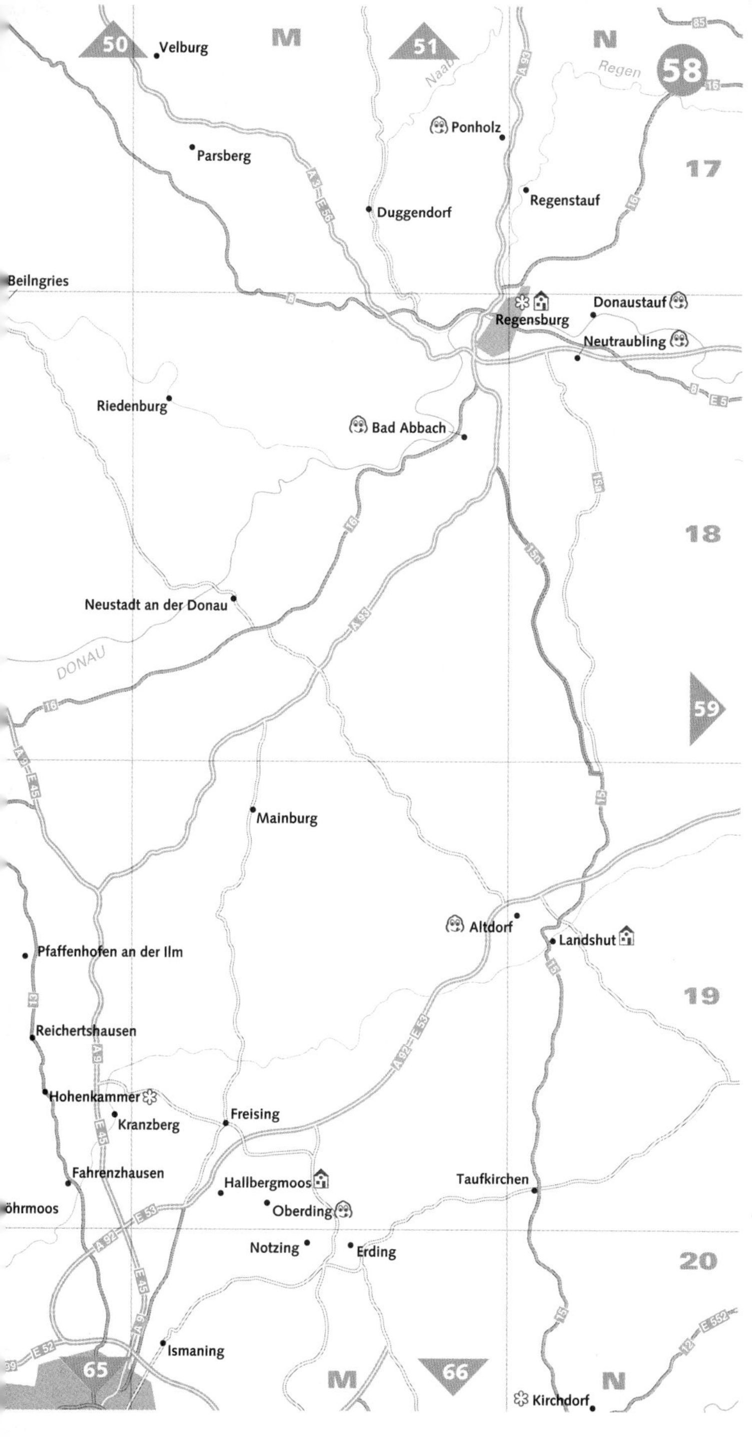
50
Velburg
M
51
N
58
Regen
Naab
Ponholz
Parsberg
17
Regenstauf
Duggendorf
Beilngries
Donaustauf
Regensburg
Neutraubling
Riedenburg
Bad Abbach
18
Neustadt an der Donau
DONAU
59
Mainburg
Altdorf
Landshut
Pfaffenhofen an der Ilm
19
Reichertshausen
Hohenkammer
Freising
Kranzberg
Fahrenzhausen
Hallbergmoos
Taufkirchen
öhrmoos
Oberding
Notzing
Erding
20
Ismaning
65
M
66
N
Kirchdorf

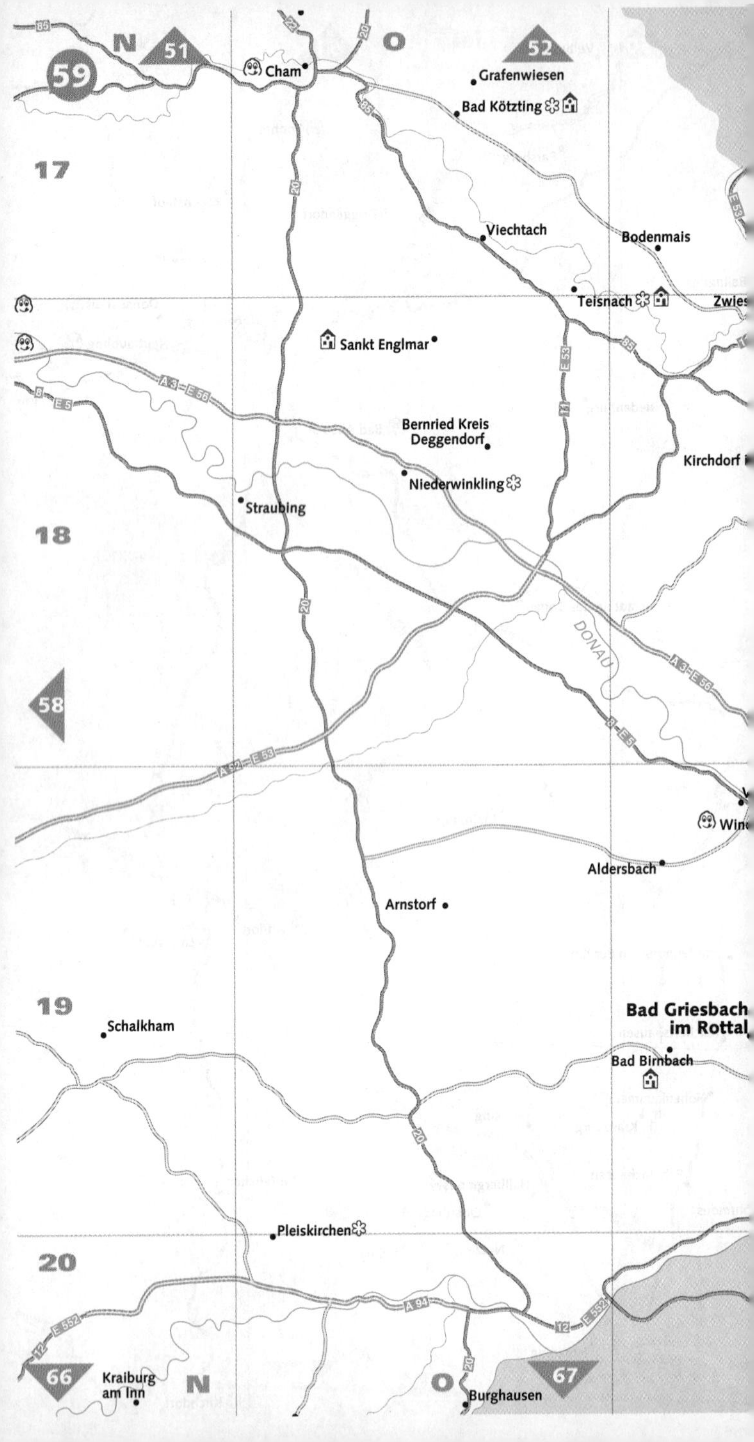
N
O
59
51
52
Cham
Grafenwiesen
Bad Kötzting
17
Viechtach
Bodenmais
Teisnach
Zwies
Sankt Englmar
Bernried Kreis
Deggendorf
Niederwinkling
Kirchdorf i
Straubing
18
DONAU
58
Wine
Aldersbach
Arnstorf
19
Schalkham
Bad Griesbach
im Rottal
Bad Birnbach
Pleiskirchen
20
66
Kraiburg
am Inn
N
O
67
Burghausen

P
52
Q
R
60
17
ČESKÁ REPUBLIKA
Frauenau
Mauth
18
Freyung
Waldkirchen
Hauzenberg
n an der Donau
Wegscheid
Passau
Untergriesbach
Fürstenzell
Neuburg am Inn
19
Ruhstorf
an der Rott
ÖSTERREICH
Bad Füssing
INN
20
P
67
Q
R

61
C
53
D
54
Ringsheim
Weisweil
Kenzingen
Freiamt
Elzach
Endingen
Winden im Elztal
Colmar
20
Emmendingen
Waldkirch
Simonswald
Vogtsburg im Kaiserstuhl
Denzlingen
Ihringen
Glottertal
Breisach
Gottenheim
March
Gundelfingen
Umkirch
Sankt Peter
RHEIN
F R A N C E
Freiburg im Breisgau
Kirchzarten
Pfaffenweiler
Horben
Oberried
Breitnau
Bad Krozingen
Staufen im Breisgau
Hinterzarten
Heitersheim
Münstertal
Feldberg
Sulzburg
Wieden
Todtnau
Badenweiler
Aitern
Bernau im Schwarzwald
Müllheim
Auggen
Schönau im Schwarzwald
Tunau
Schliengen
Kleines Wiesental
Bad Bellingen
Mulhouse
21
Todtmoos
Kandern
Efringen-Kirchen
Steinen
Schopfheim
Binzen
Wehr
Lörrach
Inzlingen
Weil am Rhein
Rheinfelden
Basel
Grenzach-Wyhlen
Bad Säckingen
22
S C H W
D

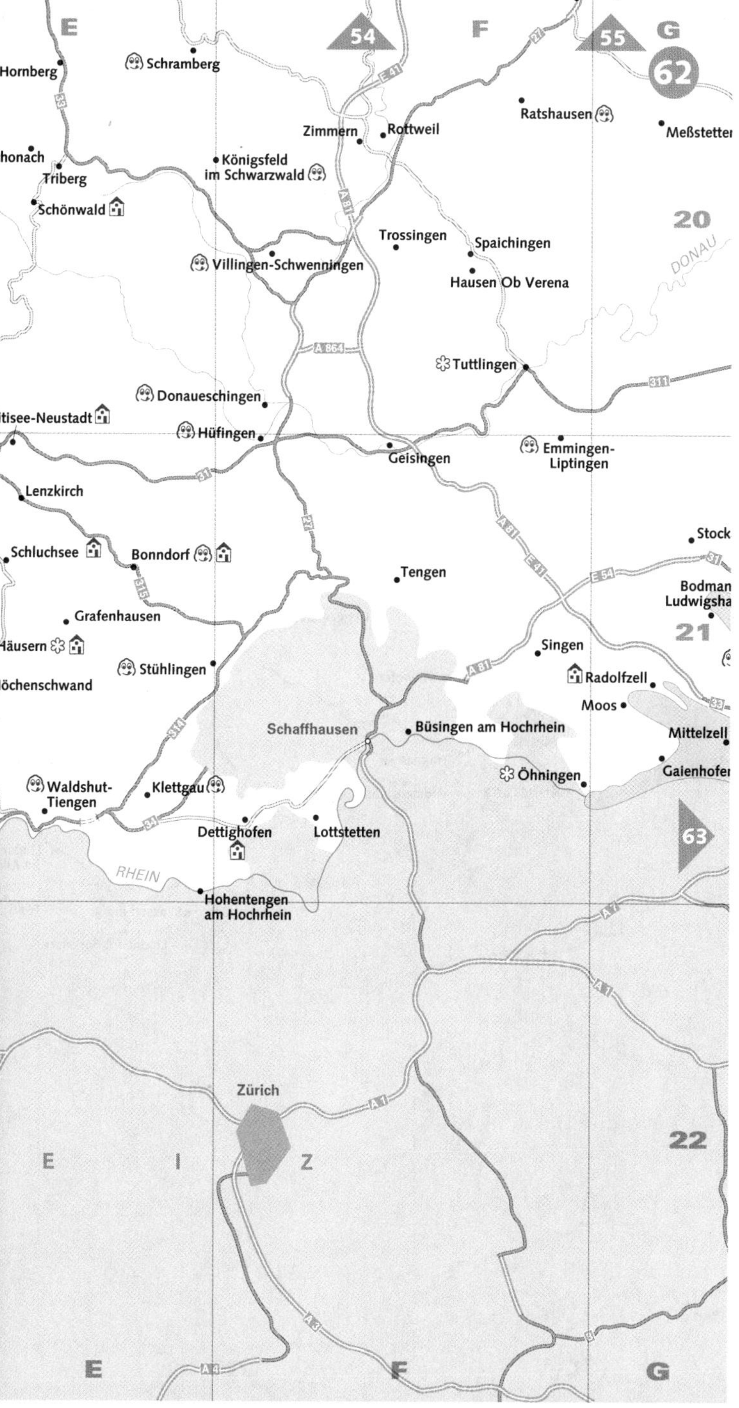

E
F
G
54
55
62
Hornberg
Schramberg
Zimmern
Rottweil
Ratshausen
Meßstetten
honach
Triberg
Königsfeld im Schwarzwald
Schönwald
20
Trossingen
Spaichingen
DONAU
Villingen-Schwenningen
Hausen Ob Verena
A 864
Tuttlingen
311
Donaueschingen
itisee-Neustadt
Hüfingen
Geisingen
Emmingen-Liptingen
31
Lenzkirch
27
A 81
Stock
Schluchsee
Bonndorf
E 41
Tengen
E 54
315
Bodman Ludwigsha
Grafenhausen
21
Häusern
Singen
Stühlingen
A 81
Radolfzell
öchenschwand
Moos
33
314
Schaffhausen
Büsingen am Hochrhein
Mittelzell
Gaienhofen
Öhningen
Waldshut-Tiengen
Klettgau
34
Dettighofen
Lottstetten
63
RHEIN
Hohentengen am Hochrhein
A 7
A 1
A 1
Zürich
22
E
I
Z
A 3
A 4
E
F
G

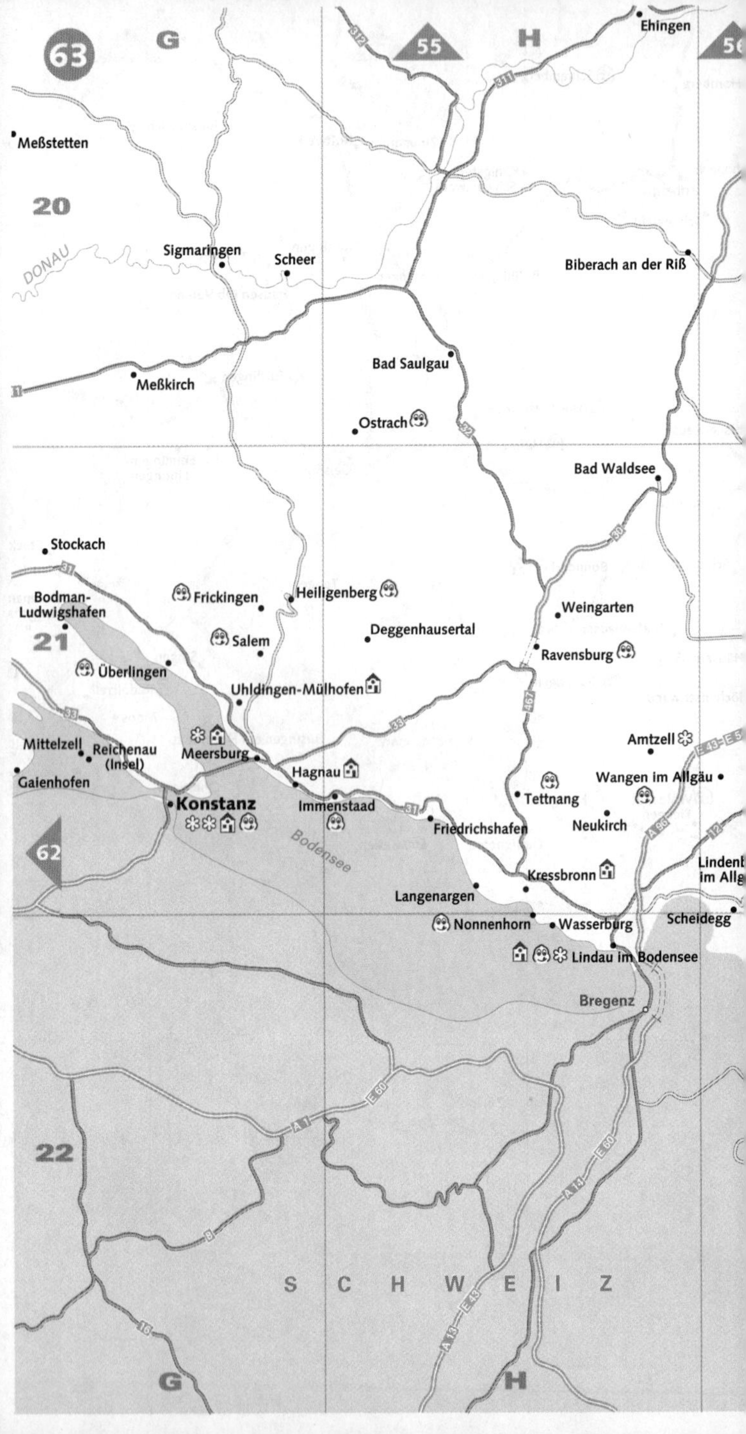
63
G
55
H
56
Ehingen
Meßstetten
20
DONAU
Sigmaringen
Scheer
Biberach an der Riß
Bad Saulgau
Meßkirch
Ostrach
Bad Waldsee
Stockach
Bodman-Ludwigshafen
Frickingen
Heiligenberg
Weingarten
21
Salem
Deggenhausertal
Ravensburg
Überlingen
Uhldingen-Mülhofen
Amtzell
Mittelzell
Reichenau (Insel)
Meersburg
Gaienhofen
Hagnau
Wangen im Allgäu
Konstanz
Immenstaad
Tettnang
Neukirch
Friedrichshafen
62
Bodensee
Kressbronn
Langenargen
Nonnenhorn
Wasserburg
Scheidegg
Lindau im Bodensee
Bregenz
22
S C H W E I Z
G
H

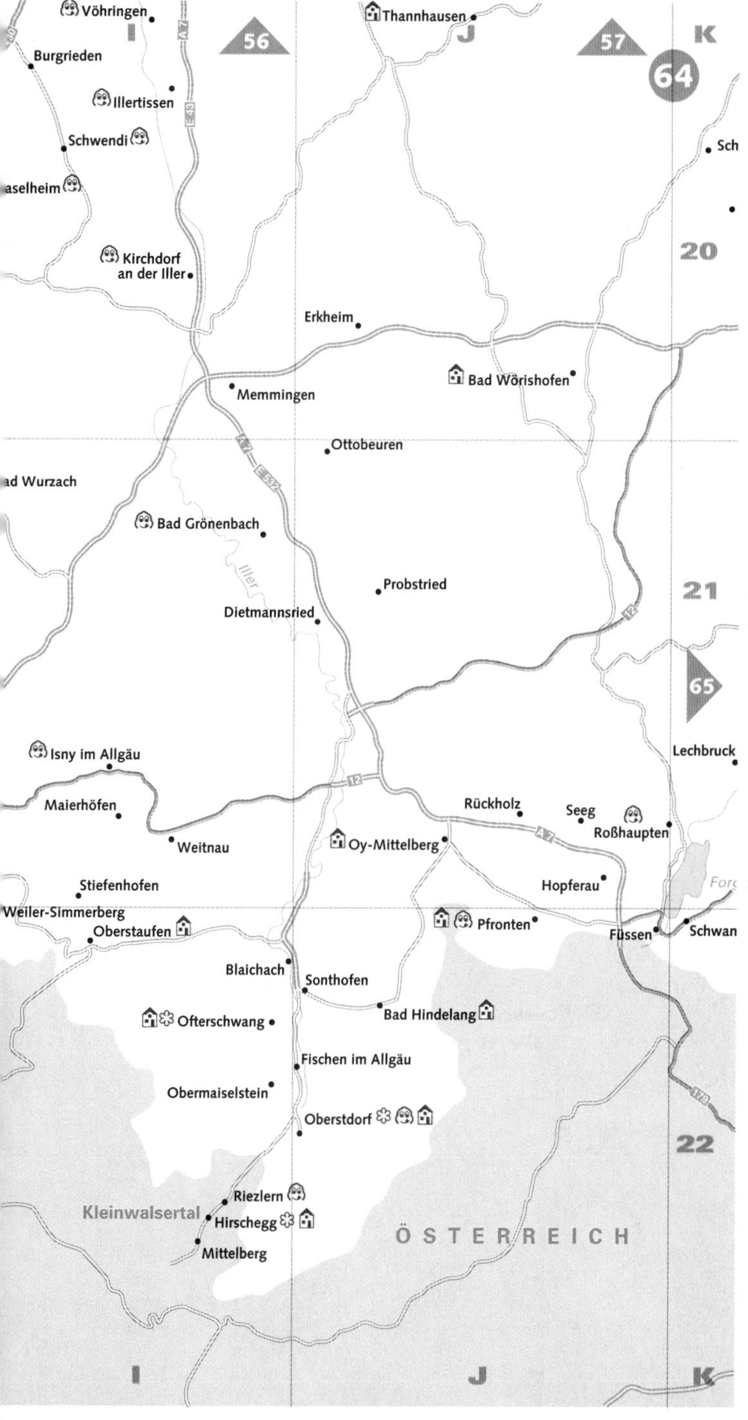

Vöhringen
I
56
Thannhausen
J
57
K
64
Burgrieden
Illertissen
Schwendi
Sch
aselheim
20
Kirchdorf an der Iller
Erkheim
Bad Wörishofen
Memmingen
Ottobeuren
ad Wurzach
Bad Grönenbach
Iller
Probstried
21
Dietmannsried
65
Isny im Allgäu
Lechbruck
Maierhöfen
Rückholz
Seeg
Roßhaupten
Weitnau
Oy-Mittelberg
Stiefenhofen
Hopferau
Weiler-Simmerberg
Pfronten
Oberstaufen
Füssen
Schwan
Blaichach
Sonthofen
Ofterschwang
Bad Hindelang
Fischen im Allgäu
Obermaiselstein
Oberstdorf
22
Riezlern
Kleinwalsertal
Hirschegg
ÖSTERREICH
Mittelberg
I
J
K

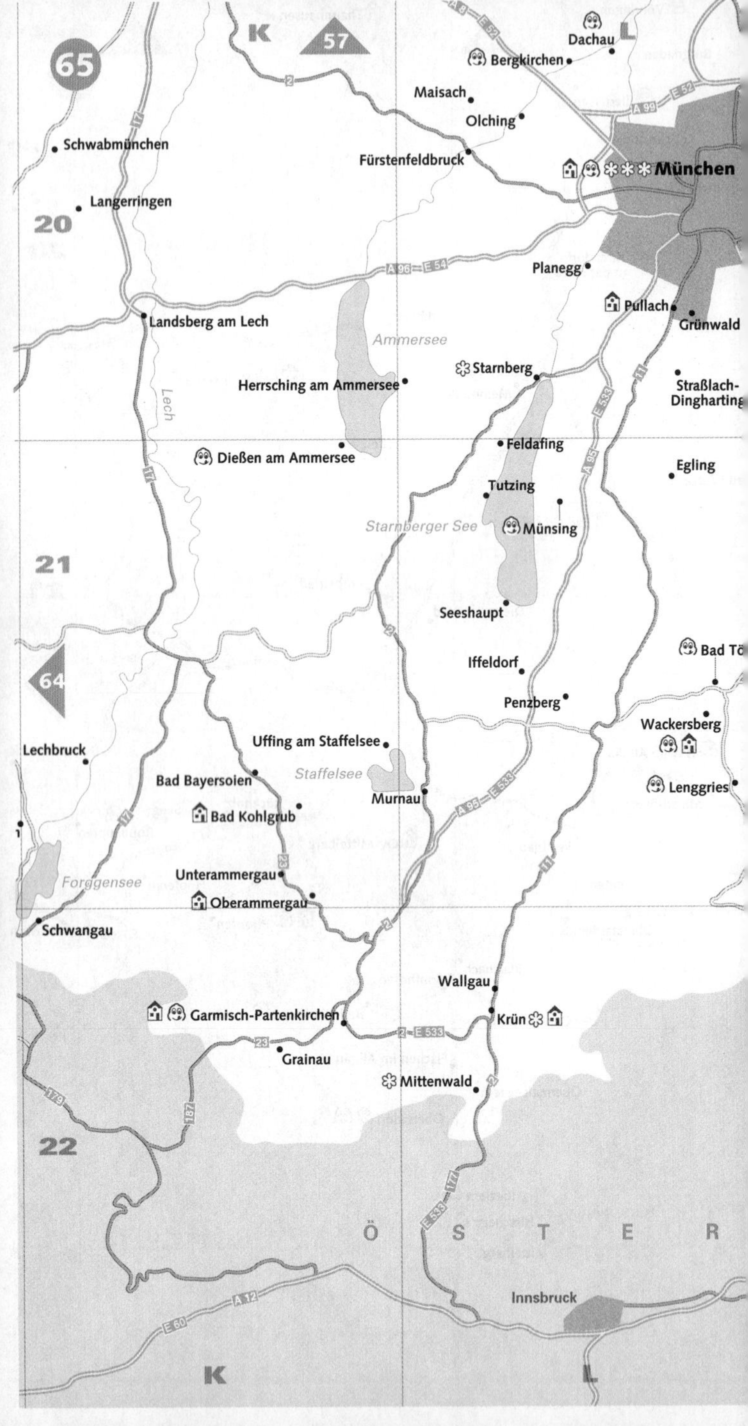

K
57
L
65
Dachau
Bergkirchen
Maisach
Olching
Schwabmünchen
Fürstenfeldbruck
München
Langerringen
20
Planegg
Pullach
Grünwald
Landsberg am Lech
Ammersee
Starnberg
Straßlach-Dingharting
Herrsching am Ammersee
Lech
Feldafing
Dießen am Ammersee
Egling
Tutzing
Starnberger See
Münsing
21
Seeshaupt
Bad Tö
Iffeldorf
64
Penzberg
Wackersberg
Uffing am Staffelsee
Lechbruck
Staffelsee
Bad Bayersoien
Murnau
Lenggries
Bad Kohlgrub
Unterammergau
Forggensee
Oberammergau
Schwangau
Wallgau
Garmisch-Partenkirchen
Krün
Grainau
Mittenwald
22
Ö S T E R
Innsbruck
K
L
A 8
E 52
A 99
A 96
E 54
A 95
E 533
E 60
A 12

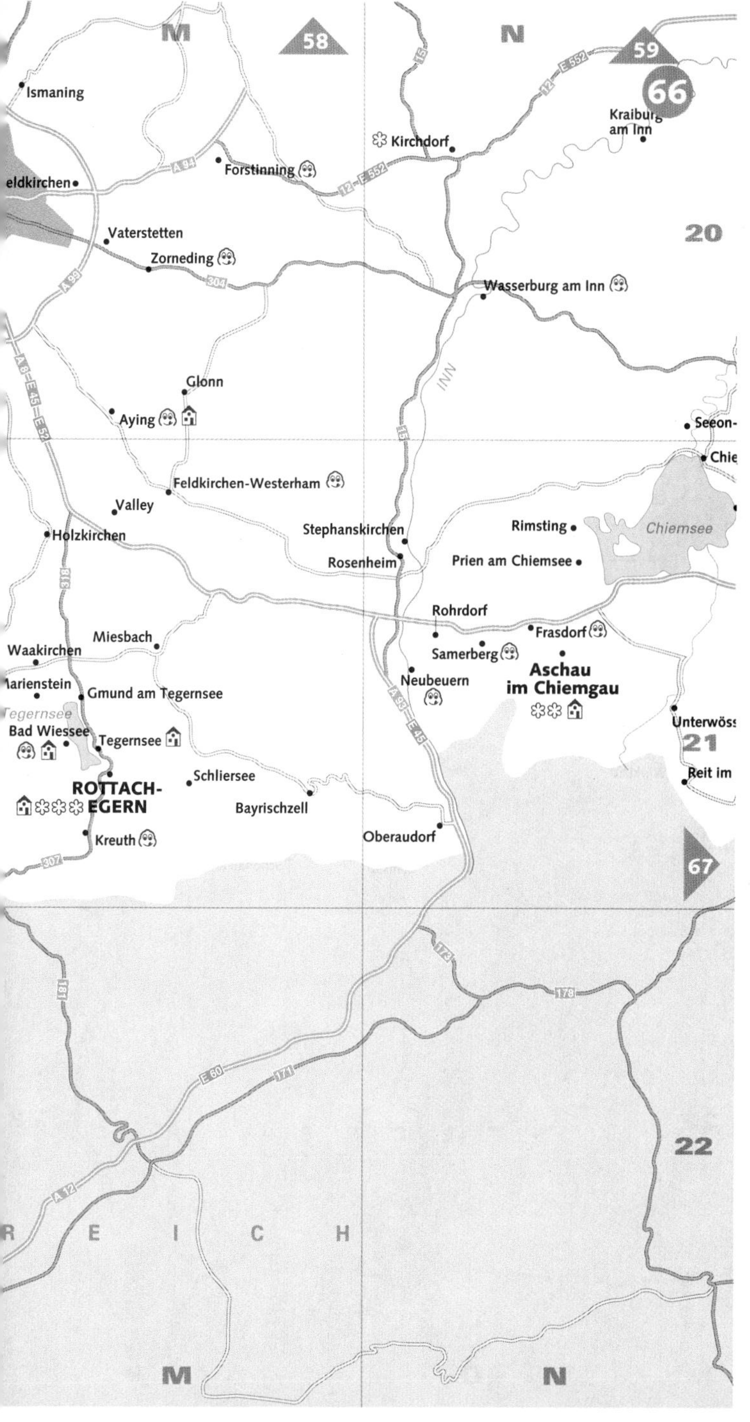

M
58
N
59
66
Ismaning
Kraiburg am Inn
Kirchdorf
Forstinning
eldkirchen
20
Vaterstetten
Zorneding
Wasserburg am Inn
INN
Glonn
Aying
Seeon-
Chie
Feldkirchen-Westerham
Valley
Holzkirchen
Stephanskirchen
Rimsting
Chiemsee
Rosenheim
Prien am Chiemsee
Rohrdorf
Miesbach
Frasdorf
Waakirchen
Samerberg
Aschau im Chiemgau
Neubeuern
Marienstein
Gmund am Tegernsee
Tegernsee
Unterwöss
Bad Wiessee
Tegernsee
21
Reit im
ROTTACH-EGERN
Schliersee
Bayrischzell
Kreuth
Oberaudorf
67
22
R E I C H
M
N

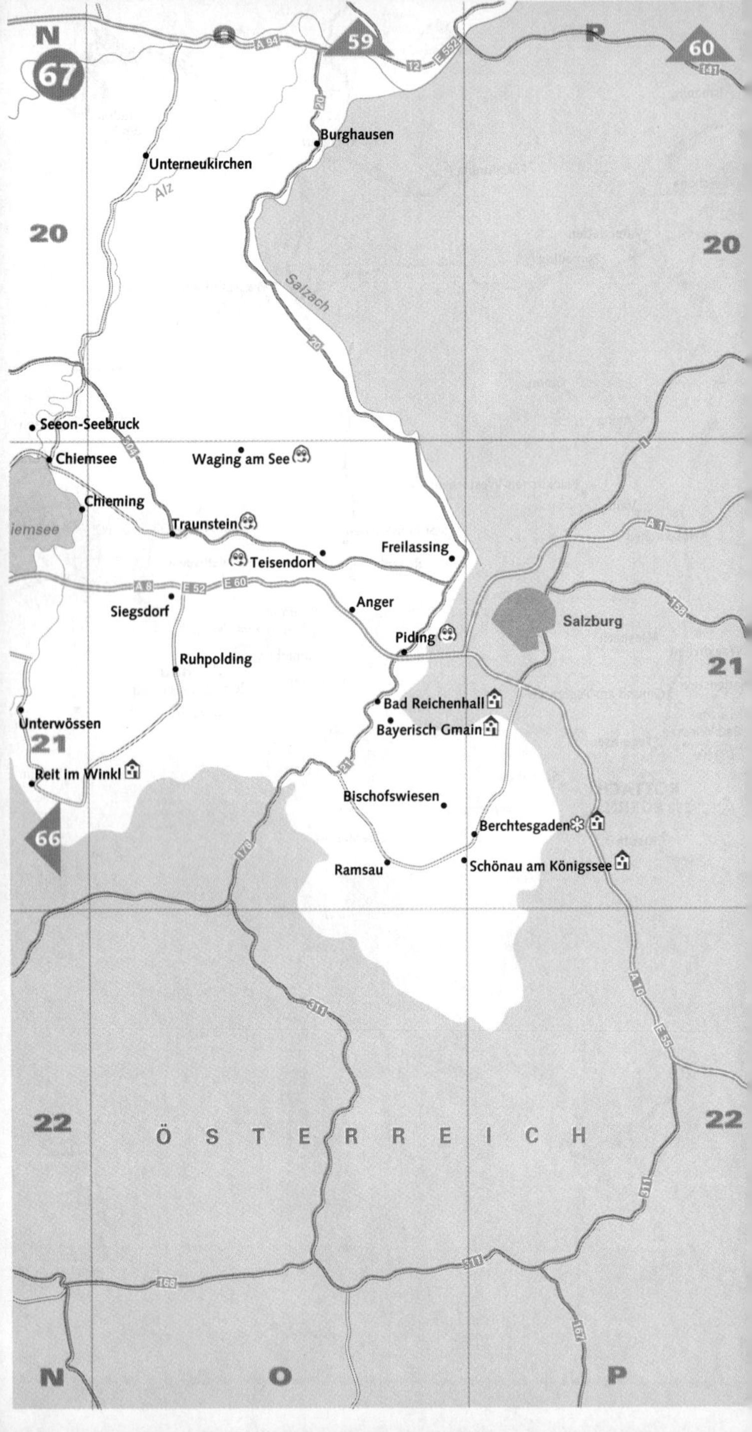
N
O
P
67
59
60
A 94
12
E 552
141
20
Burghausen
Unterneukirchen
Alz
20
20
Salzach
20
Seeon-Seebruck
304
Chiemsee
Waging am See
Chieming
Traunstein
iemsee
Teisendorf
Freilassing
A 1
A 8
E 52
E 60
Anger
Siegsdorf
Salzburg
158
Piding
Ruhpolding
21
21
Bad Reichenhall
Bayerisch Gmain
Unterwössen
Reit im Winkl
21
Bischofswiesen
Berchtesgaden
66
178
Ramsau
Schönau am Königssee
1
311
A 10
E 55
22
22
Ö S T E R R E I C H
311
311
168
311
167
N
O
P

Restaurants & Hotels

Restaurants & hotels

Städte von A bis Z

Town from A to Z

Movementway/imageBROKER/age

WIR MÖGEN BESONDERS...

Im **Justus K** nicht weit vom Dom in legerer Atmosphäre entspannt essen oder einfach ein Glas Wein trinken. „Jazz Time" in der **Schänke** von **Schloss Schönau**. Zum richtig guten Lunch nach Kornelimünster ins **Bistro** - als legere Alternative zur Sterneküche des **Sankt Benedikt**. Im **Kohlibri** die Aussicht von der 6. Etage genießen.

AACHEN

Nordrhein-Westfalen – 243 336 Ew. – Höhe 173 m – Regionalatlas **35**-A12
Michelin Straßenkarte 543

Restaurants

✿ **La Bécasse** (Christof Lang) A/C

FRANZÖSISCH-KLASSISCH • BISTRO XX Christof Lang kocht durch und durch klassisch. Dafür werden ausgezeichnete Produkte fein und durchdacht zubereitet. Begleitet wird die niveauvolle Küche von einer umfangreichen Weinkarte mit Schwerpunkt Frankreich. Sehr gefragt ist übrigens das preisgünstige Mittagsmenü!
➜ Steinbutt und Kalbsbries mit Pinienkernen, Estragonvinaigrette. Taube mit dicken Bohnen und Trüffeln. Tartelette mit pochiertem Apfel und Mandeleis.

Menü 37 € (mittags unter der Woche)/98 € – Karte 59/100 €

Stadtplan : A3-s – *Hanbrucher Str. 1 ✉ 52064 – ✆ 0241 74444 – www.labecasse.de – geschl. über Karneval 1 Woche und Samstagmittag, Sonntag - Montagmittag*

Kohlibri

INTERNATIONAL • FREUNDLICH XX Schon bei der Fahrt mit dem Lift in die 6. Etage des Auto- und Motorradhauses genießt man den Stadtblick, keine Frage, dass da die zwei Terrassen gut ankommen! Auch drinnen hat man dank Komplettverglasung eine schöne Sicht, dazu frische internationale Speisen mit französischem Einfluss. Sonntags Brunch.

Menü 49/69 € (abends) – Karte 40/65 €

Sonnenscheinstr. 80, (Ecke Neuenhofstraße), über Adalbertsteinweg D2 ✉ 52078 – ✆ 0241 5688500 – www.kohl.de – geschl. 31. Juli - 13. August und Montag - Dienstag

MundArt Ⓝ

KREATIV • BISTRO X Ein sympathisches kleines Restaurant in der Innenstadt. Hingucker sind markante Fotobilder von Maastricht und Antwerpen sowie 30 stylische Deckenlampen! Man kocht ambitioniert und kreativ (Tipp: die preislich fair kalkulierten Menüs), der Service ist aufmerksam und angenehm natürlich. Mittags anderes Konzept.

Menü 43/75 € – Karte 49/74 €

Stadtplan : D3-a – *Oppenhoffallee 9 ✉ 52066 – ✆ 0241 16020669 – www.mundart.restaurant – nur Abendessen – geschl. Sonntag - Montag*

Petit Charlemagne

FRANZÖSISCH-KLASSISCH • BISTRO X Das Restaurant in Domnähe hat seinen Bistro-Charakter ganz bewusst, und das ist kein Widerspruch zu gehobener Küche! Wer die schöne Marmortreppe hinaufgeht, hat's etwas gediegener - hier sitzen die Gäste vor allem am Abend gerne. Achten Sie auf die Tagesempfehlungen.

Menü 30 € - Karte 35/65 €

Stadtplan : B2-c - *Hartmannstr. 12 ✉ 52062 - ✆ 0241 51560785 - www.petit-charlemagne.de - geschl. Sonntag*

One & Only

KLASSISCHE KÜCHE • BISTRO X Hier kocht man klassisch basiert mit internationalen Einflüssen, eine Spezialität ist Rib-Eye-Steak oder Iberico-Schwein vom Grill. Warmes Holz, rote Backsteinwände und ein dekoratives Weinregal schaffen dazu eine sympathische Atmosphäre.

Menü 45/80 € - Karte 47/82 €

Stadtplan : C2-c - *Peterstr. 81 ✉ 52062 - ✆ 0241 9431311 - www.restaurantoneandonly.de - nur Abendessen - geschl. Anfang Januar 1 Woche, über Karneval 1 Woche und Sonntag sowie an Feiertagen*

Tom's Restaurant

INTERNATIONAL • FREUNDLICH X Aufmerksam und kompetent wird man in dem freundlich-modernen Restaurant umsorgt, und zwar mit saisonal-internationalen Speisen aus sehr guten Produkten. Die Fenster zur Küche bieten interessante Einblicke! Tipp: das nahe Parkhaus am Dom.

Menü 41/89 € - Karte 36/52 €

Stadtplan : B2-b - *Jakobstr. 94 ✉ 52064 - ✆ 0241 91285688 - www.toms-restaurant.de - nur Abendessen - geschl. 1. - 9. Januar und Sonntag - Montag, Samstagmittag sowie an Feiertagen*

Justus K

FRANZÖSISCH • HIP X Gerne kommen die Gäste hierher, denn man kann ungezwungen essen oder einfach einen guten Wein trinken, und das bei sympathischem Service. Das Angebot (darunter immer etwas Vegetarisches) steht auf einer großen Tafel und wechselt täglich.

Menü 40/60 € - Karte 40/57 €

Stadtplan : C2-d - *Promenadenstr. 36 ✉ 52062 - ✆ 0241 95177650 (Tischbestellung ratsam) - www.justusk.de - nur Abendessen - geschl. Sonntag - Montag*

Reuters House

INTERNATIONAL • BISTRO X Aus guten, frischen Produkten entstehen hier internationale Speisen mit mediterranem Einfluss, darunter auch Pasta - Gewürze und Kräuter spielen eine große Rolle. Der Name stammt vom Gründer der berühmten Londoner Nachrichtenagentur.

Menü 28 € (mittags unter der Woche)/55 € - Karte 31/62 €

Stadtplan : B1-a - *Pontstr. 117 ✉ 52062 - ✆ 0241 1897666 (abends Tischbestellung ratsam) - www.cusina-culinaria.com - geschl. Montag, Samstagmittag, Sonntagmittag*

Hotels

Pullman Quellenhof

LUXUS • KLASSISCH In dem exklusiven Grandhotel erwarten Sie ein großzügiger Rahmen, der schicke moderne Spa auf 900 qm und eine schöne Bar. Im OG: Aussicht auf Aachen. Internationale und klassische Küche im Restaurant "La Brasserie" und auf der Terrasse mit Parkblick.

179 Zim - 🚹129/149 € 🚹🚹149/199 € - 2 Suiten - ☕ 22 €

Stadtplan : C1-a - *Monheimsallee 52 ✉ 52062 - ✆ 0241 91320 - www.pullmanhotels.com*

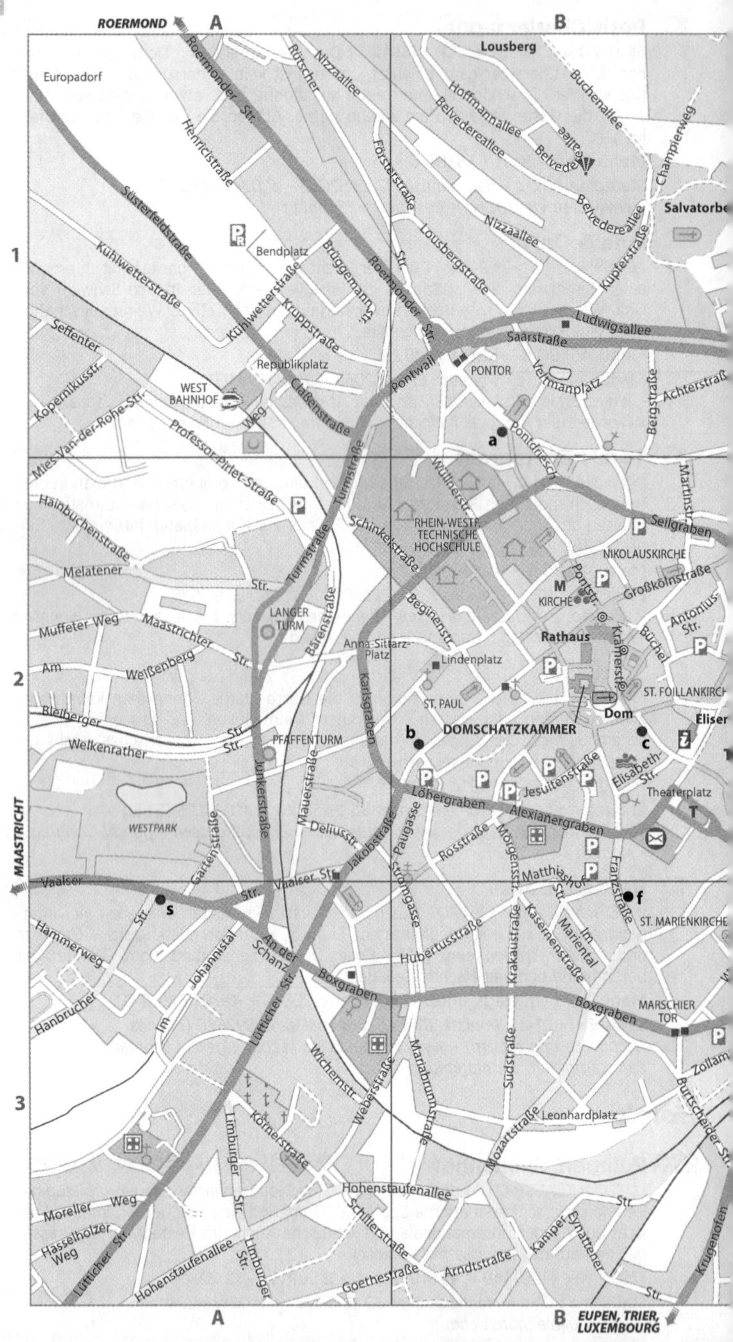

ROERMOND
A
B
Lousberg
Europadorf
Roermonder Str.
Rütscher
Nizzaallee
Buchenallee
Hoffmannallee
Belvedereallee
Champierweg
Henricistraße
Försterstraße
Belvedereallee
Süsterfeldstraße
Lousbergstraße
Nizzaallee
Salvatorbe
Kühlwetterstraße
Bendplatz
Brüggemannstr.
Kupferstraße
1
Kühlwetterstraße
Kruppstraße
Roermonder Str.
Ludwigsallee
Seffenter
Saarstraße
Republikplatz
Pontwall
PONTOR
Veltmanplatz
Bergstraße
Achterstraße
Kopernikusstr.
WEST BAHNHOF
Claßenstraße
Mies-Van-der-Rohe-Str.
Weg
Professor-Pirlet-Straße
Pontdriesch
Turmstraße
Wüllnerstr.
Martinstr.
Hainbuchenstraße
Turmstraße
Schinkelstraße
RHEIN-WESTF. TECHNISCHE HOCHSCHULE
Seilgraben
NIKOLAUSKIRCHE
Melatener
Str.
Pontstr.
M
KIRCHE
Großkölnstraße
Bärenstraße
LANGER TURM
Beginenstr.
Antonius-Str.
Muffeter Weg
Maastrichter
Str.
Rathaus
Krämerstr.
Büchel
Anna-Sittarz-Platz
Am
Weißenberg
Lindenplatz
2
ST. PAUL
ST. FOILLANKIRCHE
Bleiberger
Karlsgraben
Dom
Eliser
Str.
DOMSCHATZKAMMER
Welkenrather
Str.
PFAFFENTURM
b
c
Junkerstraße
Jesuitenstraße
Elisabeth-Str.
Theaterplatz
Löhergraben
WESTPARK
Gartenstraße
Mauerstraße
Alexianergraben
T
MAASTRICHT
Deliusstr.
Paugasse
Rosstraße
Mörgensstr.
Vaalser
Vaalser Str.
Jakobstraße
Strangasse
Matthiashofstr.
Franzstraße
f
Str.
s
Str.
Hubertusstraße
ST. MARIENKIRCHE
Hammerweg
Johannistal
An der Schanz
Krakaustraße
Kasernenstraße
Im Mariental
Boxgraben
Boxgraben
Hanbrucher
Lütticher Str.
MARSCHIER TOR
Im
Wichernstr.
Mariabrunnstraße
Südstraße
Zollamt
Weberstraße
Burtscheider Str.
3
Körnerstraße
Limburger Str.
Mozartstraße
Leonhardplatz
Hohenstaufenallee
Moreller Weg
Schillerstraße
Str.
Hasselholzer Weg
Eynattener
Kamper
Hohenstaufenallee
Limburger Str.
Goethestraße
Arndtstraße
Krugenofen
Lütticher Str.
Str.
A
B
EUPEN, TRIER, LUXEMBOURG

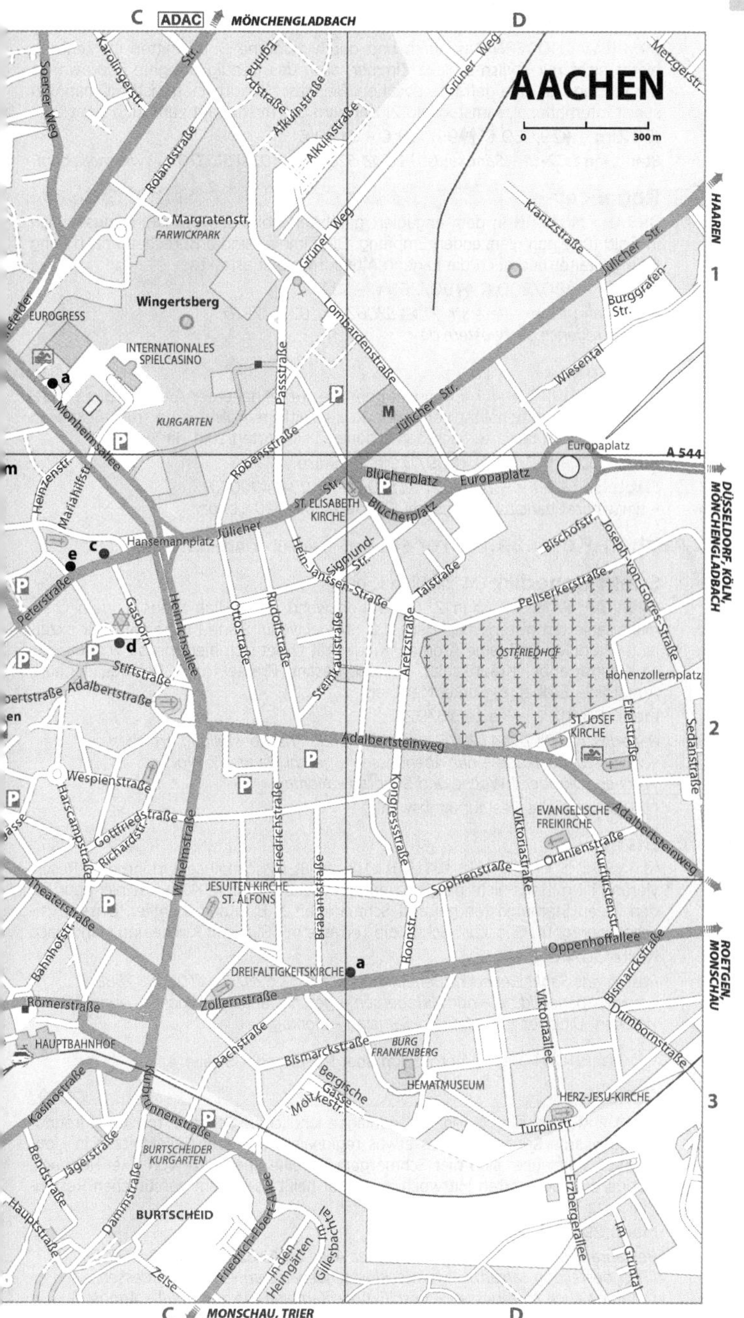

AACHEN
0
300 m
C
D
ADAC
MÖNCHENGLADBACH
MONSCHAU, TRIER
HAAREN
DÜSSELDORF, KÖLN, MÖNCHENGLADBACH
ROETGEN, MONSCHAU
A 544
1
2
3
Wingertsberg
EUROGRESS
INTERNATIONALES SPIELCASINO
FARWICKPARK
KURGARTEN
Margratenstr.
Europaplatz
ST. ELISABETH KIRCHE
Hansemannplatz
OSTFRIEDHOF
Hohenzollernplatz
ST. JOSEF KIRCHE
EVANGELISCHE FREIKIRCHE
JESUITEN KIRCHE ST. ALFONS
DREIFALTIGKEITSKIRCHE
HAUPTBAHNHOF
BURG FRANKENBERG
HEIMATMUSEUM
HERZ-JESU-KIRCHE
BURTSCHEIDER KURGARTEN
BURTSCHEID
Jülicher Str.
Blücherplatz
Adalbertsteinweg
Oppenhoffallee
Zollernstraße
Heinrichsallee
Wilhelmstraße
Monheimsallee
Lombardenstraße
Grüner Weg
Alkuinstraße
Krantzstraße
Wiesental
Burggrafen-Str.
Metzgerstr.
Robensstraße
Passstraße
Ottostraße
Rudolfstraße
Steinkaulstraße
Aretzstraße
Talstraße
Bischofstr.
Joseph-von-Görres-Straße
Peliserkerstraße
Eifelstraße
Sedanstraße
Viktoriastraße
Viktoriaallee
Oranienstraße
Kurfürstenstr.
Sophienstraße
Kongressstraße
Friedrichstraße
Brabantstraße
Roonstr.
Bismarckstraße
Drimbornstraße
Theaterstraße
Bahnhofstr.
Römerstraße
Kasinostraße
Kurbrunnenstraße
Bachstraße
Bergische Gasse
Moltkestr.
Turpinstr.
Erzbergerallee
Im Grüntal
Friedrich-Ebert-Allee
In den Heimgärten
Im Gillesbachtal
Dammstraße
Jägerstraße
Bendstraße
Hauptstraße
Zeise
Heinzenstr.
Mariahilfstr.
Peterstraße
Gasborn
Stiftstraße
Adalbertstraße
Wespienstraße
Harscampstraße
Gottfriedstraße
Richardstr.
Sigmund-Str.
Hein-Janssen-Straße
Rolandstraße
Karolingerstr.
Soerser Weg
Str.

INNSIDE by Meliá

BUSINESS • MODERN Das durch und durch moderne Hotel mitten im Zentrum bietet nicht nur stylish-schicke Zimmer, auch das trendig designte "Uptown" in der 6. Etage ist eine gefragte Location. Bei klasse Stadtblick frühstückt man und speist international, samstags ab 21 Uhr wird das Restaurant zum Club samt DJ.

158 Zim – 79/169 € 99/189 € – 20 €

Stadtplan : C2-m – *Sandkaulstr. 20 ✉ 52062 – ✆ 0241 510370 – www.melia.com*

Regence

URBAN • MODERN In dem engagiert geführten Hotel sorgt der Eingangsbereich in Gold für einen glänzenden Empfang. Die Zimmer sind ansprechend nach Feng Shui gestaltet und auch die Lage in Altstadtnähe ist attraktiv.

60 Zim – 80/200 € 90/265 € – 17 €

Stadtplan : C2-e – *Peterstr. 71 ✉ 52062 – ✆ 0241 47870 – www.regence.bestwestern.de*

Benelux

URBAN • FUNKTIONELL Ein privat geführtes Hotel nahe der Altstadt, das Wohnlichkeit mit Funktionalität verbindet. In neuzeitlichem Ambiente frühstückt man à la carte. Man beachte auch den schönen Dachgarten zum Hinterhof!

33 Zim – 81/119 € 119/179 € – 1 Suite

Stadtplan : B3-f – *Franzstr. 21 ✉ 52064 – ✆ 0241 400030 – www.hotel-benelux.de – geschl. 23. Dezember - 10. Januar*

In Aachen-Kornelimünster Süd-Ost: 10 km über Adalbertsteinweg D2

Sankt Benedikt (Maximilian Kreus)

KREATIV • FAMILIÄR XX In 2. Generation wahrt Maximilian Kreus in dem charmant sanierten historischen Haus das Sterneniveau. Seine Küche steht für exzellente Produkte und feine Aromen, Kreativität findet sich hier ebenso wie Klassik.

→ Königskrabbe, Kräutersalat, Mandel, Sesam. Bresse Huhn, Polenta, Joghurt, Aubergine. Erdbeere, Gurke, Malzbier.

Menü 68/112 € – Karte 76/92 €

Benediktusplatz 12 ✉ 52076 – ✆ 02408 2888 (Tischbestellung erforderlich) – www.stbenedikt.de – nur Abendessen – geschl. Januar 2 Wochen, August 2 Wochen, Oktober 1 Woche und Sonntag - Montag

Bistro – siehe Restaurantauswahl

Bistro

KLASSISCHE KÜCHE • GEMÜTLICH X Hier heißt es schnell sein, denn eine Reservierung ist mittags nicht möglich und die frische saisonale Küche ist nicht nur bei den vielen Stammgästen gefragt! Schmackhaft z. B. "Kaninchenfilet, Linsen-Artischockenragout, Gnocchi". Schön die Terrasse mit Blick auf Kirche und Marktplatz.

Karte 30/40 €

Restaurant Sankt Benedikt, Benediktusplatz 12 ✉ 52076 – ✆ 02408 2888 – www.stbenedikt.de – nur Mittagessen – geschl. Januar 2 Wochen, August 2 Wochen, Oktober 1 Woche und Samstag - Montag

In Aachen-Richterich Nord: 5 km über Roermonder Straße A1

Schänke

REGIONAL • LÄNDLICH X In der gediegen-ländlichen Schänke mit dem freundlich-familiären Service geht es etwas regionaler zu. Neben "Filetspitzen in Monschauer Senfsauce" sind hier Schmorgerichte eine Spezialität von Axel Hobbach! Übrigens: Jeden ersten Mittwoch im Monat heißt es in dem gemütlichen Restaurant Jazz Time.

Menü 29 € – Karte 27/51 €

Restaurant Schloss Schönau, Schönauer Allee 20 ✉ 52072 – ✆ 0241 173577 (Tischbestellung ratsam) – www.schlossschoenau.com – nur Abendessen, sonntags auch Mittagessen – geschl. über Karneval 1 Woche, Juli - August 3 Wochen und Montag - Dienstag

Schloss Schönau

FRANZÖSISCH-KLASSISCH • ELEGANT XX In dem stilvollen historischen Herrenhaus besticht das festliche Ambiente - passend dazu (und ein echter Blickfang) die kunstvoll gearbeitete hohe Stuckdecke! Ein schöner Rahmen für die klassische Küche.

Menü 48/68 € - Karte 53/69 €

Schönauer Allee 20 ✉ 52072
- ✆ 0241 173577 (Tischbestellung ratsam) - www.schlossschoenau.com
- nur Abendessen, sonntags auch Mittagessen - geschl. über Karneval 1 Woche, Juli - August 3 Wochen und Montag - Dienstag

Schänke - siehe Restaurantauswahl

AALEN

Baden-Württemberg - 67 079 Ew. - Höhe 429 m - Regionalatlas **56**-I18
Michelin Straßenkarte 545

Wilder Mann

REGIONAL • LÄNDLICH X Der langjährige Familienbetrieb steht nicht nur für gute Küche, man bietet auch chic-zeitgemäße, wohnliche Zimmer. Aus der Küche kommen traditionelle, aber auch moderne Gerichte, vom "schwäbischen Rostbraten" bis "Seeteufel mit Garnelen und Calamaretti". Im Sommer sollten Sie im wunderschönen Garten speisen!

Menü 35/78 € - Karte 31/55 €

27 Zim - †70 € ††85 €

Karlstr. 4 ✉ 73433 - ✆ 07361 71366 - www.wildermann-aalen.de - geschl. Montag - Dienstag

In Aalen-Ebnat Süd-Ost: 8 km über B 19, in Unterkochen Richtung Neresheim

Landgasthof Lamm

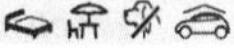

REGIONAL • FAMILIÄR X Im Landgasthof von Wolfgang Scherr erwarten Sie verschiedene Stuben zum gemütlichen Essen, große Räumlichkeiten zum Feiern und eine moderne Kochschule für lernwillige Gäste! Die Speisekarte teilt sich in "Schwäbisches" und "Was für Feinschmecker" - beides ist für jedermann geeignet. Zudem können Sie hier auch übernachten: Die Zimmer sind nett, gepflegt und wohnlich.

Menü 35/58 € - Karte 21/55 €

8 Zim ☕ - †78/88 € ††118/136 €

Unterkochener Str. 16 ✉ 73432
- ✆ 07367 2412 - www.lamm-ebnat.de
- geschl. 5. - 28. Februar und Dienstag - Mittwoch

In Aalen-Unterkochen Süd-Ost: 4 km über B 19, Richtung Heidenheim

Läuterhäusle

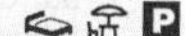

TRADITIONELLE KÜCHE • LÄNDLICH XX Die engagierten Gastgeber haben hier eine wirklich nette Adresse samt sehr schöner Terrasse! Auf der Karte Schwäbisches wie Zwiebelrostbraten oder hausgemachte Maultaschen, aber auch Vegetarisches. Sonntags kocht man durchgehend von 12 - 20 Uhr! Und zum Übernachten gibt es wohnliche Zimmer.

Menü 20 € (mittags unter der Woche)/39 € - Karte 22/43 €

12 Zim - †62/76 € ††72/86 € - ☕ 8 €

Waldhäuser Str. 109 ✉ 73432
- ✆ 07361 98890 - www.laeuterhaeusle.de
- geschl. Montag, Dienstagmittag, Mittwochmittag, Freitagmittag, Samstag

ABBACH, BAD

Bayern - 11 911 Ew. - Höhe 371 m - Regionalatlas **58**-M18
Michelin Straßenkarte 546

Schwögler

MEDITERRAN • ZEITGEMÄSSES AMBIENTE XX Was in dem geradlinig gehaltenen Restaurant auf den Tisch kommt, verbindet Cucina Casalinga mit traditionell regionaler Küche sowie afrikanischen Einflüssen. Auf der ambitionierten Karte z. B. "Skrei unter der Meerrettich-Korianderkruste". Mittags etwas reduzierte Karte.

Menü 36/49 € - Karte 35/49 €

Stinkelbrunnstr. 18 ✉ 93077 - ✆ 09405 962300 (Tischbestellung ratsam) - www.schwoegler.de - geschl. Sonntagabend - Dienstag, sowie an Feiertagen abends, November - März: Sonntagabend - Dienstagmittag

ACHERN

Baden-Württemberg - 24 761 Ew. - Höhe 145 m - Regionalatlas **54**-E19
Michelin Straßenkarte 545

Chez Georges

REGIONAL • KLASSISCHES AMBIENTE XX Lust auf Klassiker der badisch-elsässischen Küche? Die serviert man Ihnen z. B. als "Schneckenrahmsuppe" oder "geschmorte Ochsenbäckle mit Spargelrisotto", dazu klassisches Ambiente. Sie können auch in der Weinstube Kächele bestellen, hier ist es etwas legerer.

Menü 35/45 € - Karte 29/58 €

Hotel Schwarzwälder Hof, Kirchstr. 38 ✉ 77855 - ✆ 07841 69680 - www.hotel-sha.de - geschl. Sonntagabend - Montag

1839Malerhaus

INTERNATIONAL • GEMÜTLICH X Richtig nett sitzt man in dem sorgsam sanierten alten Haus in freundlichen kleinen Stuben, charmant der Mix aus modernem Stil und historischem Rahmen. Auf den Tisch kommen frische Bistrogerichte, Pasta und Burger.

Menü 25 € (mittags unter der Woche)/40 € - Karte 24/60 €

Hauptstr. 104 ✉ 77855 - ✆ 07841 6668870 - www.1839malerhaus.de - geschl. Februar 3 Wochen und Sonntag - Montag

Schwarzwälder Hof

LANDHAUS • GEMÜTLICH Wenn Sie bei dem engagierten Gastgeber Jean-Georges Friedmann buchen, fragen Sie nach den Komfort-Zimmern - hier ist das Preis-Leistungs-Verhältnis am besten! Am Morgen ein hochwertiges Frühstück, draußen ein schöner Blumen-/Kräutergarten.

20 Zim ☕ - †57/79 € ††85/125 € - ½ P

Kirchstr. 38 ✉ 77855 - ✆ 07841 69680 - www.hotel-sha.de

Chez Georges - siehe Restaurantauswahl

In Achern-Oberachern Süd-Ost: 1,5 km über Illenauer Allee

Kiningers Hirsch

REGIONAL • FREUNDLICH X Hier kommen regionale und internationale Gerichte auf den Tisch - im November sind die vielen Variationen von der Gans zu empfehlen! Speisen Sie im Sommer unbedingt im tollen Innenhof mit Kräutergarten! Sie möchten übernachten? Man hat gepflegte, funktionale Zimmer.

Menü 39 € - Karte 27/52 €

5 Zim ☕ - †55/60 € ††95 €

Oberacherner Str. 26 ✉ 77855 - ✆ 07841 21579 - www.kiningers-hirsch.de - geschl. 2 Wochen Ende Oktober - Anfang November, Mai - Oktober: Montag - Dienstagabend und November - April: Montag - Dienstag

ADELSDORF

Bayern - 7 433 Ew. - Höhe 264 m - Regionalatlas **50**-K16
Michelin Straßenkarte 546

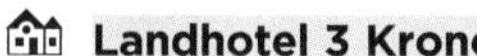

Landhotel 3 Kronen

LANDHAUS • MODERN Gleich neben Kirche und Schloss warten 300 Jahre Familientradition auf Sie. Wer's besonders modern mag, fragt nach den richtig schicken Zimmern im Schlossseitentrakt! Tipp für schöne Sommertage: die Restaurantterrasse. Toll für Feierlichkeiten: der Biergarten mit altem Baumbestand.

36 Zim – 60/145 € 80/190 €

Hauptstraße 8 ✉ 91325 – ✆ 09195 9200 – www.3kronen.de – geschl. über Weihnachten 1 Woche, Anfang Januar 1 Woche

In Adelsdorf-Neuhaus Süd-West: 4 km

Landgasthof Niebler

REGIONAL • GASTHOF X Es ist schon ein netter Gasthof, den die engagierte Familie hier inzwischen in 4. Generation betreibt. In den ländlichen Stuben serviert man fränkische Küche mit pfiffigen Abwandlungen, wie z. B. bei "geschmortem Rehschäufele mit Preiselbeerklößen". Gepflegt übernachten können Sie ebenfalls.

Menü 20 € – Karte 19/38 €

11 Zim – 60/65 € 90/95 €

Neuhauser Hauptstr. 30 ✉ 91325 – ✆ 09195 8682 – www.landgasthof-niebler.de – Montag - Donnerstag nur Abendessen – geschl. 8. - 19. Januar, 22. - 31. Mai und Mittwoch

Zum Löwenbräu

GASTHOF • MODERN Ein echter Brauereigasthof, Familienbetrieb seit 1747. Vieles ist traditionell, einiges modern - so verbreitet im Frühstücksraum ein alter Holzherd Charme. Besuchen Sie unbedingt den reizenden Hofladen: lecker die Pralinen und Marmeladen von der Chefin! Ebenso eigene Brände und Bier.

25 Zim – 68/102 € 90/120 € – ½ P

Neuhauser Hauptstr. 3 ✉ 91325 – ✆ 09195 923310 – www.zum-loewenbraeu.de – geschl. 22. - 25. Dezember

ADELSHOFEN

Bayern – 984 Ew. – Höhe 429 m – Regionalatlas **49**-I16
Michelin Straßenkarte 546

In Adelshofen-Tauberzell Nord-West: 5 km Richtung Creglingen

Zum Falken

REGIONAL • GEMÜTLICH X Alte Holzbalken, schöner Dielenboden, Bänke und Stühle in rustikalem Stil - das bringt Gemütlichkeit! Dazu Regionales wie "Rehragout mit Haselnussspätzle". Tipp: donnerstags und freitags frische hausgemachte Würste. Es gibt auch eigene Obstbrände. Alte Scheune für Feierlichkeiten, Weinproben im Gewölbekeller.

Menü 28 € – Karte 16/35 €

Hotel Landhaus Zum Falken, Tauberzell 41 ✉ 91587 – ✆ 09865 941940 – www.landhaus-zum-falken.de – geschl. 28. Januar - 1. März, 12. - 21. November, 23. - 27. Dezember und Montag - Dienstag

Landhaus Zum Falken

GASTHOF • TRADITIONELL Wohnlich-modern, mit ländlichem Charme und preislich sehr fair - da kann man sich wirklich wohlfühlen! Die Rede ist von einem gestandenen fränkischen Landgasthof (1604 als Amtshaus erbaut) und einem nahe gelegenen Gästehaus. Nicht nur die Marmeladen zum Frühstück sind hausgemacht, der Chef ist Hobby-Imker.

16 Zim – 50/65 € 60/85 € – 9 € – ½ P

Tauberzell 41 ✉ 91587 – ✆ 09865 941940 – www.landhaus-zum-falken.de – geschl. 28. Januar - 1. März, 12. - 21. November, 23. - 27. Dezember

Zum Falken – siehe Restaurantauswahl

AERZEN

Niedersachsen - 10 665 Ew. - Höhe 99 m - Regionalatlas **28**-H9
Michelin Straßenkarte 541

In Aerzen-Schwöbber Nord-West: 5 km

✿ **Gourmet Restaurant im Schlosshotel Münchhausen**

KLASSISCHE KÜCHE • ELEGANT XXX Das ist Speisen bei stilvollem Schloss-Flair: zuerst ein Aperitif im imposanten historischen Rittersaal, dann klassisch-moderne Küche im eleganten Restaurant mit seinen Stuckdecken, Parkettboden und Gemälden. Aufmerksam, freundlich und geschult serviert man Ihnen exakt und aufwändig zubereitete Gerichte.

→ Geräucherte Makrele, Shisoblätter, Avocado, Herbsttrompeten. Deister Reh, Pfefferkirsche, Navette, konfierte Schulter. Luma-Porc, Espressolack, karamellisierter Chicorée, grüner Senf.

Menü 89/185 € - Karte 60/112 €

Schlosshotel Münchhausen, Schwöbber 9 ✉ 31855 - ✆ 05154 70600 (Tischbestellung ratsam) - www.schlosshotel-muenchhausen.com - nur Abendessen - geschl. 2. - 15. Januar und Sonntag - Montag

Schlosskeller

MARKTKÜCHE • RUSTIKAL XX Richtig gemütlich ist der liebevoll dekorierte Gewölbekeller, traumhaft die Terrasse am Schlossweiher! Man kocht regional und saisonal, vom klassischen Wiener Schnitzel bis zum "Zanderfilet mit Hagebutten-Pastinakenpüree und Paprikagemüse".

Menü 45 € - Karte 44/60 €

Schlosshotel Münchhausen, Schwöbber 9 ✉ 31855 - ✆ 05154 70600 - www.schlosshotel-muenchhausen.com - geschl. 2. - 15. Januar

Schlosshotel Münchhausen

HISTORISCHES GEBÄUDE • ELEGANT Stilgerecht und edel kommt das Schloss a. d. 16. Jh. daher - Historie und moderner Komfort vereint. Beispielhafter Service, elegante Zimmer, geschmackvoller und großzügiger Spa, sehenswerter Schlosspark mit seltenen Pflanzenarten und tollem Baumbestand, Golf ganz in der Nähe. Für ruhige Momente: Kaffee/Tee in der Lobby, dem eindrucksvollen Rittersaal!

60 Zim - †140/230 € ††170/260 € - 8 Suiten - ☕ 29 € - ½ P

Schwöbber 9 ✉ 31855 - ✆ 05154 70600 - www.schlosshotel-muenchhausen.com - geschl. 2. - 15. Januar

✿ **Gourmet Restaurant im Schlosshotel Münchhausen** • **Schlosskeller** – siehe Restaurantauswahl

AHLBECK Mecklenburg-Vorpommern → Siehe Usedom (Insel)

AHORNTAL

Bayern - 2 182 Ew. - Regionalatlas **50**-L15
Michelin Straßenkarte 546

Burg Rabenstein

HISTORISCHES GEBÄUDE • INDIVIDUELL Das ist doch mal eine ganz besondere Kulisse: Auf einem Felsvorsprung am Waldrand thront die über 800 Jahre alte Burg. Auf 64 ha erwarten Sie schöne Zimmer (auf TV verzichtet man hier gerne), historische Säle und eine Kapelle für Trauungen sowie eine Tropfsteinhöhle und eine Falknerei.

22 Zim ☕ - †99/137 € ††158/178 € - 3 Suiten - ½ P

Rabenstein 33 ✉ 95491 - ✆ 09202 9700440 - www.burg-rabenstein.de

AHRENSHOOP

Mecklenburg-Vorpommern - 648 Ew. - Höhe 3 m - Regionalatlas **5**-N3
Michelin Straßenkarte 542

Namenlos

MARKTKÜCHE • LÄNDLICH "Ostseeschnäpelfilet, Rieslingschaum, Blattspinat" oder lieber "Medaillon vom Rind mit Trüffel-Nusskruste"? Gekocht wird hier regional, international und saisonal, und das durchgehend, auch nachmittags. Tipp: Vom vorderen Teil des Restaurants hat man einen schönen Blick aufs Meer. Schöne Terrasse.

Menü 78 € (abends) - Karte 33/61 €

Hotel Namenlos & Fischerwiege, Dorfstr. 44 18347 - 038220 6060 - www.hotel-namenlos.de - geschl. vor Weihnachten 10 Tage

THE GRAND Ahrenshoop

LUXUS • MODERN An der Stelle des alten Kurhauses und fast direkt am Strand steht diese modern-puristische und überaus großzügige Neuinterpretation. Wer etwas Besonderes sucht, bucht das 150-qm-Loft mit Terrasse! Herrlich auch die Bar "Weitblick" samt Dachterrasse (Do. mit Live-Musik). Spa-Vielfalt auf rund 3000 qm.

81 Zim - 119/255 € 169/369 € - ½ P

Schifferberg 24 18347 - 038220 6780 - www.the-grand.de

Namenlos & Fischerwiege

LANDHAUS • GEMÜTLICH Hübsches Häuser-Ensemble in reizvoller meernaher Lage im Grünen. Im Haus Fischerwiege wohnt man schön Richtung Bodden - hier auch der Pool und der Frühstücksraum mit Sicht in den Garten. Sie möchten Meerblick? Den gibt's im Haus Namenlos. Und wie wär's mit hausgemachtem Kuchen im Strandkorb auf der Terrasse?

45 Zim - 95/195 € 165/225 € - 20 Suiten - ½ P

Schifferberg 9 18347 - 038220 6060 - www.hotel-fischerwiege.de - geschl. vor Weihnachten 10 Tage

Namenlos - siehe Restaurantauswahl

Künstlerquartier Seezeichen

BOUTIQUE-HOTEL • MODERN Chic, modern, wertig - von den Zimmern und Suiten über die Apartmenthäuser bis zum Spa, dazu der schöne Garten und nicht zuletzt die tolle Dachterrasse mit Meerblick - beliebt für Hochzeiten! Über den Deich geht's zum Strand, wo Sie Ihren eigenen Strandkorb haben.

53 Zim - 90/240 € 120/240 € - 3 Suiten

Dorfstr. 22 18347 - 038220 67970 - www.seezeichen-hotel.de - geschl. Januar

In Ahrenshoop-Niehagen Süd: 2,5 km

Am Kiel

INTERNATIONAL • LÄNDLICH Kein Wunder, dass die Gaststube in dem hübschen roten Reetdachhaus so gefragt ist: ländlich-charmant und leger die Atmosphäre, freundlich der Service, frisch die Gerichte - wie wär's mit "Zanderfilet mit Spargel und Rosmarinkartoffeln"?

Menü 27 € - Karte 28/45 €

Hotel Landhaus Morgensünn & Susewind, Bauernreihe 12 18347 - 038220 669721 (abends Tischbestellung ratsam) - www.hoteluntermreetdach.de - November - März: Montag - Freitag nur Abendessen

Landhaus Morgensünn & Susewind

LANDHAUS • GEMÜTLICH Verschiedene hübsche Reetdachhäuser beherbergen wohnliche Zimmer und Appartements im Landhausstil - hier und da Antiquitäten. Hallenbad im Haus Morgensünn, nur 50 m vom Haus Susewind.

34 Zim - 65/95 € 80/150 € - 2 Suiten - ½ P

Bauernreihe 4d 18347 - 038220 6410 - www.hoteluntermreetdach.de

Am Kiel - siehe Restaurantauswahl

AICHACH

Bayern – 20 736 Ew. – Höhe 446 m – Regionalatlas **57**-K19
Michelin Straßenkarte 546

In Aichach-Sulzbach Süd-West: 5 km Richtung Augsburg, nach 3,5 km rechts abbiegen

Zum Tavernwirt

MARKTKÜCHE • GASTHOF Das passt genau in das Bild eines traditionsreichen Gasthauses: rustikaler Charme und ein Biergarten unter Kastanien. Gekocht wird saisonal und gerne mit regionalen Produkten. Dazu birgt der Weinkeller einige Trouvaillen.

Menü 45 € – Karte 40/65 €

Tränkstr. 6 ✉ 86551 – ✆ 08251 7154 (Tischbestellung ratsam) – www.tavernwirt.de – Mittwoch - Samstag nur Abendessen – geschl. Montag - Dienstag

AITERN Baden-Württemberg ➜ Siehe Schönau im Schwarzwald

ALDERSBACH

Bayern – 4 203 Ew. – Höhe 328 m – Regionalatlas **59**-P19
Michelin Straßenkarte 546

Mayerhofer

GASTHOF • GEMÜTLICH Ein Gasthof wie aus dem Bilderbuch - seit 1905 als Familienbetrieb geführt, mit wohnlichen Zimmern, nettem kleinem Saunabereich und einem regionstypischen Restaurant, wo man unter einem schönen Kreuzgewölbe bayerische Küche serviert bekommt - hier finden sich viele Produkte aus der eigenen Metzgerei!

30 Zim – †60/95 € ††80/120 €

Ritter-Tuschl-Str. 2 ✉ 94501 – ✆ 08543 96390 – www.mayerhofer.org – geschl. über Fasching 2 Wochen, August 2 Wochen

ALF

Rheinland-Pfalz – 830 Ew. – Höhe 95 m – Regionalatlas **46**-C15
Michelin Straßenkarte 543

Burg Arras

HISTORISCHES GEBÄUDE • ROMANTISCH Allein liegt die über 1000 Jahre alte Burg auf einer Bergkuppe, die Aussicht ist grandios - vor allem vom begehbaren Turm. Man bietet schöne wohnliche Zimmer und ein kleines Museum. Rustikales Burgflair im Restaurant - Terrasse mit traumhaftem Blick auf Höllen- und Moseltal.

10 Zim – †115/185 € ††150/250 € – ½ P

Wohnplatz 1 ✉ 56859 – ✆ 06542 22275 – www.arras.de – geschl. Januar - Februar

Bömers Mosellandhotel

FAMILIÄR • GEMÜTLICH Hier darf man sich auf freundlichen Service, wohnliche Zimmer (etwas kleiner im Gästehaus nebenan) und ein gutes Frühstück freuen, dazu die hübsche Liegewiese und die Dachterrasse sowie ein Restaurant nebst netter Bier- und Weinstube und schöner Terrasse. Tipp: Moseltour mit dem Fahrrad (Verleih kostenfrei).

32 Zim – †59/89 € ††80/165 € – 3 Suiten – ½ P

Ferdinand-Remy-Str. 27 ✉ 56859 – ✆ 06542 2310 – www.boemershotel.de – geschl. Anfang Januar - Ende März, Mitte November - Mitte Dezember

ALFELD (LEINE)

Niedersachsen – 18 913 Ew. – Höhe 160 m – Regionalatlas **29**-I9
Michelin Straßenkarte 541

In Alfeld-Warzen West: 2,5 km über Hannoversche Straße

Grüner Wald

MARKTKÜCHE • LÄNDLICH Was hier in gepflegtem Ambiente an gut eingedeckten Tischen serviert wird, ist regional-saisonale Küche, die z. B. als "knusprige Ente, Schmorapfel, Rotkohl, Rosenkohl, Kartoffelklöße" daherkommt.

Menü 33 € - Karte 24/34 €

Hotel Grüner Wald, Am Knick 7 ✉ 31061 - ✆ 05181 910010 - www.hotel-gasthof-gruener-wald.de - nur Abendessen, sonntags auch Mittagessen - geschl. Anfang Januar 1 Woche

Grüner Wald

LANDHAUS • GEMÜTLICH Hier wohnen Sie bei freundlichen Gastgebern in komfortablen Zimmern (meist mit Balkon) und freuen sich am Morgen auf ein frisches Frühstück. Zudem locken die ruhige Lage samt Blick ins Grüne, schöne Radwanderwege, ein Trip nach Hannover...

22 Zim - 59/70 € 89/99 € - ½ P

Am Knick 7 ✉ 31061 - ✆ 05181 910010 - www.hotel-gasthof-gruener-wald.de - geschl. Anfang Januar 1 Woche

Grüner Wald - siehe Restaurantauswahl

ALLMANNSHOFEN

Bayern - 831 Ew. - Höhe 440 m - Regionalatlas **57**-K19
Michelin Straßenkarte 546

In Allmannshofen-Holzen Süd: 2 km

Kloster Holzen Hotel & Gasthof

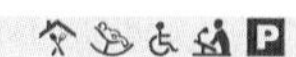

HISTORISCH • MODERN Überaus ansprechend der klare moderne Stil in dieser imposanten Klosteranlage (1697) mit Barockkirche. Tolle Veranstaltungsräume mit Stuckdecke, schöne Gewölbe (z. B. im Frühstücksraum), herrlicher Klostergarten... Im rustikalen Gasthof mit Biergarten isst man regional.

63 Zim - 87/101 € 121/151 € - 2 Suiten - ½ P

Klosterstr. 1 ✉ 86695 - ✆ 08273 99590 - www.kloster-holzen.de - geschl. 1. - 7. Januar

ALPIRSBACH

Baden-Württemberg - 6 349 Ew. - Höhe 441 m - Regionalatlas **54**-E19
Michelin Straßenkarte 545

Rössle

REGIONAL • LÄNDLICH Ob "gebratenes Lammrückenfilet mit Rahmwirsing" oder "Filet vom Zander auf Weißweinschaum mit Berglinsen", die saisonal-regionale Küche von Thorsten Beilharz (er leitet den Familienbetrieb bereits in 4. Generation) ist frisch und schmackhaft. Sie möchten übernachten? Fragen Sie nach den neueren Zimmern!

Menü 25/42 € - Karte 26/51 €

25 Zim - 59/69 € 89/99 €

Aischbachstr. 5 ✉ 72275 - ✆ 07444 956040 - www.roessle-alpirsbach.de - November - März: Montag - Donnerstag nur Abendessen - geschl. Februar - März 2 Wochen, 25. Oktober - 15. November und Montagmittag, Mittwoch

ALTDORF

Bayern - 15 175 Ew. - Höhe 444 m - Regionalatlas **50**-L17
Michelin Straßenkarte 546

Rotes Ross

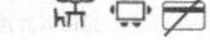

REGIONAL • GEMÜTLICH Eine sehr gut besuchte Adresse mit rustikalem Charme. Der historische Gasthof mit langer Familientradition bietet solide fränkische Küche zu fairen Preisen, so z. B. "Rinderbrust mit Meerrettichsauce, Kartoffeln und Salat".

Menü 25 € - Karte 18/41 €

Oberer Markt 5 ✉ 90518 - ✆ 09187 5272 (Tischbestellung erforderlich) - www.rotes-ross-altdorf.de - geschl. Januar 1 Woche, über Pfingsten 1 Woche, August 2 Wochen und Montag, Donnerstagabend

ALTDORF Rheinland-Pfalz → Siehe Edenkoben

ALTDORF Kreis LANDSHUT

Bayern – 11 083 Ew. – Höhe 396 m – Regionalatlas **58**-N19
Michelin Straßenkarte 546

In Altdorf-Pfettrach Nord-West: 3 km, Richtung Neustadt a.d. Donau jenseits der A 92

Saustall

INTERNATIONAL • TRENDY X Sehr nett die Atmosphäre, gut die Küche! Unter der schönen Kreuzgewölbedecke wählt man z. B. ein tolles Steak aus dem Reifeschrank. Oder kommen Sie doch mal sonn-/feiertags zum "Krustenbraten mit Dunkelbiersauce"! Für besondere Anlässe: "Herzblut" und "Kuhstall". Donnerstags auf Vorbestellung Spareribs.

Menü 42 € – Karte 36/48 €

Hotel Augustlhof, Pfeffenhausener Str. 18 ✉ 84032 – ✆ 08704 927285 – www.augustlhof.de – nur Abendessen, sonntags auch Mittagessen – geschl. Sonntagabend - Mittwoch

Augustlhof

GASTHOF • AUF DEM LAND Außen typisch regional, innen stilvoll-zeitgemäß, das ist der Augustlhof der Familie Smith! Einige der geradlinig-modern eingerichteten Zimmer sind etwas kleiner, aber gut aufgeteilt. Komfortzimmer mit Balkongang und Sky-TV. W-Lan gratis.

12 Zim – †68/93 € ††85/125 € – ☕ 9 €

Pfeffenhausener Str. 18 ✉ 84032 – ✆ 08704 927285 – www.augustlhof.de

Saustall – siehe Restaurantauswahl

ALTENAHR

Rheinland-Pfalz – 1 844 Ew. – Höhe 200 m – Regionalatlas **36**-C13
Michelin Straßenkarte 543

Gasthaus Assenmacher

INTERNATIONAL • LÄNDLICH XX Bei Christian und Christa Storch spürt man das Engagement. Behaglich das Ambiente in Restaurant und Gaststube, herzlich und aufmerksam der Service, richtig gut die Küche. Man kocht geradlinig und fein, ohne Chichi, dafür mit viel Geschmack und Ausdruck. Man kann hier übrigens auch schön gepflegt übernachten.

Menü 35/83 € – Karte 32/52 €

7 Zim ☕ – †45/50 € ††80/88 €

Brückenstr. 12, an der B 257 ✉ 53505 – ✆ 02643 1848 – www.gasthaus-assenmacher.de – geschl. Januar - Februar 2 Wochen, Juni - Juli 2 Wochen und Montag, außer an Feiertagen

Ruland

FAMILIÄR • FUNKTIONELL Hier lässt es sich richtig schön wohnen, denn Familie Carnott investiert stetig und kümmert sich mit Engagement um ihr Haus. Die Zimmer im Stammhaus sind hell und freundlich, die im "Brunnenhaus" sind besonders chic, modern und komfortabel.

38 Zim ☕ – †49/95 € ††75/150 € – ½ P

Brückenstr. 6, an der B 257 ✉ 53505 – ✆ 02643 8318 – www.hotel-ruland.de

ALTENBERGE

Nordrhein-Westfalen – 10 178 Ew. – Höhe 105 m – Regionalatlas **26**-D9
Michelin Straßenkarte 543

Penz Am Dom

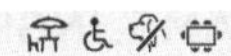

REGIONAL • FREUNDLICH ✗ In dem hübschen alten Bürgerhaus vis-à-vis dem Dom mischt sich Historisches mit Modernem. Ein schöner stimmiger Rahmen für die gute Küche von Patron Denis Penz - darf es vielleicht "Perlhuhnbrust mit Spargelrisotto und Portweinjus" sein? Mittags unter der Woche nur Business Lunch. Toll die Terrasse!

Menü 33 € (abends)/59 € – Karte 33/58 € – mittags einfache Karte

Kirchstr. 13 ✉ 48341
– ✆ 02505 9399530 – www.penz-am-dom.de
– geschl. Januar 1 Woche, Juli 1 Woche und Samstagmittag, Sonntag

ALTENSTEIG

Baden-Württemberg – 10 236 Ew. – Höhe 504 m – Regionalatlas **54**-F19
Michelin Straßenkarte 545

In Altensteig-Überberg Nord-West: 2 km

Hirsch

GASTHOF • AUF DEM LAND In dem gewachsenen traditionsreichen Landgasthof unter familiärer Leitung genießt man die ländliche Idylle. Fragen Sie nach den Zimmern im Gästehaus - sie liegen zur Südseite mit toller Sicht ins Tal! Bürgerlich-regional speist man in der gemütlichen Gaststube oder auf der netten Gartenterrasse.

15 Zim ☕ – 🚹45/58 € 🚹🚹85/110 € – ½ P

Simmersfelder Str. 24 ✉ 72213
– ✆ 07453 8290 – www.hirsch-ueberberg.de
– geschl. Januar 3 Wochen

ALTRIP Rheinland-Pfalz ➜ Siehe Ludwigshafen am Rhein

ALZEY

Rheinland-Pfalz – 17 519 Ew. – Höhe 192 m – Regionalatlas **47**-E16
Michelin Straßenkarte 543

Selzgold

FAMILIÄR • MODERN Mitten in Alzey steht das sympathische, geschmackvoll-stylische Hotel. Die Zimmer sind modern in Design und Technik, lecker das Frühstück im eigenen Bistro/Café - hier gibt's auch kleine Gerichte. Eine Kaffeerösterei hat man ebenfalls.

10 Zim ☕ – 🚹75 € 🚹🚹99 €

Ochslergasse 10 ✉ 55232 – ✆ 06731 5471810 – www.selzgold.de

AMBERG

Bayern – 41 535 Ew. – Höhe 374 m – Regionalatlas **51**-M16
Michelin Straßenkarte 546

Schön Kilian

INTERNATIONAL • TRENDY ✗ "Café - Feinkost - Restaurant" - das Konzept kommt an. Lust auf international beeinflusste regionale Speisen wie "Filet vom Wildlachs, Zitronengras, Risotto" und als Dessert ein "lauwarmes Schokoladentörtchen"? Oder lieber tolle hausgemachte Pralinen? Geradlinig-modern das Design, schön der Innenhof.

Menü 54/93 € – Karte 23/57 €

Ziegelgasse 12, in der Grammerpassage ✉ 92224
– ✆ 09621 308404 – www.schoen-kilian.de
– geschl. Montag

AMELINGHAUSEN

Niedersachsen - 4 041 Ew. - Höhe 66 m - Regionalatlas **19**-J6
Michelin Straßenkarte 541

Zum Alchimisten

REGIONAL • FREUNDLICH Das reetgedeckte kleine Haus liegt ruhig am Ortsrand und empfängt Sie mit charmanten Stuben. Serviert wird ein Mix aus Regionalem und Internationalem: "Forelle im Ganzen gebraten mit Gurkensalat", "Rinderfilet mit Pfefferrahmsauce"...

Menü 36/72 € - Karte 28/59 €

Auf der kalten Hude 4 ✉ 21385 - ✆ 04132 939106 - www.zum-alchimisten.de - Montag - Dienstag nur Abendessen - geschl. 20. Januar - 12. Februar und Mittwoch - Donnerstag

AMMERBUCH

Baden-Württemberg - 11 254 Ew. - Höhe 384 m - Regionalatlas **55**-G19
Michelin Straßenkarte 545

In Ammerbuch-Entringen

Im Gärtle

REGIONAL • GEMÜTLICH Kunstfreunde aufgepasst: Man kommt nicht nur zum Essen hierher, denn das charmant gelegene Restaurant bietet neben schwäbischen Spezialitäten auch eine Ausstellung des Malers Manfred Luz! Im Sommer ein Muss: die tolle Terrasse "im Gärtle"!

Menü 17 € (mittags)/38 € - Karte 35/59 €

Bebenhauser Str. 44 ✉ 72119 - ✆ 07073 6435 - www.imgaertle.de - geschl. Montag, Oktober - April: Montag - Dienstag

AMÖNEBURG

Hessen - 5 144 Ew. - Höhe 364 m - Regionalatlas **38**-G13
Michelin Straßenkarte 543

Dombäcker

REGIONAL • GEMÜTLICH Ein sympathischer Familienbetrieb ist das schmucke Fachwerkhaus von 1725 direkt am Markt! Man kocht regional und mit internationalem Einfluss - da ist "Rinderroulade mit Kartoffelstampf" genauso lecker wie "Safranrisotto mit Schalen- und Krustentieren". Schön übernachten können Sie hier übrigens auch.

Menü 48 € - Karte 33/60 €

5 Zim - †70 € ††116 €

Markt 18 ✉ 35287 - ✆ 06422 94090 - www.dombaecker.de - Dienstag - Donnerstag nur Abendessen - geschl. 1. - 7. Januar, 24. Juli - 6. August und Sonntagabend - Montag

AMORBACH

Bayern - 3 966 Ew. - Höhe 165 m - Regionalatlas **48**-G16
Michelin Straßenkarte 546

Im Otterbachtal West: 3 km über Amorsbrunner Straße

Abt- und Schäferstube

FRANZÖSISCH-KLASSISCH • RUSTIKAL Seit über 20 Jahren leuchtet der Stern über diesem Restaurant. Ein Klassiker im besten Sinne: rustikal-elegante Atmosphäre, feine klassisch-französische Küche aus hervorragenden Produkten, eine ausgezeichnete Weinauswahl und eigene Destillate, geschulter Service...

→ Cannelloni von hausgebeiztem Lachs, Spargel, Gurkenrelish und Dillrahm. Unser Lammrücken mit Fregola Sarda, Bohnenhumus und Knoblauch-Thymianjus. Mousse von "Arabica" Kaffee und gebackenem Grießknödel mit Karamelleis.

Menü 79/119 € - Karte 71/113 €

Hotel Der Schafhof, Schafhof 1 ✉ 63916 Amorbach - ✆ 09373 97330 - www.schafhof.de - geschl. 1. Januar - 11. März und Montag - Dienstag

Benediktinerstube

REGIONAL • GEMÜTLICH Im ehemaligen Kelterhaus des Schafhofs - gleich neben dem Stammhaus - geht es etwas ländlicher zu. Hier kocht man regional mit mediterranem Einschlag, freigelegtes Fachwerk und Holztäfelung machen es dazu schön gemütlich.

Menü 35/45 € - Karte 35/50 €

Hotel Der Schafhof, Schafhof 1 63916 Amorbach
- 09373 97330 - www.schafhof.de
- geschl. Mitte März - Ende Dezember: Mittwoch - Donnerstag

Der Schafhof

HISTORISCH • INDIVIDUELL Ein wunderbarer Ort, wahrhaft idyllisch und einsam inmitten von Wald und Weiden - man spürt förmlich die Historie des einstigen Klosterguts von 1446! Schöne Zimmer (elegant oder gemütlich-rustikal), ausgezeichnetes Frühstück, eine Weinprobe im eigenen Weinkeller, Entspannung bei Kosmetik/Massage oder am Naturbadeteich... Das Engagement der Gastgeber tut ein Übriges!

24 Zim - 80/155 € 110/155 € - 1 Suite - 19 € - ½ P

Schafhof 1 63916 Amorbach
- 09373 97330 - www.schafhof.de

Abt- und Schäferstube • **Benediktinerstube** - siehe Restaurantauswahl

Ein wichtiges Geschäftsessen oder ein Essen mit Freunden? Das Symbol weist auf Veranstaltungsräume hin.

AMRUM (INSEL)

Schleswig-Holstein - Regionalatlas **1**-F2
Michelin Straßenkarte 541

Norddorf - 563 Ew.

Hüttmann

LANDHAUS • GEMÜTLICH Seit 1892 (in 4. Generation) ist die schöne Hotelanlage in Familienbesitz. Individuelle Zimmer mit nordischem Charme, Kosmetik- und Massageangebote sowie ein Abendrestaurant nebst Terrasse mit Pavillon - gekocht wird regional-international, Wild kommt aus eigener Jagd. Ganztägig geöffnet: legeres Café-Bistro.

45 Zim - 70/105 € 125/185 € - 9 Suiten - ½ P

Ual Saarepswai 2 25946
- 04682 9220 - www.hotel-huettmann.de

AMSTETTEN

Baden-Württemberg - 3 887 Ew. - Höhe 628 m - Regionalatlas **56**-I19
Michelin Straßenkarte 545

In Amstetten-Stubersteim Nord-Ost: 5,5 km über Hofstett-Emerbuch

Stubersheimer Hof

KLASSISCHE KÜCHE • GEMÜTLICH Gemütlichkeit und ländlichen Charme versprüht der hübsch sanierte historische Bauernhof. Man kocht klassisch-regional, so z. B. "Zander mit Champagner-Senfkraut und geschmolzener Schwarzwurst" oder "Zwiebelrostbraten mit Spätzle". Zum Übernachten: schöne Zimmer mit Parkett, teils mit freigelegten Holzbalken.

Karte 37/59 €

7 Zim - 79 € 119 €

Bräunisheimer Str. 1 73340
- 07331 4429970 - www.stubersheimer-hof.de
- nur Abendessen, sonntags auch Mittagessen - geschl. Anfang August 2 Wochen und Montag - Dienstag

AMTZELL

Baden-Württemberg – 4 133 Ew. – Höhe 556 m – Regionalatlas **63**-H21
Michelin Straßenkarte 545

In Amtzell-Geiselharz Süd-Ost: 1 km, jenseits der B 32

Schattbuch

KREATIV • TRENDY XX Hier überzeugen Rahmen und Küche gleichermaßen. Zum attraktiven geradlinig-modernen Interieur gesellen sich aufmerksamer und versierter Service sowie kreative Gerichte, die auf saisonalen Bezug und frische, gute Produkte setzen. Einladend die Gartenterrasse am Teich.

→ Rehravioli mit Topinambur und Pilzschaum. Stubenküken mit Buchweizenragout, geschmorte Mairübe und Bärlauch. Mispel mit Zitronengras, Hafer und Topfen.

Menü 55/75 € – Karte 39/73 €

Schattbucher Str. 10 ✉ 88279 – ✆ 07520 953788 (Tischbestellung ratsam) – www.schattbuch.de – geschl. 1. - 15. Januar, August 2 Wochen und Samstagmittag, Sonntag - Montag

ANDERNACH

Rheinland-Pfalz – 29 202 Ew. – Höhe 70 m – Regionalatlas **36**-D14
Michelin Straßenkarte 543

Ristorante Ai Pero (N)

ITALIENISCH • CHIC XX "Cucina del Sole" nennt sich die saisonale Küche dieses modernen kleinen Ristorante, und die reicht von hausgemachter Pasta bis zu Gerichten wie "Moscardini mit Paprika und N'duja-Öl" oder "Schwarzfederhuhn mit Petersilie". Dazu bietet man eine anspruchsvolle Weinkarte.

→ Pulpo, Melone, Sepiabrot. Rehbock, Pfifferlinge, Frittata. Gorgonzolaeis, Feige, Bitterschokolade.

Menü 69/99 € – Karte 64/79 €

Hotel Am Ochsentor, Schafbachstr. 20 ✉ 56626 – ✆ 02632 9894060 (Tischbestellung ratsam) – www.hotel-ochsentor.de – nur Abendessen – geschl. Februar 2 Wochen, August 2 Wochen und Sonntag - Montag

YOSO

ASIATISCH • GERADLINIG X "Yoso" (koreanisch) steht für die Elemente Feuer, Wasser, Luft und Erde, und die werden in einem interessanten modern-asiatischen "Streetfood & Sushi"-Konzept umgesetzt. Mittags preiswerter Businesslunch und kleine A-la-carte-Auswahl, abends umfangreicheres Angebot. Sushi gibt's auch "to go".

→ Adlerfisch, Kichererbsen, Madras Curry. Kalbstafelspitz rosa, Miso Creme, Pilze. Schokolade cremig, Teegranité, Rhabarber.

Menü 42/92 € (abends) – Karte 41/51 €

Hotel Am Ochsentor, Schafbachstr. 14 ✉ 56626 – ✆ 02632 4998643 (Tischbestellung ratsam) – www.yoso-food.de – mittags kleinere Karte – geschl. Sonntag - Montag

Trattoria Ai Pero (N)

ITALIENISCH • TRATTORIA X Eine nette Alternative zum "Ristorante" ist diese Trattoria: Die Atmosphäre ist ungezwungen, freundlich und trendig und auf den Tisch kommt italienische Küche aus frischen Produkten - auch Pizza aus dem Holzofen darf da nicht fehlen!

Karte 32/56 €

Hotel Am Ochsentor, Schafbachstr. 20 ✉ 56626 – ✆ 02632 9894060 – www.ai-pero.de – geschl. Dienstag

Am Ochsentor

URBAN • MODERN Hier überzeugt zum einen die Lage in der Altstadt, zum anderen das wertige Interieur aus schickem, stimmigem Design und moderner Technik. Gegenüber dem Hotel: "Rufus Bar & Lounge". Tipp: Besuchen Sie den 60 m hohen Kaltwasser-Geysir!

22 Zim – 99/119 € 119/139 € – 2 Suiten

Schafbachstr. 20 56626 – 02632 9894060 – www.hotel-ochsentor.de

Ristorante Ai Pero • **YOSO** • **Trattoria Ai Pero** – siehe Restaurantauswahl

ANGER

Bayern – 4 444 Ew. – Höhe 558 m – Regionalatlas **67**-O21
Michelin Straßenkarte 546

In Anger-Aufham Süd: 3 km jenseits der A 8

Wellness- und Landhotel Prinz

SPA UND WELLNESS • ROMANTISCH Sie suchen ein romantisches Hotel für Paare? Hier hat man sich auf Verwöhnarrangements für zwei spezialisiert. Genießen Sie wohnlich-alpenländische Atmosphäre und entspannen Sie im schönen Sauna- und Ruhebereich, bei zahlreichen Anwendungen oder im schicken "Cabrio-Pool". Tipp: Zimmer mit Whirlwanne!

30 Zim – 59/95 € 104/150 € – ½ P

Dorfstr. 5 83454 – 08656 1084 – www.landhotel-prinz.de

ANNWEILER

Rheinland-Pfalz – 6 991 Ew. – Höhe 183 m – Regionalatlas **54**-E17
Michelin Straßenkarte 543

umoya restaurant

INTERNATIONAL • FREUNDLICH In dem verglasten pavillonähnlichen Bau in einem kleinen Park mit See kocht man gerne international - so manches hat der Chef von seinen zahlreichen Auslandsaufenthalten mitgebracht. Tipp: Themenwochen. Sa. und So. auch Kaffee und Kuchen.

Karte 19/35 €

Burgstraße 24 76855 – 06346 9296744 – www.umoya-restaurant.de – Montag - Freitag nur Abendessen – geschl. Dienstag - Mittwoch

ANSBACH

Bayern – 40 010 Ew. – Höhe 405 m – Regionalatlas **49**-J17
Michelin Straßenkarte 546

La Corona

MARKTKÜCHE • MEDITERRANES AMBIENTE Sie finden diese gemütliche Adresse - ein Mix aus Vinothek und Restaurant - in einem Hinterhof in der Stadtmitte. Die Leidenschaft der Gastgeber ist förmlich zu schmecken - wie wär's z. B. mit "geschmorter Lammhaxe, Bäckchen und Bauch auf getrüffeltem Kartoffelpüree"? Toll die Auswahl von rund 1400 Weinen!

Karte 35/74 €

Johann-Sebastian-Bach-Platz 20 91522 – 0981 9090130 – www.lacorona.de – nur Abendessen – geschl. Sonntag - Mittwoch und an Feiertagen

Schwarzer Bock

REGIONAL • GASTHOF Hier bietet man Ihnen fränkische Wirtshauskultur in Reinform, wertige Einrichtungsdetails mischen sich gelungen mit dem traditionellen Charme. Freuen Sie sich z. B. auf "Schäuferla mit Kloß" oder auf ein Paar Würste. Im Sommer sitzt es sich übrigens auf der Terrasse am schönsten.

Menü 32/69 € (abends) – Karte 18/49 €

Hotel Schwarzer Bock, Pfarrstr. 31 91522 – 0981 421240 – www.schwarzerbock.com – geschl. 1. - 7. Januar

Zur Windmühle

GASTHOF • FUNKTIONELL Echte Gasthof-Tradition - seit 1914 von der Familie geführt. Das Haus ist im Wandel, fragen Sie nach den neueren und sehr komfortablen Zimmern! Einfachere Kategorien bleiben aber ebenso erhalten. Im rustikalen Restaurant serviert man bürgerlich-fränkische Küche.

60 Zim - †64/170 € ††100/220 € - ½ P

Rummelsberger Str.1 ✉ 91522 - ✆ 0981 972000 - www.hotel-windmuehle.de

Schwarzer Bock

HISTORISCH • INDIVIDUELL Das kleine Rokoko-Haus liegt mitten in der Altstadt und lädt schon mit seiner hübschen Fassade zum Verweilen ein. Drinnen sieht es ebenso ansprechend aus: Die Zimmer sind individuell geschnitten, wohnlich gestaltet und bieten neben kostenfreier Minibar auch W-Lan und DVD-Player.

14 Zim - †75/129 € ††99/149 € - 3 Suiten

Pfarrstr. 31 ✉ 91522 - ✆ 0981 421240 - www.schwarzerbock.com - geschl. 1. - 7. Januar

Schwarzer Bock - siehe Restaurantauswahl

APPENWEIER

Baden-Württemberg - 9 867 Ew. - Höhe 152 m - Regionalatlas **54**-E19
Michelin Straßenkarte 545

In Appenweier-Nesselried

Gasthof Engel

REGIONAL • GASTHOF Freundlich kommt die mit hellem warmem Holz ausgestattete Gaststube daher. Gekocht wird Regionales wie "Nüsschen vom heimischen Reh mit Rahmpilzen, Butterspätzle und Preiselbeeren". Schön gepflegt übernachten können Sie hier ebenfalls.

Menü 18/29 € - Karte 25/46 €

12 Zim - †56/64 € ††86 € - 3 Suiten

Dorfstr. 43 ✉ 77767 - ✆ 07805 919181 - www.gasthof-engel.de - geschl. 22. Februar - 9. März, 23. August - 7. September und Mittwoch - Donnerstag

ARNSBERG

Nordrhein-Westfalen - 73 436 Ew. - Höhe 200 m - Regionalatlas **27**-E11
Michelin Straßenkarte 543

Menge

MARKTKÜCHE • FREUNDLICH Christoph Menge kocht geschmackvoll und ambitioniert, von gefragten Klassikern wie dem "Sauren Schnitzel" bis zu gehobeneren Gerichten wie "Wolfsbarsch mit Petersilienwurzel und Rote Beete". Je nach Saison gibt's auch Galloway-Rind, Wild und Lamm - natürlich aus der Region.

Menü 39/63 € - Karte 34/62 €

Hotel Menge, Ruhrstr. 60 ✉ 59821 - ✆ 02931 52520 - www.hotel-menge.de - nur Abendessen - geschl. Februar 2 Wochen, Juli - August 2 Wochen, 23. - 26. Dezember und Sonntag - Montag

Ratskeller 

BÜRGERLICHE KÜCHE • GASTHOF Gemütlich hat man es bei den engagierten Betreibern in dem gestandenen Gasthof mitten in der Altstadt. Auf der Karte z. B. "gebratenes Lachsfilet mit Dijonsenfsauce" oder "Kalbsschnitzel mit Bratkartoffeln". Mittags zusätzliche Tageskarte.

Karte 23/45 €

Alter Markt 36 ✉ 59821 - ✆ 02931 3672 - www.ratskeller-arnsberg.de - geschl. 12. - 18. Februar und Montag, Mai - August: Montagmittag

Menge

GASTHOF • INDIVIDUELL Familie Menge betreibt das Haus schon in der 7. Generation, und das mit Engagement, wie die sehr freundliche Gästebetreuung, die gute Zimmerausstattung und nicht zuletzt das leckere Frühstück mit hausgemachter Marmelade zeigen! Und wenn Sie gerne Fahrrad fahren: Das Hotel liegt am Ruhrtalradweg.

18 Zim – †60/89 € ††89/126 € – ½ P

Ruhrstr. 60 ✉ 59821 – ✆ 02931 52520 – www.hotel-menge.de – geschl. Februar 2 Wochen, Juli - August 2 Wochen, 23. - 26. Dezember

Menge – siehe Restaurantauswahl

ARNSTADT

Thüringen – 23 899 Ew. – Höhe 280 m – Regionalatlas **40**-K13
Michelin Straßenkarte 544

Stadthaus Arnstadt

HISTORISCH • TRADITIONELL Mit Liebe zum Detail hat man das über 400 Jahre alte Fachwerkhaus im historischen Stadtkern restauriert. Schöne alte Dielenböden, hier und da Antiquitäten und original Deckenmalerei, das hat Charme! Frühstück in der ehemaligen Schwarzküche.

9 Zim – †89/119 € ††109/129 €

Pfarrhof 1, Zufahrt über Kohlgasse ✉ 99310 – ✆ 03628 5869991 – www.stadthaus-arnstadt.de

ARNSTORF

Bayern – 6 695 Ew. – Höhe 397 m – Regionalatlas **59**-O19
Michelin Straßenkarte 546

In Arnstorf-Mariakirchen Nord-Ost: 4 km

Schlossparkhotel

HISTORISCHES GEBÄUDE • MODERN Historisches und Modernes vereint: Im Park des Wasserschlosses wohnt man im klar designten Glasbau und frühstückt im liebenswerten Gartenhaus von 1810. Suite im Schloss. Lust auf Selbstgebrautes im "Schlossbräu" mit tollem Gewölbe und Sudkesseln? Im Sommer Biergarten unter Kastanien. Schön für Hochzeiten.

54 Zim – †67/87 € ††109/122 € – 1 Suite

Obere Hofmark 3 ✉ 94424 – ✆ 08723 978710 – www.schloss-mariakirchen.de – geschl. 21. Dezember - 6. Januar

ASBACHERHÜTTE Rheinland-Pfalz → Siehe Kempfeld

ASCHAFFENBURG

Bayern – 68 167 Ew. – Höhe 138 m – Regionalatlas **48**-G15
Michelin Straßenkarte 546

Oechsle

TRADITIONELLE KÜCHE • FREUNDLICH XX Hier wird mit regionalem und saisonalem Bezug gekocht - gut und preislich fair. Auf der Karte z. B. "in Apfelwein geschmorter Schweinebraten mit Semmelknödel und Krautsalat". Tipp: Kommen Sie doch auch mal zum Gänseessen! Und das Ambiente? Ein Mix aus modern und rustikal - hübsch der Kachelofen von 1840.

Menü 43/50 € – Karte 28/56 €

Hotel Zum Goldenen Ochsen, Karlstr. 16, Zufahrt über Friedrichstraße ✉ 63739 – ✆ 06021 23132 – www.zumgoldenenochsen.de – nur Abendessen, sonntags auch Mittagessen – geschl. 1. - 8. Januar, 29. Mai - 4. Juni, 14. August - 10. September und Sonntagabend - Montag

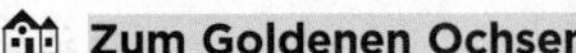

Zum Goldenen Ochsen

GASTHOF • MODERN Direkt gegenüber dem Schlosspark und zentral nahe dem Bahnhof liegt der zum Hotel gewachsene Gasthof a. d. 16. Jh. Die Zimmer sind funktionell, die Bäder meist mit Tageslicht. Für Fahrradfahrer ideal: Der Mainradweg ist ca. 300 m entfernt.

39 Zim – 69/96 € 96/118 € – ½ P

Karlstr. 16, Zufahrt über Friedrichstraße 63739 – 06021 23132 – www.zumgoldenenochsen.de

Oechsle – siehe Restaurantauswahl

In Johannesberg Nord: 8 km Richtung Mömbris, jenseits der A 3

Helbigs Gasthaus

MARKTKÜCHE • FREUNDLICH "Casual Fine Dining" ist das Konzept der Helbigs. Angenehm leger die Atmosphäre, aufmerksam, freundlich und geschult der Service. Das Angebot reicht von traditionellen Gasthausgerichten bis zum "Genuss-Menü" - Letzteres nur abends und samstagmittags.

Menü 38/112 € (abends) – Karte 38/89 €

Hotel Auberge de Temple, Hauptstr. 2 63867 – 06021 4548300 (Tischbestellung ratsam) – www.auberge-de-temple.de – geschl. Februar 1 Woche, über Pfingsten 1 Woche, August 2 Wochen und Sonntag - Montag

Auberge de Temple

GASTHOF • INDIVIDUELL Sie sollten nicht nur zum Essen zu den Helbigs kommen, denn geschmackvoller kann man kaum übernachten! Neben den wertigen, individuellen und geräumigen Zimmern (sie tragen übrigens die Namen von Künstlern) genießt man eine liebevolle Betreuung durch die Familie samt persönlich serviertem Frühstück.

6 Zim – 119/159 € 169/209 €

Hauptstr. 2 63867 – 06021 4548300 – www.auberge-de-temple.de – geschl. Februar 1 Woche, über Pfingsten 1 Woche, August 2 Wochen

Helbigs Gasthaus – siehe Restaurantauswahl

ASCHAU im CHIEMGAU

Bayern – 5 577 Ew. – Höhe 615 m – Regionalatlas **66**-N21
Michelin Straßenkarte 546

Restaurant Heinz Winkler

FRANZÖSISCH-KLASSISCH • ELEGANT Nicht wegzudenken aus dem Hause Winkler ist die klassische Küche, und die ist klar strukturiert, handwerklich exakt und fein ausbalanciert, die Produkte sind über jeden Zweifel erhaben. Der Service charmant, eingespielt und professionell, trefflich die Weinempfehlungen aus 950 Positionen. Tolle Bergkulisse!

→ Carpaccio vom Hummer mit Zitronengras. Filet vom Milchkalb in Sellerieasche mit getrüffeltem Lauch. Cannelloni von der Ghana-Ananas mit Kokusnussschaum und Maracuja.

Menü 95/178 € – Karte 74/207 €

Hotel Residenz Heinz Winkler, Kirchplatz 1 83229 – 08052 17990 – www.residenz-heinz-winkler.de – geschl. Montag - Mittwochmittag

Residenz Heinz Winkler

GASTHOF • KLASSISCH Mitten im Ort und doch eine eigene Welt... Ein jahrhundertealtes Anwesen, gleich nebenan die Kirche, ringsum die wunderbare Bergkulisse - Heinz Winkler hat hier die perfekte Verbindung von elegantem Luxus und traditionell-bayerischem Gasthaus-Charme geschaffen. So groß seine Leidenschaft fürs Kochen, so intensiv sein Engagement als Gastgeber.

19 Zim – 225/425 € 250/450 € – 13 Suiten

Kirchplatz 1 83229 – 08052 17990 – www.residenz-heinz-winkler.de

Restaurant Heinz Winkler – siehe Restaurantauswahl

ASCHEFFEL

Schleswig-Holstein – 1 014 Ew. – Höhe 42 m – Regionalatlas **2**-I3
Michelin Straßenkarte 541

Globetrotter Lodge

BUSINESS • MODERN Der gleichnamige Outdoorwaren-Hersteller hat hier in der Naturlandschaft Hüttener Berge sein erstes Hotelprojekt realisiert. Chic das klare naturbetonte Design! Ganz was Besonderes: die "Glamping"-Zelte. Toller Aussichtsturm, auch über eine Kletterwand zu erklimmen! Regionale Küche im Restaurant "Campfire".

30 Zim – 113/145 € 113/145 € – ½ P

Am Aschberg 3 ✉ 24358 – ✆ 04353 99800010 – www.globetrotter-lodge.de

Für große Städte gibt es Stadtpläne, auf denen die Hotels und Restaurants eingezeichnet sind. Die Koordinaten (z.B. : Stadtplan : A3e) helfen Ihnen bei der Suche.

ASPACH Baden-Württemberg → Siehe Backnang

ASPERG

Baden-Württemberg – 13 065 Ew. – Höhe 270 m – Regionalatlas **55**-G18
Michelin Straßenkarte 545

Schwabenstube

FRANZÖSISCH-KLASSISCH • ELEGANT Ausgesprochen niveauvoll kommt das Restaurant in dem schmucken historischen Fachwerkhaus daher - sowohl in Sachen Ambiente (schön elegant die Atmosphäre) als auch kulinarisch. Finessenreich mischen sich hier Klassik und Moderne, und auch auf Bewährtes aus der Region braucht man nicht zu verzichten.

→ Gänseleber, Rhabarber, Erdnuss, Mispel, grüner Pfeffer. Huchen, Wassermelone, Jalapeno, Joghurt. Iberico Pluma, BBQ, Coleslaw, gebackene Kartoffel.

Menü 55/125 € – Karte 64/89 €

Hotel Adler, Stuttgarter Str. 2 ✉ 71679 – ✆ 07141 26600 – www.adler-asperg.de – nur Abendessen – geschl. Anfang Januar 2 Wochen, 5. August - 4. September und Sonntag - Dienstag sowie an Feiertagen

Aguila

SPANISCH • GEMÜTLICH Was entsteht, wenn Spanien auf Schwaben trifft? "Schwabbas"! Viele Neugierige probieren in angenehm ungezwungener Atmosphäre diesen Küchenmix! Sie können aber auch gerne "entweder-oder" essen.

Menü 29/35 € – Karte 24/47 €

Hotel Adler, Stuttgarter Str. 2 ✉ 71679 – ✆ 07141 26600 – www.adler-asperg.de – nur Abendessen – geschl. 5. August - 4. September und Samstag sowie an Feiertagen

Adler

GASTHOF • MODERN Seit über 100 Jahren sind die Ottenbachers hier und investieren stetig! Schön die modern-elegante Lobby und der Frühstücksraum - die Bar "RicharZ" wird morgens zum Buffet. Wie wär's mit einem Themenzimmer? "Daimler", "Bosch" oder "Porsche"?

70 Zim – 119/169 € 129/179 € – 17 €

Stuttgarter Str. 2 ✉ 71679 – ✆ 07141 26600 – www.adler-asperg.de

Schwabenstube • **Aguila** – siehe Restaurantauswahl

ATTENDORN

Nordrhein-Westfalen - 24 277 Ew. - Höhe 255 m - Regionalatlas **37**-E12
Michelin Straßenkarte 543

An der Straße nach Helden Ost: 3,5 km

Burghotel Schnellenberg

HISTORISCHES GEBÄUDE • ROMANTISCH Ein tolles Anwesen ist die imposante Burg über der Stadt - wie gemacht für Hochzeiten und Veranstaltungen. Die Zimmer sind unterschiedlich geschnitten, geräumiger die schönen Turmzimmer. Saunabereich im Gewölbe. Einstiger Rittersaal als Restaurant, dazu die reizvolle Terrasse auf drei Ebenen.

42 Zim - 95/165 € 120/190 € - ½ P

Schnellenberger Weg 1 ✉ 57439 Attendorn
- ✆ 02722 6940 - www.burg-schnellenberg.de
- geschl. 1. - 15. Januar, 22. - 25. Dezember

AUE

Sachsen - 16 617 Ew. - Höhe 350 m - Regionalatlas **42**-O13
Michelin Straßenkarte 544

Tausendgüldenstube

REGIONAL • LÄNDLICH XX 340 Jahre Tradition, da spürt man historischen Charme! Dank Kachelofen und Holzvertäfelung ist es hier schön gemütlich, man wird persönlich umsorgt und zudem isst man gut - probieren Sie z. B. "in Burgunder geschmorte Kalbsbacke" oder "St. Pierre mit Risotto". Oder macht Ihnen die große Steakkarte Appetit?

Karte 33/46 €

Hotel Blauer Engel, Altmarkt 1 ✉ 08280 - ✆ 03771 5920
- www.hotel-blauerengel.de - nur Abendessen - geschl. Januar, Juli - August und Sonntag - Montag sowie an Feiertagen

St. Andreas

MODERNE KÜCHE • ELEGANT XXX Aufwändig und mit modernen Einflüssen kocht man in dem gemütlichen und zugleich eleganten Restaurant der Ungers - einer der Brüder steht am Herd, der andere leitet den Service. Auf der Karte liest man z. B. "Hochrippe, Sellerie, Knoblauch".

Menü 81/105 € - Karte 62/94 €

Hotel Blauer Engel, Altmarkt 1 ✉ 08280
- ✆ 03771 5920 - www.hotel-blauerengel.de
- nur Abendessen - geschl. Januar, Juli - August, Sonntag - Montag sowie an Feiertagen

Blauer Engel

HISTORISCH • MODERN Eine engagiert geführte Adresse, alles ist top in Schuss! Seit 1663 existiert das Hotel in der Stadtmitte, hinter dessen attraktiver wiederhergestellter Gründerzeitfassade man schön modern wohnt und bei Beauty und Massage entspannt. "Lotters Wirtschaft": Hausbrauerei mit Kupferkesseln und Backsteingewölbe.

39 Zim - 80/120 € 110/130 € - ½ P

Altmarkt 1 ✉ 08280
- ✆ 03771 5920 - www.hotel-blauerengel.de

Tausendgüldenstube • **St. Andreas** - siehe Restaurantauswahl

AUENWALD

Baden-Württemberg - 6 767 Ew. - Höhe 500 m - Regionalatlas **55**-H18
Michelin Straßenkarte 545

In Auenwald-Däfern

Landgasthof Waldhorn

MARKTKÜCHE • GASTHOF XX Es ist die gute saisonal-regionale und internationale Küche, die immer wieder zahlreiche Stammgäste in das ländlich-elegante Restaurant lockt. Appetit machen hier z. B. "Karree & hausgemachte Wurst vom Weidelamm" oder "Rücken vom 'Staufericoschwein' mit Rahmwirsing". Herrlich die Gartenterrasse!

Menü 35/55 € - Karte 32/54 €

Hohnweilerstr. 10 ✉ 71549 - ✆ 07191 312312 - www.waldhorn-daefern.de - geschl. Februar 2 Wochen, September - Oktober 2 Wochen und Dienstag - Mittwoch, Samstagmittag

AUERBACH in der OBERPFALZ

Bayern - 8 813 Ew. - Höhe 434 m - Regionalatlas **51**-L16
Michelin Straßenkarte 546

SoulFood (Michael Laus)

KREATIV • TRENDY XX Eine Adresse, die man sich in der Nachbarschaft wünscht! Die sympathischen jungen Gastgeber haben hier ein tolles Konzept: durchdachte und aromenreiche kreative Küche zu einem richtig guten Preis-Leistungs-Verhältnis. Tipp: Kommen Sie auch mal zum sehr fair kalkulierten Mittagsmenü!

→ Bunter Salat von weißem und grünem Spargel mit Ofentomaten, Wachtelei und Sauce Hollandaise. Sousvide gegartes Rinderfilet mit gebratenen Kräuterseitlingen und Gnocchi. "Rhabarberfeld" mit weißer Schokoladencrème und Erdbeersorbet.

Menü 39 € (mittags unter der Woche)/64 € - Karte 45/54 €

Unterer Markt 35 ✉ 91275 - ✆ 09643 2052225 - www.restaurant-soulfood.com - geschl. 1. - 25. Januar und Montag - Dienstag

AUERBACH (VOGTLAND)

Sachsen - 18 984 Ew. - Höhe 460 m - Regionalatlas **42**-N13
Michelin Straßenkarte 544

In Auerbach-Schnarrtanne Ost: 6 km Richtung Schönheide

Renoir

KLASSISCHE KÜCHE • ELEGANT XX Wer bei diesem Namen Kunst vermutet, liegt ganz richtig, denn Gemälde nach dem Vorbild Renoirs zieren das gemütlich-gediegene Restaurant. Serviert werden klassische Gerichte wie "Spinatsuppe mit Lachstörtchen" oder "Skrei mit Dijon-Senfkruste und Safrangnocchi".

Menü 37/47 € - Karte 33/55 €

Schönheider Str. 235 ✉ 08209 - ✆ 03744 215119 (Tischbestellung ratsam) - www.restaurant-renoir.de - Mittwoch - Freitag nur Abendessen - geschl. 2. - 10. Januar, 3. - 10. April, 2. - 12. Juli, 8. - 16. Oktober und Sonntagabend - Dienstag

AUEROSE Mecklenburg-Vorpommern → Siehe Anklam

AUGGEN

Baden-Württemberg - 2 661 Ew. - Höhe 264 m - Regionalatlas **61**-D21
Michelin Straßenkarte 545

Zur Krone

LANDHAUS • GEMÜTLICH Welch ein charmantes Landhotel! Ob im Stammhaus (hier sind die Zimmer etwas kleiner), im Brunnenhaus oder im Kutscherhaus, überall hat man es richtig wohnlich, dazu der wunderschöne "Wohlfühlgarten". Neben einem frischen, guten Frühstück gibt es für Hausgäste auch kleine Speisen.

32 Zim ☕ - †67/78 € ††89/152 €

Hauptstr. 6 ✉ 79424 - ✆ 07631 6075 - www.hotelkroneauggen.de

AUGSBURG

Bayern - 281 111 Ew. - Höhe 494 m - Regionalatlas **57**-K19
Michelin Straßenkarte 546

✿✿ AUGUST (Christian Grünwald)

KREATIV • KLASSISCHES AMBIENTE XX Er hat seinen ganz eigenen Stil: Christian Grünwald lässt sich von der Natur inspirieren, verwendet Top-Produkte und erschafft einzigartige, ausgesprochen intensive Kreationen. Auch der Rahmen ist besonders: Im 1. Stock der Haag-Villa von 1877 sitzt man in einem stilvollen hohen Raum an "Lagerfeuertischen".

➜ Rind am Meer - geschäumtes Austernwasser, Garnele rosé, weißer Trüffel, Sardelle, Artischocke. Bienenwabe, Blüten und Blätter, Gemüse-Nektar, Eigelb, Pfifferlinge, BIO-Spargel, geeister Speck. Kopfsalat, Erdbeer-Moos, Holunderblütensofteis, Barbados Rum-Minze-Vinaigrette, Pistazie.

Menü 169/179 €

Stadtplan : B1-a - *Johannes-Haag-Str. 14, (In der Haag-Villa) ✉ 86153 - ✆ 0821 35279 (Tischbestellung erforderlich) - nur Abendessen - geschl. März - April 1 Woche, August - September 1 Woche und Sonntag - Dienstag*

Sartory

KREATIV • ELEGANT XXX "Klein und fein" ist die Devise in dem eleganten und zugleich recht trendigen Restaurant. In intimem, exklusivem Rahmen genießt man zwei Menüs mit kreativen Gerichten wie "lauwarme Königskrabbe, Escabèche-Sud, Spinat, Kichererbsen" oder "Lammrücken, orientalische Aromen, griechischer Joghurt, Bohnencreme".

Menü 98 € (unter der Woche)/129 €

Stadtplan : A2-a - *Hotel Steigenberger Drei Mohren, Maximilianstr. 40 ✉ 86150 - ✆ 0821 50360 - www.augsburg.steigenberger.de - nur Abendessen, samstags auch Mittagessen - geschl. 24. - 30. Dezember, Januar, August und Sonntag - Mittwoch*

Magnolia

INTERNATIONAL • TRENDY XX Ein Essen hier lässt sich wunderbar mit dem Besuch des Kunstmuseums oder des "tim" (Textil- und Industriemuseum) verbinden. Man kocht mediterran und mit regionalen Einflüssen, es gibt z. B. "Drachenkopf vom Grill mit Pulpo und karamellisiertem Fenchel" oder auch klassischen Zwiebelrostbraten. Schöne Terrasse.

Menü 22 € (mittags unter der Woche)/92 € - Karte 36/57 €

Stadtplan : B2-m - *Beim Glaspalast 1 ✉ 86153 - ✆ 0821 3199999 - www.restaurant-magnolia.de - geschl. Samstagmittag*

Die Ecke

INTERNATIONAL • GEMÜTLICH XX Sie mögen die kulinarische Klassik? In dem "Eckehaus" von 1577 entstehen aus sehr guten Produkten schmackhafte Gerichte wie "Brust & Keule von der Wachtel mit Frühlingssalat", "Seezunge Müllerin Art" oder "Filetspitzen Stroganoff". Schöne Weine samt Raritäten. Charmant die Innenhofterrasse!

Menü 24 € (mittags unter der Woche)/78 € - Karte 35/74 €

Stadtplan : A2-n - *Elias-Holl-Platz 2 ✉ 86150 - ✆ 0821 510600 - www.restaurant-die-ecke.de*

Maximilian's

INTERNATIONAL • BISTRO XX Geradliniger Stil, warme Töne, Blick in die Showküche. Das moderne Bistro bietet internationale Gerichte wie "mariniertes Octopus-Carpaccio, Oliven-Mayonnaise, Kapern" oder "Boeuf Bouguignon, Tagliatelle, Speck, glasierte Karotten".

Menü 39 € - Karte 39/76 €

Stadtplan : A2-a - *Steigenberger Hotel Drei Mohren, Maximilianstr. 40 ✉ 86150 - ✆ 0821 50360 - www.augsburg.steigenberger.de*

AUGSBURG

Schaezlerpalais........... M1

Die Tafeldecker in der Fuggerei

REGIONAL • HISTORISCHES AMBIENTE Beim Eingang zur Fuggerei, der ältesten Sozialsiedlung der Welt, findet man dieses freundliche Lokal, dessen saisonale Klassiker ebenso gut ankommen wie die schwäbisch-bayerischen Tapas. Stellen Sie sich Ihr Wunschmenü an der Schautheke zusammen! Schön sitzt man auch im Biergarten.

Menü 13 € – Karte 18/32 €

Stadtplan : A1-a – *Jakoberstr. 26 ✉ 86152 – ✆ 0821 99879169 – www.dietafeldecker.de*

Färberei Ⓝ

KREATIV • TRENDY Das alte Stadthaus in einem kleinen Gässchen in der Fußgängerzone bietet in modern-legerer Atmosphäre zwei Konzepte: mittags einfaches Bistro & Café, abends kreative Küche auf regionaler und internationaler Basis, z. B. in Form von "glasierter Lotte mit Belugalinsen, Lauch, Vanille & Holunder".

Menü 45/70 € – Karte 39/47 €

Stadtplan : A2-f – *Färbergäßchen 5 ✉ 86150 – ✆ 0821 50898267 – www.faerberei-augsburg.de – geschl. Sonntag - Montag*

Steigenberger Drei Mohren

TRADITIONELL • MODERN Mit seiner rund 500-jährigen Geschichte ist das Haus quasi das Denkmal unter den Augsburger Hotels, im Inneren aber sehr modern! Großzügig und elegant die Lobby, sehr geschmackvoll und wohnlich die Zimmer, chic der Spa, nicht zu vergessen die vielfältige Gastronomie, zu der auch die Bar "3M" gehört.

131 Zim – 139/229 € 154/244 € – 4 Suiten – 22 € – ½ P

Stadtplan : A2-a – *Maximilianstr. 40 ✉ 86150 – ✆ 0821 50360 – www.augsburg.steigenberger.de*

Maximilian's • **Sartory** – siehe Restaurantauswahl

Dom-Hotel

HISTORISCHES GEBÄUDE • FUNKTIONELL Das Haus mit Ursprung im Jahre 1508 ist mit seiner zentralen Lage nahe dem Dom ideal für Stadttouristen. Zu den wohnlichen Zimmern, Appartements und Maisonetten kommen ein gepflegter Poolbereich und ein schöner Garten, in dem man im Sommer angenehm frühstücken kann.

51 Zim – 78/135 € 98/165 € – 6 Suiten

Stadtplan : A1-c – *Frauentorstr. 8 ✉ 86152 – ✆ 0821 343930 – www.domhotel-augsburg.de – geschl. 21. Dezember - 9. Januar*

In Augsburg-Göggingen Süd-West: 4 km über Hermanstraße A2

Villa Arborea

TRADITIONELL • MEDITERRAN Der Name der 1935 erbauten Villa (lat. "arbor" = "Baum") nimmt Bezug auf den wunderschönen Garten - wer möchte hier nicht frühstücken? Die Zimmer befinden sich in der Villa oder im Anbau, immer wohnlich und gepflegt. Man spürt das Engagement der Familie Dey!

20 Zim – 82/99 € 102/119 €

Gögginger Str. 124 ✉ 86199 – ✆ 0821 907390 – www.hotel-villa-arborea.de – geschl. 22. Dezember - 8. Januar

AUMÜHLE

Schleswig-Holstein – 3 178 Ew. – Höhe 30 m – Regionalatlas **10**-J5
Michelin Straßenkarte 541

Fürst Bismarck Mühle (N)

HISTORISCH • GEMÜTLICH Wirklich idyllisch liegt die historische ehemalige Mühle, aus der ein schickes Hotel geworden ist. Moderner Landhausstil findet sich sowohl in den geradlinig-wohnlichen Zimmern als auch im schönen Restaurant. Hier und auf der Terrasse im Grünen bietet man Ihnen regional-internationale Küche.

8 Zim – 75/85 € 109 €

Mühlenweg 3 ✉ 21521 – ✆ 04104 2028 – www.bismarck-muehle.com

AURICH (OSTFRIESLAND)

Niedersachsen – 41 075 Ew. – Höhe 6 m – Regionalatlas **7**-D5
Michelin Straßenkarte 541

Hochzeitshaus

HISTORISCHES GEBÄUDE • INDIVIDUELL Die im 19. Jh. als Bürgermeisterhaus erbaute Villa mit der weißen Fassade liegt beim Stadtwall. Die Zimmer sind individuell und sehr geschmackvoll (chic in Schwarz-Weiß, toll der alte Dielenboden...), einige befinden sich im Kutscherhaus. Eine kleine grüne Oase zum Relaxen: der charmante Garten!

14 Zim – 95/125 € 125/169 €

Bahnhofstr. 4 ✉ 26603 – ✆ 04941 604460 – www.hochzeitshaus-aurich.de

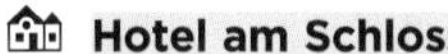

Hotel am Schloss

URBAN • MODERN Gepflegt wohnen lässt es sich in dem Hotel mit der schönen denkmalgeschützten Jugendstilfassade: Die Zimmer sind neuzeitlich und funktional eingerichtet, modern-elegant hat man den Hallenbereich und das Restaurant gestaltet.

38 Zim – 79/115 € 130/170 € – 2 Suiten – ½ P

Bahnhofstr. 1 26603
– 04941 95520 – www.pittoresk.de

AYING

Bayern – 4 957 Ew. – Höhe 610 m – Regionalatlas **66**-M20
Michelin Straßenkarte 546

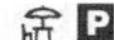

August und Maria

REGIONAL • GEMÜTLICH XX Drinnen sorgt regionaler Charme für Gemütlichkeit, draußen lockt der wunderschöne begrünte Garten. Es gibt Klassiker wie "in Fassbutter gebratenes Wiener Schnitzel", dazu Bier aus der eigenen Brauerei. Freundlich und aufmerksam der Service.

Menü 39/49 € – Karte 37/56 €

Hotel Brauereigasthof Aying, Zornedinger Str. 2 85653
– 08095 90650 – www.august-und-maria.de
– geschl. Dienstag – Mittwoch

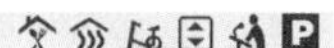

Brauereigasthof Aying

GASTHOF • INDIVIDUELL Der Inbegriff eines bayerischen Brauereigasthofs! Lange Tradition und ehrliche Herzlichkeit gehen hier Hand in Hand! Man wohnt so geschmackvoll wie individuell - im alten Herrenhaus (Urhaus der Inhaberfamilie) auch etwas exklusiver! Toll das Frühstück! Urig-bodenständig: Bräustüberl mit Biergarten.

46 Zim – 99/169 € 169/319 € – 2 Suiten – ½ P

Zornedinger Str. 2 85653 – 08095 90650 – www.brauereigasthof-aying.de

August und Maria – siehe Restaurantauswahl

AYL

Rheinland-Pfalz – 1 561 Ew. – Höhe 190 m – Regionalatlas **45**-B16
Michelin Straßenkarte 543

WEINrestaurant Ayler Kupp

MARKTKÜCHE • FREUNDLICH XX Während man sich frische saisonale Gerichte wie "Rehrücken mit Pilzen und Kartoffelsoufflé" schmecken lässt, schaut man auf die Weinberge und den schönen Garten. Dazu vielleicht ein Riesling vom Weingut nebenan? Mittagsmenü etwas günstiger.

Menü 30 € (mittags)/60 € – Karte 35/69 €

WEINhotel Ayler Kupp, Trierer Str. 49a 54441
– 06581 988380 – www.saarwein-hotel.de
– geschl. Januar und Dienstag – Mittwoch

WEINhotel Ayler Kupp

FAMILIÄR • AUF DEM LAND In ruhiger Lage finden Sie dieses kleine Hotel, benannt nach der bekannten Weinlage "Ayler Kupp". Die Zimmer sind gepflegt, freundlich und funktionell, einige haben einen Balkon mit Blick in die Weinberge.

10 Zim – 69/89 € 85/110 € – ½ P

Trierer Str. 49a 54441
– 06581 988380 – www.saarwein-hotel.de
– geschl. Januar

WEINrestaurant Ayler Kupp – siehe Restaurantauswahl

BAABE Mecklenburg-Vorpommern → Siehe Rügen (Insel)

BACHARACH

Rheinland-Pfalz – 1 888 Ew. – Höhe 70 m – Regionalatlas **46**-D15
Michelin Straßenkarte 543

Altkölnischer Hof

GASTHOF • FUNKTIONELL Das hübsche Fachwerkhaus mit langer Geschichte liegt schön in der Altstadt. Hier wird kontinuierlich investiert, so sorgt die Familie für sehr gepflegte, wohnliche Zimmer und ein einladendes Restaurant mit dekorativen Wandbildern und viel warmem dunklem Holz. Die Küche ist bürgerlich.

19 Zim – 55/105 € 95/130 € – ½ P

Blücherstr. 2 ✉ 55422 – ✆ 06743 947780 – www.altkoelnischer-hof.de – geschl. 30. Oktober - 15. April

In Bacharach-Henschhausen Nord-West: 4 km

Landhaus Delle

LANDHAUS • INDIVIDUELL Der kleine Familienbetrieb oberhalb des Rheins hat keinen typischen Hotelcharakter, er besticht vielmehr durch private Atmosphäre und persönliche Gästebetreuung sowie geräumige wohnliche Zimmer und einen schönen Garten. Dazu klassische Küche und eine tolle Weinauswahl im Restaurant im Gartenhaus.

7 Zim – 130 € 175/195 € – 1 Suite – ½ P

Gutenfelsstr. 16 ✉ 55422 – ✆ 06743 1765 – www.landhaus-delle-hotel.com – geschl. November - April

BACKNANG

Baden-Württemberg – 35 368 Ew. – Höhe 271 m – Regionalatlas **55**-H18
Michelin Straßenkarte 546

Schürers Restaurant Tafelhaus

INTERNATIONAL • GEMÜTLICH XX Hinter der schmucken Fachwerkfassade a. d. 18. Jh. kocht man klassisch-regional mit modernen Akzenten, von "geschmorten Kalbskutteln in Lembergersoße" bis "Wolfsbarsch im Bouillabaisse-Sud mit Steinpilzrisotto". Tipp: Reservieren Sie im Gewölbekeller von 1710! Mittags Tagesgerichte. Eigene Kochschule.

Menü 41/91 € – Karte 27/74 €

Schillerstr. 6 ✉ 71522 – ✆ 07191 902777 (Tischbestellung ratsam) – www.restaurant-tafelhaus.de – geschl. Sonntag - Montag sowie an Feiertagen

BAD...

siehe unter dem Eigennamen des Ortes (z. B. Bad Orb siehe Orb, Bad)
see under second part of town name (e.g. for Bad Orb see under Orb, Bad)

Photononstop

WIR MÖGEN BESONDERS...

Rheintal-Blick von der Terrasse der **Klosterschänke**. **Le Jardin de France** für seine produktorientierte Küche in stilvollem Rahmen. Sushi und Grillgerichte im **Medici**. „Sehen und gesehen werden" im **Rizzi**. Der charmante Innenhof der **Weinstube Baldreit**. Im **Kleinen Prinzen** die reizenden Motive der gleichnamigen Erzählung von Antoine de Saint-Exupéry bewundern.

BADEN-BADEN

Baden-Württemberg – 53 342 Ew. – Höhe 181 m – Regionalatlas **54**-E18
Michelin Straßenkarte 545

Restaurants

Le Jardin de France (Stéphan Bernhard)

FRANZÖSISCH-KLASSISCH • ELEGANT Toll die Lage im Innenhof des "Goldenen Kreuzes" a. d. 19. Jh.! Hier sitzt man in einem lichten, stilvoll-eleganten Restaurant bei klassisch-französischer Küche, die sich ganz auf den Geschmack und die ausgezeichneten Produkte konzentriert!

➜ Souffliertes Hühnerei mit Trüffelpüree. Tatar vom Seewolf und Hummermedaillons mit Yuzu, Mango und Minze. Taube von Théo Kieffer.

Menü 37 € (mittags unter der Woche)/109 € – Karte 67/111 €

Stadtplan : A2-c – *Lichtentaler Str. 13 ✉ 76530 – ✆ 07221 3007860 (Tischbestellung ratsam) – www.lejardindefrance.de – geschl. 31. Juli - 10. August und Sonntag - Montag, Januar - Februar: Sonntag - Dienstag, außer an Feiertagen*

La Table

FRANZÖSISCH-KLASSISCH • TRENDY Der Ableger des "Le Jardin de France" (unter gleicher Leitung) bietet ebenfalls französische Küche. In recht moderner Atmosphäre serviert man z. B. "Rindertatar mit Spiegelei" oder "Saiblingsfilet mit Sauerkraut und Rieslingsauce".

Menü 25 € (mittags) – Karte 35/57 €

Bernhard's Boutique Hotel Société, Jagdhausstr. 5, über Lange Straße A1 ✉ 76530 – ✆ 07221 7029898 – www.hotel-societe-baden-baden.de – geschl. Juli 2 Wochen und Samstagmittag, Sonntag - Montagmittag

Medici

FLEISCH • ELEGANT Die Karte hier ist abwechslungsreich, besonders gefragt sind die verschiedenen Steak-Cuts aus Frankreich, Deutschland, Spanien, USA... Diese werden im Sommer übrigens draußen gegrillt - herrlich die Terrasse! Auch das japanische Angebot samt Sushi sollte man probieren! Küche bis 24 Uhr geöffnet.

Menü 39/99 € – Karte 53/99 €

Stadtplan : A2-e – *Augustaplatz 8 ✉ 76530 – ✆ 07221 2006 (Tischbestellung ratsam) – www.medici.de – nur Abendessen*

NIGRUM

MODERNE KÜCHE • ELEGANT XX Wirklich chic das Interieur: elegantes Schwarz in Kombination mit trendig-farbigen Eyecatchern! Gekocht wird modern-international in Form eines wöchentlich wechselnden Menüs. Schön übernachten können Sie übrigens auch: Im Hotel "House One" hat man geschmackvolle Zimmer.

Menü 65/115 €

5 Zim – 120/140 € 130/160 €

Stadtplan : A1-c – *Baldreitstr. 1 ✉ 76530 – ✆ 07221 3979008 (Tischbestellung ratsam) – www.restaurant-nigrum.com – nur Abendessen – geschl. Sonntag - Montag*

Der Kleine Prinz

FRANZÖSISCH-KLASSISCH • ELEGANT XX Klassisch sowohl die Küche als auch die Einrichtung dieses intimen kleinen Restaurants - Deko-Motiv: "Der Kleine Prinz". Auf der Karte z. B. "Zanderfilet mit Spargelragout und Chardonnaysauce" oder "Barbarie-Entenbrust mit Cassissauce".

Menü 67/125 € – Karte 51/70 €

Stadtplan : B2-u – *Hotel Der Kleine Prinz, Lichtentaler Str. 36 ✉ 76530 – ✆ 07221 346600 – www.derkleineprinz.de*

Wintergarten

KLASSISCHE KÜCHE • FREUNDLICH XX In dem luftig-lichten Wintergarten genießt man neben klassisch-saisonalen Gerichten wie "Coq au Vin in Spätburgunder geschmort" oder "Zanderfilet mit Rieslingschaum" den freien Blick auf die berühmte Lichtentaler Allee.

Karte 62/76 €

Stadtplan : A2-a – *Brenners Park-Hotel & Spa, Schillerstr. 4 ✉ 76530 – ✆ 07221 9000 – www.brenners.com*

moriki (N)

ASIATISCH • TRENDY XX Hell, klar, trendig-modern. Aus der einsehbaren Küche kommen pan-asiatische Gerichte wie "gegrillte Entenbrust , Orangen-Teriyaki, süß eingelegte Gurke" oder "gebratene Jakobsmuscheln, Kaiserschoten, grüner Spargel, Chili, Butter-Knoblauchsauce". Dazu ein umfangreiches Sushi-Angebot. Begrünte Terrasse im Hof.

Menü 65 € – Karte 27/77 €

Hotel Roomers, Lange Str. 100, Nord-West: 1 km über A1 ✉ 76530 – ✆ 07221 90193901 – www.roomers-badenbaden.com

Rizzi

MEDITERRAN • HIP X Im Palais Gagarin von 1865 mitten in Baden-Baden liegt das trendig-moderne Restaurant nebst hübschem Terrassen- und Loungebereich zum Kurpark. Lust auf Vitello Tonnato, Bio-Lachsfilet oder Wiener Schnitzel? Oder lieber ein Steak?

Karte 28/70 €

Stadtplan : A2-z – *Augustaplatz 1 ✉ 76530 – ✆ 07221 25838 (Tischbestellung ratsam) – www.rizzi-baden-baden.de*

Klosterschänke

ITALIENISCH • GEMÜTLICH X Ein sympathisches kleines Restaurant, in dem man regional und italienisch kocht. Appetit machen z. B. "Cordon bleu mit Schwarzwälder Schinken und Bergkäse" oder "Piccata milanese". Terrasse mit wunderbarem Blick auf die Rheinebene!

Karte 34/56 €

Klosterschänke 1, (an der Straße nach Steinbach), über Fremersbergstraße A2 ✉ 76530 – ✆ 07221 25854 (Tischbestellung ratsam) – www.restaurant-klosterschaenke.de – Dienstag - Freitag nur Abendessen – geschl. 22. Dezember - 15. Januar, 1. - 14. August und Montag

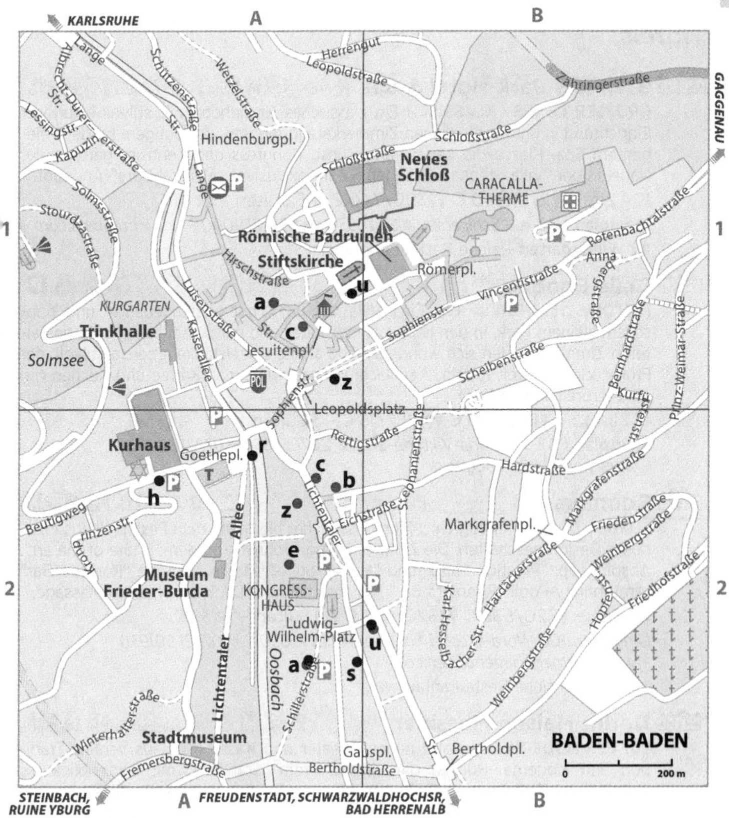

Weinstube Baldreit

TRADITIONELLE KÜCHE • WEINSTUBE Sie liegt schon etwas versteckt, diese nette Weinstube, doch das Suchen lohnt sich - vor allem im Sommer, denn da ist der Innenhof das Herzstück! Man kocht traditionell, vom Rindstatar über Flammkuchen bis zum geschmorten Schweinebäckchen.

Karte 29/44 €

Stadtplan : A1-a – *Küferstr. 3 ✉ 76530 – ✆ 07221 23136 (Tischbestellung ratsam) – nur Abendessen – geschl. Anfang September 2 Wochen, über Fasching 1 Woche und Sonntag - Montag*

Schneider's Weinstube

TRADITIONELLE KÜCHE • WEINSTUBE Badisch gut heißt es in der gemütlichen Weinstube im Herzen der Stadt. Mögen Sie "Zanderklößchen auf Blattspinat"? Oder lieber "Kalbsbäckle mit Madeira-Sauce"? Dazu werden Sie herzlich umsorgt, auch in Sachen Wein berät man Sie gerne.

Menü 39/48 € – Karte 24/51 €

Stadtplan : A2-b – *Merkurstr. 3 ✉ 76530 – ✆ 07221 9766929 (Tischbestellung ratsam) – www.schneiders-weinstube.de – Montag - Freitag nur Abendessen – geschl. 14. - 27. August und Sonntag sowie an Feiertagen*

Hotels

Brenners Park-Hotel & Spa

GROSSER LUXUS · KLASSISCH Ein klassisches Grandhotel mit stilvoll-luxuriöser Einrichtung in unterschiedlichen Zimmerkategorien und weitläufigem modern-elegantem Spa. Klasse die Lage: Park, Kunst, Kongress und Zentrum ganz in der Nähe. In der "Villa Stéphanie" finden Sie Ihr exklusives "Medical Care"-Angebot.

104 Zim – †270/490 € ††390/740 € – 15 Suiten – ☕ 41 €

Stadtplan : A2-a – *Schillerstr. 4* ✉ *76530* – ✆ *07221 9000* – *www.brenners.com*

Wintergarten – siehe Restaurantauswahl

Belle Epoque

HISTORISCH · INDIVIDUELL Eine Villa von 1874 mit Nebengebäude und hübschem kleinem Park. In den liebevoll, individuell und mit persönlicher Note gestalteten Zimmern finden sich wunderschöne antike Einzelstücke. Ebenso stilvoll: der Frühstücksraum mit Kamin. Am Nachmittag serviert man Kaffee und Kuchen (im Zimmerpreis inbegriffen).

17 Zim ☕ – †160/255 € ††215/315 € – 3 Suiten

Stadtplan : A2-s – *Maria-Viktoria-Str. 2c* ✉ *76530* – ✆ *07221 300660* – *www.hotel-belle-epoque.de*

Roomers Ⓝ

LUXUS · DESIGN Richtig chic: Piero Lissoni hat hier nahe dem Festspielhaus luxuriöses Design geschaffen. Die Zimmer wertig, wohnlich-modern, "state of the art". Absolut top: "Prestige Suite" und "Master Suite". Klasse auch die "Rooftop Bar" samt Infinity Pool! "Roomers Bar" (für Raucher) mit DJ. Kosmetik und Massage.

121 Zim – †320/535 € ††320/535 € – 9 Suiten – ☕ 32 €

Lange Str. 100, Nord-West: 1 km über A1 ✉ *76530* – ✆ *07221 901930* – *www.roomers-badenbaden.com*

moriki – siehe Restaurantauswahl

Dorint Maison Messmer

LUXUS · MODERN Das Hotel neben Theater und Kasino/Kurhaus vereint Tradition und Moderne. Hübsch die Zimmer, vom "Standard" mit Gartenblick bis zum tollen "Penthouse" (237 qm plus große Dachterrasse!). Nicht minder geschmackvoll der wertige Wellnessbereich. Gastronomisch gibt es den eleganten "Salon JB Messmer" und den gemütlichen, etwas rustikaleren "Theaterkeller".

152 Zim – †169/399 € ††219/449 € – 11 Suiten – ☕ 28 € – ½ P

Stadtplan : A2-h – *Werderstr. 1* ✉ *76530* – ✆ *07221 30120* – *www.hotel-baden-baden.dorint.com*

Am Sophienpark

HISTORISCHES GEBÄUDE · KLASSISCH Von 1733 stammt dieses Hotel, das erste Grandhotel in Baden-Baden. Eine Besonderheit ist der 4000 qm große eigene Park! Noch mehr Schönes gibt es drinnen zu entdecken: ein sehenswertes denkmalgeschütztes Treppenhaus sowie frische moderne Zimmer. Von Juli - August internationale Küche auf der Parkterrasse.

73 Zim ☕ – †99/250 € ††150/350 €

Stadtplan : A1-z – *Sophienstr. 14* ✉ *76530* – ✆ *07221 3560* – *www.hotel-am-sophienpark.de*

Atlantic Parkhotel

TRADITIONELL · KLASSISCH Klassische Zimmer, farblich angenehm warm gestaltet, bietet das Hotel an der Oos vis-à-vis der Lichtentaler Allee. In der stilvollen Kaminhalle spürt man die lange Tradition des Hauses a. d. J. 1836. Elegantes Restaurant und Terrasse am Flussufer mit Blick ins Grüne.

53 Zim ☕ – †129/319 € ††229/339 € – ½ P

Stadtplan : A2-r – *Goetheplatz 3* ✉ *76530* – ✆ *07221 3610* – *www.atlantic-parkhotel.de*

Der Kleine Prinz

TRADITIONELL • INDIVIDUELL Ein stilvolles Haus, das mit vielen Antiquitäten und ganz persönlicher Note geschmackvoll eingerichtet ist, gediegen die Lobby im 1. Stock. Die zahlreichen Bilder des "Kleinen Prinzen" (die Erzählung von Antoine de Saint-Exupéry war hier namengebend) stammen übrigens vom Künstler Lars van Meerwijk.

32 Zim – 145/210 € 195/315 € – 8 Suiten – ½ P

Stadtplan : B2-u – *Lichtentaler Str. 36 76530 – 07221 346600 – www.derkleineprinz.de*

Der Kleine Prinz – siehe Restaurantauswahl

Bernhard's Boutique Hotel Société

FAMILIÄR • MODERN Sie suchen ein gepflegtes, familiäres und zudem noch bezahlbares kleines Hotel? Dann sind Sie hier richtig. Und wen es abends nicht mehr in die schöne Fußgängerzone zieht, der wird hier auch frisch und schmackhaft bekocht.

11 Zim – 78/95 € 102/140 € – 3 Suiten

Jagdhausstr. 5, über Lange Straße A1 76530 – 07221 7029898 – www.hotel-societe-baden-baden.de

La Table – siehe Restaurantauswahl

Am Markt

FAMILIÄR • GEMÜTLICH Sie finden das Gasthaus a. d. 18. Jh. etwas oberhalb der Fußgängerzone. Hinter der traditionellen Fassade verbergen sich sehr schöne zeitgemäße Zimmer. Zudem wird man in dem sympathisch-familiär geführten Hotel wirklich gut betreut!

23 Zim – 70/99 € 108/130 €

Stadtplan : A1-u – *Marktplatz 18 76530 – 07221 27040 – www.hotel-am-markt-baden.de – geschl. 16. - 26. Dezember*

Im Stadtteil Neuweier Süd-West: 10 km über Fremersbergstraße A2

Röttele's Restaurant und Residenz im Schloss Neuweier

MEDITERRAN • ELEGANT XXX Mit Geschmack hat man in den schönen historischen Rahmen des herrschaftlichen Anwesens modernen Stil eingebunden, im Restaurant (mit hübschem lichtem Wintergarten und toller Terrasse) wie auch in den Gästezimmern. Gekocht wird mit mediterranem Einfluss - einige Klassiker gibt's auch durchgehend.

→ Glasierte Jacobsmuschel und Thunfisch in Tandoori mit Erbsenravioli und Karotten-Ingwerjus. Meerwolf im Salzteig gegart mit Chorizo-Gnocchi und Artischocken. Bretonischer Lammrücken mit Garam Masala gebraten, Petersiliencreme, Auberginen.

Menü 36 € (mittags)/110 € – Karte 60/98 €

11 Zim – 98/108 € 143/158 € – 3 Suiten

Mauerbergstr. 21 76534 – 07223 800870 (Tischbestellung ratsam) – www.armin-roettele.de – Montag - Freitag nur Abendessen – geschl. 29. Januar - 22. Februar und Dienstag, außer an Feiertagen

Zum Alde Gott

FRANZÖSISCH-KLASSISCH • ZEITGEMÄSSES AMBIENTE XX Seit vielen, vielen Jahren steht das Haus für Engagement und klassische Küche. Begleitet wird das Essen von einer schönen Auswahl an Weinen aus der Region. Beliebt: das Mittagsmenü zu 35 €, ebenso die Terrasse mit Blick auf die Weinberge!

Menü 35 € (mittags)/119 € – Karte 41/97 €

Weinstr. 10 76534 – 07223 5513 (Tischbestellung ratsam) – www.zum-alde-gott.de – geschl. Donnerstag - Freitagmittag

ıIO Rebenhof

MARKTKÜCHE • FREUNDLICH XX Bei tollem Blick durch große Panoramafenster speist man in dem hellen, freundlichen Restaurant regional-international - Lust auf "geschmorte Lammkeule mit Thymianjus"? Dazu Weine aus den umliegenden Weingütern. Schön die große Terrasse.

Karte 27/45 €

Hotel Rebenhof, Weinstr. 58 ✉ 76534
- ✆ 07223 96310 - www.hotel-rebenhof.de
- nur Abendessen - geschl. Sonntag

ıIO Heiligenstein

REGIONAL • FREUNDLICH XX "Basilikumcremesuppe mit Morcheln", "Lachsfilet mit Blattspinat und Sauce Hollandaise"... Hier wird regional-international gekocht. Dazu bietet man eine schöne Weinauswahl (über 400 Positionen) mit der ein oder anderen Rarität. Und das Ambiente? Geschmackvoll-modern, einladend die Terrasse.

Menü 35/50 € - Karte 38/57 €

Hotel Heiligenstein, Heiligensteinstr. 19a ✉ 76534
- ✆ 07223 96140 (Tischbestellung ratsam) - www.hotel-heiligenstein.de
- geschl. 22. - 25. Dezember und Donnerstagmittag, Oktober - Ostern: Donnerstag

Rebenhof

LANDHAUS • GEMÜTLICH Schön die ruhige Lage samt Blick auf Weinberge und Rheinebene! Die Zimmer gibt es in neuzeitlichem Landhausstil oder größer und moderner im angeschlossenen Neubau. Fragen Sie nach einem mit Balkon! Auch vom hübschen kleinen Wellnessbereich genießt man die Aussicht.

37 Zim - †94/114 € ††114/134 € - ½ P

Weinstr. 58 ✉ 76534 - ✆ 07223 96310 - www.hotel-rebenhof.de

ıIO **Rebenhof** - siehe Restaurantauswahl

Heiligenstein

LANDHAUS • INDIVIDUELL Nicht nur im Restaurant, auch im ruhig gelegenen Hotel ist Wein das Thema, so heißen die Zimmer z. B. "Mauerberg", "Château M.", "Capaia", "Weineslust". Entspannen kann man im kleinen Wellnessbereich und morgens gibt's ein gutes Frühstück.

29 Zim - †82/95 € ††122/173 € - 1 Suite - ½ P

Heiligensteinstr. 19a ✉ 76534
- ✆ 07223 96140 - www.hotel-heiligenstein.de
- geschl. 22. - 25. Dezember

ıIO **Heiligenstein** - siehe Restaurantauswahl

BADENWEILER

Baden-Württemberg - 4 055 Ew. - Höhe 425 m - Regionalatlas **61**-D21
Michelin Straßenkarte 545

ıIO Schwarzmatt

KLASSISCHE KÜCHE • GEMÜTLICH XX Hier darf man sich auf klassische Speisen wie "Rücken vom Weiderind, Trüffel, Schalotten-Tarte-Tatin, Wirsing" freuen. Mo. und Di. kleinere Auswahl. Stimmig das Ambiente mit hübschen Stoffen, Farben und Accessoires, herrlich der Garten. Ein Muss am Nachmittag: Kuchen nach altem Rezept von Hermine Bareiss!

Menü 36/74 € - Karte 39/65 €

Hotel Schwarzmatt, Schwarzmattstr. 6a ✉ 79410
- ✆ 07632 82010 - www.schwarzmatt.de - geschl. 8. Januar - 2. Februar und Montag - Dienstag

Schwarzmatt

LANDHAUS • ELEGANT Ein Ferienhotel "de luxe" mit Familie Mast als geborene Gastgeber: eleganter Landhausstil, tolles Frühstück und erstklassige Halbpension sowie ein hochwertiges Wellnessangebot. Und all das in einer der schönsten Gegenden Deutschlands!

38 Zim ☕ - †145/165 € ††210/340 € - 3 Suiten - ½ P

Schwarzmattstr. 6a ✉ 79410 - ✆ 07632 82010 - www.schwarzmatt.de

Schwarzmatt - siehe Restaurantauswahl

Zur Sonne

GASTHOF • GEMÜTLICH Das hübsche Fachwerkhaus der herzlichen Gastgeberfamilie liegt zentral und doch ruhig. Die Zimmer liegen teilweise zum Garten oder zum Innenhof, einige mit Balkon. Charmant sind Halle und Frühstücksraum, in den beiden Restaurantstuben serviert man mediterran-regionale Küche.

35 Zim ☕ - †72/132 € ††122/172 € - 1 Suite - ½ P

Moltkestr. 4 ✉ 79410 - ✆ 07632 75080 - www.zur-sonne.de

Anna

FAMILIÄR • INDIVIDUELL Ein tipptopp gepflegter Familienbetrieb (seit 1929) in ruhiger Hanglage. Tipp: Zimmer mit Balkon und Aussicht! Auch vom Thermalhallenbad schaut man durch große Fenster nach draußen, direkter Zugang zur Panorama-Liegeterrasse! Dazu Kosmetik- und Massage-Angebot. Schönes Frühstück bis 11 Uhr, abends gute HP.

36 Zim ☕ - †70/90 € ††140/185 € - ½ P

Oberer Kirchweg 2 ✉ 79410 - ✆ 07632 7970 - www.hotel-anna.de - geschl. Mitte November - Mitte Februar

M. Baumgaertner/vario

WIR MÖGEN BESONDERS...

Die **Schwarzwaldstube** in Tonbach, die auch unter neuer Leitung nach wie vor einer DER Klassiker im Land ist. Nach dem Wandern auf ein rustikales Vesper in die **Sattelei** einkehren – das **Bareiss** mal ganz urig! Den kaum zu übertreffenden Schwarzwald-Charme des **Forsthauses Auerhahn** in dem traumhaften kleinen Seitental.

BAIERSBRONN

Baden-Württemberg – 14 500 Ew. – Höhe 584 m – Regionalatlas **54**-E19
Michelin Straßenkarte 545

In Baiersbronn-Tonbach Nord: 2 km

✿✿✿ Schwarzwaldstube

FRANZÖSISCH-KLASSISCH • ELEGANT XXXX Eine Küche, die vor Klassik nur so strotzt und dennoch mit der Zeit geht, geschmacklich wie handwerklich perfekt und stets filigran - auch unter neuer Leitung absolutes Top-Niveau! Die Stube selbst: geradlinig-moderner Stil und ein Schuss Tradition. Der Service: einer der besten im Land, klasse Weinberatung.

→ Variation von der Elsässer Taube und Entenleber. Medaillons von bretonischem Hummer mit grünen Spargelspitzen. Sauerkirschsorbet, Tannenharzaromen, Bonbon mit Kirschwasserlikör und Schokoladencrumble auf Kirschkompott.

Menü 145 € (vegetarisch)/225 € – Karte 122/262 €

Stadtplan : B2-u – *Hotel Traube Tonbach, Tonbachstr. 237 ✉ 72270*
– ✆ 07442 4920 (Tischbestellung erforderlich) – www.traube-tonbach.de
– geschl. 8. Januar - 1. Februar, 30. Juli - 23. August und Montag - Mittwochmittag

Bauernstube

REGIONAL • GEMÜTLICH X Historisch, gemütlich, urig... In der Bauernstube hat die Traube Tonbach ihren Ursprung und diese reizende heimelige Atmosphäre wird gepflegt! Umgeben von rustikalem altem Holz und charmanten Details isst man Schmackhaftes aus der Region - probieren Sie doch mal "badische Schneckensuppe mit Kracherle".

Menü 35 € – Karte 35/58 €

Stadtplan : B2-u – *Hotel Traube Tonbach, Tonbachstr. 237 ✉ 72270*
– ✆ 07442 4920 (Tischbestellung ratsam) – www.traube-tonbach.de

Köhlerstube

FRANZÖSISCH-KLASSISCH • KLASSISCHES AMBIENTE XXX In dem rustikal-eleganten Restaurant mit gemütlichen Nischen kocht man zeitgemäß-klassisch sowie mit Bezug zur Region. Einen besonders schönen Blick ins Tal bietet die Terrasse.

Menü 83/119 € – Karte 67/85 €

Stadtplan : B2-u – *Hotel Traube Tonbach, Tonbachstr. 237 ✉ 72270*
– ✆ 07442 4920 – www.traube-tonbach.de – geschl. Mittwoch - Donnerstag

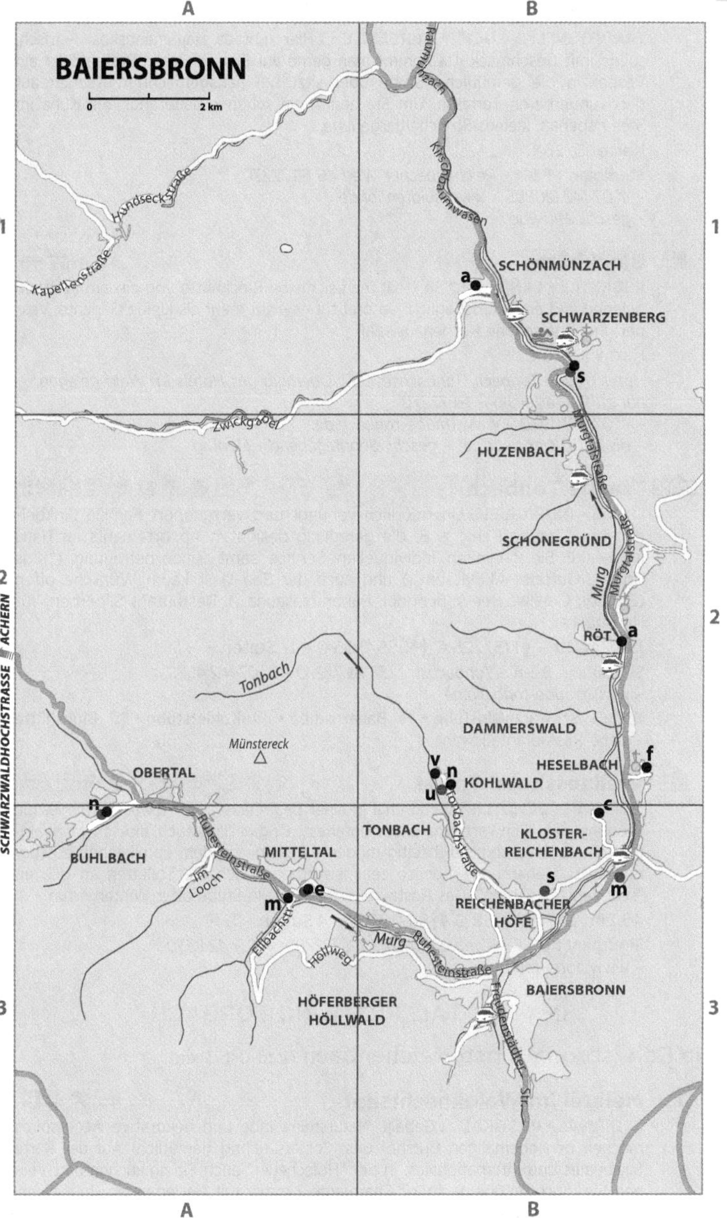
BAIERSBRONN
0
2 km
A
B
1
2
3
Raumünzach
Kirschbaumwasen
Hundseckstraße
Kapellenstraße
Zwickgabel
SCHÖNMÜNZACH
SCHWARZENBERG
HUZENBACH
Murgtalstraße
SCHONEGRÜND
Murg
RÖT
Tonbach
DAMMERSWALD
Münstereck
HESELBACH
OBERTAL
KOHLWALD
SCHWARZWALDHOCHSTRASSE
ACHERN
BUHLBACH
MITTELTAL
TONBACH
KLOSTER-
REICHENBACH
Tonbachstraße
Ruhesteinstraße
Im Looch
REICHENBACHER
HÖFE
Ellbachstr.
Höllweg
BAIERSBRONN
HÖFERBERGER
HÖLLWALD
Freudenstädter Str.

Seidtenhof

TRADITIONELLE KÜCHE • BÜRGERLICH Hier gibt es Hausmannskost - frisch, solide, mit Geschmack. Da kommt man gerne auf Fleischküchle, Braten oder ein Vesper in die gemütliche Stube oder sitzt bei hausgemachtem Kuchen auf der wunderbaren Terrasse. Um Sie herum ein schöner Bauernhof, die Kühe im Stall nebenan, kleines Streicheltiergehege...

Karte 15/28 €

Stadtplan : B3-s - *Reichenbacher Weg 46 ✉ 72270*
- *✆ 07442 120895 - www.seidtenhof.de*
- *geschl. Mittwoch*

Blockhütte

REGIONAL • LÄNDLICH So stellt man sich eine Blockhütte vor: einsam im Wald gelegen und einfach behaglich! Da braucht es nicht mehr als kleine Gerichte, Vesper und eine schöne Kuchenauswahl!

Karte 18/26 €

Hotel Traube Tonbach, Tonbachstr. 237, Oberhalb des Hotels im Wald gelegen, nur zu Fuß erreichbar ✉ 72270
- *✆ 07442 4920 - www.traube-tonbach.de*
- *bis 18.00 Uhr geöffnet - geschl. Sonntagabend - Montag*

Traube Tonbach

LUXUS • INDIVIDUELL Unermüdlich verjüngt und verschönert Familie Finkbeiner ihre "Traube", chic z. B. die geradlinig designten Appartements im Haus Kohlwald! Sie genießen individuellen Service samt Kinderbetreuung ("Kids Court", Outdoor-Aktivitäten...) und auch der Spa lässt kaum Wünsche offen (Beauty, Quellwasser-Außenpool, Panoramasauna...). Restaurant Silberberg für Hausgäste.

136 Zim - 175/225 € 255/305 € - 17 Suiten - ½ P

Stadtplan : B2-n - *Tonbachstr. 237 ✉ 72270 - ✆ 07442 4920*
- *www.traube-tonbach.de*

Schwarzwaldstube • **Bauernstube** • **Köhlerstube** • **Blockhütte**
- siehe Restaurantauswahl

Wellnesshotel Tanne

FAMILIÄR • GEMÜTLICH Schonmal in einer Baumhaussauna gewesen? Sie ist die Krönung des "Schwarzwald-Erlebnispfades"! Originell ist auch die schwarzwaldtypisch rustikale und gleichzeitig moderne Hotelbar in dem Familienbetrieb (bereits in 5. Generation). Ebenso sehenswert sind auch die Toiletten im UG mit "schönen Aussichten"! Das Restaurant: traditionelle Stube oder Wintergarten.

45 Zim - 82/98 € 84/100 € - 4 Suiten - ½ P

Stadtplan : B2-v - *Tonbachstr. 243 ✉ 72270 - ✆ 07442 8330*
- *www.hotel-tanne.de*

IM MURGTAL, RICHTUNG FORBACH

In Baiersbronn-Klosterreichenbach Nord-Ost: 3 km

Meierei im Waldknechtshof

REGIONAL • RUSTIKAL Gebälk, Natursteinwände und dekorative Accessoires machen den ehemaligen Gutshof des Klosters richtig gemütlich! Auf der Karte Saisonales und Internationales, in der "Hofscheuer" auch Flammkuchen und Vesper. Sie möchten übernachten? Charmante Zimmer mit freiliegenden Holzbalken, darunter auch Maisonetten.

Menü 35/58 € - Karte 28/53 €

10 Zim - 105/135 € 105/150 € - 2 Suiten

Stadtplan : B3-m - *Baiersbronner Str. 4 ✉ 72270 - ✆ 07442 8484400*
- *www.waldknechtshof.de*

Ailwaldhof

FAMILIÄR • AUF DEM LAND Schön ist die ruhige Lage dieses Hauses am Waldrand, umgeben von einem großen Garten mit Naturteich. Angenehme helle Töne bestimmen das Bild in der Lobby, warmes Holz in den wohnlich-eleganten Zimmern, die meisten mit Talblick. Zum Entspannen: Beauty und Massage. Im Restaurant frische saisonale Küche.

20 Zim – †85/95 € ††160/190 € – 4 Suiten – ½ P

Stadtplan : B3-c – *Ailwald 3 ✉ 72270*
– *✆ 07442 8360 – www.ailwaldhof.de*
– *geschl. 7. November - 20. Dezember*

Heselbacher Hof

FAMILIÄR • AUF DEM LAND Sympathisch-engagiert wird das charmante gewachsene Ferienhotel etwas oberhalb des Ortes geführt. Schöne ruhige Lage, wohnlich-individuelle Zimmer (viele mit Balkon und Talblick), attraktiver Spa mit verschiedenen Saunen, beheiztem Außenpool, Anwendungen. Regionale Küche im Restaurant mit Sonnenterrasse.

41 Zim – †120/125 € ††224/270 € – ½ P

Stadtplan : B2-f – *Heselbacher Weg 72 ✉ 72270 – ✆ 07442 8380*
– *www.heselbacher-hof.de – geschl. November*

In Baiersbronn-Röt Nord-Ost: 7 km

Sonne

GASTHOF • AUF DEM LAND In dem Familienbetrieb lässt es sich gut wohnen und entspannen, und das liegt u. a. an der schönen "Badewelt" samt Kosmetik und Massage sowie an der Lage direkt an der Murg - hier auch Terrasse und Garten. Nicht zu vergessen das mit viel hellem Holz behaglich gestaltete Restaurant.

32 Zim – †90/103 € ††180/210 € – 10 Suiten – ½ P

Stadtplan : B2-a – *Murgtalstr. 323, B 462 ✉ 72270*
– *✆ 07442 180150 – www.sonne-roet.de*
– *geschl. 12. November - 17. Dezember*

In Baiersbronn-Schwarzenberg Nord: 13 km

Schlossberg (Jörg und Nico Sackmann)

KREATIV • ELEGANT XXX Vater und Sohn stehen hier gemeinsam am Herd - beide bringen ihren Stil mit ein, immer wohldosiert und ausgesprochen stimmig! Sie stellen die hervorragenden Produkte wunderbar in den Vordergrund, geben ihnen kraftvolle Aromen und geschmackliche Tiefe. Der Service aufmerksam, geschult und angenehm eingespielt.

→ Huchen, Eisenkraut, Wassermelone, Tomatenkirschen, gepickelte Gurke. Iberico Schweinekamm, Roscoff-Zwiebelsud, Pflaumenpüree, Senfzwiebel, Mairübe. Bauernmilch, Mispel, Honig, Blutwurz.

Menü 125/178 € – Karte 96/121 €

Stadtplan : B1-s – *Hotel Sackmann, Murgtalstr. 602, an der B 462 ✉ 72270*
– *✆ 07447 2890 (Tischbestellung ratsam) – www.hotel-sackmann.de*
– *nur Abendessen – geschl. 10. - 24. Januar, 25. Juli - 15. August und Montag - Dienstag*

Anita Stube

REGIONAL • TRADITIONELL XX Die regionale Variante der Sackmann'schen Gastronomie. Dunkelbraunes Holz, bequeme Sitzbänke und freundliche Stoffe versprühen Schwarzwälder Charme, dazu Regionales wie "Entrecôte vom Murgtäler Weiderind" oder "Schwarzwaldforelle Blau". Interessantes Mittagsangebot samt kleinem Menü à la "Schlossberg".

Menü 24 € (mittags)/68 € – Karte 35/66 €

Stadtplan : B1-s – *Hotel Sackmann, Murgtalstr. 602, an der B 462 ✉ 72270*
– *✆ 07447 2890 – www.hotel-sackmann.de*

Panoramastüble 

TRADITIONELLE KÜCHE • BÜRGERLICH Für alle, die gern mal richtig rustikal einkehren, hat Familie Müller oberhalb des Ortes diese urige Holzhütte. Im Winter lockt der Kamin, im Sommer die Terrasse, dazu Vesper und kleine regionale Gerichte. Ein schönes Wanderziel, Panoramasicht inklusive! Abends auch für Privatveranstaltungen buchbar.

Karte 16/28 €

Murgtalstr. 604, Oberhalb des Ortes, nur zu Fuß erreichbar ✉ 72270 – ✆ 07447 9320 – www.loewen-schwarzenberg.de – bis 18 Uhr geöffnet

Sackmann 

SPA UND WELLNESS • GEMÜTLICH Familie Sackmann leitet ihr Wellness- und Gourmethotel engagiert und sehr persönlich, und man wohnt hier komfortabel in verschiedenen Zimmerkategorien. Etwas Besonderes ist der Spa mit seinen schönen kleinen Details und Dachterrasse! Tipp: die Verwöhnpension. Nachmittags gibt's hausgebackenen Kuchen.

65 Zim – 105/167 € 186/322 € – ½ P

Stadtplan : B1-s – *Murgtalstr. 602, an der B 462 ✉ 72270 – ✆ 07447 2890 – www.hotel-sackmann.de*

Schlossberg • **Anita Stube** – siehe Restaurantauswahl

In Baiersbronn-Hinterlangenbach West: 10,5 km ab Schönmünzach B1

Forsthaus Auerhahn 

REGIONAL • RUSTIKAL In wunderbarer Lage mitten im Wald wünscht man sich doch eine heimelige Stube zur gemütlichen Einkehr - genauso ein reizendes Plätzchen finden Sie im Forsthaus Auerhahn: holzvertäfelte Wände, Kachelofen und dazu regionale Speisen wie "Wildschweinfilet mit Pfifferlingen und Spätzle".

Menü 30/40 € – Karte 24/51 €

Hotel Forsthaus Auerhahn, Hinterlangenbach 108 ✉ 72270 – ✆ 07447 9340 – www.forsthaus-auerhahn.de – geschl. Ende November - Mitte Dezember und Dienstag

Forsthaus Auerhahn 

LANDHAUS • GEMÜTLICH Mehr Schwarzwald-Charme ist kaum möglich! Ein gewachsenes ehemaliges Forsthaus, herrlich am Ende des Tales gelegen - perfekt für Wanderer! Sie entspannen in wohnlichen, gehoben-rustikalen Zimmern sowie im schönen Spa samt Blockhaussauna, genießen die gute 3/4-Pension und das tolle Frühstücksbuffet und lassen sich von den engagierten Gastgebern persönlich umsorgen.

50 Zim – 96/180 € 202/265 € – ½ P

Hinterlangenbach 108 ✉ 72270 – ✆ 07447 9340 – www.forsthaus-auerhahn.de – geschl. Ende November - Mitte Dezember

Forsthaus Auerhahn – siehe Restaurantauswahl

IM MURGTAL, RICHTUNG SCHWARZWALDHOCHSTRAßE

In Baiersbronn-Mitteltal West: 4 km

Restaurant Bareiss

FRANZÖSISCH-KLASSISCH • LUXUS Mit einer Fülle an Aromen und geschmacklichem Tiefgang, mit Facettenreichtum und zurückhaltenden modernen Elementen zeugt die klassische Küche von perfekter Technik und reichlich Fingerspitzengefühl. Das feine Finale bildet die große Confiserie- und Pralinen-Auswahl vom Wagen.

→ Kaisergranat mit Imperialkaviar. Lamm von der Älbler Wacholderweide. Taube aus dem Elsass.

Menü 105 € (mittags)/225 € – Karte 155/251 €

Stadtplan : A3-e – *Hermine-Bareiss-Weg 1 ✉ 72270 – ✆ 07442 470 (Tischbestellung erforderlich) – www.bareiss.com – geschl. 2. Februar - 1. März, 23. Juli - 23. August und Montag - Dienstag*

Dorfstuben

REGIONAL • GEMÜTLICH X "Uhren-Stube" und "Förster-Jakob-Stube", so heißen die wirklich reizenden, mit Liebe zum Detail originalgetreu eingerichteten Bauernstuben a. d. 19. Jh. Ausgesprochen herzlicher Service im Dirndl umsorgt Sie mit richtig Leckerem wie "Roulade vom Weiderind mit hausgemachten Nudeln"!

Menü 52 € - Karte 27/50 €

Stadtplan : A3-e - *Hotel Bareiss, Hermine-Bareiss-Weg 1 ✉ 72270 - ✆ 07442 470 (Tischbestellung ratsam) - www.bareiss.com*

Kaminstube

FRANZÖSISCH-KLASSISCH • FREUNDLICH XXX Was bei einem Haus wie diesem zählt, ist vor allem Qualität. Dieser Anspruch ist allgegenwärtig, vom Essen (z. B. saisonales "Kaminstubenmenü") bis zu edlen Textilien in traditioneller Art (Damast).

Menü 59/78 € - Karte 44/72 €

Stadtplan : A3-e - *Hotel Bareiss, Hermine-Bareiss-Weg 1 ✉ 72270 - ✆ 07442 470 - www.bareiss.com - Montag - Freitag nur Abendessen*

Wanderhütte Sattelei

REGIONAL • LÄNDLICH X Das Bareiss hat auch eine ganz bodenständige Seite, und zwar in Form dieser urigen Wanderhütte im Grünen - hier hat man es richtig gemütlich, während man sich mit deftigen Speisen, Flammkuchen und Schwarzwälder Vesper stärkt, und das zu einem wirklich fairen Preis - sonntags sogar bis 21.30 Uhr. Vom Hotel aus führen ein kleinerer und ein größerer Spazierweg hierher.

Karte 17/22 €

Hotel Bareiss, Hermine-Bareiss-Weg 1, Oberhalb des Hotels am Waldrand gelegen, nur zu Fuß erreichbar ✉ 72270 - ✆ 07442 470 - www.bareiss.com - Montag - Samstag bis 17 Uhr geöffnet

Bareiss

LUXUS • INDIVIDUELL Schlichtweg imponierend, was Familie Bareiss im Laufe der Jahre geschaffen hat! Ein Anwesen von beachtlichen 10 000 qm, Luxus in den Zimmern, Spa- und Freizeitangebote für jeden Geschmack, Einkaufsboutiquen samt Bareiss'scher Eigenmarke, stets zuvorkommende Mitarbeiter... Für Kids: Baumhaus, Spielhaus, Piratenschiff im Waldpark. HP inkl.

89 Zim - 248/310 € 490/540 € - 10 Suiten - ½ P

Stadtplan : A3-e - *Hermine-Bareiss-Weg 1 ✉ 72270 - ✆ 07442 470 - www.bareiss.com*

Restaurant Bareiss • **Dorfstuben** • **Kaminstube** • **Wanderhütte Sattelei** - siehe Restaurantauswahl

Lamm

FAMILIÄR • AUF DEM LAND Wohnlich hat man es in dem gewachsenen Ferienhotel unter familiärer Leitung, alle Zimmer mit Balkon. Lassen Sie sich nicht das "Schwarzwald-Wellnessdorf" samt vier hübschen Blockhäusern mit Dachbegrünung entgehen! Behaglich-ländlich das Restaurant mit breitem Angebot vom Vesper bis zum 5-Gänge-Menü.

46 Zim - 59/140 € 118/205 € - ½ P

Stadtplan : A3-m - *Ellbachstr. 4 ✉ 72270 - ✆ 07442 4980 - www.lamm-mitteltal.de*

In Baiersbronn-Obertal Nord-West: 7 km

Andrea-Stube

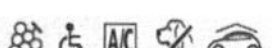

FRANZÖSISCH-KLASSISCH XX Das Herzstück der "Engel"-Gastronomie ist ein wirklich heimeliges, gemütlich-elegantes kleines Restaurant, in dem man äußerst aufmerksam und versiert umsorgt wird, und zwar mit niveauvollen klassischen Gerichten wie "Bäckchen und Presa vom Iberico-Schwein in Marsalasauce mit Röstzwiebelcreme".

Menü 75/105 € - Karte 65/71 €

Stadtplan : A3-n - *Hotel Engel Obertal, Rechtmurgstr. 28 ✉ 72270 - ✆ 07449 850 (Tischbestellung ratsam) - www.engel-obertal.de - nur Abendessen - geschl. 18. Dezember - 11. Januar, 30. Juli - 23. August und Mittwoch - Donnerstag*

Engel Obertal

SPA UND WELLNESS • GEMÜTLICH Ein Paradebeispiel für ein Ferien- und Wellnesshotel "de luxe", in dem man Wert legt auf Understatement. Toll z. B. "Wolke 7" auf rund 5000 qm: schöne Ruhezonen und Fitness-Pavillon, Saunahäuser im Garten, Naturschwimmteich, unzählige Anwendungen... Die Zimmer (18 Kategorien): geräumig, wertig, stilvoll. Dazu verschiedene hübsch dekorierte Restauranträume.

79 Zim – 133/219 € 276/394 € – 10 Suiten – ½ P

Stadtplan : A3-n – *Rechtmurgstr. 28 ✉ 72270 – ✆ 07449 850 – www.engel-obertal.de*

Andrea-Stube – siehe Restaurantauswahl

BAIERSDORF

Bayern – 7 400 Ew. – Höhe 269 m – Regionalatlas **50**-K16
Michelin Straßenkarte 546

Millers Storchennest

INTERNATIONAL • ELEGANT XX In dem eleganten Restaurant kann man gut international essen - da macht z. B. "in Jasminmilch pochierter Seeteufel mit Mandelkrem, Quinoa-Canihua & Lotuswurzel" Appetit. Alternativ: Bürgerliches und Burger in "Millers Burgermeisterei".

Menü 69/99 € – Karte 45/77 €

Hauptstr. 41 ✉ 91083 – ✆ 09133 7687844 – www.millers-storchennest.de – Mittwoch - Samstag nur Abendessen – geschl. Montag - Dienstag

BALDUINSTEIN

Rheinland-Pfalz – 573 Ew. – Höhe 160 m – Regionalatlas **37**-E14
Michelin Straßenkarte 543

Bibliothek (Joachim Buggle)

KLASSISCHE KÜCHE • FREUNDLICH XX Die Fahrt ins reizvolle Lahntal lohnt sich, denn in der stilvoll-gediegenen Bibliothek und auf der Platanen-Terrasse bietet Joachim Buggle seine anspruchsvolle klassische Küche. Dazu eine gut sortierte Weinkarte und schöne glasweise Weinempfehlungen zum Menü.

➜ Variation von der Gänseleber mit Rhabarber und Macadamianuss. Filet vom Wolfsbarsch mit Spitzmorcheln, Spargel und Brunnenkresse-Tortelloni. Mit Kräutern gratinierter Lammrücken mit Saubohnen, Polenta und Ziegenkäse.

Menü 109/129 € – Karte 71/98 €

Landhotel Zum Bären, Bahnhofstr. 24 ✉ 65558 – ✆ 06432 800780 (Tischbestellung ratsam) – www.landhotel-zum-baeren.de – nur Abendessen – geschl. 15. Januar - 8. Februar, 4. Juli. - 5. August und Montag - Dienstag

Am Kachelofen

REGIONAL • WEINSTUBE X Möchten Sie in der gemütlichen holzgetäfelten Kachelofenstube sitzen? Oder lieber in der etwas rustikaleren Weinstube? Es gibt regionale Küche mit internationalen Einflüssen - auf der Karte z. B. "Kalbskotelett mit Kräuterkruste".

Karte 38/78 €

Landhotel Zum Bären, Bahnhofstr. 24 ✉ 65558 – ✆ 06432 800780 – www.landhotel-zum-baeren.de – geschl. 15. Januar - 8. Februar und Montag - Dienstag

Landhotel Zum Bären

LANDHAUS • GEMÜTLICH Nicht nur die herzliche Familie Buggle samt Team macht dieses Traditionshaus aus, auch die idyllische Lage (nur Bahnlinie und Straße trennen das Haus von der Lahn) sowie die schöne wohnlich-elegante Einrichtung. Abends kann man dem Glockenspiel lauschen.

10 Zim – 89/155 € 168/205 €

Bahnhofstr. 24 ✉ 65558 – ✆ 06432 800780 – www.landhotel-zum-baeren.de – geschl. 15. Januar - 8. Februar

Bibliothek • **Am Kachelofen** – siehe Restaurantauswahl

BALINGEN

Baden-Württemberg - 33 537 Ew. - Höhe 517 m - Regionalatlas **55**-F20
Michelin Straßenkarte 545

cosita

URBAN • MODERN Wirklich attraktiv das moderne Design, sowohl in den Zimmern als auch im Restaurant. Warme Farben und hübsche Deko sorgen für eine mediterrane Note, die sich auch im spanischen Speisen- und Weinangebot wiederfindet, Tapas inklusive.

21 Zim ☕ - †90/115 € ††130 €

Gratweg 2 ✉ 72336 - ✆ 07433 902170 - www.cosita-balingen.de - geschl. über Pfingsten 2 Wochen, August 2 Wochen

BALTRUM (INSEL)

Niedersachsen - 617 Ew. - Regionalatlas **7**-D4
Michelin Straßenkarte 541

Strandhof

LANDHAUS • FUNKTIONELL Die strandnahe Lage inmitten von Dünen sowie neuzeitliche und funktionelle Zimmer, teilweise mit großem Balkon, machen das Haus zu einer interessanten Urlaubsadresse. Zeitgemäßes Hotelrestaurant mit bürgerlicher und internationaler Küche.

33 Zim ☕ - †65/89 € ††109/149 € - 2 Suiten - ½ P

Nr. 123 ✉ 26579 - ✆ 04939 890 - www.strandhof-baltrum.de - geschl. November - März

BAMBERG

Bayern - 71 952 Ew. - Höhe 262 m - Regionalatlas **50**-K15
Michelin Straßenkarte 546

Weinhaus Messerschmitt

KLASSISCHE KÜCHE • TRADITIONELLES AMBIENTE XX In getäfelten Stuben serviert man Regional-Saisonales, ebenso auf der Brunnenterrasse. Im namengebenden Brunnen schwimmen im Sommer Waller, Aale & Co. Schöner Weinkeller (Tipp: Verkostungen) - seit jeher ist man dem Thema Wein verbunden.

Menü 36/65 € (abends) - Karte 37/69 €

Stadtplan : B2-x - *Hotel Weinhaus Messerschmitt, Lange Str. 41 ✉ 96047 - ✆ 0951 297800 - www.hotel-messerschmitt.de - geschl. 8. - 21. Januar, Freitagmittag und Sonntag*

La Villa

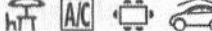

INTERNATIONAL • BISTRO XX Das Ambiente einer der nettesten Adressen Bambergs schlägt eine Brücke zwischen Bistro und Restaurant, auf der Karte International-Mediterranes und Klassiker. Eignet sich auch bestens für Geschäftsessen.

Menü 39 € - Karte 33/49 €

Stadtplan : B2-m - *Hotel Villa Geyerswörth, Geyerswörthstr. 15 ✉ 96047 - ✆ 0951 91740 - www.villageyerswoerth.de - geschl. 1. - 8. Januar und Sonntag*

Welcome Hotel Residenzschloss

BUSINESS • FUNKTIONELL Ein ansprechendes historisches Anwesen, das modern erweitert wurde - einst Krankenhaus, heute zeitgemäßes Businesshotel. Wie wär's mit einem der schicken Superiorzimmer? Geräumiger sind die Deluxe-Zimmer im Schloss. Das Restaurant teilt sich in die "Orangerie" und das "Fürstbischof von Erthal".

180 Zim ☕ - †157/187 € ††195/227 € - 4 Suiten - ½ P

Stadtplan : A1-r - *Untere Sandstr. 32 ✉ 96049 - ✆ 0951 60910 - www.welcome-hotels.com*

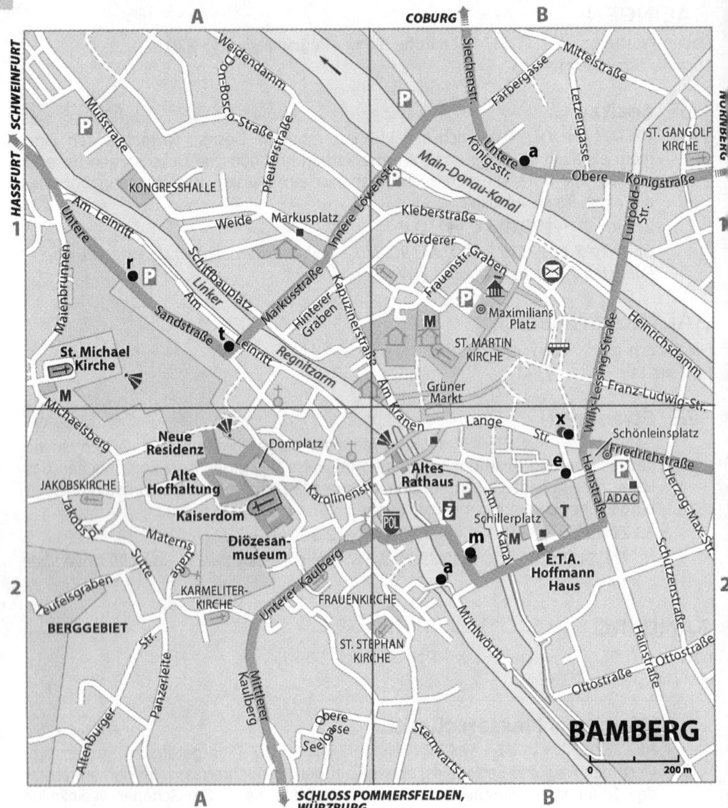

Bamberger Hof - Bellevue

HISTORISCH · INDIVIDUELL Moderne Eleganz gepaart mit dem Charme eines Grandhotels der Jahrhundertwende - schönes historisches Detail: original Jugendstilfenster im Frühstücksraum. Etwas Besonderes ist die Dach-Suite mit Blick auf Bamberg und Kaiserdom! Schöne Sicht auch von der Dachterrasse im 4. Stock! Nebenan: Café-Bistro Luitpold.

38 Zim – 95/125 € 145/185 € – 12 Suiten

Stadtplan : B2-e – *Schönleinsplatz 4 ✉ 96047 – ✆ 0951 98550 – www.bambergerhof.de*

Villa Geyerswörth

PRIVATHAUS · KLASSISCH Das Villenflair dieses Anwesens hat schon von außen etwas Exklusives - ganz stilgerecht ist da die wertige elegante Einrichtung. Und wer es gerne besonders ruhig hat, nimmt ein Zimmer zum Fluss (hinter dem Haus fließt ein Arm der Regnitz)! In die Altstadt sind es übrigens nur wenige Gehminuten.

39 Zim – 120/144 € 169/189 € – 1 Suite – 15 €

Stadtplan : B2-m – *Geyerswörthstr. 15 ✉ 96047 – ✆ 0951 91740 – www.villageyersworth.de*

La Villa – siehe Restaurantauswahl

Weinhaus Messerschmitt

HISTORISCH • MODERN Das historische Haus mit der schmucken gelb-weißen Fassade kann auf über 180 Jahre Familientradition zurückblicken. Im Sommer lässt es sich schön auf der kleinen Dachterrasse im 3. Stock relaxen, und genießen Sie vom Saunabereich aus die Sicht über Bamberg! Kosmetik und Massage buchbar.

67 Zim – †95/140 € ††150/180 € – 3 Suiten – ½ P

Stadtplan : B2-x – *Lange Str. 41 ✉ 96047 – ✆ 0951 297800 – www.hotel-messerschmitt.de – geschl. 8. - 21. Januar*

Weinhaus Messerschmitt – siehe Restaurantauswahl

Nepomuk

HISTORISCH • FUNKTIONELL Das hübsche Fachwerkhaus (ursprünglich eine Mühle) liegt schön direkt an der Regnitz! Die Zimmer modern-funktional, gastronomisch fährt man zweigleisig: "Eckerts" mit regional-saisonaler Küche, innovativ-fränkisches Menü- und A-la-carte-Angebot im "Esszimmer" in der 1. Etage. Für Veranstaltungen: "Schiller 16", ein toller Barockbau von 1752 unweit des Hotels.

23 Zim – †96/112 € ††136/158 € – 1 Suite – 5 €

Stadtplan : B2-a – *Obere Mühlbrücke 9 ✉ 96049 – ✆ 0951 98420 – www.hotel-nepomuk.de*

Europa

URBAN • FUNKTIONELL Tipptopp gepflegte Zimmer, freundliche Gästebetreuung, hochwertiges Frühstück (im Sommer am besten im charmanten Innenhof!)... hier spürt man das Engagement! Im Restaurant frische Kräuterküche mit regionalen Produkten - probieren Sie fränkische Knabbereien im Tapas-Stil! Und für daheim Wein oder Hausgemachtes aus dem Hofshop? Garagenzufahrt über Untere Königstr. 30.

46 Zim – †79/109 € ††89/139 € – ½ P

Stadtplan : B1-a – *Untere Königstr. 6 ✉ 96052 – ✆ 0951 3093020 – www.hotel-europa-bamberg.de*

Tandem

URBAN • MODERN Schön puristisch und mit Blick auf "Klein Venedig" wohnt man in dem sorgsam sanierten Haus. Tipp: Parken im 200 m entfernten Residenzschloss. Man bietet übrigens auch Fahrradraum und Leihfahrräder - Regnitz-Radweg gleich vor der Tür!

8 Zim – †79/98 € ††98/120 €

Stadtplan : A1-t – *Untere Sandstr. 20 ✉ 96049 – ✆ 0951 51935855 – www.tandem-hotel.de – geschl. 23. Dezember - 11. Januar*

Das Symbol † bzw. †† zeigt den Mindestpreis in der Nebensaison und den Höchstpreis in der Hochsaison für ein Einzelzimmer bzw. für ein Doppelzimmer an.

In Stegaurach Süd-West: 5 km über A2 Richtung Würzburg

Der Krug

GASTHOF • GEMÜTLICH Der um einen Anbau erweiterte Gasthof im Ortskern ist eine tipptopp gepflegte und wohnlich eingerichtete Adresse, die herzlich-familiär geleitet wird. Im Stammhaus befindet sich das gemütlich-rustikale Restaurant mit guter Auswahl an regionalen Fischgerichten.

26 Zim – †60/145 € ††90/170 € – ½ P

Mühlendorfer Str. 4, Zufahrt über Schulstraße ✉ 96135 – ✆ 0951 994990 – www.der-krug.de – geschl. über Weihnachten, über Fasching

BANSIN Mecklenburg-Vorpommern → Siehe Usedom (Insel)

BARMSTEDT

Schleswig-Holstein – 10 108 Ew. – Höhe 11 m – Regionalatlas **10**-I4
Michelin Straßenkarte 541

Lay's Bistro

REGIONAL • BISTRO X Diese charmante Restaurant-Alternative des aufwändig sanierten historischen Anwesens ist mit derselben Liebe zum Detail gestaltet wie das "Loft". Was aus der Küche kommt, ist saisonal, frisch und schmackhaft.

Karte 36/56 €

Restaurant Lay's Loft, Schlickumstr. 1 ✉ 25355 – ✆ 04123 9290577 (Tischbestellung ratsam) – www.lays-loft.de – geschl. Januar 2 Wochen, April 2 Wochen, August 3 Wochen, Oktober 1 Woche und Montag - Dienstag

Lay's Loft

MODERNE KÜCHE • ELEGANT XX Stilsicher, wertig und fast intim - so präsentiert sich das Gourmetrestaurant in dem schmucken ehemaligen Fabrikgebäude. Gekocht wird modern und mediterran. Wer's exklusiver mag, bucht einen Salon. Schön übernachten kann man ebenfalls.

Menü 59/95 €

3 Zim – †100/120 € ††130/150 € – ☕ 15 €

Schlickumstr. 1 ✉ 25355 – ✆ 04123 9290577 (Tischbestellung erforderlich) – www.lays-loft.de – geschl. Januar 2 Wochen, April 2 Wochen, August 3 Wochen, Oktober 1 Woche und Montag - Dienstag

Lay's Bistro – siehe Restaurantauswahl

BARSINGHAUSEN

Niedersachsen – 33 310 Ew. – Höhe 112 m – Regionalatlas **18**-H9
Michelin Straßenkarte 541

Stiller's Restaurant im Marmite

INTERNATIONAL • TRENDY XX Elegant und zugleich angenehm leger ist es in dem seit über 30 Jahren familiengeführten Restaurant. Die saisonal-internationalen Gerichte nennen sich z. B. "Pomelosalat mit Chili und Riesengarnelen" oder "Rehrücken auf getrüffeltem Kartoffelpüree mit Gemüse". Gute Weine. Terrasse und großer Biergarten.

Menü 35/53 € – Karte 35/55 €

Egestorfer Str. 36a ✉ 30890 – ✆ 05105 61818 – www.stiller-geniessen.de – nur Abendessen, sonntags auch Mittagessen – geschl. Anfang Januar 1 Woche und Montag - Dienstag

In Barsinghausen-Göxe Nord-Ost: 6 km, an der B 65

Gasthaus Müller

MARKTKÜCHE • GASTHOF XX Ein sympathisches Gasthaus und Familienbetrieb in 5. Generation. Zu regional-saisonalen Speisen wie "Hirschkalbskeule mit Macadamia-Crunch und Kartoffel-Preiselbeerstampf" gibt es rund 280 fast ausschließlich deutsche Weine.

Menü 45 € – Karte 36/62 €

Goltener Str. 2 ✉ 30890 – ✆ 05108 2163 – www.gasthausmueller.de – nur Abendessen, sonntags auch Mittagessen – geschl. Montag - Dienstag

BAUNACH

Bayern – 4 016 Ew. – Höhe 238 m – Regionalatlas **50**-K15
Michelin Straßenkarte 546

Rocus

INTERNATIONAL • FAMILIÄR XX Hier isst man klassisch, mediterran oder auch asiatisch, und das alte ehemalige Bahnhofsgebäude bietet dafür einen hübschen Rahmen: außen schön restauriert, innen geradlinig-modern. Terrasse im Innenhof oder zur Bahnlinie. Tipp: Buchen Sie einen Tisch im Weinkeller, umgeben von vielen spanischen Rotweinen!

Menü 60/90 € - Karte 46/66 €

Bahnhofstr. 16 ✉ 96148 - ✆ 09544 20640 - www.restaurant-rocus.de - nur Abendessen - geschl. Ende August - Anfang September 2 Wochen und Montag

BAYERISCH GMAIN Bayern → Siehe Reichenhall, Bad

BAYERSOIEN, BAD

Bayern - 1 127 Ew. - Höhe 812 m - Regionalatlas **65**-K21
Michelin Straßenkarte 546

Parkhotel am Soier See

SPA UND WELLNESS • INDIVIDUELL Die Leidenschaft der Gastgeber für Afrika spiegelt sich in diesem Hotel wider - frei nach dem Motto: "Bavarian Safari" und "Afrika im Ammergau" finden sich zahlreiche Details. In der "African Lounge" gibt es die passende Küche dazu: "Strauß und Springbock mit Koriander-Chilisauce". Saisonale Küche im "Seestüberl", mittags Brotzeitkarte.

108 Zim - 104/191 € 168/336 € - 5 Suiten - ½ P

Am Kurpark 1 ✉ 82435 - ✆ 08845 120 - www.parkhotel-bayersoien.de

BAYREUTH

Bayern - 71 601 Ew. - Höhe 340 m - Regionalatlas **51**-L15
Michelin Straßenkarte 546

Bürgerreuth Ristorante Italiano Grill

ITALIENISCH • FREUNDLICH XX Seit über 30 Jahren betreuen Rinaldo und Stephanie Minuzzi in dem Restaurant in schöner Lage oberhalb des Festspielhauses ihre Gäste, und die mögen die klassisch-italienische Küche. Toll der große Grill, auf dem z. B. "Pollo alla Diavola" oder der Kalbsspießbraten "Arrosto allo Spiedo" zubereitet werden.

Karte 27/66 €

8 Zim - 54/75 € 75/98 €

An der Bürgerreuth 20, über Bahnhofstraße B1 ✉ 95445 - ✆ 0921 78400 - www.buergerreuth.de - geschl. über Weihnachten

Goldener Anker

TRADITIONELL • KLASSISCH Familientradition seit 13 Generationen - jede Menge Historie und stilvolle Details, wohin man schaut. Schön die Lage im Herzen der Stadt, elegant das Interieur, das Frühstück wird am Tisch serviert. Besonderheit: Tagungsbereich mit offener Landhausküche und Dachterrasse! Klassische Küche im Restaurant.

35 Zim - 108/148 € 178/248 € - 2 Suiten - ½ P

Stadtplan : B1-r - *Opernstr. 6, Zufahrt über Badstr. 3 ✉ 95444 - ✆ 0921 7877740 - www.anker-bayreuth.de - geschl. Weihnachten - Mitte Januar*

Bayerischer Hof

BUSINESS • INDIVIDUELL Direkt neben dem Bahnhof ist das Hotel zu finden. Es bietet Zimmer von klassisch bis modern - Tipp: die tolle Suite in der obersten Etage. Das Restaurant ist eine charmante Brasserie, das Angebot reicht von fränkischer Bratwurst bis Tarte Flambée.

46 Zim - 71/150 € 100/200 € - 2 Suiten

Stadtplan : B1-e - *Bahnhofstr. 14 ✉ 95444 - ✆ 0921 78600 - www.bayerischer-hof.de - geschl. 23. Dezember - 8. Januar*

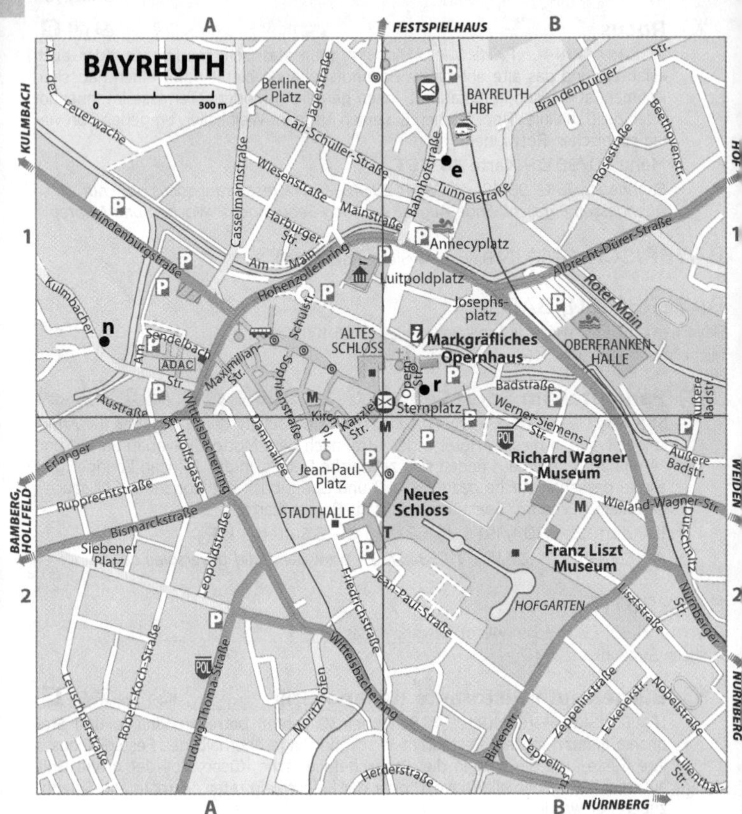

Goldener Löwe

GASTHOF • GEMÜTLICH Eine goldene Löwenplastik begrüßt Sie am Eingang dieses gut geführten Gasthofs. Die Zimmer sind schön freundlich ("Deluxe" mit Minibar gratis), die Gaststube gemütlich-rustikal - ein Muss sind hier fränkisches Schäuferl oder Sauerbraten! Mögen Sie Marmelade? Zum Frühstück gibt's 20 selbstgemachte Sorten!

25 Zim – 35/130 € 70/134 € – 1 Suite – 8 € – ½ P

Stadtplan : A1-n – *Kulmbacher Str. 30 ✉ 95445 – 0921 746060 – www.goldener-loewe.de*

In Bayreuth-Oberkonnersreuth Süd-Ost: 3 km über Nürnberger Straße B2

Zur Sudpfanne

MARKTKÜCHE • GASTHOF Sie speisen in einem hübschen ehemaligen Brauereigebäude. Auf der regional-saisonalen Karte findet sich z. B. "Kalbssauerbraten mit Rahmwirsing und Kloß". Alternativ wählt man in der netten Brasserie Grillgerichte, Pasta oder den günstigen wechselnden Mittagsteller. Biergarten unter Bäumen (Selbstbedienung).

Menü 24/78 € – Karte 28/60 €

Oberkonnersreuther Str. 6 ✉ 95448 – 0921 52883 – www.sudpfanne.com

In Bindlach-Obergräfenthal Nord: 10 km, über Hindenburgstraße A1, in Heinersreuth Richtung Cottenbach, nach Theta links abbiegen

Landhaus Gräfenthal

REGIONAL • GASTHOF X In dem langjährigen Familienbetrieb sorgen helles Holz, Kachelofen und nette Deko für Gemütlichkeit. Freundlich der Service, schmackhaft die regionale Küche: "fränkisches Zicklein aus dem Ofen", "Schweinelendchen in Steinpilzsoße"...

Karte 30/54 €

Obergräfenthal 7 ✉ 95463 – ✆ 09208 289 – www.landhaus-graefenthal.de – geschl. Januar 1 Woche, September 2 Wochen und Montagmittag, Dienstag

BAYRISCHZELL

Bayern – 1 566 Ew. – Höhe 800 m – Regionalatlas **66**-M21
Michelin Straßenkarte 546

In Bayrischzell-Geitau Nord-West: 5 km über B 307, Richtung Miesbach

Postgasthof Rote Wand

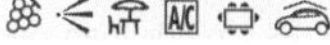

GASTHOF • GEMÜTLICH Sehr sympathisch und familiär ist der Traditionsgasthof mit seinen tipptopp gepflegten Zimmern im wohnlichen Landhausstil. Essen kann man hier im Haus regional - probieren Sie auch die eigene Kreation: Rote-Wand-Torte! Zu den gemütlichen Gaststuben kommt im Sommer der schöne Biergarten unter alten Kastanien.

33 Zim – †55/75 € ††90/130 € – ½ P

Geitau 15 ✉ 83735 – ✆ 08023 9050 – www.gasthofrotewand.de – geschl. 13. November - 13. Dezember

In Bayrischzell-Osterhofen Nord-West: 3 km über B 307, Richtung Miesbach

Das Restaurant Seeberg

REGIONAL • GEMÜTLICH XX Freundlich der Service, die Stuben gemütlich-bayerisch - so wünscht man sich das! Die Küche bietet Regionales wie "geschmorte Rinderbäckchen mit Kartoffel-Meerrettichstampf" oder Wild aus eigener Jagd. Beliebt: "Salzburger Nockerl".

Menü 32 € (abends) – Karte 25/58 €

Hotel Der Alpenhof, Osterhofen 1 ✉ 83735 – ✆ 08023 906533 – www.restaurant-seeberg.de

Der Alpenhof

LANDHAUS • INDIVIDUELL Hier ist alles richtig geschmackvoll: von der eleganten kleinen Lobby bis zu den Zimmern. Nicht zuletzt die aufwändigen Themensuiten wie "Hideaways", "Franz Josef" oder "Mikado" machen das Haus zu einer nicht alltäglichen Adresse!

32 Zim – †99/119 € ††139/159 € – 8 Suiten – ½ P

Osterhofen 1 ✉ 83735 – ✆ 08023 90650 – www.der-alpenhof.com

Das Restaurant Seeberg – siehe Restaurantauswahl

BECKUM

Nordrhein-Westfalen – 36 135 Ew. – Höhe 105 m – Regionalatlas **27**-E10
Michelin Straßenkarte 543

Am Höxberg Süd: 2,5 km, Richtung Lippborger

Zur Windmühle

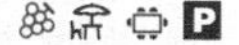

INTERNATIONAL • GASTHOF XX Ein Haus mit langer Familientradition, das eine international beeinflusste Küche bietet. Probieren Sie z. B. "Lammrücken mit Kräuterkruste", und fragen Sie auch nach den Empfehlungen des Chefs. Schön die große Terrasse mit Blick auf die hauseigene Mühle von 1853 - auch für Veranstaltungen sehr beliebt.

Menü 40/76 € – Karte 28/67 €

Unterberg II/33 ✉ 59269 – ✆ 02521 86030 – www.zur-windmuehle.de – nur Abendessen, sonntags auch Mittagessen – geschl. August 2 Wochen und Montag

BEDERKESA, BAD

Niedersachsen - 30 589 Ew. - Höhe 9 m - Regionalatlas **9**-G5
Michelin Straßenkarte 541

Bösehof

SPA UND WELLNESS • ELEGANT Schön und recht ruhig liegt dieser Familienbetrieb. Einige Zimmer mit Blick in den reizvollen Garten, geräumiger im Haus "Jan Bohls". Das Haus "Hermann Allmers" beherbergt einen kleinen Spa. Sehr gutes Frühstück, im Sommer auf der Terrasse. Internationale und regionale Küche im elegant-rustikalen Restaurant.

33 Zim - 62/132 € 139/169 € - 15 Suiten - ½ P

Hauptmann-Böse-Str. 19 27624
- 04745 9480 - www.boesehof.de

BEILNGRIES

Bayern - 8 983 Ew. - Höhe 368 m - Regionalatlas **58**-L18
Michelin Straßenkarte 546

Die Gams

TRADITIONELL • INDIVIDUELL Hier spürt man das Engagement der Gastgeber (seit 1794 in Familienbesitz): wohnliche Zimmer, darunter schicke Kreativzimmer, ein guter Tagungsbereich und regionale Küche in gemütlichen Restauranträumen. Besonders schön: die modernen, mit Liebe zum Detail individuell gestalteten Zimmer in der "schmiede7".

67 Zim - 74/114 € 98/150 €

Hauptstr. 16 92339
- 08461 6100 - www.hotel-gams.de

Der Millipp

GASTHOF • ROMANTISCH Ein traditionsreicher Metzgereigasthof, in dessen Zimmern man gelungen die historische Bausubstanz mit wohnlich-elegantem Landhausstil kombiniert hat. Rustikal-gediegen zeigen sich die Gaststuben, hier isst man regional.

32 Zim - 95/140 € 115/155 € - 2 Suiten - ½ P

Hauptstr. 9 92339 - 08461 1203 - www.der.millipp.de

Fuchsbräu

TRADITIONELL • INDIVIDUELL Der langjährige Familienbetrieb bietet geschmackvoll-wohnliche Zimmer (Tipp: "Kaiserbeck"-Maisonette-Suiten mit historischem Dachgebälk), einen hübschen kleinen Wellnessbereich sowie ein freundliches Restaurant, in dem man auf regionale Produkte setzt. Schön auch die gemütlich-moderne "Kaiserbeck Bar".

71 Zim - 99/135 € 116/159 € - ½ P

Hauptstr. 23 92339
- 08461 6520 - www.fuchsbraeu.de

BELLHEIM

Rheinland-Pfalz - 8 519 Ew. - Höhe 117 m - Regionalatlas **54**-E17
Michelin Straßenkarte 543

In Knittelsheim West: 2 km Richtung Landau

Steverding's Isenhof

KLASSISCHE KÜCHE • RUSTIKAL XX Wer beim Anblick dieses reizenden historischen Fachwerkhauses ein gemütliches und charmantes Interieur erwartet, liegt ganz richtig. Hübsche rustikale Elemente verbinden sich hier gelungen mit einer eleganten Note, in der Küche mischen sich klassische und moderne Einflüsse.

Menü 89 € - Karte 59/78 €

Hauptstr. 15a 76879
- 06348 5700 (Tischbestellung erforderlich) - www.isenhof.de - Donnerstag - Samstag nur Abendessen - geschl. Januar 3 Wochen und Sonntagabend - Mittwoch

BELLINGEN, BAD

Baden-Württemberg – 4 084 Ew. – Höhe 257 m – Regionalatlas **61**-D21
Michelin Straßenkarte 545

Landgasthof Schwanen

REGIONAL • GASTHOF XX Richtig gut isst man im traditionsreichen "Schwanen" - seit Generationen ein Familienbetrieb. Aus der Küche kommt Leckeres wie "gegrillter Lachs in Kerbel-Beurre-Blanc", Vitello Tonnato oder auch hausgemachte Terrinen und Pasteten.

Menü 33/59 € – Karte 31/59 €

Hotel Landgasthof Schwanen, Rheinstr. 50 ✉ 79415 – ☎ 07635 811811 – www.schwanen-bad-bellingen.de – geschl. 8. - 25. Januar und Montagmittag, Dienstag - Mittwochmittag

Berghofstüble

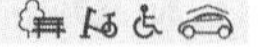

INTERNATIONAL • FREUNDLICH XX "Kulinarisches im Grünen" steht über dem Eingang und das trifft es recht gut, denn das Haus liegt schon etwas abseits. Auf der Karte finden sich Wiener Schnitzel und Cordon bleu, ebenso Entrecôte, Kalbsrückensteak oder Steinbutt. Wie wär's mit einem Platz auf der reizvollen Terrasse mit Aussicht?

Menü 31 € (mittags)/98 € – Karte 40/82 €

Berghof 1, Nord-Ost: 1,5 km, über Markus-Ruf-Straße ✉ 79415 – ☎ 07635 1293 (Tischbestellung erforderlich) – www.berghofstueble-bad-bellingen.de – geschl. Montag - Dienstag

Landgasthof Schwanen

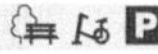

FAMILIÄR • FUNKTIONELL In dem Traditionshaus von 1887 wohnen Sie entweder im Haupthaus, zentral am Schlosspark, oder im 400 m entfernten Gästehaus. Letzteres hat Appartements, Liegewiese und eine schöne Aussicht zu bieten. Den freundlichen Service haben Sie hier wie dort!

30 Zim – †67/80 € ††97/120 € – ½ P

Rheinstr. 50 ✉ 79415 – ☎ 07635 811811 – www.schwanen-bad-bellingen.de – geschl. 8. - 25. Januar

Landgasthof Schwanen – siehe Restaurantauswahl

Ambiente

FAMILIÄR • INDIVIDUELL Ein persönlich und herzlich geführtes Haus, in dem alles sehr gepflegt ist. Die Zimmer sind freundlich gestaltet, behaglich-elegant der Frühstücksraum - die gute Auswahl vom Buffet können Sie auch auf der Terrasse zum Garten genießen.

22 Zim – †79 € ††102/210 €

Akazienweg 1 ✉ 79415 – ☎ 07635 81040 – www.ambiente-bellingen.de

BEMPFLINGEN

Baden-Württemberg – 3 403 Ew. – Höhe 336 m – Regionalatlas **55**-G19
Michelin Straßenkarte 545

Krone

FRANZÖSISCH-KLASSISCH • RUSTIKAL XXX Seit über 40 Jahren steht der Familienbetrieb für niveauvolle Küche und stilvoll-klassisches Ambiente, ungebrochen das Engagement der Gastgeber. Probieren Sie z. B. "Jakobsmuschel & Wildgarnele mit Erbsenpüree und glasierter Ananas" oder "Rehrücken in Cranberryjus". Oder lieber Typisches aus Schwaben?

Menü 20 € (mittags)/58 € – Karte 41/77 €

Brunnenweg 40 ✉ 72658 – ☎ 07123 31083 (Tischbestellung ratsam) – www.kronebempflingen.de – geschl. Anfang Januar 1 Woche, über Fasching, über Ostern, Juni 1 Woche, Anfang - Mitte August und Sonntag - Dienstagmittag, Mittwochmittag

BENDESTORF

Niedersachsen - 2 334 Ew. - Höhe 36 m - Regionalatlas **10**-I6
Michelin Straßenkarte 541

Landhaus Meinsbur

REGIONAL • LÄNDLICH XX Außen ein hübsches altes Bauernhaus, drinnen sehenswerte Stuben mit schönen Dekorationen und offenem Kamin. Die Karte ist mediterran und regional: "Kalbstafelspitz mit Meerrettichsauce", "gebratenes Zanderfilet mit Cranberryrisotto"...

Menü 22/37 € - Karte 41/68 €

Hotel Landhaus Meinsbur, Gartenstr. 2 ✉ 21227
- ✆ 04183 77990 - www.meinsbur.de
- Januar - März nur Abendessen

Landhaus Meinsbur

LANDHAUS • ELEGANT Das charmante historische Bauernhaus steht auf einem herrlichen Gartengrundstück - einst war es Herberge von Filmstars wie Hildegard Knef! Geschmackvoll die Zimmer, freundlich der Service, toll der Garten. Auch Trauungen sind möglich.

12 Zim - †84/94 € ††139/159 € - 3 Suiten - ☕ 10 € - ½ P

Gartenstr. 2 ✉ 21227
- ✆ 04183 77990 - www.meinsbur.de

Landhaus Meinsbur - siehe Restaurantauswahl

BENDORF

Rheinland-Pfalz - 16 636 Ew. - Höhe 80 m - Regionalatlas **36**-D14
Michelin Straßenkarte 543

In Bendorf-Sayn Nord-West: 1,5 km

Villa Sayn

HERRENHAUS • MODERN Ein kleines herrschaftliches Anwesen! Im Hotelgebäude hinter der schmucken Villa finden Sie hübsche, freundliche Zimmer. Man beachte auch das sehenswerte alte Treppenhaus mit Stuckverzierungen. Im Restaurant "Dr. Brosius" gibt es international-saisonale Küche, zudem hat man ein leger-rustikales Bistro.

17 Zim - †75/85 € ††98/119 € - ☕ 9 €

Koblenz-Olper-Str. 111 ✉ 56170
- ✆ 02622 94490 - www.villasayn.de

BENTHEIM, BAD

Niedersachsen - 15 104 Ew. - Höhe 62 m - Regionalatlas **16**-C8
Michelin Straßenkarte 541

✿✿ Keilings Restaurant

FRANZÖSISCH-MODERN • TRENDY XX Bemerkenswert, wie bei Lars Keiling aus wenigen Komponenten eine tolle geschmackliche Tiefe entsteht! Die Speisen sind nie überladen, absolut stimmig das Maß an Finesse, Moderne und Leichtigkeit. Das Drumherum: charmant-professioneller Service, schickes wertiges Interieur und eine wunderbare ruhige Terrasse.

→ Zander, Hühnereigelb, Lardo Colonnata, Röstzwiebelsud. Taube, Erdnuss, Gänseleber. Rhabarber, Avocado, Sarawak-Pfeffer.

Menü 98/139 €

✉ 48455 - ✆ 05922 776633 (Tischbestellung ratsam) - www.keilings.de - nur Abendessen - geschl. 3. - 20. April, 24. September - 12. Oktober und Montag - Dienstag

Weinbistro - siehe Restaurantauswahl

Weinbistro

FRANZÖSISCH-MODERN • TRENDY X Trendig das Raum-in-Raum-Konzept von Gourmet und Bistro. Letzteres bietet schmackhafte regional-klassische Gerichte mit saisonalem Einfluss, z. B. als "Medaillons vom Lamm, mediterranes Gemüse, Kartoffel-Bärlauchtaschen". Schön die Terrasse. Vinothek gegenüber.

Menü 36/54 € – Karte 29/56 €

Keilings Restaurant, Wilhelmstr. 9a ✉ 48455 – ✆ 05922 776633 – www.keilings.de – nur Abendessen, sonntags auch Mittagessen – geschl. 3. - 20. April, 24. September - 12. Oktober und Montag - Dienstag

BENZ

Mecklenburg-Vorpommern – 642 Ew. – Höhe 40 m – Regionalatlas **12**-L4
Michelin Straßenkarte 542

In Benz-Gamehl Nord-Ost: 5 km über B 105

Schloss Gamehl

INTERNATIONAL • ELEGANT XX Im Restaurant genießt man Festsaal-Atmosphäre: alter Parkettboden, Lüster, hohe Fenster... Dazu frische internationale Küche mit regionalen Produkten. Auch für Hochzeiten ein schöner Rahmen.

Menü 30 € – Karte 28/43 €

Hotel Schloss Gamehl, Dorfstr. 26 ✉ 23970 – ✆ 038426 22000 – www.schloss-gamehl.de – nur Abendessen – geschl. 2. Januar - 9. Februar und Oktober - April: Montag

Schloss Gamehl

HISTORISCHES GEBÄUDE • KLASSISCH Das herrschaftliche Anwesen ist eine echte Augenweide, außen wie innen! In den Zimmern eleganter Landhausstil in Weiß und Beige - wertig und wohnlich. Frühstück gibt's im Wintergarten mit Blick zum Park und zum kleinen See.

14 Zim – 90/130 € 120/160 € – 5 Suiten

Dorfstr. 26 ✉ 23970 – ✆ 038426 22000 – www.schloss-gamehl.de – geschl. 2. Januar - 8. Februar

Schloss Gamehl – siehe Restaurantauswahl

BERCHTESGADEN

Bayern – 7 781 Ew. – Höhe 572 m – Regionalatlas **67**-P21
Michelin Straßenkarte 546

Panorama Restaurant

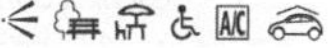

REGIONAL • FREUNDLICH XX Bei fast schon einmaliger Sicht über die Stadt und auf die umliegende Bergwelt lässt man sich gehobene Regionalküche servieren - da ist die großzügige Terrasse im Sommer natürlich sehr gefragt! Tipp: Für Gäste des Spa hat man ein kleines Séparée, in dem man ungezwungen im Bademantel leichte Speisen genießt.

Menü 51/64 € – Karte 28/55 €

Hotel Edelweiss, Maximilianstr. 2 ✉ 83471 – ✆ 08652 97990 – www.edelweiss-berchtesgaden.com

Lockstein 1

VEGETARISCH • GEMÜTLICH X Das ist schon eine besondere Adresse: Durch die schöne Küche gelangt man in das 500 Jahre alte Bauernhaus. Hier wird mit Liebe und Können gekocht, und zwar ein vegetarisches Menü mit leckeren Gerichten wie "Zitronen-Sellerie mit Walnüssen und Roggenbrot". Übrigens: Auch die beiden Gästezimmer sind gefragt.

Menü 45 €

Locksteinstr. 1 ✉ 83471 – ✆ 08652 9800 (Tischbestellung erforderlich) – www.biohotel-kurz.de – nur Abendessen

Edelweiss

SPA UND WELLNESS • ELEGANT Eine komfortable Adresse mit wohnlichen, geräumigen Zimmern und auffallend freundlichem Personal. Entspannen können Sie z. B. im Whirlpool auf der Dachterrasse, in der angenehm großen Halle mit Bar oder beim Essen. Eines der Restaurants ist das "Einkehr" mit regionaler Küche und Pizza.

128 Zim - 134/220 € 208/278 € - ½ P

Maximilianstr. 2 83471 - 08652 97990 - www.edelweiss-berchtesgaden.com

Panorama Restaurant - siehe Restaurantauswahl

Alpenhotel Weiherbach

FAMILIÄR • TRADITIONELL Ein wirklich nettes familiengeführtes Urlaubshotel in ruhiger Lage. Es erwarten Sie wohnliche Zimmer, ein gemütlicher Frühstücksraum, ein hübscher Garten und ein "Wellness-Hallenbad". Für Familien ideal: die Appartements mit kleiner Küche.

20 Zim - 45/100 € 70/160 €

Weiherbachweg 8 83471 - 08652 978880 - www.weiherbach.de - geschl. 8. November - 5. Dezember

An der Rossfeld-Ringstraße

Neuhäusl

SPA UND WELLNESS • TRADITIONELL Ein gewachsener Berggasthof direkt an der Grenze zu Österreich, seit Generationen charmant-familiär geführt. Hier gibt es hübsche große Studios, aber auch schöne Standard- und Zirbenzimmer. Nett der Spa mit reizender "Almstube", gemütlich das Restaurant mit Terrasse - toll die Aussicht.

29 Zim - 76/99 € 89/110 € - ½ P

Wildmoos 45 83471 Berchtesgaden - 08652 9400 - www.neuhaeusl.de - geschl. 7. November - 18. Dezember

Auf dem Obersalzberg

LE CIEL

KLASSISCHE KÜCHE • ZEITGEMÄSSES AMBIENTE XXX Die Menüs "Welt", "Bayerische Alpen" und "Kraut & Rüben" stehen für geschmackliche Finesse und eine eigene Note. Man setzt auf regionalen Bezug ebenso wie auf Weltoffenheit. Wer sich nicht entscheiden kann, tauscht die Gänge aus! Drinnen elegantes Interieur, draußen ein Traum von Terrasse!

→ Steinbutt, Spitzkohl, Leinölemulsion. Wagyu Beef, Süßkartoffel, Avocado, Tomate. Himbeere, Wasabi, Kokos.

Menü 75/165 €

Kempinski Hotel Berchtesgaden, Hintereck 1 83471 - 08652 97550 (Tischbestellung ratsam) - www.kempinski.com/berchtesgaden - nur Abendessen - geschl. Sonntag - Dienstag

Johann Grill

INTERNATIONAL • ZEITGEMÄSSES AMBIENTE XX Schön hell und modern ist es hier, die Glasfront garantiert eine Panoramaaussicht, die Gänsehaut-Feeling erzeugt! Aber nicht nur das lockt Gäste an, auch die Küche weiß zu überzeugen, z. B. mit erstklassigen Steaks.

Karte 42/82 €

Kempinski Hotel Berchtesgaden, Hintereck 1 83471 - 08652 97550 - www.kempinski.com/berchtesgaden - nur Abendessen

Kempinski Hotel Berchtesgaden

LUXUS • MODERN 1000 m über dem Meer, ringsum schönste Bergkulisse und dazu Luxus der modernen Art! Top die Penthouse-Maisonette-Suiten mit Dachterrasse, eine Oase für Wellnessfans der "Mountain Spa". Es ist ein Resort der Ruhe und auch für Tagungen geeignet. Gleich am Haus gibt es übrigens einen Familien-Skihügel mit Lift.

126 Zim - 205/515 € 205/515 € - 12 Suiten - 35 € - ½ P

Hintereck 1 83471 - 08652 97550 - www.kempinski.com/berchtesgaden

LE CIEL • **Johann Grill** - siehe Restaurantauswahl

BERGHAUPTEN Baden-Württemberg ➜ Siehe Gengenbach

BERGHEIM

Nordrhein-Westfalen – 59 656 Ew. – Höhe 70 m – Regionalatlas **35**-B12
Michelin Straßenkarte 543

Schumachers

KLASSISCHE KÜCHE • FREUNDLICH Auf zwei Etagen verbreitet hier ein charmanter Mix aus moderner und ländlicher Einrichtung Gemütlichkeit. Schwerpunkt der Küche sind Fisch und Meeresfrüchte, so z. B. "Adlerfisch mit Kartoffelstampf" oder "Thai Curry mit Edelfischen".

Menü 32/49 € – Karte 33/70 €

Hauptstr. 93 ✉ 50126
– ✆ 02271 6782762 – www.schumachers-restaurant.de
– geschl. Juni – Juli 2 Wochen und Sonntag – Montag

BERGISCH GLADBACH

Nordrhein-Westfalen – 109 697 Ew. – Höhe 100 m – Regionalatlas **36**-C12
Michelin Straßenkarte 543

In Bergisch Gladbach-Bensberg

Vendôme

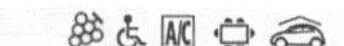

KREATIV • LUXUS Seit 2005 hält Joachim Wissler in dem edlen Restaurant drei Sterne – nicht ohne Grund: Wo so viel Know-how und perfektes Handwerk auf immer wieder neue eigene Ideen treffen, kommen Spitzenprodukte in äußerst feinen und stimmigen Kombinationen auf den Teller. Ebenso niveauvoll und aufmerksam wird man umsorgt.

➜ Toffee von karamellisierter Gänseleber und Zartbitterschokolade mit Piemonteser Haselnüssen. Piccata von Kalbshirn "Masala Tandoori", kleine Pfifferlinge, Zuckererbsen. Lechtal-Forelle mild geräuchert, gepickelter Eisbergsalat und Holunderblüten-Meerrettichbutter.

Menü 135 € (mittags)/265 € – Karte 109/198 €

Stadtplan : B2-e – *Althoff Grandhotel Schloss Bensberg, Kadettenstraße ✉ 51429*
– ✆ 02204 421940 (Tischbestellung ratsam) – www.schlossbensberg.com
– Mittwoch – Freitag nur Abendessen – geschl. 5. – 20. Februar, 1. – 22. August und Montag – Dienstag

Trattoria Enoteca

ITALIENISCH • GEMÜTLICH Hier darf man sich auf italienische Küche in geschmackvoller gemütlicher Atmosphäre mit mediterraner Note freuen. Genauso schön sitzt man auf der Terrasse im romantischen Innenhof mit seinen hübsch bewachsenen Natursteinmauern.

Menü 28 € (mittags)/99 € – Karte 46/69 €

Stadtplan : B2-e – *Althoff Grandhotel Schloss Bensberg, Kadettenstraße ✉ 51429*
– ✆ 02204 420 – www.schlossbensberg.com

Althoff Grandhotel Schloss Bensberg

GROSSER LUXUS • KLASSISCH Ein imposantes jahrhundertealtes Schloss als wunderschöner klassischer Rahmen für luxuriöses Interieur und professionellen Service. Fantastisch die exponierte Lage über Köln mit Domblick. Auch eine tolle Kulisse für Hochzeiten! Schöne Abendbar.

86 Zim – †175/275 € ††205/305 € – 34 Suiten – ☕ 32 €

Stadtplan : B2-e – *Kadettenstraße ✉ 51429 – ✆ 02204 420*
– www.schlossbensberg.com

Vendôme • **Trattoria Enoteca** – siehe Restaurantauswahl

Malerwinkel

LANDHAUS • INDIVIDUELL Das hübsche Ensemble aus Stammhaus, "Musikschule" und "Künstlerhaus" wird angenehm persönlich geleitet und besticht durch liebenswerte Einrichtung. Sie frühstücken im lichten Wintergarten (interessant die Glasdecke über dem gut bestückten Buffet!) und entspannen im idyllischen begrünten Innenhof.

35 Zim ☕ - 🚹125/149 € 🚹🚹169/209 €

Stadtplan : B2-n - *Burggraben 6, (am Rathaus) ✉ 51429 - ✆ 02204 95040 - www.malerwinkel-hotel.de - geschl. über Weihnachten*

Waldhotel Mangold

LANDHAUS • KLASSISCH Ruhig liegt das gut geführte Landhotel am Waldrand unterhalb des Schlosses, Wanderwege hat man praktisch gleich vor der Tür! Fragen Sie nach den neueren Zimmern! Zum Haus gehört ein sehr gepflegter Garten und ein elegant-rustikales Restaurant - hier gibt es internationale Küche und auch Vegetarisches.

23 Zim ☕ - 🚹90/125 € 🚹🚹160/225 € - ½ P

Stadtplan : B2-m - *Am Milchbornbach 39 ✉ 51429 - ✆ 02204 95550 - www.waldhotel.de*

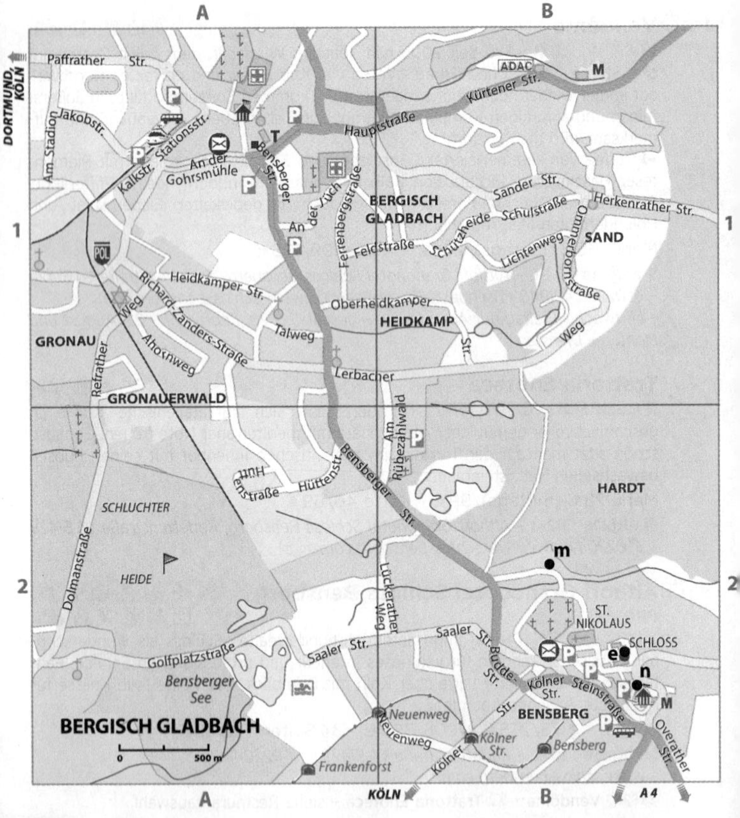

BERGISCH GLADBACH

A B 1 2

DORTMUND, KÖLN
Paffrather Str.
Jakobstr.
Am Stadion
Stationsstr.
Kalkstr.
An der Gohrsmühle
Bensberger Str.
Hauptstraße
Kürtener Str.
ADAC
M
T
An der Jüch
Ferrenbergstraße
BERGISCH GLADBACH
Sander Str.
Herkenrather Str.
Schulstraße
Schützheide
Feldstraße
Lichtenweg
Ommerbornstraße
SAND
Heidkamper Str.
Oberheidkamper Str.
HEIDKAMP
Weg
Richard-Zanders-Straße
Weg
Talweg
Ahornweg
GRONAU
Refrather Weg
Lerbacher
GRONAUERWALD
Am Rübezahlwald
Hüttenstraße
Hüttenstr.
Bensberger Str.
HARDT
SCHLUCHTER HEIDE
Dolmanstraße
m
Lückerather Weg
ST. NIKOLAUS
SCHLOSS
e
n
Saaler Str.
Saaler Str.
Golfplatzstraße
Bensberger See
Budde-Str.
Kölner Str.
Steinstraße
BENSBERG
Neuenweg
Kölner Str.
Bensberg
Overather Str.
Frankenforst
Kölner Str.
KÖLN
A 4
0 500 m

In Bergisch Gladbach-Herrenstrunden Nord-Ost: 2,5 km über Kürtener Straße B1

Dröppelminna

MARKTKÜCHE • GEMÜTLICH X In dem kleinen Fachwerkhaus sorgen allerlei liebevolle Details für Gemütlichkeit. Gerne sitzen die Gäste hier bei saisonaler Küche, die man in Form zweier Menüs bietet. Hübsch auch die Terrasse.

Menü 47/57 €

Herrenstrunden 3 ✉ 51465 - ✆ 02202 32528 (Tischbestellung ratsam) - www.restaurant-droeppelminna.de - nur Abendessen, sonntags auch Mittagessen - geschl. Januar 2 Wochen, nach Karneval 1 Woche, August 3 Wochen und Montag - Dienstag

BERGKIRCHEN Bayern → Siehe Dachau

BERGLEN Baden-Württemberg → Siehe Winnenden

BERGNEUSTADT

Nordrhein-Westfalen - 18 865 Ew. - Höhe 240 m - Regionalatlas **36**-D12
Michelin Straßenkarte 543

In Bergneustadt-Niederrengse Nord-Ost: 7 km über B 55, in Pernze links abbiegen

Rengser Mühle

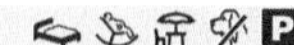

REGIONAL • GEMÜTLICH XX Bereits seit Generationen führt Familie Vormstein das Haus mit den charmant-gemütlichen Stuben und pflegt hier die regional-saisonale Küche. Tipp: Auf Vorbestellung gibt's die "Bergische Kaffeetafel". Sie möchten übernachten? Man hat auch nette, gepflegte Gästezimmer.

Menü 25/85 € - Karte 19/62 €

4 Zim ☕ - 🚶75 € 🚶🚶105 €

Niederrengse 4 ✉ 51702 - ✆ 02763 91450 - www.rengser-muehle.de - geschl. Montag - Dienstag

BERGZABERN, BAD

Rheinland-Pfalz - 7 843 Ew. - Höhe 170 m - Regionalatlas **54**-E17
Michelin Straßenkarte 543

Schlosshotel Bergzaberner Hof (N)

TRADITIONELL • ELEGANT Wirklich schön der historische Rahmen des ehemaligen "Ritterhauses", einst Remise des Schlosses. Das dreiflügelige Anwesen hat wertig-moderne Zimmer zu bieten, unterm Dach z. T. mit restauriertem Gebälk. Im Kellergewölbe Saunabereich samt Tauchbecken. Lust auf Steaks? Die gibt's im Restaurant "Walram".

21 Zim ☕ - 🚶79/99 € 🚶🚶155/175 € - 1 Suite - ½ P

Königstr. 55 ✉ 76887 - ✆ 06343 9365860 - www.bergzaberner-hof.de

BERLEBURG, BAD

Nordrhein-Westfalen - 19 515 Ew. - Höhe 420 m - Regionalatlas **37**-F12
Michelin Straßenkarte 543

Alte Schule

HISTORISCHES GEBÄUDE • INDIVIDUELL Ein geschmackvolles und wertiges Hotel mit viel Charme, das sich dem Thema Schule verschrieben hat. Sie wohnen modern-elegant oder etwas schlichter, und zwar im "Museum", im "Fliegenden Klassenzimmer" oder in der "Alten Schule" - hier auch das behagliche Restaurant mit regionaler und internationaler Küche.

39 Zim ☕ - 🚶70/100 € 🚶🚶140/160 € - ½ P

Goetheplatz 1 ✉ 57319 - ✆ 02751 9204780 - www.hotel-alteschule.de

In Bad Berleburg-Wingeshausen West: 14 km

Weber

REGIONAL • LÄNDLICH Freundlich und engagiert leitet Familie Weber das traditionsreiche schieferverkleidete Gasthaus mit gemütlichen Stuben und bürgerlich-regionaler Küche, die Spaß macht - wie wär's z. B. mit einem schönen Salatteller? Hübsche Gartenterrasse.

Karte 27/46 €

3 Zim - 40 € 74 €

Inselweg 5 57319 - 02759 412 - www.landgasthof-weber.de - nur Abendessen - geschl. Januar 2 Wochen, 2. - 18. Juli und Montag - Dienstag

BERLIN

Vielfältiger und kontrastreicher, lebendiger und wandlungsfreudiger kann eine Stadt kaum sein. Und das gilt nicht zuletzt auch für die Gastronomie der Bundeshauptstadt, sie boomt! Das Niveau hat sich in den letzten Jahren bedeutend gesteigert, und auch die Bandbreite der Küchen ist deutlich angewachsen. Die Gastro-Szene ist bunter und noch internationaler geworden, steckt voller Ideen und Dynamik. Sie ist praktisch ein Spiegelbild des gesellschaftlichen und kulturellen Lebens der Stadt. Essen Sie gerne fernöstlich, italienisch oder mediterran? Oder doch lieber klassisch-französisch? Auch Restaurants mit rein vegetarischer bzw. veganer Küche gehören inzwischen zu Berlin wie Boulette oder Döner Kebab. Auffallend bei der Entwicklung der hiesigen Gastronomie ist der Trend hin zu jungen, ganz ungezwungenen Restaurants, die es nicht selten in die Liga der Sternerestaurants schaffen und eindrucksvoll beweisen, dass legere Atmosphäre und hervorragende Küche wunderbar Hand in Hand gehen können

Wir mögen besonders:

Einen ungezwungenen Abend im **tulus lotrek** mit seinem charmanten Team. Im **Panama** in lebhafter Atmosphäre Aromen aus aller Welt genießen. Vegetarisch essen im **Cookies Cream** – finden Sie den Eingang auf Anhieb? Die legere **Long March Canteen** in Kreuzberg für ihre leckeren Dumplings und Dim Sum. Das schicke Wohn-Design mit 20er-Jahre-Flair im **Provocateur**.

3 501 880 Ew – Höhe 34 m

• Regionalatlas 22-B2

• Michelin Straßenkarte 542

Cultura RM Exclusive / W. Zerla / Getty Images

UNSERE RESTAURANTAUSWAHL

ALLE RESTAURANTS VON A BIS Z

Picture Press Illustration / Photononstop

TommL / E+ / Getty Images

H-I-J

K-L

M

N

O-P

Q-R

S-T

U-V

Z

RESTAURANTS AM SONNTAG GEÖFFNET

UNSERE HOTELAUSWAHL

A

B-C

D-E

G

H-I

L

M-N

P

R

S-T

W-Z

F. Cirou / PhotoAlto Agency RF Collections / Getty Images

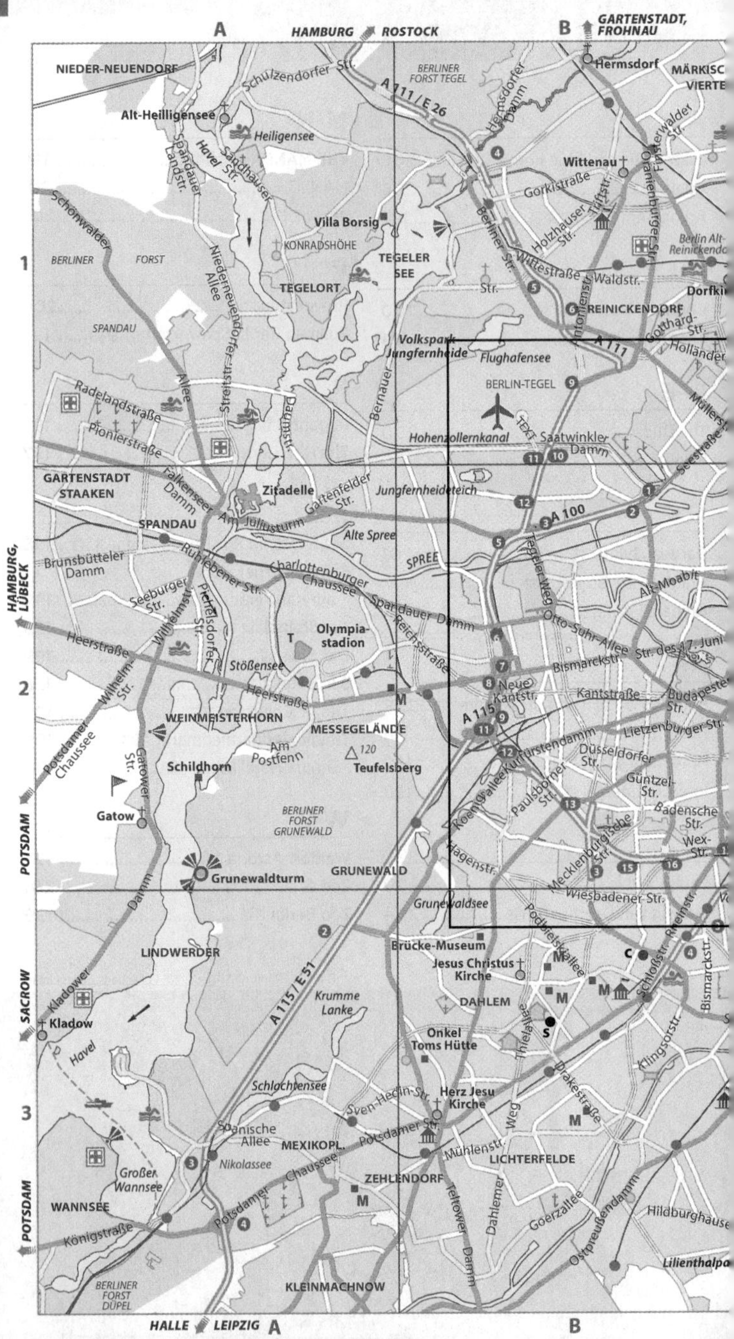

A
HAMBURG
ROSTOCK
B
GARTENSTADT, FROHNAU
NIEDER-NEUENDORF
Schulzendorfer Str.
BERLINER FORST TEGEL
A 111 / E 26
Hermsdorf
MÄRKISC
VIERTE
Alt-Heilligensee
Heiligensee
Hermsdorfer Damm
Finsterwalder Str.
Spandauer Landstr.
Havel
Sandhauser Str.
Wittenau
Gorkistraße
Oranienburger Str.
Villa Borsig
Holzhauser Str.
Tietzstr.
Berliner Str.
KONRADSHÖHE
Berlin Alt-Reinickendo
1
BERLINER
FORST
Schönwalder Allee
Niederneuendorfer Allee
TEGELER SEE
Wittestraße
Waldstr.
TEGELORT
Str.
Dorfki
REINICKENDORF
SPANDAU
Antonienstr.
Gotthard-Str.
Volkspark Jungfernheide
A 111
Holländer
Flughafensee
BERLIN-TEGEL
Radelandstraße
Streitstr.
Daumstr.
Bernauer
Müllerst
Pionierstraße
Hohenzollernkanal
TXL
Saatwinkler Damm
Seestraße
GARTENSTADT STAAKEN
Zitadelle
Gartenfelder Str.
Jungfernheideteich
Falkenseer Damm
Am Juliusturm
A 100
SPANDAU
Alte Spree
HAMBURG, LÜBECK
Brunsbütteler Damm
Ruhlebener Str.
SPREE
Charlottenburger Chaussee
Alt-Moabit
Seeburger Str.
Wilhelmstr.
Pichelsdorfer Str.
Spandauer Damm
Tegeler Weg
Otto-Suhr-Allee
Heerstraße
T
Olympia-stadion
Reichsstraße
Str. des 17. Juni
Wilhelm-Str.
Stößensee
Bismarckstr.
2
Heerstraße
M
Neue Kantstr.
Kantstraße
Budapester Str.
Potsdamer Chaussee
WEINMEISTERHORN
MESSEGELÄNDE
A 115
Lietzenburger Str.
Gatower Str.
Am Postfenn
120
Kurfürstendamm
Düsseldorfer Str.
Schildhorn
Teufelsberg
Koenigsallee
Paulsborner Str.
Güntzel-Str.
Gatow
BERLINER FORST GRUNEWALD
Badensche Str.
POTSDAM
Mecklenburgische Str.
Wex-Str.
Hagenstr.
Grunewaldturm
GRUNEWALD
Damm
Wiesbadener Str.
Grunewaldsee
Podbielskiallee
Rheinstr.
Brücke-Museum
LINDWERDER
Jesus Christus Kirche
C
Schloßstr.
Bismarckstr.
Kladower
SACROW
DAHLEM
Krumme Lanke
A 115 / E 51
Kladow
Havel
Thielallee
S
Onkel Toms Hütte
Klingsorstr.
Schlachtensee
Sven-Hedin-Str.
Herz Jesu Kirche
Drakestraße
3
Spanische Allee
Potsdamer Str.
Weg
M
MEXIKOPL.
Großer Wannsee
Nikolassee
Mühlenstr.
LICHTERFELDE
Chaussee
ZEHLENDORF
Dahlemer
WANNSEE
Potsdamer
Teltower Damm
Goerzallee
Ostpreußendamm
Hildburghause
POTSDAM
Königstraße
Lilienthalp
BERLINER FORST DÜPEL
KLEINMACHNOW
HALLE
LEIPZIG
A
B

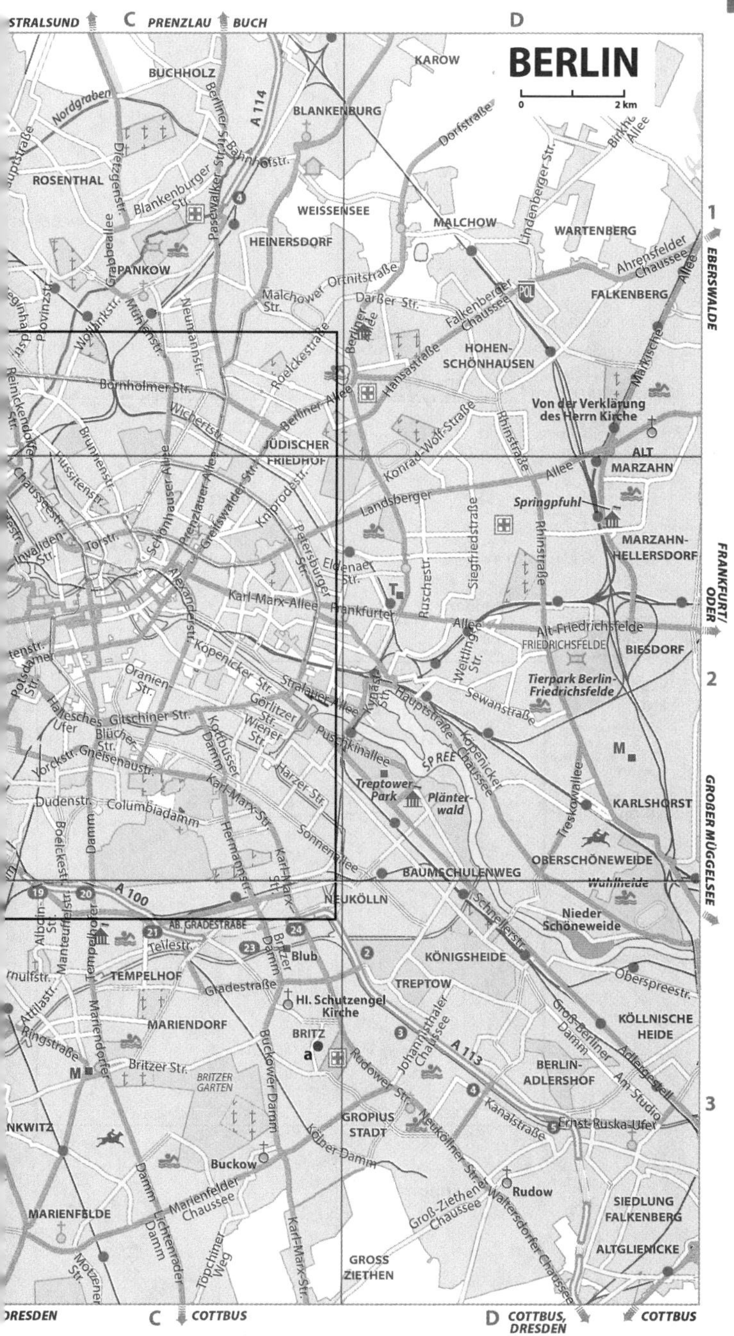
BERLIN
STRALSUND
PRENZLAU
BUCH
EBERSWALDE
FRANKFURT/ODER
GROßER MÜGGELSEE
DRESDEN
COTTBUS
COTTBUS, DRESDEN
BUCHHOLZ
KAROW
BLANKENBURG
ROSENTHAL
WEISSENSEE
HEINERSDORF
MALCHOW
WARTENBERG
PANKOW
FALKENBERG
HOHEN-SCHÖNHAUSEN
Von der Verklärung des Herrn Kirche
JÜDISCHER FRIEDHOF
ALT MARZAHN
Springpfuhl
MARZAHN-HELLERSDORF
FRIEDRICHSFELDE
BIESDORF
Tierpark Berlin-Friedrichsfelde
KARLSHORST
Treptower Park
Plänterwald
OBERSCHÖNEWEIDE
Wuhlheide
BAUMSCHULENWEG
NEUKÖLLN
Nieder Schöneweide
KÖNIGSHEIDE
TEMPELHOF
TREPTOW
Blub
HI. Schutzengel Kirche
MARIENDORF
KÖLLNISCHE HEIDE
BRITZ
BRITZER GARTEN
BERLIN-ADLERSHOF
GROPIUS STADT
Buckow
Rudow
MARIENFELDE
SIEDLUNG FALKENBERG
ALTGLIENICKE
GROSS ZIETHEN
A 100
A 113
A 114
SPREE

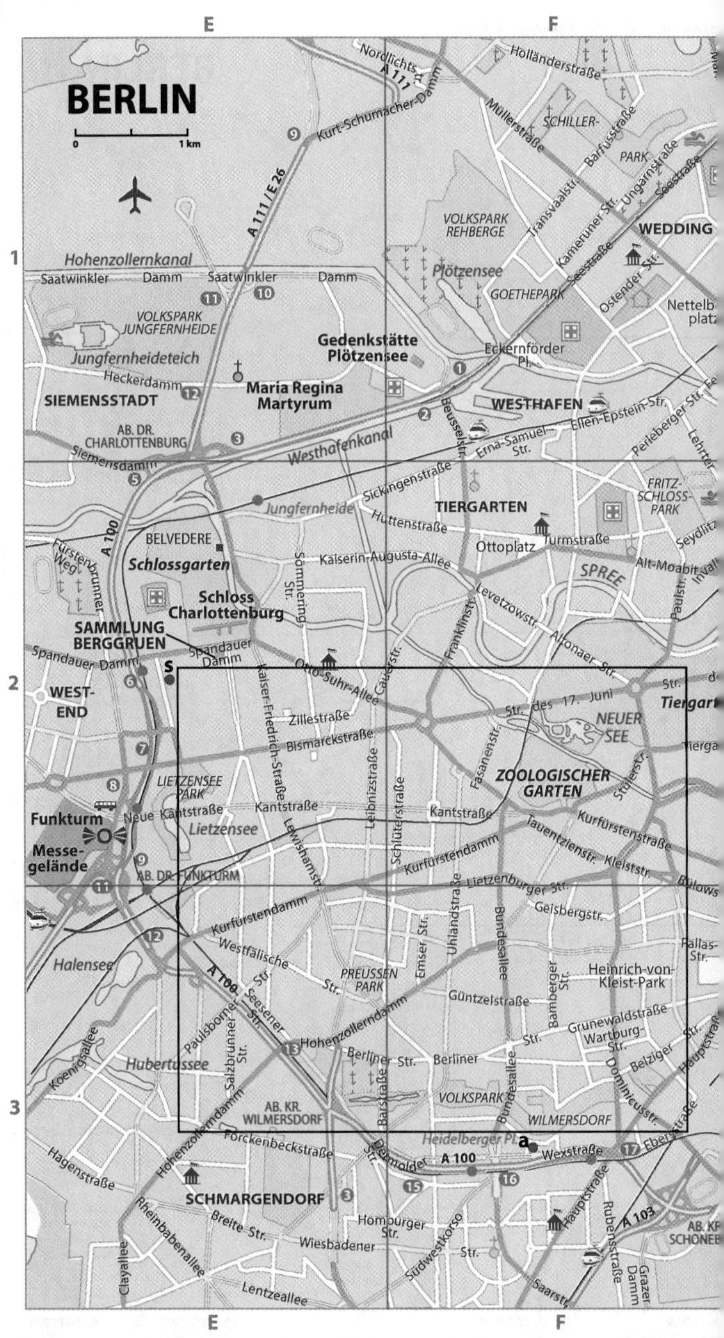

BERLIN
0
1 km
E
F
1
2
3
Hohenzollernkanal
Saatwinkler Damm
VOLKSPARK JUNGFERNHEIDE
Jungfernheideteich
Heckerdamm
SIEMENSSTADT
AB. DR. CHARLOTTENBURG
Siemensdamm
Gedenkstätte Plötzensee
Maria Regina Martyrum
Kurt-Schumacher-Damm
A 111 / E 26
Nordlichtstr.
A 111
Holländerstraße
Müllerstraße
SCHILLER-PARK
Barfusstraße
Ungarnstraße
Seestraße
Transvaalstr.
Kameruner Str.
VOLKSPARK REHBERGE
Plötzensee
GOETHEPARK
WEDDING
Ostender Str.
Nettelbeckplatz
Eckernförder Pl.
WESTHAFEN
Westhafenkanal
Beusselstr.
Erna-Samuel-Str.
Ellen-Epstein-Str.
Perleberger Str.
Lehrter
Sickingenstraße
Jungfernheide
Huttenstraße
TIERGARTEN
FRITZ-SCHLOSS-PARK
Ottoplatz
Turmstraße
Alt-Moabit
SPREE
Seydlitz
Invali
BELVEDERE
Schlossgarten
Schloss Charlottenburg
Fürstenbrunner Weg
A 100
SAMMLUNG BERGGRUEN
Sömmering Str.
Kaiserin-Augusta-Allee
Levetzowstr.
Franklinstr.
Altonaer Str.
Paulstr.
Spandauer Damm
WEST-END
Otto-Suhr-Allee
Cauerstr.
Kaiser-Friedrich-Straße
Zillestraße
Bismarckstraße
Str. des 17. Juni
NEUER SEE
Tiergarten
LIETZENSEE PARK
Lietzensee
Funkturm
Messegelände
Neue Kantstraße
Kantstraße
Leibnizstraße
Schlüterstraße
Fasanenstr.
ZOOLOGISCHER GARTEN
Stülerstr.
Kurfürstenstraße
Tauentzienstr.
Kleiststr.
AB. DR. FUNKTURM
Lewishamstr.
Kurfürstendamm
Lietzenburger Str.
Geisbergstr.
Bülowstr.
Halensee
Westfälische Str.
PREUSSEN PARK
Emser Str.
Uhlandstraße
Bundesallee
Bamberger Str.
Heinrich-von-Kleist-Park
Pallas-Str.
Güntzelstraße
Seesener Str.
Paulsborner Str.
Salzbrunner Str.
Hohenzollerndamm
Grunewaldstraße
Wartburg-Str.
Belziger Str.
Hauptstraße
Koenigsallee
Hubertussee
Berliner Str.
Barstraße
VOLKSPARK WILMERSDORF
Dominicusstr.
AB. KR. WILMERSDORF
Forckenbeckstraße
Heidelberger Pl.
Wexstraße
Ebersstraße
Hagenstraße
Dermolder Str.
SCHMARGENDORF
Homburger Str.
Südwestkorso
Rubensstraße
A 103
AB. KR. SCHÖNEB
Breite Str.
Wiesbadener Str.
Rheinbabenallee
Clayallee
Lentzeallee
Saarstr.
Grazer Damm

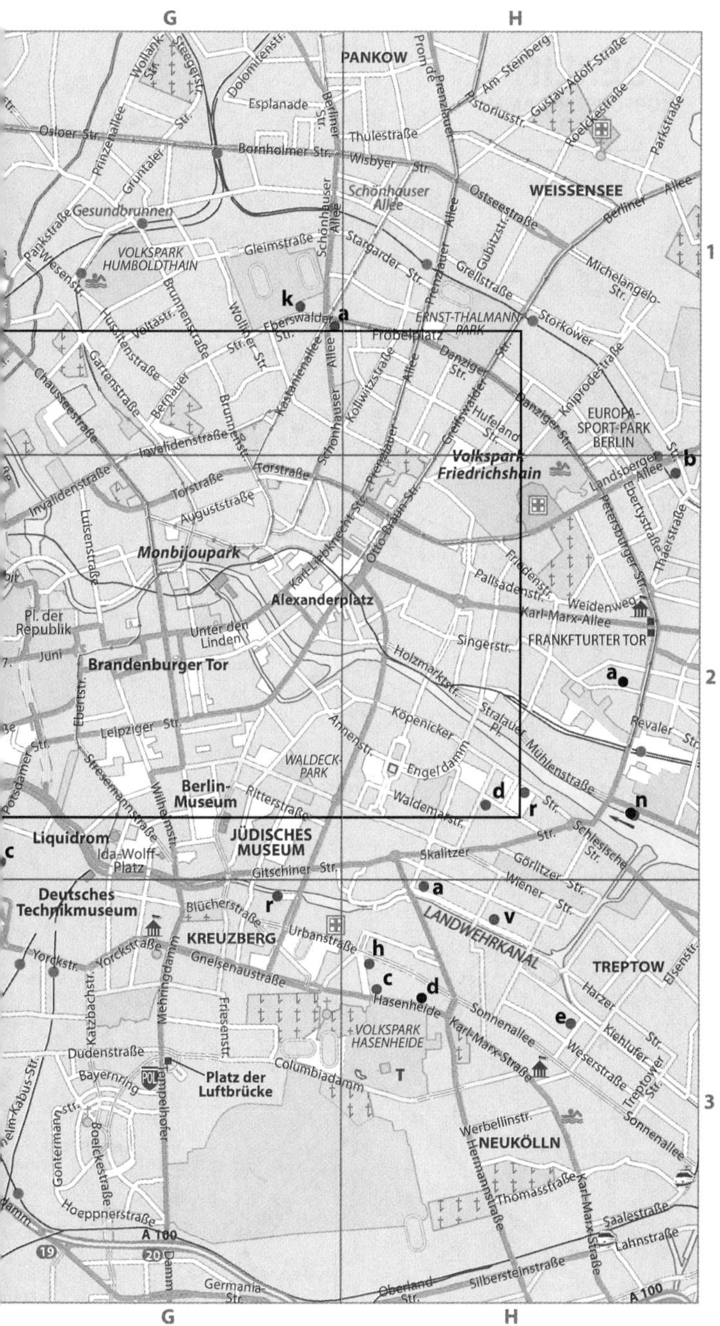
G
H
PANKOW
WEISSENSEE
Gesundbrunnen
VOLKSPARK HUMBOLDTHAIN
ERNST-THÄLMANN-PARK
EUROPA-SPORT-PARK BERLIN
Volkspark Friedrichshain
Monbijoupark
Alexanderplatz
Brandenburger Tor
FRANKFURTER TOR
WALDECK-PARK
Berlin-Museum
JÜDISCHES MUSEUM
Liquidrom
Deutsches Technikmuseum
KREUZBERG
LANDWEHRKANAL
TREPTOW
VOLKSPARK HASENHEIDE
Platz der Luftbrücke
NEUKÖLLN
1
2
3

BERLIN
KURFÜRSTENDAMM
ZOO
0
400 m
J
K
1
2
3
CHARLOTTENBURG
WILMERSDORF
Richard-Wagner-Platz
Kaiserdamm
Bismarckstraße
Kantstraße
Kurfürstendamm
Hohenzollerndamm
Deutsche Oper
DEUTSCHE OPER BERLIN
SCHILLER-THEATER
Sophie-Charlotte-Platz
LIETZENSEE PARK
Charlottenburg
Savignyplatz
Adenauerplatz
Halensee
Konstanzer Straße
Fehrbelliner Platz
Hohenzollerndamm
ST. THOMAS VON AQUIN
TRINITATIS
ST. ALBERTUS MAGNUS
PREUSSEN PARK
VOLKSPARK
AB. KR. WILMERSDORF
A 100

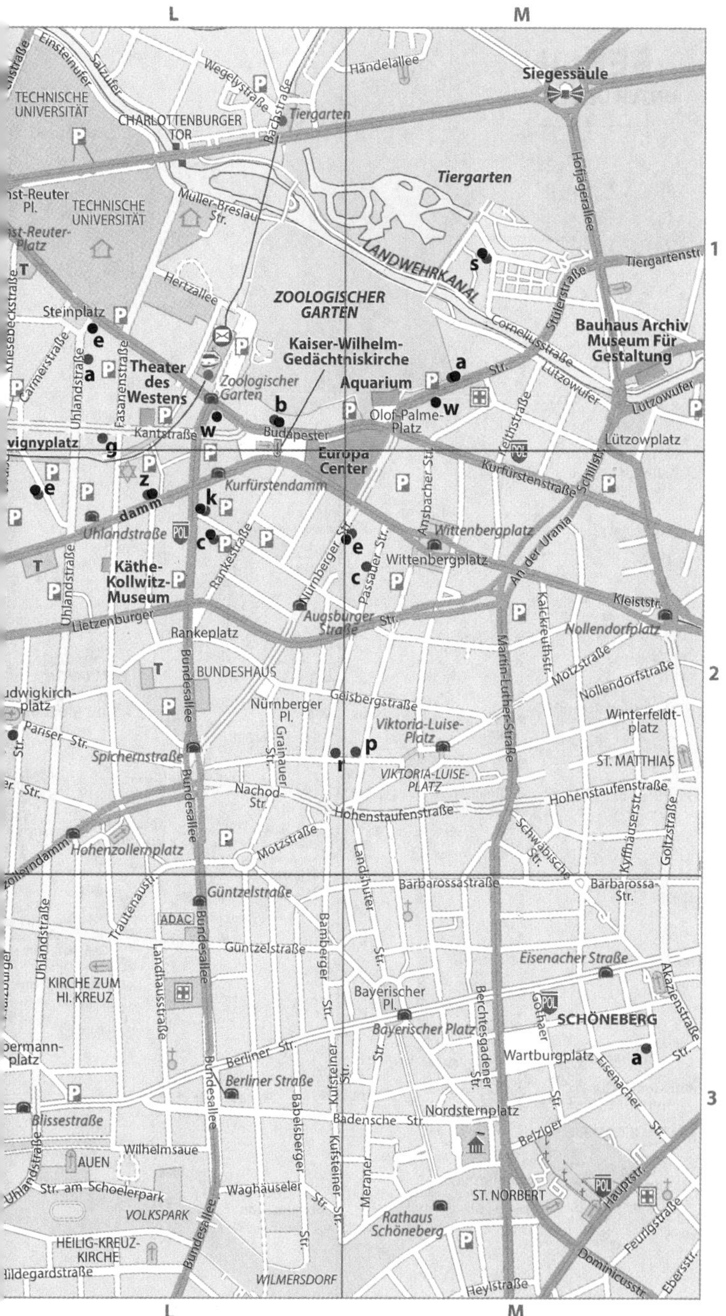

L
M
Siegessäule
Tiergarten
TECHNISCHE UNIVERSITÄT
CHARLOTTENBURGER TOR
Tiergarten
ZOOLOGISCHER GARTEN
LANDWEHRKANAL
Kaiser-Wilhelm-Gedächtniskirche
Theater des Westens
Aquarium
Bauhaus Archiv Museum Für Gestaltung
Zoologischer Garten
Europa Center
Kurfürstendamm
Wittenbergplatz
Käthe-Kollwitz-Museum
Uhlandstraße
Augsburger Straße
Nollendorfplatz
Rankeplatz
BUNDESHAUS
Nürnberger Pl.
Viktoria-Luise-Platz
ST. MATTHIAS
Spichernstraße
Hohenzollernplatz
Güntzelstraße
Eisenacher Straße
KIRCHE ZUM HL. KREUZ
Bayerischer Platz
SCHÖNEBERG
Wartburgplatz
Berliner Straße
Blissestraße
Nordsternplatz
ST. NORBERT
Rathaus Schöneberg
VOLKSPARK
HEILIG-KREUZ-KIRCHE
WILMERSDORF
1
2
3

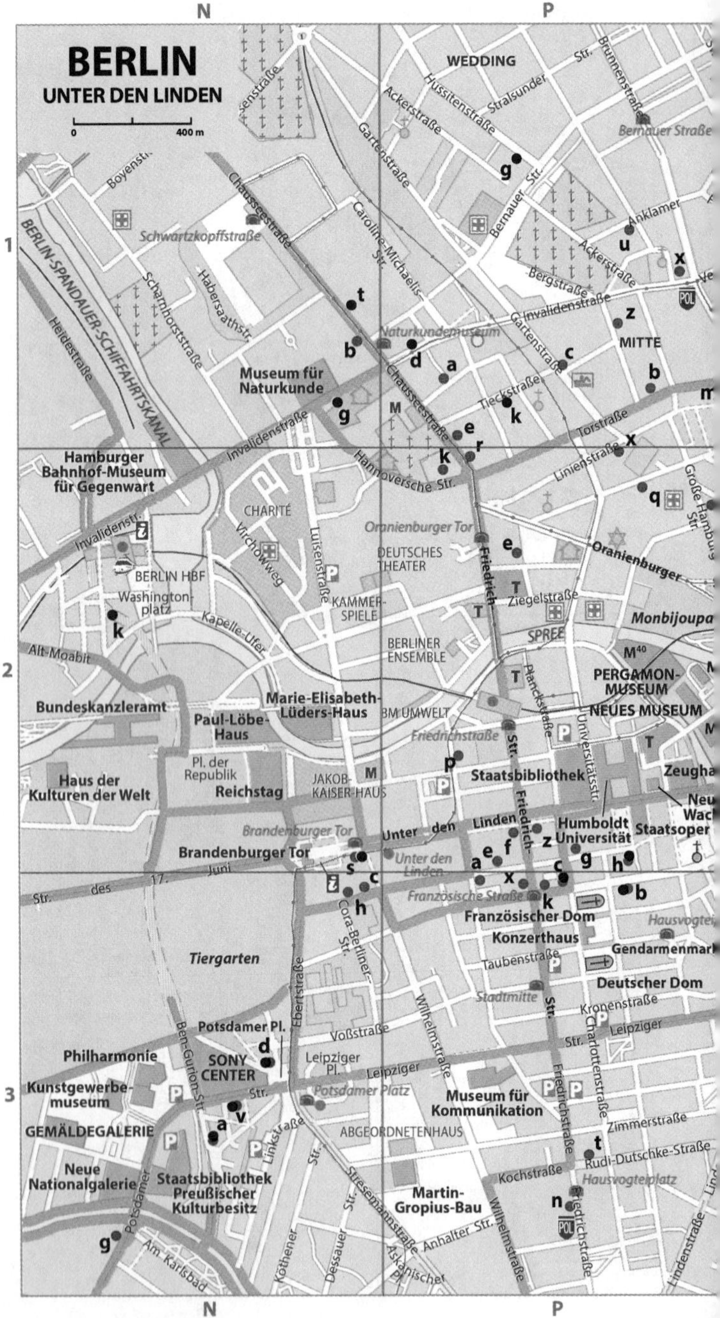
BERLIN
UNTER DEN LINDEN
0
400 m
N
P
1
2
3
WEDDING
MITTE
Museum für Naturkunde
Hamburger Bahnhof-Museum für Gegenwart
CHARITÉ
DEUTSCHES THEATER
KAMMER-SPIELE
BERLINER ENSEMBLE
BERLIN HBF
Washington-platz
Bundeskanzleramt
Paul-Löbe-Haus
Marie-Elisabeth-Lüders-Haus
BM UMWELT
PERGAMON-MUSEUM
NEUES MUSEUM
Monbijoupa
Haus der Kulturen der Welt
Pl. der Republik
Reichstag
JAKOB-KAISER-HAUS
Staatsbibliothek
Humboldt Universität
Staatsoper
Brandenburger Tor
Unter den Linden
Französischer Dom
Konzerthaus
Gendarmenmar
Deutscher Dom
Tiergarten
Potsdamer Pl.
SONY CENTER
Philharmonie
Kunstgewerbe-museum
GEMÄLDEGALERIE
Neue Nationalgalerie
Staatsbibliothek Preußischer Kulturbesitz
Leipziger Pl.
Museum für Kommunikation
ABGEORDNETENHAUS
Martin-Gropius-Bau
Chausseestraße
Invalidenstraße
Torstraße
Friedrichstraße
Oranienburger Tor
Oranienburger
Spree
Leipziger Str.
Wilhelmstraße
Ebertstraße
Stresemannstraße
Kochstraße
Hausvogteiplatz
Stadtmitte
Potsdamer Platz
Französische Straße
Bernauer Straße
Naturkundemuseum
Schwartzkopffstraße
BERLIN-SPANDAUER-SCHIFFAHRTSKANAL
Heidestraße
Alt-Moabit
Kapelle-Ufer
Str. des 17. Juni
Am Karlsbad
Ben-Gurion-Str.
Linkstraße
Köthener Str.
Dessauer Str.
Anhalter Str.
Askanischer
Zimmerstraße
Rudi-Dutschke-Straße
Kronenstraße
Taubenstraße
Charlottenstraße
Lindenstraße
Voßstraße
Cora-Berliner-Str.
Luisenstraße
Virchowweg
Hannoversche Str.
Linienstraße
Tieckstraße
Gartenstraße
Ackerstraße
Hussitenstraße
Stralsunder Str.
Brunnenstraße
Bergstraße
Anklamer
Große Hamburger Str.
Ziegelstraße
Planckstraße
Universitätsstr.
Zeugha
Neue Wache
Caroline-Michaelis-Str.
Habersaathstr.
Scharnhorststraße
Boyenstr.
Invalidenstr.

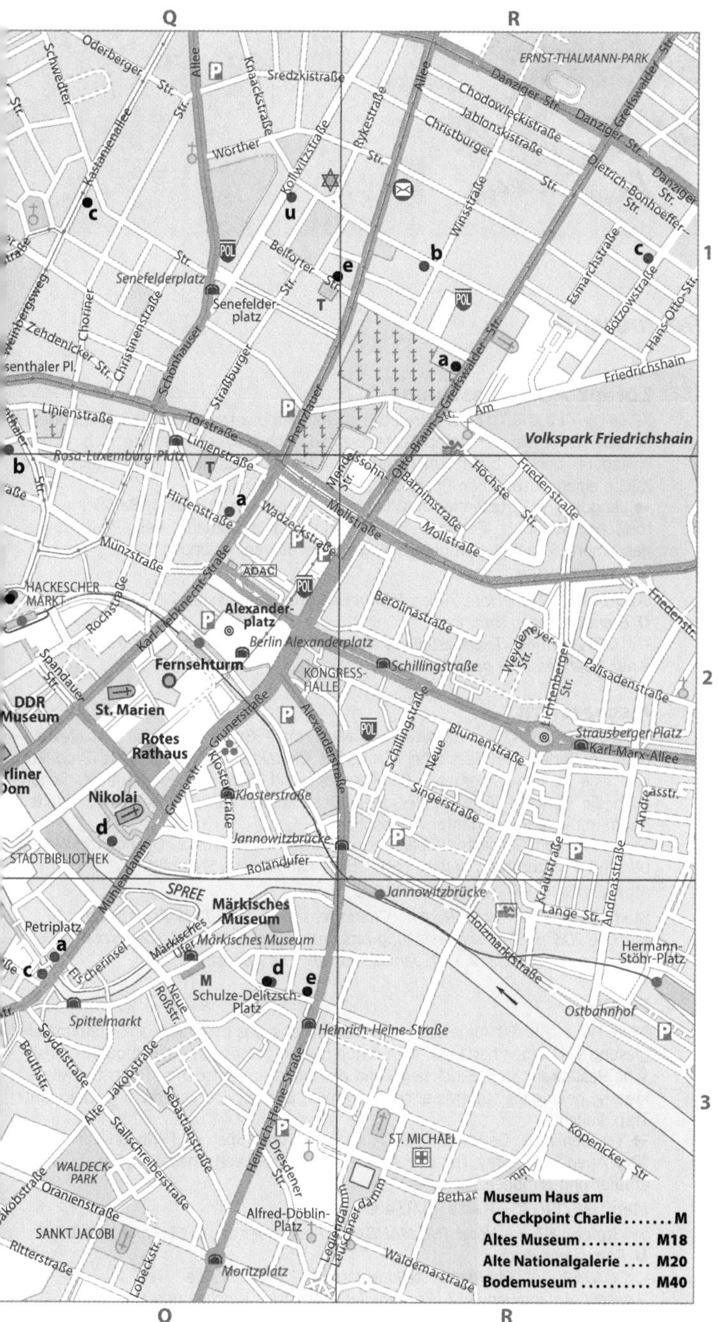

Q
R
ERNST-THÄLMANN-PARK
Volkspark Friedrichshain
Senefelderplatz
Alexanderplatz
Berlin Alexanderplatz
Fernsehturm
KONGRESS-HALLE
DDR Museum
St. Marien
Rotes Rathaus
Nikolai
STADTBIBLIOTHEK
SPREE
Märkisches Museum
Schulze-Delitzsch-Platz
Spittelmarkt
Jannowitzbrücke
Strausberger Platz
Karl-Marx-Allee
Ostbahnhof
Hermann-Stöhr-Platz
ST. MICHAEL
WALDECK-PARK
SANKT JACOBI
Alfred-Döblin-Platz
Moritzplatz
HACKESCHER MARKT
1
2
3
Museum Haus am Checkpoint Charlie .... M
Altes Museum M18
Alte Nationalgalerie M20
Bodemuseum M40

Im Zentrum

Cookedphotos/iStock

Restaurants

✿✿ Lorenz Adlon Esszimmer

KREATIV • LUXUS XXXX Als wären das stilvolle Ambiente samt Blick aufs Brandenburger Tor sowie der kompetente und zugleich herzliche Service nicht schon niveauvoll genug, bietet man hier auf der Bel Etage mit klassisch-kreativer Küche einen Ausbund an Präzision und Liebe zum Detail.

➜ Langoustino, Krustentierfond, Fenchel, Pastiskaviar, Avocado, Basilikum. Bretonischer Steinbutt, Périgord Trüffel, Risotto à la Romana. Reh, Pfeffersauce, geschmorte Zwiebel, Pumpernickel, gedörrte Beeren, Holunder, Miere.

Menü 145/205 €

Stadtplan : N2-s – *Hotel Adlon Kempinski, Unter den Linden 77 ✉ 10117*
U *Brandenburger Tor*
– ✆ 030 22611960 (Tischbestellung erforderlich) – www.lorenzadlon-esszimmer.de
– nur Abendessen – geschl. Sonntag - Dienstag

✿✿ Fischers Fritz

KLASSISCHE KÜCHE • ELEGANT XXXX Nicht ohne Grund eines der Top-Restaurants in Berlin: Die klassische Küche hat Charakter, setzt auf beste Produkte und eine Fülle an Aromen - Schwerpunkt sind Fisch und Krustentiere. Schön auch die Gerichte für zwei Personen. Der Rahmen: ein stilvoller holzgetäfelter Raum mit luxuriös-eleganter Atmosphäre.

➜ Terrine von Gänsestopfleber und geräuchertem Havelaal. Geangelter Wolfsbarsch im Salzbrotteig gegart. Mittelstück vom Atlantik Steinbutt.

Menü 105/180 € – Karte 110/188 €

Stadtplan : P3-c – *Hotel Regent, Charlottenstr. 49 ✉ 10117* **U** *Französische Str.*
– ✆ 030 20336363 (Tischbestellung ratsam) – www.fischersfritz-berlin.com – nur Abendessen – geschl. 2. - 14. Januar, 23. Juli - 12. August

✿✿ FACIL

KREATIV • CHIC XXX Angesichts des vielen Grüns, das man hier dank Rundumverglasung vor Augen hat, kann man schon mal vergessen, dass das modern-puristische Restaurant im 5. Stock liegt, und das direkt am Potsdamer Platz! Die Küche: kreativ, gelungene Kontraste, tolle Aromen. Der Service versiert und charmant. Tipp: Lunch.

➜ Taschenkrebs, Grapefruit, Basilikum und grüner Spargel. Perlhuhn von Mieral "Dry Aged", Earl Grey Tea und Artischoke. Dessert von Rhabarber, Yuzu, Sauerampfer und Himbeere.

Menü 96/190 € – Karte 111/134 €

Stadtplan : N3-v – *Hotel THE MANDALA, Potsdamer Str. 3, (5. Etage) ✉ 10785*
U *Potsdamer Platz*
– ✆ 030 590051234 (Tischbestellung ratsam) – www.facil.de
– geschl. Anfang Januar 2 Wochen, Juli - August 3 Wochen und Samstag
- Sonntag

✿✿ reinstoff (Daniel Achilles)

KREATIV • TRENDY XXX "Ganznah" oder "weiterdraußen"? Daniel Achilles bringt hochwertige frische Zutaten auf moderne und kreative Art ganz groß raus. Dazu eine wirklich interessante Weinbegleitung. Unverändert attraktiv: das besondere "Raum-im-Raum"-Konzept mit Industrie-Flair. Reduzierter der Lunch freitags und samstags.

➜ Sepia-Flammkuchen, Bärlauchwurzeln und Pistazien. Leipziger Allerlei, Frühlingsgemüse, Morcheln und Flusskrebse. Zitrus-Wackelpudding, Topinambur, Manzanilla und Kamille.

Menü 50 € (mittags)/198 €

Stadtplan : P1-a - *Schlegelstr. 26c, (Edison Höfe) ✉ 10115* **U** *Naturkundemuseum - ✆ 030 30881214 (Tischbestellung ratsam) - www.reinstoff.eu - Dienstag - Donnerstag nur Abendessen - geschl. Sonntag - Montag*

✿✿ Rutz

MODERNE KÜCHE • HIP XX Beste Produkte kreativ und stimmig kombinieren, Aromen gekonnt zur Geltung bringen, den Gerichten eine eigene Note geben... Das setzt Marco Müller in seinem Inspirationsmenü eindrucksvoll um. Man sitzt in modernem Ambiente und lässt sich versiert in Sachen Wein beraten - sehr schön die Auswahl.

➜ Schafsmilch, Forellenhaut, Fichte. Ofenlauch, Neu-Müritzer Lamm und Dashi, Landgerste. Oxalsäure "Holsteiner Blut" und roter Sauerklee, Weizengras.

Menü 129/169 € - Karte 70/130 €

Stadtplan : P2-r - *Chausseestr. 8, (1. Etage) ✉ 10115* **U** *Oranienburger Tor - ✆ 030 24628760 - www.rutz-restaurant.de - nur Abendessen - geschl. Sonntag - Montag*

Rutz Weinbar - siehe Restaurantauswahl

✿ 5 - cinco by Paco Pérez

KREATIV • DESIGN XXX Nicht nur in seinem Restaurant "Miramar" in Spanien darf man die Sterneküche von Paco Pérez erleben. Bemerkenswert, was hier an Kreativem geboten wird, allem voran Fisch und Meresfrüchte! Und das bei modernem Design (speziell die 86 mittig an der Decke hängenden Kupfertöpfe) und spannendem Blick in die Küche.

➜ Thunfisch Parmentier. Taube in eigener Sauce, Oliven und Bun. Coco, Coco, Coco.

Menü 165 € - Karte 78/140 €

Stadtplan : M1-s - *Hotel Das Stue, Drakestr. 1 ✉ 10787* **U** *Wittenbergplatz - ✆ 030 3117220 (Tischbestellung ratsam) - www.5-cinco.com - nur Abendessen - geschl. Sonntag - Montag*

✿ Hugos

MODERNE KÜCHE • CHIC XX Die klasse Aussicht genießen und dabei hervorragend speisen? Hier im 14. Stock erwartet Sie in chic designtem Ambiente eine modern inspirierte klassische Küche, die auf sehr guten Produkten basiert. Kompetent-legerer Service.

➜ Bretonischer Langostino, Tamarillo, Paprika, schwarzer Knoblauch. Blackmore Wagyu, gegrillte Hüfte, Tandoori, Bohnen, Staudensellerie. Kiwi und Joghurt, Sorbet, Matcha, Luftschokolade, Granola-Knuspermüsli.

Menü 70 € (vegetarisch)/130 €

Stadtplan : M1-a - *Hotel InterContinental, Budapester Str. 2, (14. Etage) ✉ 10787* **U** *Wittenbergplatz - ✆ 030 26021263 (Tischbestellung ratsam) - www.hugos-restaurant.de - nur Abendessen - geschl. Sonntag - Montag*

✿ GOLVET (N)

INTERNATIONAL • DESIGN XX Nicht nur der Blick über den Potsdamer Platz beeindruckt hier, auch das stylische Interieur nebst offener Küche macht richtig was her! Und dann ist da noch die modern-reduzierte, finessenreiche und auf ausgezeichneten Produkten basierende Küche. Nicht zu vergessen der top Service samt sehr guter Weinberatung.

➜ Gebeizter Wildlachs, Rhabarber, Dill. Ruppiner Lammrücken, Roscoff, Kopfsalat, getrocknete Aprikose. Opalys, Milchmädchen und Guave.

Menü 68/104 € - Karte 52/83 €

Stadtplan : N3-g - *Potsdamer Str. 58, (8. Etage) ✉ 10785 - ✆ 030 89064222 - www.golvet.de - nur Abendessen - geschl. 5. - 21. März, 9. - 23. Juli und Sonntag - Montag*

✿ Pauly Saal

MODERNE KÜCHE • TRENDY XX Sie mögen es elegant und dennoch ungezwungen? Markant in dem hohen Saal in der ehemaligen jüdischen Mädchenschule sind die dekorative Rakete über dem Fenster zur Küche sowie stilvolle Murano-Kronleuchter. Gekocht wird modern mit kreativen Elementen. Mittags gibt es das Menü auch schon ab 3 Gängen.

➜ Lachs, Blumenkohl, Zwiebel, Schafgarbe, Ossetra Imperial Caviar. Entrecôte, Mais, Kailan, Bärlauch. Aroniabeere, Weizengras, Vanille, Limone.

Menü 69/115 €

Stadtplan : P2-q – *Auguststr. 11 ✉ 10117* **U** *Weinmeisterstr. – ✆ 030 33006070 (Tischbestellung ratsam) – www.paulysaal.com – geschl. Sonntag - Montag*

✿ Markus Semmler

KLASSISCHE KÜCHE • TRENDY XX Hier wird saisonal gekocht, Produktqualität ist das A und O, man setzt auf Handwerk und Geschmack. So freundlich wie das Ambiente ist auch die Gästebetreuung - der Chef serviert schon mal den ein oder anderen Gang selbst. Es werden auch offene Weine aus Magnumflaschen angeboten. Attraktive Raucherlounge.

➜ Eismeerforelle, Radieschen, Spargel, Buttermilch-Salzzitronengranité. Maibock, Lauch, Spargel, Waldmeister. Erdbeere, Rhabarber, fermentierter Pfeffer.

Menü 95/185 € – Karte 102/109 €

Stadtplan : K2-m – *Sächsische Str. 7 ✉ 10707* **U** *Hohenzollernplatz – ✆ 030 89068290 (Tischbestellung erforderlich) – www.semmler-restaurant.de – nur Abendessen – geschl. Juli - August und Sonntag - Dienstag*

✿ einsunternull

KREATIV • DESIGN XX Wer am Abend mit dem Aufzug von eins nach null fährt, genießt im geradlinig gehaltenen ehemaligen Brauerei-Keller reduzierte, aromenreiche saisonal-kreative Speisen und dazu schön abgestimmte Weine. Mittags kleines Angebot im EG mit Blick in die Küche.

➜ Champignonbrot, Zwiebelgewächse und Goldleinöl. Saibling, Lauchasche und Rapsöl. Spannrippe vom Rind, saure Kartoffel und Kamille.

Menü 29 € (mittags)/117 € – mittags einfache Karte

Stadtplan : P2-k – *Hannoversche Str. 1 ✉ 10115* **U** *Oranienburger Tor – ✆ 030 27577810 (Tischbestellung ratsam) – www.einsunternull.com – geschl. Sonntag - Montagmittag*

✿ Bieberbau (Stephan Garkisch)

MODERNE KÜCHE • GEMÜTLICH X Einzigartig ist hier das Ambiente - das Stuckateurhandwerk von Richard Bieber ist absolut sehenswert! Unter der Leitung der sympathischen Gastgeberin wird man aufmerksam umsorgt, der Chef kocht modern-saisonal und stellt dabei Kräuter und Gewürze gekonnt in den Mittelpunkt. Und die Preise sind fair!

➜ Pulpo und Lauch, Focaccia, Paprika, Mandeln und Wildblüten. Rehrücken mit Pfifferlingen, dicken Bohnen, Gnocchi, Hagebutte und Majoran. Erdbeeren, Mascarpone und Vogelmiere.

Menü 46/66 €

Stadtplan : F3-a – *Durlacher Str. 15 ✉ 10715* **U** *Bundesplatz – ✆ 030 8532390 (Tischbestellung ratsam) – www.bieberbau-berlin.de – nur Abendessen – geschl. Samstag - Sonntag*

✿ Cookies Cream Ⓝ

VEGETARISCH • HIP X Speziell ist schon der Weg hierher: Über Hinterhöfe erreichen Sie eine unscheinbare Tür, an der Sie klingeln müssen. Im 1. Stock dann ein lebendiges Restaurant im "Industrial Style" (früher ein angesagter Nachtclub). Zu elektronischer Musik gibt es rein vegetarische Küche, durchdacht und finessenreich.

➜ Wachtelei, Brioche, Portweinschalotten, Kartoffelschaum, Trüffel. Aubergine, Mais, Bohnen, Erdnuss. Apfel, Dill, Hafer.

Menü 44/55 €

Stadtplan : P2-e – *Behrenstr. 55, (Hinterhof vom Hotel Westin Grand) ✉ 10178* **U** *Französische Straße – ✆ 030 27492940 – www.cookiescream.com – nur Abendessen – geschl. Sonntag - Montag*

Crackers – siehe Restaurantauswahl

Bandol sur Mer

FRANZÖSISCH-MODERN • NACHBARSCHAFTLICH Ein kleiner Raum im "rough style", offene Küche und eng gestellte Tische, freundlicher Service..., das schafft eine relaxte Atmosphäre, in der man sich mit durchdachten, ausdrucksstarken und nicht alltäglichen Kreationen davon überzeugt, dass man auch in lockerem Rahmen ganz vorzüglich speisen kann!

➜ Kalbsbries, Erbse, Eigelb 65/30, Kapuzinerkresse, Maränenkaviar. Rouget Barbet, Andouillette, Muschelsud. Loup de Mer, weiße Rüben, Mayonnaise de Beurre Noisette.

Menü 72/126 € – Karte 71/83 €

Stadtplan : P1-b – *Torstr. 167 ✉ 10115* **U** *Rosenthaler Platz – ✆ 030 67302051 (Tischbestellung erforderlich) – www.bandolsurmer.de – nur Abendessen – geschl. über Weihnachten und Dienstag - Mittwoch*

Rutz Weinbar

REGIONAL • WEINSTUBE Die trendige Alternative zum "Rutz" macht nicht nur mit richtig guter Küche Freude, auch der herzlich-natürliche und gleichermaßen geschulte Service kommt an. Traditionell-regionale Gerichte wie "geräucherte Rippe vom Hereford-Rind, Muskatkürbis, Tomatenbrotsalat" isst man auch gerne an Hochtischen.

Karte 37/73 €

Stadtplan : P2-r – *Restaurant Rutz, Chausseestr. 8 ✉ 10115* **U** *Oranienburger Str. – ✆ 030 24628760 – www.rutz-restaurant.de – nur Abendessen, ab 16 Uhr geöffnet – geschl. Sonntag - Montag*

Die Nußbaumerin

ÖSTERREICHISCH • GEMÜTLICH Ein Stück Österreich mitten in Berlin gibt es in dem gemütlichen "Edel-Beisl" von Johanna Nußbaumer, und zwar in Form von Backhendl, Wiener Schnitzel, Beiried oder Schmorgerichten, nicht zu vergessen die Mehlspeisen. Auch die guten Weine stammen aus der Heimat der Chefin.

Karte 27/49 €

Stadtplan : K2-n – *Leibnizstr. 55 ✉ 10629* **U** *Adenauerplatz – ✆ 030 50178033 (Tischbestellung ratsam) – www.nussbaumerin.de – nur Abendessen – geschl. Sonntag und an Feiertagen*

Ottenthal

ÖSTERREICHISCH • KLASSISCHES AMBIENTE Das Restaurant (benannt nach dem Heimatort des Patrons) hat eine angenehm legere Atmosphäre und ist bekannt für seine österreichische Küche: Wiener Schnitzel, Tafelspitz, Kaiserschmarrn..., zudem Saisonales wie "Filet vom Zander auf Safranschaum mit Kräuterrisotto". Integrierte kleine Weinhandlung.

Karte 34/65 €

Stadtplan : L1-g – *Kantstr. 153 ✉ 10623* **U** *Zoologischer Garten – ✆ 030 3133162 (Tischbestellung ratsam) – www.ottenthal.com – nur Abendessen*

Colette Tim Raue

FRANZÖSISCH-KLASSISCH • BRASSERIE Tim Raue - wohlbekannt in der Gastroszene - hat hier eine moderne, sympathisch-unkomplizierte Brasserie geschaffen, die man eher in Paris vermuten würde. Probieren Sie z. B. "Pastete Paysanne", "Confit de Canard" oder "Tarte au Citron".

Menü 24 € (mittags) – Karte 35/72 €

Stadtplan : M2-c – *Passauer Str. 5 ✉ 10789* **U** *Wittenbergplatz – ✆ 030 21992174 – www.brasseriecolette.de*

Lokal

REGIONAL • FREUNDLICH Sympathisch-leger und angenehm unprätentiös - so erfreut sich das Lokal größter Beliebtheit, bei Einheimischen und Berlin-Besuchern gleichermaßen. Frisch, schmackhaft und saisonal sind z. B. "Ochsenbäckchen, Steckrübe, Chicorée, Brokkoli".

Karte 36/53 €

Stadtplan : P2-x – *Linienstr. 160 ✉ 10115* **U** *Rosenthaler Platz – ✆ 030 28449500 (Tischbestellung ratsam) – www.lokal-berlinmitte.de – nur Abendessen*

Cordobar

INTERNATIONAL • GERADLINIG X Nicht nur als österreichisch-deutsche Weinbar ist das geradlinig-urbane Lokal ein Hotspot der Berliner Gastronomie, auch das Thema Essen wird hier groß geschrieben: schmackhafte kreative warme und kalte "Snacks" von "Zander, Sauerkraut, Grapefruit" bis "Kalbsbries, Miso, Frühlingszwiebel".

Menü 26 € – Karte 25/42 €

Stadtplan : P2-e – *Große Hamburger Str. 32 ✉ 10115* **U** *Hackescher Markt – ✆ 030 27581215 – www.cordobar.net – nur Abendessen – geschl. Sonntag - Montag*

Grace

INTERNATIONAL • CHIC XX Wie im Hotel, so auch im Restaurant: einmaliger stilvoll-moderner Chic vereint mit dem Flair vergangener Tage. Dazu versierter, charmanter, angenehm umprätentiöser Service sowie kreativ-ambitionierte Küche mit asiatischem Einfluss.

Menü 69/99 € – Karte 49/114 €

Stadtplan : L2-z – *Hotel Zoo Berlin, Kurfürstendamm 25 ✉ 10719* **U** *Uhlandstr. – ✆ 030 8843775070 (Tischbestellung ratsam) – www.grace-berlin.de – nur Abendessen – geschl. August und Sonntag - Montag*

SRA BUA by Tim Raue

ASIATISCH • ELEGANT XX Tolle Produkte und verschiedene asiatische Einflüsse ergeben hier ambitionierte Speisen wie "Perlhuhn, Tom Kha Gai, gegrillter Mais". Um Sie herum wertige geradlinig-elegante und zugleich gemütliche Einrichtung sowie zuvorkommender Service. Zudem gibt es "Izakaya": Bar Food im Stil japanischer Kneipen.

Menü 38/108 € – Karte 50/90 €

Stadtplan : N3-c – *Hotel Adlon Kempinski, Behrenstr. 72 ✉ 10117* **U** *Brandenburger Tor – ✆ 030 22611590 – www.srabua-berlin.de – nur Abendessen*

INDIA CLUB (N)

INDISCH • ELEGANT XX Absolut authentische indische Küche gibt es auch in Berlin! Sie nennt sich "rustic cuisine" und stammt aus dem Norden Indiens - das sind z. B. leckere Curries wie "Lamb Shank Curry" oder original Tandoori-Gerichte wie "Maachi Tikka". Edel das Interieur: dunkles Holz und typisch indische Farben und Muster.

Karte 39/61 €

Stadtplan : N3-h – *Behrensstr. 72 ✉ 10117* **U** *Brandenburger Tor – ✆ 030 20628610 – www.india-club-berlin.com – nur Abendessen*

La Banca

MEDITERRAN • GEMÜTLICH XX Leger und trotzdem edel und hochwertig, so der Look des lebhaften, an die Bar angeschlossenen Restaurants samt schönem Innenhof. Geboten wird mediterrane Küche aus frischen Produkten. Tipp: Mittagsmenü zu gutem Preis-Leistungs-Verhältnis!

Menü 26 € (mittags) – Karte 31/75 €

Stadtplan : P2-h – *Hotel de Rome, Behrenstr. 37 ✉ 10117* **U** *Französische Str. – ✆ 030 4606091201 – www.roccofortehotels.com*

Le Faubourg

FRANZÖSISCH • DESIGN XX In eleganter Atmosphäre (markant die schwarze Latexdecke, die Leuchter, die großen Weinklimaschränke) wird ambitionierte französische Küche serviert - die Vorspeisen sind ideal zum Teilen, die Hauptgänge gibt's traditionell oder modern. Mittags etwas einfacheres, sehr fair kalkuliertes Angebot.

Menü 21 € (mittags unter der Woche)/65 € – Karte 51/64 €

Stadtplan : L2-c – *Hotel Sofitel Berlin Kurfürstendamm, Augsburger Str. 41 ✉ 10789* **U** *Kurfürstendamm – ✆ 030 8009997700 – www.lefaubourg.berlin – geschl. Samstagmittag, Sonntagmittag*

Bocca di Bacco

ITALIENISCH • ELEGANT XX Ein modern designtes Restaurant mit Bar und Loungebereich, in dem man Ihnen aufmerksam gute italienische Küche serviert - so z. B. "Wolfsbarsch mit Calamaretti, Tomaten und Minze". Hübscher Salon für Feierlichkeiten im 1. Stock.

Menü 19 € (mittags unter der Woche)/88 € - Karte 36/64 €

Stadtplan : P3-x - *Friedrichstr. 168 ✉ 10117* **U** *Französische Str. - ☎ 030 20672828 - www.boccadibacco.de - geschl. Sonntagmittag und an Feiertagen mittags*

Duke

FRANZÖSISCH-MODERN • TRENDY XX Spricht Sie "Jakobsmuschel mit Sauerteig, Quitte und Steckrübe" an? Oder eher "Island Rotbarsch in Beurre Blanc mit Seitlingen"? Die Karte des modern-freundlichen Restaurants ist zweigeteilt: klassisch als "Legère" und kreativ als "Logique" - Letzteres gibt es nur abends. Netter Innenhof.

Menü 17 € (mittags unter der Woche)/68 € (abends) - Karte 30/94 €

Stadtplan : LM2-e - *Hotel Ellington, Nürnberger Str. 50 ✉ 10789* **U** *Wittenbergplatz - ☎ 030 683154000 - www.duke-restaurant.com - geschl. Sonntag*

Quarré

KLASSISCHE KÜCHE • BRASSERIE XX Elegant, wie man es im "Adlon" erwartet. Tipp: die Fensterplätze mit tollem Blick aufs Brandenburger Tor! Serviert werden klassische Gerichte wie "Jakobsmuscheln mit Kalbskopf-Vinaigrette", oder lieber Wiener Schnitzel? Sonntags Brunch.

Karte 45/81 €

Stadtplan : N2-s - *Hotel Adlon Kempinski, Unter den Linden 77 ✉ 10117* **U** *Brandenburger Tor - ☎ 030 22611555 - www.hotel-adlon.de*

Honça (N)

TÜRKISCH • GEMÜTLICH XX Gemütlich sitzt man hier in einem stilvollen hohen Raum mit schönen Rundbogenfenstern und angenehm dezenter Deko. Gekocht wird anatolisch - probieren Sie z. B. "Kalbsfilet mariniert mit Cemen an hausgemachtem Hummus". Am Wochenende preislich faire Mittagskarte. "Puro Lounge" im UG.

Menü 25 € (mittags)/65 € (abends) - Karte 46/55 €

Stadtplan : L2-c - *Ludwigkirchplatz 12 ✉ 10719* **U** *Hohenzollernplatz - ☎ 030 23939114 - www.honca.de - Dienstag - Freitag nur Abendessen - geschl. 1. - 16. Januar, 20. August - 4. September und Montag*

Vox

MODERNE KÜCHE • BRASSERIE XX Ein stimmiges Konzept, das ankommt: klarer Stil, große Showküche, Sushibar. Schauen Sie zu, wie die modernen Speisen und Sushi-Gerichte entstehen! Und die trendige Bar ist etwas für Whiskey-Freunde. "Vox" war übrigens die erste Radiostation, die hier 1920 sendete.

Menü 69 € - Karte 52/111 €

Stadtplan : N3-a - *Hotel Grand Hyatt, Marlene-Dietrich-Platz 2, (Eingang Eichhornstraße) ✉ 10785* **U** *Potsdamer Platz - ☎ 030 25531772 - www.vox-restaurant.de - nur Abendessen*

Balthazar

INTERNATIONAL • TRENDY XX Richtig gut essen, und das auch noch direkt am Ku'damm. Im Restaurant des Hotels "Louisa's Place" lautet das Motto "metropolitan cuisine" - hier mischen sich Einflüsse aus der ganzen Welt, dennoch bleibt die Basis deutsch.

Menü 44/95 € - Karte 37/75 €

Stadtplan : K2-a - *Hotel Louisa's Place, Kurfürstendamm 160 ✉ 10709* **U** *Adenauerplatz - ☎ 030 89408477 - www.balthazar-restaurant.de - nur Abendessen - geschl. Sonntag*

Il Punto

ITALIENISCH • ELEGANT XX Für Freunde italienischer Küche - und davon hat man hier so einige als Stammgäste! Die "Paccheri alla Ciampi" haben Sie dem BRD-Besuch des Staatspräsidenten Dr. A. Ciampi zu verdanken. Schön der glasüberdachte Innenhof!

Menü 30 € (mittags unter der Woche)/75 € - Karte 34/67 €

Stadtplan : P2-p - *Neustädtische Kirchstr. 6 ✉ 10117* **U** *Friedrichstr. - ✆ 030 20605540 - www.ilpunto.net - geschl. Samstagmittag, Sonntag*

Beef Grill Club by Hasir

GRILLGERICHTE • FREUNDLICH XX Das stylische Grill-Restaurant mit offener Showküche ist eine schöne Adresse für richtig gute Steaks. Werfen Sie einen Blick in den Fleischreifeschrank, denn von hier kommt Dry Aged Beef von hervorragender Qualität!

Karte 48/158 €

Stadtplan : P3-b - *Hotel Titanic Gendarmenmarkt, Französische Str. 30 ✉ 10117* **U** *Hausvogteiplatz - ✆ 030 2014370860 - www.titanic-hotels.de - nur Abendessen*

44

SCHWEIZER KÜCHE • ZEITGEMÄSSES AMBIENTE XX "Bündner Gerstensuppe" oder "Waadtländer Martinsgans, Quitte, Birne, Rotkohl"? Das Herkunftsland der Hotelgruppe steht hier im Mittelpunkt - frisch und schmackhaft. Schön der Ausblick. Für Events oder Kochkurse: "Kochstudio 44".

Menü 44/69 € - Karte 39/71 €

Stadtplan : L2-k - *Hotel Swissôtel, Augsburger Str. 44 ✉ 10789* **U** *Kurfürstendamm - ✆ 030 220102288 - www.restaurant44.de - nur Abendessen - geschl. Sonntag*

Alt Luxemburg

FRANZÖSISCH-KLASSISCH • FAMILIÄR XX Eine Institution und einer der Klassiker der Stadt. In gediegen-elegantem Ambiente gibt es französische Gerichte wie "Kalbsnieren in Pommery-Senf-Sauce, Perlzwiebeln, junger Lauch" oder "soufflierter Lachs, Blattspinat, Noilly-Prat-Sauce".

Menü 58/79 € - Karte 53/73 €

Stadtplan : J1-s - *Windscheidstr. 31 ✉ 10627* **U** *Sophie-Charlotte-Platz - ✆ 030 3238730 (Tischbestellung ratsam) - www.altluxemburg.de - nur Abendessen - geschl. Sonntag*

The Brooklyn

GRILLGERICHTE • GEMÜTLICH XX Rib Eye vom US Black Angus oder lieber Chateaubriand für zwei? Das Kellerrestaurant mit lebendiger New-York-Steakhouse-Atmosphäre setzt auf gute Grillgerichte. Freundlich-legerer, versierter Service. Dessert-Tipp: "New York Cheesecake"!

Karte 48/92 €

Stadtplan : Q3-d - *Hotel The Dude, Köpenicker Str. 92 ✉ 10179* **U** *Märk. Museum - ✆ 030 20215820 - www.thebrooklyn.de - nur Abendessen - geschl. Sonntag*

Balthazar am Spreeufer 2

KLASSISCHE KÜCHE • FREUNDLICH XX In dem hübschen hellen Restaurant serviert man Klassisches von "Wiener Schnitzel mit Röstkartoffeln" bis "Lachs aus dem Ofen mit Wirsing-Kartoffelragout in Trüffelrahm". Schön ist auch die Terrasse zur Spree. Reduzierte Lunchkarte.

Menü 20/95 € - Karte 35/51 €

Stadtplan : Q2-d - *Spreeufer 2 ✉ 10178* **U** *Märkisches Museum - ✆ 030 30882156 - www.balthazar-spreeufer.de - geschl. November - Ostern: Sonntag*

scent

INTERNATIONAL • DESIGN XX Das stilvolle Design des Hotels "Cosmo" setzt sich in dem lichten, geradlinig-modernen Restaurant fort. Am Mittag einfachere und günstigere Karte, abends ambitionierte Speisen wie "konfierter Calamar, Sellerie-Tagliatelle, eingelegte Tomaten".

Menü 39/49 € (abends) - Karte 38/49 €

84 Zim - †70/200 € ††90/260 € - ☐ 18 €

Stadtplan : Q3-c - *Spittelmarkt 13 ✉ 10117* **U** *Spittelmarkt - ✆ 030 58582222 - www.cosmo-hotel.de - geschl. Januar 2 Wochen, August*

The Grand

GRILLGERICHTE • HIP XX Das Ambiente stylish-chic mit Shabby-Touch, besonders schön die Galerie-Plätze mit Blick aufs Restaurant. Schwerpunkt der ambitionierten Küche sind Steaks vom 800°C-Southbend-Grill - zu begutachten im gläsernen Fleischreifeschrank. Reduzierte Mittagskarte nebst günstigem Lunchmenü. Bar und Club.

Menü 19 € (mittags) - Karte 36/195 €

Stadtplan : Q2-a - *Hirtenstr. 4 ✉ 10178* **U** *Alexanderplatz - ✆ 030 2789099555 (abends Tischbestellung ratsam) - www.the-grand-berlin.com - August nur Abendessen - geschl. Samstagmittag, Sonntagmittag*

Brasserie Lamazère

FRANZÖSISCH • BRASSERIE X Hier im Herzen von Charlottenburg fühlt man sich fast wie in Frankreich, dafür sorgen charmante, unkomplizierte Bistrot-Atmosphäre und ebenso authentische wechselnde Gerichte - frisch, schmackhaft und saisonal z. B. "Oeufs Cocotte mit Bayonner Schinken" oder "Kabeljau mit Tomate, Paprika & Miesmuscheln".

Menü 30/46 € - Karte 42/60 €

Stadtplan : J2-a - *Stuttgarter Platz 18 ✉ 10178* **U** *Wilmersdorfer Str. - ✆ 030 31800712 (Tischbestellung ratsam) - www.lamazere.de - nur Abendessen - geschl. Montag*

Brasserie Desbrosses

FRANZÖSISCH • BRASSERIE X Lebendig und gemütlich ist diese Brasserie mit Originaleinrichtung von 1875 aus einem Lokal in Südburgund. Frisch die regionale und klassische Küche, Gemüse kommt vom eigenen Hof an der Müritz. Lust auf "Lammrücken, Mais-Püree, grüne Bohnen"? Große Terrasse zum Potsdamer Platz. Reduzierte Mittagskarte.

Karte 54/118 €

Stadtplan : N3-d - *Hotel The Ritz-Carlton, Potsdamer Platz 3 ✉ 10785* **U** *Potsdamer Platz - ✆ 030 337775402 - www.ritzcarlton.de/berlin*

Gendarmerie N

TRADITIONELLE KÜCHE • BRASSERIE X Da staunt man erst einmal: Zum einen beeindruckt hier die riesige hohe Halle (einst Schalterhalle einer Bank), zum anderen ein imposantes Kunstwerk von Jean-Yves Klein! Auf der Karte modernisierte Berliner Küche und traditionelle Brasseriegerichte. Tipp: Das Wiener Schnitzel ist der absolute Renner!

Menü 15 € (mittags unter der Woche) - Karte 33/77 €

Stadtplan : 7P2-g - *Behrenstr. 42 ✉ 10117* **U** *Französische Str. - ✆ 030 76775270 - www.restaurant-gendarmerie.de*

Al Contadino Sotto Le Stelle

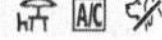

ITALIENISCH • GEMÜTLICH X Gemütliche Trattoria in "Mitte", nahe der Marienkirche. Beliebt ist nicht nur die lebendige Atmosphäre, auch Leckeres wie "Wirsing mit Calamari und weißen Bohnen". Zwei Häuser weiter: Feinkost und kleine Gerichte in der "Mozzarella-Bar".

Karte 44/62 €

Stadtplan : Q1-b - *Auguststr. 36 ✉ 10119* **U** *Rosenthaler Platz - ✆ 030 2819023 - www.alcontadino.eu - nur Abendessen - geschl. 23. Dezember - 5. Januar und Sonntag*

NENI

MEDITERRAN • HIP Im 10. Stock des nicht alltäglichen Hotels unmittelbar am Zoo geht es ebenso speziell zu: buntes Gewächshaus-Flair, offene Küche, traumhafte Sicht! Interessant auch die ambitionierten Speisen - mediterran wie auch arabisch, von hausgemachter Falafel über Humus bis zu "Carabineros mit Koriander-Aioli".

Menü 35 € - Karte 25/60 €

Stadtplan : L1-b - *25hours Hotel Bikini, Budapester Str. 40, (10. Etage) ✉ 10787* **U** *Zoologischer Garten - ✆ 030 1202210 (Tischbestellung ratsam) - www.25hours-hotels.com*

Cassambalis

MEDITERRAN • FREUNDLICH Näher am Geschehen geht kaum: In unmittelbarer Nähe zum Ku'damm liegt dieses Restaurant mit Bistro-Charme. Reichlich Kunst sorgt für ein spezielles Ambiente, schön das Antipasti-Buffet. Man kocht mediterran, aber auch Rinderroulade.

Menü 32/75 € - Karte 42/71 €

Stadtplan : L2-e - *Hecker's Hotel, Grolmanstr. 35 ✉ 10623* **U** *Uhlandstr. - ✆ 030 8854747 - www.cassambalis.de - geschl. Sonntagabend*

Roy & Pris Starkitchen

CHINESISCH • FREUNDLICH Trendiger Stil, offene Küche, freundlich-legere Atmosphäre. In dem netten Restaurant am Rand von "Mitte" gibt es modern-chinesische Küche samt unterschiedlichen Dim Sum, dazu eine gute Sake-, Wein- und Spirituosenauswahl.

Menü 38/55 € - Karte 29/40 €

Stadtplan : Q1-a - *Weinbergsweg 8A ✉ 10119* **U** *Rosenthaler Platz - ✆ 0176 22018245 - www.royandpris.com - geschl. Samstagmittag, Sonntagmittag*

GLASS

KREATIV • GERADLINIG So geradlinig und modern-urban das Ambiente, so kreativ und kontrastreich die Küche. Blickfang ist ein metallisch spiegelnder Vorhang, hinter dem ein 5- bis 9-gängiges Menü entsteht - darin findet sich z. B. "Lamm, Oignons Farcis, Joghurt, Sumac, Aubergine". Weine werden auch glasweise ausgeschenkt.

Menü 79/119 € - Karte 44/52 €

Stadtplan : L1-a - *Uhlandstr. 195 ✉ 10623* **U** *Zoologischer Garten - ✆ 030 54710861 - www.glassberlin.de - nur Abendessen - geschl. Sonntag - Montag*

Paris-Moskau

MODERNE KÜCHE • GEMÜTLICH Das denkmalgeschützte Fachwerkhaus steht vor dem Neubau des Innenministeriums. Gekocht wird modern mit klassischer Basis, so z. B. "Hirschrücken, Schalottenjus, Schwarzwurzel, Steckrübe". Mittags reduziertes und günstigeres Angebot.

Menü 39 € (abends)/78 € - Karte 36/74 €

Stadtplan : F2-s - *Alt-Moabit 141 ✉ 10557* **U** *Hauptbahnhof - ✆ 030 3942081 - www.paris-moskau.de - geschl. Samstagmittag, Sonntagmittag*

borchardt

INTERNATIONAL • BRASSERIE Eine Institution am Gendarmenmarkt - nicht selten trifft man hier auf Prominente und Politiker. Man sitzt gemütlich und isst Internationales sowie Klassiker, gerne auch im Innenhof. Tipp: "Wiener Schnitzel mit Kartoffel- und Gurkensalat".

Karte 42/80 €

Stadtplan : P3-k - *Französische Str. 47 ✉ 10117* **U** *Französische Str. - ✆ 030 81886262 - www.borchardt-restaurant.de*

Brasserie la bonne franquette

FRANZÖSISCH-KLASSISCH • NACHBARSCHAFTLICH X Eine Brasserie, wie man sie gerne hat - locker und lebendig. Ebenso unkompliziert die klassisch-französische Küche: "Terrine de Campagne", "Tartare de Boeuf", "Magret de Canard", "Crème Brûlée"...

Karte 29/55 €

Stadtplan : N1-b - *Chausseestr. 110 ✉ 10115* **U** *Naturkundemuseum - ✆ 030 94405363 - www.labonnefranquette.de - nur Abendessen - geschl. Ende Dezember 1 Woche und Sonntag*

Katz Orange

INTERNATIONAL • GEMÜTLICH X Ganz speziell, natürlich und voller Leben präsentiert sich das hübsche, etwas versteckt liegende Restaurant. Auf zwei Etagen gibt es ambitionierte, schmackhafte Küche - wie wär's mit "geschmortem Schwarzfederhuhn mit Wurzelgemüse" oder "Spareribs vom Freilandschwein"? Schön auch der Innenhof.

Karte 38/46 €

Stadtplan : P1-z - *Bergstr. 22, (Eingang im Hof) ✉ 10115* **U** *Rosenthaler Platz - ✆ 030 983208430 (Tischbestellung ratsam) - www.katzorange.com - nur Abendessen*

Nithan Thai Ⓝ

ASIATISCH • GEMÜTLICH X Gemütlich hat man es in dem schön dekorierten Restaurant, das Ambiente ist ebenso asiatisch geprägt wie die Speisekarte. Hier finden sich verschiedene fernöstliche Küchenstile - man setzt auf das Sharing-Prinzip, und das kommt an!

Menü 27/56 € - Karte 31/50 €

Stadtplan : P1-e - *Chausseestr. 5 ✉ 10115* **U** *Oranienburger Tor - ✆ 030 55213969 - www.nithanthai.co.il*

Fräulein Fiona

REGIONAL • FREUNDLICH X Wirklich nett, intim und familiär geführt - ein schöner Kontrast zu den urbanen In-Adressen! Geboten wird Saisonküche aus der Region: Appetit auf "gefüllte Kalbsroulade auf Senfrauke"? Im Sommer auch einige Tische draußen an der Straße.

Menü 34/41 € - Karte 28/56 €

Stadtplan : J1-f - *Fritschestr. 48 ✉ 10627* **U** *Wilmersdorfer Str. - ✆ 030 95602272 - www.fraeulein-fiona.de - nur Abendessen - geschl. Sonntag - Montag*

Rotisserie Weingrün

INTERNATIONAL • FREUNDLICH X Lust auf Spezialitäten vom Flammenwandgrill? "Spareribs vom Apfelschwein" oder eher "Ente mit Orangenhonig lackiert"? Das Ambiente: geradlinig-modern, dekorativ das große Weinregal. Im Sommer lockt die Terrasse zur Spree.

Menü 42/59 € - Karte 29/51 €

Stadtplan : Q3-a - *Gertraudenstr. 10 ✉ 10178* **U** *Spittelmarkt - ✆ 030 20621900 - www.rotisserie-weingruen.de - nur Abendessen - geschl. Sonntag*

Alpenstück

REGIONAL • TRENDY X Das freundlich-legere Restaurant kommt gut an mit seiner süddeutschen und alpenländischen Küche: Wiener Schnitzel, Maultaschen, Käsespätzle... Zudem hat man eine eigene Bäckerei sowie die "Manufaktur" mit Hausgemachtem für daheim!

Menü 35/48 € - Karte 40/48 €

Stadtplan : P1-c - *Gartenstr. 9 ✉ 10115* **U** *Naturkundemuseum - ✆ 030 21751646 (Tischbestellung ratsam) - www.alpenstueck.de - nur Abendessen*

Austernbank

FISCH UND MEERESFRÜCHTE • HISTORISCHES AMBIENTE Der ehemalige Tresorraum der einstigen "Disconto Bank" ist schon beeindruckend: hohe Decke, markante Säulen, schöner Steinboden und gekachelte Wände, offene Küche. Es gibt Fisch und Meeresfrüchte - Spezialität sind natürlich Austern. Tipp: "Blaue Stunde". Smokers Bar im 1. Stock. Terrasse auf dem Gehsteig.

Karte 40/112 €

Stadtplan : P3-a - *Behrensstr. 42 ✉ 10117* **U** *Französische Str.*
- ✆ 030 767752724 - www.austernbank-berlin.de
- nur Abendessen - geschl. Sonntag - Montag

Panama

INTERNATIONAL • TRENDY Durch einen Hof gelangt man in das trendig-lebendige Restaurant auf zwei Etagen. Sympathisch-locker der Service, modern-international die Küche. Lust auf "Schwarzen Kabeljau, Salsa Verde, wilden Brokkoli"? Schöne Innenhofterrasse, dazu die "Tiger Bar". Vis-à-vis: Varieté-Theater "Wintergarten".

Karte 40/50 €

Stadtplan : G2-c - *Potsdamer Str. 91 ✉ 10785* **U** *Kurfürstenstraße*
- ✆ 030 983208435 (Tischbestellung ratsam) - www.oh-panama.com
- nur Abendessen - geschl. Sonntag - Montag

ULA

JAPANISCH • GERADLINIG Lust auf authentische japanische Küche? "Weiße Misosuppe mit gegrilltem Lachs" oder "Seeteufel-Tempura"? Oder lieber Sushi? Unter einem Dach mit der gleichnamigen Galerie sitzt man in geradlinigem Ambiente etwas abseits des Trubels.

Menü 38/58 € - Karte 20/51 €

Stadtplan : P1-u - *Anklamer Str. 8 ✉ 10115* **U** *Bernauer Str.*
- ✆ 030 89379570 - www.ula-berlin.de
- nur Abendessen, sonntags auch Mittagessen - geschl. Sonntagabend - Montag

Crackers

INTERNATIONAL • HIP Eine Etage unter dem "Cookies & Cream" geht es ebenso trendig zu. Nach dem Klingeln gelangt man durch die Küche in ein großes, lebhaftes Restaurant mit hoher Decke und schummrigem Licht. Auf der Karte ambitionierte Fleisch- und Fischgerichte.

Karte 38/86 €

Stadtplan : P2-f - *Restaurant Cookies Cream, Friedrichstr. 158 ✉ 10178*
U *Französische Straße*
- ✆ 030 680730488 - www.crackersberlin.com
- nur Abendessen - geschl. Sonntag - Montag

Zenkichi

JAPANISCH • INTIM Über eine Treppe erreichen Sie dieses intim-gediegene Restaurant, das wie ein Wald aus Bambus und Spiegeln erscheint. Sie sitzen ganz für sich in typisch japanischen kleinen Boxen mit Sichtschutz, rufen den freundlichen Service per Klingel und wählen à la carte oder das Omakase-Menü. Schöne Sake-Auswahl.

Menü 45/65 € - Karte 38/64 €

Stadtplan : p2-e - *Johannisstr. 20 ✉ 10117* **U** *Oranienburger Tor*
- ✆ 030 24630810 - www.zenkichi.de
- nur Abendessen

Ein wichtiges Geschäftsessen oder ein Essen mit Freunden?
Das Symbol ⯐ weist auf Veranstaltungsräume hin.

Hotels

Adlon Kempinski

GROSSER LUXUS • KLASSISCH Das schon äußerlich majestätische "Adlon" direkt neben dem Brandenburger Tor ist trotz stetig wachsender Konkurrenz eines der Flaggschiffe unter den deutschen Grandhotels. Schon die Hotelhalle, das "Wohnzimmer" der Berliner Gesellschaft, hat ein ganz besonderes Flair, und wenn dann abends das Piano erklingt... Exklusivität pur - nicht zuletzt dank Butler-Service.

307 Zim - 270/900 € 270/900 € - 78 Suiten - 45 €

Stadtplan : N2-s - *Unter den Linden 77* ✉ *10117* **U** *Brandenburger Tor* - *030 22610* - *www.kempinski.com/adlon*

Lorenz Adlon Esszimmer • **Quarré** - siehe Restaurantauswahl

Waldorf Astoria

GROSSER LUXUS • ELEGANT Eindrucksvoll greift das edle modern-elegante Interieur den Stil der 20er Jahre auf! Und was wäre das Waldorf-Astoria ohne seine "Peacock Alley" - ein Stück New Yorker Hoteltradition in Berlin. Überall wurden Formen und Farben aufs Stimmigste arrangiert. Internationale Gerichte, Sandwiches und Kuchen im ROCA.

202 Zim - 200/390 € 200/390 € - 30 Suiten - 38 €

Stadtplan : L1-w - *Hardenbergstr. 28* ✉ *10623* **U** *Zoologischer Garten* - *030 8140000* - *www.waldorfastoriaberlin.com*

The Ritz-Carlton

GROSSER LUXUS • KLASSISCH Eine der elegantesten Adressen Deutschlands. Nobel und repräsentativ die Halle mit freitragender Marmortreppe - hier trifft man sich nachmittags in der stilvollen Lounge zur klassischen "Teatime". Exklusive Bar mit vielen Eigenkreationen.

263 Zim - 295 € 325 € - 40 Suiten - 38 €

Stadtplan : N3-d - *Potsdamer Platz 3* ✉ *10785* **U** *Potsdamer Platz* - *030 337777* - *www.ritzcarlton.com*

Brasserie Desbrosses - siehe Restaurantauswahl

Regent

GROSSER LUXUS • KLASSISCH Sie suchen perfekte Lage, klassisches Ambiente und aufmerksamen Service? Das Hotel nahe Gendarmenmarkt und "Unter den Linden" bietet zudem eine schöne Gepflogenheit: "Teatime" - englisch, russisch oder sächsisch (selbst kreierte Mischung!), stilgerecht in der eleganten Lounge und von Meissener Porzellan.

156 Zim - 260/495 € 260/495 € - 39 Suiten - 39 €

Stadtplan : P3-c - *Charlottenstr. 49* ✉ *10117* **U** *Französische Str.* - *030 20338* - *www.regenthotels.com/berlin*

Fischers Fritz - siehe Restaurantauswahl

Grand Hyatt Berlin

GROSSER LUXUS • DESIGN Das in Trapezform erbaute Hotel am Potsdamer Platz besticht mit technisch sehr gut ausgestatteten Zimmern in puristischem Design. Beachtung verdient auch der "Club Olympus Spa" samt eindrucksvollem Schwimmbad über den Dächern von Berlin! In der schicken Bar "Jamboree" gibt es Cocktails und lokale Speisen.

326 Zim - 199/379 € 229/409 € - 16 Suiten - 36 €

Stadtplan : N3-a - *Marlene-Dietrich-Platz 2, (Eingang Eichhornstraße)* ✉ *10785* **U** *Potsdamer Platz* - *030 25531234* - *www.berlin.grand.hyatt.com*

Vox - siehe Restaurantauswahl

Hotel de Rome

GROSSER LUXUS • DESIGN Ein Luxushotel mit dem repräsentativen Rahmen eines a. d. J. 1889 stammenden Gebäudes, dem früheren Sitz der Dresdner Bank. Der Tresorraum dient heute als Pool. Genießen Sie im Sommer die Aussicht von der Dachterrasse - hier Snackangebot. Ideal die Lage direkt gegenüber der Staatsoper.

132 Zim – 280/555 € 280/555 € – 13 Suiten – 38 €

Stadtplan : P2-h – *Behrenstr. 37* ✉ *10117* **U** *Französische Str.* – *030 4606090* – *www.roccofortehotels.com*

La Banca – siehe Restaurantauswahl

Sofitel Berlin Kurfürstendamm

BUSINESS • MODERN Mitten im lebendigen Zentrum steht dieses Hotel und bietet Ihnen hinter seiner auffälligen Fassade aus Muschelkalk eine sehr großzügige Lobby, schön moderne und geräumige Gästezimmer und viel Kunst.

291 Zim – 145/520 € 145/520 € – 20 Suiten – 30 €

Stadtplan : L2-c – *Augsburger Str. 41* ✉ *10789* **U** *Kurfürstendamm* – *030 8009990* – *www.sofitel-berlin-kurfuerstendamm.com*

Le Faubourg – siehe Restaurantauswahl

InterContinental

BUSINESS • KLASSISCH Großzügig und wertig sind die modern-eleganten Zimmer (7. und 8. Etage: "Club InterContinental" samt Club Lounge), der geschmackvolle Spa auf 1000 qm sowie der Tagungs- und Veranstaltungsbereich. Neben dem "Hugos" gibt es noch das "L.A. Café" und die "Marlene Bar".

558 Zim – 220/550 € 240/570 € – 44 Suiten – 32 €

Stadtplan : M1-a – *Budapester Str. 2* ✉ *10787* **U** *Wittenbergplatz* – *030 26020* – *www.berlin.intercontinental.com*

✿ **Hugos** – siehe Restaurantauswahl

Swissôtel

BUSINESS • MODERN Das Businesshotel ist typisch urban designt, verleugnet aber nicht seine Schweizer Herkunft. Das merkt man beim Frühstück und im Restaurant, aber auch an Pflegeprodukten, Kissenmenü... Von den meisten Zimmern schaut man auf den Ku'damm, ebenso vom Festsaal - der einzige in Berlin mit dieser Aussicht!

316 Zim – 119/399 € 119/399 € – 16 €

Stadtplan : L2-k – *Augsburger Str. 44* ✉ *10789* **U** *Kurfürstendamm* – *030 220100* – *www.swissotel.com/berlin*

44 – siehe Restaurantauswahl

THE MANDALA

BUSINESS • DESIGN Hotel am Potsdamer Platz gegenüber dem Sony-Center. Sehr geräumige, dezent luxuriös gestaltete Zimmer und Suiten sowie der aparte, hochwertige Spa. Trendig: Bar "Qiu" mit kleinem Speisenangebot. Schon zum Frühstück gibt's eigene Backwaren.

158 Zim – 200/450 € 200/450 € – 96 Suiten – 35 €

Stadtplan : N3-v – *Potsdamer Str. 3* ✉ *10785* **U** *Potsdamer Platz* – *030 590050000* – *www.themandala.de*

✿✿ **FACIL** – siehe Restaurantauswahl

Pullman Berlin Schweizerhof

BUSINESS • DESIGN In schickem modern-elegantem Design kommt das Business- und Veranstaltungshotel daher, die Zimmer sind sehr komfortabel und technisch gut ausgestattet. Man beachte die interessante Sammlung Berliner Kunst an den Wänden! Übrigens: Der Freizeitbereich bietet den größten Hotelpool der Stadt!

373 Zim – 155/490 € 155/490 € – 10 Suiten – 24 € – ½ P

Stadtplan : M1-w – *Budapester Str. 25* ✉ *10787* **U** *Zoologischer Garten* – *030 26960* – *www.pullman-berlin-schweizerhof.com*

Titanic Gendarmenmarkt

URBAN • MODERN Sie wohnen mitten in der Stadt und doch ein bisschen in einer eigenen Welt: Das ehemalige Kostümhaus der Staatsoper ist chic designt, von der Lobby in hellem Marmor über die stilvoll-modernen Zimmer bis zum großen Hamam. Café Parisienne.

203 Zim – 180/399 € 205/424 € – 5 Suiten – 28 €

Stadtplan : P3-b – *Französische Str. 30 10117* **U** *Hausvogteiplatz – 030 20143700 – www.titanic-hotels.de*

Beef Grill Club by Hasir – siehe Restaurantauswahl

Das Stue

LUXUS • DESIGN Richtig "stylish" und "cosy" ist das denkmalgeschützte Gebäude der ehemaligen Dänischen Gesandtschaft aus den 30er Jahren. Geschmackvolles, topmodernes Design, dazu Ruhe trotz Großstadt. Auf Wunsch wohnt man mit Blick auf den Berliner Zoo! "Casual": locker und niveauvoll, Internationales im Tapas-Stil.

78 Zim – 230/280 € 230/280 € – 35 €

Stadtplan : M1-s – *Drakestr. 1 10787* **U** *Wittenbergplatz – 030 3117220 – www.das-stue.com*

5 - cinco by Paco Pérez – siehe Restaurantauswahl

Zoo Berlin

LUXUS • DESIGN Die bekannte Designerin Dayna Lee hat ein Stück Berliner Hotelgeschichte "wiederbelebt": Das Hotel verbindet überaus elegant und wertig Altes mit Neuem. Man wohnt in geschmackvollen, opulent gestalteten und dennoch funktionellen Zimmern und genießt die Atmosphäre eines Grandhotels. Im Sommer Rooftop Bar!

144 Zim – 180/1500 € 200/1500 €

Stadtplan : L2-z – *Kurfürstendamm 25 10179* **U** *Uhlandstr. – 030 884370 – www.hotelzoo.de*

Grace – siehe Restaurantauswahl

Am Steinplatz

LUXUS • ELEGANT Einst das Künstlerhotel der Spreemetropole, heute ein eher kleineres exklusives Boutiquehotel im Herzen Charlottenburgs. Die Zimmer wertig, chic, wohnlich, der Service aufmerksam und individuell, dazu der Altbau-Charme hoher, teils stuckverzierter Decken. Mittags einfacher Lunch, abends ambitioniertere Küche.

84 Zim – 185/295 € 185/295 € – 3 Suiten – 35 €

Stadtplan : L1-e – *Steinplatz 4 10623* **U** *Ernst-Reuter-Platz – 030 5544440 – www.hotelsteinplatz.com*

Steigenberger Hotel am Kanzleramt

BUSINESS • MODERN Hier hat man alles puristisch-modern designt. Großzügig die Lobby, schön der Freizeitbereich mit Blick auf das Regierungsviertel. Frühstück gibt's im 1. Stock in einem angenehm hellen Raum, speisen kann man im "No. 5" (Restaurant und Bar). Ideal die Lage direkt am Hauptbahnhof.

328 Zim – 169/1900 € 189/1900 € – 11 Suiten

Stadtplan : N2-k – *Ella-Trebe-Str. 5 10557* **U** *Hauptbahnhof – 030 7407430 – www.steigenberger.de*

Titanic Chaussee

BUSINESS • ELEGANT Sehr geschmackvolles modernes Design mit Retro-Touch von der großzügigen Lobby bis in die wohnlichen Zimmer, dazu Wellness auf 3000 qm (gegen Gebühr) sowie die Restaurants "Pascarella" (italienische Küche) und "Hasir Burger" - und das alles nur wenige Gehminuten von der trendigen Oranienburger Straße.

389 Zim – 95/499 € 115/519 € – 19 €

Stadtplan : N1-t – *Chausseestr. 30 10115* **U** *Naturkundemuseum – 030 311685800 – www.titanic-hotels.de*

Louisa's Place

BUSINESS • INDIVIDUELL Geschmackvolle geräumige Suiten mit Küche und sehr freundlicher Service zeichnen dieses exklusiv ausgestattete Hotel aus. Fragen Sie nach einem Zimmer mit Balkon oder Wintergarten! Stilvoll: der Frühstücksraum und die Bibliothek.

47 Suiten - ††145/625 € - ☕ 26 €

Stadtplan : K2-a - *Kurfürstendamm 160 ✉ 10709* **U** *Adenauerplatz - ✆ 030 631030 - www.louisas-place.de*

Balthazar - siehe Restaurantauswahl

Ellington

BUSINESS • MODERN Zahlreiche Fotos des namengebenden Duke Ellington zieren das puristisch eingerichtete Haus mit schönem Hallenbereich und loungeartigem Innenhof. Viele Details bewahren den historischen Charme.

284 Zim - †118/208 € ††128/228 € - 1 Suite - ☕ 20 €

Stadtplan : LM2-e - *Nürnberger Str. 50 ✉ 10789* **U** *Wittenbergplatz - ✆ 030 683150 - www.ellington-hotel.com*

Duke - siehe Restaurantauswahl

Boutique Hotel i-31

BUSINESS • INDIVIDUELL Im Herzen des angesagten Stadtteils Mitte steht das Boutique-Hotel mit all seinen Designelementen. Die Zimmer: frisch, wohnlich, modern, in den Kategorien "pure", "white" und "brown" sowie "Comfort white" und "Comfort pure". Minibar gratis.

121 Zim - †100/300 € ††100/300 € - ☕ 18 €

Stadtplan : P1-d - *Invalidenstr. 31 ✉ 10115* **U** *Naturkundemuseum - ✆ 030 3384000 - www.hotel-i31.de*

25hours Hotel Bikini

BUSINESS • INDIVIDUELL Einer der interessantesten Hotel-Hotspots Berlins - angebaut an die Bikini-Mall, trendig der "Urban Jungle"-Style, freie Sicht in den Zoo (von der Sauna im 9. Stock schaut man ins Affengehege!). "Woodfire Bakery" und loungige "Monkey Bar" mit tollem Stadtblick. Leihen Sie kostenfrei Fahrräder!

149 Zim - †120/180 € ††120/380 € - ☕ 21 €

Stadtplan : L1-b - *Budapester Str. 40 ✉ 10787* **U** *Zoologischer Garten - ✆ 030 1202210 - www.25hours-hotels.com*

NENI - siehe Restaurantauswahl

The Dude

URBAN • INDIVIDUELL Ein "American Townhouse" zwischen Mitte und Kreuzberg - charmant, stilvoll, individuell, diskret. Nicht wundern: Man muss klingeln! Einzigartig der Mix aus historischen Details (das Haus wurde 1822 erbaut) und Design-Elementen. In der Bar: Frühstück à la carte, tagsüber Kleinigkeiten.

27 Zim - †99/199 € ††129/239 € - ☕ 24 €

Stadtplan : Q3-d - *Köpenicker Str. 92 ✉ 10179* **U** *Märk. Museum - ✆ 030 411988177 - www.thedudeberlin.com*

The Brooklyn - siehe Restaurantauswahl

Provocateur (N)

BOUTIQUE-HOTEL • INDIVIDUELL Glamouröser 20er-Jahre-Chic, edel und geschmackvoll! Mit dem historischen Lift geht es in die Zimmer, und die gibt es in diversen Varianten von "Petite" bis zu den tollen Suiten "Terrace" und "Maison". Morgens Frühstück à la carte, abends franko-chinesische Küche im "Golden Phoenix". Stilvolle "tempting Bar".

58 Zim - †150/490 € ††150/490 € - 2 Suiten - ☕ 28 €

Stadtplan : K2-c - *Brandenburgische Str. 21 ✉ 10707* **U** *Konstanzer Str. - ✆ 030 22056060 - www.provocateur-hotel.com*

Hecker's Hotel Kurfürstendamm

BUSINESS • DESIGN Sie wohnen hier nur wenige Schritte vom Ku'damm. Die meisten Zimmer haben eine Klimaanlage, besonders geschmackvoll die Themenzimmer Bauhaus, Toskana und Kolonial. Schön die ruhige Sonnenterrasse im 5. Stock und der moderne Frühstücksraum.

69 Zim – 85/280 € 95/290 € – 17 €

Stadtplan : L2-e – *Grolmanstr. 35 ✉ 10623* **U** *Uhlandstr. – ✆ 030 88900 – www.heckers-hotel.de*

Cassambalis – siehe Restaurantauswahl

Catalonia

KETTENHOTEL • MODERN Das ist das "Pilot-Projekt" der katalanischen Hotelgruppe in Deutschland. Interessant: Die Lobby spiegelt mit ihrem speziellen Look die Vielfalt und die Veränderung Berlins wider, auf den Fluren sehenswerte Graffitis. Das Restaurant bietet einen Mix aus regionaler und spanischer Küche samt Tapas.

131 Zim – 69/399 € 79/429 € – 17 €

Stadtplan : Q3-d – *Köpenicker Str. 80 ✉ 10178* **U** *Märk. Museum – ✆ 030 24084770 – www.hoteles-catalonia.com*

Garden Living

URBAN • INDIVIDUELL "Wohnen wie zuhause" - dieses Gefühl vermittelt das hübsche Ensemble aus drei alten Stadthäusern mit seinen geschmackvollen Appartements sowie der "grünen Oase" in Form eines attraktiven Innenhofs. Tipp: das Naturkundemuseum vis-à-vis.

27 Zim – 89/169 € 99/189 € – 8 €

Stadtplan : N1-g – *Invalidenstr. 101 ✉ 10115* **U** *Naturkundemuseum – ✆ 030 284455900 – www.gardenliving.de*

Honigmond

HISTORISCH • KLASSISCH Individuelle Zimmer in einem stilvollen Haus von 1895 in einer ruhigen Seitenstraße. Zum 350 m entfernten Gästehaus "Garden Boutique Hotel" gehört ein schöner Innenhofgarten. Nettes Kaffeehaus-Restaurant mit klassischem Rahmen.

36 Zim – 99/159 € 109/199 € – 12 €

Stadtplan : P1-k – *Tieckstr. 11 ✉ 10115* **U** *Naturkundemuseum – ✆ 030 2844550 – www.honigmond.de*

Zoe

BOUTIQUE-HOTEL • MODERN Lust auf stylisches Wohnen mitten im Trendviertel "Hackescher Markt"? Überall urbaner Look in ruhigen dunklen Tönen. Die Zimmer sind nicht riesig, aber wertig und chic. "G&T Bar" mit über 70 Gin Tonics. Toll die bewirtete Dachterrasse!

88 Zim – 65/145 € 75/155 € – 15 €

Stadtplan : Q2-z – *Große Präsidentenstr. 7 ✉ 10178* **U** *Hackescher Markt – ✆ 030 21300150 – www.amanogroup.de*

Grenzfall

URBAN • FUNKTIONELL Hier überzeugen Freundlichkeit, der 3000 qm große Garten (ein wahres Kleinod in der Großstadt) und der Preis! "Grenzfall" bezieht sich zum einen auf das Miteinander (Integrationsbetrieb), zum anderen auf die Lage neben der "Gedenkstätte Berliner Mauer". Geradlinig das Ambiente, Terrasse mit Blick ins Grüne!

37 Zim – 63/159 € 83/179 € – 13 €

Stadtplan : P1-g – *Ackerstr. 136 ✉ 13355* **U** *Bernauerstr. – ✆ 030 34333300 – www.hotel-grenzfall.de*

MANI

BOUTIQUE-HOTEL • MODERN Dies ist eines der stylischen Boutique-Hotels in Berlin: hip, mondän, angesagt. Chic die Zimmer mit ihrer wertigen Ausstattung und puristisch-klarem Stil in dunklen Farben. Das Restaurant bietet moderne internationale Küche.

63 Zim – 75/289 € 80/294 € – 15 €

Stadtplan : P1-m – *Torstr. 136 ✉ 10119* **U** *Rosenthaler Platz – ✆ 030 53028080 – www.amanogroup.de*

Außerhalb des Zentrums

J. Woodhouse/imageBROKER/age fotostock

In Berlin-Britz

Buchholz Gutshof Britz

REGIONAL • FREUNDLICH Unter dem Motto "legere Landhausküche" gibt es auf dem schönen, ruhig gelegenen Gutshof des Schlosses Britz regional-saisonale Küche, und die kommt z. B. als "geschmorte Kalbsbrust mit Kohlrabi und Rahmpilzen" daher. Sehr hübscher Garten.

Menü 28/69 € – Karte 26/53 €

Stadtplan : C3-a – *Alt-Britz 81 ✉ 12359 – ✆ 030 60034607 – www.matthias-buchholz.de – geschl. Dienstag - Mittwoch*

In Berlin-Friedrichshain

fabrics

MODERNE KÜCHE • GERADLINIG Bunt und puristisch-urban das Design, schön der Blick auf die Spree, sehr beliebt die Terrasse! Und auf der Karte modern interpretierte Klassiker wie "Berliner Roulade vom Rinderfilet mit Pancetta und Spreewaldgurken". Monatlich wechselndes "Rock & Roll Menü". Mittagsangebot einfacher und günstiger.

Menü 36 € – Karte 39/49 €

Stadtplan : H2-n – *Hotel nhow, Stralauer Allee 3 ✉ 10245* **U** *Warschauer Str. – ✆ 030 2902990 – www.nhow-berlin.com – geschl. Sonntag*

nhow

BUSINESS • DESIGN In diesem Hotel am Osthafen sind Musik und Lifestyle zu Hause! Außen klare Architektur, innen peppiger Look - alles ganz im Stil von Star-Designer Karim Rashid. Top: "State of the Art"-Veranstaltungstechnik, Tonstudio über der Stadt, jeden ersten SA im Monat Live-Konzert in der Halle...

303 Zim – †125/195 € ††135/205 € – 1 Suite – ☕ 29 €

Stadtplan : H2-n – *Stralauer Allee 3 ✉ 10245* **U** *Warschauer Str. – ✆ 030 2902990 – www.nhow-berlin.com*

fabrics – siehe Restaurantauswahl

In Berlin-Grunewald

Frühsammers Restaurant

KLASSISCHE KÜCHE • FREUNDLICH Was Sie in der roten Villa auf dem Gelände des Tennisclubs kulinarisch erwartet, sind ausgesuchte Produkte, jede Menge Sorgfalt und viel Aufwand, und all das in Form von aromenreichen Speisen mit interessanten Texturen und Kontrasten. Das Ambiente dazu klassisch-elegant, der Service geschult und aufmerksam.

➜ Gelbflossenmakrele, Rettich, Teriyakisauce, Champignons, Koriander, Hühnerhaut. Hummer, Rhabarber, schwarzer Lauch, Dilleis. Rehbock, grüner Spargel, Grießknödel, Ochsenmark, Morcheln, Liebstöckel, Haselnuss.

Menü 88/145 €

Stadtplan : J3-m – *Flinsberger Platz 8 ✉ 14193 – ✆ 030 89738628 (Tischbestellung ratsam) – www.fruehsammers.de – nur Abendessen – geschl. Sonntag - Dienstag*

Grundschlag – siehe Restaurantauswahl

Grundschlag

MARKTKÜCHE • GEMÜTLICH X Dies ist die Bistro-Variante der Frühsammer'schen Gastronomie: In sympathisch-gemütlicher Atmosphäre gibt es international beeinflusste Küche sowie beliebte Klassiker - lassen Sie sich nicht die tolle Sardinenauswahl entgehen!

Karte 29/44 €

Stadtplan : J3-m - *Frühsammers Restaurant, Flinsberger Platz 8 ✉ 14193 - ✆ 030 89738628 - www.fruehsammers.de - geschl. Montagmittag*

In Berlin-Kreuzberg

Tim Raue

ASIATISCH • TRENDY XX Eines steht völlig außer Frage: Tim Raue hat seinen ganz eigenen, in Deutschland sicher einmaligen Stil! Man kocht klar strukturiert, kraftvoll und kontrastreich und bedient sich der großen asiatischen Küchen. Tipp: Nutzen Sie das gute Preis-Leistungs-Verhältnis am Mittag!

→ Kaisergranat und Wasabi "Kanton Style". Zander, Kamebishi Soja 10y und Lauch. Dong Po Schwein, Wassermelone und Galgant.

Menü 48 € (mittags)/198 € - Karte 118/156 €

Stadtplan : P3-t - *Rudi-Dutschke-Str. 26 ✉ 10969* **U** *Kochstr. - ✆ 030 25937930 - www.tim-raue.com - geschl. 24. - 26. Dezember und Sonntag - Dienstagmittag*

Horváth (Sebastian Frank)

KREATIV • GERADLINIG X Hier pflegt man seinen Stil, und der ist kreativ, reduziert, durchdacht. Sie wählen die Anzahl der Gänge, die ausdrucksstarke Küche des Österreichers Sebastian Frank erledigt den Rest. Und dazu mal eine alkoholfreie Wein-Alternative wie "Radicchiowasser & Holunderblütenöl"? Terrasse zur lebendigen Straße.

→ Sellerie "reif und jung" mit Hühnerbouillon und Selleriesaat. Porree und Bergkas, gedünsteter Lauch, Rauchkohlrabi. Aubergine mit "Selleriekohle", Fichtenessig, Minze.

Menü 89/129 € - Karte 84/113 €

Stadtplan : H3-a - *Paul-Lincke-Ufer 44a ✉ 10999* **U** *Kottbusser Tor - ✆ 030 61289992 (Tischbestellung ratsam) - www.restaurant-horvath.de - nur Abendessen - geschl. 5. - 11. Februar, 6. - 19. August und Montag - Dienstag*

Richard

FRANZÖSISCH-MODERN • TRENDY XX Der einstige "Köpenicker Hof" von 1900 liegt zwar nicht gerade reizvoll, doch das ist schnell vergessen angesichts der angenehm klaren und nicht überladenen klassisch basierten Küche, die es hier zu einem wirklich tollen Preis-Leistungs-Verhältnis gibt! Die schönen Bilder stammen übrigens vom Patron selbst.

→ Weißer Beelitzer Spargel mit Mandel und Joselito Schinken. Skrei von den Lofoten mit Lauchbouillon. Rhabarber Dessert mit Dulcey Schokolade.

Menü 52/104 €

Stadtplan : H3-r - *Köpenicker Str. 174 ✉ 10997* **U** *Schlesisches Tor - ✆ 030 49207242 - www.restaurant-richard.de - nur Abendessen - geschl. Sonntag - Montag*

tulus lotrek (N) (Maximilian Strohe)

MODERNE KÜCHE • HIP X Hier sei zum einen die überaus herzliche Chefin zu erwähnen, zum anderen das ungezwungen-charmante Ambiente mit hohen stuckverzierten Decken, Holzboden, Kunst und originellen Tapeten. Und die Küche? Modern und mit internationalen Elementen, fein und ausdrucksstark. Darf es dazu vielleicht mal ein Cidre sein?

→ Jakobsmuschel und Seegras. Aubrac-Rind, Bibimbab, Alge, Kimchi. Mohn, Kirsche, Lorbeer.

Menü 78/98 € - Karte 68/76 €

Stadtplan : H3-c - *Fichtestr. 24 ✉ 10967* **U** *Südstern - ✆ 030 41956687 - www.tuluslotrek.de - nur Abendessen - geschl. Montag, Juli - August: Sonntag - Montag*

Nobelhart & Schmutzig

KREATIV • HIP Innovativ und gefühlvoll, reduziert und durchdacht, so die Küche in dem trendigen Restaurant. Ein Menü, Produkte aus der Region, top Qualität. Interessant die Auswahl an Weinen, Bieren, Destillaten. Umsorgt wird man ebenso locker wie versiert. Und von der langen Theke aus hat man das ganze Geschehen im Blick.

→ Kartoffel, Dill. Lauch, Ei. Hefe, Fenchel.

Menü 95 €

Stadtplan : P3-n – *Friedrichstr. 218 ✉ 10969* **U** *Kochstr. – ✆ 030 25940610 (Tischbestellung erforderlich) – www.nobelhartundschmutzig.com – nur Abendessen – geschl. Anfang Januar 2 Wochen, August und Sonntag - Montag*

Altes Zollhaus

TRADITIONELLE KÜCHE • RUSTIKAL "Genussfachwerk" nennt sich das einstige Zollhaus, das unvermutet idyllisch mitten in Kreuzberg am Landwehrkanal liegt - samt tollem "Weingarten"! Aus regionalen Produkten entstehen z. B. "soufflierter Speckpfannkuchen" oder "Ochsenbacke aus dem Schmortopf". Dazu Weine vom eigenen Pfälzer Weingut.

Menü 39/59 € – Karte 37/53 €

Stadtplan : G3-r – *Carl-Herz-Ufer 30 ✉ 10961* **U** *Prinzenstr. – ✆ 030 6923300 – www.altes-zollhaus.com – nur Abendessen – geschl. Sonntag - Montag*

VOLT

REGIONAL • TRENDY Zum interessanten Industrie-Chic in dem ehemaligen Umspannwerk am Landwehrkanal kommen regional-saisonale Speisen, die sich z. B. "Skreifilet, Schwarzwurzel, Sellerie, Dill" oder "Lammhüfte, Lauch, Birne, Dampfnudel" nennen.

Menü 51/87 € – Karte 64/72 €

Stadtplan : H3-v – *Paul-Lincke-Ufer 21 ✉ 10999* **U** *Schönleinstr. – ✆ 030 338402320 – www.restaurant-volt.de – nur Abendessen – geschl. Anfang Januar 1 Woche, Juli - August 3 Wochen und Sonntag - Montag*

herz & niere

REGIONAL • FREUNDLICH Innereien-Menü oder vegetarisches Menü? Auch wer lieber "normal" isst, wird in dem sympathischen Restaurant fündig. Man setzt hier auf das "Nose to Tail"-Konzept, nach dem das Tier komplett verarbeitet wird. Der freundliche Service berät Sie auch gut in Sachen Wein.

Menü 48/88 € – Karte 25/52 €

Stadtplan : H3-h – *Fichtestr. 31 ✉ 10967 – ✆ 030 69001522 – www.herzundniere.berlin – nur Abendessen – geschl. Montag, Mai - September: Sonntag - Montag*

Long March Canteen

CHINESISCH • TRENDY Eine coole Adresse: Das Ambiente ist dunkel gehalten, die Küche einsehbar, der Service locker-leger. Hier gibt es chinesisch-kantonesische Gerichte in Form von verschiedenen Dim Sum und Dumplings. Große Auswahl an Wein, Spirituosen, Cocktails, Longdrinks.

Menü 31/44 € – Karte 19/40 €

Stadtplan : H2-d – *Wrangelstr. 20 ✉ 10997* **U** *Schlesisches Tor – ✆ 0178 8849599 (Tischbestellung ratsam) – www.longmarchcanteen.com – nur Abendessen*

Ludwig van Beethoven

BUSINESS • FUNKTIONELL Ein zeitgemäßes Hotel mit gutem Preis-Leistungs-Verhältnis. Die Zimmer liegen teilweise ruhiger nach hinten. Frühstücken Sie im Sommer auf der begrünten Dachterrasse! Praktisch: ca. 50 m zur U-Bahn und kostenfreies Parken.

67 Zim – †73/120 € ††93/160 €

Stadtplan : H3-d – *Hasenheide 14 ✉ 10967* **U** *Hermannplatz – ✆ 030 6957000 – www.hotellvb.de*

In Berlin-Lichtenberg

✿ SKYKITCHEN

MODERNE KÜCHE • TRENDY XX Die Fahrt nach Lichtenberg lohnt sich: Zum einen hat man hier oben in "andel's Hotel" bei chic-urbaner Atmosphäre eine klasse Aussicht über Berlin, zum anderen überzeugen die stimmigen modernen Menüs "Voyage Culinaire" oder "Vegetarian". Noch ein bisschen höher lockt die "SKY-BAR" zum Degistif.

→ Blütenkohl, Nussbutter, Gartenkresse, Bio-Ei. Heilbutt, Stabmuschel, Sojabohne, Artischocke. Milchferkel, Spitzkraut, Gartenerbse, Holzkohleöl.

Menü 64 € (vegetarisch)/144 € - Karte 58/79 €

534 Zim - 94/120 € 219/245 € - 23 Suiten

Stadtplan : H2-b - *Landsberger Allee 106, (12. Etage) ✉ 10369*
U *Landsberger Allee - ✆ 030 4530532620 (Tischbestellung ratsam) - www.skykitchen.berlin - nur Abendessen - geschl. Sonntag - Montag*

In jedem Sternerestaurant ✿ werden drei Beispielgerichte angegeben, die den Küchenstil widerspiegeln. Nicht immer finden sich diese Gerichte auf der Karte, werden aber durch andere repräsentative Speisen ersetzt.

In Berlin-Neukölln

eins44

MODERNE KÜCHE • HIP X Das kommt an: "Industrial Design" und gute Küche! Ein trendig-urbanes Lokal mit ungezwungener Atmosphäre versteckt sich hier im 3. Hof in einer ehemaligen Destillerie! Gekocht wird saisonal, mittags etwas reduziert, abends aufwändiger.

Menü 46/73 €

Stadtplan : H3-e - *Elbestr. 28 ✉ 12045* **U** *Rathaus Neukölln - ✆ 030 62981212 - www.eins44.com - geschl. Samstagmittag, Sonntag - Montag*

In Berlin-Prenzlauer Berg

Kochu Karu

KOREANISCH • GERADLINIG X In dem netten puristischen kleinen Restaurant verbindet man mit Herzblut das Beste aus Spanien und Korea, und zwar als schmackhafte, ambitionierte Tapas wie "Adobo Makrele, Gerste, Aprikose" oder "Chicorée, Buchweizen, Wildorange" oder als Gerichte wie "Rinderrippchen, Rotkohl-Kimchi, Ginko-Nuss, Sherry-Jus".

Karte 30/43 €

Stadtplan : G1-k - *Eberswalder Str. 35 ✉ 10437* **U** *Eberswalder Str. - ✆ 030 80938191 (Tischbestellung ratsam) - www.kochukaru.de - nur Abendessen - geschl. 13. - 24. August*

Lucky Leek

VEGAN • NACHBARSCHAFTLICH X Vegan, frisch, saisonal und mit persönlicher Note - so wird in dem charmanten Restaurant gekocht. Richtig gut schmeckt da z. B. "Auberginen-Moussaka, Pastinaken-Hirseplätzchen, gegrilltes Mairübchen, Senfkohl".

Menü 35/55 € - Karte 36/46 €

Stadtplan : Q1-u - *Kollwitzstr. 54 ✉ 10405* **U** *Senefelderplatz - ✆ 030 66408710 - www.lucky-leek.com - nur Abendessen - geschl. Montag - Dienstag*

Filetstück Das Urgestein Ⓝ 

FLEISCH • TRENDY Die Atmosphäre hier ist angenehm locker, trendig und lebendig. Man kann in die Küche schauen, wo hochwertiges trocken gereiftes Rindfleisch auf den Grill kommt! Wen die Straße nicht stört, der kann im Sommer auch auf dem Gehsteig speisen.

Karte 66/109 €

Stadtplan : G1-a - *Schönhauser Allee 45 ✉ 10435* **U** *Eberswalder Str. - ✆ 030 48820304 (Tischbestellung ratsam) - www.filetstueck-berlin.de - geschl. Sonntagmittag und an Feiertagen mittags*

Chez Maurice 

FRANZÖSISCH • BRASSERIE Lust auf ehrliche, frische Küche mit Klassikern aus Frankreich? In rustikalem Ambiente gibt es z. B. "gratinierte Zwiebelsuppe" und "Blutwurst mit glasierten Apfelspalten". Dazu französischer Wein - auch für zu Hause, ebenso Käse und Wurst.

Menü 18 € (mittags unter der Woche) – Karte 34/63 €

Stadtplan : R1-c - *Bötzowstr. 39 ✉ 10407* **U** *Senefelder Platz - ✆ 030 4250506 - www.chez-maurice.com - Ende Juli - Mitte August nur Abendessen - geschl. Sonntagmittag, Montagmittag*

ackselhaus & blue home 

URBAN • INDIVIDUELL Eine Adresse für Individualisten mit sehr privatem Charakter und geschmackvollen, detailverliebten Themenzimmern von "Picasso" über "Sommerhaus" (hier mit eigenem kleinen Dachpool!) bis zum modern-urbanen "New York". Oder lieber ein Standardzimmer im balinesischen Stil? Wunderbar der begrünte Innenhof!

31 Zim ☕ – 🚹110/170 € 🚹🚹130/300 € – 4 Suiten

Stadtplan : Q1-e - *Belforter Str. 21 ✉ 10405* **U** *Senefelder Platz - ✆ 030 44337633 - www.ackselhaus.de*

Adele 

URBAN • DESIGN Klar, dass dieses kleine Boutique-Hotel seine Stammgäste hat: recht exklusive Einrichtung im Art-déco-Stil, hübsche wohnliche Zimmer, ein ganz moderner Frühstücksraum... und parken ist hier auch kein Problem!

13 Zim – 🚹79/129 € 🚹🚹89/139 € – 3 Suiten – ☕14 €

Stadtplan : R1-a - *Greifswalder Str. 227 ✉ 10405* **U** *Alexanderplatz - ✆ 030 44324310 - www.adele-berlin.de*

In Berlin-Schöneberg

Renger-Patzsch 

TRADITIONELLE KÜCHE • GASTHOF Eine sympathische und beliebte Adresse! Richtig gute traditionelle Speisen wie "Rostbraten mit Spätzle" oder Flammkuchen (u. a. auch mit Blutwurst!) gibt es hier zu fairen Preisen. Lebhaft die Atmosphäre in dem hohen Raum, dekorativ die Schwarz-Weiß-Landschaftsfotografien des Namensgebers. Tolle Terrasse!

Menü 30/46 € - Karte 29/43 €

Stadtplan : M3-a - *Wartburgstr. 54 ✉ 10823* **U** *Eisenacher Str. - ✆ 030 7842059 (Tischbestellung ratsam) - www.renger-patzsch.com - nur Abendessen - geschl. Sonntag*

Ponte 

ITALIENISCH • NACHBARSCHAFTLICH Hier liest man auf der klassisch-italienischen Karte z. B. "Doradenfilets in Mandelkruste mit Gemüse und Kartoffeln" - oder wie wär's mit einer mündlichen Tagesempfehlung des Chefs? Dazu schöne Weine aus Italien. Nette Terrasse vorm Haus.

Karte 33/47 €

Stadtplan : M2-p - *Regensburger Str. 5 ✉ 10777* **U** *Viktoria-Luise-Platz - ✆ 030 21912410 - www.ponte-ristorante.de - nur Abendessen, sonntags auch Mittagessen - geschl. Anfang Januar 2 Wochen, Juli 3 Wochen und Montag - Dienstag*

Brenner

MODERNE KÜCHE • GEMÜTLICH XX Sie sitzen hier in gemütlichen rustikal-eleganten Stuben und lassen sich moderne Küche servieren - macht Ihnen z. B. "Schwertfisch, Polenta, Urkarotte, Zitronenthymian" Appetit? Oder wie wär's mit dem Tapas-Menü? Dazu über 350 Weine.

Menü 42/69 € - Karte 42/52 €

Stadtplan : L2-r - *Regensburger Str. 7 ✉ 10777* **U** *Viktoria-Luise-Platz - ✆ 030 23624470 - www.restaurant-brenner.de - nur Abendessen - geschl. Sonntag*

In Berlin-Steglitz

Jungbluth

MODERNE KÜCHE • NACHBARSCHAFTLICH X Leger und ungezwungen die Atmosphäre, schmackhaft, frisch und ambitioniert das wöchentlich wechselnde Speisenangebot. Wie wär's mit "krosser Meeräsche, Fregola Sarda, Safran-Zucchini, Pecorino"? Tipp: Man bietet einen günstigeren Mittagstisch - das freut nicht nur die vielen Stammgäste.

Menü 34/58 € - Karte 37/46 €

Stadtplan : B3-c - *Lepsius Str. 63 ✉ 12163* **U** *Steglitzer Rathaus - ✆ 030 79789605 - www.jungbluth-restaurant.de - geschl. Montag*

BERNAU im SCHWARZWALD

Baden-Württemberg – 1 925 Ew. – Höhe 915 m – Regionalatlas **61**-E21
Michelin Straßenkarte 545

In Bernau-Dorf

Bergblick

TRADITIONELLE KÜCHE • LÄNDLICH Hier gibt es Klassiker wie Cordon bleu oder Jägerschnitzel und aus Omas Kochbüchle Saure Kalbsnierle oder der Siedfleischteller. Ambitioniert ist das "Freigeist-Menü", oder nehmen Sie lieber das schöne Hausgastmenü? Das Ambiente: behagliches Holz in Stube und Wintergarten.

Menü 28/65 € - Karte 20/51 €

Hotel Bergblick, Hasenbuckweg 1 ✉ 79872 - ✆ 07675 273 - www.bergblick-bernau.de - geschl. 6. November - 15. Dezember

Bergblick

FAMILIÄR • TRADITIONELL Wohnlich-charmant hat man es in dem kleinen Familienbetrieb. Obst und eigenes Quellwasser gratis, zum Frühstück frische, hochwertige Produkte, der Service ausgesprochen aufmerksam und freundlich! Wer die 3/4-Pension bucht, bekommt nicht nur tolle Abendmenüs, sondern auch Kuchen und kleine Mittagsgerichte.

8 Zim – †110/180 € ††110/180 € – 3 Suiten – ½ P

Hasenbuckweg 1 ✉ 79872 – ✆ 07675 273 – www.bergblick-bernau.de – geschl. 6. November - 15. Dezember

Bergblick – siehe Restaurantauswahl

In Bernau-Innerlehen

Das Rössle Bernau

GASTHOF • AUF DEM LAND Aus dem Gasthof mit Landwirtschaft ist ein schönes Hotel mit ländlich-modernen Zimmern und "Schwarzwald-Spa" geworden. Für den kleineren Geldbeutel gibt es auch ein paar rustikalere Zimmer. Das Restaurant bietet regional-klassische Küche wie "Roastbeef vom Schwarzwälder Weiderind", aber auch Vespergerichte.

36 Zim – †69 € ††139 € – ½ P

St. Johann Weg 2 ✉ 79872 – ✆ 07675 347 – www.roessle-bernau.de – geschl. 26. November - 8. Dezember

Schwarzwaldhaus

GASTHOF • GEMÜTLICH In dem charmanten einstigen Bauernhaus erwarten Sie freundlich-engagierte Gastgeber sowie behagliches schwarzwaldtypisches Ambiente in Zimmern und Restaurant (regionale Küche). Tipp: besonders wohnliche neuere Zimmer mit viel schönem warmem Holz und hübschen Stoffen. "Panorama-Wohlfühloase" mit Bergblick.

18 Zim – †57/69 € ††108/118 € – 2 Suiten – ½ P

Am Kurpark 26 ✉ 79872 – ✆ 07675 365 – www.schwarzwaldhaus-bernau.de – geschl. 6. November - 7. Dezember

BERNE

Niedersachsen – 6 837 Ew. – Höhe 1 m – Regionalatlas **17**-F6
Michelin Straßenkarte 541

Weserblick

GASTHOF • GEMÜTLICH Die Lage an einem natürlichen Weserstrand mit Fährverbindung sowie gemütliche Zimmer (teils zum Fluss hin gelegen) sprechen für dieses familiär geleitete Haus. Auch das Restaurant und die schöne Terrasse bieten den namengebenden Weserblick.

12 Zim – †83/98 € ††123/148 € – 1 Suite

Juliusplate 6, Nord-Ost: 2 km, an der Fähre nach Farge ✉ 27804 – ✆ 04406 92820 – www.hotel-weserblick.de – geschl. 2. - 12. Januar

BERNECK im FICHTELGEBIRGE, BAD

Bayern - 4 293 Ew. - Höhe 393 m - Regionalatlas **51**-M15
Michelin Straßenkarte 546

Merkel

GASTHOF • FUNKTIONELL Ein traditionsreiches Haus in zentraler Lage, das seit 1632 im Familienbesitz ist. Sie wohnen in gepflegten Zimmern (teilweise mit Balkon) und sitzen in gemütlichen Gaststuben (die vordere mit Kachelofen) bei bürgerlich-regionaler Küche. Gerne erzählt der Chef von seinem Hobby, der Dampfeisenbahn!

21 Zim - 49/84 € 88/128 € - ½ P

Marktplatz 13 95460 - 09273 9930 - www.merkelhotel.de

BERNKASTEL-KUES

Rheinland-Pfalz - 6 973 Ew. - Höhe 110 m - Regionalatlas **46**-C15
Michelin Straßenkarte 543

Im Ortsteil Bernkastel

Rotisserie Royale

INTERNATIONAL • FREUNDLICH In dem denkmalgeschützten Fachwerkhaus (ehemalige Küferei a. d. 16. Jh.) bekommt man in gemütlicher Atmosphäre internationale Küche mit regionalen Einflüssen serviert. Am besten parken Sie am Moselufer und laufen ca. 5 Minuten zum Restaurant. Übernachtungsgäste können die nahen hauseigenen Stellplätze nutzen.

Menü 28/45 € - Karte 26/52 €

7 Zim - 49/75 € 54/79 €

Burgstr. 19 54470 - 06531 6572 - www.rotisserie-royale.de - geschl. 1. - 18. Januar und Mittwoch

Bären

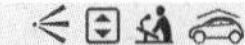

FAMILIÄR • GEMÜTLICH In dem familiengeführten Haus hat man ein Faible für Bären, die Ihnen hier und da als charmante Deko begegnen. Das Gästehaus "Bärchen" bietet moselseitige Superior-Zimmer mit Balkon und größtenteils mit Dampfdusche. Im "Alten Brauhaus" ein paar Gehminuten entfernt gibt es bürgerlich-saisonale Küche.

30 Zim - 85/150 € 110/165 €

Schanzstr. 9, an der B 53 54470 - 06531 950440 - www.hotel-baeren.de

Im Ortsteil Kues

Vital- & Wellnesshotel Zum Kurfürsten

SPA UND WELLNESS • GEMÜTLICH Eine gefragte Adresse, ideal für Wellness-Urlauber, denn hier gibt es ein vielfältiges Programm an Beauty, Fitness & Co. Und das Ambiente stimmt ebenfalls, alles ist mit Geschmack gestaltet - vom kleinen Romantikzimmer über chic-moderne LifeStyle-Zimmer bis zur Spa-Suite.

68 Zim - 92/101 € 170/188 € - 5 Suiten - ½ P

Amselweg 1, Nord-West: 6 km 54470 - 06531 96770 - www.zum-kurfuersten.de

BERNRIED KREIS DEGGENDORF

Bayern - 4 697 Ew. - Höhe 401 m - Regionalatlas **59**-O18
Michelin Straßenkarte 546

Bernrieder Hof

SPA UND WELLNESS • MODERN In einem gepflegten Familienbetrieb wohnen Sie hier, und zwar in zeitgemäßen Zimmern, die teilweise einen Balkon haben. W-Lan nutzen Sie kostenfrei. Gönnen Sie sich auch eine Massage- oder Kosmetikanwendung in ansprechendem Ambiente sowie ein Essen in freundlicher Atmosphäre.

35 Zim - 69/94 € 118/148 € - ½ P

Bogener Str. 9 94505 - 09905 74090 - www.bernrieder-hof.de

BERTRICH, BAD

Rheinland-Pfalz - 1 035 Ew. - Höhe 150 m - Regionalatlas **46**-C15
Michelin Straßenkarte 543

Häcker's Fürstenhof

SPA UND WELLNESS • HISTORISCH Klassisch-elegant wohnt man in diesem Hotel in der Ortsmitte, direkt am Kurgarten. Sehr schön ist auch der Spa, hier reichlich Marmor und Stuck. Eine stilvolle Atmosphäre herrscht in den Restauranträumen.

59 Zim - 112/162 € 205 € - 5 Suiten - ½ P

Kurfürstenstr. 36 ✉ 56864 - ✆ 02674 9340 - www.haeckers-fuerstenhof.com

BESCHEID Rheinland-Pfalz

→ Siehe Trittenheim

BESTWIG

Nordrhein-Westfalen - 11 412 Ew. - Höhe 300 m - Regionalatlas **27**-F11
Michelin Straßenkarte 543

In Bestwig-Föckinghausen Nord: 5 km über B 7 Richtung Meschede, in Velmede rechts ab

Waldhaus

LANDHAUS • GEMÜTLICH Ein sympathisches kleines Landhotel unter familiärer Leitung. Die Gäste schätzen hier die reizvolle und ruhige Lage am Wald sowie die wohnlich eingerichteten Zimmer. Gemütlich ist das im ländlichen Stil gehaltene Restaurant, nett die Terrasse zum schönen Garten.

17 Zim - 68/85 € 105/125 € - ½ P

Föckinghausen 23 ✉ 59909 - ✆ 02904 97760 - www.hotel-waldhaus.com - geschl. November 2 Wochen

BETZDORF

Rheinland-Pfalz - 9 924 Ew. - Höhe 220 m - Regionalatlas **37**-E13
Michelin Straßenkarte 543

In Kirchen-Katzenbach Nord-Ost: 5 km über B 62 Richtung Siegen

Zum weißen Stein 

GASTHOF • GEMÜTLICH Die Historie des Hauses reicht bis ins 17. Jh. zurück, der Komfort der Zimmer ist dagegen "up to date", zudem sind sie sehr wohnlich und bieten teilweise einen Blick zum Koikarpfenteich im Garten. Im ländlich-eleganten Restaurant serviert man regionale und internationale Küche.

39 Zim - 70/92 € 100/128 € - ½ P

Dorfstr. 50 ✉ 57548 - ✆ 02741 95950 - www.zum-weissen-stein.de

BEUREN

Baden-Württemberg - 3 508 Ew. - Höhe 435 m - Regionalatlas **55**-H19
Michelin Straßenkarte 545

Beurener Hof 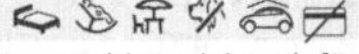

REGIONAL • GASTHOF Trendig-modernes Design findet man hier nicht, dafür ist das gediegen-rustikale Restaurant gemütlich mit seinen massiven Holzbalken und Sitznischen! Vor allem aber wird ehrlich und schmackhaft gekocht, und zwar Regionales wie "geschmortes Rinderbäckle in Acolonsauce".

Menü 35/80 € - Karte 25/51 €

10 Zim - 75/99 € 105/135 €

Hohenneuffenstr. 16 ✉ 72660 - ✆ 07025 910110 - www.beurener-hof.de - nur Abendessen, sonntags auch Mittagessen - geschl. über Fasching 1 Woche und Dienstag

BIBERACH an der RISS

Baden-Württemberg - 31 525 Ew. - Höhe 533 m - Regionalatlas **63**-H20
Michelin Straßenkarte 545

Parkhotel Jordanbad

SPA UND WELLNESS • FUNKTIONELL Das Kurhotel von 1905 liegt schön umgeben von viel Grün. Die Zimmer haben teilweise einen Balkon, außerdem bietet das Haus direkten Zugang zur Therme "Jordanbad". Frühstück gibt es im lichten verglasten Gartenzimmer. Zum Restaurant gehört eine Terrasse mit Parkblick.

117 Zim - 103/138 € 136/176 € - 2 Suiten - ½ P

Im Jordanbad 7 ✉ 88400 - ✆ 07351 343300 - www.jordanbad-parkhotel.de

BIBERACH im KINZIGTAL

Baden-Württemberg - 3 534 Ew. - Höhe 188 m - Regionalatlas **54**-E19
Michelin Straßenkarte 545

In Biberach-Prinzbach Süd-West: 4 km, Richtung Lahr

Landgasthaus zum Kreuz

TRADITIONELLE KÜCHE • LÄNDLICH Richtig zum Wohlfühlen sind die gemütlichen Stuben samt Kachelofen, ebenso die großzügige Terrasse. Spezialität sind fangfrische Forellen. Sie möchten übernachten? Schön der Mix aus warmem Holz und modernem Design im Gästehaus "Speicher" nebenan.

Karte 19/51 €

8 Zim - 68 € 109 €

Untertal 7, Ost: 1 km ✉ 77781 - ✆ 07835 426420 - www.kreuz-prinzbach.de - geschl. über Fasching und Mittwoch - Donnerstagmittag

Badischer Hof

GASTHOF • GEMÜTLICH So mancher Gast kommt gerne wieder, denn schon allein die idyllische waldreiche Umgebung lockt! Aber auch schön wohnlich ist es hier, egal ob Sie nun im Stammhaus, im Jägerhof oder im Haus Wiesengrund buchen. Im Restaurant darf man sich auf Wild aus eigener Jagd freuen!

50 Zim - 75/80 € 150/208 € - 8 Suiten - ½ P

Dörfle 20 ✉ 77781 - ✆ 07835 6360 - www.badischer-hof.de - geschl. 29. Januar - 8. Februar

BIELEFELD

Nordrhein-Westfalen - 329 782 Ew. - Höhe 118 m - Regionalatlas **27**-F9
Michelin Straßenkarte 543

GeistReich

INTERNATIONAL • FREUNDLICH Stilvoll-zeitgemäß und angenehm ungezwungen kommt das Fine-Dining-Restaurant daher. Es erwartet Sie eine ambitionierte Küche aus guten Produkten - darf es vielleicht "Bio-Lachsforelle, Sellerie, Mandarine, Walnuss" sein?

Menü 40/75 € - Karte 38/54 €

Stadtplan : B1-a - *Hotel Bielefelder Hof, Am Bahnhof 3 ✉ 33602 - ✆ 0521 5282635 - www.bielefelder-hof.de - geschl. Sonntagmittag*

GUI

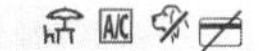

MEDITERRAN • FREUNDLICH In der offenen Küche wird mediterran gekocht, und das sehr geschmackvoll, frisch und mit guten Produkten. Bei Gerichten wie "Steinbutt, Risotto, Blaukraut, Aniscracker" wird der Name zum Programm: "GUI" steht in der internationalen Plansprache Esperanto für "Genießen".

Karte 36/68 €

Stadtplan : B2-g - *Gehrenberg 8 ✉ 33602 - ✆ 0521 5222119 (Tischbestellung ratsam) - geschl. Sonntag - Montag*

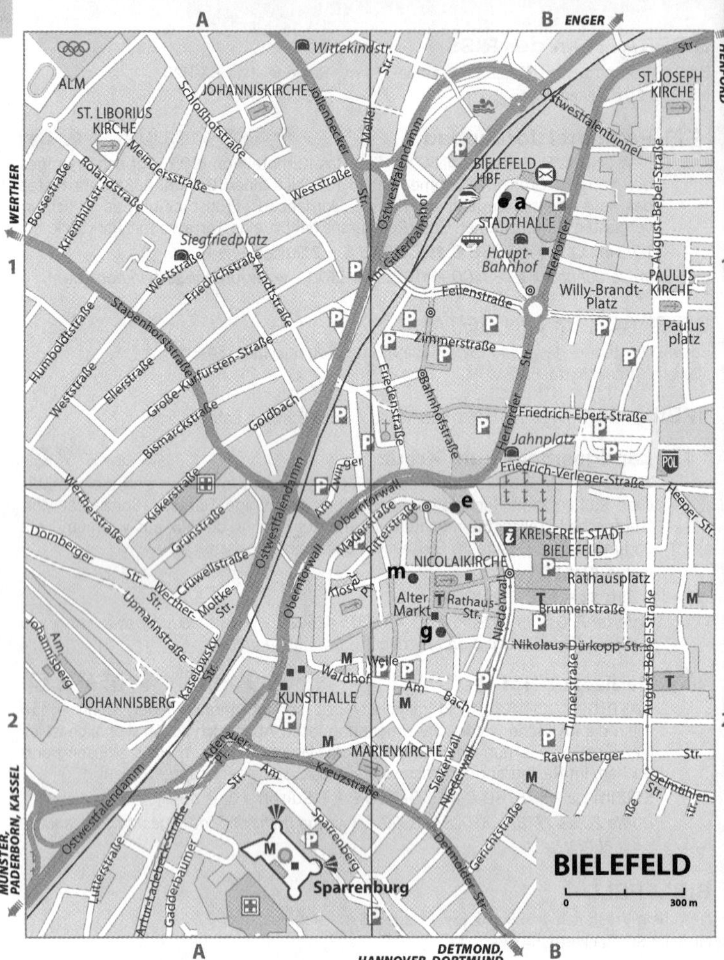

Klötzer's

INTERNATIONAL • BRASSERIE Einladend ist schon der Feinkostladen mit all seinen Leckereien, im chic-modernen Restaurant heißt es dann z. B. "gratinierte Jakobsmuscheln mit Rauke" oder "halbe Delbrücker Bauernente mit westfälischen Reibeküchlein".

Menü 39 € – Karte 29/60 €

Stadtplan : B2-e – *Ritterstr. 33 ✉ 33602 – ✆ 0521 9677520 – www.kloetzer-delikatessen.de – geschl. Sonntag sowie an Feiertagen*

Bielefelder Hof

URBAN • FUNKTIONELL Was das Hotel interessant macht? Es liegt zentral zwischen Bahnhof und Stadthalle und bietet wohnliche und zugleich funktionale Zimmer sowie gute Tagungsmöglichkeiten. Attraktiv auch das Äußere: schönes klassisches Stadthaus nebst Neubau.

155 Zim – †75/210 € ††85/220 € – 6 Suiten – ☕ 19 € – ½ P

Stadtplan : B1-a – *Am Bahnhof 3 ✉ 33602 – ✆ 0521 52820 – www.bielefelder-hof.de*

GeistReich – siehe Restaurantauswahl

In Bielefeld-Kirchdornberg West: 8 km über Stapenhorststraße A1

Tomatissimo 

ITALIENISCH • FREUNDLICH XX Schön ist es hier, modern und zugleich gemütlich, dazu gute Küche: Italienisches wie Waldpilzrisotto, Pasta und Tagliata, aber auch Wiener Schnitzel und Steak vom Grill. Tipp: Menü auf Vorbestellung am "Chef's Table". Kochkurse.

Menü 48/89 € – Karte 37/78 €

Am Tie 15 ✉ 33619 – ✆ 0521 163333 (Tischbestellung ratsam) – www.tomatissimo.de – nur Abendessen, sonntags auch Mittagessen – geschl. Montag - Dienstag

In Bielefeld-Quelle Süd-West: 5 km über Ostwestfalendamm A2

Büscher's Restaurant 

REGIONAL • GASTHOF X Im Restaurant des Hotels "Büscher" achtet man auf die Herkunft der Produkte: Wild aus dem Teutoburger Wald, Wels und Saibling aus Steinhagen, Gänse aus Rietberg... Lecker z. B. "Zweierlei von der Rehkeule, Rosenkohl, Cranberries, violette Kartoffelkrapfen". Tipp: selbstgemachtes Sauerkraut!

Menü 35/55 € – Karte 32/54 €

31 Zim – †52/90 € ††81/110 € – ☕ 9 €

Carl-Severing-Str. 136 ✉ 33649 – ✆ 0521 946140 – www.hotel-buescher.de – geschl. Sonntag - Montagmittag

In Bielefeld-Schildesche Nord: 5 km über Nowgorodstraße B1

Höptners Abendmahl 

INTERNATIONAL • FREUNDLICH X Ein gemütliches Lokal mit angeschlossener Weinhandlung. Man bekommt hier saisonal beeinflusste Menüs oder wählt von der Steakkarte. Angenehm sitzt man im Sommer auf der hübschen Terrasse.

Menü 45/75 €

Johannisstr. 11a ✉ 33611 – ✆ 0521 86105 (Tischbestellung ratsam) – www.wein-taverne.com – nur Abendessen – geschl. Januar 1 Woche, Juli - August 3 Wochen und Sonntag - Montag sowie an Feiertagen

Bayerisches Landhaus - Bayern first 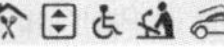 

LANDHAUS • MODERN Schön der lichte verglaste Empfangsbereich, der das "Bayerische Landhaus" mit dem hochwertigen Anbau "Bayern first" verbindet - hier moderne Geradlinigkeit. Die Zimmer haben teilweise einen Balkon. Frühstück im Wintergarten, das Restaurant samt uriger "Almhütte" verbreitet bayerisches Flair.

34 Zim ☕ – †78/92 € ††95/108 € – 3 Suiten

Loheide 41 ✉ 33609 – ✆ 0521 83535 – www.bayerisches-landhaus.de

In Bielefeld-Senne Süd: 10 km über Ostwestfalendamm A2

Gasthaus Buschkamp 

TRADITIONELLE KÜCHE • RUSTIKAL XX Ein romantisches Museumsdorf aus alten Fachwerkhäusern. In charmant-rustikalem Ambiente gibt es Regionales wie "westfälischer Wurstebrei", aber auch feinere Speisen wie "im Ganzen gebratene Seezunge mit Kapernbutter und Zitronenchutney".

Menü 29/67 € – Karte 23/55 €

Buschkampstr. 75 ✉ 33659 – ✆ 0521 492800 – www.museumshof-senne.de – geschl. Montag - Dienstag

BIENENBÜTTEL-BARDENHAGEN

Niedersachsen - 6 624 Ew. - Höhe 30 m - Regionalatlas **19**-J6
Michelin Straßenkarte 541

Im Ortsteil Bardenhagen Ost: 8 km

GUT Evening

INTERNATIONAL • TRENDY XX Besonders angenehm sitzt man hier auf der tollen Terrasse, aber auch drinnen hat man es sehr schön dank chic-modernem und zugleich gemütlichem Interieur. Die ambitionierte international-kreative Küche bietet z. B. "Black Cod & Bouchotmuschel, Safranfond, geräucherten Blumenkohl, Estragonbrösel".

Menü 39 € - Karte 29/66 €

Hotel GUT Bardenhagen, Bardenhagener Str. 3 ✉ 29553 - ✆ 05823 95399622 - www.gut-bardenhagen.de - nur Abendessen - geschl. Sonntag - Mittwoch

GUT Bardenhagen

LANDHAUS • INDIVIDUELL Die tolle Anlage mit großem Festsaal ist natürlich die perfekte Location für Hochzeiten. Und wenn Sie einfach nur ausspannen möchten: Die Zimmer in Gutshaus, Uhrenvilla und Neubau sind wertig, Wasser, Telefon und Internet gratis, hübsch der Wellnessbereich, dazu die Ruhe ringsum! Schöner Deko-Shop.

27 Zim - 105/155 € 145/180 € - 2 Suiten

Bardenhagener Str. 3 ✉ 29553 - ✆ 05823 9539960 - www.gut-bardenhagen.de

GUT Evening - siehe Restaurantauswahl

BIETIGHEIM-BISSINGEN

Baden-Württemberg - 42 334 Ew. - Höhe 200 m - Regionalatlas **55**-G18
Michelin Straßenkarte 545

Im Stadtteil Bietigheim

Maerz - Das Restaurant (Benjamin Maerz)

FRANZÖSISCH-KREATIV • GEMÜTLICH XX In ihrem Hotel "Rose" hat Familie Maerz ein schönes gemütlich-modernes Restaurant, in dem die Gäste ein Menü mit 3 - 6 Gängen wählen. Internationale Produkte werden hier technisch sehr exakt und kreativ zusammengestellt. Auch Vegetarisches ist reichlich vertreten. Schlichtere Alternative: die schicke Weinbar.

→ Blau Garnele, Kimchi, wilder Brokkoli, Linsen, Mango, Indianernessel. Stachelmakrele, Gurke, Mandelmilch, Dill, Ebi Ama. Zwischenrippenstück vom Weiderind, Paprika, Radieschen, Cashew, Togarashi.

Menü 79 € (vegetarisch)/129 € - Karte 66/84 €

31 Zim - 79/109 € 89/149 € - 13 € - ½ P

Kronenbergstr. 14 ✉ 74321 - ✆ 07142 42004 - www.maerzundmaerz.de - nur Abendessen - geschl. Anfang Januar 1 Woche, über Ostern 1 Woche, August 3 Wochen und Sonntag - Montag

Friedrich von Schiller

FRANZÖSISCH-KLASSISCH • GEMÜTLICH XX Ein schöneres Plätzchen hätte aus dem jahrhundertealten Haus in der Altstadt kaum entstehen können! Man wird herzlich umsorgt, gekocht wird regional, klassisch, schmackhaft. Tipp: die nette kleine Terrasse zur Fußgängerzone! Übernachten kann man in liebenswerten Zimmern, benannt nach Stücken von Schiller.

Menü 39/89 € - Karte 33/76 €

15 Zim - 87/111 € 103/124 € - 4 Suiten - 12 €

Marktplatz 5 ✉ 74321 - ✆ 07142 90200 - www.friedrich-von-schiller.com - geschl. 1. - 12. Januar, 23. Juli - 9. August und Sonntag - Montagmittag, Samstagmittag sowie an Feiertagen

BILLERBECK

Nordrhein-Westfalen - 11 447 Ew. - Höhe 115 m - Regionalatlas **26**-D9
Michelin Straßenkarte 543

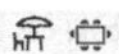

Domschenke

MARKTKÜCHE • RUSTIKAL XX Gut machen sich die modernen Akzente zum rustikalen Flair des 1668 erbauten Gasthofs. Gekocht wird auf klassischer Basis und mit saisonal-regionalen Einflüssen - so z. B. "Skrei mit Schwarzwurzeln und Trüffelsauce".

Menü 15 € (mittags)/68 € - Karte 24/70 €

Hotel Domschenke, Markt 6 ✉ 48727 - ✆ 02543 93200 - www.domschenke-billerbeck.de

Domschenke

GASTHOF • GEMÜTLICH Familie Groll ist seit mehreren Generationen engagiert bei der Sache und hält ihr Haus top in Schuss! Wie wär's mit einem der besonders schönen modernen Zimmer? Vielleicht die schicke Suite? Gleich vor der Tür der sehenswerte Dom von 1898.

30 Zim - 70/90 € 95/125 € - 1 Suite - ½ P

Markt 6 ✉ 48727 - ✆ 02543 93200 - www.domschenke-billerbeck.de

Domschenke - siehe Restaurantauswahl

BINDLACH Bayern ➜ Siehe Bayreuth

BINGEN

Rheinland-Pfalz – 24 640 Ew. – Höhe 100 m – Regionalatlas **47**-E15
Michelin Straßenkarte 543

In Münster-Sarmsheim Süd: 4 km über die B 9 / B 48

Weinstube Kruger-Rumpf

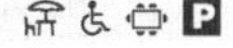

REGIONAL • WEINSTUBE X Charmant ist die ländliche Weinstube des bekannten Weinguts. Hier wie auch auf der hübschen Terrasse serviert man z. B. "Lammrücken in der Kräuterkruste mit Rosmarinjus". Außerdem können Sie in netten modernen Gästezimmern übernachten.

Menü 28/90 € - Karte 26/49 €

Rheinstr. 47 ✉ 55424 - ✆ 06721 45050 - www.kruger-rumpf.com - nur Abendessen - geschl. 23. Dezember - 5. Januar und Montag

BINZ Mecklenburg-Vorpommern ➜ Siehe Rügen (Insel)

BINZEN

Baden-Württemberg – 2 973 Ew. – Höhe 284 m – Regionalatlas **61**-D21
Michelin Straßenkarte 545

Mühle

KLASSISCHE KÜCHE • ELEGANT XX Hier serviert man traditionell-klassische Küche, und es wird vor Ihren Augen tranchiert und flambiert. Wählen Sie z. B. "Chateaubriand mit Sauce Béarnaise" und als Dessert Crêpes Suzette. Den Käse für den Käsewagen holt man übrigens direkt aus Frankreich!

Menü 55/120 € - Karte 45/87 €

Hotel Mühle, Mühlenstr. 26 ✉ 79589 - ✆ 07621 9408490 - www.muehlebinzen.de

Mühle

LANDHAUS • ELEGANT Schön, was Sie da in der einstigen Mühle von 1725 erwartet: ruhige Lage, elegante, mit Stilgefühl eingerichtete Zimmer und am Morgen ein leckeres Frühstück im hübschen Garten-Pavillon. Einladend auch die gemütliche Zigarren-Lounge.

32 Zim - 90/135 € 100/175 €

Mühlenstr. 26 ✉ 79589 - ✆ 07621 9408490 - www.muehlebinzen.de

Mühle - siehe Restaurantauswahl

BIRKENAU

Hessen - 9 946 Ew. - Höhe 147 m - Regionalatlas **47**-F16
Michelin Straßenkarte 543

Drei Birken

MARKTKÜCHE • FREUNDLICH XX Ein seit 1976 mit Engagement betriebenes Haus, in dem man richtig gut isst. Karl Gassen kocht Saisonales und Klassiker wie "Kalbsbäckchen in Rotwein geschmort". Interessant: Versucherlemenü in sechs kleinen Gängen. Ehefrau Christine betreut in freundlicher Atmosphäre charmant die Gäste.

Menü 36/69 € - Karte 33/76 €

Hauptstr. 170 ✉ 69488
- ✆ 06201 32368 - www.restaurant-drei-birken.de
- geschl. Anfang Februar 2 Wochen, Ende August - Mitte September und Montag - Mittwochmittag

In Birkenau-Löhrbach Süd-West: 4 km, Richtung Abtsteinach

Stuben

MARKTKÜCHE • GEMÜTLICH X Schön gemütlich hat man es in der gediegen-rustikalen Stube - an kalten Wintertagen sind die Plätze am wärmenden Kachelofen gefragt, im Sommer die hübsche Terrasse! Im Vordergrund stehen Gerichte vom Bison und vom Galloway-Rind.

Karte 34/77 €

Hotel Lammershof, Absteinacher Str. 2 ✉ 69488
- ✆ 06201 845030 - www.lammershof.de
- nur Abendessen, sonntags auch Mittagessen - geschl. 5. - 18. Februar, 30. Juli - 12. August und Montag

Lammershof

LANDHAUS • INDIVIDUELL In dem aufwändig sanierten historischen Lammershof trifft altes Fachwerk auf Moderne, sehr charmant, wertig und wohnlich die Zimmer. Eine Besonderheit ist die eigene Bisonzucht am Haus, die man auch bei einer Kutschfahrt bewundern kann.

11 Zim - †79/89 € ††119 € - ☕ 10 €

Absteinacher Str. 2 ✉ 69488 - ✆ 06201 845030 - www.lammeshof.de - geschl. 5. - 18. Februar, 30. Juli - 12. August

Stuben - siehe Restaurantauswahl

BIRKENFELD (MAIN-SPESSART-KREIS)

Bayern - 2 132 Ew. - Höhe 206 m - Regionalatlas **49**-H15
Michelin Straßenkarte 546

In Birkenfeld-Billingshausen Nord-Ost: 2 km, Richtung Zellingen

Goldenes Lamm

BÜRGERLICHE KÜCHE • GASTHOF X Seit Generationen leitet Familie Hüsam das alte Steinhaus im Dorfkern. In netten Stuben serviert man Regionales mit Ausflügen in die Ferne. Mögen Sie "geschmortes Rehschäuferl" oder lieber "gebratene Jakobsmuscheln mit Safransauce"? Im Sommer sitzt man schön im Hof.

Menü 34/52 € - Karte 21/45 €

Untertorstr. 13 ✉ 97834 - ✆ 09398 352 - www.goldenes-lamm-billingshausen.de - geschl. Montag - Dienstag

BIRNBACH, BAD

Bayern - 5 604 Ew. - Höhe 376 m - Regionalatlas **59**-P19
Michelin Straßenkarte 546

Sonnengut

SPA UND WELLNESS • GEMÜTLICH Ein Vierseithof der neuzeitlichen Art. Modern, schön und hochwertig sind die Zimmer und Suiten eingerichtet, der Wellnessbereich ist großzügig, aufwändig gestaltet und bietet vielfältige Anwendungen. Gehoben-regionale Küche in der charmanten holzgetäfelten "Hirschstube".

80 Zim – 101/116 € 200/228 € – 8 Suiten – ½ P

Am Aunhamer Berg 2 84364 – 08563 3050 – www.sonnengut.de

Vitalhotel

SPA UND WELLNESS • FUNKTIONELL Das Hotel am Rande des Kurgebiets verfügt über wohnliche Zimmer in warmen Farben und überzeugt mit einem umfangreichen Wellnessangebot in geschmackvollem Ambiente.

108 Zim – 73/78 € 116/152 € – 5 Suiten – ½ P

Brunnaderstr. 27 84364 – 08563 3080 – www.vitalhotel-badbirnbach.de

Außerhalb Nord: 6 km

Hofgut Hafnerleiten

LANDHAUS • INDIVIDUELL Traumhaft wohnt man hier, und zwar in seinem eigenen Haus! Zur Wahl stehen das Haus am Feld, das Haus am Wald, das Bootshaus, das Baumhaus... Eines schöner als das andere, alle wertig und individuell. Frühstück wird Ihnen gebracht, abends speist man zusammen an einer großen Tafel im Haupthaus.

10 Zim – 210/290 € 340/440 €

Brunndobl 16 84364 – 08563 91511 – www.hofgut.info

In den Ortsblöcken finden Sie geografische Angaben wie Bundesland, Michelin-Karte, Einwohnerzahl und Höhe des Ortes.

BISCHOFSWIESEN

Bayern – 7 520 Ew. – Höhe 610 m – Regionalatlas **67**-O21
Michelin Straßenkarte 546

Reissenlehen

SPA UND WELLNESS • TRADITIONELL Schön wohnlich ist das freundlich geführte kleine Hotel mit den angenehm großzügigen Zimmern. Hallenbad und Naturbadeteich bieten einen fantastischen Bergblick, toll die Blockhaussauna, gut das Kosmetik- und Massageangebot, und auch Physiotherapie ist buchbar.

20 Zim – 65/120 € 120/180 € – 4 Suiten – ½ P

Reissenpoint 11 83483 – 08652 977200 – www.reissenlehen.de – geschl. November - 25. Dezember

Alpenhotel Hundsreitlehen

FAMILIÄR • TRADITIONELL Seit über 100 Jahren ist das 1387 erstmals erwähnte Haus in 750 m Höhe bereits im Familienbesitz. Um das Anwesen herum findet sich ein Barfußweg, schön die Panoramasicht. Wie wär's z. B. mit einem geschmackvollen "Sonnenalm"-Studio, einem Kuschel- oder Romantikzimmer oder einem geräumigen Familiennest?

29 Zim – 51/100 € 104/140 € – 5 Suiten – ½ P

Quellenweg 11 83483 – 08652 9860 – www.hundsreitlehen.de – geschl. 2. - 26. April, Ende Oktober - 25. Dezember

BISINGEN

Baden-Württemberg - 9 233 Ew. - Höhe 561 m - Regionalatlas **55**-G19
Michelin Straßenkarte 545

In Bisingen-Zimmern Nord-Ost: 2 km

Gasthof Adler

REGIONAL • LÄNDLICH XX In dem langjährigen Familienbetrieb kocht man regional und sehr schmackhaft. Da machen z. B. "Seesaibling mit Rieslingsößle" oder "Lammhäxle aus dem Ofen" Appetit. In Bisingen hat man übrigens auch ein Gästehaus mit sechs modernen Zimmern.

Karte 29/53 €

Schloss-Str. 1 ✉ 72406 - ✆ 07471 16975 - www.adler-zimmern.de - Mittwoch - Freitag nur Abendessen - geschl. August 2 Wochen und Montag - Dienstag

BISPINGEN

Niedersachsen - 6 266 Ew. - Höhe 74 m - Regionalatlas **19**-I6
Michelin Straßenkarte 541

Tafelhuus

TRADITIONELLE KÜCHE • FREUNDLICH X Drinnen helles, freundliches Ambiente, draußen der idyllische Garten mit Bäumen und Teich. Gekocht wird regional-bürgerlich und international: "geschmorter Heidschnuckenbraten mit Wacholderjus", "gegrillte Lachstranche mit Limonensauce"...

Karte 23/42 €

Heidehotel Rieckmann, Kirchweg 1 ✉ 29646 - ✆ 05194 9510 (Tischbestellung ratsam) - www.hotel-rieckmann.de - nur Abendessen - geschl. Januar - Februar und Montag - Dienstag

Heidehotel Rieckmann

FAMILIÄR • MODERN Persönlich und individuell kümmert man sich hier um die Gäste. Man sieht, dass immer wieder verbessert und aufgefrischt wird! Die Zimmer sind zeitgemäß, Sky TV nutzen Sie kostenfrei. Fragen Sie nach den ruhigeren Zimmern zum Garten.

21 Zim - 61/89 € 79/119 € - ½ P

Kirchweg 1 ✉ 29646 - ✆ 05194 9510 - www.hotel-rieckmann.de

Tafelhuus - siehe Restaurantauswahl

Das kleine Hotel am Park

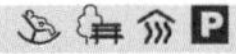

FAMILIÄR • GEMÜTLICH Eine sympathische familiäre Adresse am Waldrand, zur Heide sind es nur wenige Schritte. Die Zimmer wohnlich-individuell, nach Monaten benannt. Zum gepflegten Garten (hier die Blockhaussauna) liegt der charmante Frühstücksraum mit Terrasse.

9 Zim - 65/72 € 95/105 €

Am Park 2c, Borstel, Nord-West: 1,5 km ✉ 29646 - ✆ 05194 6844 - www.daskleinehotel.de - geschl. 23. - 29. Dezember

BISTENSEE Schleswig-Holstein → Siehe Rendsburg

BITBURG

Rheinland-Pfalz - 13 733 Ew. - Höhe 320 m - Regionalatlas **45**-B15
Michelin Straßenkarte 543

In Rittersdorf Nord-West: 4 km, jenseits der B 51 - Höhe 285 m

Herrmann's

INTERNATIONAL • GEMÜTLICH XX Über die Torbrücke gelangt man in den schönen Innenhof (hier eine der Terrassen) der romantischen Wasserburg a. d. 13. Jh. Kaminzimmer, Gute Stube, Jagdzimmer, Burgküche, Turmzimmer - lauter charmant-rustikale Räume! Gekocht wird international-regional. Standesamt im Gotischen Trauzimmer.

Karte 35/52 €

Bitburger Str. 30, (in der Burg Rittersdorf) ✉ 54636 - ✆ 06561 96570 - www.burgrittersdorf.de - geschl. Januar 2 Wochen und Montag - Dienstag

BLAICHACH

Bayern - 5 713 Ew. - Höhe 737 m - Regionalatlas **64**-I22
Michelin Straßenkarte 546

Zum Dorfwirt

REGIONAL • RUSTIKAL Das Motto der gastronomieerfahrenen Gastgeber lautet "Regionale Schmankerl aus dem Alpenland", und die gibt's z. B. in Form von "Wiener Schnitzel", "Ochsenbrust mit Meerrettichsauce" oder "Zwiebelrostbraten auf Allgäuer Käs'spätzle". Passend dazu die bürgerlich-rustikale Atmosphäre.

Karte 21/39 €

Burgbergerstr. 48 87544 - 08321 88822 - www.dorfwirt-blaichach.de

BLANKENBACH

Bayern - 1 519 Ew. - Höhe 190 m - Regionalatlas **48**-G15
Michelin Straßenkarte 546

Brennhaus Behl

REGIONAL • LÄNDLICH Das Engagement der Familie zeigt sich auch in der guten Küche. Aus regionalen Produkten entsteht Schmackhaftes wie "Blankenbacher Bachforelle, Orangenkarotten, Kartoffeln, Safranschaum". Tipp: Richtig schön sitzt man im schattigen Innenhof! Man bietet übrigens auch Brennabende in der eigenen Destille.

Menü 29 € (mittags)/75 € - Karte 30/55 €

Krombacher Str. 2 63825 - 06024 4766 - www.behl.de - geschl. Montagmittag

Brennhaus Behl

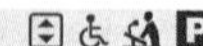

GASTHOF • MODERN Seit 1982 hat Familie Behl ihr Brennhaus - ein schön saniertes altes Fachwerkhaus nebst modernen Anbauten. Das Ambiente ist freundlich und zeitgemäß - wohnlich der Holzfußboden in den Zimmern. Wie wär's mit Frühstück auf der Dachterrasse?

23 Zim - 74/87 € 104/112 € - ½ P

Krombacher Str. 2 63825 - 06024 4766 - www.behl.de

Brennhaus Behl - siehe Restaurantauswahl

BLANKENBURG

Sachsen-Anhalt - 20 509 Ew. - Höhe 200 m - Regionalatlas **30**-K10
Michelin Straßenkarte 542

Viktoria Luise

PRIVATHAUS • KLASSISCH Wer etwas Individualität sucht, findet diese in der schmucken Jugendstilvilla von 1893 - in Zimmern wie "Beatrix II", "Christine Luise" oder "Barockgarten". Die herzlichen Gastgeber sorgen für privat-familiäre Atmosphäre, am Morgen gibt es Frühstück à la carte.

12 Zim - 61/90 € 120/140 €

Hasselfelder Str. 8 38889 - 03944 91170 - www.viktoria-luise.de - geschl. 4. - 19. November, 20. - 26. Dezember

BLANKENHAIN

Thüringen - 6 404 Ew. - Höhe 300 m - Regionalatlas **40**-L13
Michelin Straßenkarte 544

Spa & Golf Hotel Weimarer Land

SPA UND WELLNESS • AUF DEM LAND Die Lage an einer 36-Loch-Golfanlage ist gefragt bei Golfern! Nicht minder attraktiv: wertige Zimmer, geschmackvoller Spa, kostenlose Kinderbetreuung. Überall gemütlich-eleganter Stil, so auch im Restaurant "Masters" mit frankophiler Karte. Saisonales und Grillgerichte in der "GolfHütte", Thüringer Küche im "Zum güldenen Zopf" (im Ort). HP im "Augusta".

94 Zim - 159/279 € 209/329 € - ½ P

Weimarer Str. 60, Nord-Ost: 1 km Richtung Weimar, dann rechts abbiegen 99444 - 036459 61640 - www.golfresort-weimarerland.de - geschl. 14. - 19. Januar

BLAUBACH Rheinland-Pfalz → Siehe Kusel

BLAUBEUREN

Baden-Württemberg - 11 902 Ew. - Höhe 516 m - Regionalatlas **56**-H19
Michelin Straßenkarte 545

In Blaubeuren-Weiler West: 2 km über B 492

Forellen-Fischer

REGIONAL • RUSTIKAL XX Schon seit 1968 sind die Gastgeber in dem gemütlich-rustikalen Fachwerkhaus mit Engagement bei der Sache! Im Sommer lockt die lauschige Terrasse, im Winter der offene Kamin. Fester Bestandteil der regionalen Küche: Forellen aus der Aach.

Menü 45 € - Karte 21/57 €

Aachtalstr. 6 ✉ 89143 - ✆ 07344 6545 - www.forellenfischer.de - geschl. Sonntagabend - Montag

BLIESKASTEL

Saarland - 20 845 Ew. - Höhe 213 m - Regionalatlas **46**-C17
Michelin Straßenkarte 543

Hämmerle's Restaurant - Barrique

FRANZÖSISCH-MODERN • ELEGANT XXX Die Gäste schätzen die produktbezogene klassische Küche, die von Gefühl und Können zeugt. Man sieht den Aufwand, den Cliff Hämmerle hier auf den Teller bringt. Klar und elegant das Interieur - da passt der gläserne Weinschrank bestens ins Bild, schön die Auswahl. Zum Übernachten hat man zwei Gästezimmer.

→ Wilder Steinbutt mit Crêpe Bretonne. Oberwürzbacher Rinderfilet mit Schnibbelbohnen und karamellisierten Perlzwiebeln. Fruchtiger Bliesgau Spaziergang.

Menü 62/89 €

Bliestalstr. 110a ✉ 66440 - ✆ 06842 52142 (Tischbestellung ratsam) - www.haemmerles-restaurant.de - nur Abendessen - geschl. Ende Dezember - Anfang Januar 2 Wochen, August 3 Wochen und Sonntag - Montag sowie an Feiertagen

Landgenuss - siehe Restaurantauswahl

Landgenuss

REGIONAL • LÄNDLICH XX Empfehlenswert ist hier alles: vom Bliesgau-Menü mit modernen Klassikern wie "Rinderroulade de luxe" über kreative Landgenuss-Küche wie "Rinderfilet Rossini" bis hin zu Vegetarischem. Und kommen Sie auch mal zum Mittagsmenü mit unschlagbarem Preis-Leistungs-Verhältnis! Dazu freundliches Landhausflair.

Menü 47 € - Karte 32/61 €

Hämmerle's Restaurant - Barrique, Bliestalstr. 110a ✉ 66440 - ✆ 06842 52142 (Tischbestellung ratsam) - www.haemmerles-restaurant.de - geschl. Ende Dezember - Anfang Januar 1 Woche, Mitte August 1 Woche und Samstagmittag, Sonntag - Montag sowie an Feiertagen

BOCHOLT

Nordrhein-Westfalen - 70 837 Ew. - Höhe 25 m - Regionalatlas **25**-B10
Michelin Straßenkarte 543

Mussumer Krug

GRILLGERICHTE • NACHBARSCHAFTLICH X Sympathisch-leger ist es in dem alten Backsteinhaus - Modernes und Rustikales hat man charmant kombiniert. Gekocht wird von trendig bis traditionell, man legt Wert auf regionale Produkte. Immer auf der Karte: Schnitzel. Gute Gin-Auswahl.

Menü 28/46 € - Karte 29/63 €

Mussumer Kirchweg 143 ✉ 46395 - ✆ 02871 13678 - www.mussumerkrug.de - nur Abendessen - geschl. Montag - Dienstag

BOCHUM

Nordrhein-Westfalen - 361 876 Ew. - Höhe 100 m - Regionalatlas **26**-C11
Michelin Straßenkarte 543

Livingroom

INTERNATIONAL • HIP XX Ob "Dry Aged Ribeye", Wiener Schnitzel oder "Filet vom schottischen Lachs, Sobanudeln, Okraschoten", in dem lebendig-modernen großen Restaurant mit Bar und Bistro wird frisch und schmackhaft gekocht. Tipp: der Mittagstisch zu fairem Preis.

Menü 35/69 € (abends) - Karte 36/68 €

Luisenstr. 9 ✉ 44787 - ✆ 0234 9535685 - www.livingroom-bochum.de - geschl. Sonntag sowie an Feiertagen

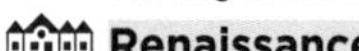

Renaissance

BUSINESS • MODERN Für Businessgäste sind die verkehrsgünstige Lage und der direkte Zugang zum Kongresszentrum ideal, Besucher des Starlight-Express-Theaters nutzen gerne die günstigen Wochenendangebote! Nach dem Saunagang (toll die Sicht vom 7. Stock!) stärkt man sich im Restaurant "Sutherland" mit Internationalem.

174 Zim - †110/132 € ††110/132 € - 3 Suiten - ☕ 19 €

Stadionring 18 ✉ 44791 - ✆ 0234 61010 - www.renaissancebochum.de

BODENMAIS

Bayern - 3 285 Ew. - Höhe 689 m - Regionalatlas **59**-P17
Michelin Straßenkarte 546

In Bodenmais-Kothinghammer Süd-West: 2,5 km Richtung Deggendorf

Hammerhof Aktiv- und Wohlfühlhotel

SPA UND WELLNESS • GEMÜTLICH Hier locken die schöne Alleinlage, der großzügige Rahmen und wohnliche Zimmer im Landhausstil sowie der attraktive und vielfältige Spa im Haus "Sommerland" (über Bademantelgang erreichbar). Dazu geschmackvoll gestaltete Restaurantstuben.

39 Zim ☕ - †85/95 € ††146/166 € - 20 Suiten - ½ P

Kothinghammer 1 ✉ 94249 - ✆ 09924 9570 - www.hammerhof.de - geschl. 25. November - 25. Dezember

In Bodenmais-Mooshof Nord-West: 1 km Richtung Drachselsried

Mooshof Wellness & SPA Resort

LUXUS • ELEGANT Wellness und Erholung in schöner Landschaft - das steht in dem traditionsreichen Familienbetrieb (seit 1912) im Mittelpunkt. Dazu trägt das umfassende Spa-Angebot ebenso bei wie die wohnlichen und individuellen Zimmer - darf es vielleicht eine der edlen Wellness- oder Luxus-Suiten sein? HP inklusive.

56 Zim ☕ - †95/155 € ††210/270 € - 24 Suiten - ½ P

Mooshof 7 ✉ 94249 - ✆ 09924 7750 - www.hotel-mooshof.de - geschl. 27. November - 20. Dezember

BODMAN-LUDWIGSHAFEN

Baden-Württemberg - 4 557 Ew. - Höhe 408 m - Regionalatlas **63**-G21
Michelin Straßenkarte 545

Im Ortsteil Ludwigshafen

Seehotel Adler

SPA UND WELLNESS • MODERN Toll die Lage am Seeufer, direkt am Bootshafen. Fragen Sie nach den Themenzimmern oder den modernen Zimmern im Anbau! Nett auch die im Stammhaus mit Seeblick. Zudem bietet man Kosmetik sowie ein Restaurant mit trendigem, klassischem oder rustikalem Ambiente. Dazu Terrasse zum See und Biergarten.

60 Zim ☕ - †95/145 € ††140/190 € - 3 Suiten - ½ P

Hafenstr. 4 ✉ 78351 - ✆ 07773 93390 - www.seehotel-adler.de

BÖBLINGEN

Baden-Württemberg - 47 385 Ew. - Höhe 464 m - Regionalatlas **55**-G18
Michelin Straßenkarte 545

Da Signora

ITALIENISCH • FREUNDLICH XX Hier ist man mit Leib und Seele Gastgeber, verarbeitet nur gute, frische Produkte, Brot und Pasta macht man selbst. Am Abend bietet man z. B. "Orangen-Risotto mit Ente", "Limonen-Ravioli" oder "Selezione di Pesce". Mittags preiswerte kleine Karte. Angeschlossen: Enoteca und Vinothek.

Menü 22 € (mittags unter der Woche)/69 € - Karte 41/62 €

Graf-Zeppelin-Platz 1, (im Meilenwerk) ✉ 71034 - ✆ 07031 3069509 - www.dasignora.de - geschl. Sonntag

Zum Reussenstein

TRADITIONELLE KÜCHE • GEMÜTLICH XX Hier geht es ganz schwäbisch zu: Die Karte ist nicht nur regional ausgerichtet, sondern auch im Dialekt geschrieben - Lust auf "Bio-Landgogglbruschd", "Roschdbrôôda" oder "Schweinsbäggla"? Die Glaswand zur Küche gewährt interessante Einblicke. Im Gewölbe: Wein-"Schatzkämmerle" und Kochschule.

Menü 27/42 € - Karte 22/50 €

Hotel Zum Reussenstein, Kalkofenstr. 20 ✉ 71032 - ✆ 07031 66000 - www.reussenstein.com - geschl. Sonntag - Montag

V8 Hotel

BUSINESS • INDIVIDUELL Es ist schon recht speziell hier, von der Oldtimer-Halle über originelle Themenzimmer ("Tankstelle", "Route 66"...) und die "Zeppelin-Suite" (3 Etagen plus Dachterrasse!) bis hin zu interessanten Arrangements ("Emotion pur", "Automobile Museumstour" oder "Freuen auf morgen"). Frühstück im Café Reimann.

32 Zim - †120/180 € ††150/250 € - 2 Suiten - ☕ 18 €

Graf-Zeppelin-Platz 1, (im Meilenwerk) ✉ 71034 - ✆ 07031 3069880 - www.v8hotel.de - (Erweiterung um 153 Zimmer nach Redaktionsschluss)

Zum Reussenstein

BUSINESS • INDIVIDUELL Von der Straße geht es ein paar Stufen hinunter zum Hotel der Familie Böckle (3. Generation). Es gibt hier individuelle Zimmer, darunter auch Themenzimmer. Wie wär's im Sommer mit Frühstück im netten Wildkräutergarten? Besonderheit: Indoor-Barfußpark und eigener Jagdsimulator!

45 Zim ☕ - †99/140 € ††120/160 €

Kalkofenstr. 20 ✉ 71032 - ✆ 07031 66000 - www.reussenstein.com

Zum Reussenstein - siehe Restaurantauswahl

In Schönaich Süd-Ost: 6 km

Waldhotel Sulzbachtal

LANDHAUS • GEMÜTLICH Das kleine Hotel hat gleich mehrere Pluspunkte: Es liegt schön inmitten von Wald, Wiesen und Feldern, wird herzlich-familiär geführt, ist äußerst gepflegt und am Morgen bekommt man ein frisches, reichhaltiges Frühstück - für Businessgäste und Kurzurlauber gleichermaßen ideal! Restaurant in der Nachbarschaft.

20 Zim ☕ - †82/119 € ††96/128 €

Im Sulzbachtal 2, Nord-Ost: 2 km, Richtung Steinenbronn ✉ 71101 - ✆ 07031 75780 - www.sulzbachtal.com - geschl. Weihnachten - Anfang Januar 3 Wochen

BÖNNIGHEIM

Baden-Württemberg - 7 360 Ew. - Höhe 221 m - Regionalatlas **55**-G17
Michelin Straßenkarte 545

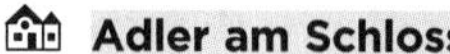

Adler am Schloss

GASTHOF • MODERN Man wohnt hier richtig schön! Direkt neben dem Schloss fügt sich das nette kleine Hotel mit seinen schmucken Zimmern harmonisch ins Ortsbild - hier und da altes Fachwerk. Ebenso charmant die Gästebetreuung! Das Frühstück ist übrigens sehr gut, die Minibar gratis.

18 Zim - †59/73 € ††75/92 € - ☕10 €

Schlossstr. 34 ✉ 74357 - ✆ 07143 82020 - www.adler-am-schloss.de

BOLTENHAGEN

Mecklenburg-Vorpommern - 2 430 Ew. - Höhe 5 m - Regionalatlas **11**-L4
Michelin Straßenkarte 542

In Boltenhagen-Redewisch West: 2 km

Gutshaus Redewisch

LANDHAUS • HISTORISCH Ein schöner Anblick, wie das stattliche Gutshaus a. d. 19. Jh. bei der Anfahrt vor Ihnen liegt! Heute ist es ein schmuckes kleines Hotel, einige Zimmer mit Balkon, teils mit altem Holzfußboden. Setzen Sie sich zum Essen (bürgerliche Küche, durchgehend serviert) auf die Terrasse zum Teich!

20 Zim ☕ - †65/85 € ††99/180 € - 1 Suite - ½ P

Redewischer Straße 46 ✉ 23946 - ✆ 038825 3760 - www.gutshaus-redewisch.de

W. Dieterich/Westend61 RM/

WIR MÖGEN BESONDERS...

Tolles Design und tolle Küche im **EQUU**. Im **Oliveto** an einem der Fenstertische sitzen und auf den Rhein schauen. **Halbedel's Gasthaus** für das schöne Ambiente einer Gründerzeitvilla. Den herrlichen Stadtblick von der **Godesburg**. Im **Venusberghotel** individuell wohnen und persönlich umsorgt werden.

BONN

Nordrhein-Westfalen – 313 958 Ew. – Höhe 60 m – Regionalatlas **36**-C13
Michelin Straßenkarte 543

Restaurants

✿ EQUU in der Remise (Robert Maas)

MODERNE KÜCHE • DESIGN XX In der ehemaligen Remise der niedersächsischen Landesvertretung heißt es Design vom Feinsten: wertige Materialien gepaart mit klaren Formen und ruhigen, warmen Tönen. Aus der teils einsehbaren Küche kommen interessante modern-kreative Speisen mit Ausdruck und Tiefe. Der Service sehr freundlich und geschult.

→ Pulpo Carpaccio, Tatar von Kalb und Artischocke, Tomatensalat. Bretonischer Rochenflügel, schwarze Butter, geröstete Pistazie, Spitzkohlessenz. Rehbock, weißer Mohn, Königskümmel und glasierte rote Beete.

Menü 89/124 €

Fritz-Erler-Str. 7, (nahe Post Tower), über Adenauerallee B2 ✉ 53113 – ✆ 0228 93399333 (Tischbestellung ratsam) – www.equu-bonn.com – nur Abendessen – geschl. 1. - 9. Januar, 8. - 20. Februar, 23. Juli - 7. August, 24. September - 9. Oktober und Sonntag - Dienstag

Bistro Remise – siehe Restaurantauswahl

✿ Kaspars

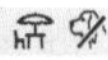

KREATIV • FREUNDLICH XX Im Haus der Bonner Burschenschaft Alemannia, direkt an der Rheinpromenade, wird "Casual Fine Dining" überaus gelungen umgesetzt: Aufwändige, moderne Küche mit eigenem Stil geht Hand in Hand mit unkomplizierter und zugleich niveauvoller Atmosphäre. Der Service freundlich, kompetent und stets präsent.

→ Kabeljau, Blumenkohl, Johannisbeere, getrockneter Spitzkohl, Verjus-Vadouvanbutter. Rote Gamba, grüne Tomate, Muscheln, Krustentiertee, Duccacreme. U.S. Beef, Sellerie aus dem Salzteig, Schwarzwurzel, Pilze, Moos, Waldbeeren, Fichtenöl.

Menü 92/130 € – Karte 72/103 €

Rosental 105, über Erzbergerufer B1 ✉ 53111 – ✆ 0228 96509366 (Tischbestellung ratsam) – www.kaspars.restaurant – nur Abendessen – geschl. 1. - 15. Januar, 14. - 28. August und Sonntag - Montag

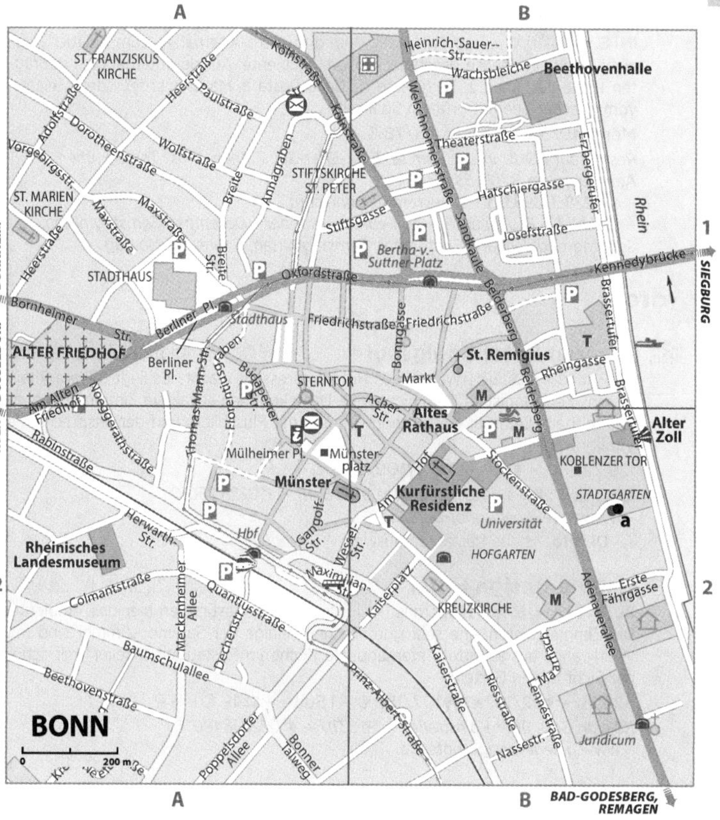

A B

BONN

0 200 m

Beethovenhalle
Rhein
SIEGBURG
KÖLN / DÜSSELDORF BORNHEIM
ST. FRANZISKUS KIRCHE
ST. MARIEN KIRCHE
STIFTSKIRCHE ST. PETER
STADTHAUS
ALTER FRIEDHOF
STERNTOR
St. Remigius
Altes Rathaus
Alter Zoll
KOBLENZER TOR
STADTGARTEN
Münster
Kurfürstliche Residenz
Universität
HOFGARTEN
Rheinisches Landesmuseum
KREUZKIRCHE
Juridicum
BAD-GODESBERG, REMAGEN

A B 1 2

Oliveto

ITALIENISCH • ELEGANT XX In dem geschmackvoll-eleganten Restaurant im UG sitzt man besonders schön an einem der Fenstertische oder auf der Rheinterrasse. Schmackhaft die italienische Küche, aufmerksam der Service. Gerne kommt man auch zum Business Lunch.

Menü 49/99 € – Karte 37/73 €

Stadtplan : B2-a – *Ameron Hotel Königshof, Adenauerallee 9 ✉ 53111 – ✆ 0228 2601541 – www.hotel-koenigshof-bonn.de*

Strandhaus Ⓝ

INTERNATIONAL • GEMÜTLICH XX Ein "Strandhaus" mitten in Bonn? Für maritimes Flair sorgt die charmante Einrichtung, und auch die angenehm-ungezwungene Atmosphäre passt ins sympathische Bild. Nicht zu vergessen die lauschige geschützte Terrasse. Dazu Internationales wie "gebratene Wildgarnelen, geschmorter Chinakohl, Wassermelonen-Kimchi".

Menü 69 € – Karte 45/67 €

Georgstr. 28, über Kölnstraße A1 ✉ 53111
– ✆ 0228 3694949 – www.strandhaus-bonn.de
– nur Abendessen – geschl. August 3 Wochen und Sonntag - Montag

Bistro Remise

INTERNATIONAL • FREUNDLICH Wer die Bistro-Alternative zum "EQUU" vorzieht, speist in ebenso geschmackvollem Ambiente. Auf der international geprägten Karte liest man z. B. "Cersto di Gallo Pasta & Maispoularde" oder "Felchen vom Laacher See mit grünem Spargel".

Menü 49/56 € - Karte 45/78 €

Restaurant EQUU in der Remise, Fritz-Erler-Str. 7, (nahe Post Tower), über Adenauerallee B2 ✉ 53113
- ✆ 0228 93399333 - www.remise-bonn.com
- geschl. 1. - 8. Januar, 8. - 19. Februar, Oktober - Dezember: Samstagmittag, Sonntag und Januar - September: Samstagmittag, Sonntag - Montag

Hotels

Ameron Hotel Königshof

BUSINESS • MODERN Was dieses Hotel interessant macht? Es liegt toll am Rhein und ins Zentrum ist es auch nicht weit. Dazu kommen attraktive Zimmer in wohnlich-zeitgemäßem Stil (sehr schön sind die mit Flussblick) und der ansprechende Vitality-Bereich.

129 Zim - 89/329 € 109/349 € - ½ P

Stadtplan : B2-a - *Adenauerallee 9 ✉ 53111 - ✆ 0228 26010*
- www.hotel-koenigshof-bonn.de

Oliveto - siehe Restaurantauswahl

Galerie Design Hotel

BUSINESS • DESIGN Modernes Design und Kunst bestimmen hier das Ambiente. Die Zimmer bieten eine sehr gute Technik, einige der Superior-Zimmer sind mit Whirlwanne ausgestattet. Internationale Küche im Restaurant "Atelier" mit schöner Sicht in den Garten.

52 Zim - 92/167 € 107/182 € - 1 Suite - 19 € - ½ P

Kölnstr. 360, über Kölnstraße A1 ✉ 53117 - ✆ 0228 18480
- www.galerie-design-hotel.de

Auf dem Venusberg Süd-West: 4 km über Rabinstraße A2 Richtung Euskirchen

Venusberghotel

BOUTIQUE-HOTEL • MODERN Ein individuelles kleines Hotel, das mit hochwertigem modern-elegantem Interieur in klaren Linien sowie persönlicher Gästebetreuung überzeugt. Eine Flasche Wasser steht täglich gratis für Sie im Zimmer.

23 Zim - 115/145 € 145/175 €

Haager Weg 83 ✉ 53127
- ✆ 0228 910230 - www.venusberghotel.de

In Bonn-Bad Godesberg

Halbedel's Gasthaus

FRANZÖSISCH-MODERN • ELEGANT Leidenschaft und Beständigkeit über viele Jahre, das zeichnet die engagierten und herzlichen Gastgeber aus. Man kocht mit Finesse und Geschmack, sehr gut die Produkte (einige stammen vom eigenen Bauernhof), schön auch die stimmige Optik. Den attraktiven Rahmen dazu bietet eine schmucke Gründerzeitvilla.

→ Gänseleber, Blumenkohl, Rhabarber. Filet vom U.S. Beef , "Kraut und Rüben". Ashanti Schokolade, Mango, Sichuanpfeffer.

Menü 80 € (vegetarisch)/150 € - Karte 79/113 €

Stadtplan : D1-h - *Rheinallee 47 ✉ 53173*
- ✆ 0228 354253 (Tischbestellung ratsam) - www.halbedels-gasthaus.de
- nur Abendessen - geschl. Juli - August 3 Wochen und Montag

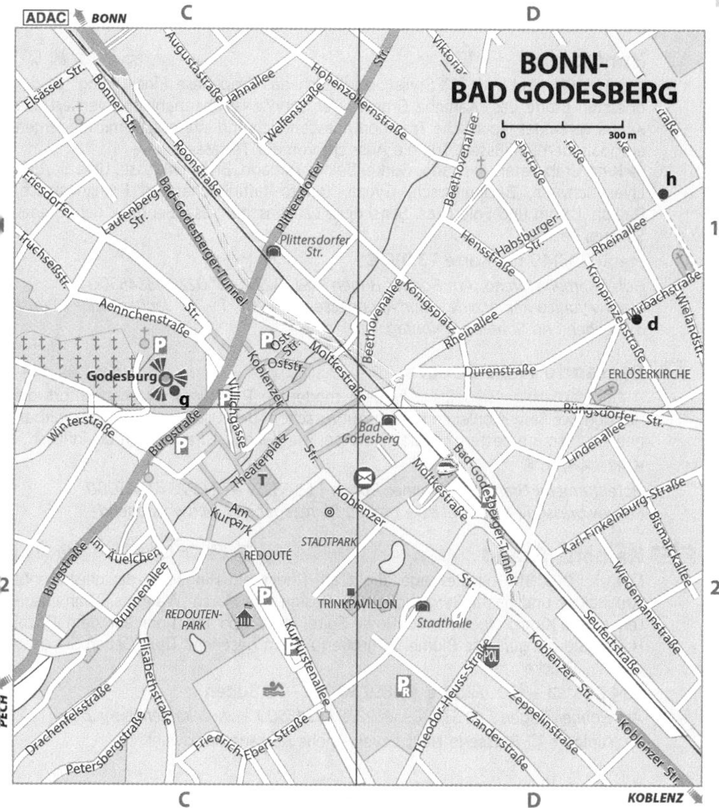

Godesburg

INTERNATIONAL • ELEGANT XX Einen traumhaften Blick bietet das rundum verglaste Restaurant, das man an die alte Burg über der Stadt angebaut hat. Serviert wird internationale Küche, auch an Vegetarier und Veganer ist gedacht. Großer Rittersaal für Feierlichkeiten.

Menü 35/79 € – Karte 41/61 €

Stadtplan : C1-g – *Auf dem Godesberg 5* ✉ *53177*
– ✆ *0228 316071* – *www.godesburg-bonn.de*
– *geschl. Montag*

Villa Godesberg

HISTORISCH • MODERN Wunderschön, wie man in der schmucken Jugendstilvilla von 1905 (erweitert um das Gästehaus Villa Mirbach) den Charme von einst mit modernen Elementen verbunden hat. Luftig-hohe Räume, ein hübscher kleiner Garten (im Sommer ein toller Ort zum Frühstücken!), Minibar und Leihfahrräder gratis...

22 Zim ☕ – †120/160 € ††140/180 € – 2 Suiten

Stadtplan : D1-d – *Mirbachstr. 2a* ✉ *53173*
– ✆ *0228 830060* – *www.villa-godesberg.de*
– *geschl. Weihnachten - Neujahr*

In Bonn-Oberkassel Süd-Ost: 4,5 km über Adenauerallee B2 und die A 562

Yunico

JAPANISCH • ELEGANT XX Stylish zeigt sich das "Japanese Fine Dining" in der obersten Etage des "Kameha Grand". Der Service ist charmant und versiert, die Küche verbindet japanische Tradition finessenreich und interessant mit modernen europäischen Einflüssen. Toll die Aussicht von der Terrasse.

➜ King Crab-Tatar, Avocado, Gurke, Bekko Tamago, Brunnenkresse, Ume Sorbet. Livar Schwein, Backenfleisch, Gyoza, Bonito-Kaffirlimonensud, Frühlingslauch, Daikon. Lamm und Foie Gras, Sanshojus, Lauchasche, Yasai Sentaku, gebackener Sellerie, Papaya.

Menü 89/149 € - Karte 73/110 €

Hotel Kameha Grand, Am Bonner Bogen 1 ✉ 53227 - ☎ 0228 43345500 - www.yunico-kameha.de - nur Abendessen - geschl. 1. - 22. Januar, Juli - August 3 Wochen und Sonntag - Montag

Brasserie Next Level

INTERNATIONAL • DESIGN XX In dem modernen Restaurant stechen sofort die riesigen weißen Kronleuchter ins Auge, schön der Blick zum Rhein - diesen genießt man am besten von der Terrasse! Die Küche ist französisch beeinflusst.

Karte 44/91 €

Hotel Kameha Grand, Am Bonner Bogen 1 ✉ 53227 - ☎ 0228 43345000 - www.brasserie-nextlevel.de - geschl. Dienstagabend, Mittwochabend

Kameha Grand

LUXUS • DESIGN Toll die Lage direkt am Rhein, ein Hingucker die glasbetonte Architektur und das außergewöhnliche Design von Marcel Wanders. Themensuiten sowie King-, Queen- und Royal-Suite, dazu Spa mit Pool auf dem Dach! Haben Sie die geflieste Blume im großen Atrium gesehen? Tipp: Gehen Sie dazu auf die "Brücke".

224 Zim - 109/250 € 189/500 € - 30 Suiten

Am Bonner Bogen 1 ✉ 53227 - ☎ 0228 43345500 - www.kamehabonn.de

Yunico • **Brasserie Next Level** - siehe Restaurantauswahl

BONNDORF

Baden-Württemberg - 6 831 Ew. - Höhe 845 m - Regionalatlas **62**-E21
Michelin Straßenkarte 545

Sommerau

REGIONAL • GASTHOF X Was bei Familie Hegar aus der Küche kommt, basiert auf sehr guten Produkten und ist ausgesprochen schmackhaft, so z. B. "Gitzibraten mit Bohnengemüse und cremiger Polenta" oder "Sommerauer Kalbsrahmgulasch mit Pfifferlingen". Gourmet-Tipp: das 5-Gänge-Feinschmeckermenü.

Menü 36/85 € - Karte 36/60 €

Hotel Sommerau, Sommerau 1, Im oberen Steinatal - West: 9 km, Richtung Grafenhausen, nach Steinasäge rechts abbiegen ✉ 79848 - ☎ 07703 670 - www.sommerau.de - geschl. März - April 3 Wochen und Montag - Dienstag

Möhringers Schwarzwaldhotel

SPA UND WELLNESS • FUNKTIONELL Bei Familie Möhringer bleibt man am Ball und verbessert stetig. So hat man vier Zimmerkategorien (am komfortabelsten die Superior-Zimmer und die Juniorsuiten), dazu ein vielfältiges Spa-Angebot und ein rustikales Restaurant mit regionaler Küche - das Rindfleisch stammt aus eigener Aufzucht.

70 Zim - 79/150 € 138/290 € - ½ P

Rothausstr. 7 ✉ 79848 - ☎ 07703 93210 - www.schwarzwaldhotel.com

Sommerau

GASTHOF • GEMÜTLICH Ringsum nur Wiesen und Wald - wo könnte man besser abschalten? Da verzichtet man gerne auf TV, W-Lan und Handy-Empfang! Stattdessen genießt man gemütliche Zimmer, ein hübsches Saunahaus, den Badeteich mit Quellwasser... Das ökologische Konzept des Holzhauses passt da perfekt ins Bild!

13 Zim - 87 € 134 € - ½ P

Sommerau 1, Im oberen Steinatal - West: 9 km, Richtung Grafenhausen, nach Steinasäge rechts abbiegen ✉ 79848 - ✆ 07703 670 - www.sommerau.de - geschl. März - April 3 Wochen

Sommerau – siehe Restaurantauswahl

BOPPARD

Rheinland-Pfalz – 15 212 Ew. – Höhe 67 m – Regionalatlas **46**-D14
Michelin Straßenkarte 543

Le Chopin

FRANZÖSISCH-KLASSISCH • ELEGANT XXX Sie sitzen in stilvollem Ambiente, lassen sich vom geschulten Service umsorgen und wählen das regionale oder das Degustationsmenü - hier z. B. "Winterkabeljau aus den Lofoten, Zwiebelfond, Blutwurst-Graupen, fermentierter Apfel". Oder bevorzugen Sie einen Klassiker wie "Chateaubriand mit Sauce Béarnaise"?

Menü 34/88 € – Karte 42/64 €

Bellevue Rheinhotel, Rheinallee 41 ✉ 56154 – ✆ 06742 1020 – www.lechopin-boppard.de – nur Abendessen – geschl. 3. - 26. Januar, 30. Juli - 15. August, 5. - 14. November und Dienstag - Mittwoch

Le Bristol

TRADITIONELLE KÜCHE • BISTRO XX Hier erwartet Sie neben schöner Gründerzeit-Atmosphäre ein wechselndes Tagesmenü - international, traditionell und saisonal, von "Saltimbocca mit Thymianjus" über Wiener Schnitzel bis "Zanderfilet mit Brunnenkresseschaum". Auf der Rheinterrasse "Le Jardin" gibt es im Sommer Leichtes und Vespergerichte.

Menü 27/34 € – Karte 35/52 €

Bellevue Rheinhotel, Rheinallee 41 ✉ 56154 – ✆ 06742 1020 – www.bellevue-boppard.de

Bellevue Rheinhotel

HISTORISCH • KLASSISCH Direkt an der Rheinpromenade steht das Jugendstil-Juwel von 1887, und es hat nichts von seinem Charme eingebüßt. Man bewahrt Klassisches und bleibt dennoch nie stehen, das beweist auch die rund 200 m entfernte neue "Résidence Bellevue" mit 20 eleganten Appartements. Kosmetik und Massage möglich.

94 Zim – 59/95 € 77/145 € – 1 Suite – 11 € – ½ P

Rheinallee 41 ✉ 56154 – ✆ 06742 1020 – www.bellevue-boppard.de

Le Chopin • **Le Bristol** – siehe Restaurantauswahl

In Boppard-Weiler Süd: 6,5 km über Buchenau

Landgasthof Eiserner Ritter

MARKTKÜCHE • BÜRGERLICH X Schön zeitgemäß wohnen und gut essen kann man in dem traditionsreichen Familienbetrieb (bereits die 6. Generation), der ruhig im Ortskern am Rheinburgenweg liegt. Aus der Küche kommt Regional-Saisonales wie "Kappeler Gockel mit Waldpilz-Rahmsauce" oder Internationales wie "Ikarimi-Lachs in Gewürzbutter".

Menü 30/60 € – Karte 24/69 €

13 Zim – 59/69 € 88/108 €

Zur Peterskirche 10 ✉ 56154 – ✆ 06742 93000 – www.eiserner-ritter.de – geschl. 29. Januar - 8. März, 15. Oktober - 1. November, 17. - 25. Dezember und Mittwoch - Donnerstagmittag

In Boppard-Buchholz West: 6,5 km, jenseits der A 61 - Höhe 406 m

Tannenheim

REGIONAL • BÜRGERLICH In dem Haus mit Familientradition seit 1908 kümmert man sich freundlich um seine Gäste. Auf der Karte machen z. B. Kalbssteak, Cordon bleu oder "Ragout von Spargel, Morcheln und Flusskrebsen" Appetit. Und zum Übernachten hat man gepflegte, neuzeitlich eingerichtete Zimmer.

Karte 35/55 €

12 Zim - 60/90 € 95/115 €

Bahnhof Buchholz 3, an der B 327 56154 - 06742 2281 - www.hotel-tannenheim.de - nur Abendessen - geschl. Donnerstag

In Boppard-Bad Salzig Süd: 3 km über B 9, Richtung St. Goar

Park Hotel

FAMILIÄR • INDIVIDUELL "New York", "Renoir" oder "Afrika-Lodge"? Hier hat man individuelle, liebevoll gestaltete Themenzimmer. Geräumiger: Junior-Suite und Alkoven-Zimmer. Und wie wär's mit Kosmetikbehandlung oder Massage? Im eleganten Wintergarten samt moderner "EssBAR" und reizvoller Terrasse isst man klassisch-traditionell.

23 Zim - 69/115 € 119/170 € - ½ P

Römerstr. 38, (am Kurpark) 56154 - 06742 93930 - www.park-villa.de

Außerhalb Nord: 12 km über B 9 bis Spay, dann links, Auffahrt Jakobsberg

Jakobsberg

HISTORISCHES GEBÄUDE • INDIVIDUELL Bei Tagungsgästen und Urlaubern wie auch bei Golfern ist das einstige Klostergut gefragt. Die Zimmerkategorien reichen von Classic bis zur Suite, die Themen von Montgolfière über Benetton bis Afrika, und auch "Haribo" spielt eine Rolle. Im Restaurant genießt man die Aussicht bei internationaler Küche.

101 Zim - 109/219 € 139/239 € - 4 Suiten - ½ P

Im Tal der Loreley 56154 - 06742 8080 - www.jakobsberg.de

BORDELUM

Schleswig-Holstein – 1 961 Ew. – Höhe 6 m – Regionalatlas **1**-G2
Michelin Straßenkarte 541

norditeran

MEDITERRAN • FREUNDLICH Lust auf "Duo vom Kalb mit Spitzkohl" und als Dessert "Chocolat Malheur mit Karamellparfait"? In angenehm ungezwungener Atmosphäre bietet man Schmackhaftes aus vorwiegend regionalen Produkten. Dazu Feinkostgeschäft samt Bistro - hier gibt's mittags und abends Burger sowie Pizza & Pasta.

Menü 38/79 € - Karte 34/63 €

Dorfstr. 12, (in Ost-Bordelum) 25852 - 04671 9436733 - www.norditeran.com - nur Abendessen - geschl. Sonntag - Montag

BORKUM (INSEL)

Niedersachsen – 5 225 Ew. – Höhe 2 m – Regionalatlas **7**-C5
Michelin Straßenkarte 541

Strandhotel Hohenzollern

HISTORISCHES GEBÄUDE • MODERN An der Promenade liegt das Haus von 1895 - die Fassade sowie Säulen im Inneren sind original. Zimmer mit neuzeitlicher Einrichtung und gutem Komfort, teils zur Seeseite. Das mediterran gestaltete "Palée" ist offen zur Lobby hin und bietet Meerblick.

12 Suiten - 140/265 € - 10 Zim - ½ P

Jann-Berghaus-Str. 63 26757 - 04922 92330 - www.strandhotel-hohenzollern.com - geschl. 7. Januar - 7. Februar, 2. - 19. Dezember

BOSAU

Schleswig-Holstein - 3 365 Ew. - Höhe 25 m - Regionalatlas **10**-J4
Michelin Straßenkarte 541

Strauers Hotel am See

LANDHAUS • INDIVIDUELL So richtig abschalten vom Alltag: gleich vor der Tür der Plöner See, zu dem man direkt von der Liegewiese über den eigenen Badesteg Zugang hat! Aber auch schöne Zimmer, wohltuende Massagen und ein gemütliches Essen auf der Seeterrasse sorgen für Erholung.

28 Zim - †78/108 € ††108/168 € - 8 Suiten - ½ P

Gerold Damm 2 ✉ 23715 - ✆ 04527 9940 - www.strauer.de - geschl. 1. Januar - 15. März

BOTTROP

Nordrhein-Westfalen - 116 017 Ew. - Höhe 55 m - Regionalatlas **26**-C11
Michelin Straßenkarte 543

Bahnhof Nord

INTERNATIONAL • TRENDY XX Warum das Restaurant in dem schön sanierten historischen Bahnhofsgebäude so gefragt ist! Stimmig der moderne Landhausstil, herzlich der Service, mediterran-international die Küche - es gibt z. B. "Kabeljau mit Kartoffel-Parmesanstampf".

Menü 30/50 € - Karte 30/55 €

Am Vorthbach 10 ✉ 46240 - ✆ 02041 988944 (Tischbestellung ratsam) - www.bahnhofnord.de - nur Abendessen - geschl. Montag - Dienstag

BRACKENHEIM

Baden-Württemberg - 15 220 Ew. - Höhe 192 m - Regionalatlas **55**-G17
Michelin Straßenkarte 545

In Brackenheim-Botenheim Süd: 1,5 km

Adler

TRADITIONELLE KÜCHE • LÄNDLICH XX Hier wird schwäbische Tradition groß geschrieben, man macht aber auch Ausflüge in die internationale Küche. So reicht das Angebot in den gemütlichen Stuben vom "schwäbischen Rostbraten mit Maultäschle" bis zum "gratinierten Lammrücken auf Ratatouille".

Menü 34 € - Karte 35/49 €

Hotel Adler, Hindenburgstr. 4 ✉ 74336 - ✆ 07135 98110 - www.adlerbotenheim.de - geschl. 7. - 29. August und Dienstagmittag

Adler

GASTHOF • TRADITIONELL In dem Gasthaus a. d. 18. Jh. steckt jede Menge Herzblut - und zwar das von Familie Rembold, die hier schon seit einigen Jahrzehnten mit Engagement bei der Sache ist! Entsprechend gut ist auch das Frühstück. Die Zimmer sind sehr individuell geschnitten und zeitgemäß-funktional.

15 Zim - †68/75 € ††98/108 €

Hindenburgstr. 4 ✉ 74336 - ✆ 07135 98110 - www.adlerbotenheim.de - geschl. 7. - 29. August

Adler - siehe Restaurantauswahl

BRAKE

Niedersachsen - 14 985 Ew. - Höhe 2 m - Regionalatlas **8**-F6
Michelin Straßenkarte 541

Ambiente

FAMILIÄR • AUF DEM LAND In dem ehemaligen Kapitänshaus von 1912 kümmert sich die Inhaberfamilie herzlich um ihre Gäste. Die Zimmer sind klassisch-gediegen und mit norddeutschem Charme eingerichtet.

6 Zim - †69 € ††99 € - 2 Suiten

Hinrich-Schnitger-Str. 6 ✉ 26919 - ✆ 04401 798020 - www.hotel-ambiente-brake.de

BRANDENBURG an der HAVEL

Brandenburg – 71 032 Ew. – Höhe 32 m – Regionalatlas **22**-N8
Michelin Straßenkarte 542

Am Humboldthain

INTERNATIONAL • KLASSISCHES AMBIENTE XX Hier hat man ein klassisches Stadthaus im Zentrum schön saniert und mit Geschmack in elegantem Stil eingerichtet. Das Restaurant bietet internationale Speisen an.

Menü 30/50 € – Karte 32/42 €

Plauer Str. 1 ✉ 14770 – ✆ 03381 334767 – www.am-humboldthain.de – geschl. Januar und Montag - Dienstag

Die Werft

MARKTKÜCHE • TRENDY X Schön die Lage an der Havel, direkt in der Innenstadt. Auf dem Vorplatz eine nette Terrasse, drinnen modernes Design in einem lichten hohen Raum - ein Ruderboot an der Decke dient als Deko. Gekocht wird saisonal. Parkplätze am Packhof 31.

Menü 33/52 € – Karte 30/46 €

Hauptstr. 77 ✉ 14770 – ✆ 03381 3281799 – www.werft-brandenburg.de – Oktober - April Montags geschlossen

Havelfloß

FAMILIÄR • AUF DEM LAND Eine charmante Pension, in der man gut und preiswert übernachtet. Attraktiv die wohnlich-modernen Zimmer, im Sommer frühstücken Sie draußen direkt an der Havel. Check-in in der kleinen Cafébar gegenüber. Tipp: Man vermietet auch Flöße.

9 Zim – †70/95 € ††80/105 € – ☕ 8 €

Altstädtische Fischerstr. 2 ✉ 14770 – ✆ 03381 269022 – www.pension-havelfloss.de

BRAUNFELS

Hessen – 10 814 Ew. – Höhe 236 m – Regionalatlas **37**-F13
Michelin Straßenkarte 543

Geranio

ITALIENISCH • FREUNDLICH XX Viele Jahre bekochen die Brüder Geranio in dem über 300 Jahre alten Fachwerkhaus unterhalb der Burg nun schon ihre Gäste: authentische, gehoben-klassische italienische Gerichte wie hausgemachte Pasta, aber auch Lammrücken oder Seezunge.

Menü 28 € (mittags)/70 € – Karte 41/68 €

Am Kurpark 2 ✉ 35619 – ✆ 06442 931990 – www.ristorante-geranio.de – geschl. 1. - 16. Januar, Anfang Juli - Anfang August und Dienstag

BRAUNLAGE

Niedersachsen – 5 985 Ew. – Höhe 560 m – Regionalatlas **30**-J10
Michelin Straßenkarte 541

Victoria-Luise

INTERNATIONAL • ELEGANT XX Mediterrane Elemente bestimmen hier die Einrichtung. In elegantem Ambiente serviert man Ihnen internationale Küche. Gerne nimmt man auch auf der schönen Terrasse Platz.

Menü 25/69 € – Karte 32/55 €

Hotel Residenz Hohenzollern, Dr.-Barner-Str. 11 ✉ 38700 – ✆ 05520 93210 – www.sonnenhotels.de – Mittwoch - Freitag nur Abendessen – geschl. Montag - Dienstag

Residenz Hohenzollern

LANDHAUS • ELEGANT Ein Haus zum Wohlfühlen, angefangen beim Service und diversen Annehmlichkeiten über die hübschen, sehr wohnlich gestalteten Zimmer (einige mit toller Sicht, Suiten teilweise mit Küche) bis zum schönen Saunabereich und dem Kosmetikangebot.

15 Suiten – ††125/454 € – 11 Zim – ½ P

Dr.-Barner-Str. 10 ✉ 38700 – ✆ 05520 93210 – www.sonnenhotels.de

Victoria-Luise – siehe Restaurantauswahl

In Braunlage-Hohegeiß Süd-Ost: 12 km über B 4 Richtung Nordhausen – Höhe 642 m

Vitalhotel Sonneneck

LANDHAUS • GEMÜTLICH Diese familiär geleitete Ferienadresse liegt schön am Ortsrand und bietet wohnliche Zimmer sowie ein Hallenbad mit Blick auf die Harzer Berge. Sie mögen es rustikal? Dann essen Sie doch mal in der netten "Sonneneck Alm" auf der Wiese beim Hotel.

18 Zim – †49/69 € ††90/139 € – 9 Suiten – ½ P

Hindenburgstr. 24 ✉ 38700 – ✆ 05583 94800 – www.vitalhotel-sonneneck.de

Harmonie Hotel Rust

TRADITIONELL • GEMÜTLICH Das regionstypische Haus in ruhiger Lage ist ein gepflegter Familienbetrieb - im Gästehaus stehen auch einige Appartements zur Verfügung. Praktisch: Skilifte und Langlaufloipe am Haus. Restaurant und Terrasse mit Harzblick.

22 Zim – †70/95 € ††98/130 € – 2 Suiten – ½ P

Am Brande 5 ✉ 38700 – ✆ 05583 831 – www.hotelrust-harz.de

BRAUNSCHWEIG

Niedersachsen – 248 502 Ew. – Höhe 74 m – Regionalatlas **30**-J9
Michelin Straßenkarte 541

Zucker

MARKTKÜCHE • TRENDY XX Schön und ungezwungen ist das Lokal in der ehemaligen Zuckerraffinerie: luftig-licht, modern, mit freiliegendem Mauerwerk. Gekocht wird frisch, saisonal und schmackhaft, so z. B. "rosa gebratenes Rinderfilet mit Spargel, Bamberger Hörnchen und Sauce Béarnaise". Toll der Service. Mittags günstigeres Angebot.

Menü 37/65 € (abends) – Karte 36/63 €

Stadtplan : A2-r – *Frankfurter Str. 2, (im ARTmax) ✉ 38122 – ✆ 0531 281980 – www.zucker-restaurant.de – geschl. Sonntag*

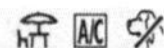

Das Alte Haus

MODERNE KÜCHE • FREUNDLICH XX In dem schönen gemütlich-modernen Restaurant serviert man ein wöchentlich wechselndes Menü mit 3 - 6 Gängen - kreativ, ambitioniert, mit Einflüssen aus aller Welt. Lust auf "Holsteiner Kalb, Tafelspitz 56° - 3H, Spinatcreme, wilder Brokkoli, Rahmmorcheln"? Angenehm sitzt man auch auf der Terrasse.

Menü 59/94 €

Stadtplan : A2-g – *Alte Knochenhauerstr. 11 ✉ 38100 – ✆ 0531 6180100 (Tischbestellung ratsam) – www.altehaus.de – nur Abendessen – geschl. Sonntag - Montag*

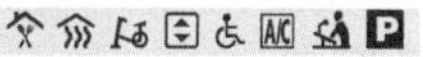

Steigenberger Parkhotel

BUSINESS • MODERN Hier überzeugen die Lage direkt am Bürgerpark und die ansprechenden modern-wohnlichen Zimmer, die ebenso wie die Bar "1777" an den Mathematiker und Physiker Carl Friedrich Gauß erinnern. Französische und internationale Küche in der Brasserie samt Terrasse. Übrigens: Das ehemalige Wasserwerk ist noch als historische Maschinenhalle erhalten.

176 Zim – †89/499 € ††99/499 € – 4 Suiten – 20 €

Stadtplan : A2-s – *Nîmes Str. 2 ✉ 38100 – ✆ 0531 482220 – www.braunschweig.steigenberger.com*

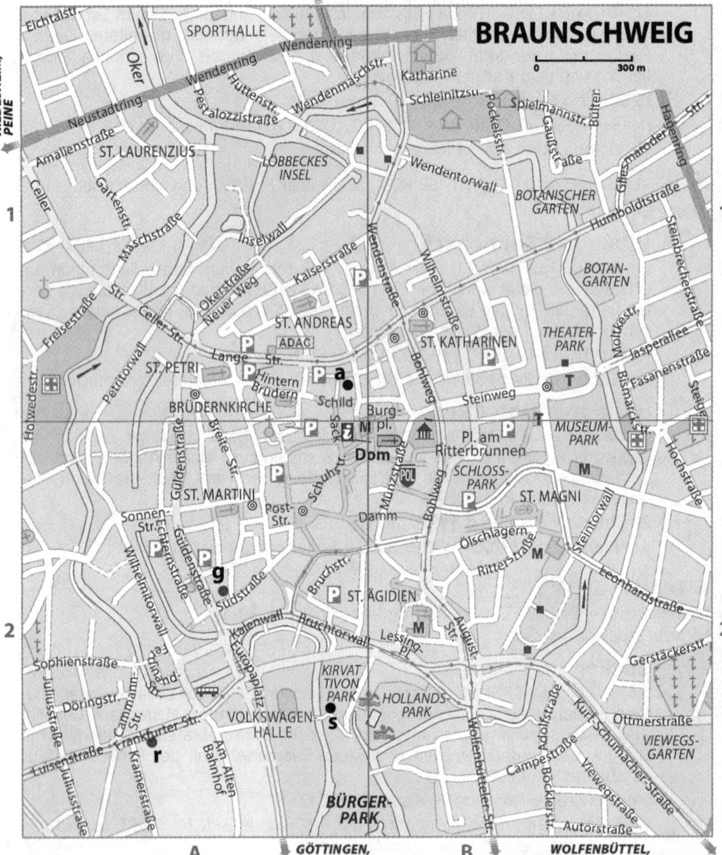

FourSide

BUSINESS • DESIGN Praktisch die zentrale Lage, angeschlossen an das Shoppingcenter Welfenhof, chic-modern das Design von den funktionalen Zimmern bis in die Brasserie "Rudas" mit internationaler Küche. Legerer geht es im "Deli Circle" bei frischen Smoothies und Snacks zu. Tipp: "Tonic Tuesday" in der Bar.

174 Zim – 🚹79/329 € 🚹🚹99/349 € – ☕ 20 €

Stadtplan : A1-a – *Jöddenstr. 3* ✉ *38100* – ✆ *0531 707200* – *www.fourside-hotels.com*

In Braunschweig-Mascherode Süd: 6 km

Da Piero

ITALIENISCH • FAMILIÄR XX Warum das hübsche alte Fachwerkhaus so gut besucht ist? Die vielen Stammgäste mögen die gemütlichen Stuben, den aufmerksamen Service und nicht zuletzt die frische italienische Küche - Pasta und Desserts sollte man unbedingt probiert haben!

Menü 23 € (mittags unter der Woche)/50 € – Karte 31/75 €

Salzdahlumerstr. 301 ✉ *38126* – ✆ *0531 43598* – *www.da-piero-bs.de* – *geschl. 24. Dezember - 8. Januar, 16. Juli - 5. August und Montag*

BREISACH

Baden-Württemberg - 14 676 Ew. - Höhe 225 m - Regionalatlas **61**-D20
Michelin Straßenkarte 545

In Breisach-Hochstetten Süd-Ost: 2,5 km über B 31

Landgasthof Adler

GASTHOF • TRADITIONELL Ein typischer Landgasthof, der bei Geschäftsreisenden und Kurzurlaubern gleichermaßen gefragt ist. Zur engagierten familiären Führung kommen wohnliche Zimmer und gute badisch-französisch geprägte Gastronomie. Sehr schön auch die Terrasse.

20 Zim - 60/80 € 90/100 €

Hochstetter Str. 11 79206 - 07667 93930 - www.adler-hochstetten.de - geschl. Februar 3 Wochen

BREITNAU

Baden-Württemberg - 1 734 Ew. - Höhe 1 018 m - Regionalatlas **61**-E20
Michelin Straßenkarte 545

Kaisers Tanne

TRADITIONELL • GEMÜTLICH Warum man immer wieder hierher kommt? Der Gasthof hat typischen Schwarzwälder Charme, eine freundliche und engagierte Führung, hübsche Deko, wohnliche Zimmer, gemütliche Stuben... und drum herum schöne Landschaft. Da ist die Terrasse natürlich gefragt! Und wie steht's mit Kosmetik und Massage? HP inklusive.

26 Zim - 85/124 € 170/216 € - 4 Suiten - ½ P

Am Wirbstein 27, B 500, Süd-Ost: 2 km 79874 - 07652 12010 - www.kaisers-tanne.de

BREMEN

Bremen - 551 767 Ew. - Höhe 3 m - Regionalatlas **18**-G6
Michelin Straßenkarte 541

Park Restaurant

FRANZÖSISCH-KLASSISCH • ELEGANT XXX Prachtvolle Kristallleuchter, gestreifte Stuhlpolster und üppige Stoffdekorationen an den Fenstern... Klassisch ist nicht nur das Ambiente, auch das Speisenangebot mit Gerichten wie "Nordsee-Seezunge Müllerin Art" oder "Beefsteak-Tatar".

Karte 49/81 €

Stadtplan : B2-f - *Dorint Park Hotel, Im Bürgerpark 28209 - 0421 3408513 - www.dorint.com/bremen*

Al Pappagallo

ITALIENISCH • TRENDY XX In dem eleganten Restaurant mit lichtem Wintergarten und wunderbarem Garten kann man sich wohlfühlen. Aus der Küche kommen "Frutti di Mare Caldi", "Gnocchi alla Carbonara", "Filetto di Manzo della Casa"...

Menü 35/65 € (abends) - Karte 44/68 €

Stadtplan : B3-p - *Außer der Schleifmühle 73 28203 - 0421 327963 - www.al-pappagallo.de - geschl. Sonntag*

Wels

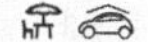

REGIONAL • GEMÜTLICH XX Sie mögen Fisch und Wild? Neben diesen Spezialitäten bietet man aber auch regionale Klassiker wie "Bremer Knipp", Labskaus oder Oldenburger Ente. Blickfang ist das Süßwasseraquarium - natürlich mit lebenden Welsen!

Karte 34/54 €

Stadtplan : C2-e - *Hotel Munte am Stadtwald, Parkallee 299 28213 - 0421 2202666 - www.hotel-munte.de - nur Abendessen - geschl. 24. - 29. Dezember und Sonntag*

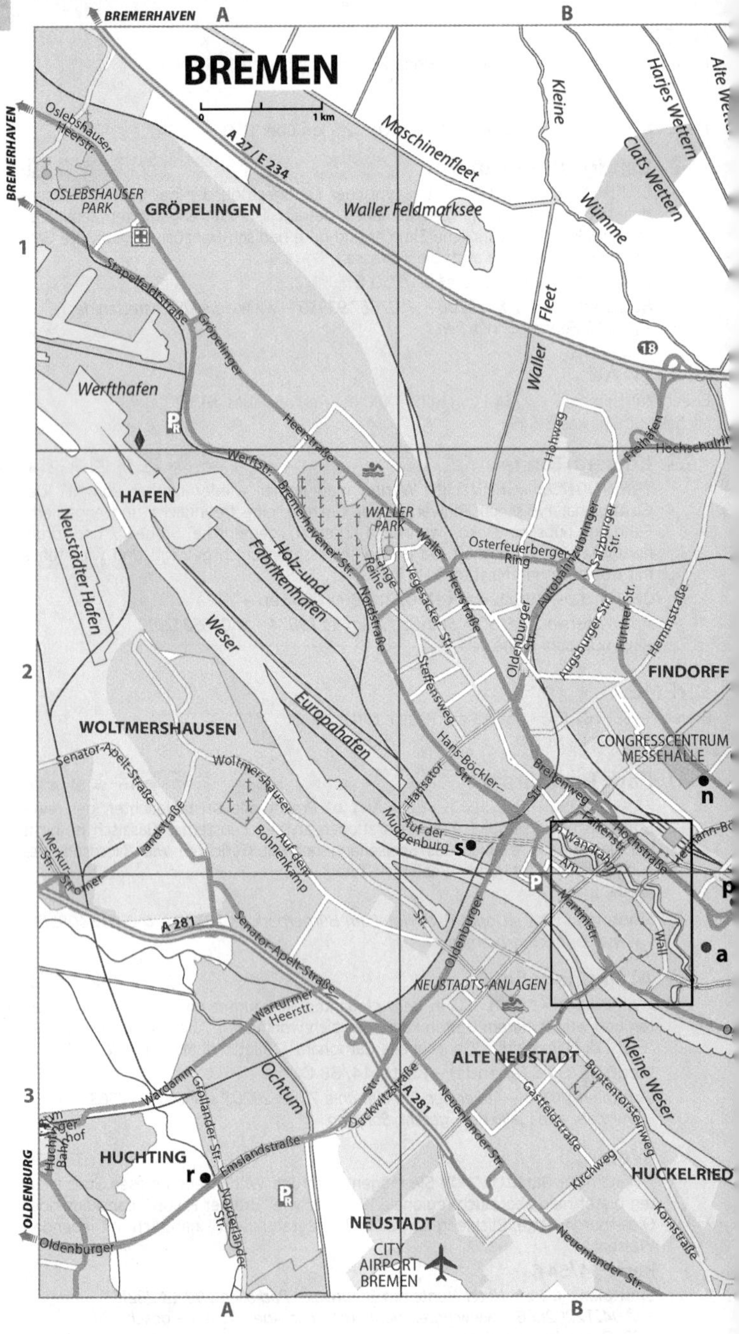
BREMEN
BREMERHAVEN
OLDENBURG
GRÖPELINGEN
OSLEBSHAUSER PARK
HAFEN
WOLTMERSHAUSEN
FINDORFF
CONGRESSCENTRUM MESSEHALLE
NEUSTADTS-ANLAGEN
ALTE NEUSTADT
HUCHTING
NEUSTADT
HUCKELRIED
CITY AIRPORT BREMEN
WALLER PARK
Waller Feldmarksee
Werfthafen
Neustädter Hafen
Holz-und Fabrikenhafen
Europahafen
Weser
Kleine Weser
Ochtum
Wümme
Maschinenfleet
Waller Fleet
A 27 / E 234
A 281
Oslebshauser Heerstr.
Stapelfeldtstraße
Gröpelinger Heerstraße
Werftstr.
Bremerhavener Str.
Nordstraße
Lange Reihe
Vegesacker Str.
Waller Heerstraße
Steffensweg
Hans-Böckler-Str.
Osterfeuerberger Ring
Autobahnzubringer
Salzburger Str.
Oldenburger Str.
Augsburger Str.
Fürther Str.
Hemmstraße
Hohweg
Freihafen
Breitenweg
Falkenstr.
Hochstraße
Am Wandrahm
Martinistr.
Wall
Hansator
Auf der Muggenburg
Senator-Apelt-Straße
Woltmershauser Str.
Auf dem Bohnenkamp
Landstraße
Merkur Str.
Stromer
Warturmer Heerstr.
Wardamm
Grolländer Str.
Emslandstraße
Norderländer Str.
Duckwitzstraße
Neuenlander Str.
Gastfeldstraße
Buntentorsteinweg
Kirchweg
Kornstraße
Oldenburger
Kleine
Harjes Wettern
Clats Wettern
1 km
n
s
p
a
r
A
B
1
2
3

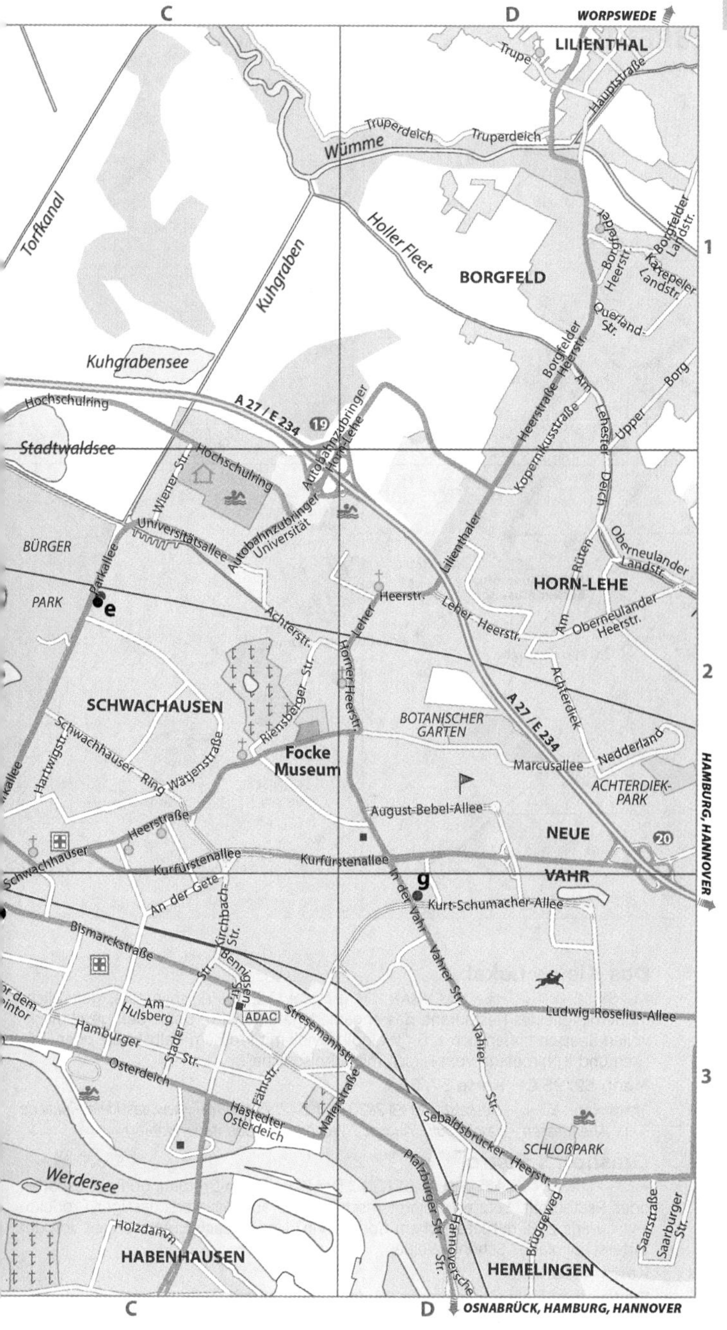
WORPSWEDE
LILIENTHAL
BORGFELD
HORN-LEHE
SCHWACHAUSEN
Focke Museum
BOTANISCHER GARTEN
NEUE VAHR
ACHTERDIEK-PARK
SCHLOßPARK
HEMELINGEN
HABENHAUSEN
BÜRGER PARK
Stadtwaldsee
Kuhgrabensee
Werdersee
Wümme
Torfkanal
Kuhgraben
Holler Fleet
A 27 / E 234
HAMBURG, HANNOVER
OSNABRÜCK, HAMBURG, HANNOVER

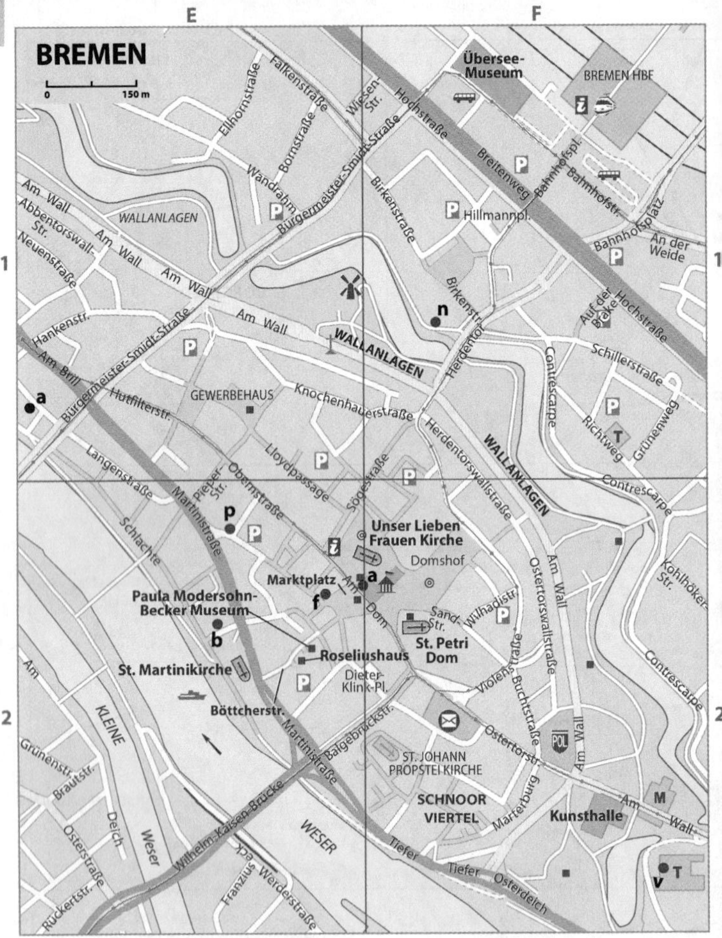

Das Kleine Lokal

KLASSISCHE KÜCHE • NACHBARSCHAFTLICH XX Ein wirklich nettes, gemütlich-modernes kleines Restaurant, das engagiert geführt wird. Unter den geschmackvollen Speisen finden sich z. B. "Waldpilzravioli mit krossem Kalbsbries" oder "Rücken und Kohlroulade vom Hirsch mit Kürbisquiche".

Menü 52/95 € – Karte 57/66 €

Stadtplan : C3-b – *Besselstr. 40 ✉ 28203 – ✆ 0421 7949084 – www.das-kleine-lokal.de – nur Abendessen – geschl. Juli - August 3 Wochen und Sonntag - Montag*

Grashoff's Bistro

FRANZÖSISCH-KLASSISCH • BISTRO X Der Klassiker in Bremen, ob Feinkostladen oder Restaurant. Letzteres bietet frische Küche auf Basis erstklassiger Produkte - wie wär's z. B. mit klassischem Coq au Vin? Und danach Crème brûlée von der Bitterschokolade? Schöne Weine.

Karte 43/63 €

Stadtplan : F1-n – *Contrescarpe 80, (neben der Hillmann-Passage) ✉ 28195 – ✆ 0421 14749 (Tischbestellung ratsam) – www.grashoff.de – geschl. Sonntag - Montag sowie an Feiertagen*

Osteria

ITALIENISCH • MEDITERRANES AMBIENTE X Dieses lebendige Restaurant mit mediterranem Flair ist schon eine richtig nette Adresse, die neben frischer Pasta auch authentische Klassiker wie "Kaninchen ligurische Art", "Ossobuco Milanese" und natürlich Fisch bietet.

Menü 25/55 € - Karte 32/57 €

Stadtplan : E2-b - *Schlachte 1 ✉ 28195 - ✆ 0421 3398207 - www.osteria-bremen.de*

Küche 13

MODERNE KÜCHE • BISTRO X Das kleine Bistro ist bewusst eher schlicht gehalten, unkompliziert und lebendig. Aus der offenen Küche kommt Leckeres wie "Kürbisgnocchi mit Apfel-Salbei-Parmesanbutter" oder "Seeteufel mit gebratenen Waldpilzen und Kartoffelstampf".

Menü 32/54 € - Karte 37/47 €

Stadtplan : B3-a - *Beim Steinernen Kreuz 13 ✉ 28195 - ✆ 0421 20824721 - www.kueche13.de - nur Abendessen - geschl. Sonntag-Montag*

Topaz

INTERNATIONAL • BISTRO X Ein sehr nettes Restaurant - unten lebendig-leger, auf der Empore etwas eleganter. Die Karte ist überall gleich: international mit leichten asiatischen Einflüssen (lecker z. B. "Rindertatar mit glasiertem Aal"), aber auch französisch in Form von Austern oder Crème brûlée.

Menü 30/89 € - Karte 23/79 €

Stadtplan : E2-f - *Langenstr. 2, (Kontorhaus am Markt) ✉ 28195 - ✆ 0421 77625 (Tischbestellung ratsam) - www.topaz-bremen.de - geschl. Sonntag sowie an Feiertagen*

Bremer Ratskeller

TRADITIONELLE KÜCHE • RUSTIKAL X Diese gastronomische Institution existiert seit 1405! Historisch-rustikal ist es in dem imposanten Gewölbe, dekorativ die antiken Schmuckfässer. Zu Bremer Klassikern wie Pannfisch, Labskaus oder Knipp gibt es eine Vielzahl deutscher Weine.

Menü 15 € (mittags)/49 € - Karte 23/55 €

Stadtplan : EF2-a - *Am Markt, (im alten Rathaus) ✉ 28195 - ✆ 0421 321676 - www.ratskeller-bremen.de*

Dorint Park Hotel

LUXUS • KLASSISCH Luxushotel im Stil eines fürstlichen Landsitzes im 200 ha großen Bürgerpark am Hollersee. Elegant die Lobby, schön die individuellen Zimmer und der Spa auf 1200 qm. Fragen Sie nach den Zimmern zum See! Smoker's Lounge "La Fumadora".

175 Zim - 🚹113/249 € 🚹🚹149/299 € - 13 Suiten - ☕ 25 €

Stadtplan : B2-f - *Im Bürgerpark ✉ 28209 - ✆ 0421 34080 - www.dorint.com/bremen*

Park Restaurant - siehe Restaurantauswahl

ÜberFluss

BUSINESS • DESIGN Im Zentrum direkt an der Weser steht das schicke Designhotel mit technisch modern ausgestatteten Zimmern, viele mit Flussblick. Suite mit Sauna und Whirlpool. Im Haus auch die Grillboutique "Loui & Jules" mit Fleischspezialitäten.

50 Zim - 🚹132/162 € 🚹🚹169/199 € - 1 Suite - ☕ 15 €

Stadtplan : E1-a - *Langenstr. 72 ✉ 28195 - ✆ 0421 322860 - www.designhotel-ueberfluss.de*

Steigenberger

BUSINESS • FUNKTIONELL Modern-funktionales Wohnen nur wenige Gehminuten von der Bremer Altstadt im aufstrebenden Hafenquartier. Sky-TV, WLan und Nespresso-Maschine inklusive. Im 6. Stock schöner Sauna- und Fitnessbereich mit Panoramablick. Regionales und Internationales im Restaurant "blaufeuer" samt Terrasse direkt am Wasser.

135 Zim – 120/170 € 120/170 € – 2 Suiten – 22 € – ½ P

Stadtplan : B2-s – *Am Weser Terminal 6 ✉ 28217 – ✆ 0421 478370 – www.bremen.steigenberger.com*

Munte am Stadtwald

URBAN • GEMÜTLICH Hier wird stetig investiert, das Ergebnis: eine schicke Lobby, ein schöner moderner Spa, Zimmer in verschiedenen Kategorien - Tipp: Besonders wohnlich sind die "Deluxe". Zudem variable Veranstaltungsräume. Alternative zum Restaurant "Wels": "del bosco" im freundlichen Trattoriastil mit italienischer Küche.

124 Zim – 92/136 € 111/164 € – 2 Suiten – ½ P

Stadtplan : C2-e – *Parkallee 299 ✉ 28213 – ✆ 0421 22020 – www.hotel-munte.de*

Wels – siehe Restaurantauswahl

Robben

FAMILIÄR • AUF DEM LAND Über 50 Jahre Familientradition finden Sie hier direkt am Park "Links der Weser". Eine Adresse zum Wohlfühlen: Im Haupthaus Zimmer im Landhausstil, im Neubau topmoderne, geradlinig-wohnliche Einrichtung. Und gastronomisch? Bürgerlich-regionale Küche mit Grünkohl, Fisch & Co.

41 Zim – 94/114 € 114/134 €

Stadtplan : A3-r – *Emslandstr. 30 ✉ 28259 – ✆ 0421 514620 – www.hotel-robben.de*

In Bremen-Neue Vahr

THE GRILL

GRILLGERICHTE • RUSTIKAL XX Ein Steakhouse "de luxe"! Auf zwei mit viel warmem Naturholz und geschmackvoller Deko gemütlich-stilvoll gestalteten Etagen serviert man erstklassige Produkte - ein Muss sind die Steaks vom Nebraska-Beef! Dazu gute internationale Weine.

Menü 60 € – Karte 30/121 €

Stadtplan : D3-g – *In der Vahr 64 ✉ 28329 – ✆ 0421 87825640 – www.the-grill-bremen.de – geschl. Juli - August 2 Wochen und Samstagmittag*

BREMERHAVEN

Bremen – 110 121 Ew. – Höhe 2 m – Regionalatlas **9**-F5
Michelin Straßenkarte 541

PIER 6

MODERNE KÜCHE • CHIC X In dem stylischen Restaurant an den Havenwelten wird modern gekocht, so z. B. "Pastrami von der geräucherten Rinderbrust, Tramezzini, Koriandermayonnaise". Dazu umsichtiger Service samt trefflicher Weinberatung. Einfachere Mittagskarte.

Menü 37 € – Karte 35/58 €

Barkhausenstr. 6 ✉ 27568 – ✆ 0471 48364080 – www.pier6.eu – geschl. Januar 1 Woche und Sonntag

Natusch Fischereihafen-Restaurant

FISCH UND MEERESFRÜCHTE • RUSTIKAL XX Gemütlich ist die rustikale Fischerstube mit Original-Schiffsaccessoires, gediegen das Restaurant Captain Morgan. Schwerpunkt der Karte ist Fisch, und den bezieht man direkt aus den Auktionshallen gegenüber!

Menü 29 € (mittags)/47 € – Karte 34/60 €

Am Fischbahnhof 1 ✉ 27572 – ✆ 0471 71021 – www.natusch.de – geschl. Montag, außer an Feiertagen

Weinrot im Haverkamp

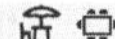

INTERNATIONAL • ELEGANT XX Stilvoll kommt das Restaurant in kräftigem Rot daher. Ein angenehmer, schicker Rahmen für frische internationale Speisen wie "skandinavischer Rotbarsch auf Rote-Bete-Risotto" oder "Entenbrust auf Mango-Tomaten-Salsa mit Süßkartoffelchips".

Karte 35/56 €

Prager Str. 34 ✉ 27568 - ✆ 0471 48330 - www.restaurant-weinrot.de

Seute Deern

FISCH UND MEERESFRÜCHTE • RUSTIKAL X Eine spezielle Location: Bei maritimem Flair genießt man hier im Museumshafen im Rumpf der Dreimast-Bark von 1919 natürlich am liebsten Fisch - vom Matrosenteller bis zum Pannfisch sind viele Klassiker vertreten. Fleisch gibt's aber auch.

Karte 17/43 €

Hans Scharoun Platz, (Schifffahrtsmuseum) ✉ 27568 - ✆ 0471 416264 - www.seutedeern.de

Haverkamp

BUSINESS • MODERN In dem Hotel im Zentrum wird immer wieder investiert, so kommt man von einer modernen Lobby in geschmackvolle, unterschiedlich geschnittene Zimmer mit hochwertigen Materialien und schönen Farben. Gut sind auch Service und Frühstück.

98 Zim – †114/139 € ††149/184 € - ½ P

Prager Str. 34 ✉ 27568 - ✆ 0471 48330 - www.hotel-haverkamp.de

Weinrot im Haverkamp – siehe Restaurantauswahl

im jaich

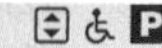

URBAN • FUNKTIONELL Hier ist die Lage Trumpf: unweit der Havenwelten zwischen Weser, Deich und Yachthafen. Topgepflegte Zimmer mit Möbeln aus Tischlerhand - den schönsten Blick hat man von den Panoramazimmern! Lust auf Kuchen? Den gibt's im Coffeeshop.

48 Zim – †85 € ††106 €

Am Neuen Hafen 19 ✉ 27568 - ✆ 0471 97166330 - www.im-jaich.de

BRETTEN

Baden-Württemberg – 28 459 Ew. – Höhe 176 m – Regionalatlas **54**-F17
Michelin Straßenkarte 545

à la table de Guy Graessel

KLASSISCHE KÜCHE • BÜRGERLICH XX "Rinderbacke in Burgundersauce" und "Schollenfilet auf Spargelragout" sind nur zwei Beispiele für die klassisch-saisonale Küche hier. Und wie das historische Haus schon von außen vermuten lässt, ist das Ambiente schön charmant: Rustikales Holz trifft auf moderne Elemente.

Menü 60 € – Karte 31/55 €

Hotel Krone, Marktplatz 2 ✉ 75015 - ✆ 07252 7138 - www.guy-graessel.de - geschl. Februar 2 Wochen, August 3 Wochen und Montagmittag, Donnerstag

Krone

GASTHOF • MODERN Das Fachwerkhaus a. d. 15. Jh. wird persönlich geführt und liegt schön zentral - Fußgängerzone direkt vor der Tür, trotzdem bequem anzufahren. Die wohnlichen Zimmer gibt es als "Standard", "Komfort", "Ambiente" oder "Apartment".

47 Zim – †81/105 € ††106/125 € - 6 Suiten - ½ P

Marktplatz 2 ✉ 75015 - ✆ 07252 97890 - www.krone-bretten.de - geschl. 22. - 31. Dezember

à la table de Guy Graessel – siehe Restaurantauswahl

BRETZENHEIM

Rheinland-Pfalz – 2 582 Ew. – Höhe 105 m – Regionalatlas **47**-E15
Michelin Straßenkarte 543

Hinterconti

FAMILIÄR • MODERN Hier ist aus einem alten Bauernhof eine richtig sympathische und preislich faire Bed & Breakfast-Adresse entstanden: individuelle Räume voller Charme und Style, von romantisch-floral bis trendig-modern. Toll die einstige Scheune: morgens zum Frühstücken, danach für Events.

14 Zim – 64 € 89 €

Naheweinstr. 17 55559 – 0671 79670910 – www.hinterconti.com

BRETZFELD

Baden-Württemberg – 12 307 Ew. – Höhe 210 m – Regionalatlas **55**-H17
Michelin Straßenkarte 545

In Bretzfeld-Brettach Süd-Ost: 9 km, Richtung Mainhardt

Landhaus Rössle

INTERNATIONAL • TRENDY XX Man kocht hier nicht nur international-saisonal, es gibt auch Schmackhaftes aus der Region. Und dazu gute Weine und charmanter Service durch die Chefin. Das Ambiente ist modern-elegant, beliebt im Winter die Plätze am Kamin ein paar Stufen tiefer. Für Übernachtungsgäste hat man hübsche Zimmer.

Menü 38/70 € – Karte 35/59 €

5 Zim – 70/120 € 110/180 €

Mainhardter Str. 26 74626 – 07945 911111 – www.roessle-brettach.de – geschl. über Fasching, 6. - 16. Juni, 30. Oktober - 3. November und Montag - Dienstag, Freitagmittag

In Bretzfeld-Schwabbach Nord-West: 4 km

Reinecker's Dorfstube

TRADITIONELLE KÜCHE • BÜRGERLICH X Hier spricht man nicht nur schwäbisch, man kocht auch so, und das mögen die vielen Stammgäste! Denn was bei Heide Hartweg auf den Teller kommt, ist frisch und schmeckt richtig gut: Wie wär's mit Maultaschensuppe oder "Lendchen mit Morchelrahmsauce und Spätzle"? Einige Fischgerichte gibt es auch.

Karte 27/53 €

Hauptstr. 11, (1. Etage) 74626 – 07946 489 (Tischbestellung ratsam) – www.dorfstube-schwabbach.de – geschl. Januar 2 Wochen, August 3 Wochen und Dienstag - Mittwoch

BRIESEN (MARK)

Brandenburg – 2 827 Ew. – Höhe 43 m – Regionalatlas **23**-R8

In Briesen (Mark) - Alt Madlitz

Klostermühle

INTERNATIONAL • LANDHAUS XX Lust auf eine interessante moderne Küche mit dezenten asiatischen Einflüssen? Die genießt man hier in gemütlichem rustikal-elegantem Ambiente bei geschultem und freundlichem Service.

Menü 48/79 € – Karte 48/63 €

Hotel Gut Klostermühle, Mühlenstr. 11 15518 – 033607 59290 (Tischbestellung erforderlich) – www.gut-klostermuehle.com – nur Abendessen – geschl. Sonntag - Mittwoch

Klosterscheune

TRADITIONELLE KÜCHE • RUSTIKAL Einen schönen Rahmen zum Speisen bietet die Klosterscheune über zwei Etagen nebst romantischem Gewölbekeller. Wie wär's z. B. mit "Zanderfilet auf Rahmsauerkraut"? Hier kehrt man auch gerne nach einer Wanderung ein.

Menü 29 € – Karte 28/58 €

Hotel Gut Klostermühle, Mühlenstr. 11 ✉ 15518 – ✆ 033607 59290 – www.gut-klostermuehle.com

Gut Klostermühle

LANDHAUS • MODERN Idyllisch die Lage am Madlitzer See - das ist schon eine ländliche Oase, perfekt für alle, die Ruhe suchen! Geschmackvolle Zimmer und Spa-Vielfalt im "Brune Balance Med". Sie möchten reiten lernen? Das können Sie im eigenen Reitstall.

66 Zim – †108/118 € ††108/198 € – 12 Suiten – ½ P

Mühlenstr. 11 ✉ 15518 – ✆ 033607 59290 – www.gut-klostermuehle.com

Klosterscheune • **Klostermühle** – siehe Restaurantauswahl

BRILON

Nordrhein-Westfalen – 25 461 Ew. – Höhe 450 m – Regionalatlas **27**-F11
Michelin Straßenkarte 543

Rech

FAMILIÄR • INDIVIDUELL Hier lässt es sich schön wohnen: Die Atmosphäre ist freundlich, die Zimmer sind geschmackvoll eingerichtet und man bemüht sich um seine Gäste. Zudem gibt es einen netten kleinen Saunabereich und ein Restaurant mit bürgerlicher Küche.

27 Zim – †69/79 € ††95/120 € – ½ P

Hoppecker Str. 1 ✉ 59929 – ✆ 02961 97540 – www.hotel-rech.de

In Brilon-Alme Nord: 5 km

Almer Schlossmühle

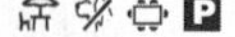

INTERNATIONAL • LÄNDLICH Hier wird schmackhaft gekocht - regional-saisonal und Klassiker aus der Heimat des Chefs. Da probiert man gern "Backhendl mit Kartoffel-Gurkensalat" oder Wiener Schnitzel. Und dazu Wein aus Österreich? Im Sommer gibt's mittwochs Mühlen-BBQ.

Menü 37/56 € – Karte 29/61 €

Schlossstr. 13 ✉ 59929 – ✆ 02964 9451430 – www.almer-schlossmuehle.de – geschl. 8. - 23. Januar, 10. - 26. Juli und Montag - Dienstag

BRUCHHAUSEN-VILSEN

Niedersachsen – 7 234 Ew. – Höhe 13 m – Regionalatlas **18**-G7
Michelin Straßenkarte 541

Forsthaus Heiligenberg

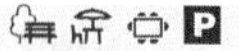

INTERNATIONAL • RUSTIKAL Hier hat man das wunderbare ursprüngliche Flair des jahrhundertealten Hauses bewahrt - Hingucker ist der große offene Kamin! Serviert wird klassische Küche mit saisonal-internationalen Einflüssen, so z. B. "geschmorte Lammhaxe mit Thymiansauce, Bohnenragout und Kartoffel-Olivenstampf".

Menü 42/84 € – Karte 37/56 €

Hotel Forsthaus Heiligenberg, Heiligenberg 3, in Homfeld, Süd-West: 4 km ✉ 27305 – ✆ 04252 93200 – www.forsthaus-heiligenberg.de

Forsthaus Heiligenberg

LANDHAUS • GEMÜTLICH Sehr geschmackvoll und charmant ist das ehemalige Forsthaus in ruhiger Lage auf einer Waldlichtung. Wie wär's z. B. mit einem Zimmer in der "Klostermühle" ca. 300 m entfernt? Hier auch eine Alternative zum Restaurant: Gaststube mit Angebot von Brotzeit bis Schnitzel. Tipp: der eigene Apfelsaft.

41 Zim – †85/89 € ††127 € – 4 Suiten

Heiligenberg 3, in Homfeld, Süd-West: 4 km ✉ 27305 – ✆ 04252 93200 – www.forsthaus-heiligenberg.de

Forsthaus Heiligenberg – siehe Restaurantauswahl

BRUCHSAL

Baden-Württemberg – 43 030 Ew. – Höhe 114 m – Regionalatlas **54**-F17
Michelin Straßenkarte 545

Zum Bären

TRADITIONELLE KÜCHE • FREUNDLICH X "Geschnetzeltes von der Rehkeule mit Champignons in Wacholderrahm" oder "Schweinemedaillons mit Spargel im Schlafrock"? In dem denkmalgeschützten Haus von 1780 isst man saisonal-traditionell, Wild kommt aus eigener Jagd.

Menü 20 € (mittags unter der Woche)/50 € – Karte 29/55 €

Schönbornstr. 28 ✉ 76646 – ✆ 07251 88627 – www.baeren-bruchsal.de – geschl. Montag

Scheffelhöhe

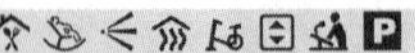

BUSINESS • MODERN Ein familiengeführtes Haus mit modernen Zimmern, alles ist tipptopp gepflegt, schön die Panoramalage am Park des Belvedere. Highlight sind zwei chic designte 80-qm-Suiten in einer denkmalgeschützten Villa nebenan. Bei schönem Wetter lockt die Sonnenterrasse des Restaurants "Belvedere" mit Stadtblick!

91 Zim – †99/149 € ††129/159 € – 3 Suiten – ½ P

Adolf-Bieringer-Str. 20 ✉ 76646 – ✆ 07251 8020 – www.scheffelhoehe.de

In Forst Nord-West: 5 km

Zum Löwen

INTERNATIONAL • RUSTIKAL XX In dem Gasthaus mit markanter roter Fassade und hübschem Innenhof kocht man regional-international, so z. B. "Kalbsrückensteak mit Morchelrahmsauce und Spargel" oder "Lammrücken mit Pinienkern-Olivenkruste". Dazu einige Schweizer Gerichte.

Karte 33/46 €

Kirchstr. 8 ✉ 76694 – ✆ 07251 300896 – www.loewen-forst.de – Dienstag - Samstag nur Abendessen – geschl. Januar 1 Woche, Mitte August 2 Wochen und Sonntagabend - Montag sowie an Feiertagen abends

BRUCHWEILER-BÄRENBACH Rheinland-Pfalz → Siehe Dahn

BRÜHL

Nordrhein-Westfalen – 43 995 Ew. – Höhe 62 m – Regionalatlas **36**-C12
Michelin Straßenkarte 543

Glaewe's Restaurant

FRANZÖSISCH-KLASSISCH • FREUNDLICH XX Seit über 25 Jahren betreiben Doris und Hans Glaewe das freundlich-gediegene Restaurant, das etwas versteckt in einer Geschäftspassage liegt. Serviert wird klassisch-internationale Küche - Stammgäste essen auch gerne an der Bartheke.

Karte 37/56 €

Balthasar-Neumann-Platz 28 ✉ 50321 – ✆ 02232 13591 – www.glaewesrestaurant.de – nur Abendessen, sonntags auch Mittagessen – geschl. Mitte Juli - Ende August 3 Wochen und Montag - Dienstag

Das 1875 im Kaiserbahnhof

KLASSISCHE KÜCHE • BRASSERIE X Benannt wurde das stattliche, geradezu herrschaftlich anmutende Gebäude (1875 als Bahnhof erbaut) nach Kaiser Wilhelm I., der hier einst in die Stadt einfuhr. Entsprechend spiegelt die Küche die Bahnverbindung Köln - Paris wider, und das in stilvoller Brasserie-Atmosphäre.

Menü 39 € - Karte 32/51 €

Kierberger Str. 158 ✉ 50321
- ✆ 02232 25581 - www.kaiserbahnhof-bruehl.de
- nur Abendessen, sonntags auch Mittagessen - geschl. Montag - Dienstag

BRÜHL (BADEN)

Baden-Württemberg - 13 786 Ew. - Höhe 102 m - Regionalatlas **47**-F16
Michelin Straßenkarte 545

KRONE das gasthaus

KLASSISCHE KÜCHE • GASTHOF X Andreas Bretzel trifft hier genau den Nerv der Zeit: schmackhafte Küche vom vegetarischen Menü bis zum "Sauerbraten von der Ochsenbacke" und dazu ein sympathischer ländlich-schlichter Rahmen mit Flair! Im Sommer geht's raus in den schönen, teils überdachten Hofgarten.

Menü 39/66 € - Karte 32/64 €

Ketscher Str. 17 ✉ 68782
- ✆ 06202 6070252 - www.krone-dasgasthaus.de
- nur Abendessen, sonntags auch Mittagessen - geschl. Ende August - Mitte September und Montag

BUCHHOLZ in der NORDHEIDE

Niedersachsen - 38 201 Ew. - Höhe 72 m - Regionalatlas **10**-I6
Michelin Straßenkarte 541

Ristorante Il Sole

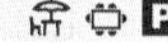

ITALIENISCH • GEMÜTLICH XX Eine wirklich sympathische Adresse, viele Stammgäste fahren weit für die Pasta oder den frischen Fisch vom Grill! Wählen Sie von der Tafel oder lassen Sie sich einfach beraten! Richtig schön sitzt man auch auf der Terrasse.

Menü 28/79 € - Karte 28/78 €

Lohbergenstr. 51 ✉ 21244
- ✆ 04181 97708 - www.ilsole-buchholz.de
- nur Abendessen - geschl. Montag

BÜCKEBURG

Niedersachsen - 18 984 Ew. - Höhe 61 m - Regionalatlas **28**-G9
Michelin Straßenkarte 541

In Bückeburg-Röcke West: 5 km

Große Klus

MARKTKÜCHE • GASTHOF XX In dem schönen Fachwerkhaus darf man sich auf elegant-rustikale Atmosphäre und saisonal-regionale Küche mit österreichischen Einflüssen freuen, und die gibt es z. B. als "Zander mit Szegediner Kraut und Kümmel-Erdäpfeln" oder als "Bauernente mit Rotkohl und Kartoffelklößen". Modern-leger die "Fritzbar".

Menü 29/41 € - Karte 21/49 €

32 Zim - 70/84 € 88/102 €

Am Klusbrink 19 ✉ 31675
- ✆ 05722 95120 - www.klus.de
- nur Abendessen, sonntags sowie an Feiertagen auch Mittagessen - geschl. Januar 1 Woche

BÜHL

Baden-Württemberg – 28 624 Ew. – Höhe 138 m – Regionalatlas **54**-E18
Michelin Straßenkarte 545

Lamm

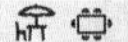

REGIONAL • GEMÜTLICH XX In dem gestandenen Gasthof neben der Kirche kommt grundsolide produktorientierte Küche auf den Tisch. Man isst klassisch-regional, z. B. "geschmorte Rinderbacke in Spätburgundersoße mit Spätzle" oder "gebratene Schollenfilets in Rieslingschaum mit Bärlauchravioli". Gemütliches Ambiente, hübsche Terrasse.

Menü 32/55 € – Karte 34/56 €

Kappelwindeckstr. 15 ✉ 77815 – ✆ 07223 900180 – www.lamm-buehl.de – nur Abendessen, sonntags auch Mittagessen – geschl. 5. Februar - 3. März und Montag - Dienstag

Gude Stub Casa Antica

ITALIENISCH • GEMÜTLICH XX "Cucina Casalinga" mitten in Bühl! In dem engagiert-familiär geführten Haus wird ambitioniert italienisch gekocht, vom hausgereiften Lardo über Brot bis Pasta ist alles selbstgemacht. Richtig gemütlich die Stuben, charmant der Service.

Menü 37/60 € – Karte 33/60 €

Dreherstr. 9 ✉ 77815 – ✆ 07223 30606 – www.gudestub-casa-antica.de – geschl. 12. - 31. August und Dienstag

In Bühl-Oberbruch Nord-West: 5,5 km, jenseits der A 5

Pospisil's Gasthof Krone

REGIONAL • GEMÜTLICH X Wer sich nicht zwischen klassisch, mediterran und regional entscheiden kann, wählt am besten das 4-Gänge-Überraschungsmenü mit 8 kleinen Kostproben von der Karte! Dazu behagliche Räume und aufmerksamer Service. Und für Übernachtungsgäste hat man gepflegte, funktionelle Zimmer.

Menü 38/58 € – Karte 34/58 €

7 Zim – †49 € ††85 €

Seestr. 6 ✉ 77815 – ✆ 07223 93600 – www.pospisilskrone.de – geschl. Montag - Dienstagmittag, Freitagmittag

An der Burgruine Altwindeck Süd-Ost: 4 km über Kappelwindeck

Panorama Restaurant

KLASSISCHE KÜCHE • GEMÜTLICH XX Toll die Lage über dem Tal, ringsum Weinberge, grandios die Aussicht! Man speist klassisch-international, z. B. "Filet vom Maibock mit Morchelrahmsauce". Nachmittags gibt's leckere Kuchen. Bei gutem Wetter am Wochenende Vesper im "Pferdestall". Zum Übernachten: Zimmer im Landhausstil, zwei als Maisonette.

Menü 38/58 € – Karte 45/65 €

19 Zim – †89/99 € ††139/169 € – 2 Suiten

Kappelwindeckstr. 104 ✉ 77815 – ✆ 07223 94920 – www.burg-windeck.de – geschl. Anfang Januar 2 Wochen und Sonntagabend

BÜHLERTAL

Baden-Württemberg – 7 936 Ew. – Höhe 194 m – Regionalatlas **54**-E18
Michelin Straßenkarte 545

Bergfriedel

REGIONAL • FAMILIÄR XX Bei der herzlichen Familie Schäuble sitzt es sich nicht nur sehr nett bei schöner Aussicht, im Mittelpunkt stehen frische regionale Gerichte wie "Kalbsschulter in Spätburgunder geschmort". Erwähnenswert auch die tolle Weinkarte mit ca. 1000 Positionen. Und zum Übernachten: hübsche Zimmer im Landhausstil.

Menü 32 € (vegetarisch)/62 € – Karte 26/68 €

8 Zim – †65/82 € ††90/130 € – 2 Suiten

Haabergstr. 23, (Obertal) ✉ 77830 – ✆ 07223 72270 – www.bergfriedel.de – geschl. Anfang Januar 2 Wochen, Anfang November 2 Wochen und Montag - Dienstag

Rebstock

REGIONAL • GASTHOF X Sie mögen frische traditionell-regionale Küche mit internationalen Einflüssen? Bei Familie Hörth dürfen Sie sich z. B. auf "Maultaschen mit Bergkäse überbacken und Kartoffelsalat" oder "Piccata von der Freiland-Poularde mit Balsamico-Sößle" freuen. Schön sitzt man auf der Terrasse im Garten.

Menü 32/45 € – Karte 28/52 €

Hotel Rebstock, Hauptstr. 110, (Obertal) ✉ 77830 – ✆ 07223 99740 – www.rebstock-buehlertal.de – geschl. Februar 2 Wochen, Juni 2 Wochen und Montag, Donnerstag

Rebstock

GASTHOF • GEMÜTLICH Seit vielen Jahren wird das Hotel mit Engagement von der Familie geleitet. Man bietet wohnliche Zimmer, ein gutes Frühstück und freundlichen Service. Einige Zimmer liegen ruhiger zum Garten hin, der im Sommer zum Relaxen einlädt.

21 Zim – †69/80 € ††97/110 € – ½ P

Hauptstr. 110, (Obertal) ✉ 77830 – ✆ 07223 99740 – www.rebstock-buehlertal.de

Rebstock – siehe Restaurantauswahl

BÜLOW

Mecklenburg-Vorpommern – 981 Ew. – Höhe 24 m – Regionalatlas **13**-N5
Michelin Straßenkarte 542

In Bülow-Schorssow Süd-West: 2 km

Seeschloss Schorssow

HISTORISCHES GEBÄUDE • KLASSISCH Ein klassizistischer Dreiflügelbau in einem herrlichen Park am eigenen See mit Strandbad - ein idealer Ort zum Heiraten! Die Zimmer im Schloss sind die komfortableren. Schön auch die Bibliothek und das stilvolle Schlossrestaurant "von Moltke", dazu das "Café Rose".

44 Zim – †104/124 € ††130/170 € – 1 Suite – ½ P

Am Haussee 3, über B 109 Richtung Waren, in Ziddorf links ab ✉ 17166 – ✆ 039933 790 – www.schloss-schorssow.de – geschl. 1. Januar - 9. Februar

BÜRGSTADT

Bayern – 4 332 Ew. – Höhe 150 m – Regionalatlas **48**-G16
Michelin Straßenkarte 546

Weinhaus Stern

REGIONAL • FAMILIÄR XX Zu Recht eine gefragte Adresse: Da wären zum einen die gemütlich-rustikale Atmosphäre und der hübsche Innenhof, zum anderen die gute saisonale Küche von Patron Klaus Markert, nicht zu vergessen die eigenen Edelbrände und die schöne Weinauswahl. Probieren Sie die Wild- und Gänsegerichte!

Menü 32/70 € – Karte 35/58 €

Hotel Weinhaus Stern, Hauptstr. 23 ✉ 63927 – ✆ 09371 40350 (Tischbestellung ratsam) – www.hotel-weinhaus-stern.de – nur Abendessen – geschl. Dienstag sowie 1. Sonntag im Monat

Adler

GASTHOF • GEMÜTLICH Die Bachmanns haben hier ein wirklich nettes Haus: wohnlich die Zimmer (meist mit Balkon und teilweise mit schönem Blick), hübsch der "Garten der Sinne", freundlich der Service, gemütlich das Restaurant samt Terrasse im Innenhof. Probieren Sie die Destillate aus der eigenen Brennerei!

27 Zim – †65/90 € ††99/150 € – 1 Suite – ½ P

Hauptstr. 30 ✉ 63927 – ✆ 09371 97880 – www.adler-landhotel.de

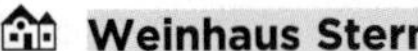

Weinhaus Stern

HISTORISCH • GEMÜTLICH Ihre Gastgeber bieten in dem hübschen Sandstein-/Fachwerkhaus behagliche, unterschiedlich geschnittene Zimmer mit Charme, Garten- und Dachterrasse sowie gutes Essen und einen Spezialitäten-Shop (die hausgemachte Marmelade gibt's auch zum Frühstück!). Tipp: örtliche Kapelle mit Freskenmalereien a. d. 16. Jh.

16 Zim – 69/85 € 85/120 € – ½ P

Hauptstr. 23 63927 – 09371 40350 – www.hotel-weinhaus-stern.de

Weinhaus Stern – siehe Restaurantauswahl

BÜSINGEN

Baden-Württemberg – 1 374 Ew. – Höhe 421 m – Regionalatlas **62**-F21
Michelin Straßenkarte 545

Alte Rheinmühle

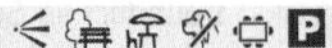

MARKTKÜCHE • RUSTIKAL XX Das Besondere hier: Man sitzt wirklich fast auf Rheinhöhe, von der Terrasse aus führen ein paar Stufen sogar direkt ins Wasser – an heißen Tagen sehr verlockend! Auf den Tisch kommen viele Produkte aus dem Schaffhauser Blauburgunderland.

Menü 43 € (mittags unter der Woche)/99 € – Karte 59/109 €

Hotel Alte Rheinmühle, Junkerstr. 93 78266 – 07734 931990 – www.alte-rheinmuehle.ch – geschl. Februar

Alte Rheinmühle

HISTORISCH • TRADITIONELL Malerisch schmiegt sich die a. d. J. 1674 stammende Mühle an das Ufer des Hochrheins. Sie beherbergt individuelle, wohnliche Zimmer, teilweise mit Antiquitäten und freigelegtem altem Fachwerk.

16 Zim – 158/248 € 198/308 €

Junkerstr. 93 78266 – 07734 931990 – www.alte-rheinmuehle.ch – geschl. Februar

Alte Rheinmühle – siehe Restaurantauswahl

BUNDENBACH

Rheinland-Pfalz – 906 Ew. – Höhe 400 m – Regionalatlas **46**-C15
Michelin Straßenkarte 543

In Bundenbach-Rudolfshaus Süd-West: 4 km

Forellenhof

REGIONAL • LÄNDLICH XX Man ist bekannt für Wild aus eigener Jagd sowie Forellen aus eigener Zucht – und für die beachtliche Whisky-Sammlung. Die frische, schmackhafte Küche genießt man natürlich am liebsten auf der Terrasse zum Teich!

Menü 24/59 € – Karte 24/56 €

Hotel Forellenhof Reinhartsmühle, Reinhartsmühle 1 55626 – 06544 373 – www.hotel-forellenhof.de – geschl. 2. Januar – 23. Februar und Montag

Forellenhof Reinhartsmühle

FAMILIÄR • GEMÜTLICH Erholungsurlaub gefällig? Der familiengeführte Landgasthof hat nicht nur wirklich geschmackvolle Zimmer, er liegt auch noch einsam und idyllisch in einem Seitental – da passen der schöne Garten und der eigene Teich perfekt ins Bild.

28 Zim – 62/68 € 100/110 € – 2 Suiten – ½ P

Reinhartsmühle 1 55626 – 06544 373 – www.hotel-forellenhof.de – geschl. 2. Januar – 23. Februar

Forellenhof – siehe Restaurantauswahl

BURBACH

Nordrhein-Westfalen – 14 431 Ew. – Höhe 380 m – Regionalatlas **37**-E13
Michelin Straßenkarte 543

In Burbach-Holzhausen Süd-Ost: 8,5 km über Würgendorf, dann rechts

Fiester-Hannes

KLASSISCHE KÜCHE • RUSTIKAL XX Hinter der historischen Fachwerkfassade finden Sie ein behagliches und liebenswertes Umfeld für ein gutes Essen. Gekocht wird klassisch und regional wie "geschmorte Ochsenbacke auf Rahmwirsing" oder "Himmel und Erde". Dazu herzlicher Service. Und zum Übernachten hat man hübsche und überaus wohnliche Zimmer.

Menü 35 € (mittags)/75 € - Karte 35/55 €

6 Zim - 65/85 € 100/140 €

Flammersbacher Str. 7 ✉ 57299
- ✆ 02736 29590 - www.fiesterhannes.de
- geschl. Februar und Montag - Dienstagmittag, Samstagmittag

BURG Schleswig-Holstein → Siehe Fehmarn (Insel)

BURG (SPREEWALD)

Brandenburg - 4 335 Ew. - Höhe 57 m - Regionalatlas **33**-R10
Michelin Straßenkarte 542

17 fuffzig

FRANZÖSISCH-MODERN • ELEGANT XXX Stilvoll-elegant ist das Restaurant (der Name geht übrigens auf das Gründungsjahr der einstigen "Bleiche" zurück), dekorativ die Kunstwerke von Hugó Schreiber und Béla Kádár. Ebenso niveauvoll die klassisch-moderne Küche: ausdrucksstark, durchdacht und auf das Wesentliche reduziert.

→ Confiertes Eigelb und Miral Huhn mit Lardo di Colonnata und geröstetem Blumenkohl. St. Pierre aus der Bretagne, Velouté vom Shiitakepilz mit Spitzkohl. Rhabarber und Joghurtcrème mit Johannisbeerbaiser.

Menü 120 € (vegetarisch)/178 € - Karte 81/132 €

Hotel Bleiche Resort und Spa, Bleichestr. 16, West: 2 km ✉ 03096
- ✆ 035603 620 (Tischbestellung ratsam)
- www.bleiche.de
- nur Abendessen - geschl. Februar 2 Wochen, Juli - August 3 Wochen und Montag - Dienstag

Bleiche Resort und Spa

LUXUS • INDIVIDUELL Was Sie auf dem tollen parkähnlichen Grundstück samt Blumen- und Kräutergärten erwartet, ist Landhausstil in wohnlichster Form - darf es vielleicht die 180 qm große SPA-Suite mit eigener Sauna und Hamam sein? Dazu umfassender Spa, top Service, Kino und Outdoor-Aktivitäten (Kahnfahrten, "Stand Up Paddling"...)

90 Zim - 248/508 € 338/598 € - 22 Suiten - ½ P

Bleichestr. 16, West: 2 km ✉ 03096
- ✆ 035603 620 - www.bleiche.de

17 fuffzig - siehe Restaurantauswahl

Kur & Wellness Haus Spree Balance

LANDHAUS • INDIVIDUELL Alles in diesem Ferienhotel ist schön frisch und neuzeitlich gestaltet, geradlinig-chic die Zimmer im Neubau - hier auch der Wellnessbereich. In der nahen Therme lässt es sich ebenfalls gut entspannen. Oder machen Sie doch mal eine Paddelboot- oder Kanalbootfahrt. International-saisonale Küche im "Konrad's".

38 Zim - 80/99 € 115/155 € - ½ P

Ringchaussee 154 ✉ 03096
- ✆ 035603 759490 - www.spreebalance.de
- geschl. 21. - 24. Dezember

In Burg-Kauper Nord-West: 9 km

Speisenkammer

MODERNE KÜCHE • LÄNDLICH Das kleine Restaurant ist schön leger und gemütlich, draußen sitzt man idyllisch im Grünen. Gekocht wird modern, produktbezogen und schmackhaft - wie wär's mit "Wiesenkalb, Kerbelknolle, Champignon, Quark"? Weine empfiehlt man mündlich. Übernachten können Sie im "Ferienhof Spreewaldromantik" gleich nebenan.

Menü 45/92 € - Karte 52/67 €

Waldschlößchenstr. 48 03096 - 035603 750087 (Tischbestellung ratsam) - www.speisenkammer-burg.de - nur Abendessen - geschl. 22. Oktober - 2. November und Sonntag - Montag, im Winter: Sonntag - Dienstag

Landhotel Burg im Spreewald

LANDHAUS • INDIVIDUELL Schöne Urlaubstage verspricht das etwas außerhalb gelegene Landhotel mit seinen wohnlichen, individuellen Zimmern (sehr hübsch die ganz modernen), dem vielfältigen Spa und der abwechslungsreichen Gastronomie von regional-international im "Wendenkönig" über italienisch im "Il Fienile" bis zu Fischspezialitäten im "Aquario". Nicht nur für Kinder interessant: großer Außenpool, Streichelzoo und Minigolf-Anlage.

83 Zim - 98/125 € 128/168 € - 4 Suiten - ½ P

Ringchaussee 125 03096 - 035603 646 - www.landhotel-burg.de

BURGBROHL

Rheinland-Pfalz - 3 133 Ew. - Höhe 152 m - Regionalatlas **36**-C13
Michelin Straßenkarte 543

Schloss Burgbrohl

HISTORISCHES GEBÄUDE • MODERN Urkundlich 1093 erstmals erwähnt, ist das 1710 nach einem Brand wieder aufgebaute Schloss ein geschichtsträchtiger Ort, der heute mit schönen modernen Zimmern Ihrer Beherbergung dient. Chic auch der Freizeitbereich, das Restaurant (regionale und internationale Küche) und der Weinkeller für Degustationen.

62 Zim - 89/119 € 139/169 € - 3 Suiten - ½ P

Auf der Burg 1 56659 - 02636 800140 - www.schloss-burgbrohl.de

BURGHAUSEN

Bayern - 17 824 Ew. - Höhe 421 m - Regionalatlas **67**-O20
Michelin Straßenkarte 546

Wirtshaus Glöcklhofer

REGIONAL • GASTHOF Richtig nett die lockere moderne Wirtshausatmosphäre! Ob regionale Schmankerl oder internationale Küche, hier gibt es Schmackhaftes zu einem guten Preis-Leistungs-Verhältnis. Lust auf "Kalbstafelspitz mit Brezenknödel und Meerrettichsauce"?

Menü 25/32 € - Karte 24/37 €

Hotel Glöcklhofer, Ludwigsberg 4 84489 - 08677 916400 - www.hotel-gloecklhofer.de

Glöcklhofer

BUSINESS • MODERN Ein Businesshotel in zentraler Lage mit sehr gut ausgestatteten, neuzeitlichen Zimmern, darunter Juniorsuiten mit Sauna. Auch einfachere Zimmer sind vorhanden. Zum Entspannen gönnen Sie sich Massage- und Kosmetikanwendungen.

82 Zim - 89/99 € 119/139 € - ½ P

Ludwigsberg 4 84489 - 08677 916400 - www.hotel-gloecklhofer.de

Wirtshaus Glöcklhofer - siehe Restaurantauswahl

Post

GASTHOF • GEMÜTLICH Das traditionsreiche Haus steht mitten in der Altstadt, direkt an der Salzach. Der Service ist freundlich, alles ist schön wohnlich, gelungen hat man modernen Stil mit regionalen Elementen kombiniert. Gemütlich sitzt man in der Gaststube mit Kreuzgewölbe bei regionaler Küche. Terrasse am Marktplatz.

22 Zim - 79/96 € 109/139 € - 1 Suite - ½ P

Stadtplatz 39 ✉ 84489 - ✆ 08677 9650 - www.altstadthotels.net

In Burghausen-Raitenhaslach

Klostergasthof Raitenhaslach

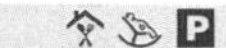

HISTORISCHES GEBÄUDE • INDIVIDUELL Dieser Ort atmet förmlich Geschichte: Den schmucken Gasthof gibt es schon seit 1575, direkt nebenan das Kloster von 1038! Die Zimmer sind wertig, geschmackvoll-elegant und wohnlich, die Gaststuben haben rustikalen Charme, serviert wird Regionales. Draußen: Kastaniengarten, Biergarten, Sonnenterrasse!

17 Zim - 89/99 € 129/149 € - 1 Suite - ½ P

Raitenhaslach 9 ✉ 84489
- ✆ 08677 9650 - www.altstadthotels.net
- geschl. 27. Dezember - 31. März

Ein wichtiges Geschäftsessen oder ein Essen mit Freunden?
Das Symbol weist auf Veranstaltungsräume hin.

BURGRIEDEN

Baden-Württemberg - 3 671 Ew. - Höhe 541 m - Regionalatlas **64**-I20
Michelin Straßenkarte 545

Ebbinghaus

INTERNATIONAL • ELEGANT XX Ein freundliches und modernes Ambiente erwartet Sie in dem Restaurant gegenüber dem Rathaus. Was hier aus frischen, guten Produkten entsteht, nennt sich z. B. "Keule vom Osterberger Lamm mit Kräuterkruste und Rosmarinjus".

Menü 75 € - Karte 34/59 €

Bahnhofplatz 2 ✉ 88483
- ✆ 07392 6041 - www.restaurant-ebbinghaus.de
- nur Abendessen, sonntags auch Mittagessen - geschl. 1. - 6. Januar, Ende August - Anfang September 3 Wochen und Sonntagabend - Dienstag

BURGWALD

Hessen - 4 838 Ew. - Höhe 305 m - Regionalatlas **38**-F12
Michelin Straßenkarte 543

In Burgwald-Ernsthausen

Oertel Burgwald-Stuben

INTERNATIONAL • FAMILIÄR XX Dunkles Holz, geschmackvolle Deko und schön gedeckte Tische bestimmen hier das Ambiente. Die Chefin setzt auf topfrische Produkte, aus denen sie z. B. Hummersuppe oder "Kalbsrücken mit Pfifferlingen in Rahm und Rösti" zubereitet.

Menü 35/65 € - Karte 41/65 €

Marburger Str. 25, B 252 ✉ 35099
- ✆ 06457 8066 - www.restaurant-burgwaldstuben.de
- Donnerstag - Samstag nur Abendessen - geschl. Juli - August 3 Wochen und Montag - Mittwoch

BURGWEDEL

Niedersachsen - 20 307 Ew. - Höhe 53 m - Regionalatlas **19**-I8
Michelin Straßenkarte 541

In Burgwedel-Großburgwedel

❀ **Ole Deele**

KREATIV • ELEGANT XX Geschmackvoll und heimelig das prächtige Bauernhaus von 1828, gekocht wird kreativ - gerne interpretiert man Klassiker neu. Engagierter Service samt guter Weinberatung. Zusätzlich gibt es das "Weinstübchen" mit kleiner Karte: Vesper, Flammkuchen, Coq au vin... Und zum Übernachten wohnliche Gästezimmer.

➜ Ungestopfte Bio-Gänseleber, Bittersalate, Schokolade, Apfel. Kalbsherz, Spargel, Hollandaise, neue Kartoffel. Hefe, Muscovado, Mango, Passionsfrucht.

Menü 59/149 €

12 Zim - 69/95 € 125/155 €

Heinrich-Wöhler-Str. 14 ✉ 30938 - ✆ 05139 99830 (Tischbestellung ratsam) - www.ole-deele.com - nur Abendessen - geschl. Anfang Januar 2 Wochen, Juli - August 2 Wochen und Sonntag - Montag

Kokenstube

KLASSISCHE KÜCHE • ELEGANT XX Elegant und modern zugleich das Ambiente, frisch und ambitioniert die Küche. Darf es vielleicht "Kabeljaufilet mit Rotweinreduktion" oder "Hirschrücken mit Nusssauce und Schupfnudeln" sein? Im Sommer ist die hübsche Terrasse gefragt.

Menü 44/64 € - Karte 42/62 €

Hotel Kokenhof, Isernhägener Str. 3 ✉ 30938 - ✆ 05139 8030 - www.kokenhof.com

Kokenhof

LANDHAUS • INDIVIDUELL Eine schöne Adresse! Die Zimmer in den rekonstruierten Fachwerkhäusern reichen vom eleganten Landhausstil bis zum geradlinig-modernen Design, Platz und Wohnlichkeit bieten sie alle. Attraktiv auch der Freizeitbereich, sehr gut die Tagungsmöglichkeiten. "Kokenkrug" als rustikale Alternative zur "Kokenstube".

54 Zim - 132/185 € 162/215 € - ½ P

Isernhägener Str. 3 ✉ 30938 - ✆ 05139 8030 - www.kokenhof.com

Kokenstube - siehe Restaurantauswahl

In Burgwedel-Thönse

Gasthaus Lege

KLASSISCHE KÜCHE • LÄNDLICH XX Neben behaglichem Ambiente (schön die dekorativen Bilder) darf man sich hier auf herzliche Gastgeber freuen und nicht zuletzt auf gute saisonal-klassische Küche, z. B. als "Rotbarschfilet mit Meerrettichmayonnaise und Petersilienwurzel".

Menü 41/66 € - Karte 46/58 €

Engenser Str. 2 ✉ 30938 - ✆ 05139 8233 - www.gasthaus-lege.de - Mittwoch - Freitag nur Abendessen - geschl. Juli - August 3 Wochen und Montag - Dienstag

BURSCHEID

Nordrhein-Westfalen - 18 166 Ew. - Höhe 195 m - Regionalatlas **36**-C12
Michelin Straßenkarte 543

In Burscheid-Sträßchen Süd-Ost: 2 km, jenseits der A 1

Zum Schmuck-Kastl

ÖSTERREICHISCH • LÄNDLICH XX Die Gastgeber haben hier mit viel Liebe zum Detail ein ländlich-charmantes Restaurant geschaffen. Der aus Kärnten stammende Chef kocht natürlich auch Klassiker aus seiner österreichischen Heimat.

Menü 29 € (mittags unter der Woche)/145 € - Karte 37/75 €

Sträßchen 26, B 51 ✉ 51399 - ✆ 02174 894541 - www.schmuck-kastl.de - geschl. Montag - Dienstag

BUTTENHEIM Bayern ➜ Siehe Hirschaid

BUXTEHUDE

Niedersachsen - 39 792 Ew. - Höhe 2 m - Regionalatlas **10**-I5
Michelin Straßenkarte 541

✿ N°4 

KREATIV • ELEGANT XX Ein schönes historisches Backsteingewölbe, geradliniges Interieur, vier Tische. In der einsehbaren Küche geht es kreativ zu, gekocht wird nordisch und mit sehr guten Produkten, kraftvoll und aromareich. Die Köche servieren mit!

➜ Zarte Versuchung von Kopfsalat, Erbse und Eisenkraut. Knuspriger Zander, Radieschen, Kohlstiele, aromatische Gemüsebouillon. Rehrücken, Wacholderjus, gebratene Wurzeln, junger Mangold.

Menü 98 €

Hotel Navigare, Harburger Str. 4 ✉ 21614 - ✆ 04161 74900 (Tischbestellung erforderlich) - www.hotelnavigare.com - nur Abendessen - geschl. Sonntag - Dienstag

Hoddow's Gastwerk 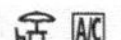

REGIONAL • TRENDY X Das Restaurant der Familie Hoddow ist modern gestaltet und liegt zentral. Auf den Tisch kommen frische und schmackhafte regional-internationale Speisen und gute Weine, am Mittag gibt es eine schnelle Tageskarte.

Menü 36 € (abends) - Karte 32/53 €

Westfleth 35, (Westfleth-Passage) ✉ 21614 - ✆ 04161 503901 - www.hoddows-gastwerk.de - geschl. Montag - Dienstag

Seabreeze 

MARKTKÜCHE • BISTRO X Das Bistro im Gewölbekeller ist die legere Alternative zum Gourmetrestaurant "N°4". Gekocht wird in derselben Küche, das Angebot ist saisonal-international und reicht vom regionalen Menü (hier z. B. "Deichlamm im Tramezzini-Brot") bis zu Klassikern wie Wiener Schnitzel.

Menü 42 € - Karte 36/61 €

Hotel Navigare, Harburger Str. 4 ✉ 21614 - ✆ 04161 74900 - www.hotel-navigare.com - nur Abendessen - geschl. Sonntag

 Navigare 

HISTORISCH • MODERN Das schmucke Gebäude aus der Kaiserzeit - ehemals Hauptsitz der Reederei NSB - beherbergt auf seinen "Decks" zeitgemäß und wertig ausgestattete Zimmer, Minibar inklusive. "Lighthouse Bar" mit Snacks wie Sandwiches und Burger.

32 Zim ☕ - †110/160 € ††130/180 €

Harburger Str. 4 ✉ 21614 - ✆ 04161 74900 - www.hotel-navigare.com

✿ **N°4** • **Seabreeze** - siehe Restaurantauswahl

CALW

Baden-Württemberg - 22 600 Ew. - Höhe 347 m - Regionalatlas **54**-F18
Michelin Straßenkarte 545

In Calw-Hirsau Nord: 2,5 km über B 463

Kloster Hirsau 

REGIONAL • LÄNDLICH XX Gemütlich sitzt man in den ländlich-eleganten Stuben und wählt aus regionalen Klassikern wie z. B. Schwarzwald-Forelle oder lässt sich mit einigen internationalen Gerichten überraschen - und das Preis-Leistungs-Verhältnis ist wirklich gut! Mittags gibt es für Eilige auch ein günstigeres Menü.

Menü 23/38 € - Karte 29/48 €

Hotel Kloster Hirsau, Wildbader Str. 2 ✉ 75365 - ✆ 07051 96740 - www.hotel-kloster-hirsau.de

Kloster Hirsau

FAMILIÄR • AUF DEM LAND Vor allem Tagungsgäste schätzen das von Familie Hassel geführte Hotel (die Seminarräume sind auf dem neuesten technischen Stand), aber auch Wochenendurlauber kommen gerne in die ehemalige Klosterherberge von 1450, denn man kann hier gut wohnen, im hübschen Saunabereich mit kleiner Beautyabteilung relaxen und das ca. 300 m entfernte Benediktiner-Kloster ist eine Besichtigung wert. Auch für Veranstaltungen finden sich die passenden Räumlichkeiten.

42 Zim – 76/88 € 124/147 € – ½ P

Wildbader Str. 2 75365 – 07051 96740 – www.hotel-kloster-hirsau.de

Kloster Hirsau – siehe Restaurantauswahl

CASTELL

Bayern – 817 Ew. – Höhe 317 m – Regionalatlas **49**-J16
Michelin Straßenkarte 546

Gasthaus zum Schwan

REGIONAL • GASTHOF X Seit über 100 Jahren gibt es das gemütliche Gasthaus, das früher auch schon mal als Brauerei diente. Hier isst man angenehm unkompliziert und schmackhaft, und gepflegt übernachten kann man ebenfalls.

Menü 21/34 € – Karte 29/41 €

9 Zim – 60 € 80 €

Birklinger Str. 2, B 286 97355 – 09325 90133 – www.schwan-castell.de – geschl. 1. - 18. Januar, 23. Juli - 9. August und Dienstag - Mittwoch

Weinstall N

REGIONAL • WEINSTUBE X Im einstigen Pferdestall des Schlosses Castell wird heute von Fr. - So. durchgehend gekocht: ein 14-Gänge-Menü oder einzelne Gerichte daraus. Mi. und Do. ist die Auswahl kleiner und etwas einfacher. Probieren Sie z. B. "Bonbon vom Kaninchen, Steckrübe, Wildkräuter". Direkt nebenan: VDP-Weingut mit Verkauf.

Menü 160 € – Karte 28/43 €

Schlossplatz 3 97355 – 09325 9809949 – www.weinstall-castell.de – geschl. Mitte Januar - Ende Februar und Montag - Dienstag

CELLE

Niedersachsen – 68 721 Ew. – Höhe 40 m – Regionalatlas **19**-I8
Michelin Straßenkarte 541

Endtenfang

FRANZÖSISCH-KLASSISCH • KLASSISCHES AMBIENTE XXX Ein überregionales Aushängeschild für Spitzengastronomie! Seit 1988 mit Stern ausgezeichnet, heißt es hier nach wie vor hohe Kontinuität und Passion. Man kocht modern-klassisch mit Ausdruck und Finesse. Wertig-elegant das Interieur, schön der begrünte Innenhof. Samstags faires Lunchangebot inkl. Wein.

→ Ente in 3 Gängen. Pochierter Rehbock, geräuchertes Mark, Esskastanie, Rotkraut. Piemonteser Nuss, Zwetschge, Rum, Topfen.

Menü 85 € (mittags)/170 € – Karte 84/98 €

Stadtplan : A2-e – *Althoff Hotel Fürstenhof, Hannoversche Str. 55 29221 – 05141 2010 – www.fuerstenhof-celle.com – geschl. Januar, August 2 Wochen und Sonntag - Donnerstagmittag, Freitagmittag*

Schaper

MARKTKÜCHE • FAMILIÄR XX Lust auf "Ente aus dem Ofen, Portweinjus, Rotkohl"? Oder lieber "Zanderfilet auf Risotto"? In dem Familienbetrieb (4. Generation) wird frisch, schmackhaft und saisonal gekocht, gemütlich die Stuben. Wer übernachten möchte, findet klassisch-funktionale Zimmer, verteilt auf zwei Häuser.

Menü 32/52 € – Karte 33/53 €

15 Zim – 75/130 € 99/160 €

Stadtplan : A2-s – *Heese 6 29225 – 05141 94880 – www.hotel-schaper.de – nur Abendessen, sonntags auch Mittagessen – geschl. Sonntagabend - Montag*

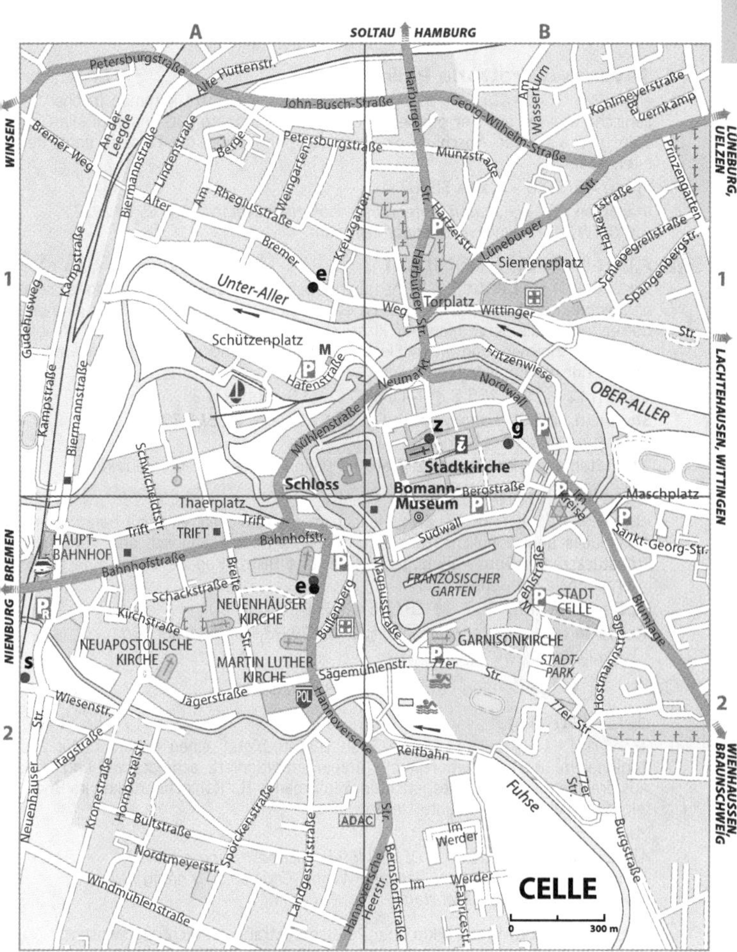

Historischer Ratskeller

TRADITIONELLE KÜCHE • GEMÜTLICH XX Frische klassische Küche bietet man in dem schönen historischen Kellergewölbe, z. B. als "Tafelspitz mit Meerrettichsauce" oder als "Wildragout mit Wildpreiselbeeren". Sie möchten heiraten? Das Trauzimmer der Stadt ist mit im Haus.

Menü 18 € (mittags)/42 € – Karte 20/46 €

Stadtplan : B1-z – *Markt 14 ✉ 29221 – ✆ 05141 29099 – www.ratskeller-celle.de – geschl. Sonntagabend sowie an Feiertagen abends*

Weinkeller Postmeister von Hinüber

INTERNATIONAL • WEINSTUBE X So richtig gemütlich-rustikal ist der jahrhundertealte Backsteinkeller. Es gibt ein wöchentlich wechselndes kleines Angebot an ehrlichen international-saisonalen Speisen, so z. B. "Zanderfilet im Kateifiteig mit Pancetta und Rahmkohlrabi".

Karte 26/46 €

Stadtplan : B1-g – *Zöllnerstr. 25 ✉ 29221 – ✆ 05141 28444 – www.weinkeller-celle.de – Dienstag - Freitag nur Abendessen – geschl. Ostern, Juli - August 2 Wochen und Sonntag - Montag*

Taverna & Trattoria Palio

ITALIENISCH • LÄNDLICH X In legerer Trattoria-Atmosphäre kommen frische italienische Speisen aus der offenen Küche: "Vitello tonnato", "Gamberoni alla Diavolo" und als süßen Abschluss ein Tiramisu? Sehr schön: die Terrasse unter der alten Kastanie!

Menü 46/59 € - Karte 38/67 €

Stadtplan : A2-e - *Althoff Hotel Fürstenhof, Hannoversche Str. 55 ✉ 29221 - ✆ 05141 2010 - www.fuerstenhof-celle.com*

Althoff Hotel Fürstenhof

HISTORISCH • INDIVIDUELL Nicht nur die beispielhafte Gästebetreuung ist sehr angenehm, das Ambiente im Haus ist es ebenso! Passend zum Flair des jahrhundertealten Palais setzt man auf klassische Eleganz. Tipp: die neueren stilvoll-modernen Zimmer! Und wenn Sie bummeln gehen möchten: In die Innenstadt sind es nur wenige Minuten!

59 Zim - 110/265 € 140/360 € - 3 Suiten - ½ P

Stadtplan : A2-e - *Hannoversche Str. 55 ✉ 29221 - ✆ 05141 2010 - www.fuerstenhof-celle.com*

Endtenfang • **Taverna & Trattoria Palio** - siehe Restaurantauswahl

Caroline Mathilde

BUSINESS • FUNKTIONELL Zwei Häuser im neuzeitlichen Villenstil beherbergen individuelle und wohnliche, teils ganz moderne Zimmer, hübsch der freundliche Frühstücksraum. Gute Parkmöglichkeiten. Das Bistro Kanapé bietet eine kleine internationale Speisenauswahl.

52 Zim - 85/165 € 125/215 € - ½ P

Stadtplan : A1-e - *Alter Bremer Weg 37 ✉ 29223 - ✆ 05141 980780 - www.caroline-mathilde.de*

In Celle-Altencelle Süd-Ost: 3 km über Blumlage B2

der allerKrug

REGIONAL • LÄNDLICH XX Patron Sven Hütten bietet einen schönen Mix aus Regionalem und Internationalem - immer ambitioniert, schmackhaft und fein. Aus drei Menüs sowie Tagesgerichten wählt man z. B. "Kaninchenrücken im Brickteig, Steckrübe, Trüffel, bunte Linsen".

Menü 35/80 €

Alte Dorfstr. 14 ✉ 29227 - ✆ 05141 84894 (Tischbestellung ratsam) - www.allerkrug.de - geschl. Januar 1 Woche, Ende Juni - Anfang August 2 Wochen und Montag - Dienstag

In Celle-Boye Nord-West: 4 km über Petersburgstraße A1, Richtung Winsen

Köllner's Landhaus

INTERNATIONAL • ELEGANT XX Ein Anwesen wie aus dem Bilderbuch: ein charmantes Fachwerkhaus von 1589, drum herum ein 11000 qm großer Garten - da könnte das elegante Landhaus-Interieur nicht besser passen! Und dazu gute internationale Gerichte wie "Kalbskotelett mit Vanille-Karotten und Kräuter-Kartoffelpüree".

Menü 35/62 € - Karte 39/63 €

6 Zim - 105/145 € 145/175 €

Im Dorfe 1 ✉ 29223 - ✆ 05141 951950 - www.koellners-landhaus.de - geschl. Anfang Januar 1 Woche und Montag - Dienstagmittag

In Celle-Groß Hehlen Nord: 4 km über Harburgerstraße B1, Richtung Soltau

Celler Tor

BUSINESS • INDIVIDUELL Ein gut geführtes Hotel mit wohnlich-zeitgemäßen Zimmern in vier Kategorien, 14 variablen Tagungsräumen sowie einem netten lebendigen Barbereich. Kosmetik und Massageangebot. Restaurant mit klassisch-gediegenem Ambiente.

71 Zim - 97/230 € 147/285 € - 2 Suiten - ½ P

Scheuener Str. 2, an der B 3 ✉ 29229 - ✆ 05141 5900 - www.celler-tor.de

CHAM

Bayern – 16 508 Ew. – Höhe 370 m – Regionalatlas **59**-O17
Michelin Straßenkarte 546

Bräu-Pfandl

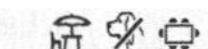

REGIONAL • RUSTIKAL XX In den gemütlich-rustikalen, hübsch dekorierten Stuben werden Sie freundlich mit regionaler und internationaler Küche umsorgt. Im Sommer sitzt man gerne im netten Biergarten. Zudem gibt es im 1. Stock schöne kleine Gesellschaftsräume.

Menü 32/54 € – Karte 22/54 €

Lucknerstr. 11 ✉ 93413 – ✆ 09971 20787 – www.braeupfandl.de – geschl. Juni 2 Wochen und Sonntagabend - Montag, außer an Feiertagen

Randsberger Hof

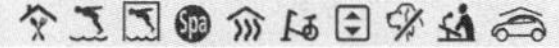

GASTHOF • REGIONAL Das Hotel bietet wohnliche Zimmer im alpinen Stil, teils mit Balkon und Blick auf die Stadt. Hübsch sind der Kosmetikbereich und der Panoramaruheraum, ein Highlight ist der Dachpool. Restauranträume mit rustikalem Charme, die Küche ist bürgerlich-regional.

79 Zim – 60/72 € 119/124 € – 2 Suiten – ½ P

Randsbergerhofstr. 15 ✉ 93413 – ✆ 09971 85770 – www.randsbergerhof.de

In Cham-Chammünster Süd-Ost: 3 km über B 85 in Richtung Viechtach

Am Ödenturm

REGIONAL • LÄNDLICH X Ein Bilderbuch-Gasthof: schön die Lage am Waldrand, sympathisch-familiär die Atmosphäre, reizvoll die Terrasse, und gekocht wird richtig gut, von regional bis mediterran, von "gebackenem Kalbskopf auf Kartoffel-Endiviensalat" bis "Lammcurry mit Couscous". Zum Übernachten hat man gemütlich-moderne Zimmer.

Karte 18/54 €

9 Zim – 45/55 € 80/85 €

Am Ödenturm 11 ✉ 93413 – ✆ 09971 89270 – www.oedenturm.de – geschl. 4. Oktober - 27. November und Sonntagabend - Montag, Dienstagmittag, Donnerstagmittag

CHEMNITZ

Sachsen – 243 521 Ew. – Höhe 296 m – Regionalatlas **42**-O13
Michelin Straßenkarte 544

Villa Esche

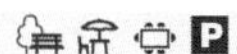

INTERNATIONAL • TRENDY XX Das breite Angebot an schmackhaften Gerichten macht einem die Entscheidung nicht leicht! Da wären z. B. Königsberger Klopse, Lammhaxe, Zander auf Spinatrisotto, Hummer... Schöner Rahmen: die 1903 erbaute Orangerie einer einstigen Unternehmer-Villa (hier das Henry-van-de-Velde-Museum) nebst Terrasse zum Park.

Menü 19 € (mittags unter der Woche)/69 € – Karte 31/78 €

Parkstr. 58, (Eingang Rich.-Wagner-Straße), über A2 ✉ 09120 – ✆ 0371 2361363 (Tischbestellung ratsam) – www.restaurant-villaesche.de – geschl. Sonntagabend - Montag

alexxanders

INTERNATIONAL • TRENDY X Das Restaurant hat nicht nur ein attraktives Ambiente, auch die Küche ist gut. Gekocht wird saisonal, regional, und international - Hummerravioli und Rinderfilet findet man auf der Karte ebenso wie Rehbraten oder Wiener Schnitzel.

Menü 59 € – Karte 32/58 €

Stadtplan : B1-a – *Hotel alexxanders, Ludwig-Kirsch-Str. 9 ✉ 09130 – ✆ 0371 4311111 – www.alexxanders.de – geschl. Sonntag, Samstagmittag sowie an Feiertagen*

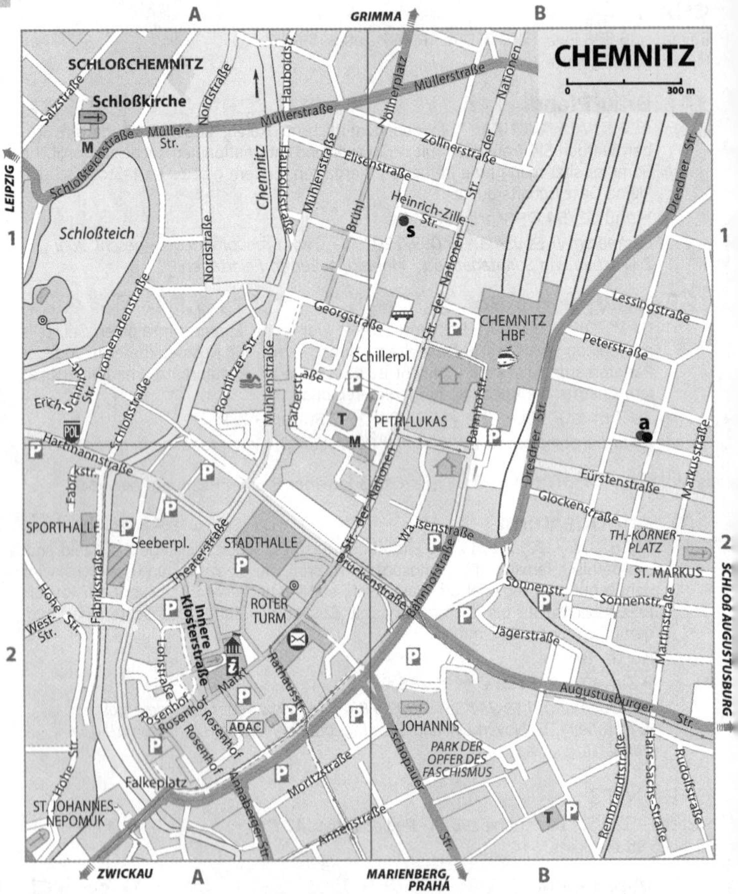

🍽 Richter

KLASSISCHE KÜCHE • LANDHAUS XX Hier legt man Wert auf gute Produkte, aus denen gehobene klassische Gerichte wie "Frühlingsrolle vom Skreifilet, Fenchel, Safran" entstehen. Behaglich das Ambiente, schön die Terrasse hinterm Haus. Nebenan das eigene Feinkostgeschäft.

Menü 35/64 € – Karte 36/47 €

Zschopauer Str. 259, (über B2) ✉ 09126 – ✆ 0371 55910 – www.feinkost-richter.de – nur Abendessen – geschl. Juli und Sonntag - Montag

🍽 Schalom Ⓝ

KOSCHER • BÜRGERLICH X Mal Lust auf jüdisch-koschere Küche? Die gibt's in dem freundlichen, schlicht-modernen Restaurant z. B. als schmackhafte Mezze, "Blinztes Schawarma mit Gemüse" oder "Couscous mit Lammragout". Man lässt übrigens auch koscheres Bier brauen.

Karte 24/45 €

Stadtplan : B1-s – *Heinrich-Zille-Str. 15 ✉ 09111 – ✆ 0371 6957769 – www.schalom-chemnitz.de – nur Abendessen – geschl. Montagabend, Freitagabend*

URBAN • FUNKTIONELL In dem gepflegten Stadthaus am Zentrumsrand wohnt man richtig schön in wertig und modern eingerichteten Zimmern mit sehr guter Technik - einige haben einen Balkon zum begrünten Innenhof. Auch Zimmer für Langzeitgäste sind buchbar.

30 Zim – †71/89 € ††89 € – 3 Suiten – ☕8 €

Stadtplan : B1-a – *Ludwig-Kirsch-Str. 9 ✉ 09130 – ✆ 0371 4311111 – www.alexxanders.de*

alexxanders – siehe Restaurantauswahl

CHIEMING

Bayern – 4 793 Ew. – Höhe 537 m – Regionalatlas **67**-N21
Michelin Straßenkarte 546

In Chieming-Ising Nord-West: 7 km

USINGA

KREATIV • GEMÜTLICH Das Gourmetstüberl ("Usinga" ist der lateinische Name für "Gut Ising") bringt regionalen Charme und Eleganz in Einklang. Passend dazu die ambitionierte kreative Küche, die "Alpenkulinarik" verspricht - Grüße aus der Küche ergänzen das Menü. Wie wär's mit einer Weinreise?

Menü 68/108 €

Hotel Gut Ising, Kirchberg 3 ✉ 83339 – ✆ 08667 790 (Tischbestellung ratsam) – www.gut-ising.de – nur Abendessen – geschl. Montag - Dienstag

Zum Goldenen Pflug

REGIONAL • LÄNDLICH In einem der ältesten Gasthäuser der Region schreibt man Tradition groß, ohne stehen zu bleiben. Neben Klassikern wie "Bayerischem Schweinekrustenbraten mit Dunkelbiersauce" gibt es auch Internationales. Stimmig das gemütliche Ambiente.

Menü 33/36 € – Karte 30/54 €

Hotel Gut Ising, Kirchberg 3 ✉ 83339 – ✆ 08667 790 – www.gut-ising.de

Il Cavallo

ITALIENISCH • FAMILIÄR Lust auf frische authentisch italienische Küche? Da dürfen hausgemachte Pasta und Klassiker wie Vitello tonnato ebenso wenig fehlen wie Steinofenpizza, die vor Ihren Augen zubereitet wird. Schön die Terrasse mit Chiemsee-Blick.

Karte 20/47 €

Hotel Gut Ising, Kirchberg 3 ✉ 83339 – ✆ 08667 809962 – www.gut-ising.de – Dienstag - Freitag nur Abendessen – geschl. Montag

Gut Ising

HISTORISCH • INDIVIDUELL Auf dem weitläufigen Anwesen mit Gutshof-Charme kann man golfen, reiten, tagen oder bei Beautybehandlungen entspannen. Die Zimmer geschmackvoll und individuell (etwas Besonderes sind die Wellness-Suiten), vielfältig das Freizeitangebot, und auch kulinarisch bietet man Abwechslung.

96 Zim ☕ – †126/158 € ††205/274 € – 9 Suiten – ½ P

Kirchberg 3 ✉ 83339 – ✆ 08667 790 – www.gut-ising.de

Zum Goldenen Pflug • **USINGA** • **Il Cavallo** – siehe Restaurantauswahl

CHIEMSEE

Bayern - Höhe 518 m - Regionalatlas **67**-N21
Michelin Straßenkarte 546

Auf der Fraueninsel

Zur Linde

REGIONAL • GASTHOF X Der bayerische Gasthaus-Charme von einst ist geblieben und auch die 1000-jährige Linde steht noch im herrlichen Biergarten! Drinnen reizende traditionelle Stuben - Fensterplätze mit Blick zum See! Spezialität ist Fisch aus dem Chiemsee.

Karte 26/51 €

Hotel Zur Linde, Hausnummer 1 ✉ 83256 Chiemsee - ☎ 08054 90366 - www.linde-frauenchiemsee.de - geschl. 6. Januar - 20. März

Zur Linde

GASTHOF • GEMÜTLICH Ein Wirtshaus wie aus dem Bilderbuch und mit über 600 Jahren eines der ältesten in Bayern. Perfekter Rahmen für Hochzeiten. Besuchen Sie auch das Kloster nebenan sowie die Nachbarinsel Herrenchiemsee mit dem berühmten Schloss!

14 Zim - †78/115 € ††133/178 €

Hausnummer 1 ✉ 83256 Chiemsee - ☎ 08054 90366 - www.linde-frauenchiemsee.de - geschl. 6. Januar - 20. März

Zur Linde - siehe Restaurantauswahl

CLAUSTHAL-ZELLERFELD

Niedersachsen - 15 857 Ew. - Höhe 560 m - Regionalatlas **29**-J10
Michelin Straßenkarte 541

Harzhotel Zum Prinzen

FAMILIÄR • GEMÜTLICH Im Jahre 1847 wurde das denkmalgeschützte holzverkleidete Haus erbaut. Die Gäste schätzen die sympathische Atmosphäre und die wohnlichen Zimmer in dem freundlich und familiär geführten kleinen Hotel.

16 Zim - †53/56 € ††75 € - 2 Suiten

Goslarsche Str. 20, Zellerfeld ✉ 38678 - ☎ 05323 96610 - www.zum-prinzen.de

CLOPPENBURG

Niedersachsen - 33 221 Ew. - Höhe 38 m - Regionalatlas **17**-E7
Michelin Straßenkarte 541

Margaux

FRANZÖSISCH-KLASSISCH • ELEGANT XX Das elegante Restaurant befindet sich in der Innenstadt, in "Schäfers Hotel" (hier wohnt man übrigens sehr gepflegt). Gekocht wird klassisch-international, dazu gibt es eine Weinkarte mit rund 250 Positionen. Alternativ bekommt man im legeren Bistro nebenan Steaks, Pasta und Snacks.

Menü 29/85 € - Karte 38/77 €

16 Zim - †65/75 € ††89/109 € - ½ P

Lange Str. 66 ✉ 49661 - ☎ 04471 2484 - www.schaefers-hotel-cloppenburg.de - nur Abendessen - geschl. Januar 2 Wochen, September 2 Wochen und Montag - Dienstag

sevenoaks (N)

BOUTIQUE-HOTEL • DESIGN Chic, modern und individuell. Nahe Museumsdorf und Fußgängerzone wohnen Sie in einem wertig und mit Liebe zum Detail eingerichteten Boutique-Hotel - die Zimmer heißen z. B. Alpen, Mexiko, Hamptons, Regenwald... Wohnlich: Lesezimmer mit Kamin sowie Frühstücksbereich mit Küche. Appartements im Nachbarhaus.

11 Zim - †98/115 € ††125/143 € - 5 Suiten - 10 €

Museumstr. 8 ✉ 49661 - ☎ 04471 8505845 - www.sevenoakshotel.de

COBURG

Bayern – 41 062 Ew. – Höhe 292 m – Regionalatlas **50**-K14
Michelin Straßenkarte 546

Esszimmer

FRANZÖSISCH-KREATIV • ELEGANT XXX In dem eleganten kleinen Restaurant wird modern gekocht, wobei man auch die klassische Basis nicht verleugnet. Was man an den überaus wertig eingedeckten Tischen serviert, überzeugt mit Kraft, Aroma und Finesse - gute Produkte sind selbstverständlich! Und dazu vielleicht ein schöner toskanischer Wein?

→ Kaninchenmaultasche, Zitrone und grüner Pfeffer. Rinderfilet, Kürbis, wilder Broccoli, Yakiniku. Pina Colada - Ananas, Cocos, Rum.

Menü 59/135 €

Stadtplan : A2-t – *Hotel Goldene Traube, Am Viktoriabrunnen 2 ✉ 96450 – ✆ 09561 8760 (Tischbestellung ratsam) – www.goldenetraube.com – nur Abendessen – geschl. 10. - 31. Januar, 18. - 23. Mai, 22. August - 12. September und Sonntag - Dienstag sowie an Feiertagen*

Victoria Grill

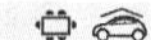

STEAKHOUSE • TRENDY XX Eine gute Adresse für Steaks und Seafood. Man legt großen Wert auf die Qualität des Fleisches - dazu wählen Sie klassische Beilagen. Das Ambiente ist angenehm modern: klare Linien und warme Farben. Schöne Räume für Gesellschaften.

Karte 33/57 €

Stadtplan : A2-t – *Hotel Goldene Traube, Am Viktoriabrunnen 2 ✉ 96450 – ✆ 09561 8760 – www.goldenetraube.com – geschl. Sonntag - Montagmittag*

Das Backstüble

REGIONAL • RUSTIKAL X Warmes Zirbelholz und ein Ofen mit offenem Grill machen es im Restaurant des Hotels "Stadt Coburg" schön gemütlich, während man z. B. Traditionsgerichte wie "fränkischen Sauerbraten mit Lebkuchensoße, Rotkohl und Coburger Klößen" isst. Mittags etwas kleinere Karte.

Karte 28/41 €

36 Zim – 99/125 € 108/135 € – 2 Suiten

Stadtplan : A1-e – *Lossaustr. 12 ✉ 96450 – ✆ 09561 8740 – www.hotel-stadt-coburg.de – geschl. 1. - 7. Januar und Samstagmittag, Sonntag sowie an Feiertagen*

Goldene Traube

BUSINESS • INDIVIDUELL Seit über 20 Jahren ist Familie Glauben für Sie da. In direkter Nähe des Judentores wohnt man modern oder klassisch und entspannt im 300 qm großen Wellnessbereich. Zudem: neuzeitlich-gediegene Lounge, Hotelbar nebst Vinothek, Sushi-Theke.

69 Zim – 99/119 € 149/175 € – ½ P

Stadtplan : A2-t – *Am Viktoriabrunnen 2 ✉ 96450 – ✆ 09561 8760 – www.goldenetraube.com*

Esszimmer • **Victoria Grill** – siehe Restaurantauswahl

Stadtvilla

PRIVATHAUS • MODERN Das hübsche Stadthaus von 1906 liegt in einer kleinen Seitenstraße direkt am Flüsschen Itz, zum Landestheater sind es nur zehn Gehminuten. Man wird angenehm persönlich umsorgt, die Einrichtung ist schön modern und klar, Frühstück gibt's im lichten Wintergarten. W-Lan und Parkplätze gratis, Sauna gegen Gebühr.

10 Zim – 93/107 € 124/149 €

Stadtplan : A1-s – *Seifartshofstr. 10 ✉ 96450 – ✆ 09561 2399370 – www.stadtvilla-coburg.de – geschl. 22. - 27. Dezember*

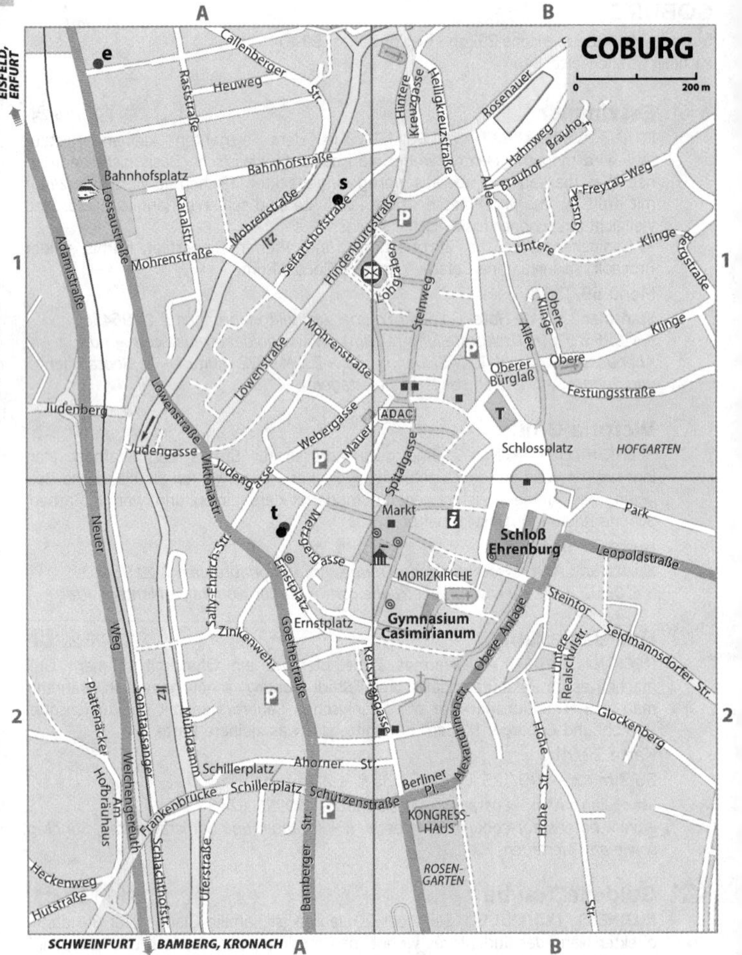

In Rödental-Oeslau Nord-Ost: 7 km über Rosenauer Straße B1

Grosch

HISTORISCH • TRADITIONELL Der Gasthof von 1425 ist ein sympathischer Familienbetrieb mit Brauerei. Wer's schön modern mag, bucht ein Zimmer im Anbau (Brauhotel). In den gemütlichen Gaststuben isst man fränkisch-saisonal, besondere Spezialität unter den eigenen Bieren ist der Capreolus. Tipp: der Biergarten "Die Alm" unweit des Hotels.

44 Zim – 75/80 € 100/110 € – ½ P

Oeslauer Str. 115 ✉ 96472
– ✆ 09563 7500
– www.der-grosch.de
– geschl. 23. - 25. Dezember

In Rödental-Oberwohlsbach Nord-Ost: 10 km über Rosenauer Straße B1

Alte Mühle

INTERNATIONAL • GEMÜTLICH XX Nicht nur gut übernachten lässt es sich hier, auf dem historischen Anwesen wird auch frisch gekocht. In freundlich-gemütlichem Ambiente wählt man z. B. "Lammrücken unter der Kräuterkruste mit Rosmarinsauce, Speckbohnen, Kartoffelgratin".

Karte 25/58 €

Hotel Alte Mühle, Mühlgarten 5 ✉ 96472 – ✆ 09563 72380 – www.alte-muehle-hotel.com – nur Abendessen, sonntags auch Mittagessen – geschl. Sonntagabend

Alte Mühle

HISTORISCH • FUNKTIONELL Das 1902 auf den Fundamenten einer ehemaligen Getreidemühle entstandene Haus wird herzlich von der sympathischen Familie geleitet und bietet sehr gepflegte und zeitgemäß eingerichtete Gästezimmer.

24 Zim – †70/85 € ††99/115 € – ½ P

Mühlgarten 5 ✉ 96472 – ✆ 09563 72380 – www.alte-muehle-hotel.com

Alte Mühle – siehe Restaurantauswahl

In Ahorn-Hohenstein Süd-West: 9 km über Weichengereuth A2, Richtung Schweinfurt

Dittrich's im Schloss Hohenstein

FRANZÖSISCH-KLASSISCH • ROMANTISCH XX Toll der historische Rahmen, der Park, die Ruhe... Die Burganlage ist ein wirklich romantischer Ort für die klassische Küche, mit der man hier freundlich umsorgt wird. Und wenn Sie übernachten möchten: Man hat schöne individuelle Zimmer.

Menü 54/95 € – Karte 56/73 €

12 Zim – †53/123 € ††77/147 € – 3 Suiten – 12 € – ½ P

Hohenstein 1 ✉ 96482 – ✆ 09565 5429560 – www.schlosshotel-hohenstein.de – nur Abendessen – geschl. Sonntag

Schloss-Schänke – siehe Restaurantauswahl

Schloss-Schänke

REGIONAL • GEMÜTLICH X Gemütlich sitzt man hier in einem hübschen Gewölbe. Zum netten schlicht-rustikalen Ambiente gibt es frische regionale Küche, z. B. in Form von "geschmorter Kaninchenkeule mit Pastinakenpüree, Wurzelgemüse und Schmorjus".

Menü 34 € – Karte 32/50 €

Restaurant Dittrich's im Schloss Hohenstein, Hohenstein 1 ✉ 96482 – ✆ 09565 5429560 – www.schlosshotel-hohenstein.de – nur Abendessen – geschl. Sonntag

COCHEM

Rheinland-Pfalz – 5 259 Ew. – Höhe 90 m – Regionalatlas **46**-C14
Michelin Straßenkarte 543

In Cochem-Cond

Thul

FAMILIÄR • GEMÜTLICH Eine tipptopp gepflegte Adresse mit wohnlichen Zimmern (teilweise mit Balkon), die dank ihrer erhöhten Lage eine wunderschöne Aussicht auf Cochem und Mosel bietet - da sitzt man gerne auf der Terrasse des Restaurants. Tipp für Wanderer: Am Haus verläuft der Moselsteig. Ins Zentrum sind es ca. 15 Min. zu Fuß.

23 Zim – †72 € ††124/168 € – ½ P

Brauselaystr. 27 ✉ 56812 – ✆ 02671 914150 – www.hotel-thul.de – geschl. 8. Januar - 8. März

In Cochem-Sehl

Keßler-Meyer

SPA UND WELLNESS · GEMÜTLICH Sie mögen's ruhig und mit Aussicht? Hier wohnen Sie oberhalb der Mosel in schönen zeitgemäßen Zimmern - wie wär's z. B. mit einer Turm-Maisonette? Gönnen Sie sich auch wohltuende Anwendungen in der "WellnessVilla" nebenan! Wer zum Essen kommt, kann z. B. im netten Wintergarten Platz nehmen.

43 Zim - 90/150 € 120/220 € - 3 Suiten - ½ P

Am Reilsbach 10 ✉ 56812
- ✆ 02671 97880 - www.hotel-kessler-meyer.de

COESFELD

Nordrhein-Westfalen - 35 923 Ew. - Höhe 80 m - Regionalatlas **26**-C9
Michelin Straßenkarte 543

Freiberger im Gasthaus Schnieder-Bauland

REGIONAL · GASTHOF XX Wem Schmackhaftes wie "westfälisches Zwiebelfleisch", "pochierte Hechtklößchen mit Hummerravioli" oder das "Gabelmenü" mit 7-12 Gängen Appetit macht, ist bei Benedikt Freiberger genau richtig. Das rote Ziegelsteinhaus liegt übrigens schön im Grünen - da lockt auch die Terrasse.

Menü 28 € (mittags)/63 € - Karte 27/64 €

Sirksfeld 10, Nord-West: 2 km ✉ 48653 - ✆ 02541 3930
- www.restaurant-freiberger.de - geschl. Februar 2 Wochen, Juli - August
1 Woche und Montag - Dienstag

COLMBERG

Bayern - 1 955 Ew. - Höhe 450 m - Regionalatlas **49**-J17
Michelin Straßenkarte 546

Burg Colmberg

HISTORISCHES GEBÄUDE · KLASSISCH Hier oben in toller Aussichtslage mischt sich das Flair der rund 1000-jährigen Burg in das wohnliche Hotelambiente. Die Zimmer sind gemütlich, teils sogar historisch, gespeist wird in den Burgstuben, der Remise oder im Wintergarten, im Sommer lockt die Terrasse. Tipp für Hochzeiten: der imposante Rittersaal!

26 Zim - 55/125 € 99/165 €

Burg 1-3 ✉ 91598 - ✆ 09803 91920 - www.burg-colmberg.de
- geschl. Februar

CRIMMITSCHAU

Sachsen - 19 180 Ew. - Höhe 238 m - Regionalatlas **42**-N13
Michelin Straßenkarte 544

Villa Vier Jahreszeiten

HERRENHAUS · HISTORISCH Wer das stilvolle Flair der aufwändig restaurierten Fabrikantenvilla (1903-1906 erbaut) für sich entdeckt hat, wird gerne wiederkommen. Das Anwesen ist schon ein Schmuckstück und alles andere als "von der Stange"! 1 Gehminute entfernt: das ebenfalls von den Hotelbesitzern geleitete öffentliche Vital Center.

9 Zim - 99/112 € 127/137 € - 1 Suite

Gabelsbergerstr. 12 ✉ 08451 - ✆ 03762 7598110 - www.villa-vierjahreszeiten.de

CUXHAVEN

Niedersachsen - 48 221 Ew. - Höhe 2 m - Regionalatlas **9**-G4
Michelin Straßenkarte 541

In Cuxhaven-Duhnen Nord-West: 6 km über Strichweg

✿✿ Sterneck

KREATIV • KLASSISCHES AMBIENTE XXX Während Sie bei klassisch-eleganter Atmosphäre den tollen Ausblick auf Nordsee und Wattenmeer genießen, entstehen in der Küche aus hervorragenden Produkten aromareiche Gerichte mit modern-kreativen Elementen. Angenehm der freundliche und gleichermaßen professionelle Service.

→ Dorumer Nordsee-Krabben, Kabeljau, Topinambur, Sepia. Cuxhavener Deichlamm, Kichererbsen, Zwiebeln, Curry. Schokolade, Quitte, Rote Beete, Safran, Limette.

Menü 75 € (vegetarisch)/185 €

Badhotel Sternhagen, Cuxhavener Str. 86 ✉ 27476
– ✆ 04721 4340 – www.badhotel-sternhagen.de
– nur Abendessen, sonntags auch Mittagessen – geschl. 12. -18. April, 25. November - 23. Dezember und Montag - Mittwoch

Panorama-Restaurant Schaarhörn

INTERNATIONAL • ELEGANT XXX In hanseatisch-elegantem Ambiente lässt man sich bei einem schönen Ausblick aufs Wattenmeer klassische norddeutsche Küche mit internationalen Einflüssen servieren. Tipp für nachmittags: Kuchen aus der hauseigenen Konditorei!

Menü 42/61 € – Karte 46/70 €

Badhotel Sternhagen, Cuxhavener Str. 86 ✉ 27476
– ✆ 04721 4340 – www.badhotel-sternhagen.de
– geschl. 25. November - 23. Dezember

Ekendöns

TRADITIONELLE KÜCHE • RUSTIKAL X 300 Jahre alte Eichenbalken eines norddeutschen Bauernhauses und ein schmucker Kachelofen, da kommt sofort Gemütlichkeit auf. Passend dazu gibt's herzhafte regionale Hausmannkost wie Kartoffelsuppe, Nordseekrabben, Kohlroulade, Rote Grütze!

Menü 40 € – Karte 37/45 €

Badhotel Sternhagen, Cuxhavener Str. 86 ✉ 27476 – ✆ 04721 4340
– www.badhotel-sternhagen.de – nur Abendessen – geschl. 25. November - 23. Dezember

Strandperle

SPA UND WELLNESS • KLASSISCH Das Hotel sieht nicht nur von außen aus wie ein Kreuzfahrtdampfer, auch innen steht alles unter dem Motto Seefahrt, viele kleine Details unterstreichen das maritime Flair. Einige Zimmer sowie der Ruhebereich des Spa bieten Meerblick. Internationale Küche im Restaurant nebst Terrasse an der Promenade.

66 Zim – 135/185 € 158/185 € – 16 Suiten – ½ P

Duhner Strandstr. 15, (Zufahrt über Am Wattenweg) ✉ 27476 – ✆ 04721 40060
– www.strandperle-hotels.de

Badhotel Sternhagen

FAMILIÄR • INDIVIDUELL Herzlich wird man in dem seit über 50 Jahren bestehenden Familienbetrieb umsorgt, traumhaft die Lage direkt hinter dem Deich, toll der Blick auf die Nordsee und dazu ein umfassendes Spa-Angebot, das auf Meerwasser setzt (Meerwasser-Thermen, Thalasso...). Was wünscht man sich mehr von einem Ferienhotel?

39 Zim – 160/220 € 210/290 € – 9 Suiten – ½ P

Cuxhavener Str. 86 ✉ 27476
– ✆ 04721 4340 – www.badhotel-sternhagen.de
– geschl. 25. November - 23. Dezember

✿✿ **Sterneck** • **Panorama-Restaurant Schaarhörn** • **Ekendöns** – siehe Restaurantauswahl

Strandhotel Duhnen

SPA UND WELLNESS • ELEGANT Das traditionsreiche Hotel von 1896 wächst mit den Ansprüchen der Gäste, wird schöner und geht mit der Zeit. Tolle Lage an der Strandpromenade, komfortable Ausstattung, "Levitas Wellspa" auf 600 qm. Die Gastronomie: Restaurant "Vier Jahreszeiten" zum Wattenmeer, Bistro "Kamp's", Bierpub "Störtebeker" sowie "Lido Bar". Frühstück mit Strand- und Meerblick.

95 Zim – 71/206 € 129/221 € – 3 Suiten – ½ P

Duhner Strandstr. 5 ✉ 27476 – ✆ 04721 4030 – www.kamp-hotels.de

In Cuxhaven-Döse

Moin!

FAMILIÄR • MODERN Warum das Hotel so beliebt ist? Hier ist alles tipptopp gepflegt, die Einrichtung freundlich und zeitgemäß, das Frühstückbuffet ist toll, die Mitarbeiter sind herzlich, und auch in Sachen Wellness bietet man so einiges!

56 Zim – 69/109 € 99/159 € – 4 Suiten

Steinmarner Str. 83 ✉ 27476 – ✆ 04721 664822 – www.moin.info

DACHAU

Bayern – 45 985 Ew. – Höhe 505 m – Regionalatlas **65**-L20
Michelin Straßenkarte 546

In Dachau-Webling Nord-West: 2 km – 45 985 Ew.

Schwarzberghof

REGIONAL • GASTHOF XX Hier isst man richtig gut, entsprechend gefragt ist das charmante holzgetäfelte Restaurant - reservieren Sie also lieber! Probieren Sie unbedingt den Klassiker "Schweinsbraten mit Kruste und Kartoffelknödel"! Aber auch die Fischgerichte sind frisch und schmackhaft. Schön die Gartenterrasse.

Karte 23/44 €

8 Zim – 69/109 € 99/169 €

Augsburger Str. 105 ✉ 85221 – ✆ 08131 338060 – www.schwarzberghof.eu – geschl. Montag

In Bergkirchen-Günding West: 3 km, Richtung Fürstenfeldbruck

Forelle

FAMILIÄR • FUNKTIONELL Hier bleibt man am Ball und kann seinen Gästen hübsche Zimmer bieten. Die Chefin hat ein Faible für schöne Betten, die in allen Räumen unterschiedlich sind. Dazu kommen frische Farbakzente!

20 Zim – 72/92 € 89/110 € – 1 Suite

Brucker Str. 16 ✉ 85232 – ✆ 08131 56730 – www.hotel-forelle-dachau.de – geschl. Ende Dezember - Anfang Januar

In Bergkirchen-Unterbachern Nord-West: 5 km

Gasthaus Weißenbeck

TRADITIONELLE KÜCHE • GEMÜTLICH X Lauter zufriedene Gesichter! Kein Wunder, denn Mutter und Tochter Weißenbeck kochen richtig gut und preislich fair! In dem gemütlichen Wirtshaus gibt's z. B. "Kalbsgeschnetzeltes mit Spätzle und Gemüse". Am Wochenende kommt man zum leckeren Braten! Mittags ist die Karte etwas reduziert.

Menü 20 € (mittags unter der Woche)/47 € (abends) – Karte 28/55 €

Ludwig-Thoma-Str. 56 ✉ 85232 – ✆ 08131 72546 (abends Tischbestellung ratsam) – www.weissenbeck.de – geschl. Montag - Dienstag

DAHN

Rheinland-Pfalz – 4 511 Ew. – Höhe 210 m – Regionalatlas **53**-D17
Michelin Straßenkarte 543

Pfalzblick

SPA UND WELLNESS • GEMÜTLICH Schöne Ferien in ruhiger Waldrandlage: beste Wanderbedingungen und Spa auf über 1000 qm samt Panorama-Ruheraum, dazu die im Preis inbegriffene 3/4-Vitalpension. Im A-la-carte-Restaurant speist man international und regional und genießt den Blick von der Terrasse. Für Weinliebhaber: moderne Vinothek.

69 Zim ☕ - †82/99 € ††169/199 € - 1 Suite - ½ P

Goethestr. 1 ✉ 66994 - ✆ 06391 4040 - www.pfalzblick.de

In Bruchweiler-Bärenbach Süd-Ost: 6 km über B 427 Richtung Bad Bergzabern, dann rechts ab

Landhaus Felsengarten

FAMILIÄR • GEMÜTLICH Herzliche Gastgeber, wohnliche Zimmer (benannt nach Bergen und Felsen der Umgebung), Frühstück im Wintergarten, auf Wunsch Massagen, dazu die fairen Preise... Und auch die Lage stimmt: ruhig und ideal für (Rad-) Wanderer, schön der Garten.

10 Zim ☕ - †50/52 € ††78/86 € - 1 Suite

Gartenstr. 78 ✉ 76891 - ✆ 06394 1661 - www.hotel-felsengarten.de - geschl. über Weihnachten

DAMSHAGEN

Mecklenburg-Vorpommern - 1 268 Ew. - Höhe 20 m - Regionalatlas **11**-K4
Michelin Straßenkarte 542

In Damshagen-Parin Süd-Ost: 5 km

Gutshaus Parin

HISTORISCH • MODERN Das hat Charme: Ein altes Gutshaus wurde hier nach ökologischen Gesichtspunkten in ein reizendes Hotel mit geschmackvollen Zimmern verwandelt. Wählen Sie "Himbeere", "Mirabelle", "Apfel"... Oder lieber ein "Zirbenzimmer"? Schön der Badeteich im Garten. Im Restaurant speist man bürgerlich - abends nur Buffet.

30 Zim ☕ - †66/129 € ††92/200 € - ½ P

Wirtschaftshof 1 ✉ 23948 - ✆ 03881 756890 - www.gutshaus-parin.de

DARMSTADT

Hessen - 151 879 Ew. - Höhe 144 m - Regionalatlas **47**-F15
Michelin Straßenkarte 543

Orangerie

MEDITERRAN • ELEGANT XXX Im Orangerie-Park steht das historische Gebäude mit lichtem, elegantem Interieur - gefragt auch die Terrasse und die Lounge! Gekocht wird Mediterranes wie "Rehrücken mit Pinienkernkruste". Für Weinfreunde: schöne Auswahl an Magnumflaschen.

Menü 48/89 € - Karte 42/81 €

Bessunger Str. 44 ✉ 64285 - ✆ 06151 3966446 - www.orangerie-darmstadt.de

Glasschrank "Steak & Meer"

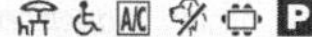

INTERNATIONAL • TRENDY XX Sie lieben Steaks und Seafood? Von einem original "Montague"-Steakhouse-Grill (davon gibt es in Deutschland nur wenige) kommen gute, saftige Steaks! Daneben auch Internationales wie Sashimi sowie Klassiker wie "Beef-Tatar Escoffier".

Menü 30 € (mittags unter der Woche)/79 € - Karte 41/80 €

Pützerstr. 6 ✉ 64287 - ✆ 06151 41471 - www.restaurant-glasschrank.de - geschl. Samstagmittag, Sonntag

Daniela's Trattoria Romagnola

ITALIENISCH • TRATTORIA XX Seit über 30 Jahren steht die sympathische Chefin am Herd. Probieren Sie die hausgemachte Pasta oder den Klassiker "Kalbsrücken Daniela Art"! Haben Sie die charmante Terrasse mit der freigelegten historischen Mauer gesehen?

Menü 48 € – Karte 41/102 €

Heinrichstr. 39 ✉ 64283 – ✆ 06151 20159 – www.trattoria-romagnola.de – geschl. Samstagmittag - Sonntag

In Darmstadt-Arheilgen Nord: 3 km

Weißer Schwan

BÜRGERLICHE KÜCHE • RUSTIKAL X Drinnen gemütliches rustikales Ambiente, draußen der hübsche Biergarten - hier wie dort bietet das Restaurant im gleichnamigen Hotel bürgerlich-regionale Küche, z. B. als "Rinderbäckchen in Barolo geschmort". Mittags etwas reduziertes Angebot. Schön die Digestif-Auswahl.

Menü 30/50 € – Karte 22/49 €

20 Zim – †62/82 € ††87/107 € – ☕ 5 €

Frankfurter Landstr. 190 ✉ 64291 – ✆ 06151 371702 – www.weisser-schwan.com – geschl. Anfang Januar 1 Woche und Samstagmittag, Montag

In Darmstadt-Kranichstein Nord-Ost: 5 km

Kavaliersbau

KLASSISCHE KÜCHE • TRENDY XX In dem hübschen historischen Gebäude erwartet Sie neben geradlinig-elegantem Ambiente (schön auch die Terrasse!) und versiertem Service eine ambitionierte klassische Küche, die auf ausgezeichneten Produkten basiert. Wie wär's z. B. mit "glasierten Wachtelbrüstchen auf Trüffelspaghetti"?

Karte 45/59 €

Hotel Jagdschloss Kranichstein, Kranichsteiner Str. 261 ✉ 64289 – ✆ 06151 130670 – www.hotel-jagdschloss-kranichstein.de – nur Abendessen, sonntags auch Mittagessen – geschl. Sonntagabend

Jagdschloss Kranichstein

LANDHAUS • ELEGANT Ein wirklich ansprechendes Bild gibt das von Grund auf renovierte ehemalige Jagdschloss ab! Die Zimmer hochwertig, modern-elegant und technisch top. Im legeren Bistro mit Bar bietet man neben Kaffee und Kuchen auch eine kleine regionale Karte. Schön der Park mit See.

47 Zim – †109/189 € ††109/189 € – 1 Suite – ☕ 19 €

Kranichsteiner Str. 261 ✉ 64289 – ✆ 06151 130670 – www.hotel-jagdschloss-kranichstein.de

Kavaliersbau – siehe Restaurantauswahl

In Mühltal-Traisa Süd-Ost: 5 km

Hofgut Dippelshof

LANDHAUS • AUF DEM LAND Das Hofgut in ruhiger Lage am Golfplatz ist eine stilvolle Adresse mit klassischen, individuell eingerichteten Zimmern. Elegantes Restaurant mit Parkett und Stuck. Toll für Veranstaltungen: der prächtige "Blaue Saal".

17 Zim ☕ – †94 € ††132/175 €

Am Dippelshof 1, am Golfplatz ✉ 64367 – ✆ 06151 917188 – www.dippelshof.de – geschl. 1. - 14. Januar

DARSCHEID Rheinland-Pfalz

➔ Siehe Daun

DATTELN

Nordrhein-Westfalen – 34 351 Ew. – Höhe 52 m – Regionalatlas **26**-D10
Michelin Straßenkarte 543

In Datteln-Ahsen Nord-West: 7 km über Westring

Jammertal-Resort

SPA UND WELLNESS • GEMÜTLICH Ideal für Wellnessgäste und Golfer. Schön die ruhige Lage mitten im Grünen, wohnlich die unterschiedlich geschnittenen Zimmer, Spa auf 3500 qm, ein Schwimmteich... Dazu ein helles, modernes Restaurant mit Terrasse am Teich.

90 Zim – 99/136 € 190/268 € – 15 Suiten – ½ P

Redderstr. 421 ✉ 45711 – ✆ 02363 3770 – www.jammertal.de

DAUN

Rheinland-Pfalz – 7 941 Ew. – Höhe 410 m – Regionalatlas **45**-B14
Michelin Straßenkarte 543

Graf Leopold

KLASSISCHE KÜCHE • TRADITIONELLES AMBIENTE XXX Streifentapete, dekorative Bilder, Leuchter, schöne Tischkultur... Mit seinem stilvoll-eleganten Ambiente wird das Restaurant ganz dem historischen Rahmen gerecht. Gekocht wird mit saisonalen Einflüssen.

→ Bio Lachs "gebeizt und geflämmt", Blumenkohl, Radieschen, Kaviar Imperial Gold. Taube von Claude Mieral, Brust und Dim Sum aus der Keule, Topinambur, Zwiebel. Schokolade und Erdbeere, Schokoküchlein, Haselnussmilch, Erdbeersorbet.

Menü 68/102 € – Karte 52/75 €

Hotel Kurfürstliches Amtshaus Dauner Burg, Burgfriedstr. 28 ✉ 54550 – ✆ 06592 9250 (Tischbestellung ratsam) – www.daunerburg.de – nur Abendessen, sonntags auch Mittagessen – geschl. 3. - 26. Januar und Montag - Dienstag

Kurfürstliches Amtshaus Dauner Burg

HISTORISCHES GEBÄUDE • ROMANTISCH Auf der einstigen Burg im Zentrum "wacht" seit vielen Jahren Familie Probst und kümmert sich herzlich um ihre Gäste. Wussten Sie, dass Sie hier auf einem erloschenen vulkanischen Berg nächtigen? Und zwar in individuellen, klassisch-stilvollen Zimmern. Für Ihre Entspannung gibt es einen hübschen kleinen Spa.

27 Zim – 75/105 € 135/165 € – 1 Suite – ½ P

Burgfriedstr. 28 ✉ 54550 – ✆ 06592 9250 – www.daunerburg.de – geschl. 3. - 26. Januar

Graf Leopold – siehe Restaurantauswahl

Panorama

SPA UND WELLNESS • INDIVIDUELL Alles hier ist tipptopp gepflegt, sehr schön die Lage am Hang. Buchen Sie ein Zimmer mit Sicht über Daun! Oder genießen Sie lieber Waldblick? Geschmackvolle, wertige Einrichtung, alle Zimmer mit Balkon, dazu Wellness und Beauty sowie internationale Küche im Restaurant samt kleinem Wintergarten und Terrasse.

26 Zim – 79/92 € 138/164 € – ½ P

Rosenbergstr. 26 ✉ 54550 – ✆ 06592 9340 – www.hotelpanorama.de – geschl. 15. Februar - 14. März, 16. - 24. Dezember

In Schalkenmehren Süd-Ost: 6 km, in Gemünden links ab

Michels Wohlfühlhotel

SPA UND WELLNESS • GEMÜTLICH Hier sollten Sie frühzeitig buchen, vor allem am Wochenende! Warum das gewachsene familiär geführte Landhotel so gefragt ist? Da wären zum einen schöne Zimmer in wohnlichem Landhausstil, zum anderen "Michels VitalQuell" auf 1000 qm sowie das gemütliche Restaurant, nicht zu vergessen der Reiz der Maare...

52 Zim – 92/118 € 148/204 € – 1 Suite – ½ P

St.-Martin-Str. 9 ✉ 54552 – ✆ 06592 9280 – www.michels-wohlfuehlhotel.de

In Darscheid Nord-Ost: 6 km über B 257

Kucher's Weinwirtschaft

REGIONAL • FAMILIÄR Charmant die unterschiedlichen antiken Tische und Stühle, die hübsche Deko und die fast familiäre Atmosphäre. Seit jeher gibt es hier "Saure Nieren mit Bratkartoffeln" - ein Klassiker, der treue Anhänger hat! Für die regional-saisonale Küche wird generell nur Fleisch aus der Eifel verarbeitet.

Karte 29/66 €

Restaurant Kucher's Gourmet, Karl-Kaufmann-Str. 2 ✉ 54552 – ✆ 06592 629 – www.kucherslandhotel.de – geschl. 2. - 19. Januar und Montag - Dienstagmittag

Kucher's Gourmet

REGIONAL • ELEGANT Neben der ambitionierten klassischen Küche dreht sich hier alles um das Thema Wein! Die Weinkarte umfasst über 1300 Positionen, darunter einige Mosel-Raritäten - folgen Sie getrost den Empfehlungen. Attraktiv übrigens auch das Restaurant selbst, ebenso die schönen wohnlich-individuellen Gästezimmer.

Menü 59/96 € – Karte 65/81 €

14 Zim – 55/65 € 105/120 € – ½ P

Karl-Kaufmann-Str. 2 ✉ 54552 – ✆ 06592 629 (Tischbestellung ratsam) – www.kucherslandhotel.de – Mittwoch - Samstag nur Abendessen, sonntags auch Mittagessen – geschl. 2. - 19. Januar und Sonntagabend - Dienstag, außer an Feiertagen

Kucher's Weinwirtschaft – siehe Restaurantauswahl

DEDELEBEN

Sachsen-Anhalt – 7 454 Ew. – Höhe 98 m – Regionalatlas **30**-K9
Michelin Straßenkarte 542

WESTERBURG Süd-West: 3,5 km

Wasserschloß Westerburg

HISTORISCHES GEBÄUDE • HISTORISCH Einzigartig, romantisch und wie gemacht für Hochzeiten! In der ältesten Wasserburg Deutschlands (im 8. Jh. Stützpunkt von Karl dem Großen) finden sich natürlich hier und da auch Antiquitäten. Eindrucksvolles gotisches Gewölbe im Restaurant. Terrasse am Wassergraben mit Blick in den Park.

55 Zim – 90/130 € 140/198 € – 2 Suiten – ½ P

Westerburg 34 ✉ 38836 – ✆ 039422 9550 – www.hotel-westerburg.de

DEDELSTORF Niedersachsen ➜ Siehe Hankensbüttel

DEGGENHAUSERTAL

Baden-Württemberg – 4 163 Ew. – Höhe 544 m – Regionalatlas **63**-H21
Michelin Straßenkarte 545

In Deggenhausertal-Limpach

Mohren

REGIONAL • GEMÜTLICH Hier kocht man regional, und zwar ausschließlich mit biozertifizierten Zutaten - Obst, Gemüse, Fleisch etc. stammen aus dem eigenen Bio-Betrieb. Chef Jürgen Waizenegger, Landwirt und Koch, bietet z. B. Rinderschmorbraten, hausgemachte Maultaschen oder Cordon bleu.

Menü 28 € – Karte 24/64 €

Biohotel Mohren, Kirchgasse 1 ✉ 88693 – ✆ 07555 9300 – www.biohotel-mohren.de – geschl. 8. - 28. Januar und Montag - Dienstag

Biohotel Mohren

GASTHOF • GEMÜTLICH Richtig schön wohnt man in dem ehemaligen Gutshof in ruhiger Lage. Darf es vielleicht eine chic-moderne "Spa Suite" im Neubau sein? Zum Frühstück gibt es ein gutes Buffet mit Bio-Produkten und für Entspannung sorgt der hochwertige Spa.

42 Zim – 85/150 € 130/200 € – ½ P

Kirchgasse 1 ✉ 88693
– 07555 9300 – www.mohren.bio
– geschl. 8. - 28. Januar

Mohren – siehe Restaurantauswahl

In Deggenhausertal-Wittenhofen

Landhotel Adler

REGIONAL • RUSTIKAL In dem traditionsreichen Landgasthof im Zentrum kann man in sehr gepflegten Zimmern wohnen und regional-bürgerlich speisen, von Maultaschen über "Geschnetzeltes aus der Rehkeule" bis "Kretzerfilet im Eimantel". Serviert wird in der gemütlichen Gaststube oder auf der netten Terrasse an der Deggenhauser Aach.

Karte 23/45 €

22 Zim – 60/70 € 90 €

Roggenbeurer Str. 2 ✉ 88693
– 07555 202 – www.landhotel-adler.de
– geschl. 15. Februar - 10. März, 24. Oktober - 8. November und Mittwoch
- Freitagmittag

DEIDESHEIM

Rheinland-Pfalz – 3 722 Ew. – Höhe 117 m – Regionalatlas **47**-E16
Michelin Straßenkarte 543

L.A. Jordan

KREATIV • DESIGN Möchten Sie in modern-legerem Ambiente speisen oder mögen Sie es lieber etwas klassischer und eleganter? Den sehr gut geschulten und angenehm unkompliziertem Service genießt man hier wie dort, ebenso Spitzenprodukte und Kreativität der internationalen Küche. Man beachte auch die Signature Dishes. Tolle Weine.

→ Luma Bauch, scharfe Himbeere und balinesische Sauce. Grüner Spargel, Olivenkaramell, Basilikum und Ingwerhollandaise. Rhabarber, Original Beans Edelweiß, Joghurt und Hafer.

Menü 70 € (unter der Woche)/145 € – Karte 85/135 €

Hotel Ketschauer Hof, Ketschauerhofstr. 1 ✉ 67146 – 06326 70000
– www.ketschauer-hof.com – nur Abendessen – geschl. 1. Januar - 1. Februar und Sonntag - Montag

Schwarzer Hahn

FRANZÖSISCH-MODERN • ELEGANT Was hier unter dem sehenswerten hellen Kreuzgewölbe auf den wertig eingedeckten Tisch kommt, ist klassische Küche, die auf ausgesuchte Produkte setzt und auch die Region mit einbezieht, schöne Details und eigene Ideen inklusive. Der Service ist professionell und fachlich top, ebenso die Weinberatung.

→ Saibling, bunte Radieschen, 7 Kräuter, Sauerampfereis. Dry Aged Rinderrücken, gefüllte Cipollini, Sauce Barrique, Blumenkohl. Topfensoufflé mit Tahiti Vanille, Orangenragout, Pralineneis, Pistaziensauce.

Menü 70/150 € – Karte 81/117 €

Hotel Deidesheimer Hof, Am Marktplatz 1 ✉ 67146 – 06326 96870
(Tischbestellung ratsam) – www.deidesheimerhof.de – nur Abendessen
– geschl. Januar 2 Wochen, 8. Juli - 30. August und Sonntag - Dienstag, außer an Feiertagen

St. Urban

REGIONAL • RUSTIKAL XX In den behaglichen Restaurantstuben spürt man den traditionellen Charme eines Pfälzer Landgasthofs. Zu guter regionaler Küche - vom Vesper bis zum Menü - trinkt man heimische Weine. Serviert wird z. B. "Steak vom Rinderrücken, Café de Paris Butter, Pfefferjus, getrüffelter Rahmkohlrabi, Kartoffelrösti".

Menü 35/65 € – Karte 30/53 €

Hotel Deidesheimer Hof, Am Marktplatz 1 ✉ 67146 – ✆ 06326 96870 – www.deidesheimerhof.de – geschl. Januar 2 Wochen

riva

INTERNATIONAL • HIP XX Geradliniges Interieur in hellen Naturtönen, dazu angenehm legerer Service und international-mediterrane Küche. Neben Steaks, Pizza und Pasta liest man auf der Karte z. B. "Paillard vom Kalb, Spargelragout, junge Kartoffeln, Bärlauch".

Karte 40/90 €

Kaisergarten Hotel & Spa, Weinstr. 12 ✉ 67146 – ✆ 06326 700077 – www.kaisergarten-deidesheim.com – geschl. Sonntag

Leopold

INTERNATIONAL • GERADLINIG X Aufwändig saniert, ist der ehemalige Pferdestall des Weinguts von Winning heute ein schön modernes und hochgradig beliebtes Restaurant. Ansprechend der Mix aus internationaler Küche (z. B. Wagyu Beef) und Pfälzer Spezialitäten wie "Milchkalbsnierchen mit Senfsauce". Ideal auch für Hochzeiten.

Karte 29/69 €

Weinstr. 10 ✉ 67146 – ✆ 06326 9668888 – www.von-winning.de – geschl. 29. Januar - 12. Februar

fumi Deidesheim

JAPANISCH • FREUNDLICH X Im Weingut Josef Biffar hat sich ein kleines japanisches Restaurant etabliert. Authentisch die Küche, von Sushi und Sashimi bis hin zu Gerichten wie "gegrilltem Aal mit Teriyaki-Sauce". Dazu empfiehlt man hauseigene Weine.

Menü 45/65 € – Karte 34/50 €

Im Kathrinenbild 1, (im Weingut Biffar) ✉ 67146 – ✆ 06326 7001210 – www.josef-biffar.de – Mittwoch - Freitag nur Abendessen – geschl. Januar und Montag - Dienstag

Restaurant 1718

INTERNATIONAL • TRENDY X Im "White Room" und im "Black Room" treffen stilvolle Altbau-Elemente auf hochwertige Designereinrichtung. Direkt vor dem Bistro die kleine Terrasse. Zur französisch-internationalen Küche gibt es eine tolle Auswahl an Weinen aus der Pfalz und Österreich.

Karte 31/71 €

Hotel Ketschauer Hof, Ketschauerhofstr. 1 ✉ 67146 – ✆ 06326 70000 – www.restaurant1718.de – geschl. Montag

Ketschauer Hof

HISTORISCH • MODERN Hotel, Restaurants, Eventlocation - all das vereint das ehemalige Bassermann-Jordan-Weingut. Modernste Technik und exklusives Design vermitteln einen Hauch Luxus, ebenso der kleine, aber feine Spa, ganz zu schweigen vom tollen A-la-carte-Frühstück! Kochatelier für Kochkurse.

17 Zim – †195/295 € ††230/320 € – 1 Suite

✉ 67146 – ✆ 06326 70000 – www.ketschauer-hof.com

L.A. Jordan • **Restaurant 1718** – siehe Restaurantauswahl

Deidesheimer Hof

FAMILIÄR • KLASSISCH Größtes Engagement legt Familie Hahn hier an den Tag, und das bereits seit 1971! Stetige Investitionen zeigen sich in geschmackvollen und wohnlich-eleganten Zimmern, tollen Veranstaltungsorten vom Kellergewölbe bis zum Gartenhaus sowie in Tagungsräumen mit Niveau.

24 Zim – 95/150 € 155/200 € – 4 Suiten – 22 € – ½ P

Am Marktplatz 1 ✉ 67146 – ✆ 06326 96870 – www.deidesheimerhof.de – geschl. Januar 2 Wochen

Schwarzer Hahn • **St. Urban** – siehe Restaurantauswahl

Kaisergarten Hotel & Spa

BUSINESS • MODERN Für Wochenendurlauber, Business- und Tagungsgäste gleichermaßen interessant ist das Hotel im Herzen des historischen Weinstädtchens mit seiner wertigen chic-modernen Einrichtung. Wie wär's mit einer der vielen Anwendungen im schönen Spa?

77 Zim – 110/190 € 140/240 € – 8 Suiten – 19 €

Weinstr. 12 ✉ 67146 – ✆ 06326 700077 – www.kaisergarten-deidesheim.com

riva – siehe Restaurantauswahl

DELBRÜCK

Nordrhein-Westfalen – 31 171 Ew. – Höhe 100 m – Regionalatlas **27**-F10
Michelin Straßenkarte 543

ESSperiment

MODERNE KÜCHE • HIP XX Mittags Bistro, abends Restaurant für Feinschmecker, so das Konzept dieser modern-legeren Adresse samt schöner Terrasse. Man kocht frisch und gut, z. B. in Form von "Hirschrücken, Müsli, Schwarzwurzel, Birne, Kartoffelbaumkuchen".

Menü 52/79 € (abends) – Karte 40/60 €

Schöninger Str. 74 ✉ 33129 – ✆ 05250 9956377 – www.restaurant-essperiment.de – geschl. Montag - Mittwochmittag, Donnerstagmittag

Waldkrug

GASTHOF • INDIVIDUELL Seit 1901 wird das Hotel von der Familie geführt - man ist engagiert und immer wieder wird investiert! Die Zimmer sind geräumig, teilweise besonders wohnlich gestaltet und mit Parkettboden ausgestattet. Englisches Flair in der Kamin-Lobby, gemütlich-gediegene Atmosphäre im Restaurant im Stammhaus.

49 Zim – 85/102 € 123/156 € – ½ P

Graf-Sporck-Str. 34 ✉ 33129 – ✆ 05250 98880 – www.waldkrug.de

DENZLINGEN

Baden-Württemberg – 13 406 Ew. – Höhe 234 m – Regionalatlas **61**-D20
Michelin Straßenkarte 545

Rebstock-Stube

KLASSISCHE KÜCHE • GEMÜTLICH XX Bei Familie Frey wird klassisch gekocht, und das kommt an! "Kalbskotelett mit Morcheln und Spargel" oder "Hechtklößchen mit Hummersoße" sind schöne Beispiele für die frisch zubereiteten, schmackhaften Gerichte. Dazu wird man freundlich und geschult umsorgt.

Menü 24 € (mittags)/58 € – Karte 31/66 €

Hauptstr. 74 ✉ 79211 – ✆ 07666 2071 – www.rebstock-stube.de – geschl. 15. - 25. Januar, 15. September- 1. Oktober und Sonntag - Montag, außer an Feiertagen

DERNAU

Rheinland-Pfalz – 1 758 Ew. – Höhe 125 m – Regionalatlas **36**-C13
Michelin Straßenkarte 543

Hofgarten

REGIONAL • GEMÜTLICH Jede Menge Charme steckt in dem hübschen Fachwerkhaus - Highlight (und entsprechend gut besucht) ist der lauschige Innenhof! Die Küche ist bürgerlich-regional: Wild, Vespergerichte, Flammkuchen... Dazu Weine vom eigenen Weingut. Für Übernachtungsgäste: schicke Zimmer und ein tolles Frühstück!

Karte 26/44 €

4 Zim – 75/90 € 110/125 €

Bachstr. 26 53507 – 02643 1540 – www.hofgarten-dernau.de

DERNBACH (Kreis SÜDLICHE WEINSTRASSE)

Rheinland-Pfalz – 441 Ew. – Höhe 219 m – Regionalatlas **47**-E17
Michelin Straßenkarte 543

Schneider

REGIONAL • RUSTIKAL 1884 als Gaststube eröffnet und seit jeher in Familienhand. In gemütlichen freundlichen Räumen (schön auch die Terrasse hinterm Haus) isst man regional - Appetit macht z. B. "Pfälzer Hirschnuss mit frischen Pilzen und Spätzle". Freunde Pfälzer Weine kommen ebenfalls auf ihre Kosten.

Menü 30/86 € – Karte 35/62 €

Hauptstr. 88 76857 – 06345 8348 (Tischbestellung ratsam) – www.schneider-dernbachtal.de – geschl. Januar 2 Wochen, Juli 2 Wochen und Montag - Dienstag

Dernbachtal

FAMILIÄR • GEMÜTLICH Kein Wunder, dass man hier gerne herkommt: ruhige Hanglage, schön geräumige Zimmer mit Balkon oder Terrasse, sympathische Gastgeber... Und: Die leckeren selbstgemachten Marmeladen gibt's auch für Zuhause! Ebenfalls käuflich ist die Kunst im Haus - sie stammt von Einheimischen und Stammgästen.

12 Zim – 60/70 € 99/120 €

Am Berg 3a 76857 – 06345 95440 – www.hotel-dernbachtal.de

DESSAU

Sachsen-Anhalt – 83 061 Ew. – Höhe 61 m – Regionalatlas **31**-N10
Michelin Straßenkarte 542

In Dessau-Ziebigk Nord-West: 1 km

Pächterhaus

KLASSISCHE KÜCHE • FREUNDLICH In dem hübschen Fachwerkhaus (das älteste Haus des Stadtteils Ziebigk) sitzt man schön gemütlich in freundlichen, eleganten Stuben bei guter internationaler Küche. Auf der Karte z. B. "Krustentiersuppe mit Curry" oder "Kalbstafelspitz mit Meerrettich". Sehr nett die weinberankte Gartenterrasse hinterm Haus!

Menü 38/42 € – Karte 34/55 €

Kirchstr. 1 06846 – 0340 6501447 – www.paechterhaus-dessau.de – geschl. Januar 2 Wochen und Montag

DETMOLD

Nordrhein-Westfalen – 73 586 Ew. – Höhe 130 m – Regionalatlas **28**-G10
Michelin Straßenkarte 543

Detmolder Hof

HISTORISCHES GEBÄUDE · ELEGANT Das a. d. 16. Jh. stammdende Haus liegt mitten in der Stadt und bietet schöne, wertig, stimmig und wohnlich gestaltete Zimmer, ein frisches Frühstück sowie freundlichen Service. Neben dem Restaurant hat man noch das Bistro und den "Unterstand" mit dem wohl ältesten Stammtisch Deutschlands.

13 Zim – 99/129 € 149/189 € – ½ P

Lange Str. 19 ✉ 32756 – ✆ 05231 980990 – www.detmolder-hof.de

Lippischer Hof

URBAN · INDIVIDUELL Schön wohnlich hat man es in dem denkmalgeschützten Haus, das zentral gegenüber der Fußgängerzone liegt. Die Zimmer sind in angenehmen Farben gehalten, einige haben Holzböden. Das Restaurant nennt sich "Gottis Bistro" - gekocht wird international, mediterran und regional.

26 Zim – 77/112 € 104/126 € – 1 Suite – ½ P

Willy-Brandt-Platz 1 ✉ 32756 – ✆ 05231 9360 – www.hotellippischerhof-detmold.de

DETTELBACH

Bayern – 6 949 Ew. – Höhe 200 m – Regionalatlas **49**-I15
Michelin Straßenkarte 546

Himmelstoss 

REGIONAL · GEMÜTLICH In dem Winzerhaus a. d. 17. Jh. hat man es schön gemütlich und man isst auch richtig gut. Da kommen auch viele Stammgäste zu leckeren regionalen Gerichten wie "kross gebratenem Zanderfilet, Blutwurstsauerkraut, Kartoffeln". Tipp für Sommertage: der Innenhof! Zum Übernachten: sehr hübsche moderne Zimmer.

Menü 41/56 € – Karte 31/49 €
5 Zim – 61/81 € 81/101 €

Bamberger Str. 3 ✉ 97337 – ✆ 09324 4776 – www.restaurant-himmelstoss.de – geschl. Februar 3 Wochen und Dienstag - Mittwoch

DETTIGHOFEN

Baden-Württemberg – 1 083 Ew. – Höhe 488 m – Regionalatlas **62**-F21
Michelin Straßenkarte 545

Hofgut Albführen 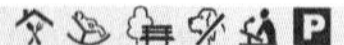

LANDHAUS · INDIVIDUELL Wie könnte ein Hofgut mit Gestüt schöner liegen als inmitten der Natur? Herrliche Ruhe ist Ihnen hier gewiss! Neben 150 Pferden erwarten Sie hübsche individuelle Zimmer und gepflegte Außenanlagen samt Pferdekoppeln, beim Frühstück schaut man auf den Reitplatz. Im Restaurant (toll die hohe offene Decke) speist man mittags von der "Country Club"-Karte, abends gehobener.

25 Zim – 95/125 € 175 € – 9 Suiten

Albführen 20, (Nord: 2 km, Richtung Albführen) ✉ 79802 – ✆ 07742 92960 – www.albfuehren.de – geschl. 18. Dezember - 9. Januar

DETTINGEN an der ERMS

Baden-Württemberg – 9 277 Ew. – Höhe 398 m – Regionalatlas **55**-H19
Michelin Straßenkarte 545

Rößle 

REGIONAL · RUSTIKAL Eine richtig gemütliche Gaststube mit Holztäfelung und Kachelofen verbirgt sich in dem charmanten Fachwerkhaus von 1864. Hier serviert man Ihnen regional-traditionelle Küche - vieles kommt aus der eigenen Metzgerei. Übernachten können Sie in dem soliden Familienbetrieb übrigens auch.

Menü 36/44 € – Karte 24/55 €
28 Zim – 44/94 € 109/135 €

Uracher Str. 30 ✉ 72581 – ✆ 07123 97800 – www.hotel-metzgerei-roessle.de – geschl. 24. - 28. Dezember und Samstagmittag, Montag

DIERHAGEN

Mecklenburg-Vorpommern – 1 480 Ew. – Höhe 1 m – Regionalatlas **5**-N3
Michelin Straßenkarte 542

In Dierhagen-Strand West: 2 km

✿ Ostseelounge

MODERNE KÜCHE • ELEGANT XXX Auch wenn der Blick auf die Ostsee hier im 4. Stock noch so grandios ist (wunderbar die Terrasse!), so verdient dennoch die kreative, kontrast- und finessenreiche Küche Ihre volle Aufmerksamkeit. Elegant-loungig die Atmosphäre, herzlich und versiert der Service samt guter Weinberatung.

➜ Geflämmter Lachs, Gurkensud, Ingwer, Soja. Entenherz, Kirsche, Yaconwurzel, Bete, Pastinake. Passionsfrucht und weiße Schokolade, Shiso-Eis, Ananas.

Menü 110/129 €

Strandhotel Fischland, Ernst-Moritz-Arndt-Str. 6 ✉ 18347 – ✆ 038226 520 (Tischbestellung ratsam) – www.strandhotel-ostsee.de – nur Abendessen – geschl. Mitte Januar - Mitte März und Sonntag - Montag

Strandhotel Fischland

SPA UND WELLNESS • ELEGANT Schön liegt das engagiert geführte Urlaubsresort samt Ferienhausanlage hinter den Dünen am Meer. Wohnlich-elegante Zimmer (meist mit Seesicht), großer Spa und Dachterrasse. Tennisfreunde kommen drinnen wie draußen auf ihre Kosten. Und für die kleinen Gäste gibt's Kinderfrühstück, Betreuung etc. HP inkl.

69 Zim ☕ – †99/153 € ††139/490 € – 8 Suiten – ½ P

Ernst-Moritz-Arndt-Str. 6 ✉ 18347 – ✆ 038226 520 – www.strandhotel-ostsee.de

✿ **Ostseelounge** – siehe Restaurantauswahl

In Dierhagen-Neuhaus West: 1,5 km

Strandhotel Dünenmeer

LUXUS • GEMÜTLICH Der Top-Lage mit Dünen und Strand unmittelbar vor der Tür hat man hier gelungen Rechnung getragen: Spa mit Meerblick, verglastes Restaurant samt Terrasse zur Düne hin, von der tollen Außensauna geht's direkt zum Strand und von den meisten der modern-eleganten Zimmer genießt man den Sonnenuntergang! HP inkl.

65 Zim ☕ – †162/229 € ††212/458 € – 16 Suiten – ½ P

Birkenallee 20, über Ernst-Moritz-Arndt Straße ✉ 18347 – ✆ 038226 5010 – www.strandhotel-ostsee.de

DIESSEN am AMMERSEE

Bayern – 10 203 Ew. – Höhe 544 m – Regionalatlas **65**-K21
Michelin Straßenkarte 546

In Dießen-Riederau Nord: 4 km

Seehaus

INTERNATIONAL • GEMÜTLICH XX Hier speist man wirklich schön, nur einen Steinwurf vom Seeufer entfernt. Serviert wird eine ambitionierte internationale Küche mit französischem Einfluss, z. B. "Pfifferlings-Brombeerrisotto, Blauschimmelkäseschaum, gesalzenes Mandelkrokant". Tipp: Reservieren Sie den einzelnen Tisch auf dem Bootssteg!

Menü 38/78 € – Karte 37/60 €

Seeweg-Süd 22 ✉ 86911 – ✆ 08807 7300 (Tischbestellung ratsam) – www.seehaus.de – November - Ostern: Montag - Donnerstag nur Abendessen

DIETERSHEIM Bayern ➜ Siehe Neustadt an der Aisch

DIETMANNSRIED

Bayern – 7 886 Ew. – Höhe 682 m – Regionalatlas **64**-J21
Michelin Straßenkarte 546

In Probstried Nord-Ost: 4 km, jenseits der A 7

Landhaus Weller

MARKTKÜCHE • LÄNDLICH XX "Kürbisgnocchi mit Spinatpesto und Parmesan", "Perlhuhnbrust mit Rotkohl und Semmelknödel"... In dem gediegen-ländlichen Restaurant mit hübscher Terrasse serviert man saisonale Küche mit klassischer Basis, dazu eine schöne Auswahl an deutschen Weinen. Sehr gepflegt übernachten können Sie hier übrigens auch.

Menü 37/90 € - Karte 47/65 €

8 Zim - 58/98 € 99/110 € - 1 Suite

Wohlmutser Weg 2 87463 - 08374 2324090 (Tischbestellung ratsam) - www.landhaus-weller.de - geschl. Anfang - Mitte November und Montag - Dienstag

DILLINGEN an der DONAU

Bayern – 18 244 Ew. – Höhe 433 m – Regionalatlas **56**-J19
Michelin Straßenkarte 546

In Dillingen-Fristingen Süd-Ost: 6 km Richtung Wertingen

Storchennest

INTERNATIONAL • RUSTIKAL XX Der von Familie Schneider freundlich geführte Landgasthof ist eine gemütliche Adresse, die internationale Küche mit regionalen Einflüssen bietet. Zum Haus gehört auch eine schöne Terrasse unter schattenspendenden Kastanien.

Menü 25/43 € - Karte 35/50 €

Demleitnerstr. 6 89407 - 09071 4569 - www.storchen-nest.de - geschl. Montag - Dienstag

DINGELSDORF Baden-Württemberg → Siehe Konstanz

DINKELSBÜHL

Bayern – 11 389 Ew. – Höhe 442 m – Regionalatlas **56**-J17
Michelin Straßenkarte 546

Altdeutsches Restaurant

REGIONAL • RUSTIKAL XX Seine Karte teilt Florian Kellerbauer in "Unsere Heimat" und "Unsere Leidenschaft". So finden Freunde der regionalen Küche hier z. B. "Rehragout mit Wirsing und Spätzle". Wer es etwas feiner mag, bestellt z. B. "Jakobsmuscheln mit Kokosschaum".

Menü 28/55 € - Karte 28/64 €

Hotel Deutsches Haus, Weinmarkt 3 91550 - 09851 6058 - www.deutsches-haus-dkb.de

Hezelhof

HISTORISCH • DESIGN Eine äußerst geglückte Liaison von Historie und Moderne! Der jahrhundertealte Hetzelhof und seine Nebengebäude bilden ein individuelles Boutique-Hotel: chic die Gewölbelobby, klarer Designerstil in den Zimmern der Hauptgebäude, überaus wohnlich die rustikal-modernen "Luis-Trenker-Zimmer" im Haus gegenüber - hier auch das "Luis" mit regionaler Küche.

53 Zim - 85/119 € 99/269 € - ½ P

Segringer Str. 7 91550 - 09851 555420 - www.hezelhof.com

Deutsches Haus

HISTORISCH • GEMÜTLICH Bestaunen Sie ruhig zuerst die tolle Fachwerkfassade mit ihren kunstvollen Figuren und Ornamenten! In diesem Patrizierhaus von 1440 ist inzwischen die 2. Generation der Familie im Einsatz. Hier ist alles stimmig arrangiert, immer wieder alte Holzfußböden und schöne Antiquitäten.

10 Zim - 99/119 € 139/149 € - 2 Suiten - ½ P

Weinmarkt 3 91550 - 09851 6058 - www.deutsches-haus-dkb.de

Altdeutsches Restaurant - siehe Restaurantauswahl

Meiser's Hotel am Weinmarkt

GASTHOF • MODERN Charmant liegt das Haus mitten in der kopfsteingepflasterten Altstadt. Wohnlich die Zimmer mit warmen Tönen und stilvollen Details, schön auch das moderne Ambiente im Restaurant und die gemütliche Lounge mit Bar. Die Familie betreibt übrigens noch ein weiteres Hotel 5 Minuten vor den Toren der Stadt.

11 Zim ☕ - 🚹59/169 € 🚹🚹89/199 € - 1 Suite

Weinmarkt 10 ✉ 91550
- ✆ 09851 582900 - www.meisers.com

Haus Appelberg

GASTHOF • GEMÜTLICH Wer würde nicht gerne in "Königlich bayerischen Schlafstuben" nächtigen? So nennen sich einige Zimmer in dem einstigen Bauernhaus. Wenn Sie es beim Essen besonders gemütlich mögen, setzen Sie sich am besten in die Weinstube! Auch schön: Laube im Innenhof und Biergarten zur Straße. Gute Weinauswahl.

16 Zim ☕ - 🚹65/90 € 🚹🚹92/110 € - ½ P

Nördlinger Str. 40 ✉ 91550
- ✆ 09851 582838 - www.haus-appelberg.de

Kunst-Stuben

FAMILIÄR • GEMÜTLICH Das ist kein Haus von der Stange, sondern ein reizender Mix aus kleinem Hotel und dem Atelier des Künstlers Arthur Appelberg. Er und seine Frau kümmern sich sehr persönlich um ihre Gäste, und neben individuell eingerichteten Zimmern mit allerlei Kunst und Antiquitäten bietet man ein leckeres Frühstück.

5 Zim ☕ - 🚹80/85 € 🚹🚹95/100 € - 1 Suite

Segringer Str. 52 ✉ 91550
- ✆ 09851 6750 - www.kunst-stuben.de
- geschl. 22. - 26. August

DINKLAGE

Niedersachsen - 12 795 Ew. - Höhe 27 m - Regionalatlas **17**-E7
Michelin Straßenkarte 541

Kaminstube

INTERNATIONAL • GEMÜTLICH XX Der offene Kamin, Fachwerk, Bilder und diverser Zierrat sorgen hier für Gemütlichkeit und rustikalen Charme. An gut eingedeckten Tischen serviert man klassisch-internationale Küche.

Menü 25/85 € - Karte 33/55 €

Vila Vita Burghotel, Burgallee 1 ✉ 49413
- ✆ 04443 8970 - www.vilavitaburghotel.de

Vila Vita Burghotel

LANDHAUS • INDIVIDUELL Das mehrflügelige Fachwerkgebäude im norddeutschen Stil steht in einem schönen Park mit eigenem Wildgehege. Zur ruhigen Lage kommen hier komfortable Landhauszimmer und ein gepflegter Spabereich mit markanter Glaspyramide.

55 Zim ☕ - 🚹130/145 € 🚹🚹185/200 € - ½ P

Burgallee 1 ✉ 49413
- ✆ 04443 8970 - www.vilavitaburghotel.de

Kaminstube - siehe Restaurantauswahl

DINSLAKEN

Nordrhein-Westfalen - 67 065 Ew. - Höhe 30 m - Regionalatlas **25**-B10
Michelin Straßenkarte 543

In Dinslaken-Hiesfeld Süd-Ost: 3 km

Haus Hiesfeld

ITALIENISCH • MEDITERRANES AMBIENTE X Werfen Sie einen Blick in die einsehbare Küche und schauen Sie zu, wie die Köche - unter ihnen der Chef selbst - die italienischen Gerichte zubereiten. Servieren lässt man sich diese dann auch gerne auf der Terrasse vor dem Haus. So mancher ist in dem netten Landhaus schon Stammgast geworden.

Menü 40/55 € - Karte 32/60 €

Kirchstr. 125 ✉ 46539
- ✆ 02064 4375041 - www.haushiesfeld.de
- geschl. Montag, außer an Feiertagen

DITZENBACH, BAD

Baden-Württemberg – 3 645 Ew. – Höhe 509 m – Regionalatlas **56**-H19
Michelin Straßenkarte 545

Vitalhotel Sanct Bernhard

SPA UND WELLNESS • MODERN Solebad, Thermarium, Gesundheitsanwendungen, Produkte aus dem eigenen Kräuterhaus... Hier urlauben oder kuren Sie ganz nach dem Motto "Neu Kraft schöpfen, Freude finden". Komplett wird das schöne Bild durch die wohnliche Atmosphäre und die ruhige Lage.

31 Zim - †88/108 € ††140/175 € - 4 Suiten - ½ P

Sonnenbühl 1 ✉ 73342
- ✆ 07334 96410 - www.vitalhotel-sanct-bernhard.de

DOBEL

Baden-Württemberg – 2 175 Ew. – Höhe 689 m – Regionalatlas **54**-F18
Michelin Straßenkarte 545

Wagnerstüble

KLASSISCHE KÜCHE • FREUNDLICH XX Hier wird schmackhaft gekocht, und das mit richtig guten Produkten. Lust auf "Skrei mit Gemüse und Iplinger Kartoffeln"? Oder lieber Fleisch von hiesigen Rindern und Kälbern? Serviert wird übrigens in einem liebenswert dekorierten Gastraum. Mittags ist das Angebot etwas kleiner.

Menü 32 € (mittags unter der Woche)/68 € - Karte 46/64 €

5 Zim - †48 € ††98 €

Wildbaderstr. 45 ✉ 75335
- ✆ 07083 8758 (Tischbestellung erforderlich) - www.roykieferle.de
- Sonntag - Montag und Mittwoch - Donnerstag nur Mittagessen - geschl. Dienstag

DOBERAN, BAD

Mecklenburg-Vorpommern – 11 785 Ew. – Höhe 15 m – Regionalatlas **12**-M4
Michelin Straßenkarte 542

Villa Sommer

PRIVATHAUS • MODERN Sie mögen Villen-Flair? In dieser stilgerecht restaurierten einstigen Sommerresidenz von 1904 wohnen Sie in hellen, geräumigen Zimmern mit schönen Holzböden und guter Technik - ganz modern die beiden Suiten mit Küchenzeile und Dachterrasse. Nebenan fährt die historische Bäderbahn "Molli" ab.

10 Zim - †55/120 € ††65/175 € - 2 Suiten

Friedrich-Franz-Str. 23 ✉ 18209
- ✆ 038203 73430 - www.hotel-villa-sommer.de

In Bad Doberan-Heiligendamm Nord-West: 7 km

Friedrich Franz

MODERNE KÜCHE • LUXUS XXXX Kronleuchter, handbemalte Seidentapete, wertiges Gedeck... Schön stilvoll hat man es hier, während man sich mit intensiver moderner Küche auf klassischer Basis verwöhnen lässt. Man beachte auch die Weinkarte samt deutscher Schätze!

→ Thunfisch, Wasabi-Sorbet, Limonen-Rettich. Mecklenburger Reh, Pfifferlinge, Macadamianuss, geräuchertes Himbeer-Gel, Lorbeerjus. Dessert von der Mara des Bois Erdbeere, weiße Schokolade und Basilikum.

Menü 119/179 € – Karte 103/129 €

Grand Hotel Heiligendamm, Prof.-Dr.-Vogel-Str. 6 ✉ 18209 – ✆ 038203 7406210 (Tischbestellung ratsam) – www.grandhotel-heiligendamm.de – nur Abendessen – geschl. 7. Januar - 26. Februar und Montag - Dienstag

Kurhaus

INTERNATIONAL • KLASSISCHES AMBIENTE XX Ein Raum voller Noblesse, Klassik und Eleganz, davor die Terrasse - Meerblick und angenehme Ruhe inklusive! Während Sie das Grandhotel-Flair genießen, serviert man Ihnen klassisch-internationale Küche.

Karte 56/71 €

Grand Hotel Heiligendamm, Prof.-Dr.-Vogel-Str. 6 ✉ 18209 – ✆ 038203 7400 – www.grandhotel-heiligendamm.de – nur Abendessen – geschl. 7. - 26. Januar

Jagdhaus Heiligendamm

REGIONAL • FREUNDLICH X In herrlicher Ruhe und nur 500 m vom Strand serviert man in modernem Ambiente schmackhafte regionale Küche aus guten Produkten, Wild kommt vom heimischen Jäger. Nach dem Essen kann man hier auch gut übernachten - die wohnlichen Zimmer heißen "Löwenzahn", "Vergissmeinnicht", "Waldbeere" und "Waldmeister".

Menü 36/85 € – Karte 42/60 €

3 Zim – †65/75 € ††95/105 € – 1 Suite

Seedeichstr. 18b ✉ 18209 – ✆ 038203 735775 – www.jagdhaus-heiligendamm.de – nur Abendessen, samstags und sonntags sowie an Feiertagen auch Mittagessen – geschl. Mitte Januar - Mitte Februar und Dienstag - Mittwoch

Sushi Bar

SUSHI • BISTRO X Sie mögen Sushi? Das geradlinige, lichte kleine Restaurant ist eine schöne Alternative zu den anderen Restaurants des Grand Hotels. Es gibt auch japanische Klassiker und Menüs sowie eine gute Tee- und Sake-Auswahl.

Menü 49/59 € – Karte 30/62 €

Grand Hotel Heiligendamm, Prof.-Dr.-Vogel-Str. 6 ✉ 18209 – ✆ 038203 7400 (Tischbestellung ratsam) – www.grandhotel-heiligendamm.de – nur Abendessen – geschl. 7. Januar - 26. Februar, Ende Oktober - Anfang November, Mitte Dezember und Mittwoch - Donnerstag

Grand Hotel Heiligendamm

GROSSER LUXUS • KLASSISCH Die "Weiße Stadt am Meer" ist ein imposantes Resort direkt an der Ostsee! Sie wohnen in eleganten Zimmern, relaxen im tollen großen Spa, für Kids gibt's die separate schöne Kindervilla, dazu vielfältige Gastronomie einschließlich Strandbar!

183 Zim – †195/445 € ††205/495 € – 20 Suiten – ½ P

Prof.-Dr.-Vogel-Str. 6 ✉ 18209 – ✆ 038203 7400 – www.grandhotel-heiligendamm.de – geschl. 7. - 26. Januar

Friedrich Franz • **Kurhaus** • **Sushi Bar** – siehe Restaurantauswahl

DÖRSCHEID

Rheinland-Pfalz – 404 Ew. – Höhe 340 m – Regionalatlas **46**-D15
Michelin Straßenkarte 543

Landgasthaus Blücher

TRADITIONELLE KÜCHE • FAMILIÄR X Hier wird mit frischen Produkten regional-saisonal gekocht. Zu Gerichten wie "Wildragout mit Eierspätzle und Apfelkompott" oder "Lachsforelle aus der Wisper mit Blattspinat und Butterkartoffeln" passen Weine vom eigenen Weingut nebenan. Und wie wär's mit einem der prämierten Fetz'schen Edelbrände?

Menü 28 € (mittags)/45 € - Karte 26/48 €

Hotel Landgasthaus Blücher, Oberstr. 19 ✉ 56348 - ✆ 06774 267 - www.landgasthaus-bluecher.de - geschl. Februar 2 Wochen, Ende Juni - August 1 Woche und November - April: Dienstag, Mai - Oktober: Dienstagmittag

Landgasthaus Blücher

GASTHOF • AUF DEM LAND Das Haus liegt nicht nur ruhig mit Blick über das Rheintal, sondern wird von Marcus und Nadja Fetz auch angenehm familiär geleitet, bereits in 3. Generation. Sie wohnen in gemütlichen "Landhaus"-, geräumigeren "Komfort"- und besonders modernen "LebensArt"-Zimmern - hübsch sind sie alle! Gutes Frühstück.

23 Zim - †62/80 € ††84/110 € - 1 Suite - ½ P

Oberstr. 19 ✉ 56348 - ✆ 06774 267 - www.landgasthaus-bluecher.de - geschl. Februar 2 Wochen, Ende Juni - August 1 Woche

Landgasthaus Blücher - siehe Restaurantauswahl

DONAUESCHINGEN

Baden-Württemberg - 21 345 Ew. - Höhe 686 m - Regionalatlas **62**-F20
Michelin Straßenkarte 545

Baader's Schützen

MARKTKÜCHE • BÜRGERLICH X Im Herzen der Stadt dürfen sich die Gäste von Emma und Clemens Baader auf frische und unkomplizierte feine Wirtshausküche freuen, die sich am Markt orientiert und stark regional geprägt ist. Da kommt Zwiebelrostbraten ebenso gut an wie geschmolzener Saibling.

Menü 32 € - Karte 29/48 €

Josefstr. 2 ✉ 78166 - ✆ 0771 89795820 - www.schuetzen-donaueschingen.de - geschl. Dienstagabend - Mittwoch

Der Öschberghof

SPA UND WELLNESS • ELEGANT 470 ha Natur pur, Golf (auch Indoor-Golf-Anlage), topmoderner Spa auf 2500 qm und dazu geräumige Zimmer mit guter Technik - für Freizeit- und Tagungsgäste ist dieses Hotel gleichermaßen ideal.

46 Zim - †226/276 € ††348/398 € - 7 Suiten - ½ P

Golfplatz 1, Nord-Ost: 4 km ✉ 78166 - ✆ 0771 840 - www.oeschberghof.com - (Erweiterung des Zimmer- und Spabereichs bis Herbst 2018)

DONAUSTAUF Bayern → Siehe Regensburg

DONZDORF

Baden-Württemberg - 10 737 Ew. - Höhe 407 m - Regionalatlas **56**-I18
Michelin Straßenkarte 545

Castello

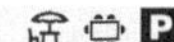

KLASSISCHE KÜCHE • GEMÜTLICH XX Wirklich ein toller Rahmen, das Stadtschloss von 1568 - drinnen stilvolles Ambiente mit schöner Gewölbedecke, draußen die Terrasse zum wunderbaren Schlossgarten! Von der fair kalkulierten Karte wählt man Internationales oder Klassiker wie "Zwiebelrostbraten mit schwäbischen Nudeln und Maultasche".

Menü 36/60 € - Karte 31/55 €

Schloss 1 ✉ 73072 - ✆ 07162 929700 (Tischbestellung ratsam) - www.castello-donzdorf.de - geschl. 17. - 25. Juli und Sonntagabend - Dienstag, Samstagmittag

DORNUM

Niedersachsen – 4 568 Ew. – Höhe 2 m – Regionalatlas **7**-D5
Michelin Straßenkarte 541

In Dornum-Nessmersiel Nord-West: 8 km über Schatthauser Straße

Fährhaus

REGIONAL • RUSTIKAL X Das gemütlich-rustikale Restaurant im Hotel "Fährhaus" am Deich ist beliebt, man sitzt nett hier und isst gut, und zwar traditionell-regionale Küche mit internationalem Einfluss. Dazu gehört natürlich viel fangfrischer Fisch! Oder darf es auch mal Salzwiesenlamm sein? Dienstagmittags gibt's Labskaus!

Karte 30/46 €

19 Zim – †50/75 € ††76/135 €

Dorfstr. 42 ✉ 26553 – ✆ 04933 303 – www.faehrhaus-nessmersiel.de – geschl. 6. Januar - 8. März, 6. November - 25. Dezember

DORSTEN

Nordrhein-Westfalen – 75 439 Ew. – Höhe 31 m – Regionalatlas **26**-C10
Michelin Straßenkarte 543

Goldener Anker

KLASSISCHE KÜCHE • ELEGANT XX Als TV-Koch ist er wohl jedem bekannt: Björn Freitag. Hier hat er ein schönes Restaurant, dessen chic-elegantes Ambiente wunderbar zur modern interpretierten klassischen Küche passt. Angenehmer, geschulter Service tut ein Übriges. Tipp: Kochschule im Haus.

➜ Zweierlei von der Jakobsmuschel mit Sellerie, Enoki Pilzen und Wasabi-Erdnüssen. Gebratener Zander im Rauchspeck, Sud aus sautiertem Spinat und Kartoffelcrunch. Gebratener Lammrücken mit Bärlauchjus, Mangold und Selleriecreme.

Menü 58/124 €

Lippetor 4, (Zufahrt über Ursulastraße) ✉ 46282 – ✆ 02362 22553 (Tischbestellung ratsam) – www.bjoern-freitag.de – nur Abendessen – geschl. Montag - Dienstag

Henschel

FRANZÖSISCH-KLASSISCH • ELEGANT XX Mit Herzblut betreiben die Henschels ihr gemütlich-elegantes Restaurant. Seit 1963 steht Leonore Henschel bereits am Herd und bleibt ihrer klassischen Küche treu. Es gibt z. B. "Seezungenfilet auf Schwarzwurzeln mit Perigord-Trüffel".

Menü 58/78 € – Karte 60/77 €

Borkener Str. 47, B 224 ✉ 46284 – ✆ 02362 62670 – www.restaurant-henschel.de – nur Abendessen – geschl. 1. - 19. Januar und Sonntag - Dienstag

In Dorsten-Wulfen Nord-Ost: 7 km

Rosin

KREATIV • CHIC XX Eines ist Ihnen hier absolut gewiss: eine Küche, die vor Kraft und Aroma nur so strotzt! Auf modische Trends verzichtet man, stattdessen stehen exzellente Produkte und top Handwerk im Mittelpunkt. Zur angenehmen Atmosphäre trägt auch der tolle Service unter Jochen Bauer und Sommelière Susanne Spies bei.

➜ Sot-l'y-laisse vom Bresse Huhn mit Karotten in Curry-Pinienbutter. Tafel Schokolade von Entenleber, kalter Kalbsjus mit Trüffel und gebackener Beerenauslese. Geschmortes und Kurzgebratenes vom Reh mit Melone, Erdnuss und Basilikum.

Menü 87/147 €

Hervester Str. 18 ✉ 46286 – ✆ 02369 4322 (Tischbestellung ratsam) – www.frankrosin.de – nur Abendessen – geschl. 24. Dezember - 6. Januar, 16. Juli - 6. August und Sonntag - Montag

DORTMUND

Nordrhein-Westfalen - 580 511 Ew. - Höhe 76 m - Regionalatlas **26**-D11
Michelin Straßenkarte 543

La Cuisine Mario Kalweit

FRANZÖSISCH-KLASSISCH • ELEGANT XXX Der schöne lichte hohe Raum in dem ehemaligen Tennisclubhaus bietet einen eleganten Rahmen für die modern beeinflusste klassische Küche. Reizvoll die Terrasse hinterm Haus. Tipp: Werfen Sie doch mal einen Blick in das kleine Gewächshaus.

Menü 65 € - Karte 60/79 €

Lübkestr. 21, (1. Etage) ✉ 44141
- ✆ 0231 5316198 - www.mariokalweit.de
- nur Abendessen - geschl. 1. - 15. Januar, Juli - August 2 Wochen und Sonntag - Montag

Radisson BLU

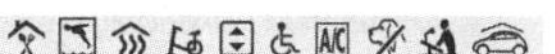

BUSINESS • MODERN Hier überzeugen die verkehrsgünstige Lage, neuzeitliche Zimmer mit guter Technik sowie das Businesscenter. Ansprechend der "Active Club" mit großem Pool, Sauna- und Fitnessraum sowie das Restaurant mit internationaler Küche. Interessant für Sportliche: "BluRoutes" - Laufstrecken von 5 - 10 km ums Hotel.

185 Zim - †94/299 € ††94/299 € - 5 Suiten

An der Buschmühle 1 ✉ 44139 - ✆ 0231 10860
- www.radissonblu.de/hotel-dortmund

In Dortmund-Barop Süd-West: 7 km

der Lennhof

MEDITERRAN • FREUNDLICH XX Richtig gemütlich ist es in dem historischen Fachwerkhaus mit altem Gebälk. Gekocht wird frisch, schmackhaft und mediterran inspiriert, z. B. "gebratenes Lachsfilet, grüner Spargel-Potthast, schwarze Linguine". Schön: Wintergarten und Terrasse. Tipp: Sonntagsbrunch "Spätstück".

Menü 45/79 € - Karte 35/57 €

Hotel der Lennhof, Menglinghauser Str. 20 ✉ 44227
- ✆ 0231 758190 - www.der-lennhof.de
- geschl. 27. Dezember - 7. Januar

der Lennhof

BUSINESS • DESIGN Gelungen hat man hier moderne und traditionelle Architektur kombiniert, geradlinig das Interieur. Fußball wird hier übrigens groß geschrieben - in jedem Zimmer ein großes Bild der Dortmunder Champions-League-Gewinner, BVB-Spiele werden in der Bar übertragen.

34 Zim - †85/170 € ††105/190 € - ½ P

Menglinghauser Str. 20 ✉ 44227 - ✆ 0231 758190 - www.der-lennhof.de - geschl. 27. Dezember - 7. Januar

der Lennhof - siehe Restaurantauswahl

In Dortmund-Hombruch Süd-West: 4 km

Cielo

KREATIV • DESIGN XX Modern-elegantes Design und toller Panoramablick auf Dortmund sollten nicht vom Wesentlichen ablenken: der ambitionierten, kreativen, weltoffenen Küche, z. B. als "Lammrücken mit Kaffeekruste, geschmorten Feigen und Kartoffelcrunch".

Menü 83/107 € - Karte 66/84 €

Karlsbader Str. 1a, (im Dula-Center, 7. OG) ✉ 44135 - ✆ 0231 7100111
- www.cielo-restaurant.de - nur Abendessen - geschl. 1. - 16. August und Sonntag - Montag

In Dortmund-Kirchhörde Süd: 6 km

VIDA

KREATIV • DESIGN XX Das kommt an: hochwertiges, stylisches Ambiente, kreative internationale Küche und freundlicher Service, und dazu noch ein gutes Preis-Leistungs-Verhältnis. Wer es lieber etwas legerer hat, sitzt an den Hochtischen oder an der Bar - hier gibt es ein kleines Angebot an ambitioniertem "Bar Food".

Menü 54/62 € - Karte 45/70 €

Hagener Str. 231 ✉ 44229 - ✆ 0231 95009940 - www.vida-dortmund.com - nur Abendessen, sonntags auch Mittagessen - geschl. Montag

In Dortmund-Höchsten Süd-Ost: 8 km

Overkamp

REGIONAL • FREUNDLICH XX Familienbetrieb mit über 300-jähriger Tradition. In unterschiedlichen gemütlichen Räumen serviert man frische, vorwiegend regionale Küche - Lust auf "Sauerländer Wildragout mit Apfelmus, Preiselbeeren und Klößen"? Tipp für Veranstaltungen: die "Westfalenhütte". Zum Übernachten hat man wohnlich-moderne Zimmer.

Menü 44 € - Karte 18/56 €

11 Zim - †72/115 € ††99/135 € - 1 Suite - ☐ 15 €

Am Ellberg 1, B 234 ✉ 44265 - ✆ 0231 462736 - www.overkamp-gastro.de - geschl. Anfang Januar 1 Woche und Dienstag, 16. Juli - 28. August: Montag - Dienstag

l'Arrivée

BUSINESS • MODERN Schon allein die riesige Außenanlage beeindruckt! Und was innen folgt, kann zweifellos mithalten: geradlinig-eleganter Stil gepaart mit der Technik von heute, dazu Spa auf 1000 qm und moderne Küche im "Vivre". Die regionale Restaurantalternative nennt sich "Rustique".

70 Zim - †120/180 € ††140/200 € - ☐ 18 €

Wittbräucker Str. 565 ✉ 44267 - ✆ 0231 880500 - www.larrivee.de

In Dortmund-Syburg Süd: 13 km

Palmgarden

KREATIV • FREUNDLICH XXX Nicht nur die Spielbank Hohensyburg lockt Gäste an, denn was in dem schönen Restaurant auf den Teller kommt, ist kreative Küche, die voller Aromen und Kontraste steckt und für Auge und Gaumen gleichermaßen ein Genuss ist!

➜ Gänseleberterrine, Topinambur, Haselnuss, Nelke. Onglet vom U.S. Beef, Karotte, Mohn, Morchel. Rhabarber, Petersilie, Buttermilch, Pinienkerne.

Menü 70/95 € - Karte 62/78 €

Hohensyburgstr. 200, (in der Spielbank Hohensyburg) ✉ 44265 - ✆ 0231 7740735 (Tischbestellung ratsam) - www.palmgarden-restaurant.de - nur Abendessen - geschl. Montag - Dienstag

In Dortmund-Wambel Ost: 6 km

der Schneider

MODERNE KÜCHE • TRENDY XX Modern, jung und ambitioniert ist die Gastronomie des Hotels "ambiente". In trendig-schicker Atmosphäre stehen "der klassische Schnitt" (z. B. "Miéral Perlhuhn, Mangold, Polenta, Verjus Sauce") und "der elegante Schnitt" (z. B. "Adlerfisch Label Rouge, wilder Brokkoli, gebräunte Butter, Kalamansi") zur Wahl.

Menü 59/79 € - Karte 39/62 €

Hotel ambiente, Am Gottesacker 70 ✉ 44143 - ✆ 0231 4773770 - www.derschneider-restaurant.com - nur Abendessen - geschl. Sonntag - Montag

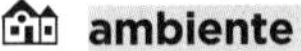

BUSINESS • GEMÜTLICH Sie suchen ein Hotel außerhalb des trubeligen Zentrums? Sie legen Wert auf eine unkomplizierte Parkplatzsituation, wohnlich-modernes Ambiente und frisches, gutes Frühstück? Dann werden Sie dieses verkehrsgünstig gelegene Haus mögen.

36 Zim – †90 € ††100 € – ☕10 €

Am Gottesacker 70 ✉ 44143 – ✆ 0231 4773770 – www.hotel-ambiente.info

der Schneider – siehe Restaurantauswahl

DREIEICH

Hessen – 40 082 Ew. – Höhe 135 m – Regionalatlas **47**-F15
Michelin Straßenkarte 543

In Dreieich-Götzenhain

Gutsschänke Neuhof

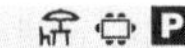

REGIONAL • RUSTIKAL XX Richtig gemütlich ist es in den Räumen des jahrhundertealten Hofguts – im Winter wärmt der hübsche Kamin, im Sommer sitzt man schön auf der tollen Gartenterrasse. Die Eigentümer kommen übrigens aus der Pfalz, so werden zur regionalen Küche auch die hauseigenen Weine aus Herxheim ausgeschenkt.

Menü 21 € (mittags unter der Woche)/53 € – Karte 36/65 €

Hofgut Neuhof, an der Straße nach Neu-Isenburg über Neuhofschneise, Nord: 2 km ✉ 63303 – ✆ 06102 30000 – www.gutsschaenkeneuhof.de

DREIS (KREIS BERNKASTEL-WITTLICH)

Rheinland-Pfalz → Siehe Wittlich

R. Sala/age fotostock

WIR MÖGEN BESONDERS...

Richtig gut essen im charmanten Gewölbekeller des **Genuss-Ateliers**. Im **e-VITRUM** die spezielle Atmosphäre der „Gläsernen Manufaktur" erleben. Feine Speisen von Meissener Porzellan im **Caroussel**. In der 5. Etage auf der Terrasse des **MORITZ** die Kuppel der Frauenkirche bestaunen. **Alte Meister** für seine besondere Lage im Seitenflügel des Zwingers.

DRESDEN

Sachsen – 536 308 Ew. – Höhe 113 m – Regionalatlas **43**-Q12
Michelin Straßenkarte 544

Stadtpläne siehe nächste Seiten

Restaurants

✿ Caroussel

FRANZÖSISCH-KLASSISCH • ELEGANT XxX Ausgesprochen schön das freundliche, elegante Ambiente mit Wintergarten-Flair, klassisch-modern die Küche. Serviert werden feine, ausdrucksstarke Speisen aus sehr guten Produkten, die auch optisch dem hohen Niveau gerecht werden.

➜ "Faux Gras", grüne Tomaten, Rhabarber und Vanille. Spanisches Rinderfilet, Brennnessel, Kastanienrinde und Spargel. Schokolade, Karamell, Erdnuss und Milch.

Menü 110/160 € – Karte 64/110 €

Stadtplan : F1-c – *Hotel Bülow Palais, Königstr. 14 ✉ 01097 – ✆ 0351 8003140 (Tischbestellung ratsam) – www.buelow-palais.de – nur Abendessen – geschl. Februar 2 Wochen, Juli 2 Wochen, Montag und Januar - April sowie Juli - August: Sonntag - Dienstag, Mai - Juni sowie September - November: Sonntag - Montag*

✿ Elements (Stephan Mießner)

MODERNE KÜCHE • FREUNDLICH XX Richtig chic: Die Industrie-Architektur des ehemaligen Fabrikgebäudes vermittelt Loft-Flair, die wertige Einrichtung ist trendig und elegant. Gekocht wird modern, fein und harmonisch, angenehm reduziert die Optik. Schön: die "Niagara"-Zigarrenlounge, ebenso die Terrasse. Praktisch: Straßenbahn vorm Haus.

➜ Röstzwiebel Panna Cotta, Perigord Trüffel, Topinambur, Herbsttrompeten. Rochenflügel, Escabeche und Curry, Karotte auf Salz gegart, XO Sauce. Butternut Fondant, Kokosschaum, Cranberries, Pistazien.

Menü 60/150 €

Stadtplan : C1-k – *Königsbrücker Str. 96, (Zeitenströmung Haus 25 - 26) ✉ 01099 – ✆ 0351 2721696 (Tischbestellung ratsam) – www.restaurant-elements.de – nur Abendessen – geschl. 12. - 24. Februar, 15. - 20. Oktober und Sonntag sowie an Feiertagen*

DELI – siehe Restaurantauswahl

VEN

INTERNATIONAL • TRENDY XX Puristisch-urbanes Interieur und beachtliche Raumhöhe beeindrucken hier gleichermaßen, chic auch die Innenhofterrasse samt Loungebereich. Gekocht wird international-modern, z. B. "Rücken vom Weidelamm, Ziegenkäse-Pinienkernkruste, Kräuterseitlinge & Apfelravioli". Mittags kleineres, einfacheres Angebot.

Menü 36/46 € - Karte 35/49 €

Stadtplan : F2-v - *Hotel Innside by Melia, Rampische Str. 9 ✉ 01067 - ✆ 0351 795151021 - www.ven-dresden.de - geschl. Sonntag*

Genuss-Atelier

MODERNE KÜCHE • INTIM X Gemütlich-intim die Atmosphäre im Gewölbekeller des schmucken Stadthauses a. d. 19. Jh., freundlich-leger und versiert der Service. Und die Küche? Kreativ, modern, saisonal - z. B. "Zander gebraten, Kalbskopf, Rettich, Buchweizen". Oder lieber das Überraschungsmenü? Praktisch: Bus-/Bahn-Haltestelle am Haus.

Menü 39/89 € - Karte 37/47 €

Stadtplan : C2-a - *Bautzner Str. 149, (Ecke Waldschlößchenstraße) ✉ 01099 - ✆ 0351 25028337 (Tischbestellung ratsam) - www.genuss-atelier.net - Mittwoch - Freitag nur Abendessen - geschl. 7. - 23. Januar und Montag - Dienstag*

e-VITRUM Ⓝ

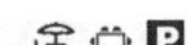

REGIONAL • FREUNDLICH X Mario Pattis, kein Unbekannter in der Dresdner Gastronomie, hat seine Wirkungsstätte nun in der "Gläsernen Manufaktur" von VW. Umgeben von stylischer Architektur wird Regionales modern interpretiert, gute Produkte stehen im Fokus.

Karte 31/42 €

Stadtplan : G3-e - *Lennéstr. 1 ✉ 01069 - ✆ 0351 4204250 - www.mariopattis.de*

MORITZ

INTERNATIONAL • ELEGANT XXX Speisen Sie auf der Terrasse! Vor Ihren Augen ragt die Kuppel der Frauenkirche empor - mitten in der Altstadt und doch fern vom Trubel! Die modern-internationalen Speisen nennen sich z. B. "Pulled Lamb, Tortilla, Frühlingszwiebel, Apfel, Koriander". Mittags interessanter Lunch zu günstigem Preis.

Menü 39 € (mittags unter der Woche)/99 € - Karte 62/71 €

Stadtplan : F2-g - *Hotel Suitess, An der Frauenkirche 13, (5. Etage), Zufahrt über Rampische Straße ✉ 01067 - ✆ 0351 417270 - www.moritz-dresden.de - geschl. Samstagmittag, Sonntagmittag*

Intermezzo

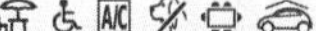

MEDITERRAN • ELEGANT XXX In elegantem Ambiente speist man hier Klassiker oder mediterran beeinflusste Gerichte. Möchten Sie Ihr Dinner im Sommer vielleicht unter Sternenhimmel im Innenhof einnehmen? Auch auf Besucher der Semperoper ist man bestens eingestellt.

Menü 59/89 € - Karte 45/58 €

Stadtplan : F2-a - *Hotel Taschenbergpalais Kempinski, Taschenberg 3 ✉ 01067 - ✆ 0351 4912712 (Tischbestellung ratsam) - www.kempinski.com/de/dresden - geschl. Sonntagabend - Montag*

Bülow's Bistro

TRADITIONELLE KÜCHE • ELEGANT XX In dem gemülich-eleganten und angenehm unprätentiösen Restaurant wird schmackhaft und saisonal gekocht. Appetit machen da z. B. "Maischolle mit Spargelragout" oder "gegrillte Lammwürstchen auf orientalischem Linsen-Joghurt-Salat".

Menü 35/45 € - Karte 42/80 €

Stadtplan : F1-c - *Hotel Bülow Palais, Königstr. 14 ✉ 01097 - ✆ 0351 80030 - www.buelow-palais.de*

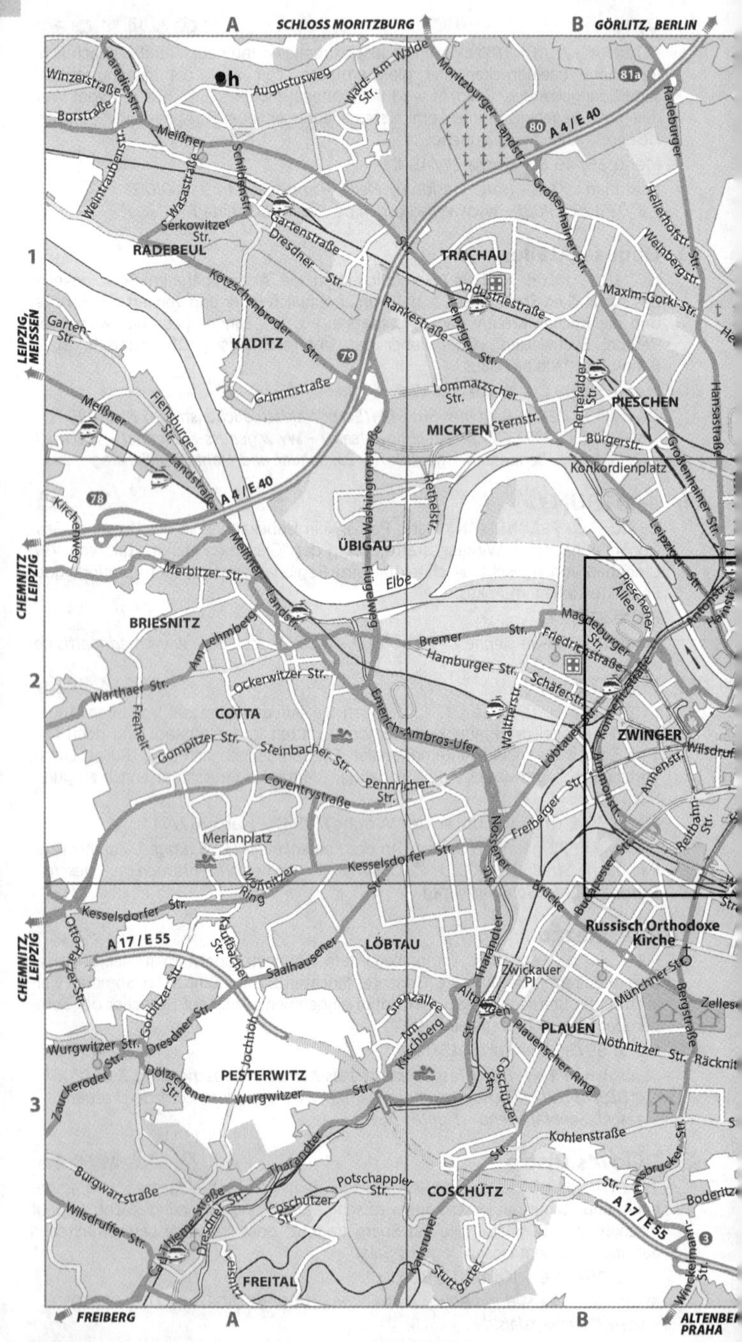

A
SCHLOSS MORITZBURG
B
GÖRLITZ, BERLIN
LEIPZIG, MEISSEN
CHEMNITZ, LEIPZIG
CHEMNITZ, LEIPZIG
FREIBERG
ALTENBERG
PRAHA
1
2
3
RADEBEUL
KADITZ
TRACHAU
PIESCHEN
MICKTEN
ÜBIGAU
BRIESNITZ
COTTA
ZWINGER
LÖBTAU
PLAUEN
PESTERWITZ
COSCHÜTZ
FREITAL
Russisch Orthodoxe Kirche
Elbe
A 4 / E 40
A 17 / E 55
Winzerstraße
Paradiesstr.
Augustusweg
Wald- Am Walde Str.
Moritzburger Landstr.
Radeburger
Borstraße
Meißner
Schildenstr.
Weintraubenstr.
Wasastraße
Serkowitzer Str.
Gartenstraße
Dresdner Str.
Kötzschenbroder Str.
Großenhainer Str.
Hellerhofstr.
Weinbergstr.
Industriestraße
Rankestraße
Leipziger Str.
Maxim-Gorki-Str.
Garten-Str.
Grimmstraße
Lommatzscher Str.
Rehefelder Str.
Hansastraße
Meißner
Flensburger Str.
Landstraße
Sternstr.
Bürgerstr.
Konkordienplatz
Washingtonstraße
Rethelstr.
Kirchenweg
Meißner Landstr.
Flügelweg
Merbitzer Str.
Pieschener Allee
Antonstr.
Am Lehmberg
Bremer Str.
Magdeburger Str.
Friedrichstraße
Hamburger Str.
Warthaer Str.
Ockerwitzer Str.
Schäferstr.
Emerich-Ambros-Ufer
Waltherstr.
Löbtauer Str.
Könneritzstraße
Freiheit
Gompitzer Str.
Steinbacher Str.
Wilsdruffer
Ammonstr.
Annenstr.
Coventrystraße
Pennricher Str.
Freiberger Str.
Reitbahn-Str.
Merianplatz
Nossener
Kesselsdorfer Str.
Wölfnitzer Ring
Budapester Str.
Brücke
Kesselsdorfer Str.
Otto-Harzer-Str.
Kaufbacher Str.
Saalhausener
Tharandter Str.
Zwickauer Pl.
Münchner Str.
Bergstraße
Zelles
Gorbitzer Str.
Dresdner Str.
Grenzallee
Altplauen
Jochhöh
Am Kirschberg
Plauenscher Ring
Wurgwitzer Str.
Nöthnitzer Str.
Räcknitz
Zauckeroder Str.
Dölzschener Str.
Wurgwitzer Str.
Coschützer Str.
Kohlenstraße
Tharandter
Burgwartstraße
Potschappler Str.
Innsbrucker Str.
Boderitz
Coschützer Str.
Wilsdruffer Str.
Carl-Thieme-Straße
Dresdner Str.
Karlsruher
Stuttgarter
Leisnitz
Winckelmann-Str.

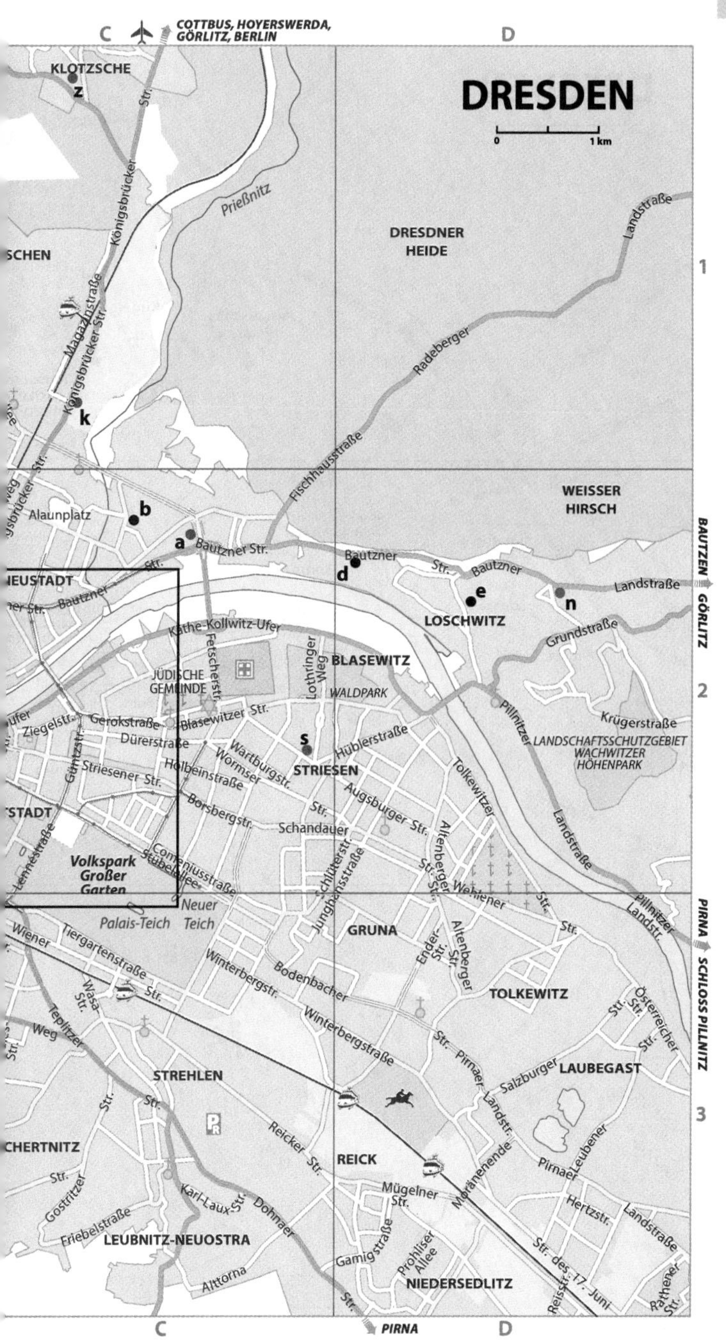

DRESDEN
0
1 km
COTTBUS, HOYERSWERDA, GÖRLITZ, BERLIN
C
D
1
2
3
KLOTZSCHE
DRESDNER HEIDE
WEISSER HIRSCH
LOSCHWITZ
BLASEWITZ
WALDPARK
JÜDISCHE GEMEINDE
STRIESEN
GRUNA
TOLKEWITZ
LAUBEGAST
STREHLEN
REICK
NIEDERSEDLITZ
LEUBNITZ-NEUOSTRA
Volkspark Großer Garten
Palais-Teich
Neuer Teich
LANDSCHAFTSSCHUTZGEBIET WACHWITZER HÖHENPARK
Alaunplatz
Prießnitz
Königsbrücker Str.
Magazinstraße
Radeberger Landstraße
Fischhausstraße
Bautzner Str.
Bautzner Landstraße
Käthe-Kollwitz-Ufer
Fetscherstr.
Lothringer Weg
Grundstraße
Pillnitzer Landstraße
Krügerstraße
Blasewitzer Str.
Gerokstraße
Ziegelstr.
Dürerstraße
Güntzstr.
Striesener Str.
Holbeinstraße
Wartburgstr.
Wormser Str.
Borsbergstr.
Hüblerstraße
Augsburger Str.
Schandauer Str.
Tolkewitzer Str.
Altenberger Str.
Wehlener Str.
Schlüterstr.
Junghansstraße
Comeniusstraße
Stübelallee
Lennéstraße
Wiener Str.
Tiergartenstraße
Winterbergstr.
Bodenbacher Str.
Winterbergstraße
Enderstr.
Pirnaer Landstr.
Salzburger Str.
Österreicher Str.
Leubener Str.
Wasa-Str.
Teplitzer Str.
Reicker Str.
Mügelner Str.
Moränenende
Hertzstr.
Karl-Laux-Str.
Dohnaer Str.
Gostritzer Str.
Friebelstraße
Alttorna
Gamigstraße
Prohliser Allee
Str. des 17. Juni
Reisstr.
Rathener Str.
BAUTZEN GÖRLITZ
PIRNA SCHLOSS PILLNITZ
PIRNA
a
b
d
e
k
n
s
z

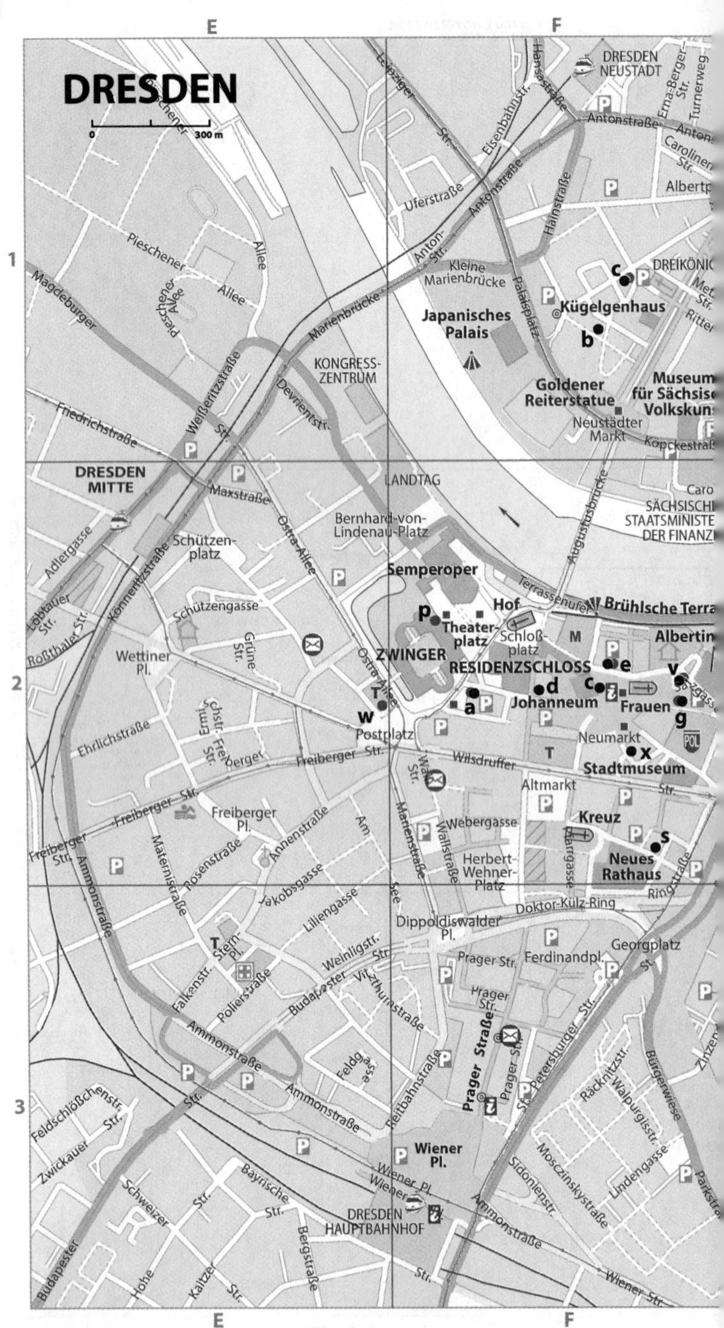
DRESDEN
E
F
1
2
3
0
300 m
DRESDEN NEUSTADT
DRESDEN MITTE
KONGRESS-ZENTRUM
Japanisches Palais
Kügelgenhaus
Goldener Reiterstatue
Museum für Sächsische Volkskunst
Neustädter Markt
LANDTAG
Bernhard-von-Lindenau-Platz
Semperoper
Hof
Brühlsche Terrasse
Theaterplatz
Schloßplatz
ZWINGER
RESIDENZSCHLOSS
Albertinum
Johanneum
Frauenkirche
Neumarkt
Stadtmuseum
Postplatz
Altmarkt
Kreuzkirche
Neues Rathaus
Schützenplatz
Wettiner Pl.
Freiberger Pl.
Dippoldiswalder Pl.
Ferdinandpl.
Georgplatz
Herbert-Wehner-Platz
Wiener Pl.
DRESDEN HAUPTBAHNHOF
SÄCHSISCHES STAATSMINISTERIUM DER FINANZEN
DREIKÖNIGSKIRCHE
Magdeburger Str.
Pieschener Allee
Weißeritzstraße
Friedrichstraße
Marienbrücke
Augustusbrücke
Kleine Marienbrücke
Antonstraße
Leipziger Str.
Hansastraße
Eisenbahnstr.
Hainstraße
Palaisplatz
Uferstraße
Devrientstr.
Maxstraße
Ostra-Allee
Terrassenufer
Könneritzstraße
Adlergasse
Schützengasse
Grüne Str.
Ehrlichstraße
Freiberger Str.
Wilsdruffer Str.
Marienstraße
Wallstraße
Webergasse
Annenstraße
Rosenstraße
Ammonstraße
Jakobsgasse
Doktor-Külz-Ring
Prager Str.
Prager Straße
St. Petersburger Str.
Bürgerwiese
Budapester Str.
Reitbahnstraße
Wiener Pl.
Wiener Str.
Sidonienstr.
Mosczinskystraße
Lindengasse
Walpurgisstr.
Räcknitzstr.
Feldschlößchenstr.
Zwickauer Str.
Schweizer Str.
Bayrische Str.
Bergstraße
Hohe Str.
Kaitzer Str.
Falkenstr.
Pollerstraße
Liliengasse
Weinligstr.
Materniststraße
Ringstraße
Köpckestraße
Antonstraße
Carolinenstr.
Ritterstr.
Turnerweg
Erna-Berger-Str.
Löbtauer Str.
Roßthaler Str.
Parkstraße
Zinzendorfstr.

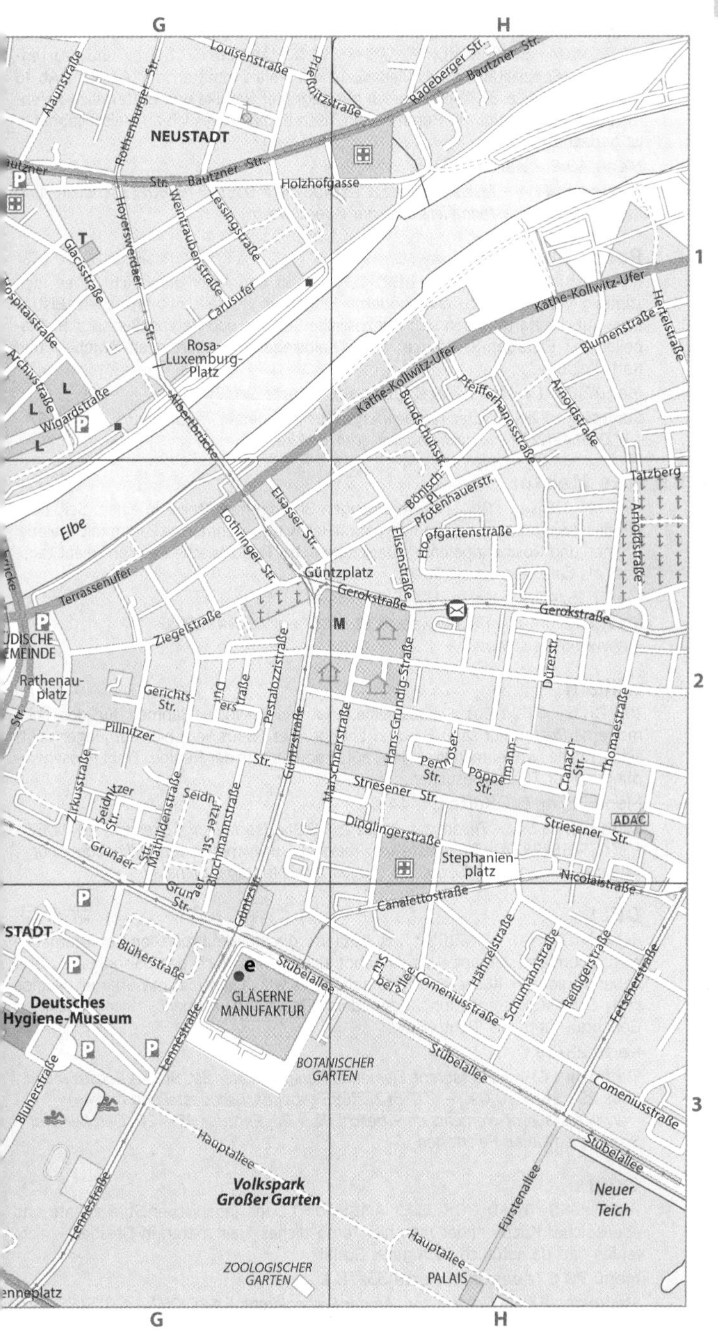
G
H
NEUSTADT
Louisenstraße
Alaunstraße
Rothenburger Str.
Prießnitzstraße
Radeberger Str.
Bautzner Str.
Holzhofgasse
Hoyerswerdaer Str.
Weintraubenstraße
Lessingstraße
Glacisstraße
Hospitalstraße
Carusufer
Rosa-Luxemburg-Platz
Archivstraße
Wigardstraße
Albertbrücke
Käthe-Kollwitz-Ufer
Blumenstraße
Hertelstraße
Bundschuhstr.
Pfeifferhannsstraße
Arnoldstraße
Tatzberg
Elbe
Elsasser Str.
Bönisch-Pl.
Pfotenhauerstr.
Hopfgartenstraße
Lothringer Str.
Elisenstraße
Güntzplatz
Terrassenufer
Gerokstraße
Ziegelstraße
Rathenau-platz
Gerichts-Str.
Dürerstraße
Pestalozzistraße
Güntzstraße
Marschnerstraße
Hans-Grundig-Straße
Dürerstr.
Thomaestraße
Pillnitzer Str.
Permoser-Str.
Pöppelmann-Str.
Cranach-Str.
Striesener Str.
Zirkusstraße
Seidnitzer Str.
Mathildenstraße
Blochmannstraße
ADAC
Dinglingerstraße
Grunaer Str.
Stephanien-platz
Nicolaistraße
Canalettostraße
Blüherstraße
Deutsches Hygiene-Museum
GLÄSERNE MANUFAKTUR
Stübelallee
Comeniusstraße
Hähnelstraße
Schumannstraße
Reißigerstraße
Fetscherstraße
Lennéstraße
BOTANISCHER GARTEN
Hauptallee
Volkspark Großer Garten
Fürstenallee
Neuer Teich
ZOOLOGISCHER GARTEN
PALAIS
Lenneplatz
1
2
3

Kastenmeiers

FISCH UND MEERESFRÜCHTE • KLASSISCHES AMBIENTE XX Fisch und Krustentiere sind Spezialität im stilvollen Kurländer Palais inmitten der Altstadt. Ab 16 Uhr gibt es hier z. B. "Zackenbarsch mit gegrillter Paprika und Buttermilch-Polenta" oder "Spaghettini mit Hummer, am Tisch flambiert". Auch an Fleischliebhaber ist gedacht.

Menü 49 € - Karte 38/76 €

Stadtplan : F2-t - *Tzschirnerplatz 3 ✉ 01067 - ✆ 0351 48484801 (Tischbestellung ratsam) - www.kastenmeiers.de - nur Abendessen*

Palais Bistro

FRANZÖSISCH-KLASSISCH • BISTRO XX Stilvoll und leger-gemütlich ist es hier, stimmig verbinden sich chic-moderne Einrichtungsdetails mit typischem Bistroflair. Auf der Karte finden sich französische Speisen und Regionales, so z. B. "Kabeljau mit Estragon-Senfsauce" oder "Kalbsleber mit gebratenen Zwiebeln und Kartoffelpüree".

Menü 30 € (mittags)/38 € (abends) - Karte 24/60 €

Stadtplan : F2-a - *Hotel Taschenbergpalais Kempinski, Taschenberg 3 ✉ 01067 - ✆ 0351 4912710 - www.kempinski.com/de/dresden*

Alte Meister

INTERNATIONAL • BISTRO X Im einstigen Braun'schen Atelier in einem Seitenflügel des Zwingers speist man Internationales wie "geschmortes Lamm mit dreierlei Bohnen und Rosmarinpolenta". Der charmante "Französische Pavillon" dient tagsüber als Café, abends als Salon.

Menü 35/45 € - Karte 33/48 €

Stadtplan : F2-p - *Theaterplatz 1a ✉ 01067 - ✆ 0351 4810426 - www.altemeister.net*

william

DEUTSCH • CHIC X Das Schauspielhaus ist ein stilvoller Rahmen für das chic-moderne Restaurant samt Bar und Lounge. Der Fokus liegt hier auf junger deutscher Küche, wobei man Wert legt auf Produkte aus der Region. Tipp: Pausenverpflegung für Theaterbesucher.

Menü 35/46 € - Karte 34/44 €

Stadtplan : E2-w - *Theaterstr. 2, (im 2. OG Staatsschauspiel Dresden) ✉ 01067 - ✆ 0351 65298220 (Tischbestellung ratsam) - www.restaurant-william.de - nur Abendessen - geschl. 10. Juli - 6. August und Montag - Dienstag*

DELI

INTERNATIONAL • TRENDY X Das DELI ist die unkompliziert-legere Alternative zum Gourmetrestaurant. Das Angebot richtet sich nach der Saison und bietet neben regionaler Küche auch Internationales wie "Lachsfilet mit Spargel, Quinoa und Curry-Kokosreduktion" oder den "Boulevard Burger". Mittags schnelle Gerichte - Tipp: die "Bento-Box".

Karte 28/39 €

Stadtplan : C1-k - *Restaurant Elements, Königsbrücker Str. 96, (Zeitenströmung Haus 25 - 26) ✉ 01099 - ✆ 0351 2721696 (abends Tischbestellung ratsam) - www.restaurant-elements.de - geschl. 12. - 24. Februar, 15. - 20. Oktober und Sonntag sowie an Feiertagen*

Ogura

JAPANISCH • TRADITIONELLES AMBIENTE X Dank japanischer Stilelemente und ebensolcher Küche findet man hier fernöstliches Flair mitten in Dresden - nicht fehlen darf da natürlich auch gutes Sushi!

Menü 70 € (abends) - Karte 35/78 €

Stadtplan : F2-e - *Hotel Hilton, An der Frauenkirche 5 ✉ 01067 - ✆ 0351 8642975 - www.hilton.de/dresden - geschl. Montag, Sonntagmittag*

Hotels

Taschenbergpalais Kempinski

GROSSER LUXUS • KLASSISCH Ein prächtiges rekonstruiertes Barockpalais, das nicht nur für Luxus steht, auch der Charme von einst steckt hier drin! "High Tea" im "Vestibül", rauchen können Sie in der "Karl May Bar". Schön der Freizeitbereich im obersten Stock. Und im Winter zum Eislaufen in den Innenhof?

214 Zim – 159/579 € 179/599 € – 32 Suiten – ½ P

Stadtplan : F2-a – *Taschenberg 3 ✉ 01067 – ✆ 0351 49120 – www.kempinski.de/dresden*

Intermezzo • **Palais Bistro** – siehe Restaurantauswahl

Bülow Palais

HISTORISCH • KLASSISCH Das harmonisch in das Barockviertel eingebundene Hotel steht für beispielhaften Service, hochwertige, wohnliche und individuelle Zimmer, Wellness in der obersten Etage, exzellentes Frühstück... Und am Nachmittag Feines aus der Patisserie?

56 Zim – 125/385 € 125/385 € – 2 Suiten – 24 €

Stadtplan : F1-c – *Königstr. 14 ✉ 01097 – ✆ 0351 80030 – www.buelow-palais.de*

Caroussel • **Bülow's Bistro** – siehe Restaurantauswahl

Gewandhaus Dresden

BOUTIQUE-HOTEL • DESIGN Mit Geschmack und Gefühl für die Historie des Hauses entstand dieses schicke Boutique-Hotel. Stilvoll designte Zimmer vom kleinen Standard bis zur Juniorsuite. Stylish das Restaurant "(m)eatery" mit Internationalem wie Dry Aged Beef, Tatar, Fisch und Burgern. Hausgebackenes im "Kuchen Atelier" (Do. - So.).

97 Zim – 125/355 € 125/355 € – 22 €

Stadtplan : F2-s – *Ringstr. 1 ✉ 01067 – ✆ 0351 49490 – www.gewandhaus-hotel.de*

Hilton

BUSINESS • MODERN Bevorzugte Altstadtlage, weitläufiger Hallenbereich, wohnlich-komfortable Zimmer. Etwas intimer hat man es in der "Executive"-Kategorie mit Zugang zur gleichnamigen Lounge samt kostenfreien Getränken. Mediterrane Küche im "Rossini", Regionales im "Bierhaus Dampfschiff", zudem das Steakhouse "Alte Münze".

329 Zim – 154 € 154 € – 4 Suiten – 23 € – ½ P

Stadtplan : F2-e – *An der Frauenkirche 5 ✉ 01067 – ✆ 0351 86420 – www.hiltonhotels.de/deutschland/hilton-dresden/*

Ogura – siehe Restaurantauswahl

Swissôtel Am Schloss

BUSINESS • MODERN Außen die schöne Fassade nach historischem Vorbild, dahinter wohnliches Ambiente und Moderne in Design und Technik. Sehr gut der Service, ebenso das Frühstück. Zum Wellnessbereich gehört ein Gewölbe a. d. 15. Jh.! Kosmetik und Massage möglich. In der "Wohnstube" Schweizer Küche und "Vitality"-Gerichte.

235 Zim – 105/290 € 105/290 € – 22 € – ½ P

Stadtplan : F2-d – *Schlossstr. 16 ✉ 01067 – ✆ 0351 501200 – www.h-hotels.com*

Suitess

LUXUS • KLASSISCH Eindrucksvoll die schön rekonstruierte Fassade, das Interieur ebenso geschmackvoll und edel: luxuriöse Zimmer voller ausgesuchter Materialien. Perfekt die Lage einen Steinwurf von der Frauenkirche entfernt! Der Service zuvorkommend und angenehm unaufdringlich. Für Gin-Freunde: die Bar "Dresden Gin House".

25 Zim – 90/459 € 90/459 € – 9 Suiten – 23 €

Stadtplan : F2-g – *An der Frauenkirche 13, Zufahrt über Rampische Straße ✉ 01067 – ✆ 0351 417270 – www.suitess-hotel.com*

MORITZ – siehe Restaurantauswahl

Bülow Residenz

HISTORISCHES GEBÄUDE • KLASSISCH Das denkmalgeschützte Haus von 1730 ist nicht nur schön anzuschauen: Sie genießen hier klassischen Wohnkomfort (geschmackvoll die warmen Farben), lassen sich überaus aufmerksam umsorgen und frühstücken ausgezeichnet in eleganter Atmosphäre. Parken und Wellness im nur wenige Meter entfernten Partnerhotel.

27 Zim – 🚹89/289 € 🚹🚹89/289 € – 1 Suite – ☕ 18 €

Stadtplan : F1-b – *Rähnitzgasse 19 ✉ 01097 – ✆ 0351 8003291 – www.buelow-residenz.de*

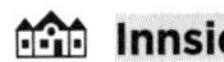

Innside by Meliá

KETTENHOTEL • MODERN Die Lage ist so exklusiv wie praktisch: die Frauenkirche gleich um die Ecke, alle Highlights der Stadt schnell erreichbar. Dazu stylisches Design und moderne Technik. Am Abend lockt die "Twist Sky Bar" im 6. Stock - toll die Aussicht!

180 Zim – 🚹119/250 € 🚹🚹119/250 € – ☕ 20 €

Stadtplan : F2-v – *Salzgasse 4 ✉ 01067 – ✆ 0351 795150 – www.melia.com*

VEN – siehe Restaurantauswahl

Steigenberger Hotel de Saxe

KETTENHOTEL • MODERN Der Name stammt vom ursprünglichen "Hotel de Saxe" von 1786. Die Zimmer schön modern in klaren Linien und ruhigen Tönen - von vielen schaut man auf die Frauenkirche. Restaurant im 1. Stock mit Balkonterrasse zum Neumarkt. Klassisch-traditionelle Küche, sonntags Brunch. Im Sommer samstagabends Barbecue-Buffet.

185 Zim – 🚹99/499 € 🚹🚹99/499 € – 4 Suiten – ☕ 25 € – ½ P

Stadtplan : F2-x – *Neumarkt 9 ✉ 01067 – ✆ 0351 43860 – www.desaxe-dresden.steigenberger.de*

QF

BOUTIQUE-HOTEL • MODERN Die Lage an der Frauenkirche könnte wohl kaum besser sein! Aber das schicke Boutique-Hotel hat noch mehr zu bieten: modern-komfortable Zimmer designt by Bellini. Nach ihm ist auch die gemütliche Bar benannt.

95 Zim – 🚹101/159 € 🚹🚹101/159 € – 2 Suiten – ☕ 23 €

Stadtplan : F2-c – *Neumarkt 1 ✉ 01067 – ✆ 0351 5633090 – www.viennahouse.com*

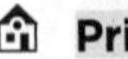

Privat

FAMILIÄR • FUNKTIONELL Die engagierten Gastgeber leiten hier ein sehr gepflegtes Nichtraucherhotel in einer ruhigen Wohngegend nicht weit von der Innenstadt. Der Service ist freundlich, die Zimmer sind zeitgemäß und funktional. Restaurant "Maron" mit Wintergarten und netter kleiner Terrasse. Zusatzkarte nach Hildegard von Bingen.

29 Zim ☕ – 🚹63/79 € 🚹🚹81/105 € – 1 Suite – ½ P

Stadtplan : C2-b – *Forststr. 22 ✉ 01099 – ✆ 0351 811770 – www.das-nichtraucher-hotel.de*

In Dresden-Hellerau

Schmidt's

KREATIV • BISTRO Wer hätte gedacht, dass in den Hellerauer Werkstätten für Handwerkskunst (1909 von Karl Schmidt gegründet) einmal gekocht wird? In moderner Bistro-Atmosphäre gibt es z. B. "Steinbeißerfilet unter der Ringelblumenkruste". Preislich interessant: das Menü "Schmidt's Karte rauf und runter".

Menü 42/52 € – Karte 35/53 €

Stadtplan : C1-z – *Moritzburger Weg 67, (in den Hellerauer Werkstätten) ✉ 01109 – ✆ 0351 8044883 (Tischbestellung ratsam) – www.schmidts-dresden.de – geschl. Samstagmittag, Sonntag*

In Dresden-Lockwitz Süd-Ost: 11 km über Dohnaer Straße D3

Landhaus Lockwitzgrund

INTERNATIONAL • LÄNDLICH In den historischen ehemaligen Stallungen der alten "Makkaroni-Fabrik" sitzt man gemütlich unter einem Kreuzgewölbe und speist z. B. "Jungbullenbrust in Bärlauch-Rahmsauce mit Spitzkohl und Semmelknödeln". Gepflegt übernachten kann man hier außerhalb im Grünen übrigens auch.

Menü 30/40 € – Karte 24/42 €

12 Zim – 54 € 69 € – 1 Suite – 5 €

Lockwitzgrund 100 01257 – 0351 2710010 – www.landhaus-lockwitzgrund.de – geschl. 8. - 26. Januar und Montag außer an Feiertagen

In Dresden-Loschwitz

Schloss Eckberg

HISTORISCHES GEBÄUDE • INDIVIDUELL Das 15 ha große Anwesen ist ebenso sehenswert wie das traumhafte Schloss selbst! Hier wohnt und speist man klassisch-stilvoll, im Kavaliershaus sind die Zimmer moderner und einfacher. Lassen Sie sich den Ausblick von der Terrasse nicht entgehen - schön auch bei Kaffee und Kuchen!

84 Zim – 65/199 € 65/199 € – 5 Suiten – 18 € – ½ P

Stadtplan : D2-d – *Bautzner Str. 134 01099 – 0351 80990 – www.schloss-eckberg.de*

In Dresden-Pillnitz Süd-Ost: 13 km über Pillnitzer Landstraße D3

Kaminrestaurant

INTERNATIONAL • KLASSISCHES AMBIENTE Sie wünschen sich gemütlich-elegante Atmosphäre bei Kaminfeuer? Oder einen lauen Sommerabend auf der Terrasse bei romantischem Schlossflair? Beides finden Sie hier, und dazu gut zubereitete Speisen aus Bio-Produkten.

Menü 43/56 € – Karte 45/57 €

Schloss Hotel Dresden-Pillnitz, August-Böckstiegel-Str. 10 01326 – 0351 26140 – www.dresden-kaminrestaurant.de – nur Abendessen – geschl. Januar - Februar und Montag - Dienstag

Schloss Hotel Dresden-Pillnitz

LANDHAUS • AUF DEM LAND Unmittelbar am Schloss samt schönem Park wohnt man in attraktiven Zimmern im Landhausstil - fragen Sie nach denen mit Schlossblick! Im "Wintergarten-Café" bietet man regional-traditionelle Küche sowie Business-Lunch inkl. Wasser und Espresso, und wie wär's am Nachmittag mit hausgebackenem Bio-Kuchen?

45 Zim – 84/110 € 120/160 € – ½ P

August-Böckstiegel-Str. 10 01326 – 0351 26140 – www.schlosshotel-pillnitz.de

Kaminrestaurant – siehe Restaurantauswahl

In Dresden-Striesen

Spizz

INTERNATIONAL • FREUNDLICH Modern-gemütlich hat man es in dem hübschen Altbau am Barbarossaplatz. Das mögen die vielen Stammgästen ebenso wie die Küche: Es gibt Klassiker und Internationales, von "Spizz Cocktail" bis "Kabeljaufilet mit Wasabi-Kartoffelhaube, Balsamico-Linsen und Rote-Bete-Schaum". Tipp: dienstagabends "Beef Tatar".

Karte 24/52 €

Stadtplan : C2-s – *Augsburger Str. 49 01309 – 0351 3190626 (abends Tischbestellung ratsam) – www.restaurant-spizz.de – geschl. Sonntag, außer an Feiertagen*

In Dresden-Weißer Hirsch

✿ bean&beluga

KREATIV • GERADLINIG XX Modern und ideenreich, ausdrucksstark und mit interessanten feinen Kontrasten - so die Menüs "mit" und "ohne", die man Ihnen hier in geradlinig-elegantem Ambiente aufmerksam und geschult serviert. Die Weinkarte bietet über 400 Positionen, fundiert die Beratung. Weinbar als einfach-unkomplizierte Alternative.

➜ Rote Garnele, Getreide, Blumenkohl. Rochenflügel, Karotte, Liebstöckel. Stubenküken, Kartoffel, Spreewaldgurke.

Menü 115/160 €

Stadtplan : D2-n - *Bautzner Landstr. 32, (1. Etage) ✉ 01324 - ✆ 0351 44008800 (Tischbestellung ratsam) - www.bean-and-beluga.de - nur Abendessen - geschl. Ende Februar - Mitte März, August 2 Wochen und Sonntag - Montag*

Maiwerts in der Villa Herzog (N)

INTERNATIONAL • HISTORISCHES AMBIENTE XX Dieter Maiwert hat seinem Restaurant in Rottach-Egern den Rücken gekehrt und bietet nun hier niveauvolle Küche mit saisonalem Bezug. Der stilvolle hohe Raum mit schönem Stuck und elegantem Kronleuchter wird ganz dem historischen Flair der Villa a. d. 19. Jh. gerecht. Gemütlich die Wintergarten-Lounge.

Menü 48/72 € - Karte 30/62 €

12 Zim - †75 € ††95 € - ☕ 12 €

Stadtplan : D2 - *Kurparkstr. 6a ✉ 01324 - ✆ 0351 3141699 - www.maiwerts.de - nur Abendessen - geschl. Montag*

Villa Weißer Hirsch

PRIVATHAUS • INDIVIDUELL "Luxuspension" trifft die auf einem tollen Gartengrundstück gelegene Villa von 1935, denn das schmucke kleine Hotel ist schon etwas Besonderers mit dem persönlichen Charme und den edel-barocken Zimmern! Oder wohnen Sie lieber ganz zeitlos? Tipp: Zimmer mit Balkon und Stadtblick. Klasse das Frühstück!

10 Zim ☕ - †99/130 € ††140/170 €

Stadtplan : D2-e - *Hermann Prell Str. 6 ✉ 01324 - ✆ 0351 642413 - www.villa-weisser-hirsch.de*

DRIBURG, BAD

Nordrhein-Westfalen - 18 554 Ew. - Höhe 220 m - Regionalatlas **28**-G10
Michelin Straßenkarte 543

Caspar's

KREATIV • KLASSISCHES AMBIENTE XX In eleganter Atmosphäre (raumhohe Bücherregale, klassisches Mobiliar, farblich abgestimmte Stoffe...) wird kreativ-internationale Küche serviert, à la carte oder als Menü. Im Sommer genießt man auf der Terrasse eine herrliche Blumenpracht.

Menü 39 € - Karte 33/48 €

Hotel Gräflicher Park, Brunnenallee 1 ✉ 33014 - ✆ 05253 952320 - www.graeflicher-park.de - nur Abendessen - geschl. Sonntag - Montag

Pferdestall

TRADITIONELLE KÜCHE • LÄNDLICH X Sehr ansprechend sind die ehemaligen Stallungen von 1860 mit ihren dekorativen alten Tränken und Sätteln sowie der schönen hellen Gewölbedecke. Aus der offenen Küche kommt z. B. "gesottener Tafelspitz mit Meerrettich". Terrasse zum Park.

Menü 32 € (vegetarisch)/51 € - Karte 29/48 €

Hotel Gräflicher Park, Brunnenallee 1 ✉ 33014 - ✆ 05253 95230 - www.graeflicher-park.de

Gräflicher Park

HISTORISCH • KLASSISCH Familie Graf von Oeynhausen-Sierstorpff hat hier ein tolles weitläufiges, von altem Baumbestand und hübschen Beeten geprägtes Anwesen a. d. 18. Jh. samt Kurhaus und Wildgehege. Wohnliche, individuelle Zimmer, Spa auf 1500 qm (u. a. ganzjährig beheizter 25-m-Außenpool) sowie gute Veranstaltungsmöglichkeiten.

135 Zim – 124/244 € 144/329 € – ½ P

Brunnenallee 1 ✉ 33014 – ✆ 05253 95230 – www.graeflicher-park.de

Caspar's • Pferdestall – siehe Restaurantauswahl

DÜRKHEIM, BAD

Rheinland-Pfalz – 18 414 Ew. – Höhe 132 m – Regionalatlas **47**-E16
Michelin Straßenkarte 543

Weinstube Bach-Mayer

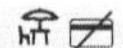

REGIONAL • WEINSTUBE Ursprung der charmanten Weinstube ist das fürstliche Jagdhaus a. d. 18. Jh. - das prachtvolle Portal am Eingang ist noch erhalten. Auf der Karte liest man regional-internationale Speisen, darunter z. B. "Meine Pfalz": Saumagen, Bäckchen, gebratene Blutwurst, Jakobsmuschel, Speck und schwarze Bohnen.

Menü 35 € – Karte 30/46 €

Gerberstr. 13 ✉ 67098 – ✆ 06322 92120 – www.bach-mayer.de – Montag - Freitag nur Abendessen – geschl. Mitte Januar - Anfang Februar 3 Wochen, September 3 Wochen und Dienstag - Mittwoch

Kurpark-Hotel Bad Dürkheim

SPA UND WELLNESS • MODERN Das geschichtsträchtige ehemalige Kurhaus geht mit der Zeit: topmoderner Spa, wohnliche Zimmer in warmen Farben und ein Restaurant mit internationaler Küche und toller Terrasse zum Kurpark. Lust auf Roulette oder Black Jack? Das Kasino liegt direkt nebenan, der Eintritt ist für Hotelgäste gratis.

113 Zim – 94/119 € 152/189 € – ½ P

Schloßplatz 1 ✉ 67098 – ✆ 06322 7970 – www.kurpark-hotel.de

An den Salinen

FAMILIÄR • MODERN Äußerlich eher unscheinbar, zeigt das Hotel seine wahre Größe im Inneren: Hier wird man engagiert und herzlich betreut, alles ist top in Schuss. Wohnlich die Zimmer (Standard, Comfort oder Business), das Frühstücksbuffet klein, aber frisch.

16 Zim – 60/78 € 92/100 €

Salinenstr. 40 ✉ 67098 – ✆ 06322 94040 – www.hotel-an-den-salinen.de – geschl. 11. Dezember - 6. Januar

In Bad Dürkheim-Seebach Süd-West: 1,5 km

Käsbüro

TRADITIONELLE KÜCHE • WEINSTUBE Vom Äbtissinnenhaus über eine Zehntscheuer zum Wirtshaus. In dem reizenden Haus a. d. 11. Jh. gibt es drei überaus behagliche Stuben, draußen den lauschigen berankten Innenhof. Überall serviert man frische bürgerlich-regionale Gerichte wie z. B. "gegrillte Forellenfilets auf Spargelragout". Dazu lokale Weine.

Menü 35 € – Karte 28/42 €

Dorfplatz 1 ✉ 67098 – ✆ 06322 680963 (Tischbestellung ratsam) – www.kaesbuero.de – nur Abendessen – geschl. Januar 2 Wochen und Dienstag

H. Wohner/Look/

WIR MÖGEN BESONDERS...

Bei Volker Drkosch im **DR.KOSCH** Sterneküche in unkompliziertem, lebhaftem Umfeld erleben. Schwarzwälder Gemütlichkeit und badische Küche in der **Dorfstube** – ganz nach Baiersbronner Vorbild! Mitten im quirligen „Japantown" im schicken trendigen Hotel **me and all** wohnen. Japanische Spitzenküche bei Yoshizumi **Nagaya**.

DÜSSELDORF

Nordrhein-Westfalen – 604 527 Ew. – Höhe 36 m – Regionalatlas **25**-B11
Michelin Straßenkarte 543

Stadtpläne siehe nächste Seiten

Restaurants

✿ Tafelspitz 1876 (Daniel Dal-Ben)

KREATIV • FREUNDLICH XX Das ist handwerklich ganz hohes Niveau, was Daniel Dal-Ben in dem kleinen Restaurant auf den Teller bringt. Moderne Küche mit kreativen Elementen heißt hier tolle Produkte, interessante Ideen, subtile Aromen. Geradlinig das Ambiente, der Service freundlich und präsent.

➜ Garnele, Rote Bete gebeizt, Räucheraal-Öl, Röstzwiebeln, Ingwer, Wasabi. Lammrücken im Schmorgemüsemantel mit Kichererbsen, Salzzitrone und gebrannten Zwiebeln. Knusper Cannelloni von Tanzanie Schokolade mit Mango, Kokos und Litschi.

Menü 78/160 € – Karte 47/99 €

Stadtplan : H1-b – *Grunerstr. 42a ✉ 40239*
– ✆ 0211 1717361 (Tischbestellung ratsam)
– www.tafelspitz1876.de
– nur Abendessen – geschl. Ende Dezember - Anfang Januar 1 Woche und Sonntag - Montag

✿ Berens am Kai

MODERNE KÜCHE • TRENDY XX Holger Berens setzt auf Moderne, das gilt für das schöne Interieur ebenso wie für die Küche. Letztere ist intensiv, aromenreich, die Produkte sind von Top-Qualität. Sie mögen Wein? Man hat eine gut sortierte Karte mit über 300 Positionen.

➜ Roh marinierter Loup de mer, Limonenvinaigrette, Kaviar, Toast. Hunsrücker Reh, Artischocken, Walnuss, Cassis. Schokolade, Minze, Raz el Hanout.

Menü 55 € (mittags)/149 € – Karte 95/143 €

Stadtplan : F3-d – *Kaistr. 16 ✉ 40221*
– ✆ 0211 3006750 (Tischbestellung ratsam) – www.berensamkai.de
– geschl. Anfang Januar 1 Woche und Samstagmittag, Sonntag sowie an Feiertagen

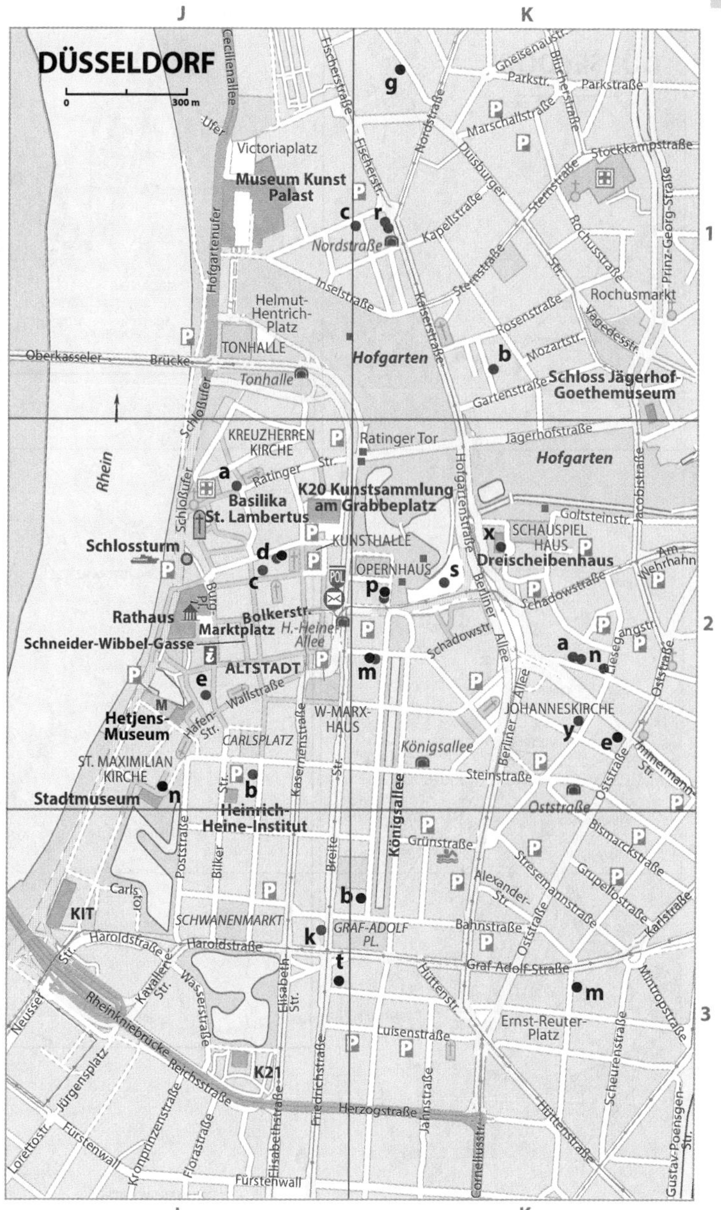
DÜSSELDORF
0
300 m
J
K
1
2
3
Victoriaplatz
Museum Kunst Palast
Hofgarten
Schloss Jägerhof-Goethemuseum
Helmut-Hentrich-Platz
TONHALLE
Tonhalle
Rochusmarkt
KREUZHERREN KIRCHE
Ratinger Tor
K20 Kunstsammlung am Grabbeplatz
Basilika St. Lambertus
Schlossturm
KUNSTHALLE
OPERNHAUS
SCHAUSPIEL HAUS
Dreischeibenhaus
Rathaus
Marktplatz
Schneider-Wibbel-Gasse
ALTSTADT
Bolkerstr.
H.-Heine-Allee
Hetjens-Museum
CARLSPLATZ
W-MARX-HAUS
Königsallee
JOHANNESKIRCHE
ST. MAXIMILIAN KIRCHE
Stadtmuseum
Heinrich-Heine-Institut
KIT
SCHWANENMARKT
GRAF-ADOLF PL.
Ernst-Reuter-Platz
K21
Rhein
Oberkasseler Brücke
Rheinkniebrücke
Cecilienallee
Hofgartenufer
Schloßufer
Fischerstraße
Nordstraße
Inselstraße
Kaiserstraße
Duisburger Str.
Kapellstraße
Sternstraße
Rosenstraße
Mozartstr.
Gartenstraße
Jägerhofstraße
Goltsteinstr.
Hofgartenstraße
Berliner Allee
Schadowstraße
Liesegangstr.
Oststraße
Immermannstr.
Steinstraße
Grünstraße
Bismarckstraße
Grupellostraße
Karlstraße
Stresemannstraße
Alexanderstr.
Bahnstraße
Graf-Adolf-Straße
Mintropstraße
Hüttenstr.
Luisenstraße
Herzogstraße
Haroldstraße
Wasserstraße
Kavalleriestr.
Elisabethstr.
Friedrichstraße
Jahnstraße
Corneliusstr.
Scheurenstraße
Gustav-Poensgen-Str.
Fürstenwall
Neusser Str.
Jürgensplatz
Lorettostr.
Kronprinzenstraße
Florastraße
Reichsstraße
Poststraße
Bilker Str.
Kasernenstraße
Breite Str.
Wallstraße
Hafenstr.
Carlstor
Gneisenaustr.
Parkstr.
Parkstraße
Blücherstraße
Marschallstraße
Stockkampstraße
Prinz-Georg-Straße
Rochusstraße
Vagedesstr.
Jacobistraße
Am Wehrhahn
Ratinger Str.
Burgpl.
Elisabethstraße
Ufer

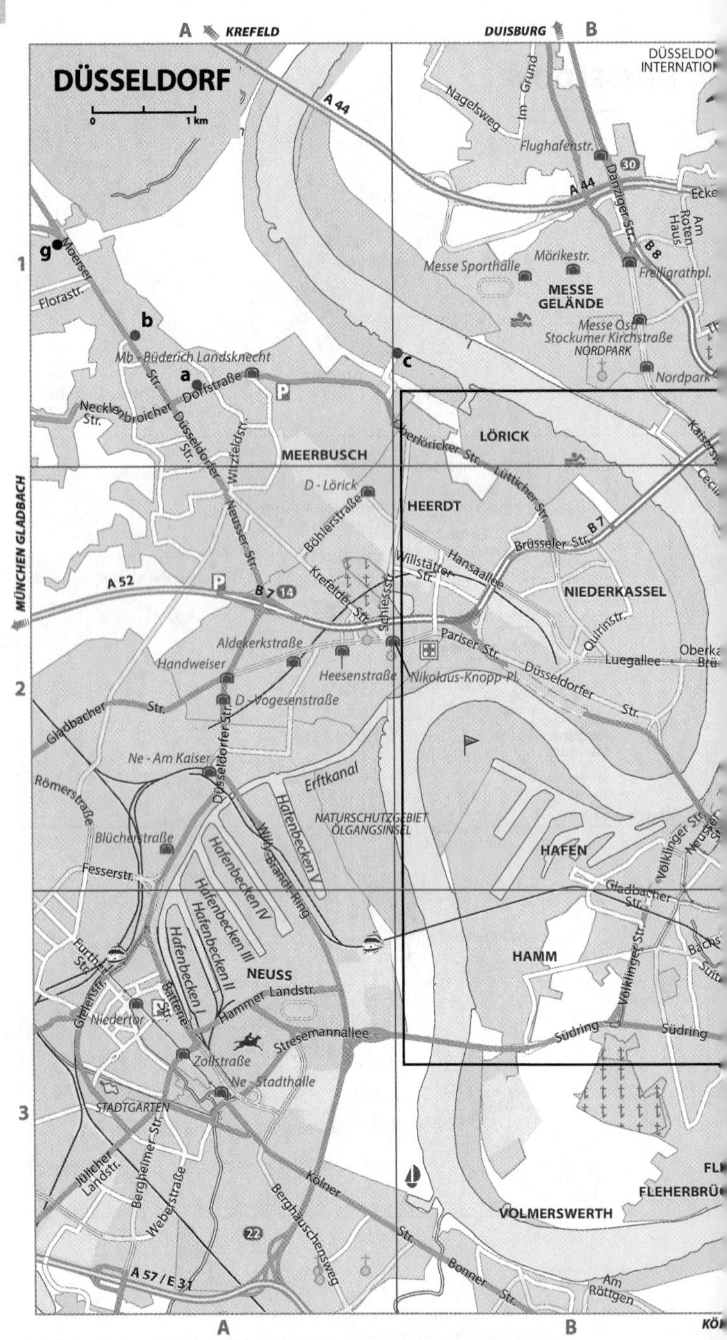
DÜSSELDORF
0
1 km
A
KREFELD
DUISBURG
B
A 44
Nagelsweg
Im Grund
Flughafenstr.
Danziger Str.
Messe Sporthalle
Mörikestr.
MESSE GELÄNDE
Freiligrathpl.
Messe Ost/ Stockumer Kirchstraße
NORDPARK
Nordpark
Moerser Str.
Florastr.
Mb - Büderich Landsknecht
Dorfstraße
Necklenbroicher Str.
Düsseldorfer Str.
Witzfeldstr.
MEERBUSCH
Oberlöricker Str.
LÖRICK
Lütticher Str.
D - Lörick
HEERDT
Böhlerstraße
Brüsseler Str.
B 7
Hansaallee
Willstätter Str.
NIEDERKASSEL
MÜNCHEN GLADBACH
A 52
B 7
14
Neusser Str.
Krefelder Str.
Schiessstr.
Pariser Str.
Quirinstr.
Luegallee
Aldekerkstraße
Handweiser
Heesenstraße
Nikolaus-Knopp-Pl.
Düsseldorfer Str.
D - Vogesenstraße
Gladbacher Str.
Ne - Am Kaiser
Düsseldorfer Str.
Erftkanal
Römerstraße
Blücherstraße
Hafenbecken V
NATURSCHUTZGEBIET ÖLGANGSINSEL
Willy-Brandt-Ring
HAFEN
Völklinger Str.
Fesserstr.
Hafenbecken IV
Hafenbecken III
Hafenbecken II
Hafenbecken I
Gladbacher Str.
HAMM
Furth Str.
NEUSS
Hammer Landstr.
Völklinger Str.
Gielenstr.
Niedertor
Batterie Str.
Stresemannallee
Südring
Südring
Zollstraße
Ne - Stadthalle
STADTGARTEN
Jülicher Landstr.
Bergheimer Str.
Weberstraße
Kölner Str.
Berghäuschensweg
22
VOLMERSWERTH
FLEHERBRÜ
A 57 / E 31
Bonner Str.
Am Röttgen
1
2
3
A
B
g
b
a
c

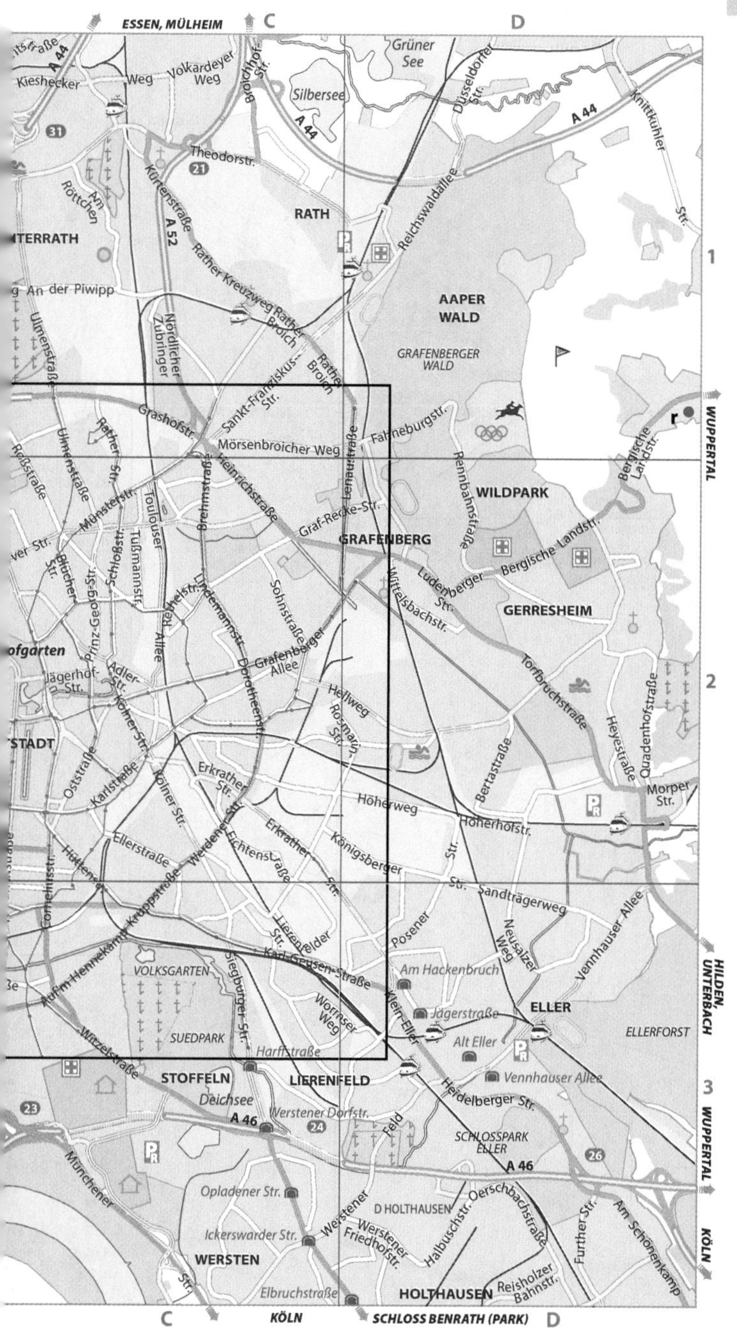
ESSEN, MÜLHEIM
C
D
Grüner See
Silbersee
A 44
RATH
AAPER WALD
GRAFENBERGER WALD
WUPPERTAL
WILDPARK
GRAFENBERG
GERRESHEIM
Kürtenstraße
A 52
Rather Kreuzweg
Theodorstr.
Reichswaldallee
Mörsenbroicher Weg
Fahneburgstr.
Grashofstr.
Heinrichstraße
Graf-Recke-Str.
Bergische Landstr.
Rennbahnstraße
Ludenberger Str.
Wittelsbachstr.
Torfbruchstraße
Grafenberger Allee
Hellweg
Erkrather Str.
Höherweg
Höherhofstr.
Königsberger Str.
Sandträgerweg
Vennhauser Allee
Am Hackenbruch
Jägerstraße
Alt Eller
ELLER
ELLERFORST
HILDEN, UNTERBACH
VOLKSGARTEN
SUEDPARK
STOFFELN
LIERENFELD
Harffstraße
Deichsee
A 46
Heidelberger Str.
SCHLOSSPARK ELLER
Vennhauser Allee
WUPPERTAL
Werstener Dorfstr.
Opladener Str.
D HOLTHAUSEN
Ickerswarder Str.
WERSTEN
Elbruchstraße
HOLTHAUSEN
Reisholzer Bahnstr.
Am Schönenkamp
KÖLN
SCHLOSS BENRATH (PARK)

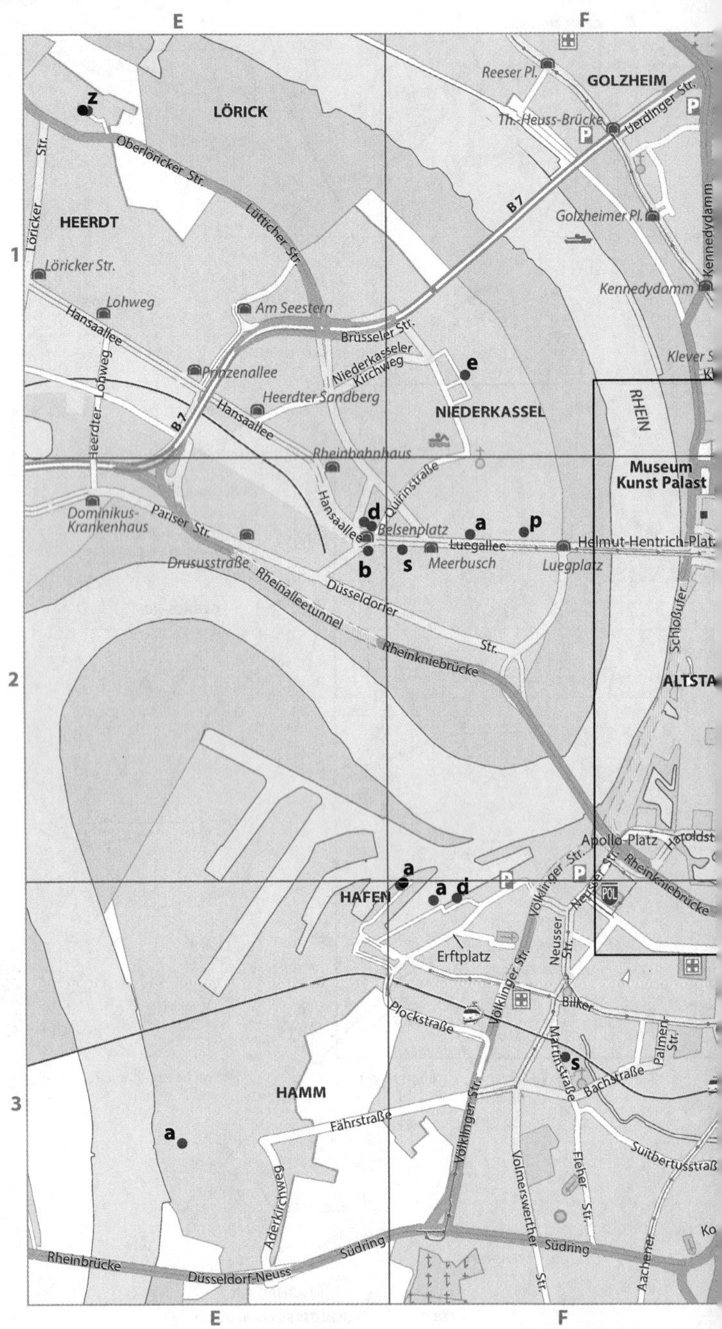
E
F
GOLZHEIM
LÖRICK
Reeser Pl.
Th.-Heuss-Brücke
Uerdinger Str.
Oberlöricker Str.
Lütticher Str.
HEERDT
Löricker Str.
B 7
Golzheimer Pl.
Kennedydamm
Lohweg
Am Seestern
Hansaallee
Brüsseler Str.
Niederkasseler Kirchweg
Prinzenallee
Heerdter Sandberg
Heerdter Lohweg
NIEDERKASSEL
RHEIN
Rheinbahnhaus
Museum Kunst Palast
Quirinstraße
Dominikus-Krankenhaus
Pariser Str.
Belsenplatz
Luegallee
Helmut-Hentrich-Platz
Drususstraße
Rheinalleetunnel
Meerbusch
Luegplatz
Düsseldorfer Str.
Rheinkniebrücke
Schloßufer
ALTSTA
Apollo-Platz
Völklinger Str.
Neusser Str.
HAFEN
Erftplatz
Bilker
Plockstraße
Martinstraße
Bachstraße
Palmen-Str.
HAMM
Fährstraße
Suitbertusstraß
Aderkirchweg
Volmerswerther Str.
Fleher Str.
Südring
Rheinbrücke
Düsseldorf-Neuss
Aachener
1
2
3

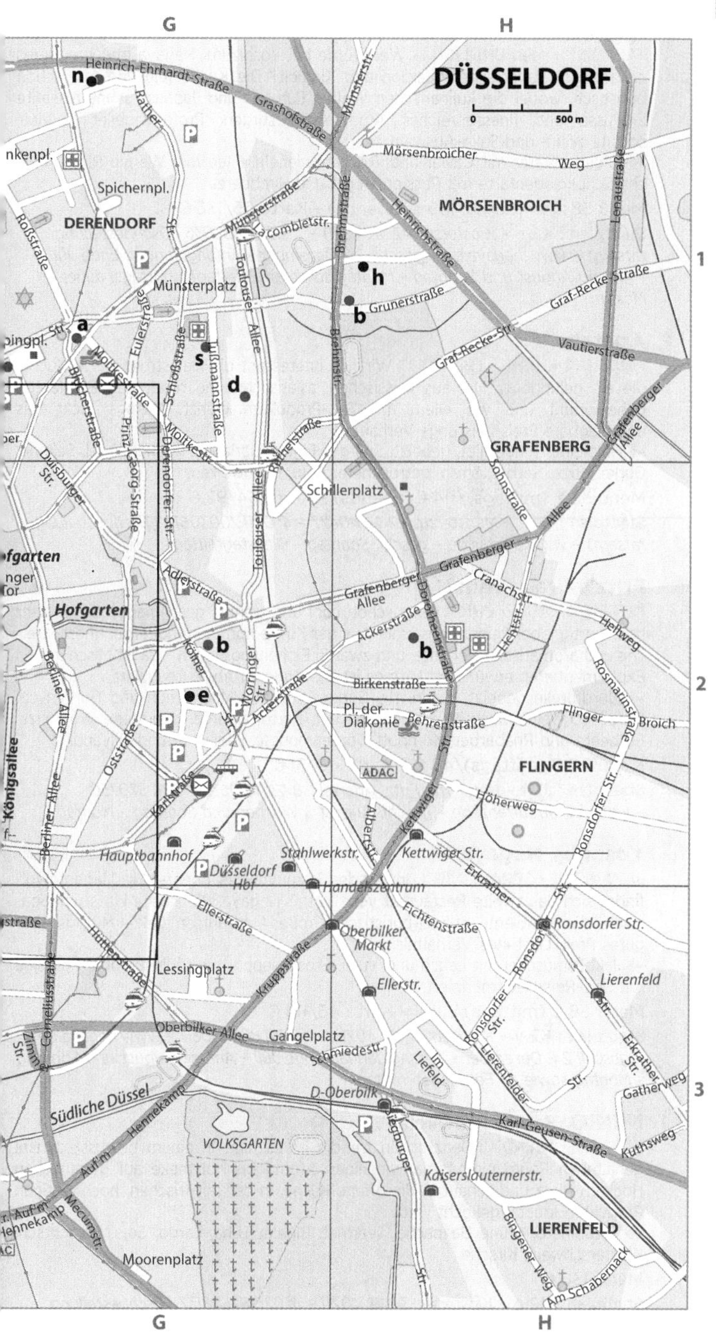
DÜSSELDORF
0
500 m
G
H
1
2
3
DERENDORF
MÖRSENBROICH
GRAFENBERG
FLINGERN
LIERENFELD
VOLKSGARTEN
Hofgarten
Heinrich-Ehrhardt-Straße
Grashofstraße
Münsterstr.
Mörsenbroicher Weg
Lenaustraße
Heinrichstraße
Brehmstraße
Graf-Recke-Straße
Vautierstraße
Grunerstraße
Münsterstraße
Münsterplatz
Spichernpl.
Roßstraße
Rather Str.
Toulouser Allee
Schloßstraße
Eulerstraße
Moltkestraße
Bücherstraße
Prinz-Georg-Straße
Derendorfer Str.
Duisburger Str.
Schillerplatz
Sohnstraße
Grafenberger Allee
Adlerstraße
Cranachstr.
Ackerstraße
Dorotheenstraße
Birkenstraße
Hellweg
Rosmarinstraße
Flinger Broich
Pl. der Diakonie
Behrenstraße
Kölner Str.
Worringer Str.
Berliner Allee
Oststraße
Karlstraße
Königsallee
Hauptbahnhof
Düsseldorf Hbf
Stahlwerkstr.
Kettwiger Str.
Handelszentrum
Ellerstraße
Fichtenstraße
Erkrather Str.
Ronsdorfer Str.
Oberbilker Markt
Ellerstr.
Lessingplatz
Hüttenstraße
Kruppstraße
Lierenfeld
Oberbilker Allee
Gangelplatz
Schmiedestr.
Im Liefeld
Lierenfelder Str.
Gatherweg
Corneliusstraße
Südliche Düssel
Hennekamp
Auf'm Hennekamp
Mecumstr.
D-Oberbilk
Siegburger Str.
Karl-Geusen-Straße
Kuthsweg
Kaiserslauternerstr.
Bingener Weg
Am Schabernack
Moorenplatz
ADAC
Höherweg
Albertstr.
Lichtstr.

Nagaya

JAPANISCH • FREUNDLICH XX Wer würde bei Yoshizumi Nagaya etwas anderes erwarten als japanische Präzision und Klarheit? Die Küche fein und fast schon puristisch, wobei die kulinarischen Welten Europas und Japans für interessante Einflüsse und finessenreiches Aromenspiel sorgen. Professioneller Service, schöne Wein- und Sake-Auswahl.

→ Thunfischtatar mit Caviar und Trockenzwiebeln. Filet vom Wagyu Rind. Matt-cha-Schokoladentarte mit Passionsfrucht und Himbeere.

Menü 58 € (mittags)/169 € (abends) – Karte 65/136 €

Stadtplan : K2-n – *Klosterstr. 42 ✉ 40211 – ✆ 0211 8639636 (Tischbestellung ratsam) – www.nagaya.de – geschl. 24. Dezember - Anfang Januar, Ende Juli - Anfang August und Sonntag - Montag sowie an Feiertagen mittags, außer an Messen*

Agata's

MODERNE KÜCHE • TRENDY XX Wirklich interessant die klar strukturierte Küche, die als gelungener Mix aus klassischen, asiatischen und modernen Elementen daherkommt und vor allem mit Top-Produkten glänzt. Mittags lockt das unschlagbare Preis-Leistungs-Verhältnis!

→ Holsteiner Rinderfilet, gebeizt, Spargel, Eigelb, Bärlauch. Rochenflügel, Sellerie, Gurke, Yuzu. Sorbet, Shiso, getrockneter Tofu, Buchweizen.

Menü 32 € (mittags)/114 € (abends) – Karte 64/92 €

Stadtplan : G1-a – *Münsterstr. 22 ✉ 40477 – ✆ 0211 20030616 (Tischbestellung ratsam) – www.agatas.de – geschl. Sonntag - Dienstagmittag*

Fritz's Frau Franzi (N)

INTERNATIONAL • CHIC X Ganz schön cool und trendy, geschmackvoll und sehr hochwertig, aber keineswegs steif! Aus der Küche kommen moderne, finessenreiche und aromatische Gerichte, und zwar in Einheitsportionen - da ist Mischen und Experimentieren erwünscht! Mittags ist das Angebot etwas reduziert.

→ Fjordforelle gebeizt, marinierte Gurke, Wakame, Meerrettich und Gurkensud. Duroc Schweinebauch 36 Stunden gegart, Kartoffelpüree, gebratene Waldpilze. Erdbeere und Rhabarber, Kompott, Topfenmousse, Basilikum und Olivenöl.

Menü 20 € (mittags)/48 € – Karte 40/51 €

Stadtplan : J3-t – *Hotel The Fritz, Adersstr. 8 ✉ 40215 – ✆ 0211 370750 – www.fritzsfraufranzi.de – geschl. August 3 Wochen und Sonntag - Montag*

Yoshi by Nagaya (N)

JAPANISCH • GERADLINIG X Unweit des Stammhauses, ebenfalls in "Japantown", findet sich das zweite Restaurant von "Yoshi" Nagaya. Die Küche klassisch japanisch, das Ambiente stilvoll-puristisch. Große Auswahl an Sake. Mittags sehr gutes Preis-Leistungs-Verhältnis.

→ Jakobsmuschel mit Lauch und Yuzu. Erbsensuppe mit Königskrabbe. Kabeljau mit Salz-Reis-Hefe mariniert.

Menü 58 € (mittags)/118 € – Karte 45/114 €

Stadtplan : K2-y – *Kreuzstr. 17 ✉ 40213 – ✆ 0211 86043060 – www.nagaya.de – geschl. 24. Dezember - Anfang Januar, Ende Juli - Anfang August und Sonntag - Montag sowie an Feiertagen mittags*

NENIO (Bastian Falkenroth)

KREATIV • TRENDY X Ganz schön trendig ist es hier: In einem bewusst dunkel gehaltenen Raum nimmt man an einer u-förmigen Holztheke auf gemütlichen Hockern Platz und schaut in die offene Küche, in der mit frischen, hochwertigen Produkten kreativ gekocht wird.

→ Carabinero, grüne Gazpacho, Wermut. Bluefin Tuna, Lardo, Soja. Borschtsch, Klosterschwein, Kirsche.

Menü 130 €

Stadtplan : K2-a – *Klosterstr. 34 ✉ 40211 – ✆ 0211 87586137 (Tischbestellung ratsam) – www.nenio-restaurant.de – nur Abendessen – geschl. Sonntag - Montag*

Le Flair (Dany Cerf)

FRANZÖSISCH • BISTRO Sie mögen's gemütlich-französisch? Charmanter Bistrostil, Chansonmusik, Tafeln mit Tagesangeboten, dazu freundlicher, versierter Service. Und was auf den Teller kommt, ist klassisch, angenehm reduziert und finessenreich - eine Küche für Puristen ohne jegliches Chichi.

→ Foie Gras, Champignons, weißer Spargel, Parmesan. Taubenbrust, Haselnuss, grüner Spargel. Kokosnuss, weiße Schokolade, Mandel.

Menü 79 € - Karte 62/83 €

Stadtplan : G1-d - *Marc-Chagall-Str. 108 ✉ 40477*
- ✆ 0211 51455688 - www.restaurant-leflair.de
- nur Abendessen - geschl. Anfang September 2 Wochen und Montag - Dienstag

DR.KOSCH (Volker Drkosch)

MODERNE KÜCHE • HIP Ganz leger und voller Leben. So ungezwungen und modern wie die Atmosphäre in dieser sympathischen Gastro-Bar ist auch die Küche, und die ist ausgesprochen niveauvoll. Dazu kommt das wirklich tolle Preis-Leistungs-Verhältnis! Ein paar Außenplätze hat man auch.

→ Marinierte Gänseleber mit karamellisierten Äpfen, rotem Chicorée und Berberitzen. Roh marinierte Makrele mit gegrillter Avocado und Salatherzen. Umami Bolognese mit Wasabi Salat, Anis-Champignons und Parmesan.

Menü 59/69 € - Karte 39/62 €

Stadtplan : G2-b - *Gerresheimer Str. 12 ✉ 40211*
- ✆ 0176 80487779 - www.dr-kosch.de
- nur Abendessen - geschl. 24. Dezember - 4. Januar, über Ostern 1 Woche, August 2 Wochen und Sonntag, Mittwoch sowie an Feiertagen

Brasserie Stadthaus

FRANZÖSISCH-KLASSISCH • BRASSERIE Eine schöne Adresse im Herzen der Altstadt. Unter einer markanten hohen Kassettendecke - oder im hübschen Innenhof - speist man französisch: "Salade au chèvre chaud", "Coq au vin", "Fondant au chocolat"... Dazu Weine aus Frankreich.

Menü 25 € (mittags) - Karte 35/65 €

Stadtplan : J2-d - *Hotel De Medici, Mühlenstr. 31 ✉ 40213*
- ✆ 0211 16092815 (Tischbestellung ratsam)
- www.brasserie-stadthaus.de
- geschl. Sonntag - Montagmittag sowie an Feiertagen

Münstermanns Kontor

INTERNATIONAL • BRASSERIE Außer dem Umzug in neue Räumlichkeiten hat sich nichts verändert bei den Münstermanns. Sympathisch-lebhaft die Atmosphäre - da sitzt man auch mal an langen Tischen zusammen. Aus der offenen Küche kommen Bistro-Klassiker und Internationales.

Karte 30/59 €

Stadtplan : J2-b - *Hohe Str. 11 ✉ 40213*
- ✆ 0211 1300416
- www.muenstermann-delikatessen.de
- geschl. Ende Dezember - Anfang Januar 1 Woche, Mitte Juli - August 2 Wochen und Samstagabend - Montag sowie an Feiertagen

Artiste

KLASSISCHE KÜCHE • LUXUS Im Trubel der Kö finden Sie hier ein ruhiges Plätzchen im eleganten Wintergarten und genießen mit Blick auf den Hofgarten saisonal-klassische Küche - Appetit macht da z. B. "auf der Haut gebratener Adlerfisch mit Spargel-Lauch-Ragout".

Menü 72/92 € - Karte 58/96 €

Stadtplan : K2-p - *Steigenberger Parkhotel, Königsallee 1a ✉ 40212*
- ✆ 0211 1381611 - www.duesseldorf.steigenberger.de
- geschl. Montag

Brasserie 1806

FRANZÖSISCH-KLASSISCH • BRASSERIE XXX Die Eleganz ergibt sich aus dem Interior im Louis-Seize-Stil, Kristalllüstern, feinsten Accessoires, einem Séparée für "privat dining"... Interessant sind die täglich wechselnden "Plat du Jour"-Gerichte, die man auch als Menü bekommt!

Menü 32 € (mittags)/155 € – Karte 46/108 €

Stadtplan : K2-m – *Hotel Breidenbacher Hof, Königsallee 11 ✉ 40212 – ✆ 0211 16090500 – www.breidenbacherhofcapella.com*

Weinhaus Tante Anna

REGIONAL • GEMÜTLICH XX Seit 1820 wird die einstige Kapelle (16. Jh.) als Familienbetrieb geführt. Serviert werden gehobene regionale Speisen wie "Lammhüfte, Bohnencassoulet, Romanasalat, Grieß". Das Ambiente: gemütliche Eleganz in charmant-historischem Rahmen. Herzlich und versiert der Service.

Menü 45/72 € – Karte 38/57 €

Stadtplan : J2-c – *Andreasstr. 2 ✉ 40213 – ✆ 0211 131163 (Tischbestellung ratsam) – www.tanteanna.de – nur Abendessen – geschl. über Weihnachten und Sonntag - Montag sowie an Feiertagen, außer an Messen*

Phoenix

INTERNATIONAL • DESIGN XX Im EG der ehemaligen Telefonzentrale des berühmten Dreischeibenhauses wurde stilvoll Modernes mit Elementen der 60er Jahre kombiniert. In der Küche stehen die Produkte im Mittelpunkt. Gefragt ist auch der attraktive Lunch.

Menü 52 € (mittags) – Karte 45/89 €

Stadtplan : K2-x – *Dreischeibenhaus ✉ 40211 – ✆ 0211 30206030 (abends Tischbestellung ratsam) – www.phoenix-restaurant.de – geschl. Samstagmittag, Sonntag*

Ven

MODERNE KÜCHE • TRENDY XX Ein schöner lichter hoher Raum, geradlinig der Stil, Bistro-Atmosphäre, mittig die Bar. Die Küche ist international ausgerichtet - mittags bietet man eine Lunchkarte.

Karte 36/48 €

Stadtplan : G1-n – *Hotel Innside Derendorf, Derendorfer Allee 8 ✉ 40476 – ✆ 0211 175464040 – www.innside.com – geschl. Samstagmittag, Sonntag, außer an Messen*

Rossini

ITALIENISCH • FAMILIÄR XX Eine Institution in Sachen italienische Gastlichkeit in Düsseldorf. Stimmig-elegantes Interieur, aufmerksamer Service und ambitionierte klassische Küche. Letztere gibt es z. B. als "Loup de mer, grüner Spargel, Safranschaum, Sakura-Kresse".

Menü 45 € – Karte 39/54 €

Stadtplan : K1-r – *Kaiserstr. 5 ✉ 40479 – ✆ 0211 494994 – www.rossini-gruppe.de – nur Abendessen – geschl. Sonntag und an Feiertagen, außer an Messen*

PÉGA

INTERNATIONAL • TRENDY XX Modernes Restaurant, angeschlossen an die lichte hohe Atriumhalle des "InterContinental". Die frische, schmackhafte internationale Küche gibt es z. B. als "Ochsenfilet dry-aged, Tartiflette, Bohnencassoulet, Sauce Béarnaise". Mittags sehr fair kalkulierter Lunch. Sonntagmittag: "Gabelfrühstück" (Brunch).

Menü 26 € (mittags unter der Woche)/100 € – Karte 32/68 €

Stadtplan : K3-b – *Hotel InterContinental, Königsallee 59 ✉ 40215 – ✆ 0211 82851220 – www.duesseldorf.intercontinental.com*

DOX

INTERNATIONAL • TRENDY XX Urban, puristisch, elegant - so präsentiert sich das lichte Restaurant. Serviert wird Internationales wie "Flankensteak vom US Prime Beef", aber auch Sushi. Mittags preislich faires Lunchangebot. Schön: "Pebble's Bar" samt toller Terrasse und Blick auf den Medienhafen.

Karte 45/85 €

Stadtplan : F2_3-a - *Hotel Hyatt Regency, Speditionstr.19 ✉ 40221 - ✆ 0211 91341775 - www.dox-restaurant.de*

Lido Hafen

FRANZÖSISCH-KLASSISCH • ELEGANT X In einem puristisch designten Glaskubus auf einer Brücke direkt über dem Hafenbecken bietet man produktbezogene klassisch-französische Küche. Toll: die Terrasse auf dem Wasser!

Menü 65/120 € - Karte 57/77 €

Stadtplan : F3-a - *Am Handelshafen 15, im Mediahafen ✉ 40221 - ✆ 0211 15768730 - www.lido1960.de - nur Abendessen - geschl. 1. - 9. Januar und Sonntag*

Fehrenbach

MODERNE KÜCHE • BISTRO X Hohe Decke, Kristallleuchter, geradliniges Interieur und Kunst... Geschmackvoll-elegant ist die Atmosphäre in dem kleinen Restaurant, ebenso angenehm die ausgesprochen charmante Chefin, die stets am Gast ist! Die Küche ist modern - die Menüs "Liebe", "Lust" und "Leidenschaft" kann man beliebig kombinieren.

Menü 53/110 € - Karte 48/59 €

Stadtplan : G1-f - *Schwerinstr. 40 ✉ 40477 - ✆ 0211 9894587 (Tischbestellung ratsam) - www.restaurant-fehrenbach.de - nur Abendessen - geschl. 24. Dezember - 9. Januar, 23. Juli - 14. August und Sonntag - Montag*

Spoerl Fabrik

INTERNATIONAL • BRASSERIE X Ein eher einfaches und vielleicht gerade deshalb sympathisches Restaurant im ehemaligen Pförtnerhaus der Spoerl-Fabrik. Wie wär's z. B. mit "Thunfisch, Topinambur, Spargel, Sesam, Zitronengrassoße"? Kleine Mittagskarte.

Karte 46/56 €

Stadtplan : G1-s - *Tussmannstr. 70 ✉ 40477 - ✆ 0211 44037391 - www.spoerl-fabrik.de - geschl. 1. - 11. Januar und Montag*

Sansibar by Breuninger

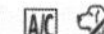

INTERNATIONAL • BRASSERIE X Sylt-Feeling an der Kö? In der 1. Etage des noblen Kaufhauses hat man einen schicken Ableger des Insel-Originals geschaffen. Speisen kann man ab 11 Uhr durchgehend, von der legendären Currywurst über "Jakobsmuschel mit Blattspinat und Sauce Choron" bis zu exklusiven Cuts vom U.S. Beef.

Menü 39 € (abends) - Karte 39/184 €

Stadtplan : K2-s - *Königsallee 2, (Kö-Bogen), in der 1. Etage des Kaufhaus Breuninger ✉ 40212 - ✆ 0211 566414650 - www.sansibarbybreuninger.de - geschl. Sonntag sowie an Feiertagen*

U. Das Restaurant

KREATIV • FREUNDLICH X Die Atmosphäre hier ist angenehm unprätentiös, ebenso der freundliche und versierte Service. Da passt auch das unkomplizierte Küchenkonzept wunderbar ins moderne Bild: Am Abend gibt es ein kreatives Menü, bei dem Sie selbst bestimmen, wie viele Gänge Sie wählen. Tagsüber hat das Café geöffnet.

Menü 69/89 € - Karte 46/62 €

Stadtplan : K2-a - *Klosterstr. 34 ✉ 40211 - ✆ 0211 91336992 - www.u-dasrestaurant.de - nur Abendessen - geschl. Sonntag - Montag*

Parlin 

MARKTKÜCHE • BRASSERIE Mitten in der Altstadt ist dieses nette, angenehm unkomplizierte und lebendige Restaurant zu finden - ein Hingucker ist die tolle Stuckdecke. Aus der Küche kommen frische, schmackhafte saisonale Gerichte sowie Klassiker - Appetit macht z. B. "Kabeljau, Passepierre, Kartoffelpüree, Kräutersalat & Trüffel".

Menü 39 € – Karte 38/80 €

Stadtplan : J2-a – *Altestadt 12 ✉ 40213 – ✆ 0211 87744595 (Tischbestellung ratsam) – www.parlin-weinbar.de – nur Abendessen – geschl. 5. - 18. Februar, 2. - 22. Juli und Montag*

Positano

ITALIENISCH • FAMILIÄR Benannt nach einem kleinen Dorf an der Amalfiküste, bietet die sympathisch-familiäre Trattoria frische mediterrane Küche. Liebhaber von Fisch und Meeresfrüchten freuen sich über "Calamari alla romana" oder "Wolfsbarschfilet mit Kräutern und Kirschtomaten". Beliebter Mittagstisch.

Menü 45 € – Karte 37/52 €

Stadtplan : JK1-c – *Freiligrathstr. 36 ✉ 40479 – ✆ 0211 4982803 – www.rossini-gruppe.de – geschl. Montag und an Feiertagen, außer an Messen*

La Piazzetta 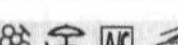

ITALIENISCH • BRASSERIE Nicht nur die zahlreichen Stammgäste schätzen die italienischen Klassiker in diesem netten mediterran-legeren Restaurant: Vitello tonnato, Bruschetta, hausgemachte Pasta... Oder lieber Pizza? Für Veranstaltungen: die "Biblioteca Culinaria".

Menü 40 € – Karte 39/61 €

Stadtplan : K1-r – *Kaiserstr. 5 ✉ 40479 – ✆ 0211 494656 – www.rossini-gruppe.de – geschl. Sonntag und an Feiertagen, außer an Messen*

Hotels

Breidenbacher Hof 

GROSSER LUXUS • ELEGANT Service und Privatsphäre stehen hier klar im Vordergrund: von der schicken Capella Bar und der exklusiven Cigar Lounge über den Afternoon Tea bei Pianomusik und den Personal Assistant bis hin zu verschiedenen Frühstücksformen. Attraktiv auch der Pool- und Saunabereich.

85 Zim – †345/1000 € ††345/1000 € – 21 Suiten – ☕ 42 €

Stadtplan : K2-m – *Königsallee 11 ✉ 40212 – ✆ 0211 160900 – www.breidenbacherhofcapella.com*

Brasserie 1806 – siehe Restaurantauswahl

Hyatt Regency 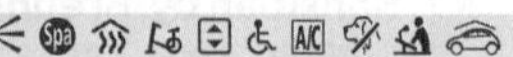

BUSINESS • MODERN Zeitgemäß-elegant designtes Hotel am Medienhafen, an der Spitze einer Landzunge. Suchen Sie sich ein Plätzchen mit Aussicht: die Club-Lounge on top (bei gutem Wetter schauen Sie bis zum Kölner Dom) oder eines der großen "Deluxe-Ausblick-Zimmer"! Der Clou: Beim Betreten des Zimmers steht man im Bad!

290 Zim – †180/680 € ††215/715 € – 13 Suiten – ☕ 32 €

Stadtplan : F2_3-a – *Speditionstr.19 ✉ 40221 – ✆ 0211 91341234 – www.dusseldorf.regency.hyatt.com*

DOX – siehe Restaurantauswahl

InterContinental 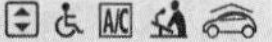

KETTENHOTEL • MODERN Kunst und Künstler rund um Düsseldorf stehen im Fokus des luxuriösen Businesshotels, gleich beim Empfang beeindruckt eine 40 m hohe Atriumhalle. Besonderes Gäste-Highlight ist die Club-Lounge in der 2. Etage, aber auch der direkte Zugang zum Holmes Place Health Club!

287 Zim – †259/699 € ††259/699 € – 34 Suiten – ☕ 31 €

Stadtplan : K3-b – *Königsallee 59 ✉ 40215 – ✆ 0211 82850 – www.duesseldorf.intercontinental.com*

PÉGA – siehe Restaurantauswahl

Steigenberger Parkhotel

LUXUS • KLASSISCH Man spürt es bereits in der Lobby: Die "Grande Dame" der Düsseldorfer Hotellerie ist ein Klassiker mit stilvoll-moderner Note, überaus komfortabel die schönen Zimmer. Eines der beiden Restaurants ist das "Steigenberger Eck", das mit 40 Sorten Champagner beeindruckt! Tipp: die Terrasse zum Kö-Bogen.

119 Zim – 175/750 € 215/790 € – 11 Suiten – 32 €

Stadtplan : K2-p – *Königsallee 1a* ✉ *40212* – *0211 13810* – *www.duesseldorf.steigenberger.de*

Artiste – siehe Restaurantauswahl

De Medici

LUXUS • ELEGANT Eine Art Kunsthotel mit historischen Schätzen und luxuriöser Ausstattung. Die Zimmer sind sehr unterschiedlich geschnitten und wohnlich-elegant, attraktiv der Wellnessbereich mit ägyptischem Flair, und die Halle erinnert an einen Palazzo in Florenz!

165 Zim – 198/798 € 218/800 € – 5 Suiten – 26 €

Stadtplan : J2-d – *Mühlenstr. 31* ✉ *40213* – *0211 160920* – *www.deraghotels.de*

Brasserie Stadthaus – siehe Restaurantauswahl

me and all (N)

BOUTIQUE-HOTEL • MODERN Sehr gelungen dieses junge Hotel-Konzept mitten in "Japantown": die Mitarbeiter locker und kompetent, die Zimmer hochwertig und durchdacht, in der Lobby "Co-Working Area" und Tischtennisplatte, Lounge im 11. Stock mit toller Sicht (hier Burger, Sandwiches & Co. sowie einmal pro Woche After-Work-Party).

177 Zim – 149 € 179 € – 18 €

Stadtplan : K2-e – *Immermannstr. 23* ✉ *40210* – *0211 542590* – *www.meandallhotels.com*

Innside Derendorf

BUSINESS • MODERN Auf dem ehemaligen Rheinmetall-Gelände steht das Hotel in puristisch-modernem Style - hier besticht die wechselnde Lichtkunst! Geräumige Zimmer mit guter Technik, Juniorsuiten mit kleiner Kitchenette.

160 Zim – 129/535 € 159/565 € – 19 €

Stadtplan : G1-n – *Derendorfer Allee 8* ✉ *40476* – *0211 175460* – *www.innside.com*

Ven – siehe Restaurantauswahl

Indigo

BUSINESS • DESIGN Geradlinig, modern, hell, von der Halle bis in die Zimmer. Mode spielt hier (passend zum Düsseldorfer Lifestyle) eine bedeutende Rolle - jede Etage ist einem Jahrzehnt gewidmet und farblich sowie mit dekorativen Bildern darauf abgestimmt.

124 Zim – 139/189 € 139/189 € – 2 Suiten – 19 €

Stadtplan : K1-g – *Kaiserswerther Str. 20* ✉ *40477* – *0211 49990* – *www.indigoduesseldorf.com*

The Fritz (N)

BOUTIQUE-HOTEL • TRENDIG Richtig stylish wohnt man hier in zentraler und dennoch relativ ruhiger Lage. Die Zimmer sind mit erlesenen Materialien ausgestattet und chic designt - darf es vielleicht ein "Balkonzimmer" sein?

31 Zim – 141 € 141/171 € – 18 €

Stadtplan : J3-t – *Adersstr. 8* ✉ *40215* – *0211 370750* – *www.thefritzhotel.de*

Fritz's Frau Franzi – siehe Restaurantauswahl

Burns Art & Culture

URBAN · MODERN Recht ruhig die Lage in einer Seitenstraße, geschmackvoll-modern das Interieur - Kunst und Accessoires stammen übrigens aus Afrika! Die Zimmer haben alle Appartement-Charakter: geräumig und mit Küche.

17 Zim – 🚹120/400 € 🚹🚹160/440 € – 15 Suiten – ☕ 15 €

Stadtplan : G2-e – *Stephanienstr. 6 ✉ 40211 – ✆ 0211 5504070 – www.hotel-burns.de – geschl. 22. Dezember - 8. Januar*

Haus am Zoo

FAMILIÄR · MODERN Hier im attraktiven Zooviertel darf man sich auf herzliche Gastgeber freuen! Zudem sind die Zimmer tipptopp gepflegt, das Stadtbahnticket ist kostenlos und für Hausgäste bietet man auch eine kleine Speisekarte - im Sommer grillt der Chef sogar für Sie im schönen Garten!

22 Zim ☕ – 🚹65/255 € 🚹🚹95/295 €

Stadtplan : H1-h – *Sybelstr. 21 ✉ 40239 – ✆ 0211 6169610 – www.hotel-haus-am-zoo.de*

Orangerie

FAMILIÄR · MODERN Das schöne Haus wird gern gebucht, kein Wunder: Es liegt in unmittelbarer Rheinnähe und ist trotz Altstadtlage fast schon eine Oase der Ruhe. Die Zimmer sind modern (nach Düsseldorfer Künstlern benannt), freundlich der Frühstücksraum.

27 Zim ☕ – 🚹110/195 € 🚹🚹130/250 €

Stadtplan : J2-n – *Bäckergasse 1 ✉ 40213 – ✆ 0211 866800 – www.hotel-orangerie-mcs.de*

In Düsseldorf-Flingern

Bistro Fatal

FRANZÖSISCH · BISTRO ✕ Dieses angenehm unprätentiöse Bistro von Alexandre und Sarah Bourgeuil nicht zu kennen, wäre "fatal", denn hier isst man nicht nur richtig gut, sondern auch zu einem hervorragend fairen Preis! Probieren Sie z. B. "offene Ravioli vom Bigorre-Schwein mit Kohlrabi-Ingwersalat" oder den tollen Kabeljau!

Karte 35/46 €

Stadtplan : H2-b – *Hermannstr. 29 ✉ 40233 – ✆ 0211 36183023 – www.bistro-fatal.com – nur Abendessen, donnerstags auch Mittagessen – geschl. Juli 2 Wochen und Sonntag - Montag sowie an Feiertagen*

In Düsseldorf-Hamm

Zum Bruderhaus

REGIONAL · BÜRGERLICH ✕ Man kocht hier bodenständig gut und die Preise stimmen auch! Einfache, frische regionale Gerichte sind hier z. B. "Reibekuchen und Salat", "Himmel un Äd", "Bruderhaus Senfrostbraten"... Zusätzliche Tageskarte mit Saisonalem.

Karte 31/53 €

Stadtplan : E3-a – *Fährstr. 237 ✉ 40221 – ✆ 0211 43636353 – www.zum-bruderhaus.de – nur Abendessen, sonntags auch Mittagessen – geschl. Sonntagabend - Dienstag*

In Düsseldorf-Kaiserswerth Nord: 9 km über B1, Richtung Duisburg

✿✿ Im Schiffchen (Jean-Claude Bourgueil)

FRANZÖSISCH-KLASSISCH · ELEGANT ✕✕✕ Hier folgt ein Top-Produkt dem anderen! Patron Jean-Claude Bourgueil beherrscht die Klassik, verschließt sich aber auch internationalen Einflüssen nicht, seine Kreationen sind nie überladen und zeugen von bestem Handwerk. Eine wahre Freude, was in dem schmucken Backsteinhaus seit 1977 auf den Teller kommt!

→ Feine Wagyu Schnitte, weißer Thunfisch und Olivenmilch. Gegrillte Bresse Taube, Kartoffelschaum, Mandeldragées und Pfefferjus. Warmer und geeister Auflauf mit Gewürzen.

Menü 148/198 € – Karte 102/177 €

✉ 40489 – ✆ 0211 401050 (Tischbestellung erforderlich) – www.im-schiffchen.com – nur Abendessen – geschl. Sonntag - Montag

ꕥ Enzo im Schiffchen (Jean-Claude Bourgueil)

MEDITERRAN • RUSTIKAL XX Bourgueil'sche Kulinarik gibt es auch ein kleines bisschen rustikaler, aber zweifelsohne sehr finessenreich! Das Restaurant kommt im Schiffs-Look daher, gekocht wird mediterran. Erstklassige Produkte werden ohne Effekthascherei, dafür mit Präzision und Würze zubereitet. Der Service charmant und professionell.

➜ Ravioli Plin, Milchkalb, Gemüse und schwarze Trüffel. Perlhuhn Knusper in Kaffeeduft. Cannolo, Ricottaschaum, Bergamottesorbet und süße Minestrone.

Menü 65 € (unter der Woche)/95 € - Karte 55/90 €

Kaiserswerther Markt 9 ✉ 40489
- ✆ 0211 401050 (Tischbestellung erforderlich) - www.im-schiffchen.com
- nur Abendessen - geschl. Sonntag - Montag

MutterHaus

TRADITIONELL • GERADLINIG Wunderbar anzuschauen der historische Backsteinbau (1903 als Mutterhaus der Kaiserswerther Diakonie eingeweiht), drum herum das weitläufige Anwesen! Innen schöne alte Fliesen- und Holzböden, teilweise auch Türen von einst und Originalmöbel!

55 Zim - †95/124 € ††135/152 €

Geschwister-Aufricht-Str. 1 ✉ 40489
- ✆ 0211 617270 - www.hotel-mutterhaus.de
- geschl. 22. Dezember - 7. Januar, 29. März - 3. April

In Düsseldorf-Lörick

Nöthel's Restaurant

FRANZÖSISCH-KLASSISCH • TRENDY X Das Konzept kommt an: modern-legere Bistro-Atmosphäre und sehr gute, schmackhafte Küche samt günstigem Mittagsmenü. Auf der Karte z. B. "gebratenes Doradenfilet BBQ-Style mit Grillgemüse" oder "Kalbsschnitzel, Stangenspargel, neue Kartoffeln, Hollandaise".

Menü 24 € (mittags)/87 € - Karte 39/75 €

Stadtplan : E1-z - *Hotel Fischerhaus, Bonifatiusstr. 35 ✉ 40547*
- ✆ 0211 594402 (Tischbestellung ratsam) - www.noethels.de
- geschl. Juli - August 3 Wochen und Samstagmittag, Sonntag - Montag

Fischerhaus

FAMILIÄR • MODERN In einer ruhigen Wohngegend am Rhein hat Peter Nöthel sein gepflegtes Hotel mit behaglichen, zeitgemäßen Zimmern. Es gibt hier auch eine hübsche Lounge in geradlinigem Stil, in der man kleine Gerichte serviert.

40 Zim - †79/299 € ††99/399 € - 12 €

Stadtplan : E1-z - *Bonifatiusstr. 35 ✉ 40547*
- ✆ 0211 594402 - www.noethels.de - geschl. Juli - August 3 Wochen

Nöthel's Restaurant - siehe Restaurantauswahl

In Düsseldorf-Ludenberg

Reinhardt's auf Gut Moschenhof

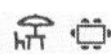

REGIONAL • FREUNDLICH XX Das könnte kaum schöner zusammenpassen: ein gemütlich-ländliches Restaurant inmitten eines Gestüts! Gekocht wird regional und international, von "Eismeer-Kabeljau mit Champagner-Rahmkraut" bis "geschmorte Ochsenbacke mit Kartoffel-Selleriepüree". Tipp: am Wochenende nachmittags Kaffee und Kuchen.

Menü 23 € (mittags unter der Woche)/72 € - Karte 34/82 €

Stadtplan : D1-r - *Am Gartenkamp 20, (im Gut Moschenhof) ✉ 40629*
- ✆ 0211 30337747 - www.reinhardts-restaurant.de
- geschl. Montag - Dienstag

In Düsseldorf-Niederkassel

Osteria Saitta am Nussbaum

ITALIENISCH • GEMÜTLICH X Gemütlich ist es in dem kleinen gelben Häuschen in fast schon dörflicher Lage. Es gibt frische authentisch italienische Küche - wie wär's z. B. mit "Tagliatelle mit Pfifferlingen" oder "Paillard vom Rind mit Rucola und Parmesan"?

Menü 40/75 € - Karte 39/66 €

Stadtplan : F1-e – *Alt Niederkassel 32 ✉ 40547 – ✆ 0211 574934 (Tischbestellung ratsam) – www.saitta.de – geschl. über Weihnachten und Samstagmittag, Sonntag*

In Düsseldorf-Oberkassel

Dorfstube

TRADITIONELLE KÜCHE • RUSTIKAL X Rustikales Holz, Kachelöfen, Herrgottswinkel, dekorative Küchenutensilien - Chef Christian Bareiss hat das Schwarzwald-Flair der Baiersbronner Dorfstube nach Düsseldorf geholt! Man kocht natürlich badisch: "Flädlesuppe", "gebratene Maultaschen mit Kartoffel-Gurkensalat", "geschmorte Rouladen vom Weiderind"...

Menü 36/45 € - Karte 31/67 €

Stadtplan : E2-d – *Lanker Str. 2, (Ecke Belsenplatz) ✉ 40545 – ✆ 0211 17152540 – www.dorfstube.de*

Brasserie Hülsmann

TRADITIONELLE KÜCHE • BRASSERIE X Lust auf frische, hausgemachte Küche in unkomplizierter und sympathisch-legerer Atmosphäre? Probieren Sie z. B. "Ochsenmaulsalat mit Bratkartoffeln", "Linsengemüse & Lyoner" oder "Kotelett vom Duroc-Schwein mit Kreuzkümmel".

Karte 20/56 €

Stadtplan : E2-b – *Belsenplatz 1 ✉ 40545 – ✆ 0211 86399330 – www.brasserie-huelsmann.de – geschl. 22. Dezember - 6. Januar, 30. März - 7. April, 17. - 31. Juli und Sonntag - Montag sowie an Feiertagen*

Saittavini

ITALIENISCH • FREUNDLICH XX Ein Klassiker unter den italienischen Restaurants in Düsseldorf, immer auf der Suche nach neuen Produkten und Weinen. Besonders zu empfehlen: das Filet vom Piemonteser Rind! Zwischen Weinregalen, Theke und Antipastibuffet stehen die Tische dicht an dicht, über Ihnen toller Stuck.

Karte 44/94 €

Stadtplan : F2-s – *Luegallee 79 ✉ 40545 – ✆ 0211 57797918 – www.saittavini.de*

Prinzinger by SAITTAVINI

ITALIENISCH • ELEGANT XX Mögen Sie es modern-elegant oder lieber etwas legerer? Ehrliche italienische Küche mit Klassikern wie "Vitello Tonnato" oder "Kalbsleber mit Butter, Salbei und Basilikum-Kartoffelpüree" bekommen Sie sowohl im Restaurant als auch im Bistrobereich - hier gibt es mittags zusätzlich günstigen Lunch.

Karte 40/61 €

Stadtplan : F2-p – *Leostr. 1a ✉ 40545 – ✆ 0211 50670801 – www.prinzinger-saittavini.de – geschl. Sonntag*

Stappen in Oberkassel

INTERNATIONAL • GEMÜTLICH XX Hier speist man regional und international, der Service ist freundlich, das Ambiente modern und gemütlich. Schön ungezwungen sitzt man übrigens an einigen Hochtischen gleich neben der Bar, draußen vor der Tür die kleine Terrasse.

Menü 35/54 € - Karte 42/66 €

Stadtplan : F2-a – *Luegallee 50 ✉ 40545 – ✆ 0211 93077600 (Tischbestellung ratsam) – www.stappen-oberkassel.de*

Andrejs Oyster Bar

FRANZÖSISCH • BRASSERIE X Schön authentisch diese Brasserie mit Oyster Bar! Gekocht wird angenehm unkompliziert und mit hervorragenden Produkten - geschmackvoll und nicht alltäglich. Probieren Sie z. B. "Homard à la Presse" oder "gegrilltes Steinbuttfilet".

Menü 39/79 € - Karte 38/70 €

Stadtplan : E2-d - *Luegallee 132 ✉ 40545 - ✆ 0211 93890078 - www.andrejs.eu - geschl. Sonntag - Montag*

Piazza Saitta

ITALIENISCH • BISTRO X "Antipasto Mare e Monti", "Rindercarpaccio mit Birnen", "Risotto milanese" oder "Kalbsleber mit Salbei und Butter" - hier wird saisonal-italienisch gekocht, Klassiker inklusive - dazu Weine aus Italien. Das Ambiente gemütlich und lebendig. Leckeres für daheim gibt's nebenan im Feinkostladen.

Menü 35 € - Karte 37/62 €

Stadtplan : F2-s - *Barbarossaplatz 3 ✉ 40545 - ✆ 0211 1715191 - www.saitta.de - geschl. über Weihnachten und Sonntag*

DUGGENDORF

Bayern - 1 555 Ew. - Höhe 338 m - Regionalatlas **58**-M17
Michelin Straßenkarte 546

In Duggendorf-Wischenhofen Nord-West: 3,5 km, Richtung Kallmünz, dann links ab

Gasthaus Hummel

KLASSISCHE KÜCHE • GASTHOF XX Ruhige helle Töne, klare Linien, schöne Materialien - der schicke moderne Look des alteingessenen Gasthauses kommt an! Dazu gehobene Gerichte wie "Jakobsmuscheln mit Avocado" oder "Rinderfilet mit Trüffeljus". Im Saal serviert man Bürgerliches. Es gibt auch vier einfache Gästezimmer.

Menü 49/69 €

Heitzenhofenerstr. 16 ✉ 93182 - ✆ 09473 324 - www.gasthaushummel.de - nur Abendessen - geschl. 12. - 16. Februar, August 1 Woche, 29. Oktober - 2. November und Montag - Mittwoch

DUISBURG

Nordrhein-Westfalen - 485 465 Ew. - Höhe 33 m - Regionalatlas **25**-B11
Michelin Straßenkarte 543

akazienhof

FRANZÖSISCH • GEMÜTLICH XX In dem Restaurant etwas außerhalb des Zentrums wird ambitioniert und auf Basis hervorragender Produkte gekocht - probieren Sie z. B. "irischen Lammrücken, Zucchini, Aubergine, Topinambur". Sie möchten übernachten? Moderne Gästezimmer hat man ebenfalls.

Menü 30 € (mittags unter der Woche)/109 € - Karte 29/72 €

11 Zim - †49/89 € ††69/109 € - ☕ 9 €

Hotel akazienhof ✉ 47053 - ✆ 0203 660567 - www.akazienhof-duisburg.de - geschl. Juli - Mitte August und Samstagmittag, Sonntag

In Duisburg-Duissern Ost: 3 km

Villa Patrizia

ITALIENISCH • ELEGANT XX Die vielen Stammgäste schätzen die italienische Küche und die herzlich-familiäre Atmosphäre in der schmucken Villa. Auf der Karte z. B. "Wildfang-Wolfsbarsch auf Hummer-Garnelen-Risotto" oder "BBQ vom Spanferkel mit Lardo und Polenta". Oder mögen Sie lieber hausgemachte Pasta?

Menü 40 € (unter der Woche)/93 € - Karte 43/78 €

Mülheimer Str. 213 ✉ 47058 - ✆ 0203 330480 - www.villa-patrizia-online.de - geschl. Ende März - Anfang April 1 Woche, Mitte Oktober 1 Woche und Sonntag, Samstagmittag

In Duisburg-Ehingen Süd: 13 km, Richtung Düsseldorf

Im Eichwäldchen

INTERNATIONAL • GEMÜTLICH XX In dem namengebenden kleinen Wäldchen findet man dieses gemütliche Restaurant mit internationaler Küche. Probieren Sie die Spezialität des Chefs: Gerichte aus dem Smoker.

Menü 25/55 € – Karte 25/55 €

Im Eichwäldchen 15c ✉ 47259 – ✆ 0203 787346 – www.imeichwaeldchen.de – nur Abendessen, sonntags auch Mittagessen – geschl. Montag - Dienstag

In Duisburg-Neudorf

Bistro NT

INTERNATIONAL • BISTRO X Im Restaurant des Hotels "Friederichs" speist man in netter Bistro-Atmosphäre. Das Angebot reicht vom Klassiker bis zur internationalen Küche, von "Zwiebel-Senf-Rostbraten mit Bratkartoffeln" bis "Ente aus dem Wok mit Pak Choi". Hübsch die mediterrane Terrasse.

Karte 32/64 €

38 Zim – †59/239 € ††79/259 € – ☕ 15 €

Neudorfer Str. 33 ✉ 47057 – ✆ 0203 3186550 – www.bistro-nt.de – nur Abendessen – geschl. 23. Dezember - 8. Januar, 26. März - 7. April und Sonntag sowie an Feiertagen

DURBACH

Baden-Württemberg – 3 851 Ew. – Höhe 217 m – Regionalatlas **54**-E19

Michelin Straßenkarte 545

Wilder Ritter

KREATIV • TRENDY XXX Sehr chic und das gastronomische Highlight des "Ritters"! Absolute Top-Produkte werden zu modernen, schön ausbalancierten Gerichten. Die Menüs: "von hier" und "von Welt" - man ist regional verwurzelt, schaut aber auch über den "Ortenauer Tellerrand" hinaus! Kompetent der Service, ebenso die Weinberatung.

➜ Forelle aus Neuried gebeizt, bunte Rüben, Apfelsud mit Esche, Wildkräuter. Rehrücken aus heimischer Jagd, Petersilienwurzel, Himbeeren, Kopfsalat. Durbacher Apfel, Karamell, Haselnuss, Schmand.

Menü 85/115 € – Karte 89/104 €

Hotel Ritter, Tal 1 ✉ 77770 – ✆ 0781 93230 (Tischbestellung ratsam) – www.ritter-durbach.de – nur Abendessen – geschl. 24. Dezember - 2. Januar, 14. Januar - 13. Februar, 29. Juli - 4. September und Sonntag - Dienstag

Ritter Stube

REGIONAL • GEMÜTLICH XX Behaglicher geht's kaum: schönes altes Holz wohin man schaut, im Winter ein wärmender Kamin, und im Sommer sitzt man draußen sehr angenehm. Dazu Regionales wie "Badischer Sauerbraten mit Spätzle und Preiselbeeren". Kleinere Mittagskarte.

Menü 33 € (mittags)/62 € – Karte 38/68 €

Hotel Ritter, Tal 1 ✉ 77770 – ✆ 0781 93230 – www.ritter-durbach.de

Rebstock

REGIONAL • LÄNDLICH XX Man sitzt in behaglich-ländlichen Stuben, wird aufmerksam umsorgt und lässt sich regionale Gerichte wie Schneckensuppe, Hechtklöße oder Rehragout servieren. Im Sommer schaut man von der traumhaften Terrasse auf Park und Schwarzwald - ein Renner ist die große Auswahl an hausgemachten Torten und Kuchen!

Menü 33/68 € – Karte 25/59 €

Hotel Rebstock, Halbgütle 30 ✉ 77770 – ✆ 0781 4820 (Tischbestellung ratsam) – www.rebstock-durbach.de – geschl. 8. - 30. Januar, 30. Juli - 6. August und Montag

 **Ritter** 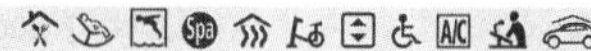

TRADITIONELL • MODERN Tradition wahren und trotzdem mit der Zeit gehen, das gelingt hier seit über 350 Jahren, z. B. in Form von schönen, modern und doch zeitlos designten Zimmern sowie Wellness auf 1200 qm samt Spa-Dachgeschoss mit Weinberg-Blick! Gastronomisch wird auch einiges geboten, im alten Gewölbe des "Ritter Kellers" z. B. Vesper oder Flammkuchen zum hauseigenen Bier.

80 Zim – 90/255 € 150/270 € – 7 Suiten – ½ P

Tal 1 77770 – 0781 93230 – www.ritter-durbach.de

Wilder Ritter • **Ritter Stube** – siehe Restaurantauswahl

 **Rebstock**

LANDHAUS • INDIVIDUELL Neben der wunderbaren Schwarzwaldlandschaft ringsum und der wertigen Einrichtung liegt es nicht zuletzt an der Herzlichkeit im Hause Baumann, dass man sich richtig wohlfühlt! Schön die individuellen Zimmer, im Gästehaus moderner Landhausstil mit Kachelofen. Gemütlich die Bibliothek, toll der Park mit Teich.

38 Zim – 86/145 € 146/254 € – 6 Suiten – ½ P

Halbgütle 30 77770 – 0781 4820 – www.rebstock-durbach.de – geschl. 8. - 28. Januar, 30. Juli - 5. August

Rebstock – siehe Restaurantauswahl

ECKELSHEIM

Rheinland-Pfalz – 432 Ew. – Höhe 140 m – Regionalatlas **47**-E15
Michelin Straßenkarte 543

Kulturhof 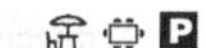

REGIONAL • RUSTIKAL Die sorgsam sanierte historische Hofreite liegt etwas versteckt in der Ortsmitte. Gekocht wird frisch und regional, schmackhaft ist da z. B. "Rinderfilet mit Grillgemüsen und Römischen Nocken". Drinnen charmant-rustikale Atmosphäre, draußen der herrliche Innenhof.

Menü 37 € – Karte 31/42 €

Kirchstr. 5 55599 – 06703 301458 – www.kulturhof-eckelsheim.de – nur Abendessen, sonntags auch Mittagessen – geschl. Montag - Dienstag, Januar - Februar: Montag - Donnerstag

EDENKOBEN

Rheinland-Pfalz – 6 737 Ew. – Höhe 149 m – Regionalatlas **47**-E17
Michelin Straßenkarte 543

Prinzregent 

BUSINESS • MODERN Hier wohnt man schön etwas außerhalb in den Weinbergen, oberhalb liegt das Kloster. Zimmer und Restauant sind modern gestaltet, hübsch die Terrasse. Eine nette Idee für Alt und Jung: "alla-hopp!"-Park - ein Mix aus Spielplatz, Adventure, Fitness... Dazu gute Tagungsmöglichkeiten.

60 Zim – 75/105 € 120/180 € – 1 Suite – ½ P

Unter dem Kloster 1 67480 – 06323 9520 – www.prinzregent-edenkoben.de

Pfälzer Hof 

FAMILIÄR • MODERN Wer es gern modern hat, wird die "Wohlfühlzimmer" in diesem familiengeführten Haus mögen. Mit Blick aufs Hambacher Schloss und die Villa Ludwigshöhe wohnt man übrigens in den drei Giebelzimmern. Das Restaurant "Garten Eden" ist ein verglaster Innenhof, im Winter mit Kamin. Lust auf Wild? Die Gastgeber sind Jäger. Tipp: eigene (Wild-) Wurstspezialitäten für daheim.

30 Zim – 72/105 € 110/130 € – ½ P

Weinstr. 85 67480 – 06323 938910 – www.pfaelzerhof-edenkoben.de – geschl. Anfang Januar 1 Woche

In Rhodt unter Rietburg Süd-West: 2 km

Wohlfühlhotel Alte Rebschule

LANDHAUS • MODERN Zum Wohlfühlen sind die ruhige Lage und der Blick auf das Rebenmeer (besonders schön von der Terrasse!), die sehr komfortablen Zimmer (chic z. B. die Barrique-Zimmer) und das Wellnessangebot. Dazu ein klassisches Restaurant mit wechselndem Abendmenü sowie das rustikale Gasthaus Sesel. Verwöhnpension inkl.

34 Zim – 107/129 € 178/222 € – 3 Suiten – ½ P

Theresienstr. 200 76835 – 06323 70440 – www.alte-rebschule.de

Rhodter Adler

FAMILIÄR • AUF DEM LAND Einfach charmant der Mix aus Altem und Neuem, alles absolut liebenswert: die engagierten und herzlichen Gastgeber, die individuellen Zimmer, das historische Gemäuer, der lauschige Innenhof! Nicht zu vergessen das tolle Frühstück und die saisonale Küche nebst lokalen Weinen. Parken 200 m entfernt.

12 Zim – 50/80 € 65/95 €

Weinstr. 10 76835 – 06323 9492770 – www.rhodter-adler.de – geschl. Januar - Februar

In Weyher Süd-West: 4 km über Rhodt

Winzerstube Weyher

MARKTKÜCHE • FREUNDLICH Schon die tolle Terrasse ist einen Besuch wert, aber auch drinnen ist die einstige Winzergenossenschaft a. d. 17. Jh. schön - ein Mix aus historisch und modern. Tipp: unter der Woche abends preiswertes Überraschungsmenü, freitags Fischmenü.

Menü 25/45 € (unter der Woche) – Karte 27/48 €

Kirchgasse 19 76835 – 06323 987818 (Tischbestellung ratsam) – www.volkerkrug.de – nur Abendessen, sonntags auch Mittagessen – geschl. Dienstag - Mittwoch

Zum Kronprinzen

MARKTKÜCHE • BÜRGERLICH "Alte Tradition, neu belebt" lautet das Motto des familiengeführten historischen Gasthofs. Die Zimmer frisch und freundlich, die Küche saisonal. Auf der Karte liest man z. B. "Meerwassergarnele, gegrillte Wassermelone, Joghurt, Couscous", aber auch Pfälzisches wie Saumagen & Co. Parken kann man gegenüber.

Menü 26 € (vegetarisch)/49 € – Karte 21/46 €

11 Zim – 69 € 89 €

Josef-Meyer-Str. 11 76835 – 06323 7063 – www.kronprinz-weyher.de – geschl. Montag - Mittwochmittag, Donnerstagmittag

In Altdorf Ost: 6 km über B 38 Richtung Speyer, jenseits der A 65

Gästehaus Vinetum 

FAMILIÄR • GEMÜTLICH Ruhige Lage, private Atmosphäre, toskanisches Flair... und dazu der Blick auf Weinreben und Pfälzer Wald! Das charmante kleine Haus ist ideal für Wanderer und Radfahrer. Tipp: Im Herbst ist die nahegelegene Weinstube der Familie geöffnet.

7 Zim – 50/60 € 80/85 €

Raiffeisenstr. 4 67482 – 06327 2907 – www.gaestehausvinetum.de – geschl. Mitte Dezember - Ende Januar

EDESHEIM

Rheinland-Pfalz – 2 332 Ew. – Höhe 151 m – Regionalatlas **47**-E17
Michelin Straßenkarte 543

Gourmetrestaurant 

KLASSISCHE KÜCHE • ELEGANT XX Empire-Kronleuchter, ein schöner alter Kamin, Wandmalerei... Das ergibt eine stilvolle Atmosphäre für klassische Speisen wie "Rinderlende im Pfeffermantel auf Kohlrabigemüse".

Menü 34/66 € - Karte 44/56 €

Hotel Schloss Edesheim, Luitpoldstr. 9 ✉ 67483 - ✆ 06323 94240 - www.schloss-edesheim.de - geschl. 22. - 27. Dezember und Sonntag - Montag

Schloss Edesheim 

HISTORISCH • KLASSISCH Lust auf Schlossflair? Das herrschaftliche Anwesen liegt auf einem 5 ha großen Grundstück mit Teich und Weinreben. Man wohnt individuell und elegant, hier und da historische Details. Für Kulturfreunde: Schlossfestspiele im Freilichttheater.

31 Zim - †89/126 € ††142/175 € - 8 Suiten - ½ P

Luitpoldstr. 9 ✉ 67483 - ✆ 06323 94240 - www.schloss-edesheim.de - geschl. 22. - 27. Dezember

Gourmetrestaurant – siehe Restaurantauswahl

EFRINGEN-KIRCHEN

Baden-Württemberg - 8 431 Ew. - Höhe 258 m - Regionalatlas **61**-D21
Michelin Straßenkarte 545

Walsers 

REGIONAL • LÄNDLICH XX Hier wird schmackhaft und regional gekocht, so z. B. "Spargelcremesuppe" oder "Kalbsgulasch mit Spätzle". Schön sitzt man z. B. im licht-modernen Wintergarten! Ebenso freundlich die Gästezimmer - auch im Neubau "Walsers Zweites".

Menü 16 € (mittags unter der Woche)/52 € - Karte 39/66 €

22 Zim - †85/170 € ††110/190 €

Bahnhofstr. 34 ✉ 79588 - ✆ 07628 8055244 - www.walsers-hotel.de - geschl. Ende August - Mitte September und Mittwoch - Donnerstagmittag

Im Ortsteil Egringen Nord-Ost: 3 km, jenseits der B 3

Landgasthof Rebstock 

REGIONAL • FAMILIÄR XX Seit Generationen ist der nette badische Gasthof in Familienbesitz. Gekocht wird regional, teils international, und dazu gibt es Markgräfler Weine vom eigenen Weinberg. Die wohnlichen Gästezimmer laden zum Bleiben ein.

Karte 30/65 €

10 Zim - †75 € ††110 € - 1 Suite

Kanderner Str. 21 ✉ 79588 - ✆ 07628 90370 - www.rebstock-egringen.de - geschl. Montag - Dienstag

EGGENSTEIN-LEOPOLDSHAFEN

Baden-Württemberg - 15 930 Ew. - Höhe 112 m - Regionalatlas **54**-F17
Michelin Straßenkarte 545

Im Ortsteil Eggenstein

Zum Goldenen Anker 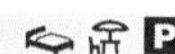

REGIONAL • FREUNDLICH X In dem Gasthof a. d. 18. Jh. wohnt man nicht nur gut (Tipp: die neueren Zimmer), er ist auch als ländlich-modernes Restaurant gefragt. Frisch und schmackhaft z. B. "Schwäbischer Zwiebelrostbraten" oder "Filet vom Flusszander mit Mandel-Zitronenbutter und Blattspinat". Hauptgänge auch als kleine Portion.

Karte 30/58 €

35 Zim - †65/95 € ††96/117 €

Hauptstr. 16 ✉ 76344 - ✆ 0721 706029 (abends Tischbestellung erforderlich) - www.hotel-anker-eggenstein.de - geschl. Anfang Januar 1 Woche und Samstag

Das garbo im Löwen

MARKTKÜCHE • LÄNDLICH XX Ob "Löwenstube" oder "Garbostube", hier ist es ländlich-elegant, charmant der Service. Gekocht wird saisonal, regional und französisch-mediterran, so z. B. "Challans-Entenbrust, Erbsencreme, Aprikosen, Salzmandeln". Schöne Weine. Mittags zusätzlich Lunchmenü und "Eggensteiner Karte". Gepflegte Gästezimmer.

Menü 50/85 € – Karte 48/76 €

11 Zim – 58/65 € 81/95 €

Hauptstr. 51 76344 – 0721 780070 (abends Tischbestellung ratsam) – www.garbo-loewen.de – geschl. Anfang August 2 Wochen und Sonntag - Montag

Frühstück inklusive? Die Tasse steht gleich hinter der Zimmeranzahl.

EGLING

Bayern – 5 400 Ew. – Höhe 609 m – Regionalatlas **65**-L21
Michelin Straßenkarte 546

In Egling-Neufahrn Süd-West: 2 km

Landhaus Vogelbauer

INTERNATIONAL • GEMÜTLICH XX In den ehemaligen Stallungen des einstigen Bauernhofs a. d. J. 1630 hat man ein bayerisch-charmantes Restaurant eingerichtet, in dem man internationale Küche aus guten Produkten serviert.

Menü 50/75 € (abends) – Karte 39/88 €

Schanzenstr. 4 82544 – 08171 29063 – www.vogelbauer.de – nur Abendessen, an Sonn- und Feiertagen auch Mittagessen – geschl. Ende Februar 2 Wochen, März 1 Woche und Montag

Hanfstingl

GASTHOF • MODERN Ein reiner Familienbetrieb und ein sympathischer noch dazu! Der Landwirtschaftsbetrieb wurde zum Hotel umgebaut und bietet schöne wohnliche Zimmer zu fairen Preisen und eine nette Sauna (gegen Gebühr). Tipp: Kommen Sie auch mal zu Kaffee und Kuchen - den macht man hier selbst, ebenso Pralinen!

23 Zim – 54/61 € 83/93 € – 4 Suiten

Kirchstr. 7 82544 – 08171 34670 – www.hotel-hanfstingl.de

EHINGEN

Baden-Württemberg – 24 862 Ew. – Höhe 515 m – Regionalatlas **63**-H20
Michelin Straßenkarte 545

BierKulturHotel Schwanen

URBAN • MODERN Moderne trifft hier auf Tradition: Brauereigasthof von 1697 und Hotelbau. Bierkultur, Architektur und Design wurden überaus schlüssig miteinander verbunden! Schlafen Sie doch in einem "Bierkistenzimmer" oder in einer der geräumigen Maisonetten. Probieren Sie zur bürgerlichen Küche verschiedene Biere!

50 Zim – 75/120 € 99/180 € – ½ P

Schwanengasse 18 89584 – 07391 770850 – www.bierkulturhotel.de – geschl. über Weihnachten

EHNINGEN

Baden-Württemberg – 8 448 Ew. – Höhe 444 m – Regionalatlas **55**-G19
Michelin Straßenkarte 545

Landhaus Feckl

FRANZÖSISCH-KLASSISCH • FREUNDLICH XXX Sind Sie ein Freund von Klassikern oder essen Sie lieber modern? Mit beidem (sowie mit Vegetarischem) trifft Patron Franz Feckl bei seinen zahlreichen Gästen ins Schwarze. Ebenso geschätzt: der umsichtige und geschulte Service samt herzlicher Chefin! Auf der Weinkarte u. a. einige Grand-Cru-Rotwein-Raritäten!

➜ Zanderfilet mit Quinoa Salat, Minze, Limette und griechischem Yoghurt. Steinbutt, Brunnenkressesauce mit dreierlei Sellerie und Pinienkerntortellini. Flanksteak tranchiert mit Auberginensalsa und Maiscreme.

Menü 43 € (mittags)/98 € - Karte 59/88 €

Hotel Landhaus Feckl, Keltenweg 1 ✉ 71139 - ✆ 07034 23770 - www.landhausfeckl.de - geschl. Anfang Januar 1 Woche und Sonntag - Montag sowie an Feiertagen

Landhaus Feckl

LANDHAUS • GEMÜTLICH Sehr freundlich wird das Haus mit den überaus wohnlichen Landhauszimmern von der Familie geleitet. Die Zimmer haben teilweise einen Balkon oder Zugang zur kleinen Dachterrasse - fragen Sie nach den großen Zimmern. Ausgezeichnetes Frühstück!

49 Zim - 89/129 € 99/139 € - 15 €

Keltenweg 1 ✉ 71139 - ✆ 07034 23770 - www.landhausfeckl.de - geschl. Anfang Januar 1 Woche

Landhaus Feckl - siehe Restaurantauswahl

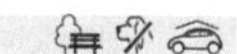

In Ehningen-Mauren Süd: 2 km

Landhotel Alte Mühle

LANDHAUS • GEMÜTLICH Schön familiär ist es hier und richtig romantisch: Fachwerk und altes Mühlrad versprühen Charme, der Garten ist die Relaxzone schlechthin, alter Baumbestand, Blick ins Grüne, Bachlauf - idyllisch! Individuell die Zimmer, am geräumigsten die "Suite Cream". Morgens ein hochwertiges, reichhaltiges Frühstück.

4 Zim - 117/147 € 117/147 €

Mauren 2 ✉ 71139 - ✆ 07034 2378910 - www.landhotel-alte-muehle.de

EIBELSTADT

Bayern - 2 855 Ew. - Höhe 180 m - Regionalatlas **49**-I16
Michelin Straßenkarte 546

Gambero Rosso da Domenico

ITALIENISCH • FREUNDLICH XX Eine sympathische Adresse ist das zum Lokal umgebaute ehemalige Schiff am kleinen Yachthafen - richtig schön die Terrasse zum Main! Aus der Küche kommen die Menüs "Domenico" und "Teresuzza" mit Leckerem wie "Ora di tonno", "Polposition" oder "Dolce Teresa". Der Chef empfiehlt dazu den passenden Wein.

Menü 37/55 € - Karte 35/51 €

Mühle 2 ✉ 97246 - ✆ 09303 9843782 - www.gambero-rosso.eu - Mittwoch - Freitag nur Abendessen - geschl. 30. August - 10. September und Montag - Dienstag

Weinforum Franken

GASTHOF • MODERN In dem sympathischen kleinen Hotel hat man die Altstadt direkt vor der Tür und die Weinberge in unmittelbarer Nähe. Die Zimmer sind geschmackvoll-modern, in einigen wurde der alte Dielenboden restauriert - das bringt Charme! Das Restaurant bietet vorwiegend internationale Küche und gute fränkische Weine.

15 Zim - 68/93 € 103/134 €

Hauptstr. 37 ✉ 97246 - ✆ 09303 9845090 - www.weinforum-franken.de

EICHSTÄTT

Bayern - 13 300 Ew. - Höhe 391 m - Regionalatlas **57**-L18
Michelin Straßenkarte 546

Domherrnhof

FRANZÖSISCH-KLASSISCH • ELEGANT XX Schon ein Hingucker das sanierte bischöfliche Palais, elegant die hohen Räume im Rokokostil, toll die restaurierten Kachelöfen. Gekocht wird klassisch mit saisonalem Bezug. Wer's einfacher mag, isst in der rustikalen Schänke.

Menü 25/75 € - Karte 35/61 €

Domplatz 5, (1. Etage) ✉ 85072 - ☎ 08421 6126 - www.domherrnhof.de - geschl. Februar 3 Wochen und Montag

Adler

HISTORISCH • GERADLINIG Das schön restaurierte Barockhaus ist ein persönlich geführtes Hotel mit Zimmern in warmen Erdtönen und geradlinig-modernem Stil. Hübsch auch der Frühstücksraum samt gutem Buffet. Im angrenzenden Restaurant gibt es Pizza und Pasta.

27 Zim - †58/80 € ††84/112 €

Marktplatz 22 ✉ 85072 - ☎ 08421 6767 - www.adler-eichstaett.de - geschl. Mitte Dezember - Mitte Januar

Gästehaus Abtei St. Walburg

HISTORISCH • FUNKTIONELL Sie suchen Ruhe und eine gewisse Besinnlichkeit? Herzlich leiten die Benediktinerinnen die Klosteranlage a. d. 11. Jh. Die Zimmer sind schlicht, aber sehr gepflegt. Frühstück im historischen Kreuzgewölbe. Hübsch der Klostergarten.

19 Zim - †45 € ††75 €

Walburgiberg 6 ✉ 85072 - ☎ 08421 98870 - www.abtei-st-walburg.de - geschl. 22. Dezember - 2. Januar

EINBECK

Niedersachsen - 31 354 Ew. - Höhe 112 m - Regionalatlas **29**-I10
Michelin Straßenkarte 541

Genusswerkstatt

INTERNATIONAL • BISTRO X Nicht alltäglich ist die Kombination von Restaurant und "PS.SPEICHER". Gleich neben der Ausstellung zum Thema "Fortbewegung auf Rädern" liest man im "Werkstattbuch" z. B. "Saiblingsfilet, gegrillter Lauch, Radieschen" oder "PS.Speicher-Burger", zubereitet in der Show-"Werkstatt". Reduzierte Mittagskarte.

Karte 26/57 €

Tiedexer Tor 3b, (im PS. Speicher) ✉ 37574 - ☎ 05561 3199970 - www.genusswerkstatt-einbeck.de - geschl. Montagmittag

Der Schwan

INTERNATIONAL • FAMILIÄR XX Seit 1965 betreibt Familie Wicke ihren "Schwan" nun schon. In dem charmant-elegant dekorierten Restaurant in einem historischen Haus nahe dem Marktplatz wird klassisch-international gekocht, freundlich der Service. Gepflegt übernachten kann man hier übrigens auch.

Menü 39/79 € - Karte 43/64 €

11 Zim - †79/88 € ††123 €

Tiedexer Str. 1 ✉ 37574 - ☎ 05561 4609 - www.schwan-einbeck.de - nur Abendessen - geschl. Sonntag

EISENACH

Thüringen - 41 884 Ew. - Höhe 220 m - Regionalatlas **39**-J12
Michelin Straßenkarte 544

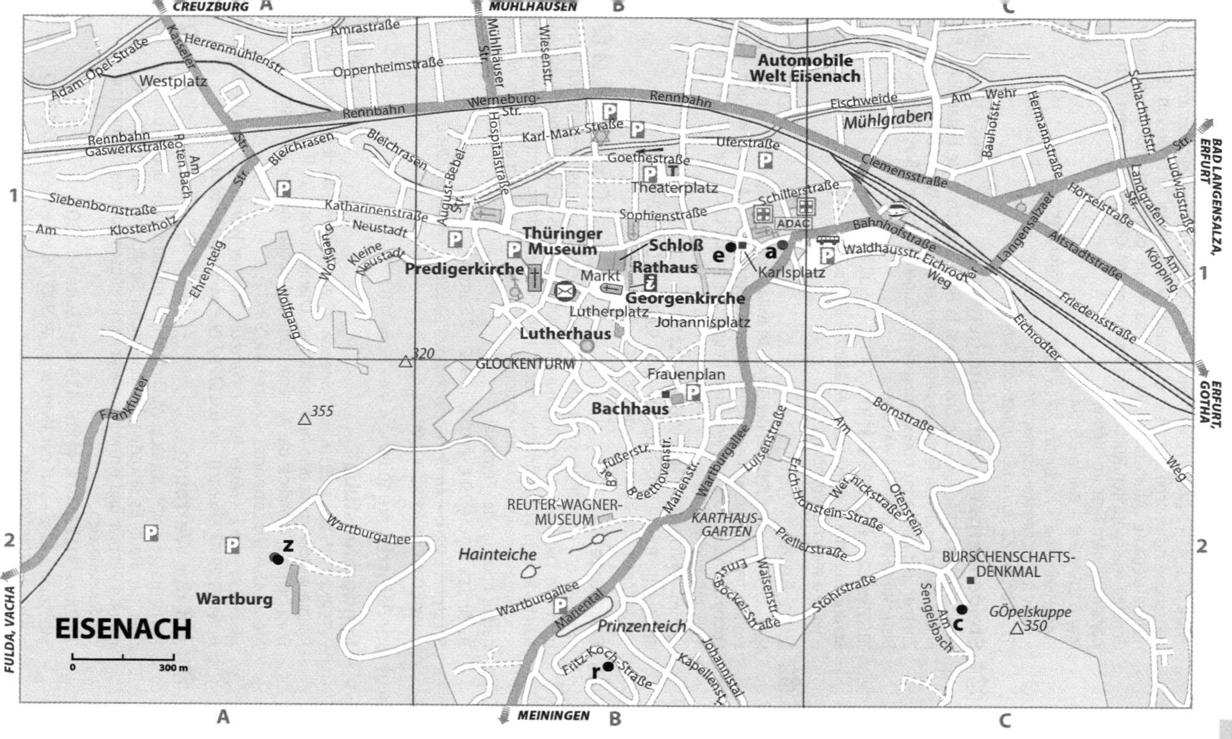
CREUZBURG
MÜHLHAUSEN
BAD LANGENSALZA, ERFURT
ERFURT, GOTHA
MEININGEN
FULDA, VACHA
EISENACH
0
300 m
Automobile Welt Eisenach
Mühlgraben
Thüringer Museum
Schloß
Rathaus
Georgenkirche
Predigerkirche
Markt
Lutherplatz
Johannisplatz
Karlsplatz
Lutherhaus
Theaterplatz
GLOCKENTURM
Frauenplan
Bachhaus
REUTER-WAGNER-MUSEUM
KARTHAUS-GARTEN
BURSCHENSCHAFTS-DENKMAL
Göpelskuppe
350
320
355
Wartburg
Hainteiche
Prinzenteich
Westplatz
Amrastraße
Herrenmühlenstr.
Adam-Opel-Straße
Oppenheimstraße
Kasseler Str.
Mühlhäuser Str.
Wiesenstr.
Werneburg-Str.
Rennbahn
Gaswerkstraße
Am Roten Bach
Bleichrasen
Hospitalstraße
August-Bebel-Str.
Karl-Marx-Straße
Uferstraße
Goethestraße
Fischweide
Am Wehr
Bahnhofstr.
Hermannstraße
Schlachthofstr.
Landgrafen-Str.
Ludwigstraße
Clemensstraße
Langensalzaer
Hörselstraße
Altstadtstraße
Am Köpping
Schillerstraße
ADAC
Sophienstraße
Bahnhofstraße
Waldhausstr.
Eichrodter Weg
Friedensstraße
Siebenbornstraße
Am
Klosterholz
Katharinenstraße
Neustadt
Kleine Neustadt
Wolfgang
Ehrensteig
Frankfurter
Bornstraße
Am
Weg
Wartburgallee
Luisenstraße
Erich-Honstein-Straße
Wernickstraße
Ofenstein
Prellerstraße
Marienstr.
Beethovenstr.
Bachfüßerstr.
Ernst-Böckel-Straße
Waisenstr.
Stöhrstraße
Am Sengelsbach
Mariental
Fritz-Koch-Straße
Kapellenst.
Johannistal
A
B
C
1
2
a
c
e
r
z

Weinrestaurant Turmschänke

MARKTKÜCHE • ROMANTISCH XX In dem Restaurant im Nicolaiturm schaffen schöne historische Details wie Gemälde oder original Mobiliar von 1912 eine rustikal-elegante Atmosphäre, in der man sich gerne saisonal-internationale Gerichte wie "gefüllten Rücken vom Kaninchen mit Gnocchi" servieren lässt. Wie wär's mit einem Fest im "Kerker"?

Menü 36/49 € – Karte 35/54 €

Stadtplan : B1-a – *Karlsplatz 28 ✉ 99817 – ✆ 03691 213533 – www.turmschaenke-eisenach.de – nur Abendessen – geschl. 21. Januar - 15. Februar, 22. Juli - 16. August und Sonntag*

Steigenberger Hotel Thüringer Hof

BUSINESS • KLASSISCH Eine ansprechende Halle empfängt Sie hinter der schönen historischen Fassade dieses zentral gelegenen Hotels. Wohnliche, zeitgemäße Zimmer und Sauna im obersten Stock mit Zugang nach draußen. Restaurant im Bistrostil mit offener Showküche.

126 Zim – †89/229 € ††109/249 € – 1 Suite – ½ P

Stadtplan : B1-e – *Karlsplatz 11 ✉ 99817 – ✆ 03691 280 – www.eisenach.steigenberger.de*

Villa Anna

PRIVATHAUS • MODERN In der Jugendstilvilla in ruhiger Lage oberhalb der Stadt wohnt man in neuzeitlich ausgestatteten Gästezimmern. Abends werden in der Lobby kleine Snacks serviert. Eine freundliche Adresse, die auch für Geschäftsleute gut geeignet ist.

15 Zim – †70/140 € ††80/160 € – 13 €

Stadtplan : B2-r – *Fritz-Koch-Str. 12 ✉ 99817 – ✆ 03691 23950 – www.hotel-villa-anna.de – geschl. 24. - 28. Dezember*

Berghotel

LANDHAUS • GEMÜTLICH Toll ist hier nicht nur die Lage nebst Aussicht auf Wartburg und Thüringer Wald. Das hübsche Natursteinhaus unterhalb des Burschenschaftsdenkmals beeindruckt nach Komplettrenovierung mit hochwertigem modernem Interieur. Die internationale Küche genießt man am besten im Wintergarten oder auf der Terrasse!

16 Zim – †69/79 € ††104/109 € – 2 Suiten

Stadtplan : C2-c – *An der Göpelskuppe 1 ✉ 99817 – ✆ 03691 22660 – www.berghotel-eisenach.de*

Auf der Wartburg Süd-Ost: 4 km - Höhe 416 m

Landgrafenstube

INTERNATIONAL • RUSTIKAL XX Speisen in einmaligem Rahmen! Die stilvollen Räume werden ganz dem herrschaftlichen Charakter der a. d. 11. Jh. stammenden Burg gerecht. Grandios: die Aussicht vom Restaurant und der Terrasse!

Menü 45/95 € (abends) – Karte 42/99 €

Stadtplan : A2-z – *Hotel Auf der Wartburg, Auf der Wartburg 2, Shuttle-Bus zum Hotel ✉ 99817 Eisenach – ✆ 03691 797119 – www.wartburghotel.de*

Auf der Wartburg

HISTORISCH • INDIVIDUELL Wirklich klasse ist die ruhige und exponierte Lage über der Stadt! Es erwarten Sie freundlicher Service, schöne, hochwertig eingerichtete Zimmer und ein wunderbarer Blick. Hübsch auch das Kaminzimmer und der Saunabereich.

36 Zim – †132/349 € ††195/439 € – 1 Suite – 20 €

Stadtplan : A2-z – *Auf der Wartburg 2 ✉ 99817 Eisenach – ✆ 03691 7970 – www.wartburghotel.de*

Landgrafenstube – siehe Restaurantauswahl

EISENHÜTTENSTADT

Brandenburg – 27 444 Ew. – Höhe 42 m – Regionalatlas **34**-R9
Michelin Straßenkarte 542

Bollwerk 4 im Deutschen Haus

TRADITIONELLE KÜCHE • BÜRGERLICH Das Restaurant in dem gepflegten Stadthaus ist sehr beliebt in der Gegend. Man sitzt in hübschen, gemütlichen Stuben und bestellt z. B. Rotkohlsuppe, Coq au vin und Schoko-Mousse als Dessert. Gekocht wird frisch und mit guten Produkten.

Menü 28 € - Karte 29/43 €

Lindenplatz 1 ✉ 15890
- ✆ 03364 740264 - www.bollwerk4.de
- geschl. Sonntagabend - Montag

EISENSCHMITT

Rheinland-Pfalz – 312 Ew. – Höhe 350 m – Regionalatlas **45**-B15
Michelin Straßenkarte 543

In Eisenschmitt-Eichelhütte

Molitors Mühle

SPA UND WELLNESS • INDIVIDUELL In der einstigen Kornmühle von 1870 wohnt man wirklich schön und angenehm ruhig am Waldrand. Attraktiv der Wellnessbereich samt toller Pfahlsauna im Weiher! Klasse auch der Fitnessraum. Oder wie wär's mit einer Wanderung? Zum Kloster und zurück sind es 3,5 km. Speisen Sie im Sommer auf der Terrasse am Wasser!

39 Zim – 77/95 € 126/194 € – ½ P

Eichelhütte 15 ✉ 54533
- ✆ 06567 9660 - www.molitors-muehle.de
- geschl. 8. - 18. Januar

ELLERBEK

Schleswig-Holstein – 4 118 Ew. – Höhe 9 m – Regionalatlas **10**-I5
Michelin Straßenkarte 541

Heinsens

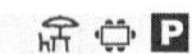

INTERNATIONAL • LÄNDLICH In dem hübsch sanierten Gasthof von 1900 erwarten Sie gemütliche, mit Liebe zum Detail eingerichtete Stuben, im Sommer eine herrliche begrünte Terrasse und dazu freundlicher und versierter junger Service. Und das Essen? Frisch und international, von "Wiener Schnitzel" bis "Zander mit Champagner-Rahmkraut".

Karte 21/73 €

Hauptstr. 1 ✉ 25474
- ✆ 04101 37770 - www.heinsens.de
- Montag - Freitag nur Abendessen

ELLWANGEN

Baden-Württemberg – 23 626 Ew. – Höhe 440 m – Regionalatlas **56**-I18
Michelin Straßenkarte 545

In Ellwangen-Eggenrot Nord-West: 4 km, Richtung Schwäbisch Hall

Klozbücher

GASTHOF • MODERN Das kleine Hotel der Familie Klozbücher kann sich wirklich sehen lassen: der angenehm moderne Stil, die hochwertige Ausstattung und dazu die persönliche Führung. Übrigens: Die Wurst zum Frühstück kommt aus der angeschlossenen eigenen Metzgerei! Kleines Speisenangebot für Hausgäste.

13 Zim – 77/87 € 97/107 €

Rosenberger Str. 47 ✉ 73479
- ✆ 07961 9249190 - www.klozbuecher.com

ELMAU Bayern ➜ Siehe Krün

ELMSHORN

Schleswig-Holstein - 47 907 Ew. - Höhe 3 m - Regionalatlas **10**-H5
Michelin Straßenkarte 541

Sette Feinbistro

INTERNATIONAL • BISTRO X Etwas versteckt liegt das nette Bistro hinter einem kleinen Feinkostgeschäft in der Fußgängerzone. Unter den frischen internationalen Gerichten finden sich z. B. "Tagliatelle mit Spargel" oder "Entrecôte vom Hereford Prime Beef & sizilianisches Gemüse". Tipp: Probieren Sie auch ein Dessert!

Menü 69 € - Karte 31/64 €

Marktstr. 7 ✉ 25335
- ✆ 04121 262939 (Tischbestellung erforderlich) - www.sette-feinbistro.de
- nur Mittagessen, Freitag auch Abendessen - geschl. Sonntag

ELSTER, BAD

Sachsen - 3 616 Ew. - Höhe 495 m - Regionalatlas **41**-N14
Michelin Straßenkarte 544

König Albert (N)

SPA UND WELLNESS • MODERN Eine tolle Adresse für Wellness-Fans! Von der Halle mit Lounge/Bar bis zu den wohnlichen Zimmern ist das Hotel schön modern gestaltet. Highlight ist der Bademantelgang zu Soletherme, Saunabereich und historischem "Albert Bad".

96 Zim ☕ - †109/156 € ††151/221 € - 12 Suiten - ½ P

Carl-August-Klingner-Str. 1 ✉ 08645 - ✆ 037437 5400
- www.hotelkoenigalbert.de

Parkhotel Helene

PRIVATHAUS • FUNKTIONELL Das familiär geleitete Hotel ist in einer Villa von 1889 untergebracht, die ruhig im Kurgebiet liegt. Sie wohnen in sehr gepflegten und funktionell ausgestatteten Zimmern und speisen in Albert's Parkrestaurant oder im netten Vogtland-Stübl - die Küche ist regional und international.

25 Zim ☕ - †49/87 € ††78/134 € - ½ P

Parkstr. 33 ✉ 08645
- ✆ 037437 500 - www.parkhotel-helene.de
- geschl. 5. - 25. Januar

ELTVILLE am RHEIN

Hessen - 16 897 Ew. - Höhe 90 m - Regionalatlas **47**-E15
Michelin Straßenkarte 543

Jean (Johannes Frankenbach)

FRANZÖSISCH-KLASSISCH • FREUNDLICH XX Wenn Patron Johannes Frankenbach ("Jean") in der ehemaligen Weinstube seine saisonal-internationale Küche zum Besten gibt, steht das Produkt klar im Mittelpunkt - da heißt es jede Menge Geschmack zu fairen Preisen. Dazu wird man herzlich und aufmerksam umsorgt.

➜ Meeresfrüchte, Mayonnaise, Dashisud, Kirschtomate, Romanaherzen. Gebratener Steinbutt, Weißweinsauce, Spinatravioli. Valrhona Küchlein, Aprikose, Topfeneis.

Menü 44/99 € - Karte 47/86 €

Hotel Frankenbach, Wilhelmstr. 13 ✉ 65343
- ✆ 06123 9040 - www.hotel-frankenbach.de
- nur Abendessen, sonntags auch Mittagessen - geschl. 26. - 29. Dezember, Juli - August 2 Wochen und Montag - Dienstag

Gutsausschank im Baiken

REGIONAL • WEINSTUBE Schon allein die Lage ist einen Besuch wert: inmitten von Reben, mit Blick auf die Weinberge und Eltville. Da isst man am liebsten auf der Terrasse - die ist sogar teilweise regenfest! Aus der Küche kommt Leckeres wie "Erbsensüppchen mit Minze" oder "paniertes Kotelett vom Landschwein mit Kartoffelpüree".

Karte 34/49 €

Wiesweg 86 ✉ 65343 – ✆ 06123 900345 – www.baiken.de – April - Oktober: Mittwoch - Freitag und November - März: Mittwoch - Samstag nur Abendessen – geschl. Februar und Montag - Dienstag

Eltvinum

INTERNATIONAL • TRENDY Lust auf frische internationale Küche? Die kommt hier z. B. als "auf der Haut gebratener Eismeersaibling mit jungem Lauch, Tomate und Curryschaum" auf den Tisch. Schön auch die Vinothek und die Terrasse.

Menü 36/85 € – Karte 34/66 €

Hotel Eltvinum, Schmittstr. 2 ✉ 65343 – ✆ 06123 601780 – www.eltvinum.de – geschl. Montag, November - März: Sonntag - Montag

Frankenbach

FAMILIÄR • MODERN Seit 1948 ist Familie Frankenbach mit Engagement im Einsatz. Im Mainzer Hof liegen einige Zimmer schön zum Garten, im Gutenberg Hof wohnt man moderner und besonders hübsch, auch sind die Zimmer hier klimatisiert. Sie mögen Torten? Im eigenen Café gibt's u. a. "Schwäbische Apfel-Rheingauriesling-Torte".

36 Zim – 85/105 € 115/145 € – ½ P

Wilhelmstr. 13 ✉ 65343 – ✆ 06123 9040 – www.hotel-frankenbach.de – geschl. 26. - 29. Dezember

Jean – siehe Restaurantauswahl

Eltvinum

HISTORISCH • MODERN Ein echtes Schmuckstück! Das einstige Rathaus von 1513 wurde mit Liebe zum Detail zu einem kleinen Boutiquehotel umgebaut. Wohnlich-warmes Ambiente, stilvolles Frühstück von der Etagere, die Altstadt vor der Tür, der Rhein ganz in der Nähe.

7 Zim – 95/120 € 145/175 €

Schmittstr. 2 ✉ 65343 – ✆ 06123 601780 – www.eltvinum.de

Eltvinum – siehe Restaurantauswahl

In Eltville-Hattenheim West: 4 km über B 42

Kronenschlösschen

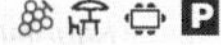

FRANZÖSISCH-KLASSISCH • ELEGANT Das hat Stil: unter der sehenswerten bemalten Decke in edlem Ambiente sitzen und sich fachkundig umsorgen lassen, und zwar mit dem Degustations-Menü oder dem Kronenschlösschen-Menü - oder lieber à la carte daraus? Dazu eine der bestsortierten Weinkarten in Deutschland! Alternativ gibt es das Bistro.

Menü 85/110 € – Karte 64/89 €

Hotel Kronenschlösschen, Rheinallee ✉ 65347 – ✆ 06723 640 – www.kronenschloesschen.de – nur Abendessen, sonntags auch Mittagessen – geschl. 1. Januar - 1. Februar und Montag, außer an Feiertagen

Adler Wirtschaft

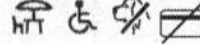

REGIONAL • RUSTIKAL Wirklich reizend das kleine Fachwerkhaus der Familie Keller, und was sich im Kühlhaus verbirgt, kann sich ebenso sehen lassen: Bentheimer Schwein sowie Charolais- und Limousin-Rind vom eigenen Falkenhof im Taunus (hier kocht der Seniorchef auch für Events). Am Wochenende ab 12 Uhr durchgehend geöffnet.

Menü 46/72 €

Hauptstr. 31 ✉ 65347 – ✆ 06723 7982 (Tischbestellung ratsam) – www.franzkeller.de – Montag - Freitag nur Abendessen – geschl. Januar - Februar 3 Wochen und Dienstag - Mittwoch

Zum Krug

REGIONAL • FAMILIÄR Hinter der hübschen historischen Fassade sitzt man in gemütlichen Gasträumen bei regionaler und internationaler Küche mit Bezug zur Saison. Auch Klassiker wie Wiener Schnitzel finden sich auf der Karte. Dazu gibt's schöne Rheingau-Weine.

Menü 30 € (mittags unter der Woche)/80 € (abends) – Karte 39/60 €

Hotel Zum Krug, Hauptstr. 34 ✉ 65347 – ✆ 06723 99680 – www.zum-krug-rheingau.de – geschl. 20. Dezember - 18. Januar, 15. Juli - 2. August und Sonntagabend - Dienstagmittag

Kronenschlösschen

HISTORISCH • KLASSISCH Nur die Bundesstraße trennt das hübsche Hotel a. d. J. 1894 vom Rhein. Die Zimmer sind individuell, allesamt schön stilvoll, wertig und wohnlich, dazu am Morgen ein frisches Frühstück. Passend zum Rahmen die historischen Salons.

14 Zim – †130/150 € ††150/180 € – 4 Suiten – ☕ 18 €

Rheinallee ✉ 65347 – ✆ 06723 640 – www.kronenschloesschen.de

Kronenschlösschen – siehe Restaurantauswahl

Zum Krug

FAMILIÄR • GEMÜTLICH Wie möchten Sie übernachten? Chic-modern oder eher traditionell? Wohnlich und sehr gepflegt sind die Zimmer alle, ob Sie das historische Rathaus oder das Weinhaus wählen.

15 Zim ☕ – †90/110 € ††135/175 € – ½ P

Hauptstr. 34 ✉ 65347 – ✆ 06723 99680 – www.zum-krug-rheingau.de – geschl. 20. Dezember - 18. Januar, 15. Juli - 2. August

Zum Krug – siehe Restaurantauswahl

ELZACH

Baden-Württemberg – 7 119 Ew. – Höhe 361 m – Regionalatlas **61**-E20
Michelin Straßenkarte 545

Gasthaus Rössle

REGIONAL • FAMILIÄR In dem Familienbetrieb im Ortskern kommt ambitionierte regional-internationale Küche auf den Tisch, beliebt auch die vegetarischen Gerichte. Der vordere Bereich des Restaurants ist leger-mediterran, weiter hinten hat man es gemütlicher und es wird aufwändiger eingedeckt - im Sommer isst man schön im Freien.

Menü 25/48 € – Karte 20/59 €

Hauptstr. 19 ✉ 79215 – ✆ 07682 212 – www.roessleelzach.de – geschl. Dienstag - Mittwoch

In Elzach-Oberprechtal Nord-Ost: 7,5 km über B 294, am Ortsausgang rechts Richtung Hornberg - Höhe 459 m

Schäck's Adler

REGIONAL • ROMANTISCH Ein Gasthof wie aus dem Bilderbuch! Richtig gemütlich die ganz in Holz gehaltenen Stuben, ambitioniert und geschmackvoll die Küche, von der klassischen Schwarzwaldforelle bis zum "Lammrücken unter der Kräuterkruste". Schön auch die "Strumbel-Bar". Sehr gepflegt übernachten kann man ebenfalls.

Menü 28/86 € – Karte 27/65 €

9 Zim ☕ – †68 € ††136 €

Waldkircher Str. 2 ✉ 79215 – ✆ 07682 1291 – www.schaecks-adler.de – geschl. Februar 3 Wochen und Montag - Mittwochmittag

EMMENDINGEN

Baden-Württemberg – 26 872 Ew. – Höhe 201 m – Regionalatlas **61**-D20
Michelin Straßenkarte 545

In Emmendingen-Maleck Nord-Ost: 4 km über Tennenbacher Straße

Park-Hotel Krone

GASTHOF • INDIVIDUELL Eine recht individuelle Adresse, von der Familie mit Engagement geführt. Schöne Zimmer (gemütlich-ländlich oder modern), hochwertiges Frühstück, tolle Terrasse, nicht zu vergessen die Flamingos im hübschen Garten! Regional-internationale Küche im klassischen Restaurant oder in der behaglichen Kronenstube.

25 Zim – 65/79 € 95/125 € – ½ P

Brandelweg 1 79312
– 07641 9309690 – www.kronemaleck.de

EMMERICH am RHEIN

Nordrhein-Westfalen – 30 279 Ew. – Höhe 18 m – Regionalatlas **25**-A10
Michelin Straßenkarte 543

In Emmerich-Praest Ost: 6,5 km über B8, Richtung Rees

Zu den drei Linden - Lindenblüte

INTERNATIONAL • ELEGANT XX Richtig gut isst man bei Familie Siemes, und zwar internationale Speisen mit feinen Aromen, so z. B. "Skrei, Raviolo, Couscous". Vor allem die Menüs sind preislich wirklich fair. Und das Ambiente? Freundlich, mit eleganter Note.

Menü 33 € (unter der Woche)/49 € – Karte 37/56 €

Reeser Str. 545 46446
– 02822 8800 – www.zu-den-3-linden.de
– Montag - Samstag nur Abendessen – geschl. Januar 2 Wochen, Ende Juli
– Anfang September 3 Wochen und Dienstag - Mittwoch

EMMINGEN-LIPTINGEN

Baden-Württemberg – 4 625 Ew. – Regionalatlas **62**-F21
Michelin Straßenkarte 545

Schenkenberger Hof

REGIONAL • LÄNDLICH X Hätten Sie mitten in den Wäldern des Hegaus eine derart schmackhafte Küche erwartet? Was in dem überaus gepflegten Landgasthaus an leckeren, frischen Gerichten auf den Tisch kommt, nennt sich z. B. "Zander im Chorizosud mit Gnocchi". Wunderschöne Terrasse!

Karte 29/51 €

Schenkenbergerhof 22 78576
– 07465 9202950 – www.schenkenberger-hof.com
– geschl. Februar, August 1 Woche und Montag - Dienstag

EMS, BAD

Rheinland-Pfalz – 9 010 Ew. – Höhe 85 m – Regionalatlas **36**-D14
Michelin Straßenkarte 543

Estragon

INTERNATIONAL • FREUNDLICH X In freundlichem Ambiente serviert man z. B. "Kabeljaufilet mit Macadamia-Kruste" oder "Kalbsrückensteak mit Steinpilzen à la crème". Gerne kommt man auch mittags, da gibt es eine kleine Karte mit günstigen Gerichten. Das Restaurant befindet sich übrigens im Hotel "Bad Emser Hof".

Karte 26/50 € – mittags einfache Karte

27 Zim – 69/80 € 99/135 € – 1 Suite

Lahnstr. 6 56130 – 02603 3424 – www.restaurant-estragon.de – geschl. Samstagmittag und Sonntag

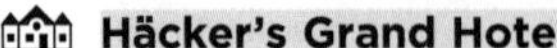

Häcker's Grand Hotel

THERMAL • HISTORISCH Der stattliche Barockbau von 1711 liegt im Zentrum an der Lahn. Ein traditionsreiches Kurhotel mit wertig ausgestatteten Zimmern in klassischem Stil und eigenen Wasserquellen. Sehenswert: Lobby "Brunnenhalle" und Bar "Crystal Horse" mit Miniatur-Pferderennbahn. Internationale Küche im Restaurant "Benedetti".

98 Zim – 109/119 € 200/215 € – 7 Suiten – ½ P

Römerstr. 1 ✉ 56130 – ✆ 02603 7990 – www.haeckers-hotels.com

EMSDETTEN

Nordrhein-Westfalen – 35 760 Ew. – Höhe 38 m – Regionalatlas **26**-D9
Michelin Straßenkarte 543

Lindenhof

REGIONAL • GEMÜTLICH XX Wie das Hotel erfreut sich auch das Restaurant der Hankhs großer Beliebtheit. Es gibt regional und mediterran beeinflusste saisonale Küche, die z. B. mit "Lammbratwürsten mit Spinat und Ziegenfrischkäse" Appetit macht. Auch die klassische Rinderroulade fehlt nicht auf der Karte. Charmant der Service.

Menü 30/50 € – Karte 25/48 €

Hotel Lindenhof, Alte Emsstr. 7 ✉ 48282 – ✆ 02572 9260 (Tischbestellung ratsam) – www.lindenhof-emsdetten.de – nur Abendessen – geschl. 20. Dezember - 6. Januar, Juli 2 Wochen und Sonntag sowie an Feiertagen

Lindenhof

GASTHOF • MODERN Seit 1946 wird das Hotel freundlich und engagiert von Familie Hankh geführt. Immer wieder hat man erweitert und bietet heute in fünf Gebäuden zeitgemäß-wohnliche Zimmer. Wer mehr Komfort sucht, bucht eine Juniorsuite mit Dampfbad oder ein Appartement mit Kitchenette im "Alten Wiegehaus".

52 Zim – 65/95 € 85/115 € – ½ P

Alte Emsstr. 7 ✉ 48282 – ✆ 02572 9260 – www.lindenhof-emsdetten.de – geschl. 20. Dezember - 6. Januar

Lindenhof – siehe Restaurantauswahl

ENDINGEN am KAISERSTUHL

Baden-Württemberg – 9 129 Ew. – Höhe 186 m – Regionalatlas **61**-D20
Michelin Straßenkarte 545

Merkles Restaurant

REGIONAL • GEMÜTLICH XX Ob kreativ oder regional, Thomas Merkle hat ein Händchen für geschmacksintensive, aromareiche Speisen aus sehr guten Produkten. Und das Drumherum stimmt auch: chic und gemütlich zugleich ist das Ambiente in dem historischen badischen Gasthof. Tipp: Hausgemachtes für daheim.

→ Zander, Tapioka, Gurke, Apfel, Wasabi. Meeräsche orientalisch, Kichererbse, Gewürztomate, Ras el Hanout. Reh aus Endingen, junge Rübchen, Kirschen, Mole.

Menü 69/119 €

Hauptstr. 2 ✉ 79346 – ✆ 07642 7900 – www.merkles-restaurant.de – nur Abendessen – geschl. über Fastnacht 2 Wochen, August - September 3 Wochen und Sonntag - Dienstag

Die Pfarrwirtschaft – siehe Restaurantauswahl

Die Pfarrwirtschaft

REGIONAL • TRENDY X Modern-rustikal kommt das zweite Restaurant im Hause Merkle daher, und auch hier kocht man anspruchsvoll. Ob Flammkuchen, Kalbfleischküchle, Kutteln oder Rib-Eye-Steak vom Dry Aged Schwarzwald-Rind, es schmeckt einfach!

Menü 29 € – Karte 26/69 €

Merkles Restaurant, Hauptstr. 2 ✉ 79346 – ✆ 07642 7900 – www.pfarrwirtschaft.de – geschl. über Fastnacht, August 1 Woche und Montag - Mittwochmittag

 **Zollhaus**

FAMILIÄR • INDIVIDUELL Sie suchen ein individuelles und mit Liebe geführtes kleines Hotel? Klares Design und hochwertige Materialien treffen auf Historie, und zwar die eines denkmalgeschützten über 200 Jahre alten Hauses. Frisch und wirklich gut das Frühstück, gemütlich die kleine Weinlounge unter dem Gewölbe (mit Selbstbedienung).

4 Zim – 98/138 € 125/165 €

Hauptstr. 3 79346
– 07642 9202343 – www.zollhaus-endingen.de

In Endingen-Kiechlinsbergen Süd-West: 5,5 km über Königschaffhausen

Dutters Stube

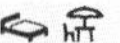

REGIONAL • FREUNDLICH XX Schon die 4. Generation der Dutters leitet den charmanten Gasthof a. d. 16. Jh. Gut die saisonal-regionale Küche - wie wär's mit "Zanderklößchen in Basilikumsoße"? Sa. und So. Lunch. Etwas bodenständiger: "Dorfwirtschaft" mit Vesper, Flammkuchen, Rumpsteak. Terrassen-Alternative: die hübsche Sommerlaube!

Menü 25 € (mittags)/52 € – Karte 31/49 €

4 Zim – 60 € 75/85 €

Winterstr. 28 79346
– 07642 1786 – www.dutters-stube.de – Mittwoch - Samstag nur Abendessen
– geschl. Februar 2 Wochen und Montag - Dienstag

ENGELTHAL

Bayern – 1 115 Ew. – Höhe 371 m – Regionalatlas **50**-L16
Michelin Straßenkarte 546

Grüner Baum

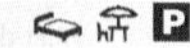

REGIONAL • FAMILIÄR X Mit seiner hübschen Deko und ländlichem Charme ist der Gasthof der Familie Koch eine sympathische Adresse. Auf der Karte z. B. "Tafelspitz mit Krensauce" oder auch "gebratenes Doradenfilet auf Fenchel-Tomaten-Couscous mit Olivensauce".

Karte 17/48 €

5 Zim – 38/42 € 65/76 €

Hauptstr. 9 91238
– 09158 262 – www.gruener-baum-engelthal.de
– geschl. Montag - Dienstag

ENGE-SANDE Schleswig-Holstein → Siehe Leck

ENKENBACH-ALSENBORN

Rheinland-Pfalz – 6 903 Ew. – Höhe 289 m – Regionalatlas **47**-E16
Michelin Straßenkarte 543

Im Ortsteil Enkenbach

 **Kölbl**

INTERNATIONAL • LÄNDLICH XX Bei den Kölbls kann man gut essen, und zwar regionale und internationale Küche, und auch der günstige Mittagstisch erfreut sich großer Beliebtheit. Serviert wird in den netten Gaststuben (gemütlich die kleinen Sitznischen) oder auf der Hofterrasse. Zum Übernachten hat man funktionale Gästezimmer.

Menü 55 € – Karte 19/51 €

13 Zim – 60/75 € 99/110 €

Hauptstr. 3 67677 – 06303 3071 – www.hotel-restaurant-koelbl.de – geschl. Anfang Januar 1 Woche und Montag, Samstagmittag

ENZKLÖSTERLE

Baden-Württemberg - 1 166 Ew. - Höhe 538 m - Regionalatlas **54**-F18
Michelin Straßenkarte 545

Enztalhotel

SPA UND WELLNESS • AUF DEM LAND Das Haus ist gefragt bei Feriengästen, und das liegt am wohnlichen Ambiente der Zimmer (am komfortabelsten sind die Suiten und Deluxe-Zimmer) und des rustikal-eleganten Restaurants, am schönen zeitgemäßen Wellnessbereich samt attraktiver Ruheräume sowie an der 3/4-Pension, die im Zimmerpreis inbegriffen ist.

46 Zim - 97/112 € 170/248 € - 2 Suiten - ½ P

Freudenstädter Str. 67 ✉ 75337 - ✆ 07085 180 - www.enztalhotel.de

EPPINGEN

Baden-Württemberg - 21 094 Ew. - Höhe 199 m - Regionalatlas **55**-G17
Michelin Straßenkarte 545

Villa Waldeck

LANDHAUS • GEMÜTLICH Recht ruhig liegt das Familotel am Ortsrand. Neben wohnlichen Zimmern bietet man einen netten Schwimmteich im Garten sowie Streichelzoo und Spielplatz für Kinder. In verschiedene Bereiche unterteiltes Restaurant mit Wintergarten.

45 Zim - 78/82 € 90/125 € - 2 Suiten - ½ P

Waldstr. 80 ✉ 75031 - ✆ 07262 61800 - www.villa-waldeck.de - geschl. 27. Dezember - 13. Januar

Altstadthotel Wilde Rose

TRADITIONELL • KLASSISCH Das im 16. Jh. im Fachwerkstil erbaute Baumannsche Haus wurde zum Hotel erweitert und verfügt über hübsche Landhauszimmer, teilweise mit Balkon oder Terrasse. Im historischen Teil befindet sich der Wirtskeller mit Tonnengewölbe. Geboten wird italienische Küche.

10 Zim - 75/85 € 100 €

Kirchgasse 29 ✉ 75031 - ✆ 07262 91400 - www.altstadthotel-wilde-rose.de - geschl. Weihnachten - 6. Januar, August 3 Wochen

ERDING

Bayern - 35 756 Ew. - Höhe 463 m - Regionalatlas **58**-M20
Michelin Straßenkarte 546

Empire

INTERNATIONAL • ELEGANT XX Die Küche des eleganten Restaurants ist inspiriert von den Reiserouten der "HMS Victory", nach der das Hotel benannt ist. So findet sich auf der Karte Internationales mit regionalen, teils auch mediterranen und karibischen Einflüssen.

Menü 30/97 € - Karte 32/66 €

Hotel Victory Therme Erding, Thermenallee 1a ✉ 85435 - ✆ 08122 5503000 - www.victory-hotel.de - nur Abendessen

Victory Therme Erding

SPA UND WELLNESS • MODERN Sie wohnen direkt an der riesigen Therme Erding - alles im Hotel vermittelt Yacht-Flair! Von den meisten der schönen individuellen "Kabinen" schaut man aufs Wellenbad, die Einrichtung durchdacht, wertig und wohnlich. Auch Familienzimmer. Einmaliger Eintritt in die Therme inklusive.

128 Zim - 155/375 € 255/375 € - ½ P

Thermenallee 1a ✉ 85435 - ✆ 08122 5503000 - www.victory-hotel.de

Empire - siehe Restaurantauswahl

ERFTSTADT

Nordrhein-Westfalen - 49 179 Ew. - Höhe 100 m - Regionalatlas **35**-B13
Michelin Straßenkarte 543

In Erftstadt-Lechenich

Haus Bosen

KLASSISCHE KÜCHE • BÜRGERLICH In dem gemütlichen Fachwerkhaus, seit 120 Jahren gastronomisch genutzt, isst man saisonal-international, so z. B. "gebratene Ente mit Orangensauce, Maronen, Kartoffelkloß, Bratapfel, Rotkohl", aber auch Vegetarisches, Pasta, Flammkuchen.

Menü 29/32 € – Karte 27/45 €

Herriger Str. 2 ✉ 50374 – ✆ 02235 691618 – geschl. 1. - 9. Januar und Montag

ERFURT

Thüringen – 206 219 Ew. – Höhe 195 m – Regionalatlas **40**-K12
Michelin Straßenkarte 544

Clara - Restaurant im Kaisersaal

MODERNE KÜCHE • ELEGANT Hier war Clara Schumann (bekannt u. a. vom ehemaligen 100-DM-Schein) namengebend, entsprechend ziert ein großes Portrait den geradlinig-elegant gehaltenen Raum. Mit den beiden Menüs "Clara" und "next generation" bietet man klassische und auch moderne Küche - immer mit schönen Kontrasten und Gefühl zubereitet.

→ Confierter Stör, eingelegte Sommertomate, Holunderblüte, Wiesenkräuter. Lammrücken aus Kirchheiligen, weißer Spargel, Dörraprikose, Leinsamen. Goldforellenkaviar aus Themar, Kohlrabi, Sauerrahm, Pumpernickel, Gartenkresse.

Menü 72/108 € – Karte 71/79 €

Futterstr. 15 ✉ 99084 – ✆ 0361 5688207 – www.restaurant-clara.de – nur Abendessen – geschl. 13. Februar - 5. März, 17. Juli - 6. August und Sonntag - Montag

Restaurant und Weinstube Zumnorde

INTERNATIONAL • FREUNDLICH Rustikal und stilvoll zugleich! In lebhafter Atmosphäre gibt es Schmackhaftes wie Tatar, Flammkuchen, Rinderrouladen... Kleine Probierportionen werden auf der Karte als "Tapas" angeboten. Bei schönem Wetter ist der Biergarten ein richtig charmanter Ort!

Menü 40 € – Karte 32/70 €

Hotel Zumnorde am Anger, Grafengasse 2 ✉ 99084 – ✆ 0361 5680426 – www.hotel-zumnorde.de – geschl. 1. - 12. Januar

Il Cortile

ITALIENISCH • GEMÜTLICH Über einen netten kleinen Innenhof erreicht man das Restaurant. Hier ist es gemütlich und man bekommt frische mediterrane Küche - da hat man natürlich so manchen Stammgast. Probieren Sie z. B. das Antipasti-Buffet oder die leckere Pasta!

Karte 44/64 €

Johannesstr. 150, (Signal-Iduna-Passage) ✉ 99084 – ✆ 0361 5664411 – www.ilcortile.de – geschl. Anfang Januar 2 Wochen und Sonntag - Montag

Zumnorde am Anger

BUSINESS • ELEGANT Das Hotel liegt mitten in der Stadt und bietet Ihnen klassisch-elegante Zimmer mit extralangen Betten (2,20 m) sowie einen ruhigen begrünten Innenhof - hier lauscht man dem Glockenspiel des Bartholomäusturms. Tipp: Hochzeitspaare dürfen sich ein Stück wünschen!

51 Zim – †95/119 € ††125/135 € – 6 Suiten

Anger 50, Eingang Weitergasse, Zufahrt über Marstallstraße ✉ 99084 – ✆ 0361 56800 – www.hotel-zumnorde.de – geschl. 1. - 10. Januar

Restaurant und Weinstube Zumnorde – siehe Restaurantauswahl

Villa am Park

PRIVATHAUS • GEMÜTLICH Sehr schön und individuell sind die Zimmer in der ehemaligen Pfarrersvilla, dekoriert mit Bildern der Chefin. Dazu persönlich-familiäre Atmosphäre, gutes Frühstück, ein hübscher kleiner Garten. Ins Zentrum sind es nur 15 Minuten zu Fuß!

6 Zim – †43/54 € ††55/74 € – 8 €

Tettaustr. 5 ✉ 99094 – ✆ 0361 7894860 – www.villa-am-park-erfurt.de

Erfurtblick

FAMILIÄR • FUNKTIONELL Eine familiäre kleine Adresse, die in einem Wohngebiet liegt und einen schönen Blick auf die Stadt bietet. Die Zimmer sind tipptopp gepflegt und funktional. Zum Haus gehört auch ein netter Garten.

10 Zim – 60/75 € 80/114 €

Nibelungenweg 20 ✉ 99092 – ✆ 0361 220660 – www.hotel-erfurtblick.de

ERKHEIM

Bayern – 2 946 Ew. – Höhe 595 m – Regionalatlas **64**-J20
Michelin Straßenkarte 546

Erkheimer Landhaus

MARKTKÜCHE • FREUNDLICH X Herzlich wird man bei Familie Wörle umsorgt, und zwar mit saisonal-internationalen Speisen. Im Sommer sitzt man natürlich am liebsten auf der Terrasse zum Garten. Zum Übernachten hat man helle, freundliche, zeitgemäße Zimmer, teilweise mit Balkon.

Menü 35/79 € – Karte 28/66 €

10 Zim – 59/85 € 79/105 €

Färberstr. 37 ✉ 87746 – ✆ 08336 813970 – www.erkheimer-landhaus.de – nur Abendessen, sonntags auch Mittagessen – geschl. Mittwoch - Donnerstag

ERKRATH

Nordrhein-Westfalen – 43 700 Ew. – Höhe 60 m – Regionalatlas **26**-C11
Michelin Straßenkarte 543

In Erkrath-Hochdahl Ost: 3 km, jenseits der Autobahn

Hopmanns Olive

MEDITERRAN • GEMÜTLICH XX Direkt beim historischen Lokschuppen (ideal für Feiern) liegt das gemütliche Restaurant der Hopmanns - einladend das frische Olivgrün des Raumes, ebenso der Sommergarten! Gekocht wird regional und mediterran inspiriert, so z. B. "gebratenes Kalbsrückensteak und Garnelenravioli".

Menü 39/74 € – Karte 45/72 €

Ziegeleiweg 1 ✉ 40699 – ✆ 02104 803632 – www.hopmannsolive.de – geschl. Dienstag - Mittwoch

Wahnenmühle

HISTORISCH • INDIVIDUELL Ein charmanter Ort auf einer großen Waldlichtung. Hier wohnt man individuell, die Namen der Zimmer (Städte und Regionen) machen Lust, gleich einzuziehen. Die Chefin kümmert sich persönlich um die Gäste, herzlich und familiär die Atmosphäre!

4 Zim – 100/130 € 140/160 €

Wahnenmühle 1 ✉ 40699 – ✆ 02104 1399332 – www.wahnenmuehle.de – geschl. Weihnachten, Anfang Januar 2 Wochen, Juli - August 3 Wochen

ERLABRUNN Bayern → Siehe Würzburg

ERLANGEN

Bayern – 106 423 Ew. – Höhe 280 m – Regionalatlas **50**-K16
Michelin Straßenkarte 546

Altmann's Stube

REGIONAL • LÄNDLICH XX Hier freut man sich über gute international-regionale Küche aus topfrischen Produkten. Probieren Sie z. B. "gefüllte Perlhuhnbrust, Parmaschinken, Mozzarella, getrocknete Tomaten, Rosmarinsauce" oder "Filetspitzen Stroganoff, Spätzle, Feldsalat".

Menü 38/68 € – Karte 35/50 €

Stadtplan : A1-v – *Hotel Altmann's Stube, Theaterplatz 9 ✉ 91054 – ✆ 09131 89160 – www.altmanns-stube.de – nur Abendessen – geschl. 23. Dezember - 10. Januar, Ende August - Anfang September 1 Woche und Sonntag - Montag sowie an Feiertagen*

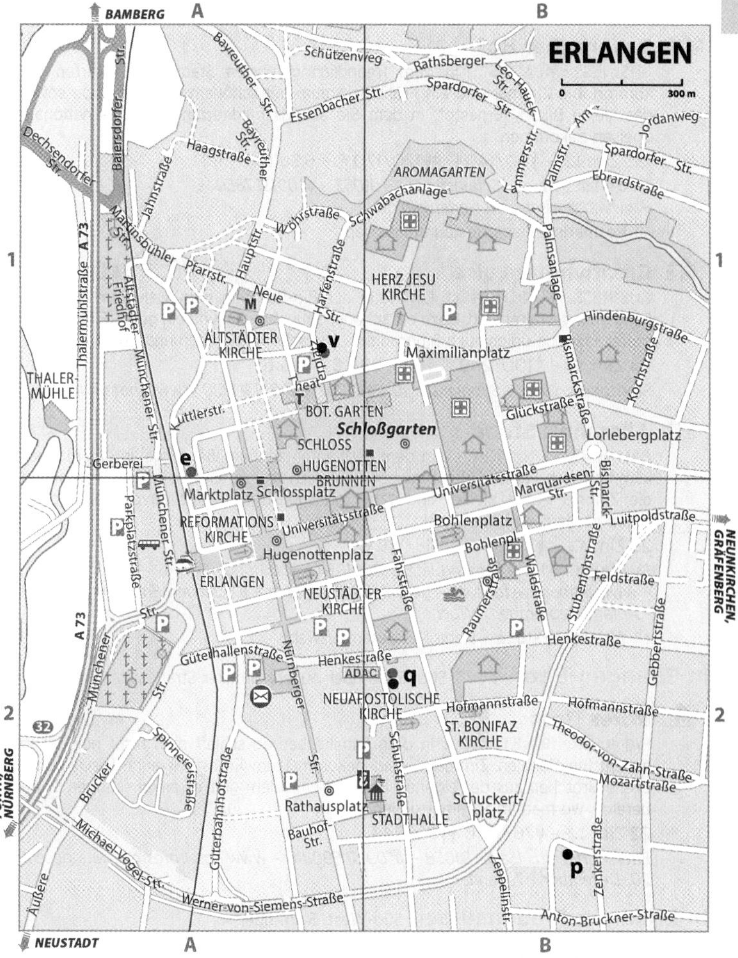

ERLANGEN

Rosmarin

INTERNATIONAL • MEDITERRANES AMBIENTE XX Eine elegante Note und zum Namen passende Grüntöne bestimmen hier das Ambiente. Es gibt Mediterran-Internationales wie "Skrei, Spitzkohl, geräucherte Kartoffel, Senfsaat, Meerrettich, Velouté", aber auch Klassiker wie "Wiener Schnitzel vom fränkischen Milchkalb".

Menü 35/85 € – Karte 36/52 €

Stadtplan : B2-q – *Hotel Bayerischer Hof, Schuhstr. 31 ✉ 91052 – ✆ 09131 7850 – www.bayerischer-hof-erlangen.de – geschl. Samstagmittag, Sonntag*

Da Pippo

ITALIENISCH • KLASSISCHES AMBIENTE XX Wer frische italienische Küche aus sehr guten Produkten sucht, ist hier gegenüber dem Bahnhof genau richtig. Freundlich der Service, schön das klassisch-elegante Interieur mit schwarz-weißen Bodenfliesen und halbhoher dunkler Holztäfelung.

Menü 55/68 €

Stadtplan : A1-e – *Paulistr. 12 ✉ 91054 – ✆ 09131 207394 – www.dapippo.net – nur Abendessen – geschl. Sonntag - Dienstag*

Bayerischer Hof

BUSINESS • KLASSISCH In dem freundlich geführten Stadthotel erwarten Sie komfortable Zimmer und ein Frühstücksraum mit schönem Kreuzgewölbe sowie das kleine Bistro "Ernesto", in dem Sie abends mediterrane und internationale Speisen bekommen.

153 Zim – 90/140 € 120/170 € – 6 Suiten – ½ P

Stadtplan : B2-q – *Schuhstr. 31 ✉ 91052 – ✆ 09131 7850 – www.bayerischer-hof-erlangen.de*

Rosmarin – siehe Restaurantauswahl

Creativhotel Luise

BUSINESS • FUNKTIONELL Ein Hotel auf Bio-Basis, in dem viele Zimmer nach Feng Shui gestaltet sind. Dazu ein schöner Saunabereich und ein gutes Frühstücksbuffet - hier natürlich auch Bioprodukte! Hübsche Fotografien und Kunst im Haus.

94 Zim – 100/299 € 119/299 € – 1 Suite

Stadtplan : B2-p – *Sophienstr. 10 ✉ 91052 – ✆ 09131 1220 – www.hotel-luise.de*

Altmann's Stube

FAMILIÄR • FUNKTIONELL In dem gepflegten zeitgemäßen Hotel in der Altstadt kümmert sich Familie Altmann sehr freundlich um die Gäste. Im Haupthaus sind die Zimmer etwas kleiner und daher preisgünstiger, einige davon aber richtig schön modern und hochwertig.

23 Zim – 77/99 € 118/128 €

Stadtplan : A1-v – *Theaterplatz 9 ✉ 91054 – ✆ 09131 89160 – www.altmanns-stube.de – geschl. 23. Dezember - 10. Januar, Ende August - Anfang September 1 Woche*

Altmann's Stube – siehe Restaurantauswahl

In Erlangen-Eltersdorf Süd: 5 km über Äußere Brucker Straße A2

Rotes Ross

FAMILIÄR • FUNKTIONELL In dem Familienbetrieb schläft man nicht nur gut in hellen, funktionalen Zimmern, man bekommt zum Frühstück auch frisch gebackene Brötchen aus der eigenen Backstube! Zudem gibt es einen schönen Poolbereich, wo man im Sommer grillen kann.

22 Zim – 76/79 € 89/94 €

Eltersdorfer Str. 15a ✉ 91058 – ✆ 09131 690810 – www.hotelrotesross.de – geschl. 20. Dezember - 7. Januar

In Erlangen-Frauenaurach Süd-West: 5 km über A2

Schwarzer Adler

HISTORISCH • GEMÜTLICH Wirklich charmant ist das familiär geführte Fachwerkhaus von 1702, behaglich die Zimmer, lauschig der Innenhof. Tipp: Zimmer Nr. 32 unterm Dach - schön geräumig und mit Blick auf das Storchennest vis-à-vis! Mo. - Do. gibt's in der gemütlichen Weinstube am Abend Suppen, Salate, Käse...

14 Zim – 80/91 € 110/120 €

Herdegenplatz 1 ✉ 91056 – ✆ 09131 992051 – www.hotel-schwarzer-adler.de – geschl. 22. Dezember - 6. Januar

In Erlangen-Kosbach West: 6 km über A2, Richtung Erlangen-West

Polster Stube

REGIONAL • FREUNDLICH X Das zweite Restaurant im Hause Polster ist diese nette holzgetäfelte Stube. Wie wär's mit "fränkischer Festtagssuppe" und "Geschnetzeltem vom Spanferkel mit Rösti und Salat"? Und zum Abschluss "gebackene Apfelküchle mit Vanilleeis"?

Karte 22/41 €

Am Deckersweiher 26 ✉ 91056 – ✆ 09131 75540 – www.gasthaus-polster.de

Restaurant Polster

FRANZÖSISCH-KLASSISCH • ELEGANT XX "Rinderfilet und Backerl an gebratenem Wurzelgemüse und Zwiebelravioli" oder "Steinbutt und Knurrhahn auf Safranrisotto und Knoblauchfond"? Im eleganten Gourmetrestaurant gibt es ambitioniert-klassische Küche. Übernachtungsgäste dürfen sich auf hübsche, wohnliche Zimmer freuen.

Menü 43/74 €

13 Zim – 90 € 120/130 €

Am Deckersweiher 26 91056 – 09131 75540 (Tischbestellung ratsam) – www.gasthaus-polster.de

Polster Stube – siehe Restaurantauswahl

ERLENSEE

Hessen – 13 749 Ew. – Höhe 112 m – Regionalatlas **48**-G14
Michelin Straßenkarte 543

In Neuberg-Ravolzhausen Nord: 2 km

Bei den Tongruben

FAMILIÄR • INDIVIDUELL Engagiert leitet Familie Kremhöller ihr Haus, es ist tipptopp gepflegt und durchweg liebevoll eingerichtet, zudem liegt es noch recht ruhig. Besonders hübsch: die Zimmer mit Dachschräge. Schön auch der Sauna- und Fitnessbereich. Und abends bietet man im Bistro "Gästetreff" kleine Snacks.

28 Zim – 89/145 € 110/185 €

Im Unterfeld 19 63543 – 06183 20400 – www.hotel-tongruben.de – geschl. 17. Dezember – 7. Januar

ESENS

Niedersachsen – 7 235 Ew. – Höhe 3 m – Regionalatlas **7**-D5
Michelin Straßenkarte 541

In Esens-Bensersiel Nord-West: 4 km

Hörn van Diek

FAMILIÄR • GEMÜTLICH Das schön gepflegte Haus mit seinen wohnlichen Zimmern und Appartements im friesischen Landhausstil ist nur wenige Minuten von Strand und Hafen entfernt. Im Restaurant serviert man Ihnen bürgerliche Küche.

19 Zim – 89/109 € 99/119 € – 5 Suiten – ½ P

Lammertshörn 1 26427 – 04971 6999310 – www.dasnordseehotel.de – geschl. 2. – 27. Dezember, 8. Januar – 13. Februar

ESSEL Niedersachsen

→ Siehe Schwarmstedt

R. Märzinger/Westend61/

WIR MÖGEN BESONDERS...
Den französischen Charme der **Rotisserie du Sommelier** in der Fußgängerzone. Das **Laurushaus** auf dem idyllischen Anwesen von Schloss Hugenpoet für sein privates Flair und die tollen Gerichte. Die ausdrucksstarke Küche in der angenehmen Atmosphäre der **Schote**. **Parkhaus Hügel**, Stammsitz der Familie Krupp, für die Lage am Baldeneysee.

ESSEN

Nordrhein-Westfalen - 573 784 Ew. - Höhe 76 m - Regionalatlas **26**-C11
Michelin Straßenkarte 543

La Grappa

ITALIENISCH • GEMÜTLICH XX Dass Rino Frattesi in seinem liebenswert dekorierten Restaurant zahlreiche Stammgäste hat, liegt in erster Linie an der klassisch italienischen Küche, aber auch die schöne Weinkarte und nicht zuletzt rund 1200 Grappas sind verlockend!

Menü 38 € (mittags)/145 € - Karte 55/86 €

Stadtplan : C2-v - *Rellinghauser Str. 4 ✉ 45128 - ✆ 0201 231766 (Tischbestellung ratsam) - www.la-grappa.de - geschl. Samstagmittag, Sonntag*

In Essen-Bredeney Süd: 6 km über Alfredstraße B3

Parkhaus Hügel

MARKTKÜCHE • FREUNDLICH XX Im Stammsitz der Familie Krupp, direkt gegenüber dem Baldeneysee, erwarten Sie neben einem gepflegten kleinen Hotel und zahlreichen Veranstaltungsmöglichkeiten dieses geradlinig gehaltene Restaurant. Hier kocht man frisch, schmackhaft und saisonal. Tipp: die schöne Terrasse zum See!

Menü 45 € (abends)/75 € - Karte 38/57 €

13 Zim - †70/95 € ††90/130 € - ☕ 13 €

Freiherr-vom-Stein-Str. 209 ✉ 45133 - ✆ 0201 471091 - www.parkhaus-huegel.de - Montag - Freitag nur Abendessen - geschl. 27. Dezember - 4. Januar

In Essen-Burgaltendorf Süd-Ost: 12 km, über Ruhrallee B3

Mintrops Land Hotel Burgaltendorf

BUSINESS • INDIVIDUELL Wer es gerne individuell hat, wird dieses Hotel mögen: Zimmer von "Refugium" über "Himmelsstürmergalerie" bis "Landhauszimmer", dazu farbenfrohe moderne Kunst, ein schöner Garten mit diversen Freizeitmöglichkeiten und das frische, helle und zeitgemäße Restaurant "Mumm".

52 Zim - †56/202 € ††76/242 € - ☕ 12 € - ½ P

Schwarzensteinweg 81 ✉ 45289 - ✆ 0201 571710 - www.mintrops.mm-hotels.de

In Essen-Horst Ost: 3 km über Steeler Straße D2

Hannappel

MODERNE KÜCHE • ELEGANT XX Gute Produkte und Können - auf dieser Grundlage sorgt Knut Hannappel für eine schmackhafte Küche, die er immer wieder mit modernen Elementen spickt. Das Restaurant ist elegant, der Service freundlich und aufmerksam.

Menü 45/85 € - Karte 43/66 €

Dahlhauser Str. 173 ✉ 45279
- ✆ 0201 534506 - www.restaurant-hannappel.de
- nur Abendessen, sonntags auch Mittagessen
- geschl. Juli - August 3 Wochen und Dienstag

In Essen-Kettwig Süd-West: 11 km über Alfredstraße B3

Laurushaus N

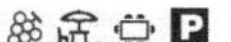

MODERNE KÜCHE • ELEGANT XXX Schön privat ist die Atmosphäre in dem stilvoll-eleganten kleinen Restaurant in der ehemaligen Zehntscheune. Sie dürfen auch mal kurz in die Küche schauen - hier kocht man mediterran und euroasiatisch inspiriert, ausdrucksstark, reduziert und mit ausgesuchten Produkten. Sehr gut der Service samt Weinberatung.

➜ Gebratene Jakobsmuschel, Amalfi Zitrone, Kartoffel, Salsa Verde. Lammrücken und Zunge, Kichererbsen, Verbene. Kirschen, Lavendel, Akaziensamen, Blüten.

Menü 89/127 € - Karte 75/85 €

Hotel Schloss Hugenpoet, August-Thyssen-Str. 51, West: 2,5 km ✉ 45219
- ✆ 02054 12040 - www.hugenpoet.de
- nur Abendessen, samstags auch Mittagessen
- geschl. Sonntag - Mittwoch

HUGENpöttchen

REGIONAL • GEMÜTLICH XX Die frische und schmackhafte Küche gibt es hier z. B. als "Apfel-Steckrübensuppe mit Schwarzwurst" oder als "gebratenen Zander mit Kalbskopfsalat, Rahmspitzkohl und Brandteigkartoffeln". Von der Terrasse schaut man zum Schlosspark. Freundlich der Service. "Baronie" für den Aperitif. Günstiger Mittagstisch.

Menü 35/51 € - Karte 37/65 €

Hotel Schloss Hugenpoet, August-Thyssen-Str. 51, West: 2,5 km ✉ 45219
- ✆ 02054 12040 (Tischbestellung ratsam)
- www.hugenpoet.de

Schloss Hugenpoet

HISTORISCHES GEBÄUDE • KLASSISCH Reichlich Kunst und antike Möbel, alte Fliesen und schöne Holzböden, dazu ein mächtiges Granittor in der großen Halle - das herrschaftliche Anwesen a. d. 17. Jh. ist wirklich sehenswert, schön der Park. Modern die neueren Zimmer.

36 Zim - †160/435 € ††160/435 € - ☕ 25 €

August-Thyssen-Str. 51, West: 2,5 km ✉ 45219
- ✆ 02054 12040 - www.hugenpoet.de

Laurushaus • **HUGENpöttchen** – siehe Restaurantauswahl

Dieser Führer lebt von Ihren Anregungen, die uns stets willkommen sind. Egal ob Sie uns eine besonders angenehme Erfahrung oder eine Enttäuschung mitteilen wollen – schreiben Sie uns!

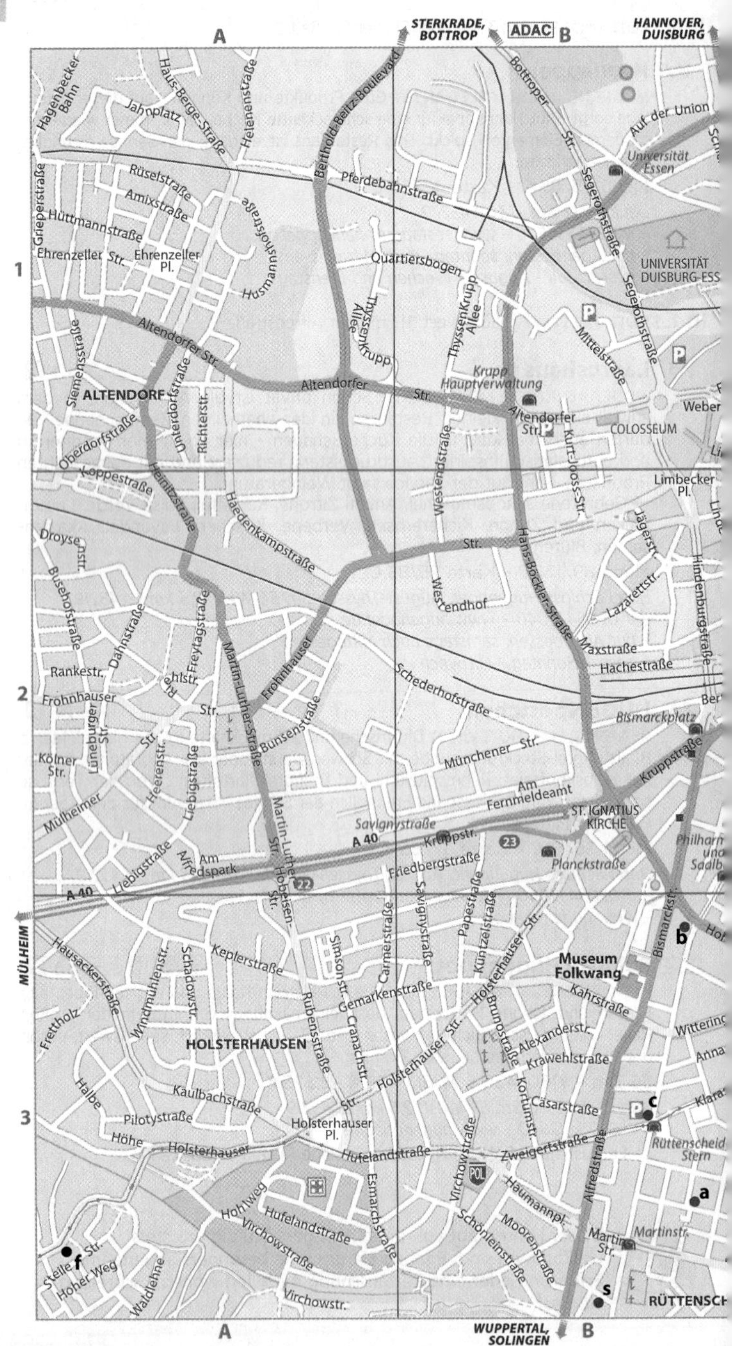
STERKRADE, BOTTROP
ADAC
HANNOVER, DUISBURG
ALTENDORF
HOLSTERHAUSEN
UNIVERSITÄT DUISBURG-ESSEN
Krupp Hauptverwaltung
COLOSSEUM
ST. IGNATIUS KIRCHE
Museum Folkwang
MÜLHEIM
WUPPERTAL, SOLINGEN
RÜTTENSCHEID

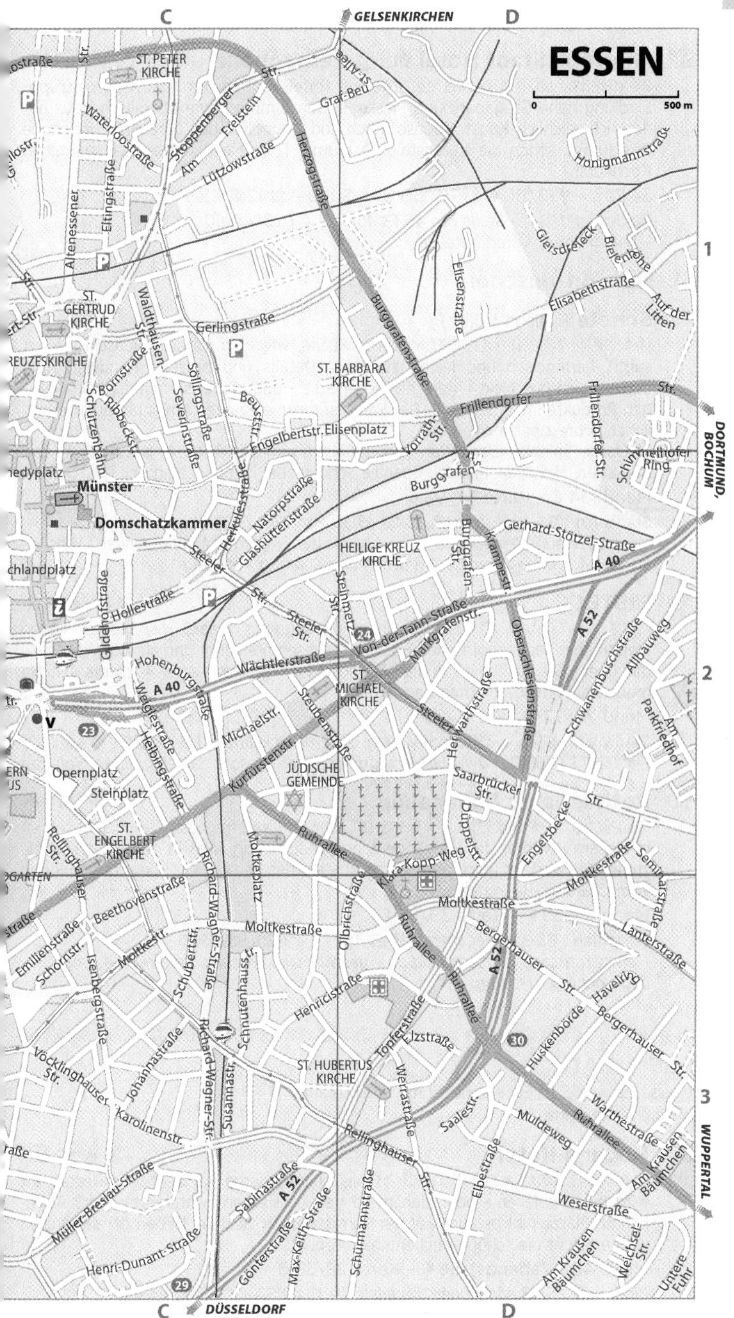
ESSEN
0
500 m
GELSENKIRCHEN
DORTMUND, BOCHUM
WUPPERTAL
DÜSSELDORF
C
D
1
2
3
ST. PETER KIRCHE
ST. GERTRUD KIRCHE
ST. BARBARA KIRCHE
HEILIGE KREUZ KIRCHE
ST. MICHAEL KIRCHE
JÜDISCHE GEMEINDE
ST. ENGELBERT KIRCHE
ST. HUBERTUS KIRCHE
Münster
Domschatzkammer
Herzogstraße
Burggrafenstraße
Frillendorfer Str.
Elisabethstraße
Honigmannstraße
Gerlingstraße
Engelbertstr.
Elisenplatz
Steeler Str.
Hollestraße
Wächtlerstraße
Von-der-Tann-Straße
Markgrafenstr.
Oberschlesienstraße
Kampestr.
Gerhard-Stötzel-Straße
A 40
A 52
Kurfürstenstr.
Ruhrallee
Klara-Kopp-Weg
Moltkestraße
Moltkeplatz
Richard-Wagner-Straße
Beethovenstraße
Opernplatz
Steinplatz
Rellinghauser Str.
Bergerhauser Str.
Henricistraße
Töpferstraße
Saalestr.
Muldeweg
Weserstraße
Warthestraße
Schwanenbuschstraße
Allbauweg
Huyssenallee
Sabinastraße
Max-Keith-Straße
Schürmannstraße
Henri-Dunant-Straße
Müller-Breslau-Straße
Karolinenstr.
Vöcklinghauser Str.
Johannastraße
Elbestraße
Am Krausen Bäumchen
Untere Fuhr

In Essen-Margarethenhöhe

Mintrops Stadt Hotel Margarethenhöhe

BUSINESS • MODERN Das nette kleine Hotel liegt in der historischen Krupp-Siedlung nahe Grugapark und Messe. In den Zimmern wie überall im Haus findet sich reichlich Kunst. Ebenso frisch und freundlich das geradlinig gehaltene Restaurant, schön die Veranstaltungsräume. Tipp: Machen Sie doch mal einen Kochkurs!

34 Zim - 58/110 € 78/150 € - 1 Suite - 12 € - ½ P

Stadtplan : A3-f - *Steile Str. 46 ✉ 45149 - ✆ 0201 43860 - www.mintrops-stadthotel.de*

In Essen-Rüttenscheid

Schote (Nelson Müller)

MODERNE KÜCHE • CHIC XX Moderne Küche, wie man sie sich wünscht: Sie ist subtil, harmonisch und leicht, setzt auf Details und präzises Handwerk und bedient sich geschickt unterschiedlicher Stile - und immer stehen die hochwertigen Produkte im Mittelpunkt. Der Rahmen dazu: elegantes Ambiente und freundlicher, professioneller Service.

➜ Dashi, Shiitake, Bao, Wan Tan, Frühlingsgemüse. Black Angus, Rücken und Bäckchen, Navetten, Mandel. Guanaja Schokolade, Zichorie, Mango.

Menü 134 € - Karte 67/93 €

Stadtplan : B3-a - *Emmastr. 25 ✉ 45130 - ✆ 0201 780107 - www.restaurant-schote.de - nur Abendessen - geschl. Anfang Januar 1 Woche, Ende Juli - Anfang August 2 Wochen und Sonntag - Montag*

BISTECCA 

FLEISCH • TRENDY XX Lust auf ein schön gegrilltes Steak? Hier gibt es neben Fleisch aber auch fangfrischen Fisch als Tagesempfehlung! Und auf der Weinkarte mit über 450 Positionen findet sich so manch großer Name. Auch die schicke moderne Einrichtung kommt an.

Menü 72/97 € - Karte 42/119 €

Stadtplan : B3-b - *Rüttenscheiderstr. 2, (im Glückaufhaus) ✉ 45128 - ✆ 0201 74716931 - www.bistecca-grillroom.de - geschl. Samstagmittag, Sonntag*

Rotisserie du Sommelier 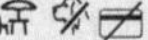

FRANZÖSISCH-KLASSISCH • BISTRO X Wer in Essen französisches Flair sucht, ist in diesem Bistro in der Fußgängerzone genau richtig. Was in der kleinen Küche zubereitet wird, ist frisch und schmeckt - auf der Karte z. B. "Boeuf Bourguignon vom Charolais-Bäckchen".

Menü 45/68 € - Karte 39/66 €

Stadtplan : B3-s - *Wegenerstr. 3 ✉ 45131 - ✆ 0201 9596930 - www.rotisserie-ruettenscheid.de - geschl. Mai 1 Woche , September 1 Woche und Sonntag - Montag*

ESSEN, BAD

Niedersachsen - 15 111 Ew. - Höhe 62 m - Regionalatlas **17**-F8
Michelin Straßenkarte 541

Höger's Hotel

INTERNATIONAL • FREUNDLICH XX Das chic-moderne Ambiente im Restaurant wird Ihnen gefallen - oder ziehen Sie den klassischen Wintergarten vor? Angenehme Plätze gibt es auch auf der Terrasse unter Buchen. Neben der saisonalen Küche macht die schöne Kuchentheke Appetit.

Menü 40 € (abends)/56 € - Karte 28/59 €

Kirchplatz 25, (Zufahrt über Nikolaistr. 11) ✉ 49152 - ✆ 05472 94640 - www.hoegers.de

Höger's Hotel

FAMILIÄR • MODERN Eines vorneweg: Wohnlich sind die Zimmer alle, denn die beiden Gastgeberinnen haben ein Händchen für geschmackvolles Interieur. Besonders attraktiv ist das Design im sanierten alten Fachwerkhaus und im modernen Anbau. Ebenso hübsche Lounge.

35 Zim - 65/95 € 100/115 € - 1 Suite - ½ P

Kirchplatz 25, (Zufahrt über Nikolaistr. 11) ✉ 49152 - ✆ 05472 94640 - www.hoegers.de

Höger's Hotel - siehe Restaurantauswahl

Kleines Budget? Profitieren Sie von den Mittagsmenüs zu moderaten Preisen.

ESSLINGEN am NECKAR

Baden-Württemberg - 90 378 Ew. - Höhe 401 m - Regionalatlas **55**-G18
Michelin Straßenkarte 545

Reichsstadt

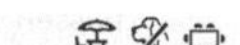

ITALIENISCH • FREUNDLICH XX Kunst und Kulinarik gehen in dem historischen Stadthaus a. d. 15. Jh. Hand in Hand. Zur italienischen Küche ("Gnocchi Pino Sassano", "Risotto Cacio e Pepe"...) gibt's Wein aus Italien, aber auch deutsche Rieslinge. Draußen speist man mit Blick aufs alte Rathaus vis-à-vis.

Menü 59/74 € - Karte 39/62 €

Rathausplatz 5 ✉ 73728 - ✆ 0711 353620 - www.ristorante-reichsstadt.de - geschl. Sonntag - Montag

Goldener Ochsen

FRANZÖSISCH-KLASSISCH • GERADLINIG XX Die Lage neben dem Schlachthof ist zwar nicht die attraktivste, doch dafür kann man ausgezeichnet parken! Zum schönen modernen Ambiente passt die geradlinig-puristische Küche auf Basis guter, frischer Produkte, so z. B. "Rücken vom irischen Lamm mit grünen Bohnen und Kartoffelcreme".

Karte 31/48 €

Schlachthausstr. 13 ✉ 73728 - ✆ 0711 3509509 - www.goldenerochseesslingen.de - geschl. August 2 Wochen und Samstagmittag, Sonntag - Montag

Posthörnle

INTERNATIONAL • FREUNDLICH X In einem der ältesten Wirtshäuser der Stadt ist dieses geradlinig-leger gehaltene kleine Restaurant zu finden. Aus der Küche kommen frische saisonale Gerichte, von der "Rehfrikadelle mit schwarzem Senf" bis zum "gebratenen Zander auf Orangen-Chicorée".

Menü 50 € - Karte 29/56 €

Pliensaustr. 56 ✉ 73728 - ✆ 0711 50629131 - www.posthoernle.de - nur Abendessen, sonntags auch Mittagessen - geschl. August 3 Wochen, Januar 1 Woche und September - April: Montag, Mai - August: Montag - Dienstag

Park Consul

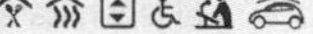

BUSINESS • MODERN Modernes Businesshotel mit luftig-lichter Atriumhalle samt Bar und Lounge. Gut ausgestattet sind die Zimmer alle, die "Executive"-Kategorie bietet ein paar Extras und liegt ruhiger zum "Neckar Forum". Besonderheit im Restaurant: "Wein Forum" regionaler Winzer (Degustation/Kauf möglich). Dazu die Dachterrasse!

150 Zim - 169/189 € 199/219 € - 4 Suiten - ½ P

Grabbrunnenstr. 19 ✉ 73728 - ✆ 0711 411110 - www.pcesslingen.consul-hotels.com

ETTENHEIM

Baden-Württemberg – 12 615 Ew. – Höhe 193 m – Regionalatlas **53**-D20
Michelin Straßenkarte 545

Weber

REGIONAL • WEINSTUBE Auf dem Weingut der Webers speist man in ländlich-charmantem Ambiente. Das Angebot reicht von Vespergerichten über Flammkuchen bis hin zu regionalen Speisen wie "Rinderrückensteak mit Rotwein-Zwiebelsoße, Gemüse und Brägili". Dazu gibt's natürlich die guten hauseigenen Weine (Schwerpunkt Burgunder).

Menü 26 € (vegetarisch)/52 € – Karte 20/45 €

Im Offental 1 ✉ 77955 – ✆ 07822 89480 – www.weingut-weber.de – geschl. November und Montag - Dienstag

ETTLINGEN

Baden-Württemberg – 38 861 Ew. – Höhe 133 m – Regionalatlas **54**-F18
Michelin Straßenkarte 545

Erbprinz

KLASSISCHE KÜCHE • ELEGANT Das stillvolle helle Interieur, die hochwertig eingedeckten Tische und die ebenso niveauvolle Küche könnten kaum ein stimmigeres Bild ergeben. Gekocht wird klassisch, saisonal und mit internationalen Einflüssen - fein, ausdrucksstark und ansprechend präsentiert. Draußen vor der Glasfront die schöne Terrasse.

→ Forelle, Tellerzwiebel, Thai-Mango, gelierter Maikrauttee. Rehrücken, Haselnussgrießknödel, Spitzkohl, Kaffeeöl. Weißes Kaffeeparfait mit Portweinkirschen.

Menü 108/148 € – Karte 94/132 €

Hotel Erbprinz, Rheinstr. 1 ✉ 76275 – ✆ 07243 3220 (Tischbestellung ratsam) – www.erbprinz.de – nur Abendessen – geschl. 7. - 23. Januar, 20. Mai - 5. Juni, 28. Oktober - 6. November und Sonntag - Dienstag sowie an Feiertagen

Weinstube Sibylla

REGIONAL • WEINSTUBE Schöner alter Holzfußboden, getäfelte Wände und hübsche Deko versprühen hier traditionelles Flair. Darf es z. B. "Kotelett vom Kraichgauer Schwein mit Radieschengemüse" sein? Oder lieber Klassiker wie "Maultaschen mit Zwiebelschmelze"?

Menü 37 € – Karte 37/58 €

Hotel Erbprinz, Rheinstr. 1 ✉ 76275 – ✆ 07243 3220 – www.erbprinz.de

Hartmaier's Villa

INTERNATIONAL • ELEGANT In einer schönen Villa von 1818 befindet sich das moderne Restaurant. Das Ambiente mal elegant, mal legerer, schön die Terrassen vor und hinter dem Haus. Auf der Karte liest man z. B. "Kalbsrückensteak in Morchelsauce" oder "Lammrücken mit Rosmarin und Dijonsenf". Funktionale Zimmer im "Hotel Watthalden".

Menü 32 € (mittags unter der Woche)/67 € – Karte 35/65 €
83 Zim – †84/114 € ††94/134 €

Pforzheimer Str. 67 ✉ 76275 – ✆ 07243 761720 – www.hartmaiers.de

Erbprinz

LUXUS • KLASSISCH Unter engagierter Leitung wird das gewachsene Hotel mit Ursprung im Jahre 1780 immer wieder erweitert und verschönert. So wohnt man hier von klassisch-gediegen bis modern-elegant, gönnt sich Beauty-Behandlungen, Fitness-Programm und Medical Spa, genießt hausgebackenen Kuchen im eigenen Café...

122 Zim – †135/185 € ††185/290 € – 8 Suiten – ½ P

Rheinstr. 1 ✉ 76275 – ✆ 07243 3220 – www.erbprinz.de

Erbprinz • **Weinstube Sibylla** – siehe Restaurantauswahl

EUSKIRCHEN

Nordrhein-Westfalen – 56 077 Ew. – Höhe 160 m – Regionalatlas **35**-B13
Michelin Straßenkarte 543

Stadtwaldvinum

MEDITERRAN • GEMÜTLICH XX Außen wie innen versprüht das Haus südländisches Flair, passend dazu die frische mediterrane Küche mit saisonal-regionalem Einfluss - Appetit auf "Ziegenkäse-Ravioli mit Löwenzahnblütenöl" oder "irischen Lammrücken in Fenchelsamenkruste"? Sie können hier auch Wein und sogar Terrakotta kaufen!

Menü 20 € (mittags unter der Woche)/69 € - Karte 35/57 €

Münstereifeler Str. 148 ✉ 53879
- ✆ 02251 63313 - www.stadtwaldvinum.de
- geschl. Samstagmittag und Montag, außer an Feiertagen

Cantinetta

ITALIENISCH • TRENDY XX Interessante Einblicke bietet nicht nur die offene Küche, aus der mediterrane Speisen (Geschmortes, Pasta, leckere Desserts) kommen. Der begehbare gläserne Chambrair weckt Vorfreude auf eine große italienische und deutsche Weinauswahl.

Menü 39 € - Karte 37/64 €

Ameron Parkhotel, Alleestr. 1 ✉ 53879
- ✆ 02251 775555 - www.ameron-parkhotel-euskirchen.de
- nur Abendessen - geschl. Sonntag

Ameron Parkhotel

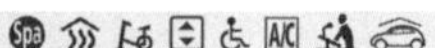

LUXUS • MODERN Mit zeitlosem hochwertigem Design und guter Technik sowie einem ansprechenden Freizeitbereich überzeugt das Businesshotel ebenso wie mit seiner zentralen Lage gegenüber dem Bahnhof und der Nähe zum Nationalpark Nordeifel.

92 Zim - 99/159 € 109/169 € - 3 Suiten - ½ P

Alleestr. 1 ✉ 53879
- ✆ 02251 7750 - www.ameron-parkhotel-euskirchen.de

Cantinetta - siehe Restaurantauswahl

In Euskirchen-Flamersheim Süd-Ost: 7,5 km

Bembergs Häuschen (Oliver Röder)

MODERNE KÜCHE • KLASSISCHES AMBIENTE XX Das ausgesprochen hübsche modern-elegante Restaurant im Schloss der Familie von Bemberg setzt auf stimmige, ausdrucksstarke Gerichte mit schönen Akzenten. Dazu sehr aufmerksamer Service. Wer auf dem tollen historischen Anwesen übernachten möchte, findet im ehemaligen Kuhstall attraktive Zimmer. Kochschule.

→ Ochsenschwanz, Sellerie, Apfel. Gezupfte Lammhaxe, Eigelb, Nussbutter. Gâteau, Original Beans Cru Virunga 70%, Haselnuss, Cassis.

Menü 69/149 €

5 Zim - 85/100 € 100/120 € - 15 € - ½ P

Burg Flamersheim, (Zufahrt über Sperberstraße) ✉ 53881 - ✆ 02255 945752
- www.burgflamersheim.de - nur Abendessen, sonntags auch Mittagessen
- geschl. 1. - 18. Januar und Montag - Mittwoch

Eiflers Zeiten - siehe Restaurantauswahl

Eiflers Zeiten

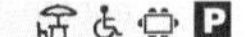

REGIONAL • RUSTIKAL X Die rustikalere Restaurantvariante. Lust auf Schmorgerichte vom heimischen Rind oder wechslende Tagesgerichte wie Sonntagsbraten oder Kalbsleber "Berliner Art"? Hingucker ist der Holzofen mitten im Raum, in dem u. a. leckere Kartoffelflammkuchen backen! Schön der Blick durch die Fensterfront auf den Teich.

Menü 37 € - Karte 32/55 €

Restaurant Bembergs Häuschen, Burg Flamersheim, (Zufahrt über Sperberstraße) ✉ 53881 - ✆ 02255 945752 - www.burgflamersheim.de - Mittwoch - Donnerstag nur Abendessen - geschl. 1. - 18. Januar und Montag - Dienstag

EUTIN

Schleswig-Holstein - 16 781 Ew. - Höhe 33 m - Regionalatlas **11**-J4
Michelin Straßenkarte 541

EUT-IN Hotel Alte Straßenmeisterei

LANDHAUS • GEMÜTLICH Das kleine Hotel in den Gebäuden der einstigen Straßenmeisterei ist ideal für Ausflüge an die Ostsee (10 km). Toll relaxen kann man auch im Strandkorb am eigenen Badeteich und in den individuellen Zimmern. Im Restaurant gibt es Regionales wie Fischfrikadelle, in der "Speisekammer" auf Vorbestellung ein Menü.

14 Zim - †59/89 € ††89/109 € - ☕10 € - ½ P

Lübecker Landstr. 53 ✉ 23701 - ✆ 04521 778810 - www.eut-in-hotel.de

EYBA Thüringen

→ Siehe Saalfelder Höhe

FAHRENZHAUSEN

Bayern - 4 727 Ew. - Höhe 465 m - Regionalatlas **58**-L19
Michelin Straßenkarte 546

In Fahrenzhausen-Großnöbach Süd-Ost: 2 km über B 13 Richtung München

AmperVilla

LANDHAUS • MEDITERRAN Ein Haus mit mediterranem Landhausflair. Mit hübschen Stoffen und warmen Farben hat man die Zimmer geschmackvoll und wohnlich gestaltet. Ebenso schön: Frühstücksraum und kleine Bibliothek.

38 Zim ☕ - †69/199 € ††89/229 € - 2 Suiten - ½ P

Gewerbering 1, B 13 ✉ 85777 - ✆ 08133 99630 - www.ampervilla.de - geschl. 23. - 27. Dezember

FASSBERG

Niedersachsen - 6 148 Ew. - Höhe 71 m - Regionalatlas **19**-I7
Michelin Straßenkarte 541

In Faßberg-Müden Süd-West: 4 km

Schäferstube

FRANZÖSISCH-KLASSISCH • FREUNDLICH XX Sie sitzen in gemütlichen Stuben mit Landhaus-Charme und lassen sich mit einem Mix aus klassisch-französischer und regionaler Küche bekochen. Wie wär's z. B. mit "pochiertem Saiblingsfilet auf Kräuterremoulade, Gurke und Eierbröseln"?

Menü 32/96 € - Karte 31/66 €

Niemeyer's Posthotel, Hauptstr. 7 ✉ 29328 - ✆ 05053 98900 - www.niemeyers-posthotel.de - Montag - Freitag nur Abendessen - geschl. Januar

Niemeyer's Posthotel

FAMILIÄR • INDIVIDUELL Aus dem 19. Jh. stammt dieser traditionsreiche Familienbetrieb mit behaglichem gediegenem Ambiente und einem hübschen modernen Sauna- und Ruhebereich.

35 Zim ☕ - †85/120 € ††140/180 € - 2 Suiten - ½ P

Hauptstr. 7 ✉ 29328 - ✆ 05053 98900 - www.niemeyers-posthotel.de - geschl. Januar

Schäferstube - siehe Restaurantauswahl

FEHMARN (INSEL)

Schleswig-Holstein - Regionalatlas **4**-K3
Michelin Straßenkarte 541

Burg

In Burg-Neujellingsdorf

Margaretenhof

REGIONAL • GEMÜTLICH XX In den liebevoll dekorierten Räumen des einstigen Bauernhauses spürt man das Engagement der Gastgeber - und man schmeckt es! Sehr gute Produkte und reichlich asiatische Einflüsse gibt es z. B. als "48 h Porkbelly mit BBQ-Glasur, Miso-Schmand, Römersalat". Oder lieber "Ostsee-Steinbutt mit Holsteiner Spargel"?

Menü 24/55 € - Karte 31/57 €

Dorfstr. 7, (Neujellingsdorf 7) ✉ 23769 - ✆ 04371 87670 - www.restaurant-margaretenhof.com - nur Abendessen, sonntags auch Mittagessen - geschl. Januar 3 Wochen, Januar - April: Montag - Donnerstag, Mai - September: Montag, Oktober - Dezember: Dienstag - Mittwoch,

FELDAFING

Bayern - 4 224 Ew. - Höhe 646 m - Regionalatlas **65**-L21
Michelin Straßenkarte 546

In Feldafing-Wieling West: 2 km, Richtung Traubing, dann rechts über B 2

Alte Linde

LANDHAUS • INDIVIDUELL Der Familienbetrieb ist aufgrund seiner Seenähe gerade im Sommer ein beliebtes Ziel. Sie schlafen in wohnlichen, recht geräumigen Zimmern (zur Straße hin gut schallisoliert), erkunden mit Elektrofahrrädern die Gegend (Verleih hier im Haus) und stärken sich danach im gemütlich-alpenländischen Restaurant.

40 Zim ☕ - 🚹65/205 € 🚹🚹105/265 € - ½ P

Wieling 5, an der B 2 ✉ 82340 - ✆ 08157 933180 - www.linde-wieling.de - geschl. November 3 Wochen

FELDBERG im SCHWARZWALD

Baden-Württemberg - 1 922 Ew. - Höhe 1 277 m - Regionalatlas **61**-E21
Michelin Straßenkarte 545

Burg Hotel Ⓝ

FAMILIÄR • MODERN Ideal für Aktive ist die Lage unmittelbar an Wanderrouten und Skipiste, direkt auf der Feldberg-Passhöhe in 1240 m Höhe! Sie wohnen in freundlichen modernen Zimmern, teilweise mit Pantry-Küche, und entspannen im schönen Saunabereich. Im Restaurant serviert man regionale Küche. HP inklusive.

48 Zim ☕ - 🚹93/183 € 🚹🚹120/240 € - 19 Suiten - ½ P

Grafenmattweg 2 ✉ 79868 - ✆ 07676 9399280 - www.burg-feldberg.de - geschl. Anfang - Mitte April, Anfang - Mitte November

In Feldberg-Altglashütten Höhe 991 m

Florian'S

REGIONAL • FAMILIÄR X Am Rand des Dorfes liegt dieses familiengeführte Haus, in dem regional gekocht wird. Neben Gerichten wie "Brust vom Schwarzfederhuhn in Trompetenpilzjus" genießt man hier auch die Aussicht. Im angeschlossenen Hotel Waldeck bietet man gepflegte, teils besonders moderne Zimmer. Tipp: Wanderungen im nahen Wald.

Menü 28/89 € - Karte 22/46 €

18 Zim ☕ - 🚹61/68 € 🚹🚹96/124 € - 2 Suiten

Windgfällstr. 19 ✉ 79868 - ✆ 07655 91030 - www.hotelwaldeck.com - nur Abendessen - geschl. Mittwoch

Schlehdorn

FAMILIÄR • GEMÜTLICH Wirklich schön hat man es in dem charmanten, sehr gut geführten Ferienhotel, dafür sorgen die Lage, die heimelige Atmosphäre, der umfassende Spa und auch die gute Küche - als HP oder à la carte. Die Zimmer gibt's im Hütten- oder Landhausstil, für Familien sind die Ferienwohnungen ideal.

12 Zim – 105/150 € 139/199 € – 8 Suiten – ½ P

Sommerberg 1, an der B 500 79868 – 07655 91050 – www.schlehdorn.de

Haus Sommerberg N

FAMILIÄR • GEMÜTLICH Was dieses kleine Hotel interessant macht? Es wird sympathisch-familiär geführt und hat wohnlich-gemütliche Zimmer - teilweise besonders modern, einige richtig geräumig. Und dann ist da noch die schöne Aussichtslage! Am Abend bietet man eine frische, bodenständige Halbpension an.

10 Zim – 55/85 € 110/130 € – ½ P

Am Sommerberg 14 79868 – 07655 1411 – www.sommerberg.com – geschl. 15. - 29. April, 11. - 13 November

In Feldberg-Bärental Höhe 980 m

Adler Bärental

REGIONAL • RUSTIKAL XX In den netten Gaststuben heißt es Schwarzwälder Gemütlichkeit, wie man sie von früher kennt. Aus der Küche kommen leckere badische Gerichte wie "Rehnüsschen mit Maronen-Kartoffelstampf" oder "Lachsforellenfilet mit Zitronen-Kapern-Nudeln". Schön auch die Menüs.

Menü 22/68 € – Karte 21/58 €

Hotel Adler Bärental, Feldbergstr. 4 79868 – 07655 933933 – www.adler-feldberg.de – geschl. Dienstag, November - Dezember und März - Mai: Dienstag - Mittwoch

Adler Bärental

GASTHOF • GEMÜTLICH Das Haus ist außen wie innen im regionstypischen Stil gehalten. Hinter der Holzschindelfassade verbergen sich gemütliche, nach Wildkräutern benannte Zimmer, Maisonetten und Appartements. Tipp: Fragen Sie nach den moderneren Zimmern.

16 Zim – 70/95 € 99/120 € – ½ P

Feldbergstr. 4, B 317 79868 – 07655 933933 – www.adler-feldberg.de

Adler Bärental – siehe Restaurantauswahl

In Feldberg-Falkau Höhe 950 m

Peterle

TRADITIONELLE KÜCHE • RUSTIKAL X In den ländlich-gemütlichen Stuben isst man frisch und schmackhaft, und das auf Basis regional-saisonaler Produkte. Lust auf "Bio-Ziegenkäse mit Erdbeer-Spargelsalat" oder "in Grauburgunder geschmorte Wiesentäler Kalbsschulter mit Spätzle"?

Menü 31/63 € – Karte 19/50 €

Schuppenhörnlestr. 18 79868 – 07655 677 – www.hotel-peterle.de – nur Abendessen, sonntags auch Mittagessen – geschl. Mitte November - Anfang Dezember, 27. März - 6. April und Donnerstag

Peterle

GASTHOF • INDIVIDUELL Wirklich sympathisch und sehr gepflegt ist es hier! Man schläft in hübschen, wohnlich und individuell gestalteten Zimmern, manche mit Holzboden, teilweise mit Balkon oder Terrasse zum netten Garten. Gutes Frühstück mit regionalen Produkten.

14 Zim – 40/70 € 86/111 € – ½ P

Schuppenhörnlestr. 18 79868 – 07655 677 – www.hotel-peterle.de – geschl. 9. November - 7. Dezember, 27. März - 6. April

Peterle – siehe Restaurantauswahl

FELDBERGER SEENLANDSCHAFT

Mecklenburg-Vorpommern - 4 399 Ew. - Höhe 90 m - Regionalatlas **14**-P6
Michelin Straßenkarte 542

Im Ortsteil Fürstenhagen

Alte Schule - Klassenzimmer (Daniel Schmidthaler)

KLASSISCHE KÜCHE • FREUNDLICH XX Wo früher gepaukt wurde, wird heute fein, modern und angenehm reduziert gekocht. Dabei stehen regionale Produkte der Saison absolut im Mittelpunkt, gekonnt setzt man aromatische Kräuter ein. Das Ambiente: fast puristisch und zugleich stilvoll. Ebenso schön sind übrigens die hellen, gemütlichen Gästezimmer.

→ Lammherz, Karotte, Löwenzahn. Kalb, Sumpfkresse, Maipilze. Vogelmiere, Getreide.

Menü 58/95 €

18 Zim - 60/70 € 80/95 €

Zur Alten Schule 5 ✉ 17258 - ✆ 039831 22023 (Tischbestellung ratsam) - www.hotelalteschule.de - nur Abendessen - geschl. 2. Januar - 1. Februar und Montag, November - März: Montag - Donnerstag, April - Juni: Montag - Dienstag

FELDKIRCHEN

Bayern - 7 073 Ew. - Höhe 523 m - Regionalatlas **66**-M20
Michelin Straßenkarte 546

Bauer

TRADITIONELLE KÜCHE • FREUNDLICH XX Auch zum Essen kommt man gerne zu Familie Bauer, denn man sitzt hier schön in verschiedenen gemütlichen Stuben oder im Wintergarten und lässt sich das tagesfrische regionale Angebot schmecken.

Karte 27/52 €

Hotel Bauer, Münchner Str. 6 ✉ 85622 - ✆ 089 90980 - www.bauerhotel.de

Bauer

FAMILIÄR • GEMÜTLICH Schon Jahrzehnte in Familienhand, ist der alteingesessene Gasthof zum Hotel gewachsen, engagiert und freundlich wird man hier betreut. Wie wär's mit einem der besonders schönen und wertigen Zimmer im chic-alpinen Stil?

100 Zim - 128/188 € 148/248 € - 1 Suite

Münchner Str. 6 ✉ 85622 - ✆ 089 90980 - www.bauerhotel.de

Bauer - siehe Restaurantauswahl

FELDKIRCHEN-WESTERHAM

Bayern - 10 501 Ew. - Höhe 551 m - Regionalatlas **66**-M21
Michelin Straßenkarte 546

Im Ortsteil Aschbach Nord-West: 3 km ab Feldkirchen in Richtung München

Aschbacher Hof 

MARKTKÜCHE • LÄNDLICH XX "Filet vom bayerischen Jungbullen unter der Bärlauchkruste mit Ragout von weißem und grünem Spargel" - ein schmackhaftes Beispiel für die saisonale, internationale und regionale Küche. Besonders angenehm ist die Terrasse mit toller Sicht auf die Alpen, aber auch drinnen sitzt man gemütlich.

Menü 25/45 € - Karte 23/45 €

Hotel Aschbacher Hof, Aschbach 3 ✉ 83620 - ✆ 08063 80660 - www.aschbacher-hof.de

Aschbacher Hof

GASTHOF • TRADITIONELL Das kleine Hotel mit den hübschen ländlichen Zimmern ist von der Autobahn aus gut erreichbar und liegt dennoch schön umgeben von Wiesen. In der Nähe Golfplatz, Bergtierpark, Wander- und Radwege. Auch für Tagungen und Hochzeiten interessant.

20 Zim – 65/97 € 115/125 € – ½ P

Aschbach 3 ✉ 83620 – ✆ 08063 80660 – www.aschbacher-hof.de

Aschbacher Hof – siehe Restaurantauswahl

FELLBACH Baden-Württemberg → Siehe Stuttgart

FELSBERG

Hessen – 10 673 Ew. – Höhe 165 m – Regionalatlas **38**-H12
Michelin Straßenkarte 543

In Felsberg-Hesserode Süd: 6,5 km über Gensungen und Helmshausen

Zum Rosenhof

INTERNATIONAL • LÄNDLICH XX Was hier in freundlichem Landhaus-Ambiente an mediterran beeinflussten klassischen Gerichten auf den Tisch kommt, nennt sich z. B. "Petersilienwurzelsuppe mit Ochsenschwanzpraline" oder "Brasato mit Risottobällchen".

Menü 30/150 € – Karte 27/73 €

Rockshäuser Str. 9 ✉ 34587 – ✆ 05662 2774 (Tischbestellung erforderlich) – www.mayer-stahl.de – nur Abendessen – geschl. Anfang Januar 2 Wochen

Zum Rosenhof

FAMILIÄR • INDIVIDUELL Charmant und persönlich ist es bei Gastgeberin Hannelore Mayer-Stahl in dem Bauernhaus a. d. 16. Jh. Außen hübsche Fachwerkfassade, drinnen liebenswertes Interieur: schöne Stoffe und Farben, dekorative Accessoires, hier und da antike Möbel.

9 Zim – 62/78 € 112/136 € – 12 €

Rockshäuser Str. 9 ✉ 34587 – ✆ 05662 2774 – www.mayer-stahl.de – geschl. Anfang Januar 2 Wochen

Zum Rosenhof – siehe Restaurantauswahl

FEUCHTWANGEN

Bayern – 12 102 Ew. – Höhe 452 m – Regionalatlas **56**-J17
Michelin Straßenkarte 546

Greifen-Post

MARKTKÜCHE • GASTHOF X Die drei Stuben sprühen förmlich vor historischem Flair und Gemütlichkeit. Man kocht saisonal-regional und auch mit internationalen Einflüssen sowie vegetarisch. Im Winter isst man gerne "Hirschbraten mit Wirsingköpfle". Ganzjährige Spezialität: Ente in verschiedenen Variationen.

Menü 35 € (abends)/85 € – Karte 31/61 €

Hotel Greifen-Post, Marktplatz 8 ✉ 91555 – ✆ 09852 6800 – www.hotel-greifen.de – nur Abendessen, Mitte Juni - Mitte August: Dienstag - Freitag nur Abendessen – geschl. 1. - 9. Januar und Sonntagabend - Montag

Greifen-Post

HISTORISCH • GEMÜTLICH Die beiden prachtvollen Häuser a. d. 14. Jh. liegen direkt am Marktplatz. Freunde der Romantik sind hier ebenso gut aufgehoben wie Renaissance- oder Biedermeier-Fans - oder wie wäre es mit einem eleganten Landhauszimmer? Dazu kleine Aufmerksamkeiten, ein gutes Frühstück und präsente Gastgeber.

35 Zim – 73/105 € 119/154 € – ½ P

Marktplatz 8 ✉ 91555 – ✆ 09852 6800 – www.hotel-greifen.de – geschl. 1. - 9. Januar

Greifen-Post – siehe Restaurantauswahl

FICHTELBERG

Bayern - 1 910 Ew. - Höhe 684 m - Regionalatlas **51**-M15
Michelin Straßenkarte 546

Schönblick

FAMILIÄR • GEMÜTLICH Das gewachsene Anwesen am Ortsende wird familiär geleitet und verfügt über wohnlich gestaltete Gästezimmer, meist mit Balkon. Auch Ferienwohnungen sind vorhanden. Abends gibt es ein Menü für Hausgäste.

47 Zim - 65/88 € 110/155 € - 3 Suiten - ½ P

Gustav-Leutelt-Str. 18 ✉ 95686
- ✆ 09272 97800 - www.hotel-schoenblick.de

FICHTENAU

Baden-Württemberg - 4 543 Ew. - Höhe 517 m - Regionalatlas **56**-I17
Michelin Straßenkarte 545

In Fichtenau-Neustädtlein

Vital-Hotel Meiser

SPA UND WELLNESS • GEMÜTLICH Ein Wellnesshotel wie aus dem Bilderbuch: zum einen geschmackvolle Landhauszimmer im Altbau, zum anderen topmoderne und dennoch gemütliche Zimmer im Neubau, dazu die wirklich schöne Lobby mit Kamin und nicht zuletzt der Spa auf 1000 qm - wertig und mit ausgesprochen wohliger Atmosphäre! Und die Küche? Regionale und saisonale Gerichte sowie eine attraktive 3/4-Pension.

62 Zim - 89/229 € 139/279 € - 5 Suiten - ½ P

Grenzstr. 42 ✉ 74579
- ✆ 07962 711940 - www.vitalhotel-meiser.de

FIEFBERGEN

Schleswig-Holstein - 574 Ew. - Höhe 26 m - Regionalatlas **3**-J3
Michelin Straßenkarte 541

Der Alte Auf

MARKTKÜCHE • RUSTIKAL Das historische Bauernhaus in herrlicher Lage birgt unter seinem Reetdach ein charmantes Restaurant, in dem freiliegendes Fachwerk Gemütlichkeit verbreitet. Serviert wird Regional-Saisonales wie "Reeses Lachsforellenfilet auf Zweierlei von der Frühlingszwiebel". Schön feiern kann man hier übrigens auch.

Menü 32/44 € - Karte 27/55 €

Am Dorfteich 15 ✉ 24217
- ✆ 04344 415525 (Tischbestellung ratsam) - www.der-alte-auf.de
- nur Abendessen - geschl. Montag - Dienstag

FINCKEN

Mecklenburg-Vorpommern - 503 Ew. - Höhe 75 m - Regionalatlas **13**-N6
Michelin Straßenkarte 542

Kavaliershaus am Finckener See

LANDHAUS • GERADLINIG Eine idyllische Gartenanlage trennt das Kavaliershaus a. d. 18. Jh. vom See. Badesteg, Ruderboot..., da lässt es sich gut relaxen! Auch drinnen hat man es schön: geschmackvoll-puristische Suiten, charmantes "Klassenzimmer" (hier regionale Küche), freundliche Mitarbeiter. Kinderspielhaus und Seminarhaus.

12 Zim - 88/188 € 100/200 € - 11 Suiten - ½ P

Hofstr. 12 ✉ 17209 - ✆ 039922 82700 - www.kavaliershaus-finckenersee.de
- geschl. Anfang Januar - Mitte März

FINSTERBERGEN Thüringen ➔ Siehe Friedrichroda

FINSTERWALDE

Brandenburg – 16 407 Ew. – Höhe 108 m – Regionalatlas **33**-Q10
Michelin Straßenkarte 542

Goldener Hahn

KLASSISCHE KÜCHE • ELEGANT In der ehemaligen Poststation von 1864 gibt es bei sympathischen Gastgebern klassische Küche mit Lausitzer und saisonalen Einflüssen. Probieren Sie z. B. "Loup de Mer mit Räucheraal-Spitzkohl und Meerrettich" oder "Kalbsbäckchen mit Schmorjus und eingelegtem Wurzelgemüse". Gepflegt übernachten kann man auch.

Menü 35 € (vegetarisch)/99 € – Karte 37/81 €

12 Zim – 45/52 € 79 € – 10 €

Bahnhofstr. 3 ✉ 03238 – ✆ 03531 2214 – www.goldenerhahn.com – Dienstag - Donnerstag nur Abendessen – geschl. Sonntag - Montag, außer an Feiertagen

FISCHEN im ALLGÄU

Bayern – 3 083 Ew. – Höhe 761 m – Regionalatlas **64**-J22
Michelin Straßenkarte 546

Tanneck

SPA UND WELLNESS • INDIVIDUELL Dieses gut geführte Haus hat so manches zu bieten: Es liegt schön erhöht nebst reizvoller Sicht auf Berge und Tal, hat wohnliche, teils neu gestaltete Zimmer, nicht zu vergessen jede Menge Wellness nebst Naturbadeteich. Zudem gibt es verschiedene Restaurantbereiche von modern-rustikal bis elegant.

62 Zim – 118/159 € 236/320 € – 5 Suiten – ½ P

Maderhalm 20 ✉ 87538 – ✆ 08326 9990 – www.hotel-tanneck.de – geschl. 8. - 22. April, 2. - 21. Dezember

FLADUNGEN

Bayern – 2 265 Ew. – Höhe 414 m – Regionalatlas **39**-I13
Michelin Straßenkarte 546

Sonnentau

FAMILIÄR • INDIVIDUELL Feriengäste genießen die tolle Lage am Südhang samt schöner Aussicht auf Fladungen und Umgebung. Sie wohnen in gepflegten Zimmern mit Talblick oder zur Bergseite und entspannen bei guten Freizeitangeboten wie Anwendungen, Außensauna und Salzstollen. Restauranträume von rustikal bis zum lichten Wintergarten.

60 Zim – 42/78 € 76/144 € – ½ P

Wurmbergstr. 1, Nord-Ost: 1,5 km ✉ 97650 – ✆ 09778 91220 – www.sonnentau.com

FLEIN Baden-Württemberg ➔ Siehe Heilbronn

FLENSBURG

Schleswig-Holstein – 84 694 Ew. – Höhe 12 m – Regionalatlas **2**-H2
Michelin Straßenkarte 541

Alte Post

BUSINESS • DESIGN Aus der ehemaligen Post ist hier nahe dem Hafen ein "Nordic Life & Style Hotel" entstanden. Überall hat die Kopenhagener Designerin Helle Flou stylische Akzente gesetzt, chic der skandinavisch-puristische Look der Zimmer, lebendig die großzügige Atriumhalle. Im "1871 - Grill & Buns" gibt es U.S.-Food.

75 Zim – 85/175 € 115/195 € – 14 €

Rathausstr. 2 ✉ 24937 – ✆ 0461 8070810 – www.ap-hotel.de

In Harrislee-Wassersleben Nord: 5 km

Wassersleben

FAMILIÄR • GEMÜTLICH Nach einem anstrengenden Tag in der Stadt kommt man hier zur Ruhe, direkt an der Förde - man kann sie von fast allen Zimmern sehen! Auch im Restaurant und auf der Terrasse genießt man den Ostseeblick, z. B. bei Kuchen aus der eigenen Konditorei unter freiem Himmel!

25 Zim – 99/130 € 145/178 € – ½ P

Wassersleben 4 24955
– 0461 77420 – www.hotel-wassersleben.de

In Oeversee Süd: 9 km

Krugwirtschaft

REGIONAL • GEMÜTLICH Gemütlich hat man es in den liebenswert mit allerlei Krügen dekorierten Räumen bei schmackhaften regionalen Gerichten und Klassikern. Es gibt z. B. "Salat vom Kalbstafelspitz, Pulpo, Bolte's Spargel und Wildkräuter" oder "Unser Bürgermeisterstück in Buttersoße auf Schmorgemüse".

Menü 29 € (vegetarisch)/44 € – Karte 34/55 €

Hotel Historischer Krug, Grazer Platz 1, B 76 24988
– 04630 9400
– www.historischer-krug.de

Privileg

KLASSISCHE KÜCHE • KLASSISCHES AMBIENTE In dem kleinen Gourmetrestaurant genießt man bei gepflegter Tischkultur geschmackvolle klassische Gerichte wie "Lofotenskrei, Pixelsenf, Berglinsen". Reichlich Deko unterstreicht die wohnlich-elegante Atmosphäre.

Menü 49/96 €

Hotel Historischer Krug, Grazer Platz 1, B 76 24988
– 04630 9400 – www.historischer-krug.de
– nur Abendessen – geschl. 16. Januar - 1. März, Dienstag - Donnerstag

Historischer Krug

LANDHAUS • INDIVIDUELL Aus verschiedenen Häusern setzt sich dieses Anwesen zusammen, eines davon ein Reetdachhaus von 1519 - entsprechend individuell sind die Zimmer. Entspannen kann man in der "Krugtherme" u. a. bei Ayurveda oder aber im Garten.

60 Zim – 89/129 € 139/199 € – ½ P

Grazer Platz 1, B 76 24988
– 04630 9400 – www.historischer-krug.de

Krugwirtschaft • **Privileg** – siehe Restaurantauswahl

FLÖRSHEIM-DALSHEIM

Rheinland-Pfalz – 3 007 Ew. – Höhe 162 m – Regionalatlas **47**-E16
Michelin Straßenkarte 543

Weingut und Gästehaus Peth

FAMILIÄR • MODERN Wohnen im Weingut? Bei Familie Peth wird man persönlich betreut, schläft in hübschen, freundlichen Zimmern (hier gibt's übrigens eine Flasche Hauswein gratis) und genießt morgens ein leckeres Frühstück - im Sommer gern auf der Dachterrasse.

10 Zim – 80/90 € 109/125 € – 1 Suite

Alzeyer Str. 28, Ortsteil Flörsheim 67592
– 06243 908800 – www.peth.de
– geschl. 23. Dezember - 8. Januar, 13. - 17. April

FLOH-SELIGENTHAL

Thüringen – 6 154 Ew. – Höhe 360 m – Regionalatlas **39**-J13
Michelin Straßenkarte 544

Im Ortsteil Struth-Helmershof Süd-Ost: 3 km

Thüringer Hof

FAMILIÄR • GEMÜTLICH In diesem Familienbetrieb ist man wirklich gut aufgehoben: Das Haus ist tipptopp gepflegt, die Zimmer sind zeitgemäß (viele mit Balkon), der Service ist freundlich und am Morgen gibt es ein gutes, frisches Frühstücksbuffet. Im Restaurant mit Gaststube isst man regional.

20 Zim – 62/79 € 88/99 € – ½ P

Kronsteinstr. 3 ✉ 98593
– ✆ 03683 79190 – www.hotel-thueringer-hof.de

FLONHEIM

Rheinland-Pfalz – 2 690 Ew. – Höhe 145 m – Regionalatlas **47**-E15
Michelin Straßenkarte 543

Zum Goldenen Engel

MEDITERRAN • TRENDY Direkt neben der schönen Kirche finden Sie in der ehemaligen Poststation ein sympathisches geradlinig-modernes Restaurant, in dem es Spaß macht, zu essen! Aus der Küche kommt Frisches und Schmackhaftes wie z. B. "krosser Tintenfisch auf rotem Risotto". Tipp: der idyllische Innenhof mit mediterranem Flair!

Menü 46/68 € – Karte 33/56 €

Marktplatz 3 ✉ 55237
– ✆ 06734 913930 – www.zum-goldenen-engel.com
– geschl. Montagmittag, Dienstagmittag, Mittwoch, September - Mai: Mittwoch - Donnerstag

In Flonheim-Uffhofen Süd-West: 1 km

Weinwirtschaft Espenhof

REGIONAL • WEINSTUBE Die Weinwirtschaft ist schon ein besonderes Fleckchen, das man so auch in der Toskana finden könnte - einfach zum Wohlfühlen der reizende Innenhof und die helle Weinstube mit rustikalem Touch! Serviert wird z. B. "getrüffelte Perlhuhnbrust mit bunten Nudeln", dazu schöne eigene Weine!

Menü 34/55 € – Karte 30/54 €

Landhotel Espenhof, Poststr. 1 ✉ 55237 – ✆ 06734 962730 – www.espenhof.de
– nur Abendessen, sonntags auch Mittagessen – geschl. 1. - 14. Januar und Montag

Landhotel Espenhof

FAMILIÄR • GEMÜTLICH Weingut, Weinwirtschaft, Hotel... Familie Espenschied ist omnipräsent, charmant und stets um ihre Gäste bemüht. Geschmackvoll wohnen kann man nicht nur im kleinen Hotel, auch im Weingut hat man Zimmer: chic, modern, hochwertig! Nehmen Sie das leckere Frühstück im Sommer auf der netten Terrasse ein!

15 Zim – 74/89 € 102/128 € – 2 Suiten

Poststr. 1 ✉ 55237
– ✆ 06734 94040 – www.espenhof.de
– geschl. 1. - 14. Januar

Weinwirtschaft Espenhof – siehe Restaurantauswahl

FÖHR (INSEL)

Schleswig-Holstein – Regionalatlas **1**-F2
Michelin Straßenkarte 541

Oevenum - 458 Ew.

Rackmers Hof

LANDHAUS • MODERN In vier Häusern (drei davon reetgedeckt) wohnt man in hübschen, modernen und hochwertigen Maisonetten und Suiten, alle mit Kitchenette. Dazu Sauna, ein kleiner Fitnessbereich sowie Private Spa (gegen Gebühr), und am Morgen ein schönes Frühstücksbuffet - die hausgemachte Marmelade gibt's auch für zu Hause!

15 Suiten – ††140/236 €

Buurnstrat 1 ✉ 25938 - ✆ 04681 746377 - www.rackmers.de

Sternhagens Landhaus

LANDHAUS • GEMÜTLICH Der 300 Jahre alte Reethof ist ideal für Individualisten, schön die Kunst. Frühstück im reizenden ehemaligen Kälberstall, abends kocht man ein Menü, mittwochs finden dabei Lesungen statt ("Sternhagens Gerichtgedichte"). Das Ambiente gemütlich-rustikal, charmant der Innenhof. Individuelle Gästezimmer, zwei mit Sauna. W-Lan nur in einigen Bereichen des Hauses.

12 Zim – †60/120 € ††125/165 € - 2 Suiten - ½ P

Buurnstrat 49 ✉ 25938 - ✆ 04681 59790 - www.sternhagens-landhaus.de - geschl. 7. November - 18. März

Süderende - 175 Ew.

Landhaus Altes Pastorat

HISTORISCH • INDIVIDUELL Jede Menge liebenswert friesischer Charme steckt in dem denkmalgeschützten ehemaligen Pastorat. Hier lässt es sich wunderbar entspannen, ob in den tollen, wohnlichen Zimmern und Suiten, im hübschen kleinen Saunabereich oder im Garten. Nicht zu vergessen die herzliche Gästebetreuung vom Frühstück bis zur HP.

6 Suiten – ††160/170 € - 4 Zim - ½ P

Haus Nr. 45 ✉ 25938 - ✆ 04683 226 - www.landhaus-altes-pastorat.de - geschl. November - Mitte Dezember

Wyk - 4 230 Ew.

Alt Wyk (René Dittrich)

KLASSISCHE KÜCHE • ELEGANT XX Schon allein die schöne gemütlich-elegante Einrichtung mit ihrem friesischen Flair ist einen Besuch wert. Nicht weniger Beachtung verdient die stimmige klassisch basierte Küche. Der Service versiert und zuvorkommend. Tipp: Lunchmenü mit gutem Preis-Leistungs-Verhältnis. Hübsch auch die zwei Ferienwohnungen.

→ Variation von Thunfisch und Kalb. Halber Hummer mit Gemüsecassoulet und hausgemachten Nudeln. Dreierlei von der Aprikose.

Menü 74 € - Karte 51/72 €

Große Str. 4 ✉ 25938 - ✆ 04681 3212 (Tischbestellung erforderlich) - www.alt-wyk.de - Montag - Donnerstag nur Abendessen, außer an Feiertagen - geschl. 7. Januar - 20. Februar, März 1 Woche, 12. November - 13. Dezember und Dienstag, außer Saison: Montag - Dienstag

FORCHHEIM

Bayern - 31 139 Ew. - Höhe 266 m - Regionalatlas **50**-K16
Michelin Straßenkarte 546

Zum Alten Zollhaus

INTERNATIONAL • TRENDY X Bistroambiente und internationale Küche erwarten Sie in dem Restaurant neben der historischen Katharinenkirche mitten in der Altstadt. Spezialität ist die "sous-vide geschmorte Ochsenschulter", die sich in saisonalen Variationen immer auf der Karte findet! Schön: Biergarten an der Wiesent. Kochschule nebenan.

Menü 35 € - Karte 22/43 €

Hauptstr. 4 ✉ 91301 - ✆ 09191 970990 - www.zollhaus-forchheim.de - nur Abendessen, sonntags auch Mittagessen - geschl. Montag - Dienstag

Franken

BUSINESS • FUNKTIONELL Recht ruhig liegt dieses Hotel am Ortsausgang. Haupt- und Gästehaus beherbergen tipptopp gepflegte und gut ausgestattete Zimmer. Einige hochwertige Antiquitäten zieren das Restaurant "Bobby's" in unmittelbarer Nähe des Hotels - hier serviert man mediterrane Küche.

40 Zim ☕ - 👤65/75 € 👥80/100 €

Ziegeleistr. 17 ✉ 91301 - ✆ 09191 6240 - www.hotelfranken.de

In Forchheim-Sigritzau Süd-Ost: 3 km in Richtung Erlangen und Pretzfeld

Zöllner's Weinstube

KLASSISCHE KÜCHE • LÄNDLICH XX Außen wie innen gleichermaßen charmant ist das Bauernhaus a. d. 18. Jh. Unter einem schönen markanten Kreuzgewölbe serviert man regional, aber auch mediterran inspirierte Gerichte, und das sind z. B. "Hummerravioli mit Erbsenpüree", "Kabeljau auf Senfsauce" oder auch "Ratsherrentoast". Dazu gute Frankenweine.

Menü 39/75 € - Karte 29/54 €

Sigritzau 1 ✉ 91301 - ✆ 09191 13886 - www.zoellners-weinstube.de - nur Abendessen - geschl. 1. - 10. Januar, Mitte August - Anfang September 3 Wochen und Montag - Dienstag

FORST Baden-Württemberg → Siehe Bruchsal

FORST an der WEINSTRASSE

Rheinland-Pfalz – 817 Ew. – Höhe 120 m – Regionalatlas **47**-E16
Michelin Straßenkarte 543

Gutsausschank Spindler

TRADITIONELLE KÜCHE • WEINSTUBE X Gern kommt man zum Essen auf das Weingut der Familie Spindler: Die Küche ist gut, das Ambiente gemütlich. Auf den Tisch kommen Klassiker und auch Internationales sowie die eigenen Weine. Tolle Terrasse unter Reben oder einer alten Platane.

Karte 23/41 €

Weinstr. 44 ✉ 67147 - ✆ 06326 5850 - www.gutsausschank-spindler.de - geschl. Ende Dezember - Ende Januar und Sonntag - Montag

Gästehaus Oswald

FAMILIÄR • INDIVIDUELL Ein ausgesprochen nettes kleines Gästehaus - genau richtig für alle, die es eher hoteluntypisch mögen. Freuen Sie sich auf geschmackvolle Zimmer mit hübschen farbenfrohen Bädern und ein leckeres Frühstück bei sympathischen Gastgebern.

11 Zim ☕ - 👤68/73 € 👥78/83 €

Pfarracker 1 ✉ 67147 - ✆ 06326 6775 - www.gaestehaus-pfalz.de

Landhotel Lucashof

FAMILIÄR • MEDITERRAN Weingut, Hotel und Natur ergeben schon äußerlich ein harmonisches Bild. Der mediterrane Touch setzt sich drinnen fort, alles ist schön freundlich. Die Zimmer sind nach den Weinlagen des eigenen Guts benannt, dazu ein frisches Frühstück.

7 Zim ☕ - 👤60/70 € 👥95/100 €

Wiesenweg 1a ✉ 67147 - ✆ 06326 336 - www.lucashof.de - geschl. Ende Dezember - Anfang Februar

FORSTINNING

Bayern – 3 649 Ew. – Höhe 512 m – Regionalatlas **66**-M20
Michelin Straßenkarte 546

In Forstinning-Schwaberwegen Süd-West: 1 km Richtung Anzing

Zum Vaas

TRADITIONELLE KÜCHE • GASTHOF Wo es lebendig, herzlich und familiär zugeht, kehrt man gerne ein! Was das engagierte Team im Restaurant des gleichnamigen Hotels als "Klassiker" oder "Heuer" auf den Tisch bringt, schmeckt und ist preislich fair! Wie wär's z. B. mit "Geschnetzeltem von der Rinderhüfte mit Gemüse und Spätzle"?

Karte 22/54 €

20 Zim – 55/120 € 90/160 €

Münchner Str. 88 ✉ 85661 – ✆ 08121 5562 – www.zum-vaas.de – geschl. August 3 Wochen und Montag - Dienstag

FRAMMERSBACH

Bayern – 4 511 Ew. – Höhe 246 m – Regionalatlas **48**-H15
Michelin Straßenkarte 546

Schwarzkopf

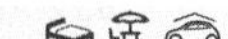

REGIONAL • GASTHOF Frisch, schmackhaft und optisch ansprechend präsentiert, so die regionalen Gerichte im Haus von Stefan Pumm und seiner charmanten Frau Anja. Ein beliebter Klassiker: "Chateaubriand mit Sauce Béarnaise" für zwei Personen. Im Winter gibt's ein Sonntagsmenü mit Braten. Gepflegt übernachten können Sie hier auch.

Menü 25 € (vegetarisch)/55 € – Karte 24/49 €

5 Zim – 58/65 € 88 €

Lohrer Str. 80, B 276 ✉ 97833 – ✆ 09355 307 – www.schwarzkopf-spessart.de – Donnerstag - Samstag nur Abendessen – geschl. Februar, September 2 Wochen und Montag - Dienstag

FRANKENAU

Hessen – 2 914 Ew. – Höhe 430 m – Regionalatlas **38**-G12
Michelin Straßenkarte 543

Außerhalb Süd: 3 km, über Ellershausen, Lengeltalstraße

Landhaus Bärenmühle

LANDHAUS • INDIVIDUELL Das hübsch sanierte alte Anwesen am Ende des in seiner Ursprünglichkeit unversehrten Tales entpuppt sich als wahres Idyll. Man wohnt sehr charmant und ebenso individuell, das Abendessen ist wie die herrliche Ruhe und Einsamkeit im Preis inbegriffen! Badeteich und Saunahaus.

15 Zim – 114/161 € 155/165 € – 4 Suiten – ½ P

✉ 35110 – ✆ 06455 759040 – www.baerenmuehle.de – geschl. Mitte - Ende Januar 2 Wochen

FRANKENBERG (EDER)

Hessen – 17 848 Ew. – Höhe 296 m – Regionalatlas **38**-G12
Michelin Straßenkarte 543

Philipp Soldan

KREATIV • TRENDY Angenehm leger geht es in dem schicken Kellerrestaurant zu. Schön modern das geradlinige Interieur in warmen Tönen, die Küche kreativ, durchdacht und stimmig - zur Wahl stehen die Menüs "Nördlich", "Urtypisch" und "Natürlich". Dazu treffliche Weinempfehlungen.

➜ Geflämmte norwegische Holzmakrele, Auster, Gurke, Zucchiniblüte. Marinierter Eismeersaibling, Zwergquittensaft, Radieschen, Bachkresse, Buttermilch, Saiblingskaviar. Rehrücken mit jungen Bärlauchkapern, Frühlingswirsing und weißer Zwiebelcrème.

Menü 59/102 € – Karte 60/82 €

Hotel Die Sonne Frankenberg, Marktplatz 2 ✉ 35066 – ✆ 06451 7500 (Tischbestellung ratsam) – www.sonne-frankenberg.de – nur Abendessen, sonntags auch Mittagessen – geschl. Januar - Februar 4 Wochen, Juli - August 4 Wochen und Sonntagabend - Dienstag

Sonne-Stuben

REGIONAL • FREUNDLICH Sie mögen es regional? Auf der Speisekarte findet sich einiges Schmackhaftes, so z. B. "Rinderroulade mit Kartoffelpüree und Gemüse". Und als Dessert vielleicht "Nougattarte mit Birneneis"? In den gemütlichen Stuben nehmen diverse Dekorationen Bezug zu Alt-Frankenberg. Terrasse zum Marktplatz!

Menü 39/59 € – Karte 29/50 €

Hotel Die Sonne Frankenberg, Marktplatz 2 ✉ 35066 – ✆ 06451 7500 – www.sonne-frankenberg.de

Die Sonne Frankenberg

HISTORISCH • MODERN Ein schöner Anblick sind die liebenswert restaurierten historischen Gebäude mitten im Zentrum. Man wird sehr freundlich umsorgt, das Ambiente ist herrlich wohnlich und auf drei Etagen Spa kann man toll entspannen. Restaurants hat man gleich drei, darunter das "Philippo" mit regional-mediterranem Tapasangebot.

55 Zim – †139/209 € ††189/269 € – 5 Suiten – ½ P

Marktplatz 2 ✉ 35066 – ✆ 06451 7500 – www.sonne-frankenberg.de

Philipp Soldan • **Sonne-Stuben** – siehe Restaurantauswahl

age fotostock

WIR MÖGEN BESONDERS...

Auf der großen Terrasse des **Druckwasserwerks** etwas abseits des Trubels direkt am Main sitzen. Das **Lafleur** als Gourmetinstitution der Stadt. Im **SEVEN SWANS** rein vegetarische/vegane Sterneküche genießen. Brasserie-Flair und tolle französische Küche im **Mon Amie Maxi**. Das **TNT** als nicht alltägliche Location. Im **Gustav** preiswert und richtig gut zu Mittag essen.

FRANKFURT am MAIN

Hessen – 717 624 Ew. – Höhe 98 m – Regionalatlas **47**-F14
Michelin Straßenkarte 543

Stadtpläne siehe nächste Seiten

Restaurants

ꕥꕥ Lafleur

FRANZÖSISCH-MODERN • ELEGANT XXX Klassisch und reduziert ist die Küche hier, dennoch reich an Ideen, Kontrasten und schönen Kombinationen. Darf es vielleicht mal das vegane Menü sein? Sie werden herzlich und geschult umsorgt, und zwar im verglasten Anbau des "Gesellschaftshauses Palmengarten" - chic das Design. Eigener Weinkontor.

➜ Gebeizte, marinierte Schottische Jakobsmuschel mit Imperial Kaviar, Erbsen. Lammrücken mit Olivenkruste, geschmorter Lammnacken und Lammbries, Piquillojus. Mango, Erdbeeren und Schokolade mit gewürzter Macadamia, Limonensud und Limonenkresseeis.

Menü 48 € (mittags unter der Woche)/172 € – Karte 105/143 €

Stadtplan : E1-r – *Palmengartenstr. 11 ✉ 60325 – ✆ 069 90029100 – www.restaurant-lafleur.de – geschl. 24. Dezember - 16. Januar, 27. März - 10. April, 26. Juni - 7. August und Sonntag - Dienstagmittag, Samstagmittag*

ꕥ Français

FRANZÖSISCH-MODERN • ELEGANT XXXX Würden Sie in diesem Hotel etwas anderes erwarten als ein klassisch-elegantes Restaurant? Ein gelungener Kontrast zum Ambiente ist die kreative und modern interpretierte französische Küche. Professionell der Service, auch in Sachen Wein. Im Sommer ist der Ehrenhof ein Muss! Tipp: Mittagsmenü zu fairem Preis.

➜ Wiesenkerbel als Schaumsuppe, Champignons, Wachtelei. Sankt Petersfisch, Melone, Zwiebel, Zitronenthymian. Erdbeeren, Kokos, Joghurt, Maharadja Curry.

Menü 59 € (mittags unter der Woche)/139 € (abends) – Karte 84/116 €

Stadtplan : J2-e – *Hotel Steigenberger Frankfurter Hof, Am Kaiserplatz ✉ 60311 – ✆ 069 215118 – www.restaurant-francais.de – geschl. Januar 1 Woche, über Ostern 2 Wochen, Juli - August 4 Wochen und Freitagmittag, Samstagmittag, Sonntag - Montag sowie an Feiertagen*

Restaurant Villa Merton

KLASSISCHE KÜCHE • TRENDY XXX Bei André Großfeld werden Klassik und Moderne stimmig kombiniert, das Ergebnis sind finessenreiche Gerichte mit intensiven Aromen. Das Ambiente in der denkmalgeschützten Villa im Diplomatenviertel ist edel, der Service freundlich, geschult und präsent.

➜ Roh marinierte Jakobsmuschel mit gebackenem Kalbskopf, Chicorée, Rhabarber. Tranche vom Steinbutt mit Gorgonzolabrösel überbacken, Thaispargel mit Grapefruit. Walliser Lamm mit Ziegenfrischkäse, Löwenzahn, weißer Aubergine und Kaffeejus.

Menü 105/135 € – Karte 67/93 €

Stadtplan : E1-n – *Am Leonhardsbrunn 12, (Ecke Ditmarstraße im Union International Club) ✉ 60487*
– ✆ 069 703033 (Tischbestellung ratsam)
– www.restaurant-villa-merton.de
– nur Abendessen – geschl. Samstag - Sonntag

Bistro Villa Merton – siehe Restaurantauswahl

Erno's Bistro

FRANZÖSISCH-KLASSISCH • BISTRO X Savoir-vivre pur: Holztäfelung und dekorative Accessoires sorgen für authentisches Bistro-Flair, dazu lebendige Atmosphäre und versierter Service mit Charme. Nicht zu vergessen die französische Küche, die geradlinig und aromareich daherkommt, toll die Produktqualität. Klasse die Weinkarte mit Raritäten!

➜ Getrüffelte Poulardenbrust mit Hummer, Morcheln und Maronen. Gedämpfter Kabeljau mit Schweinebauch, Kohlrabi und Lardo. Variation vom Milchlamm, Kichererbsen-Fenchelpüree, Lammjus.

Menü 39 € (mittags)/125 € – Karte 70/125 €

Stadtplan : F2-k – *Liebigstr. 15 ✉ 60323*
– ✆ 069 721997 (Tischbestellung ratsam) – www.ernosbistro.de
– geschl. Ende Dezember - Anfang Januar 2 Wochen, über Ostern 1 Woche, Juli - August 3 Wochen und Samstag - Sonntag sowie an Feiertagen

SEVEN SWANS

MODERNE KÜCHE • DESIGN X Sie suchen das Besondere? Dies ist das schmalste (aber immerhin sieben Etagen hohe) Gebäude der Stadt! Stylish das Interieur, toll der Blick zum Main, auf dem Teller Vegetarisches aus Bio-Produkten. Viele Zutaten stammen von eigenen Bauernhof in der Nähe.

➜ Spargel mit Schalotte, BBQ, Wildkräuter. Bärlauch mit Portulak, Bergkäse, Weißbrot. Fenchel mit Radieschen, Sauerampfer, Grün.

Menü 79/89 €

Stadtplan : K2-c – *Mainkai 4 ✉ 60311*
– ✆ 069 21996226 (Tischbestellung erforderlich) – www.sevenswans.de
– nur Abendessen – geschl. Sonntag - Montag

Gustav

KREATIV • GERADLINIG X Hochwertig, stylish, unkompliziert. Der moderne Stil des Restaurants findet sich auch in der Küche wieder, und die hat vor allem eins: eine eigene Handschrift. Die Speisen sind angenehm reduziert, schön das Zusammenspiel von Kontrasten und Texturen. Einige Tische mit Blick in die Küche. Kleinere Mittagskarte.

➜ Gerösteter Spargel und Rhabarber, Leinsamen, Eigelb, Kalbskopf. Geschmorte Kaninchenkeule, Petersilie, Suppengemüse, Apfelweinbackerbsen. Geeiste Frankfurter Kräuter, Schmand, Vogelbeere, Wacholder.

Menü 40 € (mittags)/98 € (abends) – Karte 68/74 €

Stadtplan : F1-g – *Reuterweg 57 ✉ 60323*
– ✆ 069 74745252 (abends Tischbestellung ratsam)
– www.restaurant-gustav.de
– geschl. 30. März - 8. April, 16. Juli - 9. August und Sonntag - Dienstagmittag, Samstagmittag sowie an Feiertagen

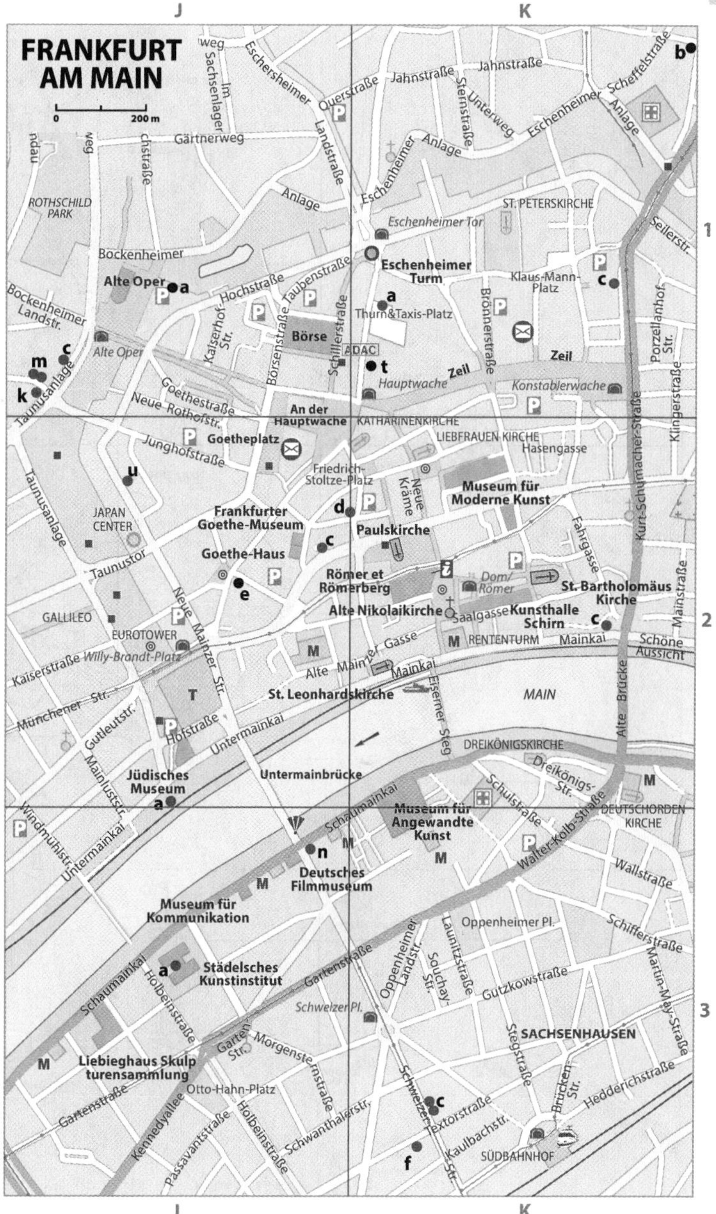
FRANKFURT AM MAIN
0 200 m
J
K
1
2
3
Alte Oper
Eschenheimer Turm
Börse
Thurn&Taxis-Platz
Hauptwache
Konstablerwache
Zeil
An der Hauptwache
Goetheplatz
Frankfurter Goethe-Museum
Goethe-Haus
Paulskirche
Museum für Moderne Kunst
Römer et Römerberg
Alte Nikolaikirche
St. Bartholomäus Kirche
Kunsthalle Schirn
St. Leonhardskirche
MAIN
Untermainbrücke
Jüdisches Museum
Museum für Angewandte Kunst
Deutsches Filmmuseum
Museum für Kommunikation
Städelsches Kunstinstitut
Liebieghaus Skulpturensammlung
SACHSENHAUSEN
SÜDBAHNHOF
ROTHSCHILD PARK
JAPAN CENTER
GALLILEO
EUROTOWER
ST. PETERSKIRCHE
KATHARINENKIRCHE
LIEBFRAUEN KIRCHE
DREIKÖNIGSKIRCHE
DEUTSCHORDEN KIRCHE
RENTENTURM
Eschenheimer Tor
Willy-Brandt-Platz
Dom/Römer
Schweizer Pl.
Oppenheimer Pl.
Otto-Hahn-Platz
Klaus-Mann-Platz
Friedrich-Stoltze-Platz
Hasengasse
Schöne Aussicht
Alte Brücke
Eiserner Steg
Kurt-Schumacher-Straße
Taunusanlage
Bockenheimer Landstr.
Hochstraße
Goethestraße
Neue Rothofstr.
Junghofstraße
Taunustor
Kaiserstraße
Münchener Str.
Neue Mainzer Str.
Gutleutstr.
Untermainkai
Schaumainkai
Gartenstraße
Kennedyallee
Holbeinstraße
Walter-Kolb-Straße
Wallstraße
Schifferstraße
Textorstraße
Schweizer Str.
Brückenstr.
Mainkai
Saalgasse
Alte Mainzer Gasse
Fahrgasse
Neue Kräme
Brönnerstraße
Seilerstr.
Eschenheimer Anlage
Jahnstraße
Querstraße
Stiftstraße
Landstraße
Gärtnerweg
Im Sachsenlager
Börsenstraße
Schillerstraße
Kaiserhof Str.
Taubenstraße
Hofstraße
Mainlustr.
Windmühlstr.
Morgensternstraße
Schwanthalerstr.
Passavantstraße
Kaulbachstr.
Hedderichstraße
Stegstraße
Gutzkowstraße
Launitzstraße
Souchay-Str.
Oppenheimer Landstr.
Martin-May-Straße
Mainstraße
Klingerstraße
Porzellanhof Str.
Scheffelstraße
Dreikönigs-Str.
Schulstraße
Garten Str.
Unterweg
ADAC

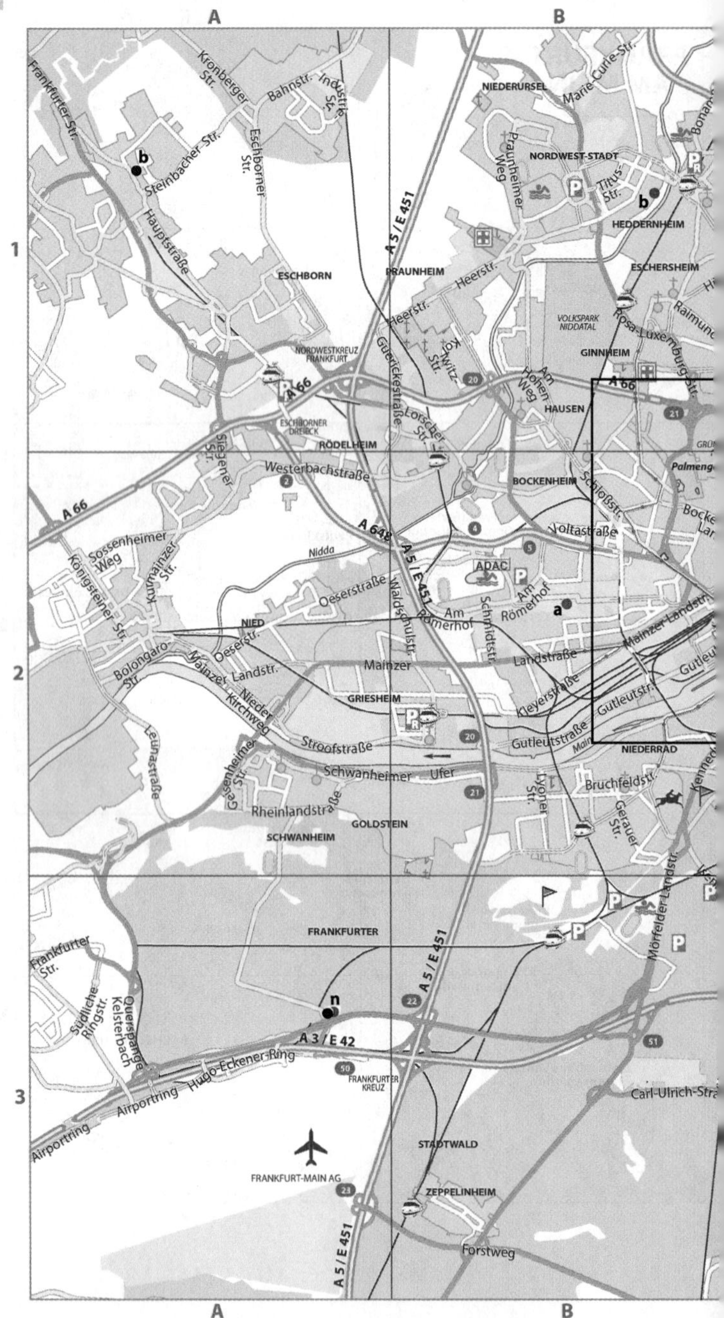

A
B
1
2
3
ESCHBORN
PRAUNHEIM
NIEDERURSEL
NORDWEST-STADT
HEDDERNHEIM
ESCHERSHEIM
GINNHEIM
HAUSEN
RÖDELHEIM
BOCKENHEIM
NIED
GRIESHEIM
NIEDERRAD
GOLDSTEIN
SCHWANHEIM
FRANKFURTER
STADTWALD
ZEPPELINHEIM
FRANKFURT-MAIN AG
NORDWESTKREUZ FRANKFURT
ESCHBORNER DREIECK
FRANKFURTER KREUZ
VOLKSPARK NIDDATAL
Palmeng
A 5 / E 451
A 66
A 648
A 3 / E 42
Frankfurter Str.
Kronberger Str.
Bahnstr.
Industrie Str.
Eschborner Str.
Steinbacher Str.
Hauptstraße
Heerstr.
Gütterickestraße
Lorscher Str.
Marie-Curie-Str.
Praunheimer Weg
Titus-Str.
Rosa-Luxemburg-Str.
Raimund
Am Hohen Weg
Siegener Str.
Westerbachstraße
Schloßstr.
Voltastraße
Sossenheimer Weg
Königsteiner Str.
Kurmainzer Str.
Nidda
Oeserstraße
Waldschulstr.
Am Römerhof
Schmidtstr.
Bolongaro-Str.
Mainzer Landstr.
Oeserstr.
Mainzer Landstraße
Nieder Kirchweg
Kleyerstraße
Gutleutstr.
Gutleutstraße
Leunastraße
Geisenheimer Str.
Stroofstraße
Schwanheimer Ufer
Main
Rheinlandstraße
Lyoner Str.
Bruchfeldstr.
Gerauer Str.
Mörfelder Landstr.
Südliche Ringstr.
Querspange Kelsterbach
Hugo-Eckener-Ring
Airportring
Carl-Ulrich-Str
Forstweg
ADAC

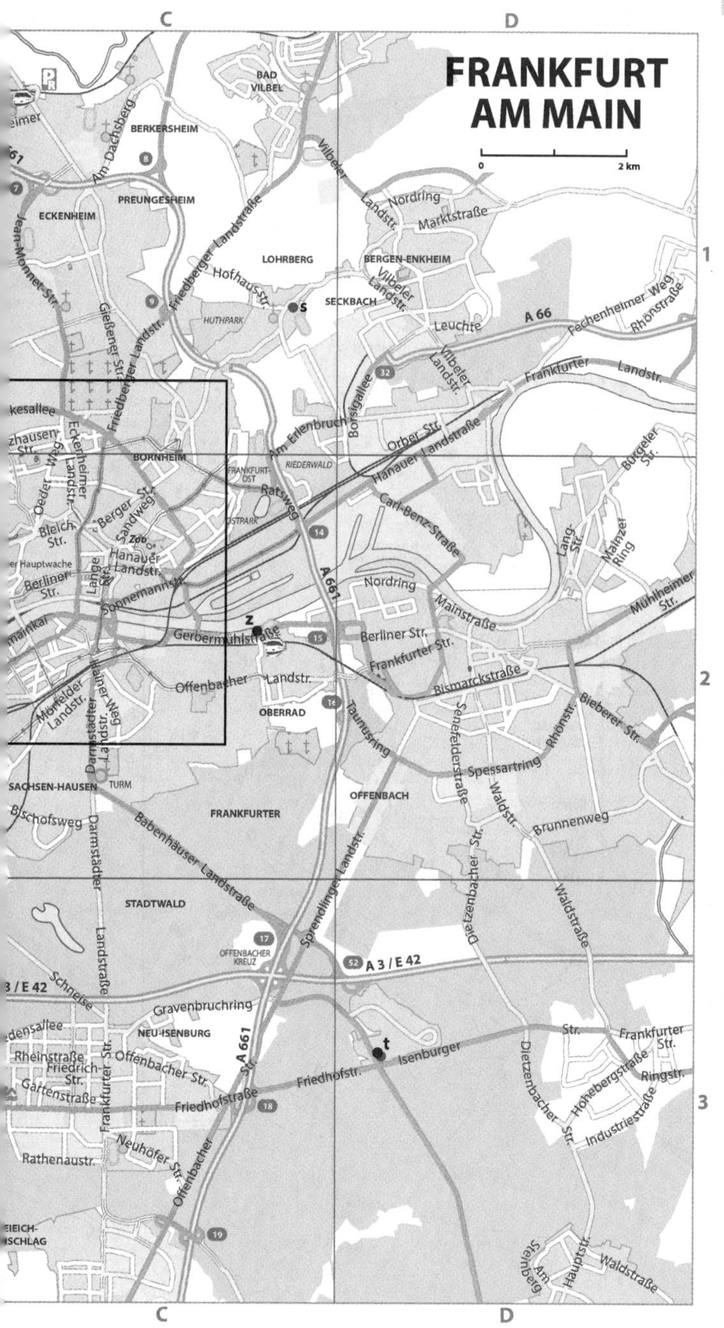
FRANKFURT
AM MAIN
0
2 km
C
D
1
2
3
BAD VILBEL
BERKERSHEIM
PREUNGESHEIM
ECKENHEIM
LOHRBERG
BERGEN-ENKHEIM
SECKBACH
HUTHPARK
BORNHEIM
RIEDERWALD
FRANKFURT-OST
OSTPARK
Zoo
OBERRAD
OFFENBACH
SACHSEN-HAUSEN
TURM
FRANKFURTER
STADTWALD
OFFENBACHER KREUZ
NEU-ISENBURG
A 66
A 661
A 3 / E 42
Vilbeler Landstr.
Nordring
Marktstraße
Friedberger Landstraße
Hofhausstr.
Am Dachsberg
Jean-Monnet-Str.
Gießener Str.
Friedberger Landstr.
Leuchte
Fechenheimer Weg
Rhönstraße
Borsigallee
Frankfurter Landstr.
Am Erlenbruch
Orber Str.
Hanauer Landstraße
Bürgeler Str.
Eckenheimer Landstr.
Oeder Weg
Bleich Str.
Berger Str.
Sandweg
Hanauer Landstr.
Ratsweg
Carl-Benz-Straße
Lang-Str.
Mainzer Ring
Berliner Str.
Lange Str.
Sonnemannstr.
Nordring
Mainstraße
Mühlheimer Str.
Gerbermühlstraße
Berliner Str.
Frankfurter Str.
Offenbacher Landstr.
Bismarckstraße
Mörfelder Landstr.
Darmstädter Landstr.
Hainer Weg
Taunusring
Senefelderstraße
Bieberer Str.
Rhönstr.
Spessartring
Waldstr.
Bischofsweg
Babenhäuser Landstraße
Brunnenweg
Sprendlinger Landstr.
Dietzenbacher Str.
Waldstraße
Darmstädter Landstraße
Schneise
Gravenbruchring
Isenburger Str.
Frankfurter Str.
Ringstr.
Rheinstraße
Friedrich-Str.
Offenbacher Str.
Gartenstraße
Friedhofstraße
Friedhofstr.
Frankfurter Str.
Hohebergstraße
Industriestraße
Dietzenbacher Str.
Neuhöfer Str.
Rathenaustr.
Offenbacher Str.
Hauptstr.
Am Steinberg
Waldstraße
S
Z
t
8
9
7
32
14
15
16
17
18
19
52

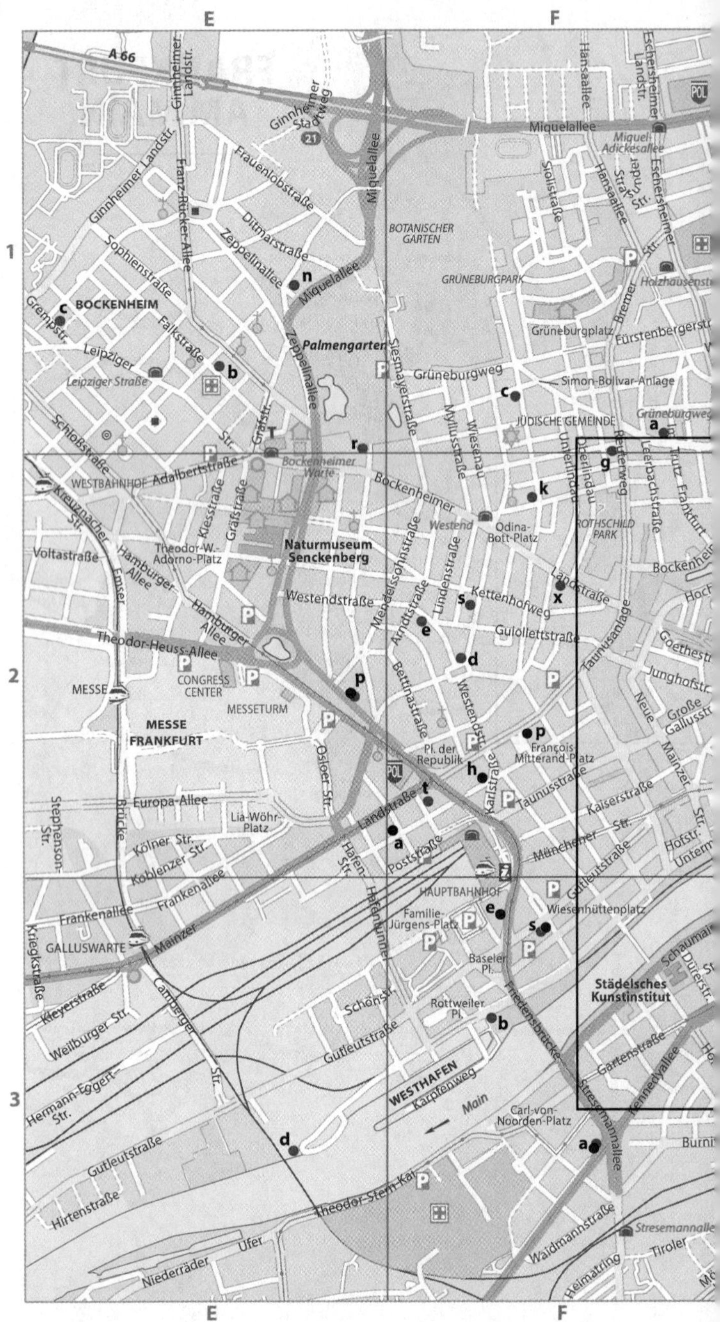

E
F
A 66
Miquelallee
Hansaallee
Eschersheimer Landstr.
BOCKENHEIM
Palmengarten
BOTANISCHER GARTEN
GRÜNEBURGPARK
Grüneburgweg
JÜDISCHE GEMEINDE
Bockenheimer Warte
WESTBAHNHOF
Naturmuseum Senckenberg
ROTHSCHILD PARK
Westendstraße
Theodor-Heuss-Allee
MESSE
CONGRESS CENTER
MESSETURM
MESSE FRANKFURT
Pl. der Republik
François-Mitterand-Platz
Europa-Allee
HAUPTBAHNHOF
Wiesenhüttenplatz
Städelsches Kunstinstitut
GALLUSWARTE
WESTHAFEN
Main
Carl-von-Noorden-Platz
Theodor-Stern-Kai
Stresemannallee
Niederräder Ufer
1
2
3

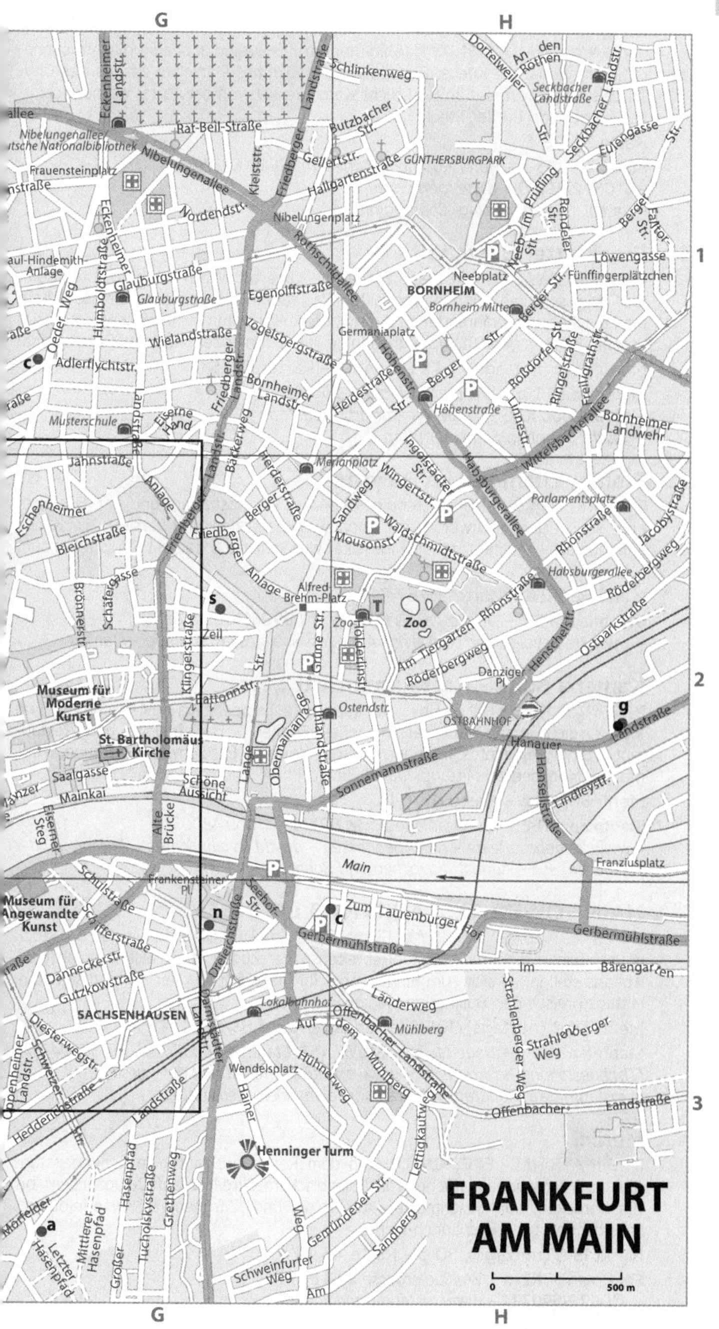

G
H
1
2
3
FRANKFURT
AM MAIN
0
500 m
Eckenheimer Landstr.
Schlinkenweg
Friedberger Landstraße
Dortelweiler Str.
An den Röthen
Seckbacher Landstraße
Seckbacher Landstr.
Nibelungenallee
Deutsche Nationalbibliothek
Raf-Beil-Straße
Butzbacher Str.
Gellertstr.
Günthersburgpark
Hallgartenstraße
Eulengasse
Frauensteinplatz
Nordendstr.
Kleiststr.
Nibelungenplatz
Im Prüfling
Rendeler Str.
Berger Str.
Fabriksgasse
Eckenheimer
Rothschildallee
Neeb Str.
Löwengasse
Paul-Hindemith-Anlage
Humboldtstraße
Glauburgstraße
Egenolffstraße
Neebplatz
Fünffingerplätzchen
Bornheim
Bornheim Mitte
Oeder Weg
Wielandstraße
Vogelsbergstraße
Germaniaplatz
Roßdorfer Str.
Ringelstraße
Freiligrathstr.
Adlerflychtstr.
Friedberger Landstr.
Höhenstr.
Heidestraße
Bornheimer Landstr.
Höhenstraße
Linnestr.
Musterschule
Eiserne Hand
Bornheimer Landwehr
Wittelsbacherallee
Landstraße
Bäckerweg
Ingolstädter Str.
Jahnstraße
Merianplatz
Wingertstr.
Habsburgerallee
Parlamentsplatz
Jacobystraße
Herderstraße
Sandweg
Eschenheimer Anlage
Berger Str.
Friedberger Anlage
Mousonstr.
Waldschmidtstraße
Rhönstraße
Bleichstraße
Röderbergweg
Schäfergasse
Alfred-Brehm-Platz
Zoo
Ostparkstraße
Brönnerstr.
Zeil
Grüne Str.
Hölderlinstr.
Am Tiergarten
Klingerstraße
Röderbergweg
Danziger Pl.
Henschelstr.
Museum für Moderne Kunst
Battonnstr.
Obermainanlage
Uhlandstraße
Ostendstr.
Ostbahnhof
Hanauer Landstraße
St. Bartholomäus Kirche
Lange Str.
Sonnemannstraße
Honsellstraße
Lindleystr.
Saalgasse
Schöne Aussicht
Mainkai
Eiserner Steg
Alte Brücke
Main
Franziusplatz
Museum für Angewandte Kunst
Frankensteiner Pl.
Schulstraße
Schifferstraße
Seehof-Str.
Zum Laurenburger Hof
Gerbermühlstraße
Danneckerstr.
Gutzkowstraße
Dreieichstraße
Im Bärengarten
Sachsenhausen
Lokalbahnhof
Länderweg
Offenbacher Landstraße
Mühlberg
Strahlenberger Weg
Diesterwegstr.
Schweizer Str.
Darmstädter Landstr.
Auf dem Mühlberg
Hühnerweg
Oppenheimer Landstr.
Wendelsplatz
Hedderichstraße
Landstraße
Offenbacher Landstraße
Hainer Weg
Henninger Turm
Lettigkautweg
Hasenpfad
Grethenweg
Tucholskystraße
Gemündener Str.
Sandberg
Mörfelder
Mittlerer Hasenpfad
Letzter Hasenpfad
Großer
Schweinfurter Weg
Am

Roomers

INTERNATIONAL • TRENDY XX Chic-modern das Design, lebendig die Atmosphäre, international die Küche. Ein wirklich angenehmes Plätzchen abseits des City-Trubels ist die Terrasse im Hof! Nicht wegzudenken von der Karte: Wiener Schnitzel, Burger und Pfeffer-Steak.

Karte 33/98 €

Stadtplan : F3-s - *Hotel Roomers, Gutleutstr. 85 ✉ 60329*
- ✆ 069 2713420 - www.roomers.eu
- geschl. Samstagmittag, Sonntagmittag

Frankfurter Botschaft (N)

INTERNATIONAL • HIP XX Keine Frage, die Lage am Westhafenplatz ist absolut top! Vom schicken, rundum verglasten Restaurant und von der Terrasse schaut man aufs Wasser, während man internationale Küche mit französischem und asiatischem Einfluss genießt. Tipp für sonnige Tage: Drink oder Snack am Privatstrand!

Menü 25 € (mittags)/74 € (abends) - Karte 53/75 €

Stadtplan : F3-b - *Westhafenplatz 6 ✉ 60327*
- ✆ 069 24004899 - www.frankfurterbotschaft.de
- geschl. Sonntag, Samstagmittag

Stanley Diamond La Buvette

MODERNE KÜCHE • HIP XX Trendiges Konzept aus Restaurant und Bar. Das Interieur stylish und hochwertig, der Service unkompliziert und versiert, die Küche ambitioniert - neu interpretierte Klassiker wie "gelierte Oxtail mit Kartoffelschaum & Imperialkaviar".

Menü 52/72 € - Karte 55/67 €

Stadtplan : F2-t - *Ottostr. 16 ✉ 60329 - ✆ 069 26942892*
- www.stanleydiamond.com - nur Abendessen - geschl. Sonntag - Montag

Kameha Suite - Restaurant Next Level

INTERNATIONAL • HIP XX Über das imposante Treppenhaus des Prachtbaus von 1898 erreicht man - auf verschiedenen Ebenen - Bar, Lounge und Restaurant. Trendig-elegantes Interieur, auf der Karte z. B. "Schwarzfederhuhn, Perlgraupe, Moosbeere". Mittags "Quick Lunch".

Menü 50/69 € - Karte 42/64 €

Stadtplan : J1-c - *Taunusanlage 20 ✉ 60325 - ✆ 069 4800370*
- www.kamehasuite.de - nur Abendessen - geschl. Weihnachten - Anfang Januar 2 Wochen, Juli - August 4 Wochen und Sonntag

MAIN TOWER RESTAURANT & LOUNGE

MODERNE KÜCHE • TRENDY XX Einmalig die Aussicht! Die Fahrt in den 53. Stock ist bei Tischreservierung kostenfrei, ebenso der Zugang zur Aussichtsplattform. Abends stellen Sie sich zum Einheitspreis Ihr Menü frei von der Karte zusammen. Mittags preiswertes Businessmenü sowie à la carte.

Menü 35 € (mittags)/105 € (abends) - Karte 53/91 €

Stadtplan : J2-u - *Neue Mainzer Str. 52, (53. Etage) ✉ 60311 - ✆ 069 36504777 (Tischbestellung erforderlich) - www.maintower-restaurant.de - geschl. Samstagmittag, Sonntag - Montag sowie an Feiertagen mittags*

Medici

INTERNATIONAL • FREUNDLICH XX In dem Restaurant mitten in der Innenstadt gibt es internationale Küche, von "isländischem Skreifilet auf Belugalinsen" bis "Lammrücken auf geschmorter Aubergine und Zitronengras-Kartoffelpüree". Sehr beliebt: günstiges Lunch-Menü!

Menü 18 € (mittags)/50 € - Karte 45/67 €

Stadtplan : JK2-d - *Weißadlergasse 2 ✉ 60311*
- ✆ 069 21990794 - www.restaurantmedici.de
- geschl. Sonntag und an Feiertagen

Zenzakan

ASIATISCH • HIP XX Ein Pan-Asian Supperclub! Apartes Schwarz, gelungenes Lichtkonzept, fernöstliche Deko, "Kirschgarten"... Das besondere Ambiente, aber vor allem asiatische Speisen wie moderne Sushi-Interpretationen kommen an. Tipp: "Sushi Freestyle"!

Menü 65/99 € - Karte 44/107 €

Stadtplan : J1-m - *Taunusanlage 15 ✉ 60325 - ✆ 069 97086908 - www.mook-group.de - nur Abendessen - geschl. 24. Dezember - 7. Januar und Sonntag*

The Ivory Club

FUSION • HIP XX Hier heißt es "Contemporary Colonial Cuisine": "Naan" aus dem Tandoori-Ofen, "Crispy Pakora Spinach with Tamarind & Raita", "Hot 'n' Spicy Beef Vindaloo with Rice"... Schön der Kolonialstil im Restaurant, aufmerksam der Service.

Menü 65 € - Karte 42/85 €

Stadtplan : J1-m - *Taunusanlage 15 ✉ 60325 - ✆ 069 77067767 (Tischbestellung erforderlich) - www.mook-group.de - geschl. 24. Dezember - 4. Januar und Samstagmittag, Sonntagmittag*

Palastbar-Restaurant

INTERNATIONAL • GEMÜTLICH XX In dem sehenswerten Backsteingewölbe kann man sogar noch vor der Varieté-Vorstellung essen (ab 17 Uhr) und zwar klassisch-moderne Gerichte wie "gebratener Atlantik-Kabeljau im Bouillabaisse-Sud, Paprika-Chutney, Kartoffel-Olivenstampf".

Menü 54/59 € - Karte 46/68 €

Stadtplan : G2-s - *Heiligkreuzgasse 20 ✉ 60313 - ✆ 069 9200220 - www.tigerpalast.de - nur Abendessen - geschl. Mitte Mai - Mitte September und Montag - Dienstag*

TNT

INTERNATIONAL • BRASSERIE X Eine klasse Location! Die schicke Brasserie ist Teil des prächtigen Palais von 1739. Unter hohen Decken sitzt man stilvoll und ungezwungen zugleich, im Innenhof die schöne Terrasse. Aus der Küche kommen z. B. "Tatar von der Gelbschwanzmakrele" oder Steaks vom Lavastein-Grill. Mittags nur kleine Karte.

Menü 58 € - Karte 34/86 €

Stadtplan : K1-a - *Große Eschenheimer Str. 10, (im Thurn & Taxis Palais) ✉ 60313 - ✆ 069 21939430 - www.tntpalais.com*

Bistro Villa Merton

REGIONAL • ELEGANT X Mit dem Bistro hat die Villa Merton eine schöne Alternative in Küchenstil und Preis. Man kocht regional und international mit saisonalen Einflüssen. Neben dem A-la-carte-Angebot gibt es mittags auch ein wöchentlich wechselndes Menü.

Karte 42/62 €

Stadtplan : E1-n - *Restaurant Villa Merton, Am Leonhardsbrunn 12, (Ecke Ditmarstraße im Union) ✉ 60487 - ✆ 069 703033 - www.restaurant-villa-merton.de*

Mon Amie Maxi

FRANZÖSISCH • BRASSERIE X In der schönen Villa von 1925 herrscht elegante Brasserie-Atmosphäre, mittig die "Raw Bar", dazu die einsehbare Küche. Man kocht französisch, das Angebot reicht von Austern (frisch vom Meeresfrüchte-Buffet) über Kalbsnieren bis zum Steak.

Karte 27/125 €

Stadtplan : F2-x - *Bockenheimer Landstr. 31 ✉ 60325 - ✆ 069 71402121 - www.mook-group.de - geschl. 24. Dezember - 4. Januar und Samstagmittag*

Heimat

MARKTKÜCHE • HIP Das 1956 erbaute ehemalige Wasserhäuschen (Kiosk) beim Goethe-Haus ist ein kleiner Pavillon im "American Diner"-Stil, lebhaft und ungezwungen. Schmackhaft und saisonal ist z. B. "Entenbrust, Avocado, Rotkraut, Serrano-Schinken".

Karte 51/72 €

Stadtplan : J2-c – *Berliner Str. 70 ✉ 60311*
– *✆ 069 29725994 (Tischbestellung erforderlich) – www.restaurant-heimat.de*
– *nur Abendessen – geschl. 23. Dezember - 8. Januar, über Ostern, über Pfingsten, Juli - August 2 Wochen*

La Scuderia

ITALIENISCH • BISTRO Ein behaglich-elegantes Ristorante im Westend zwischen Alter Oper und Messe. Hier gibt es keine Speisekarte, die italienische Küche aus guten, frischen Produkten präsentiert man Ihnen in Form von Tagesempfehlungen.

Karte 45/81 €

Stadtplan : F2-s – *Feuerbachstr. 23 ✉ 60325*
– *✆ 069 725480 – www.la-scuderia.de*
– *geschl. Sonntag sowie an Feiertagen, außer an Messen*

VAIVAI

ITALIENISCH • HIP Trendig-leger die Atmosphäre, auf der Karte "US Prime Rib Eye", "Bistecca alla Fiorentina Dry Aged", "Gamberoni Grigliati", "Branzino Interno"... Und vornweg Antipasti oder Pasta? Das Ganze nennt sich übrigens "Italian Grill & Bar".

Menü 42/62 € – Karte 39/103 €

Stadtplan : F1-a – *Grüneburgweg 16 ✉ 60322*
– *✆ 069 90559305 (Tischbestellung erforderlich) – www.vaivai.de*
– *nur Abendessen*

MainNizza

INTERNATIONAL • FREUNDLICH Appetit auf "Himmel & Ääd", Kalbstafelspitz oder Wolfsbarschfilet? Tipp für Familien: Mittagstisch an Sonntagen - Kinder bis 8 Jahre essen gratis von der Kinderkarte. Toll die Veranda zum Main, dazu SB-Biergarten direkt am Fluss.

Karte 26/47 €

Stadtplan : J2-a – *Untermainkai 17 ✉ 60329 – ✆ 069 26952922*
– *www.mainnizza.de*

Druckwasserwerk

INTERNATIONAL • HIP Industrie-Charme versprüht das im 19. Jh. erbaute ehemalige Druckwasserwerk im Westhafen. Attraktiv die moderne Loft-Atmosphäre, wunderbar die Terrasse direkt am Main! Es gibt internationale Küche samt Steakauswahl. Mittags kleinere Karte.

Menü 44/58 € – Karte 41/78 €

Stadtplan : E3-d – *Rotfeder Ring 16 ✉ 60237*
– *✆ 069 256287700 – www.restaurant-druckwasserwerk.de*
– *geschl. Samstagmittag*

Allgaiers

FRANZÖSISCH • BRASSERIE Eine schöne Adresse für gute Brasserieküche. Unter der Woche ist in dem sympathischen Lokal auch das Lunchmenü gefragt. Dekorativ das markante Weinregal - passend dazu die gut sortierte Weinkarte. Im Sommer lockt die berankte Terrasse.

Menü 19 € (mittags unter der Woche)/85 € – Karte 44/63 €

Stadtplan : F1-c – *Liebigstr. 47 ✉ 60323 – ✆ 069 98956611 – www.allgaiers.eu*
– *geschl. 23. Dezember - 13. Januar und Samstagmittag, Sonntag*

Chez Mamie

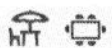

FRANZÖSISCH-KLASSISCH • BISTRO ✗ In dem netten Bistro speist man traditionell, auf der Karte in Asterix-Buch-Form z. B. "Steak Tartare" oder "Boeuf Bourguignon". Zusätzlich Tagesempfehlungen von der Tafel. Übrigens: alle Gerichte gibt es als kleine oder große Portion.

Karte 25/45 €

Stadtplan : G1-c - *Sömmeringstr. 4 ✉ 60322*
- ☏ 069 95209360 - www.chezmamie.de
- geschl. Samstagmittag, Sonntag - Montag

Moriki

JAPANISCH • HIP ✗ Im EG des Hauptsitzes der Deutschen Bank finden Sie dieses stylische und unkomplizierte Restaurant mit Sushibar. Die Küche ist gut - japanisch mit panasiatischen Einflüssen: "crunchy spicy tuna roll", "miso duck", "chili ginger prawn"...

Menü 59 € (abends) - Karte 30/70 €

Stadtplan : J1-k - *Taunusanlage 12 ✉ 60325 - ☏ 069 71913070 (Tischbestellung ratsam) - www.moriki-frankfurt.de*

Azzurro Ⓝ

ITALIENISCH • GEMÜTLICH ✗ Gemütlich sitzt man hier in authentischer Atmosphäre bei traditioneller "Cucina Italiana". Neben Klassikern wie "Carpaccio di manzo" oder "Saltimbocca alla romana" sind vor allem frischer Fisch und Krustentiere gefragt!

Menü 14 € (mittags)/89 € - Karte 40/59 €

Stadtplan : F2-d - *Westendplatz 42 ✉ 60325*
- ☏ 069 172028 - www.azzurro-frankfurt.de
- geschl. Samstagmittag, Sonntag außer an Messen

Laube Liebe Hoffnung

MARKTKÜCHE • BISTRO ✗ Im neuen Europaviertel steht das moderne Holzhaus mit charmanter legerer Atmosphäre und frischer Küche - es gibt Klassiker und Saisonales sowie vegetarische und vegane Gerichte. Bei den Produkten legt man Wert auf Nachhaltigkeit.

Menü 38/49 € (abends) - Karte 37/58 €

Stadtplan : B2-a - *Pariser Str. 11 ✉ 60486*
- ☏ 069 75847722 - www.laubeliebehoffnung.de
- geschl. 1. - 7. Januar und Montag

Goldman

MEDITERRAN • DESIGN ✗ In diesem modern-legeren Restaurant ist es gemütlich und ungezwungen, wertig das Design, dazu eine breite Fensterfront. Aus der offenen Küche kommt z. B. "gebratenes Filet vom Adlerfisch, Krustentierjus, junger Spinat, Artischocken".

Menü 25/62 € - Karte 45/63 €

Stadtplan : H2-g - *25hours Hotel The Goldman, Hanauer Landstr. 127 ✉ 60314 - ☏ 069 4058689806 - www.goldmann-restaurant.com - Montag - Samstag nur Abendessen - geschl. Sonntag und an Feiertagen*

Fabbri-Ca Ⓝ

ITALIENISCH • BISTRO ✗ Richtig nett die private Atmosphäre in dem kleinen Ristorante, persönlich und charmant der Service. Zum Bistrostil passend: Schiefertafeln mit ständig wechselndem kleinem Angebot an italienischen Klassikern. Tipp: das hausgemachte Eis!

Karte 45/62 €

Stadtplan : F2-e - *Westendstr. 73 ✉ 60325 - ☏ 069 67777944 - www.fabbri-ca.de - geschl. Weihnachten - Neujahr, Juli 2 Wochen und Sonntag, Samstagmittag*

san san

CHINESISCH • TRADITIONELLES AMBIENTE Ansprechend die authentische Küche diverser chinesischer Provinzen: kantonesische Dim Sum, Rindfleisch aus dem Szechuan... Das Ambiente modern-asiatisch. Oder wie wär's mit einem Hauch traditionellem China in der "Shanghai Suite"?

Karte 30/57 €

Stadtplan : K1-c – *Konrad-Adenauer-Str. 7 ✉ 60313 – ✆ 069 91399050 – geschl. Sonntag*

Sushimoto

JAPANISCH • GERADLINIG Das Ambiente ist authentisch schlicht, wie man es von einem japanischen Restaurant erwartet. Sushi, Teppanyaki und vor allem die interessanten "Omakase" bringen Ihnen die vielen Facetten der Kulinarik Japans nahe.

Menü 35/120 € (abends) – Karte 36/130 €

Stadtplan : K1-c – *Konrad-Adenauer-Str. 7, (Eingang: Große Friedberger Str.) ✉ 60313 – ✆ 069 1310057 (Tischbestellung ratsam) – www.sushimoto.eu – geschl. Juli - August 2 Wochen und Montag, Sonntagmittag*

Frankfurter Äppelwoilokale:

Apfelwein und regionale Frankfurter Speisen in typischem, gemütlichem Ambiente.

Zum Rad

REGIONAL • GEMÜTLICH In dem rustikalen Gasthaus von 1806 wird das "Stöffche" aus eigener Herstellung ausgeschenkt, dazu gibt's regionale Kost. Der schöne Innenhof dient als Terrasse.

Karte 16/42 €

Stadtplan : C1-s – *Leonhardsgasse 2, Seckbach ✉ 60389 – ✆ 069 479128 – www.zum-rad.de – nur Abendessen, sonntags auch Mittagessen – geschl. Dienstag*

Klaane Sachsehäuser

REGIONAL • RUSTIKAL Über den Innenhof erreicht man die urige Wirtschaft, in der seit 1886 das selbst gekelterte "Stöffche" fließt und Frankfurter Küche aufgetischt wird. Hier sitzt keiner allein!

Karte 12/26 €

Stadtplan : G3-n – *Neuer Wall 11, Sachsenhausen ✉ 60594 – ✆ 069 615983 – www.klaanesachsehaeuser.de – nur Abendessen , ab 16 Uhr geöffnet – geschl. Sonntag*

Zum gemalten Haus

REGIONAL • RUSTIKAL Zwischen bemalten Wänden und Relikten vergangener Zeit wird zusammengerückt, "Schoppe gepetzt" und "schläächtgebabbelt" - Hauptsache der "Bembel" bleibt immer gut gefüllt!

Karte 12/23 €

Stadtplan : K3-c – *Schweizer Str. 67, Sachsenhausen ✉ 60594 – ✆ 069 614559 – www.zumgemaltenhaus.de – geschl. Juli 3 Wochen und Montag*

Zur Buchscheer

REGIONAL • GEMÜTLICH Bereits seit 1876 wird diese gemütlich-rustikale Adresse am Ortsrand familiär geleitet. Zur bodenständigen Küche trinkt man hauseigenen Apfelwein. Nett ist auch der Sommergarten.

Karte 14/33 €

Stadtplan : C2-s – *Schwarzsteinkautweg 17, Sachsenhausen ✉ 60598 – ✆ 069 635121 – www.buchscheer.de – Montag - Freitag ab 16 Uhr und Samstag - Sonntag sowie an Feiertagen ab 12 Uhr geöffnet – geschl. 25. Dezember - 8. Januar*

Wagner

REGIONAL • GEMÜTLICH Der Weg zu "Rippche" und "Äppelwoi" führt durch einen Torbogen und den sich anschließenden Innenhof. Wer's besonders gesellig mag, sitzt auf einer langen Holzbank.

Karte 15/26 €

Stadtplan : K3-c - *Schweizer Str. 71, Sachsenhausen ✉ 60594 - ✆ 069 612565 - www.wagner-frankfurt.de*

Hotels

Steigenberger Frankfurter Hof

GROSSER LUXUS • KLASSISCH Die Tradition des klassischen Grandhotels reicht bis ins Jahr 1876 zurück. Außen eine eindrucksvolle historische Fassade, innen Luxus pur: repräsentative Lobby mit reichlich Sitzmöglichkeiten, geschmackvolle geräumige Zimmer, schöner Spa auf 1000 qm... Bistro-Alternative zum "Français": das "OSCAR'S".

284 Zim – 224/699 € 249/699 € – 19 Suiten – ½ P

Stadtplan : J2-e - *Am Kaiserplatz ✉ 60311 - ✆ 069 21502 - www.frankfurter-hof.steigenberger.de*

Français – siehe Restaurantauswahl

Grandhotel Hessischer Hof

LUXUS • KLASSISCH Hier wird Service groß geschrieben, vom Willkommensgetränk über die kostenfreie Minibar bis zum hochwertigen Frühstück, entsprechend engagiert die Leitung des Hauses - ein Grandhotel im besten Sinne! Eine Institution: Jimmy's Bar, auch Frankfurts Wohnzimmer genannt, täglich Live-Musik ab 22 Uhr. Klassische Küche im "Sèvres" - sehenswert das namengebende Porzellan!

114 Zim – 159/529 € 209/679 € – 7 Suiten – 35 €

Stadtplan : E2-p - *Friedrich-Ebert-Anlage 40 ✉ 60325 - ✆ 069 75400 - www.grandhotel-hessischerhof.com*

Sofitel Frankfurt Opera

LUXUS • ELEGANT Beste Lage am Opernplatz. Der schicke "Hôtel Particulier"-Stil vermittelt französisches Flair. Geräumig die Zimmer, modern-elegant das Design, Buttlerservice für jeden Gast kostenfrei. Bar "Lili's" mit klassischen Cocktails und über 50 Positionen Gin. Französische Küche im Restaurant "Schoenemann".

134 Zim – 255/800 € 255/800 € – 16 Suiten – 37 €

Stadtplan : J1-a - *Opernplatz 16, (Zufahrt über Bockenheimer Anlage oder Hochstraße) ✉ 60313 - ✆ 069 2566950 - www.sofitel.com/8159*

Jumeirah

LUXUS • MODERN Toll die zentrale Lage, modern und wertig das Interieur. Ein echtes Highlight ist die Präsidentensuite mit 220 qm! Neben dem eigenen "Talise-Spa" bietet man direkten Zugang zum benachbarten Freizeit-Center. Lust auf libanesische Küche? Das Restaurant "El Rayyan" ist angeschlossen an die Shopping-Mall "MyZeil". Internationales und Gegrilltes im schicken "Max on One".

217 Zim – 199/799 € 199/799 € – 49 Suiten – 35 €

Stadtplan : K1-t - *Thurn-und-Taxis-Platz 2, (Zufahrt über Große Eschenheimer Str. 8) ✉ 60313 - ✆ 069 2972370 - www.jumeirah.com/frankfurt*

Roomers

BUSINESS • DESIGN Das beeindruckende Design sucht seinesgleichen: überall wertiges, stimmiges Interieur in dunklen Tönen, edel auch der Sauna- und Fitnessbereich. Für Nachtschwärmer "the place to be": die trendige Bar mit DJ, mittwochs auch Livemusik.

116 Zim – 150/400 € 150/400 € – 3 Suiten

Stadtplan : F3-s - *Gutleutstr. 85 ✉ 60329 - ✆ 069 2713420 - www.roomers-frankfurt.com*

Roomers – siehe Restaurantauswahl

25hours Hotel The Goldman

URBAN • DESIGN Ein Haus für Junge und Junggebliebene. Die Atmosphäre locker und persönlich, man ist per du. Individuell: Die "West"-Zimmer sind nach den Ideen diverser Frankfurter Persönlichkeiten designt, die "East"-Zimmer "vergessenen internationalen Helden" gewidmet. In der "Oost Bar": regelmäßig DJ-Musik und Live-Bands.

97 Zim – †119/229 € ††119/229 € – ☕ 18 €

Stadtplan : H2-g – *Hanauer Landstr. 127 ✉ 60314 – ✆ 069 40586890 – www.25hours-hotels.com/goldman*

Goldman – siehe Restaurantauswahl

25hours Hotel by Levi's

URBAN • DESIGN Beim Hauptbahnhof gelegenes "Levi's"-Designhotel. In Anlehnung an den Jeans-Look der 30er bis 80er Jahre sind die Etagen individuell gestaltet. Relaxen von ganz oben bis ganz unten: tolle Dachterrasse "on top", im Keller "Gibson Music Room". Das gemütliche Restaurant "Chez Ima" ist bunt, trendig und lebendig.

76 Zim – †119/229 € ††119/229 € – ☕ 18 €

Stadtplan : F2-h – *Niddastr. 58 ✉ 60329 – ✆ 069 2566770 – www.25hours-hotels.com*

Villa Orange

FAMILIÄR • MODERN Das schön eingerichtete Stadthaus im Villenstil gehört zu den Bio-Hotels. Moderner Stil und warme Töne vom Foyer über die Bibliothek und die Zimmer bis zum Frühstücksraum - hier gibt's am Morgen Bio-Produkte.

38 Zim ☕ – †105/230 € ††129/280 €

Stadtplan : K1-b – *Hebelstr. 1 ✉ 60318 – ✆ 069 405840 – www.villa-orange.de*

Villa Oriental

URBAN • THEMENBEZOGEN Die Lage des schmucken Hauses ist zwar nicht die attraktivste, doch dafür bringt das schöne Interieur ein Stück Orient nach Frankfurt. Authentische Details sind u. a. rund 30 000 sehr dekorative Fliesen aus Marokko! Freundlicher Service.

30 Zim ☕ – †75/115 € ††95/135 €

Stadtplan : F3-e – *Baseler Str. 21 ✉ 60329 – ✆ 069 27108950 – www.villa-oriental.com*

In Frankfurt-Bockenheim

La Cigale

INTERNATIONAL • GEMÜTLICH Das gemütliche kleine Restaurant hat viele Stammgäste! Der Grund: Hier wird ehrlich, schmackhaft und frisch gekocht, so z. B. "Kalbskotelett mit Steinpilzen". Und als Dessert vielleicht "karamellisierten Kaiserschmarrn"?

Menü 54 € – Karte 31/60 €

Stadtplan : E1-b – *Falkstr. 38 ✉ 60487 – ✆ 069 704111 (Tischbestellung ratsam) – www.lacigale-restaurant.de – geschl. Sonntag - Dienstagmittag, Mittwochmittag, Freitagmittag, Samstagmittag*

Chalet 18

ASIATISCHE EINFLÜSSE • FREUNDLICH Bei französischem Bistro-Flair genießt man hier kreative Küche, die asiatisch inspiriert ist. In den akkurat zubereiteten Gerichten finden nur ausgezeichnete Produkte Verwendung. Machen Ihnen z. B. Hummer-Dim-Sum oder Pekingente Appetit?

Menü 89/109 € – Karte 68/83 €

Stadtplan : E1-c – *Grempstr. 18 ✉ 60487 – ✆ 069 702814 (Tischbestellung erforderlich) – www.chalet-18.de – nur Abendessen – geschl. Anfang Januar 1 Woche, Juli und Montag - Dienstag*

In Frankfurt-Eschersheim

Brighella

ITALIENISCH • FREUNDLICH XX Gehobene italienische Küche in schönem Ambiente. Tipp: täglich wechselnde Empfehlungen wie "Garganelli mit Salsiccia, Kräutern und Tomate" oder "Loup de Mer in Butter und Salbei". Zum Übernachten: schicke Zimmer in ruhigen Brauntönen.

Menü 20 € (mittags unter der Woche)/52 € – Karte 36/70 €

14 Zim – 75/105 € 115/155 €

Stadtplan : B1-f – *Eschersheimer Landstr. 442 ✉ 60433 – ✆ 069 533992 – www.brighella.de – geschl. Montag*

In Frankfurt-Heddernheim

Speisekammer

INTERNATIONAL • BÜRGERLICH XX Sympathisch-gemütlich hat man es hier in dem historischen Gasthaus - ein lauschiges Plätzchen ist im Sommer der Biergarten im Innenhof! Nicht wegzudenken von der Karte ist im Winter die Gans! Beliebt auch Klassiker wie Tafelspitz.

Karte 27/56 €

Stadtplan : B1-b – *Alt Heddernheim 41 ✉ 60439 – ✆ 069 573888 – www.speisekammer-frankfurt.de – nur Abendessen, sonntags auch Mittagessen*

In Frankfurt-Oberrad

Gerbermühle

HISTORISCH • DESIGN Die a. d. 14. Jh. stammende Mühle direkt am Main (in der Bar findet sich übrigens der alte Mühlstein) wurde zu einem schönen kleinen Hotel, wertig und stimmig in geschmackvoll-modernem Stil. Puristisch-elegant das Restaurant. An den Wintergarten schließt sich die Terrasse an, ums Eck der Biergarten zum Fluss!

16 Zim – 90/220 € 90/220 € – 3 Suiten – 22 €

Stadtplan : C2-z – *Gerbermühlstr. 105 ✉ 60594 – ✆ 069 68977790 – www.gerbermuehle.de*

In Frankfurt-Sachsenhausen

Carmelo Greco

ITALIENISCH • TRENDY XX Bei Carmelo Greco treffen ausgesuchte Produkte auf Kreativität, tadelloses Handwerk und reichlich Finesse. Das Ergebnis: eine gelungene Neuinterpretation klassischer italienischer Küche. Dem ebenbürtig: das modern-elegante Ambiente und der eingespielte Service. Hübsch auch die Terrasse.

→ Getrüffelte Poulardenbrust mit Hummer, Morcheln und Maronen, Geflügelcreme. Steinbutt mit Püree von weißen Bohnen, Pulpo und Safransud. Passionsfrucht mit Mango und Kokosnuss.

Menü 46 € (mittags unter der Woche)/98 € – Karte 79/101 €

Stadtplan : G3-a – *Ziegelhüttenweg 1 ✉ 60598 – ✆ 069 60608967 – www.carmelo-greco.de – geschl. Samstagmittag, Sonntag*

Atelier Wilma (Michael Riemenschneider)

MODERNE KÜCHE • CHIC X Ein stimmiges modernes Bild: trendig und hochwertig das Interieur, freundlich-locker und zugleich professionell der Service, kreativ die Küche. Aus tollen Produkten entsteht ein Überraschungsmenü mit bis zu 21 Gängen - auf Wünsche geht man gerne ein. Zusätzlich gibt es ein preiswertes Mittagsmenü.

→ Büsumer Krabben, Salicornes, Rhabarber. Black Angus, Urkarotte, Artischocke, Kartoffel. Schokoladenvariation.

Menü 39 € (mittags)/195 €

Stadtplan : J3-u – *Schneckenhofstr. 11 ✉ 60596 – ✆ 069 97691676 – www.atelierwilma.restaurant – geschl. Mitte Juli - Ende August und Samstag - Sonntag, sowie an Feiertagen*

Lohninger

ÖSTERREICHISCH • FREUNDLICH XX Sehr chic hat man hier klassisches Altbau-Flair samt schönen hohen Stuckdecken mit moderner Geradlinigkeit verbunden. In der Küche trifft "Die Heimat" auf "Die Welt", neu interpretierte österreichische Klassiker auf Internationales.

Menü 38 € (mittags)/88 € (abends) – Karte 46/79 €

Stadtplan : J3-n – *Schweizer Str. 1 ✉ 60594 – ☎ 069 247557860 (Tischbestellung ratsam) – www.lohninger.de*

Gusto

ITALIENISCH • ELEGANT XX Richtig gemütlich sitzt man in dem geschmackvollen geradlinig-modern designten Restaurant, und zwar bei gehobener italienischer Küche. Probieren Sie die hausgemachten "Ravioli Grüne Soße"! Ganz wunderbar ist der imposante Innenhof.

Menü 39 € (mittags unter der Woche)/99 € – Karte 54/153 €

Stadtplan : F3-a – *Hotel Villa Kennedy, Kennedyallee 70 ✉ 60596 – ☎ 069 717121205 – www.villakennedy.com*

Holbein's

INTERNATIONAL • TRENDY X Was man in dem modernen Glasbau - angeschlossen an das historische Kunstmuseum - aufgetischt bekommt, nennt sich z. B. "Thunfischsteak mit Pak Choi und Wasabi-Kartoffelpüree". Mittags kleineres Angebot nebst schnellem 2-Gänge-Lunch-Menü.

Menü 45/65 € – Karte 40/83 €

Stadtplan : J3-a – *Holbeinstr.1, (im Städel) ✉ 60596 – ☎ 069 66056666 – www.meyer-frankfurt.de – geschl. Montag, außer an Messen*

Coq au Vin

BURGUNDISCH • BRASSERIE X In dem gemütlichen kleinen Restaurant findet man neben dem namengebenden Coq au vin auch hausgemachte Terrinen, Schnecken, Kaninchenkeule oder auch "Lachsfilet mit Noilly-Prat-Sauce" - französischer könnten Atmosphäre und Küche kaum sein!

Menü 27/37 € – Karte 25/56 €

Stadtplan : K3-f – *Wallstrasse 19 ✉ 60594 – ☎ 069 96200338 – www.coq-au-vin.de – nur Abendessen*

A Casa Di Tomilaia

TOSKANISCH • TRATTORIA X Hier darf man sich auf moderne Trattoria-Atmosphäre freuen: laut, lebendig, leger. Es gibt toskanische Spezialitäten wie "Linguine Mare Mare", "Risotto gamberi" oder "Bistecca Fiorentina", dazu eigene Weine.

Karte 24/51 €

Stadtplan : GH3-c – *Walther-von-Cronberg-Platz 7 ✉ 60594 – ☎ 069 68977625 – www.acasadi.de – geschl. Samstagmittag*

Villa Kennedy

GROSSER LUXUS • KLASSISCH Architektonisch gelungen wurde die Villa Speyer von 1904 zu einem eindrucksvollen Luxushotel erweitert. Das Interieur überaus individuell, die Zimmer sehr geräumig, teils zum tollen Innenhof. Schön relaxen kann man im Spa auf 1000 qm.

137 Zim – †305/925 € ††325/945 € – 26 Suiten

Stadtplan : F3-a – *Kennedyallee 70 ✉ 60596 – ☎ 069 717120 – www.roccofortehotels.com*

Gusto – siehe Restaurantauswahl

In Neu-Isenburg-Gravenbruch Süd-Ost: 11 km

EssTisch

INTERNATIONAL • ELEGANT XX Im Hauptrestaurant des Hauses hat man einen freundlich-eleganten Rahmen für internationale Gerichte wie "Kalbsfilet im Kräutermantel und gebackenes Kalbsbries mit Graupen-Risotto". Oder lieber "Frankfurter Grüne Soße mit gebackenem Ei"?

Menü 46 € – Karte 39/79 €

Stadtplan : D3-t – *Kempinski Hotel Gravenbruch, Graf zu Ysenburg und Büdingen-Platz 1 ✉ 63263 – ✆ 069 389880 – www.kempinski.com/gravenbruch – geschl. September - Dezember: Sonntagabend, Juli - August: Freitagabend, Samstag, Sonntagabend*

Torschänke

REGIONAL • RUSTIKAL X Die Torschänke war einst Ausgangspunkt für die Wildschweinjagd - dies ist neben weiteren regionalen Spezialitäten natürlich auch auf der Karte zu finden. Die Atmosphäre dazu ist angenehm ungezwungen.

Karte 31/49 €

Stadtplan : D3-t – *Kempinski Hotel Gravenbruch, Graf zu Ysenburg und Büdingen-Platz 1 ✉ 63263 – ✆ 069 38989670 – www.kempinski.com/gravenbruch – nur Abendessen – geschl. Montag - Dienstag*

Kempinski Hotel Frankfurt Gravenbruch

LUXUS • KLASSISCH Die schöne Parklage direkt an einem kleinen See ist hier ebenso attraktiv wie das ausgesprochen wohnliche Interieur im ganzen Haus. Alles ist stimmungsvoll und mit Geschmack gestaltet: Lobby, Smokers Lounge, Ballsaal, Zimmer und Suiten... Restaurant "Levante" mit libanesischer Küche.

199 Zim – 149/599 € 149/599 € – 26 Suiten – 33 €

Stadtplan : D3-t – *Graf zu Ysenburg und Büdingen-Platz 1 ✉ 63263 – ✆ 069 389880 – www.kempinski.com/gravenbruch*

Torschänke • **EssTisch** – siehe Restaurantauswahl

Beim Flughafen Frankfurt Main Süd-West: 12 km

Faces

INTERNATIONAL • DESIGN XX Hier sitzt man hinter einer Glasfront in schickem modernem Ambiente mit interessantem Lichtdesign. Serviert wird internationale Küche, bei der das Produkt im Mittelpunkt steht. Mit Bar.

Menü 45/85 € – Karte 48/63 €

Stadtplan : A3-n – *Hotel Steigenberger Airport, Unterschweinstiege 16 ✉ 60549 Frankfurt – ✆ 069 69750 (Tischbestellung ratsam) – www.airporthotel-frankfurt.steigenberger.de – nur Abendessen – geschl. Samstag - Sonntag*

Hilton

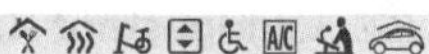

BUSINESS • MODERN In der futuristischen Glas-Stahlkonstruktion von 625 m Länge (konzipiert als liegendes Hochhaus!) verbirgt sich urbaner Chic im besten Sinne. Die A3 könnte kaum näher sein, ICE-Bahnhof und Terminal 1 sind direkt zugänglich!

232 Zim – 159/599 € 159/599 € – 17 Suiten – 33 €

Stadtplan : A3-b – *Am Flughafen, (The Squaire) ✉ 60549 – ✆ 069 26012000 – www.frankfurtairport.hilton.com*

Steigenberger Airport

KETTENHOTEL • MODERN Elegante Halle, komfortable Zimmer (Tipp: die modernen Tower-Zimmer) und der Freizeitbereich "Open Sky" in der 9. Etage mit Aussicht. Gemütlich die historische "Unterschweinstiege". Parken Sie in der Tiefgarage des Main Airport Centers.

560 Zim – 89/599 € 99/599 € – 10 Suiten – 28 €

Stadtplan : A3-n – *Unterschweinstiege 16 ✉ 60549 Frankfurt – ✆ 069 69750 – www.airporthotel-frankfurt.steigenberger.com*

Faces – siehe Restaurantauswahl

FRANKWEILER

Rheinland-Pfalz – 857 Ew. – Höhe 243 m – Regionalatlas **54**-E17
Michelin Straßenkarte 543

Weinstube Brand

REGIONAL • GEMÜTLICH X Was diese rustikale Weinstube samt nettem Innenhof so beliebt macht? Hier ist es gemütlich und unkompliziert, die Gastgeber sind sympathisch und man kocht schmackhaft und frisch. Es gibt z. B. "geschmorte Schulter vom Wildkaninchen auf Cassisrotkraut". Das Wild stammt von befreundeten Jägern aus der Region.

Karte 29/45 €

Weinstr. 19 ✉ 76833 – ✆ 06345 959490 (Tischbestellung ratsam)
– geschl. Dezember - Januar 2 Wochen, Juni - Juli 2 Wochen und Sonntag - Dienstagmittag

Robichon

FRANZÖSISCH-KLASSISCH • LÄNDLICH XX Nicht mehr wegzudenken aus dem beschaulichen Örtchen! Beliebt sind zum einen klassisch-französische Speisen wie "Seezunge und Seeteufel auf Taschenkrebssauce", zum anderen der aufmerksame Service und das charmante Ambiente.

Menü 22 € (mittags)/56 € – Karte 40/58 €

Orensfelsstr. 31 ✉ 76833
– ✆ 06345 3268 – www.restaurant-robichon.de
– geschl. Januar 3 Wochen, August 2 Wochen und Montag - Dienstag

FRASDORF

Bayern – 3 076 Ew. – Höhe 598 m – Regionalatlas **66**-N21
Michelin Straßenkarte 546

Rehmann im Karner (N)

KLASSISCHE KÜCHE • FREUNDLICH XX Wirklich einladend das Ambiente, dafür sorgt ein charmanter Mix aus alpenländisch-rustikaler Gemütlichkeit und frischen modernen Elementen. Aus der Küche kommen regional-saisonal beeinflusste Gerichte wie "Lachsforelle, Gurke, Radieserl".

Menü 85/95 € – Karte 56/71 €

Hotel Landgasthof Karner, Nussbaumstr. 6 ✉ 83112
– ✆ 08052 17970 – www.landgasthof-karner.com
– nur Abendessen – geschl. Sonntag - Montag, außer an Feiertagen

Gewölbe-Restaurant (N)

MARKTKÜCHE • LÄNDLICH XX Bayerisch-traditionell kommt das Restaurant daher, schön das namengebende Gewölbe. Hier wie auch im reizvollen Garten serviert man Regionales, aber auch international-mediterrane Gerichte. Dazu ein preiswertes Mittags- und Wochenmenü.

Menü 29 € (abends) – Karte 31/45 €

Hotel Landgasthof Karner, Nussbaumstr. 6 ✉ 83112 – ✆ 08052 17970
– www.landgasthof-karner.com

Landgasthof Karner

GASTHOF • GEMÜTLICH Ein Haus mit langer Tradition (einst Bauernhof, Bäckerei und Gastwirtschaft), schön die denkmalgeschützte Fassade. Man kann hier gepflegt übernachten (eleganter die Zimmer im Anbau) und bei Kosmetik, Massage & Co. entspannen.

32 Zim – †79/139 € ††99/159 € – 3 Suiten – ½ P

Nussbaumstr. 6 ✉ 83112
– ✆ 08052 17970 – www.landgasthof-karner.com

Gewölbe-Restaurant • **Rehmann im Karner** – siehe Restaurantauswahl

In Frasdorf-Wildenwart Nord-Ost: 3 km, jenseits der A 8

Schloßwirtschaft Wildenwart

REGIONAL • GASTHOF X Gutes Essen in schönem Ambiente! In den gemütlichen getäfelten Stuben der historischen Schlosswirtschaft gibt's frische bayerische Küche samt Klassikern und Saisonalem. Im Sommer zieht es die Gäste in den von Bäumen umgebenen Biergarten.

Karte 25/51 €

Ludwigstr. 8 ✉ 83112 - ✆ 08051 2756 (Tischbestellung ratsam) - www.schlosswirtschaft-wildenwart.de - geschl. 27. August - 18. September und Montag - Dienstag

FRAUENAU

Bayern - 2 665 Ew. - Höhe 616 m - Regionalatlas **60**-P18
Michelin Straßenkarte 546

St. Florian

SPA UND WELLNESS • GEMÜTLICH Eine wohnliche und freundlich geführte Ferienadresse. Wie wär's z. B. mit den schönen Themenzimmern "Zauberwald" und "Rosenzimmer"? Und entspannen Sie auch im geschmackvoll-modernen Sauna- und Hallenbadbereich oder bei Beauty-Anwendungen! Gediegen-elegantes Restaurant mit behaglicher Gaststube.

31 Zim ☕ - 🚹68/97 € 🚹🚹158/179 € - 7 Suiten - ½ P

Althüttenstr. 22 ✉ 94258 - ✆ 09926 9520 - www.st-florian.de

FRECHEN

Nordrhein-Westfalen - 51 510 Ew. - Höhe 75 m - Regionalatlas **35**-B12
Michelin Straßenkarte 543

Frechener Hof

BUSINESS • KLASSISCH Engagiert geleitet und sehr gepflegt! Mit sicherem Gespür für Stil wurde das historische Stadthaus geschmackvoll gestaltet, da kann man sich nur wohlfühlen! Im Sommer gibt's das appetitliche Frühstück auf der schönen Dachterrasse.

39 Zim - 🚹95/189 € 🚹🚹128/245 € - ☕10 €

Johann-Schmitz-Platz 22 ✉ 50226 - ✆ 02234 957000 - www.frechener-hof.de

FREIAMT

Baden-Württemberg - 4 116 Ew. - Höhe 305 m - Regionalatlas **61**-D20
Michelin Straßenkarte 545

In Freiamt-Brettental

Ludinmühle

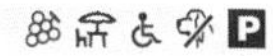

INTERNATIONAL • GEMÜTLICH XX "Mühlen-", "Ofen-" oder "Schwarzwaldstube", "Rosen-" oder "Olivengarten"? Überall sitzt man gemütlich, wird aufmerksam umsorgt und speist Internationales wie "Seeteufelmedaillons im Knoblauchsud mit Blattspinat". Faible des Chefs: die preislich faire Weinkarte mit über 250 Positionen! Themenkochkurse.

Menü 23 € (mittags unter der Woche)/52 € - Karte 28/49 €

Hotel Ludinmühle, Brettental 31 ✉ 79348 - ✆ 07645 91190 - www.ludinmuehle.de

Ludinmühle

SPA UND WELLNESS • INDIVIDUELL Wirklich schön, was die gewachsene Hotelanlage alles bietet: zuvorkommende Gästebetreuung, wohnlich-komfortable Zimmer und die beliebte "Verwöhnpension" (ganztägig Snacks im "Genießergärtchen"), Spa auf 2000 qm samt Blockhaus-Stubensauna im Garten, Floating, Beauty sowie Kinderparadies mit Betreuung.

59 Zim ☕ - 🚹94/176 € 🚹🚹164/320 € - 5 Suiten - ½ P

Brettental 31 ✉ 79348 - ✆ 07645 91190 - www.ludinmuehle.de

Ludinmühle - siehe Restaurantauswahl

In Freiamt-Mussbach

Zur Krone

REGIONAL • GASTHOF X In dem gemütlichen Landhaus isst man gut und wohnt richtig nett. Seit über 200 Jahren und inzwischen in 9. Generation wird es engagiert und mit Sinn für Tradition geführt. Aus der Küche kommt Leckeres wie "Rinderfiletspitzen mit Senfrahmsauce, Gemüse und Brägele".

Menü 26/40 € – Karte 23/52 €

8 Zim ☕ – †46/60 € ††78/85 €

Mussbach 6 ✉ 79348 – ✆ 07645 227 (Tischbestellung ratsam) – www.krone-freiamt.de – Montag - Freitag nur Abendessen – geschl. Ende Januar 2 Wochen, Ende August - Anfang September 2 Wochen und Mittwoch

FREIBURG (ELBE)

Niedersachsen – 1 845 Ew. – Höhe 2 m – Regionalatlas **9**-H4

Michelin Straßenkarte 541

Gut Schöneworth

FAMILIÄR • INDIVIDUELL Auf einem schönen Gartengrundstück stehen die charmanten Häuser dieses historischen Gutshofs. Man wohnt hier sehr gepflegt, vom ländlich-modernen Zimmer bis zum reizenden Blockhaus im tollen Garten. Hübsch auch die Bar.

20 Zim ☕ – †60/80 € ††100/115 € – 2 Suiten – ½ P

Landesbrücker Str. 42 ✉ 21729 – ✆ 04779 92350 – www.gutschoeneworth.de

age fotostock

WIR MÖGEN BESONDERS...

Die elegante **Zirbelstube** als erste Adresse der Stadt. Gemütliche Atmosphäre, Kunst und gute saisonale Küche im **Markgräfler Hof**. **The Alex Hotel** für die zwar nicht riesigen, aber chic-modernen Zimmer – perfekt nach dem Genuss der erstklassigen regionalen Weine in der „Winery29". Mal raus aus dem Zentrum und **sHerrehus** mit seinem Gutshof-Flair erleben.

FREIBURG im BREISGAU

Baden-Württemberg - 222 203 Ew. - Höhe 278 m - Regionalatlas **61**-D20
Michelin Straßenkarte 545

Restaurants

✿ Zirbelstube

FRANZÖSISCH-KLASSISCH • GEMÜTLICH XxX Der Klassiker unter den Freiburger Gourmetküchen zeigt sich absolut chic - ausgesprochen nobel und gemütlich-charmant zugleich! Die Speisen sind unverändert französisch geprägt und basieren auf hervorragenden Produkten, dazu zelebriert man hier noch klassischen Service alter Schule!

➜ Bretonischer Steinbutt, Möhren, Vanillevinaigrette. Filet vom Schwarzwälder Kalb mit Püree und gerösteter Petersilie. Trocken gereiftes Kotelett vom Elztäler Rind mit Speck, Croûtons, Kohlrabi.

Menü 65/125 € - Karte 72/101 €

Stadtplan : A1-r - *Colombi Hotel, Am Colombi Park ✉ 79098*
- ✆ 0761 21060 (Tischbestellung ratsam)
- www.colombi.de
- nur Abendessen - geschl. August und Sonntag - Montag

✿ Wolfshöhle (Sascha Weiss)

FRANZÖSISCH-MODERN • FAMILIÄR X Angenehm unkompliziert und wirklich charmant wird man hier umsorgt, und zwar mit reduzierter, sehr produktorientierter und finessenreicher Küche. Dazu passt das geradlinig-moderne und (dank Holztäfelung und Parkettboden) zugleich warme Ambiente. Mittags kleinere Karte. Praktisch: Schlossberggarage vis-à-vis.

➜ Rindertatar, Radiesle, Soja-Tapioka. Fischsuppe mit Safran. Steinbutt, grüner Spargel, Ingwerhollandaise.

Menü 35 € (mittags)/120 € - Karte 44/96 €

Stadtplan : B1_2-t - *Konviktstr. 8 ✉ 79098*
- ✆ 0761 30303 (Tischbestellung ratsam)
- www.wolfshoehle-freiburg.de - geschl. Januar - Februar 2 Wochen, Mai - Juni 2 Wochen, Oktober - November 2 Wochen und Sonntag - Montag sowie an Feiertagen

Markgräfler Hof

MARKTKÜCHE • GEMÜTLICH X Das Konzept kommt an: Sie sitzen in einem gemütlichen, mit dekorativen Bildern geschmückten Restaurant bei leckeren modern-saisonalen Gerichten wie "Ceviche vom Kabeljau" oder "Variation vom Kalb". Mittags gibt es einfachere Bistroküche. Und übernachten können Sie in schlichten, aber gepflegten Zimmern.

Menü 19 € (mittags)/37 € - Karte 36/54 €

15 Zim - 79/125 € 135/185 €

Stadtplan : B2-c - *Gerberau 22 79098 - 0761 296490 - www.markgraeflerhof-freiburg.de - geschl. Sonntag - Montag*

Falken- und Hans-Thoma-Stube

REGIONAL • GEMÜTLICH XX Schöne alte Holztäfelungen und Kachelöfen verbreiten hier Gemütlichkeit. Ambiente und Küche sind etwas regionaler als in der "Zirbelstube", auf professionellen Service braucht man dennoch nicht zu verzichten!

Menü 39 € (mittags)/75 € - Karte 37/70 €

Stadtplan : A1-r - *Colombi Hotel, Am Colombi Park 79098 - 0761 21060 - www.colombi.de*

Stadt Freiburg

INTERNATIONAL • BRASSERIE XX Hier darf man sich in schicker Brasserie-Atmosphäre auf geschmackvolle Frischeküche freuen, und die gibt es z. B. als "gebratenen Zander mit Creme-Spinat und Kartoffel-Schnittlauchpüree". Bei schönem Wetter lockt die Terrasse.

Menü 21 € (mittags unter der Woche)/59 € - Karte 44/62 €

Hotel Stadt Freiburg, Breisacher Str. 84, über Friedrichstraße A1 79110 - 0761 89680 - www.hotel-stadt-freiburg.de - geschl. Sonntag

Oberkirchs Weinstuben

MARKTKÜCHE • GEMÜTLICH XX In dem hübschen Haus von 1738 direkt am Münsterplatz heißt es Gemütlichkeit, rustikaler Charme und frische badische Küche - es gibt z. B. "Ochsenbrust mit Meerrettichsauce", "Hirschschnitzel in Preiselbeersauce" oder "Zander auf Kartoffel-Kürbisgemüse". Zum Übernachten hat man individuelle, wohnliche Zimmer.

Menü 35/42 € (abends) - Karte 26/61 €

23 Zim - 94/159 € 134/229 € - 3 Suiten

Stadtplan : B1-a - *Münsterplatz 22 79098 - 0761 2026868 - www.hotel-oberkirch.de - geschl. Mitte Februar 2 Wochen und Sonntag*

Zum Roten Bären

MARKTKÜCHE • LÄNDLICH XX Es ist eines der ältesten Gasthäuser Deutschlands, gemütlich die Stuben mit historischem Touch - besonders behaglich sitzt man am Kachelofen. Die Küche ist überwiegend regional: Badisches Ochsenfleisch, Forelle Müllerin, Hirschgulasch...

Menü 15 € (mittags)/56 € - Karte 32/63 €

Stadtplan : B2-u - *Hotel Zum Roten Bären, Oberlinden 12 79098 - 0761 387870 - www.roter-baeren.de - geschl. Sonntag, Januar - Februar und Juli - August: Sonntag - Montag*

Drexlers

MARKTKÜCHE • HIP X Sehr gefragt ist das lebendige, schicke Bistro nahe dem Colombipark. Der Mittagstisch ist einfacher, die Abendkarte aufwändiger, so z. B. "Wolfsbarsch und Garnele mit Artischocken und Meeresfrüchterisotto". Übrigens: Die angeschlossene Weinhandlung erklärt die beachtliche Weinauswahl!

Menü 42/52 € (abends) - Karte 34/64 €

Stadtplan : A1-m - *Rosastr. 9 79098 - 0761 5957203 - www.drexlers-restaurant.de - geschl. Mitte August 2 Wochen und Sonntag, Samstagmittag sowie an Feiertagen*

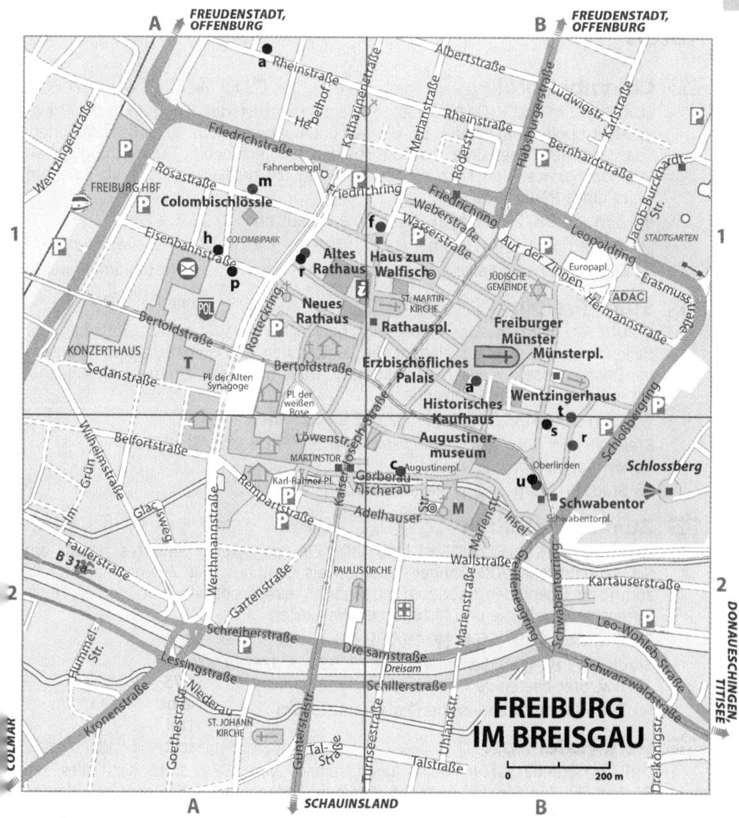

FREUDENSTADT, OFFENBURG

FREIBURG IM BREISGAU

SCHAUINSLAND

DONAUESCHINGEN, TITISEE

COLMAR

Basho-An 

JAPANISCH • GERADLINIG Ganz in der Nähe der Fußgängerzone gibt es in typisch puristischem Ambiente beliebte klassisch japanische Küche, z. B. in Form von "Seehecht mit Gemüse in Sojabrühe" oder "Tempura von Steingarnele", zudem Sushi. Kleinere Mittagskarte.

Menü 65/100 € (abends) – Karte 23/45 €

Stadtplan : B1-f – *Merian Str. 10 ✉ 79098 – ✆ 0761 2853405 – www.bashoan.com – geschl. Sonntag - Montag sowie an Feiertagen mittags*

Kreuzblume Ⓝ 

KLASSISCHE KÜCHE • GEMÜTLICH Schön die Lage in der Altstadt sowie das moderne Ambiente (sowohl im Restaurant als auch in den Gästezimmern), frisch und angenehm unkompliziert die Küche. Probieren Sie z. B. "Rote-Bete-Risotto mit Meerrettich" oder "Entenbrust auf getrüffeltem Topinamburpüree". Park-Tipp: Schlossberggarage um die Ecke.

Menü 42/47 € – Karte 39/60 €

8 Zim ☕ – †85/125 € ††135/155 €

Stadtplan : B2-r – *Konviktstr. 31 ✉ 79098 – ✆ 0761 31194 – www.kreuzblume-freiburg.de – Januar - April: nur Abendessen – geschl. 28. Oktober - 11. November und Sonntag*

Hotels

Colombi Hotel

LUXUS • KLASSISCH Das überaus elegante Hotel ist das Flaggschiff der Breisgau-Metropole und vereint so einiges unter einem Dach: luxuriöses Wohnen, Spa, Gourmetküche, Café (toll die Kuchen und Pralinen!), Tagungsmöglichkeiten, top Service. Von Nov. - Febr. hat man ein rustikales Chalet im Innenhof - hier gibt's Regionales.

86 Zim – 186/259 € 269/295 € – 26 Suiten – 23 € – ½ P

Stadtplan : A1-r – *Am Colombi Park ✉ 79098 – ✆ 0761 21060 – www.colombi.de*

Zirbelstube • Falken- und Hans-Thoma-Stube – siehe Restaurantauswahl

Stadt Freiburg

BUSINESS • MODERN Das Hotel liegt bei der Universitätsklinik. Großzügig der Hallenbereich, besonders elegant die Juniorsuiten und Suiten (teils mit Panorama-Dachterrasse). Wer's moderner mag, fragt nach den Zimmern im Neubau. Mit im Haus: top Privatpraxen.

178 Zim – 135/175 € 155/205 € – 3 Suiten – ½ P

Breisacher Str. 84, über Friedrichstraße A1 ✉ 79110 – ✆ 0761 89680 – www.hotel-stadt-freiburg.de

Stadt Freiburg – siehe Restaurantauswahl

Zum Roten Bären

HISTORISCHES GEBÄUDE • GEMÜTLICH Ein engagiert geführtes Haus am Schwabentor mit 700-jähriger Tradition als Gasthaus. Die Zimmer liegen teils zum Platz Oberlinden oder zum Innengarten, einige sind etwas moderner. Nette Veranstaltungsräume und historischer Weinkeller.

24 Zim – 99/156 € 149/189 € – 1 Suite – ½ P

Stadtplan : B2-u – *Oberlinden 12 ✉ 79098 – ✆ 0761 387870 – www.roter-baeren.de*

Zum Roten Bären – siehe Restaurantauswahl

Park Hotel Post

URBAN • GEMÜTLICH In dem Jugendstilhaus von 1884 dreht sich alles um Bücher: Die Zimmer sind nach Schriftstellern benannt, es gibt Bücher zum Kaufen oder Ausleihen, und schon der Eingangsbereich erinnert an eine Bibliothek! Hübsch der moderne Frühstücksraum.

45 Zim – 109/189 € 149/239 €

Stadtplan : A1-h – *Eisenbahnstr. 35 ✉ 79098 – ✆ 0761 385480 – www.park-hotel-post.de*

Victoria

URBAN • GEMÜTLICH Das Haus von 1875 hat schon einen eigenen Charme: Es liegt am Altstadtrand, wird nach ökologischen Prinzipien geführt und hat schicke, wohnliche Zimmer und einen schönen kleinen Saunabereich, nicht zu vergessen das gute Frühstück mit vielen Bioprodukten und die stadtbekannte "Hemingway Bar" mit Smoker Lounge.

65 Zim – 110/160 € 130/200 € – 2 Suiten

Stadtplan : A1-p – *Eisenbahnstr. 54 ✉ 79098 – ✆ 0761 207340 – www.hotel-victoria.de*

The Alex Hotel

BUSINESS • MODERN Klein, individuell und persönlich. Ein modernes, chic-urbanes Stadthotel, das in einer ruhigen Seitenstraße in Bahnhofsnähe liegt. Die Zimmer sind nicht groß, aber wertig, zum Frühstück gibt's hausgemachte Marmelade - schön sitzt man auf der Terrasse! Regionale Weine in der "Winery29".

39 Zim – 85/111 € 99/120 € – 10 €

Stadtplan : A1-a – *Rheinstr. 29 ✉ 79104 – ✆ 0761 296970 – www.the-alex-hotel.de – geschl. 23. Dezember - 14. Januar*

Schwarzwälder Hof

FAMILIÄR • FUNKTIONELL Im Herzen der Breisgaumetropole liegt der engagiert geführte Familienbetrieb. Die Zimmer gibt's von aufgefrischt bis ganz modern und richtig chic! Hübsch ist auch die holzgetäfelte Gaststube, in der man bürgerlich isst. Tipp für Autofahrer: Parken Sie in der Schlossberggarage gegenüber.

40 Zim – 70/95 € 105/125 €

Stadtplan : B2-s – *Herrenstr. 43 ✉ 79098 – ✆ 0761 38030 – www.shof.de*

In Freiburg-Günterstal Süd: 2 km über A2, Richtung Schauinsland

Kühler Krug

REGIONAL • GASTHOF XX Wer frische badische Küche mag, ist richtig bei Georg und Tanja Fehrenbach in dem gemütlichen alten Gasthof vor dem Torbogen. Appetit macht z. B. "Rebhühnchen 'Winzerin Art', Cognactrauben, Sauerkraut, Kartoffelpüree". Schöne Gästezimmer gibt es auch, und mit der Straßenbahn kommt man bequem in die Stadt.

Menü 25/65 € – Karte 28/54 €

7 Zim – 76 € 98 €

Torplatz 1 ✉ 79100 – ✆ 0761 29103 – www.kuehlerkrug.de – geschl. Ende Oktober 10 Tage und Mittwoch - Donnerstag

In Freiburg-Herdern Nord: 1 km über Karlstraße B1

Eichhalde

INTERNATIONAL • FAMILIÄR XX Hier kocht man stimmig, schmackhaft und klassisch-modern. Da kommen in dem ausgesprochen netten, hübsch dekorierten Restaurant z. B. "Blanquette vom Kalb mit Champignons und Kapern" oder "Lammrücken mit Sellerie, Arancini, Blattspinat und Walnusspesto" auf den Tisch. Tipp: "Menü du jour" mittags wie abends.

Menü 35/72 € – Karte 35/66 €

Stadtstr. 91 ✉ 79104 – ✆ 0761 54817 – www.restaurant-eichhalde.de – geschl. über Pfingsten 1 Woche, August 1 Woche und Sonntag - Montag

Chez Eric

FRANZÖSISCH-KLASSISCH • FREUNDLICH XX Das Restaurant des "Mercure Hotel Panorama" ist elegant, hat eine der schönsten Terrassen Freiburgs und bietet frische klassische Speisen wie "Lammrücken, Thymianjus, Safran-Perlzwiebeln". Oder lieber Meeresfrüchte? Dazu die Brasseriekarte.

Menü 38/99 € – Karte 55/84 €

Panorama Hotel Mercure, Wintererstr. 89 ✉ 79104 – ✆ 0761 51030 – www.chez-eric.de

Panorama Hotel Mercure

BUSINESS • FUNKTIONELL Das "etwas andere" Kettenhotel: persönlich geführt und in Freiburgs schönster Lage! Hier fühlen sich Business- und Feriengäste gleichermaßen wohl. Man hat moderne Zimmer, einen hübschen Wellnessbereich und die Aussicht ist traumhaft.

86 Zim – 90/230 € 110/230 € – 17 €

Wintererstr. 89 ✉ 79104 – ✆ 0761 51030 – www.mercure.com/1128

Chez Eric – siehe Restaurantauswahl

In Freiburg-Lehen West: 3 km über Dreisamstraße A2

Hirschen

MARKTKÜCHE • GEMÜTLICH XX Möchten Sie in der gemütlichen Gaststube speisen oder lieber im eleganteren Restaurant? Kulinarisch geht es klassisch zu, da heißt es z. B. "Hummerravioli, Blattspinat, Beurre blanc". Wer es bürgerlicher mag, freut sich z. B. über "saure Kalbsleber". Tipp: zur Gänse-Saison zeitig reservieren!

Menü 45 € (vegetarisch)/78 € – Karte 36/73 €

Hotel Hirschen, Breisgauer Str. 47 ✉ 79110 – ✆ 0761 897769681 (Tischbestellung ratsam) – www.hirschen-freiburg.de

Hirschen

BUSINESS • MODERN Geschmackvolle Wohnräume mit toskanischer bzw. provenzalischer Note in einem gewachsenen Gasthof von 1698. Tolle Penthouse-Juniorsuite. Schön frühstückt man im Sommer auf der Gartenterrasse mit Blick zum Swimming-Pool.

70 Zim – 118/175 € 160/230 € – ½ P

Breisgauer Str. 47 79110
– 0761 8977690 – www.hirschen-freiburg.de

Hirschen – siehe Restaurantauswahl

In Freiburg-Munzingen Süd-West: 13 km über Basler Straße A2, jenseits der A 5

sHerrehus

KREATIV • KLASSISCHES AMBIENTE XX Die Gourmet-Variante der "Schloss Reinach"-Gastronomie kommt stilvoll, aber keineswegs steif daher! Gekocht wird finessenreich, kreativ und gleichzeitig angenehm reduziert - gerne verwendet man Produkte aus der Region. Schön die vorwiegend badische und französische Weinauswahl. Wunderbar der Innenhof!

→ Gebratene Möhren, Taleggio, schwarze Nüsse, Rote Bete Blätter. Kalbsbugblatt "Sous Vide", Zwiebeljus, Kartoffel, Chicorée. Schokolade, Mandarinenkompott, Parfait und Granité.

Menü 42 € (vegetarisch)/108 € – Karte 70/81 €

Hotel Schloss Reinach, St. Erentrudis-Str. 12, B 31 79112
– 07664 407440 – www.schlossreinach.de – Dienstag - Freitag nur Abendessen – geschl. Januar, August 2 Wochen und Sonntag - Montag

sBadische Wirtshus

REGIONAL • GEMÜTLICH X Moderne trifft auf Tradition! Sehr nett das Ambiente aus Natursteinboden, Wirtshaustischen und Bartresen aus dunklem Holz. Aus der Küche kommt Badisches aus frischen, guten Produkten, Spezialität sind Schmorgerichte wie Kalbsbäckle oder Rouladen. Oder mögen Sie lieber "Heilbutt & Räucheraal auf Wirsing"?

Menü 35/49 € – Karte 31/59 €

Hotel Schloss Reinach, St. Erentrudis-Str. 12, B 31 79112
– 07664 407480 – www.schlossreinach.de – Januar - April: Dienstag - Freitag nur Abendessen – geschl. Mittwoch

Schloss Reinach

HISTORISCH • MODERN Hier wird stetig investiert und modernisiert, dennoch hat das schöne Anwesen von 1607 seinen Gutshof-Charme bewahrt. Wohnen können Sie in chic-modernen oder klassischeren Zimmern. Dazu ein überaus attraktiver Spa und anspruchsvolle Gastronomie. Im Sommer locken Veranstaltungen und Konzerte im Innenhof.

94 Zim – 89/110 € 135/190 € – 6 Suiten – ½ P

St. Erentrudis-Str. 12, B 31 79112
– 07664 4070 – www.schlossreinach.de

sHerrehus • **sBadische Wirtshus** – siehe Restaurantauswahl

Beim Thermalbad 9 km über Basler Straße A2

Dorint An den Thermen

KETTENHOTEL • FUNKTIONELL Schön ist nicht nur die ruhige Lage am Waldrand, auch die modernen Zimmer sind attraktiv. Über einen Verbindungsgang (hier bietet man übrigens Kosmetikanwendungen) gelangt man bequem zum Thermalbad nebenan. Im Restaurant "Pirol": schickes geradliniges Ambiente und kreativ-internationale Küche.

98 Zim – 100/195 € 110/200 € – 5 Suiten – 18 € – ½ P

An den Heilquellen 8 79111
– 0761 49080 – www.dorint.com/freiburg

FREILASSING

Bayern - 16 194 Ew. - Höhe 422 m - Regionalatlas **67**-O21
Michelin Straßenkarte 546

Moosleitner

REGIONAL • GASTHOF X Seit Jahrhunderten pflegt man hier die Wirtshaustradition. Die sehr schönen gemütlichen Stuben mit ihrem ländlichen Charme sind ebenso einladend wie die frische Schmankerlküche - Lust auf "ausgelöstes Kräuterbackhendl mit Sauce Tartare"?

Menü 19 € - Karte 23/50 €

Hotel Moosleitner, Wasserburger Str. 52, West: 2,5 km ✉ 83395 - ✆ 08654 63060 - www.moosleitner.com - geschl. 1. - 8. Januar und Samstagmittag, Sonntag

Moosleitner

HISTORISCH • TRADITIONELL Das Anwesen a. d. 13. Jh. ist heute ein komfortables Landhotel mit wohnlichen Zimmern, moderner Technik sowie Sauna- und Fitnessbereich, und auch eine Ladestation für Elektroautos hat man hier! Ideal ist die Lage auch für Salzburg-Besucher.

58 Zim - †70/95 € ††110/140 € - 1 Suite - ½ P

Wasserburger Str. 52, West: 2,5 km ✉ 83395 - ✆ 08654 63060 - www.moosleitner.com - geschl. 1. - 8. Januar

Moosleitner - siehe Restaurantauswahl

FREINSHEIM

Rheinland-Pfalz - 4 976 Ew. - Höhe 132 m - Regionalatlas **47**-E16
Michelin Straßenkarte 543

WEINreich

REGIONAL • WEINSTUBE X In der Altstadt haben die engagierten Gastgeber ihre charmant-moderne Weinstube samt hübschem Innenhof. Wie wär's z. B. mit dem "Dauerbrenner": Rumpsteak vom Charolais-Rind? Beliebt ist auch der "Burgertag" jeden ersten Do. im Monat. Und wer übernachten möchte, findet hier reizende, ganz individuelle Zimmer.

Menü 35/50 € - Karte 31/50 €

5 Zim - †65/75 € ††95 € - 1 Suite

Hauptstr. 25 ✉ 67251 - ✆ 06353 9598640 (Tischbestellung ratsam) - www.weinstube-weinreich.de - geschl. Januar - Februar 3 Wochen und Sonntag - Dienstagmittag, außer an Feiertagen

Von-Busch-Hof

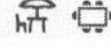

INTERNATIONAL • KLASSISCHES AMBIENTE XX International ist die Küche in diesem klassisch gehaltenen Restaurant hinter ehrwürdigen Klostermauern. Appetit auf "geschmorte Rinderbacke in Rotweinsauce" oder "Winterkabeljau mit Zitronensauce"? Tipp für den Sommer: der schöne Innenhof!

Menü 36/55 € - Karte 33/46 €

Von-Busch-Hof 5 ✉ 67251 - ✆ 06353 7705 - www.von-busch-hof.de - nur Abendessen, sonntags auch Mittagessen - geschl. Mitte Januar - Mitte Februar und Montag - Dienstag

Landhotel Altes Wasserwerk

LANDHAUS • MODERN Das denkmalgeschützte Haupthaus mit schöner Fachwerkfassade - einst Wasserwerk - ist heute Teil eines hübschen, engagiert geführten Hotels. Besonders komfortabel hat man es in den Studios oder Appartements, mal was anderes sind die Turmzimmer! Tipp: Frühstücken Sie im Wintergarten zum kleinen Park!

33 Zim - †67/83 € ††94/137 €

Burgstr. 9 ✉ 67251 - ✆ 06353 932520 - www.landhotel-altes-wasserwerk.de - geschl. 23. - 28. Dezember

Altstadthof

HISTORISCH • MODERN Ein kleines Schmuckstück direkt in der Altstadt - historischer Rahmen, modernes Interieur. Wer länger bleibt, schätzt das Apartment mit Küche. Donnerstagabends hat die "WeinBAR" geöffnet (hier bekommt man auch Snacks). Schöne "Scheune" zum Tagen. Parken in der Friedhofstraße.

15 Zim – 72/92 € 111/131 €

Hauptstr. 27 ✉ 67251 – ✆ 06353 932250 – www.altstadthof-freinsheim.de – geschl. 24. Dezember - 7. Januar

FREISING

Bayern – 45 857 Ew. – Höhe 448 m – Regionalatlas **58**-M19
Michelin Straßenkarte 546

Corbin Feng Shui by Libertas

BUSINESS • FUNKTIONELL Feng-Shui-Prinzipien und klarer moderner Stil bestimmen das Hotel. Die Zimmer zur Straße bieten Klimaanlage, die Minibar ist am Anreisetag kostenfrei. Am Morgen erwartet Sie ein gutes Frühstück.

46 Zim – 95/195 € 145/298 € – 15 €

Wippenhauser Str. 7 ✉ 85354 – ✆ 08161 88690 – www.corbin-hotel.de – geschl. 23. - 31. Dezember

In Freising-Haindlfing Nord-West: 5 km über B 301, in Erlau links

Gasthaus Landbrecht

MARKTKÜCHE • RUSTIKAL X So stellt man sich einen bayerisch-ländlichen Gasthof vor: In dem Familienbetrieb herrscht eine ungezwungene Atmosphäre, gekocht wird mit regionalen Produkten. Im Winter wärmt der Kachelofen, im Sommer sitzt es sich angenehm im Biergarten!

Menü 30/40 € – Karte 31/43 €

Freisinger Str. 1 ✉ 85354 – ✆ 08167 8926 – www.gasthaus-landbrecht.de – Mittwoch - Freitag nur Abendessen – geschl. nach Ostern 2 Wochen, nach Pfingsten 10 Tage, Mitte August - Anfang September und Montag - Dienstag

In Hallbergmoos-Goldach Süd-Ost: 15 km über B 11, jenseits der A 92

Daniel's

LANDHAUS • KLASSISCH Angenehm persönlich wird das schmucke kleine Hotel geführt. Es ist mit Stil und Liebe hochwertig und stimmig eingerichtet, herzlich und aufmerksam der Service, gut das Frühstück... Ein Haus mit individuellem Charme!

26 Zim – 79/320 € 99/360 €

Hauptstr. 11 ✉ 85399 – ✆ 0811 55120 – www.hotel-daniels.de – geschl. 22. Dezember - 6. Januar

In Oberding-Notzing Süd-Ost: 20 km über B 11, jenseits der A 92

Kandler

REGIONAL • GASTHOF XX Im Restaurant des gleichnamigen Hotels bekommt man ein regional-saisonales Angebot von Schnitzel bis "Zanderfilet mit Gemüse-Perlgraupen-Risotto" oder "geschmorte Ochsenfetzen mit Spätzle". Tipp: der Käsekuchen! Drinnen schöne Gewölbedecke und Holztäfelung, draußen hübsche Terrasse mit Springbrunnen.

Menü 27/53 € – Karte 28/58 €

47 Zim – 59/88 € 79/120 € – 3 Suiten – 14 €

Erdingermoosstr. 11 ✉ 85445 – ✆ 08122 2826 – www.hotelkandler.de – geschl. 27. Dezember - 8. Januar, 30. Juli - 24. August

FREITAL

Sachsen – 39 547 Ew. – Höhe 180 m – Regionalatlas **43**-Q12
Michelin Straßenkarte 544

Zum Rabenauer Grund

MARKTKÜCHE • GEMÜTLICH Lust auf "Roulade vom Galloway an Grünkohl und Speck-Knödeln"? In dem charmant-gemütlichen alten Gasthof von 1863 gibt es Saisonales wie auch Internationales - man legt Wert auf heimische Produkte. Hübsche Terrasse.

Menü 25/38 € – Karte 31/42 €

Somsdorfer Str. 6 ✉ 01705 – ✆ 0351 6444999 (Tischbestellung ratsam) – www.rabenauergrund.de – nur Abendessen, sonntags auch Mittagessen – geschl. nach Weihnachten - Anfang Januar 1 Woche, Juli - August 2 Wochen und Sonntagabend - Dienstag

In Rabenau Süd-Ost: 5 km

Rabenauer Mühle

FAMILIÄR • GEMÜTLICH Die einstige Mühle in ruhiger Waldlage wurde nach einem Brand im 19. Jh. als Gasthaus wieder aufgebaut und bietet heute hübsche Zimmer mit guter Technik, Internetzugang gratis. Bürgerliche Küche im gemütlichen Restaurant mit Biergarten und Terrasse. Am Haus verläuft eine Dampfeisenbahnstrecke.

21 Zim – †65/75 € ††92/102 € – ½ P

Bahnhofstr. 23 ✉ 01734 – ✆ 0351 4602061 – www.hotel-rabenauer-muehle.de – geschl. 18. Februar - 9. März, 27. Juli - 7. August

FREUDENSTADT

Baden-Württemberg – 22 235 Ew. – Höhe 728 m – Regionalatlas **54**-F19
Michelin Straßenkarte 545

Warteck

FRANZÖSISCH-KLASSISCH • ELEGANT Wer im Nordschwarzwald klassische Küche mit bürgerlichen Einflüssen sucht, ist bei Oliver Gläßel richtig. In gediegener Atmosphäre gibt es Schmackhaftes vom "schwäbischen Sauerbraten mit Brettspätzle" bis zum "Wildsteinbutt mit Artischocke und Tomate". Man kann auch schön übernachten samt gutem Frühstück.

Menü 49 € – Karte 32/73 €

13 Zim – †68/85 € ††103/110 €

Stuttgarter Str. 14 ✉ 72250 – ✆ 07441 91920 – www.warteck-freudenstadt.de – geschl. Sonntagabend - Montag

Adler

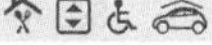

FAMILIÄR • FUNKTIONELL Hier ist man wirklich gut aufgehoben: Herzlich kümmert man sich um die Gäste, dank stetiger Investitionen ist alles tipptopp gepflegt und die Zimmer sind wertig eingerichtet, im OG mit Balkon. Dekorativ: Fotografien des Chefs schmücken das Haus. Im Restaurant gibt's Flammkuchen als Spezialität.

21 Zim – †75/110 € ††115/140 € – ½ P

Forststr. 17 ✉ 72250 – ✆ 07441 91520 – www.adler-fds.de – geschl. 9. - 22. November

An der B 28

Langenwaldsee

SPA UND WELLNESS • INDIVIDUELL Schön zum Erholen: toll die Lage direkt am See, engagiert und herzlich die Gastgeber, richtig wohnlich die Zimmer (auch geräumige Juniorsuiten), hübsch der Spa samt Ayurveda-Anwendungen und Holzterrasse zum Wasser hin, einladend der Zen-Garten... Im Restaurant legt man Wert auf Regionales.

38 Zim – †70/90 € ††140/180 € – ½ P

Straßburger Str. 99 ✉ 72250 Freudenstadt – ✆ 07441 88930 – www.hotel-langenwaldsee.de – geschl. 16. - 23. Dezember

In Freudenstadt-Igelsberg

Krone

FAMILIÄR • AUF DEM LAND Was diese Adresse interessant macht? Wertige, wohnliche Zimmer, ein hübscher Garten mit Koikarpfenteich sowie Kosmetikbehandlungen. Und am Morgen sitzt man gemütlich im nordisch-charmanten Frühstücksraum - haben Sie schon den kleinen TV im alten Ofen entdeckt? Tipp: Obstbrände aus der Destillerie im Keller.

30 Zim – 90/124 € 124/158 € – ½ P

Hauptstr. 8 72250 – 07442 84280 – www.krone-igelsberg.de – geschl. 7. Januar - 1. Februar, 1. - 19. Dezember

In Freudenstadt-Kniebis West: 12 km - Höhe 920 m

Waldblick

FAMILIÄR • AUF DEM LAND Der Familienbetrieb liegt richtig idyllisch, ist sympathisch, ausgesprochen gepflegt und hat Schwarzwälder Flair. Den namengebenden Waldblick genießt man z. B. vom Ruhebereich im OG des Saunahauses - es steht im schönen Garten, hier auch ein Teich und das "Knusperhäusle" (ideal für Familien).

31 Zim – 89/129 € 152/222 € – ½ P

Eichelbachstr. 47 72250 – 07442 8340 – www.waldblick-kniebis.de – geschl. März 2 Wochen, Ende November 2 Wochen

In Freudenstadt-Lauterbad

Stüble

INTERNATIONAL • LÄNDLICH XX Echtes Schwarzwald-Feeling kommt im heimeligen "Stüble" auf: Komplett in warmem Holz gehalten und stimmig dekoriert, ist es ein charmanter Rahmen für die regionale Küche. Auf der Terrasse sitzen auch Wanderer gerne bei Vespergerichten.

Menü 35/65 € – Karte 34/51 €

Hotel Lauterbad, Amselweg 5, (Zufahrt über Kinzigtalstraße) 72250 – 07441 860170 (Tischbestellung ratsam) – www.lauterbad-wellnesshotel.de

Lauterbad

SPA UND WELLNESS • INDIVIDUELL Schön modern hat man es hier sowohl in den geradlinig eingerichteten Zimmern (fast alle mit Balkon) als auch im schicken Spa (verschiedene Ruhezonen, beheizter Außenpool, Massagen und Kosmetikanwendungen...). Sie mögen es lieber ein bisschen klassischer? Es gibt auch einige Zimmer im Schwarzwälder Stil.

37 Zim – 138/189 € 204/260 € – 4 Suiten – ½ P

Amselweg 5, (Zufahrt über Kinzigtalstraße) 72250 – 07441 860170 – www.lauterbad-wellnesshotel.de

Stüble – siehe Restaurantauswahl

Grüner Wald

SPA UND WELLNESS • AUF DEM LAND Ideal für Urlaub und Wellness: ruhige Lage, schöne Landschaft, vielfältige Anwendungen und wohnliche Zimmer, nach Süden mit Balkon - Tipp: die hübschen neueren mit unbehandeltem Holz! Bürgerlich-regionale Küche im "Bienenkörble", vom Wintergarten mit Terrasse Blick ins Grüne. In den Ferien Kinderprogramm.

42 Zim – 90/120 € 170/200 € – 1 Suite – ½ P

Kinzigtalstr. 23 72250 – 07441 860540 – www.gruener-wald.de

FREYUNG

Bayern – 7 083 Ew. – Höhe 655 m – Regionalatlas **60**-Q18
Michelin Straßenkarte 546

Landhotel Brodinger

FAMILIÄR • FUNKTIONELL Ein gepflegtes Landhotel am Ortsrand beim Freibad. Man bietet wohnliche Zimmer mit individuellem Touch sowie einen kleinen, aber hübschen neuzeitlichen Wohlfühlbereich. Gemütlich-bayerisch ist das Ambiente im Restaurant.

19 Zim – 68/73 € 116/128 € – ½ P

Zuppinger Str. 3 ✉ 94078 – ☎ 08551 4342 – www.brodinger.de

In Freyung-Ort Süd-West: 1 km

Landgasthaus Schuster

KLASSISCHE KÜCHE • FREUNDLICH XX Bereits seit 1989 haben die Schusters ihr charmantes Gasthaus - die vielen Stammgäste sprechen für sich! Hier schätzt man die abwechslungsreiche klassisch-saisonale Küche und den ausgesprochen herzlichen Service samt guter Weinberatung.

Menü 37/77 € – Karte 41/70 €

Ort 19 ✉ 94078 – ☎ 08551 7184 – www.landgasthaus-schuster.de – geschl. Sonntagabend - Dienstagmittag

FRICKENHAUSEN

Bayern – 1 241 Ew. – Höhe 180 m – Regionalatlas **49**-I16
Michelin Straßenkarte 546

Ehrbar-Fränkische Weinstube (N)

REGIONAL • RUSTIKAL X Das nette Fachwerkhaus ist ein Traditionsbetrieb mit Charme. Gemütlich die liebenswert-rustikalen Stuben, regional die Küche. Lust auf "Fränkische Versucherle" oder "Sauerbraten, Rotkohl, Köße"? Im Sommer ein Muss: die reizende Hofterrasse.

Menü 25 € – Karte 20/49 €

Hauptstr. 17 ✉ 97252 – ☎ 09331 651 – www.ehrbar-weinstube.de – Januar - April: Mittwoch - Freitag nur Abendessen – geschl. 22. Januar - 15. Februar, 2. - 15. Juli, 22. - 28. Oktober und Montag - Dienstag

Meintzinger

HISTORISCH • GEMÜTLICH Wie schön man in einem Weingut wohnen kann, zeigt dieses Haus mit Familientradition seit 1790. Wertige, geschmackvoll-moderne Einrichtung von den individuell geschnittenen Zimmern über den edlen Frühstückraum bis zum Saunabereich. Sehr chic: "Qube" für Veranstaltungen und Degustationen.

29 Zim – 89/150 € 130/165 €

Babenbergplatz 4 ✉ 97252 – ☎ 09331 87110 – www.hotel-meintzinger.de

FRICKINGEN

Baden-Württemberg – 2 912 Ew. – Höhe 473 m – Regionalatlas **63**-G21
Michelin Straßenkarte 545

In Frickingen-Altheim Nord-West: 2 km über Leustetter Straße

Löwen

INTERNATIONAL • GEMÜTLICH X Hier ist inzwischen die 4. Generation im Haus, und die sorgt für regional-internationale Küche mit Bezug zur Saison. Die frischen, guten Produkte finden sich z. B. in "gebratenem Felchenfilet, Kräutermayonnaise, Spargel-Karotten-Kartoffel-Gemüse". Gemütlich das Ambiente, lauschig die Terrasse unter Kastanien.

Menü 29/35 € – Karte 27/43 €

Hauptstr. 41 ✉ 88699 – ☎ 07554 8631 (Tischbestellung ratsam) – www.loewen-altheim.de – nur Abendessen, sonntags auch Mittagessen – geschl. 23. Dezember - 2. Januar, nach Fastnacht 3 Wochen und Sonntagabend - Dienstag

FRIEDBERG

Bayern - 29 081 Ew. - Höhe 514 m - Regionalatlas **57**-K19
Michelin Straßenkarte 546

Park Ambiente

FAMILIÄR • MODERN Sehr gut schläft man bei Familie Seidl an der Romantischen Straße: private Atmosphäre, gepflegte zeitgemäße Zimmer, frisches Frühstück - und drum herum ein schöner Park. Der Chef verrät Ihnen gerne, wo man in der Gegend gut golfen kann!

10 Zim - 64/74 € 89/99 €

Probststr. 14 86316 - 0821 44823497 - www.park-ambiente.de

In Friedberg-Harthausen

Speisezimmer

KLASSISCHE KÜCHE • ELEGANT XX Das modern-elegante kleine "Speisezimmer" ist das kulinarische Aushängeschild des "Landgasthofs zum Herzog Ludwig". Die klassische Küche gibt es als aufwändiges Menü oder à la carte, z. B. in Form von "Filet vom Skrei mit Erbsenmousseline, confierter Kartoffel und Weißweinsauce".

Menü 37/75 € - Karte 33/49 €

Landgasthof zum Herzog Ludwig, Ringstr. 9 86316 - 08020 59635599 - www.zumherzogludwig.de - nur Abendessen - geschl. Montag - Mittwoch

Landgasthof zum Herzog Ludwig

BÜRGERLICHE KÜCHE • GEMÜTLICH X Rinderkraftbrühe mit Leberknödel, Allgäuer Kässpätzle, Zwiebelrostbraten... In der sympathischen hellen Gaststube - und im Sommer auf der schönen Terrasse - isst man bürgerlich-regional. Übrigens: Der große Saal ist ideal für Hochzeiten.

Karte 21/40 €

Ringstr. 9 86316 - 08020 59696938 - www.zumherzogludwig.de - nur Abendessen, sonntags auch Mittagessen - geschl. Montag - Mittwoch

Speisezimmer - siehe Restaurantauswahl

FRIEDBERG (HESSEN)

Hessen - 27 859 Ew. - Höhe 159 m - Regionalatlas **38**-F14
Michelin Straßenkarte 543

In Rosbach vor der Höhe Süd-West: 7 km über B 455, in Ober-Rosbach links

Grüner Baum

TRADITIONELLE KÜCHE • LÄNDLICH X In dem traditionsreichen Familienbetrieb speist man bürgerlich-international. Sie wählen zwischen zwei Menüs oder bestellen à la carte z. B. Schnitzelgerichte oder verschiedene Steaks vom Grill, zu denen Sie sich die Beilagen selbst aussuchen. Das Ambiente: rustikal mit modernem Touch. Kochschule.

Menü 32/75 € - Karte 22/53 €

Frankenstr. 24, (Zufahrt über Bäckergasse), Nieder-Rosbach 61191 - 06003 7028 - www.landgasthof-gruener-baum.de - geschl. Dienstag - Mittwoch, Samstagmittag, Sonntagabend

FRIEDEWALD

Hessen - 2 400 Ew. - Höhe 387 m - Regionalatlas **39**-I12
Michelin Straßenkarte 543

Göbels Schlosshotel Prinz von Hessen

HISTORISCHES GEBÄUDE • VINTAGE Ideal für Wellness, Tagung oder Festlichkeiten ist das aus einer Wasserburg a. d. 16. Jh. entstandene Hotel. Die wohnlich-modernen Zimmer und Themensuiten sind wertig ausgestattet. Das Restaurant ist unterteilt in die Prinzenstube und den lichten Schlossgarten.

79 Zim - 105/140 € 180/240 € - 13 Suiten - ½ P

Schlossplatz 1 36289 - 06674 92240 - www.goebels-schlosshotel.de

FRIEDLAND Niedersachsen → Siehe Göttingen

FRIEDRICHRODA

Thüringen – 7 551 Ew. – Höhe 430 m – Regionalatlas **40**-J13
Michelin Straßenkarte 544

In Friedrichroda-Finsterbergen

Hüllrod

REGIONAL • GASTHOF Von klassischer Rinderroulade bis zum Überraschungsmenü bietet man hier eine schmackhafte Auswahl. Das Ambiente ist gemütlich, der Service freundlich. Die schöne Lage am Waldrand direkt im Naturpark macht natürlich die Terrasse interessant!

Menü 31/38 € – Karte 29/52 €

Am Hüllrod 11 ✉ 99894 – ✆ 03623 306175 – www.huellrod.de – Mittwoch - Freitag nur Abendessen – geschl. Februar 2 Wochen, Anfang Juli 1 Woche, Oktober 2 Wochen und Montag - Dienstag

FRIEDRICHSHAFEN

Baden-Württemberg – 58 350 Ew. – Höhe 400 m – Regionalatlas **63**-H21
Michelin Straßenkarte 545

In Friedrichshafen-Fischbach West: 5 km

Traube am See

SPA UND WELLNESS • GEMÜTLICH Nahe dem See liegt dieses über die Jahre gewachsene Haus. Hier gibt es verschiedene Zimmertypen, wohnlich sind sie alle, teilweise schön geradlinig-modern. Einladend auch der große Wellnessbereich und die Liegewiese. Im Restaurant serviert man regionale Küche.

94 Zim – 95/160 € 110/220 € – ½ P

Meersburger Str. 11 ✉ 88048 – ✆ 07541 9580 – www.traubeamsee.de

In Friedrichshafen-Schnetzenhausen Nord-West: 4 km

Krone

BUSINESS • GEMÜTLICH Der ehemalige Gasthof von 1835 ist zu einem imposanten Hotelkomplex gewachsen. Unzählige Freizeitangebote von Luftgewehrschießen bis zur Beauty-Behandlung, eine Brennerei, in der Obst von der eigenen Plantage zu Schnaps verarbeitet wird, sowie verschiedene behagliche Restaurantstuben nebst netter Terrasse.

145 Zim – 98/150 € 162/250 € – 11 Suiten – ½ P

Untere Mühlbachstr. 1 ✉ 88045 – ✆ 07541 4080 – www.ringhotel-krone.de – geschl. 20. - 25. Dezember

FRIEDRICHSRUHE Baden-Württemberg → Siehe Öhringen

FRIEDRICHSTADT

Schleswig-Holstein – 2 491 Ew. – Höhe 2 m – Regionalatlas **1**-G3
Michelin Straßenkarte 541

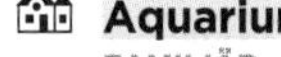 

Aquarium

FAMILIÄR • GEMÜTLICH Richtig wohnlich und in ansprechendem neuzeitlichem Stil gehalten sind die Zimmer in diesem Haus, teilweise hat man Sicht auf den Mittelburggraben - auch von der Terrasse. Im Restaurant kocht man international-regional, nachmittags gibt es hausgebackenen Kuchen im Café. Zum Entspannen: Kosmetik und Massage.

37 Zim – 88/113 € 121/156 € – ½ P

Am Mittelburgwall 2 ✉ 25840 – ✆ 04881 93050 – www.hotel-aquarium.de

FRIESENHEIM

Baden-Württemberg – 12 621 Ew. – Höhe 161 m – Regionalatlas **53**-D19
Michelin Straßenkarte 545

In Friesenheim-Oberweier

Mühlenhof

REGIONAL • GASTHOF XX "Medaillons vom Reh und Wildschwein mit Spätzle, Preiselbeer-Birne und Marktgemüse" ist nur eines der schmackhaften regional-saisonalen Gerichte hier. Die Preise sind wirklich fair und der Service ist freundlich und flott. Richtig gut kommt auch das günstige Mittagsmenü an!

Menü 35/46 € – Karte 22/45 €

Hotel Mühlenhof, Oberweierer Hauptstr. 33 ✉ 77948 – ✆ 07821 6320 – www.landhotel-muehlenhof.de – geschl. 5. - 23. Februar, 6. - 24. August und Dienstag

Mühlenhof

LANDHAUS • GEMÜTLICH Bei Anette und Stefan Rottler isst man nicht nur gut, auch übernachten kann man schön. Alles ist gepflegt, einige Zimmer sehr geräumig (die günstigen recht klein), meist mit Balkon, und das Frühstücksbuffet ist reichhaltig und appetitlich!

32 Zim – †58/61 € ††95/98 €

Oberweierer Hauptstr. 33 ✉ 77948 – ✆ 07821 6320 – www.landhotel-muehlenhof.de – geschl. 5. - 23. Februar, 6. - 24. August

Mühlenhof – siehe Restaurantauswahl

FÜRSTENFELDBRUCK

Bayern – 35 163 Ew. – Höhe 517 m – Regionalatlas **65**-L20
Michelin Straßenkarte 546

Fürstenfelder

REGIONAL • FREUNDLICH X Da kann das weiße Kreuzgewölbe noch so schön sein, im Sommer zieht es alle raus: auf die Terrasse oder in den SB-Biergarten! Der Blick aufs Kloster ist auch eine schöne Kulisse für Hochzeiten! Gekocht wird mit Bioprodukten aus der Region.

Menü 36 € (mittags unter der Woche)/44 € – Karte 31/45 €

Fürstenfeld 15 ✉ 82256 – ✆ 08141 88875410 – www.fuerstenfelder.com

FÜRSTENZELL

Bayern – 7 850 Ew. – Höhe 358 m – Regionalatlas **60**-P19
Michelin Straßenkarte 546

In Fürstenzell-Altenmarkt Nord-Ost: 4,5 km über Passauer Straße, am Ortsende links

Zur Platte

FAMILIÄR • FUNKTIONELL Das familiäre kleine Gasthaus liegt wirklich klasse - hier genießt man die Ruhe und den Blick auf Neuburger und Bayerischen Wald! Sie schlafen in großzügigen Zimmern, entspannen auf der Liegewiese und speisen Regionales in nettem rustikalem Ambiente. Tipp: In ca. 10 Autominuten sind Sie in Passau.

12 Zim – †45/55 € ††80/85 € – ½ P

Altenmarkt 10 ✉ 94081 – ✆ 08502 200 – www.gasthaus-zur-platte.de – geschl. Mitte Januar - Ende Februar

FÜRTH

Bayern – 121 519 Ew. – Höhe 295 m – Regionalatlas **50**-K16
Michelin Straßenkarte 546

Siehe Umgebungsplan Nürnberg

ÎO Kupferpfanne 

KLASSISCHE KÜCHE • RUSTIKAL XX Schön gemütlich hat man es in dem gediegen eingerichteten Restaurant gegenüber dem Rathaus. Hier heißt es klassisch speisen, so z. B. "Milchkalbsrücken mit frischen Wintertrüffeln auf Gemüse" oder "Skrei Grenobler Art aus dem Backofen".

Menü 33 € (mittags)/72 € - Karte 52/81 €

Stadtplan : A1-n - *Königstr. 85 ✉ 90762 - ✆ 0911 771277 (Tischbestellung ratsam) - www.ew-kupferpfanne.de - geschl. Sonntag sowie an Feiertagen*

ÎO La Palma 

ITALIENISCH • ELEGANT XX Freunde typisch italienischer Küche schätzen dieses helle, mit eleganter Note gestaltete Restaurant, in dem man charmant bedient wird. Die vielen Klassiker kommen ebenso gut an wie die saisonale Tageskarte und die entsprechenden Weine.

Menü 30/55 € - Karte 31/55 €

Stadtplan : A1-b - *Karlstr. 22 ✉ 90763 - ✆ 0911 747500 (Tischbestellung ratsam) - www.minneci.de - geschl. Montag*

FÜSSEN

Bayern - 14 881 Ew. - Höhe 808 m - Regionalatlas **64**-J22
Michelin Straßenkarte 546

Sommer 

LANDHAUS • GEMÜTLICH Ein sehr schönes Ferienhotel: tolle Lage am Forggensee, gepflegte Zimmer von gediegen bis alpenländisch-modern, zahlreiche Freizeitmöglichkeiten vom großzügigen Spa bis zum Ausflug mit dem Leihfahrrad. Regional-saisonale und internationale Küche im Restaurant mit Wintergarten - abends sollten Sie reservieren!

57 Zim ☕ - †105/134 € ††174/236 € - 13 Suiten - ½ P

Weidachstr. 74 ✉ 87629 - ✆ 08362 91470 - www.hotel-sommer.de

Christine 

FAMILIÄR • FUNKTIONELL Hier spürt man das Engagement des Gastgebers: Die Zimmer sind tipptopp gepflegt, man wird herzlich und persönlich umsorgt und zum Frühstück gibt's immer eine kleine Besonderheit. Außerdem wohnt man hier schön ruhig. Hingucker: ein über 40 Jahre alter großer Farn!

13 Zim ☕ - †88 € ††135/155 €

Weidachstr. 31 ✉ 87629 - ✆ 08362 7229 - www.hotel-christine-fuessen.de

In Füssen-Alatsee Am Alatsee, West: 8 km, über die B310 Richtung Pfronten, jenseits der A 7, dann links abbiegen

ÎO Alatsee 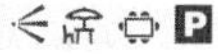

REGIONAL • GASTHOF X Idyllisch die Lage im Wandergebiet unweit der Grenze zu Österreich, direkt am Alatsee. Die Küche traditionell-regional mit mediterranem Einfluss, dazu Vespergerichte. Lust auf "gebratenen Hirschrücken mit Quittenragout" oder "Piccata vom Goldbarsch an Pappardelle"? Einfache Gästezimmer mit Etagenbad.

Menü 35 /50 € - Karte 22/45 €

Am Alatsee 1, (Ab Parkplatz (gegen Gebühr) über Seeuferstraße 350 m per Fußweg erreichbar. Zufahrt mit dem Auto nach Absprache möglich.) ✉ 87629 - ✆ 08362 6205 - www.hotel-alatsee.de - geschl. Mitte November - Anfang Dezember 4 Wochen und Montagabend, Dienstagabend, Dezember - Anfang April: Montagabend - Dienstag

In Füssen-Hopfen am See Nord: 5 km

Geiger 

FAMILIÄR • AUF DEM LAND Schön die Lage direkt an der Uferpromenade, reizvoll die Aussicht. Und wie möchten Sie wohnen? Modern oder in einem Landhauszimmer? Im Restaurant samt Wintergarten mit Seeblick bietet man traditionell-regionale und internationale Küche. Probieren Sie auch den hausgebackenen Kuchen!

30 Zim ☕ - †60/120 € ††100/180 € - ½ P

Uferstr. 18 ✉ 87629 - ✆ 08362 7074 - www.hotel-geiger.de

Am Hopfensee

FAMILIÄR • MODERN Das Hotel liegt direkt am Hopfensee und zeigt sich schön modern, von der schicken Bar-Lounge (hier 40 Sorten Gin!) über die wohnlichen Zimmer (meist mit Balkon) bis zum Saunabereich samt Hamam und "Kazumi-Spa". Im Wintergarten speist man bei See- und Bergblick, klassisch die Küche. Pizza im "Riviera" nebenan.

42 Zim – 85/119 € 105/220 € – 2 Suiten – ½ P

Uferstr. 10 ✉ 87629 – ✆ 08362 50570 – www.hotel-am-hopfensee.de

In Füssen-Oberkirch West : 7 km über die B 310 Richtung Pfronten, jenseits der A 7

Steigmühlenstube

REGIONAL • RUSTIKAL Gerne kommt man in das gemütlich-rustikale Restaurant unweit des Weißensees, um in sympathischer Atmosphäre regional-saisonal zu essen. Lust auf "Salat mit Ziegenkäse und Honig-Senfsauce" oder "schwäbischen Zwiebelrostbraten mit Spätzle"?

Menü 30 € – Karte 22/37 €

Alte Steige 1 ✉ 87629 – ✆ 08362 925049 – www.restaurant-steigmühlenstube.de – geschl. November 2 Wochen und Donnerstag außer an Feiertagen

FÜSSING, BAD

Bayern – 6 870 Ew. – Höhe 320 m – Regionalatlas **60**-P19
Michelin Straßenkarte 546

Glockenturm

REGIONAL • KLASSISCHES AMBIENTE Stilvoll-elegant und modern zugleich kommt das Restaurant daher - man beachte die sehenswerte alte Schiffsglocke in der Kuppel! Das Motto der Küche lautet "regional trifft kreativ, exotisch trifft traditionell".

Menü 39/68 € – Karte 32/72 €

Holzapfel Hotels, Thermalbadstr. 4 ✉ 94072 – ✆ 08531 9570 (abends Tischbestellung ratsam) – www.hotel-holzapfel.de

Kirchawirt

TRADITIONELLE KÜCHE • GASTHOF Vor über 200 Jahren wurde hier mit einer zünftigen Wirtschaft der Grundstein für den heutigen "Kirchawirt" gelegt. Mit heimelig-rustikalem Charme, Gemütlichkeit und bayerischer Küche wird man der Tradition gerecht.

Karte 22/61 €

Hotel MÜHLBACH, Bachstr. 15, Safferstetten, Süd: 1 km ✉ 94072 – ✆ 08531 278401 – www.kirchawirt.de

Holzapfel Hotels

SPA UND WELLNESS • KLASSISCH Hier investiert man stetig, entsprechend gefragt ist das Hotel! Man bietet z. B. den "Spa Alchemia Medica" und den "Zen Spa" sowie schöne moderne Zimmer, alles ist top in Schuss! "Therme I" - über einen Bademantelgang zu erreichen - ist für Hausgäste kostenfrei.

93 Zim – 99/105 € 228/240 € – 12 Suiten – ½ P

Thermalbadstr. 4 ✉ 94072 – ✆ 08531 9570 – www.hotel-holzapfel.de

Glockenturm – siehe Restaurantauswahl

Parkhotel

SPA UND WELLNESS • KLASSISCH Ruhig liegt die gewachsene Hotelanlage im Grünen und doch zentrumsnah. Die Halle und die wohnlichen Zimmer sind im klassischen Stil gehalten. Das Restaurant "Toskana" bietet eine gemischte Karte: Toast, Pasta, Klassiker und Mediterranes.

97 Zim – 90/107 € 176/232 € – 2 Suiten – ½ P

Waldstr. 16 ✉ 94072 – ✆ 08531 9280 – www.parkhotel.stopp.de – geschl. 20. - 26. Dezember, 6. Januar - 1. Februar

MÜHLBACH

SPA UND WELLNESS • GEMÜTLICH Eine wirklich wohnliche familiäre Adresse mit freundlichem Service ist das gewachsene Hotel am Mühlbach. Zeitgemäße Zimmer, schöne Lounge, attraktiver Wellnessbereich samt Arztpraxis. Wie wär's mit der eleganten Kaisersuite mit privatem Spa? Eine hübsche kleine Hochzeitskapelle gibt es übrigens auch.

57 Zim – 108/132 € 190/254 € – 5 Suiten

Bachstr. 15, Safferstetten, Süd: 1 km ✉ 94072 – ✆ 08531 2780 – www.muehlbach.de

Kirchawirt – siehe Restaurantauswahl

FULDA

Hessen – 65 540 Ew. – Höhe 257 m – Regionalatlas **39**-H13
Michelin Straßenkarte 543

Stadtplan siehe nächste Seite

Goldener Karpfen

INTERNATIONAL • FREUNDLICH XX Hier bietet man eine gute saisonal-internationale Küche von Hummer über Rinderfilet bis zum Schnitzel. Die Produkte sind frisch und wertig, die Speisen haben Geschmack und Aroma. Dazu eine elegante und gleichermaßen gemütliche Atmosphäre.

Menü 32 € (mittags unter der Woche)/89 € – Karte 33/72 €

Stadtplan : A2-f – *Hotel Goldener Karpfen, Simpliziusbrunnen 1 ✉ 36037 – ✆ 0661 86800 – www.hotel-goldener-karpfen.de*

Dachsbau

TRADITIONELLE KÜCHE • GEMÜTLICH XX Hinter einer hübsch bemalten Fassade in einer Häuserreihe in der Altstadt erwarten Sie ein liebenswertes Ambiente, die traditionelle Küche der Chefin und der aufmerksame Service durch den Chef.

Menü 23/59 € – Karte 29/58 €

Stadtplan : A1-e – *Pfandhausstr. 8 ✉ 36037 – ✆ 0661 74112 – www.dachsbau-fulda.de – geschl. August 2 Wochen und Montag - Dienstag*

Goldener Karpfen

TRADITIONELL • INDIVIDUELL Das Stadthaus im Zentrum beherbergt hinter seiner über 300 Jahre alten Fassade eine schön dekorierte Lobby mit Kamin sowie wohnliche Zimmer von stilvoll-gediegen bis chic-modern. Wie wär's mit einem der netten Themenzimmer?

50 Zim – 125/250 € 165/490 € – 4 Suiten – ½ P

Stadtplan : A2-f – *Simpliziusbrunnen 1 ✉ 36037 – ✆ 0661 86800 – www.hotel-goldener-karpfen.de*

Goldener Karpfen – siehe Restaurantauswahl

GAIENHOFEN

Baden-Württemberg – 3 260 Ew. – Höhe 425 m – Regionalatlas **63**-G21
Michelin Straßenkarte 545

In Gaienhofen-Hemmenhofen

Seensucht

INTERNATIONAL • FREUNDLICH XX Die Terrasse ist wohl der idyllischte Ort zum Speisen! Und wenn das Wetter mal nicht mitspielt, schauen Sie vom Restaurant (schön ganz in Weiß gehalten) durch die großen Panoramfenster auf den See! Regionale und internationale Küche.

Menü 25/64 € – Karte 29/58 €

Hotel Höri am Bodensee, Uferstr. 20 ✉ 78343 – ✆ 07735 8110 – www.hoeri-am-bodensee.de

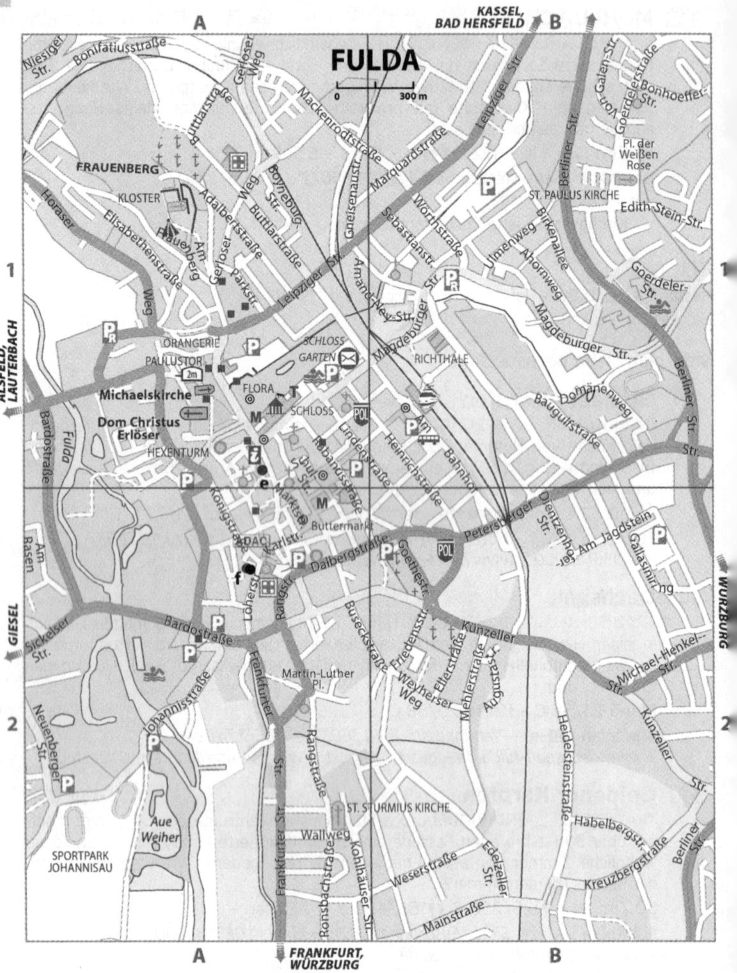

Höri am Bodensee

FAMILIÄR · INDIVIDUELL Reizvoll liegt das Hotel am Seeufer mit Bootsanleger, schöner Liegewiese und Strandzugang. Die Zimmer sind recht unterschiedlich in der Größe, alle zeitgemäß und wohnlich, meist mit Balkon.

74 Zim ☕ – 🚹89/140 € 🚹🚹125/205 € – ½ P

Uferstr. 20 ✉ 78343 – ✆ 07735 8110 – www.hoeri-am-bodensee.de

🍴 **Seensucht** – siehe Restaurantauswahl

Kellhof

GASTHOF · GEMÜTLICH Das Fachwerkhaus liegt etwas oberhalb des Sees, ist tipptopp gepflegt, wird engagiert geführt und die Zimmer sind freundlich und wohnlich. Speisen kann man saisonal-bürgerlich.

15 Zim ☕ – 🚹85/110 € 🚹🚹110/150 € – ½ P

Hauptstr. 318 ✉ 78343 – ✆ 07735 2035 – www.kellhof.de – geschl. November – März

In Gaienhofen-Horn

Gasthaus Hirschen

GASTHOF • INDIVIDUELL Hier hat man nicht nur einen traditionsreichen Gasthof, sondern auch ein modernes Hotel: Besonders schön sind die Landhaussuiten in der Villa Maria sowie die Superior-Zimmer und Panoramasuiten im Neubau! Dazu kommen der hübsche Garten, das gemütlich-ländliche Restaurant und die charmante Terrasse.

41 Zim – 73/147 € 146/228 € – 8 Suiten – ½ P

Kirchgasse 3 ✉ 78343 – ✆ 07735 93380 – www.hotelhirschen-bodensee.de – geschl. 14. Januar - 7. Februar

GARBSEN

Niedersachsen – 59 957 Ew. – Höhe 54 m – Regionalatlas **18**-H8
Michelin Straßenkarte 541

In Garbsen-Berenbostel

Landhaus am See

KLASSISCHE KÜCHE • ELEGANT XX So speist man gerne: schönes Interieur im Landhausstil, tolle Terrasse, Blick in den Garten Richtung See. Gekocht wird mit saisonalem und mediterranem Einfluss, so z. B. "Zanderfilet, Krustentiersauce, Blumenkohlgraupen, Mandelbutter".

Menü 52/85 € – Karte 42/68 €

Hotel Landhaus am See, Seeweg 27 ✉ 30827 – ✆ 05131 46860 (Tischbestellung ratsam) – www.landhausamsee.de – geschl. 23. Dezember - 14. Januar, 30. März - 2. April und Sonntag

Landhaus am See

LANDHAUS • INDIVIDUELL Was dieses Haus interessant macht? Es wird engagiert geführt, liegt idyllisch am See und hat geschmackvolle, individuelle Zimmer im Reetdachhaus und in der "Buchtbude" - teils mit Seeblick. Dazu ein gutes Frühstück und ein Traum von Garten!

49 Zim – 80/150 € 120/200 € – 2 Suiten

Seeweg 27 ✉ 30827 – ✆ 05131 46860 – www.landhausamsee.de

Landhaus am See – siehe Restaurantauswahl

GARMISCH-PARTENKIRCHEN

Bayern – 26 319 Ew. – Höhe 708 m – Regionalatlas **65**-K22
Michelin Straßenkarte 546

Reindl's Restaurant

REGIONAL • FREUNDLICH XX In dem elegant-gediegenen Restaurant wird klassisch und regional gekocht, lecker z. B. "Rehrücken mit Assam-Langpfeffer gebraten, Preiselbeersauce, Sellerie und Pommes Duchesse". Auch ein Blick in den begehbaren Weinkeller lohnt sich! Mittags unter der Woche leicht reduzierte Karte in der Brasserie.

Menü 30/90 € – Karte 31/54 €

Stadtplan : B2-r – *Hotel Reindl's Partenkirchner Hof, Bahnhofstr. 15 ✉ 82467 – ✆ 08821 943870 – www.reindls.de – Montag - Donnerstag nur Abendessen – geschl. November*

Husar

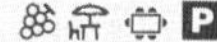

MARKTKÜCHE • GEMÜTLICH XX Schon von außen wirkt das historische Gasthaus mit seiner bemalten Fassade einladend und das schöne Bild setzt sich in den gemütlich-eleganten Stuben fort. Zudem wird man herzlich umsorgt, und zwar mit guten saisonal-internationalen Speisen wie "gegrilltem Zanderfilet mit Dijon-Senfsauce".

Karte 32/75 €

Stadtplan : A1-a – *Fürstenstr. 25 ✉ 82467 – ✆ 08821 9677922 (Tischbestellung ratsam) – www.restauranthusar.de – nur Abendessen, sonntags auch Mittagessen – geschl. Juni 2 Wochen und Montag - Dienstag*

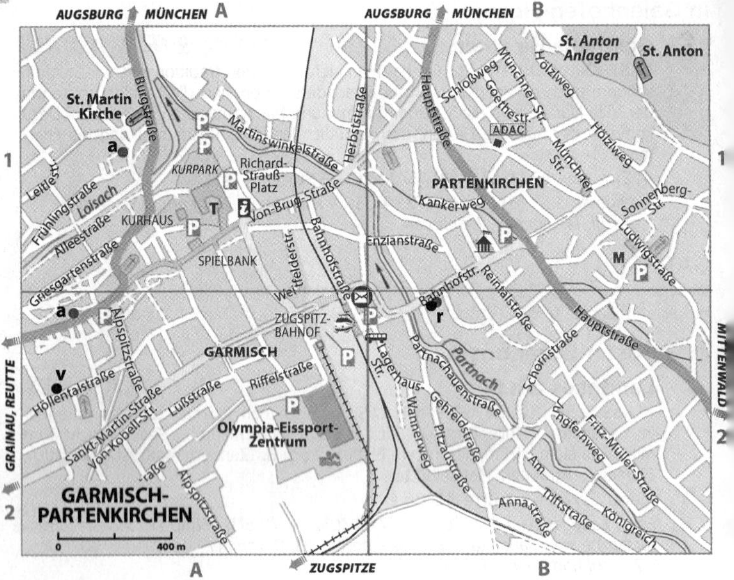

vaun

INTERNATIONAL • HIP In legerer Bistro-Atmosphäre wird frische internationale Küche serviert. Auf der Karte liest man Interessantes wie "Sashimi vom Lachs, Pfefferbrot, Kürbiscarpaccio". Der Service ist freundlich und aufmerksam, nett die kleine Terrasse.

Karte 25/46 €

Stadtplan : A2-a – *Zugspitzenstr. 2 ✉ 82467 – ✆ 08821 7308187 – www.restaurant-vaun.de – nur Abendessen – geschl. Sonntag sowie an Feiertagen*

Reindl's Partenkirchner Hof

FAMILIÄR • REGIONAL Eine schöne Adresse ist das gewachsene Hotel unter familiärer Leitung: wohnliche Zimmer (einige sehr hübsch mit rustikaler Täfelung!), moderner Saunabereich, herrlicher Blick aufs Wettersteingebirge...

51 Zim – †100/190 € ††150/250 € – 10 Suiten – ½ P

Stadtplan : B2-r – *Bahnhofstr. 15 ✉ 82467 – ✆ 08821 943870 – www.reindls.de – geschl. November*

Reindl's Restaurant – siehe Restaurantauswahl

Staudacherhof

SPA UND WELLNESS • INDIVIDUELL Hier kann man sich nur wohlfühlen: Da sind zum einem das immense Engagement und die Herzlichkeit der Gastgeber, zum anderen wohnlich-komfortable Zimmer mit diversen Annehmlichkeiten (Kaffeemaschine, Obst, Minibar gratis) und ein toller Spa. Dazu Fahrrad- und Skiverleih. HP inklusive.

49 Zim – †145/180 € ††210/396 € – 4 Suiten

Stadtplan : A2-v – *Höllentalstr. 48 ✉ 82467 – ✆ 08821 9290 – www.staudacherhof.de*

Rheinischer Hof

FAMILIÄR • MODERN Seit vielen Jahren führt die Inhaberfamilie dieses wohnliche Ferienhotel und verbessert immer wieder! Viele der Zimmer (teils im Haus Windrose vis-à-vis) haben Südbalkone, hier hat man's schön sonnig. Buchen Sie doch mal eine Massage oder Kosmetikanwendung im Haus!

35 Zim – †69/125 € ††98/155 € – 4 Suiten – ½ P

Zugspitzstr. 76, über A2, Richtung Grainau ✉ 82467 – ✆ 08821 9120 – www.rheinischerhof-garmisch.de

GEDERN

Hessen - 7 439 Ew. - Höhe 315 m - Regionalatlas **38**-G14
Michelin Straßenkarte 543

Schlosshotel

HISTORISCHES GEBÄUDE · ROMANTISCH In dem hübschen Schloss a. d. 13. Jh. wohnen die Gäste in gepflegten, behaglich eingerichteten Zimmern mit Holzfußboden und Altbau-Flair. Das Restaurant: Eleonore- und Ritterstube sowie das "Gefängnis". Bemerkenswert sind der Wappen- und der Gartensaal.

12 Zim - 59/90 € 98/130 € - ½ P

Schlossberg 5 63688
- 06045 96150 - www.schlosshotel-gedern.de

GEHRDEN

Niedersachsen - 14 550 Ew. - Höhe 76 m - Regionalatlas **18**-H9
Michelin Straßenkarte 541

Berggasthaus Niedersachsen

KLASSISCHE KÜCHE · LÄNDLICH XX Das historische Anwesen auf dem Gehrdener Berg bietet richtig gute Küche: ein interessanter Mix aus bürgerlichen und feinen klassischen Gerichten, von "Hannoverschem Zungenragout" bis "Steinbutt mit Krustentier-Béarnaise". Tolle Terrasse! Tipp: werktags ab 15 Uhr sowie am Wochenende durchgehend warme Küche.

Menü 37/79 € - Karte 32/54 €

Köthnerberg 4 30989 - 05108 3101 (Tischbestellung ratsam)
- www.berggasthaus-niedersachsen.de - Mittwoch - Freitag nur Abendessen
- geschl. 1. - 12. Oktober und Montag - Dienstag

GEISENHEIM

Hessen - 11 627 Ew. - Höhe 88 m - Regionalatlas **47**-E15
Michelin Straßenkarte 543

In Geisenheim-Johannisberg Nord: 4,5 km in Richtung Presberg

Schwarzenstein Nils Henkel

KREATIV · ELEGANT XXX Nils Henkel ist zurück in der Spitzengastronomie, und das voller Tatendrang! Die Menüs "Fauna" und "Flora" mit all ihren feinen Kontrasten und ausgewogenen Aromen zeigen ganz klar seine eigene Handschrift. Wertig und sehr chic kommt das kleine Gourmetrestaurant daher, Rheintal-Blick inklusive! Toller Service.

→ Jakobsmuschel, Karotte, Erdnuss, Kreuzkümmel. Schweinebauch, Brunnenkresse, Peperonivinaigrette, Sojaschaum. Porcelena Schokolade 75%, Röstroggeneis, Blaubeere, Sanddorn.

Menü 110/190 € - Karte 70/106 €

Hotel Burg Schwarzenstein, Rosengasse 32 65366
- 06722 99500 (Tischbestellung erforderlich) - www.burg-schwarzenstein.de
- Mittwoch - Freitag nur Abendessen - geschl. Anfang Januar 2 Wochen, August 2 Wochen und Montag - Dienstag

Burgrestaurant

MARKTKÜCHE · MEDITERRANES AMBIENTE XX Das Lokal befindet sich im historischen Teil der Burg. Von der Laubenterrasse oder von einem der Fensterplätze hat man eine einzigartige Aussicht, während man saisonal speist. Probieren Sie auch mal Klassiker wie Sauerbraten.

Menü 46/64 € - Karte 50/63 €

Hotel Burg Schwarzenstein, Rosengasse 32 65366 - 06722 99500
- www.burg-schwarzenstein.de - geschl. 1. - 8. Januar

Grill & Winebar

GRILLGERICHTE • TRENDY XX Ein weiteres Gastronomie-Konzept der Burg Schwarzenstein: leger und modern die Atmosphäre, passend dazu Speisen wie Steak vom Holzkohlegrill, Fish & Seafood, Burger... Und das alles natürlich bei traumhaftem Blick über die Weinberge.

Karte 49/82 €

Hotel Burg Schwarzenstein, Rosengasse 32 ✉ 65366 - ✆ 06722 99500 - www.burg-schwarzenstein.de - geschl. Anfang Januar 2 Wochen und Montag - Dienstag

Schlossschänke auf dem Johannisberg

REGIONAL • HISTORISCHES AMBIENTE X Das freundliche Restaurant im Schloss Johannisberg hat einen tollen Wintergarten - wunderbar der Blick aufs Rheintal! Es gibt regional-saisonale Küche und internationale Klassiker. Übrigens: 1775 entstand hier quasi das Prädikat "Spätlese".

Menü 30 € (mittags) - Karte 42/62 €

Schlossallee 1 ✉ 65366 - ✆ 06722 96090 - www.schloss-johannisberg.de

Burg Schwarzenstein

HISTORISCHES GEBÄUDE • ELEGANT Was aus der historischen Burganlage entstanden ist, verdient die Bezeichnung Luxushotel! Traumhafte Lage in den Weinbergen mit weiter Sicht, wunderschöne, wertige Zimmer, meist in chic-geradlinigem Design (klasse die Panoramasuite!), und last but not least das ungebrochene Engagement der Familie Teigelkamp.

49 Zim - †195/225 € ††290/310 € - 2 Suiten - ☕ 25 €

Rosengasse 32 ✉ 65366 - ✆ 06722 99500 - www.burg-schwarzenstein.de - geschl. 1. - 7. Januar

✿✿ **Schwarzenstein Nils Henkel** • **Grill & Winebar** • **Burgrestaurant** - siehe Restaurantauswahl

Haus Neugebauer

FAMILIÄR • FUNKTIONELL Hübsch anzuschauen ist das einstige Schulhaus von 1911 mit der schmucken Natursteinfassade. Es liegt angenehm ruhig im Wald, man wird sehr freundlich umsorgt, wohnt gepflegt und am Morgen gibt es ein gutes Frühstück. Von der Terrasse hat man einen schönen Blick ins Grüne.

21 Zim ☕ - †79/99 € ††119/149 € - ½ P

Haus Neugebauer 1, Nahe der Straße nach Presberg, Nord-West: 2,5 km ✉ 65366 - ✆ 06722 96050 - www.hotel-neugebauer.de - geschl. 15. Januar - 15. Februar

GEISINGEN

Baden-Württemberg - 6 042 Ew. - Höhe 667 m - Regionalatlas **62**-F21
Michelin Straßenkarte 545

Zum Hecht

MARKTKÜCHE • GASTHOF XX Hinter der markant roten Fassade dürfen Sie eine der besten Küchen der Region erwarten! Die mediterran geprägten Speisen nennen sich z. B. "Carpaccio vom Rinderfilet mit Burrata und Steinpilzen" oder "Variation von Fischen und Krustentieren mit Safranpolenta".

Menü 44/68 € - Karte 38/64 €

6 Zim ☕ - †38/48 € ††68/78 €

Hauptstr. 41 ✉ 78187 - ✆ 07704 281 - www.zumhecht.de - nur Abendessen - geschl. Montag - Dienstag

GEISLINGEN an der STEIGE

Baden-Württemberg - 26 673 Ew. - Höhe 464 m - Regionalatlas **56**-I19
Michelin Straßenkarte 545

In Geislingen-Weiler ob Helfenstein Ost: 3 km - Höhe 640 m

Burghotel

FAMILIÄR • MODERN Alles hier ist tipptopp gepflegt, darauf legt man hier großen Wert! Vieles spricht für das Haus: die ruhige Lage, wohnliche Zimmer (fragen Sie nach den renovierten), die Frühstücksterrasse, das komfortable Hallenbad und natürlich auch die herzlichen Gastgeberinnen selbst.

23 Zim - 69/89 € 129 €

Schalkstetter Str. 1 73312 - 07331 93260 - www.burghotel-schiehle.de - geschl. 22. Dezember - 7. Januar

GELDERN

Nordrhein-Westfalen - 33 191 Ew. - Höhe 25 m - Regionalatlas **25**-B10
Michelin Straßenkarte 543

See Park Janssen

BUSINESS • MODERN Panoramapool, Fitness mit Betreuung, hochwertiges Beautyangebot... Hier gibt es Spa-Vielfalt auf rund 8000 qm. Dazu freundliche Zimmer, Lage am See und Golfplatz gleich nebenan. Tipp: die modernen Panorama-Zimmer in warmen Tönen! Zum See hin auch das Restaurant samt Wintergarten und die Terrasse.

88 Zim - 82/161 € 120/187 € - ½ P

Danziger Str. 5 47608 - 02831 9290 - www.seepark.de

In Geldern-Walbeck Süd-West: 6 km

Alte Bürgermeisterei

FRANZÖSISCH-KLASSISCH • GEMÜTLICH Gemütlich-elegantes Restaurant in dem einstigen Gutshof und Amtshaus. Schön ist der Mix aus historischen Elementen und modernen Bildern. Da sitzt man gerne bei klassischer Küche und guten offen ausgeschenkten Weinen. Einfacher das italienisch-mediterrane Angebot in der Enoteca.

Menü 44/59 € - Karte 44/57 €

Walbecker Str. 2 47608 - 02831 89933 - www.alte-buergermeisterei.de - geschl. Juli, August - März: Montag - Dienstag

GELNHAUSEN

Hessen - 22 265 Ew. - Höhe 159 m - Regionalatlas **48**-G14
Michelin Straßenkarte 543

Bergschlösschen

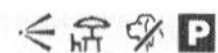

ITALIENISCH • ELEGANT In einmalig schöner Lage wird hier richtig gute authentisch italienische Küche geboten. Je nach Saison bekommen Sie bretonischen Hummer, weiße Trüffel und immer topfrischen Fisch! Das Olivenöl holt der Chef höchstpersönlich aus Apulien!

Menü 36/80 € - Karte 38/73 €

Am Schlößchen 4 63571 - 06051 472647 - www.restaurant-bergschloesschen.de - geschl. Oktober und Dienstag, Samstagmittag

GELSENKIRCHEN

Nordrhein-Westfalen - 257 651 Ew. - Höhe 52 m - Regionalatlas **26**-C11
Michelin Straßenkarte 543

In Gelsenkirchen-Buer

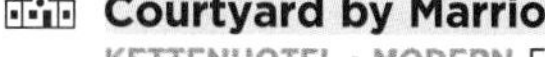

Courtyard by Marriott

KETTENHOTEL • MODERN Ein komfortables Hotel mit technisch gut ausgestatteten Zimmern - in den oberen Etagen die Executive-Zimmer. Sauna- und Fitnessbereich im 11. Stock mit tollem Blick auf die Veltins-Arena. Dazu direkter Zugang zum "medicos.AufSchalke"-Gesundheitszentrum. Das Restaurant "Green Olive" bietet mediterrane Küche.

198 Zim - 101/300 € 101/300 € - 4 Suiten - 19 €

Parkallee 3 45891 - 0209 8600 - www.courtyardgelsenkirchen.de

GENGENBACH

Baden-Württemberg – 10 730 Ew. – Höhe 175 m – Regionalatlas **54**-E19
Michelin Straßenkarte 545

Die Reichsstadt

REGIONAL • FREUNDLICH XX Regional oder lieber gehobener? Neben "Wildragout mit Spätzle" können Sie auch "Jakobsmuschel und Hummer auf Steinpilzcarpaccio" oder "Lammrücken mit Pestokruste und Lammfilet in Lardo" wählen - im Sommer unbedingt draußen, denn das charmante historische Gasthaus hat eine wahrhaft bezaubernde Terrasse!

Menü 37/58 € – Karte 38/73 €

Hotel Die Reichsstadt, Engelgasse 33 ✉ 77723 – ✆ 07803 96630 – www.die-reichsstadt.de – geschl. Februar und Montag - Dienstagmittag

Ponyhof

REGIONAL • GEMÜTLICH X Hier stehen zwei Brüder gemeinsam mit dem Vater am Herd. Das Ergebnis: eine sehr schmackhafte und frische Küche, die richtig Spaß macht! Da kommen Klassiker wie Schnitzel und Rumpsteak ebenso gut an wie das kreative Menü, hier z. B. "Kohlrabi, Räucheraal, Holunderblüte, grüner Apfel".

Menü 46/91 € – Karte 26/60 €

Mattenhofweg 6 ✉ 77723 – ✆ 07803 1469 – www.ponyhof.co – Dienstag - Freitag ab 16 Uhr geöffnet – geschl. Montag sowie jeden 2. Dienstag im Monat

Pfeffermühle

REGIONAL • FREUNDLICH X Ca. 350 m vom gleichnamigen Hotel entfernt bietet das gemütliche kleine Fachwerkhaus von 1476 regionale Küche. Von der Terrasse beobachtet man das rege Treiben vor dem Haus. Im 1. Stock: Salon und "Nachtwächterstüble" - Letzteres mit speziellem Menü auf Vorbestellung (4-8 Pers.) sowie Führung!

Menü 19 € (mittags)/58 € (abends) – Karte 19/52 €

Victor-Kretz-Str. 17 ✉ 77723 – ✆ 07803 93350 – www.pfeffermuehle-gengenbach.de – geschl. 22. Januar - 4. Februar und Donnerstag

Die Reichsstadt

GASTHOF • MODERN Sie wohnen direkt in der Altstadt in einem ganz reizenden und schicken kleinen Hotel, das Altes und Neues wirklich gelungen miteinander verbindet. Schön modern und individuell die Zimmer, herzlich der Service, hübsch die Sauna und der Garten, klasse die Skylounge auf dem Dach mit Blick über die Stadt!

23 Zim – †95/155 € ††155/265 € – 5 Suiten – ½ P

Engelgasse 33 ✉ 77723 – ✆ 07803 96630 – www.die-reichsstadt.de

Die Reichsstadt – siehe Restaurantauswahl

Stadthotel Pfeffermühle

FAMILIÄR • KLASSISCH Nur wenige Schritte und schon ist man in der historischen Altstadt! Und das Haus selbst? Es ist sehr gepflegt und wird von der Familie mit Engagement geführt. Fragen Sie nach den neueren Zimmern - sie sind schön zeitgemäß gestaltet.

25 Zim – †56/62 € ††86/92 €

Oberdorfstr. 24 ✉ 77723 – ✆ 07803 93350 – www.pfeffermuehle-gengenbach.de

Pfeffer & Salz

FAMILIÄR • MODERN Eine tipptopp gepflegte familiäre und ruhige Adresse oberhalb der Altstadt - dazu gehört auch ein Weingut samt kleiner Vinothek. Im Restaurant und auf der großen Terrasse bietet man Internationales und Regionales - beliebt bei Paaren ist das "Twingle-Menü" inklusive heimischem Wein.

12 Zim – †54/58 € ††82/88 € – ½ P

Mattenhofweg 3 ✉ 77723 – ✆ 07803 93480 – www.pfefferundsalz-gengenbach.de

In Berghaupten West: 2,5 km

Hirsch

REGIONAL • LÄNDLICH XX Nicht nur zum Übernachten ist der "Hirsch" eine gute Wahl: In den hübschen ländlichen Stuben sitzt man gemütlich und aufmerksam betreut bei schmackhaften und frischen klassischen Gerichten wie "Lammrücken mit Kräutern rosé gebraten, Marktgemüse und Kartoffelgratin". Im Sommer ist die Terrasse beliebt!

Menü 38/54 € - Karte 26/51 €

Hotel Hirsch, Dorfstr. 9 ✉ 77791 - ✆ 07803 93970 - www.hirsch-berghaupten.de - geschl. über Fastnacht 10 Tage, Mitte August 10 Tage und Sonntagabend - Dienstagmittag

Hirsch

GASTHOF • GEMÜTLICH Wer in dem gewachsenen Haus der Familie Faißt wohnt, wird freundlich umsorgt und schläft in geräumigen, schön wohnlich gestalteten Zimmern. Und wenn Sie morgens Anlaufschwierigkeiten haben: Es gibt sehr guten Kaffee!

19 Zim - †61/66 € ††86/96 € - 3 Suiten - ☕ 6 € - ½ P

Dorfstr. 9 ✉ 77791 - ✆ 07803 93970 - www.hirsch-berghaupten.de - geschl. über Fastnacht 10 Tage, Mitte August 10 Tage

Hirsch - siehe Restaurantauswahl

GERLINGEN

Baden-Württemberg - 19 151 Ew. - Höhe 336 m - Regionalatlas **55**-G18
Michelin Straßenkarte 545

Siehe Stadtplan Stuttgart (Umgebungsplan)

Krone

GASTHOF • GEMÜTLICH Der historische Gasthof unter familiärer Leitung ist ein zeitgemäßes Hotel mit wohnlichen Zimmern, teilweise als Appartement mit offenem Kamin. Unterverpachtetes Restaurant mit unkomplizierter italienischer Küche. Für Raucher gibt es ein rustikales Kaminzimmer.

57 Zim - †86/106 € ††136/156 € - 4 Suiten - ☕ 9 €

Stadtplan : A2-e - *Hauptstr. 28 ✉ 70839 - ✆ 07156 43110 - www.krone-gerlingen.de*

GERNSBACH

Baden-Württemberg - 13 949 Ew. - Höhe 174 m - Regionalatlas **54**-E18
Michelin Straßenkarte 545

Werners Restaurant

FRANZÖSISCH-KLASSISCH • ELEGANT XXX Wer hier im Sommer auf der traumhaften Terrasse speist, wird begeistert sein! Die umwerfende Sicht wird nur getoppt durch die hervorragende klassisch-moderne Küche, die es als interessantes Menü oder à la carte gibt. Sie möchten die schöne Weinkarte auskosten? Man kann auch sehr komfortabel übernachten.

→ Wagyu-Rind, Bohne, Zwiebel, Schwarzwaldmiso. Rotbarsch, Fregola Sarda, Kalbszunge, Beurre blanc. Heimischer Rehrücken, Quitte, Purple Curry, Roscoff Zwiebel.

Menü 59/97 € - Karte 54/104 €

Hotel Schloss Eberstein, Schloss Eberstein 1 ✉ 76593 - ✆ 07224 995950 - www.schlosseberstein.com - Mittwoch - Samstag nur Abendessen - geschl. 1. - 10. Januar und Montag - Dienstag

Schloss-Schänke

REGIONAL • BÜRGERLICH X Die gemütlich-rustikale Schloss-Schänke, der schöne "gotische Raum", die herrliche Platanen-Terrasse mit traumhaftem Blick - lauter tolle Plätze für "LandArt"-Küche oder "Badische Happas". Es gibt z. B. "Murgtalforelle mit Zitronenbutter" oder "Spargelsalat mit Schweinebäckle in Rotweinjus".

Menü 38/47 € - Karte 28/51 €

Hotel Schloss Eberstein, Schloss Eberstein 1 ✉ 76593 - ✆ 07224 995950 - www.schlosseberstein.com - geschl. Januar - Mitte März: Montag - Dienstag

Schloss Eberstein

HISTORISCHES GEBÄUDE • GEMÜTLICH Das Schloss in wunderbarer Aussichtslage am hauseigenen Weinberg hat Charme und Atmosphäre. Moderne, sehr wohnliche und hochwertige Zimmer, dazu eine reizvolle kleine Liegewiese zwischen historischen Mauern - exklusiv für Hotelgäste.

14 Zim - 115 € 158 €

Schloss Eberstein 1 76593 - 07224 995950 - www.schlosseberstein.com

Werners Restaurant • **Schloss-Schänke** - siehe Restaurantauswahl

Romantiklandhaus Hazienda

LANDHAUS • MEDITERRAN Die Gastgeber haben ihre Passion für das Mittelmeer nach Baden geholt! Liebevoll und individuell wurden die Apartments (mit Küchenzeile) im südländischen Hazienda-Stil eingerichtet. Auch der schöne große Garten versprüht mediterranes Flair.

10 Zim - 98/159 € 149/159 €

Pflasteräcker 26 76593 - 07224 989304 - www.romantiklandhaus.de

In Gernsbach-Staufenberg West: 2,5 km

Sternen

REGIONAL • RUSTIKAL In 4. Generation wird der Gasthof von der Familie geführt. In den gemütlichen, teils holzgetäfelten Stuben speist man regional-saisonal, so z. B. "Staufenberger Saibling mit Zitronenbutter" oder "Wildgulasch mit Pilzen". Man kann hier auch schön gepflegt übernachten und für Kinder gibt es einen Spielplatz.

Menü 29 € - Karte 26/49 €

14 Zim - 63/93 € 91/115 €

Staufenberger Str. 111 76593 - 07224 3308 - www.sternen-staufenberg.de - geschl. über Fasching, Ende Juli - Mitte August und Donnerstag

GIENGEN an der BRENZ

Baden-Württemberg - 19 135 Ew. - Höhe 464 m - Regionalatlas **56**-I19
Michelin Straßenkarte 545

Salzburger Hof

GASTHOF • MODERN Modern, gepflegt und in warmen Farben gehalten, so sind die Zimmer in dem Hotel in einer Seitenstraße. Hier bietet sich ein Besuch des bekannten Steiff-Museums an, das nur 5 Gehminuten entfernt ist. Zum Essen geht's in die behagliche Gaststube mit ihrer alpenländischen Atmosphäre - passend zum Namen des Hauses.

29 Zim - 67/79 € 95/98 € - ½ P

Richard-Wagner-Str. 5 89537 - 07322 96880 - www.salzburger-hof.de

GIESSEN

Hessen - 83 280 Ew. - Höhe 159 m - Regionalatlas **37**-F13
Michelin Straßenkarte 543

Restaurant Tandreas

INTERNATIONAL • FREUNDLICH Schön das geradlinig-moderne Ambiente, gut und frisch die Küche. Geboten wird ein breiter Mix an Gerichten, von "Rehragout mit Rahmwirsing" bis "Frühlingsrolle von der Ente". Zuvorkommend die Patronne. Mittags ist das Angebot reduzierter.

Menü 26 € (mittags)/49 € - Karte 36/68 €

Hotel Tandreas, Licher Str. 55 35394 - 0641 94070 - www.tandreas.de - geschl. 1. - 6. Januar, Ende Juni - Anfang August 1 Woche und Samstagmittag, Sonntag - Montagmittag

heyligenstaedt

INTERNATIONAL • TRENDY XXX Hohe Decken, Stahlträger, große Sprossenfenster, hier und da freigelegte Backsteinwände... Den Charakter der einstigen Fabrikhalle hat man bewusst bewahrt, dazu stilvoll-modernes Design und schmackhafte Speisen wie "Wildgarnelen mit Krustentierschaum und Papaya". Mittags nur kleine Lunch-Karte.

Menü 80 € - Karte 35/76 €

Hotel heyligenstaedt, Aulweg 41 ✉ 35392 - ✆ 0641 4609650 - www.restaurant-heyligenstaedt.de - geschl. Samstagmittag, Sonntag

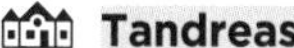

Tandreas

FAMILIÄR • MODERN Das stilvolle kleine Hotel der engagierten und stets präsenten Tanja Gerlach steht dem Restaurant in nichts nach. Hochwertig das Frühstück, wohnlich die in warmen Farben gehaltenen Zimmer. Besonders komfortabel: Juniorsuite und Appartement.

32 Zim - 110/115 € 139/149 € - 2 Suiten - ½ P

Licher Str. 55 ✉ 35394 - ✆ 0641 94070 - www.tandreas.de

Restaurant Tandreas - siehe Restaurantauswahl

heyligenstaedt

HISTORISCH • DESIGN Richtig apart der Industrie-Charme der einstigen Werkzeugmaschinenfabrik (1876 von Louis Heyligenstaedt gegründet), und dem steht das wertige, chic-moderne Interieur bestens zu Gesicht! Gutes Frühstücksbuffet. Toll: Außensauna auf dem Dach!

20 Zim - 100/120 € 155/170 € - 15 €

Aulweg 41 ✉ 35392 - ✆ 0641 4609650 - www.restaurant-heyligenstaedt.de

heyligenstaedt - siehe Restaurantauswahl

GIFHORN

Niedersachsen - 41 617 Ew. - Höhe 53 m - Regionalatlas **19**-J8
Michelin Straßenkarte 541

Ratsweinkeller

REGIONAL • GEMÜTLICH XX In den holzgetäfelten Stuben des alten Fachwerkhauses sitzt man nicht nur gemütlich, auch Küche und Service sind einen Besuch wert. Man kocht klassisch-regional, von "Lachsmaultasche mit Rieslingsoße" bis "Heidschnuckenrückenfilet mit Senf-Kräuterkruste, Bohnenragout, Kartoffelgratin". Beliebter Mittagstisch.

Menü 42 € - Karte 28/45 €

Cardenap 1 ✉ 38518 - ✆ 05371 59111 (Tischbestellung ratsam) - geschl. Montag und Mittwoch

GLASHÜTTEN

Hessen - 5 380 Ew. - Höhe 510 m - Regionalatlas **47**-F14
Michelin Straßenkarte 543

Glashüttener Hof

INTERNATIONAL • FAMILIÄR XX Man hat nicht ohne Grund so viele Stammgäste: Die Atmosphäre ist angenehm unkompliziert, man wird charmant umsorgt und das Essen ist richtig gut und frisch - Lust auf "Rinderroulade mit Rotkraut und Kartoffelklößen"? Toller Mittagstisch: Man bestellt einen Hauptgang und bekommt Suppe, Salat und Dessert dazu!

Menü 19/38 € - Karte 32/63 €

9 Zim - 60 € 110 € - 7 €

Limburger Str. 86, B 8 ✉ 61479 - ✆ 06174 6922 - www.glashuettenerhof.com - geschl. 8. - 22. Januar, Sonntagabend - Montag

In Glashütten-Schlossborn Süd-West: 3,5 km

Schützenhof

KREATIV • LÄNDLICH XX Lothar und Martina Mohr sind Gastronomen aus Leidenschaft und ihr Faible für feine Küche bringt sie in die besten Restaurants der Welt. Man verwendet gute Produkte und kocht modern-kreativ auf klassischer Basis, dazu schöne Weine.

Menü 82 € (abends) – Karte 53/78 €

Langstr. 13 ✉ 61479 – ✆ 06174 61074 – www.schuetzenhof-mohr.de – geschl. Montag - Dienstagmittag, Mittwochmittag, Donnerstagmittag, Sonntagmittag

GLEISWEILER

Rheinland-Pfalz – 602 Ew. – Höhe 285 m – Regionalatlas **54**-E17
Michelin Straßenkarte 543

Landhotel Herrenhaus Barthélemy

LANDHAUS • MEDITERRAN Voller Liebe zum Detail steckt das tolle Anwesen von 1619, die "Chambres d'hôtes" der Provence waren hier Vorbild. Individuelle Zimmer, antike Stücke, geschmackvolle Deko... Dazu der traumhafte Barockgarten und sehr persönliche Atmosphäre! Zusätzlich drei schöne Ferienwohnungen in der Remise von 1775.

2 Zim – †100/130 € ††115/145 € – 2 Suiten

Bergstr. 4 ✉ 76835 – ✆ 06345 953022 – www.herrenhaus-barthelemy.com – geschl. 9. Januar - 23. Februar, 7. - 26. November

GLINDE

Schleswig-Holstein – 17 991 Ew. – Höhe 24 m – Regionalatlas **10**-J5
Michelin Straßenkarte 541

San Lorenzo

ITALIENISCH • KLASSISCHES AMBIENTE XX Zum Wohlfühlen ist die schmucke Villa mit ihrem stilvollen Interieur und dem lichten Wintergarten. Charmant wird man mit frischer gehobener italienischer Küche umsorgt – Pastagerichte sind ebenso schmackhaft wie z. B. "Loup de mer mit Mönchsbart". Tipp: sehr interessantes Tagesmenü mit Weinbegleitung!

Menü 46/89 € – Karte 51/76 €

Kupfermühlenweg 2 ✉ 21509 – ✆ 040 7112424 (Tischbestellung ratsam) – www.san-lorenzo-glinde.de – nur Abendessen – geschl. Montag

GLONN

Bayern – 4 964 Ew. – Höhe 536 m – Regionalatlas **66**-M20
Michelin Straßenkarte 546

In Glonn-Herrmannsdorf Nord-Ost: 3 km über Rotter Straße, nach Mecking links

Wirtshaus zum Schweinsbräu

REGIONAL • RUSTIKAL X Qualität steht bei den Produkten des hauseigenen Bio-Hofguts im Mittelpunkt, so gibt es in dem schönen Restaurant gute, frische Gerichte mit viel Geschmack! Probieren Sie (neben Weinen) auch das selbstgebraute Bier! Für den kleinen Appetit: die "Wurstbar". Tipp: Leckeres aus Bäckerei und Metzgerei für daheim!

Menü 20/39 € – Karte 25/49 €

Herrmannsdorf 7 ✉ 85625 – ✆ 08093 909445 – www.herrmannsdorfer.de – geschl. August 2 Wochen und Sonntagabend - Dienstag

GLOTTERTAL

Baden-Württemberg – 3 153 Ew. – Höhe 306 m – Regionalatlas **61**-E20
Michelin Straßenkarte 545

Zum Goldenen Engel

REGIONAL • RUSTIKAL XX Gemütlich hat man es in dem charmanten 500 Jahre alten Traditionsgasthaus. Zur gepflegten Atmosphäre passt die klassisch-regionale Küche von "hausgemachter Wildschweinbratwurst mit Wirsing und Püree" bis "Zander mit Dijonsenf gratiniert auf Meerrettich-Spitzkohl". Lecker auch die Desserts! Sie möchten übernachten? Im Schwarzwälder Stil oder lieber moderner?

Menü 22 € (vegetarisch)/50 € – Karte 27/59 €

14 Zim – 58/78 € 85/98 €

Friedhofweg 2 79286 – 07684 250 – www.goldener-engel-glottertal.de – geschl. nach Fastnacht 2 Wochen, November 2 Wochen und Mittwoch

Hirschen

REGIONAL • FREUNDLICH XX Wer in einem "Klassiker" wie diesem gemütlichen Restaurant speist, darf sich auf "einfach badische" Gerichte wie "geschmorten Rehpfeffer mit Rotkraut und Spätzle" freuen, aber auch auf französisch geprägte Speisen wie "Skrei unter der Trüffelkruste mit Mangold und Senfschaum".

Menü 35/72 € – Karte 30/66 €

Hotel Hirschen, Rathausweg 2 79286 – 07684 810 – www.hirschen-glottertal.de – geschl. Montag

Wirtshaus zur Sonne

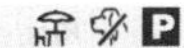

REGIONAL • FAMILIÄR X Seit über 300 Jahren ist der Gasthof bereits in Familienhand. Drinnen sitzt man in einer wunderschönen holzgetäfelten Stube, draußen lockt die hübsche Gartenterrasse. Auf den Tisch kommt Schmackhaftes wie "Tafelspitzsülze auf Radieschen-Carpaccio" oder "Skrei mit Tomaten und Kräutern gebraten".

Menü 38 € (abends) – Karte 24/53 €

Talstr. 103 79286 – 07684 242 – www.sonne-glottertal.de – geschl. über Fastnacht 2 Wochen und im Winter: Mittwoch - Donnerstag, im Sommer: Mittwoch - Donnerstagmittag

Gasthaus Adler

REGIONAL • GASTHOF XX Was passt besser zum Schwarzwald als badische Küche in urgemütlichen Stuben? Auch der herzliche Service sorgt dafür, dass man sich wohlfühlt, während man sich z. B. die winterlichen Wild- und Gänsegerichte schmecken lässt. Zum Übernachten: wohnliche, teils auch einfache Zimmer.

Menü 26/56 € – Karte 28/70 €

14 Zim – 67/77 € 88/108 € – 1 Suite

Talstr. 11 79286 – 07684 90870 – www.adler-glottertal.de – geschl. Dienstag

Hirschen

LANDHAUS • TRADITIONELL Ein sehr gepflegter Familienbetrieb mit unterschiedlichen Zimmern vom kleineren EZ bis zur großzügigen Suite, schönem Wellnessangebot samt Kosmetik und Massage sowie einem eigenen Park. In der Winzerstube neben dem Hotel kann man gut vespern. Tipp: Wein aus der Privat-Weinkellerei.

49 Zim – 75/115 € 140/186 € – ½ P

Rathausweg 2 79286 – 07684 810 – www.hirschen-glottertal.de

Hirschen – siehe Restaurantauswahl

Zum Kreuz

FAMILIÄR • GEMÜTLICH Der familiengeführte Schwarzwaldgasthof wurde in den letzten Jahren kontinuierlich renoviert und erweitert. So hat man heute einen schicken Spa und zeitgemäße Zimmer in unterschiedlichen Kategorien. Und gastronomisch? Hinter der traditionellen Fachwerkfassade bietet man klassische und regionale Küche.

34 Zim – 59/99 € 125/165 € – ½ P

Landstr. 14 79286 – 07684 80080 – www.zum-kreuz.com

GLÜCKSBURG

Schleswig-Holstein – 5 820 Ew. – Höhe 17 m – Regionalatlas **2**-H2
Michelin Straßenkarte 541

Felix

REGIONAL • FREUNDLICH XX Hier sitzt man angenehm leger in stimmiger Atmosphäre, schaut auf die Förde und lässt sich mediterran und regional inspirierte Gerichte wie "karamellisierten Picandou mit Johannisbeer-Orangen-Relish und Rucola" schmecken. Schöne Terrasse!

Menü 54/89 € (abends) – Karte 44/72 €

Strandhotel, Kirstenstr. 6 ✉ 24960 – ✆ 04631 6141500 – www.strandhotel-gluecksburg.de

Strandhotel

HISTORISCH • MODERN 1872 als Kurhotel erbaut und nach einem Brand 1914 wiedereröffnet, ist die schöne Ferienadresse heute als "weißes Schloss am Meer" bekannt. Geschmackvoll der skandinavische Stil, alles sehr wohnlich - fragen Sie nach den Zimmern mit Fördeblick! Erholung findet man auch in der hübschen "Wellness-Lounge".

36 Zim – †89/189 € ††149/289 € – 3 Suiten – ½ P

Kirstenstr. 6 ✉ 24960 – ✆ 04631 61410 – www.strandhotel-gluecksburg.de

Felix – siehe Restaurantauswahl

In Glücksburg-Meierwik Süd-West: 3 km

✿✿ Meierei Dirk Luther

KLASSISCHE KÜCHE • ELEGANT XXX Ein frisches, stimmiges Bild ist die gelungene Mischung aus moderner Geradlinigkeit und Eleganz, und die passt wunderbar zur angenehm schnörkellosen Küche von Dirk Luther. Ein hohes Maß an Präzision, Harmonie und beste Produkte gehen hier Hand in Hand. Das i-Tüpfelchen ist der Blick auf die Flensburger Förde!

→ Geräucherte Gillardeau Auster, Jakobsmuschel, Champagnervinaigrette, Passe Pierre. Rücken vom Poltinger Lamm, Spitzkohl, Perlzwiebeln, Miso. Birne, Birnenragout, Birnensorbet, Crumble.

Menü 168/198 €

Alter Meierhof Vitalhotel, Uferstr. 1 ✉ 24960 – ✆ 04631 6199411 (Tischbestellung erforderlich) – www.alter-meierhof.de – nur Abendessen – geschl. 23. Dezember - 15. Januar, 10. Juli - 18. August, 1. - 20. Oktober und Sonntag - Montag

Brasserie

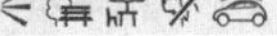

INTERNATIONAL • LÄNDLICH XX Eine schöne Alternative zur Gourmetküche der "Meierei". In freundlicher Brasserie-Atmosphäre bekommt man frische internationale Speisen wie "Loup de Mer in Estragon-Senfkörnersauce" oder "rosa gegarte Kalbsscheiben mit Frankfurter Sauce".

Menü 48/64 € – Karte 46/76 €

Alter Meierhof Vitalhotel, Uferstr. 1 ✉ 24960 – ✆ 04631 6199410 – www.alter-meierhof.de

Alter Meierhof Vitalhotel

SPA UND WELLNESS • GEMÜTLICH Was für ein Haus! Viel stilvoller und wertiger kann man an der Ostsee nicht wohnen. Luxuriöse Einrichtung mit skandinavischem Touch, sehr guter, aufmerksamer Service, beeindruckendes Frühstück, ein orientalischer Spa auf rund 1400 qm und dann auch noch die Lage direkt an der Förde!

52 Zim – †140/390 € ††210/580 € – 2 Suiten – ½ P

Uferstr. 1 ✉ 24960 – ✆ 04631 61990 – www.alter-meierhof.de

✿✿ **Meierei Dirk Luther** • **Brasserie** – siehe Restaurantauswahl

In Glücksburg-Holnis Nord-Ost: 5 km

Lodge am Meer

FAMILIÄR • AM MEER Die Vorfreude aufs Relaxen am Strand kommt hier schon beim Frühstücken - Sie schauen nämlich auf die Förde direkt vor der Tür! Die Zimmer können sich ebenfalls sehen lassen: freundlich, gemütlich, mit warmem Holz - passend zum familiären Charakter des Hauses. Praktisch: italienisches Restaurant im Haus.

14 Zim - 79/119 € 98/148 € - ½ P

Drei 5 24960 - 04631 61000 - www.lodgeammeer.de

GMUND am TEGERNSEE

Bayern - 5 912 Ew. - Höhe 740 m - Regionalatlas **66**-M21
Michelin Straßenkarte 546

Jennerwein

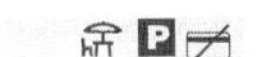

REGIONAL • BÜRGERLICH X In dem netten urigen Landhaus mit den gemütlichen Stuben wird frisch und saisonal-bayerisch gekocht: Hirschgulasch, Wiener Schnitzel, Saibling... und natürlich leckere Desserts wie Marillenknödel oder karamellisierter Kaiserschmarrn!

Menü 27/35 € - Karte 30/51 €

Münchner Str. 127 83703 - 08022 706050 - www.gasthaus-jennerwein.de - geschl. Dienstag - Mittwoch

In Gmund-Ostin

Ostiner Stub´n

INTERNATIONAL • GASTHOF XX Das Ambiente in dem regionstypischen Gasthaus ist gemütlich und hat alpenländisches Flair, hübsch der Garten. Aus der Küche kommen international-saisonale Gerichte wie "Rumpsteak mit Kräuterbutter, Dauphinekartoffeln und Grillgemüse".

Menü 35 € (mittags unter der Woche)/90 € - Karte 27/81 €

Schlierseer Str. 60 83703 - 08022 7059810 - www.ostiner-stubn.de - geschl. Januar 2 Wochen und Dienstag

GNOTZHEIM

Bayern - 834 Ew. - Höhe 473 m - Regionalatlas **57**-K17
Michelin Straßenkarte 546

Gasthof Gentner

REGIONAL • GASTHOF X Der familiengeführte Gasthof gibt ein stimmiges Bild ab: ein traditionsreiches Haus, Produkte aus der Region, "Slow Food"-Mitglied... und das Obst kommt von der eigenen Streuobstwiese. Sie speisen in sorgsam restaurierten Stuben und übernachten in hübschen geräumigen Zimmern mit ländlichem Charme.

Menü 25/45 € - Karte 29/47 €

7 Zim - 67/75 € 94/110 €

Spielberg 1 91728 - 09833 988930 - www.gasthof-gentner.de - geschl. März 1 Woche, September 2 Wochen und Montag - Dienstag, November - März: Sonntagabend - Dienstag

GÖHREN Mecklenburg-Vorpommern → Siehe Rügen (Insel)

GÖHREN-LEBBIN

Mecklenburg-Vorpommern - 581 Ew. - Höhe 89 m - Regionalatlas **13**-N5
Michelin Straßenkarte 542

Blüchers by Lafer N

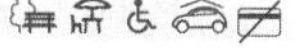

MARKTKÜCHE • CHIC XX Wie der Name bereits vermuten lässt, ist Johann Lafer hier der kulinarische Ideengeber. Entsprechend dem "Organic"-Konzept des Hauses verwendet man Produkte aus der Region, teilweise sogar aus der eigenen Landwirtschaft. Das Interieur: eine gelungene Verbindung von zeitgemäßem Chic und historischem Flair.

Menü 99/135 € - Karte 55/85 €

Hotel Schlass Fleesense, Schlossstr. 1 17213 - 039932 80100 (Tischbestellung ratsam) - www.schlosshotel-fleesensee.de - nur Abendessen - geschl. Sonntag - Montag

Schloss Fleesensee

HISTORISCHES GEBÄUDE • KLASSISCH Ein richtig schönes herrschaftliches Anwesen ist das Schloss von 1842 nebst verschiedenen Dependancen. Die hochwertigen Zimmer gibt es chic-modern oder klassisch. Tipp: Spa-Suiten mit eigener Sauna. Stilvoll designt die Lobby und die Lounge "Wine and Book". Internationale Kost in der luftig-lichten Orangerie.

163 Zim – 148/218 € 168/238 € – 16 Suiten – ½ P

Schlossstr. 1 17213 – 039932 80100 – www.schlosshotel.fleesensee.com

Blüchers by Lafer – siehe Restaurantauswahl

GÖRLITZ

Sachsen – 54 193 Ew. – Höhe 208 m – Regionalatlas **44**-S12
Michelin Straßenkarte 544

Schneider Stube

REGIONAL • GEMÜTLICH XX Das "Tuchmacher" ist mit seinen gemütlichen Stuben eine Institution in der Stadt. Lust auf saisonal-internationale Küche? Oder lieber einen der bewährten Klassiker? Auf der Karte z. B. "Zanderfilet auf Weinkraut" oder "Frikassee vom Landkaninchen in Weinrahm-Estragon-Sauce". Ein Traum: der Innenhof!

Menü 30/72 € – Karte 29/52 €

Hotel Tuchmacher, Peterstr. 8 02826 – 03581 47310 – www.tuchmacher.de – geschl. Montagmittag

Tuchmacher

HISTORISCH • INDIVIDUELL Sie wohnen in einem sehenswerten, aus mehreren Gebäuden zusammengesetzten Renaissance-Bürgerhaus mit stilgerecht-elegantem Interieur. Wahre Kunstwerke sind die bemalten Holzbalkendecken in manchen Zimmern! Toll die Altstadtlage!

59 Zim – 102/116 € 132/155 € – 1 Suite – ½ P

Peterstr. 8 02826 – 03581 47310 – www.tuchmacher.de

Schneider Stube – siehe Restaurantauswahl

Via Regia

URBAN • MODERN Gelungen hat man den schönen historischen Häusern ein stilvoll-modernes Interieur verliehen. Entsprechend dem Namen Via Regia ("Königliche Straße") sind die wertigen Zimmer Städten entlang der alten Handelsroute gewidmet. Klein, aber fein: der Saunabereich. Restaurant mit bürgerlicher und mediterraner Küche.

37 Zim – 67/120 € 80/140 € – 3 Suiten – 11 € – ½ P

Jauernicker Str. 15 02826 – 03581 7644330 – www.viaregia-goerlitz.bestwestern.de

GÖNNHEIM

Rheinland-Pfalz – 1 508 Ew. – Höhe 116 m – Regionalatlas **47**-E16
Michelin Straßenkarte 543

Zum Lamm

REGIONAL • LÄNDLICH X In dem hübschen alten Gasthaus bekommen Sie regionale und internationale Küche, die in schönen gemütlichen Stuben (es gibt auch einen Bereich für Raucher) und auf der Terrasse im Innenhof serviert wird. Sie möchten übernachten? Man hat sehr gepflegte Zimmer.

Menü 39/84 € – Karte 27/73 €

9 Zim – 59/72 € 79/84 €

Bismarckstr. 21 67161 – 06322 95290 – www.restaurant-zum-lamm.de – geschl. Februar 3 Wochen und Dienstag - Mittwoch

GÖSSWEINSTEIN

Bayern – 4 043 Ew. – Höhe 457 m – Regionalatlas **50**-L16
Michelin Straßenkarte 546

🍴 Zur Post

TRADITIONELLE KÜCHE • BÜRGERLICH ✗ Nicht nur übernachten kann man in dem traditionsreichen Gasthaus. Im Restaurant kocht man regional-saisonal, auch glutenfrei. Prunkstück der Küche ist der über 60 Jahre alte Herd - gefragt sind die Bratengerichte aus dem Holzofen! Produkte aus eigener Schweinezucht stehen ebenfalls im Fokus.

Menü 19/40 € - Karte 16/36 €

12 Zim ☕ - †38/41 € ††70/76 €

Balthasar-Neumann-Str. 10 ✉ 91327
- ✆ 09242 278 - www.zur-post-goessweinstein.de
- geschl. Mitte Januar - Mitte Februar, Mitte November 2 Wochen und Montag, außer an Feiertagen

🍴 Schönblick

REGIONAL • LÄNDLICH ✗ Das kleine Restaurant liegt erhöht am Ortsrand etwas "ab vom Schuss" - da ist die wunderschöne Sonnenterrasse natürlich ein beliebtes Plätzchen! Im Winter sorgt drinnen der Kamin für Behaglichkeit. Gekocht wird vorwiegend regional.

Menü 20 € - Karte 19/35 €

8 Zim ☕ - †42/55 € ††60/80 €

August-Sieghardt-Str. 8 ✉ 91327 - ✆ 09242 377
- www.schoenblick-goessweinstein.de - nur Abendessen, sonntags auch Mittagessen - geschl. Anfang Februar - Mitte März, Ende Oktober - Mitte November und Dienstag - Mittwoch

GÖTTINGEN

Niedersachsen - 117 665 Ew. - Höhe 150 m - Regionalatlas **29**-I11
Michelin Straßenkarte 541

🍴 Georgia-Augusta-Stuben

KLASSISCHE KÜCHE • TRADITIONELLES AMBIENTE ✗✗ Mit dunkler Holztäfelung, Art-déco-Lampen und schönem Dielenboden kommt das Restaurant geschmackvoll-gediegen daher. Lust auf Klassiker wie Königsberger Klopse? Nicht wegzudenken von der Karte sind auch Seezunge oder Milchkalbsleber.

Karte 41/69 €

Stadtplan : A1-e - *Hotel Gebhards, Goethe-Allee 22 ✉ 37073 - ✆ 0551 49680*
- www.romantikhotels.com/goettingen

🍴 Augusta Ⓝ

REGIONAL • BRASSERIE ✗ Zwischen historischen Klostermauern sitzt man hier im Uni-Gebäude in einem schönen Kellergewölbe, wertig das Interieur im Bistro-Stil. Es gibt deutsche und französische Küche, von "Coq au vin" und "Lachs rheinischer Art" über Quiche bis Flammkuchen. Hübsch die Terrasse auf dem Vorplatz. Günstiger Lunch.

Karte 22/49 €

Stadtplan : B2-b - *Am Wilhelmsplatz 3 ✉ 37083 - ✆ 0551 48865333*
- www.restaurant-augusta.de - geschl. Montag - Dienstag

🍴 Gaudi

MEDITERRAN • FARBENFROH ✗ In Anlehnung an den spanischen Architekten Antoni Gaudí hat man in der ehemaligen Würstchenfabrik einen ganz individuellen und detailverliebten Farb- und Stilmix geschaffen. Herrliche Innenhofterrasse! Kleine Tapasbar nebenan.

Menü 19 € (mittags)/64 € - Karte 40/53 €

Stadtplan : B2-a - *Rote Str. 16, (Passage im Börner-Viertel) ✉ 37073*
- ✆ 0551 5313001 (Tischbestellung ratsam) - www.restaurant-gaudi.de - geschl. Anfang Januar 2 Wochen und Sonntag - Montag

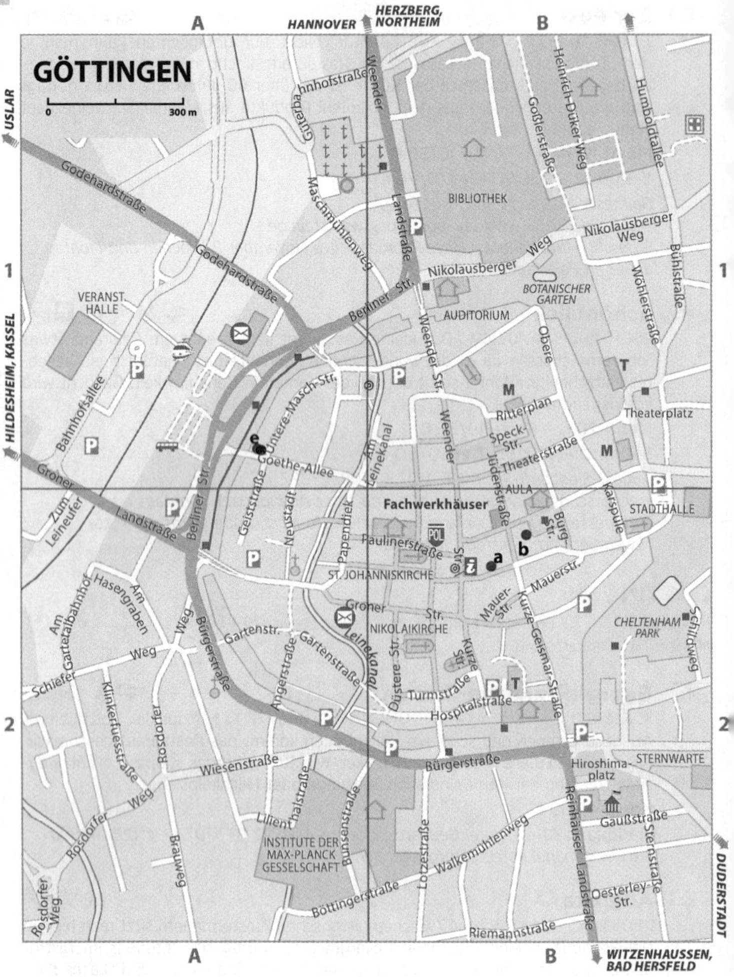

Gebhards

HISTORISCHES GEBÄUDE · ELEGANT Zwischen Hauptbahnhof und Innenstadt liegt das komfortable Hotel - ein erweitertes historisches Sandsteingebäude. Die engagierten Gastgeber bieten hier wohnlich-elegante Zimmer.

50 Zim ☕ - 🚹110/139 € 🚹🚹165/220 €

Stadtplan : A1-e - *Goethe-Allee 22* ✉ *37073*

- *✆ 0551 49680*

- *www.romantikhotels.com/goettingen*

🍴 **Georgia-Augusta-Stuben** – siehe Restaurantauswahl

Lassen Sie sich bei Ihrer Reservierung den zurzeit gültigen Preis mitteilen.

In Göttingen - Groß-Ellershausen West: 4 km über Groner Landstraße A1

Freizeit In

BUSINESS • MODERN Das zeitgemäß-funktionale Tagungs- und Businesshotel bietet mit unterschiedlichen Zimmerkategorien für jeden das Passende, dazu Wellness auf 8800 qm, verschiedene Restaurants sowie die "Orient Lounge" für Events. Praktisch: die Nähe zur A7.

209 Zim – 89/136 € 119/176 € - 1 Suite - ½ P

Dransfelder Str. 3, an der B 3, jenseits der A 7 ✉ 37079 - ✆ 0551 90010 - www.freizeit-in.de

In Friedland Süd: 11 km über A2, Richtung Bad Hersfeld

Landhaus Biewald - Genießer Stube (Daniel Raub)

KLASSISCHE KÜCHE • LÄNDLICH XX In der kleinen Stube mit dem geschmackvoll-klassischen Ambiente wird man herzlich und charmant umsorgt, während Daniel Raub und sein Team angenehm reduzierte und finessenreiche Gerichte voller Aromen auf den Teller bringen. Ein Blick auf die Weinkarte lohnt sich ebenfalls.
➜ Krustentier und Jakobsmuschel. Kalb und Gemüse. Süße Verführung.

Menü 80/150 €

6 Zim – 45/65 € 65/85 €

Weghausstr. 20 ✉ 37133 - ✆ 05504 93500 (Tischbestellung erforderlich) - www.biewald-friedland.de - nur Abendessen - geschl. Februar 2 Wochen, Oktober 2 Wochen und Montag - Dienstag

Landhaus Biewald – siehe Restaurantauswahl

Landhaus Biewald

MARKTKÜCHE • FAMILIÄR X Familie Raub (bereits die 3. Generation) bietet in heller, leichter Atmosphäre - oder auf der schönen Terrasse - einen unkomplizierten Mix aus regionaler und mediterraner Küche. Wie wär's z. B. mit "Filet vom Wildlachs, Safranschaum, Blattspinat, Rahmpolenta"? Gepflegte Gästezimmer hat man übrigens auch.

Karte 26/49 €

Restaurant Landhaus Biewald, Weghausstr. 20 ✉ 37133 - ✆ 05504 93500 - www.biewald-friedland.de - geschl. Februar 2 Wochen, Oktober 2 Wochen und Montag - Dienstag, außer an Feiertagen

In Friedland - Groß-Schneen Süd: 10 km über B2, Richtung Bad Hersfeld

Schillingshof

FRANZÖSISCH-KREATIV • ELEGANT XX Ein elegantes Restaurant in einem Fachwerkhaus von 1648. Gekocht wird modern, kreativ, ambitioniert und produktorientiert, gerne auch mit Zutaten aus der Umgebung. Der Service freundlich-charmant, gut die Weinberatung. Übernachtungsgäste freuen sich über schöne Zimmer.

Menü 34 € (mittags)/120 € - Karte 39/78 €

6 Zim – 65 € 119 € – 18 €

Lappstr. 14 ✉ 37133 - ✆ 05504 228 - www.schillingshof.de - Mittwoch - Freitag nur Abendessen - geschl. Januar 3 Wochen, Juli - August 3 Wochen und Montag - Dienstag

GOMMERN

Sachsen-Anhalt – 10 568 Ew. – Höhe 52 m – Regionalatlas **31**-M9
Michelin Straßenkarte 542

Wasserburg zu Gommern

HISTORISCHES GEBÄUDE • KLASSISCH Ein schön saniertes Anwesen mit besonderem Flair - 948 als Wasserburg erstmals erwähnt, 1579 als Jagdschloss wieder aufgebaut, heute ein wohnlich und klassisch-gediegen eingerichtetes Hotel. Gespeist wird in der Gaststube mit Blick auf die Braukessel - probieren Sie auch das selbstgebraute Bier!

44 Zim – 79/99 € 99/124 € - 2 Suiten – ½ P

Walter-Rathenau-Str. 9 ✉ 39245 - ✆ 039200 78850 - www.wasserburg-zu-gommern.de

GOSLAR

Niedersachsen – 50 457 Ew. – Höhe 255 m – Regionalatlas **29**-J10
Michelin Straßenkarte 541

In Goslar-Hahnenklee Süd-West: 16 km - Höhe 560 m

Njord

FAMILIÄR • DESIGN Ein freundlich geführtes Hotel mit schönen Zimmern (meist mit Balkon) und Bibliothek unterm Dach mit Blick auf den Kranichsee. Für Ihre Freizeit: Kosmetikangebot sowie nahegelegene Wanderwege und Sommerrodelbahn.

24 Zim – †70/85 € ††105/135 € – 1 Suite – ½ P

Parkstr. 2 ✉ 38644 – ✆ 05325 5289370 – www.hotelnjord.com

GOTHA

Thüringen – 44 682 Ew. – Höhe 300 m – Regionalatlas **40**-K12
Michelin Straßenkarte 544

Am Schlosspark

BUSINESS • KLASSISCH Die recht ruhige Lage beim Schlosspark oberhalb des Zentrums sowie wohnliches, klassisch-elegantes Ambiente machen dieses Hotel aus. Auch Kosmetikanwendungen werden angeboten. Das Restaurant: lichter Wintergarten und schöne Stube, daneben die gemütliche Bar.

94 Zim – †88/98 € ††115/130 € – ½ P

Lindenauallee 20 ✉ 99867 – ✆ 03621 4420 – www.hotel-am-schlosspark.de

In Gotha-Siebleben

Landhaus & Burg Hotel Romantik

GASTHOF • INDIVIDUELL Hier hat man alles ausgesprochen individuell und mit Liebe zum Detail gestaltet, so z. B. die tollen "Burg Romantik"-Zimmer, deren wertige Einrichtung im Barockstil man durchaus als opulent bezeichnen kann! Behaglich das Restaurant mit Kamin, im Sommer lockt der Innenhof. Tipp: die Sauna im OG der Burg!

21 Zim – †76/99 € ††99/180 € – 3 Suiten – ½ P

Salzgitterstr. 76, B 7 ✉ 99867 – ✆ 03621 36490 – www.landhaus-hotel-romantik.de

GOTTENHEIM

Baden-Württemberg – 2 799 Ew. – Höhe 194 m – Regionalatlas **61**-D20
Michelin Straßenkarte 545

Zur Krone

REGIONAL • GEMÜTLICH XX Die Stuben in dem schmucken Gasthaus a. d. 18. Jh. haben nicht nur eine nette Atmosphäre, man isst auch gut, nämlich klassisch-saisonale Gerichte wie "Sauerbraten vom Tuniberger Weidelamm auf Schnippelbohnen mit Parmesangnocchi". Und gepflegt übernachten kann man hier ebenfalls.

Menü 35/65 € – Karte 27/55 €

14 Zim – †62/98 € ††88/128 €

Hauptstr. 57 ✉ 79288 – ✆ 07665 6712 – www.krone-gottenheim.de – nur Abendessen – geschl. 4. - 19. Februar, 13. - 18. März, 4. - 20. November und Sonntag - Montag

GRAAL-MÜRITZ

Mecklenburg-Vorpommern – 4 152 Ew. – Höhe 5 m – Regionalatlas **12**-N3
Michelin Straßenkarte 542

IFA

SPA UND WELLNESS • MODERN Hier kann man wirklich schön Ferien machen, und das nur einen Steinwurf vom Meer! Buchen Sie seeseitig, oder im Bungalow mit Kitchenette? Und auch Wellness gehört zum Urlaub - der Spa-Bereich ist angenehm großzügig. Entspannen kann man auch in der Bibliothek mit Internet-ecke oder auf der Terrasse zum Garten.

150 Zim ☕ - ♦110/160 € ♦♦140/228 € - 5 Suiten - ½ P

Waldstr. 1 ✉ 18181 - ✆ 038206 730 - www.ifa-graal-mueritz-hotel.com

Haus am Meer

LANDHAUS • AM MEER Vor allem die attraktive strandnahe Lage macht dieses persönlich geführte Hotel aus. Fragen Sie nach den Zimmern mit Meerblick! Nett sitzt man im hellen, freundlichen Restaurant bei bürgerlicher Küche.

34 Zim ☕ - ♦47/85 € ♦♦59/150 € - ½ P

Zur Seebrücke 36 ✉ 18181 - ✆ 038206 7390 - www.ham-ostsee.de - geschl. 21. - 25. Dezember

GRAFENHAUSEN

Baden-Württemberg - 2 222 Ew. - Höhe 895 m - Regionalatlas **62**-E21
Michelin Straßenkarte 545

Tannenmühle

GASTHOF • TRADITIONELL Mühlenmuseum, mehrere Tiergehege (hier ein seltener weißer Hirsch), eigene Forellenzucht, Spielplatz... Das Anwesen an einem Bach am Waldrand ist ein kleiner Erlebnispark auf 13 ha! Zimmer meist mit Balkon und Küchenzeile, hübsch und ganz schwarzwaldtypisch die Gaststuben. Fragen Sie nach der Forellenkarte!

19 Zim ☕ - ♦55/67 € ♦♦85/150 € - ½ P

Tannenmühleweg 5, Süd-Ost: 3 km ✉ 79865 - ✆ 07748 215 - www.tannenmuehle.de

GRAFENWIESEN

Bayern - 1 527 Ew. - Höhe 439 m - Regionalatlas **59**-O17
Michelin Straßenkarte 546

Birkenhof

SPA UND WELLNESS • GEMÜTLICH In dem Familienbetrieb bleibt man nicht stehen, immer wieder wird investiert und verschönert - die Wellnesspagode "Sinnes-Reich" mit diversen Anwendungen, das Sonnendeck mit Terrasse und Dachpool sowie die Juniorsuiten in "NeptunsReich" sind der beste Beweis! HP inklusive.

75 Zim ☕ - ♦96/142 € ♦♦216/276 € - 3 Suiten

Auf der Rast 7 ✉ 93479 - ✆ 09941 40040 - www.hotel-birkenhof.de - geschl. Juni - Juli 4 Wochen

GRAINAU

Bayern - 3 462 Ew. - Höhe 758 m - Regionalatlas **65**-K22
Michelin Straßenkarte 546

Henri-Philippe

INTERNATIONAL • ELEGANT XX Wer in dem geschmackvollen Restaurant des beliebten Ferienhotels speist, sollte einen Tisch auf der Terrasse wählen - hier hat man einen fantastischen Ausblick! An den Wochenenden bietet man auch ein Gourmet-Menü.

Menü 37/135 € - Karte 37/78 €

Alpenhotel Waxenstein, Höhenrainweg 3 ✉ 82491 - ✆ 08821 9840 - www.waxenstein.de - nur Abendessen

Gasthaus am Zierwald

REGIONAL • GEMÜTLICH Seit über 40 Jahren ist das nette Gasthaus mit Zugspitzblick in Familienhand. Gekocht wird frisch und schmackhaft mit Einflüssen aus dem Badischen - da dürfen Maultaschen und Flammkuchen ebenso wenig fehlen wie "geröstete Blutwurst mit Apfelscheiben". Hübsche kleine Terrasse.

Menü 24 € - Karte 27/37 €

5 Zim - 56/60 € 88/92 €

Zierwaldweg 2 82491 - 08821 98280 - www.zierwald.de - geschl. 8. - 21. Januar und Mittwoch

Am Badersee

LANDHAUS • MONTAN Für Tagungen und Privatgäste gleichermaßen ideal. Das Hotel liegt am See, ist schön in modern-alpinem Stil eingerichtet (chic der Mix aus Stahl, warmem Altholz und hellen Tönen), hat einen ansprechenden Saunabereich auf 430 qm und bietet im Restaurant ein gutes Buffet sowie eine kleine A-la-carte-Auswahl.

136 Zim - 124/154 € 139/179 € - ½ P

Am Badersee 1 82491 - 08821 8210 - www.hotelambadersee.de

Alpenhotel Waxenstein

LANDHAUS • INDIVIDUELL Ein wunderschönes Hotel, zum einen wegen des zeitgemäßen Landhausstils, zum anderen wegen der tollen Aussicht auf Waxenstein und Zugspitze. Letzteres ist ein guter Grund, eines der Südzimmer mit Balkon zu buchen!

41 Zim - 90/190 € 150/250 € - 4 Suiten - ½ P

Höhenrainweg 3 82491 - 08821 9840 - www.waxenstein.de

Henri-Philippe - siehe Restaurantauswahl

Längenfelder Hof

FAMILIÄR • GEMÜTLICH Sie mögen es persönlich und familiär? Das Haus liegt ruhig in einer Sackgasse, ist tipptopp gepflegt, liebenswerte kleine Dekorationen, alle Zimmer mit Balkon oder Terrasse, einige sogar mit Kamin. Draußen der Garten vor Bergkulisse.

19 Zim - 65/140 € 110/160 €

Längenfelderstr. 8 82491 - 08821 985880 - www.laengenfelder-hof.de - geschl. 10. November - 10. Dezember

GRASELLENBACH

Hessen - 3 932 Ew. - Höhe 389 m - Regionalatlas **48**-G16
Michelin Straßenkarte 543

Siegfriedbrunnen

LANDHAUS • FUNKTIONELL Seit über 100 Jahren wird das ruhig gelegene Hotel von der Familie geführt. Man bietet hier wohnliche Zimmer (auch Allergikerzimmer mit Holzfußboden), ein gediegen-rustikales Restaurant auf zwei Ebenen (internationale Küche) sowie ein Tagungszentrum. Eine kleine Oase: der schöne Garten mit Meerwasserpool!

62 Zim - 72/124 € 140/156 € - 1 Suite - ½ P

Hammelbacher Str. 7 64689 - 06207 6080 - www.siegfriedbrunnen.com

GREETSIEL Niedersachsen

→ Siehe Krummhörn

GREIFSWALD

Mecklenburg-Vorpommern - 56 685 Ew. - Höhe 5 m - Regionalatlas **13**-P4
Michelin Straßenkarte 542

Tischlerei

REGIONAL • FREUNDLICH Eine absolut sympathische lockere Adresse, die etwas versteckt zwischen Segelmachern und Werften liegt. Schön gesellig sitzt man an langen Tischen (im Winter gerne am Kamin) und wählt von der Tafel Leckeres wie frische Austern, Kalbssteak für zwei Personen oder Fischgerichte. Hübsch die Terrasse zum Hafen.

Karte 29/62 €

Salinenstr. 22 17489 - 03834 884848 - geschl. Sonntag

goldmarie

INTERNATIONAL • BISTRO Der Partnerbetrieb der "Tischlerei" setzt ebenfalls auf das bewährte Konzept aus ungezwungener, lebhafter Atmosphäre und Speisenangebot von der Tafel. Hier liest man z. B. Garnelenburger, Soljanka oder Königsberger Klopse. Sie mögen Bier? Man hat eine große Auswahl an Craft-Bieren (auch gezapft).

Karte 18/33 €

Fischstr. 11 ✉ 17489 – ✆ 03834 8876103 – geschl. Sonntag

In Greifswald-Wieck Ost: 4 km

Büttner's

INTERNATIONAL • FREUNDLICH Direkt am Hafen und mit Blick auf den Ryck... da ist die Terrasse natürlich gefragt! Aber auch drinnen sitzt man schön in hellem nordischem Ambiente. Gekocht wird regional und international - Lust auf "Dorschfilet mit Gewürzgrünkohl"?

Menü 36/110 € – Karte 42/77 €

Am Hafen 1a ✉ 17493 – ✆ 03834 8870737 – www.buettners-restaurant.de – Dienstag - Donnerstag nur Abendessen – geschl. Anfang Oktober 2 Wochen, 1. - 5. November und Montag

In Neuenkirchen Nord: 3 km

Stettiner Hof

LANDHAUS • FUNKTIONELL Eine Besonderheit dieses Familienbetriebs ist die Ausstellung restaurierter alter Maschinen - im schön angelegten Garten gibt's sogar eine Mini-Eisenbahn! Tipp: Komfortabler sind die Giebelzimmer, darunter eine Maisonette. Das Restaurant hat Bistro-Atmosphäre und einen Wintergarten, davor die Terrasse.

24 Zim – †62/78 € ††82/88 €

Theodor-Körner-Str. 20 ✉ 17498 – ✆ 03834 899624 – www.stettiner-hof.de

GREMSDORF Bayern ➜ Siehe Höchstadt an der Aisch

GRENZACH-WYHLEN

Baden-Württemberg – 14 073 Ew. – Höhe 272 m – Regionalatlas **61**-D21
Michelin Straßenkarte 545

Im Ortsteil Grenzach

Eckert (Nicolai Peter Wiedmer)

KREATIV • DESIGN Wirklich chic das Ambiente, ob modern-elegant oder etwas legerer mit Bar-Lounge. Da passt die innovativ-internationale Küche schön ins Bild, und die gibt's z. B. als "Kleines Menü" oder als "Tasting Menü". Interessant auch der günstige Tagesteller. Mo. und Di. am Abend Brasseriekarte.

➜ Kalbsbries, Yuzujus, Fenchel, Rosmarin. Hummer, Karotten, Orangen, Süßkartoffelstampf. Zitronencrème, Vanille, Puffreis Granola, Kamilleneis.

Menü 75/98 € – Karte 50/82 €

Hotel Eckert, Basler Str. 20, an der B 34 ✉ 79639 – ✆ 07624 91720 – www.hotel-eckert.de – geschl. Montag - Dienstag

Eckert

FAMILIÄR • FUNKTIONELL Der Familienbetrieb ist ein echtes Schmuckstück mit seinem wertig-modernen Design. Und das zieht sich von Lobby und Lounge bis in die Zimmer, wohnlich und zugleich funktionell. Verpassen Sie nicht das Frühstück! Gute Anbindung nach Basel.

46 Zim – †72/98 € ††95/115 € – 12 €

Basler Str. 20, an der B 34 ✉ 79639 – ✆ 07624 91720 – www.hotel-eckert.de

Eckert – siehe Restaurantauswahl

villetta

PRIVATHAUS • MODERN Die "kleine Villa" von 1911 ist schon von außen hübsch anzuschauen. Sie liegt zwar an der Hauptstraße, doch man wohnt hier richtig schön: Die Zimmer sind individuell, modern und komfortabel, gut das Frühstücksbuffet, charmant die Chefin.

10 Zim - †88/90 € ††95/121 € - ☕10 €

Basler Str. 10 ✉ 79639 - ✆ 07624 2091701 - www.hotel-villetta.de

GREVEN

Nordrhein-Westfalen - 35 854 Ew. - Höhe 45 m - Regionalatlas **26**-D9
Michelin Straßenkarte 543

Altdeutsche Gaststätte Wauligmann

TRADITIONELLE KÜCHE • GEMÜTLICH X Das charmante Gasthaus der Wauligmanns (Familienbetrieb seit 1841) ist hier schon eine Institution - sogar die Bushaltestelle vor dem Haus ist nach der Familie benannt! Die westfälische Küche kommt an, so z. B. die hausgemachten Würste!

Karte 18/61 €

Schifffahrter Damm 22, Süd-Ost: 4 km über B 481 in Richtung Münster, jenseits der A 1 ✉ 48268 - ✆ 02571 2388 - www.gaststaette-wauligmann.de - geschl. 24. Dezember - 9. Januar, 30. Juli - 21. August und Montag - Dienstag

Eichenhof

LANDHAUS • MODERN Das Hotel ist aus einem schönen historischen Bauernhof entstanden. Die Zimmer sind unterschiedlich geschnitten und zeitgemäß eingerichtet, teils auch mit Antiquitäten. W-Lan gratis. Ländlichen Charme versprüht das von einer Künstlerin freundlich dekorierte Restaurant.

34 Zim ☕ - †67/69 € ††95/99 € - ½ P

Hansaring 70 ✉ 48268 - ✆ 02571 9979600 - www.eichenhof.com

In Greven-Gimbte Süd: 4,5 km über B 219, jenseits der A 1

Altdeutsche Schänke

TRADITIONELLE KÜCHE • GEMÜTLICH XX Mitten in dem beschaulichen Örtchen steht das schöne ehemalige Bauernhaus von 1846. Hier ist es stilvoll-rustikal (toll der alte Kamin!), herrlich die Gartenterrasse, vor dem Haus eine weitere kleine Terrasse. Bürgerlich-regionale Küche.

Karte 26/56 €

Dorfstr. 18 ✉ 48268 - ✆ 02571 2261 - www.altdeutsche-schaenke.de - geschl. nach Karneval 2 Wochen, Oktober 1 Woche und Montag - Dienstag

GREVENBROICH

Nordrhein-Westfalen - 62 124 Ew. - Höhe 50 m - Regionalatlas **35**-B12
Michelin Straßenkarte 543

ERFT KAPELLEN Nord-Ost: 6 km, Richtung Neuss über A 46

Drei Könige

INTERNATIONAL • FAMILIÄR XX Die einstige Postrelaisstation von 1734 (Route Aachen - Königsberg) ist ein alteingesessenes familiäres Restaurant mit rustikal-elegantem Ambiente und klassisch-saisonalen Gerichten wie "Kabeljau, Bärlauchspinat, Senfsauce". Alternativ: Bistrokarte im Thekenbereich. Zum Übernachten hat man freundliche Zimmer.

Menü 40/44 € - Karte 39/63 €

6 Zim ☕ - †78/95 € ††105/115 €

Neusser Str. 49 ✉ 41516 - ✆ 02182 812153 - www.drei-koenige.net - Dienstag - Freitag nur Abendessen - geschl. Montag

GRIESBACH im ROTTAL, BAD

Bayern - 8 626 Ew. - Höhe 453 m - Regionalatlas **59**-P19
Michelin Straßenkarte 546

In Bad Griesbach-Therme Süd: 3 km Richtung Bad Füssing

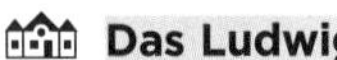

Maximilian

SPA UND WELLNESS • GEMÜTLICH In dem komfortablen Hotel werden Wellness und Golf groß geschrieben. Man bietet Spa auf 2500 qm und einen Shuttle-Service zu den Golfplätzen des "Hartl Resorts". Verschiedene Boutiquen im Haus. Internationale Küche im eleganten Restaurant.

194 Zim - 110/156 € 180/272 € - 11 Suiten - ½ P

Kurallee 1 ✉ 94086 - ✆ 08532 7950 - www.quellness-golf.com/maximilian

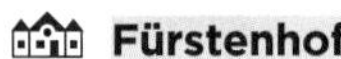

Das Ludwig

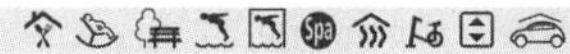

SPA UND WELLNESS • MODERN Freizeit, Familien, Urlaub... Das Konzept kommt an! Mit Soccer Camp, Geocaching, Golfer-Service, einer Thermenlandschaft auf rund 1800 qm und vielem mehr gibt's für Groß und Klein die passende Aktivität. Beruhigend zu wissen: Kinder werden hier sehr gut betreut!

175 Zim - 138/229 € 189/246 € - 5 Suiten - ½ P

Am Kurwald 2 ✉ 94086 - ✆ 08532 7990 - www.quellness-golf.com/dasludwig

Fürstenhof

SPA UND WELLNESS • GEMÜTLICH Behaglich sind sie alle, die Zimmer dieser attraktiven Hotelanlage, besonders wohnlich die neueren. Viele Zimmer mit Balkon, schön auch die Galeriezimmer. Dazu ein weitläufiger Wellnessbereich mit hübscher Sonnenterrasse. Speisen kann man in verschiedenen Restaurantstuben von stilvoll bis ländlich.

140 Zim - 103/121 € 194/226 € - 8 Suiten - ½ P

Thermalbadstr. 28 ✉ 94086 - ✆ 08532 9810 - www.quellness-golf.com/fuerstenhof

Drei Quellen Therme

SPA UND WELLNESS • GEMÜTLICH In dem zentral gelegenen Hotel trifft bayerischer Landhausstil auf zeitgemäßen Komfort. Im Garten hat man einen hübschen "Saunastadl", den man bequem durch einen Bademantelgang erreicht. Die Restauranträume sind gemütlich, teils mit mediterranem Touch gestaltet. HP inklusive.

103 Zim - 79/99 € 138/158 € - 5 Suiten - ½ P

Thermalbadstr. 3 ✉ 94086 - ✆ 08532 7980 - www.hotel-dreiquellen.de

GRÖNENBACH, BAD

Bayern - 5 417 Ew. - Höhe 718 m - Regionalatlas **64**-I21
Michelin Straßenkarte 546

Charlys Topf-Gucker

REGIONAL • GEMÜTLICH "Gegrillte Dorade mit Garnelen-Bulgur", "Topf-Gucker-Pfännle" oder "Nougatparfait mit Aprikosenmus" - die frischen international-regionalen Gerichte von Charly Bittner klingen nicht nur lecker, sie sind es auch! Das charmante Restaurant hat auch eine schöne Terrasse direkt auf dem Marktplatz.

Karte 31/50 €

Marktplatz 8 ✉ 87730 - ✆ 08334 259725 - www.topf-gucker.com - Mittwoch - Donnerstag nur Abendessen, außer an Feiertagen - geschl. Montag - Dienstag

allgäu resort

SPA UND WELLNESS • MODERN Das Konzept: Wellness und moderner Wohnkomfort in schöner ruhiger Lage, aber auch Tagungen. Der Wohlfühl- und Gesundheitsaspekt wird hier groß geschrieben, z. B. mit hochwertiger medizinischer Präventionsdiagnostik. Im Restaurant "Weitblick" gibt es internationale Küche bei schöner Aussicht.

121 Zim - 92/152 € 104/152 € - 4 Suiten - ½ P

Sebastian-Kneipp-Allee 7 ✉ 87730 - ✆ 08334 5346500 - www.allgaeu-resort.de

GRONAU in WESTFALEN

Nordrhein-Westfalen – 46 265 Ew. – Höhe 38 m – Regionalatlas **26**-C9
Michelin Straßenkarte 543

In Gronau-Epe Süd: 3,5 km über B 474

Heidehof

MARKTKÜCHE • LÄNDLICH XX Klassisch-saisonale Gerichte wie "Seezunge Müllerin" oder "Spitzen vom Rindsfilet Stroganoff" kommen in dem reetgedeckten Haus auf den Tisch. Sehr beliebt sind der Wintergarten und die Terrasse, im Winter sitzt man gerne im Kaminzimmer.

Menü 20 € (mittags)/70 € – Karte 31/78 €

Amtsvenn 1, West: 5 km, Richtung Alstätte ✉ 48599 – ✆ 02565 1330 – www.restaurant-heidehof.de – geschl. Montag - Dienstag

GROSS DÖLLN Brandenburg → Siehe Templin

GROSS MECKELSEN

Niedersachsen – 475 Ew. – Höhe 35 m – Regionalatlas **9**-H6
Michelin Straßenkarte 541

In Groß Meckelsen-Kuhmühlen West: 5 km, jenseits der A 1, über Lindenstraße, hinter Groß Meckelsen rechts abbiegen

Zur Kloster-Mühle

REGIONAL • ELEGANT X Hier wählen Sie in freundlich-charmantem Ambiente von einer regional-mediterranen Karte - Appetit macht da z. B. "Lammkarree mit Ratatouille-Gemüse und Rosmarinkartoffeln". Gerne sitzt man natürlich draußen am Mühlenteich!

Menü 34 € – Karte 20/51 €

Hotel Zur Kloster-Mühle, Kuhmühler Weg 7 ✉ 27419 – ✆ 04282 594190 – www.kloster-muehle.de – Dienstag - Samstag nur Abendessen – geschl. 27. Dezember - 2. Januar und Montag, Oktober - Ostern: Sonntag - Montag

Zur Kloster-Mühle

LANDHAUS • MODERN Idyllisch liegt der Gutshof an einem kleinen Weiher. In den schönen modernen Zimmern (darunter ein hochwertiges Wellnesszimmer mit Whirlpool!) steht sogar Wein und Sekt bereit. Am Morgen gibt es ein reichhaltiges Frühstücksbuffet.

17 Zim – †80/140 € ††120/240 € – ½ P

Kuhmühler Weg 7 ✉ 27419 – ✆ 04282 594190 – www.kloster-muehle.de – geschl. 27. Dezember - 2. Januar

Zur Kloster-Mühle – siehe Restaurantauswahl

GROSS NEMEROW Mecklenburg-Vorpommern → Siehe Neubrandenburg

GROSS PLASTEN Mecklenburg-Vorpommern → Siehe Waren (Müritz)

GROSSHEUBACH

Bayern – 5 139 Ew. – Höhe 132 m – Regionalatlas **48**-G16
Michelin Straßenkarte 546

Zur Krone

MARKTKÜCHE • GASTHOF XX In dem rund 200 Jahre alten Gasthaus kümmert sich Familie Restel sehr engagiert um Ihr leibliches Wohl. Aus der Küche kommt eine große Bandbreite an schmackhaften Gerichten, vom bürgerlichen "Cordon bleu" bis zum feinen "Seeteufel mit Riesengarnelen auf Weißweinrisotto". Im Sommer nette begrünte Terrasse.

Menü 30/75 € – Karte 30/55 €

9 Zim – †60/75 € ††90/125 €

Miltenberger Str. 1 ✉ 63920 – ✆ 09371 2663 – www.gasthauskrone.de – geschl. Montag, Freitagmittag

GROSSKARLBACH

Rheinland-Pfalz - 1 128 Ew. - Höhe 118 m - Regionalatlas **47**-E16
Michelin Straßenkarte 543

Gebrüder Meurer

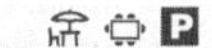

INTERNATIONAL • ROMANTISCH XX Wie ein Landhaus im Süden: wohnliche Räume, schöne Farben, rustikale Note... Und dazu Gerichte wie "Wildkaninchenkeule in Barolosauce an Sauerrahmschwarzwurzeln und Safrantagliatelle". Kommen Sie doch auch mal sonntags zum Lunch.

Menü 49 € - Karte 41/66 €

Hotel Gebrüder Meurer, Hauptstr. 67 ✉ 67229 - ✆ 06238 678 - www.restaurant-meurer.de - nur Abendessen

Karlbacher

KLASSISCHE KÜCHE • GEMÜTLICH XX In dem über 400 Jahre alten Fachwerkhaus hat man Gourmetrestaurant und Weinstube zusammengelegt, und das Konzept kommt an: ein Mix aus ambitionierten Speisen wie "Pulpo und Sellerie in Paprika-Vinaigrette" und Klassikern wie "geschmortem Junghahn mit Rotweingemüse". Schön auch der glasüberdachte Innenhof.

Menü 32 € (mittags unter der Woche)/80 € - Karte 37/75 €

Hauptstr. 57 ✉ 67229 - ✆ 06238 3737 (Tischbestellung ratsam) - www.karlbacher.info - geschl. Anfang Januar 3 Wochen und Montag - Dienstag

Gebrüder Meurer

LANDHAUS • KLASSISCH Wirklich toll, wie man hier die Themen Weinbau und Kunstgeschichte zu einem Stück Toskana in der Pfalz vereint hat! Im Sommer ist das charmante Anwesen wie gemacht für Hochzeiten, traumhaft der Garten! Die Zimmer wertig, individuell und geschmackvoll, am Wochenende Kaffee und Kuchen in der lichten Orangerie.

15 Zim - †90/130 € ††130 €

Hauptstr. 67 ✉ 67229 - ✆ 06238 678 - www.restaurant-meurer.de

Gebrüder Meurer - siehe Restaurantauswahl

GROSSSCHÖNAU

Sachsen - 5 692 Ew. - Höhe 310 m - Regionalatlas **44**-S12
Michelin Straßenkarte 544

In Großschönau-Waltersdorf Süd: 2,5 km

Quirle-Häusl

GASTHOF • GEMÜTLICH Die Gastgeber sind in der Volksmusik ein bekanntes Duett und leiten ebenso leidenschaftlich das historische Oberlausitzer Umgebindehaus mit dem Kaiserlichen Postamt von 1900 als Gästehaus. Gemütliche Atmosphäre im rustikalen Restaurant "Blockstube". Biergarten im Innenhof.

24 Zim - †55/80 € ††89/109 € - ½ P

Hauptstr. 51 ✉ 02799 - ✆ 035841 606060 - www.quirle.de - geschl. 12. - 22. März, 16. - 28. Juli, 12. - 22. November

GROSS-UMSTADT

Hessen - 20 613 Ew. - Höhe 160 m - Regionalatlas **48**-G15
Michelin Straßenkarte 543

Farmerhaus

AFRIKANISCH • EXOTISCHES AMBIENTE XX Wenn man die original afrikanischen Spezialitäten auf der Terrasse genießt und dabei auf die Weinberge schaut, hat man fast ein bisschen das Gefühl, im "Grande Roche" in Paarl (Südafrika) zu sein! Authentisch auch die Deko im Restaurant.

Menü 65/98 € - Karte 53/86 €

Am Farmerhaus 1 ✉ 64823 - ✆ 06078 911191 - www.farmerhaus.de - nur Abendessen - geschl. Januar 2 Wochen und Sonntag - Montag

Farmerhaus Lodge

LANDHAUS • DESIGN Wer nicht nur beim Essen die Exotik Afrikas erleben möchte, findet rund 2 km vom Restaurant in einer ehemaligen Hofreite im Zentrum ein nicht alltägliches Designhotel. Mit Liebe zum Detail hat man im gesamten Haus afrikanische Kunst und dekorative Accessoires aufs Stimmigste arrangiert. Toller Innenhof.

8 Zim – 🚹95/200 € 🚹🚹110/215 € – ☕10 €

Carlo-Mierendorffstr. 5 ✉ 64823 – ✆ 06078 9307570 – www.farmerhaus-lodge.de

GROSSWEITZSCHEN Sachsen ➜ Siehe Döbeln

GRÜNBERG

Hessen – 13 597 Ew. – Höhe 273 m – Regionalatlas **38**-G13
Michelin Straßenkarte 543

Villa Emilia

FAMILIÄR • GEMÜTLICH Schön gepflegt und wohnlich hat man es in diesem freundlich-familiär geführten Haus. An die hübsche "Villa" (hier befindet sich das Restaurant mit saisonaler Küche) schließen sich der Hotelanbau sowie der Garten an.

12 Zim ☕ – 🚹73 € 🚹🚹103 €

Gießener Str. 42, B 49 ✉ 35305 – ✆ 06401 6447 – www.hotel-villa-emilia.de – geschl. Juli - Anfang August 2 Wochen

GRÜNSTADT

Rheinland-Pfalz – 12 967 Ew. – Höhe 169 m – Regionalatlas **47**-E16
Michelin Straßenkarte 543

In Neuleiningen Süd-West: 3 km über Sausenheim, jenseits der A 6

Alte Pfarrey

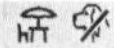

FRANZÖSISCH-MODERN • ELEGANT XX Möchten Sie in schönem klassisch-historischem Ambiente speisen oder lieber im lichten modern-eleganten Wintergarten an tollen schweren Holztischen mit Blick auf das alte Gemäuer? Draußen lockt der herrliche Innenhof. Aus der Küche kommen feine saisonal inspirierte Kreationen aus top Produkten.

➜ Gänseleber, Vanille, Erdbeere. Saibling, Gurke, Kaviar. Rehrücken, Pfifferlinge, Aprikose.

Menü 67 € – Karte 59/84 €

Hotel Alte Pfarrey, Untergasse 54 ✉ 67271 – ✆ 06359 86066 – www.altepfarrey.de – Dienstag - Donnerstag nur Abendessen – geschl. 18 - 28. Februar, 16. - 26. Juli und Sonntagabend - Montag

H'manns

KLASSISCHE KÜCHE • LÄNDLICH XX Ein richtig charmantes, elegantes Restaurant, in dem Qualität oberste Priorität hat - so findet man auf der Karte bei jedem Gericht eine kurze Erklärung zu den verwendeten Produkten. Genießen Sie die klassisch-saisonale Küche und die schönen Weine doch mal auf der Balkonterrasse mit Aussicht!

Menü 55/83 € – Karte 43/72 €

Am Goldberg 2 ✉ 67271 – ✆ 06359 5341 – www.hmanns.de – Mittwoch - Freitag nur Abendessen – geschl. Montag - Dienstag

Alte Pfarrey

HISTORISCH • INDIVIDUELL Ein malerischer Ort! Das schmucke Häuserensemble a. d. 16. Jh. birgt hübsche, individuelle Zimmer mit historischem Charme - oder darf es vielleicht eine der beiden modernen Maisonetten mit Terrasse und Ausblick sein?

11 Zim ☕ – 🚹115/125 € 🚹🚹130/180 €

Untergasse 54 ✉ 67271 – ✆ 06359 86066 – www.altepfarrey.de – geschl. 18. - 28. Februar, 16. - 26. Juli

✿ **Alte Pfarrey** – siehe Restaurantauswahl

GRÜNWALD

Bayern – 11 014 Ew. – Höhe 581 m – Regionalatlas **65**-L20
Michelin Straßenkarte 546

Alter Wirt

REGIONAL • FREUNDLICH XX Sympathisch-leger, und das trifft genau den Zeitgeist! In der "Wirtschaft" gibt es durchgehend warme Küche, mittags vegetarisches Imbissbuffet oder Empfehlungen auf der Tafel. Etwas besser eingedeckt ist das "Restaurant" mit urigem Charme. Ob Landgockel oder Apfelkücherl - alles ist Bio!

Karte 26/65 €

Hotel Alter Wirt, Marktplatz 1 ✉ 82031 – ✆ 089 6419340 – www.alterwirt.de

Schlosshotel

HISTORISCH • KLASSISCH Das kleine Hotel neben der Burg Grünwald geht zurück auf das ehemalige Jägerhaus des Schlosses. In historischem Rahmen erwarten Sie schöne wohnliche Zimmer. Das Restaurant bietet italienische Küche. Hübsch ist die Terrasse mit Blick auf das Isartal.

19 Zim – †90/130 € ††160/210 € – 1 Suite

Zeillerstr. 1 ✉ 82031 – ✆ 089 6496260 – www.schlosshotelgruenwald.de

Alter Wirt

GASTHOF • GEMÜTLICH Ein gestandener bayerischer Landgasthof, der nach ökologischen Aspekten geführt wird. Die Zimmer sind meist allergikergerecht mit Naturholzmöbeln und Parkett ausgestattet.

50 Zim – †99/179 € ††139/239 €

Marktplatz 1 ✉ 82031 – ✆ 089 6419340 – www.alterwirt.de

Alter Wirt – siehe Restaurantauswahl

GSCHWEND

Baden-Württemberg – 4 893 Ew. – Höhe 476 m – Regionalatlas **56**-H18
Michelin Straßenkarte 545

Herrengass

INTERNATIONAL • CHIC XX In dem ehemaligen Kolonialwarenladen sitzt man in frischer moderner Atmosphäre und wird freundlich umsorgt. Auf den Tisch kommen schmackhafte Gerichte mit saisonalem und regionalem Bezug. Probieren Sie z. B. "Kalbsgeschnetzeltes mit Rösti".

Menü 36/73 € – Karte 31/57 €

Welzheimer Str. 11 ✉ 74417 – ✆ 07972 912520 – www.herrengass-gschwend.de – Mittwoch - Freitag nur Abendessen – geschl. 1. - 10. Januar, 22. - 30. Mai, 27. August. - 9. September und Montag - Dienstag

GÜSTROW

Mecklenburg-Vorpommern – 28 791 Ew. – Höhe 14 m – Regionalatlas **12**-M4
Michelin Straßenkarte 542

Kurhaus am Inselsee

LANDHAUS • GEMÜTLICH In ruhiger Lage am Inselsee wohnt man stilvoll-klassisch, Zimmer zur Seeseite mit Balkon. Dazu aufmerksamer Service, gutes Frühstück sowie Restaurant mit Brasserie-Flair und Terrasse zum Park. 200 m weiter, ebenfalls am Strand, liegt das etwas einfachere Schwesterhotel. Auch Radfahrer schätzen das Haus.

48 Zim – †85/115 € ††130/150 € – 3 Suiten – ½ P

Heidberg 1, Süd-Ost: 4 km ✉ 18273 – ✆ 03843 8500 – www.kurhaus-guestrow.de

In Lalendorf-Gremmelin Ost: 15 km über B 104

Gut Gremmelin

LANDHAUS • AUF DEM LAND Highlight des historischen Guts ist die traumhafte Lage am See in einem schönen Park. Dazu freundliche Zimmer in klarem zeitgemäßem Stil (darunter eine Juniorsuite im Reetdachhaus), Restaurant mit Bistro-Ambiente und Gewölbekeller für Veranstaltungen. Interessant: Kunstausstellungen. Hochseilgarten buchbar.

53 Zim – †45/85 € ††65/125 € – ½ P

Am Hofsee 33 ✉ 18279 – ✆ 038452 5110 – www.gutgremmelin.de

GÜTERSLOH

Nordrhein-Westfalen – 96 085 Ew. – Höhe 75 m – Regionalatlas **27**-F10
Michelin Straßenkarte 543

Medium

INTERNATIONAL • BISTRO X Es ist bekannt, dass man hier richtig gut isst. Auf den Tisch kommt Schmackhaftes wie "Ragout vom Atlantik-Hummer", "Iberico-Kotelett mit Artischocken" oder auch das Tafelmenü mit passenden Weinen. Um Sie herum moderne Loft-Atmosphäre.

Menü 58/79 € – Karte 34/73 €

Carl-Bertelsmann-Str. 33 ✉ 33332
– ✆ 05241 2121636 – www.medium-guetersloh.de
– nur Abendessen – geschl. über Ostern 1 Woche und Sonntag sowie an Feiertagen

ParkRestaurant

INTERNATIONAL • KLASSISCHES AMBIENTE XXX Schön elegant kommt das gastronomische Prunkstück des "Parkhotels" daher. Auf der Karte Klassiker wie "Wiener Schnitzel vom Weidekalbsrücken", aber auch "Sashimi vom Bio-Wildlachs" oder Steaks. Schön die Lage zur Parkseite, nett der Garten.

Menü 32 € (mittags)/75 € – Karte 29/76 €

Parkhotel, Kirchstr. 27 ✉ 33330
– ✆ 05241 8770 – www.parkhotel-gt.de
– geschl. Samstagabend, Sonntagabend

Bellini

ITALIENISCH • GEMÜTLICH X Dies ist die mediterran-legere Alternative zum "ParkRestaurant". In gemütlicher Atmosphäre gibt es italienisch inspirierte Gerichte mit regionaler Note, und die nennen sich z. B. "Gnocchi mit Salbei und Kräuterseitlingen".

Karte 32/48 €

Parkhotel, Kirchstr. 27 ✉ 33330 – ✆ 05241 8770 – www.parkhotel-gt.de – nur Abendessen

Parkhotel

BUSINESS • ELEGANT Ansprechend der großzügige Rahmen und der zeitlos-elegante Stil. Es empfängt Sie eine repräsentative Halle mit Piano und Kamin sowie klassischer Bar. In Sachen Wohnkomfort stehen drei Zimmerkategorien sowie verschiedene Suiten zur Wahl.

100 Zim – †117/212 € ††135/230 € – 3 Suiten – ½ P

Kirchstr. 27 ✉ 33330 – ✆ 05241 8770 – www.parkhotel-gt.de

ParkRestaurant • **Bellini** – siehe Restaurantauswahl

GULDENTAL

Rheinland-Pfalz – 2 500 Ew. – Höhe 140 m – Regionalatlas **46**-D15
Michelin Straßenkarte 543

Der Kaiserhof

REGIONAL • FREUNDLICH XX Der Kaiserhof von 1846 bietet neben wohnlichen Gästezimmern auch gute Küche. Hübsch die Stuben, zauberhaft der Innenhof, charmant der Service. Gekocht wird vorwiegend mit regionalen Produkten - es gibt interessante Menüs und Klassiker wie "Köhler Steak mit Champignons, Speck und Schmorzwiebeln".

Menü 35/72 € - Karte 36/69 €

12 Zim - 66/82 € 104/120 €

Hauptstr. 2 55452 - 06707 94440 - www.kaiserhof-guldental.de - Montag - Freitag nur Abendessen - geschl. Anfang Januar 1 Woche und Dienstag - Mittwoch

Wie entscheidet man sich zwischen zwei gleichwertigen Adressen? In jeder Kategorie sind die Häuser nochmals geordnet, die besten Adressen stehen an erster Stelle.

GUMMERSBACH

Nordrhein-Westfalen - 49 734 Ew. - Höhe 250 m - Regionalatlas **36**-D12
Michelin Straßenkarte 543

In Gummersbach-Dieringhausen Süd: 7 km über B 55

Mühlenhelle (Michael Quendler)

FRANZÖSISCH-MODERN • ELEGANT XX Seit rund zehn Jahren führen die Quendlers das elegante Restaurant, in dem Sie sich auf feine, schön arrangierte Speisen freuen dürfen. Man kocht modern und mit Bezug zur Saison, gelungen die Kontraste, gut die Balance. Wie wär's mal mit einem veganen Menü? Auch der Service stimmt: geschult und engagiert.

➜ Zander, Gurke, Apfel, Meerrettich. Eifeler Lamm, schwarze Olive, Aubergine, Schafskäse, Tomate. Original Beans Cru Virunga, Rote Bete, Chili, Himbeere.

Menü 68 € (vegetarisch)/129 € - Karte 53/98 €

Hotel Die Mühlenhelle, Hohler Str. 1 51645 - 02261 290000 (Tischbestellung ratsam) - www.muehlenhelle.de - nur Abendessen - geschl. 2. - 18. Januar, 16. Juli - 16. August und Montag - Mittwoch

Mühlenhelle - Bistro

MARKTKÜCHE • LÄNDLICH X Drinnen freundliche, luftige Atmosphäre, draußen vor dem Eingang eine nette Terrasse. Hier wie dort wählt man von der saisonalen Karte - Lust auf "Garnelen und Jakobsmuscheln mit Kräuterrisotto"? Interessant der Blick in die offene Küche.

Karte 30/60 €

Hotel Mühlenhelle, Hohler Str. 1 51645 - 02261 290000 - www.muehlenhelle.de - geschl. 2. - 18. Januar, 16. Juli - 16. August und Montag

Mühlenhelle

LANDHAUS • ELEGANT Hübsch ist die denkmalgeschützte Villa, in der sich Familie Quendler überaus charmant und persönlich um ihre Gäste kümmert. Geräumige, hochwertige und moderne Zimmer mit exklusiven Bädern, dazu nette kleine Aufmerksamkeiten überall im Haus!

8 Zim - 80/115 € 100/140 € - ½ P

Hohler Str. 1 51645 - 02261 290000 - www.muehlenhelle.de - geschl. 2. - 18. Januar, 16. Juli - 16. August

Mühlenhelle • **Mühlenhelle - Bistro** – siehe Restaurantauswahl

GUNDELFINGEN

Baden-Württemberg - 11 345 Ew. - Höhe 232 m - Regionalatlas **61**-D20
Michelin Straßenkarte 545

Bahnhöfle

FRANZÖSISCH-KLASSISCH • LÄNDLICH X Ein Freiburger Klassiker der französischen Küche. Auf den Tisch kommen "Rinderfilet mit Pfifferlingen", "Ente aus dem Ofen" oder Fisch in allen Variationen - darf es vielleicht "Seeteufel mit Steinpilzen" sein? Dazu eine Weinauswahl mit stark badischem Bezug. Schön die Terrasse vor dem Haus.

Menü 25/80 € - Karte 34/70 €

Bahnhofstr. 16 ✉ 79194 - ✆ 0761 5899949 - www.bahnhoeflegundelfingen.de - Montag - Samstag nur Abendessen - geschl. über Pfingsten 2 Wochen und Mittwoch

In Gundelfingen-Wildtal

Sonne Wildtal

MARKTKÜCHE • GERADLINIG XX Ein schöner Kontrast: außen die sorgsam sanierte Fachwerkfassade, drinnen freundliches modernes Interieur. Auf der Karte z. B. "Rindsroulade mit Rotkohl", "geschmortes Kalbsrosenstück mit Nussbutterschaum und Burgundertrüffel" oder "Jakobschmuscheln in Curry-Zitronengrasschaum". Nette Terrasse am Dorfplatz.

Karte 29/61 €

Talstr. 80 ✉ 79194
- ✆ 0761 61257060 - www.sonnewildtal.com - Mittwoch - Freitag nur Abendessen - geschl. Montag - Dienstag

GUNDELFINGEN an der DONAU

Bayern - 7 622 Ew. - Höhe 438 m - Regionalatlas **56**-J19
Michelin Straßenkarte 546

Außerhalb Süd-West: 6 km, über B 16 Richtung Günzburg, dann rechts ab

neuhof am see

MARKTKÜCHE • TRENDY X Hier lockt zum einen die tolle Seelage, zum anderen das gute Essen. Gerichte wie "36h-Wammerl in süßer Sojasauce mariniert mit Kimchi und Erdnüssen" oder "Rinderschmorbraten mit Pfannengemüse" gibt es als modernes Menü oder à la carte als gehobene Wirtshausküche. Beliebt: Terrasse und Biergarten!

Menü 53/98 € - Karte 35/65 €

Äußere Günzburger Str. 1, (Zufahrt über Haldenweg) ✉ 89423
- ✆ 09073 958690 - www.neuhof.de
- nur Abendessen, sonntags auch Mittagessen - geschl. Oktober - April: Montag - Dienstag

GUNZENHAUSEN

Bayern - 16 385 Ew. - Höhe 416 m - Regionalatlas **57**-K17
Michelin Straßenkarte 546

Parkhotel Altmühltal

SPA UND WELLNESS • KLASSISCH Ein Tagungs- und Ferienhotel direkt am Radwanderweg mit schönem Freizeitbereich auf 400 qm und recht individuell eingerichteten Gästezimmern. Zur Terrasse hin ergänzt ein kleiner Wintergartenanbau das Restaurant "Chicorée".

62 Zim - †92/107 € ††146/172 € - 5 Suiten - ½ P

Zum Schießwasen 15 ✉ 91710
- ✆ 09831 5040 - www.aktiv-parkhotel.de

GUTENZELL-HÜRBEL Baden-Württemberg → Siehe Ochsenhausen

HAAN

Nordrhein-Westfalen – 30 166 Ew. – Höhe 160 m – Regionalatlas **36**-C11
Michelin Straßenkarte 543

Essens Art by Fritz

INTERNATIONAL • FREUNDLICH XX Trotz der etwas versteckten Lage hat man sich hier mit saisonaler Küche einen Namen gemacht. Das Angebot reicht vom vegetarischen Menü bis zu internationalen Gerichten. Die Gastgeber sind herzlich-engagiert, das Ambiente freundlich, draußen die nette überdachte Terrasse.

Menü 47 € (vegetarisch)/70 € – Karte 46/66 €

Bachstr. 141 ✉ 42781
– ✆ 0212 9377921 – www.fritzessensart.de
– nur Abendessen, sonntags auch Mittagessen – geschl. 16. Juli - 5. August und Montag - Dienstag

HADAMAR

Hessen – 12 297 Ew. – Höhe 130 m – Regionalatlas **37**-E14
Michelin Straßenkarte 543

Nassau-Oranien

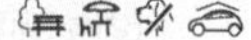

HISTORISCH • GEMÜTLICH Ein hübsches denkmalgeschütztes Fachwerkhaus von 1690, das neuzeitlich erweitert wurde. Sie schlafen in wohnlichen Zimmern von Landhausstil bis geradlinig-modern. Chic auch die "Hirschbar". Dazu ein schöner Kosmetik- und Massagebereich.

60 Zim – 69/95 € 95/129 € – ½ P

Am Elbbachufer 12 ✉ 65589 – ✆ 06433 9190 – www.nassau-oranien.de

HÄUSERN

Baden-Württemberg – 1 277 Ew. – Höhe 889 m – Regionalatlas **62**-E21
Michelin Straßenkarte 545

Adler (Florian Zumkeller)

FRANZÖSISCH-KLASSISCH • LÄNDLICH XX Seit 1966 ist das Haus ununterbrochen mit Stern ausgezeichnet, und das hat seinen Grund: Tolle Produkte werden mit großer Sorgfalt zu überaus geschmackvollen Gerichten mit mediterran-internationalem Einfluss verarbeitet und zudem noch schön angerichtet. Mittags einfachere Wirtshauskarte.

→ Confierte Lachsforelle mit Variation von der Karotte. Lammrücken mit Kräuterkruste, schwarzem Knoblauch, Artischocken und Bohnen. Weiße Schokolade, Kardamom und Mango.

Menü 85/119 € – Karte 67/93 €

Hotel Adler, St.-Fridolin-Str. 15 ✉ 79837 – ✆ 07672 4170
– www.adler-schwarzwald.de – nur Abendessen – geschl. 2. - 9. Januar, 2. - 10. April, 21. Mai - 5. Juni, 26. Juli - 11. September und Montag - Dienstag

Adler

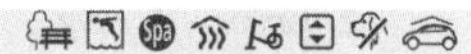

SPA UND WELLNESS • INDIVIDUELL Wie schön sich Tradition und Moderne verbinden lassen, sieht man hier z. B. an den tollen zeitgemäß-puristisch und gleichzeitig ländlich designten Zimmern. Doch keine Sorge, der geschätzte "Adler"-Charme ist erhalten geblieben! Ebenso natürlich die Wertigkeit überall im Haus, vom Spa über Frühstück und Halbpension (im Preis inkl.) bis zum Service!

39 Zim – 150/350 € 280/400 € – 4 Suiten – ½ P

St.-Fridolin-Str. 15 ✉ 79837 – ✆ 07672 4170 – www.adler-schwarzwald.de

Adler – siehe Restaurantauswahl

HAGNAU

Baden-Württemberg – 1 411 Ew. – Höhe 409 m – Regionalatlas **63**-G21
Michelin Straßenkarte 545

Rebstöckle

REGIONAL • BÜRGERLICH In dem sympathischen Restaurant nahe dem See setzt man auf frische Produkte aus der Region - schmackhaft z. B. "gebratener Seezander auf Bohnen schwäbisch-sauer". Auch übernachten kann man hier: Die Zimmer sind hell und zeitgemäß.

Menü 29 € – Karte 28/53 €

11 Zim – †58/95 € ††100/125 €

Seestr. 10 ✉ 88709 – ✆ 07532 43190 – www.hotel-rebstoeckle.de – geschl. Anfang Januar 3 Wochen, über Fasching 1 Woche, Ende Oktober - Anfang November 3 Wochen und Dienstag, Oktober - März: Montag - Dienstag

Burgunderhof

LUXUS • AUF DEM LAND Seit über 40 Jahren ist Familie Renn mit Herzblut bei der Sache. Klasse die Lage zwischen Weinbergen und Obstwiesen, schön und wertig die Einrichtung, toll der Garten, bei gutem Wetter Blick über den See. Um Sie herum der laufende Bio-Weingutbetrieb nebst Brennerei. Mindestaufenthalt 3 Nächte (ab 18 Jahre).

12 Zim – †195/325 € ††195/325 €

Am Sonnenbühl 70 ✉ 88709 – ✆ 07532 807680 – www.burgunderhof.de – geschl. 29. Oktober - März

Villa am See

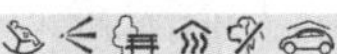

BOUTIQUE-HOTEL • INDIVIDUELL Ein reizendes kleines Hotel auf einem schönen Gartengrundstück am See. Stilvoll die Einrichtung, aufmerksam der Service, gut das Frühstück - gerne auch auf der Balkonterrasse mit Seeblick! Zudem bietet man ein Appartement im Haus gegenüber.

6 Zim – †120/220 € ††144/320 € – 1 Suite

Meersburger Str. 4 ✉ 88709 – ✆ 07532 43130 – www.villa-am-see.de – geschl. Anfang November - Ende März

Bodenseehotel Renn

FAMILIÄR • MODERN Das Hotel hat moderne Zimmer (teilweise mit Seeblick) und einen netten Garten für Sie. Etwas einfacher sind die Zimmer im historischen Haus "Guter Tropfen" vis-à-vis - hier auch das Restaurant samt schöner Terrasse mit schattenspendender Kastanie.

35 Zim – †80/150 € ††100/180 € – ½ P

Hansjakobstr. 4 ✉ 88709 – ✆ 07532 494780 – www.bodenseehotel-renn.de – geschl. Januar - Februar

Zur Winzerstube

LANDHAUS • GEMÜTLICH Hier lockt die Lage direkt am See, und den hat man von einigen Zimmern im Blick - die meisten mit Balkon. Tipp: das schicke Dach-Studio mit toller Sicht! Zum Relaxen bietet man diverse Massagen, ebenso angenehm ist der private Seezugang. Regionale Küche im Restaurant, sehr schön der Wintergarten am Wasser!

17 Zim – †155/300 € ††165/320 € – ½ P

Seestr. 1 ✉ 88709 – ✆ 07532 494860 – www.zurwinzerstube.de – geschl. 2. Januar - 15. März

Der Löwen (N)

GASTHOF • INDIVIDUELL Hier wohnt man in geschmackvollen Zimmern von klassisch bis modern oder in schmucken Suiten mit historischem Flair. Zum Frühstück locken Backwaren aus der eigenen Bäckerei. Absolut sehenswert: der Japangarten mit Koiteichen und schönem Baumbestand! Charmant die Gaststube mit Kreuzgewölbe, hübsch die Terrasse.

14 Zim – †110/180 € ††130/205 € – 2 Suiten – ½ P

Hansjakobstr. 2 ✉ 88709 – ✆ 07532 433980 – www.loewen-hagnau.de

HALBERSTADT

Sachsen-Anhalt – 40 440 Ew. – Höhe 122 m – Regionalatlas **30**-K10
Michelin Straßenkarte 542

Villa Heine

HERRENHAUS • KLASSISCH Eine ehemalige Fabrikantenvilla mit Anbau und Tagungszentrum, in der Mitte der hübsche kleine Park - hierhin sind die großzügigen Zimmer ausgerichtet. Im rustikalen Brauhaus Heine Bräu trinkt man zur bürgerlich-regionalen Küche gerne das eigene Bier. Es gibt übrigens auch Produkte der Wurstfabrik nebenan.

60 Zim – 79/109 € 139/149 € – 1 Suite – ½ P

Kehrstr. 1 ✉ 38820 – ✆ 03941 31400 – www.hotel-heine.de

HALLBERGMOOS Bayern

→ Siehe Freising

HALLE (SAALE)

Sachsen-Anhalt – 232 470 Ew. – Höhe 100 m – Regionalatlas **31**-M11
Michelin Straßenkarte 542

Immergrün

KREATIV • FREUNDLICH Kein Wunder, dass man in der ehemaligen Bäckerei an der Ecke gerne isst: Man kocht schmackhaft und kreativ in Form zweier Menüs, der Service ist herzlich und das Restaurant selbst ist ebenso ansprechend mit seinem warmen Holz und den freundlichen Farbakzenten in Grün.

Menü 30/65 € – Karte 26/60 €

Kleine Klausstr. 2 ✉ 06108 – ✆ 0345 5216056 – www.restaurant-immergruen.de – nur Abendessen – geschl. Sonntag - Montag

MahnS Chateau

INTERNATIONAL • BISTRO Vor der Marienkirche finden Sie dieses angenehm leger-moderne Restaurant, in dem man frische internationale Speisen für Sie zubereitet - auch die Steaks kommen gut an. Mittags gibt's eine einfache Karte für den schnellen Hunger.

Menü 45/149 € (abends) – Karte 38/58 €

Oleariusstr. 4a ✉ 06108 – ✆ 0345 20369860 – www.mahns-chateau.de – geschl. Sonntag

Dorint Charlottenhof

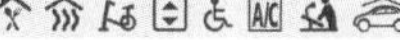

KETTENHOTEL • MODERN In dem Hotel in der Stadtmitte erwarten Sie wohnliche, klassisch gehaltene Gästezimmer. Im obersten Stock befindet sich der "Vital-Club" - hier ist der Außenwhirlpool das Highlight! Direkt an die Lobby schließt sich das Restaurant an.

164 Zim – 81/140 € 91/150 € – 2 Suiten – 16 € – ½ P

Dorotheenstr. 12 ✉ 06108 – ✆ 0345 29230 – www.dorint.com/halle

HALLE (WESTFALEN)

Nordrhein-Westfalen – 21 158 Ew. – Höhe 125 m – Regionalatlas **27**-F9
Michelin Straßenkarte 543

Rossini

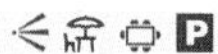

MEDITERRAN • FREUNDLICH Nicht nur Golfer sitzen hier im Sommer gerne auf der Terrasse und lassen sich beim Blick ins Grüne mit mediterraner Küche, aber auch mit Steaks oder Pizza bewirten. Nette Idee: Im Winter wird das Nebenzimmer im Skihütten-Stil dekoriert!

Menü 15 € (mittags unter der Woche) – Karte 29/53 €

Eggebergerstr. 11, am Golfplatz ✉ 33790 – ✆ 05201 971710 – www.rossini-halle.de

Hollmann

BUSINESS • FUNKTIONELL Ein zeitgemäßes und funktionelles Hotel, in dem Sie sehr gepflegte, geräumige Zimmer, ein gutes Preis-Leistungs-Verhältnis und eine engagierte Gastgeberin erwarten. Tipp: Nach hinten liegen die Zimmer ruhiger. Ein Restaurant hat man ebenfalls - die Küche ist überwiegend mediterran.

35 Zim - 59/68 € 86/104 € - 2 Suiten

Alleestr. 20 33790 - 05201 81180 - www.hollmann-halle.de

Gerry Weber Landhotel

LANDHAUS • GEMÜTLICH Das Hotel ist sehr gepflegt und funktional, liegt allerdings an einer recht befahrenen Straße, daher wählen Sie am besten ein Zimmer nach hinten raus! Biertrinker aufgepasst: hausgebrautes "Gerry Weber Landbier" - der Kupferkessel fasst 250 Liter! Dazu bekommt man bürgerliche Küche.

16 Zim - 49 € 69 € - ½ P

Osnabrücker Str. 52 33790 - 05201 9712302 - www.gerryweber-landhotel.de

In Halle-Künsebeck Süd: 5 km

Landgasthof Pappelkrug

BÜRGERLICHE KÜCHE • LÄNDLICH Das Landgasthaus ist einen Besuch wert: geschmackvoll-modern das Interieur, auf der Karte z. B. "gebratenes Heilbuttfilet in Safransauce" oder "Saltimbocca von der Maispoulardenbrust". Sie möchten übernachten? Man hat wohnliche, mit Liebe zum Detail eingerichtete Zimmer.

Menü 29/45 € - Karte 24/41 €

10 Zim - 75/95 € 99/129 €

Pappelstr. 4 33790 - 05201 7479 - www.landgasthof-pappelkrug.de - nur Abendessen, sonntags auch Mittagessen

HALLENBERG

Nordrhein-Westfalen - 4 457 Ew. - Höhe 420 m - Regionalatlas **37**-F12
Michelin Straßenkarte 543

Diedrich

SPA UND WELLNESS • MODERN Das Hotel wird seit 1898 von Familie Diedrich geführt. Sehr schön der geradlinig-moderne Stil im "Lichtflügel" mit einigen komfortableren Zimmern, toll der großzügige Spa samt schickem Ruheraum. Im Restaurant "Antons" bietet man Regionales.

57 Zim - 89/149 € 140/238 € - 2 Suiten - ½ P

Nuhnestr. 2, B 236 59969 - 02984 9330 - www.hotel-diedrich.de

HALSENBACH Rheinland-Pfalz → Siehe Emmelshausen

HALTE Niedersachsen → Siehe Papenburg

HALTERN am SEE

Nordrhein-Westfalen - 37 526 Ew. - Höhe 40 m - Regionalatlas **26**-C10
Michelin Straßenkarte 543

Ratsstuben (Daniel Georgiev)

MARKTKÜCHE • FREUNDLICH Anspruchsvoll und modern ist hier die Küche, saisonal und mit internationalen Einflüssen. Dazu bietet man eine gut sortierte Weinkarte mit rund 250 Positionen. Bei Stammgästen und Stadtbesuchern ist übrigens der Mittagstisch sehr beliebt.

→ Wildfang Steinbutt, Nektarine, Sellerie, Pfifferlinge. Ochsenfilet, schwarzer Knoblauch, Ofengemüse. Blaubeeren und Holunderbeeren, Rote Bete, Süßholzsalz, Landmilcheis.

Menü 39/107 € - Karte 39/70 €

Hotel Ratshotel, Mühlenstr. 3, Zufahrt über Lippstraße 45721 - 02364 3465 - www.hotel-haltern.de - geschl. 1. - 17. Januar und Mittwoch

Am Turm

URBAN • MODERN In dem kleinen Hotel wohnt man nicht nur sehr gepflegt, es liegt auch günstig: Anziehungspunkte sind die nahe Altstadt und der See, interessant auch das Römermuseum. Das Restaurant bietet internationale Küche. Praktisch ist der öffentliche Parkplatz gegenüber.

14 Zim ☕ - 🚹79 € 🚹🚹109 € - ½ P

Turmstr. 4 ✉ 45721 - ✆ 02364 96010 - www.hotel-amturm.de

Ratshotel

URBAN • KLASSISCH Schön wohnlich ist es in dem kleinen Hotel direkt am Marktplatz mit seinen hochwertig eingerichteten Zimmern und dem freundlich-modernen Frühstücksraum. Und da die Umgebung bei Radwanderern beliebt ist, hat man auch eine Fahrrad-Garage!

12 Zim ☕ - 🚹79/89 € 🚹🚹82/109 € - ½ P

Mühlenstr. 3, Zufahrt über Lippstraße ✉ 45721 - ✆ 02364 3465 - www.hotel-haltern.de - geschl. 1. - 17. Januar

✿ **Ratsstuben** - siehe Restaurantauswahl

HAMBERGE

Schleswig-Holstein – 1 523 Ew. – Höhe 7 m – Regionalatlas **11**-J4
Michelin Straßenkarte 541

Restaurant Hauck

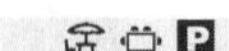

INTERNATIONAL • ELEGANT XX Wintergarten-Atmosphäre kommt in dem schönen geradlinig-eleganten Restaurant auf, dafür sorgt die große Glasfront. Auf der Karte z. B. "Skreifilet, gestovter Spitzkohl, Kartoffelstampf, Pommery-Senfsauce", aber auch Saisonales wie Spargel, Wild etc. Gute Weinempfehlungen - der Gastgeber ist auch Sommelier.

Menü 45 € - Karte 39/77 €

Stormarnstr. 14 ✉ 23619 - ✆ 0451 8997110 - www.restaurant-hauck.de - geschl. Montag - Mittwoch

UCCI

HAMBURG

Wer denkt bei Hamburgs Gastronomie nicht unweigerlich an Scholle, Aal und Steinbutt? Keine Frage, die Hansestadt ist ein Eldorado für Liebhaber von Fisch und allem, was das Meer zu bieten hat, doch hier im hohen Norden gibt es kulinarisch noch weit mehr zu entdecken. Ob traditionelle regionale Klassiker wie Pannfisch, Hamburger Aalsuppe und Labskaus oder modern-kreative Gerichte, Sushi und Steaks, ob bodenständig-deftig oder fein, raffiniert und innovativ, so abwechslungsreich die Küche, so vielfältig auch die Restaurants selbst. Ob im geschäftigen Zentrum oder im Szene-Stadtteil St. Pauli, ob in der trendigen HafenCity oder in den vornehmen Elbvororten, in Sachen Atmosphäre reicht die Palette vom nordisch-charmanten Landgasthof über die chic-moderne In-Location bis zur hanseatisch-eleganten Villa. Was Sie auf keinen Fall verpassen sollten, ist eine der zahlreichen tollen Terrassen an der Waterkant mit Blick auf Alster oder Elbe!

Wir mögen besonders:

Das stylische **NIKKEI NINE** als tollen Hotspot entdecken. Als Fischliebhaber im **Jellyfish** voll auf seine Kosten kommen. Während des Hafengeburtstags von einem Eckzimmer des **Empire Riverside Hotels** das bunte Treiben beobachten! **The Table Kevin Fehling** als absolute kulinarische Spitze der Stadt! **The Greek** am Hafen für seine moderne griechische Küche.

1 734 280 Ew – Höhe 6 m

- Regionalatlas 10-I5
- Michelin Straßenkarte 541

J. Loic / Photononstop

UNSERE RESTAURANTAUSWAHL

ALLE RESTAURANTS VON A BIS Z

A

B

C

D-E

F

G-H

I-J

K-L

M. Möller / EyeEm / Getty Images

J. Hoersch / Picture Press / Getty Images

M-N

O-P

Q-R

S

T

V-W

Y-Z

Rocky89 / iStock

RESTAURANTS AM SONNTAG GEÖFFNET

UNSERE HOTELAUSWAHL

ALLE UNTERKÜNFTE VON A BIS Z

juefraphoto / iStock

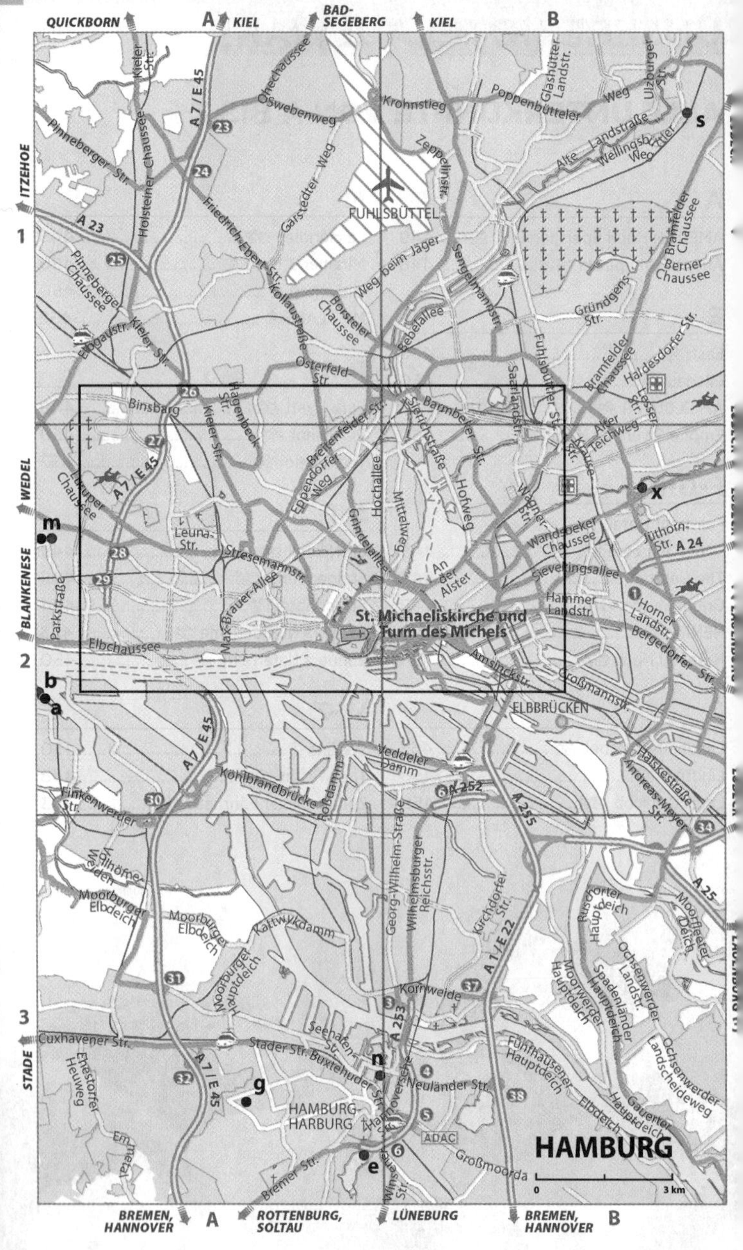
QUICKBORN
A
KIEL
BAD-SEGEBERG
KIEL
B
ITZEHOE
WEDEL
BLANKENESE
STADE
1
2
3
FUHLSBÜTTEL
Krohnstieg
Poppenbütteler Weg
St. Michaeliskirche und Turm des Michels
ELBBRÜCKEN
Köhlbrandbrücke
HAMBURG-HARBURG
ADAC
HAMBURG
0
3 km
BREMEN, HANNOVER
A
ROTTENBURG, SOLTAU
LÜNEBURG
BREMEN, HANNOVER
B

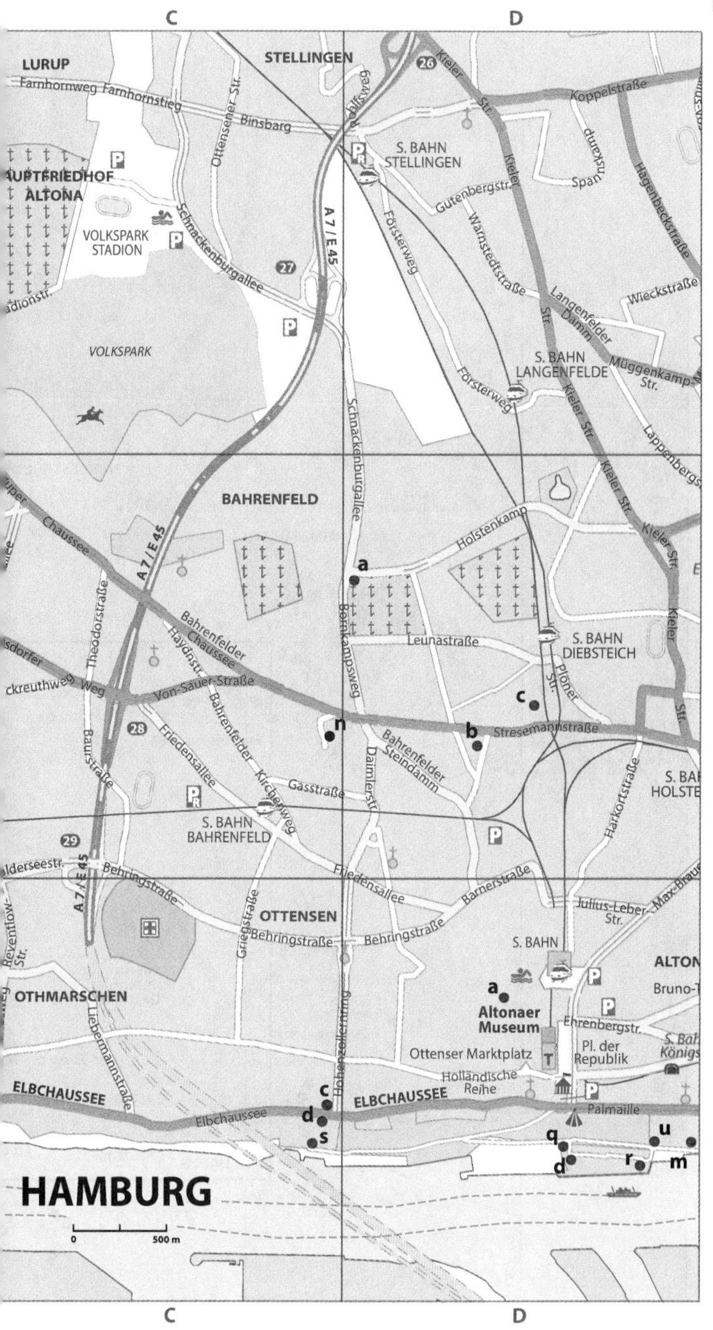
C
D
LURUP
STELLINGEN
Farnhornweg
Farnhornstieg
Binsbarg
Ottensener Str.
Kieler Str.
Koppelstraße
S. BAHN STELLINGEN
HAUPTFRIEDHOF ALTONA
VOLKSPARK STADION
Schnackenburgallee
A 7 / E 45
Försterweg
Gutenbergstr.
Warnstedtstraße
Hagenbeckstraße
Wieckstraße
Langenfelder Damm
S. BAHN LANGENFELDE
Müggenkamp Str.
VOLKSPARK
Lappenbergs
BAHRENFELD
Holstenkamp
Chaussee
Bahrenfelder Chaussee
Theodorstraße
Haydnstr.
Bornkampsweg
Leunastraße
S. BAHN DIEBSTEICH
Von-Sauer-Straße
Plöner Str.
Stresemannstraße
Baurstraße
Friedensallee
Bahrenfelder Kirchenweg
Bahrenfelder Steindamm
Daimlerstr.
Gasstraße
Harkortstraße
S. BAHN BAHRENFELD
Behringstraße
Barnerstraße
Griegstraße
OTTENSEN
Julius-Leber-Str.
Max-Brauer
S. BAHN
ALTONA
OTHMARSCHEN
Liebermannstraße
Hohenzollernring
Altonaer Museum
Ehrenbergstr.
Ottenser Marktplatz
Pl. der Republik
Holländische Reihe
ELBCHAUSSEE
Elbchaussee
Palmaille
HAMBURG
0
500 m
a
b
c
d
n
q
r
s
u
m

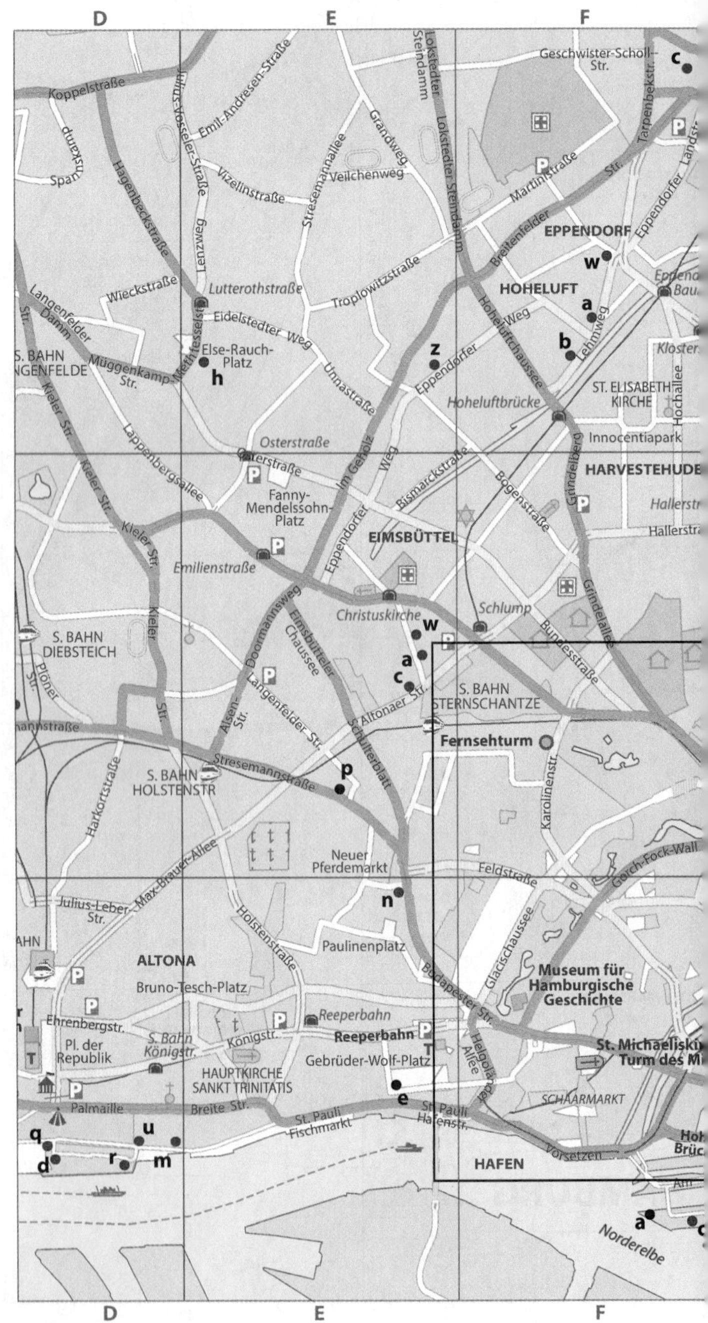
D
E
F
Koppelstraße
Julius-Vosseler-Straße
Emil-Andresen-Straße
Lokstedter Steindamm
Grandweg
Geschwister-Scholl-Str.
Tarpenbekstr.
Spannskamp
Hagenbeckstraße
Vizelinstraße
Stresemannallee
Veilchenweg
Martinistraße
Breitenfelder Str.
Eppendorfer Landstr.
EPPENDORF
Lenzweg
Troplowitzstraße
HOHELUFT
Wieckstraße
Lutterothstraße
Langenfelder Damm
Eidelstedter Weg
Eppendorfer Weg
Hoheluftchaussee
Lehmweg
Klosterstern
S. BAHN LANGENFELDE
Müggenkamp-Str.
Methfesselstr.
Else-Rauch-Platz
Unnastraße
Hoheluftbrücke
ST. ELISABETH KIRCHE
Hochallee
Kieler Str.
Lappenbergsallee
Osterstraße
Innocentiapark
Im Gehölz
Bismarckstraße
Bogenstraße
Grindelberg
HARVESTEHUDE
Fanny-Mendelssohn-Platz
Hallerstraße
EIMSBÜTTEL
Emilienstraße
Grindelallee
Doormannsweg
Eimsbütteler Chaussee
Christuskirche
Schlump
Bundesstraße
S. BAHN DIEBSTEICH
Plöner Str.
Langenfelder Str.
Alsen-Str.
Altonaer Str.
S. BAHN STERNSCHANTZE
Fernsehturm
Stresemannstraße
Schulterblatt
S. BAHN HOLSTENSTR
Harkortstraße
Karolinenstr.
Max-Brauer-Allee
Neuer Pferdemarkt
Feldstraße
Gorch-Fock-Wall
Julius-Leber-Str.
Holstenstraße
Glacischaussee
Paulinenplatz
ALTONA
Museum für Hamburgische Geschichte
Budapester Str.
Bruno-Tesch-Platz
Reeperbahn
Ehrenbergstr.
Königstr.
Pl. der Republik
S. Bahn Königstr.
Gebrüder-Wolf-Platz
Helgoländer Allee
St. Michaeliskirche
HAUPTKIRCHE SANKT TRINITATIS
SCHAARMARKT
Palmaille
Breite Str.
St. Pauli Fischmarkt
St. Pauli Hafenstr.
Vorsetzen
HAFEN
Norderelbe

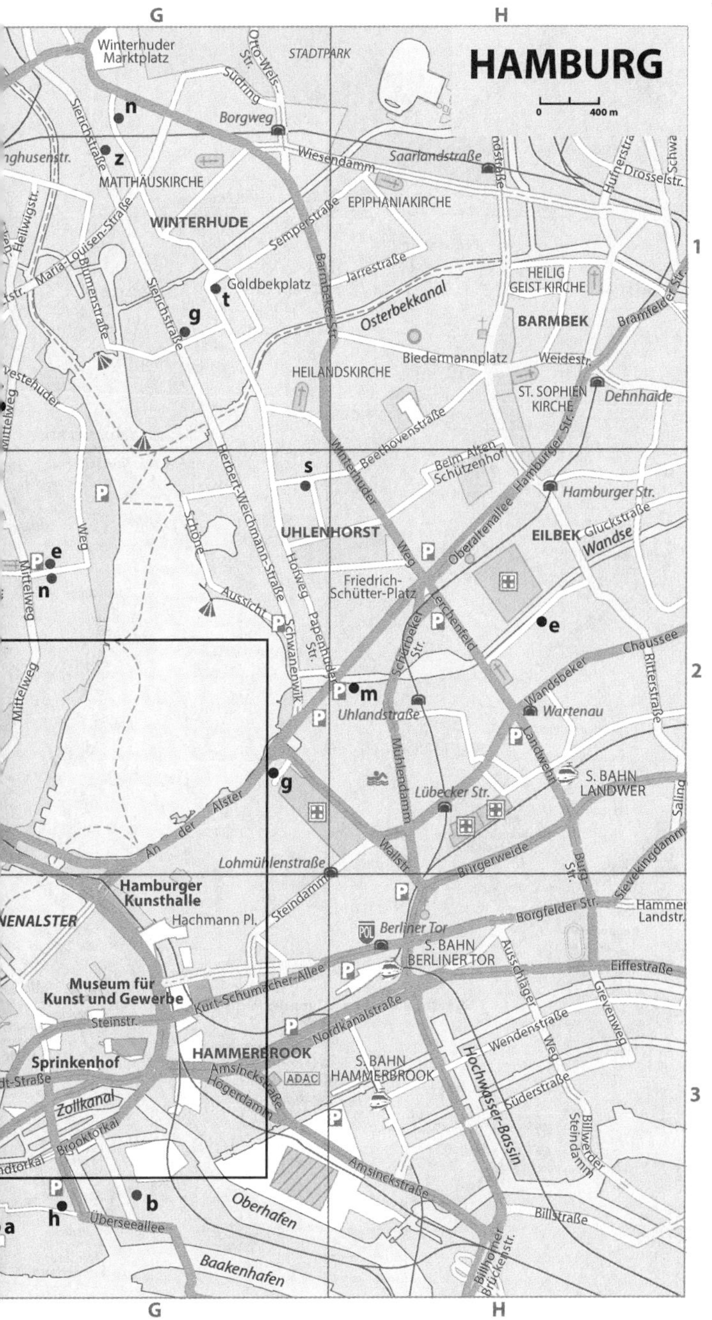
HAMBURG
0
400 m
G
H
1
2
3
Winterhuder Marktplatz
STADTPARK
Otto-Wels-Str.
Südring
Borgweg
Wiesendamm
Saarlandstraße
Drosselstr.
Hufnerstraße
MATTHÄUSKIRCHE
EPIPHANIAKIRCHE
WINTERHUDE
Semperstraße
Jarrestraße
Maria-Louisen-Straße
Heilwigstr.
Blumenstraße
Sierichstraße
Goldbekplatz
Barmbeker Str.
Osterbekkanal
HEILIG GEIST KIRCHE
BARMBEK
Bramfelder Str.
Biedermannplatz
Weidestr.
HEILANDSKIRCHE
ST. SOPHIEN KIRCHE
Dehnhaide
Beethovenstraße
Winterhuder Weg
Beim Alten Schützenhof
Hamburger Str.
Hamburger Str.
Herbert-Weichmann-Straße
Schöne Aussicht
UHLENHORST
Oberaltenallee
EILBEK
Gluckstraße
Wandse
Hofweg
Friedrich-Schütter-Platz
Lerchenfeld
Mittelweg
Papenhuder Str.
Schwanenwik
Schurbeker Str.
Chaussee
Wandsbeker
Ritterstraße
Uhlandstraße
Wartenau
Landwehr
S. BAHN LANDWER
Mühlendamm
Lübecker Str.
An der Alster
Wallstr.
Lohmühlenstraße
Bürgerweide
Burg-Str.
Sievekingdamm
Hamburger Kunsthalle
Steindamm
NENALSTER
Hachmann Pl.
Berliner Tor
S. BAHN BERLINER TOR
Borgfelder Str.
Hammer Landstr.
Eiffestraße
Ausschläger Weg
Grevenweg
Museum für Kunst und Gewerbe
Kurt-Schumacher-Allee
Steinstr.
Nordkanalstraße
Wendenstraße
HAMMERBROOK
Sprinkenhof
S. BAHN HAMMERBROOK
ADAC
Amsinckstraße
Hogerdamm
Zollkanal
Brooktorkai
Hochwasser-Bassin
Süderstraße
Billwerder Steindamm
Amsinckstraße
Oberhafen
Billstraße
Überseeallee
Baakenhafen
Billhorner Brückenstr.

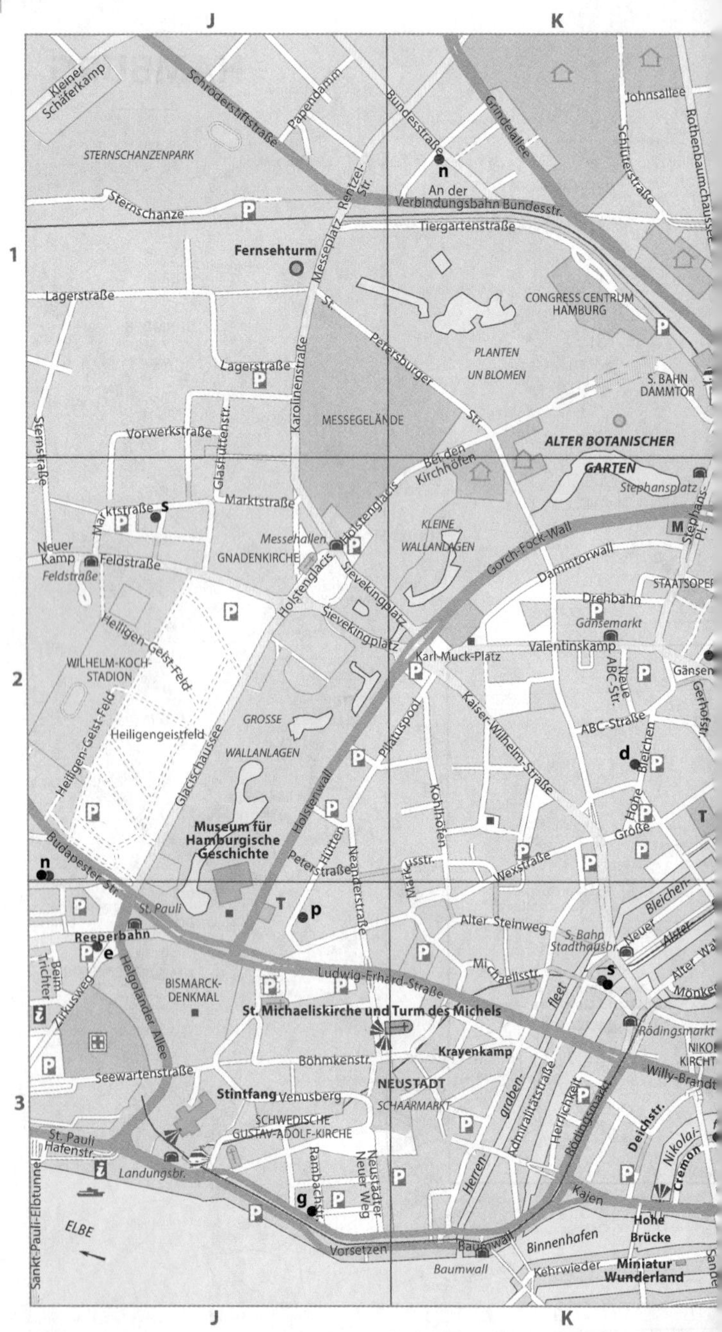

J
K
1
2
3
Kleiner Schäferkamp
Schröderstiftstraße
Papendamm
Bundesstraße
Grindelallee
Johnsallee
Schlüterstraße
Rothenbaumchaussee
STERNSCHANZENPARK
n
An der Verbindungsbahn Bundesstr.
Sternschanze
Rentzel-Str.
Tiergartenstraße
Fernsehturm
Messeplatz
CONGRESS CENTRUM HAMBURG
Lagerstraße
St. Petersburger Str.
PLANTEN UN BLOMEN
Lagerstraße
Karolinenstraße
S. BAHN DAMMTOR
Sternstraße
Glashüttenstr.
MESSEGELÄNDE
Vorwerkstraße
ALTER BOTANISCHER GARTEN
Bei den Kirchhöfen
Holstenglacis
Stephansplatz
Marktstraße
Marktstraße
s
KLEINE WALLANLAGEN
Messehallen
Stephans-Pl.
Neuer Kamp
Feldstraße
Feldstraße
GNADENKIRCHE
Holstenglacis
Gorch-Fock-Wall
Dammtorwall
Sievekingplatz
STAATSOPER
Drehbahn
Gänsemarkt
Heiligen-Geist-Feld
Sievekingplatz
Valentinskamp
WILHELM-KOCH-STADION
Karl-Muck-Platz
Neue ABC-Str.
Gänsem
Gerhofstr.
Heiligen-Geist-Feld
Heiligengeistfeld
GROSSE WALLANLAGEN
ABC-Straße
Glacischaussee
Pilatuspool
Kaiser-Wilhelm-Straße
d
Bleichen
Holstenwall
Kohlhöfen
Hohe
Museum für Hamburgische Geschichte
Hütten
Neanderstraße
Große
n
Budapester Str.
Peterstraße
Markusstr.
Wexstraße
Bleichen-
St. Pauli
T
p
Alter Steinweg
S-Bahn Stadthausbr.
Neuer
Alster
Reeperbahn
e
Michaelisstr.
Alter Wall
Beim Trichter
Zirkusweg
Helgoländer Allee
BISMARCK-DENKMAL
Ludwig-Erhard-Straße
fleet
s
Mönke
St. Michaeliskirche und Turm des Michels
Rödingsmarkt
NIKOL KIRCHT
Böhmkenstr.
Krayenkamp
Seewartenstraße
NEUSTADT
Willy-Brandt
Stintfang
Venusberg
SCHAARMARKT
Herrengraben-
Admiralitätstraße
Herrlichkeit
Rödingsmarkt
Deichstr.
SCHWEDISCHE GUSTAV-ADOLF-KIRCHE
Nikolai-
Cremon
St. Pauli Hafenstr.
Rambachstr.
Neustädter Neuer Weg
Landungsbr.
Herren-
Kajen
g
Hohe Brücke
ELBE
Vorsetzen
Baumwall
Binnenhafen
Baumwall
Kehrwieder
Miniatur Wunderland
Sankt-Pauli-Elbtunnel
Sande
J
K

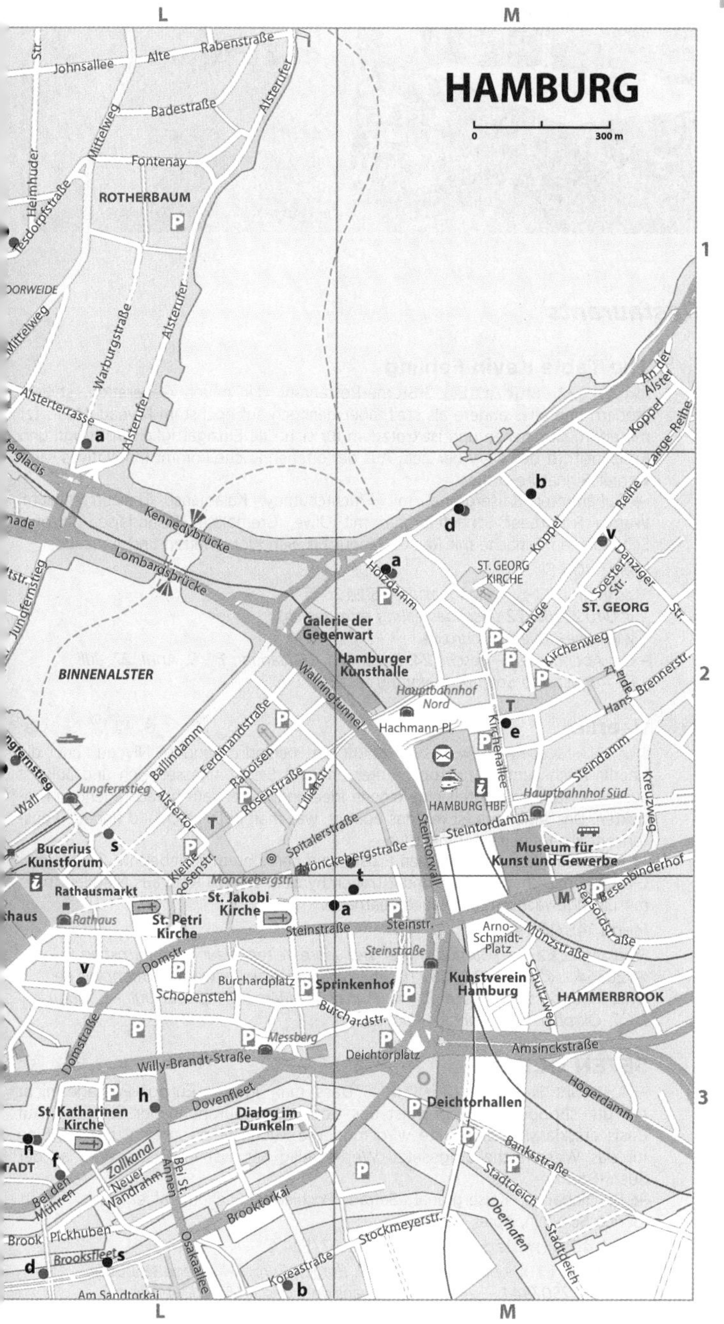
HAMBURG
0
300 m
L
M
1
2
3
ROTHERBAUM
BINNENALSTER
ST. GEORG
HAMMERBROOK
Johnsallee
Alte Rabenstraße
Badestraße
Mittelweg
Fontenay
Alsterufer
Heimhuder
Tesdorpfstraße
Warburgstraße
Alsterterrasse
Kennedybrücke
Lombardsbrücke
Jungfernstieg
Galerie der Gegenwart
Hamburger Kunsthalle
Hauptbahnhof Nord
Hachmann Pl.
HAMBURG HBF
Hauptbahnhof Süd
Steintordamm
Museum für Kunst und Gewerbe
Holzdamm
ST. GEORG KIRCHE
Koppel
Lange Reihe
Danziger Str.
Soester Str.
Kirchenweg
Hans Brennerstr.
Kirchenallee
Steindamm
Kreuzweg
An der Alster
Ballindamm
Ferdinandstraße
Raboisen
Rosenstraße
Lilienstr.
Alstertor
Wallringtunnel
Spitalerstraße
Mönckebergstraße
Mönckebergstr.
Bucerius Kunstforum
Rathausmarkt
Rathaus
St. Petri Kirche
St. Jakobi Kirche
Steinstraße
Steinstr.
Steintorwall
Arno-Schmidt-Platz
Münzstraße
Repsoldstraße
Besenbinderhof
Schultzweg
Kunstverein Hamburg
Domstr.
Burchardplatz
Sprinkenhof
Schopenstehl
Burchardstr.
Messberg
Deichtorplatz
Amsinckstraße
Högerdamm
Domstraße
Willy-Brandt-Straße
Dovenfleet
St. Katharinen Kirche
Dialog im Dunkeln
Deichtorhallen
Banksstraße
Stadtdeich
Oberhafen
Zollkanal
Neuer Wandrahm
Bei St. Annen
Bei den Mühren
Brooktorkai
Brook
Pickhuben
Brooksfleet
Osakaallee
Koreastraße
Stockmeyerstr.
Am Sandtorkai
Wall
Kleine Rosenstr.

Im Zentrum

M. Falzone/AWL Images/Getty Images

Restaurants

✿✿✿ The Table Kevin Fehling

KREATIV • DESIGN XXX Ein 3-Sterne-Restaurant der neuen Generation: stylish-modern und alles andere als steif, aber dennoch auf höchstem Niveau. Man sitzt mitten im Geschehen und ist trotzdem für sich. Die Einzigartigkeit in Design und Konzept trifft den Nerv der Zeit. Aus der offenen Küche kommt Innovatives samt wahrer Signature-Dishes!

➜ Geflämmter Kaisergranat mit Fruchtchutney, Kalamansi, Thaicurryschaum. Wagyu Roastbeef Schaufelbraten mit Olive, Gremolata Hollandaise, Calzone. Schokoladen Canache mit Raz el Hanout Eis, Sanddorn, Safran und Avocado.

Menü 205 €

Stadtplan : G3-b – *Shanghaiallee 15 ✉ 20457 – ✆ 040 22867422 (Tischbestellung erforderlich) – www.the-table-hamburg.de – nur Abendessen – geschl. 24. Dezember - 8. Januar, 1. - 9. April, 22. Juli - 13. August und Sonntag - Montag*

✿✿ Haerlin

FRANZÖSISCH-KREATIV • LUXUS XXXXX Ein beeindruckendes Niveau hat die Haerlin-Küche unter Christoph Rüffer erreicht! Sie ist finessenreich und äußerst ausdrucksstark, vermittelt eine eigene Idee und basiert auf herausragenden Produkten. Das Ambiente ist mit das edelste, was man in Deutschland findet - Fensterfront zur Binnenalster inklusive!

➜ Gillardeau Auster mit grünen Erbsen und geröstetem Zwiebelsaft. Geflämmter Glattbutt mit Champignons und Zitronenthymian. Wagyu Rind aus Niedersachsen mit Liliengewächsen und Sauce béarnaise.

Menü 145/185 €

Stadtplan : L2-v – *Fairmont Hotel Vier Jahreszeiten, Neuer Jungfernstieg 9 ✉ 20354 – ✆ 040 34943310 (Tischbestellung ratsam) – www.fairmont-hvj.de – nur Abendessen – geschl. 1. - 4. Januar, 26. März - 2. April, 9. Juli - 5. August, 1. - 7. Oktober und Sonntag - Montag*

✿ SE7EN OCEANS

FRANZÖSISCH-KLASSISCH • CHIC XX Dass man in der Europa-Passage nicht nur gut shoppen kann, beweist das Gourmetrestaurant in der 2. Etage. Auf Basis erstklassiger Produkte wird moderne Küche finessenreich und mit Sinn für das Wesentliche umgesetzt. Wer es eilig hat, isst im Bistro oder an der Sushi-Bar.

➜ Bouillabaisse, Kaisergranat, Safran. Pochiertes Seezungenfilet, Alge, Lauch. Iberico Schwein, Apfel, Zwiebel.

Menü 43 € (mittags)/119 € – Karte 77/104 €

Stadtplan : L2-s – *Ballindamm 40, (2. Etage), Europa-Passage ✉ 20095 – ✆ 040 32507944 – www.se7en-oceans.de – geschl. 5. - 11. Februar, 6. - 26. August und Sonntag - Montag*

Tschebull

ÖSTERREICHISCH • GEMÜTLICH Alexander Tschebull holt ein Stück Österreich in das schöne Kontorhaus in der Altstadt. Klassiker wie Wiener Schnitzel und Kaiserschmarrn schmecken hier ebenso wie "Kabeljau unter der Senf-Kren-Kruste mit Kürbisgnocchi" und "Holundersuppe mit Birne und Sauerrahmeis". Legerer: "Beisl" mit "Austrian Tapas".

Menü 30 € (mittags)/32 € (abends) - Karte 36/69 €

Stadtplan : M2-t - *Mönckebergstr. 7 ✉ 20095 - ✆ 040 32964796 (Tischbestellung ratsam) - www.tschebull.de - geschl. Sonntag sowie an Feiertagen*

Brook

INTERNATIONAL • TRENDY Hier gibt es schmackhafte ehrliche Küche, die auf frischen Produkten basiert. Mögen Sie Fisch vom berühmten Fischmarkt um die Ecke oder lieber "Lammcarré mit Parmesankartoffeln"? Und als Dessert "Grießknödel mit Aprikosen"? Abends ist die hübsch angestrahlte Speicherstadt vis-à-vis ein schöner Anblick!

Menü 35/39 € - Karte 37/52 €

Stadtplan : L3-f - *Bei den Mühren 91 ✉ 20457 - ✆ 040 37503128 - www.restaurant-brook.de - geschl. Sonntag - Montag*

Trific

INTERNATIONAL • TRENDY Eine gefragte urbane Adresse! Man speist auf zwei Etagen - im lichtdurchfluteten EG schaut man durch raumhohe Fenster aufs Fleet, im UG hat man zusätzlich eine Bar. Aus der Küche kommen leckere unkomplizierte Gerichte wie "Tatar vom Holsteiner Rind mit Bärlauch-Emulsion" oder auch das klassische Backhendl.

Menü 18 € (mittags)/43 € (abends) - Karte 35/51 €

Stadtplan : K3-t - *Holzbrücke 7 ✉ 20459 - ✆ 040 41919046 (Tischbestellung ratsam) - www.trific.de - geschl. Samstagmittag, Sonntag*

Le Plat du Jour

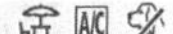

FRANZÖSISCH-KLASSISCH • BISTRO Sehr beliebt ist der mündlich empfohlene "Plat du Jour" - da kommt man gern schon mittags in das lebendige Bistro. Küche und Einrichtung (Schwarz-Weiß-Fotos, eng gestellte Tische...) sind ganz authentisch. Lust auf hausgemachte Pastete oder "gebratenen Kabeljau mit Senfsauce und Linsen"?

Menü 35 € (abends) - Karte 32/49 €

Stadtplan : L3-v - *Dornbusch 4 ✉ 20095 - ✆ 040 321414 (Tischbestellung ratsam) - www.leplatdujour.de - geschl. über Weihnachten*

Casse-Croûte

FRANZÖSISCH-KLASSISCH • BISTRO Französische Lebensart mit hanseatischem Touch - das zieht viele Stammgäste in das lebendige, angenehm legere Bistro unweit des Gänsemarkts. Der Klassiker heißt "Bouillabaisse des Nordens", ebenso lecker z. B. "Königsberger Klopse, Kartoffelstampf, Kapernsauce".

Karte 33/84 €

Stadtplan : K2-s - *Büschstr. 2 ✉ 20354 - ✆ 040 343373 (Tischbestellung ratsam) - www.casse-croute.de - geschl. über Weihnachten, Sonntagmittag sowie an Feiertagen mittags, März - Oktober: Sonntag*

Cox

INTERNATIONAL • BISTRO Sympathisch-leger - ein Bistro im besten Sinne! Das bunt gemischte Publikum bestellt hier z. B. "geschmorte Calamaretti mit Risotto gefüllt im Artischockensud" oder "Brasato von der Lammkeule in Balsamicojus". Mittags unschlagbares Preis-Leistungs-Verhältnis!

Menü 35/51 € - Karte 31/48 €

Stadtplan : M2-v - *Lange Reihe 68 ✉ 20099 - ✆ 040 249422 - www.restaurant-cox.de - Mitte Juli - Ende August nur Abendessen - geschl. Samstagmittag, Sonntagmittag sowie an Feiertagen mittags*

Atlantic Restaurant

KLASSISCHE KÜCHE • ELEGANT Das elegante Restaurant des Hamburger Traditionshotels ist geradezu das Wohnzimmer für weite Teile der hanseatischen Gesellschaft. Da lässt man sich gerne klassische Küche servieren.

Menü 79 € (abends)/94 € – Karte 44/111 €

Stadtplan : M2-a – *Hotel Atlantic Kempinski, An der Alster 72 ✉ 20099 – ✆ 040 2888860 – www.kempinski.com/hamburg – geschl. Sonntag*

Jahreszeiten Grill

FRANZÖSISCH-KLASSISCH • ELEGANT Eine stilvolle Hamburger Institution mit Art-déco-Ambiente, die neben Klassikern wie "Rauchaal und Kräuterrührei auf Vollkornbrot" auch Feines wie "Kabeljau unter der Thymiankruste mit Pfifferlingen" sowie Grillgerichte bietet - immer aus erstklassigen Produkten.

Menü 33 € (mittags) – Karte 74/116 €

Stadtplan : L2-v – *Fairmont Hotel Vier Jahreszeiten, Neuer Jungfernstieg 9 ✉ 20354 – ✆ 040 34943302 – www.fairmont-hvj.de*

NIKKEI NINE (N)

JAPANISCH • CHIC Einer der angesagtesten kulinarischen Hotspots der Elbmetropole! Die Atmosphäre ist stylish und warm zugleich, gekocht wird japanisch mit peruanischen Einflüssen: "Toban Yaki von Meeresfrüchten", "kalte Soba-Nudeln, Ei, Kaviar, Dashi-Soja", Wagyu-Steak, Sushi & Sashimi... Die Produkte sind top!

Menü 70/89 € – Karte 47/183 €

Stadtplan : L2-v – *Fairmont Hotel Vier Jahreszeiten, Neuer Jungfernstieg 9 ✉ 20534 – ✆ 040 34943399 – www.fairmont-hvj.de – geschl. Sonntagmittag*

IZAKAYA (N)

JAPANISCH • ELEGANT Hier gibt es authentische japanische Küche mit einem für Deutschland ausgesprochen umfangreichen Angebot an top Produkten. Macht Ihnen z. B. "Crispy Soft Shell Crab, Mango & Chili Lime Dressing" Appetit? Die Atmosphäre ist lebhaft und hip - chic die Bar. Das Glasdach des Innenhofs lässt sich öffnen!

Menü 30 € (mittags)/85 € (abends) – Karte 37/88 €

Stadtplan : L3-n – *Hotel Sir Nikolai, Katharinenstrasse 29 ✉ 20457 – ✆ 040 29996669 – www.izakaya-restaurant.com*

Anna Sgroi

ITALIENISCH • ELEGANT Charmant ist die Atmosphäre in dem aufwändig renovierten Haus von 1897. Angenehm reduziert ist sowohl das stilvoll-gemütliche Interieur als auch die klassisch italienische Küche. Letztere gibt es z. B. als "Ravioli von Sylter-Royal-Austern und Spinat mit Schnittlauch". Zusätzliches günstiges Mittagsangebot.

Menü 80/90 € – Karte 48/73 €

Stadtplan : G2-e – *Milchstr. 7 ✉ 20148 – ✆ 040 28003930 – www.annasgroi.de – geschl. Samstagmittag, Sonntag - Montag sowie an Feiertagen mittags*

petit bonheur

FRANZÖSISCH-KLASSISCH • BRASSERIE Draußen die geschmackvolle Jugendstilfassade, drinnen eine charmant-elegante Brasserie - sehr schön die Bilder aus der Kunstsammlung des Chefs! Gekocht wird natürlich klassisch-französisch, von Taschenkrebssalat über Bouillabaisse bis zum Entrecôte. Und als Dessert am Tisch flambierte Crêpes Suzette?

Menü 43/65 € – Karte 44/80 €

Stadtplan : J3-p – *Hütten 85 ✉ 20355 – ✆ 040 33441526 – www.petitbonheur-restaurant.de – geschl. Samstagmittag, Sonntag sowie an Feiertage*

THEO'S

STEAKHOUSE • **BRASSERIE** XX Ganz wie in einem New York Steakhouse kommen hier exklusive Fleischstücke aus dem Southbend-Grillofen. Tipp: Probieren Sie unbedingt die Steaks vom "Uckermärker" - die Rinder werden nach den Vorgaben des Hauses gezogen!

Karte 55/128 €

Stadtplan : K1-m - *Hotel Grand Elysée, Rothenbaumchaussee 10 ✉ 20148 - ✆ 040 41412855 - www.grand-elysee.com - nur Abendessen - geschl. Sonntag*

DIE BANK

INTERNATIONAL • **BRASSERIE** XX Einer der Hotspots der Stadt! Kein Wunder, denn die Kassenhalle im 1. OG des einstigen Bankgebäudes von 1897 ist eine beeindruckende Location. Es gibt z. B. "Makrele süß-sauer mit Verschiedenem vom Kohl" oder "Brust & Keule von der Étouffée-Taube". Bar mit Brasserie-Karte.

Menü 29 € (mittags)/65 € - Karte 42/69 €

Stadtplan : K2-d - *Hohe Bleichen 17 ✉ 20354 - ✆ 040 2380030 (abends Tischbestellung ratsam) - www.diebank-brasserie.de - geschl. Sonntag sowie an Feiertagen*

VLET

MODERNE KÜCHE • **HIP** XX In diesem trendig-modernen und lebendigen Restaurant mitten im Weltkulturerbe Speicherstadt hat man sich "Hamburger Feinschmeckerküche" auf die Fahnen geschrieben. Da liest man auf der Karte Labskaus, Pannfisch oder Hutzelbrot - auf eigene Art zubereitet! Tipp: Parken Sie im "Contipark".

Menü 69/88 € - Karte 49/58 €

Stadtplan : L3-d - *Sandtorkai 23/24, (Eingang über die Kibbelstegbrücke, 1. Etage, Block N) ✉ 20457 - ✆ 040 334753750 - www.vlet.de - nur Abendessen - geschl. Sonntag*

Piazza Romana

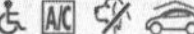

ITALIENISCH • **KLASSISCHES AMBIENTE** XX Von der belebten Hotelhalle gelangt man in dieses Restaurant mit italienisch-mediterranem Angebot. An einigen Tischen direkt in der Halle kann man bei Minestrone, Linguine oder Gambas auch mitten im Geschehen sitzen.

Karte 35/51 €

Stadtplan : K1-m - *Hotel Grand Elysée, Rothenbaumchaussee 10 ✉ 20148 - ✆ 040 41412734 - www.grand-elysee.com*

Henriks

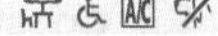

INTERNATIONAL • **DESIGN** XX Lust auf "Graved Lachs, Grünkohlsalat, Rote-Bete-Mayo"? Oder lieber "Tuna-Tataki-Steak, Wasabipüree, Miso-Sojasauce"? In dem chic designten Restaurant wird ambitioniert gekocht, ein Mix aus asiatischer, mediterraner und regionaler Küche. Beliebt die großzügige Terrasse samt Lounge. Tipp: preisgünstiger Lunch.

Menü 40/130 € - Karte 33/100 €

Stadtplan : L1-b - *Tesdorpfstr. 8 ✉ 20148 - ✆ 040 288084280 (Tischbestellung erforderlich) - www.henriks.cc*

La Fayette

REGIONAL • **GEMÜTLICH** XX Eine echte Bastion der gepflegten Gastronomie in Uhlenhorst! Auf der Karte liest man z. B. "Pastasotto mit Chorizo, Venusmuscheln und Scampi" oder "Boeuf Bourguignon à la Maxim's". Dazu eine schöne deutsch-französisch geprägte Weinkarte. Tipp: Im Winter gibt's Gänse vom eigenen Hof in Bayern.

Menü 28/38 € - Karte 37/57 €

Stadtplan : G2-s - *Zimmerstr. 30 ✉ 22085 - ✆ 040 225630 - www.la-fayette-hamburg.de - nur Abendessen - geschl. Sonntag*

Strauchs Falco

INTERNATIONAL • TRENDY XX In den Elbarkaden mitten in der HafenCity finden Sie dieses schicke, stylische Restaurant. Gekocht wird international - schmackhaft z. B. "Thunfischtatar Oriental mit Sesamhippe und Verjus", "mediterrane Fisch- und Krustentiersuppe" oder "Nackensteak vom Iberico-Schwein". Im OG eine Tapasbar.

Karte 38/83 €

Stadtplan : L3-b - *Koreastr. 2 ✉ 20354 - ✆ 040 226161511 - www.falco-hamburg.de*

YOSHI im Alsterhaus

JAPANISCH • TRENDY XX Auf dem "Feinschmecker-Boulevard", der 4. Etagedes noblen Einkaufszentrums, hat man einen Treffpunkt für Freunde japanischer Esskultur geschaffen. Japanische Köche bringen hier Tradition und Moderne in Einklang, z. B. mit "Kamo-Nabe", "Blaukrabben-Tempura mit Matcha-Salz" oder Sushi. Gefragte Dachterrasse!

Menü 26 € (mittags unter der Woche)/95 € - Karte 34/112 €

Stadtplan : L2-b - *Jungfernstieg 16, (Alsterhaus 4. OG - Direkter Lift-Zugang Poststr. 8) ✉ 20354 - ✆ 040 36099999 - www.yoshi-hamburg.de - geschl. Sonntag und an Feiertagen*

Heritage

GRILLGERICHTE • TRENDY XX Das Restaurant bietet nicht nur einen fantastischen Ausblick auf die Alster, auch die Küche lockt. Es gibt Internationales wie "Nordsee-Steinbutt mit Belugalinsen und Limonen-Hollandaise" oder erstklassige gereifte Steaks mit - dank 800°-US-Southbend-Broiler - besonderem Aroma.

Karte 47/117 €

Stadtplan : M2-d - *Hotel Le Méridien, An der Alster 52 ✉ 20099 - ✆ 040 21001070 - www.heritage-restaurant.com - nur Abendessen*

La Mirabelle

FRANZÖSISCH-KLASSISCH • GEMÜTLICH X Der Name lässt es bereits vermuten: Hier wird französisch gekocht, und dabei verzichtet man auf Chichi, vielmehr setzt man auf Geschmack - so z. B. bei "Kabeljau mit Senfsauce". Käseliebhaber aufgepasst: Man hat rund 50 französische Sorten!

Menü 35 € (unter der Woche)/62 € - Karte 46/66 €

Stadtplan : K1-n - *Bundesstr. 15 ✉ 20146 - ✆ 040 4107585 - www.la-mirabelle-hamburg.de - nur Abendessen - geschl. 1. - 8. Januar und Sonntag - Montag sowie an Feiertagen*

Coast

FUSION • FREUNDLICH X Schön am Wasser gelegen, an den "Marco-Polo-Terrassen" am Rand der HafenCity! Ein weiterer Trumpf ist das Konzept: euro-asiatische Speisen und kreative Sushiküche. Im UG gibt es noch mehr Gastronomie: die Enoteca mit italienischem Angebot. Ab 18 Uhr parken Sie in der Unilever-Garage nebenan.

Menü 63/70 € - Karte 49/80 €

Stadtplan : G3-a - *Großer Grasbrook 14 ✉ 20457 - ✆ 040 30993230 - www.coast-hamburg.de*

CARLS

REGIONAL • BRASSERIE X Französische Küche mit norddeutschem Einschlag. In der eleganten Brasserie an der Elbphilharmonie ist das z. B. Boeuf Bourguignon, Fischsuppe, "Carls Hanseatenplatte"... Nicht zu vergessen der günstige Plat du jour - Hafenblick inklusive. Dazu Tartes und Kleinigkeiten im Bistro, im Laden Gewürze und Feinkost!

Menü 42 € - Karte 41/86 €

Stadtplan : F3-c - *Am Kaiserkai 69 ✉ 20457 - ✆ 040 300322400 - www.carls-brasserie.de*

Butcher's american steakhouse

STEAKHOUSE • FAMILIÄR ✗ Steak-Liebhaber aufgepasst! Hier setzt man auf exklusives Nebraska-Beef, und das steht auf dem Teller absolut im Mittelpunkt! Wer Seafood vorzieht, bekommt ebenfalls tolle Qualität. Tipp: Besonders gemütlich hat man es im Winter am Kamin.

Karte 85/178 €

Stadtplan : G2-n - *Milchstr. 19 ✉ 20148 - ✆ 040 446082 - www.butchers-steakhouse.de - geschl. Samstagmittag, Sonntagmittag sowie an Feiertagen mittags*

Matsumi

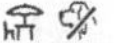

JAPANISCH • GERADLINIG ✗ Seit 1982 wird hier japanisch gekocht. Zur traditionellen Küche gesellt sich auch der ein oder andere Trend aus Tokio. Auf der Karte finden sich Sushi & Sashimi, aber auch Tempura, Suki Yaki, Washi Nabe oder Shabu Shabu. Serviert wird am Tisch oder an der Sushi-Bar. Tatami-Zimmer für kleine Gruppen.

Menü 29/69 € (abends) - Karte 21/73 €

Stadtplan : K2-r - *Colonnaden 96, (1. Etage) ✉ 20354 - ✆ 040 343125 - www.matsumi.de - geschl. Sonntag - Montag sowie an Feiertagen mittags*

Basil & Mars Ⓝ

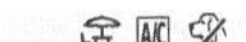

MODERNE KÜCHE • HIP ✗ Trendig-chic und angenehm leger ist es in dem Restaurant direkt bei der Kennedybrücke. Aus der offenen Küche kommt ein moderner Mix aus regionalen, mediterranen und asiatischen Einflüssen: "Querrippe, 12 h im Ofen gegart", "Pulpo vom Grill", "Sashimi-Salat"... Mo. - Fr. einfachere Mittagskarte.

Menü 42 € (abends) - Karte 41/72 €

Stadtplan : L2-a - *Alsterufer 1 ✉ 20354 - ✆ 040 41353535 - www.basilundmars.com*

Bistrot Vienna

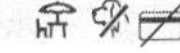

MARKTKÜCHE • BISTRO ✗ Charmant-lebhaft ist das etwas versteckt liegende kleine Restaurant. In quirlig-legerer Atmosphäre gibt es saisonal-internationale Gerichte wie "Carpaccio vom Oktopus" oder "Fenchelbratwurst mit Rahmwirsing". Reservierung nicht möglich!

Menü 28 € - Karte 23/47 €

Stadtplan : E2-c - *Fettstrasse 2 ✉ 20357 - ✆ 040 4399182 - www.vienna-hamburg.de - nur Abendessen - geschl. Montag*

Heldenplatz Ⓝ

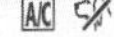

FRANZÖSISCH-MODERN • TRENDY ✗ Gute Nachricht für Nachtschwärmer: Hier bietet man bis nachts um 2 Uhr die gesamte Karte! In modern-legerem Umfeld genießt man z. B. "Iberico-Schwein, Aubergine, rote Zwiebel, Baumtomate". Und zum Nachtisch "Schokoladentarte, Erdnuss, Karamell, Zitrus"? Alle Weine werden übrigens offen ausgeschenkt.

Menü 46/53 € - Karte 42/66 €

Stadtplan : L3-h - *Brandstwiete 46 ✉ 20457 - ✆ 040 30372250 - www.heldenplatz-restaurant.de - nur Abendessen - geschl. 24. Dezember - 12. Januar und Montag - Dienstag*

Bistro am Fleet

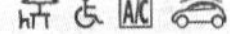

INTERNATIONAL • GEMÜTLICH ✗ Gemütlich und leger ist das Ambiente hier, schön der Wintergarten - so verläuft der Übergang zwischen drinnen und draußen fast fließend. Internationales Speisenangebot - preislich interessant das "Lieblingsmenü".

Menü 35 € - Karte 32/55 €

Stadtplan : K3-s - *Hotel Steigenberger, Heiligengeistbrücke 4 ✉ 20459 - ✆ 040 36806122 - www.hamburg.steigenberger.de*

Petit Délice

FRANZÖSISCH-KLASSISCH • NACHBARSCHAFTLICH Hier wird in netter lebendiger Atmosphäre klassische Küche mit regionalem Einfluss serviert - da macht "gerösteter Pumpernickel mit Rührei und Rauchaal" genauso Appetit wie "Seeteufel auf Spitzkohl mit Gurken-Relish". Sehr schön die Terrasse zum Fleet! Nebenan im "Traiteur" geht es einfacher zu.

Menü 25 € (mittags) - Karte 43/72 €

Stadtplan : K2-p - *Große Bleichen 21, (in der Galleria Passage) ✉ 20354 - ✆ 040 343470 (Tischbestellung ratsam) - www.petit-delice-hamburg.de - geschl. Sonntag sowie an Feiertagen*

The Greek

GRIECHISCH • TRENDY Ein 08/15-Angebot à la Gyros dürfen Sie hier nicht erwarten, stattdessen bietet das moderne Restaurant am Hafen auf seinen drei Ebenen eine gehobene moderne griechische Küche, z. B. in Form von "Lammschulter, Auberginenkaviar, Pita-Brot, Cardamomjoghurt" oder "Moraitiko Hilopitaki". Mittags kleinere Karte.

Karte 38/70 €

Stadtplan : J3-g - *Vorsetzen 53 ✉ 20459 - ✆ 040 31807370 - www.thegreek.hamburg*

Hotels

Fairmont Hotel Vier Jahreszeiten

GROSSER LUXUS • ELEGANT Ein Grandhotel alter Schule mit über 120 Jahren Tradition - das spiegelt sich in Stil, Eleganz, Service und hanseatischer Diskretion wider! Keine Frage, hier wohnt man absolut wertig und geschmackvoll, und das direkt an der Binnenalster. Highlight in Sachen Design ist die exklusive "Ralph Lauren Suite"! Legendär: Afternoon Tea in der stilvollen "Wohnhalle".

139 Zim - †285/320 € ††315/345 € - 17 Suiten - ☕ 39 €

Stadtplan : L2-v - *Neuer Jungfernstieg 9 ✉ 20354 - ✆ 040 34940 - www.fairmont-hvj.de*

Haerlin • **Jahreszeiten Grill** • **NIKKEI NINE** - siehe Restaurantauswahl

Atlantic Kempinski

GROSSER LUXUS • KLASSISCH Das "Weiße Schloss an der Alster" zeigt sich so richtig luxuriös! Sie betreten eine Lobby voll purer Klassik, nächtigen in Zimmern von edler Zeitlosigkeit (feines Ebenholz, topmoderne Technik...) und tagen oder feiern in stilvollen Salons!

221 Zim ☕ - †249/469 € ††279/499 € - 33 Suiten

Stadtplan : M2-a - *An der Alster 72 ✉ 20099 - ✆ 040 28880 - www.kempinski.com/hamburg*

Atlantic Restaurant - siehe Restaurantauswahl

Park Hyatt

GROSSER LUXUS • MODERN Im 1. Stock empfängt das einstige Kontorhaus von 1912 seine Gäste, die es sich hier in der geschmackvollen Lounge gemütlich machen können. Mit Wertigkeit und moderner Eleganz sucht das Luxushotel seinesgleichen. Restaurant "Apples" lädt mit seiner Showküche zum Zuschauen ein.

262 Zim - †185/550 € ††225/610 € - 21 Suiten - ☕ 34 €

Stadtplan : M3-t - *Bugenhagenstr. 8, (im Levantehaus) ✉ 20095 - ✆ 040 33321234 - www.hamburg.park.hyatt.de*

The Westin

LUXUS • TRENDIG Das neue Wahrzeichen Hamburgs, die Elbphilharmonie, ist eine wahrhaft spektakuläre Location: unten alter Speicher, oben futuristisches Bauwerk, im Übergang die "Plaza". Grandios der Blick auf Hafen und HafenCity, hell, topmodern, puristisch die Zimmer, chic der Spa. "The Saffron" bietet internationale Küche.

244 Zim - †220/500 € ††220/500 € - 39 Suiten - ☕ 30 €

Stadtplan : F3-a - *Am Platz der Deutschen Einheit 2 ✉ 20038 - ✆ 040 8000100 - www.westinhamburg.com*

Le Méridien

KETTENHOTEL • MODERN Der attraktive klare Stil zieht sich von den Zimmern (hier speziell entworfene therapeutische Betten) bis in den Wellnessbereich. Was halten Sie von einem Panorama-Zimmer zur Alster in einer der oberen Etagen? Ebenso schön ist die Sicht von Restaurant und Bar im 9. Stock (auch per Außen-Glaslift erreichbar!).

275 Zim – 149/389 € 159/409 € – 7 Suiten – 32 €

Stadtplan : M2-d – *An der Alster 52 ✉ 20099 – ✆ 040 21000 – www.lemeridienhamburg.com*

Heritage – siehe Restaurantauswahl

Grand Elysée

LUXUS • KLASSISCH Das größte privat betriebene Luxushotel Deutschlands! Elegant die Zimmer, weitläufig die Halle mit Boutique und Café, die Brasserie schließt sich an. Im Haus finden sich rund 800 Exponate aus der Kunstsammlung der Eigentümerfamilie. Tipp: ruhig gelegene Gartenhofzimmer oder Südzimmer zum Moorweidenpark.

494 Zim – 170/280 € 190/300 € – 17 Suiten – 25 €

Stadtplan : K1-m – *Rothenbaumchaussee 10 ✉ 20148 – ✆ 040 414120 – www.grand-elysee.com*

Piazza Romana • **THEO'S** – siehe Restaurantauswahl

Steigenberger

LUXUS • KLASSISCH Bei Geschäfts- und Städtereisenden gleichermaßen beliebt: die Lage direkt am Alsterfleet (hier ein eigener Bootsanlager), wohnliche Zimmer, ein komfortabler Spa, ein geräumiger Fitnessbereich "on top" samt Panoramablick und Dachterrasse!

227 Zim – 110/600 € 130/620 € – 6 Suiten – 29 €

Stadtplan : K3-s – *Heiligengeistbrücke 4 ✉ 20459 – ✆ 040 368060 – www.hamburg.steigenberger.de*

Bistro am Fleet – siehe Restaurantauswahl

Sir Nikolai (N)

URBAN • ELEGANT Direkt am Nikolai-Fleet liegt dieses zunächst unscheinbar wirkende Gebäude. Das Interieur: trendy, modern, hochwertig. Die Zimmer sind zwar nicht allzu groß, aber fast schon luxuriös ausgestattet. Das Parken übernimmt man für Sie.

88 Zim – 145/220 € 150/280 € – 6 Suiten – 23 €

Stadtplan : L3-n – *Katharinenstrasse 29 ✉ 20457 – ✆ 040 29996660 – www.sirhotels.com/nikolai*

IZAKAYA – siehe Restaurantauswahl

AMERON Hotel Speicherstadt

HISTORISCH • VINTAGE Sie wohnen direkt in der Speicherstadt, und zwar im ehemaligen Kontorhaus der Kaffeebörse. Für Charme sorgt trendiges Design im 50er-Jahre-Look, das zusammen mit warmen Tönen ein wohnliches Ambiente schafft. Das Restaurant "Cantinetta" erreicht man über die "Seufzerbrücke" - hier speist man italienisch.

192 Zim – 149/209 € 149/209 € – 19 €

Stadtplan : L3-s – *Am Sandtorkai 4 ✉ 20457 – ✆ 040 6385890 – www.hotel-speicherstadt.de*

The George

URBAN • DESIGN Modern-britisch der Stil - cool und urban. Ob Bibliothek, Bar oder Zimmer, überall gedeckte Töne und Details wie Bilder, Bezüge, Tapeten. Geräumig die "M"-Zimmer, die "S"-Zimmer kleiner und zur Straße gelegen. Genießen Sie von der Dachterrasse den Blick über Hamburg! Mediterran-italienische Küche im "DaCaio".

123 Zim – 151/268 € 162/279 € – 2 Suiten – 20 €

Stadtplan : G2-g – *Barcastr. 3 ✉ 22087 – ✆ 040 2800300 – www.thegeorge-hotel.de*

Reichshof

HISTORISCH • ELEGANT Ein echtes Lifestyle-Hotel! 1910 als Grandhotel erbaut, findet sich hier ein Mix aus Tradition und Moderne. Chic und wohnlich die Zimmer, lebendig die Lobby mit markanten Marmorsäulen - hier trinkt auch gerne einfach mal einen Kaffee. Breites Speisenangebot im Restaurant.

275 Zim - 🚹169/389 € 🚹🚹169/389 € - 3 Suiten - ☕ 21 €

Stadtplan : M2-e - *Kirchenallee 34 ✉ 20099 - ✆ 040 3702590 - www.reichshof-hamburg.com*

HENRI

URBAN • VINTAGE Hochwertig und mit dem Komfort von heute lässt man in dem einstigen Kontorhaus die 50-60er Jahre ("Henri auf Reisen") wieder aufleben. Charmant: Lounge mit Wohnzimmer-Flair, Küche mit Snacks und Getränken sowie täglichem "Abendbrod" und Kuchen am Wochenende!

61 Zim - 🚹98/237 € 🚹🚹118/257 € - 4 Suiten - ☕ 15 €

Stadtplan : LM3-a - *Bugenhagenstr. 21 ✉ 20095 - ✆ 040 5543570 - www.henri-hotel.com*

Eilenau

URBAN • INDIVIDUELL Charme und Individualität pur! In zwei sorgsam sanierten Häusern von 1890 treffen Antiquitäten, Stuck, Kronleuchter und altes Parkett auf stilvolle Moderne. Dazu persönlicher Service. Abends Bistrokarte für den kleinen Hunger.

17 Zim - 🚹99/109 € 🚹🚹119/139 € - 5 Suiten - ☕ 15 €

Stadtplan : H2-e - *Eilenau 36 ✉ 22089 - ✆ 040 2360130 - www.eilenau.de*

25hours Hafen City

URBAN • INDIVIDUELL An Individualität ist das hier kaum zu überbieten! Da trifft junges klares Design auf gemütliches Holz, Seemannsgeschichten, alte Schallplatten im loungigen "Vinyl Room", Gäste-Seesack in der Hafensauna auf dem Dach... Und die Zimmer sind natürlich Kojen! Am Wochenende Langschläferfrühstück bis 12 Uhr.

170 Zim - 🚹130/180 € 🚹🚹140/190 € - ☕ 21 €

Stadtplan : G3-h - *Überseeallee 5 ✉ 20457 - ✆ 040 2577770 - www.25hours-hotels.com*

Mittelweg

PRIVATHAUS • GEMÜTLICH Der Charme der Jahrhundertwende ist in der Villa von 1890 allgegenwärtig: Treppenhaus, Stuckdecke im stilvollen Frühstücksraum, liebenswert arrangierte Farben, Muster und klassische Möbel in den Zimmern. Lauschig der kleine Garten, praktisch die eigenen Parkplätze.

30 Zim ☕ - 🚹110/135 € 🚹🚹135/250 €

Stadtplan : G1-c - *Mittelweg 59 ✉ 20149 - ✆ 040 4141010 - www.hotel-mittelweg-hamburg.de*

Miramar & Mare (N)

BOUTIQUE-HOTEL • INDIVIDUELL Nicht weit von der Alster liegen die beiden Jugendstilhäuser von 1902 bzw. 1904. Außen hübsche klassische Fassaden, drinnen geschmackvolle und individuelle Einrichtung mit Liebe zum Detail. In beiden Häusern gibt es ein frisches Frühstück.

30 Zim ☕ - 🚹95/115 € 🚹🚹130/145 €

Stadtplan : H2-m - *Armgartstr. 20 ✉ 22087 - ✆ 040 51900940 - www.hotelmiramar.de*

Wedina

BOUTIQUE-HOTEL • INDIVIDUELL Gelbes Haus, Grünes Haus, Blaues Haus, Galeriehotel... - mal sonnig und frisch, mal puristisch oder mit literarischen Werken. Die Bücher (auch in der Lobby) sind übrigens von den Autoren signiert. Nicht versäumen: Frühstück im Garten und Stadttour per Leihfahrrad! Schön: Die Alster liegt gleich um die Ecke.

61 Zim - 🚹125/205 € 🚹🚹145/225 € - ☕ 15 €

Stadtplan : M2-b - *Gurlittstr. 23 ✉ 20099 - ✆ 040 2808900 - www.hotelwedina.de*

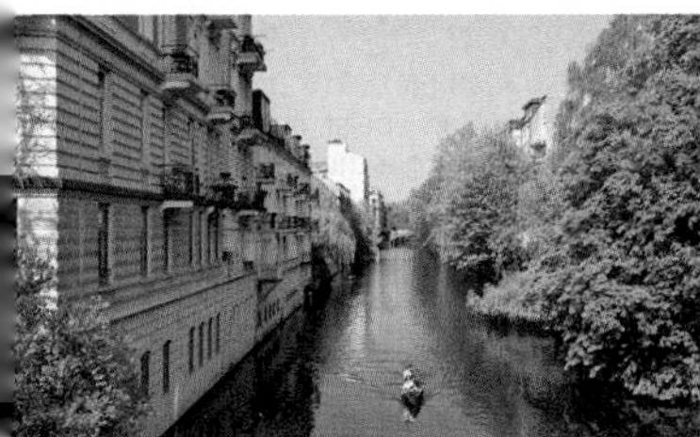

Außerhalb des Zentrums

Ullstein bild/ Getty Images

In Hamburg-Altona

Le Canard nouveau

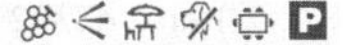

INTERNATIONAL • GERADLINIG XXX Nach wie vor ist die Qualität der Küche hier ausgezeichnet! Bei tollem Hafenblick speist man in wirklich schickem Ambiente kreativ, finessenreich und ausdrucksstark. Mittags gibt es auch einen interessanten Business-Lunch.

→ Oktopus, Burrata, Erbsen, Bärlauch, Pancetta. Karree vom Salzwiesenlamm, Artischocke, gelbe Zucchini, Petersilien-Gnocchi. Valrhona Schokoladenkuchen, Mispeln, Vanilleeis.

Menü 79/129 € (abends) - Karte 56/89 €

Stadtplan : C3-d - *Elbchaussee 139 ✉ 22763 - ✆ 040 88129531 (Tischbestellung ratsam) - www.lecanard-hamburg.de - geschl. 1. - 8. Januar und Sonntag - Montag*

Landhaus Scherrer (Heinz O. Wehmann)

FRANZÖSISCH-KLASSISCH • ELEGANT XXX In vielen Restaurants ein Trend, bei Heinz O. Wehmann seit Jahren eine Selbstverständlichkeit: herausragende regionale, oftmals biozertifizierte Produkte! Diese werden in dem stilvollen Haus klassisch und mit Geschmack verarbeitet. Ebenfalls klassisch, aber keineswegs steif der geschulte Service. Tolle Weine.

→ Angelschellfisch mit Schmorgurken und Hamburger Senfbutter, zweierlei Senfsamen. Graupenrisotto mit Kalbskopf, Kaisergranat und Sauce Américaine. Krosse Vierländer Ente mit Spitzkohl.

Menü 37 € (mittags)/119 € - Karte 44/85 €

Stadtplan : C3-c - *Elbchaussee 130 ✉ 22763 - ✆ 040 883070030 - www.landhausscherrer.de - geschl. Sonntag*

Wehmann's Bistro - siehe Restaurantauswahl

Petit Amour (Boris Kasprik)

KLASSISCHE KÜCHE • CHIC XX Warum das Restaurant so gut ankommt? Das Interieur verbindet modernen Chic mit Gemütlichkeit und intimer Atmosphäre, der Service ist freundlich und geschult, die Küche klassisch und angenehm geradlinig, aromenreich und ausdrucksstark.

→ Terrine von der Foie Gras mit Steinpilzen. Hagebuttenhonig und Brioche. Steinbutt unter Kartoffelschuppen mit Vin Jaune, Lauchpüree und Pfifferlingen. Geeiste Gariguette Erdbeere mit Mandelschokolade und Tahiti-Vanille.

Menü 46 € (mittags)/140 € (abends) - Karte 100/156 €

Stadtplan : D3-a - *Spritzenplatz 11 ✉ 22765 - ✆ 040 30746556 (Tischbestellung ratsam) - www.petitamour-hh.com - nur Abendessen, Donnerstag auch Mittagessen - geschl. Ende Januar - Anfang Februar 2 Wochen, Ende August - Anfang September 2 Wochen und Sonntag - Montag*

RIVE Bistro

FISCH UND MEERESFRÜCHTE • BRASSERIE X Die Betreiber des "Tschebull" leiten auch dieses direkt am Hafen gelegene Bistro. Es gibt Seafood und Grillgerichte mit Geschmack und Niveau, aber auch Klassiker wie Hamburger Pannfisch und Wiener Schnitzel sind zu haben. Im Sommer ist die wunderbare Terrasse praktisch ein Muss! Durchgehend warme Küche.

Menü 30 € (mittags unter der Woche)/53 € - Karte 35/86 €

Stadtplan : D3-r - *Van-der-Smissen Str. 1 ✉ 22767 - ✆ 040 3805919 (Tischbestellung ratsam) - www.rive.de - geschl. Montag*

Fischereihafen Restaurant

FISCH UND MEERESFRÜCHTE • KLASSISCHES AMBIENTE XXX Eine Institution in Hamburg, die überwiegend Fischgerichte bietet. Man speist in klassisch-maritimem Ambiente mit Blick auf den Hafen, umsorgt vom geschulten Service. Beliebt ist natürlich das günstige Mittagsmenü.

Menü 25 € (mittags)/75 € - Karte 35/84 €

Stadtplan : D3-d - *Große Elbstr. 143 ✉ 22767 - ✆ 040 381816 (Tischbestellung ratsam) - www.fischereihafenrestaurant.de*

Au Quai

FISCH UND MEERESFRÜCHTE • HIP XX Eine trendige Adresse mit guter internationaler Küche, die z. B. in Form von "Black Cod, Miso, Süßkartoffel, Pak Choi" serviert wird. Mittags kommt man gerne zum günstigen Lunch. Der Renner ist natürlich die Terrasse mit tollem Hafenblick!

Karte 43/92 €

Stadtplan : D3-q - *Große Elbstr. 145 b ✉ 22767 - ✆ 040 38037730 - www.au-quai.com - geschl. 23. Dezember - 7. Januar und Samstagmittag, Sonntag*

MASH

STEAKHOUSE • ELEGANT XX Das hochwertige Steakhouse-Konzept steht für richtig gute Fleischqualität von Rib Eye über N. Y. Strip bis zum exklusiven Kobe Beef. Dazu über 1500 Positionen in dekorativen Weinklimaschränken - auch Spitzenweine im Offenausschank!

Karte 38/83 €

Stadtplan : D3-m - *Große Elbstr. 148 ✉ 22767 - ✆ 040 809008111 (am Wochenende Tischbestellung ratsam) - www.mashsteak.de*

Wehmann's Bistro

REGIONAL • BISTRO X Der "kleine Bruder" des Gourmetrestaurants (auch hier erotische Bilder, dazu eine schöne Holztäfelung) hat Klassiker wie "Hamburger Pannfisch" oder "gebratene Kalbsnierchen mit Schneidebohnen und Senfsauce" zu bieten.

Menü 40 € - Karte 33/48 €

Stadtplan : C3-c - *Restaurant Landhaus Scherrer, Elbchaussee 130 ✉ 22763 - ✆ 040 883070050 - www.wehmanns-bistro.de - geschl. Sonntag*

Henssler Henssler 

ASIATISCHE EINFLÜSSE • GERADLINIG X Hier sind vor allem die Sushi- und Sashimi-Variationen gefragt, es gibt aber auch Gerichte wie "Filet von der Dorade" oder "Rib Eye vom Heiderind" mit Beilage und Sauce nach Wahl. Oder lieber "Sushi to go"?

Menü 45/69 € (abends) - Karte 35/63 €

Stadtplan : D3-u - *Große Elbstr. 160 ✉ 22767 - ✆ 040 38699000 (Tischbestellung ratsam) - www.hensslerhenssler.de - geschl. Sonntag*

Das Weisse Haus 

INTERNATIONAL • FREUNDLICH X In dem kleinen weißen Häuschen nahe dem Övelgönner Museumshafen erwartet man Sie in legerer Bistro-Atmosphäre zu leckeren internationalen Gerichten wie "im Bananenblatt gegartem Kabeljau auf Sesam-Spitzkohl". Im Sommer lockt die Terrasse.

Menü 25 € (mittags unter der Woche)/45 € - Karte 36/58 €

Stadtplan : C3-s - *Neumühlen 50 ✉ 22763 - ✆ 040 3909016 (Tischbestellung ratsam) - www.das-weisse-haus.de - geschl. Montag*

MY PLACE 

URBAN • INDIVIDUELL Ein kleines Hotel nahe dem Szeneviertel Schanze mit charmant-modernen Zimmern, ganz individuell, jedes nach einem Hamburger Stadtteil benannt. In der "Bakery" gibt's von 8 bis 20 Uhr kostenlos Wasser, Kaffee und Kuchen! Toll: gutes Frühstück (Marmelade hausgemacht) im Sommer auf der Dachterrasse!

17 Zim - †79/159 € ††99/159 € - 1 Suite - ☕ 5 €

Stadtplan : E2-p - *Lippmannstr. 5 ✉ 22769 - ✆ 040 28571874 - www.myplace-hamburg.de*

In Hamburg-Bahrenfeld

Rach & Ritchy

FLEISCH • FREUNDLICH Das Häuschen mit der farbig-frischen Fassade birgt ein nettes trendiges und angenehm legeres Restaurant, das sich auf erstklassige Steaks spezialisiert hat, vom Holsteiner Rind über australisches Black Angus bis U.S. Beef. Und vorneweg vielleicht die Meeresfrüchteplatte? Beliebt: die charmante Terrasse.

Karte 34/73 €

Stadtplan : D2-a - *Holstenkamp 71 ✉ 22525 - ✆ 040 89726170 (Tischbestellung ratsam) - www.rach-ritchy.de - geschl. Sonntag - Montag, Samstagmittag sowie an Feiertagen mittags*

Atlas

INTERNATIONAL • BISTRO In der gemütlich-legeren einstigen Fischräucherei samt netter großer Terrasse vor dem Haus wird Internationales serviert. Am Mittag ist die Karte kleiner. Sonntags nur Brunch. Tipp: Machen Sie doch mal einen Kochkurs!

Menü 19 € (mittags unter der Woche)/45 € - Karte 18/56 €

Stadtplan : D2-b - *Schützenstr. 9a, Eingang Phoenixhof ✉ 22761 - ✆ 040 8517810 - www.atlas.at - geschl. Samstagmittag, Sonntagabend und an Feiertagen*

Off Club

MODERNE KÜCHE • TRENDY Der "Off Club" in dem sanierten Fabrikgebäude ist schon eine besondere Adresse! Es gibt drei Restaurantbereiche, in denen man in vollkommen entspannter Atmosphäre à la carte oder ein Überraschungsmenü wählt. Was alle Gerichte gemeinsam haben: Finessenreichtum, jede Menge Geschmack und eine ganz eigene Note.

Menü 35/77 € - Karte 37/56 €

Stadtplan : D2-c - *Leverkusenstr. 54 ✉ 22761 - ✆ 040 89019333 (Tischbestellung ratsam) - www.offclub.de - nur Abendessen - geschl. Sonntag - Montag*

25hours Number One

URBAN • VINTAGE Hip und trendig! Das ehemalige Lagerhaus ist gefragt bei Freunden von stylischem Design mit Retro-Touch. Da passt auch der moderne Stil des Restaurants ins Bild, hier gibt's Gerichte von typisch norddeutsch bis Pizza und Pasta. Tipp: kostenfreie Leihfahrräder sowie "Mini" zur Stadterkundung!

128 Zim - †95/200 € ††95/200 € - ☕ 14 €

Stadtplan : C2-n - *Paul-Dessau-Str. 2 ✉ 22761 - ✆ 040 855070 - www.25hours-hotels.com/no1*

In Hamburg-Bergedorf Süd-Ost: 33 km über A 25 Richtung Lübeck, Ausfahrt Curslack B3

Zollenspieker Fährhaus

BUSINESS • MODERN Ein a. d. 13. Jh. stammendes Traditionshaus mit Hotelerweiterung - Modernes und heimische Materialien überaus ansprechend kombiniert. Schön der öffentliche Bereich und die großzügigen Zimmer. Zum Essen geht man ins historische Gasthaus mit tollem Wintergarten oder in die Vinothek. Terrasse und Biergarten.

59 Zim - †108/165 € ††118/190 € - 2 Suiten - ☕ 20 €

Zollenspieker Hauptdeich 143, (im Ortsteil Kirchwerder) ✉ 21037 - ✆ 040 7931330 - www.zollenspieker-faehrhaus.de

In Hamburg-Bergstedt Nord-Ost: 17 km über B1

Stüffel

REGIONAL • BISTRO Trotz der Lage am Rand von Hamburg lohnt sich die Anfahrt! In schön ungezwungener Atmosphäre gibt es frische regional-saisonale Küche voller Geschmack, z. B. "roh marinierten Lachs mit Avocado & Sesam" oder "Roastbeef mit Trüffelsauce & Mais-Saubohnen". Dazu preislich faire Weine.

Menü 36/52 € - Karte 41/55 €

Stüffel 8 ✉ 22395 - ✆ 040 60902050 - www.restaurantstueffel.de - nur Abendessen - geschl. 5. - 11. März und Montag, Oktober - April: Montag - Dienstag

In Hamburg-Blankenese West: 16 km über Elbchaussee A2

✿✿ Süllberg - Seven Seas (Karlheinz Hauser)

FRANZÖSISCH-MODERN • LUXUS XXXX Exklusiv ist hier nicht nur die Lage, auch das kleine feine Herzstück des schönen Hauses ist edel und überaus geschmackvoll. Und die modern-klassische Küche ist in Raffiniertheit und Finessenreichtum wahrhaft eine Seltenheit. Service und Weinauswahl tun ihr Übriges. Niveauvoll auch der Hotelbereich.

→ Meeresaromen "Krustentiere und Muscheln", Gurke, Mandel, schwarzer Knoblauch. Seezunge "sous vide gegart", Blumenkohl, Yuzu, Algen-Beurre blanc. Süßsaure Ente, Kakao, Rote Bete, Granny Smith.

Menü 115 € (vegetarisch)/190 € - Karte 68/88 €

10 Zim - †180/200 € ††200/240 € - 1 Suite - ☕19 €

Süllbergsterrasse 12 ✉ 22587
- ✆ 040 8662520 - www.suellberg-hamburg.de
- nur Abendessen - geschl. Januar - Mitte Februar und Montag - Dienstag

Deck 7 - siehe Restaurantauswahl

Deck 7

REGIONAL • GEMÜTLICH XX Modern-eleganter Stil, ruhige Erdtöne, schöner Schiffsboden... Das zweite Süllberg-Restaurant ist etwas legerer, die Küche saisonal-international. Im Sommer hausgemachter Kuchen auf der Terrasse, im Winter Rustikales in der "Almhütte".

Menü 30 € - Karte 28/54 €

Restaurant Süllberg - Seven Seas, Süllbergsterrasse 12 ✉ 22587
- ✆ 040 86625277 - www.suellberg-hamburg.de - geschl. Januar - Mitte Februar und Montag - Dienstag

Witthüs

INTERNATIONAL • FREUNDLICH XX Fast schon romantisch: Im Hirschpark liegt das über 300 Jahre alte Bauernhaus (einst Wohnhaus des berühmten Dichters und Komponisten Hans Henry Jahnn), charmant die elegant-nordische Einrichtung, reizend die Terrasse im Grünen. Geboten wird internationale Küche - bekannt ist man für das Candle-Light-Dinner.

Menü 36/39 € - Karte 41/50 €

Elbchaussee 499a, (Zufahrt über Mühlenberg) ✉ 22587
- ✆ 040 860173 - www.witthues.com
- nur Abendessen - geschl. Montag

Strandhotel

VILLA • KLASSISCH Am Elbstrand ist Lifstyle zuhause! Trotz aller Moderne ist der Charme der denkmalgeschützten weißen Jugendstilvilla allgegenwärtig: Hohe stuckverzierte Räume treffen auf stimmiges Designer-Interieur! Gutes Frühstück bei herrlichem Elbblick.

14 Zim - †100 € ††160/205 € - 1 Suite - ☕15 €

Strandweg 13 ✉ 22587 - ✆ 040 861344 - www.strandhotel-blankenese.de
- geschl. 25. Dezember - 18. Januar

In Hamburg-Duvenstedt Nord-Ost: 21 km über B1, Richtung Kiel

LENZ

REGIONAL • FREUNDLICH X So ein Restaurant wünscht man sich um die Ecke: moderne, freundliche Atmosphäre und gute regionale Küche von Labskaus über geschmorte Ochsenbacke bis zur leckeren roten Grütze, dazu feine Kindergerichte. Der lichte Wintergarten lässt sich übrigens im Sommer öffnen!

Menü 32 € - Karte 26/59 €

Poppenbütteler Chaussee 3 ✉ 22397
- ✆ 040 60558887 - www.restaurant-lenz.de
- geschl. August 1 Woche und Dienstag

In Hamburg-Eimsbüttel

✿ Jellyfish

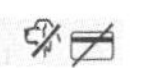

FISCH UND MEERESFRÜCHTE • TRENDY X Locker und leger geht es hier zu, angenehm puristisch das Ambiente. Zur charmant-trendigen Atmosphäre kommt eine feine und kontrastreiche kreative Küche auf Basis exzellenter Produkte aus dem Meer. In Sachen Wein kann man sich getrost auf den versierten Service verlassen.
→ Wildgarnele, Karotte, Zimt, Reis. Zander, Lauch, Apfel, Pumpernickel, Sardelle. Müsli, Kaffee, Orange.

Menü 74/122 € - Karte 66/83 €

Stadtplan : E2-a - *Weidenallee 12 ✉ 20357 - ☎ 040 4105414 - www.jellyfish-restaurant.de - nur Abendessen - geschl. Dienstag*

Heimatjuwel

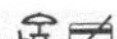

KREATIV • GERADLINIG X Marcel Görke, in Hamburg kein Unbekannter, hat hier ein geradlinig-rustikales und ganz legeres kleines Restaurant. Die kreativ-regionale Küche gibt es z. B. als "Winterkabeljau, Kartoffel, Meerrettich, Spitzkohl, Rote-Bete-Sud". Sehr reduzierter und einfacher Mittagstisch. Kleine Terrasse auf dem Gehweg.

Menü 37/87 € - Karte 47/58 €

Stadtplan : E1-h - *Stellinger Weg 47 ✉ 20255 - ☎ 040 42106989 (Tischbestellung ratsam) - www.heimatjuwel.de - nur Abendessen - geschl. 1. - 15. Januar, 29. August - 19. September und Sonntag - Montag*

Zipang

JAPANISCH • GERADLINIG X "Zipang" bedeutet "Reich der aufgehenden Sonne" - so kocht man hier traditionell japanisch, bindet aber auch gelungen westliche Einflüsse mit ein. In puristischem Ambiente gibt es z. B. "geschmortes Schweinefleisch, Onsen-Ei" oder die Sushi-Variation. Gut die Auswahl an hochwertigen Sake!

Menü 32 € (mittags)/65 € (abends) - Karte 32/93 €

Stadtplan : E1-z - *Eppendorfer Weg 171 ✉ 20253 - ☎ 040 43280032 - www.zipang.de - geschl. Sonntag - Dienstagmittag, Mittwochmittag*

Witwenball (N)

MODERNE KÜCHE • GEMÜTLICH X Wo einst das Tanzbein geschwungen wurde, gibt es heute in sympathisch-ungezwungener Atmosphäre frische, schmackhafte Gerichte wie "Zander, Blumenkohl, Purple Curry, Rosine" sowie gute vornehmlich deutsche Weine. Schön die große Marmortheke.

Menü 35/46 € - Karte 37/57 €

Stadtplan : E2-w - *Weidenallee 20 ✉ 20357 - ☎ 040 53630085 - www.witwenball.com - nur Abendessen - geschl. Montag*

In Hamburg-Eppendorf

✿ Piment (Wahabi Nouri)

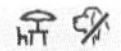

KREATIV • NACHBARSCHAFTLICH XX Auf Basis einer modernisierten französischen Küche entfaltet Wahabi Nouri in diesem schönen Restaurant seinen eigenen Stil und lässt dabei auch feine, dezente Einflüsse seiner nordafrikanischen Heimat erkennen. Bei der Weinauswahl ist Ihnen der aufmerksame Service gerne behilflich.
→ Fois Gras mit Tajine Aromen. Gemüse Couscous mit Safranglace. Irischer Lammrücken, B'stilla, Kardonen, Ras el-Hanout.

Menü 49/108 € - Karte 56/91 €

Stadtplan : F1-a - *Lehmweg 29 ✉ 20251 - ☎ 040 42937788 (Tischbestellung ratsam) - www.restaurant-piment.de - nur Abendessen - geschl. Mittwoch, Sonntag*

Brechtmanns Bistro

ASIATISCHE EINFLÜSSE • GERADLINIG Ausgesprochen beliebt ist das sympathische modern-puristische Bistro der Brechtmanns. Es gibt frische asiatisch inspirierte Marktküche, z. B. als "knusprigen Tatar vom Thunfisch, Gurke, Wasabi, süß-saure Ananas" oder "gesottenen Rindertafelspitz in Bouillon, Wurzelgemüse, Apfel".

Karte 27/52 €

Stadtplan : F1-c – *Erikastr. 43 ✉ 20251 – ✆ 040 41305888 – www.brechtmann-bistro.de*

Cornelia Poletto

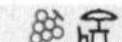

ITALIENISCH • FREUNDLICH Cornelia Poletto (bekannt aus ihrem früheren Restaurant und aus dem Fernsehen) bietet hier Italien auf 100 qm - z. B. als schönes "Menu del giorno", aber auch im Laden in Form von Gewürzen, Wein, Pasta, Käse. Tipp: die Kochschule!

Menü 59/159 € – Karte 45/81 €

Stadtplan : F1-p – *Eppendorfer Landstr. 80 ✉ 20249 – ✆ 040 4802159 (Tischbestellung ratsam) – www.cornelia-poletto.de – geschl. Sonntag - Montag sowie an Feiertagen*

Poletto Winebar

ITALIENISCH • GEMÜTLICH In der gemütlich-quirligen Weinbar heißt es bei italienischer Küche "sehen und gesehen werden". Hier bestellt man z. B. "Tagliolini mit Trüffel aus dem Parmesanlaib" oder tolle Aufschnitte von der Berkel-Maschine! Kleiner Weinladen nebenan.

Menü 32 € – Karte 32/62 €

Stadtplan : F1-w – *Eppendorfer Weg 287 ✉ 20251 – ✆ 040 38644700 (abends Tischbestellung ratsam) – www.poletto-winebar.de*

Ono by Steffen Henssler

JAPANISCH • GERADLINIG Wie man es in einem Henssler'schen Restaurant erwartet, gibt es hier japanische Küche mit kalifornischen Einflüssen, so z. B. typische "Rolls", Sushi & Sashimi und auch klassischere Gerichte wie "Wolfsbarsch, Perlgraupen, Lardo, Kai-Lan, Velouté". Das Drumherum: lockere Bistro-Atmosphäre.

Menü 59/79 € (abends) – Karte 40/66 €

Stadtplan : F1-b – *Lehmweg 17 ✉ 20251 – ✆ 040 88171842 (Tischbestellung ratsam) – www.onobysh.de – geschl. über Weihnachten 2 Wochen und Sonntag*

Dieser Führer lebt von Ihren Anregungen, die uns stets willkommen sind. Egal ob Sie uns eine besonders angenehme Erfahrung oder eine Enttäuschung mitteilen wollen – schreiben Sie uns!

In Hamburg-Finkenwerder

Finkenwerder Elbblick

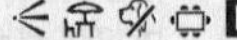

FISCH UND MEERESFRÜCHTE • BÜRGERLICH Traditionelle Fischgerichte sind nicht wegzudenken aus diesem langjährigen Familienbetrieb - Appetit auf klassische "Scholle Finkenwerder Art"? Toll: Blick auf die Elbe und die gegenüberliegende Elbchaussee mit ihren schönen Villen!

Karte 32/74 €

Stadtplan : A2-b – *Focksweg 42 ✉ 21129 – ✆ 040 7427095 – www.finkenwerder-elbblick.de*

The Rilano

BUSINESS • MODERN Modernes Hotel an der Elbe, ganz in der Nähe des Airbus-Centers. In den Zimmern (meist mit Elbblick) hat man W-Lan und Softgetränke aus der Minibar kostenfrei. Internationale Küche im Restaurant, Snacks in der "Fusion-Bar", im Sommer "Beachbar". Mit der Fähre (Anleger direkt am Haus) in 30 Min. zum Zentrum.

170 Zim – 99/249 € 119/269 € – 5 Suiten – 20 €

Hein-Saß-Weg 40, über A 7 A3, Richtung Hannover, Ausfahrt 30 ✉ 21129 – ✆ 040 3008490 – www.rilano-hotel-hamburg.com

AM ELBUFER

FAMILIÄR • FUNKTIONELL Das kleine Hotel auf der Elbinsel ist freundlich-familiär geführt und topgepflegt, hat zeitgemäß-wohnliche Zimmer (fragen Sie nach denen mit Elbblick!) und bietet ein gutes, frisches Frühstück. Und die Fähre zum Zentrum ist nicht weit weg.

14 Zim – 83/135 € 120/190 € – 1 Suite

Stadtplan : A2-a – *Focksweg 40a ✉ 21129 – ✆ 040 7421910 – www.hotel-am-elbufer.de – geschl. 16. Dezember - 8. Januar*

In Hamburg-Flottbek

HYGGE Brasserie

REGIONAL • BRASSERIE XX "Hygge" (dänisch) steht für Geborgenheit, Vertrautheit, Gemeinschaft... Chic, stylish und entspannt ist es in dem hübschen Fachwerkhaus, Herzstück der mittige Kamin. Es gibt saisonal-regionale Gerichte wie "Kabeljaufilet, Schmorgurken, Meerrettich, Kartoffelstampf". Trendige Bar-Lounge.

Menü 36/48 € – Karte 36/59 €

Stadtplan : A2-m – *Hotel Landhaus Flottbek, Baron-Voght-Str. 179 ✉ 22607 – ✆ 040 82274160 – www.landhaus-flottbek.de – geschl. Samstagmittag, Sonntagmittag*

Landhaus Flottbek

FAMILIÄR • GEMÜTLICH Das geschmackvolle Ensemble aus mehreren Bauernhäusern a. d. 18. Jh. beherbergt neben dem guten Restaurant auch schöne wohnliche Zimmer mit nordischem Touch - vielleicht eines zum Garten hin? Am Morgen lockt ein sehr gutes Frühstück.

25 Zim – 110/160 € 140/190 € – 19 €

Stadtplan : A2-m – *Baron-Voght-Str. 179 ✉ 22607 – ✆ 040 82274160 – www.landhaus-flottbek.de*

HYGGE Brasserie – siehe Restaurantauswahl

In Hamburg-Harburg

Leuchtturm

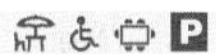

FISCH UND MEERESFRÜCHTE • GEMÜTLICH XX Seezunge, Zander, wilder Loup de Mer... Fisch und Meeresfrüchte sind hier Spezialität. Serviert werden die frische Küche und auch die schönen Weine und Grappas bei mediterranem Flair oder auf der Terrasse am Außenmühlteich. Großer Festsaal.

Menü 35/69 € – Karte 36/74 €

Stadtplan : A3-e – *Außenmühlendamm 2 ✉ 21077 – ✆ 040 70299777 – www.leuchtturm-harburg.de*

Nordlicht

MODERNE KÜCHE • GEMÜTLICH XX Hier sitzt man in sympathischer maritimer Atmosphäre bei modernen Gerichten wie "Rinderfilet & Ochsenbacke, Rauke, Vierländer Platte, Portwein". Tipp: das Degustationsmenü. Und wie wär's mittags mit dem Business Lunch?

Menü 50/75 € – Karte 45/74 €

Stadtplan : A3-n – *Veritaskai 2 ✉ 21079 – ✆ 040 76793389 – www.nordlicht-harburg.de – geschl. Montag, Samstagmittag*

Lindtner

BUSINESS • MODERN Ein wohnlich-komfortables Privathotel unter engagierter Leitung mit Konferenz- und Veranstaltungsräumen für bis zu 1000 Personen. Gönnen Sie sich doch mal die "Penthouse-" oder die "Kamendy-Suite"! Hochwertiger Wellnessbereich, Restaurant mit internationaler Küche. Gratis Elektroauto-Ladestation vor dem Haus.

119 Zim – 144/244 € 164/264 € – 9 Suiten

Stadtplan : A3-g – *Heimfelder Str. 123 ✉ 21075 – ✆ 040 790090 – www.lindtner.com*

In Hamburg-Langenhorn Nord: 15 km über B1, Richtung Kiel

Speisewirtschaft Wattkorn

REGIONAL • RUSTIKAL Schon von außen ist das denkmalgeschützte reetgedeckte Bauernhaus überaus einladend, drinnen hat man es richtig gemütlich. Das Angebot reicht von Schnitzel über "Pannfisch mit Bratkartoffeln und Senfsauce" bis Sushi. Heiß begehrt: der reizende Sommergarten! Charmante Gästezimmer.

Menü 20 € (mittags)/35 € – Karte 31/65 €

7 Zim – 45/70 € 100/120 €

Tangstedter Landstr. 230 ✉ 22417
– ✆ 040 5203797 (Tischbestellung ratsam)
– www.wattkorn.de

In Hamburg-Lemsahl-Mellingstedt Nord: 20 km über B1, Richtung Lübeck

Stock's Fischrestaurant

FISCH UND MEERESFRÜCHTE • DESIGN Ein charmantes Fachwerkhaus, unter dessen Reetdach es sich schön gemütlich sitzt. Freundlich umsorgt lässt man sich leckere Fischgerichte wie "gebratenen Dorsch, Blattspinat, Pommerysenfsauce" schmecken. Oder haben Sie Lust auf Sushi?

Menü 23 € (mittags unter der Woche)/50 € – Karte 32/65 €

An der Alsterschleife 3 ✉ 22399
– ✆ 040 6113620 (Tischbestellung ratsam)
– www.stocks.de
– geschl. Montag

Kaminstube – siehe Restaurantauswahl

Kaminstube

ÖSTERREICHISCH • GEMÜTLICH Holz, Felle auf Stühlen und Bänken, Geweih als Deko - modern-alpenländisches Flair in nordischen Gefilden! Was passt da besser als österreichische Küche? Internationales ist aber ebenso vertreten, von Sushi bis zum Burger. Dachterrasse.

Menü 32/36 € – Karte 30/49 €

Stock's Fischrestaurant, An der Alsterschleife 3, (1. Etage) ✉ 22399
– ✆ 040 61136217 – www.stocks.de
– nur Abendessen – geschl. Montag - Dienstag

In Hamburg-Nienstedten West: 13 km über Elbchaussee A2

Jacobs Restaurant

FRANZÖSISCH-KLASSISCH • CHIC Ein Klassiker der Hamburger Hochgastronomie mit finessenreicher französischer Küche, wie man sie gerne öfter sehen würde: klar, produktorientiert und auf den Punkt gebracht. Schön auch das stilvolle Restaurant selbst mit Blick zur Elbe - ein Traum ist im Sommer die Lindenterrasse!

→ Eismeerforelle, Senfkörner, Rettich, Dill, Miso-Sojavinaigrette. Ganzer Bretonischer Loup de Mer im Blätterteig gebacken. Karamellisierte Altländer Apfeltarte, Crème Chantilly.

Menü 96/142 € – Karte 64/116 €

Hotel Louis C. Jacob, Elbchaussee 401 ✉ 22609 – ✆ 040 82255407 (Tischbestellung ratsam) – www.hotel-jacob.de – Mittwoch - Freitag: nur Abendessen – geschl. Montag - Dienstag

Weinwirtschaft Kleines Jacob

KLASSISCHE KÜCHE • WEINSTUBE Für so manchen ist das hier schon zum Lieblingsrestaurant geworden - kein Wunder, denn bei Weinstuben-Charme, warmem Kerzenlicht und aufmerksamem Service hat man es wirklich schön. Aus der offenen Küche kommt z. B. "Hühnerfrikassee mit Königinpastete und Reis". Weine nur aus deutschsprachigem Anbaugebiet.

Menü 36 € – Karte 37/53 €

Hotel Louis C. Jacob, Elbchaussee 404 ✉ 22609
– ✆ 040 82255510 (Tischbestellung ratsam)
– www.kleines-jacob.de – nur Abendessen, sonntags auch Mittagessen

Il Sole

ITALIENISCH • FREUNDLICH Wer bei dem wohlklingenden Namen frische italienisch-mediterrane Speisen vermutet, liegt völlig richtig. Appetit macht hier z. B. "Kalbsleber mit Salbei, Spinat und Kartoffelpüree". Freuen darf man sich auch auf herzlich-charmanten Service!

Karte 28/64 €

Nienstedtener Str. 2d ✉ 22609
– ✆ 040 82310330 – www.il-sole.de – geschl. Montag

Louis C. Jacob

LUXUS • KLASSISCH Wunderbar die Lage, sehr gut die Führung, top der Service und überall im Haus hanseatische Eleganz! Darf es vielleicht ein Elbzimmer mit herrlicher Sicht sein? Geschichtlich Interessierte lassen sich den historischen Eiskeller zeigen!

66 Zim – †185/345 € ††225/385 € – 19 Suiten – ☕ 35 €

Elbchaussee 401 ✉ 22609
– ✆ 040 822550 – www.hotel-jacob.de

✿✿ **Jacobs Restaurant** • **Weinwirtschaft Kleines Jacob** – siehe Restaurantauswahl

Für große Städte gibt es Stadtpläne, auf denen die Hotels und Restaurants eingezeichnet sind. Die Koordinaten (z.B. : Stadtplan : 12BMe) helfen Ihnen bei der Suche.

In Hamburg-St. Pauli

Nil

INTERNATIONAL • NACHBARSCHAFTLICH In dem Restaurant im Szeneviertel "Schanze" sitzt man zwar ein bisschen eng, aber gemütlich. Dazu gute Gerichte wie "Zickleinbratwurst mit Linsen und Pastinaken-Apfelsenf" oder "gebratenen Skrei mit Ofenmöhren und Koriander". Schön der nach hinten gelegene Garten. Kochkurse nebenan.

Menü 32/42 € – Karte 32/54 €

Stadtplan : E3-n – *Neuer Pferdemarkt 5 ✉ 20359*
– ✆ 040 4397823 – www.restaurant-nil.de
– nur Abendessen – geschl. Dienstag, außer im Dezember

philipps

INTERNATIONAL • HIP Eine wirklich nette Adresse, die sich hier in einer Seitenstraße versteckt. Über ein paar Stufen nach unten gelangt man in ein freundliches Lokal mit niedrigen Decken. Locker die Atmosphäre, international die Karte. Schmackhaft und handwerklich sauber gekocht z. B. "Ochsenbacke mit Lauch-Kartoffelpüree".

Menü 38/58 € – Karte 34/55 €

Stadtplan : J2-s – *Turnerstr. 9 ✉ 20038 – ✆ 040 63735108*
– www.philipps-restaurant.de – geschl. Sonntag - Montag

East

FUSION • DESIGN XX Kaum in Worte fassen lässt sich der ganz besondere Mix aus fernöstlichem Flair und westlicher Industriegeschichte! Mitten in der einstigen Werkshalle: Sushitresen. Ansonsten gibt es moderne Gerichte wie "gebratenen Wild-Zander, Rahmsauerkraut, Speck, Trauben" oder feine Steaks vom Southbend-Grill.

Karte 38/75 €

Stadtplan : J2-n – *Hotel East, Simon-von-Utrecht-Str. 31 ✉ 20359*
– *✆ 040 309933*
– *www.east-hamburg.de*
– *nur Abendessen*

Clouds - Heaven's Restaurant & Bar

FRANZÖSISCH • DESIGN X Der Blick ist schlichtweg grandios! Hoch über Elbe und Michel speist man französisch-mediterran, so z. B. "Label Rouge Lachs, Belugalinsen, Apfelpüree, Kresseschaum", oder Rotisserie-Gerichte. Dachterrasse "heaven's nest" für Drinks!

Karte 40/82 €

Stadtplan : J3-e – *Reeperbahn 1, (im 23. Stock der Tanzenden Türme) ✉ 20359*
– *✆ 040 30993280 (Tischbestellung erforderlich)*
– *www.clouds-hamburg.de*
– *geschl. Samstagmittag, Sonntagmittag*

Empire Riverside Hotel

BUSINESS • DESIGN Puristisches Design von David Chipperfield bestimmt das Hotel nahe den Landungsbrücken. Fragen Sie nach den (Eck-) Zimmern mit Hafenblick! Den bietet auch das Restaurant Waterkant - hier serviert man Internationales aus der offenen Showküche. Der In-Treff schlechthin ist die Panorama-Bar "20 up" im 20. Stock!

327 Zim – †129/279 € ††129/279 € – ☕ 24 €

Stadtplan : E3-e – *Bernhard-Nocht-Str. 97 ✉ 20359 – ✆ 040 311190*
– *www.empire-riverside.de*

East

BUSINESS • DESIGN Einst Eisengießerei, heute Trendhotel! Topmodern und wertig: neueste Technik, sehr spezielles Design, durchdacht bis ins kleinste Detail! Nicht minder stylish: "Sporting Club" und hauseigener Club "uppereast" (freitag- und samstagabends).

120 Zim – †129/199 € ††149/309 € – 8 Suiten – ☕ 20 €

Stadtplan : J2-n – *Simon-von-Utrecht-Str. 31 ✉ 20359*
– *✆ 040 309930*
– *www.east-hamburg.de*

East – siehe Restaurantauswahl

In Hamburg-Sülldorf West: 15 km über A2, Richtung Wedel

Memory

INTERNATIONAL • FAMILIÄR XX In dem freundlichen Restaurant mit mediterranem Touch wird am Abend Klassik groß geschrieben, und zwar in Form eines frei wählbaren Menüs - hier z. B. "Skrei auf Champagnerkraut mit Senfsauce". Gekocht wird mit klarer Linie und ohne Chichi. Mittags Bistrokarte mit Lunchmenü. Nette Terrasse hinterm Haus.

Menü 25 € (mittags unter der Woche)/89 €

Sülldorfer Landstr. 222, B 431 ✉ 22589
– *✆ 040 86626938*
– *www.memory-hamburg.de*
– *geschl. Mitte März 1 Woche und Samstagmittag, Sonntag - Montag*

In Hamburg-Volksdorf Nord-Ost: 16 km über Wandsbecker Chaussee B2, Richtung Lübeck

Dorfkrug

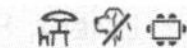

MARKTKÜCHE • RUSTIKAL XX Richtig charmant ist das historische Haus am Museumsdorf mit seinen alten Bauernwerkzeugen, Holzbalken und offenem Kamin. Klassiker aus der süddeutschen Heimat der Gastgeber finden sich hier ebenso wie Regionales. Auf der Karte z. B. "Kalbsbäckchen mit Kartoffelstampf" oder "Zwiebelrostbraten mit Spätzle".

Menü 36/60 € – Karte 36/57 €

Im alten Dorfe 44 ✉ 22359
– ✆ 040 6039294 – www.dorfkrug-volksdorf.com
– nur Abendessen, sonntags auch Mittagessen – geschl. Montag - Dienstag

Hotel du Nord

BUSINESS • MODERN Geschmackvoll hat man die großzügigen, komfortablen und wertigen Zimmer in dem kleinen Designhotel in klarem modernem Stil eingerichtet. Ebenso geradlinig-zeitgemäß das Ambiente im "Villaggio", die Küche ist italienisch.

25 Zim ☕ – †121/133 € ††155/175 €

Im alten Dorfe 40 ✉ 22359
– ✆ 040 63856960 – www.hotel-dunord.de

In Hamburg-Wandsbek

Ni Hao

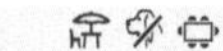

CHINESISCH • KLASSISCHES AMBIENTE X Kanton, Szechuan,Shanghai und Peking - Freunde der chinesischen Küche lassen sich hier auf authentische Art die vier Haupt-Küchenstile näher bringen. Macht Ihnen vielleicht das traditionelle Pekingenten-Menü in vier Gängen Appetit?

Menü 28/49 € – Karte 22/39 €

Stadtplan : B2-x – *Wandsbeker Zollstr. 25 ✉ 22041 – ✆ 040 6520888*
– www.ni-hao.de

In Hamburg-Winterhude

Trüffelschwein (Kirill Kinfelt)

MODERNE KÜCHE • FREUNDLICH XX Hier kocht man modern, geschmacksintensiv und ausdrucksstark. Zur feinen Küche in Form zweier stimmiger Menüs kommen ein kompetenter, herzlicher Service samt guter Weinberatung und ein freundliches, angenehm geradliniges Ambiente.

→ Venere Reis, Frankfurter Grüne Soße, Champignons. Iberico Schwein, Sellerie, Trüffel. Rinderschulter, Nashi Birne, Nussbutter.

Menü 89/129 € – Karte 64/93 €

Stadtplan : G1-t – *Mühlenkamp 54 ✉ 22303*
– ✆ 040 69656450 (Tischbestellung ratsam) – www.trueffelschwein-restaurant.de
– nur Abendessen – geschl. 2. - 3. Januar, 12. - 18. März, 16. - 29. Juli und Sonntag - Montag

Gallo Nero (N)

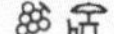

ITALIENISCH • MEDITERRANES AMBIENTE XX Ristorante, Enoteca, "Alimentari con Cucina", drei schöne Terrassen... In dieser Winterhuder Institution heißt es italienische Lebensart samt produktbezogener Gerichte wie "Burrata con datterino e culatello di Zibello" oder "Calamaretti alla griglia". Dazu tolle italienische Rotweine und schöne Rieslinge!

Menü 39/89 € – Karte 40/70 €

Stadtplan : G1-g – *Sierichstr. 46 ✉ 22301 – ✆ 040 27092229*
– www.gallo-nero.net

Portomarin

SPANISCH • GEMÜTLICH XX Lust auf ambitionierte spanische Küche? Aus sehr guten, frischen Produkten entsteht hier z. B. "Wildfang-Wolfsbarsch, Zitronen-Essenz, Honig-Lavendelblütenbutter, Kikos". Die Atmosphäre dazu ist gemütlich und charmant. Schöne Weinauswahl.

Menü 49 € - Karte 39/51 €

Stadtplan : G1-n – *Dorotheenstr. 180 ✉ 22299 – ✆ 040 46961547 (Tischbestellung ratsam) – www.portomarin.de – nur Abendessen – geschl. August 3 Wochen und Sonntag - Montag*

Zeik

INTERNATIONAL • NACHBARSCHAFTLICH X Ein sympathisches kleines Restaurant in einer angenehmen Wohngegend. Aus der Küche kommt Schmackhaftes wie "Blackened Tuna-Sashimi, Teriyaki-Sauce, spicy Mangosalat" oder "US Short Ribs in Rotwein geschmort mit Knusperpüree".

Karte 38/60 €

Stadtplan : BT-u – *Sierichstr. 112 ✉ 22299 – ✆ 040 46653531 – www.zeik.de – nur Abendessen – geschl. Montag*

HAMELN

Niedersachsen - 56 310 Ew. - Höhe 62 m - Regionalatlas **28**-H9
Michelin Straßenkarte 541

Jugendstil

HISTORISCHES GEBÄUDE • ART DÉCO Die Gründerzeitvilla von 1903 bietet ihren Gästen einen schönen historischen Rahmen und ansprechende, wohnlich gestaltete Zimmer. Tipp: Suite in der oberen Etage mit kleinem Wintergarten. Gut auch die zentrale Lage.

21 Zim - 79/92 € 99/120 € - 1 Suite

Wettorstr. 15 ✉ 31785 - ✆ 05151 95580 - www.hotel-jugendstil.de - geschl. 21. Dezember - 7. Januar

Bellevue

FAMILIÄR • FUNKTIONELL In der familiär geführten Villa a. d. J. 1910 wohnen Sie jenseits der Weser. Gut die Parkplatzsituation, freundlich, wohnlich und funktionell die Gästezimmer. Am Morgen sitzen Sie im angenehm hellen Frühstücksraum zum kleinen Garten.

18 Zim - 78/110 € 92/130 €

Klütstr. 34 ✉ 31787 - ✆ 05151 98910 - www.hotel-bellevue-hameln.de

HAMM in WESTFALEN

Nordrhein-Westfalen - 176 580 Ew. - Höhe 63 m - Regionalatlas **27**-E10
Michelin Straßenkarte 543

Denkma(h)l

MARKTKÜCHE • GERADLINIG X Das Konzept: Lehr- und Trainingsgastronomie. Die frische saisonale Küche gibt es abends als kleines A-la-carte-Angebot oder als Überraschungsmenü - hier z. B. "Label Rouge Lachsfilet mit Estragon-Senfsauce". Interessant: Bierbegleitung zum Abendmenü. Mittags ist die Karte einfacher und günstiger.

Menü 44 € (abends) - Karte 28/65 €

Ostenallee 73 ✉ 59063 - ✆ 02381 3053211 - www.denkmahl-hamm.de - geschl. 27. Dezember - 16. Januar und Samstagmittag, Sonntag

In Hamm-Wiescherhöfen

Wieland-Stuben

FRANZÖSISCH-KLASSISCH • ELEGANT XXX "Kalbsballotine mit Trüffelrahm" oder "Filet vom Salzwiesenlamm mit Perlgraupenrisotto und glasierten Trauben" sind schöne Beispiele für die klassisch-saisonale Küche. Jeder der Restauranträume ist anders, aber alle sind elegant und stimmig, und draußen wartet eine herrliche Terrasse!

Menü 24 € (mittags)/94 € - Karte 40/77 €

Wielandstr. 84 ✉ 59077 - ✆ 02381 401217 - www.wielandstuben.de - geschl. 1. - 16. Januar und Montag - Dienstag, Samstagmittag

HAMMELBURG

Bayern - 11 142 Ew. - Höhe 182 m - Regionalatlas **49**-I15
Michelin Straßenkarte 546

In Wartmannsroth-Neumühle West: 6 km über Hammelburg-Diebach

Scheune

INTERNATIONAL • ROMANTISCH XX Freigelegte Holzbalken, rustikales Mobiliar und stimmige Deko - das schafft eine sehr gemütliche Atmosphäre! Dazu gibt's gute Küche, z. B. in Form von "Entenbrust mit Pilzsandwich und Belugalinsen" oder als "Zweierlei vom Rind".

Menü 45/73 € - Karte 39/60 €

Hotel Neumühle, Neumühle 54 ✉ 97797 - ✆ 09732 8030 (Tischbestellung ratsam) - www.romantikhotel-neumuehle.de - geschl. 2. Januar - 15. Februar

Neumühle

HISTORISCH • INDIVIDUELL Romantik pur verspricht das charmante Ensemble aus mehreren Fachwerkhäusern und einer historischen Mühle! Ländliches Flair, ein freundliches Lächeln in den Gesichtern der Mitarbeiter, im hauseigenen Boot auf der Saale zum Picknick...! Auch ganz modern ist möglich, und zwar in den zwei Kaminsuiten.

29 Zim – 135 € 230/250 € – 2 Suiten – ½ P

Neumühle 54 ✉ 97797 – ✆ 09732 8030 – www.romantikhotel-neumuehle.de – geschl. 2. Januar - 15. Februar

Scheune – siehe Restaurantauswahl

HANAU

Hessen – 90 934 Ew. – Höhe 104 m – Regionalatlas **48**-G14
Michelin Straßenkarte 543

In Hanau-Steinheim Süd: 4 km

Villa Stokkum

BUSINESS • MODERN Hier hat man eine historische Zigarrenfabrik samt Villa zu einem modernen Businesshotel erweitert. Großzügige Lobby, gut ausgestattete Zimmer, günstige Verkehrslage. Sehenswert: der Gewölbekeller von 1665. Tipp: Kommen Sie doch mal zum beliebten Sonntagsbrunch!

135 Zim – 122/161 € 143/170 € – 2 Suiten – 18 €

Steinheimer Vorstadt 70 ✉ 63456 – ✆ 06181 6640 – www.villastokkum.de

Birkenhof

BUSINESS • MODERN Das gewachsene Hotel mit gepflegtem Garten wird seit vielen Jahren familiär geleitet. Fragen Sie nach den neuzeitlicheren Zimmern. Das Restaurant ist schön hell und hat eine Terrasse mit Blick ins Grüne, gekocht wird international.

45 Zim – 89/159 € 139/159 € – 4 Suiten

Von-Eiff-Str. 37 ✉ 63456 – ✆ 06181 64880 – www.hotelbirkenhof.de – geschl. 26. Dezember - 7. Januar

HANDORF

Niedersachsen – 1 961 Ew. – Höhe 6 m – Regionalatlas **10**-J6
Michelin Straßenkarte 541

Schwabenstüble

REGIONAL • LÄNDLICH Schwäbische Küche mitten in der Lüneburger Heide! In dem langjährigen Familienbetrieb findet sich Leckeres aus der Heimat des Chefs, so z. B. "Kalbsnierle in Dijonsenfsauce" oder "Flädlesuppe". Im Sommer schön: Terrasse und Biergarten.

Menü 21/43 € – Karte 21/43 €

Cluesweg 22a ✉ 21447 – ✆ 04133 210251 – www.schwabenstueble-handorf.de – Mittwoch - Freitag nur Abendessen – geschl. Anfang Oktober 1 Woche und Montag - Dienstag

HANN. MÜNDEN

Niedersachsen – 23 711 Ew. – Höhe 127 m – Regionalatlas **29**-H11
Michelin Straßenkarte 541

Die Reblaus

MEDITERRAN • FREUNDLICH Ein Fachwerkhaus mitten in der Innenstadt beherbergt dieses kleine Restaurant mit gemütlichem modernem Ambiente. Aus der Küche kommen mediterran geprägte Gerichte. Und wenn Sie übernachten möchten: Man hat drei nette schlichte Zimmer.

Menü 26 € (vegetarisch)/46 € (abends) – Karte 22/48 €

3 Zim – 50 € 70 €

Ziegelstr. 32, (Kirchplatz) ✉ 34346 – ✆ 05541 954610 – www.die-reblaus.com – geschl. Dienstag, Oktober - März: Dienstag - Mittwoch

Alter Packhof

HISTORISCH • AUF DEM LAND In der Altstadt, am Zusammenfluss von Fulda und Werra, steht das einstige Lagerhaus von 1837, in dem wohnliche Zimmer bereitstehen. Zwei Juniorsuiten mit eigener Sauna. Das Restaurant ist im Landhausstil gehalten.

25 Zim – 88/116 € 135/165 €

Bremer Schlagd 10 34346 – 05541 98890 – www.packhof.com – geschl. 2. - 7. Januar

In Hann. Münden-Laubach Süd-Ost: 6 km über Hedemündener Straße

Flux - Biorestaurant Werratal

REGIONAL • LÄNDLICH XX Ungekünstelt, natürlich, einfach und ehrlich, so das Motto von Gastgeber Jörg Treichel. Seine reine Bio-Küche gibt es z. B. als "Bio-Kalbstafelspitz, Apfel-Meerrettich, Bouillongemüse, geröstete Kartoffelspäne". Oder lieber vegetarisch/vegan? Gluten- und laktosefrei ist auch kein Problem. Idyllischer Garten.

Menü 22 € (vegetarisch)/47 € – Karte 34/49 €

Biohotel Werratal, Buschweg 40 34346 – 05541 9980 – www.flux-biohotel.de – geschl. Anfang Januar 1 Woche und Sonntag - Montag

Flux - Biohotel Werratal

FAMILIÄR • AUF DEM LAND Das gepflegte Landhotel bietet helle, wohnliche Zimmer, die im Haupthaus besonders freundlich und neuzeitlich sind. Nach einem guten Frühstück aus Bio-Produkten geht's auf zu Wanderungen, Radtouren oder Kanufahrten. Praktisch: Dank der nahen A7 ist das Hotel gut erreichbar.

40 Zim – 85/99 € 110/130 € – ½ P

Buschweg 40 34346 – 05541 9980 – www.flux-biohotel.de – geschl. Januar 1 Woche

Flux - Biorestaurant Werratal – siehe Restaurantauswahl

W. Dieterich/mauritius

WIR MÖGEN BESONDERS...

Sich im trendig-legeren **WeinBasis** von moderner Küche und interessanten Weinen überraschen lassen. Vor oder nach dem Essen in der **Schlossküche Herrenhausen** das imposante Schloss samt Museum und Gärten entdecken. Ungezwungene Atmosphäre und innovative Sterneküche im **Jante**. Ruhig schlafen, im Garten entspannen und gut essen im **Benther Berg**.

HANNOVER

Niedersachsen - 523 642 Ew. - Höhe 55 m - Regionalatlas **19**-I8
Michelin Straßenkarte 541

Stadtpläne siehe nächste Seiten

Restaurants

✿ Jante (Tony Hohlfeld)

KREATIV • GEMÜTLICH XX Ein Restaurant mit Atmosphäre - dafür sorgen das hübsche geradlinig-moderne Interieur mit nordischem Charme sowie der herzliche und geschulte Service samt guter Weinberatung. Aus der Küche kommen ausdrucksstarke innovativ-saisonale Speisen. Vor der raumhohen Fensterfront die tolle Terrasse zum Park.

→ Jakobsmuschel, Radieschen, Holunder. Topinambur, Sonnenblumenkerne, Gänselebereis. Reh, Walnuss, Sellerie.

Menü 66/99 €

Stadtplan : H2-j - *Marienstr. 116 ✉ 30171*
- *☎ 0511 54555606*
- *www.jante-restaurant.de*
- *nur Abendessen*
- *geschl. Januar 2 Wochen, Juli - August 3 Wochen und Sonntag - Montag*

Die Insel

FRANZÖSISCH-KLASSISCH • ZEITGEMÄSSES AMBIENTE XXX Eine Institution in Hannover, und das direkt am Maschsee. Mittags lockt das tolle Preis-Leistungs-Verhältnis, am Abend speist man noch etwas gehobener. Gekocht wird klassisch mit mediterranen und regionalen Einflüssen, so z. B. "Seeteufel, gegrillter Kürbis, Pancettajus".

Menü 65/98 € - Karte 60/73 €

Stadtplan : C3-k - *Rudolf-von-Bennigsen-Ufer 81, (1. Etage) ✉ 30519*
- *☎ 0511 831214 (Tischbestellung ratsam)*
- *www.dieinsel.com*

MARY's

FRANZÖSISCH-KLASSISCH • KLASSISCHES AMBIENTE XXX Stilvoll und modern-elegant, so ist hier das Ambiente - ein schöner Rahmen für klassisch-saisonale Gerichte wie "konfierter Kabeljau in brauner Butter mit Krustentiernage" oder "Schwarzfederhuhn mit Morchelrahmsauce, Rosenkohl und Lauch".

Menü 26 € (mittags)/54 € (abends) - Karte 46/90 €

Stadtplan : F2-b - *Hotel Kastens Hotel Luisenhof, Luisenstr. 1 ✉ 30159 - ✆ 0511 3044816 - www.marys-hannover.de - geschl. Juli - August: Sonntag*

Clichy

FRANZÖSISCH-KLASSISCH • ELEGANT XXX Auch nach über 35 Jahren bleibt das charmant-elegante "Clichy" seiner "Cuisine française" treu. Lassen Sie sich z. B. "nordischen Saibling mit Nussbutter und grünem Spargel" schmecken. Gerne kommt man in der Saison zum bekannten Gänsebraten.

Menü 60/96 € - Karte 58/92 €

Stadtplan : G1-d - *Weißekreuzstr. 31 ✉ 30161 - ✆ 0511 312447 - www.clichy.de - nur Abendessen - geschl. Sonntag*

Titus

FRANZÖSISCH-KLASSISCH • NACHBARSCHAFTLICH XX Charmant das kleine Restaurant mit seiner modern-eleganten Atmosphäre und dem sehr aufmerksamen und versierten Service. Auf der Karte z. B. "Rücken vom Frischling mit Raz el Hanout" und "Aprikose Melba mit Panna Cotta und Matchaeis". Man wählt das kleine oder das große Menü oder à la carte daraus.

Menü 60/90 €

Stadtplan : C3-z - *Wiehbergstr. 98 ✉ 30519 - ✆ 0511 835524 (Tischbestellung ratsam) - www.restaurant-titus.com - nur Abendessen - geschl. Neujahr - Mitte Januar und Sonntag - Montag*

Hindenburg-Klassik

INTERNATIONAL • ELEGANT XX Einer der Klassiker der Hannover'schen Gastronomie im Zooviertel. Das Ambiente ist angenehm modern, gerne sitzt man auch etwas legerer an der gut bestückten Bar oder auf der Terrasse. Hummer, Kaviar oder Trüffel gehören zum Repertoire der klassisch-internationalen Küche.

Karte 32/97 €

Stadtplan : H2-b - *Gneisenaustr. 55 ✉ 30175 - ✆ 0511 858588 - www.hindenburg-klassik.de - geschl. 23. Dezember - 6. Januar und Sonntag sowie an Feiertagen, außer an Messen*

5th Avenue

INTERNATIONAL • HIP XX Eine Wendeltreppe führt hinunter in den früheren Tinten-Keller der Pelikanfabrik - heute ein lichtes, trendig-modernes Restaurant mit Loft-Flair. Es gibt Internationales, Grillgerichte und "5th Avenue Classics". Klassisch "Harry's New York Bar", stilvoll "Bowmore Cigar Lounge".

Menü 36 € - Karte 32/50 €

Stadtplan : D1-p - *Hotel Sheraton Pelikan, Pelikanplatz 31 ✉ 30177 - ✆ 0511 9093869 - www.sheratonpelikanhannover.com*

BISTRO Schweizerhof

KLASSISCHE KÜCHE • BISTRO XX Sehr ansprechend die helle, freundliche Atmosphäre hier, interessant der Blick in die offene Küche. Dort wird klassisch-saisonal gekocht - macht Ihnen vielleicht "Kalbsleber Berliner Art" oder "Lachs mit Grünkohl und Maronenschaum" Appetit?

Menü 39/54 € (abends) - Karte 31/54 €

Stadtplan : G2-d - *Hotel Crowne Plaza, Hinüberstr. 6 ✉ 30175 - ✆ 0511 3495253 - www.schweizerhof-hannover.de - geschl. Sonntagabend*

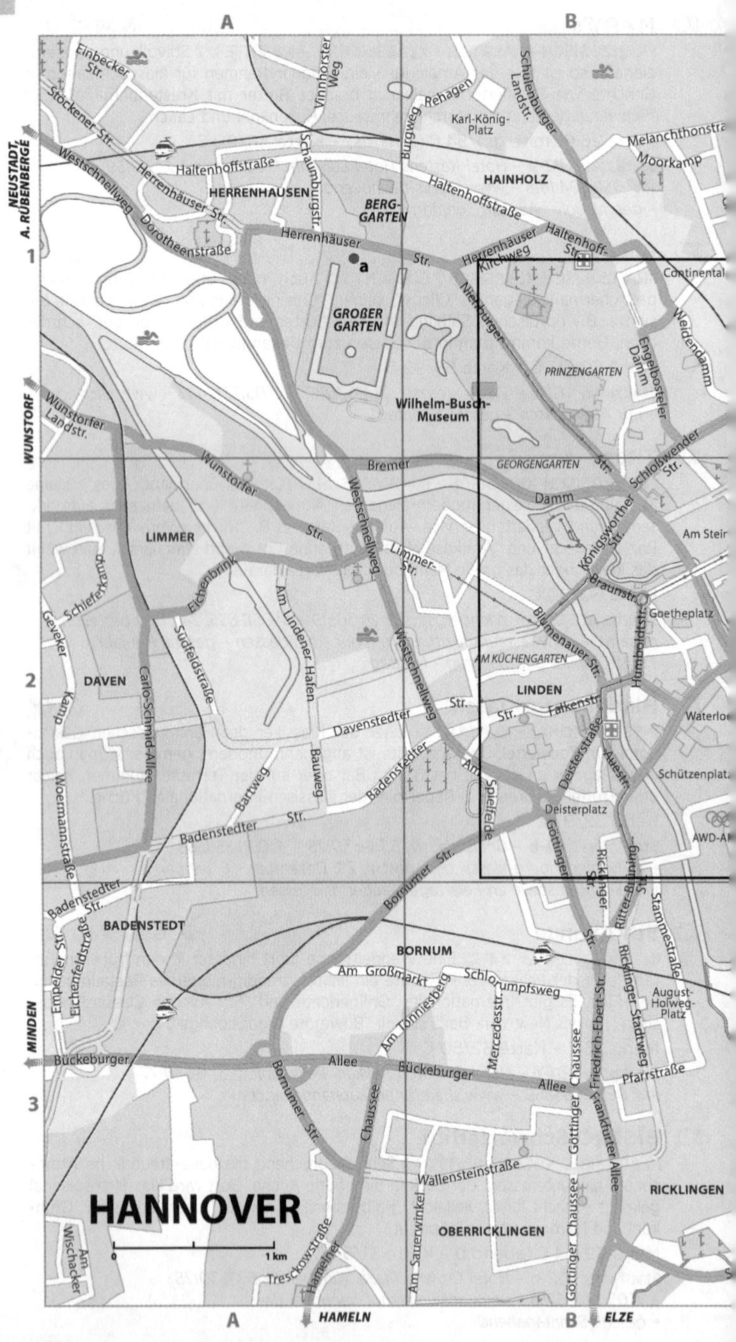
A
B
1
2
3
HANNOVER
0
1 km
NEUSTADT, A. RÜBENBERGE
WUNSTORF
MINDEN
HAMELN
ELZE
HERRENHAUSEN
BERG-GARTEN
GROßER GARTEN
a
Wilhelm-Busch-Museum
HAINHOLZ
PRINZENGARTEN
GEORGENGARTEN
LIMMER
DAVEN
LINDEN
AM KÜCHENGARTEN
BADENSTEDT
BORNUM
OBERRICKLINGEN
RICKLINGEN
Einbecker Str.
Stöckener Str.
Westschnellweg
Herrenhäuser Str.
Haltenhoffstraße
Dorotheenstraße
Vinnhorster Weg
Schaumburgstr.
Burgweg
Rehagen
Karl-König-Platz
Schulenburger Landstr.
Melanchthonstr.
Moorkamp
Herrenhäuser Kirchweg
Haltenhoff-Str.
Continental
Nienburger Str.
Engelbosteler Damm
Weidendamm
Wunstorfer Landstr.
Wunstorfer Str.
Bremer Damm
Schloßwender Str.
Am Stein
Königsworther Str.
Limmer-Str.
Braunstr.
Goetheplatz
Humboldtstr.
Blumenauer Str.
Schieferkamp
Eichenbrink
Am Lindener Hafen
Südfeldstraße
Carlo-Schmid-Allee
Geveker Kamp
Davenstedter Str.
Falkenstr.
Deisterstraße
Auestr.
Waterloo
Schützenplatz
Deisterplatz
AWD-A
Bartweg
Bauweg
Badenstedter Str.
Am Spielfelde
Göttinger Str.
Woermannstraße
Bornumer Str.
Ricklinger Str.
Ritter-Brüning-Str.
Stammestraße
Badenstedter Str.
Empelder Str.
Eichenfeldstraße
Am Großmarkt
Schlorumpfsweg
Am Tönniesberg
Mercedesstr.
Friedrich-Ebert-Str.
Ricklinger Stadtweg
August-Holweg-Platz
Bückeburger Allee
Pfarrstraße
Göttinger Chaussee
Frankfurter Allee
Chaussee
Wallensteinstraße
Am Sauerwinkel
Trescowstraße
Hamelner
Am Wischacker

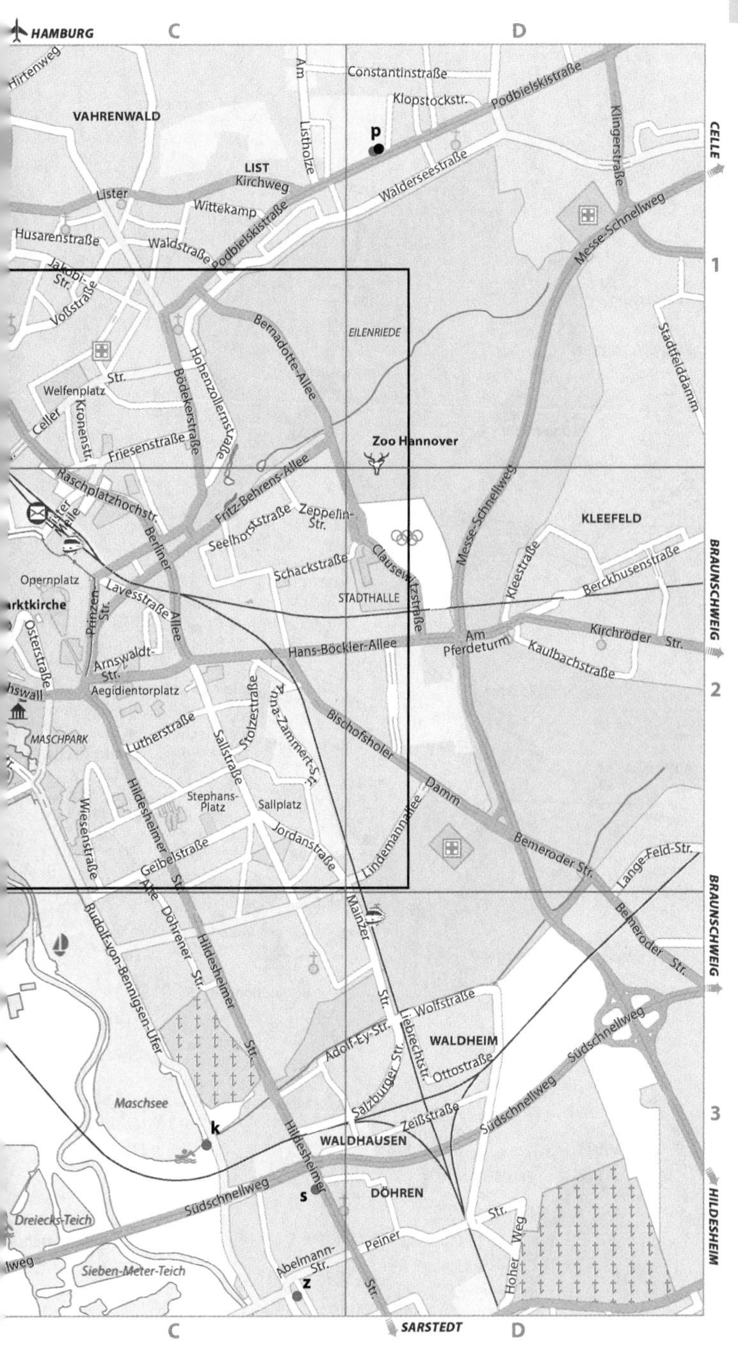

HAMBURG
C
D
VAHRENWALD
LIST
Lister Kirchweg
Wittekamp
Husarenstraße
Waldstraße
Podbielskistraße
Constantinstraße
Klopstockstr.
Am Listholze
Walderseestraße
Klingerstraße
Messe-Schnellweg
CELLE
1
Jakobi-Str.
Voßstraße
Bernadotte-Allee
EILENRIEDE
Stadtfelddamm
Welfenplatz
Kronenstr.
Celler Str.
Friesenstraße
Bödekerstraße
Hohenzollernstraße
Zoo Hannover
Raschplatzhochstr.
Fritz-Behrens-Allee
Seelhorststraße
Zeppelin-Str.
KLEEFELD
Lister Meile
Berliner Allee
Schackstraße
Clausewitzstraße
Messe-Schnellweg
Kleestraße
Berckhusenstraße
BRAUNSCHWEIG
Opernplatz
Marktkirche
Lavesstraße
Prinzen-Str.
STADTHALLE
Osterstraße
Hans-Böckler-Allee
Am Pferdeturm
Kirchröder Str.
Kaulbachstraße
Arnswaldt-Str.
Aegidientorplatz
2
MASCHPARK
Lutherstraße
Sallstraße
Stolzestraße
Anna-Zammert-Str.
Bischofsholer Damm
Stephans-Platz
Sallplatz
Wiesenstraße
Hildesheimer Str.
Jordanstraße
Lindemannallee
Geibelstraße
Bemeroder Str.
Lange-Feld-Str.
BRAUNSCHWEIG
Alte Döhrener Str.
Rudolf-von-Bennigsen-Ufer
Mainzer Str.
Hildesheimer Str.
Wolfstraße
Adolf-Ey-Str.
Liebrechtsstr.
WALDHEIM
Salzburger Str.
Ottostraße
Südschnellweg
Maschsee
Zeißstraße
3
WALDHAUSEN
HILDESHEIM
Dreiecks-Teich
Südschnellweg
DÖHREN
Peiner Str.
Hoher Weg
Abelmann-Str.
Sieben-Meter-Teich
SARSTEDT
p
k
s
z

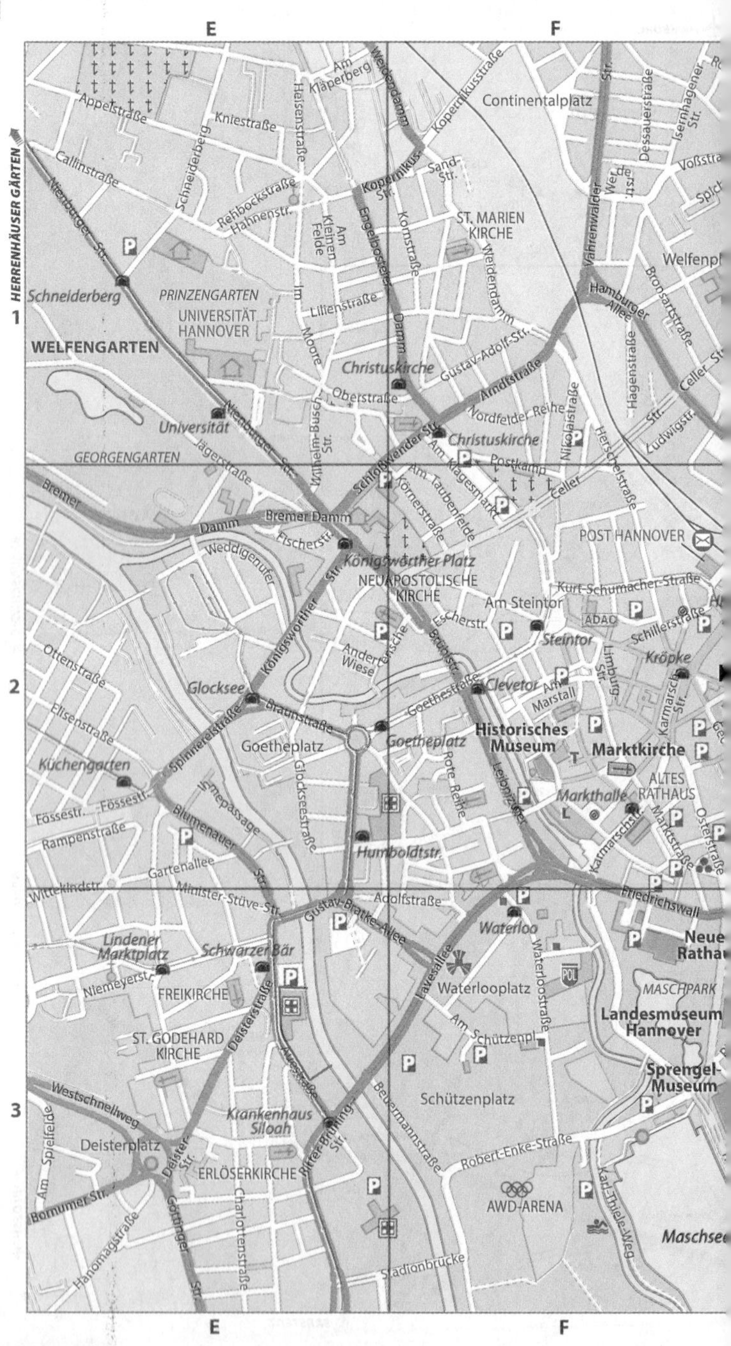
E
F
1
2
3
HERRENHÄUSER GÄRTEN
Appelstraße
Kniestraße
Callinstraße
Schneiderberg
Nienburger Str.
Rehbockstraße
Hahnenstr.
Heisenstraße
Am Kläperberg
Weidendamm
Kopernikusstraße
Continentalplatz
Kopernikus-Str.
Sand-Str.
Engelbosteler Damm
Kornstraße
Am Kleinen Felde
ST. MARIEN KIRCHE
Vahrenwalder Str.
Dessauerstraße
Isernhagener Str.
Voßstra
Welfenpl
Hamburger Allee
Bronsartstraße
Hagenstraße
Celler Str.
Schneiderberg
PRINZENGARTEN
UNIVERSITÄT HANNOVER
WELFENGARTEN
Im Moore
Lilienstraße
Christuskirche
Gustav-Adolf-Str.
Arndtstraße
Oberstraße
Wilhelm-Busch-Str.
Nordfelder Reihe
Nikolaistraße
Herschelstraße
Ludwigstr.
Universität
GEORGENGARTEN
Jägerstraße
Schloßwender Str.
Am Klagesmarkt
Postkamp
Celler
Am Taubenfelde
Körnerstraße
Bremer Damm
Fischerstr.
Weddigenufer
POST HANNOVER
Königsworther Platz
NEUAPOSTOLISCHE KIRCHE
Kurt-Schumacher-Straße
Am Steintor
ADAC
Schillerstraße
Escherstr.
Steintor
Ottenstraße
Königsworther Str.
Andertensche Wiese
Brühlstr.
Limburg-Str.
Kröpke
Karmarsch-Str.
Glocksee
Goethestraße
Clevertor
Am Marstall
Elisenstraße
Spinnereistraße
Braunstraße
Goetheplatz
Historisches Museum
Marktkirche
Küchengarten
Glockseestraße
Rote Reihe
Leibnizufer
ALTES RATHAUS
Markthalle
Marktstraße
Osterstraße
Fössestr.
Ihmepassage
Blumenauer Str.
Rampenstraße
Humboldtstr.
Karmarschstr.
Gartenallee
Wittekindstr.
Minister-Stüve-Str.
Adolfstraße
Friedrichswall
Gustav-Bratke-Allee
Waterloo
Neue Ratha
Lindener Marktplatz
Schwarzer Bär
Lavesallee
Waterloostraße
Niemeyerstr.
FREIKIRCHE
Waterlooplatz
MASCHPARK
Deisterstraße
Am Schützenpl.
Landesmuseum Hannover
ST. GODEHARD KIRCHE
Auestraße
Sprengel-Museum
Westschnellweg
Schützenplatz
Krankenhaus Siloah
Ritter-Brüning-Str.
Beuermannstraße
Am Spielfelde
Deisterplatz
Deister-Str.
Robert-Enke-Straße
ERLÖSERKIRCHE
Charlottenstraße
Karl-Thiele-Weg
Bornumer Str.
AWD-ARENA
Göttinger Str.
Hanomagstraße
Maschsee
Stadionbrücke

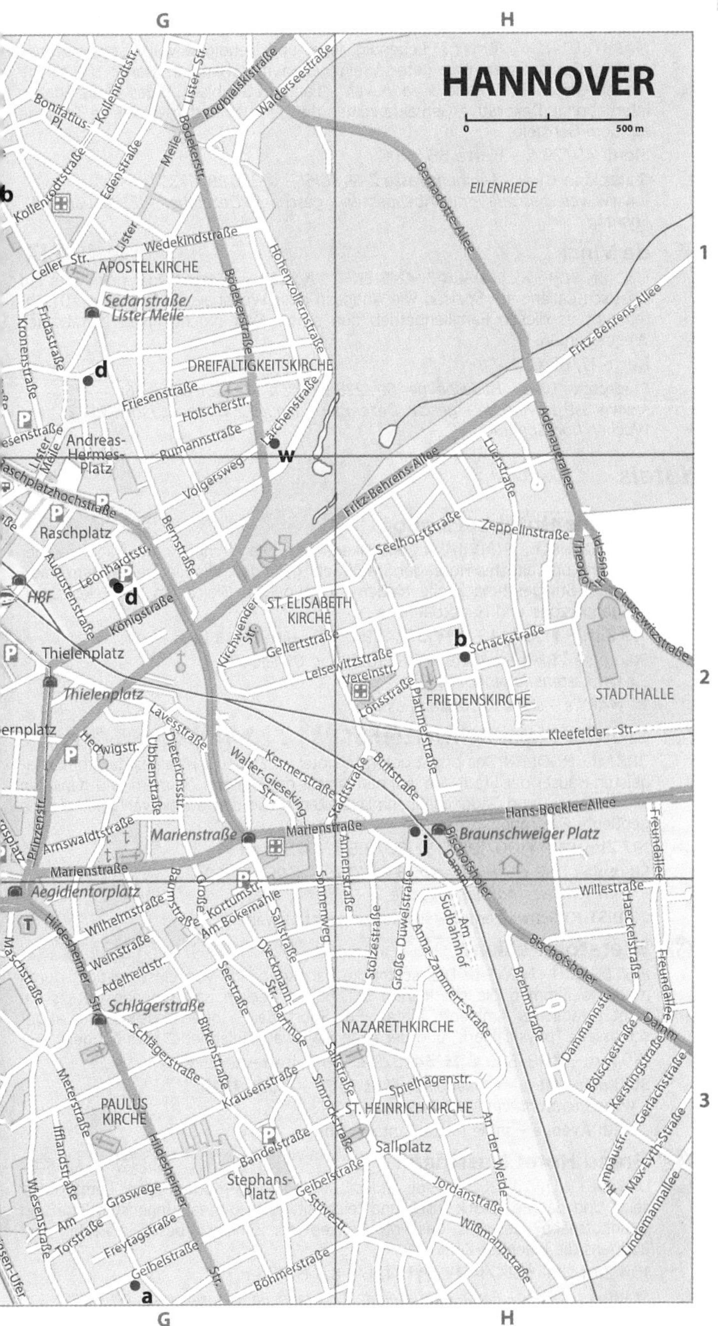
HANNOVER
0
500 m
G
H
1
2
3
EILENRIEDE
APOSTELKIRCHE
DREIFALTIGKEITSKIRCHE
ST. ELISABETH KIRCHE
FRIEDENSKIRCHE
STADTHALLE
NAZARETHKIRCHE
ST. HEINRICH KIRCHE
PAULUS KIRCHE
Sedanstraße/ Lister Meile
Thielenplatz
Marienstraße
Braunschweiger Platz
Aegidientorplatz
Schlägerstraße
HBF
Raschplatz
Andreas-Hermes-Platz
Stephans-Platz
Sallplatz
Fritz-Behrens-Allee
Bernadotte-Allee
Adenauerallee
Hans-Böckler-Allee
Bischofsholer Damm
Hildesheimer Str.
Podbielskistraße
Walderseestraße
Bödekerstr.
Hohenzollernstraße
Lister Meile
Wedekindstraße
Kollenrodtstr.
Kollenrodtstraße
Edenstraße
Bonifatius-Pl.
Celler Str.
Fridastraße
Kronenstraße
Friesenstraße
Holscherstr.
Rumannstraße
Volgersweg
Lärchenstraße
Raschplatzhochstraße
Leonhardtstr.
Augustenstraße
Königstraße
Bernstraße
Seelhorststraße
Zeppelinstraße
Lüerstraße
Theodor-Heuss-Pl.
Clausewitzstraße
Schackstraße
Gellertstraße
Leisewitzstraße
Vereinstr.
Lönsstraße
Plathnerstraße
Kirchwender Str.
Kleefelder Str.
Lavesstraße
Hedwigstr.
Ubbenstraße
Dieterichsstr.
Walter-Gieseking-Str.
Kestnerstraße
Stadtstraße
Bultstraße
Prinzenstr.
Arnswaldtstraße
Marienstraße
Willestraße
Freundallee
Haeckelstraße
Wilhelmstraße
Weinstraße
Adelheidstr.
Maschstraße
Baumstraße
Große Kortumstr.
Am Bokemahle
Sallstraße
Sonnenweg
Annenstraße
Stolzestraße
Große Düwelstraße
Anna-Zammert-Straße
Am Südbahnhof
Brehmstraße
Dammannstr.
Bölschestraße
Kerstingstraße
Gerlachstraße
Seestraße
Dieckmannstr.
Baringstraße
Birkenstraße
Schlägerstraße
Krausenstraße
Simrockstraße
Spielhagenstr.
An der Weide
Meterstraße
Ifflandstraße
Wiesenstraße
Bandelstraße
Geibelstraße
Stüvestr.
Jordanstraße
Wißmannstraße
Rumpaustr.
Max-Eyth-Straße
Lindemannallee
Graswege
Am Torstraße
Freytagstraße
Böhmerstraße
a
b
d
j
w

WeinBasis

MARKTKÜCHE • TRENDY Lebendig, leger und trendig-stilvoll - so die Atmosphäre. Gutes Essen und guter Wein gehen hier Hand in Hand: die Küche modern-saisonal ("Dorade & Vadouvan", "Lamm & Soubise"...), das Weinangebot international. Dekorative Gemälde zeigen die Liebe zu Südafrika. Kleine Terrasse auf dem Gehsteig.

Menü 49/79 € - Karte 56/68 €

Stadtplan : G1-w - *Lärchenstrasse 2 ✉ 30161 - ✆ 0511 89711735 - www.wein-basis.de - nur Abendessen - geschl. 31. Dezember - 12. Januar und Sonntag*

da Vinci

ITALIENISCH • KLASSISCHES AMBIENTE Appetit auf Pizza? Oder doch eher auf klassisch-italienische Speisen wie Antipasti oder Wolfsbarsch? Seit über 20 Jahren gibt es diesen Familienbetrieb nun schon. Wer möchte: Man bietet auch Weinreisen an.

Karte 17/66 €

Stadtplan : C3-s - *Hildesheimer Str. 228 ✉ 30519 - ✆ 0511 8436556 - www.rist-da-vinci.de - geschl. Dezember - Januar 2 Wochen, Juni - Juli 2 Wochen und Sonntag*

Hotels

Kastens Hotel Luisenhof

TRADITIONELL • INDIVIDUELL Klassiker und Flaggschiff der Hannoveraner Hotellerie und ältestes Hotel der Stadt. Sehr gelungen, wie hier neben dem traditionellen Stil geschmackvolle Moderne Einzug hält! Gleich um die Ecke: Oper, Fußgängerzone und Hauptbahnhof.

149 Zim - †129/449 € ††139/459 € - 11 Suiten - ☕ 22 €

Stadtplan : F2-b - *Luisenstr. 1 ✉ 30159 - ✆ 0511 30440 - www.kastens-luisenhof.de*

MARY's - siehe Restaurantauswahl

Crowne Plaza Schweizerhof

URBAN • MODERN Das privat geführte Hotel im Zentrum ist eines der komfortabelsten Häuser der Stadt. Sie wohnen in sehr geräumigen Zimmern und genießen alle Business- und Tagungsannehmlichkeiten sowie den attraktiven Spa und die gepflegte Gastronomie.

197 Zim ☕ - †100/195 € ††120/215 € - 4 Suiten

Stadtplan : G2-d - *Hinüberstr. 6 ✉ 30175 - ✆ 0511 34950 - www.schweizerhof-hannover.de*

BISTRO Schweizerhof - siehe Restaurantauswahl

Sheraton Pelikan

HISTORISCH • MODERN Das schmucke Fabrikgebäude von einst besticht durch moderne Zimmer, die mit klarem Stil, hohen Decken und schönen Details ein nicht alltägliches Ambiente bieten. Für Sport, Sauna oder Massage: der angeschlossene "physicalpark" und der nahe Stadtwald "Eilenriede" zum Joggen.

139 Zim - †119/529 € ††134/529 € - 8 Suiten - ☕ 25 €

Stadtplan : D1-p - *Pelikanplatz 31 ✉ 30177 - ✆ 0511 90930 - www.sheratonhannoverpelikan.com*

5th Avenue - siehe Restaurantauswahl

Grand Hotel Mussmann

URBAN • INDIVIDUELL Es soll stilvoll, schnörkellos-modern und komfortabel sein? Und das Frühstück frisch und reichhaltig? Dazu ideale Innenstadtlage und Bahnhofsnähe? Gelungen das Foto-Konzept der Zimmer - besonders ruhig sind übrigens die Innenhof-Zimmer.

104 Zim ☕ - †124/149 € ††154/179 € - 6 Suiten

Stadtplan : F2-v - *Ernst-August-Platz 7, Zufahrt über Luisenstraße ✉ 30159 - ✆ 0511 36560 - www.grandhotel.de*

In Hannover-Bothfeld Nord-Ost: 7 km über Podbielskistraße D1

Botticelli

ITALIENISCH • INTIM Das Ristorante in dem stattlichen Gebäude vom Anfang des 20. Jh. steckt voller Charme: zahlreiche Gemälde, schönes altes Holz und viele persönliche Dinge schaffen hier auf verschiedenen Ebenen eine reizende intime Atmosphäre. Auf der Karte z. B. "Ravioli ai porcini in crema al tartufo".

Menü 35/58 € - Karte 35/51 €

Sutelstr. 70 ✉ 30159 - ✆ 0511 27018360 - www.botticelli-hannover.de - Montag und Freitag - Samstag nur Abendessen - geschl. Sonntag sowie an Feitertagen

In Hannover-Buchholz Nord-Ost: 7 km über Herrmann-Bahlsen-Allee D1

Gallo Nero

ITALIENISCH • RUSTIKAL Es ist der Fachwerk-Charme des alten Bauernhauses, der das gemütlich-moderne Restaurant so reizvoll macht, doch auch die frische, authentische italienische Küche kommt an, so z. B. Pasta oder "Kotelett vom Ibericio-Schwein mit Steinpilzen".

Menü 35/75 € (abends) - Karte 39/67 €

Groß-Buchholzer Kirchweg 72b ✉ 30655 - ✆ 0511 5463434 - www.gallo-nero-hannover.com - geschl. 4. - 26. Juli und Dienstag, Samstagmittag, außer an Messen

In Hannover-Herrenhausen

Schlossküche Herrenhausen

INTERNATIONAL • GERADLINIG Reizvoll die Lage direkt neben dem Schloss, geradlinig das Ambiente, schön die alten Olivenbäume. Gekocht wird modern und saisonal-international, so z. B. "Gelbschwanzmakrele, Zitronenpüree, Fenchel, Meerrettich" oder "Hirschkalb - Ragout und gegrillt, Butternusskürbis, Kastanien, Trauben".

Menü 35/50 € - Karte 40/62 €

Stadtplan : A1-a - *Alte Herrenhäuser Str. 3 ✉ 30419 - ✆ 0511 2794940 - www.schlosskueche-herrenhausen.de - geschl. Montag*

In Hannover-Kirchrode Ost: 10 km über Kirchröder Straße D2

Tropeano Di-Vino

ITALIENISCH • RUSTIKAL Wirklich hübsch, wie das ehemalige Bauernhaus a. d. 15. Jh. hier auf drei Ebenen rustikales Flair verbreitet. Es gibt gute Cucina Italiana, z. B. "Ravioli di Zucca alla Mantovana" oder "Spalla di Agnello al Forno stufata". Schöne Terrasse.

Menü 35/75 € - Karte 43/56 €

Kleiner Hillen 4 ✉ 30559 - ✆ 0511 3533138 - www.restaurant-tropeano.de - geschl. Montag

In Hannover-List

boca

MODERNE KÜCHE • TRENDY Hier ist es schlicht, trubelig und hip! In der offenen Küche der etwas schummrigen Gastro-Bar wird lecker und unkonventionell gekocht: vegetarisches Menü auf Wunsch mit Fleisch- oder Fisch-"Upgrade" oder A-la-carte-Gerichte wie "Thunfischsteak, Sellerie-Wasabi-Püree, Rettich, Apfel, Sesam-Soja-Vinaigrette".

Menü 23 € (vegetarisch) - Karte 32/39 €

Stadtplan : G1-b - *Spichernstr. 7, (Eingang Kriegerstr. 43) ✉ 30161 - ✆ 0511 64209778 (Tischbestellung ratsam) - www.boca-gastrobar.de - nur Abendessen - geschl. Anfang August 2 Wochen und Sonntag - Montag*

In Ronnenberg-Benthe Süd-West: 10 km über Bückeburger Allee A3 und B 65

Benther Berg

INTERNATIONAL • ELEGANT XX Hier gibt es in elegantem Ambiente saisonal-internationale Gerichte auf klassischer Basis, und die nennen sich z. B. "Kalbsleber mit Schalotten und Salbei gebraten" oder "Zander, Paprikakraut, Rieslingsauce". Alternative: die etwas bürgerlichere Gaststubenkarte. Februar und September: Sushi & Asia-Küche.

Menü 35/69 € - Karte 40/50 €

Hotel Benther Berg, Vogelsangstr. 18 ✉ 30952 - ✆ 05108 64060 - www.hotel-benther-berg.de

Benther Berg

LANDHAUS • INDIVIDUELL Schön ist die Lage in einem Park am Waldrand oberhalb des Ortes. Die wohnlichen Zimmer gibt es vom kleinen Standard-Zimmer bis zur Juniorsuite, verteilt auf Altes Haus (1899 als Herrenhaus erbaut), Neues Haus und Landhaus.

65 Zim - 68/145 € 78/155 € - ½ P

Vogelsangstr. 18 ✉ 30952 - ✆ 05108 64060 - www.hotel-benther-berg.de

Benther Berg - siehe Restaurantauswahl

HANSTEDT

Niedersachsen - 5 275 Ew. - Höhe 40 m - Regionalatlas **19**-I6
Michelin Straßenkarte 541

Sellhorn

SPA UND WELLNESS • FUNKTIONELL Eine wohnliche Ferienadresse unter familiärer Leitung, zu der auch ein gutes Spa-Angebot gehört. Zimmer teils mit Gartenblick - den hat man auch von der hübschen Innenhofterrasse! Im Restaurant bietet man Regionales wie "geschmorte Roulade vom Hirsch mit Pfifferlingen", dazu eine schöne Weinauswahl.

47 Zim - 96/136 € 134/174 € - 3 Suiten - ½ P

Winsener Str. 23 ✉ 21271 - ✆ 04184 8010 - www.hotel-sellhorn.de

HAPPURG-KAINSBACH Bayern → Siehe Hersbruck

HARDERT

Rheinland-Pfalz - 822 Ew. - Höhe 300 m - Regionalatlas **36**-D13
Michelin Straßenkarte 543

Corona

MEDITERRAN • GASTHOF XX Hier isst man richtig gerne! Sergio und Kerstin Corona sorgen als eingespieltes Team für charmanten Service und mediterran inspirierte Küche. Schmackhaft und kraftvoll sind z. B. "Vitello tonnato" oder "Hähnchenbrust mit gebratenem Spargel und Gnocchi", und das Preis-Leistungs-Verhältnis ist bemerkenswert!

Menü 18 € (mittags)/40 € - Karte 26/55 €

8 Zim - 35 € 70 €

Mittelstr. 13, (Hotel zur Post) ✉ 56579 - ✆ 02634 2727 - www.restaurantcorona.de - geschl. Montag - Dienstag

HARDHEIM

Baden-Württemberg - 6 831 Ew. - Höhe 271 m - Regionalatlas **48**-H16
Michelin Straßenkarte 545

Wohlfahrtsmühle

REGIONAL • GASTHOF XX Ländlichen Charme versprüht dieses hübsche Anwesen: draußen Teiche, Bachläufe und viel Grün, drinnen gemütliche Stuben, in denen man gut isst, so z. B. Wild aus eigener Jagd und Forellen aus eigener Zucht. Wenn Sie übernachten möchten: Man hat gepflegte, wohnliche Gästezimmer.

Karte 29/49 €

13 Zim – †65/75 € ††95/105 €

Wohlfahrtsmühle 1 ✉ 74736 – ✆ 06283 22220 – www.wohlfahrtsmuehle.com – geschl. Februar 2 Wochen, August 2 Wochen und Montag - Dienstag

HAREN (EMS)

Niedersachsen – 23 255 Ew. – Höhe 9 m – Regionalatlas **16**-D7
Michelin Straßenkarte 541

Zur Ems

TRADITIONELLE KÜCHE • GASTHOF X Der Chef ist ein wahrer Wein- und Spirituosen-Kenner und nimmt seine Gäste gerne mit in den Keller oder den Cognacraum! Wer auf der Terrasse speist, genießt den Blick auf die Ems. Gekocht wird traditionell und saisonal.

Karte 22/57 €

Emmelerstr. 2 ✉ 49733 – ✆ 05932 6403 – www.zur-ems.de – geschl. März 2 Wochen und Samstagmittag, Sonntagabend - Dienstag

HARRISLEE Schleswig-Holstein ➜ Siehe Flensburg

HARSEWINKEL

Nordrhein-Westfalen – 24 183 Ew. – Höhe 65 m – Regionalatlas **27**-F9
Michelin Straßenkarte 543

Poppenborg's Stübchen

TRADITIONELLE KÜCHE • GASTHOF X Dies ist die etwas legerere Restaurantvariante des Poppenborg'schen Traditionsbetriebs. Probieren Sie hier unbedingt die Klassiker "knusprige Ente, Rosmarin-Apfel-Würfel, Rotkohl" und "Boeuf Bourguignon". Nett der Biergarten im Grünen!

Karte 24/53 €

Restaurant Poppenborg, Brockhäger Str. 9 ✉ 33428 – ✆ 05247 2241 – www.poppenborg.com – geschl. 1. - 10. Januar, 21. - 30. März, 27. Juli - 3. August, 16. - 24. Oktober und Dienstagmittag, Mittwoch

Poppenborg

FRANZÖSISCH-KLASSISCH • ELEGANT XX Ein echter Klassiker! Die Poppenborgs betreiben das Haus seit vielen Jahren und sind bekannt für klassische Küche. Die genießt man in eleganter Atmosphäre, serviert wird z. B. "Steinbutt, weißer Trüffel, Spaghettini" oder auch "Scheiterhaufen von Schokolade mit Marillennektar". Romantische Gartenterrasse.

Menü 69/99 € – Karte 60/86 €

18 Zim – †59/75 € ††95/99 €

Brockhäger Str. 9 ✉ 33428 – ✆ 05247 2241 – www.poppenborg.com – geschl. 1. - 10. Januar, 21. - 30. März, 27. Juli - 3. August, 16. - 24. Oktober und Dienstagmittag, Mittwoch

Poppenborg's Stübchen – siehe Restaurantauswahl

In Harsewinkel-Marienfeld Süd-Ost: 4 km über B 513

Residence Klosterpforte

LANDHAUS • INDIVIDUELL Das 140 000 qm große Anwesen mit historischem Flair hat individuelle Zimmer von klassisch-elegant bis zum modernen "Sporthotel"-Zimmer, einen kleinen See und zwei eigene Fußballplätze sowie das gemütliche Klosterstübchen mit internationaler Küche. Zudem: Klosterkeller mit rustikal-bürgerlichem Angebot.

151 Zim – †119/213 € ††163/223 € – 7 Suiten – ½ P

Klosterhof 2 ✉ 33428 – ✆ 05247 7080 – www.klosterpforte.de

HARTENSTEIN

Sachsen - 4 714 Ew. - Höhe 360 m - Regionalatlas **42**-O13
Michelin Straßenkarte 544

Der Feengarten

MARKTKÜCHE • LÄNDLICH XX Keine Frage, am besten kann man das Grün ringsum natürlich auf der tollen Terrasse zum Park genießen! Schön sitzt man aber auch im gemütlich-eleganten getäfelten Restaurant. Hier wie dort serviert man klassische und regionale Gerichte.

Menü 39/61 € - Karte 30/53 €

Hotel Jagdhaus Waldidyll, Talstr. 1 ✉ 08118 - ✆ 037605 840 - www.romantikhotel-waldidyll.de - Montag - Freitag nur Abendessen - geschl. 7. - 15. Januar und Sonntagabend

Gästehaus Wolfsbrunn

HISTORISCHES GEBÄUDE • KLASSISCH Stilvolle Salons, elegante Gästezimmer, ein wunderbarer Park..., das Schloss a. d. J. 1912 ist schon ein herrschaftliches Anwesen. Und es ist nicht nur richtig schön, sondern liegt auch noch ruhig am Ortsrand. Im Restaurant "Artichoke" gibt es international-saisonale Küche.

22 Zim - †75/99 € ††120/140 € - 2 Suiten - ½ P

Stein 8, (Zufahrt über Wildbacherstraße) ✉ 08118 - ✆ 037605 760 - www.gaestehaus-wolfsbrunn.de

Jagdhaus Waldidyll

HISTORISCH • GEMÜTLICH Etwas Schöneres hätte aus dem einstigen Bergarbeiter-Erholungsheim von 1930 kaum werden können. Ruhig die Lage abseits im Wald, dazu viele liebenswerte Details: charmante kleine Lobby mit Kamin, elegante Zimmer und freundlicher Service, der schon beim guten Frühstück auffällt, und dann der wunderbare Garten!

24 Zim - †79/120 € ††119/150 € - 4 Suiten - ½ P

Talstr. 1 ✉ 08118 - ✆ 037605 840 - www.romantikhotel-waldidyll.de - geschl. 7. - 15. Januar

Der Feengarten - siehe Restaurantauswahl

HARTMANNSDORF

Sachsen - 4 468 Ew. - Höhe 320 m - Regionalatlas **42**-O12
Michelin Straßenkarte 544

Laurus Vital (N)

MARKTKÜCHE • FREUNDLICH X In dem hellen, modernen Restaurant setzt man auf Produkte aus der Region, die man zu schmackhaften saisonalen Gerichten verarbeitet - und die nennen sich z. B. "sächsischer Saibling mit Rote Beete und Erbsencreme" oder "Kalbshaxe mit Petersilienwurzelgratin". Hübsch die Terrasse zum Kräutergarten.

Menü 38 € (vegetarisch)/45 € - Karte 30/48 €

Limbacher Str. 19 ✉ 09232 - ✆ 03722 505210 - www.laurus-vital.de - Dienstag - Freitag nur Abendessen - geschl. Januar 1 Woche, 3. - 16. Juli und Sonntag - Montag

HARZBURG, BAD

Niedersachsen - 21 619 Ew. - Höhe 261 m - Regionalatlas **30**-J10
Michelin Straßenkarte 541

Restaurant Behnecke

MARKTKÜCHE • ELEGANT XX Schön die Verbindung von Eleganz und Gemütlichkeit. Die Karte ist saisonal, bürgerlich und auch klassisch-international beeinflusst samt Monats-Spezialitäten und Romantik-Menü. Für Raucher hat man die rustikale Bierstube. Hübsche Salons.

Menü 22/55 € - Karte 30/68 €

Hotel Braunschweiger Hof, Herzog-Wilhelm-Str. 54 ✉ 38667 - ✆ 05322 7880 - www.hotel-braunschweiger-hof.de

Braunschweiger Hof

FAMILIÄR • AUF DEM LAND Das Haus mit dem ländlich-eleganten Charakter und dem freundlichen Service ist seit 1894 in Familienhand. Die Zimmer sind klassisch oder modern eingerichtet und allesamt wohnlich. Haben Sie auch den charmanten Kosmetikbereich in einem Nebenflügel gesehen?

68 Zim – †95/120 € ††145/170 € – 12 Suiten – ½ P

Herzog-Wilhelm-Str. 54 ✉ 38667 – ✆ 05322 7880 – www.hotel-braunschweiger-hof.de

Restaurant Behnecke – siehe Restaurantauswahl

HASELÜNNE

Niedersachsen – 12 504 Ew. – Höhe 21 m – Regionalatlas **16**-D7
Michelin Straßenkarte 541

Jagdhaus Wiedehage

TRADITIONELLE KÜCHE • GASTHOF XX Bis ins 16. Jh. reicht die Geschichte dieses ansprechenden Hauses zurück, das mit vielen Jagdtrophäen dekoriert ist. Ein klassisch-rustikales Restaurant mit lauschiger Terrasse. Hier speist man traditionell-regional und saisonal.

Menü 35/48 € – Karte 27/51 €

Steintorstr. 9 ✉ 49740 – ✆ 05961 7922 – www.jagdhaus-wiedehage.de – geschl. Montag – Dienstag

HASLACH im KINZIGTAL

Baden-Württemberg – 6 909 Ew. – Höhe 220 m – Regionalatlas **54**-E20
Michelin Straßenkarte 545

In Haslach-Schnellingen Nord: 2 km über B 33

Mosers Blume

LANDHAUS • GEMÜTLICH Bereits in 4. Generation kümmert sich die Familie engagiert um ihre Gäste. Die Zimmer sind wohnlich-komfortabel, teilweise ganz modern, im Restaurant verbreiten Holztäfelung und Kachelofen ländliches Flair, dazu Klassiker wie Wiener Schnitzel sowie Saisonales. Zum Entspannen: ansprechender kleiner Saunabereich im UG und für Kinder Spielplatz und Streichelzoo!

62 Zim – †54/98 € ††78/155 € – ½ P

Auto Union Str. 1 ✉ 85045 – ✆ 07832 91250 – www.mosers-blume.de

HASSLOCH

Rheinland-Pfalz – 20 123 Ew. – Höhe 115 m – Regionalatlas **47**-E17
Michelin Straßenkarte 543

Sägmühle

FAMILIÄR • GEMÜTLICH Man muss sie hier draußen erst mal finden, die historische Mühle (bis 1971 in Betrieb), doch dann erwartet Sie eine idyllische Lage im Grünen und dazu wohnliche Zimmer, ein modern-rustikales Restaurant und ein lauschiger Innenhof. Interessant für Familien: Der Holiday Park ist nur wenige Autominuten entfernt.

27 Zim – †67/95 € ††81/115 € – ½ P

Sägmühlweg 140 ✉ 67454 – ✆ 06324 92910 – www.saegmuehle-pfalz.de

HATTINGEN

Nordrhein-Westfalen – 54 407 Ew. – Höhe 90 m – Regionalatlas **26**-C11
Michelin Straßenkarte 543

Diergardts Kühler Grund

KLASSISCHE KÜCHE • GEMÜTLICH XX Sie sitzen in freundlich-gemütlicher Atmosphäre und lassen sich frische klassisch-saisonale Küche schmecken. Auf der Karte liest man z. B. "Winterkabeljau, Senfkörnersauce, Kartoffel-Feldsalat". Übrigens kann man hier auch prima feiern.

Menü 19 € (mittags unter der Woche)/55 € – Karte 34/68 €

Am Büchsenschütz 15 ✉ 45527 – ✆ 02324 96030 – www.diergardt.com – geschl. Montag, Juni – August: Montag – Dienstag

HAUSEN ob VERENA Baden-Württemberg → Siehe Spaichingen

→ Siehe Spaichingen

HAUZENBERG

Bayern - 11 564 Ew. - Höhe 546 m - Regionalatlas **60**-Q19
Michelin Straßenkarte 546

Landgasthaus Gidibauer-Hof

REGIONAL • RUSTIKAL Hier steht der Geschmack im Mittelpunkt, und die gute regionale Küche gibt es zudem zu wirklich fairen Preisen. Appetit macht da z. B. "Rindergulasch mit Semmelknödel und Salat". Das Rindfleisch stammt übrigens aus eigener Zucht. Und das Ambiente? Gelungen hat man Ländliches mit Modernem kombiniert.

Menü 14/39 € - Karte 16/39 €

Hotel Landgasthaus Gidibauer-Hof, Grub 7, Süd: 0,5 km ✉ 94051 - ✆ 08586 96440 - www.gidibauer.de - geschl. vor Ostern 1 Woche und Montag

Landgasthaus Gidibauer-Hof

LANDHAUS • GEMÜTLICH "Naturhotel" trifft es genau, denn der historische Vierseithof liegt wunderbar im Grünen und ist passend zur schönen Naturstein-Architektur mit wertigen Massivholzmöbeln ausgestattet. Wer es geradlinig-modern mag, bucht ein Zimmer im Salettl. Man kümmert sich herzlich um seine Gäste!

17 Zim ☕ - †48/69 € ††78/102 € - 2 Suiten - ½ P

Grub 7, Süd: 0,5 km ✉ 94051 - ✆ 08586 96440 - www.gidibauer.de - geschl. vor Ostern 1 Woche

Landgasthaus Gidibauer-Hof - siehe Restaurantauswahl

HAVELBERG

Sachsen-Anhalt - 6 646 Ew. - Höhe 29 m - Regionalatlas **21**-M7
Michelin Straßenkarte 542

Art Hotel Kiebitzberg

BOUTIQUE-HOTEL • MODERN Interessant sind hier die Lage an der Havel und die schöne geradlinig-moderne Einrichtung samt attraktiver künstlerischer Note. Eines der Zimmer ist eine Wellness-Juniorsuite mit Sauna. Tipp: "Pon-TOM"-Bootscharter! Im Wintergarten und auf der Terrasse speist man mit Blick ins Grüne. Spezialität: Wagyu-Rind.

31 Zim ☕ - †75/105 € ††89/165 € - 4 Suiten - ½ P

Schönberger Weg 6 ✉ 39539 - ✆ 039387 595151 - www.arthotel-kiebitzberg.de

age fotostock

WIR MÖGEN BESONDERS...

Den ganz besonderen Rahmen von **Scharff's Schlossweinstube** in der Schlossruine hoch über der Altstadt. Mit Stil und Charme in der **Hirschgasse** übernachten und den fast schon musealen Charakter des **Le Gourmet** auf sich wirken lassen. Mit dem ehrwürdigen **Europäischen Hof** samt **Kurfürstenstube** eine feste Größe der Stadt erleben. Die Tradition des **Wirtshauses zum Nepomuk**.

HEIDELBERG

Baden-Württemberg – 154 715 Ew. – Höhe 114 m – Regionalatlas **47**-F16
Michelin Straßenkarte 545

Restaurants

✿ Le Gourmet

KREATIV • ROMANTISCH XXX Das Restaurant hat richtig Charme dank stilvoll-historischer Details wie Fachwerkdecke, Sandsteinwände, Parkettboden, Kachelofen... Das Saisonmenü verbindet in seinen bis zu neun Gängen aromenreich und stimmig klassische und modern-kreative Küche. Dazu freundlich-geschulter Service samt guter Weinberatung.

➜ Calamari fritti mit Kichererbse und griechischem Joghurt. Kohlrabi im Heu gebacken mit weißem Mohnporridge und Stockschwämmchen. Buttermakrele mit Schweinebauch und Korianderwurzel.

Menü 75/160 €

Stadtplan : E1-s – *Hotel Die Hirschgasse, Hirschgasse 3 ✉ 69120*
– ✆ 06221 4540 (Tischbestellung ratsam) – www.hirschgasse.de
– nur Abendessen – geschl. Anfang Januar 2 Wochen, August 3 Wochen und Sonntag - Montag

✿ Scharff's Schlossweinstube im Heidelberger Schloss

KLASSISCHE KÜCHE • ELEGANT XX Nicht nur der Schlossbesuch ist ein Highlight für jeden Stadtbesucher, auch ein Essen bei Martin Scharff ist zweifelsohne lohnenswert! In eleganten historischen Räumen präsentiert man klassisch-moderne Gerichte in Menüform. Im Sommer ein Muss: der romantische Schlosshof!

➜ Rhein Zander, Holunder, Kartoffel, Sellerie. Nebraska Onglet, Avocado, Gurke, Zwiebel, Wiesenkräuter. Rhabarber, Topinambur, Roggen, H42 Craft Beer, Gundermann.

Menü 95/168 €

Stadtplan : E2-q – *Schlosshof 1 ✉ 69117*
– ✆ 06221 8727010
– www.heidelberger-schloss-gastronomie.de/scharffs-schlossweinstube
– nur Abendessen – geschl. Sonntag - Montag

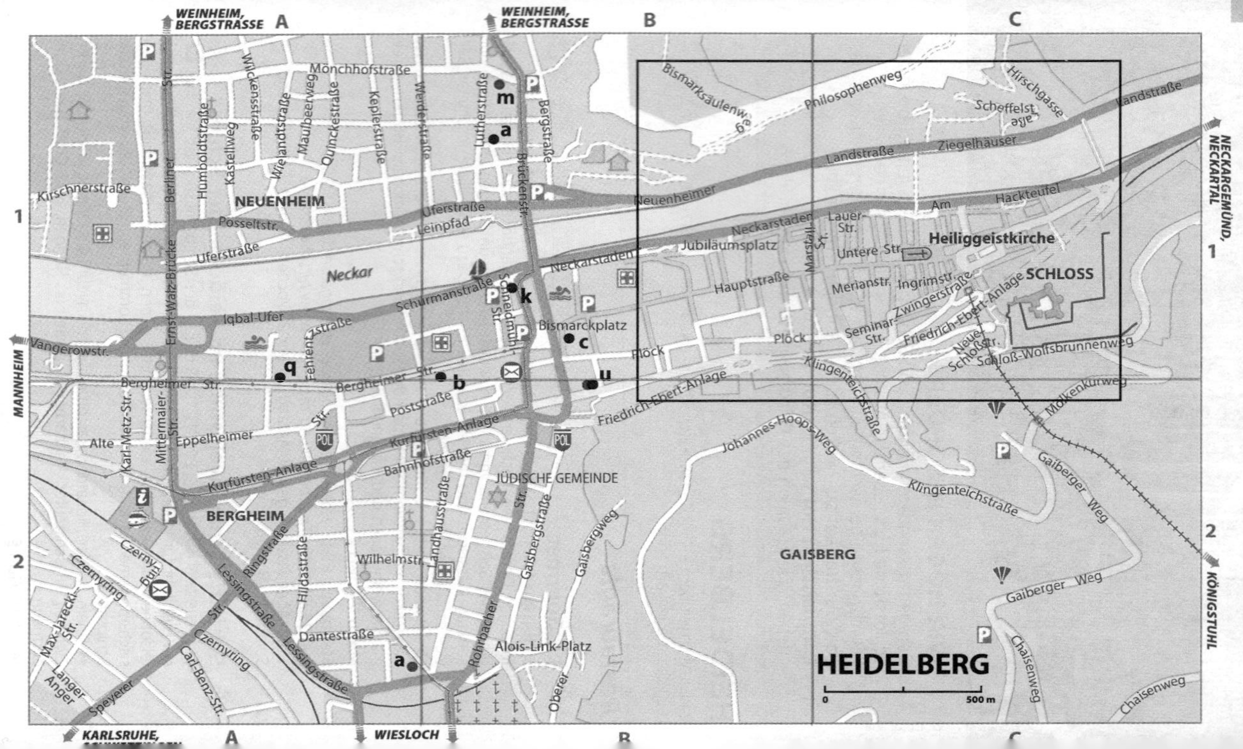
HEIDELBERG
0
500 m
WEINHEIM, BERGSTRASSE
NECKARGEMÜND, NECKARTAL
KÖNIGSTUHL
MANNHEIM
KARLSRUHE,
WIESLOCH
NEUENHEIM
BERGHEIM
GAISBERG
JÜDISCHE GEMEINDE
SCHLOSS
Heiliggeistkirche
Neckar
Philosophenweg
Bismarcksäulenweg
Hirschgasse
Scheffelstaffel
Landstraße
Ziegelhäuser Landstraße
Neuenheimer
Am Hackteufel
Neckarstaden
Jubiläumsplatz
Hauptstraße
Lauer-Str.
Marstall-Str.
Untere Str.
Ingrimstr.
Merianstr.
Zwingerstraße
Seminar-Str.
Friedrich-Ebert-Anlage
Neue-Schloßstr.
Schloß-Wolfsbrunnenweg
Molkenkurweg
Plöck
Klingenteichstraße
Johannes-Hoops-Weg
Gaiberger Weg
Chaisenweg
Bismarckplatz
Schneidmühl-Str.
Brückenstr.
Bergstraße
Lutherstraße
Uferstraße
Leinpfad
Schurmanstraße
Bergheimer Str.
Poststraße
Kurfürsten-Anlage
Bahnhofstraße
Landhausstraße
Wilhelmstr.
Dantestraße
Rohrbacher Str.
Gaisbergstraße
Gaisbergweg
Oberer
Alois-Link-Platz
Werderstraße
Keplerstraße
Mönchhofstraße
Quinckestraße
Maulbeerweg
Wielandtstraße
Wilckensstraße
Kastellweg
Humboldtstraße
Posseltstr.
Berliner Str.
Ernst-Walz-Brücke
Kirschnerstraße
Iqbal-Ufer
Fehrentzstraße
Vangerowstr.
Alte Eppelheimer Str.
Karl-Metz-Str.
Mittermaier-Str.
Hildastraße
Ringstraße
Lessingstraße
Czernyring
Carl-Benz-Str.
Speyerer Str.
Max-Jarecki-Str.
Langer Anger

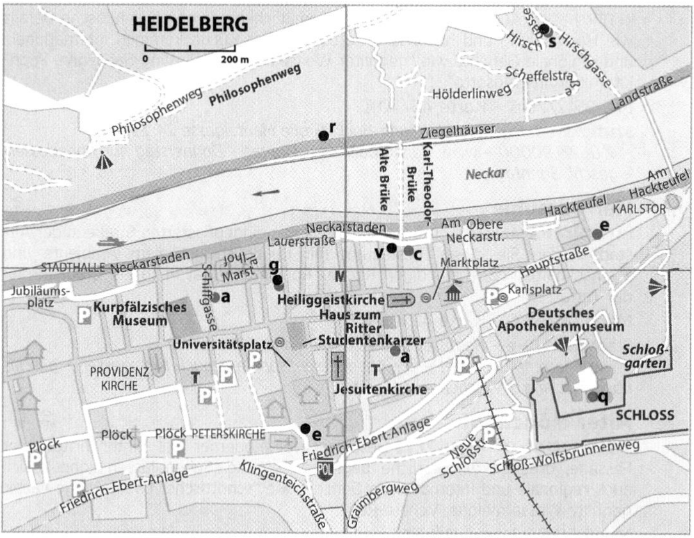

HEIDELBERG

Backmulde

REGIONAL • GEMÜTLICH X Lust auf "Petersilienwurzelcremesuppe" oder "Kalbstafelspitz mit Meerrettichwirsing und Butterkartoffeln"? Gut isst man hier mitten in der Altstadt in einer hübschen einstigen Schifferherberge a. d. 17. Jh.! Gepflegt übernachten kann man im gleichnamigen Hotel.

Menü 39 € – Karte 29/55 €

28 Zim – 99/109 € 118/149 €

Stadtplan : D2-a – *Schiffgasse 11 69117 – 06221 53660 – www.gasthaus-backmulde-hotel.de – nur Abendessen – geschl. Sonntag*

Die Kurfürstenstube

FRANZÖSISCH-KLASSISCH • ELEGANT XXX Ein Klassiker der Stadt! Die mächtige Kassettendecke und Wandvertäfelungen mit schönen Intarsienarbeiten bewahren ein Stück Geschichte. Gekocht wird klassisch mit modernen Einflüssen. Juli und August hat das Sommerrestaurant geöffnet.

Menü 72/99 € – Karte 54/78 €

Stadtplan : B2-u – *Der Europäische Hof - Hotel Europa, Friedrich-Ebert-Anlage 1 69117 – 06221 5150 – www.europaeischerhof.com – Montag - Freitag nur Abendessen – geschl. Juli - August*

Simplicissimus N

KREATIV • FREUNDLICH XX Das etwas versteckt im Herzen der Altstadt gelegene Restaurant ist seit vielen Jahren eine Institution in Heidelberg. Frisch und stilvoll-modern kommt das Interieur daher, engagiert das junge Team, das hier innovative Küche und angenehmen Service bietet. Ein traumhaftes Plätzchen ist der ruhige Innenhof!

Menü 68/145 €

Stadtplan : E2-a – *Ingrimstr. 16 69117 – 06221 6732588 – www.simplicissimus-restaurant.de – nur Abendessen – geschl. 7. - 29. Januar, August 2 Wochen und Sonntag - Montag*

Weißer Bock

INTERNATIONAL • GEMÜTLICH XX Für Gemütlichkeit sorgen hier hübsche Details wie Holztäfelung und historische Fotos. Aus der Küche kommen internationale und regionale Gerichte wie "gegrillter Wolfsbarsch mit Riesling-Sabayone, Paprika, Auberginen-Risotto".

Menü 42/79 € – Karte 45/70 €

Stadtplan : D2-g – *Hotel Weißer Bock, Große Mantelgasse 24 ✉ 69117 – ✆ 06221 90000 – www.weisserbock.de – Montag - Donnerstag nur Abendessen – geschl. Sonntag*

Herrenmühle

INTERNATIONAL • RUSTIKAL XX In einer kopfsteingepflasterten Straße in der Altstadt finden Sie dieses Restaurant mit freundlich-rustikalem Ambiente und schmackhafter bodenständiger Küche. Romantisch hat man es draußen auf der Terrasse.

Menü 56/98 € – Karte 42/69 €

Stadtplan : E1-e – *Hauptstr. 239 ✉ 69117 – ✆ 06221 602909 – www.herrenmuehle.net – nur Abendessen, sonntags auch Mittagessen – geschl. über Fasching 2 Wochen und Montag*

Alter Mönchhof

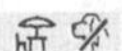

INTERNATIONAL • TRENDY XX Geschmackvoll-moderner Stil hinter historischer Fassade, draußen die herrliche begrünte Terrasse. Sehen lassen können sich auch regionale und internationale Gerichte wie "schottischer Label-Rouge-Lachs, gegrillte Wassermelone, Venere-Reis".

Menü 50 € – Karte 31/65 €

Stadtplan : B1-m – *Mönchhofstr. 3 ✉ 69120 – ✆ 06221 9850921 – www.alter-moenchhof.de – nur Abendessen , Mai - Oktober: Dienstag - Freitag nur Abendessen – geschl. Montag*

Mensurstube

KLASSISCHE KÜCHE • GEMÜTLICH X In der traditionsreichen Mensurstube sitzt man an blanken Holztischen (Schnitzereien einstiger Studenten erinnern an früher) und lässt sich gute regionale Gerichte wie "Gulasch vom Boeuf de Hohenlohe" servieren. Duftende Rosenterrasse!

Menü 46 € – Karte 49/67 €

Stadtplan : E1-s – *Hotel Die Hirschgasse, Hirschgasse 3 ✉ 69120 – ✆ 06221 4540 (Tischbestellung ratsam) – www.hirschgasse.de – nur Abendessen – geschl. Januar 2 Wochen und Sonntag*

Wirtshaus zum Nepomuk

TRADITIONELLE KÜCHE • ROMANTISCH X Schön gemütlich ist das Restaurant im Hotel "Zur Alten Brücke": Viel Holz schafft typische Wirtshausatmosphäre, dazu hübsche Deko, Kissen, Bilder an den Wänden... Auf dem Teller z. B. klassischer Rostbraten oder auch halbe Ente. Gerne sitzt man im hübschen Innenhof.

Karte 29/57 €

18 Zim – †90/129 € ††109/148 € – ☕ 11 €

Stadtplan : E1-c – *Obere Neckarstr. 2 ✉ 69117 – ✆ 06221 739130 – www.altebruecke.com – nur Abendessen , April - September: Montag - Freitag nur Abendessen*

fumi Heidelberg

JAPANISCH • GERADLINIG X Dies ist der Ableger des Deidesheimer "Mutterhauses" im Weingut Biffar. Am Rande der Innenstadt gibt es hier in puristischem Ambiente authentisch japanische Küche, die weit über Sushi & Sashimi hinausgeht. Wie wär's mit "Dashi-Essenz auf Eier-Tofu" oder Kabeljau "Saikyoyaki"? Dazu natürlich eigene Weine.

Menü 45/80 € – Karte 34/50 €

Stadtplan : A2-a – *Schillerstr. 28 ✉ 69117 – ✆ 06221 6732630 – www.josef-biffar.de – Dienstag - Donnerstag nur Abendessen, außer an Feiertagen – geschl. Sonntag - Montag*

Hotels

Der Europäische Hof Heidelberg

LUXUS • INDIVIDUELL Grandhotel-Tradition seit 1865. Seit jeher ein Haus mit Stil, in dessen klassisches Flair man behutsam Moderne einbindet. Fitness und Relaxen mit Stadtblick heißt es im "Panorama Spa" auf 600 qm samt toller Dach-Liegeterrasse! Mittags speist man im "Fritz". Repräsentativ die Veranstaltungsräume.

118 Zim – 189/299 € 268/384 € – 3 Suiten – 28 € – ½ P

Stadtplan : B2-u – *Friedrich-Ebert-Anlage 1 ✉ 69117 – 06221 5150 – www.europaeischerhof.com*

Die Kurfürstenstube – siehe Restaurantauswahl

Heidelberg Suites

BOUTIQUE-HOTEL • MODERN Was könnte man aus drei eleganten Stadtvillen in wunderbarer Neckarlage Schöneres machen als ein niveauvolles Boutique-Hotel? Highlight ist die "Sky Suite"! Auf dem Wasser ist die restaurierte historische "H. S. Patria" für Events oder als A-la-carte-Restaurant buchbar.

21 Suiten – 260/385 € – 5 Zim

Stadtplan : D1-r – *Neuenheimer Landstr. 12 ✉ 69120 – 06221 655650 – www.huetterboenan.com*

Die Hirschgasse

HISTORISCH • INDIVIDUELL 1472 erstmals erwähnt, heute ein Hotel der besonderen Art: Hier ist es charmant bis unters Dach, man wird ausgesprochen freundlich betreut, wohnt überaus individuell und stilvoll und bekommt am Morgen ein ausgesuchtes Frühstück. Schön die Lage am Heiligenberg gegenüber der Altstadt.

20 Zim – 95/195 € 135/335 € – 25 €

Stadtplan : E1-s – *Hirschgasse 3 ✉ 69120 – 06221 4540 – www.hirschgasse.de*

Le Gourmet • **Mensurstube** – siehe Restaurantauswahl

Arthotel

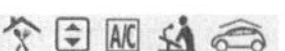

BOUTIQUE-HOTEL • MODERN Sehr gelungen die Verbindung von Alt und Neu, alles ist wertig und chic - ein Boutique-Hotel im besten Sinne! Besonders schön wohnt man im Erkerzimmer, relaxen kann man auf der Dachterrasse. Geradlinig-modern auch das Restaurant, toll der Innenhof. Übrigens: Trotz Altstadtlage hat man eine Tiefgarage!

24 Zim – 114/184 € 129/199 € – 14 € – ½ P

Stadtplan : D2-e – *Grabengasse 7 ✉ 69117 – 06221 650060 – www.arthotel.de*

Qube

BUSINESS • DESIGN Klar, puristisch, wertig - so das Design in dem nach ökologischen Aspekten gestalteten Hotel samt schöner Dachterrasse mit Schlossblick! Ebenso exquisit und chic die 50 m entfernte Qube-Villa. Tipp: die ruhigen Zimmer zum Garten! Das Angebot im Restaurant reicht vom Nizza-Salat bis zum gegrillten Thunfisch.

70 Zim – 98/188 € 108/248 € – 19 € – ½ P

Stadtplan : A1-q – *Bergheimer Str. 74 ✉ 69115 – 06221 187990 – www.qube-heidelberg.de*

Panorama

HISTORISCHES GEBÄUDE • FUNKTIONELL Ganz ruhig liegt das Hotel zwar nicht, doch dafür direkt am Neckar und die Schallisolierung ist top! Geschmackvoll und angenehm modern die Zimmer (viele klimatisiert), am Morgen ein frisches Frühstück. Nach einem Bummel durch die nahe Altstadt geht's am Abend auf einen Absacker in die Bar-Lounge.

32 Zim – 100 € 150 €

Stadtplan : B1-k – *Bismarckstr. 19 ✉ 69115 – 06221 1852100 – www.panorama-heidelberg.de*

Bergheim 41

URBAN • DESIGN Design-Fans aufgepasst! Überall im Haus hochmoderne Möbel, wertige Materialien, schöne Dielenböden, topaktuelle Technik, großzügige Bäder... und auf dem Dach eine Terrasse mit Aussicht! Frühstück und Snacks im "Kaffeekultur". Angrenzend das "Alte Hallenbad" mit Markthalle, Lokalen, Geschäften.

32 Zim – 🚹94/154 € 🚹🚹99/169 € – ☕14 €

Stadtplan : B1-b – *Bergheimer Str. 41 ✉ 69115 – ✆ 06221 750040 – www.bergheim41.de*

Holländer Hof

HISTORISCH • KLASSISCH Einst nächtigten holländische Holzhändler in dem denkmalgeschützten Haus, heute freuen sich Heidelberg-Besucher über die zentrale Lage an der Alten Brücke, die individuelle, wohnliche Einrichtung, den freundlichen Service und ein gepflegtes Frühstück. Tipp: Parkhaus P12.

38 Zim – 🚹99/135 € 🚹🚹118/181 € – 1 Suite – ☕14 €

Stadtplan : E1-v – *Neckarstaden 66 ✉ 69117 – ✆ 06221 60500 – www.hollaender-hof.de*

Astoria

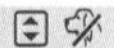

PRIVATHAUS • MODERN Die charmante, etwas versteckt gelegene Villa von 1907 ist ideal für Individualisten, die "Understatement" bevorzugen. An der Eingangstür steht nach wie vor "Pension Astoria", nichtsdestotrotz hat man es hier komfortabel, modern und wohnlich. Gut das Frühstück, nett die kleine Bar. Begrenzte Parkkapazität.

6 Zim ☕ – 🚹95/145 € 🚹🚹150/190 €

Stadtplan : B1-a – *Rahmengasse 30 ✉ 69120 – ✆ 06221 7290350 – www.heidelberg-astoria.de – geschl. Ende Dezember - Ende Januar, August 2 Wochen*

Weißer Bock

GASTHOF • INDIVIDUELL In ihrer 300-jährigen Geschichte war diese Heidelberger Institution schon mal ein Brauhaus und auch Studentenverbindungshaus der Ripuaria. Es liegt mitten in der Altstadt (Neckar und Fußgängerzone ganz in der Nähe), die Zimmer geschmackvoll und wohnlich, der Service zuvorkommend.

23 Zim – 🚹75/120 € 🚹🚹115/180 € – ☕12 €

Stadtplan : D2-g – *Große Mantelgasse 24 ✉ 69117 – ✆ 06221 90000 – www.weisserbock.de*

Weißer Bock – siehe Restaurantauswahl

Goldene Rose

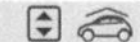

URBAN • FUNKTIONELL Ein Altstadthotel wie aus dem Bilderbuch! Individuelle Zimmer, schönes, frisches Frühstück (im Sommer im Innenhof!), perfekte Lage wenige Schritte von der Fußgängerzone. Reservieren Sie einen der Parkplätze am Haus - Ihr Auto wird geparkt!

37 Zim ☕ – 🚹90/135 € 🚹🚹135/170 €

Stadtplan : B1-c – *St. Annagasse 7 ✉ 69117 – ✆ 06221 905490 – www.hotel-goldene-rose.de*

In Heidelberg-Grenzhof Nord-West: 8 km über A1, Richtung Mannheim

Gutsstube

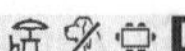

MARKTKÜCHE • LÄNDLICH XX Mögen Sie es ländlich-charmant oder lieber moderner? Die regional-internationale Küche kann man sich sowohl in der Stube als auch im Wintergarten schmecken lassen - oder aber draußen im Freien! Mittags nur Lunchbuffet. Tolle Festscheune.

Menü 54/75 € (abends) – Karte 40/61 €

Hotel Grenzhof, Grenzhof 9 ✉ 69123 – ✆ 06202 9430 (abends Tischbestellung erforderlich) – www.grenzhof.de – geschl. 23. - 30. Dezember und Sonntag, Samstagmittag

Grenzhof

LANDHAUS • GEMÜTLICH Schön wohnt man in dem erweiterten Gutshof in dörflicher Lage. Wie wär's mit einem der ausgesprochen geschmackvollen Themenzimmer? Vielleicht "Apfelblüte", "Landlust" oder "Morgentau"? Hübsche Stoffe, Holzböden und stimmige Accessoires schaffen individuelle und gemütlich-schicke Räume.

35 Zim – 98/115 € 108/138 € – ½ P

Grenzhof 9 69123 – 06202 9430 – www.grenzhof.de – geschl. 23. - 30. Dezember

Gutsstube – siehe Restaurantauswahl

In Heidelberg-Handschuhsheim Nord: 3 km über B1, Richtung Weinheim

Ai Portici

ITALIENISCH • RUSTIKAL Freundlich-familiär die Atmosphäre, frisch die italienische Küche, und die bietet man auf einer kleinen Standardkarte samt einiger leckerer Pizzen und in Form von Tagesempfehlungen. Tipp: Fragen Sie auch nach den Weinen aus der Vineria!

Menü 38/48 € – Karte 25/59 €

Rottmannstr. 2, Eingang Steubenstraße 69121 – 06221 472817 – www.ai-portici.de – geschl. Anfang Januar 1 Woche, Ende Mai 1 Woche, August 2 Wochen und Dienstag, Samstagmittag

In Heidelberg-Wieblingen Nord-West: 4,5 km über Vangerowstraße A1

Ludwig Schwarz

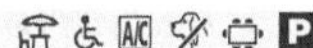

FRANZÖSISCH-KLASSISCH • CHIC Was Sie hier in etwas unscheinbarer Lage im Industriegebiet von Wieblingen finden, ist ein geschmackvoll-modernes Restaurant samt schöner Terrasse, in dem Sie sich z. B. auf "St. Pierre mit Butternut-Kürbis und Polenta" freuen dürfen.

Menü 19 € (mittags unter der Woche)/74 € – Karte 33/68 €

Im Schuhmachergewann 6 69123 – 06221 776039 – www.ludwigschwarz-restaurant.de – geschl. 1. - 7. Januar, 12. - 18. Februar, 27. August - 9. September und Samstagmittag, Sonntagabend - Montag

In Heidelberg-Rohrbach Süd : 6 km über Rohrbacher Straße B :

Traube

INTERNATIONAL • GEMÜTLICH Ein gemütliches Lokal, das von einem jungen Team engagiert geführt wird. Auf der saisonal beeinflussten Karte liest man z. B. "Freilandhuhn, Bimi, Reiscreme". Tipp: öffentlicher Parkplatz bei der Thorax-Klinik drei Gehminuten entfernt.

Karte 34/60 €

Rathausstr. 75 69126 – 06221 6737222 – www.traube-heidelberg.de – nur Abendessen, sonntags auch Mittagessen – geschl. Dienstag

HEIDESHEIM am RHEIN

Rheinland-Pfalz – 7 509 Ew. – Höhe 100 m – Regionalatlas **47**-E15
Michelin Straßenkarte 543

Gourmetrestaurant Dirk Maus

FRANZÖSISCH-KLASSISCH • CHIC Im Mittelpunkt steht hier ganz klar die aromareiche moderne Küche von Dirk Maus. Aber auch das Drumherum stimmt: Historische Bruchsteinwände und klare Formen harmonieren wunderbar und sorgen ebenso wie der charmante Service für eine Atmosphäre zum Wohlfühlen. Nicht zu vergessen die fair kalkulierte Weinkarte.

→ Jakobsmuschel, Ingwer, Sellerie. Heilbutt, Karotte, Kräuter. Reh, grüner Spargel, Buchweizen, Mispel.

Menü 85/120 €

Sandhof 7 55262 – 06132 4368333 – www.dirk-maus.de – nur Abendessen – geschl. Juli - August 2 Wochen und Montag - Dienstag

Landgasthaus Sandhof – siehe Restaurantauswahl

Landgasthaus Sandhof

INTERNATIONAL • GEMÜTLICH Ein kleines bisschen legerer ist es im zweiten Maus'schen Restaurant. Hier wird man aber nicht weniger freundlich umsorgt und die Küche kann sich ebenfalls sehen lassen: "Zander mit Blutwurst auf Linsen", "geschmorte Schweinebäckchen mit gerührter Polenta"...

Menü 36/49 € - Karte 39/77 €

Gourmetrestaurant Dirk Maus, Sandhof 7 ✉ 55262 - ✆ 06132 4368333 - www.dirk-maus.de - Mittwoch - Freitag nur Abendessen - geschl. Juli - August 2 Wochen und Montag - Dienstag

HEIGENBRÜCKEN

Bayern - 2 233 Ew. - Höhe 274 m - Regionalatlas **48**-H15
Michelin Straßenkarte 546

Villa Marburg im Park

KLASSISCHE KÜCHE • ELEGANT Ob Sie elegant oder etwas rustikaler sitzen, in beiden Restaurants reicht man die gleiche Karte. Und die bietet Gerichte der "Fusion Cuisine" oder der "Neuen Deutschen Küche". Lust auf "gegrilltes Schweinefilet & Pulled Pork mit Honig-Whiskeymarinade" oder lieber "Hühnerfrikassee mit gedämpfter Reisrolle"?

Menü 33/72 € - Karte 36/48 €

Hotel Villa Marburg im Park, Werner-Wenzelstr. 1 ✉ 63869 - ✆ 06020 979990 - www.villa-marburg.de - geschl. 1. - 8. Januar, August 2 Wochen und Sonntagabend

Villa Marburg im Park

BUSINESS • MODERN Wohnlich-elegant hat man es in der Villa a. d. 19. Jh. nebst modernem Anbau. Geschmackvoll-gediegen die Zimmer und Juniorsuiten, für Ihre Freizeit gibt es Massage und Kosmetik, Indoor-Golf-Simulator oder auch das 100 m entfernte Naturschwimmbad (für Hausgäste kostenfrei).

38 Zim - †65/99 € ††95/125 € - 2 Suiten - ☕ 15 € - ½ P

Werner-Wenzelstr. 1 ✉ 63869 - ✆ 06020 979990 - www.villa-marburg.de - geschl. 2. - 8. Januar, August 2 Wochen

Villa Marburg im Park - siehe Restaurantauswahl

Landgasthof Hochspessart

LANDHAUS • GEMÜTLICH Hier ist man mit Engagement bei der Sache. Die Zimmer sehr gepflegt und wohnlich, die Küche regional - eine Spezialität sind Wildgerichte, -schinken und -würste. Dazu gute fränkische und deutsche Weine. Für Aktive: schöne Wander- und Radwege in der Umgebung.

39 Zim ☕ - †60/80 € ††100/135 € - ½ P

Lindenallee 40 ✉ 63869 - ✆ 06020 97200 - www.hochspessart.de

HEILBRONN

Baden-Württemberg - 119 841 Ew. - Höhe 157 m - Regionalatlas **55**-G17
Michelin Straßenkarte 545

Bachmaier

MARKTKÜCHE • TRENDY Sehr nett ist dieses modern in warmen Farben gehaltene Restaurant, schmackhaft die saisonale Küche des oberbayerischen Patrons - mittags wie abends (4 Gänge) ein variables Menü. Die Chefin managt kompetent den Service, gut die offene Weinbegleitung.

Menü 25 € (mittags)/44 € (abends)

Stadtplan : A1-c - *Untere Neckarstr. 40 ✉ 74072 - ✆ 07131 6420560 (Tischbestellung ratsam) - www.restaurant-bachmaier.de - geschl. Weihnachten - Anfang Januar 2 Wochen, Juni 2 Wochen und Samstagmittag, Sonntag - Dienstagmittag sowie an Feiertagen*

Magnifico da Umberto

ITALIENISCH • FREUNDLICH XX Umberto Scuccia ist kein Unbekannter in Heilbronn. Hier hat er im 12. Stock des Tagungszentrums ein attraktives geradlinig gehaltenes Restaurant, das neben marktfrischer italienischer Küche auch einen tollen Blick auf die Stadt bietet.

Menü 65/95 € – Karte 68/86 €

Im Zukunftspark 10, (12. Etage), über A1 Kalistraße ✉ 74072 – ✆ 07131 74564140 – www.wtz-magnifico.de – nur Abendessen – geschl. August - September 3 Wochen und Sonntag - Montag

Schwäbisches Restaurant

REGIONAL • ELEGANT XX Das Restaurant des "insel hotels" wird persönlich und engagiert geführt und ist in der Umgebung sehr geschätzt. Auf der Karte finden sich regionale und internationale Speisen, vor dem Haus hat man eine schöne Terrasse unter Palmen. Mittags können Sie auch im legeren "Willys" essen.

Karte 28/68 €

125 Zim ☕ – †119/199 € ††139/219 € – 4 Suiten

Stadtplan : A1-r – *Willy-Mayer-Brücke, Zufahrt über Kranenstraße ✉ 74072 – ✆ 07131 6300 – www.insel-hotel.de – Montag - Freitag nur Abendessen*

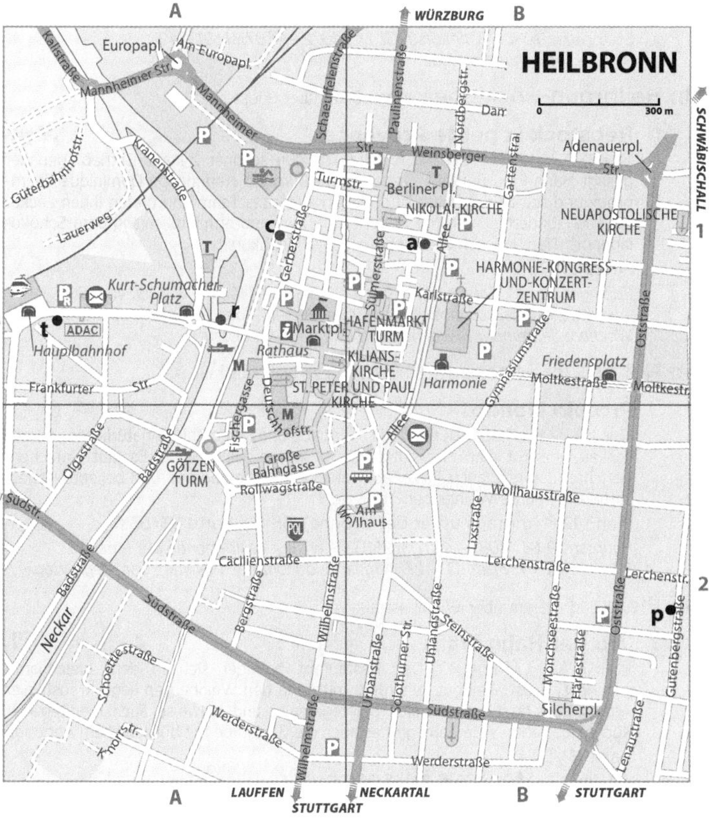

Trattoria da Umberto

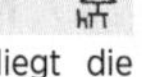

ITALIENISCH • FREUNDLICH X Etwas versteckt in einer Seitengasse liegt die nette Trattoria mit hübscher begrünter Terrasse. Geboten wird italienische Küche à la Mamma - am Herd steht die sympathische Mutter des Chefs.

Karte 32/51 €

Stadtplan : B1-a - *Schellengasse 16 ✉ 74072 - ✆ 07131 7247655 - www.da-umberto.com - nur Abendessen - geschl. August und Montag*

Park-Villa

PRIVATHAUS • INDIVIDUELL Eine schmucke Villa von 1912 samt hübscher Dependance und individueller Zimmer, zu finden in einer angenehmen Wohngegend. Wundern Sie sich nicht, wenn Sie im Garten einen Geparden sehen! Das ist Sammy, er gehört ebenso zum Haus wie die eigenen Schnee-Eulen und die Fische im Teich.

25 Zim - †108 € ††139/165 €

Stadtplan : B2-p - *Gutenbergstr. 30 ✉ 74074 - ✆ 07131 95700 - www.hotel-parkvilla.de - geschl. 23. Dezember - 8. Januar*

TraumRaum

URBAN • INDIVIDUELL Eindeutig der Hotspot der Heilbronner Hotellerie: Detailgenau und hochwertig machen die traumhaften Räume Lust auf das exotische Bangkok, das aparte Island, das farbenprächtige Rio de Janairo...! Sydney werden Sie sofort erkennen!

21 Zim - †99/169 € ††115/209 €

Stadtplan : A1-t - *Bahnhofstr. 31 ✉ 74072 - ✆ 07131 5919240 - www.hotel-traumraum.de*

In Heilbronn-Böckingen West: 2 km über Südstraße A2

Rebstock la petite Provence

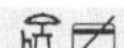

FRANZÖSISCH-KLASSISCH • FAMILIÄR XX Ein schöner 2-Mann-Betrieb (genauer gesagt Mann-Frau-Betrieb): Der aus dem Burgund stammende Dominique Champroux und seine Frau Beate sind ein eingespieltes Team und bieten Ihnen Leckeres wie "Rinderfilet von Mr. Häberle im Thymianbrotmantel mit Kapern-Schokoladenöl". Tipp: Machen Sie doch mal einen Kochkurs!

Menü 37/75 €

Eppinger Str. 43, Ecke Ludwigsburger Straße ✉ 74080 - ✆ 07131 4054351 - www.rebstock-provence.de - nur Abendessen - geschl. Anfang Januar 2 Wochen, September 3 Wochen und Sonntag - Dienstag

In Heilbronn-Sontheim Süd: 5 km über Wilhelmstraße A2

Piccolo Mondo

ITALIENISCH • FREUNDLICH XX Mit Hingabe und sympathisch-natürlicher Freundlichkeit umsorgt man hier seit über 30 Jahren seine Gäste. Es gibt einfachere Gerichte, darunter auch Pizza, aber auch eine ambitionierte und beliebte Tageskarte. Charmante Weinlauben-Terrasse.

Menü 12 € (mittags unter der Woche)/55 € - Karte 23/53 €

Hauptstr. 9 ✉ 74081 - ✆ 07131 251133 - www.piccolo-mondo.org - geschl. 24. Februar - 7. März. 13. - 27. August und Montag - Dienstag, Samstagmittag

In Flein Süd: 5,5 km über Wilhelmstraße A2

Wo der Hahn kräht

REGIONAL • LÄNDLICH XX Das Restaurant befindet sich in dem gleichnamigen Hotel nebst Weingut, das ruhig mitten in den Weinbergen liegt. In rustikaler Atmosphäre lässt man es sich bei regionaler und teilweise auch mediterraner Küche gut gehen. Alternativ gibt es auch die Gaststube mit bürgerlichem Angebot.

Karte 31/54 €

40 Zim - †99/135 € ††135/160 € - ½ P

Altenbergweg 11 ✉ 74223 - ✆ 07131 50810 - www.wo-der-hahn-kraeht.de

In Leingarten West: 7 km über Südstraße A2

Dorfkrug

REGIONAL • RUSTIKAL "Dorfkrug-Pfännle", "Saure Nierle", "Straub's Schwabenstreich" oder auch die leckere "Crème brûlée mit marinierten Erdbeeren"... Die schwäbische Alternative zum "Löwen" ist gut, günstig und hat so manchen Stammgast!

Karte 24/50 €

Restaurant Löwen, Heilbronner Str. 43 ✉ 74211 – ✆ 07131 403678 – www.uwe-straub.de – geschl. Samstagmittag, Montag - Dienstag

Löwen

FRANZÖSISCH-KLASSISCH • FREUNDLICH Uwe Straub kümmert sich um den Service, steht am Herd und berät seine Gäste immer mal gerne selbst in Sachen Wein - ein Gastronom im besten Sinne also! Die Küche ist klassisch orientiert, aber auch mit modernen Ideen gespickt, freundlich das Ambiente.

Karte 50/88 €

Heilbronner Str. 43 ✉ 74211 – ✆ 07131 403678 (Tischbestellung ratsam) – www.uwe-straub.de – nur Abendessen – geschl. Sonntag - Dienstag

Dorfkrug – siehe Restaurantauswahl

HEILIGENBERG

Baden-Württemberg – 2 988 Ew. – Höhe 726 m – Regionalatlas **63**-G21
Michelin Straßenkarte 545

Bayerischer Hof

REGIONAL • BÜRGERLICH Wirklich sehr gepflegt ist dieser Gasthof. Hier bekommt man regional-bürgerliche Küche, z. B. in Form von "geschmorter Kalbshaxe mit Waldpilzrahm". Es gibt auch eine rustikale Stube, in der man leger bei einem Bier sitzen kann. Sie möchten übernachten? Man hat praktische, neuzeitliche Zimmer.

Menü 19/28 € – Karte 21/41 €

6 Zim – †42/50 € ††74 €

Röhrenbacherstr.1 ✉ 88633 – ✆ 07554 217 – www.bayerischerhof-heiligenberg.de – geschl. Januar 3 Wochen und Dienstag

In Heiligenberg-Steigen West: 2 km

Hack

TRADITIONELLE KÜCHE • GASTHOF Wenn Ihnen Schmackhaftes wie "Lauwarmes vom Kalbskopf in Vinaigrette" oder "Rehrahmgulasch mit Champignons, Birne und Preiselbeeren" Appetit macht, dann werden Sie sich in dem sympathischen Restaurant des gleichnamigen Hotels gut aufgehoben fühlen. Hübsch die von Rosen eingerahmte Terrasse.

Menü 34 € – Karte 28/48 €

15 Zim – †62/82 € ††90/118 €

Am Bühl 11 ✉ 88633 – ✆ 07554 8686 – www.hotel-hack.de – Mittwoch - Freitag nur Abendessen – geschl. Mitte Januar - Mitte Februar, November und Montag - Dienstag

HEILIGENDAMM Mecklenburg-Vorpommern

→ Siehe Doberan, Bad

HEILIGENHAFEN

Schleswig-Holstein – 9 139 Ew. – Höhe 7 m – Regionalatlas **3**-K3
Michelin Straßenkarte 541

Meereszeiten

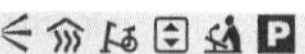

BOUTIQUE-HOTEL • MODERN Das Boutique-Hotel in Speicherstadt-Architektur liegt praktisch zwischen Yacht- und Fischereihafen - von jedem der schicken modernen Zimmer schaut man aufs Wasser. Schön (und abends sehr gefragt) die Bar-Lounge. Wellness und Fitness im obersten Stock.

83 Zim – †64/174 € ††89/199 € – 3 Suiten

Am Yachthafen 2 ✉ 23774 – ✆ 04362 500500 – www.hafenhotel-meereszeiten.de

HEILIGENSTADT in OBERFRANKEN

Bayern - 3 574 Ew. - Höhe 304 m - Regionalatlas **50**-K15
Michelin Straßenkarte 546

Heiligenstadter Hof

GASTHOF • FUNKTIONELL Das hübsche alte Fachwerkhaus beherbergt wohnliche Zimmer, teils mit sehenswertem Gebälk, funktionelle und größere Zimmer im Anbau. Gemütlich sitzt man im Restaurant mit Kachelofen - die schöne Lage an der Leinleiter genießt man am besten auf der netten Terrasse!

24 Zim - †55/70 € ††86/110 € - ½ P

Marktplatz 9 ✉ 91332 - ✆ 09198 781 - www.hotel-heiligenstadter-hof.de - geschl. Februar - März 2 Wochen

In Heiligenstadt-Veilbronn Süd-Ost: 3 km

Landhaus Sponsel-Regus

GASTHOF • TRADITIONELL Seit 250 Jahren befindet sich dieser gepflegte Gasthof in Familienbesitz. Im Stammhaus sowie in den Häusern Mattstein und Sonneck erwarten Sie wohnliche Zimmer, nett sitzt man in der rustikalen Gaststube mit Kachelofen. Und buchen Sie doch mal eine Massage! Zum Team gehört übrigens auch Hauskatze Schröder.

50 Zim - †52/82 € ††112/152 € - 2 Suiten - ½ P

Veilbronn 9 ✉ 91332 - ✆ 09198 92970 - www.sponsel-regus.de - geschl. 9. - 21. Dezember, 7. - 26. Januar

HEIMBUCHENTHAL

Bayern - 2 180 Ew. - Höhe 234 m - Regionalatlas **48**-H15
Michelin Straßenkarte 546

Lamm

SPA UND WELLNESS • GEMÜTLICH Aus vier Häusern besteht das gewachsene Wellness- und Tagungshotel im Ortskern. Sie wohnen in individuellen Zimmern, besonders komfortabel im Palais-Gebäude. Dazu relaxen Sie im gepflegten Spa und lassen sich im Restaurant leicht gehobene Regionalküche servieren.

75 Zim - †85/110 € ††126/166 € - ½ P

St.-Martinus-Str. 1 ✉ 63872 - ✆ 06092 9440 - www.hotel-lamm.de

HEINSBERG

Nordrhein-Westfalen - 41 138 Ew. - Höhe 38 m - Regionalatlas **35**-A12
Michelin Straßenkarte 543

In Heinsberg-Randerath Süd-Ost: 8 km, jenseits der A 46

St. Jacques

FRANZÖSISCH-MODERN • ELEGANT XXX Elegant ist es hier, aber alles andere als steif. Dazu trägt nicht zuletzt der sehr freundliche Service bei, der Sie in dem geschmackvollen Wintergarten ausgezeichnet berät. So ist Ihnen zur finessenreichen produktorientierten Küche auch die ideale Weinbegleitung gewiss. Übrigens: In "Hensen's Residenz" hat man tolle wertig-moderne Gästezimmer! Schicke Kochschule.

→ Sibirischer Gemüsegarten, Stör, Smitana, Beluga-Linsen. Schweinebauch "Borschtsch-Style". St. Pierre, Calamaretti, Poweraden, Bouillabaise-Sud.

Menü 79/159 €

6 Zim - †150/220 € ††190/260 € - 15 € - ½ P

Feldstr. 48 ✉ 52525 - ✆ 02453 802 (Tischbestellung ratsam) - www.rainerhensen.de - nur Abendessen - geschl. Sonntag - Montag

Brasserie WIR - siehe Restaurantauswahl

Brasserie WIR

MARKTKÜCHE • BRASSERIE X Die sympathische Brasserie hat eine leicht rustikale Note, dennoch bekommt man hier die typische "Hensen-Qualität"! Schmackhaft z. B. "Fischsuppe Asia Style", "Wiener Schnitzel mit Kartoffel-Gurkensalat", "Rehkeule im Schwarzbrotmantel"...

Menü 39 € – Karte 42/63 €

Restaurant St. Jacques, Feldstr. 50 ✉ 52525 – ✆ 02453 802 – www.burgstuben-residenz.de – geschl. Montag

In Heinsberg-Unterbruch Nord-Ost: 3 km, über B 221 Richtung Wassenberg

Altes Brauhaus

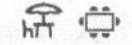

KLASSISCHE KÜCHE • TRADITIONELLES AMBIENTE XX 1779 steht über dem Eingang des schönen "Alten Brauhauses", in dem nie Bier gebraut wurde. Stattdessen gibt es hier heute schmackhafte regional-klassische Speisen, gerne auch vegetarisch. Sehenswert die elegant-traditionellen Stuben mit kostbarer Holztäfelung und Schnitzereien.

Menü 30 € (mittags)/75 € – Karte 47/62 €

Wurmstr. 4 ✉ 52525 – ✆ 02452 61035 – www.altesbrauhaus-heinsberg.de – geschl. Juli 1 Woche, 23. Oktober - 4. November und Montag - Dienstag, Samstagmittag

Außerhalb Süd: 4 km, an der B 221 Richtung Geilenkirchen

Janses Mattes

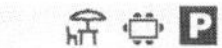

INTERNATIONAL • BÜRGERLICH X Das gepflegte Gasthaus ist eines der ältesten in der Gegend und seit jeher eine beliebte Adresse für regional-internationale Küche. Auch wenn sich das Restaurant an einer stark befahrenen Straße befindet, kann man dennoch schön draußen essen, denn die Terrasse liegt nach hinten!

Menü 30/50 € – Karte 31/51 €

Janses Mattes 1 ✉ 52525 Heinsberg – ✆ 02452 22056 – www.jansesmattes.de – geschl. Juli - August 3 Wochen und Montag - Dienstag

HEITERSHEIM

Baden-Württemberg – 6 045 Ew. – Höhe 254 m – Regionalatlas **61**-D21
Michelin Straßenkarte 545

Landhotel Krone

MARKTKÜCHE • LÄNDLICH XX Hier sitzen Sie in schönen gemütlichen Stuben (wie wär's mit einem Platz am Kachelofen?) und lassen sich badische Spezialitäten wie "Ochsenbrust mit Meerrettich" oder Saisonales wie "geschmorte Bauernente mit Rotkohl und Klößen" schmecken. Mittags reduziertes Angebot mit preislich fairem "Bistromenü".

Menü 22 € (mittags)/56 € – Karte 30/55 €

Landhotel Krone, Hauptstr. 12 ✉ 79423 – ✆ 07634 51070 – www.landhotel-krone.de – geschl. Dienstag - Mittwochmittag

Landhotel Krone

GASTHOF • INDIVIDUELL Gästebetreuung wird bei Familie Rottmann-Thoma groß geschrieben. Die Zimmer in dem liebevoll eingerichteten historischen Gasthaus sind wohnlich-elegant, ein ansprechender Kontrast dazu die geradlinig-modernen Appartements im Wellnesshaus.

36 Zim ☕ – †82/112 € ††112/159 € – 3 Suiten – ½ P

Hauptstr. 12 ✉ 79423 – ✆ 07634 51070 – www.landhotel-krone.de

Landhotel Krone – siehe Restaurantauswahl

OX Hotel

GASTHOF • MODERN Kein Wunder, dass das Hotel gut gebucht ist, denn die Kombination von historischem Rahmen und modernem Interieur ist wirklich gelungen. Man hat sehr schöne trendige, klar designte Zimmer, W-Lan ist kostenfrei, freundlich der Service. Dazu ein sympathisches Café-Restaurant mit bürgerlicher Küche.

24 Zim – 72/76 € 95/98 €

Im Stühlinger 10 79423 – 07634 6955855 – www.oxhotel.de

HELGOLAND (INSEL)

Schleswig-Holstein – 1 356 Ew. – Höhe 40 m – Regionalatlas **8**-E3
Michelin Straßenkarte 541

Rickmers Insulaner

FAMILIÄR • INDIVIDUELL An der Promenade liegt das Hotel mit hübschem Garten und freundlichen, wohnlichen Zimmern. Suiten teils mit Kitchenette. Toll die Wellness-Suiten mit Wärmeliege und Dampfbad! Zum Relaxen gibt's im UG den netten Private Spa. "Galerie" nennt sich das mit zahlreichen Gemälden dekorierte Restaurant.

37 Zim – 99/129 € 119/229 € – 8 Suiten – ½ P

Am Südstrand 2 27498 – 04725 81410 – www.rickmers-insulaner.de

HELMBRECHTS

Bayern – 8 498 Ew. – Höhe 616 m – Regionalatlas **51**-M14
Michelin Straßenkarte 546

In Helmbrechts-Edlendorf Ost: 3,5 km Richtung Reuthlas

Ostermaier's Waldeck

REGIONAL • FREUNDLICH Durch und durch charmant - von der schönen Lage auf dem Land über liebenswerte individuelle Zimmer bis zu gemütlich dekorierten Gasträumen nebst hübschem Biergarten. Auf der Karte: französische Fischsuppe, Frankenwaldforelle, argentinisches Rind vom Grill... Auch für Hochzeitsfeiern eine beliebte Adresse!

Menü 29/65 € – Karte 23/64 €

6 Zim – 65 € 85 €

Edlendorf 12 95233 – 09252 7273 – www.ostermaiers-waldeck.de

HENNEF (SIEG)

Nordrhein-Westfalen – 46 399 Ew. – Höhe 67 m – Regionalatlas **36**-C13
Michelin Straßenkarte 543

In Hennef-Heisterschoß Nord-Ost: 7 km, über B 478 Richtung Waldbröhl, in Bröl links nach Happerschloss abbiegen

Sängerheim - Das Restaurant

MARKTKÜCHE • FREUNDLICH Hier geht man gerne essen, denn das Haus wird freundlich und geschult geführt, ist angenehm modern eingerichtet und gekocht wird schmackhaft. Neben Klassikern wird auf einer Tafel auch Saisonales angeboten, so z. B. "pochiertes Ei mit Sauerampferroulade vom Bauernhuhn und Kräutersalat". Gute Weinempfehlung.

Menü 35/49 € – Karte 26/59 €

Teichstr. 9 53773 – 02242 3480 – www.das-saengerheim.de – Montag - Samstag nur Abendessen, außer an Feiertagen – geschl. über Karneval 5 Tage und Mittwoch

HEPPENHEIM an der BERGSTRASSE

Hessen – 25 001 Ew. – Höhe 106 m – Regionalatlas **47**-F16
Michelin Straßenkarte 543

Villa Boddin

GASTHOF · GEMÜTLICH Schön fügt sich das kleine Hotel in die Altstadt mit ihren schönen Fachwerkhäusern ein. Gelungen hat man Mauerwerk und alte Holzbalken mit hochwertiger elegant-mediterraner Einrichtung kombiniert. Frühstück mit Blick auf den Marktplatz.

10 Zim – 75/90 € 115/125 €

Großer Markt 3, Zufahrt über Graeffstraße ✉ 64646 – ✆ 06252 68970 – www.villa-boddin.de

Goldener Engel

GASTHOF · FUNKTIONELL Ein hübsches Fachwerkhaus mitten in der Altstadt, seit 1782 Familienbetrieb. Etwas Besonderes: die "Wohn- & Schlafstuben" im Haus "Goldkind" mit schickem modernem Design. Hier auch die tolle "Spa-Mansarde": große Maisonette unterm Dach mit Sauna! Bei Restaurantgästen gefragt: Terrasse auf dem Marktplatz.

26 Zim – 72/130 € 99/140 € – ½ P

Großer Markt 2, Zufahrt über Laudenbacher Tor ✉ 64646 – ✆ 06252 2563 – www.goldener-engel-heppenheim.de – geschl. 20. Dezember - 10. Januar

HERFORD

Nordrhein-Westfalen – 65 538 Ew. – Höhe 65 m – Regionalatlas **28**-F9
Michelin Straßenkarte 543

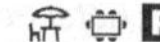

Am Osterfeuer

REGIONAL · FREUNDLICH XX Bei Hans-Jörg Dunker darf man sich auf regionale Gerichte mit mediterranem Einfluss freuen - da lässt man sich z. B. "frische Linguini mit Pfifferlingen" oder "Tafelspitz in Meerrettichsauce" schmecken.

Menü 40 € – Karte 28/61 €

Hellerweg 35 ✉ 32052 – ✆ 05221 70210 – www.am-osterfeuer.de – nur Abendessen, sonntags auch Mittagessen – geschl. Mitte Juli - Ende August 3 Wochen und Montag - Dienstag

Die Alte Schule

INTERNATIONAL · BISTRO X In dem Fachwerkhaus a. d. 17. Jh. befindet sich auf zwei Ebenen dieses sympathische behagliche Restaurant. In ungezwungener Atmosphäre gibt es internationale Küche und Klassiker wie "Kalbsleber Berliner Art" oder "Rumpsteak Strindberg".

Menü 28/69 € – Karte 36/64 €

Holland 39 ✉ 32052 – ✆ 05221 51558 – www.diealteschule.com – nur Abendessen – geschl. Sonntag sowie an Feiertagen

Zur Fürstabtei

HISTORISCHES GEBÄUDE · GEMÜTLICH Schön fügt sich das Fachwerkhaus a. d. 17. Jh. in die Altstadt ein, gleich gegenüber das Münster (Kirche der Fürstabtei). Hübsche wohnliche Zimmer, teilweise mit hohen Decken, und stilvoller Frühstücksraum. Geschichtliches dient als Deko.

20 Zim – 85 € 115 €

Elisabethstr. 9 ✉ 32052 – ✆ 05221 27550 – www.fuerstabtei.de

In Herford-Schwarzenmoor Nord-Ost: 2,5 km Richtung Vlotho

Aureus

INTERNATIONAL · BÜRGERLICH XX Das Restaurant ist in klassisch-gediegenem Stil gehalten, schön die farbliche Gestaltung. An gut eingedeckten Tischen werden Sie freundlich mit international-saisonalen Speisen wie "Schweinemedaillons im Serranomantel" umsorgt.

Karte 40/65 €

Hotel Vivendi, Paracelsusstr. 14 ✉ 32049 – ✆ 05221 9200 – www.vivendi-hotel.de – nur Abendessen – geschl. August und Donnerstag

Vivendi

GASTHOF • TRADITIONELL Sehr gepflegt und freundlich-familiär geführt ist diese ruhig gelegene Adresse im westfälischen Stil. Die Gästezimmer sind praktisch eingerichtet, schöne Fotos mit Naturmotiven zieren das Haus.

23 Zim – 🚹77/97 € 🚹🚹105/130 € – ☕ 9 €

Paracelsusstr. 14 ✉ 32049 – ✆ 05221 9200 – www.vivendi-hotel.de – geschl. August

🍴 **Aureus** – siehe Restaurantauswahl

HERINGSDORF Mecklenburg-Vorpommern

➜ Siehe Usedom (Insel)

HERLESHAUSEN

Hessen – 2 821 Ew. – Höhe 210 m – Regionalatlas **39**-I12
Michelin Straßenkarte 543

In Herleshausen-Holzhausen Nord-West: 8 km über Nesselröden

Hohenhaus

FRANZÖSISCH-MODERN • ELEGANT XXX So niveauvoll wie das geschmackvolle Hotel ist auch das elegant-rustikale Restaurant mit klassischer Küche. Herzstück ist der tolle Kachelofen a. d. 18. Jh. Kompetent der Service samt trefflicher Weinberatung.

Menü 38/106 € – Karte 54/74 €

Hotel Hohenhaus, Hohenhaus ✉ 37293 – ✆ 05654 9870 – www.hohenhaus.de – (Neues Restaurantkonzept ab Frühjahr 2018) geschl. Anfang Januar - Anfang Februar und Sonntagabend - Dienstagmittag

Hohenhaus

HISTORISCHES GEBÄUDE • GEMÜTLICH Man muss es inmitten des weitläufigen hauseigenen Wald- und Wiesengebiets erst einmal finden, doch es lohnt sich, denn das einstige Rittergut a. d. 16. Jh. ist ein wahres Idyll und ein komfortables Hotel mit klassisch-gediegenen Zimmern und sehr gutem Service. Abends lässt es sich schön am Kamin verweilen.

26 Zim – 🚹90/130 € 🚹🚹160/260 € – ☕ 20 € – ½ P

Hohenhaus ✉ 37293 – ✆ 05654 9870 – www.hohenhaus.de – geschl. Anfang Januar - Anfang Februar

🍴 **Hohenhaus** – siehe Restaurantauswahl

HERMESKEIL

Rheinland-Pfalz – 5 811 Ew. – Höhe 540 m – Regionalatlas **45**-C16
Michelin Straßenkarte 543

In Neuhütten Süd-Ost: 8 km über Züsch

Le temple (Christiane Detemple-Schäfer)

FRANZÖSISCH-MODERN • CHIC XXX Das große Engagement der Gastgeber Christiane Detemple-Schäfer und Oliver Schäfer kommt nicht zuletzt in der Küche zum Ausdruck: Hier legt man bemerkenswerte Exaktheit und Aufwand an den Tag, und zwar in Form eines klassisch-modernen Menüs mit diversen Wahlmöglichkeiten. Das Ambiente geradlinig-elegant. Nicht minder attraktiv die Gästezimmer mit mediterraner Note.

➜ Gâteau von der Gänseleber mit gepfefferter Ananas, Mandelcreme und Gänselebereis. Leicht geräuchertes Kalbsfilet mit Parmesannudeln. Zuckerperle, Aromen von Rhabarber, Verveine und Himbeeren.

Menü 98/145 € – Karte 79/93 €

6 Zim ☕ – 🚹60/80 € 🚹🚹100 €

Saarstr. 2 ✉ 54422 – ✆ 06503 7669 (Tischbestellung erforderlich) – www.le-temple.de – nur Abendessen, sonntags auch Mittagessen – geschl. 20. Juni - 12. Juli und Mittwoch

Bistro – siehe Restaurantauswahl

Bistro

REGIONAL • BISTRO X Im Hause Detemple-Schäfer kann man auch etwas bodenständiger essen. An schmackhaften saisonal-regionalen Speisen kommen in dem netten modernen Bistro z. B. "Entenbrust mit Rotkraut und Semmelknödel" oder "Crème brûlée mit Pistazieneis" auf den Tisch. Am Tresen trifft man sich auch gerne auf ein Bier.

Menü 35 € - Karte 26/64 €

Restaurant Le temple, Saarstr. 2 ✉ 54422 - ✆ 06503 7669 (Tischbestellung erforderlich) - www.le-temple.de - nur Abendessen, sonntags auch Mittagessen - geschl. 20. Juni - 12. Juli und Mittwoch

HEROLDSBERG

Bayern - 8 399 Ew. - Höhe 362 m - Regionalatlas **50**-K16
Michelin Straßenkarte 546

Sosein.
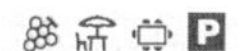

KREATIV • TRENDY XX Ein Menü, das es in sich hat: feine Speisen, die durchdacht und kreativ die Jahreszeiten und die Region aufgreifen. Alles wird hier selbst gemacht: Man baut Gemüse an, stellt Kaviar her, fermentiert Miso... Ganz was Besonderes ist die Saftbegleitung als alkoholfreie Alternative.

→ Schlachtschüssel. Forelle "blau", Lauch. Fränkisches Wagyu, Wurzelgemüse, Meerrettich.

Menü 130 €

Hauptstr. 19 ✉ 90562 - ✆ 0911 95699680 - www.sosein-restaurant.de - nur Abendessen - geschl. Montag

Freihardt

KLASSISCHE KÜCHE • ZEITGEMÄSSES AMBIENTE XX Hier wird mit Bezug zur Region gekocht, die Metzgerei nebenan garantiert Frische. Lust auf "Himmel & Erde Heroldsberg" oder Wiener Schnitzel? Ein Highlight sind auch die Steaks! Tipp: Im lichten Wintergarten sitzt man fast wie im Freien.

Menü 25 € (mittags)/65 € - Karte 37/63 €

Hauptstr. 81 ✉ 90562 - ✆ 0911 5180805 - www.freihardt.com - geschl. Ende August - Anfang September 2 Wochen, Montag - Mittwochmittag, Donnerstagmittag

Hof 19

FAMILIÄR • DESIGN In dem schön sanierten alten Fachwerkhaus darf man sich auf wohnlich-moderne Zimmer freuen, die zum Garten hin liegen und alle eine Wellnessdusche haben. Frühstück gibt's in einem charmanten historischen Sandsteingebäude, einst Stallungen.

7 Zim ☕ - †79 € ††92 €

Hauptstr. 19 ✉ 90562 - ✆ 0911 95699388 - www.hotel-hof19.com - geschl. 1. - 7. Januar

HERRENALB, BAD

Baden-Württemberg - 7 458 Ew. - Höhe 365 m - Regionalatlas **54**-F18
Michelin Straßenkarte 545

In Bad Herrenalb-Rotensol Nord-Ost: 5 km

Lamm

REGIONAL • LÄNDLICH XX Hier wird richtig gut gekocht, und zwar schwäbisch-badisch und saisonal. Macht Ihnen z. B. "gefüllte Kalbsbrust mit Spätzle" Appetit? Begleitet wird das leckere Essen von einer schönen Weinauswahl, zudem hat man ein spezielles Whisky-Angebot. Viel warmes Holz sorgt dazu noch für gemütliche Atmosphäre.

Menü 25 € (mittags)/65 € - Karte 30/69 €

Hotel Lamm, Mönchstr. 31 ✉ 76332 - ✆ 07083 92440 - www.lamm-rotensol.de - geschl. 12. - 18. Februar und Montag, außer an Feiertagen

Lamm

LANDHAUS • GEMÜTLICH Schön wohnlich hat man es in dem gut geführten Familienbetrieb. Von vielen Zimmern schaut man übers Albtal - vielleicht sehen Sie vom Balkon sogar die Pferde auf der Weide hinterm Haus grasen! Besonders modern sind die Zimmer unterm Dach mit hübschem Bad und teils mit großem Dachfenster!

30 Zim - 85/118 € 128/138 € - 1 Suite - ½ P

Mönchstr. 31 76332 - 07083 92440 - www.lamm-rotensol.de - geschl. 12. - 18. Februar

Lamm - siehe Restaurantauswahl

HERRENBERG

Baden-Württemberg – 30 626 Ew. – Höhe 460 m – Regionalatlas **55**-G19
Michelin Straßenkarte 545

Hasen

TRADITIONELLE KÜCHE • GEMÜTLICH XX Im historischen Stammhaus sitzt man gemütlich bei ambitionierter Küche und guter Weinauswahl samt kompetenter Beratung. Appetit machen hier z. B. "Lammpraline mit Mangochutney" oder "gebratenes Wolfsbarschfilet in Zitronen-Dillbutter".

Menü 35/40 € - Karte 25/49 €

Hotel Hasen, Hasenplatz 6 71083 - 07032 2040 - www.hasen.de

Hasen

GASTHOF • FUNKTIONELL Hier lässt es sich gut wohnen. Mögen Sie es modern und geradlinig-chic? Und wie wär's mit einer Suite mit Wasserbett? Es gibt auch Maisonetten. Übrigens: Man hat eine eigene Kaffeerösterei - probieren Sie Espresso, Cappuccino & Co.!

66 Zim - 95/99 € 116/124 € - 4 Suiten - 9 € - ½ P

Hasenplatz 6 71083 - 07032 2040 - www.hasen.de

Hasen - siehe Restaurantauswahl

In Herrenberg-Affstätt Nord-West: 1,5 km über B 296

Die Linde

TRADITIONELLE KÜCHE • LÄNDLICH X Hier gibt's schwäbische Klassiker und Saisonales, von hausgemachten Maultaschen bis "Winterkabeljau mit Rote-Bete-Risotto und Meerrettich". Dazu angenehm legerer Service, freundliches Ambiente und nicht zuletzt ein toller Garten samt Terrasse auf der Wiese! Nettes Detail: Kunstobjekte im und ums Haus.

Menü 28/45 € - Karte 25/66 €

Kuppinger Str. 14 71083 - 07032 31670 - www.dielin.de - Mittwoch - Samstag nur Abendessen - geschl. 8. Januar - 6. Februar und Montag - Dienstag

HERRSCHING am AMMERSEE

Bayern – 10 206 Ew. – Höhe 568 m – Regionalatlas **65**-L20
Michelin Straßenkarte 546

Chalet am Kiental

KLASSISCHE KÜCHE • CHIC XX Aus einem reizvollen Mix von Alt und Neu ist in dem historischen Bauernhaus ein schönes modernes Restaurant entstanden, in dem man klassisch-internationale Küche serviert. Genießen Sie das Kiental- oder das Chalet-Menü. Mit Geschmack und Liebe zum Detail hat man die Gästezimmer individuell eingerichtet.

Menü 35/128 € - Karte 51/86 €

9 Zim - 105/175 € 155/220 € - 13 €

Andechs Str. 4 82211 - 08152 982570 - www.gourmetchalet.de - geschl. Montag - Dienstag

HERSBRUCK

Bayern – 12 132 Ew. – Höhe 336 m – Regionalatlas **50**-L16
Michelin Straßenkarte 546

In Hersbruck-Kühnhofen Nord: 2 km Richtung Hormersdorf

Grüner Baum

FAMILIÄR • GEMÜTLICH Von Hersbruck kommend sieht man das Hotel schon von Weitem über der Landschaft thronen. Schöne ländlich-moderne Zimmer, sehr gutes Frühstück, durchweg herzliches Personal - hier spürt man das Engagement der Gastgeber. Regionale Küche im Restaurant, nett der Blick ins Grüne.

28 Zim – 70/85 € 90/101 € – 1 Suite – ½ P

Kühnhofen 3 ✉ 91217 – ✆ 09151 609560 – www.gruener-baum-kuehnhofen.de

Gute Küche zu moderatem Preis? Folgen Sie dem „Bib Gourmand" . Das freundliche Michelin-Männchen „Bib" steht für ein besonders gutes Preis-Leistungs-Verhältnis!

HERSFELD, BAD

Hessen – 28 839 Ew. – Höhe 209 m – Regionalatlas **39**-H12
Michelin Straßenkarte 543

 **L'étable**

MODERNE KÜCHE • ELEGANT XX Der regionale Bezug wird hier groß geschrieben, aber auch internationale Elemente fließen in die modernen Gerichte mit ein. Können und Gefühl kommen klar zum Ausdruck, sehr gute, frische Produkte sind selbstverständlich. Freude machen auch die fair kalkulierten Weine.

➜ Lauwarmer Spargelsalat, Erbse, Parmesan, Reis, eingelegte Buchenpilze, Leindotteröl. Bretonische Seezunge, Sesam-Selleriecrème, wilder Broccoli, Macadamianuss. Pfälzer Lammrücken orientalisch, Couscous, schwarzer Knoblauch, Aubergine, Papaya.

Menü 59/98 € – Karte 74/83 €

Hotel Zum Stern, Linggplatz 11, (Zufahrt über Webergasse) ✉ 36251 – ✆ 06621 1890 (Tischbestellung ratsam) – www.zumsternhersfeld.de – nur Abendessen – geschl. Januar und Montag - Mittwoch, Ende Juni - Ende August: Montag - Dienstag

 **Stern's Restaurant**

REGIONAL • GEMÜTLICH XX Dies ist die "gute Stube" des historischen Hotels, ländlich-charmant das Ambiente mit Holztäfelung und schönem weißem Kachelofen. Aus der Küche kommen regionale Gerichte mit internationalem Einfluss - da macht z. B. "gebratenes Lachsforellenfilet mit Spargelrisotto" Appetit.

Menü 37/50 € – Karte 36/62 €

Hotel Zum Stern, Linggplatz 11, (Zufahrt über Webergasse) ✉ 36251 – ✆ 06621 1890 – www.zumsternhersfeld.de

Zum Stern

FAMILIÄR • GEMÜTLICH Die Zimmer in dem traditionsreichen Hotel sind geschmackvoll gestaltet - teils mit altem Fachwerk, teils auch mit schönen modernen Stoffen und Möbeln. Hübsch auch der Saunabereich. Freundlich der Service, praktisch die variablen Veranstaltungsräume, angenehm die Fußgängerzone vor dem Haus.

45 Zim – 60/116 € 124/162 € – ½ P

Linggplatz 11, (Zufahrt über Webergasse) ✉ 36251 – ✆ 06621 1890 – www.zumsternhersfeld.de

L'étable • **Stern's Restaurant** – siehe Restaurantauswahl

HERXHEIM

Rheinland-Pfalz – 10 543 Ew. – Höhe 129 m – Regionalatlas **54**-E17
Michelin Straßenkarte 543

In Herxheim-Hayna Süd-West: 2,5 km Richtung Kandel

Kronen-Restaurant (Karl-Emil Kuntz)

FRANZÖSISCH-KLASSISCH • ELEGANT XxX Was die Küche von Karl-Emil Kuntz seit so vielen Jahren zu einer festen Größe macht? Die Basis sind ausgesuchte Produkte und tadelloses Handwerk, hinzu kommen immer wieder neue Ideen - und davon stecken jede Menge allein schon in den zahlreichen Amuse-Bouches! Stimmig die Empfehlungen an regionalen Weinen.

→ Bunte Tomaten - Espuma, Gelee, Essenz, Brotsalat, Landauer Ziegenfrischkäse, Bärlauchpesto. Steinbutt mit Olivenbutter überbacken, Gemüserisotto und Krustentierschaum. Kalbsfilet im Kräutermantel, zweierlei Sellerie, Trüffel, Haselnussgremolata, Kartoffelstrudel.

Menü 107/127 €

Hotel Krone, Hauptstr. 62 ✉ 76863 – ✆ 07276 5080 (Tischbestellung erforderlich) – www.hotelkrone.de – nur Abendessen – geschl. Anfang Januar 2 Wochen, Juli – August 2 Wochen und Montag – Mittwoch

Pfälzer Stube

REGIONAL • GEMÜTLICH XX Frische, Sorgfalt, Geschmack... Karl-Emil Kuntz zeigt auch in den charmanten Pfälzer Stuben volles Engagement und Können. Wer's pfälzisch mag, bestellt z. B. "krossen Saumagen mit Rieslingsekt-Apfel-Sauerkraut und Schnittlauchpüree", feinere Gerichte gibt es z. B. in Form von "Phantasie von Saibling & Dorade".

Menü 35/70 € – Karte 34/65 €

Hotel Krone, Hauptstr. 62 ✉ 76863 – ✆ 07276 5080 – www.hotelkrone.de

Krone

FAMILIÄR • GEMÜTLICH Die Kuntz'sche "Krone" ist nicht nur ein gastronomisches Aushängeschild der Region, auch das herzlich und mit größtem Engagement geführte Hotel kann sich sehen lassen! So entspannt man in schönen, individuellen Zimmern, beim ausgezeichneten Frühstück und im Wellnessbereich samt Außen- und Innenpool.

62 Zim – †103/145 € ††160/230 € – 4 Suiten – ½ P

Hauptstr. 62 ✉ 76863 – ✆ 07276 5080 – www.hotelkrone.de

Kronen-Restaurant • **Pfälzer Stube** – siehe Restaurantauswahl

Duwakschopp

GASTHOF • FUNKTIONELL Das sanierte Fachwerkhaus nebst Anbau liegt im Herzen von Hayna, bekannt als altes deutsches Tabakdorf mit seinen typischen Tabakschuppen - daher der Name. Die Zimmer freundlich und funktional, für Langzeitgäste ist die Ferienwohnung ideal.

11 Zim – †85 € ††95 €

Hauptstr. 103 ✉ 76863 – ✆ 07276 9872220 – www.hotel-duwakschopp.de

HERZLAKE

Niedersachsen – 4 248 Ew. – Höhe 22 m – Regionalatlas **16**-D7
Michelin Straßenkarte 541

In Herzlake-Aselage Ost: 4 km, Richtung Berge

Mühlenrestaurant

REGIONAL • LÄNDLICH XX Möchten Sie im Mühlenrestaurant speisen oder lieber im rustikalen Jagdzimmer? Oder vielleicht auf der schönen Terrasse mit alter Eiche? Es gibt internationale Küche mit regional-saisonalem Einfluss. Mittagessen nur auf Anfrage.

Menü 25/35 € – Karte 29/55 €

Hotel Aselager Mühle, Zur alten Mühle 12 ✉ 49770 – ✆ 05962 93480 – www.aselager-muehle.de – nur Abendessen

Aselager Mühle

LANDHAUS • TRADITIONELL Idyllisch liegt die einstige Windmühle am Waldrand. Neben wohnlich-komfortablen, teils sehr geräumigen Zimmern erwartet die Gäste Entspannung bei Kosmetik- und Massageanwendungen. Übrigens: In der Mühle hat man ein Standesamt.

50 Zim – 91/151 € 151/171 € – ½ P

Zur alten Mühle 12 ✉ 49770 – ✆ 05962 93480 – www.aselager-muehle.de

Mühlenrestaurant – siehe Restaurantauswahl

HERZOGENAURACH

Bayern – 22 946 Ew. – Höhe 301 m – Regionalatlas **50**-K16
Michelin Straßenkarte 546

Stüberl

INTERNATIONAL • GEMÜTLICH XX Schön freundlich ist das Restaurant mit seinen hellen Farben und dekorativen Bildern - da sitzt man gerne bei regional-saisonal beeinflussten Speisen wie "Filet vom Aischgründer Saibling, Pfifferlinge, Lavendel, Risotto". Hübsche Terrasse.

Menü 36/59 € – Karte 41/59 €

Hotel HerzogsPark, Beethovenstr. 6 ✉ 91074 – ✆ 09132 7780 – www.herzogspark.de

HerzogsPark

BUSINESS • KLASSISCH Das komfortable Businesshotel liegt recht ruhig und dennoch günstig zu den großen Firmen der kleinen Stadt. Geräumig die öffentlichen Bereiche, gut die Tagungsräume, stilvoll die Zimmer mit zeitgemäßer Technik, nett die Bar. Wie wär's mit Kosmetik und Massage neben Sauna, Pool und Fitness?

120 Zim – 145/200 € 170/225 € – 3 Suiten – 16 €

Beethovenstr. 6 ✉ 91074 – ✆ 09132 7780 – www.herzogspark.de

Stüberl – siehe Restaurantauswahl

Impala

BUSINESS • DESIGN Ein wirklich schickes kleines Designhotel, komplett in modern-puristischem Stil! Die Zimmer sind geräumig und jedes hat eine schöne Küchenzeile. Außerdem im Haus: Wäscheraum, Trockner und Bügelstation - und Fahrräder können Sie auch leihen!

18 Zim – 98 € 120 €

Hans-Sachs-Str. 2a ✉ 91074 – ✆ 09132 750320 – www.hotel-impala.eu

HESSDORF

Bayern – 3 570 Ew. – Höhe 290 m – Regionalatlas **50**-K16
Michelin Straßenkarte 546

In Heßdorf-Dannberg Nord-West: 4 km, über Hannberg, in Niederlinberg links abbiegen

Wirtschaft von Johann Gerner

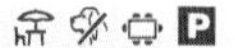

REGIONAL • GEMÜTLICH X Hier heißt es wohlfühlen in charmanten Stuben. Freuen Sie sich auf gehobene regionale Küche - die "Wildhasenkeule auf Rotkraut" schmeckt ebenso lecker wie das "warme Schokoladenküchlein mit Kakisorbet"! Wer über Nacht bleiben möchte, schläft im hübschen "Häusla" (für 2-7 Personen).

Menü 54 € – Karte 34/56 €

Dannberg 3 ✉ 91093 – ✆ 09135 8182 – www.wvjg.de – Mittwoch - Freitag nur Abendessen – geschl. über Fasching 1 Woche, nach Pfingsten 1 Woche, Ende August - Anfang September 3 Wochen und Montag - Dienstag, außer an Feiertagen

HESSHEIM

Rheinland-Pfalz – 2 973 Ew. – Höhe 100 m – Regionalatlas **47**-E16
Michelin Straßenkarte 543

Ellenbergs

REGIONAL • GEMÜTLICH In dem Gasthaus mit der gelben Fassade sorgen die Ellenbergs für freundlichen Service und gute regional-saisonal beeinflusste Küche, so gibt es hier in ländlich-gemütlichem Ambiente z. B. "Kalbsfilet im Fleischfond gegart mit Bouillongemüse und frischem Meerrettich". Schön übernachten kann man ebenfalls.

Menü 26 € (vegetarisch)/46 € – Karte 29/51 €

4 Zim – 59 € 76 €

Hauptstr. 46a 67258 – 06233 61716 – www.ellenbergs-restaurant.de – nur Abendessen, sonntags auch Mittagessen – geschl. Januar 1 Woche, Juli - August 2 Wochen, Anfang - Mitte Oktober 1 Woche

HILCHENBACH

Nordrhein-Westfalen – 14 947 Ew. – Höhe 360 m – Regionalatlas **37**-E12
Michelin Straßenkarte 543

Hof 31

BUSINESS • MODERN Eine sehr sympathische Adresse mit wohnlichem Ambiente in geradlinig-modernem Stil sowie einem guten Frühstücksbuffet. Zwei der Zimmer sind geräumige Appartements.

21 Zim – 65 € 85 € – 10 €

Bruchstr. 31 57271 – 02733 1248590 – www.hof31.de

Haus am Sonnenhang

FAMILIÄR • AUF DEM LAND Der engagiert geführte Familienbetrieb überzeugt durch seine angenehm ruhige und exponierte Lage mit schöner Sicht. Die Zimmer sind gepflegt und individuell, einige mit Balkon. Von der hübschen Gartenterrasse des Restaurants schaut man auf das Rothaargebirge.

18 Zim – 65/85 € 90/120 € – 2 Suiten

Wilhelm-Münker-Str. 21 57271 – 02733 7004 – www.hotel-am-sonnenhang.de

In Hilchenbach-Vormwald Süd-Ost: 2 km über B 508

Steubers Siebelnhof

LANDHAUS • GEMÜTLICH Großzügige, sehr komfortable Zimmer mit wertigem Interieur hat dieses geschmackvolle Landhotel von 1566 zu bieten. Einfacher sind die Zimmer im Gästehaus - hier auch das Hallenbad. Zum Speisen wählt man zwischen dem hübsch dekorierten Restaurant "Chesa" und den gemütlich-rustikalen "Ginsburg Stuben".

25 Zim – 85/120 € 140/220 € – 4 Suiten – 15 € – ½ P

Vormwalder Str. 54 57271 – 02733 89430 – www.steubers-siebelnhof.de

HILDEN

Nordrhein-Westfalen – 54 894 Ew. – Höhe 50 m – Regionalatlas **36**-C12
Michelin Straßenkarte 543

Pungshaus

MARKTKÜCHE • GEMÜTLICH Richtig gemütlich hat man es in dem netten Fachwerkhäuschen und gut essen kann man hier ebenfalls. Die marktfrische Küche gibt es z. B. als "Kalbsfilet mit lila Kartoffelpüree und gebratenem grünen Spargel".

Menü 33 € (mittags)/50 € – Karte 39/55 €

Grünstr. 22 40723 – 02103 61372 – www.pungshaus.de – geschl. Samstagmittag, Sonntag

HILDERS

Hessen – 4 603 Ew. – Höhe 440 m – Regionalatlas **39**-I13
Michelin Straßenkarte 543

BjoernsOx (Bjoern Leist)

MODERNE KÜCHE • ELEGANT XX Charmant-modern die kleine Gourmetstube mit ihren vier Tischen. Hier gibt es kreative Küche in Form eines Überraschungsmenüs. Im Vordergrund stehen heimische Produkte und Fleisch aus der eigenen Metzgerei sowie das stimmige Zusammenspiel feiner Aromen. Tischbestellung 24 h im Voraus.

➜ Spargel, Wachtelei, Hollandaise. Bries, Leber, Zunge vom Kalb mit Rauchsauce. Nierenzapfen mit Seitlingen, Frühlingslauch und Fritten.

Menü 99 €

Hotel Rhöner Botschaft, Marktstr. 12 ✉ 36115
- ✆ 06681 9770 (Tischbestellung erforderlich)
- www.rhoener-botschaft.de
- nur Abendessen - geschl. 19. Februar - 23. März und Sonntag - Dienstag

DasOx

FLEISCH • ELEGANT XX Hier steht Fleisch ganz im Mittelpunkt, und das kommt überwiegend aus der eigenen Metzgerei. Die hochwertigen Produkte gibt es z. B. als Kalbsbries oder Kalbskutteln, als "LeistStyle-Tatar" oder als Steaks in verschiedenen "RWOX-Cuts".

Menü 35/49 € - Karte 39/80 €

Hotel Rhöner Botschaft, Marktstr. 12 ✉ 36115
- ✆ 06681 9770 - www.rhoener-botschaft.de
- nur Abendessen - geschl. 19. Februar - 23. März und Sonntag - Dienstag

Gaststube Sonne

TRADITIONELLE KÜCHE • BÜRGERLICH X Die nette behagliche Gaststube Sonne ist die etwas einfachere Restaurant-Variante im Haus. Hier bringt man bürgerliche Speisen mit Produkten der hauseigenen Metzgerei auf den Tisch!

Menü 35/49 € - Karte 26/65 €

Hotel Rhöner Botschaft, Marktstr. 12 ✉ 36115
- ✆ 06681 9770 - www.rhoener-botschaft.de
- nur Abendessen
- geschl. 19. Februar - 23. März und Montag - Dienstag

Engel-Rhöner Botschaft

GASTHOF • MODERN Mitten im Ort ist dieser Familienbetrieb zu finden. Ein zum Hotel erweiterter Gasthof, in dem man - ganz nach Geschmack - zwischen schönen wohnlich-modernen und etwas schlichteren Zimmern wählt.

31 Zim - 56/89 € 76/136 € - ½ P

Marktstr. 12 ✉ 36115
- ✆ 06681 9770 - www.rhoener-botschaft.de
- geschl. 19. Februar - 23. März

BjoernsOx • **DasOx** • **Gaststube Sonne** - siehe Restaurantauswahl

HILDESHEIM

Niedersachsen – 99 979 Ew. – Höhe 93 m – Regionalatlas **29**-I9
Michelin Straßenkarte 541

Stadtresidenz

FAMILIÄR • ELEGANT Sie möchten individuell und geschmackvoll wohnen? In diesem Haus in einem Wohn- und Bürogebiet hat man es komfortabel und elegant, Theater und Altstadt ganz in der Nähe. Tipp: Frühstücken Sie im Sommer im Innenhof. Nachmittags "Tea Time".

15 Zim - 95 € 126 € - 5 Suiten

Steingrube 4 ✉ 31141
- ✆ 05121 6979892 - www.hotel-stadtresidenz.de
- geschl. 20. Dezember - 10. Januar, 29. März - 3. April

HINDELANG, BAD

Bayern - 4 959 Ew. - Höhe 825 m - Regionalatlas **64**-J22
Michelin Straßenkarte 546

In Bad Hindelang-Bad Oberdorf Ost: 1 km

Obere Mühle

REGIONAL • RUSTIKAL X Schön urig ist das Anwesen von 1433 wenige Meter vom kleinen Hotel entfernt: ein altes Gasthaus mit Museum, Sennerei samt Hofladen sowie Antiquitätenhandel! Auf der regional-internationalen Karte liest man z. B. "Kalbsschulter aus dem Rohr mit Pilzen" oder "Saibling vom Rost". Rustikale Stube, netter Garten.

Menü 48 € - Karte 31/62 €

Hotel Obere Mühle, Ostrachstr. 40 ✉ 87541 - ✆ 08324 2857 (Tischbestellung ratsam) - www.obere-muehle.de - nur Abendessen - geschl. Dienstag

Obere Mühle

LANDHAUS • GEMÜTLICH Kein Haus von der Stange: Man hat großzügige, individuelle Zimmer mit einem schönen Mix aus modernem Stil und antiken Stücken, alle mit Balkon. Morgens ein gutes Frühstück, tagsüber Kaffee/Tee und Gebäck. Im Garten genießt man vom Außenwhirlpool die Sicht, oder möchten Sie bei Massage und Kosmetik entspannen?

11 Zim - †100/120 € ††160/200 € - ½ P

Ostrachstr. 40 ✉ 87541 - ✆ 08324 2857 - www.obere-muehle.de

Obere Mühle - siehe Restaurantauswahl

In Bad Hindelang-Oberjoch Nord-Ost: 7 km über B 308 - Höhe 1 130 m

STEAK ZWÖLFHUNDERT NN

GRILLGERICHTE • GEMÜTLICH XX Fleischliebhaber aufgepasst: Hier gibt's hochwertige Steaks vom "Rettenberger Molkerind"! Zu den Spezialitäten zählen auch "Chateaubriand für 2 Personen", "Surf and Turf" oder "Zweierlei vom Lammrücken". Sie mögen deutsche Weine? Davon hat man hier eine besonders umfangreiche Auswahl.

Karte 35/119 €

Panorama Hotel Oberjoch, Passstr. 41 ✉ 87541 - ✆ 08324 93330 (Tischbestellung ratsam) - www.panoramahotel-oberjoch.de - nur Abendessen - geschl. Dienstag - Mittwoch und jeden ersten Freitag im Monat

Panorama Hotel Oberjoch

LUXUS • MODERN Tolle Lage unweit der Lifte, klasse Spa auf 3000 qm, schöne Zimmer im modern-alpinen Stil - die Suiten "Selfness" und "Selfness Plus" mit Extras wie Tischkicker oder Billardtisch! HP inklusive, ebenso Bergbahn und Busse. Trendig-rustikale Gastro-Alternative: "Meckatzer Sportalp" unweit des Hotels.

113 Zim - †174/217 € ††298/342 € - ½ P

Passstr. 41 ✉ 87541 - ✆ 08324 93330 - www.panoramahotel-oberjoch.de

STEAK ZWÖLFHUNDERT NN - siehe Restaurantauswahl

Lanig

SPA UND WELLNESS • ROMANTISCH Begonnen hat hier alles in den 30er Jahren als Café, seitdem hat Familie Lanig viel geschaffen: Ferien- und Wellnessgäste fühlen sich wohl in den schönen Zimmern (bemaltes Holz trifft hier auf Schindeln und Leinenstoffe, dazu Granitbäder) und im vielfältigen, großzügigen Alpen-Spa. Hochwertige HP inklusive.

52 Zim - †150/250 € ††200/400 € - 8 Suiten - ½ P

Ornachstr. 11 ✉ 87541 - ✆ 08324 7080 - www.lanig.de - geschl. 25. November - 7. Dezember

HINTERZARTEN

Baden-Württemberg - 2 476 Ew. - Höhe 893 m - Regionalatlas **61**-E21
Michelin Straßenkarte 545

Prüfer's

INTERNATIONAL • ZEITGEMÄSSES AMBIENTE XX In der Küche wie auch im Restaurant selbst mischen sich Modernes und Regionales. Peter Prüfer setzt auf frische Produkte, und die gibt es z. B. als "Irisches Dry Aged Roastbeef, Kohlrabi, Frühlingszwiebel" oder als "Pfifferling-Zucchini, Süßkartoffel, Kirschtomate, Basilikum".

Menü 55 € – Karte 29/63 €

Freiburger Str. 30 ✉ 79856
– ✆ 07652 9175805 – www.pruefers-restaurant.de
– nur Abendessen – geschl. Dienstag - Mittwoch

Marie Antoinette

FRANZÖSISCH-KLASSISCH • ELEGANT XXX Schöne alte Holztäfelungen, niedrige Decken, dekorative Accessoires - gemütlich-elegant sind die Stuben des historischen Schwarzwaldhauses. Die Küche bietet modernisierte Klassik, so z. B. "rote Wildgarnele, Avocado, Passionsfrucht" oder "Elsässer Perlhuhnbrust, Spitzkraut, Petersilienwurzel".

Menü 45/120 € – Karte 55/112 €

Parkhotel Adler, Adlerplatz 3 ✉ 79856
– ✆ 07652 1270 – www.parkhoteladler.de
– nur Abendessen

Thomahof

INTERNATIONAL • GEMÜTLICH XX Das stimmige und behagliche Ambiente des attraktiven Ferienhotels zieht sich bis ins Restaurant. Da passt die frische klassische Küche schön ins Bild - darf es vielleicht "pochiertes Kalbsfilet mit Steinpilz-Tomatenvinaigrette" sein?

Menü 27/43 € – Karte 32/49 €

Hotel Thomashof, Erlenbrucker Str. 16 ✉ 79856 – ✆ 07652 1230
– www.thomahof.de

Wirtshaus

REGIONAL • RUSTIKAL X Urig geht's zu im "Wirtshus"! Ob nur auf ein Bier, ein Viertele oder eine Stärkung mit badischen Schmankerln - eine nette Alternative zum Restaurant "Marie Antoinette".

Menü 35 € – Karte 36/57 €

Parkhotel Adler, Adlerplatz 3 ✉ 79856
– ✆ 07652 1270 – www.parkhoteladler.de

Parkhotel Adler

BOUTIQUE-HOTEL • INDIVIDUELL Ein Schwarzwald-Klassiker zum Wohlfühlen, dafür sorgen ein stilvoller Mix aus Tradition und Moderne, wohnlich-elegante Zimmer und ein Spa auf 1500 qm, nicht zu vergessen der 4 ha große Park samt Wildgehege. Einladend auch das Café "Diva".

50 Zim – 129/179 € 199/319 € – 6 Suiten – ½ P

Adlerplatz 3 ✉ 79856
– ✆ 07652 1270 – www.parkhoteladler.de

Marie Antoinette • **Wirtshaus** – siehe Restaurantauswahl

Kesslermühle

SPA UND WELLNESS • AUF DEM LAND Ein Ferienhotel, wie man es sich wünscht: geschmackvoll, wohnlich und hochwertig, dazu ein Spa auf 1000 qm und die tolle Lage im Grünen mit Wanderwegen und Loipen ringsum. Hier wird stetig investiert, so hat man großzügige Zimmer von Landhausstil bis chic-alpin. Kulinarisch: gute 3/4-Pension.

48 Zim – 119/142 € 234/294 € – 6 Suiten – ½ P

Erlenbrucker Str. 45 ✉ 79856 – ✆ 07652 1290 – www.kesslermuehle.de – geschl. Mitte November - Mitte Dezember

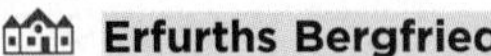

Erfurths Bergfried

LANDHAUS • GEMÜTLICH Mit Engagement hat Familie Erfurth dieses kleine luxuriöse Ferienidyll geschaffen: sehr schöne individuelle Zimmer mit allem Komfort und hübschen Einrichtungsdetails, attraktiver Spa nebst Barfußgarten sowie anspruchsvolle, inkludierte HP. Gegenüber hat man noch ein einfacheres Hotel garni mit Appartements.

42 Zim – 110/145 € 232/280 € – 2 Suiten – ½ P

Sickinger Str. 28 ✉ 79856 – ✆ 07652 1280 – www.bergfried.de

Reppert

SPA UND WELLNESS • KLASSISCH Ein Familienbetrieb wie aus dem Bilderbuch! Was die Repperts hier bieten, reicht von der geschmackvollen "Wohnzimmer-Lobby" über individuelle Zimmer und Spa-Vielfalt auf 1000 qm bis zur erstklassigen 3/4-Pension. Letztere beginnt mit einem Frühstück bis 12 Uhr und endet mit einem umfassenden Abendmenü.

42 Zim – 126/166 € 180/310 € – 4 Suiten – ½ P

Adlerweg 21 ✉ 79856 – ✆ 07652 12080 – www.reppert.de – geschl. 13. November - 6. Dezember

Thomahof

SPA UND WELLNESS • INDIVIDUELL Ein Wellness- und Ferienhotel par excellence hat die engagierte Familie Thoma hier. Reizvoll die Lage am Kurpark, wohnlich und individuell die Zimmer im eleganten Landhausstil, hübsch der öffentliche Bereich und der Spa. Die 3/4-Pension mit hochwertigem Abendmenü ist im Preis enthalten.

48 Zim – 102/133 € 220/270 € – 4 Suiten – ½ P

Erlenbrucker Str. 16 ✉ 79856 – ✆ 07652 1230 – www.thomahof.de

Thomahof – siehe Restaurantauswahl

In Hinterzarten-Alpersbach West: 5 km

Zur Esche

REGIONAL • LÄNDLICH Die Stube mit ihrem warmen Zirbelholz verbindet ländliche Gemütlichkeit mit einer eleganten Note. Gekocht wird saisonal und mit reichlich Kräutern - da macht z. B. "Zanderfilet mit Kapern, Verjus und Topinambur-Lauchgemüse" Appetit.

Menü 38/58 € – Karte 35/57 €

Waldhotel Fehrenbach, Alpersbach 9 ✉ 79856 – ✆ 07652 91940 – www.waldhotel-fehrenbach.de – geschl. Montag - Dienstag

Zum Engel

GASTHOF • TRADITIONELL Hier genießt man die ruhige Lage im Grünen und die schöne Sicht in 1030 m Höhe, dazu freundliche Gastgeber und eine nette familiäre Atmosphäre. Sie wohnen in gepflegten Zimmern im Landhausstil und lassen sich in gemütlichen Restaurantstuben bürgerliche Küche servieren.

9 Zim – 60/70 € 92/110 € – 2 Suiten – ½ P

Alpersbach 14 ✉ 79856 – ✆ 07652 1539 – www.engel-hinterzarten.de – geschl. 16. April - 4. Mai, 19. November - 21. Dezember

Waldhotel Fehrenbach

GASTHOF • GEMÜTLICH Der sympathische Familienbetrieb bietet Ihnen neben der reizvollen Lage etwas außerhalb von Hinterzarten wohnliche Zimmer und ein ausgezeichnetes frisches Frühstück - die hausgemachten Marmeladen und Tees können Sie auch für zuhause kaufen!

14 Zim – 88/113 € 128 € – ½ P

Alpersbach 9 ✉ 79856 – ✆ 07652 91940 – www.waldhotel-fehrenbach.de

Zur Esche – siehe Restaurantauswahl

In Hinterzarten-Bruderhalde Süd-Ost: 7,5 km über B 31

Alemannenhof

MODERNE KÜCHE • RUSTIKAL XX Möchten Sie in hübschen rustikalen Stuben speisen oder lieber auf der herrlichen See-Terrasse? Mittags gibt es Vesper im Tapas-Stil, Käsespätzle, Schnitzel..., am Abend "Fine Dining" wie "Lammrücken, Aprikose, Aubergine, Parmesan".

Menü 41/75 € – Karte 44/128 €

Bruderhalde 21, am Titisee ✉ 79856 – ✆ 07652 91180 – www.hotel-alemannenhof.de

Alemannenhof

BOUTIQUE-HOTEL • ROMANTISCH Hier hat man einen schicken Stilmix aus Tradition und Moderne geschaffen. In den Zimmern warmes Holz und klare Formen - 200 m entfernt bietet man auch Appartements für Familien. Dazu die wunderbare Lage nebst toller Sicht!

20 Zim – †78/173 € ††78/173 € – 1 Suite – ½ P

Bruderhalde 21, am Titisee ✉ 79856 – ✆ 07652 91180 – www.hotel-alemannenhof.de

Alemannenhof – siehe Restaurantauswahl

HIRSCHAID

Bayern – 12 023 Ew. – Höhe 248 m – Regionalatlas **50**-K15
Michelin Straßenkarte 546

In Hirschaid-Röbersdorf West: 5 km

Gasthaus Wurm

GASTHOF • TRADITIONELL Mitten im Dorf steht das kleine Hotel mit rosa Fassade, das von Familie Wurm mit Herz und Engagement geleitet wird. Alles ist tipptopp gepflegt, freundlich die Zimmer, hübsch die individuellen Blümchenzimmer. Dazu gutes Frühstück sowie fränkische Küche in charmant-ländlichen Stuben. Biergarten unter Linden.

16 Zim – †50/85 € ††78/99 €

Ringstr. 40 ✉ 96114 – ✆ 09543 84330 – www.gasthaus-wurm.de – geschl. 11. - 21. Januar, 28. Mai - 10. Juni

In Buttenheim Süd-Ost: 3,5 km, jenseits der A 73

Landhotel Schloss Buttenheim

HISTORISCHES GEBÄUDE • GEMÜTLICH Das im 18. Jh. erbaute ehemalige Forsthaus und Stallgebäude des Schlosses beherbergt liebenswerte Zimmer, alle individuell in freundlichen Farben. W-Lan nutzen Sie gratis. Familie von Seefried betreibt neben dem Hotel noch einen Weinhandel.

8 Zim – †69/78 € ††89/108 €

Schloss-Str. 16 ✉ 96155 – ✆ 09545 94470 – www.landhotel-buttenheim.de

HIRSCHBERG

Baden-Württemberg – 9 582 Ew. – Höhe 120 m – Regionalatlas **47**-F16
Michelin Straßenkarte 545

In Hirschberg-Großsachsen

Krone

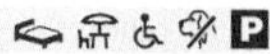

INTERNATIONAL • GEMÜTLICH XX Sie sind recht verschieden, die Restaurantstuben in dem gleichnamigen Hotel, aber alle gemütlich. Wie hier findet sich auch in der Küche Klassisches neben Modernem, "Schwäbischer Zwiebelrostbraten" neben "Lachs, Wasabi & Thai-Spargel".

Menü 25 € (mittags) – Karte 33/71 €

64 Zim – †69/79 € ††89/99 €

Landstr. 9, B 3 ✉ 69493 – ✆ 06201 5050 – www.krone-grosssachsen.de – geschl. 21. - 24. Dezember

HIRSCHHORN am NECKAR

Hessen - 3 452 Ew. - Höhe 126 m - Regionalatlas **48**-G16
Michelin Straßenkarte 543

Schlosshotel Hirschhorn

HISTORISCHES GEBÄUDE • INDIVIDUELL Schön wohnt man über den Dächern von Hirschhorn in einer Burganlage a. d. 12. Jh., freundlich die Gastgeber. Einige Zimmer sind besonders stilvoll, so auch das elegante Restaurant. Man bietet internationale Küche, mittags einfache Karte im Bistro. Rustikal der Ritterkeller, toll die Terrasse mit Neckarblick.

25 Zim - 70/98 € 106/164 €

Schloßstraße 39, (Auf Burg Hirschhorn) 69434 - 06272 92090 - www.schlosshotel-hirschhorn.de - geschl. 1. Januar - 30. April

HITZACKER (ELBE)

Niedersachsen - 4 916 Ew. - Höhe 12 m - Regionalatlas **20**-K6
Michelin Straßenkarte 541

Hafen Hitzacker

LANDHAUS • MODERN Das Haus hat so seine Besonderheiten: Da wäre zum einen die Jeetzel (Elbzufluss), die die beiden Gebäude trennt (das Restaurant Dierks erreicht man über den "Hiddosteg"!), zum anderen sind die Zimmer riesig (55-90 qm!), wertig und meist mit Hafen- oder Weinbergblick.

20 Suiten - 89/135 € - 15 Zim - ½ P

Am Weinberg 2 29456 - 05862 98780 - www.hotel-hafen-hitzacker-elbe.de

HÖCHENSCHWAND

Baden-Württemberg - 2 498 Ew. - Höhe 1 008 m - Regionalatlas **62**-E21
Michelin Straßenkarte 545

Hubertusstuben

KLASSISCHE KÜCHE • FREUNDLICH XX Nicht nur die Gäste seines wenige Gehminuten entfernten Hotels kommen gerne in Frank Portens Restaurant. Hier lässt man sich klassische und internationale Küche servieren - so z. B. "Saiblingsfilet mit Blattspinat und Safranrisotto".

Menü 36/60 € - Karte 32/54 €

Kurhausplatz 1, (Eingang St.-Georg-Straße), 1. Etage 79862 - 07672 411601 - www.porten.de - Montag - Freitag nur Abendessen - geschl. 8. - 29. Januar und Dienstag

Alpenblick

SPA UND WELLNESS • INDIVIDUELL Das Wellnesshotel ist beliebt, denn hier gibt es wohnliche Zimmer (Tipp: stylish-chic im Anbau), einen modernen Spa (Motto "Wasser und Salz") und nicht zuletzt die Bio-Vollpension (für Hausgäste inkl.). A-la-carte-Gäste bekommen in der urig-charmanten Schwarzwaldstube z. B. Rösti-Gerichte oder Flambi-Spieße.

37 Zim - 140/230 € 260/280 € - ½ P

St.-Georg-Str. 9 79862 - 07672 4180 - www.alpenblick-hotel.de

Nägele

GASTHOF • AUF DEM LAND Hier wird stetig modernisiert, so sind die Zimmer "Lerchenbergblick" besonders komfortabel, zum Entspannen gibt's Ruheraum, Salzgrotte oder Beauty & Massage. Morgens ein reichhaltiges Frühstücksbuffet, sehr freundlich der Service. Und wie wär's mit regional-bürgerlicher Küche im schönen Maximilian-Stüble?

42 Zim - 80/86 € 156/184 € - 2 Suiten - ½ P

Bürgermeister-Huber-Str. 11 79862 - 07672 93030 - www.hotel-naegele.de

HÖCHST im ODENWALD

Hessen - 10 008 Ew. - Höhe 157 m - Regionalatlas **48**-G15
Michelin Straßenkarte 543

In Höchst-Hetschbach Nord-West: 2 km über B 45 Richtung Groß-Umstadt

Gaststube

REGIONAL • BÜRGERLICH X Lust auf frische regional-bürgerliche Küche? In der gemütlichen, angenehm unkomplizierten Gaststube der "Krone" lässt man sich "Rehragout mit Kartoffelklößen und Pilzen" oder "Rumpsteak in grünem Pfeffer mit Rotweinschalotten" schmecken.

Menü 27 € – Karte 22/52 €

Restaurant Krone, Rondellstr. 20 ✉ 64739
– ✆ 06163 931000 – www.krone-hetschbach.de
– geschl. Januar 1 Woche, Juli - August 2 Wochen und Montag, Donnerstagmittag

Krone

KLASSISCHE KÜCHE • ELEGANT XX Modern, klassisch und saisonal sind z. B. "Jakobsmuschel, Rote Bete, Trüffel" oder "Kalb, Pfifferlinge, Lavendelessig"- gerne kocht man in dem geradlinig-eleganten Restaurant mit heimischen Produkten. Freundlicher Service samt guter Weinberatung (400 Positionen). Gepflegt übernachten kann man ebenfalls.

Menü 46/110 € – Karte 46/69 €

20 Zim – 59 € 98/108 € – ½ P

Rondellstr. 20 ✉ 64739
– ✆ 06163 931000 (abends Tischbestellung ratsam) – www.krone-hetschbach.de
– geschl. Januar 1 Woche, Juli - August 2 Wochen und Montag - Dienstagmittag, Mittwochmittag, Donnerstag

Gaststube – siehe Restaurantauswahl

HÖCHSTÄDT an der DONAU

Bayern – 6 603 Ew. – Höhe 416 m – Regionalatlas **56**-J19
Michelin Straßenkarte 546

Zur Glocke

MARKTKÜCHE • CHIC XX Chic-modern ist es bei Familie Stoiber, gekocht wird saisonal und klassisch, von "Maischolle mit Blattspinat und Sauce Hollandaise" bis "rosa gebratene Rehkeule an Kirschessigjus mit Erbsencreme". Im Sommer sind die Plätze im Freien unter der Kastanie gefragt. Und zum Übernachten hat man wohnliche Zimmer.

Menü 36 € (vegetarisch)/55 € – Karte 36/64 €

7 Zim – 53/75 € 82/95 €

Friedrich-von-Teck-Str. 12 ✉ 89420
– ✆ 09074 957885 – www.restaurant-zur-glocke.de
– Mittwoch - Freitag nur Abendessen – geschl. 22. August - 10. September und Montag - Dienstag

HÖFEN an der ENZ

Baden-Württemberg – 1 677 Ew. – Höhe 369 m – Regionalatlas **54**-F18
Michelin Straßenkarte 545

Ochsen

GASTHOF • TRADITIONELL In dem Familienbetrieb kann man nicht nur gut schlafen: Entspannen lässt es sich schön im Sauna- und Ruhebereich mit ansprechendem Holz-Stein-Look sowie auf der Terrasse zur Enz. Auch zum Tagen eine ideale Adresse, für Veranstaltungen hat man eine kleine Piazza und zum Heiraten gibt es ein eigenes Standesamt.

52 Zim – 76/129 € 120/154 € – 3 Suiten – ½ P

Bahnhofstr. 2 ✉ 75339
– ✆ 07081 7910 – www.ochsen-hoefen.de
– geschl. 5. - 20. Februar

HÖHN

Rheinland-Pfalz - 3 045 Ew. - Höhe 508 m - Regionalatlas **37**-E13
Michelin Straßenkarte 543

Millé

INTERNATIONAL • FREUNDLICH XX Herzlich leitet die Familie das behagliche Restaurant in der Ortsmitte. Geboten werden internationale Gerichte wie "Lachs im Sesammantel" oder "Rinderfilet unter Ziegenkäse". Speisen Sie im Sommer auch mal im schön angelegten Garten!

Menü 35/54 € - Karte 24/69 €

Rheinstr. 2 ✉ 56462
- ✆ 02661 8448 - www.restaurant-mille.de
- nur Abendessen, sonntags auch Mittagessen - geschl. Montag - Dienstag

HÖHR-GRENZHAUSEN

Rheinland-Pfalz - 9 368 Ew. - Höhe 250 m - Regionalatlas **36**-D14
Michelin Straßenkarte 543

Heinz

SPA UND WELLNESS • INDIVIDUELL Wie aus dem Ei gepellt ist der gut geführte Familienbetrieb, der schön auf einer Anhöhe liegt. Neben individuellen Zimmern (Klassik, Basic, Lebensart, Themenzimmer) laden die herrliche Liegewiese und der attraktive große Spa zum Relaxen ein. Von der Terrasse des Restaurants genießt man die Aussicht.

98 Zim - †89/151 € ††142/272 € - 2 Suiten - ½ P

Bergstr. 77 ✉ 56203
- ✆ 02624 94300 - www.hotel-heinz.de
- geschl. 22. - 24. Dezember

HÖRSTEL

Nordrhein-Westfalen - 19 578 Ew. - Höhe 45 m - Regionalatlas **16**-D8
Michelin Straßenkarte 543

In Hörstel-Riesenbeck Süd-Ost: 6 km über Bevergern, jenseits der A 30

Westfälische Stube

MODERNE KÜCHE • LÄNDLICH XX Gemütlich hat man es in dem kleinen Restaurant, viel warmes Holz sorgt für ländlich-charmante Atmosphäre. Serviert wird ein Menü, dessen aromenreiche, feine Gerichte Bezug zur Region nehmen, aber auch mediterrane Produkte miteinbeziehen.

→ Sellerie in Texturen. Kaisergranat, Süßkartoffel, Avocado, Nussbutter. Tafelspitz vom Chianina Rind, Meerrettich.

Menü 89/139 €

Parkhotel Surenburg, Surenburg 13, Süd-West: 1,5 km ✉ 48477
- ✆ 05454 93380 (Tischbestellung erforderlich)
- www.parkhotel-surenburg.com
- nur Abendessen - geschl. Februar und Montag - Dienstag

Surenburg

INTERNATIONAL • FREUNDLICH XX Hier bekommt man ambitionierte internationale Küche, und darf es am Nachmittag ein Stück hausgemachter Kuchen sein? Abends geht man gerne auf einen Cocktail in die stilvolle "Präsidenten Bar". Im Sommer ein Muss: die große Terrasse!

Menü 36/69 € - Karte 39/69 €

Parkhotel Surenburg, Surenburg 13, Süd-West: 1,5 km ✉ 48477
- ✆ 05454 93380 (abends Tischbestellung ratsam)
- www.parkhotel-surenburg.com

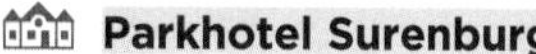
Parkhotel Surenburg

LANDHAUS • GEMÜTLICH Richtig schön die malerische Lage, angrenzend eine große Reitanlage. Modern-elegant die Zimmer, zuvorkommend der Service, ausgezeichnet das Frühstück, dazu das attraktive "Badehaus" - Sauna und Schwimmbad kann man spät abends exklusiv mieten! Und wie wär's mit einem Spaziergang zum nahen Wasserschloss?

28 Zim – 95/115 € 175/205 € - ½ P

Surenburg 13, Süd-West: 1,5 km ✉ 48477
– ✆ 05454 93380 – www.parkhotel-surenburg.com

Westfälische Stube • **Surenburg** – siehe Restaurantauswahl

HÖVELHOF

Nordrhein-Westfalen – 15 922 Ew. – Höhe 107 m – Regionalatlas **28**-F10
Michelin Straßenkarte 543

Gasthof Brink

FRANZÖSISCH-KLASSISCH • FAMILIÄR XX Seit 1880 ist Familie Brink in diesem schönen Haus aktiv. Eine Bastion klassisch-französischer Küche, unkompliziert und sehr schmackhaft. Hausgemachte Pasteten und Terrinen sind ebenso gefragt wie "Steinbutt in Champagnerschaum" oder das mündlich empfohlene 4-Gänge-Menü in kleinen Portionen.

Menü 35/85 € – Karte 28/60 €

9 Zim – 45/55 € 75/85 €

Allee 38 ✉ 33161
– ✆ 05257 3223 (Tischbestellung ratsam)
– nur Abendessen – geschl. 1. - 14. Januar, Ende Juli - Anfang August 2 Wochen und Montag

In Hövelhof-Riege Nord-West: 5 km Richtung Kaunitz, dann rechts ab

Gasthaus Spieker
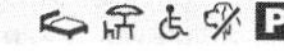

REGIONAL • GASTHOF XX In geschmackvollen, wirklich liebenswert dekorierten Räumen lässt man sich regionale Küche mit mediterranem Touch schmecken, so z. B. "Spiekers leckere Tapas" oder "Kohlroulade vom Hirsch auf Senfspitzkraut in Wacholdersauce". Und wer dazu ein bisschen mehr Wein trinken möchte, kann auch gepflegt übernachten.

Menü 25 € – Karte 29/51 €

13 Zim – 59/70 € 88 €

Detmolder Str. 86 ✉ 33161
– ✆ 05257 2222 – www.gasthaus-spieker.de
– nur Abendessen, sonntags auch Mittagessen – geschl. Juli - August 2 Wochen und Montag

HOF

Bayern – 44 325 Ew. – Höhe 500 m – Regionalatlas **41**-M14
Michelin Straßenkarte 546

Central
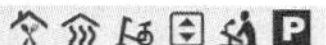

BUSINESS • FUNKTIONELL Das Hotel liegt gegenüber dem Theater und ist mit der direkten Anbindung an die "Freiheitshalle" auch ideal für Tagungen. Wohnliche Zimmer, schöner Saunabereich auf dem Dach mit Panoramablick, dazu Kosmetik und Massage, Indoor-Golf sowie ein elegantes Restaurant mit Speisen von fränkisch bis international.

100 Zim – 95/145 € 99/165 € – 1 Suite – ½ P

Kulmbacher Str. 4 ✉ 95030
– ✆ 09281 6050 – www.hotel-central-hof.de

HOFBIEBER

Hessen - 5 927 Ew. - Höhe 380 m - Regionalatlas **39**-I13
Michelin Straßenkarte 543

In Hofbieber-Steens Süd-Ost: 8 km über Langenbieber und Elters

Berghotel Lothar Mai Haus

LANDHAUS • MODERN Sie mögen's ruhig? Das Haus steht einsam in erhöhter Lage, toll der Blick über Wald und Wiesen! Wohnliche Zimmer (Landhausstil oder modern und allergikergerecht), Freizeitangebot mit Hallenbad, Kosmetik und Massage sowie ein gemütliches Restaurant und eine Terrasse mit grandioser Aussicht. Regionale Küche.

30 Zim – †66/84 € ††138/166 € – 2 Suiten – ½ P

Lothar-Mai-Str. 1 ✉ 36145 – ✆ 06657 96080 – www.lothar-mai-haus.de

HOFHEIM am TAUNUS

Hessen - 38 598 Ew. - Höhe 136 m - Regionalatlas **47**-F15
Michelin Straßenkarte 543

Die Scheuer

REGIONAL • GEMÜTLICH Richtig charmant, die einstige "Hammelsche Scheune" a. d. 17. Jh.! Da lassen sich auch viele Stammgäste in gemütlicher Atmosphäre Spezialitäten wie Wild aus eigener Jagd oder Bouillabaisse schmecken. Im Sommer lockt die Terrasse.

Menü 42/68 € – Karte 38/65 €

Burgstr. 12 ✉ 65719 – ✆ 06192 27774 – www.die-scheuer.de – geschl. Montag - Dienstag

In Hofheim-Diedenbergen Süd-West: 3 km über B 519

Romano

ITALIENISCH • FAMILIÄR Schon über 30 Jahre steht Familie Romano für frische klassisch-italienische Küche mit Schwerpunkt Fisch. Die Speisen werden auf einer Tafel empfohlen und am Tisch erklärt. Dazu eine gute Weinauswahl samt passender Beratung. Terrasse im Hof.

Karte 32/82 €

Casteller Str. 68 ✉ 65719 – ✆ 06192 37108 – www.ristorante-romano.com – geschl. 23. Dezember - 4. Januar und Samstagmittag, Montag

HOHEN DEMZIN

Mecklenburg-Vorpommern - 381 Ew. - Höhe 70 m - Regionalatlas **13**-N5
Michelin Straßenkarte 542

Wappen-Saal

KLASSISCHE KÜCHE • ELEGANT Sie dinieren in einem eindrucksvollen historischen Saal und genießen charmanten, versierten Service. Klassisch-französisch die beiden Menüs - hier z. B. "in Fenchelöl confierte Malchiner Forelle" oder "Filet vom Limousin-Rind".

Menü 68/100 € – Karte 60/95 €

Schlosshotel Burg Schlitz, Burg Schlitz 2, Nahe der B 108, Süd: 2 km, Richtung Waren ✉ 17166 – ✆ 03996 12700 – www.burg-schlitz.de – nur Abendessen – geschl. Montag - Dienstag

Schlosshotel Burg Schlitz

LUXUS • KLASSISCH Das imposante Schloss auf dem 180 ha großen Anwesen wurde 1806 von Graf Schlitz erbaut und ist heute ein aufwändig und edel mit Stil und Geschmack eingerichtetes Hotel. Klassisch-elegant sind die großen Zimmer mit meist wunderschönen Decken, toll der Spa. Brasserie "Louise" mit französischer Küche.

15 Zim – †170/200 € ††198/315 € – 5 Suiten – 23 € – ½ P

Burg Schlitz 2, Nahe der B 108, Süd: 2 km, Richtung Waren ✉ 17166 – ✆ 03996 12700 – www.burg-schlitz.de

Wappen-Saal – siehe Restaurantauswahl

HOHENKAMMER

Bayern - 2 382 Ew. - Höhe 471 m - Regionalatlas **58**-L19
Michelin Straßenkarte 546

Camers Schlossrestaurant

MEDITERRAN • ELEGANT In dem herrschaftlichen Schlossgebäude wird ambitioniert und modern gekocht. Die exakt zubereiteten, ausdrucksstarken Speisen serviert man in einem schönen geradlinig gehaltenen Gewölberaum. Im angeschlossenen Hotel: klares Design in hellem Holz und Stein.

➜ Kaisergranat, Stachelbeere, Holunderblüte, Jasmin Reis. Gebratenes Kalbsbries, Rahm, Morchel, Blaubeere. Iberico Schweinefilet, Röstzwiebel, Wirsing, Kohlrabi.

Menü 82/94 €

Schlossstr. 25 ✉ 85411
- ✆ 08137 93443 - www.camers.de
- nur Abendessen - geschl. 23. Dezember - 15. Januar und Sonntag - Montag

HOHENSTEIN

Hessen - 5 964 Ew. - Höhe 340 m - Regionalatlas **47**-E14
Michelin Straßenkarte 543

Hofgut Georgenthal

LANDHAUS • KLASSISCH Einsam liegt der ehemalige Zehnthof a. d. J. 1692 umgeben von Wald und Wiese, vor der Tür ein Golfplatz. Das Hotel bietet wohnlich-elegantes Ambiente sowie einen freundlichen Badebereich und Anwendungen. Interessant auch das kleine "Limes"-Museum. Mediterran-regionale Küche im "Giorgios".

39 Zim - 109/166 € 135/207 € - 1 Suite - ½ P

Georgenthal 1, Süd-Ost: 5,5 km über Steckenroth, Richtung Strinz-Margarethä
✉ 65329 - ✆ 06128 9430 - www.hofgut-georgenthal.de
- geschl. 2. - 14. Januar

HOHENTENGEN am HOCHRHEIN

Baden-Württemberg - 3 673 Ew. - Höhe 378 m - Regionalatlas **62**-E21
Michelin Straßenkarte 545

Wasserstelz

HISTORISCH • GEMÜTLICH Über 1000 Jahr alt, ehemals Gesindehaus und Teil einer Burganlage - so viel Historie bringt reichlich Atmosphäre mit sich, und die spürt man in den wohnlichen Zimmern sowie in der Gaststube mit Holztäfelung und Kachelofen. Am Rhein hat man übrigens einen Bootsanleger und eine Badestelle.

12 Zim - 55/65 € 98/140 € - 1 Suite - ½ P

Guggenmühle 15, Nord-West: 3 km, unterhalb der Burgruine Weißwasserstelz
✉ 79801 - ✆ 07742 92300 - www.wasserstelz.de

In Hohentengen-Lienheim West: 5 km

Landgasthof Hirschen

MARKTKÜCHE • GASTHOF Ausflugsziele gibt es in der Gegend einige, und als Abschluss kehren Sie hier in gemütlich-ländlichen Stuben ein und lassen sich saisonale Speisen servieren. Danach müssen Sie nicht mal mehr aus dem Haus, denn man hat auch gepflegte Gästezimmer und Appartements.

Menü 20/45 € - Karte 24/51 €

12 Zim - 58/68 € 95 €

Rheintalstr. 13 ✉ 79801 - ✆ 07742 7635 - www.hirschen-lienheim.de - geschl. Samstag - Sonntag

HOHWACHT

Schleswig-Holstein – 851 Ew. – Höhe 19 m – Regionalatlas **3**-J3
Michelin Straßenkarte 541

Hohe Wacht

FAMILIÄR • KLASSISCH Die Lage an einem kleinen Park, nur wenige Schritte vom Strand entfernt, sowie geräumige Zimmer mit wohnlicher Einrichtung sprechen für das Hotel. Wie wär's mit Kosmetik oder Massage zur Entspannung? Restaurant mit elegantem Touch, im Wintergarten mit Meerblick.

93 Zim – †126/156 € ††151/181 € – 2 Suiten – ½ P

Ostseering 5 24321 – 04381 90080 – www.hohe-wacht.de

Genueser Schiff

LANDHAUS • KLASSISCH Schöner könnte das reetgedeckte weiße Haus kaum liegen - Strand und Meer gleich vor der Tür. Die Zimmer (darunter auch geräumige Maisonetten und Appartements) sind wohnlich und individuell, hübsch die farbliche Gestaltung, teilweise mit Antiquitäten, viele mit Ostseeblick. Regional-mediterrane Speisekarte.

29 Zim – †70/170 € ††100/190 € – 8 Suiten

Seestr. 18 24321 – 04381 7533 – www.genueser-schiff.de

HOLLFELD

Bayern – 5 141 Ew. – Höhe 403 m – Regionalatlas **50**-L15
Michelin Straßenkarte 546

Wittelsbacher Hof

GASTHOF • FUNKTIONELL Eine gepflegte Adresse, die in 3. Generation familiär geführt wird. Die Zimmer sind mit Landhausmöbeln wohnlich ausgestattet, im Restaurant (gemütlich die holzvertäfelte Zirbelstube) bietet man regional-bürgerliche Küche und Vespergerichte.

8 Zim – †55 € ††80 € – ½ P

Langgasse 8, B 22 96142 – 09274 90960 – www.wittelsbacher-hof-hollfeld.de – geschl. 5. - 14. November

HOLZDORF

Schleswig-Holstein – 839 Ew. – Höhe 25 m – Regionalatlas **2**-I2
Michelin Straßenkarte 541

Rosenduft & Kochlust

LANDHAUS • INDIVIDUELL Sie suchen Ruhe und Natur pur? Hier finden Sie ein wahres Kleinod mitten im Grünen, in dem Sie sehr geschmackvoll und individuell wohnen, am Morgen ein nicht alltägliches Frühstück genießen und zudem ausgesprochen aufmerksam umsorgt werden. Tipp: Machen Sie am Wochenende einen Kochkurs bei Nadine Kramm.

6 Zim – †69/105 € ††98/170 €

Glasholz 1 24364 – 04352 912003 – www.rosenduftundkochlust.de – geschl. Januar

HOLZKIRCHEN

Bayern – 16 021 Ew. – Höhe 691 m – Regionalatlas **66**-M21
Michelin Straßenkarte 546

Alte Post

GASTHOF • GEMÜTLICH Dies ist ein richtig schöner gepflegter Traditionsgasthof! Fragen Sie nach den gemütlichen ländlich-modernen Themenzimmern - bei "Golf", "Polo", "Jagd"... ist bestimmt auch was nach Ihrem Geschmack dabei! Und die Gaststuben? Natürlich heimelig-bayerisch!

43 Zim – †115/145 € ††135/150 €

Marktplatz 10a 83607 – 08024 30050 – www.alte-post-holzkirchen.de – geschl. über Weihnachten

In Holzkirchen-Großhartpenning Süd-West: 4 km über B 13

Altwirt

BUSINESS • GEMÜTLICH Wo einst ein alter Landgasthof stand, bietet heute dieses familiengeführte Hotel wohnliche Zimmer und einen hübschen Saunabereich - beides in warmen Farben gehalten. Im Restaurant (sehr charmant die "Altwirtstubn") serviert man regionale und internationale Gerichte.

40 Zim ☕ - †98/120 € ††130/160 € - 2 Suiten - ½ P

Tölzer Str. 135 ✉ 83607 - ✆ 08024 303220 - www.hotel-altwirt.de

HOMBURG am MAIN Bayern ➜ Siehe Triefenstein

HOMBURG (SAAR)

Saarland - 41 504 Ew. - Höhe 233 m - Regionalatlas **46**-C17
Michelin Straßenkarte 543

In Homburg-Erbach

La Petite Maison

KLASSISCHE KÜCHE • GEMÜTLICH XX Richtig charmant ist das hübsche kleine Restaurant, draußen sitzt man schön auf der lauschigen Terrasse. Gekocht wird mit französischem Einfluss - probieren Sie z. B. "Cordon bleu vom Kalbsrücken mit Karotten-Ingwer-Mousseline".

Menü 35/69 € - Karte 38/66 €

Simonstr. 1 ✉ 66424 - ✆ 06841 15211 - www.lapetitemaison.saarland - geschl. 1. - 10. Januar, Juni 2 Wochen, und Sonntag - Montag, Samstagmittag

HOMBURG vor der HÖHE, BAD

Hessen - 52 752 Ew. - Höhe 197 m - Regionalatlas **47**-F14
Michelin Straßenkarte 543

Stadtplan siehe nächste Seite

Schellers

MODERNE KÜCHE • ELEGANT XX Im Restaurant des Hotels "Hardtwald" werden erstklassige Produkte zu eleganten internationalen Speisen, fein und harmonisch. Auch die Atmosphäre stimmt: professioneller, freundlicher Service in hübschem modern-mediterranem Ambiente. Als einfachere Alternative hat man noch das gemütliche "Rusticano".
➜ Langostino, Avocado, Kichererbse. Lamm, Fregola, Spitzkohl. Pfirsich, Himbeere, Pistazie.

Menü 77/115 € - Karte 63/98 €

29 Zim ☕ - †105/165 € ††125/180 € - 2 Suiten

Stadtplan : B1-z - *Philosophenweg 31 ✉ 61350 - ✆ 06172 988151 - www.schellers-restaurant.com - nur Abendessen - geschl. 27. Dezember - 13. Januar, 16. Juli - 5. August und Sonntag - Montag*

Sänger's Restaurant

FRANZÖSISCH-KLASSISCH • KLASSISCHES AMBIENTE XX In elegantem Ambiente hinter wilhelminischer Fassade bietet man klassische Speisen wie "Lammrücken unter der Kräuterkruste" oder "bretonischen Hummer". Und dazu einen schönen Bordeaux oder Burgunder? Ansprechend die Deko im Restaurant, freundlich der Service.

Menü 36 € (mittags unter der Woche)/110 € - Karte 61/100 €

Stadtplan : B2-t - *Kaiser-Friedrich-Promenade 85 ✉ 61348 - ✆ 06172 928839 - www.saengers-restaurant.de - geschl. Juli - August 2 Wochen und Sonntag - Montag*

Steigenberger

BUSINESS • ELEGANT Hinter der klassischen Fassade verbergen sich eine elegante Lobby und geräumige, schöne Zimmer in ruhigen Farben, teilweise mit Parkblick. Bistro-Flair und modernes Speisenangebot in "Charly's stubb".

174 Zim - †99/399 € ††119/499 € - 11 Suiten - ☕ 26 € - ½ P

Stadtplan : B2-r - *Kaiser-Friedrich-Promenade 69 ✉ 61348 - ✆ 06172 1810 - www.bad-homburg.steigenberger.de*

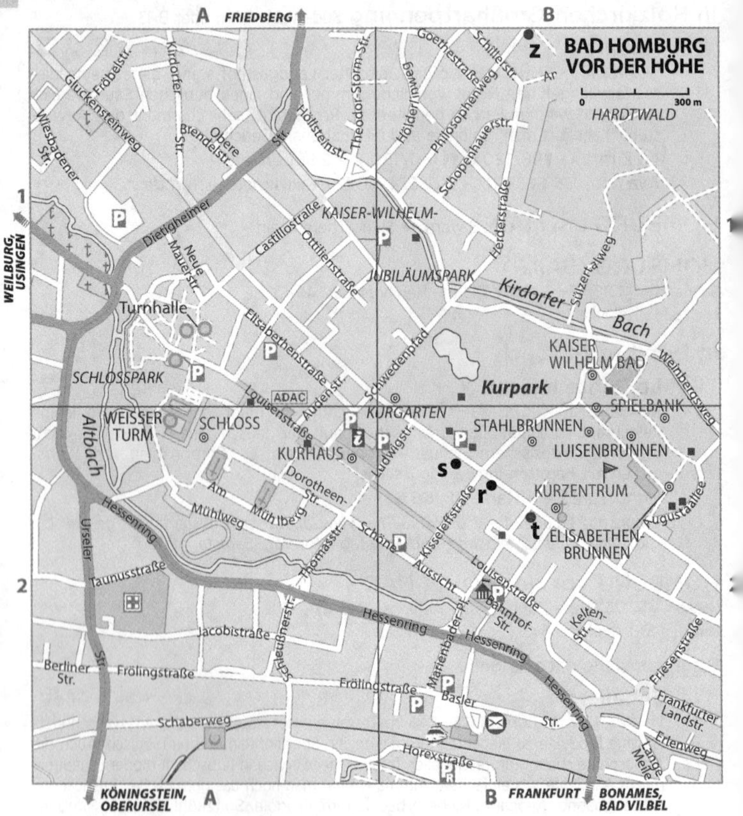

BAD HOMBURG VOR DER HÖHE

Villa am Kurpark

PRIVATHAUS • KLASSISCH Das freundlich geführte Hotel ist eine hübsche Villa a. d. 19. Jh. mit wohnlicher Atmosphäre. Zimmer teils mit Blick auf den Kurpark. Heller Frühstücksraum zum kleinen Garten mit Fontäne.

24 Zim ☕ - 🚹85/129 € 🚹🚹104/175 €

Stadtplan : B2-s - *Kaiser-Friedrich-Promenade 57 ✉ 61348 - ✆ 06172 18000 - www.karin-loew-hotellerie.de - geschl. 23. Dezember - 1. Januar*

HONNEF, BAD

Nordrhein-Westfalen – 25 078 Ew. – Höhe 75 m – Regionalatlas **36**-C13
Michelin Straßenkarte 543

In Bad Honnef-Rhöndorf Nord: 1,5 km

Caesareo

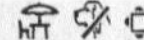

ITALIENISCH • FAMILIÄR XX Seit Jahren wird das hübsche lichte Restaurant engagiert geführt und bietet frische italienische Küche - da hat man viele Stammgäste und auch so mancher Politiker war hier schon zu Gast. Sehr schön ist die Terrasse zum Garten hinterm Haus.

Menü 65 € - Karte 43/74 €

Rhöndorfer Str. 39 ✉ 53604 - ✆ 02224 75639 (Tischbestellung ratsam) - www.caesareo.de - geschl. Dienstag

HOOKSIEL Niedersachsen ➜ Siehe Wangerland

HOPFERAU

Bayern - 1 110 Ew. - Höhe 811 m - Regionalatlas **64**-J21
Michelin Straßenkarte 546

Schlossrestaurant

INTERNATIONAL • ELEGANT XX Chic kommt das Abendrestaurant mit seinem eleganten Interieur und warmen Goldtönen daher. An Wochenenden und Feiertagen gibt es auch Mittagessen. Stilvolle Salons mit Schlossflair hat man ebenfalls.

Menü 35/55 € - Karte 35/65 €

Hotel Schloss zu Hopferau, Schloßstr. 9 ✉ 87659 - ☎ 08364 984890 - www.schloss-hopferau.com - nur Abendessen - geschl. Montag

Schloss zu Hopferau

HISTORISCH • MODERN Sehr schön, wie das Schloss a. d. 15. Jh. den historischen Rahmen und modernes Design vereint. Gemütlich sitzt man in der ländlich-charmanten "Schlossküche" beim Frühstück sowie nachmittags bei Kaffee und Kuchen. Sie lieben Oldtimer? Wie wär's mit einem Ausflug im Rolls Royce? Auch Trauungen möglich.

15 Zim - †69/109 € ††118/178 € - ½ P

Schloßstr. 9 ✉ 87659 - ☎ 08364 984890 - www.schloss-hopferau.com

Schlossrestaurant - siehe Restaurantauswahl

HORB

Baden-Württemberg - 24 430 Ew. - Höhe 437 m - Regionalatlas **54**-F19
Michelin Straßenkarte 545

Quartier 77

MARKTKÜCHE • FREUNDLICH X In einer ehemaligen Kaserne finden Sie dieses geradlinig gehaltene Lokal. Gekocht wird schmackhaft, frisch und saisonal. Neben Gerichten wie "gebratenes Zanderfilet, Spinatcreme, Thymian-Tomaten-Gnocchi" macht auch das "Regionale Menü" Appetit. Passende Räume für Events gibt es ebenfalls.

Menü 28/36 € - Karte 26/53 €

Am Garnisonsplatz 4 ✉ 72160 - ☎ 07451 6230977 - www.quartier77.de - geschl. Samstag - Sonntag sowie an Feiertagen

HORBEN

Baden-Württemberg - 1 128 Ew. - Höhe 607 m - Regionalatlas **61**-D20
Michelin Straßenkarte 545

Gasthaus zum Raben (Steffen Disch)

FRANZÖSISCH-KLASSISCH • GEMÜTLICH X Ein Gasthaus im besten Sinne! Gemütlich-ländlich das Ambiente, herzlich-badisch der Service und die Küche eine gelungene Mischung aus gehoben-regional und klassisch-französisch, immer fein abgestimmt und produktbezogen. Und nach guten regionalen Weinen in schönen wohnlichen Zimmern übernachten?

➜ Landei im Ciabatta gebacken, zweierlei vom weißen Spargel, Sauce Hollandaise. Saibling, Sellerie, Apfel, Holunderblütenfond. Maibock, Wilder Brokkoli, Kartoffel, Trockenfrüchte, Mandel.

Menü 38/98 € - Karte 40/88 €

6 Zim - †70/120 € ††95/160 €

Dorfstr. 8 ✉ 79289 - ☎ 0761 556520 (Tischbestellung ratsam) - www.raben-horben.de - Mittwoch - Freitag nur Abendessen - geschl. Montag - Dienstag

HORBRUCH

Rheinland-Pfalz - 337 Ew. - Höhe 455 m - Regionalatlas **46**-C15
Michelin Straßenkarte 543

Historische Schlossmühle

FRANZÖSISCH-KLASSISCH • GEMÜTLICH XX Gemütliche Wohnzimmer-Atmosphäre, stilvoll mit historischen Details. Auf der Karte vor allem klassische Speisen mit Wildkräutern aller Art, so z. B. "gebratene Entenbrust mit Spitzwegerichsirup glaciert, Rosmarinkartoffen, Karottengemüse". Traumhafte Terrasse neben dem Teich.

Menü 37/69 € - Karte 30/58 €

Hotel Historische Schlossmühle, An der Landstr. 190, Ost: 1 km Richtung Rhaunen ✉ 55483 - ☎ 06543 4041 - www.historische-schlossmuehle.de - Montag - Samstag nur Abendessen - geschl. 2. - 12. Januar und Mittwoch

Historische Schlossmühle

HISTORISCH • GEMÜTLICH Die ehemalige Mühle a. d. 17. Jh. ist ein wahres Idyll, das mit Engagement und Herzblut geführt wird. Angesichts der erholsamen Ruhe ringsum, der charmanten Betreuung und der liebevollen Einrichtung mit persönlicher Note verzichtet man gerne auf TV! Wie wär's mit Frühstück auf der Terrasse?

10 Zim - †69/99 € ††99/139 € - 1 Suite - ½ P

An der Landstr. 190, Ost: 1 km Richtung Rhaunen ✉ 55483 - ☎ 06543 4041 - www.historische-schlossmuehle.de - geschl. 2. - 12. Januar

Historische Schlossmühle – siehe Restaurantauswahl

HORGAU

Bayern - 2 568 Ew. - Höhe 465 m - Regionalatlas **57**-J19
Michelin Straßenkarte 546

Zum Schwarzen Reiter

HISTORISCH • THEMENBEZOGEN Seit über 250 Jahren lebt man hier Familientradition! Mit einem Faible für Farben und Themen (am schönsten sind die "Elemente"-Zimmer im "Haus der Sinne"!) hat man ein schönes Umfeld geschaffen. Nett auch der Wellnessbereich. Auffallend freundlich die Mitarbeiter im Hotel und in den gemütlichen Gaststuben.

48 Zim - †77/114 € ††77/153 €

Hauptstr. 1, B 10 ✉ 86497 - ☎ 08294 86080 - www.flairhotel-platzer.de - geschl. 21. Dezember - 5. Januar

HORNBACH

Rheinland-Pfalz - 1 478 Ew. - Höhe 233 m - Regionalatlas **53**-C17
Michelin Straßenkarte 543

Refugium

INTERNATIONAL • ELEGANT XXX Im Gourmetrestaurant der Kloster-Gastronomie trifft ein tolles altes Kreuzgewölbe auf moderne Eleganz. In den ambitionierten wechselnden Menüs "Flora" und "Fauna" hat jedes Gericht seinen eigenen Namen - auch à la carte wählbar.

Menü 65/125 € - Karte 65/86 €

Hotel Kloster Hornbach, Im Klosterbezirk ✉ 66500 - ☎ 06338 910100 - www.kloster-hornbach.de - nur Abendessen - geschl. Januar, Ende Mai - Anfang Juni 2 Wochen, Ende Oktober - Anfang November 2 Wochen und Montag - Dienstag

Klosterschänke

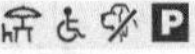

INTERNATIONAL • RUSTIKAL X Hier hat man es überaus gemütlich, während man zu Pfälzer Wein regional-international speist. Mögen Sie klassischen Sauerbraten oder lieber "Arktischen Saibling auf Risotto von der Gerste"? Auch Flammkuchen oder Hüftsteak vom US-Beef sind zu haben. Dazu das wechselnde "Klostermahl" von der Tafel.

Menü 34/46 € - Karte 33/53 €

Hotel Kloster Hornbach, Im Klosterbezirk ✉ 66500 - ☎ 06338 910100 - www.kloster-hornbach.de - Montag - Donnerstag nur Abendessen

Kloster Hornbach

HISTORISCH • INDIVIDUELL Eine gelungene Einheit von Historie und Moderne ist das Kloster a. d. 8. Jh. Ganz individuell die Zimmertypen: Remise, Shaker, Mediterran, Asien, Ethno. Oder wie wär's mit einer bewusst schlichten "Pilgerzelle"? Die Mitarbeiter auffallend herzlich, ein Traum die Gartenanlage samt Kräutergarten!

48 Zim – 99/139 € 129/209 € – ½ P

Im Klosterbezirk ✉ 66500 – ✆ 06338 910100 – www.kloster-hornbach.de

Refugium • **Klosterschänke** – siehe Restaurantauswahl

Lösch für Freunde

GROSSER LUXUS • INDIVIDUELL Ein einzigartiger Ort voller Individualität: von Plätzen der Begegnung ("Wohnzimmer", Weinlounge oder die lange Tafel für gemeinsame Abendessen) über tolle, durch Paten erschaffene Wohnwelten wie "Literarium", "Jagdzimmer", "Konrads Salon"... bis zum Service samt Vollpension inkl. Snacks, Kaffee & Kuchen!

15 Zim – 149/169 € 235 € – 7 Suiten

Hauptstr. 19 ✉ 66500 – ✆ 06338 91010200 – www.loesch-fuer-freunde.de – geschl. Januar

HORN-BAD MEINBERG

Nordrhein-Westfalen – 17 120 Ew. – Höhe 207 m – Regionalatlas **28**-G10
Michelin Straßenkarte 543

Im Stadtteil Fissenknick

Die Windmühle

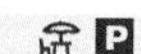

REGIONAL • LÄNDLICH Seit 1923 wird in der Turmmühle schon kein Korn mehr gemahlen, dafür sitzt man gemütlich in der Mühlenstube, im Kaminzimmer oder auf der Terrasse und lässt sich bei freundlichem Service Leckeres wie "Zander auf Rieslingrahmkraut" oder "Windmühlenschnitzel" schmecken.

Menü 36/49 € – Karte 26/39 €

Windmühlenweg 10 ✉ 32805 – ✆ 05234 919602 – www.diewindmuehle.de – geschl. Mitte Januar - Anfang Februar und Montag - Mittwochmittag, Donnerstagmittag

HORNBERG (ORTENAUKREIS)

Baden-Württemberg – 4 299 Ew. – Höhe 953 m – Regionalatlas **62**-E20
Michelin Straßenkarte 545

Adler

GASTHOF • MODERN In dem historischen Haus erwartet Sie familiäre Führung im besten Sinne, denn man kümmert sich zuvorkommend um die Gäste. Das Engagement merkt man auch an der Wohnlichkeit, am guten Frühstück, am liebenswerten Ambiente im Restaurant. Tipp: Komfortzimmer in der 1. und 2. Etage - diese sind etwas moderner.

19 Zim – 51/58 € 80/92 € – ½ P

Hauptstr. 66 ✉ 78132 – ✆ 07833 935990 – www.hotel-adler-hornberg.de – geschl. 5. - 15. Januar, 8. Februar - 19. März

In Hornberg-Fohrenbühl Nord-Ost: 8 km Richtung Schramberg

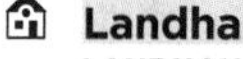

Landhaus Lauble

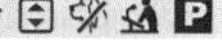

LANDHAUS • FUNKTIONELL Richtig idyllisch, wie das typische Schwarzwaldhaus am Waldrand liegt. Umgeben von Grün genießen Sie den Badeteich und die überdachte Restaurantterrasse, für Kinder gibt's den Streichelzoo. Hübsch: "Berg-Quell" mit Sauna, Ruheraum und - auf Nachfrage - Beautybehandlungen. Speisen kann man bürgerlich-regional.

22 Zim – 60/65 € 110/120 € – ½ P

Fohrenbühl 65 ✉ 78132 – ✆ 07833 93660 – www.landhaus-lauble.de – geschl. 12. - 18. Februar

HORUMERSIEL Niedersachsen ➜ Siehe Wangerland

HOYERSWERDA

Sachsen - 33 825 Ew. - Höhe 116 m - Regionalatlas **34**-R11
Michelin Straßenkarte 544

In Hoyerswerda-Zeißig Süd-Ost: 3 km Richtung Bautzen über die B 96

Westphalenhof

INTERNATIONAL • FREUNDLICH Bei den Brüdern Westphal (der eine Küchenchef, der andere Sommelier) speist man saisonal-international, von frischem Spargel (eigener Anbau) bis "Zweierlei vom Weidekalb, Ofentomate, Pimentos, Oliventapenade". Gute Weinkarte, die meisten Weine auch glasweise. Stilvoll-gediegenes Interieur, lauschige Terrasse.

Menü 35/70 € - Karte 31/53 €

Dorfaue 43 ✉ 02977 - ✆ 03571 913944 - www.westphalenhof.de - geschl. Montag

HÜCKESWAGEN

Nordrhein-Westfalen - 15 029 Ew. - Höhe 270 m - Regionalatlas **36**-D12
Michelin Straßenkarte 543

In Hückeswagen-Kleineichen Süd-Ost: 1 km

Haus Kleineichen

TRADITIONELLE KÜCHE • RUSTIKAL Der Familienbetrieb ist ein im charmanten alpenländischen Stil gehaltenes Restaurant mit international beeinflusster bürgerlicher Küche. Am Mittag kleines Angebot in Menüform. Beliebt ist auch die Kegelbahn für kleine Gruppen.

Menü 29 € (abends) - Karte 25/39 €

Bevertalstr. 44 ✉ 42499 - ✆ 02192 4375 - www.haus-kleineichen.de - geschl. Montag - Dienstag außer an Feiertagen

HÜFINGEN

Baden-Württemberg - 7 595 Ew. - Höhe 684 m - Regionalatlas **62**-F21
Michelin Straßenkarte 545

In Hüfingen-Fürstenberg Süd-Ost: 9,5 km über B 27 Richtung Blumberg

Gasthof Rössle

TRADITIONELLE KÜCHE • GASTHOF "Wildragout mit Dörrpflaumen", "Kalbsfilet auf Rahmwirsing" oder Wiener Schnitzel? Und als Dessert vielleicht "Panna Cotta mit kandierter Zitrone"? Leckere Gerichte wie diese serviert man in der ländlichen Gaststube oder im hübschen Wintergarten. Tipp für Übernachtungsgäste: die schönen Zimmer im "Pfarrhaus"!

Menü 28/58 € - Karte 25/54 €

39 Zim - 74/90 € 115/170 € - 1 Suite

Hotel Gasthof Rössle, Zähringer Str. 12 ✉ 78183 - ✆ 0771 60010 - www.hotel-zum-roessle.de - geschl. Donnerstag, November - März: Donnerstag, Sonntagabend

In Hüfingen-Mundelfingen Süd-West: 7,5 km über Hausen

Landgasthof Hirschen

REGIONAL • FAMILIÄR Das Engagement von Chefin Verena Martin und ihrer (übrigens rein weiblichen) Brigade spürt und schmeckt man: In charmanter Atmosphäre gibt es "geröstetes Grießsüpple mit Bergkäse", "Weingockel mit Gemüse und Sesamnocken", "Seeteufel mit Rucolanudeln und mediterranem Gemüse"...

Menü 40/69 € - Karte 34/58 €

Wutachstr. 19 ✉ 78183 - ✆ 07707 99050 - www.hirschen-mundelfingen.de - geschl. Januar 2 Wochen, Ende August - Anfang September 2 Wochen und Mittwoch - Donnerstag

HUNGEN

Hessen - 12 399 Ew. - Höhe 150 m - Regionalatlas **38**-G14
Michelin Straßenkarte 543

Hungener Käsescheune

REGIONAL • TRENDY Die sanierte alte Scheune ist ein echtes Schmuckstück und speziell noch dazu mit der einsehbaren Käserei und dem "Genussladen"! Aus der Küche kommen z. B. "cremiger Burrata auf roter Beete" oder "rosa gebratener Kalbsrücken mit zweierlei Steckrüben". Mittags einfacheres Angebot. Lust auf ein Käse-Seminar?

Menü 12 € (mittags unter der Woche)/33 € - Karte 32/43 €

Brauhofstr. 3 ✉ 35410 - ✆ 06402 5188572 (Tischbestellung erforderlich) - www.kaesescheune.de - geschl. Sonntagabend - Dienstagmittag

HUSUM

Schleswig-Holstein - 22 215 Ew. - Höhe 14 m - Regionalatlas **1**-G3
Michelin Straßenkarte 541

Das Eucken

KLASSISCHE KÜCHE • ELEGANT Attraktiv der Rahmen mit hellem Gewölbe und elegantem Interior, aufmerksam der Service. Klassische Küche wird modern interpretiert. Literatur-Nobelpreisträger Rudolf Eucken lehrte im 19. Jh. im "Alten Gymnasium" Philosophie, daher der Name.

Menü 35/72 € - Karte 45/107 €

Hotel Altes Gymnasium, Süderstr. 2, Zufahrt über Ludwig-Nissen-Straße ✉ 25813 - ✆ 04841 8330 - www.altes-gymnasium.de - nur Abendessen

Altes Gymnasium

HISTORISCH • KLASSISCH Ein schmuckes Anwesen mit historischem Charme, 1866/67 als Schule erbaut und liebevoll zum Hotel umgestaltet. Besonders hübsch sind die Superior-Zimmer, dazu Wellness auf 1000 qm. Internationale und regionale Karte im Bistro - einst Schulhof, heute luftig-lichter Wintergarten.

72 Zim - †119/169 € ††195/245 € - ½ P

Süderstr. 2, Zufahrt über Ludwig-Nissen-Straße ✉ 25813 - ✆ 04841 8330 - www.altes-gymnasium.de

Das Eucken - siehe Restaurantauswahl

Thomas Hotel

BOUTIQUE-HOTEL • ELEGANT Eine schmucke Adresse: Ansprechend schon der Empfangsbereich, die Zimmer hochwertig ausgestattet. Tipp: die schönen modernen "Horizon"-Zimmer im obersten Stock mit tollem Blick! Chic der Saunabereich, auch Kosmetik und Massage sind buchbar. Ideal die zentrale Lage nahe dem Hafen.

52 Zim - †69/159 € ††99/169 € - 4 Suiten

Am Zingel 7 ✉ 25813 - ✆ 04841 66200 - www.thomas-hotel.de

In Husum-Schobüll-Hockensbüll Nord-West: 3 km

Zum Krug

REGIONAL • GASTHOF Schön gemütlich hat man es in dem reizenden denkmalgeschützten Friesenhaus. Fast das ganze Jahr gibt es Gerichte vom Nordstrand-Lamm, aber auch Leckeres aus dem eigenen Garten kommt auf den Tisch - wie wär's z. B. mit einem Quitten-Dessert?

Menü 45 € - Karte 35/57 €

Alte Landstr. 2a ✉ 25813 - ✆ 04841 61580 (Tischbestellung erforderlich) - www.zum-krug.de - nur Abendessen - geschl. Mitte Januar - Mitte Februar und Montag - Mittwoch

In Simonsberg-Simonsbergerkoog Süd-West: 7 km

Lundenbergsand

INTERNATIONAL • GEMÜTLICH "Confierte Schulter vom Salzwiesendeichlamm mit Dörrobst-Jus" oder lieber "gegrilltes Kabeljaufilet auf süß-saurem Kürbiskraut"? So oder so ähnlich kommt die moderne regional-saisonale Küche in diesem geschmackvollen Restaurant daher.

Menü 26 € - Karte 27/50 €

Hotel Lundenbergsand, Lundenbergweg 3 ✉ 25813 - ✆ 04841 83930 - www.hotel-lundenbergsand.de - geschl. Mitte Dezember 1 Woche und im Winter: Montag - Donnerstagmittag

Lundenbergsand

FAMILIÄR • INDIVIDUELL Hier finden Sie Ruhe! Das reetgedeckte Haus liegt hinterm Deich, wird familiär geleitet und ist tipptopp gepflegt. Die Zimmer sind richtig hübsch mit ihrem geradlinigen Design und den hellen, frischen Farben, modern auch der "Watt'n Spa".

21 Zim - 69/110 € 119/169 € - 2 Suiten - ½ P

Lundenbergweg 3 ✉ 25813 - ✆ 04841 83930 - www.hotel-lundenbergsand.de - geschl. Mitte Dezember 1 Woche

Lundenbergsand - siehe Restaurantauswahl

IBACH Baden-Württemberg ➜ Siehe St. Blasien

IBBENBÜREN

Nordrhein-Westfalen - 50 665 Ew. - Höhe 75 m - Regionalatlas **16**-E9
Michelin Straßenkarte 543

Leugermann

BUSINESS • MODERN Seit Jahrzehnten eine beliebte Adresse. Familie Leugermann bietet freundlich-wohnliche Zimmer in warmen Farben ("Toskana-", "Meeres-", "Paradieszimmer"...), Beauty (Haupthaus) und Sauna (Gästehaus) sowie bürgerlich-internationale Küche samt Menüs. Nicht zu vergessen die engagierten Mitarbeiter.

42 Zim - 64/86 € 89/119 € - 2 Suiten - ½ P

Osnabrücker Str. 33 ✉ 49477 - ✆ 05451 54519350 - www.hotel-leugermann.de

IBURG, BAD

Niedersachsen - 10 579 Ew. - Höhe 119 m - Regionalatlas **27**-E9
Michelin Straßenkarte 541

Zum Freden

LANDHAUS • MODERN Aus einem Bauernhof hat sich dieses Hotel entwickelt, in dem die Familie im Einklang mit der langen Tradition stetig modernisiert. In den Zimmern schöner zeitgemäßer Stil und warme Töne. Helles, elegantes Restaurant, dazu eine Bar mit Bistrobereich im Wintergarten.

39 Zim - 69/95 € 98/180 € - ½ P

Zum Freden 41 ✉ 49186 - ✆ 05403 4050 - www.hotel-freden.de - geschl. 1. - 8. Januar

ICHENHAUSEN

Bayern - 8 689 Ew. - Höhe 489 m - Regionalatlas **56**-J19
Michelin Straßenkarte 546

In Ichenhausen-Autenried

Autenrieder Brauereigasthof

TRADITIONELL • MODERN Schön wohnlich hat man es bei Familie Feuchtmayr - die Chefin hat ein Händchen fürs Einrichten, überall im Haus finden sich warme Töne. Und was wäre ein Brauereigasthof ohne Biergarten? Hier, unter alten Bäumen, schmeckt das Selbstgebraute natürlich am besten!

29 Zim - 79/100 € 134/160 € - ½ P

Hopfengartenweg 2 ✉ 89335 - ✆ 08223 968440 - www.brauereigasthof-autenried.de

IDAR-OBERSTEIN

Rheinland-Pfalz – 28 148 Ew. – Höhe 300 m – Regionalatlas **46**-C16
Michelin Straßenkarte 543

Im Stadtteil Idar

Parkhotel

BUSINESS • ELEGANT Der gepflegte Hotelbau a. d. J. 1906 beherbergt gediegene, teils mit Stilmöbeln eingerichtete Zimmer (Komfortzimmer mit Klimaanlage) und einen modernen Saunabereich. Im eleganten Restaurant "Manzi's" speist man klassisch-international, im Bistro "Classico" gibt es bürgerlich-regionale Gerichte.

37 Zim – 90/100 € 130/190 € – ½ P

Hauptstr. 185 ✉ 55743 – ✆ 06781 50900 – www.parkhotel-idaroberstein.de

IDSTEIN

Hessen – 23 801 Ew. – Höhe 266 m – Regionalatlas **47**-E14
Michelin Straßenkarte 543

Henrich HÖER's Speisezimmer

KLASSISCHE KÜCHE • ROMANTISCH XX Die historischen Räume mit ihrem rustikalen Touch sowie der lauschige Lindenhof gehören ebenso zum Höerhof wie die gute Küche - probieren Sie z. B. "Lamm von Sylter Salzwiesen, Karottenschaum, Lauch, Apfel, Haselnuss". Kleine Mittagskarte.

Menü 30 € (mittags unter der Woche)/79 € – Karte 44/60 €

Hotel Höerhof, Obergasse 26 ✉ 65510 – ✆ 06126 50026 – www.hoerhof.de – geschl. 1. - 7. Januar, über Fasching und Sonntagabend

Höerhof

HISTORISCH • MODERN Das freundlich geführte Hotel samt nettem Restaurant in der Oberstadt ist ein schönes jahrhundertealtes Fachwerkgebäude, das seinen historischen Charme bewahrt hat.

14 Zim – 98/128 € 126/156 € – 5 €

Obergasse 26 ✉ 65510 – ✆ 06126 50026 – www.hoerhof.de – geschl. 1. - 7. Januar

Henrich HÖER's Speisezimmer – siehe Restaurantauswahl

IFFELDORF

Bayern – 2 537 Ew. – Höhe 603 m – Regionalatlas **65**-L21
Michelin Straßenkarte 546

Landgasthof Osterseen

GASTHOF • INDIVIDUELL In dem engagiert geführten Haus ist alles tipptopp gepflegt und gemütlich - die Möbel in den Zimmern stammen vom örtlichen Schreiner. Dazu kommt noch die schöne Lage - hübsch die Terrasse mit Seeblick - und die Preise stimmen auch!

24 Zim – 84/98 € 112/162 € – ½ P

Hofmark 9 ✉ 82393 – ✆ 08856 92860 – www.landgasthof-osterseen.de

IHRINGEN

Baden-Württemberg – 5 976 Ew. – Höhe 204 m – Regionalatlas **61**-D20
Michelin Straßenkarte 545

Holzöfele

REGIONAL • GASTHOF XX Ein Klassiker sind hier die hausgemachten Terrinen, aber auch schmackhafte "Hechtklößchen mit Blattspinat" finden sich auf der badisch ausgerichteten Karte. Und darf's vielleicht auch etwas für daheim sein? In "Holzöfele's Lädele" bieten die Gastgeber Christine und Robert Franke hausgemachte Spezialitäten!

Menü 36/46 € – Karte 25/67 €

Bachenstr. 46 ✉ 79241 – ✆ 07668 207 – www.holzoefele.de – geschl. Mittwoch - Donnerstag

Bräutigam

REGIONAL • GEMÜTLICH XX Was bei den freundlichen Gastgebern auf den Tisch kommt, ist schmackhaft, badisch und nennt sich z. B. "Schäufele und Blutwurst auf Rahmsauerkraut". Oder mögen Sie lieber "Chateaubriand flambiert" (für 2 Pers.)? Gepflegt übernachten können Sie hier übrigens auch.

Menü 26/58 € - Karte 29/64 €

19 Zim - 58/75 € 90/115 €

Bahnhofstr. 1 79241 - 07668 90350 - www.braeutigam-hotel.de - geschl. 2. - 17. Januar und Montag - Dienstagmittag

Weinstube Zum Küfer

REGIONAL • WEINSTUBE X Wer einfach gut essen möchte, ist bei den Vollblut-gastronomen Peter und Marianne Birmele genau richtig! Hier sind "saures Leberle mit Brägele" genauso lecker wie "Hechtklößchen mit Weißwein-Buttersauce" oder "Kalbskotelett in Morchelrahm". Ausgesprochen charmant das rustikale Ambiente, schön der Innenhof.

Menü 40 € - Karte 25/56 €

Eisenbahnstr. 9 79241 - 07668 9968140 (Tischbestellung ratsam) - www.kuefer-ihringen.de - nur Abendessen - geschl. Februar 3 Wochen und Montag - Dienstag

Winzerstube

GASTHOF • ELEGANT Ein wirklich ansprechendes Haus. Fragen Sie nach den geräumigeren und schön modernen Zimmern im Haus "Sankt Vitus" - alle mit großem Balkon. Im Wintergarten oder in der Stube mit Kachelofen und Holztäfelung gibt es regionale Küche und internationale Klassiker. Hübsche Terrasse!

30 Zim - 55/110 € 100/160 € - 2 Suiten - ½ P

Wasenweiler Str. 36 79241 - 07668 970910 - www.winzerstube-ihringen.de

ILBESHEIM bei LANDAU in der PFALZ

Rheinland-Pfalz - 1 179 Ew. - Höhe 202 m - Regionalatlas **47**-E17
Michelin Straßenkarte 543

Hubertushof

MODERNE KÜCHE • GEMÜTLICH X Warum die jahrhundertealte ehemalige Postkutschenstation so beliebt ist? Das Ambiente ist schön, traumhaft der Innenhof, der Service herzlich, die Küche gut. Der Mix aus regional und international bietet z. B. "Kaninchen mit Datteln und Salzzitrone" oder im Sommer auch Steaks vom Smoker. Dienstags Sushi.

Menü 37 € - Karte 34/56 €

Arzheimer Str. 5 76831 - 06341 930239 (Tischbestellung ratsam) - www.restaurant-hubertushof-ilbesheim.de - Dienstag - Freitag nur Abendessen - geschl. Sonntag - Montag

ILLERTISSEN

Bayern - 16 730 Ew. - Höhe 513 m - Regionalatlas **64**-I20
Michelin Straßenkarte 546

Gasthof Krone

REGIONAL • RUSTIKAL XX Mit Fachwerkgiebel und grünen Fensterläden versprüht der älteste Gasthof Illertissens schon von außen Gemütlichkeit. Dazu lockt die regional-saisonale Küche, so z. B. "Rinderschulterblatt mit Meerrettich und Radieschen-Gurken-Kartoffelgemüse" oder "T-Bone-Steak vom Milchkalb mit Morcheln und grünem Spargel".

Menü 35/65 € - Karte 29/69 €

Auf der Spöck 2 89257 - 07303 3401 - www.krone-illertissen.de - geschl. Mittwoch - Donnerstag

Illertisser Hof

BOUTIQUE-HOTEL • INDIVIDUELL Aus dem ehemaligen Gasthof im Zentrum ist ein richtig schickes Boutique-Hotel mit Charme geworden! Sie wohnen in individuellen, wertig eingerichteten Zimmern von trendig designt bis ländlich-modern. Im DG gibt es einen schönen Sauna-Lounge-Bereich. Das separat geführte Restaurant bietet italienische Küche.

33 Zim – 74/98 € 107/124 €

Carnac-Platz 9 ✉ 89257 – ✆ 07303 9500 – www.illertisser-hof.de – geschl. über Weihnachten 1 Woche

In Illertissen-Dornweiler Süd-West: 1,5 km Richtung Dietenheim

Vier Jahreszeiten

MARKTKÜCHE • GASTHOF X Bei Andreas Imhof isst man richtig gut, da ist der "Rostbraten mit Kraut-Krapfen" praktisch ein Muss! Oder mögen Sie lieber "geschmorten Kalbstafelspitz mit Kohlrabi und Rahm-Morcheln"? Drinnen ist das Gasthaus hell und modern, draußen sitzt man schön im Biergarten - hier gibt's auch einfachere Gerichte.

Menü 36/58 € – Karte 28/51 €

Dietenheimer Str. 63 ✉ 89257 – ✆ 07303 9059600 – www.vier-jahreszeiten-illertissen.de – geschl. März 10 Tage, Oktober 10 Tage und Samstagmittag, Montag

ILLSCHWANG

Bayern – 2 010 Ew. – Höhe 488 m – Regionalatlas **51**-M16
Michelin Straßenkarte 546

Weißes Roß

REGIONAL • GASTHOF XX Ob regionale Klassiker oder gehobenere Gerichte, ob "Schweinebraten mit Knödel" oder "Saibling auf Safranrisotto und grünem Spargel", was Hans-Jürgen Nägerl auf den Teller bringt, ist frisch und aromatisch. Das Fleisch kommt übrigens aus der eigenen Metzgerei! Das Ambiente: gemütlich und ländlich-charmant.

Menü 20 € (abends)/86 € – Karte 20/51 €

Hotel Weißes Roß, Am Kirchberg 1 ✉ 92278 – ✆ 09666 188050 – www.weisses-ross.de – geschl. 7. - 15. Januar und Montag

Weißes Roß

SPA UND WELLNESS • MODERN Vom Metzgereigasthof zum Wellnesshotel! Familie Nägerl hat eine sehr komfortable und moderne Adresse für Erholungsuchende geschaffen: angenehm großzügig der Rahmen, schön die klar designten, wohnlich-eleganten Zimmer, attraktiv der Spa...

37 Zim – 85/140 € 150/240 € – ½ P

Am Kirchberg 1 ✉ 92278 – ✆ 09666 188050 – www.weisses-ross.de – geschl. 7. - 15. Januar

Weißes Roß – siehe Restaurantauswahl

ILSENBURG

Sachsen-Anhalt – 9 432 Ew. – Höhe 250 m – Regionalatlas **30**-J10
Michelin Straßenkarte 542

Forellenstube

MODERNE KÜCHE • ELEGANT XX Wer es gerne etwas intimer hat, wird sich in der eleganten kleinen Forellenstube wohlfühlen. Am Abend lässt man sich hier an einem der vier Tische ein modernes Menü servieren und schaut dabei auf den See.

Menü 65/110 € – Karte 43/81 €

Hotel Landhaus Zu den Rothen Forellen, Marktplatz 2 ✉ 38871 – ✆ 039452 9393 (Tischbestellung erforderlich) – www.rotheforelle.de – nur Abendessen – geschl. 20. Dezember - 2. Januar, 30. Juni - 25. August und Sonntag - Dienstag

Landhaus-Restaurant

KLASSISCHE KÜCHE • FREUNDLICH XX Wie inmitten der Natur fühlt man sich im Wintergarten mit Seeblick und natürlich auf der Terrasse! Man kocht regional, mediterran, klassisch - z. B. "Harzer Forelle" oder "Lammcarré mit Rosmarinkruste, Pfifferlingen und Kartoffelcreme".

Menü 35/50 € (abends) - Karte 28/57 €

Hotel Landhaus Zu den Rothen Forellen, Marktplatz 2 ✉ 38871 - ✆ 039452 9393 - www.rotheforelle.de

Landhaus Zu den Rothen Forellen

LANDHAUS • KLASSISCH Schon von außen ein Blickfang, attraktiv die zentrale Lage am schönen Forellensee. Man wohnt in exklusiver Landhaus-Atmosphäre, toll die Badehaus-Juniorsuiten direkt am Wasser! Dazu leckeres Frühstück, entspannende Spa-Anwendungen und der richtig gute Service der "Haus-Seelen"! Sehenswert: das Kloster im Ort.

76 Zim - 150/250 € 220/350 € - ½ P

Marktplatz 2 ✉ 38871 - ✆ 039452 9393 - www.rotheforelle.de

Landhaus-Restaurant • **Forellenstube** - siehe Restaurantauswahl

ILSFELD

Baden-Württemberg - 9 056 Ew. - Höhe 240 m - Regionalatlas **55**-G17
Michelin Straßenkarte 545

Häußermann's Ochsen

REGIONAL • FAMILIÄR X Was hinter der schönen Fachwerkfassade auf den Tisch kommt, ist traditionell-regional und saisonal - schmackhaft z. B. "Sauerbraten mit Serviettenknödel" oder auch Spargelgerichte. Tipp: "Probiererles-Menü". Schinken räuchert man übrigens selbst. Praktisch: Man kann hier gut parken und auch übernachten.

Menü 30/36 € - Karte 20/47 €

25 Zim - 45/59 € 65/86 €

König-Wilhelm-Str. 31 ✉ 74360 - ✆ 07062 67900 - www.ochsen-ilsfeld.de - geschl. 1. - 25. Januar, Juli - August 1 Woche und Donnerstag - Freitagmittag

IMMENSTAAD am BODENSEE

Baden-Württemberg - 6 367 Ew. - Höhe 407 m - Regionalatlas **63**-H21
Michelin Straßenkarte 545

Heinzler

REGIONAL • GASTHOF XX Bei den Heinzlers darf man sich auf frische regional-internationale und saisonal beeinflusste Gerichte wie "Ragout vom Reh in Wacholderrahm mit Pilzen" oder "Doradenfilet in Safran-Muschelsud" freuen. Schön sind sowohl die modern-rustikale Jagdstube als auch die Terrasse - fast direkt am Wasser!

Karte 30/64 €

Hotel Heinzler, Strandbadstr. 3 ✉ 88090 - ✆ 07545 93190 - www.heinzleramsee.de

Seehof

REGIONAL • GEMÜTLICH XX Im Sommer sitzt man angesichts der tollen Seelage natürlich am besten auf der Terrasse, um sich Leckeres wie "Bodensee-Hechtfilet mit Pinienkern-Buttersauce und Spargel-Graupen" schmecken zu lassen. Drinnen ist es aber ebenfalls schön - mal gemütlich-rustikal, mal modern. Hauseigene Patisserie.

Menü 26/66 € - Karte 26/57 €

Hotel Seehof, Bachstr. 15, (Am Yachthafen) ✉ 88090 - ✆ 07545 9360 - www.seehof-hotel.de - geschl. über Weihnachten

Heinzler

FAMILIÄR • AM SEE Wunderbar die Lage am See samt eigenem Strandbereich, Liegewiese und Bootsanleger, schön die wohnlich-modernen Zimmer - meist mit Seesicht. Toll die Panoramasuiten mit top Ausblick! Freier Eintritt ins Strandbad gegenüber sowie in den "BALANCE. Fitness Club". Tipp: Mieten Sie die "Stingray 250 CR"-Yacht!

34 Zim – 78/120 € 138/216 € – 2 Suiten – ½ P

Strandbadstr. 3 ✉ 88090 – ✆ 07545 93190 – www.heinzleramsee.de

Heinzler – siehe Restaurantauswahl

Seehof

FAMILIÄR • INDIVIDUELL Richtig schön wohnt man in dem Hotel von 1885. Klasse die Lage direkt am Yachthafen, idyllisch die Liegewiese mit Seezugang. Darf es vielleicht eines der schicken Panoramazimmer sein? Etwas Besonderes sind auch die beiden maritimen Bootshauszimmer! 200 m entfernt die Anlegestelle für Seerundfahrten.

45 Zim – 75/110 € 120/250 €

Bachstr. 15, (Am Yachthafen) ✉ 88090 – ✆ 07545 9360 – www.seehof-hotel.de – geschl. über Weihnachten

Seehof – siehe Restaurantauswahl

INGELHEIM am RHEIN

Rheinland-Pfalz – 24 155 Ew. – Höhe 110 m – Regionalatlas **47**-E15
Michelin Straßenkarte 543

Wasem Kloster Engelthal

REGIONAL • TRENDY Das einstige Kloster a. d. 13. Jh. war lange ein landwirtschaftlicher Betrieb, heute hat Familie Wasem hier ein modernes Restaurant mit schönem weißem Kreuzgewölbe, die Küche ist regional-international. Toll auch die Veranstaltungsräume.

Menü 39 € (abends) – Karte 31/49 €

Edelgasse 15 ✉ 55218 – ✆ 06132 2304 – www.wasem.de – Montag - Samstag nur Abendessen – geschl. 27. Dezember - 8. Januar und Mittwoch

INGOLSTADT

Bayern – 131 002 Ew. – Höhe 374 m – Regionalatlas **57**-L18
Michelin Straßenkarte 546

Avus

MARKTKÜCHE • ELEGANT Modern-elegantes Restaurant in der ersten Etage des gläsernen "Audi Forums". Das Speisenangebot ist international-saisonal, wochentags günstiges Lunchmenü. "Audi museum mobile" nebenan.

Menü 25 € (mittags unter der Woche)/52 € – Karte 36/56 €

Auto-Union-Strasse 1, (im Audi Forum) ✉ 85045 – ✆ 0841 8941071 – www.audi.de/foren – geschl. Sonntag

Gasthaus Daniel

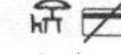

REGIONAL • RUSTIKAL Wer's bayerisch-bodenständig mag, kommt zu Leberknödelsuppe, Schwartlbraten und Schweinshaxn in das über 500 Jahre alte Brauereigebäude. Und wie es sich für ein zünftiges Wirtshaus gehört, spielen die Einheimischen am Stammtisch Karten!

Karte 18/26 €

Roseneck 1 ✉ 85049 – ✆ 0841 35272 – geschl. Montag

THE CLASSIC OLDTIMER HOTEL

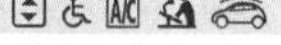

BUSINESS • MODERN Ins Auge sticht hier nicht nur das schicke Gebäude-Design, besonderer Blickfang ist eine Oldtimer-Ausstellung über zwei Etagen! Die Zimmer geradlinig-modern, günstig die Lage neben der Saturn-Arena, gut die Anbindung an BAB und Stadt.

128 Zim – 115/159 € 130/175 €

Erni-Singerl-Str. 1 ✉ 85053 – ✆ 0841 981200 – www.oldtimer-hotel.com – geschl. 24. Dezember - 7. Januar

INZLINGEN Baden-Württemberg ➜ Siehe Lörrach

IPHOFEN

Bayern - 4 540 Ew. - Höhe 250 m - Regionalatlas **49**-J16
Michelin Straßenkarte 546

Deutscher Hof

REGIONAL • GASTHOF X Seit über 30 Jahren verköstigen Franz und Kreszentia Steinruck in dem historischen Fachwerkhaus ihre Gäste, und das mit unkomplizierten schmackhaften Gerichten wie "Rinderroulade mit Blaukraut und Kloß". Sehr nett und persönlich die Chefin im Service! So behaglich wie das Restaurant sind auch die Gästezimmer.

Karte 29/43 €

6 Zim - 58/75 € 75/85 €

Ludwigstr. 10 97346 - 09323 3348 - www.deutscher-hof-iphofen.de - nur Abendessen - geschl. 23. Dezember - 19. Januar, 15. August - 7. September und Sonntag - Montag

Zehntkeller

REGIONAL • GEMÜTLICH XX In dem hübschen Haus bekommt man gute Küche und ebensolche Weine. Letztere stammen vom eigenen Weingut und passen wunderbar zu "Rehbratwürsten, Wirsing, Semmelterrine" oder "Waller aus dem Gewürzsud, Meerrettich-Senf-Kartoffelmousseline".

Menü 28/79 € - Karte 36/64 €

Hotel Zehntkeller, Bahnhofstr. 12 97346
- 09323 8440 - www.zehntkeller.de
- geschl. 8. - 14. Januar

99er Kulinarium

MARKTKÜCHE • FREUNDLICH X In einer Altstadtgasse nahe Marktplatz und Kirche heißt es in gemütlichen Stuben regional-saisonale Küche. Lust auf "24 h geschmorte Rinderbacke, gegrillter Hokkaido, Kürbisgnocchi"? Einfachere Mittagskarte. Schön die Terrasse hinterm Haus.

Menü 26 € - Karte 18/39 €

Pfarrgasse 18 97346
- 09323 804488 - www.99er-kulinarium.de
- geschl. Montag, Donnerstag

Zehntkeller

HISTORISCH • KLASSISCH Bereits seit drei Generationen betreibt Familie Seufert das schmucke Anwesen mit Weingut. Und das versprüht mit seinem historisch-gemütlichen Rahmen jede Menge Charme. Schön wohnlich hat man es in den stilvoll-klassischen Zimmern, die meist ruhig zum Innenhof hin liegen.

59 Zim - 90/112 € 132/210 € - 5 Suiten - ½ P

Bahnhofstr. 12 97346
- 09323 8440 - www.zehntkeller.de
- geschl. 8. - 14. Januar

Zehntkeller - siehe Restaurantauswahl

Das kleine Hotel Ⓝ

FAMILIÄR • INDIVIDUELL Wer es gerne etwas privater hat, wird das in einer Wohngegend gelegene kleine Hotel mögen. Die Zimmer sind sehr gepflegt und ganz individuell gestaltet. Wert legt man auch auf das gute Frühstück mit Hausgemachtem wie Marmelade, Pasteten...

9 Zim - 59/79 € 99/119 €

Mainbernheimer Str. 10 97346 - 09323 1246
- www.das-kleine-hotel-iphofen.de

 **Altstadthotel Bausewein** 

FAMILIÄR • GEMÜTLICH So richtig nett hat man es in dem Haus mit der markant roten Fassade: sympathisch-familiär der Service, schön wohnlich die Zimmer und dazu ein Frühstücksbuffet mit vielen hausgemachten Produkten. In der getäfelten rustikalen Weinstube gibt's bürgerliche Küche und Öko-Weine aus eigenem Anbau.

10 Zim – †69/90 € ††98/125 €

Breite Gasse 1 ✉ 97346
– ✆ 09323 876670 – www.altstadthotel-bausewein.de
– geschl. über Weihnachten

In Iphofen-Birklingen Ost: 7 km

Augustiner am See 

REGIONAL • GEMÜTLICH X Klassenzimmer oder lieber Klosterstüble? In dem Haus mit der langen Geschichte (einst Teil des Klosters) sitzt man gemütlich bei saisonal-regionalen Gerichten wie "gebackenem Aischgründer Karpfen". Beliebt: die Terrasse zum See!

Menü 25/40 € – Karte 18/43 €

Klostergasse 6 ✉ 97346
– ✆ 09326 978950 – www.augustiner-am-see.de
– geschl. 5. - 22. Februar, 27. August - 13. September und Mittwoch - Donnerstag

ISERLOHN

Nordrhein-Westfalen – 92 899 Ew. – Höhe 247 m – Regionalatlas **27**-D11
Michelin Straßenkarte 543

 **VierJahreszeiten** 

LANDHAUS • MODERN Das Hotel liegt schön im Grünen beim Seilersee. Sie wohnen in neuzeitlich eingerichteten Zimmern und entspannen im attraktiven Sauna- und Poolbereich. Im Restaurant mit hübscher Terrasse zum See gibt es internationale Küche. Übrigens: Man macht seinen eigenen Honig und Marmeladen!

69 Zim – †69/180 € ††120/240 € – ½ P

Seilerwaldstr. 10 ✉ 58636
– ✆ 02371 9720 – www.vierjahreszeiten-iserlohn.de

In Iserlohn-Lössel Süd-West: 6 km

Neuhaus 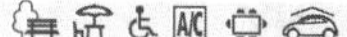

INTERNATIONAL • GEMÜTLICH XX Lust auf international-saisonale Gerichte wie "Wiener Schnitzel vom Weidekalb mit Bratkartoffeln" oder "gebratenes Steinbuttfilet mit Risotto vom grünen Spargel"? Serviert wird in den schönen Restaurantbereichen "Kaminzimmer" und "Gaststube". Auch der sonntägliche Brunch ist beliebt.

Menü 32/44 € – Karte 27/65 €

Hotel Neuhaus, Lösseler Str. 149 ✉ 58644
– ✆ 02374 97800 – www.hotel-neuhaus.de
– Montag - Freitag nur Abendessen

Neuhaus 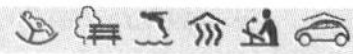

FAMILIÄR • INDIVIDUELL Ein ansprechendes Anwesen: wohnlich-individuelle Zimmer einschließlich moderner Spa-Suite, romantischer Garten mit Skulpturen, Obstbäumen und einem 700 Jahre alten Brunnen mit Bergquellwasser, dazu ein toller kleiner Day Spa in einem Fachwerkhaus von 1753.

33 Zim – †78/120 € ††120/170 € – 2 Suiten – ½ P

Lösseler Str. 149 ✉ 58644
– ✆ 02374 97800 – www.hotel-neuhaus.de

Neuhaus – siehe Restaurantauswahl

ISERNHAGEN

Niedersachsen – 23 331 Ew. – Höhe 58 m – Regionalatlas **19**-I8
Michelin Straßenkarte 541

In Isernhagen-Hohenhorster Bauerschaft

Auszeit

FAMILIÄR • GEMÜTLICH Das kleine Hotel ist sehr gepflegt und freundlich geführt, die Räume sind liebevoll im Landhausstil eingerichtet und am Morgen gibt es ein gutes Frühstücksbuffet. In der "Lütte Bar" bedient man sich mit Getränken und Knabbereien. Gute Bahnanbindung nach Hannover. Auch bei Radtouristen eine gefragte Adresse.

27 Zim – 69/89 € 89/109 €

Burgwedeler Str. 151 ✉ 30916 – ✆ 0511 972560 – www.auszeit-isernhagen.de

In Isernhagen-Farster Bauernschaft

Heinrichs

TRADITIONELLE KÜCHE • GASTHOF X In dem Gasthaus mit der hübschen Backsteinfassade ist man stolz auf die lange Familientradition. Hier darf man sich auf gemütliche Atmosphäre mit altdeutschem Charme und regional-saisonale Küche freuen. Lust auf "Variation von der Ente" oder "geschmorte Rinderroulade mit Apfelrotkraut"? Tipp: schöner Garten!

Menü 25/49 € – Karte 21/51 €

Hauptstr. 1 ✉ 30916 – ✆ 05139 87310 – www.restaurant-heinrichs.de – geschl. Montag - Dienstag

ISMANING

Bayern – 16 068 Ew. – Höhe 490 m – Regionalatlas **66**-M20
Michelin Straßenkarte 546

Malandra Osteria

ITALIENISCH • GEMÜTLICH XX Sie mögen italienische Küche? Die bietet man Ihnen in dem gemütlichen, mit modernen Bildern dekorierten Restaurant im Hotel "Fischerwirt" - vor dem Haus die schöne Terrasse. Mittags ist das Speisenangebot kleiner, auf Nachfrage können Sie aber auch von der großen Karte wählen.

Menü 36/49 € – Karte 28/52 €

Schlossstr. 17 ✉ 85737 – ✆ 089 99628695 – www.osteria-malandra.de – geschl. Samstag

ISNY

Baden-Württemberg – 13 351 Ew. – Höhe 704 m – Regionalatlas **64**-I21
Michelin Straßenkarte 545

Allgäuer Stuben

REGIONAL • GEMÜTLICH XX Frisch und regional ist hier die Küche, dazu gehören leckere hausgemachte Maultaschen ebenso wie "Legauer Bachforelle Müllerin". Montag ist Pasta-Tag. Mittwochs und samstags wird am offenen Kamin gegrillt, im Sommer draußen auf der Terrasse zum Hotelgarten.

Menü 30/45 € – Karte 32/52 €

Hotel Hohe Linde, Lindauer Str. 75, B 12 ✉ 88316 – ✆ 07562 97597 – www.hohe-linde.de – nur Abendessen – geschl. Sonntag

Restaurant für Genießer

TRADITIONELLE KÜCHE • FREUNDLICH XX Speisen mit Aussicht? Das können Sie in dem freundlich-eleganten Restaurant - besonders schön ist der Blick auf die Voralpenregion von der Terrasse! Man kocht saisonal, mit Produkten aus der Region, z. B. "Wurzelfleisch vom Wallerfilet".

Menü 38/66 € – Karte 34/60 €

Allgäuer Terrassen Hotel, Alpenblickweg 3, Nord-West: 3,5 km über Neutrauchburg ✉ 88316 – ✆ 07562 97100 – www.terrassenhotel.de

Hohe Linde

FAMILIÄR • INDIVIDUELL Sehr gepflegt und engagiert geführt ist dieser Familienbetrieb am Stadtrand. Sie mögen es modern? Die neueren Zimmer sind geradlinig und mit hellen Naturtönen schön wohnlich gestaltet. Zum Relaxen: großer Garten mit Teich.

29 Zim – 75/90 € 120/150 € – 5 Suiten

Lindauer Str. 75, B 12 ✉ 88316
– ✆ 07562 97597 – www.hohe-linde.de

Allgäuer Stuben – siehe Restaurantauswahl

Allgäuer Terrassen Hotel

LANDHAUS • FUNKTIONELL Das Haus liegt schön am Hang und so haben alle Zimmer eine tolle Aussicht nach Süden! Außerdem gibt es hier ein gutes Freizeitangebot von Squash über Sauna und Massage bis Fliegenfischen und Wandern.

28 Zim – 74/84 € 129/139 € – ½ P

Alpenblickweg 3, Nord-West: 3,5 km über Neutrauchburg ✉ 88316
– ✆ 07562 97100 – www.terrassenhotel.de

Restaurant für Genießer – siehe Restaurantauswahl

ISSELBURG

Nordrhein-Westfalen – 10 716 Ew. – Höhe 17 m – Regionalatlas **25**-B10
Michelin Straßenkarte 543

In Isselburg-Anholt Nord-West: 3,5 km

Wasserpavillon

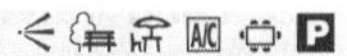

MARKTKÜCHE • CHIC Direkt auf dem Schlossteich liegt das rundum verglaste, elegante Restaurant, herrlich der Blick übers Wasser in den Park - da ist natürlich auch die Terrasse sehr gefragt! Geboten wird saisonale klassische Küche.

Menü 48/75 € – Karte 39/60 €

Parkhotel Wasserburg Anholt, Schloß 1, Zufahrt über Kleverstraße ✉ 46419
– ✆ 02874 4590 – www.schloss-anholt.de

Parkhotel Wasserburg Anholt

HISTORISCHES GEBÄUDE • KLASSISCH Das stilvolle jahrhundertealte Wasserschloss ist ein Ort zum Entspannen: ringsum ein 34 ha großer Park, der zum Spazierengehen einlädt, dazu ein eigenes Museum. Geschmackvoll und individuell die Zimmer, auch Themenzimmer wie "Seerose" oder "Prinzensuite".

31 Zim – 109/209 € 169/229 € – 3 Suiten – ½ P

Schloß 1, Zufahrt über Kleverstraße ✉ 46419 – ✆ 02874 4590
– www.schloss-anholt.de

Wasserpavillon – siehe Restaurantauswahl

JAGSTHAUSEN

Baden-Württemberg – 1 762 Ew. – Höhe 212 m – Regionalatlas **48**-H17
Michelin Straßenkarte 545

Schlosshotel Götzenburg

HISTORISCHES GEBÄUDE • INDIVIDUELL Hier finden Sie den Charme, den Sie von einer alten Schlossanlage erwarten, hübsch die historischen Details und natürlich der Schlosspark! Hauptburg und Vorburg sind gleichermaßen wohnlich - mal gediegen, mal geschmackvoll im Landhausstil. Interessant: Weinkeller mit Blick ins ehemalige Verlies!

25 Zim – 109/149 € 149/189 € – 3 Suiten

Schloßstr. 20, (1. Etage) ✉ 74249 – ✆ 07943 94360
– www.schlosshotel-goetzenburg.de

JAMELN

Niedersachsen - 1 051 Ew. - Höhe 19 m - Regionalatlas **20**-K7
Michelin Straßenkarte 541

Das Alte Haus

INTERNATIONAL • GEMÜTLICH Ein Highlight in dem charmant-rustikalen Fachwerkhaus ist der offen ins Restaurant integrierte Grill - ein Muss ist da das trocken gereifte Pommersche Rind! Ebenfalls lecker: "Räucheraal mit Rührei" oder "Lammhaxe mit Knoblauch gespickt".

Karte 20/48 €

Bahnhofstr. 1 ✉ 29479 - ✆ 05864 608 (Tischbestellung ratsam) - www.jameln.de - nur Abendessen - geschl. Montag - Mittwoch

JENA

Thüringen - 108 207 Ew. - Höhe 148 m - Regionalatlas **41**-L12
Michelin Straßenkarte 544

SCALA - Das Turm Restaurant

INTERNATIONAL • CHIC Wie wär's mit einem Essen in 128 m Höhe bei traumhaftem Stadtblick? Die ambitionierte modern-internationale Küche gibt es am Abend z. B. als "Strauß, Mais, Traube, Ahornsirup, Popcorn". Mittags wählt man von einer etwas günstigeren Karte.

Menü 29 € (mittags unter der Woche)/54 € - Karte 42/67 €

SCALA - Das Turm Hotel, Leutragraben 1, (im JenTower, 28. Etage) ✉ 07743 - ✆ 03641 356666 (abends Tischbestellung ratsam) - www.scala-jena.de

Landgrafen

REGIONAL • FREUNDLICH Einen fantastischen Blick über die Stadt bietet dieses Restaurant, das zu Recht als "Balkon Jenas" bezeichnet wird. Gekocht wird international mit regional-saisonalen Einflüssen. Schön auch der Biergarten vor dem Haus. Drei individuelle Gästezimmer zum Übernachten: Landhaus-, Art-déco- oder Hochzeitszimmer.

Karte 29/58 €

3 Zim - †50/80 € ††65/95 € - ☕ 8 €

Landgrafenstieg 25, (Zufahrt über Am Steiger) ✉ 07743 - ✆ 03641 507071 - www.landgrafen.com - Dienstag - Donnerstag nur Abendessen - geschl. Montag

SCALA - Das Turm Hotel

URBAN • MODERN Wo könnte der Blick über Jena eindrucksvoller sein als hoch oben im "JenTower", einem der Wahrzeichen der Stadt? Tolle Sicht von jedem der Zimmer (hier klares, reduziertes Design) sowie beim Frühstück. Gut die Lage mitten im Zentrum.

17 Zim - †95/119 € ††100/139 € - ☕ 18 €

Stadtplan : A1-s - *Leutragraben 1, (im JenTower, 27. Etage) ✉ 07743 - ✆ 03641 3113888 - www.scala-jena.de*

SCALA - Das Turm Restaurant - siehe Restaurantauswahl

JEVER

Niedersachsen - 13 892 Ew. - Höhe 9 m - Regionalatlas **8**-E5
Michelin Straßenkarte 541

Zitronengras

INTERNATIONAL • GERADLINIG In dem geradlinig gestalteten Restaurant finden Sie frische regionale Gerichte und internationale Einflüsse auf der Karte - Lust auf "Filet vom Schwein auf Apfel-Trauben-Chutney" oder "gebratene Perlhuhnbrust mit Spargel-Orangenragout"?

Karte 26/40 €

Hotel Schützenhof, Schützenhofstr. 47 ✉ 26441 - ✆ 04461 9370 - www.schuetzenhof-jever.de - nur Abendessen

Schützenhof

GASTHOF • FUNKTIONELL In den letzten Jahren wurde das familiengeführte Hotel deutlich vergrößert und komfortabler gestaltet - schön z. B. der Wellnessbereich mit Pool, nicht zu vergessen die geschmackvollen Zimmer in den Stilrichtungen "Premium" und "Landart".

71 Zim - 63/72 € 93/103 € - ½ P

Schützenhofstr. 47 ✉ 26441
- ✆ 04461 9370 - www.schuetzenhof-jever.de

Zitronengras - siehe Restaurantauswahl

JOHANNESBERG Bayern ➔ Siehe Aschaffenburg

JORK

Niedersachsen - 11 746 Ew. - Höhe 1 m - Regionalatlas **10**-I5
Michelin Straßenkarte 541

In Jork-Borstel Nord: 1 km

Die Mühle Jork

REGIONAL • LÄNDLICH XX Liebenswert hat man die ehemalige Mühle von 1856 im rustikalen Stil eingerichtet. Zu ambitionierten saisonalen Gerichten wie "Maibock mit Topinambur-Creme, Mairübe und Pfifferlingen" bietet man gute Weine. Idyllische Terrasse.

Menü 59/99 € (abends) - Karte 35/66 €

Am Elbdeich 1 ✉ 21635
- ✆ 04162 6395 - www.diemuehlejork.de
- geschl. Januar und Montag - Dienstag

JUGENHEIM

Rheinland-Pfalz - 1 583 Ew. - Höhe 155 m - Regionalatlas **47**-E15
Michelin Straßenkarte 543

Weedenhof

REGIONAL • WEINSTUBE X Schön gemütlich hat man es in dem mit Holz und Bruchstein hübsch gestalteten Restaurant. Dazu gibt es schmackhafte regionale Gerichte wie "Kalbskotelett mit Lauchkruste". Lassen Sie auch noch etwas Platz für tolle Desserts wie "Marillenknödel mit Sabayon"! Übernachten kann man übrigens auch richtig nett.

Menü 30 € (vegetarisch)/55 € - Karte 29/55 €

8 Zim - 50/65 € 89/95 €

Mainzerstr. 6 ✉ 55270
- ✆ 06130 941337 - www.weedenhof.de
- nur Abendessen, sonntags auch Mittagessen - geschl. Ende Juli - Mitte August 2 Wochen und Montag - Dienstag, außer an Feiertagen

JUIST (INSEL)

Niedersachsen - 1 589 Ew. - Höhe 3 m - Regionalatlas **7**-C5
Michelin Straßenkarte 541

Rüdiger's

MARKTKÜCHE • ELEGANT XX In dem eleganten kleinen Restaurant kommt auf den Tisch, was die Saison zu bieten hat. Probieren Sie z. B. Maischolle mit frischen Krabben oder Juister Austern! Mittags kleinere Karte. Schöne Terrasse.

Menü 35/89 € (abends) - Karte 40/90 €

Hotel Pabst, Strandstr. 15 ✉ 26571
- ✆ 04935 8050 - www.hotelpabst.de
- geschl. 7. Januar - 4. Februar, 25. November - 17. Dezember und Dienstag

Danzer's

INTERNATIONAL • FREUNDLICH XX Schon das klassisch-elegante Ambiente ist ansprechend - ganz zu schweigen von der Terrasse mit Deichblick! Dazu gibt es international-regionale Küche wie "Wolfsbarschfilet in Speckbutter auf Belugalinsen". Kleinere Mittagskarte.

Menü 40/75 € (abends) - Karte 38/66 €

Hotel Achterdiek, Wilhelmstr. 36 ✉ 26571 - ✆ 04935 8040 - www.hotel-achterdiek.de - geschl. 11. November - 22. Dezember

Achterdiek

SPA UND WELLNESS • GEMÜTLICH Ein Ferienhotel wie man es sich wünscht! Ruhige Lage, warme, angenehme Atmosphäre, schöne, individuelle Zimmer (meist mit Blick aufs Wattenmeer) und ein Service, der dem geschmackvollen Interieur in nichts nachsteht!

46 Zim – 100/235 € 180/290 € - 3 Suiten - ½ P

Wilhelmstr. 36 ✉ 26571 - ✆ 04935 8040 - www.hotel-achterdiek.de - geschl. 11. November - 22. Dezember

Danzer's – siehe Restaurantauswahl

Pabst

TRADITIONELL • GEMÜTLICH Sie können sich aussuchen, ob Sie modern oder doch lieber klassisch-friesisch wohnen möchten. Familie Pabst (bereits die 4. Generation) investiert ständig in ihr Haus und macht es so für die Gäste richtig behaglich und hübsch!

50 Zim – 100/205 € 190/320 € - 6 Suiten - ½ P

Strandstr. 15 ✉ 26571 - ✆ 04935 8050 - www.hotelpabst.de - geschl. 7. Januar - 4. Februar, 25. November - 17. Dezember

Rüdiger's – siehe Restaurantauswahl

Westfalenhof

FAMILIÄR • FUNKTIONELL Schön und sehr gepflegt wohnt man in dem familiär geleiteten Haus. Neben hellen, geschmackvollen Zimmern (darunter recht großzügige Eckzimmer sowie Südzimmer mit Balkon) erwartet Sie ein gutes Frühstücksbuffet.

20 Zim – 72/88 € 102/164 €

Friesenstr. 24 ✉ 26571 - ✆ 04935 91220 - www.hotel-westfalenhof.de - geschl. Anfang Januar - Mitte März, Mitte Oktober - Ende Dezember

KAHL am MAIN

Bayern – 7 481 Ew. – Höhe 110 m – Regionalatlas **48**-G15
Michelin Straßenkarte 546

Zeller

INTERNATIONAL • FREUNDLICH XX Von gemütlich-rustikal bis modern-elegant reicht hier das Ambiente. Schön auch die Speisekarte - da liest man z. B. "Filet vom Weiderind mit glasiertem Wurzelgemüse". Und als Dessert vielleicht "Crème brûlée mit Blutorangensorbet"?

Menü 22 € (mittags unter der Woche)/60 € - Karte 30/74 €

Hotel Zeller, Aschaffenburger Str. 2, an der B 8 ✉ 63796 - ✆ 06188 9180 - www.hotel-zeller.de - geschl. 23. Dezember - 2. Januar

Zeller

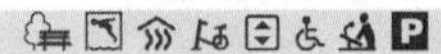

BUSINESS • FUNKTIONELL Ein Haus mit Flair, das für Business ebenso ideal ist wie für Privatgäste. Neben wohnlich-zeitgemäßen Zimmern hat man einen gepflegten Wellnessbereich und eine ansprechende Gastronomie. Tipp: Frühstücken Sie im Sommer auf der Terrasse!

82 Zim – 98/150 € 172/200 € - 1 Suite

Aschaffenburger Str. 2, an der B 8 ✉ 63796 - ✆ 06188 9180 - www.hotel-zeller.de - geschl. 23. Dezember - 2. Januar

Zeller – siehe Restaurantauswahl

KAISERSLAUTERN

Rheinland-Pfalz - 97 382 Ew. - Höhe 251 m - Regionalatlas **46**-D16
Michelin Straßenkarte 543

SAKS

BUSINESS • DESIGN Das SAKS steht für urbanen Lifestyle! Die Zimmer: wertig, wohnlich und chic in klaren Linien und warmen, metallischen Tönen - fragen Sie nach den Einraum-Spa-Suiten mit Balkon! Trendiges Design auch in der Lobby-Bar samt gemütlicher Lounge.

92 Zim - †99/129 € ††149/199 € - ☕15 €

Stiftsplatz 11, (Zufahrt über Spittelstraße) ✉ 67655 - ✆ 0631 361250 - www.sakshotels.com

Zollamt

URBAN • DESIGN Seit über 30 Jahren betreibt Familie Folz dieses Hotel und ist mit Herzblut bei der Sache - alles ist top in Schuss, geschmackvoll der klare moderne Stil, die Zimmer wertig eingerichtet und durchdacht bis ins Detail. Nicht zu vergessen das gute Frühstück!

33 Zim ☕ - †99/120 € ††130/149 €

Buchenlochstr. 1 ✉ 67663 - ✆ 0631 3166600 - www.hotel-zollamt.de - geschl. Ende Dezember - Anfang Januar 2 Wochen

Dieser Führer lebt von Ihren Anregungen, die uns stets willkommen sind. Egal ob Sie uns eine besonders angenehme Erfahrung oder eine Enttäuschung mitteilen wollen – schreiben Sie uns!

KAISHEIM

Bayern - 3 817 Ew. - Höhe 470 m - Regionalatlas **57**-K18
Michelin Straßenkarte 546

In Kaisheim-Leitheim Süd-Ost: 6 km

Weingärtnerhaus (N)

INTERNATIONAL • GERADLINIG XX Im schönen Weingärtnerhaus von 1542 (benannt nach den unterhalb gelegenen Weinbergen) kocht man schmackhaft und mit guten Produkten: "lauwarmes Carpaccio vom Kalbskopf mit Garnelen und Trüffelsabayon", "Zander Berliner Art mit Blutwurst und Kartoffelpüree"... Tipp: Man hat auch diverse südafrikanische Weine.

Menü 49/63 € – Karte 35/49 €

Hotel Schloss Leitheim, Schlossstr. 1 ✉ 86687 - ✆ 09097 485980 - www.schloss-leitheim.de - Montag - Donnerstag nur Abendessen - geschl. 2. - 14. Januar

Schloss Leitheim (N)

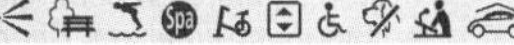

LANDHAUS • ELEGANT In herrlicher exponierter Weitsicht-Lage steht dieses ausgesprochen geschmackvolle Hotel, das sich gelungen in das Rokoko-Ensemble des Schlosses einfügt. Die Zimmer sind elegant, hell und wohnlich, technisch "up to date" und die Minibar ist inklusive. Toll das Frühstück, chic der Spa samt Außenpool.

47 Zim ☕ - †125/155 € ††195/225 € - 2 Suiten - ½ P

Schloss-Str. 1 ✉ 86687 - ✆ 09097 485980 - www.schloss-leitheim.de - geschl. 2. - 14. Januar

Weingärtnerhaus – siehe Restaurantauswahl

KALKAR

Nordrhein-Westfalen – 13 685 Ew. – Höhe 15 m – Regionalatlas **25**-B10
Michelin Straßenkarte 543

Meier's Restaurant

INTERNATIONAL • FREUNDLICH XX Chef Michael Meier stammt aus Wien und so mischen sich auch Klassiker aus seiner Heimat unter die internationalen Gerichte. Und wo möchten Sie speisen? Im Restaurant mit mediterranem Touch, im Wintergarten oder auf der idyllischen Innenhofterrasse? Charmant der Service. Einfache Karte im Bistro "Mango".

Menü 45/58 € – Karte 30/47 €

Markt 14 ✉ 47546
– ✆ 02824 3277 – www.meiers-restaurant.de
– nur Abendessen – geschl. 23. Dezember - 6. Januar und Montag - Dienstag

KALKHORST

Mecklenburg-Vorpommern – 1 732 Ew. – Höhe 30 m – Regionalatlas **11**-K4
Michelin Straßenkarte 542

In Kalkhorst-Groß Schwansee Nord-West: 3 km

Schlossrestaurant 1745

INTERNATIONAL • ELEGANT XX Sie wollten schon immer mal auf einem Schloss speisen? Das Ambiente: modern unter historischem Kreuzgewölbe oder etwas eleganter im Wintergarten. Die Küche ist international ausgerichtet, Fisch kommt aus der Ostsee, Wild aus der Region.

Menü 33 € /39 € (abends) – Karte 33/69 €

Hotel Schlossgut Groß Schwansee, Am Park 1 ✉ 23942
– ✆ 038827 88480 – www.schwansee.de
– Ostern - Oktober nur Abendessen – geschl. Montag - Dienstag

Schlossgut Gross Schwansee

HISTORISCHES GEBÄUDE • DESIGN Ein stilvolles Schlossgut von 1745, viel Grün drum herum und zur Ostsee ist es auch nicht weit! Hochwertig und individuell die Zimmer im Schloss, im Neubau geradlinig (hier alle Zimmer mit Balkon/Terrasse). Vor dem Haus der schöne Naturbadeteich. Brasserie mit regionaler Küche.

55 Zim – †88/198 € ††118/228 € – 8 Suiten – ½ P

Am Park 1 ✉ 23942
– ✆ 038827 88480 – www.schwansee.de

Schlossrestaurant 1745 – siehe Restaurantauswahl

KALLSTADT

Rheinland-Pfalz – 1 239 Ew. – Höhe 152 m – Regionalatlas **47**-E16
Michelin Straßenkarte 543

Intense (N)

KREATIV • FREUNDLICH XX Benjamin Peifer, kein Unbekannter in der Pfälzer Gastronomie, bietet in dem hübschen Fachwerk-Sandsteinhaus an der Weinstraße ein ambitioniert-kreatives Überraschungsmenü mit eigenen Ideen. Das Ambiente: ein Mix aus altem Gewölbe und modernem Design - die Tische sind übrigens aus Barrique-Fässern gefertigt.

→ Kingfish als Ceviche, Tomate, Jalapeno. Taube aus dem Elsass, Feige und Tabak vom Feigenblatt. Zwetschgen aus der Pfadz, Kardamom und Heu.

Menü 100/155 €

Weinstr. 80, (im Weissen Ross) ✉ 67169
– ✆ 06322 9591150 (Tischbestellung erforderlich) – www.restaurant-inten.se
– nur Abendessen – geschl. 24. Dezember - 4. Januar, August 3 Wochen und Sonntag - Montag

Vinothek im Weingut am Nil

INTERNATIONAL • CHIC XX Das historische Gemäuer beherbergt einen Mix aus rustikal und chic-modern, wertig und stimmig. Dazu ein Traum von Innenhof! Die Küche reicht von "Hähnchen-Saté mit asiatischem Glasnudelsalat" über "Rinderfilet mit Chorizo-Kruste" bis zu Flammkuchen und Snacks zu einem Glas Wein. Tipp: die edlen Gästezimmer!

Karte 27/62 €

7 Zim - 105/135 € 135/150 € - 1 Suite

Neugasse 21 67169 - 06322 9563160 - www.weingutamnil.de - Mittwoch - Samstag nur Abendessen - geschl. 27. Dezember - 2. Januar, 5. - 27. Februar und Montag - Dienstag

Kallstadter Hof

TRADITIONELLE KÜCHE • LÄNDLICH XX Sehr gefragt das charmante Restaurant mit Holztäfelung und Kamin! Und das liegt zum einen am unkomplizierten, aufmerksamen Service, zum anderen an der Küche: Pfälzer Klassiker und Saisonales, z. B. "Kalbsrückensteak mit Kräuterseitlingen".

Menü 23/49 € - Karte 26/41 €

Hotel Kallstadter Hof, Weinstr. 102 67169 - 06322 6001090 (Tischbestellung ratsam) - www.kallstadter-hof.de

Weinhaus Henninger

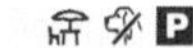

REGIONAL • WEINSTUBE X Es ist schon wirklich gemütlich hier. Es gibt Pfälzer Klassiker, und das in liebenswerten Stuben, im schönen Innenhof oder im ehemaligen Barrique-Keller mit spezieller Atmosphäre. Probieren Sie sich durch die hiesige Küchen- und Weinlandschaft, von Saumagen bis Rumpsteak, von Riesling bis Spätburgunder.

Menü 29 € - Karte 32/61 €

Hotel Weinhaus Henninger, Weinstr. 93 67169 - 06322 2277 - www.weinhaus-henninger.de - geschl. Montagmittag

Weinhaus Henninger

HISTORISCH • MODERN Über vier Jahrhunderte gibt es den Vierkanthof schon, heute ein geschmackvolles Hotel mit schönen, hochwertigen Zimmern - attraktiv auch der moderne Landhausstil im Gästehaus "Weinkastell" vis-à-vis. Am Morgen ein frisches Landfrühstück.

13 Zim - 79/180 € 109/200 € - 16 € - ½ P

Weinstr. 93 67169 - 06322 2277 - www.weinhaus-henninger.de

Weinhaus Henninger - siehe Restaurantauswahl

Kallstadter Hof

TRADITIONELL • GEMÜTLICH In dem denkmalgeschützten ehemaligen Winzerhof kann man sich wirklich wohlfühlen, denn hier gibt es nette Zimmer im Landhausstil, kleine Aufmerksamkeiten wie Obst und Wasser sowie herzlichen Service. Und auch die Umgebung ist schön: Nur wenige Meter entfernt können Sie wunderbar zwischen Reben spazierengehen.

14 Zim - 68/85 € 70/105 € - 8 € - ½ P

Weinstr. 102 67169 - 06322 6001090 - www.kallstadter-hof.de

Kallstadter Hof - siehe Restaurantauswahl

Müller-Ruprecht Landhotel

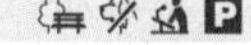

FAMILIÄR • GEMÜTLICH Dies ist ein richtig nettes kleines Landhotel: hübsche individuelle Zimmer, ein Fläschchen vom eigenen Weingut als Präsent, zum Frühstück hausgemachte Marmelade und frisches Obst aus dem Garten, im Sommer eine schöne Terrasse...

10 Zim - 74/90 € 94/130 €

Freinsheimer Str. 24 67169 - 06322 620713 - www.mueller-ruprecht.de - geschl. 18. Dezember - 10. Januar

KALTENKIRCHEN

Schleswig-Holstein - 20 145 Ew. - Höhe 31 m - Regionalatlas **10**-I4
Michelin Straßenkarte 541

Dreiklang Business und Spa Resort

FAMILIÄR • FUNKTIONELL Schön wohnt man hier in freundlichen und mit mediterraner Note eingerichteten Zimmern, zudem hat man direkten Zugang zur benachbarten "Holsten-Therme". Und gastronomische Auswahl gibt es auch: regionale Küche in der "Speisekammer" oder Steaks im stylischen "Oakland".

59 Zim - 100/123 € 126/136 € - 2 Suiten - ½ P

Norderstr. 6 ✉ 24568
- ✆ 04191 9210 - www.dreiklang-resort.de

KAMP-LINTFORT

Nordrhein-Westfalen - 37 118 Ew. - Höhe 28 m - Regionalatlas **25**-B11
Michelin Straßenkarte 543

Wellings Parkhotel

INTERNATIONAL • TRENDY Nicht nur das Restaurant mit Bar-Lounge und modernem Ambiente ist schön: Im Sommer werden Sie die Terrasse lieben, wenn Sie unter großen Sonnenschirmen sitzen und in den Garten mit kleinem See schauen!

Menü 35/52 € - Karte 33/68 €

Wellings Parkhotel, Neuendickstr. 96 ✉ 47475 - ✆ 02842 21040
- www.wellings-parkhotel.de

Wellings Parkhotel

URBAN • MODERN Wer im "Haus der Alleen" wohnt, hat es richtig schön komfortabel, modern-elegant und zum Teil besonders großzügig. Ein bisschen schlichter sind die Zimmer im "Gartenhaus". Auch zum Tagen hat man die passenden Räumlichkeiten. Trendig-gemütliche "Wirtschaft" mit großem internationalem Bierangebot.

60 Zim - 79/149 € 99/169 € - 13 €

Neuendickstr. 96 ✉ 47475
- ✆ 02842 21040 - www.wellings-parkhotel.de

Wellings Parkhotel - siehe Restaurantauswahl

KANDEL

Rheinland-Pfalz - 8 842 Ew. - Höhe 123 m - Regionalatlas **54**-E17
Michelin Straßenkarte 543

Zum Riesen

REGIONAL • TRENDY Der traditionsreiche Familienbetrieb bietet neben schönen Gästezimmern (Tipp: Suite mit indischem Flair) auch richtig gute Küche: Regionales wie "Blutwurst-Strudel" und Internationales wie "Edelfische, Süßkartoffel-Curry, Kokos, Koriander". Gemütlich-modern die Weinstube, charmant der begrünte Innenhof.

Menü 35/37 € - Karte 32/62 €

16 Zim - 45/90 € 60/100 € - 4 Suiten

Rheinstr. 54 ✉ 76870 - ✆ 07275 3437 (Tischbestellung ratsam)
- www.hotelzumriesen.de - nur Abendessen - geschl. Januar 2 Wochen und Sonntag - Montag

KANDERN

Baden-Württemberg - 8 163 Ew. - Höhe 352 m - Regionalatlas **61**-D21
Michelin Straßenkarte 545

Zur Weserei

KLASSISCHE KÜCHE • LÄNDLICH XX Schon viele Jahre führt die Familie ihre historische Weserei und bietet in ländlich-gemütlichem Ambiente oder auf der schönen Terrasse klassisch-traditionelle Küche - machen Ihnen z. B. Lammrücken oder Kalbsrückensteak Appetit?

Menü 20 € (mittags unter der Woche)/65 € - Karte 22/72 €

20 Zim - 66/114 € 109/114 €

Hauptstr. 81 ✉ 79400 - ✆ 07626 445 - www.weserei.de - geschl. Januar 2 Wochen und Montag - Dienstagmittag, November - Februar: Montag - Dienstag

In Kandern-Egerten Süd: 8 km, Richtung Lörrach, in Wollbach links ab

Jägerhaus

INTERNATIONAL • KLASSISCHES AMBIENTE XX In dem kleinen Haus am Waldrand kocht man schmackhaft, frisch und mit australischem Einfluss. Auf der Karte z. B. "Aussie's prime"-Rinderfilet oder "Surf'n turf", und zum Nachtisch "Pavlova", ein leckeres Schaumkuchendessert! Dazu freundlicher Service. Etwas für Kunstfreunde: eigenes Max-Böhlen-Museum!

Menü 38/54 € - Karte 37/70 €

Wollbacher Str. 30 ✉ 79400 - ✆ 07626 8715 (Tischbestellung ratsam) - www.restaurant-jaegerhaus.de - Donnerstag - Samstag nur Abendessen - geschl. Januar, August und Sonntagabend - Mittwoch

In Kandern-Wollbach Süd: 6 km, Richtung Lörrach

Pfaffenkeller

KLASSISCHE KÜCHE • FAMILIÄR X Wohnzimmeratmosphäre im besten Sinne: liebevoll arrangierte Deko, ein heimeliger Kachelofen, alte Holzbalken... und dazu gute (Bio-) Küche! Wie wär's z. B. mit "gefülltem Kaninchenrücken, Laugenbrezeltaler, Schwarzwurzel"? Draußen auf der lauschigen Terrasse sitzt es sich übrigens nicht weniger schön!

Menü 37/65 € - Karte 34/75 €

Hotel Pfaffenkeller, Rathausstr. 9 ✉ 79400 - ✆ 07626 9774290 (Tischbestellung ratsam) - www.pfaffenkeller.de - nur Abendessen, sonntags auch Mittagessen - geschl. Februar, Anfang August 2 Wochen und Montag - Dienstag

Pfaffenkeller

FAMILIÄR • INDIVIDUELL Sie suchen das Besondere? Die beiden Betreiber stecken sehr viel persönliches Engagement in das ehemalige Pfarr- und Domänenhaus von 1618 und geben ihm so seine eigene Note: Stil und Geschmack, allerlei Antiquitäten, kleine Aufmerksamkeiten... Schauen Sie mal in den Hofladen, hier gibt's eigene Erzeugnisse!

9 Zim - 90/110 € 130/150 € - ½ P

Rathausstr. 9 ✉ 79400 - ✆ 07626 9774290 - www.pfaffenkeller.de - geschl. Februar, Anfang August 2 Wochen

Pfaffenkeller - siehe Restaurantauswahl

KAPELLEN-DRUSWEILER

Rheinland-Pfalz - 960 Ew. - Höhe 159 m - Regionalatlas **54**-E17
Michelin Straßenkarte 543

Gästehaus N°31 im Rosengarten

FAMILIÄR • INDIVIDUELL Rosen sind hier allgegenwärtig - als Deko in den Zimmern mit ihren romantisch-nostalgischen Accessoires und schönem Holzfußboden und natürlich im bezaubernden Garten, in dem man auch gerne frühstückt! Auf Anfrage Abendmenü für Hausgäste.

2 Zim - 89 € 99 € - 1 Suite

Obere Hauptstr. 31 ✉ 76889 - ✆ 06343 9885012 - www.no31.de

KAPPELRODECK

Baden-Württemberg – 5 870 Ew. – Höhe 220 m – Regionalatlas **54**-E19
Michelin Straßenkarte 545

In Kappelrodeck-Waldulm Süd-West: 2,5 km

Zum Rebstock

REGIONAL • GASTHOF XX Eine Adresse, die Spaß macht! Hinter der einladenden historischen Fachwerkfassade sitzt man in reizenden holzgetäfelten Stuben bei charmantem Service und richtig guter badischer Küche. Tipp: Vorspeise und Dessert als kleine "Versucherle"! Für daheim gibt es selbstgebranntes Kirsch- und Zwetschgenwasser.

Menü 28/56 € – Karte 26/53 €

11 Zim – 56/69 € 104/128 €

Kutzendorf 1 ✉ 77876 – ✆ 07842 9480 (Tischbestellung ratsam) – www.rebstock-waldulm.de – Montag - Freitag nur Abendessen

KARBEN

Hessen – 21 936 Ew. – Höhe 125 m – Regionalatlas **47**-F14
Michelin Straßenkarte 543

Neidharts Küche

REGIONAL • FREUNDLICH XX Hier wird frisch gekocht, mit wirklich guten Produkten und der Preis stimmt auch! Reiner Neidhart bringt z. B. "Rollhackbraten vom Glauberger Lamm mit Kartoffel-Selleriestampf und Gemüse" auf den Tisch, und auch Gerichte mit internationalem Einfluss. Schön das Ambiente, im Service die herzliche Chefin.

Menü 30/47 € – Karte 33/49 €

Robert-Bosch-Str. 48 ✉ 61184 – ✆ 06039 934443 (Tischbestellung ratsam) – www.neidharts-kueche.de – nur Abendessen, sonntags auch Mittagessen – geschl. Januar 1 Woche, Ende Juli - August 2 Wochen und Montag

age fotostock

WIR MÖGEN BESONDERS...

Die pure Gemütlichkeit der traditionellen **Oberländer Weinstube**. Bei **Anders auf dem Turmberg** auf der Terrasse den Sonnenuntergang über Karlsruhe genießen. Das Herzblut, das Familie Sluga in ihre reizende **Künstlerkneipe** steckt. Sich nach einer Schlossbesichtigung im **EigenArt** Saisonales schmecken lassen. Das moderne Konzept des neuen **sein** in der Weststadt.

KARLSRUHE

Baden-Württemberg – 300 051 Ew. – Höhe 115 m – Regionalatlas **54**-F18
Michelin Straßenkarte 545
Stadtplan siehe nächste Seiten

Oberländer Weinstube

KLASSISCHE KÜCHE • GEMÜTLICH XX Das Stadthaus von 1826 sprüht nur so vor Charme: drinnen gemütlich-traditionelle holzgetäfelte Stuben, draußen der reizende Innenhof. Was hier aus der Küche kommt, nennt sich z. B. "Filet vom Skrei mit Kichererbsenpüree und Spinat" und ist richtig schmackhaft.

Menü 30 € (mittags)/60 € – Karte 36/55 €

Stadtplan : B1-a – *Akademiestr. 7 ✉ 76133 – ✆ 0721 25066 – www.oberlaender-weinstube.de – geschl. 24. Dezember - 6. Januar, 26. März - 6. April, Ende August - Anfang September 2 Wochen und Sonntag - Montag*

sein (N)

MODERNE KÜCHE • INTIM XX Das kleine Restaurant liegt in einer recht ruhigen Wohnstraße, das Ambiente modern-puristisch, aber keineswegs kühl. Aus der Küche kommen feine, leckere Gerichte wie "knuspriger Pulpo, Enoki, Mango, Dashi" oder "Challans-Ente, Pastilla, Karotte, Couscous, Koriander".

Menü 32 € (mittags)/66 € – Karte 51/65 €

Scheffelstr. 57, über Kriegstraße A2 ✉ 76135 – ✆ 0721 40244776 – www.restaurant-sein.de – geschl. 29. Januar - 13. Februar, 28. Mai - 12. Juni, 24. September - 9. Oktober und Montag - Dienstag, Samstagmittag, Sonntagmittag

EigenArt

INTERNATIONAL • FREUNDLICH XX In dem gepflegten alten Stadthaus nahe dem Marktplatz sitzt man in legerer Bistro-Atmosphäre oder im geradlinig-eleganten Restaurant. Gekocht wird saisonal, z. B. "2mal Eifeler UrlammSchulter, Polenta-Sandwich, SchmorGemüse". Mittags reduziertes, günstigeres Angebot.

Menü 66 € – Karte 46/58 €

Stadtplan : B2-e – *Hebelstr. 17 ✉ 76133 – ✆ 0721 5703443 – www.eigenart-karlsruhe.de – geschl. Samstagmittag, Sonntag*

Livingroom

MARKTKÜCHE • FREUNDLICH Ein freundliches Restaurant mit charmant-modernem Ambiente und angenehm legerem Service. Es gibt saisonal-internationale Küche, z. B. als "Dorade Royale, Kartoffel, Koriander, Flusskrebs-Gemüsemulsion". Mittags kleinere Karte.

Menü 38/48 € - Karte 34/61 €

Stadtplan : A2-a - *Sophienstr. 112 ✉ 76135 - ✆ 01515 2539420 - www.l-room.de - geschl. Montag, Samstagmittag, Sonntagmittag*

La Prima by Jörg Hammer

ITALIENISCH • BISTRO Lassen Sie sich vom schlichten Äußeren und der einfachen Einrichtung nicht täuschen, denn der "Ableger" der "Oberländer Weinstube" bietet Ihnen frische, schmackhafte und preislich faire Antipasti- und Pasta-Küche, so z. B. "Bavette von Polpo, Capperi e Sedano". Nette Innenhofterrasse.

Menü 17 € - Karte 17/29 €

Stadtplan : B1-p - *Hans-Thoma-Str. 3 ✉ 76133 - ✆ 0721 66983472 - www.laprima-ka.de - bis 18 Uhr geöffnet - geschl. Samstag - Sonntag*

Novotel Karlsruhe City

BUSINESS • MODERN Das Businesshotel am Kongresszentrum bietet einen modernen Hallenbereich mit News-Bar, technisch gut ausgestattete Zimmer in Grau und Beige, zehn variable Tagungsräume und ein Restaurant mit großer Terrasse. Das sonntägliche Langschläferfrühstück ist auch bei Karlsruhern sehr beliebt!

246 Zim - 🚹149/189 € 🚹🚹174/214 € - 2 Suiten - ☕ 19 €

Stadtplan : B2-f - *Festplatz 2 ✉ 76137 - ✆ 0721 35260 - www.novotel.com*

In Karlsruhe-Daxlanden West: 5 km über Kriegstraße A2

Künstlerkneipe

FRANZÖSISCH-KLASSISCH • GEMÜTLICH Alter Dielenboden, Eckbänke, dekorative Bilder Karlsruher Künstler..., das ist so richtig gemütlich! Hier gibt's z. B. "in Sherry glacierten Seeteufel, Lauch, Pfifferlinge". Ein Muss: der wunderbare Innenhof! Rustikalere Gerichte und Flammkuchen in der "Weinstube Leo Faller".

Menü 29 € (mittags)/128 € - Karte 43/88 €

Pfarrstr. 18 ✉ 76189 - ✆ 0721 16089957 - www.kuenstlerkneipe.com - geschl. über Fasching 1 Woche, Ende August - Anfang September 2 Wochen und Montag - Dienstag

In Karlsruhe-Durlach Ost: 7 km über Südtangende B3, Richtung Bruchsal

Zum Ochsen

FRANZÖSISCH-KLASSISCH • ELEGANT Wer bei Familie Jollit zu Gast ist, schätzt die klassisch-französische Küche, und die serviert man z. B. als "Pavé vom Kabeljau mit Spargel und Morchelschaum". Und dazu ein schöner Wein aus Frankreich, der Heimat des Chefs? Zum Übernachten: charmante und wertig eingerichtete Zimmer.

Menü 34 € (mittags)/78 € - Karte 52/98 €

10 Zim ☕ - 🚹98/135 € 🚹🚹110/145 €

Pfinzstr. 64 ✉ 76227 - ✆ 0721 943860 - www.ochsen-durlach.de - geschl. Montag - Dienstag

Anders auf dem Turmberg

INTERNATIONAL • TRENDY Herrlich die Lage, wunderbar der Blick über Karlsruhe! Noch mehr fürs Auge (und natürlich für den Gaumen) bietet man mit dem schönen Mix aus kreativer, klassischer und saisonaler Küche - auch an Vegetarier ist gedacht. Und das alles bei modernem Ambiente und freundlichem Service.

Menü 89/119 € - Karte 67/73 €

Reichardtstr. 22 ✉ 76227 - ✆ 0721 41459 - www.anders-turmberg.de - geschl. Dienstag - Mittwoch, Montagmittag, Donnerstagmittag

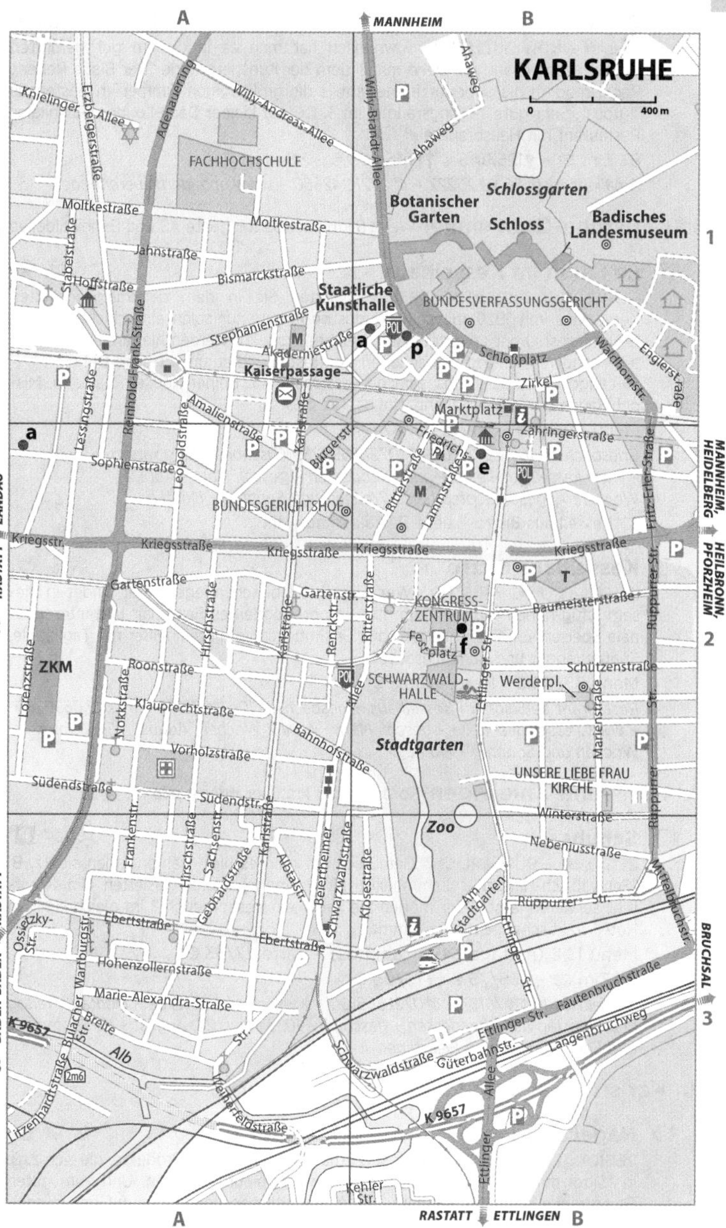
KARLSRUHE
0
400 m
MANNHEIM
Schlossgarten
Botanischer Garten
Schloss
Badisches Landesmuseum
FACHHOCHSCHULE
Staatliche Kunsthalle
BUNDESVERFASSUNGSGERICHT
Kaiserpassage
Marktplatz
BUNDESGERICHTSHOF
KONGRESS-ZENTRUM
SCHWARZWALD-HALLE
Stadtgarten
Zoo
ZKM
UNSERE LIEBE FRAU KIRCHE
Werderpl.
MANNHEIM, HEIDELBERG
HEILBRONN, PFORZHEIM
BRUCHSAL
RASTATT
ETTLINGEN
BADEN-BADEN
RASTATT
LANDAU
Kriegsstraße
Moltkestraße
Willy-Andreas-Allee
Willy-Brandt-Allee
Adenauerring
Reinhold-Frank-Straße
Karlstraße
Ettlinger Str.
Rüppurrer Str.
Bahnhofstraße
Ebertstraße
Schwarzwaldstraße
K 9657
Alb

Der Blaue Reiter

URBAN • INDIVIDUELL Schön wohnlich hat man es in diesem gut geführten Hotel - ansprechend die Deko mit Bildern der Künstlergruppe "Der Blaue Reiter". Recht modern die Superiorzimmer sowie die großzügigen Zimmer im Gästehaus "Kubus". Sehr gute Tagungsräume, im 3. OG mit kleiner Dach-Lounge. Rustikales Restaurant mit Hausbrauerei.

83 Zim - 125/145 € 145/155 € - 2 Suiten

Amalienbadstr. 16 ✉ 76227 - ✆ 0721 942660 - www.hotelderblauereiter.de

In Karlsruhe-Grünwinkel West: 5 km über Südtangente A3 und Bannwaldallee

Le Salon im Kesselhaus

FRANZÖSISCH-KREATIV • DESIGN XX Hätten Sie in dem denkmalgeschützten Kesselhaus von 1920 mit seiner Industrie-Architektur solch ein schickes kleines Gourmetrestaurant erwartet? Ausgesuchte Produkte werden hier kreativ zubereitet - handwerklich top, mit schönen Kontrasten und stimmig bis ins Detail.

➜ Langostino, Spare Ribs, Kimchi, Passionsfrucht. Belper Knolle, Rosmarin, Mispel, Sauerrahm. Kalb, Sellerie, Kokos, Crosnes.

Menü 59/155 € - Karte 58/67 €

Griesbachstr. 10c ✉ 76185 - ✆ 0721 6699269 (Tischbestellung ratsam) - www.kesselhaus-ka.de - nur Abendessen - geschl. März - April 2 Wochen, August - September 3 Wochen und Sonntag - Montag

Kesselhaus Bistro - siehe Restaurantauswahl

Kesselhaus Bistro

INTERNATIONAL • BISTRO X Wer's lieber ein bisschen legerer hat, findet in diesem luftig-hohen großen Raum mit Empore modernes Bistroflair und internationale Speisen von Flammkuchen bis "Saltimbocca vom Steinbeißer mit Tagliatelle, Spargelragout und Bärlauchsauce".

Menü 35/37 € - Karte 32/73 €

Restaurant Le Salon im Kesselhaus, Griesbachstr. 10c ✉ 76185 - ✆ 0721 6699269 - www.kesselhaus-ka.de - geschl. März - April 2 Wochen, August - September 3 Wochen und Sonntag - Montag

In Karlsruhe-Knielingen Nord-West: 6 km über Kriegstraße A2

Schuhs

REGIONAL • BÜRGERLICH X Gemütlich hat man es hier, während man sich z. B. "Schwäbisch-Hällisches Lammhäxle mit Rosmarinjus und glasierten Mini-Karotten" servieren lässt. Oder mögen Sie lieber ein Vespergericht? Im gleichnamigen Hotel praktische, gepflegte Zimmer.

Menü 13 € (mittags)/49 € (abends) - Karte 27/53 €

24 Zim - 55/75 € 75/95 €

Neufeldstr. 10 ✉ 76187 - ✆ 0721 565100 - www.schuhs-hotel.de - Montag, Freitag und Samstag nur Abendessen - geschl. 1. - 10. Januar, 24. August - 13. September und Sonntag sowie an Feiertagen

In Karlsruhe-Neureut Nord: 7 km über Adenauerring A1

Nagel's Kranz

REGIONAL • GEMÜTLICH X Hier setzt man auf erstklassige Produkte, die sich z. B. in "Skrei mit Rahmwirsing, Speck und Kartoffelpüree" finden. Und zum guten Essen gibt's nette Atmosphäre, ob im gemütlichen Lokal oder auf der lauschigen Terrasse im Hof.

Menü 56/67 € - Karte 39/73 €

Neureuter Hauptstr. 210 ✉ 76149 - ✆ 0721 705742 (Tischbestellung ratsam) - www.nagels-kranz.de - geschl. 1. - 9. Januar und Sonntag - Montag, Samstagmittag

In Karlsruhe-Rüppurr Süd: 4 km über Ettlinger Allee B3

Baders Wirtshaus

TRADITIONELLE KÜCHE • FREUNDLICH Eine sympathische Wirtshaus-Alternative zu "Das Scheibenhardt" (unter gleicher Leitung). In gepflegt-lebendiger Atmosphäre gibt es hier bayerische Schmankerln wie Nürnberger Bratwürste, Schweinsbraten oder Fleischpflanzerl, aber auch Steaks vom gereiften Rind. Sehr netter Biergarten hinterm Haus.

Karte 28/54 €

Rastatter Str. 23 76199 - 0721 98920989 - www.baders-wirtshaus.de - geschl. 1. - 15. August und Dienstag

Am Hofgut Scheibenhardt Süd-West: 5 km über Ettlinger Allee B3

Das Scheibenhardt

INTERNATIONAL • TRENDY Im Golfclub des in der Region sehr bekannten Hofguts ist dieses moderne Restaurant nebst wunderbarer Terrasse zum Golfplatz zu finden. Gekocht wird Internationales wie "Asian spiced Tatar de Boeuf handcrafted" oder "Jakobsmuscheln à la Plancha mit grünem Spargel und Trüffel". Spezialität ist exklusives Beef!

Karte 31/106 €

Scheibenhardt 1, (im Golfclub) 76135 - 0721 95296420 - www.das-scheibenhardt.de - geschl. Januar und Mittwoch

KASSEL

Hessen - 194 747 Ew. - Höhe 167 m - Regionalatlas **28**-H11
Michelin Straßenkarte 543

Voit (Sven Wolf)

MODERNE KÜCHE • HIP Sie sitzen hier unter einer hohen Decke, schön klar das Design, durch große Fenster schaut man zur Straße. Die Küche ist frisch und modern, das Produkt steht im Mittelpunkt. Man bietet ein 8-Gänge-Menü, aus dem Sie auch à la carte wählen können. Gut die kleine Weinkarte.

→ Jakobsmuschel, Hokkaido, Curry, Eisenkraut. Kalbstafelspitz, Sellerie, Bärlauch, Artischocke. Schafsjoghurt, Aprikose, Rhabarber.

Menü 42/89 € - Karte 38/70 €

Friedrich-Ebert-Str. 86 34119 - 0561 50376612 - www.voit-restaurant.de - nur Abendessen - geschl. 20. September - 2. Oktober und Sonntag - Montag

El Erni

SPANISCH • GEMÜTLICH Ein schönes lebendiges Restaurant - die spanisch-internationale Küche kommt gut an. Ebenso der freundliche Service sowie das gemütliche und zugleich elegante Ambiente. Tipp: Probieren Sie die Tapas-Platte!

Menü 35/46 € - Karte 28/58 €

Parkstr. 42 34119 - 0561 710018 - www.el-erni.de - nur Abendessen

In Kassel-Bad Wilhelmshöhe

Gutshof

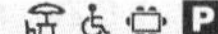

REGIONAL • GEMÜTLICH Gemütlich ist es in dem hübschen Backsteinhaus, traditionell-regional und teilweise auch international beeinflusst die Küche. Wie wär's mit Rinderroulade, Tafelspitz oder Schweinefilet? Schöne Whisky-Auswahl - ein Faible des Chefs!

Karte 26/50 €

Wilhelmshöher Allee 347a 34131 - 0561 32525 (Tischbestellung ratsam) - www.restaurant-gutshof.de

Schlosshotel Bad Wilhelmshöhe

URBAN • MODERN Nicht nur die tolle Lage im Bergpark Wilhelmshöhe bestticht, sondern auch die Zimmer und das wertige Wellnessangebot samt Naturbadeteich. Das Highlight: Penthouse-Suite auf zwei Etagen mit Blick auf Schloss, Herkules, Löwenburg und Stadt!

130 Zim – 100/190 € 120/210 € – 5 Suiten – ½ P

Schloßpark 8 ✉ 34131 – ☎ 0561 30880 – www.schlosshotel-kassel.de

Kurparkhotel

BUSINESS • FUNKTIONELL In der Nähe des Schlossparks liegt das familiär geführte Hotel mit den wohnlichen Zimmern - besonders schön sind die Komfort-Plus-Zimmer. Am Nachmittag lockt im Restaurant leckerer Kuchen aus der eigenen Konditorei.

80 Zim – 105/155 € 137/187 € – 3 Suiten – ½ P

Wilhelmshöher Allee 336 ✉ 34131 – ☎ 0561 31890 – www.kurparkhotel-kassel.de

Steinernes Schweinchen

BUSINESS • MODERN Schön wohnen Sie hier in attraktiven zeitgemäßen Zimmern (von den talseitigen genießt man den Blick!) und am Morgen erwartet Sie ein gutes Frühstücksbuffet. Im Restaurant wird moderne Küche serviert. Alternativ gibt es im "Kleinen Schweinchen" Bürgerliches vom Grill.

83 Zim – 85/95 € 110/130 € – 2 Suiten – ½ P

Konrad-Adenauer-Str. 117 ✉ 34132 – ☎ 0561 940480 – www.steinernes-schweinchen.de

Im Habichtswald West: 2 km, ab Unterer Parkplatz Herkules (Zufahrt für Hotelgäste frei)

Waldhotel Elfbuchen

LANDHAUS • GEMÜTLICH Schön ist die ruhige Waldlage hinter dem Herkules-Denkmal, hübsch die ländlich-behaglichen Zimmer, darunter drei Juniorsuiten mit Whirlwanne. Darf es vielleicht mal eine Kutschfahrt sein? Oder Wellness im Kurparkhotel (Schwesterbetrieb)? Bürgerliche Küche im Restaurant, nachmittags locken Kaffee und Kuchen.

11 Zim – 98/115 € 138/155 € – ½ P

Aussichtsturm Elfbuchen 1 ✉ 34131 – ☎ 0561 969760 – www.waldhotel-elfbuchen.de

KAUB

Rheinland-Pfalz – 823 Ew. – Höhe 90 m – Regionalatlas **46**-D15
Michelin Straßenkarte 543

Zum Turm

KLASSISCHE KÜCHE • GEMÜTLICH XX In dem gemütlichen 300 Jahre alten Haus neben dem namengebenden historischen Stadtturm wird mit saisonal-internationalen Einflüssen gekocht. Auf der Karte liest man z. B. "Strammer Max von Kabeljau" oder "Rehnüsschen mit Waldpilzen". Tipp für Übernachtungsgäste: die Turm-Suite für 4 Personen.

Menü 39/89 € – Karte 33/61 €

6 Zim – 68/98 € 98/160 € – 1 Suite

Zollstr. 50 ✉ 56349 – ☎ 06774 92200 – www.rhein-hotel-turm.de – Montag - Samstag nur Abendessen, außer an Feiertagen – geschl. November und Dienstag, Januar - März: Montag - Donnerstag

KEHL

Baden-Württemberg – 34 513 Ew. – Höhe 139 m – Regionalatlas **53**-D19
Michelin Straßenkarte 545

Grieshaber's Rebstock

FRANZÖSISCH-MODERN • FREUNDLICH XX Eine schöne Mischung aus Tradition und Moderne sorgt hier zum einen für charmantes Ambiente, zum anderen für schmackhafte Küche mit reichlich Aroma und Ausdruck sowie ausgesuchten Produkten - egal ob "Jakobsmuscheln mit Hummerschaum" oder "Schweinefilet mit Pilzrahmsoße". Ein Muss: die Terrasse hinterm Haus!

Menü 45 € - Karte 36/60 €

Hotel Grieshaber's Rebstock, Hauptstr. 183 ✉ 77694
- ✆ 07851 91040 (Tischbestellung ratsam) - www.rebstock-kehl.de
- nur Abendessen - geschl. Anfang Januar 1 Woche, über Fasching 2 Wochen, August 2 Wochen und Sonntag - Montag

Grieshaber's Rebstock

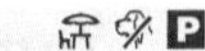

FAMILIÄR • INDIVIDUELL Weshalb man sich hier so wohlfühlt? Die Zimmer ("Spiegel", "Journal", "Schwarzwaldmädel", "Hilde"...) sind so schön wie individuell (fragen Sie nach den ruhigeren zum Garten!), man wird herzlich umsorgt und genießt ein reichhaltiges Frühstücksbuffet. Tipp: Mieten Sie das Beetle Cabrio samt Picknickkorb!

49 Zim - 70/135 € 100/155 €

Hauptstr. 183 ✉ 77694
- ✆ 07851 91040 - www.rebstock-kehl.de
- geschl. Anfang Januar 1 Woche, über Fastnacht 1 Woche, August 2 Wochen

Grieshaber's Rebstock – siehe Restaurantauswahl

In Kehl-Kork Süd-Ost: 4 km über B 28

Hirsch

REGIONAL • LÄNDLICH XX Lust auf badische Küche in gemütlicher Atmosphäre? Auf den Tisch kommen hier z. B. "Kartoffelsüppchen mit Kracherle", "abgeschmelzte Maultaschen" und "Geschnetzeltes vom Kalb im Sahnesößle mit Spätzle vom Brett".

Menü 20 € (mittags unter der Woche)/86 € (abends) - Karte 22/69 €

Hotel Hirsch, Gerbereistr. 20 ✉ 77694 - ✆ 07851 99160 - www.hirsch-kork.de
- geschl. Januar 2 Wochen, August 3 Wochen und Samstagmittag, Sonntag

Hirsch

GASTHOF • GEMÜTLICH Nicht nur bürgerlich-regionale Küche hat der historische "Hirsch" zu bieten, auch auf Übernachtungsgäste ist der Familienbetrieb mit seinen gepflegten und funktionell ausgestatteten Zimmern eingestellt.

60 Zim - 59/84 € 79/99 € - ½ P

Gerbereistr. 20 ✉ 77694
- ✆ 07851 99160 - www.hirsch-kork.de

Hirsch – siehe Restaurantauswahl

KELL am SEE

Rheinland-Pfalz – 1 899 Ew. – Höhe 480 m – Regionalatlas **45**-B16
Michelin Straßenkarte 543

Fronhof

FAMILIÄR • MODERN Eine sympathische Adresse am Stausee oberhalb des Ortes. Die Zimmer sind wohnlich und haben meist einen Balkon zum See, dazu ein freundliches Restaurant samt Terrasse, einen schönen Garten und nebenan ein Gestüt nebst Reitanlage. Tipp: Spaziergang um den See (ca. 30 Minuten) mit Einkehr im "Hau's am See"!

10 Zim - 60/65 € 95/100 €

Am Stausee, Nord: 1 km ✉ 54427
- ✆ 06589 1641 - www.hotel-fronhof.de
- geschl. 6. November - 1. Dezember

KELLENHUSEN

Schleswig-Holstein - 1 019 Ew. - Höhe 4 m - Regionalatlas **11**-K3
Michelin Straßenkarte 541

Erholung

FAMILIÄR • MODERN Was das familiengeführte Ferienhotel in dem ehemaligen Fischerdorf interessant macht? Von hier sind es nur fünf Gehminuten zum Ostseestrand, dazu bietet man wohnlich-moderne Zimmer und einen schicken Wellnessbereich. Außerdem hat man ein ebenso ansprechend gestaltetes Restaurant mit regionaler Küche.

27 Zim - 55/75 € 90/140 € - 3 Suiten - ½ P

Am Ring 31/Strandstr. 1 23746 - 04364 470960 - www.hotel-erholung.de

KELSTERBACH

Hessen - 14 981 Ew. - Höhe 107 m - Regionalatlas **47**-F15
Michelin Straßenkarte 543

Ambiente Italiano in der Alten Oberförsterei

ITALIENISCH • ELEGANT XX In der schmucken Villa von 1902 (einst Forstamtsgebäude) sitzt man in einem eleganten Wintergarten mit Mainblick bei ambitionierten italienischen Speisen wie "Kabeljaufilet mit Kartoffel-Ravioli", dazu gute Weinempfehlungen. Toll die wettergeschützte Terrasse im Grünen! Werktags Business Lunch.

Menü 37/95 € - Karte 52/75 €

Staufenstr. 16 65451 - 06107 9896840 - www.ambienteitaliano.de - geschl. 1. - 14. Januar und Samstagmittag, Sonntag außer im Sommer sowie im Dezember

Trattoria Alte Oberförsterei – siehe Restaurantauswahl

Trattoria Alte Oberförsterei

ITALIENISCH • FREUNDLICH X Sie essen gern traditionell-italienisch? In der gemütlich-modernen Trattoria bietet man neben "Vitello tonnato", "Lasagnetta Tradizionale" oder "Saltimbocca alla Romana" auch "Pizze Classiche" und auch glutenfreie Gerichte.

Menü 37 € - Karte 26/58 €

Restaurant Ambiente Italiano in der Alten Oberförsterei, Staufenstr. 16 65451 - 06107 9896840 - www.ambienteitaliano.de - geschl. 1. - 14. Januar und Samstagmittag, Sonntag außer im Sommer sowie im Dezember

KEMPFELD

Rheinland-Pfalz - 808 Ew. - Höhe 526 m - Regionalatlas **46**-C15
Michelin Straßenkarte 543

Gartenhotel Hunsrücker Fass

GASTHOF • RUSTIKAL Das an der malerischen Edelsteinstraße gelegene Haus hat einen tollen Garten mit Koi-Teichen, wohnliche Landhaus-Zimmer, meist mit Balkon, und ein gemütliches Restaurant nebst rustikaler Stube. Gekocht wird international und traditionell, Spezialität ist Hunsrücker Spießbraten vom Grill.

20 Zim - 72/84 € 110/122 € - 1 Suite - ½ P

Hauptstr. 70 55758 - 06786 9700 - www.gartenhotel-hunsruecker-fass.de

In Asbacherhütte Nord-Ost: 3 km

Harfenmühle

BÜRGERLICHE KÜCHE • LÄNDLICH X Natur pur heißt es auf dem rund 7 ha großen Anwesen. In zwei hübschen Räumen bietet man bürgerlich-regionale Küche, und die gibt es z. B. als "Rumpsteak vom Simmentaler Rind mit Pfefferrahmsauce". Schön übernachten kann man in vier Zimmern im Landhausstil, zusätzlich hat man noch einen eigenen Campingplatz.

Karte 15/44 €

4 Zim - 50 € 70 € - 9 €

Harfenmühle 2 55758 - 06786 1304 - www.harfenmuehle.de - geschl. Januar - Februar, November - April: Montag - Mittwoch

KENZINGEN

Baden-Württemberg – 9 667 Ew. – Höhe 177 m – Regionalatlas **61**-D20
Michelin Straßenkarte 545

Scheidels Restaurant zum Kranz

KLASSISCHE KÜCHE • TRADITIONELLES AMBIENTE XX Die lange Familientradition (bereits die 7. Generation) verpflichtet und so geht es hier engagiert und zugleich traditionell-bodenständig zu. Historisch-charmant die Gaststube, der Service herzlich und aus der Küche kommen schmackhafte klassische Gerichte wie "Zanderfilet in Champagnersauce".

Menü 36 € (vegetarisch)/69 € – Karte 32/63 €

4 Zim – †72/75 € ††98/105 €

Offenburger Str. 18, an der B 3 ✉ 79341
– ✆ 07644 6855 – www.scheidels-kranz.de
– geschl. über Fastnacht 2 Wochen, November 2 Wochen und Montag - Dienstag

Schieble

REGIONAL • ZEITGEMÄSSES AMBIENTE X Das Haus sticht einem ins Auge mit seiner orangefarbenen Fassade und den roten Fensterläden. Drinnen lässt man sich in ländlich-modernem Ambiente frische bürgerliche Speisen schmecken, die in großen Portionen serviert werden. Gerne kommt man auch zum günstigen Mittagstisch.

Menü 36 € – Karte 18/42 €

Hotel Schieble, Offenburger Str. 6, an der B 3 ✉ 79341 – ✆ 07644 9269990
– www.hotel-schieble.de – geschl. 1. - 21. Februar, 1. - 23. August und Sonntagabend - Montag

Schieble

GASTHOF • GEMÜTLICH Man merkt es dem Hotel an, dass es mit viel Engagement geführt wird, und das bereits in der 4. Generation. Schön der Empfangsbereich, sehr ansprechend und wohnlich der Landhausstil in den Zimmern, freundlich der Service...

26 Zim – †60/85 € ††90/119 € – 1 Suite – ½ P

Offenburger Str. 6, an der B 3 ✉ 79341
– ✆ 07644 9269990 – www.hotel-schieble.de
– geschl. 1. - 21. Februar, 1. - 23. August

Schieble – siehe Restaurantauswahl

KERNEN im REMSTAL

Baden-Württemberg – 15 041 Ew. – Höhe 271 m – Regionalatlas **55**-H18
Michelin Straßenkarte 545

In Kernen-Stetten

Malathounis

MEDITERRAN • GEMÜTLICH XX Dass Joannis Malathounis griechischer Abstammung ist, lässt nicht nur sein Name erkennen, auch in die mediterrane Küche bringt er seine Heimat mit ein, und das richtig finessenreich und ausdrucksstark! Und während Sie ein tolles Essen genießen, versprüht seine Frau Anna jede Menge Charme und Herzlichkeit!

→ Jakobsmuschel, Weizengras, Tzatzikimacaron, Leinsamen. Oktopus Stifádo mit Zimt und Lorbeer, Datteln, Schalotten, Fava. Olivenöl-Schokolade, Rosenwassersorbet, Korinthenflan.

Menü 39/79 € – Karte 31/83 €

Gartenstr. 5 ✉ 71394
– ✆ 07151 45252 – www.malathounis.de
– geschl. über Fasching 1 Woche, August - September 2 Wochen und Sonntag - Montag sowie an Feiertagen

Zum Ochsen

INTERNATIONAL • GASTHOF XX Viele Stammgäste mögen das über 300 Jahre alte Gasthaus, und das liegt nicht zuletzt an Fleisch- und Wurstwaren aus eigener Herstellung. Auf den Tisch kommen Maultaschen und Rahmrostbraten, aber auch nicht ganz Alltägliches wie Kalbsherz oder Kalbskopf! Sie möchten übernachten? Man hat ein Gästehaus im Ort.

Menü 42/95 € – Karte 43/53 €

Kirchstr. 15 ✉ 71394 – ✆ 07151 94360 – www.ochsen-kernen.de – geschl. Dienstag - Mittwoch

KERPEN

Nordrhein-Westfalen – 64 171 Ew. – Höhe 95 m – Regionalatlas **35**-B12
Michelin Straßenkarte 543

Nahe der Straße von Kerpen nach Sindorf Nord: 2 km

Schloss Loersfeld

FRANZÖSISCH-KLASSISCH • ELEGANT XXX Stilgerecht fügt sich das elegante Interieur in den herrschaftlichen Rahmen des jahrhundertealten Schlosses ein. Man bietet klassisch-französische Küche, die immer wieder dezente Einflüsse aus Asien und dem Orient erkennen lässt. Sie möchten übernachten? In einem Nebenhaus hat man drei hübsche Appartements.

➜ Gänseleber, geräucherte Vanille, Granatapfel. Salzwiesenlamm, Couscous, Kichererbse. Guanaja Schokolade, Olivenöl, Fenchel.

Menü 38 € (mittags unter der Woche)/139 € – Karte 73/91 €

Schloss Loersfeld 1 ✉ 50171 Kerpen – ✆ 02273 57755 (Tischbestellung ratsam) – www.schlossloersfeld.de – geschl. 24. Dezember - 8. Januar, 8. - 13. Februar, 10. - 29. Juli und Sonntag - Montag

KETSCH

Baden-Württemberg – 12 619 Ew. – Höhe 101 m – Regionalatlas **47**-F17
Michelin Straßenkarte 545

Gasthaus Adler

REGIONAL • FREUNDLICH XX Die Leute mögen das gepflegte Gasthaus, und im Sommer die nette Hofterrasse! Ob in den gemütlichen Stuben oder im gediegenen Restaurant, es gibt einen Mix aus bürgerlicher und gehobener Küche. Für besondere Anlässe hat man separate Räume.

Menü 25/85 € – Karte 28/73 €

Schwetzinger Str. 21 ✉ 68775 – ✆ 06202 609004 – www.adler-ketsch.de – geschl. Fasching 1 Woche, August 2 Wochen und Sonntagabend - Montag

Die Ente

MODERNE KÜCHE • ELEGANT XX Appetit auf klassisch-mediterrane Küche mit saisonalen Einflüssen? In stimmigem Ambiente gibt es z. B. "Steinbutt gegrillt, Speck, Salbei, Beurre Blanc, Spargel". Wer gerne Seeblick hat, speist im Wintergarten oder auf der Terrasse.

Menü 29 € – Karte 31/72 €

See Hotel, Kreuzwiesenweg 5 ✉ 68775 – ✆ 06202 6970 – www.seehotel.de – geschl. Anfang Januar 1 Woche und Samstagmittag, Sonntag

See Hotel

LANDHAUS • MODERN Wirklich toll die ruhige Lage, der kleine See gleich vor der Tür! Alles ist sehr gepflegt und die Gastgeber sind engagiert. Sie mögen es besonders modern? Die neueren Zimmer sind schön geradlinig, in warmen Tönen gehalten und klimatisiert.

69 Zim – †84/159 € ††109/199 € – 1 Suite

Kreuzwiesenweg 5 ✉ 68775 – ✆ 06202 6970 – www.seehotel.de

Die Ente – siehe Restaurantauswahl

KEVELAER

Nordrhein-Westfalen – 27 870 Ew. – Höhe 22 m – Regionalatlas **25**-A10
Michelin Straßenkarte 543

Zur Brücke

TRADITIONELLE KÜCHE • BÜRGERLICH XX Das Haus von 1783 ist seit Generationen in Familienhand. Freundlich das Ambiente, kompetent der Service. Wer gerne bürgerlich isst, wird die Küche samt Steaks und Schnitzel mögen. Übrigens: Das Restaurant hat eine hübsche Gartenterrasse.

Karte 28/69 €

7 Zim – 85/88 € 120/124 €

Bahnstr. 44 ✉ 47623
– ✆ 02832 2389 – www.hotel-restaurant-zur-bruecke.de
– nur Abendessen – geschl. 23. März - 1. April, Juli - August 2 Wochen

KIEDRICH

Hessen – 3 983 Ew. – Höhe 165 m – Regionalatlas **47**-E15
Michelin Straßenkarte 543

Nassauer Hof

BUSINESS • MODERN In schöner Lage oberhalb des Rheins wohnen Sie in geschmackvoll-modernen Zimmern mit Teakholzmöbeln und Holzfußboden. Angenehm licht ist der attraktive verglaste Frühstücksraum mit Terrasse. Tipp: das ca. 2 km entfernte Kloster Eberbach.

21 Zim – 79/91 € 149/151 €

Bingerpfortenstr. 17 ✉ 65399
– ✆ 06123 999360 – www.hotel-nassauerhof.de
– geschl. Ende Dezember - Anfang Januar

KIEL

Schleswig-Holstein – 243 148 Ew. – Höhe 5 m – Regionalatlas **3**-I3
Michelin Straßenkarte 541

Ahlmanns

FRANZÖSISCH-MODERN • CHIC XX Eines der gastronomischen Konzepte des "Kieler Kaufmanns" ist dieses schöne "Fine Dining"-Restaurant, in dem schickes stilvoll-modernes Interieur mit angenehm ungezwungener Atmosphäre Hand in Hand geht. Dazu charmanter, kompetenter Service und eine der besten und finessenreichsten Küchen der Region.

→ Förde Garnele, Mango, Fenchel und Lassi. Ostsee Steinbutt, Erbsen, Salzzitrone und Wildreis. Wollschwein BBQ, Fenchel, gebrannte Kartoffel, Aprikosen und Holzkohleöl.

Menü 63/159 €

Stadtplan : B1-k *– Hotel Kieler Kaufmann, Niemannsweg 102 ✉ 24105*
– ✆ 0431 88110 – www.kieler-kaufmann.de
– nur Abendessen – geschl. Sonntag - Dienstag

Weinstein

INTERNATIONAL • GEMÜTLICH X Das Restaurant von Mario E. Brüggemann gehört zweifelsohne zu den Top-Adressen der Stadt, denn hier bekommt man in legerer Atmosphäre schmackhafte, frische Gerichte wie "Zweierlei vom Susländer Schwein, Waldpilze, Mango, Thymian, Brokkoli". Tipp: Mi. - Sa. gibt's auch das Gourmetmenü.

Menü 37/100 € – Karte 33/69 €

Stadtplan : A1-a *– Holtenauer Str. 200 ✉ 24105*
– ✆ 0431 555577 – www.weinstein-kiel.com
– nur Abendessen – geschl. Januar 2 Wochen, August 2 Wochen und Montag

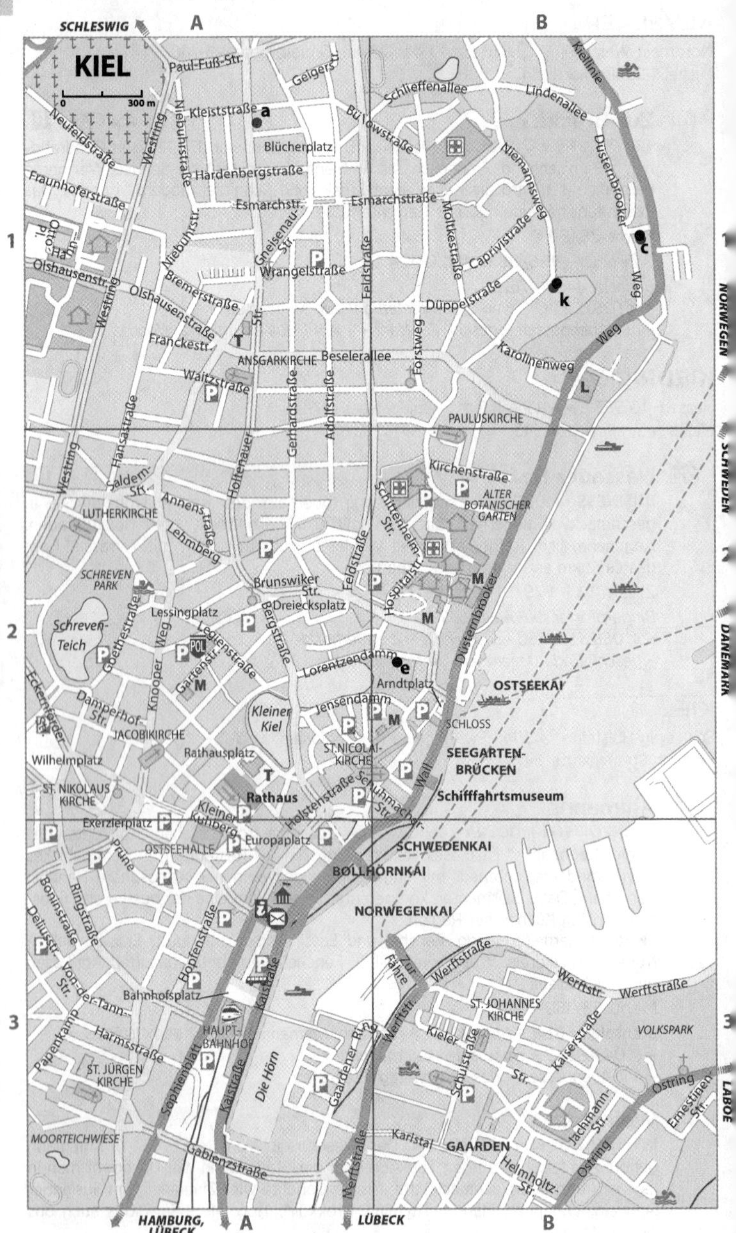
KIEL
0
300 m
SCHLESWIG
A
B
1
2
3
NORWEGEN
SCHWEDEN
DÄNEMARK
LABOE
HAMBURG, LÜBECK
LÜBECK
Paul-Fuß-Str.
Geigerstr.
Schlieffenallee
Lindenallee
Kiellinie
Kleiststraße
a
Bülowstraße
Blücherplatz
Niemannsweg
Düsternbrooker Weg
Neufeldstraße
Westring
Niebuhrstraße
Hardenbergstraße
Fraunhoferstraße
Esmarchstr.
Esmarchstraße
Moltkestraße
Caprivistraße
c
Otto-Hahn-Pl.
Niebuhrstr.
Gneisenau-Str.
Wrangelstraße
Feldstraße
Olshausenstr.
Bremerstraße
Düppelstraße
k
Olshausenstraße
Forstweg
Franckestr.
T
ANSGARKIRCHE
Beselerallee
Karolinenweg
Waitzstraße
Adolfstraße
L
Gerhardstraße
PAULUSKIRCHE
Hansastraße
Holtenauer Str.
Saldern-Str.
Kirchenstraße
Annenstraße
Schittenhelm-Str.
ALTER BOTANISCHER GARTEN
LUTHERKIRCHE
Lehmberg
SCHREVEN PARK
Brunswiker Str.
Hospitalstr.
M
Lessingplatz
Dreiecksplatz
Bergstraße
Schreven-Teich
Goethestraße
Legienstraße
Knooper Weg
POL
Lorentzendamm
e
Gartenstr.
Arndtplatz
Düsternbrooker
OSTSEEKAI
Eckernförder
Damperhof-Str.
Kleiner Kiel
Jensendamm
JACOBIKIRCHE
SCHLOSS
Wilhelmplatz
Rathausplatz
ST. NICOLAI-KIRCHE
SEEGARTEN-BRÜCKEN
ST. NIKOLAUS KIRCHE
Rathaus
Holstenstraße
Schuhmacher-Str.
Wall
Schifffahrtsmuseum
Exerzierplatz
Kleiner Kuhberg
Europaplatz
SCHWEDENKAI
Prüne
OSTSEEHALLE
BOLLHÖRNKAI
Boninstraße
Ringstraße
Hopfenstraße
NORWEGENKAI
Deliusstr.
Kaistraße
Zur Fähre
Werftstraße
Werftstr.
Von-der-Tann-Str.
Bahnhofsplatz
ST. JOHANNES KIRCHE
Harmsstraße
HAUPT-BAHNHOF
Gaardener Ring
Kieler Str.
Schulstraße
Kaiserstraße
VOLKSPARK
Papenkamp
ST. JÜRGEN KIRCHE
Sophienblatt
Die Hörn
Ostring
Ernestinen-Str.
Jachmann-Str.
MOORTEICHWIESE
Karlstal
GAARDEN
Gablenzstraße
Helmholtz-Str.

Kieler Yacht Club

REGIONAL • TRENDY XX Geradlinig-modernes Ambiente, tolle Sicht auf die Kieler Förde und dazu frische, ambitionierte Küche, die es z. B. als "Matjestatar, Kräuterschmand, Bunte Kartoffelchips" oder "Meeräsche, Spargeltagliatelle, Kartoffelpüree" gibt.

Karte 31/53 €

Stadtplan : B1-c – *Hotel Kieler Yacht Club, Kiellinie 70 ✉ 24105 – ✆ 0431 88130 – www.hotel-kyc.de*

Kaufmannsladen

REGIONAL • TRENDY X Etwas legerer als das "Ahlmanns" kommt dieses lichte moderne Restaurant daher. Gekocht wird frisch und geschmackvoll, Schwerpunkt ist Fleisch. Appetit macht z. B. der "Pulled Pork Burger" oder "Dry Aged Filet vom Pommerschen Schwarzbunten".

Karte 32/65 €

Stadtplan : B1-k – *Hotel Kieler Kaufmann, Niemannsweg 102 ✉ 24105 – ✆ 0431 88110 – www.kieler-kaufmann.de*

Hotel Kieler Yacht Club

BUSINESS • MODERN An diesem historischen Ort (einstiges Maschinenhaus des kaiserlichen Yachtclubs von 1887) ist heute alles topmodern und hochwertig, beeindruckend die maritimen Gemälde. Toll die Suite mit freistehendem Whirlpool und großem Balkon!

18 Zim – †169/243 € ††202/261 € – 3 Suiten

Stadtplan : B1-c – *Kiellinie 70 ✉ 24105 – ✆ 0431 88130 – www.hotel-kyc.de*

Kieler Yacht Club – siehe Restaurantauswahl

Kieler Kaufmann

HISTORISCH • KLASSISCH Die schmucke ehemalige Bankiersvilla von 1911 hat dank stetiger Investitionen so einiges zu bieten - so z. B. die neueren Zimmer im Marienflügel, die ebenso wohnlich und geschmackvoll sind wie die in der Villa oder im Parkflügel. Zusätzliche Erholung bringen Sauna, Beauty & Co.

60 Zim – †122/162 € ††168/219 €

Stadtplan : B1-k – *Niemannsweg 102 ✉ 24105 – ✆ 0431 88110 – www.kieler-kaufmann.de*

Ahlmanns • **Kaufmannsladen** – siehe Restaurantauswahl

Steigenberger Conti Hansa

BUSINESS • FUNKTIONELL Einer der großen Klassiker der Kieler Hotellerie, der auch noch günstig liegt: die Altstadt ganz in der Nähe, der Kreuzfahrt-Anleger vis-à-vis. Sie wohnen in komfortablen Zimmern, entspannen im kleinen Freizeitbereich und gastronomisch stehen das Bistro und das Abendrestaurant "Jakob" zur Wahl.

163 Zim – †100/225 € ††127/252 € – 1 Suite – ½ P

Stadtplan : B2-e – *Schlossgarten 7 ✉ 24103 – ✆ 0431 51150 – www.kiel.steigenberger.com*

In Molfsee Süd-West: 8 km über Sophienblatt A3

Bärenkrug

REGIONAL • LÄNDLICH X Von der "Friesenstube" bis zum lauschigen Hofgarten, hier darf man sich auf einen Mix aus Holsteiner und gehoben-internationaler Küche freuen. Lust auf "Sauerfleisch mit Bratkartoffeln" oder "gedünsteten Kabeljau in Rieslingsauce"?

Menü 25/57 € (abends) – Karte 29/65 €

Hotel Bärenkrug, Hamburger Chaussee 10, B 4 ✉ 24113 – ✆ 04347 71200 – www.baerenkrug.de – Dienstag - Freitag nur Abendessen – geschl. 24. Dezember - 1. Januar und Montag

Bärenkrug

GASTHOF • GEMÜTLICH In dem historischen Gasthof der Familie Sierks fühlt man sich einfach wohl, denn das Haus wird engagiert geführt und die Zimmer sind hübsch und richtig wohnlich gestaltet. Praktisch für Stadttouristen: Das Zentrum ist nur 10 km entfernt.

38 Zim – 65/78 € 100/120 € – 10 € – ½ P

Hamburger Chaussee 10, B 4 ✉ 24113 – ✆ 04347 71200 – www.baerenkrug.de – geschl. 24. Dezember - 1. Januar

Bärenkrug – siehe Restaurantauswahl

KIRCHBERG an der JAGST

Baden-Württemberg – 4 106 Ew. – Höhe 384 m – Regionalatlas **56**-I17
Michelin Straßenkarte 545

Landhotel Kirchberg

LANDHAUS • MODERN Familie Bagusch führt ihr Haus mit Engagement und Herz, Pflege ist hier Trumpf! Die Zimmer sind freundlich und funktionell, die Lage ist günstig (BAB gut erreichbar) und die Preise sind fair. Im Restaurant bietet man regionale Gerichte, Spezialität sind hausgemachte Maultaschen!

17 Zim – 72/77 € 88/103 €

Eichenweg 2 ✉ 74592 – ✆ 07954 98880 – www.landhotelkirchberg.de – geschl. über Weihnachten, 1. - 10. Januar

KIRCHDORF an der ILLER

Baden-Württemberg – 3 478 Ew. – Höhe 556 m – Regionalatlas **64**-I20
Michelin Straßenkarte 545

In Kirchdorf-Oberopfingen Süd: 3 km

Landgasthof Löwen

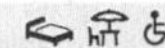

REGIONAL • LÄNDLICH XX Bei Familie Ruhland (bereits die 4. Generation) darf man sich auf Schmackhaftes wie "Zweierlei vom Milchkalb, Spargelragout, Bärlauch-Gnocchi" freuen. Oder darf es das Genießer-Menü sein? Ideal, wenn Sie auf der Durchreise sind: schöne Zimmer und Autobahnnähe.

Menü 33/65 € – Karte 29/59 €

10 Zim – 54/73 € 73/83 €

Kirchdorfer Str. 8 ✉ 88457 – ✆ 08395 667 – www.loewen-oberopfingen.de – nur Abendessen, sonntags auch Mittagessen – geschl. Ende Juli - Anfang August 2 Wochen und Montag

KIRCHDORF im WALD

Bayern – 2 133 Ew. – Höhe 684 m – Regionalatlas **60**-P18
Michelin Straßenkarte 546

In Kirchdorf im Wald - Schlag Nord-West: 3 km über die B 85 in Richtung Regen

Hubertus Stüberl

MARKTKÜCHE • FAMILIÄR X Gastronomie liegt Familie Schönhofer im Blut! Gekocht werden bürgerlich-regionale Speisen mit saisonalem Einschlag. Ob im Sommer auf der Terrasse oder im Winter am Kamin, hier hat man es gemütlich.

Karte 16/42 €

Schlag 36 ✉ 94261 – ✆ 09928 1500 – www.hubertus-stueberl.com – Dienstag - Freitag nur Abendessen – geschl. Montag - Dienstagmittag

KIRCHDORF (KREIS MÜHLDORF am INN)

Bayern – 1 335 Ew. – Höhe 551 m – Regionalatlas **66**-N20
Michelin Straßenkarte 546

✿ Christian's Restaurant - Gasthof Grainer

KLASSISCHE KÜCHE • GEMÜTLICH XX Das jahrhundertealte Gasthaus ist ein Klassiker und wird mit Herzblut geführt. Hier genießt man gleich in mehrfacher Hinsicht: gemütlich die Atmosphäre, überaus herzlich der Service, harmonisch und produktorientiert die Küche. Letztere gibt es als saisonales Überraschungsmenü mit trefflicher Weinbegleitung.

➜ Kalbsbries, Saubohnen und Risoni in der Babyananas unter der Blätterteighaube gebacken. Ceviche von der Crusta Nova Garnele mit Passionsfrucht und Kaffirlimette. Taube mit Maiscreme, Perigordtrüffel und Bucheckernkresse.

Menü 59/105 €

Dorfstr. 1 ✉ 83527 – ✆ 08072 8510 (Tischbestellung erforderlich) – www.christians-restaurant.de – nur Abendessen, sonntags auch Mittagessen – geschl. Sonntagabend - Dienstag

In Kirchdorf-Moosham West: 5 km über B 15 in Richtung Taufkirchen, links ab Richtung Isen

Wirth z'Moosham

GASTHOF • MODERN In einem kleinen Dorf liegt das familiengeführte Hotel mit freundlichen, praktischen Zimmern, teils mit Blick auf die Alpen. Frühstück gibt's im Wintergarten, in der behaglich-bayerischen Stube serviert man regional-bürgerliche Küche. Für Feiern: ehemaliger Kuhstall mit Gewölbe.

36 Zim ☕ – 🚹59/89 € 🚹🚹89/109 €

Isener Str. 4 ✉ 83527 – ✆ 08072 95820 – www.wirth-z-moosham.de – geschl. 26. Dezember - 7. Januar

KIRCHEN (SIEG) Rheinland-Pfalz ➜ Siehe Betzdorf

KIRCHHEIM unter TECK

Baden-Württemberg – 39 396 Ew. – Höhe 311 m – Regionalatlas **55**-H19
Michelin Straßenkarte 545

In Kirchheim unter Teck-Ötlingen West: 2,5 km, Richtung Wendlingen

Rössle

GASTHOF • MODERN Natürliches Licht ist in dem kleinen Hotel ein ganz entscheidender Wohlfühlfaktor - offen, luftig, hell! Die Zimmer sind chic, modern und mit individueller Note eingerichtet. Im Gasthaus von 1662 hat man auch eine gemütliche kleine Gaststube, in der es Mo. - Fr. abends schwäbische Küche gibt.

17 Zim – 🚹99/120 € 🚹🚹124/145 € – 3 Suiten – ☕ 13 €

Stuttgarter Str. 202 ✉ 73230 – ✆ 07021 807770 – www.roessle-kirchheim.de

KIRCHHEIM AN DER WEINSTRASSE

Rheinland-Pfalz – 1 855 Ew. – Höhe 155 m – Regionalatlas **47**-E16
Michelin Straßenkarte 543

✿ Schwarz Gourmet Ⓝ

FRANZÖSISCH • INTIM XX Hinter markanten roten Sandsteinmauern findet man dieses elegante kleine Restaurant. In intimer Atmosphäre bekommt man ein international und französisch angehauchtes und modern inspiriertes Menü, in dem beste Produkte schön geradlinig in Szene gesetzt werden. Dazu herzlicher Service.

➜ Getrüffeltes Bio Ei, Gänseleber, Spinat. Prime Beef vom Galloway Rind, Rote Bete, Sugar Snaps, Buchenpilze. Variation von Kaffee und Kirsche.

Menü 85/98 €

Weinstraße Süd 1 ✉ 67281 – ✆ 06359 9241702 (Tischbestellung erforderlich) – www.schwarz-restaurant.de – nur Abendessen – geschl. 12. - 21. Februar und Montag - Mittwoch

Schwarz Restaurant – siehe Restaurantauswahl

Schwarz Restaurant

INTERNATIONAL • BISTRO Ein bisschen Wohnzimmerflair vermittelt die im schicken Bistrostil gehaltene Restaurant-Alternative im Hause Schwarz. Die Küche bietet internationale Einflüsse, aber auch regionale Klassiker wie der berühmte Saumagen werden hier kreativ interpretiert.

Menü 37 € - Karte 38/65 €

Restaurant Schwarz Gourmet, Weinstraße Süd 1 ✉ 67281 - ✆ 06359 9241702 (Tischbestellung ratsam) - www.schwarz-restaurant.de - geschl. Dienstag - Mittwoch

KIRCHLAUTER

Bayern - 1 332 Ew. - Höhe 344 m - Regionalatlas **50**-K15
Michelin Straßenkarte 546

In Kirchlauter-Pettstadt

Gutshof Andres

REGIONAL • GASTHOF Ein denkmalgeschützter Gutshof mit Familientradition seit 1839, eingerahmt von altem Baumbestand und mit kleinem See vor der Tür. Auf den Tisch kommt Regionales, zudem können Sie hausgemachte Aufstriche und Brände kaufen. Zwei Appartements im einstigen Brauhaus, moderne Doppelzimmer in der ehemaligen Remise.

Menü 25/55 € - Karte 23/49 €

14 Zim - 69/79 € 109/129 €

Pettstadt 1 ✉ 96166 - ✆ 09536 221 - www.gutshof-andres.de - Januar - April: Montag, Donnerstag und Freitag nur Abendessen - geschl. Dienstag - Mittwoch

KIRCHZARTEN

Baden-Württemberg - 9 784 Ew. - Höhe 392 m - Regionalatlas **61**-D20
Michelin Straßenkarte 545

Sonne

REGIONAL • RUSTIKAL In den schönen Stuben sitzt man gemütlich bei typisch badischen Gerichten wie "geschmorten Kalbsbäckle" oder "Ochsenfleisch mit Meerrettichsauce". Oder mögen Sie vielleicht lieber einen Wurstsalat? Hübsche Terrasse vor dem Haus.

Menü 24/49 € - Karte 24/53 €

Hotel Sonne, Hauptstr. 28 ✉ 79199 - ✆ 07661 901990 - www.sonne-kirchzarten.de - geschl. Freitagmittag, Samstagmittag

Sonne

GASTHOF • GEMÜTLICH Seit sieben Generationen investiert Familie Rombach stetig in das Traditionshaus von 1725! Das Ergebnis sind z. B. die freundlich designten Landhaus-Zimmer oder - wenn Sie's ein bisschen frecher mögen - die "Schwarzwald-Pop"-Zimmer. Nicht zu vergessen der schöne moderne Saunabereich samt Anwendungen.

21 Zim - 65/95 € 85/139 € - 3 Suiten - ½ P

Hauptstr. 28 ✉ 79199 - ✆ 07661 901990 - www.sonne-kirchzarten.de

Sonne - siehe Restaurantauswahl

In Kirchzarten - Burg-Birkenhof

rainhof scheune

BOUTIQUE-HOTEL • DESIGN Design, Wertigkeit und ein Stück Geschichte treffen hier zusammen - historisches Holz und freigelegtes Mauerwerk sind besondere Hingucker. Schön die individuellen Zimmer wie "Poesiezimmer", "Bauernstube", "Landhaus"... sowie der Saunabereich. Die Küche ist regional-international, lecker die Kuchenauswahl.

14 Zim - 79/119 € 99/139 € - 2 Suiten - 14 € - ½ P

Höllentalstr. 96 ✉ 79199 - ✆ 07661 9886110 - www.rainhof-hotel.de

In Kirchzarten - Burg-Höfen Ost: 1 km

Schlegelhof

MARKTKÜCHE • LÄNDLICH XX Ein Gasthaus, wie man es sich wünscht: heimelig-wohnliche Atmosphäre, herzlicher Service und dazu schmackhafte, frische Küche von deftig-regional wie "Bibiliskäs mit Brägele" bis klassisch-fein wie "Rehrücken mit Szechuanpfeffer". Schön auch die Weinauswahl. Herrlich die Gartenterrasse.

Menü 37/70 € - Karte 35/74 €

Hotel Schlegelhof, Höfener Str. 92 ✉ 79199 - ✆ 07661 5051 (Tischbestellung ratsam) - www.schlegelhof.de - nur Abendessen, sonntags auch Mittagessen - geschl. nach Pfingsten 2 Wochen und Mittwoch

Schlegelhof

GASTHOF • GEMÜTLICH Die Freundlichkeit und das Engagement der Familie Schlegel machen das Haus so beliebt, aber auch die hochwertige Einrichtung kommt an: unbehandeltes helles Naturholz und wohnliche Farben machen es hier richtig schön! Lust auf Entspannung? Hübscher Sauna- und Ruhebereich zum Garten, dazu Kosmetik und Massage.

11 Zim ☕ - 🚹100/150 € 🚹🚹130/230 €

Höfener Str. 92 ✉ 79199 - ✆ 07661 5051 - www.schlegelhof.de - geschl. nach Pfingsten 2 Wochen.

Schlegelhof - siehe Restaurantauswahl

In Kirchzarten-Dietenbach Süd-West: 1,5 km

Zum Rössle

REGIONAL • RUSTIKAL XX Macht Ihnen "Landgockelbrust mit Safran-Topinamburcreme und Rote-Bete-Ravioli" Appetit? Schmackhaft-regional isst man in dem Gasthof von 1751, wirklich charmant die historisch-rustikale Bauernstube und die elegante Bruggastube - und der Garten erst! Zum Übernachten: reizende Zimmer, leckeres Bauernfrühstück!

Menü 36/62 € - Karte 33/57 €

6 Zim ☕ - 🚹62/82 € 🚹🚹96/120 €

Dietenbach 1 ✉ 79199 - ✆ 07661 2240 - www.zumroessle.de - geschl. Mitte Januar - Anfang Februar 3 Wochen, November 1 Woche und Mittwoch, Montagmittag, Dienstagmittag

KIRKEL

Saarland - 10 042 Ew. - Höhe 240 m - Regionalatlas **46**-C17
Michelin Straßenkarte 543

In Kirkel-Neuhäusel

Ressmann's Residence

MODERNE KÜCHE • FREUNDLICH XX Das moderne Ambiente mit klaren Formen und hellen warmen Tönen kommt bei den Gästen gut an, ebenso die ambitionierte international-saisonal beeinflusste Küche sowie die schöne kleine Weinkarte. Einer der Räume ist klimatisiert. Oder sitzen Sie lieber draußen? Der nette Biergarten liegt ruhig hinterm Haus.

Menü 30 € (mittags unter der Woche)/79 € - Karte 33/70 €

Hotel Ressmann's Residence, Kaiserstr. 87 ✉ 66459 - ✆ 06849 90000 - www.ressmanns-residence.de - geschl. Anfang Januar 2 Wochen und Dienstag, Samstagmittag, Sonntagabend

Ressmann's Residence

BUSINESS • FUNKTIONELL Der gut geführte Familienbetrieb liegt im Ortskern und verfügt über ausgesprochen gepflegte und freundlich eingerichtete Gästezimmer. Dazu gibt es am Morgen ein gutes Frühstücksbuffet.

20 Zim ☕ - 🚹69/79 € 🚹🚹85/89 € - 1 Suite - ½ P

Kaiserstr. 87 ✉ 66459 - ✆ 06849 90000 - www.ressmanns-residence.de - geschl. Anfang Januar 2 Wochen

Ressmann's Residence - siehe Restaurantauswahl

KIRN

Rheinland-Pfalz - 8 184 Ew. - Höhe 190 m - Regionalatlas **46**-D15
Michelin Straßenkarte 543

Kyrburg

KLASSISCHE KÜCHE • RUSTIKAL In einem Gebäude von 1764 - intergriert in die Kyrburg a. d. 12. Jh. - befindet sich das rustikale Restaurant mit modernem Anbau und Whisky-Museum (zahlreiche Destillate werden offen ausgeschenkt), traumhaft die Terrasse mit Blick ins Nahetal. Geboten wird Klassisches wie gebratener Zander.

Karte 31/54 €

Auf der Kyrburg 1 ✉ 55606 - ✆ 06752 91190 - www.kyrburg.de - geschl. 5. - 18. Februar und Montag - Dienstag

KIRSCHAU

Sachsen - 6 469 Ew. - Höhe 249 m - Regionalatlas **44**-R12
Michelin Straßenkarte 544

Juwel

FRANZÖSISCH-MODERN • CHIC Das halbrunde kleine Restaurant ist die Gourmet-Varianate der Schumann'schen Gastronomie: elegantes Interieur in schickem Schwarz-Lila, versierter Service samt guter Weinberatung und dazu klassisch-moderne Küche, die auf feine Kontraste, volle Aromen und ausgezeichnete Produkte setzt.

➜ Handgeangelte Lisette Makrele, Ackergurke, Basilikum. Bretonischer Hummer, kaltgefilterter Kaffee, Pomelo. Garimori Iberico Secreto Bellota, wilder Brokkoli, Urkarotte.

Menü 89/145 €

Hotel Bei Schumann, Bautzener Str. 20 ✉ 02681 - ✆ 03592 520521 - www.bei-schumann.de - nur Abendessen - geschl. 4. - 7. April, 4. Juli - 11. August und Sonntag - Dienstag

Weberstube

MARKTKÜCHE • RUSTIKAL Holztäfelung, Kachelofen, geschmackvolle Deko... Die gemütlich-rustikale Stube ist wirklich charmant! Gekocht wird saisonal, dazu die Stuben-Klassiker. Wert legt man auf regionale Produkte wie Saibling vom Forellenhof Ermisch oder Kellers Rindfleisch. Der Service ist freundlich und geschult.

Karte 34/57 €

Hotel Bei Schumann, Bautzener Str. 20 ✉ 02681 - ✆ 03592 520520 - www.bei-schumann.de - nur Abendessen, sonntags und an Feiertagen auch Mittagessen

Al Forno

ITALIENISCH • FREUNDLICH Richtig gemütlich hat man es hier bei typisch italienischen Gerichten und authentischem Ambiente. Aus der Showküche samt Holzofen kommen natürlich auch Klassiker wie Antipasti, Pizza und Pasta! Nett die Terrasse.

Karte 30/62 €

Hotel Bei Schumann, Bautzener Str. 20 ✉ 02681 - ✆ 03592 520530 - www.bei-schumann.de - nur Abendessen - geschl. Sonntag

Bei Schumann

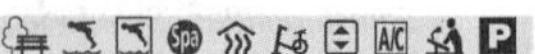

SPA UND WELLNESS • INDIVIDUELL Ein wahres Erholungsrefugium und einzigartig in der Oberlausitz! Wie viel Herzblut in diesem Haus steckt, merkt man am beeindruckenden Spa-Tempel, an den wertig-wohnlichen Zimmern und edlen Suiten sowie an zahlreichen kleinen Aufmerksamkeiten! Sehr gut das Frühstück im "Kirschgarten" - hier tagsüber Snacks.

23 Zim - 75/90 € 150/216 € - 22 Suiten

Bautzener Str. 74 ✉ 02681 - ✆ 03592 5200 - www.bei-schumann.de

Juwel • **Weberstube** • **Al Forno** - siehe Restaurantauswahl

KISSINGEN, BAD

Bayern – 21 323 Ew. – Höhe 220 m – Regionalatlas **49**-I14
Michelin Straßenkarte 546

✿ Laudensacks Gourmet Restaurant

FRANZÖSISCH-KLASSISCH • ELEGANT XX Das Restaurant von Hermann Laudensack ist eine Bastion klassischer Hochküche mit modernen Elementen, und das mitten in Franken. In eleganter Atmosphäre wird man mit ausgesuchten Produkten verwöhnt und auch in Sachen Wein aufmerksam und geschult umsorgt. Im Sommer schöne Terrasse zum Park!

➜ Gemüsesalat mit Brotchips und gebratenem Hummer. Cassoulet von Gemüsen, Morcheln, Kräutergraupen. Wolfsbarsch, Calamaretti, Saubohnen, alte Tomatensorten.

Menü 78/99 € – Karte 60/73 €

Stadtplan : A2-n – *Laudensacks Parkhotel ✉ 97688*
– ✆ 0971 72240 (Tischbestellung ratsam)
– www.laudensacks-parkhotel.de
– nur Abendessen – geschl. Ende Dezember - Mitte Januar und Montag - Dienstag

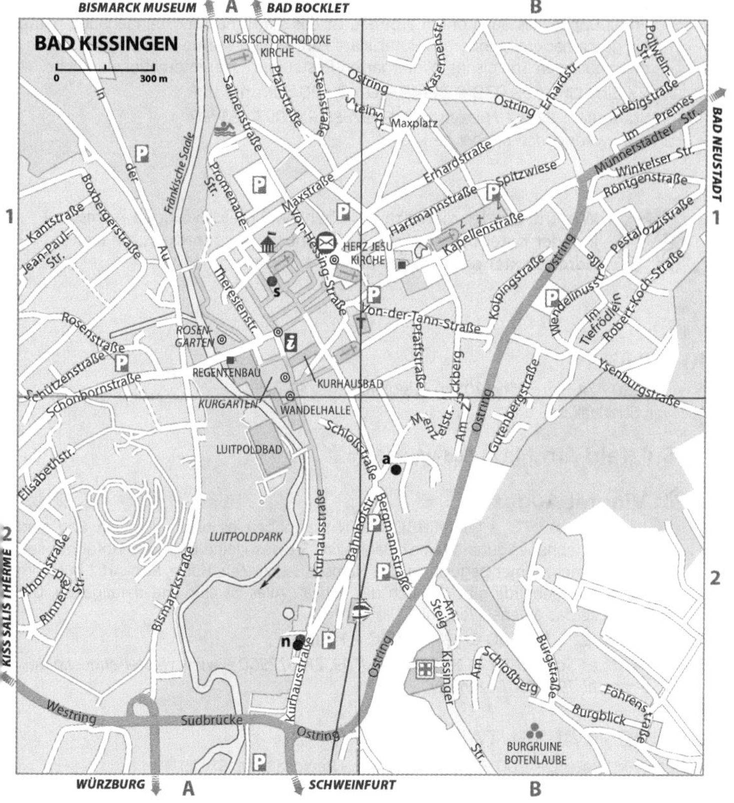

Schuberts Weinstube

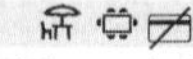

REGIONAL • WEINSTUBE Das hat Charme: Von der original Weinstube a. d. J. 1893 bis zum Garten sitzt man sehr schön und angenehm leger. Aus der Küche kommt Schmackhaftes wie "Waller in der Senfkruste mit Meerrettich-Birnen-Wirsing" oder "Sauerbraten von der Ochsenbacke mit Apfel-Blaukraut". Und dazu vielleicht ein Frankenwein?

Menü 32/45 € - Karte 32/47 €

Stadtplan : A1-s - *Kirchgasse 2 ✉ 97688 - ✆ 0971 2624 - www.weinstube-schubert.de - geschl. Montag - Dienstag*

Laudensacks Parkhotel

BOUTIQUE-HOTEL • GEMÜTLICH Seit fast drei Jahrzehnten ist Familie Laudensack nicht nur ein Garant für kulinarische Höhen, auch geschmackvolles und komfortables Wohnen samt erstklassigem Frühstück ist Ihnen hier gewiss. Nicht zu vergessen der schöne Wellnessbereich (Tipp: das Beauty-Angebot der Chefin) und der 4000 qm große Park. Halbpension auch an Ruhetagen des Gourmetrestaurants.

20 Zim - †91/102 € ††154/182 € - 1 Suite - ½ P

Stadtplan : A2-n - *Kurhausstr. 28 ✉ 97688 - ✆ 0971 72240 - www.laudensacks-parkhotel.de - geschl. Ende Dezember - Mitte Januar*

✿ **Laudensacks Gourmet Restaurant** - siehe Restaurantauswahl

Dappers Hotel Spa Genuss

SPA UND WELLNESS • MODERN Vor über 100 Jahren von Namensgeber Carl Franz Dapper als Sanatorium eröffnet, ist das stattliche Sandsteingebäude heute ein geschmackvoll-modernes Hotel: klare Formen und warme Farben von den Zimmern über den Spa bis ins Wintergarten-Restaurant - hier internationale Küche.

27 Zim - †99/139 € ††149/204 € - 10 Suiten - ½ P

Stadtplan : B2-a - *Menzelstr. 21 ✉ 97688 - ✆ 0971 785480 - www.residence-dapper.de*

Wie entscheidet man sich zwischen zwei gleichwertigen Adressen? In jeder Kategorie sind die Häuser nochmals geordnet, die besten Adressen stehen an erster Stelle.

KITZINGEN

Bayern - 20 474 Ew. - Höhe 205 m - Regionalatlas **49**-I16
Michelin Straßenkarte 546

In Sulzfeld am Main Süd-West: 4 km

Vinotel Augustin

BOUTIQUE-HOTEL • THEMENBEZOGEN Sie mögen es nicht alltäglich und sind zudem Liebhaber guter Weine? Dann wird Sie das kleine Boutique-Hotel mit seinen Themenzimmer begeistern. Die Namen: Space, Zen, Hütte, Pop-Art... In einem seperaten Gebäude gibt es noch die "Finca". Alles ist chic und detailgenau. Um die Ecke das eigene Weingut.

8 Zim - †75/90 € ††111/120 € - 1 Suite

Matthias-Schiestl-Str. 4 ✉ 97320 - ✆ 09321 2672960 - www.vinotel-augustin.de - geschl. 19. - 28. Dezember

KLEINES WIESENTAL

Baden-Württemberg - 200 Ew. - Höhe 920 m - Regionalatlas **61**-D21
Michelin Straßenkarte 545

Im Ortsteil Neuenweg

Haldenhof

TRADITIONELLE KÜCHE • RUSTIKAL Das Gasthaus liegt schön am Wald, toll der Blick von der Terrasse und einer der Stuben - da kehrt man nach einer Wanderung gerne ein und lässt sich international beeinflusste bürgerlich-regionale Küche servieren. Übernachten können Sie ebenfalls - die Zimmer sind ländlich-schlicht.

Menü 24/48 € - Karte 27/50 €

14 Zim - 50/65 € 80/100 €

Haldenhof 1, (In Hinterheubronn, 950 m Höhe), Nord-West: 4,5 km Richtung Müllheim ✉ 79692 - 07673 284 - www.haldenhof-schwarzwald.de - geschl. Mitte November - Februar und März - April: Dienstag

Im Ortsteil Schwand

Sennhütte

GASTHOF • FUNKTIONELL Ideal, um die schöne Schwarzwaldlandschaft zu genießen! Tipptopp gepflegt und wohnlich hat man es in dem sehr gut geführten traditionsreichen Familienbetrieb in einem kleinen Dorf. Es gibt Hausmacher Wurst zum Frühstück, bürgerlich-regionale Küche und zum Abschluss vielleicht einen selbstgebrannten Schnaps?

9 Zim - 62/75 € 108/140 € - 3 Suiten - ½ P

Schwand 14 ✉ 79692 - 07629 91020 - www.sennhuette.com - geschl. Februar

KLEINWALLSTADT

Bayern - 5 776 Ew. - Höhe 123 m - Regionalatlas **48**-G15
Michelin Straßenkarte 546

Landgasthof zum Hasen

MARKTKÜCHE • GASTHOF Gemütlich ist es in dem Gasthof von 1554: rustikale Einrichtung mit hübscher Deko, draußen der schöne Innenhof! Sie werden herzlich umsorgt und bekommen regional geprägte Küche mit internationalen Einflüssen serviert. Sie möchten übernachten? So liebenswert wie der Gastraum sind auch die Zimmer.

Menü 30 € (abends)/65 € - Karte 27/51 €

6 Zim - 60/65 € 75/110 € - 2 Suiten - 10 €

Marktstr. 3 ✉ 63839 - 06022 7106590 - www.kleinwallstadt-zumhasen.de - geschl. August 2 Wochen und Montag - Dienstagmittag

K. Kreder/Prisma/age

WIR MÖGEN BESONDERS...
Die guten Produkte von Walser Bauern im urigen **Wirtshaus Hoheneck**. Nach einem schmackhaften Essen im **Haller's** auch gleich noch Leckeres für daheim mitnehmen. Als Hotelgast im **Alpenhof Jäger** mit dem Chef auf Wandertour gehen. Die tolle Wein-, Rum- und Whiskyauswahl in der **Birkenhöhe**. Schickes Design und Sterneküche im exklusiven **Travel Charme Ifen Hotel**.

KLEINWALSERTAL

Vorarlberg – 5 015 Ew. – Regionalatlas **64**-I22
Michelin Straßenkarte 730

In Riezlern Höhe 1 100 m

Humbachstube im Alpenhof Jäger

REGIONAL • GEMÜTLICH XX Richtig gemütlich sitzt man in der kleinen Stube bei schmackhaften regionalen Gerichten wie "geschmolzenem Kalbskopf mit gebratenem Kalbsbries und Gemüse-Balsamicovinaigrette" oder "Wildpfeffer vom Rehbock mit Rahmpilzen und Spätzle vom Brett". Charmant der Service samt guter Weinberatung.

Menü 36/85 € – Karte 35/83 €

Hotel Alpenhof Jäger, Unterwestegg 17 ✉ 87567 – ✆ 05517 5234 (Tischbestellung erforderlich)
– www.alpenhof-jaeger.de – nur Abendessen – geschl. 4. April - 12. Mai, 7. - 26. Juli, 11. November - 15. Dezember und Dienstag - Mittwoch

Alpenhof Jäger

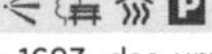

FAMILIÄR • GEMÜTLICH Ein liebevoll restauriertes Walserhaus von 1683, das um einen Anbau im regionalen Stil erweitert wurde. Das kleine Hotel mit den gepflegten rustikalen Gästezimmern wird von Familie Jäger engagiert geleitet. HP inklusive.

12 Zim – †89/99 € ††160/185 € – ½ P

Unterwestegg 17 ✉ 87567 – ✆ 05517 5234
– www.alpenhof-jaeger.de – geschl. 4. April - 12. Mai, 7. - 26. Juli, 11. November - 15. Dezember

Humbachstube im Alpenhof Jäger – siehe Restaurantauswahl

Dieser Führer lebt von Ihren Anregungen, die uns stets willkommen sind. Egal ob Sie uns eine besonders angenehme Erfahrung oder eine Enttäuschung mitteilen wollen – schreiben Sie uns!

In Hirschegg Höhe 1 125 m

✿ Kilian Stuba

KREATIV • ELEGANT XXX Reduziert, ausdrucksstark, kreativ. Die Küche kombiniert klassische und regionale Elemente und setzt auf Produktqualität - ein wahres Highlight sind die Saucen! Und dazu einen der vielen österreichischen Weine? Modern-elegant das Ambiente.

➜ Marinierte Gänsemastleber, Mais, gepickelte Perlzwiebel. Bretonische Rotbarbe, Orangenblüten-Basilikumfond, Fregola Sarda. Pfirsich Melba, Nougatine, Piemonteser Haselnuss, Himbeere.

Menü 80/110 € - Karte 79/101 €

Travel Charme Ifen Hotel, Oberseitestr. 6 ✉ 87568 - ☎ 05517 6080 - www.travelcharme.com - nur Abendessen - geschl. 1. - 19. April, 27. Mai - 3. Juni, 5. - 20. August, 4. - 26. November und Sonntag - Montag

Sonnenstüble

REGIONAL • LÄNDLICH XX Hier sorgen warmes Holz und Kachelofen für Gemütlichkeit, während man Sie z. B. mit "Dem Besten vom Walser Milchkalb" oder "Schokolade - Haselnuss" verwöhnt. Dazu eine sehr gute Weinauswahl samt Raritäten aus Italien und Frankreich.

Menü 42/95 € - Karte 46/56 €

Hotel Birkenhöhe, Oberseitestr. 34 ✉ 87568 - ☎ 05517 5587 - www.birkenhoehe.com - geschl. 8. April - 25. Mai, 1. November - 17. Dezember und Montag - Dienstag

Travel Charme Ifen Hotel

SPA UND WELLNESS • MODERN Das moderne Hotel trägt die Handschrift des Designers Lorenzo Bellini: geradlinig-eleganter Stil vereint mit schönen Naturmaterialien wie Holz und Stein. Schicke Zimmer mit Balkon oder Terrasse, toller "PURIA Premium Spa" auf 2300 qm, schöne Aussicht. Halbpension im Restaurant "Theo's".

117 Zim - †153/332 € ††218/474 € - 8 Suiten - ½ P

Oberseitestr. 6 ✉ 87568 - ☎ 05517 6080 - www.travelcharme.com

✿ **Kilian Stuba** - siehe Restaurantauswahl

Birkenhöhe

SPA UND WELLNESS • GEMÜTLICH Das ruhig gelegene Ferienhotel mit Aussicht aufs Kleinwalsertal ist ein gut geführter Familienbetrieb mit wohnlichem Ambiente und Spa mit Panoramahallenbad. Täglich lockt leckerer hausgebackener Kuchen und für Rum- und Whisky-Freunde hat man in der Bar rund 100 Sorten.

39 Zim - †110/140 € ††200/254 € - 5 Suiten - ½ P

Oberseitestr. 34 ✉ 87568 - ☎ 05517 5587 - www.birkenhoehe.com - geschl. 8. April - 25. Mai, 1. November - 17. Dezember

Sonnenstüble - siehe Restaurantauswahl

Naturhotel Chesa Valisa

SPA UND WELLNESS • MODERN Gelungen das Bio-Konzept in Architektur, Material, Kosmetik, Speisen- und Weinangebot. Viel Holz, Glas und klares Design schaffen ein ansprechendes wohnlich-modernes Ambiente, dennoch bewahrt man mit dem 500 Jahre alten Gasthof ein Stück Tradition. Im Restaurant setzt man auf Naturprodukte aus der Region.

45 Zim - †103/160 € ††206/320 € - 10 Suiten - ½ P

Gerbeweg 18 ✉ 87568 - ☎ 05517 54140 - www.naturhotel.at - geschl. 8. April - 18. Mai, 10. November - 15. Dezember

Gemma

FAMILIÄR • FUNKTIONELL Lobby, Bar, Zimmer... Schöner moderner Stil mit geschmackvollem alpinem Touch zieht sich wie ein roter Faden durchs Haus. Attraktiv ist natürlich auch die Lage - im Winter hat man die Skipiste ganz in der Nähe. Regional-traditionelle Küche im gemütlichen Restaurant. HP inklusive.

25 Zim - †63/114 € ††105/139 € - 1 Suite - ½ P

Schwarzwassertalstr. 21 ✉ 87568 - ☎ 05517 53600 - www.gemma.at - geschl. 8. April - 9. Mai, 4. November - 12. Dezember

Sonnenberg

FAMILIÄR • GEMÜTLICH Schön die Lage über dem Tal, dazu der urige Charme des Walser Bauernhauses a. d. 16. Jh., nicht zu vergessen die herzlichen, engagierten Gastgeber! Nachmittags gibt's hausgebackenen Kuchen. Übrigens: Bei Eis und Schnee erspart man Ihnen die beschwerliche Fahrt hier hinauf, man holt Sie unten im Ort ab.

13 Zim – 56/95 € 104/180 € – 1 Suite – ½ P

Am Berg 26 ✉ 87568 – ✆ 05517 5433 – www.kleinwalsertal-sonnenberg.de – geschl. 8. April - 4. Mai, 22. Oktober - 15. Dezember

In Mittelberg Höhe 1 220 m

Haller's

REGIONAL • LÄNDLICH XX Lust auf "Dry Aged Kotelett vom Walser Jungrind mit Speck und Perlzwiebeln" oder "gebratenes Eismeerforellenfilet mit Thai-Currysauce und asiatischem Gemüse"? In behaglichem Landhausambiente - oder auf der Terrasse mit Aussicht - genießt man Regionales und Internationales. Tipp: kulinarische Mitbringsel.

Menü 63/88 € – Karte 36/64 €

Haller's Genuss & Spa Hotel, Von Klenze Weg 5 ✉ 87569 – ✆ 05517 5551 (Tischbestellung erforderlich) – www.hallers.at – nur Abendessen – geschl. 1. April - 31. Mai und Sonntag - Dienstag

Wirtshaus Hoheneck

TRADITIONELLE KÜCHE • GEMÜTLICH X Ein charmant-rustikales Gasthaus, unten und oben ist es gleichermaßen gemütlich, hier wie dort mit herrlicher Bergblick-Terrasse. Gekocht wird regional-saisonal, so z. B. "Golasch vom Hirschegger Rend mit Serviettenknödel", dazu schöne Weine aus Österreich. Tipp: nachmittags Kaffee und hausgebackener Kuchen.

Menü 35/73 € – Karte 19/54 €

Walserstr. 365 ✉ 87569 – ✆ 05517 55225 – www.hoheneck.at – geschl. Mitte November - Anfang Dezember und Dienstag

Haller's Genuss & Spa Hotel

SPA UND WELLNESS • GEMÜTLICH Das Hotel der Familie Haller ist wohnlich und für die Region typisch eingerichtet, bietet freundlichen Service, eine hochwertige Halbpension und einen gut ausgestatteten Spa, und von den Zimmern schaut man auf die umliegenden Berge!

55 Zim – 150/320 € 260/580 € – 30 Suiten – ½ P

Von Klenze Weg 5 ✉ 87569 – ✆ 05517 5551 – www.hallers.at – geschl. 2. April - 31. Mai

Haller's – siehe Restaurantauswahl

Leitner

SPA UND WELLNESS • GEMÜTLICH Hier überzeugt der aufwändig gestaltete Spabereich auf 1000 qm, dessen Ruheraum einen tollen Bergblick bietet. Besonders schön: einige Zimmer in alpenländisch-modernem Stil.

23 Zim – 99/149 € 198/255 € – 12 Suiten – ½ P

Walserstr. 355 ✉ 87569 – ✆ 05517 5788 – www.leitner-hotel.at – geschl. 8. April - 16. Mai, 5. November - 15. Dezember

Naturhotel Lärchenhof

FAMILIÄR • GEMÜTLICH Der Familienbetrieb ist eine Symbiose aus Tradition und Moderne. Man hat sich den Themen Region und Natur verschrieben, von der ökologischen Bauweise (schön z. B. "Alpschwitz"-Sauna mit viel Holz und Stein) bis zu Bio-Lebensmitteln (man hat eigene Honig-Produkte). HP inklusive, im Sommer auch Bergbahnkarte.

19 Zim – 82/109 € 152/196 € – 5 Suiten – ½ P

Schützabühl 2 ✉ 87569 – ✆ 05517 6556 – www.naturhotel-laerchenhof.at – geschl. 15. April - 17. Mai, 4. November - 19. Dezember

In Mittelberg-Höfle Nord-Ost: 3 km, Zufahrt über die Straße nach Baad, dann links abbiegen

IFA-Hotel Alpenhof Wildental

SPA UND WELLNESS · FUNKTIONELL Was dieses Hotel interessant macht? Die idyllische Lage, die gut ausgestatteten Zimmer, das Wellness- und Fitnessangebot sowie die Sonnenterrasse mit Panoramablick. Für Hausgäste ist am Abend das Restaurant geöffnet - HP inklusive.

57 Zim - 67/115 € 160/262 € - ½ P

Höfle 8 ✉ 87569 - ☎ 05517 65440 - www.ifa-wildental-hotel.com - geschl. November 3 Wochen

KLETTGAU

Baden-Württemberg - 7 478 Ew. - Höhe 424 m - Regionalatlas **62**-E21
Michelin Straßenkarte 545

In Klettgau-Grießen

Landgasthof Mange

INTERNATIONAL · FREUNDLICH XX Eine der besten Adressen der Region! Abwechslungsreiche Speisen von "Cordon bleu mit Pommes Frites" bis "Steinbutt mit Krustentierschaum, Estragon, Artischocken und Hummer" beweisen echtes Engagement. Probieren Sie auch Schnaps und Brot - beides stammt aus der eigenen Produktion der Familie.

Menü 29 € (mittags)/58 € - Karte 24/61 €

Kirchstr. 2 ✉ 79771 - ☎ 07742 5417 (Tischbestellung erforderlich) - www.mange-griessen.de - Mittwoch - Freitag nur Abendessen - geschl. August 3 Wochen und Montag - Dienstag

KLINGENBERG am MAIN

Bayern - 6 119 Ew. - Höhe 128 m - Regionalatlas **48**-G15
Michelin Straßenkarte 546

Straubs Restaurant

KLASSISCHE KÜCHE · TRENDY X Der Hotelname "Straubs Schöne Aussicht" gilt auch fürs Restaurant: Durch die im Sommer offene Fensterfront und von der überdachten Terrasse schaut man auf Weinberge, Burg, Main! Auf der Karte Leckeres wie "Rücken & Schulter vom Lamm auf Kichererbsenpüree" oder "geschmelzter Grießknödel mit Zwetschgen".

Menü 36/80 € - Karte 36/60 €

28 Zim - 59/110 € 83/150 € - 8 €

Bahnhofstr. 18, am linken Mainufer ✉ 63911 - ☎ 09372 930300 - www.straubs-schoene-aussicht.de - Mittwoch - Freitag nur Abendessen, Oktober - April: Mittwoch - Samstag nur Abendessen - geschl. Januar, August 2 Wochen und Montag- Dienstag

KLOSTER ZINNA Brandenburg ➜ Siehe Jüterbog

KLÜTZ

Mecklenburg-Vorpommern - 3 064 Ew. - Höhe 12 m - Regionalatlas **11**-K4
Michelin Straßenkarte 542

Landhaus Sophienhof

LANDHAUS · MODERN Wenige Gehminuten vom Schloss Bothmer entfernt steht das schön sanierte Fachwerkhaus von 1854, dessen Zimmer nordisch-wohnlichen Charme versprühen. Gemütlich das kleine Café, im Sommer sitzt man im hübschen Garten.

4 Zim - 68/88 € 88/108 € - 1 Suite - 12 €

Wismarsche Str. 34, Zufahrt über Schulstraße ✉ 23948 - ☎ 038825 267080 - www.gartenhotel-sophienhof.de

KNITTELSHEIM Rheinland-Pfalz ➜ Siehe Bellheim

KOBERN-GONDORF

Rheinland-Pfalz – 3 157 Ew. – Höhe 82 m – Regionalatlas **36**-D14
Michelin Straßenkarte 543

Alte Mühle Thomas Höreth

REGIONAL • ROMANTISCH Ein echtes Bijou: Die Stuben sind liebevoll dekoriert, dazu ein Innenhof, der idyllischer kaum sein könnte, und ein eigenes Weingut! Möchten Sie da nicht etwas länger bleiben? Man hat individuelle und sehr wohnliche Gästezimmer, die schön ruhig liegen! Am Wochenende kann man hier auch standesamtlich heiraten.

Menü 34/84 € – Karte 34/59 €

14 Zim – 160/265 € 230/300 €

Mühlental 17, Kobern ✉ 56330 – ✆ 02607 6474 (Tischbestellung ratsam) – www.thomashoereth.de – Montag - Freitag nur Abendessen – geschl. Januar 3 Wochen

KOBLENZ

Rheinland-Pfalz – 111 434 Ew. – Höhe 60 m – Regionalatlas **36**-D14
Michelin Straßenkarte 543

Da Vinci

FRANZÖSISCH-KREATIV • DESIGN Trendig-modern ist das "Da Vinci" im Stammhaus der Sektkellerei Deinhard von 1794. Man wird freundlich und versiert umsorgt, und zwar mit sehr guter und finessenreicher kreativer Küche, die in Menüform geboten wird.

➜ Gänseleber, Whisky, Passionsfrucht. Bretonischer Hummer, Trüffel, Kartoffeln. Schwarzfederhuhn, Morcheln, grüner Spargel.

Menü 69/145 €

Stadtplan : B2-a – *Deinhardplatz 3 ✉ 56068 – ✆ 0261 9215444 (Tischbestellung ratsam) – www.davinci-koblenz.de – nur Abendessen, sonntags auch Mittagessen – geschl. 5. - 18. Februar und Montag - Dienstag*

Schiller's Restaurant

MODERNE KÜCHE • ELEGANT Das Restaurant des Hotels "Stein" steht für aufwändige und ausdrucksstarke moderne Küche, in der Top-Produkte mit intensiven Aromen gekonnt kombiniert werden. Serviert wird das Ganze in Menüform - einen Teil der Gerichte gibt es als kleine Gänge. Der Rahmen: ein schöner Wintergarten nebst Terrasse.

➜ Vorspreisenvariation im Picknickkorb serviert. Vegetarischiller's. Saibling Ike Jime.

Menü 79 € (mittags unter der Woche)/118 €

30 Zim – 85/95 € 110/140 €

Mayener Str. 126, über Europabrücke A1 ✉ 56070 – ✆ 0261 963530 – www.schillers-restaurant.de – geschl. Samstagmittag, Sonntag - Montag

GERHARDS GENUSSGESELLSCHAFT

KLASSISCHE KÜCHE • FREUNDLICH Zu Klosterzeiten wurde hier, nicht weit vom Deutschen Eck, wo Rhein und Mosel zusammenfließen, Proviant gelagert, heute gibt es in dem schönen alten Gewölbe mit modernem Interieur richtig gute Küche: "Rinderfilet mit Rotwein-Pfeffersauce", "Skreifilet mit Petersilien-Graupen"... Herrlich die Terrasse.

Menü 23 € (mittags unter der Woche)/57 € – Karte 33/52 €

Stadtplan : B1-c – *Danziger Freiheit 3 ✉ 56068 – ✆ 0261 91499133 – www.gerhards-genussgesellschaft.de – November - Ostern: Dienstag - Donnerstag nur Abendessen – geschl. Montag*

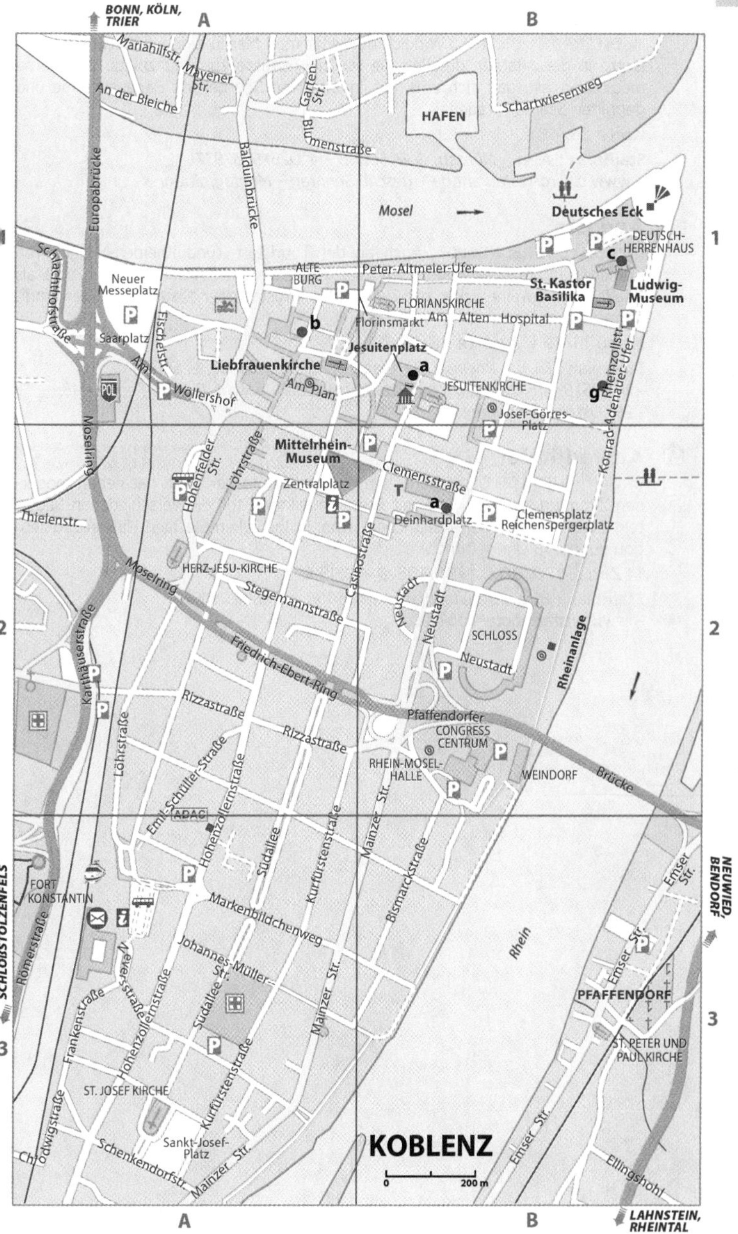

BONN, KÖLN, TRIER
A
B
1
2
3
Mariahilfstr.
Mayener Str.
An der Bleiche
Garten-Str.
Blumenstraße
HAFEN
Schartwiesenweg
Europabrücke
Balduinbrücke
Mosel
Deutsches Eck
DEUTSCH-HERRENHAUS
Schlachthofstraße
Neuer Messeplatz
ALTE BURG
Peter-Altmeier-Ufer
St. Kastor Basilika
Ludwig-Museum
FLORIANSKIRCHE
Florinsmarkt
Am Alten Hospital
Saarplatz
Fischelstr.
Jesuitenplatz
Liebfrauenkirche
Am Wöllershof
Am Plan
JESUITENKIRCHE
Rheinzollstr.
Konrad-Adenauer-Ufer
Josef-Görres-Platz
Moselring
Mittelrhein-Museum
Hohenfelder Str.
Löhrstraße
Clemensstraße
Zentralplatz
Deinhardplatz
Clemensplatz
Reichenspergerplatz
Thielenstr.
HERZ-JESU-KIRCHE
Casinostraße
Stegemannstraße
Neustadt
SCHLOSS
Rheinanlage
Karthäuserstraße
Friedrich-Ebert-Ring
Rizzastraße
Pfaffendorfer Brücke
CONGRESS CENTRUM
RHEIN-MOSEL-HALLE
WEINDORF
Emil-Schüller-Straße
Hohenzollernstraße
ADAC
Südallee
Kurfürstenstraße
Mainzer Str.
Bismarckstraße
Emser Str.
NEUWIED, BENDORF
SCHLOßSTOLZENFELS
FORT KONSTANTIN
Römerstraße
Markenbildchenweg
Johannes-Müller-Str.
Neversstraße
Frankenstraße
Rhein
PFAFFENDORF
ST. PETER UND PAUL KIRCHE
ST. JOSEF KIRCHE
Chlodwigstraße
Sankt-Josef-Platz
Schenkendorfstr.
KOBLENZ
0
200 m
Ellingshohl
LAHNSTEIN, RHEINTAL

CHIARO

MEDITERRAN • BISTRO X Wirklich nett sitzt man hier in einem hübschen legeren Bistro in der Altstadt, draußen die schöne Terrasse zum Münzplatz. Wer gerne mediterran isst, darf sich z. B. auf "marinierten Spargel mit Bärlauchcreme und gegrillten Scampi" freuen.

Karte 36/46 €

Stadtplan : A1-b - *Münzstr. 3 ✉ 56068 - ✆ 0261 97379371 - www.chiaro-restaurant.de - geschl. Sonntag - Montagmittag*

Augusta

REGIONAL • FREUNDLICH X Auch an der Touristen- (und Kneipen-) Meile von Koblenz kann man gepflegt essen: Hier gibt es regional-saisonale Küche, z. B. als "Maifelder Schweinerücken mit Zwiebel-Senfkruste" oder "Tatar vom Eifler Rind". Terrasse zum Rheinufer!

Menü 15/79 € - Karte 28/59 €

Stadtplan : B1-g - *Rheinstr. 2a, Eingang Rheinzollstraße ✉ 56068 - ✆ 0261 91446822 - www.augusta-koblenz.de - geschl. 11. - 25. Februar, 15. - 29. Oktober und Montag*

Altstadthotel

URBAN • VINTAGE Das schöne alte Haus mitten in der Stadt hat neben modernen Zimmern auch ein Café mit Brotmanufaktur - toll die verschiedenen Sauerteig-Brote mit diversen Aufstrichen! Tipp: Frühstücken Sie hier! Hinweis: Rezeption nur bis 18 Uhr geöffnet.

14 Zim - †70/90 € ††85/105 € - ☕ 15 €

Stadtplan : B1-a - *Jesuitenplatz 1 ✉ 56068 - ✆ 0261 201640 - www.altstadt-hotel-koblenz.de*

R. Mattes/hemis.fr

WIR MÖGEN BESONDERS...

Im **Excelsior Hotel Ernst** direkt am Dom echte Grandhotel-Atmosphäre erleben und kulinarisch die Qual der Wahl haben: Asiatisches im **taku** oder Klassisches in der **Hanse Stube**, dem „Wohnzimmer" von Köln. Das junge, trendige Konzept des **maiBeck**. Frisch gezapftes Kölsch, Reibekuchen und Rheinischen Sauerbraten im **Haus Töller** – Tradition pur!

KÖLN

Nordrhein-Westfalen – 1 046 680 Ew. – Höhe 53 m – Regionalatlas **36**-C12
Michelin Straßenkarte 543

Stadtpläne siehe nächste Seiten

Restaurants

✿✿ Le Moissonnier

A/C 🚭

FRANZÖSISCH-KREATIV • BISTRO X Man braucht nicht nach Paris zu fahren, um den Charme eines französischen Bistros zu erleben! Richtig reizend, lebendig und unprätentiös ist es hier. An eng stehenden kleinen Tischen serviert man tolle kreative, wunderbar stimmig zusammengestellte Speisen mit ganz eigener Handschrift - und das seit 1978!

➜ Foie Gras de canard Maison. Cabillaud d'Islande. Pigeonneau rôti.

Menü 94 € (mittags unter der Woche)/142 € - Karte 76/115 €

Stadtplan : F1-e - *Krefelder Str. 25 ✉ 50670*
- *✆ 0221 729479 (Tischbestellung erforderlich)*
- *www.lemoissonnier.de - geschl. Sonntag - Montag, außer an Feiertagen*

✿ Himmel un Äd

MODERNE KÜCHE • TRENDY XXX Etwa eine Minute brauchen Sie von der "Äd" zum "Himmel", dem 11. Stock des beeindruckenden Gemäuers, wo man Ihnen ein modernes Menü serviert - und das bei herrlichem Blick über Köln! Lohnenswert: Apero auf der Terrasse!

➜ Gänseleber, Terrine mit Mispel und gelierter Shiso Consommé. Carabinero mit Mandelmilch, grünem Spargel und Prosciutto cotto. Ente mit eingelegtem Rettich, marinierter Aloe Vera und Spitzkohl.

Menü 145/175 € - Karte 80/101 €

Stadtplan : F2-c - *Hotel Im Wasserturm, Kaygasse 2, (11. Etage) ✉ 50676*
- *✆ 0221 2008180 (Tischbestellung ratsam)*
- *www.hotel-im-wasserturm.de - nur Abendessen - geschl. Sonntag - Montag*

Frühstück inklusive? Die Tasse ☕ steht gleich hinter der Zimmeranzahl.

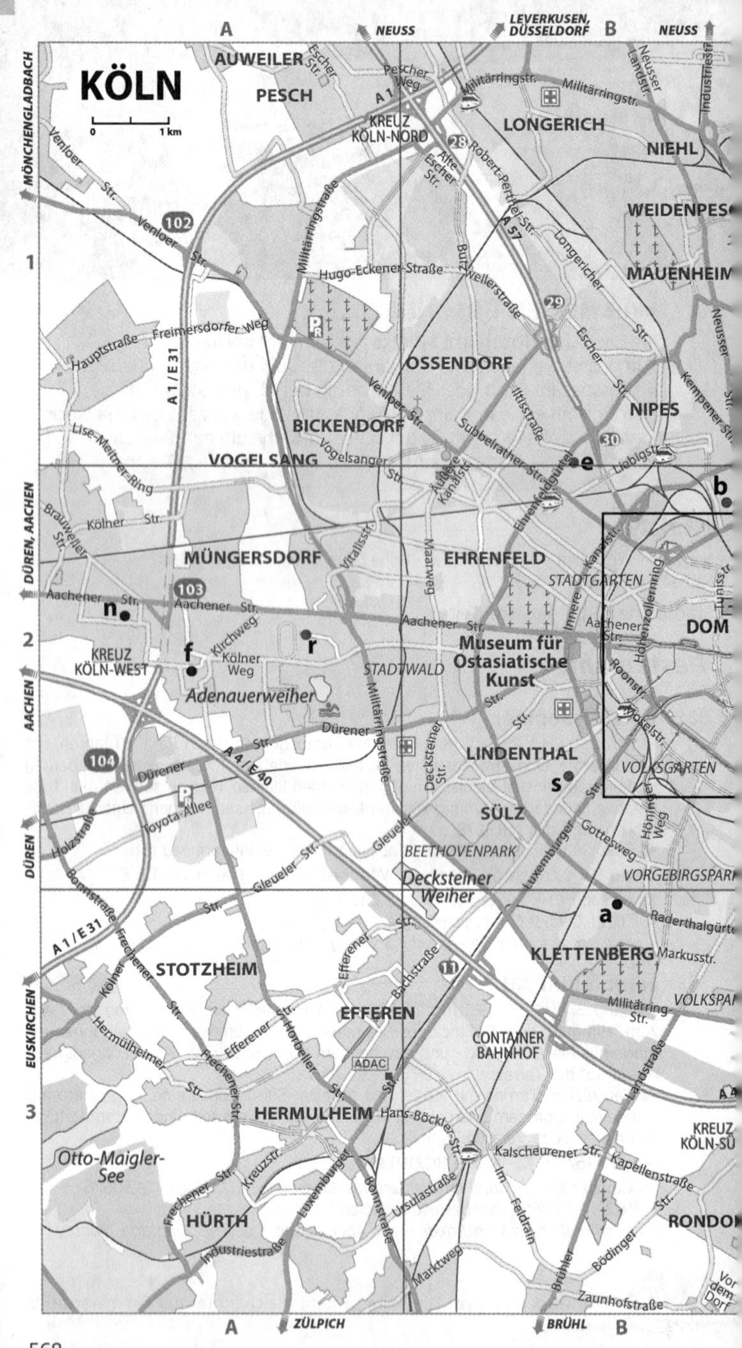
KÖLN
0
1 km
A
B
NEUSS
LEVERKUSEN, DÜSSELDORF
MÖNCHENGLADBACH
DÜREN, AACHEN
AACHEN
DÜREN
EUSKIRCHEN
ZÜLPICH
BRÜHL
1
2
3
AUWEILER
PESCH
KREUZ KÖLN-NORD
LONGERICH
NIEHL
WEIDENPES
MAUENHEIM
OSSENDORF
NIPES
BICKENDORF
VOGELSANG
MÜNGERSDORF
EHRENFELD
STADTGARTEN
DOM
KREUZ KÖLN-WEST
Museum für Ostasiatische Kunst
STADTWALD
Adenauerweiher
LINDENTHAL
VOLKSGARTEN
SÜLZ
BEETHOVENPARK
Decksteiner Weiher
VORGEBIRGSPAR
KLETTENBERG
VOLKSPA
STOTZHEIM
EFFEREN
CONTAINER BAHNHOF
HERMULHEIM
KREUZ KÖLN-SÜ
Otto-Maigler-See
HÜRTH
RONDO
ADAC
Venloer Str.
Militärringstr.
Hugo-Eckener-Straße
Freimersdorfer Weg
Hauptstraße
Lise-Meitner-Ring
Aachener Str.
Dürener Str.
Toyota-Allee
Kölner Weg
Kirchweg
Gleueler Str.
Luxemburger Str.
Bonnstraße
Frechener Str.
Hermülheimer Str.
Kreuzstr.
Industriestraße
Marktweg
Zaunhofstraße
Bödinger Str.
Brühler Landstraße
Kalscheurener Str.
Kapellenstraße
Im Feldrain
Hans-Böckler-Str.
Ursulastraße
Efferener Str.
Bachstraße
Horbeller Str.
Raderthalgürtel
Markusstr.
Gottesweg
Höninger Weg
Roonstr.
Vogelstr.
Hohenzollernring
Innere Kanalstr.
Ehrenfeldgürtel
Subbelrather Str.
Vogelsanger Str.
Äußere Kanalstr.
Maarweg
Vitalisstr.
Decksteiner Str.
Iltisstraße
Butzweilerstraße
Robert-Perthel-Str.
Alte Escher Str.
Escher Str.
Pescher Weg
Longericher Str.
Neusser Str.
Neusser Landstr.
Kempener Str.
Liebigstr.
Industriestr.
Brauweiler Str.
Kölner Str.
Holzstraße
A 1
A 57
A 1 / E 31
A 4 / E 40
102
103
104
28
29
30
11
n
f
r
e
b
s
a

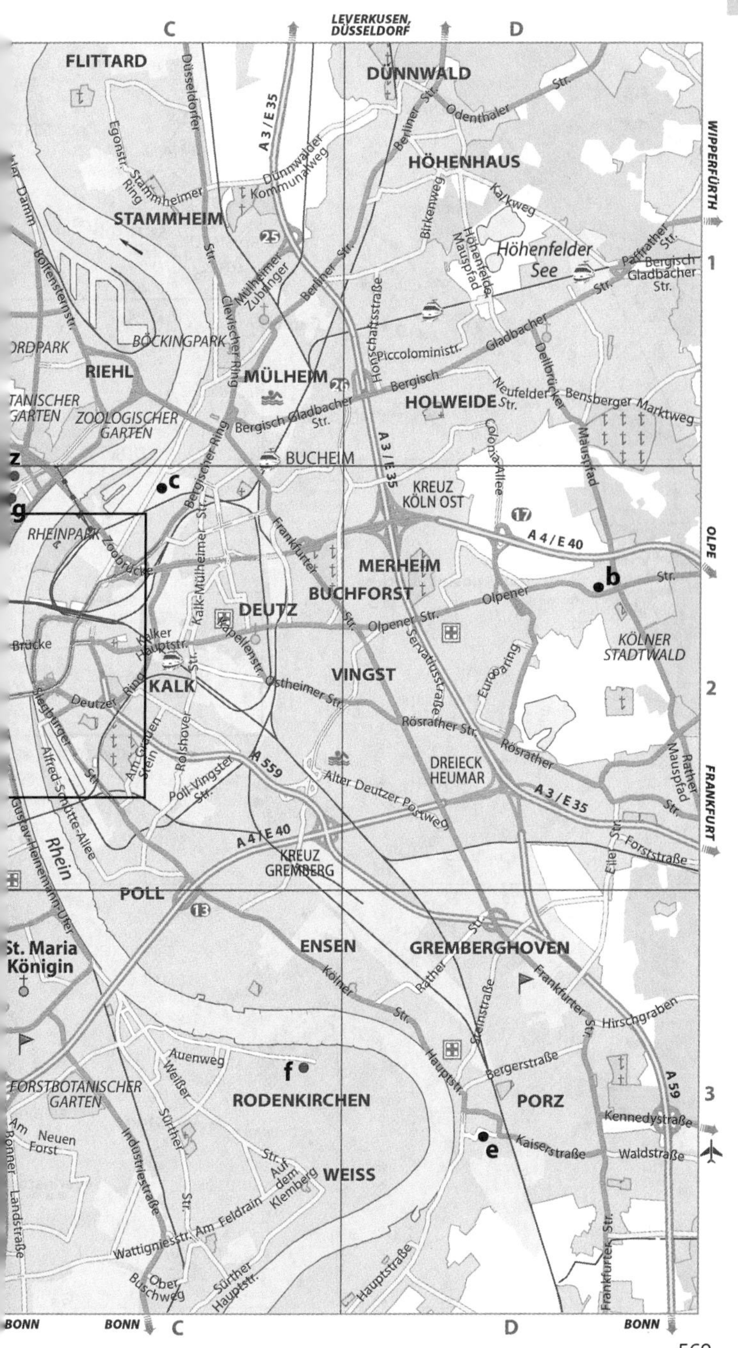
LEVERKUSEN, DÜSSELDORF
C
D
FLITTARD
DÜNNWALD
HÖHENHAUS
STAMMHEIM
Höhenfelder See
BÖCKINGPARK
RIEHL
MÜLHEIM
HOLWEIDE
ZOOLOGISCHER GARTEN
BUCHEIM
KREUZ KÖLN OST
RHEINPARK
MERHEIM
BUCHFORST
DEUTZ
KÖLNER STADTWALD
KALK
VINGST
DREIECK HEUMAR
KREUZ GREMBERG
POLL
ENSEN
GREMBERGHOVEN
St. Maria Königin
FORSTBOTANISCHER GARTEN
RODENKIRCHEN
PORZ
WEISS
Rhein
A 3 / E 35
A 4 / E 40
A 559
A 59
WIPPERFÜRTH
OLPE
FRANKFURT
BONN
1
2
3
a
b
c
e
f
g

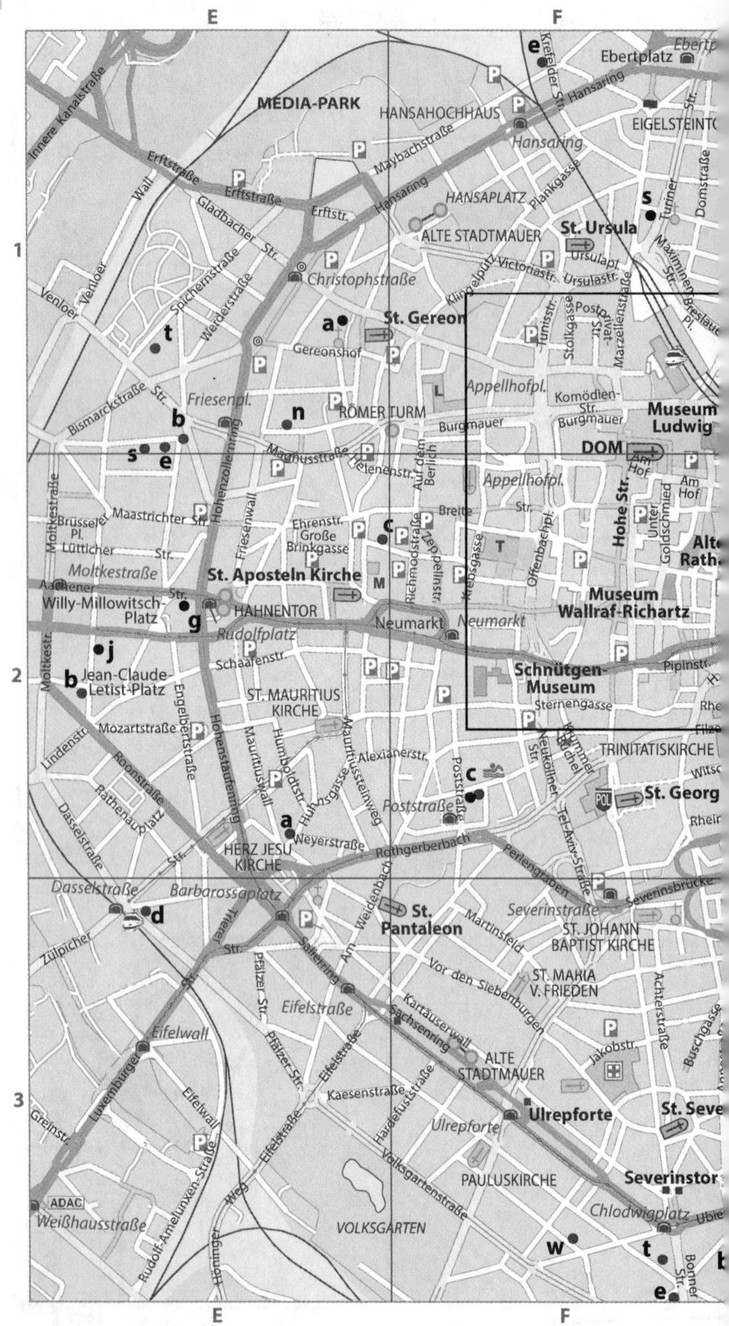
E
F
MEDIA-PARK
HANSAHOCHHAUS
Hansaring
HANSAPLATZ
ALTE STADTMAUER
St. Ursula
EIGELSTEINTO
Ebertplatz
Christophstraße
St. Gereon
Gereonshof
Friesenpl.
RÖMER TURM
Appellhofpl.
Museum Ludwig
DOM
Moltkestraße
St. Aposteln Kirche
HAHNENTOR
Willy-Millowitsch-Platz
Rudolfplatz
Neumarkt
Museum Wallraf-Richartz
Schnütgen-Museum
Jean-Claude-Letist-Platz
ST. MAURITIUS KIRCHE
TRINITATISKIRCHE
St. Georg
Poststraße
HERZ JESU KIRCHE
Dasselstraße
Barbarossaplatz
St. Pantaleon
Severinstraße
ST. JOHANN BAPTIST KIRCHE
ST. MARIA V. FRIEDEN
Eifelstraße
Eifelwall
ALTE STADTMAUER
Ulrepforte
PAULUSKIRCHE
Severinstor
Chlodwigplatz
VOLKSGARTEN
Weißhausstraße
ADAC
1
2
3

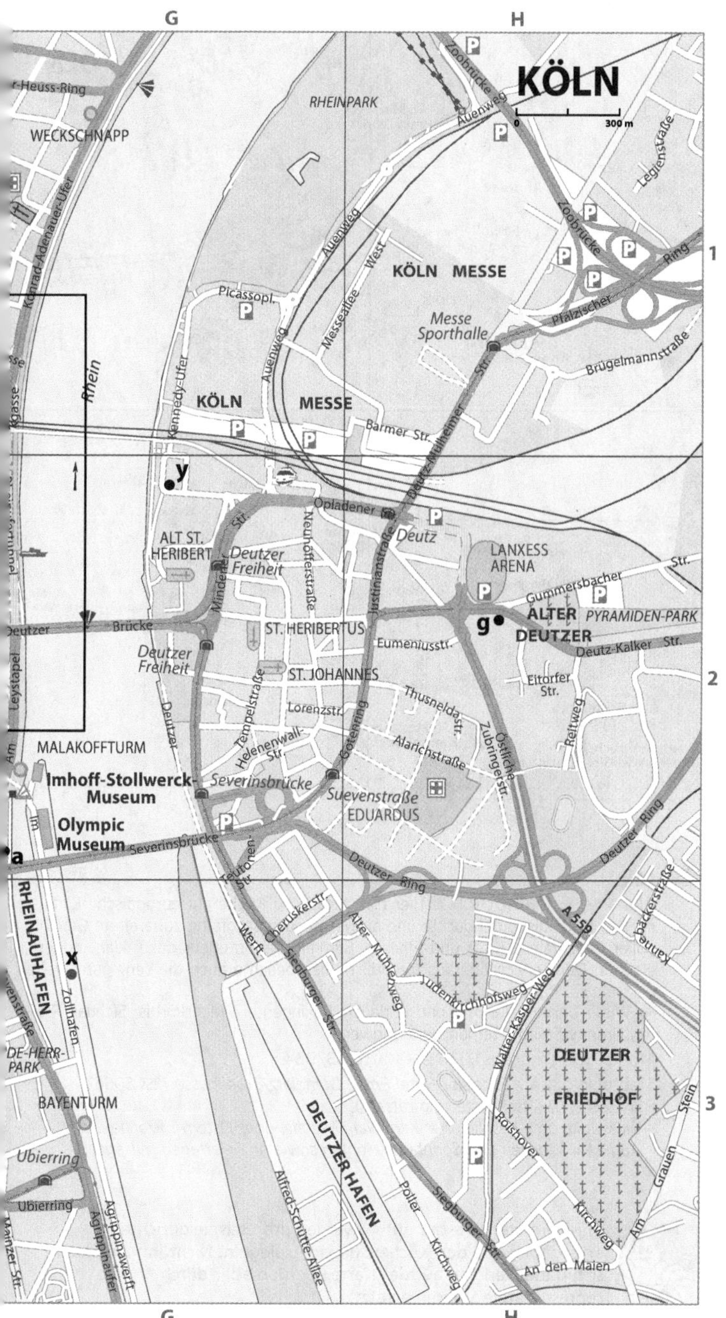

KÖLN
0
300 m
G
H
1
2
3
RHEINPARK
WECKSCHNAPP
KÖLN MESSE
Messe Sporthalle
KÖLN MESSE
Rhein
ALT ST. HERIBERT
Deutzer Freiheit
Deutz
LANXESS ARENA
ALTER DEUTZER
PYRAMIDEN-PARK
ST. HERIBERTUS
ST. JOHANNES
MALAKOFFTURM
Imhoff-Stollwerck-Museum
Olympic Museum
Severinsbrücke
EDUARDUS
RHEINAUHAFEN
BAYENTURM
DEUTZER HAFEN
DEUTZER FRIEDHOF
Zoobrücke
Auenweg
Legienstraße
Ring
Pfälzischer
Brügelmannstraße
Messeallee West
Picassopl.
Kennedy-Ufer
Barmer Str.
Deutz-Mülheimer Str.
Opladener Str.
Mindener Str.
Neuhöfferstraße
Justinianstraße
Gummersbacher Str.
Deutz-Kalker Str.
Eumeniusstr.
Deutzer Brücke
Eitorfer Str.
Thusneldastr.
Reitweg
Tempelstraße
Lorenzstr.
Helenenwall-Str.
Gotenring
Alarichstraße
Zubringerstr.
Östliche
Sueveustraße
Deutzer Ring
Teutonen-Str.
Cheruskerstr.
Alter Mühlenweg
A 559
Kannebäckerstraße
Judenkirchhofsweg
Walter-Kasper-Weg
Werft
Siegburger Str.
Rolshover Kirchweg
Am Grauen Stein
Poller Kirchweg
Alfred-Schütte-Allee
An den Maien
Konrad-Adenauer-Ufer
Leystapel
Zollhafen
Ubierring
Agrippinawerft
Agrippinaufer
Mainzer Str.
y
g
a
x

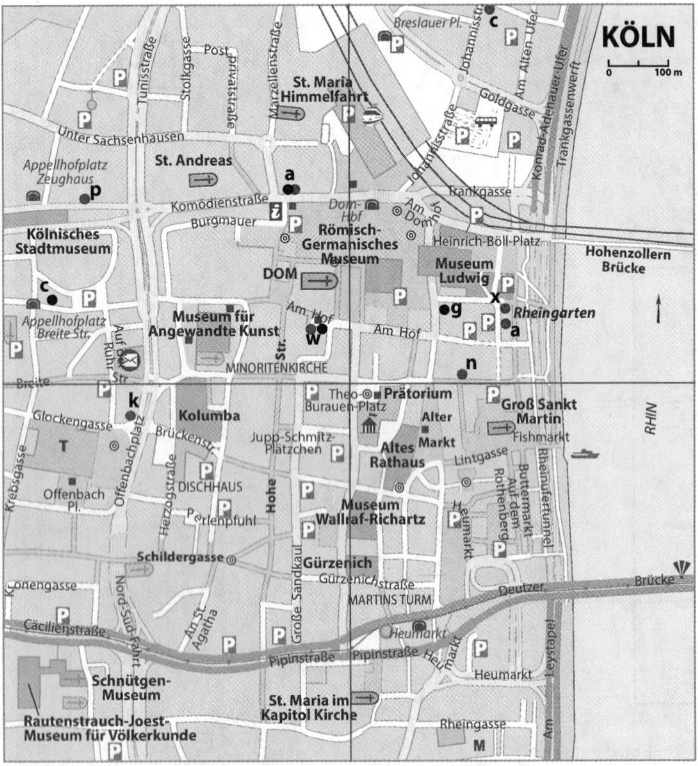

✿ taku

ASIATISCH • GERADLINIG XX Hier trifft asiatische Küche auf europäische Einflüsse. Das Ergebnis: durchdachte und ausgesprochen sorgfältig zubereitete Gerichte voller Geschmack, Kraft und Finesse. Stimmig das Interieur dazu: klar, modern, elegant. Der Service überaus freundlich. Man beachte auch die sehr gute Weinauswahl samt Sake.

➜ Wilde Garnele, Karotte und Bärlauch. Pekingente, Wachskürbis, Sichuan Pfeffer. Granny Smith, Sternanis und Ingwer.

Menü 75 € (mittags)/135 € – Karte 53/93 €

Stadtplan : J1-a – *Excelsior Hotel Ernst, Domplatz/Trankgasse 1 ✉ 50667 – ✆ 0221 2701 (Tischbestellung ratsam) – www.taku.de – geschl. über Karneval 1 Woche, über Ostern 1 Woche, Juli - August 4 Wochen und Sonntag - Montag sowie an Feiertagen mittags*

In jedem Sternerestaurant ✿ werden drei Beispielgerichte angegeben, die den Küchenstil widerspiegeln. Nicht immer finden sich diese Gerichte auf der Karte, werden aber durch andere repräsentative Speisen ersetzt.

✿ **Alfredo** (Roberto Carturan)

ITALIENISCH • FREUNDLICH XX Was Sie bei Roberto Carturan erwartet? Authentizität, erstklassige Produkte, eine eigene, klare und betont schlichte Linie und vor allem Geschmack! Lassen Sie sich Menü und Wein am Tisch empfehlen. Ein schönes, angenehm legeres Restaurant zum Wohlfühlen.

→ Wilde rote Garnelen auf mariniertem Fenchel und junger Kresse. Cappellacci mit Taschenkrebsfüllung und Krustentiersud. Steinbutt mit Artischockenherzen und Venusmuscheln.

Menü 56/98 € - Karte 57/84 €

Stadtplan : J2-k - *Tunisstr. 3 ✉ 50667 - ✆ 0221 2577380 (Tischbestellung ratsam) - www.ristorante-alfredo.com - geschl. Juli - August 3 Wochen und Samstag - Sonntag sowie an Feiertagen*

✿ **La Société**

KLASSISCHE KÜCHE • NACHBARSCHAFTLICH XX Küche, Service, Weinempfehlung, Ambiente... Hier freut man sich nicht nur auf richtig gute klassische Küche mit modern-regionalen Elementen (als Auftakt gibt es "Kölsche Tapas"), man wird auch charmant umsorgt und die Atmosphäre ist gemütlich, fast schon intim, sehenswert die Deko!

→ Glacierte Gänseleber mit Morchel, Erbse und Sherry. Seeteufel im Ganzen gebraten mit Thai-Hummerschaum und Pak Choi. Taube an der Karkasse gebraten mit Apfel, Walnuss und Radieschen.

Menü 55/119 € - Karte 61/99 €

Stadtplan : E3-d - *Kyffhäuser Str. 53 ✉ 50674 - ✆ 0221 232464 (Tischbestellung ratsam) - www.restaurant-lasociete.de - nur Abendessen - geschl. Juli 2 Wochen*

✿ **L'escalier** (Maximilian Lorenz)

MODERNE KÜCHE • BISTRO XX Klein, intim, gemütlich. In sympathischer Bistro-Atmosphäre kommt man in den Genuss feiner moderner Küche auf klassischer Basis. Am Abend die Menüs "Innovation" und "Tradition", zum Lunch das "Brasserie-Menü" oder das "Mittags-Gourmetmenü".

→ Gegrillte Jakobsmuschel, Kalbsmarkknochen, Liebstöckel, junger Knoblauch. "Ganzes Reh" Kräuterseitlinge, Tropea Zwiebel, Zitrone. Bratkartoffel, Kümmelparfait, Petersilie, Zwiebel.

Menü 49 € (mittags)/109 € (abends)

Stadtplan : E2-b - *Brüsseler Str. 11 ✉ 50674 - ✆ 0221 2053998 (Tischbestellung ratsam) - www.lescalier-restaurant.de - geschl. Sonntag - Montag*

✿ **maiBeck** (Jan C. Maier und Tobias Becker)

MODERNE KÜCHE • TRENDY X "Einfach gute Küche" - so beweisen die beiden Patrons Jan C. Maier und Tobias Becker in dem netten lebendigen Bistro, dass Sterneküche nicht kompliziert sein muss, sondern von tollen Produkten und feinem Geschmack lebt - und das auch noch bezahlbar! Versierter, legerer Service. Schöne Terrasse mit Rheinblick.

→ Tatar vom Eifeler Rind, Rauchaal, Sanddorn, Sellerie. Weiße Polenta, Artischocke, Bärlauch, Sonnenblumenkerne. Scheveninger Makrele, Rübchen, Raps & Monschauer Senf.

Menü 46 € - Karte 34/56 €

Stadtplan : K1-x - *Am Frankenturm 5 ✉ 50667 - ✆ 0221 96267300 (Tischbestellung ratsam) - www.maibeck.de - geschl. Montag*

✿ **Ox & Klee**

MODERNE KÜCHE • CHIC X Bei Daniel Gottschlich im mittleren Kranhaus geht es modern zu: Das gilt sowohl für das schöne trendige Design als auch für die Küche mit ihrer eigenen Handschrift. Hier heißt es überraschen lassen - nur so viel: Es gibt 4 - 9 Gänge, allesamt kreativ, durchdacht und ausgewogen. Dazu die Food-Bar "Bayleaf".

→ Hecht und Kaviar mit Artischocke, Gurke und schwarzem Trüffel. Spargel-Kimchi mit Paranuss, Verjus und neuen Kartoffeln. Gebratene Jakobsmuschel mit Orangenschale, Pesto von getrockneten Blüten und Wildhasenessenz.

Menü 84/159 €

Stadtplan : G3-x - *Im Zollhafen 18, (im Kranhaus 1) ✉ 50678 - ✆ 0221 16956603 (Tischbestellung ratsam) - www.oxundklee.de - nur Abendessen - geschl. Sonntag - Montag sowie an Feiertagen*

WeinAmRhein

INTERNATIONAL • CHIC X Stylish und chic das Interieur, aufmerksam und charmant der Service, dazu eine moderne, aber dennoch klassisch basierte Küche voller Geschmack und Finesse. Man verarbeitet sehr gute, topfrische Produkte und ist preislich ausgesprochen fair. Weinliebhabern wird die Weinkarte gefallen!
➜ Kalbsherzbries, Kartoffel-Millefeuille, Pfifferlinge. Confierter Kabeljau, schwarzer Reis, Ratatouilleschaum, grüne Bohnen. Brownie, Himbeersorbet, weiße Schokolade, Pekannuss.

Menü 22 € (mittags unter der Woche)/59 € - Karte 36/65 €

Stadtplan : K1-c - *Johannisstr. 64 ✉ 50668 - ✆ 0221 91248885 - www.weinamrhein.eu - geschl. über Weihnachten, Juli - August 3 Wochen und Samstagmittag, Sonntag - Montag sowie an Feiertagen*

Capricorn [i] Aries Brasserie

FRANZÖSISCH-KLASSISCH • BISTRO X Eine Brasserie, wie man sie sich wünscht: sympathisch-ungezwungen, gemütlich, lebendig! Und genauso unkompliziert ist auch die schmackhafte Küche, von "Skrei in Schnittlauchsauce" über "sous-vide gegarte Lammkeule" bis "Schnecken in Café de Paris Butter". Charmant der Service.

Menü 25 € (mittags)/59 € - Karte 27/53 €

Stadtplan : F3-b - *Alteburgerstr. 31 ✉ 50678 - ✆ 0221 3975710 - www.capricorniaries.com - geschl. Samstagmittag, Sonntag, Mittwoch*

Metzger & Marie

TRADITIONELLE KÜCHE • RUSTIKAL X Ein gelernter Metzger und ein ehemaliges Funkenmariechen bieten hier Traditionelles, sowohl in Sachen Ambiente (sympathisch der Mix aus rustikal und modern) als auch in der Küche: Wiener Schnitzel, Sauerbraten, aber auch Vegetarisches, dazu schöne deutsche und österreichische Weine. Jung-legere Atmosphäre.

Karte 34/60 €

Stadtplan : B2-b - *Kasparstr. 19 ✉ 50670 - ✆ 0221 99879353 (Tischbestellung ratsam) - www.metzgermarie.de - nur Abendessen - geschl. Dienstag - Mittwoch*

Hanse Stube

KLASSISCHE KÜCHE • KLASSISCHES AMBIENTE XXX Die "gute Stube" der Stadt ist das zweite und ebenfalls niveauvolle Restaurant des Hauses. Die Atmosphäre ist stilvoll-elegant, den klassischen Service erlebt man z. B. bei der am Tisch tranchierten Ochsenbrust. Wunderbare Weinauswahl.

Menü 78 € (mittags)/118 € - Karte 55/86 €

Stadtplan : J1-a - *Excelsior Hotel Ernst, Domplatz/Trankgasse 1 ✉ 50667 - ✆ 0221 2701 - www.excelsiorhotelernst.com*

Pure White Foodclub

GRILLGERICHTE • TRENDY XX Im Schwesterbetrieb des trendigen Bistros "Pure White" gleich um die Ecke geht es komfortabler zu, das kulinarische Konzept ist ähnlich: absolute Spitzenprodukte, puristisch-geschmackvoll auf dem Josper-Holzkohlegrill zubereitet. Vom richtigen Platz aus können Sie in die Küche schauen!

Karte 42/114 €

Stadtplan : E1-b - *Brabanter Str. 48 ✉ 50672 - ✆ 0221 96026556 - www.pure-white-food.de - nur Abendessen - geschl. Sonntag - Mittwoch*

d/\blju "W"

INTERNATIONAL • TRENDY XX Klare Linien und warme Töne schaffen hier ein modern-elegantes Design, durch die große Fensterfront schaut man auf die begrünte Terrasse. Aus der Küche kommt Regionales.

Menü 45/59 € - Karte 31/50 €

Stadtplan : F2-c - *Hotel Im Wasserturm, Kaygasse 2 ✉ 50676 - ✆ 0221 2008180 - www.hotel-im-wasserturm.de - geschl. Samstagmittag, Sonntagmittag*

Em Krützche

KLASSISCHE KÜCHE • TRADITIONELLES AMBIENTE XX Kölner-Zimmer, Schankraum, Delfter-Zimmer... Charmant-rustikal ist das historische Gasthaus (Familienbetrieb seit 1971). Spezialität ist z. B. Rheinischer Sauerbraten und im Winter Gans! Elegant: Kaminzimmer und Chippendale-Zimmer im OG.

Menü 35/59 € – Karte 33/56 €

Stadtplan : K1-a – *Am Frankenturm 1 ✉ 50667 – ✆ 0221 2580839 (abends Tischbestellung ratsam)*
– www.em-kruetzche.de – geschl. 23. - 25. Dezember, 26. März - 3. April und Montag

Poisson

FISCH UND MEERESFRÜCHTE • BISTRO X Der Name sagt es bereits, hier stehen Fisch und Meeresfrüchte im Mittelpunkt: Austern, gebratene Calamaretti, bretonischer Seeteufel oder geangelter Wolfsbarsch... Lassen Sie die erstklassigen Produkte vor Ihren Augen in der offenen Küche zubereiten! Tipp für Autofahrer: Parkhaus gleich nebenan.

Menü 32 € (mittags)/75 € – Karte 55/98 €

Stadtplan : E2-c – *Wolfsstr. 6 ✉ 50667 – ✆ 0221 27736883 (Tischbestellung ratsam)*
– www.poisson-restaurant.de – geschl. über Karneval und Sonntag - Montag sowie an Feiertagen

Zippiri Gourmetwerkstatt

SARDISCH • FREUNDLICH X Die Betreiberfamilie - Gastronomen mit Leib und Seele - hat sardische Wurzeln, und die lässt man auch in die Küche miteinfließen. Aus sehr guten Produkten entsteht Schmackhaftes wie "Tagliata vom Pferdefilet auf Rucola und Parmesan".

Menü 60/99 € – Karte 48/109 €

Stadtplan : C2-z – *Riehler Str. 73 ✉ 50668 – ✆ 0221 92299584*
– www.zippiri.de – nur Abendessen, sonntags auch Mittagessen – geschl. 1. - 4. Januar, 6. - 21. Februar, 22. - 29. Mai, 27. August - 23. September und Dienstag

Thormann

KLASSISCHE KÜCHE • INTIM X In dem kleinen Restaurant serviert man Ihnen in charmant-persönlicher Atmosphäre eine klassisch geprägte Küche, die z. B. als "Entrecôte von der spanischen Milchkuh in Sherry-Schokoladenjus" daherkommt. Dazu freundlicher Service.

Menü 35/75 € – Karte 43/58 €

Stadtplan : F3-t – *Elsaßstr. 4 ✉ 50677 – ✆ 0221 3104491*
– www.restaurant-thormann.de – nur Abendessen – geschl. Anfang Januar 1 Woche, über Karneval 1 Woche, Ende Juli 2 Wochen und Montag

ACHT

INTERNATIONAL • TRENDY X Eine trendig-urbane Adresse in den Spichernhöfen am Rande des Belgischen Viertels. Man sitzt an blanken Holztischen, schaut in die Küche und speist Saisonal-Internationales wie "Tatar vom U.S. Beef" oder "Fischsuppe ACHT". Schöner Innenhof.

Menü 43/53 € – Karte 35/70 €

Stadtplan : E1-t – *Spichernstr. 10 ✉ 50672 – ✆ 0221 16818408*
– www.restaurant-acht.de – nur Abendessen – geschl. Weihnachten - Neujahr und Sonntag sowie an Feiertagen

The New Yorker Long Island Grill & Bar

INTERNATIONAL • TRENDY X Überaus einladend ist hier schon die Location in der Agrippinawerft mit Museen und dem Rhein vor der Tür - wunderbar die Terrasse! Schwerpunkt der internationalen Küche sind Grillgerichte wie "halber gegrillter Hummer, Tagliarini, Aioli".

Karte 34/60 €

Stadtplan : G3-a – *Agrippinawerft 30 ✉ 50678 – ✆ 0221 920710*
– www.long-island.eu – geschl. Samstagmittag, Sonntagmittag, Montag

Wein & Dine

MODERNE KÜCHE • TRENDY Trendige und gleichzeitig warme Atmosphäre, offene Küche, freundlich-sympathischer Service - so kommt das schicke kleine Restaurant daher. Gekocht wird modern-international, so z. B. "Wilder Wolfsbarsch, Erbsenpüree, Berglinsen, Rote Bete".

Menü 13 € (mittags unter der Woche)/52 € - Karte 34/55 €

Stadtplan : B2-a - *Clever Str. 32 ✉ 50670 - ✆ 0221 91391875 - www.wein-dine.de - geschl. über Karneval und Sonntag - Montag*

Nada

INTERNATIONAL • HIP "Gegrillter Oktopus mit warmem Ziegenkäse, Birne, Rübstiel" oder "Geschmortes und Gebratenes vom Eifeler Lamm, grüne Bohnen, Ratatouille-Remoulade" - so die moderne internationale Küche. Das Ambiente: ein hoher runder Raum in warmen Tönen, über Ihnen ein markanter Leuchter an violetter Decke!

Menü 45/98 € - Karte 38/71 €

Stadtplan : C2-g - *Clever Str.32 ✉ 50668 - ✆ 0221 88899944 - www.nadakoeln.de - nur Abendessen - geschl. Sonntag sowie an Feiertagen*

Gruber's Restaurant 

ÖSTERREICHISCH • FREUNDLICH Lust auf Wiener Schnitzel, Tafelspitz oder Kaiserschmarrn? Typische österreichische Schmankerln, aber auch Internationales sowie Wein und Kaffee aus der Alpenrepublik gibt es hier in freundlich-legerer Atmosphäre (sehenswert: die Hundertwasser-Replikate). Beliebt für Snacks ist die "Österia" nebenan.

Menü 20 € (mittags)/72 € - Karte 43/72 €

Stadtplan : C2-g - *Clever Str. 32 ✉ 50668 - ✆ 0221 7202670 - www.grubersrestaurant.de - geschl. über Weihnachten und Samstagmittag, Sonntag sowie an Feiertagen*

Heising und Adelmann

INTERNATIONAL • BISTRO Ein lebendiges Bistro - im Eingangsbereich die Bar, draußen eine tolle Terrasse. Zur kleinen Auswahl an internationalen Gerichten - z. B. "gebratene Scampi auf Paprika-Gazpacho" - gibt es eine gute Weinkarte, die fair kalkuliert ist.

Menü 33/69 € - Karte 39/55 €

Stadtplan : E1-n - *Friesenstr. 58 ✉ 50670 - ✆ 0221 1309424 - www.heising-und-adelmann.de - nur Abendessen - geschl. Sonntag - Montag*

Sorgenfrei

INTERNATIONAL • FREUNDLICH Eine wirklich nette lebendige Adresse im Belgischen Viertel, die mit internationaler Küche (z. B. "Kabeljau mit Kamille, Gurke, Fenchel" oder "Steak Frites" als Klassiker) sowie mit schönen europäischen Weinen lockt (nebenan hat man auch eine Weinhandlung). Mittags kleineres Angebot samt Plat du jour.

Menü 39/55 € (abends) - Karte 37/59 €

Stadtplan : E1_2-s - *Antwerpener Str. 15 ✉ 50672 - ✆ 0221 3557327 - www.sorgenfrei-koeln.com - geschl. über Karneval und Samstagmittag, Sonntag und an Feiertagen*

Pure White 

FISCH UND MEERESFRÜCHTE • NACHBARSCHAFTLICH Locker-leger hat man es hier nahe dem Friesenplatz, in der Küche nur top Produkte! Probieren Sie die norwegische Kingcrab, Austern oder wilden Heilbutt! Oder lieber Fleisch? Dry Aged Beef aus den USA, Schottland oder Japan vom Josper-Grill.

Karte 41/115 €

Stadtplan : E1_2-e - *Antwerpener Str. 5 ✉ 50672 - ✆ 0221 29436507 (Tischbestellung ratsam) - www.pure-white-food.de - nur Abendessen - geschl. Sonntag*

Teatro

ITALIENISCH • TRENDY Italienisch speisen heißt es in dem lebendig-sympathischen Restaurant. Dekorativ: Schwarz-Weiß-Fotos diverser Filmstars in einem der beiden Räume, Theaterkulisse als Wandbild im anderen.

Menü 16 € (mittags)/75 € (abends) – Karte 31/68 €

Stadtplan : F3-e – *Zugweg 1 ✉ 50677*
– ✆ 0221 80158020 (Tischbestellung ratsam)
– www.teatro-ristorante.de – geschl. Dienstag, Samstagmittag, Sonntagmittag

Höhns Biergarten

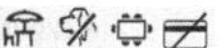

TRADITIONELLE KÜCHE • RUSTIKAL Appetit auf "Kotelett vom Tiroler Milchkalb mit Pfifferlingen und Schnittlauchpüree" oder "Himmel un Ääd"? In sympathischer Brasserie-Atmosphäre gibt es bürgerliche Küche - schnörkellos, frisch, schmackhaft. Schöner Biergarten hinterm Haus.

Menü 36 € – Karte 43/64 €

Stadtplan : C3-c – *Bonner Str. 381 ✉ 50968*
– ✆ 0221 3481293
– www.hoehns-biergarten.de – nur Abendessen – geschl. Montag - Dienstag, Samstagmittag

Kölsche Wirtschaften:

typische, urige kölsche Gaststätten. Regionale Speisen und ein gepflegtes Kölsch vom Fass

Haus Töller

REGIONAL • TRADITIONELLES AMBIENTE Das einstige "Steynen Huys" von 1343 ist wirklich etwas für Liebhaber: Original sind Holztische und Dielenboden, Kassettendecke und "Beichtstuhl". Spezialitäten: Grillhaxe, Rheinischer Sauerbraten (vom Pferd) und freitagabends Reibekuchen, dazu Päffgen Kölsch vom Fass.

Karte 22/30 €

Stadtplan : E2-a – *Weyerstr. 96 ✉ 50676*
– ✆ 0221 2589316 (Tischbestellung ratsam)
– www.haus-toeller.de – nur Abendessen – geschl. Weihnachten - Mitte Januar, Juni - August und Sonntag sowie an Feiertagen

Peters Brauhaus

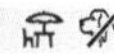

REGIONAL • GEMÜTLICH In dieses klassische Brauhaus geht man natürlich in erster Linie, um sein Kölsch vom Fass zu genießen (serviert vom Köbes), doch auch die Räume hinter der schön verzierten Fassade verdienen Beachtung! Zum Bier gibt's deftiges Essen.

Karte 18/53 €

Stadtplan : K1-n – *Mühlengasse 1 ✉ 50667*
– ✆ 0221 2573950
– www.peters-brauhaus.de – geschl. über Weihnachten

Früh am Dom

REGIONAL • TRADITIONELLES AMBIENTE Das ist eines der größten Brauhäuser Deutschlands (rund 1200 Gäste passen hier rein) und ein Muss für jeden Köln-Besucher! Gebraut wird seit 1904 - und immer schon werden Kölsch und typische Speisen an blanken Tischen vom Köbes serviert!

Karte 15/38 €

Stadtplan : J1-w – *Am Hof 12 ✉ 50667*
– ✆ 0221 2613215
– www.frueh-gastronomie.de

Hotels

Excelsior Hotel Ernst

GROSSER LUXUS • KLASSISCH Das Grandhotel von 1863 - direkt gegenüber dem Dom - ist das Flaggschiff der Kölner Hotellerie und ein Ort mit Charme, Stil und unaufdringlichem Luxus, klassisch und modern zugleich. Der Service sucht seinesgleichen, in den Classic-Zimmern ebenso wie in den edlen Suiten.

137 Zim - †180/420 € ††180/510 € - 19 Suiten - ☕ 32 €

Stadtplan : J1-a - *Domplatz/Trankgasse 1* ✉ *50667* - ✆ *0221 2701* - *www.excelsiorhotelernst.com*

✿ **taku** • **Hanse Stube** - siehe Restaurantauswahl

Marriott

BUSINESS • MODERN Komfortabel und geschmackvoll wohnt man in dem Hotel im Herzen der Stadt - Rhein, Hauptbahnhof und Dom sind ganz in der Nähe. Toll die Dom-Suite mit großer Dachterrasse und grandiosem Blick. In der Brasserie "Fou" geht es französisch zu.

355 Zim - †129/499 € ††139/499 € - 10 Suiten - ☕ 27 €

Stadtplan : FG1-d - *Johannisstr. 76* ✉ *50668* - ✆ *0221 942220* - *www.koelnmarriott.de*

Savoy

BUSINESS • INDIVIDUELL Sie suchen etwas Besonderes mit glamourösem Touch? Hochwertig und individuell die Zimmer (New York, Venedig...), chic die Appartements, attraktiv der Spa, schön das Frühstück mit Blick in den sehenswerten Innenhof! Abends speist man im Restaurant Mythos, mittags in der Bar Divas, dazu eine tolle Dachterrasse.

145 Zim - †147/179 € ††194/285 € - 5 Suiten - ☕ 25 €

Stadtplan : F1-s - *Turiner Str. 9* ✉ *50668* - ✆ *0221 16230* - *www.savoy.de*

Im Wasserturm

HISTORISCH • DESIGN Der imposante 140 Jahre alte Wasserturm ist nach wie vor eine Besonderheit! Die Lobby ein echter Hingucker mit den aparten hohen Backsteinwänden und freischwebenden Zugängen zu den überaus wohnlichen Zimmern.

88 Zim - †145/245 € ††160/345 € - 33 Suiten - ☕ 29 €

Stadtplan : F2-c - *Kaygasse 2* ✉ *50676* - ✆ *0221 20080* - *www.hotel-im-wasserturm.de*

✿ **Himmel un Äd** • **d/\blju "W"** - siehe Restaurantauswahl

Steigenberger

BUSINESS • TRENDIG Direkt am Rudolfplatz erwartet Sie schönes modernes Design in warmen Farben und klaren Formen, von der großen Lobby bis in die chic und durchdacht gestalteten Zimmer (alle mit Nespresso-Maschine und technisch "up to date"). Das Restaurant bietet Internationales. Praktisch: öffentliche Tiefgarage unterm Haus.

304 Zim - †109/575 € ††109/575 € - 1 Suite - ☕ 25 €

Stadtplan : E2-g - *Habsburgerring 9* ✉ *50674* - ✆ *0221 2280* - *www.koeln.steigenberger.com*

THE QVEST hideaway

BOUTIQUE-HOTEL • DESIGN Kein Hotel von der Stange, das einstige Stadtarchiv! Chic der Mix aus Neogotik, Design und Kunst, die Atmosphäre leger, die Gästebetreuung sehr gut und individuell. Ihnen gefällt ein Möbelstück oder ein Accessoire? Sie können es kaufen!

33 Zim - †140/450 € ††180/650 € - 1 Suite - ☕ 20 €

Stadtplan : E1-a - *Gereonskloster 12* ✉ *50670* - ✆ *0221 2785780* - *www.qvest-hotel.com*

art'otel cologne

URBAN • DESIGN Hotel und Galerie in einem: trendiges Design, sehr gute Technik mit kostenfreiem W-Lan sowie überall im Haus Werke der koreanischen Künstlerin SEO, dazu eine tolle Dachterrasse. Das stylische Ambiente des Hotels setzt sich im Restaurant fort - schön der Blick auf Rheinhafen und Schokoladenmuseum.

217 Zim - 89/890 € 89/890 € - 1 Suite - 20 €

Stadtplan : G2-a - *Holzmarkt 4* 50676 - *0221 801030* - *www.artotels.com/cologne*

Hopper Hotel et cetera

URBAN • INDIVIDUELL Das einstige Kloster liegt im Belgischen Viertel. In allen Zimmern designorientierte Einrichtung, wertiges Eukalyptus-Parkett, Marmorbäder und kostenfreies W-Lan. Hübscher Innenhof.

49 Zim - 99/155 € 125/155 € - 1 Suite - 13 €

Stadtplan : E2-j - *Brüsseler Str. 26* 50674 - *0221 924400* - *www.hopper.de - geschl. 23. Dezember - 7. Januar*

Eden Hotel Früh am Dom

URBAN • MODERN Topaktuell und auf Wunsch mit Domblick, so wohnen Sie hier. Auf die Aussicht braucht man auch beim Frühstück nicht zu verzichten, ebenso wenig bei Tagungen oder im Restaurant (das "Hof 18" wurde übrigens an einem 18. eröffnet und bietet 18 Gerichte - nettes Zahlenspiel!).

78 Zim - 90/230 € 115/255 €

Stadtplan : J1-w - *Sporergasse 1* 50667 - *0221 2613295* - *www.hotel-eden.de*

Humboldt1

BOUTIQUE-HOTEL • INDIVIDUELL Schon eine spezielle Adresse, dieses sympathisch-persönlich geführte kleine Boutique-Hotel! Die Zimmer sind hochwertig und mit individueller Note eingerichtet - besonders hübsch ist Zimmer Nr. 6: eine Maisonette mit Bad unterm Dach.

7 Zim - 165/289 € 269/429 €

Stadtplan : J1-c - *Kupfergasse 10, (1. Etage)* 50667 - *0221 27243387* - *www.humboldt1.de*

In Köln-Brück Ost: 13 km

Gut Wistorfs

LANDHAUS • GEMÜTLICH Wenn Sie lieber etwas außerhalb von Köln wohnen, ist der Gutshof a. d. 17. Jh. ideal: behaglicher Landhausstil, Zimmer mit allergikerfreundlichem Fliesenboden, meist zum ruhigen Innenhof. Internationale und regionale Küche, gemütliche Bar für Aperitif, Digestif oder ein Bier. Tolle Veranstaltungsscheune.

13 Zim - 72 € 93/113 €

Stadtplan : D2-b - *Olpener Straße 845* 51109 - *0221 8804790* - *www.gut-wistorfs.de*

In Köln-Dünnwald Nord-Ost: 13 km über Berliner Straße D1

Waldschenke

REGIONAL • RUSTIKAL Hier hat man dem schön gelegenen denkmalgeschützten Fachwerkhaus neues Leben eingehaucht: moderner Stil und helle, warme Töne kombiniert mit rustikaler Note, draußen die hübsche Terrasse. Spezialität: geschmorte Ochsen- oder Kalbsbacken.

Karte 25/51 €

Am Kunstfeld 41 51069 - *0221 97771699* - *www.waldschenkekoeln.de - geschl. über Karneval 1 Woche, Ende September 2 Wochen und Montag*

In Köln-Deutz

Hyatt Regency

LUXUS • KLASSISCH Das Businesshotel liegt zwar auf der "Schäl Sick", also auf der "falschen" (rechten) Rheinseite, doch von hier hat man den besten Blick auf den Dom! Das Haus strahlt wohnliche Eleganz aus, die Zimmer sind äußerst komfortabel, der Service sehr gut. Internationales im Restaurant Glashaus im 1. OG, mit Sushibar.

288 Zim – 180/900 € 180/900 € – 18 Suiten – 30 €

Stadtplan : G2-y – *Kennedy-Ufer 2a* ✉ *50679* – *0221 8281234* – *www.cologne.regency.hyatt.de*

Stadtpalais

BUSINESS • MODERN Gegenüber der LANXESS-Arena hat man das ehemalige Kaiser-Wilhelm-Bad zum Hotel umgebaut. Historisches trifft auf moderne "Pott"-Architektur, der sehenswerte Original-Fliesenspiegel in der Halle gibt die schöne Farbgestaltung vor. Absacker in "Bio's Bar" - hier auch Leihgaben von Namensgeber Alfred Biolek.

115 Zim – 155/319 € 175/339 €

Stadtplan : H2-g – *Deutz-Kalker-Str. 52* ✉ *50679* – *0221 880420* – *www.hotelstadtpalais.de*

In Köln-Ehrenfeld

Carls

INTERNATIONAL • NACHBARSCHAFTLICH Sie mögen's sympathisch-nachbarschaftlich? Dann wird Ihnen diese charmante bürgerlich-rustikale Adresse gefallen, und die Küche kommt auch an: international-regional, von "Thunfischsteak mit Chicorée-Zitronen-Risotto" bis "Himmel un Äd".

Karte 24/49 €

Stadtplan : B1_2-e – *Eichendorffstr. 25, (Neu Ehrenfeld)* ✉ *50823* – *0221 58986656* – *www.carlsrestaurant.de – nur Abendessen – geschl. über Karneval, Mitte Juni - Mitte Juli und Montag - Dienstag*

In Köln-Junkersdorf

Brenner'scher Hof

LANDHAUS • GEMÜTLICH Wer's mediterran mag, wird sich auf dem schönen Anwesen von 1754 wohlfühlen: warme Farben und liebenswerte Deko, hübsch im Sommer der Innenhof! Direkt am Haus die Restaurants "Anno Pomm" (hier dreht sich alles um die Kartoffel) und "Fischermanns'" mit internationaler Küche. BAB und City sind gut erreichbar.

38 Zim – 90/245 € 110/265 € – 2 Suiten

Stadtplan : A2-f – *Wilhelm-von-Capitaine-Str. 15* ✉ *50858* – *0221 9486000* – *www.brennerscher-hof.de*

In Köln-Lindenthal

ZEN Japanese Restaurant

JAPANISCH • GERADLINIG Mitten in einem Wohngebiet erwartet Sie die wohl authentischste japanische Küche der Stadt, und das zu fairem Preis! Aus frischen Produkten entstehen hier neben Sushi und Sashimi z. B. "Kimpira Gobou" (gekochte Schwarzwurzel) oder "Harami Yakiniku" (gegrilltes Rindfleisch). Puristisch-leger die Atmosphäre.

Karte 23/72 €

B2 – *Bachemer Str. 236* ✉ *50935* – *0221 28285755 (Tischbestellung ratsam)* – *www.restaurant-zen.de – nur Abendessen – geschl. Montag*

In Köln-Mülheim

The New Yorker

BUSINESS • DESIGN Das Motto: "Enjoy the difference"! Der Individualgast findet hier das Schöne, das Ausgefallene, Kunst und Design. Sie bleiben länger? Man hat fünf tolle Lofts sowie Apartments. Für Hausgäste Snacks und Bistrogerichte, sehr gut das Frühstück. Begrünter Innenhof inmitten der Industriearchitektur!

40 Zim – 91/221 € 111/241 € – 18 €

Stadtplan : C2-c – *Deutz-Mühlheimer-Str. 204 ✉ 51063 – ✆ 0221 22147330 – www.thenewyorker.de*

In Köln-Müngersdorf

Maître im Landhaus Kuckuck (Erhard Schäfer)

FRANZÖSISCH-KLASSISCH • ELEGANT XXX Erhard Schäfer ist einer der Großmeister der kulinarischen Klassik in der Domstadt. In seinem kleinen Gourmetrestaurant bietet er finessenreiche Gerichte in Menüform, aber auch à la carte, die mit erstklassigen Produkten erfreuen. Schön auch die Lage beim Sportpark, gleich um die Ecke das FC-Stadion.

→ Duett von der Gänseleber mit Akazienhonig und Orangen Brioche. Rinder Short Ribs 24 Std. gegart mit Kichererbsen, Maniokwurzel, schwedische Maulbeeren. Kaffee Dessert mit Passionsfrucht.

Menü 109/129 € – Karte 77/93 €

Stadtplan : A2-r – *Olympiaweg 2, Zuhfahrt über Roman-Kühnel-Weg ✉ 50933 – ✆ 0221 485360 (Tischbestellung erforderlich) – www.landhaus-kuckuck.de – nur Abendessen – geschl. 5. - 14. Februar, 26. März - 8. April, 16. Juli - 12. August und Montag - Dienstag*

Landhaus Kuckuck – siehe Restaurantauswahl

Landhaus Kuckuck

REGIONAL • ELEGANT XX Ein Kleinod außerhalb der hektischen City: herrlich im Grünen gelegen und elegant im englischen Landhausstil gehalten. Drinnen oder auf der wunderschönen Terrasse lässt man sich z. B. "Atlantik-Kabeljau in der Meerrettichkruste" schmecken.

Menü 42 € – Karte 45/63 €

Stadtplan : A2-r – *Restaurant Maître im Landhaus Kuckuck, Olympiaweg 2, Zuhfahrt über Roman-Kühnel-Weg ✉ 50933 – ✆ 0221 485360 – www.landhaus-kuckuck.de – geschl. 5. - 13. Februar und Montag*

In Köln-Porz

Lemp

BUSINESS • FUNKTIONELL Wo Engagement und Pflege ganz groß geschrieben werden, ist man gerne Gast! Man wohnt hier in hellen, freundlichen Zimmern, bekommt ein frisches, gutes Frühstück, das man im Sommer auf der netten Terrasse einnehmen kann, und dazu gibt es noch ein Bistro mit kleinen Gerichten. Praktisch die S-Bahn-Anbindung.

41 Zim – 75/88 € 85/100 € – 8 €

Stadtplan : D3-e – *Bahnhofstr. 44 ✉ 51143 – ✆ 02203 95440 – www.hotel-lemp.com*

In Köln - Porz-Langel Süd: 17 km über Hauptstraße D3"

Zur Tant (Thomas Lösche)

KLASSISCHE KÜCHE • FREUNDLICH XX Klassische Küche aus hervorragenden Produkten, damit weiß Thomas Lösche zu punkten, z. B. in Form des preislich fairen Menüs! Zur feinen Kulinarik und den gepflegten Weinen kommt noch die schöne Lage am Rhein - da speist man im Sommer natürlich gerne im Freien.

→ Hummer, Blumenkohl, Mango. Geangelter Wolfsbarsch, Anis, gelbe Bete, Couscous. Schokolade, Himbeere, Krokant.

Menü 75 € – Karte 58/77 €

Rheinbergstr. 49 ✉ 51143 – ✆ 02203 81883 – www.zurtant.de – geschl. über Karneval und Mittwoch - Donnerstag

Piccolo – siehe Restaurantauswahl

Piccolo

REGIONAL • GEMÜTLICH Hier kocht man mit frischen Produkten und Bezug zur Region. Appetit machen da z. B. "Tafelspitz, Kürbiskernöldressing, Rote Zwiebeln" oder "Wels, Bärlauchsauce, Chorizo, Spargel". Sie können sich Ihr 3-Gänge-Menü selbst zusammenstellen, der Preis bleibt immer gleich!

Menü 35 € – Karte 34/46 €

Restaurant Zur Tant, Rheinbergstr. 49 ✉ 51143 – ☎ 02203 81883 – www.zurtant.de – geschl. über Karneval und Mittwoch - Donnerstag

In Köln - Porz-Wahnheide West: 17 km über Kennedystraße D3

Karsten

FAMILIÄR • FUNKTIONELL Wer es privat mag, ist in dem persönlich-familiär geführten Haus mit dem freundlichen Ambiente und dem guten Frühstück (schön auch auf der Terrasse) genau richtig. Praktisch: Flughafennähe nebst Shuttle-Service sowie kostenfreies Parken.

24 Zim – †73/140 € ††99/160 €

Linder Weg 4 ✉ 51147 – ☎ 02203 966190 – www.hotelkarsten.de – geschl. Weihnachten - 2. Januar

In Köln-Rodenkirchen

AURA by Luis Dias

KLASSISCHE KÜCHE • CHIC Elegant und geschmackvoll hat man es hier bei den Dias', wunderbar der Rheinblick. Am Abend gibt es ambitionierte klassische Küche mit mediterraner Note: "Seeteufel, wilder Brokkoli, Sharon", "Eifler Ur-Lamm, Aubergine, Mangold"...

Menü 89 € – Karte 51/76 €

Stadtplan : C3-f – *Uferstr. 16, (1. Etage) ✉ 50996 – ☎ 0221 37984606 (Tischbestellung ratsam) – www.aura-koeln.de – nur Abendessen – geschl. Montag*

Bistro by Luis Dias – siehe Restaurantauswahl

Bistro by Luis Dias

MEDITERRAN • TRENDY Auch im Bistro geht es chic zu. Ein angenehm legerer Rahmen für mediterrane Gerichte wie "gebratenen Pulpo mit Wassermelone", "Risotto mit Steinpilzen" oder auch ein Kalbskotelett - einfacher, aber ebenfalls mit Niveau gekocht.

Menü 25 € (mittags unter der Woche) – Karte 44/66 €

Stadtplan : C3-f – *Uferstr. 16 ✉ 50996 – ☎ 0221 37984606 – www.aura-koeln.de – geschl. Montag, Samstagmittag*

In Köln-Sülz

Scherz

ÖSTERREICHISCH • NACHBARSCHAFTLICH Mitten im lebendigen Sülz hat der gebürtige Vorarlberger Michael Scherz sein angenehm legeres "Kölsches Beisl". Hier gibt's k. u. k. Klassiker wie Backhendl, Wiener Schnitzel und Innereien sowie ein etwas moderneres Abendmenü. Lassen Sie auf jeden Fall Platz für den Kaiserschmarrn! Österreichische Weine.

Menü 33/66 € (abends) – Karte 32/60 €

Stadtplan : B2-s – *Berrenrather Str. 242 ✉ 50667 – ☎ 0221 16929440 – www.scherzrestaurant.de – geschl. 18. Juni - 18. Juli und Montag, Samstagmittag*

In Köln-Weiden

Garten-Hotel Ponick

FAMILIÄR • MODERN Das Haus liegt ruhig in einem Wohngebiet, wird persönlich geführt und bietet moderne, äußerst gepflegte Zimmer. Schön: Frühstück im Garten! Günstig die Nähe zum Stadion und zum Weidener Einkaufszentrum. Und die eigene Garage ist kostenfrei.

33 Zim – †75/229 € ††94/299 € – 10 €

Stadtplan : A2-n – *Königsberger Str. 5 ✉ 50858 – ☎ 02234 40870 – www.garten-hotel.de – geschl. 21. Dezember - 7. Januar*

In Köln-Zollstock

EuroNova arthotel

BUSINESS • DESIGN Zwischen zahlreichen Bürogebäuden steht dieses topmoderne Hotel. Geradlinigkeit und Purismus lautet die Devise, die Zimmer geräumig und hochwertig. Als Businessgast können Sie "Bürotel"-Räume mieten - ideal zum Arbeiten. Das Restaurant "BU 1" bietet internationale Küche in stylischer Atmosphäre.

73 Zim – 🚹85/295 € 🚹🚹110/310 € – ☕17 €

Stadtplan : B3-a – *Zollstockgürtel 65 ✉ 50969 – ✆ 0221 9333300 – www.euronova-arthotel.de – geschl. 22. Dezember - 7. Januar*

KÖNGEN

Baden-Württemberg – 9 632 Ew. – Höhe 281 m – Regionalatlas **55**-H18
Michelin Straßenkarte 545

Schwanen

REGIONAL • ZEITGEMÄSSES AMBIENTE In dem Familienbetrieb wird frisch, geschmackvoll und mit sehr guten Produkten gekocht. Auf der Karte findet sich Regionales und Internationales, vom "Schwäbischen Leckerle" bis zur "Dorade Royale mit Safranfenchel und Linguine". Auch das Mittagsmenü ist gefragt!

Menü 19 € (mittags unter der Woche)/36 € – Karte 34/46 €

Hotel Schwanen, Schwanenstr. 1 ✉ 73257 – ✆ 07024 97250 – www.schwanen-koengen.de – geschl. 24. Dezember - 7. Januar und Sonntag - Montag

Tafelhaus

REGIONAL • FREUNDLICH Im modern-eleganten Restaurant des Businesshotels "Neckartal" bekommt man einen Mix aus "Schwabenklassikern" wie Zwiebelrostbraten und mediterran-internationalen Gerichten wie "Seeteufel in weißer Morchelsauce mit karamellisiertem Lauch".

Menü 54/62 € – Karte 26/57 €

44 Zim ☕ – 🚹56/89 € 🚹🚹75/125 €

Bahnhofstr. 19 ✉ 73257 – ✆ 07024 97220 – www.hotel-neckartal.com – nur Abendessen – geschl. 1. - 7. Januar, 30. März - 8. April, 20. - 27. Mai und Sonntag

Schwanen

GASTHOF • FUNKTIONELL Bereits in 3. Generation ist die Familie hier engagiert im Einsatz, alles ist tipptopp gepflegt. Die Zimmer reichen vom praktischen Business-Einzelzimmer bis zum großzügigen Superior. Neben dem Restaurant gibt es abends noch das "Bistro K.B." mit traditioneller und schwäbischer Küche.

60 Zim ☕ – 🚹78/108 € 🚹🚹115/138 €

Schwanenstr. 1 ✉ 73257 – ✆ 07024 97250 – www.schwanen-koengen.de – geschl. 24. Dezember - 7. Januar

Schwanen – siehe Restaurantauswahl

KÖNIG, BAD

Hessen – 9 417 Ew. – Höhe 183 m – Regionalatlas **48**-G16
Michelin Straßenkarte 543

In Bad König-Momart Süd-Ost: 2 km über Weyprechtstraße

Zur Post

GASTHOF • GEMÜTLICH Der Familienbetrieb liegt ruhig in einem kleinen Dorf und ist guter Ausgangsort für Wanderungen. Sie wohnen in schönen modernen Zimmern und speisen in gemütlichen Restauranträumen. Im Sommer lässt man sich die regional-saisonale Küche am besten auf der Terrasse mit Blick auf Wiesen und Felder servieren!

9 Zim ☕ – 🚹50/60 € 🚹🚹75/95 € – ½ P

Hauswiesenweg 16 ✉ 64732 – ✆ 06063 1510 – www.zurpost-momart.de

KÖNIGSBACH-STEIN

Baden-Württemberg - 9 822 Ew. - Höhe 193 m - Regionalatlas **54**-F18
Michelin Straßenkarte 545

Im Ortsteil Königsbach

Europäischer Hof

INTERNATIONAL • LÄNDLICH XX Saisonale Produkte (darunter Feldsalat und Kartoffeln aus eigenem Anbau) kommen in die klassisch-internationalen Gerichten wie "Medaillons vom Schweinelendchen, Champignon-Rahmsauce, Gemüse". Das Restaurant des gleichnamigen Hotels ist gemütlich-gediegen, reizvoll die Terrasse. Besonderheit: Clochenservice.

Menü 50 € - Karte 48/52 €

21 Zim - 68/75 € 98/105 €

Steiner Str. 100 75203 - 07232 80980 - www.europaeischer-hof.com - geschl. über Fasching 2 Wochen, Juli - August 3 Wochen, über Weihnachten 1 Woche und Sonntagabend - Montag

KÖNIGSBRONN

Baden-Württemberg - 7 086 Ew. - Höhe 499 m - Regionalatlas **56**-I18
Michelin Straßenkarte 545

In Königsbronn-Zang Süd-West: 6 km

Widmann's Löwen

TRADITIONELLE KÜCHE • LÄNDLICH X Einladend ist nicht nur die gemütlich-ländliche Atmosphäre, vor allem die frische und geschmackvolle traditionell geprägte Küche lockt Gäste an. Wie wär's z. B. mit dem in der Region allgegenwärtigen Zwiebelrostbraten? Oder vielleicht lieber "halbe Landente mit Rotkohl"? Tipp: eigene Kochschule gegenüber.

Menü 35/75 € - Karte 20/50 €

Widmann's Löwen, Struthstr. 17 89551 - 07328 96270 - www.loewen-zang.de - geschl. Dienstag - Mittwochmittag

Widmann's Löwen

GASTHOF • MODERN Nordic Walking, Radtouren, ein Besuch im Steiff-Museum..., das Hotel der engagierten Widmanns ist ein guter Ausgangspunkt. Wohnlich die Zimmer, mal ländlich, mal neuzeitlich. Etwas Besonderes sind die schicken "LANDzeit"- und "LANDglück"-Zimmer oder die Lodges mit Blick auf die Streuobstwiese! Tipp für Feste: die gemütlich-urige Kerbenhofhütte am Waldrand.

27 Zim - 52/185 € 80/314 € - ½ P

Struthstr. 17 89551 - 07328 96270 - www.loewen-zang.de

Widmann's Löwen - siehe Restaurantauswahl

KÖNIGSFELD im SCHWARZWALD

Baden-Württemberg - 78126 - 5 853 Ew. - Höhe 761 m - Regionalatlas **62**-E20
Michelin Straßenkarte 545

In Königsfeld-Buchenberg

Café Rapp

KLASSISCHE KÜCHE • FREUNDLICH X Ursprünglich als Bäckerei und Café geführt, ist der Familienbetrieb heute auch ein Restaurant, in dem Qualität, Geschmack und Preis stimmen. Lust auf "gesottenen Tafelspitz auf Marktgemüse mit Petersilienkartoffeln und Meerrettichsauce"? Nachmittags ein Muss: die leckeren frischen Kuchen! Hübsche Gästezimmer.

Menü 35/49 € - Karte 28/53 €

6 Zim - 54/74 € 88/118 €

Dörfle 22 78126 - 07725 91510 - www.cafe-rapp.de - geschl. Januar 2 Wochen, August 3 Wochen und Montag - Dienstag

KÖNIGSTEIN im TAUNUS

Hessen - 16 115 Ew. - Höhe 362 m - Regionalatlas **47**-F14
Michelin Straßenkarte 543

Tristan

INTERNATIONAL • RUSTIKAL Sehr gemütlich sitzt man in dem denkmalgeschützten Fachwerkaus, dafür sorgt die Mischung aus geradlinig-moderner Einrichtung, altem Dielenboden und Backstein. Auf der Karte z. B. Tristans Klassiker wie "Rinderfilet mit grünen Bohnen" oder "Riesengarnelen und Edelfische aus dem Wok".

Menü 39/59 € - Karte 38/57 €

Limburger Str. 22 ✉ 61462 - ✆ 06174 928525 - www.catering-tristan.de - nur Abendessen

Villa Rothschild Kempinski

LUXUS • INDIVIDUELL In einem Park steht die schmucke Bankiers-Villa von 1894 - ein edles und stilvolles Boutiquehotel. Shuttle-Service zum Ascara-Spa des Schwesterbetriebs "Falkenstein". In "Tizian's Bar & Brasserie" bekommt man Snacks wie Flammkuchen und Clubsandwiches, aber auch Wiener Schnitzel und Zander. Eröffnung Restaurant "Grill & Heath" nach Redaktionsschluss.

22 Zim - †200/600 € ††250/700 € - ☕ 36 €

Im Rothschildpark 1 ✉ 61462 - ✆ 06174 29080 - www.kempinski.com/villarothschild

In Königstein-Falkenstein Nord-Ost: 2 km

Landgut Falkenstein

INTERNATIONAL • ELEGANT Toll der Blick auf die Skyline von Frankfurt! Neben Internationalem und Traditionellem wie "Rinderroulade mit Kohlrabi und Spätzle" kommt auch "Health Food" gut an, so z. B. "gratinierte Artischockenböden mit Ziegenkäse, Rucola, Tomaten".

Menü 49 € - Karte 46/68 €

Hotel Falkenstein Grand Kempinski, Debusweg 6 ✉ 61462 - ✆ 06174 909050 - www.restaurant-landgut.com

Falkenstein Grand Kempinski

LUXUS • KLASSISCH Das noble Gesamtbild beginnt schon beim Äußeren dieses historischen Häuserensembles und zieht sich durch alle Räume (einschließlich der prächtigen Säle), die ebenso wertig sind wie das umfassende Spa-Angebot - nicht zu vergessen der ausgezeichnete Service! Picknicken Sie doch mal sonntags im Park, während Ihre Kinder den Spielplatz erkunden!

88 Zim - †190/250 € ††250/380 € - 24 Suiten - ☕ 32 € - ½ P

Debusweg 6 ✉ 61462 - ✆ 06174 900 - www.kempinski.com/falkenstein

Landgut Falkenstein - siehe Restaurantauswahl

KÖNIGSWINTER

Nordrhein-Westfalen - 40 057 Ew. - Höhe 80 m - Regionalatlas **36**-C13
Michelin Straßenkarte 543

Petit Lion

INTERNATIONAL • GEMÜTLICH Restaurant und Vinothek unter einem Dach! Gastronomisch bietet das Hotel "Krone" einen Mix aus mediterraner, französischer und deutscher Küche, dazu darf man sich auf eine gute Weinauswahl nebst versierter Beratung freuen.

Menü 37/45 € - Karte 32/53 €

Hauptstr. 374 ✉ 53639 - ✆ 02223 700970 - www.krone-koenigswinter.de - geschl. Dienstag - Mittwochmittag

Waldhotel Sophienhof

TRADITIONELL • GEMÜTLICH Wirklich schön hat man es hier: Das Haus a. d. J. 1888 liegt ruhig und ist stilvoll-modern eingerichtet - das passt wunderbar zum historischen Charme, den man ganz bewusst bewahrt hat! Im Restaurant gibt es Steaks, nett die Terrasse. Tipp: Von hier aus können Sie tolle Wanderungen unternehmen.

16 Zim - †72/89 € ††88/105 € - ☕11 €

Löwenburger Str. 1, Ost: 6 km über L331 ✉ 53639 - ✆ 02223 29730 - www.waldhotel-sophienhof.de - geschl. 23. Dezember - 1. Januar

Auf dem Petersberg Nord-Ost: 3 km

Rheinterrassen

INTERNATIONAL • DESIGN XXX Hoch oben auf dem Petersberg lässt man sich bei phänomenalem Blick auf den Rhein mit klassischer Küche umsorgen - gefragt ist natürlich die Terrasse! Es gibt auch ein Bistro-Café mit Sommergarten. Für Übernachtungsgäste ist das stattliche Anwesen des "Steigenberger Grandhotel" ebenfalls interessant.

Menü 40/80 € - Karte 41/75 €

99 Zim - †109/159 € ††139/219 € - 11 Suiten - ☕26 € - ½ P

Petersberg ✉ 53639 Königswinter - ✆ 02223 74780 - www.grandhotel-petersberg.steigenberger.de - nur Abendessen

KÖTZTING, BAD

Bayern - 7 203 Ew. - Höhe 409 m - Regionalatlas **59**-O17
Michelin Straßenkarte 546

Amberger Hof

GASTHOF • GEMÜTLICH Der traditionsreiche Familienbetrieb ist gefragt: Man bietet wohnliche Zimmer zu einem guten Preis-Leistungs-Verhältnis, dazu Kosmetik, Massage und Kneippanwendungen, und zur Therme ist es auch nicht weit. Im gemütlichen Restaurant samt netter Terrasse serviert man regional-bürgerliche Küche.

33 Zim ☕ - †52/59 € ††90/100 € - ½ P

Zeltendorfer Weg 4 ✉ 93444 - ✆ 09941 9500 - www.amberger-hof.de - geschl. 8. - 24. Januar

In Bad Kötzting-Liebenstein Nord: 7 km in Richtung Ramsried - Höhe 650 m

Leo's by Stephan Brandl

KREATIV • GEMÜTLICH XXX Mit feinsten Materialien hat man das kleine Restaurant wirklich stimmig eingerichtet, chic der Mix aus Holz, Leder und Kupfer. Man wird freundlich und geschult umsorgt, und zwar mit moderner produktorientierter Küche, die eine schöne Balance und jede Menge Ausdruck hat.

→ Hummer aus dem Buchenrauch, Sellerie, Rettich. Taubenbrust, Mandelöl, Artischocke, Traubensenf, Rucolasalat. Schokolade, Süßkirschen, Pistazien.

Menü 89/110 € - Karte 67/83 €

Hotel Bayerwaldhof, Liebenstein 25 ✉ 93444 - ✆ 09941 94800 (Tischbestellung erforderlich) - www.bayerwaldhof.de - nur Abendessen - geschl. Montag - Dienstag

Bayerwaldhof

SPA UND WELLNESS • GEMÜTLICH Lust auf ruhige Lage, Aussicht und alpenländischen Charme? Für Erholung sorgen hier wohnliche Zimmer (traditionell oder modern), aufmerksames Personal, der schöne Spa sowie ein einladender Garten mit Naturbadeteich und Blockhaussauna. Einen Reitstall hat man übrigens auch. HP inklusive.

94 Zim ☕ - †128/280 € ††192/330 € - 10 Suiten - ½ P

Liebenstein 25 ✉ 93444 - ✆ 09941 94800 - www.bayerwaldhof.de

Leo's by Stephan Brandl - siehe Restaurantauswahl

KOHLGRUB, BAD

Bayern – 2 599 Ew. – Höhe 828 m – Regionalatlas **65**-K21
Michelin Straßenkarte 546

Das Johannesbad

FAMILIÄR • INDIVIDUELL Hier lautet der Untertitel "Medical Spa & Vitalrefugium", entsprechend umfangreich das Angebot an Beauty, Massage & Co. Schön zur Ruhe kommt man auch in der Kaminbibliothek und im alpinen Landhausambiente der Zimmer und des Restaurants mit abendlichem Menü. Die Führung engagiert und herzlich-familiär.

41 Zim – 72/118 € 144/236 € – 1 Suite – ½ P

Saulgruber Str. 6 ✉ 82433 – ✆ 08845 840 – www.johannesbad-schober.de – geschl. 20. November - 26. Dezember

KONSTANZ

Baden-Württemberg – 81 692 Ew. – Höhe 405 m – Regionalatlas **63**-G21
Michelin Straßenkarte 545

Ophelia

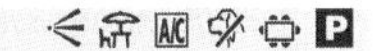

FRANZÖSISCH-KREATIV • ELEGANT XXX Richtig edel und stilvoll, so wird das Restaurantambiente dem Villen-Flair gerecht. Ebenso anspruchsvoll der Service und die Küche. Mit kreativer Note und einem Händchen für richtig tolle Kombinationen werden exzellente Produkte bemerkenswert geradlinig und geschmacklich intensiv zubereitet.

→ Taschenkrebs, Mango, Chili, Kaiserschoten. Steinbutt, Erbse, Tintenfisch, Salzzitrone. Erdbeere, Holunderblüte, Grieß, Vanille.

Menü 105 € (vegetarisch)/170 €

Hotel RIVA, Seestr. 25, Zufahrt über Kamorstraße ✉ 78464 – ✆ 07531 363090 (Tischbestellung ratsam) – www.hotel-riva.de – nur Abendessen – geschl. 30. Januar - 7. März, 9. - 24. Oktober und Dienstag - Mittwoch

San Martino - Gourmet (Jochen Fecht)

FRANZÖSISCH-KREATIV • FREUNDLICH XX Eine tolle kreative Küche, die mit Finesse und Ausdruck, Produktqualität und Handwerk überzeugt - am besten genießt man das ganze Menü! Um Sie herum ein attraktives Interieur aus geradlinigem Design und Natursteinwänden. Top der Service.

→ Handgetauchte Jakobsmuschel, badischer Spargel, Erbse, Minze, Verjus Beurre Blanc. US Filet, Bacon, Mais, BBQ, Bries. Lammkarree, geschmorte Lammschulter, Bohnen, Paprika.

Menü 98 €/135 € – Karte 112/122 €

Bruderturmgasse 3, Zugang über Schlachttorgasse ✉ 78462 – ✆ 07531 2845678 (Tischbestellung ratsam) – www.san-martino.net – nur Abendessen – geschl. Januar - Februar und Sonntag - Mittwoch

San Martino - Bistro – siehe Restaurantauswahl

Brasserie Colette Tim Raue (N)

FRANZÖSISCH • BRASSERIE X Ganz im Stil einer französischen Brasserie kommt sowohl die Atmosphäre als auch die Küche daher. Es gibt typische Klassiker wie "Boeuf Bourguignon" oder "Moules Frites". Und zum Abschluss vielleicht "Tarte au citron"? Schön sitzt man hier im 1. Stock auch auf der Terrasse zur Fußgängerzone.

Menü 24 € (mittags) – Karte 34/72 €

Brotlaube 2A ✉ 78462 – ✆ 07531 1285100 – www.brasseriecolette.de

Papageno

INTERNATIONAL • ELEGANT XX In zentraler Lage befindet sich das moderne Restaurant mit eleganter Note. Geboten wird eine zeitgemäße internationale Küche - Tipp: Kommen Sie auch mal zum günstigen Mittagsmenü!

Menü 68/85 € – Karte 54/80 €

Hüetlinstr. 8a ✉ 78462 – ✆ 07531 368660 – www.restaurant-papageno.net – geschl. über Fastnacht und Montag - Dienstag

RIVA

INTERNATIONAL • FREUNDLICH XX Besonders schön ist es in dem mediterran gehaltenen Restaurant, wenn die bodentiefen Fenster zur Terrasse und zum See geöffnet sind! Auf der vielfältigen Karte z. B. "Tatar und gebeizte Lende vom Rind", "Safranrisotto mit gehobeltem Grana Padano und gegrilltem Gemüse", "Züricher Geschnetzeltes mit Rösti"...

Menü 37 € – Karte 36/73 €

Hotel RIVA, Seestr. 25, Zufahrt über Kamorstraße ✉ 78464 – ✆ 07531 363090 – www.hotel-riva.de

San Martino - Bistro

INTERNATIONAL • FREUNDLICH X Dies ist die etwas einfachere Restaurantvariante im Haus, aber auch hier wird schmackhaft gekocht: "Kalbsbacken in Rioja geschmort", "kross gebratene Maispoularde", "Wiener Schnitzel mit Kartoffel-Gurkensalat"...

Menü 48/58 € – Karte 34/72 €

Restaurant San Martino - Gourmet, Bruderturmgasse 3, Zugang über Schlachttorgasse ✉ 78462 – ✆ 07531 2845678 (Tischbestellung erforderlich) – www.san-martino.net – geschl. Sonntag - Montag

RIVA

SPA UND WELLNESS • MODERN Hier erwarten Sie reichlich Annehmlichkeiten: die Lage an der Uferpromenade, wertiges stilvoll-modernes Interieur, exzellentes Frühstück, dazu eine tolle Lounge mit Seeblick und der anspruchsvolle Spa. Klasse: das beheizte Schwimmbad auf dem Dach - übrigens ein ganzjähriges Vergnügen!

46 Zim – †165 € ††332 € – 5 Suiten

Seestr. 25, Zufahrt über Kamorstraße ✉ 78464 – ✆ 07531 363090 – www.hotel-riva.de – geschl. Februar

✿✿ **Ophelia** • **RIVA** – siehe Restaurantauswahl

Steigenberger Inselhotel

HISTORISCH • KLASSISCH Das Dominikanerkloster a. d. 13. Jh. mit seinem wunderschönen Kreuzgang wird seit 1874 als Hotel geführt, seit 1966 ist es ein Steigenberger! Trumpf ist hier natürlich die Lage am See - herrlich die Liegewiese! Internationale Küche im Seerestaurant mit hübscher Terrasse, Regionales in der Dominikanerstube.

100 Zim – †139/260 € ††210/360 € – 2 Suiten – ½ P

Auf der Insel 1 ✉ 78462 – ✆ 07531 1250 – www.konstanz.steigenberger.de

Hotel 47°

BUSINESS • MODERN Eine schöne Adresse am Seerhein: geradliniges Design, wertige Materialien, warme Töne, gutes Platzangebot und moderne Technik. Im Restaurant Friedrichs schaut man durch die Fensterfront auf den See und die Stadt, gekocht wird international mit regionalem und saisonalem Bezug.

99 Zim – †130/195 € ††170/280 € – ½ P

Reichenaustr. 17 ✉ 78462 – ✆ 07531 127490 – www.47grad.de

In Konstanz-Staad Nord-Ost: 4 km

Schiff am See

INTERNATIONAL • ELEGANT X "Wiener Schnitzel vom Kalbsrücken mit Kartoffel-Gurkensalat", "Felchenfilet Doria mit geschmortem Gurkengemüse", "Räuchermatjes Hausfrauen Art"... Im Restaurant des Hotels "Schiff am See" erwarten Sie gute Küche und freundlicher Service.

Menü 22/29 € – Karte 28/51 €

33 Zim – †89/110 € ††109/169 € – 4 Suiten

William-Graf-Platz 2 ✉ 78464 – ✆ 07531 34424 – www.ringhotel-schiff.de – geschl. Mittwochmittag, Donnerstagmittag

KORNTAL-MÜNCHINGEN

Baden-Württemberg - 18 701 Ew. - Höhe 335 m - Regionalatlas **55**-G18
Michelin Straßenkarte 545

Landschloss Korntal

HISTORISCH • MODERN Das Hofgut a. d. 13. Jh. bietet heute nicht nur moderne Zimmer mit guter Technik und ein appetitliches Frühstück, auch Veranstaltungen werden hier groß geschrieben! Prunkstück unter den diversen Räumen ist der historische Festsaal!

26 Zim - 🛉85/105 € 🛉🛉110/125 € - ☕9 €

Saalplatz 5, (Korntal) ✉ 70825
- ✆0711 8388800
- www.landschloss-korntal.de - geschl. 20. Dezember - 6. Januar

KORSCHENBROICH Nordrhein-Westfalen ➜ Siehe Mönchengladbach

KOSEROW Mecklenburg-Vorpommern ➜ Siehe Usedom (Insel)

KRAIBURG AM INN

Bayern - 4 032 Ew. - Höhe 462 m - Regionalatlas **66**-N20
Michelin Straßenkarte 546

Hardthaus

INTERNATIONAL • ROMANTISCH XX In dem denkmalgeschützten Haus umgibt Sie das charmante Ambiente eines ehemaligen Kolonialwarenladens. Davor die schöne Terrasse am Marktplatz. Die tagesfrische Küche ist international. Saisonales Tagesmenü im gemütlichen Gewölbe-Weinkeller. Im Haus gegenüber: moderne, hochwertige Zimmer.

Menü 24/90 €

5 Zim - 🛉69/77 € 🛉🛉80/99 € - ☕9 €

Marktplatz 31 ✉ 84559
- ✆08638 73067
- www.hardthaus.de - nur Abendessen - geschl. Sonntag - Montag

KRAKOW AM SEE

Mecklenburg-Vorpommern - 3 472 Ew. - Höhe 50 m - Regionalatlas **12**-N5
Michelin Straßenkarte 542

In Krakow-Seegrube Nord-Ost: 4,5 km

Ich weiß ein Haus am See

FRANZÖSISCH-KLASSISCH • FAMILIÄR XX Der romantische Name des Hauses klingt nach Charme und Wohlfühl-Atmosphäre, und genau das findet man bei den engagierten und herzlichen Gastgebern. Nicht zu vergessen die sehr gute klassische Küche in Form eines wechselnden Menüs. Hier bleibt man gerne über Nacht: hübsche Landhauszimmer, see- oder waldseitig.

➜ Heißgeräucherter Wolfsbarsch mit feinem Wildkräutersalat und milder Wasabi Joghurtsauce. Zander mit Safranrisotto, Thaispargel und geschmolzenen Tomaten. Kalbsfilet "Rossini" mit Gartengemüse und Trüffelsauce.

Menü 90 €

11 Zim ☕ - 🛉80/100 € 🛉🛉90/130 €

Paradiesweg 3 ✉ 18292
- ✆038457 23273 (Tischbestellung ratsam)
- www.hausamsee.de - nur Abendessen - geschl. Sonntag - Montag und November - März: Sonntag - Donnerstag

KRANZBACH Bayern → Siehe Krün

Siehe Krün

KRANZBERG

Bayern – 4 074 Ew. – Höhe 483 m – Regionalatlas **58**-L19
Michelin Straßenkarte 546

In Kranzberg-Hohenbercha Süd-West: 5 km jenseits der A 9

Hörger Biohotel und Tafernwirtschaft

GASTHOF • GEMÜTLICH Ein Gasthaus mit über 100-jähriger Familientradition. Im eigenen Apfelgarten steht ein moderner Vollholzbau mit hübschen geradlinigen Zirbelholz-Zimmern, einfachere Zimmer im Haupthaus. Bio-Küche in gemütlichen ländlich-rustikalen Stuben.

25 Zim – †69/85 € ††109/129 € – ½ P

Hohenbercha 38 ✉ 85402 – ✆ 08166 990980 – www.hoerger-biohotel.de – geschl. 27. Dezember - 7. Januar

KREFELD

Nordrhein-Westfalen – 222 500 Ew. – Höhe 38 m – Regionalatlas **25**-B11
Michelin Straßenkarte 543

Elfrather Mühle N

INTERNATIONAL • FREUNDLICH X Direkt am Golfplatz steht die einstige Mühle von 1823 - da ist natürlich die Terrasse mit Blick ins Grüne gefragt! In modernem Ambiente gibt es frische international-saisonale Küche. Man hat übrigens schöne Räumlichkeiten für Hochzeiten.

Menü 40 € (mittags)/65 € – Karte 31/53 €

An der Elfrather Mühle 145, Nord-Ost: 7 km ✉ 47802 – ✆ 02151 7899722 (Tischbestellung ratsam) – www.elfrather-muehle.de – geschl. Ende Dezember - Anfang Januar 3 Wochen, Karneval 1 Woche und Montag - Dienstag, November - Dezember: Montag

In Krefeld-Bockum

Villa Medici

ITALIENISCH • KLASSISCHES AMBIENTE XX Eine herrschaftliche Villa: außen schmucke Fassade, drinnen Empfangshalle mit toller Treppe und stilvolle Räume mit schönem Parkett. Repräsentativ auch der Service am Tisch: Hier werden große Fische tranchiert, Antipasti auf dem Wagen präsentiert. Herrliche Terrasse im Garten. Mittagstisch in der Cantinetta.

Menü 43/98 € – Karte 34/85 €

9 Zim – †90/150 € ††120/250 €

Schönwasserstr. 73 ✉ 47800 – ✆ 02151 50660 – www.villa-medici-krefeld.de – geschl. Mitte Juli - Ende August und Samstagmittag, Sonntag

In Krefeld-Uerdingen

Chopelin

FRANZÖSISCH-KLASSISCH • KLASSISCHES AMBIENTE XX Familie Chopelin hat in dem einstigen Bayer-Casino ein elegantes Restaurant mit etwas gehobenerer klassischer Küche sowie eine legere Bistro-Alternative mit schmackhaftem günstigerem Angebot - Letzteres gibt es z. B. als "Schnitzel vom Kalbsrücken mit Bratkartoffeln". Toll die Balkonterrasse zum Rhein!

Menü 34/64 € – Karte 27/67 €

Casinogasse 1 ✉ 47829 – ✆ 02151 311789 – www.chopelin.de – geschl. Anfang Januar 1 Woche und Sonntag - Montag, Samstagmittag

KREMMEN

Brandenburg – 7 108 Ew. – Höhe 39 m – Regionalatlas **22**-O7
Michelin Straßenkarte 542

In Kremmen-Groß Ziethen Süd: 6 km

Die Orangerie

INTERNATIONAL • ELEGANT XX Hier sitzen Sie in einem luftig-hohen Raum mit großen Bogenfenstern und lassen sich Saisonales wie z. B. "Havelländer Hirschmedailons an Preiselbeersauce, Birnen und Kürbismuffins" servieren. Reizvoll die Terrasse zum Park.

Menü 36/49 € - Karte 35/47 €

Hotel Schloss Ziethen, Alte Dorfstr. 33 ✉ 16766- ✆ 033055 950 - www.schlossziethen.de - Montag - Freitag nur Abendessen - geschl. 18. - 24. Dezember, 2. - 8. Januar

Schloss Ziethen

HISTORISCH • INDIVIDUELL Ein schmuckes Herrenhaus a. d. 14. Jh. in einem netten Park. Hübsch sind die wohnlichen Zimmer, die diversen Salons und die kleine Bibliothek. Im Rosenhaus hat man einen schönen Tagungsbereich.

44 Zim - 95 € 119/162 € - 1 Suite - ½ P

Alte Dorfstr. 33 ✉ 16766 - ✆ 033055 950 - www.schlossziethen.de - geschl. 18. - 24. Dezember, 2. - 8. Januar

Die Orangerie - siehe Restaurantauswahl

In Kremmen-Sommerfeld Nord: 8 km

Sommerfeld

SPA UND WELLNESS • MODERN Das Hotel liegt am Beetzer See und bietet einen ansprechenden Spa sowie wohnlich-komfortable Zimmer. Besonders schön sind die geräumigen Wellness-Relax-Zimmer. Die Restaurantbereiche nennen sich Kranich, Bistro Frosch und Roter Salon.

83 Zim - 107/117 € 156/171 € - 2 Suiten - ½ P

Beetzer Str. 1a ✉ 16766 - ✆ 033055 970 - www.hotelsommerfeld.de

KRESSBRONN am BODENSEE

Baden-Württemberg – 8 438 Ew. – Höhe 407 m – Regionalatlas **63**-H21
Michelin Straßenkarte 545

Meersalz

INTERNATIONAL • ELEGANT X In dem ehemaligen Steinmetz-Betrieb kocht man für Sie modern und international-saisonal. Auf der Karte z. B. "Pulpo-Carpaccio mit Kalamansi und Chili" oder "Perlhuhnbrust mit Kräuter-Maultaschen und Spargel". Oder lieber das "Tasting-Menü"? Elegant das Ambiente, zuvorkommend und freundlich der Service.

Menü 52/82 € - Karte 39/63 €

Boutique-Hotel Friesinger, Bahnhofstr. 5 ✉ 88079 - ✆ 07543 9398787 (Tischbestellung ratsam) - www.restaurant-meersalz.de - Mittwoch - Samstag nur Abendessen - geschl. Anfang März 2 Wochen, Anfang November 2 Wochen und Montag - Dienstag, außer an Feiertagen

Boutique-Hotel Friesinger

BOUTIQUE-HOTEL • MODERN Das kleine Bijou nahe dem See steht für stilvoll-moderne, individuelle, geräumige und hochwertige Zimmer, für Liebe zum Detail überall im Haus sowie für ehrliche Herzlichkeit - schlichtweg ein "Vorzeige"-Boutique-Hotel!

3 Zim - 92/182 € 128/225 € - 2 Suiten

Bahnhofstr. 5 ✉ 88079 - ✆ 07543 9398787 - www.boutique-hotel-friesinger.de

Meersalz - siehe Restaurantauswahl

 **Pension am Bodensee** 

LANDHAUS • INDIVIDUELL Das charmante ehemalige Fischerhaus wird sehr persönlich geführt, liegt direkt am See und bietet individuelle, geschmackvolle Zimmer. Toll der Sauna-, Lounge- und Terrassenbereich direkt am Wasser - das ist Bodensee-Feeling pur! Zum Entspannen: Massagen und Bäder. 200 m entfernt: "Park-Villa" mit Apartments.

8 Zim ☕ - 🚹90/210 € 🚹🚹120/220 € - 1 Suite

Bodanstr. 7 ✉ 88079 - ✆ 07543 7382 - www.pension-am-bodensee.de - geschl. November 1 Woche

In Kressbronn-Retterschen Süd-Ost: 1 km

 **Sonnenhof** 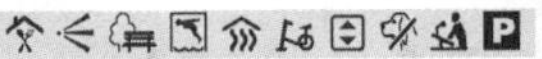

HERRENHAUS • MODERN Toll die Lage oberhalb des Bodensees, wohnlich-modern die Zimmer, teilweise mit schöner Sicht. Einfachere und preisgünstigere Zimmer im älteren Gästehaus. Zum eigenen Badestrand am See sind es 10 Gehminuten. Tipp: Frühstück oder Abendessen im Sommer auf der Terrasse - beeindruckend der Blick!

77 Zim ☕ - 🚹55/219 € 🚹🚹139/259 € - 2 Suiten - ½ P

Sonnenhof 8 ✉ 88079 - ✆ 07543 500220 - www.sonnenhof-bodensee.de

KREUTH Bayern → Siehe Rottach-Egern

KREUZNACH, BAD

Rheinland-Pfalz – 48 813 Ew. – Höhe 108 m – Regionalatlas **46**-D15
Michelin Straßenkarte 543

Im Kittchen

INTERNATIONAL • WEINSTUBE X Das kleine Restaurant in der Altstadt ist beliebt wegen seiner charmanten Atmosphäre und der guten Küche. Tipp: das interessante Überraschungsmenü im Tapas-Stil mit 4 - 9 Gängen! Oder lieber à la carte? Es gibt z. B. "Hunsrücker Lammragout mit Knoblauchspaghetti" oder "sautiertes Kalbsbries mit Paprika".

Menü 30/66 € - Karte 35/58 €

Alte Poststr. 2 ✉ 55545 - ✆ 0671 9200811 (Tischbestellung ratsam) - nur Abendessen - geschl. 24. - 27. Dezember, über Karneval, über Ostern, Juli - Mitte August 2 Wochen und Sonntag - Montag sowie an Feiertagen

Im Gütchen 

FRANZÖSISCH-KLASSISCH • TRENDY XX Kaum zu glauben, dass dieser modern-elegante, luftig-hohe Raum mal ein Schweinestall war! Die freundlichen Gastgeber bieten in dem schön sanierten Gebäude a. d. 18. Jh. charmanten Service und Schmackhaftes wie "Filet vom Landuro-Schwein".

Menü 49/79 € - Karte 43/71 €

Hüffelsheimer Str. 1 ✉ 55545 - ✆ 0671 42626 - www.jan-treutle.de - nur Abendessen - geschl. 31. Januar - 13. Februar, 1. - 12. Oktober und Dienstag

Fürstenhof 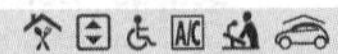

BUSINESS • MODERN Attraktiv ist hier die Nähe zu Bäderhaus, Crucenia-Therme und Kurpark. Dazu kommen zeitgemäße Zimmer in unterschiedlichen Kategorien, Massage- und Kosmetikanwendungen, gute Tagungsmöglichkeiten und internationale Küche sowie vergünstigtes Parken. Hausgäste können die Therme täglich 2 Std. kostenfrei nutzen.

76 Zim ☕ - 🚹99/119 € 🚹🚹139/155 € - 1 Suite - ½ P

Kurhausstr. 20 ✉ 55543 - ✆ 0671 2984670 - www.sympathie-hotel.de

KREUZWERTHEIM Bayern → Siehe Wertheim

KRONACH

Bayern – 16 849 Ew. – Höhe 320 m – Regionalatlas **50**-L14
Michelin Straßenkarte 546

Die Kronacher Stadthotels

HISTORISCH • INDIVIDUELL In der charmanten Oberstadt warten in den historischen Häusern Pfarrhof, Pförtchen und Floßherrn liebevoll gestaltete Zimmer auf Sie - vier Zimmer haben sogar einen kleinen Balkon und Blick zur Festung. Tipp: Im "Antlabräu" gibt's Bier aus der eigenen Brauerei und Ente (fränkisch: "Antla") als Spezialität!

40 Zim - 86/108 € 116/136 € - ½ P

Amtsgerichtsstr. 12 ✉ 96317 - ✆ 09261 504590
- www.stadthotel-pfarrhof.de

In Stockheim-Haig Nord-West: 7 km über B 89, in Haßlach links

Landgasthof Detsch

REGIONAL • GASTHOF Ein sympathischer Landgasthof und Familienbetrieb seit 1723! Man kocht frisch und regional, Angus-Rinder und Schweine kommen aus eigener Zucht. Eine Spezialität ist auch "gefülltes fränkisches Täubchen" und sonntags gibt es Braten aus dem Ofen. Probieren Sie auch den Hausbrand. Im kleinen Gästehaus übernachtet man gepflegt.

Menü 24/38 € - Karte 22/44 €

9 Zim - 59/63 € 79 € - 1 Suite

Coburger Str. 9 ✉ 96342 - ✆ 09261 62490
- www.landgasthof-detsch-haig.de - Dienstag - Samstag nur Abendessen
- geschl. über Weihnachten, über Fasching, Anfang August 2 Wochen und Sonntag - Montag

KRONBERG im TAUNUS

Hessen - 18 170 Ew. - Höhe 257 m - Regionalatlas **47**-F14
Michelin Straßenkarte 543

Schlossrestaurant

FRANZÖSISCH • KLASSISCHES AMBIENTE Im Restaurant fühlt man sich zurückversetzt in die Kaiserzeit: Man sitzt in einem tollen prunkvollen Saal, die Atmosphäre stilvoll und gediegen-elegant. Wunderbar auch die Terrasse zum Park. Serviert wird klassische Küche.

Menü 46 € (mittags)/56 € - Karte 55/117 €

Schlosshotel Kronberg, Hainstr. 25 ✉ 61476 - ✆ 06173 70101
- www.schlosshotel-kronberg.de

Grüne Gans

FRANZÖSISCH • FREUNDLICH Die ehemalige Schlosserei a. d. 17. Jh. ist ein gemütlich-moderner Rahmen für französisch-internationale Küche: Lust auf Flammkuchen? Den gibt es als "Classique", "Escargots", "Gorgonzola"... Oder mögen Sie lieber Klassiker?

Karte 39/53 €

Pferdstr. 20 ✉ 61476 - ✆ 06173 783666
- www.gruene-gans.com - Montag - Samstag nur Abendessen

Schlosshotel Kronberg

HISTORISCHES GEBÄUDE • KLASSISCH Absolut stimmig, wie der englische Einrichtungsstil mit schönen Antiquitäten den eindrucksvollen Rahmen dieses Schlosses a. d. 19. Jh. unterstreicht. Alles ist hochwertig und elegant: Lobby, Bibliothek, Zimmer - diese wurden komplett saniert und stilgerecht gestaltet. Und drum herum ein romantischer Park!

62 Zim - 258/548 € 298/588 € - 12 Suiten - 35 € - ½ P

Hainstr. 25 ✉ 61476 - ✆ 06173 70101
- www.schlosshotel-kronberg.de

Schlossrestaurant – siehe Restaurantauswahl

KROZINGEN, BAD

Baden-Württemberg – 17 839 Ew. – Höhe 234 m – Regionalatlas **61**-D20
Michelin Straßenkarte 545

In Bad Krozingen-Schmidhofen Süd: 3,5 km über B 3

Storchen (Fritz und Jochen Helfesrieder)

KLASSISCHE KÜCHE • GASTHOF XX Über 40 Jahre hat Familie Helfesrieder den Gasthof von 1764 und bewahrt den schönen ländlichen Charakter, ohne stehenzubleiben. Die klassisch geprägte Küche von Vater und Sohn basiert auf Top-Produkten. Auf Chichi verzichtet man, stattdessen setzt man auf Geschmack. Zum Übernachten: wohnlich-moderne Zimmer.

→ Gänseleberterrine, Rhabarber, Brioche, Holunder. Filet vom bretonischen Steinbutt, grüner Spargel, Estragon-Nudeln, Kräutersalat. Keule vom Maibock aus heimischer Jagd, Pfifferlinge, Mispeln, Selleriecreme.

Menü 36 € (mittags)/68 € – Karte 43/94 €

8 Zim – †75/125 € ††85/135 €

Felix und Nabor Str. 2 ✉ 79189 – ✆ 07633 5329 (Tischbestellung ratsam)
– www.storchen-schmidhofen.de – geschl. Sonntag - Montag

KRÜN

Bayern – 1 879 Ew. – Höhe 875 m – Regionalatlas **65**-L22
Michelin Straßenkarte 546

Alpenhof

FAMILIÄR • GEMÜTLICH Ein alpenländisches Ferienhotel, in dem eine sehr freundliche und familiäre Atmosphäre herrscht. Man hat nicht nur einen schönen Garten und wohnliche Zimmer (Juniorsuiten mit Teeküche), sondern auch den sehr ansprechenden Saunabereich "Alpin Spa" auf rund 500 qm!

24 Zim – †64/74 € ††127/132 € – 3 Suiten – ½ P

Edelweißstr. 11 ✉ 82494 – ✆ 08825 1014
– www.alpenhof-kruen.de – geschl. 6. November - 19. Dezember

In Krün-Elmau Süd-West: 9 km über Klais, nur über mautpflichtige Straße zu erreichen

Luce d'Oro

MODERNE KÜCHE • CHIC XXX In eleganter Atmosphäre aus warmem Holz und dezenten Goldtönen (an kalten Tagen sorgt zudem der Kamin für Behaglichkeit) darf man sich auf kreative Menüs freuen, die aromatisch, kontrastreich und aufwändigst angerichtet sind. Dazu reibungsloser Service, charmant und aufmerksam.

→ Fjord Forelle, Erbse, Pfifferlinge. Reh, Spargel, Bergpfeffer. Erdbeere, Schokolade, Jackfrucht.

Menü 80/155 €

Hotel Schloss Elmau, Elmau 2 ✉ 82493 – ✆ 08823 180 (Tischbestellung erforderlich)
– www.schloss-elmau.de – nur Abendessen – geschl. 15. - 28. Januar, 9. April - 6. Mai, 17. - 23. September, 3. - 16. Dezember und Sonntag - Dienstag

Tutto Mondo & Summit 

INTERNATIONAL • ELEGANT XX Sie speisen hier thailändisch, mediterran oder international, ganz gleich ob Sie im "Summit" Platz nehmen oder im "Tutto Mondo". Das Ambiente geschmackvoll-elegant, klasse die Aussicht von der Panoramaterrasse.

Menü 55 € – Karte 55/93 €

Hotel Schloss Elmau Retreat, Elmau 2 ✉ 82493 – ✆ 08823 180 (Tischbestellung erforderlich)
– www.schloss-elmau.de – nur Abendessen

Fidelio

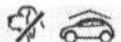

THAILÄNDISCH • KLASSISCHES AMBIENTE XX "Gaeng Kiew Warn Nua", "Piew Wan Goong", "Ka Pow Gai"... So oder so ähnlich liest sich die thailändische Speisekarte. Dazu genießt man das geradlinig-moderne Interieur in dem schönen hohen Raum - von den Fensterplätzen mit Aussicht.

Menü 50/90 € – Karte 50/71 €

Hotel Schloss Elmau, Elmau 2 ✉ 82493 – ✆ 08823 180 (Tischbestellung erforderlich)
– www.schloss-elmau.de – nur Abendessen – geschl. 15. Januar - 8. Februar

Schloss Elmau

GROSSER LUXUS • MODERN Historie auf der einen Seite, moderner Luxus auf der anderen - und das in traumhafter Lage in einem romantischen Tal! Sie besuchen Konzerte, stöbern in der Bibliothek, genießen die Ruhe im Spa. Für Kinder: eigener Badebereich und aufwändige Betreuung! Auch gastronomisch bietet man viel Abwechslung, HP inkl.

115 Zim – 210/400 € 400/700 € – 20 Suiten – ½ P

Elmau 2 ✉ 82493 – ✆ 08823 180
– www.schloss-elmau.de

Luce d'Oro • **Fidelio** – siehe Restaurantauswahl

Schloss Elmau Retreat

GROSSER LUXUS • MODERN Neben dem Schloss Elmau steht ein wunderschönes Hotel: einzigartig die Lage samt tollem Blick auf die Bergwelt, geräumige Suiten und Juniorsuiten mit gediegen-modernem Design, attraktiv der "Shantigiri Spa". HP inklusive.

42 Zim – 210/300 € 400/879 € – 24 Suiten – ½ P

Elmau 2 ✉ 82493 – ✆ 08823 180
– www.schloss-elmau.de

Tutto Mondo & Summit – siehe Restaurantauswahl

In Krün-Kranzbach Süd-West: 7 km über Klais, nur über mautpflichtige Straße zu erreichen

Das Kranzbach

SPA UND WELLNESS • INDIVIDUELL Eine Oase der Ruhe, schon die Lage und das Anwesen selbst sind beeindruckend! Luxuriös und individuell das Interieur, 3500-qm-Spa samt Lady-Spa und Yoga-Schule. Wer es ganz privat mag, bucht das Baumhaus im Wald, über einen Privatweg erreichbar. Top das Frühstück, toll der Saftraum. Kinder erst ab 10 Jahre.

131 Zim – 214/284 € 381/521 € – 1 Suite – ½ P

Kranzbach 1 ✉ 82493 – ✆ 08823 928000
– www.daskranzbach.de

KRUMMHÖRN

Niedersachsen – 12 209 Ew. – Höhe 1 m – Regionalatlas **7**-C5
Michelin Straßenkarte 541

In Krummhörn-Greetsiel

Der Romantik-Hof

FAMILIÄR • GEMÜTLICH Die zentrumsnahe Lage macht diese nette familiäre Adresse ebenso interessant wie die schön wohnlich gestalteten Zimmer. Und dann ist da noch das "Outdoor-Badeparadies" mit Nordseegarten und Naturschwimmteich, das neben Sauna und Kosmetikangebot für Erholung sorgt.

32 Zim – 114/175 € 152/185 €

Ankerstr. 4 ✉ 26736 – ✆ 04926 912151
– www.romantik-hof.de

Hohes Haus

HISTORISCH · FUNKTIONELL Im Zentrum, unweit des Hafens, finden Sie das historische Gebäude nebst alter Pastorei als Gästehaus. Hübsch und wohnlich die Zimmertypen "Greetsiel", "Krummhörn" und "Ostfriesland". Speisen kann man in der "Upkammer" (im Winter am Kamin) oder in der gemütlichen Schänke. Bürgerliche Karte mit viel Fisch.

33 Zim – †72/102 € ††115/135 € – ½ P

Hohe Str. 1, Zufahrt über Kalvarienweg, Hotelroute 1 ✉ 26736 – ☎ 04926 1810 – www.hoheshaus.de – geschl. 14. - 29. Januar

Greetsieler Grachtenhaus

FAMILIÄR · REGIONAL Hier fühlt man sich sofort wohl: familiär die Atmosphäre, hübsch die frische, nordisch-moderne Einrichtung. Charmant die kleine Terrasse, angrenzend eine Ruhezone mit Strandkörben... Und das alles an einer Gracht mit Anleger.

10 Zim – †80 € ††120 €

Justus-Hanssen-Weg 1 ✉ 26736 – ☎ 04926 926070 – www.greetsieler-grachtenhaus.de – geschl. November, Januar

KUDDEWÖRDE

Schleswig-Holstein – 1 364 Ew. – Höhe 28 m – Regionalatlas **10**-J5
Michelin Straßenkarte 541

Grander Mühle

HISTORISCH · INDIVIDUELL Das schöne Ensemble aus Backstein-Fachwerkhäusern liegt idyllisch direkt an der Bille, auf dem Gelände der ältesten Korn-Wasser-Mühle Deutschlands. Hier erwarten Sie eine schicke Lobby, individuelle Zimmer, allerlei Antiquitäten und Kunst sowie ein gutes Frühstück. Italienische Küche im Restaurant gegenüber.

13 Zim – †65/80 € ††87/101 € – 10 €

Lauenburgerstr. 1 ✉ 22958 – ☎ 04154 81021 – www.grandermuehle.de – geschl. Januar

KÜHLUNGSBORN

Mecklenburg-Vorpommern – 7 825 Ew. – Höhe 10 m – Regionalatlas **12**-M3
Michelin Straßenkarte 542

Tillmann Hahns Gasthaus

REGIONAL · LÄNDLICH In freundlich-nordischem Landhaus-Ambiente bietet man regional-saisonale Küche - wie wär's mit "Ostsee-Wildlachs mit geschwenktem Schmorsalat, Duftreis und Frühlingszwiebel-Ingwerpesto"? Im Bistro gibt's tagsüber Feinkost, Kuchen etc.

Menü 28/49 € – Karte 21/50 €

Hotel Villa Astoria, Ostseeallee 2 ✉ 18225 – ☎ 038293 410214 – www.villa-astoria.de – nur Abendessen – geschl. Januar - Mai: Montag - Dienstag

Travel Charme Ostseehotel

SPA UND WELLNESS · GEMÜTLICH Die Lage an der Seebrücke ist das erste, was Sie bei Ihrer Ankunft begeistern wird, Eindruck machen aber auch der großzügige Empfangsbereich, der vielfältige "Puria Spa" und wohnliche, geradlinig-elegante Zimmer! Die internationalen Speisen nimmt man im Sommer natürlich auf der Terrasse zum Strand hin ein.

103 Zim – †102/305 € ††142/422 € – 7 Suiten – ½ P

Zur Seebrücke 1, Zufahrt über Ostseeallee ✉ 18225 – ☎ 038293 4150 – www.travelcharme.com/ostseehotel

Neptun

FAMILIÄR • GEMÜTLICH An einer belebten Einkaufsstraße in der Stadtmitte liegt das Hotel mit seinen recht großzügigen, wohnlich-stilvoll gestalteten Gästezimmern. Restaurant im Bistrostil mit Wintergarten. Internationale Küche.

39 Zim – 80/110 € 95/150 € – 1 Suite – ½ P

Strandstr. 37 18225 – 038293 630 – www.neptun-hotel.de – geschl. 2. - 26. Januar

Strandblick

SPA UND WELLNESS • FUNKTIONELL Man hat hier Jugendstil-Flair bewahrt (sehenswert der Eingangsbereich und das Treppenhaus!) und Modernes gelungen integriert, so z. B. den Spa mit Pool. Individuell der Zuschnitt der Zimmer: mal mit Erker, mal als Suite angelegt. Im Restaurant "Strandauster" serviert man regionale Küche.

47 Zim – 115/165 € 130/180 € – 5 Suiten – ½ P

Ostseeallee 6 18225 – 038293 633 – www.ringhotel-strandblick.de

Villa Astoria

PRIVATHAUS • GEMÜTLICH Schön und strandnah wohnt man in der Villa von 1910. Die Suiten reichen von Standard über Comfort bis Deluxe, im Turm eine Maisonette-Suite - alle sind geschmackvoll in warmen Farben gehalten. Entspannung? Kosmetik und Massage im UG.

19 Suiten – 119/189 € – ½ P

Ostseeallee 2 18225 – 038293 410210 – www.villa-astoria.de

Tillmann Hahns Gasthaus – siehe Restaurantauswahl

Westfalia

LANDHAUS • GEMÜTLICH Die Jugendstilvilla ist nicht nur komfortabel und wohnlich, sie liegt auch nur einen Steinwurf von der Ostsee entfernt - Zimmer mit Balkon oder Loggia zur Seeseite. Für Familien: Ferienhaus mit direktem Zugang zum sehr schönen Garten!

15 Zim – 95/120 € 120/160 €

Ostseeallee 17 18225 – 038293 43490 – www.westfalia-kuehlungsborn.de

KÜNZELSAU

Baden-Württemberg – 14 926 Ew. – Höhe 218 m – Regionalatlas **48**-H17
Michelin Straßenkarte 545

Anne-Sophie

INTERNATIONAL • FREUNDLICH Sie sitzen gemütlich unter freigelegten Deckenbalken, im luftig-lichten Wintergarten oder auf der Terrasse zum Schlossplatz und lassen sich z. B. "Schaumsuppe von Gelber Bete" oder "Zwiebelrostbraten vom Weiderind mit handgeschabten Spätzle" servieren - regional, schmackhaft und preislich fair.

Menü 30 € – Karte 30/45 €

Hotel Anne-Sophie, Schlossplatz 9 74653 – 07940 93462041 – www.hotel-anne-sophie.de – geschl. 27. Dezember - 3. Januar

handicap.

MODERNE KÜCHE • ELEGANT Das Konzept des geschmackvollen Restaurants: Man integriert erfolgreich Menschen mit Handicap - daher der Name. Stilvoll der Rahmen aus Geradlinigkeit und Kunst, an der Decke ein Himmelsgemälde von Markus Schmidgall. Einfachere Lunchkarte.

Menü 60/80 € – Karte 25/62 €

Hotel Anne-Sophie, Hauptstr. 22 74653 – 07940 93460 – www.hotel-anne-sophie.de – geschl. 27. Dezember - 3. Januar, Ende Juli - Mitte September und Sonntagabend - Dienstag, Samstagmittag

Anne-Sophie

HISTORISCH • ELEGANT Die moderne Architektur des Neubaus ist ein gelungener Kontrast zum 300 Jahre alten Stadthaus und dem "Würzburger Bau" von 1710 samt diverser Kunstobjekte. Sie wohnen in großzügigen, geschmackvoll-eleganten Zimmern oder günstiger im Gästehaus Anne-Sophie. Schauen Sie sich auch im "Lindele-Laden" um!

49 Zim – 79/130 € 120/230 € – ½ P

Hauptstr. 22 74653 – 07940 93460
– www.hotel-anne-sophie.de – geschl. 27. Dezember – 3. Januar

Anne-Sophie • handicap. – siehe Restaurantauswahl

KÜPS

Bayern – 7 706 Ew. – Höhe 299 m – Regionalatlas **50**-L14
Michelin Straßenkarte 546

Werners Restaurant

MEDITERRAN • FREUNDLICH XX Richtig gute Küche und sympathische Gastgeber! Werner Hühnlein kocht mediterran, asiatisch und natürlich regional, die Produkte sind frisch, alles sehr geschmackvoll. Machen Ihnen "gegrillter Oktopus auf Citrus-Risotto" oder "Kalbsrücken mit Spätzle-Gratin" Appetit? Oder vielleicht selbst gemachte Salsiccia?

Menü 47/54 € – Karte 28/55 €

Griesring 16 96328 – 09264 6446
– www.werners-restaurant.de – nur Abendessen – geschl. September 2 Wochen und Sonntag

KÜRTEN

Nordrhein-Westfalen – 19 553 Ew. – Höhe 185 m – Regionalatlas **36**-C12
Michelin Straßenkarte 543

Zur Mühle

INTERNATIONAL • GEMÜTLICH XX Hermann und Kerstin Berger sorgen in dem traditionsreichen Haus (Familienbetrieb seit 1895) für richtig gute Küche, und die reicht von "Gazpacho Andaluz" über "Zanderfilet mit Graupenrisotto, Pilzen, Kräutervelouté" bis "Schnitzel Wiener Art". Und das Ambiente? Gemütlich mit moderner Note.

Menü 40 € (abends)/90 € – Karte 27/49 €

Wipperfürther Str. 391 51515 – 02268 6629 (Tischbestellung ratsam)
– www.restaurant-zur-muehle.com – geschl. Juli – August 3 Wochen und Dienstag – Mittwoch

KUHLEN-WENDORF

Mecklenburg-Vorpommern – 820 Ew. – Höhe 30 m – Regionalatlas **12**-L5
Michelin Straßenkarte 542

Im Ortsteil Wendorf

Cheval Blanc

KLASSISCHE KÜCHE • ELEGANT XX Wie überall im Haus vermitteln auch im Restaurant zahlreiche Details Schlossflair. Gelungen die Melange aus Moderne und Historie. Gekocht wird auf klassischer Basis mit modernen Einlüssen.

Menü 49 € (abends)/98 € – Karte 46/73 €

Schlosshotel Wendorf, Hauptstr. 7 19412 – 038486 336611 (Tischbestellung ratsam)
– www.restaurant-chevalblanc.de – Mittwoch – Donnerstag nur Abendessen, außer an Feiertagen – geschl. November – Ende April und Montag – Dienstag

 **Schlosshotel Wendorf**

HISTORISCHES GEBÄUDE • ELEGANT Erholung pur: ein schmuckes Herrenhaus auf einem weitläufigen Grundstück mit Wiesen, Park und See. Drinnen eine stilvolle Lobby mit Bibliothek, Bar und Zigarrenlounge sowie hochwertige und elegante Zimmer. Dazu diverse Aufmerksamkeiten.

21 Zim - 120/150 € 160/180 € - 12 Suiten - ½ P

Hauptstr. 9 ✉ 19412 - ✆ 038486 33660 - www.schlosshotel-wendorf.de - geschl. November - Ende April

Cheval Blanc - siehe Restaurantauswahl

KULMBACH

Bayern - 25 985 Ew. - Höhe 325 m - Regionalatlas **50**-L15
Michelin Straßenkarte 546

In Kulmbach-Höferänger Nord-West: 4 km

 **Dobrachtal** 

GASTHOF • TRADITIONELL Ein seit vielen Jahren familiengeführtes Hotel mit gepflegten, teilweise recht geräumigen Zimmern, einige mit Balkon. In den gemütlichen Gaststuben oder auf der Gartenterrasse (hier sitzt man schön an der ruhig dahinfließenden Dobrach) serviert man regional geprägte Küche.

55 Zim - 49/84 € 79/118 € - ½ P

Höferänger 10 ✉ 95326 - ✆ 09221 9420 - www.hotel-dobrachtal.de - geschl. 15. Dezember - 9. Januar

KUPPENHEIM

Baden-Württemberg - 8 065 Ew. - Höhe 127 m - Regionalatlas **54**-E18
Michelin Straßenkarte 545

In Kuppenheim-Oberndorf Süd-Ost: 2 km Richtung Freudenstadt

Raubs Landgasthof

FRANZÖSISCH-KLASSISCH • LÄNDLICH Sie finden den traditionellen Gasthof mit der schön berankten Fassade im Ortskern bei der Heilig-Kreuz-Kirche. Das charmante Landhausflair, der aufmerksame Service, die feine, durchdachte klassische Küche, all das zeugt vom großen Engagement der Familie. Und wie wär's mit einem der wohnlichen Gästezimmer?

➔ Glattbutt aus Wildfang mit knusprigem grünem Spargel und Orangen. Geangelter Knurrhahn mit Blumenkohl, Curry Mumbai und Mango. Rücken vom Limousin Lamm im Olivensud mit karamellisiertem Fenchel und Ochsenherz-Tomaten.

Menü 33 € (mittags unter der Woche)/135 € - Karte 48/93 €

5 Zim - 65/102 € 105/140 €

Hauptstr. 41 ✉ 76456 - ✆ 07225 75623 (Tischbestellung ratsam) - www.raubs-landgasthof.de - geschl. Sonntag - Dienstagmittag

LAASPHE, BAD

Nordrhein-Westfalen - 13 841 Ew. - Höhe 330 m - Regionalatlas **37**-F12
Michelin Straßenkarte 543

In Bad Laasphe-Feudingen West: 9 km über B 62, in Saßmannshausen links

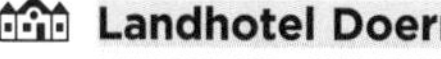 **Landhotel Doerr** 

LANDHAUS • INDIVIDUELL In diesem Familienbetrieb stehen unterschiedliche, aber stets gemütlich-wohnlich gestaltete Zimmer bereit. Vielfältig und ebenso ansprechend ist der Wellnessbereich. Ländlich-elegantes Ambiente im großzügigen, über zwei Etagen angelegten Restaurant.

49 Zim - 75/105 € 150/180 € - 1 Suite - ½ P

Sieg-Lahn-Str. 8 ✉ 57334 - ✆ 02754 3700 - www.landhotel-doerr.de

Lahntal-Hotel

GASTHOF • GEMÜTLICH Ein schönes familiengeführtes kleines Landhotel. Die Zimmer sind recht geräumig und wohnlich in ländlichem Stil eingerichtet, hübsch die Sauna und das Hallenbad. Und am Morgen wartet ein gutes Frühstücksbuffet auf Sie. Behaglich das Restaurant mit rustikalem Charme.

15 Zim – 75/115 € 150/260 € – 2 Suiten – ½ P

Sieg-Lahn-Str. 23 ✉ 57334 – ✆ 02754 1285
– www.lahntalhotel.de

Im Auerbachtal

FAMILIÄR • INDIVIDUELL Sie mögen es ruhig und wohnlich? Das sympathische kleine Hotel liegt am Waldrand und bietet schöne, in hellen warmen Farben gehaltene Zimmer, jedes ist einem Künstler gewidmet. Einladend auch der Wintergarten und die kleine Bibliothek.

16 Zim – 64/79 € 90/98 € – 2 Suiten – ½ P

Wiesenweg 5 ✉ 57334 – ✆ 02754 375880
– www.auerbachtal.de – geschl. 22. Dezember - 15. Januar

In Bad Laasphe-Glashütte West: 14 km über B 62 sowie Feudingen und Volkholz, in Saßmannshausen links

Ars Vivendi

INTERNATIONAL • ELEGANT XXX Das "Ars Vivendi" mit seinem verspielten elegant-mediterranen Interieur nebst Versace-Geschirr hat ein interessantes Konzept: Immer wieder kochen hier Gastköche auf hohem Niveau!

Menü 89/128 €

Hotel Jagdhof Glashütte, Glashütter Str. 20 ✉ 57334 – ✆ 02754 3990 (Tischbestellung ratsam)
– www.jagdhof-glashuette.de – nur Abendessen – geschl. Sonntag - Dienstag

Rôtisserie Jagdhof Stuben - Die Braterei

GRILLGERICHTE • GEMÜTLICH XX Schon allein der große Rôtisseriegrill neben der offenen Küche verbreitet in dem liebevoll dekorierten Restaurant Gemütlichkeit. Es gibt Leckeres vom Holzkohlegrill sowie traditionell-klassische und internationale Küche - auch das ein oder andere Lieblingsgericht von Patron Edmund Dornhöfer ist vertreten!

Menü 28 € (mittags)/78 € – Karte 44/73 €

Hotel Jagdhof Glashütte, Glashütter Str. 20 ✉ 57334 – ✆ 02754 3990
– www.jagdhof-glashuette.de – Dienstag - Freitag nur Abendessen – geschl. Montag

Jagdhof Glashütte

LUXUS • GEMÜTLICH Vom Empfang bis zur Abreise bieten die Dornhöfers beispielhafte, überaus liebenswürdige Gästebetreuung! Dazu die ausgesprochen schöne Einrichtung mit ländlichem Charme und die ruhige Lage umgeben von Wald und Wiese. Ein Muss: die reizende rustikale Fuhrmannsstube, mit der hier einst alles begann! "Stammgastrevier" heißt die bürgerlich-regionale Wittgensteiner Küche.

20 Zim – 138/228 € 276/396 € – 9 Suiten – ½ P

Glashütter Str. 20 ✉ 57334 – ✆ 02754 3990
– www.jagdhof-glashuette.de

Rôtisserie Jagdhof Stuben - Die Braterei • **Ars Vivendi** – siehe Restaurantauswahl

LABOE

Schleswig-Holstein – 4 899 Ew. – Höhe 21 m – Regionalatlas **3**-J3
Michelin Straßenkarte 541

Seeterrassen

FAMILIÄR • FUNKTIONELL Was dieses Hotel interessant macht? Es liegt gegenüber dem Strand und verfügt über zeitgemäß und funktional eingerichtete Zimmer, teilweise mit Seeblick. Auch im Restaurant und auf der Terrasse genießt man die Aussicht. Tipp: Besuchen Sie das Marine-Ehrenmal und das U-Boot "U-995" ganz in der Nähe!

40 Zim – †50/70 € ††88/106 €

Strandstr. 84 ✉ 24235 – ✆ 04343 6070 – www.seeterrassen-laboe.de – geschl. Dezember - Januar

LADENBURG

Baden-Württemberg – 11 380 Ew. – Höhe 106 m – Regionalatlas **47**-F16
Michelin Straßenkarte 545

Backmulde

FRANZÖSISCH-MODERN • GEMÜTLICH So ein Lokal wünscht man sich in der Nachbarschaft: tolles Essen, ausgesuchte Weine nebst versierter Beratung und dazu die gemütliche Atmosphäre eines charmanten jahrhundertealten Fachwerkhauses! Tipp: Weinladen gegenüber.

Menü 55/75 € – Karte 50/68 €

Hauptstr. 61 ✉ 68526 – ✆ 06203 404080 (Tischbestellung ratsam) – www.back-mul.de – Dienstag - Freitag nur Abendessen – geschl. Montag, Juni - August: Sonntag - Montag

LAGE (LIPPE)

Nordrhein-Westfalen – 34 719 Ew. – Höhe 102 m – Regionalatlas **28**-G9
Michelin Straßenkarte 543

In Lage-Stapelage Süd-West: 7 km über B 66 Richtung Bielefeld

Haus Berkenkamp

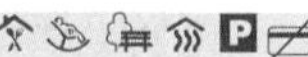

FAMILIÄR • TRADITIONELL Außerhalb und mitten im Grünen liegt der ehemalige Bauernhof von 1849, zu dem auch ein wunderbarer parkähnlicher Garten und eine Damwildzucht gehören. Eine schöne gepflegte Adresse, die von der Familie sympathisch geführt wird.

20 Zim – †52/54 € ††84/88 € – ½ P

Im Heßkamp 50 ✉ 32791 – ✆ 05232 71178 – www.haus-berkenkamp.de – geschl. 19. - 29. März, 4. - 25. Oktober

Wie entscheidet man sich zwischen zwei gleichwertigen Adressen? In jeder Kategorie sind die Häuser nochmals geordnet, die besten Adressen stehen an erster Stelle.

LAHR (SCHWARZWALD)

Baden-Württemberg – 44 195 Ew. – Höhe 170 m – Regionalatlas **53**-D19
Michelin Straßenkarte 545

Grüner Baum

REGIONAL • GASTHOF Besonders schön sitzt man im Sommer auf der Terrasse hinter dem alten Fachwerkhaus unter einer großen Kastanie. Aber auch drinnen hat man es gemütlich bei mediterran beeinflussten regional-traditionellen Speisen wie "saurem Leberle mit Brägele" oder "Lammrücken mit Olivenkruste und ligurischem Gemüse".

Menü 42 € – Karte 15/47 €

Burgheimer Str. 105 ✉ 77933 – ✆ 07821 22282 (Tischbestellung ratsam) – www.gruenerbaum-lahr.de – geschl. Sonntagabend

In Lahr-Reichenbach Ost: 3,5 km über B 415

Adler (Daniel Fehrenbacher)

FRANZÖSISCH-MODERN • GEMÜTLICH XX Daniel Fehrenbacher bringt Moderne auf den Teller, dennoch bleiben die klassischen Wurzeln in seiner aromenreichen Küche erhalten. Da passt das Ambiente wunderbar ins Bild: Klare Formen, warmes Holz, kräftige Farben und nette Deko kommen schön frisch daher und vermitteln zugleich Schwarzwälder Gemütlichkeit.

➜ Entenleber gebraten mit Cranberries und Liebstöckel. Rheinzander mit grünem Risotto, Eigelb und Belper Knolle. Rehfilet "Madras" mit Mango, Lotuswurzel und Mandel.

Menü 62/120 €

Hotel Adler, Reichenbacher Hauptstr. 18, B 415 ✉ 77933 – ✆ 07821 906390 – www.adler-lahr.de – nur Abendessen – geschl. über Fasnacht 2 Wochen und Montag - Mittwoch

Gasthaus

REGIONAL • GASTHOF X Auch im Gasthaus mischen sich Moderne und Tradition, optisch und kulinarisch. Hier geht es etwas legerer zu, man isst aber ebenfalls gut: Schmackhaft, frisch und preislich fair ist u. a. "Schuttertäler Saibling auf Kartoffelrisotto"!

Menü 34 € – Karte 30/66 €

Hotel Adler, Reichenbacher Hauptstr. 18, B 415 ✉ 77933 – ✆ 07821 906390 – www.adler-lahr.de – geschl. über Fasnacht 2 Wochen und Dienstagmittag

Adler

GASTHOF • INDIVIDUELL Familientradition wird hier groß geschrieben: Gleich drei Generationen der Fehrenbachers kümmern sich um Ihr Wohl! Das Haus hat sehr zur Freude der Gäste über all die Jahre seinen badischen Charme bewahrt und trotzdem passt auch der ganz moderne Stil einiger Zimmer gut ins Bild!

20 Zim – 105 € 150 € – ½ P

Reichenbacher Hauptstr. 18, B 415 ✉ 77933 – ✆ 07821 906390 – www.adler-lahr.de – geschl. über Fasnacht 2 Wochen

Adler • **Gasthaus** – siehe Restaurantauswahl

LANDAU in der PFALZ

Rheinland-Pfalz – 44 465 Ew. – Höhe 144 m – Regionalatlas **54**-E17
Michelin Straßenkarte 543

Weinkontor Null41

INTERNATIONAL • FREUNDLICH XX Alte Backsteinarchitektur gepaart mit urbanem Look - ein wirklich attraktiver Rahmen! Und die Küche? Frisch, schmackhaft und unkompliziert. Da macht z. B. "gebratener Loup de Mer mit Muschelrisotto" Appetit. Schön die Terrasse, drum herum das Gelände der Landesgartenschau 2015.

Karte 28/46 €

Georg-Friedrich-Dentzel-Str. 11 ✉ 76829 – ✆ 06341 945485 – www.weinkontor-null41.de – Montag - Freitag nur Abendessen – geschl. Ende Juli 2 Wochen und Dienstag

Weinstube zur Blum

REGIONAL • WEINSTUBE X Der historische Vierflügelbau ist bei Touristen und Einheimischen gleichermaßen gefragt! Saisonale Gerichte von der Tafel und Pfälzer Spezialitäten wie "Saumagen auf Rieslingkraut" isst man im Sommer am liebsten im Innenhof: auf zwei Etagen von Holzarkaden eingefasst und wirklich charmant!

Menü 24 € – Karte 26/35 €

Kaufhausgasse 9 ✉ 76829 – ✆ 06341 897641 (Tischbestellung ratsam) – www.zurblum.de – geschl. Sonntag - Dienstagmittag, Donnerstagmittag, Freitagmittag

Altstadt Stern'l No 1 Ⓝ

MARKTKÜCHE • BISTRO X Das sympathische kleine Bistro liegt nur wenige Schritte vom Rathausplatz und hat einen einladenden Biergarten. Aus der Küche (durchgehend geöffnet) kommen Tapas und Snacks sowie wöchentlich wechselnde Gerichte mit saisonalem Bezug. Dazu gibt's schöne Weine von namhaften Weingütern aus dem Umkreis.

Karte 16/45 €

Kleiner Platz 6 ✉ 76829
- ✆ 06341 929450 - geschl. Sonntag - Montag

Parkhotel

BUSINESS • FUNKTIONELL Schon ein Hingucker, der aparte Kontrast von modernem Hotelbau und direkt angeschlossener historischer Festhalle! Besonders schön die geradlinig-zeitgemäßen Zimmer mit Bezug zum Thema Weinbau. Zum Park hin wohnen Sie übrigens ruhiger. Praktisch: Am Haus gibt es eine öffentliche Tiefgarage und Stellplätze.

77 Zim – †91/121 € ††121/151 € - 1 Suite - ½ P

Mahlastraße 1, an der Festhalle ✉ 76829 - ✆ 06341 1450
- www.parkhotel-landau.de

In Landau-Arzheim West: 4 km

Weinstube Hahn

REGIONAL • WEINSTUBE X Stammgäste haben die herzlichen Betreiber so einige, denn man sitzt richtig nett in gemütlich-rustikaler Atmosphäre und essen kann man auch gut. Fast ein Muss: "Fläschknepp mit Meerrettichsoße und Bratkartoffeln"! Dazu Weine aus der Region.

Karte 23/37 €

Arzheimer Hauptstr. 50 ✉ 76829
- ✆ 06341 33144 (Tischbestellung ratsam)
- nur Abendessen - geschl. Weihnachten - Neujahr, Ende Juni 1 Woche, September 1 Woche und Dienstag - Mittwoch

In Landau-Nussdorf Nord: 3 km

Villa Delange

HERRENHAUS • INDIVIDUELL Wirklich schön mischt sich das stilvolle Landhausambiente mit dem historischen Charme des einstigen Weinguts, überall liebevolle Deko. Ebenso wertig, nur etwas moderner, sind die Zimmer im 50 m entfernten Gästehaus. Sie bleiben länger? Man hat auch zwei Apartments mit Küchenzeile. Abendessen für Hotelgäste.

18 Zim – †78/110 € ††99/125 €

Lindenbergstr. 30, (mit Gästehaus) ✉ 76829
- ✆ 06341 676740 - www.villa-delange.com

LANDSBERG am LECH

Bayern – 28 432 Ew. – Höhe 587 m – Regionalatlas **65**-K20
Michelin Straßenkarte 546

Landhotel Endhart

FAMILIÄR • INDIVIDUELL Wer es etwas komfortabler mag, bucht in dem Familienbetrieb am Stadtrand eines der Neubau-Zimmer zum Innenhof, am besten eines mit Balkon! Es gibt auch ein freundliches Tagescafé, in dem man am Morgen gemütlich beim Frühstück sitzt.

40 Zim – †70/125 € ††99/199 € - 2 Suiten

Erpftinger Str. 19 ✉ 86899
- ✆ 08191 92930
- www.landhotel-endhart.de

LANDSHUT

Bayern – 67 509 Ew. – Höhe 393 m – Regionalatlas **58**-N19
Michelin Straßenkarte 546

Fürstenzimmer und Herzogstüberl

FRANZÖSISCH-KLASSISCH • FREUNDLICH XX Herzogstüberl mit bayerischem Flair, stilvoll-elegantes Fürstenzimmer, tolle Terrasse... Sie werden stets mit frischer klassischer Küche umsorgt. Man beachte auch die fair kalkulierte Weinkarte mit Raritäten. Wie wär's mit einem Kochkurs?

Menü 56/79 € – Karte 48/72 €

Stadtplan : A1-d – *Hotel Fürstenhof, Stethaimer Str. 3 ✉ 84034 – ✆ 0871 92550 – www.hotel-fuerstenhof-landshut.de – nur Abendessen – geschl. Januar 2 Wochen, August 2 Wochen und Sonntag*

Bellini

ITALIENISCH • MEDITERRANES AMBIENTE XX Lust auf Trüffel? Entsprechende Gerichte gibt es hier immer, sogar als Pizza! Weitere Leidenschaft neben italienischer Küche sind Weinraritäten aus Italien und Frankreich sowie Grappa (besonders der von Levi). Toll die begrünte Hofterrasse!

Menü 12 € (mittags unter der Woche)/50 € – Karte 29/48 €

Stadtplan : A2-b – *Papiererstr. 12 ✉ 84034 – ✆ 0871 630303 – www.bellini-landshut.de – geschl. August 1 Woche und Samstagmittag*

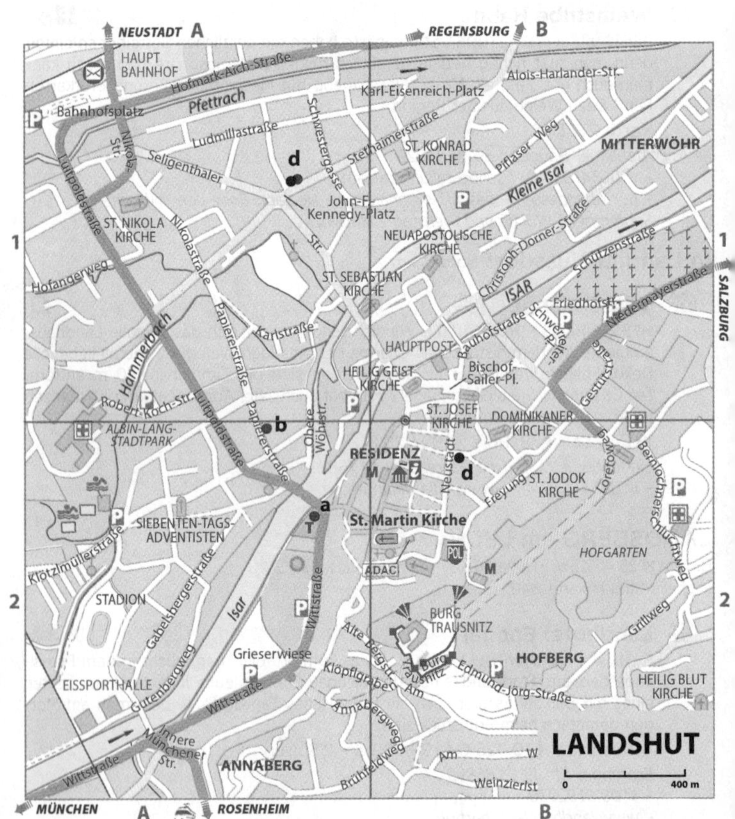

Bernlochner

INTERNATIONAL • BÜRGERLICH XX Sie finden dieses freundliche Restaurant an der Isar, nicht weit von der Fußgängerzone. Die Küche ist international ausgerichtet und man setzt dabei auf frische Produkte der Saison - Klassiker stehen ebenso auf der Karte.

Menü 53/74 € - Karte 27/61 €

Stadtplan : A2-a - *Ländtorplatz 2 ✉ 84028*
- *✆ 0871 43083777*
- *www.bernlochner-restaurant.de*

Goldene Sonne

HISTORISCH • GEMÜTLICH Das schmucke historische Gebäude in der Altstadt beherbergt geschmackvoll gestaltete, wohnliche Zimmer mit individuellem Zuschnitt und guter technischer Ausstattung. Rustikale Gaststube mit bürgerlicher Karte. Nett ist der Biergarten im Innenhof.

59 Zim - 70/130 € 100/160 € - 1 Suite

Stadtplan : B2-d - *Neustadt 520 ✉ 84028*
- *✆ 0871 92530*
- *www.goldenesonne.de*

Fürstenhof

FAMILIÄR • INDIVIDUELL Charmant ist dieses Stadthaus von 1906: Umsichtig die Gastgeber, wertig und wohnlich die Zimmer, auffallend das Bemühen um den Gast, immer wieder kleine Aufmerksamkeiten. Sie suchen etwas Besonderes? Keramik-Suite oder Tuchhändler-Zimmer!

21 Zim - 98/110 € 125/140 € - 1 Suite - ½ P

Stadtplan : A1-d - *Stethaimer Str. 3 ✉ 84034*
- *✆ 0871 92550*
- *www.hotel-fuerstenhof-landshut.de - geschl. Januar 2 Wochen, August 2 Wochen*

Fürstenzimmer und Herzogstüberl - siehe Restaurantauswahl

LANGEN

Hessen - 36 058 Ew. - Höhe 144 m - Regionalatlas **47**-F15
Michelin Straßenkarte 543

Mosbach's Restaurant

FRANZÖSISCH-KLASSISCH • FREUNDLICH XX In dem hübschen Fachwerkhaus im Ortskern setzen die elsässischen Brüder Guy und Dominique Mosbach auf traditionelle französische Speisen, so stehen auf der Karte z. B. Boeuf Bourguignon, Kalbsblanquette oder auch feine Bresse-Poularde.

Menü 25 € (mittags)/48 € - Karte 32/82 €

Vierhäusergasse 1 ✉ 63225
- *✆ 06103 502713 (Tischbestellung ratsam)*
- *www.mosbachs.com - geschl. 27. Dezember - 9. Januar und Samstagmittag, Sonntagabend - Montag*

Nahe der Straße nach Dieburg Ost: 2 km

Merzenmühle

INTERNATIONAL • FREUNDLICH XX Die Atmosphäre ist schön gemütlich, passend zum 600 Jahre alten Fachwerkhaus. Gekocht wird international und österreichisch. Rustikale Alternative: die "Scheuer", ein Mix aus Heurigem und Apfelweinlokal samt Biergarten.

Menü 19 € (mittags)/56 € - Karte 36/62 €

Koberstädter Str. 204 ✉ 63225
- *✆ 06103 53533 - www.merzenmuehle.de - geschl. Samstagmittag, Sonntagabend - Montag*

LANGENARGEN

Baden-Württemberg - 7 848 Ew. - Höhe 398 m - Regionalatlas **63**-H21
Michelin Straßenkarte 545

Schuppen 13

ITALIENISCH • GEMÜTLICH XX Das stilvoll-maritime Restaurant nebst hübscher Terrasse ist eine feste Gastro-Größe direkt am Yachthafen. Aus richtig guten Produkten entstehen italienisch-saisonale Speisen wie "Heilbutt in Kapernbutter, weißer Spargel, Krabbenkartoffeln". Eine Spezialität ist die "Pasta fresca".

Menü 50 € - Karte 35/58 €

Argenweg 60, (im BMK-Yachthafen) ✉ 88085 - ✆ 07543 1577 - www.schuppen13.de - geschl. Ende Oktober - Anfang November 2 Wochen, Mitte Dezember - Mitte Februar und Montag

Malereck

INTERNATIONAL • LÄNDLICH XX Ausgesprochen schön ist es hier: wunderbar der eigene Park, toll die Terrasse zum Yachthafen mit Blick ins Grüne, elegant das Restaurant. Die ambitionierte Küche bietet Internationales mit regional-saisonalen Einflüssen, z. B. "gebratenen Steinbutt & Pulpo, Kaffir-Limetten-Schaum, marinierten Fenchel".

Menü 24/39 € - Karte 38/65 €

Aargenstr. 60/4, (im BMK-Yachthafen) ✉ 88085 - ✆ 07543 912491 - www.restaurantmalereck.de - geschl. 30. Oktober - 9. November, 20. Dezember - Mitte Februar und Dienstag

Engel

FAMILIÄR • KLASSISCH Das Hotel im Zentrum, direkt an der Promenade, bietet wohnliche Zimmer und sehr schöne große Suiten sowie einen freundlich gestalteten Saunabereich und ein eigenes Strandbad. Teil des Restaurants ist ein zum Ufer hin gelegener Wintergarten mit Terrasse.

37 Zim - †65/88 € ††96/120 € - 4 Suiten - ½ P

Marktplatz 3 ✉ 88085 - ✆ 07543 93440 - www.engel-bodensee.de - geschl. 21. Januar - 11. März

Im Winkel

FAMILIÄR • MODERN Wie zu Hause fühlt man sich in dem tipptopp gepflegten Haus der herzlichen Familie Reiß. Sie wohnen in freundlichen, zeitgemäßen Zimmern, genießen das frische Frühstücksbuffet und entspannen im netten Saunabereich. Alternativ hat man im Ort noch geräumige Appartements.

8 Zim - †65/130 € ††90/140 € - 2 Suiten

Im Winkel 9 ✉ 88085 - ✆ 07543 934010 - www.hotel-imwinkel.de - geschl. 15. November - 31. März

In Langenargen-Schwedi Nord: 2 km

Schwedi

FAMILIÄR • AM SEE Das Haus liegt schön ruhig im Grünen am See, die wohnlichen Zimmer teils seeseitig und mit Balkon - eine der Suiten mit Sauna. Attraktiv: glasüberdachtes Hallenbad, Ruhebereich und Liegewiese mit Seeblick. Massagen buchbar. Restaurant mit Fischspezialitäten - Bodenseefische aus familiärem Fischereibetrieb.

27 Zim - †65/99 € ††99/175 € - 3 Suiten - ½ P

Schwedi 1 ✉ 88085 - ✆ 07543 934950 - www.hotel-schwedi.de - geschl. Ende November - Anfang Februar

LANGENAU

Baden-Württemberg - 14 526 Ew. - Höhe 458 m - Regionalatlas **56**-I19
Michelin Straßenkarte 545

Gasthof zum Bad (Hans Häge)

FRANZÖSISCH-KLASSISCH • LÄNDLICH XX Ob modern beeinflusste klassische Küche oder bürgerlich-regionale Gerichte, in diesem Familienbetrieb wird richtig gut gekocht, und zwar ausdrucksstark, exakt und mit ausgesuchten Produkten. Und das Ambiente? Schön hell und geradlinig.

→ Sellerie, Lauch, Apfel, Schwarze Nuss. Rotbarbe, Curry, Mango, Champignons. Steinbutt, Erbse, Spargel, Morcheln.

Menü 59/115 € – Karte 41/71 €

Hotel Gasthof zum Bad, Burghof 11 ✉ 89129 – ✆ 07345 96000 – www.gasthof-zum-bad.de – geschl. 27. Dezember - 8. Januar, Ende Juli - Mitte August und Sonntagabend - Montag

Gasthof zum Bad

GASTHOF • GEMÜTLICH Ein Haus, in dem man wirklich gerne übernachtet, denn hier ist die ganze Familie mit viel Herzblut im Einsatz! Außerdem sind die Zimmer schön zeitgemäß und wohnlich, das Frühstück ist lecker und die Preise stimmen auch. Praktisch: Günzburg mit "Legoland" sowie Ulm sind schnell erreicht.

36 Zim – †64/84 € ††94/115 €

Burghof 11 ✉ 89129 – ✆ 07345 96000 – www.gasthof-zum-bad.de – geschl. 27. Dezember - 8. Januar, Ende Juli - Mitte August

Gasthof zum Bad – siehe Restaurantauswahl

In Rammingen Nord-Ost: 4 km

Landgasthof Adler

REGIONAL • ELEGANT XX Freundlich und versiert wird man in dem hübschen traditionellen Gasthaus umsorgt. Die ambitionierte Küche reicht vom "Zanderfilet wie bei Oma" über "geschmortes Bürgermeisterstück im eigenen Saft" bis zur "lauwarmen Zitronentarte mit Sorbet". Interessante Weinkarte. Zum Übernachten: hochwertig-moderne Zimmer.

Menü 39/128 € – Karte 40/60 €

10 Zim – †69/139 € ††134/185 €

Riegestr. 15 ✉ 89192 – ✆ 07345 96410 – www.adlerlandgasthof.de – Dienstag - Donnerstag nur Abendessen – geschl. 1. - 11. Januar und Montag

LANGENLONSHEIM

Rheinland-Pfalz – 3 724 Ew. – Höhe 110 m – Regionalatlas **47**-E15
Michelin Straßenkarte 543

Jugendstil-Hof

LUXUS • INDIVIDUELL Richtig chic hat man es hier! Die Chefin ist Inneneinrichterin und so dienen die Räume quasi als "Showroom" für die hochwertige Einrichtung, die man auch kaufen kann. Die Atmosphäre ist privat, man wird persönlich betreut und zum Frühstück gibt's frische Eier der eigenen Hennen und Obst aus dem Garten.

3 Zim – †178 € ††198 €

Naheweinstr. 172 ✉ 55450 – ✆ 06704 9638682 – www.jugendstil-hof.de

LANGENZENN

Bayern – 10 443 Ew. – Höhe 313 m – Regionalatlas **50**-K16
Michelin Straßenkarte 546

In Langenzenn-Keidenzell Süd: 4 km

Keidenzeller Hof (Martin Grimmer)

MODERNE KÜCHE • LÄNDLICH XX Ein Landgasthof, der einfach Freude macht, denn hier sind charmantes Ambiente, herzliche Gästebetreuung und richtig gutes Essen ausgesprochen gelungen vereint! Es gibt moderne Küche in Menüform - oder wählen Sie die Gerichte à la carte. Interessant auch die Weinbegleitung. Perfekt für Feste: die Scheune.

→ Saibling, Aubergine, Rotkohl. Kalbsbries, Brokkoli, Holunderblüte. Dunkle Schokolade, Rote Bete, Rose.

Menü 75 € (mittags)/105 €

Fürther Str. 11 ✉ 90579 – ✆ 09101 901226 – www.keidenzeller-hof.de – geschl. Mitte Oktober - Anfang November, Montag - Donnerstagmittag, Freitagmittag

LANGEOOG (INSEL)

Niedersachsen – 1 757 Ew. – Höhe 5 m – Regionalatlas **7**-D4
Michelin Straßenkarte 541

Logierhus

SPA UND WELLNESS • MODERN Schön und angenehm komfortabel wohnen Sie hier. Warmes Holz und Naturtöne verleihen den Zimmern ihren nordischen Touch. Attraktiv und modern auch der Wellnessbereich und das geradlinig gehaltene Restaurant mit international beeinflusster Regionalküche. Praktisch: Die Inselbahn ist nicht weit.

31 Zim – †130/204 € ††144/224 € – 5 Suiten – ½ P

Mittelstr. 10 ✉ 26465 – ✆ 04972 91190 – www.logierhus-langeoog.de

Kolb

SPA UND WELLNESS • KLASSISCH Das tolle Ferienhotel besteht aus den Häusern "Classic", "Lifestyle" und "Inselchalets", die Zimmer geschmackvoll, individuell und chic, vom eleganten "Goldrausch" über Geradlinigkeit in warmem Braun bis hin zu mediterranem Flair. Sehr schön auch der Spa. Das Restaurant "Schiffchen" bietet Internationales.

36 Zim – †100/140 € ††130/198 € – 3 Suiten – ½ P

Barkhausenstr. 30 ✉ 26465 – ✆ 04972 9104165 – www.hotel-kolb.de

Norderriff

LANDHAUS • MODERN Ein echtes friesisches Schmuckstück: sehr wohnlich, sehr wertig und sehr geschmackvoll im nordischen Stil, die Führung angenehm persönlich, die Lage ruhig und nicht weit vom schönsten Strand! Dazu leckeres Frühstück und inkludierte Minibar.

8 Zim – †90/140 € ††150/160 € – 6 Suiten

Willrath-Dreesen-Str. 25 ✉ 26465 – ✆ 04972 96980 – www.hotel-norderriff.de

Flörke 

FAMILIÄR • MODERN Hier tut sich immer wieder etwas, so dürfen sich die Gäste auf einen attraktiven Wellnessbereich sowie frische, helle, wohnliche Zimmer und Appartements freuen. Und im Sommer Frühstück im Garten? Angenehm auch die zentrale Lage.

50 Zim – †88/103 € ††140/180 € – 3 Suiten

Hauptstr. 17 ✉ 26465 – ✆ 04972 92200 – www.hotel-floerke.de

mare

FAMILIÄR • GEMÜTLICH In dem Hotel in einer ruhigen Wohngegend stehen freundliche zeitgemäße Suiten verschiedener Kategorien bereit, die alle über eine kleine Küche und meist über Balkone verfügen. Schön entspannen können Sie auch im Wellnessgarten mit Naturpool oder aber im Restaurant bei Steaks und Fisch.

24 Suiten – ††144/203 € – ½ P

Kiebitzweg 8 ✉ 26465 – ✆ 04972 92260 – www.suiten-hotel-mare.de

Retro Design Hotel

BOUTIQUE-HOTEL • DESIGN Der Ableger des "Hotel Kolb" ist eine Hommage an die 70er Jahre - konsequent umgesetzt: schickes farbenfrohes Retro-Design gepaart mit aktueller Technik. Typisch "Kolb": das ausgesprochen gut bestückte Frühstück. Spa im Schwesterhotel.

19 Zim – †74/105 € ††106/178 € – 2 Suiten

Abke-Jansen-Weg 6 ✉ 26465 – ✆ 04972 6829990 – www.hotel-kolb.de

Idyll Heckenrose

LANDHAUS • GERADLINIG Schön ruhig in einem Wohngebiet liegt das kleine Suitenhotel, das zum "Logierhus" gehört. In großen Suiten schaffen klare Linien und warmes Zirbenholz ein geradlinig-nordisches Ambiente. Den Spa des "Mutterhotels" können Sie mitbenutzen.

10 Suiten – ††158/540 €

An der Hecken 4 ✉ 26465 – ✆ 04972 91190 – www.idyll-heckenrose.de

LANGERRINGEN Bayern ➜ Siehe Schwabmünchen

LANGERWEHE

Nordrhein-Westfalen - Höhe 135 m - Regionalatlas **35**-B12
Michelin Straßenkarte 543

In Langerwehe-Merode Süd-Ost: 4,5 km Richtung Düren, über B 264 und Pier

Wettsteins Restaurant

REGIONAL • LÄNDLICH XX Rudolf und Stefanie Wettstein leiten den elterlichen Betrieb in 3. Generation. Mit Fachkenntnis und Engagement umsorgen sie ihre Gäste, die in freundlich-ländlichem Ambiente bei ambitionierter bürgerlich-regionaler Küche sitzen. Sie planen eine Feier? Man ist hier auch auf Gesellschaften gut eingestellt.

Menü 34 € (mittags)/54 € - Karte 32/60 €

Schlossstr. 66 ✉ 52379 - ✆ 02423 2298 - www.wettsteins-restaurant.de - geschl. 24. Juli - 12. August und Montag - Dienstag

LANGWEILER

Rheinland-Pfalz - 251 Ew. - Höhe 510 m - Regionalatlas **46**-C15
Michelin Straßenkarte 543

Altes Refektorium

INTERNATIONAL • ELEGANT X Die historischen Räume (schön die integrierten Bruchsteinwände) hat man für seine Gäste modern-elegant gestaltet. Neben einem Menü bietet man Gerichte von rustikal-traditionell bis international-mediterran. Mittags einfacheres Angebot.

Menü 39/65 € - Karte 40/56 €

Hotel Kloster Marienhöh, Marienhöh 2 ✉ 55758 - ✆ 06786 292990 - www.klosterhotel-marienhoeh.de

Kloster Marienhöh

SPA UND WELLNESS • MODERN Hier hat man ein ehrwürdiges Kloster zu einem schönen Hideaway im Naturpark Saar-Hunsrück gemacht: chic-modern designte Zimmer mit sehr guter Technik und ein geschmackvoller Spa. In der "Pilgerlodge" vis-à-vis gibt es 12 einfachere Zimmer.

62 Zim - †69/109 € ††119/419 € - 4 Suiten - ½ P

Marienhöh 2 ✉ 55758 - ✆ 06786 292990 - www.klosterhotel-marienhoeh.de

Altes Refektorium - siehe Restaurantauswahl

LAUCHRINGEN Baden-Württemberg ➜ Siehe Waldshut-Tiengen

LAUDA-KÖNIGSHOFEN

Baden-Württemberg - 14 443 Ew. - Höhe 192 m - Regionalatlas **49**-H16
Michelin Straßenkarte 545

Im Stadtteil Beckstein Süd-West: 2 km ab Königshofen über B 292

Becksteiner Rebenhof

LANDHAUS • GEMÜTLICH Schön wohnlich hat man es in dem neuzeitlichen Hotel etwas oberhalb des Dorfes, toll der Blick auf die Weinberge. Großzügige Zimmer mit kleiner Küchenzeile, attraktiver Schwimmbad- und Saunabereich nebst Kosmetik und Massage. Regionale Küche im hellen, freundlichen Restaurant. Tipp: Fahrradverleih.

17 Zim - †88/99 € ††160/168 € - 8 Suiten - ½ P

Am Hummelacker 34 ✉ 97922 - ✆ 09343 62780 - www.rebenhof.net - geschl. 20. - 27. Dezember

LAUDENBACH

Bayern - 1 419 Ew. - Höhe 127 m - Regionalatlas **48**-G16
Michelin Straßenkarte 546

Goldner Engel

KLASSISCHE KÜCHE • GASTHOF X Der Familienbetrieb mit eigener Metzgerei steht schon viele Jahre für Qualität. In den ländlich gehaltenen Stuben serviert man Ihnen frische Gerichte wie z. B. "gebratenen Kabeljau mit Kartoffelsalat und Grüner Soße". Tipp für Übernachtungsgäste: Die neueren Zimmer sind besonders chic.

Menü 35/55 € - Karte 22/58 €

9 Zim - 42/69 € 72/118 €

Miltenberger Str. 5 63925 - 09372 99930
- www.goldner-engel.de - geschl. über Fasching und Mittwoch

LAUF AN DER PEGNITZ

Bayern - 26 122 Ew. - Höhe 327 m - Regionalatlas **50**-L16
Michelin Straßenkarte 546

An der Straße nach Altdorf Süd: 2,5 km

Waldgasthof am Letten

REGIONAL • LÄNDLICH XX Hier sitzt man in gemütlichen Nischen (charmant die rustikalen Holzbalken) bei regionaler und internationaler Küche - da schmecken "Lachsravioli mit Spinat und Hummerschaum" ebenso gut wie "Kalbsrahmgulasch mit Spätzle und Salat".

Menü 52 € - Karte 22/47 €

Hotel Waldgasthof am Letten, Letten 13 91207 Lauf an der Pegnitz
- 09123 9530
- www.waldgasthof-am-letten.de - geschl. 22. Dezember - 7. Januar und Sonntag sowie an Feiertagen

Waldgasthof am Letten

GASTHOF • MODERN Wohnliche und gleichzeitig funktionale Gästezimmer bieten in dem gut geführten Familienbetrieb zeitgemäßen Komfort. Das Haus liegt am Waldrand und dennoch verkehrsgünstig unweit der Autobahn.

52 Zim - 84/94 € 115 € - ½ P

Letten 13 91207 Lauf an der Pegnitz - 09123 9530
- www.waldgasthof-am-letten.de - geschl. 22. Dezember - 7. Januar

Waldgasthof am Letten - siehe Restaurantauswahl

LAUFFEN am NECKAR

Baden-Württemberg - 10 931 Ew. - Höhe 175 m - Regionalatlas **55**-G17
Michelin Straßenkarte 545

Elefanten

REGIONAL • BÜRGERLICH XX Im Herzen der netten Stadt hat Familie Glässing (4. Generation) ihr freundliches Gasthaus. Gekocht wird frisch, saisonal und schmackhaft, und zwar Regionales wie hausgemachte Maultaschen sowie Internationales wie "Wolfsbarsch auf geschmolzenen Tomaten mit Risotto". Die Gästezimmer sind einfach, aber gepflegt.

Menü 25 € (mittags unter der Woche)/86 € - Karte 25/62 €

12 Zim - 72/88 € 102/120 €

Bahnhofstr. 12 74348 - 07133 95080
- www.hotel-elefanten.de - geschl. Anfang Januar 2 Wochen, Anfang August 2 Wochen und Montagmittag, Freitag - Samstagmittag

Gästehaus Kraft

FAMILIÄR • GEMÜTLICH Die ruhige Lage in den Weinbergen vor den Toren der kleinen Stadt ist wirklich schön. Außerdem kann man hier gut und preisgünstig übernachten - die Zimmer sind zeitgemäß und wohnlich, einige recht groß. Probieren Sie die hauseigenen Weine!

34 Zim ☕ - 🚹54/74 € 🚹🚹79/98 €

Nordheimer Str. 50 ✉ 74348 - ✆ 07133 98250 - www.gaestehaus-kraft.de - geschl. 23. Dezember - 7. Januar

LAUMERSHEIM

Rheinland-Pfalz – 893 Ew. – Höhe 108 m – Regionalatlas **47**-E16
Michelin Straßenkarte 543

Zum Weißen Lamm

REGIONAL • GASTHOF XX Seit vielen Jahren führen die Hofheinz' ihr hübsches ländlich-elegantes Restaurant nebst reizvollem Innenhof. Während Patronne Sigrid und ihr kleines Team Sie freundlich umsorgen, kocht Ehemann Kai regional, saisonal und schmackhaft, so z. B. "Rinderragout mit Schmorgemüse und Pfifferlingsknödel".

Menü 55 € – Karte 28/49 €

Hauptstr. 38 ✉ 67229 - ✆ 06238 929143 - www.lamm-laumersheim.de - geschl. Dienstag - Mittwoch, Donnerstagmittag, Freitagmittag

LAUTENBACH (ORTENAUKREIS)

Baden-Württemberg – 1 843 Ew. – Höhe 215 m – Regionalatlas **54**-E19
Michelin Straßenkarte 545

Sonne

INTERNATIONAL • ELEGANT XX Wirklich gemütlich sitzt man in dem holzgetäfelten Restaurant bei schmackhafter Küche. Die regionale Karte reicht von "gefüllter Kalbsbrust" über "Ravioli und Bries auf Pfifferlingen" bis zum Wild aus eigener Jagd. Haben Sie auch das Bodenfenster gesehen? Unter Ihnen lagern schöne Weine!

Menü 32/66 € – Karte 27/63 €

Hotel Sonnenhof, Hauptstr. 51, B 28 ✉ 77794 - ✆ 07802 704090 - www.sonnenhof-lautenbach.de - geschl. Mittwoch - Donnerstagmittag

Sonnenhof

LANDHAUS • MODERN Der gewachsene Gasthof in der Ortsmitte hat nicht nur gute Küche zu bieten, schön übernachten kann man hier auch. Mögen Sie es wohnlich-elegant? Oder ziehen Sie die durchdachten Neubau-Zimmer mit modernem Chic vor?

53 Zim ☕ - 🚹95/120 € 🚹🚹140/190 € - ½ P

Hauptstr. 51 ✉ 77794 - ✆ 07802 704090 - www.sonnenhof-lautenbach.de - (Eröffnung des Sonnen-Spa nach Redaktionsschluss.)

Sonne – siehe Restaurantauswahl

LAUTERBACH

Hessen – 13 226 Ew. – Höhe 296 m – Regionalatlas **38**-H13
Michelin Straßenkarte 543

schuberts

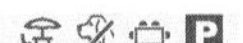

REGIONAL • BRASSERIE X Gerne lässt man sich in legerer Brasserie-Atmosphäre klassisch-regionale Küche servieren. Die gibt's z. B. als "gekochten Kalbstafelspitz mit Rahmspitzkohl" oder "Rote-Bete-Carpaccio mit Trüffelöl". Alternativ sitzt man in der gemütlichen Weinstube Entennest - die Karte ist hier dieselbe. Sonntags Brunch.

Menü 28/37 € – Karte 19/65 €

Romantik Hotel Schubert, Kanalstr. 12 ✉ 36341 - ✆ 06641 96070 - www.hotel-schubert.de - geschl. 23. - 26. Dezember und Sonntagabend

Romantik Hotel Schubert

LANDHAUS • INDIVIDUELL In der Stadtmitte, direkt am Flüsschen Lauter, steht das Haus der Familie Schubert mit seinen individuellen Zimmern. Darf es vielleicht ein modern-alpines "Landhauszimmer" sein? Oder lieber eines der Themenzimmer (Zen, Toskana und Rosen)?

33 Zim – 85/105 € 135/155 € – 2 Suiten – ½ P

Kanalstr. 12 36341 – 06641 96070
– www.hotel-schubert.de

schuberts – siehe Restaurantauswahl

LAUTERBERG, BAD

Niedersachsen – 10 506 Ew. – Höhe 296 m – Regionalatlas **29**-J10
Michelin Straßenkarte 541

Revita

SPA UND WELLNESS • AUF DEM LAND Wie möchten Sie wohnen? In hübschen "Landhaus"- oder gediegenen "Domicil"-Zimmern, oder ziehen Sie modern-rustikalen "HARZstyle" vor? Dazu Restaurant-Vielfalt: regionale Karte oder Buffet im gemütlichen "Hirschfänger", Italienisches im eleganten "Brunello" mit toller Sicht oder lieber Vital-Küche im "Lollo Rosso"? Im Parkrestaurant isst man klassisch-international.

247 Zim – 141/161 € 232/272 € – 13 Suiten – ½ P

Sebastian-Kneipp-Promenade 56 37431
– 05524 831 – www.revita-hotel.de

LEBACH

Saarland – 19 261 Ew. – Höhe 275 m – Regionalatlas **45**-B16
Michelin Straßenkarte 543

Locanda Grappolo d'Oro

MEDITERRAN • FREUNDLICH XX Hell und freundlich das Restaurant, sympathisch die Gastgeber, frisch und schmackhaft die mediterran inspirierte Küche. Pasta, Gnocchi, Brot... Alles ist hausgemacht. Und zum Abschluss gibt es einen richtig guten Espresso!

Menü 65/75 € – Karte 48/74 €

Mottener Str. 94, (im Gewerbegebiet), West: 2 km an der B 268 66822
– 06881 3339 – geschl. 26. Juni - 10. Juli und Samstagmittag, Sonntagabend
- Montag

LECHBRUCK

Bayern – 2 702 Ew. – Höhe 737 m – Regionalatlas **65**-K21
Michelin Straßenkarte 546

Auf der Gsteig

LANDHAUS • GEMÜTLICH Nicht nur für Golfer attraktiv: Neben dem 18-Loch-Platz und Indoor-Golf überzeugen die ruhige Lage, wohnliche Zimmer (Tipp: die alpen- oder seeseitigen) und der schöne Saunabereich nebst Panoramapool sowie Massage- und Kosmetikangebot. Aus der Küche kommt Regionales und Internationales, Terrasse mit Aussicht.

38 Zim – 79/179 € 140/235 € – 4 Suiten – ½ P

Gsteig 1, Nord-West: 3 km in Richtung Bernbeuren, dann links abbiegen 86983
– 08862 98770 – www.aufdergsteig.de

LECK

Schleswig-Holstein – 7 527 Ew. – Höhe 6 m – Regionalatlas **1**-G2
Michelin Straßenkarte 541

In Enge-Sande Süd: 4 km

Berger's Landgasthof

REGIONAL • GASTHOF XX Charmant-rustikal ist hier das Ambiente, hübscher Zierrat unterstreicht die gemütliche Atmosphäre. Da lässt man sich gerne regionale Küche mit internationalem Einfluss servieren - bei gutem Wetter natürlich im schönen Gartenrestaurant.

Menü 25/47 € - Karte 26/58 €

Hotel Berger's Landgasthof, Dorfstr. 28, in Enge ✉ 25917 - ✆ 04662 3190 - www.bergers-landgasthof.de - nur Abendessen

Berger's Landgasthof

FAMILIÄR • MODERN Nicht nur als Restaurant ist das Haus gefragt, auch die frischen, hellen und tipptopp gepflegten Gästezimmer kommen an. Tipp: Fragen Sie nach den großen Doppelzimmern im Garten-Neubau - alle mit Terrasse!

14 Zim - 65/75 € 89/104 € - ½ P

Dorfstr. 28, in Enge ✉ 25917 - ✆ 04662 3190 - www.bergers-landgasthof.de

Berger's Landgasthof - siehe Restaurantauswahl

LEER

Niedersachsen - 33 925 Ew. - Höhe 3 m - Regionalatlas **16**-D6
Michelin Straßenkarte 541

Perior (Christian Richter)

MODERNE KÜCHE • CHIC XX Geradliniges Interieur und historische Details wie Stuck und Deckenmalerei ergeben in dem denkmalgeschützten Bürgerhaus von 1905 ein stimmiges Bild. Man kocht modern und produktorientiert, verwendet gerne Gemüse und Kräuter. Sehr schön die nach hinten gelegene Terrasse.

→ Rindertatar mit gekühlter Bete, Pilzessenz, Brioche und Brunnenkresse. Dänischer Leng mit Aal Beurre blanc, Wurzelfrüchte, Dill und Fenchelgrün. Erfrischende Kräuter mit Pistazien, Eukalyptus und Baiser.

Menü 40/99 €

Bergmannstr. 16 ✉ 26789 - ✆ 0491 9769515 (Tischbestellung ratsam) - www.perior.de - nur Abendessen - geschl. Anfang Januar 2 Wochen, Juli - August 2 Wochen und Sonntag - Montag

Zur Waage und Börse

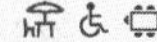

REGIONAL • GEMÜTLICH XX Eine Institution in Leer ist das Traditionshaus mit dem friesischen Charme, das sich so schön in den Stadtkern einfügt - gerne sitzt man auf der Terrasse am Hafen! Auf der Karte Leckeres "Aus der Heimat" und "Aus der Fremde".

Karte 29/50 €

Neue Str. 1 ✉ 26789 - ✆ 0491 62244 - www.restaurant-zur-waage.de - geschl. Dienstag, November sowie Januar - März: Montag - Dienstag

Hafenspeicher N

HISTORISCHES GEBÄUDE • MODERN Wirklich schön wohnt man hier direkt am Leeraner Hafen. Der 1872 erbaute ehemalige Speicher beherbergt geräumige Zimmer, die hochwertig und modern eingerichtet sind. Im "Pier 23" gibt es internationale Küche, Cocktails in "Trader's Bar".

100 Zim - 100 € 133 €

Ledastr. 23 ✉ 26789 - ✆ 0491 9975300 - www.hotel-hafenspeicher.de

LEHMKUHLEN Schleswig-Holstein ➔ Siehe Preetz

LEIMEN

Baden-Württemberg - 26 097 Ew. - Höhe 118 m - Regionalatlas **47**-F17
Michelin Straßenkarte 545

Weinstube Jägerlust

REGIONAL • WEINSTUBE X Seit 1707 hat Familie Seeger ihr Weingut und seit über 120 Jahren auch diese Weinstube, die mit ihrem historisch-rustikalen Charme schön urig-gemütlich ist. "Hausgemacht" heißt hier die Devise - traditionell und ehrlich: Maultaschen, Fleischküchle oder Ochsenfleisch mit Meerrettichsauce, dazu Eigenbauweine.

Karte 29/41 €

Rohrbacher Str. 101 ✉ 69181 - ✆ 06224 77207 (Tischbestellung ratsam) - www.seegerweingut.de - nur Abendessen - geschl. 24. Dezember - Ende Januar, über Ostern 2 Wochen, Mitte August - Mitte September und Samstag - Montag

Seipel

FAMILIÄR • GEMÜTLICH Hier hat jemand ein Händchen für schöne Deko: Das familiengeführte Haus in einem Wohngebiet nahe dem Sportpark hat eine behaglich-mediterrane Note, geschmackvoll die Zimmer (Tipp: Juniorsuite in der obersten Etage) sowie der Frühstücksraum - gut und frisch das Buffet!

24 Zim ☕ - 🚹78/86 € 🚹🚹96/106 €

Bürgermeister-Weidemaier-Str. 26 ✉ 69181 - ✆ 06224 9820 - www.hotelseipel.de - geschl. 22. Dezember - 10. Januar

LEINFELDEN-ECHTERDINGEN

Baden-Württemberg - 38 266 Ew. - Höhe 432 m - Regionalatlas **55**-G18
Michelin Straßenkarte 545

Siehe Stadtplan Stuttgart (Umgebungsplan)

Im Stadtteil Leinfelden

Hotel am Park

REGIONAL • FREUNDLICH XX Im zeitlos-eleganten Restaurant des gleichnamigen Hotels ist Ihnen gutes Essen gewiss. Gekocht wird bürgerlich und auch gehoben - "Saure Schweinsnierle mit Bratkartoffeln" kommen ebenso an wie "Wildragout mit Spätzle vom Brett" oder "Dorade Royale auf Blattspinat und Champagnersauce". Schön die Terrasse!

Menü 49 € - Karte 28/55 €

38 Zim ☕ - 🚹90/140 € 🚹🚹120/160 €

Stadtplan : B3-k - *Lessingstr. 4 ✉ 70771 - ✆ 0711 903100 - www.hotelampark-leinfelden.de - geschl. Ende Dezember - 7. Januar, 28. Juli - 19. August und Samstag - Sonntag sowie an Feiertagen.*

Im Stadtteil Echterdingen

Parkhotel Stuttgart Messe-Airport

BUSINESS • MODERN Kein Hotel von der Stange - das lässt schon die imposante Fassade erahnen. Das Interieur kommt geradlinig-chic und in angenehmen Naturmaterialien daher, zudem hat jede Etage ein regionales Motto (Stuttgart Airport, Wilhelma...). On top: Sauna mit Dachterrasse. Wie möchten Sie speisen? Modern im Parkrestaurant mit Showküche oder urig-gemütlich im Brauhaus?

218 Zim - 🚹104/234 € 🚹🚹104/234 € - 2 Suiten - ☕ 21 € - ½ P

Stadtplan : C3-b - *Filderbahnstr. 2 ✉ 70771 - ✆ 0711 633440 - www.parkhotel-stuttgart.de*

LEINGARTEN Baden-Württemberg ➔ Siehe Heilbronn

LEINSWEILER

Rheinland-Pfalz – 414 Ew. – Höhe 263 m – Regionalatlas **54**-E17
Michelin Straßenkarte 543

Leinsweiler Hof

REGIONAL • FREUNDLICH XX Keine Frage, hier isst man am liebsten auf der herrlichen Terrasse, aber auch im lichten, freundlichen Restaurant genießt man die schöne Sicht. Gekocht wird regional und international - probieren Sie die "Pfälzer Tapas" und das wechselnde Menü. Angeschlossene Bar.

Menü 29/90 € - Karte 28/53 €

Hotel Leinsweiler Hof, Leinsweilerhof 1, (an der Weinstraße nach Eschbach), Süd: 1 km ✉ 76829 - ☎ 06345 4090 - www.leinsweilerhof.de - Samstag, Sonntag und Feiertage Mittagessen nur für Hausgäste - geschl. 5. - 24. Januar

Leinsweiler Hof

FAMILIÄR • AUF DEM LAND Der hübsche Sandsteinbau samt Anbau "Weinland" liegt toll in den Weinbergen - da locken natürlich Außenpool und Terrasse! Drinnen wohnliche Zimmer, Kessler-Suite mit sehenswertem Wandgemälde, attraktiver Wellnessbereich mit Panoramablick.

61 Zim ☕ - †89/130 € ††149/179 € - ½ P

Leinsweilerhof 1, (an der Weinstraße nach Eschbach), Süd: 1 km ✉ 76829 - ☎ 06345 4090 - www.leinsweilerhof.de - geschl. 5. - 24. Januar

Leinsweiler Hof – siehe Restaurantauswahl

Castell

LANDHAUS • FUNKTIONELL Das kleine Landhotel hat engagierte Gastgeber, gepflegte Zimmer und internationale Küche zu bieten - und als "Natur-Wellness-Bereich" gibt's den Pfälzer Wald und die Weinberge ringsum samt schöner Rad- und Wanderwege!

16 Zim ☕ - †65/85 € ††99/125 € - ½ P

Hauptstr. 32 ✉ 76829 - ☎ 06345 94210 - www.hotel-castell-leinsweiler.de

W.Dieterich/Westend61/

WIR MÖGEN BESONDERS...

Das **Falco** für Essen, Sicht und Service – ein rundum gelungenes Gesamtpaket. Urbanes Ambiente und asiatische Küche im **Planerts**. Französische Bistro-Gerichte zu fairen Preisen (vor allem mittags!) im **La Mirabelle**. Das **Stadtpfeiffer** im Neuen Gewandhaus für seine edle Sterneküche. Der Mix aus historischer Architektur und modernem Stil im **Arcona LIVING BACH 14.**

LEIPZIG

Sachsen – 544 479 Ew. – Höhe 112 m – Regionalatlas **32**-N11
Michelin Straßenkarte 544

Stadtpläne siehe nächste Seiten

Restaurants

✿✿ Falco

KREATIV • DESIGN XXX Bei Peter Maria Schnurr wird Kochen regelrecht zur Kunst. Die Produkte oberste Liga, der Stil klar und ganz eigen, der Ideenreichtum außergewöhnlich. Beachtung verdient aber auch das Drumherum: unkompliziert und chic der Rahmen, professionell und ungezwungen der Service, top die Weinberatung.

➜ Entenstopfleber, Lockenkohl, Kiwi, grüner Bambus-Tee, gerührte Schwarzmilch. Langoustine "Annika Maria" 2006, Granny Smith, Lardo, Crème fraîche, Caviar Prunier Héritage. Bluttaube aus Anjou, Spitzmorchel, Brombeer Tapenade, Sellerie-Macadamia-Crème mit Algenpuder abgestäubt.

Menü 166/199 € – Karte 205/415 €

Stadtplan : E1-a – *Hotel The Westin, Gerberstr. 15, (27. Etage) ✉ 04105 – ✆ 0341 9882727 (Tischbestellung ratsam) – www.falco-leipzig.de – nur Abendessen – geschl. 27. Dezember - 22. Januar, Mitte Juli - August 4 Wochen und Sonntag - Montag*

✿ Stadtpfeiffer (Detlef Schlegel)

FRANZÖSISCH-MODERN • ELEGANT XXX Beeindruckend, mit welcher Finesse und Exaktheit bei Petra und Detlef Schlegel gekocht wird. Die Küche hat eine klassisch-französische Basis, bindet moderne Elemente mit ein und stellt gelungen die saisonalen Produkte in den Mittelpunkt. Ein wahrer Genuss ist übrigens auch das hausgebackene Brot!

➜ Gegrillte Wassermelone, Chili, Avocado, Koriander, Tomatenkerne und Kaisergranat. Wildkabeljau, Périgord Trüffel, Schwarzwurzel, Esskastanie, Krustentierfond. Hirschrücken, Ingwer, Muskatkürbis, Zuckerschote und Sesam.

Menü 112/132 €

Stadtplan : F2-a – *Augustusplatz 8, (Neues Gewandhaus) ✉ 04109 – ✆ 0341 2178920 (Tischbestellung ratsam) – www.stadtpfeiffer.de – nur Abendessen – geschl. Juli - August, über Weihnachten und Sonntag - Montag*

Max Enk

REGIONAL • ELEGANT XX Einst stand hier das Gewandhaus von Leipzig, heute finden Sie im historischen Städtischen Kaufhaus dieses elegante Restaurant, schön in einem Hof gelegen. Auf der Karte: Leipziger Allerlei, Wiener Schnitzel oder auch diverse Steak-Cuts.

Menü 19 € (mittags)/69 € - Karte 39/79 €

Stadtplan : F2-e - *Neumarkt 9 ✉ 04109 Leipzig - ✆ 0341 99997638 - www.max-enk.de - geschl. Sonntagabend*

Michaelis

INTERNATIONAL • KLASSISCHES AMBIENTE XX Gerne kommt man in das Restaurant des gleichnamigen Hotels, das dank vieler Fenster schön hell und freundlich ist. Sie speisen lieber draußen? Hinter dem Haus befindet sich eine nette Terrasse.

Menü 41/45 € (abends) - Karte 38/50 €

Stadtplan : B3-u - *Hotel Michaelis, Paul-Gruner-Str. 44 ✉ 04107 - ✆ 0341 26780 - www.michaelis-leipzig.de - nur Abendessen - geschl. Sonntag*

C'est la vie

FRANZÖSISCH • ELEGANT XX Was man hier hinter großen Fenstern in stilvoll-modernem Ambiente serviert bekommt, ist ein Stück Frankreich. Sowohl die Küche als auch die Weinkarte sind französisch ausgerichtet - viele der Weine werden auch glasweise angeboten.

Menü 54/118 € - Karte 48/65 €

Stadtplan : E2-c - *Zentralstr. 7 ✉ 04109 - ✆ 0341 97501210 - www.cest-la-vie.restaurant - nur Abendessen - geschl. Sonntag - Montag*

Le Grand

INTERNATIONAL • FREUNDLICH XX Klassisches Interieur in ruhigen Tönen, durch die Fensterfront blickt man zum Vorplatz mit Goethe-Denkmal. Auf der internationalen Karte liest man z. B. "Beef Wellington, medium gebraten, mit Pastinakenmus, Herbstgemüse und Madeira-Jus".

Menü 45 € - Karte 43/86 €

Stadtplan : EF2-s - *Steigenberger Grandhotel Handelshof, Salzgäßchen 6 ✉ 04109 - ✆ 0341 350581842 - www.leipzig.steigenberger.de - geschl. Sonntagmittag*

Villers

INTERNATIONAL • KLASSISCHES AMBIENTE XX Sie sitzen in klassisch-elegantem Ambiente unter einer schönen hohen Decke und wählen z. B. "Fjordforelle aus der Ostsee, Gurke, Zucchini, Ajo Blanco, Verjus". Im Sommer lockt die Innenhofterrasse.

Menü 77/102 € - Karte 49/68 €

Stadtplan : E1-c - *Hotel Fürstenhof ✉ 04105 - ✆ 0341 1400 - www.restaurant-villers.de - nur Abendessen - geschl. Sonntag*

Yamato

INTERNATIONAL JAPANISCH • KLASSISCHES AMBIENTE X Vor Jahren das erste japanische Restaurant der Stadt, heute eine Institution. Nicht nur das Angebot ist typisch, auch das puristisch-schlichte Design. Lust auf ein Teppanyaki-Menü? Oder einfach nur etwas Sushi und Sashimi?

Menü 28/95 € - Karte 28/61 €

Stadtplan : E1-a - *Hotel The Westin, Gerberstr. 15 ✉ 04105 - ✆ 0341 2111068 - www.yamato-restaurant.de - nur Abendessen*

Planerts (N)

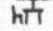

INTERNATIONAL • GERADLINIG X "Casual fine dining" trifft es auf den Punkt: Hohe Decken, frei liegende Lüftungsschächte, urbaner Stil und die offene Küche vermitteln trendigen "Industrial Style", dazu wird ambitioniert und mit asiatischen Einflüssen gekocht.

Menü 49/79 € - Karte 37/55 €

Stadtplan : F2-p - *Ritterstr. 23 ✉ 04109 - ✆ 0341 99999975 (Tischbestellung ratsam) - www.planerts.com - geschl. Sonntag - Montag*

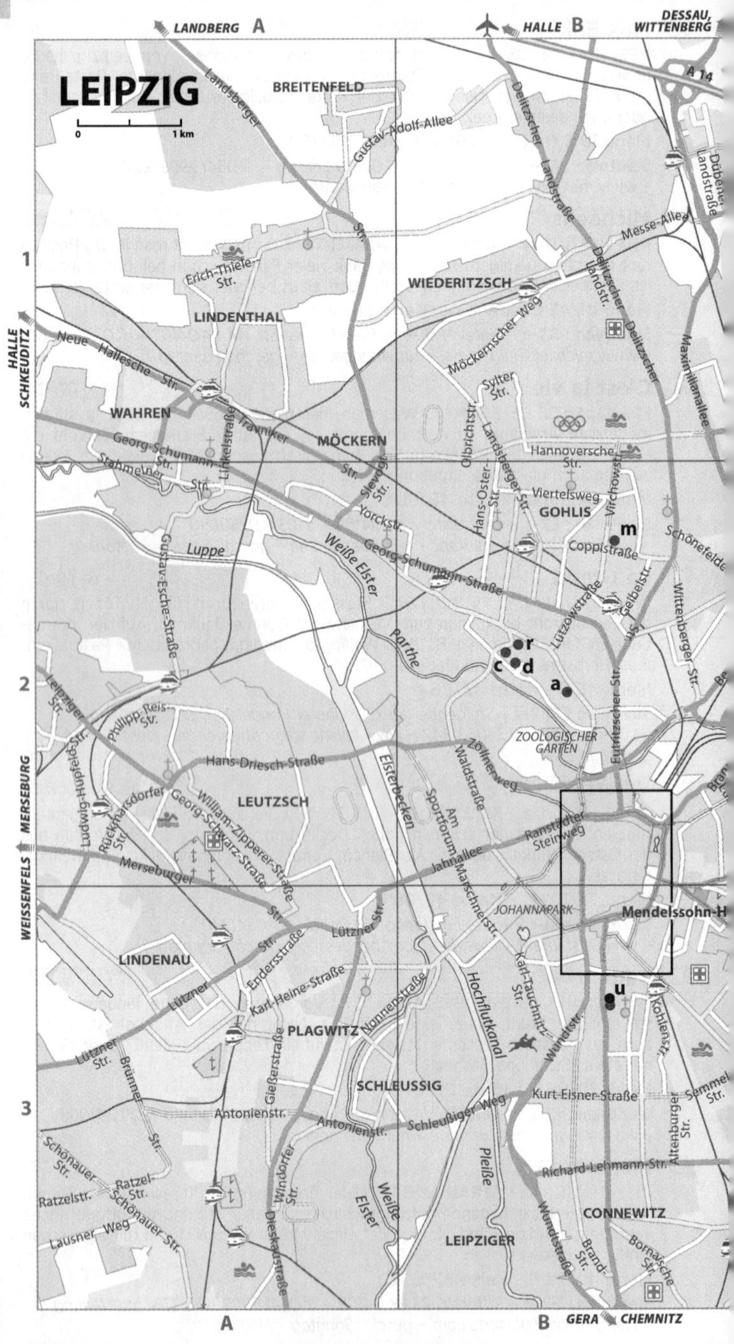
LEIPZIG
0
1 km
LANDBERG
A
HALLE
B
DESSAU, WITTENBERG
A 14
BREITENFELD
Gustav-Adolf-Allee
Landsberger Str.
Delitzscher Landstraße
Dübener Landstraße
Messe-Allee
1
Erich-Thiele-Str.
WIEDERITZSCH
LINDENTHAL
Delitzscher Landstr.
Delitzscher
Maximilianallee
HALLE SCHKEUDITZ
Neue Hallesche Str.
Möckernscher Weg
Sylter Str.
WAHREN
Travniker
MÖCKERN
Olbrichtstr.
Landsberger Str.
Hannoversche Str.
Georg-Schumann-Str.
Stahmelner Str.
Linkelstraße
Str.
Slevogtstr.
Hans-Oster-Str.
Viertelsweg
Virchowstr.
GOHLIS
Yorckstr.
m
Schönefelder
Luppe
Weiße Elster
Georg-Schumann-Straße
Coppistraße
Gustav-Esche-Straße
Lützowstraße
Gelbelstr.
Parthe
r
c
d
Wittenberger Str.
2
a
Leipziger Str.
Philipp-Reis-Str.
ZOOLOGISCHER GARTEN
Eutritzscher Str.
Hans-Driesch-Straße
Elsterbecken
Waldstraße
Zöllnerweg
MERSEBURG
LEUTZSCH
Ludwig-Hupfeld-Str.
Rückmarsdorfer Str.
Georg-Schwarz-Straße
William-Zipperer-Straße
Am Sportforum
Ranstädter Steinweg
WEISSENFELS
Merseburger Str.
Jahnallee
Marschnerstr.
JOHANNAPARK
Mendelssohn-H
Lützner Str.
Str.
LINDENAU
Endersstraße
Karl-Tauchnitz-Str.
Lützner
Karl-Heine-Straße
Nonnenstraße
Hochflutkanal
u
Kohlenstr.
PLAGWITZ
Wundtstr.
Lützner Str.
Brünner
Gießerstraße
SCHLEUSSIG
3
Kurt-Eisner-Straße
Semmel Str.
Antonienstr.
Schleußiger Weg
Altenburger Str.
Antonienstr.
Str.
Schönauer Str.
Richard-Lehmann-Str.
Pleiße
Ratzelstr.
Ratzel-Str.
Schönauer Str.
Windorfer Str.
Weiße Elster
CONNEWITZ
Lausner Weg
Dieskaustraße
Wundtstraße
Brand-Str.
LEIPZIGER
Bornaische Str.
A
B
GERA
CHEMNITZ

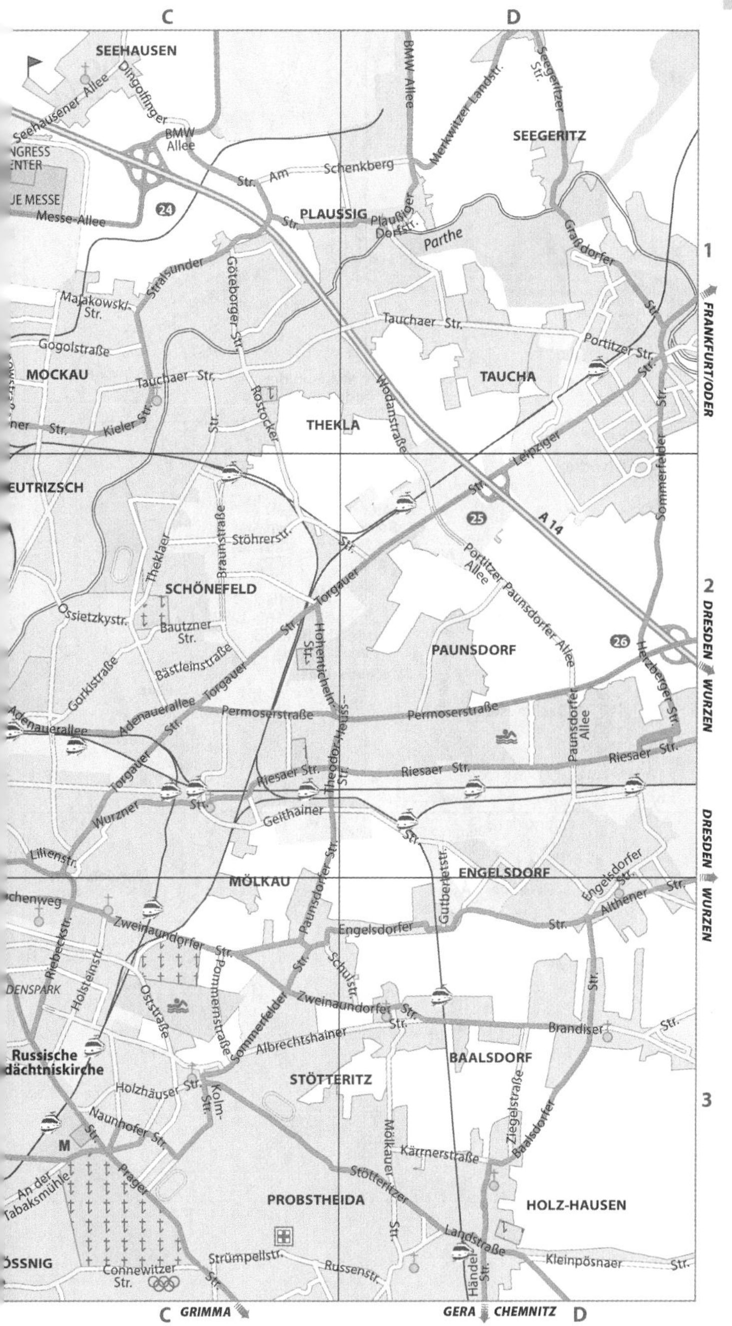
C
D
SEEHAUSEN
SEEGERITZ
PLAUSSIG
MOCKAU
TAUCHA
THEKLA
SCHÖNEFELD
PAUNSDORF
MÖLKAU
ENGELSDORF
BAALSDORF
STÖTTERITZ
PROBSTHEIDA
HOLZ-HAUSEN
A 14
FRANKFURT/ODER
DRESDEN WURZEN
DRESDEN WURZEN
C GRIMMA
GERA CHEMNITZ D
1
2
3

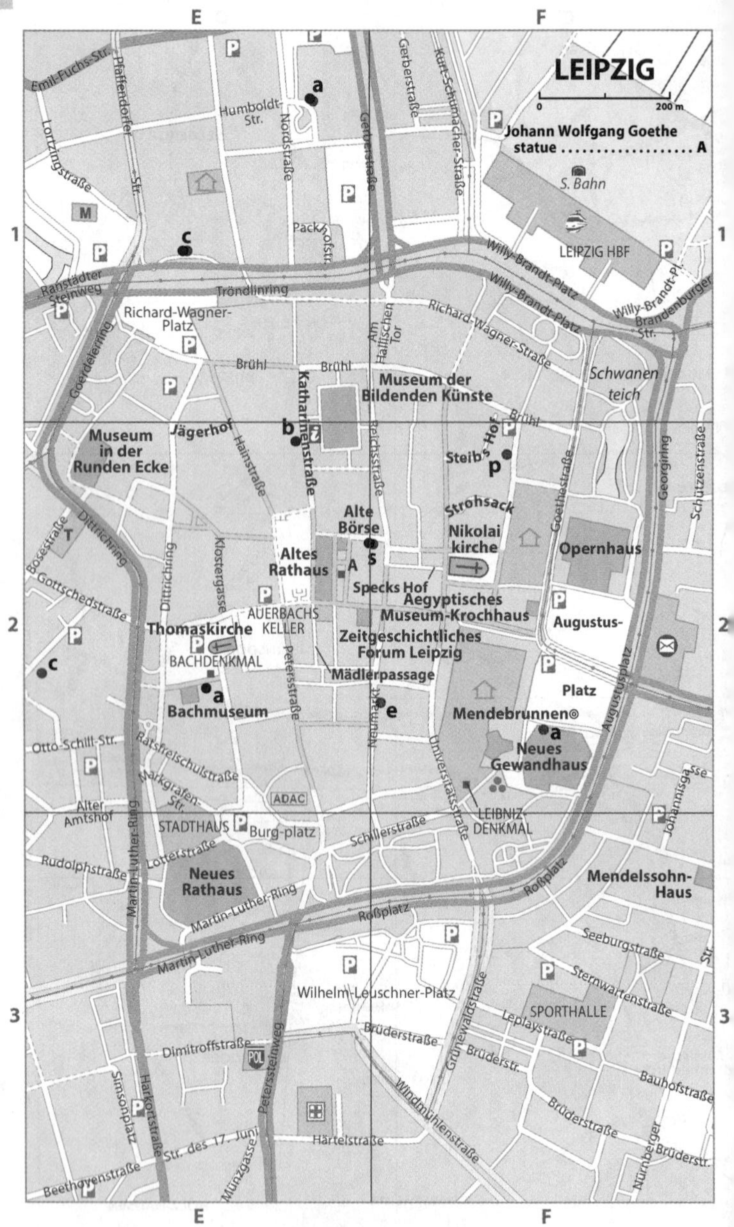

LEIPZIG
0
200 m
Johann Wolfgang Goethe statue .... A
E
F
1
2
3
Museum der Bildenden Künste
Museum in der Runden Ecke
Alte Börse
Altes Rathaus
Nikolai kirche
Opernhaus
Specks Hof
Aegyptisches Museum-Krochhaus
Zeitgeschichtliches Forum Leipzig
Mädlerpassage
Thomaskirche
AUERBACHS KELLER
BACHDENKMAL
Bachmuseum
Mendebrunnen
Neues Gewandhaus
Augustus-Platz
LEIBNIZ-DENKMAL
STADTHAUS
Neues Rathaus
Mendelssohn-Haus
SPORTHALLE
Wilhelm-Leuschner-Platz
LEIPZIG HBF
S. Bahn
Schwanenteich
Steibs Hof
Strohsack
Jägerhof
Katharinenstraße
Richard-Wagner-Platz
Richard-Wagner-Straße
Willy-Brandt-Platz
Brandenburger Str.
Tröndlinring
Ranstädter Steinweg
Goerdelerring
Dittrichring
Martin-Luther-Ring
Roßplatz
Georgiring
Augustusplatz
Burg-platz
ADAC
Alter Amtshof
Brühl
Gerberstraße
Humboldt-Str.
Nordstraße
Packhofstr.
Kurt-Schumacher-Straße
Emil-Fuchs-Str.
Pfaffendorfer Str.
Lortzingstraße
Am Hallischen Tor
Reichsstraße
Hainstraße
Klostergasse
Petersstraße
Neumarkt
Universitätsstraße
Goethestraße
Schützenstraße
Gottschedstraße
Bosestraße
Otto-Schill-Str.
Ratsfreischulstraße
Markgrafen-Str.
Schillerstraße
Lotterstraße
Rudolphstraße
Seeburgstraße
Sternwartenstraße
Leplaystraße
Brüderstraße
Brüderstr.
Bauhofstraße
Grünewaldstraße
Windmühlenstraße
Dimitroffstraße
Peterssteinweg
Härtelstraße
Münzgasse
Str. des 17. Juni
Harkortstraße
Simsonplatz
Beethovenstraße
Nürnberger Str.
Johannisgasse
POL

Hotels

Steigenberger Grandhotel Handelshof

LUXUS • MODERN Die klassische Fassade des einstigen Handelshofes von 1909 könnte wohl kaum repräsentativer in Szene gesetzt werden. Während das historische Flair außen architektonisch festgehalten wird, herrscht innen stilvolle Moderne!

167 Zim – 179/269 € 179/269 € – 10 Suiten – 29 €

Stadtplan : EF2-s – *Salzgäßchen 6 ✉ 04109 – ✆ 0341 3505810 – www.leipzig.steigenberger.de*

Le Grand – siehe Restaurantauswahl

The Westin

BUSINESS • MODERN Das Tagungs- und Businesshotel liegt günstig im Zentrum, großzügig die Lobby, gut ausgestattet der Konferenzbereich. Wer es gerne besonders komfortabel, modern und hochwertig hat, bucht ein Zimmer in den oberen Etagen. Und gönnen Sie sich auch eine Massage! Restaurant "Gusto" mit leichter europäischer Küche.

404 Zim – 89/289 € 109/299 € – 32 Suiten – 21 €

Stadtplan : E1-a – *Gerberstr. 15 ✉ 04105 – ✆ 0341 9880 – www.westinleipzig.com*

Falco • **Yamato** – siehe Restaurantauswahl

Fürstenhof

HISTORISCH • KLASSISCH Das repräsentative Patrizierpalais von 1770 bietet einen klassisch-eleganten Rahmen für luxuriösen Hotelkomfort. Tipp: "Brockhaus-Suite" mit letzter aktueller Print-Ausgabe in 30 Bänden! Schön die Badelandschaft, prächtig der historische Serpentinsaal. Bistrokarte in der "Vinothek 1770" und im "Wintergarten".

90 Zim – 165/365 € 165/365 € – 3 Suiten – 28 €

Stadtplan : E1-c – *Tröndlinring 8 ✉ 04105 – ✆ 0341 1400 – www.hotelfuerstenhofleipzig.com*

Villers – siehe Restaurantauswahl

Michaelis

BUSINESS • ELEGANT In den sorgsam restaurierten Gebäude aus der Gründerzeit stehen zeitgemäße und technisch gut ausgestattete Zimmer bereit, junges Design im Nebengebäude. Modern tagen kann man in der "Alten Essig-Manufactur".

91 Zim – 79/139 € 109/159 €

Stadtplan : B3-u – *Paul-Gruner-Str. 44 ✉ 04107 – ✆ 0341 26780 – www.michaelis-leipzig.de*

Michaelis – siehe Restaurantauswahl

Arcona LIVING BACH 14

URBAN • INDIVIDUELL Das hat Charme: historischer Rahmen und wohnlich-modernes Interieur - wer etwas Besonderes möchte, bucht eine Juniorsuite mit toller alter Kassettendecke! Ideal die Lage in der Stadtmitte: Bachdenkmal und Bachhaus nebenan, Thomaskirche vis-à-vis. Gemütlich essen kann man in der Weinwirtschaft mit Showküche.

52 Zim – 89/249 € 99/259 € – 1 Suite – 18 € – ½ P

Stadtplan : E2-a – *Thomaskirchhof 13 ✉ 04109 – ✆ 0341 496140 – www.arcona.de*

Fregehaus

URBAN • INDIVIDUELL Mitten im Zentrum liegt dieses individuelle kleine Hotel, Sie erreichen es über einen Innenhof. Es erwarten Sie modern eingerichtete Zimmer und eine Chefin, die sich freundlich um Sie kümmert.

18 Zim – 76/126 € 86/136 € – 2 Suiten – 10 €

Stadtplan : E2-b – *Katharinenstr. 11 ✉ 04109 – ✆ 0341 26393157 – www.hotel-fregehaus.de – geschl. 23. - 28. Dezember*

In Leipzig-Gohlis

Schaarschmidt's

BÜRGERLICHE KÜCHE • GEMÜTLICH XX Das Restaurant ist wirklich hübsch und wird engagiert geführt. Hier isst man Tatar, Hirschrücken, Crêpe Suzette... Die Renner auf der Karte: Gohliser Filettopf oder Sächsische Rinderroulade! Mit Bäumchen begrünte kleine Terrasse zur Straße.

Karte 31/70 €

Stadtplan : B2-m – *Coppistr. 32 ✉ 04157 – ✆ 0341 9120517 (Tischbestellung ratsam) – www.schaarschmidts.de – nur Abendessen*

Münsters

MARKTKÜCHE • GEMÜTLICH X Gemütlich ist es hier: rustikale Backsteindecke, Bilder und Weinflaschen als Deko. In der ehemaligen Mühle serviert man Saisonales wie "Steinbutt unter der Kartoffelkruste, Hummerschaum, Anis-Kürbisgemüse". Das Lokal ist sehr gefragt, und der große Biergarten erst! Bar in der 2. Etage.

Karte 37/59 €

Stadtplan : B2-c – *Platnerstr. 11 ✉ 04155 – ✆ 0341 5906309 – www.münsters.com – nur Abendessen – geschl. Sonntag*

Campus

MARKTKÜCHE • FREUNDLICH X Eine freundliche Atmosphäre herrscht in dem modernen Bistro-Restaurant auf dem Mediencampus. Die Küche ist international-saisonal, mittags kommt man gerne zum günstigen Lunchgericht.

Karte 23/35 €

Stadtplan : B2-d – *Schlösschenweg 2 ✉ 04155 – ✆ 0341 56296750 – www.michaelis-leipzig.de – geschl. Sonntag*

La Mirabelle

FRANZÖSISCH-KLASSISCH • NACHBARSCHAFTLICH X Ein kleines Stück Frankreich in Leipzig. Nett die lebhafte Atmosphäre und das Bistro-Flair, an den Wänden wechselnde Kunst. Bestellt wird von der Tafel, abends ist die Auswahl etwas größer - Lust auf Coq au vin oder Boeuf Bouguignon? Die Weine stammen übrigens von eher weniger bekannten Erzeugern.

Menü 19 € (mittags)/46 € – Karte 33/47 €

Stadtplan : B2-a – *Gohliser Str. 11 ✉ 04105 – ✆ 0341 5902981 – www.la-mirabelle.de – geschl. Sonntag, Montagabend, Samstagmittag*

Drogerie

INTERNATIONAL • BISTRO X Dieses schöne lebendige Restaurant war tatsächlich mal eine Drogerie, kleine Details hier und da erinnern noch daran. Heute bestellt man z. B. "Kabeljau mit Tomaten-Auberginen-Couscous" oder "Rotkohlsuppe mit Iberico-Bonbon".

Menü 30/80 € – Karte 44/66 €

Stadtplan : B2-r – *Schillerweg 36 ✉ 04155 – ✆ 0341 22286466 (Tischbestellung ratsam) – www.drogerie-leipzig.net – nur Abendessen – geschl. Sonntag*

LENGERICH

Nordrhein-Westfalen – 22 056 Ew. – Höhe 80 m – Regionalatlas **27**-E9
Michelin Straßenkarte 543

Hinterding

FRANZÖSISCH-KLASSISCH • ELEGANT XXX Die ehemalige Ärztevilla ist schon von außen schön anzusehen, innen setzt sich das stilvolle Bild fort: hohe Räume, warme Farben, wohnlich-elegante Atmosphäre und dazu klassische Küche - gerne serviert man auch auf der Terrasse.

Menü 59/69 € – Karte 42/76 €

5 Zim – †74 € ††118 €

Bahnhofstr. 72 ✉ 49525 – ✆ 05481 94240 – www.hinterding-lengerich.de – nur Abendessen, sonntags auch Mittagessen – geschl. September 2 Wochen und Montag, Donnerstag

LENGGRIES

Bayern - 9 835 Ew. - Höhe 679 m - Regionalatlas **65**-L21
Michelin Straßenkarte 546

In Lenggries-Schlegldorf Nord-West: 5 km, links der Isar in Richtung Bad Tölz, über Wackersberger Straße

Schweizer Wirt

REGIONAL • GEMÜTLICH Lust auf "Kalbsleber mit Äpfeln und Zwiebeln" oder "Hirschrücken auf Wacholdersauce mit glacierten Maronen"? Man bietet hier frische, geradlinige bayerische Küche, die ebenso schmackhaft wie preislich fair ist. Und der Rahmen passt auch: gemütliche Stuben in einem ehemaligen Bauernhof in schöner Lage.

Karte 23/64 €

Schlegldorf 83 ✉ 83661 - ✆ 08042 8902 (Tischbestellung ratsam) - www.schweizer-wirt.de - geschl. Montag - Dienstag

LENNESTADT

Nordrhein-Westfalen - 25 800 Ew. - Höhe 410 m - Regionalatlas **37**-E12
Michelin Straßenkarte 543

In Lennestadt-Halberbracht Nord-Ost: 7 km ab Altenhundem über die B 236, in Meggen rechts abbiegen

Eickhoffs Landgasthof

INTERNATIONAL • FAMILIÄR Der Familienbetrieb ist eine wirklich gepflegte Adresse, die schmackhafte Küche bietet. Man kocht regional und international, dazu hat man eine gut sortierte, fair kalkulierte Weinkarte. Im Sommer lockt die Terrasse mit Aussicht.

Karte 24/49 €

Am Kickenberg 10 ✉ 57368 - ✆ 02721 81358 - www.eickhoff-halberbracht.de - geschl. Dienstagabend - Mittwoch

In Lennestadt-Saalhausen Ost: 8 km ab Altenhundem über die B 236

Haus Hilmeke

LANDHAUS • GEMÜTLICH Viele Stammgäste schätzen das gepflegte, engagiert geführte Ferienhotel in schöner Lage. Die Zimmer sind wohnlich, der Service ist freundlich und aufmerksam. Beliebt ist der hausgemachte Kuchen am Nachmittag - gerne auch auf der Terrasse.

30 Zim - †89/156 € ††132/218 € - ½ P

Haus Hilmeke 1, Ost: 2 km, Richtung Schmallenberg ✉ 57368 - ✆ 02723 91410 - www.haus-hilmeke.de - geschl. 5. November - 26. Dezember, 25. Juni - 4. Juli

LENZKIRCH

Baden-Württemberg - 4 904 Ew. - Höhe 808 m - Regionalatlas **62**-E21
Michelin Straßenkarte 545

In Lenzkirch-Saig Nord-West: 7 km über die B 315

Saigerhöh

SPA UND WELLNESS • INDIVIDUELL Hier oben auf einer Waldlichtung in 1055 m Höhe genießen Sie einen tollen Ausblick, wohnen ruhig in schönen, individuellen Zimmern und lassen es sich im umfangreichen Spa- und Freizeitbereich gut gehen. Nicht zu vergessen das gepflegte HP- und A-la-carte-Angebot.

96 Zim - †79/139 € ††149/259 € - 16 Suiten - ½ P

Saiger Höhe 8 ✉ 79853 - ✆ 07653 6850 - www.saigerhoeh.de

Ochsen

GASTHOF • TRADITIONELL Über 400 Jahre bewirtet man in diesem gewachsenen Schwarzwaldgasthof schon Gäste. Es erwarten Sie wohnliche Zimmer, teilweise mit Balkon, sowie ein Freizeitbereich mit Massage und Hamam. Urtümlich und heimelig ist die rustikale Gaststube mit Kachelofen.

35 Zim - 78/90 € 136/176 € - ½ P

Dorfplatz 1 ✉ 79853 - ✆ 07653 90010 - www.ochsen-saig.de - geschl. 5. November - 14. Dezember

LICHTENBERG (OBERFRANKEN)

Bayern - 1 023 Ew. - Höhe 564 m - Regionalatlas **41**-M41
Michelin Straßenkarte 546

Harmonie

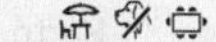

REGIONAL • FREUNDLICH XX Bewusst hat man dem charmanten Haus von 1823 seinen traditionellen Charakter bewahrt - da hat man es richtig gemütlich, wenn man sich umgeben von schönem altem Holz regional-saisonale Gerichte wie fränkische Schiefertrüffelsuppe oder geschmorte Rehkeule schmecken lässt.

Menü 28/60 € - Karte 29/65 €

Schloßberg 2 ✉ 95192 - ✆ 09288 246 - www.harmonie-lichtenberg.com - geschl. Januar 2 Wochen, Juni 1 Woche, August 1 Woche und Montag - Mittwochmittag

LIEBENZELL, BAD

Baden-Württemberg - 8 915 Ew. - Höhe 333 m - Regionalatlas **54**-F18
Michelin Straßenkarte 545

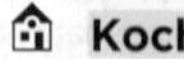

Koch

FAMILIÄR • GEMÜTLICH Eine wirklich sympathische Adresse: herzlich und familiär die Gastgeber, wohnlich die Einrichtung, alles tipptopp gepflegt. Und wie könnte der Tag schöner beginnen als mit einer leckeren, frischen Auswahl am Frühstücksbuffet?

16 Zim - 54/75 € 90/100 €

Sonnenweg 3 ✉ 75378 - ✆ 07052 1306 - www.hotelkoch.com - geschl. Mitte Dezember - Januar

In Bad Liebenzell - Monakam Nord-Ost: 4,5 km

Gasthaus Hirsch

MODERNE KÜCHE • GASTHOF X Würden Sie in diesem kleinen Dörfchen eine solch gute Küche vermuten? Das traditionsreiche Gasthaus kommt frisch und freundlich daher, gekocht wird klassisch und modern, vom "Dry Aged Entrecôte mit Goldball-Rübchen und Jus-Kartoffeln" bis zur "gebratenen Nordseemakrele mit Risoni, Pulpo und Queller".

Menü 35/78 € - Karte 29/67 €

Monbachstr. 47 ✉ 75378 - ✆ 07052 2367 - www.hirsch-genusshandwerk.de - Montag - Freitag nur Abendessen - geschl. August und Dienstag - Mittwoch

LIESER

Rheinland-Pfalz - 1 224 Ew. - Höhe 140 m - Regionalatlas **46**-C15
Michelin Straßenkarte 543

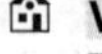

Weinhaus Stettler

FAMILIÄR • AUF DEM LAND Fast unmittelbar am Moselufer liegt das gepflegte kleine Hotel samt eigenem Weingut. Schön die Dachterrasse - da frühstückt man im Sommer besonders gerne! Außerdem bietet man Physiotherapie. Am Abend kleine Snacks und die eigenen Weine.

15 Zim - 59/62 € 92/110 €

Moselstr. 41 ✉ 54470 - ✆ 06531 7550 - www.weinhaus-stettler.de

LIMBACH-OBERFROHNA

Sachsen - 24 014 Ew. - Höhe 360 m - Regionalatlas **42**-O13
Michelin Straßenkarte 544

Lay-Haus

FAMILIÄR • KLASSISCH Familiär-engagiert wird das historische Haus mitten in der kleinen Stadt geleitet, in dem wohnlich-gemütliche Zimmer bereitstehen. Im Restaurant serviert man bürgerliche Küche, ebenso im "Felsenkeller" - dieser ist in Schieferfels gehauen und wirklich etwas Besonderes!

48 Zim - 62/64 € 85/88 €

Markt 3 ✉ 09212 - ✆ 03722 73760
- www.lay-hotel.de

LIMBURG an der LAHN

Hessen - 33 906 Ew. - Höhe 122 m - Regionalatlas **37**-E14
Michelin Straßenkarte 543

360° (Alexander Hohlwein)

MODERNE KÜCHE • GERADLINIG XX Warum es hier Spaß macht, zu essen? Die Küche ist frisch und kreativ, sehr gut das Preis-Leistungs-Verhältnis, der Service freundlich und geschult und das Ambiente modern. Dazu kommt der tolle Blick von der 3. Etage des Einkaufszentrums "WerkStadt" - da ist die Dachterrasse gefragt! Zusätzliche Mittagskarte.

→ Kaisergranat geflämmt, Melone, Burrata, Parmaschinken, Basilikum. Bouillabaisse. US Prime Tafelspitz, Meerrettich, Blattpetersilie, Liebstöckel.

Menü 27 € (mittags)/95 € - Karte 58/73 €

Bahnhofsplatz 1a ✉ 65549 - ✆ 06431 2113360
- www.restaurant360grad.de - geschl. 1. - 14. Januar und Sonntag - Montag

Himmel und Erde

MARKTKÜCHE • HISTORISCHES AMBIENTE X Das ist schon ein besonderer Rahmen: Sie speisen in der 1896 erbauten ehemaligen Kapelle am Schafsberg unter einer hohen Gewölbedecke! Gekocht wird klassisch und mit modernen Einflüssen, so z. B. "Schweinebauch, Blumenkohl, Portweinjus".

Menü 46/55 € - Karte 47/73 €

Joseph-Heppel-Str. 1a ✉ 65549 - ✆ 06431 5847208
- www.kapelle-himmelunderde.de - Nur Abendessen, Samstag auch Mittagessen - geschl. Sonntag - Montag

DOM Hotel

TRADITIONELL • FUNKTIONELL Hoteltradition seit 1832 bietet dieses klassische Stadthaus. Schön die sehr zentrale Lage direkt am Kornmarkt, elegant der Rahmen, gepflegt die unterschiedlich geschnittenen Zimmer. Im "Restaurant de Prusse" in der 1. Etage isst man saisonal-international - beliebt die Fensterplätze zur Fußgängerzone.

42 Zim - 88/167 € 109/167 € - 13 € - ½ P

Grabenstr. 57 ✉ 65549 - ✆ 06431 9010
- www.domhotellimburg.de - geschl. 24. Dezember - 6. Januar

Zimmermann

FAMILIÄR • INDIVIDUELL Richtig stilvoll und elegant präsentiert sich das Hotel der Familie Zimmermann. Schön wohnt man z. B. im Themenzimmer "Afrika", geschmackvoll auch der Frühstücksraum. Übrigens: Die Innenstadt befindet sich ganz in der Nähe.

18 Zim - 75/125 € 125/165 €

Blumenröder Str. 1 ✉ 65549 - ✆ 06431 4611
- www.hotelzimmermann.de - geschl. 20. Dezember - 5. Januar

LINDAU im BODENSEE

Bayern – 24 740 Ew. – Höhe 401 m – Regionalatlas **63**-H22
Michelin Straßenkarte 546

Auf der Insel

Alte Post

TRADITIONELLE KÜCHE • GASTHOF Schön gemütlich hat man es in dem hübschen denkmalgeschützten Gasthaus in der Altstadt. Gekocht wird bayerisch-schwäbisch und österreichisch, von Kässpätzle über Wiener Kalbstafelspitz bis Bodenseefelchen in verschiedenen Varianten. Für Hotelgäste: geschmackvolle Zimmer und kostenloses Parken auf dem P3.

Menü 19/45 € – Karte 17/44 €

10 Zim – 75/95 € 140/180 €

Stadtplan : B1-s – *Fischergasse 3 ✉ 88131*
– *✆ 08382 93460*
– *www.alte-post-lindau.de*
– *geschl. 22. Dezember - 20. März*

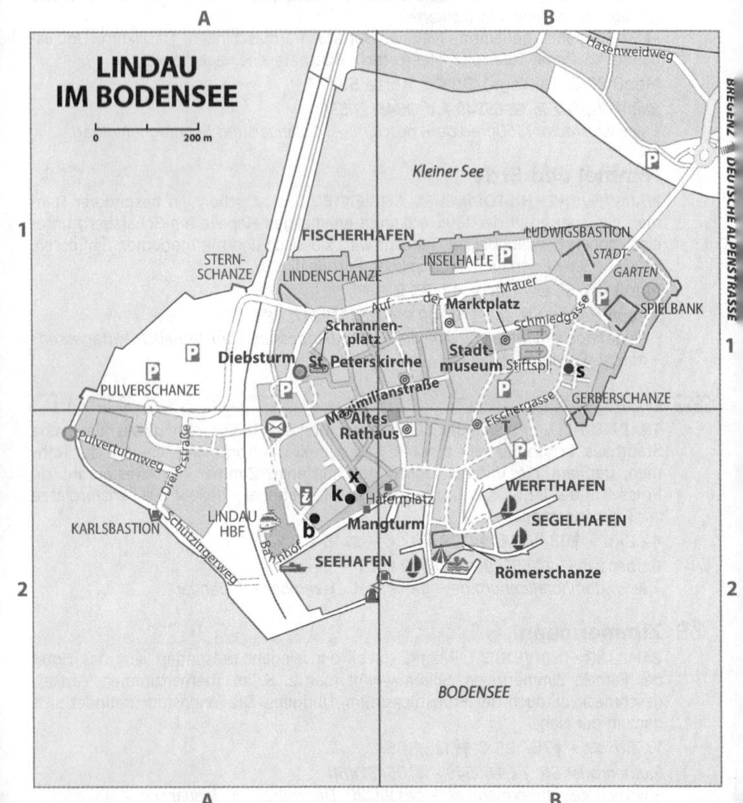

Bayerischer Hof

LUXUS • KLASSISCH Ein echter Bodensee-Klassiker! Ideale Seelage am Hafen, elegante Zimmer (toll die Suiten) und ein umfassendes Wellnessangebot, das man sich mit dem benachbarten Schwesterhotel teilt. Schön auch das Hallenbad und der Garten- und Poolbereich!

104 Zim – 141/224 € 199/321 € – 4 Suiten – ½ P

Stadtplan : A2-b – *Bahnhofplatz 2 ✉ 88131 – ✆ 08382 9150 – www.bayerischerhof-lindau.de*

Helvetia

TRADITIONELL • MODERN Wie gemacht für Romantiker und Wellnessfans: geschmackvolle "Wellrooms", Themensuiten und tolle schwimmende "Yacht Rooms" im Hafen, sensationelle Panoramasauna nebst Infinity-Pool auf dem Dach mit klasse Aussicht, toller Relaxbereich, Kosmetik... Regional-mediterrane Küche im eleganten Restaurant, einfachere Mittagskarte. Exklusiv für Hotelgäste: "Habour Lounge".

45 Zim – 99/185 € 199/275 € – 5 Suiten – ½ P

Stadtplan : A2-x – *Seepromenade 3 ✉ 88131 – ✆ 08382 9130 – www.hotel-helvetia.com*

Reutemann-Seegarten

TRADITIONELL • KLASSISCH Das Hotel an der Promenade besteht aus zwei ansprechenden alten Stadthäusern mit gediegenen, freundlichen Zimmern. Saunabereich und Spa im "Bayerischen Hof". Highlight - und sehr beliebt - ist die Seeterrasse des ganzjährig geöffneten Restaurants, von der man auf die Hafeneinfahrt schaut.

62 Zim – 99/154 € 127/220 € – ½ P

Stadtplan : A2-k – *Ludwigstr. 23 ✉ 88131 – ✆ 08382 9150 – www.reutemann-lindau.de – geschl. 7. November - 2. April*

In Lindau-Aeschach Nord: 2 km

Am Rehberg

FAMILIÄR • KLASSISCH Alles ist schön wohnlich bei der charmant-engagierten Familie Bast, von der Halle über die großzügigen Zimmer (Tipp: Komfort-Suite "D3" unterm Dach!) bis zum alpenländisch-eleganten Frühstücksraum. Nicht zu vergessen: der hübsche Garten!

12 Suiten – 92/128 € – 7 Zim

Am Rehberg 29 ✉ 88131 – ✆ 08382 3329 – www.lindauhotels.de – geschl. Januar - Ende März, November - Dezember

In Lindau-Hoyren Nord-West: 4 km

VILLINO

MODERNE KÜCHE • FREUNDLICH XXX Auch nach 25-jährigem Villino-Jubiläum ist man hier mit vollem Engagement bei der Sache, und zwar mit schmackhafter klassischer Küche, die reich ist an asiatischen Einflüssen und kreativen Ideen. Schön das stilvoll-mediterrane Ambiente sowie der Innenhof, toll die Weinauswahl samt Beratung!

→ Hummer, Wassermelone, Radieschen. Steinbutt, Aal, Ponzu. Aprikose, Verveine, weiße Schokolade.

Menü 88/154 € – Karte 80/116 €

Hotel VILLINO, Hoyerberg 34 ✉ 88131 – ✆ 08382 93450 (Tischbestellung erforderlich) – www.villino.de – nur Abendessen – geschl. 21. - 25. Dezember, 7. Januar - 19. März: Sonntag - Montag

VILLINO

LANDHAUS • GEMÜTLICH Umgeben von Wiesen und Obstplantagen finden Sie ein wahres Kleinod! Zeitloser italienischer Charme zieht sich durch das ganze Haus: elegante und romantische Zimmer, top Service, eine mit Liebe zum Detail gestaltete Saunalandschaft und nicht zuletzt ein mediterraner Traumgarten von 4000 qm!

15 Zim – 110/180 € 180/290 € – 6 Suiten – ½ P

Hoyerberg 34 ✉ 88131 – ✆ 08382 93450 – www.villino.de – geschl. 21. - 25. Dezember

VILLINO – siehe Restaurantauswahl

In Lindau-Bad Schachen Nord-West: 4 km

Schachener Hof

KLASSISCHE KÜCHE • FAMILIÄR XX Bei Familie Kraus darf man sich auf schmackhafte regional-internationale Küche freuen, z. B. als "Zander mit Speck und Bohnen" oder "Vitello tonnato". Menüs gibt es "schwäbisch", "vegetarisch" oder als "Gourmet". Schön die Terrasse unter alten Kastanienbäumen. Gepflegt übernachten können Sie hier auch.

Menü 32/75 € – Karte 29/62 €

9 Zim – 69/79 € 89/120 €

Schachener Str. 76 ✉ 88131 – ✆ 08382 3116 (Tischbestellung ratsam) – www.schachenerhof-lindau.de – nur Abendessen, sonntags auch Mittagessen – geschl. Januar - Mitte Februar, Anfang November 1 Woche und Dienstag - Mittwoch

Lindenallee

REGIONAL • FREUNDLICH XX Angenehm hell und modern ist das Ambiente im Restaurant, draußen sitzt man schön auf der charmanten Gartenterrasse. Die Küche ist saisonal, mediterran und regional geprägt - nachmittags gibt es neben Kaffee und Kuchen auch kleine Gerichte.

Karte 18/63 €

Hotel Lindenallee, Dennenmoos 3 ✉ 88131 – ✆ 08382 93190 – www.hotel-lindenallee.de – nur Abendessen – geschl. Januar - Februar, 5. - 25. November und Montag, Oktober - April: Sonntag - Montag

Lindenallee

FAMILIÄR • GEMÜTLICH Hier wohnen Sie in einer angenehmen Villengegend, viel Grün drum herum, der See ganz in der Nähe. Ein Ort, an dem man sich gerne aufhält, ob nun in den freundlichen Zimmern, im hübschen Frühstücksraum (gut die Buffetauswahl) oder aber im sehr gepflegten Garten!

18 Zim – 60/95 € 90/145 € – 1 Suite – ½ P

Dennenmoos 3 ✉ 88131 – ✆ 08382 93190 – www.hotel-lindenallee.de – geschl. Januar - Februar, 5. - 25. November

Lindenallee – siehe Restaurantauswahl

Auf dem Golfplatz Weißensberg Nord-Ost: 8 km

Golfhotel Bodensee

LANDHAUS • FUNKTIONELL Herrlich liegt das Hotel inmitten eines Golfplatzes! Die Zimmer (darunter auch Turmzimmer und Maisonetten) sind schön frisch und modern, bieten recht viel Platz sowie Blick ins Grüne. Letzteren genießt man auch auf der Restaurantterrasse bei internationaler Küche. Zum Relaxen: Sauna, Kosmetik und Massage.

33 Zim – 85/109 € 159/169 € – 3 Suiten – ½ P

Lampertsweiler 51 ✉ 88138 Weißensberg – ✆ 08389 89100 – www.golfhotel-bodensee.de – geschl. 15. November - 15. März

LINDENBERG im ALLGÄU

Bayern – 11 030 Ew. – Höhe 764 m – Regionalatlas **63**-I21
Michelin Straßenkarte 546

Waldsee

LANDHAUS • FUNKTIONELL Ein charmantes kleines Hotel, das idyllisch am höchsten Moorbadsee Deutschlands liegt! Die Zimmer reichen von klein und kuschelig bis großzügig und mit modernem Bad. Hübsch der Saunabereich, angenehm die Nähe zum Strandbad. International-saisonale Küche im Restaurant "Bacalau" - gefragt die Terrasse!

17 Zim – 71/81 € 95/125 € – ½ P

Austr. 41 ✉ 88161 – ✆ 08381 92610 – www.hotel-waldsee.de

LINGEN

Niedersachsen - 52 503 Ew. - Höhe 23 m - Regionalatlas **16**-D8
Michelin Straßenkarte 541

 Altes Landhaus

LANDHAUS • FUNKTIONELL Das schöne Landhaus am Stadtrand bietet neben wohnlichen Zimmern im Stammhaus auch topmoderne und sehr komfortable Zimmer im Anbau! Auf der hübschen Innenhofterrasse kann man auch frühstücken. Das Restaurant besteht aus einem angenehm lichten Wintergarten und dem Kaminzimmer.

36 Zim - 65/95 € 80/125 € - ½ P

Lindenstr. 45 ✉ 49808 - ✆ 0591 804090
- www.alteslandhaus.de

LINSENGERICHT

Hessen - 9 914 Ew. - Höhe 145 m - Regionalatlas **48**-G14
Michelin Straßenkarte 543

In Linsengericht-Eidengesäß Süd-Ost: 3 km, jenseits der A 66

Der Löwe 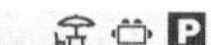

INTERNATIONAL • GASTHOF XX Seit über 15 Jahren führt das Ehepaar Sauter das gediegene Restaurant. Hier darf man sich auf schmackhafte regional-internationale Küche und aufmerksamen Service freuen. Kommen Sie doch mal zum Mittagsbuffet, das ist sehr gefragt!

Menü 37/62 € - Karte 35/58 €

Dorfstr. 20 ✉ 63589 - ✆ 06051 71343
- www.derloewe.com - geschl. Januar, Juli und Montag - Dienstag

LIPPSPRINGE, BAD

Nordrhein-Westfalen - 15 358 Ew. - Höhe 140 m - Regionalatlas **28**-G10
Michelin Straßenkarte 543

 Park Hotel 

SPA UND WELLNESS • MODERN Der Kurpark liegt direkt vor dem Haus, in die Fußgängerzone ist es auch nur ein Katzensprung. Die Ruhe hier schätzen sowohl Geschäftleute als auch Wellnessgäste (vielfältig der "Arminius Spa", angenehm der Naturbadeteich). Einige Zimmer mit Balkon zum Park, auch vom Restaurant schaut man ins Grüne!

135 Zim - 102/112 € 154/194 € - ½ P

Peter-Hartmann-Allee 4 ✉ 33175 - ✆ 05252 9630
- www.parkhotel-lippspringe.de

LIPPSTADT

Nordrhein-Westfalen - 66 518 Ew. - Höhe 75 m - Regionalatlas **27**-F10
Michelin Straßenkarte 542

Fellini 

ITALIENISCH • GEMÜTLICH XX Sie mögen frische italienische Küche? Die gibt es in diesem Fachwerkhaus a. d. 18. Jh. unweit des Marktplatzes. Schön sowohl das helle moderne Ambiente drinnen als auch die überdachbare Terrasse, freundlich der Service durch die Chefin.

Karte 36/58 €

Cappelstr. 44a ✉ 59555 - ✆ 02941 924150
- www.fellini-lippstadt.de - nur Abendessen - geschl. Sonntag

LÖBAU

Sachsen - 15 288 Ew. - Höhe 263 m - Regionalatlas **44**-S12
Michelin Straßenkarte 544

Berg-Gasthof Honigbrunnen

HISTORISCHES GEBÄUDE • TRADITIONELL 1896 als Ausflugslokal erbaut, bei einem Brand zerstört und mit enormem Aufwand restauriert. Die Mühe hat sich gelohnt: Die historische Fassade ist wiederhergestellt, das Interieur geschmackvoll. Einmalige Panoramalage im Naturschutzgebiet, fantastischer Blick von der Terrasse!

23 Zim - †62/70 € ††100/120 € - ☕ 8 €

Löbauer Berg 4, Ost: 2,5 km ✉ 02708 - ✆ 03585 4139130 - www.honigbrunnen.de

LÖCHGAU

Baden-Württemberg - 5 520 Ew. - Höhe 260 m - Regionalatlas **55**-G18
Michelin Straßenkarte 545

Zur Krone

REGIONAL • RUSTIKAL X Schon von außen lässt das jahrhundertealte Gasthaus eine gemütlich-rustikale Atmosphäre vermuten. Dazu passt die bürgerlich-regionale Küche, und die schmeckt natürlich auch im schönen windgeschützten Innenhof, umgeben von Fachwerkfassaden.

Karte 27/40 €

Hauptstr. 63 ✉ 74369 - ✆ 07143 18217 - www.krone-loechgau.de - geschl. Sonntagabend, Montagabend, Dienstagabend, Samstagmittag

LÖHNE

Nordrhein-Westfalen - 39 605 Ew. - Höhe 70 m - Regionalatlas **28**-G9
Michelin Straßenkarte 543

Wim's Bistro - Restaurant

INTERNATIONAL • FREUNDLICH XX "Lachssteak auf Limetten-Safransauce und Wokgemüse", "Jungschweinesteak mit Champignons in Cognacrahmsauce"... Im freundlich-frisch gestalteten Restaurant des Hotels "Schewe" kocht man international-bürgerlich mit saisonalem Einfluss.

Menü 24/36 € - Karte 21/41 €
21 Zim - †56/75 € ††69/79 € - ☕ 8 €

Dickendorner Weg 48 ✉ 32584 - ✆ 05732 98030 - www.hotel-schewe.de - nur Abendessen - geschl. 30. Juli - 6. August und Sonntag

LÖNINGEN

Niedersachsen - 13 156 Ew. - Höhe 22 m - Regionalatlas **16**-E7
Michelin Straßenkarte 541

Rüwe

FAMILIÄR • GEMÜTLICH In dem kleinen Hotel sorgen die freundlichen Gastgeber dafür, dass alles tipptopp gepflegt ist. Wohnliche Zimmer mit Parkett, teils auch mit Balkon oder schöner Dachterrasse. Zum Restaurant gehören eine nette begrünte Terrasse und ein kleiner Barbereich. Fahrradverleih.

11 Zim ☕ - †68 € ††94/98 € - ½ P

Parkstr. 15 ✉ 49624 - ✆ 05432 94200 - www.hotel-ruewe.de - geschl. 27. Dezember - 15. Januar

LÖRRACH

Baden-Württemberg - 48 601 Ew. - Höhe 294 m - Regionalatlas **61**-D21
Michelin Straßenkarte 545

Drei König

INTERNATIONAL • TRENDY In der 1. Etage des historischen Hauses speist man in lockerer Atmosphäre. Schön die geradlinige Einrichtung samt Parkettboden, hübsch die Balkonterrasse. Empfehlungen auf der Schiefertafel ergänzen die Karte. Mittags einfacheres Angebot.

Menü 20 € (mittags)/69 € - Karte 45/101 €

Hotel Drei König, Basler Str. 169, (1. Etage) ✉ 79539 - ✆ 07621 4258333 - www.restaurant-dreikoenig.de - geschl. Sonntag - Montag

Villa Elben

PRIVATHAUS • ELEGANT Schön wohnt man hier bei einer sympathischen Gastgeberin. Stilvoll die Lobby, tipptopp gepflegt die Zimmer, chic der moderne Frühstücksraum (gut das Buffet!), und versäumen Sie es nicht, im Sommer auf der Dachterrasse zu entspannen!

34 Zim - 86/90 € 125 €

Hünerbergweg 26 ✉ 79539 - ✆ 07621 577080 - www.villa-elben.de

Drei König

URBAN • MODERN Zentraler geht es kaum: Das kleine Hotel liegt direkt am Marktplatz, ein Parkhaus finden Sie nur 1 Minute entfernt. Chic das klare moderne Design und auch technisch sind die Zimmer "up to date". Im EG gibt es eine Bar nebst Delikatessen.

16 Zim - 85/95 € 115/135 €

Basler Str. 169, (Empfang in der 2. Etage) ✉ 79539 - ✆ 07621 5504790 - www.hotel-dreikoenig.de

Drei König – siehe Restaurantauswahl

In Lörrach-Brombach Nord-Ost: 4 km, über Brombacher Straße, jenseits der A 98

Villa Feer

INTERNATIONAL • ELEGANT Was man Ihnen in der schmucken alten Villa an internationalen Gerichten serviert, nennt sich z. B. "gebratenes Filet vom Skrei mit Brandade, glasiertem Chicorée und Orange". Hübsch die hellen, freundlichen Räume, toll der Garten!

Menü 56/86 € - Karte 47/65 €

Beim Haagensteg 1 ✉ 79541 - ✆ 07621 5791077 - www.villa-feer.com - geschl. Mitte - Ende März, Mitte - Ende Oktober und Montag - Dienstag

In Lörrach-Tüllingen Süd-West: 3,5 km, jenseits der B 317

Maien

INTERNATIONAL • LÄNDLICH Kommen Sie wegen der tollen Aussicht oder doch eher wegen der guten Küche? Im Panorama-Restaurant des Hotels "Maien" samt schöner Terrasse speist man Internationales wie Cordon bleu oder Hirschkalbsrücken! Rustikaler die Gaststube.

Menü 62 € - Karte 35/68 €

16 Zim - 64/84 € 89/99 € - 5 €

Dorfstr. 49 ✉ 79539 - ✆ 07621 2790 - www.maien-loerrach.de - geschl. Montag - Dienstag

In Inzlingen Süd-Ost: 6 km über B 316 Richtung Rheinfelden

Inzlinger Wasserschloss

KLASSISCHE KÜCHE • HISTORISCHES AMBIENTE Denkmalgeschütztes Gemäuer, ein Wassergraben drum herum, stilvoll-elegantes Interieur... Hier bieten die herzlichen Gastgeber z. B. "Steinbutt mit Petersilienwurzelpüree". Richtig schön übernachten können Sie im 150 m entfernten Gästehaus.

Menü 54 € (mittags unter der Woche)/98 € - Karte 52/87 €

12 Zim - 73/90 € 108/150 €

Riehenstr. 5 ✉ 79594 - ✆ 07621 47057 - www.inzlinger-wasserschloss.de - geschl. Dienstag - Mittwoch

Krone

INTERNATIONAL • ELEGANT XX Chic ist das Restaurant im gleichnamigen Hotel, die Küche klassisch-international: "Rinderfilet an Cognac-Pfefferrahmsauce" oder "Kabeljau auf Curry-Linsengemüse", und als Dessert "Mousse von der belgischen Callebaut-Schokolade"?

Menü 33 € (mittags unter der Woche)/72 € - Karte 36/70 €

23 Zim - †65/85 € ††85/105 € - ☐ 9 €

Riehenstr. 92 ✉ 79594 - ✆ 07621 2226 - www.krone-inzlingen.de

LOHMAR

Nordrhein-Westfalen - 29 820 Ew. - Höhe 70 m - Regionalatlas **36**-C12
Michelin Straßenkarte 543

In Lohmar-Wahlscheid Nord-Ost: 4 km über B 484

Schloss Auel

HISTORISCHES GEBÄUDE • INDIVIDUELL Historischen Charme versprüht das tolle dreiflügelige Schloss am Golfplatz. Stilgerecht hat man zahlreiche Antiquitäten in das individuelle, sehr wohnliche Interieur integriert. Zwei Ferienwohnungen im Gästehaus. Schön auch die "Golflodge". Alternativ zum Restaurant gibt es Snacks im Bistro. Eigene Kapelle.

40 Zim - †90/110 € ††110/150 € - ☐ 15 € - ½ P

Haus Auel 1, an der B 484 ✉ 53797 - ✆ 02206 60030 - www.schlossauel.de

LOHME Mecklenburg-Vorpommern

→ Siehe Rügen (Insel)

LOHR am MAIN

Bayern - 15 036 Ew. - Höhe 161 m - Regionalatlas **48**-H15
Michelin Straßenkarte 546

In Lohr-Wombach Süd: 2 km über Westtangente

Spessarttor

TRADITIONELLE KÜCHE • GASTHOF X Der alteingesessene Familienbetrieb ist ein seriös geführtes Haus, in dem man in gemütlichen Stuben regional isst. Wie wär's mit "Krustentierrahmsuppe mit Scampi"? Genauso lecker ist der "Hirschbraten mit Blaukraut und Knödel". Im Gasthof sowie im 300 m entfernten Gästehaus kann man auch sehr gut übernachten.

Menü 25/75 € - Karte 18/52 €

35 Zim ☐ - †48/85 € ††88/115 €

Wombacher Str. 140 ✉ 97816 - ✆ 09352 87330 - www.hotel-spessarttor.de - geschl. Montag - Dienstag

LONGUICH

Rheinland-Pfalz - 1 287 Ew. - Höhe 130 m - Regionalatlas **45**-B15
Michelin Straßenkarte 543

WeinKulturgut Longen-Schlöder

LANDHAUS • INDIVIDUELL Winzer und Gastronom Markus Longen hat hier nicht nur ein Weingut und ein Restaurant, sondern auch ein ansprechendes Hotelkonzept: 20 kleine Winzerhäuschen inmitten einer Streuobstwiese - von Matteo Thun geradlinig-modern und mit heimischen Materialien designt. In der Vineria-Vinothek: Weinstubenkarte mit regionalen Produkten sowie wechselndes Angebot auf der Tafel.

20 Zim ☐ - †75/110 € ††98/155 € - ½ P

Kirchenweg 9 ✉ 54340 - ✆ 06502 8345 - www.longen-schloeder.de - geschl. 16. Dezember - 15. Januar

LORCH

Hessen - 3 752 Ew. - Höhe 86 m - Regionalatlas **46**-D15
Michelin Straßenkarte 543

Hotel im Schulhaus

HISTORISCH • MODERN Die Schulbank drückt hier keiner mehr, heute ist das Haus direkt an der Wisper ein topmodernes und wohnlich-komfortables Hotel. Geradlinig und wertig das Interieur, toll die Penthouse-Zimmer. Zum Frühstück gibt's frische Produkte.

44 Zim – 75/105 € 95/155 €

Schwalbacher Str. 41 ✉ 65391 – ✆ 06726 807160 – www.hotel-im-schulhaus.com – geschl. 7. Januar - 7. Februar

LOSHEIM AM SEE

Saarland – 15 809 Ew. – Höhe 300 m – Regionalatlas **45**-B16
Michelin Straßenkarte 543

La Küsine

REGIONAL • BÜRGERLICH Der Name ist ein passendes Wortspiel, denn in der Bundeszentrale der "KÜS" ist dieses Restaurant untergebracht. Gekocht wird regional, so z. B. "Hirschrücken mit zweierlei Beete und hausgemachten Schupfnudeln". Gefragt: der Mittagstisch.

Menü 21 € (mittags unter der Woche) – Karte 27/53 €

Zur Küs 1 ✉ 66679 – ✆ 06872 505505 – www.lakuesine.de – geschl. 17. - 31. Juli und Samstagmittag, Montag

LOTTSTETTEN

Baden-Württemberg – 2 174 Ew. – Höhe 433 m – Regionalatlas **62**-F21
Michelin Straßenkarte 545

In Lottstetten-Nack Süd: 1,5 km

Gasthof zum Kranz

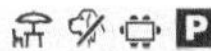

KLASSISCHE KÜCHE • GASTHOF Bereits in der 7. Generation ist der Gasthof von 1769 in Familienhand, schön die modern-elegante Einrichtung in klaren Linien. Aus der Küche kommen schmackhafte klassisch-internationale Speisen - im Herbst sollten Sie Wild probieren!

Karte 34/66 €

Dorfstr. 23 ✉ 79807 – ✆ 07745 7302 – www.gasthof-zum-kranz.de – geschl. Februar 2 Wochen, August 3 Wochen und Dienstag - Mittwoch

LUDORF

Mecklenburg-Vorpommern – 477 Ew. – Höhe 67 m – Regionalatlas **13**-N6
Michelin Straßenkarte 542

Morizaner

REGIONAL • GEMÜTLICH In dem behaglichen Restaurant spürt man den Charme des alten Gutshauses. Gerne sitzt man auf der Terrasse zum Park, der das Haus von der Müritz trennt. Für die regional-saisonale Küche verwendet man Produkte aus der Umgebung.

Menü 34 € – Karte 33/56 €

Hotel Gutshaus Ludorf, Rondell 7 ✉ 17207 – ✆ 039931 8400 – www.gutshaus-ludorf.de – nur Abendessen – geschl. 18. - 28. Dezember, 9. Januar - 9. März

Gutshaus Ludorf

LANDHAUS • HISTORISCH Das Herrenhaus ist Teil eines schön erhaltenen Gutsensembles an der Müritz. Hinter seiner hübschen Backsteinfassade a. d. 17. Jh. verbirgt sich ein geschmackvolles Interieur mit historischem Flair. Zimmer teilweise mit Parkett.

26 Zim – 67/125 € 98/160 € – 2 Suiten – ½ P

Rondell 7 ✉ 17207 – ✆ 039931 8400 – www.gutshaus-ludorf.de – geschl. 18. - 28. Dezember, 9. Januar - 9. März

Morizaner – siehe Restaurantauswahl

LUDWIGSBURG

Baden-Württemberg - 91 116 Ew. - Höhe 293 m - Regionalatlas **55**-G18
Michelin Straßenkarte 545

Alte Sonne

KREATIV • ELEGANT XX In modern-elegantem Ambiente oder in legerer Bistro-Atmosphäre wählen Sie aus einer großen Bandbreite an Gerichten wie "Hüftsteak vom Albrind am Knochen gereift, Pastinaken, Bratkartoffeln" oder "Seeteufelmedaillon in Curry Jaipur gebraten". Mittags günstiges 2-Gänge-Menü.

Menü 18 € (mittags unter der Woche)/71 € - Karte 50/66 €

Stadtplan : B1-n - *Bei der kath. Kirche 3 ✉ 71634 - ✆ 07141 6436480 - www.altesonne-durst.de - geschl. Montag - Dienstag*

Post-Cantz

REGIONAL • BÜRGERLICH XX In dem Traditionshaus a. d. 18. Jh. zeigt sich Familie Buhl in 3. Generation unverändert engagiert! Der Gastgeber kocht selbst - Sie werden sehen, "Saure Nierle" schmecken ebenso gut wie frischer Fisch!

Karte 24/59 €

Stadtplan : B1-e - *Eberhardstr. 6 ✉ 71634 - ✆ 07141 923563 - www.post-cantz.de - geschl. 1. - 5. Januar, über Fasching 1 Woche, Juni 2 Wochen, Ende August - Anfang September 2 Wochen und Mittwoch - Donnerstag*

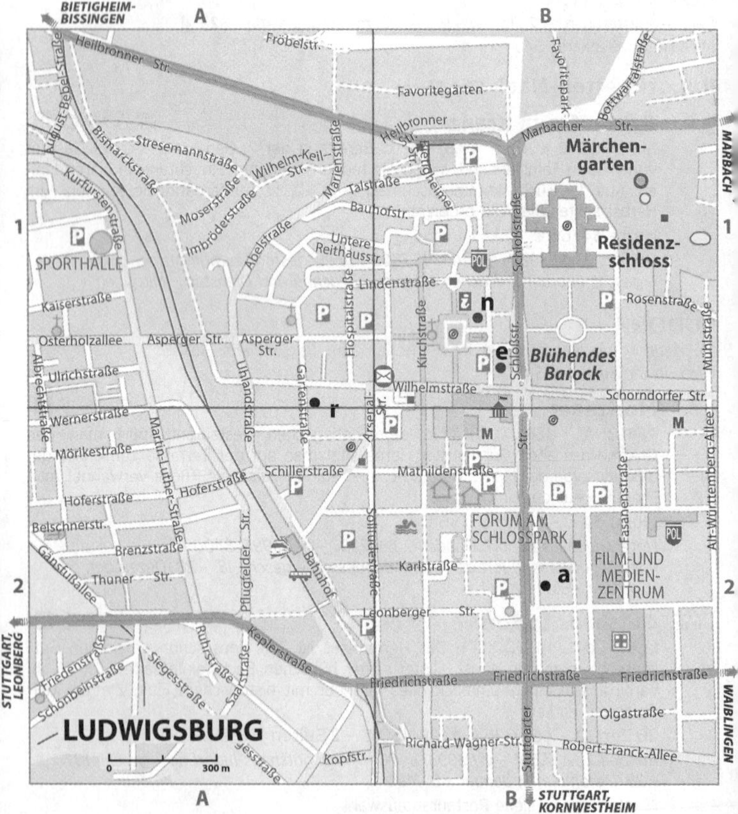

nestor

BUSINESS • MODERN Das am Schlosspark gelegene denkmalgeschützte Backsteingebäude von 1871, einst eine Garnisonsbäckerei, ist heute ein Stadthotel mit modernen, meist geräumigen Zimmern. Restaurant im schönen Glasanbau entlang der historischen Hauswand, davor die hübsche Terrasse.

179 Zim – †109/199 € ††129/219 € – ☕ 19 € – ½ P

Stadtplan : B2-a – *Stuttgarter Str. 35/2 ✉ 71638 – ✆ 07141 9670*
– www.nestor-hotel-ludwigsburg.de

Favorit

URBAN • FUNKTIONELL Ideal für den Businessgast: praktische und zentrale Lage, gut ausgestattete Zimmer und schönes Frühstücksbuffet. Immer wieder wird hier investiert, modernisiert und aufgefrischt - und das sieht man!

88 Zim ☕ – †85/119 € ††99/169 €

Stadtplan : A1-r – *Gartenstr. 18 ✉ 71638 – ✆ 07141 976770*
– www.hotel-favorit.de – geschl. 23. Dezember - 2. Januar

Beim Schloss Monrepos über Heilbronner Straße A1, Richtung Bietigheim-Bissingen

Gutsschenke

MARKTKÜCHE • KLASSISCHES AMBIENTE XX Frische, hochwertige Produkte der Saison werden hier mit handwerklicher Präzision und Finesse zu niveauvollen Gerichten verarbeitet, geschickt bindet man moderne Einflüsse mit ein, stimmig und nicht übertrieben.

→ Abgeflämmter Carabinero, Burrata, Schwarzwälder Schinkenmousse, konfierte Cantaloupe-Melone. Strudel vom Milchkalbsbries und Pulpo, junger Lauch, Steinpilze, schwarze Trüffelvinaigrette. Erdbeere und Holunderblüte in Texturen, Estragon, Joghurt.

Menü 90/180 € – Karte 95/113 €

Schlosshotel Monrepos, Domäne Monrepos 22 ✉ 71634 Ludwigsburg
– ✆ 07141 3020
– www.schlosshotel-monrepos.de – Dienstag - Donnerstag: nur Abendessen
– geschl. 2. - 22. Januar, 27. März - 3. April, 21. August - 10. September und Sonntag - Montag

Schlosshotel Monrepos

BUSINESS • GERADLINIG Attraktiver moderner Wohnkomfort inmitten einer schönen Parkanlage samt Schloss und See sowie Golfplatz und Reitverein. Der Tag beginnt mit einem Frühstück im Wintergarten oder auf der Terrasse zum See.

75 Zim – †110/200 € ††120/240 € – 2 Suiten – ☕ 19 € – ½ P

Domäne Monrepos 22 ✉ 71634 – ✆ 07141 3020
– www.schlosshotel-monrepos.de

Gutsschenke – siehe Restaurantauswahl

LUDWIGSHAFEN am RHEIN

Rheinland-Pfalz – 163 832 Ew. – Höhe 96 m – Regionalatlas **47**-F16
Michelin Straßenkarte 543

A table

KLASSISCHE KÜCHE • ZEITGEMÄSSES AMBIENTE XX Auf freundlich-versierten Service und modernes Ambiente darf man sich hier ebenso freuen wie auf klassisch-internationale Küche, und die gibt es z. B. als "Medaillon vom bretonischen Seeteufel mit Garnelenravioli und geschmortem Chicorée".

Menü 32 € (mittags)/78 € – Karte 52/78 €

Welserstr. 25 ✉ 67063 – ✆ 0621 68556565
– www.atable.lu – geschl. Samstagmittag, Sonntag - Montagmittag

In Ludwigshafen-Friesenheim

Das Gesellschaftshaus

INTERNATIONAL • KLASSISCHES AMBIENTE XX Geradezu herrschaftlich kommt das historische Gesellschaftshaus der BASF daher. Klassisch das Interieur, freundlich und kompetent der Service, auf der Karte z. B. "Szechuan-Entenbrust, Sojaglace, Curryspitzkohl, gebrannte Macadamianuss-Polentaschnitte, Pflaumen-Gel", dazu stimmige Weine.

Menü 54/150 € – Karte 49/81 €

Wöhlerstr. 15 ✉ 67063 – ✆ 0621 6078888
– www.gesellschaftshaus.basf.de – nur Abendessen – geschl. 24. Dezember
- 1. Januar und Samstag - Sonntag sowie an Feiertagen

Bella Capri

ITALIENISCH • ELEGANT XX Traditionelle italienische Küche von Antipasti über Pasta bis zu Fisch und Krustentieren, dazu schöne Weine und geradliniges Ambiente. Seit 1984 gibt es das Restaurant und es ist nicht mehr wegzudenken aus Ludwigshafen!

Menü 35 € (mittags)/85 € – Karte 31/65 €

Arnimstr. 2 ✉ 67063 – ✆ 0621 692045
– www.bellacapri.net – geschl. Montag, Samstagmittag

In Altrip Süd-Ost: 10 km

Darstein

BUSINESS • MODERN Mitten im Naherholungsgebiet "Blaue Adria", der See direkt vor der Tür! Aber nicht nur die Lage ist schön: Die Einrichtung ist modern, die Zimmer sind geräumig, die Gastgeber engagiert. Im "Pfälzer" gibt es aufgepeppte Regionalküche. Neben einem top Tagungsbereich hat man sogar eine eigene Hochzeitsinsel!

50 Zim – †68/125 € ††111/191 € – 1 Suite – ½ P

Zum Strandhotel 10, (im Naherholungsgebiet Blaue Adria) ✉ 67122
– ✆ 06236 4440
– www.hotel-darstein.de – geschl. Anfang Januar 2 Wochen

LUDWIGSLUST

Mecklenburg-Vorpommern – 12 243 Ew. – Höhe 35 m – Regionalatlas **11**-L6
Michelin Straßenkarte 542

Hotel de Weimar

HISTORISCH • KLASSISCH Gediegen und stilvoll wohnt es sich nur wenige Gehminuten vom Schloss entfernt, und zwar im ehemaligen Palais der Fürstin von Weimar! Auch zum Essengehen ist das Haus eine schöne Adresse: Das Restaurant "Ambiente" befindet sich im glasüberdachten Innenhof und bietet internationale Küche. Gute Weinauswahl.

44 Zim – †79/85 € ††99/150 € – 2 Suiten – ½ P

Schlossstr. 15 ✉ 19288 – ✆ 03874 4180
– www.hotel-de-weimar.de – geschl. 16. - 27. Dezember

LÜBBEN

Brandenburg – 13 672 Ew. – Höhe 50 m – Regionalatlas **33**-Q9
Michelin Straßenkarte 542

STRANDHAUS

BOUTIQUE-HOTEL • MODERN Toll die Lage direkt an der Spree. Die Einrichtung wertig und schön wohnlich-modern - darf es vielleicht eine Spa-Suite sein? Machen Sie auch mal eine Kahnfahrt oder mieten Sie ein Paddelboot! Öffentliches Strandbad ganz in der Nähe. Saisonale Küche im Restaurant mit herrlicher Terrasse. Hübsche Lounge.

16 Zim – †108/168 € ††148/228 € – 4 Suiten – ½ P

Ernst-von-Houwald-Damm 16 ✉ 15907 – ✆ 03546 7364
– www.strandhaus-spreewald.de

LÜBBENAU

Brandenburg - 16 082 Ew. - Höhe 52 m - Regionalatlas **33**-Q10
Michelin Straßenkarte 542

Schloss Lübbenau

HISTORISCHES GEBÄUDE • KLASSISCH Mit Stil hat die Grafenfamilie zu Lynar in dem Schloss mitten in einem tollen Park ein Stück Historie bewahrt: schöner alter Treppenaufgang, klassische Zimmer im Schloss und hübsche Landhaus-Zimmer im Marstall, Saunabereich im Gewölbe, Restaurant mit regional-saisonaler Küche. Dazu ein großer Festsaal.

64 Zim - 70/80 € 100/180 € - 10 Suiten - ½ P

Schlossbezirk 6 ✉ 03222 - ✆ 03542 8730 - www.schloss-luebbenau.de - geschl. 21. Dezember - 1. Januar

LÜBBOW Niedersachsen → Siehe Lüchow

McPHOTO/Vario images/age

WIR MÖGEN BESONDERS...
Im **Anno 1216** mitten in der Altstadt stilvoll und individuell wohnen. Die **Weinwirtschaft**, in der man alternativ zur Gourmetküche des **Buddenbrooks** in sympathisch-legerer Atmosphäre auch nachmittags nach dem Strandspaziergang schon leckere frische Flammkuchen bekommt. Den schönen historischen Rahmen der **Zimberei**. Im **VAI** richtig gut zu Mittag essen.

LÜBECK

Schleswig-Holstein – 214 420 Ew. – Höhe 13 m – Regionalatlas **11**-K4
Michelin Straßenkarte 541

Restaurants

✿ Wullenwever (Roy Petermann)

KLASSISCHE KÜCHE • ELEGANT XXX Bereits seit 1990 verwöhnt Roy Petermann in dem wunderschönen Patrizierhaus a. d. 16. Jh. seine Gäste mit feiner klassischer Küche aus hervorragenden Produkten. Ob Sie im geschmackvollen Restaurant oder auf der herrlichen Terrasse im Innenhof speisen, Sie werden stets aufmerksam und charmant umsorgt.
→ Wagyu Tatar mit Heublütenschaum. Kabeljaurücken mit Fenchel und Lakritze. Tamis Schneeball mit Beeren.

Menü 60/98 € – Karte 80/110 €

Stadtplan : A2-a – *Beckergrube 71 ✉ 23552 – ✆ 0451 704333 (Tischbestellung ratsam) – www.wullenwever.de – nur Abendessen – geschl. Ende März - Anfang April 2 Wochen, Ende Oktober 2 Wochen und Sonntag - Montag*

Die Zimberei

KLASSISCHE KÜCHE • ELEGANT XX Altstadtflair, schickes Ambiente und dann noch gutes Essen? In dem Kaufmannshaus a. d. 13. Jh. serviert man frische Speisen wie "Garnelenbratwurst mit Linsensalat und Tomatensalsa" oder "geschmorten Ochsenschwanz mit Kartoffel-Trüffelnocken". Toll für Veranstaltungen: beeindruckende stilvoll-historische Säle!

Menü 41/52 € – Karte 47/66 €

Stadtplan : B2-z – *Königstr. 5, (im Haus der Gemeinnützigen Gesellschaft) ✉ 23552 – ✆ 0451 73812 – www.zimberei.de – nur Abendessen – geschl. Januar 1 Woche und Sonntag - Montag*

Das Symbol weist auf ruhige Häuser hin – hier ist nur der Gesang der Vögel am frühen Morgen zu hören...

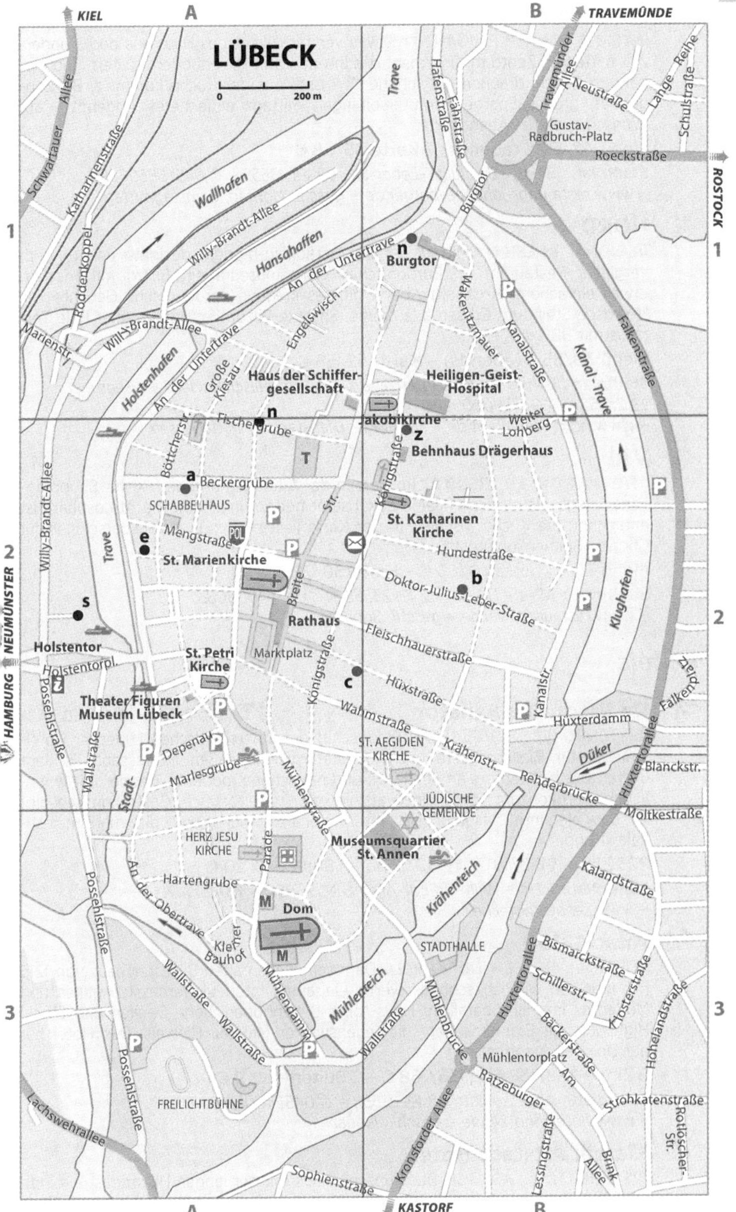
LÜBECK
0
200 m
KIEL
TRAVEMÜNDE
ROSTOCK
HAMBURG
NEUMÜNSTER
KASTORF
Wallhafen
Hansahafen
Holstenhafen
Willy-Brandt-Allee
An der Untertrave
Burgtor
Haus der Schiffergesellschaft
Heiligen-Geist-Hospital
Jakobikirche
Behnhaus Drägerhaus
St. Katharinen Kirche
SCHABBELHAUS
St. Marienkirche
Rathaus
Marktplatz
Holstentor
St. Petri Kirche
Theater Figuren Museum Lübeck
ST. AEGIDIEN KIRCHE
JÜDISCHE GEMEINDE
Museumsquartier St. Annen
HERZ JESU KIRCHE
Dom
STADTHALLE
FREILICHTBÜHNE
Mühlenteich
Krähenteich
Klughafen
Kanal-Trave
Düker
Trave
Mühlentorplatz
Gustav-Radbruch-Platz
Roeckstraße
Neustraße
Falkenstraße
Hüxtertorallee
Königstraße
Breite Str.
Mengstraße
Beckergrube
Fischergrube
Hundestraße
Doktor-Julius-Leber-Straße
Fleischhauerstraße
Hüxstraße
Wahmstraße
Krähenstr.
Rehderbrücke
Mühlenstraße
Hüxterdamm
Moltkestraße
Kalandstraße
Bismarckstraße
Schillerstr.
Mühlenbrücke
Kronsforder Allee
Ratzeburger Allee
Possehlstraße
Wallstraße
Lachswehrallee
Sophienstraße

Johanna Berger

INTERNATIONAL • ELEGANT XX Etwas versteckt liegt das Haus aus der Gründerzeit mitten im Zentrum. Charmant das Interieur mit Dielenboden, Lüstern und elegantem Touch, draußen die schöne Terrasse. Aus der Küche kommt z. B. "Zanderfilet, grüner Spargel, Kräuterseitlinge". Mittags einfacheres Angebot - auf Wunsch auch die Abendkarte.

Menü 42/50 € (abends) – Karte 35/58 €

Stadtplan : B2-b – *Dr.-Julius-Leber-Str. 69 ✉ 23552 – ✆ 0451 58696890 – www.restaurant-johanna-berger.de – geschl. Montag, Samstagmittag*

NORD

REGIONAL • DESIGN X Mittags ist das geradlinig-modern designte und rundum verglaste Restaurant im Europäischen Hansemuseum ein Bistro mit frischer, etwas einfacherer Kost, am Abend gibt es kreative norddeutsche Gerichte wie "Nordsee-Steinbutt, Erbsen à la crème, Shiitake-Pilzbrühe". Im Sommer tolle Terrasse mit BBQ-Angebot.

Menü 39/55 € (abends) – Karte 52/58 €

Stadtplan : B1-n – *An der Untertrave 1, (im Europäischen Hansemuseum) ✉ 23552 – ✆ 0451 80909940 – www.nord-restaurant.de – Sonntag - Dienstag nur Mittagessen*

VAI

INTERNATIONAL • TRENDY X Im Herzen der Altstadt - und perfekt für Shopping-Fans - liegt das moderne kleine Lokal samt nettem Innenhof. Die Atmosphäre ist entspannt, die Küche frisch - auf der Karte liest man z. B. "Wolfsbarschfilet mit Chorizo-Blumenkohlgröstl".

Menü 20 € (mittags)/65 € – Karte 38/72 €

Stadtplan : A2-c – *Hüxstr. 42 ✉ 23552 – ✆ 0451 4008083 – www.restaurant-vai.de – geschl. Sonntag*

Hotels

Radisson Blu Senator

KETTENHOTEL • MODERN Das Flaggschiff der innerstädtischen Lübecker Hotellerie ist für Businessgäste und Touristen gleichermaßen interessant. Es liegt unweit des Holstentors an der Trave und hat schöne moderne Zimmer mit wohnlichem Farbkonzept sowie einen attraktiven Freizeitbereich. Gastronomisch gibt es das elegante "Nautilo" mit internationaler Küche und die maritim-rustikale "Kogge".

223 Zim – †133/181 € ††133/181 € – 1 Suite – ☕ 20 €

Stadtplan : A2-s – *Willy-Brandt-Allee 6 ✉ 23554 – ✆ 0451 1420 – www.senatorhotel.de*

Anno 1216

BOUTIQUE-HOTEL • INDIVIDUELL Dem schmucken alten Backsteinhaus von 1216 hat man ein wirklich schönes wertig-elegantes Interieur verpasst: Antikes und Modernes im Mix, überall im Haus toller Dielenboden, hohe Decken und Stuck! Highlight: die Einraumsuiten mit sehenswerter Malerei. Hinweis: Das Hotel hat nur Do. - So. geöffnet.

8 Zim – †98/138 € ††136/168 € – 3 Suiten – ☕ 11 €

Stadtplan : A2-e – *Alfstr. 38 ✉ 23552 – ✆ 0451 4008210 – www.hotelanno1216.de – geschl. Januar*

Klassik Altstadt Hotel

HISTORISCH • KLASSISCH Das hübsche Haus mit der langen Historie ist ein individuelles kleines Hotel in idealer Lage für Stadterkundungen. Wohnlich die Zimmer, interessant der Bezug zu Künstlerpersönlichkeiten, schön die modernen Bäder. Etwas Besonderes ist die schicke "Günter-Grass-Suite".

29 Zim ☕ – †49/140 € ††118/150 €

Stadtplan : A2-n – *Fischergrube 52 ✉ 23552 – ✆ 0451 702980 – www.klassik-altstadt-hotel.de*

In Lübeck-Travemünde Nord-Ost: 19 km

✿ Buddenbrooks

FRANZÖSISCH-KREATIV • ELEGANT XXX Das kulinarische Flaggschiff des AROSA! Die Atmosphäre ist elegant, die Speisekarte klein, aber sehr anspruchsvoll: moderne Klassik, finessenreich und ausdrucksstark. "Dienstags-Special": kleines Menü zu besonders fairem Preis. Tipp: Gourmet-Halbpension für Hausgäste in "Seiger's Esszimmer".

➜ Oldenburger Rinderfilet „Stroganoff", junge Rüben, Roscoff Zwiebel und Crème fraîche. Geangelter dänischer Steinbutt, Föhrer Muschel, Gartengurke und Thai-Basilikum. Valrhona Ivoire Schokolade, Passionsfrucht, Joghurt und green Shiso.

Menü 99/139 € - Karte 83/108 €

Stadtplan : D1-a - *Hotel A-ROSA, Außenallee 10 ✉ 23570*
- *✆ 04502 3070835 (Tischbestellung erforderlich)*
- *www.a-rosa.de*
- *nur Abendessen - geschl. Sonntag - Montag*

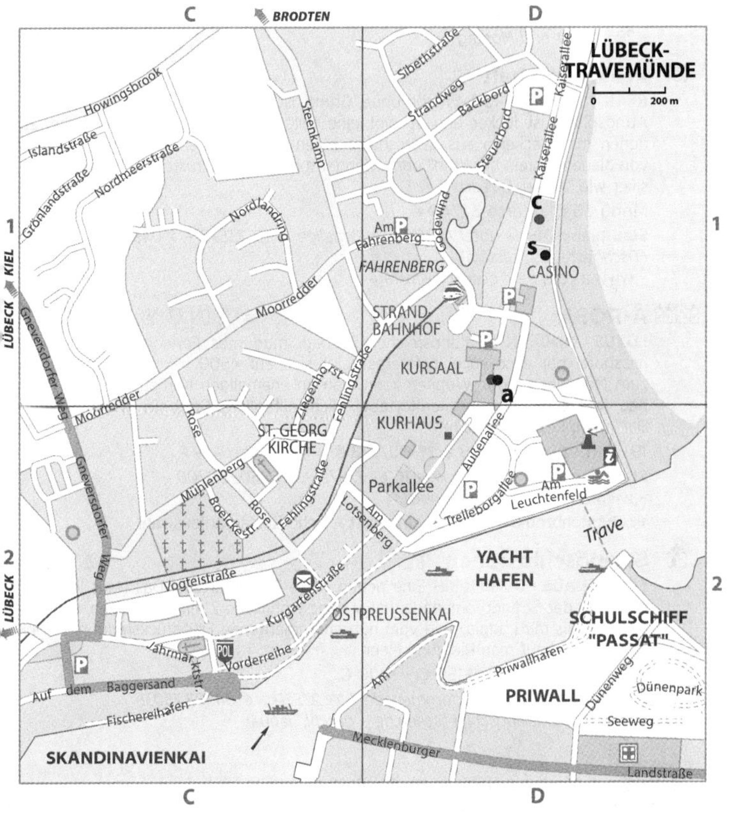

Villa Mare - Balthazar

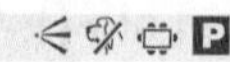

KREATIV • DESIGN Schön passt das stilvoll-moderne Design zu der historischen Villa an der Promenade. Komfortabel sitzt man an einem der vier Tische, genießt den Ausblick und lässt sich vom geschulten, aufmerksamen Service mit durchdachten, klaren und finessenreichen Gerichten verwöhnen - man wählt aus einem 8-Gänge-Menü.

➜ Gänseleber 50°C, Pflaume, Brioche, Nuss. Seeteufel, Fenchel, Tomate, Kapern. Challans Ente, Schwarzwurzel, Olivenerde, Orange, Honig.

Menü 59/129 €

Stadtplan : D1-c - *Kaiserallee 6 ✉ 23570 - ✆ 04502 86250 (Tischbestellung erforderlich)*
- www.villa-mare-ostsee.de - nur Abendessen - geschl. 8. - 29. Januar und Sonntag - Montag

Grand 1904 - siehe Restaurantauswahl

Grand 1904

MARKTKÜCHE • FREUNDLICH Im zweiten Restaurant der schmucken "Villa Mare" geht es bei frischen klassisch-mediterranen Gerichten wie "Ente aus dem Ofen in zwei Gängen" legerer zu. Interessant auch das Tapasmenü. Herrlich die Terrasse mit Meerblick. Fr. und Sa. Fondue im Weinkeller.

Menü 32/35 € - Karte 33/50 €

Stadtplan : D1-c - *Restaurant Villa Mare, Kaiserallee 6 ✉ 23570 - ✆ 04502 86250 - www.villa-mare-ostsee.de - Dienstag - Donnerstag nur Abendessen - geschl. 8. - 29. Januar und Montag*

Weinwirtschaft

REGIONAL • RUSTIKAL Nicht ohne Grund ist das Lokal so gut besucht: Die Atmosphäre ist locker und es gibt eine tolle Auswahl an offenen Weinen, zu denen man Leckeres aus deutschsprachigen Weinregionen serviert, z. B. "Sulz von blauen Zipfeln mit Kren" oder "Zander mit Blutwurstkruste". Oder lieber Klassiker wie "Fiaker-Gulasch"?

Menü 35 € - Karte 32/49 €

Stadtplan : D1-a - *Hotel A-ROSA, Außenallee 10 ✉ 23570 - ✆ 04502 3070847 (Tischbestellung ratsam)*
- www.a-rosa.de - geschl. Dienstag

A-ROSA

LUXUS • MODERN Traditionsreiches Seebad, modernes Ferienresort und Wellnesshotel par excellence! Letzteres zeigt sich auf 4500 m² von Ayurveda bis zum Meerwasserpool. Wohnen kann man im ehemaligen Kurhaus oder im Neubau, immer modern und komfortabel. Nicht alltägliche Cocktails in der "Fusion-Bar". Kids-Club ab 3 Jahre.

191 Zim - †138/258 € ††198/318 € - 40 Suiten - ½ P

Stadtplan : D1-a - *Außenallee 10 ✉ 23570 - ✆ 04502 30700*
- www.a-rosa.de/travemuende

Buddenbrooks • **Weinwirtschaft** - siehe Restaurantauswahl

Strandschlösschen

PRIVATHAUS • GEMÜTLICH Eine richtig nette Ferienadresse! Das Haus liegt toll direkt an der Strandpromenade, hat schöne wohnliche Zimmer in hellen, warmen Tönen (teils mit Loggia) und vom hübschen maritimen Frühstücksraum mit Wintergarten schaut man Richtung Meer.

31 Zim - †89/99 € ††159 € - 10 €

Stadtplan : D1-s - *Strandpromenade 7 ✉ 23570 - ✆ 04502 75035*
- www.hotel-strandschloesschen.de - geschl. Januar

Einfach gepflegt essen: Die Restaurants bieten eine qualitativ gute Küche.

LÜDENSCHEID

Nordrhein-Westfalen - 72 923 Ew. - Höhe 420 m - Regionalatlas **36**-D11
Michelin Straßenkarte 543

VIF Salzmanns Kleines Restaurant

KLASSISCHE KÜCHE • ELEGANT XX In dem kleinen Restaurant neben dem toll bestückten Weinkontor bietet Manfred Salzmann seine geschätzte klassische Küche, z. B. in Form von "geflämmtem Pulpo mit Butternuss-Kürbis" oder "Flanksteak mit Schwarzwurzel und Räucherkartoffel". Samstagmittags ausschließlich Bouillabaisse!

Menü 54 € (mittags)/98 € (abends) - Karte 44/71 €

Südstr. 70a ✉ 58509 - ✆ 02351 8947585
- www.vif-kleines-restaurant.de - Mittwoch - Freitag nur Abendessen
- geschl. 9. - 30. Januar und Sonntag - Montag

LÜDINGHAUSEN

Nordrhein-Westfalen - 23 921 Ew. - Höhe 50 m - Regionalatlas **26**-D10
Michelin Straßenkarte 543

Hotel No. 11

BOUTIQUE-HOTEL • DESIGN Mitten in der Altstadt steht das intime kleine Hotel. Alles ist ausgesprochen charmant, hochwertig und liebevoll eingerichtet, vom Kaminraum mit Bibliothek über das Frühstücksbistro bis in die Zimmer sorgt Erlesenes und Kurioses aus diversen Nachbarländern für besonderes Flair. Öffentlicher Parkplatz am Haus.

7 Zim ☕ - 🚹70 € 🚹🚹105/125 €

Hermannstr. 11 ✉ 59348 - ✆ 02591 7949176
- www.no-11.de

LÜNEBURG

Niedersachsen - 72 546 Ew. - Höhe 20 m - Regionalatlas **19**-J6
Michelin Straßenkarte 541

Canoe

INTERNATIONAL • BISTRO X In moderner Bistro-Atmosphäre gibt es internationale, amerikanisch geprägte Küche vom "Canoe Burger mit gegrilltem Rindfleisch" über "gebackenes Dorschfilet mit Sauce Tartare" bis zum "Schokoladenbrownie mit Pecannüssen". Terrasse zum Fluss!

Karte 32/46 €

Hotel Altes Kaufhaus, Kaufhausstr. 5 ✉ 21335 - ✆ 04131 3088624
- www.alteskaufhaus.de - nur Abendessen

Bergström

BUSINESS • GEMÜTLICH Das ansprechende Gebäudeensemble liegt wunderschön direkt an der Ilmenau im Herzen der Altstadt. Wohnliche Zimmer (einige im alten Wasserturm) und eigenes Tagungszentrum. Teilweise als Wintergarten angelegtes Restaurant im Brasseriestil. Dazu Vinothek und Bistro.

131 Zim ☕ - 🚹119/169 € 🚹🚹169/209 €

Bei der Lüner Mühle ✉ 21335 - ✆ 04131 3080
- www.bergstroem.de

Altes Kaufhaus

BUSINESS • MODERN Sie wohnen am Ufer der Ilmenau in einem hübsch sanierten alten Kaufhaus mit Barockgiebel a. d. 16. Jh. Zeitgemäß-funktionale Zimmer, gut ausgestatteter Fitnessbereich und eigene Kunstgalerie.

83 Zim ☕ - 🚹99/169 € 🚹🚹149/199 €

Kaufhausstr. 5 ✉ 21335 - ✆ 04131 30880
- www.alteskaufhaus.de

Canoe - siehe Restaurantauswahl

Einzigartig

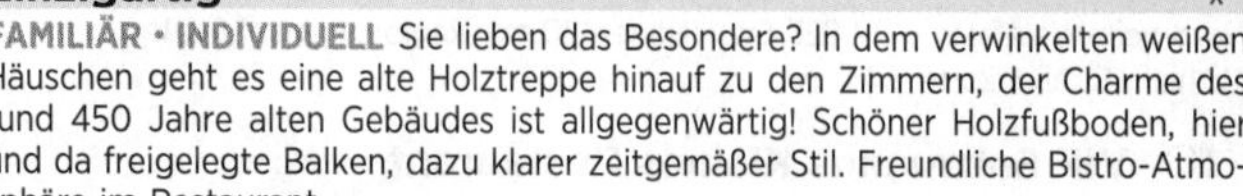

FAMILIÄR • INDIVIDUELL Sie lieben das Besondere? In dem verwinkelten weißen Häuschen geht es eine alte Holztreppe hinauf zu den Zimmern, der Charme des rund 450 Jahre alten Gebäudes ist allgegenwärtig! Schöner Holzfußboden, hier und da freigelegte Balken, dazu klarer zeitgemäßer Stil. Freundliche Bistro-Atmosphäre im Restaurant.

16 Zim – †104/114 € ††149/169 € – ½ P

Lünertorstr. 3 ✉ 21335 – ✆ 04131 4006000 – www.hoteleinzigartig.de

In Lüneburg-Häcklingen Süd-West: 8 km

Ristorante Osteria

ITALIENISCH • TRADITIONELLES AMBIENTE XX Ob "Skreifilet in Spargelsauce" oder "Fettuccine mit Lammsugo", hier kocht man frisch und authentisch italienisch. Keine Frage, dass man da viele Stammgäste hat, und die lieben auch die Atmosphäre: lebendig, gemütlich und angenehm leger!

Menü 32 € (abends)/56 € – Karte 34/61 €

Hauptstr. 2 ✉ 21335 – ✆ 04131 789227 – www.osteria-lueneburg.de – nur Abendessen, sonntags auch Mittagessen – geschl. Ende Juni - Mitte Juli 3 Wochen und Montag - Dienstag

LÜTJENBURG

Schleswig-Holstein – 5 289 Ew. – Höhe 33 m – Regionalatlas **3**-J3
Michelin Straßenkarte 541

PUR

MARKTKÜCHE • BISTRO X Geradlinig und "PUR" sind hier sowohl Ambiente als auch Küche. In dem netten kleinen Bistro mit Feinkostladen kocht man saisonal und gerne mit Produkten aus der Region, von Flammkuchen über Burger und Salate bis zu "Schweinebraten auf Kartoffel-Gemüsepfanne mit Kräuterrahmsauce".

Karte 25/44 €

Neuwerkstr. 9 ✉ 24321 – ✆ 04381 404147 – www.einfachpurgeniessen.de – geschl. Januar - Mai sowie November - Dezember: Montag - Dienstag, Juni sowie September - Oktober: Montag

In Panker Nord: 4,5 km in Richtung Schönberg

Restaurant 1797

FRANZÖSISCH-KREATIV • LÄNDLICH XX In dem schönen ehemaligen Jagdzimmer können Sie eine 4- oder 6-gängige "kulinarische Reise durch Ostholstein" antreten. Aus vorwiegend regionalen Zutaten entstehen aromatische kreativ-klassische Speisen, die herzlich und geschult serviert werden. Reizvoll: die Terrasse hinterm Haus mit Blick ins Grüne!

➜ Sanft gegarter Saibling von Fischer Reese mit kleinen Beten, Brunnenkresse und Hühnerhaut. Maibock aus heimischer Jagd mit Pfifferlingen, Mangold und Aprikose. Junger Rhabarber aus eigener Ernte mit Löwenzahn und Salbei.

Menü 79/110 €

Hotel Ole Liese, (Gut Panker) ✉ 24321 – ✆ 04381 90690 (Tischbestellung ratsam) – www.ole-liese.de – nur Abendessen – geschl. November - Mitte Dezember, Januar - März und Sonntag - Dienstag

Forsthaus Hessenstein

REGIONAL • GEMÜTLICH X Dass das ehemalige Forsthaus unterhalb des Aussichtsturms eine gefragte Adresse ist, liegt an den heimelig-charmanten Stuben, am freundlichen Service und nicht zuletzt an der frischen, schmackhaften Küche, die es z. B. in Form von Klassikern wie Wiener Schnitzel, Sauerfleisch oder Lauchkuchen gibt.

Menü 35/44 € – Karte 28/51 €

Am Turm 1, West: 3 km ✉ 24321 – ✆ 04381 9416 (Tischbestellung ratsam) – nur Abendessen, sonntags auch Mittagessen – geschl. Montag - Dienstag, November - März: Montag - Donnerstag

Ole Liese Wirtschaft

REGIONAL • GEMÜTLICH Eine sympathische Alternative zum Gourmetrestaurant "1797" ist die ländlich-gemütliche "Wirtschaft" mit ihrer schmackhaften regional-saisonalen Küche. Und die gibt es z. B. als "Wildschweinkeule mit cremigem Spitzkohl, Kräuterseitlingen und Sellerie". Ebenso lecker sind Wiener Schnitzel oder Crème brûlée.

Menü 38/53 €

Hotel Ole Liese, (Gut Panker) ✉ 24321 - ✆ 04381 90690 - www.ole-liese.de - November - April: Mittwoch - Freitag nur Abendessen - geschl. Mai - Oktober: Montag und November - April: Montag - Dienstag

Ole Liese

LANDHAUS • ELEGANT Ein idyllisches Anwesen inmitten von Wald und Wiesen, nur zehn Minuten von der Ostsee entfernt. Geschmackvolle Zimmer (benannt nach Rebsorten), ein anspruchsvolles Frühstück, dazu sympathische und herzliche Gastgeber!

23 Zim – 79/155 € 99/175 € – 4 Suiten – ½ P

(Gut Panker) ✉ 24321 - ✆ 04381 90690 - www.ole-liese.de

Restaurant 1797 • **Ole Liese Wirtschaft** – siehe Restaurantauswahl

LÜTJENSEE

Schleswig-Holstein – 3 276 Ew. – Höhe 53 m – Regionalatlas **10**-J5
Michelin Straßenkarte 541

Fischerklause

REGIONAL • FREUNDLICH Hier angelt man noch selbst: Aal, Hecht, Karpfen... Daraus bereitet man Leckeres wie "geräucherten Aal auf Vollkornbrot mit Kräuterrührei" zu. Oder lieber Wild aus eigener Jagd? Dazu u. a. Weine aus Österreich. Herrliche Terrasse zum See. Tipp: hausgemachtes Eis an schönen Sommertagen im Freien am Bootshaus!

Menü 32/65 € – Karte 29/77 €

Hotel Fischerklause, Am See 1 ✉ 22952 - ✆ 04154 792200 - www.fischerklause-luetjensee.de - geschl. 1. - 9. Februar und Donnerstag, November - Februar: Mittwoch - Donnerstag

Seehof

BÜRGERLICHE KÜCHE • LÄNDLICH Mehr Landidylle geht kaum! Klasse die Lage direkt am See, drum herum viel Grün und das eigene Damwildgehege - da lockt natürlich die tolle Terrasse! Gekocht wird klassisch-regional, z. B. "Wildragout aus eigener Jagd" oder "Holsteiner Spiegelkarpfen mit Sahnemeerrettich". Ländlich-charmante Gästezimmer.

Karte 25/60 €

6 Zim – 50/90 € 90/130 € – 10 €

Seeredder 19 ✉ 22952 - ✆ 04154 70070 - www.seehof-luetjensee.de - geschl. Montag - Dienstag, Mittwochabend

Fischerklause

LANDHAUS • FUNKTIONELL Ein Traum für alle, die es idyllisch mögen, ist die Lage direkt am Lütjensee! Die Zimmer sind modern gestaltet, teilweise mit wunderbarem Blick auf den See, und im Sommer beginnt der Tag mit einem Frühstück auf der Terrasse.

12 Zim – 65/85 € 95/115 € – 10 €

Am See 1 ✉ 22952 - ✆ 04154 792200 - www.fischerklause-luetjensee.de - geschl. 1. - 9. Februar

Fischerklause – siehe Restaurantauswahl

LUNDEN

Schleswig-Holstein – 1 707 Ew. – Höhe 3 m – Regionalatlas **1**-G3
Michelin Straßenkarte 541

Lindenhof 1887

REGIONAL • FAMILIÄR XX An einem begrünten Platz mit Lindenbäumen steht der erweiterte Gasthof von 1887. In schönem modernem Ambiente (klare Formen und warme Farben) speist man regional-saisonal, z. B. "Zweierlei vom Lamm, grüner Spargel, Kirschtomaten, mediterrane Gnocchi". Attraktiv auch die geradlinig-zeitgemäßen Gästezimmer.

Karte 26/61 €

6 Zim – †70 € ††120 €

Friedrichstr. 39 ✉ 25774 – ☎ 04882 407 – www.lindenhof1887.de – geschl. Dienstag

LUPENDORF

Mecklenburg-Vorpommern – 859 Ew. – Höhe 57 m – Regionalatlas **13**-N5
Michelin Straßenkarte 542

In Lupendorf-Ulrichshusen Süd-West: 3 km

Schloss & Gut Ulrichshusen

HISTORISCHES GEBÄUDE • ELEGANT Idyllisch die Lage am See, schön der historische Rahmen, wohnlich und elegant die Einrichtung. Auch der Gutshof im 2 km entfernten Tressow gehört zum Hotel. Hier weitere Zimmer, Ferienwohnungen und ein Veranstaltungsbereich - toll auch für Hochzeiten. Charmant-rustikales Restaurant im ehemaligen Pferdestall.

114 Zim – †105/115 € ††130/150 € – 2 Suiten – ½ P

Seestr. 14 ✉ 17194 – ☎ 039953 7900 – www.ulrichshusen.de – geschl. Anfang Januar - Ende März

MAGDEBURG

Sachsen-Anhalt – 232 306 Ew. – Höhe 50 m – Regionalatlas **31**-L9
Michelin Straßenkarte 542

Die Saison

INTERNATIONAL • KLASSISCHES AMBIENTE XXX Die typischen Jugendstilelemente dieses liebevoll restaurierten Baus aus der Jahrhundertwende machen den Charme der Restauranträume aus. Besonders nett sitzt es sich im luftig-lichten Wintergarten, toll die Terrasse zum Park.

Menü 19/88 € – Karte 42/70 €

Herrenkrug Parkhotel, Herrenkrug 3 ✉ 39114 – ☎ 0391 85080 – www.herrenkrug.de

Selma & Rudolph

REGIONAL • KLASSISCHES AMBIENTE XX Elegant kommt das Restaurant in dem stattlichen Sandsteingebäude von 1898 daher, schön die Holztäfelung. Die Küche ist klassisch-regional - sonntags kommt man gerne zum Lunchbuffet.

Menü 35/48 € – Karte 32/55 €

Gareisstr. 10, (Haus des Handwerks) ✉ 39106 – ☎ 0391 59765020 – www.selmarudolph.de – geschl. Montag - Dienstag

Herrenkrug Parkhotel

HISTORISCH • ART DÉCO Herzstück der Hotelanlage in dem wunderschönen weitläufigen Herrenkrug Park ist ein schmuckes Jugendstilgebäude mit sehenswertem Saal. Gediegene Zimmer, Kosmetikangebot und gute Tagungsbereiche.

147 Zim – †77/118 € ††94/176 € – 1 Suite – 18 € – ½ P

Herrenkrug 3 ✉ 39114 – ☎ 0391 85080 – www.herrenkrug.de

Die Saison – siehe Restaurantauswahl

Residenz Joop

FAMILIÄR • KLASSISCH Bei Familie Joop wohnt man in einer eleganten Gründerzeitvilla in einem schönen ruhigen Viertel. Die Atmosphäre ist angenehm persönlich, das Frühstück gut, im Sommer lockt der kleine Garten. Auf Wunsch bekommen Sie am Abend einen Snack.

25 Zim – †98/128 € ††118/148 €

Jean-Burger-Str. 16 ✉ 39112 – ✆ 0391 62620 – www.residenzjoop.de

artHotel

BOUTIQUE-HOTEL • FUNKTIONELL Ein echter Hingucker ist die Fassade im Hundertwasser-Stil! Sie mögen es besonders individuell? Dann gönnen Sie sich eines der trendig designten Zimmer der höheren Kategorien. Interessant ist übrigens auch die Lage mitten in der Innenstadt.

40 Zim – †77/82 € ††87/137 € – 12 €

Breiter Weg 9 ✉ 39104 – ✆ 0391 620780 – www.arthotel-magdeburg.de

In Magdeburg-Ottersleben Süd-West: 7 km, Richtung Wansleben

Landhaus Hadrys

REGIONAL • FREUNDLICH XX Das hübsche Landhaus steht auf einem großen Gartengrundstück, toll im Sommer die Terrasse! Drinnen elegantes Ambiente. Gekocht wird saisonal-regional, gerne auch Wildgerichte. Tipp: Kochkurse kann man hier ebenfalls machen!

Menü 35/56 € – Karte 22/48 €

An der Halberstädter Chaussee 1 ✉ 39116 – ✆ 0391 6626680 – www.landhaus-hadrys.de – Dienstag - Donnerstag nur Abendessen – geschl. Juli 2 Wochen, Oktober 2 Wochen und Sonntag - Montag

MAIERHÖFEN

Bayern – 1 567 Ew. – Höhe 741 m – Regionalatlas **64**-I21
Michelin Straßenkarte 546

Landhotel zur Grenze

REGIONAL • GASTHOF XX Eine schöne Adresse ist dieser gestandene Gasthof: Er liegt angenehm im Grünen, bietet freundlichen und zuvorkommenden Service sowie einen gediegen-ländlichen Rahmen für die regional-internationale Küche. Lust auf "Karree vom Salzwiesenlamm mit Kräuterkruste"? Zudem hat man sehr gepflegte Gästezimmer.

Menü 36/75 € – Karte 32/53 €

14 Zim – †74/95 € ††116/140 €

Schanz 2, Nord: 3 km ✉ 88167 – ✆ 07562 975510 – www.landhotel-zur-grenze.de – geschl. März - April 1 Woche, November 3 Wochen und Montag – Dienstagmittag

MAIKAMMER

Rheinland-Pfalz – 4 333 Ew. – Höhe 151 m – Regionalatlas **47**-E17
Michelin Straßenkarte 543

Dorf-Chronik

MARKTKÜCHE • GEMÜTLICH X Ein Winzerhaus von 1747 samt charmantem Hof - da ist es drinnen wie draußen gleichermaßen gemütlich. Gekocht wird frisch, regional-saisonal (z. B. "geschmorte Ochsenbacke, Serviettenknödel, Wurzelgemüse"), hier und da mediterrane und asiatische Einflüsse. Dazu Weine vom eigenen Weingut - auch in der Vinothek.

Menü 50 € (abends) – Karte 23/59 €

Marktstr. 7 ✉ 67487 – ✆ 06321 58240 – www.restaurant-dorfchronik.de – Montag - Freitag nur Abendessen, außer an Feiertagen – geschl. Ende Juli - Anfang August und Mittwoch-Donnerstag

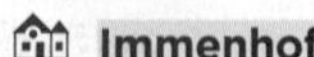
Immenhof

FAMILIÄR • KLASSISCH Ein engagiert geführter Familienbetrieb, in dem immer wieder investiert wird. So ist alles tipptopp gepflegt, die Zimmer sind wohnlich, schön der Spa mit diversen Anwendungen und schicken modernen Ruhebereichen. Im Restaurant samt Wintergarten bietet man regionale und internationale Küche.

55 Zim – †78/82 € ††120/148 € – 3 Suiten – ½ P

Immengartenstr. 26 ✉ 67487 – ✆ 06321 9550 – www.hotel-immenhof.de

MAINBURG

Bayern – 14 567 Ew. – Höhe 422 m – Regionalatlas **58**-M19
Michelin Straßenkarte 546

Espert-Klause

INTERNATIONAL • TRENDY XX Klassisch und saisonal wird in diesem modernen Restaurant gekocht. Kultige Kugellampen schaffen ein bisschen 70er Jahre-Flair, hinter dem Haus die nette Terrasse. Auf Vorbestellung bietet man auch ein Hummermenü.

Menü 30/75 € – Karte 26/51 €

Espertstr. 7 ✉ 84048 – ✆ 08751 1342 (mittag Tischbestellung erforderlich) – www.espert-klause.de – geschl. Ende Juli - Ende August und Sonntagabend - Dienstag, im Dezember: Sonntagabend - Dienstagmittag

MAINTAL

Hessen – 37 680 Ew. – Höhe 103 m – Regionalatlas **48**-G14
Michelin Straßenkarte 543

In Maintal-Dörnigheim

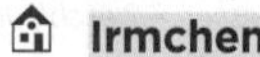
Irmchen
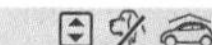

FAMILIÄR • GEMÜTLICH Das Haus ist schon eine Institution. Man fühlt sich richtig gut aufgehoben bei Gastgeberin Irmgard Daubenthaler, alles ist tipptopp gepflegt und behaglich. Wenn die Chefin zum Frühstück frische Waffeln backt, werden Sie nicht widerstehen können!

22 Zim – †80/95 € ††100 €

Berliner Str. 4 ✉ 63477 – ✆ 06181 43000 – www.hotel-irmchen.de

MAINZ

Rheinland-Pfalz – 206 991 Ew. – Höhe 110 m – Regionalatlas **47**-E15
Michelin Straßenkarte 543

FAVORITE restaurant
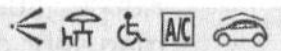

FRANZÖSISCH-MODERN • ELEGANT XXX Wer sich die durchdachte, präzise zubereitete und modern inspirierte Küche zu Gemüte führen möchte, fragt am besten nach einem Tisch am Fenster - oder speisen Sie auf der Terrasse, hier ist der Blick auf Rhein und Dom besonders schön.

→ Marinierte Ananastomate mit altem Balsamico, Basilikumsorbet, Green-Zebra-Tomate, Burrata, Knoblauch und Olivenöl. Nordsee Scholle mit Pata Negra Schinken "Belotta", Wurzelgemüse und Sud aus Büsumer Krabben. American Cheesecake, in Sanchopfeffer eingelegte Litschis, Joghurtschaum und Roseneis.

Menü 37 € (mittags unter der Woche)/135 € – Karte 84/112 €

Stadtplan : B2-k – *Favorite Parkhotel, Karl-Weiser-Str. 1 ✉ 55131 – ✆ 06131 8015133 – www.my-favorite-mainz.de – geschl. Februar 3 Wochen, August 3 Wochen und Montag - Dienstag, Samstagmittag*

Geberts Weinstuben
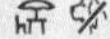

KLASSISCHE KÜCHE • WEINSTUBE XX Frische, Geschmack, Aroma - dafür steht die Küche von Frank Gebert. Klassisch-traditionelle Gerichte sind hier z. B. "lauwarme Terrine von Zander und Lachs" oder "Kalbsrücken mit Morchelrahmsauce". Geschmackvoll-elegant das Ambiente, draußen im Hof die weinberankte Terrasse.

Menü 35/64 € – Karte 32/59 €

Stadtplan : A1-d – *Frauenlobstr. 94 ✉ 55118 – ✆ 06131 611619 – www.geberts-weinstuben.de – geschl. Juli 3 Wochen und Montag - Dienstag*

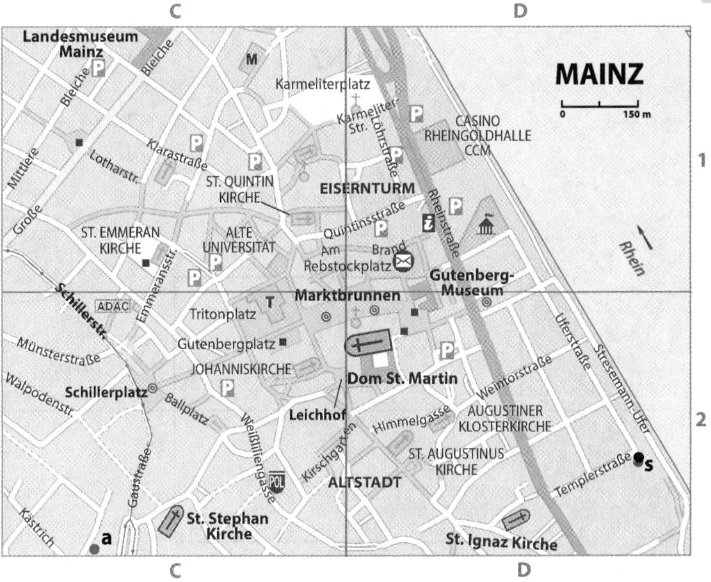

Bellpepper

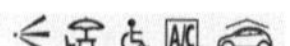

INTERNATIONAL • TRENDY XX Das schicke und recht stylische Restaurant bietet nicht nur freie Sicht auf den Rhein, sondern auch in die offene Küche, aus der modernisierte regionale Gerichte sowie hochwertige Steaks kommen. Mittags kleinere und günstigere Auswahl.

Menü 30 € (mittags unter der Woche)/59 € – Karte 34/76 €

Stadtplan : D2-s – *Hotel Hyatt Regency, Templerstr. 6 ✉ 55116 – ✆ 06131 731234 – bellpepper.de*

Heinrich's Die Wirtschaft

TRADITIONELLE KÜCHE • BÜRGERLICH X Lebendig-gemütliche Kneipen-Atmosphäre zu frischer, unkomplizierter Küche? Man bietet hier z. B. Leberwurststrudel oder Ochsenbacke, dazu Weine aus Rheinhessen. Der Chef ist übrigens auch passionierter Maler und hat eine eigene Galerie.

Karte 31/61 €

Stadtplan : C2-a – *Martinsstr. 10 ✉ 55116 – ✆ 06131 9300661 – www.heinrichs-die-wirtschaft.com – geschl. Sonntag - Montagmittag*

Hyatt Regency

KETTENHOTEL • MODERN Businesshotel am Zusammenfluss von Main und Rhein mit großzügiger Lobby und "Club Olympus Spa". Besonders schön: Club-Zimmer und Suiten mit Flussblick. Neben dem "Bellpepper" mit Terrasse hat man noch den Biergarten und die "Rheintöchter-Terrasse". Bar und Innenhof im historischen Bereich "Fort Malakoff".

265 Zim – †124/395 € ††124/395 € – 3 Suiten – ☕ 30 €

Stadtplan : D2-s – *Templerstr. 6 ✉ 55116 – ✆ 06131 731234 – www.mainz.regency.hyatt.com*

Bellpepper – siehe Restaurantauswahl

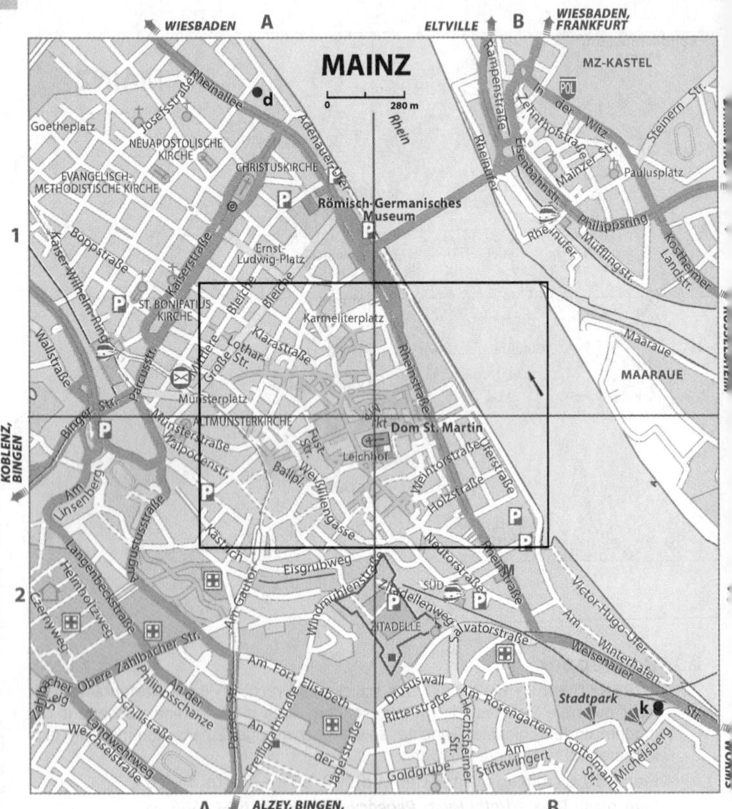

Favorite Parkhotel

BUSINESS • MODERN Dies ist das Teamhotel des FSV Mainz 05 und Lebenswerk der engagierten Familie Barth. Und die investiert stetig: tolles Konferenzcenter, zeitgemäß designte Zimmer - zwei Suiten sind die luxuriösesten der Stadt. "Weinbar": moderne Küche und sehr gute Weine im Offenausschank. Biergarten direkt am Stadtpark.

145 Zim - †149 € ††189 € - 7 Suiten - ½ P

Stadtplan : B2-k - *Karl-Weiser-Str. 1 ✉ 55131 - ✆ 06131 80150 - www.favorite-mainz.de*

✿ **FAVORITE restaurant** - siehe Restaurantauswahl

In Mainz-Finthen West: 7 km über A2, Richtung Koblenz

Stein's Traube

MARKTKÜCHE • FREUNDLICH XX In 5. Generation leitet Familie Stein dieses freundlich eingerichtete Gasthaus samt nettem Innenhof - im Sommer ist das hier ein wirklich lauschiges Plätzchen! Der Service herzlich, die Küche saisonal und im Weinkeller über 200 Positionen.

Menü 40/56 € - Karte 26/47 €

Poststr. 4 ✉ 55126 - ✆ 06131 40249 - www.steins-traube.de - geschl. über Fasching 2 Wochen, Juli - August 2 Wochen und Montag - Dienstagmittag

Atrium

BUSINESS • DESIGN Ein reines Privathotel, und es hat viel zu bieten: 2000 qm Konferenzfläche sind ideal für Tagungen, dazu hat man schöne moderne Zimmer mit sehr guter Technik sowie - auch für Kurzurlauber interessant - einen attraktiven Wellnessbereich. Geschmackvoll-stylish das Ambiente im Restaurant "Adagio".

147 Zim - 89/280 € 99/320 € - 3 Suiten - 12 € - ½ P

Flugplatzstr. 44 55126 - 06131 4910 - www.atrium-mainz.de - geschl. Ende Dezember - Anfang Januar 2 Wochen

MAISACH

Bayern - 13 413 Ew. - Höhe 514 m - Regionalatlas **65**-L20
Michelin Straßenkarte 546

In Maisach-Überacker Nord: 3 km über Überackerstraße

Gasthof Widmann

INTERNATIONAL • GEMÜTLICH XX Man schmeckt, dass hier mit Freude gekocht wird. Es gibt Internationales mit Bezug zur Region - probieren Sie z. B. "Medaillon vom Simmentaler Fleckvieh"! Serviert wird in zwei gemütlichen Stuben.

Menü 67 €

Bergstr. 4 82216 - 08135 485 (Tischbestellung erforderlich) - nur Abendessen - geschl. Weihnachten - 10. Januar, 15. August - 15. September und Sonntag - Montag

MALCHOW

Mecklenburg-Vorpommern - 6 591 Ew. - Höhe 75 m - Regionalatlas **13**-N5
Michelin Straßenkarte 542

Rosendomizil

FAMILIÄR • INDIVIDUELL Mit Geschmack hat man hier hochwertige und moderne Wohnräume geschaffen, wunderbar die Lage am See. Nur einen Steinwurf entfernt: Gästehaus "Hofgarten" mit tollem Loungegarten, Badesteg und Sauna. Wintergartenflair im Restaurant/Café zum Wasser hin. Hauseigene Bäckerei und Konditorei.

27 Zim - 79/129 € 89/139 € - ½ P

Lange Str. 2 17213 - 039932 18065 - www.rosendomizil.de

MALENTE-GREMSMÜHLEN, BAD

Schleswig-Holstein - 10 453 Ew. - Höhe 32 m - Regionalatlas **11**-J3
Michelin Straßenkarte 541

See-Villa

FAMILIÄR • GEMÜTLICH In einem Garten steht die kleine Villa, in der eine zuvorkommende, sehr persönliche Gästebetreuung und viele kleine Annehmlichkeiten selbstverständlich sind. Von hier aus ist der Dieksee in ein paar Minuten zu Fuß erreichbar.

14 Zim - 49/69 € 79/99 € - 3 Suiten

Frahmsallee 11 23714 - 04523 1871 - www.hotel-see-villa.de - geschl. 20. - 25. Dezember, Februar

MANDELBACHTAL

Saarland - 10 825 Ew. - Höhe 310 m - Regionalatlas **53**-C17
Michelin Straßenkarte 543

In Mandelbachtal-Gräfinthal

Gräfinthaler Hof

REGIONAL • LÄNDLICH XX Gut besucht ist die einstige Klosterbrauerei a. d. 18. Jh. mit ihrer charmanten Terrasse. Man kocht hier mit regionalen Produkten wie Saibling aus Ballweiler, Ziegenkäse aus Erfweiler, Bliesgaulamm... Probieren Sie auch "Wildragout mit Pilzen und Klößen". Mi. - Fr. günstiger Mittagstisch.

Menü 37/55 € - Karte 32/54 €

Gräfinthal 6 66399 - 06804 91100 - www.graefinthaler-hof.de - geschl. 12. - 17. Februar, 1. - 7. Oktober und Montag - Dienstag

Kentoh/iStock

WIR MÖGEN BESONDERS...

Das angenehme Hafenflair auf der Terrasse des **Marly** direkt am Rhein. Im **Le comptoir 17** wie in einem Bistro in Paris sitzen. Sich nach dem Shoppen im **Opus V** hoch oben im Modehaus kreativ bekochen lassen. Das in ein Shoppingscenter integrierte **Emma Wolf since 1920** für sein „Finest Bistronomy"-Konzept.

MANNHEIM

Baden-Württemberg – 299 844 Ew. – Höhe 97 m – Regionalatlas **47**-F16
Michelin Straßenkarte 545

Restaurants

✿✿ Opus V

MODERNE KÜCHE • CHIC XxX Beste Zutaten, subtile Aromen und jede Menge Kraft gibt es hier als durchdachte moderne Kreationen, präsentiert in einem monatlich wechselnden Menü mit bis zu neun Gängen. Dazu schickes Interieur mit nordischem Touch, ungezwungene Atmosphäre und angenehmer, top geschulter Service.

➜ Kalbsbries, Kirsche, Pfifferlinge. Rind, Edamame, XO Sauce. Schokolade, Beeren, Olive.

Menü 180 € – Karte 98/120 €

Stadtplan : B2-g – *O5, 9-12, (in der 6. Etage des Modehaus Engelhorn) ✉ 68161*
– *✆ 0621 1671155 (Tischbestellung ratsam)*
– *www.restaurant-opus-v.de*
– *nur Abendessen – geschl. 6. - 24. Februar, 31. Juli - 18. August und Sonntag - Montag sowie an Feiertagen*

✿ Marly

KLASSISCHE KÜCHE • ELEGANT XxX Wenn hier mit Präzision und Feingefühl kreative, mediterran inspirierte Speisen zubereitet werden, steht das Produkt absolut im Mittelpunkt und wird ausgesprochen schön präsentiert. Überaus attraktiv auch der Rahmen: ein ehemaliger Speicher direkt am Rhein, toll die Terrasse!

➜ Gyoza Ravioli vom Ibaiama Schweinebauch. Bretonischer Ikejime Steinköhler, Olive, Kapern, Salzzitrone. Buchweizen, Cassis, Schokolade.

Menü 42 € (mittags)/115 €

Stadtplan : A2-s – *Rheinvorlandstr. 7, (am Hafen, im Speicher 7) ✉ 68159*
– *✆ 0621 86242121 (Tischbestellung ratsam)*
– *www.restaurant-marly.com*
– *geschl. Juni - Juli 3 Wochen und Sonntag - Montag*

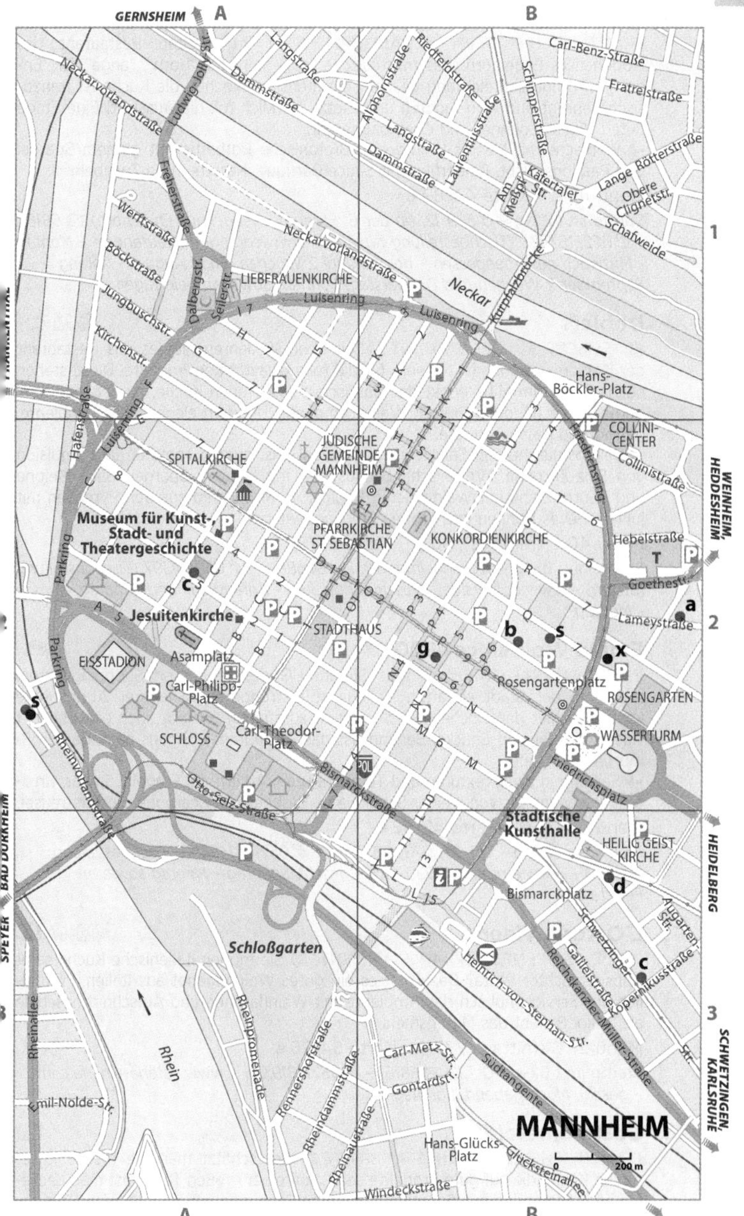

GERNSHEIM
A
B
MANNHEIM
0
200 m
Neckar
Rhein
Schloßgarten
LIEBFRAUENKIRCHE
SPITALKIRCHE
JÜDISCHE GEMEINDE MANNHEIM
Museum für Kunst-, Stadt- und Theatergeschichte
PFARRKIRCHE ST. SEBASTIAN
KONKORDIENKIRCHE
Jesuitenkirche
STADTHAUS
EISSTADION
Asamplatz
Carl-Philipp-Platz
SCHLOSS
Carl-Theodor-Platz
Rosengartenplatz
ROSENGARTEN
WASSERTURM
Friedrichsplatz
Städtische Kunsthalle
HEILIG GEIST KIRCHE
Bismarckplatz
Hans-Böckler-Platz
COLLINI-CENTER
Hans-Glücks-Platz
WEINHEIM, HEDDESHEIM
HEIDELBERG
SCHWETZINGEN, KARLSRUHE
SPEYER
BAD DÜRKHEIM
Luisenring
Friedrichsring
Parkring
Bismarckstraße
Otto-Selz-Straße
Rheinvorlandstraße
Neckarvorlandstraße
Dammstraße
Langstraße
Carl-Benz-Straße
Fratrelstraße
Goethestr.
Lameystraße
Hebelstraße
Collinistraße
Schwetzinger Str.
Reichskanzler-Müller-Straße
Heinrich-von-Stephan-Str.
Südtangente
Glückstelnallee
Windeckstraße
Rheinpromenade
Rheinallee
Emil-Nolde-Str.
Carl-Metz-Str.
Gontardstr.
Kurpfalzbrücke
Schafweide
1
2
3

le Corange

FRANZÖSISCH-MODERN • GERADLINIG XX Auch im zweiten Restaurant des Modehauses Engelhorn (das französische "cor" steht für "Horn", "ange" für "Engel") wird finessenreich und geschmacksintensiv gekocht - die Küche ist französisch geprägt und wird modern umgesetzt. Wirklich toll die Aussicht! Eine Etage tiefer: "Faces Lounge" und Champagnerbar.

➜ Wildlachs mit Meeres-Kräutersud. Bretonische Rotbarbe mit grünem Spargel und Passionsfrucht. Rinderfilet mit Sauce Barrique, Karotten und Zwiebeln.

Menü 115 € - Karte 44/89 €

Stadtplan : B2-g - *O 5, 9-12, (in der 6. Etage des Modehaus Engelhorn) ✉ 68161 - ✆ 0621 1671133 (Tischbestellung ratsam) - www.corange-restaurant.de - Montag - Mittwoch nur Abendessen - geschl. Juni 2 Wochen, Ende August - Anfang September 2 Wochen und Donnerstag, Sonntag sowie an Feiertagen*

Doblers

KLASSISCHE KÜCHE • ELEGANT XX Seit über 30 Jahren gibt es das Restaurant der Doblers und man ist bekannt für die tolle Qualität der Produkte. Diese stehen nach wie vor im Mittelpunkt der klassisch-mediterranen Küche, zu der man u. a. gerne badische oder Pfälzer Weine empfiehlt. Modern-elegant das Ambiente, gefragt die kleine Terrasse.

➜ Jakobsmuschel mit Salat vom schwarzen Reis, grünen Tomaten und Emulsion von Salz-Zitronen. Bretonische Langustinen mit grünem Spargel, Galia Melone und Beurre blanc mit Waldmeister. Keule vom Milchlamm aus den Pyrenäen mit jungen Fèves-Bohnen und Tropea Frühlingszwiebel.

Menü 40 € (mittags)/96 € - Karte 67/95 €

Stadtplan : B3-d - *Seckenheimer Str. 20 ✉ 68165 - ✆ 0621 14397 (Tischbestellung ratsam) - www.doblers.de - geschl. Ende Juni - Anfang Juli und Sonntag - Montag*

Emma Wolf since 1920 (N)

INTERNATIONAL • TRENDY X Was Sie im UG des modernen Shoppingcenters mitten in der Stadt erwartet, ist "Finest Bistronomy". In legerer Atmosphäre kann man hier den Köchen bei der Arbeit zuschauen. Es gibt auch eine Bar mit Austern, Tatar und Snacks. Benannt ist das Restaurant übrigens nach der Großmutter des Chefs.

➜ Saibling in zwei Texturen und Temperaturen. Adlerfisch, Fregola, Spinat, Krustentierschaum. Eis von weißer Schokolade, Erdbeere, Mascarpone, Butterstreusel.

Menü 49/75 € - Karte 42/68 €

Stadtplan : B2-b - *Q6 Q7, (UG) ✉ 68161 - ✆ 0621 18149550 (Tischbestellung ratsam) - www.emmawolf1920.com - geschl. Sonntag - Montag sowie an Feiertagen*

L'Osteria Vineria

ITALIENISCH • MEDITERRANES AMBIENTE XX Sie mögen italienische Küche samt selbsgemachter Pasta? Dazu gibt es ein gutes Weinangebot aus Italien. Freundlich der Service, hübsch das Ambiente mit Weinflaschen und Aufschnittmaschine als Deko. Beliebt das Mittagsmenü.

Menü 27 € (mittags)/75 € - Karte 54/75 €

Stadtplan : B2-s - *Q 7,12 ✉ 68161 - ✆ 0621 1819335 - www.osteria-vineria.com - geschl. Montagabend, Sonntag*

Costa Smeralda

ITALIENISCH • KLASSISCHES AMBIENTE XX Hier schätzt man die frische italienische Küche die auf gute Produkte setzt. Auf einer großen Tafel liest man Leckeres wie "Fettuccine mit Garnelen", "gegrillte Seezunge mit Spinat" oder "Tagliata auf Rucola".

Menü 37/50 € - Karte 33/69 €

Stadtplan : B3-c - *Schwetzinger Str. 71 ✉ 68165 - ✆ 0621 443946 - www.restaurantcostasmeralda.com - geschl. 7. - 21. August und Samstagmittag, Montag, Juli - August: Samstag - Sonntagmittag*

C-Five

INTERNATIONAL • TRENDY Modernes Restaurant mit schöner Terrasse auf dem Gelände des Zeughaus-Museums. Auf der Karte machen z. B. "Black Angus Rinderfilet, Rosmarinkartoffeln, Rotweinjus" oder "Seeteufel, Safransauce, Passepierre" Appetit.

Menü 79 € (abends) - Karte 46/70 €

Stadtplan : A2-c - *C5,1 68159 - 0621 1229550 (Tischbestellung ratsam) - www.c-five.de - geschl. Sonntagabend*

Saigon

VIETNAMESISCH • GERADLINIG Der Name verspricht nicht zu viel, denn hier bekommt man in puristisch-modernem Ambiente authentische vietnamesische Küche: "Goi cuon" (Sommerrollen), "Mi vit" (gegrillte Ente), "Bánh bèo" (Dampfküchlein)... Beliebt auch der günstige Lunch.

Karte 31/47 €

Augustaanlage 54, über Friedrichsplatz B2 68165 - 0621 14604 - www.saigon-mannheim.de - geschl. Montag, Samstagmittag

Le comptoir 17

FRANZÖSISCH • BISTRO Wirklich charmant die typisch französische Bistro-Atmosphäre mit dem Flair der Jahrhundertwende - entsprechend traditionell-französisch auch die saisonale Küche. Auf dem Gehsteig hat man eine kleine Terrasse.

Karte 37/56 €

Stadtplan : B2-a - *Lameystr. 17 68165 - 0621 73617000 (abends Tischbestellung ratsam) - www.comptoir17.com - geschl. August 3 Wochen und Sonntag - Montag*

Pinzgauer Stub'n

ÖSTERREICHISCH • RUSTIKAL Ein Stück "k.u.k. Gastlichkeit" mitten in der kurpfälzischen Quadratestadt. Ungezwungen-alpenländisch die Atmosphäre, in der Küche mischen sich österreichische und internationale Einflüsse. Dazu passt ein guter Wein aus Österreich.

Menü 35/45 € - Karte 24/62 €

Schwetzinger Str. 175, über Reichskanzler-Müller-Straße B3 68165 - 0621 449675 - www.pinzgauerstubn.de - geschl. 11. - 18. Februar, 21. - 31. Mai, 6. - 27. August und Montag - Dienstag

Hotels

Dorint Kongresshotel

KETTENHOTEL • FUNKTIONELL Möchten Sie chic-modern wohnen oder ziehen Sie den bewährten klassischen Stil vor? Als bedeutendes Businesshotel in der Innenstadt hat man zahlreiche eigene Tagungs- und Veranstaltungsräume und trumpft zudem mit direktem Zugang zum Congress Center Rosengarten! Klassisch-mediterrane Küche. Kastanienterrasse.

285 Zim - 130/190 € 150/210 € - 2 Suiten - 23 €

Stadtplan : B2-x - *Friedrichsring 6 68161 - 0621 12510 - www.dorint.com/mannheim*

Speicher 7

BOUTIQUE-HOTEL • DESIGN Früher ein Getreidespeicher, heute ein attraktives und nicht alltägliches Hotel. Moderne Elemente mit kultigen Details der 50er und 60er Jahre - stylish, trendig und wirklich toll, von den großen Zimmern mit Loftflair (Tipp: "Silolounge" mit 12 m hohem Bad!) bis zur loungigen Bar. Und all das direkt am Rhein!

20 Zim - 125/450 € 125/450 € - 19 €

Stadtplan : A2-s - *Rheinvorlandstr. 7 68159 - 0621 1226680 - www.speicher7.com*

In Mannheim-Seckenheim Ost: 9 km über B2, Richtung Heidelberg

Badischer Hof

TRADITIONELLE KÜCHE · GERADLINIG X In der hübschen historischen Brauerei mit den blauen Fensterläden ist es gemütlich: geradliniger Stil und alter Dielenboden. Die Küche mischt Traditionelles mit Internationalem. Schöner Biergarten hinter dem Haus. Für Veranstaltungen: Jugendstilsaal, Vinothek, Keller. Tipp: Kleinkunst-Events!

Karte 20/57 €

Seckenheimer Hauptstr. 114 ✉ 68239 – ✆ 0621 97861430 – www.badischerhof.net – geschl. Montag

MARBACH am NECKAR

Baden-Württemberg – 15 382 Ew. – Höhe 229 m – Regionalatlas **55**-G18
Michelin Straßenkarte 545

Parkhotel Schillerhöhe

BUSINESS · MODERN Sie suchen ein modernes Hotel in ruhiger Lage? Hier finden Sie eine trendige Lounge, Zimmer in klaren Linien und sehr gute technische Ausstattung! Tipp: der Park nebenan mit dem Literaturmuseum der Moderne und dem Schiller-Nationalmuseum.

44 Zim – †98/115 € ††125/175 €

Schillerhöhe 14 ✉ 71672 – ✆ 07144 9050 – www.parkhotel-schillerhoehe.de

MARBURG

Hessen – 73 147 Ew. – Höhe 186 m – Regionalatlas **38**-F13
Michelin Straßenkarte 543

MARBURGER Esszimmer

INTERNATIONAL · CHIC XX Chic das modern-elegante Restaurant im EG des Hauptsitzes der Deutschen Vermögensberatung, schön die vorgelagerte Terrasse. Neben "Ravioli von geschmorter Kalbshaxe" oder "Kabeljau in Senfsauce" finden Sie auf der Karte auch Sushi.

Menü 42/59 € – Karte 29/56 €

Anneliese Pohl Allee 1 ✉ 35037 – ✆ 06421 8890471 (abends Tischbestellung ratsam) – www.marburger-esszimmer.de – geschl. Sonntag - Montag

Rosenpark

MEDITERRAN · CHIC XX Chic-modern ist das Ambiente hier, durch die raumhohen Fenster schaut man auf die schöne Terrasse. Gekocht wird mediterran - auch Pizza findet sich auf der Karte.

Karte 39/57 €

VILA VITA Hotel Rosenpark, Anneliese Pohl Allee 7 ✉ 35037 – ✆ 06421 6005143 – www.rosenpark.com

Bückingsgarten

MARKTKÜCHE · GASTHOF X Ein charmantes Haus direkt unterhalb des Schlosses - markant die mächtige alte Sandsteinmauer, toll die Sicht. Man kocht ambitioniert, saisonal und mit internationalem Einfluss. Auf der Terrasse gibt's alternativ auch eine einfachere Karte.

Menü 33/79 € – Karte 31/65 €

Landgraf-Philipp-Str. 6, (Zufahrt über Gisonenweg) ✉ 35037 – ✆ 06421 1657771 – www.bueckingsgarten-marburg.de – geschl. Anfang Januar 2 Wochen

VILA VITA Hotel Rosenpark

LUXUS • MODERN Das geschmackvolle Grandhotel ist für Privatgäste ebenso geeignet wie für Tagungen und Geschäftsreisende. Sie genießen die Lage direkt an der Lahn, die wohnlichen Zimmer, das umfassende Spa-Angebot und die großzügigen öffentlichen Bereiche. In der gemütlich-rustikalen Zirbelstube speist man regional.

194 Zim – 130/188 € 160/225 € – 27 Suiten – 14 €

Anneliese Pohl Allee 7 35037 – 06421 60050 – www.rosenpark.com

Rosenpark – siehe Restaurantauswahl

In Marburg-Dagobertshausen Nord-West: 6 km

Waldschlösschen

REGIONAL • GEMÜTLICH XX Wirklich reizend das aufwändig sanierte alte Fachwerkhaus, draußen wie drinnen - absolut sehenswert die Porzellanstube! Etwas Besonderes unter den selbst erzeugten Produkten ist die hauseigene Kartoffelsorte, lecker z. B. in Form von Chips vorneweg! Im Hofgut nebenan: Eventscheune und schöne Landhauszimmer.

Menü 42 € – Karte 31/80 €

Dagobertshäuser Str. 12 35041 – 06421 1750271 – www.waldschloesschen-dagobertshausen.de – geschl. 22. Januar - 4. Februar und Montag

In Marburg - Wehrshausen-Dammühle West: 6 km

Dammühle

GASTHOF • GEMÜTLICH Die idyllisch gelegene einstige Mühle a. d. 14. Jh. beherbergt wohnliche Zimmer in drei Gebäudetrakten. Chic und modern designt: "Kuhstall"-Zimmer, Suiten und Penthouse-Juniorsuite, ebenso das Restaurant in geradlinigem Stil. Schöner Biergarten mit Blick ins Grüne.

25 Zim – 88/108 € 118/148 € – 2 Suiten

Dammühlenstr. 1 35041 – 06421 93560 – www.hotel-dammuehle.de

MARCH

Baden-Württemberg – 8 914 Ew. – Höhe 201 m – Regionalatlas **61**-D20
Michelin Straßenkarte 545

In March-Neuershausen Nord-West: 1 km

Jauch's Löwen

REGIONAL • LÄNDLICH XX Bei Familie Jauch kocht man badisch mit internationalen Einflüssen - Lust auf "Kalbsplätzchen mit Morchelrahm" oder "Hirschkalbsrücken in der Schokoladen-Nusskruste"? Hell, offen und freundlich hat man das Gasthaus gestaltet, draußen eine schöne Terrasse. Und zum Übernachten hat man gemütliche Zimmer.

Menü 35/58 € – Karte 23/59 €

15 Zim – 66/69 € 108/155 €

Eichstetter Str. 4 79232 – 07665 92090 – www.jauch-loewen.de – geschl. über Fasching 1 Woche und Mittwoch - Donnerstag

MARIA LAACH

Rheinland-Pfalz – 615 Ew. – Höhe 285 m – Regionalatlas **36**-C14
Michelin Straßenkarte 543

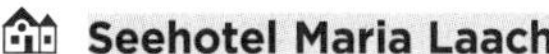

Seehotel Maria Laach

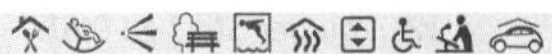

HISTORISCH • FUNKTIONELL 1865 als Gästehaus des Benediktinerklosters erbaut, heute ein sehr geflegtes Hotel, das mit seiner tollen ruhigen Lage und Blick auf Laacher See und Abtei besticht! Es gibt verschiedene Restaurantbereiche, eine schöne Terrasse sowie eine Bier- und Weinstube im UG.

69 Zim – 85/110 € 106/210 € – ½ P

Am Laacher See 56653 – 02652 5840 – www.seehotel-maria-laach.de

MARIENTHAL, KLOSTER Hessen → Siehe Geisenheim

MARKGRÖNINGEN

Baden-Württemberg - 14 426 Ew. - Höhe 281 m - Regionalatlas **55**-G18
Michelin Straßenkarte 545

Herrenküferei

MODERNE KÜCHE • FREUNDLICH XX Hübsch anzuschauen ist das denkmalgeschützte Haus von 1414, das schön am beschaulichen Marktplatz liegt. Gekocht wird ambitioniert, aber auch Rostbraten und einige einfachere regionale Gerichte finden sich auf der Karte. Man kann auch gemütlich übernachten! Vielleicht unter einer alten Balkendecke?

Menü 45/80 € - Karte 35/67 €

10 Zim - 88/100 € 118/140 €

Marktplatz 2 ✉ 71706 - ✆ 07145 9250116 - www.herrenkueferei.de - geschl. Samstagmittag, Sonntagabend - Montag

Kleines Budget? Profitieren Sie von den Mittagsmenüs zu moderaten Preisen.

MARKT NORDHEIM

Bayern - 1 146 Ew. - Höhe 332 m - Regionalatlas **49**-J16
Michelin Straßenkarte 546

In Markt Nordheim-Ulsenheim Süd-West: 7 km, Richtung Uffenheim

Landgasthaus Zum Schwarzen Adler

GASTHOF • FUNKTIONELL Das Gasthaus a. d. 17. Jh. liegt in dörflicher Umgebung, schöne Wanderwege ganz in der Nähe, Rothenburg ob der Tauber ist schnell erreicht. Gepflegte Zimmer, bürgerlich-regionale Küche sowie ein Sauna- und Ruhebereich, den man schön in das alte Fachwerk eingebunden hat. Wintergarten für Feierlichkeiten.

14 Zim - 55/75 € 65/110 € - ½ P

Ulsenheim 97 ✉ 91478 - ✆ 09842 8206 - www.frankenurlaub.de - geschl. Januar 3 Wochen, August 2 Wochen

MARKTBERGEL

Bayern - 1 541 Ew. - Höhe 363 m - Regionalatlas **49**-J16
Michelin Straßenkarte 546

Rotes Ross

REGIONAL • GASTHOF X Lust auf frische regionale Küche in freundlich-gemütlicher Atmosphäre? Das Restaurant des gleichnamigen Hotels der Familie Bogner bietet dafür z. B. "Zwiebelrostbraten mit Spätzle". Ebenso lecker: "Jakobsmuscheln auf Linsengemüse".

Menü 25/42 € - Karte 25/42 €

11 Zim - 55/60 € 77/85 €

Würzburger Str. 1 ✉ 91613 - ✆ 09843 936600 - www.rotes-ross-marktbergel.de - nur Abendessen, an Sonn- und Feiertagen auch Mittagessen - geschl. Mitte November 2 Wochen und Dienstag

MARKTBREIT

Bayern - 3 725 Ew. - Höhe 191 m - Regionalatlas **49**-I16
Michelin Straßenkarte 546

Michels Stern

REGIONAL • GASTHOF X Seit jeher steckt Familie Michel jede Menge Engagement in ihr Gasthaus, inzwischen die 4. Generation. Wolfgang Michel kocht von bürgerlich bis fein, vom Sauerbraten bis zum "rosa gebratenen Hirschrücken mit Macairekartoffeln", sein Bruder Stefan empfiehlt mit Leidenschaft den passenden Frankenwein.

Menü 25/39 € - Karte 20/45 €

12 Zim - 59/69 € 89/94 €

Bahnhofstr. 9 97340 - 09332 1316 - www.michelsstern.de - geschl. Ende Februar 1 Woche, Anfang August 2 Wochen und Mittwoch - Donnerstagmittag

Alter Esel

REGIONAL • FAMILIÄR X Das herzliche junge Betreiberpaar hat in dem historischen Haus am Altstadtrand ein richtig charmantes Restaurant. Gekocht wird saisonal und sehr schmackhaft - probieren Sie z. B. "weißen Thunfisch, Venere-Reis, Schmorgurken". Mittags kleine Tageskarte, am Abend ein Menü.

Menü 42 € (abends)/59 € - Karte 36/40 €

Marktstr. 10 97340 - 09332 5949477 - www.alteresel-marktbreit.de - geschl. Montag - Dienstag

Löwen

GASTHOF • HISTORISCH Das jahrhundertealte Fachwerkhaus nahe dem Stadttor vereint das Flair von einst mit zeitgemäßem Komfort. Man bietet historisch-romantische, aber auch neuzeitlich-funktionale Zimmer. In den gemütlichen Gaststuben gibt es bürgerliche Küche.

29 Zim - 77/87 € 92/99 € - ½ P

Marktstr. 8 97340 - 09332 50540 - www.loewen-marktbreit.de - geschl. 10. - 16. Februar

MARKTHEIDENFELD

Bayern - 10 901 Ew. - Höhe 154 m - Regionalatlas **48**-H15
Michelin Straßenkarte 546

Weinhaus Anker

FRANZÖSISCH • GEMÜTLICH XX In der liebenswerten Stube isst man französisch-regional, von "gebratenen Wachtelbrüsten mit gebackenem Ziegen-Camembert" bis "Backfisch vom Hädefelder Mainfischer mit Grüner Sauce". Do - Mo abends kleine fränkische Karte im rustikalen Gewölbe "Schöpple". Im Hotel übernachtet man zentral und gemütlich.

Menü 35/89 € - Karte 30/59 €

39 Zim - 93/103 € 122/135 € - 1 Suite

Obertorstr. 13 97828 - 09391 6004801 (Tischbestellung ratsam) - www.weinhaus-anker.de

MARXZELL

Baden-Württemberg - 5 047 Ew. - Höhe 387 m - Regionalatlas **54**-F18
Michelin Straßenkarte 545

In Marxzell-Frauenalb

Landgasthof König von Preussen

LANDHAUS • THEMENBEZOGEN Das jahrhundertealte Traditionshaus gegenüber dem Kloster wird seit 1990 als Familienbetrieb geführt. Inzwischen hat die junge Generation übernommen und investiert: chic die Themenzimmer "Romantik", "Burg", "Dolce Vita"... Das Restaurant mit schöner Terrasse bietet traditionelle und internationale Küche.

11 Zim - 75/85 € 90/120 € - 5 € - ½ P

Klosterstr. 10 76359 - 07248 1617 - www.koenig-von-preussen.com

MASELHEIM

Baden-Württemberg - 4 437 Ew. - Höhe 542 m - Regionalatlas **64**-I20
Michelin Straßenkarte 545

In Maselheim-Sulmingen Nord-West: 2,5 km

Lamm

REGIONAL • LÄNDLICH XX "Saiblingsfilet mit geschmortem Spargel" oder "Kalbsrücken unter Chorizo-Brotkrumen mit Morchelrahm"? Man kocht frisch und produktbezogen, regional und modern beeinflusst. Das Ambiente elegant-ländlich, der Service herzlich und aufmerksam.

Menü 39 € - Karte 30/55 €

Baltringer Str. 14 ✉ 88437 - ✆ 07356 937078 - www.sulminger-lamm.de - nur Abendessen, sonntags auch Mittagessen - geschl. Anfang Januar 1 Woche, Mitte August - Anfang September und Montag - Dienstag

MASSWEILER

Rheinland-Pfalz - 1 015 Ew. - Höhe 435 m - Regionalatlas **46**-D17
Michelin Straßenkarte 543

Borst

FRANZÖSISCH-KLASSISCH • FAMILIÄR XX Wohnlich-moderner Stil und hübsche Deko, dazu aufmerksamer Service und ambitionierte klassische Küche. Man spürt das Engagement der Gastgeber, und das seit 1988. Auf der Karte z. B. "Steinbutt auf Beluga-Linsen". Zum Übernachten: einfache, gepflegte Zimmer im Gästehaus gegenüber.

Menü 35/75 € - Karte 48/77 €

5 Zim - †50 € ††70 €

Luitpoldstr. 4 ✉ 66506 - ✆ 06334 1431 - www.restaurant-borst.de - geschl. Montag - Dienstag

MAUERSTETTEN Bayern → Siehe Kaufbeuren

MAUTH

Bayern - 2 279 Ew. - Höhe 821 m - Regionalatlas **60**-Q18
Michelin Straßenkarte 546

In Mauth-Finsterau Nord: 5 km über Am Goldenen Steig, Zwölfhäuser und Heinrichsbrunn - Höhe 998 m

Landhotel Bärnriegel

FAMILIÄR • REGIONAL Der aus zwei Häusern bestehende Familienbetrieb liegt ruhig am Ortsrand und verfügt über behagliche Gästezimmer im regionstypischen Landhausstil. Ländliches Ambiente auch im Restaurantbereich. HP inklusive.

20 Zim - †67/76 € ††116/132 € - ½ P

Halbwaldstr. 32 ✉ 94151 - ✆ 08557 96020 - www.landhotel-baernriegel.de

MAYEN

Rheinland-Pfalz - 18 626 Ew. - Höhe 250 m - Regionalatlas **36**-C14
Michelin Straßenkarte 543

Gourmet Wagner

KLASSISCHE KÜCHE • ELEGANT XXX Eine feste Gastrogröße in der Stadt, die auch für Catering bekannt ist. In dem eleganten Restaurant nahe dem Marktplatz kocht man klassisch-saisonal, so z. B. "Atlantik-Seezunge mit Kapernbutter". Dazu eine gut sortierte Weinkarte.

Menü 69/89 € - Karte 60/87 €

Marktplatz 10 ✉ 56727 - ✆ 02651 49770 (Tischbestellung ratsam) - www.gourmet-wagner.com - nur Abendessen, sonntags auch Mittagessen - geschl. Sonntagabend - Dienstag

MEDDERSHEIM Rheinland-Pfalz → Siehe Sobernheim, Bad

MEERANE

Sachsen – 14 850 Ew. – Höhe 250 m – Regionalatlas **42**-N13
Michelin Straßenkarte 544

Schwanefeld

HISTORISCH • GEMÜTLICH Eine gepflegte Hotelanlage mit hübschem Fachwerkhaus a. d. 17. Jh. und schönem Garten mit Teich. Eine Besonderheit: die hauseigene Schokoladenmanufaktur! Die behaglichen Gaststuben sind im historischen Teil des Hotels untergebracht. Übrigens: Auf dem Anwesen verläuft die Grenze zwischen Sachsen und Thüringen.

52 Zim – †89/180 € ††119/230 € – 1 Suite – ½ P

Schwanefelder Str. 22 ✉ 08393 – ✆ 03764 4050 – www.schwanefeld.de

MEERBUSCH

Nordrhein-Westfalen – 54 599 Ew. – Höhe 36 m – Regionalatlas **25**-B11
Michelin Straßenkarte 543

Siehe Düsseldorf (Umgebungsplan)

In Meerbusch-Büderich

Anthony's (Anthony Sarpong)

FRANZÖSISCH-MODERN • **TRENDY** Ein schicker Mix aus Restaurant und Kochschule. Die legere Atmosphäre nebst freundlichem und geschultem Service kommt ebenso gut an wie die kreativen Gerichte, die hier fein und ausdrucksstark zubereitet werden.

→ Bretonischer Hummer, Mais, Purple Curry, Quinoa. Schweinebauch, Belugalinsen, Frisée, Avocado. Kirsche, Honig, Sauerrahm, Pistazie.

Menü 60/70 € – Karte 53/80 €

Stadtplan : A1-b – *Moerser Str. 81 ✉ 40667 – ✆ 02132 9851425 – www.anthonys-kochschule.de – nur Abendessen, sonntags auch Mittagessen – geschl. Dienstag - Mittwoch*

Landhaus Mönchenwerth

KLASSISCHE KÜCHE • **ELEGANT** In dem einladenden Landhaus direkt am Rhein (toll die Terrasse!) bietet man mediterran und modern beeinflusste Küche - da macht z. B. "Maibock mit karamellisiertem Rhabarber und Marsala-Jus" Appetit. Sehr charmant der Service.

Karte 58/92 €

Stadtplan : B1-c – *Niederlöricker Str. 56 ✉ 40667 – ✆ 02132 757650 – www.moenchenwerth.de – nur Abendessen, sonntags auch Mittagessen – geschl. über Karneval und Montag, außer an Messen*

WINELIVE im Lindenhof

MEDITERRAN • **BISTRO** In dem netten Backsteinhaus wählt man von einer internationalen Karte. Dazu gibt es eine schöne Weinauswahl (rund 40 Weine werden offen ausgeschenkt) und gemütliche Bistro-Atmosphäre. Angeschlossen die Vinothek.

Menü 37/55 € – Karte 31/57 €

Stadtplan : A1-a – *Dorfstr. 48 ✉ 40667 – ✆ 02132 6586460 – www.winelive.de – nur Abendessen – geschl. Montag - Dienstag sowie an Feiertagen*

Gästehaus Meererbusch

LANDHAUS • INDIVIDUELL Eine familiäre Adresse mit privatem Rahmen. Antike Möbelstücke schaffen eine stilvolle Atmosphäre. Im schönen Frühstücksraum mit Flügel erwarten Sie ein gutes Buffet und freundlicher Service.

17 Zim – †99/119 € ††129/209 €

Stadtplan : A1-g – *Hindenburgstr. 4 ✉ 40667 – ✆ 02132 93340 – www.gaestehaus-meererbusch.de – geschl. 22. Dezember - 7. Januar, 21. Juli - 12. August*

MEERFELD

Rheinland-Pfalz – ✉ 54531 – 349 Ew. – Höhe 370 m – Regionalatlas **45**-B14
Michelin Straßenkarte 543

Poststuben

INTERNATIONAL • GEMÜTLICH Kein Wunder, dass man hier so viele Gäste hat: Man wird freundlich umsorgt und was an regional-saisonalen Gerichten auf den Tisch kommt, schmeckt wirklich gut! Auf der Karte liest man z. B. "geschmortes Rinderbäckchen mit Steinpilzen und Zwetschgen", aber auch einfache bürgerliche Speisen.

Menü 37 € – Karte 25/51 €

Hotel Zur Post, Meerbachstr. 24 ✉ 54531 – ✆ 06572 931900 – www.hotel-zur-post-meerfeld.de – November - Dezember nur Abendessen – geschl. Januar und Montag - Dienstag

Zur Post

FAMILIÄR • FUNKTIONELL Bereits in 5. Generation sorgt Familie Molitor dafür, dass man hier wirklich gepflegt und preislich fair wohnen kann, die Zimmer sind hell, funktionell und zeitgemäß. Die Lage ist übrigens ideal für einen Wanderurlaub!

33 Zim – †63/79 € ††106/158 € – ½ P

Meerbachstr. 24 ✉ 54531 – ✆ 06572 931900 – www.hotel-zur-post-meerfeld.de – geschl. Januar

Poststuben – siehe Restaurantauswahl

MEERSBURG

Baden-Württemberg – 5 684 Ew. – Höhe 444 m – Regionalatlas **63**-G21
Michelin Straßenkarte 545

Casala

MODERNE KÜCHE • ELEGANT Das schicke, wertige Interieur und die durchdachte moderne Küche ergeben ein stimmiges Bild. Die klassisch-saisonal beeinflussten Gerichte gibt es in Form zweier Menüs - darf es vielleicht mal vegetarisch sein? Schön der Seeblick.

→ Landei, Bohnen, Olive, Liebstöckel. Bodenseefelchen, Gartenerbse, Rauchspeck, Champagnerzwiebel. Ivoire Schokolade, Müller-Thurgau, Erdbeere, Mandel.

Menü 90/135 €

Stadtplan : B2-r – *Hotel Residenz am See, Uferpromenade 11 ✉ 88709 – ✆ 07532 80040 – www.hotel-residenz-meersburg.com – nur Abendessen – geschl. Februar, Anfang November - Anfang Dezember und Montag - Dienstag, im Winter: Montag - Mittwoch*

Residenz am See

INTERNATIONAL • ELEGANT Hier sollten Sie rechtzeitig einen Tisch in Fensternähe reservieren, dann genießen Sie den reizvollen Ausblick am besten, während Sie sich international-saisonale Gerichte wie "Hechtklößchen mit Blattspinat und Rieslingschaum" schmecken lassen. Interessant: das Lunchmenü-Konzept.

Menü 32 € (mittags)/64 € – Karte 48/58 €

Stadtplan : B2-r – *Hotel Residenz am See, Uferpromenade 11 ✉ 88709 – ✆ 07532 80040 – www.hotel-residenz-meersburg.com – geschl. Dienstag, im Winter: Montag - Dienstag*

Winzerstube zum Becher (N)

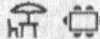

TRADITIONELLE KÜCHE • RUSTIKAL Gemütlich hat man es in dem 400 Jahre alten Gasthaus mit dem rustikalen Charme, seit 1884 ist es in Familienbesitz. Gekocht wird regional - Appetit machen da z. B. "Kalbsnieren in Cognacsauce". Nette kleine Terrasse nach hinten.

Menü 29 € (mittags)/65 € – Karte 27/47 €

Stadtplan : B1-t – *Höllgasse 4 ✉ 88709 – ✆ 07532 9009 (Tischbestellung ratsam) – www.winzerstube-zum-becher.de – geschl. Januar 1 Woche und Montag*

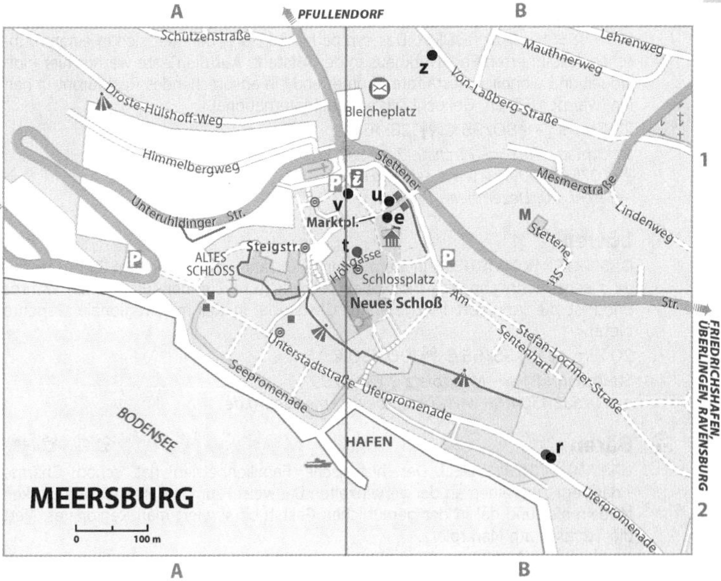

A PFULLENDORF B

Schützenstraße
Lehrenweg
Mauthnerweg
Von-Laßberg-Straße
Droste-Hülshoff-Weg
Bleicheplatz
Himmelbergweg
Stettener
Mesmerstraße
Lindenweg
Unteruhldinger Str.
Marktpl.
Steigstr.
ALTES SCHLOSS
Höllgasse
Schlossplatz
Stettener Str.
Neues Schloß
Am Sentenhart
Stefan-Lochner-Straße
Unterstadtstraße
Seepromenade
Uferpromenade
BODENSEE
HAFEN
FRIEDRICHSHAFEN, ÜBERLINGEN, RAVENSBURG
1
2

MEERSBURG

0 100 m

A B

Residenz am See

BOUTIQUE-HOTEL · MODERN Was das Haus so angenehm macht? Es liegt am See, man wird persönlich umsorgt und wohnt in modernen, hochwertig und individuell eingerichteten Zimmern - von den Balkonen genießt man die Seesicht, ebenso beim tollen Frühstück! Im schönen Garten kann man wunderbar relaxen.

23 Zim – 87/123 € 150/308 € – 2 Suiten – ½ P

Stadtplan : B2-r – *Uferpromenade 11 ✉ 88709 – ✆ 07532 80040 – www.hotel-residenz-meersburg.com*

Casala · **Residenz am See** – siehe Restaurantauswahl

Villa Seeschau

LANDHAUS · INDIVIDUELL Die familiengeführte Villa mit gediegenem Rahmen liegt ruhig über der Altstadt. Modern und stilvoll die geräumigen Zimmer, in der Suite haben Sie sogar eine eigene Sauna! Schön zum Verweilen: der gepflegte Garten mit Seeblick. Keine Kinder.

16 Zim – 80/200 € 150/500 € – 1 Suite

Stadtplan : B1-z – *Von-Laßberg-Str. 12 ✉ 88709 – ✆ 07532 434490 – www.hotel-seeschau.de – geschl. Dezember - Februar*

See Hotel Off

FAMILIÄR · GEMÜTLICH Das Hotel liegt am ruhigen Teil der Uferpromenade. Von den freundlichen Zimmern schaut man auf den See oder die Weinberge, die Liegewiese bietet direkten Zugang zum Wasser. Wie wär's mit Massage oder Kosmetik? Seeblick auch im Restaurant und auf der Terrasse, die Küche ist regional. Zimmerpreise inkl. HP.

21 Zim – 115/155 € 224/310 € – ½ P

Uferpromenade 51, über Uferpromenade B2 ✉ 88709 – ✆ 07532 44740 – www.seehotel-off.de – geschl. Januar

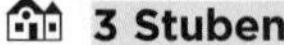

3 Stuben

HISTORISCH • INDIVIDUELL Das sympathische Hotel befindet sich in einem hübschen restaurierten Fachwerkhaus in der Altstadt. Auf die Gäste warten hier individuell und wohnlich gestaltete Zimmer und ein ansprechendes Restaurant in hellen, warmen Tönen. Gekocht wir saisonal-international.

28 Zim ☕ - 🚹80/95 € 🚹🚹128/164 € - ½ P

Stadtplan : AB1-v - *Kirchstr. 7 ✉ 88709*
- ✆ 07532 80090 - www.3stuben.de
- geschl. 20. Dezember - 6. März

Löwen

GASTHOF • INDIVIDUELL In dem über 500 Jahre alten Haus im Zentrum hat man sehr wohnliche und individuell eingerichtete Zimmer für Sie. Ein wahres Bijou ist die komplett holzgetäfelte Gaststube, in der man regionale Gerichte bietet.

20 Zim ☕ - 🚹55/65 € 🚹🚹100/130 €

Stadtplan : B1-e - *Marktplatz 2 ✉ 88709*
- ✆ 07532 43040 - www.hotel-loewen-meersburg.de

Bären

GASTHOF • INDIVIDUELL Der historische Familienbetrieb hat schon Charme - das liegt zum einen an der verwinkelten Bauweise, zum anderen an den antiken Möbeln hier und da! In der gemütlichen Gaststube serviert man Regionales. Nett die Terrasse am Marktplatz.

20 Zim ☕ - 🚹50/85 € 🚹🚹88/122 € - ½ P

Stadtplan : B1-u - *Marktplatz 11 ✉ 88709*
- ✆ 07532 43220 - www.baeren-meersburg.de
- geschl. Mitte November - Mitte März

MEININGEN

Thüringen - 21 072 Ew. - Höhe 290 m - Regionalatlas **39**-J13
Michelin Straßenkarte 544

Posthalterei

INTERNATIONAL • GEMÜTLICH XX Schön sitzt man hier an gut eingedeckten Tischen, umgeben von hellem warmem Holz, alten Natursteinbögen und hübscher Deko, während man sich gut bekochen lässt. Auf der Karte liest man z. B. "rosa gebratenes Kalbsfilet mit Macadamianusskruste". Dazu rund 285 Positionen Wein.

Menü 39/59 € - Karte 38/57 €

Hotel Sächsischer Hof, Georgstr. 1 ✉ 98617
- ✆ 03693 4570 - www.saechsischerhof.com
- nur Abendessen - geschl. Mitte Juli - Mitte August und Sonntag - Dienstag

Sächsischer Hof

TRADITIONELL • HISTORISCH Das traditionsreiche Hotel - einst Poststation - befindet sich gegenüber dem Englischen Garten und beherbergt elegante großzügige Zimmer sowie einfachere Classic-Zimmer. Neben der "Posthalterei" gibt es die rustikale "Kutscherstube" (charmant die alte Holztäfelung) mit bürgerlich-regionaler Küche.

37 Zim - 🚹77/103 € 🚹🚹99/140 € - 3 Suiten - ☕ 12 € - ½ P

Georgstr. 1 ✉ 98617
- ✆ 03693 4570 - www.saechsischerhof.com

Posthalterei - siehe Restaurantauswahl

MEISENHEIM

Rheinland-Pfalz - 2 853 Ew. - Höhe 160 m - Regionalatlas **46**-D16
Michelin Straßenkarte 543

Meisenheimer Hof

MARKTKÜCHE • GEMÜTLICH In den drei kleinen Restaurantstuben lässt man sich in ungezwungener Atmosphäre von Chef Markus Pape, einem gebürtigen Sauerländer, richtig gut bekochen - wie wär's z. B. mit "geschmortem Bäckchen vom Glantalrind mit Lauchgemüse". Dazu viele Eigenbau-Weine und eine unerwartete Bordeaux-Auswahl.

Menü 37/89 € - Karte 34/64 €

Hotel Meisenheimer Hof, Obergasse 33, (Zufahrt über Stadtgraben) 55590 - 06753 1237780 - www.meisenheimer-hof.de - geschl. 2. - 19. Januar und Montag - Dienstagmittag, Mittwochmittag, Samstagmittag

Meisenheimer Hof

HISTORISCH • INDIVIDUELL In dem aufwändig sanierten Ensemble aus fünf Altstadthäusern hat man jahrundertelange Historie (alte Böden, Antiquitäten...) schön mit Modernem kombiniert. Das ehemalige Stadtkino wurde zum Open-Air-Veranstaltungsraum - sehr speziell! Gegenüber der Wein-Degustationsraum. "Kochhaus": Gästehaus mit Kochschule.

22 Zim - 90/109 € 119/169 € - 6 Suiten - ½ P

Obergasse 33, (Zufahrt über Stadtgraben) 55590 - 06753 1237780 - www.meisenheimer-hof.de - geschl. 2. - 19. Januar

Meisenheimer Hof - siehe Restaurantauswahl

MEISSEN

Sachsen - 27 273 Ew. - Höhe 110 m - Regionalatlas **43**-P12
Michelin Straßenkarte 544

OHM'S

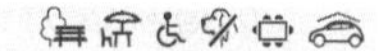

REGIONAL • KLASSISCHES AMBIENTE Mit ihrer geschmackvollen Einrichtung und gepflegter Tischkultur tragen die kleinen Restauranträume (darunter ein Wintergarten) dem schönen Villen-Flair Rechnung. Gekocht wird sächsisch und international, so z. B. "Sülze vom Meißner Landschwein" oder "Lachs mit Pilzrisotto". "Garden Lounge" zum Hotelpark.

Menü 36/60 € - Karte 31/64 €

Parkhotel Meissen, Hafenstr. 27 01662 - 03521 72250 - www.parkhotel-meissen.de

Parkhotel Meissen

BUSINESS • KLASSISCH Mittelpunkt der Hotelanlage ist die schmucke Jugendstilvilla von 1870! Elegant die Zimmer - fragen Sie nach den neueren! Einige mit Blick auf die Albrechtsburg. Hübsch: Wellnessbereich und Garten, Terrasse und "Weingarten" am Elbradweg.

118 Zim - 92/145 € 133/189 € - ½ P

Hafenstr. 27 01662 - 03521 72250 - www.parkhotel-meissen.de

OHM'S - siehe Restaurantauswahl

Goldener Löwe

HISTORISCH • GEMÜTLICH Hier wohnen Sie mitten in der historischen Altstadt in einem über 350 Jahre alten Gasthaus. Die Zimmer sind gediegen eingerichtet und liegen teilweise ruhig zum Innenhof, nett das gemütlich-rustikale Restaurant, ebenso die Terrasse zur Fußgängerzone.

36 Zim - 89 € 140/155 € - ½ P

Stadtplan : A2-t - *Heinrichsplatz 6, (Zufahrt über Kleinmarkt) 01662 - 03521 41110 - www.goldener-loewe-meissen.com*

In Weinböhla Nord-Ost: 11 km

Laubenhöhe

INTERNATIONAL • RUSTIKAL Lust auf frische international-saisonale Küche? In gemütlicher Atmosphäre speist man z. B. "Rinderfilet mit Pfifferlingen" oder "Lachsfilet mit Blattspinat und Sauerampfersauce". Im Sommer lockt die begrünte Terrasse mit schöner Aussicht.

Menü 23/65 € - Karte 23/55 €

Köhlerstr. 77 01689 - 035243 36183 - www.laubenhoehe.de - geschl. 13. Februar - 1. März, 16. - 31. Juli und Sonntagabend - Dienstagmittag

MELLE

Niedersachsen – 45 804 Ew. – Höhe 76 m – Regionalatlas **27**-F9
Michelin Straßenkarte 541

Lüers im Heimathof

MARKTKÜCHE • GEMÜTLICH Das reizende Fachwerkhaus von 1620 ist Teil eines Museumsdorfes. Rustikale alte Holzbalken machen es schön gemütlich. Das Angebot ist saisonal, nachmittags gibt's selbstgebackene Kuchen – im Sommer ist dafür die Terrasse besonders beliebt!

Karte 29/52 €

Friedrich-Ludwig-Jahn-Str. 10, (im Erhohlungszentrum am Grönenberg) ✉ 49324 – ✆ 05422 925091 – www.luers-im-heimathof.de – geschl. Februar 1 Woche und Dienstag

In Melle-Wellingholzhausen

Waldschänke

MARKTKÜCHE • GEMÜTLICH Das hat Charme: ein liebenswertes Sammelsurium unterschiedlichster Accessoires und Dekorationen, mal nostalgisch, mal hip-modern. Gekocht wird regional und international, teilweise mit selbst erzeugten Produkten (z. B. Eier von eigenen Hühnern hinterm Haus). Idylle pur ist der Garten, daneben Tiergehege.

Menü 30/42 € – Karte 33/49 €

Dissener Str. 73 ✉ 49326 – ✆ 05429 2683 – www.steinreich-alexanderbachmann.eu – geschl. Montag – Donnerstagmittag, Freitagmittag, Samstagmittag

MELLRICHSTADT

Bayern – 5 560 Ew. – Höhe 270 m – Regionalatlas **39**-J14
Michelin Straßenkarte 546

Biohotel Sturm

SPA UND WELLNESS • GEMÜTLICH Ein wirklich schönes Haus: wohnliche Zimmer (die gibt's als "Tradition" oder modern als "Zeitgeist"), Naschgarten, Badeteich, Blockhaussauna, Wellness-Anwendungen... Und im Küchenhaus im Garten backt man eigenes Holzofenbrot und stellt Marmelade her – hier wie auch im Restaurant "schulze/s" setzt man auf Bio!

43 Zim – 87/174 € 142/206 € – ½ P

Ignaz-Reder-Str. 3 ✉ 97638 – ✆ 09776 81800 – www.hotel-sturm.com – geschl. 18. – 24. Dezember

MELSUNGEN

Hessen – 13 334 Ew. – Höhe 179 m – Regionalatlas **39**-H12
Michelin Straßenkarte 543

Centrinum

HISTORISCH • MODERN Gelungen verbindet das Hotel in der Altstadt Moderne mit Fachwerk-Charme. Die zeitgemäßen Zimmer sind individuell eingerichtet, hübsch der kleine Saunabereich. Internationale Küche im Bistro. Von der Terrasse beobachtet man das Geschehen in der Fußgängerzone.

21 Zim – 80 € 120 € – 1 Suite

Rosenstr. 1 ✉ 34212 – ✆ 05661 926060 – www.centrinum.de

MEMMELSDORF

Bayern – 8 813 Ew. – Höhe 262 m – Regionalatlas **50**-K15
Michelin Straßenkarte 546

Brauereigasthof Drei Kronen

GASTHOF • INDIVIDUELL Als Gasthof gibt es das Haus der Straubs schon seit 1750, die Brautradition geht sogar bis ins Jahr 1457 zurück! Tipp: Das schönste Zimmer ist der "Braumeistertempel"! Besonders gemütlich sitzt man beim Essen in der Stube mit alter Original-Täfelung und Kachelofen. Und wie wär's mit einer Bierprobe?

28 Zim – †60/90 € ††90/140 € – ½ P

Hauptstr. 19 ✉ 96117 – ✆ 0951 944330 – www.drei-kronen.de

MEMMINGEN

Bayern – 42 201 Ew. – Höhe 601 m – Regionalatlas **64**-I20

Michelin Straßenkarte 546

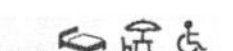

Engelkeller

BÜRGERLICHE KÜCHE • LÄNDLICH In dem Eckhaus nicht weit von der Innenstadt sitzt man gemütlich bei bürgerlich-regionaler und internationaler Küche. Hinterm Haus hat man einen schönen Biergarten. Wer gepflegt übernachten möchte, findet hier geradlinig-zeitgemäße Zimmer.

Karte 34/49 €

25 Zim – †82 € ††118 €

Königsgraben 9 ✉ 87700 – ✆ 08331 9844490 – www.engelkeller.de

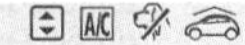

Weinstube Weber am Bach

TRADITIONELLE KÜCHE • LÄNDLICH Wussten Sie, dass das 1320 urkundlich erstmals erwähnte Haus das älteste der Stadt ist? Charmant sind sowohl die gemütlichen holzgetäfelten Stuben als auch die Terrasse direkt am Bach. Serviert wird traditionell-regionale Küche mit mediterranen und saisonalen Einflüssen. Man hat auch zeitgemäße Gästezimmer.

Menü 40/120 € – Karte 27/78 €

12 Zim – †65/75 € ††85/105 € – 10 €

Untere Bachgasse 2 ✉ 87700 – ✆ 08331 2414 (Tischbestellung ratsam) – www.weberambach.de – geschl. Montagmittag

Falken

BUSINESS • FUNKTIONELL In dem Hotel inmitten der Altstadt hat man wohnliche, neuzeitliche Zimmer für Sie - besonders beliebt die "Business-Suiten" mit Dampfdusche. Fragen Sie auch nach den Zimmern in der 4. Etage mit Blick über Memmingen!

41 Zim – †83/119 € ††120/145 € – 1 Suite

Roßmarkt 3, (1. Etage) ✉ 87700 – ✆ 08331 94510 – www.hotel-falken-memmingen.com – geschl. August 3 Wochen, Ende Dezember 2 Wochen

MEPPEN

Niedersachsen – 34 549 Ew. – Höhe 14 m – Regionalatlas **16**-D7

Michelin Straßenkarte 543

von Euch

INTERNATIONAL • FREUNDLICH Appetit machen hier z. B. "Wachtelbrust, Pistanzienpolenta, Tomatenconfit, Karotten" oder "Steinbutt, mediterrane Kapernkruste, Basilikumgnocchi"! Mittags zusätzlich kleine Lunchkarte. Schön die Terrasse!

Karte 30/67 €

Hotel von Euch, Kuhstr. 21 ✉ 49716 – ✆ 05931 4950100 – www.hotelvoneuch.de

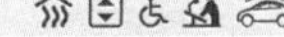

von Euch

URBAN • MODERN Freundlich kümmert man sich in dem Hotel im Zentrum um seine Gäste. Sie wohnen in tipptopp gepflegten, neuzeitlich eingerichteten Zimmern (geräumiger die Superior-Zimmer) und genießen am Morgen ein gutes Frühstück.

29 Zim – †79/99 € ††109/129 €

Kuhstr. 21 ✉ 49716 – ✆ 05931 4950100 – www.hotelvoneuch.de

von Euch – siehe Restaurantauswahl

MERGENTHEIM, BAD

Baden-Württemberg - 22 763 Ew. - Höhe 206 m - Regionalatlas **49**-I16
Michelin Straßenkarte 545

Bundschu

MARKTKÜCHE • BÜRGERLICH XX Hier wird regional, saisonal und mit mediterranen Einflüssen gekocht. Nach wie vor ein Klassiker: die Bouillabaisse. Oder mögen Sie lieber "hausgemachte Rinderrouladen, in rotem Tauberwein geschmort"? Schön die Terrasse zum Garten.

Menü 42 € - Karte 22/45 €

Hotel Bundschu, Milchlingstr. 24 ✉ 97980 - ✆ 07931 9330 - www.hotel-bundschu.de - geschl. Montag

Parkhotel

BUSINESS • FUNKTIONELL Das Hotel befindet sich direkt am schönen Kurpark, zu dem auch die neuzeitlichen Zimmer liegen, alle mit Balkon oder Loggia. Medizinische Anwendungen und Schönheitsfarm. Internationale Küche im hellen, geradlinigen Restaurant. Terrasse mit Blick ins Grüne.

116 Zim - 🯅101/114 € 🯅🯅137/159 € - ½ P

Lothar-Daiker-Str. 6 ✉ 97980 - ✆ 07931 5390 - www.parkhotel-mergentheim.de

Bundschu

FAMILIÄR • FUNKTIONELL Familie Bundschu leitet ihr Haus mit viel Engagement und bietet ihren Gästen freundliche, wohnliche Zimmer und einen attraktiven Wellnessbereich. Das Haus eignet sich auch bestens für Tagungen und Veranstaltungen aller Art.

60 Zim - 🯅75/95 € 🯅🯅110/150 € - ½ P

Milchlingstr. 24 ✉ 97980 - ✆ 07931 9330 - www.hotel-bundschu.de

Bundschu - siehe Restaurantauswahl

Alte Münze

URBAN • FUNKTIONELL Der Gast bekommt hier alles, was er von einem gepflegten Stadthotel erwartet: funktionell ausgestattete Zimmer, solide Technik und ein gutes Frühstücksbuffet. Tipp: Besuchen Sie das wenige Gehminuten entfernte Deutschordensschloss!

29 Zim - 🯅64/75 € 🯅🯅95/105 €

Münzgasse 12 ✉ 97980 - ✆ 07931 5660 - www.hotelaltemuenze.de

In Bad Mergentheim-Markelsheim Süd-Ost: 6 km über B 19

Gästehaus Birgit

FAMILIÄR • FUNKTIONELL Wie gemacht für Radwanderer: ruhig am Ortsrand gelegen, der Tauberradweg direkt vor der Tür! Bei der engagierten Familie Beck kann man wirklich nett und günstig übernachten (und auch gut frühstücken) - alles hell und frisch in Blau-Weiß.

13 Zim - 🯅48/50 € 🯅🯅67/74 € - 1 Suite

Scheuerntorstr. 25 ✉ 97980 - ✆ 07931 90900 - www.gaestehausbirgit.de - geschl. über Weihnachten

MERSEBURG

Sachsen-Anhalt - 33 317 Ew. - Höhe 100 m - Regionalatlas **31**-M11
Michelin Straßenkarte 542

Ritters Weinstuben

REGIONAL • ELEGANT XX In gemütlich-elegantem Ambiente freut man sich hier über schmackhafte und frische regionale Küche mit mediterranen Einflüssen. Darf es vielleicht "geschmorte Backe vom irischen Rind mit Pastinaken" sein? Oder lieber "Ricotta-Ravioli mit Basilikumsauce"? Zum Übernachten: wohnliche und funktionale Zimmer.

Menü 65 € - Karte 26/53 €

9 Zim - 🯅59/69 € 🯅🯅59/75 € - 9 €

Große Ritterstr. 22, (Zufahrt über Burgstraße) ✉ 06217 - ✆ 03461 33660 - www.ritters-weinstuben.de - nur Abendessen - geschl. Sonntag - Montag

Radisson BLU

KETTENHOTEL • FUNKTIONELL Das barocke Zech'sche Palais ist Teil dieses Hotels oberhalb der Stadt. Wer gerne einen schönen Ausblick genießt, bucht ein Businesszimmer im OG mit angeschlossener Dachterrasse! International beeinflusste Küche im Restaurant "Belle Epoque". Man hat auch stilvolle historische Säle.

132 Zim – †75/90 € ††80/120 € – 1 Suite – ☕ 17 € – ½ P

Oberaltenburg 4 ✉ 06217
– ✆ 03461 45200 – www.merseburg-radissonblu.com

MERTESDORF

Rheinland-Pfalz – 1 644 Ew. – Höhe 220 m – Regionalatlas **45**-B15
Michelin Straßenkarte 543

Weis

LANDHAUS • MODERN Das in den Weinbergen des Ruwertals gelegene familiengeführte Hotel mit Weingut verfügt über zeitgemäße und wohnliche Zimmer sowie einen modernen Sauna- und Anwendungsbereich. Behagliches Restaurant mit Kachelofen und rustikale Stube.

48 Zim ☕ – †76/86 € ††99/135 €

Eitelsbacher Weg 4 ✉ 54318 – ✆ 0651 95610 – www.hotel-weis.de

MESCHEDE

Nordrhein-Westfalen – 30 002 Ew. – Höhe 260 m – Regionalatlas **27**-F11
Michelin Straßenkarte 543

Von Korff

INTERNATIONAL • GERADLINIG XX Das Restaurant im gleichnamigen Hotel - ein Patrizierhaus von 1902 nebst architektonisch gelungener Erweiterung - bietet internationale Küche in ansprechendem geradlinigem Ambiente. Schöne Auswahl an Bordeaux-Weinen.

Menü 28/65 € – Karte 28/69 €

26 Zim – †69/79 € ††92/96 € – ☕ 8 €

Le-Puy-Str. 19 ✉ 59872 – ✆ 0291 99140 – www.hotelvonkorff.de
– geschl. Sonntag

In Meschede-Remblinghausen Süd: 6 km

Landhotel Donner

REGIONAL • LÄNDLICH X Hier wird klassisch-regional gekocht, und zwar richtig gut - da macht z. B. "Rehnüsschen mit Preiselbeersauce" Appetit. Wirklich gemütlich das Ambiente: hübsche ländliche Gaststuben mit hochwertigen Stoffen und warmem Holz. Und nachmittags selbst gebackenen Kuchen auf der schönen Gartenterrasse?

Menü 32/48 € – Karte 25/59 €

Landhotel Donner, Zur alten Schmiede 4 ✉ 59872 – ✆ 0291 952700
– www.landhotel-donner.de – geschl. 7. - 25. Januar und Mittwoch

Landhotel Donner

FAMILIÄR • GEMÜTLICH Familie Donner hat den Gasthof von 1911 in dem historischen Handelshaus zu einem sympathischen, tipptopp gepflegten und wohnlichen kleinen Hotel gemacht. Fragen Sie nach den neuzeitlicheren Zimmern! Dazu gibt's Tipps für Ihre Wanderung.

14 Zim ☕ – †62/82 € ††95/125 € – ½ P

Zur alten Schmiede 4 ✉ 59872 – ✆ 0291 952700 – www.landhotel-donner.de
– geschl. 7. - 25. Januar

Landhotel Donner – siehe Restaurantauswahl

MESPELBRUNN

Bayern - 2 173 Ew. - Höhe 269 m - Regionalatlas **48**-H15
Michelin Straßenkarte 546

Müller's Frischeküche

MARKTKÜCHE • FAMILIÄR X In ländlich-charmanten Stuben speist man regional-saisonal und auch international beeinflusst. Wie wär's mit dem Menü "Feinschmecker"? Hier z. B. "gebratener Rotbarsch mit Kartoffelpüree und Ingwer-Kürbiskern-Parmesanpesto"? Oder lieber ein Schnitzel von "Müller's Klassikern"? Terrasse mit schöner Sicht!

Menü 26/40 € - Karte 25/51 €

Müller's Landhotel, Am Dürrenberg 1, (Hessenthal), Nord: 2 km ✉ 63875 - ✆ 06092 824820 - www.muellers-landhotel.eu - Montag - Donnerstag nur Abendessen

Müller's Landhotel

FAMILIÄR • FUNKTIONELL Schön modern und sehr großzügig wohnt man in dem Familienbetrieb oberhalb von Mespelbrunn. Von den Zimmern zur Talseite hat man eine reizvolle Sicht, ruhiger schläft man zum Weinberg. Am Morgen gibt es ein ansprechendes Frühstücksbuffet.

20 Zim - †51/79 € ††86/142 € - 2 Suiten - ½ P

Am Dürrenberg 1, (Hessenthal), Nord: 2 km ✉ 63875 - ✆ 06092 824820 - www.muellers-landhotel.eu

Müller's Frischeküche - siehe Restaurantauswahl

MESSKIRCH

Baden-Württemberg - 8 203 Ew. - Höhe 616 m - Regionalatlas **63**-G20
Michelin Straßenkarte 545

In Meßkirch-Menningen Nord-Ost: 5 km über B 311

Zum Adler Leitishofen

REGIONAL • GASTHOF XX Etwas abseits liegt dieser familiengeführte Gasthof samt netter Terrasse mit Blick ins Grüne. Gekocht wird regional-bürgerlich mit internationalen Einflüssen, vom "Schweinerückensteak mit Bärlauchkruste" bis zur "mediterranen Fischsuppe".

Menü 15 € (mittags unter der Woche)/45 € - Karte 21/51 €

Leitishofen 35, an der B 311 ✉ 88605 - ✆ 07575 925080 - www.adler-leitishofen.de - geschl. Januar 2 Wochen und Dienstag - Mittwochmittag

MESSSTETTEN

Baden-Württemberg - 11 276 Ew. - Höhe 907 m - Regionalatlas **63**-G20
Michelin Straßenkarte 545

In Meßstetten-Hartheim Süd-West: 3 km über Hauptstraße

Lammstuben

REGIONAL • GASTHOF XX Geschmackvoll die drei Stuben (Kachelofen, Wandvertäfelungen und bemalte Holzdecken machen es stilvoll und charmant), regional die Küche. Lust auf Schlachtfest, Kochkurs oder Spargelessen? Je nach Jahreszeit stehen besondere Aktionen an.

Menü 23/38 € - Karte 22/52 €

Römerstr. 2 ✉ 72469 - ✆ 07579 621 - www.lammstuben.de - geschl. Anfang Februar 2 Wochen, Anfang August 2 Wochen und Dienstag - Mittwochmittag

METTLACH

Saarland - 12 125 Ew. - Höhe 175 m - Regionalatlas **45**-B16
Michelin Straßenkarte 543

In Mettlach-Orscholz Nord-West: 6 km, jenseits der Saar, im Wald links abbiegen

Landhotel Saarschleife

KLASSISCHE KÜCHE • LÄNDLICH XX Freundlich umsorgt sitzt man in behaglichem Ambiente und lässt sich regional-saisonal beeinflusste klassische Küche schmecken. Lust auf Wild aus Orscholzer und Mettlacher Jagd? Oder lieber "Brust und Keule von der Ente aus dem Ofenrohr"?

Menü 30/80 € - Karte 32/64 €

Landhotel Saarschleife, Cloefstr. 44 ✉ 66693 - ☎ 06865 1790 - www.hotel-saarschleife.de - geschl. Montagmittag

Landhotel Saarschleife

LANDHAUS • INDIVIDUELL Familie Buchna führt ihr Haus sehr engagiert, immer wieder wird investiert. Schön wohnlich hat man es hier - fragen Sie nach den neuen geradlinig-modern gestalteten Zimmern! Entspannen können Sie auch im gepflegten Freizeitbereich.

43 Zim - 79/138 € 124/164 € - ½ P

Cloefstr. 44 ✉ 66693 - ☎ 06865 1790 - www.hotel-saarschleife.de

Landhotel Saarschleife - siehe Restaurantauswahl

METTNAU (HALBINSEL) - BW (Baden-Württemberg) ➜ Siehe Radolfzell

METZINGEN

Baden-Württemberg - 21 394 Ew. - Höhe 350 m - Regionalatlas **55**-G19
Michelin Straßenkarte 545

Zur Schwane

MARKTKÜCHE • LANDHAUS X Hier wird das Thema Alb groß geschrieben. Region und Saison sorgen für gute Produkte, aus denen schmackhafte Gerichte wie "Schmorbraten vom Albrind mit Spätzle" zubereitet werden. Beliebt auch der Business Lunch. Hingucker im Restaurant ist ein großes Panoramabild der Schwäbischen Alb.

Menü 37/58 € - Karte 20/81 €

Hotel Schwanen, Bei der Martinskirche 10 ✉ 72555 - ☎ 07123 9460 - www.schwanen-metzingen.de

Schwanen

BUSINESS • MODERN Ein engagiert geführter Familienbetrieb in idealer Shopping-Lage nur wenige Gehminuten von einem der Mode-Outlets. Die Zimmer sind wirklich schön: schickes Design und wertige Materialien! Bistro-Bar "Mezzo" mit Gartenwirtschaft.

72 Zim - 82/236 € 104/277 € - 15 €

Bei der Martinskirche 10 ✉ 72555 - ☎ 07123 9460 - www.schwanen-metzingen.de

Zur Schwane - siehe Restaurantauswahl

MICHELSTADT

Hessen - 16 173 Ew. - Höhe 206 m - Regionalatlas **48**-G16
Michelin Straßenkarte 543

Drei Hasen

FAMILIÄR • GEMÜTLICH Auf 300 Jahre Gasthaustradition blickt das schöne historische Gebäude am Marktplatz zurück. Hier bietet bereits die 14. Generation hübsche individuelle Zimmer und bürgerliche Küche in gemütlichen Räumen - eine davon die "Museums-Stubb" mit Kamin von 1450. Charmant das Küferhaus und die Terrasse mit Kastanie.

20 Zim - 62/72 € 96 € - ½ P

Braunstr. 5 ✉ 64720 - ☎ 06061 71017 - www.dreihasen.de - geschl. 1. - 15. Januar

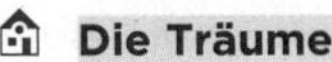

Die Träumerei

FAMILIÄR • INDIVIDUELL Ein Bijou ist das aufwändig sanierte Haus von 1623. Die Zimmer "Jademansarde", "Goldspeicher", "Elfenbeinzimmer", "Malvensuite" und "Vergissmeinnicht" sind so wertig und schön wie individuell. Im Café: Frühstück, tagsüber Kuchen, Paninis & Co. Abends bürgerlich-regionale Küche im "Rathausbräu" gegenüber.

5 Zim – 105/115 € 140/160 €

Obere Pfarrgasse 3 ✉ 64720 – ✆ 06061 703333 – www.die-traeumerei.com

In Michelstadt-Vielbrunn Nord-Ost: 16 km über B 47 Richtung Würzburg und Amorbach

Landgasthof Geiersmühle

MARKTKÜCHE • ELEGANT XX Gerne kommt man auch zum Essen an diesen idyllischen Ort. In dem gemütlich-eleganten Restaurant kocht man regional-saisonal und mediterran beeinflusst, so z. B. "Bremhöfer Freilandente mit Rahmwirsing" oder "Ossobuco à la Gremolata".

Menü 48/65 € – Karte 34/76 €

Hotel Landgasthof Geiersmühle, Im Ohrnbachtal, (Aussenliegend 1), Ost: 2 km ✉ 64720 – ✆ 06066 721 (Tischbestellung ratsam) – www.geiersmuehle.de – geschl. Anfang Januar 2 Wochen, Ende Juni - Anfang August 3 Wochen und Montag - Freitagmittag, außer an Feiertagen

Landgasthof Geiersmühle

GASTHOF • GEMÜTLICH So wünscht man sich ein beschauliches Mühlenanwesen: landschaftlich reizvoll gelegen, ausgestattet mit geschmackvollen, wohnlichen Zimmern, und am Morgen ein gutes Frühstück.

8 Zim – 55/73 € 90/96 € – ½ P

Im Ohrnbachtal, (Aussenliegend 1), Ost: 2 km ✉ 64720 – ✆ 06066 721 – www.geiersmuehle.de – geschl. Anfang Januar 2 Wochen, Ende Juni - Anfang August 3 Wochen

Landgasthof Geiersmühle – siehe Restaurantauswahl

MICHENDORF

Brandenburg – 12 128 Ew. – Höhe 45 m – Regionalatlas **22**-O8
Michelin Straßenkarte 542

In Michendorf-Wildenbruch Süd-Ost: 4 km

Gasthof Zur Linde

REGIONAL • GEMÜTLICH X Liebenswert-rustikal ist hier die Atmosphäre. Im Winter schafft ein Kamin Behaglichkeit, im Sommer ist der Hofgarten mit der alten Kastanie ein Traum! Auf den Tisch kommt regionale Küche.

Menü 29/40 € – Karte 31/56 €

Hotel Gasthof Zur Linde, Kunersdorfer Str. 1 ✉ 14552 – ✆ 033205 23020 – www.linde-wildenbruch.de – geschl. 30. Juli - 9. August und Dienstag - Mittwoch

Gasthof Zur Linde

LANDHAUS • GEMÜTLICH Auf einem schönen, ehemals bäuerlich genutzten Anwesen gegenüber der Kirche übernachten Sie bei freundlichen Gastgebern in sechs überaus wohnlichen und modernen Zimmern, darunter eine Ferienwohnung im Nebengebäude.

6 Zim – 76/138 € 128/184 € – ½ P

Kunersdorfer Str. 1 ✉ 14552 – ✆ 033205 23020 – www.linde-wildenbruch.de – geschl. 30. Juli - 9. August

Gasthof Zur Linde – siehe Restaurantauswahl

MIESBACH

Bayern – 11 241 Ew. – Höhe 697 m – Regionalatlas **66**-M21
Michelin Straßenkarte 546

Pasta Vino

KREATIV • NACHBARSCHAFTLICH X An drei Abenden in der Woche überrascht man Sie in charmanten Stuben mit einem ambitionierten kreativen Menü unter dem Namen "Lieblingsgerichte" oder "Weltreise" - gerne geht man auch auf Wünsche ein. Und dazu die passende Weinbegleitung?

Menü 65/170 €

Kolpingstr. 2 ✉ 83714 - ✆ 08025 9974497 (Tischbestellung erforderlich) - www.pastavino-miesbach.de - nur Abendessen - geschl. Sonntag - Mittwoch

MILTENBERG

Bayern - 9 310 Ew. - Höhe 129 m - Regionalatlas **48**-G16
Michelin Straßenkarte 546

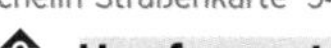

Hopfengarten

GASTHOF • FUNKTIONELL Ein hübscher Gasthof in zentraler Lage. Wie wär's mit einem "Deluxe"-Zimmer? Eines mit Whirlwanne, das andere mit Dampfdusche! Oder lieber eines der besonders wohnlichen "Churfranken"-Zimmer? Im Restaurant serviert man u. a. viele Schmorgerichte. Praktisch: Unterstellmöglichkeit für Motor- und Fahrräder.

19 Zim – †58/108 € ††98/148 € – ½ P

Ankergasse 16 ✉ 63897 - ✆ 09371 97370 - www.flairhotel-hopfengarten.de - geschl. 2. - 8. Januar

MINDEN

Nordrhein-Westfalen - 80 212 Ew. - Höhe 48 m - Regionalatlas **18**-G9
Michelin Straßenkarte 543

Victoria

BUSINESS • MODERN Das komfortable Hotel, entstanden aus einem Gebäude von 1840, steht in der Innenstadt und überzeugt mit großzügigen neuzeitlichen Zimmern. Schön ist auch der elegante Saal. Im Restaurant erwartet Sie klassisches Ambiente.

32 Zim – †85/105 € ††120/155 € – ½ P

Markt 11, (Zufahrt über Domstraße) ✉ 32423 - ✆ 0571 973100 - www.victoriahotel-minden.de

MITTENWALD

Bayern - 7 325 Ew. - Höhe 923 m - Regionalatlas **65**-L22
Michelin Straßenkarte 546

Das Marktrestaurant (Andreas Hillejan)

REGIONAL • GERADLINIG XX Richtig viel Engagement, Ausdruck und Feinheit stecken in der ambitionierten regional-saisonalen Küche dieses angenehm legeren und geradlinigen Restaurants. Tipp: Probieren Sie das abendliche "Alpine Genussmenü" mit bis zu fünf Gängen.

→ Salzsellerie, Kalbsragout, Morchel, Buttermilch, Schwarzwurst. Werdenfelser Lamm, Bärlauch, Tomate. Sauerkirschsorbet, Ziegenkäse, schwarze Olive.

Menü 44/75 € – Karte 35/64 €

Dekan-Karl-Platz 21 ✉ 82481 - ✆ 08823 9269595 - www.das-marktrestaurant.de - geschl. November 1 Woche, März 1 Woche und Montag, März - Mai sowie Oktober - Mitte Dezember: Sonntag - Montag

Alpengasthof Gröbl-Alm

GASTHOF • AUF DEM LAND Sie wohnen hier richtig auf dem Land! Die Familie betreibt auch den angrenzenden Bauernhof mit Pferden, Ziegen, Schafen..., das kommt auch bei Kindern gut an! Die einsame Lage über der Stadt ist schön ruhig, die Atmosphäre typisch bayerisch-behaglich, der Blick von der Terrasse und vom Saunabereich ein Traum!

28 Zim – †58/129 € ††96/144 € – 3 Suiten

Gröbl-Alm 1, Nord: 2 km ✉ 82481 - ✆ 08823 9110 - www.groeblalm.de - geschl. 9. - 26. April, 29. Oktober - 20. Dezember

Am Lautersee Süd-West: 3 km über Leutascher Straße

Lautersee

LANDHAUS • GEMÜTLICH Warum diese Adresse so gefragt ist? Ruhe, grandioser Alpenblick, direkter Seezugang mit eigenem Badesteg, Terrasse mit Sicht aufs Wasser, schöne Kuchenauswahl - beliebt auch bei Wanderern, die die vielen Wege rund ums Hotel erkunden. Übrigens: Das Haus ist nur mit Sondergenehmigung per Auto erreichbar.

10 Zim - 59/92 € 132/142 € - 3 Suiten - ½ P

Am Lautersee 1 ✉ 82481 Mittenwald
- ✆ 08823 1017 - www.hotel-lautersee.de
- geschl. 16. März - 30. April, 31. Oktober - 19. Dezember

MITTENWALDE

Brandenburg - 8 774 Ew. - Höhe 37 m - Regionalatlas **23**-P9
Michelin Straßenkarte 542

In Mittenwalde-Motzen Süd-Ost: 7 km über Gallun

Märkische Stuben

INTERNATIONAL • ELEGANT XX Stilvoll-elegant das Restaurant, vom Wintergarten und der Terrasse hat man einen schönen Blick auf den See! Gekocht wird international mit saisonal-regionalen Einflüssen - da macht z. B. "gebratenes Filet vom Barsch mit geschmorten Spreewaldgurken und Kartoffelstampf" Appetit. Gut sortierte Weinkarte.

Karte 31/50 €

Hotel Residenz am Motzener See, Töpchiner Str. 4 ✉ 15749 - ✆ 033769 850
- www.hotel-residenz-motzen.de

Residenz am Motzener See

LANDHAUS • AM SEE Ein gut geführtes Hotel in einer schönen Gartenanlage. Diese ist vom netten Wellnessbereich aus zugänglich und grenzt direkt an den (motorbootfreien) See - hier kann man auch schwimmen. Die zeitgemäßen Zimmer haben teilweise einen Balkon.

42 Zim - 90/110 € 135/150 € - ½ P

Töpchiner Str. 4 ✉ 15749
- ✆ 033769 850 - www.hotel-residenz-motzen.de

Märkische Stuben - siehe Restaurantauswahl

MÖLLN

Schleswig-Holstein - 18 622 Ew. - Höhe 19 m - Regionalatlas **11**-K5
Michelin Straßenkarte 541

Zum Weissen Ross

MARKTKÜCHE • FAMILIÄR XX Wer in dem traditionsreichen Familienbetrieb speist, kann direkt auf den Stadtsee schauen - oder in die offene Küche. Mittags sind die einfacheren Tagesessen gefragt, abends bietet man interessante Gerichte wie "Seezungenfilets in Brioche gebacken". Tipp: Das hausgemachte Sonnenblumenkernbrot ist ein Gedicht!

Menü 35 € (abends) - Karte 28/60 €

8 Zim - 68/95 € 115/121 € - 1 Suite

Hauptstr. 131 ✉ 23879
- ✆ 04542 2772 - www.weissesross.com
- geschl. Sonntagabend - Montag

MÖNCHENGLADBACH

Nordrhein-Westfalen - 256 853 Ew. - Höhe 60 m - Regionalatlas **35**-B11
Michelin Straßenkarte 543

Eickes Gourmetrestaurant

MODERNE KÜCHE • DESIGN XXX Man sitzt hier in einem schönen modern-eleganten Restaurant und lässt sich Klassisches oder Kreatives servieren. Auf der Karte z. B. "Schwarzfederhuhn mit Kartoffel-Kräuterpüree" oder "Calamari gefüllt mit Blutwurst vom Holzkohlefeuer".

Menü 55/89 € - Karte 66/76 €

Hotel Palace St. George, Konrad-Zuse-Ring 10, (Nord Park) ✉ 41179 - ✆ 02161 549880 - www.palace-st-george.de - geschl. Sonntag - Dienstag

Eickes Bistro Restaurant

INTERNATIONAL • BISTRO X Warum die Bistrovariante der Eickes'schen Gastronomie so gut ankommt? Die Atmosphäre ist angenehm leger und man bietet eine abwechslungsreiche Speisenauswahl vom Hummer bis zum beliebten Schnitzel. Im Sommer sitzt man auch draußen schön.

Menü 26/54 € - Karte 31/86 €

Hotel Palace St. George, Konrad-Zuse-Ring 10, (Nord Park) ✉ 41179 - ✆ 02161 549880 - www.palace-st-george.de

Palace St. George

BOUTIQUE-HOTEL • DESIGN Hier hat jemand Geschmack bewiesen: Schön, modern und sehr wertig ist die einstige englische Kaserne beim Borussia-Park! Angenehm auch der freundliche Service, das gute Frühstücksbuffet und die Terrasse mit Lounge. Etwas Besonderes: Im 1. Stock dient eine ehemalige Kirche als Tagungs- und Veranstaltungsraum.

12 Zim - †90/150 € ††100/200 € - 1 Suite - ☕ 15 €

Konrad-Zuse-Ring 10, (Nord Park) ✉ 41179 - ✆ 02161 549880 - www.palace-st-george.de

Eickes Gourmetrestaurant • **Eickes Bistro Restaurant** - siehe Restaurantauswahl

Rosenmeer

BUSINESS • DESIGN Überall bestimmt wertiges geradlinig-modernes Design das Bild. In den Zimmern ruhige Farben, hübsche Stoffe und warmer Parkettboden, ebenso chic und trendig sind Lounge, Bar und das kompett verglaste lichte Restaurant mit Terrasse zum Stadtpark "Bunter Garten" (schön auch zum Spazierengehen).

16 Zim - †65/98 € ††85/128 € - 3 Suiten - ☕ 12 €

Schürenweg 45 ✉ 41063 - ✆ 02161 462420 - www.rosenmeer.net

In Mönchengladbach-Hardt West: 6 km

Lindenhof

KLASSISCHE KÜCHE • GASTHOF XX Eine gefragte Adresse ist das familiengeführte Restaurant in dem gleichnamigen Hotel. Das Ambiente ist schön behaglich und zugleich elegant, die Küche klassisch, ambitioniert und produktorientiert.

Menü 48/100 € - Karte 48/78 €

16 Zim ☕ - †79/127 € ††116/147 €

Vorster Str. 535 ✉ 41169 - ✆ 02161 559340 (Tischbestellung ratsam) - www.lindenhof-mg.de - nur Abendessen - geschl. Sonntag - Montag

In Korschenbroich-Steinhausen Ost: 10 km

Gasthaus Stappen

REGIONAL • GASTHOF XX Das gemütlich-moderne Restaurant in dem hübschen Backsteinhaus wird seit Generationen engagiert geführt. Die Küche ist regional-international und bietet z. B. "Steinbeißer in Krustentierschaum" oder auch "Wiener Schnitzel". Dazu die Vinothek und der schöne Innenhof. Tipp: Man hat chic-moderne Gästezimmer!

Menü 42/65 € - Karte 43/66 €

5 Zim - †85 € ††108 €

Steinhausen 39 ✉ 41352 - ✆ 02166 88226 - www.gasthaus-stappen.de - nur Abendessen, sonntags auch Mittagessen - geschl. 27. Dezember - 5. Januar und Dienstag

MOERS

Nordrhein-Westfalen - 102 923 Ew. - Höhe 30 m - Regionalatlas **25**-B11
Michelin Straßenkarte 543

Kurlbaum

KLASSISCHE KÜCHE • ELEGANT XX Das zeitlos-elegante Restaurant in der Fußgängerzone hat zahlreiche Stammgäste, und die mögen die klassisch geprägte Küche hier. Gerne kommt man auch zur Mittagszeit - da gibt es ein 2-Gänge-Menü zu einem attraktiven Preis!

Menü 49 € (vegetarisch)/85 € - Karte 48/65 €

Burgstr. 7, (1. Etage) ✉ 47441 - ✆ 02841 27200 (Tischbestellung ratsam) - www.restaurant-kurlbaum.de - Samstag - Montag nur Abendessen - geschl. Dienstag

Außerhalb Süd-West: 6 km, Richtung Krefeld

Feltgenhof

INTERNATIONAL • LÄNDLICH XX Sehr freundlicher Service und nette Atmosphäre machen das Restaurant in einem ehemaligen Bauernhof von 1890 aus. Im Sommer der Renner: Biergarten mit Grillstation im schönen Innenhof.

Menü 40/47 € - Karte 31/63 €

Krefelder Str. 244 ✉ 47447 Moers - ✆ 02845 28728 - www.feltgenhof.de - nur Abendessen, sonntags auch Mittagessen - geschl. Montag - Dienstag

In Moers-Repelen Nord: 3,5 km, Richtung Kamp-Lintfort

Zur Linde

MARKTKÜCHE • GASTHOF XX Das über 220 Jahre alte Bauernhaus hat Atmosphäre - dafür sorgt die reizende Einrichtung der Stuben, mit der die Gastgeber Liebe zum Detail bewiesen haben. Und im Innenhof eine charmante Terrasse! Gekocht wird international und regional.

Menü 39/76 € - Karte 31/66 €

Hotel Zur Linde, An der Linde 2 ✉ 47445 - ✆ 02841 9760 - www.hotel-zur-linde.de

Zur Linde

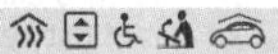

HISTORISCH • MODERN Hier hat man ein denkmalgeschütztes Gasthaus und ein historisches Bauernhaus gelungen mit einem modernen Anbau verbunden. Es erwarten Sie wohnliche Zimmer, ein ansprechender Saunabereich und gute Tagungsmöglichkeiten.

60 Zim - †99 € ††119 € - 3 Suiten - 13 € - ½ P

An der Linde 2 ✉ 47445 - ✆ 02841 9760 - www.hotel-zur-linde.de

Zur Linde - siehe Restaurantauswahl

MOLFSEE Schleswig-Holstein → Siehe Kiel

MONREPOS (SCHLOSS) Baden-Württemberg → Siehe Ludwigsburg

MONSCHAU

Nordrhein-Westfalen - 11 841 Ew. - Höhe 440 m - Regionalatlas **35**-A13
Michelin Straßenkarte 543

Schnabuleum

REGIONAL • GEMÜTLICH X Das Bruchsteinhaus mit dem rustikalen Charme liegt neben der seit jeher in Familientradition betriebenen Senfmühle von 1882. Was liegt da näher, als regionale Senfgerichte anzubieten? Auf der Karte finden sich z. B. "Monschauer Senfcremesuppe" oder "Senfrostbraten vom Weidemastbullen mit Portwein-Senfsauce und Döppekooche". Passend dazu: Senfmuseum und Laden.

Karte 29/52 €

Laufenstr. 118 ✉ 52156 - ✆ 02472 909840 (Tischbestellung ratsam) - www.senfmuehle.de - geschl. Montag - Dienstag

MONTABAUR

Rheinland-Pfalz - 12 600 Ew. - Höhe 230 m - Regionalatlas **37**-E14
Michelin Straßenkarte 543

Bernhards

MARKTKÜCHE • ZEITGEMÄSSES AMBIENTE XX Hätten Sie in dem Gewerbegebiet solch ein chic-modernes Restaurant erwartet? Man hat nicht nur eine schöne Aussicht auf Schloss Montabaur, durch eine Glasscheibe schaut man in die Küche - hier entsteht Internationales mit regional-saisonalem Einfluss. Tipp: Dry Aged Beef vom Grill oder auch Schmorgerichte!

Menü 44 € (abends) - Karte 35/79 €

Rudolf-Diesel-Str. 6, (im Gewerbegebiet Alter Galgen, 1. Etage), Nord: 2,5 km, jenseits der A 3 (Ausfahrt Nr. 40) ✉ 56410 - ✆ 02602 937444 - www.bernhards.restaurant - geschl. Januar 1 Woche und Samstagmittag, Montag - Dienstag

MOOS Baden-Württemberg → Siehe Radolfzell

MORSCHEN

Hessen - 3 340 Ew. - Höhe 195 m - Regionalatlas **39**-H12
Michelin Straßenkarte 543

Poststation

REGIONAL • PUB XX Im Nebengebäude des Hotels Kloster Haydau, der Poststation von 1765, kocht man regional und klassisch - gerne verwendet man auch heimische Produkte. Auf der Karte z. B. "Eubacher Bio-Poulardenbrust, Kerbelknolle, kleines Gemüse, Risotto".

Menü 37/65 € - Karte 39/55 €

Hotel Kloster Haydau, In der Haydau 2 ✉ 34326 - ✆ 05664 939100 - www.hotel-kloster-haydau.de - Montag - Samstag nur Abendessen - geschl. 2. - 7. Januar

Kloster Haydau

HISTORISCH • MODERN Durch und durch modern ist das Hotel direkt an der schönen historischen Klosteranlage, von der großzügigen Empfangshalle, über die hellen, geradlinig und klar designten Zimmer bis zum Sauna- und Anwendungsbereich. Alternativ gibt es noch die Poststation a. d. 18. Jh. mit 13 individuellen Zimmern.

134 Zim - †95/165 € ††120/195 € - 2 Suiten - ☕ 15 € - ½ P

In der Haydau 2 ✉ 34326 - ✆ 05664 939100 - www.hotel-kloster-haydau.de - geschl. 2. - 7. Januar

Poststation - siehe Restaurantauswahl

MOSBACH

Baden-Württemberg - 22 781 Ew. - Höhe 156 m - Regionalatlas **48**-G17
Michelin Straßenkarte 545

In Mosbach-Nüstenbach Nord-West: 4 km Richtung Reichenbach

Landgasthof zum Ochsen

MARKTKÜCHE • GEMÜTLICH XX Freigelegte Holzbalken, charmante Deko, dazu schön eingedeckte Tische... Hier speist man herzlich umsorgt in stilvoll-gemütlicher Atmosphäre, und zwar frische regionale Gerichte wie "geschmorte Ochsenbäckchen mit Kartoffel-Petersilienpüree und Gemüse". Tipp: Schweizer Wochen im Januar. Ox-Scheune für Feiern.

Menü 33/45 € - Karte 31/58 €

Im Weiler 6 ✉ 74821 - ✆ 06261 15428 (Tischbestellung ratsam) - www.restaurant-zum-ochsen.de - nur Abendessen - geschl. 1. - 10. Januar, August und Montag - Dienstag

MÜHLHEIM am MAIN

Hessen - 27 753 Ew. - Höhe 102 m - Regionalatlas **48**-G15
Michelin Straßenkarte 543

In Mühlheim-Lämmerspiel Süd-Ost: 5 km über Lämmerspieler Straße

Das Waitz

FRANZÖSISCH-KLASSISCH • ELEGANT XXX Schön das Restaurant mit seinem eleganten Ambiente in gedeckten Farben. Auf der Karte z. B. "Rücken und Ragout vom Spessart-Hirsch, Preiselbeer-Krokant-Jus, Spitzkohl, Schupfnudeln". Oder möchten Sie lieber ein Menü?

Menü 35/69 € - Karte 35/60 €

Hotel Landhaus Waitz, Bischof-Ketteler-Str. 26 ✉ 63165 - ✆ 06108 6060 - www.das-waitz.de - nur Abendessen - geschl. 1. - 7. Januar

Landhaus Waitz

LANDHAUS • INDIVIDUELL Motto des engagiert geführten Hauses: "Tradition, Evolution, Innovation". Man hat individuelle Zimmer von modern-toskanischem Landhausstil bis klassisch-elegant (drei Zimmer sind große Maisonetten), dazu die moderne "Steff's Lounge" (beliebt hier der Mittagstisch) und die gemütliche Zigarrenbar "Fledermaus".

74 Zim - †105/160 € ††145/220 € - 7 Suiten

Bischof-Kettelerstrasse 26 ✉ 63165 - ✆ 06108 6060 - www.hotel-waitz.de - geschl. 1. - 7. Januar

Das Waitz - siehe Restaurantauswahl

MÜHLTAL Hessen → Siehe Darmstadt

MÜLHEIM an der RUHR

Nordrhein-Westfalen - 167 108 Ew. - Höhe 40 m - Regionalatlas **26**-C11
Michelin Straßenkarte 543

am Kamin

MODERNE KÜCHE • RUSTIKAL XX Als einer der talentierten jungen Küchenchefs im Lande sorgt Sven-Niklas Nöthel in dem ruhig in einem Park gelegenen Fachwerkhaus von 1732 für modern-kreative Küche. Geschult der Service - die Köche selbst erklären die Speisen. Dazu Weinempfehlungen am Tisch. Toll die Gartenterrasse!

→ Huchen mit Roter Bete, Fenchel, Shiitake und Anis. Maibock mit Sellerie, Kirsche, Spargoli und schwarzer Walnuss. Geräuchertes Salz-Milcheis mit Zwiebel, Mandel und Gartenkräutern.

Menü 59/99 € - Karte 45/64 €

Striepensweg 62 ✉ 45473 - ✆ 0208 760036 - www.restaurant-amkamin.de - geschl. 1. - 17. Januar und Samstagmittag

Villa am Ruhrufer

BOUTIQUE-HOTEL • DESIGN Die herrschaftliche Villa an der Ruhr (1898 erbaut) ist der Inbegriff eines Boutique-Hotels: individuell, geradlinig-chic, auffallend wertig! Beispielhaft der Service, z. B. Shuttle zu den eigenen Golfplätzen und in die City. Noch etwas ruhiger schläft man im Hinterhaus. Kleines Speisenangebot für Hausgäste.

6 Zim - †165/245 € ††195/275 € - 6 Suiten - 25 €

Dohne 105 ✉ 45468 - ✆ 0208 9413970 - www.villa-am-ruhrufer.de

In Mülheim-Mintard West: 8 km, Richtung Düsseldorf

Landhaus Höppeler

REGIONAL • BÜRGERLICH X Peter Höppeler bietet in seinem Landhaus ambitionierte Küche mit regionalen Einflüssen, und die gibt es z. B. als "kross gebratene Ente, Holunderblütensauce, Kohlrabi". Tipp: Fragen Sie nach den Tagesempfehlungen. Nett die Terrasse.

Karte 30/58 €

August-Thyssen-Str. 123 ✉ 45481 - ✆ 02054 18578 - www.landhaus-hoeppeler.de - geschl. Montag - Dienstag

In Mülheim-Speldorf West: 4 km, Richtung Duisburg

Möllecken Altes Zollhaus

INTERNATIONAL • FREUNDLICH Bei den Möllecken darf man sich in freundlich-elegantem Ambiente auf Klassiker wie Wiener Schnitzel sowie international-saisonale Gerichte freuen, und ein vegetarisches Menü gibt es ebenfalls. Darf es mittags vielleicht der günstige Business Lunch sein? Gerne sitzt man auch auf der Terrasse.

Menü 27 € (mittags)/40 € - Karte 33/52 €

5 Zim - 55 € 75 € - 12 €

Duisburger Str. 239 45478 - 0208 50349 - www.moelleckensalteszollhaus.de - geschl. 1. - 5. Januar und Sonntagabend - Montag, Samstagmittag

MÜLHEIM (MOSEL)

Rheinland-Pfalz - 1 011 Ew. - Höhe 119 m - Regionalatlas **46**-C15
Michelin Straßenkarte 543

Culinarium R 2.0

INTERNATIONAL • ELEGANT Ein ehemaliger Kolonialwarenladen in frischem Style - modern und gemütlich zugleich. Auf der Karte z. B. "Terrine vom Moselwild, Lavendelessig-Gel, Pfirsich & Pistaziencrumble" oder "Dry Aged Striploin-Steak vom Simmentaler Eifelrind".

Karte 41/66 €

Weinromantikhotel Richtershof, Hauptstr. 81 54486 - 06534 9480 - www.weinromantikhotel.com - nur Abendessen, an Feiertagen auch Mittagessen - geschl. 8. Januar - 8. Februar und Sonntag - Dienstag

Remise

REGIONAL • LÄNDLICH In der Remise gibt es ab 13 Uhr durchgehend regional-saisonale Gerichte wie "gebratenen Kabeljau mit Gräwes" oder "Crème brûlée von der weißen Schokolade". Draußen sitzt man schön unter einer alten Kastanie mit Blick auf den Seerosenteich.

Menü 37/49 € - Karte 35/52 €

Weinromantikhotel Richtershof, Hauptstr. 81 54486 - 06534 9480 - www.weinromantikhotel.com

Weinromantikhotel Richtershof

HISTORISCH • INDIVIDUELL Schön das historische Gebäudeensemble (einst Weingut), hübsch die Zimmer von "Petit Charme" über "Flair", "Charme" und "Grand" bis hin zur Juniorsuite und Suite. Reizvolle Gartenanlage und eleganter römischer Spa nebst Beautyatelier. Sehenswert: Fassweinkran im Frühstücksraum sowie Kellergewölbe auf 1700 qm!

40 Zim - 99/180 € 160/200 € - 3 Suiten - ½ P

Hauptstr. 81 54486 - 06534 9480 - www.weinromantikhotel.com

Culinarium R 2.0 • **Remise** - siehe Restaurantauswahl

Weisser Bär

BOUTIQUE-HOTEL • THEMENBEZOGEN Der Mosel ganz nah: ein Großteil der Zimmer, das Restaurant samt Terrasse sowie der schöne Wellnessbereich bieten Flussblick. Exotische Deko vom Empfang über die "African Lodge"-Bar bis zum "Dschungelbad", Themenzimmer wie Hacienda, Eschnapur, Bacchus... Klassisch-regionale Küche und gute Rieslingauswahl.

28 Zim - 97/165 € 149/279 € - 5 Suiten - ½ P

Moselstr. 7, B 53 54486 - 06534 94770 - www.hotel-weisser-baer.de

Schiffmann

SPA UND WELLNESS • FUNKTIONELL Für Gesundheitsbewusste und Ruhesuchende: großes Gartengrundstück, Blick ins Grüne, dazu ein umfassendes Spa-Angebot samt Heilfasten, TCM, Reiki... sowie Speisen von vegetarisch/vegan über allergikergerecht bis klassisch. Inklusive: Wasser, Telefonieren ins dt. Festnetz, W-Lan, Leihfahrräder...

52 Zim - 106/126 € 170/256 € - ½ P

Veldenzer Str. 49a 54486 - 06534 93940 - www.landhaus-schiffmann.de - geschl. 22. Juli - 5. August, 10. - 25. Dezember

Domizil Schiffmann

BUSINESS • MODERN Eine nette Adresse ist das ganz modern eingerichtete kleine Hotel mitten im Ort. W-Lan und Telefon (deutsches Festnetz) sind inklusive, alle Zimmer (auch Allergikerzimmer) mit Balkon oder Terrasse. Im Restaurant bürgerlich-saisonale Küche einschließlich vegetarischer Speisen. Tipp: interessante Arrangements!

18 Zim – 60 € 96 € – ½ P

Hauptstr. 52 ✉ 54486 – ✆ 06534 947690 – www.domizil-schiffmann.de – geschl. Januar

MÜLHEIM-KÄRLICH

Rheinland-Pfalz – 10 980 Ew. – Höhe 76 m – Regionalatlas **36**-D14
Michelin Straßenkarte 543

Zur Linde

MARKTKÜCHE • GEMÜTLICH XX Gemütlich hat man es bei Familie Linden (5. Generation). Im Restaurant und in der Winzerstube bietet man saisonal, regional und international beeinflusste Küche, so z. B. "Cordon bleu vom Maifelder Schwein mit Frühlingslauch" oder "gratinierten Lammrücken auf provenzalischem Gemüse". Vinothek.

Menü 38/49 € – Karte 27/53 €

Bachstr. 12, Mülheim ✉ 56218 – ✆ 02630 4130 – www.zurlinde.info – geschl. über Karneval 1 Woche, Oktober 2 Wochen und Montagabend - Dienstag, Samstagmittag

MÜLLHEIM

Baden-Württemberg – 18 528 Ew. – Höhe 267 m – Regionalatlas **61**-D21
Michelin Straßenkarte 545

Hebelstube

MARKTKÜCHE • LÄNDLICH XX Hier war der Poet Johann Peter Hebel namengebend und er verewigte den historischen Gasthof mit den hübschen Stuben sogar in einem Gedicht. Gekocht wird saisonal mit regionaler und klassischer Note - wie wär's z. B. mit "Taubenbrust, Getreidejus, Rauch, Spitzkohl"?

Menü 35/64 € (abends) – Karte 36/65 €

Landhotel Alte Post, Posthalterweg, B 3 ✉ 79379 – ✆ 07631 17870 – www.alte-post.net – geschl. 23. - 25. Dezember

Taberna

ITALIENISCH • HIP X Was für ein sympathisches Gasthaus! Die herzlichen Gastgeber verwöhnen Sie hier mit angenehm reduzierter und anspruchsvoller italienischer Küche. Es gibt z. B. "Bresse-Taube mit Honig und Pfeffer lackiert". Mittags kocht man ebenfalls frisch, aber einfacher. Tipp: die Terrasse über dem Klemmbach!

Menü 53 € (abends)/83 € – Karte 45/66 €

Marktplatz 7 ✉ 79379 – ✆ 07631 174884 – www.taberna-restaurant.de – geschl. Sonntag - Montag

Messer und Gradel
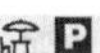

FUSION • HIP X Das moderne Konzept aus Restaurant, Lounge und Bar kommt an, ebenso die trendige "Weltküche", wie man sie selbst nennt: bewusst kleine Portionen von asiatisch über kalifornisch bis mediterran - lecker sind da z. B. Linguine mit Hummer oder frische Bouchot-Muscheln. Schöne Terrasse.

Menü 34/98 € – Karte 32/56 €

Goethestr. 10 ✉ 79379 – ✆ 07631 10060 – www.messerundgradel.de – nur Abendessen – geschl. Dienstag - Mittwoch

Landhotel Alte Post

GASTHOF • FUNKTIONELL Natürliche Materialien und warme Töne machen die Zimmer in der einstigen Posthalterei schön wohnlich. Benannt sind sie nach Rebsorten, Bäumen und Kräutern, im Gästehaus haben sie einen kleinen Balkon.

50 Zim – 80/95 € 120/140 € – 1 Suite – ½ P

Posthalterweg, B 3 ✉ 79379 – ✆ 07631 17870 – www.alte-post.net – geschl. 23. - 25. Dezember

Hebelstube – siehe Restaurantauswahl

Appartement-Hotel im Weingarten

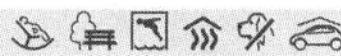

PRIVATHAUS • INDIVIDUELL Ein charmantes kleines Hotel in ruhiger Lage oberhalb der Stadt - da passt das Motto "wandern, biken, joggen, relaxen". Dazu darf man sich auf moderne, wohnliche Zimmer, ein frisches Frühstück und einen schönen (Wein-) Garten freuen.

13 Zim - 85/120 € 120/140 €

Kochmatt 8 79379 - 07631 36940 - www.app-hotel-im-weingarten.de

Altes Spital (N)

HISTORISCHES GEBÄUDE • MODERN Was dieses ehemalige Spital interessant macht, ist die Kombination aus schönem denkmalgeschütztem historischem Rahmen und modernem Interieur. Zu den technisch sehr gut ausgestatteten und geradlinig-schlicht designten Zimmern kommt eine junge Gastronomie mit internationaler Küche.

29 Zim - 74/78 € 95/98 €

Hauptstr. 78 79379 - 07631 9899988 - www.spitalhotel.de

In Müllheim-Britzingen Nord-Ost: 5 km über Zunzingen

Hirschen

BÜRGERLICHE KÜCHE • LÄNDLICH Ein typisch badischer Familienbetrieb, in dem es schön gastlich zugeht, und das bei solider bürgerlicher Küche - da kommt schonmal die Suppenterrine auf den Tisch! Und danach vielleicht "Färsen-Rumpsteak mit Zwiebel-Kräuterkruste"? Nett der ländliche Charme. Einfach, aber gepflegt die Gästezimmer.

Menü 21 € (unter der Woche) - Karte 26/50 €

4 Zim - 70 € 70 €

Markgräfler Str. 22 79379 - 07631 5457 (Tischbestellung ratsam) - www.hirschen-britzingen.de - geschl. 19. Dezember - 10. Januar, 5. - 13. Juni, 31. Juli - 15. August

In Müllheim-Feldberg Süd-Ost: 6 km über Vögisheim

Ochsen

REGIONAL • GASTHOF Der Gasthof ist seit seiner Gründung 1763 in Familienbesitz. Drinnen reizende Stuben, draußen eine hübsche Terrasse und ein Innenhof (zur Weihnachtszeit mit kleinem Markt). Es wird frisch gekocht, z. B. "Kutteln in Weißweinsoße" oder "gebratene Dorade auf mediterranem Gemüse". Schön übernachten kann man auch.

Menü 29/55 € - Karte 27/73 €

7 Zim - 50/70 € 100 €

Bürgelnstr. 32 79379 - 07631 3503 - www.ochsen-feldberg.de - geschl. Donnerstag

MÜNCHBERG

Bayern - 10 306 Ew. - Höhe 546 m - Regionalatlas **51**-M14
Michelin Straßenkarte 546

Seehotel Hintere Höhe

LANDHAUS • FUNKTIONELL Ruhig liegt das Haus umgeben von Wiesen und Wäldern, vor der Tür befindet sich ein kleiner See - in zehn Minuten ist man um ihn herum spaziert! Die wohnlich-klassischen Zimmer bieten meist Balkon und Seeblick.

14 Zim - 59/79 € 79/99 €

Hintere Höhe 7, Süd-West: 1 km 95213 - 09251 94610 - www.seehotel-muenchberg.de - geschl. 27. Juli - 26. August

Braunschweiger Hof

FAMILIÄR • FUNKTIONELL Ein familiär geleitetes kleines Stadthotel mit freundlichem Service, in dem gepflegte, praktisch eingerichtete Zimmer zur Verfügung stehen. Gemütlich die Atmosphäre im gediegenen Restaurant, die Küche saisonal und bürgerlich-international.

20 Zim - 52/59 € 82 €

Bahnhofsstr. 13 95213 - 09251 99400 - www.braunschweigerhof.de - geschl. 14. - 28. August

MÜNCHEN

Deftig bayerische Küche, wie man sie von Brauereigaststätten kennt, gehört zur „Weltstadt mit Herz" wie Frauenkirche, Viktualienmarkt und Englischer Garten. Aber das ist natürlich längst nicht alles. Die bayerische Landeshauptstadt ist in Sachen Gastronomie ebenso innovativ aufgestellt wie beispielsweise Berlin oder Hamburg. Auch hier heißt der Trend „jung und leger", und der reicht vom bodenständigen Lieblingslokal für jeden Tag bis zum 3-Sterne-Restaurant. Gerne beziehen die Gastronomen ihre Produkte aus der Region, auch Bio-Qualität steht hoch im Kurs.
München hat kulinarisch eine enorme Bandbreite zu bieten, von zünftig-bayerisch in Form von Leberkäs, Weißwurst & Co. über regional-saisonale und internationale Spezialitäten bis zur klassisch-französischen Hochküche. Auch Pizzerien und „Edel-Italiener" sind in der „nördlichsten Stadt Italiens" zahlreich vertreten. Nicht zu vergessen das nach wie vor boomende vegetarische und vegane Angebot. Tipp: Besuchen Sie unbedingt einen der tollen Biergärten – die haben hier Tradition!

In diesem Sinne: Servus in „Minga"!

Wir mögen besonders:

Jan Hartwigs Spitzenküche im **Atelier**. Im Traditionshaus **Dallmayr** Delikatessen-Shopping und Gourmetküche unter einem Dach erleben. Den legendären 70er-Jahre-Look des **Tantris**. Das **Vinaiolo** mit dem Flair eines alten Kaufmannsladens. Auf Leberkäs und Weißwürste ins Wirtshaus **Zum Franziskaner** einkehren. Ganz individuell und stilvoll im **Opéra** übernachten.

1 388 310 Ew. – Höhe 518 m

• Regionalatlas 65-L20

• Michelin Straßenkarte 546

M. Ripani/Sime/Photononstop

UNSERE RESTAURANTAUSWAHL

ALLE RESTAURANTS VON A BIS Z

A

B

C

D

E-F

G

H

Kaplanec / iStock

AngiePhotos / iStock

CLFortin / iStock

RESTAURANTS AM SONNTAG GEÖFFNET

UNSERE HOTELAUSWAHL

ALLE UNTERKÜNFTE VON A BIS Z

A-B

C

D

E-F

H-I

K-L

M

O

P

R-S

T-V

KhongkitWiriyachan / iStock

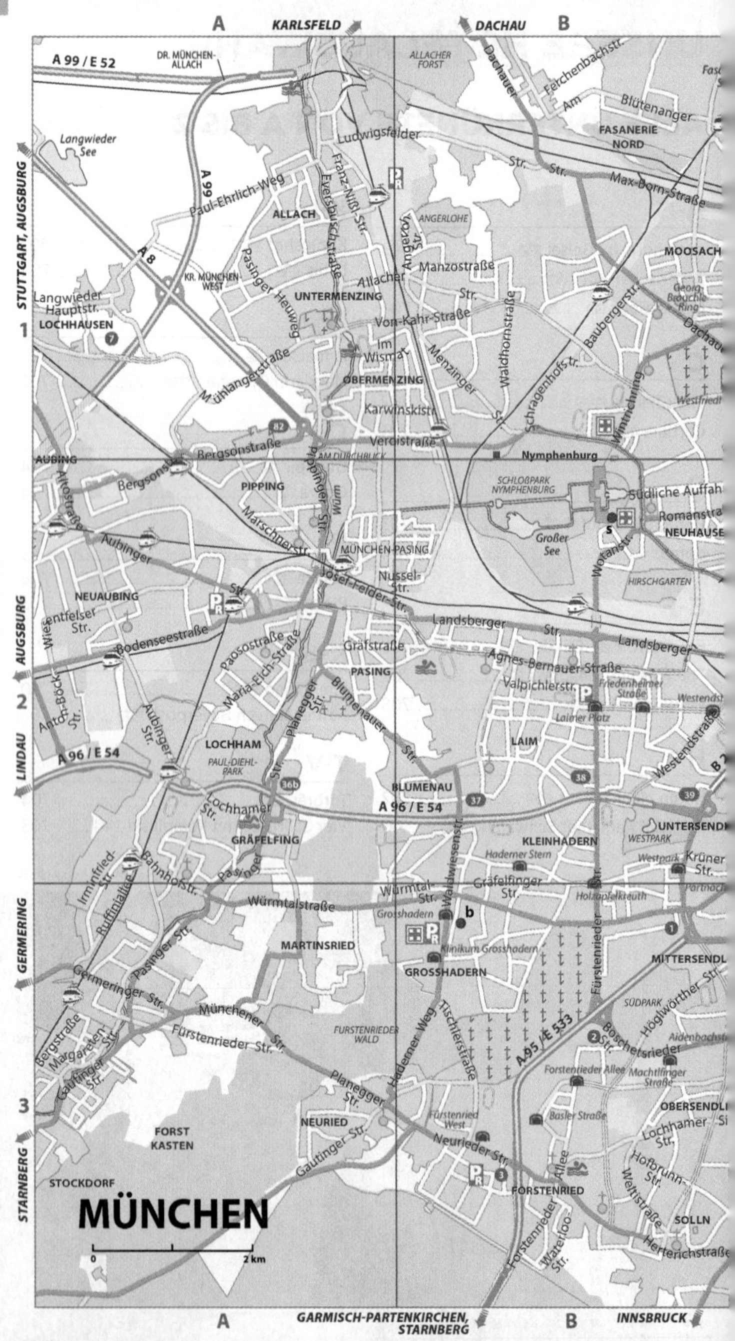

A
KARLSFELD
DACHAU
B
A 99 / E 52
DR. MÜNCHEN-ALLACH
ALLACHER FORST
Ferchenbachstr.
Blütenanger
FASANERIE NORD
Langwieder See
STUTTGART, AUGSBURG
A 99
Paul-Ehrlich-Weg
Ludwigsfelder
Franz-Nißl-Str.
Eversbuschstraße
Dachauer Str.
Max-Born-Straße
ALLACH
ANGERLOHE
MOOSACH
A 8
Pasinger Heuweg
Angerlohstr.
Allacher Str.
Manzostraße
KR. MÜNCHEN-WEST
UNTERMENZING
Langwieder Hauptstr.
LOCHHAUSEN
1
Von-Kahr-Straße
Georg-Brauchle-Ring
Baubergerstr.
Im Wismat
Menzinger Str.
Waldhornstraße
Schragenhofstr.
Mühlangerstraße
OBERMENZING
Karwinskistr.
Wintrichring
Westfriedhof
Verdistraße
AUBING
Bergsonstraße
AM DURCHBLICK
Nymphenburg
SCHLOßPARK NYMPHENBURG
Südliche Auffahrt
Altostraße
Bergsonstr.
PIPPING
Pippinger Str.
Würm
Romanstraße
NEUHAUSEN
Marschnerstr.
Großer See
MÜNCHEN-PASING
Aubinger Str.
Josef-Felder-Str.
Nussel-Str.
Wotanstr.
HIRSCHGARTEN
NEUAUBING
Wiesentfelser Str.
AUGSBURG
Bodenseestraße
Landsberger Str.
Landsberger
Paosostraße
Maria-Eich-Straße
Gräfstraße
Agnes-Bernauer-Straße
PASING
Valpichlerstr.
Friedenheimer Straße
Westendstr.
2
Anton-Böck-Str.
Planegger Str.
Blumenauer Str.
Laimer Platz
Aubinger Str.
LOCHHAM
LAIM
Westendstraße
LINDAU
A 96 / E 54
PAUL-DIEHL-PARK
Str.
36b
BLUMENAU
37
38
39
Lochhamer Str.
A 96 / E 54
UNTERSENDLING
GRÄFELFING
KLEINHADERN
WESTPARK
Irminfried-Str.
Bahnhofstr.
Haderner Stern
Westpark
Krüner Str.
Pasinger
Gräfelfinger Str.
Würmtal-Str.
Ruffinialle
Würmtalstraße
Waldwiesenstr.
Fürstenrieder Str.
Holzapfelkreuth
GERMERING
Grosshadern
b
1
MARTINSRIED
Klinikum Grosshadern
Pasinger Str.
GROSSHADERN
MITTERSENDLING
Germeringer Str.
Höglwörther Str.
SÜDPARK
Münchener Str.
FÜRSTENRIEDER WALD
Fürstenrieder Str.
Haderner Weg
Tischlerstraße
2
Boschetsrieder Str.
Aidenbachstr.
Bergstraße
Margareten Str.
Gautinger Str.
A 95 / E 533
Forstenrieder Allee
Machtlfinger Straße
Planegger Str.
3
Fürstenried West
OBERSENDLING
Basler Straße
NEURIED
FORST KASTEN
Lochhamer Str.
Neurieder Str.
STARNBERG
Gautinger Str.
Hofbrunnstr.
3
STOCKDORF
FORSTENRIED
Allee
Weltistraße
MÜNCHEN
SOLLN
0
2 km
Forstenrieder
Waterloo-Str.
Herterichstraße
A
GARMISCH-PARTENKIRCHEN, STARNBERG
B
INNSBRUCK

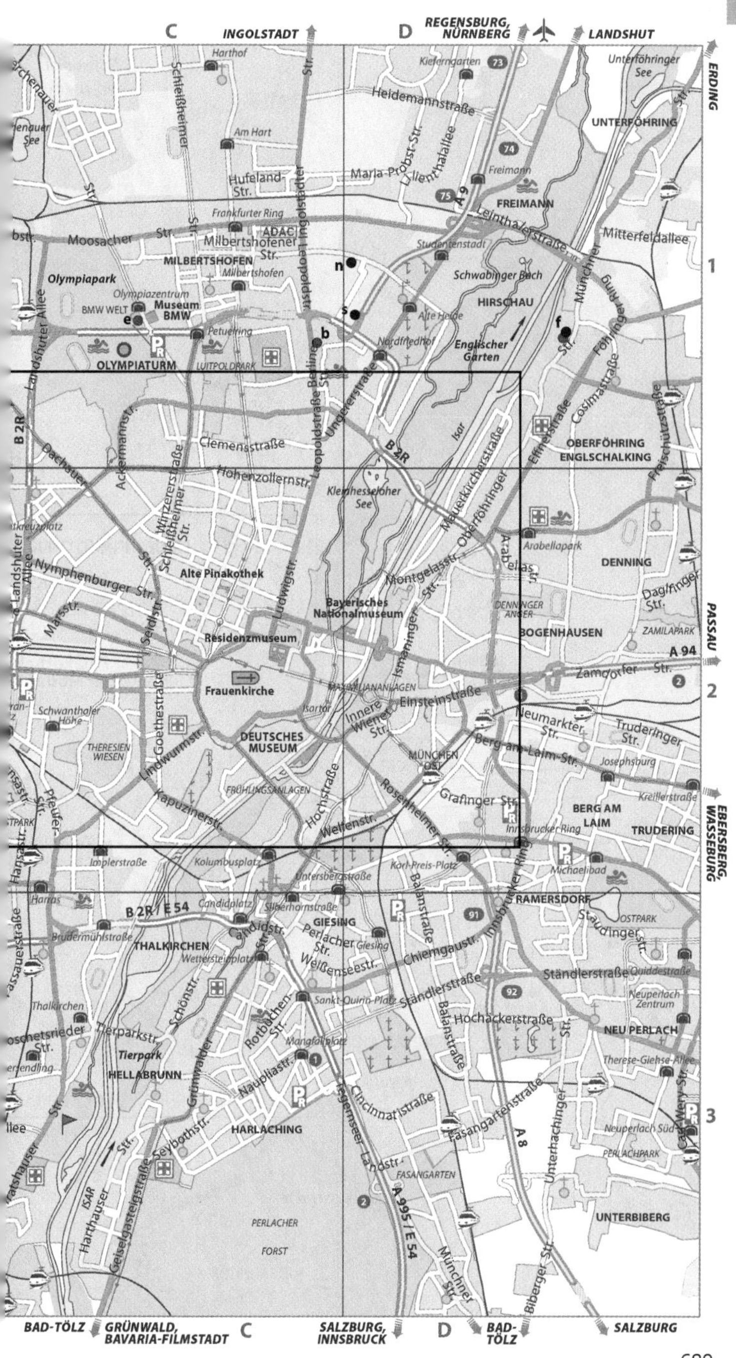
C
INGOLSTADT
D
REGENSBURG, NÜRNBERG
LANDSHUT
ERDING
PASSAU
A 94
EBERSBERG, WASSEBURG
1
2
3
MILBERTSHOFEN
Olympiapark
OLYMPIATURM
Museum BMW
BMW WELT
FREIMANN
HIRSCHAU
Englischer Garten
UNTERFÖHRING
OBERFÖHRING
ENGLSCHALKING
DENNING
BOGENHAUSEN
Alte Pinakothek
Bayerisches Nationalmuseum
Residenzmuseum
Frauenkirche
DEUTSCHES MUSEUM
THERESIEN WIESEN
BERG AM LAIM
TRUDERING
RAMERSDORF
GIESING
THALKIRCHEN
Tierpark
HELLABRUNN
HARLACHING
NEU PERLACH
UNTERBIBERG
PERLACHER FORST
B 2R
B 2R / E 54
A 9
A 8
A 995 / E 54
Leopoldstraße
Ludwigstr.
Nymphenburger Str.
Einsteinstraße
Rosenheimer Str.
Isar
BAD-TÖLZ
GRÜNWALD, BAVARIA-FILMSTADT
C
SALZBURG, INNSBRUCK
D
BAD-TÖLZ
SALZBURG

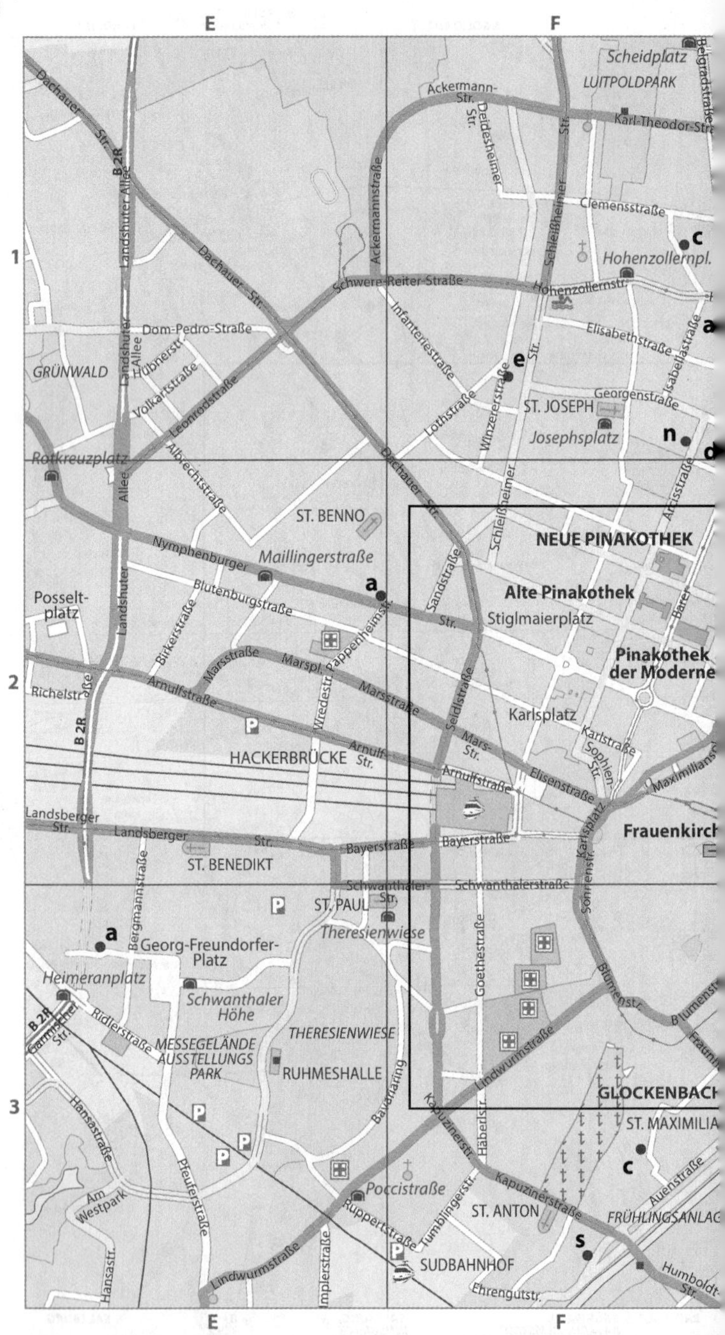
E
F
1
2
3
Dachauer Str.
Landshuter Allee
B 2R
Ackermann-Str.
Ackermannstraße
Deidesheimer Str.
Schleißheimer Str.
Scheidplatz
LUITPOLDPARK
Karl-Theodor-Str.
Belgradstraße
Clemensstraße
Hohenzollernpl.
Schwere-Reiter-Straße
Hohenzollernstr.
Dom-Pedro-Straße
Hübnerstr.
GRÜNWALD
Volkartstraße
Leonrodstraße
Infanteriestraße
Elisabethstraße
Isabellastraße
Lothstraße
Winzererstraße
Georgenstraße
ST. JOSEPH
Josephsplatz
Rotkreuzplatz
Albrechtstraße
ST. BENNO
Arcisstraße
NEUE PINAKOTHEK
Nymphenburger Str.
Maillingerstraße
Blutenburgstraße
Sandstraße
Alte Pinakothek
Stiglmaierplatz
Posselt-platz
Birkerstraße
Pappenheimstr.
Marsstraße
Marspl.
Pinakothek der Moderne
Richelstraße
Arnulfstraße
Wredestr.
Seidlstraße
Karlsplatz
HACKERBRÜCKE
Arnulf-Str.
Mars-Str.
Karlstraße
Sophien-Str.
Elisenstraße
Maximiliansplatz
Landsberger Str.
Bayerstraße
Frauenkirche
ST. BENEDIKT
Schwanthaler-Str.
Schwanthalerstraße
Sonnenstr.
ST. PAUL
Theresienwiese
Bergmannstraße
Georg-Freundorfer-Platz
Goethestraße
Heimeranplatz
Schwanthaler Höhe
Blumenstr.
Garmischer Str.
Ridlerstraße
MESSEGELÄNDE AUSSTELLUNGS PARK
THERESIENWIESE
RUHMESHALLE
Lindwurmstraße
GLOCKENBACH
Bavariaring
Kapuzinerstr.
ST. MAXIMILIAN
Hansastraße
Pfeuferstraße
Häberlstr.
Auenstraße
Am Westpark
Poccistraße
Kapuzinerstraße
Tumblingerstr.
ST. ANTON
FRÜHLINGSANLAGEN
Ruppertstraße
Hansastr.
Implerstraße
SUDBAHNHOF
Ehrengutstr.
Humboldt-Str.
a
c
e
n
d
s
P

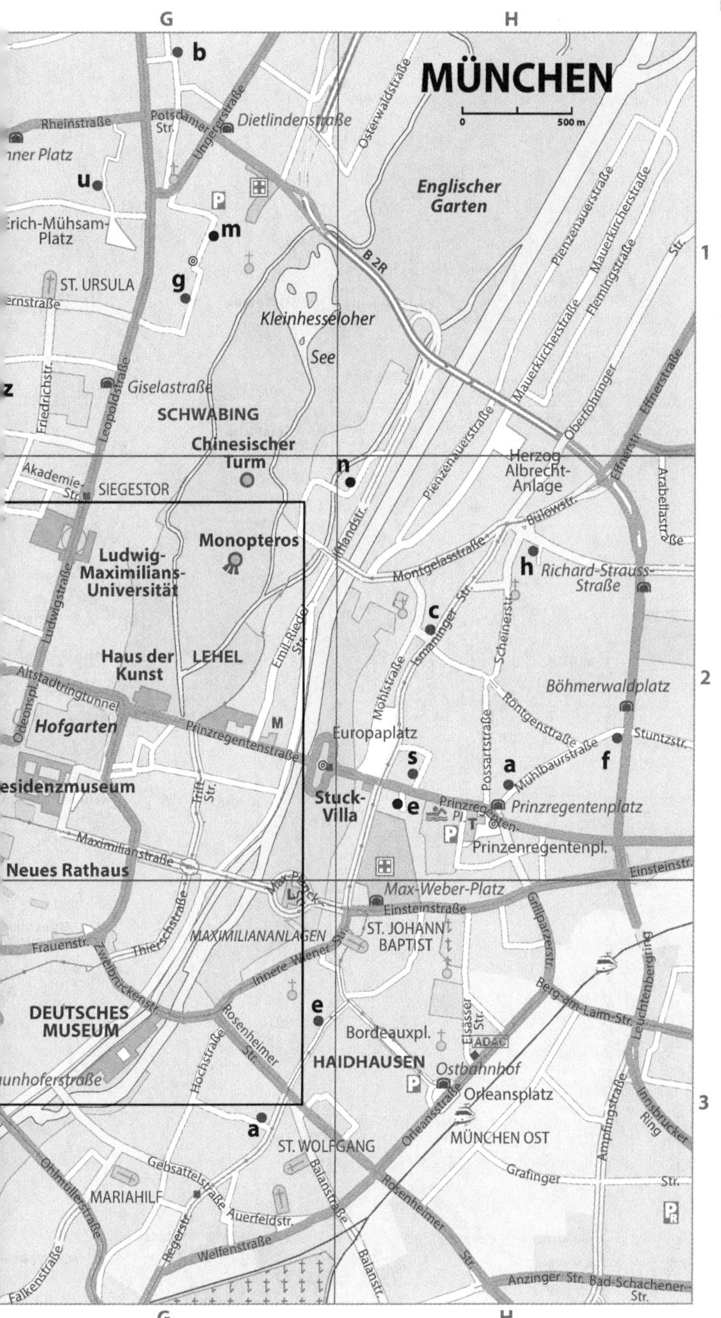
MÜNCHEN
0
500 m
G
H
1
2
3
Englischer Garten
Kleinhesseloher See
SCHWABING
Chinesischer Turm
Monopteros
Ludwig-Maximilians-Universität
Haus der Kunst
LEHEL
Hofgarten
Residenzmuseum
Neues Rathaus
Stuck-Villa
Europaplatz
Prinzregentenplatz
Prinzenregentenpl.
Max-Weber-Platz
MAXIMILIANANLAGEN
ST. JOHANN BAPTIST
DEUTSCHES MUSEUM
HAIDHAUSEN
Bordeauxpl.
Ostbahnhof
Orleansplatz
MÜNCHEN OST
ST. WOLFGANG
MARIAHILF
ST. URSULA
SIEGESTOR
Herzog Albrecht-Anlage
Böhmerwaldplatz
Richard-Strauss-Straße
Giselastraße
Dietlindenstraße
Rheinstraße
Erich-Mühsam-Platz
Leopoldstraße
Ludwigstraße
Akademie-Str.
Friedrichstr.
Ungererstraße
Potsdamer Str.
Osterwaldstraße
B 2R
Pienzenauerstraße
Mauerkircherstraße
Flemingstraße
Oberföhringer
Effnerstraße
Effnerstr.
Arabellastraße
Bülowstr.
Montgelasstraße
Ismaninger Str.
Scheinerstr.
Möhlstraße
Emil-Riedel-Str.
Ifflandstr.
Röntgenstraße
Stuntzstr.
Mühlbaurstraße
Possartstraße
Prinzregentenstraße
Altstadtringtunnel
Odeonspl.
Maximilianstraße
Trift Str.
Max-Planck-Str.
Einsteinstraße
Einsteinstr.
Grillparzerstr.
Berg-am-Laim-Str.
Leuchtenbergring
Innere Wiener Str.
Thierschstraße
Frauenstr.
Zweibrückenstr.
Rosenheimer Str.
Hochstraße
Elsässer Str.
ADAC
Orleansstraße
Ampfingstraße
Innsbrucker Ring
Grafinger Str.
Balanstraße
Balanstr.
Gebsattelstraße
Auerfeldstr.
Regerstr.
Welfenstraße
Ohlmüllerstraße
Falkenstraße
Anzinger Str.
Bad-Schachener-Str.
Fraunhoferstraße
b
u
m
g
n
h
c
s
e
a
f
M
L
P
T

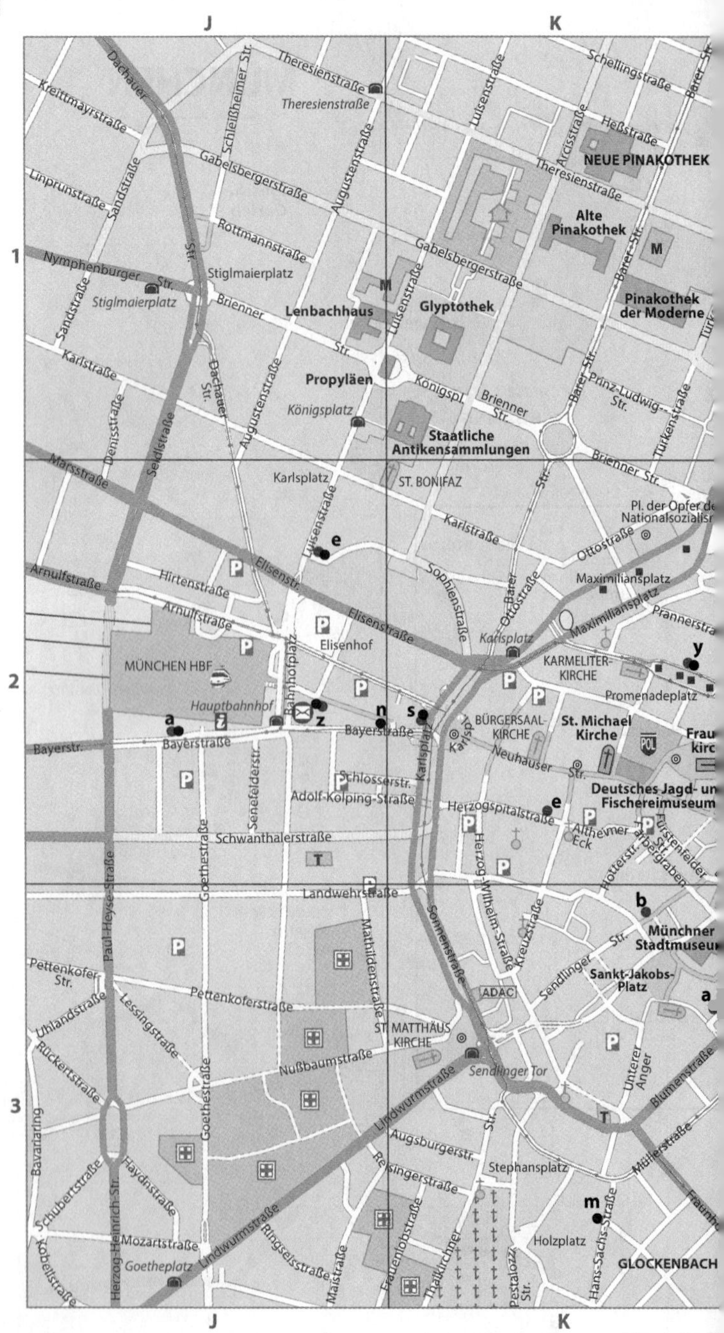
J
K
1
2
3
NEUE PINAKOTHEK
Alte Pinakothek
Pinakothek der Moderne
Lenbachhaus
Glyptothek
Propyläen
Staatliche Antikensammlungen
ST. BONIFAZ
Karlsplatz
Stiglmaierplatz
Theresienstraße
Königsplatz
MÜNCHEN HBF
Hauptbahnhof
Elisenhof
KARMELITER-KIRCHE
BÜRGERSAAL-KIRCHE
St. Michael Kirche
Deutsches Jagd- und Fischereimuseum
Münchner Stadtmuseum
Sankt-Jakobs-Platz
ST. MATTHÄUS KIRCHE
Sendlinger Tor
Goetheplatz
Stephansplatz
Holzplatz
GLOCKENBACH
Pl. der Opfer des Nationalsozialismus
Maximiliansplatz
Promenadeplatz
ADAC
Dachauer Str.
Nymphenburger Str.
Brienner Str.
Karlstraße
Marsstraße
Arnulfstraße
Elisenstraße
Bayerstraße
Schwanthalerstraße
Landwehrstraße
Pettenkoferstraße
Nußbaumstraße
Lindwurmstraße
Sonnenstraße
Paul-Heyse-Straße
Goethestraße
Luisenstraße
Augustenstraße
Barer Str.
Gabelsbergerstraße
Schellingstraße
Sendlinger Str.
Blumenstraße
Müllerstraße
Neuhauser Str.
Herzogspitalstraße
Herzog-Wilhelm-Straße
Mozartstraße
Kreittmayrstraße
Linprunstraße
Sandstraße
Rottmannstraße
Heßstraße
Arcisstraße
Theresienstraße
Ottostraße
Sophienstraße
Prannerstraße
Hirtenstraße
Bahnhofplatz
Senefelderstr.
Schlosserstr.
Adolf-Kolping-Straße
Mathildenstraße
Lessingstraße
Uhlandstraße
Rückertstraße
Bavariaring
Schubertstraße
Haydnstraße
Kobellstraße
Herzog-Heinrich-Str.
Augsburgerstr.
Reisingerstraße
Ringseisstraße
Maistraße
Frauenlobstraße
Thalkirchner Str.
Pestalozzi Str.
Hans-Sachs-Straße
Kreuzstraße
Unterer Anger
Hotterstr.
Altheimer Eck
Fürstenfelder Str.
Prinz-Ludwig-Str.
Türkenstraße
Denisstraße
Seidlstraße
Pettenkofer Str.
a
e
n
s
z
y
b
m

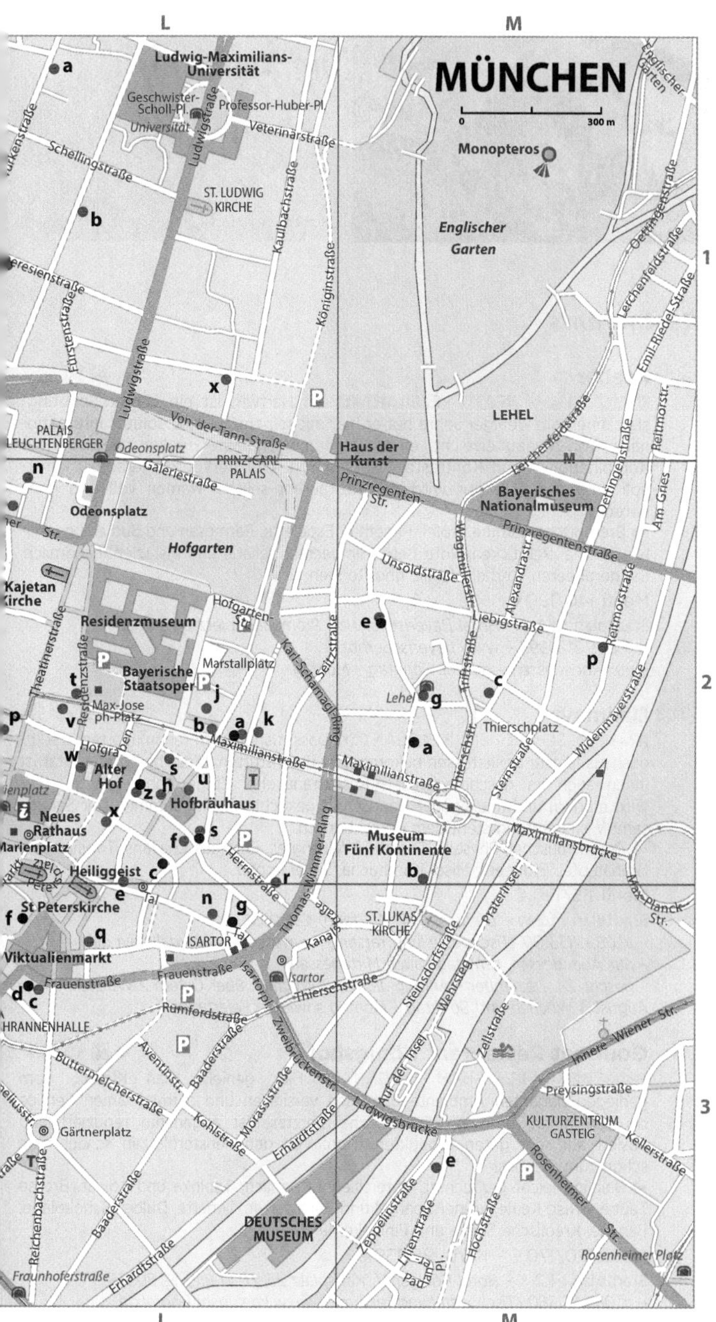

MÜNCHEN
0
300 m
L
M
1
2
3
Ludwig-Maximilians-Universität
Geschwister-Scholl-Pl.
Professor-Huber-Pl.
Universität
Veterinärstraße
Schellingstraße
ST. LUDWIG KIRCHE
Kaulbachstraße
Königinstraße
Monopteros
Englischer Garten
LEHEL
Haus der Kunst
Von-der-Tann-Straße
PALAIS LEUCHTENBERGER
Odeonsplatz
PRINZ-CARL PALAIS
Galeriestraße
Odeonsplatz
Hofgarten
Prinzregenten-Str.
Bayerisches Nationalmuseum
Prinzregentenstraße
Kajetan Kirche
Residenzmuseum
Bayerische Staatsoper
Marstallplatz
Max-Joseph-Platz
Maximilianstraße
Alter Hof
Hofbräuhaus
Neues Rathaus
Marienplatz
Heiliggeist
St Peterskirche
Viktualienmarkt
ISARTOR
Isartor
Frauenstraße
Museum Fünf Kontinente
ST. LUKAS KIRCHE
Maximiliansbrücke
Thierschplatz
Lehel
Unsöldstraße
Liebigstraße
Wagmüllerstr.
Alexandrastr.
Triftstraße
Thierschstr.
Sternstraße
Widenmayerstraße
Reitmorstraße
Oettingenstraße
Lerchenfeldstraße
Emil-Riedel-Straße
Am Gries
Max-Planck-Str.
Herrnstraße
Thomas-Wimmer-Ring
Karl-Scharnagl-Ring
Seitzstraße
Hofgarten-Str.
Theatinerstraße
Residenzstraße
Hofgraben
Tal
Kanalstraße
Steinsdorfstraße
Praterinsel
Wehrsteg
Zellstraße
Thierschstraße
Isartorpl.
Rumfordstraße
SCHRANNENHALLE
Zweibrückenstr.
Ludwigsbrücke
Innere Wiener Str.
Preysingstraße
KULTURZENTRUM GASTEIG
Kellerstraße
Rosenheimer Str.
Rosenheimer Platz
Buttermelcherstraße
Aventinstr.
Baaderstraße
Kohlstraße
Morassistraße
Erhardtstraße
Auf der Insel
Gärtnerplatz
Reichenbachstraße
Fraunhoferstraße
DEUTSCHES MUSEUM
Zeppelinstraße
Lilienstraße
Hochstraße
Fürstenstraße
Ludwigstraße
Schellingstraße

Im Zentrum

Brzozowska/iStock

Restaurants

✿✿✿ Atelier

FRANZÖSISCH-KREATIV • ELEGANT XxX Jan Hartwig ist ein echter Shootingstar: Innerhalb weniger Jahre hat er hier mit seinem Team absolutes internationales Top-Niveau erreicht, eine Küche mit Charakter, voller faszinierender Kombinationen und Kontraste! Mit dem von Axel Vervoordt geradezu kunstvoll designten Interieur wird das Restaurant seinem Namen voll und ganz gerecht.

➜ Bretonische Sardine, Apfel, Piment d´Espelette, Parmesan und Sud aus gegrillter Sardine. Rehrücken, Rote Bete, Himbeeren, Sellerie und Pistazien. Landmilch, Essigerdbeeren, Kerbel, Vanille und Roggen.

Menü 140/190 €

Stadtplan : K2-y - *Hotel Bayerischer Hof, Promenadeplatz 2 ✉ 80333*
- ✆ 089 2120993 - www.bayerischerhof.de
- nur Abendessen - geschl. Sonntag - Montag

✿✿ Dallmayr

FRANZÖSISCH-MODERN • ELEGANT XxX Dass man in dem renommierten Traditionshaus feinste Delikatessen bekommt, ist unumstritten. Dieselbe Top-Qualität ist Ihnen auch im geschmackvollen Restaurant eine Etage höher gewiss. Hier wird modern und mit eigener Handschrift gekocht, absolut stimmig. Der Service samt Weinberatung steht dem in nichts nach.

➜ Jakobsmuschel, Physalis, Cashew, Weizengras. Ente aus Challans, Topinambur, Granatapfel. Erdbeere, Miso, Kombucha, Sauerampfer.

Menü 115/190 €

Stadtplan : L2-w - *Dienerstr. 14, (1. Etage) ✉ 80331*
- ✆ 089 2135100 (Tischbestellung ratsam) - www.restaurant-dallmayr.de
- nur Abendessen, samstags auch Mittagessen
- geschl. 24. Dezember - Anfang Januar 2 Wochen, über Ostern 2 Wochen, August 3 Wochen und Sonntag - Montag sowie an Feiertagen

✿ Gourmet Restaurant Königshof

FRANZÖSISCH-KLASSISCH • ELEGANT XxxX Hier genießt man Klassik, vom gediegen-eleganten Ambiente über den versierten und aufmerksamen Service bis zur feinen, aromenreichen Küche. Letztere ist angenehm reduziert und basiert auf sehr guten Produkten. Tipp: Von den Fensterplätzen schaut man schön zum Stachus!

➜ Saibling leicht geräuchert, Petersilienbuttermilch, Tapioka und Kaviar. Bresse Taube, Brust, Keule, grüner Spargel und Buchweizen. Limette, Dulcey Schokolade, Banane, Kreolische Sauce und Pinienkerne.

Menü 120/170 € - Karte 95/139 €

Stadtplan : K2-s - *Hotel Königshof, Karlsplatz 25, (1. Etage) ✉ 80335*
- ✆ 089 551360 (Tischbestellung ratsam) - www.koenigshof-hotel.de
- geschl. Sonntag - Montag

Schuhbecks Fine Dining

MODERNE KÜCHE • FREUNDLICH XXX Ein weiteres Aushängeschild von Alfons Schuhbeck am Platzl: das Ambiente elegant, aber nicht steif, der Service freundlich, geschult und gut besetzt. Aus der Küche kommen zwei saisonale Menüs - modern, harmonisch und ausdrucksstark, hervorragend die Produktqualität.

➜ Glasierter Schweinebauch mit Morcheln, Topfen, Malz und Kümmel. Lammrücken und Schulter mit Auberginen, Feta, Oliven. Variation von Rhabarber mit Himbeere und Kokos.

Menü 83/116 €

Stadtplan : L2-s - *Pfisterstr. 9 ✉ 80331 - ✆ 089 216690110 - www.schuhbeck.de - geschl. 1. - 15. Januar, 1. - 20. August und Sonntag - Montag*

Les Deux

FRANZÖSISCH-MODERN • FREUNDLICH XX "Les Deux", das sind Fabrice Kieffer und Johann Rappenglück, die hier in bester City-Lage mit ihrem chic designten Restaurant gut ankommen. Die Küche modern-klassisch, überaus angenehm der sehr freundliche Service, schön die Weinkarte.

➜ Yellow Fin Thunfisch, Granny Smith Apfel, Wasabi, Rotkraut, Avocado. Zweierlei vom Limousin Lamm, Ziegenkäse, Artischocke, Tomate, Kräuterjus. Espresso, weiße Schokolade, Brombeere, Citrus.

Menü 48 € (mittags unter der Woche)/110 € - Karte 71/113 €

Stadtplan : L2-p - *Maffeistr. 3a, (1. Etage) ✉ 80333 - ✆ 089 710407373 (Tischbestellung ratsam) - www.lesdeux-muc.de - geschl. Sonntag und an Feiertagen*

Brasserie - siehe Restaurantauswahl

Schwarzreiter

MODERNE KÜCHE • ELEGANT XX Chic und wertig, aber keinesfalls steif zeigt sich das "Fine Dining"-Restaurant des Münchner Hotel-Klassikers. Was hier auf den Teller kommt, nennt sich "Young Bavarian Cuisine" - gekocht wird auf sehr hohem Niveau und mit allerlei Finesse. Der freundlich-kompetente Service berät Sie auch gern in Sachen Wein.

➜ Alpenlachs, Zitrone, Meeresbohne. Gereiftes Rind, Aubergine, Kartoffel, Lauch. Pfirsich, weiße Schokolade, Anis.

Menü 92/121 € - Karte 66/88 €

Stadtplan : L2-a - *Hotel Vier Jahrszeiten Kempinski, Maximilianstr. 17 ✉ 80539 - ✆ 089 21252125 - www.schwarzreiter-muenchen.de - nur Abendessen - geschl. August und Sonntag - Montag*

Le Barestovino

FRANZÖSISCH-KLASSISCH • BISTRO XX Seit vielen Jahren eine feste Größe in der Stadt! Im modernen Restaurant und in der Weinbar "Le Bouchon" gibt es unkomplizierte und schmackhafte traditionell-französische Gerichte wie z. B. "Meeresfrüchteteller" oder "Fondant au Chocolat mit Vanilleeis". Weinkeller für Extras, nette Hinterhofterrasse.

Menü 37/62 € - Karte 35/52 €

Stadtplan : M2_3-b - *Thierschstr. 35 ✉ 80538 - ✆ 089 23708355 - www.barestovino.de - nur Abendessen - geschl. Sonntag - Montag*

Colette Tim Raue

FRANZÖSISCH • BRASSERIE X Mit diesem Konzept trifft Tim Raue den Nerv der Zeit: Man fühlt sich wie in einer französischen Brasserie, die Atmosphäre gemütlich und angenehm ungezwungen, die Küche richtig gut und bezahlbar. Hochwertige Produkte sind selbstverständlich, so z. B. in "Boeuf Bourguignon, Speck, Champignons & Schalotten".

Menü 26 € (mittags) - Karte 34/72 €

Stadtplan : F3-c - *Klenzestr. 72 ✉ 80469 - ✆ 089 23002555 - www.brasseriecolette.de*

Schuhbecks in den Südtiroler Stuben

REGIONAL • RUSTIKAL XXX Hier hat man ein neues Konzept: In gewohnt elegantem Ambiente treffen bayerische Schmankerl auf italienische Spezialitäten. "Teilen und Genießen" lautet das Motto: Anstelle der klassischen Menüfolge wählt man Vor- und Hauptspeisen ganz nach Belieben. Ebenfalls am Platzl: Eis, Schokolade, Gewürze, Wein.

Menü 39 € (mittags unter der Woche)/89 €

Stadtplan : L2-u – *Platzl 6 ✉ 80331 – ✆ 089 2166900 (Tischbestellung ratsam) – www.schuhbeck.de – geschl. Anfang Januar 1 Woche und Sonntag*

Garden-Restaurant

INTERNATIONAL • FREUNDLICH XX Ausgesprochen chic: Die hohe Wintergartenkonstruktion mit ihrem Industrial-Style und der lichten Atmosphäre hat ein bisschen was von einem Künstleratelier. Aus der Küche kommen neben Klassikern auch moderne, leichte Gerichte. Lunchmenü.

Menü 38 € (mittags)/78 € – Karte 50/77 €

Stadtplan : K2-y – *Hotel Bayerischer Hof, Promenadeplatz 2 ✉ 80333 – ✆ 089 2120993 (Tischbestellung ratsam) – www.bayerischerhof.de*

Blauer Bock

INTERNATIONAL • CHIC XX Das schöne moderne Restaurant hat viele Stammgäste, und das liegt nicht zuletzt an guten Gerichten wie "Thunfisch, Rote Bete, Apfel, Meerrettich", "Seeteufel, Kohlrabi, Nussbutter" oder "geschmorte Kalbsbackerl, Wurzelgemüse, Lauchpüree".

Menü 22 € (mittags)/74 € (abends) – Karte 48/110 €

Stadtplan : K3-a – *Hotel Blauer Bock, Sebastiansplatz 9 ✉ 80331 – ✆ 089 45222333 – www.restaurant-blauerbock.de – geschl. Sonntag - Montag sowie an Feiertagen*

Shane's Restaurant

MODERNE KÜCHE • TRENDY XX "A place to be" würde man in der irischen Heimat von Shane McMahon sagen. Modern sowohl das Ambiente als auch die feine Küche in Form eines Überraschungsmenüs, der Service leger und kompetent. Lounge-Food in Shane's Bar/Lounge mit Terrasse.

Menü 68/136 €

Stadtplan : F3-s – *Geyerstr. 52 ✉ 80469 – ✆ 089 74646820 – www.shanesrestaurant.de – nur Abendessen – geschl. 1. - 9. Januar und Sonntag - Montag*

Pageou

MEDITERRAN • GEMÜTLICH XX Hinter der prächtigen historischen Fassade gibt Ali Güngörmüs (ehemals am Herd des "Le Canard nouveau" in Hamburg) mediterrane Küche mit nordafrikanischem Einfluss zum Besten. Dazu geschmackvolles Interieur und entspannte Atmosphäre. Schön die ruhige Terrasse im Hof. Mittags Businesslunch.

Menü 47 € (mittags)/121 € (abends) – Karte 69/88 €

Stadtplan : K2-c – *Kardinal-Faulhaber-Str. 10, (1. Etage) ✉ 80333 – ✆ 089 24231310 (Tischbestellung ratsam) – www.pageou.de – geschl. Sonntag - Montag sowie an Feiertagen*

Matsuhisa Munich

ASIATISCH • TRENDY XX Asiatische Küche à la Nobu Matsuhisa erwartet Sie in dem geradlinig-eleganten Restaurant in der 1. Etage. Die Gerichte sind klar und fein, die Produkte frisch und gut. Klassiker wie "Black Cod" dürfen da nicht fehlen!

Menü 95/125 € – Karte 50/132 €

Stadtplan : L2-s – *Hotel Mandarin Oriental, Neuturmstr. 1, (1. Etage) ✉ 80331 – ✆ 089 290981875 (Tischbestellung ratsam) – www.mandarinoriental.com – nur Abendessen*

Galleria

ITALIENISCH • GEMÜTLICH XX In dem liebevoll dekorierten kleinen Restaurant in zentraler Lage macht richtig gute italienische Küche Appetit! Lust auf "Gnocchi gefüllt mit Stracchino, Porchetta und Trevisano"? Ein Hingucker sind die farbenfrohen Bilder.

Menü 16 € (mittags unter der Woche)/79 € – Karte 45/57 €

Stadtplan : L2-x – *Sparkassenstr. 11, Ecke Ledererstraße ✉ 80331 – ✆ 089 297995 (Tischbestellung ratsam) – www.ristorante-galleria.de*

Halali

KLASSISCHE KÜCHE • GEMÜTLICH XX Eine echte Institution. In dem Gasthaus a. d. 19. Jh. mit dunkler Holztäfelung sitzt es sich gemütlich bei guter saisonaler Küche: "Medaillons vom bayerischen Rehrücken, Schwammerl, Wacholdersauce", "Loup de Mer, Graupenrisotto, Lauch"...

Menü 29 € (mittags unter der Woche)/69 € – Karte 41/77 €

Stadtplan : L1-x – *Schönfeldstr. 22 ✉ 80539*
– ✆ 089 285909 (Tischbestellung ratsam) – www.restaurant-halali.de
– geschl. Samstagmittag, Sonntag und an Feiertagen, Oktober - Weihnachten: Samstagmittag, Sonntagmittag

Nymphenburger Hof

INTERNATIONAL • FREUNDLICH XX Wirklich schön diese Traditionsadresse. Der Chef ist gebürtiger Steirer und so finden sich auf der Karte auch Gerichte aus seiner Heimat, dazu ausgewählte österreichische Weine. Nett sitzt man auf der lauschigen Terrasse.

Menü 29 € (mittags unter der Woche)/65 € – Karte 55/74 €

Stadtplan : E2-a – *Nymphenburger Str. 24 ✉ 80335*
– ✆ 089 1233830 (Tischbestellung ratsam) – www.nymphenburgerhof.de
– geschl. Sonntag - Montag sowie an Feiertagen

Tian

VEGETARISCH • TRENDY XX Genau am Viktualienmarkt finden Sie den ersten Ableger des Tian in Deutschland. Das rein vegetarische Konzept wird auch hier gekonnt und raffiniert umgesetzt. Dazu gibt's eine trendige Bar und einen netten Innenhof. Einfachere Mittagskarte.

Menü 21 € (mittags)/95 € (abends) – Karte 53/62 €

Stadtplan : L3-c – *Frauenstr. 4 ✉ 80469*
– ✆ 089 885656712 – www.taste-tian.com
– geschl. Sonntag - Montagmittag sowie an Feiertagen

Vecchia Lanterna

ITALIENISCH • ELEGANT XX In dem modern-eleganten Restaurant samt ruhiger Hinterhofterrasse bekommen Sie klassisch-mediterrane Küche einschließlich interessantem Lunchmenü, dazu vorwiegend Weine aus Italien.

Menü 49/88 € – Karte 65/71 €

Stadtplan : M2-e – *Hotel Domus, St.-Anna-Str. 31 ✉ 80538*
– ✆ 089 81892096 (Tischbestellung ratsam) – www.vecchia-lanterna.de
– geschl. Sonntag - Montag

Limoni

ITALIENISCH • ELEGANT XX Das Ambiente geradlinig-stylish und gemütlich zugleich, der Service aufmerksam und stets präsent, die Küche frisch, ambitioniert, italienisch. Lust auf Klassiker wie Vitello Tonnato? Oder wählen Sie lieber von der wechselnden Karte?

Menü 50/77 € – Karte 40/55 €

Stadtplan : L1-b – *Amalienstr. 38 ✉ 80799*
– ✆ 089 28806029 – www.limoni-ristorante.com
– nur Abendessen – geschl. Sonntag

Rocca Riviera

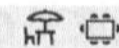

MEDITERRAN • TRENDY XX Stylish und ungezwungen ist es hier. Unweit des Odeonsplatzes speist man in angenehmer Atmosphäre nach dem Food-Sharing-Prinzip Kleinigkeiten der mediterran-französischen Fusionküche oder man genießt Steaks und Fisch vom Holzkohlegrill.

Menü 55/86 € – Karte 33/73 €

Stadtplan : L2-n – *Wittelsbacherplatz 2 ✉ 80331 – ✆ 089 28724421 – www.roccariviera.com – geschl. Samstagmittag, Sonntag*

Pfistermühle

REGIONAL • RUSTIKAL XX Ein separater Eingang führt in die einstige herzogliche Mühle (1573), wo Sie in stilvoll-bayerischem Ambiente (schön das Kreuzgewölbe) Regionales wie "geschmortes Rindsbackerl, Pastinakenpüree, Butter-Rahmwirsing, Dörrobstsauce" speisen.

Menü 54/75 € (abends) – Karte 46/63 €

Stadtplan : L2-z – *Hotel Platzl, Pfisterstr. 4 ✉ 80331 – ✆ 089 23703865 – www.pfistermuehle.de – geschl. Sonntag*

Jin

ASIATISCH • GERADLINIG XX Besonders ist hier sowohl das wertige geradlinig-asiatische Interieur als auch die aromenreiche panasiatische Küche, die chinesisch geprägt ist, aber auch japanische und europäische Einflüsse zeigt: "Carpaccio vom Lachs, Ponzu, Ingwer, Algen", "Entrecôte vom Charolais-Rind, Wokgemüse, Chili"...

Menü 66/96 € – Karte 43/69 €

Stadtplan : L3-g – *Kanalstr. 14 ✉ 80538 – ✆ 089 21949970 – www.restaurant-jin.de – Juli - September: Dienstag - Freitag nur Abendessen – geschl. Montag*

Weinhaus Neuner

TRADITIONELLE KÜCHE • TRADITIONELLES AMBIENTE X Schön, wie Kreuzgewölbe, Fischgrätparkett und Holztäfelung den traditionellen Charme des historischen Hauses bewahren. Dazu Speisen, wie man sie in einem gehobenen Münchner Wirtshaus erwartet - probieren Sie z. B. "Hühnerfrikassee unter der Blätterteighaube".

Karte 39/52 €

Stadtplan : K2-e – *Herzogspitalstr. 8 ✉ 80331 – ✆ 089 2603954 – www.weinhaus-neuner.de*

VINOTHEK BY GEISEL

REGIONAL • RUSTIKAL X Hier sitzen Sie in gemütlich-rustikalem Ambiente unter einer schönen Gewölbedecke. Zum tollen Weinangebot gibt es mediterran inspirierte Gerichte wie "Edelfische im Bouillabaissefond mit Artischocken, Stangensellerie und Rouillecrostini", dazu Pasta und Klassiker wie "Roastbeef mit Bratkartoffeln".

Menü 20 € (mittags)/45 € – Karte 31/58 €

Stadtplan : J2-z – *Hotel EXCELSIOR BY GEISEL, Schützenstr. 11 ✉ 80335 – ✆ 089 551377140 – www.excelsior-hotel.de – geschl. Sonntagmittag*

Restaurant N° 15

KLASSISCHE KÜCHE • ELEGANT X Hier bietet man seinen Gästen französische Küche mit modernen Elementen. Weinliebhaber wählen dazu gerne aus dem schönen Angebot an Bordeaux und Burgunder. Tipp: Speisen Sie auf der hübschen Terrasse mit altem Baumbestand!

Menü 49/80 € – Karte 60/80 €

Stadtplan : F1-n – *Neureutherstr. 15 ✉ 80331 – ✆ 089 399936 – www.restaurant-n15.com – nur Abendessen – geschl. Sonntag - Montag sowie an Feiertagen*

Le Stollberg

KLASSISCHE KÜCHE • FREUNDLICH Das Restaurant wird engagiert geführt, hat eine freundliche Atmosphäre und bietet saisonale Gerichte wie "Seezungenfilets, junger Spinat, Kapern-Olivenpüree". Kommen Sie doch auch mal zum günstigen Lunch. Samstags durchgehend geöffnet.

Menü 45 € - Karte 42/61 €

Stadtplan : L2_3-r - *Stollbergstr. 2 ✉ 80539*
- ✆ 089 24243450 (Tischbestellung ratsam) - www.lestollberg.de
- geschl. Sonntag

Brasserie Ⓝ

INTERNATIONAL • BISTRO Sie mögen lebendige und moderne Bistro-Atmosphäre? Dann können Sie sich im EG des "Les Deux" international-saisonale Gerichte wie "Gnocchi mit Spargel und Black Tiger Garnelen" schmecken lassen. Oder lieber "alte" und "neue" Klassiker wie "Mini-Burger à la Johann" und "Beef Tatar mit Imperial Caviar"?

Karte 28/53 €

Stadtplan : L2-p - *Restaurant Les Deux, Maffeistr. 3a ✉ 80333*
- ✆ 089 710407373 (Tischbestellung ratsam) - www.lesdeux-muc.de
- geschl. Sonntag und an Feiertagen

Délice La Brasserie

FRANZÖSISCH • BRASSERIE Mit seiner schicken Einrichtung und der enormen Raumhöhe schafft die Brasserie den Spagat zwischen urbaner Leichtigkeit und historischem Gemäuer. Die internationale Küche hat einen stark französischen Touch.

Karte 37/78 €

Stadtplan : J2-a - *Hotel Sofitel Munich Bayerpost, Bayerstr. 12 ✉ 80335*
- ✆ 089 599482962 - www.delice-la-brasserie.com

Theresa Grill & Bar

FLEISCH • HIP Zwei Locations für internationale Küche. "Theresa Grill": trendig-leger - Schwerpunkt sind hier Steaks vom Grill, dazu am Wochenende Frühstück/Brunch. "Theresa Bar": elegant, mit "Sharing Menu" und donnerstagabends Live-DJ.

Menü 15 € (mittags unter der Woche)/65 € - Karte 38/91 €

Stadtplan : L1-t - *Theresienstr. 29 ✉ 80333*
- ✆ 089 28803301 - www.theresa-restaurant.com
- Theresa Bar: nur Abendessen, Theresa Grill: im August nur Abendessen
- geschl. Sonntag (nur Theresa Bar)

Gesellschaftsraum

KREATIV • HIP Sie mögen es ungezwungen, urban, trendy? Passend zur Atmosphäre wird in dem Restaurant mitten in der Altstadt kreativ, modern und ambitioniert gekocht. Der Service angenehm leger. Mittags einfachere Karte.

Menü 23 € (mittags)/88 € (abends)

Stadtplan : L2-f - *Bräuhausstr. 8 ✉ 80331*
- ✆ 089 55077793 - www.der-gesellschaftsraum.de
- geschl. Samstagmittag, Sonntag

Kleinschmecker

KREATIV • TRENDY Angenehm leger ist dieses freundlich-trendige Restaurant neben dem Viktualienmarkt. Gekocht wird kreativ, dabei kombiniert man mit Gefühl frische, gute Produkte und schöne Aromen. Mittags gibt es zusätzlich ein Lunchmenü.

Menü 59/85 € - Karte 47/65 €

Stadtplan : K3-k - *Sebastiansplatz 3 ✉ 80331 - ✆ 089 26949120*
- www.restaurant-kleinschmecker.de - geschl. 1. - 15. Januar und Sonntag sowie an Feiertagen

Zum Alten Markt

MARKTKÜCHE • GEMÜTLICH Dieses persönlich geführte und urig-kleine Lokal am Viktualienmarkt hat man mit dem original erhaltenen 400 Jahre alten Holz einer Südtiroler Ratsherrenstube ausgestattet - wirklich charmant!

Menü 40 € (abends) – Karte 29/46 €

Stadtplan : L3-q – *Dreifaltigkeitsplatz 3 ✉ 80331 – ✆ 089 299995 (Tischbestellung ratsam) – www.zumaltenmarkt.de – geschl. Sonntag sowie an Feiertagen*

Gandl

KLASSISCHE KÜCHE • GEMÜTLICH Sie speisen in einem ehemaligen Kolonialwarenladen - die Regale sind teilweise geblieben und auch einige Produkte verkauft man noch. Die Gerichte reichen von klassisch-französisch bis international. Tipp für Sommertage: Terrasse zum Platz!

Menü 25 € (mittags unter der Woche)/60 € (abends) – Karte 36/51 €

Stadtplan : M2-g – *St.-Anna-Platz 1 ✉ 80538 – ✆ 089 29162525 – www.gandl.de – geschl. Sonntag, Montagabend*

Rüen Thai

THAILÄNDISCH • FAMILIÄR Zahlreiche Stammgäste schätzen die südthailändische Küche, die man hier bereits seit 1990 bietet. Es gibt verschiedene Currys, Riesengarnelen, Ente, Rinderfilet... Wie wär's mit einem Menü mit Weinbegleitung? Auf Vorbestellung auch Fingerfood-Menü. Auf der großen Weinkarte finden sich auch Raritäten.

Menü 49/99 € – Karte 29/56 €

Stadtplan : E3-a – *Kazmairstr. 58 ✉ 80339 – ✆ 089 503239 – www.rueen-thai.de – Donnerstag - Sonntag sowie an Feiertagen nur Abendessen – geschl. 29. Juli - 19. August*

Les Cuisiniers

FRANZÖSISCH-KLASSISCH • BISTRO Dies ist schon ein wirklich hübsches und lebendiges Bistro. Geboten wird eine frische und unkomplizierte französische Küche, die den Gästen auf einer Tafel präsentiert wird. Nebenan Tagescafé unter gleicher Leitung.

Menü 25 € (mittags)/98 € (abends) – Karte 27/69 €

Stadtplan : M2-p – *Reitmorstr. 21 ✉ 80538 – ✆ 089 23709890 (Tischbestellung ratsam) – www.lescuisiniers.de – geschl. Samstagmittag, Sonntag sowie an Feiertagen*

Louis Cuisine 

FRANZÖSISCH • INTIM Ein hübsches, persönlich geführtes kleines Restaurant im alten Stadtteil Lehel. Hier wird alles selbst gekocht und frisch zubereitet, so z. B. "Steinbuttfilet, Linsen, Gnocchi". Begehrt sind die 12 Plätze natürlich auch beim günstigen Lunch.

Menü 22 € (mittags unter der Woche)/45 € (abends)

Stadtplan : M2-c – *Tattenbachstr. 1 ✉ 80538 – ✆ 089 44141910 – www.restaurant-louis.de – geschl. Mitte August - Anfang September und Samstag - Sonntag*

Little London 

GRILLGERICHTE • FREUNDLICH Lebendig geht es in dem Steakhouse am Isartor zu, vorne die große klassische Bar mit toller Whiskey- und Gin-Auswahl. Freuen Sie sich auf hochwertiges Fleisch - gefragt sind Nebraska Steaks, aber auch gebratener Tafelspitz oder Lammrücken.

Karte 35/69 €

Stadtplan : L3-n – *Tal 31 ✉ 80331 – ✆ 089 22239470 – www.little-london.de – nur Abendessen – geschl. im August: Sonntag - Montag*

KOI

JAPANISCH • FREUNDLICH Auf zwei Etagen kann man sich hier sowohl optisch als auch kulinarisch an einem interessanten Stilmix erfreuen. Aus frischen Produkten entsteht eine Mischung aus japanischer und europäischer Küche samt Sushi und Fleisch vom Robata-Grill.

Menü 68/95 € - Karte 36/80 €

Stadtplan : L2-d - *Wittelsbacherplatz 1 ✉ 80333 - ✆ 089 89081926 (Tischbestellung ratsam) - www.koi-restaurant.de - geschl. über Weihnachten und Sonntag sowie an Feiertagen mittags*

TOSHI

JAPANISCH • GERADLINIG Steht Ihnen der Sinn nach authentisch japanischer Küche? So typisch wie die puristische Einrichtung ist auch die Karte: Schmackhaftes aus Fernost, Sushi, Teppanyaki und auch Pan-Pacific-Cuisine. Um die Ecke das etwas lebhaftere "Japatapa".

Menü 80/140 € - Karte 39/119 €

Stadtplan : L2-k - *Wurzerstr. 18 ✉ 80539 - ✆ 089 25546942 - www.restaurant-toshi.de - geschl. Sonntag, Samstagmittag sowie an Feiertagen mittags*

Brenner Operngrill

GRILLGERICHTE • HIP Hier trifft man sich! In der eindrucksvollen großen Gewölbehalle (einst Marstall der Residenz) vereinen sich Bar, Café und Restaurant zu einem lebendigen Hotspot der Münchner Gastroszene. Es gibt hausgemachte Pasta sowie Fleisch und Fisch vom Grill, einer offenen Feuerstelle mitten im Raum!

Karte 23/60 €

Stadtplan : L2-b - *Maximilianstr. 15 ✉ 80539 - ✆ 089 4522880 - www.brennergrill.de*

Rossini

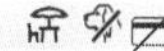

ITALIENISCH • GEMÜTLICH In Anlehnung an den bekannten Film haben die Gastgeber (das ehemalige Restaurant des Chefs diente dem Drehort als Vorbild) diesen Namen gewählt. In dem familiären kleinen Lokal mit eigenem Weinhandel gibt es unkomplizierte authentisch-italienische Küche. Tipp: Parken in der Amaliengarage.

Karte 41/62 €

Stadtplan : L1-a - *Türkenstr. 76 ✉ 80799 - ✆ 089 33094270 (Tischbestellung ratsam) - www.rossinifilm.de - geschl. 24. Dezember - 8. Januar, August und Samstagmittag, Sonntag sowie an Feiertagen*

Cafe Luitpold

TRADITIONELLE KÜCHE • FREUNDLICH Hier sitzt man in lebendiger Kaffeehaus-Atmosphäre, auf der Karte Traditionelles und internationale Einflüsse. Tipp: leckere "Luitpold Tapas" am Abend. Sehenswert das eigene Museum im 1. Stock mit Blick in die Backstube. Apropos: Probieren Sie auch Torten, Pralinen & Co.!

Karte 32/58 €

Stadtplan : L2-g - *Brienner Str. 11 ✉ 80333 - ✆ 089 2428750 - www.cafe-luitpold.de - geschl. Sonntagabend, Montagabend außer an Feiertagen*

Ayingers

REGIONAL • GEMÜTLICH Bayerische Klassiker haben hier - passend zum Wirtshausflair - ihren festen Platz auf der Karte, aber auch Wild aus eigener Jagd kommt gut an, und vorneweg gibt's eine Brezn! Verpassen Sie nicht den Fassanstich - täglich um 17 Uhr!

Karte 25/46 €

Stadtplan : L2-z - *Hotel Platzl, Sparkassenstr. 10 ✉ 80331 - ✆ 089 23703666 - www.ayingers.de*

Hotels

Mandarin Oriental

GROSSER LUXUS · KLASSISCH Ein Palais der Neorenaissance, Luxushotel mit internationalem Ruf und eine der führenden Adressen im Lande! Exlusives Wohnen und ebensolcher Service sind eine Selbstverständichkeit. I-Tüpfelchen: Rooftop-Pool mit Blick bis zu den Alpen! In der Bar: Auszug aus der "Matsuhisa"-Karte sowie asiatische Klassiker.

67 Zim - 575/895 € 575/895 € - 6 Suiten - 44 €

Stadtplan : L2-s - *Neuturmstr. 1 80331 - 089 290980 - www.mandarinoriental.com/munich*

Matsuhisa Munich - siehe Restaurantauswahl

Bayerischer Hof

GROSSER LUXUS · KLASSISCH Das Grandhotel von 1841 steht für Klassik, modernen Luxus, Individualität - Wertigkeit hat oberste Priorität! Szenetreff im Sommer: Dachgarten mit klasse Aussicht! Eindrucksvoll auch "Falk's Bar" im Spiegelsaal von 1839! Teil der vielfältigen Gastronomie: "Trader Vic's" mit polynesischer Küche, bayerisch-rustikal der "Palais Keller".

319 Zim - 315/395 € 395/590 € - 21 Suiten - 41 €

Stadtplan : K2-y - *Promenadeplatz 2 80333 - 089 21200 - www.bayerischerhof.de*

Atelier · **Garden-Restaurant** - siehe Restaurantauswahl

The Charles

GROSSER LUXUS · ELEGANT Luxus vermittelt das schöne Hotel am Alten Botanischen Garten mit edler geradlinig-eleganter Einrichtung und hochwertigem Spa sowie allen erdenklichen Serviceleistungen. Toll die Suiten mit Blick auf die Stadt. Das Konzept im Restaurant "Sophia's" nennt sich "Botanical Bistronomy".

136 Zim - 270/860 € 270/860 € - 24 Suiten - 41 €

Stadtplan : J2-e - *Sophienstr. 28 80333 - 089 5445550 - www.roccofortehotels.com/hotels-and-resorts/the-charles-ho*

Königshof

LUXUS · ELEGANT Ein wahres Stück Münchner Hoteltradition! Direkt am Stachus wird dem Gast klassische Eleganz zuteil, außerdem sorgt die ausgesprochen engagierte Leitung für exzellenten Service und hochwertige Gastronomie.

87 Zim - 310 € 360 € - 8 Suiten - 35 €

Stadtplan : K2-s - *Karlsplatz 25 80335 - 089 551360 - www.koenigshof-hotel.de*

Gourmet Restaurant Königshof - siehe Restaurantauswahl

Hilton Munich Park

KETTENHOTEL · MODERN Interessant ist hier die Lage am Englischen Garten, direkt am Eisbach, und die Nähe zur Innenstadt. Viele der schön geradlinigen Zimmer bieten eine tolle Sicht. Gut auch das Wellnessangebot und der große Fitnessbereich. Dazu ausgezeichnete Tagungsmöglichkeiten. Internationale Küche im Restaurant.

475 Zim - 139/479 € 139/479 € - 9 Suiten - 29 €

Stadtplan : H2-n - *Am Tucherpark 7 80538 - 089 38450 - www.hilton.de/muenchenpark*

Sofitel Munich Bayerpost

KETTENHOTEL · DESIGN Gelungen hat man in das imposante denkmalgeschützte Gebäude aus der Gründerzeit moderne Architektur und zeitgenössisches Design integriert. Das steht auch dem hochwertigen Spa gut zu Gesicht - schauen Sie sich den interessanten Pool an!

386 Zim - 240/580 € 240/580 € - 10 Suiten - 38 € - ½ P

Stadtplan : J2-a - *Bayerstr. 12 80335 - 089 599480 - www.sofitel-munich.com*

Délice La Brasserie - siehe Restaurantauswahl

Vier Jahreszeiten Kempinski

LUXUS • KLASSISCH Der Klassiker der Münchner Grandhotels a. d. J. 1858 hat historischen Charme, wie man ihn nur noch selten findet. Doch auch die Moderne hat hier Einzug gehalten, in sehr komfortabler und wohnlicher Form. In der Tagesbar - zur Maximilianstraße hin gelegen - serviert man Internationales.

230 Zim – 250/600 € 350/800 € – 67 Suiten – 42 €

Stadtplan : L2-a – *Maximilianstr. 17 ✉ 80539 – ✆ 089 21250 – www.kempinski.com/vierjahreszeiten*

✿ **Schwarzreiter** – siehe Restaurantauswahl

Derag Livinghotel

BUSINESS • DESIGN Schön die zentrale Lage direkt am lebendigen Viktualienmarkt, hochwertig die Designzimmer mit neuester Technik und "Ölvitalbetten". Perfekt für Langzeitgäste die Apartments. Kleine Aufmerksamkeiten: kostenfreie Minibar, Nespressomaschine, W-Lan. Mit im Haus: Restaurant "Tian" mit vegetarischer/veganer Küche.

83 Zim – 189/209 € 208/230 € – 21 €

Stadtplan : L3-d – *Frauenstr. 4 ✉ 80469 – ✆ 089 8856560 – www.deraghotels.de*

EXCELSIOR BY GEISEL

BUSINESS • KLASSISCH Familie Geisel investiert stetig in ihre Betriebe, so auch in dieses Schwesterhotel des "Königshofs" (dort befindet sich der Freizeitbereich). Sehr schön und wohnlich die Zimmer, toll das Frühstück, nicht zu vergessen die zentrale Lage.

115 Zim – 160/350 € 185/385 € – 22 €

Stadtplan : J2-z – *Schützenstr. 11 ✉ 80335 – ✆ 089 551370 – www.excelsior-hotel.de*

VINOTHEK BY GEISEL – siehe Restaurantauswahl

Platzl

TRADITIONELL • GEMÜTLICH Das Hotel mitten in der Altstadt hat schon einen gewissen Charme - das liegt an schön zeitgemäß designten, wohnlichen Zimmern sowie am attraktiven Erholungsbereich im Stil des Maurischen Kiosks von Ludwig II.

166 Zim – 185/545 € 195/595 € – 1 Suite – 29 €

Stadtplan : L2-z – *Sparkassenstr. 10 ✉ 80331 – ✆ 089 237030 – www.platzl.de*

Pfistermühle • **Ayingers** – siehe Restaurantauswahl

anna hotel by Geisel

BUSINESS • MODERN Auf ein junges und junggebliebenes Publikum trifft man in dem modernen Hotel direkt am Stachus. Wenn Sie Panoramasicht möchten, nehmen Sie ein Zimmer im obersten Stock. Ganz diskret und ebenso chic wohnt man im Nebengebäude! Das Bistro nebst gut besuchter Bar bietet euro-asiatische Gerichte.

69 Zim – 185/330 € 185/330 € – 6 Suiten – 22 €

Stadtplan : J2-n – *Schützenstr. 1 ✉ 80335 – ✆ 089 599940 – www.annahotel.de*

Cortiina

URBAN • ELEGANT Ein schönes Haus in etwas versteckter, aber doch sehr zentraler Lage: wertige Materialien, wohin man schaut - Holz, Schiefer, Jura-Marmor und Naturfarben absolut stimmig kombiniert! In der Weinbar "Grapes" gibt es zur guten Weinauswahl ein kleines Speisenangebot.

70 Zim – 149/409 € 189/449 € – 5 Suiten – 25 €

Stadtplan : L2-c – *Ledererstr. 8 ✉ 80331 – ✆ 089 2422490 – www.cortiina.com*

Louis

URBAN • ELEGANT Top die Lage am Viktualienmarkt - von hier stammen die ausgesuchten Zutaten fürs Frühstück! Das Hotel gefällt sowohl mit modernem Design als auch mit Wohnlichkeit. Dazu Annehmlichkeiten wie Schuhputzservice, Tageszeitung... Die japanische Küche des "Emiko" genießt man im Sommer auf der Dachterrasse zum Hof.

72 Zim - 🕴159/399 € 🕴🕴209/529 € - ☕ 29 €

Stadtplan : L3-f - *Viktualienmarkt 6 ✉ 80331 - ✆ 089 41119080 - www.louis-hotel.com*

domus

BUSINESS • FUNKTIONELL Hier lässt es sich wirklich gut wohnen: Das Haus liegt nicht weit von der Innenstadt, die Zimmer sind sehr gepflegt und zeitgemäß ausgestattet und im Sommer kann man auch auf der hübschen kleinen Terrasse frühstücken!

45 Zim ☕ - 🕴75/240 € 🕴🕴128/290 €

Stadtplan : M2-e - *St.-Anna-Str. 31 ✉ 80538 - ✆ 089 2177730 - www.domus-hotel.de*

🍴 **Vecchia Lanterna** - siehe Restaurantauswahl

Torbräu

TRADITIONELL • KLASSISCH Das älteste Hotel der Stadt gibt es schon seit 1490, zu finden direkt neben dem historischen Isartor. Unterschiedliche Einrichtungsstile sorgen für Charme: in den Zimmern von traditionell bis topmodern (Suiten mit Blick zum Alten Rathaus), im "Schapeau" Jugendstilatmosphäre zu bayerisch-mediterraner Küche.

87 Zim ☕ - 🕴155/230 € 🕴🕴225/325 € - 3 Suiten

Stadtplan : L3-g - *Tal 41 ✉ 80331 - ✆ 089 242340 - www.torbraeu.de*

Blauer Bock

FAMILIÄR • MODERN Nur einen Steinwurf vom Viktualienmarkt entfernt hat man es hier schön gepflegt. Die Zimmer sind in unterschiedlichen Stilen eingerichtet - die zum Innenhof hin liegen ruhiger.

67 Zim ☕ - 🕴49/152 € 🕴🕴93/206 € - 5 Suiten

Stadtplan : K3-a - *Sebastiansplatz 9 ✉ 80331 - ✆ 089 45222333 - www.hotelblauerbock.de*

🍴 **Blauer Bock** - siehe Restaurantauswahl

Opéra

PRIVATHAUS • INDIVIDUELL Sie suchen etwas Spezielles? Das kleine Schmuckstück nahe der Oper hat sehr individuelle Zimmer: Kunst, dazu zahlreiche Antiquitäten, unter die sich aber auch moderne Akzente mischen. Tipp für Sommertage: Frühstück im reizenden Innenhof!

25 Zim ☕ - 🕴150/290 € 🕴🕴170/310 € - 3 Suiten

Stadtplan : M2-a - *St.-Anna-Str. 10 ✉ 80538 - ✆ 089 2104940 - www.hotel-opera.de*

The Flushing Meadows

FAMILIÄR • DESIGN Eine trendige Location, nach außen bewusst zurückhaltend - da kann man schon mal vorbeifahren! Die Zimmer (3. und 4. Stock): cool, modern, mit Industriecharme. Im OG Szenebar mit Terrasse. Kostenloser Fahrradverleih.

16 Zim - 🕴150/250 € 🕴🕴200/400 € - ☕ 13 €

Stadtplan : L3-b - *Frauenhoferstr. 32 ✉ 80469 - ✆ 089 55279170 - www.flushingmeadowshotel.com*

Olympic

BUSINESS • INDIVIDUELL Gäste aus der Mode- und Medienbranche sind ein deutliches Indiz: Dies ist ein sehr individuelles Haus! Stilvolles Interieur, Kunst, Zimmer zu ruhigen, grünen Innenhöfen. U-Bahn ganz in der Nähe. Parkplatz am besten gleich mit reservieren!

37 Zim ☕ - 🕴120/180 € 🕴🕴160/250 €

Stadtplan : K3-m - *Hans-Sachs-Str. 4 ✉ 80469 - ✆ 089 231890 - www.hotel-olympic.de*

Brauerei-Gaststätten:

traditionelle, gemütliche Brauhäuser mit Biergarten. Regional gebraute Biere und deftige bayrische Speisen.

Altes Hackerhaus

REGIONAL • GEMÜTLICH Unter den Brauhäusern der Stadt ist das hier ein recht kleines Haus, dafür aber mit viel Charme und liebenswerten, heimeligen Stuben, und natürlich mit bayerischen Schmankerln! Schöner überdachbarer Innenhof.

Karte 21/51 €

Stadtplan : K3-b – *Sendlinger Str. 14 ✉ 80331 – ✆ 089 2605026 – www.hackerhaus.de*

Schneider Bräuhaus

REGIONAL • GEMÜTLICH Ein bayerisches Wirtshaus, wie es im Buche steht! Hierher kommen die Münchner für "ihr" Kronfleisch - eine von vielen Spezialitäten aus der hauseigenen Metzgerei. In den urigen Stuben zusammenrücken, das hat Tradition!

Karte 19/40 €

Stadtplan : L2_3-e – *Tal 7 ✉ 80331 – ✆ 089 2901380 – www.schneider-brauhaus.de*

Spatenhaus an der Oper

REGIONAL • TRADITIONELLES AMBIENTE Sicher das Brauhaus mit den elegantesten Stuben, das München zu bieten hat - und die ideale Adresse, um vor oder nach dem Besuch der Oper (genau gegenüber!) bayerisch oder auch international zu essen.

Karte 28/59 €

Stadtplan : L2-t – *Residenzstr. 12 ✉ 80333 – ✆ 089 2907060 – www.kuffler.de*

Zum Franziskaner

REGIONAL • TRADITIONELLES AMBIENTE Weit über die Stadtgrenze ist man für den Leberkäs bekannt und auch "resch gebratenes Spanferkel" gehört hier zur Tradition! Die Lage im Zentrum ist ideal, die Atmosphäre gemütlich, draußen ein glasüberdachter Innenhof. Zur Wiesnzeit hat man ein eigenes Zelt.

Menü 43 € – Karte 28/54 €

Stadtplan : L2-v – *Residenzstr. 9 / Perusastr. 5 ✉ 80333 – ✆ 089 2318120 – www.zum-franziskaner.de*

Außerhalb des Zentrums

ekash/iStock

In München-Bogenhausen

Acquarello (Mario Gamba)

MEDITERRAN • FREUNDLICH Eingestimmt von südländisch-eleganter Atmosphäre genießen Sie bei Mario Gamba einen Mix aus italienischer, mediterraner und französischer Küche - feine Gerichte, die die sehr guten Produkte geschmackvoll in Szene setzen. Kompetent berät Sie der aufmerksame Service auch in Sachen Wein.

➜ Vitello Tonnato, Thunfischcrème, Kapern, Saisonsalate. Ravioli, Walnuss, Ricotta, Parmesan-Sabayon. Rinderschmorbraten von Fassona, Barolosauce, Sellerie.

Menü 49 € (mittags unter der Woche)/119 € – Karte 82/108 €

Stadtplan : H2-f – *Mühlbaurstr. 36 ✉ 81677 – ✆ 089 4704848 – www.acquarello.com – geschl. Samstagmittag, Sonntagmittag sowie an Feiertagen mittags*

Bogenhauser Hof

KLASSISCHE KÜCHE • TRADITIONELLES AMBIENTE XXX Moderne Linien tun der Gemütlichkeit des traditionsreichen Gasthauses keinen Abbruch! Die zahlreichen (Stamm-) Gäste schätzen die ambitionierte klassische Küche von Rinderroulade bis Hummer. Wunderschön der Garten. Weinkarte mit Raritäten.

Menü 88 € – Karte 47/80 €

Stadtplan : H2-c – *Ismaninger Str. 85 ✉ 81675 – ✆ 089 985586 – www.bogenhauser-hof.de – geschl. 24. Dezember - 7. Januar und Sonntag sowie an Feiertagen*

Käfer Schänke

INTERNATIONAL • GEMÜTLICH XX Der Name "Käfer" gehört einfach zur Münchner Gastroszene! Der Feinkostladen unter einem Dach mit dem gemütlichen Restaurant garantiert sehr gute Zutaten, aus denen man u. a. beliebte Klassiker zubereitet. Für besondere Anlässe: zahlreiche ganz individuelle Stuben.

Menü 40 € (mittags)/99 € – Karte 59/91 €

Stadtplan : H2-s – *Prinzregentenstr. 73, (1. Etage) ✉ 81675 – ✆ 089 4168247 (Tischbestellung ratsam) – www.feinkost-kaefer.de – geschl. Sonntag sowie an Feiertagen*

Hippocampus

ITALIENISCH • ELEGANT XX Reservieren Sie lieber, denn die lebendige Atmosphäre, der charmante Service und italienische Gerichte wie "Galetto mit Artischocken" oder "Tortelli mit Erbsen, Minze und Calamaretti" ziehen viele Gäste an - ebenso die ruhige Terrasse!

Menü 50/59 € – Karte 51/62 €

Stadtplan : H2-a – *Mühlbaurstr. 5 ✉ 81677 – ✆ 089 475855 (Tischbestellung ratsam) – www.hippocampus-restaurant.de – geschl. Samstagmittag*

Huber

INTERNATIONAL • TRENDY X In dem modernen Restaurant (das schicke geradlinige Interieur stammt von einem Münchner Designer) bekommt man ambitionierte international-saisonale Gerichte wie "Filet vom Seewolf, Mönchsbart, Gnocchi". Dazu schöne österreichische Weine.

Menü 69/95 € – Karte 56/65 €

Stadtplan : H2-h – *Newtonstr. 13 ✉ 81679 – ✆ 089 985152 – www.huber-restaurant.de – geschl. Sonntag - Dienstagmittag und an Feiertagen*

Palace

TRADITIONELL • KLASSISCH Ein geschmackvolles Hotel, das zahlreiche Musiker zu seinen Stammgästen zählt. Erdtöne und Dielenboden machen es hier ausgesprochen wohnlich. Charmant der kleine Freizeitbereich mit Dachterrasse, hübsch der Garten. Täglich "Afternoon Tea" in der Palace Bar, klassisch-internationale Küche im Restaurant.

70 Zim – †185/380 € ††225/475 € – 4 Suiten – ☕ 33 €

Stadtplan : H2-e – *Trogerstr. 21 ✉ 81675 – ✆ 089 419710 – www.hotel-muenchen-palace.de*

In München-Giesing

Gabelspiel Ⓝ

MODERNE KÜCHE • FAMILIÄR X Wirklich sympathisch ist die gänzlich unprätentiöse und angenehm familiäre Atmosphäre hier. Die Küche ist frisch, ambitioniert, modern und wird Ihnen als Wahl-Menü angeboten. Probieren Sie z. B. "Fusion - Gambas, Ponzu, Radieschen" oder "Étouffée Taube - Falafel, Frühlingslauch, Papadam".

Menü 56/69 €

Stadtplan : C3 – *Zehentbauernstr. 20 ✉ 81539 – ✆ 089 12253940 – www.restaurant-gabelspiel.de – nur Abendessen – geschl. 1. - 8. Januar und Sonntag - Montag*

In München-Großhadern

Johannas

MARKTKÜCHE • LÄNDLICH Mit frischen Produkten und ohne viel Schnickschnack wird in dem gemütlichen Restaurant des in 3. Generation familiengeführten Hotels "Neumayr" gekocht - lecker z. B. "Rinderbrühe, Leberknödel, Schnittlauch" oder "Wiener Schnitzel, Preiselbeeren, Kartoffel-Endiviensalat", und dazu rund 450 tolle Weine.

Menü 85 € - Karte 33/66 €

48 Zim - 85/125 € 95/150 €

Stadtplan : B3-b - *Heiglhofstr. 18 ✉ 81377 - ✆ 089 7411440 - www.hotel-neumayr.de - geschl. 26. Februar - 18. März, 27. - 30. Dezember und Donnerstag, außer an Feiertagen*

In München-Haidhausen

Showroom

KREATIV • FREUNDLICH Das Konzept kommt an: ungezwungene Atmosphäre, dazu kreative Küche, bei der das Produkt absolut im Mittelpunkt steht. Auf dem Teller jede Menge stimmig kombinierte Aromen in Form eines Überraschungsmenüs, und das wird Ihnen kompetent am Tisch vorgestellt! Sehr gut auch die Weinberatung.

→ Eigelb, Mandel, Rucola, Johannisbeere, Kaninchen. Wagyu, Heidelbeeren, Fenchel, Zimt, Rote Bete. Schokolade, Lakritze, Thymian, Rhabarber.

Menü 115/135 €

Stadtplan : M3-e - *Lilienstr. 6 ✉ 81669 - ✆ 089 44429082 (Tischbestellung erforderlich) - www.showroom-restaurant.de - nur Abendessen - geschl. Samstag - Sonntag sowie an Feiertagen*

Vinaiolo

ITALIENISCH • GEMÜTLICH Ein Stück Dolce Vita: Service mit südländischem Charme, die Küche typisch italienisch. Komplett wird das gemütlich-authentische Bild durch Einrichtungsstücke eines alten Krämerladens aus Triest! Tipp: fair kalkuliertes Mittagsmenü!

Menü 29 € (mittags unter der Woche)/55 € - Karte 45/65 €

Stadtplan : G3-e - *Steinstr. 42 ✉ 81667 - ✆ 089 48950356 (abends Tischbestellung ratsam) - www.vinaiolo.de - geschl. Samstagmittag*

Atelier Gourmet

FRANZÖSISCH-KLASSISCH • BISTRO Klein, eng, lebhaft, gut besucht - eben einfach nett! Das kulinarische Pendant zur sympathischen Atmosphäre: lecker und frisch, so z. B. "Rinderfilet, Artischocken, Graupen, Gremolata, Sardellen-Sabayon" - wählen Sie Ihr Menü von der Tafel. Dazu flotter Service und gute Weinberatung.

Menü 42/86 € - Karte 49/59 €

Stadtplan : G3-a - *Rablstr. 37 ✉ 81669 - ✆ 089 487220 (Tischbestellung ratsam) - www.ateliergourmet.de - nur Abendessen - geschl. Sonntag*

In München-Milbertshofen

EssZimmer

FRANZÖSISCH-MODERN • CHIC Wo kann man bei exzellenter moderner Küche tolle Autos bestaunen? Die Atmosphäre hier in der 3. Etage der BMW Welt ist chic und entspannt, dank raumhoher Verglasung blicken Sie in die sehenswerte Halle und auf Ihrem Teller vereinen sich Top-Produkte und feinste Aromen. Parken kann man kostenfrei.

→ Wolfsbarsch, Petersilienwurzel, Tamarinde, Sesam. Taube aus Anjou, Kaper, Limone, Tomate, Bäckerinkartoffel. Rhabarber, weiße Schokolade, Waldmeister, Mandel.

Menü 115/190 €

Stadtplan : C1-e - *Am Olympiapark 1, (3. Etage in der BMW Welt, über Lift erreichbar) ✉ 80809 - ✆ 089 358991814 (Tischbestellung ratsam) - www.esszimmer-muenchen.de - nur Abendessen - geschl. Januar 2 Wochen, August und Sonntag - Montag sowie an Feiertagen*

Bavarie - siehe Restaurantauswahl

Bavarie

INTERNATIONAL • BISTRO X Regionalität und Nachhaltigkeit sind zwei Grundgedanken der Bavarie-Idee. So setzt man beim Kombinieren bayerischer und französischer Elemente auf hochwertige Produkte. Das Ergebnis ist Leckeres wie "Kabeljau, BBQ-Bauch vom Schwein, Rosenkohl". Terrasse mit Blick auf Olympiapark und -turm.

Menü 35/42 € - Karte 38/52 €

Stadtplan : C1-e - *Restaurant Esszimmer, Am Olympiapark 1, (2. Etage in der BMW Welt, über Lift erreichbar) ✉ 80809 - ✆ 089 358991818 - www.feinkost-kaefer.de - geschl. Januar 2 Wochen, August und Sonntagabend sowie an Feiertagen abends*

Lassen Sie sich bei Ihrer Reservierung den zurzeit gültigen Preis mitteilen.

In München-Nymphenburg

Acetaia

ITALIENISCH • GEMÜTLICH X Italienische Küche und gemütliches Jugendstil-Flair! Benannt ist das Restaurant nach dem alten Aceto Balsamico, den man hier auch kaufen kann. Spaziergeh-Tipp: einfach den Nymphenburger Kanal entlang zum Schloss mit seinem schönen Park!

Menü 29 € (mittags)/100 € - Karte 47/71 €

Stadtplan : C2-a - *Nymphenburger Str. 215 ✉ 80639 - ✆ 089 13929077 - www.restaurant-acetaia.de - geschl. Samstagmittag*

Schlosswirtschaft Schwaige

TRADITIONELLE KÜCHE • GASTHOF X Der Seitenflügel des Schlosses beherbergt mehrere Stuben von rustikal bis elegant, herrlich der große Biergarten mit schönem Kinderspielplatz. Gekocht wird bayerisch. Fragen Sie nach Themenabend-Menüs wie "König Ludwig" oder "Bierig gut"!

Menü 28 € (mittags unter der Woche)/70 € - Karte 26/47 €

Stadtplan : B2-s - *Schloss Nymphenburg, (Eingang 30) ✉ 80638 - ✆ 089 12020890 - www.schlosswirtschaft-schwaige.de*

In München-Oberföhring

Freisinger Hof

REGIONAL • GASTHOF XX Freuen Sie sich auf gute regionale Küche in einem charmanten Gasthof von 1875! Bei gemütlicher Atmosphäre lässt man sich Klassiker aus Bayern und Österreich schmecken - im Mittelpunkt steht Gekochtes vom Rind! Und danach vielleicht "geeister Marillenknödel auf Vanillesauce"?

Menü 38/65 € (abends) - Karte 31/64 €

Stadtplan : D1-f - *Hotel Freisinger Hof, Oberföhringer Str. 189 ✉ 81925 - ✆ 089 952302 - www.freisinger-hof.de - geschl. 28. Dezember - 9. Januar*

Freisinger Hof

LANDHAUS • GEMÜTLICH Von diesem Landgasthaus ist es nur ein Katzensprung zum Englischen Garten! Es stehen tipptopp gepflegte und behagliche Gästezimmer zur Verfügung, die kleine Halle ist hell und freundlich.

51 Zim ☕ - 🚹135/569 € 🚹🚹169/769 €

Stadtplan : D1-f - *Oberföhringer Str. 191 ✉ 81925 - ✆ 089 952302 - www.freisinger-hof.de - geschl. 28. Dezember - 9. Januar*

Freisinger Hof - siehe Restaurantauswahl

In München-Schwabing

✿✿ Tantris

FRANZÖSISCH-KLASSISCH • VINTAGE XXXX Das "Tantris" gehört zu München wie die Frauenkirche! Seit über 45 Jahren eines der gastronomischen Highlights der Stadt, nicht wegzudenken das 70er-Jahre-Flair! In der klassischen Küche steht klar das Produkt im Mittelpunkt. Geschulter Service samt guter Weinberatung darf da natürlich nicht fehlen.

➜ Huchenfilet, Kopfsalat-Erbsenpüree, Fregola Sarda und Räucheraalcrème. Rehrücken mit Spitzkraut und Morcheln. Kokosnuss Panna Cotta mit Thaimango und Zitroneneis.

Menü 95 € (mittags)/215 € - Karte 126/178 €

Stadtplan : G1-b - *Johann-Fichte-Str. 7 ✉ 80805 - ✆ 089 3619590 (Tischbestellung ratsam) - www.tantris.de - geschl. Anfang Januar 2 Wochen und Sonntag - Montag sowie an Feiertagen*

✿✿ Geisels Werneckhof

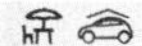

KREATIV • GEMÜTLICH XX Sein Name lässt bereits die japanischen Einflüsse erahnen, mit denen Küchenchef Tohru Nakamura den exzellenten Produkten eine besondere Note verleiht. Mit Gefühl, Können und seinem unverwechselbaren Stil bringt er Kraft und Eleganz auf den Teller. Der Service stets präsent, ohne aufdringlich zu sein.

➜ Langoustine, Imperial Kaviar, Auster und Topinambur. Lamm, Olive, Apfel, Radieschen und Dill. Nussecke, Traube und Kumquat.

Menü 135/180 € - Karte 94/145 €

Stadtplan : G1-g - *Werneckstr. 11 ✉ 80802 - ✆ 089 38879568 (Tischbestellung erforderlich) - www.geisels-werneckhof.de - nur Abendessen - geschl. 24. Dezember - 4. Januar, Ende Juli - Mitte August und Sonntag - Montag*

La Bohème Ⓝ

MARKTKÜCHE • TRENDY X Trendig-urban die Atmosphäre, modern die Küche. Abends kocht man ambitioniert (wie wär's z. B. mit "Loup de Mer, Bouillabaisse-Gemüse, Perlgraupenrisotto"?), mittags ist das Angebot einfacher. Sonntags gibt es Brunch. Und kommen Sie doch auch mal zu einer Zauberveranstaltung oder einem Musikabend!

Menü 49/79 € (abends) - Karte 26/76 €

Stadtplan : C1-b - *Leopoldstr. 180 ✉ 80804 - ✆ 089 23762323 - www.boheme-schwabing.de - geschl. August: Montag - Dienstag*

Le Cézanne

FRANZÖSISCH • FAMILIÄR X In dem sympathischen Restaurant an der Ecke kocht der Chef Speisen aus seiner Heimat Frankreich. Von der Tafel oder von der kleinen Klassiker-Karte wählt man z. B. "Fischsuppe mit Croûtons und Rouille" oder "geschmorte Kalbsroulade mit Kartoffelgratin". Im Sommer ist die Fensterfront geöffnet.

Menü 45 € - Karte 25/61 €

Stadtplan : G1-z - *Konradstr. 1 ✉ 80801 - ✆ 089 391805 (Tischbestellung ratsam) - www.le-cezanne.de - nur Abendessen - geschl. über Ostern, Anfang August 3 Wochen und Montag*

M Belleville

FRANZÖSISCH-KLASSISCH • BISTRO X Ein Stück Paris in München? In dem lebendigen Bistro isst man richtig gut! Ein lockeres junges Team serviert z. B. "Rôti de porc mit Kartoffelstampf" oder "Rinderbacke in Rotwein geschmort". Und als Dessert "Riz au lait caramel"? Dazu seltene Naturweine und regelmäßig Live-Musik.

Menü 37 € - Karte 32/53 €

Stadtplan : F1-c - *Fallmerayerstr. 16 ✉ 80796 - ✆ 089 30747611 - www.m-belleville.com - geschl. Sonntag - Montag, Samstagmittag und an Feiertagen*

Il Borgo

ITALIENISCH • ELEGANT XX In dem Eckrestaurant sitzt man nicht nur schön gemütlich in modern-eleganter Atmosphäre, man isst auch gut. Geboten werden schmackhafte italienische Gerichte wie "Rehrückenfilet an Feigensauce" oder "Babyseezunge vom Grill".

Menü 59 € – Karte 46/66 €

Stadtplan : F1-e – *Georgenstr. 144 ✉ 80797 – ✆ 089 1292119 (abends Tischbestellung ratsam) – www.il-borgo.de – geschl. Samstagmittag, Sonntag sowie an Feiertagen mittags*

Bibulus

ITALIENISCH • ELEGANT XX Wenn ein Restaurant beliebt ist bei den Einheimischen, spricht das für sich! Hier mag man die gute, unkomplizierte italienische Küche und den charmanten Service - am liebsten draußen auf dem kleinen Platz unter Platanen. Günstiger Lunch.

Menü 14 € (mittags unter der Woche)/89 € – Karte 39/64 €

Stadtplan : G1-u – *Siegfriedstr. 11 ✉ 80803 – ✆ 089 396447 – www.bibulus-ristorante.de – geschl. Samstagmittag, Sonntag*

Tira tardi

ITALIENISCH • FREUNDLICH X Das kleine Restaurant in einer Wohnstraße bietet authentische italienische Küche: klassisches Brasato, Tagliatelle mit Oktopus... Nebenan gemütliche "Cantina" für Gesellschaften: legere "Cucina Casalinga" inmitten dekorativer Weinregale.

Menü 42 € – Karte 31/82 €

Stadtplan : F1-b – *Kurfürstenstr. 41 ✉ 80801 – ✆ 089 27774455 (abends Tischbestellung ratsam) – www.tiratardi.de – an Feiertagen nur Abendessen – geschl. Ende August - Anfang September 2 Wochen und Samstagmittag, Sonntag*

INNSIDE Parkstadt Schwabing

BUSINESS • FUNKTIONELL Ein von Stararchitekt Helmut Jahn designtes Hotel in verkehrsgünstiger Lage bei den markanten "HighLight Towers". Das gesamte Haus ist schön hell und geradling-modern. Das in Weiß gehaltene Restaurant im Bistrostil bietet Internationales.

160 Zim – †99/499 € ††99/499 € – ☕ 22 €

Stadtplan : D1-s – *Mies-van-der-Rohe-Str. 10 ✉ 80807 – ✆ 089 354080 – www.melia.com/de/hotels/deutschland/munich*

The Rilano

BUSINESS • MODERN Das Flaggschiff der kleinen Rilano-Gruppe steht für modernes Design und aktuelle Technik. Dazu recht verkehrsgünstige Lage auf der Rückseite der Parkstadt, gute Tagungsbedingungen, Grill- & Seafood-Restaurant "Vitello" und tagsüber unter der Woche Pasta-Bar. Im selben Gebäude: Budget-Hotel "Rilano 24/7".

150 Zim – †119/319 € ††139/339 € – ☕ 19 €

Stadtplan : D1-n – *Domagkstr. 26 ✉ 80807 – ✆ 089 360010 – www.rilano-hotel-muenchen.de*

la maison

BUSINESS • MODERN Hier wohnt man relativ ruhig und dennoch zentral. Stylish-modern zeigt sich der Eingangsbereich, ebenso chic die Zimmer mit gelungenen Akzenten in edlem Schwarz! Nach hinten haben die Zimmer einen Balkon, die zur Straße hin sind geräumiger.

31 Zim – †120/278 € ††145/318 € – ☕ 18 €

Stadtplan : G1-m – *Occamstr. 24 ✉ 82152 – ✆ 089 33035550 – www.hotel-la-maison.com*

In München-Pasing

Essence

KLASSISCHE KÜCHE • CHIC XX Auch im Münchner Westen kommt man in den Genuss ambitionierter Küche. In dem geschmackvoll-modernen Restaurant samt Lounge und wunderbarer Innenhofterrasse kocht man am Abend Klassisches wie "Rücken vom Limousin-Lamm mit Salzzitronenjus". Mittags Business-Lunch und kleiner Auszug aus der Abendkarte.

Menü 17 € (mittags unter der Woche)/75 € (abends) - Karte 48/66 €

Stadtplan : A2 - *Gottfried-Keller-Str. 35 ✉ 81245 - ✆ 089 80040025 - www.essence-restaurant.de - geschl. Montag, Samstagmittag*

MÜNSING

Bayern - 4 230 Ew. - Höhe 666 m - Regionalatlas **65**-L21
Michelin Straßenkarte 546

Gasthaus Sebastian Limm

REGIONAL • LÄNDLICH X Ein alteingesessener Gasthof, gemütlich-rustikal und seit 1908 familiär geführt. Serviert wird schmackhafte bayerische Küche, vieles kommt aus der hauseigenen Metzgerei - wie wär's also mit Tafelspitzsülze, Zwiebelrostbraten oder Medaillons vom Hirschkalbsrücken?

Menü 17 € (mittags unter der Woche) - Karte 26/48 €

Hauptstr. 29 ✉ 82541 - ✆ 08177 411 - www.gasthauslimm.de - geschl. 22. August - 11. September und Sonntagabend - Montagmittag, Mittwoch

R. Harding/hemis.fr

WIR MÖGEN BESONDERS...

Nach einem schönen Spaziergang durch den Park des **Schlosses Wilkinghege** auf dessen Terrasse speisen. Das ganz besondere Flair des Herdfeuerraums im hübsch restaurierten **Hof zur Linde**. Im **Alten Gasthaus Leve** in der urig-charmanten Atmosphäre einer typischen Brauereigaststätte bei regionalem Bier gemütlich zusammensitzen.

MÜNSTER (WESTFALEN)

Nordrhein-Westfalen – 302 178 Ew. – Höhe 60 m – Regionalatlas **26**-D9
Michelin Straßenkarte 543

Restaurants

✿ Gourmet 1895

FRANZÖSISCH-MODERN • ELEGANT XXX Angenehm intim ist die Atmosphäre in dem kleinen Restaurant. Was an den vier Tischen serviert wird, sind zwei moderne Menüs aus sehr guten Produkten - durchdacht, harmonisch und mit Tiefgang. Für Weinliebhaber gibt es so manche Rarität.

➜ Hummer, Dashi und Quinoa. Jakobsmuschel, Blumenkohl und Thaichili. Ente, Rhabarber und Kartoffel.

Menü 88/118 €

Stadtplan : B2-b – *Hotel Kaiserhof, Bahnhofstr. 14 ✉ 48143 – ✆ 0251 4178700 (Tischbestellung erforderlich) – www.gourmet1895.de – nur Abendessen – geschl. Sonntag - Dienstag sowie an Feiertagen*

von Rhemen

FRANZÖSISCH-KLASSISCH • FREUNDLICH XXX Sie sitzen in einem stilvollen hohen Raum unter einer schönen Stuckdecke und lassen sich modern interpretierte klassische Gerichte wie "Lammrücken unter der Kräuterkruste mit Ratatouille und Kartoffelgratin" schmecken.

Menü 35/78 € – Karte 39/58 €

Hotel Schloss Wilkinghege, Steinfurter Str. 374, (Zufahrt über Wilkinghege 41), über Steinfürter Straße A1 ✉ 48159 – ✆ 0251 144270 – www.schloss-wilkinghege.de – geschl. 23. - 25. Dezember und Sonntag - Montagmittag

Villa Medici

MEDITERRAN • DESIGN XX In dieser Münsteraner Institution empfängt man Sie in stilvoll-modern designtem Ambiente zu ambitionierter und schmackhafter mediterraner Küche und italienischem Wein. Man hat auch fünf schöne Gästezimmer (ohne Frühstück).

Menü 60 € – Karte 55/71 €

Prozessionsweg 402, über Warendorder Straße C1 ✉ 48155 – ✆ 0251 34218 – www.villa-medici-muenster.de – geschl. Montag - Dienstag, Samstagmittag

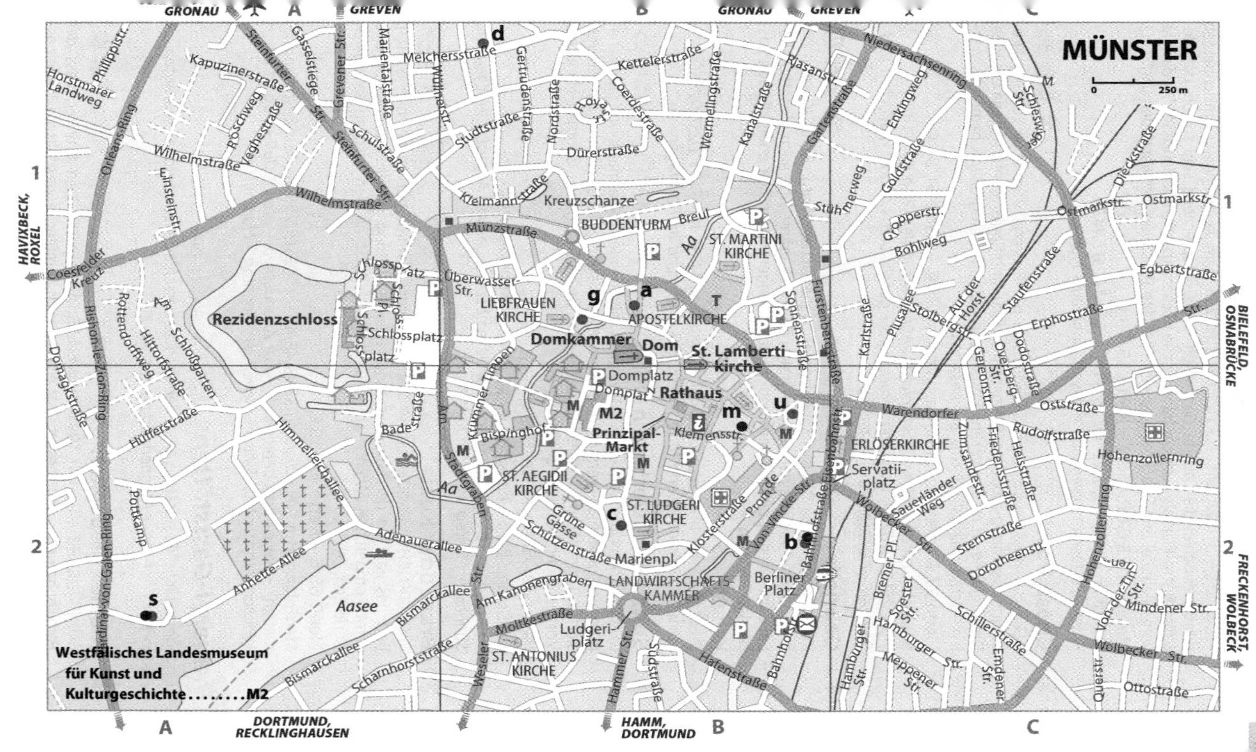

MÜNSTER
0
250 m
GRONAU
GREVEN
BIELEFELD, OSNABRÜCKE
FRECKENHORST, WOLBECK
HAVIXBECK, ROXEL
DORTMUND, RECKLINGHAUSEN
HAMM, DORTMUND
A
B
C
1
2
Rezidenzschloss
Domkammer
Dom
St. Lamberti kirche
Rathaus
Prinzipal-Markt
M2
LIEBFRAUEN KIRCHE
APOSTELKIRCHE
ST. MARTINI KIRCHE
BUDDENTURM
ST. AEGIDII KIRCHE
ST. LUDGERI KIRCHE
ST. ANTONIUS KIRCHE
ERLÖSERKIRCHE
LANDWIRTSCHAFTS-KAMMER
Aasee
Aa
Domplatz
Schlossplatz
Servatii-platz
Ludgeri-platz
Berliner Platz
Marienpl.
Kreuzschanze
Niedersachsenring
Hohenzollernring
Orleans-Ring
Rishon-le-Zion-Ring
Kardinal-von-Galen-Ring
Warendorfer Str.
Wolbecker Str.
Steinfurter Str.
Grevener Str.
Hammer Str.
Weseler Str.
Wilhelmstraße
Himmelreichallee
Annette-Allee
Adenauerallee
Bismarckallee
Hafenstraße
Bahnhofstraße
Von-Vincke-Str.
Promenade
Klosterstraße
Fürstenbergstraße
Sonnenstraße
Münzstraße
Bohlweg
Kanalstraße
Gartenstraße
Coesfelder Kreuz
Melchersstraße
Kettelerstraße
Egbertstraße
Erphostraße
Ottostraße
Westfälisches Landesmuseum für Kunst und Kulturgeschichte........M2

Giverny - Caveau de Champagne

FRANZÖSISCH-KLASSISCH • GEMÜTLICH XX In dem langjährigen Familienbetrieb führt inzwischen die nächste Generation Regie. Ansprechend sind sowohl das elegante Bistro-Flair als auch die französische Küche: Austern, Bouillabaisse, "Medaillons vom Seeteufel und Bouchot Muscheln", "gefüllte Brust vom Schwarzfederhuhn"...

Menü 54/73 € (abends) - Karte 55/79 €

Stadtplan : B1-g - *Spiekerhof 25 ✉ 48143 - ✆ 0251 511435 - www.restaurant-giverny.de - geschl. Sonntag - Montag*

Chesa Rössli

INTERNATIONAL • ELEGANT XX Die etwas gehobenere Alternative zum Hotelrestaurant: stimmig-moderne Atmosphäre, dazu ambitionierte internationale Küche. Die Weine kann man zuvor im Eingangsbereich aus den großen Chambrairs wählen. Mittags fair kalkuliertes Businessmenü.

Menü 27 € (mittags unter der Woche)/75 € - Karte 31/68 €

Stadtplan : A2-s - *Hotel Mövenpick, Kardinal-von-Galen-Ring 65 ✉ 48149 - ✆ 0251 8902627 - www.chesa-roessli.de - geschl. Juli - August 4 Wochen und Sonntag - Montag, Samstagmittag*

Gabriel's

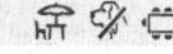

INTERNATIONAL • DESIGN XX Blattgold, italienischer Naturstein, Kunst... So ansprechend wie das geradlinige Design des Restaurants sind auch die international-saisonalen Speisen. Feiern und Veranstaltungen finden hier ebenfalls den passenden Rahmen.

Karte 39/63 €

Stadtplan : B2-b - *Hotel Kaiserhof, Bahnhofstr. 14 ✉ 48143 - ✆ 0251 4178600 - www.kaiserhof-muenster.de - geschl. Sonntag und an Feiertagen*

Spitzner im Oer'schen Hof

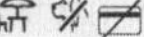

INTERNATIONAL • GEMÜTLICH X In dem ehemaligen Adelshaus von 1748 hat man eine gemütlich-warme Wohnzimmer-Atmosphäre geschaffen, in der ein versiertes Team internationale Küche serviert. Do. - So. abends Gourmet-Menü auf Vorbestellung. Idyllisch der Innenhof.

Menü 39/79 € - Karte 26/79 €

Stadtplan : B2-c - *Königsstr. 42 ✉ 48143 - ✆ 0251 41441550 - www.oerschenhof.ms - geschl. 23. Dezember - 5. Januar, August 3 Wochen und Sonntag - Montag sowie an Feiertagen*

Brust oder Keule

MARKTKÜCHE • FREUNDLICH X Das Restaurant kommt gut an bei den Gästen, und das liegt an der hübschen modernen Einrichtung, am freundlichen Service samt kompetenter Weinberatung und nicht zuletzt an den frischen saisonalen Gerichten.

Menü 65 € - Karte 44/65 €

Stadtplan : B1-d - *Melchersstr. 32 ✉ 48149 - ✆ 0251 9179656 (Tischbestellung ratsam) - www.brustoderkeule.de - nur Abendessen - geschl. Juli - August 3 Wochen und Montag, Januar - November: Sonntag - Montag*

Brauerei-Gaststätten:

Urig-gemütliche Gaststätten, in denen man zu verschiedenen regional gebrauten Biersorten Topf- oder Pfannengerichte serviert.

Kleiner Kiepenkerl

BÜRGERLICHE KÜCHE • TRADITIONELLES AMBIENTE X Kein Wunder, dass der Familienbetrieb so gut besucht ist: eine wirklich gemütliche westfälische Traditionsadresse in der Altstadt. Der obligatorische Stammtisch heißt "Schöpperecke" (zum Schmunzeln die Politik-Karikaturen), auf der Karte Pfefferpotthas, Eintopf, Rouladen...

Menü 25/40 € - Karte 21/57 €

Stadtplan : B1-a - *Spiekerhof 47 ✉ 48143 - ✆ 0251 43416 - www.kleiner-kiepenkerl.de - geschl. Januar - April: Montag, außer an Feiertagen*

Altes Gasthaus Leve 

TRADITIONELLE KÜCHE • RUSTIKAL Die charmanten alten Stuben sprühen nur so vor Heimeligkeit. Sehr dekorativ sind z. B. schöne alte Öfen, Delfter Kacheln, historische Karikaturportraits... Der Chef kann so manche Geschichte erzählen! Tipp: regionales Bier.

Karte 23/51 €

Stadtplan : B2-u – *Alter Steinweg 37 ✉ 48143 – ✆ 0251 45595 – www.gasthaus-leve.de – geschl. über Ostern, Pfingsten, Weihnachten und Sonntag*

Hotels

Mövenpick 

KETTENHOTEL • FUNKTIONELL Hier lässt es sich zeitgemäß-komfortabel wohnen, gut tagen und auch schön entspannen: In der 6. Etage Sauna- und Fitnessbereich samt Dachterrasse und kleinem Ruheraum mit Panoramablick! Restaurant mit internationaler und Schweizer Küche. Die Lage: verkehrsgünstig, im Grünen, nur ca. 15 Gehminuten vom Zentrum.

224 Zim – 99/185 € 119/205 € – 2 Suiten

Stadtplan : A2-s – *Kardinal-von-Galen-Ring 65 ✉ 48149 – ✆ 0251 89020 – www.movenpick.com/muenster*

Chesa Rössli – siehe Restaurantauswahl

Kaiserhof 

HISTORISCH • MODERN Das traditionsreiche Haus im Herzen Münsters steht nach wie vor für engagierte Führung und hochwertiges Interieur zum Wohlfühlen. Wie wär's mit etwas Ruhe im schönen Spa oder einem Buch im Kaminzimmer?

95 Zim – 99/243 € 119/263 € – 5 Suiten – 19 € – ½ P

Stadtplan : B2-b – *Bahnhofstr. 14 ✉ 48143 – ✆ 0251 41780 – www.kaiserhof-muenster.de*

Gourmet 1895 • **Gabriel's** – siehe Restaurantauswahl

Schloss Wilkinghege 

HISTORISCHES GEBÄUDE • KLASSISCH Das im 16. Jh. erbaute Schloss mit schönem Park gibt heute individuellen Zimmern einen geschmackvollen Rahmen. Etwas zeitgemäßer die Dependance. Das Haus wird gerne für Feierlichkeiten genutzt. Gut die Lage: ruhig und doch zentrumsnah.

35 Zim – 99/180 € 140/315 € – 13 Suiten – ½ P

Steinfurter Str. 374, (Zufahrt über Wilkinghege 41), über Steinfürter Straße A1 ✉ 48159 – ✆ 0251 144270 – www.schloss-wilkinghege.de – geschl. 23. - 25. Dezember

von Rhemen – siehe Restaurantauswahl

Factory Hotel 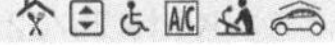

URBAN • DESIGN Diese recht spezielle Lifestyle-Adresse - eine ehemalige Brauerei, deren alte Industrie-Architektur mit einem Neubau kombiniert wurde - bietet puristisch designte Zimmer, die großzügige trendige Bar "TIDE" sowie die Restaurants "EAT" mit regional-internationaler Küche und "la tapia" mit spanischem Angebot. Leger: "MOLE" als Speise-Kneipe.

128 Zim – 99/319 € 99/319 € – 16 Suiten – 17 €

An der Germania Brauerei 5, (Zufahrt über Grevener Str. 91), über Grevener Straße A1 ✉ 48159 – ✆ 0251 41880 – www.factoryhotel.de

Feldmann 

FAMILIÄR • INDIVIDUELL Das Haus der Familie Feldmann liegt mitten im historischen Zentrum, vis-à-vis der Clemenskirche - ideal für Stadterkundungen! Weitere Vorzüge: persönliche Atmosphäre, individuelle, wohnliche Zimmer und ein gutes Frühstück sowie ein traditionell-gemütliches Restaurant mit klassischer und westfälischer Küche.

20 Zim – 69/110 € 106/147 € – 7 €

Stadtplan : B2-m – *An der Clemenskirche 14, Anfahrt über Loerstraße ✉ 48143 – ✆ 0251 414490 – www.hotel-feldmann.de*

In Münster-Handorf Ost: 7 km über Warendorfer Straße C1, Richtung Bielefeld

Hof zur Linde

TRADITIONELLE KÜCHE • GEMÜTLICH XX Münsterländer Gemütlichkeit gepaart mit Eleganz und Historie. Im Winter kommt im Herdfeuerraum eine ganz besondere Stimmung auf, an der Decke hängen Schinken und Mettwürste vor dem offenen Kamin. Im Sommer lock die Lindenterrasse! Die Küche schmackhaft-regional. Wochentags günstiges Lunchmenü.

Menü 33 € (mittags unter der Woche)/107 € - Karte 44/68 €

Hotel Hof zur Linde, Handorfer Werseufer 1 ✉ 48157 - ✆ 0251 32750 - www.hof-zur-linde.de

Hof zur Linde

LANDHAUS • INDIVIDUELL Aus einem historischen Bauernhof ist dieses schöne Anwesen entstanden. Jedes Zimmer ist anders, beliebt sind Fischerhaus und Waldhaus, beide idyllisch an der Werse gelegen! Oder vielleicht eine Spa-Juniorsuite mit Whirlwanne und kleiner Sauna? Klasse: die einstige Scheune als schicker Veranstaltungsbereich.

52 Zim - †101/230 € ††141/310 € - 8 Suiten - ½ P

Handorfer Werseufer 1 ✉ 48157 - ✆ 0251 32750 - www.hof-zur-linde.de

Hof zur Linde – siehe Restaurantauswahl

Landhaus Eggert

LANDHAUS • MODERN Der Gutshof von 1030 ist eine geschmackvolle Adresse, ruhig und idyllisch die Lage. Im Winter sind die Zimmer mit Sonnenerker gefragt, im Sommer die mit Terrasse! Gönnen Sie sich auch Massage- und Kosmetikanwendungen. Im Restaurant (schön mit großem Kamin) speist man international mit westfälischem Einfluss.

33 Zim - †102/120 € ††146/174 € - 4 Suiten - ½ P

Zur Haskenau 81, Nord: 5 km über Dorbaumstraße ✉ 48157 - ✆ 0251 328040 - www.landhaus-eggert.de - geschl. 22. - 25. Dezember

In Münster-Hiltrup Süd: 6 km über Hammerstraße B2, Richtung Hamm

Landgraf

INTERNATIONAL • LÄNDLICH X Der regionale Charme des roten Backsteingebäudes setzt sich auch im Inneren fort, in Form eines ländlich-gediegenen Restaurants. Man hat auch einen Wintergarten, der sich im Sommer öffnen lässt - davor die Terrasse zum schönen Garten!

Karte 25/62 €

10 Zim - †75 € ††105 €

Thierstr. 26 ✉ 48165 - ✆ 02501 1236 - www.hotel-landgraf.de - geschl. Montag

In Münster-Roxel West: 6,5 km über Einsteinstraße A1, Richtung Havixbeck

Bakenhof

GASTHOF • MODERN Modern wohnt es sich in dem gewachsenen Familienbetrieb. Das Hotel liegt etwas von der Straße zurückversetzt und daher recht ruhig (einige wenige Zimmer auch im Stammhaus). Regional-saisonal geprägte Küche im gemütlichen Restaurant.

41 Zim - †90 € ††128 € - ½ P

Roxeler Str. 376, Ost: 2,5 km ✉ 48161 - ✆ 0251 871210 - www.bakenhof.de

Sie suchen ein Hotel für einen besonders angenehmen Aufenthalt? Reservieren Sie in einem roten Haus: 🏠...🏠.

MÜNSTER-SARMSHEIM Rheinland-Pfalz → Siehe Bingen

MÜNSTERTAL

Baden-Württemberg - 5 026 Ew. - Höhe 373 m - Regionalatlas **61**-D21
Michelin Straßenkarte 545

In Untermünstertal

 **Landhaus Langeck** 

GASTHOF • INDIVIDUELL Ideal für erholsame Urlaubstage in ländlicher Umgebung: ruhige Lage, jede Menge Grün ringsum - da kann man direkt vor der Tür loswandern! Tipp: Fragen Sie nach den besonders hübschen Landhaus-Zimmern. In der gemütlich-ländlichen Gaststube macht die regionale Karte Appetit.

15 Zim - 67 € 126/134 € - ½ P

Langeck 6 ✉ 79244 - ✆ 07636 7877580 - www.langeck.de

In Obermünstertal

Spielweg 

FRANZÖSISCH-KLASSISCH • GEMÜTLICH XX In dem jahrhundertealten Stammhaus mit seinen reizenden, ländlich-charmanten Stuben gibt es neben Spielweg-Klassikern wie "Sauté von Kalbsbries und -nierle mit Pommery-Senfsauce" auch moderne Gerichte wie "Wildschwein im Orient" - alles gewohnt niveauvoll!

Menü 49/84 € - Karte 38/69 €

Hotel Spielweg, Spielweg 61 ✉ 79244 - ✆ 07636 7090 - www.spielweg.com

Landgasthaus zur Linde 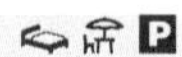

REGIONAL • GASTHOF XX Der historische Gasthof am Neumagenbach ist bekannt für seine Forellengerichte. Und im Winter wird's auch schon mal norddeutsch (die Wurzeln der Inhaber), da gibt's dann z. B. Grünkohl mit Pinkel. Alte Stube, Jägerstube, Kaminstube, überall ist es richtig gemütlich - auch in den wohnlichen Landhauszimmern.

Karte 27/56 €

9 Zim - 93/103 € 93/144 € - 2 Suiten

Krumlinden 13 ✉ 79244 - ✆ 07636 447 - www.landgasthaus.de - geschl. Oktober - April: Donnerstag

Spielweg 

FAMILIÄR • INDIVIDUELL Ein Ferienhotel mit Charme und eigener Note, und das in idyllischer Lage! Seit Generationen führt Familie Fuchs das Haus und investiert stetig. So wohnt man in individuellen Zimmern von klassisch-traditionell bis modern-regional. Ausgezeichnet das Frühstück mit Käse aus der eigenen Käserei!

41 Zim - 119/180 € 145/235 € - 3 Suiten - ½ P

Spielweg 61 ✉ 79244 - ✆ 07636 7090 - www.spielweg.com

Spielweg - siehe Restaurantauswahl

MUGGENSTURM

Baden-Württemberg - 6 136 Ew. - Höhe 123 m - Regionalatlas **54**-E18
Michelin Straßenkarte 545

Lamm 

INTERNATIONAL • GASTHOF XX Einladend sind sowohl die traditionelle Fassade als auch das helle, recht moderne Interieur, nicht zu vergessen die Küche: Sie ist international und badisch ausgerichtet und bietet z. B. "geschmorten Ochsenschwanz mit Bärlauchspätzle" oder "Filet vom Skrei im Serrano-Schinkenmantel mit grünem Spargel".

Menü 32/59 € - Karte 33/62 €

Hauptstr. 24 ✉ 76461 - ✆ 07222 52005 - www.lamm-muggensturm.de - geschl. Dienstag, Samstagmittag

MULFINGEN

Baden-Württemberg – 3 705 Ew. – Höhe 288 m – Regionalatlas **49**-I17
Michelin Straßenkarte 545

In Mulfingen-Ailringen Nord-West: 7,5 km über Ailringer Straße

✿ Amtskeller

FRANZÖSISCH-KLASSISCH • ELEGANT XX Sehr angenehm, wie man hier ohne viel Chichi jede Menge Geschmack und Ausdruck auf den Teller bringt! Die klassische Küche setzt auf hochwertige Produkte, wenn möglich aus der Region. Der Rahmen ist etwas Besonderes: moderner Stil in altem Naturstein-Tonnengewölbe, dazu ungezwungener und aufmerksamer Service.

→ Flusszander mit geräuchertem Mark, Zuckererbsen und Pfifferlingen. Hohenloher Taube, Romanesco, Zwiebeln und Rosskartoffeln. Bienenstich mit falschen Aprikosen, grünen Mandeln und Rosmarin.

Menü 78/114 € – Karte 52/80 €

Hotel Amtshaus, Kirchbergweg 3 ✉ 74673 – ✆ 07937 9700 – www.amtshaus-ailringen.de – Mittwoch - Freitag nur Abendessen – geschl. 1. - 17. Januar und Montag - Dienstag

Amtshaus

LANDHAUS • MODERN Vom kleinen Einzelzimmer bis zur geräumigen Maisonette findet in dem hübschen kleinen Hotel von 1650 jeder das Passende. Geschmackvolles Ambiente, moderne Technik, ausgewähltes Frühstück..., und all das umgeben von schönem altem Fachwerk.

15 Zim – †104/134 € ††154/164 € – 3 Suiten – ½ P

Kirchbergweg 3 ✉ 74673 – ✆ 07937 9700 – www.amtshaus-ailringen.de

✿ **Amtskeller** – siehe Restaurantauswahl

In Mulfingen-Heimhausen Süd: 4 km Richtung Buchenbach

Jagstmühle

LANDHAUS • KLASSISCH Ein richtig charmantes Anwesen ist diese ehemalige Mühle an der Jagst. Die Zimmer verteilen sich auf verschiedene Häuser, alles ist überaus hochwertig und geschmackvoll, herrlich der Garten. Das schöne Bild setzt sich im gemütlich-eleganten holzvertäfelten Restaurant fort. Regionale Küche.

26 Zim – †105/145 € ††135/180 € – ½ P

Jagstmühlenweg 10 ✉ 74673 – ✆ 07938 90300 – www.jagstmuehle.de

MURNAU

Bayern – 11 882 Ew. – Höhe 688 m – Regionalatlas **65**-L21
Michelin Straßenkarte 546

Murnauer Reiter

REGIONAL • GEMÜTLICH XX Ob im lichten Restaurant oder im eleganteren "Reiterzimmer", die Küche bietet einen Mix aus Regionalem und Internationalem mit Bezug zur Saison, so z. B. "Lammrücken vom Ammersee, Zucchini, Auberginen-Tian". Mittags ist das Angebot kleiner und einfacher. Herrlich die Terrasse.

Menü 40/90 € (abends) – Karte 43/67 €

Hotel Alpenhof Murnau, Ramsachstr. 8 ✉ 82418 – ✆ 08841 4910 – www.alpenhof-murnau.com

Alpenhof Murnau

SPA UND WELLNESS • GEMÜTLICH Ein alpenländisches Ferienhotel mit freundlicher Atmosphäre, wohnlichen Zimmern in zeitgemäß-ländlichem Stil und hochwertigem Spa-Angebot. Schön die ruhige Lage und der Blick auf Wetterstein und Estergebirge.

75 Zim – †129/319 € ††149/369 € – 10 Suiten – ½ P

Ramsachstr. 8 ✉ 82418 – ✆ 08841 4910 – www.alpenhof-murnau.com

Murnauer Reiter – siehe Restaurantauswahl

Angerbräu

GASTHOF • FUNKTIONELL In dem komplett sanierten historischen Haus lässt es sich schön wohnen: gepflegte, behagliche Zimmer mit gutem Platzangebot, Saunabereich im DG, wechselnde Kunstaustellungen. Zum Essen geht man ins Bistro "Weinfee" - hier gibt's Internationales, darunter auch Flammkuchen.

28 Zim - †63/99 € ††86/117 € - 1 Suite - ☕ 12 € - ½ P

Untermarkt 44 ✉ 82418 - ✆ 08841 625876 - www.angerbraeu.de

Post

FAMILIÄR • GEMÜTLICH Hier können Sie getrost buchen: Das hübsche Haus ist sehr gut geführt, liegt schön zentral in der Fußgängerzone, ist charmant eingerichtet, das Frühstücksbuffet ist frisch, das Personal überaus freundlich.

16 Zim ☕ - †59/128 € ††99/146 €

Obermarkt 1, (Zufahrt über Petersgasse 1) ✉ 82418 - ✆ 08841 48780 - www.hotel-post-murnau.de - geschl. Ende November - Ende Dezember

Griesbräu

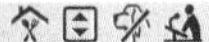

GASTHOF • GEMÜTLICH Im Herzen der Stadt finden Sie diesen engagiert-familiär geführten Brauereigasthof mit seinen wohnlichen Zimmern in modern-ländlichem Stil. Neben bayerischer Kost im gemütlichen Restaurant bekommt man alternativ im "Brauhaus" hausgebrautes Bier und allerlei Schmankerl (Selbstbedienung).

40 Zim ☕ - †65/73 € ††116/130 € - ½ P

Obermarkt 37 ✉ 82418 - ✆ 08841 1422 - www.griesbraeu.de - geschl. Januar

NAGOLD

Baden-Württemberg - 21 470 Ew. - Höhe 411 m - Regionalatlas **54**-F19
Michelin Straßenkarte 545

Alte Post (Stefan Beiter)

FRANZÖSISCH-MODERN • KLASSISCHES AMBIENTE XX Der Ort: die 1. Etage eines schmucken Fachwerkhauses von 1697 mitten im Zentrum. Das Ambiente: gemütlich-traditionell mit modernen Akzenten. Die Küche: modern und französisch geprägt, finessenreich und ausdrucksstark. Dazu ausgezeichneter und charmanter Service.

→ Kaisergranat, Ochsenschwanz, Rote Bete und Trüffel. Taube, Sellerie, Olive, Gewürzsoße. Pfirsich Melba.

Menü 69/133 € - Karte 71/94 €

Bahnhofstr. 2 ✉ 72202 - ✆ 07452 84500 (Tischbestellung ratsam) - www.altepost-nagold.de - nur Abendessen - geschl. 1. - 19. Januar, 23. - 30. Mai, 1. - 28. August und Sonntag - Dienstag

LUZ - siehe Restaurantauswahl

Burg

REGIONAL • LÄNDLICH XX In der Stadtmitte liegt das familiengeführte Restaurant mit dem behaglichen ländlich-rustikalen Ambiente und gemütlichem Kaminzimmer. Im Sommer kommt die schöne Gartenterrasse gut an. Gekocht wird regional.

Menü 32/48 € - Karte 21/57 €

Gerichtsplatz 8, (über Burgstr. 2) ✉ 72202 - ✆ 07452 3735 - www.restaurant-burg.de - geschl. 8. - 23. August und Montag - Dienstag

LUZ

REGIONAL • GEMÜTLICH X Direkt unter dem Gourmetrestaurant bietet die "Alte Post" ihre "weltoffen-regionale" Alternative. In gemütlich-moderner Atmosphäre gibt es "LUZ-Bauernbratwurst über Kieferzapfen geräuchert", "Saibling mit Kräuterrisotto", "Ribeye-Steak"... Sehr nette Terrasse!

Menü 31 € - Karte 30/48 €

Restaurant Alte Post, Bahnhofstr. 2 ✉ 72202 - ✆ 07452 84500 - www.altepost-nagold.de - geschl. 1. - 18. Januar und Montag

Ostaria da Gino 

ITALIENISCH • FAMILIÄR Schön familiär geht es hier zu! Typisch italienisch die Speisen, ungezwungen und charmant die Atmosphäre! Man berät Sie gerne bei der Auswahl von der Tafel, ebenso in Sachen Wein. Vielleicht noch was Leckeres für zuhause aus dem Feinkostladen? Übrigens: Man bietet auch Kochkurse an.

Menü 49/75 € (abends) - Karte 32/70 €

Querstr. 3 ✉ 72202 - ✆ 07452 66610 - www.dagino-nagold.de - geschl. Sonntag

Adler 

BUSINESS • FUNKTIONELL Das denkmalgeschützte Fachwerkhaus von 1675 (seit 1702 als Gasthof genutzt) steht im Zentrum, nicht weit vom Fluss Nagold. Die Zimmer sind wertig ausgestattet, besonders modern die Zimmer im Gästehaus. Nett sind die ländlichen Restaurantstuben im alten Gasthof. Man bietet bürgerliche Küche.

45 Zim - 65/108 € 96/148 €

Badgasse 1 ✉ 72202 - ✆ 07452 869000 - www.hotel-adler-nagold.de

In Nagold-Pfrondorf Nord: 4,5 km über B 463

Pfrondorfer Mühle 

BUSINESS • INDIVIDUELL Aus einer ehemaligen Mühle ist das gut geführte und wohnlich eingerichtete Hotel an der Nagold entstanden. Wer es komfortabler mag, bucht die eleganteren Zimmer (auch Juniorsuiten) im Anbau. Im geschmackvollen, gemütlichen Restaurant gibt es ein breites Angebot von bürgerlich bis klassisch. Schöne Terrasse.

19 Zim - 69/128 € 75/156 € - 2 Suiten - ½ P

Pfrondorfer Mühle 1, an der B 463 ✉ 72202 - ✆ 07452 84000 - www.pfrondorfer-muehle.de

NAKENSTORF Mecklenburg-Vorpommern ➜ Siehe Neukloster

NASTÄTTEN

Rheinland-Pfalz - 4 177 Ew. - Höhe 280 m - Regionalatlas **47**-E14
Michelin Straßenkarte 543

Oranien 

MARKTKÜCHE • FAMILIÄR Das Restaurant der Familie Debus liegt etwas erhöht am Ortsrand und bietet von den meisten Plätzen eine nette Aussicht. Aus der Küche kommen bürgerlich-regionale Gerichte. Gepflegt übernachten kann man auch.

Menü 19 € (abends) - Karte 19/43 €
10 Zim - 45/70 € 75/100 €

Oranienstr. 10 ✉ 56355 - ✆ 06772 1035 - www.hotel-restaurant-oranien.de - nur Abendessen, sonntags auch Mittagessen - geschl. 1. - 10 . Januar und Sonntagabend - Montag

NAUEN

Brandenburg - 16 761 Ew. - Höhe 35 m - Regionalatlas **22**-O8
Michelin Straßenkarte 542

In Nauen-Ribbeck West: 6 km

Schloss Ribbeck 

REGIONAL • KLASSISCHES AMBIENTE Wer kennt ihn nicht, Theodor Fontanes "Herrn von Ribbeck auf Ribbeck im Havelland"? In dem schönen Schloss mit seinem verlockenden Birnengarten speisen Sie Regionales. Das Anwesen ist natürlich auch ein toller Rahmen für Hochzeiten!

Karte 23/38 €

Theodor-Fontane-Str. 10 ✉ 14641 - ✆ 033237 85900 - www.schlossribbeck.de - bis 18 Uhr geöffnet, samstags bis 22 Uhr geöffnet

NAUHEIM, BAD

Hessen - 31 018 Ew. - Höhe 148 m - Regionalatlas **38**-F14
Michelin Straßenkarte 543

Dolce

SPA UND WELLNESS · MODERN Ein Haus mit interessanten Kontrasten: Da ist zum einen der moderne Bereich mit Rezeption, Zimmern (meist mit Balkon zum Park) und Spa, zum anderen der historische Teil mit Restaurant (schön das von Säulen getragene Gewölbe), Konferenzräumlichkeiten und beeindruckendem Jugendstiltheater.

159 Zim – †119/219 € ††139/289 € - 10 Suiten - ½ P

Elvis-Presley-Platz 1 ✉ 61231 - ✆ 06032 3030 - www.conparc.com

NAUMBURG

Sachsen-Anhalt - 32 756 Ew. - Höhe 135 m - Regionalatlas **41**-M12
Michelin Straßenkarte 542

Gasthof Zufriedenheit

MODERNE KÜCHE · GEMÜTLICH XX Warmes Holz und moderner Stil schaffen hier ein freundliches Ambiente, aus der Küche kommt Schmackhaftes wie "gebackenes Bauernei, Kopfsalat, Kalbsbries" oder "Königsberger Klopse mit Flusskrebsen". Schön sitzt man auch im Innenhof.

Menü 38/72 € - Karte 30/62 €

Hotel Gasthof Zufriedenheit, Steinweg 26 ✉ 06618 - ✆ 03445 7912051 - www.gasthof-zufriedenheit.de - geschl. Montag - Dienstag

Zur Alten Schmiede

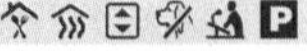

HISTORISCHES GEBÄUDE · INDIVIDUELL Der Name erinnert noch an die einstige Huf- und Wagenschmiede, heute stehen hier wohnliche Zimmer bereit - besonders schön und zeitgemäß im Nebenhaus. Hübsch die elegante kleine Halle. Gemütlich sitzt man im rustikalen Restaurant mit nettem Schmiede-Dekor.

60 Zim - †79/90 € ††100/125 € - 4 Suiten - 15 € - ½ P

Lindenring 36 ✉ 06618 - ✆ 03445 261080 - www.hotel-zur-alten-schmiede.de

Gasthof Zufriedenheit

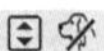

GASTHOF · MODERN Richtig schön wohnlich hat man es in dem Haus im Zentrum: Die Einrichtung ist wertig und geschmackvoll-modern in ruhigen Tönen gehalten - die Zimmer liegen zum Hof, die Juniorsuiten (darunter auch Maisonetten) zur Fußgängerzone.

17 Zim – †105/240 € ††135/285 € - ½ P

Steinweg 26 ✉ 06618 - ✆ 03445 7912051 - www.gasthof-zufriedenheit.de

Gasthof Zufriedenheit - siehe Restaurantauswahl

NAURATH (WALD) Rheinland-Pfalz

→ Siehe Trittenheim

NECKARGEMÜND

Baden-Württemberg - 13 237 Ew. - Höhe 127 m - Regionalatlas **47**-F17
Michelin Straßenkarte 545

Christians Restaurant

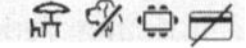

FRANZÖSISCH-KLASSISCH · ZEITGEMÄSSES AMBIENTE XX Schöne Rundbogenfenster geben in dem hellen, geradlinigen Restaurant den Blick auf den Neckar frei, während man Klassisches mit mediterranem Einfluss serviert bekommt, z. B. "Maispoulardenbrust, Risotto mit grünem Spargel und Kerbelsoße".

Menü 37/95 € - Karte 35/62 €

Neckarstr. 40 ✉ 69151 - ✆ 06223 9737323 - www.restaurant-christian.de - geschl. Dienstag - Mittwoch

Mio Limoncello

ITALIENISCH • OSTERIA In der gemütlich-sympathischen Osteria in der Altstadt gibt es Typisches aus Italien. Neben Antipasti und Pasta zählt auch Dry-Aged-Rindfleisch vom Grill zu den Spezialitäten. Etwas Leckeres für zuhause? Im Shop finden Sie das Passende.

Menü 42/78 € - Karte 32/59 €

Hauptstr. 16 ✉ 69151 - ✆ 06223 8014460 - www.mio-limoncello.de - nur Abendessen, sonntags auch Mittagessen - geschl. Montag

In Neckargemünd-Waldhilsbach Süd-West: 5 km über B 45 Richtung Sinsheim

Zum Rössel

REGIONAL • LÄNDLICH Gut essen kann man in der einstigen Poststation von 1642 auch in diesem hübschen traditionell gehaltenen Restaurant, und zwar Regionales, das Rössel-Menü oder Klassiker wie "Zander mit Kartoffel-Gurkensalat", zudem gibt es interessante Monatsempfehlungen wie "Thunfisch mit Fenchel und Gin Tonic".

Menü 35/68 € - Karte 30/52 €

Restaurant Zimmerle im Rössel, Heidelberger Str. 15 ✉ 69151 - ✆ 06223 2665 - www.roessel-waldhilsbach.de - geschl. Montag - Dienstag

Zimmerle im Rössel

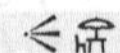

KLASSISCHE KÜCHE • LÄNDLICH "Kabeljau, Béarnaise, Passionsfrucht" oder "Rehrücken, Bauernwurst, Schwarzwurzel"? So oder so ähnlich klingen die ambitionierten Speisen, die Familie Hauck im eleganten kleinen Gourmetrestaurant ihres sympathischen Landgasthofs bietet.

Menü 49/95 €

3 Zim - †55/65 € ††70/80 €

Heidelberger Str. 15 ✉ 69151 - ✆ 06223 2665 (Tischbestellung ratsam) - www.roessel-waldhilsbach.de - nur Abendessen - geschl. Sonntag - Dienstag

Zum Rössel - siehe Restaurantauswahl

NECKARTENZLINGEN

Baden-Württemberg - 6 491 Ew. - Höhe 292 m - Regionalatlas **55**-G19
Michelin Straßenkarte 545

Hagen's im Restaurant Hammetweil

INTERNATIONAL • TRENDY Nicht nur für Golfer interessant: Neben dem Golfrestaurant (im Sommer wird auch auf der Terrasse gegrillt) gibt es das schicke "Hagen's" - hier ein Gourmet-Menü oder A-la-carte-Gerichte wie "gebratene Kalbsröllchen mit Kräuterseitlingen" oder Steaks vom 800°-Grill. Herrlicher Talblick!

Menü 20/47 € - Karte 28/63 €

Hammetweil 10, (Direkt auf der Golfanlage) ✉ 72654 - ✆ 07127 814529 - www.restaurant-hagens.de - geschl. über Fasching und November - März: Montag - Dienstag

NECKARZIMMERN

Baden-Württemberg - 1 521 Ew. - Höhe 150 m - Regionalatlas **48**-G17
Michelin Straßenkarte 545

Burg Hornberg

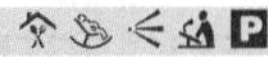

HISTORISCHES GEBÄUDE • TRADITIONELL Hier locken ganz klar der historische Rahmen und die Lage hoch über dem Neckartal, umgeben von Weinbergen. In die Burganlage a. d. 11 Jh. (1517 von Götz von Berlichingen gekauft) hat man ein charmantes Hotel integriert. Beeindruckend die Sicht, toll die Terrasse. Im Burghof Verkauf von Eigenbauweinen.

30 Zim - †78/100 € ††110/160 € - 1 Suite - ½ P

Burg Hornberg 2 ✉ 74865 - ✆ 06261 92460 - www.burg-hotel-hornberg.de - geschl. Januar

NENNDORF, BAD

Niedersachsen - 10 537 Ew. - Höhe 82 m - Regionalatlas **18**-H8
Michelin Straßenkarte 541

In Bad Nenndorf-Riepen Nord-West: 4,5 km über die B 65 Richtung Minden

August

INTERNATIONAL • GEMÜTLICH XX Lange Familientradition und richtig gute Küche - dafür stehen die Gehrkes. Gekocht wird frisch, saisonal und mit internationalem Einfluss: "Hirschkeulenbraten mit Waldpilzsauce", "Entenbrust und Spitzkohl mit Chorizo und Rosinen", "Seehechtfilet auf Bandnudel-Wokgemüse"... Weinschrank mit toller Auswahl!

Menü 28/36 € - Karte 31/49 €

Hotel Schmiedegasthaus Gehrke, Riepener Str. 21 ✉ 31542 - ✆ 05725 94410 - www.schmiedegasthaus.de - geschl. Anfang Januar 1 Woche, Ende Juli - Anfang August 2 Wochen und Montag

Schmiedegasthaus Gehrke

LANDHAUS • GEMÜTLICH Richtig nett übernachtet man in dem gepflegten Gasthof mit Familientradition seit fünf Generationen. Im Haupthaus freundliche Zimmer in neuzeitlichem Stil, die im Gästehaus sind etwas größer - alle mit kostenfreiem W-Lan. Abends hat man die Dorfstube "Esse" als bürgerliche Restaurant-Alternative zum "August".

19 Zim - 68/88 € 98/123 €

Riepener Str. 21 ✉ 31542 - ✆ 05725 94410 - www.schmiedegasthaus.de - geschl. Anfang Januar 1 Woche

August - siehe Restaurantauswahl

NETTETAL

Nordrhein-Westfalen – 41 605 Ew. – Höhe 45 m – Regionalatlas **25**-A11
Michelin Straßenkarte 543

In Nettetal-Hinsbeck

Sonneck

BÜRGERLICHE KÜCHE • FAMILIÄR XX 150 Jahre Familientradition hat das freundlich-gemütliche Restaurant von Birgit und Ernst-Willi Franken. Aus der Küche kommt Schmackhaftes wie "kaltes Roastbeef mit Röstkartoffeln und Remouladensauce" oder "geschmortes Kaninchen mediterrane Art". Sehr schön die Terrasse im Garten - hier wachsen auch Kräuter.

Menü 35/50 € - Karte 29/60 €

Schlossstr. 61 ✉ 41334 - ✆ 02153 4157 - www.restaurantsonneck.de - geschl. Januar - Februar 2 Wochen, September - Oktober 2 Wochen und Montag - Dienstag

In Nettetal-Lobberich

Burg Ingenhoven

INTERNATIONAL • GEMÜTLICH XXX Hinter den alten Backsteinmauern des einst ritterlichen Anwesens verbergen sich schön dekorierte Räume, in denen man international und regional speist. Zweifelsohne auch für Hochzeiten ein attraktiver Rahmen!

Menü 20/38 € (unter der Woche) - Karte 29/45 €

Burgstr. 10 ✉ 41334 - ✆ 02153 912525 - www.burg-ingenhoven.de - geschl. 5. - 15. Februar, 16. - 26. Juli und Montag

NETZEN Brandenburg

→ Siehe Kloster Lehnin

NEU-ANSPACH

Hessen – 14 505 Ew. – Höhe 342 m – Regionalatlas **37**-F14
Michelin Straßenkarte 543

Im Hessenpark Süd-Ost: 4 km über Saalburgstraße

Landhotel Zum Hessenpark

LANDHAUS • KLASSISCH Das Hotel ist in ein Museumsdorf mit schmucken rekonstruierten Fachwerkhäusern integriert. Schön ist der klassisch-gediegene Stil im ganzen Haus. Das Restaurant mit Galerie und Terrasse zum Marktplatz nennt sich "Alter Markt".

34 Zim - 89/104 € 124/129 € - ½ P

Laubweg 1 ✉ 61267 Neu-Anspach - ✆ 06081 44670 - www.landhotel-hessenpark.de - geschl. 23. Dezember - 7. Januar

NEUBERG Hessen → Siehe Erlensee

NEUBEUERN

Bayern - 4 313 Ew. - Höhe 478 m - Regionalatlas **66**-N21
Michelin Straßenkarte 546

Auers Schlosswirtschaft

REGIONAL • GASTHOF X Seit über 30 Jahren wird der sympathische Gasthof mit Engagement geführt. Die charmant-ländlichen Stuben versprühen Gemütlichkeit, der Service ist aufmerksam und gekocht wird regional-saisonal. Appetit macht da z. B. "Bayerische Rinderlende, Spargelratatouille, Kräuterpolenta". Schöne Terrasse mit Bäumen.

Karte 31/50 €

Rosenheimer Str. 8 ✉ 83115 - ✆ 08035 2669 (Tischbestellung ratsam) - www.auers-schlosswirtschaft.de - nur Abendessen - geschl. 20. - 29. Mai, 26. August - 18. September und Sonntag - Montag

NEUBRANDENBURG

Mecklenburg-Vorpommern - 63 311 Ew. - Höhe 20 m - Regionalatlas **13**-P5
Michelin Straßenkarte 542

In Groß Nemerow Süd: 13 km

Lisette

MARKTKÜCHE • KLASSISCHES AMBIENTE XX Am schönsten sitzt man im luftig-lichten Wintergarten oder auf der Terrasse, um sich frische regional-saisonale Küche aus guten heimischen Produkten schmecken zu lassen. Und die gibt es z. B. als "Zweierlei vom Havelländer Apfelschwein, Marsalajus, Bröselkartoffeln".

Menü 35/50 € - Karte 30/57 €

Hotel Bornmühle, Bornmühle 35, westlich der B 96 ✉ 17094 - ✆ 039605 600 - www.bornmuehle.de

Bornmühle

LANDHAUS • MODERN Ruhig liegt das gut geführte Hotel oberhalb des Tollensesees - ideal für Ausflüge in die schöne Umgebung. Alternativ locken der hübsche Garten und der attraktive Wellness- und Fitnessbereich. Chic-modern die Zimmer, see- oder landseitig und mit wertigem "Schlaf-Gesund-Konzept" sowie Infotainment per Tablet.

66 Zim ☕ - 🚹89/99 € 🚻126/144 € - 2 Suiten - ½ P

Bornmühle 35, westlich der B 96 ✉ 17094 - ✆ 039605 600 - www.bornmuehle.de

Lisette - siehe Restaurantauswahl

NEUBURG am INN

Bayern - 4 313 Ew. - Höhe 452 m - Regionalatlas **60**-P19
Michelin Straßenkarte 546

Hoftaferne Neuburg

REGIONAL • GEMÜTLICH XX In der Hoftaferne von 1440 wird richtig gut gekocht, und zwar bayerisch-österreichisch. Auf der interessanten Karte finden sich Klassiker und gehobenere Gerichte - stets zu fairen Preisen. Lust auf "Kaiserschmarrn mit Apfelmus"? Drinnen charmant-historisches Flair, draußen lockt im Sommer der Biergarten!

Menü 69 € - Karte 37/59 €

Hotel Hoftaferne Neuburg, Am Burgberg 5 ✉ 94127 - ✆ 08507 923120 - www.hoftaferne-neuburg.de - geschl. 19. Februar - 11. März, 29. Juli - 5. August, 29. Oktober - 11. November und Montag

Hoftaferne Neuburg

HISTORISCHES GEBÄUDE • HISTORISCH An der ehemaligen Wehranlage a. d. 11. Jh. hat man ein Gästehaus mit hübschen wohnlichen Zimmern. Aber nicht nur das gepflegte Ambiente ist erwähnenswert, auch die Lage: ruhig, erhöht und mit schöner Aussicht.

24 Zim - 75 € 125 €

Am Burgberg 5 ✉ 94127 - ✆ 08507 923120 - www.hoftaferne-neuburg.de - geschl. 19. Februar - 11. März, 29. Juli - 5. August, 29. Oktober - 11. November

Hoftaferne Neuburg – siehe Restaurantauswahl

NEUBURG an der DONAU

Bayern - 28 910 Ew. - Höhe 149 m - Regionalatlas **57**-L18
Michelin Straßenkarte 546

In Neuburg-Bergen Nord-West: 8 km über Ried, im Igstetter Wald links

Gaststube

REGIONAL • LÄNDLICH X So stellt man sich eine historische bayerische Gaststube vor: Holzbalken an der Decke, Dielenboden, Kachelofen - rustikal und schön gemütlich! Auf dem Teller Leckeres wie "Milchkalbslende mit Trüffel, Blumenkohl und Kartoffeltörtchen".

Menü 32/80 € - Karte 35/67 €

Hotel Zum Klosterbräu, Kirchplatz 1 ✉ 86633 - ✆ 08431 67750 - www.zum-klosterbraeu.de - geschl. 21. - 29. Dezember, über Fasching und Montagmittag, außer an Feiertagen

Zum Klosterbräu

GASTHOF • GEMÜTLICH Stilvolles Ambiente und Familientradition seit 1744. Hübsch die Zimmer mit wertigem Vollholz und warmen Farben, toll das Kreuzgewölbe in Lobby und Malztenne (hier gibt es Frühstück), ein Traum in Grün der 3 ha große Garten mit Pferdekoppel!

28 Zim - 102/149 € 139/169 € - ½ P

Kirchplatz 1 ✉ 86633 - ✆ 08431 67750 - www.zum-klosterbraeu.de - geschl. 21. - 29. Dezember, über Fasching

Gaststube – siehe Restaurantauswahl

NEUBURG an der KAMMEL

Bayern - 3 155 Ew. - Höhe 506 m - Regionalatlas **64**-J20
Michelin Straßenkarte 546

Landhaus Jekle

KLASSISCHE KÜCHE • LÄNDLICH XX Günther Jekle (bereits die 4. Generation in diesem Familienbetrieb) bietet in dem gemütlichen Restaurant ein interessantes Gourmetmenü, aus dem Sie auch à la carte wählen können. Mögen Sie z. B. "Sashimi Magnum Lachs auf konfierten Kartoffeln mit Zitrone & Kräutern"? Oder lieber ein hochwertiges Steak?

Menü 42/119 € (abends) - Karte 41/74 €

Marktplatz 4 ✉ 86476 - ✆ 08283 1707 - www.guentherjekle.de - nur Abendessen, sonntags auch Mittagessen - geschl. Sonntagabend - Mittwoch

NEUDROSSENFELD

Bayern - 3 807 Ew. - Höhe 334 m - Regionalatlas **51**-L15
Michelin Straßenkarte 546

Schloss Neudrossenfeld

MARKTKÜCHE • RUSTIKAL XX Der rechte Schlossflügel hat einiges zu bieten: ein schönes Restaurant (mal gemütlich-rustikal, mal modern), eine Vinothek und im OG einen Saal. Draußen die tolle Terrasse! Die Landküche ist schmackhaft und saisonal - probieren Sie z. B. "Kalbstafelspitz mit Krensoße, Frühlingslauch und Semmelsoufflé".

Menü 52 € - Karte 45/53 €

Schlossplatz 2 ✉ 95512 - ✆ 09203 68368 - www.schloss-neudrossenfeld.de - nur Abendessen, sonntags auch Mittagessen - geschl. Montag - Dienstag

R. Schmid/Sime/

WIR MÖGEN BESONDERS...

Gleich zwei Ausnahmeküchen zur Wahl haben: die in **Steinheuers Restaurant Zur Alten Post** und die im **Historischen Gasthaus Sanct Peter Restaurant Brogsitter**. Auf der Panoramaterrasse des **Hohenzollern an der Ahr** den Blick übers Ahrtal schweifen lassen. Im charmanten **Weinquartier Burggarten** mit dem eigenen Schlüssel die „Weinschatzkammer" öffnen.

NEUENAHR-AHRWEILER, BAD

Rheinland-Pfalz – 27 135 Ew. – Höhe 104 m – Regionalatlas **36**-C13
Michelin Straßenkarte 543

Im Stadtteil Bad Neuenahr

Steigenberger

KETTENHOTEL • KLASSISCH Der große klassische Bau befindet sich im Herzen der Stadt. Nicht nur die komfortablen Zimmer in Haupthaus, Mittelbau und Westflügel versprechen Erholung, auch die beeindruckende Bäderabteilung im Haus sowie die Therme "Ahr-Resort".

216 Zim – 104/184 € 158/248 € – 5 Suiten – ½ P

Stadtplan : A2-v – *Kurgartenstr. 1 ✉ 53474*
– *✆ 02641 9410 – www.bad-neuenahr.steigenberger.de*

Villa Aurora

FAMILIÄR • ART DÉCO Sie suchen eine stilvolle Adresse in schöner Lage? Das aus drei Villen bestehende Hotel bietet dafür individuelle, klassisch gehaltene Zimmer vom normalen Einzelzimmer bis zur Suite. Im Restaurant serviert man internationale und regionale Küche.

50 Zim – 88/99 € 145/195 € – 2 Suiten – ½ P

Stadtplan : A2-z – *Georg-Kreuzberg-Str. 8 ✉ 53474*
– *✆ 02641 9430 – www.aurora.de*
– *geschl. 11. November - 7. Dezember*

Weyer

FAMILIÄR • INDIVIDUELL Hier wird stetig investiert, um den Gästen eine wertige Ausstattung zu bieten. Die Zimmer sind individuell und immer wohnlich gestaltet, schön auch der Spa-Bereich, und im Restaurant erwarten Sie freundliches Ambiente und saisonale Küche.

34 Zim – 62/90 € 110/150 € – 1 Suite – ½ P

Stadtplan : A1-h – *Wolfgang-Müller-Str. 10 ✉ 53474*
– *✆ 02641 8940 – www.hotel-weyer.de*
– *geschl. Januar*

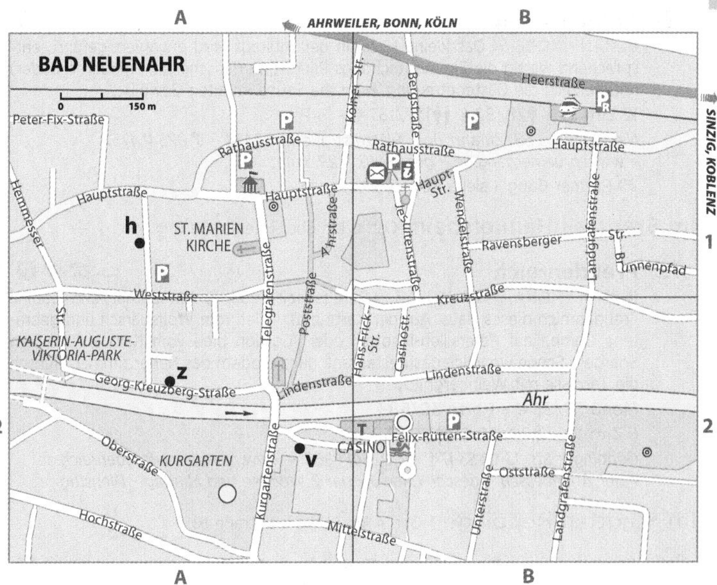

Im Stadtteil Ahrweiler über A1: 1 km

Hohenzollern an der Ahr

KLASSISCHE KÜCHE • KLASSISCHES AMBIENTE XX Eine grandiose Aussicht auf das Ahrtal erwartet Sie hier! Das elegante Restaurant samt herrlicher Panoramaterrasse bietet eine klassisch-international ausgerichtete Küche. Darf es vielleicht mal ein vegetarisches Menü sein?

Menü 40 € (mittags)/75 € – Karte 46/71 €

Hotel Hohenzollern an der Ahr, Am Silberberg 50 ✉ 53474 – ✆ 02641 9730 – www.hotelhohenzollern.com – geschl. 2. - 19. Januar

Prümer Gang

MARKTKÜCHE • FREUNDLICH XX Stilvoll und modern ist es hier und gut essen kann man auch. Unter den saisonalen Gerichten finden sich z. B. "Rinderfiletmedaillon unter der Kräuterkruste" oder "Schollenfilet mit Zitrone und Kapernbutter". Schöne regionale Weine.

Menü 28 € (mittags)/55 € – Karte 35/56 €

Hotel Prümer Gang, Niederhutstr. 58, Zufahrt über Plätzerstraße ✉ 53474 – ✆ 02641 4757 – www.pruemergang.de – geschl. 16. - 29. Juli und Montag - Dienstagmittag

Hohenzollern an der Ahr

FAMILIÄR • GEMÜTLICH Das familiengeführte Hotel bietet dank seiner erhöhten Lage in den Weinbergen einen fantastischen Blick aufs Ahrtal. Schön für Aktive: Direkt am Haus verläuft der Rotweinwanderweg. Die Zimmer sind wohnlich, einige besonders modern.

27 Zim – †75/88 € ††125/155 € – ½ P

Am Silberberg 50 ✉ 53474 – ✆ 02641 9730 – www.hotelhohenzollern.com – geschl. 2. - 19. Januar

Hohenzollern an der Ahr – siehe Restaurantauswahl

Prümer Gang

URBAN · MODERN Das kleine Hotel in der Altstadt wird engagiert geführt, entsprechend wertig die Zimmer (schönes Parkett, puristischer Stil, moderne Bäder) und herzlich die Gästebetreuung. Hübsche Sauna im alten Gewölbe.

12 Zim – 78/82 € 127/137 € – ½ P

Niederhutstr. 58, Zufahrt über Plätzerstraße 53474 – 02641 4757 – www.pruemergang.de – geschl. 16. - 29. Juli

Prümer Gang – siehe Restaurantauswahl

Im Stadtteil Heimersheim Ost: 6 km über Heerstraße B1

Freudenreich

INTERNATIONAL · GEMÜTLICH XX Bereits seit 1993 führen Lothar und Sabine Freudenreich dieses Haus. Auf der Karte z. B. "Filet vom Wolfsbarsch und gebratene Gamba auf Petersilien-Risotto" oder "Cordon bleu vom Kalb auf weißem Spargel". Schön wohnlich das Restaurant, ganz modern das Nebenzimmer. Hübsch die Terrasse mit Weinbergblick!

Menü 37/55 € – Karte 39/58 €

6 Zim – 99/119 € 119/139 €

Göppinger Str. 13 53474 – 02641 6868 – www.restaurant-freudenreich.de – nur Abendessen – geschl. Ende Januar 2 Wochen und Montag - Dienstag

Im Stadtteil Heppingen Ost: 4 km über Heerstraße B1

Steinheuers Restaurant Zur Alten Post

FRANZÖSISCH-KLASSISCH · ELEGANT XXX Hier wird nach wie vor ganz klassisch gekocht, und das ausgesprochen stimmig. Know-how, Gefühl und natürlich ausgesuchte Produkte sorgen auf dem Teller für Finesse und Tiefe. Weinkenner werden die Weinkarte lieben. Zu erwähnen sei auch der sehr gut geschulte und ebenso aufmerksame Service.

→ Gänseleber mit Olive und Madeira. Eifler Reh mit Pfifferlingen, Kohlrabi und Kampot Pfefferjus. Mandelplanet mit Mascarpone-Vanille und Beeren.

Menü 109/180 € – Karte 86/120 €

Landskroner Str. 110, (Eingang Konsumgasse) 53474 – 02641 94860 – www.steinheuers.de – nur Abendessen, samstags und sonntags auch Mittagessen – geschl. Anfang Januar 3 Wochen, Ende Juli - Anfang August 3 Wochen und Dienstag - Mittwoch

Steinheuers Landgasthof Poststuben

REGIONAL · LÄNDLICH XX Dies ist nicht "Steinheuer light", sondern ein ganz eigenständiges Restaurant mit ambitionierter Frischeküche, die z. B. als "Salat von Kalbskopf und Zunge mit Böhnchen" oder "Zander auf Rieslingkraut" überzeugt. Wer übernachten möchte, wählt die Doppelzimmer im Haupthaus oder das komfortable Gästehaus.

Menü 42/62 € – Karte 49/58 €

11 Zim – 108/165 € 135/235 € – 1 Suite

Landskroner Str. 110 53474 – 02641 94860 – www.steinheuers.de – geschl. Anfang Januar 2 Wochen und Dienstag - Mittwoch

Weinquartier Burggarten

LANDHAUS · INDIVIDUELL "BurgunderDomizil", "DornfelderKlause" "Portugieser-Stube"... Das charmante Hotel der Winzerfamilie liegt neben dem eigenen Weingut und so sind die schönen, individuellen Zimmer je einer Rebsorte gewidmet, und jedes hat seine eigene "Weinschatzkammer". Einen hübschen Garten gibt es hier übrigens auch.

14 Zim – 68/85 € 100/112 €

Landskroner Str. 61 53474 – 02641 21280 – www.weingut-burggarten.de – geschl. 20. Dezember - 31. Januar

Im Stadtteil Walporzheim Süd-West: 4 km

Historisches Gasthaus Sanct Peter Restaurant Brogsitter

KLASSISCHE KÜCHE • ELEGANT So stimmig das Restaurant Eleganz und Gemütlichkeit vereint, so gelungen verbindet die Küche Klassisches mit modernen Akzenten. Der Service freundlich und sehr gut geschult. Sie sind Weinliebhaber? Die tolle Auswahl mit über 100 offen ausgeschenkten Weinen macht die Entscheidung nicht leicht.

→ Norwegische Jakobsmuschel, Trüffel, Spargel. Island Kabeljau und Hummer, Karotte, Pak Choi, Enokipilze. Eifler Rehrücken, Balsamico Kirschen, Brokkoli, Kartoffel-Kürbiskern-Schnitte.

Menü 109/155 € – Karte 97/108 €

Walporzheimer Str. 134 ✉ 53474 – ☎ 02641 97750 (Tischbestellung ratsam) – www.sanct-peter.de – nur Abendessen, samstags auch Mittagessen – geschl. Januar - Februar 3 Wochen, Juli - August 3 Wochen und Donnerstag

Historisches Gasthaus Sanct Peter Restaurant Weinkirche – siehe Restaurantauswahl

Historisches Gasthaus Sanct Peter Restaurant Weinkirche

INTERNATIONAL • LÄNDLICH Ein stilvolles Restaurant mit Galerie, dessen Historie bis ins 13. Jh. zurückgeht. Sehr schön speist man auch im schmucken Innenhof oder in der leger-modernen Raucherlounge mit Bar. Alternative: die Kaminstube mit Vesperangebot.

Menü 39/69 € – Karte 46/67 €

Historisches Gasthaus Sanct Peter Restaurant Brogsitter, Walporzheimer Str. 134 ✉ 53474 – ☎ 02641 97750 – www.sanct-peter.de – geschl. Donnerstag, außer an Feiertagen

Sanct Peter

PRIVATHAUS • KLASSISCH Hier wohnt man klassisch-elegant im schmucken Romantik-Hotel oder geradlinig-zeitlos in den großzügigen Zimmern des modernen Landhotels. Zum schönen Ambiente kommen aufmerksamer Service, ein sehr gutes Frühstück und ein Traum von Garten!

23 Zim – †118/143 € ††158/208 €

Walporzheimer Str. 118 ✉ 53474 – ☎ 02641 905030 – www.hotel-sanctpeter.de

NEUENDETTELSAU

Bayern – 7 585 Ew. – Höhe 438 m – Regionalatlas **50**-K17
Michelin Straßenkarte 546

Sonne

REGIONAL • GASTHOF Nicht nur zum Übernachten eine schöne Adresse, auch zum Essen kommt man gerne, denn in den beiden Restaurantstuben serviert man fränkische Gasthausküche von der frischen Bratwurst über Schäufele bis zum Lammrücken.

Menü 22 € – Karte 18/47 €

Hotel Sonne, Hauptstr. 43 ✉ 91564 – ☎ 09874 5080 – www.landhotel-sonne.com – geschl. 2. - 6. Januar, 12. - 30. August

Sonne

GASTHOF • MODERN Suchen Sie ein nettes Hotel im Landhausstil oder eher eine moderne Tagungsadresse? Der Familienbetrieb wird engagiert geführt und ist tipptopp gepflegt. Hier hat man wohnliche Zimmer (freie Kopfkissenwahl) und es gibt ein gutes Frühstück.

69 Zim – †66/96 € ††92/118 €

Hauptstr. 43 ✉ 91564 – ☎ 09874 5080 – www.landhotel-sonne.com – geschl. 2. - 6. Januar, 12. - 30. August

Sonne – siehe Restaurantauswahl

NEUENDORF bei WILSTER

Schleswig-Holstein – 470 Ew. – Regionalatlas **9**-H4
Michelin Straßenkarte 541

In Neuendorf-Sachsenbande Süd-Ost: 2 km

Zum Dückerstieg

REGIONAL • LÄNDLICH XX Ein hübsches, gemütliches Restaurant mit ländlichem Flair, in dem saisonal und regional gekocht wird. Klassiker wie "Roastbeef kalt mit Remouladensauce" schmecken ebenso gut wie "gebratenes Dorschfilet unter der Roggenbrotkruste mit roter Beete und Lauch".

Menü 36/49 € – Karte 25/47 €

Hotel Zum Dückerstieg, Dückerstieg 7 ✉ 25554 – ✆ 04823 92929 (Tischbestellung ratsam) – www.dueckerstieg.de – geschl. 27. Dezember - 7. Januar und Montag

Zum Dückerstieg

GASTHOF • GEMÜTLICH Eine freundlich-familiär geführte Adresse, und das bereits in 4. Generation. Sie wohnen im Gästehaus in schönen wertig eingerichteten Zimmern (Tipp: Zimmer "elf" mit charmanten Schrägen), gefrühstückt wird gegenüber im Gasthaus von 1910.

11 Zim – †71/99 € ††92/115 €

Dückerstieg 7 ✉ 25554 – ✆ 04823 92929 – www.dueckerstieg.de

Zum Dückerstieg – siehe Restaurantauswahl

NEUENKIRCHEN Mecklenburg-Vorpommern → Siehe Greifswald oder Rügen

NEUFFEN

Baden-Württemberg – 6 085 Ew. – Höhe 408 m – Regionalatlas **55**-H19
Michelin Straßenkarte 545

Traube

REGIONAL • GASTHOF XX In dem langjährigen Familienbetrieb kocht man frisch und mit regionalen Produkten (Felchen aus dem Bodensee, Gemüse von der Insel Reichenau...). Tipp: die geschmälzten Maultaschen! Oder lieber "gekochtes Kalbszüngle in Trollingersößle"? Gepflegt übernachten kann man ebenfalls.

Menü 28 € – Karte 24/50 €

15 Zim – †78/85 € ††110 €

Hauptstr. 24 ✉ 72639 – ✆ 07025 92090 – www.traube-neuffen.de – geschl. August 2 Wochen, 23. Dezember - 6. Januar und Freitag - Samstag, Sonntagabend

NEUHARDENBERG

Brandenburg – 2 583 Ew. – Höhe 12 m – Regionalatlas **23**-R8
Michelin Straßenkarte 542

Brennerei

REGIONAL • GEMÜTLICH X Ein sympathisch-rustikales Restaurant, in dem es typische Landgasthaus-Küche gibt, und die reicht vom "Wiener Schnitzel mit lauwarmem Kartoffelsalat" bis zur "Landente an glasierten Schwarzwurzeln".

Menü 22 € – Karte 27/44 €

Hotel Schloss Neuhardenberg, Schinkelplatz ✉ 15320 – ✆ 033476 6000 – www.schlossneuhardenberg.de – geschl. Januar - Februar

Schloss Neuhardenberg

HISTORISCHES GEBÄUDE • MODERN Inmitten eines wunderbaren Parks wohnen Sie hier in einem Schloss a. d. 18. Jh. Die Zimmer sind modern-elegant, darunter Galerie-Zimmer auf zwei Ebenen - darf es vielleicht ein Sternenzimmer mit Glasdach sein?

54 Zim – †109/174 € ††144/219 € – 2 Suiten – ½ P

Schinkelplatz ✉ 15320 – ✆ 033476 6000 – www.schlossneuhardenberg.de

Brennerei – siehe Restaurantauswahl

NEUHARLINGERSIEL

Niedersachsen - 986 Ew. - Höhe 3 m - Regionalatlas **8**-E5
Michelin Straßenkarte 541

Poggenstool

REGIONAL • GASTHOF XX Sehr freundlich wird das gemütlich gestaltete Restaurant in Deichnähe von der Inhaberfamilie geleitet, serviert wird überwiegend regionale Küche samt Nordsee-Klassikern wie Steinbutt und Seezunge. Gepflegte wohnliche Gästezimmer.

Karte 17/58 €

7 Zim - 60/80 € 90/119 €

Addenhausen 1 ✉ 26427 - ✆ 04974 91910 - www.poggenstool.de - geschl. Anfang Januar - Fasching, Mitte November - Mitte Dezember und Montag - Dienstag

NEUHAUS am RENNWEG

Thüringen - 6 860 Ew. - Höhe 800 m - Regionalatlas **40**-K13
Michelin Straßenkarte 544

Schieferhof

BOUTIQUE-HOTEL • INDIVIDUELL Das hübsche Haus von 1908 ist ein persönlich geführtes, geschmackvoll und individuell mit künstlerischer Note eingerichtetes Boutique-Hotel. Für Aktivurlauber, Kreative und Businessgäste gleichermaßen interessant. Im Restaurant setzt man auf regionale Produkte und Slow Food.

38 Zim - 75/100 € 100/180 € - ½ P

Eisfelder Str. 26, B 281 ✉ 98724 - ✆ 03679 7740 - www.schieferhof.de

NEUHÜTTEN Rheinland-Pfalz → Siehe Hermeskeil

NEU-ISENBURG Hessen → Siehe Frankfurt am Main

NEUKIRCH (BODENSEEKREIS)

Baden-Württemberg - 2 643 Ew. - Höhe 562 m - Regionalatlas **63**-H21
Michelin Straßenkarte 545

In Neukirch-Goppertsweiler Ost: 2 km, Richtung Wangen

Gasthof zum Hirsch

INTERNATIONAL • LÄNDLICH XX Mit drei gemütlichen Stuben und einer charmanten Gartenterrasse ist hier für lauter hübsche Plätze gesorgt. Dazu gibt's gute Küche, ganz gleich ob Sie regional, asiatisch oder mediterran essen möchten. Zum Übernachten hat man freundlich-funktionale Zimmer. Darf es vielleicht auch mal ein Kochkurs sein?

Menü 29/39 € - Karte 30/53 €

8 Zim - 66/72 € 86/92 €

Argenstr. 29 ✉ 88099 - ✆ 07528 1765 - www.gasthof-zum-hirsch.com - Mittwoch - Freitag nur Abendessen - geschl. 5. - 18. März, 10. - 23. September und Montag - Dienstag

NEUKIRCHEN-VLUYN

Nordrhein-Westfalen - 26 881 Ew. - Höhe 30 m - Regionalatlas **25**-B11
Michelin Straßenkarte 543

Im Stadtteil Rayen Nord-West: 6 km Richtung Kamp-Lintfort, dann links

Achterath's Restaurant

INTERNATIONAL • TRENDY X Lust auf international-saisonale Gerichte wie z. B. "Cordon bleu vom Kalb, Parmaschinken, Teleggio, Rahmpfifferlinge"? Oder lieber ein günstiges 8-Gänge-Menü? Dazu modernes Ambiente und freundlicher Service. Tipp: Kochkurs.

Menü 28 € (mittags unter der Woche)/60 € - Karte 36/70 €

Geldernsche Str. 352 ✉ 47506 - ✆ 02845 298780 - www.achteraths.de - geschl. 1. - 9. Januar und Samstagmittag, Sonntagmittag, Montag

NEUKLOSTER

Mecklenburg-Vorpommern - 3 830 Ew. - Höhe 30 m - Regionalatlas **12**-L4
Michelin Straßenkarte 542

In Nakenstorf Süd: 2,5 km über Bahnhofstraße, am Ortsende links

Allesisstgut

REGIONAL • LÄNDLICH Hier legt man Wert auf Geschmack und Aroma, zahlreiche Produkte kommen aus der Region - Lust auf "geschmortes Wild auf Ofengemüse"? Charmant das Ambiente, herrlich die Holzterrasse zum Wasser hin! Abends Wahlmenü, mittags kleineres Angebot.

Menü 36 € (abends) - Karte 32/47 €

Seehotel am Neuklostersee, Seestr. 1 ✉ 23992 - ✆ 038422 4570 - www.allesisstgut-neuklostersee.de - geschl. 7. - 25. Januar und September - Juni: Montag, außer an Feiertagen

Seehotel am Neuklostersee

LANDHAUS • INDIVIDUELL Welch reizendes Refugium aus dem einstigen Bauernhaus geworden ist! Ruhe, viel Grün, die "Badescheune" und das "Wohlfühlhaus", dazu direkter Seezugang und eigene Ruderboote. Sie wohnen modern, genießen ein tolles Frühstück, Kulturprogramm in der "Kunstscheune" und am Abend die "Gänsebar".

26 Zim - 80/200 € 140/240 € - ½ P

Seestr. 1 ✉ 23992 - ✆ 038422 4570 - www.seehotel-neuklostersee.de - geschl. 7. - 25. Januar

Allesisstgut - siehe Restaurantauswahl

NEULEININGEN Rheinland-Pfalz → Siehe Grünstadt

NEUMAGEN-DHRON

Rheinland-Pfalz - ✉ 54347 - 2 297 Ew. - Höhe 130 m - Regionalatlas **45**-B15
Michelin Straßenkarte 543

Lekker

INTERNATIONAL • HIP In dem schönen stylish-modernen Gewölbe des Gasthofs gibt es ambitionierte Küche: abends z. B. "Lamm-Variation, Couscous, Bohnen und Erbsencreme" als Fine Dining, mittags Bistrokarte mit Kalbsschnitzel, Rumpsteak & Co. Hübsche Terrasse!

Menü 25/65 € - Karte 27/67 €

Hotel Lekker, Grafenweg 1 ✉ 54347 - ✆ 06507 939771 - www.hotel-lekker.com - Montag - Dienstag nur Abendessen - geschl. November 1 Woche, Januar 2 Wochen, Juli 1 Woche und Mittwoch

Lekker

HISTORISCH • MODERN Das stattliche Gasthaus a. d. 18. Jh. bietet Ihnen sehr großzügige Appartements und Suiten, von etwas schlichter bis fast schon luxuriös, dazu ein frisches, gutes Frühstück. Nicht zu vergessen die zentrale Lage nahe der Mosel.

9 Zim - 70/115 € 95/150 € - 5 Suiten - ½ P

Grafenweg 1 ✉ 54347 - ✆ 06507 939771 - www.hotel-lekker.com - geschl. November 1 Woche, Januar 2 Wochen, Juli 1 Woche

Lekker - siehe Restaurantauswahl

NEUMARKT in der OBERPFALZ

Bayern - 38 800 Ew. - Höhe 424 m - Regionalatlas **50**-L17
Michelin Straßenkarte 546

Mehl

BUSINESS • GEMÜTLICH Familie Siermann führt ihr Haus mit Engagement und Herzblut, das merkt man an der Pflege, an der wertigen und wohnlichen Einrichtung, am guten, frischen Frühstück! Die Zimmer sind hell und freundlich.

24 Zim – 72/92 € 104/124 €

Viehmarkt 20 ✉ 92318 – ✆ 09181 2920 – www.hotel-mehl.de

Gasthof Wittmann

GASTHOF • FUNKTIONELL Äußerlich ist der Gasthof zwar eher unscheinbar, drinnen hat Familie Wittmann aber schöne wohnlich-moderne Zimmer geschaffen, auch im Gästehaus. Im Wirtshaus gibt es überwiegend Produkte aus der eigenen Metzgerei. Besuchen Sie auch das Metzgerei-Museum! Oder lieber ein Seminar in der Weißwurst-Akademie?

32 Zim – 79/139 € 115/180 € – ½ P

Bahnhofstr. 21 ✉ 92318 – ✆ 09181 907426 – www.hotel-wittmann.de

NEUMÜNSTER

Schleswig-Holstein – 77 588 Ew. – Höhe 22 m – Regionalatlas **10**-I4
Michelin Straßenkarte 541

Am Kamin

KLASSISCHE KÜCHE • ELEGANT XX Hier wird klassisch-saisonal gekocht, so z. B. "Iberico-Schweinekotelett mit Rote-Beete-Pesto und Gartengemüse" oder "Meerforelle mit grünem Spargel". Zudem hat man es hier richtig gemütlich, vor allem an kalten Winterabenden am Kamin!

Menü 25 € (mittags)/65 € (abends) – Karte 50/60 €

Propstenstr. 13 ✉ 24534 – ✆ 04321 42853 – www.am-kamin.info – geschl. über Ostern, über Pfingsten, über Weihnachten und Sonntag - Montag

NEUNBURG vorm WALD

Bayern – 8 099 Ew. – Höhe 398 m – Regionalatlas **51**-N17
Michelin Straßenkarte 546

In Neunburg-Hofenstetten West: 9 km Richtung Schwarzenfeld, in Fuhrn links

Obendorfer's Eisvogel (Hubert Obendorfer)

KREATIV • CHIC XXX Überaus durchdacht und aufwändig wird hier klassisch basierte Küche modern umgesetzt, 1a-Produkte sind dabei eine Selbstverständlichkeit! Und es gibt noch mehr Genuss, denn man hat einen klasse Ausblick und auch der ellipsenförmige Weinschrank ist ein Hingucker. Sehr gut die glasweise Weinempfehlung.

→ Bretonischer Hummer, Erbse, Bouillabaisseschaum. St. Pierre, Spargel, Macadamia, Grapefruit. Zweierlei Lamm, Kartoffel-Bärlauch, Essigschalotten, Olive-Zitrone.

Menü 100/180 €

Landhotel Birkenhof, Hofenstetten 55 ✉ 92431 – ✆ 09439 9500 (Tischbestellung ratsam) – www.landhotel-birkenhof.de – nur Abendessen – geschl. 16. - 27. Dezember und Sonntag - Montag

Turmstube

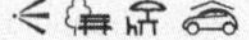

REGIONAL • LÄNDLICH XX Gemütlich hat man es in den hübschen Stuben, während man sich regionale Speisen aus sehr guten Produkten servieren lässt. Ein schönes Beispiel ist da "In Rahm geschmorter Kalbstafelspitz mit Karottengemüse und Serviettenknödel".

Menü 36/46 € (abends) – Karte 40/55 €

Landhotel Birkenhof, Hofenstetten 55 ✉ 92431 – ✆ 09439 9500 – www.landhotel-birkenhof.de – geschl. 16. - 27. Dezember

Landhotel Birkenhof

SPA UND WELLNESS • GEMÜTLICH In dem schönen Haus im Grünen spürt man das Engagement der Familie Obendorfer! Wie wär's mit einer sehr großzügigen und wertig-stilvollen Suite im Neubau? Dazu ein toller Spa, der keine Wünsche offen lässt! Whisky-Liebhaber zieht es in die Hotelbar, Kochwillige ins "Genuss Atelier"!

85 Zim – 96/134 € 163/218 € – 15 Suiten – ½ P

Hofenstetten 55 ✉ 92431 – ✆ 09439 9500 – www.landhotel-birkenhof.de – geschl. 16. - 27. Dezember

Obendorfer's Eisvogel • **Turmstube** – siehe Restaurantauswahl

NEUNKIRCHEN (SAAR)

Saarland – 45 794 Ew. – Höhe 224 m – Regionalatlas **46**-C17
Michelin Straßenkarte 543

In Neunkirchen-Kohlhof Süd-Ost: 5 km, jenseits der A 8

Hostellerie Bacher - Wögerbauer

KLASSISCHE KÜCHE • ELEGANT Schön sitzt man sowohl im eleganten Restaurant als auch auf der mediterranen Terrasse. Serviert wird klassische Küche, die hier und da auch österreichische Einflüsse hat. Kinder freuen sich über den Spielplatz, und auch auf Veranstaltungen ist man gut eingestellt.

Menü 45/70 € – Karte 37/66 €

Hotel Hostellerie Bacher - Wögerbauer, Limbacher Str. 2 ✉ 66539 – ✆ 06821 31314 (Tischbestellung ratsam) – www.hostellerie-bacher.de – Dienstag - Freitag nur Abendessen – geschl. Sonntagabend - Montag

Hostellerie Bacher - Wögerbauer

LANDHAUS • FUNKTIONELL Ein hübsches Anwesen ist das vom Inhaber geführte Hotel. Freundlich und wohnlich die Zimmer, hübsch der Wintergarten fürs Frühstück (probieren Sie auch mal Schinken und Forellen aus der eigenen Räucherei!), dazu eine gepflegte Außenanlage.

19 Zim – 70/80 € 120 € – 1 Suite – ½ P

Limbacher Str. 2 ✉ 66539 – ✆ 06821 31314 – www.hostellerie-bacher.de

Hostellerie Bacher - Wögerbauer – siehe Restaurantauswahl

NEUPOTZ

Rheinland-Pfalz – 1 916 Ew. – Höhe 103 m – Regionalatlas **54**-E17
Michelin Straßenkarte 543

Zur Krone N

MARKTKÜCHE • FREUNDLICH Dass dieses gemütliche, fast schon intime kleine Restaurant so gut besucht ist, hat seinen Grund: Die Gastgeber sind engagiert, man kocht international, saisonal und regional, verwendet top Produkte und lässt eigene Ideen mit einfließen - dennoch sind die Preise überaus fair!

Menü 32/45 € – Karte 32/45 €

Hauptstraße 25 ✉ 76777 – ✆ 07272 9337845 – www.zurkroneneupotz.de – Mittwoch - Samstag nur Abendessen – geschl. Montag - Dienstag

Gehrlein's Hardtwald

REGIONAL • LÄNDLICH Es liegt etwas versteckt, das Restaurant der Familie Gehrlein. Drinnen ist es schön gemütlich, im Garten die hübsche Terrasse. Hier wie dort gibt es Schmackhaftes wie die Spezialität Zander. Fisch kommt übrigens aus der eigenen Fischerei am Rhein. Tipp: richtig wohnliche Zimmer im Gästehaus vis-à-vis.

Menü 30/80 € (abends) – Karte 27/54 €

10 Zim – 55/69 € 85/129 €

Sandhohl 14 ✉ 76777 – ✆ 07272 2440 – www.gehrlein-hardtwald.de – geschl. Mittwoch - Donnerstag

Zum Lamm

KLASSISCHE KÜCHE • LÄNDLICH Wer bei den Kregers isst, sollte mal den Zander probieren! Ebenso lecker sind aber z. B. auch "geschmorte Ochsenbacken mit Rotweinsauce, Pilzen, Wirsing und Serviettenknödel" oder "Penne Rigate mit Garnelen und mediterranem Gemüse". Zum guten Essen kommt noch die behagliche Atmosphäre.

Karte 29/51 €

6 Zim – 40/45 € 78/84 €

Hauptstr. 7 76777 – 07272 2809 (Tischbestellung ratsam) – www.gasthof-lamm-neupotz.de – geschl. Juli - August 3 Wochen, Montagmittag, Dienstag, Sonntagabend sowie an Feiertagen abends

NEUSS

Nordrhein-Westfalen – 152 644 Ew. – Höhe 40 m – Regionalatlas **35**-B11
Michelin Straßenkarte 543

Herzog von Burgund

MARKTKÜCHE • ELEGANT Außen schöne Villa, innen gemütliches klassisch-elegantes Ambiente. Der Service freundlich-versiert, die Küche saisonal - ein Klassiker ist das Wiener Schnitzel. Zusätzliches Mittagsmenü. Die Terrasse ist eine grüne Oase inmitten der Stadt!

Menü 29 € (mittags)/60 € – Karte 34/55 €

Erftstr. 88 41460 – 02131 23552 – www.herzogvonburgund.de – geschl. Januar 2 Wochen, Oktober 2 Wochen und Samstagmittag, Sonntag - Montag

Zum Stübchen

KLASSISCHE KÜCHE • FREUNDLICH Freundlich-elegant hat man es in diesem Restaurant, dazu wird man geschult umsorgt. Die Küche orientiert sich an der Saison - mittags bietet man zusätzlich eine günstigere Karte. Schön sitzt man auch auf der Terrasse.

Menü 25 € (mittags unter der Woche)/68 € – Karte 28/60 €

Preussenstr. 73 41464 – 02131 82216 – www.restaurant-zum-stuebchen.de – geschl. Montag, Samstagmittag

Spitzweg

MARKTKÜCHE • CHIC Chic der geradlinig-moderne Look samt markantem Rot und dekorativen Bildern an den Wänden. Draußen an der Straße die lebendige Terrasse. Auf der Karte finden sich saisonale, regionale und internationale Gerichte.

Menü 35/55 € – Karte 32/54 €

Glockhammer 43a 41460 – 02131 6639660 – www.restaurant-spitzweg.de – nur Abendessen – geschl. Juli - August 2 Wochen und Sonntag

NEUSTADT an der AISCH

Bayern – 12 520 Ew. – Höhe 293 m – Regionalatlas **49**-J16
Michelin Straßenkarte 546

Allee Hotel

TRADITIONELL • KLASSISCH Außen schmuckes ehemaliges Schulhaus von 1866, innen klassisch-elegante Zimmer mit modernem Komfort, im Gästehaus schön mit Parkett. Tipp: kostenfreier Room-Service! Die Küche bietet Klassiker und Saisonales - hübsch der lichte Wintergarten zum Park. Etwas Besonderes ist das "Oelkabinett": eine Bar mit origineller Deko vom Druckmesser bis zum Ölkanister!

41 Zim – 70/84 € 110/136 €

Alleestr. 14, an der B 8/470 91413 – 09161 89550 – www.allee-hotel.de – geschl. 1. - 5. Januar

In Dietersheim-Oberroßbach Süd: 6 km über B 470

Landgasthof Fiedler

REGIONAL • GEMÜTLICH Das sympathische Restaurant des gleichnamigen Hotels bietet regionale Küche, für die man auch gerne Bier verwendet - das passt zu den Empfehlungen der Chefin, ihres Zeichens Bier-Sommelière! Besonders beliebt sind Terrasse und Wintergarten.

Menü 19/39 € - Karte 18/52 €

20 Zim - 69/89 € 95/119 € - 3 Suiten

Oberroßbach 3 ✉ 91463

- 09161 2425 - www.landgasthof-fiedler.de

- geschl. 1. - 20. Januar und Mittwoch, Sonntagabend sowie an Feiertagen abends

NEUSTADT an der DONAU

Bayern - 13 308 Ew. - Höhe 354 m - Regionalatlas **58**-M18
Michelin Straßenkarte 546

In Neustadt-Bad Gögging Nord-Ost: 4 km

Marc Aurel

SPA UND WELLNESS • MODERN Das komfortable Hotel empfängt Sie mit einer Lobby im römischen Stil. Man bietet Wellness- und Freizeitangebote auf 2800 qm und variable Tagungsräume sind ebenfalls vorhanden. Im Restaurant "DOMUS" serviert man Menüs - man legt Wert auf Produkte aus der Region.

152 Zim - 99/139 € 160/180 € - 13 Suiten - ½ P

Heiligenstädter Str. 34 ✉ 93333

- 09445 9580 - www.marcaurel.de

Eisvogel

SPA UND WELLNESS • GEMÜTLICH Was mit einem Gasthof begann, ist heute ein wirklich komfortables Hotel: Neben wohnlichen Zimmern (fragen Sie nach den neuesten!) bietet man Spa-Vielfalt auf 1600 qm und ein Restaurant mit vielen gemütlichen Stuben. Und auch die Umgebung hat ihren Reiz: Das Haus liegt schön ruhig am Flüsschen Abens.

52 Zim - 80/150 € 170/215 € - 6 Suiten - ½ P

An der Abens 20 ✉ 93333

- 09445 9690 - www.hotel-eisvogel.de

- geschl. 23. - 25. Dezember

NEUSTADT an der SAALE, BAD

Bayern - 15 053 Ew. - Höhe 242 m - Regionalatlas **39**-I14
Michelin Straßenkarte 546

Fränkischer Hof

HISTORISCHES GEBÄUDE • GEMÜTLICH Das jahrhundertealte Fachwerkhaus am Anfang der Fußgängerzone ist ein familiengeführtes Gasthaus mit langer Tradition. Gepflegt und wohnlich die Zimmer, gemütlich das Restaurant nebst schöner Scheune und Gewölbekeller, dazu der romantische Innenhof. Parken können Sie in der Apothekergasse (200 m entfernt).

11 Zim - 64 € 96 € - ½ P

Spörleinstr. 3 ✉ 97616

- 09771 61070 - www.hotelfraenkischerhof.de

NEUSTADT an der WEINSTRASSE

Rheinland-Pfalz - 52 564 Ew. - Höhe 136 m - Regionalatlas **47**-E17
Michelin Straßenkarte 543

Urgestein im Steinhäuser Hof (Hedi Rink) 

FRANZÖSISCH-MODERN • ROMANTISCH XX "Grundstein", "Meilenstein", "Urvertrauen" oder vegetarisch? In den Menüs legt man jede Menge Kreativität und Aufwand an den Tag, sehr gut die Produkte. Trefflich die Weinempfehlungen: Klassiker ebenso wie junge Winzer. Es ist übrigens der älteste pfälzische Bürgerhof mit Ursprung im 13. Jh., schön das Kreuzgewölbe. Weinbar und toller Innenhof (Tipp: Jazz-Events).

➜ Souffliertes Ei, Belugalinsen, Schinken. Waller, Blutwurst, Spitzkohl, Grieben, Fenchelbrot. Dreierlei vom Lamm - Lammkeule thailändisch, Leber mexikanisch, Lammnacken traditionell.

Menü 100/190 €

6 Zim - †75/90 € ††90/110 € - 9 €

Rathausstr. 6 ✉ 67443 - ✆ 06321 489060 (Tischbestellung ratsam) - www.restaurant-urgestein.de - nur Abendessen - geschl. Sonntag - Montag

Zwockelsbrück (N) 

MARKTKÜCHE • RUSTIKAL X Hier hat man den historischen Charme des ehemaligen Antiquitätenladens bewahrt: In dem schönen Altbau an der kleinen Zwockelsbrücke nahe der Innenstadt sind hohe Decken, hübsche Rundbogenfenster und alter Dielenboden gelungen mit rustikaler Note und Kunst kombiniert. Klassische Küche, günstiges Mittagsmenü.

Menü 35/56 € - Karte 38/51 €

Bergstr. 1 ✉ 67434 - ✆ 06321 8791707 - www.zwockelsbrueck.de - geschl. Sonntag - Montag

Altstadtkeller bei Jürgen (N) 

REGIONAL • WEINSTUBE X Schon seit 1983 leiten die sympathischen Gastgeber das etwas versteckt in einer Seitenstraße liegende Gewölbelokal. Man wird liebevoll umsorgt, die Küche reicht von rustikal-regional bis mediterran inspiriert. Für ein bisschen Urlaubsstimmung sorgt der "Toskanische Garten".

Karte 22/54 €

Kunigundenstr. 2 ✉ 67433 - ✆ 06321 32320 - www.altstadtkeller-neustadt.de - geschl. Februar 2 Wochen, Ende Juni - Anfang August 2 Wochen und Sonntagabend - Montag

Palatina 

HISTORISCH • MODERN Nur fünf Gehminuten von der Altstadt wurde ein historisches Weingut zu einem äußerst geschmackvollen, modernen und komfortablen Hotel nebst schönem Innenhof. In einem neuen Anbau hat man das Steakhaus "Tables" und eine Vinothek. Lounge-Bar "Cove" im Gewölbekeller von Sept. - April.

38 Zim - †80/110 € ††110/150 € - 13 €

Gartenstr. 8 ✉ 67433 - ✆ 06321 924000 - www.hotel-palatina.com

In Neustadt-Diedesfeld Süd-West: 4 km über Hambach

Grünwedels Restaurant 

MARKTKÜCHE • ELEGANT XX Wirklich schön sitzt man in dem ehemaligen Weingut in hellem, elegantem Ambiente unter einem weißen Kreuzgewölbe. Aus der Küche kommen saisonale und regionale Gerichte, darunter z. B. "Sous-vide gegartes Milchkalbsteak, gebratener Spargel, Sellerie-Kartoffelpüree". Auch für Feiern eine ideale Adresse.

Menü 32 € (vegetarisch)/59 € - Karte 29/50 €

Weinstr. 507 ✉ 67434 - ✆ 06321 2195 (Tischbestellung ratsam) - www.gruenwedels-restaurant.de - geschl. Mittwoch - Donnerstag

In Neustadt-Gimmeldingen Nord: 3 km

moro (N)  

MODERNE KÜCHE • TRENDY X So richtig geschmackvoll ist das moderne Restaurant von "Netts Landhaus", und die Lage ist ebenfalls schön - das genießt man vor allem auf der Terrasse mit Aussicht. Und dann ist da noch die ambitionierte Küche, z. B. als "US Short Rippe im Ofen gebacken mit Mais 'Salsa' und fermentiertem Knoblauchpüree".

Menü 49/69 € - Karte 38/61 €

Meerspinnstr. 46 ✉ 67435 - ✆ 06321 6790841 - www.moro-restaurant.de - geschl. Dienstag - Mittwoch

 **Netts Landhaus** 

LANDHAUS • MODERN Sie mögen es individuell und charmant-modern? In zwei liebevoll sanierten historischen Gebäuden hat man ausgesprochen hübsche Zimmer. Ebenso schön wohnt man wenige Gehminuten entfernt im Herrenhaus einer ehemaligen Essigfabrik von 1812.

15 Zim – †69/89 € ††108/120 €

Meerspinnstr. 46 ✉ 67435 – ✆ 06321 60175 – www.nettslandhaus.de

 **Mugler Weinhotel** 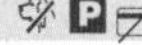

LANDHAUS • INDIVIDUELL Mitten im historischen Ortskern liegt das sympathische und mit persönlicher Note geführte kleine Hotel. Die Zimmer sind wirklich schön, hochwertig und individuell, toll der Garten. Wie wär's mit einem Glas Sekt oder Wein des traditionsreichen Weinguts? Man hat eine Vinothek.

8 Zim – †93/114 € ††99/120 €

Peter-Koch-Str. 50 ✉ 67435 – ✆ 06321 66062 – www.weingut-mugler.de

In Neustadt-Haardt Nord: 2 km

Spinne 

REGIONAL • FREUNDLICH X In dem geradlinig gehaltenen Restaurant am Waldrand wird regional-saisonal gekocht, so z. B. "Kotelett vom Schwäbisch-Hällischen Bioschwein mit Bratkartoffeln". Und wie wär's mit dem Menü? Das gibt es übrigens auch vegetarisch. Zum Übernachten hat man freundliche, moderne Zimmer.

Menü 32 € (vegetarisch)/60 € – Karte 32/60 €

9 Zim – †55/70 € ††85/115 €

Eichkehle 58 ✉ 67433 – ✆ 06321 9597799 – www.restaurant-spinne.com – Montag - Samstag nur Abendessen – geschl. Januar 1 Woche, Februar 1 Woche, November 1 Woche und Dienstag - Mittwoch

In Neustadt-Mußbach Nord-Ost: 2 km

Weinstube Eselsburg 

TRADITIONELLE KÜCHE • GEMÜTLICH X Außen urige Natursteinmauern, innen gemütliche enge Stuben, viel Holz und allerlei Zierrat, dazu ein herzliches Team. Hier und im liebenswerten Innenhof gibt es Pfälzer Brotzeit, einfache Winzerküche und eine Wochenkarte.

Karte 25/55 €

Kurpfalzstr. 62 ✉ 67435 – ✆ 06321 66984 – www.eselsburg.de – nur Abendessen – geschl. 24. Dezember - 8. Januar, August 10 Tage und Sonntag - Montag

NEUSTADT in HOLSTEIN

Schleswig-Holstein – 15 012 Ew. – Höhe 2 m – Regionalatlas **11**-K4
Michelin Straßenkarte 541

In Neustadt-Pelzerhaken Ost: 5 km

 **Seehotel Eichenhain** 

FAMILIÄR • FUNKTIONELL Hier genießt man die Sicht über die Gartenanlage und den angrenzenden Strand bis zur Ostsee. Die Zimmer sind teils ganz modern und chic, teils etwas gediegener. Gut das Wellnessangebot. Im Restaurant: regional-mediterran beeinflusste Küche in geschmackvoll-geradlinigem Ambiente. Terrasse mit Meerblick!

16 Zim – †89/129 € ††120/190 € – 10 Suiten – ½ P

Eichenhain 2 ✉ 23730 – ✆ 04561 53730 – www.eichenhain.de

NEUSTRELITZ

Mecklenburg-Vorpommern – 20 476 Ew. – Höhe 75 m – Regionalatlas **13**-O6
Michelin Straßenkarte 542

Schlossgarten

FAMILIÄR • MODERN Das engagiert geführte Haus im Zentrum der Stadt verfügt über wohnliche Zimmer in klassischem Stil, die teilweise zum Garten hin liegen - hier lässt es sich schön entspannen. Es gibt auch ein paar Zimmer mit historisch-stilvoller Note.

24 Zim ☕ - 🚹57/73 € 🚻86/109 €

Tiergartenstr. 15 ✉ 17235 - ☎ 03981 24500 - www.hotel-schlossgarten.de

NEUTRAUBLING Bayern ➜ Siehe Regensburg

NEU-ULM

Bayern – 55 689 Ew. – Höhe 471 m – Regionalatlas **56**-I19
Michelin Straßenkarte 546

Stephans-Stuben

INTERNATIONAL • CHIC XX Seit über 20 Jahren bieten Franziska und Siegfried Pfnür in ihrem schönen Restaurant schmackhafte klassische Küche: "Schaumsuppe und Cannelloni vom Hummer", "Skrei im Speckmantel", "gefüllter Ochsenschwanz in Merlot"... Für die freundliche Atmosphäre sorgen eine modern-mediterrane Note und charmanter Service.

Menü 32 € (mittags unter der Woche)/110 € – Karte 26/64 €

Bahnhofstr. 65 B2 ✉ 89231 - ☎ 0731 723872 - www.stephans-stuben.de - geschl. über Fasching 1 Woche, Ende Juli - Anfang August 2 Wochen und Sonntagabend - Dienstagmittag, Samstagmittag

In Neu-Ulm-Reutti Süd-Ost: 6,5 km, Richtung Augsburg

Peúnt N

REGIONAL • TRENDY XX Topmodern und chic kommt das Restaurant daher, schön der Blick ins Grüne! Die Küche ist ein Mix aus Internationalem und Regionalem - probieren Sie z. B. "Presa vom Iberico-Schwein mit Kartoffel-Kidneybohnen-Püree und Chorizo" oder "hausgemachte Maultaschen mit Speck, Zwiebeln und Käse". Gute Weinauswahl.

Menü 24/45 € – Karte 27/56 €

Hotel Meinl, Marbacher Str. 4 ✉ 89233 - ☎ 0731 70520 - www.hotel-meinl.de - nur Abendessen, sonntags auch Mittagessen

Meinl

FAMILIÄR • GEMÜTLICH Bei den engagierten Gastgebern hat man es nicht nur wohnlich, das Haus liegt auch schön am Ortsrand - ideal für Jogger und Radfahrer. Die Zimmer sind klassisch oder ganz modern eingerichtet, immer gut in Technik und Größe. Am Morgen gibt's ein frisches Frühstück.

30 Zim – 🚹75/115 € 🚻99/150 € – ☕11 € – ½ P

Marbacher Str. 4 ✉ 89233 - ☎ 0731 70520 - www.hotel-meinl.de

Peúnt – siehe Restaurantauswahl

NEUWIED

Rheinland-Pfalz – 63 769 Ew. – Höhe 65 m – Regionalatlas **36**-D14
Michelin Straßenkarte 543

Coquille St. Jacques im Parkrestaurant Nodhausen

FRANZÖSISCH-KREATIV • ELEGANT XXX Nicht nur ein schönes historisches Anwesen, auch - und vor allem - ein gastronomisches Kleinod! In dem modern-eleganten Restaurant bekommen Sie klassisch basierte Küche aus guten Produkten, dazu versierte Weinberatung.

Menü 65/140 € – Karte 58/105 €

Nodhausen 1, Nord: 3 km, über B 256 nach Niederbieber ✉ 56567 - ☎ 02631 813423 (Tischbestellung erforderlich) - www.parkrestaurant-nodhausen.de - nur Abendessen - geschl. Januar 2 Wochen, August und Sonntag - Dienstag

Brasserie Nodhausen – siehe Restaurantauswahl

Brasserie Nodhausen

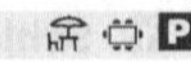

MARKTKÜCHE • ELEGANT XX Im Zweitrestaurant des Hauses wird international, regional und saisonal gekocht - auf der Karte z. B. "Kabeljau mit Blattspinat und Orangengnocchi". Oder darf es vielleicht ein Steak sein? Ansprechend auch das Wintergartenflair.

Menü 32/49 € – Karte 34/58 €

Restaurant Coquille St. Jacques im Parkrestaurant Nodhausen, Nodhausen 1, Nord: 3 km, über B 256 nach Niederbieber ✉ 56567 – ✆ 02631 813423 (Tischbestellung ratsam) – www.parkrestaurant-nodhausen.de – geschl. Januar 2 Wochen und Sonntag - Montag

NIEBLUM Schleswig-Holstein → Siehe Föhr (Insel)

NIEDERDORFELDEN Hessen → Siehe Vilbel, Bad

NIEDERE BÖRDE

Sachsen-Anhalt – 7 097 Ew. – Regionalatlas **31**-L9
Michelin Straßenkarte 542

In Niedere Börde-Dahlenwarsleben

Landgasthof Bauernstub'n

KLASSISCHE KÜCHE • LÄNDLICH XX In dem ländlichen Gasthaus mitten im Dorf bekommt man klassische Küche aus guten Zutaten. Man legt Wert auf Produkte aus der Region und Bezug zur Saison - der Chef ist übrigens selbst Jäger. Der Service herzlich und angenehm unkompliziert.

Menü 50/95 € – Karte 35/64 €

Mittagstr. 1 ✉ 39326 – ✆ 039202 846232 – www.landgasthof-bauernstuben.de – nur Abendessen – geschl. 27. Dezember - 15. Januar, August - September 2 Wochen und Sonntag - Montag

NIEDERHAUSEN

Rheinland-Pfalz – 541 Ew. – Höhe 127 m – Regionalatlas **46**-D15
Michelin Straßenkarte 543

Hermannshöhle Restaurant Weck

KLASSISCHE KÜCHE • GEMÜTLICH XX Wussten Sie, dass hier einst die Grenze zwischen Bayern und Preußen verlief? Mit dem ehemaligen Fährhaus a. d. 16. Jh. hat Patron Wigbert Weck einen geschichtsträchtigen Ort für seine regional-mediterran inspirierten Speisen wie "Seeteufel mit Ratatouille und Kartoffel-Olivenpüree".

Menü 40/70 € – Karte 34/58 €

Hermannshöhle 1, Süd-West: 2 km ✉ 55585 – ✆ 06758 6486 – www.hermannshoehle-weck.de – geschl. Januar - Februar 3 Wochen, Juni - Juli 1 Woche, November 1 Woche und Montag, November - März: Montag - Dienstag

NIEDERHORBACH

Rheinland-Pfalz – 477 Ew. – Höhe 165 m – Regionalatlas **54**-E17
Michelin Straßenkarte 543

Weinhotel Fritz Walter

TRADITIONELL • THEMENBEZOGEN Das ans eigene Weingut angeschlossene Hotel hat schöne wohnlich-moderne Zimmer für Sie, die in Deko und Farben das Thema Wein aufgreifen. Das Restaurant bietet Regionales wie z. B. "Saibling aus Eußerthal mit Schmorgurken, Butterkartoffeln und Weißburgundersauce". Tipp: Speisen Sie im hübschen Innenhof.

9 Zim – †102/124 € ††122/144 € – ½ P

Landauer Str. 82 ✉ 76889 – ✆ 06343 936550 – www.fritz-walter.de – geschl. Februar

NIEDERKASSEL

Nordrhein-Westfalen - 37 025 Ew. - Höhe 55 m - Regionalatlas **36**-C12
Michelin Straßenkarte 543

In Niederkassel-Uckendorf Nord-Ost: 2 km über Spicher Straße

Clostermanns Le Gourmet

KREATIV • ELEGANT XX Über den Innenhof erreichen Sie das elegante Restaurant, in dem man Ihnen kreative Küche serviert. Es gibt zwei Menüs mit Gerichten wie "Bretonischer Wolfsbarsch, kanadischer Hummer, Kräuterseitlinge, Spargel, Geflügelvelouté".

Menü 65 € - Karte 54/86 €

Heerstraße ✉ 53859 - ✆ 02208 94800 - www.clostermannshof.de - nur Abendessen - geschl. Montag - Dienstag

Clostermanns Hof 

LANDHAUS • GEMÜTLICH Beim Golfplatz liegt das stilvoll-wohnliche Hotel, entstanden aus einem hübschen historischen Gutshof. Regional-internationale Küche bietet das lichte "Clostermanns". Schöner Biergarten im Innenhof sowie Lounge.

66 Zim - 99/140 € 99/160 € - ½ P

Heerstraße ✉ 53859 - ✆ 02208 94800 - www.clostermannshof.de

Clostermanns Le Gourmet - siehe Restaurantauswahl

NIEDERNBERG

Bayern - 4 961 Ew. - Höhe 117 m - Regionalatlas **48**-G15
Michelin Straßenkarte 546

Seehotel 

BUSINESS • FUNKTIONELL Wie ein kleines Dorf am See! Man bietet so einiges: eigener Strand, Spa, Tagungsbereich, die wohnlich-schicke Lounge-Bar "Hannes" sowie individuelle Zimmer, oft mit Seeblick. Nicht zu vergessen das gute Serviceangebot. Im Restaurant mit toller Seeterrasse speist man international, von Steak bis vegetarisch.

72 Zim - 118 € 149/205 € - 8 Suiten - 16 €

Leerweg, Süd-West: 1,5 km ✉ 63843 - ✆ 06028 9990 - www.seehotel-niedernberg.de

NIEDERSTETTEN

Baden-Württemberg - 4 868 Ew. - Höhe 306 m - Regionalatlas **49**-I17
Michelin Straßenkarte 545

 **Krone**

GASTHOF • FUNKTIONELL Hätten Sie hinter der historischen Fassade des alten Gasthofs derart moderne Zimmer erwartet? Klare Linien und warme Farben sind hier stimmig und wohnlich kombiniert. Die Zimmer im Gästehaus sind etwas funktioneller. Im Restaurant wählen Sie zwischen der "Kronenstube" und der eleganten "Guten Stube".

32 Zim - 65/72 € 99/112 € - ½ P

Marktplatz 3 ✉ 97996 - ✆ 07932 8990 - www.hotelgasthofkrone.de - geschl. 23. Dezember - 8. Januar

NIEDERWEIS

Rheinland-Pfalz - 250 Ew. - Höhe 207 m - Regionalatlas **45**-B15
Michelin Straßenkarte 543

Schloss Niederweis 

KLASSISCHE KÜCHE • LÄNDLICH XX In der ehemaligen Kornscheune des Schlosses (18. Jh.) wird klassisch-saisonal gekocht, schmackhaft z. B. "geschmorte Schweinebäckchen mit Kräuterseitlingen und Spätzle". Attraktiv-modern das Ambiente samt historischem Dachstuhl, reizvoll der Garten. Schöner Festsaal - ein Standesamt hat man übrigens auch!

Menü 34/45 € - Karte 37/55 €

Hauptstr. 9 ✉ 54668 - ✆ 06568 9696450 - www.schloss-niederweis.de - geschl. Montag - Dienstag

NIEDERWINKLING

Bayern – 2 543 Ew. – Höhe 320 m – Regionalatlas **59**-O18
Michelin Straßenkarte 546

Buchners

FAMILIÄR • AUF DEM LAND Im Hotel der Achatz' lässt es richtig gut wohnen. Alles ist durchdacht, modern und überaus wertig. Speisen können Sie hier im Haus oder Sie nutzen den Shuttle-Service zum Sternerestaurant "Buchner", das die Familie in Welchenberg betreibt.

31 Zim – †69/119 € ††95/139 €

Hauptstr. 20 94559 – 09962 2035107 – www.buchners-niederwinkling-hotel.de

In Niederwinkling-Welchenberg Süd-West: 1,5 km

Buchner (Mathias Achatz)

MODERNE KÜCHE • RUSTIKAL XX Familienbetrieb seit 1882! In 5. Generation bringt Mathias Achatz in der Küche Moderne und Klassik in Einklang, sein Bruder Andreas ist verantwortlich für die Vinothek - gerne kauft man hier die guten Weine auch für zu Hause. Im Service die engagierten Seniorchefs. Tipp: eigenes Hotel im Nachbarort!

→ Thunfisch, eingelegter Spargel, Paprika, Wasabi, Sauerampfer, Apfel-Kamillefond. Rücken vom einheimischen Bock, Cassisjus, Karottenpüree, geflämmte Orange, Rhabarber. Panna Cotta, Erdbeere und Litschi , Kokos, Mandel.

Menü 65/105 € – Karte 63/76 €

Freymannstr. 15 94559 – 09962 730 (Tischbestellung ratsam) – www.buchner-welchenberg.de – geschl. Montag - Dienstag

NIENSTÄDT Niedersachsen → Siehe Stadthagen

NIERSTEIN

Rheinland-Pfalz – 8 048 Ew. – Höhe 85 m – Regionalatlas **47**-F15
Michelin Straßenkarte 543

Villa Spiegelberg

PRIVATHAUS • KLASSISCH Hier besticht vor allem die Lage: Das geschmackvolle Anwesen ist umrahmt von Reben und hat zudem noch einen schönen eigenen Garten, in dem man im Sommer auch frühstücken kann! Freundlich die Gastgeber, gediegen-funktionell die Zimmer.

11 Zim – †75/100 € ††100/110 €

Hinter Saal 21 55283 – 06133 5145 – www.villa-spiegelberg.de – geschl. über Weihnachten, über Ostern

NITTEL

Rheinland-Pfalz – 2 341 Ew. – Höhe 180 m – Regionalatlas **45**-A16
Michelin Straßenkarte 543

Culinarium

MARKTKÜCHE • ELEGANT XX Modern-elegant: klare Linien, warmer Holzfußboden, schicker Kaminofen, Deko zum Thema Kulinarik und Wein. Dazu regional-saisonale Küche von "Mannebacher Käse mit Feigensenf" bis "Endivienstampfkartoffeln mit Lachsfilet und Herbsttrüffel".

Menü 47 € – Karte 27/57 €

Hotel Culinarium, Weinstr. 5 54453 – 06584 91450 – www.culinarium-nittel.de – nur Abendessen, sonntags auch Mittagessen – geschl. März und Sonntagabend - Dienstag

 **Culinarium** 

FAMILIÄR • AUF DEM LAND Direkt an der Mosel und nur wenige Meter von der luxemburgischen Grenze liegt das familiengeführte Weingut. Einige der wohnlichen Zimmer im 300 m entfernten Gästehaus, hier auch Sauna und Kochschule. Sehr schön die modernen Zimmer im Haupthaus, Thema ist Wein. Nehmen Sie auch Wein für zu Hause mit!

20 Zim – 52/58 € 78/90 €

Weinstr. 5, (mit Gästehaus) 54453 – 06584 91450 – www.culinarium-nittel.de – geschl. März

Culinarium – siehe Restaurantauswahl

NÖRDLINGEN

Bayern – 19 655 Ew. – Höhe 441 m – Regionalatlas **56**-J18
Michelin Straßenkarte 546

Wirtshaus Meyers Keller - Restaurant Joachim Kaiser

KREATIV • LÄNDLICH In der Küche vereinen sich Kreativität und beste Produkte zu gekonnt reduzierten und auf den Punkt gekochten Gerichten. Das Restaurant selbst kombiniert gelungen Eleganz und ländlichen Charme. Im Winter spendet der Kamin wohlige Wärme, im Sommer ist die Terrasse unter alten Linden und Kastanien gefragt.

→ Hesselberger Stör mit eigenem Kaviar, Walnuss-Mayonnaise und glaciertem Cime di Rapa. Spitzpaprika, kräftiger Sud, panierte Frucht und Kräuter-Ei. Eis am Stiel von frischen Löwenzahnblüten mit feiner Erdbeer-Buttercrème.

Menü 50/139 €

Marienhöhe 8 86720 – 09081 4493 – www.meyerskeller.de – geschl. Januar, Juni 10 Tage und Montag - Dienstag

Wirtsstube – siehe Restaurantauswahl

Wirtsstube

REGIONAL • RUSTIKAL Holzboden, Natursteinwände, stimmige Deko... Wirklich reizend das schöne rustikale Ambiente hier! Auf den Teller kommt akkurat zubereitete regionale Küche. Tipp: Im ehemaligen Bierkeller reift hausgemachter Schinken nach Culatello-Art!

Menü 50 € – Karte 36/66 €

Wirthaus Meyers Keller - Restaurant Joachim Kaiser, Marienhöhe 8 86720 – 09081 4493 – www.meyerskeller.de – geschl. Januar, Juni 10 Tage und Montag - Dienstag

NÖRTEN-HARDENBERG

Niedersachsen – 8 056 Ew. – Höhe 140 m – Regionalatlas **29**-I10
Michelin Straßenkarte 541

Novalis

FRANZÖSISCH-KLASSISCH • ELEGANT Drinnen sitzt man in schönem stilvoll-elegantem Ambiente, draußen mit Blick auf den Reitplatz und die historische Burganlage. Die Küche ist saisonal beeinflusst und basiert auf sehr guten Produkten, der Service ist aufmerksam und herzlich.

Menü 68/110 €

Hardenberg BurgHotel, Hinterhaus 11a 37176 – 05503 9810 – www.hardenberg-burghotel.de – nur Abendessen – geschl. Sonntag - Montag

Keilerschänke

TRADITIONELLE KÜCHE • RUSTIKAL Wer's gemütlich-rustikal mag, sitzt bei bürgerlichen, regional-saisonalen Gerichten in der Schänke. Spezialität ist Wildschwein. Lust auf Keilerwürstchen oder Wildschweinlasagne? Nette Mitbringsel finden sich im Keiler-Laden.

Menü 32 € – Karte 31/55 €

Hardenberg BurgHotel, Hinterhaus 10 37176 – 05503 9810 – www.hardenberg-burghotel.de

Hardenberg BurgHotel

TRADITIONELL • ELEGANT Hotel mit langer Familientradition am Fuße der Burgruine. Alles ist sehr geschmackvoll, von den Zimmern bis zum "BurgSpa". Schön der Park, bekannt das eigene Reitturnier. 6 km entfernt hat man eine Golfanlage. Standesamt auf der Burg.

38 Zim – 149/209 € 199/269 € – 2 Suiten – ½ P

Hinterhaus 11a ✉ 37176
– ✆ 05503 9810 – www.hardenberg-burghotel.de

Novalis • **Keilerschänke** – siehe Restaurantauswahl

NOHFELDEN

Saarland – 9 964 Ew. – Höhe 350 m – Regionalatlas **46**-C16
Michelin Straßenkarte 543

In Nohfelden-Bosen West: 8,5 km

Victor's Seehotel Weingärtner

KETTENHOTEL • INDIVIDUELL Fünf Minuten zu Fuß sind es von hier zum See, doch das ist nicht der einzige Vorteil dieses Hauses. Die Zimmer sind individuell und wohnlich, von Bauernstil bis elegant, und im Fachwerkhäuschen nebenan heißt es Wellness & Beauty. In unterschiedlichen Stuben speist man traditionell und international.

99 Zim – 77/116 € 117/156 € – ½ P

Bostalstr. 12 ✉ 66625 – ✆ 06852 8890 – www.victors.de

In Nohfelden-Selbach Süd-West: 10 km

Oldenburger Hof

MARKTKÜCHE • GASTHOF Der gestandene Gasthof ist inzwischen in 10. Generation in Familienhand. Den ländlichen Charme hat man bewahrt, helle warme Töne machen sich gut dazu. Saisonal-bürgerliche Küche von Schnitzel bis "Ochsenbacke provençale".

Karte 21/59 €

Birkenfelder Str. 1 ✉ 66625
– ✆ 06875 801 – www.oldenburgerhof-selbach.de
– geschl. Februar 3 Wochen, Juni - Juli 2 Wochen und Montag - Dienstag, Samstagmittag

In Nohfelden-Gonnesweiler Süd-West: 6 km

LUMI

INTERNATIONAL • CHIC Auch wenn das lichte und hell designte Restaurant richtig angenehm ist, die traumhafte Terrasse mit Seeblick ist dennoch nicht zu toppen! Auf der Karte z. B. "Rindertatar-Stulle, Schnittlauch, Radieschen" oder "Freilandhuhn-Frikassee, Pfifferlinge, Erbsen, Emmer". Typische Kräuter bringen keltische Einflüsse.

Menü 35/55 € (abends) – Karte 30/52 € – mittags einfache Karte

Am Bostalsee 1 ✉ 66625 – ✆ 06852 80980 (Tischbestellung erforderlich)
– www.seezeitlodge-bostalsee.de

Seezeitlodge Hotel & Spa

SPA UND WELLNESS • DESIGN Unmittelbar am malerischen Bostalsee und direkt am Naturpark Saar-Hunsrück liegt dieses Spa-Hideaway. Wirklich schön die modernen, großzügigen Zimmer, toll das Gesamtangebot einschließlich "Seele baumeln lassen" - und das geht ganz wunderbar im bemerkenswerten Spa auf 2700 qm samt keltischem Saunadorf!

98 Zim – 128/158 € 188/228 € – 4 Suiten – ½ P

Am Bostalsee 1 ✉ 66625 – ✆ 06852 80980 – www.seezeitlodge-bostalsee.de

LUMI – siehe Restaurantauswahl

NONNENHORN

Bayern – 1 692 Ew. – Höhe 404 m – Regionalatlas **63**-H22
Michelin Straßenkarte 546

Torkel

MARKTKÜCHE • GASTHOF XX "Pikantes Lammragout mit Thymianjus" oder "Bodensee-Felchenfilet mit Sauce Remoulade"? Bei Familie Stoppel genießen Sie eine ambitionierte regional-saisonale Küche. Serviert wird in unterschiedlichen Räumen von alpenländisch bis modern, nicht zu vergessen die schöne Terrasse.

Menü 39/69 € – Karte 31/64 €

Hotel Torkel, Seehalde 14 ✉ 88149 – ✆ 08382 98620 – www.hotel-torkel.de – geschl. Mittwoch, November und Januar - März: Dienstag - Mittwoch

Haus am See

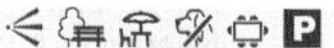

REGIONAL • FREUNDLICH XX Der Blick in den Garten und auf den See gibt dem hellen, eleganten Wintergartenrestaurant samt schöner Terrasse seinen besonderen Reiz. Die regional-saisonalen Gerichte nennen sich z. B. "Zanderfilet mit Spargel, Bärlauch-Brandade und Sauce Hollandaise" oder "Kalbsbries mit Morchelrisotto".

Menü 35/45 € – Karte 38/65 €

Hotel Haus am See, Uferstr. 23 ✉ 88149 – ✆ 08382 988510 – www.hausamsee-nonnenhorn.de – nur Abendessen – geschl. 19. Dezember - 5. März und Mittwoch

Torkel

FAMILIÄR • ELEGANT Möchten Sie chic-modern wohnen oder lieber ländlich? In dem engagiert geführten Familienbetrieb (bereits in 4. Generation) ist beides möglich. Und zum Relaxen hat man einen sehr schönen Freizeitbereich mit Massage- und Kosmetikanwendungen.

28 Zim ☕ – †99/199 € ††189/499 € – 1 Suite – ½ P

Seehalde 14 ✉ 88149 – ✆ 08382 98620 – www.hotel-torkel.de

Torkel – siehe Restaurantauswahl

Haus am See

FAMILIÄR • INDIVIDUELL Hier kann man schön die Seele baumeln lassen: geschmackvoll und wohnlich die Zimmer, attraktiv der Saunabereich mit Barfußpfad im überaus gepflegten Garten, der direkten Zugang zum See bietet! Und nachmittags gibt's hausgebackenen Kuchen.

24 Zim ☕ – †90/155 € ††130/190 € – 1 Suite – ½ P

Uferstr. 23 ✉ 88149 – ✆ 08382 988510 – www.hausamsee-nonnenhorn.de – geschl. 19. Dezember - 5. März

Haus am See – siehe Restaurantauswahl

NORDDORF Schleswig-Holstein

→ Siehe Amrum (Insel)

NORDEN

Niedersachsen – 24 895 Ew. – Höhe 7 m – Regionalatlas **7**-D5
Michelin Straßenkarte 541

Reichshof

SPA UND WELLNESS • GEMÜTLICH Schön liegt das familiengeführte Hotel an der Fußgängerzone. Eigene Straßenschilder weisen den Weg zu den verschiedenen Häusern der Anlage. Hier finden Sie individuelle Zimmer von ländlich bis modern - besonders chic die beiden großzügigen "Wellness-Lofts"! Im Restaurant regional-saisonale Küche.

55 Zim ☕ – †90/120 € ††130/190 € – 4 Suiten – ½ P

Neuer Weg 53 ✉ 26506 – ✆ 04931 1750 – www.reichshof-norden.de

In Norden-Norddeich Nord-West: 4,5 km über B 72

Fährhaus

SPA UND WELLNESS • MODERN Hier heißt es komfortabel wohnen in schöner Lage am Deich, direkt an den Fähren nach Juist und Norderney! Lust auf Entspannung bei toller Aussicht? "Wellnessdeck" im 6. Stock! Übrigens: Die Zimmer im Ostdeck sind die moderneren. Ebenso modern die "Tenderbar" und das Restaurant mit Wintergarten.

74 Zim – 95/190 € 160/240 € – 4 Suiten – ½ P

Hafenstr. 1 26506 – 04931 98877 – www.hotel-faehrhaus.de

Regina Maris

LANDHAUS • FUNKTIONELL In einem Wohngebiet direkt am Deich liegt das Ferienhotel mit soliden wohnlichen Gästezimmern, in der obersten Etage mit Meerblick. Auch ein Beautybereich ist vorhanden. Richtig nett und modern-friesisch kommt das Restaurant "Störtebeker's" daher. Die Küche ist regional.

60 Zim – 80/110 € 130/220 € – ½ P

Badestr. 7c 26506 – 04931 189370 – www.hotelreginamaris.de

NORDENHAM

Niedersachsen – 26 312 Ew. – Höhe 3 m – Regionalatlas **8**-F5
Michelin Straßenkarte 541

In Nordenham-Tettens Nord: 10 km Richtung Butjadingen, in Schneewarden rechts

Landhaus Tettens

INTERNATIONAL • GEMÜTLICH XX In einem schönen Garten am Deich steht das charmante einstige Bauernhaus, gemütlich und ländlich-elegant ist es unter seinem Reetdach. Gekocht wird regional-international, so z. B. "Dreierlei vom Fischfilet mit Garnele und frischem Gemüse".

Menü 25 € – Karte 24/49 €

Am Dorfbrunnen 17 26954 – 04731 39424 – www.landhaus-tettens.de – geschl. Januar und Montag - Dienstagmittag

NORDERNEY (INSEL)

Niedersachsen – 5 875 Ew. – Höhe 5 m – Regionalatlas **7**-D5
Michelin Straßenkarte 541

Seesteg

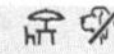

MODERNE KÜCHE • CHIC XX Speisen auf der Seeterrasse ist hier ganz klar ein Highlight, aber auch drinnen gibt es Plätze mit Meersicht! Außerdem kann man durch ein großes Fenster in die Küche schauen, wo moderne Gerichte entstehen. Mittags ist das Angebot kleiner.

→ Bouillabaisse mit Baguette, Sauce rouille und Fenchel. Heilbutt auf Friesen-Paella mit Graupen, Dill, Garnele und Safran. Zweierlei Kalb, Entrecôte und Haxe mit Aromen von Erbsen, Aprikosen, Morcheln und Olivenöljus.

Menü 60 € (vegetarisch)/92 € – Karte 47/98 €

Hotel Seesteg, Damenpfad 36a 26548 – 04932 893600 (abends Tischbestellung ratsam) – www.seesteg-norderney.de

N'eys

INTERNATIONAL • TRENDY XX "N'eys" nennt sich das kleine Abendrestaurant im Wintergarten. Stylish ist das Ambiente, grandios der Blick aufs Meer, und aus der Küche kommen klassisch-internationale Speisen.

Karte 47/79 €

Strandhotel Georgshöhe, Kaiserstr. 24 26548 – 04932 8980 (Tischbestellung ratsam) – www.georgshoehe.de – nur Abendessen – geschl. 1. - 25. Dezember und Montag

Weisse Düne

INTERNATIONAL • RUSTIKAL Im Sommer direkt hinter den Dünen im Freien sitzen und international-mediterran speisen? Vielleicht "gebratenen Lachs mit Pak Choi und Safranrisotto"? Mittags kann man nicht reservieren, einfachere Karte (mit Auszug aus dem Abendangebot).

Karte 26/49 €

Weisse Düne 1, (Nord-Ost: 6 km) ✉ 26548 - ✆ 04932 935717 (abends Tischbestellung erforderlich) - www.weisseduene.com

Esszimmer

MODERNE KÜCHE • HIP Trendy-leger: morgens Frühstück, tagsüber Café, abends Restaurant. Letzteres bietet modern-saisonale Gerichte wie "Zander, Krustentierfond-Risotto, Erbsen und Rüben, Chorizo". Man sitzt ungezwungen umgeben von dekorativen Weinregalen. Der Service ist angenehm locker.

Menü 36 € - Karte 40/65 €

Hotel Inselloft, Damenpfad 37 ✉ 26548
- ✆ 04932 893809 - www.inselloft-norderney.de
- nur Abendessen - geschl. Montag

Strandhotel Georgshöhe

SPA UND WELLNESS • MODERN Ein idealer Ort zum Urlaubmachen: die strandnahe Lage und der große Spa, der u. a. Saunen mit Meerblick bietet! Toll für Freunde modernen Designs: die Zimmerkategorien "Prestige" und "Sportive". Im Wintergarten "Seeterrasse" gibt es regional-traditionelle Küche (ab 13 Uhr durchgehend).

107 Zim - 105/155 € 235/275 € - 25 Suiten - ½ P

Kaiserstr. 24 ✉ 26548 - ✆ 04932 8980 - www.georgshoehe.de
- geschl. 1. - 25. Dezember

N'eys - siehe Restaurantauswahl

Seesteg

BOUTIQUE-HOTEL • MODERN Es gibt wohl nichts in diesem Boutique-Hotel, das nicht exklusiv ist! Lage am Strand, Wertigkeit und Design der Lofts, Studios und Penthouse-Zimmer, Highlights wie Private Spa und Rooftop-Pool. Tipp: Genießen Sie den Sonnenuntergang in der "Milchbar" nebenan! Wer einen Parkplatz wünscht, sollte reservieren!

16 Zim - 360/580 € 380/600 € - 5 Suiten

Damenpfad 36a ✉ 26548 - ✆ 04932 893600 - www.seesteg-norderney.de

Seesteg - siehe Restaurantauswahl

Inselloft

LANDHAUS • MODERN Das frische, junge Konzept des schmucken Häuserensembles a. d. 19. Jh. kommt an: hochwertige Studios, Lofts und Penthouse-Zimmer in schickem nordisch-modernem Look, "Wohnzimmer"-Lounge, Spa-Shop nebst Anwendungen, "Design Shop 1837", "Wein & Deli", eigene Bäckerei und dazu locker-familiäre Atmosphäre.

35 Zim - 120/260 € 150/290 € - 15 €

Damenpfad 37 ✉ 26548 - ✆ 04932 893800 - www.inselloft-norderney.de

Esszimmer - siehe Restaurantauswahl

Villa Ney

FAMILIÄR • GEMÜTLICH In einer ruhigen Dorfstraße befindet sich dieser moderne Villenbau. Ihnen stehen tipptopp gepflegte, wohnlich und elegant eingerichtete Zimmer zur Verfügung. Freundlich-maritim das Restaurant im UG - hier gibt es auch Frühstück.

10 Suiten - 155/180 € - 4 Zim

Gartenstr. 59 ✉ 26548 - ✆ 04932 9170 - www.villa-ney.de

Haus Norderney 

PRIVATHAUS • GEMÜTLICH Die Villa von 1927 ist eines der schönsten Häuser der Insel und perfekt für Individualisten! Klares Design in warmen Tönen, Frühstück im kleinen Garten, relaxen am Kamin oder in der Sauna, dazu kostenfreie Fahrräder und nette Kleinigkeiten!

10 Zim – †69/99 € ††69/129 €

Janusstr. 6 ✉ 26548 – ✆ 04932 2288 – www.hotel-haus-norderney.de – geschl. 3. Dezember - 7. Februar

Aquamarin

PRIVATHAUS • GEMÜTLICH Eine richtig sympathisches Haus: Die Führung ist persönlich, schön und individuell die Zimmer, charmant-modern sind Lobby und Frühstücksraum mit hellem Dielenboden und hübschen Details. Tipp: entspannen auf der kleinen Dachterrasse.

13 Zim – †69/99 € ††69/99 €

Friedrichstr. 5 ✉ 26548 – ✆ 04932 92850 – www.hotel-aquamarin-norderney.de – geschl. 3. Dezember - 7. Februar

NORDHAUSEN

Thüringen – 41 800 Ew. – Höhe 185 m – Regionalatlas **30**-K11
Michelin Straßenkarte 544

In Nordhausen-Rüdigsdorf

Feine Speiseschenke

MARKTKÜCHE • FREUNDLICH Richtig gute saisonale Küche gibt es hier. Spezialität sind Fleischgerichte - die Familie betreibt eine eigene Rinderzucht! Drinnen sitzt man in freundlichem modernem Ambiente, draußen hat man einen schönen Garten. Übernachten können Sie in einfachen, gepflegten Zimmern.

Menü 30/50 € – Karte 24/54 €

11 Zim – †49/53 € ††65/72 €

Winkelberg 13 ✉ 99734 – ✆ 03631 4736490 – www.speiseschenke.de – nur Abendessen, sonntags auch Mittagessen – geschl. Sonntagabend - Montag

NORDHORN

Niedersachsen – 52 579 Ew. – Höhe 23 m – Regionalatlas **16**-C8
Michelin Straßenkarte 541

Riverside

BUSINESS • MODERN Komfortable Ausstattung, moderner Stil und wohnlich-warme Farben - und das unmittelbar am Vechtesee! Zur Seeseite liegen die Zimmer ruhiger. Das Restaurant "Pier99" sieht sich als legere "Strandbude", im Sommer mit geöffneter Glasfront, im Winter mit wärmendem Kamin.

46 Zim – †112/120 € ††129/143 € – ½ P

Heseper Weg 40 ✉ 48529 – ✆ 05921 819810 – www.riverside-nordhorn.de

NORDKIRCHEN

Nordrhein-Westfalen – 9 677 Ew. – Höhe 65 m – Regionalatlas **26**-D10
Michelin Straßenkarte 543

Schloss Restaurant Venus 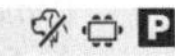

INTERNATIONAL • KLASSISCHES AMBIENTE Im "Westfälischen Versailles" finden Sie dieses klassisch-gediegene Gewölberestaurant - die zahlreichen Gemälde stammen übrigens von Patron Franz L. Lauter, einem passionierten Maler! Geboten wird ein ambitioniertes, kreatives Menü. Eine nette legere Alternative ist das "Bistrante" mit großer Terrasse.

Menü 35/78 € – Karte 31/60 €

Schloss 1 ✉ 59394 – ✆ 02596 972472 – www.lauter-nordkirchen.de – nur Abendessen, sonntags auch Mittagessen – geschl. 2. - 24. Januar und Montag - Dienstag

NORDSTRAND

Schleswig-Holstein - 2 197 Ew. - Höhe 2 m - Regionalatlas **1**-G2
Michelin Straßenkarte 541

In Nordstrand-Süderhafen

Am Heverstrom

GASTHOF • GEMÜTLICH Hier lautet das Motto "familiäre Gemütlichkeit". Charmant die Zimmer mit behaglichem Holz und friesischer Note (teils mit Terrasse oder Aussicht), ebenso das Restaurant mit schönem altem Tresen, gekocht wird bürgerlich. Der namengebende Heverstrom ist übrigens ein Gezeitenstrom zwischen Nordstrand und Husum.

10 Zim - 55/75 € 72/105 € - 1 Suite

Heverweg 14 ✉ 25845 - ✆ 04842 8000 - www.am-heverstrom.de - geschl. 25. Februar - 15. März, 1. - 20. November

NORTHEIM

Niedersachsen - 28 833 Ew. - Höhe 120 m - Regionalatlas **29**-I10
Michelin Straßenkarte 541

FREIgeist

BUSINESS • MODERN Schöne Adresse für Business- und Privatgäste. Moderner Stil und ruhige Lage - an das Grundstück schließt sich direkt der Wald an. Für Aktive hat man einen Klettergarten, zudem bietet man einen Shuttleservice zum Golfplatz (5 Min.). Internationale Küche im Restaurant. Terrasse zum Garten mit kleinem Teich.

62 Zim - 95/99 € 121/126 € - 11 € - ½ P

Am Gesundbrunnen, Ost: 1,5 km, über B 241 ✉ 37154 - ✆ 05551 6070 - www.freigeist-northeim.de

NORTORF

Schleswig-Holstein - 6 629 Ew. - Höhe 32 m - Regionalatlas **10**-I3
Michelin Straßenkarte 541

Kirchspiels Gasthaus

REGIONAL • LÄNDLICH Frische Regionalküche mit eigenen Ideen bietet man in diesem traditionsreichen Familienbetrieb. Probieren Sie z. B. "roh marinierte Sarlhusener Lachsforelle mit Gurken-Relish" oder "Cordon bleu vom Manhagener Auerochsenkalb mit Backensholzer Käse gefüllt". Gepflegt übernachten können Sie hier übrigens auch.

Menü 30 € - Karte 27/58 €

17 Zim - 63/95 € 93/130 € - 3 Suiten

Große Mühlenstr. 9 ✉ 24589 - ✆ 04392 20280 - www.kirchspiels-gasthaus.de

NOTTULN

Nordrhein-Westfalen - 19 390 Ew. - Höhe 97 m - Regionalatlas **26**-D9
Michelin Straßenkarte 543

In Nottuln-Stevern Nord-Ost: 2 km Richtung Schapdetten

Gasthaus Stevertal

TRADITIONELLE KÜCHE • RUSTIKAL Schon beim Betreten des alteingesessenen typisch westfälischen Gasthauses (Familienbetrieb in 4. Generation) umgibt Sie der Duft von Rauchschinken, der Spezialität des Hauses. Im gemütlichen Restaurant isst man bürgerlich-saisonal, dazu eine gute Weinkarte. Gepflegt übernachten kann man ebenfalls.

Menü 14 € (mittags)/52 € - Karte 22/40 €

16 Zim - 50 € 90 €

Stevern 36 ✉ 48301 - ✆ 02502 94010 - www.gasthaus-stevertal.de - geschl. über Weihnachten

NOTZINGEN

Baden-Württemberg - 3 574 Ew. - Höhe 316 m - Regionalatlas **55**-H18
Michelin Straßenkarte 545

Die Kelter

MEDITERRAN • RUSTIKAL X Gelungen hat man die ehemalige Kelter von 1700 restauriert! In einem schönen hohen Raum mit freigelegtem altem Fachwerk und dekorativen modernen Bildern wählt man puristisch ausgelegte mediterran-regionale Speisen wie "Kalbsnieren in Meaux-Senfsauce" oder "Linguine mit frischen Vongole Verace".

Menü 30/49 € - Karte 32/60 €

Kelterstr. 15 ✉ 73274 - ✆ 07021 863786 - www.kelter-notzingen.de - nur Abendessen, sonntags auch Mittagessen - geschl. August 2 Wochen und Montag - Dienstag

NÜRBURG

Rheinland-Pfalz - 173 Ew. - Höhe 593 m - Regionalatlas **36**-C14
Michelin Straßenkarte 543

Lindner Congress & Motorsport Hotel

BUSINESS • MODERN Das Design in dem Hotel am Nürburgring ist ganz dem Motorsport gewidmet. Moderne und sehr wohnliche Zimmer, VIP-Etage mit Zugang zu Tribüne und Hubschrauber-Landeplatz auf dem Dach. Geradlinig-elegantes Restaurant mit angrenzender Terrasse, dazu Bar und Spielkasino sowie Davidoff Lounge.

154 Zim - 99/499 € 139/539 € - 5 Suiten - ½ P

Stefan-Bellof-Straße ✉ 53520 - ✆ 02691 3025000 - www.lindner.de - geschl. 21. Dezember - 1. Januar

Dorint

BUSINESS • FUNKTIONELL Modern-funktional sind die Zimmer dieses Tagungshotels in einer vor allem für Motorsport-Fans einmaligen Lage. Besonders interessant sind die Zimmer zur Rennstrecke hin. Restaurant mit Sicht zur Start- und Zielgeraden, Cockpit Bar mit Autosport-Dekor.

207 Zim - 79/199 € 129/239 € - 3 Suiten

Grand-Prix-Strecke ✉ 53520 - ✆ 02691 3090 - www.dorint.com/nuerburgring

fotostock

WIR MÖGEN BESONDERS...
Sich im **Quo vadis** bei leckerer Pasta unter die vielen Stammgäste mischen. Das interessante Doppelkonzept des **ZweiSinn Meiers**. **Drei Raben** für seine Themenzimmer. Die innovative Spitzenküche im **Essigbrätlein**. Traditionsreiche Atmosphäre und Wurst vom Buchenholzfeuer in der **Historischen Bratwurstküche Zum Gulden Stern**.

NÜRNBERG

Bayern – 501 072 Ew. – Höhe 309 m – Regionalatlas **50**-K16
Michelin Straßenkarte 546

Restaurants

✿✿ **Essigbrätlein** (Andree Köthe)
KREATIV • GEMÜTLICH XX Wo allerbeste Produkte und feine Gewürze so durchdacht und stimmig verarbeitet werden, wo Texturen und Aromen so gekonnt kombiniert werden, da heißt es kreative Naturküche mit eigener Handschrift. Sehr gut auch die harmonische glasweise Weinbegleitung. Hinweis: Man muss klingeln.
➔ Spinat "sauer". Ente mit Kraut. Meerretticheis mit Apfel.

Menü 75 € (mittags)/149 € (abends)

Stadtplan : K1-z – *Weinmarkt 3 ✉ 90403*
– ✆ 0911 225131 (Tischbestellung ratsam)
– www.essigbraetlein.de
– geschl. 24. Dezember - Anfang Januar und Sonntag - Montag

✿ **Entenstuben** (Fabian Denninger)
MODERNE KÜCHE • ELEGANT XX In dem schönen, geradlinig-elegant gehaltenen Restaurant darf man sich neben freundlichem Service auf ambitionierte moderne Küche freuen, bei der die Optik ebenso stimmt wie der Geschmack.
➔ Bachsaibling "Ceviche", Karotte, Weizen, Holunderblüte. Rosa Entenbrust, leicht geräucherte Spargel, Limette, Cranberry. Marinierte Stachelbeere, Vanille, Hafer.

Menü 79/99 € – Karte 52/68 €

Stadtplan : M1-e – *Schranke 9 ✉ 90489*
– ✆ 0911 5209128
– www.entenstuben.de
– nur Abendessen – geschl. Anfang Januar 2 Wochen, Juli - August 3 Wochen und Sonntag - Montag

Sie möchten spontan verreisen? Besuchen Sie die Internetseiten der Hotels, um von deren Sonderkonditionen zu profitieren.

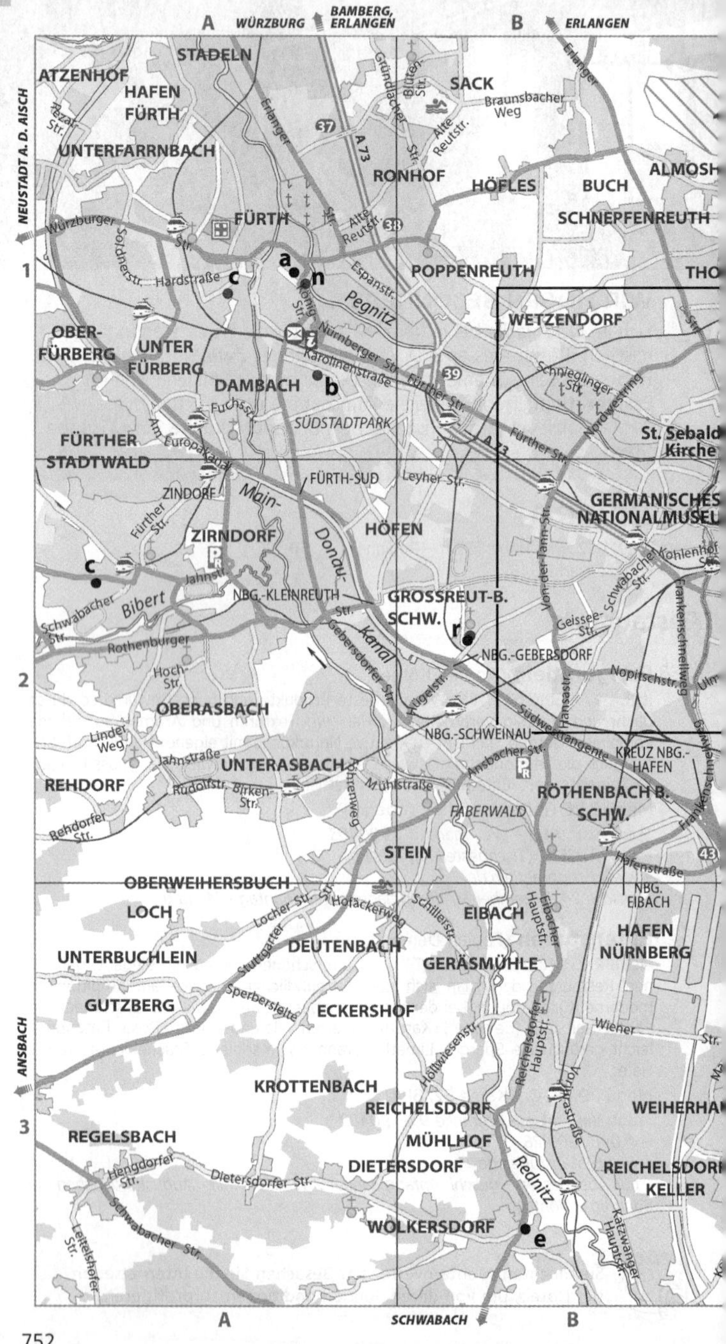
A
WÜRZBURG
BAMBERG, ERLANGEN
B
ERLANGEN
NEUSTADT A. D. AISCH
ANSBACH
SCHWABACH
1
2
3
STADELN
ATZENHOF
HAFEN FÜRTH
UNTERFARRNBACH
SACK
RONHOF
HÖFLES
BUCH
ALMOSH
SCHNEPFENREUTH
FÜRTH
POPPENREUTH
THO
WETZENDORF
OBER-FÜRBERG
UNTER FÜRBERG
DAMBACH
SÜDSTADTPARK
St. Sebald Kirche
FÜRTHER STADTWALD
ZINDORF
FÜRTH-SUD
HÖFEN
GERMANISCHES NATIONALMUSEU
ZIRNDORF
Main-Donau-Kanal
NBG.-KLEINREUTH
GROSSREUT-B. SCHW.
NBG.-GEBERSDORF
OBERASBACH
NBG.-SCHWEINAU
KREUZ NBG.-HAFEN
UNTERASBACH
REHDORF
RÖTHENBACH B. SCHW.
FABERWALD
STEIN
OBERWEIHERSBUCH
NBG. EIBACH
LOCH
EIBACH
HAFEN NÜRNBERG
DEUTENBACH
UNTERBUCHLEIN
GERÄSMÜHLE
GUTZBERG
ECKERSHOF
KROTTENBACH
REICHELSDORF
WEIHERHA
REGELSBACH
MÜHLHOF
DIETERSDORF
REICHELSDORF KELLER
WOLKERSDORF
Rednitz
Pegnitz
Bibert
a
n
b
c
c
r
e

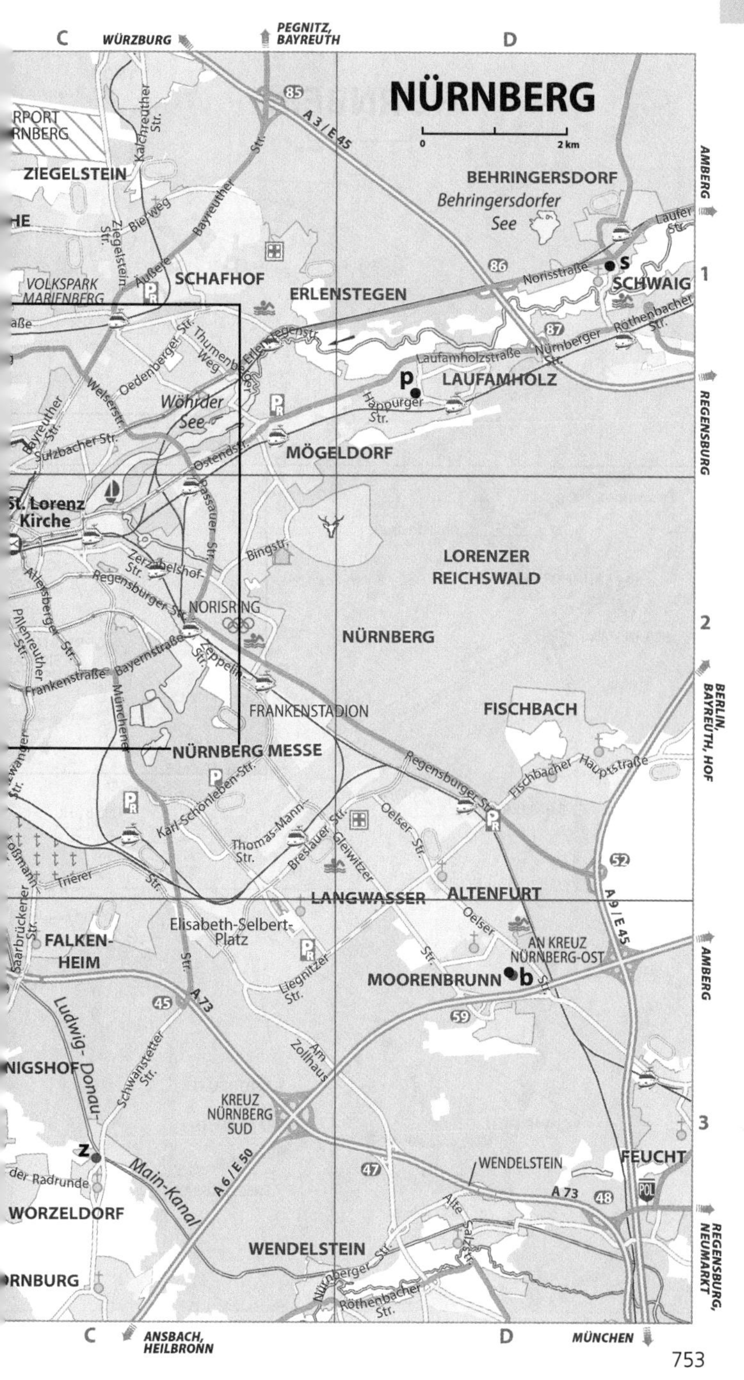
NÜRNBERG
0
2 km
WÜRZBURG
PEGNITZ, BAYREUTH
AMBERG
REGENSBURG
BERLIN, BAYREUTH, HOF
AMBERG
REGENSBURG, NEUMARKT
ANSBACH, HEILBRONN
MÜNCHEN
ZIEGELSTEIN
SCHAFHOF
ERLENSTEGEN
BEHRINGERSDORF
Behringersdorfer See
SCHWAIG
VOLKSPARK MARIENBERG
LAUFAMHOLZ
Wöhrder See
MÖGELDORF
St. Lorenz Kirche
LORENZER REICHSWALD
NORISRING
NÜRNBERG
FRANKENSTADION
FISCHBACH
NÜRNBERG MESSE
LANGWASSER
ALTENFURT
Elisabeth-Selbert-Platz
FALKEN-HEIM
AN KREUZ NÜRNBERG-OST
MOORENBRUNN
KREUZ NÜRNBERG SUD
WENDELSTEIN
FEUCHT
WORZELDORF
WENDELSTEIN
Ludwig-Donau-Main-Kanal
A 3 / E 45
A 9 / E 45
A 6 / E 50
A 73

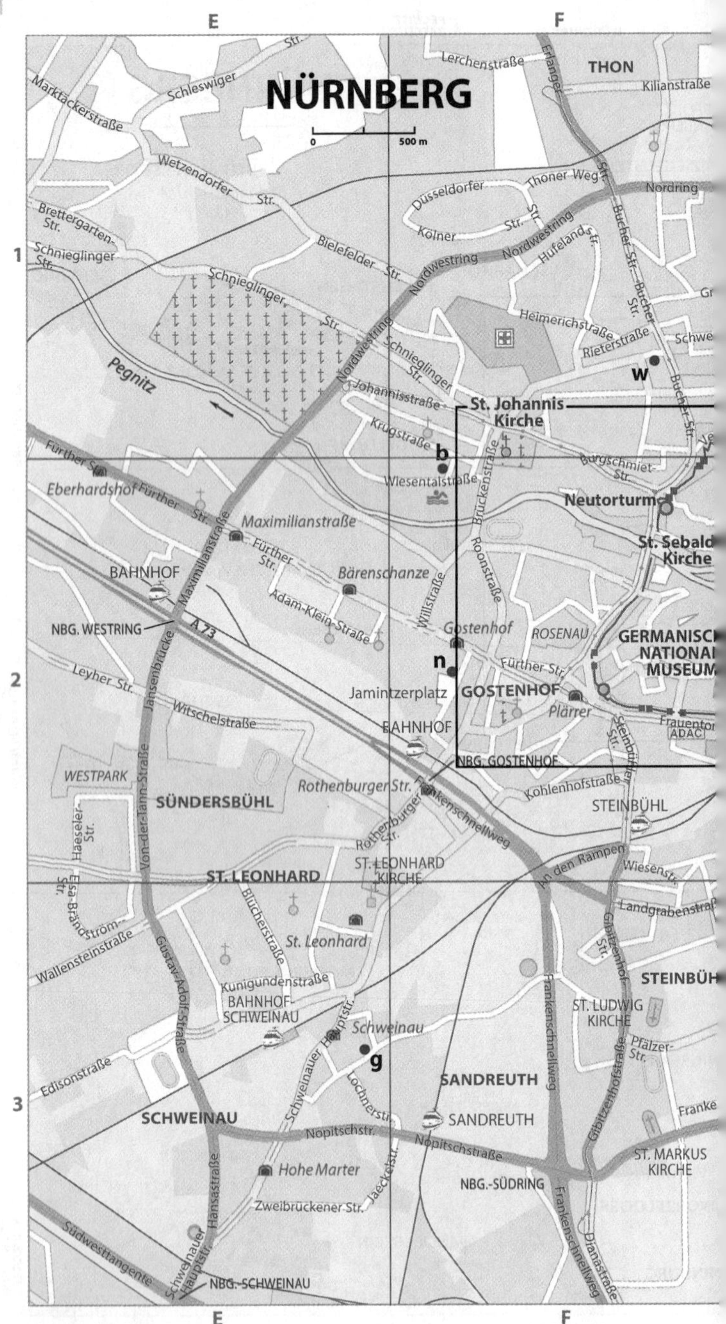
NÜRNBERG
0
500 m
E
F
1
2
3
THON
Erlanger Str.
Lerchenstraße
Kilianstraße
Marktäckerstraße
Schleswiger Str.
Wetzendorfer Str.
Brettergarten-Str.
Schnieglinger Str.
Bielefelder Str.
Düsseldorfer
Kölner Str.
Thoner Weg
Nordring
Nordwestring
Hufelandstr.
Bucher Str.
Heimerichstraße
Rieterstraße
Pegnitz
Johannisstraße
Krugstraße
St. Johannis Kirche
Brückenstraße
Burgschmiet-Str.
Fürther Str.
Eberhardshof
Wiesentalstraße
Neutorturm
Maximilianstraße
Roonstraße
St. Sebald Kirche
BAHNHOF
Bärenschanze
Adam-Klein-Straße
Willstraße
NBG. WESTRING
A 73
Gostenhof
ROSENAU
n
GERMANISC
NATIONAL
MUSEUM
Leyher Str.
Jamintzerplatz
GOSTENHOF
Plärrer
Witschelstraße
Frauentor
ADAC
Jansenbrücke
Steinbühler Str.
WESTPARK
NBG. GOSTENHOF
Rothenburger Str.
Kohlenhofstraße
SÜNDERSBÜHL
STEINBÜHL
Haeseler-Str.
Frankenschnellweg
Von-der-Tann-Straße
Zu den Rampen
ST. LEONHARD
ST. LEONHARD KIRCHE
Wiesenstr.
Esa-Brändström-Str.
Blücherstraße
Landgrabenstraße
Wallensteinstraße
St. Leonhard
Gibitzenhof Str.
Gustav-Adolf-Straße
STEINBÜH
Kunigundenstraße
BAHNHOF-SCHWEINAU
ST. LUDWIG KIRCHE
Schweinau
Schweinauer Hauptstr.
g
Pfälzer-Str.
Edisonstraße
Lochnerstr.
SANDREUTH
Gibitzenhofstraße
SCHWEINAU
Nopitschstr.
Nopitschstraße
Franke
ST. MARKUS KIRCHE
Hohe Marter
NBG.-SÜDRING
Hansastraße
Jaeckelstr.
Zweibrückener Str.
Südwesttangente
Dianastraße
NBG.-SCHWEINAU
b
w

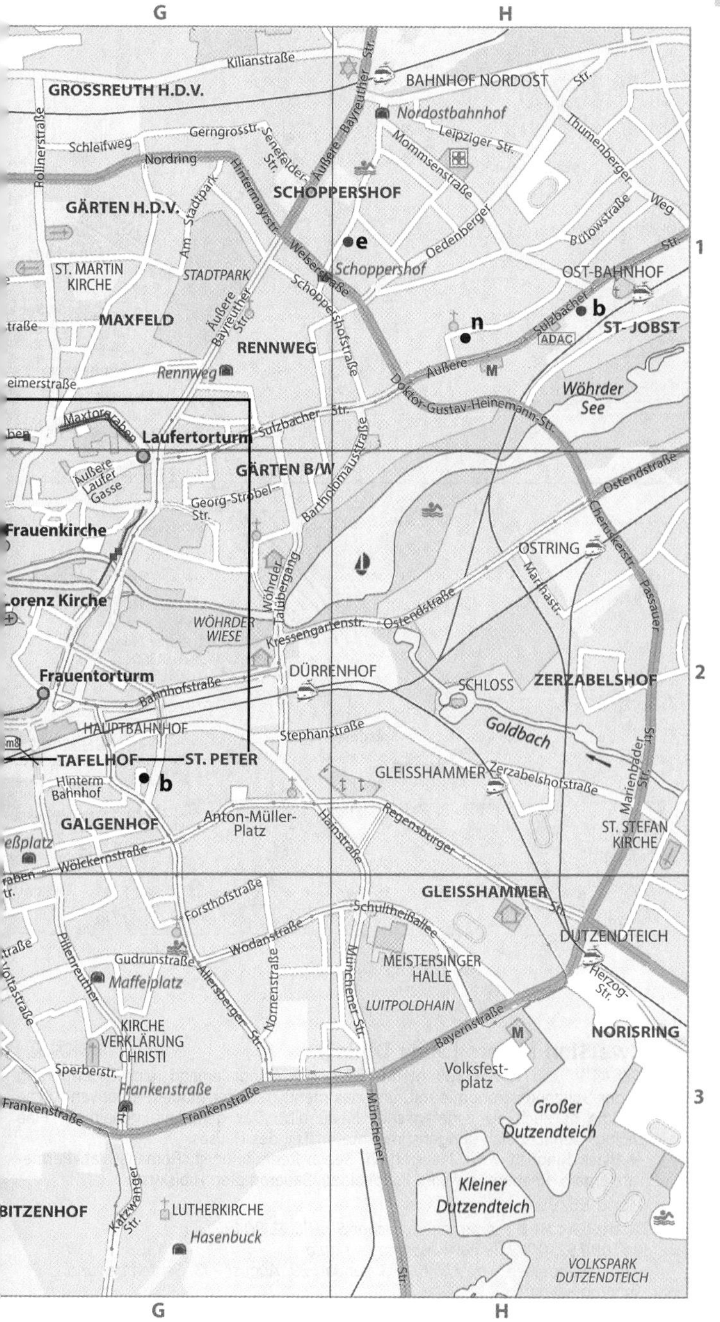
G
H
GROSSREUTH H.D.V.
BAHNHOF NORDOST
Nordostbahnhof
GÄRTEN H.D.V.
SCHOPPERSHOF
ST. MARTIN KIRCHE
STADTPARK
Schoppershof
OST-BAHNHOF
MAXFELD
RENNWEG
ST- JOBST
Rennweg
Wöhrder See
Laufertorturm
GÄRTEN B/W
Frauenkirche
OSTRING
Lorenz Kirche
WÖHRDER WIESE
Frauentorturm
DÜRRENHOF
SCHLOSS
ZERZABELSHOF
HAUPTBAHNHOF
Goldbach
TAFELHOF
ST. PETER
GLEISSHAMMER
GALGENHOF
Anton-Müller-Platz
ST. STEFAN KIRCHE
GLEISSHAMMER
DUTZENDTEICH
MEISTERSINGER HALLE
Maffeiplatz
LUITPOLDHAIN
NORISRING
KIRCHE VERKLÄRUNG CHRISTI
Volksfest-platz
Frankenstraße
Großer Dutzendteich
Kleiner Dutzendteich
BITZENHOF
LUTHERKIRCHE
Hasenbuck
VOLKSPARK DUTZENDTEICH
1
2
3

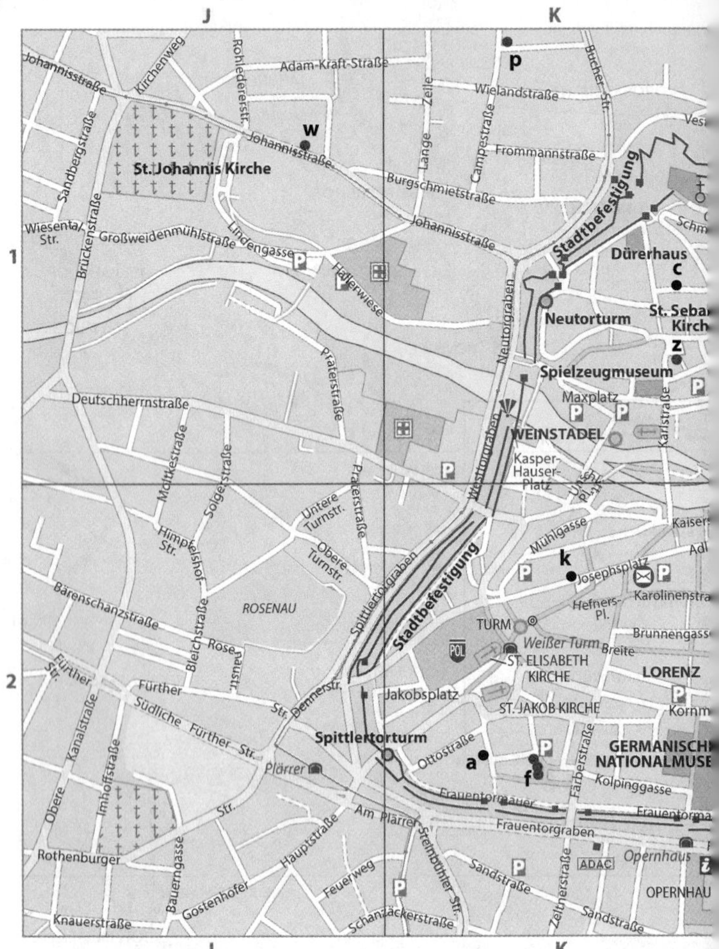

ZweiSinn Meiers | Fine Dining

KREATIV • ZEITGEMÄSSES AMBIENTE XX Hier bringt jemand reichlich Erfahrung in der Spitzengastronomie mit, und das merkt man der modern-kreativen Küche an, die es auch als vegetarisches Menü gibt. Das geradlinig gehaltene "Fine Dining" befindet sich übrigens im hinteren Teil des Hauses.

➜ Black Kingfish, Kiwi, Meerrettich, Sepia. Perlhuhnbrust, Romanasalat, Parmesan, Eigelb. Rhabarber, weiße Schokolade, Sauerampfer, Hibiskus.

Menü 85/95 €

Stadtplan : H1-b – *Äußere Sulzbacher Str. 118 ✉ 90491*
– ✆ 0911 92300823 – www.meierszweisinn.de
– nur Abendessen – geschl. 6. - 13. Januar, 29. August - 13. September und Sonntag - Montag

ZweiSinn Meiers | Bistro – siehe Restaurantauswahl

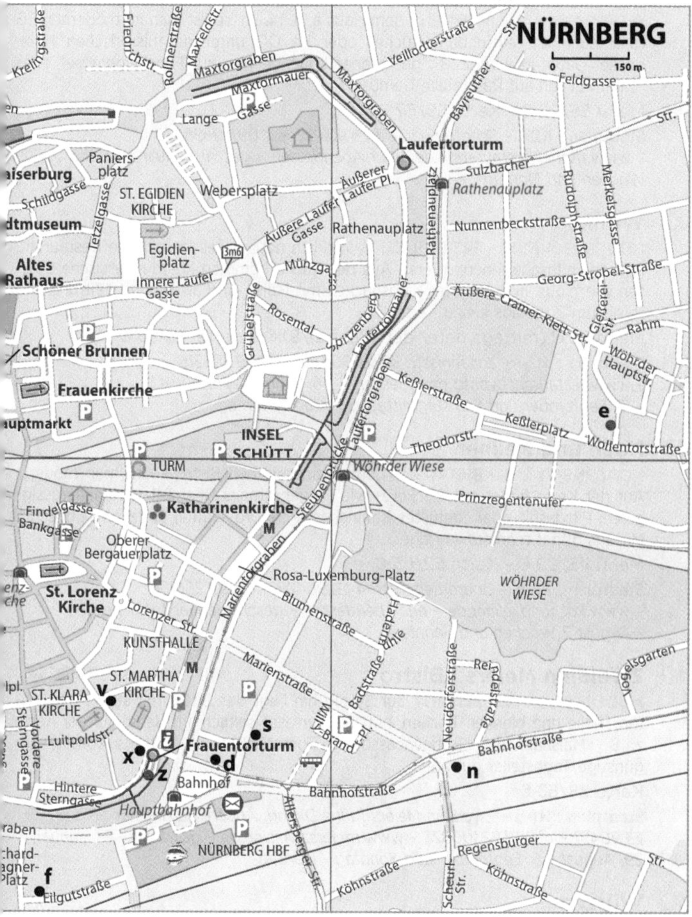

NÜRNBERG

MINNECI Leonardo 

ITALIENISCH • MEDITERRANES AMBIENTE XX Richtig schön verbindet sich der historische Charakter des alten Stadthauses von 1560 mit der Atmosphäre eines italienischen Ristorante. Freundlich-charmant serviert man z. B. "Wolfsbarsch mit Süßkartoffelpüree und Balsamicolinsen".

Menü 48/100 € – Karte 42/59 €

Stadtplan : K2-f – *Zirkelschmiedsgasse 28* ✉ *90402* – ✆ *0911 209655* – *www.minneci-ristorante.de* – *geschl. Sonntag - Montag*

Gute Küche zu moderatem Preis? Folgen Sie dem Bib Gourmand

Restauration Fischer

INTERNATIONAL • INTIM XX In dem Haus a. d. 14. Jh. speist man im modernen EG (hier auch die einsehbare Küche) oder im OG unter der historischen Holzdecke. Geboten wird z. B. "gebratener Loup de Mer auf Fenchelgemüse" oder "Lammrücken auf Ratatouille-Gemüse".

Menü 55/62 € - Karte 58/67 €

Stadtplan : K2-f - *Schottengasse 1 ✉ 90402 - ✆ 0911 9898870 - www.fischer-restauration.de - nur Abendessen - geschl. Januar 1 Woche, Juli 2 Wochen und Montag*

Wonka

MODERNE KÜCHE • FREUNDLICH XX Wirklich nett dieses freundliche Restaurant, und der hübsche Innenhof erst! Aus der Küche kommen kreativ-klassische Speisen wie "sous vide gegarter Kalbsnacken mit Mais". Und als Dessert "Zitrone und Basilikum"? Mittags kleine Karte.

Menü 33 € (mittags unter der Woche)/91 € - Karte 45/59 €

Stadtplan : J1-w - *Johannisstr. 38 ✉ 90419 - ✆ 0911 396215 - www.restaurant-wonka.de - geschl. 1. - 6. Januar, 27. August - 12. September und Samstagmittag, Sonntag - Montag*

Koch und Kellner

MODERNE KÜCHE • BISTRO X In dem sympathischen Bistro kocht man modern. Auf der Karte findet sich Leckeres wie "angebratenes Beef-Tatar, Himbeeressiggelee, Pilzdashi" oder "gefülltes Kaninchen, Perigord-Trüffel, Spitzkohl, Gnocchi". Mittags öffnet man auf Anfrage.

Menü 45/99 € - Karte 52/65 €

Stadtplan : F2-n - *Obere Seitenstr. 4 ✉ 90429 - ✆ 0911 266166 - www.kochundkellner.de - nur Abendessen - geschl. Januar 1 Woche, Juli - August 2 Wochen und Sonntag*

ZweiSinn Meiers | Bistro

MODERNE KÜCHE • BISTRO X Zur Straße hin liegt das Bistro mit seiner markanten Theke und blanken Tischen, nett die Terrasse seitlich am Haus. Auf der Karte z. B. "Maishähnchen, Bohnencassoulet, Tomaten-Risoni". Mittags kommt der günstige Tagesteller gut an!

Karte 38/63 €

Stadtplan : H1-b - *ZweiSinn Meiers | Fine Dining, Äußere Sulzbacher Str. 118 ✉ 90491 - ✆ 0911 92300823 - www.meierszweisinn.de - geschl. 6. - 13. Januar, 29. August - 8. September und Sonntag - Montag*

Würzhaus

MODERNE KÜCHE • GERADLINIG X Ein pfiffiges und interessantes Gasthaus: Die Küche ist kreativ, modern und stark regional beeinflusst. Abends gibt es z. B. "Lachs mit Rettich und Granny Smith", mittags isst man etwas einfacher, unschlagbar hier das günstige Menü!

Menü 20 € (mittags unter der Woche)/80 € - Karte 21/54 €

Stadtplan : F1-w - *Kirchenweg 3a ✉ 90419 - ✆ 0911 9373455 (Tischbestellung ratsam) - www.wuerzhaus.info - geschl. 24. - 26. Dezember, 1. - 8. Januar und Samstagmittag, Sonntag - Montagmittag*

IU & ON

THAILÄNDISCH • TRENDY X Ältestes thailändisches Restaurant Deutschlands und ein echter Familienbetrieb! Lecker z. B. "Yam Plamük" (fein-scharfer Oktopussalat nach Hausrezept) oder "Gai Ta Krai" (gebratenes Hähnchenbrustfilet mit Zitronengrassauce und Klebreis).

Karte 38/55 €

Stadtplan : K1-p - *Roritzerstr. 10 ✉ 90419 - ✆ 0911 336767 - www.iu-on.de - geschl. August und Montag - Dienstag*

Quo vadis

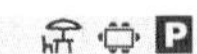

ITALIENISCH • MEDITERRANES AMBIENTE In dem hübschen alten Natursteinhaus hat man viele Stammgäste, und die kommen z. B. wegen Pasta aus dem Parmesanlaib, Klassikern wie "Saltimbocca alla Romana" oder aber wegen der Spezialität: hausgemachte Ravioli mit allerlei Füllungen!

Menü 22/72 € – Karte 35/54 €

Stadtplan : H1-e – *Elbinger Str. 28 ✉ 90491 – ✆ 0911 515553 (abends Tischbestellung ratsam) – www.ristorante-quovadis.de – geschl. Montag*

Le Virage

FRANZÖSISCH • FAMILIÄR In dem einfachen kleinen Bistro erfährt man ein Stückchen französische Lebensart in Nürnberg! Es gibt traditionelle Gerichte, die in Menüform angeboten werden. Gekocht wird eher schlicht, aber mit Geschmack - und alles ist frisch!

Menü 39/45 € – Karte 37/43 €

Stadtplan : F2-b – *Helmstr. 19 ✉ 90419 – ✆ 0911 9928957 – www.nefkom.net/le.virage – nur Abendessen – geschl. Montag - Dienstag*

Nürnberger Bratwurst-Lokale:

Bis ins 14. Jh. reicht die Tradition dieser rustikal-gemütlichen Lokale zurück. Über Buchenholzfeuer gegrillt schmecken die Würste besonders gut.

Historische Bratwurstküche Zum Gulden Stern

REGIONAL • GEMÜTLICH Sehr gemütlich und originell sind die nett dekorierten Stuben in dem Gasthaus von 1419. In der angeblich ältesten Bratwurstküche der Welt kommt die Bratwurst natürlich vom Buchenholzrost!

Karte 16/22 €

Stadtplan : K2-f – *Zirkelschmiedsgasse 26 ✉ 90402 – ✆ 0911 2059288 – www.bratwurstkueche.de*

Bratwursthäusle

REGIONAL • RUSTIKAL Zwischen Hauptmarkt und Kaiserburg liegt das Bratwurstlokal schlechthin. Eine äußerst beliebte Adresse mit urigem Flair, mittig der Grill. Die Bratwürste werden übrigens in der hauseigenen Metzgerei jeden Morgen frisch hergestellt!

Menü 17/39 € – Karte 15/29 €

Stadtplan : L1-s – *Rathaus-Platz 1 ✉ 90403 – ✆ 0911 227695 – www.bratwursthaeusle.de – geschl. Sonntag sowie an Feiertagen*

Bratwurstglöcklein

REGIONAL • RUSTIKAL Das Fachwerkhäuschen im Nürnberger Handwerkerhof hat eine lange Tradition als Bratwurstküche. Damen im Dirndl servieren die täglich frisch gemachte, über Buchenholzfeuer gegrillte Wurst auf Zinntellern. Probieren Sie auch mal das Schäufele!

Karte 16/31 €

Stadtplan : L2-z – *Waffenhof 5, (im Handwerkerhof) ✉ 90402 – ✆ 0911 227625 – www.bratwurst-gloecklein.de – geschl. Sonntagabend*

Hotels

Sheraton Carlton

BUSINESS • MODERN Die klare Nr. 1 in der Stadt: luxuriös-komfortable Zimmer, attraktiver kleiner Spa mit Blick über Nürnberg, beispielhafte Führung. Im Restaurant Tafelhof serviert man internationale Küche. Beliebt (auch bei den Einheimischen): das Gourmet-Buffet samtagabends sowie der Sonntagsbrunch.

164 Zim – †99/199 € ††149/259 € – 4 Suiten – ☕ 17 €

Stadtplan : L2-f – *Eilgutstr. 15 ✉ 90443 – ✆ 0911 20030 – www.carlton-nuernberg.de*

Le Méridien Grand Hotel

HISTORISCH • ELEGANT Seit Ende des 19. Jh. werden hier Gäste beherbergt. Praktisch die Lage gegenüber dem Hauptbahnhof, dazu chic-moderne Zimmer mit klassischen Marmorbädern. Etwas kleiner: die "Superior Queen"-Zimmer. Internationale Küche in der Brasserie, sehenswert der denkmalgeschützte Richard-Wagner-Saal!

187 Zim – †160 € ††190 € – 5 Suiten – ☕ 27 € – ½ P

Stadtplan : L2-d – *Bahnhofstr. 1 ✉ 90402 – ✆ 0911 23220 – www.lemeridiennuernberg.com*

Holiday Inn City Centre

BUSINESS • MODERN Mit seiner sehr guten zeitgemäß-funktionalen Ausstattung ist das Hotel am Altstadtrand ideal für Geschäftsleute. Nett der Frühstücksraum in klaren Linien, gemütlich die Bar & Brasserie "NitriBizz" - hier gibt es internationale Gerichte.

260 Zim – †115/129 € ††140/169 € – 3 Suiten – ☕ 15 € – ½ P

Stadtplan : K2-a – *Engelhardgasse 12 ✉ 90402 – ✆ 0911 242500 – www.hi-nuernberg.de*

Drei Raben

URBAN • THEMENBEZOGEN Sie möchten die Geschichte Nürnbergs kennenlernen? Das kleine Hotel mit persönlicher Note ist genau richtig: In den schönen Themenzimmern kann man Wissenswertes nachlesen, außerdem liegt das Haus im Herzen der Stadt! Morgens ein sehr gutes Frühstück, am Abend sind die Gäste zum Aperitif eingeladen.

22 Zim ☕ – †130/195 € ††160/225 €

Stadtplan : L2-v – *Königstr. 63 ✉ 90402 – ✆ 0911 274380 – www.hoteldreiraben.de*

Victoria

URBAN • MODERN Elegant und richtig modern ist das hübsche Haus von 1896 - ein toller Mix aus Tradition und Moderne. Tipp: das große Zimmer "LogenPlatz" mit Balkon und Blick aufs Museum! Wie wär's im Sommer mit Kaffee und Kuchen auf dem Klarissenplatz?

65 Zim ☕ – †82/128 € ††98/188 €

Stadtplan : L2-x – *Königstr. 80 ✉ 90402 – ✆ 0911 24050 – www.hotelvictoria.de*

Sorat Hotel Saxx

BUSINESS • MODERN Die Lage direkt in der Altstadt könnte nicht besser sein. Ansprechend auch die moderne Einrichtung - fragen Sie nach den geräumigen Juniorsuiten mit Blick zum Hauptmarkt!

103 Zim – †79/299 € ††99/319 € – ☕ 10 €

Stadtplan : K1-s – *Hauptmarkt 17, (Eingang über Waaggasse 7) ✉ 90403 – ✆ 0911 242700 – www.sorat-hotels.com*

Agneshof

URBAN • MODERN Sie wohnen mitten in der Altstadt und dennoch ruhig - Dürerhaus und Kaiserburg sind nicht weit! Eine sympathische Adresse mit freundlichen und funktionalen Zimmern, meist zu den Gartenhöfen hin. Netter kleiner Saunabereich mit Whirlpool.

74 Zim – †88/250 € ††108/290 € – ☕ 7 €

Stadtplan : K1-c – *Agnesgasse 10 ✉ 90403 – ✆ 0911 214440 – www.agneshof-nuernberg.de*

Klughardt

FAMILIÄR • MODERN Familie Klughardt betreibt ihr Hotel nun schon viele Jahre, und das mit Engagement. Die Chefin ist wirklich herzlich und kennt ihre (Stamm-) Gäste. Die Zimmer sind gut ausgestattet, freundlich und zeitgemäß - zum Hof hin besonders ruhig.

32 Zim ☕ – †82/149 € ††102/195 €

Stadtplan : H1-n – *Tauroggenstr. 40 ✉ 90491 – ✆ 0911 919880 – www.hotel-klughardt.de – geschl. 23. Dezember - 9. Januar, über Ostern*

Am Josephsplatz

HISTORISCH • GEMÜTLICH Eine persönlich geführte Adresse ist das Altstadthaus von 1675. Man wohnt in gemütlichen, individuellen Zimmern und entspannt auf der sonnigen Dachterrasse.

32 Zim - 89/105 € 130/140 € - 4 Suiten

Stadtplan : K2-k - *Josephsplatz 30 ✉ 90403 - ✆ 0911 214470 - www.hotel-am-josephsplatz.de - geschl. 21. Dezember - 6. Januar*

Am Heideloffplatz

FAMILIÄR • MODERN Eine sympathische Adresse ist das engagiert geführte Hotel an einem kleinen Platz in relativ ruhiger Lage am Zentrumsrand. In jedem der wohnlichen Gästezimmer findet sich ein Original des Malers Dülp. Praktisch: Man hat eigene Parkplätze.

32 Zim - 82/129 € 121/149 €

Stadtplan : G2-b - *Heideloffplatz 9 ✉ 90478 - ✆ 0911 944530 - www.hotelamheideloffplatz.de - geschl. 23. Dezember - 7. Januar*

art & business hotel

URBAN • INDIVIDUELL Ein wirklich stilvolles Haus, bemerkenswert die Kunst. Die Zimmer sind modern und eher klein, geräumiger die Superiorzimmer. Hübsch der Frühstücksraum samt Terrasse im Innenhof (Brot und Marmelade sind übrigens hausgemacht) sowie die Bar.

49 Zim - 75/165 € 92/215 €

Stadtplan : L2-s - *Gleißbühlstr. 15 ✉ 90402 - ✆ 0911 23210 - www.art-buisness-hotel.com - geschl. 23. Dezember - 7. Januar*

In Nürnberg-Boxdorf Nord: 9 km über Erlanger Straße B1

unvergesslich

INTERNATIONAL • GASTHOF XX Das Motto hier lautet "Franken geht fremd": Neben Fränkischer Linsensuppe und Rindsroulade gibt es Internationales wie "Thunfischvariation" und auch Vegetarisches/Veganes. Und als Dessert z. B. leckere "Nougat-Tarte mit Haselnüssen"!

Menü 45/150 € - Karte 45/120 €

Hotel Schindlerhof, Steinacher Str. 6 ✉ 90427 - ✆ 0911 93020 - www.schindlerhof.de

Schindlerhof

BUSINESS • INDIVIDUELL Die aus mehreren Häusern bestehende Hotelanlage ist ideal für Businessgäste und auch auf Tagungen ausgelegt. Möchten Sie in einem klassischen Landhauszimmer schlafen oder lieber in einem modernen Ryokan-Zimmer? Schön die Hotelbar "DankBar".

90 Zim - 99/175 € 182/221 € - 2 Suiten

Steinacher Str. 6 ✉ 90427 - ✆ 0911 93020 - www.schindlerhof.de

unvergesslich - siehe Restaurantauswahl

In Nürnberg-Großreuth bei Schweinau

Gasthaus Rottner

KLASSISCHE KÜCHE • RUSTIKAL XX Außen hübsches Fachwerkhaus nebst schöner Terrasse, drinnen richtig liebenswerte Stuben! Bei Familie Rottner sorgt der Junior für ambitionierte moderne Küche - auf der Karte z. B. "Stör, Poverade, Ochsenbacke, Serrano, Kapuzinerkresse".

Menü 68/90 € - Karte 59/69 €

Stadtplan : B2-r - *Hotel Rottner, Winterstr. 15 ✉ 90431 - ✆ 0911 612032 (Tischbestellung ratsam) - www.rottner-hotel.de - nur Abendessen - geschl. 27. Dezember - 7. Januar und Sonntag*

Rottner

BUSINESS • MODERN Zu dem 200 Jahre alten Gasthaus gesellt sich dieses zeitgemäße Hotel mit schönen wohnlichen Zimmern und sehr gutem Frühstück im Pavillon oder auf der Terrasse! An Sommerabenden gibt's rustikale Klassiker im Nussbaumgarten.

37 Zim – 82/126 € 121/151 €

Stadtplan : B2-r – *Winterstr. 17 ✉ 90431 – ✆ 0911 612032 – www.rottner-hotel.de – geschl. 27. Dezember - 7. Januar*

Gasthaus Rottner – siehe Restaurantauswahl

In Nürnberg-Kraftshof Nord: 7 km über Erlanger Straße und Kraftshofer Hauptstraße B1

Alte Post

REGIONAL • GASTHOF X "Fränkische Bratwürste mit Sauerkraut" oder "Karpfen in Bierteig mit Kartoffel- und Selleriesalat" - in der einstigen Poststation a. d. 15. Jh. ist man mit der Region verwurzelt, seit vier Generationen. Charmante Stuben, hübsche Terrasse.

Karte 24/55 €

Kraftshofer Hauptstr. 164 ✉ 90427 – ✆ 0911 305863 – www.altepost.net – geschl. über Fasching 1 Woche und Mittwoch

In Nürnberg-Laufamholz

Park Hotel

FAMILIÄR • GEMÜTLICH Solche Häuser sollte es öfter geben: In dem sehr persönlich geführten kleinen Hotel kümmert man sich mit viel Engagement und Herzblut um die Gäste! Die Zimmer sind wohnlich und funktional, und versäumen Sie nicht das gute Frühstück!

21 Zim – 80/95 € 100/110 €

Stadtplan : D1-p – *Brandstr. 64 ✉ 90482 – ✆ 0911 950700 – www.park-hotel-nuernberg.de – geschl. Ende Dezember - Anfang Januar*

In Nürnberg-Moorenbrunn

Landgasthof Gentner

REGIONAL • GASTHOF X So richtig heimelig hat man es in den reizenden Zirbelholz-Stuben und gute Küche gibt's obendrein! Wie wär's mit "Filetspitzen mit Waldpilzrahm, Kartoffelrösti und Salat"? Lecker auch die "Crème brûlée mit Mandarinensorbet"! Kein Terrassenwetter? Dann setzen Sie sich ins Garten-Stüberl.

Menü 34 € – Karte 29/58 €

Stadtplan : D3-b – *Hotel Landgasthof Gentner, Bregenzer Str. 31 ✉ 90475 – ✆ 0911 80070 – www.landgasthof-gentner.de – geschl. 23. Dezember - 7. Januar, Juli - August 2 Wochen und Montagmittag*

Landgasthof Gentner

GASTHOF • REGIONAL Hier spürt man das Engagement der Familie Gentner (bereits die 3. Generation): gepflegt die Einrichtung samt stimmiger Deko, gut das Frühstück, sehr nett die Gästebetreuung! Fragen Sie nach den neueren Zimmern.

52 Zim – 76/288 € 106/318 €

Stadtplan : D3-b – *Bregenzer Str. 31 ✉ 90475 – ✆ 0911 80070 – www.landgasthof-gentner.de – geschl. 23. Dezember - 7. Januar, Juli - August 2 Wochen*

Landgasthof Gentner – siehe Restaurantauswahl

In Nürnberg-Schweinau

Gatto Rosso

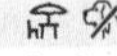

ITALIENISCH • GEMÜTLICH X Wirklich gemütlich und schön gepflegt ist es in dem über 400 Jahre alten kleinen Fachwerkhaus. Das mögen die vielen Stammgäste ebenso wie die frischen italienischen Speisen und den freundlichen Service.

Karte 36/45 €

Stadtplan : E3-g – *Hintere Marktstr. 48 ✉ 90441 – ✆ 0911 666878 – www.gatto-rosso.de*

In Nürnberg-Worzeldorf

Zirbelstube

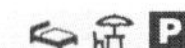

REGIONAL • RUSTIKAL XX Ein schmuckes Sandsteingebäude von 1860 mit ebenso schönem Interieur. In der charmanten Zirbelstube serviert man z. B. "Stubenküken mit Pilzsauce und Sellerie-Kartoffelpüree". Reizend die Terrasse. Sie können auch übernachten - man hat hübsche Gästezimmer.

Menü 32/78 € - Karte 33/68 €

6 Zim - †88/132 € ††115/204 €

Stadtplan : C3-z - *Friedrich-Overbeck-Str. 1 ✉ 90455*
- ✆ 0911 998820 - www.zirbelstube.com
- geschl. 1. - 16. Januar, 22. Mai - 3. Juni und Sonntag - Dienstagmittag

NÜRTINGEN

Baden-Württemberg - 39 960 Ew. - Höhe 291 m - Regionalatlas **55**-H19
Michelin Straßenkarte 545

Valentino

ITALIENISCH • TRENDY XX In dem langjährigen Familienbetrieb ist man mit Herz und Engagement bei der Sache. Schön das Restaurant samt Wintergarten, schmackhaft die italienische Küche - von Pizza über Strozzapreti al Pesto bis Tagliata di Manzo. Gute Weinauswahl.

Karte 30/64 €

Heiligkreuzstr. 18 ✉ 72622 - ✆ 07022 31114 - www.ristorante-valentino.com
- geschl. Samstagmittag, Sonntag

belsers Restaurant

FRANZÖSISCH-MODERN • CHIC X Direkt am Marktplatz ist das stylish-schicke Restaurant zu finden. Mittags kocht man etwas bürgerlicher, abends klassisch-modern, z. B. "Rote-Bete-Tagliatelle mit Spinat, Meerrettich und Parmesan" oder "geschmorte Rinderbacke in Barolojus".

Menü 42/64 € (abends) - Karte 37/65 €

Brunnsteige 15 ✉ 72622 - ✆ 07022 7195860 - www.belsers.com - geschl. Sonntagabend - Montag

kellertraube Brasserie - siehe Restaurantauswahl

kellertraube Brasserie

FRANZÖSISCH • DESIGN X Im Gewölbekeller unter "belsers Restaurant" hat man die ebenso schön modern designte Brasserie. Hier ist die Küche "französisch-schwäbisch" - da machen "Les Maul Taschen", "Le Rost Braten" oder "Les Moules marinières" Appetit.

Karte 27/51 €

belsers Restaurant, Brunnsteige 15 ✉ 72622
- ✆ 07022 7195860 - www.belsers.com
- nur Abendessen - geschl. Sonntag - Montag

Weinstube zum Schloßberg

REGIONAL • NACHBARSCHAFTLICH X Hier ist man immer gut gebucht! Auch viele Stammgäste kommen gerne in die urig-gemütliche Weinstube unweit der Kirche, um sich bei den herzlichen Betreibern schwäbische Gerichte schmecken zu lassen.

Menü 38 € - Karte 25/35 €

Schloßberg 1 ✉ 72622
- ✆ 07022 32878 (Tischbestellung erforderlich) - nur Abendessen - geschl. 28. August - 15. September und Sonntag - Montag

NUTHETAL

Brandenburg - 8 756 Ew. - Höhe 34 m - Regionalatlas **22**-O8
Michelin Straßenkarte 542

In Nuthetal-Philippsthal Süd-Ost: 6 km über Potsdamer Straße

Philippsthal

INTERNATIONAL • RUSTIKAL Der Weg zu diesem denkmalgeschützten Anwesen lohnt sich: schön das Ambiente mit seinem Mix aus Rustikalem und Modernem, reizend der Hofgarten und gekocht wird richtig gut - macht Ihnen z. B. "Fjord-Lachsfilet auf Rettich-Senfgemüse mit Kartoffel-Lauchpüree" Appetit?

Menü 39/50 € - Karte 40/52 €

Philippsthaler Dorfstr. 35 ✉ 14558
- ✆ 033200 524432
- www.restaurant-philippsthal.de

OBERAMMERGAU

Bayern - 5 122 Ew. - Höhe 837 m - Regionalatlas **65**-K21
Michelin Straßenkarte 546

Ammergauer Maxbräu

REGIONAL • GASTHOF Frische saisonale Küche und bayerische Klassiker stehen in dem rustikalen Brauhaus auf der Karte. Mit Blick auf die Braukessel isst man "Schweinekrustenbraten mit Biersauce" oder "gepökelte Rinderzunge", dazu gerne hauseigenes Bier.

Menü 25/32 € - Karte 22/51 €

Hotel Maximilian, Ettaler Str. 5 ✉ 82487
- ✆ 08822 9487460
- www.maximilian-oberammergau.de

Maximilian

LUXUS • INDIVIDUELL Chic ist der alpenländisch-moderne Stil dieses luxuriösen kleinen Feriendomizils vor der malerischen Bergkulisse. Die Zimmer sind äußerst wohnlich, ansprechend auch der Sauna- und Beautybereich. Sehr guter und aufmerksamer Service.

18 Zim - 145/255 € 195/345 € - 2 Suiten - ½ P

Ettaler Str. 5 ✉ 82487
- ✆ 08822 948740 - www.maximilian-oberammergau.de

Ammergauer Maxbräu - siehe Restaurantauswahl

Landhaus Feldmeier

FAMILIÄR • MODERN Auf drei Häuser im regionalen Stil verteilen sich die wohnlichen Gästezimmer mit Balkon oder Terrasse. In "Haus 3" sind die Zimmer besonders neuwertig! Gut entspannen lässt es sich im hübschen Saunabereich. Rustikales Restaurant.

26 Zim - 82/88 € 120/160 € - 2 Suiten - ½ P

Ettaler Str. 29, (Zufahrt über Rüdererweg) ✉ 82487
- ✆ 08822 3011
- www.hotel-feldmeier.de
- geschl. 24. März - 8. April

Turmwirt

GASTHOF • MODERN Das Traditionshaus mit Ursprung im 18. Jh. steht mitten im Ort. Eine familiäre Adresse mit gepflegten, funktionellen Zimmern und einem schönen lichten Saunabereich.

23 Zim - 80/90 € 115/150 €

Ettaler Str. 2 ✉ 82487
- ✆ 08822 92600 - www.turmwirt.de

OBERAUDORF

Bayern - 4 932 Ew. - Höhe 480 m - Regionalatlas **66**-N21
Michelin Straßenkarte 546

Bernhard's

MARKTKÜCHE • FREUNDLICH XX Gerne sitzen die vielen (Stamm-) Gäste in behaglich-mediterranem Ambiente bei regionalen Speisen wie "Krustenbraten mit zweierlei Knödel und Speckkrautsalat". Oder lieber etwas Schweizerisches wie "Zürcher Geschnetzeltes"? Zum Übernachten hat man hübsche wohnliche Zimmer im Landhausstil.

Menü 44 € - Karte 25/54 €

10 Zim - 68 € 80/98 €

Marienplatz 2 83080 - 08033 30570 - www.bernhards.biz - geschl. Donnerstag, außer an Feiertagen

Bernhard's im Seebacher Haus

TRADITIONELL • HISTORISCH Neben dem gleichnamigen Restaurant hat die Familie gleich gegenüber auch dieses denkmalgeschützte Haus mit der bemalten Fassade. Richtig schön die liebenswert gestalteten Zimmer. Am Abend gibt's in der gemütlichen Stube Weine und Brotzeit.

24 Zim - 58/78 € 98/110 €

Kufsteiner Str. 10 83080 - 08033 30877620 - www.bernhards.biz

Im Ortsteil Niederaudorf Nord: 2 km Richtung Flintsbach

Alpenhof

GASTHOF • INDIVIDUELL Ein Gasthof mit Charme: herzlich-familiär und engagiert die Betreiber, freundlich die Zimmer (am komfortabelsten die "Edelweißzimmer"), gemütlich das regionstypische Restaurant nebst Terrasse. Schön für Kinder: Obstgarten und Spielplatz. Im Winter hat man übrigens die Langlaufloipe direkt vor der Tür.

17 Zim - 65/83 € 90/110 € - ½ P

Rosenheimer Str. 97 83080 - 08033 308180 - www.alpenhof-oberaudorf.de - geschl. Mitte November - Dezember 3 Wochen

An der Straße nach Bayrischzell Nord-West: 8,5 km

Feuriger Tatzlwurm

SPA UND WELLNESS • GEMÜTLICH Das Gasthaus a. d. 19. Jh. (reizend die Leiblstube von 1863!) ist heute ein komfortables Wellnesshotel mit stimmigem regionstypischem Konzept. Wohnlich und wertig die Einrichtung, vielfältig das Freizeitangebot. Und die wunderbare Natur gibt's gratis dazu: Blick aufs Kaisergebirge, Badeteich beim Wildbach...

78 Zim - 79/85 € 140/262 € - 2 Suiten - ½ P

Tatzelwurm 83080 Oberaudorf - 08034 30080 - www.tatzlwurm.de

OBERAULA

Hessen - 3 157 Ew. - Höhe 326 m - Regionalatlas **38**-H13
Michelin Straßenkarte 543

Zum Stern

LANDHAUS • GEMÜTLICH Schon von außen nett anzusehen ist das schmucke Fachwerkhaus. Die meisten der ländlich-wohnlichen Gästezimmer liegen zum hübschen Garten hin und bieten einen Balkon, es gibt auch Familienzimmer. Bürgerlich-rustikal gehaltenes Restaurant mit Terrasse im Innenhof.

73 Zim - 56/82 € 94/126 € - ½ P

Hersfelder Str. 1, B 454 36280 - 06628 92020 - www.hotelzumstern.de

OBERBOIHINGEN

Baden-Württemberg - 5 399 Ew. - Höhe 276 m - Regionalatlas **55**-H19
Michelin Straßenkarte 545

Zur Linde

REGIONAL • BÜRGERLICH X Seit Jahrzehnten ein bewährter Klassiker in der Region! Mit sehr guten Produkten wird geschmackvoll und traditionell gekocht. Probieren Sie Maultaschensalat, "Hechtklößchen mit Blattspinat" oder leckeres "Kalbskotelett mit gebratenem Gemüse". Tipp: Für Langzeitgäste hat man im Nebenhaus topmoderne Apartments.

Menü 33/75 € - Karte 23/49 €

Nürtinger Str. 24 ✉ 72644
- ✆ 07022 61168 - www.linde-oberboihingen.de
- geschl. über Pfingsten 2 Wochen und Montag - Dienstag

Ein wichtiges Geschäftsessen oder ein Essen mit Freunden?
Das Symbol weist auf Veranstaltungsräume hin.

OBERDING Bayern → Siehe Freising

OBERHAUSEN

Nordrhein-Westfalen - 209 292 Ew. - Höhe 42 m - Regionalatlas **26**-C11
Michelin Straßenkarte 543

Hackbarth's Restaurant

KREATIV • MEDITERRANES AMBIENTE X Kreativ-international inspiriert kocht man in dem hübschen Lokal in "Centro"-Nähe - auf der Karte liest man z. B. "Entenbrust auf gebratenem Spargel in spicy Honig-Soyasauce". Der Service freundlich-leger. Hübsch die kleine Terrasse.

Menü 32/59 € - Karte 24/67 €

Im Lipperfeld 44 ✉ 46047
- ✆ 0208 22188 - www.hackbarths.de
- geschl. 24. Dezember - 7. Januar und Samstagmittag, Sonntag

OBERHEIMBACH

Rheinland-Pfalz - 563 Ew. - Höhe 140 m - Regionalatlas **46**-D15
Michelin Straßenkarte 543

Weinberg-Schlösschen

REGIONAL • FAMILIÄR XX Nicht nur ein attraktives zeitgemäßes Ambiente und freundlicher Service sind Ihnen hier gewiss, gut essen kann man ebenso. Gekocht wird regional, so z. B. "Ragout vom Soonwald-Hirsch". Von der Terrasse schaut man auf die Reben.

Menü 32/67 € - Karte 30/62 €

Hotel Weinberg-Schlösschen, Hauptstr. 2 ✉ 55413
- ✆ 06743 9471840 - www.weinberg-schloesschen.de
- Dienstag - Donnerstag nur Abendessen - geschl. Januar - 1. März und Montag, November - Dezember: Montag - Mittwoch

Weinberg-Schlösschen

FAMILIÄR • MODERN Nur wenige Kilometer vom Rhein und inmitten der Weinberge liegt das Haus der Lambrichs. Die Zimmer reichen vom kleinen "Piccolo" bis zum schicken großen Turmzimmer mit verglastem Bad! Ansprechend modern sind sie alle, schön der Holzboden.

31 Zim - †69/129 € ††89/229 € - 1 Suite - ½ P

Hauptstr. 2 ✉ 55413
- ✆ 06743 9471840 - www.weinberg-schloesschen.de
- geschl. Januar - 1. März

Weinberg-Schlösschen - siehe Restaurantauswahl

OBERHOF

Thüringen - 1 664 Ew. - Höhe 800 m - Regionalatlas **40**-K13
Michelin Straßenkarte 544

Berghotel

LANDHAUS • GEMÜTLICH Ein wirklich schönes Ferienhotel mit gutem Wellnessangebot auf rund 1000 qm und wohnlich-freundlichen Zimmern - etwas gehobener sind die modernen Zimmer in der Dependance "Villa Silva". Ansprechend auch das Restaurant in geradlinigem Stil sowie die schicke Cocktailbar mit Bowlingbahn.

69 Zim - 73/98 € 126/152 € - ½ P

Theo-Neubauer-Str. 20 98559
- 036842 270 - www.berghotel-oberhof.de

OBERKIRCH

Baden-Württemberg - 19 732 Ew. - Höhe 192 m - Regionalatlas **54**-E19
Michelin Straßenkarte 545

Haus am Berg

INTERNATIONAL • FREUNDLICH XX Ruhe, Weinberge ringsum, Blick bis zum Straßburger Münster... Kein Wunder, dass die Terrasse an warmen Sommertagen beliebt ist! Hier und im ländlichen Restaurant speist man international. Probieren Sie doch mal das beliebte Tagesmenü!

Menü 27/50 € - Karte 25/57 €

Am Rebhof 5, Zufahrt über Privatweg 77704 - 07802 4701 (Tischbestellung ratsam) - www.haus-am-berg-oberkirch.de - geschl. Januar 2 Wochen, Juni 1 Woche, November 2 Wochen und Dienstag - Mittwochmittag

Obere Linde

HISTORISCH • TRADITIONELL Wenn man die zwei schmucken Fachwerkhäuser sieht, denkt man unweigerlich an wohltuend gemütliche Atmosphäre. Und die finden Sie sowohl in den Zimmern (hier können Sie auf Wunsch sogar in einem Himmelbett schlafen) als auch in den Restaurantstuben. Und draußen hat man eine schöne Gartenterrasse!

27 Zim - 80/115 € 120/160 € - ½ P

Hauptstr. 25 77704 - 07802 8020 - www.obere-linde.de

In Oberkirch-Ödsbach Süd: 3 km

Waldhotel Grüner Baum

SPA UND WELLNESS • INDIVIDUELL Zur herrlichen Schwarzwaldlandschaft kommen hier noch ein großer Garten mit Streichelzoo, der "zeitlos SPA" auf 1000 qm samt tollem "Außen-Living-Pool", die Kaminlounge und das charmant-rustikale "Back- und Brennhus", dazu wohnliche Zimmer (Tipp: Panorama-Suite) und Restauranträume von ländlich bis elegant.

40 Zim - 110/150 € 170/230 € - 5 Suiten - ½ P

Alm 33 77704 - 07802 8090 - www.waldhotel-gruener-baum.de

In Oberkirch-Ringelbach Nord: 4 km, Richtung Kappelrodeck

Landhotel Salmen

GASTHOF • FUNKTIONELL Man merkt, mit welchem Engagement das Hotel geführt wird: Alles ist tipptopp gepflegt, die Zimmer sind freundlich - beliebt sind die modernen Business-Einzelzimmer, aber auch die Familienzimmer mit Themen-Kinderzimmer. Im Restaurant serviert man bürgerlich-saisonale Küche.

29 Zim - 70/90 € 100/150 € - ½ P

Weinstr. 10 77704 - 07802 4429 - www.hotelsalmen.de - geschl. 15. - 30. November, 8. Januar - 13. Februar

OBERMAISELSTEIN

Bayern - 947 Ew. - Höhe 859 m - Regionalatlas **64**-I22
Michelin Straßenkarte 546

Berwanger Hof

SPA UND WELLNESS • MODERN Hier lässt es sich richtig schön wohnen: ruhige Lage, hübsche Zimmer (Tipp: die neueren in schickem modern-alpinem Look), attraktiver "AlpenSpa" auf 1000 qm sowie regional-internationale Küche - auch auf der reizvollen Terrasse. HP inkl.

42 Zim - 86/145 € 158/250 € - 4 Suiten - ½ P

Niederdorf 11 87538 - 08326 36330 - www.berwangerhof.de - geschl. 4. - 7. Dezember, 9. - 26. April

OBEROTTERBACH

Rheinland-Pfalz - 1 157 Ew. - Höhe 192 m - Regionalatlas **54**-E17
Michelin Straßenkarte 543

Schlössl

KREATIV • ELEGANT XXX Stilvoll das Amtshaus von 1778, drinnen Sandsteinboden in Schachbrettmuster, Parkett, elegantes Mobiliar! Wertig auch die Gästezimmer. Traumhaft die Terrasse zum Barockgarten. Gekocht wird Kreatives wie "Seeteufel, Artischocke, Zwiebel, Port". Alternativ: "Gudd Gess" mit international-saisonalem Angebot.

Menü 65/135 € - Karte 66/83 €
8 Zim - 75/120 € 120/200 €

Weinstr. 6 76889 - 06342 923230 - www.schloessl-suedpfalz.de - nur Abendessen, sonntags auch Mittagessen - geschl. Januar und Sonntagabend - Dienstag

OBER-RAMSTADT

Hessen - 14 848 Ew. - Höhe 217 m - Regionalatlas **47**-F15
Michelin Straßenkarte 543

Hessischer Hof

INTERNATIONAL • ELEGANT X Nicht nur gut übernachten kann man hier: In schönem modernem Ambiente bietet man frische regional-internationale Küche wie "Kalbsnussschnitte mit gegrillten Gambas an Papaya-Chili-Salsa" oder "geschmorten Schaufelbraten mit Waldpilzen".

Karte 27/45 €
22 Zim - 64/94 € 94/104 € - 5 €

Schulstr. 14 64372 - 06154 63470 - www.hehof.de - geschl. 23. Dezember - 7. Januar und Freitag - Samstagmittag

OBERRIED

Baden-Württemberg - 2 827 Ew. - Höhe 455 m - Regionalatlas **61**-D20
Michelin Straßenkarte 545

Gasthaus Sternen Post

REGIONAL • LÄNDLICH X In dem schönen Gasthaus von 1875 sitzen Sie in ländlich-charmanten Stuben bei schmackhaften Gerichten wie "geschnetzelter Hirschkalbsniere mit Rosenkohl und Rösti" oder "Skrei auf Rote-Bete-Risotto". Sie möchten übernachten? Dafür hat man freundliche, wohnliche Zimmer und eine schicke Ferienwohnung.

Menü 62 € - Karte 31/61 €
5 Zim - 65/85 € 85/115 € - 1 Suite

Hauptstr. 30 79254 - 07661 989849 - www.gasthaus-sternen-post.de - geschl. Montagabend - Dienstag

In Oberried-Hofsgrund Süd-West: 11 km Richtung Schauinsland

Die Halde

REGIONAL • RUSTIKAL XX Die hübschen rustikalen Stuben haben ihr historisches Flair bewahrt, das macht es hier richtig schön heimelig. Dazu bürgerlich-regionale Küche wie "Kalbsbratwurst auf Rahmwirsing" und Feines wie "Ossobuco vom Atlantik-Seeteufel mit Linsengemüse". Oder darf es vielleicht Wild aus eigener Jagd sein?

Menü 37/58 € - Karte 36/59 €

Hotel Die Halde, Halde 2, Süd-West: 1,5 km ✉ 79254 - ✆ 07602 94470 - www.halde.com - geschl. 22. - 25. Dezember

Die Halde

SPA UND WELLNESS • MODERN Wandern Sie gerne? Der einstige Bauernhof liegt ruhig und abgeschieden in 1147 m Höhe, toll der Blick zum Feldberg und ins Tal! Die Einrichtung ist eine Mischung aus Modernem und Regionalem, hochwertig und wohnlich. Wellness gibt es u. a. in Form eines schönen Naturbadeteichs. HP inklusive.

37 Zim - 234/276 € 286/396 € - 2 Suiten - ½ P

Halde 2, Süd-West: 1,5 km ✉ 79254 - ✆ 07602 94470 - www.halde.com - geschl. 22. - 25. Dezember

Die Halde - siehe Restaurantauswahl

OBERSTAUFEN

Bayern - 7 409 Ew. - Höhe 791 m - Regionalatlas **64**-I22
Michelin Straßenkarte 546

Esslust

MODERNE KÜCHE • GEMÜTLICH XX So richtig gemütlich hat man es in den charmant-gediegenen Stuben. Gekocht wird frisch, modern-saisonal und mit regionalen Einflüssen, so z. B. "in altem Aceto und Sternanis geschmorter Ochsenschwanz mit Steinbutt, Perlzwiebel, Karotte, Macadamia-Nüssen", aber auch Klassiker wie Zwiebelrostbraten.

Menü 45/85 € - Karte 38/63 €

Hotel Alpenkönig, Kalzhofer Str. 25 ✉ 87534 - ✆ 08386 93450 (Tischbestellung ratsam) - www.hotel-alpenkoenig.de - nur Abendessen - geschl. 26. November - 24. Dezember und Sonntag

Ambiente

MEDITERRAN • FREUNDLICH XX Appetit auf "Fettuccine im Steinpilzschaum", "Potpourri von Edelfischen im Tomaten-Gemüse-Sud" oder einen Klassiker wie "Wiener Kalbskotelett mit Preiselbeeren"? Die Küche ist mediterran geprägt und hat traditionell-saisonale Einflüsse, das Restaurant selbst angenehm hell, schön der Wintergarten.

Menü 33/60 € - Karte 35/64 €

Kalzhofer Str. 22 ✉ 87534 - ✆ 08386 7478 - www.ambiente-oberstaufen.de - nur Abendessen, sonntags auch Mittagessen - geschl. Montag - Dienstag

die.speisekammer

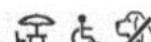

MODERNE KÜCHE • TRENDY XX Das trendig-wertige Design des Hotels setzt sich im Restaurant fort: Ein attraktiver Mix aus zeitgemäßer Geradlinigkeit und Bezug zur Natur. Passend dazu die Speisekarte: modern-international oder regional-traditionell.

Menü 45/79 € - Karte 42/69 €

Hotel DAS.HOCHGRAT, Rothenfelsstr. 6 ✉ 87534 - ✆ 08386 9914620 - www.die-speisekammer.de - nur Abendessen, sonntags auch Mittagessen - geschl. Mittwoch

Allgäu Sonne

SPA UND WELLNESS • KLASSISCH Fantastisch der Blick über das Weißachtal, schön der 2100 qm große Wellnessbereich, dazu ein klasse Panorama-Fitnessraum auf 235 qm! Die Zimmer gediegen-klassisch oder stylish-modern. Im Restaurant samt toller Aussichtsterrasse serviert man international beeinflusste Regionalküche.

139 Zim - 114/221 € 254/403 € - 4 Suiten - ½ P

Stießberg 1 ✉ 87534 - ✆ 08386 7020 - www.allgaeu-sonne.de

Rosenalp

SPA UND WELLNESS • KLASSISCH Hier bleibt man nicht stehen: schöner moderner Stil in Lounge, Restaurant und Bar sowie in vielen Zimmern, toll das Fitness- und Medical-Wellness-Angebot, ein Highlight der schicke große Spa auf 2000 qm, der kaum Wünsche offen lässt! Auch im hübschen Garten lässt es sich wunderbar entspannen.

100 Zim – 143/177 € 290/334 € – 15 Suiten – ½ P

Am Lohacker 5 87534 – 08386 7060 – www.rosenalp.de

DAS.HOCHGRAT

LUXUS • MODERN Das ist modern-alpiner Chic! Das edle Interieur der Zimmer und Chalets vereint auf äußerst geschmackvolle Weise klare Linien, schöne wohnliche Stoffe und Naturmaterialien wie warmes Holz und Stein. Wie wär's mit dem "Panorama-Chalet"?

16 Suiten – 160/261 € – 4 Zim

Rothenfelsstr. 6 87534 – 08386 9914620 – www.das-hochgrat.de

die.speisekammer – siehe Restaurantauswahl

Alpenkönig

LANDHAUS • GEMÜTLICH Familie Bentele hat hier ein echtes Schmuckstück: wertig und geschmackvoll die wohnlich-eleganten Zimmer mit hübschen modernen Details, schön der Kosmetik- und Freizeitbereich. Weiterer Wohlfühlfaktor: die angenehm persönliche Atmosphäre!

23 Zim – 91/106 € 182/228 € – ½ P

Kalzhofer Str. 25 87534 – 08386 93450 – www.hotel-alpenkoenig.de – geschl. 26. November - 24. Dezember

Esslust – siehe Restaurantauswahl

Adler

GASTHOF • MONTAN Direkt im Herzen der Stadt steht der Traditionsgasthof von 1574 - sehr beliebt die Terrasse auf dem Kirchplatz! Sie wohnen schön gepflegt, beginnen den Tag mit einem guten Frühstück und später können Sie hier bürgerlich-regional essen. Das freundliche Personal ist auch bei der Parkplatzsuche behilflich.

27 Zim – 70/140 € 140/220 € – 1 Suite – ½ P

Kirchplatz 6 87534 – 08386 93210 – www.adler-oberstaufen.de

In Oberstaufen-Bad Rain Ost: 1,5 km über Rainwaldstraße

Bad Rain

REGIONAL • RUSTIKAL Lust auf traditionell-regionale Küche? Es gibt Wild aus eigener Jagd, Forellengerichte oder auch Vegetarisches. Beliebt sind auch die selbstgebrannten Schnäpse. Der sympathische Familienbetrieb (5. Generation) hat neben heimeligen Stuben auch wohnliche Gästezimmer und einen netten Freizeitbereich.

Karte 27/41 €

26 Zim – 71/112 € 152/184 € – 1 Suite

Hotel Bad Rain, Hinterstaufen 9 87534 – 08386 93240 – www.bad-rain.de – geschl. Mitte November - Mitte Dezember

In Oberstaufen-Kalzhofen Nord-Ost: 1 km über Kalzhofer Straße

Haubers Alpenresort

RESORT • FUNKTIONELL Ein tolles Resort auf 60 ha Grund mit Golfplatz, Wanderwegen, einem ganzen Bergrücken, zwei Almen und den komfortablen Hotels "Landhaus" und "Gutshof" - Letzteres mit schicken Themenzimmern. Dazu ein Wellnesshaus mit Panoramasauna am 2500 qm großen Natursee! Hochwertige HP - auch als Menü für externe Gäste.

62 Zim – 124/218 € 234/326 € – 7 Suiten – ½ P

Meerau 34 87534 – 08386 93305 – www.haubers.de

In Oberstaufen-Steibis Süd: 5 km

Ludwig Royal

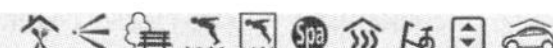

SPA UND WELLNESS • KLASSISCH Gelungen hat man dem klassisch-alpenländischen König-Ludwig-Flair dieses komfortablen Ferienhotels mit stimmigen Details eine moderne Note verliehen. Zum Relaxen gibt es einen hübschen Wellnessbereich, in den Restaurantstuben speisen sowohl Hotelgäste als auch Passanten gerne.

66 Zim – †115/147 € ††170/234 € – 2 Suiten – ½ P

Im Dorf 29 ✉ 87534 – ☎ 08386 8910 – www.hotel-ludwig-royal.de

In Oberstaufen-Willis West: 1,5 km über B 308

Bergkristall

SPA UND WELLNESS • GEMÜTLICH Eine richtig gute Wellnessadresse in traumhafter Lage über dem Weißachtal: rund 1500 qm Spa mit toller Sicht - ob Fitness, Sauna oder Beauty & Co., ob innen oder außen! Die Zimmer: von modern-alpinem Chic bis Landhausstil. Die meisten Zimmer sowie Restaurant und Terrasse bieten grandiosen Blick.

50 Zim – †110/200 € ††246/320 € – 6 Suiten – ½ P

Willis 8 ✉ 87534 – ☎ 08386 9110 – www.bergkristall.de

OBERSTDORF

Bayern – 9 590 Ew. – Höhe 815 m – Regionalatlas **64**-J22
Michelin Straßenkarte 546

Das Maximilians

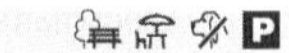

FRANZÖSISCH-MODERN • GEMÜTLICH XX Ausgesprochen einladend ist dieses Wintergarten-Restaurant: freundlich, stimmig, elegant das Ambiente, versiert der Service, ausgezeichnet die Küche. Nur hochwertige Produkte kommen in die modern-saisonalen Gerichte, die begleitet werden von einer schönen Weinauswahl.

➜ Zweierlei vom Gelbflossen Thunfisch, Zuckerschote, Zitrusfrüchte, Joghurt, Eisenkraut. Feines vom heimischen Rehbock - Rücken, Nacken, Carpaccio. Erdbeere, Sauerklee, Mohn, Pfeffer, Mandel.

Menü 69/119 €

Hotel Das Freiberg, Freibergstr. 21 ✉ 87561 – ☎ 08322 96780 (Tischbestellung ratsam) – www.das.maximilians.de – nur Abendessen – geschl. Sonntag - Montag

ESS ATELIER STRAUSS

KLASSISCHE KÜCHE • GEMÜTLICH XX Hier wird angenehm reduziert gekocht, mit ausgesuchten Produkten und modern-kreativen Einflüssen. Passend dazu der chic-alpine Look des Restaurants, geradlinig und gemütlich zugleich. Blickfang ist der tolle Weinklimaschrank!

➜ Pfaffenstückchen und Bio Landei, Morchel, Spargel, Cognac. Königskrabbe und Kingfish, Almjoghurt, Pomelo, Granatapfel. Oberstdorfer Reh mit Waldaromen, Erdartischocke, Pfifferlinge, Piemonteser Haselnuss.

Menü 58/125 €

Hotel Löwen & Strauss, Kirchstr. 1 ✉ 87561 – ☎ 08322 800080 (Tischbestellung ratsam) – www.loewen-strauss.de – nur Abendessen – geschl. April, November und Montag - Mittwoch

Das Jagdhaus

REGIONAL • GASTHOF X Das charmante Holzhaus von 1856 mit seinen drei Stuben ist ein netter Ableger des Sternerestaurants "Das Maximilians". Auf den Tisch kommt Regionales wie "gebratenes Saiblingsfilet mit Schwarzwurzeln in Creme". Oder mögen Sie lieber Wild? Im schönen Biergarten gibt's typische Speisen unter Kastanien.

Menü 35/46 € – Karte 34/48 €

Ludwigstr. 13 ✉ 87561 – ☎ 08322 987380 (abends Tischbestellung ratsam) – www.das-jagdhaus.de – geschl. Mittwoch - Donnerstagmittag

Löwen-Wirtschaft

REGIONAL • GASTHOF Der modern-rustikale Stil (schön die liebevollen Details wie alte Skier, Kuhglocken etc.) kommt ebenso gut an wie der freundliche Service und die schmackhafte Küche. Letztere gibt's z. B. als "Spanferkelbackerl mit Balsamicoglace" oder "Landhuhn-Supreme mit Pecorino-Risotto und Schwammerl". Aktionsabende.

Menü 28/35 € - Karte 29/48 €

Hotel Löwen & Strauss, Kirchstr. 1 ✉ 87561 - ✆ 08322 800088 (abends Tischbestellung ratsam) - www.loewen-strauss.de - geschl. April 3 Wochen, November und Montag - Dienstag

Das Fetzwerk

INTERNATIONAL • TRENDY Ein witziges Konzept, das Jung und Alt gleichermaßen anspricht: Die trendig-ungezwungene "Genuss-Werkstatt" bietet regional-internationales "Fast Slow Food" im Weckglas! Da heißt es z. B. "Ente gut, alles gut" oder "Lach(s) Anfall".

Menü 20/32 €

Hotel Das Freiberg, Freibergstr. 21 ✉ 87561 - ✆ 08322 96780 - www.das-fetzwerk.de

Parkhotel Frank

KLASSISCHE KÜCHE • ELEGANT Charmant und zuvorkommend wird man hier umsorgt, das Ambiente dazu ist ländlich-elegant im Hauptrestaurant und chic-modern im "MaSiLeRo". Die Küche: "Grenzenlos", "Heimatstücke" oder "Essbare Landschaften".

Menü 38/76 €

Parkhotel Frank, Sachsenweg 11 ✉ 87561 - ✆ 08322 7060 (Tischbestellung erforderlich) - www.parkhotel-frank.de - nur Abendessen - geschl. Ende Dezember - Anfang Januar 2 Wochen

Parkhotel Frank

SPA UND WELLNESS • KLASSISCH Bei den herzlichen Gastgebern hat man das Gefühl, zur Familie zu gehören! Zimmer gibt es von gemütlich-rustikal über modern bis elegant-gediegen, dazu Spa-Vielfalt samt toller "WellÉtage", verglaster "Welle" und Naturpool im schönen großen Garten. Tipp: Wanderung (45 Min.) zum Café "gruben1a" im Trettachtal.

81 Zim - 139/248 € 318/476 € - 8 Suiten - ½ P

Sachsenweg 11 ✉ 87561 - ✆ 08322 7060 - www.parkhotel-frank.de

Parkhotel Frank - siehe Restaurantauswahl

Exquisit

SPA UND WELLNESS • ELEGANT Hier wurden nur wertigste Materialien verarbeitet, heimisches Holz und wohnliche Stoffe - behaglicher und geschmackvoller kann moderne Eleganz kaum sein! Auch kulinarisch fehlt es den Hausgästen an nichts dank des gehobenen Menüs. HP inkl.

43 Zim - 170/245 € 290/400 € - 9 Suiten - ½ P

Lorettostr. 20 ✉ 87561 - ✆ 08322 96330 - www.hotel-exquisit.de

Das Freiberg

LANDHAUS • MODERN Beeindruckend, was Familie Bolkart-Fetz hier geschaffen hat: richtig schöne, individuelle Zimmer, Suiten und Maisonetten. Lieben Sie es stylish mit extravaganten Details? Oder darf es ein schicker Mix aus modern und traditionell sein? Ebenso attraktiv: Sauna, Garten mit Pool, Massage. HP in der "Stube".

24 Zim - 119/189 € 170/270 € - 3 Suiten - ½ P

Freibergstr. 21 ✉ 87561 - ✆ 08322 96780 - www.das-freiberg.de

Das Maximilians • **Das Fetzwerk** - siehe Restaurantauswahl

 **Schüle's Gesundheitsresort & Spa**

SPA UND WELLNESS • ELEGANT Relaxen leicht gemacht: Auf 2600 qm bietet man Medical Wellness, "Ladies' SPA", die Panorama-Ruhe-Lounge "ZeitLOS"... Wunderbar entspannen lässt es sich auch in den nach Kräutern und Beeren benannten Zimmern, meist mit Balkon und Bergblick.

114 Zim – 90/178 € 176/328 € – 3 Suiten – ½ P

Ludwigstr. 37 ✉ 87561 – ✆ 08322 7010 – www.schueles.com

 **Löwen & Strauss** 

LANDHAUS • MODERN "AlpinLifeStyleHotel" im Herzen von Oberstdorf. Für den regionalen Bezug sorgen die Materialien ebenso wie die guten Produkte zum Frühstück! Schön der Saunabereich mit Jacuzzi und Dachterrasse. Tipp: Reservieren Sie zeitig einen Parkplatz.

25 Zim – 70/130 € 120/260 € – ½ P

Kirchstr. 1, (Zufahrt über Bachstr. 12) ✉ 87561 – ✆ 08322 800080 – www.loewen-strauss.de – geschl. April und November

ESS ATELIER STRAUSS • **Löwen-Wirtschaft** – siehe Restaurantauswahl

OBERSTENFELD

Baden-Württemberg – 7 877 Ew. – Höhe 234 m – Regionalatlas **55**-H18
Michelin Straßenkarte 545

Zum Ochsen 

REGIONAL • LÄNDLICH Bei Familie Schick sitzt man in behaglichen Stuben bei schwäbischer, aber auch internationaler Küche: Maultaschen, Kartoffelsalat und Gaisburger Marsch oder auch "gebratener Wolfsbarsch mit Schmorgemüse". Im Sommer: schöner Pavillon!

Menü 33/58 € – Karte 25/51 €

Hotel Zum Ochsen, Großbottwarer Str. 31 ✉ 71720 – ✆ 07062 9390 – www.hotel-gasthof-zum-ochsen.de – geschl. 1. - 10. Januar und Montag - Dienstag

Zum Ochsen 

GASTHOF • TRADITIONELL Ein gestandener Gasthof, den es schon über 300 Jahre gibt! Historisch ist in den Zimmern allerdings gar nichts: Sie sind schön modern und farblich frisch - nur wenige rustikalere Standardzimmer sind noch da. Charmanter Service und gutes Frühstück machen das positive Bild komplett.

30 Zim – 73/93 € 105/115 € – ½ P

Großbottwarer Str. 31 ✉ 71720 – ✆ 07062 9390 – www.hotel-gasthof-zum-ochsen.de – geschl. 1. - 10. Januar

Zum Ochsen – siehe Restaurantauswahl

OBERTHAL

Saarland – 6 059 Ew. – Höhe 300 m – Regionalatlas **46**-C16
Michelin Straßenkarte 543

In Oberthal - Steinberg-Deckenhardt Nord-Ost: 5 km

Zum Blauen Fuchs 

FRANZÖSISCH-KLASSISCH • LÄNDLICH In gemütlich-elegantem Ambiente lassen Sie sich mit guter klassischer Küche umsorgen, die in Form zweier Menüs angeboten wird - hier z. B. "Flankensteak mit getrüffeltem Kartoffelstampf". Dazu berät Sie die Chefin freundlich in Sachen Wein.

Menü 40/90 € (abends) – Karte 48/70 €

Walhausener Str. 1 ✉ 66649 – ✆ 06852 6740 – www.zumblauenfuchs.de – nur Abendessen, sonntags auch Mittagessen – geschl. 24. Dezember - 5. Januar, Juni 1 Woche, September 1 Woche und Sonntagabend - Dienstag

OBERUCKERSEE

Brandenburg – 1 687 Ew. – Regionalatlas **23**-Q6
Michelin Straßenkarte 542

In Oberuckersee-Seehausen

Seehotel Huberhof

LANDHAUS • GEMÜTLICH Ein wirklich schönes Hotel unter familiärer Leitung, das aus einem restaurierten alten Bauernhof entstanden ist. Gemütlich sowohl die Zimmer als auch die Gaststuben mit ihrem ländlichen Charme, toll der Innenhof! Angenehm der direkte Zugang zum Oberuckersee. Man hat auch Ferienwohnungen/-häuser.

22 Zim – 59 € 74/98 € – 2 Suiten – ½ P

Dorfstr. 49 ✉ 17291 Seehausen – ✆ 039863 6020 – www.seehotel-huberhof.de – geschl. Mitte Januar 2 Wochen

OBERURSEL (TAUNUS)

Hessen – 45 248 Ew. – Höhe 210 m – Regionalatlas **47**-F14
Michelin Straßenkarte 543

Kraftwerk

INTERNATIONAL • TRENDY XX Eine trendige Location: Restaurant, Oldtimer-Show-room, Vinothek und Kochwerkstatt unter einem Dach. Die ambitionierte Küche gibt es z. B. als "Label Rouge Lachs, Pfifferlings-Nudelrisotto, grüner Spargel". Interessant: das "Amuse Bouche Menü". Oder lieber österreichische Klassiker wie Wiener Schnitzel?

Menü 50/98 € – Karte 35/59 €

Zimmersmühlenweg 2, (Gewerbegebiet) ✉ 61440 – ✆ 06171 929982 (Tischbestellung ratsam) – www.kraftwerkrestaurant.de – nur Abendessen – geschl. Juli 2 Wochen und Sonntag - Montag

OBERWESEL

Rheinland-Pfalz – 2 814 Ew. – Höhe 180 m – Regionalatlas **46**-D15
Michelin Straßenkarte 543

Burgrestaurant Auf Schönburg

KLASSISCHE KÜCHE • ELEGANT XX Burgflair ist hier allgegenwärtig! Stilvoll die drei Stuben, herrlich die Terrassen, ob mit Rhein- oder Pfalzblick. Die Küche ist klassisch und international-saisonal beeinflusst: "Hunsrücker Wildschweinsauerbraten mit Grünkohl", "Taubenbrüste auf getrüffeltem Blattspinat"... Tagsüber zusätzliche Vesperkarte.

Menü 35/72 € – Karte 40/63 €

Burghotel Auf Schönburg, Schönburg 1, Süd: 2 km, Richtung Dellhofen ✉ 55430 – ✆ 06744 93930 (Tischbestellung ratsam) – www.hotel-schoenburg.com – Mitte März - April und Ende Oktober - Januar nur Abendessen – geschl. 14. Januar - 16. März und Montagmittag

Burghotel Auf Schönburg

BURG • INDIVIDUELL Die wunderschöne Burg in toller exponierter Lage ist ein Ort zum Wohlfühlen: individuelle Zimmer mit ganz eigenem Charme (meist mit Balkon), dazu ein ausgezeichnetes Frühstück, ein romatischer Garten und ein traumhafter Blick! Tipp: per Fußweg "Elfenley" in 15 Min. in die Altstadt.

20 Zim – 140/170 € 250/350 € – 5 Suiten – ½ P

Schönburg 1, Süd: 2 km, Richtung Dellhofen ✉ 55430 – ✆ 06744 93930 – www.hotel-schoenburg.com – geschl. 14. Januar - 16. März

Burgrestaurant Auf Schönburg – siehe Restaurantauswahl

Goldener Propfenzieher

FAMILIÄR • INDIVIDUELL Die freundlichen Gastgeber haben hier ein über 500 Jahre altes Haus, in dem man sehr gepflegt wohnt. Die Zimmer sind teils ganz modern, teils traditioneller. In Weinstube und Restaurant isst man regional, Schwerpunkt ist Fleisch (der Patron ist auch Metzgermeister). Toll: der Biergarten mit Kastanienbäumen!

25 Zim – 65/75 € 90/98 € – ½ P

Am Plan 1 ✉ 55430 – ✆ 06744 93390 – www.goldener-pfropfenzieher.com – geschl. 1. Februar - 16. März

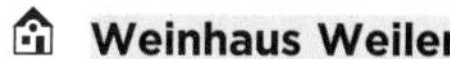

Weinhaus Weiler

HISTORISCH • GEMÜTLICH In dem schmucken historischen Fachwerkhaus im Zentrum zeigt Familie Weiler volles Engagement: persönlicher Service, individuelle, wohnliche Zimmer (charmant die mit freigelegten Holzbalken) und regionale Küche in gemütlich-rustikalem Ambiente. Ganz speziell: das wenige Schritte entfernte Turmzimmer!

10 Zim – 56/75 € 78/120 € – ½ P

Marktplatz 4 55430
– 06744 93050 – www.weinhaus-weiler.de
– geschl. November - Mitte März

In Oberwesel-Dellhofen Süd-West: 2,5 km

Gasthaus Stahl

FAMILIÄR • GEMÜTLICH Ein sympathischer ländlicher Gasthof, der von der Familie gut geführt wird. Schön und wohnlich die Zimmer im Landhausstil, hübsch der Garten mit Baumbestand. In den gemütlichen Gaststuben bietet man bürgerliche Küche und Eigenbauweine. Toller alter Saal.

20 Zim – 53/65 € 85/110 €

Am Talblick 6 55430
– 06744 416 – www.gasthaus-stahl.de
– geschl. Mitte Dezember - Anfang März

OBERWIESENTHAL

Sachsen – 2 208 Ew. – Höhe 914 m – Regionalatlas **42**-O14
Michelin Straßenkarte 544

Appartementhotel Jens Weissflog

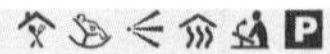

FAMILIÄR • MODERN Umgeben von Wiesen und Wald liegt das kleine Hotel des ehemaligen Skisprung-Olympiasiegers - das Thema Skispringen begleitet Sie von den Zimmernamen bis zur internationalen Speisekarte im gemütlichen Restaurant. Schön die Sicht auf die Region. Toll die moderne "Relax Lodge" mit Blockhausflair!

18 Zim – 79/165 € 99/198 € – ½ P

Emil-Riedel-Str. 50 09484 – 037348 100 – www.jens-weissflog.de – geschl. 26. März - 12. April, 4. - 16. November

ODELZHAUSEN

Bayern – 4 724 Ew. – Höhe 499 m – Regionalatlas **57**-L20
Michelin Straßenkarte 546

Braustüberl

REGIONAL • RUSTIKAL Zünftig bayerisch - so ist das Motto in den rustikalen Braustuben. Sie bekommen Bier aus der eigenen Hausbrauerei und bürgerliches Essen, wie es für die Region typisch ist.

Karte 20/42 €

Gutshotel im Schlossgut Odelzhausen, Am Schloßberg 1 85235
– 08134 99870 – www.schlossgut-odelzhausen.de

Gutshotel im Schlossgut Odelzhausen

TRADITIONELL • MODERN Ein zeitgemäßes Hotel mit historischem Rahmen. Schön hell und wohnlich hat man die geräumigen Zimmer eingerichtet - originell: Durch drei Bäder zieht sich der alte Backsteinschornstein! Praktisch ist die gute Anbindung an die Autobahn.

32 Zim – 91/110 € 115/160 € – 1 Suite

Am Schloßberg 1 85235 – 08134 99870 – www.schlossgut-odelzhausen.de

Braustüberl – siehe Restaurantauswahl

ODENTHAL

Nordrhein-Westfalen – 14 769 Ew. – Höhe 85 m – Regionalatlas **36**-C12
Michelin Straßenkarte 543

✿ Zur Post (Alejandro und Christopher Wilbrand)

FRANZÖSISCH-MODERN • ELEGANT XX Das schmucke Haus der Gebrüder Wilbrand verbindet Historie mit stimmigem, stilvoll-modernem Interieur. Aus der Küche kommen finessenreiche Gerichte, die auf ausgezeichneten Produkten basieren, begleitet von so manch schönem Wein. Toll der Festsaal. Gepflegt übernachten kann man im eigenen kleinen Hotel.

→ Kalbskopf in Kapernvelouté, Kompott vom Ochsenschwanz. Rehrücken in Wacholdermarinade, Morchel, Porree, Steckrübe, Pfeffer-Kirschsauce. Rhabarber, Kaffee-Kardamomparfait, Vanillestreusel.

Menü 119 € (abends) – Karte 52/105 €
16 Zim – †89/159 € ††129/259 €

Hotel Zur Post, Altenberger-Dom-Str. 23 ✉ 51519 – ✆ 02202 977780 – www.zurpost.eu – Mittwoch - Freitag nur Abendessen – geschl. Anfang Januar 1 Woche und Montag - Dienstag

Postschänke – siehe Restaurantauswahl

Postschänke

MARKTKÜCHE • BISTRO X Eine sympathische Alternative zum Post-Restaurant: Die lebhafte Atmosphäre kommt hier ebenso an wie die schmackhafte saisonale Küche samt Tagesmenü. Appetit machen da z. B. "Rinderfiletstreifen mit Waldpilzsauce".

Menü 35/40 € – Karte 35/52 €

Hotel Zur Post, Altenberger-Dom-Str. 23 ✉ 51519 – ✆ 02202 977780 (Tischbestellung ratsam) – www.zurpost.eu – geschl. Anfang Januar 1 Woche, Juli - August: Montag

ÖHNINGEN

Baden-Württemberg – 3 586 Ew. – Höhe 446 m – Regionalatlas **62**-F21
Michelin Straßenkarte 545

In Öhningen-Schienen Nord: 2,5 km in Richtung Radolfzell

✿ Falconera (Johannes Wuhrer)

FRANZÖSISCH-KLASSISCH • FAMILIÄR XX Genuss in mehrfacher Hinsicht: Da sind zum einen die frischen modernen Speisen auf klassischer Basis, zum anderen die liebenswerten Gastgeber Anne und Johannes Wuhrer und nicht zuletzt die malerische Lage im Grünen - auch wenn die Stuben wirklich charmant sind, im Sommer ist die Terrasse einfach am schönsten!

→ Seeteufelcarpaccio mit Limonen-Pfeffer-Vinaigrette und gebratener Jakobsmuschel. Zart sautierte Kalbsleber auf Muskatblüten-Kartoffelstampf mit Aceto Balsamicojus. Im Ofen geschmorte Nantaiser Ente für zwei Personen und in zwei Gängen serviert.

Menü 48 € (mittags)/104 € – Karte 62/86 €

Zum Mühlental 1 ✉ 78337 – ✆ 07735 2340 – www.falconera.de – geschl. Sonntag - Dienstag

ÖHRINGEN

Baden-Württemberg – 22 949 Ew. – Höhe 230 m – Regionalatlas **55**-H17
Michelin Straßenkarte 545

Kleinod Ⓝ

MODERNE KÜCHE • TRENDY XX Serkan Güzelcoban (bekannt aus dem damals besternten „handicap" in Künzelsau) bietet nun in der Orangerie im Hoftheater ein „Fine Dining"-Konzept unter dem Motto „Hohenlohe trifft Anatolien". Appetit macht da z. B. „Kebap – Mäusdorfer Demeter-Landgockel, Mais, Artischocken, Süßkartoffel".

Menü 25 € (mittags)/84 € – Karte 54/69 €

Uhlandstr. 27 ✉ 74613 – ✆ 07941 9894727 – www.restaurant-kleinod.de – geschl. 1. - 21. Januar, 30. Juli - 3. September und Sonntag - Montag, Samstagmittag

Württemberger Hof

BUSINESS • FUNKTIONELL In dem gewachsenen Haus am Anfang der Fußgängerzone bietet man teilweise gediegene, im Neubau auch schön moderne Zimmer. Toll die Suite und die Juniorsuite mit herrlicher Dachterrasse! Nicht zu vergessen der Saunabereich, passend zum neuzeitlichen Stil. Im Restaurant internationale und regionale Küche.

59 Zim – †105/115 € ††129/155 € – 1 Suite

Karlsvorstadt 4 ✉ 74613 – ✆ 07941 92000 – www.wuerttemberger-hof.de – geschl. 1. - 8. Januar

In Friedrichsruhe Nord: 6 km, jenseits der A 6

✿✿ Gourmet-Restaurant "Le Cerf"

FRANZÖSISCH-KLASSISCH • ELEGANT XXX Dass man hier auf absolut hohem Niveau kocht, beweisen die exzellenten Produkte und deren überaus präzise Zubereitung ebenso wie Ausdruck, Balance und Klarheit der Gerichte. Der Rahmen dafür ist richtig stilvoll, der Service freundlich und professionell, klasse die Weinberatung. Dazu die herrliche Terrasse!

→ Bretonisches Steinbuttkotelett, Zitronensauce, Kalbskopf, wilder Brokkoli und Agnolotti. Étouffée Taube, Champignons, Petersilie und schwarzer Knoblauch. Gereifter Rücken vom Müritz Lamm, Raz el Hanout, Peperonata und Süßkartoffeln.

Menü 138 € (vegetarisch)/148 € – Karte 66/110 €

Wald & Schlosshotel Friedrichsruhe, Kärcherstr. 11 ✉ 74639 Zweiflingen – ✆ 07941 60870 (Tischbestellung ratsam) – www.schlosshotel-friedrichsruhe.de – nur Abendessen – geschl. 22. Januar - 11. Februar und Sonntag - Montag

Jägerstube

REGIONAL • RUSTIKAL XX Hier isst man etwas günstiger als im Gourmet-Restaurant, aber trotzdem gut und zudem sehr gemütlich. Die regionale Karte macht z. B. mit "Ossobuco vom Hohenloher Kalb mit Petersilien-Gremolata, Ofenkarotten und Thymiankrapfen" Appetit.

Karte 43/60 €

Wald & Schlosshotel Friedrichsruhe, Kärcherstr. 11 ✉ 74639 Zweiflingen – ✆ 07941 60870 – www.schlosshotel-friedrichsruhe.de

Wald und Schlosshotel Friedrichsruhe

LUXUS • KLASSISCH Ein "Landhotel de luxe": Zimmer von modern bis hin zu klassischem Schlossflair, top Service, ein 4400-qm-Spa, der nichts auslässt, Golfplätze direkt vor der Tür und ein Park, der wohl jeden zu einem Spaziergang verführt! Sie mögen's rustikal? Dann vespern Sie in der Waldschänke!

66 Zim – †250/350 € ††330/430 € – 7 Suiten – ½ P

Kärcherstr. 11 ✉ 74639 Zweiflingen – ✆ 07941 60870 – www.schlosshotel-friedrichsruhe.de

✿✿ **Gourmet-Restaurant "Le Cerf"** • **Jägerstube** – siehe Restaurantauswahl

OESTRICH-WINKEL

Hessen – 11 524 Ew. – Höhe 93 m – Regionalatlas **47**-E15
Michelin Straßenkarte 543

Im Stadtteil Winkel

Gutsrestaurant Schloss Vollrads

REGIONAL • LÄNDLICH X Das bekannte Weingut a. d. 13. Jh., die tolle Schlossanlage samt gepflegtem Garten, die Lage in den Weinbergen..., eine stilvolle Kulisse für Hochzeiten! Wer einfach "nur" schön essen gehen möchte, bekommt regional-saisonale Küche mit mediterranem Einschlag oder die zusätzliche Vesper- und Schmankerlkarte.

Menü 32/62 € – Karte 34/47 €

Vollradser Allee, Nord: 2 km ✉ 65375 – ✆ 06723 660 – www.schlossvollrads.com – geschl. 27. Dezember - 23. Februar und Mittwoch, November - Ostern: Dienstag - Mittwoch, Sonntagabend

Ankermühle

REGIONAL • GEMÜTLICH Wer in den Weinbergen vor Anker geht, genauer gesagt im Mühlenviertel am Elsterbach unterhalb des Schlosses Johannisberg, bekommt saisonale Heimatküche modern interpretiert. Passend dazu: freigelegtes altes Fachwerk und frische Accessoires.

Menü 35/45 € - Karte 37/58 €

Kapperweg, Nord: 1 km, in den Weinbergen ✉ 65375 - ✆ 06723 2407 - www.ankermuehle.de - nur Abendessen - geschl. Januar - Februar und Dienstag - Mittwoch

Die Wirtschaft

REGIONAL • RUSTIKAL So stellt man sich eine Wirtschaft vor: sympathisch-rustikal und einfach gemütlich! Auf dem Teller bürgerlich-regionale Speisen wie das "Woi-Hinkelche" oder das saisonale "Kulinarium". Der Innenhof des einstigen Weinguts dient als Terrasse.

Menü 21/35 € - Karte 22/43 €

Hauptstr. 70 ✉ 65375 - ✆ 06723 7426 - www.die-wirtschaft.net - geschl. Juni - Juli 3 Wochen und Montag - Dienstag

ÖSTRINGEN

Baden-Württemberg - 12 562 Ew. - Höhe 163 m - Regionalatlas **54**-F17
Michelin Straßenkarte 545

Güldener Becher

KLASSISCHE KÜCHE • RUSTIKAL Das Gasthaus a. d. 14. Jh. ist richtig charmant, von der historischen Fachwerkfassade über die gemütlich-rustikalen Räume bis zum reizenden Innenhof. Gekocht wird regional-mediterran: schmackhaft und fein z. B. "Filet vom Rheinzander, roter Couscous, Pak Choi, Joghurt", rustikaler z. B. "Saure Nieren".

Menü 36/46 € - Karte 28/44 €

Hauptstr. 115 ✉ 76684 - ✆ 07253 8009850 - www.gueldenerbecher.de - nur Abendessen, sonntags auch Mittagessen - geschl. über Fasching 5 Tage, Juni 3 Wochen und Montag - Dienstag

In Östringen-Tiefenbach Süd-Ost: 8 km Richtung Odenheim, nach 4 km links

Heitlinger Hof

LANDHAUS • MODERN Hier hat man die Kraichgauer Hügel- und Weinberglandschaft sowie das eigene Weingut und den Baden Golf & Country Club direkt vor der Tür. Die Zimmer wertig und geradlinig-modern, mit Balkon/Terrasse und schöner Sicht, zum Relaxen u. a. Massage und Kosmetik. Im Restaurant regional-saisonale Küche.

29 Zim ☕ - †100/180 € ††135/240 € - ½ P

Am Mühlberg 1 ✉ 76684 - ✆ 07259 464010 - www.heitlingerhof.de - geschl. 2. - 8. Januar

ÖTISHEIM

Baden-Württemberg - 4 647 Ew. - Höhe 246 m - Regionalatlas **55**-F18
Michelin Straßenkarte 545

Sternenschanz

BÜRGERLICHE KÜCHE • GASTHOF Bei Familie Linck kann man richtig gut und preislich fair essen! Kein Wunder, dass man zahlreiche Stammgäste hat, und die mögen frische schwäbische Gerichte wie "Kutteln in Lembergersauce mit Bratkartoffeln", "Lachsmaultäschle" oder "schwäbischen Fischkrautwickel". Im Sommer ist der schöne Garten beliebt.

Karte 24/54 €

Gottlob-Linck-Str. 1 ✉ 75443 - ✆ 07041 6667 (Tischbestellung ratsam) - www.sternenschanz.de - geschl. August 3 Wochen und Montag - Dienstag

OEVENUM Schleswig-Holstein → Siehe Föhr (Insel)

OEVERSEE Schleswig-Holstein → Siehe Flensburg

OFFENBACH

Hessen - 120 988 Ew. - Höhe 98 m - Regionalatlas **47**-F15
Michelin Straßenkarte 543

schauMahl

KREATIV • GEMÜTLICH In dem Eckhaus wird in freundlichem Ambiente weltoffene, kreative und ambitionierte Küche in Form zweier Menüs serviert - unter den Gerichten z. B. "Ente, Holunderblüte, Curry, Petersilie". Vertrauen Sie auf die Weinempfehlungen des Chefs!

Menü 49/119 € - Karte 58/83 €

Bismarckstr. 177 ✉ 63067 - ✆ 069 82993400 - www.schaumahl.de - nur Abendessen - geschl. 24. Dezember - 10. Januar, 23. Juli - 16. August und Sonntag sowie an Feiertagen

ACHAT Plaza

BUSINESS • MODERN In dem denkmalgeschützten einstigen Schlachthof von 1904 empfängt Sie eine architektonisch eindrucksvolle Lobby. Modern und freundlich sind sowohl die Zimmer als auch das Restaurant, dazu hat man noch einen kleinen Saunabereich im Turm mit Zutritt zur Dachterrasse - toll der Blick über die Region! Eventhalle.

153 Zim - †82/109 € ††92/119 € - 2 Suiten - 17 € - ½ P

Ernst-Griesheimer-Platz 7 ✉ 63071 - ✆ 069 809050 - www.achat-hotels.com

Graf

FAMILIÄR • MODERN Zwei Brüder leiten mit Engagement dieses tipptopp gepflegte Hotel mitten in der Stadt. Zeitgemäße Standard- und Komfortzimmer sowie ein gutes Frühstücksbuffet stehen für Sie bereit. In der Bar bekommen Sie ein kleines Speisenangebot.

32 Zim - †69/99 € ††99/125 €

Ziegelstr. 6, (Zufahrt über Schloßstraße) ✉ 63065 - ✆ 069 8008510 - www.hotel-graf.de - geschl. 23. Dezember - 3. Januar

OFFENBURG

Baden-Württemberg - 57 687 Ew. - Höhe 163 m - Regionalatlas **53**-D19
Michelin Straßenkarte 545

Sonne

REGIONAL • TRADITIONELLES AMBIENTE Eine wirklich gemütliche badische Gaststube, die an die gute alte Zeit erinnert: Holzvertäfelungen, barocke Schränke, der grüne Kachelofen... Die regionale Küche serviert man im Sommer auch gerne auf der Terrasse mit Blick zum Marktplatz.

Menü 18 € (mittags unter der Woche)/46 € - Karte 23/51 €

Hotel Sonne, Hauptstr. 94 ✉ 77652 - ✆ 0781 9321646 - www.hotel-sonne-offenburg.de - geschl. 1. - 20. Januar und Sonntag - Montagmittag sowie an Feiertagen

Sonne

GASTHOF • INDIVIDUELL Im 14. Jh erstmals urkundlich erwähnt, inzwischen in der 5. Generation familiär geführt. Den historischen Charakter hat man bewusst bewahrt, passend dazu viele schöne Antiquitäten sowie die stilvolle Lounge mit Humidor und Bibliothek. Wer es lieber zeitgemäß-funktional hat, bucht ein Businesszimmer im Anbau.

35 Zim - †75/105 € ††115/165 € - ½ P

Hauptstr. 94 ✉ 77652 - ✆ 0781 932160 - www.hotel-sonne-offenburg.de - geschl. 1. - 20. Januar

Sonne - siehe Restaurantauswahl

In Offenburg-Rammersweier Nord-Ost: 3 km

Blume

REGIONAL • LÄNDLICH XX In dem hübschen Fachwerkhaus hat man es wirklich gemütlich bei schmackhaften regionalen und klassischen Gerichten wie "Hechtklößchen auf Blattspinat" oder "Rehmedaillons mit Pilzen, Apfelrotkraut und hausgemachten Spätzle"! Die Gästezimmer: individuell mit Namen wie "Rose" oder "Vergissmeinnicht".

Menü 36/60 € - Karte 35/61 €

6 Zim - 79/89 € 105/110 €

Weinstr. 160 ✉ 77654 - ✆ 0781 33666 - www.gasthof-blume.de - geschl. Mitte Januar 1 Woche, Juni 2 Wochen, Oktober - November 1 Woche und Sonntag - Montag

In Ortenberg Süd: 4 km

Edy's Restaurant im Glattfelder

MARKTKÜCHE • GEMÜTLICH XX Hier wird international-saisonal gekocht. Eine schöne Alternative zu den drei gediegenen holzgetäfelten Stuben ist die hübsch bepflanzte Terrasse mit Orangenbäumen, Kräutern etc. Man stellt auch eigene Gewürzmischungen her - neugierig?

Menü 30/50 € - Karte 35/47 €

12 Zim - 59/72 € 72/92 €

Kinzigtalstr. 20 ✉ 77799 - ✆ 0781 93490 - www.edys-restaurant-hotel.de - geschl. Sonntagabend - Montag

OFTERSCHWANG Bayern → Siehe Sonthofen

OLCHING

Bayern - 26 357 Ew. - Höhe 503 m - Regionalatlas **65**-L20
Michelin Straßenkarte 546

Villa Romantica

MEDITERRAN • ELEGANT XX Passend zum italienischen Flair der hübschen Villa gibt es hier mediterrane Küche einschließlich Pizza aus dem Steinofen. Für die Gerichte verwendet man übrigens eigenes Olivenöl aus der Heimat Sizilien. Idyllische Terrasse zum See.

Menü 36 € (mittags unter der Woche) - Karte 25/44 €

Ascherbachstr. 85, Nord-Ost: 3,5 km, am Olchinger See ✉ 82140 - ✆ 08142 6528028 - www.villaromantica.de - geschl. Montag

In Olching-Grasslfing Nord-Ost: 2,5 km

Gast- und Tafernwirtschaft zum Haderecker

REGIONAL • RUSTIKAL X Das Gasthaus (seit seiner Gründung im 19. Jh. ein Familienbetrieb) ist so richtig traditionell-bayerisch - und die Küche ist es auch. Am letzten Freitag im Monat gibt es Dampfnudeln! Klar, ein schöner Biergarten gehört auch dazu!

Karte 15/46 €

Allacher Str. 67, Nord-Ost: 4 km, jenseits der A 8 ✉ 82140 - ✆ 08142 7629 - www.zumhaderecker.de - geschl. Ende Dezember - Anfang Januar 2 Wochen, Anfang August 2 Wochen und Dienstag

OLDENBURG

Niedersachsen - 160 907 Ew. - Höhe 4 m - Regionalatlas **17**-F6
Michelin Straßenkarte 541

Michael Schmitz Brasserie & Vinothek

INTERNATIONAL • TRENDY Gemütlich sitzt man hier umgeben von dekorativen Weinregalen - wie wär's mit einem der Galerie-Plätze samt Blick aufs Restaurant? Aus der Küche kommen z. B. Tatar, Austern, Dry-Aged Beef vom Grill oder zur Saison auch Ente.

Menü 20 € (mittags)/60 € - Karte 32/74 €

altera Hotel, Herbartgang 6, (Zufahrt über Mottenstr. 13) ✉ 26122
- ☎ 0441 21908400 - www.schmitz-oldenburg.de
- geschl. 1. - 4. Januar und Sonntag

altera Hotel

URBAN • MODERN Neben geradlinig und klar gehaltenen Zimmern mit moderner Technik darf man sich hier auf eine schöne Weinbar mit Lounge freuen. Besonders chic wohnt man in den Design-Lofts (mit iPod-Station und Klimaanlage) - die meisten in einem ca. 50 m entfernten Gebäude.

65 Zim - 85/145 € 109/199 € - 1 Suite - ½ P

Herbartgang 23, (Zufahrt über Mottenstr. 13) ✉ 26122
- ☎ 0441 219080 - www.altera-hotels.de

Michael Schmitz Brasserie & Vinothek – siehe Restaurantauswahl

OLSBERG

Nordrhein-Westfalen - 14 739 Ew. - Höhe 360 m - Regionalatlas **27**-F11
Michelin Straßenkarte 543

Kurpark Villa

PRIVATHAUS • INDIVIDUELL In schöner ruhiger Lage am Kurpark steht das wohnlich-elegante Hotel mit geschmackvollen, im Gästehaus auch etwas moderneren Zimmern. Zudem bietet man einen Therapie- und Kosmetikbereich sowie ein lichtdurchflutetes Wintergartenrestaurant.

29 Zim - 69/89 € 110/156 € - ½ P

Mühlenufer 4a ✉ 59939
- ☎ 02962 97970 - www.kurparkvilla.info
- geschl. 10. - 24. Januar

Schinkenwirt

LANDHAUS • MODERN Das Hotel liegt ruhig außerhalb des Ortes, ringsum Wald und Wiese. Die Zimmer sind gepflegt, zeitgemäß und freundlich. Vom Restaurant und der Terrasse schaut man ins Grüne, gekocht wird saisonal. Am Haus befindet sich eine kleine Kapelle, zudem hat man eigenes Quellwasser.

18 Zim - 48/78 € 90/120 € - 2 Suiten - ½ P

Eisenberg 2, Nord-Ost: 2,5 km, Richtung Willingen, dann links ab ✉ 59939
- ☎ 02962 979050 - www.schinkenwirt.com
- geschl. Anfang Januar 1 Woche, vor Ostern 1 Woche, Juli 2 Wochen

In Olsberg-Bigge West: 2 km

Schettel

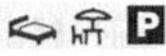

REGIONAL • LÄNDLICH Seit 1713 ist das Haus bereits in Familienbesitz. Gemütlich sitzt man im Restaurant nebst rustikaler Stube bei regionaler Küche. Sie möchten übernachten? Man hat gepflegte, wohnliche Zimmer im Landhausstil.

Menü 23 € (mittags)/45 € - Karte 19/45 €

10 Zim - 54/64 € 89/94 €

Hauptstr. 52 ✉ 59939
- ☎ 02962 1832 - www.hotel-schettel.de
- nur Abendessen, sonntags sowie an Feiertagen auch Mittagessen
- geschl. Februar 1 Woche, Juli 1 Woche und Dienstag

OPPENAU

Baden-Württemberg – 4 663 Ew. – Höhe 277 m – Regionalatlas **54**-E19
Michelin Straßenkarte 545

Rebstock

GASTHOF • REGIONAL Freundlich und liebevoll wird das hübsche Fachwerkhaus von 1856 geleitet. Wohnlich die Zimmer - fragen Sie nach den neueren. Im gemütlichen Restaurant gibt es regionale Speisen, oder vielleicht lieber ein Vesper? Ein Muss ist im Sommer die erhöht gelegene Terrasse, unter der das Flüsschen Lierbach fließt!

13 Zim – 60/65 € 90/95 € – 1 Suite – ½ P

Straßburger Str. 13 ✉ 77728 – ✆ 07804 9780 – www.rebstock-oppenau.de – geschl. 15. Oktober - 15. November

In Oppenau-Kalikutt West: 5 km über Ramsbach – Höhe 600 m

Kalikutt

REGIONAL • GASTHOF Ruhig liegt der familiengeführte Berggasthof auf einer Anhöhe - da genießt man die schöne Aussicht, während man sich bürgerlich-regionale Küche servieren lässt. Sie möchten übernachten? Man hat gepflegte Zimmer, teilweise mit Balkon.

Menü 25/45 € – Karte 23/60 €

30 Zim – 60/95 € 106/136 €

Kalikutt 10 ✉ 77728 – ✆ 07804 450 – www.kalikutt.de – geschl. 16. Januar - 10. Februar und Montag, im Winter: Sonntagabend - Dienstagmittag

In Oppenau-Lierbach Nord-Ost: 3,5 km Richtung Allerheiligen

Gasthof Blume

FAMILIÄR • MODERN Der kleine Gasthof liegt im romantischen Lierbachtal. Ein guter Ausgangspunkt für Wanderungen, danach stärkt man sich mit bürgerlicher Küche, im Sommer auf der Terrasse. Die Zimmer sind wirklich wohnlich und tipptopp gepflegt, am schönsten die zwei im neueren Gästehaus - sie sind zudem allergikerfreundlich.

10 Zim – 65/75 € 94/120 € – 1 Suite – ½ P

Rotenbachstr. 1 ✉ 77728 – ✆ 07804 3004 – www.blume-lierbach.de – geschl. 15. Januar - 11. Februar

OPPENHEIM

Rheinland-Pfalz – 7 308 Ew. – Höhe 100 m – Regionalatlas **47**-F15
Michelin Straßenkarte 543

Völker

REGIONAL • RUSTIKAL Sympathisch und ungezwungen, so sind Atmosphäre und Gastgeber. Was Sie keinesfalls versäumen sollten: eine Führung durch den einmaligen mittelalterlichen "Untergrund" - oder aber "Dinner for One uff rhoihessisch"!

Menü 37 € – Karte 35/51 €

Krämerstr. 7, (Eingang Schulstraße) ✉ 55276 – ✆ 06133 2269 – www.restaurant-voelker.de – geschl. Januar, Ende Juli - Mitte August und Montag - Freitagmittag

Merian

HISTORISCH • MODERN Das hübsche Stadtschreiberhaus von 1699 liegt mitten in der Altstadt und beherbergt ein engagiert geführtes kleines Hotel mit schöner wertig-moderner Einrichtung von den Zimmern bis zum Frühstücksraum samt gutem Buffet. Gästehaus "Zwo".

12 Zim – 87/101 € 117/132 € – 2 Suiten

Wormser Str. 2 ✉ 55276 – ✆ 06133 500010 – www.merianhotel.de

ORB, BAD

Hessen – 9 531 Ew. – Höhe 189 m – Regionalatlas **48**-H14
Michelin Straßenkarte 543

Rauchfang

ITALIENISCH • RUSTIKAL XX Die Plätze hier sind rar - reservieren Sie also lieber, wenn Sie die moderne italienische Küche genießen möchten. Aus wirklich guten Produkten entstehen z. B. "Spaghetti mit Lardo, Eigelb und schwarzem Trüffel" oder "Lammkarree mit Tomate und Chili". Gemütlich das Ambiente, freundlich der Service.

Menü 95 € - Karte 54/85 €

Gutenberg Str. 15 ✉ 63619 - ✆ 06052 912376 (Tischbestellung erforderlich) - www.restaurant-rauchfang.de - nur Abendessen - geschl. Montag - Dienstag

ORTENBERG Baden-Württemberg ➜ Siehe Offenburg

OSNABRÜCK

Niedersachsen - 156 897 Ew. - Höhe 63 m - Regionalatlas **17**-E9
Michelin Straßenkarte 541

La Vie

KREATIV • ELEGANT XXXX Es ist die ganz eigene Handschrift von Thomas Bühner, die in dem historischen Stadthaus mitten in Osnabrück für echte Highlights sorgt. Gekonnt unterstreicht man die natürlichen Aromen ausgezeichneter Produkte und schafft harmonische Kreationen, die mit Reduziertheit ebenso begeistern wie mit Ausdruck.

➜ Makrele mariniert mit Miso und Edamame, Fromage blanc. Étouffée Taube, Wacholderrauch, karamellisierter Kürbissaft. Tonkabohne und Edelweiß geeist, grüner Apfel confiert, Selleriemilch.

Menü 98/238 €

Stadtplan : A1-c - *Krahnstr. 1 ✉ 49074 - ✆ 0541 331150 (Tischbestellung ratsam) - www.restaurant-lavie.de - Dienstag - Donnerstag nur Abendessen - geschl. Ende Dezember - Anfang Januar, Juli - August 3 Wochen und Sonntag - Montag*

tastyKitchen by la vie - siehe Restaurantauswahl

Walhalla

MARKTKÜCHE • FREUNDLICH XX Gelungen hat man dem traditionellen Haus eine moderne Note gegeben. Gekocht wird richtig gut, mit regionalem und saisonalem Bezug - auf der Karte z. B. "Roastbeef mit Remouladensauce und Bratkartoffeln". Tipp: schöne Plätze draußen im Hof.

Menü 48/70 € - Karte 36/62 €

Stadtplan : A1-n - *Hotel Walhalla, Bierstr. 24 ✉ 49074 - ✆ 0541 34910 - www.hotel-walhalla.de*

tastyKitchen by la vie

KREATIV • HIP X Ein besonderes, kommunikatives Konzept, das ankommt: In trendiger Atmosphäre sitzen alle Gäste an einem langen Hochtisch und lassen sich freundlich, angenehm locker und zugleich professionell umsorgen. Von der Schiefertafel wählt man saisonal-regionale Gerichte mit kreativen Einflüssen.

Menü 68/82 €

Stadtplan : A1-c - *Restaurant La Vie, Krahnstr. 1 ✉ 49074 - ✆ 0541 331150 (Tischbestellung ratsam) - www.tastykitchenbylavie.de - Dienstag - Freitag nur Abendessen - geschl. Juli - August 3 Wochen und Sonntag - Montag*

Tatort Engels

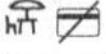

KREATIV • HIP X Leger und trendig ist es bei Hans-Peter Engels, und das kommt an bei den Gästen. Die Küche ist saisonal ausgerichtet - die Gerichte werden auf einer dekorativen roten Tafel präsentiert und wechseln täglich.

Karte 50/68 €

Adolfstr. 40, über Katharinenstraße A2 ✉ 49078 - ✆ 0541 6687319 - www.tatort-engels.de - nur Abendessen - geschl. Sonntag - Montag

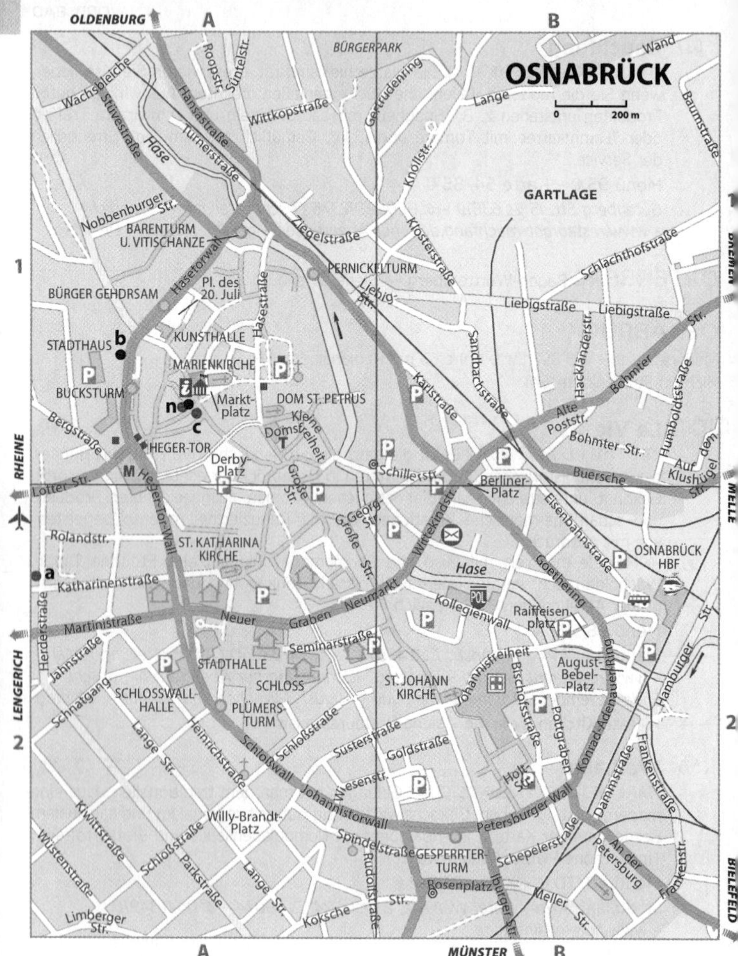

Fricke Blöcks

REGIONAL • FREUNDLICH Was in dem gemütlich eingerichteten Eckhaus in einem Wohnviertel in Zentrumsnähe gekocht wird, ist schmackhaft, regional-saisonal und nennt sich z. B. "Rinderfilet unter der Senfkruste, grüner Spargel, weiße Zwiebel, cremige Polenta".

Menü 39/54 € – Karte 30/60 €

Stadtplan : A2-a – *Herderstr. 26 ✉ 49078 – ☎ 0541 75042008 – www.fricke-bloecks.de – nur Abendessen – geschl. Sonntag - Montag*

Steigenberger Hotel Remarque

BUSINESS • FUNKTIONELL Ideale Lage für Altstadttouren. Businessgäste schätzen die Tagungsräume sowie technisch gute Arbeitsplätze in den komfortablen Zimmern. Besonderheit: Kunst in der Halle. In der modernen "Weinwirtschaft" isst man international, Spezialität sind Tapas. Jeden 2. und 4. Sonntag im Monat gibt es Brunch.

153 Zim – †67/189 € ††86/209 € – 3 Suiten – ☕ 18 € – ½ P

Stadtplan : A1-b – *Natruper-Tor-Wall 1 ✉ 49076 – ☎ 0541 60960 – www.osnabrueck.steigenberger.de*

Walhalla

HISTORISCH • GEMÜTLICH Ein Ensemble historischer Häuser mitten in der Altstadt. Zimmer von klassisch bis geradlinig-modern, ein wertiger Saunabereich (auch Massagen) sowie die "David Lounge" als luftig-lichter Wintergarten mit Zugang zum Innenhof.

69 Zim – 89/139 € 99/159 €

Stadtplan : A1-n – *Bierstr. 24 ✉ 49074*
– ✆ 0541 34910 – www.hotel-walhalla.de

Walhalla – siehe Restaurantauswahl

Landhaus Osterhaus

LANDHAUS • GEMÜTLICH Geräumig und wohnlich-elegant sind die Zimmer/Appartements in dem von der Inhaberfamilie freundlich geleiteten Haus. Mineralwasser, Kaffee/Tee und W-Lan sind gratis.

14 Zim – 89/98 € 105/120 €

Bramstr. 109a, über Iburger Straße B2, Richtung Münster ✉ 49090
– ✆ 0541 9621231 – www.osterhaus.de
– geschl. 22. Dezember - 10. Januar

In Osnabrück-Stutthausen Süd-West: 6 km Richtung Hagen, jenseits der A 30

Wilde Triebe

REGIONAL • TRENDY XX Trendig, puristisch und ideenreich sind in dem sanierten, über 150 Jahre alten ehemaligen Bahnhofsgebäude Kunst und Kulinarik vereint. In wertigem Ambiente aus Backstein, Beton, Stahl und Holz genießt man von eigens gebranntem Ton-Geschirr Schmackhaftes aus regionalen und saisonalen Produkten. Toller Garten.

Menü 36 € – Karte 34/64 €

Am Sutthauser Bahnhof 5 ✉ 49082
– ✆ 0541 60079033 – www.wilde-triebe.de
– nur Abendessen, Samstag und Sonntag auch Mittagessen – geschl. Ende Dezember - Anfang Januar 2 Wochen, Juli - August 2 Wochen

OSTRACH

Baden-Württemberg – 6 704 Ew. – Höhe 615 m – Regionalatlas **63**-H20
Michelin Straßenkarte 545

Landhotel zum Hirsch

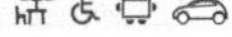

BÜRGERLICHE KÜCHE • FREUNDLICH X In dem über 300 Jahre alten Gasthaus serviert man schnörkellose und handwerklich sauber gekochte bürgerliche Küche. Wie wär's mit einem Klassiker? Vielleicht "Ochsenfleisch vom Bürgermeisterstück mit Meerrettichsößle und Blattspinat"? Lecker auch die "Maultaschen im Eimantel gebraten mit Kartoffelsalat".

Menü 25/34 € – Karte 31/48 €

Landhotel zum Hirsch, Hauptstr. 27 ✉ 88356
– ✆ 07585 92490 (Tischbestellung ratsam) – www.landhotel-hirsch.de
– geschl. Anfang Januar 1 Woche

Landhotel zum Hirsch

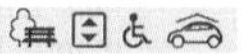

GASTHOF • TRADITIONELL Familie Ermler (die 5. Generation!) führt ihr Haus mit Engagement, das spürt und sieht man vom charmanten Empfang über die ländlichen Standardzimmer und die modernen Komfortzimmer bis hin zum guten, frischen Frühstück - zum Wohlfühlen!

14 Zim – 58/78 € 90/108 € – ½ P

Hauptstr. 27 ✉ 88356 – ✆ 07585 92490 – www.landhotel-hirsch.de – geschl. Anfang Januar 1 Woche

Landhotel zum Hirsch – siehe Restaurantauswahl

OTTERNDORF

Niedersachsen – 7 147 Ew. – Höhe 2 m – Regionalatlas **9**-G4
Michelin Straßenkarte 541

Am Medemufer

BUSINESS • MODERN Ein tipptopp gepflegtes, neuzeitliches Hotel mit reizvollem Garten und sehr gutem Frühstück. Kosmetik und Massage im "Miomare" in der Therme gegenüber - mit Shuttle-Service. Restaurant "Leuchtfeuer" mit Terrasse zum Wasser, auf der Karte internationale und regionale Klassiker.

38 Zim – †69/119 € ††89/159 € – 6 Suiten – ½ P

Goethestr. 15 ✉ 21762 – ✆ 04751 99990 – www.hotel-am-medemufer.de

OTTOBEUREN

Bayern – 8 137 Ew. – Höhe 660 m – Regionalatlas **64**-J21
Michelin Straßenkarte 546

Parkhotel Maximilian

SPA UND WELLNESS • MODERN Das komfortable Hotel liegt ruhig oberhalb des Klosters am Waldrand und ist beliebt bei Individual-, Wellness- und Businessgästen. Die Zimmer sind wohnlich-modern, entspannen kann man bei Kosmetik, Massage & Co. oder am schönen Pool im Freien! Sonntags Langschläferfrühstück.

110 Zim – †99/199 € ††149/249 € – 1 Suite – ½ P

Bannwaldweg 11 ✉ 87724 – ✆ 08332 92370 – www.parkhotel-ottobeuren.de

OY-MITTELBERG

Bayern – 4 436 Ew. – Höhe 1 035 m – Regionalatlas **64**-J21
Michelin Straßenkarte 546

Im Ortsteil Mittelberg

Die Mittelburg

FAMILIÄR • GEMÜTLICH Von der Begrüßung über das sehr gute Frühstück bis zum Ausflugstipp ist der Service freundlich und hilfsbereit, die Leitung persönlich-familiär, ländlich-elegant das Ambiente. Im Restaurant tagsüber unter der Woche kleine Vesperkarte, abends sollte man reservieren. Beliebt: Kaffee und Kuchen am Nachmittag.

28 Zim – †79/119 € ††142/274 € – 3 Suiten – ½ P

Mittelburgweg 1 ✉ 87466 – ✆ 08366 180 – www.hotel-mittelburg-allgaeu.de – geschl. 6. November - 9. Dezember

PADERBORN

Nordrhein-Westfalen – 145 176 Ew. – Höhe 110 m – Regionalatlas **28**-G10
Michelin Straßenkarte 543

✿ Balthasar (Elmar Simon)

FRANZÖSISCH-MODERN • ELEGANT XXX Seit über 20 Jahren hält Elmar Simon in Sachen modern-klassische Kulinarik die Fahne hoch, mit ungebrochenem Elan. In seinem geschmackvoll-eleganten Restaurant stehen ihm seine charmante Frau Laura und ein jugendlich-legeres und zugleich fachlich versiertes Team zur Seite.

→ Pot au feu von Meeresfrüchten, Ochsenmark, karamellisierter Knoblauch. Geschmorte Kalbschulter, Süßkartoffel, Tomate, Basilikum. Gratinierter Ziegenkäse, Baumtomate, Gewürzbrot.

Menü 75/125 € – Karte 66/84 €

Stadtplan : B2-a – *Warburger Str. 28 ✉ 33098 – ✆ 05251 24448 – www.restaurant-balthasar.de – nur Abendessen – geschl. 1. - 15. Januar, 12. - 26. August und Sonntag - Montag*

Kupferkessel

INTERNATIONAL • ZEITGEMÄSSES AMBIENTE XX Eine sympathische, freundliche Adresse in der Innenstadt, in der ambitioniert und mit frischen Produkten gekocht wird. Auf der Karte liest man z. B. "Tafelspitzsülze mit Meerrettichschmand" oder "Filet vom Zander auf Prosecco-Rahmkraut".

Menü 17 € (mittags unter der Woche)/29 € – Karte 38/49 €

Stadtplan : A2-n – *Marienstr. 14* ✉ *33098*
– ✆ *05251 23685* – *www.kupferkessel-paderborn.de*
– *geschl. Sonntag*

Arosa

BUSINESS • FUNKTIONELL Komfortabler könnte die Lage kaum sein: Sie wohnen ganz zentral in unmittelbarer Altstadtnähe und parken im hauseigenen Parkhaus! Besonders elegant sind die neueren Deluxe-Zimmer, sehr guter Tagungs- und Veranstaltungsbereich. Schöne Aussicht vom Schwimmbad im obersten Stock und auch von der Terrasse.

121 Zim – †70/149 € ††109/209 € – 2 Suiten – ☕ 15 € – ½ P

Stadtplan : A2-s – *Westernmauer 38* ✉ *33098*
– ✆ *05251 1280* – *www.arosa-paderborn.de*

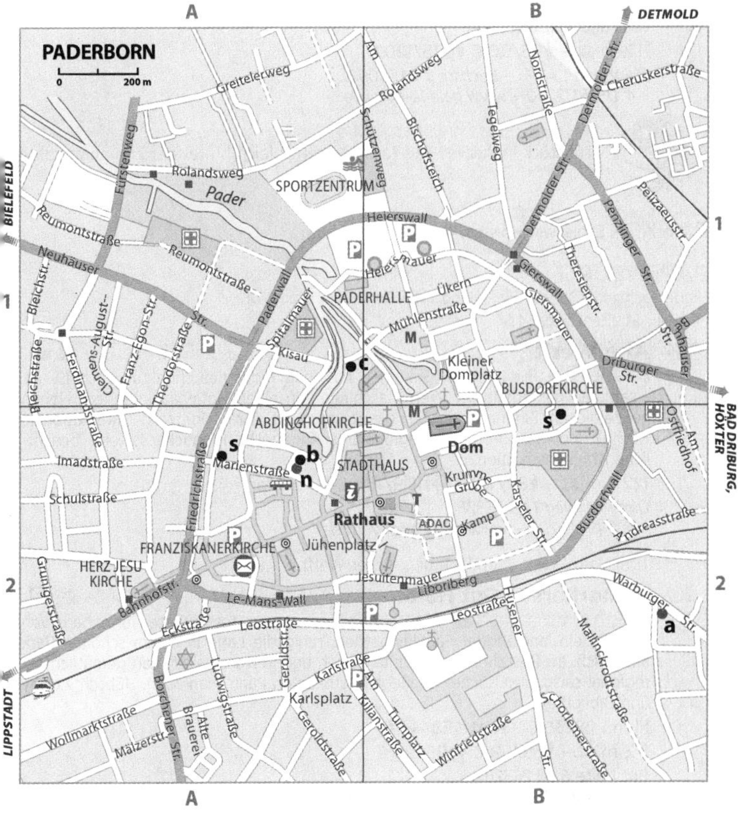

Zur Mühle

FAMILIÄR • ELEGANT Hier wohnen Sie mitten im Zentrum und dennoch angenehm ruhig, die Einrichtung ist geschmackvoll und funktional zugleich und dazu kommt noch freundlicher Service. Gefrühstückt wird unter einer schönen Stuckdecke, gerne auch auf der Terrasse.

25 Zim ☕ – 🚹83/111 € 🚹🚹113/135 € – 1 Suite

Stadtplan : A1-c – *Mühlenstr. 2 ✉ 33098*
– ✆ 05251 10750 – www.hotelzurmuehle.de
– geschl. 23. Dezember - 8. Januar

Aspethera

BUSINESS • MODERN Nur einen Steinwurf vom Dom finden Sie dieses zeitgemäße Hotel, das als Integrationsbetrieb geführt wird. Die Zimmer sind hell und modern, man hat gute Tagungsmöglichkeiten und im Restaurant serviert man sowohl bürgerliche als auch internationale Küche.

57 Zim ☕ – 🚹89 € 🚹🚹118 € – ½ P

Stadtplan : B2-s – *Am Busdorf 7 ✉ 33098*
– ✆ 05251 2888100 – www.hotel-aspethera.de

Galerie-Hotel

FAMILIÄR • INDIVIDUELL Ein charmantes Haus: angefangen bei der schmucken spätgotischen Giebelfront über die ständige Bilderausstellung (die Chefin malt die Bilder selbst!) und die individuellen Zimmer bis hin zum liebenswert dekorierten Restaurant "La Petite Galerie" und den hausgemachten Kuchen im reizenden Tee- und Caféstübchen!

11 Zim ☕ – 🚹85/90 € 🚹🚹115/120 €

Stadtplan : A2-b – *Bachstr. 1 ✉ 33098*
– ✆ 05251 12240 – www.galerie-hotel.de

Frühstück inklusive? Die Tasse ☕ steht gleich hinter der Zimmeranzahl.

PANKER Schleswig-Holstein

→ Siehe Lütjenburg

PAPENBURG

Niedersachsen – 35 981 Ew. – Höhe 1 m – Regionalatlas **16**-D6
Michelin Straßenkarte 541

Alte Werft

BUSINESS • FUNKTIONELL Gelungen hat man Industriearchitektur a. d. 19. Jh. - samt einiger erhaltener Werftmaschinen - in einen Hotelbau integriert. Neben neuzeitlichen Zimmern gibt es die Restaurants "Graf Goetzen" (internationale Küche) und "Schnürboden" (regionaleres Angebot) - Hingucker ist eine beachtliche Krankonstruktion.

122 Zim ☕ – 🚹84/109 € 🚹🚹109/164 € – 4 Suiten – ½ P

Ölmühlenweg 1 ✉ 26871
– ✆ 04961 9200 – www.hotel-alte-werft.de

In Halte Nord-West: 4 km Richtung Meyer Werft

Reiherhorst - Gut Halte

TRADITIONELLE KÜCHE • LÄNDLICH Das sorgsam restaurierte Herrenhaus von 1796 ist ein langjähriger Familienbetrieb, ruhig die Lage in einem schönen Park am Deich. Im Restaurant mit Wintergarten und Terrasse sitzt man gemütlich bei regional-saisonaler Küche. Gepflegt übernachten kann man auch. Hübsch: Lobby und Bibliothek.

Menü 28/35 € – Karte 28/44 €

8 Zim ☕ – 🚹59/69 € 🚹🚹95/99 €

Gut Halte 6 ✉ 26826
– ✆ 04961 2317 – www.papenburg-hotel.de
– geschl. 23. Juli - 6. August und Sonntagabend - Montag

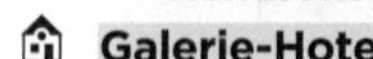

PAPPENHEIM

Bayern - 3 971 Ew. - Höhe 405 m - Regionalatlas **57**-K18
Michelin Straßenkarte 546

Zur Sonne

REGIONAL • GASTHOF X Dass man bei Familie Glück gut essen kann, beweisen schmackhafte Gerichte wie "Zanderfilet vom Chiemsee mit Petersilienwurzelpüree und Rote-Beete-Cassissauce" oder "Sauerbraten vom Dam- und Schwarzwild". Nett das gemütliche Ambiente dazu.

Menü 30 € - Karte 18/47 €

Hotel Zur Sonne, Deisinger Str. 20 ✉ 91788 - ✆ 09143 837837 - www.sonne-pappenheim.de - geschl. Ende Februar - Anfang März, November 1 Woche und Dienstag, November - März : Dienstag - Mittwochmittag

Zur Sonne

GASTHOF • GEMÜTLICH Ein wirklich gepflegter Gasthof, der nicht zuletzt wegen seiner Lage am Altmühlradweg gut ankommt. Wer ein bisschen was Besonderes sucht, bucht am besten eines der tollen Themenzimmer - vielleicht eines mit rustikalem Hütten-Flair?

17 Zim - 38/60 € 70/120 € - ½ P

Deisinger Str. 20 ✉ 91788 - ✆ 09143 837837 - www.sonne-pappenheim.de - geschl. Ende Februar - Anfang März, November 1 Woche

Zur Sonne - siehe Restaurantauswahl

PARSBERG

Bayern - 6 731 Ew. - Höhe 553 m - Regionalatlas **58**-M17
Michelin Straßenkarte 546

Hirschen

REGIONAL • LÄNDLICH XX In den behaglichen Wirtstuben - Herzstück des Hirschen ist das "Bräustüberl" - bekommen Sie einen interessanten Mix aus klassisch-gehobener Küche und traditionellen Klassikern wie "Rindfleischtopf" oder "Zwetschgenbavesen".

Menü 24 € (mittags)/74 € - Karte 28/57 €

Hotel Hirschen, Marktstr. 1a ✉ 92331 - ✆ 09492 6060 - www.hirschenhotels.com - geschl. 22. - 26. Dezember

Hirschen

BUSINESS • GEMÜTLICH Ein echtes Traditionshaus im Herzen der kleinen Stadt. Außen die einladende gelbe Fassade, drinnen eine gemütliche Lobby, ein schöner Dorfladen mit eigenen Metzgereiprodukten, hübsche wohnliche Zimmer und ein netter intimer Wellnessbereich - Hallenbad im 100 m entfernten "Garten Hotel Hirschenhof". Vier Suiten und ein DZ im "Privat Hotel Hirschen".

31 Zim - 94/199 € 119/219 € - 4 Suiten - ½ P

Marktstr. 1a ✉ 92331 - ✆ 09492 6060 - www.hirschenhotels.com - geschl. 22. - 26. Dezember

Hirschen - siehe Restaurantauswahl

Garten Hotel Hirschenhof

BUSINESS • FUNKTIONELL Dies ist die moderne Alternative zum traditionellen "Hirschen" - schräg gegenüber gelegen und unter gleicher Leitung. Schön der Garten, der Hallenbad- und Saunabereich sowie die hellen, geradlinig gehaltenen Zimmer mit angenehmen Naturmaterialien. Abends serviert man Ihnen "Oberpfälzer Tapas".

36 Zim - 94/148 € 119/159 € - ½ P

Marktstr. 2 ✉ 92331 - ✆ 09492 6060 - www.hirschenhotels.com - geschl. 22. - 26. Dezember

PASSADE

Schleswig-Holstein - 351 Ew. - Höhe 31 m - Regionalatlas **3**-J3
Michelin Straßenkarte 541

Fischerwiege

FAMILIÄR • GEMÜTLICH Schön ruhig liegt das reizende reetgedeckte Haus am kleinen See, herrlich der Garten, ausgesprochen hübsch die Zimmer mit ihrem nordischem Charme, und am Morgen bekommt man bei den herzlichen Gastgebern ein gutes Frühstück serviert.

11 Zim - 85/95 € 95/120 € - 2 Suiten

An de Laak 11 ✉ 24253 - ✆ 04344 4138616 - www.fischerwiege-passade.de

PASSAU

Bayern - 49 952 Ew. - Höhe 262 m - Regionalatlas **60**-P19
Michelin Straßenkarte 546

Weingut

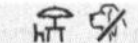

INTERNATIONAL • GEMÜTLICH Hochtische und Weinregale unterstreichen hier die gemütlich-trendige Atmosphäre, dazu Schmackhaftes wie "schwarze Tagliolini mit gebratenen Jakobsmuscheln" oder Steaks & Co. Die gut sortierte Weinkarte bietet auch Nicht-Alltägliches.

Menü 34 € - Karte 28/55 €

Stadtplan : A2-b - *Theresienstr. 28 ✉ 94032 - ✆ 0851 37930500 - www.weingut-passau.de - nur Abendessen - geschl. Sonntag - Montag sowie an Feiertagen*

Heilig-Geist-Stift-Schenke

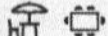

TRADITIONELLE KÜCHE • FREUNDLICH Sie suchen gemütliche Atmosphäre und solide bayerische Küche? Dann wird Ihnen das Franziskanerkloster von 1358 gefallen: In liebenswerten rustikalen Stuben mit historischem Charme - oder im lauschigen Garten - serviert man traditionelle regionale Speisen. Schön urig das Natursteingewölbe des Stiftskellers.

Menü 20/49 € - Karte 18/51 €

Stadtplan : A2-v - *Heiliggeistgasse 4 ✉ 94032 - ✆ 0851 2607 - www.stiftskeller-passau.de - geschl. Januar 3 Wochen und Mittwoch*

Das Oberhaus

REGIONAL • HIP Dieser Logenplatz über der Stadt hat sich schnell herumgesprochen - die Terrasse ist ein Traum! Zu essen gibt's bürgerlich-bayerische Küche wie "Schweinshaxe mit Kartoffelsalat" oder "Schwammerlgulasch".

Karte 23/44 €

Stadtplan : B1-b - *Oberhaus 1 ✉ 94034 - ✆ 0851 37930657 - www.dasoberhaus.com*

König

FAMILIÄR • GEMÜTLICH Das Hotel liegt in der Altstadt an den Schiffsanlegestellen und verfügt über wohnlich-gediegene Gästezimmer - darf es vielleicht eines mit Blick auf die Donau sein?

41 Zim - 65/120 € 92/159 €

Stadtplan : A1-t - *Untere Donaulände 1 ✉ 94032 - ✆ 0851 3850 - www.hotel-koenig.de*

Residenz

HISTORISCH • FUNKTIONELL In dem Familienbetrieb direkt am Donauufer wird immer wieder investiert. Die Zimmer sind schön wohnlich, chic die Suiten mit ihrem gelungenen Mix aus denkmalgeschützten Elementen und modernem Stil. Tipp: Suite "Donau" mit Flussblick.

50 Zim - 65/139 € 89/169 €

Stadtplan : B1-c - *Fritz-Schäffer-Promenade 6 ✉ 94032 - ✆ 0851 989020 - www.residenz-passau.de - geschl. über Weihnachten*

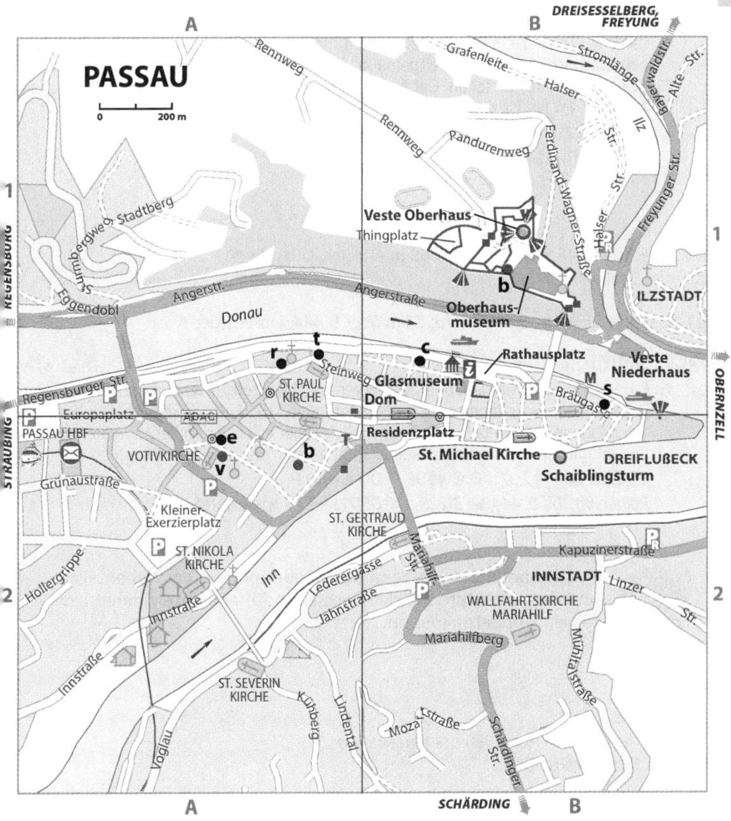

DREISESSELBERG, FREYUNG

A B

PASSAU

0 200 m

1
Rennweg
Grafenleite
Stromlänge
Halser
Bayerwaldstr.
Alte Str.
Ilz
Pandurenweg
Ferdinand-Wagner-Straße
Halser Str.
Freyunger Str.
Stadtberg
Sturmbergerweg
Veste Oberhaus
Thingplatz
Eggendobl
Angerstr.
Angerstraße
Oberhaus-museum
ILZSTADT
Donau
Rathausplatz
Veste Niederhaus
Regensburger Str.
Steinweg
Glasmuseum
ST. PAUL KIRCHE
Dom
Bräugasse
Europaplatz
ADAC
Residenzplatz
PASSAU HBF
VOTIVKIRCHE
St. Michael Kirche
DREIFLUßECK
Schaiblingsturm
Grünaustraße
Kleiner Exerzierplatz
ST. GERTRAUD KIRCHE
Mariahilf Str.
Kapuzinerstraße
ST. NIKOLA KIRCHE
Inn
Ledderergasse
INNSTADT
Linzer Str.
Hollergrippe
Innstraße
Jahnstraße
WALLFAHRTSKIRCHE MARIAHILF
Mariahilfberg
Mühltalstraße
ST. SEVERIN KIRCHE
Kühberg
Lindental
Mozartstraße
Schärdinger Str.
Voglau
REGENSBURG
STRAUBING
OBERNZELL
SCHÄRDING

Weisser Hase

HISTORISCH • FUNKTIONELL In dem sanierten Altstadthaus im Zentrum erwarten Sie funktionelle Zimmer in neuzeitlichem oder klassischem Stil. Bilder des Künstlers Otto Sammer zieren das Hotel. Gediegenes Restaurant mit internationalem Angebot.

107 Zim – †69/89 € ††79/159 € – 1 Suite – ☕ 9 €

Stadtplan : A2-e – *Heiliggeistgasse 1 ✉ 94032*
– *✆ 0851 92110 – www.hotel-weisser-hase.de*
– *geschl. 2. - 31. Januar, 22. - 28. Dezember*

Altstadt-Hotel

URBAN • FUNKTIONELL Sie möchten ein Zimmer mit Sicht auf das Dreiflüsseeck? Schön modern oder lieber klassisch? Auch wer es gerne etwas geräumiger hat, findet hier das Passende. Im Sommer beliebt: Frühstück auf der Donauterrasse. Internationale Küche im Restaurant oder auf der Terrasse zum Fluss.

35 Zim ☕ – †65/145 € ††89/165 € – ½ P

Stadtplan : B1-s – *Bräugasse 23, (am Dreiflüsseeck) ✉ 94032*
– *✆ 0851 3370 – www.altstadt-hotel.de*
– *geschl. 22. - 27. Dezember und 3. - 9. Januar*

Passauer Wolf

URBAN • FUNKTIONELL Dicke Mauern und Kreuzgewölbe schaffen hier einen gemütlichen Rahmen für zeitgemäße, gut ausgestattete Zimmer. Auf dem Dach des schönen historischen Gebäudes genießt man von der kleinen Terrasse die Aussicht. Im Nu ist man in der Altstadt.

39 Zim – 61/121 € 81/141 € – 1 Suite

Stadtplan : A1-r – *Untere Donaulände 4 ✉ 94032 – ✆ 0851 931510 – www.hotel-passauer-wolf.de*

PEINE

Niedersachsen – 48 553 Ew. – Höhe 68 m – Regionalatlas **19**-J9
Michelin Straßenkarte 541

In Peine-Stederdorf Nord: 3 km über B 444, jenseits der A 2

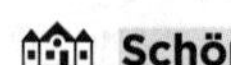

Schönau

FAMILIÄR • DESIGN Seit über 100 Jahren wird hier stetig investiert und modernisiert. Halle, Lounge-Bar, Zimmer..., alles ist wertig und chic. Fragen Sie nach den komfortablen Zimmern im Anbau. Oder mögen Sie's lieber etwas ländlicher? Elegant das Restaurant mit schöner Terrasse, daneben gibt es noch die rustikalere Bierstube.

65 Zim – 70/170 € 90/200 € – ½ P

Peiner Str. 17, B 444 ✉ 31228 – ✆ 05171 9980 – www.hotel-schoenau.de

Das Symbol bzw. zeigt den Mindestpreis in der Nebensaison und den Höchstpreis in der Hochsaison für ein Einzelzimmer bzw. für ein Doppelzimmer an.

PENZBERG

Bayern – 16 174 Ew. – Höhe 596 m – Regionalatlas **65**-L21
Michelin Straßenkarte 546

Troadstadl

MARKTKÜCHE • GEMÜTLICH Saisonal geprägte Küche bietet das Gastgeberpaar in den gemütlichen Stuben des im 13. Jh. erbauten denkmalgeschützten Hauses. Moderne Accessoires schaffen einen reizvollen Kontrast zum rustikalen Charakter des Restaurants.

Menü 40/55 € – Karte 32/61 €

Kirnberger Str. 1, nahe der BAB-Ausfahrt Penzberg ✉ 82377 – ✆ 08856 9482 (Tischbestellung ratsam) – www.troadstadl.de – nur Abendessen – geschl. Sonntag und Dienstag

In Penzberg-Promberg Nord: 5 km Richtung Wolfratshausen

Hoisl-Bräu

FAMILIÄR • GEMÜTLICH Warum das Haus gefragt ist? Es liegt schön ruhig, die Preise sind fair, die Einrichtung ist gemütlich-bayerisch, das Frühstück gut... Bei schönem Wetter geht's raus auf die Südterrasse! Ein idealer Ausgangspunkt für Golfer, Radfahrer...

22 Zim – 60/100 € 80/125 € – 1 Suite

Promberg 1 ✉ 82377 – ✆ 08856 9017330 – www.hoisl-braeu.de – geschl. 22. Mai – 3. Juni, 29. Oktober – 4. November

PERL

Saarland – 8 222 Ew. – Höhe 254 m – Regionalatlas **45**-A16
Michelin Straßenkarte 543

In Perl-Nennig Nord: 10 km über B 419

✿✿✿ Victor's Fine Dining by christian bau

KREATIV • ELEGANT XXXX Mit gekonnter Reduziertheit zelebriert Christian Bau seine bis ins kleinste Detail durchdachten Speisen. Jeder einzelne Gang ist ausgereift und absolut stimmig - das beginnt bereits bei den zahlreichen sagenhaften Amuse-Gueules! Bau'sches Markenzeichen: die perfekte Liaison klassischer und japanischer Küche.

➜ Sashimi vom Amber Jack, Yuzu-Koshu, Buttermilch, Dashi, Osietra Kaviar. Langoustine mit weißer Miso glasiert, crèmigem Koshihikari, gepickeltem Daikon. Bar de ligne und BBQ-Aal, Aubergine, Ladyfinger, Umamivinaigrette mit Zwiebelöl.

Menü 148/249 €

14 Zim – †136/205 € ††166/235 € - 3 Suiten

Schlossstr. 27 ✉ 66706 - ✆ 06866 79118 - www.victors-fine-dining.de - nur Abendessen, sonntags auch Mittagessen - geschl. Anfang Januar 2 Wochen, Ende Juli - August 3 Wochen, Ende Oktober 1 Woche und Montag - Dienstag

Victor's Residenz - Hotel Schloss Berg

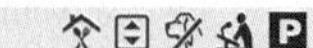

SPA UND WELLNESS • FUNKTIONELL Nahe der Mosel und der Grenze zu Luxemburg und Frankreich liegt das elegante Hotel am Rande der Weinberge. Sie möchten sich ein besonderes Zimmer gönnen? Dann buchen Sie eine der "Götter-Suiten"! Zur Ruhe kommt man aber auch gut im hübschen Spa oder bei mediterraner Küche im "Bacchus". In der rustikalen "Scheune" serviert man Internationales. Schön: "Caesar's Bar".

103 Zim – †136/236 € ††166/266 € - 7 Suiten - ½ P

Schlossstr. 27 ✉ 66706 - ✆ 06866 790 - www.victors.de

Zur Traube

GASTHOF • MODERN Hier wohnt man bei engagierten Gastgebern in wertig eingerichteten Zimmern. Mögen Sie's chic-modern oder lieber eleganten Landhausstil? Fragen Sie nach den besonders großzügigen Zimmern im Neubau. Im Restaurant serviert man bürgerliche Küche. An Fahrradfahrer ist übrigens auch gedacht.

11 Suiten – ††85/139 € - 10 Zim - ½ P

Bübingerstr. 22, B 51 ✉ 66706 - ✆ 06866 349 - www.traube-nennig.de - geschl. Mitte Dezember - Anfang Januar

PETERSHAGEN

Nordrhein-Westfalen – 25 339 Ew. – Höhe 37 m – Regionalatlas **18**-G8
Michelin Straßenkarte 543

Orangerie

INTERNATIONAL • KLASSISCHES AMBIENTE XX Klassisch-elegant das Ambiente, schön der Blick ins Grüne und auf die Weser. Gekocht wird international-traditionell mit regionalem und saisonalem Bezug - da macht z. B. "gebratenes Kabeljaufilet auf Safransauce und Erbsenpüree" Appetit.

Menü 32/63 € - Karte 30/57 €

Hotel Schloss Petershagen, Schlossfreiheit ✉ 32469 - ✆ 05707 93130 - www.schloss-petershagen.com - Dienstag - Samstag nur Abendessen - geschl. 8. Januar - 8. Februar und Montag, Donnerstag

Schloss Petershagen

HISTORISCHES GEBÄUDE • INDIVIDUELL In dem reizenden kleinen Schloss an der Weser sorgen stilvoll-historische Details für romantisches Flair. Die Gästezimmer sind individuell gestaltet. Schön zum Entspannen: Jeden ersten Mittwoch im Monat gibt es "5 o'clock tea".

13 Zim – †85/95 € ††120/140 € - 2 Suiten - ½ P

Schlossfreiheit ✉ 32469 - ✆ 05707 93130 - www.schloss-petershagen.com - geschl. 8. Januar - 8. Februar

Orangerie – siehe Restaurantauswahl

PETERSHAGEN-EGGERSDORF

Brandenburg – 14 364 Ew. – Höhe 52 m – Regionalatlas **23**-Q8
Michelin Straßenkarte 542

Im Ortsteil Eggersdorf Nord-Ost: 2 km

Landgasthof zum Mühlenteich

LANDHAUS • GEMÜTLICH Das familiär geführte Hotel im Ortskern überzeugt durch freundlichen Service und wirklich wohnliche Gästezimmer im Landhausstil. Etwas Besonderes ist das Hochzeitszimmer: Es ist hübsch mit bemalten Bauernmöbeln eingerichtet. Gemütlich-rustikal hat man es beim Essen in der Bauernstube.

20 Zim – †73/105 € ††103/135 € – ½ P

Karl-Marx-Str. 32 ✉ 15345 – ✆ 03341 42660 – www.landgasthof.de

PETERSTAL-GRIESBACH, BAD

Baden-Württemberg – 2 666 Ew. – Höhe 393 m – Regionalatlas **54**-E19
Michelin Straßenkarte 545

Im Ortsteil Bad Griesbach

Le Pavillon

FRANZÖSISCH-KLASSISCH • KLASSISCHES AMBIENTE XXX Hier bekommt klassische Küche genau die richtige Dosis Moderne! Die Gerichte haben eine gelungene Balance, sind angenehm reduziert, durchdacht und präzise zubereitet, dabei steht das Produkte immer im Mittelpunkt. Der Service ist ausgezeichnet und glänzt mit absolut trefflicher Weinberatung!

→ Tatar vom Rind mit Kerbelcrème und Imperial Kaviar. Taubenbrust mit Spitzmorcheln, Barolojus, Fèves und Gänseleberflan. Kaffee-Schokoladenganache mit Thai Mango und Salz-Karamelleis.

Menü 121/157 € – Karte 110/130 €

Hotel Dollenberg, Dollenberg 3 ✉ 77740 – ✆ 07806 780 (Tischbestellung ratsam) – www.dollenberg.de – Montag - Freitag nur Abendessen – geschl. 19. Februar - 7. März, 18. Juni - 4. Juli und Dienstag - Mittwoch

Kamin- und Bauernstube

REGIONAL • LÄNDLICH XX Der aufmerksame Service ist Ihnen sowohl in der ländlich-rustikalen Bauernstube als auch in der eleganten Kaminstube gewiss, ebenso internationale und regionale Klassiker wie "badische Schneckensuppe" oder "Saibling auf Spargelragout". Toll die großzügige Terrasse. Dienstags beliebte "Küchenparty"!

Menü 24/47 € – Karte 36/65 €

Hotel Dollenberg, Dollenberg 3 ✉ 77740 – ✆ 07806 780 – www.dollenberg.de

Renchtalhütte

REGIONAL • RUSTIKAL X Die zünftige Seite der Dollenberg-Gastronomie: urig-gemütlich, überall rustikales altes Holz, auf den blanken Tisch kommen Raclette und Fondue sowie regionale Gerichte und Vesper (lecker die Hausmacher Wurst im Glas!). Toll die Aussicht! Den Kindern wird es dank Spielplatz und Streichelzoo nicht langweilig.

Karte 16/51 €

Rohrenbach 8 ✉ 77740 – ✆ 07806 910075 – www.renchtalhuette.de

Dollenberg

SPA UND WELLNESS • ELEGANT Dieses fabelhafte Feriendomizil ist das Lebenswerk von Meinrad Schmiederer und eines der Top-Hotels in Deutschland. Wohnräume mit Stil und Geschmack, Spa-Vielfalt auf rund 5000 qm, ein 1A-Service und Gastronomie vom 2-Sterne-Restaurant bis zur rustikalen Hütte. Und all das in einmalig schöner Lage!

101 Zim – †144/190 € ††238/298 € – 38 Suiten – ½ P

Dollenberg 3 ✉ 77740 – ✆ 07806 780 – www.dollenberg.de

Le Pavillon • **Kamin- und Bauernstube** – siehe Restaurantauswahl

Adlerbad

GASTHOF • GEMÜTLICH Den Charme des alten Fachwerkhauses spürt man schön in der komplett getäfelten Alten Dorfstube! Ebenso hübsch, nur eben ganz modern, sind die Zimmer im Gästehaus. Sie entspannen bei Moorpackung, Cleopatra-Bad und Aromaöl-Massage und speisen regional und international in der gemütlich-zeitgemäßen Adlerstube.

24 Zim – 42/78 € 84/129 € – 2 Suiten – ½ P

Kniebisstr. 55, B 28 ✉ 77740 – ✆ 07806 98930 – www.adlerbad.de – geschl. 18. November - 14. Dezember

PFAFFENHOFEN an der ILM

Bayern – 24 718 Ew. – Höhe 428 m – Regionalatlas **58**-L19
Michelin Straßenkarte 546

Moosburger Hof

BUSINESS • ELEGANT Zentral die Lage, schön die hochwertig, komfortabel und modern-elegant eingerichteten Zimmer, sehenswert die Kunstwerke von Omer Berber. Das Restaurant bietet internationale Küche, alternativ gibt es das einfachere Bistro "Kunstwinkel".

49 Zim – 75/150 € 100/250 € – ½ P

Moosburger Str. 3, (Zufahrt und Eingang über Prof.-Stock-Straße) ✉ 85276 – ✆ 08441 2770080 – www.hotel-moosburgerhof.de

In den Ortsblöcken finden Sie geografische Angaben wie Bundesland, Michelin-Karte, Einwohnerzahl und Höhe des Ortes.

PFAFFENWEILER

Baden-Württemberg – 2 519 Ew. – Höhe 252 m – Regionalatlas **61**-D20
Michelin Straßenkarte 545

Zehner's Stube

FRANZÖSISCH-KLASSISCH • ELEGANT XX Seit 1988 kocht Fritz Zehner hier im ehemaligen Rathaus a. d. 16. Jh., und das mit ungebrochenem Engagement. Seine Küche ist klassisch und basiert auf ausgezeichneten Produkten - toll die Saucen voller Finesse und Ausdruck! Zum niveauvollen Essen passt das stilvolle Ambiente mit schönem altem Kreuzgewölbe.

→ Gänseleberterrine mit Apfelsalat. Bretonischer Steinbutt mit Hummerschaum und Erbsenpüree. Bresse Taube mit Selleriepüree und Portweinjus.

Menü 74/115 € – Karte 75/103 €

Weinstr. 39 ✉ 79292 – ✆ 07664 6225 – www.zehnersstube.de – geschl. Montag - Dienstagmittag

Weinstube – siehe Restaurantauswahl

Weinstube

REGIONAL • WEINSTUBE X Im Gewölbekeller des über 400 Jahre alten Hauses finden Sie eine nette Alternative zu "Zehner's Stube". Gekocht wird klassisch, mediterran und badisch, vom "Feinschmeckerteller" über "gebratene Tagliatelle mit Gambas" bis zum "Rumpsteak mit Bratkartoffeln". Hübsch die Terrasse.

Karte 40/64 €

Restaurant Zehner's Stube, Weinstr. 39 ✉ 79292 – ✆ 07664 6225 – nur Abendessen – geschl. Montag

PFALZGRAFENWEILER

Baden-Württemberg – 7 059 Ew. – Höhe 636 m – Regionalatlas **54**-F19
Michelin Straßenkarte 545

In Pfalzgrafenweiler-Kälberbronn West: 7 km

Waldsägmühle

SPA UND WELLNESS • GEMÜTLICH Familie Ziegler hat hier am Wald ein schönes Hotel mit wohnlichem Ambiente. Perfekt zum Relaxen ist der ansprechende Spa "Zinsbach-Therme", oder Sie entspannen einfach auf der Wiese direkt am Waldrand. Im gemütlichen Restaurant serviert man Ihnen frische klassische Küche mit regionalen Einflüssen.

37 Zim – 89 € 160/175 € – ½ P

Waldsägmühle 1, Süd-Ost: 2 km an der Straße nach Durrweiler ✉ 72285
– ✆ 07445 85150 – www.waldsaegmuehle.de

Schwanen

SPA UND WELLNESS • AUF DEM LAND In dem sympathischen Familienbetrieb lässt es sich gut Urlaub machen: wohnliche Zimmer (teils zur Südseite) und gemütliche Restaurantstuben (Produkte aus der eigenen Landwirtschaft), Kosmetik und Massage sowie zahlreiche Aktivitäten für Kinder: Spielplatz, Ponyreiten, Bauernhof... In den Ferien mit Betreuung.

54 Zim – 69/120 € 140/175 € – ½ P

Große Tannenstr. 10 ✉ 72285
– ✆ 07445 1880 – www.hotel-schwanen.de

PFINZTAL

Baden-Württemberg – 17 601 Ew. – Höhe 151 m – Regionalatlas **54**-F18
Michelin Straßenkarte 545

In Pfinztal-Söllingen

Villa Hammerschmiede

KLASSISCHE KÜCHE • GEMÜTLICH XX Möchten Sie in den schönen behaglichen Stuben speisen oder lieber im lichten Pavillon? In beiden Bereichen serviert man klassisch-regionale Küche, vom interessanten "Villa-Lunch" bis zum Feinschmecker-Menü am Abend. Wie wär's z. B. mit "geschmortem Ragout vom Pfälzer Lamm". Reizvoll die Terrasse.

Menü 30 € (mittags unter der Woche)/110 € – Karte 41/87 €

Hotel Villa Hammerschmiede, Hauptstr. 162, B 10 ✉ 76327 – ✆ 07240 6010
– www.villa-hammerschmiede.de

Villa Hammerschmiede

HISTORISCHES GEBÄUDE • KLASSISCH Schon von außen wirkt die modern erweiterte Villa a. d. J. 1893 äußerst einladend, im Inneren besticht die exquisite Einrichtung. Viele der Zimmer liegen besonders ruhig zum weitläufigen Park. Gönnen Sie sich auch eine Kosmetikanwendung oder Massage in der "Spa-Suite"!

29 Zim – 137/226 € 194/298 € – 2 Suiten – 22 € – ½ P

Hauptstr. 162, B 10 ✉ 76327
– ✆ 07240 6010 – www.villa-hammerschmiede.de

Villa Hammerschmiede – siehe Restaurantauswahl

PFOFELD Bayern → Siehe Gunzenhausen

PFORZHEIM

Baden-Württemberg – 119 291 Ew. – Höhe 273 m – Regionalatlas **54**-F18
Michelin Straßenkarte 545

Hoppe's

FRANZÖSISCH • FREUNDLICH X Die Gäste kommen immer wieder gerne hierher, denn das Restaurant ist gemütlich, charmant-lebendig und einfach richtig sympathisch! Ein guter Tipp für alle, die es elsässisch-badisch mögen!

Karte 32/54 €

Weiherstr. 15 ✉ 75173 – ✆ 07231 105776 – www.hoppes-pforzheim.de – nur Abendessen – geschl. Januar 2 Wochen, Mai 2 Wochen, August und Sonntag, sowie an Feiertagen

Parkhotel

BUSINESS • ELEGANT Beim Kongresszentrum gelegen, ideal für Tagungen. Nach getaner Arbeit bei schönem Stadtblick entspannen? Saunabereich samt Außenwhirlpool im obersten Stock! Ebenfalls hier oben: attraktiver Panorama-Veranstaltungsraum. Die Gastronomie: Restaurant, Wintergarten-Café mit Terrasse, Bar. Gutes Frühstücksbuffet.

208 Zim – †103/148 € ††133/178 € – 1 Suite – ½ P

Deimlingstr. 36 ✉ 75175 – ✆ 07231 1610 – www.parkhotel-pforzheim.de

In Pforzheim-Brötzingen West: 3,5 km

Pyramide

FRANZÖSISCH-KLASSISCH • FAMILIÄR XX Das Restaurant wirkt recht intim und hat mit seiner liebenswerten Deko ein bisschen Wohnzimmeratmosphäre. Es gibt schmackhafte klassische Küche - Stammgäste nehmen übrigens am liebsten die mündlichen Empfehlungen. Lauschig der Innenhof.

Menü 39/65 € – Karte 39/57 €

Dietlinger Str. 25 ✉ 75179 – ✆ 07231 441754 (Tischbestellung erforderlich) – www.restaurant-pyramide.de – nur Abendessen, sonntags auch Mittagessen – geschl. Januar 1 Woche, Ende August - Mitte September 3 Wochen und Montag - Dienstag

PFRONTEN

Bayern – 8 162 Ew. – Höhe 880 m – Regionalatlas **64**-J22
Michelin Straßenkarte 546

In Pfronten-Obermeilingen Ost: 5 km, Richtung Füssen, dann rechts abbiegen

Berghotel Schlossanger Alp

REGIONAL • GEMÜTLICH XX "Rehnüsschen mit Wacholderrahmsauce und Pilzen" ist nur eines der frischen, schmackhaften Gerichte aus der angenehm schnörkellosen naturorientierten Küche, die man hier in gemütlichen Stuben oder im Wintergarten genießt. Im Sommer lockt natürlich die Terrasse.

Menü 39/69 € (abends) – Karte 35/68 €

Berghotel Schlossanger Alp, Am Schlossanger 1, (Höhe 1 130 m) ✉ 87459 – ✆ 08363 914550 (abends Tischbestellung ratsam) – www.schlossanger.de

Berghotel Schlossanger Alp

FAMILIÄR • GEMÜTLICH Erholen leicht gemacht: toller Service, charmantes Ambiente von der Kamin-Lounge mit Empore und Bibliothek bis in die individuellen Zimmer, Panoramasauna, Beautyprogramm, beheizter Außenpool und Naturbadeteich... und ringsum Bergkulisse! Tipp: die Giebel-Chalets! Interessant auch die "Allgäu Lofts" im Tal.

27 Zim – †119/134 € ††211/241 € – 8 Suiten – ½ P

Am Schlossanger 1, (Höhe 1 130 m) ✉ 87459 – ✆ 08363 914550 – www.schlossanger.de

Berghotel Schlossanger Alp – siehe Restaurantauswahl

 Burghotel auf dem Falkenstein 

FAMILIÄR • INDIVIDUELL Das Haus ist schon etwas Besonderes: herzlich-engagiert die Führung, wertig-geschmackvoll und individuell die Zimmer, einzigartig die Lage unterhalb Deutschlands höchstgelegener Burgruine - die Aussicht ist schlichtweg gigantisch! Tipp: die fünf Gehminuten entfernte Mariengrotte.

16 Zim – 125/185 € 194/308 € – 14 Suiten – ½ P

Auf dem Falkenstein 1, (Höhe 1 250 m) ✉ 87459 – ✆ 08363 914540 – www.burghotel-falkenstein.de

PIDING

Bayern – 5 328 Ew. – Höhe 455 m – Regionalatlas **67**-O21
Michelin Straßenkarte 546

Lohmayr Stub'n

REGIONAL • LÄNDLICH XX Chef Sebastian Oberholzner ist Koch mit Leib und Seele, entsprechend gefragt sind seine leckeren Gerichte wie "Kalbszüngerl in Kürbiskern-Vinaigrette mit Käferbohnen" oder "gebratener Zander auf Rahmsteinpilzen". Charmant umsorgt wird man in dem schönen historischen Haus ebenfalls.

Menü 33 € (vegetarisch)/50 € – Karte 30/48 €

Salzburger Str. 13 ✉ 83451
– ✆ 08651 714478 (Tischbestellung ratsam) – www.lohmayr.com
– geschl. Januar 1 Woche, nach Pfingsten 2 Wochen, September 1 Woche und Dienstag - Mittwoch

PIESPORT

Rheinland-Pfalz – 1 990 Ew. – Höhe 110 m – Regionalatlas **45**-C15
Michelin Straßenkarte 543

✿✿ schanz. restaurant.

FRANZÖSISCH-MODERN • CHIC XXX Thomas Schanz hat seinen Stil: aufwändig und exakt, kontrastreich und zugleich harmonisch interpretiert er klassische Küche auf moderne Art. Die Zutaten nur vom Feinsten. Sie mögen Wein? Besonderes Augenmerk liegt auf regionalen und natürlich auch auf eigenen Weinen. Ebenso niveauvoll: Ambiente und Service.

→ Roh marinierte Langoustinen mit gebeiztem Wagyu, Spargel und getrockneter Tintenfischtinte. Gebrannter Pazifik Kohlenfisch mit Ingwer, Ferragnes Mandel und Rettich. Filet vom Bison mit gegrilltem Mais, Lauchgemüse, Salzzitrone und Schmorsauce.

Menü 91/137 € – Karte 106/133 €

schanz. hotel., Bahnhofstr. 8a ✉ 54498
– ✆ 06507 92520 (Tischbestellung ratsam) – www.schanz-restaurant.de
– geschl. 17. Januar - 6. Februar, 25. Juli - 7. August und Montag - Mittwochmittag, Samstagmittag

schanz. hotel. 

FAMILIÄR • ELEGANT Das ansprechende Landhaus unweit der Mosel ist ein engagiert geführter Familienbetrieb, in dem man wirklich schön in modern-eleganten Zimmern übernachtet und sehr gut frühstückt. Für Weinliebhaber: Man hat ein eigenes kleines Weingut.

12 Zim – 90/93 € 120/126 €

Bahnhofstr. 8a ✉ 54498
– ✆ 06507 92520 – www.schanz-hotel.de
– geschl. 17. Januar - 6. Februar, 25. Juli - 7. August

✿✿ **schanz. restaurant.** – siehe Restaurantauswahl

PILSACH

Bayern – 2 731 Ew. – Höhe 445 m – Regionalatlas **51**-L17
Michelin Straßenkarte 546

Gasthof Am Schloss

GASTHOF • FUNKTIONELL Der kleine Familienbetrieb liegt im Ortskern nahe dem Schloss (hier soll Kaspar Hauser seine ersten Lebensjahre verbracht haben). Die Zimmer sind solide und funktional. Im Restaurant und auf der schönen Terrasse bietet man bürgerlich-regionale Küche.

16 Zim - 54/69 € 74/79 € - ½ P

Litzloher Str. 8 92367 - 09181 510600 - www.am-schloss.de - geschl. 6. - 21. August

In Pilsach-Hilzhofen Süd-Ost: 9 km über B 299 Richtung Amberg, über Laaber, in Eschertshofen links

Landgasthof Meier

REGIONAL • LÄNDLICH X Wirklich gelungen hat man den typischen Landgasthof mit seinem rustikalen Charme um einen trendig-modernen Anbau erweitert. Werfen Sie doch mal einen Blick in die schöne Küche - hier entstehen z. B. Leberknödelsuppe, Rinderrahmbraten oder Schokoladenfondant. Chic übernachten können Sie übrigens auch.

Menü 39/66 € - Karte 21/85 €

3 Zim - 100/110 € 160/180 € - 1 Suite

Hilzhofen 18 92367 - 09186 237 - www.landgasthof-meier.de - geschl. Montag - Dienstag, außer an Feiertagen

PINNEBERG

Schleswig-Holstein - 42 002 Ew. - Höhe 2 m - Regionalatlas **10**-I5
Michelin Straßenkarte 541

Rolin

INTERNATIONAL • KLASSISCHES AMBIENTE XX In klassisch-elegantem Ambiente werden Sie freundlich mit schmackhafter internationaler Küche umsorgt. Auf der Karte liest man z. B. "lauwarme Fjordforelle, weißer Zwiebelschaum, knackige Gurke, Apfel und Sellerie, geräuchertes Kartoffelpüree". Übrigens: "Rolin" ist der Name eines Schiffskapitäns.

Menü 38/69 € - Karte 31/54 €

Hotel Cap Polonio, Fahltskamp 48 25421 - 04101 5330 - www.cap-polonio.de - geschl. Donnerstag

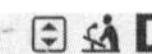

Cap Polonio

FAMILIÄR • KLASSISCH Das Hotel mit den neuzeitlich-wohnlichen Zimmern ist seit 1935 in Familienhand. Wirklich toll, wie man hier einen Teil der Original-Einrichtung des namengebenden Luxusliners "Cap Polonio" integriert hat!

53 Zim - 93 € 115 € - ½ P

Fahltskamp 48 25421 - 04101 5330 - www.cap-polonio.de

Rolin - siehe Restaurantauswahl

PIRMASENS

Rheinland-Pfalz - 40 046 Ew. - Höhe 387 m - Regionalatlas **53**-D17
Michelin Straßenkarte 543

Die Brasserie (Vjekoslav Pavic)

KLASSISCHE KÜCHE • FREUNDLICH X Hinter der auffallenden roten Fassade speisen Sie im vorderen Bistrobereich an Hochtischen oder hinten im Restaurant unter einem dekorativen Deckengemälde. Die Küche überzeugt mit Produktqualität, Finesse und Kraft und orientiert sich an der Saison. Umsorgt wird man freundlich, unkompliziert und geschult.

→ Marinierte Gänseleber mit Holunderblüten, Gurke und Schafmilchjoghurt. In Trüffeljus geschmorte Bäckchen vom Pata Negra Schwein mit zweierlei Petersilie. Pfälzer Brombeeren mit Macadamianüssen, Salzkaramell und Sauerrahmeis.

Menü 64 € - Karte 42/72 €

Landauer Str. 103 66953 - 06331 7255544 (Tischbestellung ratsam) - www.diebrasserie-ps.de - geschl. Januar 2 Wochen, Juli - August 3 Wochen und Sonntag - Dienstagmittag

In Pirmasens-Winzeln West: 4 km

Kunz

REGIONAL • ELEGANT XX Im Kunz'schen Restaurant schätzt man neben der internationalen und regional-saisonalen Küche (lecker z. B. "Rehbraten mit Wacholdersauce") auch das gemütlich-elegante Ambiente und den charmanten Service. Man beachte auch die Weinkarte!

Menü 18 € (mittags unter der Woche)/65 € – Karte 28/70 €

Hotel Kunz ✉ 66954 – ✆ 06331 8750 – www.hotel-kunz.de – geschl. 22. Dezember - 5. Januar und Freitagmittag, Samstagmittag

Kunz

FAMILIÄR • KLASSISCH Familie Kunz steht für herzlichen Service, wohnliche Zimmer, Juniorsuiten und Suiten, einen ansprechenden zeitgemäßen Spa und am Morgen ein sehr gutes Frühstück. Bekannt in der Region für gute Cocktails bis spät in den Abend: "Emil's Bar".

54 Zim – †82/135 € ††108/168 € – 2 Suiten – ½ P

Bottenbacher Str. 74 ✉ 66954 – ✆ 06331 8750 – www.hotel-kunz.de – geschl. 22. Dezember - 5. Januar

Kunz – siehe Restaurantauswahl

PIRNA

Sachsen – 37 768 Ew. – Höhe 118 m – Regionalatlas **43**-Q12
Michelin Straßenkarte 544

Genusswerk

MARKTKÜCHE • TRENDY X Nett die Lage in der Altstadt, freundlich-modern das Ambiente, schön der Mix aus saisonal-regionaler und internationaler Küche. Appetit machen da z. B. "in Burgunder geschmorte Kalbsbäckchen mit Wirsing" oder "Wallerfilet in Haselnussbutter mit Spinat und Kürbisrisotto".

Menü 32/62 € – Karte 30/67 €

Lange Str. 34 ✉ 01796 – ✆ 03501 5070491 – www.restaurant-genusswerk.de – geschl. Montag - Dienstagmittag, Mittwochmittag, Donnerstagmittag, Sonntagmittag außer an Feiertagen

Pirn'scher Hof N

URBAN • MODERN Das kleine Hotel am Marktplatz verbindet den Charme eines 300 Jahre alten Hauses mit schickem modernem Interieur. Etwas Besonderes: "Braumeister-Zimmer" oder "Terrassen-Zimmer". Das Restaurant "Platzhirsch" bietet von Di. - So. verschiedene Burger sowie selbstgebrautes Bier und eigene Destillate aus Rathen.

24 Zim – †60/75 € ††90/115 €

Am Markt 4 ✉ 01796 – ✆ 03501 44380 – www.pirnscher-hof.de

PLANEGG

Bayern – 10 499 Ew. – Höhe 542 m – Regionalatlas **65**-L20
Michelin Straßenkarte 546

siehe München (Umgebungsplan)

Asemann Planegg

FAMILIÄR • FUNKTIONELL Das Haus ist beliebt, denn hier übernachtet man stadtnah, ruhig und sehr gepflegt, und das zu einem guten Preis-Leistungs-Verhältnis! Am Morgen frühstückt man mit Blick in den Garten.

39 Zim – †73 € ††94/103 €

Stadtplan : A3-a – *Gumstr. 13 ✉ 82152 – ✆ 089 8996760 – www.hotel-planegg.de*

In Planegg-Martinsried

SEVEN AND MORE

FRANZÖSISCH • DESIGN Richtig chic das puristische Design in Schwarz und Weiß. Dank raumhoher Glasfront ist das Restaurant schön licht. Man kocht mediterran mit südfranzösischen Einflüssen, so z. B. "Rochenflügel mit Zitronenkapernbutter". Günstige Mittagsmenüs.

Menü 14 € (mittags unter der Woche)/59 € (abends) – Karte 33/52 €

Am Klopferspitz 21 ✉ 82152 – ✆ 089 1892876777 – www.sevenandmore.de – geschl. 24. Dezember - 1. Januar

PLAU AM SEE

Mecklenburg-Vorpommern – 6 116 Ew. – Höhe 70 m – Regionalatlas **12**-N5
Michelin Straßenkarte 542

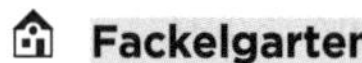

Fackelgarten

FAMILIÄR • MODERN Ein schönes kleines Hotel an der historischen Elde-Hubbrücke. Geschmackvoll-modern die Zimmer - ab 3 Nächten können Sie auch das schicke Apartment unterm Dach buchen! Im Wintergarten und auf der Terrasse genießt man bei Frühstück, regional-mediterraner Küche sowie Kaffee und Kuchen den Blick aufs Wasser.

8 Zim – †59/72 € ††69/169 € – ½ P

Dammstr. 1 ✉ 19395 – ✆ 038735 8530 – www.fackelgarten.de – geschl. 5. - 18. Februar

PLECH

Bayern – 1 296 Ew. – Höhe 461 m – Regionalatlas **50**-L16
Michelin Straßenkarte 546

In Plech-Bernheck Nord-Ost: 2,5 km, vor der Autobahn rechts

Veldensteiner Forst

GASTHOF • FUNKTIONELL Freundlich und meist recht geräumig sind die Zimmer in diesem Ferien- und Tagungshotel. Entspannen können Sie bei Kosmetikanwendungen und Massagen, außerdem hat man im Garten einen Naturbadeteich nebst Blockhaussauna. Restaurant mit bürgerlicher Küche.

37 Zim – †67/77 € ††110/118 € – 2 Suiten

Bernheck 38 ✉ 91287 – ✆ 09244 981111 – www.veldensteiner-forst.de – geschl. Mitte Februar - Mitte März

PLEINFELD

Bayern – 7 443 Ew. – Höhe 382 m – Regionalatlas **57**-K17
Michelin Straßenkarte 546

Landgasthof Siebenkäs

REGIONAL • LÄNDLICH Das ist regionale Küche mit Geschmack! Ausgesuchte Produkte werden hier zu Schmackhaftem wie "Milchkalbsgeschnetzeltem mit Pilzrahm, glasiertem Gemüse und Kartoffelrösti". Mittags isst man sehr preiswert von einer reduzierten Karte, z. B. "geröstete Kalbsmaultaschen mit Ei und Kräutern".

Karte 20/51 €

Kirchenstr. 1 ✉ 91785 – ✆ 09144 8282 – www.landgasthof-siebenkaes.de – geschl. Januar 1 Woche, September 2 Wochen und Sonntag - Montag

In Pleinfeld-Stirn

Landgasthaus Zur Linde

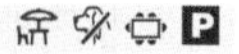

REGIONAL • GASTHOF Ein engagiert geführter Familienbetrieb, in dem man nicht stehenbleibt. Viele Stammgäste lassen sich in charmant-rustikalem Ambiente mit regional-saisonalen Speisen wie "Lachsforellenfilet mit Wirsing & Bamberger Hörnla" bewirten.

Karte 22/39 €

Spalterstr. 2 ✉ 91785 – ✆ 09144 254 – www.zur-linde-stirn.de – geschl. Februar 2 Wochen, Juni 1 Woche, November 2 Wochen und Montag - Dienstag

PLEISKIRCHEN

Bayern - 2 390 Ew. - Höhe 450 m - Regionalatlas **59**-O20
Michelin Straßenkarte 546

Huberwirt (Alexander Huber)

MODERNE KÜCHE • GASTHOF Steht Ihnen der Sinn nach kreativer Saisonküche mit Bezug zur Region? Die bietet Ihnen Alexander Huber hier z. B. als "Genussmenü". Passend zum typisch bayerischen Charme des alteingesessenen Gasthauses gibt es auch eine Wirtshauskarte. Gemütlich die Atmosphäre, freundlich der Service.

→ Kalb gebeizt, Tatar, Erbsen, Semmelkren. Huchen, Holunderblütenvinaigrette, Petersilie, grüner Apfel. Bayerische Taube, Erdnuss, Miso, Chinakohl, asiatische Pilze.

Menü 25 € (mittags unter der Woche)/100 € - Karte 36/59 €

Hofmark 3 ✉ 84568 - ✆ 08635 201 (Tischbestellung ratsam) - www.huber-wirt.de - geschl. Januar 10 Tage, August 2 Wochen und Montag - Dienstag

PLEISWEILER-OBERHOFEN

Rheinland-Pfalz - 822 Ew. - Höhe 190 m - Regionalatlas **54**-E17
Michelin Straßenkarte 543

Reuters Holzappel

REGIONAL • ROMANTISCH Außen schmuckes Fachwerkhaus von 1742 mit reizendem Hof, drinnen jede Menge Charme durch warmes Holz, nette Deko und herzlichen Service! Es gibt traditionelle Pfälzer Küche samt Tagesempfehlungen, dazu regionale Weine. Man merkt, dass die Gastgeber mit Freude bei der Sache sind! Tipp: regelmäßige Weinabende.

Menü 32/55 € - Karte 25/48 €

2 Zim - 45 € 79 €

Hauptstr. 11, Oberhofen ✉ 76889 - ✆ 06343 4245 (Tischbestellung ratsam) - nur Abendessen - geschl. Januar - Februar 1 Woche, Juni 2 Wochen und Montag - Dienstag

Landhotel Hauer

LANDHAUS • MODERN Schön wohnt man in dem für die Region typischen Winzerort - das Haupthaus ist ein hübsches altes Fachwerkhaus. Neben komfortablen Zimmern hat man einen tollen modernen Sauna- und Ruhebereich mit schöner Aussicht. Reizvoll die Innenhofterrasse.

24 Zim - 75/89 € 103/128 € - 1 Suite - ½ P

Hauptstr. 31, Oberhofen ✉ 76889 - ✆ 06343 700700 - www.landhotel-hauer.de - geschl. Januar 3 Wochen

PLIEZHAUSEN

Baden-Württemberg - 9 340 Ew. - Höhe 340 m - Regionalatlas **55**-G19
Michelin Straßenkarte 545

Schönbuch

KLASSISCHE KÜCHE • ELEGANT Ländlich-modern und elegant kommt das Restaurant im gleichnamigen Businesshotel daher - besonders schön sind die Fensterpätze mit Blick ins Tal! Gekocht wird klassisch-traditionell mit regional-saisonalen Einflüssen, von "Rostbraten" bis "Skreifilet mit Schweinebauch". Preislich interessantes Mittagsmenü. Gute Weinkarte und rund 200 Whiskypositionen.

Menü 39/69 € (abends) - Karte 30/60 €

45 Zim - 79/129 € 109/159 € - 10 €

Lichtensteinstr. 45 ✉ 72124 - ✆ 07127 9750 - www.hotel-schoenbuch.de - geschl. 23. Dezember - 7. Januar, August an den Wochenenden

In Pliezhausen-Dörnach Nord: 4 km, in Gniebel rechts

Landgasthaus zur Linde (Andreas Goldbach)

FRANZÖSISCH-KLASSISCH • GASTHOF Durch und durch sympathisch ist das Gasthaus von Andreas und Irene Goldbach, vom ländlichen Charme der Räume über die unkomplizierte Atmosphäre bis zur klassisch-saisonalen Küche, die angenehm schnörkellos und zugleich anspruchsvoll ist.

→ Dreierlei vom Thunfisch. Geschmortes Kalbsbäckchen, Röstzwiebelcreme, Kräuterseitlinge, Nudeln. Champagner, dunkle Schokolade, Traube.

Menü 58/72 € - Karte 52/71 €

Schönbuchstr. 8 ✉ 72124 - ✆ 07127 890066 (Tischbestellung ratsam) - www.linde-doernach.de - geschl. über Fasching 1 Woche, über Pfingsten 1 Woche, Mitte August - Anfang September 3 Wochen und Dienstag - Mittwoch, Samstagmittag

PLOCHINGEN

Baden-Württemberg - 13 809 Ew. - Höhe 276 m - Regionalatlas **55**-H18
Michelin Straßenkarte 545

Cervus

TRADITIONELLE KÜCHE • FREUNDLICH Ein wirklich nettes Gasthaus, das Ihnen neben unkomplizierter, legerer Atmosphäre richtig schmackhafte und frische Küche bietet. Es gibt Maultaschensuppe, Rostbraten und Wiener Schnitzel, aber auch "Kutteln italienische Art" oder "Skrei in Safransauce". Mittags kleinere, einfachere Karte. Charmanter Innenhof.

Menü 52 € (abends) - Karte 35/57 €

Bergstr. 1 ✉ 73207 - ✆ 07153 558869 (Tischbestellung ratsam) - www.gasthaus-cervus.de - Freitag - Samstag nur Abendessen - geschl. Sonntag - Montag sowie an Feiertagen

In Plochingen-Stumpenhof Nord-Ost: 3 km Richtung Schorndorf

Stumpenhof

REGIONAL • RUSTIKAL Ein herzliches "Grüß Gott", eine aufmerksame Beate Wägerle, immer mit einem offenen Ohr für die Wünsche der Gäste..., so sehen hier über 75 Jahre Familientradition aus! Die gute Küche reicht von Maultaschen über Rostbraten bis "Hohenloher Dry Aged Rinderrücken in Portweinsauce". Terrasse mit Aussicht!

Menü 22 € (mittags unter der Woche)/78 € - Karte 28/65 €

Am Stumpenhof 1 ✉ 73207 - ✆ 07153 22425 (Tischbestellung ratsam) - www.stumpenhof.de - geschl. Montag - Mittwochmittag

PLÖN

Schleswig-Holstein - 8 722 Ew. - Höhe 28 m - Regionalatlas **10**-J3
Michelin Straßenkarte 541

Brasserie am Schloss

INTERNATIONAL • BRASSERIE "Rinderfilet mit Marktgemüse und Kartoffel-Bärlauchpüree", "Zander an sautiertem Mangold" oder lieber Pizza? In der gemütlichen Brasserie gibt's frische internationale Küche. Dazu angenehm legerer Service und im Sommer eine schöne Terrasse.

Karte 28/64 €

Schlossberg 1 ✉ 24306 - ✆ 04522 1837 - www.brasserieploen.de - nur Abendessen, sonntags auch Mittagessen - geschl. Mittwoch

Landhaus Hohe Buchen

LANDHAUS • KLASSISCH Hier ist man gerne Gast, denn das hübsche alte Landhaus ist schön gepflegt und wird sympathisch-persönlich geführt. Drinnen liebenswerte stilvolle Einrichtung (im gemütlichen Lesezimmer wärmt im Winter der Kachelofen), draußen ein toller parkähnlicher Garten. Am Morgen ein gutes Frühstück vom Buffet.

12 Zim - 55/70 € 85/100 € - 1 Suite

Lütjenburgerstr. 34 ✉ 24306 - ✆ 04522 789410 - www.landhaus-hohebuchen.de - geschl. November - März

PÖSSNECK

Thüringen - 12 072 Ew. - Höhe 215 m - Regionalatlas **41**-L13
Michelin Straßenkarte 544

Villa Altenburg

HISTORISCHES GEBÄUDE • INDIVIDUELL Die in einem Park gelegene Villa von 1928 ist größtenteils im Originalzustand erhalten - einige schöne Antiquitäten und Parkettböden unterstreichen den historischen Charme. Genießen Sie vom Wintergarten oder von der Terrasse den Blick ins Grüne.

15 Zim - †63/85 € ††82/125 €

Straße des Friedens 49 ✉ 07381 - ✆ 03647 5042888 - www.villa-altenburg.de

POHLHEIM Hessen

➔ Siehe Gießen

POLLE

Niedersachsen - 1 180 Ew. - Höhe 90 m - Regionalatlas **28**-H10
Michelin Straßenkarte 541

Graf Everstein

REGIONAL • FREUNDLICH Bei Familie Multhoff genießt man frische Küche bei wunderschöner Aussicht auf die Weser! Probieren Sie z. B. saisonale Wildgerichte oder Klassiker wie "Kalbsleber mit Apfel-Zwiebelgemüse" oder die "Weser-Bergland-Tapas".

Menü 29/40 € - Karte 31/51 €

Amtsstr. 6 ✉ 37647 - ✆ 05535 999780 - www.graf-everstein.de - geschl. Montag - Dienstag

PONHOLZ

Bayern - 10 894 Ew. - Höhe 574 m - Regionalatlas **58**-M17
Michelin Straßenkarte 546

Einkehr zur alten Post

REGIONAL • FREUNDLICH Hier macht es Spaß, zu essen! In der schön renovierten "Alten Post" wird regional gekocht. Aus frischen, guten Produkten entstehen z. B. "Schaumsüppchen vom Bärlauch mit Wachtelei" oder "geschmorte Kalbshaxe mit Selleriepüree".

Menü 33/68 € - Karte 30/55 €

Postplatz 1 ✉ 93142 - ✆ 09471 6050646 - www.kandlbinders-kueche.de - nur Abendessen - geschl. Mittwoch

POPPENHAUSEN (WASSERKUPPE)

Hessen - 2 560 Ew. - Höhe 452 m - Regionalatlas **39**-I14
Michelin Straßenkarte 543

Hof Wasserkuppe

LANDHAUS • MODERN Was diesen Familienbetrieb ausmacht? Er liegt relativ ruhig in einem Wohngebiet, wird freundlich geführt und bietet Ihnen schön wohnliche und zeitgemäße Zimmer (darunter zwei Studios mit Küchenzeile) sowie einen netten Sauna- und Badebereich nebst "Vital-Studio" für Massage und Kosmetik.

16 Zim - †69/81 € ††110/120 € - 1 Suite

Pferdskopfstr. 3 ✉ 36163 - ✆ 06658 9810 - www.hof-wasserkuppe.de

POTSDAM

Brandenburg - 164 042 Ew. - Höhe 32 m - Regionalatlas **22**-O8
Michelin Straßenkarte 542

✿ Friedrich-Wilhelm

FRANZÖSISCH-KLASSISCH • ELEGANT XXX Klasse und Niveau auf der ganzen Linie: edel das Interieur samt eleganter Holztäfelung, engagiert, geschult und freundlich der Service, aromenreich und stimmig die moderne Küche, begleitet von schönen deutschen Weinen. Tipp: ein Platz am offenen Kamin.

→ Das Beste vom Potsdamer Sauenhain, Hagebutte und Portulak. Rehrücken, Sellerie, Pancetta und Holunderbeeren. Taube, rote Rüben, Salzkaramell und Spitzkohl.

Menü 79/119 €

Hotel Bayrisches Haus, Elisenweg 2, (im Wildpark), Süd-West: 6 km über Zeppelinstraße A2 ✉ 14471 – ✆ 0331 55050 – www.bayrisches-haus.de – nur Abendessen – geschl. Januar, Juli - August und Sonntag - Dienstag

Speckers Landhaus

REGIONAL • FREUNDLICH XX Lust auf "Steckrübencremesuppe mit Vanille" und "Steinbutt mit Liebstöckelschaum und Speckvinaigrette"? Die saisonal inspirierte Küche und das Landhaus-Flair dieses langjährigen Familienbetriebs kommen an. Wer über Nacht bleibt, schläft in individuellen und charmanten Zimmern.

Menü 48 € – Karte 38/63 €

3 Zim – †60/70 € ††75/85 €

Stadtplan : A1-b – *Jägerallee 13 ✉ 14469 – ✆ 0331 2804311 – www.speckers.de – nur Abendessen – geschl. Sonntag - Montag*

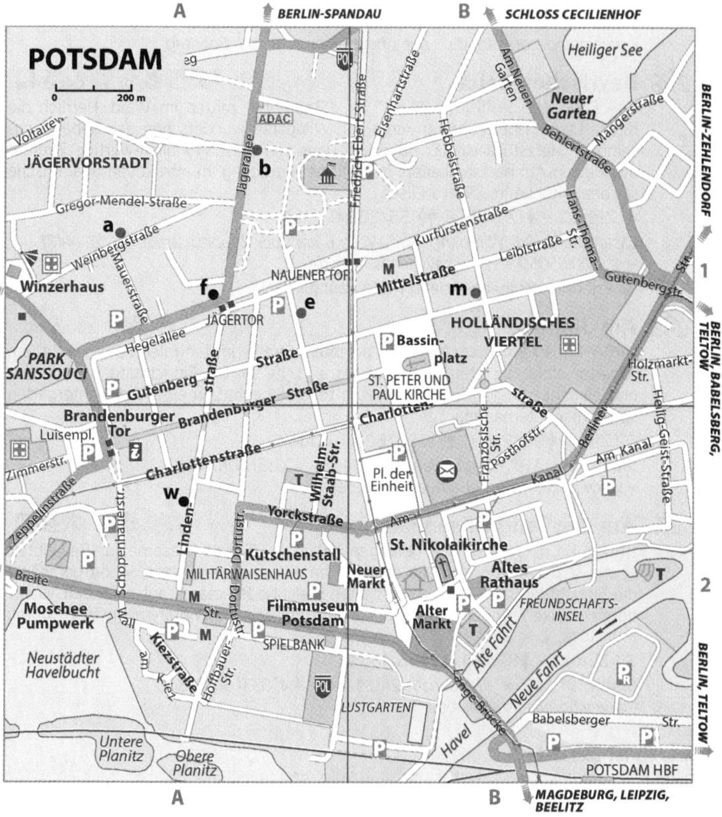

A
BERLIN-SPANDAU
B
SCHLOSS CECILIENHOF
POTSDAM
0
200 m
Heiliger See
Neuer Garten
JÄGERVORSTADT
Voltairew.
Gregor-Mendel-Straße
Jägerallee
ADAC
Friedrich-Ebert-Straße
Eisenhartstraße
Hebbelstraße
Am Neuen Garten
Behlertstraße
Mangerstraße
Hans-Thoma-Str.
BERLIN-ZEHLENDORF
Weinbergstraße
Mauerstraße
Winzerhaus
Kurfürstenstraße
Leiblstraße
NAUENER TOR
Mittelstraße
Gutenbergstr.
JÄGERTOR
HOLLÄNDISCHES VIERTEL
Hegelallee
Bassinplatz
PARK SANSSOUCI
Gutenbergstraße
ST. PETER UND PAUL KIRCHE
Holzmarkt-Str.
BERLIN, BABELSBERG, TELTOW
Brandenburger Tor
Brandenburger Straße
Charlotten-straße
Luisenpl.
Zimmerstr.
Charlottenstraße
Wilhelm-Staab-Str.
Pl. der Einheit
Französische Str.
Posthofstr.
Berliner
Am Kanal
Heilig-Geist-Straße
Zeppelinstraße
Lindenstr.
Dortustr.
Yorckstraße
Schopenhauerstr.
Kutschenstall
St. Nikolaikirche
MILITÄRWAISENHAUS
Neuer Markt
Altes Rathaus
Breite Str.
Moschee Pumpwerk
Filmmuseum Potsdam
Alter Markt
FREUNDSCHAFTS-INSEL
Am Kanal
Wall am Kiez
Kiezstraße
Hoffbauer-Str.
SPIELBANK
Alte Fahrt
Neustädter Havelbucht
Neue Fahrt
BERLIN, TELTOW
LUSTGARTEN
Lange Brücke
Babelsberger Str.
Havel
Untere Planitz
Obere Planitz
POTSDAM HBF
A
B
MAGDEBURG, LEIPZIG, BEELITZ
1
2

Juliette

FRANZÖSISCH-KLASSISCH • GEMÜTLICH Sie suchen ein Stück französische Lebensart mitten in Potsdam? In dem wirklich liebenswerten Restaurant im Holländischen Viertel bietet man auf drei Ebenen ambitionierte klassische Küche aus frischen Produkten, dazu die passenden Weine, und im Hintergrund stimmen Sie Chansons aufs Essen ein!

Menü 39/85 € – Karte 43/60 €

Stadtplan : A1-e – *Jägerstr. 39 ✉ 14467 – ✆ 0331 2701791 – www.restaurant-juliette.de – geschl. Januar - November: Dienstag*

Arlecchin

MEDITERRAN • GEMÜTLICH Pasta, gefüllte Perlhuhnbrust, Rotweinbirnen-Tarte... Auf den Tisch kommen mediterrane Speisen. Und die Atmosphäre? Die wird bestimmt durch das behagliche Wohnzimmer-Ambiente und charmanten Service.

Karte 40/53 €

Stadtplan : B1-m – *Hebbelstr. 54 ✉ 14467 – ✆ 0331 2437720 – www.arlecchin.de – geschl. Montag*

Pino

ITALIENISCH • GEMÜTLICH Hier ist man gerne Gast. Unverputzte Backsteinwände verleihen der netten Trattoria eine besondere Note, von der Schiefertafel wählt man italienische Speisen, die frisch und saisonal sind.

Menü 35 € – Karte 38/60 €

Stadtplan : A1-a – *Weinbergstr. 7 ✉ 14469 – ✆ 0331 2703030 – www.pino-potsdam.de – nur Abendessen – geschl. Sonntag*

Bayrisches Haus

SPA UND WELLNESS • ELEGANT Ein "Stadthotel" mitten im Wald. Herrlich die ruhige Lage (Tipp: Führung durch den Wildpark), wunderschön das Gebäudeensemble - Herzstück ist das Bayrische Haus von 1847. Wohnlich-wertige Zimmer mit kleinen Aufmerksamkeiten, freundliche Betreuung im attraktiven Spa. Frische saisonale Küche im "Bistro Elise".

41 Zim – 125/175 € 155/205 € – ½ P

Elisenweg 2, (im Wildpark), Süd-West: 6 km über Zeppelinstraße A2 ✉ 14471 – ✆ 0331 55050 – www.bayrisches-haus.de

❀ **Friedrich-Wilhelm** – siehe Restaurantauswahl

Am Jägertor

URBAN • INDIVIDUELL An einer belebten Straße in zentraler Lage direkt am Jägertor steht das stattliche Gebäude a. d. 18. Jh. Die Einrichtung ist wohnlich und elegant, ruhiger die Zimmer zum tollen Innenhof. In einer Art Wintergarten speist man international.

62 Zim – 96/236 € 108/262 € – 16 €

Stadtplan : A1-f – *Hegelallee 11 ✉ 14467 – ✆ 0331 2011100 – www.potsdam-hotel-am-jaegertor.de*

Am Großen Waisenhaus

HISTORISCH • MODERN Angefangen hat alles 1753 als "Kaserne für Beweibte", heute ist der historische Bau im Zentrum ein modernes Hotel. Schön geradlinig die Einrichtung der Zimmer - wer alten Dielenboden mag, fragt nach den "Quartieren deluxe". Angenehm sitzt man am Morgen im Wintergarten beim guten Frühstück.

34 Zim – 85/110 € 95/165 €

Stadtplan : A2-w – *Lindenstr. 28 ✉ 14467 – ✆ 0331 6010780 – www.hotelwaisenhaus.de*

POTTENSTEIN

Bayern – 5 286 Ew. – Höhe 368 m – Regionalatlas **50**-L16
Michelin Straßenkarte 546

Schwan

FAMILIÄR • FUNKTIONELL Bei den Bruckmayers schläft man nicht nur sehr gepflegt und preislich fair, ein Tipp ist auch das eigene Café: lecker die hausgebackenen Kuchen! Wenn's herzhaft sein soll, fragen Sie nach dem Wirtshaus der Familie, dem "Urbräu"! Übrigens: direkter und kostenloser Zugang zum "Juramar"-Bad, Sauna gegen Gebühr.

26 Zim – 53/57 € 80/88 €

Am Kurzentrum 6 ✉ 91278 – ✆ 09243 9810 – www.hotel-bruckmayer.de – geschl. Januar

In Pottenstein-Kirchenbirkig Süd: 4 km

Bauernschmitt

GASTHOF • FUNKTIONELL Im Dorfkern steht der erweiterte fränkische Landgasthof unter familiärer Leitung. Sehr gepflegte, praktische Zimmer, ein hübscher Garten sowie ein Saunabereich, Kosmetik und Massage. Bei schönem Wetter können Sie auf der Terrasse frühstücken. Bürgerlich speist man im rustikalen Restaurant.

50 Zim – 45/50 € 80/90 € – 2 Suiten – ½ P

St.-Johannes-Str. 25 ✉ 91278 – ✆ 09243 9890 – www.landgasthof-bauernschmitt.de – geschl. 15. November - 14. Dezember

PREETZ

Schleswig-Holstein – 15 671 Ew. – Höhe 24 m – Regionalatlas **10**-J3
Michelin Straßenkarte 541

In Lehmkuhlen-Dammdorf Nord-Ost: 2 km

Neeth

LANDHAUS • GEMÜTLICH Seit Generationen wird das nette Landhaus von der Familie geführt. Ob im Stammhaus oder in einem der beiden Gästehäuser, ob rustikal oder modern – wohnlich sind die Zimmer alle, und zudem preislich fair! Einladend auch der lichte Saunabereich. Im Restaurant mit Wintergarten speist man regional-bürgerlich.

16 Zim – 78/99 € 108/135 € – 2 Suiten – ½ P

Preetzer Str. 1 ✉ 24211 – ✆ 04342 82374 – www.neeth.de – geschl. 27. Dezember - 4. Januar, 8. - 14. Oktober

PREROW

Mecklenburg-Vorpommern – 1 489 Ew. – Höhe 1 m – Regionalatlas **5**-N3
Michelin Straßenkarte 542

In Wieck a. Darss Süd: 4 km

Gute Stube

REGIONAL • LÄNDLICH XX Mit seiner charmanten Einrichtung im nordischen Stil trägt das Restaurant den Namen "Gute Stube" zu Recht. Die Küche ist frisch und regional, Kräuter und Gemüse kommen teilweise aus dem eigenen Garten. Es gibt auch ein vegetarisches Menü.

Menü 36/59 € – Karte 43/52 €

Hotel Haferland, Bauernreihe 5a ✉ 18375 – ✆ 038233 680 – www.hotelhaferland.de – nur Abendessen – geschl. 1. - 9. Dezember

Haferland

LANDHAUS • GEMÜTLICH Schön liegen die drei Reetdachhäuser nahe dem Bodden auf einem großen Naturgrundstück mit Kräuter- und Gourmetgarten, Teichen, Wald und Feuchtwiese. Gemütliche Zimmer, tolles Hallenbad mit Sauna und Ruheraum in der "Gesundheitsscheune", Langschläferfrühstück bis 13 Uhr. Tipp: Ausflug mit den "Zeesenbooten".

34 Zim – 130/160 € 150/180 € – 12 Suiten – ½ P

Bauernreihe 5a ✉ 18375 – ✆ 038233 680 – www.hotelhaferland.de – geschl. 1. - 9. Dezember

Gute Stube – siehe Restaurantauswahl

PRESSECK

Bayern – 1 840 Ew. – Höhe 642 m – Regionalatlas **50**-L14
Michelin Straßenkarte 546

In Presseck-Wartenfels Süd-West: 7,5 km

Gasthof Berghof - Ursprung

REGIONAL • GASTHOF "Tradition trifft Moderne" gilt sowohl fürs Ambiente als auch für die Küche. Das Angebot ist recht breit: regionale Gerichte wie "Pfefferhaxe vom fränkischen Landschwein", eine Brotzeitkarte, Steaks... Und wer etwas ambitionierter essen möchte, wählt eines der beiden Menüs (das "Große" oder das "Kleine").

Menü 37/63 € – Karte 33/69 €

5 Zim – 49 € 79 €

Wartenfels 85 ✉ 95355 – ✆ 09223 229 – www.berghof-wartenfels.de – geschl. 8. Januar - 7. Februar und Montag - Dienstag

PRICHSENSTADT

Bayern – 3 127 Ew. – Höhe 248 m – Regionalatlas **49**-J15
Michelin Straßenkarte 546

Freihof

HISTORISCH • MODERN Der aufwändig restaurierte alte Gutshof kann sich wirklich sehen lassen: hochwertig und geschmackvoll das moderne Interieur, Fachwerk-Charme trifft auf klares Design. Sie möchten auf stilvolle Art die Gegend erkunden? Man verleiht Motorkutschen! Und für Feierlichkeiten gibt es die Eventscheune.

43 Zim – 80/120 € 100/160 € – ½ P

Freihofgasse 3 ✉ 97357 – ✆ 09383 9020340 – www.hotelfreihof.com – geschl. 2. - 8. Januar

Zum Storch

GASTHOF • GEMÜTLICH Aus dem Jahre 1658 stammt der Gasthof, der seit über 130 Jahren als Familienbetrieb geführt wird. Die Zimmer sind sehr gepflegt und in wohnlich-ländlichem Stil eingerichtet. Nett die Wirtschaft mit schönem Innenhof unter alten Bäumen. Weine aus eigenem Anbau.

13 Zim – 65/90 € 75/105 €

Luitpoldstr. 7 ✉ 97357 – ✆ 09383 6587 – www.gasthof-storch.de – geschl. Januar

PRIEN am CHIEMSEE

Bayern – 10 355 Ew. – Höhe 533 m – Regionalatlas **66**-N21
Michelin Straßenkarte 546

Thomas Mühlberger

KLASSISCHE KÜCHE • BISTRO Das moderne Konzept kommt an: In legerer Atmosphäre sitzt man an einer langen Theke bei frischer klassisch-saisonaler Küche - gute Beratung auch in Sachen Wein. Abends wird das Bistro zum Küchenstudio für Veranstaltungen und Kochkurse.

Menü 28/82 € – Karte 50/75 €

Bernauer Str. 31 ✉ 83209 – ✆ 08051 966888 – www.kochstdunoch.de – geöffnet bis 18 Uhr, Freitag - Samstag bis 20 Uhr – geschl. Sonntag - Dienstag

Garden Hotel Reinhart

FAMILIÄR • GEMÜTLICH Wirklich gepflegt wohnt man hier: In den Zimmern helles warmes Holz und hübsche Stoffe (Einzelzimmer recht groß), draußen der schöne Garten mit Liegewiese, beim guten Frühstück schaut man ins Grüne. Außerdem liegt das Haus ruhig und seenah! Im Restaurant kocht man regional-saisonal.

37 Zim – 95/110 € 140/180 € – ½ P

Erlenweg 16 ✉ 83209 – ✆ 08051 6940 – www.reinhart-hotel.de – geschl. Ende Oktober - Anfang April

Neuer am See

GASTHOF • GEMÜTLICH Nur 200 m trennen Sie vom See und der Chiemsee-Schifffahrt zum Königsschloss. Highlight unter den wertigen Zimmern ist die große Panoramasuite unterm Dach. Freundlicher Cafébereich im Restaurant: Versuchen Sie erst gar nicht, den hausgemachten Leckereien zu widerstehen!

29 Zim – 55/86 € 94/148 € – 3 Suiten – ½ P

Seestr. 104 ✉ 83209 – ✆ 08051 609960 – www.neuer-am-see.de

PRITZWALK

Brandenburg – 11 909 Ew. – Höhe 63 m – Regionalatlas **21**-M6
Michelin Straßenkarte 542

Waldhotel Forsthaus Hainholz

LANDHAUS • GEMÜTLICH Wirklich gepflegt wohnt man in dem gut geführten Hotel, das schön in einem kleinen Wald liegt. Die Zimmer sind freundlich eingerichtet, man kümmert sich herzlich um die Gäste und am Morgen erwartet Sie ein gutes Frühstück. Die bürgerliche Küche lässt man sich im Sommer gerne auf der Terrasse servieren.

24 Zim – 65/75 € 85/90 €

Hainholz 2, Nord-Ost: 1,5 km über B 103 Richtung Meyenburg ✉ 16928 – ✆ 03395 300790 – www.hotel-hainholz.de

PROBSTRIED Bayern → Siehe Dietmannsried

PULHEIM

Nordrhein-Westfalen – 53 345 Ew. – Höhe 47 m – Regionalatlas **35**-B12
Michelin Straßenkarte 543

In Pulheim-Dansweiler Süd-West: 6 km über Brauweiler

Il Paradiso

MEDITERRAN • FAMILIÄR XX In dem Familienbetrieb in einer ruhigen Seitenstraße stehen zwei Brüder gemeinsam am Herd und bereiten mediterrane Gerichte zu. Drinnen sitzt man in gemütlich-freundlichem Ambiente, draußen hat man eine schöne Gartenterrasse. Kommen Sie auch mal zum günstigen Lunch!

Menü 35/48 € – Karte 33/60 €

Zehnthofstr. 26 ✉ 50259 – ✆ 02234 84613 – www.il-paradiso.de – geschl. Montag - Dienstagmittag, Samstagmittag

In Pulheim-Stommeln Nord: 5 km Richtung Grevenbroich

Gut Lärchenhof

FRANZÖSISCH-MODERN • ELEGANT XXX Sie möchten beim Essen den Blick auf den Golfplatz genießen? Dann wählen Sie in dem eleganten Restaurant einen der Fenstertische! Die Küche ist modern inspiriert und wird begleitet von einer sehr schönen Weinkarte.

→ Thunfisch, Melone und Gurke. Kalbsbäckchen, Pfifferlinge und Farn. Reh, Hanf und Holunder.

Menü 75/115 € – Karte 60/95 €

Hahnenstraße, (Im Golfclub Lärchenhof, Zufahrt über Am Steinwerk) ✉ 50259 – ✆ 02238 9231016 (Tischbestellung ratsam) – www.restaurant-gutlaerchenhof.de – geschl. Anfang Januar 10 Tage, über Karneval und Montag - Dienstag

Bistro – siehe Restaurantauswahl

Bistro

MARKTKÜCHE • BISTRO X Wer es gerne mal ein bisschen einfacher hat, für den ist das Bistro ideal. Hier gibt es in neuzeitlichem Ambiente Klassiker und Aktuelles. Nicht nur für Golfer eine interessante Adresse.

Menü 35/60 € – Karte 25/70 €

Restaurant Gut Lärchenhof, Hahnenstraße, (Im Golfclub Lärchenhof, Zufahrt über Am Steinwerk) ✉ 50259 – ✆ 02238 9231016 – www.restaurant-gutlaerchenhof.de – geschl. Anfang Januar 10 Tage, über Karneval

PULLACH

Bayern - 8 887 Ew. - Höhe 583 m - Regionalatlas **65**-L20
Michelin Straßenkarte 546

Alte Brennerei

MARKTKÜCHE • GEMÜTLICH Komplett in Holz gehalten und hübsch dekoriert versprüht das kleine Chalet alpenländischen Charme. In dieser gemütlichen Atmosphäre gibt es saisonale Gerichte - man kocht für Sie auch laktose- und glutenfrei.

Menü 52 € - Karte 44/66 €

Habenschadenstr. 4a ✉ 82049 - ✆ 089 74849688 (Tischbestellung ratsam) - www.altebrennerei-pullach.de - nur Abendessen - geschl. 1. - 13. Januar und Sonntag - Montag

Seitner Hof

LANDHAUS • GEMÜTLICH Wohnliche Zimmer, schöner Garten, ruhige Lage und dennoch gute Anbindung nach München, dazu der freundliche Service - da kommen schon so einige Annehmlichkeiten zusammen. Natürlich sei auch die kleine Bibliothek erwähnt!

40 Zim - †125/258 € ††159/312 €

Habenschadenstr. 4 ✉ 82049 - ✆ 089 744320 - www.seitnerhof.de - geschl. 22. Dezember - 7. Januar

PUTBUS Mecklenburg-Vorpommern

→ Siehe Rügen (Insel)

PYRMONT, BAD

Niedersachsen - 19 088 Ew. - Höhe 111 m - Regionalatlas **28**-H9
Michelin Straßenkarte 541

Alte Villa Schlossblick

REGIONAL • FREUNDLICH In der netten Villa wird bürgerlich-regionale Küche aufgetischt. Und die bekommen Sie in ansprechendem Ambiente serviert: Angenehm hell durch die große Fensterfront, schön frisch durch die freundlichen Rottöne.

Menü 27 € (mittags)/49 € (abends) - Karte 29/57 €

Hotel Alte Villa Schlossblick, Kirchstr. 23 ✉ 31812 - ✆ 05281 95660 - www.alte-villa-schlossblick.de - geschl. 1. Januar - 6. Februar, 28. September - 17. Oktober und Montag - Dienstag

Steigenberger

SPA UND WELLNESS • KLASSISCH Als einstiges "Fürstliches Kurhotel" bietet das Haus am Kurpark einen klassisch-komfortablen Rahmen. Gut ausgestattete Zimmer mit Balkon/Terrasse, dazu Wellness auf 1500 qm. Und gastronomisch? Restaurant "Palmengarten", Bistro "La bonne cuisine", Markthalle, Brasserie und "Bayerisches Platzl".

151 Zim - †89/250 € ††139/380 € - 3 Suiten - ½ P

Heiligenangerstr. 2 ✉ 31812 - ✆ 05281 1502 - www.bad-pyrmont.steigenberger.de

Alte Villa Schlossblick

PRIVATHAUS • GEMÜTLICH Schon die Fassade der denkmalgeschützten Villa von 1894 ist sehr einladend, dazu die attraktive Lage am Kurpark gegenüber der Spielbank. Drinnen ist das Haus natürlich ganz stilgerecht mit seinen hohen Räumen und der eleganten Einrichtung.

12 Zim - †57/59 € ††98/102 € - ½ P

Kirchstr. 23 ✉ 31812 - ✆ 05281 95660 - www.alte-villa-schlossblick.de - geschl. 1. Januar - 6. Februar, 28. September - 17. Oktober

Alte Villa Schlossblick - siehe Restaurantauswahl

QUEDLINBURG

Sachsen-Anhalt - 24 742 Ew. - Höhe 122 m - Regionalatlas **30**-K10
Michelin Straßenkarte 542

Theophano im Palais Salfeldt

INTERNATIONAL • ELEGANT XX In dem ehemaligen Kornspeicher im Zentrum sitzt man unter einem tollen alten Kreuzgewölbe - das geradlinige Interieur macht sich gut dazu. Aus frischen Produkten entsteht z. B. "gefüllte Perlhuhnbrust auf Blattspinat mit Cremolata-Gnocchi". Im Sommer lockt der hübsche Innenhof. Tipp: Parken in der Essiggasse.

Menü 37/69 € – Karte 30/51 €

Kornmarkt 6 ✉ 06484 – ✆ 03946 526601 – www.restaurant-theophano.de – nur Abendessen – geschl. 7. Januar - 2. Februar und Sonntag - Montag

Weinstube

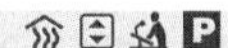

REGIONAL • KLASSISCHES AMBIENTE X Die ehemalige Stallung ist heute ein reizender Raum, in dem Terrakottafliesen, warme Töne und eine alte Backsteindecke ländliches Flair versprühen. Die Küche ist klassisch-regional und saisonbezogen, auf der Karte z. B. "Beelitzer Kaninchenkeule, Spitzkohl, Aprikose, Semmelknödel".

Menü 32 € – Karte 31/44 €

Hotel Am Brühl, Billungstr. 11 ✉ 06484 – ✆ 03946 96180 – www.hotelambruehl.de – nur Abendessen, sonntags auch Mittagessen – geschl. Januar - März: Sonntag

Hotel Am Brühl

HISTORISCH • GEMÜTLICH Ein denkmalgeschütztes Fachwerkgebäude und eine Gründerzeitvilla wurden sorgsam restauriert und bieten einen wirklich charmanten Rahmen. Entspannen lässt es sich z. B. am offenen Kamin oder im romantischen Innenhof. In die überaus sehenswerte Altstadt sind es übrigens nur ca. 10 Minuten zu Fuß!

48 Zim – 75/120 € 95/130 € – 5 Suiten – ½ P

Billungstr. 11 ✉ 06484 – ✆ 03946 96180 – www.hotelambruehl.de

Weinstube – siehe Restaurantauswahl

Zum Bär

HISTORISCH • TRADITIONELL Das traditionsreiche Hotel in dem Ensemble von Altstadthäusern am Markt verfügt über geschmackvolle Zimmer, darunter zwei Suiten. Zum Entspannen gibt es Kosmetik und Massage. Im Restaurant speist man bürgerlich, dazu ein Café und eine Terrasse auf dem Marktplatz.

48 Zim – 60/90 € 95/140 € – 2 Suiten – ½ P

Markt 8, Zufahrt über Neuer Weg und Pölle 4 ✉ 06484 – ✆ 03946 7770 – www.hotelzumbaer.de – geschl. über Weihnachten

QUICKBORN

Schleswig-Holstein – 20 443 Ew. – Höhe 19 m – Regionalatlas **10**-I5
Michelin Straßenkarte 541

Jagdhaus Waldfrieden

INTERNATIONAL • ELEGANT XX Gemütliches Kaminzimmer, luftiger Wintergarten oder die schöne Terrasse im Grünen? Auf der Karte z. B. "Filet vom weißen Heilbutt mit Chicorée, Pancetta, Rucola, Tomaten und Basilikum". Tipp: das preislich faire Mittagsmenü.

Menü 22 € (mittags unter der Woche)/36 € – Karte 33/66 €

Hotel Jagdhaus Waldfrieden, Kieler Str.1, Nord: 3 km an der B 4 Richtung Bilsen ✉ 25451 – ✆ 04106 61020 – www.waldfrieden.com – geschl. Montag

Jagdhaus Waldfrieden

LANDHAUS • ELEGANT Die ehemalige Privatvilla mit Nebengebäuden und schönem Park bietet einen idealen Rahmen für Feierlichkeiten wie Hochzeiten. Die Gästezimmer sind stimmig und sehr wohnlich gestaltet.

25 Zim – 86/99 € 135/166 €

Kieler Str.1, Nord: 3 km an der B 4 Richtung Bilsen ✉ 25451 – ✆ 04106 61020 – www.waldfrieden.com

Jagdhaus Waldfrieden – siehe Restaurantauswahl

RABENAU Sachsen → Siehe Freital

RADEBEUL

Sachsen – 33 853 Ew. – Höhe 117 m – Regionalatlas **43**-Q12
Michelin Straßenkarte 544

Atelier Sanssouci

KLASSISCHE KÜCHE • ELEGANT XX Hier ist schon der Rahmen einen Besuch wert: ein mediterran-eleganter Saal mit markanten Lüstern, Wandmalerei und hoher Stuckdecke. Geboten wird ein Menü, aus dem Sie jeden Gang klassisch oder modern interpretiert wählen können.

Menü 69/99 €

Stadtplan : A1-h – *Hotel Villa Sorgenfrei, Augustusweg 48, (Stadtplan Dresden) ✉ 01445 – ✆ 0351 7956660 – www.atelier-sanssouci.de – nur Abendessen, sonntags auch Mittagessen – geschl. 27. Januar - 8. Februar und Dienstag - Mittwoch*

Villa Sorgenfrei

HERRENHAUS • GEMÜTLICH Ein wirklich wundervolles Anwesen ist das Herrenhaus a. d. 18. Jh. samt herrlichem Garten. Stilvolle Möbel, helle Farben, Dielenböden, teilweise gemütliche Dachschrägen... Die Zimmer mischen äußerst geschmackvoll historischen Charme mit modernem Komfort. Ein Genuss ist auch das A-la-carte-Frühstück!

14 Zim – †84/129 € ††94/169 € – 2 Suiten

Stadtplan : A1-h – *Augustusweg 48, (Stadtplan Dresden) ✉ 01445 – ✆ 0351 7956660 – www.hotel-villa-sorgenfrei.de – geschl. 27. Januar - 8. Februar*

Atelier Sanssouci – siehe Restaurantauswahl

RADEBURG

Sachsen – 7 390 Ew. – Höhe 147 m – Regionalatlas **43**-Q11
Michelin Straßenkarte 544

In Radeburg-Bärwalde Süd-West: 4,5 km

Gasthof Bärwalde

KLASSISCHE KÜCHE • LÄNDLICH X Die Fahrt in das ruhig gelegene Dörfchen lohnt sich, denn Familie Seidel hat hier ein gemütliches Gasthaus, in dem Patron Olav klassisch, produktbezogen und schmackhaft kocht, z. B. "Schmorstück vom Charolais-Bullen mit glaciertem Wurzelgemüse". Die Weinkarte verrät, dass man lange im Badischen war.

Menü 32 € – Karte 33/55 €

Kalkreuter Str. 10a ✉ 01471 – ✆ 035208 342901 – nur Abendessen, sonntags auch Mittagessen – geschl. Sonntagabend, Dienstag - Mittwoch

RADEVORMWALD

Nordrhein-Westfalen – 22 115 Ew. – Höhe 360 m – Regionalatlas **36**-D11
Michelin Straßenkarte 543

Außerhalb Nord-Ost: 3 km an der B 483 Richtung Schwelm

Zur Hufschmiede

LANDHAUS • INDIVIDUELL Das in einer Seitenstraße gelegene Hotel, eine ehemalige Schule, hat wohnliche Zimmer und einen netten Frühstücksraum. Tipp: Fragen Sie nach den Zimmern zum Garten. Im 50 m entfernten Restaurant herrscht eine ländlich-gemütliche Atmosphäre.

23 Zim – †67/86 € ††102/132 € – ☕ 9 €

Neuenhof 1 ✉ 42477 Radevormwald – ✆ 02195 92760 – www.zurhufschmiede.de

RADOLFZELL

Baden-Württemberg – 30 485 Ew. – Höhe 404 m – Regionalatlas **62**-G21
Michelin Straßenkarte 545

bora HotSpaResort

RESORT • MODERN Urlauber, Wellnessgäste, Tagungen... Die Lage nur einen Steinwurf vom See entfernt und die schicke wertig-moderne Einrichtung im ganzen Haus spricht jeden an! Alle Zimmer mit Balkon. Sie möchten richtig schön entspannen? SPA nebenan.

84 Zim – 159/259 € 205/265 € – ½ P

Karl-Wolf-Str. 35 ✉ 78315 – ✆ 07732 950400 – www.bora-hotsparesort.de

K99

URBAN • MODERN Topmodern und urban geht es hier am äußersten Stadtrand zu. In den Zimmern geradliniger Stil, schöner Parkettboden und sehr gute Technik, der Frühstücksraum ein echtes Highlight: 8. Etage, tolle Dachterrasse, herrliche Aussicht!

60 Zim – 82/130 € 99/169 €

Kasernenstr. 99 ✉ 78315 – ✆ 07732 9788899 – www.hotel-k99.de

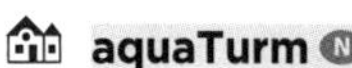

aquaTurm N

URBAN • UMWELTBEWUSST Ein einzigartiges Null-Energie-Hotel. Hier verbindet sich der ökologische Aspekt mit chic-modernem Design und Wohlfühlkomfort. Highlight: die "Zoller Spa-Suite" in der 12. Etage! Wunderbar relaxen und frühstücken kann man in der "Unterseelounge" im 11. Stock bei toller Aussicht! Tipp für Familien: Apartments.

20 Zim – 108/130 € 140/180 €

Güttinger Str. 15 ✉ 78315 – ✆ 07732 52255 – www.aquaturm.de

Auf der Halbinsel Mettnau

Art Villa am See

FAMILIÄR • INDIVIDUELL So einiges zieht die Gäste hierher: traumhaft die Lage am Mettnaupark, der See vor der Tür, geschmackvolle Zimmer, der schöne Garten, die Ruhe... Sie können Fahrräder leihen und bei Beauty- und Ayurveda-Anwendungen entspannen. Der Chef bietet zudem eine ausgezeichnete Weinauswahl mit 500 Positionen.

9 Zim – 97/190 € 135/215 € – 3 Suiten

Rebsteig 2/2 ✉ 78315 – ✆ 07732 94440 – www.artvilla.de

In Moos Süd-West: 4 km

Gasthaus Schiff

GASTHOF • AM SEE Relativ ruhig liegt der Familienbetrieb in Seenähe beim Bootshafen. Tipp: Fragen Sie nach den neueren Zimmern im Haupthaus! Richtig schön sitzt man auf der Terrasse unter Platanen bei leckerem Fisch aus dem Bodensee!

40 Zim – 49/98 € 78/112 €

Hafenstr. 1 ✉ 78345 – ✆ 07732 99080 – www.schiff-moos.de – geschl. Februar - Mitte März

RAHDEN

Nordrhein-Westfalen – 15 365 Ew. – Höhe 45 m – Regionalatlas **17**-F8
Michelin Straßenkarte 543

Rupert

INTERNATIONAL • ELEGANT XX In modern-elegantem Ambiente machen regionale und internationale Speisen sowie eine saisonale Empfehlung von der Tafel Appetit. Schön für Feiern sind die gemütlichen "Schweizer Stuben" und der "Spiegelsaal".

Menü 37 € – Karte 28/61 €

Hotel Westfalen Hof, Rudolf-Diesel-Str. 13 ✉ 32369 – ✆ 05771 97000 – www.westfalen-hof.de

Westfalen Hof

LANDHAUS • GEMÜTLICH Interessant ist dieses gut geführte Haus zum einen wegen seiner neuzeitlich-wohnlichen Gästezimmer, zum anderen überzeugt hier ein gutes Sport- und Vitalangebot: Sauna, Soccer- und Tennishalle, Sky-Sportsbar, Kegelbahn...

34 Zim ☕ - †59/85 € ††80/105 € - ½ P

Rudolf-Diesel-Str. 13 ✉ 32369 - ✆ 05771 97000 - www.westfalen-hof.de

Rupert - siehe Restaurantauswahl

RAIN am LECH

Bayern - 8 817 Ew. - Höhe 402 m - Regionalatlas **57**-K18
Michelin Straßenkarte 546

Dehner Blumen Hotel

BUSINESS • KLASSISCH Das komfortable Hotel des bekannten Garten-Center-Betreibers bietet wohnliche Zimmer im alpenländischen Stil sowie das Restaurant "Rosenstube" mit hübscher Terrasse - von hier schaut man ins Grüne. Gekocht wird regional und international. Relaxen kann man im schönen Wellnessbereich.

91 Zim ☕ - †100/125 € ††125/150 € - 3 Suiten - ½ P

Bahnhofstr. 19 ✉ 86641 - ✆ 09090 760 - www.dehner-blumenhotel.de

RAMMINGEN Baden-Württemberg ➔ Siehe Langenau

RAMSAU

Bayern - 1 742 Ew. - Höhe 670 m - Regionalatlas **67**-O21
Michelin Straßenkarte 546

Berghotel Rehlegg

LANDHAUS • REGIONAL Der gewachsene Familienbetrieb ist ideal für Wanderer: Wanderweg zum Watzmann direkt am Haus, gratis dazu ein Rucksack mit Equipment! Man speist im hübschen regionstypischen Restaurant mit Sonnenterrasse und schläft in wohnlichen Zimmern. Tipp: schicke alpenländisch-moderne Suiten und Studios in der Residenz.

79 Zim ☕ - †99 € ††242 € - 8 Suiten - ½ P

Holzengasse 16 ✉ 83486 - ✆ 08657 98840 - www.rehlegg.de

An der Straße nach Loipl Nord: 6 km

Nutzkaser

GASTHOF • TRADITIONELL Kein Wunder, dass der Familienbetrieb sehr gut gebucht ist: einfach klasse die Lage mitten in den Bergen, ringsum tolle Wanderwege, traumhaft die Terrasse mit Blick auf Watzmann, Watzfrau und Hochkalter, dazu sympathische Gastgeber und behagliche Zimmer sowie Panoramarestaurant und gemütliches Kaminstüberl.

23 Zim ☕ - †61/68 € ††86/130 € - ½ P

Am Gseng 10 ✉ 83486 Ramsau - ✆ 08657 388 - www.hotel-nutzkaser.de - geschl. Mitte November - Mitte Dezember

RAMSEN

Rheinland-Pfalz - 1 776 Ew. - Höhe 232 m - Regionalatlas **47**-E16
Michelin Straßenkarte 543

Seehaus Forelle

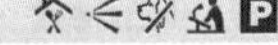

FAMILIÄR • DESIGN In idyllischer Lage an einem Weiher erwarten Sie modern designte Zimmer im "haeckenhaus" sowie 100 m entfernt im "forsthaus" und einem kleinen Nebenhaus. TV auf Wunsch. Restaurant mit Seeterrasse, Kaminzimmer und elegantem "Grünem Salon". Süßwasserfisch-Spezialitäten.

20 Zim ☕ - †70/125 € ††90/150 € - 1 Suite - ½ P

Eiswoog 1, Süd-West: 4 km, Richtung Kaiserslautern ✉ 67305 - ✆ 06356 60880 - www.seehaus-forelle.de

RANDERSACKER

Bayern - 3 366 Ew. - Höhe 175 m - Regionalatlas **49**-I16
Michelin Straßenkarte 546

Bären

REGIONAL • RUSTIKAL Was dieses Restaurant so nett und beliebt macht? Zum einen ist es der traditionelle Charme, zum anderen die regionale Saisonküche - und natürlich die Spezialität: Forelle. Gerne sitzen die Gäste im Sommer im lauschigen Innenhof.

Karte 25/66 €

Hotel Bären, Würzburgerstr. 6 ✉ 97236 - ✆ 0931 70510 - www.baeren-randersacker.de - geschl. 23. Dezember - 7. Januar, 12. - 29. August und Sonntagabend

Bären

GASTHOF • GEMÜTLICH Der hübsche Gasthof ist seit 1886 in Familienhand. Alles ist tipptopp gepflegt, die Atmosphäre sympathisch. Wie wär's mit einem der ganz modernen, schicken Zimmer? Und am Morgen gibt's ein frisches Frühstück. Tagungsräume im Gartenhaus.

37 Zim - †63/95 € ††95/123 €

Würzburgerstr. 6 ✉ 97236 - ✆ 0931 70510 - www.baeren-randersacker.de - geschl. 23. Dezember - 7. Januar, 12. - 29. August

Bären – siehe Restaurantauswahl

RATEKAU

Schleswig-Holstein - 15 193 Ew. - Höhe 20 m - Regionalatlas **11**-K4
Michelin Straßenkarte 541

In Ratekau-Warnsdorf Nord-Ost: 9 km

Landhaus Töpferhof

LANDHAUS • ELEGANT Sie mögen es individuell? Dieses schöne Anwesen bietet hochwertige und wohnliche Zimmer im Haupthaus und in der "Alten Scheune". Im "Café Tausendschön" lockt hausgemachter Kuchen, draußen der große Garten mit Ententeich. Gemütliches Restaurant mit hübschem Wintergarten. Kostenloser Fahrradverleih.

35 Zim - †110/175 € ††158/280 € - 5 Suiten - ½ P

Fuchsbergstr. 5 ✉ 23626 - ✆ 04502 2124 - www.landhaus-toepferhof.de

RATHEN (KURORT)

Sachsen - 340 Ew. - Höhe 120 m - Regionalatlas **43**-R12
Michelin Straßenkarte 544

Elbiente

LANDHAUS • MODERN Sie parken auf der gegenüberliegenden Seite der Elbe und kommen mit der Fähre direkt am Hotel an! Hier erwarten Sie wohnlich-moderne Zimmer, Beauty- und Massage-Angebote und ein Restaurant mit Elbblick. Das Haus ist ein idealer Ausgangspunkt für Radwanderungen.

30 Zim - †75/130 € ††105/170 € - ½ P

Wehlener Weg 1, (Anfahrt über Elbweg) ✉ 01824 - ✆ 035024 75500 - www.elbiente.de - geschl. 2. - 5. Januar

Elbschlösschen

LANDHAUS • MODERN Ein Logenplatz direkt an der Elbe, am Fuße der Bastei. Einige Zimmer haben einen eigenen Balkon zum Elbufer hin, und auch vom Restaurant Lilienstein schaut man auf den Fluss. Zudem: Massage und Kosmetik in der Beautyabteilung. Hinweis: Parken auf gegenüberliegender Flusseite mit anschließender Fährfahrt.

70 Zim - †70/120 € ††100/160 € - ½ P

Kottesteig 5, (Anfahrt über Elbweg) ✉ 01824 - ✆ 035024 750 - www.hotelelbschloesschen.de - geschl. 2. - 19. Januar

RATHENOW

Brandenburg – 24 127 Ew. – Höhe 29 m – Regionalatlas **21**-N8
Michelin Straßenkarte 542

In Rathenow-Semlin Nord-Ost: 6 km über B 188, in Stechow links

Golf Resort Semlin am See

LANDHAUS • REGIONAL Ein Golfhotel in herrlich ruhiger Lage etwas außerhalb. Die Zimmer sind wohnlich gestaltet und verfügen über Balkon/Terrasse zum Golfplatz oder zum Wald. Gute Tagungsmöglichkeiten. Schön sind die Restaurantterrasse mit Blick ins Grüne sowie der große Barbereich.

72 Zim – †80/160 € ††100/180 € – ½ P

Ferchesarer Str. 8b, Süd-Ost: 2,5 km ✉ 14712 – ✆ 03385 5540 – www.golfresort-semlin.de – geschl. Februar

RATINGEN

Nordrhein-Westfalen – 86 636 Ew. – Höhe 50 m – Regionalatlas **26**-C11
Michelin Straßenkarte 543

In Ratingen-Homberg Ost: 5 km jenseits der A3

Essgold

INTERNATIONAL • GEMÜTLICH XX In dem Fachwerkhaus von 1875 sitzt man in einem gemütlich-modernen Raum mit Kachelofen z. B. bei "Kabeljau mit Limonenbuttersud und Zitronengras, Spargel und Risotto". Im Thekenbereich gibt es auch einige günstigere Bistrogerichte. Zum Übernachten hat man übrigens drei sehr hübsche Zimmer.

Menü 39 € – Karte 28/60 €

Dorfstr. 33 ✉ 40882 – ✆ 02102 5519070 – www.restaurant-essgold.de – nur Abendessen, sonntags auch Mittagessen – geschl. Montag - Dienstag

In Ratingen-Lintorf Nord: 4 km, jenseits der A 52

Christian Penzhorn

INTERNATIONAL • TRENDY X Was dieses Restaurant so beliebt macht? Man sitzt hier unter hohen Stuckdecken in angenehm modern-legerer Atmosphäre und lässt sich die ambitionierte internationale Küche von Christian Penzhorn schmecken, und die gibt es z. B. als "Kabeljaufilet unter der Pestokruste mit Tomatencassoulet".

Menü 36 € (vegetarisch)/59 € – Karte 33/60 €

10 Zim – †68 € ††83 € – 12 €

Konrad-Adenauer-Platz 29, (über Duisburger Str. 1) ✉ 40885 – ✆ 02102 3899970 – www.christian-penzhorn.de – nur Abendessen, sonntags auch Mittagessen – geschl. Montag - Dienstag

Gut Porz

INTERNATIONAL • GEMÜTLICH X In dem liebenswerten Fachwerkhaus mit Wintergarten wählt man Internationales wie "Sashimi vom Yellow Fin Tuna" oder eher Klassisches wie "Streifen vom Schweinefilet, Bohnen, Bratkartoffeln". Sehenswert die Deko zur Adventszeit!

Menü 39/59 € – Karte 28/52 €

Hülsenbergweg 10 ✉ 40885 – ✆ 02102 934080 (Tischbestellung ratsam) – www.gutporz.de – nur Abendessen, sonntags auch Mittagessen – geschl. Dienstag

RATSHAUSEN

Baden-Württemberg – 774 Ew. – Höhe 676 m – Regionalatlas **62**-F20
Michelin Straßenkarte 545

Adler

REGIONAL • RUSTIKAL XX Charmanter geht es kaum: In dem gemütlich-urigen Gasthaus von 1811 empfangen Sie Gastgeber mit Leib und Seele! Ausgesprochen herzlich umsorgt man Sie mit schwäbisch-saisonalen Gerichten wie "Ossobuco vom Ländlekalb". Man hat übrigens eigene Duroc-Schweine und Destillate stellt man auch selbst her.

Karte 32/67 €

Hohnerstr. 3 ✉ 72365 - ✆ 07427 2260 - www.adler-ratshausen.de - Mittwoch - Freitag nur Abendessen - geschl. August 2 Wochen und Montag - Dienstag

RAUENBERG

Baden-Württemberg - 8 457 Ew. - Höhe 132 m - Regionalatlas **47**-F17
Michelin Straßenkarte 545

Winzerhof

LANDHAUS • GEMÜTLICH Familie Menges steckt viel Herzblut in ihr Haus - inzwischen in der 4. Generation! Fragen Sie nach den ansprechenden und geräumigen Komfortzimmern. Restaurant "Angela" mit ambitioniertem Menü auf Vorbestellung. In den "Regionalen Stuben" bietet man eine saisonale Karte und eigenen Wein. Moderne Wein-Lounge.

70 Zim ☕ - †81/140 € ††125/210 € - ½ P

Bahnhofstr. 4 ✉ 69231 - ✆ 06222 9520 - www.winzerhof.net

RAUHENEBRACH

Bayern - 2 911 Ew. - Höhe 320 m - Regionalatlas **49**-J15
Michelin Straßenkarte 546

In Rauhenebrach-Schindelsee

Gasthaus Hofmann

REGIONAL • GASTHOF X Nicht ohne Grund zieht es viele Stammgäste hier hinaus zu Bettina Hofmann, denn man hat es in den netten rustikalen Stuben nicht nur gemütlich, man isst auch gut. Gekocht wird kreativ-regional, es gibt z. B. "Ochsenschwanzragout, Hokkaido, Semmeltaler". Dazu schöne Weine. Wohnliche Gästezimmer hat man auch.

Menü 69 € - Karte 25/72 €

8 Zim - †49/85 € ††68/85 € - ☕ 11 €

Schindelsee 1 ✉ 96181 - ✆ 09549 98760 - www.schindelsee.de - Mittwoch - Freitag nur Abendessen - geschl. 8. - 30. Januar und Montag - Dienstag, November - März: Montag - Donnerstagmittag, Freitagmittag

RAVENSBURG

Baden-Württemberg - 49 172 Ew. - Höhe 450 m - Regionalatlas **63**-H21
Michelin Straßenkarte 545

Lumperhof

REGIONAL • LÄNDLICH X Idyllisch liegt der familiengeführte Landgasthof im Grünen - reizvoll die Terrasse mit mächtiger alter Linde! Die schmackhaften regional-saisonalen Gerichte nennen sich z. B. "Rehragout mit Spätzle und Pilzen" oder "Ravensburger Spargel mit gebackenem Maischollenfilet und Sauce Hollandaise". Nur Barzahlung.

Menü 36/60 € - Karte 36/59 €

Lumper 1, Ost: 2 km in Richtung Schlier ✉ 88212 - ✆ 0751 3525001 - www.lumperhof.de - Mittwoch - Freitag nur Abendessen - geschl. nach Pfingsten 2 Wochen und Montag - Dienstag

Obertor

HISTORISCH • GEMÜTLICH Richtig schön liegt das historische Haus am Obertor und nahe der Altstadt. Man hat charmante und recht individuelle Zimmer, einen netten ländlichen Frühstücksraum mit Blick ins Grüne und zum Relaxen eine schöne Dachterrasse. In der gemütlich-altdeutschen Stube gibt es Bier und Wein aus der Region.

28 Zim ☕ - †80/140 € ††130/170 € - 3 Suiten

Marktstr. 67 ✉ 88212 - ✆ 0751 36670 - www.hotelobertor.de

RECKLINGHAUSEN

Nordrhein-Westfalen – 114 147 Ew. – Höhe 85 m – Regionalatlas **26**-C10
Michelin Straßenkarte 543

Parkhotel Engelsburg

HERRENHAUS • KLASSISCH Mit Engagement wird das über 300 Jahre alte ehemalige Herrenhaus am Altstadtrand geführt. Wohnlich und elegant das Ambiente, als Besonderheit hat man im historischen Turm eine schöne Suite auf drei Etagen! Geradlinig das Restaurant "VESTTAFEL". Tipp: öffentliches Parkhaus gegenüber.

65 Zim – 91/107 € 113/123 € – 14 Suiten – 14 €

Augustinessenstr. 10 45657 – 02361 2010 – www.parkhotel-engelsburg.de

REES

Nordrhein-Westfalen – 21 244 Ew. – Höhe 17 m – Regionalatlas **25**-B10
Michelin Straßenkarte 543

Op de Poort

INTERNATIONAL • FREUNDLICH XX Da kann man schon ins Schwärmen kommen, wenn man bei schönem Wetter auf der Terrasse zum Rhein sitzt! Aber auch im klassisch-eleganten Restaurant genießt man dank Fensterfront die Sicht, während man regional und international speist.

Menü 45 € (abends)/50 € – Karte 32/52 €

Vor dem Rheintor 5 46459 – 02851 7422 – www.opdepoort.de – geschl. 1. Januar - 20. Februar und Montag - Dienstag außer an Feiertagen

In Rees-Reeserward Nord-West: 4 km über Westring und Wardstraße

Landhaus Drei Raben

REGIONAL • GEMÜTLICH XX Seinen Landgut-Charakter hat das Anwesen a. d. 18. Jh. bewahrt, entsprechend gemütlich - mit Kaminöfen und ländlichem Touch - ist auch das Interieur. Im Sommer lässt man sich die international-regionale Küche gerne auf der herrlichen Terrasse zum Rhein schmecken. Tagsüber sind Flammkuchen und Kuchen gefragt.

Menü 35/58 € – Karte 38/58 €

Reeserward 5 46459 – 02851 1852 – www.landhaus-drei-raben.de – geschl. Montag - Mittwochmittag, Donnerstagmittag

REGENSBURG

Bayern – 142 292 Ew. – Höhe 343 m – Regionalatlas **58**-N18
Michelin Straßenkarte 546

storstad (Anton Schmaus)

KREATIV • TRENDY XX Hier in der 5. Etage des Turmtheaters (toll der Domblick!) ist eine nordische Note allgegenwärtig, vom modern-urbanen Look in hellen, ruhigen Tönen bis zur ausdrucksstarken kreativen Küche von Anton Schmaus. Zum Apero geht's in die schicke Bar. Übrigens: "storstad" ist schwedisch und bedeutet "Großstadt".

→ Gelbschwanzmakrele, Rhabarber, Waldmeister, Togarashi. Seeteufel, Banane, Curry, Sauerampfer, Tamarinde. Rentier, Pfifferlinge, Mispel, Sellerie, Soya.

Menü 35 € (mittags)/139 € – Karte 75/96 €

Stadtplan : B1-s – *Watmarkt 5, (5. Etage) 93047 – 0941 59993000 (Tischbestellung ratsam) – www.storstad.de – geschl. Anfang Januar 2 Wochen und Sonntag - Montag sowie an Feiertagen*

Silberne Gans

MARKTKÜCHE • FREUNDLICH XX Tipp für Ihren Regensburg-Besuch: an einem warmen Sommertag von der charmanten Terrasse auf Donau und Dom blicken - und das bei guter Saisonküche und herzlichem Service! Drinnen ist das schöne alte Stadthaus aber nicht weniger gemütlich.

Menü 28 € (mittags)/69 € – Karte 36/64 €

Stadtplan : C1-s – *Werftstr. 3 93059 – 0941 2805598 (Tischbestellung ratsam) – www.silbernegans.de – geschl. Montag - Dienstag*

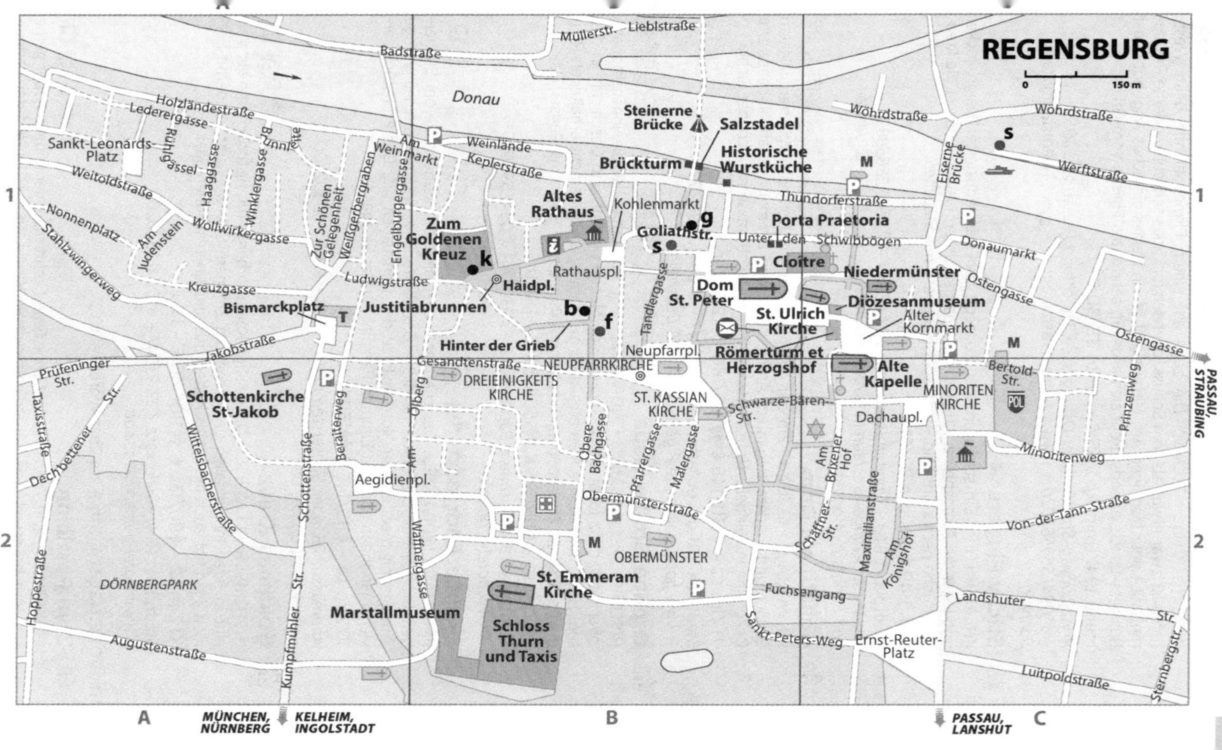

REGENSBURG
0
150 m
Müllerstr.
Lieblstraße
Badstraße
Donau
Holzländestraße
Lederergasse
Rühlgässel
Brunnleite
Sankt-Leonards-Platz
Weitoldstraße
Nonnenplatz
Stahlzwingerweg
Am Judenstein
Wollwirkergasse
Haaggasse
Winklergasse
Zur Schönen Gelegenheit
Weißgerbergraben
Engelburgergasse
Am Weinmarkt
Weinlände
Keplerstraße
Steinerne Brücke
Salzstadel
Brückturm
Historische Wurstküche
Wöhrdstraße
Eiserne Brücke
Werftstraße
Thundorferstraße
Altes Rathaus
Kohlenmarkt
Goliathstr.
Porta Praetoria
Unter den Schwibbögen
Donaumarkt
Zum Goldenen Kreuz
Cloître
Niedermünster
Ostengasse
Ludwigstraße
Haidpl.
Rathauspl.
Tändlergasse
Dom St. Peter
Diözesanmuseum
Kreuzgasse
Bismarckplatz
Justitiabrunnen
St. Ulrich Kirche
Alter Kornmarkt
Hinter der Grieb
Jakobstraße
Neupfarrpl.
Römerturm et Herzogshof
Alte Kapelle
PASSAU, STRAUBING
Gesandtenstraße
NEUPFARRKIRCHE
Bertold-Str.
Prüfeninger Str.
Schottenkirche St-Jakob
DREIEINIGKEITS KIRCHE
ST. KASSIAN KIRCHE
Schwarze-Bären-Str.
MINORITEN KIRCHE
Prinzenweg
Taxisstraße
Beraiterweg
Am Ölberg
Obere Bachgasse
Pfarrergasse
Malergasse
Dachaupl.
Am Brixener Hof
Minoritenweg
Dechbettener Str.
Wittelsbacherstraße
Schottenstraße
Aegidienpl.
Obermünsterstraße
Schäffner-Str.
Maximilianstraße
Von-der-Tann-Straße
Am Königshof
Waffnergasse
OBERMÜNSTER
St. Emmeram Kirche
DÖRNBERGPARK
Hoppestraße
Fuchsengang
Landshuter Str.
Marstallmuseum
Schloss Thurn und Taxis
Kumpfmühler Str.
Augustenstraße
Sankt-Peters-Weg
Ernst-Reuter-Platz
Luitpoldstraße
Sternbergstr.
1
2
A
B
C
MÜNCHEN, NÜRNBERG
KELHEIM, INGOLSTADT
PASSAU, LANSHUT

Kreutzer's

INTERNATIONAL • TRENDY Die Lage auf einem Firmengelände beim Westhafen ist zwar etwas ab vom Schuss, dennoch lockt das schlicht-moderne Restaurant mit seiner trendigen Art. Mittags gibt es ein kleines einfaches Angebot nebst Business-Lunch, abends dreht sich alles um sehr gutes Fleisch vom Grill.

Menü 19 € (mittags)/65 € - Karte 35/80 €

Prinz-Ludwig-Str. 15a, über Ostengasse C1, Richtung Passau 93055 - 0941 569565020 - www.kreutzers-restaurant.de - geschl. Samstagmittag, Sonntag

Sticky Fingers

KREATIV • HIP Ein schön urbanes Konzept: cool das reduzierte Design, locker und leger die Atmosphäre, Musik zur akustischen Untermalung. Da passt die kreative Küche perfekt ins Bild - man speist übrigens mit Stäbchen.

Menü 49 € - Karte 29/61 €

Stadtplan : B1-f - *Unteren Bachgasse 9 93047 - 0941 58658808 - www.stickyfingers.restaurant - nur Abendessen - geschl. 1. - 8. Januar und Sonntag - Montag*

Goliath am Dom

PRIVATHAUS • ELEGANT Ein gut geführtes Hotel in Domnähe mit freundlichem Service und modern-elegantem Ambiente. In den Zimmern schafft liebenswerte Deko eine individuelle Note. Nettes Café und Dachterrasse mit schöner Sicht.

41 Zim - 130/145 € 160/180 € - 2 Suiten

Stadtplan : B1-g - *Goliathstr. 10 93047 - 0941 2000900 - www.hotel-goliath.de - geschl. 21. - 27. Dezember*

Orphée Großes Haus

HISTORISCHES GEBÄUDE • INDIVIDUELL Für Autofahrer ist die Innenstadtlage zwar nicht ganz ideal, dafür stecken jede Menge Charme und Geschichte in diesem Haus! Wie könnte man attraktiver wohnen als in stilgerecht erhaltenen Räumen mit Stuck, Dielenböden, Kunst und Antiquitäten? Bistro mit Pariser Flair.

33 Zim - 115/195 € 150/230 € - 1 Suite

Stadtplan : B1-b - *Untere Bachgasse 8 93047 - 0941 596020 - www.hotel-orphee.de*

Orphée Andreasstadel

FAMILIÄR • INDIVIDUELL Das charmante ehemalige Salzstadel nahe der Steinernen Brücke besticht durch herzliche Gästebetreuung und geräumige, wertige Zimmer mit mediterraner Note, teils zu den Donauauen hin. Das Frühstück serviert man Ihnen auf dem Zimmer. Parkplatz in der Salzgasse.

10 Zim - 115/145 € 150/185 €

Andreasstr. 26, über Griesersteg C1 93059 - 0941 59602300 - www.hotel-orphee.de

Goldenes Kreuz

HISTORISCH • KLASSISCH Die einstige Kaiserherberge mit historischem Flair vereint in ihren individuellen und eleganten Zimmern Stilmöbel und moderne Formen. Man hat auch ein nettes Kaffeehaus und einen schönen Saal.

10 Zim - 90/130 € 110/140 € - 1 Suite

Stadtplan : B1-k - *Haidplatz 7 93047 - 0941 5840200 - www.hotel-goldeneskreuz.de*

In Donaustauf Ost: 9 km über Wördstraße C1

Zum Postillion

REGIONAL • GEMÜTLICH Nicht ohne Grund kehrt man hier immer wieder gerne ein: Man bekommt gute bürgerlich-regionale Küche, so machen auf der Karte z. B. "geschmorte Hirschkeule in Wacholderrahm" oder "Cordon bleu vom Kalbsrücken" Appetit.

Menü 36/60 € - Karte 26/47 €

Hotel Forsters Posthotel, Maxstr. 43 93093 - 09403 9100 - www.forsters-posthotel.de - geschl. August - Anfang September 3 Wochen

Forsters Posthotel

GASTHOF • GEMÜTLICH Bei den Forsters ist nicht nur alles top in Schuss, mit dem Neubau ist man auch "up to date": schön die modernen Zimmer, die Lobby sowie Sauna-, Ruhe- und Beautybereich - alles in klaren Formen und ruhigen Farben. Hier im Hotel ist übrigens ein Teil der alten Stadtmauer freigelegt.

71 Zim – 80/130 € 140/170 € – 2 Suiten – ½ P

Maxstr. 43 ✉ 93093 – ✆ 09403 9100 – www.forsters-posthotel.de

Zum Postillion – siehe Restaurantauswahl

In Neutraubling Süd-Ost: 10 km über Ostengasse C1 Richtung Straubing

Am See

REGIONAL • GASTHOF XX Freundlich geht es in der gemütlichen Stube zu, und dazu lässt man sich regionale Küche schmecken - die gibt es z. B. in Form von heimischem Wild oder als Wiener Schnitzel. Schön sitzt man auch auf der Seeterrasse und im Biergarten.

Menü 36 € – Karte 23/54 €

Hotel Am See, Teichstr. 6 ✉ 93073 – ✆ 09401 9460 (Tischbestellung ratsam) – www.hotel-am-see.com – geschl. 30. Juli - 21. August und Montag

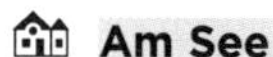

Am See

GASTHOF • GEMÜTLICH An einem kleinen See liegt das Haus der Familie Lacher. Es erwarten Sie tipptopp gepflegte Zimmer in wohnlichen Farben sowie freundlicher Service. Geräumiger sind die Komfortzimmer, im Gästehaus teils mit Terrasse.

38 Zim – 74/95 € 109/135 € – ½ P

Teichstr. 6 ✉ 93073 – ✆ 09401 9460 – www.hotel-am-see.com – geschl. 30. Juli - 21. August

Am See – siehe Restaurantauswahl

REGENSTAUF

Bayern – 15 772 Ew. – Höhe 345 m – Regionalatlas **58**-N17
Michelin Straßenkarte 546

In Regenstauf-Heilinghausen Nord-Ost: 8 km im Regental

Landgasthof Heilinghausen

REGIONAL • GASTHOF X Bürgerlich-regional speist man in dem mit viel Holz und Kachelofen gemütlich gestalteten Familienbetrieb. Biergarten vor dem Haus, auf der anderen Straßenseite der Fluss Regen.

Menü 34/52 € – Karte 24/40 €

Alte Regenstr. 5 ✉ 93128 – ✆ 09402 4238 – www.landgasthof-heilinghausen.de – geschl. Montag - Mittwoch

REHLINGEN-SIERSBURG

Saarland – 14 387 Ew. – Höhe 180 m – Regionalatlas **45**-B16
Michelin Straßenkarte 543

Im Ortsteil Eimersdorf Nord-West: 2 km ab Siersburg

Niedmühle

KLASSISCHE KÜCHE • LANDHAUS XX Wertig-elegant das Interieur, schön die Tischkultur, aufmerksam und geschult der Service. Dazu ambitionierte klassische Küche aus guten Produkten - und werfen Sie auch mal einen Blick in die fair kalkulierte Weinkarte. Gerne sitzt man im romantischen, zur Nied gelegenen Garten mit altem Baumbestand.

Menü 39 € (unter der Woche)/99 € – Karte 42/80 €

Hotel Niedmühle, Niedtalstr. 13 ✉ 66780 – ✆ 06835 67450 – www.restaurant-niedmuehle.de – geschl. 26. September - 1. Oktober und Montag, Samstagmittag

Niedmühle

FAMILIÄR • MODERN Nicht nur gut essen kann man bei Familie Burbach: Schön hell und wohnlich-modern sind die Zimmer - charmant die Dachschrägen. Tipp: die große Juniorsuite. Frühstück gibt's im lichten Wintergarten. Im Sommer lockt die Liegewiese zur Nied.

11 Zim - 85/105 € 120 € - ½ P

Niedtalstr. 13 66780 - 06835 67450 - www.restaurant-niedmuehle.de - geschl. 26. September - 1. Oktober

Niedmühle - siehe Restaurantauswahl

REICHELSHEIM

Hessen – 8 509 Ew. – Höhe 216 m – Regionalatlas **48**-G16
Michelin Straßenkarte 543

Treuschs Schwanen

KLASSISCHE KÜCHE • ELEGANT XX Das Gasthaus bei der Kirche beherbergt ein helles, elegantes Restaurant, das saisonale, klassisch-internationale Küche bietet, und die gibt es z. B. als "gebratenen Zander auf Rollgerstenrisotto mit roten Rüben". Tipp: eigener Apfelwein.

Menü 39 € (mittags)/91 € – Karte 38/73 €

Rathausplatz 2, (Parkplatz an der Konrad Adenauer Allee) 64385 - 06164 2226 - www.treuschs-schwanen.com - geschl. Februar 3 Wochen und Mittwoch - Donnerstag

Johanns-Stube – siehe Restaurantauswahl

Johanns-Stube

REGIONAL • LÄNDLICH X Die ländliche Stube ist nach dem ersten Schwanen-Wirt (Johann Treusch) benannt, der das Lokal 1842 gründete. Auf den Tisch kommen Produkte aus der Region, z. B. "Wurzelfleisch vom Odenwälder Weiderind" oder "Schmorbraten vom Wildschwein".

Karte 17/42 €

Restaurant Treuschs Schwanen, Rathausplatz 2, (Parkplatz an der Konrad Adenauer Allee) 64385 - 06164 2226 - www.treuschs-schwanen.com - geschl. Februar 3 Wochen und Mittwoch

In Reichelsheim-Eberbach Nord-West: 1,5 km über Konrad-Adenauer-Allee

O de vie

MEDITERRAN • LÄNDLICH X Das Lokal ist schon sehr nett in seiner gemütlich-rustikalen Art, schön die Terrasse mit Blick ins Grüne. Und gut essen kann man obendrein: Man kocht saisonal und mediterran inspiriert, so z. B. "geschmorte Rehschulter mit Haselnusskruste und Spätzle" oder "Pot au Feu von Krustentieren mit Aioli-Espuma".

Menü 29/49 € – Karte 30/50 €

Landhotel Lortz, Eberbach 3a 64385 - 06164 4969 - www.landhotel.nu - Dienstag - Freitag nur Abendessen - geschl. Anfang Januar 2 Wochen, Anfang Juli 2 Wochen und Sonntagabend - Montag

Landhotel Lortz

FAMILIÄR • FUNKTIONELL Am besten genießt man die ruhige Lage und den Ausblick von den Zimmern mit Balkon sowie von der Terrassen-Lounge. Nach dem guten Frühstück locken schöne Wanderwege, danach der Freizeitbereich des Hotels. Zimmer teils mit Küchenzeile.

18 Zim - 69/85 € 98/125 € - 2 Suiten

Eberbach 3a 64385 - 06164 4969 - www.landhotel.nu - geschl. Anfang Januar 2 Wochen, Anfang Juli 2 Wochen

O de vie - siehe Restaurantauswahl

REICHENAU (INSEL)

Baden-Württemberg – 78479 – 5 206 Ew. – Höhe 403 m – Regionalatlas **63**-G21
Michelin Straßenkarte 545

Im Ortsteil Mittelzell

Ganter Restaurant Mohren

INTERNATIONAL • GEMÜTLICH XX Ob in gemütlich-rustikalem oder chic-modernem Ambiente, man serviert frische Regionalküche mit internationalem Einfluss, so z. B. "Saibling, Graupen, Kräuter, Mandeln, Madras-Curry".

Menü 36/78 € – Karte 38/64 €

Ganter Hotel Mohren, Pirminstr. 141 ✉ 78479 – ✆ 07534 9944607 – www.mohren-bodensee.de – geschl. im Winter: Montagmittag, Dienstagmittag

Ganter Hotel Mohren

GASTHOF • MODERN Sie möchten schön modern wohnen? Im Stammhaus a. d. 17. Jh. hat man historische Elemente integriert, hier hat man einige besonders großzügige Doppelzimmer. Massage- und Kosmetikangebote gibt es auch.

38 Zim – 85/130 € 100/198 € – ½ P

Pirminstr. 141 ✉ 78479 – ✆ 07534 99440 – www.mohren-bodensee.de

Ganter Restaurant Mohren – siehe Restaurantauswahl

Strandhotel Löchnerhaus

TRADITIONELL • AM SEE Das Haus von 1920 hat wohl die perfekte Lage: der See mit eigenem Strandbad direkt vor der Tür, dazu der romantische Garten mit altem Baumbestand. Natürlich darf hier eine Terrasse zum See nicht fehlen! Das Speisenangebot ist bürgerlich. Zwei der Zimmer sind Appartements.

40 Zim – 95/155 € 168/215 € – ½ P

An der Schiffslände 12 ✉ 78479 – ✆ 07534 8030 – www.loechnerhaus.de – geschl. November - Februar

REICHENHALL, BAD

Bayern – 17 327 Ew. – Höhe 473 m – Regionalatlas **67**-O21
Michelin Straßenkarte 546

Parkhotel Luisenbad

INTERNATIONAL • ELEGANT XX Das klassische und gleichzeitig alpenländisch-rustikale Restaurant hat viele Stammgäste, die den freundlichen Service sowie das internationale und regionale Speisenangebot schätzen, einschließlich der Spezialität: leckerer Kaiserschmarrn!

Menü 26/40 € – Karte 33/53 €

Parkhotel Luisenbad, Ludwigstr. 33 ✉ 83435 – ✆ 08651 6040 – www.parkhotel.de – geschl. 6. Januar - Februar und Montag - Dienstag

Parkhotel Luisenbad

FAMILIÄR • KLASSISCH Seit über 100 Jahren und nunmehr in 4. Generation ist das Haus in den Händen der Familie Herkommer. Es ist ein klassisches Kurhotel mit historischem Charme, in dem man aber dennoch zeitgemäß wohnen kann.

70 Zim – 69/89 € 138/178 € – ½ P

Ludwigstr. 33 ✉ 83435 – ✆ 08651 6040 – www.parkhotel.de – geschl. 6. Januar - Februar

Parkhotel Luisenbad – siehe Restaurantauswahl

Erika

FAMILIÄR • KLASSISCH Aus dem Jahre 1898 stammt die schön restaurierte Villa mit hübschem Garten, die freundlich geführt wird. Viele der gepflegten Zimmer bieten Sicht auf die Berge. Tipp: Gönnen Sie sich die Juniorsuite mit Massagedusche!

29 Zim – 44/59 € 78/108 €

Adolf-Schmid-Str. 3 ✉ 83435 – ✆ 08651 95360 – www.hotel-pension-erika.de – geschl. November - Februar

Am Thumsee West: 5 km, Richtung Karlstein

Haus Seeblick

FAMILIÄR • TRADITIONELL Eine tolle Urlaubsadresse! Herrlich die Lage etwas oberhalb des Sees, vielfältig das Freizeitangebot: Blockhaussauna, Kosmetik und Massage, Reiten, Kegelbahn, Spielzimmer und Spielplatz, im Winter hauseigener kleiner Skihang und Langlaufloipe, dazu wohnliche Zimmer, meist mit Aussicht. Preise inkl. HP.

46 Zim – †78/97 € ††152/160 € – 4 Suiten – ½ P

Thumsee 10 ✉ 83435 Bad Reichenhall
– ✆ 08651 98630 – www.hotel-seeblick.de
– geschl. 1. November - 8. Dezember

Hubertus

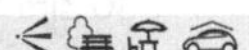

FAMILIÄR • TRADITIONELL Eine sehr nette familiäre Adresse, persönlich geführt und traumhaft am Thumsee gelegen - diesen sieht man von den meisten Zimmern aus. Die herrliche große Liegewiese bietet direkten Zugang zum See. Hausgäste können hier auch speisen, und das tun sie natürlich gerne auf der tollen Terrasse!

16 Zim – †39/55 € ††74/104 € – 2 Suiten – ½ P

Thumsee 5 ✉ 83435 Bad Reichenhall
– ✆ 08651 2252 – www.hubertus-thumsee.de
– geschl. Anfang November - Mitte Dezember

In Bayerisch Gmain

Klosterhofstuben

MARKTKÜCHE • GEMÜTLICH XX Mögen Sie es gemütlich-rustikal oder lieber modern? Richtig charmant kommen die holzgetäfelten traditionellen "Zeno- und Hallgrafenstuben" daher, geradlinig-chic das "GenussArt". Gekocht wird saisonal und mit Bezug zur Region.

Karte 40/57 €

Hotel Klosterhof, Steilhofweg 19 ✉ 83457
– ✆ 08651 98250 – www.klosterhof.de

Klosterhof

SPA UND WELLNESS • MODERN Schön fügt sich der moderne Anbau des traditionellen Klosterhofs in die Landschaft ein: außen die Holzschindelfassade, drinnen Naturmaterialien, warme Töne und klare Formen. Wie wär's mit einem eigenen Whirlpool im Zimmer? Toll auch die Lage: Abgeschiedenheit nebst Bergpanorama!

61 Zim – †194/294 € ††304/374 € – 4 Suiten – ½ P

Steilhofweg 19 ✉ 83457 – ✆ 08651 98250 – www.klosterhof.de

Klosterhofstuben – siehe Restaurantauswahl

REICHENWALDE

Brandenburg – 1 104 Ew. – Höhe 68 m – Regionalatlas **23**-Q9
Michelin Straßenkarte 542

Alte Schule

REGIONAL • FREUNDLICH X Die ehemalige Schule von 1813 hat schon Charme mit ihrer schlicht-modernen Einrichtung und diversen Schul-Accessoires. Die Speisekarten liegen auf einer alten Schulbank bereit, die netten Gästezimmer sind nach Schulfächern benannt. Gekocht wird gut und frisch. Lust auf "Wiener Schnitzel mit Kartoffel-Spinatsalat"? Oder lieber das "Schulmenü"?

Menü 33 € (vegetarisch)/36 € – Karte 33/54 €

6 Zim – †69/75 € ††89/95 € – 2 Suiten

Kolpiner Str. 2 ✉ 15526 – ✆ 033631 59464 – www.restaurant-alteschule.de
– geschl. 27. Januar - 13. Februar, 20. Oktober - 6. November und Montag - Dienstag

REICHERTSHAUSEN

Bayern – 4 949 Ew. – Höhe 448 m – Regionalatlas **58**-L19
Michelin Straßenkarte 546

In Reichertshausen-Langwaid Süd-West: 6 km, Richtung Hilgertshausen, in Lausham rechts ab

Maurerwirt
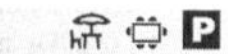

KLASSISCHE KÜCHE • LÄNDLICH XX Gemütlich sitzt man in geschmackvollen Stuben, der ländliche Charme passt schön zur langen Tradition des Gasthauses. Gekocht wird ambitioniert und mit internationalem Einfluss. Der freundliche Service empfiehlt dazu den passenden Wein.

Menü 44/72 € – Karte 33/63 €

Scheyerer Str. 3 ✉ 85293
– ✆ 08137 809066 – www.maurerwirt.de
– nur Abendessen, sonntags auch Mittagessen – geschl. Montag - Dienstag, außer an Feiertagen

REICHSHOF

Nordrhein-Westfalen – 18 727 Ew. – Höhe 370 m – Regionalatlas **37**-D12
Michelin Straßenkarte 543

In Reichshof-Hespert

Ballebäuschen

FRANZÖSISCH-KLASSISCH • GEMÜTLICH XX Seit über 25 Jahren betreibt Familie Allmann dieses nette Restaurant - man lebt die Tradition und bleibt dennoch nicht stehen. Die Küche ist schmackhaft, frisch und ehrlich, sie reicht von regional bis klassisch und bietet auch Wild aus eigener Jagd. Mittags kleine Tageskarte. Schöne Terrasse hinterm Haus.

Menü 18 € (mittags)/79 € – Karte 30/76 €

Hasseler Str. 10 ✉ 51580 – ✆ 02265 9394 – www.ballebaeuschen.de
– geschl. Montag - Dienstag, außer an Feiertagen

REIL

Rheinland-Pfalz – 1 025 Ew. – Höhe 105 m – Regionalatlas **46**-C15
Michelin Straßenkarte 543

Heim's Restaurant

TRADITIONELLE KÜCHE • FAMILIÄR XX In dem rund 300 Jahre alten Haus ist die ganze Familie im Einsatz, am Herd und im Service. Tipp: Von den schönen Fensterplätzen schaut man auf Weinberge und Mosel, während man sich z. B. gebratenen Schweinebauch oder geschmorte Kalbsbäckchen schmecken lässt. Oder wie wär's mit der selbst kreierten Currywurst?

Menü 29/73 € – Karte 26/73 €

Hotel Reiler Hof, Moselstr. 27 ✉ 56861
– ✆ 06542 2629 – www.reiler-hof.de
– geschl. 15. November - 1. März und Mitte November - Anfang Dezember: Montag - Donnerstag

Reiler Hof

GASTHOF • TRADITIONELL Angenehm freundlich und familiär ist es hier bei den Heims. In den zwei historischen Fachwerkhäusern direkt an der Moselpromenade hat man überaus wohnliche Räume. Fragen Sie nach den großen modernen Zimmern mit eigener Sauna!

26 Zim – †45/85 € ††73/199 € – ½ P

Moselstr. 27 ✉ 56861 – ✆ 06542 2629 – www.reiler-hof.de – geschl. 15. November - 1. März

Heim's Restaurant – siehe Restaurantauswahl

REINBEK

Schleswig-Holstein – 26 710 Ew. – Höhe 27 m – Regionalatlas **10**-J5
Michelin Straßenkarte 541

Waldhaus Reinbek

LANDHAUS • INDIVIDUELL Ein echter Hingucker ist das Haus mit markantem steilem Dach und vielen kleinen Gauben, dazu jede Menge Grün ringsum! Und drinnen? Zimmer im wohnlich-eleganten Landhausstil, Restaurant mit Orangerie, Pavillon und Zirbelstube sowie eine klassische Bar. Nicht zu vergessen der schicke kleine Spa mit Salzgrotte.

47 Zim – †142/162 € ††166/182 € – 2 Suiten – 19 €

Loddenallee 21465
– 040 727520 – www.waldhaus.de

REIT im WINKL

Bayern – 2 374 Ew. – Höhe 696 m – Regionalatlas **67**-N21
Michelin Straßenkarte 546

Klauser's Restaurant

MEDITERRAN • GEMÜTLICH XX Seit Jahrzehnten wird das Haus mit Engagement und Leidenschaft geführt. Was man in den liebevoll eingerichteten Stuben sehr freundlich und aufmerksam serviert bekommt, ist klassisch und regional geprägt und nennt sich z. B. "Weidelamm in Rosmarin-Thymian-Kruste mit Petersilienmousseline".

Karte 30/72 €

Birnbacher Str. 8 83242
– 08640 8424 – www.klausers.de
– nur Abendessen – geschl. Montag - Dienstag

Unterwirt

GASTHOF • GEMÜTLICH Im 14. Jh. erbaut und 1612 erstmals als Schankwirtschaft erwähnt! Die lange Tradition wird hier gepflegt, ohne dabei stehenzubleiben. So hat man wohnlich-charmante Zimmer, einen weitläufigen Wellnessbereich und schöne Restauranträume - mal modern-alpin, mal gemütlichländlich.

71 Zim – †77/160 € ††154/320 € – 2 Suiten – ½ P

Kirchplatz 2 83242
– 08640 8010 – www.unterwirt.de

In Reit im Winkl-Blindau Süd-Ost: 2 km

Gut Steinbach

REGIONAL • GEMÜTLICH XX Hier hat man es richtig behaglich, ob in einer der drei hübschen ländlichen Stuben oder im Restaurant "Heimat" mit seinem wertigen, modern-alpinen Interieur. Gekocht wird regional. Terrasse mit Blick auf Berge und Skisprungschanze.

Menü 48/68 € (abends) – Karte 37/52 €

Hotel Gut Steinbach, Steinbachweg 10 83242 – 08640 8070
– www.gutsteinbach.de

Gut Steinbach

LANDHAUS • MODERN Wirklich schön, wie das traditionelle Anwesen bayerische Gemütlichkeit und Moderne in Einklang bringt, und das in ruhiger, einsamer Lage umgeben von Natur. Darf es vielleicht eine der schicken Suiten im "Steinbacher Hof" sein? Oder lieber eines der sieben charmanten Chalets?

65 Zim – †83/136 € ††164/228 € – 15 Suiten – ½ P

Steinbachweg 10 83242
– 08640 8070 – www.gutsteinbach.de

Gut Steinbach – siehe Restaurantauswahl

REMAGEN

Rheinland-Pfalz - 16 103 Ew. - Höhe 60 m - Regionalatlas **36**-C13
Michelin Straßenkarte 543

Alte Rebe

INTERNATIONAL • GERADLINIG Eine hübsche Adresse direkt am Marktplatz etwas oberhalb des Rheins. Das Ambiente geradlinig-modern mit markanten Farbakzenten in Lila, charmant der Service. Auf der internationalen Karte machen z. B. "Tom Kha gai" oder "geschmorte Kalbshaxe mit sautierten Pfifferlingen" Appetit. Mittags kleinere Karte.

Karte 33/60 €

Kirchstr. 4 ✉ 53424
- ✆ 02642 9029269 - www.alte-rebe-remagen.de
- geschl. 3. - 19. September und Montag - Dienstag

In Remagen-Rolandswerth Nord: 14 km, auf dem Rodderberg, Anfahrt über Bonn-Mehlem Richtung Wachtberg, Zufahrt für PKW Samstag, Sonntag sowie an Feiertagen bis 18 Uhr gesperrt

Lutter und Wegner am Rolandsbogen

INTERNATIONAL • KLASSISCHES AMBIENTE Die Lage ist schlichtweg traumhaft! Neben der Burgruine von 1122 finden Sie einen Mix aus Ausflugslokal und Restaurant. Auf der Karte z. B. klassischer Sauerbraten, Wolfsbarsch, Kaiserschmarrn... Terrasse mit Blick über die Region!

Karte 31/65 €

Rolandsbogen 0, (Zufahrt über Vulkanstraße) ✉ 53424
- ✆ 02228 372 - www.rolandsbogen.de
- geschl. 1. Januar - 1. März und Montag

REMCHINGEN

Baden-Württemberg - 11 673 Ew. - Höhe 160 m - Regionalatlas **54**-F18
Michelin Straßenkarte 545

In Remchingen-Wilferdingen

Zum Hirsch

REGIONAL • RUSTIKAL Wirklich nett sitzt man in dem liebenswerten Gasthaus - im Winter gerne in der Ofenstube, im Sommer auf der schönen Terrasse oder im Gartensaal. Einfach lecker sind z. B. "knusprig gebratene Blutwurst, Pfifferlinge, Selleriepüree" oder "14 Stunden im Ofen geschmorte Jungbullenschulter in Spätburgunderjus".

Menü 29 € (mittags)/72 € - Karte 36/55 € - unter der Woche am Mittag einfache Karte

Hotel Zum Hirsch, Hauptstr. 23 ✉ 75196
- ✆ 07232 79636 - www.hirsch-remchingen.de
- geschl. Sonntag

Zum Hirsch

FAMILIÄR • TRADITIONELL Ein charmantes Bild gibt die Fachwerkfassade dieses Gasthofs von 1688 ab - da passen die gepflegten Zimmer mit ihrem ländlichen Stil schön dazu, von einigen schaut man in den hübschen Garten hinter dem Haus. Praktisch die Nähe zur Autobahn.

17 Zim - 65/75 € 95/120 €

Hauptstr. 23 ✉ 75196
- ✆ 07232 79636
- www.hirsch-remchingen.de

Zum Hirsch - siehe Restaurantauswahl

REMSCHEID

Nordrhein-Westfalen – 109 009 Ew. – Höhe 365 m – Regionalatlas **36**-C12
Michelin Straßenkarte 543

✿ Heldmann Restaurant in der Concordia

KLASSISCHE KÜCHE • ELEGANT XXX Seit 1995 steht Patron Ulrich Heldmann für klassische Küche, sein Engagement spiegelt sich im Niveau der Speisen wider. Den idealen Rahmen dafür bietet die schmucke Industriellenvilla a. d. 19. Jh. mit ihrem eleganten Interieur - schön der lichte Wintergarten. Aufmerksam und versiert der Service.

→ Geräucherte Regenbogenforelle, Kohlrabi, Chioggia Bete, Pumpernickel, Bärlauch. Dry Aged Short Rib, Mais, Jalapeno, Salatherz. Avocado, Zitrone, Kaffee, Buttermilch.

Menü 70/110 €

Brüderstr. 56 ✉ 42853
– ✆ 02191 291941 (Tischbestellung ratsam) – www.heldmanns-restaurant.de
– nur Abendessen – geschl. Samstagmittag, Sonntag - Montag sowie an Feiertagen

Herzhaft – siehe Restaurantauswahl

Herzhaft

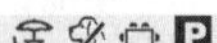

INTERNATIONAL • BISTRO X Die gastronomische Alternative im Hause Heldmann ist bodenständiger, setzt aber ebenso auf Qualität und Geschmack. Ein schönes Beispiel für die frische Küche ist "Bergischer Rinderschmorbraten mit Frühlingsgemüse und Graubrotknödeln".

Menü 34/44 € – Karte 31/61 €

Heldmann Restaurant in der Concordia, Brüderstr. 56 ✉ 42853
– ✆ 02191 291941 – www.heldmanns-restaurant.de – geschl. Samstagmittag, Sonntag - Montag sowie an Feiertagen

REMSHALDEN

Baden-Württemberg – 13 630 Ew. – Höhe 255 m – Regionalatlas **55**-H18
Michelin Straßenkarte 545

In Remshalden-Grunbach

Weinstube zur Traube

REGIONAL • RUSTIKAL X Eine schwäbische Weinstube, wie man sie sich wünscht! Sandra und Gunter Arbogast leiten die alteingesessene Traube schon in 4. Generation. Auf der Karte: Hummerschaumsuppe, Kutteln an Tomaten-Trollingersößle, Rostbraten oder auch das "Nougatträumle". Dazu viele regionale Weine. Gourmetmenü auf Vorbestellung.

Menü 30 € – Karte 25/54 €

Schillerstr. 27 ✉ 73630
– ✆ 07151 79901 – www.traube-grunbach.de
– geschl. 5. - 18. Februar, August und Montag - Dienstag

In Remshalden-Hebsack

Lamm Hebsack

INTERNATIONAL • GASTHOF XX Puppen-, Back-, Bauern- und Jägerstube - die Räume sind so gemütlich wie ihre Namen klingen! Die Spezialität des Hauses: "Wurstknöpfle in Petersilienbutter geschmelzt mit Filderkraut und Zwiebelstroh". Oder lieber "Filet vom weißen Waller mit Meerrettich-Brotkruste"? Dazu über 200 Weine, viele aus der Region.

Menü 33 € (mittags)/62 € – Karte 33/61 €

Hotel Lamm, Winterbacher Str. 1 ✉ 73630
– ✆ 07181 45061 – www.lamm-hebsack.de
– geschl. 1. - 7. Januar und Sonntagabend

Lamm Hebsack

GASTHOF • FUNKTIONELL Sie nutzen die schöne Gegend für einen Fahrrad- oder Wanderurlaub? Dann sind Sie hier ebenso gut aufgehoben wie Geschäftsreisende. Der Gasthof gegenüber der Alten Kelter ist seit 1880 in Familienhand, entsprechend engagiert wird er geführt!

23 Zim – 89 € 110 € – ½ P

Winterbacher Str. 1 ✉ 73630 – ✆ 07181 45061 – www.lamm-hebsack.de – geschl. 1. - 7. Januar

Lamm Hebsack – siehe Restaurantauswahl

RENCHEN

Baden-Württemberg – 7 306 Ew. – Höhe 150 m – Regionalatlas **54**-E19
Michelin Straßenkarte 545

In Renchen-Erlach Süd-Ost: 2 km über Renchtalstraße

Drei Könige

REGIONAL • LÄNDLICH Hier kümmert man sich freundlich und fürsorglich um seine Gäste. Sie sitzen gemütlich in holzvertäfelten Stuben und lassen sich schmackhafte regionale Gerichte servieren. Sehr beliebt im November und überregional bekannt: "Gänsebraten mit Rotkohl, Maronen und Kartoffelklößen".

Menü 55 € – Karte 20/53 €

Erlacher Str. 1 ✉ 77871 – ✆ 07843 2287 – www.3-koenige.de – geschl. 19. Februar - 8. März und Montagabend, Mittwoch

RENDSBURG

Schleswig-Holstein – 27 266 Ew. – Höhe 6 m – Regionalatlas **2**-I3
Michelin Straßenkarte 541

1690

URBAN • INDIVIDUELL Hätten Sie hinter der schmucken alten Backsteinfassade solch ein chic-modernes Interieur erwartet? Die Zimmer hochwertig und individuell, der Innenhofgarten samt überdachter Lounge ein echtes kleines Idyll! Wer länger bleibt, kann tolle Apartments mit Küche buchen.

16 Zim – 69/84 € 89/109 €

Herrenstr. 6 ✉ 24768 – ✆ 04331 770290 – www.hotel-1690.de – geschl. 21. Dezember - 7. Januar

Am Bistensee Nord-Ost: 12 km über B 203 in Richtung Eckernförde, in Holzbunge Richtung Alt-Duvenstedt

querbeet

MARKTKÜCHE • LÄNDLICH Die frische regionale und auch internationale Küche gibt es hier z. B. als "Lachstatar mit Gurkensalat und Sauerrahmeis" oder "Zweierlei vom Landschwein mit Ofengemüse und Lavendeljus". Und das Ambiente? Schönes Landhausflair mit einem Hauch Vintage. Draußen die herrliche Terrasse!

Menü 25 € (mittags)/69 € – Karte 31/68 €

Seehotel Töpferhaus, Am See 1 ✉ 24791 – ✆ 04338 99710 – www.toepferhaus.com

Seehotel Töpferhaus

LANDHAUS • INDIVIDUELL Erholung und Ruhe pur! Die Lage könnte kaum malerischer sein, der schöne See samt privater Seewiese und eigenem Badesteg liegt direkt vor der Tür! Wohnliche Zimmer im Landhausstil (viele mit Terrasse oder Balkon). Gegen Langeweile bei den Kids: Spielzimmer mit Tischtennis, Kicker, Dart...

46 Zim – 79/119 € 99/169 € – 14 € – ½ P

Am See 1 ✉ 24791 – ✆ 04338 99710 – www.toepferhaus.com

querbeet – siehe Restaurantauswahl

REUTLINGEN

Baden-Württemberg - 112 452 Ew. - Höhe 382 m - Regionalatlas **55**-G19
Michelin Straßenkarte 545

Achalm

BUSINESS • MODERN Schön ist hier schon die Lage auf der Achalm unterhalb der Burgruine über der Stadt, herrlich der Blick! Dazu wertige wohnlich-moderne Einrichtung, attraktiver Freizeitbereich und gute Tagungsmöglichkeiten. Restaurant mit regionaler und internationaler Küche. Nicht weit entfernt: Outletcity Metzingen.

99 Zim - †119/129 € ††165/185 € - 1 Suite

Achalm (Gewand) 2, Ost: 3 km über die B 28 Richtung Stuttgart, dann rechts abbiegen ✉ 72766 - ✆ 07121 4820 - www.achalm.com

In Reutlingen-Betzingen West: 4 km über die B 28 Richtung Tübingen

Karlshöhe

BÜRGERLICHE KÜCHE • ELEGANT XX Lust auf saisonal beeinflusste bürgerlich-regionale Gerichte wie "Kalbsbäckchen mit Schmorgemüse"? Um Sie herum schönes elegantes Interieur in Weiß. Die Räume sind auch für Gesellschaften ideal. Und die Parkplatzsituation ist ebenfalls gut.

Karte 17/56 €

Ruderschlachtweg 1 ✉ 72770 - ✆ 07121 503300 - www.karlshoehe-reutlingen.de

RHEDA-WIEDENBRÜCK

Nordrhein-Westfalen - 47 177 Ew. - Höhe 72 m - Regionalatlas **27**-F10
Michelin Straßenkarte 543

Im Stadtteil Rheda

Reuter (Iris Bettinger)

FRANZÖSISCH-MODERN • ELEGANT XX Iris Bettinger hat ihren eigenen Stil und legt sich nicht fest. Ihre Küche lebt von mediterranen, regionalen und asiatischen Einflüssen - das bringt Spannung und eine Fülle an Aromen. Schön sitzt man nicht nur im eleganten Restaurant, im Sommer lockt die Terrasse mit Blick auf die Kirche.

→ Dänischer Kaisergranat geschnitten und roh mariniert mit Stielmus, Mandeln und Eisenkraut. Pochierter Seeteufel mit Sauerampfer-Buttermilch Lassi, Avocado, Gurke und Radieschen. Key Lime Crème mit Rhabarber, Himbeere, grüner Apfel und Verbenesorbet.

Menü 89/174 €

Hotel Reuter, Bleichstr. 3 ✉ 33378 - ✆ 05242 94520 (Tischbestellung ratsam) - www.hotelreuter.de - nur Abendessen - geschl. 26. Dezember - 14. Januar, 16. Juli - 30. August und Sonntag - Dienstag, sowie an Feiertagen

Gastwirtschaft Ferdinand Reuter

MARKTKÜCHE • BISTRO X "Rinderbacke in Rotwein", "Schulter vom Frischling", "Schnitzel vom Bunten Bentheimer" oder "Grünkohl mit Mettwürstchen" - was hier gekocht wird, ist schmackhaft und alles andere als langweilig. Eine tolle Alternative zum Sternerestaurant!

Menü 37 € - Karte 31/49 €

Hotel Reuter, Bleichstr. 3 ✉ 33378 - ✆ 05242 94520 - www.hotelreuter.de - geschl. 26. Dezember - 6. Januar und Freitagmittag, Samstagmittag, Sonntag, sowie an Feiertagen

Emshaus

MARKTKÜCHE • FREUNDLICH XX Zwischen Rosengarten und Schlosspark steht das schmucke Backsteinhaus von 1936, schön das wertige Interieur. Man kocht regional-saisonal und international, so z. B. "Saiblingsfilet in Zitronengrasschaum mit Pak Choi". Kuchen am Nachmittag.

Menü 36 € - Karte 32/46 €

Gütersloher Str. 22 ✉ 33378 - ✆ 05242 4060400 - www.emshaus-rheda.de - geschl. Montag - Dienstag

König's Hotel am Schlosspark

BUSINESS • ELEGANT So aufwändig das Stadthaus a. d. 18. Jh. von außen saniert wurde, so hochwertig zeigen sich auch die Zimmer! Sie möchten lieber etwas preiswerter übernachten? Man vermietet auch Zimmer im Gästehaus "Hotel Am Doktorplatz". Tipp: Im Sommer, wenn das Wetter es zulässt, gibt es BBQ auf dem tollen "Sonnendeck"!

26 Zim – 99/109 € 139 € – ½ P

Berliner Str. 47, (Zufahrt über Bleichstraße) ✉ 33378 – ✆ 05242 408060 – www.das-koenigs.de

Reuter

FAMILIÄR • INDIVIDUELL Schon in 4. Generation betreibt die sympathische Familie dieses Haus, immer wieder wird investiert, alles ist topgepflegt, der Service aufmerksam. Die Zimmervielfalt reicht vom puristisch-praktischen kleinen Einzelzimmer bis zum schicken klimatisierten Komfortzimmer. Gutes Frühstück.

36 Zim – 82/105 € 119/149 €

Bleichstr. 3 ✉ 33378
– ✆ 05242 94520 – www.hotelreuter.de
– geschl. 26. Dezember - 6. Januar

Reuter • **Gastwirtschaft Ferdinand Reuter** – siehe Restaurantauswahl

Im Stadtteil Wiedenbrück

Ratskeller

HISTORISCH • INDIVIDUELL Das wunderschöne Fachwerkhaus von 1560 wurde zu einem Hotel erweitert, das bereits in der 5. Generation als Familienbetrieb geführt wird. Die Zimmer sind hübsch und individuell. Gemütlich sitzt man in den historischen Gasträumen - hier isst man international und regional. Terrasse am Marktplatz.

30 Zim – 72/118 € 126/175 € – ½ P

Markt 11, (Eingang Lange Str. 40) ✉ 33378
– ✆ 05242 9210 – www.ratskeller-wiedenbrueck.de – geschl. Weihnachten
- Anfang Januar, Mitte - Ende Oktober 2 Wochen

Zur Wartburg

BUSINESS • MODERN Der engagierte Gastgeber hat aus dem Haus von 1889 ein echtes kleines Schmuckstück gemacht. Hier wohnt man individuell, geschmackvoll, komfortabel - es gibt auch kleinere, aber ebenso schicke Einzelzimmer. Sehr gutes, frisches Frühstück.

18 Zim – 62/85 € 92/98 €

Mönchstr. 4, (Ecke Lange Straße) ✉ 33378 – ✆ 05242 92520
– www.hotel-zur-wartburg.de

RHEINE

Nordrhein-Westfalen – 73 944 Ew. – Höhe 35 m – Regionalatlas **16**-D8
Michelin Straßenkarte 543

Beesten

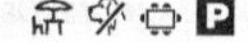

KLASSISCHE KÜCHE • FREUNDLICH XX Mit Engagement und Herz ist Familie Beesten hier in 4. Generation bei der Sache. Gemütlich sitzt man bei guten internationalen Gerichten wie "Kalbsrücken mit Bärlauchbutter und Kartoffelravioli". Und danach "Aprikosenmousse mit karamellisierten Walnüssen"? Schön: Terrasse mit altem Baumbestand.

Menü 28/59 € – Karte 32/53 €

Eichenstr. 3 ✉ 48431
– ✆ 05971 3253 – www.restaurant-beesten.de
– nur Abendessen – geschl. Anfang Juli 2 Wochen und Donnerstag

Zum Alten Brunnen

FAMILIÄR • GEMÜTLICH Ein reizendes Anwesen wie ein kleines Dörfchen, mittig ein charmanter Hof mit Brunnen - hier gibt's bei schönem Wetter das Frühstück, und das wird am Tisch serviert. Man spürt die persönliche Note, überall im Haus geschmackvolle Details wie Antiquitäten. Darf es vielleicht eine klimatisierte Suite sein?

13 Zim ☕ - 🚹85/128 € 🚹🚹128/148 € - 3 Suiten - ½ P

Dreierwalder Str. 25 ✉ 48429 - ✆ 05971 961715 - www.zumaltenbrunnen.de - geschl. 24. Dezember - 2. Januar

In Rheine-Mesum Süd-Ost: 7 km über B 481

Altes Gasthaus Borcharding

REGIONAL • GEMÜTLICH X Seit 1712 ist das Gasthaus schon in Familienbesitz. Man hat viele Stammgäste, die sich in der gemütlich dekorierten Wein- und Gaststube mit regional-saisonalen Gerichten bekochen lassen. Für Feiern: Münsterlandstübchen, Saal und Atrium.

Menü 23 € (unter der Woche)/60 € - Karte 26/58 €

9 Zim ☕ - 🚹49/72 € 🚹🚹69/85 €

Alte Bahnhofstr. 13 ✉ 48432 - ✆ 05975 1270 - www.borcharding.de - nur Abendessen - geschl. 1. - 7. Januar und Sonntag

RHEINFELDEN

Baden-Württemberg - 32 441 Ew. - Höhe 280 m - Regionalatlas **61**-D21
Michelin Straßenkarte 545

In Rheinfelden-Eichsel Nord: 6 km über B 316, in Degerfelden rechts

Landgasthaus Maien

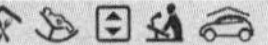

GASTHOF • FUNKTIONELL Inzwischen leitet die 5. Generation der Familie das Gasthaus von 1749, unverändert stark das Engagement! Fragen Sie nach den geräumigeren Komfortzimmern. Das Restaurant bietet etwas für jeden Geschmack: rustikale Stube oder heller Wintergarten, viele Aktionswochen, Terrasse unter Kastanien...

21 Zim ☕ - 🚹71/89 € 🚹🚹99/125 € - ½ P

Maienplatz 2 ✉ 79618 - ✆ 07623 72150 - www.maien.com

RHEINSBERG

Brandenburg - 8 029 Ew. - Höhe 61 m - Regionalatlas **22**-O6
Michelin Straßenkarte 542

Der Seehof

REGIONAL • FREUNDLICH X Schön sitzt man in dem angenehm hellen Restaurant mit Wintergarten und lässt sich regionale Küche servieren. Tipp für Sommertage: Wählen Sie einen Platz im herrlichen Innenhof!

Menü 32 € - Karte 31/41 €

Hotel Der Seehof, Seestr. 18 ✉ 16831 - ✆ 033931 4030 - www.seehof-rheinsberg.de

Der Seehof

PRIVATHAUS • GEMÜTLICH Sie finden das ehemalige Ackerbürgerhaus von 1750 ca. 100 m vom See entfernt. Hinter der frischen hellblauen Fassade erwartet Sie ein gepflegtes und freundliches Ambiente.

11 Zim ☕ - 🚹65/85 € 🚹🚹100/120 € - ½ P

Seestr. 18 ✉ 16831 - ✆ 033931 4030 - www.seehof-rheinsberg.de

Der Seehof - siehe Restaurantauswahl

RHODT unter RIETBURG Rheinland-Pfalz ➜ Siehe Edenkoben

➜ Siehe Edenkoben

RIEDENBURG

Bayern – 5 675 Ew. – Höhe 360 m – Regionalatlas **58**-M18
Michelin Straßenkarte 546

Forst's Landhaus

INTERNATIONAL • FREUNDLICH X Hier kommen die freundliche Atmosphäre und die frische international ausgerichtete Küche gut an. Sie möchten daußen sitzen? Man hat schöne Terrassenplätze am Bach. Gepflegt übernachten können Sie übrigens auch.

Menü 26 € (mittags)/80 € – Karte 25/58 €

11 Zim – 48/61 € 75/84 €

Mühlstr. 37b ✉ 93339 – ✆ 09442 9919399 – www.forsts-landhaus.de – geschl. Januar - Februar 2 Wochen, August 1 Woche und Montag - Dienstag

RIESA an der ELBE

Sachsen – 31 011 Ew. – Höhe 106 m – Regionalatlas **33**-P11
Michelin Straßenkarte 544

In Zeithain-Moritz Nord-Ost: 3,5 km über B 169

Moritz an der Elbe

LANDHAUS • FUNKTIONELL Schön liegt das familiengeführte Ferienhotel (Teil eines Vierseitenhofes von 1823) an der Elbe. Ideal für Radler: Der Elbradwanderweg verläuft direkt am Haus. Gepflegte, gut ausgestattete Zimmer, ein idyllischer Garten und bürgerlich-regionale Küche. Eine Terrasse liegt im Innenhof, eine weitere zur Elbe.

36 Zim – 75/95 € 90/110 € – ½ P

Dorfstr. 2 ✉ 01619 – ✆ 03525 51230 – www.hotel-moritz.de

RIETBERG

Nordrhein-Westfalen – 28 990 Ew. – Höhe 78 m – Regionalatlas **27**-F10
Michelin Straßenkarte 543

Lind

BUSINESS • MODERN Großzügig, modern und hochwertig ausgestattet, ist das Hotel mitten in Rietberg für Urlauber und Geschäftsreisende gleichermaßen ideal! Nach einem langen Tag ruft das "Lind vital" mit Massage, Beauty & Co. Oder steht Ihnen der Sinn nach mediterran-regionaler Küche?

78 Zim – 85/124 € 119/163 € – 2 Suiten – ½ P

Am Nordtor 1 ✉ 33397 – ✆ 05244 700100 – www.lind-hotel.de

In Rietberg-Mastholte Süd-West: 7 km über Mastholter Straße

Domschenke

INTERNATIONAL • KLASSISCHES AMBIENTE XX Hier bringt die junge Generation frischen Wind ins Haus. In Gaststube und Wintergarten gibt es Regionales und Internationales, so z. B. "gebeizten Lachs mit Reibekuchen", "Wildschweinragout mit Apfelrotkohl" oder auch das Tagesmenü von der Tafel. Auf Reservierung ab zehn Personen klassische Genießer-Menüs.

Karte 28/46 €

Lippstädter Str. 1 ✉ 33397 – ✆ 02944 318 – www.domschenke-mastholte.de – nur Abendessen, sonntags auch Mittagessen – geschl. 1. - 5. Januar, 24. März - 7. April, 26. Juli - 15. August, 13. - 24. Oktober, 21. - 27. Dezember und Dienstag sowie an Feiertagen

RIMSTING

Bayern - 3 805 Ew. - Höhe 564 m - Regionalatlas **66**-N21
Michelin Straßenkarte 546

Landhotel beim Has'n

GASTHOF • AUF DEM LAND Zwei Schwestern betreiben das sympathische Landhotel. Man wird freundlich-familiär umsorgt und darf sich auf wohnliche und sehr gepflegte Zimmer freuen. Im rustikalen Wirtshaus kommt regionale Küche auf den Tisch - am Wochenende auch für externe Gäste.

22 Zim - 53/63 € 84/98 € - ½ P

Endorfer Str. 1 83253 - 08051 609590 - www.landhotelbeimhasn.de

In Rimsting-Greimharting Süd-West: 4 km in Richtung Prien - Höhe 668 m

Der Weingarten

GASTHOF • AUF DEM LAND Die traumhafte Lage auf der Ratzinger Höhe und die einmalige Aussicht auf den Chiemgau machen Lust auf Natur. Alle Zimmer und Appartements mit Balkon oder Terrasse. Im Restaurant isst man bürgerlich. Der Biergarten zieht viele Gäste an. Toll der große Kinderspielplatz.

25 Zim - 62/67 € 108/118 € - 2 Suiten

Weingarten 1, (Ratzinger Höhe), Nord-West: 1 km 83253 - 08051 1775 - www.gasthof-weingarten.de - geschl. 6. Januar - Februar

RINGSHEIM

Baden-Württemberg - 2 274 Ew. - Höhe 170 m - Regionalatlas **61**-D20
Michelin Straßenkarte 545

Heckenrose

INTERNATIONAL • TRENDY XX Dass man hier richtig gut isst, hat sich bis in die Schweiz und ins Elsass herumgesprochen. Gerne sitzt man in sympathisch-moderner Atmosphäre und lässt sich Internationales wie "BBQ-Schweinefilet, Tortilla, Pilze" schmecken. Und als Dessert vielleicht "Variation von der Blaubeere"?

Menü 28/55 € - Karte 33/57 €

Hotel Heckenrose, Alte Bundesstr. 24 77975 - 07822 789980 - www.hotel-heckenrose.de - nur Abendessen - geschl. 18. Februar - 5. März, 1. - 14. November und Sonntag, Mittwoch

Heckenrose

GASTHOF • MODERN Das engagiert geführte Hotel ist beliebt bei Urlaubern und Familien, denn die Lage ist ideal für Ausflüge, z. B. in den nahen Europa-Park (Shuttle-Service), zudem gibt es im Haus einen netten Spiele- und Aufenthaltsraum samt Kickertisch! Auch die Zimmer sind ansprechend: geradlinig-zeitgemäß der Stil.

25 Zim - 65/79 € 89/120 € - 1 Suite - ½ P

Alte Bundesstr. 24 77975 - 07822 789980 - www.hotel-heckenrose.de - geschl. 18. Februar - 5. März, 1. - 14. November

Heckenrose - siehe Restaurantauswahl

RINTELN

Niedersachsen - 25 129 Ew. - Höhe 56 m - Regionalatlas **28**-G9
Michelin Straßenkarte 541

Der Waldkater

LANDHAUS • MODERN Das neuzeitliche Fachwerkhaus liegt schön ruhig am Waldrand und beherbergt gepflegte Zimmer, die wohnlich im Landhausstil eingerichtet sind. Herzstück der Gastronomie ist die gemütlich-rustikale Brauerei mit Sudpfanne als Blickfang. An zwei Abenden in der Woche kann man auch im Restaurant "Waldkater" speisen.

31 Zim - 99/130 € 130/140 € - ½ P

Waldkaterallee 27 31737 - 05751 17980 - www.waldkater.com

RIPPOLDSAU-SCHAPBACH, BAD

Baden-Württemberg - 2 149 Ew. - Höhe 564 m - Regionalatlas **54**-E19
Michelin Straßenkarte 545

Im Ortsteil Bad Rippoldsau

Klösterle Hof

REGIONAL • FAMILIÄR Markus Klein kocht klassisch mit regional-saisonalem Bezug, so z. B. "Terrine von Zander und Garnele" oder "Schweinelendchen mit Kirsch-Pfeffersauce und Spätzle". Hier stimmen Geschmack und Preis, dazu nettes ländliches Ambiente. Sie möchten übernachten? Besonders wohnlich die "Wohlfühl-" und "Komfortzimmer".

Menü 30 € - Karte 31/53 €

8 Zim - 40/80 € 86/110 € - 1 Suite

Klösterleweg 2 77776 - 07440 215 - www.kloesterle-hof.de - geschl. Januar 3 Wochen, November 3 Wochen, November - März: Montag - Mittwoch, April - Oktober: Sonntagabend - Montag

Im Ortsteil Schapbach Süd: 10 km

Ochsenwirtshof 

GASTHOF • REGIONAL In dem regionstypischen Haus wohnt man besonders schön in den geräumigen Komfortzimmern. Man hat einen netten kleinen Sauna- und Hallenbadbereich mit Sonnenterrasse und bietet auf Anfrage auch Massage. Zum Speisen geht's in die ländlichen Gaststuben oder auf die hübsche Terrasse.

15 Zim - 75/80 € 120/135 € - ½ P

Wolfacher Str. 21, Süd-West: 1,5 km 77776 - 07839 919798 - www.ochsenwirtshof.de - geschl. 10. November - 15. Dezember

RITTERSDORF Rheinland-Pfalz → Siehe Bitburg

RÖBEL (MÜRITZ)

Mecklenburg-Vorpommern - 5 095 Ew. - Höhe 65 m - Regionalatlas **13**-N6
Michelin Straßenkarte 542

Landhaus Müritzgarten

FAMILIÄR • AUF DEM LAND Am Waldrand, nur 200 m von der Müritz, liegt das aus zwei Landhäusern und vier Blockhäusern bestehende Hotel, das persönlich von Familie Neu geführt wird. Neben wohnlichen Zimmern hat man auch eine Vesperstube.

37 Zim - 75/140 € 95/150 €

Seebadstr. 45, (Marienfelde), Nord-Ost: 1,5 km 17207 - 039931 8810 - www.hotel-mueritzgarten.de

RÖDENTAL Bayern → Siehe Coburg

RÖHRMOOS

Bayern - 6 267 Ew. - Höhe 505 m - Regionalatlas **58**-L19
Michelin Straßenkarte 546

In Röhrmoos-Großinzemoos Nord-West: 2 km

Landgasthof Brummer

REGIONAL • FAMILIÄR Der traditionsreiche Familienbetrieb ist gemütlich gestaltet, teilweise auch schön neuzeitlich und hell. Der Chef bietet solide zubereitete regionale Küche. Nett sitzt es sich auch im Biergarten. Einfache Gästezimmer hat man ebenfalls.

Karte 22/51 €

13 Zim - 69/99 € 89/129 €

Indersdorfer Str. 51 85244 - 08139 7270 - www.landgasthof-brummer.de - geschl. Montag - Dienstag

RÖPERSDORF Brandenburg → Siehe Oberuckersee

RÖSRATH

Nordrhein-Westfalen - 28 049 Ew. - Höhe 90 m - Regionalatlas **36**-C12
Michelin Straßenkarte 543

Klostermühle

FRANZÖSISCH-KLASSISCH • RUSTIKAL XX Das hübsche Fachwerkhaus hat auch im Inneren seinen rustikalen Charme bewahrt. Natursteinwände, Holzdecke und liebenswerte Deko verbreiten Gemütlichkeit. Gekocht wird französisch.

Menü 29 € (mittags)/68 € - Karte 38/59 €

Zum Eulenbroicher Auel 15 ✉ 51503 - ✆ 02205 4758 - www.restaurant-klostermuehle.de - geschl. Montag - Dienstag

ROETGEN

Nordrhein-Westfalen - 8 268 Ew. - Höhe 410 m - Regionalatlas **35**-A13
Michelin Straßenkarte 543

Gut Marienbildchen

REGIONAL • RUSTIKAL XX Hausgeräucherter Hirschschinken, Rinderfilet "Marienbildchen", Kräuter aus dem Garten... In dem behaglichen Gasthof legt man viel Wert auf heimische Produkte - zum Teil stammen sie sogar aus der eigenen Landwirtschaft!

Menü 30/70 € - Karte 25/63 €

Hotel Gut Marienbildchen, Münsterbildchen 3, B 258, Nord: 2 km ✉ 52159 - ✆ 02471 2523 - www.gut-marienbildchen.de - geschl. vor Ostern 1 Woche, Juli - August 3 Wochen und Sonntag - Montagmittag

Gut Marienbildchen

GASTHOF • AUF DEM LAND Sympathisch und engagiert kümmert man sich hier um seine Gäste. Man hat wohnliche Zimmer in gemütlich-ländlichem Stil, einige neuere sind besonders hübsch. Die Frühstückseier stammen übrigens von den eigenen Hühnern! Und dazu als Spezialität die Bratwurst von selbst gezüchteten Kälbern!

8 Zim ☕ - 🚹65/90 € 🚹🚹95/130 € - ½ P

Münsterbildchen 3, B 258, Nord: 2 km ✉ 52159 - ✆ 02471 2523 - www.gut-marienbildchen.de - geschl. vor Ostern 1 Woche, Juli - August 3 Wochen und Sonntag - Montagmittag

Gut Marienbildchen - siehe Restaurantauswahl

RÖTZ

Bayern - 3 422 Ew. - Höhe 453 m - Regionalatlas **52**-N17
Michelin Straßenkarte 546

In Rötz-Hillstett West: 4 km in Richtung Seebarn

Gregor's (Gregor Hauer)

KREATIV • ELEGANT XXX Steht Ihnen der Sinn nach einem feinen Essen in klassisch-elegantem Ambiente? An wertig eingedeckten Tischen wählen Sie zwischen zwei Menüs, die auf Aroma und Produktqualität setzen. Freundlich der Service samt passender Weinempfehlung.

→ Wolfsbarsch, Radieschen, Petersilie, Reis. US Beef "Rouladen Flavour", Zwiebel, Senfgurke, Karotte. Chocolate Cheese Cake, Ananas, Cappuccino frozen.

Menü 89/107 €

Resort Die Wutzschleife, Hillstett 40 ✉ 92444 - ✆ 09976 180 (Tischbestellung erforderlich) - www.wutzschleife.com - nur Abendessen - geschl. Anfang Januar - Ende Februar, Anfang August - Mitte September und Sonntag - Dienstag

Spiegelstube

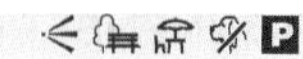

REGIONAL • FREUNDLICH XX Auch in der schlichteren Alternative zum "Gregor's" kocht man geschmackvoll und ambitioniert - probieren Sie z. B. "geschmorte Rindsschulter in Rotweinsauce" oder das fair kalkulierte Mittagsmenü!

Menü 30/39 € – Karte 34/53 €

Hotel Resort Die Wutzschleife, Hillstett 40 ✉ 92444 – ✆ 09976 180 – www.wutzschleife.com – geschl. Montag - Dienstag

Resort Die Wutzschleife

SPA UND WELLNESS • FUNKTIONELL Ob Wellness, Tagung, Kurzurlaub, Golf oder kulinarischer Genuss, Familie Hauer wird mit ihrem Resort-Hotel jedem gerecht - und das mit über 125 Jahren Erfahrung als Gastgeber! Großzügig die Atriumhalle über mehrere Etagen, freundlich der Service, nicht zu vergessen die ruhige Lage!

59 Zim – †89/146 € ††109/238 € – ½ P

Hillstett 40 ✉ 92444 – ✆ 09976 180 – www.wutzschleife.com

Gregor's • **Spiegelstube** – siehe Restaurantauswahl

In Winklarn-Muschenried Nord: 10 km in Richtung Oberviechtach

Seeschmied

GASTHOF • GEMÜTLICH Die Reitingers führen ihr Haus mit Engagement und familiärer Note. Die Gäste wohnen hier in individuell eingerichteten Zimmern, mal Bauernstil, mal afrikanisch. Wirklich nett sitzt man im hübsch dekorierten Restaurant und im Biergarten, gekocht wird regional.

15 Zim – †47/50 € ††78/90 € – ½ P

Lettenstr. 6 ✉ 92559 – ✆ 09676 241 – www.seeschmied.de – geschl. Februar - März

ROHRDORF

Bayern – 5 592 Ew. – Höhe 476 m – Regionalatlas **66**-N21
Michelin Straßenkarte 546

Zur Post

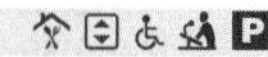

GASTHOF • FUNKTIONELL Seit über 200 Jahren ist dieser echt bayerische Gasthof in Familienhand. Man ist engagiert und investiert stetig - fragen Sie nach den neueren modernen Zimmern! Im Restaurant wird Fleisch aus der eigenen Metzgerei verarbeitet, die Küche regional-bürgerlich. Praktisch: gute Anbindung an die Autobahn.

113 Zim – †57/104 € ††74/120 €

Dorfplatz 14 ✉ 83101 – ✆ 08032 1830 – www.post-rohrdorf.de

RONNEBURG

Hessen – 3 388 Ew. – Höhe 167 m – Regionalatlas **48**-G14
Michelin Straßenkarte 543

In Ronneburg-Hüttengesäß

Zur Krone

TRADITIONELLE KÜCHE • RUSTIKAL X Der traditionsreiche Familienbetrieb bietet in seinem gemütlichen holzvertäfelten Restaurant bürgerliche Küche mit eigenen Produkten. Der Renner für daheim: Hausgemachtes wie leckere Marmeladen, Nudeln oder Mettwürste!

Menü 28 € (abends) – Karte 19/60 €

14 Zim – †62/79 € ††84/96 €

Langstr. 7 ✉ 63549 – ✆ 06184 3030 – www.hessenkrone.de – geschl. Anfang August 2 Wochen und Montag - Dienstagmittag

RONNENBERG Niedersachsen ➜ Siehe Hannover

RONNENBERG Niedersachsen ➜ Siehe Hannover

ROSBACH Hessen ➜ Siehe Friedberg/Hessen

ROSENHEIM

Bayern - 60 889 Ew. - Höhe 446 m - Regionalatlas **66**-N21
Michelin Straßenkarte 546

Steirer Eck am Salinplatz

REGIONAL • FREUNDLICH XX Das Motto: "Bio. Frisch. Saisonal". So gibt es hier produktorientierte Bio-Küche, und die ist österreichisch geprägt. Auf der Tageskarte "Leibspeisen" wie "geschmorter Aubrac-Ochse, Erdäpfelpüree, Frühlingsgemüse", abends zusätzlich ein Überraschungsmenü, für das man aus der "Zutatenliste" wählt.

Menü 37 € (mittags)/79 € (abends) - Karte 44/68 €

Bahnhofstr. 17 ✉ 83022 - ✆ 08031 6148485 - www.biorestaurant-steirereck.de - geschl. Montag

La Grappa

ITALIENISCH • GEMÜTLICH X Dass der sympathisch-familiäre Hinterhof-Italiener viele Stammgäste hat, liegt an Spezialitäten wie hausgemachter Pasta, Saltimbocca alla Romana oder Riesengarnelen vom Grill, dazu saisonales Angebot. Angeschlossen: "Le Delizie", die eigene Pasticceria-Gelateria mit süßen Köstlichkeiten - auch zum Mitnehmen.

Menü 40 € - Karte 25/53 €

Riederstr. 8 ✉ 83022
- ✆ 08031 9009590 - www.lagrappa-rosenheim.de

Historische Weinlände

REGIONAL • FREUNDLICH X Gemütlich sitzt man in dem schönen über 500 Jahre alten Stadthaus, und zwar in drei charmanten Stuben mit Holztäfelung, Kachelofen und Parkettboden. Hier isst man regional und trinkt gute Weine. Terrasse in der verkehrsberuhigten Zone.

Menü 39/59 € (abends) - Karte 25/58 €

Weinstr. 2 ✉ 83022
- ✆ 08031 12775 - www.weinlaende.de
- geschl. 1. - 8. Januar, 25. August - 10. September und Samstagmittag, Sonntag
- Montagmittag sowie an Feiertagen

San Gabriele

BUSINESS • DESIGN Hier ist keine Wand gerade, jede Zimmertür hat eine andere Form. Vom Ameranger Architekten Rudolf Rechl stammt das ungewöhnliche Design. Wer hier übernachtet, sollte es ritterlich-rustikal mögen. Klosterflair im italienischen Restaurant "Il Convento": Gewölbe, Feuerstelle und Weinkeller.

38 Zim ☕ - 🚹97/147 € 🚹🚹135/195 € - ½ P

Zellerhornstr. 16 ✉ 83026
- ✆ 08031 26070 - www.hotel-sangabriele.de

Parkhotel Crombach

BUSINESS • FUNKTIONELL An einem kleinen Park in der Stadtmitte liegt dieses Hotel mit seinen zeitgemäß und funktionell ausgestatteten Zimmern. Wer etwas mehr Komfort möchte, bucht eine der Juniorsuiten oder die Suite mit eigener Küche. Frühstück mit Parkblick!

63 Zim ☕ - 🚹89/99 € 🚹🚹132/152 € - 1 Suite

Kufsteiner Str. 2 ✉ 83022
- ✆ 08031 3580 - www.parkhotel-crombach.de
- geschl. 20. Dezember - 3. Januar

In Stephanskirchen-Baierbach Ost: 7,5 km, jenseits des Inn

Gocklwirt

BÜRGERLICHE KÜCHE • RUSTIKAL Warum es Stammgäste und Ausflügler gleichermaßen hierher zieht? Die reichlich dekorierten Stuben sind schön urig und die beachtliche Sammlung an Landmaschinen ist schon sehenswert! Gekocht wird bürgerlich und am Nachmittag gibt's hausgemachten Kuchen. Zum Übernachten: Doppelzimmer im Nachbarhaus.

Menü 31/62 € - Karte 16/59 €

Weinbergstr. 9 ✉ 83071 - ✆ 08036 1215 - www.gocklwirt.de - geschl. Januar 2 Wochen, Mai - Juni 2 Wochen, August - September 2 Wochen und Montag - Dienstag

ROSSBACH

Rheinland-Pfalz – 1 458 Ew. – Höhe 116 m – Regionalatlas **36**-D13
Michelin Straßenkarte 543

Zur Post
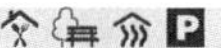

FAMILIÄR • AUF DEM LAND Der Gasthof von 1830 ist ein schönes Fachwerkhaus in zentraler und doch relativ ruhiger Lage im Ortskern. Am Frühstücksbuffet wird man freundlich betreut, im Restaurant bekommt man saisonal-regionale Küche serviert und relaxen kann man im hübschen Saunabereich mit Dachterrasse. "Dorfladen" mit Eigenprodukten.

12 Zim – 55/75 € 85/95 € – ½ P

Wiedtalstr. 55 ✉ 53547 - ✆ 02638 280 - www.zur-post-rossbach.de

ROSSFELD-RINGSTRASSE Bayern → Siehe Berchtesgaden

ROSSHAUPTEN

Bayern – 2 191 Ew. – Höhe 816 m – Regionalatlas **64**-J21
Michelin Straßenkarte 546

Kaufmann

TRADITIONELLE KÜCHE • LÄNDLICH "Geschmorte Ochsenbacken mit Selleriepüree und Serviettenknödel" oder "Knurrhahnfilet mit Zucchinispaghetti und Bulgur"? Hier kocht man traditionell-regional und mit internationalen Einflüssen. Und das Restaurant selbst? Mit Holztäfelung und Kachelofen oder hell und modern.

Menü 40/50 € - Karte 24/68 €

Hotel Kaufmann, Füssener Str. 44 ✉ 87672 - ✆ 08367 91230 (Tischbestellung ratsam) - www.hotel-kaufmann.de - Montag - Freitag nur Abendessen

Kaufmann

FAMILIÄR • MODERN Ehemals ein ländlicher Gasthof, heute ein modernes Ferienhotel unweit des Forggensees. Einige Zimmer muten fast schon puristisch an, andere sind traditionell. Der chic designte Spa glänzt u. a. mit dem lichtdurchfluteten Poolhaus und einer Panoramasauna mit Außen-Wasserfall.

39 Zim – 85/140 € 125/185 € – 4 Suiten – ½ P

Füssener Str. 44 ✉ 87672 - ✆ 08367 91230 - www.hotel-kaufmann.de

Kaufmann – siehe Restaurantauswahl

ROSTOCK

Mecklenburg-Vorpommern – 204 167 Ew. – Höhe 13 m – Regionalatlas **12**-M4
Michelin Straßenkarte 542

Borwin Hafenrestaurant
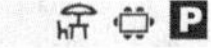

FISCH UND MEERESFRÜCHTE • RUSTIKAL Gemütlich ist die charmant-traditionelle Atmosphäre hier am Hafen - beliebte Plätze sind die hübschen Sofas! Schwerpunkt ist Fisch (Backfisch, Austern, Tagesfisch von der Tafel...), aber auch Fleisch ist zu haben. Schöner Blick aufs Wasser!

Menü 23 € - Karte 30/56 €

Stadtplan : D1-b - *Am Strande 2a ✉ 18055 - ✆ 0381 4907525 - www.borwin-hafenrestaurant.de*

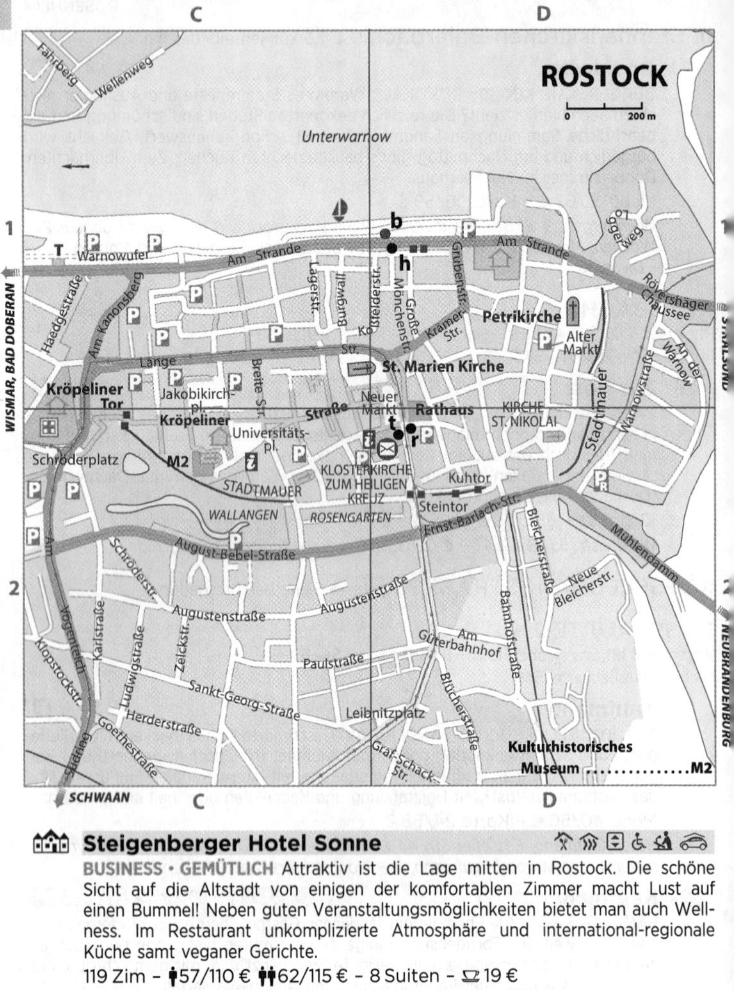

Steigenberger Hotel Sonne

BUSINESS • GEMÜTLICH Attraktiv ist die Lage mitten in Rostock. Die schöne Sicht auf die Altstadt von einigen der komfortablen Zimmer macht Lust auf einen Bummel! Neben guten Veranstaltungsmöglichkeiten bietet man auch Wellness. Im Restaurant unkomplizierte Atmosphäre und international-regionale Küche samt veganer Gerichte.

119 Zim – 🚹57/110 € 🚹🚹62/115 € – 8 Suiten – ☕ 19 €

Stadtplan : D2-r – *Neuer Markt 2* ✉ *18055* – ✆ *0381 49730* – *www.rostock.steigenberger.de*

Die kleine Sonne

BUSINESS • FUNKTIONELL Das Hotel liegt sehr zentral und bietet wohnliche Zimmer sowie einen farbenfroh dekorierten Frühstücksraum. Gäste nutzen die Sauna im Partnerhotel gegenüber. Kiosk mit Snacks.

48 Zim ☕ – 🚹70/105 € 🚹🚹83/118 €

Stadtplan : D2-t – *Steinstr. 7* ✉ *18055* – ✆ *0381 46120* – *www.die-kleine-sonne.de*

Altes Hafenhaus 

PRIVATHAUS • HISTORISCH Das schön sanierte 200 Jahre alte Stadthaus gegenüber dem alten Hafen ist ein individuelles kleines Hotel, in dem man stilvoll und gemütlich wohnt. Asiatische Massagen.

12 Zim ☕ – 🚹79/109 € 🚹🚹89/139 €

Stadtplan : D1-h – *Strandstr. 93* ✉ *18055* – ✆ *0381 4930110* – *www.altes-hafenhaus.de*

In Rostock-Markgrafenheide Nord-Ost: 16 km über G1, ab Warnemünde mit Fähre und über Hohe Düne, Warnemünder Straße

Godewind

LANDHAUS • FUNKTIONELL So einiges spricht für dieses Haus: der Wellnessbereich mit Meerwasser-Hallenbad, das umfangreiche Frühstück, der nette Garten, gute Parkmöglichkeiten und nicht zuletzt die Lage 400 m vom Strand. Zimmer im 4. Stock mit Dachterrasse!

58 Zim – 79/125 € 94/165 € - 1 Suite - ½ P

Warnemünder Str. 5 ✉ 18146 – ✆ 0381 609570 – www.hotel-godewind.de

In Rostock-Warnemünde Nord-West: 11 km

Gourmet-Restaurant Der Butt

MODERNE KÜCHE • KLASSISCHES AMBIENTE XXX Wirklich schön sitzt man hier im obersten Stock des Pavillons und genießt den Blick über den Yachthafen, während man mit produktorientierter moderner Küche verwöhnt wird. Die gibt es in Form zweier Menüs: "Meine Welt" und "Nachbar's Garten" als vegetarische Variante.
➜ Pilgermuschel, Gurke, Dill, Joghurt. Onsenei, Sellerie, Zwiebeln, Kartoffel, Paprika. Atlantik Steinbutt, Mango, Yuzu, junge Karotten, Ingwer.

Menü 119/149 €

Stadtplan : G1-y – *Hotel Yachthafenresidenz Hohe Düne, Am Yachthafen 1 ✉ 18119 – ✆ 0381 50400 (Tischbestellung ratsam) – www.hohe-duene.de – nur Abendessen – geschl. 29. Januar - 5. März und Sonntag - Montag*

Brasserie

REGIONAL • BRASSERIE XX Eine geschmackvoll eingerichtete große Brasserie mit Rundumblick, in der man regional speist. Sehr angenehm sitzt man auf der hübschen Terrasse mit Sicht auf den Hafen.

Menü 39/49 € – Karte 29/79 €

Stadtplan : G1-y – *Hotel Yachthafenresidenz Hohe Düne, Am Yachthafen 1 ✉ 18119 – ✆ 0381 50400 – www.hohe-duene.de*

Yachthafenresidenz Hohe Düne

RESORT • MODERN Imposante Anlage am Meer - für Wellness, Familien, Tagungen. Yachthafen direkt am Haus, die Zimmer klassisch-maritim, toller Spa auf über 4000 qm, Kinderclub samt Piratenschiff sowie Restaurantvielfalt von Pizza über Fisch bis Steakhouse.

342 Zim – 170/295 € 210/355 € – 26 Suiten – ½ P

Stadtplan : G1-y – *Am Yachthafen 1 ✉ 18119 – ✆ 0381 50400 – www.hohe-duene.de*

Gourmet-Restaurant Der Butt • **Brasserie** – siehe Restaurantauswahl

Strand-Hotel Hübner

LANDHAUS • AM MEER Wer an der Strandpromenade Urlaub macht, möchte auf den Meerblick nicht verzichten - und Sie haben ihn u. a. von einigen der Zimmer sowie von der Sauna und dem Schwimmbad im obersten Stock, hier auch Liegeterrasse und Ruhebereich! Kosmetik und Massage im Schwesterhotel gegenüber.

89 Zim – 145/190 € 185/240 € – 6 Suiten – ½ P

Stadtplan : F1-a – *Seestr. 12 ✉ 18119 – ✆ 0381 54340 – www.strandhotelhuebner.de*

Warnemünder Hof

LANDHAUS • GEMÜTLICH In dieser ruhigen Umgebung können Sie entspannt Ferien machen: bei Massage- und Beautyanwendungen, beim Essen auf der Terrasse zum schönen Garten, in einem behaglichen Zimmer... - "Classic", "Reetdach-Mansarde" und die modernen, allergikerfreundlichen "Vitalzimmer" sind nur einige Beispiele!

99 Zim – 79/149 € 99/185 € – 7 Suiten – ½ P

Stolteraer Weg 8, in Diedrichshagen, West: 2 km über Parkstraße E1 ✉ 18119 – ✆ 0381 54300 – www.warnemuender-hof.de

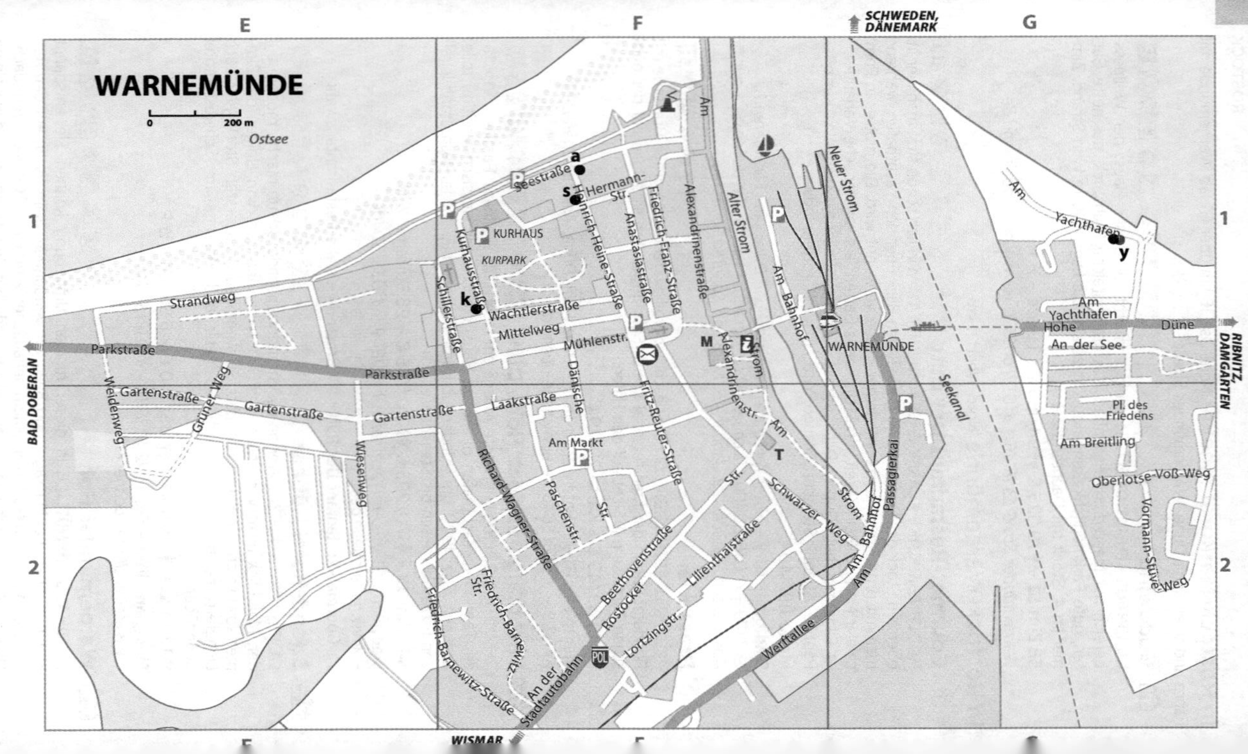
WARNEMÜNDE
0
200 m
Ostsee
RIBNITZ, DAMGARTEN
SCHWEDEN, DÄNEMARK
BAD DOBERAN
WISMAR
Düne
Am Yachthafen
Höhe
An der See
Pl. des Friedens
Am Breitling
Oberlotse-Voß-Weg
Vormann-Stüve-Weg
Seekanal
Neuer Strom
Alter Strom
Passagierkai
Am Bahnhof
Am Strom
Schwarzer Weg
Werftallee
Alexandrinenstraße
Alexandrinenstr.
Friedrich-Franz-Straße
Anastasiastraße
Hermann-Str.
Heinrich-Heine-Straße
Fritz-Reuter-Straße
Lilienthalstraße
Lortzingstr.
Beethovenstraße
Rostocker Str.
An der Stadtautobahn
Seestraße
KURHAUS
KURPARK
Kurhausstraße
Wachtlerstraße
Mittelweg
Mühlenstr.
Dänische Str.
Am Markt
Paschenstr.
Laakstraße
Richard-Wagner-Straße
Friedrich-Barnewitz-Str.
Friedrich-Barnewitz-Straße
Schillerstraße
Parkstraße
Gartenstraße
Wiesenweg
Strandweg
Grüner Weg
Weidenweg
E
F
G
1
2

Park-Hotel Hübner

LANDHAUS • MODERN Zeitgemäße Zimmer in freundlichen Tönen, ein schöner Sauna- und Badebereich sowie Massage und Kosmetikbehandlungen erwarten die Gäste hier. Tagungsraum vorhanden. Zum Restaurant gehört eine Vinothek, in der Sie auch ein Fläschchen Wein für zuhause kaufen können. Nette Terrasse mit Kräutergarten!

53 Zim – †139/185 € ††179/230 € – ½ P

Stadtplan : F1-s – *Heinrich-Heine-Str. 31 ✉ 18119 – ✆ 0381 54340 – www.parkhotelhuebner.de*

Strandhafer

BUSINESS • MODERN Hochwertige Einrichtung in allen Bereichen! Einige Zimmer sind Apartments - mit Hotelservice oder Selbstversorgung (was man so braucht, findet man im eigenen kleinen Supermarkt!). Wie wär's mit Aqua-Gymnastik (Voranmeldung) im schönen Pool?

49 Zim – †79/200 € ††89/200 €

Am Stolteraer Ring 1, in Diedrichshagen, West: 2 km über Parkstraße E1 ✉ 18119 – ✆ 0381 3756570 – www.hotel-strandhafer.de

Kurpark Hotel

FAMILIÄR • ELEGANT Die 1890 erbaute und ehemals als Pension genutzte Villa wird heute als elegantes kleines Ferienhotel geführt. Wer es lieber kühl mag, sollte eine klimatisierte Juniorsuite buchen. Ein großer Pluspunkt: Zur Strandpromenade ist es nur ein Katzensprung!

18 Zim – †79/145 € ††120/170 € – ½ P

Stadtplan : F1-k – *Kurhausstr. 4 ✉ 18119 – ✆ 0381 4402990 – www.kurparkhotel-warnemuende.de – geschl. 4. Januar - 27. Februar*

ROT am SEE

Baden-Württemberg – 5 192 Ew. – Höhe 438 m – Regionalatlas **56**-I17
Michelin Straßenkarte 545

Landhaus Hohenlohe

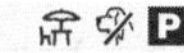

REGIONAL • ELEGANT XX Ähnlich wie das Restaurant mit seiner gemütlich-rustikalen und seiner eleganten Seite bietet auch die Küche von Matthias Mack einen Mix. Da schmeckt "Rostbraten in Lemberger Sauce" ebenso gut wie "gebratener Saibling mit Blutwurstgröstel und Pimentokraut". Dazu angenehm legerer und freundlicher Service.

Menü 35 € (vegetarisch)/60 € – Karte 34/55 €

Hotel Landhaus Hohenlohe, Erlenweg 24 ✉ 74585 – ✆ 07955 93100 – www.landhaus-hohenlohe.de – nur Abendessen, sonntags auch Mittagessen – geschl. 1. - 17. Januar, 5. - 17. Oktober und Sonntagabend - Montag

Landhaus Hohenlohe

GASTHOF • MODERN In dem modernen kleinen Landhaus der Familie Mack kommt man nach einem schmackhaften Essen schön zur Ruhe - das liegt zum einen an der Lage in einem Wohngebiet am Ortsrand, zum anderen hat man behagliche Zimmer in warmen Farben, und ein gutes, frisches Frühstück gibt es obendrein.

20 Zim – †62/90 € ††85/128 € – ½ P

Erlenweg 24 ✉ 74585 – ✆ 07955 93100 – www.landhaus-hohenlohe.de – geschl. 1. - 16. Januar

Landhaus Hohenlohe – siehe Restaurantauswahl

ROTENBURG (WÜMME)

Niedersachsen – 21 023 Ew. – Höhe 21 m – Regionalatlas **18**-H6
Michelin Straßenkarte 541

Die Wachtelei

REGIONAL • ELEGANT XXX In dem schönen klassisch-eleganten Restaurant gibt es neben Klassikern wie Wiener Schnitzel oder Rinderroulade auch moderne Gerichte wie "Lammkarree mit Chorizo-Kartoffelstampf, Pimentos, Stangenbohnen, Fenchel".

Menü 45/65 € – Karte 43/67 €

Hotel Landhaus Wachtelhof, Gerberstr. 6 ✉ 27356 – ✆ 04261 8530 – www.wachtelhof.de

Landhaus Wachtelhof

LANDHAUS • ELEGANT Hier schätzt man die gemütlich-elegante Atmosphäre ebenso wie den aufmerksamen Service - man kümmert sich wirklich gut um die Gäste! Leckeres Frühstück, hochwertiger Spa, zauberhafte Gartenanlage... Tipp: Buchung von Kreuzfahrten möglich.

37 Zim ☕ - †142/162 € ††192/280 € - 1 Suite - ½ P

Gerberstr. 6 ✉ 27356 - ✆ 04261 8530 - www.wachtelhof.de

Die Wachtelei - siehe Restaurantauswahl

ROTHENBURG ob der TAUBER

Bayern - 10 979 Ew. - Höhe 430 m - Regionalatlas **49**-I17
Michelin Straßenkarte 546

Mittermeier

MODERNE KÜCHE • HIP XX Trendig-leger und elegant zugleich kommt das schöne Restaurant daher. Hier sitzt man richtig gemütlich, während man freundlich mit guter Küche von klassisch bis modern umsorgt wird. Tipp: Wein und Delikatessen für zuhause. Raucherlounge.

Menü 46/76 € - Karte 46/71 €

Stadtplan : B1-v - *Hotel Villa Mittermeier, Vorm Würzburger Tor 7 ✉ 91541 - ✆ 09861 94540 (Tischbestellung ratsam) - www.villamittermeier.de - nur Abendessen - geschl. über Weihnachten und Sonntag - Montag*

Eisenhut

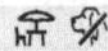

INTERNATIONAL • KLASSISCHES AMBIENTE XX Alles ist schön stimmig: gediegener Rahmen, klassisches Mobiliar und ebensolche Tischkultur, dazu beeindruckende Bilder von der Geschichte Rothenburgs. Tolle Terrasse mit Blick in den Garten (auch vom Wintergarten), separat der Biergarten.

Menü 23/82 € - Karte 24/62 €

Stadtplan : B1-e - *Hotel Eisenhut, Herrngasse 3 ✉ 91541 - ✆ 09861 7050 - www.eisenhut.com*

herrnschlösschen

INTERNATIONAL • INTIM X In historischen Mauern hat man ein stimmiges stilvoll-modernes Interieur geschaffen - man beachte den mächtigen Fachwerkbalken von 1526. Ein traumhafter Ort für eine Terrasse ist der Barockgarten! Die Küche widmet sich wechselnden Themen.

Menü 36 € - Karte 38/65 €

Stadtplan : A1-h - *Hotel herrnschlösschen, Herrngasse 20 ✉ 91541 - ✆ 09861 873890 - www.herrnschloesschen.de - Mittwoch - Freitag nur Abendessen - geschl. November und Montag - Dienstag*

topinambur

INTERNATIONAL • TRENDY X Freundlich, geradlinig und unkompliziert das Ambiente, frisch und saisonal die Küche - hier findet sich auch immer wieder die namengebende Knolle. Vor dem Eingang hat man eine nette Terrasse. Praktisch: öffentlicher Parkplatz in der Nähe.

Menü 39 € - Karte 35/55 €

Stadtplan : B1-f - *Prinzhotel Rothenburg, An der Hofstatt 3 ✉ 91541 - ✆ 09861 97585 - www.prinzhotel.rothenburg.de - nur Abendessen - geschl. 1. - 8. Januar und Sonntag*

herrnschlösschen

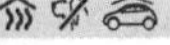

LUXUS • ELEGANT Es ist schon ein wahres "Bijou", dieses ausgesprochen charmante und geschmackvoll-luxuriöse Boutique-Hotel. Es wird mit persönlicher Note geführt, liegt toll mitten in der historischen Altstadt und hat individuelle, hochwertig designte Zimmer. Dazu exklusiver Service samt ausgezeichnetem Frühstück.

8 Zim ☕ - †155/180 € ††180/255 €

Stadtplan : A1-h - *Herrngasse 20 ✉ 91541 - ✆ 09861 873890 - www.herrnschloesschen.de*

herrnschlösschen - siehe Restaurantauswahl

Eisenhut

HISTORISCH • KLASSISCH Hoteltradition seit 1890 heißt es in den vier schmucken Patrizierhäusern mit ihren stilvoll-verspielt eingerichteten Zimmern. Frühstücken Sie bei gutem Wetter unbedingt auf der Terrasse - sonntags kommen auch Langschläfer auf ihre Kosten!

78 Zim – 🚹80/180 € 🚹🚹100/280 € – 1 Suite – ☕14 € – ½ P

Stadtplan : B1-e – *Herrngasse 3 ✉ 91541*
– *✆ 09861 7050*
– *www.eisenhut.com*

🍴 **Eisenhut** – siehe Restaurantauswahl

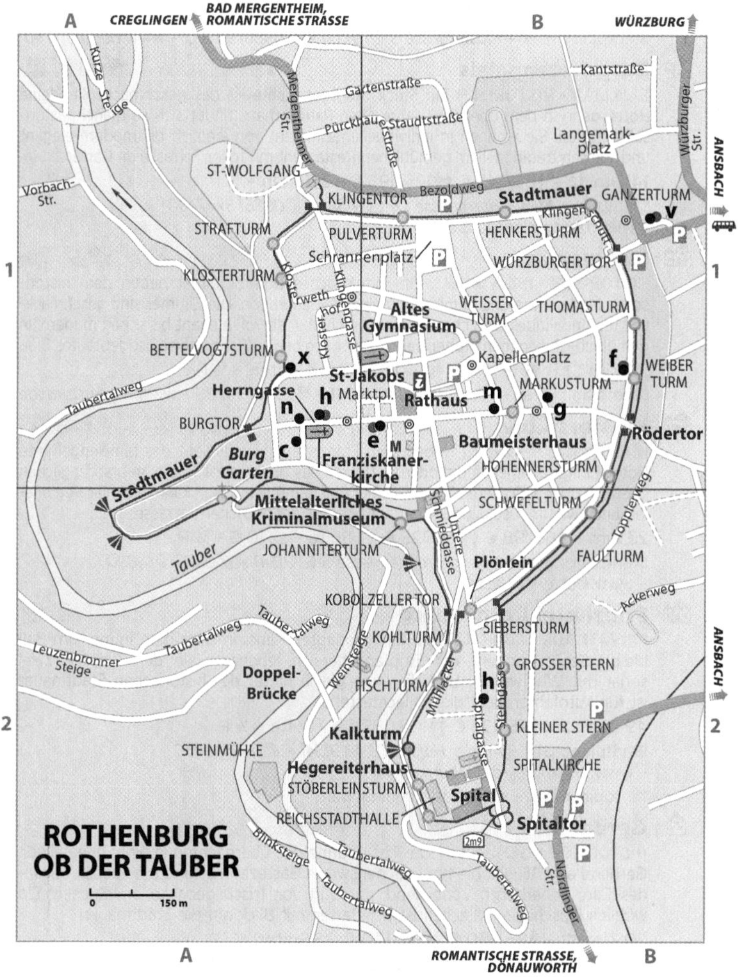

Villa Mittermeier

FAMILIÄR • INDIVIDUELL In der hübschen Sandsteinvilla von 1892 finden sich nicht nur wunderschöne individuelle Zimmer mit persönlichen Details (z. B. Schachspiel), man wird auch herzlich betreut und bekommt am Morgen ein hervorragendes Frühstück, das charmant serviert wird! Autofahrer parken kostenfrei direkt vor der Altstadt.

28 Zim – †75/97 € ††99/132 € – ☕ 15 € – ½ P

Stadtplan : B1-v – *Vorm Würzburger Tor 7 ✉ 91541 – ✆ 09861 94540 – www.villamittermeier.de*

🍴 **Mittermeier** – siehe Restaurantauswahl

Burg-Hotel

HISTORISCH • GEMÜTLICH Von der kleinen Terrasse an der Stadtmauer schaut man so schön übers Taubertal, dass man hier schon zum Frühstück gerne sitzt. Die Zimmer sind geschmackvoll eingerichtet, etwas Besonderes ist die Suite "Burgschlösschen"! Private Spa.

11 Zim ☕ – †95/155 € ††155/205 € – 3 Suiten

Stadtplan : A1-x – *Klostergasse 3 ✉ 91541 – ✆ 09861 94890 – www.burghotel.eu*

BurgGartenpalais

FAMILIÄR • HISTORISCH Ein Stück Stadtgeschichte ist das geschmackvolle kleine Hotel, denn in dem über 800 Jahre alten Patrizierhaus findet sich so manch historisches Detail. Sie wohnen in individuellen Zimmern von ländlich bis modern-elegant und speisen traditionell im gemütlichen Restaurant mit toller Terrasse im Garten.

14 Zim ☕ – †85/145 € ††125/195 € – 2 Suiten – ½ P

Stadtplan : A1-n – *Herrngasse 26 ✉ 91541 – ✆ 09861 8747430 – www.burggartenpalais.de*

Markusturm

HISTORISCH • INDIVIDUELL Ein romantisches Domizil direkt neben dem historischen Markusturm und Familienbetrieb in 4. Generation. Die Zimmer sind geschmackvoll und individuell: von charmant-bäuerlich über stilvoll-elegant bis schön modern. In gemütlich-gediegenen Stuben serviert man regionale Küche und selbst gebrautes Bier.

24 Zim ☕ – †98/140 € ††140/190 € – 3 Suiten – ½ P

Stadtplan : B1-m – *Rödergasse 1 ✉ 91541 – ✆ 09861 94280 – www.markusturm.de*

Klosterstüble

HISTORISCH • MODERN Neben dem Franziskanerkloster liegt das familiengeführte Hotel. Einige Zimmer sind moderner (klasse das "Falkennest"!), die im ursprünglichen Gasthof (über 500 Jahre alt) sind kleiner und gemütlich. Essen kann man hier Regionales, und zwar im rustikalen Restaurant oder auf der hübschen Terrasse.

23 Zim – †63/98 € ††76/129 € – 1 Suite – ☕ 10 € – ½ P

Stadtplan : A1-c – *Heringsbronnengasse 5 ✉ 91541 – ✆ 09861 938890 – www.klosterstueble.de*

Prinzhotel Rothenburg

PRIVATHAUS • FUNKTIONELL Ein gepflegtes Haus, in dem man immer am Ball bleibt. Schön modern der Empfangsbereich, ebenso viele der Zimmer, zwei sogar mit Whirlwanne! Und die Lage gleich hinter der historischen Stadtmauer ist für Autofahrer nicht die schlechteste!

49 Zim ☕ – †75/125 € ††105/185 € – 1 Suite – ½ P

Stadtplan : B1-f – *An der Hofstatt 3 ✉ 91541 – ✆ 09861 9750 – www.prinzhotel.rothenburg.de*

🍴 **topinambur** – siehe Restaurantauswahl

Gerberhaus

HISTORISCH • GEMÜTLICH Das hat Charme! Sie übernachten in einer ehemaligen Gerberei a. d. 16. Jh., die heute liebenswerte Gästezimmer und ein ebenso reizendes Café beherbergt. Verlockend: der Duft von frisch gebackenem Kuchen! Ein wirklich lauschiges Plätzchen ist der Garten mit Blick auf die Stadtmauer!

20 Zim ☕ – †85/100 € ††98/140 € – 3 Suiten

Stadtplan : B2-h – *Spitalgasse 25 ✉ 91541 – ✆ 09861 94900 – www.hotelgerberhaus.com – geschl. 6. Januar - 25. März, 15. - 26. November*

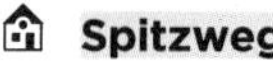

Spitzweg

PRIVATHAUS • GEMÜTLICH Das schmucke Haus hat sich vom Herrschaftssitz a. d. J. 1536 über eine kleine Brauerei im 18. Jh. zu diesem schnuckeligen Hotel entwickelt - dabei hat sich das Gebäude kaum verändert und steht natürlich unter Denkmalschutz. Drinnen überall liebenswertes historisch-rustikales Flair.

9 Zim – 75 € 95/115 €

Stadtplan : B1-g – *Paradeisgasse 2 91541 – 09861 94290 – www.hotel-spitzweg.de*

In Steinsfeld-Reichelshofen Nord: 7 km über Würzburger Straße B1

Landwehrbräu

REGIONAL • GEMÜTLICH XX Lust auf "Krabbencocktail", "Sauerbraten mit Kloß" und "Bayrisch Creme"? In Gasträumen mit traditionellem Charme wird saisonal-regional gespeist, dazu eigenes Bier aus der Brauerei von 1755! Schön die Nebenzimmer für Feierlichkeiten.

Menü 26 € – Karte 20/46 €

Hotel Landwehrbräu, Reichelshofen 31 91628 – 09865 9890 – www.landwehr-braeu.de – geschl. 2. - 26. Januar

Landwehrbräu

GASTHOF • FUNKTIONELL Ein Brauereigasthof wie aus dem Bilderbuch! Die Zimmer sind detailverliebt eingerichtet, das Personal ist freundlich - fragen Sie doch mal nach der historischen Spieluhr. "Zuckerl" für Oldtimer-Fans: eine Ausfahrt im Bentley von 1948!

37 Zim – 73/95 € 88/121 € – ½ P

Reichelshofen 31 91628 – 09865 9890 – www.landwehr-braeu.de – geschl. 2. - 26. Januar

Landwehrbräu – siehe Restaurantauswahl

In Windelsbach Nord-Ost: 9 km über Schweinsdorfer Straße B1, Richtung Ansbach

Landhaus Lebert

REGIONAL • GASTHOF XX Wer gerne regional isst, wird die hausgemachten Kürbisravioli ebenso mögen wie "Ansbacher Quellwasser-Saibling mit schwarzem Risotto und Winterspinat". Tipp: Im Schäferwagen verkauft man eigene Gewürze und Produkte aus der Region. Zum Feiern hat man die "Scheune", zum Übernachten nette Zimmer im Landhausstil.

Menü 33/80 € – Karte 23/67 €

8 Zim – 52/65 € 86/115 €

Schlossstr. 8 91635 – 09867 9570 – www.landhaus-rothenburg.de – Dienstag - Freitag nur Abendessen, außer an Feiertagen – geschl. 23. - 28. Dezember und Montag

ROTHENFELDE, BAD

Niedersachsen – 7 776 Ew. – Höhe 100 m – Regionalatlas **27**-E9
Michelin Straßenkarte 541

Drei Birken

LANDHAUS • MODERN Die Zimmer dieses Familienbetriebs sind teilweise sehr großzügig, einige sind als Themenzimmer für Damen oder Businessgäste ausgelegt. Darf es zum Entspannen vielleicht eine Massage- oder Kosmetikanwendung sein? Im Restaurant bietet man regionale und saisonale Küche.

45 Zim – 59/75 € 90/116 € – 3 Suiten – ½ P

Birkenstr. 3 49214 – 05424 6420 – www.hotel-drei-birken.de

ROTTACH-EGERN

Bayern - 5 625 Ew. - Höhe 736 m - Regionalatlas **66**-M21
Michelin Straßenkarte 546

✿✿✿ Restaurant Überfahrt Christian Jürgens

KREATIV • ELEGANT XXXX Auch international steht Christian Jürgens mit seiner kreativen Küche ganz weit oben! Bei aller technischer Perfektion wecken seine Gerichte auch Emotionen, denn hier verbinden sich Tiefgang, Mut zur Eigenständigkeit und das richtige Maß an Reduziertheit. Der Service: angenehm entspannt, aufmerksam, geschult.

➜ See und Ufer - Zander kross, Pfifferlinge, Lauch, Kräuterfond. Cray Fish BBQ - Langostino auf Holzkohle gegrillt, lackiert, Fenchel, Blüten. Oma Jürgens warmer Himbeerkuchen - Himbeeren, Guanaja Schokoladen Ganache, Mandeln, Streusel, Jochen´s Milchmädchen-Eis.

Menü 229/269 €

Althoff Seehotel Überfahrt, Überfahrtstr. 10 ✉ 83700 - ✆ 08022 6690 (Tischbestellung erforderlich) - www.restaurant-ueberfahrt.com - geschl. 25. Februar - 22. März, 4. - 12. Juni, 4. - 30. November und Montag - Mittwochmittag, Donnerstagmittag

✿ Dichterstub'n

FRANZÖSISCH-KLASSISCH • ELEGANT XXX Der lichte verglaste Holzpavillon ist ein richtig stilvoller Mix aus Rustikalität und Moderne. Neben aufmerksamem Service sorgt an kalten Tagen auch die offene Feuerstelle für wohltuende Stimmung. Ganz im Mittelpunkt steht aber das produktorientierte klassische Menü, das mit Ausdruck und Finesse überzeugt.

➜ Bayerische Garnele, Passionsfrucht, Blumenkohl, Curry. Rehrücken, Preiselbeere, Waldpilze, Sauce rouennaise. Holunder, weiße Schokolade, Knuspercannelloni, Verveine.

Menü 108/144 €

Park-Hotel Egerner Höfe, Aribostr. 19 ✉ 83700 - ✆ 08022 666502 (Tischbestellung ratsam) - www.egerner-hoefe.de - nur Abendessen - geschl. Februar 2 Wochen und Dienstag - Mittwoch

Hubertusstüberl & Malerstub'n

REGIONAL • GEMÜTLICH XX Gemütlich sitzt man hier im bayerisch-eleganten "Hubertusstüberl", in der "Maler Stub'n" oder im "St. Florian", und überall gibt's frische regionale Gerichte wie "Wildrahmgulasch mit Preiselbeeren" oder "Saiblingsfilet in Zitronenbutter".

Menü 49 € - Karte 42/68 €

Park-Hotel Egerner Höfe, Aribostr. 19 ✉ 83700 - ✆ 08022 666502 - www.egerner-hoefe.de

Egerner Bucht

INTERNATIONAL • ELEGANT XX Gedeckte Farben, moderne Formen, holzvertäfelte Wände, bodentiefe Fenster..., so das freundlich-elegante Ambiente. In der Küche setzt man auf saisonale Produkte aus der Alpenregion - daraus entstehen z. B. "Tatar vom bayerischen Bio-Aubrac-Rind " oder "Saiblingsfilet, Schmorgurken, Sauerampferschaum".

Menü 45/75 € - Karte 51/61 €

Althoff Seehotel Überfahrt, Überfahrtstr. 10 ✉ 83700 - ✆ 08022 6690 - www.seehotel-ueberfahrt.com - nur Abendessen

Il Barcaiolo

ITALIENISCH • FREUNDLICH XX "Vitello Tonnato", "Antipasti misti", "Spaghetti alle vongole" oder lieber "Saltimbocca alla Milanese"? In dem schönen, lichten und lebendigen Restaurant samt attraktiver Terrasse wird authentische italienische Küche serviert.

Menü 45/65 € - Karte 50/79 €

Althoff Seehotel Überfahrt, Überfahrtstr. 10 ✉ 83700 - ✆ 08022 6690 - www.seehotel-ueberfahrt.com

Fährhütte 14

INTERNATIONAL • RUSTIKAL Ein echtes Bijou ist das ruhig am Ufer des Sees gelegene Restaurant der "Überfahrt". Traditionell, bodenständig und doch modern die Atmosphäre, herzlich-leger und versiert der Service. Aus der Küche kommt Internationales wie "Hirschkalbsgulasch in Brombeerjus". Nicht mit dem Auto erreichbar, 300 m Fußweg.

Karte 36/62 €

Weißachdamm 50 ✉ 83700
– ✆ 08022 188220 (Tischbestellung ratsam) – www.faehrhuette14.de
– geschl. Februar, Oktober und Montag - Dienstag

Bayernstube

REGIONAL • GEMÜTLICH Mittelpunkt der mit Zirbelholz getäfelten Stuben ist ein raumhoher blau-weißer Kachelofen. Lassen Sie sich bayerische Schmankerln schmecken: Weißwürstl, Bauernente, Hirsch-Fleischpflanzerl, und zum Dessert vielleicht Topfen-Palatschinken?

Menü 45/65 € – Karte 36/64 €

Althoff Seehotel Überfahrt, Überfahrtstr. 10 ✉ 83700
– ✆ 08022 6690 – www.seehotel-ueberfahrt.com
– nur Abendessen – geschl. Montag - Mittwoch

Kirschner Stuben

INTERNATIONAL • RUSTIKAL Nett die Lage am See, heimelig-gemütlich und sympathisch-lebendig die Atmosphäre, und dazu ein schöner Mix an guten, frischen Gerichten, von "zweierlei Thunfisch mit Wasabi" bis zur "in Barolo geschmorten Kalbsschulter mit Rahmwirsing".

Menü 32 € (abends) – Karte 42/74 €

Seestr. 23a ✉ 83700 – ✆ 08022 273939 – www.kirschner-stuben.de – geschl. Mittwoch

Haubentaucher N

INTERNATIONAL • BISTRO Die Lage direkt am See ist einfach klasse - da ist die Terrasse natürlich der Renner! Die Atmosphäre angenehm unkompliziert, die Küche modern inspiriert. Mittags gibt es einige Gerichte von der Tafel, am Abend bietet man ein Menü.

Menü 36/60 € – Karte 28/59 €

Seestr. 30 ✉ 83700 – ✆ 08022 6615704 – www.haubentaucher-tegernsee.de
– geschl. Sonntagabend - Montag

Althoff Seehotel Überfahrt

GROSSER LUXUS • ELEGANT Die eleganten Zimmer in warmen Tönen wie auch der "4 elements spa" samt Spa-Suiten bieten Luxus, top die Lage direkt am See - hier kommt man in den Genuss eines eigenen Strandbades. Toll der Küchenpavillon für exklusive Kochkurse.

153 Zim – †220/570 € ††295/605 € – 23 Suiten – ½ P

Überfahrtstr. 10 ✉ 83700 – ✆ 08022 6690 – www.seehotel-ueberfahrt.com

✿✿✿ **Restaurant Überfahrt Christian Jürgens** • **Egerner Bucht** • **Il Barcaiolo** • **Bayernstube** – siehe Restaurantauswahl

Park-Hotel Egerner Höfe

LUXUS • INDIVIDUELL Hier fühlt man sich richtig wohl: regionaler Charme und moderne Elemente in gelungenem Mix, das Personal auffallend zuvorkommend, jeder versteht sich als Gastgeber! Wer's ganz besonders individuell mag, bucht die "Alm"-Zimmer. Hochwertige Suiten und Premium-Doppelzimmer in den Höfen Valentina und Catherina.

79 Zim – †109/179 € ††159/449 € – 19 Suiten – ½ P

Aribostr. 19 ✉ 83700 – ✆ 08022 6660 – www.egerner-hoefe.de

✿ **Dichterstub'n** • **Hubertusstüberl & Malerstub'n** – siehe Restaurantauswahl

Haltmair am See

FAMILIÄR • GEMÜTLICH Direkt am See liegt das sympathische familiär geführte Haus. Wohnlich sind die Landhauszimmer, Appartements sowie die Seesuite, chic und modern ist der Spabereich. Und das gute Frühstück genießt man bei gemütlicher Atmosphäre und Seeblick.

40 Zim – 85/100 € 130/190 € – 3 Suiten

Seestr. 33 83700 – 08022 2750 – www.haltmair.de – geschl. Ende November – Anfang Dezember 2 Wochen

Seerose

LANDHAUS • AM SEE Wohnlich und angenehm privat ist die Atmosphäre in diesem Familienbetrieb in Seenähe - ruhig und gleichzeitig zentral gelegen. Das Haus verfügt auch über einen netten hellen Saunabereich und ein gemütliches Stüberl.

19 Zim – 70/80 € 90/115 €

Stielerstr. 13 83700 – 08022 924300 – www.seeroserottach.de – geschl. März – April 3 Wochen, Ende Oktober – Mitte Dezember

Fischerweber

FAMILIÄR • GEMÜTLICH Sehr gepflegt, gemütlich und direkt am See gelegen! Alles ist behaglich in hellem Holz gehalten. Wenn Sie länger bleiben möchten, buchen Sie eine Ferienwohnung! Und wie wär's mit einem Edelbrand oder Fruchtlikör aus der eigenen Brennerei?

6 Suiten – 110/120 € – 5 Zim

Überfahrtstr. 1 83700 – 08022 92040 – www.fischerweber.de – geschl. 5. – 23. November

In Kreuth Süd: 5,5 km über B 307

Altes Bad

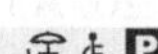

REGIONAL • LÄNDLICH XX In dem schön und ruhig gelegenen Gasthaus mit den netten rustikalen Stuben wird so allerlei frische bayerische Küche serviert: Wiener Schnitzel, Fleischpflanzerl, Kalbsrahmbraten, Bauernente... Mittags ist das Angebot etwas reduziert.

Menü 35 € (abends)/90 € – Karte 27/58 €

Wildbad Kreuth 2, Süd: 3 km in Richtung Achensee 83708 – 08029 304 – www.altesbad.de – geschl. 16. – 22. April, 5. – 22. November und Montag – Dienstag außer an Feiertagen

In Kreuth-Weißach West: 1 km

MIZU Sushi-Bar

JAPANISCH • DESIGN X Die geradlinig designte und freundlich-lebendige japanische Restaurantvariante des "Bachmair Weissach". Neben Sushi und Sashimi gibt es auch Leckeres wie "mariniertes Ribeye-Steak mit Knoblauchchips". Nette Idee: Nach dem "Sharing-Prinzip" werden die Speisen zum Teilen mittig auf dem Tisch platziert.

Menü 54/89 € – Karte 26/81 €

Hotel Bachmair Weissach, Wiesseer Str. 1 83700 – 08022 278523 – www.bachmair-weissach.com – nur Abendessen – geschl. Dienstag

Gasthof zur Weissach

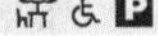

REGIONAL • GASTHOF X Im "Gasthof zur Weissach" von 1861 gibt es bayerische Küche, und zwar in hübschen Stuben, die teils in ihrem ursprünglichen Zustand daherkommen! Auf der Karte: klassisches Tatar, Schweinebraten in Dunkelbiersauce, Bayerische Fischsuppe...

Karte 32/59 €

Hotel Bachmair Weissach, Wiesseer Str. 1 83700 Rottach-Weißach – 08022 278523 – www.bachmair-weissach.com

Bachmair Weissach

LUXUS • MONTAN Das historische Gasthaus ist ein echtes Schmuckstück, und der rauschende Mühlbach verläuft direkt durch den Garten! Hölzer, Stoffe, Deko, alles ist wertig, jedes Zimmer mit Tablet. Spa auf 3000 qm, dazu Kids Club. Im Winter gefragt: die "Kreuther Fondue Stube". "Bachmair Weissach Arena" für Veranstaltungen.

91 Zim – 269/369 € 318/418 € – 55 Suiten – ½ P

Wiesseer Str. 1 83700 Rottach-Weißach
– 08022 2780 – www.bachmair-weissach.com

MIZU Sushi-Bar • **Gasthof zur Weissach** – siehe Restaurantauswahl

ROTTENDORF Bayern → Siehe Würzburg

ROTTWEIL

Baden-Württemberg – 24 500 Ew. – Höhe 597 m – Regionalatlas **62**-F20
Michelin Straßenkarte 545

Johanniterstube

INTERNATIONAL • FREUNDLICH XX In dem gemütlichen Restaurant sitzen Sie mit Blick auf den historischen Stadtgraben und werden dabei freundlich und aufmerksam mit international-saisonaler Küche umsorgt. Ein Muss ist im Sommer die schöne Terrasse! Für Hausgäste interessant: ein Menü mit gutem Preis-Leistungs-Verhältnis.

Menü 28/59 € – Karte 27/55 €

Hotel Johanniterbad, Johannsergasse 12 78628
– 0741 530700 – www.johanniterbad.de
– geschl. 1. - 6. Januar und Sonntagabend - Montagmittag

Johanniterbad

BUSINESS • FUNKTIONELL Seit 1929 ist das Haus im Familienbesitz und wird engagiert geführt. Gut auch die ganz zentrumsnahe und trotzdem ruhige Lage am alten Stadtgraben. Fragen Sie nach den neueren Zimmern - geräumig, modern, klimatisiert. Oder lieber die Suite? Sie ist gelungen in die Stadtmauer integriert und hat einen Whirpool.

32 Zim – 85/102 € 128/148 € – 1 Suite – ½ P

Johannsergasse 12 78628
– 0741 530700 – www.johanniterbad.de
– geschl. 1. - 6. Januar

Johanniterstube – siehe Restaurantauswahl

In Zimmern-Horgen Süd-West: 7,5 km in Richtung Hausen

Linde Post

REGIONAL • FAMILIÄR XX Lust auf frische regionale Küche? Gerichte wie "Hirschragout aus der heimischen Jagd mit Spätzle und Preiselbeer-Birne" serviert man im klassischen Restaurant oder im vorgelagerten legeren Bistro samt Bar - hier gibt es auch noch eine kleine Vesperkarte. Zum übernachten hat man wohnliche, zeitgemäße Zimmer.

Karte 17/66 €

7 Zim – 63 € 100 €

Alte Hausener Str. 8 78658
– 0741 33333 – www.lindepost.de
– geschl. Donnerstag

Ein wichtiges Geschäftsessen oder ein Essen mit Freunden?
Das Symbol weist auf Veranstaltungsräume hin.

RÜDENAU

Bayern - 751 Ew. - Höhe 193 m - Regionalatlas **48**-G16
Michelin Straßenkarte 546

Zum Stern

TRADITIONELLE KÜCHE • BÜRGERLICH Bereits die 5. Generation leitet diesen traditionsreichen Gasthof, und eine eigene Metzgerei gehört auch dazu. So hat man stets frisches Fleisch für "Sauerbraten mit Klößen und Rotkraut" oder "Tafelspitz mit Meerrettichgemüse". Tipp: selbst hergestellte luftgetrocknete Whisky-Würstchen!

Karte 21/44 €

10 Zim - 44/57 € 76/86 €

Hauptstr. 41 63924
- 09371 2834 - www.landhotel-stern.de - geschl. über Fasching 1 Woche, nach Pfingsten 1 Woche, Oktober - November 3 Wochen und Mittwoch

RUDERSBERG

Baden-Württemberg - 11 113 Ew. - Höhe 279 m - Regionalatlas **55**-H18
Michelin Straßenkarte 545

In Rudersberg-Schlechtbach Süd: 1 km

Gasthaus Stern

REGIONAL • GASTHOF Der unscheinbare Gasthof an der Ortsdurchfahrt bietet mehr als die (ebenfalls leckeren) typischen Maultaschen. In rustikal-bürgerlichem Ambiente serviert man Ihnen überaus herzlich Schmackhaftes vom "roh marinierten Thunfisch" über "Kuttelsuppe mit Calvados" bis zum "Rindertafelspitz mit Meerrettich".

Menü 34 € (vegetarisch)/45 € - Karte 23/59 €

Heilbronner Str. 16 73635
- 07183 8377 - www.stern-schlechtbach.de - geschl. über Pfingsten 3 Wochen, Oktober 3 Wochen und Mittwoch - Donnerstag

Sonne

TRADITIONELLE KÜCHE • FREUNDLICH Das Restaurant der "Sonne" hat für jeden Geschmack das Passende: Ob nette Gaststube oder Restaurant, das Angebot reicht vom deftigen Vesper bis zum mehrgängigen Menü. Beliebt: hausgemachte Maultaschen, aber auch Rehbraten und Zander.

Menü 18 € (mittags)/45 € - Karte 22/45 €

Hotel Sonne, Heilbronner Str. 70 73635
- 07183 305920 - www.sonne-rudersberg.de - geschl. 1. - 7. Januar und Sonntag - Montagmittag

Sonne

GASTHOF • INDIVIDUELL Ein Haus für viele Gelegenheiten ist der engagiert geführte Familienbetrieb: Businessgäste und Seminarteilnehmer fühlen sich hier ebenso wohl wie Kurzurlauber. Zimmer gibt es von solide-ländlich bis zum chic-modernen "Deluxe". Tipp für Ausflügler: Fahrt mit der Schwäbischen Waldbahn (Schorndorf - Welzheim).

52 Zim - 85/112 € 129/160 € - 7 Suiten - ½ P

Heilbronner Str. 70 73635
- 07183 305920 - www.sonne-rudersberg.de - geschl. 1. - 7. Januar

Sonne - siehe Restaurantauswahl

RÜCKHOLZ Bayern

→ Siehe Seeg

RÜDESHEIM am RHEIN

Hessen - 9 773 Ew. - Höhe 86 m - Regionalatlas **47**-E15
Michelin Straßenkarte 543

Breuer's Rüdesheimer Schloss

FAMILIÄR • MODERN Das gut geführte Hotel der Familie Breuer (auch bekannt durch das Weingut) besteht aus dem Gutshaus von 1729 und dem Sickinger Hof. Kunst und Design prägen das Interieur, individuell die Zimmer, teils mit Klimaanlage. Das gemütlich-rustikale Restaurant wird ergänzt durch einen sehr netten Innenhof.

25 Zim ☕ - †89/119 € ††139/169 € - 1 Suite - ½ P

Steingasse 10 ✉ 65385 - ✆ 06722 90500 - www.ruedesheimer-schloss.com - geschl. 20. Dezember - 13. Februar

Trapp

FAMILIÄR • TRADITIONELL In dem engagiert geführten Familienbetrieb - inzwischen unter der Leitung der Tochter - wird stetig investiert, schön der freundlich-moderne Stil, der hier Einzug hält. Dazu ein gutes Frühstück. Nett auch die Lage im Herzen des Weinortes.

40 Zim ☕ - †70/90 € ††90/130 €

Kirchstr. 7 ✉ 65385 - ✆ 06722 91140 - www.hotel-trapp.de - geschl. 20. Dezember - 15. März

Zum Bären

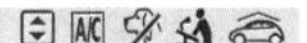

FAMILIÄR • FUNKTIONELL Das kleine Hotel ist ein langjähriger Familienbetrieb, in dem man am Ball bleibt. So hat man individuelle Zimmer von klassisch bis chic-modern. Toll für Radler: Werkstatt, Leihräder und viele Tourenvorschläge des fahrraderfahrenen Chefs!

18 Zim - †75/125 € ††125/200 € - ☕ 10 €

Schmidtstr. 31 ✉ 65385 - ✆ 06722 90250 - www.zumbaeren.de - geschl. 18. Dezember - 15. März

In Rüdesheim-Assmannshausen Nord-West: 5 km über B 42

Krone

HISTORISCHES GEBÄUDE • INDIVIDUELL Dies ist die Rheingauer Hotellegende! Seit 1541 werden hier Gäste beherbergt, und den historischen Charme des Hauses hat man bewahrt. Man wohnt überaus stilvoll und individuell, Zimmer mit Weinberg- oder Rheinblick. Die schöne Kronenstube bietet Regionales und Internationales, toll die Terrasse.

62 Zim ☕ - †115/165 € ††155/245 € - 4 Suiten

Rheinuferstr. 10 ✉ 65385 - ✆ 06722 4030 - www.hotel-krone.com - geschl. November - Februar

Schön

FAMILIÄR • GEMÜTLICH Familie Schön betreibt hier ein Hotel mit Weingut, dessen Tradition auf einen im Jahr 1752 gegründeten Gasthof zurückgeht. Wie wär's mit einem Zimmer mit Balkon zum Rhein? Klassisch-gediegen das Restaurant, dazu eine hübsche überdachte Terrasse mit Weinlauben-Flair.

15 Zim ☕ - †68/80 € ††95/125 € - 2 Suiten - ½ P

Rheinuferstr. 3 ✉ 65385 - ✆ 06722 2225 - www.karl-schoen.de - geschl. 1. November - 1. April

N. Stengert/Novarc Images/

WIR MÖGEN BESONDERS...

Rundum wohlfühlen in **ROEWERS Privathotel**. Die ausgezeichnete kreative Küche und die angenehm unprätentiöse Atmosphäre im **freustil**. Im versteckten **Gutshaus Kubbelkow** abseits des Trubels stilvoll wohnen, im Park relaxen und klassisch speisen. Das stylish designte und ebenso hochwertige Interieur im Hotel **CERÊS** an der schönen Promenade von Binz.

RÜGEN (INSEL)

Mecklenburg-Vorpommern – Regionalatlas **6**-P3
Michelin Straßenkarte 542

Baabe – 898 Ew.

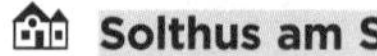

Solthus am See

LANDHAUS • GEMÜTLICH Das reetgedeckte Haus liegt idyllisch im Grünen zwischen Selliner See und Greifswalder Bodden. Charmant die behaglichen Zimmer im Landhausstil, die holzgetäfelte kleine Bibliothek, das Restaurant im Blockhaus-Look samt Terrasse mit Blick zum Bodden... Tipp: Schiffsausflug - kleiner Anleger vor dem Haus.

39 Zim – 61/117 € 89/166 € – ½ P

Bollwerkstr. 1, Süd-West: 1 km ✉ 18586 – ✆ 038303 87160 – www.solthus.de

Villa Granitz

FAMILIÄR • FUNKTIONELL Hotel im Stil der Rügener Seebäderarchitektur, in dem man sich aufmerksam um die Gäste kümmert. Die Zimmer teilweise mit Balkon oder Terrasse, entspannen kann man im romantischen Garten oder am Meer nur wenige Gehminuten entfernt. Gemütlich: abendlicher Absacker in einem als Bar dienenden alten Fischerboot.

42 Zim – 50/76 € 76/94 € – 17 Suiten

Birkenallee 17 ✉ 18586 – ✆ 038303 1410 – www.villa-granitz.de – geschl. November - Ostern

Binz – 5 172 Ew.

freustil

KREATIV • TRENDY So unprätentiös und lebendig die Atmosphäre, so ambitioniert ist man hier bei der Sache. Angenehm leger, freundlich und geschult serviert man Ihnen feine und kontrastreiche kreative Küche in Form zweier Menüs, eines davon vegetarisch. Mittags kommt auch das preislich sehr faire 2-Gänge-Menü gut an.

➜ Falsche Schwarzwurzel, Fjordforelle, Bergamotte. Birnen, Bohnen, Speck und Zander. Heumilch und Rhabarber.

Menü 60/80 €

Hotel Vier Jahreszeiten, Zeppelinstr. 8 ✉ 18609 – ✆ 038393 50444 – www.freustil.de – geschl. Montag, Oktober - Juni: Montag - Dienstag

Rugard's Gourmet

KLASSISCHE KÜCHE • ELEGANT XXX Herrlich der Ausblick von diesem eleganten Restaurant in der 5. Etage! Zur klassischen Küche kommt der freundliche und aufmerksame Service samt guter Weinberatung. Praktisch: Außenaufzug zu den Restaurants an der Strandpromenade.

Menü 30/80 € – Karte 67/95 €

Rugard Strandhotel, Strandpromenade 62, (5. Etage), Zufahrt über Proraer Straße ✉ 18609 – ✆ 038393 56830 – www.rugard-strandhotel.de – nur Abendessen – geschl. Januar 3 Wochen, November 3 Wochen und Montag - Dienstag

NEGRO

MARKTKÜCHE • DESIGN XX Klare Linien und modernes Lichtkonzept ergeben ein schickes Interieur, draußen die schöne Terrasse mit Meerblick. Aus der Küche kommen saisonal-internationale Gerichte wie "Ostseelachs mit Graupenrisotto, Zitrus und Gemüsecreme".

Menü 39 € – Karte 34/53 €

Hotel CERÊS, Strandpromenade 24 ✉ 18609 – ✆ 038393 666777 – www.ceres-hotel.de – nur Abendessen

Strandhalle

TRADITIONELLE KÜCHE • TRADITIONELLES AMBIENTE X Wiener Schnitzel, Rinderroulade oder lieber "Ostseedorsch unter der Kartoffel-Rosmarinkruste auf Wirsing"? In dem netten Strandhaus am Ende der Promenade gibt's für jeden Geschmack etwas, dazu nostalgisches Flair und schönen Meerblick. Lieblingsplatz ist im Sommer die herrliche Terrasse mit Strandkörben.

Menü 32 € – Karte 24/55 €

Strandpromenade 5 ✉ 18609 – ✆ 038393 31564 – www.strandhalle-binz.de – November - März: Dienstag - Freitag nur Abendessen – geschl. Ende Januar 2 Wochen und September - Mai: Montag

Travel Charme Kurhaus Binz

SPA UND WELLNESS • KLASSISCH Seit 1908 existiert der beeindruckende Bau an der bekannten Seebrücke. Komfortabel und wertig die Zimmer, großzügig der Wellnessbereich. Dazu die geräumige Atrium-Lobby, das gemütliche Kaminzimmer und die schöne Lounge-Bar "Kakadu". Regional-internationale Küche im klassisch-stilvollen "Kurhaus" (Meerblick inklusive), Grillgerichte im "Steakhaus".

137 Zim – †78/243 € ††152/674 € – 6 Suiten – ½ P

Strandpromenade 27, Zufahrt über Schillerstr. 5 ✉ 18609 – ✆ 038393 6650 – www.travelcharme.com/kurhaus-binz

Grand Hotel Binz

SPA UND WELLNESS • ELEGANT Eine wohnlich-elegante Ferienadresse, die an die Bäderarchitektur erinnert. Zimmer zur Meer- oder zur Waldseite, sehr schön die Maisonette-Suiten. Zum Entspannen: der nahe Strand sowie Anwendungen im authentischen Thai-Bali-Spa! Internationale Küche im Restaurant mit Wintergarten und netter kleiner Terrasse.

122 Zim – †115/254 € ††170/338 € – 5 Suiten – ½ P

Strandpromenade 7 ✉ 18609 – ✆ 038393 150 – www.grandhotelbinz.com

CERÊS

LUXUS • MODERN Der Eigentümer ist Architekt, daher das durchgestylte Interieur! Wertiges Design in Zimmern und Bädern (letztere teilweise mit Seeblick von der Badewanne!), schicker kleiner Spa, Innenhof mit Loungeflair. Tipp: Buchen Sie einen der hauseigenen Strandkörbe am Meer oder machen Sie einen Ausflug mit dem Porsche!

42 Zim – †143/253 € ††158/468 € – 6 Suiten – ½ P

Strandpromenade 24 ✉ 18609 – ✆ 038393 66670 – www.ceres-hotel.de

NEGRO – siehe Restaurantauswahl

Rugard Strandhotel

SPA UND WELLNESS • GEMÜTLICH An der schönen lang gezogenen Binzer Bucht erwarten Sie wohnliche Landhauszimmer, ein gediegener Lounge-/Barbereich und ein großer Spa mit Panorama-Dachterrasse. "Bernstein": helles, verglastes Restaurant mit Bernsteinbrunnen.

231 Zim – 99/209 € 148/298 € – 36 Suiten – ½ P

Strandpromenade 62, Zufahrt über Proraer Straße 18609 – 038393 560 – www.rugard-strandhotel.de

Rugard's Gourmet – siehe Restaurantauswahl

Vier Jahreszeiten

SPA UND WELLNESS • KLASSISCH Außen die ansprechende weiße Fassade im typischen Bäderstil, innen schön wohnliche Zimmer - wie wär's mit frischem, modern-maritimem Stil? Zum Wohlfühlen auch der Spa. Im freundlichen Restaurant "Orangerie" gibt es das HP-Angebot.

79 Zim – 59/149 € 79/199 €

Zeppelinstr. 8 18609 – 038393 500 – www.vier-jahreszeiten.de

freustil – siehe Restaurantauswahl

Strandhotel Binz

FAMILIÄR • KLASSISCH Hübsch anzuschauen ist das Haus mit der historischen Fassade. In Stammhaus und Anbau überzeugen wohnliche Zimmer in geradlinig-modernem oder klassischem Stil, nicht zu vergessen der freundliche Service und die Lage nahe der Strandpromenade. Im Restaurant maritimes Flair und Fischküche. Hinweis: Tiefgarage mit Parkboxen-System für große Autos nicht ideal.

54 Zim – 79/159 € 99/219 € – ½ P

Strandpromenade 33, Zufahrt über Marienstraße 18609 – 038393 3810 – www.strandhotel-binz.de

Imperial

FAMILIÄR • GEMÜTLICH In der schönen Jugendstilvilla von 1903 hat man klassisch-wohnliche Zimmer für Sie, die meist Balkon und Ostseeblick bieten. Sehr nett: Frühstück auf der Terrasse zur Promenade! Nutzen Sie auch den Shuttleservice von und zum Bahnhof.

27 Zim – 50/90 € 75/105 €

Strandpromenade 20, Zufahrt über Schwedenstraße 18609 – 038393 1380 – www.karin-loew-hotellerie.de – geschl. 18. - 24. Dezember, 5. - 10. Januar

Göhren – 1 234 Ew. – Höhe 35 m

Travel Charme Nordperd

KETTENHOTEL • ELEGANT Leicht erhöht und relativ ruhig liegt das aus mehreren Häusern bestehende Ferienhotel. Tipptopp gepflegt und wohnlich die Zimmer, schön der großzügige Spa, herrlich der Garten mit tollem Meerblick. Und zum Strand haben Sie direkten Zugang.

88 Zim – 65/151 € 88/232 € – 4 Suiten – ½ P

Nordperdstr. 11 18586 – 038308 70 – www.travelcharme.com – geschl. Mitte Januar - Mitte März

Hanseatic

SPA UND WELLNESS • FUNKTIONELL Ein neuzeitliches Hotel im Bäderstil mit markantem Turm (hier Café und Standesamt). Neben wohnlichen Zimmern mit Pantry sowie Appartements in den Villen Fortuna und Felicitas gibt es einen hübschen Spa. Gastronomisch bietet man mittags im Bistro eine kleine Karte, abends internationale Küche im Restaurant.

130 Zim – 89/159 € 130/205 € – 5 Suiten – ½ P

Nordperdstr. 2 18586 – 038308 515 – www.hotel-hanseatic.de

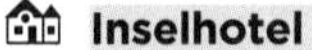

Inselhotel

FAMILIÄR • FUNKTIONELL Nur 150 m vom Dünenwald entfernt empfangen Sie wirklich freundliche Gastgeber. Man hat neuzeitlich-funktionale Zimmer (darunter auch Appartements) und frühstücken kann man schön auf der Terrasse vor dem Haus. Übrigens: Parken ist inklusive.

26 Zim – †78/104 € ††104/172 € – 5 Suiten

Wilhelmstr. 6 ✉ 18586 – ✆ 038308 5550 – www.inselhotel-ruegen.de – geschl. 15. November - 28. Dezember

Lohme - 460 Ew. – Höhe 50 m

Schloss Ranzow

HISTORISCH • GEMÜTLICH Der Weg an die nordöstliche Spitze der Insel lohnt sich: ein tolles Anwesen in exponierter Lage mit Traumblick! Im Schloss von 1900 schicke, edel-moderne Zimmer und das elegante Restaurant mit regionaler Küche, im Gästehaus geradlinig designte Appartements. Zudem Golfplatz und Hauskapelle.

20 Zim – †95/209 € ††115/219 € – ½ P

Schlossallee 1 ✉ 18551 – ✆ 038302 88910 – www.schloss-ranzow.de – geschl. 2. Januar - 1. März, 2. November - 26. Dezember

Putbus - 4 330 Ew. – Höhe 50 m

In Putbus-Lauterbach Süd-Ost: 2 km

Badehaus Goor

HISTORISCH • KLASSISCH Direkt am Greifswalder Bodden steht die ehemalige fürstliche Residenz von 1818 - ein hübscher Rahmen für geschmackvolle, klassisch-wohnliche Zimmer. Schön sind auch Spa und Garten. Elegantes Restaurant mit Terrasse im reizvollen Innenhof.

85 Zim – †53/124 € ††84/176 € – 3 Suiten – ½ P

Fürst-Malte-Allee 1 ✉ 18581 – ✆ 038301 88260 – www.hotel-badehaus-goor.de

Ralswiek - 235 Ew. – Höhe 2 m

Schlosshotel Ralswiek

HISTORISCHES GEBÄUDE • INDIVIDUELL Wunderschön anzusehen ist das 1893 im Stil der Neurenaissance erbaute Schloss, das oberhalb des Jasmunder Boddens einsam in einem Park liegt. Auch Kosmetikanwendungen gibt es im Haus. Von der Terrasse des hübschen Restaurants schaut man auf Park, Bodden und Seebühne.

62 Zim – †65/88 € ††93/185 € – 3 Suiten – ½ P

Parkstr. 35 ✉ 18528 – ✆ 03838 20320 – www.schlosshotel-ralswiek.de

Sagard - 2 459 Ew. – Höhe 25 m

In Sagard-Neddesitz Nord-Ost: 3 km

Precise Resort

RESORT • FUNKTIONELL Eine familienfreundliche Ferienanlage mit historischem Gutsherrenhaus als Herzstück. Hier befinden sich individuelle, sehr wohnliche Suiten. Angrenzende Therme mit Sport- und Wellnessangebot. Am Abend stehen die Restaurants "L'Osteria" (hier italienische Küche) und "Hofküche" mit Buffet zur Wahl.

139 Zim – †81/177 € ††96/195 € – 10 Suiten – ½ P

Am Taubenberg 1 ✉ 18551 – ✆ 038302 95 – www.precisehotelruegen.de

Sassnitz - 9 476 Ew. – Höhe 30 m

Gastmahl des Meeres

FISCH UND MEERESFRÜCHTE • GEMÜTLICH X Eine sympathische Adresse für Fischliebhaber. Hier freut man sich z. B. auf "gebratenen Heilbutt mit Kräuterbutter, Blattsalaten und Petersilienkartoffeln" - gerne sitzt man dazu auf der Terrasse zur Strandpromenade. Und wer in einem der ländlich-wohnlichen Zimmer übernachtet, hat einen eigenen Parkplatz.

Karte 23/44 €

12 Zim – †80/95 € ††85/115 €

Strandpromenade 2 ✉ 18546 – ✆ 038392 5170 – www.gastmahl-des-meeres-ruegen.de

Sehlen - 882 Ew. - Höhe 35 m

In Sehlen-Klein Kubbelkow Nord-West: 3,5 km, über die B 96 Richtung Bergen

Gutshaus Kubbelkow

INTERNATIONAL • ELEGANT XX Mit schmucker Fassade und stilvollen Salons bewahrt das denkmalgeschützte Herrenhaus in schöner Parklage den Charme von 1908. Gekocht wird international, Mo. und Di. kleineres Angebot. Tipp: Bleiben Sie über Nacht - die Zimmer sind hochwertig und geschmackvoll, hier und da antike Stücke, toll das Frühstück!

Menü 46/73 € - Karte 51/64 €

8 Zim - 85/130 € 130/160 € - 2 Suiten

Im Dorfe 8 18528 - 03838 8227777 - www.kubbelkow.de - nur Abendessen - geschl. Anfang Februar 2 Wochen

Sellin - 2 511 Ew. - Höhe 20 m

Ambiance

INTERNATIONAL • KLASSISCHES AMBIENTE XX Appetit machen hier ambitionierte international-saisonale Gerichte wie "niedrig gegartes Briskett vom US Prime Beef mit Morcheln und konfierter Süßkartoffel". Alternativ können Sie auch von der Karte des "Clou" nebenan wählen. Der Rahmen klassisch, der Service herzlich und versiert. Schön die Terrasse.

Menü 65/85 € - Karte 52/62 €

Hotel ROEWERS Privathotel, Wilhelmstr. 34 18586 - 038303 1220 - www.roewers.de - nur Abendessen

Clou

INTERNATIONAL • FREUNDLICH X Sie sitzen in freundlicher Atmosphäre, werden geschult und angenehm leger umsorgt und lassen sich frische, gute Küche schmecken. Wie wär's mit "auf der Haut gebratenem Dorschfilet mit Rieslingsauce, Pommery-Senfkraut und gefüllten Gnocchi"?

Menü 40 € - Karte 39/46 €

Hotel ROEWERS Privathotel, Wilhelmstr. 34 18586 - 038303 1220 - www.roewers.de

ROEWERS Privathotel

LUXUS • GEMÜTLICH Das hübsche Villen-Ensemble ist eine ausgesprochen engagiert geführte Adresse, die sich zum Wohl des Gastes stetig weiterentwickelt. Die Zimmer wohnlich-elegant, die Mitarbeiter aufmerksam. Zudem findet man auf dem 1 ha großen Grundstück unweit des Ostseestrandes einen herrlichen Privatpark samt schönem Spa.

28 Zim - 145/255 € 175/285 € - 24 Suiten - ½ P

Wilhelmstr. 34 18586 - 038303 1220 - www.roewers.de

Ambiance • **Clou** - siehe Restaurantauswahl

RÜTHEN

Nordrhein-Westfalen - 10 668 Ew. - Höhe 380 m - Regionalatlas **27**-F11
Michelin Straßenkarte 543

In Rüthen-Kallenhardt Süd: 8 km über Suttrop

Knippschild

REGIONAL • FREUNDLICH XX Dorfstube, Bauernstube, Romantikstube - ausgesprochen gemütlich hat man es hier, die Einrichtung steckt voller Charme und Liebe zum Detail! Gekocht wird frisch, schmackhaft und saisonal, so z. B. "gefüllte Hirschrouladen mit Pfifferlingen in Rotwein-Preiselbeersauce". Der Service freundlich-leger.

Menü 30/46 € - Karte 25/53 €

Hotel Knippschild, Theodor-Ernst-Str. 3 59602 - 02902 80330 - www.hotel-knippschild.de - geschl. über Weihnachten

Knippschild

LANDHAUS • GEMÜTLICH Seit Generationen sorgen die Knippschilds hier für freundlich-familiären Service und schönes Ambiente. Immer wieder wird investiert, überall ist es gemütlich, dafür sorgen Farben, Stoffe, Holz... Schauen Sie sich unbedingt auch das charmant-urige Saunadorf an! Elektrofahrräder kann man kostenlos leihen.

20 Zim – 95/149 € 138/208 € - 2 Suiten - ½ P

Theodor-Ernst-Str. 3 ✉ 59602
- ✆ 02902 80330
- www.hotel-knippschild.de
- geschl. über Weihnachten

Knippschild – siehe Restaurantauswahl

RUHPOLDING

Bayern – 6 799 Ew. – Höhe 656 m – Regionalatlas **67**-O21
Michelin Straßenkarte 546

Ortnerhof

SPA UND WELLNESS • GEMÜTLICH Wellness direkt im Hotel, Golfen gleich nebenan. Viel Platz hat man in den schönen Zimmern im neueren Anbau. "Private Spa Suite" für Paare, gemütliche Hotelbar in der Halle. Gekocht wird mit regional-saisonalem Bezug. HP inklusive.

44 Zim – 45/142 € 118/218 € – ½ P

Ort 6, (am Golfplatz), Süd: 3 km ✉ 83324
- ✆ 08663 88230 - www.ortnerhof.de

RUHSTORF an der ROTT

Bayern – 6 938 Ew. – Höhe 319 m – Regionalatlas **60**-P19
Michelin Straßenkarte 546

Antoniushof

FAMILIÄR • GEMÜTLICH Ein traditionsreicher Familienbetrieb mit verschiedenen Zimmerkategorien im wohnlichen Landhausstil. Eine Besonderheit: die Wellness-Suite mit Sauna und Whirlpool. Aber auch im schönen Feng-Shui-Garten lässt es sich gut entspannen. Internationale Küche in der rustikal-eleganten Kaminstube und im Wintergarten.

39 Zim – 87/125 € 120/214 € – 2 Suiten – ½ P

Ernst-Hatz-Str. 2 ✉ 94099
- ✆ 08531 93490 - www.antoniushof.de

RUPPERTSBERG

Rheinland-Pfalz – 1 463 Ew. – Höhe 121 m – Regionalatlas **47**-E16
Michelin Straßenkarte 543

Hofgut Ruppertsberg

REGIONAL • RUSTIKAL Der historische Gasthof ist eine der Keimzellen des Weinguts Bürklin-Wolf und heute ein charmantes Restaurant samt herrlichem Innenhof - prädestiniert für Hochzeiten! Aus der Küche kommt z. B. "traditioneller Rindergulasch mit gebratenen Pilzen und Kartoffelknödeln" - man setzt übrigens auf Bio-Produkte.

Menü 34/59 € – Karte 34/72 €

Obergasse 2 ✉ 67152
- ✆ 06326 982097 - www.dashofgut.com
- Montag - Freitag nur Abendessen
- geschl. Februar 2 Wochen und Dienstag, Januar - März: Dienstag - Mittwoch, Mai - September: Dienstag, Samstag

RUST

Baden-Württemberg – 3 948 Ew. – Höhe 164 m – Regionalatlas **53**-D20
Michelin Straßenkarte 545

✿✿ ammolite - The Lighthouse Restaurant

MODERNE KÜCHE • DESIGN XXXX Was schon das exklusive Design an Niveau und Klasse verspricht, hält auch die moderne Küche. Ausgesprochen hochwertige Produkte werden überaus präzise und durchdacht zubereitet, kontrastreich und harmonisch zugleich. Treffliche Weinempfehlungen dürfen Sie hier im EG des Leuchtturms ebenfalls erwarten.

➜ Salzstein Forelle, Landgurke, Schwarzwaldmiso. Black Cod, japanische Consommé, Rettich. Kalb, Pfifferlinge, Spätzle, Leber.

Menü 95/148 € – Karte 90/116 €

Hotel Bell Rock, Peter-Thumb-Str. 6 ✉ 77977 – ✆ 07822 776699 (Tischbestellung ratsam) – www.ammolite-restaurant.de – Mittwoch - Freitag nur Abendessen – geschl. Februar, Juli - August 2 Wochen und Montag - Dienstag

Bell Rock

RESORT • ELEGANT Entdecken Sie das historische Neuengland! Stilvolle Fassaden und geschmackvolles Interieur mit maritimem Touch auf 40 000 qm. Zahlreiche schöne Details von den großen Bildern in der Halle über originelle Kinder-Etagenbetten im Schiffs-Look bis zum Pooldeck "Mayflower" widmen sich den Pilgervätern in Amerika.

225 Zim – †86/179 € ††121/230 € – 35 Suiten

Peter-Thumb-Str. 6, (im Europa-Park) ✉ 77977 – ✆ 07822 8600 – www.europapark.de/bell-rock

✿✿ **ammolite - The Lighthouse Restaurant** – siehe Restaurantauswahl

Santa Isabel

RESORT • MEDITERRAN Die Architektur ist einem portugiesischen Kloster nachempfunden, das Interieur versprüht mediterranen Charme. Schöner Spa, Restaurant im Stil einer Apotheke, hübsche Terrasse. Praktisch: Viele Zimmer sind für Familien geeignet.

66 Zim – †160/170 € ††205/219 € – 8 Suiten

Europa-Park-Str. 4, (Im Europa-Park) ✉ 77977 – ✆ 07822 8600 – www.europapark.de/santa-isabel – geschl. über Weihnachten, 9. Januar - 16. März: Montag - Freitag

Colosseo

RESORT • MEDITERRAN Darf es ein bisschen historisches Rom sein? Das italienische Flair reicht vom Kolosseumbogen und der schönen Piazza über die hübsch dekorierten Zimmer bis zum Wellnessbereich. Und in den Restaurants gibt's natürlich auch Pizza und Pasta.

350 Zim – †86/170 € ††121/219 € – 22 Suiten

Europa-Park-Str. 4, (im Europa-Park) ✉ 77977 – ✆ 07822 8600 – www.europapark.de/colosseo

SAALEPLATTE

Thüringen – 2 714 Ew. – Regionalatlas **41**-L12
Michelin Straßenkarte 544

Im Ortsteil Eckolstädt

Venerius (N)

INTERNATIONAL • TRENDY XX Das Restaurant liegt schon etwas ab vom Schuss, doch ein Besuch lohnt sich: Auf dem ehemaligen Kasernengelände erwarten Sie engagierte junge Gastgeber, modern-trendige Atmosphäre und international-saisonale Küche, und die macht z. B. als "Filet von der Gelbschwanzmakrele mit Rauch-Steckrüben-Gemüse" Appetit.

Menü 30/45 € – Karte 28/46 €

Darnstedter Str. 23 ✉ 99510 – ✆ 036421 35556 – www.restaurant-venerius.de – geschl. 1. - 14. Januar, Juli - August 3 Wochen und Montag - Donnerstagmittag, Freitagmittag

SAARBRÜCKEN

Saarland - 176 926 Ew. - Höhe 190 m - Regionalatlas **45**-C17
Michelin Straßenkarte 543

Stadtplan siehe nächste Seite

✿✿✿ GästeHaus Klaus Erfort

FRANZÖSISCH-KLASSISCH • ELEGANT XXX Bemerkenswert, mit welchem Tiefgang und welcher Präzision Klaus Erfort in seiner klassisch-reduzierten Küche bewusst wenige Bestandteile kombiniert, beste Zutaten sind selbstverständlich. Klasse die Weinauswahl, ebenso der Service. Stilvoll der Rahmen, draußen die herrliche Terrasse zum englischen Privatpark.

➜ Gemüseacker mit Bretonischem Hummer, Olivenkrokant und pochiertem Wachtelei. Auf Meersalz gegarte Langoustines "Royales" mit gegrilltem jungem Lauch. Bresse Poularde mit Trüffel, Kartoffelschaum.

Menü 130/200 € - Karte 104/171 €

Stadtplan : B2-g - *Mainzer Str. 95 ✉ 66121 - ✆ 0681 9582682 (Tischbestellung ratsam) - www.gaestehaus-erfort.de - geschl. 24. Dezember - Anfang Januar, August 2 Wochen und Samstagmittag, Sonntag - Montag*

Restaurant Quack in der Villa Weismüller

MARKTKÜCHE • FREUNDLICH XX Das Angebot an frischen schmackhaften Speisen reicht hier von Sauerbraten über Rehrücken bis zu Thai-Gemüse-Curry mit Bliesgau-Lamm. Und dazu ein feiner Wein? Gefragt ist auch der "Chef's Table" mit Blick in die Küche. Champagner-Lounge.

Menü 30/68 € - Karte 26/60 €

Gersweiler Str. 43a, Alt-Saarbrücken, über A2 Richtung Metz ✉ 66117 - ✆ 0681 52153 (Tischbestellung ratsam) - www.restaurant-quack.de - geschl. Samstagmittag, Sonntag - Montag

L'Arganier im Handelshof

FRANZÖSISCH • KLASSISCHES AMBIENTE XX In den schönen klassisch-modernen Räumen des ehrwürdigen Handelshofs setzt man auf französische Küche mit marokkanischen Einflüssen. Lust auf "Tajin von der Kaninchenkeule"? Oder lieber "Reh aus dem Gewürzsud mit Kürbisgnocchi"?

Menü 24/88 € - Karte 38/72 €

Stadtplan : A2-b - *Wilhelm-Heinrich-Str. 17 ✉ 66117 - ✆ 0681 56920 - www.larganier.de - geschl. über Fasching 2 Wochen, August 2 Wochen und Sonntagabend - Montag*

Schlachthof Brasserie

FLEISCH • BRASSERIE X Mitten im Schlachthofviertel gelegen, steht in der charmanten Brasserie natürlich Fleisch im Mittelpunkt - an der "Schwamm sélection" mit ihrem Rind aus Trockenreifung kommt kein Steak-Liebhaber vorbei, aber auch "gebratener Pulpo mit Fenchel, Sellerie und Dill" ist lecker!

Menü 39 € - Karte 33/72 €

Straße des 13. Januar 35, über Mainzer Straße B2 ✉ 66121 - ✆ 0681 6853332 (Tischbestellung ratsam) - www.schlachthof-brasserie.de - geschl. Sonntagabend - Montag

Domicil Leidinger

URBAN • INDIVIDUELL Familie Leidinger zeigt hier echtes Engagement! Juniorsuite oder Standardzimmer, Feng-Shui, Japan, Afrika... Wie möchten Sie wohnen? Eine richtige kleine Oase ist der charmante begrünte Zen-Innenhof. Dazu Theater mit Jazzclub im Hinterhaus. Im "LeidingerLust, die Stadtkantine" gibt es mediterrane Küche.

87 Zim ☕ - 🚹99/150 € 🚹🚹125/160 €

Stadtplan : B2-n - *Mainzer Str. 10 ✉ 66111 - ✆ 0681 93270 - www.leidinger-saarbruecken.de*

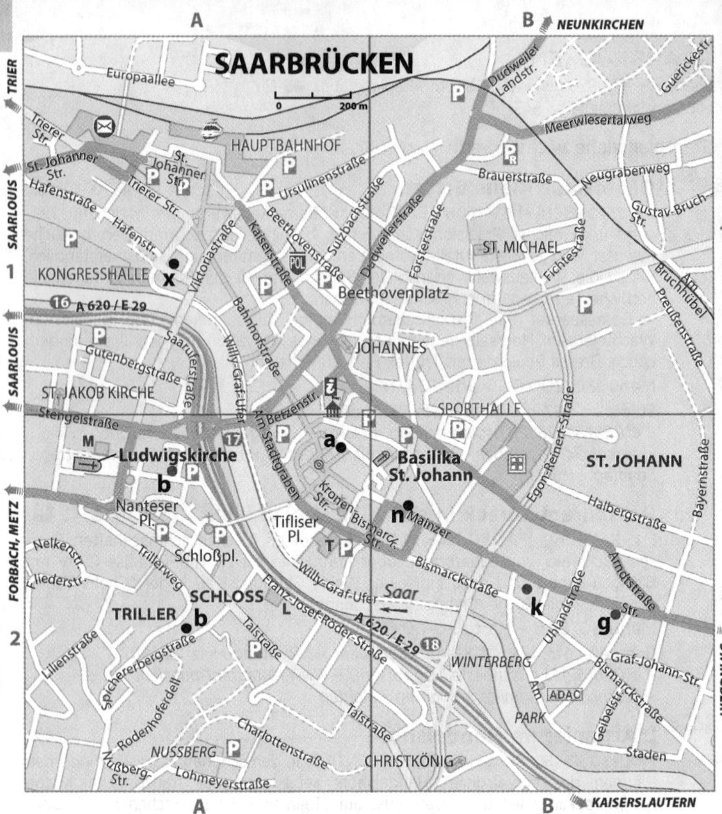

Am Triller

BUSINESS • MODERN Kunst und modernes Design sind hier allgegenwärtig. Bei den Zimmern hat man die Qual der Wahl: ein helles "Economy"-Zimmer oder eines der ganz individuellen Themenzimmer von "Musée de Paris" über "Licht & Natur" bis zu den "SaarLegenden"-Zimmern mit ihrer vom Künstler Bernd Kissel gestalteten Comic-Wand? Im Restaurant setzt man auf Bioprodukte.

110 Zim – 99/259 € 114/274 € – 15 €

Stadtplan : A2-b – *Trillerweg 57 ✉ 66117 – ✆ 0681 580000 – www.hotel-am-triller.de*

Bayrischer Hof

FAMILIÄR • GEMÜTLICH Das Haus in bevorzugter Wohnlage wird sehr intensiv und persönlich von der freundlichen Gastgeberin und ihrem Team geführt, ist überaus liebenswert eingerichtet und bietet den Gästen eine herzliche Betreuung.

22 Zim – 69/86 € 89/106 €

St. Ingberter Str. 46, Rotenbühl, Ost: 3 km über B1 ✉ 66123 – ✆ 0681 9582840 – www.bayrischerhof-sb.de – geschl. 28. Dezember - 4. Januar

Fuchs

HISTORISCH • MODERN Das denkmalgeschützte alte Stadthaus (Dependance von Klaus Erforts "GästeHaus") hat mehrere Pluspunkte: die Lage in der Fußgängerzone, vergünstigtes Parken (Rathaus- oder Theatergarage) sowie wohnlicher geradlinig-moderner Stil. Tipp: charmantes Dach-Apartment mit Loggia und Stadtblick!

9 Zim – 90/104 € 104/113 €

Stadtplan : A2-a – *Kappenstr. 12 ✉ 66111 – ✆ 0681 9591101 – www.hotelfuchs.de – geschl. 25. Dezember - 1. Januar*

SAARBURG

Rheinland-Pfalz – 6 982 Ew. – Höhe 130 m – Regionalatlas **45**-B16
Michelin Straßenkarte 543

Villa Keller

KLASSISCHE KÜCHE • GEMÜTLICH XX Hier erwartet Sie eine international-regional beeinflusste klassische Küche und dazu charmanter Service. Tipp: Wohlig-warm wird's im Winter am 200 Jahre alten Kachelofen!

Menü 36 € – Karte 41/59 €

Hotel Villa Keller, Brückenstr. 1 ✉ 54439
– ✆ 06581 92910 – www.villa-keller.de
– geschl. Mitte Februar – Anfang März und Montag – Dienstag

Villa Keller

PRIVATHAUS • KLASSISCH Fliesen, Stuck, Holzböden... Vieles hier ist noch original, das macht die klassisch-elegante Villa von 1801 zu einem kleinen Schmuckstück. Toll die Lage direkt an der Saar, schön die Aussicht auf die Burg. Gemütlich-uriges Wirtshaus mit regional-bürgerlicher Küche und netter Biergarten im Innenhof.

11 Zim – †80/90 € ††110/130 € – ½ P

Brückenstr. 1 ✉ 54439
– ✆ 06581 92910 – www.villa-keller.de
– geschl. Mitte Februar – Anfang März

Villa Keller – siehe Restaurantauswahl

SAARLOUIS

Saarland – 34 248 Ew. – Höhe 185 m – Regionalatlas **45**-B17
Michelin Straßenkarte 543

PASTIS bistro

FRANZÖSISCH • BISTRO X Schmackhafte klassische Bistroküche wie in Frankreich - da machen z. B. "Schwarzfederhuhn auf Pfannengemüse", "Königinpastetchen" oder "Confit de Canard" Appetit. Schön auch das Restaurant selbst. Es ist wertig eingerichtet, liegt in der 1. Etage und ist über den Feinkostladen erreichbar.

Menü 23 € (mittags unter der Woche)/56 € – Karte 31/75 €

Hotel LA MAISON, Prälat-Subtil-Ring 22 ✉ 66740 – ✆ 06831 89440440
– www.lamaison-hotel.de – geschl. Montag

LOUIS

MODERNE KÜCHE • ELEGANT XXX Das Gourmetrestaurant des "LA MAISON" kommt stilvoll-modern und wertig, aber keineswegs steif daher - warme Farben, Fischgrätparkett und hohe Decken schaffen Atmosphäre. Die Küche setzt auf moderne Klassik, ambitioniert und niveauvoll.

Menü 114/149 €

Hotel LA MAISON, Prälat-Subtil-Ring 22 ✉ 66740 – ✆ 06831 89440440
– www.lamaison-hotel.de – nur Abendessen – geschl. 2. - 24. Januar, 25. Juni
- 25. Juli und Sonntag - Dienstag

LA MAISON

BOUTIQUE-HOTEL • INDIVIDUELL Hochwertig, individuell und mit stilvoll-modernem Design, so zeigt sich die historische Villa nebst Neubau. Wie wär's mit einer schicken Themen-Suite? Die Bäder hier sind ein echtes Highlight! Und haben Sie das tolle Treppenhaus gesehen? Wunderbar auch der Garten. Dazu zuvorkommender Service.

35 Zim – †120/135 € ††160/165 € – 3 Suiten

Prälat-Subtil-Ring 22 ✉ 66740 – ✆ 06831 89440440 – www.lamaison-hotel.de

PASTIS bistro • **LOUIS** – siehe Restaurantauswahl

SAAROW, BAD

Brandenburg – 5 090 Ew. – Höhe 45 m – Regionalatlas **23**-Q8
Michelin Straßenkarte 542

19hundert

REGIONAL • LÄNDLICH XX Ein Logenplatz am See, ob Sommer oder Winter! Es gibt die herrliche Terrasse und das Restaurant samt Wintergarten und Weinstube mit tollem Blick. Auf der Karte z. B. "Maispoulardenbrust mit Wurzelgemüse und Maronen-Kartoffelpüree".

Menü 28 € – Karte 29/50 €

Hotel Landhaus Alte Eichen, Alte Eichen 21 ✉ 15526 – ✆ 033631 43090 – www.landhaus-alte-eichen.de – geschl. 7. - 11. Januar

Esplanade Resort & Spa

SPA UND WELLNESS • MODERN Die schöne Hotelanlage am Scharmützelsee bietet freundlich-moderne Zimmer, ein vielfältiges Angebot im ansprechenden Spa sowie eine eigene Marina. "Spa-Suite" mit Sauna. Restaurant "Dependance" über mehrere Ebenen. In der beliebten "Pechhütte" gibt's zünftige Speisen.

170 Zim – 90/200 € 140/255 € – ½ P

Seestr. 49 ✉ 15526 – ✆ 033631 4320 – www.esplanade-resort.de

Palais am See

LANDHAUS • KLASSISCH Annette und Peter Fink haben hier ein echtes Kleinod! Das privat anmutende kleine Hotel liegt einfach traumhaft, bietet eine wunderbare Aussicht und hat einen schönen Garten zum See sowie geschmackvolle Zimmer mit Stil und Charme. Auch das Frühstück kann sich sehen lassen - vielleicht auf der Terrasse?

9 Zim – 136/226 € 136/226 € – 1 Suite – 12 €

Karl-Marx-Damm 23 ✉ 15526 – ✆ 033631 8610 – www.palais-am-see.de – geschl. Januar - vor Pfingsten

Landhaus Alte Eichen

LANDHAUS • GEMÜTLICH Schön wohnt es sich in dem Hotel auf einer Halbinsel im See - hübsch die Juniorsuiten in der Villa. Der reizvolle Garten grenzt an den See, hier hat man einen Badesteg. Entspannen kann man auch beim umfangreichen Wellnessangebot.

32 Zim – 73/125 € 79/146 € – 6 Suiten – ½ P

Alte Eichen 21 ✉ 15526 – ✆ 033631 43090 – www.landhaus-alte-eichen.de – geschl. 7. - 11. Januar

19hundert – siehe Restaurantauswahl

SACHSA, BAD

Niedersachsen – 7 431 Ew. – Höhe 310 m – Regionalatlas **30**-J11
Michelin Straßenkarte 541

Romantischer Winkel

INTERNATIONAL • ELEGANT XX Gemütlich-elegant hat man es hier, während man sich die international, regional und saisonal beeinflusste Küche schmecken lässt. Tipp: Probieren Sie das Menü "Der junge Harz", für das man ausschließlich Produkte aus der Region verwendet!

Menü 30/72 € (abends) – Karte 34/61 €

Hotel Romantischer Winkel, Bismarckstr. 23 ✉ 37441 – ✆ 05523 3040 – www.romantischer-winkel.de

Romantischer Winkel

SPA UND WELLNESS • GEMÜTLICH Hier wird dem Gast einiges geboten: ruhige Lage am Schmelzteich, wohnliche Zimmer (auch Appartements), Spa auf 3500 qm samt "Kids Wellness", freundlicher Service, Kinderbetreuung... Sehenswert die kleine Kapelle in der historischen Villa.

72 Zim – 118/168 € 216/336 € – 6 Suiten – ½ P

Bismarckstr. 23 ✉ 37441 – ✆ 05523 3040 – www.romantischer-winkel.de

Romantischer Winkel – siehe Restaurantauswahl

SÄCKINGEN, BAD

Baden-Württemberg – 16 416 Ew. – Höhe 291 m – Regionalatlas **61**-D21
Michelin Straßenkarte 545

Genuss-Apotheke (Raimar Pilz)

MODERNE KÜCHE • TRENDY Die ehemalige Apotheke beim Schlosspark vereint heute Koch-Events, Laden und Restaurant. In der Küche spielt das Produkt die Hauptrolle, so kommen nur richtig gute Zutaten in die klaren, modernen Speisen. Mittags ist die Karte etwas reduziert, auf Vorbestellung bekommt man aber auch das Abendmenü.
→ Gemüsetexturen mit Wildkräutern, Wildkressesorbet. Stör und Erbsentriebe. Maibock und Vogelbeeren, Mais und Kaffeeextrakt.

Menü 61 € (mittags)/120 €

Schönaugasse 11 ✉ 79713 – ✆ 07761 9333767 (Tischbestellung erforderlich) – www.genuss-apotheke.de – geschl. Juli - August 4 Wochen und Sonntag - Montag

Goldener Knopf

BUSINESS • FUNKTIONELL Die Lage könnte nicht besser sein: schön zentral und trotzdem ruhig, direkt am Rhein, gleich nebenan Münster und Rathaus! Das Engagement der Gastgeber sieht man z. B. an den vielen topmodernen und komfortablen Zimmern! Im "Le Jardin" nebst hübscher Terrasse zum Rhein speist man regional, im "VinoGusta" international.

68 Zim – †95/99 € ††145/169 € – ½ P

Rathausplatz 9 ✉ 79713 – ✆ 07761 5650 – www.goldenerknopf.de – geschl. 2. - 7. Januar

Rheinsberg

LANDHAUS • MODERN Das Hotel liegt etwas außerhalb, ruhig und direkt am Golfplatz. Es erwarten Sie geradlinig-modern und wertig ausgestattete Zimmer und Juniorsuiten, morgens ein frisches Frühstücksbuffet sowie mittags und abends eine kleine Speisenauswahl.

26 Zim – †98/140 € ††119/210 €

Schaffhauserstr. 123/1, Ost: 3 km über die B 34, Obersäckingen, am Golfplatz ✉ 79713 – ✆ 07761 9992490 – www.hotelrheinsberg.de

SAGARD Mecklenburg-Vorpommern → Siehe Rügen (Insel)

SALACH

Baden-Württemberg – 7 925 Ew. – Höhe 363 m – Regionalatlas **56**-H18
Michelin Straßenkarte 545

In der Ruine Staufeneck Ost: 3 km

Burgrestaurant Staufeneck (Rolf Straubinger)

FRANZÖSISCH-KLASSISCH • ELEGANT In überaus attraktivem stilvoll-zeitgemäßem Ambiente bietet Rolf Straubinger eine stark regional geprägte klassische Küche mit modernen Ideen. Ein weiteres Highlight ist die Terrasse mit bemerkenswerter Sicht! Darf es ein bisschen mehr sein von den guten Weinen? Nebenan stehen sehr komfortable Zimmer bereit.
→ Teatime mit Bouillabaisse. Rehrücken, kleines Minutenragout, Brokkoli, Buchenpilze. Schokolade, Ingwer, Salzbutter-Karamell und Passionsfrucht.

Menü 69 € (vegetarisch)/152 € – Karte 64/111 €

Burghotel Staufeneck, Staufenecker Straße ✉ 73084 – ✆ 07162 933440 (Tischbestellung ratsam) – www.burg-staufeneck.de – nur Abendessen, sonntags auch Mittagessen – geschl. Montag - Dienstag

Burgbistro Staufeneck

TRADITIONELLE KÜCHE • WEINSTUBE Auf der Burg gibt es auch eine rustikale Alternative zum Sternerestaurant: Wenn Rolf Straubinger im "Burgbistro" Klassiker wie Maultaschensuppe, frisches Tatar oder Fleischküchle mit Kartoffel-Gurken-Salat zubereitet, wird auch so mancher Gourmet schwach!

Karte 34/67 €

Burghotel Staufeneck, Staufenecker Straße ✉ 73084 – ✆ 07162 933440 – www.burg-staufeneck.de – nur Abendessen – geschl. Freitag - Samstag

Burghotel Staufeneck

BUSINESS • MODERN Geschmackvoll wohnen! Das einsam und ruhig gelegene Hotel mit dem tollen Blick über das Filstal erwartet Sie mit schönen klassischen Zimmern, moderner Technik, sehr guten Tagungsmöglichkeiten und einem netten Wellnessbereich. Und das Frühstück lässt kaum Wünsche offen - besonders angenehm auf der Terrasse!

42 Zim - 120/140 € 210/230 € - 3 Suiten

Staufenecker Straße 73084 - 07162 933440 - www.burg-staufeneck.de

Burgrestaurant Staufeneck • **Burgbistro Staufeneck** - siehe Restaurantauswahl

SALEM

Baden-Württemberg - 11 116 Ew. - Höhe 443 m - Regionalatlas **63**-G21
Michelin Straßenkarte 545

Salmannsweiler Hof

REGIONAL • BÜRGERLICH Die Zutaten für die bodenständig-regionale Küche hier kommen weitestgehend von bekannten Produzenten aus der Region. Daraus entstehen dann z. B. Bärlauchcremesuppe oder Kalbssteak mit Pilzen und Spätzle. In dem sympathischen Haus kann man übrigens auch übernachten: Die Zimmer sind eher einfach, aber gepflegt.

Menü 37/47 € - Karte 30/51 €

10 Zim - 56/68 € 84/100 €

Salmannsweiler Weg 5 88682 - 07553 92120 - www.salmannsweiler-hof.de - Mittwoch - Freitag nur Abendessen - geschl. März 2 Wochen, Ende Oktober - Mitte November und Montag - Dienstag

In Salem-Neufrach Süd-Ost: 3 km über Schlossstraße und Neufracher Straße

Reck's

REGIONAL • GASTHOF Regional-saisonale Küche lautet die Devise in den drei behaglichen Stuben - und natürlich auf der herrlichen Terrasse an der Obstwiese! Es gibt z. B. "Wiener Schnitzel mit Blatt- und Kartoffelsalat" oder "gebratenes Bodenseefelchenfilet auf Bohnen-Tomatengemüse".

Menü 32 € (mittags)/49 € - Karte 29/53 €

Hotel Recks, Bahnhofstr. 111 88682 - 07553 201 - www.recks-hotel.de - geschl. über Fastnacht 3 Wochen, Anfang November 2 Wochen und Mittwoch - Donnerstagmittag

Reck's

FAMILIÄR • GEMÜTLICH Wirklich einladend ist der Gasthof von 1900: individuelle, wohnliche Zimmer (teilweise mit Balkon), Kunst und stilvolle Deko, ein schöner Garten mit Obstbäumen und Blumenbeeten... Nicht zu vergessen die freundliche Gästebetreuung.

18 Zim - 68/112 € 110/160 € - 1 Suite - ½ P

Bahnhofstr. 111 88682 - 07553 201 - www.recks-hotel.de - (Erweiterung um 8 Zimmer und Saunabereich bis Frühjahr 2018.) geschl. über Fastnacht 3 Wochen, Anfang November 2 Wochen

Reck's - siehe Restaurantauswahl

Landgasthof Apfelblüte

LANDHAUS • GEMÜTLICH Das gewachsene Hotel am Ortsausgang wird seit über 35 Jahren als Familienbetrieb geführt. Die Gästezimmer sind funktionell ausgestattet, die im Neubau sind etwas moderner im Stil. Im Restaurant sitzt man gemütlich bei regionaler Küche.

40 Zim - 65/75 € 110/125 € - ½ P

Markdorfer Str. 45 88682 - 07553 92130 - www.landgasthof-apfelbluete.de - geschl. Januar

SALZGITTER

Niedersachsen - 98 966 Ew. - Höhe 70 m - Regionalatlas **29**-J9
Michelin Straßenkarte 541

In Salzgitter-Bad

Golfhotel

HISTORISCH • MODERN Das Hotel unweit des Marktplatzes wird gut geführt und bietet freundlichen Service. Die Zimmer verteilen sich auf das Fachwerkhaus und einen Anbau, sie sind wohnlich und funktionell. Wer's noch schicker mag, sollte eines der Komfort-Zimmer buchen! Am Morgen gibt es ein appetitliches frisches Frühstück.

32 Zim – 65/99 € 87/120 €

Gittertor 5 38259 – 05341 3010 – www.golfhotel-salzgitter.de

SALZUFLEN, BAD

Nordrhein-Westfalen – 52 277 Ew. – Höhe 80 m – Regionalatlas **28**-G9
Michelin Straßenkarte 543

Walter's Pharmacy

INTERNATIONAL • RUSTIKAL Sehenswert ist das gemütlich-rustikale Interieur mit der Original-Einrichtung einer Londoner Apotheke von 1860 - und am Eingang macht der einsehbare "Aging Room" Appetit auf heimisches Dry Aged Beef vom Grill. Zudem gibt es noch internationale Klassiker sowie guten Wein, Bier und Cocktails.

Menü 34 € – Karte 33/71 €

Hotel Altstadt-Palais Lippischer Hof, Mauerstr. 1 32105 – 05222 534296 – www.hof-hotels.de – nur Abendessen

Altstadt-Palais Lippischer Hof

BUSINESS • INDIVIDUELL Mitten in der historischen Altstadt liegt das Boutique-Hotel nebst Design-Neubau. Chic der Rahmen und die Zimmer, toll der Stadtblick beim Frühstück im "The View". Stilvoll-elegant der Schotten-Look im "The ALCHEMIST": kleines Fine-Dining-Restaurant (Menü) oder Salon.

94 Zim – 79/90 € 128/154 € – 5 Suiten – ½ P

Mauerstr. 1 32105 – 05222 5340 – www.hof-hotels.de

Walter's Pharmacy – siehe Restaurantauswahl

SAMERBERG

Bayern – 2 718 Ew. – Höhe 700 m – Regionalatlas **66**-N21
Michelin Straßenkarte 546

In Samerberg-Duft Süd: 6 km ab Törwang, über Eßbaum und Gernmühl – Höhe 800 m

Berggasthof Duftbräu

GASTHOF • GEMÜTLICH Bilderbuch-Idylle! Ruhe, Wald, Wiesen, und mittendrin der engagiert-familiär geführte Gasthof. Fragen Sie nach den Themenzimmern ("Fischerin", "Wirtsleut"...). Interessant der Bierlehrpfad. Für Restaurantgäste ist der Schweinsbraten ein Muss - und Selbstgebrautes im Biergarten bei tollem Blick auf die Region!

28 Zim – 65/83 € 100/122 €

Duft 1 83122 – 08032 8226 – www.duftbraeu.de – geschl. 24. März - 8. April

In Samerberg-Grainbach

Gasthof Alpenrose

REGIONAL • GASTHOF Bei der Kirche steht der schöne alteingesessene Gasthof (Familienbetrieb seit 1868). Drinnen gemütliche Stuben, draußen lauschiger Biergarten und Terrasse mit Aussicht. Gekocht wird bayerisch-saisonal - Lust auf "Bachforellenfilet, Risotto, Gemüse"? Tipp: die charmanten Gästezimmer im "Bauernstadl".

Menü 34/56 € – Karte 22/36 €

10 Zim – 40/60 € 80/120 € – 2 Suiten

Kirchplatz 2 83122 – 08032 8263 – www.alpenrose-samerberg.de – geschl. über Pfingsten, November 2 Wochen und Montag - Dienstag

ST. ENGLMAR

Bayern - 1 680 Ew. - Höhe 808 m - Regionalatlas **59**-O18
Michelin Straßenkarte 546

In St. Englmar-Grün Nord-West: 3 km über Bogener Straße, am Ortsende links

Reinerhof

SPA UND WELLNESS • INDIVIDUELL In dem Familienbetrieb freut man sich über geschmackvoll-wohnliche Zimmer im Sonnenschlösschen und im Stammhaus - wie wär's mit einem gemütlichen Kuschelzimmer unterm Dach? Schön der Spa, alternativ und nicht weit vom Hotel: Sommerrodelbahn, Skilift und Langlaufloipe. Pfiffig-modern: Bar-Lounge und Vinothek.

43 Zim - 87/110 € 164/190 € - 3 Suiten - ½ P

Grün 9 ✉ 94379 - ✆ 09965 8510 - www.reinerhof.de - geschl. 15. - 20. April, 2. - 20. Dezember

In St. Englmar-Maibrunn Nord-West: 5 km über Grün

Gaststube

REGIONAL • GEMÜTLICH Viel Holz und hübsche Deko strahlen hier pure Gemütlichkeit aus. Das Angebot reicht von der Brotzeit bis zum Menü. Gekocht wird saisonal - darf es vielleicht Wild aus eigener Jagd sein? Schöner Garten und urige Hirschalmhütte für Events.

Menü 46/65 € - Karte 33/55 €

Berghotel Maibrunn, Maibrunn 1 ✉ 94379 - ✆ 09965 8500 - www.berghotel-maibrunn.de

Berghotel Maibrunn

SPA UND WELLNESS • GEMÜTLICH Ein engagiert und charmant geleitetes Haus in erhöhter Lage mit reizvoller Rundumsicht. Sehr wohnlich und geschmackvoll die Zimmer, einige mit modern-alpinem Chic. Neuzeitlicher Spa, Garten mit Hirschgehege, eigener Skilift.

50 Zim - 79/109 € 178/218 € - 2 Suiten - ½ P

Maibrunn 1 ✉ 94379 - ✆ 09965 8500 - www.berghotel-maibrunn.de

Gaststube - siehe Restaurantauswahl

ST. GOAR

Rheinland-Pfalz - 2 716 Ew. - Höhe 80 m - Regionalatlas **46**-D14
Michelin Straßenkarte 543

Silcher-Stube

FRANZÖSISCH-KLASSISCH • ELEGANT Mit stilvollem Mobiliar, eleganten Goldtönen und hübschen kleinen Fensternischen (fantastisch die Rheinsicht!) bietet das Gourmetrestaurant einen schönen Rahmen für französisch geprägte Gerichte wie "Lammrücken mit Bopparder Klostersenf".

Menü 74/98 €

Hotel Schloss Rheinfels, Schloßberg 47 ✉ 56329 - ✆ 06741 8020 - www.schloss-rheinfels.de - nur Abendessen - geschl. Januar 3 Wochen, August 3 Wochen und Sonntag - Montag

Schloss Rheinfels

HISTORISCHES GEBÄUDE • ELEGANT Aus einem Stück Geschichte ist hier ein tolles Domizil entstanden: klassisch-elegante Zimmer, schöner Spa, Rosen- und Kräutergarten, und das integriert in eine eindrucksvolle Burganlage von 1250. In der "Burgschänke" gibt es Flammkuchen, aber auch Steaks - ein Traum die Panoramaterrasse! "Auf Scharffeneck" mit internationaler Küche.

62 Zim - 95/165 € 130/245 € - 2 Suiten - ½ P

Schloßberg 47 ✉ 56329 - ✆ 06741 8020 - www.schloss-rheinfels.de

Silcher-Stube - siehe Restaurantauswahl

ST. INGBERT

Saarland - 36 112 Ew. - Höhe 229 m - Regionalatlas **46**-C17
Michelin Straßenkarte 543

Die Alte Brauerei

FRANZÖSISCH-KLASSISCH • FAMILIÄR XX Fast wie in Frankreich fühlt man sich in dem gemütlichen Restaurant von Eric und Isabelle Dauphin, entsprechend die Küche. "Ravioli mit Hasenfilet" kommt da ebenso gut an wie "Maispoularde mit Morcheln gefüllt". Das Restaurant samt individueller Gästezimmer erreichen Sie übrigens über den Innenhof.

Menü 20 € (unter der Woche)/49 € - Karte 33/61 €

6 Zim - 65/70 € 85/100 € - 1 Suite

Kaiserstr. 101 ✉ 66386 - ✆ 06894 92860 - www.diealtebrauerei.com

La Trattoria del Postillione

ITALIENISCH • FAMILIÄR XX Es hat schon Charme, das ehemalige Bahnhofsgebäude mit seinem liebenswerten Ambiente, der reizenden Terrasse und dem eigenen Weinberg direkt am Haus. Hier kennt man seine Stammgäste, und die schätzen neben der frischen italienischen Küche auch die persönliche Atmosphäre! Günstiges Lunchmenü.

Menü 15 € (mittags unter der Woche)/53 € - Karte 28/50 €

Neue Bahnhofstr. 2 ✉ 66386 - ✆ 06894 381061 - www.postillione.de - geschl. Januar 2 Wochen, August - September 2 Wochen und Sonntag - Montag

In St. Ingbert-Sengscheid Süd-West: 4 km über B 40, jenseits der A 6

Sengscheider Hof

FAMILIÄR • INDIVIDUELL Ein gewachsenes Hotel mit Stammhaus von 1879. Letzteres hat u. a. einige besonders moderne und geräumige neuere Zimmer zu bieten. Oder wie wär's mit der Juniorsuite (Zimmer Nr. 400) mit Dachterrasse und Blick auf den Garten samt kleinem Pool? Hell und elegant das Restaurant, klassisch die Küche.

45 Zim - 77/110 € 99/130 € - 7 €

Birkenkopfweg 4 ✉ 66386 - ✆ 06894 9820 - www.sengscheiderhof.de - geschl. 27. Dezember - 5. Januar

ST. JOHANN Rheinland-Pfalz

➜ Siehe Sprendlingen

ST. MÄRGEN

Baden-Württemberg - 1 840 Ew. - Höhe 887 m - Regionalatlas **61**-E20
Michelin Straßenkarte 545

An der B 500 Süd-Ost: 8 km, Richtung Furtwangen

Zum Kreuz

REGIONAL • GEMÜTLICH X Vater und Sohn kümmern sich hier um das leibliche Wohl der Gäste, da findet sich neben Bürgerlichem wie Kalbsrahmschnitzel oder Käsespätzle auch Moderneres. Wie wär's mit dem "Genussmenü"? Oder à la carte z. B. "Schwarzwald-Ochse: Rücken & Backe, Schwarzwurzel, Lauch, Kohlspätzle mit Ziegenkäse"?

Menü 20 € (mittags)/66 € - Karte 22/50 €

Hotel Zum Kreuz, Hohlengraben 1 ✉ 79274 St. Märgen - ✆ 07669 91010 - www.gasthaus-zum-kreuz.de - geschl. Mitte März 1 Woche, Mitte November - Mitte Dezember und Donnerstag - Freitagmittag

Zum Kreuz

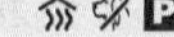

GASTHOF • GEMÜTLICH Das nette Haus im Schwarzwälder Stil ist seit 1936 in der Hand der Familie Schwer. Neben gepflegten, wohnlichen Zimmern und Appartements (im Anbau mit Balkon) hat man auch einen schönen Wellnessbereich.

15 Zim - 42/62 € 81/98 € - ½ P

Hohlengraben 1 ✉ 79274 St. Märgen - ✆ 07669 91010 - www.gasthaus-zum-kreuz.de - geschl. Mitte März 1 Woche, Mitte November - Mitte Dezember

Zum Kreuz - siehe Restaurantauswahl

ST. MARTIN

Rheinland-Pfalz – 1 753 Ew. – Höhe 225 m – Regionalatlas **47**-E17
Michelin Straßenkarte 543

Wiedemann's Weinhotel

SPA UND WELLNESS • MODERN Im Hotel des Weinguts Wiedemann wohnt man geschmackvoll, modern und mit Panoramablick! Zudem hat man einen schönen Spa auf 400 qm (wie wär's mit der Essig-Inhalation "Respiratio"?), einen Traum von Garten, das elegante Restaurant mit toller Terrasse, Verkostungen in der Vinothek. Auf Wunsch 3/4-Pension.

20 Zim – †111/123 € ††182/236 € – ½ P

Einlaubstr. 64 ✉ 67487
– ✆ 06323 94430 – www.wiedemanns-weinhotel.de
– geschl. 14. - 25. Januar

Das Landhotel Weingut Gernert

FAMILIÄR • AUF DEM LAND Ein tipptopp gepflegtes Anwesen am Rand des Weindorfes, etwas unterhalb das eigene Weingut. Die Zimmer sind geräumig und mit mediterraner Note eingerichtet - mit kleinem Rotweinangebot! Bürgerlich speist man im historischen Gewölbe, dazu hat man eine schöne Terrasse.

17 Zim – †70/73 € ††120/130 €

Maikammerer Str. 39 ✉ 67487
– ✆ 06323 94180 – www.das-landhotel.com
– geschl. 7. - 31. Januar

St. Martiner Castell

FAMILIÄR • AUF DEM LAND Seit über 30 Jahren halten die Gastgeber hier alles top in Schuss, man ist engagiert und investiert immer wieder. Sie wohnen in freundlichen Zimmern, in den gemütlichen Restaurantstuben und auf der hübschen Terrasse speisen Sie traditionell und regional.

24 Zim – †75/98 € ††118/125 € – ½ P

Maikammerer Str. 2 ✉ 67487
– ✆ 06323 9510 – www.martinercastell.de

ST. MICHAELISDONN

Schleswig-Holstein – 3 501 Ew. – Höhe 3 m – Regionalatlas **9**-G4
Michelin Straßenkarte 541

Landhaus Gardels

REGIONAL • FREUNDLICH XX In freundlicher Atmosphäre darf man sich auf frische regionale Gerichte wie "Husumer Rumpsteak, Pfefferrahm, Speckbohnen, Röstkartoffeln" freuen. Für den kleineren Hunger gibt's im angeschlossenen Bistro z. B. Omlette oder Gulaschsuppe.

Menü 33/85 € – Karte 33/61 €

Hotel Landhaus Gardels, Westerstr. 15 ✉ 25693
– ✆ 04853 8030 – www.gardels.de
– nur Abendessen – geschl. 1. - 14. Januar und Sonntag

Landhaus Gardels

LANDHAUS • INDIVIDUELL Familienbetrieb seit über 130 Jahren! Die Zimmer sind individuell und meist neuzeitlich eingerichtet, am Morgen genießt man ein reichhaltiges Frühstücksbuffet - sonntags für Langschläfer.

22 Zim – †85/115 € ††110/150 € – 10 € – ½ P

Westerstr. 15 ✉ 25693
– ✆ 04853 8030 – www.gardels.de

Landhaus Gardels – siehe Restaurantauswahl

ST. PETER

Baden-Württemberg – 2 560 Ew. – Höhe 720 m – Regionalatlas **61**-E20
Michelin Straßenkarte 545

Zur Sonne

REGIONAL • GASTHOF XX Hanspeter Rombach setzt nicht nur auf Geschmack und solides Handwerk, sondern auch auf Nachhaltigkeit und Bioprodukte. Man kocht regional und klassisch, von "Schuttertäler Forelle mit Zitrone und Mandeln" bis "Lammrücken mit Gewürzkruste und Dattelpüree". Dazu wohnliche Gästezimmer und hübscher Saunabereich.

Menü 35/69 € - Karte 35/65 €

14 Zim – †68/115 € ††84/138 € - 1 Suite

Zähringerstr. 2 ✉ 79271
- ✆ 07660 94010 - www.sonneschwarzwald.de
- geschl. Februar - März 2 Wochen, Anfang November 2 Wochen und Montag, außer an Feiertagen

Jägerhaus

FAMILIÄR • GEMÜTLICH Sie wohnen hier bei sehr freundlichen Gastgebern in behaglichen Zimmern, mal im Landhausstil, mal mit modernem Chic. Schön die Umgebung mit Wiesen und Weihern! Gut relaxen kann man auch im hübschen Saunabereich und am Badeteich im Garten! Bürgerliches und selbstgemachte Kuchen im gemütlichen Restaurant.

18 Zim – †58/87 € ††90/120 € - ½ P

Mühlengraben 18 ✉ 79271
- ✆ 07660 94000 - www.hotel-jaegerhaus.de
- geschl. 16. - 26. Januar, 27. Februar - 22. März, November 2 Wochen

ST. PETER-ORDING

Schleswig-Holstein – 3 933 Ew. – Höhe 3 m – Regionalatlas **1**-G3
Michelin Straßenkarte 541

Im Ortsteil St. Peter-Bad

Aalernhüs Grill

GRILLGERICHTE • TRENDY XX Hier stehen Fleisch und Fisch im Mittelpunkt, und zwar gegrillt. Bestellen Sie Steinbutt, Seezunge oder eines der Steaks! Oder vielleicht lieber die "Aalernhüs Fischplatte"? Mittags kleine Speisenauswahl im Hotelrestaurant.

Karte 29/111 €

Hotel Aalernhüs, Friedrich-Hebbel-Str. 2 ✉ 25826 - ✆ 04863 701222 (Tischbestellung ratsam) - www.aalernhues.de - nur Abendessen - geschl. Januar

Aalernhüs

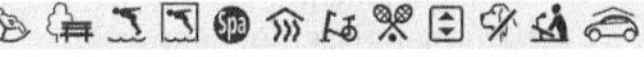

SPA UND WELLNESS • ELEGANT Ihrer Erholung steht hier nichts im Wege, dafür sorgen komfortable Gästezimmer (wie wär's z. B. ganz frisch und modern in friesischem Blau?) sowie ein schöner Garten und der attraktive Spa auf 1000 qm!

64 Zim – †129/289 € ††159/319 € - 5 Suiten - ½ P

Friedrich-Hebbel-Str. 2 ✉ 25826 - ✆ 04863 7010 - www.aalernhues.de - geschl. Januar

Aalernhüs Grill – siehe Restaurantauswahl

Landhaus an de Dün

FAMILIÄR • MODERN Das kleine Hotel wird stetig verbessert und verschönert, so können Sie sich in elegant-wohnlichen Zimmern und bei Kosmetik oder Massage erholen, sich auf ein gutes Frühstück freuen und nachmittags Kaffee und Kuchen genießen. Den Kurpark haben Sie direkt vor der Tür, zum Strand sind es nur wenige Gehminuten.

13 Zim – †95/190 € ††144/245 € - 2 Suiten

Im Bad 63 ✉ 25826 - ✆ 04863 96060 - www.hotel-landhaus.de - geschl. Dezember - Januar 4 Wochen

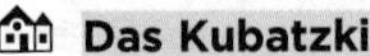

Das Kubatzki

FAMILIÄR • DESIGN Erholung findet man hier nicht nur in schicken wertig-modernen Zimmern, bei den engagierten Gastgebern kann man sich auch mit Yoga und Aromamassagen etwas Gutes tun! Oder Sie entspannen einfach auf der Holzterrasse im Garten. Für Hausgäste kocht man auch: gesundheitsbewusst und gerne mit Bioprodukten.

36 Zim – 50/105 € 75/160 € – 3 Suiten – 19 € – ½ P

Im Bad 59 ✉ 25826 – ✆ 04863 7040 – www.das-kubatzki.de

Im Ortsteil St. Peter-Dorf

Strandhütte Axels Restaurant

INTERNATIONAL • FREUNDLICH "Sieben Meter über dem Alltag" heißt es in diesem Pfahlbau. Vom Restaurant und der Terrasse schaut man den Kitesurfern zu, während man "Küstenkabeljau auf Risotto mit Sepia und Muscheln" oder "Filet vom Eidstedter Rind" genießt. Tagsüber ein schönes Ausflugsziel - dann locken frisch gebackene Waffeln!

Menü 49/69 € – Karte 46/69 €

Zum Südstrand, (ab Südstrand-Parkplatz ca. 15 Minuten Fußweg oder mit öffentlichem Verkehrsbus erreichbar) ✉ 25826 – ✆ 04863 4747011 (Tischbestellung ratsam) – www.die-strandhuette.de – nur Abendessen – geschl. Anfang Januar - Mitte März und Montag - Dienstag

Im Ortsteil Ording

Esszimmer

REGIONAL • FREUNDLICH Auch gastronomisch orientiert sich die "Zweite Heimat" ganz an der Region: hell, freundlich, friesisch das Ambiente, auf dem Teller z. B. "Lamm Spreckelsen" oder "Kabeljau Jöns". Probieren Sie auch das "Bierbrett", und nachmittags gibt's hausgemachte Waffeln und Kuchen. Mittags reduziertes Angebot.

Menü 34/78 € – Karte 33/64 €

Hotel Zweite Heimat, Am Deich 41 ✉ 25826 – ✆ 04863 47489120 (abends Tischbestellung ratsam) – www.hotel-zweiteheimat.de

Zweite Heimat

FAMILIÄR • AUF DEM LAND "Kleine Stube", "Große Stube", "Gute Stube" - alle Zimmer sind nordisch-modern und mit Liebe zum Detail eingerichtet, mal für Familien, mal mit Meerblick oder auch mit Sauna. Kosmetik und Massage in der "Kleinen Flucht". Überall ist die Region in Form von dekorativen Bildern und Naturmaterialien gegenwärtig.

46 Zim – 95/195 € 135/245 € – 1 Suite

Am Deich 41 ✉ 25826 – ✆ 04863 474890 – www.hotel-zweiteheimat.de

Esszimmer – siehe Restaurantauswahl

ST. WENDEL

Saarland – 25 887 Ew. – Höhe 285 m – Regionalatlas **46**-C16
Michelin Straßenkarte 543

Angel's - das Hotel am Golfpark

URBAN • MODERN Die komfortable Hotelanlage grenzt unmittelbar an die grüne Golflandschaft und ist ganz modern in Architektur und Ambiente. Man bietet auch Massage- und Kosmetikanwendungen. Internationale Küche im großzügigen und lichten Restaurant.

46 Zim – 114/145 € 154/184 € – 2 Suiten – ½ P

Golfparkallee 1, (am Golfplatz), West: 1,5 km ✉ 66606 – ✆ 06851 999000 – www.angels-dashotel.de

Hotel Le Journal

URBAN • UMWELTBEWUSST Darf es mal etwas Ausgefalleneres sein? Die "Auberge" sticht mit ihrem Hundertwasser-Look ins Auge, das "Hotel" mit seiner ökologischen Bauweise. Drinnen Naturmaterialien und wohnliches Ambiente. Und im Sommer einer der beiden restaurierten alten Zirkuswagen? In der Fußgängerzone das eigene Café "Le Journal".

40 Zim - 64/84 € 89/99 €

Schillerstr. 5 ✉ 66606
- ✆ 06851 9378782 - www.cafe-le-journal.de

In St. Wendel-Bliesen Nord-West: 5,5 km über Sankt Annen Straße und Alsfassener Straße

✿ Kunz

FRANZÖSISCH-KLASSISCH • FAMILIÄR XXX Anke und Alexander Kunz sind ein eingespieltes Team. Sie ist Gastgeberin aus Leidenschaft, er steht für geradlinige Küche ohne Chichi. Für ihn zählen erstklassige Produkte, Kraft, Ausdruck und Finesse. Toll übrigens auch der Blick auf den beachtlichen "Bliestaldom" St. Remigius.

➜ Carpaccio vom Gelbflossen Thunfisch mit asiatischem Gemüsesalat. Bretonischer Steinbutt in brauner Butter gebraten mit Kalbsglace. Rücken vom Maibock mit jungem Spitzkohl und Johannis-Pfeffersauce.

Menü 69/94 €

Kirchstr. 22 ✉ 66606
- ✆ 06854 8145 (Tischbestellung ratsam) - www.restaurant-kunz.de
- nur Abendessen - geschl. Februar 2 Wochen, Juli - August 2 Wochen und Sonntag - Dienstag

Kaminzimmer – siehe Restaurantauswahl

Kaminzimmer

REGIONAL • FREUNDLICH X "Kaminzimmer" - das klingt nach Gemütlichkeit, und die darf man in dem geschmackvoll-modernen, in warmen Tönen gehaltenen Restaurant auch erwarten. Dazu gibt's richtig gute Küche, z. B. als "Dry Aged Beef vom Holzkohlegrill" oder als "Lamm mit Kräuterkruste und Ratatouille". Oder lieber ein Wiener Schnitzel?

Menü 38/39 € – Karte 36/83 €

Restaurant Kunz, Kirchstr. 22 ✉ 66606
- ✆ 06854 8145 (Tischbestellung ratsam) - www.restaurant-kunz.de
- geschl. Februar 2 Wochen, Juli - August 2 Wochen und Samstagmittag, Montag - Dienstag

SASBACHWALDEN

Baden-Württemberg – 2 483 Ew. – Höhe 257 m – Regionalatlas **54**-E19
Michelin Straßenkarte 545

✿ Fallert

FRANZÖSISCH-KLASSISCH • FREUNDLICH XX Grundehrliche klassische Küche auf diesem hohen Niveau gibt es nur noch selten in Deutschland. Auf modische Trends und Effekthascherei verzichtet man bewusst, dafür steht bei den produktorientierten Speisen intensiver Geschmack absolut im Fokus. Im Sommer gibt es zur Gourmetküche auch die regionale Karte.

➜ Tataki von der Makrele mit Ingwer, Soja und Wasabi. Filet vom Eismeer Kabeljau auf der Haut gebraten, Alblinsen, Schnittlauchsauce. Kalbsfilet, Polenta und Kalbjus mit Curry.

Menü 36 € (mittags)/88 € – Karte 39/89 €

Hotel Talmühle, Talstr. 36 ✉ 77887
- ✆ 07841 628290 (Tischbestellung ratsam) - www.talmuehle.de
- geschl. Februar und November - März: Montag - Dienstag

Engel

REGIONAL • LÄNDLICH XX Hier passt einfach alles zusammen: Familientradition seit 1764, charmante Stuben hinter historischen Fachwerkmauern, herzliche Atmosphäre und schmackhafte regionale Gerichte wie "Sauerbraten in Spätburgunder geschmort mit feinen Nudeln". Schön auch die Gästezimmer - mal ländlich-gemütlich, mal modern.

Menü 28 € (vegetarisch)/78 € - Karte 26/64 €

14 Zim - 60/98 € 98/165 €

Talstr. 14 77887 - 07841 3000 - www.engel-sasbachwalden.de - geschl. Montag, Mitte Januar - März: Montag - Dienstag

Badische Stuben

REGIONAL • RUSTIKAL X Die regionale Küche hier kommt richtig gut an. Lust auf "Hechtklößle mit Rieslingsauce und Blattspinat" oder "geschmortes Rinderbäckle mit Rotweinsauce"? Oder lieber die "Versucherle"? Einladend auch die Stuben selbst mit ihrer gemütlichen Atmosphäre, ebenso die großzügige Terrasse.

Menü 36/64 € - Karte 31/62 €

Hotel Talmühle, Talstr. 36 77887 - 07841 628290 (Tischbestellung ratsam) - www.talmuehle.de - geschl. Februar und November - März: Montag - Dienstag

Talmühle

GASTHOF • TRADITIONELL Wenn Sie in einem der schönen, wohnlichen Südzimmer dem Rauschen des Baches lauschen, am Morgen aufmerksam umsorgt von der kleinen Frühstückskarte wählen oder über das reizvolle begrünte Anwesen schlendern, dann wird klar: Der Name Fallert steht nicht nur für Gourmetküche!

26 Zim - 71/108 € 114/166 € - 1 Suite - ½ P

Talstr. 36 77887 - 07841 628290 - www.talmuehle.de - geschl. Februar

Fallert • **Badische Stuben** - siehe Restaurantauswahl

SASSNITZ Mecklenburg-Vorpommern ➜ Siehe Rügen (Insel)

SAULGAU, BAD

Baden-Württemberg - 17 222 Ew. - Höhe 587 m - Regionalatlas **63**-H20
Michelin Straßenkarte 545

Vinum N

INTERNATIONAL • CHIC XX Das geradlinig-elegante Interieur kann sich wirklich sehen lassen, ebenso die moderne Terrasse samt Lounge. Gekocht wird international, saisonal und mit regionalen Einflüssen, von "Avocado mit Jakobsmuschel und Zitronencreme" bis "schwäbischer Rostbraten mit Zwiebelkruste".

Menü 38/65 € - Karte 35/65 €

Hotel Kleber Post, Poststr. 1 88348 - 07581 5010 (Tischbestellung ratsam) - www.kleberpost.de

Kleber Post N

URBAN • MODERN Seit über 390 Jahren hat Gastlichkeit hier Tradition! In dem stilvoll-modernen Hotel im Zentrum wohnt man in schönen, farblich stimmig eingerichteten Zimmern und entspannt im attraktiven verglasten Sauna- und Fitnessbereich auf dem Dach.

56 Zim - 94/114 € 149/189 € - ½ P

Poststr. 1 88348 - 07581 5010 - www.kleberpost.de

Vinum - siehe Restaurantauswahl

SAULHEIM

Rheinland-Pfalz - 7 395 Ew. - Höhe 140 m - Regionalatlas **47**-E15
Michelin Straßenkarte 543

mundart Restaurant

KLASSISCHE KÜCHE • LÄNDLICH XX Eine charmante Adresse ist das alte Dorfhaus mitten in dem kleinen Weinort. Es gibt frische klassisch-regionale Gerichte wie z. B. "geschmorte Ochsenbacke", "Zander auf Rahmsauerkraut" oder auch "gegrillte Jakobsmuscheln". Drinnen hübsches ländlich-modernes Ambiente, draußen der reizende Innenhof.

Karte 31/53 €

Weedengasse 8, Nieder-Saulheim ✉ 55291 - ✆ 06732 9322966 - www.mundart-restaurant.de - nur Abendessen, sonntags auch Mittagessen - geschl. 1. - 8. Januar, August 3 Wochen und Mittwoch - Donnerstag

SCHALKENMEHREN Rheinland-Pfalz → Siehe Daun

SCHALKHAM

Bayern – 870 Ew. – Höhe 430 m – Regionalatlas **59**-N19
Michelin Straßenkarte 546

In Schalkham-Johannesbrunn

Sebastianihof

INTERNATIONAL • RUSTIKAL X Hier kocht man mit regionalem und saisonalem Bezug, so steht auf der Karte z. B. "Weixerauer Bachsaiblingsfilet, gebratener grüner Spargel, Kräuterkartoffeln". Modern-rustikal das Ambiente im "Stadl" und im "Kuhstall", schöner Innenhof.

Menü 38 € (vegetarisch)/78 € – Karte 29/57 €

Brunnenstr. 9 ✉ 84175 – ✆ 08744 919445 – www.sebastianihof.de – nur Abendessen, sonntags auch Mittagessen – geschl. 20. August - 2. September und Montag - Mittwoch

SCHANDAU, BAD

Sachsen – 3 764 Ew. – Höhe 128 m – Regionalatlas **43**-R12
Michelin Straßenkarte 544

Parkhotel (N)

HISTORISCH • ELEGANT Umgeben vom Grün des Parks wohnt man in der Villa Sendig von 1880 oder in der Residenz mit Elbblick. Relaxen kann man bei Kosmetik und Massage sowie im netten Saunabereich. Fitness nur mit Trainer. Die Restaurants: "Toscana" sowie Wintergarten und Terrasse zum Fluss. Prächtiger historischer Saal für Feiern.

75 Zim ☕ – 🚹65/95 € 🚹🚹90/160 €

Rudolf-Sendig-Str. 12 ✉ 01814 – ✆ 035022 520 – www.parkhotel-bad-schandau.de

SCHARBEUTZ

Schleswig-Holstein – 10 784 Ew. – Höhe 12 m – Regionalatlas **11**-K4
Michelin Straßenkarte 541

DiVa

FRANZÖSISCH-MODERN • ELEGANT XXX Ein schönes kleines Restaurant mit mediterraner Note, in dem man bei hochwertiger Tischkultur aufmerksam und kompetent umsorgt wird. Gekocht wird auf klassischer Basis, moderne Ideen bringen das richtige Maß an Raffinesse.

→ Steinköhler im milden Sud vom Parmigiano Reggiano. Zweierlei vom Schulterscherzel mit Paprikapesto. Ananas-Zimmet.

Menü 74/119 € – Karte 77/105 €

Hotel BelVeder, Strandallee 146, (Süd: 1,5 km über B 76, Richtung Timmendorfer Strand) ✉ 23683 – ✆ 04503 3526600 (Tischbestellung erforderlich) – www.hotel-belveder.de – nur Abendessen – geschl. Sonntag - Dienstag

Roof 

FISCH UND MEERESFRÜCHTE • FREUNDLICH XX Sushi, Grillgerichte und Meeresfrüchte kommen hier oben auf dem Dach des "Bayside" aus der offenen Küche. Und nach dem Essen ein kleiner Absacker auf der Terrasse mit herrlicher Sicht auf die Ostsee?

Karte 34/63 €

Hotel Bayside, Strandallee 130a ✉ 23683 - ✆ 04503 60960 - www.bayside-hotel.de

Herzbergs Restaurant

REGIONAL • GEMÜTLICH X Schon viele Jahre steht der Familienbetrieb für gastronomische Qualität. In dem liebevoll dekorierten Restaurant ist es schön gemütlich, auf den Tisch kommen z. B. Klassiker wie "Hamburger Pannfisch" oder auch leckeres "Vitello tonnato".

Karte 31/52 €

Strandallee 129 ✉ 23683 - ✆ 04503 74159 - www.herzbergs-restaurant.de - geschl. Donnerstag

BelVeder

LANDHAUS • ELEGANT Ihr Zimmer ist wohnlich-elegant und in warmen Tönen gehalten, auf Wunsch genießen Sie vom Balkon den Blick aufs Meer, die angeschlossene Ostsee-Therme nutzen Sie gratis und freundliche Gästebetreuung ist Ihnen ebenfalls gewiss - also beste Voraussetzungen für entspannte Urlaubstage!

68 Zim - 125/200 € 170/280 € - 15 Suiten - ½ P

Strandallee 146 ✉ 23683 - ✆ 04503 3526600 - www.hotel-belveder.de

DiVa - siehe Restaurantauswahl

Bayside 

SPA UND WELLNESS • ELEGANT Moderner Stil, tolle Sicht, top Lage direkt am Strand. Die Zimmer sind wertig, meist mit Balkon, chic die Bäder. Großzügiger Spa mit Meerblick! Den hat man auch vom Restaurant "Coast" (regionale Küche) und von der "Roof Bar" im 5. Stock.

126 Zim - 89/175 € 138/230 € - 7 Suiten - ½ P

Strandallee 130a ✉ 23683 - ✆ 04503 60960 - www.bayside-hotel.de

Roof - siehe Restaurantauswahl

Petersen's Landhaus (N) 

LANDHAUS • GEMÜTLICH Ein wirklich nettes kleines Ferienhotel, geschmackvoll von der Kaminhalle über die wohnlichen Zimmer (ganz modern oder im nordischen Landhausstil) und den Frühstücksraum bis hin zum Anwendungsbereich.

19 Zim - 98/128 € 158/178 € - 2 Suiten

Seestr. 56a ✉ 23683 - ✆ 04503 35510 - www.bellamare.holiday - geschl. November

In Scharbeutz-Haffkrug

Muschel

MARKTKÜCHE • BÜRGERLICH X Das Restaurant im freundlich-maritim gestalteten Hotel "Maris" ist dank Fensterfront schön hell, draußen die windgeschützte Terrasse an der Promenade. Man kocht regional-saisonal, z. B. "gebratenen Dorsch, Spitzkohl, Petersilienkartoffeln".

Menü 39/45 € - Karte 35/57 €

13 Zim - 60/95 € 95/135 €

Strandallee 10 ✉ 23683 - ✆ 04563 422803 (Tischbestellung ratsam) - www.restaurant-muschel-haffkrug.de - geschl. Montag

SCHEER Baden-Württemberg → Siehe Sigmaringen

SCHEESSEL

Niedersachsen - 12 939 Ew. - Höhe 30 m - Regionalatlas **18**-H6

Michelin Straßenkarte 541

In Scheeßel-Oldenhöfen Nord-West: 7 km über Zevener Straße, in Hetzwege rechts

Rauchfang

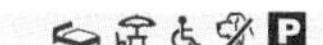

REGIONAL • GEMÜTLICH XX "Waldpilze mit Semmelknödel", "Kabeljau mit Senfsauce"... Bekommen Sie da nicht Appetit? Leckere Gerichte wie diese gibt es in dem charmant eingerichteten Landgasthof, einem Häuslingshaus von 1800. Im Winter schafft der offene Kamin Behaglichkeit, im Sommer lockt die Terrasse mit Blick ins Grüne.

Menü 30/52 € - Karte 30/62 €

Oldenhöfen 3a ✉ 27383 - ✆ 04263 602 - www.rauchfang-oldenhoefen.de - nur Abendessen, sonntags auch Mittagessen - geschl. Montag - Dienstag

SCHEIDEGG

Bayern - 4 162 Ew. - Höhe 804 m - Regionalatlas **63**-I21
Michelin Straßenkarte 546

Zum Hirschen

REGIONAL • RUSTIKAL X Eine feste Größe im Ort und in der Region ist dieser familiengeführte Gasthof. Gemütlich-rustikal die Räume, schön die Terrasse im Schatten der Kirche, regional-saisonal die Küche. Übernachtungsgäste dürfen sich auf schöne modern-alpine Zimmer und ein gutes Frühstück freuen, vielleicht auf der Balkonterrasse?

Menü 28/44 € - Karte 21/56 €

11 Zim ☕ - †80/108 € ††130/148 €

Kirchstr. 1, (1. Etage) ✉ 88175 - ✆ 08381 2119 - www.zumhirschenscheidegg.de - geschl. Dienstag - Mittwoch, Anfang Juli - Ende Oktober: Dienstagmittag, Mittwochmittag

Birkenmoor

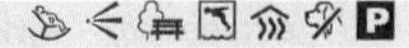

FAMILIÄR • AUF DEM LAND Eine ideale Adresse zum Ausspannen: ruhig die Lage am Ortsrand, die Zimmer sind hell und gepflegt, alle Richtung Garten mit Teich, und zum Relaxen kann man sich wohltuende Wellnessanwendungen gönnen.

16 Zim ☕ - †47/61 € ††94/122 €

Am Brunnenbühl 10 ✉ 88175 - ✆ 08381 92000 - www.hotel-birkenmoor.de - geschl. Ende November - 25. Dezember

SCHELKLINGEN

Baden-Württemberg - 6 765 Ew. - Höhe 540 m - Regionalatlas **56**-H19

HGS3 Das Konzepthotel Ⓝ

BUSINESS • MODERN So viel Chic erwartet man nicht unbedingt im Umland von Ulm. In den Zimmern schönes klares Design und sehr gute Technik, auf der Dachterrasse lässt es sich im Sommer bei einem Cocktail gut relaxen. Interessant: wechselnde Kunst im Haus. Im Bistro gibt es internationale Küche. Dazu hat man noch eine Vinothek.

24 Zim ☕ - †70/135 € ††90/160 € - ½ P

Heinrich-Günter-Str. 3 ✉ 89601 - ✆ 07394 931490 - www.hgs3.de

SCHENEFELD

Schleswig-Holstein - 18 779 Ew. - Höhe 21 m - Regionalatlas **10**-I5
Michelin Straßenkarte 541

In Schenefeld-Dorf

Klövensteen

LANDHAUS • GEMÜTLICH Ein recht komfortables Hotel, das neben wohnlich und funktionell ausgestatteten Zimmern auch Kosmetikanwendungen bietet. Praktisch ist die gute Anbindung an die Autobahn. Bürgerliche Küche im Bistro.

58 Zim ☕ - †78/97 € ††93/121 € - ½ P

Hauptstr. 83 ✉ 22869 - ✆ 040 8393630 - www.hotel-kloevensteen.de

SCHENKENZELL

Baden-Württemberg - 1 764 Ew. - Höhe 361 m - Regionalatlas **54**-E19
Michelin Straßenkarte 545

Waldblick

FAMILIÄR • MODERN Schon die gelbe Fassade mit den blauen Fensterläden ist freundlich und einladend, ebenso die zeitgemäß-funktionalen Zimmer (teilweise groß genug für Familien), dazu engagierte Gastgeber! Lust auf Minigolf? Eigene Anlage direkt am Haus. Im Restaurant und auf der schönen Terrasse serviert man bürgerliche Küche.

30 Zim – †69/90 € ††101/124 € – ½ P

Schulstr. 12, B 294 ✉ 77773 – ✆ 07836 93960 – www.hotel-waldblick.de – geschl. 14. Januar - 25. Februar

SCHERMBECK

Nordrhein-Westfalen - 13 500 Ew. - Höhe 40 m - Regionalatlas **26**-C10
Michelin Straßenkarte 543

In Schermbeck-Weselerwald Nord-West: 13 km über B 58, bei Drevenack rechts Richtung Bocholt

Landhotel Voshövel

MARKTKÜCHE • GEMÜTLICH XX Was in den gemütlichen Stuben serviert wird, ist schmackhaft, saisonal und aus guten Produkten zubereitet. Sie können das hochwertige HP-Menü wählen oder à la carte speisen.

Menü 39/74 € – Karte 35/60 €

Landhotel Voshövel, Am Voshövel 1 ✉ 46514 – ✆ 02856 91400 (Tischbestellung erforderlich) – www.landhotel.de

Landhotel Voshövel

LANDHAUS • MODERN Hier spürt man das Engagement der Familie: Alles ist tipptopp gepflegt, toll der moderne Spa auf über 2500 qm, sehr gut das Frühstück. Tipp: individuelle Themenzimmer wie die Juniorsuiten "Füchschen" oder "Fuchsteufelswild" im Neubau! Eigenes Standesamt, Ermäßigung im Golfclub nebenan.

80 Zim – †74/131 € ††146/220 € – ½ P

Am Voshövel 1 ✉ 46514 – ✆ 02856 91400 – www.landhotel.de

Landhotel Voshövel – siehe Restaurantauswahl

SCHESSLITZ

Bayern - 7 116 Ew. - Höhe 310 m - Regionalatlas **50**-K15
Michelin Straßenkarte 546

In Schesslitz-Burgellern Nord-Ost: 2 km Richtung Wattendorf, jenseits der A 70

Schloss Burgellern

HISTORISCHES GEBÄUDE • INDIVIDUELL Ein schön saniertes Anwesen a. d. 18. Jh., überall hübsche historische Details wie Parkettböden, Intarsien, Deckengemälde, Original-Türen... Geschmackvoll die Zimmer, reizvoll der 7 ha große Park mit Naturbadeteich. Im Restaurant speist man regional. Man hat übrigens eigenen Honig! Kochkurse im Wasserschloss.

23 Zim – †89/109 € ††139/219 € – ½ P

Kirchplatz 1 ✉ 96110 – ✆ 09542 774750 – www.burgellern.de

SCHIERKE

Sachsen-Anhalt - 33 319 Ew. - Höhe 610 m - Regionalatlas **30**-J10
Michelin Straßenkarte 542

In Elend-Mandelholz Süd-Ost: 5,5 km Richtung Braunlage und Königshütte

Grüne Tanne

GASTHOF • AUF DEM LAND Wie gemacht für Wanderer und Kurzurlauber liegt das holzverkleidete Haus am Bodestausee, ringsum Wald. Im schönen Saunahaus etwas oberhalb bietet man auch Massage an. Gemütliche Restauranträume, darunter der freundliche lichte Wintergarten. Die Kuchentheke macht Appetit.

23 Zim – 59/70 € 89/95 € – ½ P

Mandelholz 1, B 27 ✉ 38875 – ✆ 039454 460 – www.mandelholz.de – geschl. 5. - 24. November

SCHIFFERSTADT

Rheinland-Pfalz – 19 522 Ew. – Höhe 104 m – Regionalatlas **47**-F16
Michelin Straßenkarte 543

Salischer Hof

HISTORISCH • MEDITERRAN Ein hübsches Ensemble aus verschiedenen Gebäuden, entstanden aus einem historischen Hofgut. Zeitgemäß, wohnlich und funktional die Zimmer. In "Möllers Restaurant" serviert man Internationales wie z. B. "Wolfsbarschfilet in Aromaten gebraten, Bouillabaisse-Sauce, Pulporagout, Gemüsenudeln".

24 Zim – 79/89 € 98/114 €

Burgstr. 12 ✉ 67105 – ✆ 06235 9310 – www.salischer-hof.de – geschl. 1. - 14. Januar

SCHILLINGSFÜRST

Bayern – 2 739 Ew. – Höhe 516 m – Regionalatlas **49**-J17
Michelin Straßenkarte 546

Die Post

REGIONAL • GASTHOF In dem Familienbetrieb übernachtet man nicht nur gut, es wird auch frisch und regional gekocht, so z. B. "geschmorter Hirschbraten" oder "gebratenes Karpfenfilet". Am liebsten isst man auf der Terrasse mit tollem Ausblick. Probieren Sie auch die selbstgebrannten Schnäpse!

Menü 18/35 € – Karte 16/48 €

13 Zim – 65/95 € 85/110 €

Rothenburger Str. 1 ✉ 91583 – ✆ 09868 9500 – www.flairhotel-diepost.de – geschl. Januar - März: Sonntagabend

SCHILTACH

Baden-Württemberg – 3 789 Ew. – Höhe 330 m – Regionalatlas **54**-E20
Michelin Straßenkarte 545

Zum weyßen Rössle

FAMILIÄR • GEMÜTLICH Ulrich Wolber und seine Frau sind sehr herzliche und engagierte Gastgeber! Da darf man sich auf wohnliche Zimmer freuen, auf ein schönes Frühstück und auf ein charmantes rustikales Restaurant mit regionaler Küche. Wer es gerne etwas geräumiger hat, sollte nach den Doppelzimmern fragen. Auch das Zimmer mit Himmelbett wird gerne gebucht!

9 Zim – 61/88 € 84/98 € – ½ P

Schenkenzeller Str. 42 ✉ 77761 – ✆ 07836 387 – www.weysses-roessle.de

SCHKEUDITZ

Sachsen – 17 150 Ew. – Höhe 111 m – Regionalatlas **31**-N11
Michelin Straßenkarte 544

Schillerstuben

MARKTKÜCHE • ELEGANT Bereits seit über 20 Jahren betreibt man das Restaurant in der Villa von 1929. In schönen wohnlichen Räumen mit wechselnder Kunstausstellung wählen die Gäste von der Tafel ein 3- bis 6-Gänge-Menü. Draußen die hübsche Terrasse.

Menü 65/89 €

Herderstr. 26 ✉ 04435 – ✆ 034204 14716 – www.schillerstuben.de – nur Abendessen – geschl. Sonntag

SCHKOPAU

Sachsen-Anhalt – 10 903 Ew. – Höhe 98 m – Regionalatlas **31**-M11
Michelin Straßenkarte 542

Schlosshotel Schkopau

HISTORISCHES GEBÄUDE • ELEGANT Ein schönes jahrhundertealtes Anwesen mit Schlosskapelle und Park, das beliebt ist für Hochzeiten. Die wohnlich-elegante Einrichtung fügt sich harmonisch in den historischen Rahmen ein, stilvoll das Restaurant mit Kreuzgewölbe. Im Innenhof finden Konzerte und Theateraufführungen statt.

46 Zim – †149/169 € ††179/219 € – 8 Suiten – ½ P

Am Schloss 1 ✉ 06258 – ✆ 03461 7490 – www.schlosshotel-schkopau.de

SCHLAT

Baden-Württemberg – 1 664 Ew. – Höhe 424 m – Regionalatlas **56**-H19
Michelin Straßenkarte 545

Gasthof Lamm

REGIONAL • GEMÜTLICH XX Mögen Sie regionale Klassiker oder speisen Sie lieber etwas moderner? Aus Produkten der Region entstehen in dem gemütlichen Gasthof z. B. "Sauerbraten mit Spätzle und Kartoffelsalat" oder "Karotten-Birnensuppe mit Kalb". Tipp: Obstschaumweine aus der eigenen Manufaktur! Zum Übernachten: charmante Zimmer.

Menü 34 € (vegetarisch)/86 € (abends) – Karte 30/60 €

5 Zim – †60/80 € ††90/100 € – 15 €

Eschenbacher Str. 1 ✉ 73114 – ✆ 07161 999020 – www.lamm-schlat.de – geschl. über Weihnachten, über Fasching 1 Woche, 13. - 29. August und Dienstag - Mittwoch, Freitagmittag

SCHLEPZIG

Brandenburg – 614 Ew. – Höhe 47 m – Regionalatlas **33**-Q9
Michelin Straßenkarte 542

Spreewaldresort Seinerzeit

BOUTIQUE-HOTEL • AUF DEM LAND Toll die Lage (hinter dem Haus das Biosphärenreservat und der Spreekanal), richtig schön die wohnlichen Zimmer (vielleicht eine Spa-Suite mit Sauna?), gemütlich die Restaurants: ländlich-elegante "Feine Küche" mit international-saisonaler Karte und rustikales "Brauhaus" mit bürgerlich-regionalem Angebot. Tipp: Bier aus der eigenen Spreewälder Privatbrauerei 1788.

41 Zim – †91/121 € ††100/130 € – ½ P

Dorfstr. 53 ✉ 15910 – ✆ 035472 6620 – www.seinerzeit.de

SCHLESWIG

Schleswig-Holstein – 24 035 Ew. – Höhe 1 m – Regionalatlas **2**-H2
Michelin Straßenkarte 541

In Schleswig-Friedrichsberg Süd-West: 5 km

F-Ritz

BOUTIQUE-HOTEL • MODERN Tipptopp gepflegt und charmant das kleine Boutique-Hotel - die Eigentümerin ist Architektin, das erkennt man sofort! Schön und individuell die Zimmer, frisch und lecker das kleine Frühstücksbuffet in modernem Ambiente, hübsch der Garten.

15 Zim – †65/105 € ††85/135 €

Friedrichstr. 102 ✉ 24837 – ✆ 04621 932280 – www.hotel-f-ritz.de – geschl. 21. Dezember - 6. Januar

In Schleswig-Pulverholz Süd-West: 1,5 km

Fasanerie

KLASSISCHE KÜCHE • ELEGANT XX Das kulinarische Aushängeschild des "Waldschlösschens". Zum schicken modern-eleganten Ambiente kommt ambitionierte klassische Küche, z. B. als "Zweierlei vom Reh aus hiesiger Jagd". Und danach "Crème brûlée von der Valrhona-Schokolade"?

Menü 77/109 € - Karte 53/86 €

Hotel Waldschlösschen, Kolonnenweg 152 ✉ 24837 - ✆ 04621 3830 - www.hotel-waldschloesschen.de - nur Abendessen - geschl. November - März: Sonntag - Donnerstag, April - Oktober: Sonntag - Montag

Waldschlösschen

BUSINESS • KLASSISCH Nicht nur die schöne Lage am Waldgebiet "Pöhler Gehege" zählt hier zu den Vorzügen, attraktiv auch der moderne "GartenSpa" mit Ladies Lounge, Duftgarten & Co. Dazu hat man individuelle Zimmer, darunter Themenzimmer wie "Seide", "Kräuter" oder "Maritim".

114 Zim – 85/149 € 105/179 € - 2 Suiten - ½ P

Kolonnenweg 152 ✉ 24837 - ✆ 04621 3830 - www.hotel-waldschloesschen.de

Fasanerie - siehe Restaurantauswahl

Kleines Budget? Profitieren Sie von den Mittagsmenüs zu moderaten Preisen.

SCHLIENGEN

Baden-Württemberg - 5 412 Ew. - Höhe 250 m - Regionalatlas **61**-D21
Michelin Straßenkarte 545

In Schliengen-Mauchen

Gasthaus Zur Krone

TRADITIONELLE KÜCHE • GEMÜTLICH X Das hier ist die Gutsschänke des Weinguts Lämmlin-Schindler. In rustikalem Ambiente (nett auch die Terrasse) gibt es neben hauseigenen Weinen frische regionale Klassiker wie "geschmorte Ochsenbäckle". Toll die Kuchen- und Tortenauswahl!

Karte 17/44 €

Müllheimer Str. 6 ✉ 79410 - ✆ 07635 9899 - www.krone-mauchen.de - geschl. Montag - Dienstag

SCHLIERSEE

Bayern - 6 826 Ew. - Höhe 784 m - Regionalatlas **66**-M21
Michelin Straßenkarte 546

In Schliersee-Spitzingsee Süd: 10 km über B 307, hinter Neuhausen rechts - Höhe 1 085 m

Arabella Alpenhotel am Spitzingsee

SPA UND WELLNESS • MODERN Schön liegt das Hotel in 1100 m Höhe, viele der wohnlichen Zimmer bieten Seeblick. Zum schicken modernen Spa gehört die höchstgelegene Sole-Therme Deutschlands. Dazu ein Strandbad. Alpenländisch die "König Ludwig Stube", mediterran (u. a. mit Antipasti, Pizza, Pasta) die "Osteria L'Oliva". Weinkeller.

107 Zim – 126/206 € 186/302 € - 13 Suiten - ½ P

Seeweg 7 ✉ 83727 - ✆ 08026 7980 - www.arabella-alpenhotel.com

SCHLUCHSEE

Baden-Württemberg – 2 411 Ew. – Höhe 950 m – Regionalatlas **62**-E21
Michelin Straßenkarte 545

Hegers Parkhotel Flora

INTERNATIONAL • GEMÜTLICH XX Hier kocht man regional und international - probieren Sie z. B. "Maultaschen und Blutwurst mit Zwiebelschmelze". Oder lieber etwas Feineres wie "Kabeljau mit Rieslingschaum und Süßkartoffelpüree"? Dazu Weine vom Weingut Heger in Ihringen.

Menü 36/60 € – Karte 34/70 €

Hegers Parkhotel Flora, Sonnhalde 22 ✉ 79859 – ✆ 07656 97420 – www.parkhotel-flora.de

Hegers Parkhotel Flora

SPA UND WELLNESS • INDIVIDUELL Familie Heger hat hier ein richtiges Kleinod! Das Haus steht in einem 15 000 qm großen Park, wird herzlich geführt, hat geschmackvolle, wohnliche Zimmer und einen schönen Spa, und kulinarisch verwöhnt man Sie mit einer preislich inkludierten HP. Tipp für Familien: Ferienwohnungen im Nebenhaus.

42 Zim – 150/165 € 232/268 € – 9 Suiten – ½ P

Sonnhalde 22 ✉ 79859 – ✆ 07656 97420 – www.parkhotel-flora.de

Hegers Parkhotel Flora – siehe Restaurantauswahl

In Schluchsee-Aha Nord-West: 4 km über B 500

Auerhahn

SPA UND WELLNESS • INDIVIDUELL Nur die Straße trennt das Hotel vom See. Umfassend das Wellness- und Sportangebot, dazu ein Leihboot für Angler. Tipp: Eine Juniorsuite hat eine eigene Sauna, zwei Suiten eine Whirlwanne. Vollpension inkl. Auch wenn Sie kein Hausgast sind, können Sie hier essen: Röstigerichte im rustikalen "Tannenzäpfle".

59 Zim – 155/190 € 280/320 € – 3 Suiten – ½ P

Vorderaha 4, an der B 500 ✉ 79859 – ✆ 07656 97450 – www.auerhahn.net

SCHMALLENBERG

Nordrhein-Westfalen – 24 926 Ew. – Höhe 400 m – Regionalatlas **37**-F12
Michelin Straßenkarte 543

In Schmallenberg-Fleckenberg Süd-West: 2 km über B 236 Richtung Olpe

Hubertus

GASTHOF • INDIVIDUELL Ein äußerst gepflegtes Hotel mit familiärer Führung und wohnlichen Zimmern, die teilweise über Balkon/Terrasse verfügen. Vom Badebereich schaut man in den Garten. Bürgerlich-rustikales Restaurant.

24 Zim – 73/76 € 112/152 € – 1 Suite – ½ P

Latroper Str. 24 ✉ 57392 – ✆ 02972 5077 – www.gasthof-hubertus.de – geschl. 26. November - 25. Dezember

In Schmallenberg-Jagdhaus Süd: 7 km über B 236 Richtung Olpe, in Fleckenberg links

Jagdhaus Wiese

LANDHAUS • INDIVIDUELL Das herrlich ruhig gelegene Anwesen mit Park ist ein Haus mit Tradition, das mit Gefühl und Geschmack modernisiert wird. Die Zimmer sind wohnlich eingerichtet und haben teilweise einen Balkon mit Aussicht. Restaurant in ländlichem Stil.

46 Zim – 91/149 € 147/225 € – 16 Suiten – ½ P

Jagdhaus 3 ✉ 57392 – ✆ 02972 3060 – www.jagdhaus-wiese.de – geschl. 16. - 26. Dezember

Schäferhof

FAMILIÄR • GEMÜTLICH Die herrliche Landschaft, wohnliche Zimmer (darunter zwei Maisonetten) und die sehr persönliche Führung machen den tipptopp gepflegten Familienbetrieb aus. Dazu hat man eine hübsche Sauna mit Blick ins Grüne. Gemütlich die Atmosphäre im Restaurant, schön die Terrasse.

13 Zim – †65/75 € ††86/128 € – 2 Suiten – ½ P

Jagdhaus 21 ✉ 57392
– ✆ 02972 47334 – www.schaeferhof.com
– geschl. Mitte März 10 Tage, Ende November 10 Tage

In Schmallenberg-Oberkirchen Ost: 8 km über B 236

Gasthof Schütte

INTERNATIONAL • RUSTIKAL XX Bewusst hat man mit liebenswerten Dekorationen den rustikalen Charme des alten Stammhauses bewahrt. Gekocht wird regional und klassisch-international, schmackhaft z. B. "Rehragout mit Preiselbeeren, Spätzle und Rotkohl" oder "Seeteufel auf Morchelsauce".

Menü 35 € (vegetarisch)/59 € – Karte 33/74 €

Hotel Gasthof Schütte, Eggeweg 2, nahe der B 236 ✉ 57392
– ✆ 02975 820 – www.gasthof-schuette.de
– geschl. 2. - 26. Dezember

Gasthof Schütte

GASTHOF • GEMÜTLICH Familientradition seit über 550 Jahren! Ein schönes Haus, in das stetig investiert wird. So hat man wohnliche Zimmer und gute Freizeitmöglichkeiten - ansprechend der Spa "Lenneborn". 300 m entfernt entspannt man im Garten mit Freibad!

47 Zim – †68/141 € ††136/222 € – 12 Suiten – ½ P

Eggeweg 2, nahe der B 236 ✉ 57392
– ✆ 02975 820 – www.gasthof-schuette.de
– geschl. 2. - 26. Dezember

Gasthof Schütte – siehe Restaurantauswahl

In Schmallenberg-Ohlenbach Ost: 15 km über B 236, in Oberkirchen links Richtung Winterberg

Schneiderstube

FRANZÖSISCH-KLASSISCH • GEMÜTLICH XX Das Restaurant ist eine Mischung aus rustikaler Gemütlichkeit und klassischem Stil, angenehm unkompliziert und einladend! Man kocht modern, so z. B. "Lammrücken mit Schwarzwurzel und Kartoffelgratin". Schöne Weinauswahl mit Raritäten.

Menü 60/100 € – Karte 45/75 €

Hotel Waldhaus, Ohlenbach 10 ✉ 57392
– ✆ 02975 840
– www.waldhaus-ohlenbach.de
– nur Abendessen – geschl. 20. - 24. November und Montag - Dienstag

Waldhaus

LANDHAUS • INDIVIDUELL Das Hotel liegt herrlich ruhig und sonnenexponiert in 700 m Höhe - toll der Ausblick! Fragen Sie nach den neueren Zimmern in sehr schönem modernem Stil. Auch der Spa hat einiges zu bieten. Und nach Winterberg ist es nur ein Katzensprung.

45 Zim – †100/150 € ††180/240 € – ½ P

Ohlenbach 10 ✉ 57392
– ✆ 02975 840 – www.waldhaus-ohlenbach.de
– geschl. 20. - 24. November

Schneiderstube – siehe Restaurantauswahl

In Schmallenberg-Winkhausen Ost: 6 km über B 236

Hofstube

MODERNE KÜCHE • CHIC Hier sticht sofort die tolle offene Showküche ins Auge! In dem geradlinig-chic designten Fine-Dining-Restaurant erleben Sie live mit, wie moderne Menüs entstehen. Übrigens: Dieser attraktive Rahmen dient auch als Kochschule.

→ Glasiertes Kalbsherzbries, Artischocken-Parmesanespuma und Erdnusskrokant. Rücken vom Rehbock mit Spitzkohl und Sauce rouennaise. Erdbeerschnitte mit Vanille-Grand Marnierparfait und Joghurtschaum.

Menü 76/99 € – Karte 43/88 €

Hotel Deimann, Alte Handelsstr. 5, B 236 ✉ 57392
– ✆ 02975 810 – www.deimann.de – nur Abendessen
– geschl. August und Montag - Dienstag

Deimann

SPA UND WELLNESS • INDIVIDUELL Das Herrenhaus von 1880 ist heute ein sehr komfortables Ferien- und Wellnesshotel. Geboten wird ein vielfältiger Spa, dazu individuelle Zimmer (meist zum Garten hin). Im Wintergarten serviert man bürgerlich-regionale Küche. Schöne Bar.

94 Zim – †133/163 € ††196/370 € – 3 Suiten – ½ P

Alte Handelsstr. 5, B 236 ✉ 57392 – ✆ 02975 810 – www.deimann.de

Hofstube – siehe Restaurantauswahl

SCHMIEDEFELD am RENNSTEIG

Thüringen – 1 750 Ew. – Höhe 700 m – Regionalatlas **40**-K13
Michelin Straßenkarte 544

Gastinger

FAMILIÄR • GEMÜTLICH Sie wohnen bei engagierten Gastgebern, und das wirklich charmant und ganz individuell! Gefällt Ihnen das hübsche Geschirr? Sie können es kaufen, es wird im eigenen Keramikatelier gefertigt! Nett speist man auf der Panoramaterrasse. Tipp: Thüringer Würste aus Hausschlachtung, nachmittags hausgebackener Kuchen.

21 Zim – †60/65 € ††78/98 € – 2 Suiten – ½ P

Ilmenauer Str. 21, B 4 ✉ 98711
– ✆ 036782 7070 – www.hotel-gastinger.de
– geschl. Anfang November 2 Wochen

SCHNAITTACH

Bayern – 8 105 Ew. – Höhe 355 m – Regionalatlas **50**-L16
Michelin Straßenkarte 546

In Schnaittach-Osternohe Nord: 5 km – Höhe 596 m

Berggasthof Igelwirt

GASTHOF • AUF DEM LAND Ein Gasthaus a. d. J. 1892, das dank seiner Lage auf dem Schlossberg eine schöne Sicht über das Tal bietet. Die Zimmer sind freundlich und neuzeitlich eingerichtet, zum Frühstück gibt's Hausmacherwurst und selbstgemachte Marmelade, im Restaurant bürgerlich-regionale Küche.

32 Zim – †69/74 € ††96 € – ½ P

Igelweg 6, am Schlossberg, Ost: 1 km ✉ 91220
– ✆ 09153 4060 – www.igelwirt.de

SCHNEVERDINGEN

Niedersachsen – 18 676 Ew. – Höhe 86 m – Regionalatlas **19**-I6
Michelin Straßenkarte 541

Ramster

REGIONAL • FAMILIÄR XX Eine sympathisch-familiäre Adresse, die auf regional-saisonale Küche setzt. Aus frischen, oftmals lokalen Produkten entsteht z. B. "Wildschweinfilet, Preiselbeersauce, Pilze, Kürbisravioli". Schön die Terrasse zum Garten. Übernachtungsgäste freuen sich über sehr wohnliche Zimmer, teilweise mit Balkon.

Menü 40 € – Karte 24/44 €

6 Zim – 55/70 € 100/120 €

Heberer Str. 16 29640 – 05193 6888 – www.hotel-ramster.de – geschl. Montag

In Schneverdingen-Tütsberg Süd-Ost: 12 km über Bahnhofstraße und Heber, in Scharrl links

Hof Tütsberg

GASTHOF • AUF DEM LAND Reetgedeckte Häuser a. d. 16. Jh., drum herum ein herrlicher Garten mit großen Buchen und Eichen, so stellt man sich einen Gutshof vor. Im Sommer ist die Terrasse der Renner, ob bei Kaffee und Kuchen oder Heidschnuckengerichten! Es gibt auch Gastboxen, schließlich ist das Naturschutzgebiet ideal für Reiter!

24 Zim – 59/69 € 89/109 € – ½ P

im Naturschutzpark 29640 – 05199 900 – www.hotel-hof-tuetsberg.de – geschl. 5. - 16. Februar

SCHOBÜLL Schleswig-Holstein ➜ Siehe Husum

SCHÖNAICH Baden-Württemberg ➜ Siehe Böblingen

SCHÖNAU am KÖNIGSSEE

Bayern – 5 423 Ew. – Höhe 630 m – Regionalatlas **67**-O21
Michelin Straßenkarte 546

Alpenhotel Zechmeisterlehen

SPA UND WELLNESS • TRADITIONELL Der Familienbetrieb hat sich schon zu einem besonderen "Schmuckkasterl" entwickelt: schöne Zimmer von klassisch bis modern-alpin, Wellness auf 3500 qm, ein wunderbarer Garten mit Naturbadeteich, und kulinarisch bleiben bei der inkludierten Verwöhnpension kaum Wünsche offen.

56 Zim – 122/250 € 166/400 € – ½ P

Wahlstr. 35, Oberschönau 83471 – 08652 9450 – www.zechmeisterlehen.de – geschl. 8. November - 20. Dezember

Alm & Wellnesshotel Alpenhof

SPA UND WELLNESS • TRADITIONELL Dieses schöne und gut geführte Wellnesshotel liegt in 700 m Höhe und bietet Ihnen neben einem guten Spa-Angebot auch attraktive individuelle Zimmer, die mit Geschmack eingerichtet sind. Im Restaurant werden Sie mit einer umfangreichen HP oder auch à la carte verwöhnt.

52 Zim – 76/110 € 142/212 € – ½ P

Richard-Voss-Str. 30 83471 – 08652 6020 – www.alpenhof.de – geschl. 8. - 27. April, 4. - 30. November

Georgenhof

FAMILIÄR • TRADITIONELL Ein wohnlicher und engagiert geführter Familienbetrieb in ruhiger Lage, die Zimmer alle mit Balkon. Vom Wintergarten und der Terrasse blickt man beim Frühstück auf die umliegenden Berge. Nette Kaminlounge. Abends auf Wunsch 3-Gänge-Menü.

22 Zim – 55/70 € 98/118 € – ½ P

Modereggweg 21, Oberschönau 83471 – 08652 9500 – www.hotel-georgenhof.de – geschl. 5. November - 18. Dezember

SCHÖNAU im SCHWARZWALD

Baden-Württemberg – 2 390 Ew. – Höhe 540 m – Regionalatlas **61**-D21
Michelin Straßenkarte 545

In Tunau Ost: 3 km über Talstraße und Bischmatt

Zur Tanne

REGIONAL • RUSTIKAL Das hat Charme: außen historisches Bauernhaus, drinnen urige Gemütlichkeit! Auf den Tisch kommen regionale Speisen wie "glasierte Entenbrust mit Kartoffelküchlein und Gemüse". Gepflegte Gästezimmer hat man auch - TV gibt es nicht, aber hier genießt man sowieso lieber die Ruhe!

Menü 35/48 € – Karte 28/50 €

10 Zim – 55/70 € 95/120 €

Alter Weg 4 79677 – 07673 310 – www.tanne-tunau.de – nur Abendessen, sonntags auch Mittagessen – geschl. 16. - 26. November, Januar 1 Woche und Montag - Dienstag

In Aitern-Multen Nord-West: 10 km über B 317, Aitern und Holzinshaus

Belchenhotel Jägerstüble

GASTHOF • INDIVIDUELL Wunderbar die Lage in 1100 m Höhe! Eine richtig schöne Lobby nebst Lounge-Bar (moderner Stil trifft auf Schwarzwald-Flair) empfängt Sie hier. Auch das Wellnessangebot kann sich wirklich sehen lassen, und wer besonders komfortabel wohnen möchte, bucht eine der hochwertigen Juniorsuiten - alle mit Balkon.

30 Zim – 85/169 € 150/250 € – 2 Suiten – ½ P

Obermulten 3, an der Talstation der Belchenbahn 79677 – 07673 888180 – www.belchenhotel.de – geschl. 19. November - 15. Dezember

SCHÖNBORN, BAD

Baden-Württemberg – 12 704 Ew. – Höhe 122 m – Regionalatlas **54**-F17
Michelin Straßenkarte 545

Im Ortsteil Mingolsheim

Villa Medici

BUSINESS • MEDITERRAN Wirklich schön, wie man hier moderne Geradlinigkeit und mediterranen Stil kombiniert hat: Farben, Materialien, Accessoires..., die südländische Note zieht sich vom Empfang über die wohnlichen Zimmer (teils ruhig zum Innenhof) und den netten Saunabereich bis ins freundliche Restaurant mit italienischer Küche.

88 Zim – 100/110 € 120/130 € – 1 Suite – ½ P

Waldparkstr. 20 76669 – 07253 9871170 – www.hotel-villa-medici.de – geschl. 24. Dezember - 2. Januar

SCHÖNTAL

Baden-Württemberg – 5 541 Ew. – Höhe 210 m – Regionalatlas **48**-H17
Michelin Straßenkarte 545

In Kloster Schöntal

Zur Post

GASTHOF • AUF DEM LAND Richtig schön wohnt man in dem einstigen Klosterwaschhaus von 1701, das bereits in 5. Generation in Familienhand ist. Historisches Flair und moderne Elemente mischen sich hier gelungen. Bürgerliche Küche im Restaurant - nett sitzt man im Biergarten unter Kastanien.

29 Zim – 65/70 € 92 € – 3 Suiten

Honigsteige 1 74214 – 07943 2226 – www.gasthof-post-schoental.de

SCHÖNWALD

Baden-Württemberg – 2 328 Ew. – Höhe 988 m – Regionalatlas **62**-E20
Michelin Straßenkarte 545

Dorer
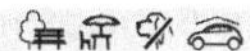

KLASSISCHE KÜCHE • GEMÜTLICH XX In der reizenden Stube kocht man für seine Gäste nicht nur nach Schwarzwälder Tradition, auf der Karte finden sich auch schmackhafte mediterrane und klassisch-saisonale Gerichte. Dazu empfiehlt man die passenden Weine.

Menü 28 € (mittags)/78 € - Karte 42/69 €

Hotel Dorer, Franz-Schubert-Str. 20 ✉ 78141 - ✆ 07722 95050 - www.hotel-dorer.de

Zum Ochsen
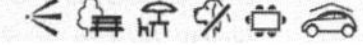

REGIONAL • FREUNDLICH XX Schön gemütlich hat man es in den Stuben mit ihren charmanten Dekorationen, die ganz typisch sind für die Region. Auf der Karte Internationales mit Bezug zur Saison sowie regionale Gerichte.

Menü 30/70 € - Karte 31/62 €

Hotel Zum Ochsen, Ludwig-Uhland-Str. 18 ✉ 78141 - ✆ 07722 866480 - www.ochsen.com

Zum Ochsen

GASTHOF • FUNKTIONELL 1796 erstmals erwähnt und in 6. Generation familiär geführt! Tipp: Die Doppelzimmer Typ E + F sind größer und neuzeitlicher! Und da dies hier eine richtig angenehme Ferienadresse ist, darf man sich auch auf ein gutes Frühstück und einen modernen Spa freuen! Hinterm Haus viel Grün (eigener kleiner Golfplatz).

36 Zim - 75/121 € 132/182 € - ½ P

Ludwig-Uhland-Str. 18 ✉ 78141 - ✆ 07722 866480 - www.ochsen.com

Zum Ochsen - siehe Restaurantauswahl

Dorer

GASTHOF • GEMÜTLICH Das Haus von 1896 liegt ruhig oberhalb des kleinen Kurparks, so hat man eine schöne Aussicht - z. B. beim Relaxen im Saunabereich! Liebenswert sind sowohl die Zimmer mit ihrem wohnlich-rustikalen Charme als auch die Gastgeber, die schon seit vier Generationen familiär und persönlich für Sie im Einsatz sind!

18 Zim - 75/95 € 138/165 € - ½ P

Franz-Schubert-Str. 20 ✉ 78141 - ✆ 07722 95050 - www.hotel-dorer.de

Dorer - siehe Restaurantauswahl

SCHONACH

Baden-Württemberg - 3 997 Ew. - Höhe 885 m - Regionalatlas **62**-E20
Michelin Straßenkarte 545

Berghotel Schiller

FAMILIÄR • TRADITIONELL Sympathisch geführt und wohnlich eingerichtet ist das kleine Hotel am Ortsrand, fast im Grünen. Unterm Dach gibt es zwei Juniorsuiten mit offener Holzbalkendecke und Panoramafenster! Schöne Sicht auch beim Frühstück im lichten Wintergarten.

8 Zim - 70/100 € 102/115 €

Schillerstr. 2 ✉ 78136 - ✆ 07722 920440 - www.berghotel-schiller.com - geschl. 1. - 22. Dezember

SCHOPFHEIM

Baden-Württemberg - 19 124 Ew. - Höhe 373 m - Regionalatlas **61**-D21
Michelin Straßenkarte 545

Glöggler

TRADITIONELLE KÜCHE • FAMILIÄR X Gut geführt und sympathisch in seiner ländlichen Art ist das Restaurant in der Altstadt am Rande der Fußgängerzone. Auf den gut eingedeckten Tisch kommen z. B. "Suppe von Kartoffeln und Meerrettich" und "Rinderfiletspitzen mit Rahmsauce".

Menü 29/58 € - Karte 20/46 €

Austr. 5 ✉ 79650 - ✆ 07622 2167 - www.restaurant-gloeggler.de - geschl. Ende August und Sonntag - Montagmittag

In Schopfheim-Gersbach Nord-Ost: 16 km über B 317 und Kürnberg - Höhe 855 m

Mühle zu Gersbach

MARKTKÜCHE • GASTHOF XX Charmant und aufmerksam wird man bei den Buchleithers umsorgt. Man kocht regional-international und mit Bezug zur Saison. Appetit machen z. B. "Rehgulasch mit Spätzle und Rotkraut" oder "Kabeljau auf jungem Kraut mit Gamba und Trompetenpilz". Ab 15 Uhr kleine Karte.

Menü 20/58 € – Karte 27/60 €

Hotel Mühle zu Gersbach, Zum Bühl 4 ✉ 79650 – ✆ 07620 90400 – www.muehle.de – Montag - Freitag nur Abendessen – geschl. 8. Januar - 2. Februar und Dienstag

Mühle zu Gersbach

GASTHOF • AUF DEM LAND Ein kleines Hotel in ruhiger dörflicher Lage, das sich wirklich sehen lassen kann - dafür sorgt die engagierte Familie mit stetigen Verbesserungen. Die Zimmer sind schön wohnlich, teils besonders modern. Wie wär's mit einem der beiden Studios? Ein gutes Frühstück gibt's auch.

16 Zim – †72/110 € ††98/164 € – ½ P

Zum Bühl 4 ✉ 79650 – ✆ 07620 90400 – www.muehle.de – geschl. 8. Januar - 2. Februar

Mühle zu Gersbach – siehe Restaurantauswahl

In Schopfheim-Wiechs Süd-West: 3 km

Krone

GASTHOF • FUNKTIONELL Hier wird immer wieder investiert und verbessert! Zur schönen Lage kommen individuelle Zimmer, einige davon sehr modern, sowie das attraktive "Schwarzwald-Wellness-Haus". Im Sommer wird auf der Terrasse gegrillt - schön die Aussicht.

53 Zim – †85/105 € ††142/150 € – 1 Suite – ½ P

Am Rain 6 ✉ 79650 – ✆ 07622 39940 – www.krone-wiechs.de – geschl. 5. - 29. Januar

SCHORNDORF

Baden-Württemberg – 38 733 Ew. – Höhe 256 m – Regionalatlas **55**-H18
Michelin Straßenkarte 545

Reich an der Rems

BUSINESS • FUNKTIONELL Das moderne Businesshotel liegt in einem Gewerbegebiet an der Rems und bietet eine ausgezeichnete Verkehrsanbindung. Die Zimmer sind geradlinig und wohnlich gestaltet (zur Rems hin ruhiger), am Abend können Sie im Restaurant "Himmelreich" in netter Almhütten-Atmosphäre schwäbische Küche genießen.

35 Zim – †87/103 € ††118/145 € – 2 Suiten

Stuttgarter Str. 77, nahe der B 29 Ausfahrt Schorndorf West ✉ 73614 – ✆ 07181 985580 – www.hotel-reich.de

In Winterbach-Manolzweiler West: 9 km über Weiler und Engelberg

Landgasthaus Hirsch

REGIONAL • LÄNDLICH X Bei Familie Waldenmaier (bereits die 4. Generation) wird richtig gut gekocht, und zwar regional-saisonal. Wild kommt übrigens aus eigener Jagd, Brot aus dem Backhäuschen nebenan und auch Schnaps brennt man selbst! Hübsch die Terrasse im 1. Stock. Und haben Sie auch den schönen rustikalen Biergarten gesehen?

Menü 35 € – Karte 30/65 €

Kaiserstr. 8, (1. Etage) ✉ 73650 – ✆ 07181 41515 – www.hirsch-manolzweiler.de – Mittwoch - Donnerstag nur Abendessen – geschl. über Fasching 2 Wochen, Oktober 1 Woche und Montag - Dienstag

Berkel
Berkel
Berkel
theberkelworld
www.theberkelworld.de
tel. +39 0331 2143
info@berkelinternational.co

SCHRAMBERG

Baden-Württemberg – 20 782 Ew. – Höhe 424 m – Regionalatlas **62**-E20
Michelin Straßenkarte 545

Gasthof Hirsch

KLASSISCHE KÜCHE · KLASSISCHES AMBIENTE XX In dem hübschen regionstypischen Gasthof von 1748 isst man richtig gut. Gekocht wird klassisch-regional, von "Seezunge Müllerin" bis "Rehragout mit Pfifferlingen und Preiselbeeren". Und die Atmosphäre ist wirklich angenehm, dafür sorgt die aufmerksame Gastgeberin. Tipp: individuelle, hochwertige Gästezimmer!

Menü 37/68 € – Karte 30/62 €

6 Zim – 70/90 € 125/135 €

Hauptstr. 11, (1. Etage) ✉ 78713 – ✆ 07422 280120 – www.hotel-gasthof-hirsch.com – geschl. März 2 Wochen, August 3 Wochen und Dienstag - Mittwoch

In Schramberg-Tennenbronn Süd-West: 8,5 km

Adler

REGIONAL · BÜRGERLICH X Hier legt man großen Wert auf Bio-Produkte, Wild kommt aus heimischer Jagd. Macht Ihnen z. B. "Wiener Schnitzel vom Demeter-Kalb mit Bratkartoffeln" Appetit? Passend zum regionalen Charakter des Gasthofs ist die Atmosphäre schön gemütlich.

Menü 28/44 € – Karte 26/51 €

Hotel Adler, Hauptstr. 60 ✉ 78144 – ✆ 07729 92280 – www.adler-tennenbronn.de – geschl. Ende Oktober 1 Woche und Montag, Mittwochmittag, Freitagmittag, Samstagmittag

Adler

P

GASTHOF · AUF DEM LAND Genau so stellt man sich einen typischen Schwarzwälder Gasthof vor. Alles in dem traditionsreichen Familienbetrieb ist sehr gepflegt, in den Zimmern sorgen Naturholzmöbel für Wohnlichkeit.

10 Zim – 59/69 € 79/89 € – 1 Suite – ½ P

Hauptstr. 60 ✉ 78144 – ✆ 07729 92280 – www.adler-tennenbronn.de – geschl. Ende Oktober 1 Woche

Adler – siehe Restaurantauswahl

SCHRIESHEIM

Baden-Württemberg – 14 812 Ew. – Höhe 121 m – Regionalatlas **47**-F16
Michelin Straßenkarte 545

Strahlenberger Hof

REGIONAL · ELEGANT XX Die Zehntscheune a. d. 14. Jh. hat schon Atmosphäre. Rustikal-elegant ist es hier, lauschig die Terrasse. Die Küche bietet Saisonales wie "Filet vom Angus, Rosenkohl, Kerbelwurzel, violette Kartoffen". Aufmerksam der Service samt guter Weinberatung. Tipp: Samstags hat der Hofladen geöffnet.

Menü 43 € (vegetarisch)/100 €

Kirchstr. 2 ✉ 69198 – ✆ 06203 63076 (Tischbestellung ratsam) – www.strahlenbergerhof.de – nur Abendessen – geschl. 1. - 4. Januar, August 2 Wochen und Sonntag - Montag

Kaiser

URBAN · ELEGANT In dem Gebäudekomplex mit Ursprung im 17. Jh. (schön die alte Fachwerkarchitektur!) stecken rund 50 verschiedene Granitsteine! Die Zimmer entsprechend individuell und hochwertig, dazu aufmerksamer Service und frisches A-la-carte-Frühstück. Auch im Restaurant sehenswerter Granit, schön die Terrasse.

23 Zim – 105/155 € 125/195 € – 2 Suiten – 15 €

Talstr. 44 ✉ 69198 – ✆ 06203 9248980 – www.kaiser-schriesheim.de – geschl. 27. Dezember - 7. Januar

SCHWABENHEIM

Rheinland-Pfalz - 2 580 Ew. - Höhe 130 m - Regionalatlas **47**-E15
Michelin Straßenkarte 543

Zum alten Weinkeller

MODERNE KÜCHE • GEMÜTLICH XX Der alte Gutshof ist wirklich schön - gemütlich das rustikal-mediterrane Ambiente, herrlich der Terra-Cotta-Garten! Aus guten, frischen Produkten entstehen z. B. "Wachtel - Brennnessel" oder "Wolfsbarsch - Bärlauch".

Menü 39/59 € - Karte 34/50 €

Hotel Zum alten Weinkeller, Schulstr. 6 ✉ 55270 - ✆ 06130 941800 - www.immerheiser-wein.de - nur Abendessen - geschl. Montag - Dienstag

Landgasthof Engel

REGIONAL • WEINSTUBE X Der Gasthof von 1569 ist schon ein Schmuckstück! Schöne rustikale Stuben versprühen jede Menge Charme mit ihren Steinwänden und dem alten Holzfußboden, dazu ein Traum von Innenhof! Gekocht wird bürgerlich-regional, vom Flammkuchen über Pfälzer Saumagen bis zur Wildbratwurst. Vinothek.

Menü 18 € (mittags unter der Woche) - Karte 21/42 €

Markt 8 ✉ 55270 - ✆ 06130 929394 - www.immerheiser-wein.de

Zum alten Weinkeller

LANDHAUS • INDIVIDUELL Zu dem kleinen Immerheiser'schen "Gastronomie- und Weinimperium" gehören auch hübsche wohnliche Gästezimmer, die sich auf verschiedene Gebäude verteilen. Darf es vielleicht die besonders chic designte Landhaussuite "Traumtänzer" sein?

16 Zim - †65/99 € ††90/125 € - ½ P

Schulstr. 6 ✉ 55270 - ✆ 06130 941800 - www.immerheiser-wein.de

Zum alten Weinkeller - siehe Restaurantauswahl

SCHWABMÜNCHEN

Bayern - 13 595 Ew. - Höhe 558 m - Regionalatlas **65**-K20
Michelin Straßenkarte 546

In Langerringen-Schwabmühlhausen Süd: 9 km Richtung Buchloe

Untere Mühle

FAMILIÄR • FUNKTIONELL Keine alltägliche Adresse! Eine einstige Kornmühle auf einem 22 ha großen Anwesen mit gemütlichen und individuellen Zimmern (darunter die Themenzimmer Bambus und Afrika), eigener Bio-Black-Angus-Rinderzucht, vielfältiger Gastronomie mit "Hexenküche" und uriger Hütte sowie Räumen zum Feiern und Tagen.

35 Zim - †59/75 € ††87/99 €

Untere Mühle 1 ✉ 86853 - ✆ 08248 1210 - www.unteremuehle.de

SCHWÄBISCH GMÜND

Baden-Württemberg - 59 166 Ew. - Höhe 321 m - Regionalatlas **56**-I18
Michelin Straßenkarte 545

Fuggerei

REGIONAL • FREUNDLICH X Hier sitzen Sie gemütlich unter einer hohen historischen Gewölbedecke - oder möchten Sie lieber im schönen Garten speisen? Freundlich umsorgt werden Sie hier wie dort, serviert wird bürgerlich-regionale Küche.

Menü 32/78 € - Karte 27/66 €

Münstergasse 2 ✉ 73525 - ✆ 07171 30003 - www.restaurant-fuggerei.de - geschl. Montag

In Waldstetten Süd: 6 km

Sonnenhof

KLASSISCHE KÜCHE • FAMILIÄR XX Sie mögen die klassische "Bratwurst mit Kraut"? Oder lieber "Steinbutt in Chardonnay gedünstet"? Nicht zu vergessen "geschmorte Rote Bete mit Kümmelkaramell"! Seit über vier Jahrzehnten ist Helmut Hilse für die Küche des engagiert geführten Familienbetriebs verantwortlich. Schön: Terrasse und Biergarten.

Karte 25/53 €

Lauchgasse 19 ✉ 73550 – ✆ 07171 947770 – www.sonnenhof.de – nur Abendessen, sonntags auch Mittagessen – geschl. Montag - Dienstag

SCHWÄBISCH HALL

Baden-Württemberg – 37 952 Ew. – Höhe 304 m – Regionalatlas **56**-H17
Michelin Straßenkarte 545

San Michele

MEDITERRAN • ELEGANT XXX In dem stilvollen kleinen Gourmetrestaurant mit venezianischem Touch erwartet Sie ein mediterran inspiriertes klassisches Menü, zu dem auch eine wertige Weinbegleitung empfohlen wird. Probieren Sie z. B. "Crevette blue in Limonenjus mit Risoni" oder "Allerlei vom Kaninchen mit Couscous".

Menü 89/119 €

Stadtplan : B2-e – *Hotel Der Adelshof, Am Markt 12 ✉ 74523 – ✆ 0791 75890 (Tischbestellung erforderlich) – www.hotel-adelshof.de – nur Abendessen – geschl. 23. - 28. Dezember, Februar 2 Wochen, Juli - August 2 Wochen und Sonntag - Montag sowie an Feiertagen*

Hohenlohe Aussichtsrestaurant

INTERNATIONAL • KLASSISCHES AMBIENTE XXX Versuchen Sie, einen Fensterplatz zu bekommen, dann können Sie hier von der 1. Etage aus wunderbar auf die Altstadt schauen. Die Küche ist ein interessanter Mix aus Regionalem und Internationalem, von "lauwarmer Schwarzwurst vom Hällischen Landschwein mit Reibeküchle" bis "Tournedo vom Boeuf de Hohenlohe".

Menü 46 € – Karte 28/64 €

Stadtplan : A1-c – *Hotel Hohenlohe, Weilertor 14 ✉ 74523 – ✆ 0791 75870 – www.hotel-hohenlohe.de*

Ratskeller

REGIONAL • ROMANTISCH XX Im Ratskeller des jahrhundertealten Adelshofs pulsiert das Leben, und das ist angesichts der ansprechenden Küche (z. B. "Rücken vom Hällischen Edelmastschwein mit Karotten-Nuss-Püree") auch nicht verwunderlich.

Menü 49/64 € – Karte 35/61 €

Stadtplan : B2-e – *Hotel Der Adelshof, Am Markt 12 ✉ 74523 – ✆ 0791 75890 – www.hotel-adelshof.de – geschl. 23. - 28. Dezember, Februar 2 Wochen und Sonntag - Montag*

Sudhaus

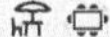

MARKTKÜCHE • TRENDY X Ein Besuch der Kunsthalle oder ein Essen im Sudhaus? Wenn Sie Zeit haben, beides lohnt sich! Das Lokal des denkmalgeschützten Brauhauses von 1903 geht über vier Etagen, ganz oben die spektakuläre Dachterrasse - im Sommer ein Muss! Gegessen wird von deftig bis zeitgemäß und an Brautagen lockt ein verführerischer Duft. Wer keinen Wein mag, sollte das "Dunkle" probieren!

Menü 24 € – Karte 25/44 €

Stadtplan : A2-b – *Lange Str. 35, an der Kunsthalle Würth ✉ 74523 – ✆ 0791 9467270 (Tischbestellung ratsam) – www.sudhaus-sha.de – geschl. Sonntagabend - Montag*

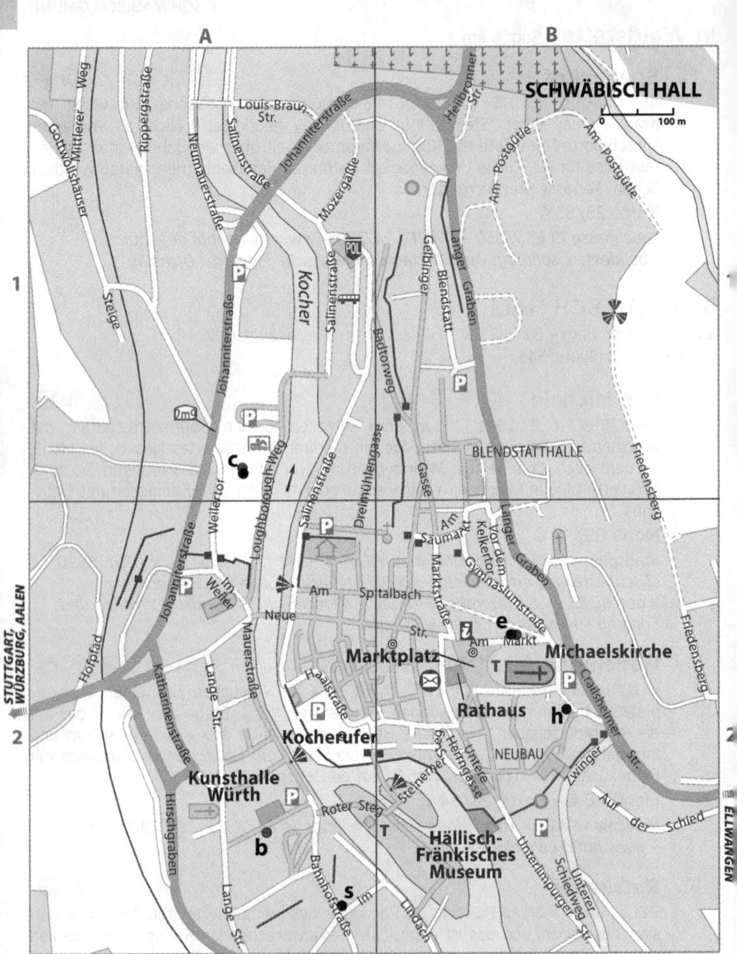

Hohenlohe

SPA UND WELLNESS · MODERN Hier hat man ein kleines Hotel garni zur Nr.1 der gesamten Region gemacht! Sie wohnen in komfortablen Zimmern, die teilweise einen luxuriösen Touch haben, und nutzen den vielfältigen Spa und das Bistro-/Bar-Konzept "Jenseits Kochers" sowie den ausgezeichneten Tagungsbereich.

110 Zim – 119/169 € 154/230 € – 4 Suiten – ½ P

Stadtplan : A1-c – *Weilertor 14* ✉ *74523*
– *✆ 0791 75870*
– *www.hotel-hohenlohe.de*

Hohenlohe Aussichtsrestaurant – siehe Restaurantauswahl

Der Adelshof

HISTORISCH • INDIVIDUELL Richtig schön wohnen, und das im Herzen der geschichtsträchtigen Stadt. Der Adelshof mit Ursprung im 12. Jh. ist ein geschmackvolles, individuelles Hotel, das von Familie Eggensperger sehr persönlich geführt wird. Hier im Haus spiegeln sich Kunst und Historie wider, ebenso in den nicht weit entfernten Museen!

44 Zim – 95/150 € 130/200 € – ½ P

Stadtplan : B2-e – *Am Markt 12 ✉ 74523 – ✆ 0791 75890 – www.hotel-adelshof.de – geschl. 23. - 28. Dezember*

San Michele • **Ratskeller** – siehe Restaurantauswahl

Kronprinz

FAMILIÄR • MODERN Sein langes Bestehen (erbaut im 17. Jh.) sieht man dem Haus in keiner Weise an: Außen die schöne gepflegte Fassade, innen neuzeitliche Einrichtung. Aber auch Festspiel- und Stadtbesucher fühlen sich hier wohl, in den Stadtkern sind es nur fünf Gehminuten. Im Restaurant sind Forellengerichte die Spezialität.

42 Zim – 87/125 € 121/165 € – ½ P

Stadtplan : A2-s – *Bahnhofstr. 17 ✉ 74523 – ✆ 0791 97700 – www.kronprinz-hall.de – geschl. Weihnachten - Anfang Januar*

Scholl

HISTORISCH • MODERN Am Holzmarkt steht dieses Ensemble aus drei historischen Stadthäusern, in dem Sie eine ansprechende Lobby empfängt und Zimmer von wohnlich-funktional bis chic-modern zur Verfügung stehen. Den Tag beginnt man in einem Frühstücksraum mit Atmosphäre und gutem Buffet.

40 Zim – 95 € 124/195 €

Stadtplan : B2-h – *Klosterstr. 2 ✉ 74523 – ✆ 0791 97550 – www.hotelscholl.de*

In Schwäbisch Hall-Hessental Süd-Ost: 3 km über B2, Richtung Crailsheim

Eisenbahn (Josef und Thomas Wolf)

FRANZÖSISCH-MODERN • ELEGANT XXX Wenn der Vater mit dem Sohne... Bei Familie Wolf setzt man in der Küche auf Klassisches mit modernem Einfluss. Mit viel Gefühl und Können werden aus sehr guten Produkten aromenintensive Speisen, die Ihnen in schönem elegantem Ambiente überaus freundlich serviert werden.

→ Tatar vom Taschenkrebs mit Krustentiergelee, Thaispargel und Champagnervinaigrette. Elsässer Taube und Gänseleber, Aprikosenchutney, Pinienkerne. Rehbockrücken vom Hohenloher Land mit Wacholder gebraten, Kardamom-Ingwerjus, Pfifferlinge.

Menü 68/130 €

Hotel Landhaus Wolf, Karl-Kurz-Str. 2 ✉ 74523 – ✆ 0791 930660 (Tischbestellung ratsam) – www.landhauswolf.eu – nur Abendessen – geschl. Ende August - Anfang September 2 Wochen und Sonntag - Dienstag

Landhaus Wolf

BUSINESS • FUNKTIONELL Mit Engagement betreibt Familie Wolf ihr gewachsenes Hotel. Wer es besonders modern mag, fragt nach den Komfortzimmern im Neubau. Etwas älter, aber ebenso wohnlich sind die Zimmer im Haupthaus. Als legere Alternative zum Gourmetrestaurant bietet das Bistro "Bähnle" bürgerlich-regionale Küche.

39 Zim – 69/89 € 88/120 € – ½ P

Karl-Kurz-Str. 2 ✉ 74523 – ✆ 0791 930660 – www.landhauswolf.eu

Eisenbahn – siehe Restaurantauswahl

In Schwäbisch Hall-Veinau Nord-Ost: 4,5 km über B2, Richtung Crailsheim

Landhaus Zum Rössle

REGIONAL • BÜRGERLICH X Familientradition seit 1493! Da hat Gastfreundschaft einen ebenso hohen Stellenwert wie die schmackhafte regional geprägte Küche von Ernst Kunz. Auf der Karte liest man z. B. "Wilderer Pfännle" oder "Rehrücken mit geschmelztem Pfifferlingsknödel", aber auch "Tiefseegarnelen mit Quinoa". Event-Scheune.

Menü 33/45 € – Karte 27/55 €

Hotel Landhaus Zum Rössle, Zeilwiesen 5 ✉ 74523 – ✆ 0791 2593 – www.roessle-veinau.de – Mittwoch - Samstag nur Abendessen – geschl. Montag - Dienstag

Landhaus Zum Rössle

GASTHOF • AUF DEM LAND Seit zig Generationen wird der traditionsreiche Gasthof von Familie Kunz geführt. Die Zimmer sind angenehm modern und wohnlich oder etwas einfacher, aber immer gut ausgestattet. Ein schöner Start in den Tag ist das frische und reichhaltige Frühstück. Die Parkmöglichkeiten sind hier übrigens ausgezeichnet!

21 Zim – 59/84 € 89/129 € – ½ P

Zeilwiesen 5 ✉ 74523 – ✆ 0791 2593 – www.roessle-veinau.de

Landhaus Zum Rössle – siehe Restaurantauswahl

In Schwäbisch Hall-Weckrieden Süd-Ost: 3 km über B2, Richtung Crailsheim

Rebers Pflug

MARKTKÜCHE • GEMÜTLICH XX Was heute als "Casual Fine Dining" ein echter Trend ist, gibt es im Hause Reber schon seit über 20 Jahren: das Ambiente chic und gleichzeitig ungezwungen, der Service freundlich-versiert, die Küche reduziert und finessenreich. Ein Muss sind auch Rostbraten und Maultaschen - regionale Klassiker "à la Reber".

➜ Warm geräucherter Saibling auf grünem Spargel mit Frühlingsmorcheln und Süßkartoffeln. Medaillon und Bries vom heimischen Milchkalb mit Estragonöl und Kartoffel. Falsches Radieschen vom Ziegenfrischkäse mit Eiszapfen und Wasabi-Staudenselleriesorbet.

Menü 55 € (vegetarisch)/115 € – Karte 37/84 €

Hotel Rebers Pflug, Weckriedener Str. 2 ✉ 74523 – ✆ 0791 931230 – www.rebers-pflug.de – geschl. Anfang Januar 2 Wochen, Ende August - Anfang September 2 Wochen und Sonntag - Dienstagmittag

Rebers Pflug

GASTHOF • AUF DEM LAND In dem Landgasthaus von 1805 wählen Sie zwischen geschmackvollen, geradlinig-modernen Zimmern und den beiden fast schon luxuriösen Garten-Appartements. Seit mehreren Generationen steht Familie Reber für guten Service, der sich nicht zuletzt beim reichhaltigen Frühstück zeigt.

19 Zim – 85/110 € 110/148 € – 2 Suiten – ½ P

Weckriedener Str. 2 ✉ 74523 – ✆ 0791 931230 – www.rebers-pflug.de – geschl. Anfang Januar 2 Wochen, Ende August - Anfang September 2 Wochen

Rebers Pflug – siehe Restaurantauswahl

SCHWAIGERN

Baden-Württemberg – 11 062 Ew. – Höhe 107 m – Regionalatlas **55**-G17
Michelin Straßenkarte 545

Zum Alten Rentamt

INTERNATIONAL • GEMÜTLICH XX Dem schönen 300 Jahre alten Fachwerkhaus hat man auch innen ein Stück Historie erhalten, im gemütlich-stilvollen Restaurant und auch in den Gästezimmern. Ob günstiges Mittagsmenü oder gehobenere Gerichte mit interessanten Namen wie "Schwaben Sushi" oder "Bugs Bunny", hier wird richtig schmackhaft gekocht.

Menü 18 € (mittags unter der Woche)/55 € – Karte 35/55 €

12 Zim – 75/88 € 108/125 €

Schlossstr. 6 ✉ 74193 – ✆ 07138 5258 – www.altesrentamt.de – geschl. August 3 Wochen und Sonntag - Montag sowie an Feiertagen

SCHWANGAU

Bayern – 3 188 Ew. – Höhe 796 m – Regionalatlas **65**-K22
Michelin Straßenkarte 546

In Schwangau-Horn

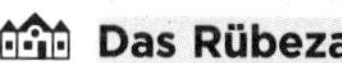

Das Rübezahl

SPA UND WELLNESS • GEMÜTLICH Die Lage schön ruhig, die Gastgeber engagiert, die Zimmer wohnlich-elegant, hübsch die Themen-Suiten "Rosenreich" oder "Almrausch". Beliebt: Panoramaterrasse mit Blick auf Neuschwanstein und Hohenschwanstein - diese Sicht hat man auch vom ganzjährig beheizten Außenpool. Kulinarisch: Verwöhnpension.

46 Zim – 133/160 € 195/290 € – 8 Suiten – ½ P

Am Ehberg 31 ✉ 87645 – 08362 8888 – www.hotelruebezahl.de

SCHWANSTETTEN

Bayern – 7 330 Ew. – Höhe 350 m – Regionalatlas **50**-K17
Michelin Straßenkarte 546

In Schwanstetten-Schwand

Der Schwan

GASTHOF • HISTORISCH Hier hat man ein über 600 Jahre altes Gasthaus mit schmucker Fachwerkfassade sorgsam saniert, und das Ergebnis kann sich sehen lassen: schöne individuelle Themenzimmer mit Dielenboden und Gebälk sowie gemütliche Restaurantstuben. Außerdem ist man hier ausgesprochen gastfreundlich!

20 Zim – 72/158 € 98/199 €

Am Marktplatz 7 ✉ 90596 – 09170 1052 – www.hotel-der-schwan.de

SCHWARMSTEDT

Niedersachsen – 5 425 Ew. – Höhe 29 m – Regionalatlas **18**-H8
Michelin Straßenkarte 541

In Essel Nord-Ost: 8 km, Richtung Ostenholz, jenseits der A 7

Heide-Kröpke

FAMILIÄR • INDIVIDUELL Die Hotelanlage mit Park wird bereits in der 3. Generation familiär geleitet. Man bietet u. a. Maisonetten, moderne Suiten oder die gemütliche "Schnucken-Etage". Dazu ein gutes Spa-Angebot und ein freundliches gediegenes Restaurant.

60 Zim – 90/109 € 120/149 € – 9 Suiten – ½ P

Esseler Damm 1 ✉ 29690 – 05167 9790 – www.heide-kroepke.de

SCHWARZACH am MAIN

Bayern – 3 516 Ew. – Höhe 190 m – Regionalatlas **49**-I15
Michelin Straßenkarte 546

Im Ortsteil Stadtschwarzach

Schwab's Landgasthof

REGIONAL • LÄNDLICH Bei Familie Schwab ist man mit Leidenschaft bei der Sache: Das zeigt sich in der persönlichen Note des Hauses und in der richtig guten bürgerlichen Küche! Der Patron ist auch Jäger, so darf man sich auf feine Wildgerichte freuen. Oder lieber "Waller aus dem Wurzelsud"? Schön übernachten kann man hier auch.

Menü 26/74 € – Karte 24/47 €

13 Zim – 55/105 € 90 €

Bamberger Str. 4 ✉ 97359 – 09324 1251 (Tischbestellung ratsam) – www.landgasthof-schwab.de – geschl. Februar 2 Wochen, August 2 Wochen und Montag - Dienstag

SCHWEINFURT

Bayern – 51 610 Ew. – Höhe 226 m – Regionalatlas **49**-J15
Michelin Straßenkarte 546

Kugelmühle

FRANZÖSISCH-KLASSISCH • TRENDY XX Seit über 15 Jahren hat Max Matreux nun schon dieses klar designte Restaurant in einem Seitenflügel einer Fabrik. Ein freundliches, motiviertes Team serviert Ihnen hier klassische Gerichte wie "gefüllte Wachtel im Brickteig mit Pilzrisotto" oder "gebratene Rotbarbe in Muschel-Gemüsenage mit Kartoffelwürfeln".

Menü 37/85 € – Karte 37/62 €

Stadtplan : A2-f – *Georg-Schäfer-Str. 30* ✉ *97421* – ✆ *09721 914702*
(Tischbestellung erforderlich) – www.restaurant-kugelmuehle.de
– geschl. Weihnachten - Anfang Januar, August 3 Wochen und Samstag
- Sonntag sowie an Feiertagen

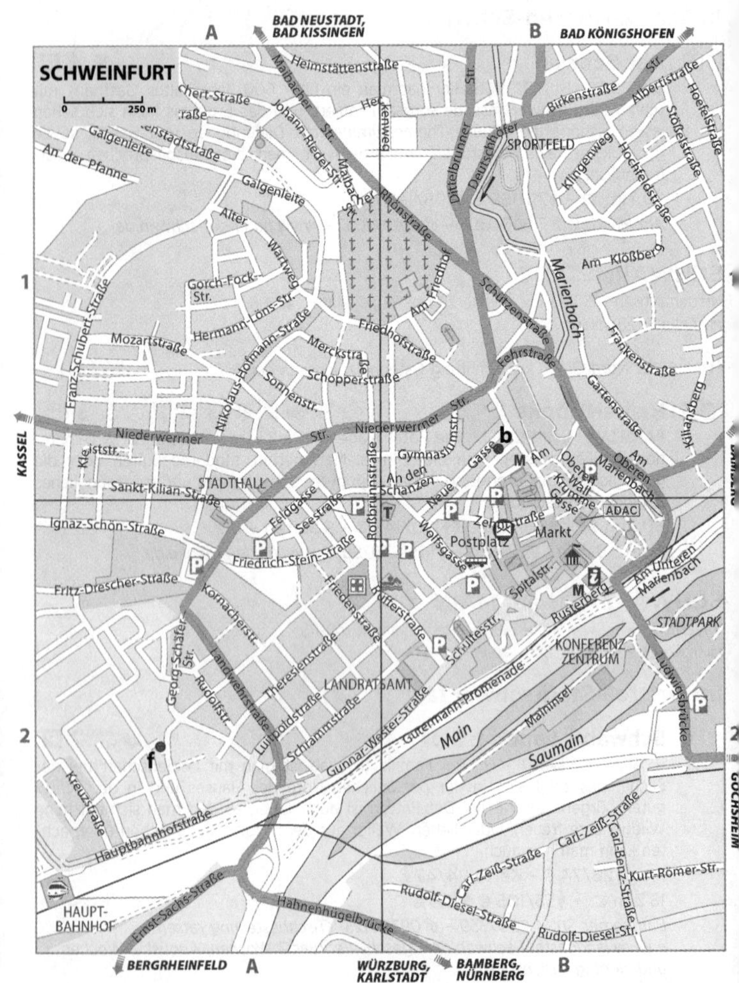

Kings and Queens

INTERNATIONAL • FREUNDLICH XX Das kleine Restaurant kommt an mit seiner persönlichen Note, der modern-eleganten Atmosphäre und dem unkomplizierten Service. Und dann ist da noch die schmackhafte saisonale Küche: "Bauernterrine & Rotwein-Zwiebelconfit", "Ochsenbacke, Schmorfond & Zweierlei Sellerie"... Dazu gute Weinempfehlungen!

Menü 34/67 € - Karte 32/51 €

Stadtplan : B1-b - *Bauerngasse 101 ✉ 97421 - ✆ 09721 533242 (Tischbestellung ratsam) - www.kings-u-queens.de - nur Abendessen - geschl. August 3 Wochen und Sonntag - Montag, Dezember - Januar: Montag*

SCHWENDI

Baden-Württemberg – 6 339 Ew. – Höhe 538 m – Regionalatlas **64**-I20
Michelin Straßenkarte 545

Esszimmer im Oberschwäbischen Hof

MARKTKÜCHE • FREUNDLICH XX Lust auf Schmackhaftes wie "saure Linsen mit Saitenwürstel und Spätzle" oder "Rumpsteak mit Balsamico-Essig-Schalotten"? Hier wird regional, aber auch mit internationalen Einflüssen gekocht, und das mit guten, frischen Produkten. Wer's etwas rustikaler mag, sitzt gemütlich in der "Lazarus-Stube".

Menü 36/75 € - Karte 29/62 €

Hotel Oberschwäbischer Hof, Hauptstr. 9 ✉ 88477 - ✆ 07353 98490 - www.oberschwaebischer-hof.de - geschl. Sonntag - Samstagmittag

Oberschwäbischer Hof

BUSINESS • MODERN Schon die Architektur spricht einen an, ebenso das modern-funktionale Interieur. Schön die große Lobby sowie der Fitness- und Saunabereich mit Zugang zur Liegewiese, die Zimmer sind angenehm hell und liegen recht ruhig nach hinten.

30 Zim - †85/99 € ††120/135 € - ½ P

Hauptstr. 9 ✉ 88477 - ✆ 07353 98490 - www.oberschwaebischer-hof.de

Esszimmer im Oberschwäbischen Hof - siehe Restaurantauswahl

SCHWERIN

Mecklenburg-Vorpommern – 92 138 Ew. – Höhe 38 m – Regionalatlas **11**-L5
Michelin Straßenkarte 542

Niederländischer Hof

INTERNATIONAL • KLASSISCHES AMBIENTE XX Das Restaurant mit dem gediegen-eleganten Ambiente und der gepflegten Tischkultur ist eine geschätzte Adresse, nicht zuletzt auch wegen der klassischen Küche. Tipp: Man sitzt auch schön im angenehm lichten Wintergarten!

Menü 28/53 € - Karte 29/69 €

Hotel Niederländischer Hof, Alexandrinenstr. 12 ✉ 19055 - ✆ 0385 591100 - www.niederlaendischer-hof.de - nur Abendessen - geschl. Sonntag - Montag

La Bouche

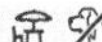

MEDITERRAN • BISTRO X Schon der Name des freundlichen kleinen Bistros verrät, dass man hier eine Vorliebe für Frankeich hat, und auch die mediterran ausgerichtete Speisekarte zeigt entsprechende Einflüsse.

Karte 23/63 €

Buschstr. 9 ✉ 19053 - ✆ 0385 39456092 - www.bistrolabouche.de - Oktober - April: Montag - Freitag nur Abendessen

Speicher am Ziegelsee

HISTORISCH • GEMÜTLICH Am Seeufer steht der markante ehemalige Getreidespeicher von 1939, aufwändig zum Hotel umgebaut. Die Zimmer sind wohnlich und zeitgemäß, teils mit tollem Seeblick, elegant das Restaurant mit hübscher Terrasse zum See - hier hat man einen Bootsanleger. Tipp: Mieten Sie ein Elektroauto oder Fahrräder/E-Bikes!

77 Zim - †85/110 € ††105/130 € - ½ P

Speicherstr. 11 ✉ 19055 - ✆ 0385 50030 - www.speicher-hotel.com

Niederländischer Hof

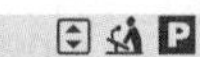

HISTORISCH • ELEGANT Ansprechend ist schon die denkmalgeschützte Fassade dieses Hotels von 1901, ebenso das stilvolle klassische Interieur. Wer es komfortabler mag, bucht eines der Studios! Von einigen Zimmern schaut man auf den Pfaffenteich.

30 Zim – †89/134 € ††135/190 € – 3 Suiten – ½ P

Alexandrinenstr. 12 ✉ 19055 – ☎ 0385 591100 – www.niederlaendischer-hof.de

Niederländischer Hof – siehe Restaurantauswahl

SCHWERTE

Nordrhein-Westfalen – 46 270 Ew. – Höhe 110 m – Regionalatlas **26**-D11
Michelin Straßenkarte 543

Rohrmeisterei - Glaskasten

INTERNATIONAL • TRENDY XX Das sehenswerte Industriedenkmal aus rotem Backstein ist eine ehemalige Pumpstation von 1890. Mitten in der einstigen Werkshalle sitzt man im modernen Glaskasten bei Internationalem wie "Sauerbraten-Ragout und Tranche vom Rinderrücken, Pumpernickel-Semmelplätzchen, Karotten-Dattelgemüse". Tolle Eventhallen.

Menü 35/85 € – Karte 34/58 €

Ruhrstr. 20 ✉ 58239 – ☎ 02304 2013001 – www.rohrmeisterei-schwerte.de – nur Abendessen – geschl. Montag

Unter'm Kran – siehe Restaurantauswahl

Unter'm Kran

TRADITIONELLE KÜCHE • GERADLINIG X Im Bistro des architektonisch so attraktiven Gastronomie- und Kulturzentrums gibt es z. B. "Steak vom Duroc-Schwein, Pilzrahmsauce, Bratkartoffeln" oder schmackhafte Kleinigkeiten wie "Frikadellen mit Schwerter Senf". Schöne große Terrasse.

Karte 24/62 €

Restaurant Rohrmeisterei - Glaskasten, Ruhrstr. 20 ✉ 58239 – ☎ 02304 2013001 – www.rohrmeisterei-schwerte.de – geschl. Montagmittag

In Schwerte-Geisecke Ost: 5,5 km über Schützenstraße

Gutshof Wellenbad

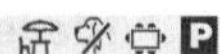

MARKTKÜCHE • RUSTIKAL XX Restaurant, Gaststube, Wintergarten... Überall sitzt man schön, während man sich Saisonales servieren lässt, z. B. "Rumpsteak unter der Tomaten-Olivenkruste". Ein Muss ist im Sommer die Terrasse zum herrlichen Garten mit Ruhrblick!

Menü 35/58 € – Karte 36/47 €

Hotel Gutshof Wellenbad, Zum Wellenbad 7 ✉ 58239 – ☎ 02304 4879 – www.gutshof-wellenbad.de – Montag - Freitag nur Abendessen – geschl. 8. - 20. Juli und April - Oktober: Montag

Gutshof Wellenbad

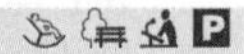

GASTHOF • TRADITIONELL Wunderbar, dieses Anwesen! Ein ehemaliger Gutshof nebst riesigem Garten mit Baumbestand, der sich hinterm Haus bis direkt an die Ruhr erstreckt! In den Zimmern altes Holz und liebenswert-rustikaler Stil in Kombination mit modernen Bädern.

14 Zim – †89/99 € ††109/124 € – 2 Suiten – ½ P

Zum Wellenbad 7 ✉ 58239 – ☎ 02304 4879 – www.gutshof-wellenbad.de – geschl. 8. - 20. Juli

Gutshof Wellenbad – siehe Restaurantauswahl

SCHWETZINGEN

Baden-Württemberg – 21 494 Ew. – Höhe 101 m – Regionalatlas **47**-F17
Michelin Straßenkarte 545

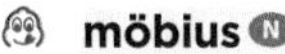

möbius

MODERNE KÜCHE • BISTRO Der gebürtige Leipziger Tommy R. Möbius, kein Unbekannter in der Szene der Top-Köche, hat hier nun einen Mix aus Feinkostladen und Bistro. Mittags gibt es zwei einfache, aber frische Tagesgerichte, abends wählt man von der kleinen Karte oder der Tafel z. B. "gegrillten Oktopus mit marinierten Artischocken".

Karte 28/38 €

Kurfürstenstr. 22 ✉ 68723 – ✆ 06202 6085020 – www.dermoebius.com – geschl. 1. - 7. Januar, Ende Juli - Anfang August und Samstagmittag, Sonntag - Montag sowie an Feiertagen

Villa Benz 

PRIVATHAUS • GEMÜTLICH Zur persönlichen Atmosphäre in der kleinen Villa kommen wohnlich-moderne Zimmer (zum Garten hin ruhiger) und die Lage am Schloss - der Eintritt zum Schlossgarten ist kostenfrei. Im Sommer Frühstück im Freien. Nicht weit: der Hockenheimring.

10 Zim – 80/92 € 108/125 €

Zähringer Str. 51 ✉ 68723 – ✆ 06202 936090 – www.villa-benz.de – geschl. 24. Dezember - 2. Januar

SCHWIELOWSEE

Brandenburg – 10 223 Ew. – Höhe 35 m – Regionalatlas **22**-O8
Michelin Straßenkarte 542

In Schwielowsee-Caputh

Landhaus Haveltreff 

LANDHAUS • GEMÜTLICH Was dieses Hotel interessant macht? Zum einen liegt es unmittelbar an der Havel (man hat auch einen eigenen Bootssteg), zum anderen sind die Zimmer schön gepflegt und wohnlich gestaltet. Dazu kommt noch ein Restaurant im Landhausstil nebst Terrasse zum Fluss - gekocht wird regional und französisch.

25 Zim – 85/95 € 99/119 € – 1 Suite – ½ P

Weinbergstr. 4 ✉ 14548 – ✆ 033209 780 – www.haveltreff.de – geschl. 1. - 14. Januar

SEBNITZ

Sachsen – 9 930 Ew. – Höhe 300 m – Regionalatlas **44**-R12
Michelin Straßenkarte 544

Sebnitzer Hof 

FAMILIÄR • THEMENBEZOGEN Ein sehr gepflegtes Hotel mitten in der kleinen Stadt. Wer gerne etwas individueller wohnt, wählt eines der Themenzimmer: "Afrika", "Vive la France", "Sebnitz"... Nette Alternative zum Restaurant "August der Starke": Café-Weinstube "Margaux" mit französischem Konzept.

54 Zim – 75/85 € 80/96 € – 2 Suiten – ½ P

Markt 13 ✉ 01855 – ✆ 035971 9010 – www.sebnitzer-hof.de – geschl. Mitte Januar 2 Wochen

SEEG

Bayern – 2 881 Ew. – Höhe 853 m – Regionalatlas **64**-J21
Michelin Straßenkarte 546

In Rückholz-Seeleuten Süd-West: 2 km über Aufmberg

Landhotel Panorama

FAMILIÄR • GEMÜTLICH Klasse die ruhige Lage mit toller Sicht, schön wohnlich die Zimmer (fragen Sie nach den modern-alpinen im Neubau!), zum Relaxen Panoramasauna, Ruheraum und beheiztes Freibad. Mittags unter der Woche gibt es eine Vesperkarte, tagsüber hausgebackenen Kuchen, abends ein Menü, sonntags Brunch.

15 Zim – 120/180 € 150/205 € – 3 Suiten – ½ P

Seeleuten 62 ✉ 87494 – ✆ 08364 248 – www.panorama-allgaeu.de

SEEHAUSEN Brandenburg → Siehe Oberuckersee

SEEON-SEEBRUCK

Bayern – 4 452 Ew. – Höhe 537 m – Regionalatlas **67**-N20
Michelin Straßenkarte 546

Im Ortsteil Lambach Süd-West: 3 km ab Seebruck in Richtung Rosenheim

Malerwinkel

LANDHAUS • FUNKTIONELL Die Lage am See ist wunderschön. Liegewiese, Strandbad und Bootsanleger hat man direkt vor der Tür. Fragen Sie nach den moderneren Zimmern! Für Ausflüge kann man Fahrräder leihen. Die riesige Terrasse zum Chiemsee ist im Sommer gut besucht, ein Grund dafür ist sicher auch die große Kuchenauswahl.

30 Zim – 60/76 € 108/160 €

Lambach 23 ✉ 83358 – ✆ 08667 88800 – www.hotel-malerwinkel.de – geschl. November

SEESHAUPT

Bayern – 3 108 Ew. – Höhe 597 m – Regionalatlas **65**-L21
Michelin Straßenkarte 546

Bischoffs Haus am See

REGIONAL • LÄNDLICH Das Haus ist schon allein wegen seiner herrlichen Lage direkt am Starnberger See gefragt - klasse der Biergarten unmittelbar am Wasser! Was aus der Küche kommt, kann sich ebenfalls sehen lassen, so z. B. "geschmorte Backe vom heimischen Rind mit glasiertem Kraut". Und danach vielleicht einen "Schmarrn"?

Karte 18/53 €

St.-Heinrich-Str. 113 ✉ 82402 – ✆ 08801 533 – www.hausamsee-seeshaupt.de – geschl. Januar - Februar und Montag - Dienstag

SEEVETAL

Niedersachsen – 40 463 Ew. – Höhe 14 m – Regionalatlas **10**-I6
Michelin Straßenkarte 541

In Seevetal-Helmstorf

Lieblingsplatz

INTERNATIONAL • GEMÜTLICH Gemütlich-modern ist es hier (warme Töne, dekorative Accessoires, Terrakottafliesen...), durch die großen Fenster blicken Sie auf die Teiche, aus denen Forelle, Saibling & Co. frisch auf den Tisch kommen. Es gibt auch Fleischgerichte und Vegetarisches. Schön das große Grundstück samt eigener Räucherei.

Menü 35/79 € – Karte 32/59 €

Moorstr. 41 ✉ 21218 – ✆ 04105 6766966 – www.restaurant-lieblingsplatz.de – geschl. Montag

SEEWALD

Baden-Württemberg – 2 142 Ew. – Höhe 749 m – Regionalatlas **54**-F19
Michelin Straßenkarte 545

In Seewald-Besenfeld

Oberwiesenhof

SPA UND WELLNESS • AUF DEM LAND Geräumige, wohnliche Zimmer, schöner Spa sowie Sport- und Freizeitangebote (Tennisplätze, Mountainbike- und E-Bike-Verleih), parkähnlicher Garten und nicht zuletzt die reizvolle Landschaft ringsum! Tipp: Wanderung zum Jagdhaus im eigenen Privatwald! Im gemütlichen Restaurant gibt es regionale Küche.

43 Zim – 95/135 € 168/208 € – 6 Suiten – ½ P

Freudenstädter Str. 60, B294 ✉ 72297 – ✆ 07447 2800 – www.hotel-oberwiesenhof.de – geschl. 25. November - 18. Dezember

SEGEBERG, BAD

Schleswig-Holstein - 16 971 Ew. - Höhe 44 m - Regionalatlas **10**-J4
Michelin Straßenkarte 541

In Pronstorf-Strenglin Ost: 17 km über B 206, in Geschendorf links

Strengliner Mühle 

HISTORISCHES GEBÄUDE • AUF DEM LAND Die zum Hotel gewachsene historische Wind- und Wassermühle in netter ländlicher Umgebung ist seit mehreren Generationen im Familienbesitz. Man hat hier sehr gepflegte und wohnliche Gästezimmer und im Haupthaus befindet sich das helle Wintergarten-Restaurant.

33 Zim - 70/105 € 102/135 € - 2 Suiten - ½ P

Mühlenstr. 2 ✉ 23820 - ✆ 04556 997099 - www.strenglinermuehle.de

SEHLEN Mecklenburg-Vorpommern

➜ Siehe Rügen (Insel)

SELB

Bayern - 14 951 Ew. - Höhe 541 m - Regionalatlas **51**-M14
Michelin Straßenkarte 546

Rosenthal-Casino 

INTERNATIONAL • ELEGANT XX Hier speisen Sie im eleganten Restaurant mit sehenswerter indirekt beleuchteter Design-Flaschenwand von 1957 oder in der gemütlich-traditionellen Frankenstube. Mittags gibt es eine kleine regionale Karte, am Abend kocht man gehobener.

Menü 39/61 € (abends) - Karte 32/54 €

Hotel Rosenthal-Casino, Kasinostr. 3 ✉ 95100 - ✆ 09287 8050 - www.rosenthal-casino.de - geschl. 1. - 15. Januar und Samstagmittag, Sonntag sowie an Feiertagen

Rosenthal-Casino

TRADITIONELL • MODERN Gleich neben der Porzellanmanufaktur steht die hübsche Villa mit Anbau im Bauhausstil. Künstler und Designer haben hier mit ihren für Rosenthal kreierten Stücken individuelle Zimmer geschaffen.

20 Zim - 60 € 75/100 € - 9 € - ½ P

Kasinostr. 3 ✉ 95100 - ✆ 09287 8050 - www.rosenthal-casino.de - geschl. 1. - 15. Januar

Rosenthal-Casino - siehe Restaurantauswahl

SELLIN Mecklenburg-Vorpommern

➜ Siehe Rügen (Insel)

SELZEN

Rheinland-Pfalz - 1 491 Ew. - Höhe 134 m - Regionalatlas **47**-E15
Michelin Straßenkarte 543

Kaupers Restaurant im Kapellenhof 

MODERNE KÜCHE • INTIM XX Eine Adresse mit Potential zum Lieblingslokal! Ausgesprochen gemütlich hat man es unter dem offenen Dachgiebel mit seinem warmen Holz, dazu herzlicher Service und natürlich die moderne Küche aus hochwertigen Produkten, begleitet von tollen Weinempfehlungen. Und dann ist da noch die wunderbare Dachterrasse...

➜ Quellsaibling, karamellisierte Schwarzwurzelcreme, Erdsonnenblume, Rogen. Kalbsschulter pochiert, Duwicker Karotte, Kohlblätter aus dem Garten. Milchrahmstrudel nach Großmutters Art.

Menü 86/117 € - Karte 70/91 €

Kapellenstr. 18a, (Zufahrt über Kirschgartenstraße 13) ✉ 55278 - ✆ 06737 8325 (Tischbestellung erforderlich) - www.kaupers-kapellenhof.de - nur Abendessen - geschl. Mittwoch - Donnerstag

SENFTENBERG

Brandenburg – 24 743 Ew. – Höhe 102 m – Regionalatlas **33**-Q11
Michelin Straßenkarte 542

Seeschlößchen

SPA UND WELLNESS · INDIVIDUELL Hier wird so einiges geboten: geschmackvolle individuelle Zimmer, stilvolle Lounge (Tipp: Teatime), elegantes Restaurant "Sandak", beeindruckender Spa mit umfangreichem Ayurveda-Angebot und tollem Außenbereich im herrlichen Garten! 200 m entfernt: Brasserie mit italienischer Küche direkt am Senftenberger See.

50 Zim – 135/175 € 210/290 €

Buchwalder Str. 77 01968 – 03573 37890 – www.ayurveda-seeschloesschen.de

Lido Senftenberg

LANDHAUS · GEMÜTLICH Dies ist das größte Blockhaus in Europa! Schon von außen ein schöner Anblick, drinnen sorgen die Holzbohlen für kanadisches Flair. Entsprechend die Spezialität im Restaurant: Elch-, Bison- und Rindersteak. Dazu Kinderspielplatz und Damwildgehege sowie Hausbrauerei. Ganz in der Nähe: See und Tierpark.

35 Zim – 69/89 € 110/125 € – 3 Suiten – ½ P

Steindamm 26 01968 – 03573 363000 – www.hotel-lido-senftenberg.de

SERRIG

Rheinland-Pfalz – 1 624 Ew. – Höhe 160 m – Regionalatlas **45**-B16
Michelin Straßenkarte 543

Gasthaus Wagner

TRADITIONELLE KÜCHE · GEMÜTLICH Die Küche hier ist schmackhaft, bürgerlich-saisonal und hat einen österreichischen Einschlag - dieser findet sich auch in der gemütlich-charmanten Stube. Im Winter wärmt der Kachelofen, im Sommer spenden die Kastanien auf der Terrasse Schatten. Tipp für den November: "Vacherin Mont-d'Or" für 2 Personen!

Menü 32 € – Karte 26/48 €

Losheimer Str. 3 54455 – 06581 2277 – www.gasthaus-wagner-serrig.de – geschl. Februar 1 Woche, September 2 Wochen und Dienstag - Mittwoch

SESSLACH

Bayern – 3 969 Ew. – Höhe 271 m – Regionalatlas **50**-K14
Michelin Straßenkarte 546

Pörtnerhof

INTERNATIONAL · KLASSISCHES AMBIENTE Ein schön saniertes ehemaliges Bauernhaus im Ortskern. In charmantem Ambiente bietet man an gut eingedeckten Tischen internationale Küche, im Sommer sitzt man gerne im hübschen Innenhof. In der Diele im 1. OG bekommen Sie auf Anfrage ein Menü. Zum Übernachten hat man freundliche, wohnliche Gästezimmer.

Menü 24/31 € – Karte 21/42 €

9 Zim – 55/85 € 79/90 €

Luitpoldstr. 15 96145 – 09569 1886900 – www.sesslach-poertnerhof.de – nur Abendessen – geschl. Montag - Dienstag

SIEGEN

Nordrhein-Westfalen – 100 325 Ew. – Höhe 280 m – Regionalatlas **37**-E12
Michelin Straßenkarte 543

Pfeffermühle

FAMILIÄR · FUNKTIONELL Das familiengeführte Hotel liegt etwas erhöht außerhalb des Zentrums und bietet wohnliche Zimmer von klassisch bis geradlinig-modern - darf es vielleicht die geräumige Juniorsuite sein? Auch ein guter Tagungsbereich ist vorhanden. Internationales Speisenangebot im hellen, freundlichen Restaurant.

42 Zim – 78/95 € 98/111 €

Frankfurter Str. 261 57074 – 0271 230520 – www.pfeffermuehle-siegen.de

SIEGSDORF

Bayern – 8 228 Ew. – Höhe 615 m – Regionalatlas **67**-O21
Michelin Straßenkarte 546

Alte Post

HISTORISCHES GEBÄUDE • GEMÜTLICH Sie sind auf der Durchreise und möchten gepflegt übernachten? Der 600 Jahre alte Gasthof mit typischer Fassadenmalerei ist von der Autobahn schnell erreicht, hat zeitgemäße Zimmer und ein gemütlich-bayerisches Restaurant, wo man bürgerliche Küche und regionale Schmankerln serviert.

29 Zim – 67/79 € 98/118 € – ½ P

Traunsteiner Str. 7 ✉ 83313 – ✆ 08662 66460900 – www.altepostsiegsdorf.de

SIEK

Schleswig-Holstein – 2 331 Ew. – Höhe 62 m – Regionalatlas **10**-J5
Michelin Straßenkarte 541

Alte Schule

MARKTKÜCHE • LÄNDLICH XX Holzboden, hohe Decken, offener Kamin - in dem hübschen Restaurant steckt der Charme von 1911. Die frische und schmackhafte Saisonküche gibt es z. B. in Form von "hausgemachten Maultaschen vom Landschwein" oder als "gebratenen Skrei auf Rahmsauerkraut". Chic die Kochschule.

Menü 37/73 € – Karte 36/59 €

Hotel Alte Schule, Hauptstr. 44 ✉ 22962 – ✆ 04107 877310 – www.alte-schule-siek.de – Dienstag - Samstag nur Abendessen, Sonntag auch Mittagessen – geschl. Montag

Alte Schule

FAMILIÄR • MODERN Mit Engagement leitet die Familie die ehemalige Schule mitten in Siek. Da lässt es sich schön wohnen, nämlich in hübschen hellen Zimmern, in denen es Obst und Wasser gratis gibt! Und der Tag beginnt mit einem guten Frühstück.

19 Zim – 85/105 € 115/140 € – 13 €

Hauptstr. 44 ✉ 22962 – ✆ 04107 877310 – www.alte-schule-siek.de

Alte Schule – siehe Restaurantauswahl

SIGMARINGEN

Baden-Württemberg – 15 756 Ew. – Höhe 580 m – Regionalatlas **63**-G20
Michelin Straßenkarte 545

In Scheer Süd-Ost: 10 km über B 32

Brunnenstube

FRANZÖSISCH-KLASSISCH • GEMÜTLICH XX Seit über 35 Jahren bietet man hier ein Stück französische Lebensart. In dem charmant-eleganten Restaurant macht saisonal beeinflusste Küche Appetit, eine Spezialität sind hausgemachte Terrinen! Dienstagabends zusätzlich "Menü Surprise".

Menü 35/57 € – Karte 30/50 €

Mengener Str. 4 ✉ 72516 – ✆ 07572 3692 – www.brunnenstube-scheer.de – geschl. Montag - Dienstagmittag, Mittwochmittag, Donnerstagmittag und Samstagmittag

SIMMERATH

Nordrhein-Westfalen – 15 094 Ew. – Höhe 540 m – Regionalatlas **35**-A13
Michelin Straßenkarte 543

In Simmerath-Rurberg Ost: 8 km

Genießer Wirtshaus

REGIONAL • GEMÜTLICH X Gemütlichkeit kommt auf, wenn man bei regionalen Gerichten wie "Döppekooche" in liebenswert dekorierten Stuben sitzt oder nach dem Abendessen in charmanten Themenzimmern (Motto "Genuss") in ein kuscheliges Bett sinkt! Und draußen: ein schöner Obstgarten mit eigenen Hühnern, Räucherhaus, Feuerstelle, Scheune mit Verkaufsladen - das ist Landlust pur!

Menü 29/43 € – Karte 28/49 €

11 Zim – 60/90 € 70/100 € – 2 Suiten – 9 €

Hövel 15 ✉ 52152 – ✆ 02473 3212 – www.geniesserwirtshaus.de – geschl. Montag - Donnerstagmittag

SIMMERN

Rheinland-Pfalz – 7 718 Ew. – Höhe 340 m – Regionalatlas **46**-D15
Michelin Straßenkarte 543

An der Straße nach Laubach Nord: 6 km

Birkenhof

REGIONAL • FREUNDLICH XX Im freundlichen Restaurant und auf der schönen Terrasse genießt man den Blick ins Grüne, während man sich z. B. Spezialitäten vom eigenen Charolais-Rind schmecken lässt. Und nachmittags hausgebackene Kuchen und Waffeln? Eigene Obstbrände.

Menü 30/38 € – Karte 26/49 €

Hotel Birkenhof, Birkenweg 1, Nord: 1,5 km ✉ 55469 Klosterkumbd – ✆ 06761 95400 (Tischbestellung ratsam) – www.birkenhof-info.de – geschl. Dienstagmittag

Birkenhof

LANDHAUS • GEMÜTLICH In dem engagiert geführten Familienbetrieb hat man Wiesen und Wald direkt vor der Tür - nutzen Sie den Fahrradverleih und ausgearbeitete Routen! Schön die wohnlichen Zimmer, das moderne "Sauna-Fitness-&Relax-Gehaichnis" sowie der Garten.

20 Zim ☕ – †77/100 € ††115/150 € – ½ P

Birkenweg 1, Nord: 1,5 km ✉ 55469 Klosterkumbd – ✆ 06761 95400 – www.birkenhof-info.de

Birkenhof – siehe Restaurantauswahl

SIMONSBERG Schleswig-Holstein ➜ Siehe Husum

SIMONSWALD

Baden-Württemberg – 3 064 Ew. – Höhe 372 m – Regionalatlas **61**-E20
Michelin Straßenkarte 545

Hugenhof

INTERNATIONAL • GEMÜTLICH XX Altes Gebälk, Kamin, charmante Einrichtung - da kommt Gemütlichkeit auf, während Chef Klaus Ditz Ihnen am Tisch sein ambitioniertes und schmackhaftes, täglich wechselndes 4-Gänge-Menü annonciert und Chefin Petra Ringwald freundlich-versiert die passenden Weine empfiehlt. Gegenüber die hübsche Raucherlounge.

Menü 37/45 €

15 Zim ☕ – †40/60 € ††75/90 €

Am Neuenberg 14 ✉ 79263 – ✆ 07683 930066 (Tischbestellung erforderlich) – www.hugenhof.de – nur Abendessen – geschl. über Fastnacht 2 Wochen, Mitte August - Anfang September 3 Wochen und Montag - Dienstag

SINDELFINGEN

Baden-Württemberg – 62 215 Ew. – Höhe 449 m – Regionalatlas **55**-G18
Michelin Straßenkarte 545

Restaurant und s'Stüble

KLASSISCHE KÜCHE • GEMÜTLICH X Das gemütliche "Stüble" ist das kulinarische Herzstück des "Erikson-Hotels". Gekocht wird bürgerlich, klassisch und auch mediterran: "Filetspitzen, Cognacrahm, Spätzle", "Dorade, Ratatouille, Kräuter-Gnocchi", Wild aus eigener Jagd...

Menü 44/52 € – Karte 32/57 €

Erikson-Hotel, Hanns-Martin-Schleyer-Str. 8 ✉ 71063 – ✆ 07031 9350 – www.erikson.de – geschl. 22. Dezember - 1. Januar

Erikson-Hotel

BUSINESS • MEDITERRAN Das Privathotel - ein engagiert geführter Familienbetrieb in 3. Generation - wird von Businessgästen und Kurzurlaubern gleichermaßen geschätzt. Praktisch die verkehrsgünstige Lage, zeitgemäß und komfortabel die Zimmer, gut die Gastronomie.

93 Zim - 100/130 € 130/160 € - ½ P

Hanns-Martin-Schleyer-Str. 8 ✉ 71063 - ✆ 07031 9350 - www.erikson.de - geschl. 22. Dezember - 1. Januar

Restaurant und s'Stüble - siehe Restaurantauswahl

Sie suchen ein Hotel für einen besonders angenehmen Aufenthalt? Reservieren Sie in einem roten Haus: ...

SINGEN (HOHENTWIEL)

Baden-Württemberg - 46 344 Ew. - Höhe 429 m - Regionalatlas **62**-F21
Michelin Straßenkarte 545

In Singen-Bohlingen Süd-Ost: 6 km über Rielasinger Straße, Richtung Überlingen

Zapa

FAMILIÄR • MODERN Das Haus liegt ruhig und hat sehr gepflegte moderne Zimmer, Besonderheit sind Bilder und Windspiele eines Nürnberger Künstlers. Zum Erholen: netter Saunabereich und großer Garten. Das Restaurant bietet als Spezialität Graugänse und Hühner (2 Wochen im Winter).

14 Zim - 88/108 € 122/145 €

Bohlinger Dorfstr. 48 ✉ 78224 - ✆ 07731 796161 - www.restaurant-zapa.de - geschl. Ende Dezember - Anfang Januar 2 Wochen, über Fastnacht 1 Woche, Ende Oktober - Anfang November 2 Wochen

SINZIG

Rheinland-Pfalz - 17 226 Ew. - Höhe 90 m - Regionalatlas **36**-C13
Michelin Straßenkarte 543

Vieux Sinzig

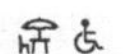

FRANZÖSISCH-KLASSISCH • FREUNDLICH XX Bei Jean-Marie Dumaine genießen Sie saisonale Küche, in der zahlreiche Wildkräuter zum Einsatz kommen - Einflüsse aus der Region und der französischen Heimat des Chefs sind unverkennbar! Gut die Weinberatung. Im Sommer sollten Sie im Garten speisen! Wie wär's mit eigenen eingemachten Produkten für zu Hause?

Menü 25 € (mittags unter der Woche)/89 € - Karte 49/73 €

Kölner Str. 6 ✉ 53489 - ✆ 02642 42757 - www.vieux-sinzig.com - geschl. Montag - Dienstag, Donnerstagabend

In Sinzig-Bad Bodendorf

Maravilla

SPA UND WELLNESS • GEMÜTLICH Das geschmackvolle Haus ist eine richtig schöne Wellnessadresse, doch auch Businessgäste fühlen sich in dem recht ruhig gelegenen Hotel wohl. Die Zimmer sind mal klassisch, mal ganz modern, und wer das Besondere sucht, bucht eine der Wellness-Suiten! Im Restaurant geradliniges Ambiente und Showküche.

33 Zim - 75/140 € 99/240 € - ½ P

Hauptstr. 158 ✉ 53489 - ✆ 02642 40000 - www.maravilla-spa.de

SOBERNHEIM, BAD

Rheinland-Pfalz – 6 408 Ew. – Höhe 150 m – Regionalatlas **46**-D15
Michelin Straßenkarte 543

✿ Jungborn

MODERNE KÜCHE • ELEGANT XXX In dem tollen historischen Sandstein-Tonnengewölbe erinnert nicht mehr viel an das einstige Obstlager: Hier wird man in elegantem Ambiente freundlich-leger und versiert mit moderner Küche umsorgt. Zu den ausdrucksstarken und schön präsentierten Speisen gibt es eine gute Weinauswahl mit regionalem Schwerpunkt.

➜ Tatar vom Piemonteser Kalb, marinierter Gemüsesalat, Aubergine, handgerollter Couscous. Färöer Lachs, Melone, Gurke, Misohollandaise und schwarzer Sesam. Presa vom Iberico Schwein, junge Erbsen, kleine Ofenkartoffel und Meraner Kurtraube.

Menü 75/134 €

Hotel BollAnt's - SPA im Park, Felkestr. 100 ✉ 55566
– ✆ 06751 93390 (Tischbestellung ratsam) – www.bollants.de
– nur Abendessen – geschl. Sonntag - Montag

Hermannshof

MEDITERRAN • LÄNDLICH XX Das hübsche Gewölbe sorgt auch im zweiten Restaurant des "BollAnt's" für Atmosphäre, ebenso das wertige Interieur im attraktiven Vintage-Look! Gekocht wird hier mediterran mit regionalen Einflüssen - Lust auf "gegrillten Schweinebauch mit roten Linsen, Granny Smith und Kartoffelmousseline"?

Menü 45/55 €

Hotel BollAnt's - SPA im Park, Felkestr. 100 ✉ 55566 – ✆ 06751 93390
– www.bollants.de – nur Abendessen – geschl. Sonntag - Montag

Kupferkanne

BÜRGERLICHE KÜCHE • BÜRGERLICH X Sie mögen frische und bodenständige bürgerlich-saisonale Küche? Wie wär's dann z. B. mit "Schweinemedaillons mit Pfefferkruste" oder "Lachs mit Schnittlauchsauce"? Das sympathische moderne Lokal hat im Sommer auch eine hübsche Terrasse.

Karte 25/50 €

Berliner Str. 2 ✉ 55566
– ✆ 06751 2858 – www.restaurant-kupferkanne.de
– geschl. Donnerstag, Samstagmittag

BollAnt's - SPA im Park

SPA UND WELLNESS • INDIVIDUELL Ein Wellnesshotel par excellence! Auf dem 60 000 qm umfassenden Parkanwesen erwarten Sie u. a. spezielle "SPA-Lodges", exklusive "Heimat-Lodges" und schicke "Vintage"-Zimmer, eine tolle Dachsauna, geschmackvolle Ruheräume und Medical Wellness samt Felke-Kur, nicht zu vergessen der top Service. HP inklusive.

90 Zim – †159/179 € ††278/398 € – 14 Suiten – ½ P

Felkestr. 100 ✉ 55566
– ✆ 06751 93390 – www.bollants.de

✿ **Jungborn** • **Hermannshof** – siehe Restaurantauswahl

Maasberg Therme

SPA UND WELLNESS • INDIVIDUELL Schön die ruhige Lage, toll das große Parkgrundstück, wohnlich-gediegen die Zimmer, dazu Beauty und Medical Wellness einschließlich Felke-Kur, ein eigener 18-Loch-Golfplatz, gute Tagungsmöglichkeiten und ein klassisch gehaltenes Restaurant. Tipp: "Private Spa Suite".

48 Zim – †88/114 € ††138/190 € – 8 Suiten – ½ P

Am Maasberg, Nord: 2 km ✉ 55566
– ✆ 06751 8760 – www.hotel-maasberg-therme.de
– geschl. 3. - 25. Januar, 10. - 19. Dezember

In Meddersheim Süd-West: 3 km

Landgasthof zur Traube

REGIONAL • GASTHOF X Schon seit 1998 haben Ingrid und Herbert Langendorf ihr gemütlich-rustikales Lokal in dem hübschen Naturstein-Fachwerk-Haus - die Atmosphäre ist leger, das Essen richtig gut: "gratiniertes Lammkotelett mit feinen Bohnen", "Entenbrust mit Orangen-Pfeffersauce"... Oder lieber Fisch? Dazu gibt's regionale Weine.

Karte 27/58 €

Sobernheimer Str. 2 ✉ 55566 - ✆ 06751 950382 (Tischbestellung ratsam) - www.langendorfstraube.de - geschl. Ende Dezember - Anfang Januar, Mitte Juli - Anfang August und Sonntagabend, Dienstagabend - Mittwoch

SODEN-SALMÜNSTER, BAD

Hessen - 13 407 Ew. - Höhe 150 m - Regionalatlas **38**-H14
Michelin Straßenkarte 543

Im Ortsteil Bad Soden

Fiori

FAMILIÄR • MODERN Ein wunderbar zeitgemäßes Haus, in dem man sich einfach wohlfühlt. Man kümmert sich freundlich um Sie, im Zimmer gibt es kleine Aufmerksamkeiten wie Wasser, Obst und Schokolade, im hübschen modernen Restaurant italienisch-internationale Küche. Gut auch die relativ ruhige Lage in einer Einbahnstraße.

7 Zim - †54/69 € ††76/91 €

Franz-von-Sickingen-Str. 3 ✉ 63628 - ✆ 06056 919712 - www.hotel-fiori.de

SOLINGEN

Nordrhein-Westfalen - 156 771 Ew. - Höhe 221 m - Regionalatlas **36**-C12
Michelin Straßenkarte 543

In Solingen-Aufderhöhe Ost: 7,5 km

Wipperaue

REGIONAL • FREUNDLICH XX Freundlich, modern und mit ländlichem Touch kommt das Restaurant daher, draußen die hübsche Terrasse an der Wupper! Auf dem Teller saisonal geprägte Gerichte. Mittags reduziertes Angebot. Ein Klassiker ist die Bergische Waffel!

Menü 48/68 € - Karte 39/63 €

Hotel Wipperaue, Wipperaue 3 ✉ 42699 - ✆ 0212 2336270 - www.wipperaue.de - geschl. 2. - 14. Januar und Montag

Wipperaue

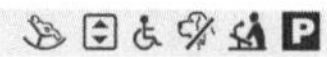

HISTORISCH • GEMÜTLICH Das idyllisch an der Wupper gelegene kleine Hotel ist nicht nur zum Tagen ideal, auch erholen kann man sich hier schön: In dem sanierten traditionsreichen Haus darf man sich auf richtig geschmackvolle und wohnliche Zimmer freuen.

13 Zim - †114/140 € ††174 €

Wipperaue 3 ✉ 42699 - ✆ 0212 2336270 - www.wipperaue.de - geschl. 2. - 14. Januar

Wipperaue - siehe Restaurantauswahl

In Solingen-Hästen Süd-Ost: 4 km

Pfaffenberg

INTERNATIONAL • GERADLINIG XX Schön die Lage abseits der Stadt im Grünen, chic-modern das Interieur, toll die Terrasse mit Blick über die Landschaft. Gekocht wird mit Bezug zur Saison. Leger das Bistro - hier gibt's z. B. Burger und internationale Gerichte.

Menü 49/75 € - Karte 43/70 €

Pfaffenberger Weg 284 ✉ 42659 - ✆ 0212 42363 - www.pfaffenberg.com - nur Abendessen - geschl. Montag - Dienstag

SOMMERACH

Bayern – 1 329 Ew. – Höhe 202 m – Regionalatlas **49**-I15
Michelin Straßenkarte 546

Villa Sommerach Ⓝ

HISTORISCHES GEBÄUDE • INDIVIDUELL Mit seinem historischen Charme und den geschmackvollen, individuellen Zimmern ist das Anwesen a. d. 15. Jh. schon etwas Besonderes! Wein spielt hier eine große Rolle, ist es doch ein Ableger des Weinguts Max Müller I in Volkach. Tipp: Die Scheune dient auch als Café (Sommer: Mi. - Fr., Winter: So.).

6 Zim – †75/95 € ††110/135 €

Nordheimer Str. 13 ✉ 97334 – ✆ 09381 802485 – www.villa-sommerach.de

Zum weißen Lamm

GASTHOF • TRADITIONELL Hotel, Weingut und Gasthof unter einem Dach - und seit 1870 Familienbetrieb. Die individuellen Zimmer, die netten Gaststuben und der Innenhof sind bei Weintouristen, Wanderern, Radfahrern und auch bei Geschäftsreisenden gefragt. Die Küche bietet Regionales, dazu z. B. eigener Silvaner und Müller-Thurgau.

19 Zim – †38/98 € ††68/115 €

Hauptstr. 2 ✉ 97334 – ✆ 09381 9377 – www.strobel-lamm.de – geschl. 23. Dezember - 31. Januar

SOMMERHAUSEN

Bayern – 1 760 Ew. – Höhe 181 m – Regionalatlas **49**-I16
Michelin Straßenkarte 546

Philipp

FRANZÖSISCH-MODERN • GEMÜTLICH XX Fast 20 Jahre wird das schmucke historische Fachwerkhaus nun von Heike und Michael Philipp geführt, und das äußerst charmant und mit ungebrochenem Engagement. Die Küche kommt als finessenreiche, ausdrucksstarke "moderne Klassik" daher, ausgezeichnet die Produkte. Sie sind Weinliebhaber? Zum Übernachten: Barock- und Renaissance-Suite sowie das Doppelzimmer.

→ Marinierte Eismeerforelle, Gurke, Apfel, Wasabi. Rehrücken aus dem Steigerwald, Sellerie, Artischocken, Purple Curry. Délice von Himbeeren und Champagner, Valrhona-Schokolade, Bretonischer Sablé.

Menü 49 € (mittags)/132 € – Karte 57/99 €

3 Zim – †99 € ††148 € – 2 Suiten

Hauptstr. 12 ✉ 97286 – ✆ 09333 1406 (Tischbestellung erforderlich) – www.restaurant-philipp.de – Mittwoch - Freitag nur Abendessen – geschl. Montag - Dienstag

SONNENBÜHL

Baden-Württemberg – 6 972 Ew. – Höhe 775 m – Regionalatlas **55**-G19
Michelin Straßenkarte 545

In Sonnenbühl-Erpfingen

Hirsch (Gerd Windhösel)

KLASSISCHE KÜCHE • FAMILIÄR XX Eine Institution auf der Alb! Silke und Gerd Windhösel sorgen hier zusammen mit ihrem Team für aufmerksamen Service und saisonal-regional beeinflusste klassische Küche ohne große Schnörkel - gerne bezieht man die Produkte aus der Umgebung. Der Rahmen: gediegen-elegant mit ländlich-charmanter Note.

→ Kabeljau mit Kürbis. Rehrücken aus heimischer Jagd mit Pastinakenpüree und Hagebutten-Bergpfeffersößle. Cremiger Schokoladenkuchen mit Moccasabayon und Orangen-Fenchelsaateis.

Menü 50/105 € – Karte 54/83 €

Hotel Hirsch, Im Dorf 12 ✉ 72820 – ✆ 07128 92910 (abends Tischbestellung ratsam) – www.restaurant-hotel-hirsch.de – geschl. nach Pfingsten 1 Woche, Ende Oktober - Anfang November 1 Woche und Montag - Mittwochmittag

Dorfstube

REGIONAL • GEMÜTLICH Richtig heimelig wird es in der liebenswert dekorierten holzgetäfelten Stube, wenn man sich bei Kerzenschein bodenständige regionale Gerichte wie "Maultäschle von Blut- und Leberwurst auf Sauerkraut mit Zwiebelschmelze" oder "Rahmschnitzel mit Champignons und Spätzle" schmecken lässt!

Karte 32/50 €

Hotel Hirsch, Im Dorf 12 ✉ 72820
- ✆ 07128 92910 (abends Tischbestellung ratsam)
- www.restaurant-hotel-hirsch.de

Hirsch

GASTHOF • AUF DEM LAND Die gute Küche im Hause Windhösel ist bekannt, aber wussten Sie auch, dass man hier schön übernachten kann? Besonders reizend sind die neueren Zimmer! Sie frühstücken im lichten Wintergarten und relaxen in der charmanten Stubensauna.

14 Zim – †86/108 € ††120/162 € - 1 Suite - ½ P

Im Dorf 12 ✉ 72820
- ✆ 07128 92910 - www.restaurant-hotel-hirsch.de

Hirsch • **Dorfstube** – siehe Restaurantauswahl

Gute Küche zu moderatem Preis? Folgen Sie dem Bib Gourmand

SONTHOFEN

Bayern – 21 352 Ew. – Höhe 741 m – Regionalatlas **64**-J22
Michelin Straßenkarte 546

In Ofterschwang Süd-West: 4 km über Südliche Alpenstraße

Silberdistel

KLASSISCHE KÜCHE • ELEGANT Nur eine kurze Fahrt mit dem Lift, dann empfängt Sie der charmante Service in einem geschmackvollen Ambiente, das äußerst stimmig stylischen Chic mit alpinen Elementen verbindet. Passend dazu kocht man mit modernen Akzenten und wertigen Produkten aus der Region. All das genießt man bei fantastischer Aussicht!

→ Frühlingserwachen der Gemüse mit Gamsschinken und Birkenfond. Risotto von Tiefenberger Moorkräutern mit Verbenegelee, Graukässchaum und Pioppino. Onglet vom Höhenvieh, BBQ mit Spargel , Mairüben und Rheintaler Riebel.

Menü 91/135 € – Karte 60/94 €

Hotel Sonnenalp Resort, Sonnenalp 1, (Zufahrt über Schweineberg 10) ✉ 87527
- ✆ 08321 2720 (Tischbestellung erforderlich) - www.sonnenalp.de
- nur Abendessen - geschl. 25. Februar - 5. März, 9. - 17. Dezember und Sonntag - Montag

Sonnenalp Resort

GROSSER LUXUS • ELEGANT Solch ein beachtliches Ferienhotel findet man in Deutschland und darüber hinaus nur selten! Seit vier Generationen steht Familie Fäßler für Herzlichkeit, top Service, alpinen Luxus und Freizeitangebote jeglicher Art samt Wellness auf 5000 qm, 45-Loch-Golfplatz und schöner Promenade mit zahlreichen Geschäften. HP inklusive. Trendig-rustikal: "Fäßlers Grillstube".

218 Zim – †191/318 € ††228/331 € - 48 Suiten - ½ P

Sonnenalp 1, (Zufahrt über Schweineberg 10) ✉ 87527
- ✆ 08321 2720 - www.sonnenalp.de

Silberdistel – siehe Restaurantauswahl

SPAICHINGEN

Baden-Württemberg – 12 520 Ew. – Höhe 660 m – Regionalatlas **62**-F20
Michelin Straßenkarte 545

In Hausen ob Verena Süd-West: 6 km über Angerstraße, Karlstraße und Hausener Straße

Hofgut Hohenkarpfen

INTERNATIONAL • FREUNDLICH XX Die Aussicht ist wirklich klasse, da sollten Sie unbedingt auf der Terrasse speisen! Wenn das Wetter nicht mitspielt, sitzt man aber auch schön drinnen in gemütlich-modernem Ambiente bei saisonal-internationaler Kost und Überraschungsmenüs.

Menü 38/128 € – Karte 32/64 €

Hotel Hofgut Hohenkarpfen, Am Hohenkarpfen, Süd-West: 2 km ✉ 78595 – ✆ 07424 9450 – www.hohenkarpfen.de – geschl. 2. - 5. Januar

Hofgut Hohenkarpfen

LANDHAUS • MODERN Ein wahres Idyll - bei gutem Wetter schaut man bis zu den Schweizer Alpen! Die Zimmer in der einstigen Scheune sind schön geradlinig, wohnlich und durchdacht, dekoriert mit Original-Gemälden. Gegen Gebühr bewundern Sie im Haus Ausstellungen der Kunststiftung!

21 Zim ☕ – 🚹94/114 € 🚹🚹122/148 € – ½ P

Am Hohenkarpfen, Süd-West: 2 km ✉ 78595 – ✆ 07424 9450 – www.hohenkarpfen.de – geschl. 2. - 5. Januar

Hofgut Hohenkarpfen – siehe Restaurantauswahl

SPALT

Bayern – 4 937 Ew. – Höhe 309 m – Regionalatlas **57**-K17
Michelin Straßenkarte 546

In Spalt-Großweingarten Süd-Ost: 1 km

Zum Schnapsbrenner

FAMILIÄR • AUF DEM LAND Was die kleine Pension interessant macht? Man wird hier herzlich umsorgt, wohnt ihn gepflegten, geräumigen Zimmern und bekommt am Morgen ein gutes Frühstück. Im Restaurant hat man es gemütlich-ländlich - beliebt ist das Spargelbuffet. Zudem gibt es eine eigene Brennerei mit kleinem Laden.

9 Zim ☕ – 🚹48 € 🚹🚹62/76 € – 2 Suiten – ½ P

Dorfstr. 67 ✉ 91174 – ✆ 09175 79780 – www.schnapsbrennerei.com

In Spalt-Stiegelmühle Nord-West: 5 km, Richtung Wernfels

Gasthof Blumenthal

REGIONAL • GASTHOF X Wild, Spargel, Forellen, Saiblinge... Frisch und saisonal wird in dem Familienbetrieb (bereits die 5. Generation!) gekocht, die guten Produkte stammen natürlich aus der Region. So hübsch wie die ländlichen Stuben ist auch der Innenhof!

Menü 33 € (abends unter der Woche)/50 € (abends) – Karte 18/50 €

Stiegelmühle 42 ✉ 91174 – ✆ 09873 332 – www.gasthof-blumenthal.de – geschl. Anfang Januar 3 Wochen, Ende August 1 Woche und Montag - Dienstag

SPEYER

Rheinland-Pfalz – 49 855 Ew. – Höhe 103 m – Regionalatlas **47**-F17
Michelin Straßenkarte 543

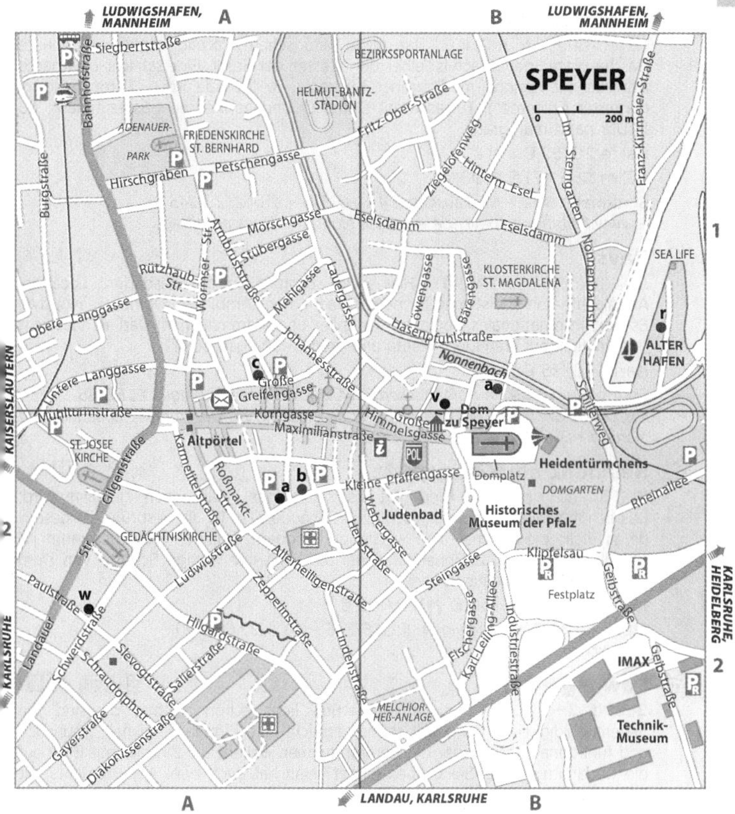

CLYNe - Das Restaurant

REGIONAL • FREUNDLICH In dem freundlich-modernen Restaurant im Zentrum sorgen sympathische Gastgeber für frische, saisonale Küche und charmanten Service. Appetit machen hier z. B. "Wolfsbarsch auf Kichererbsenpüree, Schwarzkümmel und Mangold" oder "Kalbsnieren in Estragon-Senfsauce mit Bratkartoffeln".

Menü 35/50 € – Karte 36/54 €

Stadtplan : A1-c – *Große Greifengasse 5 ✉ 67346*
– ✆ 06232 1008285 (Tischbestellung erforderlich) – www.restaurant-clyne.de
– Dienstag - Donnerstag nur Abendessen
– geschl. Sonntag - Montag

AvantGarthe

MARKTKÜCHE • TRENDY Drinnen schönes geradliniges Ambiente, draußen im Hof die lauschige Terrasse. Gekocht wird bodenständig-regional verwurzelt und mit mediterran-internationalen Einflüssen, dazu gibt's gute Weine. Ideal für Feiern: der Raum "Weinwelten".

Karte 34/73 €

Stadtplan : A2-b – *Ludwigstr. 2, (im Wittelsbacher Hof) ✉ 67346*
– ✆ 06232 687359 – www.avantgarthe.de
– nur Abendessen – geschl. Montag

Gasthaus Zum Halbmond

REGIONAL • FREUNDLICH Das nach historischem Vorbild wieder aufgebaute Gasthaus am Speyerbach ist eines der ältesten der Stadt. Eine schlicht-charmante Adresse mit regional-mediterraner Küche (z. B. "Dorade Rose, Zitronenrisotto, glasierter Chicorée"), Terrasse mit Domblick und gepflegten Gästezimmern. Ab 18 Uhr parkt man gratis.

Karte 20/52 €

5 Zim – 71 € 98 €

Stadtplan : B1-a – *Nikolausgasse 4 67346 – 06232 3124509 – www.halbmond-speyer.de – geschl. Montag - Dienstagmittag*

Rays

INTERNATIONAL • TRENDY Hier lockt schon allein die besondere Location: Am Yachthafen speist man in modern-maritimem Ambiente, Domblick inklusive. Es gibt Internationales, regionale Klassiker und Flammkuchen. Darf es vielleicht "Marlinsteak auf cremiger Polenta und grünem Spargel" sein?

Karte 30/75 €

Stadtplan : B1-r – *Im Hafenbecken 7, (Am Yachthafen, 1. Etage) 67346 – 06232 6771760 – www.rays-speyer.de – geschl. 25. Dezember - 15. Januar und Montag - Dienstagmittag*

Residenz am Königsplatz

HISTORISCH • MODERN Hier gibt es so einiges, was Ihnen gefallen wird: Das schön sanierte denkmalgeschützte Gebäude a. d. 18. Jh. versprüht ein besonderes Flair, die Zimmer sind wertig und modern, toll der Frühstücksraum im Gewölbekeller und der Innenhof, ideal die Lage nur wenige Schritte von Dom und Altpörtel. Parkhaus nebenan.

15 Zim – 120/130 € 170/180 €

Stadtplan : A2-a – *Ludwigstr. 6 67346 – 06232 684990 – www.residenz-speyer.de*

Löwengarten

BUSINESS • MODERN Der Familienbetrieb liegt schön zentral, da sind die Sehenswürdigkeiten der Stadt schnell erreicht! Die Zimmer sind hell, freundlich und funktional, geräumiger die Komfortzimmer. Beliebt die Zimmer mit Blick auf die Gedächtniskirche. Sie bleiben länger? Man hat auch zwei Appartements mit Kitchenette.

65 Zim – 84/130 € 98/158 € – 12 € – ½ P

Stadtplan : A2-w – *Schwerdstr. 14 67346 – 06232 6270 – www.hotel-loewengarten.de*

Domhof

HISTORISCH • GEMÜTLICH Die einstige Herberge des Reichskammergerichts ist ein tolles historisches Gebäudeensemble samt charmantem Innenhof mitten in der Altstadt. Warme Farben und Parkett machen die Zimmer wohnlich. Interessant: Der Frühstückssaal war in den 50er Jahren das Kino von Speyer. Nebenan die Hausbrauerei mit Biergarten.

49 Zim – 108 € 140 €

Stadtplan : B1-v – *Bauhof 3 67346 – 06232 13290 – www.domhof.de*

In Speyer-Binshof Nord: 6 km über Bahnhofstraße A1, Richtung Otterstadt, jenseits der A 61

Lindner Hotel & Spa Binshof

SPA UND WELLNESS • INDIVIDUELL Highlight hier ist der Spa auf 5200 qm mit Haman, Rasul, Private Spa... Die Zimmer sind wohnlich und individuell (teils mit offenen Bädern), auch Maisonetten. Im Restaurant geradliniger Stil unter schöner Backsteindecke, nett der Wintergarten. Dazu die "Pfälzer Stube". Tipp: kleine Badeseen ganz in der Nähe.

131 Zim – 99/229 € 169/269 € – 2 Suiten – ½ P

Binshof 1 67346 – 06232 6470 – www.lindner.de/binshof

SPIEKEROOG (INSEL)

Niedersachsen – 773 Ew. – Höhe 3 m – Regionalatlas **8**-E4
Michelin Straßenkarte 541

Inselfriede

LANDHAUS • GEMÜTLICH Der Familienbetrieb bietet in verschiedenen Häusern freundlich-wohnliche Zimmer und einen schönen Bade- und Saunabereich. Wer besonderen Komfort sucht, bucht eine Superior-Suite. Gemütlich speist man in der "Friesenstube" in Blau-Weiß, dazu ein authentisches Irish Pub. In wenigen Minuten ist man am Strand.

40 Zim – 75/125 € 125/185 € – 7 Suiten – ½ P

Süderloog 12 26474 – 04976 91920 – www.inselfriede.de – geschl. 7. Januar - 9. Februar, 18. November - 25. Dezember

SPRENDLINGEN

Rheinland-Pfalz – 4 130 Ew. – Höhe 110 m – Regionalatlas **47**-E15
Michelin Straßenkarte 543

In St. Johann Nord-Ost: 2 km

Golf Hotel Rheinhessen

LANDHAUS • MODERN Die reizvolle, ruhige Lage am Golfplatz, der tolle Blick auf die Weinberge und die ganze Region sowie wohnliche, moderne Gästezimmer machen das Hotel interessant. Im Restaurant und auf der netten Aussichtsterrasse speist man saisonal.

21 Zim – 85/105 € 125/165 €

Hofgut Wißberg, (Höhe 273 m), Süd: 4 km, beim Golfplatz 55578 – 06701 91640 – www.golfhotel-rheinhessen.de

SPROCKHÖVEL

Nordrhein-Westfalen – 25 026 Ew. – Höhe 200 m – Regionalatlas **26**-C11
Michelin Straßenkarte 543

Im Stadtteil Niedersprockhövel

Eggers

REGIONAL • GEMÜTLICH XX "Auf gut Deutsch, mit internationalen Einflüssen" lautet hier das Motto, so finden sich auf der Karte z. B. "Suppe von der Rauchforelle" oder "Sauerbraten von der Ochsenbacke, Dörrobst, Vollkornknödel & Rotkohl". Besonders gerne sitzt man im Wintergarten und im Sommer natürlich im schönen "Weingarten".

Menü 39 € – Karte 26/55 €

Hotel Eggers, Hauptstr. 78 45549 – 02324 71780 – www.hotel-restaurant-eggers.de – geschl. 1. - 11. Januar und Mittwoch

Tante Anna

INTERNATIONAL • FREUNDLICH XX Richtig behaglich hat man es in dem geschmackvollen Restaurant, das mit seiner charmanten Deko fast schon Wohnzimmer-Atmosphäre hat! Hier - aber auch auf der sehr netten Terrasse - bekommt man freundlich internationale Küche serviert.

Menü 30 € (unter der Woche)/49 € – Karte 26/83 €

Hauptstr. 58 45549 – 02324 79612 – www.tante-anna.eu – nur Abendessen – geschl. Montag

Eggers

FAMILIÄR • MODERN Dirk Eggers hat hier nicht nur ein gefragtes Restaurant, auch als Übernachtungsgast ist man bei ihm gut aufgehoben, denn im Haupthaus wohnt man in geschmackvollen Zimmern mit wertiger moderner Einrichtung.

15 Zim – 75/95 € 100/120 € – ½ P

Hauptstr. 78 45549 – 02324 71780 – www.hotel-restaurant-eggers.de – geschl. 1. - 11. Januar

Eggers – siehe Restaurantauswahl

In Sprockhövel-Haßlinghausen Süd-Ost: 8,5 km, jenseits der A 43 und A 1, nahe Gevelsberg

Habbel's

INTERNATIONAL • GEMÜTLICH XX Hier gibt es so einiges Feines zu entdecken: Da wäre zum einen die schmackhafte, frische Küche mit klarer Linie, die begleitet wird von einer rund 1000 Positionen umfassenden Weinkarte, zum anderen locken zwei eigene Destillerien - der 77er Whisky von Michael Habbel ist der älteste in Deutschland!

Menü 28/55 € - Karte 31/49 €

Gevelsberger Str. 127 ✉ 45549 - ✆ 02339 914312 - www.habbel.com - nur Abendessen, sonntags auch Mittagessen - geschl. Montag - Dienstag

STADE

Niedersachsen - 45 772 Ew. - Höhe 1 m - Regionalatlas **9**-H5
Michelin Straßenkarte 541

Knechthausen

MARKTKÜCHE • GEMÜTLICH XX Das schmucke historische Fachwerkhaus im Stadtkern ist einen Besuch wert, denn hier sitzt man gemütlich, wird freundlich umsorgt und isst gut, und zwar schmackhafte saisonale Speisen wie "Ochsenbacke, Schwarzwurzel, Wirsing, Pancetta".

Menü 42/48 € - Karte 43/53 €

Bungenstr. 20 ✉ 21682 - ✆ 04141 5296360 - www.restaurant-knechthausen.de - nur Abendessen - geschl. Sonntag sowie an Feiertagen

STADTHAGEN

Niedersachsen - 21 694 Ew. - Höhe 72 m - Regionalatlas **18**-G8
Michelin Straßenkarte 541

Torschreiberhaus

KLASSISCHE KÜCHE • FREUNDLICH XX Eine wirklich charmante, engagiert geführte Adresse ist das schöne Backsteinhaus samt modernem Anbau und toller Terrasse. Die Küche ist klassisch und international-mediterran geprägt, so z. B. "gratinierter Lammrücken in Curryjus, Bohnen in Ziegenquark, Parmesangnocchi". Angenehm unprätentiös der Service.

Menü 38/64 € - Karte 53/71 €

Krumme Str. 42 ✉ 31655 - ✆ 05721 6450 (Tischbestellung ratsam) - www.torschreiberhaus.de - Dienstag - Freitag nur Abendessen - geschl. Januar 3 Wochen und Sonntag - Montag

In Nienstädt-Sülbeck Süd-West: 6 km über B 65

Sülbecker Krug

INTERNATIONAL • FREUNDLICH X Lust auf Prime Beef aus dem 800°-Ofen? Auf der Karte liest man Internationales und auch Klassiker wie "geschmortes Kalbsbäckchen von Peter's Farm". Und als Dessert vielleicht "Schwarzwälder Kirsch"? Man hat auch eine Weinbar für Raucher und zum Übernachten stehen schlichte, gepflegte Gästezimmer bereit.

Menü 35/45 € - Karte 31/58 €

12 Zim - †30/50 € ††70/80 € - ohne ☕

Mindener Str. 6, B 65 ✉ 31688 - ✆ 05724 95500 - www.suelbeckerkrug.de - nur Abendessen, sonntags auch Mittagessen - geschl. Montag - Dienstag

STARNBERG

Bayern - 22 787 Ew. - Höhe 588 m - Regionalatlas **65**-L20
Michelin Straßenkarte 546

✿ Aubergine

KREATIV • CHIC XX Großflächig verglast und chic in seinem klaren Interieur, so ist der Wintergarten ein echtes Highlight im "Vier Jahreszeiten". Aber nicht nur das Ambiente stimmt, auch die modern-kreative Küche überzeugt. Dazu eine gut sortierte Weinkarte.

→ Heimische Forelle auf dem Salzstein gegart. Maibock, Malz-Waffel, Kohlrabi, Sanddorn. Savarin, Rhabarber, Champagner.

Menü 79/99 € - Karte 43/65 €

Hotel Vier Jahreszeiten, Münchnerstr. 17 ✉ 82319 - ✆ 08151 4470290 - www.aubergine-starnberg.de - nur Abendessen - geschl. 12. - 16. Februar, 30. Juli - 10. September und Sonntag - Montag

Vier Jahreszeiten Starnberg

BUSINESS • MODERN Ein modern-elegantes Businesshotel mit technisch gut ausgestatteten Zimmern. Eine schöne Sicht bietet der Saunabereich im obersten Stock mit kleiner Dachterrasse. International-regionale Karte im Restaurant Oliv's.

126 Zim - 109/209 € 129/249 € - 4 Suiten - ½ P

Münchnerstr. 17 ✉ 82319 - ✆ 08151 44700 - www.vier-jahreszeiten-starnberg.de

✿ **Aubergine** - siehe Restaurantauswahl

STARZACH

Baden-Württemberg - 4 282 Ew. - Höhe 526 m - Regionalatlas **55**-F19
Michelin Straßenkarte 545

In Starzach-Börstingen Nord: 7 km

Schloß Weitenburg

KLASSISCHE KÜCHE • RUSTIKAL XX Das Schloss liegt mitten im Grünen über dem Neckartal. In schönem historisch-gediegenem Ambiente serviert man z. B. "weißen Heilbutt auf Berglinsen mit Rotweinschalotten" oder "Rehragout mit Preiselbeersauce, Apfelrotkraut und Spätzle". Ein Traum: der Blick von der Terrasse! Übernachten kann man hier auch.

Menü 45/78 € - Karte 36/67 €

30 Zim - 80/108 € 135/176 € - 2 Suiten

Hotel Schloß Weitenburg, Weitenburg 1 ✉ 72181 - ✆ 07457 9330 - www.schloss-weitenburg.de - geschl. 22. - 24. Dezember, 2. - 16. Januar

STAUFEN

Baden-Württemberg - 7 715 Ew. - Höhe 288 m - Regionalatlas **61**-D21
Michelin Straßenkarte 545

Kreuz-Post

KLASSISCHE KÜCHE • GASTHOF XX "Burgunderbraten vom Rinderbug mit Karotten und Nudeln", "Hummer in eigener Sauce mit Fettuccine und Gemüse"... In dem hübschen historischen Gasthaus schmecken die badischen Gerichte ebenso wie die klassischen. Charmant die holzgetäfelte Stube mit Kachelofen, ebenso gemütlich und wertig die Gästezimmer.

Menü 38/50 € - Karte 34/82 €

12 Zim - 90/110 € 125/155 €

Hauptstr. 65 ✉ 79219 - ✆ 07633 95320 - www.kreuz-post-staufen.de - geschl. Februar 3 Wochen, November 1 Woche und Dienstag - Mittwoch

Die Krone

REGIONAL • GEMÜTLICH X Es hat schon Charme, das historische Gasthaus mit seinen gemütlichen Stuben. Dazu gibt es schmackhafte und unkomplizierte Küche, klassisch und regional, von "Cordon bleu" bis "Rehnüsschen mit Wintergemüse und Knöpfle".

Menü 34 € (vegetarisch)/43 € - Karte 25/65 €

Hotel Die Krone, Hauptstr. 30 ✉ 79219 - ✆ 07633 5840 - www.die-krone.de - geschl. Freitagmittag, Samstag

Zum Löwen

GASTHOF • HISTORISCH Ein Stück Geschichte: Besonderheit dieses historischen Hauses: In Zimmer Nr. 5 soll Faust 1539 sein Leben ausgehaucht haben! Tipp: Im 250 m entfernten "Haus Goethe" wohnt man moderner und großzügiger. Hübsch der Frühstücksraum in Form eines Marktplatzes. Bürgerlich-internationale Küche im Restaurant.

40 Zim – †75/95 € ††110/140 € – 2 Suiten – ½ P

Rathausgasse 8 ✉ 79219 – ✆ 07633 9089390 – www.loewen-staufen.de

Die Krone

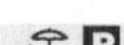

FAMILIÄR • GEMÜTLICH Der nette Gasthof a. d. 16. Jh. ist eine sympathische familiäre Adresse. Hier wohnt man ruhig und dennoch zentral in behaglichen Zimmern, von denen einige einen Balkon und Blick auf den Schlossberg bieten.

9 Zim – †80/85 € ††115/125 € – ½ P

Hauptstr. 30 ✉ 79219 – ✆ 07633 5840 – www.die-krone.de

Die Krone – siehe Restaurantauswahl

In Staufen-Grunern Süd-West: 1 km

Ambiente

MARKTKÜCHE • FREUNDLICH XX Würden Sie in dem kleinen Gewerbegebiet ein geschmackvolles Restaurant wie dieses vermuten? In freundlichm Ambiente wählt man z. B. "gebratenen Zander auf Belugalinsen" oder "Hirschrücken mit Nusskruste und Wirsing". Charmant der Service.

Menü 45 € (vegetarisch)/61 € – Karte 45/61 €

Ballrechterstr. 8 ✉ 79219 – ✆ 07633 802442 – www.restaurant-ambiente.com – geschl. Juli - August 2 Wochen, November 1 Woche und Mittwoch - Donnerstag

STEBEN, BAD

Bayern – 3 354 Ew. – Höhe 578 m – Regionalatlas **41**-L14
Michelin Straßenkarte 546

Am Rosengarten

FAMILIÄR • FUNKTIONELL Wo man so herzlich, persönlich und familiär umsorgt wird, kann man sich nur wohlfühlen! Wohnliche Atmosphäre und ein gutes Frühstück sind Ihnen bei der sympathischen Gastgeberin gewiss. Die Therme ist übrigens nur wenige Schritte entfernt.

14 Zim – †42/51 € ††84/92 €

Wenzstr. 8 ✉ 95138 – ✆ 09288 97200 – www.amrosengarten.de – geschl. 10. Januar - 15. Februar

STEGAURACH Bayern ➜ Siehe Bamberg

STEINEN

Baden-Württemberg – 9 790 Ew. – Höhe 333 m – Regionalatlas **61**-D21
Michelin Straßenkarte 545

In Steinen-Kirchhausen Nord: 10 km, über Weitenau und Hofen

Zum fröhlichen Landmann

REGIONAL • GASTHOF XX Hier kümmert man sich aufmerksam um seine Gäste, die sich über regional-saisonale Speisen freuen. So lässt man sich in charmantem Ambiente z. B. "Ragout vom Wildschwein mit Rotkohl und Spätzle" schmecken. Oder lieber das "Chef's Menü"? Herrlich sitzt man übrigens auf der Terrasse! Kinderspielplatz.

Menü 37/45 € – Karte 30/65 €

Hotel Zum fröhlichen Landmann, Hausmatt 3 ✉ 79585 – ✆ 07629 388 – www.hotel-landmann.de – geschl. Februar und Montag - Mittwochmittag

Zum fröhlichen Landmann

FAMILIÄR • MODERN Moderne Komfortzimmer und schöne Juniorsuiten hält der Schwarzwälder Gasthof für Sie bereit! Die meisten haben einen Balkon, von dem Sie in den Garten oder auf die Wiesen ringsum schauen. Es sind auch noch ein paar rustikalere Zimmer da.

19 Zim – 65/85 € 100/120 € – 1 Suite – ½ P

Hausmatt 3 ✉ 79585 – ✆ 07629 388 – www.hotel-landmann.de – geschl. Februar

Zum fröhlichen Landmann – siehe Restaurantauswahl

STEINENBRONN

Baden-Württemberg – 6 190 Ew. – Höhe 431 m – Regionalatlas **55**-G19
Michelin Straßenkarte 545

Krone

MARKTKÜCHE • FREUNDLICH Im Restaurant der "Krone" trifft Moderne auf Tradition - das Ergebnis sind schmackhafte Gerichte wie "Jakobsmuschelcarpaccio mit Schnittlauchnage", "gebratener Zander", "Rehragout in Trollingersauce"... Alternativ: "s'Krönle" mit deftiger Hausmannskost.

Menü 35/47 € – Karte 23/63 €

Hotel Krone, Stuttgarter Str. 45 ✉ 71144 – ✆ 07157 7330 – www.krone-steinenbronn.de – geschl. 24. Dezember - 7. Januar, 6. - 20. August und Sonntag - Montagmittag sowie an Feiertagen

Krone

FAMILIÄR • MODERN Lassen Sie sich vom unscheinbaren Äußeren nicht täuschen, denn der Familienbetrieb (4. Generation) hat sehr moderne Zimmer mit guter Technik zu bieten. Einfachere Zimmer in einem separaten Gebäudeteil. Zur Messe Stuttgart sind es ca. 7 km.

45 Zim – 70/150 € 85/180 € – 8 €

Stuttgarter Str. 45 ✉ 71144 – ✆ 07157 7330 – www.krone-steinenbronn.de – geschl. 24. Dezember - 7. Januar, 6. - 20. August

Krone – siehe Restaurantauswahl

STEINFURT

Nordrhein-Westfalen – 33 225 Ew. – Höhe 65 m – Regionalatlas **26**-D9
Michelin Straßenkarte 543

In Steinfurt-Borghorst

Schünemann

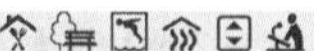

FAMILIÄR • MODERN Ein gewachsenes Hotel unter familiärer Leitung. Die Zimmer sind unterschiedlich eingerichtet, aber immer zeitgemäß. Besonders komfortabel sind die Juniorsuiten. Sie können sich hier Fahrräder leihen und die Gegend erkunden. Danach stärken Sie sich dann im Restaurant (rustikal-elegant oder zeitlos-hell).

45 Zim – 76/90 € 105/126 € – ½ P

Altenberger Str. 109 ✉ 48565 – ✆ 02552 702480 – www.hotel-schuenemann.de

Posthotel Riehemann

FAMILIÄR • MODERN Schon in der ersten Ausgabe des Guide MICHELIN von 1910 war dieses Haus als "Zur Post" erwähnt! Die Herzlichkeit der Familie (bereits die 3. Generation) ist bei den Gästen beliebt, viele davon sind Biker (Fahrradverleih im Haus). Schauen Sie sich auch den kleinen Hofladen mit Münsterländer Produkten an!

17 Zim – 65/79 € 95/110 € – 1 Suite

Münsterstr. 8, Zufahrt über Alte Lindenstr. 2 ✉ 48565 – ✆ 02552 99510 – www.riehemann.de

STEINHEIM

Nordrhein-Westfalen - 12 757 Ew. - Höhe 140 m - Regionalatlas **28**-G10
Michelin Straßenkarte 543

In Steinheim-Sandebeck Süd-West: 12 km über B 252 und Bergheim

Germanenhof

MARKTKÜCHE • LÄNDLICH XX In dem Familienbetrieb kann man nicht nur gut übernachten: Das Restaurant bietet international-regionale Küche mit saisonalen Einflüssen, so z. B. "Westfälischer Kaninchenrücken mit Orangen-Gnocchi und Schokoladensauce". Tipp: Lunchmenüs.

Menü 14 € (mittags)/44 € - Karte 25/49 €

Hotel Germanenhof, Teutoburger-Wald-Str. 29 ✉ 32839 - ✆ 05238 98900 - www.germanenhof.de - geschl. 4. - 8. Januar und Montagmittag, Dienstag

Germanenhof

FAMILIÄR • GEMÜTLICH Aufmerksame Gästebetreuung und wohnliche Zimmer (teilweise mit Balkon) sprechen für dieses zentral gelegene Haus unter engagierter familiärer Leitung. Wer's modern mag, fragt nach den neueren Zimmern und Suiten im Gästehaus.

38 Zim - †77/82 € ††108/115 € - 3 Suiten - ½ P

Teutoburger-Wald-Str. 29 ✉ 32839 - ✆ 05238 98900 - www.germanenhof.de - geschl. 4. - 8. Januar

Germanenhof - siehe Restaurantauswahl

STEINHOEFEL Brandenburg → Siehe Fürstenwalde

STEINSFELD Bayern → Siehe Rothenburg ob der Tauber

STEPHANSKIRCHEN Bayern → Siehe Rosenheim

STIEFENHOFEN

Bayern - 1 811 Ew. - Höhe 805 m - Regionalatlas **64**-I21
Michelin Straßenkarte 546

Landgasthof Rössle

REGIONAL • GASTHOF X Der Gastgeber trägt zurecht den Namen "Kräuterwirt", denn man hat allerlei frische Kräuter aus dem eigenen (übrigens auch sehr hübsch angelegten) Garten, mit denen die regionalen Gerichte verfeinert und gewürzt werden.

Menü 45 € - Karte 18/50 €

14 Zim - †58/68 € ††88/112 €

Hauptstr. 14 ✉ 88167 - ✆ 08383 92090 - www.roessle.net - November - Mai: Montag - Donnerstag nur Abendessen - geschl. 12. - 22. März, 5. November - 6. Dezember und Dienstagmittag, Mittwoch

STOCKACH

Baden-Württemberg - 16 393 Ew. - Höhe 491 m - Regionalatlas **63**-G21
Michelin Straßenkarte 545

Zum Goldenen Ochsen

REGIONAL • GASTHOF XX Geradlinig-klassisch das Ambiente im Restaurant, rustikaler die gemütliche Stube. Gekocht wird überwiegend mit Bio-Produkten aus der Region, dazu wählen Sie von einer fair kalkulierten Weinkarte mit vielen italienischen Weinen.

Menü 22/48 € - Karte 27/59 €

Hotel Zum Goldenen Ochsen, Zoznegger Str. 2 ✉ 78333 - ✆ 07771 91840 - www.ochsen.de - geschl. Anfang Januar 2 Wochen und Samstagmittag, Sonntag - Montagmittag

Zum Goldenen Ochsen

GASTHOF • GEMÜTLICH Bereits die 3. Generation leitet den historischen Ochsen! Die Zimmer hat man individuell und wohnlich gestaltet, teilweise haben sie einen Balkon zum Garten. Hübsch: Im Haus hängen einige Gemälde.

36 Zim – 58/118 € 89/168 € – ½ P

Zoznegger Str. 2 ✉ 78333 – ✆ 07771 91840 – www.ochsen.de – geschl. Anfang Januar 2 Wochen

Zum Goldenen Ochsen – siehe Restaurantauswahl

In Stockach-Wahlwies Süd-West: 3 km über B 313, jenseits der A 98

Gasthof Adler

MARKTKÜCHE • GASTHOF XX Der Gasthof von 1664 ist Familienbetrieb in 11. Generation! Gekocht wird regional-saisonal - schmackhaft und auch mal herzhaft. So gibt es in dem gemütlichen Restaurant z. B. "Rumpsteak mit Koriander-Knoblauch-Zitronen-Emulsion" und auch Wurstsalat! Zum Übernachten: freundliche, wohnliche Zimmer.

Menü 51/55 € – Karte 24/57 €

15 Zim – 50/79 € 85/114 €

Leonhardtstr. 29 ✉ 78333 – ✆ 07771 3527 – www.adler-wahlwies.de – Dienstag - Freitag nur Abendessen – geschl. nach Pfingsten 2 Wochen, Oktober - November 2 Wochen und Montag

STOCKHEIM Bayern → Siehe Kronach

STOLBERG

Nordrhein-Westfalen – 56 414 Ew. – Höhe 200 m – Regionalatlas **35**-A12
Michelin Straßenkarte 543

Außerhalb Nord-West: 5 km über Würselener Straße, Richtung Verlauternheide

Gut Schwarzenbruch

KLASSISCHE KÜCHE • TRADITIONELLES AMBIENTE XX Klassische Küche mit internationalen Einflüssen im traditionellen Rahmen eines 250 Jahre alten Guts. Wie wär's mit dem sonntäglichen Brunch? Schön das Buffet vor den Pferdeboxen der einstigen Stallungen! Für große Gesellschaften (bis zu 250 Personen): der etwas entfernt gelegene orientalische Pavillon.

Menü 25 € (mittags unter der Woche)/69 € – Karte 42/61 €

Schwarzenbruch 1 ✉ 52222 Stolberg – ✆ 02402 22275 – www.schwarzenbruch.de - geschl. Dienstag - Mittwoch

STOLPE

Mecklenburg-Vorpommern – 302 Ew. – Höhe 9 m – Regionalatlas **14**-P4
Michelin Straßenkarte 542

Gutshaus Stolpe

KREATIV • LANDHAUS XX Die Küche hier vereint klare Struktur mit schöner Balance, großen Wert legt man auf saisonalen Bezug und ausgesuchte Produkte aus der Region. Dazu geschulter Service samt guter Weinberatung. Mit seinem eleganten Landhausstil wird das Restaurant ganz dem Gutshof-Charme gerecht, herrlich die Terrasse.

→ Gebratene Jakobsmuschel mit Erbse, Zitrone und Ziegenkäse. Glasierte Taube mit Gerste, Rote Bete und Lakritz. Rücken vom Lamm mit gebackener Karotte und schwarzem Trüffel.

Menü 64 € – Karte 62/95 €

Hotel Gutshaus Stolpe, Peenstr. 33 ✉ 17391 – ✆ 039721 5500 - www.gutshaus-stolpe.de – nur Abendessen – geschl. Januar und Sonntag - Montag

⑩ Fährkrug

REGIONAL • LÄNDLICH X So richtig gemütlich sitzt man in dem reizenden jahrhundertealten Reetdachhaus - es besteht übrigens zum Teil aus Bruchsteinen der nahen Klosterruine. Aus der Küche kommen z. B. "Wildfrikadellen" oder "Zanderfilet mit Blattspinat und jungen Kartoffeln". Idyllisch die Terrasse zum Fluss Peene!

Menü 32/45 € - Karte 27/39 €

Peenstr. 38 ✉ 17391 - ✆ 039721 52225 - www.gutshaus-stolpe.de - geschl. Januar - Februar, September - April: Dienstag - Mittwoch

Gutshaus Stolpe

LANDHAUS • KLASSISCH Dieses wunderbare Anwesen mit Gutshaus und Remise liegt nicht nur schön ruhig und bietet ein überaus geschmackvolles und stimmiges Ambiente, man spürt hier auch das Bemühen um den Gast. Zum Entspannen laden der hübsche Saunabereich und der tolle Park ein. Idealer Rahmen für Hochzeiten und Events.

32 Zim - 99/150 € 145/200 € - 4 Suiten - ½ P

Peenstr. 33 ✉ 17391 - ✆ 039721 5500 - www.gutshaus-stolpe.de

✿ **Gutshaus Stolpe** - siehe Restaurantauswahl

STOLPEN

Sachsen - 5 674 Ew. - Höhe 320 m - Regionalatlas **43**-Q12
Michelin Straßenkarte 544

In Stolpen-Heeselicht Süd: 9 km, Richtung Neustadt i. Sachen, nach Langenwolmsdorf rechts abbiegen.

⑩ Landhotel Zum Erbgericht Ⓝ

MARKTKÜCHE • NACHBARSCHAFTLICH X Der historische Gasthof mit der langen Familientradition bietet bürgerlich-saisonale Küche mit regionalem Einfluss, die in ländlichem Ambiente serviert wird. Zum Übernachten hat man wohnliche Zimmer. Es gibt übrigens einige interessante Ausflugsziele - wie wär's z. B. mit den Märzenbecherwiesen im Polenztal?

Menü 35/86 € - Karte 22/80 €

12 Zim - 53/80 € 45/100 €

Am Markt 8 ✉ 01833 - ✆ 035973 2290 - www.erbgericht.de - geschl. November - Ostern: Montag - Dienstag

STRALSUND

Mecklenburg-Vorpommern - 57 525 Ew. - Höhe 13 m - Regionalatlas **6**-O3
Michelin Straßenkarte 542

⑩ Zum Scheel

REGIONAL • TRADITIONELLES AMBIENTE XX Eine schöne alte Holzdecke, Backsteinwände, ein sehenswertes historisches Wappen... Zum hanseatischen Flair gibt es frische regionale Speisen wie "gebratene Scholle mit Röstkartoffeln" - gerne auch auf der hübschen Innenhofterrasse. Mittags günstiger Lunch. Tipp: Kaffee aus der eigenen Rösterei!

Menü 32 € - Karte 35/60 €

Stadtplan : B1-a - *Hotel Scheelehof, Fährstr. 23 ✉ 18439 - ✆ 03831 2833112 - www.scheelehof.de*

Scheelehof

HISTORISCH • INDIVIDUELL Kein Hotel "von der Stange" ist das Geburtshaus des bekannten Chemikers Carl Wilhelm Scheele. Das historische Häuser-Ensemble liegt in der ältesten Straße Stralsunds und ist innen ebenso attraktiv wie von außen. Liebenswerte Zimmer mit individuellen Details, immer wieder charmante Relikte von einst!

93 Zim - 114/174 € 140/190 € - ½ P

Stadtplan : B1-a - *Fährstr. 23 ✉ 18439 - ✆ 03831 283300 - www.scheelehof.de*

⑩ **Zum Scheel** - siehe Restaurantauswahl

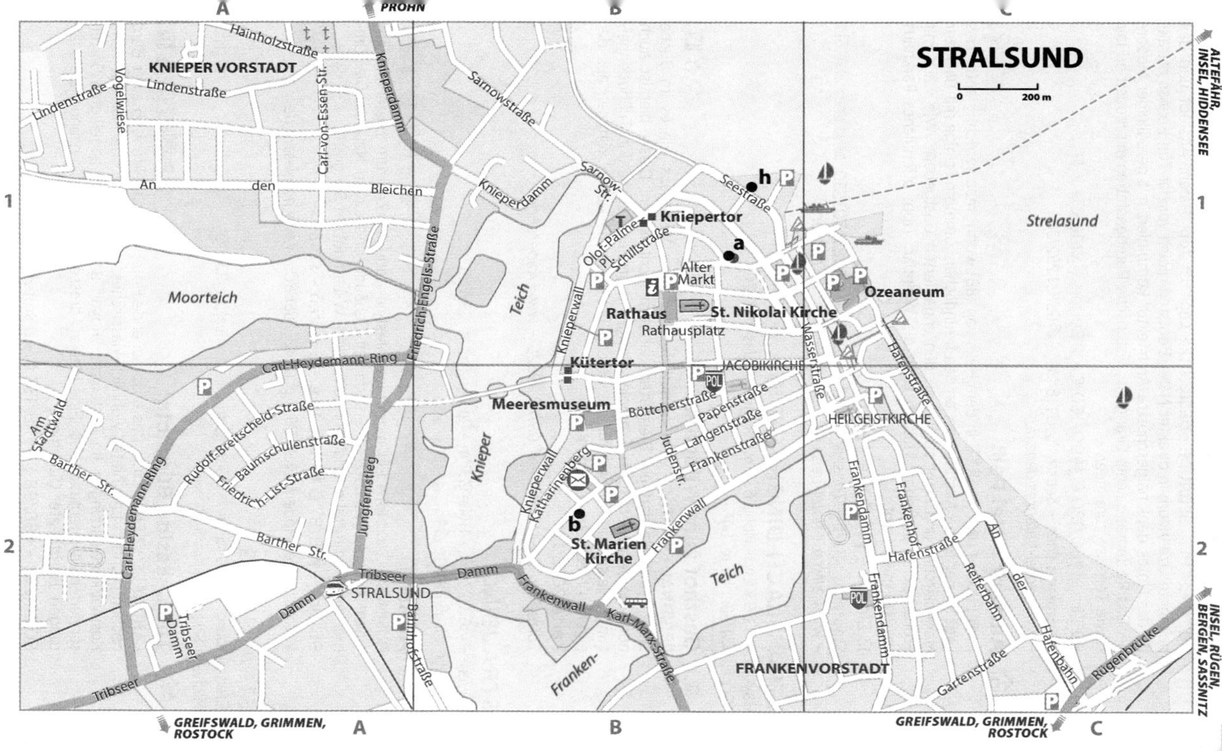
STRALSUND
0
200 m
ALTEFÄHR, INSEL, HIDDENSEE
INSEL, RÜGEN, BERGEN, SASSNITZ
GREIFSWALD, GRIMMEN, ROSTOCK
GREIFSWALD, GRIMMEN, ROSTOCK
PROHN
A
B
C
1
2
KNIEPER VORSTADT
Hainholzstraße
Lindenstraße
Lindenstraße
Vogelwiese
Carl-von-Essen-Str.
Knieperdamm
Sarnowstraße
Sarnow-Str.
Knieperdamm
An
den
Bleichen
Moorteich
Friedrich-Engels-Straße
Teich
Seestraße
h
Kniepertor
Olof-Palme-Pl.
Schillstraße
a
Alter Markt
Rathaus
St. Nikolai Kirche
Rathausplatz
Ozeaneum
Strelasund
Knieperwall
Kütertor
JACOBIKIRCHE
Wasserstraße
Hafenstraße
Carl-Heydemann-Ring
Meeresmuseum
Böttcherstraße
Papenstraße
Langenstraße
Frankenstraße
Judenstr.
HEILGEISTKIRCHE
Am Stadtwald
Barther Str.
Rudolf-Breitscheid-Straße
Baumschulenstraße
Friedrich-List-Straße
Carl-Heydemann-Ring
Jungfernstieg
Knieper
Knieperwall
Katharinenberg
b
St. Marien Kirche
Frankenwall
Teich
Frankendamm
Frankenhof
Frankendamm
Hafenstraße
Reiferbahn
An der Hafenbahn
Barther Str.
Tribseer Damm
STRALSUND
Damm
Frankenwall
Karl-Marx-Straße
Tribseer Damm
Bahnhofstraße
Tribseer
Franken-
FRANKENVORSTADT
Gartenstraße
Rügenbrücke

Hafenresidenz

HISTORISCHES GEBÄUDE • DESIGN Die Lage ist top: Hafen, Altstadt und das bekannte Ozeaneum in direkter Nähe, Bootsteg gleich vor der Tür! Ebenso attraktiv das Hotel: denkmalgeschützte Architektur kombiniert mit geradliniger Moderne. Das Restaurant: lichte Orangerie, historische Pumpenstation mit Industrie-Flair sowie Terrasse zum Meer.

69 Zim – 80/120 € 90/160 € – 2 Suiten – 16 € – ½ P

Stadtplan : B1-h – *Seestr. 10 ✉ 18439 – ☎ 03831 282120 – www.hotel-hafenresidenz.de*

Altstadt Hotel Peiß

FAMILIÄR • FUNKTIONELL In dem Haus von 1881 wohnt man so richtig nett - das liegt an der tollen Altstadtlage, an den freundlichen Zimmern (einige mit Blick zur Marienkirche) und nicht zuletzt an den engagierten Gastgebern. Wie wär's mit Frühstück im Innenhof? Hübsch auch die Weinbar. Tipp: öffentliches Parkhaus ca. 300 m entfernt.

13 Zim – 60/100 € 65/145 € – 2 Suiten

Stadtplan : B2-b – *Tribseer Str. 15 ✉ 18439 – ☎ 03831 303580 – www.altstadt-hotel-peiss.de – geschl. Januar - Februar*

STRASSLACH-DINGHARTING

Bayern – 3 093 Ew. – Höhe 635 m – Regionalatlas **65**-L20
Michelin Straßenkarte 546

Gasthof zum Wildpark

REGIONAL • GASTHOF Ein gemütlich-bayerisches Wirtshaus wie es im Buche steht - und da darf ein Biergarten natürlich nicht fehlen! Dieser hier ist auch noch ein besonders tolles Exemplar: riesig, mit großer Markise und Fußbodenheizung! Fleisch und Wurst für die durchgehend warme Küche kommen aus der eigenen Metzgerei nebenan!

Karte 20/50 €

Tölzer Str. 2 ✉ 82064 – ☎ 08170 99620 – www.roiderer.de

STRAUBING

Bayern – 46 027 Ew. – Höhe 331 m – Regionalatlas **59**-O18
Michelin Straßenkarte 546

ASAM

BUSINESS • MODERN Ein modernes Lifestyle-Hotel im Zentrum bestehend aus einem denkmalgeschützten Gründerzeit-Gebäude und einem Neubau. Die Zimmer sind komfortabel und sehr zeitgemäß, W-Lan nutzen Sie gratis.

96 Zim – 78/87 € 110/149 € – 5 Suiten – 15 € – ½ P

Wittelsbacher Höhe 1 ✉ 94315 – ☎ 09421 788680 – www.hotelasam.de

STRAUSBERG

Brandenburg – 25 946 Ew. – Höhe 75 m – Regionalatlas **23**-Q8
Michelin Straßenkarte 542

The Lakeside Burghotel

LANDHAUS • GEMÜTLICH Das ansprechende Hotel ist architektonisch einer Burg nachempfunden und bietet wohnlich-klassisches Ambiente sowie Massage- und Kosmetikanwendungen. Im Restaurant "Royal" und im schön angelegten Garten serviert man Internationales. Eine ideale Adresse für Hochzeiten und Veranstaltungen. Burgtheater (Sommer).

50 Zim – 88/98 € 118/133 € – 3 Suiten – ½ P

Gielsdorfer Chaussee 6 ✉ 15344 – ☎ 03341 34690 – www.burghotel-strausberg.de

STROMBERG (KREIS KREUZNACH)

Rheinland-Pfalz – 3 191 Ew. – Höhe 250 m – Regionalatlas **46**-D15
Michelin Straßenkarte 543

Le Val d'Or

KREATIV • ELEGANT Das exklusive Restaurant der Lafers zeigt sich nach grundlegender Renovierung modern-elegant - da hat man es nun noch schicker, während man den interessanten Mix aus Moderne, Klassik und asiatischen Akzenten genießt - beste Produkte verstehen sich von selbst! Ausgezeichnet der Service samt Weinberatung.

→ Geflämmte Makrele, Butterkartoffeln, Liebstöckelemulsion. Pochiertes Bio Eigelb, Pastinake, Pfifferlinge. Schulter vom Wagyu Rind, Mais, Knollensellerie, Rauchjus.

Menü 145/175 € – Karte 101/112 €

Hotel Johann Lafer's Stromburg, Schlossberg 1, über Michael-Obentraut-Straße ✉ 55442 – ✆ 06724 93100 – www.johannlafer.de – nur Abendessen – geschl. 8. - 21. Januar und Montag - Dienstag

Le Délice

INTERNATIONAL • ELEGANT Behaglich-elegant ist die Atmosphäre hier. Dazu bietet man internationale Küche - wählen Sie aus den beiden Menüs z. B. "Matjes, Gurke, Avocado" oder "Rehbock, Pfifferlinge, Aprikose".

Menü 70 € – Karte 75/105 €

Land & Golf Hotel Stromberg, Am Buchenring 6, Süd: 2 km in Schindeldorf, beim Golfplatz ✉ 55442 – ✆ 06724 6000 – www.golfhotel-stromberg.de – nur Abendessen – geschl. 23. Dezember - 23. Januar, 24. Juni - 24. Juli und Sonntag - Montag

Johann Lafer's Stromburg

HISTORISCHES GEBÄUDE • KLASSISCH Es ist schon ein wahres Kleinod, das Familie Lafer aus der Burg a. d. 12. Jh. gemacht hat. Sie wohnen in geschmackvollen, individuell geschnittenen Zimmern oder in der Suite über drei Etagen. Dazu ausgezeichneter Service und ein gutes Frühstück - besonders schön auf der Terrasse!

13 Zim – 155/195 € 195/285 € – 1 Suite – 25 €

Schlossberg 1, über Michael-Obentraut-Straße ✉ 55442 – ✆ 06724 93100 – www.johannlafer.com – geschl. 8. - 21. Januar

Le Val d'Or – siehe Restaurantauswahl

Land & Golf Hotel Stromberg

SPA UND WELLNESS • INDIVIDUELL Diese Hotelanlage hat so einiges zu bieten: modern-elegante Zimmer und Suiten, einen schönen Spa auf 2500 qm sowie gute Verantstaltungsmöglichkeiten - und den Golfplatz haben Sie direkt vor der Tür! Am Abend locken Bar und Smokers Lounge.

164 Zim – 150/160 € 250/260 € – 10 Suiten – ½ P

Am Buchenring 6, Süd: 2 km in Schindeldorf, beim Golfplatz ✉ 55442 – ✆ 06724 6000 – www.golfhotel-stromberg.de – geschl. 23. Dezember - 23. Januar, 24. Juni - 24. Juli

Le Délice – siehe Restaurantauswahl

STRULLENDORF

Bayern – 7 806 Ew. – Höhe 251 m – Regionalatlas **50**-K15
Michelin Straßenkarte 546

In Strullendorf-Wernsdorf Nord-Ost: 5 km, Richtung Roßdorf a. Forst über Amlingstadt, jenseits der A 73

Gasthof Schiller

GASTHOF • MODERN Ein hübscher historischer Gasthof mit langer Familientradition. Ländlich-charmant die Zimmer im Stammhaus, schön modern die im angeschlossenen Landhotel. In gemütlicher Wirtshausatmosphäre gibt es gute fränkische Brotzeit oder Klassiker wie Schweinshaxe. Großer Biergarten unter Kastanien und Linden.

31 Zim – 54/99 € 79/129 € – 4 Suiten

Amlingstadter Str. 14 ✉ 96129 – ✆ 09543 44020 – www.gasthof-schiller.de – geschl. Anfang Januar 2 Wochen, Anfang November 1 Woche

STÜHLINGEN

Baden-Württemberg – 4 956 Ew. – Höhe 501 m – Regionalatlas **62**-E21
Michelin Straßenkarte 545

Rebstock

GASTHOF • FUNKTIONELL Seit 1368 gibt es den Gasthof (damals noch Schenke), seit 1930 und nun in 3. Generation als Familienbetrieb geführt. Besonders komfortabel die vier modernen Appartements im einstigen Gefängnis, urig-gemütlich die Gaststube. Besonderheit: Bauern- und Bulldogmuseum sowie Puppen- und Nostalgiemuseum!

33 Zim – †54/56 € ††80/84 €

Schlossstr. 10 ✉ 79780 – ✆ 07744 92120 – www.rebstock.eu – geschl. 2. - 22. Januar

In Stühlingen-Mauchen West: 7 km

Geng's Linde

TRADITIONELLE KÜCHE • ZEITGEMÄSSES AMBIENTE Was Christian Geng hier bietet, ist schmackhaft und frisch, traditionell und auch international beeinflusst. Lust auf "Cordon bleu vom Kalb" oder "Lammrücken mit Kräutern überbacken, Peperonata und hausgemachte Kartoffelgnocchi"? Schön trendig das Ambiente: klare moderne Formen kombiniert mit warmem Holz.

Menü 37 € – Karte 22/54 €

19 Zim – †55/65 € ††85/95 €

St.-Gallus-Str. 37 ✉ 79780 – ✆ 07744 1255 – www.gengslinde.de – nur Abendessen, sonntags auch Mittagessen – geschl. 5. - 17. März, 17. - 29. September und Dienstag

In Stühlingen-Schwaningen Nord-West: 7 km über B 314 und B 315, Richtung Singen und Weizen

Gasthaus Schwanen

REGIONAL • GEMÜTLICH In dem Gasthaus von 1912 passt alles: sympathisch-engagierte Gastgeber, liebenswerte Atmosphäre und richtig gutes Essen, z. B. als "Rückensteak vom Weiderind mit Senfkruste und Kartoffelgratin". Tipp für Übernachtungsgäste: besonders komfortabel ist die "Villa Pfarrhus" nur wenige Meter entfernt.

Menü 25/65 € (abends) – Karte 23/55 €

12 Zim – †65/85 € ††85/95 € – 3 Suiten

Talstr. 9 ✉ 79780 – ✆ 07744 5177 – www.gasthaus-schwanen.de – nur Abendessen, sonntags auch Mittagessen – geschl. 1. - 10. Januar, 19. Oktober - 20. November und Mittwoch, Oktober - April: Mittwoch - Donnerstag

STUHR

Niedersachsen – 32 729 Ew. – Höhe 4 m – Regionalatlas **18**-G7
Michelin Straßenkarte 541

In Stuhr-Moordeich West: 2 km

Nobel

MARKTKÜCHE • FREUNDLICH In dem klassisch gehaltenen Restaurant wie auch in der gemütlichen, etwas rustikaleren Bierstube "Pumpernickel" bietet man saisonal-bürgerliche Speisen wie "Rinderrouladen mit Rotkohl" oder "Zanderfilet mit Spitzkohl und Schnittlauchsauce".

Menü 20/34 € – Karte 24/46 €

2 Zim – †43/59 € ††59/69 € – 11 €

Neuer Weg 13 ✉ 28816 – ✆ 0421 56800 – www.nobel-moordeich.de – geschl. Ende Juni - Anfang Juli 2 Wochen

age fotostock

WIR MÖGEN BESONDERS...

Im **OLIVO** von einem Fensterplatz zum belebten Hauptbahnhof schauen und dabei Spitzenküche genießen. Das **ZUR WEINSTEIGE**, wo man mit etwas Glück einen Blick auf die Koi-Zucht des Patrons werfen kann. Im **top air** bei Sterneküche das Rollfeld des Flughafens im Blick haben! US Prime Beef und Porsche unter einem Dach im Zuffenhausener **Christophorus** samt Museum.

STUTTGART

Baden-Württemberg – 612 441 Ew. – Höhe 245 m – Regionalatlas **55**-G18
Michelin Straßenkarte 545

Stadtpläne siehe nächste Seiten

Restaurants

✿ Die Zirbelstube

FRANZÖSISCH-MODERN • ELEGANT XXX Geradlinig, technisch auf sehr hohem Niveau und nicht überladen - so kocht man hier. Der Service ist freundlich, kompetent und aufmerksam, ohne aufdringlich zu sein. Gut die Weinberatung. Und das Ambiente? Elegant und behaglich zugleich, dafür sorgt die wunderbare namengebende Zirbelholzvertäfelung.

➜ Stubenküken, Kokosjoghurt, Tandoori. Lamm, Dattelkirschtomate, Bärlauch. Ziegenfrischkäse, Erdbeeren, Sauerampfer.

Menü 77 € (vegetarisch)/149 €

Stadtplan : K1-u – *Althoff Hotel am Schlossgarten, Schillerstr. 23* ✉ *70173*
– *✆ 0711 2026828 – www.hotelschlossgarten.com*
– *geschl. Januar 2 Wochen, August 3 Wochen und Sonntag - Montag*

✿ YoSH

FRANZÖSISCH-MODERN • GEMÜTLICH XXX Nur Top-Produkte finden Verwendung in der angenehm reduzierten klassisch basierten Küche. Richtig gutes Handwerk, Harmonie und schöne Präsentation zeichnen die Speisen aus. Und das Ambiente? Schicker modern-eleganter Stil, hochwertige Materialien, stimmig in Farbe und Dekoration.

➜ Gelierter Wagyu Tafelspitz, Mille Feuille, Wildkräutersalat. Bretonischer Steinbutt, Rotweinbutter, Gänseleberсroûtons. Ochsenbäckle, Petersilienwurzelpüree, glasiertes Gemüse, Trüffeljus.

Menü 148/198 €

Stadtplan : F1-a – *Feuerbacher Weg 101* ✉ *70192*
– *✆ 0711 6996960 (Tischbestellung ratsam)*
– *www.yosh-stuttgart.de*
– *nur Abendessen – geschl. 5. - 13. Juni, 16. August - 5. September und Montag - Dienstag*

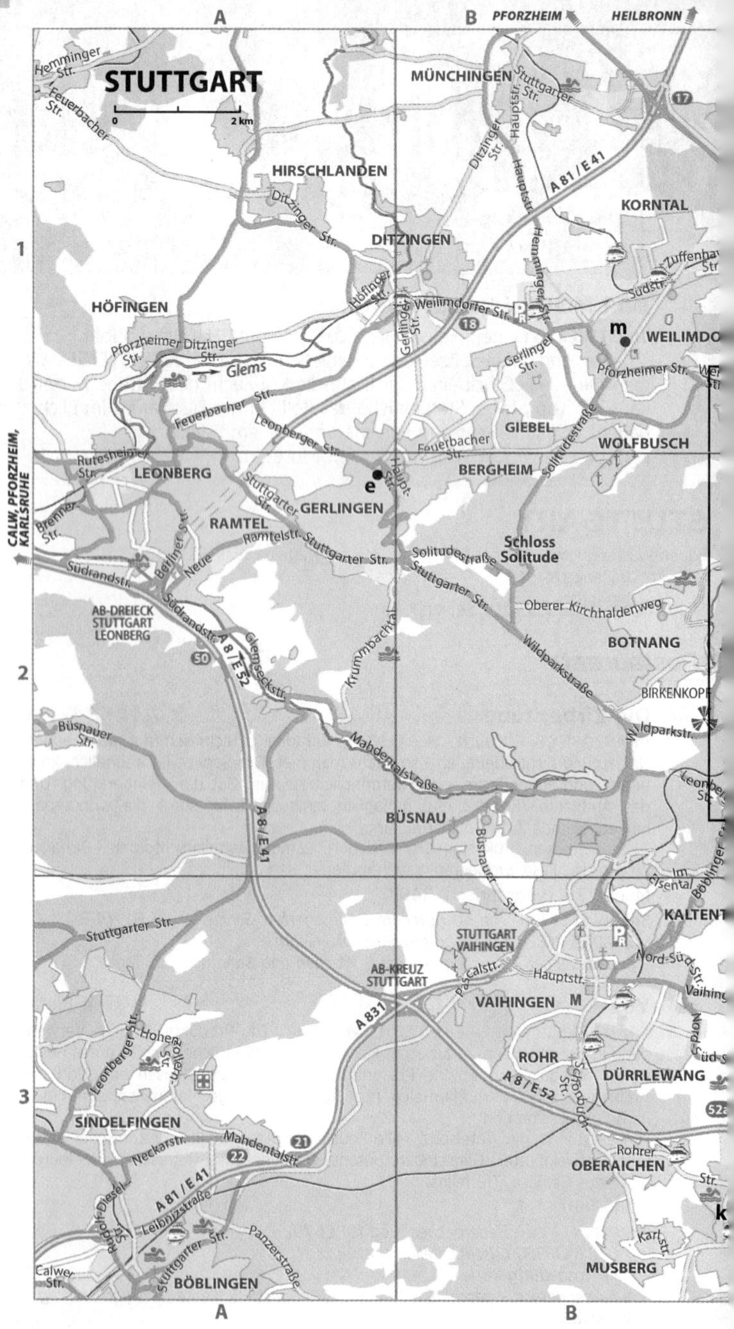
STUTTGART
0
2 km
A
B
PFORZHEIM
HEILBRONN
1
2
3
CALW, PFORZHEIM, KARLSRUHE
MÜNCHINGEN
HIRSCHLANDEN
DITZINGEN
KORNTAL
HÖFINGEN
WEILIMDO
GIEBEL
WOLFBUSCH
LEONBERG
BERGHEIM
GERLINGEN
RAMTEL
Schloss Solitude
BOTNANG
BIRKENKOPF
AB-DREIECK STUTTGART LEONBERG
BÜSNAU
KALTENT
STUTTGART VAIHINGEN
AB-KREUZ STUTTGART
VAIHINGEN
ROHR
DÜRRLEWANG
SINDELFINGEN
OBERAICHEN
MUSBERG
BÖBLINGEN
A 81 / E 41
A 8 / E 52
A 8 / E 41
A 831
Glems
m
e
M
k

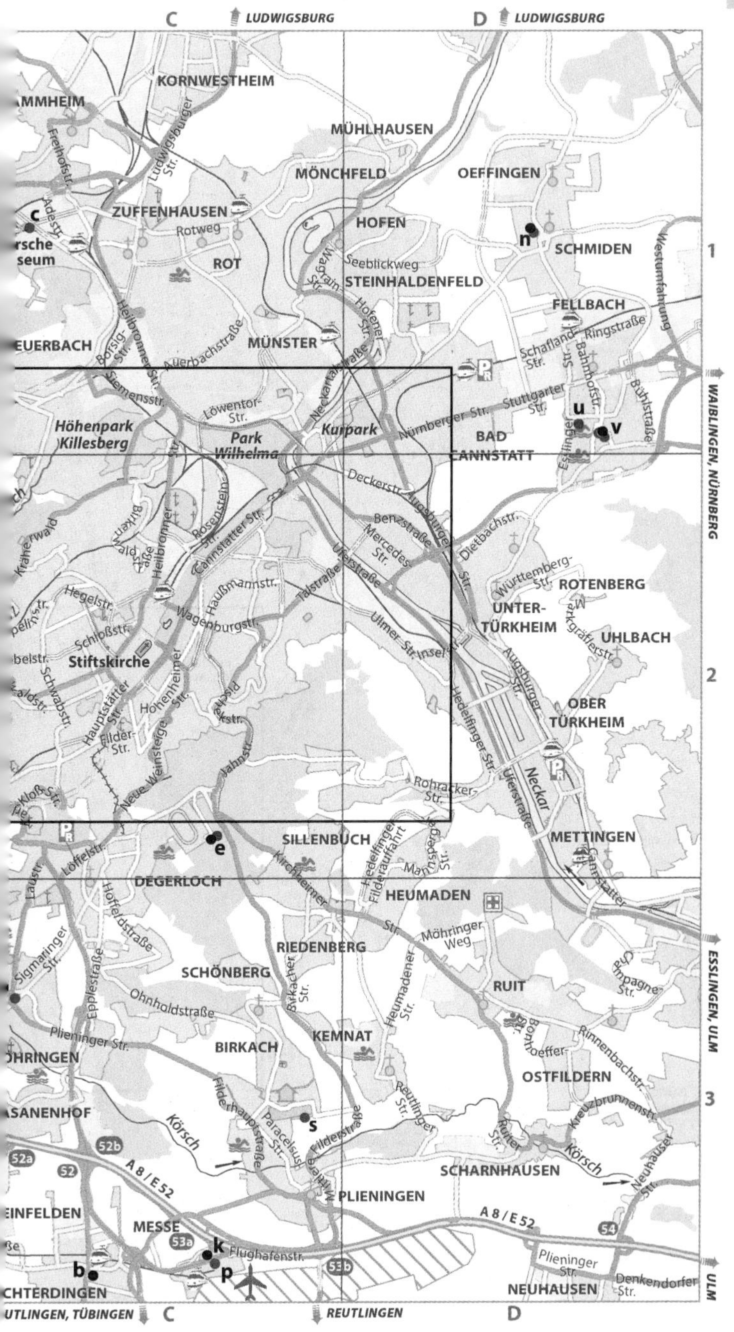
C
LUDWIGSBURG
D
LUDWIGSBURG
KORNWESTHEIM
MÜHLHAUSEN
MÖNCHFELD
OEFFINGEN
ZUFFENHAUSEN
HOFEN
SCHMIDEN
ROT
STEINHALDENFELD
FELLBACH
MÜNSTER
EUERBACH
Höhenpark Killesberg
Park Wilhelma
Kurpark
BAD CANNSTATT
ROTENBERG
UNTER-TÜRKHEIM
UHLBACH
Stiftskirche
OBER TÜRKHEIM
Neckar
SILLENBUCH
METTINGEN
DEGERLOCH
HEUMADEN
RIEDENBERG
SCHÖNBERG
RUIT
BIRKACH
KEMNAT
OSTFILDERN
ASANENHOF
Körsch
SCHARNHAUSEN
PLIENINGEN
EINFELDEN
MESSE
A 8 / E 52
CHTERDINGEN
NEUHAUSEN
WAIBLINGEN, NÜRNBERG
ESSLINGEN, ULM
ULM
UTLINGEN, TÜBINGEN
REUTLINGEN
1
2
3
Flughafenstr.
Nürnberger Str.
Stuttgarter Str.
Cannstatter Str.
Heilbronner Str.
Neue Weinsteige
Hohenheimer Str.
Kirchheimer Str.
Plieninger Str.
Filderhauptstraße
Westumfahrung

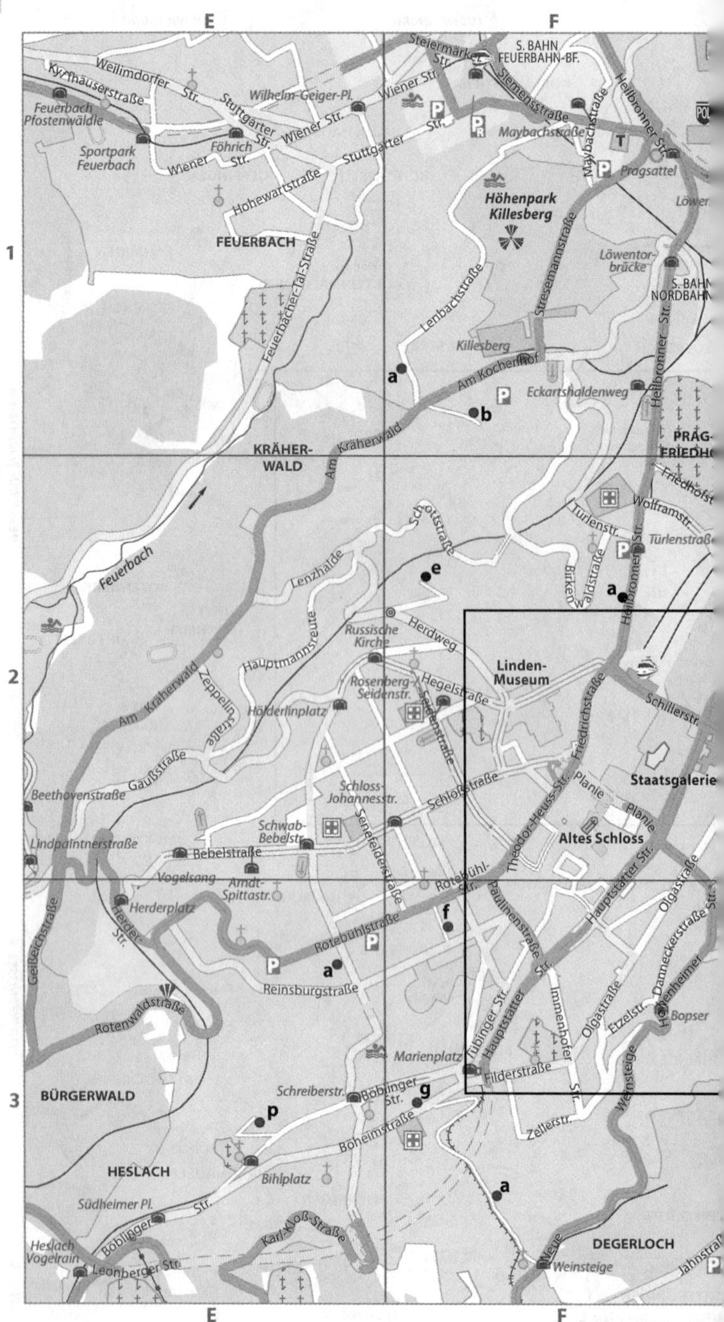

E
F
1
2
3
S. BAHN FEUERBAHN-BF.
Steiermärker Str.
Weilimdorfer Str.
Kyffhäuserstraße
Feuerbach Pfostenwäldle
Sportpark Feuerbach
Wilhelm-Geiger-Pl.
Wiener Str.
Stuttgarter Str.
Föhrich Str.
Hohewartstraße
FEUERBACH
Feuerbacher-Tal-Straße
Siemensstraße
Maybachstraße
Heilbronner Str.
Pragsattel
Höhenpark Killesberg
Stresemannstraße
Löwentor-brücke
S. BAHN NORDBAHN
Lenbachstraße
Killesberg
Am Kochenhof
Eckartshaldenweg
PRAG-FRIEDH
Friedhofst
Wolframstr.
Türlenstr.
Türlenstraße
KRÄHER-WALD
Am Kräherwald
Feuerbach
Schottstraße
Lenzhalde
Birkenwaldstraße
Herdweg
Russische Kirche
Hauptmannsreute
Linden-Museum
Hegelstraße
Rosenberg-Seidenstr.
Seidenstraße
Zeppelinstraße
Hölderlinplatz
Schillerstr.
Friedrichstraße
Gaußstraße
Beethovenstraße
Schloss-Johannesstr.
Schloßstraße
Planie
Staatsgalerie
Theodor-Heuss-Str.
Altes Schloss
Schwab-Bebelstr.
Senefelderstraße
Lindpaintnerstraße
Bebelstraße
Vogelsang
Arndt-Spittastr.
Rotebühl-Str.
Paulinenstraße
Hauptstätter Str.
Olgastraße
Danneckerstraße
Herderplatz
Herder-Str.
Rotebühlstraße
Reinsburgstraße
Geißeichstraße
Rotenwaldstraße
Tübinger Str.
Immenhofer Str.
Olgastraße
Etzelstr.
Hohenheimer
Bopser
Marienplatz
Filderstraße
Weinsteige
BÜRGERWALD
Schreiberstr.
Böblinger Str.
Böheimstraße
Zellerstr.
HESLACH
Bihlplatz
Südheimer Pl.
Böblinger Str.
Karl-Kloß-Straße
Heslach Vogelrain
Leonberger Str.
DEGERLOCH
Neue Weinsteige
Jahnstraße

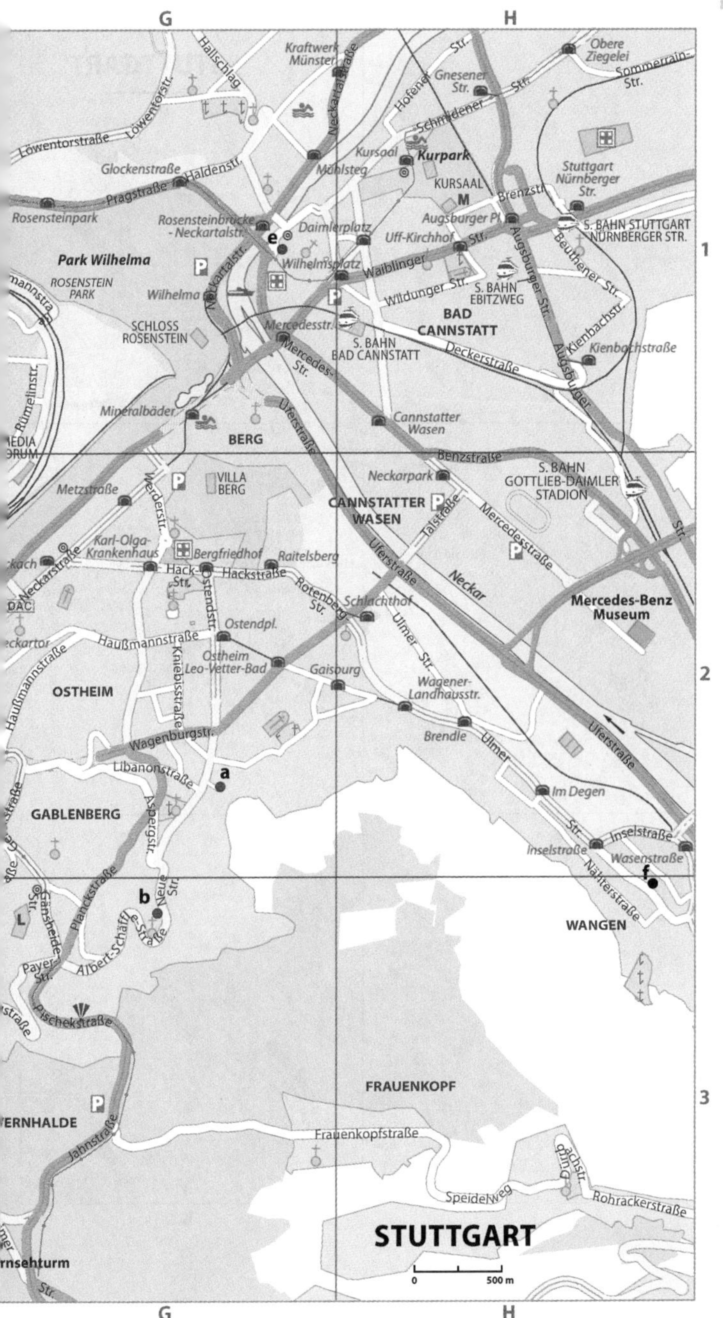
G
H
1
2
3
Park Wilhelma
Kurpark
BAD CANNSTATT
BERG
CANNSTATTER WASEN
OSTHEIM
GABLENBERG
WANGEN
FRAUENKOPF
Mercedes-Benz Museum
STUTTGART
0
500 m

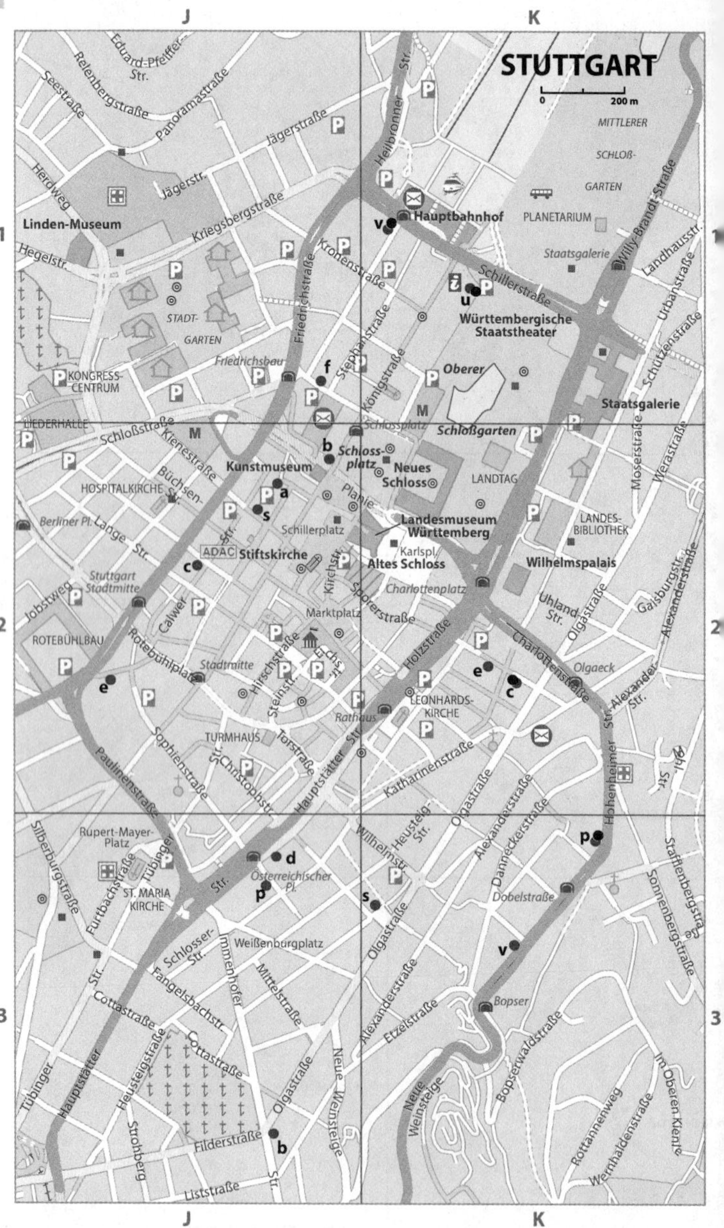
STUTTGART
0
200 m
J
K
1
2
3
Linden-Museum
Hauptbahnhof
PLANETARIUM
MITTLERER
SCHLOß-
GARTEN
Staatsgalerie
Württembergische
Staatstheater
Oberer
Schloßgarten
Staatsgalerie
STADT-
GARTEN
Friedrichsbau
KONGRESS-
CENTRUM
LIEDERHALLE
Kunstmuseum
Schloss-
platz
Neues
Schloss
LANDTAG
HOSPITALKIRCHE
Schillerplatz
Landesmuseum
Württemberg
LANDES-
BIBLIOTHEK
Stiftskirche
Karlspl.
Altes Schloss
Wilhelmspalais
Charlottenplatz
Stuttgart
Stadtmitte
Marktplatz
ROTEBÜHLBAU
Stadtmitte
LEONHARDS-
KIRCHE
Olgaeck
Rathaus
TURMHAUS
Rupert-Mayer-
Platz
ST. MARIA
KIRCHE
Österreichischer
Pl.
Weißenburgplatz
Bopser
Berliner Pl.
ADAC

✿ OLIVO

MODERNE KÜCHE • ELEGANT XXX Produktqualität und Know-how sprechen hier eine deutliche Sprache: absolut gelungene Kreationen, wahrlich meisterhaft in Handwerk und Präsentation, facettenreich, ausdrucksstark und modern. Während gegenüber am Hauptbahnhof das Leben pulsiert, sitzen Sie gemütlich in elegantem Ambiente.

→ Matjeshering, Granny Smith Apfel, Zwiebel, Pumpernickel, Schmand. Lammrücken, Karotten-Textur, Orange, Belper Knolle, Mole. Valrhona Schokolade, Yuzu, Pistazie, Käsekuchencrème.

Menü 82 € (mittags)/178 € (abends) – Karte 80/109 €

Stadtplan : K1-v – *Hotel Steigenberger Graf Zeppelin, Arnulf-Klett-Platz 7 ✉ 70173 – ✆ 0711 2048277 – www.olivo-restaurant.de – geschl. Anfang Juni 2 Wochen, 26. Juli - 8. September und Sonntag - Dienstagmittag, Samstagmittag*

✿ Délice

KREATIV • FREUNDLICH XX Gemütlich und chic ist das kleine Restaurant in dem aparten Tonnengewölbe. Die Speisen sind kreativ, saisonal und mediterran geprägt, der Blick in die offene Küche weckt Vorfreude! Die gut sortierte Weinkarte bietet die passende Begleitung, in Sachen Service erwartet Sie ein reibungsloser Ablauf.

→ Gänseleberterrine, Rhabarber, Vanillebrioche, Pistazienjoghurt. Wagyu Beef Short Rib, Sellerie, Paprika, Lauch, Kamille. Zitronenkuchen, Ingwer, Erdbeeren, Verveine, Wildkräuter Smoothie.

Menü 80/109 €

Stadtplan : J3-d – *Hauptstätter Str. 61 ✉ 70178 – ✆ 0711 6403222 (Tischbestellung erforderlich) – www.restaurant-delice.de – nur Abendessen – geschl. 23. Dezember - 7. Januar, 1. - 8. April, 14. Juni - 15. Juli, 1. - 6. Oktober und Samstag - Sonntag*

✿ 5

MODERNE KÜCHE • HIP XX Hier ist schon alles sehr speziell und einmalig: im EG die lebendige moderne Bar (absoluter Hotspot in der Stadt und ideal für einen Aperitif), im OG das urbane, individuell designte Gourmetrestaurant samt offener Küche. Hier entstehen feine, intensive und ausdrucksstarke Speisen.

→ Bretonische Jakobsmuschel, Quinoa, Granny Smith, Zitrone, Fenchel, Macadamianuss. Perlhuhn "à la citron", Bulgur, Kichererbsen, Kumquat, Raz el Hanout. Bio Ananas, junge Möhren, Rosinen.

Menü 84/148 €

Stadtplan : J1-f – *Bolzstr. 8, (1. Etage) ✉ 70173 – ✆ 0711 65557011 (Tischbestellung ratsam) – www.5.fo – nur Abendessen – geschl. 30. Juli - 7. September und Sonntag*

Vetter

MARKTKÜCHE • FREUNDLICH X Eine richtig gefragte, gemütliche Adresse. Die Gäste schätzen die Auswahl an mediterranen und regionalen Speisen - so steht auf der Karte z. B. Vitello Tonnato ebenso wie Rostbraten oder Fleischküchle, Duroc-Schwein oder Seeteufel.

Karte 32/62 €

Stadtplan : K3-s – *Bopserstr. 18 ✉ 70180 – ✆ 0711 241916 (Tischbestellung ratsam) – nur Abendessen – geschl. Januar 1 Woche, August 2 Wochen und Sonntag*

Goldener Adler

REGIONAL • TRENDY X Eine gefragte Adresse, denn gemütlich-lebendige Atmosphäre und gute, frische Küche sorgen hier für Freude beim Essen! Macht Ihnen Leckeres wie "Zweierlei vom Lamm mit Spitzkohl und Kartoffelplätzchen" nicht auch Appetit?

Karte 27/55 €

Stadtplan : F3-g – *Böheimstr. 38 ✉ 70178 – ✆ 0711 6338802 (Tischbestellung ratsam) – www.goldener-adler-stuttgart.de – nur Abendessen – geschl. über Weihnachten*

Kern's Pastetchen

ÖSTERREICHISCH • GEMÜTLICH XX Der Mix aus elegantem Stil und charmant-rustikaler Note macht es hier schön gemütlich, nicht zu vergessen die herzlichen Gastgeber. Auf der Karte: Saisonales und Internationales wie "Garnele mit Krustentierbitok", aber auch ein Stück Österreich, z. B. als "Wiener Schnitzel mit kalt gerührten Preiselbeeren".

Menü 66/76 € – Karte 49/74 €

Stadtplan : K3-v – *Hohenheimer Str. 64 ✉ 70184 – ✆ 0711 484855 (Tischbestellung ratsam) – www.kerns-pastetchen.de – nur Abendessen – geschl. Sonntag*

La Fenice

ITALIENISCH • GEMÜTLICH XX Schon so mancher ist in dem freundlich-eleganten Ristorante zum Stammgast geworden - das spricht für die italienische Küche hier. Übrigens: Zu finden ist der etwas versteckte Eingang über den Hof, wo man im Sommer eine Terrasse hat.

Menü 23 € (mittags unter der Woche)/55 € – Karte 40/60 €

Stadtplan : J2-e – *Rotebühlplatz 29 ✉ 70178 – ✆ 0711 6151144 – www.ristorante-la-fenice.de – geschl. Sonntag, Samstagmittag sowie an Feiertagen mittags*

ZUR WEINSTEIGE

INTERNATIONAL • FREUNDLICH XX Die Brüder Scherle bieten nicht nur das gleichnamige Hotel, auch ein Besuch zum Essen lohnt sich. In dem gemütlichen Restaurant (stilvoll die Deko in Gold) gibt es ambitionierte internationale Küche. Und dazu deutsche Weine? Diese sind unter den über 1000 Positionen besonders stark vertreten.

Menü 46/99 € – Karte 46/74 €

Stadtplan : K3-p – *Hotel ZUR WEINSTEIGE, Hohenheimer Str. 30 ✉ 70184 – ✆ 0711 2367000 – www.zur-weinsteige.de – nur Abendessen – geschl. Anfang Januar 2 Wochen, August 3 Wochen und Sonntag - Montag sowie an Feiertagen, außer an Weihnachten*

Cube

INTERNATIONAL • TRENDY XX Lust auf ambitionierte internationale Küche in Verbindung mit puristischem Design und tollem Blick über die Stadt? In dem modernen Glaskubus gibt es abends z. B. "Rinderfiletsteak, Chioggia Bete, Gnocchi", mittags etwas einfachere Karte.

Menü 33 € (mittags unter der Woche)/60 € – Karte 46/72 €

Stadtplan : J2-b – *Kleiner Schlossplatz 1, (im Kunstmuseum, 4. Etage) ✉ 70173 – ✆ 0711 2804441 – www.cube-restaurant.de*

Il Quinto Quarto

ITALIENISCH • KLASSISCHES AMBIENTE XX Hier oben bei den Tennisplätzen genießt man zur saisonal beeinflussten italienischen Küche eine tolle Aussicht über die Stadt! Schön auch das moderne Ambiente. Im Sommer (April - September) hat man übrigens durchgehend geöffnet.

Menü 33/79 € – Karte 26/64 €

Stadtplan : F1-b – *Pralerstr. 110 ✉ 70192 – ✆ 0711 6154636 – www.ilquintoquarto.de – geschl. 23. - 30. Dezember*

Der Zauberlehrling

INTERNATIONAL • HIP X Ein Hingucker: stilvoll-modern das Design, Weiß die vorherrschende Farbe, schön das Lichtkonzept. Die Küche international, saisonal, ambitioniert, Menüs sind z. B. das "Zauber-" oder das "Fischmenü". Samstags nur "Candle Light Dinner".

Menü 55/99 € – Karte 69/79 €

Stadtplan : K2-c – *Hotel Der Zauberlehrling, Rosenstr. 38 ✉ 70182 – ✆ 0711 2377770 – www.zauberlehrling.de – nur Abendessen – geschl. Sonntag*

Feinkost Böhm

KLASSISCHE KÜCHE • TRENDY Puristisch-moderner Stil, originelle Bilder an den Wänden, um Sie herum die feinen Leckereien des Feinkostgeschäfts - da hat man die guten Produkte für die saisonalen und klassischen Gerichte direkt im Haus! Tipp: Kunstmuseum um die Ecke.

Karte 34/65 €

Stadtplan : J2-a - *Kronprinzstr. 6 ✉ 70173 - ✆ 0711 227560 - www.feinkost-boehm.de - Montag - Samstag bis 20 Uhr geöffnet - geschl. Sonntag sowie an Feiertagen*

Le Pastis

FRANZÖSISCH • GEMÜTLICH 25 Stufen sind es hinunter in das über 400 Jahre alte Sandsteingewölbe. In dem gemütlichen kleinen Kellerlokal im Heusteigviertel speist man französisch, so z. B. "Filet vom Charolais-Rind, Tarte Tatin vom Kürbis, Portweinreduktion".

Menü 45/149 € - Karte 41/79 €

Stadtplan : J3-p - *Sophienstr. 3, (Eingang Schlosserstraße) ✉ 70180 - ✆ 0711 51876672 (Tischbestellung ratsam) - www.le-pastis.de - nur Abendessen - geschl. Sonntag sowie an Feiertagen*

Augustenstüble

FRANZÖSISCH • GEMÜTLICH Ein Stück Frankreich mitten in Stuttgart - da kommen z. B. "hausgemachte Rillette vom Landschwein mit Dijonsenf" oder "Coq au Vin rouge mit Schalotten" auf den Tisch. Dazu gemütliches Ambiente, herzlicher Service, engagierte Weinberatung.

Menü 38/48 € - Karte 41/53 €

Stadtplan : E3-a - *Augustenstr. 104 ✉ 70197 - ✆ 0711 621248 - www.augustenstüble.de - nur Abendessen - geschl. Sonntag - Montag*

SUSHI-YA

JAPANISCH • HIP Der absolute Renner ist diese trendige Adresse. An der Bar hat man uneingeschränkte Sicht auf die meisterhafte Handwerkskunst - Besonderheit ist flambiertes Sushi! Und am Nachmittag Kaffee und Kuchen im angeschlossenen Feinkostgeschäft?

Menü 22 € (mittags) - Karte 15/44 €

Stadtplan : J2-s - *Kronprinzstr. 6, (im Feinkost Böhm) ✉ 70173 - ✆ 0711 2275629 - www.feinkost-boehm.de - geschl. Sonntag*

La nuova Trattoria da Franco

ITALIENISCH • BISTRO Italienische Klassiker, Pizza & Pasta und dazu frisches Ambiente. Sie speisen im EG oder im 1. Stock zur Fußgängerzone hin. Tipp: Kommen Sie doch auch mal zum beliebten Mittagstisch!

Menü 19 € (mittags unter der Woche)/40 € - Karte 33/57 €

Stadtplan : J2-c - *Calwer Str. 32 ✉ 70173 - ✆ 0711 294744 - www.lanuovatrattoriadafranco.de*

Schwäbische Weinstuben:

gemütliche Weinstuben mit regionalen Speisen und lokalem Weinangebot.

Stuttgarter Stäffele

REGIONAL • WEINSTUBE Das gemütliche schwäbische Weinlokal besteht aus verschiedenen heimeligen Stuben, die liebenswert mit unterschiedlichsten Accessoires ausstaffiert sind - besonders hübsch ist die Deko zur Adventszeit!

Karte 21/43 €

Stadtplan : F3-f - *Buschlestr. 2a ✉ 70178 - ✆ 0711 664190 - www.staeffele.de - geschl. Samstagmittag, Sonntagmittag sowie an Feiertagen mittags*

Weinstube Kochenbas

REGIONAL • WEINSTUBE So behaglich wie die Stube bei den Großeltern... Kein Wunder also, dass man das Gasthaus von 1847 (die älteste Weinstube in Stuttgart!) gerne besucht, um sich am alten Ofen regionale Gerichte servieren zu lassen.

Karte 19/33 €

Stadtplan : J3-b - *Immenhofer Str. 33 ✉ 70180 - ✆ 0711 602704 - www.kochenbas.de - geschl. 22. August - 4. September und Montag*

Weinhaus Stetter

REGIONAL • BÜRGERLICH Ein ländliches Lokal mit regionaler Küche und Weinverkauf. Das Weinangebot umfasst ca. 600 Positionen, vor allem Württemberger und französische Weine sind reichlich vertreten.

Karte 19/40 €

Stadtplan : K2-e - *Rosenstr. 32 ✉ 70182 - ✆ 0711 240163 - www.weinhaus-stetter.de - Montag - Freitag ab 15 Uhr geöffnet - geschl. Anfang September 2 Wochen und Sonntag sowie an Feiertagen*

Weinstube Klösterle

REGIONAL • WEINSTUBE Das alte Holzhaus von 1463 sticht einem gleich ins Auge, und so urig-gemütlich ist es auch drinnen: dunkles Holz, niedrige Decken, Fachwerk... Die regionalen Speisen und saisonalen Tagesangebote serviert man auch im netten Innenhof.

Karte 22/34 €

Stadtplan : G1-e - *Marktstr. 71, Bad Cannstatt ✉ 70372 - ✆ 0711 568962 - Montag - Samstag nur Abendessen*

Hotels

Steigenberger Graf Zeppelin

LUXUS • ELEGANT Das Businesshotel gegenüber dem Bahnhof wird gut geführt, das spürt und sieht man. In den geräumigen Zimmern wohnen Sie modern-elegant, im oberen Stock tun Sie sich etwas Gutes, z. B. bei Fitness mit Blick über Stuttgart! Regionale Küche im rustikalen "Zeppelin Stüble", Steaks vom Grill im "Zeppelino'S".

149 Zim - †199/269 € ††199/269 € - 6 Suiten - ☕ 26 €

Stadtplan : K1-v - *Arnulf-Klett-Platz 7 ✉ 70173 - ✆ 0711 20480 - www.stuttgart.steigenberger.de*

OLIVO - siehe Restaurantauswahl

Althoff Hotel am Schlossgarten

LUXUS • ELEGANT Die Lage ist ideal: zentral in Bahnhofsnähe und doch ruhig direkt am Schlosspark! Und man wohnt richtig schön, dafür sorgen zeitgemäß-elegante Zimmer und zuvorkommender Service. Nett sind Vinothek und Café mit Terrasse zum Schlossgarten.

102 Zim - †140/370 € ††160/390 € - 4 Suiten - ☕ 27 €

Stadtplan : K1-u - *Schillerstr. 23 ✉ 70173 - ✆ 0711 20260 - www.hotelschlossgarten.com*

Die Zirbelstube - siehe Restaurantauswahl

Arcotel Camino

BUSINESS • DESIGN Leitthema in dem Sandsteinbau von 1890 ist der Weg ("Camino"), inspiriert vom "Camino de Santiago" (Jakobsweg) und dem Stil der Weißenhofsiedlung (Postdörfle). In den Zimmern klares Design und moderne Technik, im geradlinig-eleganten Restaurant internationale Küche.

165 Zim - †89/176 € ††89/176 € - 3 Suiten - ☕ 22 € - ½ P

Stadtplan : F2-a - *Heilbronner Str. 21, Zufahrt über Im Kaisemer 1 ✉ 70191 - ✆ 0711 258580 - www.arcotelhotels.com/camino*

Der Zauberlehrling

BOUTIQUE-HOTEL • INDIVIDUELL Dass das citynahe Haus so gut ankommt, liegt natürlich an den schönen individuellen Zimmern (fast schon ein Muss die Zimmer mit Dachterrasse und Ausblick!), aber ohne Zweifel auch an der Herzlichkeit der Gastgeber! Tolles Frühstück.

17 Zim – 125/250 € 180/290 € – 4 Suiten – 19 €

Stadtplan : K2-c – *Rosenstr. 38 ✉ 70182 – ✆ 0711 2377770 – www.zauberlehrling.de*

Der Zauberlehrling – siehe Restaurantauswahl

ZUR WEINSTEIGE

FAMILIÄR • MODERN Sie wohnen hier bei zwei engagierten Brüdern; einer der beiden züchtet Kois - zu bewundern im großen Aquarium auf der Terrasse. Sie mögen es besonders stilvoll? Dann buchen Sie die Louis-XVI-Juniorsuite im Schlösschen!

28 Zim – 95/160 € 110/180 € – 10 €

Stadtplan : K3-p – *Hohenheimer Str. 30 ✉ 70184 – ✆ 0711 2367000 – www.zur-weinsteige.de – geschl. Anfang Januar 2 Wochen, August 3 Wochen*

ZUR WEINSTEIGE – siehe Restaurantauswahl

Azenberg

BUSINESS • FUNKTIONELL Hier passt alles: ruhige und doch zentrumsnahe Lage, gute Ausstattung, ein hübscher Garten mit Teich sowie ein netter kleiner Freizeitbereich. Dazu eine kleine Snackkarte rund um die Uhr. Tipp: die neueren, besonders freundlichen Zimmer.

57 Zim – 95/350 € 105/450 € – 1 Suite – 13 €

Stadtplan : F2-e – *Seestr. 114 ✉ 70174 – ✆ 0711 2255040 – www.hotelazenberg.de – geschl. 21. Dezember - 8. Januar*

In Stuttgart-Degerloch

Wielandshöhe (Vincent Klink)

FRANZÖSISCH-KLASSISCH • ELEGANT XXX Bei Vincent Klink bekommen Sie das, was Sie erwarten: Klassik pur! Chichi und Effekthascherei werden Sie auf dem Teller nicht finden, stattdessen beständig gutes Handwerk und die gekonnt hervorgehobenen Aromen bester Zutaten.

➜ Geröstete Ziegenkäsetaschen mit karamellisiertem Gaishirtle. Filet von der Würzbachtal Forelle, Schnittlauch-Beurre blanc, Schönbuchlinsen. Rücken und Geschmorte Haxe vom Alblamm, grüne Bohnen, Kartoffel-Lauchgratin.

Menü 88/120 € – Karte 72/98 €

Stadtplan : F3-a – *Alte Weinsteige 71 ✉ 70597 – ✆ 0711 6408848 (Tischbestellung ratsam) – www.wielandshoehe.de – geschl. Sonntag - Montag*

finch

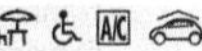

INTERNATIONAL • GEMÜTLICH XX Gemütlich ist das gediegen-elegante Restaurant im historischen Gebäudeteil mit seinem warmen Holz, Kamin und Nischen. Serviert wird Internationales wie "Kalbsrücken Perigourdine mit Gemüse-Jardinière" oder Klassiker wie Zwiebelrostbraten.

Menü 79 € – Karte 44/87 €

Stadtplan : C2-e – *Waldhotel, Guts-Muths-Weg 18 ✉ 70597 – ✆ 0711 185720 – www.waldhotel-stuttgart.de*

Fässle le Restaurant

FRANZÖSISCH-KLASSISCH • NACHBARSCHAFTLICH XX Patrick Giboin bietet hier in gemütlichem Ambiente seine Version der klassisch-französischen Küche. Appetit macht da z. B. "Hirschkalbsrücken in der Haselnusskruste mit Serviettenknödel, Rotweinbirne und Rotkraut".

Menü 24 € (mittags)/70 € – Karte 49/63 €

Stadtplan : C2-a – *Löwenstr. 51 ✉ 70597 – ✆ 0711 760100 (Tischbestellung erforderlich) – www.restaurant-faessle.de – geschl. Sonntag - Montag*

Waldhotel

LANDHAUS • ELEGANT Das Hotel liegt am Wald, gleichzeitig hat man eine gute Anbindung an Stadt, Messe, Airport. Die Ausstattung schön, hochwertig, zeitgemäß. Relaxen Sie im schicken kleinen Fitness- und Saunabereich, und wie wär's mit einem gemütlichen Abend in der Hotelbar "No. 18"? Fr. und Sa. mit Pianomusik.

94 Zim – †110/400 € ††120/410 € – 1 Suite – ☕ 21 €

Stadtplan : C2-e – *Guts-Muths-Weg 18 ✉ 70597 – ✆ 0711 185720 – www.waldhotel-stuttgart.de*

finch – siehe Restaurantauswahl

In Stuttgart-Flughafen

top air

KREATIV • FREUNDLICH XxX Beste Produkte, eine Fülle an Aromen und jede Menge Aufwand stecken in den kreativen Speisen, nicht zu vergessen das hohe technische und handwerkliche Niveau! Dazu eine sehr kompetente Weinberatung. Von den Plätzen direkt an der Fensterfront schaut man aufs Rollfeld. Praktisch: Parkplatz P5 ganz in der Nähe.

➜ Gelbflossenthunfisch, Algen, Avocado, Lotuswurzel, Schweinebauch. Ibérico Schweinekinn und Pulled Pork BBQ, Mais, Ofenkartoffel, Coleslaw Salat. Thailändische Mango, Curry, Passionsfrucht, Quark, Nougat.

Karte 77/109 €

Stadtplan : C3-p – *im Flughafen, (Terminal 1, Ebene 4) ✉ 70629 – ✆ 0711 9482137 – www.restaurant-top-air.de – geschl. 1. - 8. Januar, 14. Mai - 5. Juni, 6. - 28 August und Samstagmittag, Sonntag - Dienstagmittag sowie an Feiertagen*

Mövenpick Hotel Stuttgart Airport

BUSINESS • DESIGN Das Businesshotel ist nicht nur komfortabel, man bietet mit schickem klarem Design (und der Sicht von den oberen Etagen) auch was fürs Auge! Die Lage an Flughafen und Messe ist dank sehr guter Schallisolierung nur von Vorteil. Im Restaurant blickt man bei Frühstück oder Mövenpick-Klassikern auf die Terminals.

324 Zim – †109/420 € ††134/445 € – 2 Suiten – ☕ 25 €

Stadtplan : C3-k – *Flughafenstr. 50 ✉ 70629 – ✆ 0711 553440 – www.movenpick.com/stuttgart-airport*

In Stuttgart-Gablenberg

Nannina

ITALIENISCH • FREUNDLICH XX Gastgeberin Giovanna Di Tommaso (genannt Nannina) widmet sich in dem kleinen Restaurant ganz ihrer Leidenschaft, der italienischen Küche. Frisch und ambitioniert z. B. "Calamaretti mit Trauben, Kartoffeln, Mandeln". Terrasse hinterm Haus.

Menü 65/89 € – Karte 52/82 €

Stadtplan : G2-a – *Gaishämmerstr. 14 ✉ 70186 – ✆ 0711 7775172 – www.nannina.de – geschl. Montag, Samstagmittag*

Bei den Steins

INTERNATIONAL • TRENDY X Schön ist es sowohl im freundlich-modernen Restaurant (Blickfang: die Vogelwand) als auch im Freien unter alten Bäumen. Gekocht wird international-saisonal, so z. B. "Lammhaxe mit Zitronenthymian und Paprikacouscous". Kleinere Mittagskarte.

Menü 39/58 € – Karte 33/47 €

Stadtplan : G3-b – *Albert-Schäffle-Str. 6 ✉ 70186 – ✆ 0711 64518045 – www.beidensteins.de – geschl. Montag, Samstagmittag*

In Stuttgart-Heslach

Hupperts

KREATIV • FREUNDLICH Lust auf ein Menü mit 4 - 7 Gängen? Oder bestellen Sie die ambitionierten modernen Gerichte wie "Kabeljau, Rote Bete, Linsen, Meerrettich" lieber à la carte? Kaminzimmer für Raucher.

Menü 62/89 € - Karte 63/73 €

Stadtplan : E3-p - *Gebelsbergstr. 97 ✉ 70199 - ✆ 0711 6406467 - www.hupperts-restaurant.de - nur Abendessen, sonntags auch Mittagessen - geschl. Anfang Januar 2 Wochen und Montag*

In Stuttgart-Hohenheim

Speisemeisterei

MODERNE KÜCHE • TRENDY Ihnen steht der Sinn nach aromenreicher kreativ-internationaler Küche und Sie legen Wert auf einen stilvollen Rahmen? Letzterer ist mit dem Kavaliersbau des Schlosses Hohenheim ein gelungener, hochwertiger Mix aus Historie und Moderne. Tipp: der wechselnde Business-Lunch.

→ Garnelen aus Bayern mit Sisho, Apfel, Kerbel und Joghurt. Rinderrücken mit geräucherter Hollandaise, Spargel, Brennessel, Morcheln und Papardelle. Edel Weiss von Original Beans mit Sauerampfer und Weizen.

Menü 48 € (mittags unter der Woche)/155 €

Stadtplan : C3-s - *Schloss Hohenheim 1B ✉ 70599 - ✆ 0711 34217979 (Tischbestellung ratsam) - www.speisemeisterei.de - geschl. Dienstag - Mittwoch*

In Stuttgart-Möhringen

Zur Linde

REGIONAL • GASTHOF Engagiert betreiben die Brüder Trautwein die rund 300 Jahre alte ehemalige Poststation - charmant der Mix aus historisch und modern. Es gibt schwäbische Klassiker wie Gaisburger Marsch, Maultaschen oder Kalbskutteln mit geschmortem Ochsenschwanz, zudem Saisonales. Uriger Gewölbekeller für Veranstaltungen.

Karte 30/61 €

Stadtplan : C3-u - *Sigmaringer Str. 49 ✉ 70567 - ✆ 0711 7199590 - www.linde-stuttgart.de - nur Abendessen - geschl. 24. Dezember - 8. Januar, 24. August - 9. September und Sonntag sowie an Feiertagen*

In Stuttgart-Wangen

Ochsen

GASTHOF • GEMÜTLICH Seit Jahrzehnten ist das alteingesessene Gasthaus ein Familienbetrieb, alles ist top in Schuss. Man findet hier sowohl klassische als auch moderne Zimmer (einige sogar mit Whirlwanne) sowie internationale und schwäbische Küche in gemütlich-rustikalem Ambiente. Beliebt auch der günstige Businesslunch.

36 Zim - 70/102 € 99/132 € - 2 Suiten

Stadtplan : H3-f - *Ulmer Str. 323 ✉ 70327 - ✆ 0711 4070500 - www.ochsen-online.de*

In Stuttgart-Weilimdorf

Meister Lampe

KLASSISCHE KÜCHE • FAMILIÄR Eine gemütlich-familiäre Adresse ist das hier, und ambitioniert gekocht wird auch noch, nämlich saisonal. Darf es vielleicht "gebratener Färöer-Lachs mit Schinken-Beurre-Blanc, Roter Bete, Meerettich und Parmesan-Perlgraupen" sein?

Menü 53/79 € - Karte 37/58 €

Stadtplan : B1-m - *Solitudestr. 261 ✉ 70499 - ✆ 0711 9898980 - www.restaurant-meisterlampe.de - geschl. über Fasching 1 Woche, August 2 Wochen, Anfang November 1 Woche und Sonntagabend - Montag, Samstagmittag*

In Stuttgart-Zuffenhausen

Christophorus

MEDITERRAN • DESIGN XX Sie sind Auto-Enthusiast und Freund guter Küche? Mit Blick ins Porsche Museum oder auf den Porscheplatz speist man mediterran-international. Highlight und fast ein Muss: US-Prime-Beef! Und danach Digestif samt Zigarre in der Smokers Lounge?

Menü 41 € (mittags)/105 € – Karte 51/90 €

Stadtplan : C1-c – *Porscheplatz 5, (im Porsche Museum 3. OG) ✉ 70435 – ✆ 0711 91125980 (Tischbestellung ratsam) – www.porsche.com – geschl. Sonntag - Montag*

In Fellbach

Gourmet Restaurant avui (Armin Karrer)

KREATIV • ELEGANT XX Für die angenehme Stimmung hier sorgen das schöne Gewölbe mit seinem modernen Interieur sowie der sehr freundliche und geschulte Service. Und die Küche? Die nennt sich "Cuisine Réelle" und bietet präzise und harmonisch zubereitete Menüs, in denen man Wert legt auf ausgesuchte Produkte.

➜ Sashimi vom Färöer Lachs mit Kohlrabi und Miso. Gemüsetempura mit Limetten-Sojafond. Alb Lamm "Gremolata" mit Wildkräutern und Polenta.

Menü 69 € (vegetarisch)/168 €

Stadtplan : D1-v – *Hotel Zum Hirschen ✉ 70734 – ✆ 0711 9579370 (Tischbestellung erforderlich) – www.zumhirschen-fellbach.de – nur Abendessen – geschl. Anfang Januar 1 Woche, über Fasching 1 Woche, Mai - August und Sonntag - Dienstag*

Goldberg

MODERNE KÜCHE • HIP XX Hier wird angenehm reduziert gekocht. Man lässt sich international inspirieren und bindet gekonnt kreative Elemente mit ein, so entstehen ausdrucksstarke und harmonische Gerichte, die nicht überladen sind. Das Ambiente: klare Linien und warme Töne. Tipp: Winelounge mit lokalen Spitzengewächsen.

➜ Gänseleber, Ziegenkäse, Blaubeere, Haselnuss, Champignon. Tafelspitzravioli, Cremespinat, Meerrettich, PX-Essig-Gelee. Rinderfilet, Short Rib, Broccoli, Rettich.

Menü 75/110 € – Karte 58/90 €

Stadtplan : D1-u – *Tainer Str. 7, (Schwabenlandhalle) ✉ 70734 – ✆ 0711 57561666 – www.goldberg-restaurant.de – nur Abendessen – geschl. August und Sonntag - Montag*

Oettinger's Restaurant

FRANZÖSISCH-MODERN • LÄNDLICH XX "Edel, aber nicht steif" ist hier das Motto, und das kommt an! Man kocht französisch-modern, mit internationalen und saisonalen Einflüssen, und das zu einem guten Preis-Leistungs-Verhältnis. Und das Restaurant selbst: gemütlich-gediegen, teilweise holzgetäfelt. Der Service freundlich und versiert.

➜ Bouillabaisse von Krustentieren mit confiertem Steinbutt, Rotbarbe und Safranfenchel. Steinbutt, Bärlauch, Spargel. Kaninchen, Eigelb, Frühlingsmorcheln.

Menü 45/88 € – Karte 42/70 €

Stadtplan : D1-n – *Hotel Hirsch, Fellbacher Str. 2, (Ortsteil Schmiden) ✉ 70736 – ✆ 0711 95130 (Tischbestellung ratsam) – www.hirsch-fellbach.de – nur Abendessen – geschl. 23. Dezember - 8. Januar, August und Sonntag - Dienstag sowie an Feiertagen*

Aldinger's

REGIONAL • GEMÜTLICH XX Dass der sympathische Familienbetrieb so gefragt ist, hat seinen Grund. Hier schmeckt Zanderfilet auf Kartoffel-Gurkensalat ebenso gut wie paniertes Kalbskotelett oder Zwiebelrostbraten. Und dazu ein Glas Württemberger? Interessant auch die Aktionswochen wie "Innereien". Hinweis: nur Barzahlung.

Menü 32/55 € – Karte 33/55 €

Stadtplan : D1-v – *Schmerstr. 6 ✉ 70734 – ✆ 0711 582037 (Tischbestellung ratsam) – www.aldingers-restaurant.de – geschl. Februar 2 Wochen, Ende Juli - Anfang September 3 Wochen und Sonntag - Montag*

Gasthaus zum Hirschen

TRADITIONELLE KÜCHE • LÄNDLICH Angenehm leger hat man es hier. Man fühlt sich wohl, wenn man zwischen all den einheimischen Stammgästen sitzt und sich regional oder auch international bekochen lässt. Es gibt z. B. "Tafelspitz mit Suppengemüse, Apfel-Meerrettich und Bratkartoffeln" oder "Lachs mit Soja, Kohlrabi, Ingwer und Clementine".

Menü 39 € (mittags unter der Woche)/69 € – Karte 37/75 €

Stadtplan : D1-v – *Hotel Zum Hirschen, Hirschstr. 1 ✉ 70734 – ✆ 0711 9579370 (Tischbestellung ratsam) – www.zumhirschen-fellbach.de – geschl. Sonntag - Montag*

Zum Hirschen

GASTHOF • MODERN Der "Hirschen" ist bekannt für gute Küche, aber Sie können hier auch schön übernachten! Der kochende Gastgeber und seine Frau bieten hübsche, wohnliche Zimmer. Tipp: ein Kurs in der modernen Kochschule, die man seit über 20 Jahren hat!

9 Zim – 92 € 125 €

Stadtplan : D1-v – *Hirschstr. 1 ✉ 70734 – ✆ 0711 9579370 – www.zumhirschen-fellbach.de*

Gourmet Restaurant avui • **Gasthaus zum Hirschen** – siehe Restaurantauswahl

Hirsch 

BUSINESS • MODERN Fast schon Dorfcharakter hat der gewachsene traditionsreiche Familienbetrieb. Fragen Sie nach den geräumigen Gästehaus-Zimmern im historischen "Schnitzbiegel-Areal" oder im schicken "Lehenhof" - hier auch Lounge und Tagungsbereich. Urig-gemütlich die Weinstube mit bürgerlicher Küche, im Sommer mit Biergarten.

110 Zim – 74/95 € 105/125 € – 2 Suiten

Stadtplan : D1-n – *Fellbacher Str. 2, (Ortsteil Schmiden) ✉ 70736 – ✆ 0711 95130 – www.hirsch-fellbach.de – geschl. 23. Dezember - 8. Januar*

Oettinger's Restaurant – siehe Restaurantauswahl

Lassen Sie sich bei Ihrer Reservierung den zurzeit gültigen Preis mitteilen.

SÜDERENDE Schleswig-Holstein → Siehe Föhr (Insel)

SÜLZETAL

Sachsen-Anhalt – 9 990 Ew. – Höhe 80 m – Regionalatlas **31**-L9
Michelin Straßenkarte 542

In Sülzetal-Osterweddingen

Landhotel Schwarzer Adler

FAMILIÄR • AUF DEM LAND Besonderes Flair hat der Vierseitenhof von 1754 mit sehenswertem mittelalterlichem Taubenturm und Bauerngarten. Freundlich-familiär die Gästebetreuung, dazu Zimmer mit eleganter Note. In einem der Restauranträume steht ein schöner historischer Kachelofen. Draußen der lauschige Innenhof und der Barockgarten.

30 Zim – 64/74 € 94/104 € – ½ P

Alte Dorfstr. 2 ✉ 39171 – ✆ 039205 6520 – www.hotel-osterweddingen.de – geschl. 23. Dezember - 8. Januar

SULZBERG Bayern → Siehe Kempten (Allgäu)

SULZBURG

Baden-Württemberg – 2 640 Ew. – Höhe 337 m – Regionalatlas **61**-D21
Michelin Straßenkarte 545

✿✿ Hirschen (Douce Steiner)

FRANZÖSISCH-KLASSISCH • ELEGANT XXX Eines der Aushängeschilder der Südbadener Gastronomie! Schön fügen sich die hübschen hellen Stuben in den historischen Rahmen. Als ausgesprochen niveauvolles kulinarisches Pendent bietet das kochende Ehepaar Douce Steiner und Udo Weiler klassische Hochküche aus besten Zutaten. Äußerst geschmackvoll die Gästezimmer.

➜ Delice von der Gänseleber mit Apfel und Sellerie. Langustine Royale, Herzbries, weiße Spargelspitzen, Melone, Kopfsalatherzen, Estragonschaum. Tranche vom Steinbutt mit Brennnesseln aromatisiert, Jus von Buttermilch und Limette.

Menü 65 € (mittags unter der Woche)/230 € – Karte 103/157 €

10 Zim – 110/160 € 120/270 €

Hauptstr. 69 ✉ 79295 – ✆ 07634 8208 (Tischbestellung ratsam) – www.hirschen-sulzburg.de – geschl. 5. - 27. Februar, 30. Juli - 21. August, 24. - 28. Dezember und Sonntagabend - Dienstag

Landgasthof Rebstock

REGIONAL • GEMÜTLICH X Gemütlich-ländlich kommt der jahrhundertealte Gasthof im Herzen des Weindorfs daher. Auf der Karte liest man Traditionelles wie "Ochsenbrust in Meerrettichsauce" sowie Feines wie "rosa gebratenes Rehnüsschen mit karamellisierten Maroni". Gut übernachten kann man ebenfalls.

Menü 21 € (mittags unter der Woche)/55 € – Karte 26/71 €

7 Zim – 68/100 € 72/100 €

Hauptstr. 77 ✉ 79295 – ✆ 07634 503140 – www.kellers-rebstock.de – geschl. über Fastnacht, Ende August - Anfang September und Mittwoch, November - April: Sonntagabend und Mittwoch

La Maison Eric

KLASSISCHE KÜCHE • GEMÜTLICH XX Ein wahres Schmuckstück ist das alte Fachwerkhaus, das etwas versteckt in einer Seitenstraße liegt. Drinnen geschmackvolles Interieur, draußen eine wunderbare Terrasse zum herrlichen Garten, nicht zu vergessen gute klassische Gerichte wie "Steinbuttfilet auf jungem Lauch, Kartoffelpüree, Chardonnaysauce".

Menü 47/64 €

2 Zim – 85/100 € 115/130 €

Im Brühl 7 ✉ 79295 – ✆ 07634 6110 (Tischbestellung ratsam) – www.la-maison-eric.de – geschl. Januar 2 Wochen, Ende Juni - Anfang Juli 2 Wochen, Ende August 10 Tage und Montag - Mittwochmittag, Donnerstagmittag

Waldhotel Bad Sulzburg

LANDHAUS • INDIVIDUELL Sie suchen Ruhe, Abgeschiedenheit und Erholung? Das geschichtsträchtige Haus liegt nicht nur schön, es bietet auch Zimmer im modernen Landhausstil (teils zum Tal hin), einen geschmackvollen Wellnessbereich und ein ebenso attraktives Restaurant, in dem man Sie von bürgerlich bis französisch bekocht.

39 Zim – 72/134 € 105/174 € – 4 Suiten – ½ P

Badstr. 67, Süd-Ost: 4 km ✉ 79295 – ✆ 07634 505490 – www.waldhotel4you.de

In Sulzburg-Laufen West: 2 km

La Vigna

ITALIENISCH • ELEGANT XX In diesem italienischen Familienbetrieb sollten Sie auf jeden Fall Ravioli und hausgemachte Nudeln probieren! Und kommen Sie auch mal zum Tagesmenü - dann dürfte es Sie nicht wundern, dass das ländlich-elegante Gasthaus der Espositos meist schnell ausgebucht ist! Beliebt auch die reizende Terrasse.

Menü 34 € (mittags)/84 € – Karte 44/72 €

2 Zim – 60 € 85 €

Weinstr. 38 ✉ 79295 – ✆ 07634 8014 – www.restaurant-la-vigna.de – Dienstag - Donnerstag nur Mittagessen – geschl. über Fasnacht 2 Wochen, 27. August - 12. September und Sonntag - Montag

SULZFELD Bayern → Siehe Kitzingen

SULZFELD (KREIS KALRSRUHE)

Baden-Württemberg - 4 669 Ew. - Höhe 196 m - Regionalatlas **55**-G17
Michelin Straßenkarte 545

Burg Restaurant Ravensburg

REGIONAL • RUSTIKAL Dank traumhafter Terrasse und tollem Blick ist das gemütliche Restaurant in historisch-rustikaler Burg-Atmosphäre ein Besuchermagnet! Gekocht wird bürgerlich-regional und saisonal, z. B. "Spargelsalat mit Graved Lachs" oder "Rostbraten mit Zwiebeln". Für Hochzeiten: eigene Kapelle und elegante Säle.

Menü 35 € - Karte 25/49 €

Mühlbacherstr. 84 ✉ 75056 - ✆ 07269 914191 - www.burgrestaurant-ravensburg.de - geschl. Anfang Januar - Mitte Februar und Montag - Dienstag

SUNDERN

Nordrhein-Westfalen - 27 963 Ew. - Höhe 265 m - Regionalatlas **27**-E11
Michelin Straßenkarte 543

In Sundern-Langscheid Nord-West: 4 km über Stemel

Seegarten Ⓝ

MODERNE KÜCHE • GASTHOF Im Restaurant bietet man eine frische moderne Küche, für die viele Produkte aus der Region verwendet werden. Macht Ihnen z. B. "geschmorte Rinderschaufel mit Kürbiskernkruste, Kürbiskrapfen und Pastinaken" Appetit?

Menü 25/52 € - Karte 36/58 €

Hotel Seegarten, Zum Sorpedamm 21 ✉ 59846 - ✆ 02935 96460 - www.hotel-seegarten.com

Seegarten Ⓝ

FAMILIÄR • INDIVIDUELL Highlight dieses Hotels am Sorpesee ist der Anbau mit seinem geradlinig-schicken Design von den großzügigen Zimmern bis zur Panorama-Sauna im OG nebst Infinity-Pool mit Aussicht! Die Zimmer im Haupthaus sind einfacher.

53 Zim - †69/229 € ††109/249 € - ½ P

Zum Sorpedamm 21 ✉ 59846 - ✆ 02935 96460 - www.hotel-seegarten.com

Seegarten - siehe Restaurantauswahl

SWISTTAL

Nordrhein-Westfalen - 17 753 Ew. - Höhe 140 m - Regionalatlas **36**-C13
Michelin Straßenkarte 543

In Swisttal-Miel

Graf Belderbusch

INTERNATIONAL • GEMÜTLICH Gleich neben der 18-Loch-Anlage des Golf-Clubs Schloss Miel kocht man für Sie internationale Speisen und auch einfachere Gerichte für zwischendurch. In der lebhaften Atmosphäre des luftig-hohen Raumes fühlen sich nicht nur Golfer wohl.

Menü 30 € - Karte 20/69 €

Schlossallee 17 ✉ 53913 - ✆ 02226 9078807 - www.belderbusch.de - geschl. Januar und Montag

S. Lubenow/imageBROKER/

WIR MÖGEN BESONDERS...

Die Fischgerichte im **Königshafen** am nördlichen Zipfel der Insel. **Sansibar** als coole Dünen-Location für Jung & Alt. **Landhaus Severin*s Morsum Kliff** für seine fantastische Lage! Zum Langschläferfrühstück ins **Manne Pahl**. Der exklusive und gleichermaßen nordfriesisch-charmante **Söl'ring Hof** als eine der Top-Adressen. Im **Long Island House** familiär übernachten.

SYLT (INSEL)

Schleswig-Holstein – Höhe 3 m – Regionalatlas **1**-F1
Michelin Straßenkarte 541

Hörnum

KAI3

KREATIV • TRENDY "Nordic Fusion" nennt sich hier nun die Küchenphilosophie. Dabei setzt man auf Produkte aus der Region, lässt aber auch internationale Elemente mit einfließen. Geblieben sind die gute Qualität, der freundlich-versierte Service und die tolle Aussicht auf Nordsee, Föhr und Amrum.

➜ Färöer Lachs sanft pochiert mit eingelegtem Rettich, Rosinen und Rucola-Specksud. Paella-Essenz mit gegrilltem Lauch, karamellisierter Ananas, Cashewnuss, Spanferkelbauch. Duett vom Galloway Rind mit leicht säuerlicher Jus, Spitzkohlpüree, Sanddorn und Raucharomen.

Menü 65/106 € – Karte 60/121 €

BUDERSAND Hotel - Golf & Spa, Am Kai 3 ✉ 25997 – ✆ 04651 46070 (Tischbestellung ratsam) – www.budersand.de – nur Abendessen – geschl. 4. Januar - 1. Februar und Mittwoch - Donnerstag

Strönholt

INTERNATIONAL • TRENDY Dass das Backsteingebäude oberhalb des Hotels einst militärischen Zwecken diente, würde man heute angesichts des schicken modernen Designs kaum vermuten. Während Sie über Dünen und Meer blicken, serviert man Ihnen saisonale Küche. Im Winter heißt es gemütlich am Kaminfeuer sitzen!

Menü 39/54 € – Karte 35/58 €

BUDERSAND Hotel - Golf & Spa, Fernsicht 1 ✉ 25997 – ✆ 04651 4492727 – www.stroenholt.de – geschl. 4. Januar - 1. Februar und außer Saison: Montag - Dienstag

BUDERSAND Hotel - Golf & Spa

LUXUS • MODERN Außen aparte Architektur, innen edles Design. Weiteres Highlight neben Einrichtung und Service: die von Elke Heidenreich eingerichtete Bibliothek mit über 1000 Werken (teils in Lesungen vorgestellt). Und das hervorragende Frühstück (toll auf der Terrasse am Meer!) lässt auch Vegetarier-Herzen höher schlagen.

77 Zim – 235/390 € 285/490 € – 6 Suiten – ½ P

Am Kai 3 ✉ 25997 – ✆ 04651 46070 – www.budersand.de – geschl. 4. Januar - 1. Februar

KAI3 • Strönholt – siehe Restaurantauswahl

54° Nord

BOUTIQUE-HOTEL • DESIGN Dies ist das älteste Haus im Ort, das nun, ergänzt durch einen modernen Anbau, ein ungezwungenes und zeitgemäßes Hotel samt schönem Saunabereich beherbergt. Im Altbau befand sich früher die Reederei Hapag, daher der Name. In der Genusswirtschaft "Dock 2" gibt es Flammkuchen, Antipasti, Käse...

18 Suiten – 90/248 € – 4 Zim

Strandstr. 2 25997
– 04651 449170 – www.hotel54gradnord.de

Kampen

Rauchfang

INTERNATIONAL • GEMÜTLICH XX Hotspot an der berühmten "Whiskystraße"! Drinnen friesisch-gemütlich, draußen große Terrasse samt Bar, dazu herzlicher Service. Gekocht wird mit kreativem Einschlag, von Wiener Schnitzel bis Rinderfilet. Und mittags vielleicht Currywurst?

Karte 54/88 €

Strönwai 5 25999
– 04651 42672 (abends Tischbestellung ratsam) – www.rauchfang-kampen.de
– geschl. Mitte Januar - Februar, November - Mitte Dezember und Mittwoch, außer Saison

Gogärtchen

MARKTKÜCHE • CHIC XX 1951 eröffnet und nicht wegzudenken aus Kampen! Bewusst hat man dem reetgedeckten Backsteinhaus seinen friesischen Charme bewahrt: moderner Stil zu alten Fliesen und Kachelofen. Es gibt saisonale Küche (abends aufwändiger) sowie hausgebackenen Kuchen, und in Bar und Lounge heißt es "sehen und gesehen werden"!

Karte 44/82 €

Strönwai 12 25999 – 04651 41242 – www.gogaertchen.com – geschl. Mitte November - Mitte Dezember und November - Februar: Montag

Manne Pahl

TRADITIONELLE KÜCHE • RUSTIKAL X Richtig gut kommen die rustikale Gemütlichkeit und die traditionelle Küche an. In der holzgetäfelten Gaststube oder im lichten Wintegarten isst man Scholle, Wiener Schnitzel und natürlich Pfannkuchen! Lecker auch der hausgebackene Kuchen!

Karte 26/74 €

Zur Uwe Düne 2 25999 – 04651 42510 – www.manne-pahl.de

Walter's Hof

LANDHAUS • INDIVIDUELL Toll ist nicht nur die Nähe zum Strand, auch die hübschen, individuellen Zimmer, teils mit Meerblick! Sehr schön die Kunst im Haus. Wer länger bleiben möchte, wohnt in den Ferienwohnungen und Appartementhäusern am bequemsten. Im gediegen-eleganten Restaurant mit charmant-friesischer Note speist man klassisch.

32 Zim – 160/320 € 320/480 € – 16 Suiten – 20 €

Kurhausstr. 23 25999 – 04651 98960 – www.walters-hof.de

Village

LANDHAUS • GEMÜTLICH Außen charmant-friesisch, innen edel-elegant - da verwundert es nicht, dass die engagierten Gastgeber Inneneinrichter sind! Viele schöne Details machen die Zimmer wohnlich und individuell. Attraktiv auch der kleine Schwimmbad- und Saunabereich. Am Abend wird nach Ihren (am Vortag geäußerten) Wünschen gekocht.

10 Zim – 239/290 € 259/310 € – 4 Suiten

Alte Dorfstr. 7, Zufahrt über Brönshooger Weg 25999 – 04651 46970
– www.village-kampen.de – geschl. Januar 3 Wochen, Dezember 3 Wochen

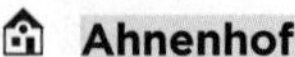

Ahnenhof

FAMILIÄR • GEMÜTLICH Angenehm persönlich ist die Atmosphäre in dem kleinen Hotel in schöner Lage. Dazu sehr gepflegte und wohnliche Zimmer, ein hübscher Saunabereich und der liebenswert-rustikale Frühstücksraum samt Terrasse mit Blick auf Dünen und Meer!

13 Zim ☕ - 🚹90/121 € 🚻164/280 €

Kurhausstr. 8 ✉ 25999 - ✆ 04651 42645 - www.ahnenhof.de

Keitum

KÖKKEN

REGIONAL • LÄNDLICH XX Wie wär's mit "gebeiztem Kaninchenrücken mit Holsteiner Cox und Ackersalat"? Hier hat man sich einer natürlichen, regionalen Küche verschrieben. Das Drumherum gefällt ebenso: geschmackvolles, stimmiges Ambiente und freundlicher Service.

Menü 53/99 € – Karte 53/69 €

Hotel Benen-Diken-Hof, Keitumer Süderstr. 3 ✉ 25980
– ✆ 04651 9383360 (Tischbestellung ratsam) – www.benen-diken-hof.de
– nur Abendessen – geschl. November - Ostern: Mittwoch

Severin*s

LUXUS • ELEGANT Außen inseltypisch, innen stilvoll-modern. Einen Steinwurf vom Wasser entfernt beherbergen schöne Backsteinhäuser mit Reetdach luxuriöse Zimmer, einen weitläufigen Spa und zwei Restaurants: Im gemütlichen "Hoog" gibt's Sylter Küche, Snacks sowie Kaffee und Kuchen, im "Tipken's" kocht man gehoben mit regionalen Zutaten. Toll für Familien: ganztägige Kinderbetreuung.

31 Zim ☕ – 🚹230/350 € 🚻290/490 € – 31 Suiten

Am Tipkenhoog 18 ✉ 25980
– ✆ 04651 460660 – www.severins-sylt.de

Benen-Diken-Hof

LANDHAUS • INDIVIDUELL Das traditionsreiche Haus ist beliebt: Wer möchte nicht in schönen frischen Zimmern wohnen, sich gratis an der Minibar bedienen, im großen Spa relaxen? Exklusiv die Suiten in den Nebenhäusern. Für Langschläfer: Frühstücksbuffet bis 13 Uhr!

48 Zim ☕ – 🚹170/254 € 🚻188/376 € – 19 Suiten

Keitumer Süderstr. 3 ✉ 25980 – ✆ 04651 93830 – www.benen-diken-hof.de

KÖKKEN – siehe Restaurantauswahl

Aarnhoog

LANDHAUS • GEMÜTLICH In dem reizenden kleinen Schwesterhaus des Munkmarscher "Fährhauses" ist Ihnen Diskretion ebenso gewiss wie schönes Ambiente: hochwertiges Interieur in wohnlichem nordisch-modernem Stil! Den exklusiven Service genießt man auch beim leckeren Frühstück. Nachmittags Kaffee und Kuchen.

9 Zim ☕ – 🚹180/280 € 🚻240/340 € – 7 Suiten

Gaat 13 ✉ 25980 – ✆ 04651 3990 – www.faehrhaus-hotel-collection.de

Seiler Hof

FAMILIÄR • INDIVIDUELL Das hübsche Haupthaus von 1760 war einst eine Seilwerkstatt. Heute freut man sich über wohnliche Zimmer, einen schönen modernen Saunabereich und einen netten Garten. Im reetgedeckten Haus nebenan gibt es im ländlich-rustikalen "Sünhair" bürgerlich-regionale Gerichte sowie Pizza aus dem Steinofen.

10 Zim ☕ – 🚹100/180 € 🚻120/215 € – 1 Suite

Gurtstig 7 ✉ 25980 – ✆ 04651 93340 – www.seilerhofsylt.de – geschl. 7. Januar - 7. Februar, 11. November - 24. Dezember

List

Königshafen

TRADITIONELLE KÜCHE • BÜRGERLICH Die Familientradition reicht hier bis ins Jahr 1881 zurück. Hinter einer weißen Backsteinfassade sitzt man in klassisch-bürgerlich gehaltenen Stuben - oder auf der Gartenterrasse hinterm Haus - und lässt sich regional-saisonale Gerichte wie "Kabeljaufilet mit Kürbispüree und Pilzen" schmecken.

Karte 28/58 €

Alte Dorfstr. 1 25992 – 04651 870446 – www.koenigshafen.de – geschl. Januar - Mitte Februar und Dienstag

A-ROSA

LUXUS • MODERN Ein bemerkenswertes Haus in traumhafter Lage mit Blick auf Dünen, Watt und Meer. Alles hier ist überaus hochwertig und formschön in geradlinigem Design gestaltet. SPA-ROSA auf 3500 qm mit Meerwasserpool und exklusiven Anwendungen. Asiatische Küche im "Spices", Buffet im "Dünenrestaurant".

147 Zim – 218/378 € 278/408 € – 30 Suiten – ½ P

Listlandstr. 11 25992 – 04651 96750700 – www.a-rosa-resorts.de

Strand am Königshafen

BOUTIQUE-HOTEL • AUF DEM LAND Hier heißt es "Erholung am nördlichsten Strand Deutschlands". Das Hotel thront am Königshafen in der Bucht zwischen List und dem sog. Ellenbogen. Wertigkeit im ganzen Haus, von den modern-eleganten Zimmern (Motto: "Wind, Wasser, Sand"), meist mit Balkon/Terrasse, bis zum tollen friesischen Frühstücksbuffet.

15 Zim – 125/265 € 160/280 € – 15 Suiten

Hafenstr. 41 25992 – 04651 889750 – www.hotel-strand-sylt.de

Morsum

Landhaus Severin*s Morsum Kliff

LANDHAUS • ELEGANT Nicht zu toppen ist hier die Lage mitten im Naturschutzgebiet mit wunderbarem Blick aufs Wattenmeer - da lockt natürlich auch die Terrasse! Aber auch das Interieur des hübschen reetgedeckten Hauses kann sich sehen lassen: Alles ist hochwertig und geschmackvoll-modern mit nordischem Touch gestaltet.

13 Zim – 220/410 € 220/410 €

Nösistig 13 25980 – 04651 4606880 – www.landhaus-severins.de – geschl. 15. Januar - 4. Februar, 26. November - 16. Dezember

Hof Galerie

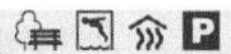

LANDHAUS • ELEGANT Moderne Wohnkultur und Kunst vereint. Man hat schicke Suiten, einen netten Garten, Inselkünstler stellen ihre Werke aus und die Terrasse mit Brunnen unter alten Linden lädt zum Frühstücken ein. Nachmittags Kaffee und hausgemachten Kuchen.

18 Suiten – 170/360 € – 2 Zim

Serkwai 1 25980 – 04651 957050 – www.hotelhofgalerie.de

Munkmarsch

Käpt'n Selmer Stube

REGIONAL • LÄNDLICH Überall sieht man die Liebe zum Detail: original blau-weiße Kacheln, kostbare Antiquitäten, traumhafte Terrasse... Dazu sehr freundlicher und geschulter Service und saisonale Küche wie "gebratenes Kabeljaufilet mit Gurken-Dill-Gemüse, Kartoffelstampf und Senfsauce". Nachmittags locken Kaffee und Kuchen.

Menü 42/67 € (abends) – Karte 42/70 €

Hotel Fährhaus, Bi Heef 1 25980 – 04651 93970 (Tischbestellung ratsam) – www.faehrhaus-sylt.de

Zur Mühle

TRADITIONELLE KÜCHE • GASTHOF Eine beliebte Adresse! Da kehrt man auch während einer Wanderung zwischen Kampen und Morsum-Kliff gerne ein, stärkt sich mit regional-traditioneller Küche oder hausgemachtem Kuchen am Nachmittag und genießt den Blick aufs Wasser.

Menü 35 € (abends)/45 € - Karte 22/64 €

Lochterbarig 24 ✉ 25980 - ✆ 04651 3877 - www.zur-muehle-sylt.de - geschl. 1. November - 25. Dezember und Montagabend - Dienstag

Fährhaus

LUXUS • GEMÜTLICH Ein Luxushotel ohne prätentiösen Rahmen, dafür aber mit exklusivem Wohnkomfort und nahezu perfektem Service! Auch angesichts des hochwertigen Spas und der tollen Lage mit Blick zum Wattenmeer verabschiedet man sich nur sehr ungern wieder!

32 Zim - 320/400 € 380/460 € - 12 Suiten - ½ P

Bi Heef 1 ✉ 25980 - ✆ 04651 93970 - www.faehrhaus-sylt.de

Käpt'n Selmer Stube - siehe Restaurantauswahl

Rantum

Söl'ring Hof (Johannes King)

KREATIV • ELEGANT Man bleibt seinem Stil treu: klassische Küche mit geschmacklichem Tiefgang und schöner Balance. Völlig außer Frage steht dabei die Produktqualität, Regionales und Saisonales sind das A und O. Das Drumherum: wertiges Interieur in nordisch-elegantem Landhausstil, Blick in die offene Küche, versierter Service.

→ Dänischer Kaisergranat mit Rote Bete, Raps und Frischkäse. Maibock mit eingelegter Mispel, Petersilie. Mieze Schindler mit Fichtensprossen und Hafer.

Menü 154/194 € - Karte 124/165 €

Hotel Söl'ring Hof, Am Sandwall 1 ✉ 25980 - ✆ 04651 836200 (Tischbestellung erforderlich) - www.soelring-hof.de - nur Abendessen - geschl. in der Nebensaison: Sonntag, Mittwoch

Coast

MODERNE KÜCHE • FREUNDLICH Das charmante reetgedeckte Haus versprüht auch im Inneren friesisches Flair, dafür sorgt die modern-maritime Gestaltung samt dekorativer witziger Fischmotiv-Tapete. Freundlich-leger serviert man regional-internationale Gerichte wie "Heilbuttfilet auf Kürbisstampf mit Pistaziengnocchi".

Menü 42 € - Karte 33/86 €

Hotel Duene, Stiindeelke 1 ✉ 25980 - ✆ 04651 1551 (Tischbestellung ratsam) - www.restaurant-coast.de - nur Abendessen - geschl. Dienstag, im Winter: Dienstag - Mittwoch

Sansibar

INTERNATIONAL • RUSTIKAL Die authentische Strandhütte ist allseits beliebt, da geht man gerne fünf Minuten zu Fuß durch die Dünen - oder Sie nutzen den Shuttleservice. Neben Fisch gibt's auch Steak sowie eine grandiose Weinkarte. Mittags keine Reservierung möglich.

Karte 33/121 €

Hörnumer Str. 80, Süd: 3 km ✉ 25980 - ✆ 04651 964646 - www.sansibar.de

Söl'ring Hof

LUXUS • INDIVIDUELL "Sylt pur", das denkt man unweigerlich angesichts der traumhaften Lage in den Dünen! Und das schmucke Friesenhaus steht dem in nichts nach: persönliche Atmosphäre, diskreter Service, schöne wertige Zimmer, ein attraktiver kleiner Spa, exklusives "Open End"-Frühstück. Minibar und Strandkorb inklusive!

15 Zim - 425/665 € 450/690 €

Am Sandwall 1 ✉ 25980 - ✆ 04651 836200 - www.soelring-hof.de

Söl'ring Hof - siehe Restaurantauswahl

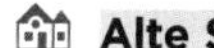 **Alte Strandvogtei** 

LANDHAUS • INDIVIDUELL Hier wohnt man so richtig schön, alles ist hochwertig, Suiten mit Kitchenette, teils Maisonetten, charmant der Frühstücksraum mit altem Ofen und handbemalten Friesenkacheln, Garten mit Strandkörben, nachmittags gibt es Tee und Kuchenbuffet... Zum Strand sind es nur wenige Minuten zu Fuß.

12 Suiten – 130/250 € – 6 Zim

Merret-Lassen-Wai 6 25980 – 04651 92250 – www.alte-strandvogtei.de

 **Watthof** 

LANDHAUS • GEMÜTLICH Ein hübsches Reetdachhaus, familiär geleitet und wohnlich von den Zimmern (die beiden Suiten sogar mit eigenem Kamin) über den Frühstücksraum bis zur schönen Lounge mit Bar. Toll der Wattblick von der Terrasse. Im UG eine kleine Sauna.

8 Zim – 173/435 € 198/465 € – 2 Suiten

Raanwai 42 25980 – 04651 8020 – www.watthof.de – geschl. 8. Januar - 4. März, 19. November - 16. Dezember

 **Duene** 

LANDHAUS • AUF DEM LAND Richtig schöne Zimmer hat man hier: nordisch-moderner Landhausstil, warmer Holzfußboden, helle, wohnliche Töne - einige Zimmer liegen direkt über dem Restaurant "Coast", hier gibt es auch das Frühstück.

16 Zim – 110/252 € 130/270 €

Stiindeelke 1 25980 – 04651 1660 – www.hotel-duene.de

Coast – siehe Restaurantauswahl

Tinnum

BODENDORF'S 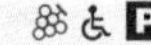

FRANZÖSISCH-MODERN • ELEGANT In Sachen Spitzenkulinarik halten Holger Bodendorf und sein Team nach wie vor die Fahne hoch! So heißt es in dem sympathischen und eleganten kleinen Restaurant neben freundlichem und souveränem Service kreative Küche mit Ausdruck und Tiefgang. Tipp: Vertrauen Sie auf die Empfehlungen des Sommeliers!

→ Marinierte Jakobsmuschel, weißer Spargel, Lardo, gebackener Kalbskopf und Thymiantee. Miéral Taubenbrust, gefüllte Taubenkeule mit Feige, Aubergine, Wachtelei und Kaffeejus. Gâteaux von Mango, Passionsfrucht, Kokos, gepfefferte Milchkonfitüre.

Menü 112/179 €

Hotel Landhaus Stricker, Boy-Nielsen-Str. 10 25980 – 04651 88990 – www.landhaus-stricker.de – nur Abendessen – geschl. 10. Januar - Ende Februar, Anfang November - 25. Dezember und Sonntag - Montag

SIEBZEHN84 

REGIONAL • LÄNDLICH Modern-friesisch, das trifft "Tenne" und "Kaminzimmer" am besten. Es gibt Steaks, aber auch "Kabeljau & Kürbis" oder "Rinderfiletwürfel & Teriyaki-Marinade". Alle Hauptgänge auch als kleine Portion - umso mehr kann man probieren!

Menü 39 € (vegetarisch)/74 € – Karte 44/72 €

Hotel Landhaus Stricker, Boy-Nielsen-Str. 10 25980 – 04651 88990 – www.landhaus-stricker.de – nur Abendessen

 **Landhaus Stricker** 

LANDHAUS • GEMÜTLICH Kerstin und Holger Bodendorf sind beispielhafte Gastgeber, was sich in luxuriösen Zimmern und hervorragendem Service äußert! Dazu ein attraktiver Spa und ein schöner Garten, der fast vergessen lässt, dass man nahe der Bahnlinie liegt.

38 Zim – 145/200 € 230/320 € – 17 Suiten – ½ P

Boy-Nielsen-Str. 10 25980 – 04651 88990 – www.landhaus-stricker.de

BODENDORF'S • **SIEBZEHN84** – siehe Restaurantauswahl

Wenningstedt

Fitschen am Dorfteich

MARKTKÜCHE • FAMILIÄR XX Eine sympathische Adresse - die komplette Familie ist hier im Einsatz. Schön die Lage am Dorfteich, der vor oder nach saisonal-regionalen Gerichten wie "Nordseedorsch auf Wurzelgemüse" oder "Sylter Lammbratwürstchen auf Wirsing" zu einem kleinen Spaziergang einlädt. Romantisch die Terrasse.

Menü 62/82 € - Karte 40/61 €

4 Zim - 125/165 € 135/185 € - 4 Suiten

Am Dorfteich 2 ✉ 25996 - ✆ 04651 32120 - www.fitschen-am-dorfteich.de - November - Mitte März: nur Abendessen - geschl. Dienstag, November - Februar: Montag - Dienstag

Westerland

Hardy's Bar & Restaurant

FRANZÖSISCH-KLASSISCH • ELEGANT XXX Wirklich schön, wie das Ambiente hier moderne Akzente mit einer klassischen Note verbindet. Und die Küche? Da treffen französische Elemente auf hochwertige regionale Zutaten, so z. B. bei den "Austern Rockefeller" oder dem "Steinbutt in Champagner-Senfsauce".

Menü 52/122 € - Karte 56/89 €

Hotel Stadt Hamburg, Strandstr. 2 ✉ 25980 - ✆ 04651 8580 - www.hotelstadthamburg.com - nur Abendessen

Franz Ganser

KLASSISCHE KÜCHE • FREUNDLICH XX Seit vielen Jahren eine gefragte Adresse. Gekocht wird klassisch-international, so z. B. "Steinbeißer mit Bratensaft und Spitzkohl in Rahm", zusätzlich eine kleinere Mittagskarte. Geschmackvoll das modern-elegante Interieur.

Menü 48/98 € - Karte 43/95 €

Bötticherstr. 2 ✉ 25980 - ✆ 04651 22970 - www.ganser-sylt.de - geschl. Ende Februar - Mitte März, Mitte November - Mitte Dezember und Montag - Dienstagmittag

Shirobar

FUSION • GERADLINIG X Das japanische Wort "Shiro" bedeutet im Deutschen "weiß", entsprechend das puristische Design. Passend dazu klassisches Sushi mit westlichen Einflüssen, von Nigiri und Maki bis hin zu aufwändigen Special Rolls wie "Rockshrimp Tempura Roll".

Karte 16/39 €

Keitumer Chaussee 5a ✉ 25980 - ✆ 04651 9679449 (Tischbestellung ratsam) - www.shirobar.de - nur Abendessen - geschl. Anfang Januar - Mitte Februar und Dienstag, Montag - Dienstag außer Saison

Sam Ratke's Culinarium

REGIONAL • BISTRO X Hier kocht man traditionell und regional, von "Scholle mit warmem Kartoffelsalat" bis "Hummer Helgoländer Art in 4 Gängen" (auf Vorbestellung). Dazu die tolle Wein- und Digestif-Auswahl. Schöne Bistro-Atmosphäre samt dekorativer Weinregale.

Karte 23/59 €

Strandstr. 6 ✉ 25980 - ✆ 04651 9675706 (abends Tischbestellung ratsam) - www.culinarium-sylt.de - geschl. Ende Januar 2 Wochen

Bistro Stadt Hamburg

REGIONAL • BISTRO X Die Atmosphäre ist unkompliziert, der Service sehr freundlich und auf den Tisch kommen z. B. "Nordseescholle mit Speckkartoffelsalat" oder "Holsteiner Rinderroulade mit Rotkohl". Tipp: das wechselnde Tagesmenü.

Menü 29 € - Karte 37/55 €

Hotel Stadt Hamburg, Strandstr. 2 ✉ 25980 - ✆ 04651 8580 - www.hotelstadthamburg.com

Stadt Hamburg

TRADITIONELL · KLASSISCH Ein Klassiker a. d. J. 1869 mit ganz eigenem Charme! Individuelle Zimmer in Stammhaus, Gartenflügel und Parkvilla, schön der Spa, engagiert das Personal, und das Frühstück wird am Tisch serviert! Sehenswert: die "Sylt-Lichtbilder" im Haus.

45 Zim – 🚹85/280 € 🚹🚹215/370 € – 25 Suiten – ☕25 € – ½ P

Strandstr. 2 ✉ 25980
– ✆ 04651 8580 – www.hotelstadthamburg.com

Hardy's Bar & Restaurant • **Bistro Stadt Hamburg** – siehe Restaurantauswahl

Miramar

HISTORISCH · KLASSISCH Familientradition (5. Generation) und der Charme des 1903 erbauten Hotels werden hier gleichermaßen gepflegt. Zahlreiche Jugendstilmöbel fügen sich harmonisch ins klassische Bild. Einige Zimmer, Restaurant und Terrasse liegen schön zum Meer hin. Wie wär's mal mit Relaxen im Strandkorb auf der Düne am Meer?

40 Zim ☕ – 🚹200/490 € 🚹🚹270/510 € – 22 Suiten – ½ P

Friedrichstr. 43, Zufahrt über Margarethenstraße ✉ 25980
– ✆ 04651 8550 – www.hotel-miramar.de
– geschl. Mitte November - 20. Dezember

Landhaus Sylter Hahn

LANDHAUS · ELEGANT Etwas abseits vom Trubel der Friedrichstraße hat man hier ein schönes modern-elegantes Landhausambiente geschaffen, von den Zimmern in wohnlich-warmen Tönen über den hellen Frühstücksraum und die Bar bis zum attraktiven Wellnessbereich.

39 Zim ☕ – 🚹80/120 € 🚹🚹110/200 €

Robbenweg 3 ✉ 25980
– ✆ 04651 92820 – www.sylter-hahn.de

Wiking

FAMILIÄR · REGIONAL Hier überzeugen individuell geschnittene Zimmer mit geschmackvoll-wohnlicher Einrichtung, alle mit Balkon, teilweise mit Blick auf die Nordsee. Strand und Fußgängerzone in der Nähe.

28 Zim ☕ – 🚹75/195 € 🚹🚹135/240 €

Steinmannstr. 11 ✉ 25980
– ✆ 04651 46060 – www.hotel-wiking-sylt.de

Villa 54° Nord

BOUTIQUE-HOTEL · INDIVIDUELL Sie mögen den Charme einer alten Villa kombiniert mit trendigem Design? Zum legeren Konzept gehört neben stylischen Zimmern auch das gemeinsame Frühstück an großen Tischen. Tipp: günstig parken auf dem Johann-Möller-Platz gegenüber.

15 Zim – 🚹100/200 € 🚹🚹110/210 € – ☕13 €

Norderstr. 21 ✉ 25980
– ✆ 04651 8364008 – www.villa54-sylt.de

Long Island House

FAMILIÄR · MODERN Ein gepflegtes kleines Hotel mit hübschem Interieur nach dem Vorbild der Hamptons auf Long Island. Überall klarer moderner Stil, in den Zimmern ("Lighthouse", "Captains Room"...) schöner Walnussholzboden, viel Weiß und individuelle Deko.

9 Zim ☕ – 🚹86/136 € 🚹🚹126/216 € – 1 Suite

Eidumweg 13 ✉ 25980
– ✆ 04651 9959550 – www.sylthotel.de
– geschl. Januar - Februar

TANGERMÜNDE

Sachsen-Anhalt - 10 426 Ew. - Höhe 45 m - Regionalatlas **21**-M8
Michelin Straßenkarte 542

Schloss Tangermünde

SPA UND WELLNESS • INDIVIDUELL Ein romantisches Anwesen über der Elbe mit mehreren Häusern in einer idyllischen Gartenanlage. Sie wohnen in stilvollen Zimmern und entspannen in der "Kaisertherme". Das Restaurant "1699" bietet regional-saisonale Küche, schön die Terrasse mit Elbblick. Für besondere Anlässe: die Alte Kanzlei a. d. 14. Jh.

35 Zim – †80/102 € ††102/198 € - 1 Suite - ½ P

Amt 1, (Zufahrt über Schlossfreiheit) ✉ 39590 - ✆ 039322 7373 - www.schloss-tangermuende.de

TANN (RHÖN)

Hessen - 4 391 Ew. - Höhe 390 m - Regionalatlas **39**-I13
Michelin Straßenkarte 543

In Tann-Lahrbach Süd: 3 km

Landgasthof Kehl

REGIONAL • BÜRGERLICH Hier wird man bei regional-saisonaler und traditioneller Küche richtig herzlich umsorgt. Die Verbundenheit mit der Rhön zeigt sich z. B. in Gerichten vom heimischen Lamm. Tipp: Fragen Sie nach den Gourmet-Menüs!

Menü 20/69 € - Karte 16/38 €

Hotel Gasthof Kehl, Eisenacher Str. 15 ✉ 36142 - ✆ 06682 387 - www.landhaus-kehl.de - geschl. Ende Oktober - Mitte November und Dienstag

Landhaus Kehl

LANDHAUS • MODERN Sehr gepflegt ist der Gasthof der Familie Kehl - bereits die 4. Generation. Im Haupthaus hat man einfachere Zimmer, im 300 m entfernten Gästehaus sind die Zimmer geräumiger, hier auch der ansprechende Wohlfühl- und Fitnessbereich.

37 Zim – †44/54 € ††72/92 € - ½ P

Eisenacher Str. 15 ✉ 36142 - ✆ 06682 387 - www.landhaus-kehl.de - geschl. Ende Oktober - Mitte November

Landgasthof Kehl - siehe Restaurantauswahl

TANGSTEDT

Schleswig-Holstein - 6 441 Ew. - Höhe 33 m - Regionalatlas **10**-I5
Michelin Straßenkarte 541

Gutsküche

REGIONAL • LÄNDLICH "Gutsküche" trifft es genau, denn in der ehemaligen Scheune kocht man schmackhaft, unkompliziert und regional, sehr gut die frischen (Bio-) Zutaten - Lust auf "Sauerbraten vom Frischling mit gebratenen Kohlblüten"? Mittags kleineres Angebot. Tipp: Snacks im "GutsKaffee" , Bioprodukte im Hofladen nebenan.

Menü 65 € - Karte 32/65 €

Wulksfelder Damm 15, (im Gutshof Wulksfelde) ✉ 22889 - ✆ 040 64419441 - www.gutskueche.de - geschl. Sonntagabend - Montag

TAUBERBISCHOFSHEIM

Baden-Württemberg - 12 832 Ew. - Höhe 183 m - Regionalatlas **48**-H16
Michelin Straßenkarte 545

In Tauberbischofsheim-Distelhausen Süd: 3 km

Das kleine Amtshotel

FAMILIÄR • MODERN Das kleine Hotel ist schnell ausgebucht. Kein Wunder, denn hier erwarten Sie wirklich nette Gastgeber, moderne Zimmer, gutes Frühstück und kostenloser Fahrradverleih! Etwas Besonderes sind Bier-Hefe- und Bier-Hopfen-Bäder im Holzzuber - oder vereinbaren Sie doch eine Bierdegustation mit dem Chef!

11 Zim - 60/70 € 90/100 €

Amtstr. 2 ✉ 97941 - 09341 7888 - www.das-kleine-amtshotel.de

TAUBERRETTERSHEIM Bayern ➔ Siehe Weikersheim

TAUFKIRCHEN (VILS)

Bayern - 9 566 Ew. - Höhe 466 m - Regionalatlas **58**-N19
Michelin Straßenkarte 546

Am Hof

BUSINESS • MODERN In der 1. Etage liegt das freundlich-charmant geführte kleine Hotel. Die Zimmer sind schön modern, aktuell auch die Technik, teilweise mit Balkon. Am Morgen gibt es ein gutes Frühstücksbuffet und auf Vorbestellung auch Halbpension im Restaurant "Kulinaria" nebenan. Die Tiefgarage nutzen Sie kostenfrei.

27 Zim - 64/84 € 99/109 € - 1 Suite

Hierlhof 2 ✉ 84416
- 08084 93000 - www.hotelamhof.de
- geschl. 27. Juli - 12. August

In Taufkirchen-Hörgersdorf Süd-West: 8,5 km über B 15

Landgasthof Forster

INTERNATIONAL • LÄNDLICH In diesem sympathischen Haus wird ohne große Schnörkel, aber mit Geschmack und frischen Produkten gekocht. Lust auf "Lammrücken mit Speckbohnen, Quitten und getrüffeltem Kartoffelpüree"? Herzlich der Service, hübsch das ländliche Ambiente.

Menü 30/72 € - Karte 33/57 €

Hörgersdorf 23 ✉ 84416
- 08084 2357 - www.landgasthof-forster.de
- nur Abendessen, Sonntag und an Feiertagen auch Mittagessen - geschl. Ende August - Anfang September 2 Wochen und Montag - Mittwoch

TAUNUSSTEIN

Hessen - 28 721 Ew. - Höhe 343 m - Regionalatlas **47**-E14
Michelin Straßenkarte 543

In Taunusstein-Neuhof

Légère

BUSINESS • DESIGN Eines der modernsten Hotels in der Gegend! Zimmer in geradlinigem und doch wohnlichem Design, technisch top, Minibar gratis. Dazu Snacks gegen den kleinen Hunger. Sie sind übrigens in prominenter Gesellschaft: Überall im Haus große Fotodrucke der deutschen Politik-, Business- und Kunstszene.

31 Zim - 86/96 € 91/96 € - 12 €

Heinrich-Hertz-Str. 2 ✉ 65232
- 06128 609810 - www.legere-hotels-online.com
- geschl. Weihnachten - Neujahr

TECKLENBURG

Nordrhein-Westfalen - 8 821 Ew. - Höhe 200 m - Regionalatlas **27**-E9
Michelin Straßenkarte 543

In Tecklenburg-Brochterbeck West: 6,5 km

Teutoburger Wald

FAMILIÄR • GEMÜTLICH Dass man sich hier wohlfühlt, hat seinen Grund: Das Haus wird engagiert geführt und stetig verbessert, die Zimmer sind wohnlich, die Mitarbeiter herzlich. Im Sommer zieht es die Gäste in den schönen Garten mit Teich. Tipp: Lassen Sie sich nachmittags den hausgemachten Kuchen schmecken!

42 Zim - 94/119 € 135/175 € - 1 Suite - ½ P

Im Bocketal 2 49545
- 05455 93000 - www.ringhotel-teutoburger-wald.de
- geschl. 21. - 25. Dezember

TEGERNSEE

Bayern - 3 647 Ew. - Höhe 747 m - Regionalatlas **66**-M21
Michelin Straßenkarte 546

Leeberghof

KLASSISCHE KÜCHE • GEMÜTLICH XX Wo könnte man schöner speisen als auf der Terrasse hoch überm See? Klassiker wie Wiener Schnitzel oder Kaiserschmarrn gibt es ebenso wie Saisonales, z. B. als "Rinderfilet mit sautierten Steinpilzen". Beliebt auch die hübsche "SASSA-Bar".

Menü 62 € (abends) - Karte 35/59 €

Hotel Leeberghof, Ellingerstr. 10 83684
- 08022 188090 - www.leeberghof.de
- geschl. 7. Januar - 4. Februar und Montag, außer an Feiertagen, im Winter: Montag - Dienstag

Leeberghof

HISTORISCH • INDIVIDUELL In dem individuellen kleinen Haus werden Sie sich nicht sattsehen können an dem Blick von oben auf den See! Aber auch der überaus freundliche Service, die schöne Einrichtung und das sehr gute Frühstück sind Gründe, hier zu übernachten!

15 Zim - 60/120 € 175/220 € - 4 Suiten - ½ P

Ellingerstr. 10 83684
- 08022 188090 - www.leeberghof.de
- geschl. 7. Januar - 4. Februar

Leeberghof - siehe Restaurantauswahl

TEINACH-ZAVELSTEIN, BAD

Baden-Württemberg - 2 999 Ew. - Höhe 391 m - Regionalatlas **54**-F18
Michelin Straßenkarte 545

Im Stadtteil Bad Teinach

Therme Bad Teinach

SPA UND WELLNESS • INDIVIDUELL Das ehemalige Kurhotel ist nun eine schmucke Wellnessadresse. Chic die sehr komfortablen modernen Zimmer im Thermenflügel - wer's klassisch mag, wohnt im Stammhaus oder im Fürstenflügel. Geschmackvoll-elegant der Spa (auch für Passanten zugänglich). Im Restaurant internationale Küche mit regionalem Einfluss.

119 Zim - 103/238 € 155/249 € - ½ P

Otto-Neidhart-Allee 5 75385
- 07053 290 - www.hotel-therme-teinach.de

Im Stadtteil Zavelstein

Gourmetrestaurant Berlins Krone

FRANZÖSISCH-MODERN • GEMÜTLICH XX Was die Küche von Franz Berlin ausmacht? Klassische Basis und hervorragende Produkte. Daraus entstehen finessenreiche Speisen, gespickt mit modernen Einflüssen. Auch der charmante und fachlich versierte Service trägt dazu bei, dass man sich in den gemütlichen Räumen der "Krone" wohlfühlt.

➜ Bretonischer Rochenflügel, Bergamottöl, Paprika-Bohnenragout, Kokosnuss-Limonenschaum. Mika Kalbskotelett in Löwenzahn-Buttermilch gegart, Romanasalat, Olivencrumble, Parmesankroketten. Dreierlei vom Wild, Sauerbraten, Hirschrücken und Leber mit Pastinakenpüree.

Menü 90/135 €

Berlins Hotel KroneLamm, Marktplatz 2 ✉ 75385 - ✆ 07053 92940 (Tischbestellung ratsam) - www.berlins-hotel.de - nur Abendessen - geschl. 7. - 31. Januar, Juni 3 Wochen und Montag - Dienstag

Berlins Lamm

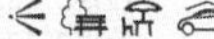

REGIONAL • ZEITGEMÄSSES AMBIENTE XX Im eleganten Hauptrestaurant des geschmackvollen Wellnesshotels erwartet Sie mittags wie abends schwäbische Küche, so z. B. die "Krone-Maultaschen" oder der klassische Rostbraten. Interessant auch das "33-km-Menü".

Menü 38/50 € - Karte 26/57 €

Marktplatz 2 ✉ 75385 - ✆ 07053 92940 - www.berlins-hotel.de

Berlins Hotel KroneLamm

SPA UND WELLNESS • GEMÜTLICH Die engagierten Gastgeber bieten hier so einiges: Wellnessfans entspannen auf 1600 qm, Wohnkomfort gibt es von "Talblick" über "Katharinenplaisir" und "Burgherrengemach" bis hin zur "Jungbrunnensuite", und auch kulinarisch gibt es Abwechslung: von gehoben über schwäbisch bis zur 1 km entfernten Wanderhütte.

63 Zim - †89/139 € ††158/228 € - 3 Suiten - ½ P

Marktplatz 2 ✉ 75385 - ✆ 07053 92940 - www.berlins-hotel.de

Gourmetrestaurant Berlins Krone • **Berlins Lamm** - siehe Restaurantauswahl

TEISENDORF

Bayern - 9 249 Ew. - Höhe 501 m - Regionalatlas **67**-O21
Michelin Straßenkarte 546

In Teisendorf-Holzhausen

MundArt

KLASSISCHE KÜCHE • TRENDY XX Mögen Sie es eher modern-elegant oder lieber gemütlich-rustikal? In beiden Restauranträumen serviert man klassisch und regional geprägte Küche, z. B. als "gebratene Brust vom Schwarzfederhuhn, Patisson, Radicchio, Wildkräuter, Topinambur" oder "Wiener Schnitzel, Petersilienkartoffeln, Preiselbeeren".

Menü 37/55 € - Karte 36/63 €

Hotel Gut Edermann, Holzhausen 2 ✉ 83317 - ✆ 08666 92730

Gut Edermann

SPA UND WELLNESS • GEMÜTLICH Das Traditionshaus, einst Kurhotel, ist ein wirklich geschmackvolles, wohnliches und komfortables Hotel. Individuelle Zimmer, "AlpenSpa" auf 2500 qm samt Naturbadeteich und "PrivatSpa" und natürlich die tolle Lage mit ebensolcher Aussicht!

50 Zim - †80/150 € ††90/150 € - ½ P

Holzhausen 2 ✉ 83317 - ✆ 08666 92730 - www.gut-edermann.de

MundArt - siehe Restaurantauswahl

TEISNACH

Bayern – 2 815 Ew. – Höhe 467 m – Regionalatlas **59**-O17
Michelin Straßenkarte 546

In Teisnach-Kaikenried Süd-Ost: 4 km über Oed und Aschersdorf

Oswald's Gourmetstube

FRANZÖSISCH-MODERN • ELEGANT XXX So exquisit und wertig die kleine Stube mit ihren vier Tischen daherkommt, so niveauvoll ist auch die modern-kreative Küche, und die gibt es als fein abgestimmtes, produktorientiertes saisonales Menü. Freundlich und geschult der Service.

→ Taschenkrebs, Königskrabbe, Avocado, Limone, Kaviar Imperial Gold. Bretonischer Steinbutt, Süßkartoffel, Yuzu, Haselnuss. Topfensoufflé, Rhabarber, Tahiti Vanille.

Menü 65/125 €

Landromantik Wellnesshotel Oswald, Am Platzl 2 ✉ 94244 – ☎ 09923 84100 (Tischbestellung erforderlich) – www.hotel-oswald.de – nur Abendessen – geschl. Sonntag - Dienstag

Landromantik Wellnesshotel Oswald

SPA UND WELLNESS • AUF DEM LAND Ein richtig schönes, elegantes Wellnesshotel, in dem vor allem die neueren Zimmer kaum Wünsche offen lassen, ebenso wenig der moderne Spa. Für den kleineren Geldbeutel: Stammhaus-Zimmer. Und gastronomisch? Alpenländisch-schickes Restaurant oder feine Gourmetstube. Produkte aus der eigenen Metzgerei! HP inkl.

60 Zim – †98/208 € ††196/456 € – 1 Suite – ½ P

Am Platzl 2 ✉ 94244 – ☎ 09923 84100 – www.hotel-oswald.de

Oswald's Gourmetstube – siehe Restaurantauswahl

TELGTE

Nordrhein-Westfalen – 19 217 Ew. – Höhe 50 m – Regionalatlas **27**-E9
Michelin Straßenkarte 543

Telgter Hof

INTERNATIONAL • FREUNDLICH XX Eine der ältesten Gaststätten der Stadt, schön modern saniert: gemütlich-zeitgemäß der Schankraum, daran angeschlossen das geradlinig gestaltete Restaurant samt Terrasse - überall gibt es frische und schmackhafte saisonal-internationale Küche. Und für die Nacht vielleicht eines der freundlichen Gästezimmer?

Karte 24/46 €

12 Zim – †60/65 € ††85/95 €

Münsterstr. 29 ✉ 48291 – ☎ 02504 8896260 – www.telgter-hof.com – geschl. Montag

TENGEN

Baden-Württemberg – 4 501 Ew. – Höhe 614 m – Regionalatlas **62**-F21
Michelin Straßenkarte 545

In Tengen-Blumenfeld Ost: 2 km über B 314

Bibermühle

FRANZÖSISCH-KLASSISCH • HISTORISCHES AMBIENTE XX Drinnen wie draußen ein romantisches Kleinod: der historische Rahmen des Mühlengebäudes, rustikaler Charme, die hübsche Terrasse beim Wasserfall... Die Küche ist international, natürlich bekommt man auch Forelle aus dem Mühlenteich.

Menü 45 € – Karte 35/59 €

Hotel Bibermühle, Untere Mühle 1 ✉ 78250 – ☎ 07736 92930 – www.bibermuehle.de – geschl. 4. - 23. Februar, 5. - 16. November

Bibermühle

HISTORISCHES GEBÄUDE • KLASSISCH Hier wurde eine Wassermühle a. d. 12. Jh. zum Hotel erweitert. Klassisch die Zimmer im Neubau, modern im historischen Gebäude. Das passt zur idyllischen, ruhigen Lage: Forellenteich und Damwildgehege. Im Sommer speist man am liebsten auf der Terrasse am Wasserfall - die Küche ist international.

31 Zim - 78/100 € 128/146 € - ½ P

Untere Mühle 1 78250 - 07736 92930 - www.bibermuehle.de - geschl. 4. - 23. Februar, 5. - 16. November

Bibermühle - siehe Restaurantauswahl

In Tengen-Wiechs Süd: 7 km über Schwarzwaldstraße

Gasthof zur Sonne

REGIONAL • GASTHOF XX Unweit der Schweizer Grenze kann man bei gemütlich-ländlichem Flair gut essen: regional-saisonal und mit mediterranem Einschlag. Viele Gerichte empfiehlt man Ihnen auch mündlich. Sie möchten übernachten? Man hat drei einfache Gästezimmer.

Menü 34/69 € - Karte 30/53 €

Hauptstr. 57 78250 - 07736 7543 - www.sonne-wiechs.de - geschl. August 2 Wochen und Montag - Dienstag

TETTNANG

Baden-Württemberg - 18 473 Ew. - Höhe 466 m - Regionalatlas **63**-H21
Michelin Straßenkarte 545

Rad

GASTHOF • GEMÜTLICH Schön schläft es sich hier im Herzen der Altstadt. Wer modernes Design mag, wählt ein "Smart"- oder "Deluxe"-Zimmer, ebenfalls freundlich und wohnlich die "Klassik-Zimmer". Gemütlich das Restaurant mit Holztäfelung und Kachelofen, die Küche bürgerlich-regional. Tipp: der kleine Shop mit Hopfenprodukten.

69 Zim - 85/95 € 130 € - ½ P

Lindauer Str. 2 88069 - 07542 5400 - www.hotel-rad.com - geschl. Januar

In Tettnang-Kau West: 3 km Richtung Friedrichshafen, in Pfingstweide links

Lamm im Kau

REGIONAL • GEMÜTLICH X Seit 1982 betreiben die Kiechles ihr gemütlich-ländliches Gasthaus und kommen gut an mit frischen regionalen Gerichten wie "Ochsenmaulsalat mit Radiesle und Wachtelei" oder "Maibock-Ragout mit Holunderblütensößle und Rahmpfifferlingen". Charmant und aufmerksam der Service. Tipp: die schöne Terrasse vorm Haus!

Menü 18 € (mittags unter der Woche) - Karte 30/64 €

Sängerstr. 50 88069 - 07542 4734 - www.lamm-im-kau.de - geschl. 23. - 30. Dezember und Montag

THALEISCHWEILER-FRÖSCHEN

Rheinland-Pfalz - 3 333 Ew. - Höhe 242 m - Regionalatlas **46**-D17
Michelin Straßenkarte 543

Landhotel Weihermühle N

LANDHAUS • NATUR Die Anreise lohnt sich, denn hier erwarten Sie Natur und Ruhe - also beste Bedingungen für Aktivitäten im Freien und Erholung pur! Fragen Sie nach den Zimmern in der "Kornkammer", sie sind besonders chic und modern. Das Restaurant bietet regionale und saisonale Küche. Tipp für Familien: Ponyhof nebenan.

17 Zim - 51/110 € 75/129 € - 1 Suite - ½ P

Weihermühle 1, (Zufahrt über langen Waldweg) 66987 - 06334 5584 - www.landhotel-weihermuehle.de - geschl. Januar - Februar 3 Wochen

THANNHAUSEN

Bayern - 6 010 Ew. - Höhe 499 m - Regionalatlas **64**-J20
Michelin Straßenkarte 546

Schreiegg's Post

REGIONAL • GEMÜTLICH XX Ob Postzimmer, Bräustube, Jagdzimmer oder Biedermeierzimmer, jeder der Restauranträume ist mit Stil und Geschmack eingerichtet, draußen lockt der schöne Kastaniengarten. Gekocht wird regional-international, von "geschmorter Lammhaxe" bis "Kalbsrücken unter der Gewürzkruste".

Menü 41/66 € - Karte 35/45 €

Postgasse 1, Ecke Bahnhofstraße ✉ 86470 - ✆ 08281 99510 - www.schreieggs-post.de - geschl. 1. - 7. Januar und Montag

Schreiegg's Post

FAMILIÄR • GEMÜTLICH Der schöne aufwändig sanierte alte Brauereigasthof ist schon ein kleines Schmuckstück! Hier fühlt man sich wohl, von der freundlichen Begrüßung über die charmanten, individuellen Zimmer bis zum netten Saunabereich mit Blick über die Stadt. Nicht zu vergessen das frische Frühstück mit persönlicher Betreuung.

12 Zim - †98/105 € ††138/148 € - 1 Suite - ½ P

Postgasse 1 ✉ 86470 - ✆ 08281 99510 - www.schreieggs-post.de - geschl. 1. - 7. Januar

Schreiegg's Post - siehe Restaurantauswahl

THOLEY

Saarland - 12 191 Ew. - Höhe 400 m - Regionalatlas **45**-C16
Michelin Straßenkarte 543

Hotellerie Hubertus

REGIONAL • ELEGANT XX In dem Haus bei der Benediktinerabtei erwartet Sie ein breites Angebot von regionaler Küche über Pasta bis zum Überraschungs- und Gourmetmenü. Mittags speist man im Wintergarten "Palazzo", abends unter dem schönen mächtigen Kreuzgewölbe.

Menü 37/77 € - Karte 30/57 €

17 Zim - †52/65 € ††95/110 €

Metzer Str. 1 ✉ 66636 - ✆ 06853 91030 - www.hotellerie-hubertus.de - nur Abendessen sonntags auch Mittagessen - geschl. Juli - August 2 Wochen und Montag - Dienstag

THUMBY

Schleswig-Holstein - 446 Ew. - Höhe 25 m - Regionalatlas **2**-I2
Michelin Straßenkarte 541

In Thumby-Sieseby West: 3 km

Schlie Krog

REGIONAL • ELEGANT XX Sehr schmackhaft und frisch wird im historischen "Krog" in dem wunderschönen kleinen Dorf an der Schlei gekocht - probieren Sie z. B. "Angelner Kalb, Senf, Rote Beete" oder "Wels, Pfifferlinge, Tomate". Das Ambiente: klassisch oder geradlinig-modern. Hübsche Terrasse.

Menü 34/44 € - Karte 30/63 €

Dorfstr. 19 ✉ 24351 - ✆ 04352 2531 - www.schliekrog.de - geschl. Montag - Dienstag

THUMSEE Bayern → Siehe Reichenhall, Bad

TIEFENBRONN

Baden-Württemberg - 5 142 Ew. - Höhe 432 m - Regionalatlas **55**-F18
Michelin Straßenkarte 545

Bauernstuben 

REGIONAL • LÄNDLICH XX Richtig reizend und urig-heimelig ist es hier, jede Menge rustikales Holz und liebenswerte Deko! Man sitzt an wertig eingedeckten Tischen, aufmerksam und angenehm locker der Service. Richtig gut z. B. die Steaks aus eigener Reifung. Alternativ: Fleischküchle, Maultaschen & Co. im schicken "Backhaus".

Menü 26 € (mittags unter der Woche)/80 € - Karte 28/63 €

Hotel Ochsen-Post, Franz-Josef-Gall-Str. 13 ✉ 75233 - ✆ 07234 95450 - www.ochsen-post.de - geschl. Montag

Ochsen-Post

HISTORISCH • INDIVIDUELL Seit sage und schreibe 24 Generationen ist der Gasthof im Familienbesitz! Und jede hat bewusst den regionstypischen Charme des Fachwerkhauses erhalten. Hätten Sie gerne ein Himmelbett im Zimmer? Oder vielleicht ein topmodernes Zimmer im Neubau? Dazu eine schöne Frühstücksauswahl. Im Restaurant Ochsen-Post bietet man für Gruppen ein gehobenes Menü.

27 Zim - 60/130 € 78/135 € - 5 Suiten

Franz-Josef-Gall-Str. 13 ✉ 75233 - ✆ 07234 95450 - www.ochsen-post.de

Bauernstuben - siehe Restaurantauswahl

In Tiefenbronn-Mühlhausen Süd-Ost: 4 km

Arneggers Adler 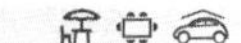

REGIONAL • KLASSISCHES AMBIENTE XX Bereits die 5. Generation sorgt in diesem Familienbetrieb für gute regionale Gerichte wie "Sauerbraten von der Wildschweinkeule mit Waldpilzen, gebratenem Zwiebellauch und Kartoffelknödelchen", aber auch Internationales findet sich hier. Tipp für Businessgäste: Es gibt auch eine günstigere "Spesenkarte".

Menü 37/47 € - Karte 34/52 €

Hotel Arneggers Adler, Tiefenbronner Str. 20 ✉ 75233 - ✆ 07234 953530 - www.arneggers-adler.de - geschl. Januar 3 Wochen und Montag

Arneggers Adler 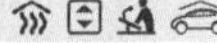

FAMILIÄR • AUF DEM LAND Die helle Fassade mit den grün-weißen Fensterläden ist schon ein Hingucker, stattlich die überdachte Zufahrt! Schön wohnlich sind die Zimmer alle, ein bisschen was Besonderes sind aber die gemütlichen Giebel-Juniorsuiten im Haupthaus! Und wer's gerne chic-modern hat, bucht ein Zimmer im Gästehaus.

21 Zim - 81/88 € 93/108 € - 8 €

Tiefenbronner Str. 20 ✉ 75233 - ✆ 07234 953530 - www.arneggers-adler.de - geschl. Januar 3 Wochen

Arneggers Adler - siehe Restaurantauswahl

TIMMENDORFER STRAND

Schleswig-Holstein – 8 792 Ew. – Höhe 2 m – Regionalatlas **11**-K4
Michelin Straßenkarte 541

Orangerie

FRANZÖSISCH-KLASSISCH • ELEGANT XXX Schon lange hält das Orangerie-Team hier in einem Seitenflügel des "Maritim Seehotels" das hohe kulinarische Niveau. Aus erstklassigen Produkten entstehen finessenreich und handwerklich exakt zubereitete klassische Gerichte. Man wird professionell und freundlich umsorgt und auch in Sachen Wein gut beraten.

→ Bretonischer Hummer in Estragonmarinade mit Melone, Avocado und Sauce Aurora. Gebratene Seezunge mit Kerbelbutter, grünem Spargel und Sauce Mousseline. Medaillons vom Rehbockrücken mit Pilzkruste, Mispel und Spitzkohl.

Menü 62 € (vegetarisch)/125 € - Karte 74/106 €

Strandallee 73 ✉ 23669 - ✆ 04503 6052424 - www.orangerie-timmendorfer-strand.de - nur Abendessen, sonntags auch Mittagessen - geschl. Februar, Mitte - Ende November und Sonntagabend - Dienstag

Horizont

MODERNE KÜCHE • CHIC XX Wirklich interessant: Nordische Küche und regionale Produkte treffen hier auf Asiatisches. Da heißt es z. B. "Crunchy Peking Duck Roll" oder "Interpretation der Scholle Müllerin". Dazu kommen wertiges modernes Design und eine tolle Terrasse zur Ostsee.

Karte 40/59 €

Strandhotel Fontana, Strandallee 49 ✉ 23669
– ✆ 04503 87040 – www.strandhotel-fontana.de
– in der Nebensaison nur Abendessen – geschl. 8. Januar - 8. Februar, Montag
- Dienstag, Juni - August: Montag

Panorama

FRANZÖSISCH-KLASSISCH • ELEGANT XX Was erwarten Sie von einem Restaurant mit diesem Namen? Sowohl drinnen in eleganter Atmosphäre als auch draußen auf der Terrasse über dem Strand: eine Aussicht wie ein Postkartenmotiv! Die Küche ist klassisch. Tipp: leckere Desserts!

Menü 49 € – Karte 46/116 €

Grand Hotel Seeschlösschen, Strandallee 141 ✉ 23669 – ✆ 04503 6011
– www.seeschloesschen.de

Grill Seesteg

GRILLGERICHTE • ELEGANT XX Hier darf man sich auf klassische Grillgerichte aus hervorragenden Produkten freuen, vom US-Beef bis zur Nordsee-Seezunge. Dazu genießt man in geschmackvoller, recht intimer Atmosphäre den Blick aufs Meer.

Karte 44/78 €

Grand Hotel Seeschlösschen, Strandallee 141 ✉ 23669 – ✆ 04503 6011
– www.seeschloesschen.de – nur Abendessen

Reethus

GRILLGERICHTE • LÄNDLICH X Hochwertige Steaks von hiesigen Rindern, frischer Fisch, schöne Desserts..., das kommt an! Genauso der freundlich-legere Service und die Dünen-Terrasse - nicht ganz leicht, hier einen Platz zu ergattern! Aber auch drinnen in dem reetgedeckten alten Haus mit seinem nordischen Charme sitzt man richtig angenehm.

Menü 34/55 € – Karte 34/82 €

Wohldstr. 25 ✉ 23669
– ✆ 04503 888790 – www.restaurant-reethus.de
– geschl. Dienstag

Grand Hotel Seeschlösschen

SPA UND WELLNESS • KLASSISCH Die Lage ist märchenhaft! Reichlich Komfort und das Nonplusultra an Aussicht erlebt man in der 9. Etage! Dazu Spa-Vielfalt auf rund 2500 qm: Meerwasser-Außenpool, Ruheraum zur Ostsee, Ayurveda... Und das Meer direkt vor der Tür!

106 Zim – †139/209 € ††189/319 € – 16 Suiten – ½ P

Strandallee 141 ✉ 23669 – ✆ 04503 6011 – www.seeschloesschen.de

Panorama • **Grill Seesteg** – siehe Restaurantauswahl

Strandhotel Fontana

BOUTIQUE-HOTEL • ELEGANT Das exklusive kleine Boutique-Hotel ist schon von außen ein Hingucker! Die Lage ist perfekt für Strandliebhaber, die Zimmer sind geschmackvoll und wohnlich - modern im Anbau, mediterran im Stammhaus. Schön das Frühstück mit persönlicher Betreuung - gerne auch auf der wunderbaren Terrasse.

18 Zim – †120/220 € ††165/250 € – 1 Suite

Strandallee 47 ✉ 23669 – ✆ 04503 87040 – www.strandhotel-fontana.de
– geschl. 8. Januar - 8. Februar

Horizont – siehe Restaurantauswahl

Landhaus Carstens

LANDHAUS • KLASSISCH Schön wohnt man hier direkt an der Promenade hinter dem Strand, und zwar in klassischen Zimmern - verteilt auf das nordische Landhaus und die moderne Dependance. Zum Essen sitzt man bei schönem Wetter am besten auf der Gartenterrasse. Noch ein Vorteil des Hauses: Zum Strand ist es nur ein Katzensprung.

34 Zim – 90/130 € 140/250 € – 1 Suite – ½ P

Strandallee 73 23669 – 04503 6080 – www.landhauscarstens.de

Park-Hotel

FAMILIÄR • GEMÜTLICH Die um einen Anbau erweiterte denkmalgeschützte Villa direkt am Kurpark beherbergt geschmackvolle, wohnliche Zimmer, dazu ist die Atmosphäre hier sympathisch und familiär. Vor dem Haus befindet sich eine nette Terrasse.

25 Zim – 67/133 € 110/172 €

Am Kurpark 4 23669 – 04503 60060 – www.park-hotel-timmendorf.de

In Timmendorfer Strand-Niendorf Ost: 1,5 km über B 76

Strandhotel Miramar

LANDHAUS • AM MEER In dem gepflegten Hotel direkt am Strand erwarten die Gäste mit hübschen Stoffen und wohnlichen Farben individuell gestaltete Zimmer. Beim Frühstück genießen Sie einen schönen Blick auf Dünen und Meer!

34 Zim – 82/190 € 99/207 € – 2 Suiten – 10 €

Strandstr. 59 23669 – 04503 8010 – www.strandhotel-miramar.de – geschl. 3. Januar - 2. Februar

TITISEE-NEUSTADT

Baden-Württemberg – 11 908 Ew. – Höhe 849 m – Regionalatlas **62**-E21
Michelin Straßenkarte 545

Im Ortsteil Titisee

Bären

REGIONAL • KLASSISCHES AMBIENTE XX Ob in der legeren "Bärenstube" (mittags nur hier eine kleine Karte), im modernen "Sauters" oder im kleinen "Vierthäler", überall serviert man die gleiche regional-internationale Küche, und die reicht von "gepökelten Schweinebäckchen in Balsamicosauce" bis "Rotbarbenfilet in Beurre Blanc mit Safranrisotto".

Menü 28/59 € – Karte 32/63 €

Hotel Bären, Neustädter Str. 35 79822 – 07651 8060 – www.baeren-titisee.de – geschl. Ende November - Anfang Dezember 2 Wochen und Dienstag - Mittwoch

Treschers Schwarzwaldhotel

SPA UND WELLNESS • KLASSISCH Seit 1847 beherbergt man hier Gäste, schon damals lockte die tolle Lage direkt am See! Geschmackvoll-wohnlich das Ambiente, herrlich der Spa auf rund 2000 qm inklusive Strandbad und Außenpool (ganzjährig). Im Restaurant speist man klassisch-regional - besonders schön die Hirschstube, wunderbar die Terrasse!

82 Zim – 146/170 € 167/300 € – 5 Suiten

Seestr. 10 79822 – 07651 8050 – www.schwarzwaldhotel-trescher.de

Seehotel Wiesler

SPA UND WELLNESS • GEMÜTLICH Die Seelage mit eigenem Strandbad ist optimal, die Zimmer sind geräumig, wohnlich-modern und bieten meist Seeblick (wie wär's z. B. mit einem Penthouse-Zimmer?), sehr schön der Spa samt Panorama-Pool. Zum Frühstück verwöhnt man Sie mit regionalen Bioprodukten und das Abendmenü kann sich auch sehen lassen!

36 Zim – 125/165 € 210/290 € – 2 Suiten – ½ P

Strandbadstr. 5 79822 – 07651 98090 – www.seehotel-wiesler.de – geschl. 6. - 15. März, 25. November - 21. Dezember

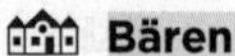 **Bären** 

SPA UND WELLNESS • MODERN Vom alten "Bären" a. d. J. 1888 ist nur der Name geblieben. Nach einem Brand hat Familie Sauter hier ein topmodernes Feriendomizil geschaffen: wohnliche Lounge, Zimmer von komfortabel bis fast schon luxuriös, ein vielfältiger Spa... Hochwertige Küche für Hausgäste, 3/4-Pension inkl.

51 Zim – 126/141 € 182/252 € – ½ P

Neustädter Str. 35 79822 – 07651 8060 – www.baeren-titisee.de – geschl. Ende November - Anfang Dezember 2 Wochen

Bären – siehe Restaurantauswahl

Im Jostal Nord-West: 6 km ab Neustadt

Jostalstüble 

GASTHOF • TRADITIONELL Der typische Schwarzwaldgasthof ist ein netter Familienbetrieb mit wohnlichen Zimmern, darunter zwei geräumige Appartements, sowie Massage- und Kosmetikbereich mit schönem Heubad. Restaurant mit ländlichem Charakter und bürgerlicher Speisekarte.

13 Zim – 55/70 € 90/130 € – 2 Suiten

Jostalstr. 60 79822 – 07651 918160 – www.jostalstueble.de – geschl. 8. - 22. Januar

Im Ortsteil Waldau Nord: 10 km

 **Sonne-Post** 

GASTHOF • GEMÜTLICH So stellt man sich einen Schwarzwaldgasthof vor! Ein traditionsreicher Familienbetrieb mitten im Dorf mit schöner Sicht ins Tal und wohnlichen Zimmern im Landhausstil. Im Restaurant speist man regional und klassisch, vom badischen Schäufele bis zum Lammrücken - im Winter sind die Plätze am Kachelofen beliebt!

23 Zim – 60/63 € 110/130 € – ½ P

Landstr. 13 79822 – 07669 91020 – www.sonne-post.de – geschl. Mitte November - Mitte Dezember, Mitte - Ende März

TITTING

Bayern – 2 624 Ew. – Höhe 447 m – Regionalatlas **57**-L18
Michelin Straßenkarte 546

In Titting-Emsing Ost: 4,5 km über Emsinger Straße

 **Dirsch** 

LANDHAUS • ELEGANT Ein gut geführtes Hotel in ruhiger dörflicher Lage mit unterschiedlich geschnittenen wohnlichen Gästezimmern, Spa auf 1500 qm und einem großen Tagungsbereich. Fragen Sie nach den besonders hübschen neueren Zimmern im Anbau!

100 Zim – 84/114 € 139/199 € – 4 Suiten – ½ P

Hauptstr. 13 85135 – 08423 1890 – www.hotel-dirsch.de – geschl. 14. - 29. Dezember

TODTMOOS

Baden-Württemberg – 1 852 Ew. – Höhe 820 m – Regionalatlas **61**-E21
Michelin Straßenkarte 545

In Todtmoos-Strick Nord-West: 2 km

 **Rößle**

FAMILIÄR • GEMÜTLICH Der gewachsene Schwarzwaldgasthof von 1670 ist seit jeher ein Familienbetrieb. Die Zimmer sind schön und individuell gestaltet, besonders beliebt sind die Zimmer im Anbau! Und wie wär's mit etwas Wellness? Massage, Kosmetik, Friseur... Wer im Sommer gern draußen isst, wird die hübsche Gartenterrasse schätzen.

35 Zim – 72/96 € 142/192 € – ½ P

Kapellenweg 2 79682 – 07674 90660 – www.hotel-roessle.de – geschl. Mitte November - Mitte Dezember

TODTNAU

Baden-Württemberg – 4 860 Ew. – Höhe 659 m – Regionalatlas **61**-D21
Michelin Straßenkarte 545

In Todtnau-Todtnauberg Nord: 6 km, Richtung Freiburg - Höhe 1 021 m

Sonnenalm

FAMILIÄR • GEMÜTLICH Das Haus ist eine sehr gepflegte und sympathisch regionale Adresse, und es hat einen ganz klaren Vorteil: Die Hanglage oberhalb des Dorfes bringt einen unverbaubaren Blick auf Schwarzwald und Schweizer Alpen mit sich!

13 Zim – 68/94 € 103/129 € – ½ P

Hornweg 21 ✉ 79674
– ✆ 07671 1800 – www.hotel-sonnenalm.de
– geschl. 3. - 27. April, 2. - 13. Juli, 26. Oktober - 16. Dezember und 23. - 26. Dezember

In Todtnau-Herrenschwand Süd: 14 km über B 317 und Präg - Höhe 1 018 m

derWaldfrieden

TRADITIONELLE KÜCHE • LÄNDLICH In ihren ländlichen "gastStuben" bietet Familie Hupfer - am Herd steht Sohn Volker, der einige gute Adressen hinter sich hat - ein breites Spektrum vom Vesper bis zum "Ragout vom Todtmooser Reh". Probieren Sie z. B. das "Menü des Tages".

Menü 27/55 € – Karte 27/52 €

Hotel der Waldfrieden, Dorfstr. 8 ✉ 79674
– ✆ 07674 920930 – www.derwaldfrieden.de
– geschl. 12. November - 14. Dezember, 9. - 27. April und Montag - Dienstag

derWaldfrieden

SPA UND WELLNESS • GEMÜTLICH Ein Haus mit zwei Gesichtern! Da ist zum einen der typische Schwarzwaldgasthof mit seinen netten, wohnlichen Zimmern, zum anderen das tolle "spaHaus": Juniorsuiten und Suiten sowie "panoramaSpa", alles in schickem modern-regionalem Look!

22 Zim – 50/90 € 90/150 € – 4 Suiten – ½ P

Dorfstr. 8 ✉ 79674
– ✆ 07674 920930
– www.derwaldfrieden.de
– geschl. 12. November - 14. Dezember, 9. - 27. April

derWaldfrieden – siehe Restaurantauswahl

TÖLZ, BAD

Bayern – 18 185 Ew. – Höhe 658 m – Regionalatlas **65**-L21
Michelin Straßenkarte 546

In Bad Tölz-Kirchbichl Nord: 6,5 km über Dietramszeller Straße

Jägerwirt

REGIONAL • LÄNDLICH Gemütlich-urige Atmosphäre, gutes Essen, faire Preise... Da kehrt man gerne ein. Neben Vespergerichten und Klassikern wie Bratensülze gibt es auch "Perlhuhnbrust auf Spargelravioli" oder "gratinierten Ziegenkäse mit gebratenen Scampi". Auf Vorbestellung: die beliebten Kalbs- und Schweinshaxen vom Grill!

Menü 25 € (unter der Woche) – Karte 20/57 €

Nikolaus-Rank-Str. 1 ✉ 83646
– ✆ 08041 9548 – www.jaegerwirt.de
– geschl. Ende Oktober - Mitte November und Montag, Donnerstag

TRABEN-TRARBACH

Rheinland-Pfalz – 5 711 Ew. – Höhe 110 m – Regionalatlas **46**-C15
Michelin Straßenkarte 543

Im Ortsteil Traben

Belle Epoque

KLASSISCHE KÜCHE • TRADITIONELLES AMBIENTE XX Schöne Jugendstilelemente mischen sich hier in die Einrichtung und machen das Ambiente interessant - Blickfang ist ein speziell angefertigtes Fensterbild. Dazu bietet man saisonal beeinflusste Küche. Für besondere Anlässe: "Art Deco Salon".

Menü 79 € – Karte 37/77 €

Jugendstilhotel Bellevue, An der Mosel 11 ✉ 56841 – ✆ 06541 7030 – www.bellevue-hotel.de

Moselschlösschen

HISTORISCHES GEBÄUDE • ELEGANT Sie wohnen auf einem historischen Anwesen in wunderbarer Lage direkt an der Moselpromade. Sehr geschmackvoll und wertig die Zimmer, modern-elegant das Restaurant mit lichter Orangerie, toll der Säulenkeller von 1754 für Veranstaltungen. Daneben gibt es noch die Kochschule "Tafelkunst" und eine Vinothek.

61 Zim – 95/135 € 130/180 € – 4 Suiten – ½ P

An der Mosel 15 ✉ 56841 – ✆ 06541 8320 – www.moselschloesschen.de – geschl. 3. - 21. Januar

Jugendstilhotel Bellevue

HISTORISCH • ART DÉCO Sie mögen's historisch? Das hübsche Gebäudeensemble mit stilvollem Haupthaus von 1903 lässt Sie an zahlreichen Details den Charme des Jugendstils spüren. Wohnlich und individuell die Zimmer (sehr schön z. B. das geräumige Walzerzimmer im Haus Havenstein), ansprechend der Spabereich und der Dachgarten.

60 Zim – 110/140 € 150/180 € – 8 Suiten – ½ P

An der Mosel 11 ✉ 56841 – ✆ 06541 7030 – www.bellevue-hotel.de

Belle Epoque – siehe Restaurantauswahl

Trabener Hof

PRIVATHAUS • MODERN Lobby, Zimmer, Frühstücksraum..., das Stadthaus von 1898 ist angenehm freundlich und neuzeitlich gestaltet. Im Zimmer steht ein kostenfreies Mineralwasser bereit, W-Lan ist ebenfalls gratis. Nett: kleiner Aufenthaltsraum mit Balkonterrasse.

23 Zim – 70/99 € 99/120 € – 9 Suiten

Bahnstr. 25, (Eingang Rottmann-Straße) ✉ 56841 – ✆ 06541 70080 – www.trabener-hof.de – geschl. Januar - Februar

Im Ortsteil Trarbach

Bauer's Restaurant

MARKTKÜCHE • BISTRO X Hier wird gut gekocht, und zwar regional-saisonale Gerichte wie "Hunsrücker Hirschgulasch mit Pfifferlingen in Wacholdersauce" oder "geschmorte Lammkeule in Dornfelder Sauce mit Frühlingskräutern". Beliebt: die Terrasse mit Moselblick.

Menü 35/47 € – Karte 29/43 €

Hotel Moseltor, Moselstr. 1 ✉ 56841 – ✆ 06541 6551 – www.moseltor.de – nur Abendessen – geschl. Juli 2 Wochen und Dienstag

Moseltor

FAMILIÄR • MODERN Sehr gepflegt, familiär geführt und dann noch an der Mosel gelegen - in dem historischen Haus mit Bruchsteinfassade wohnt es sich schön. Wenn Sie sich etwas Besonderes gönnen möchten, buchen Sie die geschmackvoll-moderne "Goethe Suite"!

9 Zim – 75/105 € 100/140 € – 5 Suiten – ½ P

Moselstr. 1 ✉ 56841 – ✆ 06541 6551 – www.moseltor.de – geschl. Juli 2 Wochen

Bauer's Restaurant – siehe Restaurantauswahl

TRASSENHEIDE Mecklenburg-Vorpommern → Siehe Usedom (Insel)

TRAUNSTEIN

Bayern – 19 365 Ew. – Höhe 591 m – Regionalatlas **67**-O21
Michelin Straßenkarte 546

Restaurant 1888

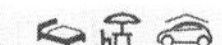

REGIONAL • KLASSISCHES AMBIENTE XX In dem hübschen Haus a. d. J. 1888 gibt es eine recht breit gefächerte Karte von "gegrillter Rotbarbe mit Mojosauce" über "sous-vide gegarte US-Rinderbrust, leicht geräuchert" bis zur "geschmorten Kalbshaxe". Für Übernachtungsgäste hat man wohnliche Zimmer und einen netten Saunabereich im oberen Stock.

Menü 15 € (mittags)/56 € – Karte 25/54 €

56 Zim – 69/95 € 112/124 €

Parkhotel 1888, Bahnhofstr. 11 ✉ 83278 – ✆ 0861 98882216 – www.parkhotel-traunstein.de – geschl. Montag

TREIS-KARDEN

Rheinland-Pfalz – 2 228 Ew. – Höhe 90 m – Regionalatlas **46**-C14
Michelin Straßenkarte 543

Im Ortsteil Karden

Wein- und Schloßstube

REGIONAL • BÜRGERLICH X Ob Sie in der klassisch-eleganten "Schloßstube" sitzen oder in der rustikaleren "Weinstube", hier wie dort lassen Sie sich saisonal-regionale Gerichte wie "geschmortes Hunsrücker Rehschäufele, Apfelrotkohl, geschmelzte Semmelknödel" schmecken. Interessant für Feinschmecker: das "Schloßstubenmenü"!

Menü 15 € (mittags)/78 € – Karte 23/55 €

Schloss Hotel Petry, St.-Castor-Str. 80 ✉ 56253 – ✆ 02672 9340 – www.schloss-hotel-petry.de

Schloss-Hotel Petry

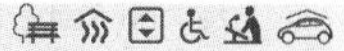

HISTORISCH • KLASSISCH Verschiedene Gebäude einschließlich Schloss bilden diese familiengeführte Adresse - darf es vielleicht eines der chic-modernen Zimmer im Landhaus "Unter den Weinbergen" sein? Schön auch der Freizeitbereich, nicht zu vergessen die reizvolle Lage an der Mosel. Tipp: sonntagnachmittags Tanztee!

70 Zim – 66/105 € 92/170 € – ½ P

St.-Castor-Str. 80 ✉ 56253 – ✆ 02672 9340 – www.schloss-hotel-petry.de

Wein- und Schloßstube – siehe Restaurantauswahl

TREUCHTLINGEN

Bayern – 12 566 Ew. – Höhe 412 m – Regionalatlas **57**-K18
Michelin Straßenkarte 546

In Treuchtlingen-Schambach

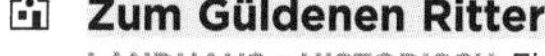

Zum Güldenen Ritter

LANDHAUS • HISTORISCH Einst Späherburg, seit dem 16. Jh. als Gasthaus geführt und heute ein liebenswertes kleines Hotel mit historischem Charme von den geräumigen Zimmern bis zu den Restaurantstuben - hier gibt es z. B. Schmabacher Rostbraten oder Altmühltaler Lamm. Nett die Bar im alten Pferdestall, hübsch die Terrasse vorm Haus.

9 Zim – 58/63 € 98/108 €

Burggasse 1 ✉ 91757 – ✆ 09142 2048900 – www.zum-gueldenen-ritter.de

TRIBERG

Baden-Württemberg - 4 738 Ew. - Höhe 864 m - Regionalatlas **62**-E20
Michelin Straßenkarte 545

Parkhotel Wehrle

INTERNATIONAL • GEMÜTLICH XX Roter Salon, Ochsenstube oder Alte Schmiede? Elegant oder rustikal? Schön sind die historischen Räume alle! Es gibt Regionales wie frische Forellen oder Internationales wie "Spaghetti mit Octopus, Chorizo und Rucola in Krustientiersauce".

Menü 35/55 € - Karte 36/57 €

Parkhotel Wehrle, Gartenstr. 24 ✉ 78098 - ✆ 07722 86020 - www.parkhotel-wehrle.de - nur Abendessen

Parkhotel Wehrle

SPA UND WELLNESS • KLASSISCH Traditionshaus mit reizvollem Park (sehenswert hier der über 400 Jahre alte Mammutbaum!) und individuellen Zimmern von klassisch bis modern. Das größere Gästehaus ist direkt mit dem tollen "Sanitas Spa" verbunden. Sie möchten heiraten? Kleinstes Standesamt Deutschlands im Haus!

50 Zim - 85/95 € 159/175 € - 1 Suite - ½ P

Gartenstr. 24 ✉ 78098 - ✆ 07722 86020 - www.parkhotel-wehrle.de

Parkhotel Wehrle - siehe Restaurantauswahl

TRIEFENSTEIN

Bayern - 4 303 Ew. - Höhe 180 m - Regionalatlas **48**-H15
Michelin Straßenkarte 546

In Triefenstein-Homburg am Main Süd-Ost: 2 km

Weinhaus Zum Ritter

REGIONAL • GEMÜTLICH X Das 500 Jahre alte ehemalige Bauernhaus hat schon Charakter. Die vielen Stammgäste mögen die gemütliche Atmosphäre in der reizenden Stube und natürlich die frische regionale Küche von Thomas Hausin - die gibt es z. B. als "Spanferkelrücken mit Rahmlauch und Ofenkartoffeln". Im Sommer ein Muss: die Terrasse!

Menü 27/43 € - Karte 24/38 €

4 Zim - 38 € 62 €

Rittergasse 2 ✉ 97855 - ✆ 09395 1506 - www.weinhaus-ritter.de - November - Mai: Dienstag - Samstag nur Abendessen - geschl. Februar - März 3 Wochen und Montag - Dienstagmittag

fotostock

WIR MÖGEN BESONDERS...
Den Charme der **Villa Hügel** samt schöner Gästezimmer und Stadtblick beim Frühstück auf der Terrasse. Gut essen im **Bagatelle**, einem kleinen ehemaligen Fischerhaus an der Mosel. Im **BECKER'S** neben Spitzenküche auch noch hauseigene Weine und Sekte genießen. Das stimmige Bild aus stilvollem Interieur und klassischer Küche im **Schloss Monaise**.

TRIER

Rheinland-Pfalz - 108 472 Ew. - Höhe 130 m - Regionalatlas **45**-B15
Michelin Straßenkarte 543

Stadtpläne siehe nächste Seiten

Restaurants

Bagatelle

FRANZÖSISCH-KLASSISCH • FREUNDLICH XX In dem kleinen alten Fischerhaus am Moselufer lässt man sich bei einem engagierten Gastgeber ambitionierte klassisch-saisonal-mediterrane Küche servieren - unter der Woche gibt es auch ein günstiges Mittagsmenü. Schön die Moselterrasse!

Menü 52/84 € – Karte 60/85 €

Stadtplan : A1-c – *Zurlaubener Ufer 78 ✉ 54292*
– *✆ 0651 9956990 (Tischbestellung ratsam)*
– *www.bagatelle-trier.com*

Schlemmereule

INTERNATIONAL • GEMÜTLICH X In dem einstigen Amts- und Regierungshaus a. d. 18. Jh. verbindet sich der klassisch-historische Rahmen mit modernem Stil - sehenswert die große Original-Statue der Kaiserin Helena sowie zwei interessante Deckengemälde. Gekocht wird international-saisonal. Terrasse im Hof.

Menü 54/65 € – Karte 48/70 €

Stadtplan : D1-b – *Domfreihof 1b, (im Palais Walderdorff) ✉ 54290*
– *✆ 0651 73616* – *www.schlemmereule.de*
– *geschl. 4. - 14. Februar und Sonntag, außer an Feiertagen*

Brasserie

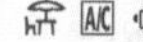

TRADITIONELLE KÜCHE • BRASSERIE X Hungrig vom Bummeln durch Trier? Dann ist dieses gemütliche Lokal beim Hauptmarkt ideal. In typischer Brasserie-Atmosphäre gibt es Klassiker wie den "Trierer Lieblingsteller" oder Hühnerfrikassee. Beliebt auch Lamm, Kaninchen oder Reh.

Karte 22/47 €

Stadtplan : C1-b – *Fleischstr. 12 ✉ 54290*
– *✆ 0651 978000 (Tischbestellung ratsam)*
– *www.brasserie-trier.de*

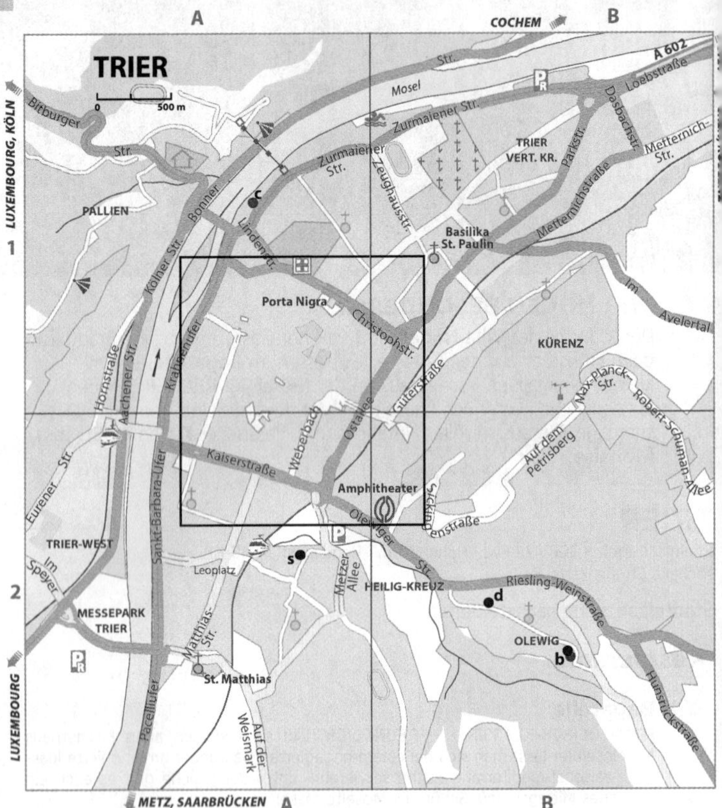

Georgs Restaurant

INTERNATIONAL • TRENDY Das "Südbad" ist nicht nur für Badegäste interessant, dafür sorgen frische internationale Gerichte wie "Filet von Dorade Royale mit mediterranem Artischockengemüse" oder der Klassiker "Schnitzel mit Champignon-Lauchsauce". Kleine Lounge und tolle Terrasse mit Blick ins Schwimmbad.

Menü 29 € (mittags)/58 € – Karte 42/54 €

An der Härenwies 10, über Auf der Weismark A2 ✉ 54294 – ✆ 0651 9930060 – www.georgs-restaurant.de – nur Abendessen, sonntags auch Mittagessen – geschl. 5. - 13. Februar, 1. - 12. Oktober und Montag - Dienstag

Hotels

Park Plaza

BUSINESS • MODERN Modern-komfortables Wohnen und Tagen in unmittelbarer Nähe der Fußgängerzone. Interessant: Überall im Haus finden sich Spuren der Stadtgeschichte, so z. B. auch im 330 qm großen Sauna- und Kosmetikbereich mit seinem römischen Flair. Grillgerichte im Restaurant mit Innenhofterrasse.

148 Zim – †105/165 € ††139/199 € – 2 Suiten – ☕ 17 € – ½ P

Stadtplan : C1-f – *Nikolaus-Koch-Platz 1 ✉ 54290 – ✆ 0651 99930 – www.parkplaza-trier.de*

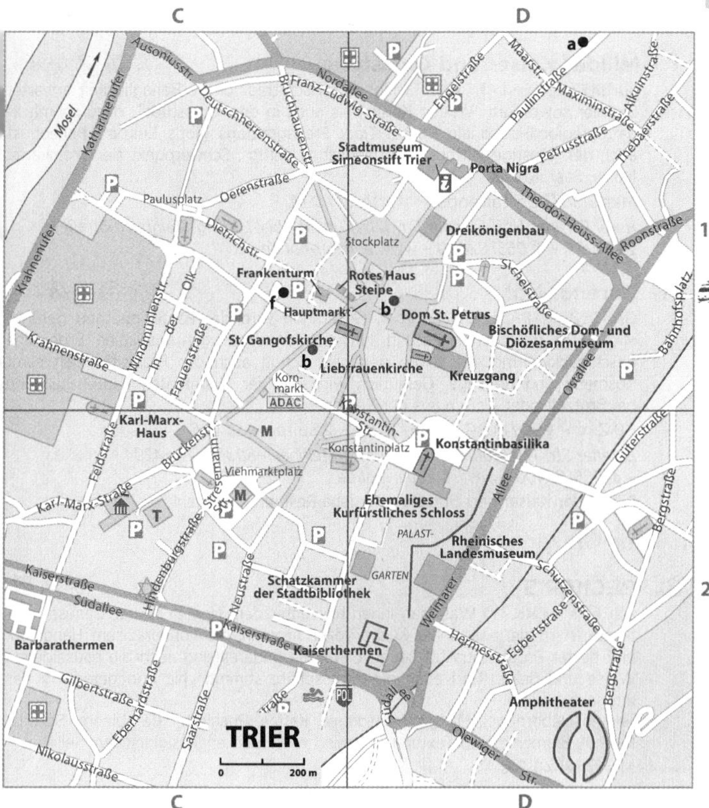

Villa Hügel

PRIVATHAUS • GEMÜTLICH Sie suchen etwas mehr Stil und Charme als in einem "normalen" Stadthotel? Wie wär's mit dieser Villa von 1914? Relativ ruhig über Trier gelegen, komfortabel, wohnlich und technisch modern, mit schönem Sauna- und Ruhebereich und herrlichem Garten - nicht zu vergessen Gastgeber mit Liebe zum Beruf! Zum leckeren Frühstück gibt's Stadtblick von der Panoramaterrasse.

49 Zim ☕ - 🚹118/148 € 🚹🚹158/238 € - ½ P

Stadtplan : A2-s - *Bernhardstr. 14 ✉ 54295*
- *✆ 0651 33066 - www.hotel-villa-huegel.de*
- *geschl. Januar 1 Woche*

ante porta - DAS STADTHOTEL

URBAN • MODERN Eine gefragte Adresse: Anfahrt und Parkmöglichkeiten sind gut, zur Porta Nigra geht man nur fünf Minuten zu Fuß und der modern-puristische Stil ist ebenfalls attraktiv! In den Zimmern (darunter auch Familienzimmer) freundliche Farben, gute Technik und z. T. Balkone, zum Frühstück eine frische Buffet-Auswahl.

37 Zim - 🚹64/124 € 🚹🚹74/154 € - ☕ 9 €

Stadtplan : D1-a - *Paulinstr. 66 ✉ 54292*
- *✆ 0651 436850 - www.hotel-anteporta.de*
- *geschl. 23. - 29. Dezember*

In Trier-Euren Süd-West: 3 km über Eurener Straße A2

Wilder Kaiser und Gutsstube

MARKTKÜCHE • LÄNDLICH XX Moselfränkisch-traditionelle Behaglichkeit erwartet Sie hier sowohl im "Wilden Kaiser" als auch in der "Gutsstube", dazu schmackhafte regional-saisonale Küche. Tipp: Freitagmittags gibt's Eintopf! Beliebt ist auch der günstige Mittagstisch "ländlich & deftig". Schwerpunkt der Weinkarte: Mosel, Saar, Ruwer.

Menü 38/78 € (abends) - Karte 37/69 €

Hotel Eurener Hof, Eurener Str. 171, (Zufahrt über Ludwig-Steinbach-Straße) ✉ 54294 - ✆ 0651 82400 - www.eurener-hof.de

Eurener Hof

GASTHOF • TRADITIONELL In 4. Generation wird der Familienbetrieb geführt. Mit einem gelungenen Facelift hat man dem wertigen rustikalen Erbe eine geschmackvoll-moderne Note gegeben. Schön auch der Freizeitbereich samt Kosmetik und Massage. Gemütlich wird's in der charmanten Laurenziusstube bei Brotzeit oder Fleisch aus der Region.

69 Zim - †90/145 € ††125/210 € - 2 Suiten - ☕ 13 € - ½ P

Eurener Str. 171, (Zufahrt über Ludwig-Steinbach-Straße) ✉ 54294 - ✆ 0651 82400 - www.eurener-hof.de

Wilder Kaiser und Gutsstube - siehe Restaurantauswahl

In Trier-Olewig

BECKER'S

KREATIV • CHIC XXX Was man Ihnen hier unter dem Namen "Purer Genuss" auftischt, ist modern-saisonale Küche voller Aromen, die von präzisem Handwerk und bester Produktqualität zeugt. Etwas Besonderes sind auch die hauseigenen Weine und Sekte. Und auch die Atmosphäre stimmt: chic und geradlinig das Interieur.

→ Gänseleberriegel, Mango, Macadamia, Kaffee. Pochierter Carabinero, Schnittlauchöl, Blumenkohl in Texturen. Heimischer Rehrücken, Essigkirschen, Sellerie.

Menü 125/158 €

Stadtplan : B2-b - *BECKER'S Hotel, Olewiger Str. 206 ✉ 54295 - ✆ 0651 938080 (Tischbestellung ratsam) - www.beckers-trier.de - nur Abendessen - geschl. über Karneval 3 Wochen, Juli - August 2 Wochen und Sonntag - Dienstag*

BECKER'S Weinhaus

KLASSISCHE KÜCHE • WEINSTUBE XX Ein Kontrast zum modernen Neubau des Hotels ist das Stammhaus - hier die Weinstube. Viel helles Holz macht es schön behaglich - da lässt man sich gerne klassisch-saisonale Gerichte wie "gebratene Jakobsmuscheln mit Schalottenravioli und Schnittlauchschmand" servieren. Hübsch auch die Terrasse.

Menü 28 € (mittags unter der Woche)/59 € - Karte 37/76 €

Stadtplan : B2-b - *BECKER'S Hotel, Olewiger Str. 206 ✉ 54295 - ✆ 0651 938080 - www.beckers-trier.de*

BECKER'S Hotel

URBAN • MODERN Bei Familie Becker heißt es wohnliche Atmosphäre und zuvorkommender Service. Die Zimmer sind minimalistisch designt, Frühstück gibt's in der trendig-modernen Weinbar oder im rustikalen Weinhaus - hier hat man übrigens auch einige Zimmer: kleiner und einfacher, aber gemütlich.

22 Zim ☕ - †95/150 € ††120/190 € - 3 Suiten

Stadtplan : B2-b - *Olewiger Str. 206 ✉ 54295 - ✆ 0651 938080 - www.beckers-trier.de*

BECKER'S • **BECKER'S Weinhaus** - siehe Restaurantauswahl

Blesius Garten

LANDHAUS · MODERN Das ehemalige Hofgut a. d. J. 1789 beherbergt Gästezimmer im Landhausstil mit geschmackvoll-moderner Note sowie ein Restaurant mit hübschem Wintergarten, in dem man international speist. Sie mögen Bier? In der Hausbrauerei mit Biergarten ist es schön urig - man hat sogar einen Biersommelier im Haus!

61 Zim – †77/87 € ††107/132 € – 10 € – ½ P

Stadtplan : B2-d – *Olewiger Str. 135 ✉ 54295 – ✆ 0651 36060 – www.blesius-garten.de*

In Trier-Zewen Süd-West: 7 km über A2, Richtung Luxemburg

Schloss Monaise

FRANZÖSISCH-KLASSISCH · HISTORISCHES AMBIENTE XX "Seeteufel auf Blattspinat in Krustentierjus" oder "Hirschkalbsrücken mit frischen Waldpilzen" sind schöne Beispiele für die klassische Küche aus top Produkten. Serviert wird - wie sollte es in dem 1783 erbauten Schlösschen an der Mosel auch anders sein - in stilvollen hohen Räumen.

Menü 58/98 € – Karte 57/94 €

Schloss Monaise 7 ✉ 54294 – ✆ 0651 828670 – www.schlossmonaise.de – geschl. 4. - 13. Februar und Montag - Dienstag, Juni - August: Montag - Dienstagmittag

Stemper's Brasserie

INTERNATIONAL · BRASSERIE X Die Brasserie des Hotels "Ambiente" befindet sich im ursprünglichen Teil des Hauses, wo vor über 200 Jahren alles begann. Auf den Tisch kommen kleine Bistrogerichte und klassisch-internationale Küche - Spezialität ist französischer Fischeintopf.

Menü 29/49 € – Karte 35/51 €

13 Zim – †69/79 € ††99/109 € – 1 Suite

In der Acht 1 ✉ 54294 – ✆ 0651 827280 – www.ambiente-trier.de – nur Abendessen – geschl. Sonntag, Donnerstag

TRITTENHEIM

Rheinland-Pfalz – 1 064 Ew. – Höhe 130 m – Regionalatlas **45**-B15
Michelin Straßenkarte 543

Wein- und Tafelhaus (Alexander Oos)

MARKTKÜCHE · FREUNDLICH XX Alexander Oos kocht saisonal-klassisch und mediterran inspiriert, mit schönen Kontrasten und gleichzeitig harmonisch. Und der kulinarische Genuss kommt nicht alleine: Der verglaste Kubus gibt den wunderbaren Blick auf die "Trittenheimer Apotheke" frei! Tipp: Man hat auch eine Kochschule.

→ Gebeizter Saibling mit Kaiserschoten, Mango und Chili. Eifler Rehrücken mit Karotte und Wasabi. Délice von der Schokolade mit Passionsfrucht.

Menü 90/140 € – Karte 78/110 €

7 Zim – †75/100 € ††130/180 €

Moselpromenade 4 ✉ 54349 – ✆ 06507 702803 (Tischbestellung ratsam) – www.wein-tafelhaus.de – nur Abendessen, sonntags auch Mittagessen – geschl. Januar 3 Wochen, Juli - August 2 Wochen, November 1 Woche und Montag - Dienstag, außer an Feiertagen

In Bescheid Süd: 10 km über Büdlicherbrück

Zur Malerklause

FRANZÖSISCH-KLASSISCH · FAMILIÄR XX Bei Familie Lorscheider wird mit guten Produkten schmackhaft und ambitioniert gekocht. Das gediegene Restaurant ist reichlich dekoriert und hat eine schöne überdachte Terrasse.

Menü 49/84 € – Karte 48/77 €

Im Hofecken 2 ✉ 54413 – ✆ 06509 558 – www.malerklause.de – nur Abendessen, sonntags auch Mittagessen – geschl. über Fastnacht 2 Wochen, Anfang September 2 Wochen und Montag - Dienstag

In Naurath (Wald) Süd: 8 km oder über A1 Abfahrt Mehring - Höhe 395 m

Rüssel's Landhaus

KREATIV • CHIC In erster Linie kommen die Gäste natürlich wegen der ausgezeichneten kreativ-saisonalen Küche zu Ruth und Harald Rüssel, aber auch das Restaurant selbst ist einen Besuch wert: das Interieur chic und charmant zugleich, draußen am kleinen See ein Traum von Terrasse!

➜ Confierter Kabeljau, Apfel-Fenchelkraut, Tapioka, Gillardeau Auster, Schinkenschaum. Rücken und Schulter vom Reh, Wildkräuterpesto, Pfifferlinge. Harry's Waldgin "French 75".

Menü 128/148 € – Karte 68/99 €

Hotel Rüssel's Landhaus, Büdlicherbrück 1, Nord-Ost: 1,5 km ✉ 54426 – ✆ 06509 91400 (abends Tischbestellung ratsam) – www.ruessels-landhaus.de – geschl. Januar 2 Wochen, Juli - August 2 Wochen und Montagmittag, Dienstag - Donnerstagmittag

Rüssel's Hasenpfeffer

REGIONAL • LÄNDLICH Eine wirklich hübsche Alternative zum Rüssel'schen Gourmetrestaurant und beliebt bei den Gästen. Die bestellen hier z. B. gerne Wild und Geschmortes - ein Hasengericht findet sich übrigens auch immer auf der regional-saisonalen Karte.

Menü 37/52 € – Karte 37/54 €

Hotel Rüssel's Landhaus, Büdlicherbrück 1, Nord-Ost: 1,5 km ✉ 54426 – ✆ 06509 91400 – www.ruessels-landhaus.de – geschl. Januar 2 Wochen, Juli - August 2 Wochen und Dienstag - Donnerstagmittag

Rüssel's Landhaus

LANDHAUS • INDIVIDUELL Der Name Rüssel steht nicht nur für richtig gute Küche. Werfen Sie einen Blick in die Zimmer und Sie werden über Nacht bleiben wollen! Ob Landhausstil oder Themen wie "Weinselig" oder "Provence", hier ist ein Raum schöner als der andere!

14 Zim – 98/138 € 140/220 € – 2 Suiten

Büdlicherbrück 1, Nord-Ost: 1,5 km ✉ 54426 – ✆ 06509 91400 – www.ruessels-landhaus.de – geschl. Januar 2 Wochen, Juli - August 2 Wochen

Rüssel's Landhaus • **Rüssel's Hasenpfeffer** – siehe Restaurantauswahl

TRÖSTAU

Bayern - 2 353 Ew. - Höhe 550 m - Regionalatlas **51**-M15
Michelin Straßenkarte 546

Schmankerl Restaurant Bauer

REGIONAL • FREUNDLICH Herzlich wird man in dem alteingesessenen Restaurant umsorgt. Aus der Küche kommen bürgerliche Gerichte wie "Tafelspitz mit Krensauce" oder "Lachsforelle mit Steinpilznudeln". Zum Essen gibt's so manch guten Wein - ein Hobby der Gastgeber.

Karte 17/46 €

11 Zim – 50/60 € 80/90 €

Kemnather Str. 22 ✉ 95709 – ✆ 09232 2842 – www.bauershotel.de – geschl. Mitte September - Anfang November und Montagmittag, Dienstagmittag und Mittwoch

In Tröstau-Fahrenbach Süd-Ost: 2 km

Golfhotel Fahrenbach

LANDHAUS • FUNKTIONELL Das Hotel - angenehm ruhig am Golfplatz gelegen - ist bei Golfern und Geschäftsleuten gleichermaßen beliebt. Geräumige Zimmer, Saunalandschaft und Massagen bieten Erholung, zudem sind die Mitarbeiter hier auffallend freundlich.

76 Zim – 69/75 € 110/122 € – 4 Suiten – ½ P

Fahrenbach 1 ✉ 95709 – ✆ 09232 8820 – www.golfhotel-fahrenbach.de

TROISDORF

Nordrhein-Westfalen - 73 494 Ew. - Höhe 60 m - Regionalatlas **36**-C12
Michelin Straßenkarte 543

Außerhalb Nord: 2 km über Altenrather Straße

Forsthaus Telegraph

KLASSISCHE KÜCHE • RUSTIKAL XX Das idyllisch im Wald gelegene einstige Forsthaus kommt gut an. Man sitzt gemütlich auf zwei charmant gestalteten Ebenen und lässt sich klassische Küche mit internationalem und regionalem Einfluss servieren.

Menü 41/68 € - Karte 34/62 €

Mauspfad 3 ✉ 53842 - ✆ 02241 76649 - www.forsthaus-telegraph.de - geschl. Montag - Mittwochmittag, Donnerstagmittag, Freitagmittag

TROSSINGEN

Baden-Württemberg - 15 750 Ew. - Höhe 699 m - Regionalatlas **62**-F20
Michelin Straßenkarte 545

In Trossingen-Schura Süd: 3 km

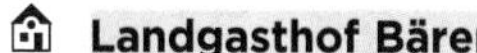

Landgasthof Bären

GASTHOF • MODERN Ein schöner Gasthof, seit mehreren Generationen im Familienbesitz. Sehenswert sind die modernen Themenzimmer wie "Natur pur", "Sinfonie", "Technologie"... Im Restaurant - und natürlich auf der schönen Terrasse - ergänzt eine wechselnde Saisonkarte das bürgerliche und regionale Angebot.

8 Zim ☕ - 🚹79/89 € 🚹🚹98/110 € - ½ P

Lange Str. 18 ✉ 78647 - ✆ 07425 8178 - www.baeren-schura.de - geschl. Ende August 2 Wochen

TÜBINGEN

Baden-Württemberg - 85 871 Ew. - Höhe 341 m - Regionalatlas **55**-G19
Michelin Straßenkarte 545

Uhlandstube

REGIONAL • KLASSISCHES AMBIENTE XX Benannt wurde das Lokal nach dem Tübinger Dichter, Jurist und Politiker Ludwig Uhland. Holzvertäfelte Wände und gut eingedeckte Tische schaffen einen gepflegten Rahmen für schwäbisch-saisonale Gerichte wie "Linsen mit Spätzle und gepökelten Schweinebäckle". Tipp: "Versucherles-Menü".

Menü 35 € - Karte 38/57 €

Stadtplan : B2-b - *Hotel Krone, Uhlandstr. 1 ✉ 72072 - ✆ 07071 13310 - www.krone-tuebingen.de*

Museum 

REGIONAL • BÜRGERLICH XX Schön ist hier zum einen die Lage im Herzen der Altstadt, zum anderen der historische Rahmen des Museumsgebäudes! Gekocht wird regional-saisonal - regelmäßig zusätzliche kleine internationale Themenkarte. Für Feiern: prächtiger Uhlandsaal.

Menü 15 € (mittags) - Karte 33/75 €

Stadtplan : B1-t - *Wilhelmstr. 3 ✉ 72074 - ✆ 07071 22828 - www.restaurant-museum.de - geschl. 8. August - 1. September und Sonntagabend - Montag*

Hospederia La Casa 

BOUTIQUE-HOTEL • MEDITERRAN Sie mögen es hochwertig und chic mit spanisch-maurischem Touch? Tipp: ruhigere Zimmer zum Innenhof! Herzlich der Service, attraktiv der zweigeteilte Freizeitbereich: lichtes "Spa La Casa" unterm Dach sowie "Arabisches Bad & Hamam" mit dem Flair aus 1001 Nacht. Regional-mediterrane Küche im Restaurant.

39 Zim - 🚹172/210 € 🚹🚹192/276 € - 2 Suiten - ☕23 € - ½ P

Hechingerstr. 59, über B2 ✉ 72072 - ✆ 07071 946660 - www.lacasa-tuebingen.de - geschl. 23. Dezember - 6. Januar, August 2 Wochen

Krone

URBAN • KLASSISCH Das traditionelle Stadthotel (seit 1885 in Familienhand) liegt zentral am Neckar und hat schöne wohnliche Zimmer, die teilweise besonders modern sind - so auch der ansprechende Saunabereich mit herrlichem Blick über Tübingen! Brasserie "Ludwig's" im Glasanbau.

64 Zim ☕ - 🚹99/179 € 🚹🚹129/249 € - 1 Suite - ½ P

Stadtplan : B2-b - *Uhlandstr. 1 ✉ 72072*
- *✆ 07071 13310 - www.krone-tuebingen.de*

🍴 **Uhlandstube** - siehe Restaurantauswahl

Am Schloss

HISTORISCH • INDIVIDUELL Beim Schloss, in einer steilen Gasse, steht das Stadthaus a. d. 16. Jh. Die Zimmer haben alle ihre individuelle Note. Regionale Küche im "Mauganeschtle". Von der Terrasse schaut man auf die Dächer der Altstadt. Praktisch: Stromladestation für Elektroautos.

32 Zim ☕ - 🚹83/115 € 🚹🚹128/145 € - ½ P

Stadtplan : B1-c - *Burgsteige 18 ✉ 72070*
- *✆ 07071 92940 - www.hotelamschloss.de*
- *geschl. 1. - 18. Januar*

In Tübingen-Bebenhausen Nord: 6 km über Wilhelmstraße B1, Richtung Böblingen

✿ Schranners Waldhorn

KLASSISCHE KÜCHE • LÄNDLICH XX Bei Maximilian Schranner und seiner Frau Marie-Luise wird man ausgezeichnet bekocht sowie freundlich und versiert umsorgt, und das in schönem Ambiente - elegant die Schlossstube, etwas ländlicher die Waldhornstube. Die Küche ist klassisch, saisonal-internationale wie auch regionale Einflüsse inklusive.

➜ Thunfisch mit marinierten Strauchtomaten, Ingwer und Mascarpone-Wasabicrème. Stubenküken mit Orzotto, Okraschoten und geräuchertem Paprikaschaum. Erdbeer-Cachaca Törtchen mit Limettensugo und Waldmeistereis.

Menü 29 € (mittags unter der Woche)/75 € - Karte 53/72 €

Schönbuchstr. 49 ✉ 72074 - ✆ 07071 61270 - www.schranners-waldhorn.de - geschl. Montag - Dienstag

Landhotel Hirsch

GASTHOF • GEMÜTLICH Schon seit 1978 leiten die Fischers das traditionsreiche Haus. In den Zimmern wie auch im Restaurant erwartet Sie gemütlich-ländlicher Charme. Aus der Küche kommen regional-mediterrane Speisen mit saisonalem Einfluss. Nette Terrasse.

12 Zim ☕ - †98/113 € ††160/165 €

Schönbuchstr. 28 ✉ 72074 - ✆ 07071 60930 - www.landhotel-hirsch-bebenhausen.de

In Tübingen-Lustnau Nord-Ost: 4 km über Wilhelmstraße B1, Richtung Böblingen

Basilikum

ITALIENISCH • GEMÜTLICH XX Lust auf gute italienische Küche? In dem stilvoll-gemütlichen Restaurant heißt es "Cucina Casalinga", und die macht z. B. mit geschmorter Kaninchenkeule, hausgemachter Pasta oder Panna Cotta Appetit. Interessant: günstiger Business Lunch.

Menü 37/42 € - Karte 27/54 €

Kreuzstr. 24 ✉ 72074 - ✆ 07071 87549 - www.ristorantebasilikum.de - geschl. August 2 Wochen und Sonntag

TUNAU Baden-Württemberg ➜ Siehe Schönau im Schwarzwald

TUTTLINGEN

Baden-Württemberg - 33 817 Ew. - Höhe 645 m - Regionalatlas **62**-F20
Michelin Straßenkarte 545

✿ Anima (N) (Heiko Lacher)

KREATIV • DESIGN XX Das Restaurant liegt in einem Wohn- und Geschäftskomplex im Zentrum bei der Donau. Hochwertig und geradlinig das Design, Materialien und Farben schaffen Bezug zur Natur. Man kocht modern-kreativ und saisonal, gerne verwendet man Kräuter und Produkte aus der Region. Zusätzliche günstigere Mittagskarte "Viola".

➜ Tiroler Kalbsbries und Pfifferlinge. 72h Short Rib, Süßkartoffel, Graupen, Ingwer, Dill. Aprikose, Lavendel, Kefir, Pumpernickel, Tonkabohne.

Menü 64/125 € - Karte 74/84 €

In Wöhrden 5 ✉ 78532 - ✆ 07461 7803020 - www.restaurant-anima.de - geschl. Sonntag - Montag

Légère Hotel

BUSINESS • MODERN Eine gefragte Adresse: attraktiv das klare moderne Design samt dekorativer großer Portraits, gut die technische Ausstattung, kostenfreie Minibar. Die schicke Lounge-Bar nennt sich "faces" - morgens gibt es hier Frühstück, abends Cocktails.

114 Zim ☕ - †89/149 € ††99/159 €

Königstr. 25 ✉ 78532 - ✆ 07461 96160 - www.legere-hotels-online.com

TUTZING

Bayern - 9 609 Ew. - Höhe 611 m - Regionalatlas **65**-L21
Michelin Straßenkarte 546

Zum Reschen

FAMILIÄR • FUNKTIONELL Ein wirklich netter Familienbetrieb, der von Mutter und Tochter Hauer herzlich geführt wird. Sie wohnen in gepflegten, behaglichen Zimmern (teilweise mit Balkon oder Terrasse), vom See trennt Sie nur ein kurzer Spaziergang!

18 Zim – †84/88 € ††112/120 €

Marienstr. 7 ✉ 82327 – ✆ 08158 9390 – www.hotel-reschen.de

TWIST

Niedersachsen - 9 499 Ew. - Höhe 18 m - Regionalatlas **16**-C7
Michelin Straßenkarte 541

In Twist-Bült

Landgasthof Backers

REGIONAL • GASTHOF XX Dass man bei Familie Backers (5. Generation) gerne isst, liegt am behaglichen Ambiente und natürlich an frischen regionalen Gerichten wie "gebratenem Waller mit Spargel-Kirschtomatengemüse". Donnerstags kommt man gerne zum "Duett-Menü" für 2 Personen. Tipp: Es gibt hier auch wohnlich-moderne Gästezimmer.

Menü 26/45 € – Karte 26/54 €

5 Zim – †53 € ††81 € – 7 €

Kirchstr. 25 ✉ 49767 – ✆ 05936 904770 – www.gasthof-backers.de – geschl. Anfang Januar 1 Woche, August 1 Woche und Montag - Dienstag, Freitagmittag, Samstagmittag

ÜBERHERRN

Saarland - 11 467 Ew. - Höhe 377 m - Regionalatlas **45**-B17
Michelin Straßenkarte 543

Linslerhof

HISTORISCH • AUF DEM LAND Ein schöner historischer Gutshof in ruhiger Lage, dessen verschiedene Gebäude sich auf 330 ha verteilen. Mit einem Blick fürs Detail hat man liebenswerte Zimmer im englischen Landhausstil und ein gemütliches Restaurant geschaffen - hier bietet man Wild, Klassiker, Steaks...

62 Zim – †81/161 € ††120/190 € – ½ P

Linslerhof 1, Ost: 2 km ✉ 66802 – ✆ 06836 8070 – www.linslerhof.de

ÜBERLINGEN

Baden-Württemberg - 22 224 Ew. - Höhe 403 m - Regionalatlas **63**-G21
Michelin Straßenkarte 545

Bürgerbräu

MARKTKÜCHE • GASTHOF XX Das hübsche historische Fachwerkhaus in der Altstadt ist ein langjähriger Familienbetrieb, in dem man es bei modern beeinflusster saisonaler Küche schön behaglich hat. Topgepflegt wie das Restaurant sind übrigens auch die wohnlichen, freundlich gestalteten Gästezimmer.

Menü 39/79 € – Karte 32/58 €

12 Zim – †69/79 € ††99/114 €

Aufkircher Str. 20 ✉ 88662 – ✆ 07551 92740 – www.bb-ueb.de – Mittwoch - Freitag nur Abendessen – geschl. Januar 3 Wochen und Montag - Dienstag

Apart Hotel Stadtgarten

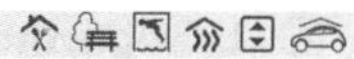

FAMILIÄR • FUNKTIONELL Die zentrumsnahe Lage am namengebenden Stadtgarten, freundliche und funktionale Zimmer sowie ein hübsch angelegter Garten mit Seeblick sprechen für dieses Haus. Einen Kosmetiksalon gibt es übrigens auch. Sie kommen mit der ganzen Familie? Im Hinterhaus hat man geräumige Ferienwohnungen.

25 Zim – 50/70 € 114/150 € – 3 Suiten – ½ P

Bahnhofstr. 22 88662 – 07551 4522 – www.hotel-stadtgarten.de – geschl. 1. November – 22. März

Alpenblick

FAMILIÄR • FUNKTIONELL Seit über 40 Jahren leitet Walter Mohring dieses kleine Haus etwas oberhalb des Sees. Die Balkone bieten teilweise einen tollen Seeblick, im Sommer kann man schön am kleinen Außenpool entspannen.

22 Zim – 65/85 € 96/120 €

Nussdorferstr. 35 88662 – 07551 92040 – www.alpenblickhotel.de – geschl. Anfang Dezember – Anfang März

In Überlingen-Andelshofen Ost: 3 km

Johanniter-Kreuz

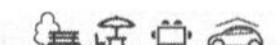

KLASSISCHE KÜCHE • ROMANTISCH XX Gemütlich hat man es im ehemaligen Stall des einstigen Bauernhofs, charmant das alte Gebälk und der mittige Kamin, draußen die schöne Terrasse. Auf der Karte klassisch-regionale Küche mit saisonalen Einflüssen, so z. B. "gebratener Bachsaibling mit Spargel, Pilzen und Kartoffeln".

Menü 34/76 € – Karte 41/60 €

Hotel Johanniter-Kreuz, Johanniterweg 11 88662 – 07551 937060 – www.johanniter-kreuz.de – geschl. Montag – Dienstagmittag

Johanniter-Kreuz

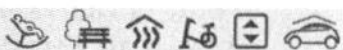

LANDHAUS • HISTORISCH Ein persönlich-engagiert geführtes Hotel, entstanden aus einem historischen Bauernhaus. Besonders schön die Designer- und Gartenzimmer, ebenso modern der verglaste Frühstücksraum und der Freizeitbereich mit Kosmetik- und Massage-Angebot.

29 Zim – 75/105 € 134/186 € – 1 Suite – ½ P

Johanniterweg 11 88662 – 07551 937060 – www.johanniter-kreuz.de

Johanniter-Kreuz – siehe Restaurantauswahl

Sonnengarten

FAMILIÄR • INDIVIDUELL Was das kleine Hotel interessant macht? Es liegt schön ruhig, hat sehr gepflegte Zimmer in warmen Tönen und eine großzügige Liegewiese mit Obstbäumen, und es bietet neben einem freundlichen Saunabereich auch Kosmetik und Massage.

20 Zim – 79/105 € 99/129 €

Zum Brandbühl 19 88662 – 07551 83000 – www.wohlfuehlhotel-sonnengarten.de – geschl. Januar – Februar

In Überlingen-Lippertsreute Nord-Ost: 9 km

Landgasthof zum Adler

REGIONAL • GASTHOF X In der gemütlichen Gaststube des tollen alten Fachwerkhauses kocht man regional-saisonal. "Kalbsrahmschnitzel mit hausgemachten Spätzle" schmeckt ebenso gut wie "geschmorte Lammschulter mit mediterranem Gemüse und Kartoffel-Bärlauchgratin".

Menü 26/45 € – Karte 31/45 €

Hotel Landgasthof zum Adler, Hauptstr. 44 88662 – 07553 82550 – www.adler-lippertsreute.de – geschl. Mittwoch – Donnerstag

Landgasthof zum Adler

GASTHOF • GEMÜTLICH Sehr gepflegt und wohnlich hat man es in dem traditionsreichen Familienbetrieb (bereits die 11. Generation!). Wer es modern mag, fragt nach den Zimmern im Haupthaus, einem jahrhundertealten Fachwerkhaus. Oder lieber eine Ferienwohnung? Auf der Liegewiese hinterm Haus kann man schön die Aussicht genießen.

16 Zim – 69/74 € 98/116 € – ½ P

Hauptstr. 44 88662 – 07553 82550 – www.adler-lippertsreute.de

Landgasthof zum Adler – siehe Restaurantauswahl

Landgasthof Keller

GASTHOF • FUNKTIONELL In dem familiengeführte Gasthof kann man nicht nur gepflegt übernachten, es gibt auch bürgerlich-regionale Küche in gemütlichem Ambiente: "Ragout vom Maibock mit Spätzle", "Bodenseefelchen mit geschmorten Kirschtomaten"... Mittwoch ist Innereien-Tag. Schöne Sicht von der Terrasse unter Kastanienbäumen.

15 Zim – 58/70 € 80/102 € – ½ P

Riedweg 2 88662 – 07553 827290 – www.landgasthofkeller.de – geschl. 24. Dezember - 20. Januar

UELZEN

Niedersachsen – 33 400 Ew. – Höhe 35 m – Regionalatlas **19**-J7

Michelin Straßenkarte 541

In Uelzen-Holdenstedt Süd-West: 4 km Richtung Celle

Holdenstedter Hof

INTERNATIONAL • LÄNDLICH XX Lust auf "Sauerkrautschaumsuppe mit Speck" oder "Skreifilet mit Balsamicosauce, roten Zwiebeln, Blattspinat"? Serviert wird der Mix aus internationaler und bürgerlich-regionaler Küche im lichten Restaurant, in der holzgetäfelten Bauernstube oder auf der hübschen Gartenterrasse.

Menü 18/45 € – Karte 25/58 €

4 Zim – 50/60 € 80 €

Holdenstedter Str. 64 29525 – 0581 976370 – www.holdenstedterhof.de – geschl. Montag - Dienstag

ÜRZIG

Rheinland-Pfalz – 880 Ew. – Höhe 106 m – Regionalatlas **46**-C15

Michelin Straßenkarte 543

Moselschild & Oliver's Restaurant

MARKTKÜCHE • FREUNDLICH XX Aus der regional-saisonalen Küche von Oliver Probst kommt z. B. "Rumpsteak unter der Schalotten-Senfkruste" oder auch das mittwochabendliche Menü "Gourmet in Jeans" für 32 € inkl. Apero. Tipp: Terrasse mit Moselblick! Sie möchten mit dem eigenen Boot kommen? Kein Problem, man hat einen Anleger am Haus.

Menü 29/95 € – Karte 26/71 €

12 Zim – 65/95 € 80/125 €

Hüwel 14, B 53 54539 – 06532 93930 – www.moselschild.de – November - Mai : Mittwoch - Samstag nur Abendessen – geschl. Januar und Dienstag, November - Mai: Montag - Dienstag

Zur Traube

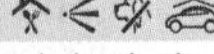

FAMILIÄR • GEMÜTLICH Ein familiär geführtes Haus, das durch und durch tipptopp gepflegt ist. Wie wär's mit einem wohnlichen Zimmer zur Mosel? Oder lieber ein modernes, großzügiges Gästehaus-Zimmer mit Blick in die Weinberge? Schön die überdachte Moselterrasse.

12 Zim – 65/170 € 70/180 € – ½ P

Moselweinstr. 16, B 53 54539 – 06532 930830 – www.zurtraubeuerzig.de – geschl. Dezember - Anfang März

UETERSEN

Schleswig-Holstein – 17 968 Ew. – Höhe 6 m – Regionalatlas **10**-H5
Michelin Straßenkarte 541

PARKHOTEL-Rosarium

FAMILIÄR • KLASSISCH Unmittelbar am wunderschönen Rosarium der Rosen- und Hochzeitsstadt Uetersen liegt das familiengeführte Hotel. Beeindruckend ist die Ausstellung von über 5000 Golfbällen aus der ganzen Welt. Von der hübschen Terrasse schaut man auf Park und Mühlenteich.

37 Zim – †85/88 € ††107/118 € – 3 Suiten – ☕ 13 € – ½ P

Berliner Str. 10 ✉ 25436 – ✆ 04122 92180 – www.parkhotel-rosarium.de

Mühlenpark

LANDHAUS • KLASSISCH Das stilvolle Gebäude auf einem Grundstück mit altem Baumbestand ist schon ein schmuckes Anwesen! Im Anbau erwarten Sie geräumige Gästezimmer mit klassischer Einrichtung.

23 Zim ☕ – †90/95 € ††125/130 €

Mühlenstr. 49 ✉ 25436 – ✆ 04122 92550 – www.muehlenpark.de

UFFING am STAFFELSEE

Bayern – 2 991 Ew. – Höhe 659 m – Regionalatlas **65**-K21
Michelin Straßenkarte 546

Seerestaurant Alpenblick

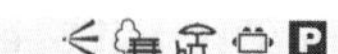

REGIONAL • BÜRGERLICH X Logenplatz am Staffelsee! Hier isst man regional-international, z. B. "Hirschgulasch mit Preiselbeeren" oder "Lachsforelle im Ganzen gebraten". Tipp: Man hat einen der schönsten Biergärten der Region, mit Grillstation und Selbstbedienung.

Menü 28 € – Karte 20/50 €

Kirchtalstr. 30 ✉ 82449 – ✆ 08846 9300 – www.seerestaurant-alpenblick.de – geschl. Mitte September - April: Donnerstag

UHINGEN

Baden-Württemberg – 13 963 Ew. – Höhe 295 m – Regionalatlas **55**-H18
Michelin Straßenkarte 545

Schloss Filseck

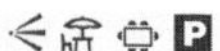

INTERNATIONAL • KLASSISCHES AMBIENTE XX Für die produktorientierten internationalen Gerichte wie "Carré vom Salzwiesenlamm mit Pfefferminz-Jus, gebratene Pfifferlinge, Ziegenkäse-Feigen-Ravioli" hat man hier einen wirklich schönen Rahmen: hohe Holzdecke, freiliegende Natursteinwände, moderne Bilder... Oder möchten Sie im tollen Innenhof speisen? Das hübsche Schloss ist auch eine perfekte Location für Feste!

Menü 35/98 € – Karte 56/68 €

Filseck 1 ✉ 73066 – ✆ 07161 28380 – www.restaurant-auf-schloss-filseck.de – geschl. Samstagmittag, Sonntag - Montag

UHLDINGEN-MÜHLHOFEN

Baden-Württemberg – 8 002 Ew. – Höhe 398 m – Regionalatlas **63**-G21
Michelin Straßenkarte 545

Im Ortsteil Maurach

Seehalde

REGIONAL • FREUNDLICH XX Bei der fantastischen Seelage ist im Sommer die Terrasse ein Muss! Auch die frischen, schmackhaften Speisen sind zu empfehlen - die Kräuter stammen aus dem eigenen Garten, von bekannten Bodenseefischern kommt regelmäßig Fisch!

Menü 40/79 € – Karte 36/67 €

Hotel Seehalde, Birnau-Maurach 1 ✉ 88690 – ✆ 07556 92210 – www.seehalde.de – geschl. Anfang Januar - Anfang März und Dienstag - Mittwoch

Seehalde

FAMILIÄR • AM SEE Der von zwei Brüdern geleitete Familienbetrieb könnte kaum schöner liegen: Über die Liegewiese gelangt man direkt zum See! Diesen kann man auch von den zeitgemäßen Zimmern sehen - fragen Sie nach den neueren Superiorzimmern!

21 Zim - 75/160 € 75/206 € - ½ P

Birnau-Maurach 1 88690
- 07556 92210 - www.seehalde.de
- geschl. Anfang Januar - Anfang März

Seehalde – siehe Restaurantauswahl

Pilgerhof und Rebmannshof

LANDHAUS • GEMÜTLICH Der Pilgerhof und der über 300 Jahre alte Rebmannshof liegen umgeben von Weinbergen und nur wenige Meter vom See entfernt (hier ein hauseigener Badestrand). Die Zimmer sind großzügig und wohnlich, neuzeitlich auch das Restaurant - Highlight natürlich die Seeterrasse! Brot backt man übrigens noch selbst.

48 Zim - 75/95 € 120/160 € - ½ P

Birnau-Maurach 2 88690
- 07556 9390 - www.hotel-pilgerhof.de
- geschl. 8. Januar - 1. März

Im Ortsteil Seefelden

Landhotel Fischerhaus

HISTORISCH • GEMÜTLICH Auf diesem wunderschön gelegenen Anwesen wohnen Sie im historischen Fachwerkhaus oder einem der Gästehäuser in wirklich gemütlichem Rahmen. Vom parkähnlichen Garten hat man Zugang zum hoteleigenen Seestrand. Abendmenü auf Wunsch zubuchbar (außer mittwochs).

23 Zim - 110/150 € 150/210 € - 6 Suiten - ½ P

Seefelden 3 88690
- 07556 929490 - www.fischerhaus-seefelden.de
- geschl. November - März

Im Ortsteil Unteruhldingen

Seevilla

PRIVATHAUS • GEMÜTLICH Die stilvoll eingerichtete Villa nahe den Pfahlbauten hat wohnliche, hochwertige Zimmer zu bieten, teils mit Seeblick und Balkon. Dekorativ: Werke regionaler Künstlerinnen im ganzen Haus. Schön der Garten. HP ist im Preis inbegriffen - am Abend gibt es ein Menü vom Buffet.

22 Zim - 95/130 € 110/140 € - ½ P

Seefelder Str. 36 88690
- 07556 93370 - www.seevilla.de
- geschl. Mitte November - Mitte Februar

Mainaublick

FAMILIÄR • INDIVIDUELL Schön wohnt es sich in dem Ferienhotel nahe dem Yachthafen. Die Zimmer sind alle sehr gepflegt, zum Entspannen gibt es eine Sauna. Beim Speisen auf der Terrasse sitzt man herrlich zum See hin, schattig unter hübschen Platanen.

32 Zim - 62/95 € 120/140 € - ½ P

Seefelder Str. 22 88690
- 07556 92130 - www.hotel-mainaublick.de
- geschl. Ende Oktober - März

ULM (DONAU)

Baden-Württemberg - 120 714 Ew. - Höhe 478 m - Regionalatlas **56**-I19
Michelin Straßenkarte 545

LAGO

FRANZÖSISCH-MODERN • CHIC XX Hier erwarten Sie moderne Gerichte à la carte oder in Menüform (auch als vegetarische Variante), die mit Geschmack, handwerklichem Geschick und Produktqualität überzeugen. Im Sommer speist man auf der Terrasse mit Seeblick besonders schön.

→ Tatar vom Weiderind mit Kräutersalat und Hühnerei. Forelle, Topinambur, Erbsentriebe. Perlhuhn, grüner Spargel, Pinienkerne.

Menü 89/109 € – Karte 47/88 €

Hotel LAGO, Friedrichsau 50, (Donauhalle) ✉ 89073 – ✆ 0731 2064000 (Tischbestellung ratsam) – www.hotel-lago.de – nur Abendessen – geschl. Montag

LAGO

BUSINESS • MODERN Schön die Lage am See und nahe der Donau, hochwertig und geradlinig-modern das Interieur - die Zimmer im 5. Stock mit Design-Elementen der Hochschule für Gestaltung (HfG) Ulm. Ab 14 Uhr kleines Angebot im Bistro. Praktisch für Businessgäste: Messe gleich nebenan.

60 Zim – †89/138 € ††99/155 € – ☕ 17 €

Friedrichsau 50, (Donauhalle) ✉ 89073 – ✆ 0731 2064000 – www.hotel-lago.de

LAGO – siehe Restaurantauswahl

Schiefes Haus

HISTORISCH • INDIVIDUELL Gerade Wände? In dem liebenswerten kleinen Haus a. d. 15. Jh. ist so ziemlich alles schief - nur die Betten nicht! Das wertig-moderne Design ist ein charmanter Kontrast zu alten Holzbalken und Dielenböden. Frühstücken Sie im Sommer auf der Galerie direkt über dem Flüsschen Blau! Tipp: Parkhaus Fischerviertel.

11 Zim ☕ – †109/125 € ††119/160 €

Schwörhausgasse 6 ✉ 89073 – ✆ 0731 967930 – www.hotelschiefeshausulm.de – geschl. 24. Dezember - 1. Januar

Am Rathaus-Reblaus

HISTORISCH • GEMÜTLICH Individuell und gemütlich wohnt man im Hotel am Rathaus oder nebenan im charmanten Fachwerkhaus Reblaus von 1651. Und die Lage ist ideal für Stadterkundungen. Sie sind mit dem Fahrrad unterwegs? Man hat einen abschließbaren Fahrradraum.

30 Zim ☕ – †80/130 € ††100/150 €

Kronengasse 10 ✉ 89073 – ✆ 0731 968490 – www.rathausulm.de – geschl. 23. Dezember - 7. Januar

In Ulm-Böfingen Nord-Ost: 3 km über B 19 Richtung Heidenheim

SIEDEPUNKT

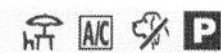

FRANZÖSISCH-MODERN • CHIC XXX Niveauvolle moderne Küche wird hier begleitet von aufmerksamem Service und elegantem Design in schicken Grautönen. In den Menüs "Raus in die Welt", "Daheim geblieben" und " Fleischlos glücklich" werden internationale und regionale Einflüsse ausdrucksstark umgesetzt. Externe Gäste parken kostenlos.

→ Variation vom Thunfisch. Lammrücken mit Mais und wildem Broccoli. Mandarine, Erdnuss, Purple Curry.

Menü 48/110 € – Karte 46/61 €

Hotel Atrium, Eberhard-Finckh-Str. 17 ✉ 89075 – ✆ 0731 9271666 – www.siedepunkt-restaurant.de – nur Abendessen – geschl. Sonntag - Montag

Atrium

BUSINESS • MODERN Ideal für Tagungen und Businessgäste. Die Ausstattung ist geradlinig und funktional, Innenstadt und Messe sind bequem mit dem Bus erreichbar (Haltestelle am Hotel). "100GRAD" nennt sich das helle, moderne Restaurant mit regional-saisonalem Angebot. Sonntags Langschläferfrühstück.

72 Zim ☕ – †99/111 € ††119/131 €

Eberhard-Finckh-Str. 17 ✉ 89075 – ✆ 0731 92710 – www.bestwesternulm.de

SIEDEPUNKT – siehe Restaurantauswahl

In Ulm-Wiblingen Süd: 3 km

Löwen

BUSINESS • MODERN Günstig ist natürlich die Nähe zu Ulm - für das Haus sprechen aber auch das moderne und zugleich wohnliche Landhausflair (viel schönes Holz und warme Farben), der Biergarten sowie die Terrasse im Innenhof. Die Küche ist international-regional. Tipp: Besuchen Sie das Kloster Wiblingen.

25 Zim – 92/110 € 112/135 €

Hauptstr. 6 ✉ 89079 – ✆ 0731 8803120 – www.loewen-ulm.com

UMKIRCH

Baden-Württemberg – 5 201 Ew. – Höhe 207 m – Regionalatlas **61**-D20
Michelin Straßenkarte 545

Villa Thai

THAILÄNDISCH • EXOTISCHES AMBIENTE XX Im Hotel Pfauen (hier einfache, aber gepflegte Zimmer) finden Sie dieses geschmackvoll-authentisch eingerichtete Thai-Restaurant. Schwerpunkt der Küche liegt auf klassisch thailändischen Gerichten wie "knusprig gegrilltem Entenfleisch auf rotem Curry", es gibt aber auch hochwertiges Sushi aus Meisterhand!

Menü 43/63 € – Karte 29/74 €

20 Zim – 60/85 € 85/110 €

Hugstetter Str. 2 ✉ 79224 – ✆ 07665 93760 – www.hotel-pfauen-umkirch.de – geschl. Januar - Februar 3 Wochen und Montagmittag, Dienstag – Mittwochmittag

UNKEL

Rheinland-Pfalz – 5 075 Ew. – Höhe 56 m – Regionalatlas **36**-C13
Michelin Straßenkarte 543

Rheinhotel Schulz

BUSINESS • INDIVIDUELL Das gewachsene historische Hotel in toller Lage direkt am Rhein bietet klassisches Ambiente im Haupthaus, modernes Interieur im Rheinflügel und Landhausstil im Sonnenflügel. Flussblick vom Restaurant und von der Terrasse mit Platanen.

37 Zim – 78/105 € 98/160 € – 6 Suiten – ½ P

Vogtsgasse 4 ✉ 53572 – ✆ 02224 901050 – www.rheinhotel-schulz.de – geschl. 1. - 8. Januar

UNTERAMMERGAU

Bayern – 1 505 Ew. – Höhe 836 m – Regionalatlas **65**-K21
Michelin Straßenkarte 546

Dorfwirt

KREATIV • GEMÜTLICH X In dem schönen alten Gasthaus bringen die engagierten Gastgeber gelungen Tradition und Moderne in Einklang. Man sitzt gemütlich in lebhaften Stuben und lässt sich frische kreativ-bayerische Küche schmecken, und die nennt sich z. B. "Lugeder Hof Ente Teriyaki Style". Man hat übrigens auch zwei Apartments.

Menü 33/79 € – Karte 35/67 €

Pürschlingstr. 2 ✉ 82497 – ✆ 08822 9496949 – www.gasthaus-dorfwirt.com – geschl. Montag - Mittwochmittag

UNTERGRIESBACH

Bayern – 6 027 Ew. – Höhe 556 m – Regionalatlas **60**-Q19
Michelin Straßenkarte 546

Landgasthof Zum Lang

REGIONAL • GASTHOF X In dem Gasthof a. d. 17. Jh. gibt es in liebenswert dekorierten Stuben eine pfiffig aufgewertete bayerische Küche, die saisonal beeinflusst ist. Tipp für Übernachtungsgäste: das "Kuschelzimmer" ist das größte und schönste!

Menü 20 € (abends) - Karte 16/39 €

6 Zim - 68 € 98/112 €

Alte Dorfstr. 29 ✉ 94107 - ✆ 08593 93300 - www.landgasthof-lang.de - geschl. Montag

UNTERNEUKIRCHEN

Bayern - 2 957 Ew. - Höhe 460 m - Regionalatlas **67**-O20
Michelin Straßenkarte 546

Traumschmiede

BUSINESS • MODERN In der Ortsmitte ist das moderne Hotel zu finden, attraktiv die Zimmer in klaren Linien und warmen Farben. Nebenan liegt der Gasthof "Zur Alten Schmiede" - hier serviert man regionale Küche (Spezialität ist das "Amboss-Steak"), das Ambiente nimmt Bezug auf die ehemalige Dorfschmiede.

35 Zim - 68/83 € 86/116 € - ½ P

Tüßlinger Str. 2 ✉ 84579 - ✆ 08634 1535 - www.hotel-traumschmiede.de

UNTERREICHENBACH

Baden-Württemberg - 2 278 Ew. - Höhe 314 m - Regionalatlas **54**-F18
Michelin Straßenkarte 545

In Unterreichenbach-Kapfenhardt Süd-West: 3 km

Mönchs Waldhotel

FAMILIÄR • TRADITIONELL Der rustikale Schwarzwald-Charme ist überall im Haus präsent. Von den nach Süden gelegenen Zimmern schaut man auf Wald und Wiesen, etwas moderner, aber dennoch wohnlich-ländlich die neueren Zimmer. Blick ins Grüne auch beim Frühstück im lichten Wintergarten, bei bürgerlich-regionaler Küche in Mönch- und Schwarzwaldstube sowie auf der Terrasse. Kosmetik und Massage.

78 Zim - 72/125 € 124/179 € - 4 Suiten - ½ P

Zu den Mühlen 2 ✉ 75399 - ✆ 07235 7900 - www.moenchs-waldhotel.de

UNTERWÖSSEN

Bayern - 3 471 Ew. - Höhe 555 m - Regionalatlas **67**-N21
Michelin Straßenkarte 546

Astrid

FAMILIÄR • GEMÜTLICH Empfang, Zimmer, Frühstück... Während des gesamten Aufenthalts ist man hier in sehr guten Händen. Gepflegte, freundliche Einrichtung, Kosmetikanwendungen, behagliche Landhausatmosphäre und bürgerliche Küche im Restaurant. Ganz in der Nähe: Wössener See mit kostenlosem Freibad.

12 Suiten - 130/150 € - 8 Zim - ½ P

Wendelweg 15 ✉ 83246 - ✆ 08641 97800 - www.astrid-hotel.de - geschl. November - 15. Dezember

URACH, BAD

Baden-Württemberg - 11 910 Ew. - Höhe 463 m - Regionalatlas **55**-H19
Michelin Straßenkarte 545

Wilder Mann

KLASSISCHE KÜCHE • ZEITGEMÄSSES AMBIENTE XX Das Motto in dem ehemaligen Brauereigebäude lautet "Altbewährtes neu interpretiert". Frische, aromatische Speisen heißen hier z. B. "Kabeljau-Loins mit geschmorten Zwiebeln, Iberico-Pancetta und geröstetem Kartoffel-Knoblauchpüree".

Menü 37/60 € - Karte 38/49 €

Hotel Bischoffs, Pfählerstr. 7 ✉ 72574 - ✆ 07125 947330 - www.wildermann-badurach.de - nur Abendessen, sonntags auch Mittagessen - geschl. Montag - Dienstag

Kesselhaus

INTERNATIONAL • TRENDY Im alten Kesselhaus der Brauerei Quenzer trifft trendige Atmosphäre auf aparten Industrie-Charakter. Im einstigen Kontrollraum gibt es "Soulfood": Salate und Burger, aber auch Gaisburger Marsch oder Quinoa-Pilzpfanne. Dazu eine Vinothek.

Karte 24/42 €

Hotel Bischoffs, Pfählerstr. 7 ✉ 72574 – ✆ 07125 947330 – www.kesselhaus-badurach.de – nur Abendessen – geschl. Sonntag - Montag

Bischoffs

BUSINESS • MODERN Sie wohnen hier in schönen modernen und technisch gut ausgestatteten Zimmern in den verschiedenen Kategorien und können zudem bei Wellnessanwendungen entspannen. Alternativ zu "Wildem Mann" und "Kesselhaus" hat man noch das bürgerlich-rustikale "Bräustüble".

18 Zim – †69/116 € ††96/146 €

Pfählerstr. 7 ✉ 72574 – ✆ 07125 947330 – www.bischofs-badurach.de

Wilder Mann • **Kesselhaus** – siehe Restaurantauswahl

J. Arnold Images/hemis.fr

WIR MÖGEN BESONDERS...

The O'room by Tom Wickboldt für sein „casual fine dining"-Konzept. Im **Kaisers Eck** in familiärer Atmosphäre schlemmen. Sich im **Kaiserstrand Beachhotel** bei modernem Design und top Lage erholen. Die frische authentisch italienische Küche samt leckerer hausgemachter Pasta im legeren **Da Claudio**. Das Bistro **Pier14**, in dem man sowohl shoppen als auch gut essen kann!

USEDOM (INSEL)

Mecklenburg-Vorpommern – ✉ 17406 – Höhe 5 m – Regionalatlas **14**-Q4
Michelin Straßenkarte 542

Ahlbeck – 8 883 Ew.

Kaisers Eck

INTERNATIONAL • FREUNDLICH Direkt an der Ahlbecker Kirche ist dieses freundlich gestaltete Restaurant zu finden. Die Küche ist regional-international ausgerichtet, frisch und ausgesprochen schmackhaft - auf der Karte liest man z. B. "Dorschfilet mit Kartoffel-Senfpüree und gebratenem Blumenkohl".

Menü 35/60 € – Karte 27/40 €

Kaiserstr. 1 ✉ 17419
– ☎ 038378 30058 – www.kaiserseck.de
– nur Abendessen – geschl. Mitte Januar - Anfang Februar 3 Wochen, November - April: Montag - Dienstag

Kaiserblick

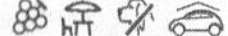

INTERNATIONAL • KLASSISCHES AMBIENTE Edel bezogene Armsessel, Maria-Theresia-Kronleuchter und aufwändig drapierte Vorhänge schaffen hier ein harmonisches Bild. Die Küche ist international-klassisch - aus den Menüs können Sie auch à la carte wählen.

Menü 38/71 € – Karte 42/60 €

Seehotel Ahlbecker Hof, Dünenstr. 47 ✉ 17419
– ☎ 038378 620 – www.ahlbecker-hof.de
– nur Abendessen

Blauer Salon

FRANZÖSISCH-KLASSISCH • ELEGANT Sie genießen elegante Atmosphäre, die schöne Sicht auf Promenade und Meer sowie den umsichtigen, professionellen Service, nicht zu vergessen die ambitionierten klassischen Speisen wie "gefüllter Lammsattel mit Merguez und Zwiebelallerlei".

Menü 82/145 € – Karte 53/77 €

Seehotel Ahlbecker Hof, Dünenstr. 47 ✉ 17419
– ☎ 038378 620 – www.ahlbecker-hof.de
– nur Abendessen – geschl. Sonntag - Montag

Seehotel Ahlbecker Hof

SPA UND WELLNESS • KLASSISCH Ein Prachtbau von 1890 mit stilgerechtem klassischem Interieur. Umfassend das Wellnessangebot samt Asia-Spa, gut der Service, angenehm das Langschläferfrühstück bis 12 Uhr - am liebsten auf der Terrasse zur Promenade! Sie mögen es geräumig? Dann buchen Sie eine große Suite in der Residenz! Die "Brasserie" bietet französisch-saisonale Küche, Asiatisches im "Suan Thai".

73 Zim - 128/288 € 152/312 € - 18 Suiten - ½ P

Dünenstr. 47, Anfahrt über Karlstr. ✉ 17419 - ✆ 038378 620 - www.seetel.de

Kaiserblick • **Blauer Salon** - siehe Restaurantauswahl

Das Ahlbeck

SPA UND WELLNESS • MODERN Ideal die Lage unmittelbar an der Promenade, modern die wohnlichen Zimmer und der große Spa. Wer sich mal etwas mehr gönnen möchte, bucht eine "Penthouse-Suite" mit tollem Meerblick! Im Zimmerpreis inkludiert: Bäderbahn-Ticket und ab 2 Übernachtungen ein Begrüßungs-Abendmenü im Restaurant.

32 Suiten - 223/435 € - 18 Zim - ½ P

Dünenstr. 48, Anfahrt über Ritterstraße ✉ 17419 - ✆ 038378 49940 - www.das-ahlbeck.de

Bansin - 8 883 Ew.

Zur Alten Post

INTERNATIONAL • GEMÜTLICH XX Mit einer schönen Sammlung alter Postfahrzeugmodelle und anderer Postutensilien wird das klassisch-elegante Restaurant ganz seinem Namen gerecht. Ihre Aufmerksamkeit verdient aber auch die Küche: Sie bietet Klassiker und Internationales.

Menü 39/98 € - Karte 41/70 €

Hotel Kaiser Spa Zur Post, Seestr. 5 ✉ 17429 - ✆ 038378 560 - www.hzp-usedom.de - nur Abendessen - geschl. Montag - Dienstag

Kaiser Spa Zur Post

SPA UND WELLNESS • GEMÜTLICH Aus der Villa im Seebäderstil ist ein neuzeitlich-komfortables Hotel entstanden: wohnlich-elegante Zimmer, schöner Spa mit Außenpool, tägliches Langschläferfrühstück bis 13 Uhr und dazu die zentrale Lage. Regionale und bürgerliche Küche im "Banzino".

110 Zim - 69/218 € 89/349 € - 60 Suiten - ½ P

Seestr. 5 ✉ 17429 - ✆ 038378 560 - www.hzp-usedom.de

Zur Alten Post - siehe Restaurantauswahl

Kaiserstrand Beachhotel (N)

SPA UND WELLNESS • AM MEER Direkt an der Strandpromenade wohnen Sie hier in hellen, modernen Zimmern - toll die Panorama-Juniorsuiten mit beeindruckendem Ostseeblick. Im Sommer hat man vor dem Eingang das Café "Marktplatz", außerdem gibt es noch das Restaurant "Fusion Cooking", ein Steakhouse, eine Eisdiele...

136 Zim - 100 € 250 € - ½ P

Strandpromenade 21 ✉ 17429 - ✆ 038378 4960 - www.seetel.de

Heringsdorf - 8 883 Ew.

The O'room by Tom Wickboldt (N)

KREATIV • CHIC XX Das trifft absolut den Zeitgeist: "casual fine dining" unter einem Dach mit dem "Marc O'Polo Strandcasino"-Store. Das kleine Restaurant kommt stylish daher, angenehm locker und gleichermaßen professionell der Service, auf dem Teller großartige Aromen und durchdachte Kombinationen à la Tom Wickboldt.

→ Bretonischer Hummer lauwarm mariniert. Pochiertes Bio Ei, Spinatpüree, Wintertrüffel, Kartoffelcrunch. Usedomer Reh, Sellerie, Morchel, Wacholderjus.

Menü 80/110 €

Kulmstr. 33 ✉ 17424 - ✆ 038378 183912 (Tischbestellung ratsam) - www.strandcasino-marc-o-polo.com - nur Abendessen - geschl. 20. - 28. Juli, 19. - 30. November und Sonntag - Dienstag

Weisser Salon

KREATIV • KLASSISCHES AMBIENTE Mit seinem klassisch-eleganten Interieur in Weiß wird der stilvolle Raum ganz seinem Namen gerecht. Ein schöner Kontrast dazu ist die modern-kreative Küche, die in Menüform angeboten wird.

Menü 75/115 €

Hotel Esplanade, Seestr. 5 ✉ 17424 – ✆ 038378 700 – www.seetel.de – nur Abendessen – geschl. Sonntag - Dienstag

Seaside
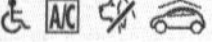

INTERNATIONAL • DESIGN Die Gourmetvariante der Grandhotel-Gastronomie: elegant-maritime Atmosphäre und ambitionierte kreative Speisen wie "Seezungenpraline, Spargel, Kartoffel-Trüffelespuma". Und danach einen Digestif in der gemütlichen Bar samt Terrasse?

Menü 129 € – Karte 42/103 €

Steigenberger Grandhotel und Spa, Liehrstr. 11 ✉ 17424 – ✆ 038378 4950 – www.heringsdorf.steigenberger.de – nur Abendessen – geschl. Sonntag - Dienstag

Bernstein

INTERNATIONAL • ELEGANT Einfach klasse der weite Blick über den Heringsdorfer Strand und die Ostsee! Aber auch der Teller vor Ihnen hat Schönes zu bieten: kreative, internationale Küche, gerne auch in Form eines Überraschungsmenüs.

Menü 40/79 € – Karte 50/68 €

Strandhotel Ostseeblick, Kulmstr. 28 ✉ 17424 – ✆ 038378 54297 – www.strandhotel-ostseeblick.de – nur Abendessen

Da Claudio
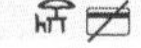

ITALIENISCH • GEMÜTLICH Frische, saisonale italienische Küche bekommen Sie in dem behaglichen Restaurant im Zentrum. Lust auf "Carpaccio vom Pulpo mit Zitronen-Olivenölmarinade, Salat und Staudensellerie" gefolgt von hausgemachten Ravioli?

Karte 39/49 €

Friedenstr. 16 ✉ 17424 – ✆ 038378 801876 (Tischbestellung ratsam) – www.da-claudio-usedom.de – nur Abendessen – geschl. Mitte Dezember - Anfang Februar und Sonntag

Lutter und Wegner im Seebad Heringsdorf

INTERNATIONAL • BRASSERIE Hier gibt es frische internationale Küche von Antipasti über Wiener Schnitzel bis hin zu - obligatorisch für Lutter & Wegner! - Kaiserschmarrn. Dabei sitzt man gemütlich zwischen Weinregalen und lässt sich freundlich-leger umsorgen.

Karte 33/51 €

Kulmstr. 3 ✉ 17424 – ✆ 038378 22125 – www.lutter-wegner-usedom.de – geschl. September - Juni: Sonntag, außer an Feiertagen

Steigenberger Grandhotel und Spa

LUXUS • MODERN Ein Ferien-Grandhotel, wie man es sich wünscht: die Zimmer hochwertig und komfortabel, der Service aufmerksam, dazu der große Spa, Kinderbetreuung und die direkte Nähe zum Strand! Für Hausgäste abendlich wechselndes Menü im "Lilienthal". Wer's leger mag: Bistroküche im "Waterfront" samt Lounge-Terrasse.

169 Zim – 135/280 € 170/370 € – 61 Suiten – ½ P

Liehrstr. 11 ✉ 17424 – ✆ 038378 4950 – www.heringsdorf.steigenberger.de

Seaside – siehe Restaurantauswahl

Travel Charme Strandidyll

LUXUS • GEMÜTLICH Luxuriöses Flair versprüht das Hotel mit Park bereits von außen. Das Interieur steht dem in nichts nach: große Atriumlobby mit Glaskuppel, mediterran inspirierter Spa und freundlich-wohnliche Zimmer. Etwas Besonderes: Turmsuite mit Rundumsicht. "Belvedere" im 4. Stock mit Meerblick und internationaler Küche. Vom "Giardino" mit Wintergarten schaut man in den Garten.

143 Zim – 97/350 € 144/450 € – 7 Suiten – ½ P

Delbrückstr. 10 ✉ 17424 – ✆ 038378 4760 – www.travelcharme.com/strandidyll

Strandhotel Ostseeblick

SPA UND WELLNESS • MODERN Hier überzeugen der herzliche, aufmerksame Service, die helle, geschmackvolle Einrichtung, diverse kleine Extras (z. B. Minibar inkludiert) und Wellness auf 1000 qm mit "MEERness"-Ritualen am Strand. Einzigartiger Seeblick von den meisten Zimmern und der Lounge. Bistro-Flair im "Alt Heringsdorf" gegenüber.

60 Zim – †90/185 € ††140/290 € – 4 Suiten – ½ P

17424 – 038378 540 – www.strandhotel-ostseeblick.de

Bernstein – siehe Restaurantauswahl

Esplanade

TRADITIONELL • INDIVIDUELL Das Hotel ist ein schlossartiges Gebäude von 1869, in dem schöne gediegene Gästezimmer bereitstehen. Mitbenutzung des großen Spabereichs des "Pommerschen Hofs". Im klassisch gehaltenen "Epikur" serviert man saisonale Küche.

48 Zim – †82/135 € ††110/237 € – ½ P

Seestr. 5 17424 – 038378 700 – www.seetel.de

Weisser Salon – siehe Restaurantauswahl

Koserow – 1 696 Ew.

Nautic

SPA UND WELLNESS • AUF DEM LAND Das Hotel liegt zentral, 10 Gehminuten vom Meer, und hat freundlich gestaltete Zimmer - für Familien sind besonders die Suiten interessant. Schön der großzügige Bade- und Saunabereich. Im Restaurant gibt's bürgerliche Küche, zudem hat man eine Sky-Sportsbar. Auch für Tagungen ist das Haus ideal.

66 Zim – †56/86 € ††86/138 € – 9 Suiten – ½ P

Triftweg 4 17459 – 038375 2550 – www.nautic-usedom.de

Trassenheide – 903 Ew.

Kaliebe

FAMILIÄR • FUNKTIONELL Eine schöne Ferienadresse mit modernen Zimmern, hübsche Inselmotive sorgen hier für Urlaubsfeeling! Zum 250 m entfernten Strand gelangt man durch den Küstenwald, in dem mehrere Blockhäuser stehen - besonders beliebt bei Familien. Bürgerliche Küche mit selbst geräuchertem Fisch im Restaurant mit Wintergarten.

35 Zim – †50/100 € ††65/150 € – ½ P

Zeltplatzstr. 14 17449 – 038371 520 – www.kaliebe.de – geschl. 2. - 25. Januar

Zinnowitz – 3 972 Ew.

Pier14

INTERNATIONAL • TRENDY Ein trendiges Bistro als Teil des Pier14-Konzeptstores für Mode, Kosmetik und Lifestyle-Produkte. Die Küche ist wirklich schmackhaft - neben hochwertigen Burger-Kreationen gibt es auch leckere Tagesgerichte wie geschmorte Ochsenbäckchen.

Menü 25/45 € – Karte 28/54 €

Neue Strandstr. 36 17454 – 038377 352918 – www.pier14.de

Usedom-Palace

TRADITIONELL • KLASSISCH Das Anwesen an der Uferpromenade ist ein wunderschönes Hotel von 1900. Wohnlich und ganz klassisch die Zimmer (darf es vielleicht die "Admiral-Suite" im Mittelturm sein?), hübsch der Badebereich mit seinen historischen Motiven von Zinnowitz als Wandmalereien. Im Restaurant bietet man internationale Küche.

41 Zim – †80/150 € ††120/260 € – 2 Suiten – ½ P

Dünenstr. 8 17454 – 038377 3960 – www.usedom-palace.de – geschl. 13. November - 25. Februar

USINGEN

Hessen - 13 817 Ew. - Höhe 292 m - Regionalatlas **37**-F14
Michelin Straßenkarte 543

essWebers

INTERNATIONAL • GEMÜTLICH Küche und Ambiente sind hier gleichermaßen geschmackvoll. Was Patron Uwe Weber in dem chic und hochwertig sanierten denkmalgeschützen Liefrink-Haus direkt am Marktplatz auf den Teller bringt, nennt sich z. B. "Yellow Fin Tuna mit Kalb, Melone und Rucola" oder "Poulardenbrust mit Bärlauchpolenta".

Menü 64/77 € - Karte 35/60 €

Marktplatz 21 ✉ 61250
- ✆ 06081 5763760 - www.esswebers.de
- geschl. Anfang Juli 1 Woche und Sonntagabend - Montag, Samstagmittag

USLAR

Niedersachsen - 14 318 Ew. - Höhe 178 m - Regionalatlas **29**-H10
Michelin Straßenkarte 541

Menzhausen

HISTORISCHES GEBÄUDE • FUNKTIONELL Das Hotel mit schmuckem historischem Fachwerkhaus als Stammhaus bietet einen schönen Freizeitbereich mit Kosmetik und Massage sowie einen reizvollen Garten. Wie wär's mit einem "Märchenzimmer"? Restaurant mit internationaler und bürgerlicher Küche. Hübscher Innenhof.

40 Zim - 85/120 € 120/150 € - ½ P

Lange Str. 12, (Zufahrt über Mauerstr. 2) ✉ 37170
- ✆ 05571 92230 - www.hotel-menzhausen.de

Die rote Kennzeichnung weist auf besonders angenehme Häuser hin: .

VAIHINGEN an der ENZ

Baden-Württemberg - 28 380 Ew. - Höhe 217 m - Regionalatlas **55**-G18
Michelin Straßenkarte 545

In Vaihingen-Horrheim Nord-Ost: 7 km Richtung Heilbronn

Lamm

TRADITIONELLE KÜCHE • RUSTIKAL In dem freundlichen Restaurant bekommen Sie in zwangloser Umgebung bürgerlich-schwäbische Gerichte serviert. Nicht zu verfehlen - liegt direkt an der Hauptstraße!

Menü 30/55 € - Karte 32/53 €

Hotel Lamm, Klosterbergstr. 45 ✉ 71665
- ✆ 07042 83220 - www.hotel-lamm-horrheim.de
- geschl. Sonntag

Lamm

GASTHOF • FUNKTIONELL Die Familie betreibt hier mitten im Ort ein nettes und gepflegtes Hotel, in dem man gut und zeitgemäß übernachten und auch tagen kann. Wenn das Wetter mitspielt, können Sie im Sommer schön auf der Terrasse zum Kirchplatz frühstücken!

23 Zim - 82/105 € 108/128 € - ½ P

Klosterbergstr. 45 ✉ 71665
- ✆ 07042 83220 - www.hotel-lamm-horrheim.de

Lamm - siehe Restaurantauswahl

In Vaihingen-Rosswag West: 4 km über B 10 Richtung Pforzheim

✿ Lamm Rosswag (Steffen Ruggaber)

MODERNE KÜCHE • GASTHOF XX Bei Sonja und Steffen Ruggaber wird nicht nur herzliche Gästebetreuung groß geschrieben, auch ausgezeichnete Küche ist Ihnen hier gewiss, und die ist modern, aufwändig und detailreich. Beliebte Klassiker wie Zwiebelrostbraten bekommen Sie aber natürlich auch. Und dazu einen der schönen deutschen Weine?

➜ Sommertomaten, BBQ, Sauerrahm, Avocado. Rücken und Karree vom Alb-Lamm, Ur-Karotte, schwarzer Knoblauch, Bulgur, Gewürzjoghurt. Buttermilch, Brombeere, Löwenzahn, Lavendel.

Menü 38 € (mittags)/120 € - Karte 40/79 €

Hotel Lamm Rosswag, Rathausstr. 4, (1. Etage) ✉ 71665
- ✆ 07042 21413 (Tischbestellung ratsam)
- www.lamm-rosswag.de
- geschl. 5. - 28. Februar und Sonntag - Dienstagmittag, Mittwochmittag

Lamm Rosswag

GASTHOF • AUF DEM LAND In dem Familienbetrieb kann man nicht nur gut essen: Das Haus steht mitten in einem charmanten kleinen Weinort und ist mit seinen gepflegten, in wohnlichen Farben gehaltenen Zimmern und dem guten Frühstück eine schöne Übernachtungsadresse.

12 Zim - †65/75 € ††90/100 € - ½ P

Rathausstr. 4, (1. Etage) ✉ 71665
- ✆ 07042 21413 - www.lamm-rosswag.de
- geschl. 5. - 28. Februar

✿ **Lamm Rosswag** - siehe Restaurantauswahl

VALLENDAR

Rheinland-Pfalz - 8 487 Ew. - Höhe 99 m - Regionalatlas **36**-D14
Michelin Straßenkarte 543

Die Traube

REGIONAL • RUSTIKAL X Gemütlich sitzt man in dem reizenden Fachwerkhaus von 1647 auf kleinen Bänken und lässt sich schmackhafte regionale Gerichte servieren. Dazu zählen z. B. "Variation vom Lamm" oder "Birnen-Bohnen-Speck". Auch der günstige Mittagstisch kommt gut an. Sehr nett die Terrasse vor der alten Scheune mit Glockenspiel.

Menü 40 € (mittags)/69 € - Karte 43/74 €

Rathausplatz 12 ✉ 56179
- ✆ 0261 61162 (Tischbestellung ratsam)
- www.dietraube-vallendar.de
- geschl. 24. Dezember - 10. Januar, Mitte Juli - August 3 Wochen und Sonntag - Montag

VALLEY

Bayern - 3 122 Ew. - Höhe 650 m - Regionalatlas **66**-M21
Michelin Straßenkarte 546

Waldrestaurant Maxlmühle

REGIONAL • GEMÜTLICH X Mögen Sie Forellen? Die räuchert man hier selbst - auch Sülze und Pasteten sind aus eigener Herstellung! Das Gasthaus liegt schön einsam am Ende der Straße direkt am Wasser - da kommt natürlich auch der Biergarten gut an.

Karte 17/46 €

Maxlmühle ✉ 83626
- ✆ 08020 1772 - www.maxlmuehle.de
- geschl. Mitte Februar - Anfang März, August 1 Woche, November 1 Woche und Mittwoch - Donnerstag

VATERSTETTEN

Bayern - 22 272 Ew. - Höhe 528 m - Regionalatlas **66**-M20
Michelin Straßenkarte 546

In Vaterstetten-Neufarn Nord-Ost: 10 km über B 304 Richtung Ebersberg und Markt Schwaben, in Purfing links

Gasthof Stangl

REGIONAL • GASTHOF XX Holztäfelung, hübsche Stoffe und Accessoires wie Jagdtrophäen, das ist richtig bayerisch-gemütlich, und dazu gibt's Regionales. Tipp: das Tagesmenü. Im Sommer kommt niemand am Kastanien-Biergarten vorbei!

Menü 32 € (mittags)/49 € - Karte 21/44 €

Hotel Stangl, Münchener Str. 1 ✉ 85646
- ✆ 089 905010 - www.hotel-stangl.de

Stangl

GASTHOF • INDIVIDUELL Wie möchten Sie wohnen? Modern, rustikal oder im Jugendstil? Die Zimmer befinden sich im Gasthof oder im ehemaligen Gutshof - Letzterer ist mit seinem historischen Flair besonders attraktiv, für den Rest sorgt die Chefin mit einem Händchen für Deko!

56 Zim - †89/119 € ††109/139 €

Münchener Str. 1 ✉ 85646
- ✆ 089 905010 - www.hotel-stangl.de

Gasthof Stangl - siehe Restaurantauswahl

VEITSHÖCHHEIM

Bayern - 9 695 Ew. - Höhe 170 m - Regionalatlas **49**-I15
Michelin Straßenkarte 546

Am Main

FAMILIÄR • MODERN Das villenähnliche kleine Hotel liegt nicht nur ganz in der Nähe des Mains, es bietet auch wohnlich-moderne Zimmer, jede Menge Kunst, ein frisches, gut bestücktes Frühstücksbuffet und eine charmant-persönliche Atmosphäre.

35 Zim - †69/93 € ††99/118 €

Untere Maingasse 35 ✉ 97209 - ✆ 0931 98040 - www.hotel-am-main.de
- geschl. 22. Dezember - 1. Januar

VELBERT

Nordrhein-Westfalen - 80 572 Ew. - Höhe 245 m - Regionalatlas **26**-C11
Michelin Straßenkarte 543

In Velbert-Neviges Süd-Ost: 4 km über B 224, Abfahrt Velbert-Tönisheide

Haus Stemberg (Sascha Stemberg)

MARKTKÜCHE • FAMILIÄR XX "Zwei Küchen von einem Herd" nennt sich hier das Konzept, und das umfasst Modernes ebenso wie Klassiker. Umgesetzt wird das Ganze von Sascha Stemberg, 5. Generation in diesem Familienbetrieb. Sie mögen Wein? Auf der Karte finden sich interessante Raritäten.

→ Gegrillter Pulpo aus der Bretagne, Artischockensalat, Salzzitrone, Gazpachosud. Stemberg´s Blutwurst nach altem Rezept, Apfelsauerkraut, Kartoffelpüree. Bavette vom Rind auf Holzkohle gegrillt, Ceasar´s Salad, Zwiebel, Ofenkartoffelstampf.

Menü 29 € (mittags)/89 € (abends) - Karte 29/84 €

Kuhlendahler Str. 295 ✉ 42553 - ✆ 02053 5649 - www.haus-stemberg.de
- geschl. 14. - 29. März, 7. - 31. August und Donnerstag - Freitag

VELBURG

Bayern - 5 220 Ew. - Höhe 492 m - Regionalatlas **58**-M17
Michelin Straßenkarte 546

In Velburg-Lengenfeld West: 3 km, jenseits der Autobahn

Winkler Bräu

GASTHOF • INDIVIDUELL Im Bräustüberl wird nun schon seit dem 15. Jh. bayrisch gegessen und Bier getrunken, entsprechend urig die Atmosphäre. Der Gasthof ist inzwischen aber auch ein schmuckes Hotel mit wohnlichen Zimmern - besonders schön die Zimmer in der ehemaligen Mälzerei. Für wohltuende Anwendungen geht man ins Gartenhaus.

73 Zim - 82/139 € 114/172 € - 1 Suite - ½ P

St.-Martin-Str. 6 ✉ 92355 - ✆ 09182 170 - www.winkler-braeu.de - geschl. über Weihnachten

VELDENZ

Rheinland-Pfalz - 956 Ew. - Höhe 170 m - Regionalatlas **46**-C15
Michelin Straßenkarte 543

Rittersturz

KLASSISCHE KÜCHE • GEMÜTLICH Das hat Charme: liebenswerte, gemütliche Räume, freundlicher und aufmerksamer Service und dazu die idyllische Lage im Grünen! Nicht zu vergessen die guten klassisch-saisonalen Gerichte wie "Rinderfilet mit Steinpilzen und Gratin".

Menü 44/55 € - Karte 43/55 €

Veldenzer Hammer 1a, Süd-Ost: 0,5 km ✉ 54472 - ✆ 06534 18292 (Tischbestellung ratsam) - www.rendezvousmitgenuss.de - Dienstag - Freitag nur Abendessen - geschl. Montag

VELEN

Nordrhein-Westfalen - 12 986 Ew. - Höhe 55 m - Regionalatlas **26**-C10
Michelin Straßenkarte 543

Sportschloss Velen

HISTORISCH • KLASSISCH Das schöne historische Gebäudeensemble ist umgeben von einem traumhaften Park. Hübsche Zimmer, großes Sportangebot samt Putting-Green, klassisch gehaltenes Restaurant, reizvolle Terrasse über dem Schlossgraben... Rustikal: "Querbeet" mit tollem Backsteingewölbe. 21 Tagungs- und Veranstaltungsräume. Ideal für Hochzeitsfeiern ist z. B. die "Orangerie".

102 Zim - 110/150 € 165/205 € - 4 Suiten - ½ P

Schlossplatz 1 ✉ 46342 - ✆ 02863 2030 - www.sportschlossvelen.de

VERDEN (ALLER)

Niedersachsen - 26 854 Ew. - Höhe 20 m - Regionalatlas **18**-H7
Michelin Straßenkarte 541

Pades Restaurant

REGIONAL • FREUNDLICH "Eifeler Kaninchenkeule mit Spinat", "gebeiztes Heilbuttfilet mit Mittelmeer-Aromen"... Hier gibt es schmackhafte regionale Küche mit mediterranem Einfluss. Tipp: "Share the Dish - in Klein für zwei". Schön das modern-klassische Interieur des schmucken Patrizierhauses, herrlich der rückwärtige Garten!

Karte 29/51 €

Grüne Str. 15 ✉ 27283 - ✆ 04231 3060 - www.pades.de - Montag - Mittwoch nur Abendessen

VETTELSCHOSS

Rheinland-Pfalz - 3 416 Ew. - Höhe 280 m - Regionalatlas **36**-D13
Michelin Straßenkarte 543

In Vettelschoss-Kalenborn West: 1 km

Nattermann's Fine Dining

INTERNATIONAL • CHIC XX Bei "Jo" Nattermann und seiner charmanten Frau lässt man sich in modernem Ambiente z. B. "Glücksschweinkotelett, Morchel-Lauchragout, Gnocchi" schmecken. Gegenüber: die Kochschule "Genussakademie". Zum Übernachten hat man gepflegte Zimmer.

Menü 37/70 € - Karte 33/55 €

12 Zim - 59/62 € 79/99 € - 8 €

Bahnhofstr. 12 53560 - 02645 97310 - www.nattermanns.de - geschl. Dienstag, außer an Feiertagen

VIECHTACH

Bayern - 8 013 Ew. - Höhe 435 m - Regionalatlas **59**-O17
Michelin Straßenkarte 546

In Viechtach-Neunussberg Nord-Ost: 10 km in Richtung Lam, in Wiesing rechts

Burghotel Sterr

SPA UND WELLNESS • GEMÜTLICH Das Hotel liegt ruhig am Ortsrand, hat einen sehr schönen Garten und einen attraktiven Wellnessbereich sowie hübsche, wohnliche Zimmer - darf es vielleicht eine chic-moderne "Loft-Suite" sein? Man hat auch ein wertig-charmantes kleines Chalet-Dorf samt Naturbadeteich sowie zwei Ferienhäuser. Mittags Buffet.

33 Zim - 105/115 € 200/230 € - 9 Suiten - ½ P

Neunußberg 35 94234 - 09942 8050 - www.burghotel-sterr.de - geschl. 17. - 25. Dezember

VIERNHEIM

Hessen - 33 276 Ew. - Höhe 101 m - Regionalatlas **47**-F16
Michelin Straßenkarte 543

In Viernheim-Neuzenlache über A 659, Ausfahrt Viernheim-Ost

Pfeffer & Salz

FRANZÖSISCH-KLASSISCH • GEMÜTLICH XX Schon seit 1970 empfängt man hier seine Gäste: drinnen gemütlich-elegantes Ambiente, draußen ein wunderbarer Garten, auf dem Teller klassisch-saisonale Speisen wie "Suprême vom Perlhuhn in Portweinsauce". Und dazu ein französischer Wein?

Menü 48/74 € - Karte 40/81 €

Neuzenlache 10 68519 - 06204 77033 - www.pfeffersalz.de - nur Abendessen - geschl. 1. - 15. Januar und Sonntag - Montag

VIERSEN

Nordrhein-Westfalen - 75 058 Ew. - Höhe 40 m - Regionalatlas **25**-B11
Michelin Straßenkarte 543

In Viersen-Süchteln Nord-West: 4,5 km über A 61, Ausfahrt Süchteln

Alte Villa Ling

FRANZÖSISCH-KLASSISCH • ELEGANT XXX Thomas Teigelkamp, Gastgeber in der schönen Jugendstilvilla von 1899, ist ein Vertreter der klassischen Küche, überzeugt aber auch mit Internationalem. Wichtig: die Produkte - Rind, Zicklein und Lamm kommen aus der Region. Serviert wird in Salon, Gaststube oder Wintergarten, alle charmant! Über einen hübschen Treppenaufgang gelangt man zu den wohnlichen Gästezimmern.

Menü 45 € (vegetarisch)/82 € - Karte 40/69 €

7 Zim - 85 € 130 €

Hindenburgstr. 34 41749 - 02162 970150 - www.alte-villa-ling.de - nur Abendessen, sonntags auch Mittagessen - geschl. Montag

VILBEL, BAD

Hessen - 32 584 Ew. - Höhe 109 m - Regionalatlas **47**-F14
Michelin Straßenkarte 543

In Bad Vilbel-Dortelweil Nord: 2 km, über Kasseler Straße und Friedberger Straße

Golfhotel Lindenhof

LANDHAUS • ELEGANT Toll die Lage umgeben von Natur und Golfplatz! Interessant die Architektur des Hotels mit seinen in der ersten Etage im offenen Atriumstil angelegten Zimmern. Und im Restaurant (sehr schön das helle moderne Ambiente) gibt es Klassiker wie Wiener Schnitzel, aber auch gehobenere Gerichte.

18 Zim - 70/190 € 100/250 € - 1 Suite

Lehnfurterweg 1, (Dortelweil) ✉ 61118 - ✆ 06101 52450 - www.golfhotel-lindenhof.de - geschl. 27. Dezember - 8. Januar

VILLINGEN-SCHWENNINGEN

Baden-Württemberg - 81 916 Ew. - Höhe 704 m - Regionalatlas **62**-F20
Michelin Straßenkarte 545

Im Stadtteil Villingen

Rindenmühle

MARKTKÜCHE • FREUNDLICH XX Frisch, schmackhaft und saisonal, so speist man hier - auf der Karte z. B. "Rehtee mit Walnussklößchen und Pastinake", "Maultaschen mit Bergkäsefüllung und Blattspinat" oder "Kalbsrücken und Riesengarnele mit Topinambur-Lauchragout und Burgunderjus". Das Ambiente: modern-eleganter Stil mit regionaler Note.

Menü 37/64 € - Karte 34/65 €

Hotel Rindenmühle, Am Kneipp-Bad 9, (am Kurpark) ✉ 78052 - ✆ 07721 88680 - www.rindenmuehle.de - geschl. Sonntag - Montag

Rindenmühle

FAMILIÄR • GEMÜTLICH Ein Hotel, in dem man gerne schläft! Und das liegt nicht nur an der schönen stilvoll-wohnlichen Einrichtung, man wird auch richtig gut betreut - die Chefin ist stets am Gast, das Engagement ist im ganzen Haus zu spüren!

31 Zim - 88/120 € 160/185 € - ½ P

Am Kneipp-Bad 9, (am Kurpark) ✉ 78052 - ✆ 07721 88680 - www.rindenmuehle.de

Rindenmühle - siehe Restaurantauswahl

Im Stadtteil Schwenningen

Ochsenstube

REGIONAL • FREUNDLICH X Gastronomisch bietet der "Ochsen" saisonale Küche ebenso wie Ochsen-Klassiker - nicht nur im behaglich-klassischen Restaurant, sehr schön ist es auch draußen auf der Terrasse hinterm Haus!

Karte 25/45 €

Hotel Ochsen, Bürkstr. 59 ✉ 78054 - ✆ 07720 8390 - www.hotelochsen.com - nur Abendessen - geschl. Weihnachten - 6. Januar, August 3 Wochen und Sonntag - Montag

Ochsen

FAMILIÄR • INDIVIDUELL In dem Familienbetrieb stehen individuelle, wohnliche und freundliche Zimmer für Sie bereit - Zimmer 103 ist für alle: eine "Mini-Café-Bar" als Treffpunkt. Für Sommertage hat man die Sonnenterrasse "Steg 1"!

37 Zim - 80/105 € 105/115 € - 7 € - ½ P

Bürkstr. 59 ✉ 78054 - ✆ 07720 8390 - www.hotelochsen.com - geschl. Weihnachten - 6. Januar, August 3 Wochen

Ochsenstube - siehe Restaurantauswahl

VILSHOFEN

Bayern - 16 053 Ew. - Höhe 308 m - Regionalatlas **59**-P19
Michelin Straßenkarte 546

In Vilshofen-Hundsöd West: 5 km, Richtung Alkhofen

Schlemmerhof Schmalzl

REGIONAL • RUSTIKAL X In dem langjährigen Familienbetrieb (bereits die 3. Generation) kocht man regional-saisonal und mit internationalem Einfluss. Kommen Sie doch auch mal zur "Steinofenfleckerl-Aktion"! Ländlich-rustikale Gästezimmer gibt's auch.

Menü 25/48 € - Karte 15/47 €

6 Zim - 47/55 € 74/77 €

Hundsöd 30 ✉ 94474 - ✆ 08541 5103 - www.schlemmerhof.de - geschl. Februar und Dienstag - Mittwoch

VÖHL

Hessen - 5 645 Ew. - Höhe 305 m - Regionalatlas **38**-G12
Michelin Straßenkarte 543

In Vöhl-Oberorke Süd-West: 17 km

Freund

SPA UND WELLNESS • MODERN Urlaubsidyll im Grünen! Schön modern hat man es in den Zimmern "Gucci", "Bugatti" und "Leonardo", umfangreich das Angebot des attraktiven Wellnessbereichs. Für Pferdefreunde: Auch ein Finnpferde-Gestüt gehört zu diesem tollen Ferienhotel.

80 Zim - 81/115 € 152/260 € - 5 Suiten - ½ P

Sauerlandstr. 6 ✉ 34516 - ✆ 06454 7090 - www.hotelfreund.de

VÖHRINGEN

Bayern - 13 058 Ew. - Höhe 499 m - Regionalatlas **64**-I20
Michelin Straßenkarte 546

In Vöhringen-Illerberg Nord-Ost: 3 km nahe der A 7

Speisemeisterei Burgthalschenke

KLASSISCHE KÜCHE • FAMILIÄR XX Mögen Sie es regionaler oder eher klassisch-gehoben? Lecker ist hier beides - probieren Sie z. B. "Brunnenkressesuppe mit Kellerspeckravioli", Klassiker wie "Zwiebelrostbraten mit Spätzle" oder auch "Zander mit Bärlauchschaum". Das Restaurant ist auf drei Ebenen angelegt und hat zudem eine schöne Terrasse.

Menü 25/57 € - Karte 27/47 €

Untere Hauptstr. 4, Thal ✉ 89269 - ✆ 07306 5265 - www.burgthalschenke.de - geschl. März 10 Tage, September 10 Tage und Montag, außer an Feiertagen

VOGTSBURG im KAISERSTUHL

Baden-Württemberg - 5 853 Ew. - Höhe 218 m - Regionalatlas **61**-D20
Michelin Straßenkarte 545

In Vogtsburg-Achkarren

Zur Krone

REGIONAL • RUSTIKAL X Bis 1561 reicht die gastronomische Tradition des Gasthofs zurück. Heute erfreut man sich an Kalbsnierle, Kutteln und Ochsenschwanzragout oder im Sommer auch gerne mal an einem leckeren Wurstsalat. Badische Küche und Weine gibt's in heimeligen Stuben oder auf der Terrasse. Man hat auch wohnliche Gästezimmer.

Menü 25/49 € - Karte 22/77 €

23 Zim - 65/89 € 95/135 €

Schlossbergstr. 15 ✉ 79235 - ✆ 07662 93130 - www.krone-achkarren.de - geschl. Januar - März: Dienstag - Mittwoch

In Vogtsburg-Bischoffingen

Steinbuck Stube

KLASSISCHE KÜCHE • ELEGANT Ein wahres Schmuckstück ist der aufwändig restaurierte über 400 Jahre alte ehemalige "Rebstock". Die Gäste werden herzlich betreut, aus der Küche kommen schmackhafte klassische Gerichte wie "gebratener Rochenflügel in Zitronen-Kapernbutter". Richtig schön übernachten kann man ebenfalls.

Menü 46/58 € – Karte 39/65 €

8 Zim – 59/81 € 108/138 € – 1 Suite

Talstr. 2 79235 – 07662 911210 – www.steinbuck-stube.de – geschl. Montag - Dienstag

Köpfers Steinbuck

REGIONAL • LÄNDLICH Schon die wunderbare exponierte Lage mitten in den Reben lockt einen hierher, aber auch die frische Küche ist einen Besuch wert. Leckeres wie "Rückensteak vom Landschwein mit Herbsttrompeten" oder "heimischen Wildzander auf Sauerkraut" isst man natürlich am liebsten auf der traumhaften Terrasse!

Menü 36 € (mittags)/76 € (abends) – Karte 29/66 €

Hotel Köpfers Steinbuck, Steinbuckstr. 20, in den Weinbergen 79235 – 07662 9494650 – www.koepfers-steinbuck.de – geschl. 1. Februar - 1. März, November - März: Dienstag - Mittwoch

Köpfers Steinbuck

LANDHAUS • GEMÜTLICH Ein tolles Anwesen - ringsum Reben und Ruhe, den Kaiserstuhl im Blick. Schön wohnlich die Zimmer, im Landhausstil oder ganz modern, besonders attraktiv die Terrassenzimmer. Das gute Frühstück gibt's im Sommer draußen bei herrlicher Sicht.

19 Zim – 85/105 € 115/159 € – ½ P

Steinbuckstr. 20, in den Weinbergen 79235 – 07662 9494650 – www.koepfers-steinbuck.de – geschl. 1. Februar - 1. März

Köpfers Steinbuck – siehe Restaurantauswahl

In Vogtsburg-Burkheim

KreuzPost

SPA UND WELLNESS • GEMÜTLICH Wo einst die Heilig-Kreuz-Kapelle stand, befindet sich dieser gewachsene Gasthof, Familienbetrieb in der 7. Generation. Wer es geradlinig-chic mag, fragt nach den neueren Zimmern. Sehr schön auch der "Kaiserstuhl-Spa" auf 700 qm. Die badische Küche lässt man sich im Sommer am besten im Innenhof servieren.

35 Zim – 77/120 € 124/182 € – ½ P

Landstr. 1 79235 – 07662 90910 – www.kreuz-post.de

In Vogtsburg-Oberbergen

Schwarzer Adler

FRANZÖSISCH-KLASSISCH • GASTHOF Das Haus der Familie Keller ist nicht nur charmant mit seinem historischen Rahmen und gemütlich-elegantem Stil, es ist einer der großen Klassiker in Deutschland! Das gilt für die feine französische Küche aus besten Zutaten ebenso wie für den stilvollen Service und über 2600 Positionen Wein zu fairen Preisen. Da bleibt man gerne über Nacht, in geschmackvollen Zimmern.

→ In Spätburgunder geschmorter Oktopus mit Pumpernickelcrème. Getrüffelte Poularde in der Blase, gefüllt mit Gänseleber, Reis und Gemüse. Schwarzwälder Kirsch in der Valrhona-Schokoladenkugel, Kirschwasserparfait und Kirschsorbet.

Menü 92/118 € – Karte 82/93 €

14 Zim – 110/130 € 150/170 €

Badbergstr. 23 79235 – 07662 933010 (Tischbestellung ratsam) – www.franz-keller.de – geschl. 15. Januar - 15. Februar und Mittwoch - Freitagmittag

KellerWirtschaft

KLASSISCHE KÜCHE • TRENDY Ein beeindruckendes Anwesen ist dieses in den Rebhang gebaute und topmodern designte Weingut! Mit Blick in den Weinkeller speist man in puristischem Ambiente an blanken Tischen. Auf der Karte z. B. "Kabeljau in Schnittlauchbutter".

Menü 64 € – Karte 47/72 €

Badbergstr. 44, (1. Etage) ✉ 79235 – ✆ 07662 933080 – www.franz-keller.de – Mittwoch - Freitag nur Abendessen – geschl. 4. Februar - 8. März und Montag - Dienstag, November - Februar: Montag - Mittwoch, außer an Feiertagen

Winzerhaus Rebstock

REGIONAL • GEMÜTLICH In dem liebenswerten alten Wirtshaus gegenüber dem "Schwarzen Adler" - ebenfalls unter der Leitung von Familie Keller - isst man regional: Kalbsnieren in Senfsauce, Rinderschmorbraten... Oder lieber Flammkuchen? Reizend der Innenhof.

Menü 34 € – Karte 28/40 €

Badbergstr. 22 ✉ 79235 – ✆ 07662 933011 – www.franz-keller.de – geschl. 1. Januar - 1. Februar und Montag - Dienstag

VOLKACH

Bayern – 8 670 Ew. – Höhe 203 m – Regionalatlas **49**-I15
Michelin Straßenkarte 546

Zur Schwane

INTERNATIONAL • GEMÜTLICH Die beiden netten gemütlichen Stuben stammen a. d. 15. Jh. und sind quasi die Keimzelle der "Schwane". Mittags gibt es eine kleinere Speisenauswahl, abends z. B. "Bachforelle, Ebly, Speck, Steckrübe" oder "Rehkeule, Pastinake, Quitte, Kartoffel, Nuss". Dazu tolle eigene Weine. Schön lauschig der Innenhof!

Menü 40/98 € (abends) – Karte 23/49 €

Hotel Zur Schwane, Hauptstr. 12 ✉ 97332 – ✆ 09381 80660 – www.schwane.de – geschl. 21. - 29. Dezember und Montagmittag

Zur Schwane

GASTHOF • HISTORISCH Sie finden das a. d. 15. Jh. stammende Gasthaus in der Altstadt. Nicht nur gepflegte, unterschiedlich eingerichtete Zimmer gibt es hier, gleich beim Empfang hat man eine Vinothek - die Weine kommen aus dem eigenen VDP-Weingut.

30 Zim – †99/139 € ††129/199 € – 3 Suiten – ½ P

Hauptstr. 12 ✉ 97332 – ✆ 09381 80660 – www.schwane.de – geschl. 21. - 29. Dezember

Zur Schwane – siehe Restaurantauswahl

VREDEN

Nordrhein-Westfalen – 22 462 Ew. – Höhe 32 m – Regionalatlas **26**-C9
Michelin Straßenkarte 543

In Vreden-Ammeloe Nord-West: 8 km, über B 70 Richtung Gronau, dann links ab

Büschker's Stuben

TRADITIONELLE KÜCHE • LÄNDLICH Mögen Sie "Maultaschen vom Rind mit Kapernsauce" oder "Münsterländer Zwiebelfleisch"? Hier kocht man bürgerlich-regional und international. Speisen können Sie in der rustikalen Gaststube und im gemütlichen Kaminzimmer (wohltuend das Herdfeuer an kalten Tagen!).

Karte 23/51 €

Hotel Am Kring, Kring 6 ✉ 48691 – ✆ 02564 93080 – www.amkring.de – nur Abendessen, sonntags auch Mittagessen – geschl. Donnerstag

Am Kring 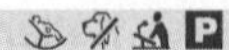

FAMILIÄR • AUF DEM LAND Der gewachsene Gasthof der Familie Winkelhorst ist Teil eines über 600 Jahre alten denkmalgeschützten Dorfkringes. Die Betreiber engagiert und herzlich, die Zimmer gemütlich und funktional, sehr gut das am Tisch servierte Frühstück! Restaurant "Clemens" Fr. - So. abends (Okt. - Apr.) - reservieren Sie!

17 Zim ☕ - †60/73 € ††90/110 €

Kring 6 ✉ 48691 - ☎ 02564 93080 - www.amkring.de

Büschker's Stuben - siehe Restaurantauswahl

WAAKIRCHEN-MARIENSTEIN

Bayern - 5 596 Ew. - Regionalatlas **66**-M21
Michelin Straßenkarte 546

Margarethenhof 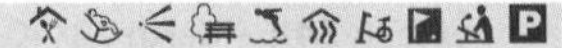

LANDHAUS • MODERN Hier lassen Sie den Blick über Wiesen, Wald und das Grün des Golfplatzes schweifen, relaxen bei Massage und Beautyprogramm, kommen in wohnlichen Zimmern zur Ruhe... Tipp: die modernen Zimmer mit ihrem schicken Mix aus klaren Formen und warmem Holz. Ländlich-elegantes Restaurant im Clubhaus des Golfplatzes.

19 Suiten ☕ - ††210/345 € - 16 Zim - ½ P

Gut Steinberg 1 ✉ 83666 - ☎ 08022 75060 - www.margarethenhof.com - geschl. 15. Dezember - 31. Januar

WACHENHEIM

Rheinland-Pfalz - 4 662 Ew. - Höhe 141 m - Regionalatlas **47**-E16
Michelin Straßenkarte 543

Rieslinghof

FAMILIÄR • MODERN Im ehemaligen Pferdestall des Weinguts hat man Altes und Neues gelungen verbunden - stilvoll und wertig. Als Begrüßungspräsent gibt's Wasser und eine Flasche eigenen Wein. Eine nette familiäre Adresse! Gewölbe-Saal für Tagungen und Feiern.

6 Zim ☕ - †80 € ††110 €

Weinstr. 86 ✉ 67157 - ☎ 06322 9898920 - www.rieslinghof.com

WACHENROTH

Bayern - 2 220 Ew. - Höhe 285 m - Regionalatlas **50**-K16
Michelin Straßenkarte 546

In Wachenroth-Weingartsgreuth Süd-Ost: 3 km

Landgasthof Weichlein

REGIONAL • LÄNDLICH Ein traditionsreicher Familienbetrieb a. d. 18. Jh., der viele Stammgäste hat. Gerne sitzt man hier in gemütlichen Stuben und lässt sich mit fränkischen Klassikern bewirten. Lust auf "Saure Zipfel" oder gebackenen Karpfen? Übernachten können Sie auch: einfacher oder komfortabler.

Menü 35 € (mittags) - Karte 22/51 €

15 Zim ☕ - †55/70 € ††75/95 €

Weingartsgreuth 20 ✉ 96193 - ☎ 09548 349 - www.gasthofweichlein.de - Dienstag - Donnerstag nur Abendessen - geschl. 21. August - 12. September und Montag

WACHTBERG

Nordrhein-Westfalen - 19 964 Ew. - Höhe 200 m - Regionalatlas **36**-C13
Michelin Straßenkarte 543

In Wachtberg-Adendorf West: 6 km Richtung Meckenheim

Kräutergarten

KLASSISCHE KÜCHE • MEDITERRANES AMBIENTE XxX Lust auf ambitionierte klassisch-saisonale Küche? Bereits seit 1983 leiten die freundlichen Gastgeber das Restaurant mit der mediterranen Note und setzen auf Produktqualität und Frische - das schätzen nicht nur die vielen Stammgäste!

Menü 48/64 € - Karte 58/66 €

Töpferstr. 30 ✉ 53343
- ✆ 02225 7578 - www.gasthaus-kraeutergarten.de
- nur Abendessen, sonntags auch Mittagessen - geschl. Sonntagabend - Dienstag

WACKERSBERG

Bayern - 3 493 Ew. - Höhe 735 m - Regionalatlas **65**-L21
Michelin Straßenkarte 546

In Wackersberg-Arzbach Süd: 3 km

Benediktenhof

LANDHAUS • GEMÜTLICH Was für ein schönes, sympathisches Haus! Äußerst reizend der ländliche Charakter, herzlich die Gastgeberfamilie. Hier heißt es wohlfühlen, vom hochwertigen Bio-Frühstück über Kosmetik und Massage bis zum hübschen Garten mit Naturbadeteich. Wie wär's mit der großen Familien-Suite im Chalet?

11 Zim - †64/85 € ††98/138 € - 4 Suiten

Alpenbadstr. 16 ✉ 83646
- ✆ 08042 91470 - www.benediktenhof.de
- geschl. November 2 Wochen

Außerhalb Nord-West: 5 km Richtung Bad Tölz West, jenseits der B 472

Tölzer Schießstätte - Hager

REGIONAL • RUSTIKAL X Seit vielen Jahren bieten Michaela und Andreas Hager in der Schießstätte der Tölzer Schützen ihre bodenständige bayerisch-saisonale Küche - da schmeckt "Spinatnockerl mit Pfifferlingen" ebenso wie "Schweinsbraten mit Krautsalat und Knödel". Hier geht es lebendig zu, charmant der Service.

Menü 25/35 € - Karte 32/51 €

Kiefersau 138, (Zufahrt über Hans-Zantl-Weg) ✉ 83646
- ✆ 08041 3545 (Tischbestellung ratsam) - www.michaela-hager.de
- geschl. Sonntagabend - Montag, Donnerstag

WÄSCHENBEUREN

Baden-Württemberg - 3 862 Ew. - Höhe 408 m - Regionalatlas **55**-H18
Michelin Straßenkarte 545

In Wäschenbeuren-Wäscherhof Nord-Ost: 1,5 km

Zum Wäscherschloss

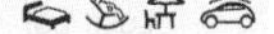

MARKTKÜCHE • RUSTIKAL XX So behaglich das charmante Anwesen (Familienbetrieb in der 5. Generation!) von außen wirkt, ist es auch drinnen: sowohl in den gemütlichen Stuben (hier isst man zeitgemäß-regional) als auch in den Gästezimmern mit ihrem liebenswerten Landhausflair! Tipp: Schön geräumig sind die drei DZ im Gästehaus!

Karte 24/40 €

11 Zim - †50/80 € ††110/120 €

Wäscherhof 2 ✉ 73116 - ✆ 07172 7370 - www.gasthofwaescherschloss.de - nur Abendessen - geschl. Sonntagabend - Freitagmittag, Samstagmittag

WAFFENBRUNN

Bayern - 2 075 Ew. - Höhe 396 m - Regionalatlas **59**-O17
Michelin Straßenkarte 546

Göttlinger

MARKTKÜCHE • FREUNDLICH XX Hier hat man nach dem Umbau des elterlichen Gasthofs ein ansprechendes geradlinig-zeitgemäßes Ambiente geschaffen. Gekocht wird frisch und saisonal, so z. B. "Kotelett vom Havelländer Apfelschwein / Gnocchi / Schwarzwurzel / Pioppini".

Menü 44 € - Karte 36/66 €

Hauptstr. 10 ✉ 93494 - ✆ 09971 2594 - www.restaurant-goettlinger.de - nur Abendessen - geschl. Dienstag - Mittwoch

WAGING am SEE

Bayern - 6 590 Ew. - Höhe 465 m - Regionalatlas **67**-O21
Michelin Straßenkarte 546

Landhaus Tanner

REGIONAL • GEMÜTLICH XX Mögen Sie es ländlich mit Kachelofen oder lieber modern-elegant? Gemütlich sind beide Restaurantbereiche, dazu die hübsche begrünte Terrasse. Man kocht saisonal-regional - darf es vielleicht "Nirnhartinger Rehragout mit Schwammerlgröstl" sein? Zum Übernachten: charmante Zimmer und Appartements.

Menü 18 € (mittags unter der Woche)/59 € - Karte 28/60 €
9 Zim - 79/90 € 120/135 € - 2 Suiten

Aglassing 1 ✉ 83329 - ✆ 08681 69750 - www.landhaustanner.de - geschl. nach Ostern 1 Woche und Dienstag, Juli - August: Dienstagmittag

WAIBLINGEN

Baden-Württemberg - 53 407 Ew. - Höhe 230 m - Regionalatlas **55**-H18
Michelin Straßenkarte 545

Bachofer

KREATIV • FREUNDLICH XX Sie lieben moderne Küche mit stark asiatischer Prägung? Dann genießen Sie Bernd Bachofers bis zu 10-gängige "Aromen-Reise" oder das vegetarische Menü - Kraft, Ausdruck und eigene Note sind Ihnen gewiss. Unkonventioneller speist man an der "Ess-Bar". Der Service: locker und mit Niveau! Kleinere Mittagskarte.

→ Sushi Variation. Bretonische Seezunge, Spargel, Japanische Hollandaise, Shii-Take-Sud. Wagyu Tafelspitz, grüner Spargel, Senf-Kartoffelstampf, rote Zwiebel-Miso.

Menü 70/135 € - Karte 72/99 €

Am Marktplatz 6 ✉ 71332 - ✆ 07151 976430 - www.bachofer.info - geschl. Januar 1 Woche, Mitte Mai 2 Wochen und Samstagmittag, Sonntag - Montag sowie an Feiertagen

In Waiblingen-Beinstein Ost: 4 km

Brunnenstuben

REGIONAL • FREUNDLICH XX Äußerlich ist das Gebäude zwar kein Leckerbissen, die gibt's dafür drinnen zahlreich, denn Chefin Petra Beyer kann kochen! Lust auf "geräucherte Eismeerforelle mit Orangen-Fenchelsalat", "Ragout von der Freilandente" oder "schwäbischen Rostbraten"? Ihr Mann Thorsten berät Sie freundlich, auch in Sachen Wein.

Menü 29/89 € - Karte 30/69 €

Quellenstr. 14 ✉ 71332 - ✆ 07151 9441227 - www.brunnenstuben.de - nur Abendessen, sonntags auch Mittagessen - geschl. Dienstag

WALDBRONN

Baden-Württemberg - 12 251 Ew. - Höhe 261 m - Regionalatlas **54**-F18
Michelin Straßenkarte 545

In Waldbronn-Reichenbach

Schwitzer's am Park

KLASSISCHE KÜCHE • ELEGANT Hier werden ausgesuchte Produkte zu aromenintensiven klassisch-modernen Speisen. Sollten Sie nicht auf der schönen Terrasse sitzen können, die Sicht in den Park genießt man dank großer Fensterfront auch vom eleganten Restaurant. Tipp: das Mittagsmenü.

→ Brisket vom Wagyu Beef und Tatar vom Simmentaler Rind. Atlantik Rochenflügel mit Gin und Limetten poeliert, Gurkentapioka und Aloe Vera. Kreation von Rhabarber mit Waldmeister und Skyr.

Menü 44 € (mittags)/110 € - Karte 51/84 €

Schwitzer's Hotel am Park - Etzenroter Str. 4 ✉ 76337 - ✆ 07243 354850 - www.schwitzers-hotel-am-park.com

Schwitzer's Brasserie

FRANZÖSISCH • BRASSERIE Sie mögen leger-moderne Brasserie-Lounge-Atmosphäre? Im trendigen Zweitrestaurant des "Schwitzer's Hotel am Park" gleich nebenan im Kurhaus gibt es französisch-traditionelle Speisen wie Quiche Lorraine, Coq au Vin oder Entrecôte, nachmittags Kuchen. Tipp: Mi. - Fr. mittags "Plat du jour".

Menü 19 € (mittags)/49 € - Karte 29/51 €

Etzenroter Str. 2 ✉ 76337 - ✆ 07243 354850 - www.schwitzers-brasserie.de - geschl. Montag - Dienstag

Schwitzer's Hotel am Park

BUSINESS • MODERN Direkt am Park liegt das beeindruckende Hotel der Familie Schwitzer. Überall hochwertige Materialien, die Zimmer geräumig, chic, technisch "up to date". Turm- oder Parkzimmer? Letztere liegen ruhiger und bieten Balkon sowie Blick ins Grüne! Für Hotelgäste freier Eintritt in die Albtherme.

20 Zim - 🚹120/200 € 🚹🚹155/265 € - 2 Suiten - ☕ 12 €

Etzenroter Str. 4 ✉ 76337 - ✆ 07243 354850 - www.schwitzers-hotel-am-park.com

Schwitzer's am Park - siehe Restaurantauswahl

WALDECK

Hessen - 6 877 Ew. - Höhe 404 m - Regionalatlas **38**-G12
Michelin Straßenkarte 543

Schloss Waldeck

HISTORISCHES GEBÄUDE • MODERN Toll liegt die einstige Burganlage a. d. 11. Jh. auf einer Bergkuppe oberhalb des Edersees! Doch es gibt noch mehr Schönes: die Lobby in einem mächtigen Natursteingewölbe, "Teatime" im stilvoll-modernen Kaminzimmer, Burgmuseum, Standesamt, Beauty... Im Sommer sitzt man wunderbar auf den Restaurantterrassen, da kommt man auch gerne mit der Bergbahn vom See hier hinauf!

42 Zim ☕ - 🚹126/170 € 🚹🚹142/268 € - ½ P

Schloss Waldeck 1 ✉ 34513 - ✆ 05623 5890 - www.hotel-schloss-waldeck.de

Im Ortsteil Nieder-Werbe West: 8 km

Werbetal

LANDHAUS • FUNKTIONELL Nahe am Seeufer steht dieses familiengeführte Hotel, das bereits seit 1866 als Gasthaus existiert. Die Zimmer sind z. T. recht geräumig, einige mit Balkon, rustikal das Restaurant mit großen Fenstern zum See. Auch ein Spielzimmer für Kinder ist vorhanden.

29 Zim ☕ - 🚹76/90 € 🚹🚹112/140 € - ½ P

Uferstr. 28 ✉ 34513 - ✆ 05634 97960 - www.hotel-werbetal.de - geschl. 2. Januar - 1. März

WALDENBUCH

Baden-Württemberg - 8 521 Ew. - Höhe 362 m - Regionalatlas **55**-G19
Michelin Straßenkarte 545

Gasthof Krone (Erik Metzger)

KLASSISCHE KÜCHE • LÄNDLICH XX In dem schönen 500 Jahre alten Gasthof pflegt man die klassische Küche, bringt aber auch moderne Elemente mit ein. Man kocht mit Gefühl und unterstreicht so die feinen Aromen der tollen Produkte. Übrigens: Auf der alten Tischplatte im Eingangsbereich hat sich im 18. Jh. vielleicht sogar Goethe verewigt!

→ Marinierte Blaue Garnele, gepoppter Reis, Soja, Wasabi-Currymousse, Apfel-Koriandersorbet. Gebratenes Entenleberschnitzel, Rhabarber, Staudensellerie, Erdnuss. Rosa gebratene Lammhüfte und Lammragout-Praline, Karotte, Aprikose, Kichererbse, Kreuzkümmel.

Menü 59 € (vegetarisch)/82 € - Karte 56/67 €

Nürtinger Str. 14 ✉ 71111 - ✆ 07157 408849 - www.krone-waldenbuch.de - geschl. über Fasching 2 Wochen, Ende August - Angang September 3 Wochen, Ende Dezember 1 Woche und Samstagmittag, Montag - Dienstag

WALDENBURG

Baden-Württemberg - 2 976 Ew. - Höhe 506 m - Regionalatlas **55**-H17
Michelin Straßenkarte 545

Panoramahotel Waldenburg

BUSINESS • FUNKTIONELL Ein Businesshotel - gut geführt, praktisch, inklusive Traumblick auf die Hohenloher Ebene! Die Zimmer sind individuell und farblich teils recht prägnant, einige auch allergikergeeignet. Dazu ein moderner Saunabereich, ein frisches, helles Restaurant mit internationaler Küche und ein kleines Bistro.

65 Zim ☕ - 🚹100/110 € 🚹🚹140/150 € - 4 Suiten - ½ P

Hauptstr. 84 ✉ 74638 - ✆ 07942 91000 - www.panoramahotel-waldenburg.de - (Neubau mit 120 Zimmern und Suiten bis Frühjahr 2018)

Villa Blum

FAMILIÄR • INDIVIDUELL Wenn Sie eines der geschmackvollen Zimmer ergattern möchten, sollten Sie zeitig buchen, denn der Charme der hübschen alten Villa und das Engagement der Familie haben sich rumgesprochen! Das Frühstück ist wirklich gut, W-Lan und Minibar sind gratis, im Frühling blüht und duftet der Garten...

9 Zim ☕ - 🚹89/95 € 🚹🚹115/135 € - 2 Suiten

Haller Str. 12 ✉ 74638 - ✆ 07942 94370 - www.villa-blum.de

WALDKIRCH

Baden-Württemberg - 21 260 Ew. - Höhe 274 m - Regionalatlas **61**-D20
Michelin Straßenkarte 545

Zum Storchen

REGIONAL • GEMÜTLICH XX Hinter der nahezu original erhaltenen historischen Fassade sitzt man schön in behaglichen Räumen bei regional-internationaler Küche. Appetit macht da z. B. "Zweierlei vom Schwein mit Frühlingsgemüse und Polenta".

Menü 15 € (mittags)/62 € - Karte 27/53 €

Hotel Zum Storchen, Lange Str. 24, (Zufahrt über Runzweg) ✉ 79183 - ✆ 07681 4749590 - www.storchen-waldkirch.de - geschl. Sonntag

Zum Storchen

FAMILIÄR • MODERN Nach ökologischen Aspekten designt: wohnlich, modern und hochwertig. Wer's gerne geräumiger hat, bucht ein Deluxe-Zimmer oder eine Suite. Sehr nett: Saunabereich und Dachterrasse. Schön: Frühstücken mit Blick über die Dächer von Waldkirch!

28 Zim ☕ - 🚹77/90 € 🚹🚹99/120 € - ½ P

Lange Str. 24, (Zufahrt über Runzweg) ✉ 79183 - ✆ 07681 4749590 - www.zum-storchen-waldkirch.de

Zum Storchen - siehe Restaurantauswahl

In Waldkirch-Buchholz Süd-West: 4 km über B 294

Hirschenstube

MARKTKÜCHE • GEMÜTLICH X Frische Küche, freundlicher Service in Tracht und familiäre Atmosphäre... Da mischt man sich gerne unter die vielen Stammgäste und speist regional, saisonal oder international, so z. B. "Kalbszunge in Madeirasauce", "Hechtklößchen auf Blattspinat" oder auch Wild.

Menü 25/50 € - Karte 25/65 €

Hotel Hirschenstube - Gästehaus Gehri, Schwarzwaldstr. 45 ✉ 79183 - ✆ 07681 477770 - www.hirschenstube.de - geschl. Februar 2 Wochen, August 3 Wochen und Sonntag - Montag

Hirschenstube - Gästehaus Gehri

GASTHOF • GEMÜTLICH Das Gästehaus Gehri ist sehr gut geführt, man verbessert stetig hier und da, alles ist tipptopp gepflegt! Die Zimmer sind wohnlich und funktional, viele mit Balkon. Außerdem ist es hier dank der etwas zurückversetzten Lage schön ruhig.

24 Zim ☕ - †65/85 € ††93/120 € - 1 Suite - ½ P

Schwarzwaldstr. 45 ✉ 79183 - ✆ 07681 477770 - www.hirschenstube.de

Hirschenstube - siehe Restaurantauswahl

WALDKIRCHEN

Bayern - 10 277 Ew. - Höhe 573 m - Regionalatlas **60**-Q18
Michelin Straßenkarte 546

Johanns

MODERNE KÜCHE • TRENDY XXX Richtig feines Essen mit exklusivem Shoppen verbinden? Was hier im 2. Stock des Modehauses kulinarisch geboten wird, hat Kraft und Ausdruck, mal innovativ, mal traditionell. Das puristisch gehaltene Restaurant hat auch eine schöne Terrasse mit toller Sicht! Mittags auch etwas bodenständigere Küche.

→ Geselchter Aal und Stör mit fein geriebener Geflügelleber, eingelegtem Rhabarber und Liebstöckel. Bergforelle auf dem Salzstein gegart mit Zuckererbsen, Mairüben und grüner Melone. Bienenwachs Panna-Cotta, Blütenpollenschokolade, Haselnuss und Getreideeis.

Menü 39 € (mittags)/95 € - Karte 44/70 €

Marktplatz 24, (2. Etage im Modehaus Garhammer) ✉ 94065 - ✆ 08581 2082000 - www.restaurant-johanns.de - geschl. Sonntag sowie an Feiertagen

WALDSEE, BAD

Baden-Württemberg - 19 753 Ew. - Höhe 588 m - Regionalatlas **63**-H21
Michelin Straßenkarte 545

Scala (N)

INTERNATIONAL • FREUNDLICH XX Schön liegt das lichte, chic-moderne Restaurant direkt am See - da ist im Sommer natürlich die Terrasse gefragt! Man kocht international-saisonal und mit regionalem Einfluss, von "Zwiebelrostbraten" bis "Loup de mer, Hummersauce, Lauchmus".

Menü 14 € (mittags unter der Woche)/49 € - Karte 22/53 €

Wurzacher Str. 55, (im Haus am Stadtsee) ✉ 88339 - ✆ 07524 9787773 - www.scala-bad-waldsee.de - geschl. Februar und Dienstag

Gasthof Kreuz

REGIONAL • GASTHOF X Ein sympathischer Gasthof bei der Kirche, in dem man in freundlich-rustikaler Atmosphäre regional-saisonal isst, z. B. "schwäbisches Backhenderl mit Gurken-Kartoffel-Ingwersalat". Im Sommer sitzt man gerne im Freien vor dem Haus. Gepflegt übernachten kann man ebenfalls.

Menü 25/45 € - Karte 21/39 €

6 Zim - †49/59 € ††79/89 € - ☕ 5 €

Gut-Betha-Platz 1 ✉ 88339 - ✆ 07524 3927 - www.kreuz-gasthof.de - geschl. Februar 1 Woche und Sonntagabend - Dienstagmittag

Grüner Baum & Altes Tor

GASTHOF • INDIVIDUELL Richtig charmant ist das Gasthaus direkt am Rathausplatz - schön hier im Sommer die Terrasse! Man hat gemütliche, individuelle Zimmer, verteilt auf Haupthaus und "Altes Tor" (ca. 80 m entfernt). Tipp: nach altem Hausrezept gebrautes Bier der ehemaligen Brauerei von 1769! Günstig parkt man z. B. am Kosterhof.

49 Zim – 69/99 € 105/150 € – ½ P

Hauptstr. 34 ✉ 88339 – ✆ 07524 97900 – www.baum-leben.de

In Bad Waldsee-Gaisbeuren Süd-West: 4 km über B 30

Adler

REGIONAL • GEMÜTLICH Was in den gemütlichen Stuben auf den Tisch kommt, ist bürgerliche Regionalküche, zu der selbstgemachte Maultaschen ebenso gehören wie Wild aus eigener Jagd. Hinterm Haus ein lauschiger Biergarten! Es gibt auch selbstgebrannten Schnaps.

Menü 25 € – Karte 22/45 €

Hotel Adler, Bundesstr. 15, B 30 ✉ 88339 – ✆ 07524 9980 – www.hotel-gasthaus-adler.de – geschl. 1. - 16. Februar und Donnerstag

Adler

GASTHOF • FUNKTIONELL Ein 500 Jahre altes Gasthaus, das zu einem Hotel mit funktionalen und recht geräumigen Zimmern gewachsen ist. In verschiedenen Seminarräumen lässt es sich auch gut tagen.

31 Zim – 72/90 € 98/109 € – ½ P

Bundesstr. 15, B 30 ✉ 88339 – ✆ 07524 9980 – www.hotel-gasthaus-adler.de – geschl. 1. - 16. Februar

Adler – siehe Restaurantauswahl

WALDSHUT-TIENGEN

Baden-Württemberg – 23 063 Ew. – Höhe 341 m – Regionalatlas **62**-E21
Michelin Straßenkarte 545

Im Stadtteil Waldshut

Waldshuter Hof

MARKTKÜCHE • RUSTIKAL In der 1. Etage lässt man sich in gediegenem Ambiente regionale und internationale Speisen mit Bezug zur Saison servieren, darunter z. B. "heimischer Kalbsrücken mit Morchelrahmsauce" oder "Barbarie-Entenbrust mit Calvadossauce".

Menü 25/60 € (abends) – Karte 29/64 €

Hotel Waldshuter Hof, Kaiserstr. 56, (1. Etage) ✉ 79761 – ✆ 07751 87510 – www.waldshuter-hof.de – geschl. Sonntag - Montag

Waldshuter Hof

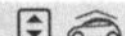

BUSINESS • FUNKTIONELL In dem Hotel in der Altstadt lässt es sich gut wohnen. Zum einen ist die Lage mitten in der Fußgängerzone ideal, zum anderen sind die Gästezimmer gepflegt und funktionell ausgestattet.

22 Zim – 75 € 125 € – ½ P

Kaiserstr. 56, (1. Etage) ✉ 79761 – ✆ 07751 87510 – www.waldshuter-hof.de

Waldshuter Hof – siehe Restaurantauswahl

Im Stadtteil Tiengen

Brauerei Walter

MARKTKÜCHE • GASTHOF Mit einer Brauerei hat das traditionsreiche Haus nicht mehr viel zu tun, die meisten Gäste trinken Wein aus dem Markgräflerland, vom Kaiserstuhl oder vom Bodensee. Dazu frische saisonale Küche, und die gibt es z. B. als "Bauernente mit Rotkraut und geschmelztem Kartoffelpüree".

Menü 37/75 € – Karte 33/60 €

Hotel Brauerei Walter, Hauptstr. 23 ✉ 79761 – ✆ 07741 83020 – www.brauereiwalter.de – geschl. 20. August - 5. September und Sonntag - Montag

Bercher

FAMILIÄR • GEMÜTLICH Die Zimmer in dem gewachsenen Familienbetrieb (seit 1911) sind komfortabel und individuell, von eher ländlich bis zum eleganten Landhausstil - es gibt auch welche mit Kachelofen. Ein schöner Ort zum Enstpannen: die Wellness-Stuben im separaten Anbau! Gediegene Restauranträume mit traditionellem Angebot.

38 Zim – 74/115 € 140/185 € – 2 Suiten – ½ P

Bahnhofstr. 1 ✉ 79761 – ✆ 07741 47470 – www.bercher.de

Brauerei Walter

GASTHOF • FUNKTIONELL Das historische Haus mit der schönen gepflegten Fassade war einst eine Brauerei und ist heute (erweitert um einen Anbau) ein solides Hotel mit funktionalen Zimmern, gepflegter Auswahl am Frühstücksbuffet sowie familiärem Service.

19 Zim – 48/58 € 83/95 €

Hauptstr. 23 ✉ 79761 – ✆ 07741 83020 – www.brauereiwalter.de

Brauerei Walter – siehe Restaurantauswahl

Im Stadtteil Breitenfeld Nord-Ost: 3 km ab Tiengen

Landgasthof Hirschen

GASTHOF • FUNKTIONELL In dem familiengeführten Landgasthof ist alles top in Schuss und man renoviert immer wieder, damit die wohnlich-ländlichen Zimmer auch stets gepflegt sind - die im Gästehaus "Cäcilia" sind übrigens geräumiger. Im rustikalen Restaurant bekommt man bürgerliche und regionale Küche serviert.

27 Zim – 48/61 € 89/99 € – ½ P

Breitenfeld 13 ✉ 79761 – ✆ 07741 68250 – www.hirschen-breitenfeld.de

In Lauchringen-Oberlauchringen Süd-Ost: 4 km ab Tiengen, über B 34

Gartenhotel Feldeck

FAMILIÄR • FUNKTIONELL In dem Familienbertieb lässt es sich wirklich schön wohnen: Die Zimmer sind freundlich und zeitgemäß (teilweise mit Balkon), ebenso der Bade- und Saunabereich, und im ländlich-modernen Restaurant bekommen Sie sowohl ein Vesper als auch Zander, Kutteln, hausgemachte Lachsravioli...

36 Zim – 60/75 € 105/125 € – ½ P

Klettgaustr. 1, (B 34) ✉ 79787 – ✆ 07741 83070 – www.hotel-feldeck.de

WALDSTETTEN Baden-Württemberg

→ Siehe Schwäbisch Gmünd

WALLDORF

Baden-Württemberg – 14 600 Ew. – Höhe 110 m – Regionalatlas **47**-F17
Michelin Straßenkarte 545

Kaminrestaurant & Lounge (N)

INTERNATIONAL • TRENDY Möchten Sie im chic-modernen Restaurant, auf der schönen Terrasse oder lieber in der Lounge speisen? Die Küche ist frisch und ambitioniert, auf der Karte z. B. "Tafelspitzsalat, Meerrettichschaum, Kartoffel-Erbsenkompott" oder "Atlantik-Lachs, Basilikumkruste, Thai-Bami-Goreng".

Karte 29/51 €

Hotel Vorfelder, Bahnhofstr. 28 ✉ 69190 – ✆ 06227 6990 – www.hotel-vorfelder.de – nur Abendessen – geschl. 1. - 7. Januar, August 2 Wochen, 27. - 31. Dezember und Sonntag

Vorfelder (N)

BUSINESS • MODERN Das moderne, familiär geführte Hotel in der Innenstadt ist für Businessgäste ebenso interessant wie für Kurzurlauber, denn Heidelberg, Speyer oder Hockenheimring sind schnell erreicht. Die Zimmer: geradlinig, funktionell, gut ausgestattet.

65 Zim – 109/124 € 132/147 € – ½ P

Bahnhofstr. 28 ✉ 69190 – ✆ 06227 6990 – www.hotel-vorfelder.de

Kaminrestaurant & Lounge – siehe Restaurantauswahl

WALLENFELS

Bayern - 2 786 Ew. - Höhe 382 m - Regionalatlas **50**-L14
Michelin Straßenkarte 546

Gasthof Roseneck

REGIONAL • LÄNDLICH X In freundlich-ländlichem Ambiente kommen neben regionalen Klassikern auch etwas ungewöhnlichere Speisen auf den Tisch: Gerichte mit Rosenblüten - und die stammen aus dem eigenen Garten! Schön sitzt man auch im Biergarten. Tipp: Flößer-Events samt Barbecue. Zum Übernachten hat man funktionale Zimmer.

Karte 18/37 €

21 Zim - 43/45 € 54/78 €

Schützenstr. 46 ✉ 96346 - ✆ 09262 7260 - www.gasthof-roseneck.de - Januar - Ostern: Montag - Freitag nur Abendessen, April - Dezember: Montag, Mittwoch nur Abendessen - geschl. 1. - 23. November und Dienstag

WALLENHORST

Niedersachsen - 23 001 Ew. - Höhe 91 m - Regionalatlas **17**-E8
Michelin Straßenkarte 541

Alte Küsterei

KLASSISCHE KÜCHE • FREUNDLICH XX Mit der Bruchsteinfassade von 1883 ist das Haus schon von außen ein Hingucker, innen dekorative Details wie freigelegte Holzbalken oder moderne Bilder. Gekocht wird klassisch, herzlich der Service.

Menü 40/72 € - Karte 39/63 €

Kirchplatz 6 ✉ 49134 - ✆ 05407 857870 - www.alte-kuesterei.de - nur Abendessen - geschl. Januar 2 Wochen, Juli - August 2 Wochen und Montag - Dienstag

WALLGAU

Bayern - 1 434 Ew. - Höhe 866 m - Regionalatlas **65**-L22
Michelin Straßenkarte 546

Parkhotel

SPA UND WELLNESS • GEMÜTLICH In diesem Ferienhotel sind Sie gut aufgehoben, dafür sorgen bayerischer Charme, komfortable Zimmer unterschiedlicher Kategorien, ein angenehm heller, mit Lüftlmalereien verzierter Spabereich und die Kellerbar "Max & Moritz" - damit Sie nichts verpassen, werden hier auch Fernseh-Events übertragen!

30 Zim - 125/170 € 200/290 € - 15 Suiten - ½ P

Barmseestr. 1 ✉ 82499 - ✆ 08825 290 - www.parkhotel-wallgau.de

WALLHALBEN

Rheinland-Pfalz - 866 Ew. - Höhe 258 m - Regionalatlas **46**-D17
Michelin Straßenkarte 543

Landgrafen Mühle

LANDHAUS • INDIVIDUELL Mit Aufwand und Herzblut hat man die einstige Mühle samt Gesindehaus (hier schöner Saunabereich) zu einem charmanten, individuellen Ort gemacht: moderne Formen und hochwertige Materialien. Toll das freiliegende Mauerwerk in den Zimmern, beliebt die Maisonette "Herzfeld"! Das Restaurant bietet regionale Küche.

20 Zim - 72/78 € 95/105 € - 11 € - ½ P

Landstuhler Str. 46 ✉ 66917 - ✆ 06375 994530 - www.landgrafenmuehle.de - geschl. Anfang Januar 1 Woche

WALLUF

Hessen - 5 496 Ew. - Höhe 84 m - Regionalatlas **47**-E15
Michelin Straßenkarte 543

Zur Schlupp

REGIONAL • GEMÜTLICH Sehr engagiert leitet Familie Ehrhardt ihr charmantes kleines Restaurant in dem Haus a. d. J. 1608. Die Atmosphäre ist gemütlich, die Küche frisch und regional-saisonal, Spezialität sind Gänsegerichte - reservieren nicht vergessen! Tipp: Romantisch ist im Sommer der Innenhof!

Menü 29/45 € - Karte 33/47 €

Hauptstr. 25 ✉ 65396 - ✆ 06123 72638 (Tischbestellung ratsam) - www.gasthauszurschlupp.de - Montag - Samstag nur Abendessen - geschl. Juli und Mittwoch - Donnerstag

Dieser Führer lebt von Ihren Anregungen, die uns stets willkommen sind. Egal ob Sie uns eine besonders angenehme Erfahrung oder eine Enttäuschung mitteilen wollen – schreiben Sie uns!

WALSRODE

Niedersachsen - 23 262 Ew. - Höhe 32 m - Regionalatlas **18**-H7
Michelin Straßenkarte 541

Landhaus Walsrode

FAMILIÄR • INDIVIDUELL Fast schon herrschaftlich steht das alte niedersächsische Bauernhaus auf dem Parkgrundstück. Sie mögen es schön stilvoll? Unter den sehr individuellen Zimmern findet sich das Passende. Nicht weniger einladend sind der Salon mit Kamin sowie der gemütlich-elegante Frühstücksraum mit Terrasse zum Garten!

14 Zim - 75/115 € 90/157 € - 2 Suiten

Oskar-Wolff-Str. 1 ✉ 29664 - ✆ 05161 98690 - www.landhaus-walsrode.de - geschl. 15. Dezember - 10. Januar und Ende Juni - Mitte Juli 2 Wochen

In Walsrode-Hünzingen Nord: 5 km über Dreikronen

Forellenhof

FAMILIÄR • AUF DEM LAND Eine schon äußerlich sehr gepflegte Anlage mit hauseigener Brauerei und Reitmöglichkeiten. Hier überzeugen helle, wohnliche Zimmer im Landhausstil und die schöne Lage. Regionales und mediterranes Angebot im Restaurant.

60 Zim - 70/90 € 90/130 € - ½ P

Hünzingen 3 ✉ 29664 - ✆ 05161 9700 - www.forellenhof.de

WALTROP

Nordrhein-Westfalen - 28 971 Ew. - Höhe 70 m - Regionalatlas **26**-D10
Michelin Straßenkarte 543

Gasthaus Stromberg

MARKTKÜCHE • TRENDY In dem alteingesessenen Gasthaus in der Fußgängerzone ist es puristisch und gemütlich zugleich, hier trifft Tradition auf Moderne. Man kocht saisonal-regional: "Variation vom Kürbis mit Dorstener Ziegenkäse", "Rinderroulade mit Speck und Grünkohl"... Für Gesellschaften: die 1,5 km entfernte "Werkstatt".

Menü 38/70 € - Karte 28/66 €

Dortmunder Str. 5 ✉ 45731 - ✆ 02309 4228 - www.gasthaus-stromberg.de - nur Abendessen - geschl. Anfang Januar 2 Wochen und Sonntag - Montag

WANGELS

Schleswig-Holstein – 2 187 Ew. – Höhe 55 m – Regionalatlas **11**-K3
Michelin Straßenkarte 541

In Wangels-Weißenhäuser Strand Nord: 5 km

✿✿ Courtier

KREATIV • KLASSISCHES AMBIENTE XXXX Ausgesprochen elegant ist der Rahmen des historisch-herrschaftlichen Schlosses, dennoch geht es hier keineswegs steif zu, dafür sorgt der äußerst versierte, angenehme Service. Die Küche kommt modern und ausdrucksstark daher, hervorragend die Produkte. Herrlich die Terrasse mit Blick auf die Hohwachter Bucht.

➜ Langostino, Kohlrabi und Apfel. Seezunge, Barigoul mit Entenleber. Pommern Rind mit Korbblütler und Mark.

Menü 139/159 € – Karte 105/128 €

Hotel Weissenhaus Grand Village Resort & Spa am Meer, Parkallee 1 ✉ 23758
– ✆ 04382 92620 (Tischbestellung ratsam)
– www.weissenhaus.de
– nur Abendessen – geschl. 15. Januar - 2. Februar und Sonntag - Montag

Bootshaus

INTERNATIONAL • HIP X Mitten in den Dünen liegt das moderne Restaurant in hellem Naturholz, durch die große Fensterfront blickt man Richtung Strand, traumhafte Sonnenuntergänge inklusive! Mittags ist die Küche etwas einfacher, abends ambitioniert, so z. B. "pikante Hummerbisque" oder "flambierter Heilbutt mit Mark-Parmesankruste".

Menü 39/59 € – Karte 61/91 €

Hotel Weissenhaus Grand Village Resort & Spa am Meer, Strandstr. 4 ✉ 23758
– ✆ 04382 92623500 – www.weissenhaus.de

Weissenhaus Grand Village Resort & Spa am Meer

LUXUS • GEMÜTLICH Das tolle Anwesen mit seinen 100 ha Grund, Wald, Naturstrand und zahlreichen schön sanierten historischen Gebäuden samt Schloss ist schon ein wahres Luxus-Hideaway! Hier wohnt man stilvoll und individuell (vielleicht im "Badehäuschen" für zwei?), alles ist absolut hochwertig. Für Freizeit und Entspannung: toller Spa, eigenes Kino, interessante Gastronomie...

54 Zim – 285/500 € 360/710 € – 12 Suiten

Parkallee 1 ✉ 23758
– ✆ 04382 92620
– www.weissenhaus.de

✿✿ **Courtier** • **Bootshaus** – siehe Restaurantauswahl

WANGEN im ALLGÄU

Baden-Württemberg – 26 679 Ew. – Höhe 556 m – Regionalatlas **63**-I21
Michelin Straßenkarte 545

allgovia

FAMILIÄR • MODERN Ein schönes Ferienhotel in Altstadtnähe: freundlich die Gästebetreuung, gepflegt und neuzeitlich die Zimmer, im Sommer Frühstück auf der Terrasse - hier legt man Wert auf regionale Produkte! Zum Entspannen gibt es eine Sauna (Okt. - März).

21 Zim – 59/82 € 120/155 €

Scherrichmühlweg 15 ✉ 88239
– ✆ 07522 9168890
– www.hotel-allgovia.de
– geschl. 15. Dezember - 15. Januar

In Wangen-Deuchelried Ost: 1,5 km

Adler

REGIONAL • GEMÜTLICH XX Sie mögen regionale Küche und auch asiatische Einflüsse hier und da? Die aus frischen, guten Produkten zubereiteten Gerichte nennen sich z. B. "Perlhuhnbrust mit Currynudeln und Kräutern" oder "Skrei auf Rote-Bete-Risotto mit Meerrettichschaum". Wirklich schön das gemütlich-elegante Ambiente und der Garten!

Menü 38/58 € – Karte 35/53 €

Obere Dorfstr. 4 ✉ 88239 – ✆ 07522 707477 – www.adler-deuchelried.de – geschl. nach Pfingsten 1 Woche, Ende September 2 Wochen und Montag - Mittwochmittag

WANGEN (KREIS GÖPPINGEN)

Baden-Württemberg – 3 056 Ew. – Höhe 388 m – Regionalatlas **55**-H18
Michelin Straßenkarte 545

Landgasthof Adler

KLASSISCHE KÜCHE • RUSTIKAL XX Man fühlt sich ein bisschen wie in einem Wohnzimmer, so liebenswert und gemütlich ist die Atmosphäre in dem kleinen Restaurant. Gekocht wird strikt klassisch-traditionell, immer mit guten, frischen Produkten - da kehrt man gerne wieder ein!

Menü 71 € – Karte 32/63 €

Hauptstr. 103 ✉ 73117 – ✆ 07161 21195 (Tischbestellung ratsam) – www.adler-clement.de – geschl. Anfang - Mitte Januar 1 Woche, August 2 Wochen und Sonntagabend - Mittwochmittag

WANGERLAND

Niedersachsen – 9 061 Ew. – Höhe 2 m – Regionalatlas **8**-E5
Michelin Straßenkarte 541

In Wangerland-Hooksiel

Zum Schwarzen Bären

FISCH UND MEERESFRÜCHTE • GASTHOF X Dieses im friesischen Stil eingerichtete Restaurant liegt genau gegenüber dem alten Hafen. Inmitten maritimer Accessoires isst man hauptsächlich Fischgerichte, aber auch klassischen Labskaus oder eine leckere Rindsroulade.

Menü 25 € – Karte 19/43 €

Lange Str. 15 ✉ 26434 – ✆ 04425 95810 – www.zum-schwarzen-baeren.de – geschl. 4. - 31. Januar und außer Saison Mittwoch

WANGEROOGE (INSEL)

Niedersachsen – 1 321 Ew. – Höhe 3 m – Regionalatlas **8**-E4
Michelin Straßenkarte 541

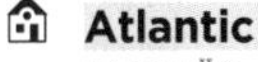

Atlantic

FAMILIÄR • GEMÜTLICH Ein Haus mit Charme! Das kleine Hotel wird persönlich geführt, immer wieder wird hier investiert, alles ist tipptopp gepflegt. Die Zimmer sind wohnlich und bieten Meer- oder Gartenblick, im Sommer gibt's Frühstück auf der Gartenterrasse.

16 Zim ☕ – †80/100 € ††120/146 €

Peterstr. 13 ✉ 26486 – ✆ 04469 1801 – www.atlantic-wangerooge.de – geschl. 3. Januar - 22. März , 21. Oktober - 26. Dezember

WAREN (MÜRITZ)

Mecklenburg-Vorpommern - 21 042 Ew. - Höhe 70 m - Regionalatlas **13**-N5
Michelin Straßenkarte 542

Kleines Meer

MARKTKÜCHE • GEMÜTLICH XX Moderne Atmosphäre und schmackhafte saisonale Speisen wie "Wiener Schnitzel, Trüffelbuttersauce, Kartoffeln" oder "Maräne in der Hanfsamenkruste, Romanesco, Blumenkohlstampf". Auf der Terrasse genießt man die Aussicht auf die Müritz.

Menü 38/47 € - Karte 34/48 €

Hotel Kleines Meer, Alter Markt 7 ✉ 17192 - ✆ 03991 648200 - www.kleinesmeer.com - nur Abendessen - geschl. 22. - 27. Dezember und Dienstag, November - April: Dienstag - Mittwoch

Kleines Meer

URBAN • MODERN Schön ist hier die Lage, zentral an einem kleinen Platz und leicht erhöht nicht weit vom Hafen. Ansprechend das freundliche Ambiente überall im Haus. Tipp: Fragen Sie nach den Zimmern mit Blick zum See!

28 Zim ☕ - †85/115 € ††95/159 € - ½ P

Alter Markt 7 ✉ 17192 - ✆ 03991 6480 - www.kleinesmeer.com - geschl. 22. - 27. Dezember

Kleines Meer – siehe Restaurantauswahl

Villa Margarete

PRIVATHAUS • MODERN In dem wohnlich eingerichteten Hotel am Rande des Nationalparks kann man es sich bei Anwendungen wie Kosmetik, Floating und Bädern gut gehen lassen. Dazu gepflegte Zimmer - darf es vielleicht die schöne "Fontane-Suite" sein?

28 Zim ☕ - †84/101 € ††126/179 € - 1 Suite - ½ P

Fontanestr. 11 ✉ 17192 - ✆ 03991 6250 - www.villa-margarete.de

Am Yachthafen

HISTORISCH • MODERN Stilvoll und sehr wohnlich hat man das ansprechend restaurierte Haus von 1831 mit hübschen Möbeln eingerichtet. Schön auch die hellen, modern-maritimen Zimmer im Gästehaus. Reizvoll die Lage am Yachthafen.

12 Zim - †60/70 € ††74/139 € - 5 Suiten - ☕ 5 € - ½ P

Strandstr. 2 ✉ 17192 - ✆ 03991 67250 - www.am-yachthafen.de - geschl. November - März

In Groß Plasten Nord-Ost: 12 km über B 192 und B 194

Schloss Groß Plasten

HISTORISCHES GEBÄUDE • INDIVIDUELL Das schöne historische Anwesen bietet im Schloss wie auch im Kutscherhaus wohnlich-klassische Zimmer. Wer es individueller mag, sollte eines der Themen- oder Nostalgie-Zimmer wählen. Vom eleganten Restaurant blickt man in den Garten, reizvolle Terrasse zum See.

54 Zim ☕ - †70/85 € ††99/139 € - ½ P

Parkallee 36 ✉ 17192 - ✆ 039934 8020 - www.schlosshotel-grossplasten.de

WARENDORF

Nordrhein-Westfalen - 36 972 Ew. - Höhe 63 m - Regionalatlas **27**-E9
Michelin Straßenkarte 543

Im Engel

MARKTKÜCHE • GEMÜTLICH XX Schön das Ambiente mit alter Täfelung und Kamin, gut die Küche, u. a. mit Westfälischem wie "Sauerbraten mit Rahmwirsing und Kartoffelklößen". Erwähnenswert auch die über 900 Positionen umfassende Weinkarte mit einigen Raritäten. Fragen? Der Patron ist ein echter Weinkenner und Gründer des Weinclubs.

Menü 32/65 € - Karte 30/53 €

Hotel Im Engel, Brünebrede 33 ✉ 48231 - ✆ 02581 93020 - www.hotel-im-engel.de - geschl. Anfang Januar 1 Woche und Sonntag

Engelchen

MEDITERRAN • BISTRO X Hätten Sie in Warendorf Vorfahren von Doris Day vermutet? Das einstige Wohnhaus ihrer Großeltern ist heute ein Mix aus Café, Bistro, Feinkost- und Weinhandel. Die leckeren Kuchen des hauseigenen Konditors sind wirklich eine Sünde wert!

Menü 30/40 € – Karte 23/40 €

Heumarkt 2 ✉ 48231
– ✆ 02581 7898888 – www.hotel-im-engel.de
– geschl. Montag

Mersch

LANDHAUS • MODERN Alles hier ist ein bisschen mehr als nur "Standard": die geräumigen Zimmer, der schöne Garten (zu dieser Seite schläft es sich ruhiger), der aufmerksame Service, die gediegene "M's Lounge"..., und wo bekommt man schon am Abend gratis Suppe?

24 Zim – 95 € 135 € – ½ P

Dreibrückenstr. 66 ✉ 48231
– ✆ 02581 63730 – www.hotel-mersch.de

Im Engel

TRADITIONELL • INDIVIDUELL Das Hotel in der Altstadt wird seit 1692 familiär geführt und entwickelt sich stetig weiter. Alles ist tipptopp gepflegt, die Zimmer wohnlich und individuell gestaltet, hübsch die Sauna. Wer es gerne komfortabler mag, bucht eine Juniorsuite mit Whirlwanne. Über den Innenhof geht's zur eigenen Weinboutique.

39 Zim – 69/115 € 99/145 € – ½ P

Brünebrede 33 ✉ 48231
– ✆ 02581 93020 – www.hotel-im-engel.de
– geschl. Anfang Januar 1 Woche

Im Engel – siehe Restaurantauswahl

WARTENBERG-ROHRBACH

Rheinland-Pfalz – 462 Ew. – Höhe 266 m – Regionalatlas **46**-D16
Michelin Straßenkarte 543

Mühlenrestaurant

REGIONAL • ELEGANT XX Das schöne Restaurant ist ein ehemaliger Kuhstall. Geblieben sind das historische Kreuzgewölbe und die Sandsteinsäulen, ansprechend dazu der moderne Stil. Gekocht wird regional - Appetit macht z. B. "Flanksteak mit Variation vom Mais".

Menü 35/50 €

Hotel Mühle am Schlossberg, Schloßberg 16 ✉ 67681
– ✆ 06302 92340
– www.muehle-schlossberg.de
– geschl. 2. - 11. Januar und Januar - April: Sonntagabend - Montag

Mühle am Schlossberg

LANDHAUS • MODERN Der Dreiseithof a. d. 16. Jh. liegt idyllisch, schon die Außenanlage (samt Spielplatz) ist attraktiv, innen fügt sich der moderne Stil gelungen in den historischen Rahmen ein. Chic die Design-Elemente, nichts ist von der Stange! Man wird hier freundlich umsorgt, i-Tüpfelchen ist das frische Frühstück!

15 Zim – 69/110 € 89/190 € – ½ P

Schloßberg 16 ✉ 67681
– ✆ 06302 92340 – www.muehle-schlossberg.de
– geschl. 2. - 11. Januar

Mühlenrestaurant – siehe Restaurantauswahl

WARTMANNSROTH Bayern ➜ Siehe Hammelburg

WASSENBERG

Nordrhein-Westfalen – 17 375 Ew. – Höhe 50 m – Regionalatlas **35**-A12
Michelin Straßenkarte 543

In Wassenberg-Effeld Nord-West: 6 km

Haus Wilms

FAMILIÄR • MODERN Mit Engagement führen die Gastgeber die über 500-jährige Familientradition fort. Das kleine Hotel liegt recht ruhig in der Ortsmitte, gerade mal 500 m von der holländischen Grenze. Die Zimmer sind wohnlich, die Küche ist klassisch-traditionell und ambitioniert - probieren Sie z. B. "Rheinischen Sauerbraten mit Rosinen-Printensauce".

15 Zim – †74/89 € ††109/115 € – ½ P

Steinkirchener Str. 3 ✉ 41849 – ✆ 02432 890280 – www.haus-wilms.de

WASSERBURG am BODENSEE

Bayern – 3 613 Ew. – Höhe 406 m – Regionalatlas **63**-H22
Michelin Straßenkarte 546

Lipprandt

FAMILIÄR • FUNKTIONELL Das Ferienhotel hat viele Stammgäste, und das liegt am schicken modernen Freizeitbereich samt Massage- und Kosmetikanwendungen sowie an der engagierten Betreiberfamilie, die stetig renoviert und verbessert. Pluspunkte sind natürlich der eigene Badebereich am See und die schöne Terrasse.

39 Zim – †62/99 € ††114/184 € – 5 Suiten – ½ P

Halbinselstr. 65 ✉ 88142 – ✆ 08382 98760 – www.hotel-lipprandt.de

Walserhof

LANDHAUS • GEMÜTLICH Es verwundert nicht, dass dieses Haus gut besucht ist! Es wird engagiert geführt, liegt ruhig nur wenige Gehminuten vom See, die Zimmer sind wohnlich eingerichtet und alles ist gepflegt. Im Restaurant serviert man Ihnen regionale Küche.

27 Zim – †56/75 € ††86/125 € – 1 Suite – ½ P

Nonnenhorner Str. 15 ✉ 88142 – ✆ 08382 98560 – www.walserhof.de – geschl. 3. Januar - 8. März

WASSERBURG am INN

Bayern – ✉ 83512 – 12 499 Ew. – Höhe 427 m – Regionalatlas **66**-N20
Michelin Straßenkarte 546

Herrenhaus 

MARKTKÜCHE • CHIC XX Im Herzen der schönen Altstadt liegt das engagiert geführte Restaurant, das mit frischer saisonaler Küche Gäste anzieht. Auf der Karte z. B. "Carpaccio vom Weiderind mit Kräuterseitlingen". Wie wär's mal mittags mit dem günstigen Lunch?

Menü 18 € (mittags)/45 € (abends) – Karte 37/55 €

Herrengasse 17 ✉ 83512 – ✆ 08071 5971170 – www.restaurant-herrenhaus.de – geschl. Februar - März 2 Wochen, August - September 2 Wochen und Sonntag - Montag, Dezember: Montag

WASSERLIESCH

Rheinland-Pfalz – 2 271 Ew. – Höhe 135 m – Regionalatlas **45**-B15
Michelin Straßenkarte 543

Scheid's

MEDITERRAN • ZEITGEMÄSSES AMBIENTE XX Hier hat man wirklich schöne freundliche Räume (einschließlich der Gästezimmer) und bietet frische Landhausküche mit mediterranem Touch. Appetit auf "Rotbarbenfilets auf Antipasti-Gemüse mit Olivenölvinaigrette"?

Menü 30/42 € - Karte 33/51 €

13 Zim - 69/75 € 78/95 €

Reinigerstr. 48 ✉ 54332 - ✆ 06501 9209792 - www.scheids-wasserliesch.de - geschl. 22. - 31. Januar und Montag - Dienstag, außer an Feiertagen

WEDEMARK

Niedersachsen - 28 957 Ew. - Höhe 75 m - Regionalatlas **19**-I8
Michelin Straßenkarte 541

In Wedemark-Scherenbostel

Höpershof

INTERNATIONAL • RUSTIKAL XX Appetit auf "Kabeljaufilet, karamellisierten Kürbis, Kartoffelrisotto"? Saisonal-internationale Gerichte wie diese gibt es hier in einem schmucken sanierten Hofgut von 1832 mit einem charmanten Mix aus rustikalem Holz und geradlinigem Stil.

Karte 35/53 €

Am Husalsberg 1 ✉ 30900 - ✆ 05130 5864290 - www.restaurant-hoepershof.de - nur Abendessen - geschl. November 2 Wochen und Sonntag - Montag

WEGSCHEID

Bayern - 5 493 Ew. - Höhe 718 m - Regionalatlas **60**-Q19
Michelin Straßenkarte 546

Reischlhof

SPA UND WELLNESS • AUF DEM LAND Ein Wellnesshotel wie aus dem Bilderbuch: schöne wohnliche Zimmer ("Träumeland-Wohlfühlzimmer", "Kuschelnest", "Sternensuite"...), Spa auf 5000 qm drinnen und draußen mit Naturwasser-Badeteich, Chill-Out-Bereich, Relax-Hot-Pool, unzähligen Anwendungen... Zudem ambitionierte 3/4-Pension für Hausgäste.

75 Zim - 132/174 € 246/278 € - 49 Suiten - ½ P

Sperlbrunn 7, Nord-Ost: 8 km, Richtung Sonnen ✉ 94110 - ✆ 08592 93900 - www.reischlhof.de - geschl. 16. - 24. Dezember

WEHR

Baden-Württemberg - 12 591 Ew. - Höhe 366 m - Regionalatlas **61**-D21
Michelin Straßenkarte 545

Landgasthof Sonne

TRADITIONELLE KÜCHE • GASTHOF X Warmes Holz, Kachelofen, dekorative Bilder - richtig heimelig! Dazu ambitionierte Küche: bürgerlich, aber auch gehobener. Tolle Terrasse: Hier speist man beim Rauschen des Baches unter schattenspendenden Ahornbäumen!

Menü 22 € (mittags)/60 € - Karte 22/49 €

Hotel Landgasthof Sonne, Enkendorfstr. 38 ✉ 79664 - ✆ 07762 8484 - www.hotel-sonne-wehr.de - Dienstag - Freitag nur Abendessen - geschl. 14. - 28. Mai, 22. Oktober - 5. November und Montag

Landgasthof Sonne

GASTHOF • GEMÜTLICH Ein schmucker Gasthof, urig, individuell und von der Familie mit Engagement geführt. Sehr schön die Bilder, u. a. Gemälde von Adolf Lamprecht! In einigen der topgepflegten Zimmer kann man den hinterm Haus fließenden Bach Hasel hören.

18 Zim - 52/54 € 90/98 € - ½ P

Enkendorfstr. 38 ✉ 79664 - ✆ 07762 8484 - www.hotel-sonne-wehr.de

Landgasthof Sonne - siehe Restaurantauswahl

WEIDEN in der OBERPFALZ

Bayern - 41 817 Ew. - Höhe 397 m - Regionalatlas **51**-N16
Michelin Straßenkarte 546

Klassik Hotel am Tor

HISTORISCH • INDIVIDUELL Das nette Hotel (ursprünglich ein Gasthaus von 1567) ist praktisch Teil der historischen Stadtmauer und an das "Untere Tor" angebaut. Wie wär's z. B. mit einer geschmackvollen Juniorsuite? Schön auch der kleine Wellnessbereich mit Außensauna. Das öffentliche Parkhaus ist kostenfrei.

37 Zim - †64/84 € ††138/198 € - 2 Suiten - ☕ 8 €

Schlörplatz 1a ✉ 92637
- ✆ 0961 47470 - www.klassikhotel.de
- geschl. 22. - 27. Dezember

WEIKERSHEIM

Baden-Württemberg - 7 288 Ew. - Höhe 230 m - Regionalatlas **49**-I16
Michelin Straßenkarte 545

Laurentius (Jürgen Koch)

REGIONAL • ELEGANT XX Geradlinig, regional, geschmacksintensiv. Die Küche von Jürgen Koch ist nicht alltäglich und macht einfach Spaß! Freuen darf man sich auch auf herzlichen Service samt passender Weinempfehlung. Komplett wird das schöne Bild durch das Restaurant selbst: moderne Eleganz in historischem Natursteintonnengewölbe.

→ Wallerfilet, Spargelspitzen, Morcheln und Vogelmiere. Rinderschulter auf zwei Arten mit Tauberschwarz-Schalottensoße. Blutorange in verschiedenen Aggregatzuständen, gesalzenes Karamelleis.

Menü 44 € (unter der Woche)/99 € - Karte 43/86 €

Hotel Laurentius, Marktplatz 5 ✉ 97990
- ✆ 07934 91080 - www.hotel-laurentius.de
- nur Abendessen, sonntags auch Mittagessen
- geschl. Februar 3 Wochen und Sonntagabend - Dienstag, außer an Feiertagen

Bistro

TRADITIONELLE KÜCHE • BISTRO X Wenn es mal keine Gourmetküche sein soll, sind Sie im angenehm legeren Bistro bei leckeren regionalen Gerichten wie "Kraftbrühe mit Bärlauch" und "Schwäbisch-Hällischen Maultaschen, Märktlegemüse, Waldpilzrahmsößle" bestens aufgehoben.

Menü 25/69 € - Karte 27/53 €

Hotel Laurentius, Marktplatz 5 ✉ 97990
- ✆ 07934 91080 - www.hotel-laurentius.de
- Mittwoch - Samstag nur Mittagessen - geschl. Montag - Dienstagmittag

Laurentius

FAMILIÄR • GEMÜTLICH Familie Koch steckt jede Menge Herzblut in ihr kleines Hotel. Schön liegt es am historischen Marktplatz beim Schloss - da bietet sich ein Spaziergang durch den Park an! Hübsch die Zimmer: "Kabinett", "Cuvée" und "Grand Cru". Im eigenen Hohenloher Märktle gibt's "Obst, Gemüse, Schwein & Wein".

13 Zim ☕ - †88/129 € ††99/159 € - ½ P

Marktplatz 5 ✉ 97990
- ✆ 07934 91080 - www.hotel-laurentius.de

✿ **Laurentius** • ☺ **Bistro** - siehe Restaurantauswahl

WEIL am RHEIN

Baden-Württemberg - 29 683 Ew. - Höhe 281 m - Regionalatlas **61**-D21
Michelin Straßenkarte 545

Adler

FRANZÖSISCH-KLASSISCH • GASTHOF XXX Ein echter Klassiker im südbadischen und Basler Raum, der nicht ohne Grund so viele Stammgäste hat. In der Küche bleibt man seiner klassischen Linie treu, hier und da moderne Akzente. Die Produkte sind top und stehen absolut im Mittelpunkt. Das Restaurant selbst: gemütlich-gediegen.

Menü 32 € (mittags unter der Woche)/108 € - Karte 51/96 €

Hotel Adler, Hauptstr. 139 ✉ 79576 - ✆ 07621 98230 - www.adler-weil.de - geschl. Sonntag - Montag

Schwanen

KLASSISCHE KÜCHE • FREUNDLICH XX Das ländlich-elegante Restaurant des traditionsreichen "Schwanen" ist schon einen Besuch wert: Die frische Küche ist traditionell und auch klassisch, so liest man auf der Karte z. B. "Zanderfilet mit Limettensauce, Butternudeln und Gemüse".

Menü 19 € (mittags unter der Woche)/70 € - Karte 42/72 €

Hotel Schwanen, Hauptstr. 121 ✉ 79576 - ✆ 07621 71047 - www.schwanen-weil.de - geschl. Mittwoch

Gasthaus Krone

REGIONAL • GASTHOF XX Lust auf gute regionale Küche und liebenswerten badisch-herzlichen Service? Das Ambiente hat eine zurückhaltend moderne Note, was der gemütlichen Ländlichkeit aber keinerlei Abbruch tut. Im Sommer geht's auf die Terrasse im Hof.

Menü 19 € (mittags unter der Woche)/71 € - Karte 43/78 €

Hotel Gasthaus zur Krone, Hauptstr. 58 ✉ 79576 - ✆ 07621 71164 (Tischbestellung ratsam) - www.kroneweil.de - geschl. Dienstag

Go2bed

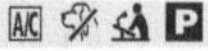

BUSINESS • MODERN Sie suchen ein topmodernes und familiär geführtes Domizil nahe Basel? Hier hat man technisch sehr gut ausgestattete und zugleich wohnliche Zimmer sowie ein frisches Frühstück, das es im Sommer auch im kleinen Garten gibt. "Coffee to go" und Getränke zu bestimmten Zeiten gratis.

27 Zim ☕ - †89/109 € ††109/139 € - 1 Suite

Pfädlistr. 15 ✉ 79576 - ✆ 07621 9867510 - www.go2bed.biz

Gasthaus zur Krone

FAMILIÄR • DESIGN In dem kleinen Hotel - bereits in 3. Generation in Familienhand - wird persönliche Atmosphäre groß geschrieben. Richtig geschmackvoll sind die Designerzimmern, inspiriert vom nahen "Vitra Museum"! Man hat auch noch ein recht ruhig gelegenes Gästehaus.

17 Zim ☕ - †98 € ††150 €

Hauptstr. 58 ✉ 79576 - ✆ 07621 71164 - www.kroneweil.de

Gasthaus Krone - siehe Restaurantauswahl

Schwanen

GASTHOF • ELEGANT Schön wohnt man in dem langjährigen Familienbetrieb: Es erwarten Sie gut ausgestattete, wohnliche Zimmer und schon am Morgen wird man beim Frühstück im lichten Wintergarten herzlich und aufmerksam umsorgt.

26 Zim ☕ - †88/98 € ††136/146 € - ½ P

Hauptstr. 121 ✉ 79576 - ✆ 07621 71047 - www.schwanen-weil.de

Schwanen - siehe Restaurantauswahl

Adler

GASTHOF • FUNKTIONELL Hinter der traditionellen Fassade kann man auch richtig modern wohnen: einige Zimmer sind geradlinig und ganz in Weiß gehalten! In Sachen Restaurant ist der "Spatz" im Gewölbe die legerere Variante. Hier ist auch vespern möglich.

23 Zim ☕ - †75/120 € ††90/160 €

Hauptstr. 139 ✉ 79576 - ✆ 07621 98230 - www.adler-weil.de

Adler - siehe Restaurantauswahl

In Weil-Haltingen Nord: 3 km über B 3

Rebstock

REGIONAL • GASTHOF XX Im Restaurant des schmucken gestandenen Gasthofs hat man das ländliche Flair hübsch mit neuzeitlichen Elementen gespickt. Dazu Klassiker wie "Kalbskopf en tortue" und "saure Kutteln" ebenso wie "Wolfsbarsch provençale". Terrasse zum Innenhof.

Menü 18 € (mittags unter der Woche)/59 € - Karte 33/64 €

Hotel Rebstock, Große Gass 30 ✉ 79576 - ✆ 07621 964960 (Tischbestellung ratsam) - www.rebstock-haltingen.de - geschl. 24. Dezember - 8. Januar

Rebstock

GASTHOF • GEMÜTLICH Eine traditionsreiche Adresse ist dieser Familienbetrieb in ruhiger Ortsrandlage. Die Zimmer sind schön zeitgemäß und frisch, einige haben auch einen Balkon.

16 Zim ☕ - 🚹82/95 € 🚹🚹120/130 €

Große Gass 30 ✉ 79576 - ✆ 07621 964960 - www.rebstock-haltingen.de - geschl. 24. Dezember - 8. Januar

Rebstock - siehe Restaurantauswahl

In Weil-Märkt Nord-West: 5 km über B 3, in Eimeldingen links

Zur Krone

REGIONAL • FREUNDLICH XX Die engagierte Familie hat das Gasthaus von 1884 schon in 5. Generation. Seit jeher steht Fisch im Fokus - toll, wie ganze Fische am Tisch präsentiert werden! Heiß begehrt sind im Sommer die Terrassenplätze unter Kastanien!

Menü 35 € - Karte 29/63 €

9 Zim ☕ - 🚹65/85 € 🚹🚹95 €

Rheinstr. 17 ✉ 79576 - ✆ 07621 62304 - www.krone-maerkt.de - geschl. Februar - März 2 Wochen, September - Oktober 2 Wochen und Sonntagabend - Dienstag

WEILBURG

Hessen - 12 547 Ew. - Höhe 172 m - Regionalatlas **37**-E13
Michelin Straßenkarte 543

Joseph's

MEDITERRAN • GEMÜTLICH XX Der gebürtige Kroate Joseph Maric bietet in seinem modern-eleganten Restaurant seit über 35 Jahren mediterrane Speisen wie "wilde Riesengarnelen vom Grill mit Knoblauch und Kräutern". Schön die beiden Terrassen - zum Innenhof und zum Markt.

Menü 85 € - Karte 33/53 €

Marktplatz 10 ✉ 35781 - ✆ 06471 2130 - www.josephs-restaurant.de - geschl. Januar 1 Woche, Oktober 1 Woche und Montag

WEILER-SIMMERBERG im ALLGÄU

Bayern - 6 117 Ew. - Höhe 632 m - Regionalatlas **64**-I21
Michelin Straßenkarte 546

Im Ortsteil Weiler

Tannenhof

SPA UND WELLNESS • INDIVIDUELL Sport und Spa werden hier groß geschrieben: Wellnessvielfalt von Beauty über Yoga bis Physiotherapie, dazu beste Tennisbedingungen (drinnen und draußen) einschließlich Kurse. Und überall im Haus schickes modern-alpines Design - da sind die neueren Zimmer besonders gefragt. 3/4-Pension inklusive, alternativ international-regionale Küche à la carte.

100 Zim ☕ - 🚹144/271 € 🚹🚹214/422 € - 17 Suiten - ½ P

Lindenberger Str. 33 ✉ 88171 - ✆ 08387 1235 - www.tannenhof.com

WIR MÖGEN BESONDERS...
Die hausgemachten Klöße im **Gasthaus Scharfe Ecke** – thüringische Gastlichkeit inklusive! Im **Elephant** die über 320-jährigen Hotelgeschichte als Ausstellung erleben und bei regionalen Spezialitäten das Kreuzgewölbe des **Elephantenkellers** bestaunen. Sich im **Anastasia** auf gute klassisch-saisonale Menüs freuen.

WEIMAR

Thüringen – 63 477 Ew. – Höhe 220 m – Regionalatlas **40**-L12
Michelin Straßenkarte 544

Anna Amalia

MEDITERRAN • ELEGANT XXX Schön fügt sich der klassisch-stilvolle Saal in den historischen Rahmen des Hotels "Elephant". Was man hier bei gepflegter Tischkultur und Blick in den Garten serviert bekommt, ist fein, stimmig und mediterran inspiriert. Im Sommer sollten Sie draußen speisen!
➜ Entenstopfleber in Texturen. Agnolotti vom Parmigiano Reggiano. Quitte, Millefeuille, Prosecco.

Menü 67/130 €

Stadtplan : B2-b – *Hotel Elephant, Markt 19 ✉ 99423 – ✆ 03643 802639 – www.restaurant-anna-amalia.com – nur Abendessen – geschl. 1. Januar - 10. März und Sonntag - Dienstag*

Anastasia

MARKTKÜCHE • ELEGANT XX In einem Seitenflügel des Hotels sitzt man in einem eleganten Raum (wie wär's mit einem Fensterplatz?) und genießt Saisonales. Auf der Karte liest man z. B. "Zanderfilet, Rote-Bete-Püree, Meerrettichsauce" oder "Filet vom Thüringer Duroc-Schwein, Culatello-Risotto, geschmorte Paprika".

Menü 37/69 €

Stadtplan : A2-s – *Goetheplatz 2 ✉ 99423 – ✆ 03643 774814 – www.restaurant-anastasia.info – nur Abendessen – geschl. 2. - 17. Januar, Anfang Juli - Mitte August 2 Woche und Montag*

Gasthaus Zum weißen Schwan

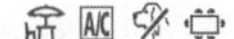

BÜRGERLICHE KÜCHE • GASTHOF X Das Gasthaus mit seinen gemütlichen Stuben hatte in seiner jahrhundertelangen Geschichte nicht selten Johann Wolfgang von Goethe zu Besuch (er wohnte gleich nebenan) und auch das japanische Kaiserpaar war schon zu Gast. Zum historisch-charmanten Ambiente gibt's bürgerliche und Thüringer Küche.

Karte 25/47 €

Stadtplan : B3-r – *Frauentorstr. 23 ✉ 99423 – ✆ 03643 908751 – www.weisserschwan.de – geschl. Januar - Mitte März und Sonntag - Montag*

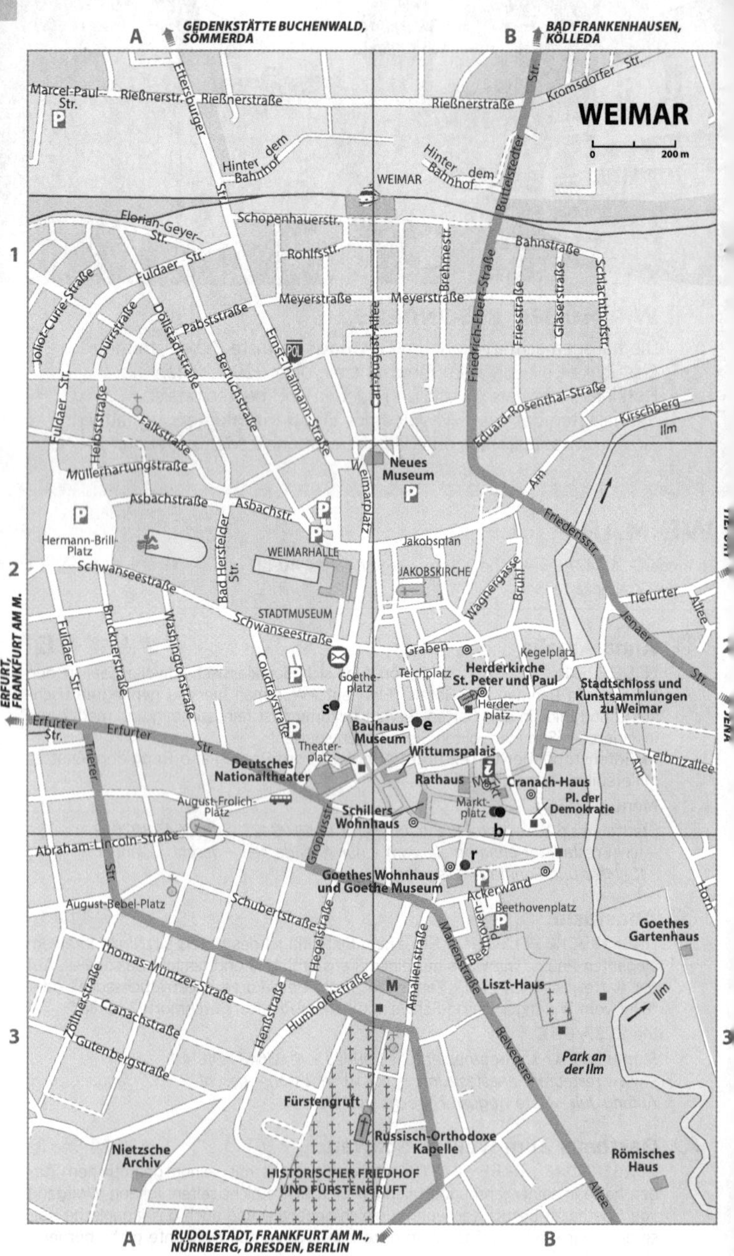

WEIMAR
0
200 m
A
GEDENKSTÄTTE BUCHENWALD, SÖMMERDA
B
BAD FRANKENHAUSEN, KÖLLEDA
ERFURT, FRANKFURT AM M.
RUDOLSTADT, FRANKFURT AM M., NÜRNBERG, DRESDEN, BERLIN
JENA
1
2
3
Neues Museum
Jakobsplan
WEIMARHALLE
JAKOBSKIRCHE
STADTMUSEUM
Herderkirche St. Peter und Paul
Stadtschloss und Kunstsammlungen zu Weimar
Bauhaus-Museum
Wittumspalais
Deutsches Nationaltheater
Rathaus
Cranach-Haus
Pl. der Demokratie
Schillers Wohnhaus
Goethes Wohnhaus und Goethe Museum
Goethes Gartenhaus
Liszt-Haus
Park an der Ilm
Fürstengruft
Russisch-Orthodoxe Kapelle
Nietzsche Archiv
HISTORISCHER FRIEDHOF UND FÜRSTENGRUFT
Römisches Haus
Marktplatz
Goetheplatz
Theaterplatz
Herderplatz
Beethovenplatz
Hermann-Brill-Platz
August-Frolich-Platz
August-Bebel-Platz
Kegelplatz
Teichplatz
Graben
WEIMAR
Ilm

Elephantenkeller

REGIONAL • TRADITIONELLES AMBIENTE Eine geschichtsträchtige Stätte, die beeindruckt: Das Ambiente samt schönem Kreuzgewölbe wusste schon Johann Wolfgang von Goethe zu schätzen. Aus der Küche kommen Thüringer Spezialitäten wie "Würzfleisch vom Kalb mit Käse überbacken".

Menü 35 € - Karte 26/45 €

Stadtplan : B2-b - *Hotel Elephant, Markt 19 ✉ 99423 - ✆ 03643 802666 - www.hotelelephantweimar.com - geschl. 17. Juli - 6. August und Dienstag - Mittwoch*

Gasthaus Scharfe Ecke
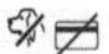

TRADITIONELLE KÜCHE • RUSTIKAL Spätestens nach dem Besuch dieser Weimarer Institution an der namengebenden "scharfen Ecke" ist Ihnen die "Kloßmarie" ein Begriff. Man kocht sehr traditionell und die Portionen sind gut dosiert - die hausgemachten Klöße sind ein Muss!

Karte 21/36 €

Stadtplan : B2-e - *Eisfeld 2 ✉ 99423 - ✆ 03643 202430 (Tischbestellung ratsam) - geschl. Februar 1 Woche, Juli 2 Wochen, November 1 Woche und Montag*

Elephant

TRADITIONELL • DESIGN Mitten in der Stadt steht das elegante Hotel mit hochwertig im Bauhausstil eingerichteten Zimmern. Wie wär's mit einer der Themen-Suiten? Diese hat man Persönlichkeiten bzw. Künstlern gewidmet. Interessant: Hotelgeschichte als Ausstellung.

93 Zim - †115/195 € ††130/290 € - 6 Suiten - ☕ 25 €

Stadtplan : B2-b - *Markt 19 ✉ 99423 - ✆ 03643 8020 - www.hotelelephantweimar.com*

Anna Amalia • **Elephantenkeller** - siehe Restaurantauswahl

In Weimar-Schöndorf Nord: 4 km über Buttelstedter Straße B1

Dorotheenhof

HISTORISCH • GEMÜTLICH Sie mögen Gutshof-Flair? Den hat der einst von Rittmeister Carl von Kalckreuth angelegte Dorotheenhof, passend dazu der ansprechende Landhausstil! Tagungsgäste schätzen die moderne Technik. Das Restaurant: intim-gediegenes, in markantem Rot gehaltenes "Le Goullon" und schönes freundliches Kreuzgewölbe.

56 Zim - †65/90 € ††85/150 € - 4 Suiten - ☕ 15 €

Dorotheenhof 1 ✉ 99427 - ✆ 03643 4590 - www.dorotheenhof.com

WEINBÖHLA Sachsen → Siehe Meißen

WEINGARTEN

Baden-Württemberg - 23 881 Ew. - Höhe 485 m - Regionalatlas **63**-H21
Michelin Straßenkarte 545

Altdorfer Hof

BUSINESS • INDIVIDUELL Das Hotel liegt in einer verkehrsberuhigten Zone wenige Gehminuten von der sehenswerten Basilika. Es wird familiär geführt und bietet wohnliche Zimmer - klassisch im Haupthaus, modern-elegant im Gästehaus (hier klimatisiert). Dazu ein stilvolles Restaurant mit Wintergarten und eine schöne Terrasse.

55 Zim ☕ - †88/105 € ††130/150 € - 1 Suite - ½ P

Burachstr. 12 ✉ 88250 - ✆ 0751 50090 - www.altdorfer-hof.de - geschl. 21. Dezember - 7. Januar

WEINGARTEN (Kreis KARLSRUHE)

Baden-Württemberg - 10 004 Ew. - Höhe 119 m - Regionalatlas **54**-F17
Michelin Straßenkarte 545

✿ **Gourmet-Restaurant** (Sebastian Syrbe)

KREATIV • GEMÜTLICH XX Traditioneller und gemütlicher als im jahrhundertealten Haupthaus dieses schönen Gebäudeensembles kann man es kaum haben: Viel Holz, tolle Kassettendecke und geschmackvolle Deko schaffen einen gelungenen Kontrast zur modernisierten klassischen Küche mit feinen asiatischen Akzenten.

➜ Gebratene Gänseleber, Mango mariniert und geeist, thailändische Vinaigrette und Shiso. Glasierter Lammrücken und Keule, Zwiebelcrème, schwarzer Knoblauch, Lauch und Ofenkartoffelschaum. Karamellisierte Ananas, Five Spice, Salzkaramell, Kokos und Fenchelsamen.

Menü 62/99 € - Karte 38/75 €

Hotel Walk'sches Haus, Marktplatz 7, B 3 ✉ 76356 - ✆ 07244 70370 - www.walksches-haus.de - nur Abendessen - geschl. 1. - 7. Januar und Sonntag - Montag

Walk'sches Haus

HISTORISCH • GEMÜTLICH Das historische Fachwerkhaus nebst Gästehaus ist ein echtes Gourmet-Hotel, angefangen beim Frühstück über gesunde Leckereien im Zimmer (diese zeitlos-funktional oder romantisch) bis zum Sternerestaurant. Zudem hat man noch das nette Bistro samt schöner Terrasse am Kanal - hier Flammkuchen, Schnitzel & Co.

25 Zim ☕ - 80/85 € 134 € - ½ P

Marktplatz 7, B 3 ✉ 76356 - ✆ 07244 70370 - www.walksches-haus.de

✿ **Gourmet-Restaurant** - siehe Restaurantauswahl

WEINHEIM an der BERGSTRASSE

Baden-Württemberg - 43 892 Ew. - Höhe 135 m - Regionalatlas **47**-F16
Michelin Straßenkarte 545

bistronauten

MARKTKÜCHE • BISTRO X In dem ehemaligen OEG-Bahnhof von 1903 isst man richtig gut. In angenehm ungezwungener moderner Atmosphäre kommt z. B. "Zander mit Rote-Bete-Graupen und Meerrettich" aus der offenen Küche. Lecker auch die "Birnentarte" als Dessert. Frei wählbares saisonales Menü von der Tafel, dazu kleine A-la-carte-Auswahl.

Menü 32 € (vegetarisch)/39 € - Karte 31/39 €

Kopernikusstr. 43 ✉ 69469 - ✆ 06201 8461856 - www.bistronauten.de - nur Abendessen - geschl. 23. Dezember - 14. Januar, 12. - 26. August und Sonntag - Montag

Fuchs'sche Mühle

KLASSISCHE KÜCHE • RUSTIKAL XX Hier hat man es schön gemütlich bei regional-internationaler Küche. Machen Ihnen z. B. "Rinderschmorbraten mit Rotkohl" oder "Skreifilet mit Paprika" Appetit? Terrasse mit Blick ins Grüne, dazu ein netter schattiger Biergarten.

Menü 25/65 € - Karte 34/79 €

Hotel Fuchs'sche Mühle, Birkenauer Talstr. 10, Ost: 1,5 km ✉ 69469 - ✆ 06201 10020 - www.fuchssche-muehle.de - nur Abendessen - geschl. 4. - 18. Februar, 6. - 19. August und Sonntag

Fuchs'sche Mühle

HISTORISCH • GEMÜTLICH Schon weit über 200 Jahre hat Familie Fuchs die einstige Mühle von 1563. Alles ist gepflegt, wohnlich die waldseitigen Zimmer, das Frühstücksbuffet gut bestückt, hübsch der Saunabereich. Für Wanderer und Jogger: schöne Wege direkt am Haus!

22 Zim ☕ - 68/115 € 110/160 € - ½ P

Birkenauer Talstr. 10, Ost: 1,5 km ✉ 69469 - ✆ 06201 10020 - www.fuchssche-muehle.de

Fuchs'sche Mühle - siehe Restaurantauswahl

Goldener Pflug

FAMILIÄR • GEMÜTLICH Das hat Charme: ein denkmalgeschütztes über 400 Jahre altes Fachwerkhaus mitten in der Altstadt. Hier erwarten Sie engagierte Gastgeber, wohnliche Zimmer (geräumiger zum Hinterhof) und ein gutes Frühstück. Ferienwohnungen im Nebenhaus.

19 Zim – 65/78 € 92/99 €

Obertorstr. 5 ✉ 69469 – ✆ 06201 90280 – www.hotel-goldener-pflug.de – geschl. 24. Dezember - 6. Januar

WEINSTADT

Baden-Württemberg – 26 373 Ew. – Höhe 241 m – Regionalatlas **55**-H18
Michelin Straßenkarte 545

In Weinstadt-Baach

Gasthaus Rössle

REGIONAL • FAMILIÄR Geschmorte Schweinebäckle, Krustenbraten, gekochte Rinderbrust... Egal was Sie aus Roland Weltes Küche probieren, es schmeckt! Lecker auch Desserts wie "Mascarponetörtchen". Ein sympathisch-bürgerliches Gasthaus mit netter Gartenterrasse.

Karte 24/44 €

Forststr. 6 ✉ 71384 – ✆ 07151 66824 – www.roessle-baach.de – geschl. Ende Juni - Anfang Juli 10 Tage, Mitte September 1 Woche und Mittwoch - Donnerstag

Adler

REGIONAL • GASTHOF Ein bodenständiges Haus, in dem Essen Spaß macht, ob man einen Rindfleischsalat vespert oder sich feinere Gerichte wie "Rehmedaillon mit Pfifferlingen" gönnt. Tipp: verschiedene Rostbraten-Varianten! Schön sitzt man auch auf der Terrasse.

Menü 25/34 € – Karte 27/46 €

5 Zim – 41/46 € 70/75 €

Forststr. 12 ✉ 71384 – ✆ 07151 65826 – www.adler-baach.de – Mittwoch, Donnerstag und Sonntag bis 18 Uhr geöffnet – geschl. 24. Januar - 14. Februar, 25. Juli - 9. August und Montag - Dienstag

In Weinstadt-Beutelsbach

Weinstadt-Hotel

GASTHOF • FUNKTIONELL Hier lässt es sich schön wohnen: ein freundlich geführtes Nichtraucherhotel mit gepflegten Zimmern (fragen Sie nach den neueren), charmantem Innenhof, in dem man auch angenehm frühstücken kann, und gemütlichem Restaurant mit schwäbischer und französischer Küche. Tipp: Ein Essen zu zweit im "Weinberghäusle"!

32 Zim – 75/85 € 90/110 € – 10 €

Marktstr. 41 ✉ 71384 – ✆ 07151 997010 – www.weinstadt-hotel.de

In Weinstadt-Endersbach

Weinstube Muz

MARKTKÜCHE • WEINSTUBE Die Weinstube von 1877 ist ein wirklich nettes Fleckchen! Man hat es schön heimelig, wird herzlich und familiär betreut und lässt sich gute Saisonküche schmecken - von "Trollingerkutteln" über "geschmelzte Maultaschen" bis "Secreto vom Stauferico-Schwein mit Salbeisauce". Zum Biergarten geht man 5 Minuten.

Menü 35/59 € – Karte 28/64 €

Traubenstr. 3 ✉ 71384 – ✆ 07151 61321 – www.weinstube-muz.de – geschl. Anfang August 3 Wochen und Samstagmittag, Sonntag - Montag sowie an Feiertagen

WEISENHEIM am BERG

Rheinland-Pfalz – 1 670 Ew. – Höhe 221 m – Regionalatlas **47**-E16
Michelin Straßenkarte 543

Admiral

INTERNATIONAL • FREUNDLICH XX Ein charmantes Restaurant mitten im Ort, in dem Sie ambitioniert bekocht und aufmerksam umsorgt werden, und zwar mit internationalen Gerichten wie "Mièral-Entenbrust, Süßkartoffel-Tortilla, Stängel-Brokkoli, Mandelcreme, Perlzwiebeln". Schöne Terrasse. Es gibt übrigens auch ein Zimmer zum Übernachten.

Menü 45/74 € - Karte 39/62 €

Leistadter-Str. 6 ✉ 67273 – ✆ 06353 4175 – www.admiral-weisenheim.de – Mittwoch - Freitag nur Abendessen - geschl. Montag - Dienstag

Rothfuss Ⓝ

BOUTIQUE-HOTEL • GERADLINIG Einladend sind schon die Fassade und der begrünte Innenhof des ehemaligen Weinguts, drinnen ist alles liebevoll gestaltet, freundlich und trendig-modern, der schöne Dielenboden bringt Wärme. Zum Frühstück gibt's Bio-Produkte. Gewölbekeller für Veranstaltungen, darüber eine nette Lounge-Terrasse.

7 Zim ☕ – †85/105 € ††100/130 €

Hauptstr. 82 ✉ 67273 – ✆ 06353 9570047 – www.rothfuss-hotel.com – geschl. Januar - Februar

WEISKIRCHEN

Saarland – 6 372 Ew. – Höhe 400 m – Regionalatlas **45**-B16
Michelin Straßenkarte 543

Parkhotel

SPA UND WELLNESS • MODERN Bei Kurzurlaubern ebenso beliebt wie bei Tagungsgästen. Man schätzt hier die wohnlichen Zimmer und das angeschlossene öffentliche Bäderzentrum "Vitalis" - Fitnesscenter gegen Gebühr. Beautyfarm "Bel Etage" im Hotel. Das Restaurant mit Wintergarten bietet Internationales, bürgerliche Küche in der Brasserie.

120 Zim ☕ – †80/170 € ††105/185 € – 4 Suiten – ½ P

Kurparkstr. 4 ✉ 66709 – ✆ 06876 9190 – www.parkhotel-weiskirchen.de

In Weiskirchen-Rappweiler Süd-West: 2 km

La Provence

FRANZÖSISCH • FREUNDLICH XX Es verwundert nicht, dass in einem Restaurant mit dem Namen "La Provence" alles etwas französisch inspiriert ist! Spezialität im Herbst sind Bouchot-Muscheln in unterschiedlichen klassischen Zubereitungen. Im Winter bringt der offene Kamin wohlige Wärme. Alternativ: Brasserie "Le Mistral" mit kleinerer Karte.

Karte 26/54 €

Merziger Str. 25 ✉ 66709 – ✆ 06872 4326 – www.le-restaurant-la-provence.de – nur Abendessen, sonntags auch Mittagessen – geschl. Anfang - Mitte Februar 1 Woche, Juli - August 3 Wochen und Montag - Dienstag

WEISSENBURG in BAYERN

Bayern – 17 807 Ew. – Höhe 422 m – Regionalatlas **57**-K18
Michelin Straßenkarte 546

Am Ellinger Tor Ⓝ

GASTHOF • FUNKTIONELL Das historische Fachwerkhaus mit roter Fassade liegt relativ ruhig im Zentrum. Man schläft hier in freundlichen, individuellen Zimmern, teils mit freigelegtem Gebälk. Für Hotelgäste bietet man Halbpension an.

27 Zim ☕ – †60/79 € ††70/99 €

Ellinger Str. 7 ✉ 91781 – ✆ 09141 86460 – www.ellingertor.de

WEISSENFELS

Sachsen-Anhalt – 39 918 Ew. – Höhe 100 m – Regionalatlas **41**-M12
Michelin Straßenkarte 542

Parkhotel Güldene Berge

HISTORISCH • GEMÜTLICH Um 1900 wurde die Villa mit kleiner Parkanlage erbaut. Ein gut geführtes Hotel mit zeitgemäß-wohnlichen Zimmern, hübsch auch die im Gartenhaus. Schön hat man in der Lobby mit altem Treppenaufgang den historischen Charakter des Haupthauses bewahrt. Das Restaurant bietet regionale Küche und Flammkuchen.

32 Zim – †75/89 € ††105/120 € – 1 Suite – ½ P

Langendorfer Str. 94 ✉ 06667
– ✆ 03443 39200 – www.gueldene-berge.de

WEISSENSTADT

Bayern – 3 143 Ew. – Höhe 630 m – Regionalatlas **51**-M15
Michelin Straßenkarte 546

Bistro Prinz-Rupprecht Stube

REGIONAL • BISTRO X Lust auf regionale Küche in gemütlich-legerer Atmosphäre? Unter dem freigelegten böhmischen Kreuzgewölbe oder im lichten "Bistrogarden" serviert man z. B. "geschmortes Rinderbäckchen mit Wurzelgemüse" oder "halbfesten Schokoladenkuchen".

Menü 28 € – Karte 25/39 €

Restaurant Gasthaus Egertal, Wunsiedler Str. 49 ✉ 95163
– ✆ 09253 237 – www.gasthaus-egertal.de
– nur Abendessen, an Sonn- und Feiertagen auch Mittagessen
– geschl. 4. Januar - 1. Februar und Dienstag - Mittwoch, August und Dezember: Dienstag

Gasthaus Egertal

FRANZÖSISCH-KLASSISCH • ELEGANT XX Seit Jahrzehnten ist Familie Rupprecht in der Gastronomie zu Hause. Man kocht ambitioniert und klassisch - probieren Sie z. B. "kanadischen Hummer und pochierte Auster". Schön ist auch das Ambiente in dem hübsch sanierten alten Gasthaus.

Menü 39/79 € – Karte 38/70 €

Wunsiedler Str. 49 ✉ 95163
– ✆ 09253 237 – www.gasthaus-egertal.de
– nur Abendessen, an Sonn- und Feiertagen auch Mittagessen
– geschl. 4. Januar - 1. Februar und Dienstag - Mittwoch, August und Dezember: Dienstag

Bistro Prinz-Rupprecht Stube – siehe Restaurantauswahl

WEISWEIL

Baden-Württemberg – 2 074 Ew. – Höhe 172 m – Regionalatlas **61**-D20
Michelin Straßenkarte 545

Landgasthof Baumgärtner

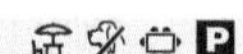

REGIONAL • GASTHOF X In dem langjährigen Familienbetrieb gibt es frische Küche zu fairen Preisen. In einer rustikalen Stube mit hübschem altem Kachelofen serviert man Ihnen bürgerlich-regionale Gerichte wie "Schweinemedaillon in Morchelrahm".

Menü 24/43 € – Karte 24/59 €

Sternenstr. 2 ✉ 79367
– ✆ 07646 347 – www.baumgaertner-weisweil.de
– nur Abendessen, sonntags auch Mittagessen – geschl. August 2 Wochen und Montag

WEITNAU

Bayern - 5 102 Ew. - Höhe 797 m - Regionalatlas **64**-I21
Michelin Straßenkarte 546

In Weitnau-Hellengerst Nord-Ost: 10 km über B 12

Hanusel Hof

LANDHAUS • MODERN Umgeben vom satten Grün des hauseigenen Golfplatzes genießen Golfer, Urlauber und Wellnessgäste alpenländische Wohnlichkeit, Massage und Kosmetik sowie den Bergblick (sehr schön von der Terrasse!). Im Winter Loipen vor dem Haus. Das Restaurant bietet regional-traditionelle Küche, mittags reduziertes Angebot.

31 Zim - 124/197 € 208/301 € - 8 Suiten

Helinger Str. 5 ✉ 87480 - ✆ 08378 92000 - www.hanusel-hof.de

WENDEN

Nordrhein-Westfalen - 19 560 Ew. - Höhe 360 m - Regionalatlas **37**-E12
Michelin Straßenkarte 543

An der Straße nach Hünsborn Süd: 2 km

Landhaus Berghof

FAMILIÄR • INDIVIDUELL Ein sehr nettes und persönlich geführtes Landhotel, das direkt am Waldrand liegt und für seine Gäste geschmackvolle, wohnliche Zimmer mit schönen Bädern und teilweise mit Parkettboden bereithält. Das Restaurant bietet eine reizvoll zum Wald hin gelegene Terrasse.

15 Zim - 72/82 € 109 € - ½ P

Berghof 1 ✉ 57482 - ✆ 02762 5088 - www.landhaus-berghof.de

In Wenden-Brün West : 5,5 km über Gerlingen

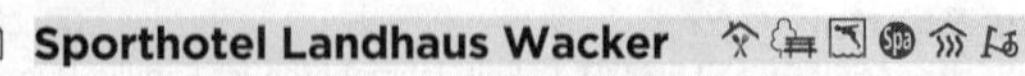

Sporthotel Landhaus Wacker

SPA UND WELLNESS • AUF DEM LAND Was 1860 als Post- und Pferdewechselstation begann, ist heute ein bei Wochenendurlaubern und Tagungsgästen gleichermaßen beliebtes Hotel. Warmes Holz im alpenländischen Stil sorgt für Wohnlichkeit. Für Wellnessfans und Aktive: Beautybehandlungen, Minigolf, Fußball, Reiten - eigene Reitanlage ganz in der Nähe.

71 Zim - 89/109 € 130/150 € - ½ P

Mindener Str. 1 ✉ 57482 - ✆ 02762 6990 - www.hotel-wacker.de

WENDLINGEN am NECKAR

Baden-Württemberg - 15 670 Ew. - Höhe 280 m - Regionalatlas **55**-H18
Michelin Straßenkarte 545

Osteria Bonomi

ITALIENISCH • GEMÜTLICH Lust auf "cucina tipica italiana"? Die gibt es hier im Restaurant des Hotels "Villa Behr" in Form von "Papardelle al Cervo" oder als "Pulpo mit Kartoffelcreme und Tomatensugo", dazu die passenden Weine. Tipp: Hausspezialität ist die "neapolitanische Pizza" aus dem Holzofen.

Menü 36/49 € - Karte 46/66 €

12 Zim - 109/139 € 119/179 € - 2 Suiten - 15 €

Behrstr. 90 ✉ 73240 - ✆ 07024 5019551 - www.villa-behr.de - geschl. Samstagmittag

WERDER (HAVEL)

Brandenburg - 24 347 Ew. - Höhe 31 m - Regionalatlas **22**-O8
Michelin Straßenkarte 542

Alte Überfahrt

MODERNE KÜCHE • CHIC XX Hier lockt zum einen die reizvolle Lage an der Havel (man hat auch einen Bootsanlager), zum anderen bietet man ambitionierte Küche in freundlich-moderner Atmosphäre. Sie möchten übernachten? Das Hotel "Prinz Heinrich" mit seinen gepflegten Zimmern befindet sich im selben Haus.

Menü 48/90 € – Karte 50/66 €

Fischerstr. 48b ✉ 14542 – ✆ 03327 7313336 – www.alte-ueberfahrt.de – geschl. Februar, Juli, Oktober und Montag - Mittwochmittag

WERDOHL

Nordrhein-Westfalen – 17 976 Ew. – Höhe 210 m – Regionalatlas **27**-D11
Michelin Straßenkarte 543

In Werdohl-Kleinhammer

Thuns Dorfkrug

INTERNATIONAL • ZEITGEMÄSSES AMBIENTE XX Zeitgemäß und mit elegantem Touch kommt das Restaurant daher, schön die modernen Bilder und der Parkettboden. Geboten werden schmackhafte regionale und internationale Gerichte. Gepflegt übernachten kann man ebenfalls: Die Zimmer sind geradlinig und funktionell.

Menü 35/55 € – Karte 31/50 €

17 Zim – †57/63 € ††91/100 €

Brauck 7 ✉ 58791 – ✆ 02392 97980 – www.thuns.info – geschl. Samstagmittag, Sonntag

WERLTE

Niedersachsen – 9 958 Ew. – Höhe 33 m – Regionalatlas **16**-E7
Michelin Straßenkarte 541

Simola

AFRIKANISCH • FREUNDLICH XX Der Bezug zu Südafrika ist angenehm unaufdringlich, aber doch präsent - zum einen in diversen Dekorationsgegenständen, zum anderen natürlich im internationalen Speisenangebot.

Menü 29/70 € – Karte 30/43 €

Hotel Afrikan Sky, Harrenstätter Str. 64 ✉ 49757 – ✆ 05951 986900 – www.simolarestaurant.de – nur Abendessen – geschl. 1. - 7. Januar und Sonntag, Feiertage

Afrikan Sky

LANDHAUS • THEMENBEZOGEN Allerlei Accessoires in Hotel und Restaurant lassen südafrikanischen Lodge-Stil erkennen. Kein Wunder: Der Eigentümer lebt seit Jahren in Südafrika und betreibt dort weitere Hotels dieser Art!

39 Zim – †65/85 € ††85/105 € – 1 Suite – ½ P

Harrenstätter Str. 64 ✉ 49757 – ✆ 05951 987760 – www.africanskyhotel.de

Simola – siehe Restaurantauswahl

WERMSDORF

Sachsen – 5 296 Ew. – Höhe 170 m – Regionalatlas **32**-O11
Michelin Straßenkarte 544

Seehof Döllnitzsee

LANDHAUS • TRADITIONELL Ein hübsches und tipptopp gepflegtes Hotel unter familiärer Leitung, in dem Sie wohnlich-alpenländisches Ambiente erwartet. Schön ist die Ortsrandlage am Döllnitzsee. Vom charmant-rustikalen Restaurant mit Galerie schaut man zum See.

20 Zim – †64/74 € ††95/105 €

Grimmaer Str. 29 ✉ 04779 – ✆ 034364 51700 – www.hotel-doellnitzsee.de

WERNBERG-KÖBLITZ

Bayern – 5 581 Ew. – Höhe 377 m – Regionalatlas **51**-N16
Michelin Straßenkarte 546

✿✿ Kastell

FRANZÖSISCH-KREATIV • ELEGANT XXX Ein ausgesprochen stimmiges und stilvolles Bild ergibt das ganz in Weiß gehaltene Interieur zusammen mit dem schönen Kreuzgewölbe. Der versierte und charmante Service fügt sich ebenso gut in diesen eleganten Rahmen wie die kreative, klassisch-moderne Küche. Darf es dazu eine harmonische Weinbegleitung sein?

➜ Königskrabbe mit Spinatsalat. Stör mit Aromen vom weißem Pfeffer und Linsensalat. Brotsuppe mit Imperial Taube, Staudensellerie und Malzgelee.

Menü 108/148 €

Hotel Burg Wernberg, Schlossberg 10 ✉ 92533 – ✆ 09604 9390 (Tischbestellung erforderlich) – www.burg-wernberg.de – nur Abendessen – geschl. 1. - 11. Januar, 30. Juli - 14. August und Montag - Dienstag

Kaminstube

REGIONAL • RUSTIKAL XX Zirbelholzvertäfelung, Ofen, charmante Deko..., schön heimelig ist es hier! Das breite Angebot an schmackhaften regionalen Speisen reicht von "Allgäuer Bauernpfandl" bis "Milchlammrücken in Thymian-Jus auf Schmortomaten und Blattspinat". Im Sommer sitzt man natürlich am liebsten draußen unter Kastanienbäumen!

Menü 49/90 € – Karte 29/51 €

Hotel Landgasthof Burkhard, Marktplatz 10 ✉ 92533 – ✆ 09604 92180 – www.hotel-burkhard.de – geschl. 27. Dezember - 30. Januar und Donnerstagabend - Samstagmittag, Sonntagabend

Burg Wernberg

HISTORISCHES GEBÄUDE • ELEGANT Wer tolle Burg-Atmosphäre erleben möchte, begibt sich über die alte Zugbrücke in das Gemäuer a. d. 13. Jh. So beeindruckend wie Historie und Handwerkskunst sind Herzlichkeit und Servicegedanke! Zum Entspannen: individuelle Zimmer, die "grüne Oase" des ehemaligen Burggrabens, der historische Pfad um die Burg.

24 Zim – †117/160 € ††180/218 € – 5 Suiten – ☕ 19 €

Schlossberg 10 ✉ 92533 – ✆ 09604 9390 – www.burg-wernberg.de – geschl. 1. - 8. Januar

✿✿ **Kastell** – siehe Restaurantauswahl

Landgasthof Burkhard

GASTHOF • INDIVIDUELL In dem familiengeführten Landgasthof (in 6. Generation) hat man wohnliche, tipptopp gepflegte Zimmer für Sie. Wer bürgerlich-regional speisen möchte, findet in der "Wirtsstube" eine schöne Alternative zur gehobenen Küche der "Kaminstube".

34 Zim ☕ – †72/84 € ††120/135 € – ½ P

Marktplatz 10 ✉ 92533 – ✆ 09604 92180 – www.hotel-burkhard.de – geschl. 27. Dezember - 30. Januar

Kaminstube – siehe Restaurantauswahl

WERNE

Nordrhein-Westfalen – 29 682 Ew. – Höhe 60 m – Regionalatlas **26**-D10
Michelin Straßenkarte 543

Lippekuss

INTERNATIONAL • KLASSISCHES AMBIENTE XX "Sauerbraten vom US-Rind, Apfelrotkohl, Klöße" oder lieber "Lammhüfte rosa gebraten, Lammjus, Rahmwirsing"? In freundlich-gemütlichem Ambiente (schön das freiliegende Fachwerk) wird saisonal-internationale Küche serviert. Im Bistro ist das Angebot einfacher und günstiger.

Menü 30/89 € – Karte 22/58 €

Stockumer Str. 8 ✉ 59368 – ✆ 02389 953930 – www.sim-ju.de

WERNIGERODE

Sachsen-Anhalt – 33 319 Ew. – Höhe 240 m – Regionalatlas **30**-K10
Michelin Straßenkarte 542

✿ Zeitwerk by Robin Pietsch

KREATIV • FREUNDLICH Ein Menü - viele kleine Gänge. Ausgesuchte Produkte aus der Region werden hier sehr durchdacht, kreativ und finessenreich zu reduzierten, geradezu puristischen Speisen zusammengestellt - jung und erfrischend! Trendiges Ambiente und charmant-legerer Service passen schön ins moderne Bild!

➜ Spargel, Waldmeister und Hefe. Lachsforelle, Brennnesseln, Rettich. Milch und Whisky, Rhabarber, Getreide.

Menü 79 €

Große Bergstr. 2 ✉ 38855 – ✆ 03943 6947884 (Tischbestellung ratsam) – www.dein-zeitwerk.com – nur Abendessen – geschl. Sonntag - Dienstag

Die Stuben

MARKTKÜCHE • KLASSISCHES AMBIENTE Das Konzept kommt an: Hier können Sie sich aus frischen klassischen Speisen Ihr Menü selbst zusammenstellen - zu einem festen Menüpreis! Serviert wird in verschiedenen Stuben mit traditionellem Charme oder im Wintergarten. Beliebt ist auch der sehr günstige Mittagstisch.

Menü 34/54 € – Karte 36/52 €

Travel Charme Gothisches Haus, Marktplatz 2 ✉ 38855 – ✆ 03943 6750 – www.travelcharme.com/gothisches-haus – Samstag - Sonntag und an Feiertagen nur Abendessen

Bohlenstube

KLASSISCHE KÜCHE • TRADITIONELLES AMBIENTE In der kleinen Bohlenstube zum historischen Marktplatz genießt man klassische Küche. Das Besondere: Der Hauptgang besteht aus zwei Gängen, die aus den gleichen Produkten auf unterschiedliche Art zubereitet werden. Schöne alte Holzbohlen sorgen in dem stilvoll-eleganten Raum für Gemütlichkeit.

Menü 49/99 €

Hotel Travel Charme Gothisches Haus ✉ 38855 – ✆ 03943 6750 – www.travelcharme.com/gothisches-haus – nur Abendessen – geschl. 17. Dezember - 30. Januar, 15. Juli - 28. August und Sonntag - Dienstag

Travel Charme Gothisches Haus

HISTORISCH • KLASSISCH Ein reizender Anblick ist das aus mehreren Häusern bestehende Hotel (das älteste a. d. 15. Jh.). Drinnen geht es ebenso schön weiter: wertige Einrichtung, jede Menge Spa-Angebote, gutes Frühstück. Die Altstadt liegt direkt vor der Tür!

113 Zim – 92/210 € 128/264 € – 3 Suiten

Marktplatz 2 ✉ 38855 – ✆ 03943 6750 – www.travelcharme.com/gothisches-haus

Die Stuben • **Bohlenstube** – siehe Restaurantauswahl

Weißer Hirsch

TRADITIONELL • FUNKTIONELL Seit 1717 existiert das familiengeführte Hotel, umgeben von schönen alten Fachwerkfassaden. Besonders hochwertig und geräumig: Komfortzimmer und Suiten (zwei mit Whirlwanne). Internationales Angebot im Restaurant. Von der Terrasse blickt man aufs Rathaus.

59 Zim – 82/132 € 112/174 € – 2 Suiten – ½ P

Marktplatz 5 ✉ 38855 – ✆ 03943 267110 – www.hotel-weisser-hirsch.de

Am Anger

FAMILIÄR • GEMÜTLICH Hier spürt man noch die ländliche Behaglichkeit des einstigen kleinen Gehöfts, dennoch ist die historische Altstadt ganz nah. Einige Zimmer bieten Schlossblick, im Sommer schaut man beim Frühstücken auf der Balkonterrasse zum schönen Garten. Sie mögen Süßes? Verlockend die Kuchen des Louisen-Cafés!

34 Zim – 60/75 € 100/120 € – 6 Suiten

Breite Str. 92 ✉ 38855 – ✆ 03943 92320 – www.hotel-am-anger.de

 **Johannishof** 

FAMILIÄR • GEMÜTLICH Das ehemalige Gutshaus ist ein wohnlich eingerichtetes Hotel, das freundlich-familiär geleitet wird. Eines der Zimmer verfügt über eine hübsche Dachterrasse. Nette Atmosphäre gleich am Morgen: liebenswert-rustikal der Frühstücksraum.

25 Zim – 58/70 € 89/104 €

Pfarrstr. 25 ✉ 38855 – ✆ 03943 94940 – www.hotel-johannishof.de

WERSHOFEN

Rheinland-Pfalz – 888 Ew. – Höhe 460 m – Regionalatlas **35**-B13
Michelin Straßenkarte 543

 **Kastenholz** 

LANDHAUS • INDIVIDUELL Eine sehr gepflegte Hotelanlage unter engagierter familiärer Leitung, zu der auch ein Gesundheitsbereich mit "F.-X.-Mayr-Kur" gehört. Wohnliche Zimmer mit Balkon und Blick zum eigenen Wildpark. Behaglich-rustikales Restaurant mit Kaminzimmer und Kachelofenzimmer.

50 Zim – 89/129 € 139/219 € – ½ P

Hauptstr. 1 ✉ 53520 – ✆ 02694 381 – www.kastenholz-eifel.de

WERTHEIM

Baden-Württemberg – 22 461 Ew. – Höhe 145 m – Regionalatlas **48**-H16
Michelin Straßenkarte 545

 **Wertheimer Stuben** 

BUSINESS • MODERN Wo Tauber und Main zusammentreffen, wohnt man zeitgemäß und zentral, nur einen Steinwurf von der Altstadt entfernt - eines der Zimmer mit Burgblick. Frühstücksbuffet mit tollen Dips und Salaten! Außerdem bietet man einen kostenlosen Shuttleservice zum eigenen Restaurant "Bestenheider Stuben".

21 Zim – 85/110 € 95/130 €

Rechte Tauberstr. 2 ✉ 97877 – ✆ 09342 9357270 – www.wertheimer-stuben.de

 **Schwan** 

FAMILIÄR • MODERN Schön kann man hier in dem traditionsreichen Familienbetrieb am Rand der historischen Altstadt wohnen. Die Zimmer sind hell und modern, man hat aber auch einige ältere und günstigere Zimmer. Im Restaurant speist man regional. Fast nebenan gibt es öffentliche Parkplätze am Main.

35 Zim – 85 € 125 € – 2 Suiten – ½ P

Mainplatz 8 ✉ 97877 – ✆ 09342 92330 – www.hotel-schwan-wertheim.de

In Wertheim-Bestenheid Nord-West: 3 km

 **Bestenheider Stuben** 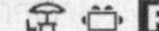

INTERNATIONAL • FREUNDLICH XX Es ist bekannt, dass Gastgeber Otto Hoh im Restaurant des gleichnamigen Hotels schmackhaft und unkompliziert kocht, ob "geschmorte Kalbsbacke an Spätburgundersauce" oder "Zanderfilet mit Zucchini und Majorankartoffeln". Auch das Ambiente stimmt: hell und freundlich. Angrenzend die Raucherbar.

Menü 41/53 € – Karte 32/52 €

Hotel Bestenheider Stuben, Breslauer Str. 1 ✉ 97877 – ✆ 09342 96540 – www.bestenheider-stuben.de

 **Bestenheider Stuben** 

GASTHOF • FUNKTIONELL Freundlich, zeitgemäß und funktionell sind die Zimmer in dem familiär geleiteten kleinen Hotel an der Hauptstraße eingerichtet. Klar, dass man auch die Nähe zum Shopping-Paradies Wertheim-Village nutzt - es ist nur 14 km entfernt!

20 Zim – 71/80 € 98 € – ½ P

Breslauer Str. 1 ✉ 97877 – ✆ 09342 96540 – www.bestenheider-stuben.de

Bestenheider Stuben – siehe Restaurantauswahl

In Kreuzwertheim - auf der rechten Mainseite

Herrnwiesen

FAMILIÄR · GEMÜTLICH Das freundlich und engagiert geführte Hotel bietet zeitgemäße Zimmer (einige verfügen über einen hübsch bewachsenen Balkon) sowie einen großen Garten mit Zierteich. Die Nähe zur Autobahn macht das Haus auch für Durchreisende interessant.

23 Zim - †69/90 € ††99/129 €

In den Herrnwiesen 4 ✉ 97892 - ✆ 09342 93130 - www.hotel-herrnwiesen.de - geschl. 23. Dezember - 7. Januar

WERTHER Thüringen → Siehe Nordhausen

WERTINGEN

Bayern – 8 888 Ew. – Höhe 421 m – Regionalatlas **57**-J19
Michelin Straßenkarte 546

Gänsweid

REGIONAL · TRENDY Schön, was aus der einstigen Autowerkstatt geworden ist: ein hübsch dekoriertes, gemütlich-modernes Restaurant mit regional-internationalen Gerichten wie "Steinbutt mit Fenchel" oder "geschmortes Wildschwein". Und als Dessert "Apfelküchle mit Vanilleeis"? Mittags ist das Angebot kleiner und einfacher.

Menü 33 € (abends) – Karte 29/54 €

Gänsweid 1 ✉ 86637 – ✆ 08272 642132 – www.gaensweid.de – geschl. über Fasching 1 Woche, Ende August 2 Wochen und Mittwoch, Samstagmittag

Schmankerlstube

INTERNATIONAL · GEMÜTLICH In dem netten Gasthaus mit der himmelblauen Fassade serviert man ein interessantes Menü oder Schmackhaftes à la carte wie z. B. "Surf and Turf von Lammrücken mit Trüffel-Kräuterkruste und Garnelen". Gemütlich die Kaminstube, modern die Sternenstube im OG, sehr schön die Dachterrasse. Mittags einfachere Karte.

Menü 28/45 € (abends) – Karte 20/46 €

Zusmarshauser Str. 1 ✉ 86637 – ✆ 08272 3344 – www.schmankerlstube.de - geschl. Samstagmittag, Sonntagabend - Montag

WESEL

Nordrhein-Westfalen – 60 088 Ew. – Höhe 27 m – Regionalatlas **25**-B10
Michelin Straßenkarte 543

In Wesel-Flüren Nord-West: 3 km über B 8

ART

INTERNATIONAL · TRENDY Seit vielen Jahren schätzen die Gäste das moderne Restaurant mit nettem Bistro-Flair, das schön an einem Teich liegt - hier lockt die Terrasse. Aus frischen Produkten entsteht z. B. "gebratene Blutwurst mit Quitte und Kartoffelstampf".

Menü 15 € (mittags unter der Woche) – Karte 32/56 €

Reeser Landstr. 188 ✉ 46487 – ✆ 0281 97575 – www.restaurant-art.de – geschl. Montagabend - Dienstag, Samstagmittag

WESTERBURG

Rheinland-Pfalz – 5 592 Ew. – Höhe 343 m – Regionalatlas **37**-E13
Michelin Straßenkarte 543

In Westerburg-Stahlhofen Nord-Ost: 4,5 km Richtung Wiesensee

Lindner Hotel und Sporting Club Wiesensee

SPA UND WELLNESS · MODERN Ein Tagungs- und Wellnesshotel in herrlich ruhiger Lage. Die Zimmer liegen zum See oder zum Golfplatz, auch Themensuiten sind vorhanden. Umfassendes Beauty-Angebot. Der Wintergarten des Restaurants und die Terrasse bieten Seeblick.

95 Zim – †109/179 € ††159/239 € – 8 Suiten – ½ P

Am Wiesensee ✉ 56457 – ✆ 02663 99100 – www.lindner.de

WESTERSTEDE

Niedersachsen – 21 987 Ew. – Höhe 8 m – Regionalatlas **8**-E6
Michelin Straßenkarte 541

Voss

BUSINESS • INDIVIDUELL Lust auf Schokolade? Die spielt hier die Hauptrolle: Die individuellen Zimmer gibt es in den Kategorien "Chocolat", "Praliné" und "Trüffel" und auch in der Küche findet Schokolade Verwendung. Zum Entspannen vielleicht eine Schoko-Massage? Dazu gute Tagungsmöglichkeiten und ein gepflegter Wellnessbereich.

81 Zim – 78/110 € 110/160 € – ½ P

Bahnhofstr. 17 26655 – 04488 5190 – www.schokoladenhotel.de

Altes Stadthaus

HISTORISCH • GEMÜTLICH Das kleine Hotel, entstanden aus einem sanierten alten Stadthaus von 1813, ist eine wirklich nette Adresse! Sie wohnen in gemütlichen, individuell geschnittenen Zimmern und lassen sich in verschiedenen Stuben bürgerlich-regionale Küche servieren - gerne auch im Garten unter einer alten Buche!

17 Zim – 59/90 € 90/150 € – ½ P

Albert-Post-Platz 21 26655 – 04488 84710 – www.hotel-altes-stadthaus.de

WETTENBERG

Hessen – 12 118 Ew. – Höhe 176 m – Regionalatlas **37**-F13
Michelin Straßenkarte 543

Burg Gleiberg

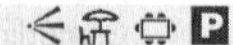

KLASSISCHE KÜCHE • HISTORISCHES AMBIENTE Die Aussicht hier oben auf der Burg ist schon beeindruckend! Im charmant-geschmackvollen Restaurant serviert man klassische Küche, in der rustikalen "Albertusklause" ist das Angebot einfacher. Natürlich lockt auch der herrliche Biergarten! Schöne Veranstaltungsräume hat man ebenfalls.

Karte 27/52 €

Burgstr. 90 35435 – 0641 81444 – www.burggleiberg.de – geschl. Mittwoch

WETZLAR

Hessen – 51 262 Ew. – Höhe 168 m – Regionalatlas **37**-F13
Michelin Straßenkarte 543

In Wetzlar-Naunheim Nord: 3 km

Landhotel Naunheimer Mühle

HISTORISCH • GEMÜTLICH Idyllisch liegt die ehemalige Mühle direkt an der Lahn - interessant: Der Lahn-Radweg verläuft hier. Von einigen Zimmern schaut man zum Fluss. Tipp: Die neueren Zimmer im Gästehaus sind recht geräumig und schön modern. Restaurant als Wintergarten oder rustikale Stube, ergänzt durch eine nette Terrasse.

41 Zim – 86/114 € 125/168 € – 1 Suite

Mühle 2 35584 – 06441 93530 – www.naunheimer-muehle.de – geschl. 2. - 8. Januar

WEYHER Rheinland-Pfalz → Siehe Edenkoben

WICKEDE (RUHR)

Nordrhein-Westfalen – 12 233 Ew. – Höhe 165 m – Regionalatlas **27**-E11
Michelin Straßenkarte 543

Haus Gerbens

INTERNATIONAL • ELEGANT XX Elegant oder lieber rustikal? In der ehemaligen Poststation (1838) wählen Sie zwischen Restaurant und Gaststube, um sich frische internationale Speisen wie "Ochsenbäckchen mit Selleriepüree und Thaispargel" schmecken zu lassen. Hübsche begrünte Terrasse. Zum Übernachten: schöne individuelle Zimmer.

Menü 36/59 € – Karte 27/64 €

13 Zim – †55/70 € ††100/120 € – ☕10 €

Hauptstr. 211, Nord-Ost: 2 km, an der B 63 ✉ 58739 – ✆ 02377 1013 – www.haus-gerbens.de – geschl. 1. - 8. Januar und Sonntagmittag, Montag, Samstagmittag

WIEBLINGEN

→ Siehe Heidelberg

WIECK auf dem DARSS

Mecklenburg-Vorpommern → Siehe Prerow

WIEDEN

Baden-Württemberg – 593 Ew. – Höhe 835 m – Regionalatlas **61**-D21
Michelin Straßenkarte 545

An der Straße zum Belchen West: 4 km

Berghotel Wiedener Eck

FAMILIÄR • AUF DEM LAND Das Haus verdient seinen Namen, liegt es doch schön auf 1050 m Höhe! Die Familie hat wohnliche Zimmer im Landhausstil und ein rustikales Restaurant nebst toller Panoramaterrasse zu bieten. Gekocht wird regional.

24 Zim ☕ – †76/80 € ††134/174 €

Oberwieden 15, (Höhe 1050 m) ✉ 79695 Wieden – ✆ 07673 9090 – www.wiedener-eck.de

WIEK

Mecklenburg-Vorpommern → Siehe Rügen (Insel)

WIENHAUSEN

Niedersachsen – 4 150 Ew. – Höhe 43 m – Regionalatlas **19**-J8
Michelin Straßenkarte 541

Am Kloster

LANDHAUS • MODERN Sie wohnen direkt am Allerradweg! Das charmante Ensemble aus mehreren Backstein-Fachwerkhäusern ist nicht nur ein freundliches Hotel, sondern gleichzeitig ein Integrationsprojekt. Zeitgemäß vom Empfang über die Zimmer bis ins "Kloster-Kaffee" - hier gibt es Kuchen und kleine Speisen.

23 Zim ☕ – †75/85 € ††115/125 €

Mühlenstr. 6 ✉ 29342 – ✆ 05149 185550 – www.hotel-wienhausen.de

WIESBACH

Rheinland-Pfalz – 504 Ew. – Höhe 267 m – Regionalatlas **46**-D17
Michelin Straßenkarte 543

Wiesbacher Hof

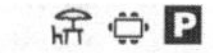

TRADITIONELLE KÜCHE • RUSTIKAL X Traditionell-saisonale Gerichte wie "Rinderragout in Spätburgundersoße mit frischen Champignons und hausgemachten Spätzle" speist man dank ruhiger dörflicher Lage auch gerne auf der schönen Terrasse hinterm Haus. Tipp: günstiges Tagesmenü.

Menü 20/42 € – Karte 25/52 €

Lamachstr. 5 ✉ 66894 – ✆ 06337 1616 – www.wiesbacher-hof.de – geschl. Montag - Dienstagmittag

Westend 61/hemis.fr

WIR MÖGEN BESONDERS...

Die **Ente** als Klassiker und gastronomisches Highlight der Stadt. Sich im **martino KITCHEN** am Chef's Table mit der „Carte blanche" überraschen lassen. In **Gollner's Burg Sonnenberg** auf der tollen Terrasse sitzen und die Aussicht genießen. Nach einem Ausflug in die Natur im **Landhaus Diedert** in charmanten Zimmern übernachten.

WIESBADEN

Hessen - 275 116 Ew. - Höhe 115 m - Regionalatlas **47**-E15
Michelin Straßenkarte 543

Restaurants

✿ Ente

FRANZÖSISCH-KLASSISCH • ELEGANT XXX Eine durch und durch klassische Gourmetadresse, vom Restaurant selbst (auf zwei Ebenen) über den aufmerksamen Service samt kompetenter Weinberatung bis zur feinen Küche (seit 1980 mit Stern!). Letztere basiert auf hervorragenden Produkten und ausgezeichnetem Handwerk. Spezialität: "Ente in zwei Gängen".

➜ Gehobelte Entenleber, Holundergelee, Erdbeeren, grüner Pfeffer, Brioche. Knusprige Miéral-Maisente, Sellerie, Steinpilze, Pfirsich, Polentaknödel. Geeistes Apfel-Sauerampfersüppchen, Yasminreis-Eis, Knusperreis, Matchabisquit.

Menü 105/145 € - Karte 72/105 €

Stadtplan : B1-v - *Hotel Nassauer Hof, Kaiser-Friedrich-Platz 3 ✉ 65183 - ✆ 0611 133666 (Tischbestellung ratsam) - www.nassauer-hof.de - nur Abendessen - geschl. Sonntag - Montag*

ꟾO Orangerie

REGIONAL • ELEGANT XXX Das Angebot an schmackhaften Gerichten reicht hier vom Klassiker über Internationales bis zu saisonalen Empfehlungen. Wer Wintergarten-Atmosphäre mag, wählt einen Platz im lichten verglasten Rondell!

Menü 25 € (mittags) - Karte 39/67 €

Stadtplan : B1-v - *Hotel Nassauer Hof, Kaiser-Friedrich-Platz 3 ✉ 65183 - ✆ 0611 133633 - www.nassauer-hof.de*

ꟾO Linner

MARKTKÜCHE • ELEGANT XX Lust auf "Matjes, grüner Apfel, Pumpernickel" oder "Hohenloher Spanferkel, Bayrisch Kraut, Schwarzbier"? Die Küche ist frisch, saisonal und modern inspiriert. Das Ambiente: eleganter Stil und warme Farben, draußen die tolle Terrasse!

Menü 35/58 € - Karte 35/67 €

Stadtplan : A1-u - *Hotel Oranien, Platter Str. 2 ✉ 65193 - ✆ 0611 18820 - www.hotel-oranien.de - geschl. Ende Dezember - Anfang Januar und Sonntag sowie an Feiertagen*

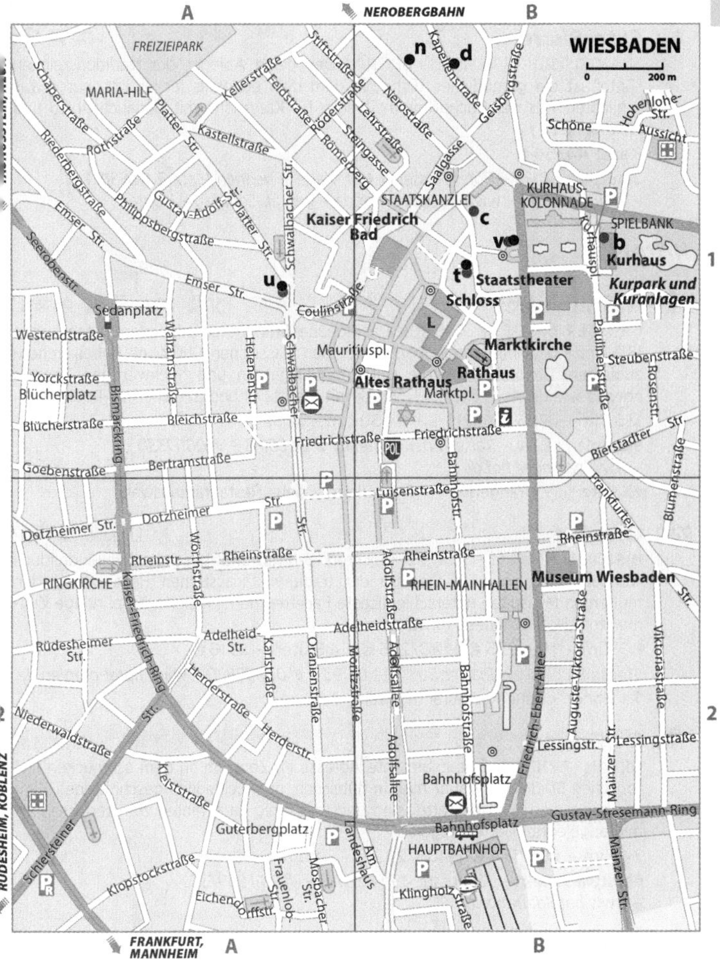

WIESBADEN

Käfer's Bistro

INTERNATIONAL • BISTRO X In dem prächtigen Kurhaus von 1907 (hier auch die Spielbank) bestaunt man im Parfüm-Saal große Original-Flacons, in der Belétage Werke von Gunter Sachs und im Bistro unzählige Fotos (zählen Sie die Eiffelturm-Bilder!). Gerne kommt man sonntags zum Brunch oder auch nach dem Theater.

Karte 40/67 €

Stadtplan : B1-b – *Kurhausplatz 1, (im Kurhaus) ✉ 65189 – ✆ 0611 536200 – www.kurhaus-gastronomie.de*

martino KITCHEN

INTERNATIONAL • BISTRO X Ein sympathisches Bistro mit charmantem Service und saisonaler Küche von handgemachter Pasta bis Hochland-Rinderrücken. Sie mögen es etwas gehobener? Mi. - Sa. bietet man abends ein Gourmetmenü. Außerdem "Carte blanche" am Chef's Table.

Menü 33/66 € – Karte 39/61 €

Stadtplan : B1-t – *Hotel Citta Trüffel, Webergasse 6 ✉ 65183 – ✆ 0611 9905530 – www.martino.kitchen – geschl. Sonntag*

Ente-Bistro

FRANZÖSISCH-KLASSISCH • BISTRO Der kleine Ableger der traditionsreichen "Ente" ist ein gemütliches Bistro, in dem man ebenfalls lecker isst, nur etwas schlichter. Aus der Küche kommt hier z. B. "Knurrhahn mit Bärlauchrisotto und Mairübchen".

Karte 44/54 €

Stadtplan : B1-v – *Hotel Nassauer Hof, Kaiser-Friedrich-Platz 3 ✉ 65183 – ✆ 0611 133666 – www.nassauer-hof.de – geschl. Sonntag - Montag*

Hotels

Nassauer Hof

GROSSER LUXUS • KLASSISCH Das schöne Grandhotel existiert nun schon seit 1813 und noch immer pflegt man hier den klassischen Stil, ohne dabei stehenzubleiben. Das beweisen die zeitgemäß-eleganten und hochwertigen Zimmer ebenso wie der tolle Spa im 5. Stock mit Stadtblick und 32°-Thermal-Pool!

135 Zim – 🚹185 € 🚻215 € – 24 Suiten – ☕ 32 €

Stadtplan : B1-v – *Kaiser-Friedrich-Platz 3 ✉ 65183 – ✆ 0611 1330 – www.nassauer-hof.de*

✿ **Ente** • **Orangerie** • **Ente-Bistro** – siehe Restaurantauswahl

Oranien

HISTORISCH • KLASSISCH Sie möchten zentral und geschmackvoll-individuell wohnen? Hier erwarten Sie von der traditionell-klassischen Halle bis zu den modernen Minisuiten unterschiedlichste Facetten der Hotellerie. Tipp: ruhige Zimmer zum Hof. Schönes Frühstück!

80 Zim – 🚹88/225 € 🚻98/225 € – 4 Suiten – ☕ 16 €

Stadtplan : A1-u – *Platter Str. 2 ✉ 65193 – ✆ 0611 18820 – www.hotel-oranien.de*

Linner – siehe Restaurantauswahl

De France

URBAN • MODERN Eine charmante Adresse im Zentrum. In dem schmucken historischen Stadthaus wohnt man in hübschen, unterschiedlich geschnittenen Zimmern, die wertig ausgestattet sind und teils ruhig nach hinten zum terrassenförmig angelegten Garten liegen.

34 Zim – 🚹88/164 € 🚻108/249 € – 3 Suiten – ☕ 12 €

Stadtplan : B1-n – *Taunusstr. 49 ✉ 65183 – ✆ 0611 959730 – www.hoteldefrance.de*

Citta Trüffel

BOUTIQUE-HOTEL • MODERN Chic das Design von Stefano Orsi! Neben wohnlichen und zugleich funktionalen Zimmern bietet das Boutique-Hotel im Herzen von Wiesbaden ein leckeres, frisches Frühstück (serviert im Bistro) und im Delikatessengeschäft Feines für Zuhause.

27 Zim – 🚹110/135 € 🚻140/190 € – 3 Suiten – ☕ 16 €

Stadtplan : B1-t – *Webergasse 6 ✉ 65183 – ✆ 0611 990550 – www.citta-hotel.de*

martino KITCHEN – siehe Restaurantauswahl

Klemm

HISTORISCH • INDIVIDUELL Ein richtig schöner Altbau von 1888, hübsche Jugendstilelemente wie Stuck oder Buntglasfenster, ein reizender Innenhof, liebevoll eingerichtete Zimmer, von denen keines dem anderen gleicht, und nicht zuletzt das tolle Frühstück. Darüber hinaus werden Sie hier auch noch überaus herzlich betreut!

62 Zim ☕ – 🚹85/110 € 🚻125/145 € – 1 Suite

Stadtplan : B1-d – *Kapellenstr. 9 ✉ 65193 – ✆ 0611 5820 – www.hotel-klemm.de*

In Wiesbaden-Alt Klarenthal Nord-West: 5 km über Dotzheimer Straße A2

Landhaus Diedert

INTERNATIONAL • LÄNDLICH XX Das Engagement der Familie Diedert zeigt sich hier zum einen in der schönen Landhaus-Atmosphäre - vom Restaurant (Kloster von 1298) über die charmanten Zimmer im Gästehaus bis zur tollen Platanen-Terrasse, zum anderen in frischen Gerichten wie "geschmorter Kalbsbacke mit Zitronen-Thymian-Polenta".

Menü 35/89 € - Karte 33/67 €

13 Zim - †79/99 € ††99/129 € - 2 Suiten - 14 €

Am Kloster Klarenthal 9 65195
- 0611 1846600 - www.landhaus-diedert.de
- geschl. Montag

In Wiesbaden-Biebrich Süd: 4,5 km, über B2

Maloiseaus Lohmühle

FRANZÖSISCH • LÄNDLICH X Am Rand von Biebrich und fast im Grünen liegt das sympathisch-ländliche Gasthaus mit der schönen Terrasse. Gekocht wird mit saisonalem Bezug und auch französische Klassiker finden sich auf der Karte.

Menü 29 € - Karte 27/42 €

Erich-Ollenhauer-Str. 75 65187 - 0611 98893821
- www.lohmuehle-wiesbaden.de - nur Abendessen, sonntags auch Mittagessen
- geschl. Montag - Dienstag

In Wiesbaden-Erbenheim Süd-Ost: 6 km über Gustav-Stresemann-Ring B2

Domäne Mechtildshausen

MARKTKÜCHE • KLASSISCHES AMBIENTE XX Sie speisen in einem der größten ökologischen Landwirtschaftsbetriebe Hessens und so steckt die saisonal-regionale Bio-Küche voller selbst erzeugter Spezialitäten - wie wär's z. B. mit "Kotelett vom Hofschwein"? Gute Auswahl an deutschen und französischen Weinen.

Menü 52 € - Karte 35/56 €

Süd-Ost: 4 km, über B 455, nahe Army Airfield 65205 - 0611 7374660
- www.domaene-mechtildshausen.de - geschl. nach Weihnachten - Mitte Januar und Sonntagabend - Montag

Domäne Mechtildshausen

LANDHAUS • GEMÜTLICH Auf dem imposanten Gut wohnt man nicht nur schön, auch Gastronomie und eigene Landwirtschaft haben einiges zu bieten: Restaurant, Weinstube, Café "Bohne" (lecker die Kuchen und Torten!), dazu Bäckerei, Käserei und Metzgerei, nicht zu vergessen die Markthalle! Fast alles wird selbst produziert und gezüchtet!

15 Zim - †75 € ††120 € - 8 €

nahe Army Airfield, Süd-Ost: 4 km, über B 455, nahe Army Airfield 65205
- 0611 7374660 - www.domaene-mechtildshausen.de - geschl. nach Weihnachten - Mitte Januar

Domäne Mechtildshausen – siehe Restaurantauswahl

In Wiesbaden-Sonnenberg Nord-Ost: 4 km über Sonnenberger Straße B1"

Gollner's Burg Sonnenberg

ÖSTERREICHISCH • LÄNDLICH XX Die österreichische Herkunft des Chefs erkennt man hier sowohl an beliebten Klassikern wie Wiener Schnitzel als auch an der schönen Auswahl an Weinen. Vorteil der erhöhten Lage bei der Burg: Von der Terrasse hat man eine tolle Aussicht!

Menü 15 € (mittags unter der Woche)/68 € - Karte 40/93 €

Am Schlossberg 20 65191
- 0611 541409 - www.gollners.de
- geschl. Montag - Dienstag

Außerhalb Nord-West: 5 km, über Seerobenstraße A1, Richtung Limburg an der Lahn

Villa im Tal

MARKTKÜCHE • ELEGANT XX Schön die Lage im Wald - da lässt man sich die saisonale Küche sowie Gerichte aus Österreich auch gerne auf der tollen Terrasse servieren! Es gibt z. B. "Teriyaki-Wildlachs mit Zuckerschoten-Erbsengemüse" oder "Wiener Schnitzel mit Bohnen-Kartoffelgröst'l". Auch für Hochzeiten eine sehr beliebte Adresse.

Menü 55/70 € - Karte 43/70 €

Adamstal 4 ✉ 65195
- ✆ 0611 2386228 - www.villaimtal.de
- geschl. Montag - Dienstag

WIESENTTAL

Bayern - 2 463 Ew. - Höhe 400 m - Regionalatlas **50**-L15
Michelin Straßenkarte 546

Im Ortsteil Muggendorf

Feiler

KLASSISCHE KÜCHE • GEMÜTLICH XX Familie Feiler hat hier eine reizende Adresse, überaus liebenswert und gemütlich sind die reichlich dekorierten Stuben. Auf der Karte regionale und gehobene Gerichte einschließlich frischem Fisch, Wild und Kräutern aus der Region. Tipp: selbstgemachte Kuchen und Marmeladen! Charmant auch die Gästezimmer.

Menü 34/60 € - Karte 37/65 €

14 Zim - †55/65 € ††90 € - 2 Suiten

Oberer Markt 4 ✉ 91346 - ✆ 09196 92950 - www.hotel-feiler.de - geschl. über Fasching 2 Wochen und Montag

WIESMOOR

Niedersachsen - 12 878 Ew. - Höhe 13 m - Regionalatlas **8**-E5
Michelin Straßenkarte 541

Zur Post

REGIONAL • LÄNDLICH X Hier im Restaurant des gleichnamigen Hotels kommt in gemütlich-ländlichen Stuben (nett auch der Wintergarten) regionale Küche mit saisonalen Akzenten auf den Tisch, so z. B. "Filetpfanne mit frischen Champignons". Mittags etwas reduziertes Angebot von Eintopf bis Pasta.

Menü 28 € (mittags)/65 € (abends) - Karte 30/58 €

14 Zim - †50 € ††82 €

Am Rathaus 6 ✉ 26639 - ✆ 04944 91060 - www.hotelzurpost-wiesmoor.de
- geschl. Montag

In Wiesmoor-Hinrichsfehn Süd: 4,5 km Richtung Remels, nach 3,5 km rechts

Blauer Fasan

LANDHAUS • FUNKTIONELL Ideal für Golfer ist das hübsche reetgedeckte Haus nebst Gästehaus. Die ruhige Lage in Golfplatznähe ist ebenso ansprechend wie die wohnlich-modernen Zimmer, die ostfriesisch-charmanten Gaststuben und der schöne Blumengarten. Man hat sogar einen Golfladen und einen Indoor-Golfsimulator!

29 Zim - †85/120 € ††140/180 € - ½ P

Fliederstr. 1 ✉ 26639 - ✆ 04944 92700 - www.blauer-fasan.de

WIESSEE, BAD

Bayern - 4 777 Ew. - Höhe 750 m - Regionalatlas **66**-M21
Michelin Straßenkarte 546

Freihaus Brenner

REGIONAL • GEMÜTLICH XX "Kalbsschulter mit Rosenkohl" oder "knusprig gebratene Bauernente"? So oder so ähnlich klingen die schmackhaften, frischen bayerischen Gerichte in herrlicher Lage oberhalb des Sees. Drinnen gemütliche kleine Stuben, draußen Panoramasicht von der tollen Terrasse. Tipp: Hummer- und Krustentiertage im November.

Karte 30/68 €

Freihaus 4 ✉ 83707 - ✆ 08022 86560 (Tischbestellung ratsam) - www.freihaus-brenner.de - geschl. Januar 2 Wochen

Da Mimmo

ITALIENISCH • GEMÜTLICH XX Das kommt gut an: gemütlich-elegante holzgetäfelte Stuben und dazu frische italienische Küche, und die gibt's z. B. als Pasta, Antipasti oder auch als "Lammkarree mit Pistazienkruste auf grünen Bohnen". Charmant die begrünte Terrasse.

Menü 41 € - Karte 36/60 €

Sanktjohanserstr. 82 ✉ 83707 - ✆ 08022 82250 (abends Tischbestellung ratsam) - www.ristorante-da-mimmo.com - geschl. Sonntag - Montagmittag

Relais Chalet Wilhelmy

BOUTIQUE-HOTEL • GEMÜTLICH Schön ist der individuelle Stil hier: Von den Zimmern bis zur kleinen Vinothek hat man traditionelle und moderne Elemente sehr hübsch gemischt. Nett auch der Saunabereich. Highlight ist die "Alm Chalet Suite"!

19 Zim ☕ - †110/115 € ††169/219 € - 2 Suiten

Freihausstr. 15 ✉ 83707 - ✆ 08022 98680 - www.relais-chalet.com

Landhaus Marinella

LANDHAUS • INDIVIDUELL Ein wirklich geschmackvolles kleines Domizil am Tegernsee, familiär und persönlich. Individuelle Zimmer mit schönem Parkettboden, eines charmanter als das andere, mal romantisch, mal mit maritimem Touch - hell, frisch und ausgesprochen wohnlich sind sie alle! Strandbad gleich gegenüber.

8 Zim ☕ - †98/128 € ††140/180 € - 3 Suiten

Am Strandbad 7 ✉ 83707 - ✆ 08022 8599990 - www.landhaus-marinella.de

Landhaus St. Georg

BOUTIQUE-HOTEL • AUF DEM LAND Das sympathische Landhaus hat gleich mehrere Vorzüge: die ruhige Wohngegend ringsum, wohnliche, geschmackvolle Zimmer mit Chic und die engagierte familiäre Führung. Zudem ist von der Seife bis zum Frühstück alles biozertifiziert!

14 Zim ☕ - †99/179 € ††109/239 €

Jägerstr. 20 ✉ 83707 - ✆ 08022 6626100 - www.stgeorg.net

Landhaus am Stein

SPA UND WELLNESS • MODERN Das Haus ist nicht von der Stange! Es wird freundlich und engagiert geführt, so gibt es hier liebenswerte ländliche Zimmer in frischem Pink, ein schönes Frühstück, einen gepflegten Garten und einen hübschen kleinen Spa! Tipp: Kaminsuite!

15 Zim ☕ - †100/180 € ††195/220 € - 4 Suiten

Im Sapplfeld 8 ✉ 83707 - ✆ 08022 98470 - www.landhausamstein.de

Landhaus Christl am See

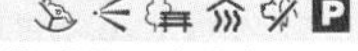

FAMILIÄR • GEMÜTLICH Sie mögen es persönlich und familiär? Nur ein Privatweg führt zu dem kleinen Haus, und damit zu sympathisch-bayerischer Gastlichkeit, charmanten Landhauszimmern und tollem Seeblick! Die Betreiber sind dieselben wie im "Landhaus am Stein".

13 Zim ☕ - †90/190 € ††165/220 €

Sonnenfeldweg 11 ✉ 83707 - ✆ 08022 1880890 - www.landhauschristl.de - geschl. 7. Januar - 29. März

WILDBERG

Baden-Württemberg - 9 678 Ew. - Höhe 395 m - Regionalatlas **54**-F19
Michelin Straßenkarte 545

Talblick

REGIONAL • FREUNDLICH XX Ein schwäbischer Familienbetrieb wie aus dem Bilderbuch! Man kocht geschmackvoll, frisch und mit sehr guten Produkten - wie wär's mit "Feinem vom Lamm, Fèves, Rosmarinpolenta"? Im kleinen "Gourmet" gibt es auf Vorbestellung ein aufwändigeres Menü. Übernachten kann man von ländlich-rustikal bis topmodern.

Menü 30/90 € - Karte 25/53 €

19 Zim - 40/60 € 75/85 €

Bahnhofsträßle 6 ✉ 72218
- ✆ 07054 5247 (Tischbestellung ratsam) - www.talblick-wildberg.de
- geschl. Februar 2 Wochen, August 2 Wochen, Ende Oktober 2 Wochen und Dienstag

WILDEMANN

Niedersachsen - 15 857 Ew. - Höhe 390 m - Regionalatlas **29**-J10
Michelin Straßenkarte 541

Rathaus

REGIONAL • STUBE XX Wo einst das Rathaus stand, kann man heute gemütlich essen und gut übernachten. Gekocht wird frisch, klassisch-regional und mit modernen Akzenten, so z. B. "Saibling, Rhabarber, Fenchel, Tomatenravioli". Schön sitzt man im Sommer draußen unter Linden. Tipp: Probieren Sie auch die hausgemachten Pralinen!

Karte 29/55 €

7 Zim - 50/70 € 80/90 € - 1 Suite

Bohlweg 37 ✉ 38709
- ✆ 05323 6261 - www.hotel-rathaus-wildemann.de - geschl. Ende Februar - Anfang März 2 Wochen, Mitte November 1 Woche und Donnerstag, außer an Feiertagen

WILDESHAUSEN

Niedersachsen - 19 044 Ew. - Höhe 25 m - Regionalatlas **17**-F7
Michelin Straßenkarte 541

Altes Amtshaus

REGIONAL • FREUNDLICH X Gemütlich der historisch-ländliche Charme dieses sorgsam restaurierten Fachwerkhauses von 1730. Schön sitzt man auch im Biergarten vor dem Haus (mit SB). Aus der Küche kommen regional-saisonale Gerichte, im Sommer wird auch gegrillt.

Karte 25/49 €

Herrlichkeit 13 ✉ 27793
- ✆ 04431 9463800 - www.amtshaus-wildeshausen.com - geschl. 15. - 29. Januar und Montag

WILGARTSWIESEN

Rheinland-Pfalz - 995 Ew. - Höhe 222 m - Regionalatlas **53**-D17
Michelin Straßenkarte 543

Landhaus Am Hirschhorn

SPA UND WELLNESS • AUF DEM LAND Abschalten vom Alltag? Das Hotel ist klein und familiär, liegt ruhig und hat wohnliche Zimmer sowie einen netten Wellnessbereich. Komfortabel die Appartements mit Terrasse. Fragen Sie nach den Arrangements - viele mit mehrgängigem Abendmenü! Für Champagner-Freunde hat man eine schöne Auswahl.

17 Zim - 88/140 € 122/222 € - ½ P

Am Hirschhorn 12 ✉ 76848
- ✆ 06392 581 - www.hotel-hirschhorn.de

WILLINGEN (UPLAND)

Hessen – 5 972 Ew. – Höhe 550 m – Regionalatlas **27**-F11
Michelin Straßenkarte 543

Sporthotel Zum hohen Eimberg

FAMILIÄR • KLASSISCH Die ruhige Lage, behagliche Zimmer und geräumige Appartements sowie ein schöner Saunabereich machen das gepflegte Haus für Feriengäste interessant. Internationale Küche im Restaurant.

73 Zim – 70/104 € 140/178 € – ½ P

Zum hohen Eimberg 3a 34508
– 05632 4090 – www.eimberg.de

Fürst von Waldeck

FAMILIÄR • ELEGANT In dem familiengeführten Haus erwarten Sie wohnliche Zimmer, von denen einige ruhiger nach hinten liegen. Wer es moderner mag, fragt nach den neueren Zimmern. Daneben hat man eine nette kleine Liegewiese sowie einen schönen Sauna- und Badebereich.

28 Zim – 52/92 € 92/162 €

Briloner Str. 1, B 251 34508
– 05632 98899 – www.fuerst-von-waldeck.de

Rüters Parkhotel

FAMILIÄR • FUNKTIONELL Sie finden das familiengeführte Hotel in einer Parkanlage im Zentrum. Es bietet wohnliche, individuelle Zimmer, darunter auch Appartements mit Whirlwanne, dazu Kosmetikbehandlungen. Zum Garten hin liegt das Restaurant mit Wintergartenanbau. Serviert wird bürgerlich-internationale Küche.

42 Zim – 64/73 € 136/192 € – ½ P

Bergstr. 3a 34508
– 05632 9840 – www.ruetersparkhotel.de

Waldecker Hof

FAMILIÄR • MODERN Seit 1908 gibt es den Waldecker Hof, in dem man sich freundlich um die Gäste kümmert. Die Zimmer sind schön modern und wohnlich in warmen Farben gehalten, für den hochwertigen Beautybereich ist die Chefin, staatlich geprüfte Kosmetikerin, verantwortlich.

34 Zim – 66/95 € 136/180 € – 4 Suiten – ½ P

Waldecker Str. 28 34508
– 05632 9880 – www.waldecker-hof.de

In Willingen-Stryck Süd-Ost: 3,5 km

Gutshof Itterbach

FRANZÖSISCH-KLASSISCH • ELEGANT "Skrei, Balsamico-Linsen, Krustentierjus", "irisches Rinderfilet, Süßkartoffeln, Café-de-Paris-Butter"... Zur klassischen Küche kommen gemütliches Ambiente, eine Terrasse mit Blick ins Grüne und aufmerksamer Service. Sonntags Brunch.

Menü 38 € (vegetarisch)/72 € – Karte 38/48 €

Mühlenkopfstr. 7 34508
– 05632 96940 (Tischbestellung erforderlich) – www.gutshof-itterbach.de – nur Abendessen – geschl. Sonntagabend - Dienstag

Strychhaus

SPA UND WELLNESS • GEMÜTLICH Das Hotel am Waldrand ist aus einem Landhaus entstanden, das der Künstler Heinrich Vogeler im Jahre 1912 erbaute; einige Details im Haus erinnern an ihn. Sie wohnen in großzügigen Zimmern in klassischem Stil, die meisten haben einen Balkon.

56 Zim – 85/128 € 170/236 € – 3 Suiten – ½ P

Mühlenkopfstr. 12 34508
– 05632 9860 – www.stryckhaus.de

WILTHEN

Sachsen – 5 145 Ew. – Höhe 288 m – Regionalatlas **44**-R12
Michelin Straßenkarte 544

In Wilthen-Tautewalde West: 2 km Richtung Neukirch

Erbgericht Tautewalde

INTERNATIONAL • GEMÜTLICH XX Drinnen hübsche ländlich-moderne Räume, draußen ein herrlicher Innenhof mit Blick in die Küche. Gekocht wird saisonal und regional-international - da ist "grünes Curry von Kabeljau und Shiitake in Kokos" genauso lecker wie "geschmorte Rinderbäckchen an Pilz-Lauchgemüse". Gut übernachten kann man hier auch.

Menü 25/35 € - Karte 30/50 €

31 Zim - 69/75 € 96/108 €

Tautewalde 61 ✉ 02681
- ✆ 03592 38300 - www.tautewalde.de
- Montag - Donnerstag nur Abendessen
- geschl. 11. - 26. Februar

Gute Küche zu moderatem Preis? Folgen Sie dem Bib Gourmand

WIMPFEN, BAD

Baden-Württemberg – 6 848 Ew. – Höhe 195 m – Regionalatlas **55**-G17
Michelin Straßenkarte 545

Friedrich

INTERNATIONAL • TRENDY X Verbinden Sie doch einen Bummel durch die beschauliche Altstadt mit einem Essen in dem charmanten Stadthaus a. d. 16. Jh.! Unten die liebenswert-rustikale Weinstube Feyerabend, oben das Restaurant, in dem man mittags einfacher und am Abend ambitioniert kocht. Es gibt auch Leckeres aus der eigenen Konditorei!

Menü 36/80 € - Karte 33/66 €

Hauptstr. 74, (1. Etage) ✉ 74206
- ✆ 07063 245 - www.friedrich-feyerabend.de
- geschl. über Weihnachten, Anfang Januar 1 Woche und Montag - Dienstag

WINDELSBACH Bayern

→ Siehe Rothenburg ob der Tauber

WINDEN

Baden-Württemberg – 2 788 Ew. – Höhe 327 m – Regionalatlas **61**-E20
Michelin Straßenkarte 545

In Winden-Oberwinden Nord-Ost: 2 km über B 294

Elztalhotel

SPA UND WELLNESS • GEMÜTLICH Die einstige kleine Pension in einem Schwarzwaldhof ist über die Jahre zu diesem gefragten zeitgemäß-komfortablen Urlaubshotel gewachsen. Zuvorkommender Service samt diverser Aufmerksamkeiten, Verwöhnpension, Spa auf 6000 qm mit "Schwarzwald-Saunahaus", Floatinganlage, Beauty- und Sportangebot...

90 Zim - 156/209 € 262/368 € - 13 Suiten - ½ P

Am Rüttlersberg 5, Süd: 2 km, über Bahnhofstraße ✉ 79297
- ✆ 07682 91140 - www.elztalhotel.de

WINDORF

Bayern – 4 730 Ew. – Höhe 306 m – Regionalatlas **60**-P19
Michelin Straßenkarte 546

In Windorf-Schwarzhöring Nord: 7,5 km, in Rathsmannsdorf links abbiegen Richtung Hofkirchen

Feilmeiers Landleben

REGIONAL • GEMÜTLICH X Seine "Landleben"-Küche ist für Johann (genannt Hans) Feilmeier Heimatliebe und Verpflichtung zugleich. Er kocht regional und international, "Kalbstafelspitzscheiberl im Wurzelsud" oder "Roulade vom Weiderind - toskanisch". Tipp: hausgemachte Nudeln! Gemütlich-moderne Stuben, freundlich-bayerischer Service.

Menü 32/75 € - Karte 31/76 €

Schwarzhöring 14 ✉ 94575 - ✆ 08541 8293 (Tischbestellung ratsam) - www.feilmeiers-landleben.de - Mittwoch - Donnerstag nur Abendessen - geschl. Februar und Montag - Dienstag

WINDSHEIM, BAD

Bayern - 11 977 Ew. - Höhe 321 m - Regionalatlas **49**-J16
Michelin Straßenkarte 546

Zum Storchen

TRADITIONELL • MODERN Dieses ausgesprochen gepflegte Fachwerk-Gasthaus direkt am kleinen Weinmarkt schaut auf rund 250 Jahre Familientradition zurück. In den Zimmern heißt es zeitgemäß, geschmackvoll und individuell wohnen. Im ländlich-gemütlichen Restaurant bietet man bürgerliche und fränkische Küche.

20 Zim ☕ - †72 € ††102 € - ½ P

Weinmarkt 6 ✉ 91438 - ✆ 09841 669890 - www.zumstorchen.de - geschl. Januar 2 Wochen

WINGST

Niedersachsen - 3 414 Ew. - Höhe 9 m - Regionalatlas **9**-G5
Michelin Straßenkarte 541

Oehlschläger-Stube

INTERNATIONAL • GASTHOF XX Die gemütliche Stube ist nach dem verstorbenen Wingster Heimatmaler Mario Oehlschläger benannt und mit dessen Bildern geschmückt. Freuen Sie sich auf regionale Produkte, aus denen international inspirierte Gerichte zubereitet werden.

Menü 31/62 € - Karte 28/59 €

Bahnhofstr. 1, (B 73) ✉ 21789 - ✆ 04778 279 - www.hotel-peter-wingst.de - nur Abendessen - geschl. Montag - Mittwoch

WINKLARN Bayern → Siehe Rötz

WINNENDEN

Baden-Württemberg - 27 622 Ew. - Höhe 292 m - Regionalatlas **55**-H18
Michelin Straßenkarte 545

In Winnenden-Hanweiler Süd: 3 km

Traube

TRADITIONELLE KÜCHE • GASTHOF X Seit 1902 wird dieser Bilderbuch-Gasthof nun schon von der Familie geführt und die 4. Generation ist mit Engagement im Einsatz: Da wird stetig investiert und richtig gut gekocht! Lecker: Maultaschen, Wild aus eigener Jagd, Rostbraten... Sie möchten übernachten? Man hat schicke, ganz moderne Zimmer.

Menü 30/49 € - Karte 18/40 €

9 Zim ☕ - †62/68 € ††84/96 €

Weinstr. 59 ✉ 71364 - ✆ 07195 139900 - www.traube-hanweiler.de - geschl. Ende Februar - Mitte März, Juli - August 6 Wochen und Dienstag - Mittwoch

In Berglen-Lehnenberg Süd-Ost: 6 km

Blessings Landhotel

LANDHAUS • GEMÜTLICH Was dieses familiär geführte Hotel interessant macht? Es ist gepflegt und funktionell ausgestattet und auch die Lage überzeugt: gut die Anbindung an Stuttgart, viel Grün rings um den kleinen Ort. Im Restaurant speist man saisonal. Hausspezialität ist der Likör "Johanniskräutle" (nach Rezeptur der Großmutter).

24 Zim - 66/80 € 80/91 € - 8 € - ½ P

Lessingstr. 13 73663
- 07195 97600 - www.blessings-landhotel.de

WINSEN (LUHE)

Niedersachsen - 33 494 Ew. - Höhe 6 m - Regionalatlas **10**-J6
Michelin Straßenkarte 541

In Winsen-Pattensen Süd-West: 8 km

Maack-Kramer's Landgasthof

BÜRGERLICHE KÜCHE • LÄNDLICH Mit Engagement leitet die Familie den wirklich netten Gasthof, die Küche ländlich, frisch, bodenständig. Neben "Sülzwurst", "Roastbeef mit Bratkartoffeln" oder "Jägerschmaus" gibt es auch Saisonales. Schön die Terrasse zum Garten!

Karte 25/44 €

Blumenstr. 2 21423 - 04173 239 (Tischbestellung ratsam)
- www.maack-kramer.de - nur Abendessen, sonntags auch Mittagessen - geschl. 9. - 31. Juli und Montag - Dienstag

WINTERBACH Baden-Württemberg ➜ Siehe Schorndorf

WINTERBERG

Nordrhein-Westfalen - 12 720 Ew. - Höhe 668 m - Regionalatlas **37**-F12
Michelin Straßenkarte 543

Engemann-Kurve

FAMILIÄR • INDIVIDUELL Hier darf man sich auf wohnlich-moderne Zimmer und einen netten kleinen Sauna- und Hallenbadbereich freuen, alles ist schön gepflegt. Im geradlinig-zeitgemäß gehaltenen Restaurant serviert man regionale Küche, die frisch zubereitet wird. Gerne speist man im Sommer auf der hübschen Terrasse.

16 Zim - 63/72 € 106/156 € - ½ P

Haarfelder Str. 10, B 236 59955 - 02981 92940 - www.engemann-kurve.de

In Winterberg-Altastenberg West: 5 km über B 236

Berghotel Astenkrone

LANDHAUS • INDIVIDUELL Als Jab-Anstoetz-Unternehmen präsentiert sich das engagiert geführte Haus als "Showhotel" für wunderschöne, stimmig arrangierte Stoffe - zu bewundern in den individuellen und äußerst wohnlichen Zimmern. Im Wellnessbereich heißt es Meersalzpeeling, Cleopatra-Bad, 4-Elemente-Packung... International-regionale Küche im gemütlichen Restaurant.

37 Zim - 88/186 € 120/272 € - 3 Suiten - ½ P

Astenstr. 24 59955
- 02981 8090 - www.astenkrone.de

WINTERHAUSEN

Bayern - 1 449 Ew. - Höhe 188 m - Regionalatlas **49**-I16
Michelin Straßenkarte 546

Gasthof Schiff

KLASSISCHE KÜCHE • GASTHOF Ein schöner Gasthof a. d. 16. Jh. - drinnen liebenswerte, hübsch dekorierte Räume, draußen die Terrasse zum Main, herzlich der Service. Gekocht wird klassisch-regional, vom Sauerbraten über Lammbries mit Steinpilzen bis zum gebratenen Kabeljau. Nette wohnlich-rustikale Gästezimmer, teilweise mit Mainblick.

Menü 30/60 € - Karte 30/44 €

10 Zim - 62/82 € 85/105 €

Fährweg 14 97286 - 09333 1785 - www.hotel-schiff.de - geschl. Sonntag, November - April: Sonntag - Montagmittag

WIRSBERG

Bayern - 1 813 Ew. - Höhe 370 m - Regionalatlas **51**-L15
Michelin Straßenkarte 546

Alexander Herrmann

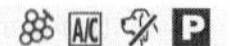

KREATIV • CHIC Das Ambiente modern-elegant, die Küche aufwändig und kreativ. Zur Wahl stehen zwei Menüs: "Kontrast" und "OFF" (ohne Fisch/Fleisch). Dazu gibt es eine schöne Auswahl an fränkischen Weinen. Etwas Besonderes: Die Köche servieren die Gerichte und erklären sie am Tisch. Eine Kochschule hat man auch.

→ Gebeiztes Landei, Pak-Choi-Kimchi, Safranvinaigrette, Nussmilchchip. Texas Longhornrind, Gewürz-Nusscrème, Champignons, Ingwer-Spinat. Karamellisiertes Sauerbrot, Honig, mild gesalzenes Buttereis.

Menü 139/199 €

Herrmann's Posthotel, Marktplatz 11 95339 - 09227 2080 (Tischbestellung ratsam) - www.herrmanns-posthotel.de - nur Abendessen - geschl. Sonntag - Dienstag, Januar - März: Sonntag - Mittwoch

AH - Das Gourmet Bistro

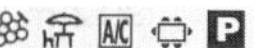

REGIONAL • BISTRO Sie suchen eine günstigere und etwas legerere Alternative zum Gourmetrestaurant des TV-bekannten Patrons? Dann probieren Sie in dem geradlinig-modernen Bistro die fränkischen Tapas oder den fränkischen Schiefertrüffel (seit 1978)!

Menü 59/98 € - Karte 52/75 €

Herrmann's Posthotel, Marktplatz 11 95339 - 09227 2080 - www.herrmanns-posthotel.de - Montag - Freitag nur Abendessen

Herrmann's Posthotel

GASTHOF • GEMÜTLICH Die Herrmanns sind stolz auf über 140 Jahre Familientradition. Stets um das Wohl des Gastes bemüht, wird immer wieder investiert und verbessert, z. B. in Form des geschmackvollen kleinen Kosmetikbereichs. Die Zimmer und Suiten gibt es als "Lifestyle" oder "Klassisch".

40 Zim - 110/150 € 189/199 € - 5 Suiten

Marktplatz 11 95339 - 09227 2080 - www.herrmanns-posthotel.de

Alexander Herrmann • **AH - Das Gourmet Bistro** - siehe Restaurantauswahl

Reiterhof Wirsberg

SPA UND WELLNESS • TRADITIONELL Schön die ruhige Lage etwas außerhalb des Ortes, wohnlich-gediegen das Ambiente, von der holzgetäfelten Lobby bis in die Komfort- und Superiorzimmer sowie Juniorsuiten mit Empore (ideal für Familien). Die meisten Zimmer mit Blick über die Landschaft, ebenso das elegant-rustikale Restaurant und die Terrasse.

46 Zim - 97/170 € 158/256 € - ½ P

Sessenreuther Str. 50, Süd-Ost: 1 km 95339 - 09227 2040 - www.reiterhof-wirsberg.de

WISMAR

Mecklenburg-Vorpommern – 42 392 Ew. – Höhe 15 m – Regionalatlas **11**-L4
Michelin Straßenkarte 542

Fründts Hotel

HISTORISCH • FUNKTIONELL Nach bewegter Geschichte ist das Haus a. d. 18. Jh. heute wieder das, was es ursprünglich war: ein Hotel. Unter dem Namen von einst heißt es schön wohnen und gut frühstücken in stilvollem Rahmen. Haben Sie auch die hübsche Terrasse gesehen?

35 Zim – 55/79 € 76/118 €

Schweinsbrücke 1 ✉ 23966 – ✆ 03841 2256982 – www.hotel-stadtwismar.de

Wismar

HISTORISCH • FUNKTIONELL Das Hotel liegt ideal direkt in der Altstadt und auch das Parken ist kein Problem (eigene Stellplätze!). Gemütliche Details in dem historischen Haus von 1896 sind warme Töne und teilweise Dachschrägen in den Zimmern sowie eine alte Holzdecke und -vertäfelungen im schönen maritim-gediegenen Restaurant.

15 Zim – 70/85 € 85/105 €

Breite Str. 10, (Zufahrt Parkplatz über Böttcherstraße) ✉ 23966 – ✆ 03841 227340 – www.hotel-restaurant-wismar.de

WITTENBERG (LUTHERSTADT)

Sachsen-Anhalt – 46 621 Ew. – Höhe 65 m – Regionalatlas **32**-N10
Michelin Straßenkarte 542

Stadtpalais Wittenberg

HISTORISCH • FUNKTIONELL Die Lage in der Fußgängerzone und die komfortable Ausstattung mit eleganter Note sprechen für das Hotel. Vom Saunabereich im OG schaut man auf das Lutherhaus. Dazu Kosmetik- und Massageangebot. Das offen zur Halle hin gelegene Restaurant bietet internationale Küche.

80 Zim – 79/130 € 178/218 € – ½ P

Collegienstr. 56, Zufahrt über Wallstraße ✉ 06886 – ✆ 03491 4250 – www.stadtpalais.bestwestern.de

WITTENBERGE

Brandenburg – 17 200 Ew. – Höhe 25 m – Regionalatlas **21**-M7
Michelin Straßenkarte 542

Das Kranhaus by Mika

MARKTKÜCHE • FAMILIÄR Das aufwändig sanierte ehemalige Kranhaus mit seinem rustikalen Charme und der tollen Balkonterrasse zur Elbe ist eine sympathische Adresse mit guter Küche. Letztere ist tagesfrisch und hat mediterrane Einflüsse, lecker z. B. "Iberico-Rippe, BBQ, Kartoffel". Mittags reduzierte Karte mit günstigem Lunchmenü.

Menü 20 € – Karte 34/53 €

Elbstr. 4a ✉ 19322 – ✆ 03877 402050 – www.kranhaus.de – geschl. Januar und Montagabend - Dienstag, Februar - März: Montag - Mittwoch

WITTLICH

Rheinland-Pfalz – 18 491 Ew. – Höhe 160 m – Regionalatlas **45**-B15
Michelin Straßenkarte 543

Vulcano - Lindenhof

BUSINESS • FUNKTIONELL Das Hotel liegt ruhig etwas außerhalb am Hang, so bieten einige Zimmer und vor allem die Terrasse des modernen Restaurants eine schöne Aussicht Richtung Wittlich. Buchen Sie eines der besonders freundlichen "Vulcano Fresh"-Zimmer! Chic und trendig der Sauna- und Badebereich, auch Massage wird angeboten.

42 Zim – 80/110 € 135/150 € – ½ P

Am Mundwald 5, Süd: 2 km ✉ 54516 – ✆ 06571 6920 – www.lindenhofwittlich.de

In Dreis Süd-West: 8 km

✿✿✿ Waldhotel Sonnora

FRANZÖSISCH-KLASSISCH • LUXUS XxxX Die Küche von Helmut Thieltges galt als Synonym für Klassik pur. Höchster kulinarischer Anspruch auf Basis bester Produkte hat ihn zu einer festen Größe unter den internationalen Spitzenköchen gemacht! Nach seinem unerwarteten Ableben führen nun seine Frau und das treue Team um Clemens Rambichler das Restaurant weiter.

→ Kleine Torte vom Rinderfilettatar mit Imperial Gold Kaviar auf Kartoffelrösti. Steinbutt aus der Bretagne mit Pinien-Spinat und Beurre Rouge. Brust von der Challans Ente mit orientalischer Gewürzkruste und Rouennaiser Sauce.

Menü 175/198 € – Karte 122/195 €

Waldhotel Sonnora, Auf'm Eichelfeld 1 ✉ 54518 – ✆ 06578 98220 (Tischbestellung ratsam) – www.hotel-sonnora.de – nur Abendessen, sonntags auch Mittagessen – geschl. 17. Dezember - 17. Januar, 15. Juli - 1. August und Montag - Dienstag

Waldhotel Sonnora

FAMILIÄR • KLASSISCH Über einen Waldweg erreicht man eine richtige Oase, nicht nur kulinarisch, denn man kann hier auch sehr schön übernachten: Die Zimmer sind stilvoll-hochwertig oder etwas einfacher. Zudem genießt man das Engagement, die ruhige Lage und den tollen Garten!

20 Zim ☕ – 🚹95/250 € 🚹🚹140/300 €

Auf'm Eichelfeld 1 ✉ 54518 – ✆ 06578 98220 – www.hotel-sonnora.de – geschl. 17. Dezember - 17. Januar, 15. Juli - 1. August

✿✿✿ **Waldhotel Sonnora** – siehe Restaurantauswahl

WÖRISHOFEN, BAD

Bayern – 14 898 Ew. – Höhe 630 m – Regionalatlas **64**-J20
Michelin Straßenkarte 546

Fontenay

KLASSISCHE KÜCHE • ELEGANT XxX In dem eleganten Restaurant bietet man klassische Speisen, darunter das sehr beliebte "am Tisch tranchierte Chateaubriand mit Sauce Béarnaise und Portweinjus" (für 2 Personen)! Dazu genießt man den freundlichen und aufmerksamen Service.

Menü 28 € (mittags)/64 € – Karte 51/80 €

Hotel Fontenay, Eichwaldstr. 10 ✉ 86825 – ✆ 08247 3060 (Tischbestellung ratsam) – www.kurhotel-fontenay.de

CALLA

ASIATISCH • ELEGANT XxX Sie essen gerne euro-asiatisch? Dann werden Sie mögen, was hier in der Showküche zubereitet wird: "Rote Garnelen im Kataifi-Teig mit Mango-Chili-Gelee, Zitronenpfeffer-Fruchtkaviar und Jasmin-Gel" kommen ebenso gut an wie das "Kozara"-Menü (japanisch für "kleiner Teller"). Reizvoll der Blick in den Garten!

Menü 54/73 € – Karte 44/89 €

Steigenberger Hotel Der Sonnenhof, Hermann-Aust-Str. 11 ✉ 86825 – ✆ 08247 9590 – www.spahotel-sonnenhof.de – geschl. Montag - Dienstag

Steigenberger Hotel Der Sonnenhof

SPA UND WELLNESS • ELEGANT Ruhig die Lage am Ortsrand in einem hübschen Park, stilvoll die Zimmer (darunter Familiensuiten), großzügig der Spa (verschiedene Pools, schicke Ruheräume...). Gastronomisch ist die trendig-rustikale "König Ludwig Lounge" mit Allgäuer Küche eine Alternative zum "CALLA". Veranstaltungszentrum "Inspira".

143 Zim ☕ – 🚹119/302 € 🚹🚹280/383 € – 13 Suiten

Hermann-Aust-Str. 11 ✉ 86825 – ✆ 08247 9590 – www.spahotel-sonnenhof.de

CALLA – siehe Restaurantauswahl

Fontenay 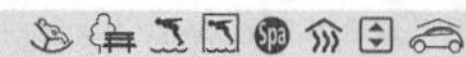

LUXUS • ELEGANT Hier werden Sie charmant und zuvorkommend umsorgt, die Zimmer sind klassisch und elegant, der Wellnessbereich großzügig und ebenso komfortabel (wie wär's z. B. mit der modernen Kneipp-Kur?), und am Morgen gibt es ein gutes Frühstück. Es ist übrigens nicht weit ins Grüne, da kann man schön spazieren gehen.

49 Zim – 155/260 € 276/380 € – 7 Suiten – ½ P

Eichwaldstr. 10 ✉ 86825 – ✆ 08247 3060 – www.kurhotel-fontenay.de

Fontenay – siehe Restaurantauswahl

Edelweiss 

SPA UND WELLNESS • KLASSISCH Was die vielen Stammgäste an dem langjährigen Familienbetrieb schätzen? Die sehr gepflegte gediegene Einrichtung, Medical Wellness, Beauty & Co. sowie die ruhige Lage. Außerdem schmökert man gern in der Bibliothek oder macht es sich in der netten Lounge "Edelweiss Stube" gemütlich. Restaurant für Hausgäste.

46 Zim – 65/98 € 138/207 € – 2 Suiten – ½ P

Bürgermeister-Singer-Str. 11 ✉ 86825
– ✆ 08247 35010 – www.hotel-edelweiss.de

die Villa 

PRIVATHAUS • THEMENBEZOGEN Das hier ist nicht nur ein sympathisch-familiäres kleines Hotel mit Themenzimmern ("Pur", "Kunst", "Schokolade"...), sondern gleichzeitig auch Kinderbuch- und Deko-Laden sowie Café! Es gibt hausgemachten Kuchen und ein Tagesessen.

10 Zim – 60/75 € 112/136 €

Obere Mühlstr. 1 ✉ 86825
– ✆ 08247 96200 – www.villa-bad-woerishofen.de
– geschl. 24. Dezember - 4. Januar, über Ostern, 22. Mai - 2. Juni, August 1 Woche

WOLFACH

Baden-Württemberg – 5 815 Ew. – Höhe 262 m – Regionalatlas **54**-E19
Michelin Straßenkarte 545

In Wolfach-Kirnbach Süd: 5 km

Kirnbacher Hof 

GASTHOF • FUNKTIONELL Hier lässt es sich schön wohnen, dafür sorgen die sympathisch-familiäre Atmosphäre, Zimmer zum Wohlfühlen (auch an Familien mit Kindern ist gedacht) sowie der geschmackvoll-moderne Panorama-Saunabereich im 4. Stock. Im Restaurant wählt man zwischen bürgerlichen und modernen Gerichten.

20 Zim – 59/90 € 108/152 € – ½ P

Untere Bahnhofstr. 2 ✉ 77709
– ✆ 07834 6111 – www.kirnbacher-hof.de

In Wolfach-St. Roman Nord-Ost: 12 km Richtung Schiltach, nach 7 km links

- Höhe 673 m

Adler 

REGIONAL • LÄNDLICH XX Wo möchten Sie speisen? In gemütlichen (Altholz-) Stuben oder im lichten Wintergarten? Freundlich umsorgt wird man hier wie dort (natürlich auch auf der schönen Terrasse), und zwar mit regionalen Gerichten zu fairen Preisen wie "Apfel-Selleriesuppe" oder "Sauerbraten von Adlerwirt's Weideochsen".

Menü 25/54 € – Karte 26/62 €

Hotel Adler, St. Roman 14 ✉ 77709 – ✆ 07836 93780
– www.naturparkhotel-adler.de

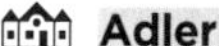 **Adler**

SPA UND WELLNESS • GEMÜTLICH 1659 begann alles mit einem Gasthof für Pilger, heute bietet der engagiert geführte Familienbetrieb wohnliche Zimmer (im Landhausstil oder modern), und einen einladenden Wellnessbereich samt Saunen, Innen- und Außenpool, Panoramaterrasse, Beautyangebot. Ideal für Familien: Appartements und Spielzimmer.

56 Zim – 🚹103/150 € 🚹🚹166/260 € – 1 Suite – ½ P

St. Roman 14 ✉ 77709 – ✆ 07836 93780 – www.naturparkhotel-adler.de

Adler – siehe Restaurantauswahl

WOLFSBURG

Niedersachsen – 123 027 Ew. – Höhe 63 m – Regionalatlas **20**-K8
Michelin Straßenkarte 541

Stadtplan siehe nächste Seite

✿✿✿ Aqua

KREATIV • LUXUS XXXX Das beeindruckt: Mit seiner ganz eigenen Handschrift gelingt es Sven Elverfeld, beste Produkte äußerst filigran und durchdacht zuzubereiten, Aromen perfekt abzustimmen und die Gerichte nie zu überladen. Das Ambiente dazu ist puristisch und elegant, der Service herzlich und fachlich ausgezeichnet.

➜ Forelle aus der Lüneburger Heide, Neubokeler Spargel, Schinkenvelouté, Erbsen und Rhabarber. Gewürztaubenbrust, Blattspinat, Tomatenemulsion, Speck und Olivencrème. Birne und Piura Malingas-Schokolade, Dill, Quark und Macadamia.

Menü 160/250 € – Karte 113/157 €

Stadtplan : B1-a – *Hotel The Ritz-Carlton, Parkstr.1, Autostadt ✉ 38440 – ✆ 05361 606056 (Tischbestellung ratsam) – www.restaurant-aqua.com – nur Abendessen – geschl. Januar 3 Wochen, über Ostern 1 Woche, Juli 3 Wochen und Sonntag - Montag*

Chardonnay

INTERNATIONAL • ELEGANT XX Inmitten der Autostadt, mit Blick auf Atrium oder Mittellandkanal, serviert man in geradlinig-elegantem Ambiente ambitionierte internationale Küche - Lust auf "Atlantik-Steinbutt, Spinatravioli, Chorizo, jungen Lauch"? Günstiger Lunch.

Menü 43/65 € – Karte 32/56 €

Stadtplan : B1-r – *Stadtbrücke, (Autostadt) ✉ 38440 – ✆ 0800 6116000 – www.autostadt.de – geschl. Sonntagabend - Dienstag*

Terra

INTERNATIONAL • ELEGANT XX In dem lichten modern-eleganten Restaurant (angenehm die namengebenden Erdtöne) hat man einen spannenden Blick auf die VW-Werke und das Hafenbecken, während man Internationales wie "Rinderrücken, Jus, gegrillten Markknochen, gebackene Kartoffel" speist. Beliebt: günstiger Mittagstisch inkl. Parkservice.

Menü 55 € – Karte 49/63 €

Stadtplan : B1-a – *Hotel The Ritz-Carlton, Parkstr. 1, Autostadt ✉ 38440 – ✆ 05361 607000 – www.ritzcarlton.de*

Awilon

MARKTKÜCHE • TRENDY X Schön licht und puristisch ist es hier im 2. OG des Kunstmuseums im Zentrum der Stadt, beliebt die Terrasse. Das saisonal-internationale Angebot reicht von Kalbsschnitzel bis zu "gebratener Maishuhnbrust, Petersilienkartoffel, Sauce Hollandaise, Spargelgemüse".

Menü 24 € (mittags)/64 € (abends) – Karte 30/45 €

Stadtplan : B2-c – *Hollerplatz 1, (2. Etage) ✉ 38440 – ✆ 05361 25599 – www.awilon.de – Dienstag - Donnerstag nur Mittagessen – geschl. Sonntagabend - Montag*

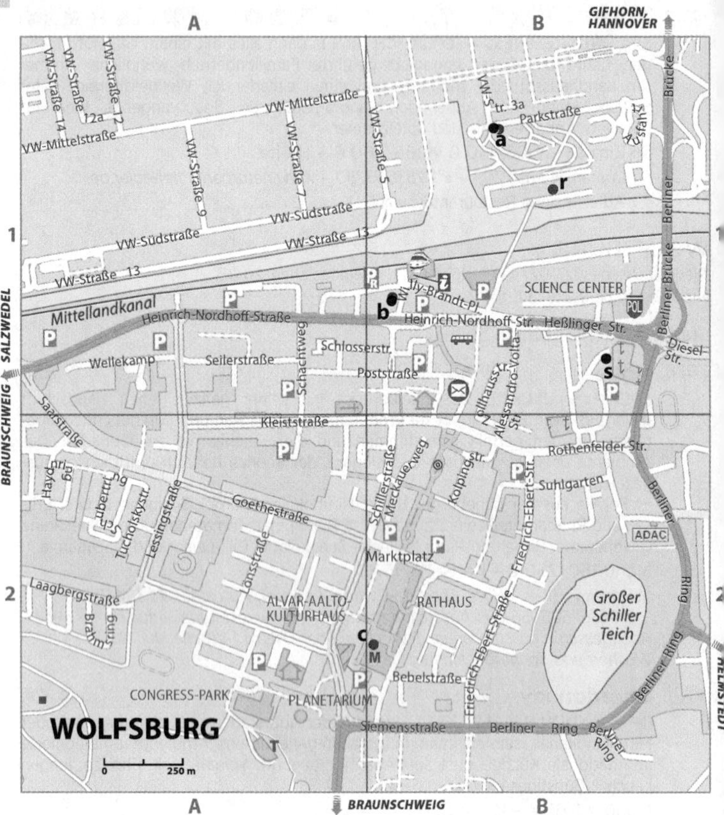

Ven

MARKTKÜCHE • GERADLINIG Auch gastronomisch kann sich dieser Hotel-Hotspot sehen lassen: das Design geradlinig, minimalistisch und hell, auf der Karte "Classics" sowie Saisonales, darunter z. B. "Rumpsteak, breite Bohnen, Kartoffeln, Kräuterbutter" oder "Tagliatelle, Buchenpilze, Rucola, Rahm". Begehrt die Terrasenplätze.

Menü 36/60 € – Karte 51/62 €

Stadtplan : B1-b – *Hotel INNSIDE by Melia, Heinrich-Nordhoff-Str. 2 ✉ 38440 – ✆ 05361 6090701 – www.melia.com – geschl. Sonntag*

The Ritz-Carlton

LUXUS • MODERN Im Herzen der Autostadt liegt eines der Flaggschiffe der norddeutschen Hotellerie! Alles ist chic und edel, vom attraktiven öffentlichen Bereich über die intime Bar bis zu den wohnlich-wertigen Zimmern. Nach wie vor ein Eyecatcher: der schwimmende Außenpool!

147 Zim – †265/625 € ††265/625 € – 23 Suiten – ☕ 29 €

Stadtplan : B1-a – *Parkstr. 1, Autostadt ✉ 38440 – ✆ 05361 607000 – www.ritzcarlton.de/wolfsburg*

✿✿✿ **Aqua** • **Terra** – siehe Restaurantauswahl

INNSIDE by Melia

BUSINESS • DESIGN Topmodern in Design und Technik! Das komfortable Businesshotel liegt günstig nahe Hauptbahnhof, "phaeno" (Wissenschaftsmuseum) und Autostadt. In den Zimmern puristischer Look in schickem Schwarz-Silber-Weiß, toll die Aussicht von Sky-Bar und Dachterrasse! Gut auch die Tagungsmöglichkeiten.

219 Zim – 123/218 € 191/246 €

Stadtplan : B1-b – *Heinrich-Nordhoff-Str. 2 38440 – 05361 60900 – www.melia.com*

Ven – siehe Restaurantauswahl

einschlaf

FAMILIÄR • DESIGN Ein bemerkenswertes Haus: bemerkenswert klein, bemerkenswert individuell und dazu bermerkenswert herzlich geführt! Der aparte Mix aus Backstein-/Fachwerk-Architektur und chic-modernem Interieur wird Ihnen sicher gefallen. Im "atelier café" gibt's Frühstück - und das ist wahrlich einen Besuch wert.

5 Zim – 98 € 129 € – 10 €

Stadtplan : B1-s – *An der St. Annen Kirche 24 38440 – 05361 12219 – www.einschlaf.de*

In Wolfsburg-Fallersleben West: 6 km über Heinrich-Nordof-Straße A1, Richtung Salzwedel

La Fontaine

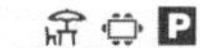

FRANZÖSISCH-KLASSISCH • ELEGANT XXX Klassisch vom stilvoll-eleganten Interieur über den aufmerksamen, versierten Service bis zur feinen französischen Küche. Letztere ist angenehm geradlinig und basiert auf besten Produkten. Kontinuität und Engagement machen das Restaurant zu einem der Aushängeschilder der niedersächsischen Spitzengastronomie.

→ Feines von der Gänseleber mit Apfel und Feige. Überbackener Lammrücken mit Thymianjus, Polenta, Auberginenpüree und Bohnenragout. Zweierlei von der Limone mit Mango-Passionsfruchtkompott.

Menü 68/110 €

Hotel Ludwig im Park, Gifhorner Str. 25 38442 – 05362 9400 – www.ludwig-im-park.de – nur Abendessen – geschl. 1. - 14. Januar, 2. - 15. Juli und Sonntag - Montag

L'Oliva nera

ITALIENISCH • GEMÜTLICH X Am Denkmalplatz mitten im schmucken Ortskern finden Sie in einem der ältesten Häuser von Fallersleben dieses gemütliche kleine Restaurant, an dessen wenigen Tischen man frische saisonal-italienische Gerichte wie "Linguine con frutti e filetti di mare" serviert. Mittags kleines Pasta-Angebot.

Menü 75/145 € – Karte 37/66 €

Westerstr. 1 38442 – 05362 932622 – www.olivanera.de – nur Abendessen – geschl. Montag

Ludwig im Park

BUSINESS • KLASSISCH Klassisch-stilvoll wohnt es sich in dem Hotel im Schwefelpark, von den meisten Zimmern hat man sogar Parkblick. Nicht nur für Hausgäste interessant: "Hoffmann Stuben" - hier bekommen Sie abends in gemütlicher Atmosphäre rustikale Klassiker wie "Strammer Max" oder Internationales wie Burger.

46 Zim – 90/140 € 99/165 € – 4 Suiten – ½ P

Gifhorner Str. 25 38442 – 05362 9400 – www.ludwig-im-park.de

La Fontaine – siehe Restaurantauswahl

In Wolfsburg-Neuhaus Ost: 5 km über Heßlinger Straße B1

Saphir

KREATIV • ELEGANT Exklusiv und fast intim zeigt sich das modern-elegante kleine Restaurant im ehemaligen Kartoffel-Gewölbekeller, international und modern beeinflusst die Küche in Form eines 3- bis 7-gängigen Menüs. Und auch der Service stimmt: umsichtig und versiert.

Menü 65/130 €

Hotel An der Wasserburg, An der Wasserburg 2 ✉ 38446 - ✆ 05363 9400 (Tischbestellung erforderlich) - www.an-der-wasserburg.de - nur Abendessen - geschl. Januar 1 Woche, August 3 Wochen und Sonntag - Montag

Christalle

INTERNATIONAL • TRENDY Licht und geradlinig ist diese legere Alternative zum Gourmetrestaurant. Gekocht wird international-saisonal, von "Rumpsteak mit BBQ-Schalotten und Süßkartoffelpommes" bis "Pommerscher Kalbsrücken mit Heidespargel und Sauce Hollandaise".

Menü 45 € - Karte 36/66 €

Hotel an der Wasserburg, An der Wasserburg 2 ✉ 38446 - ✆ 05363 9400 - www.an-der-wasserburg.de

An der Wasserburg

BUSINESS • FUNKTIONELL Ein sehr komfortables und modernes Businesshotel. Zu den unterschiedlich geschnittenen Zimmern (alle mit Apple-PC-TV-Kombination) und variablen Räumen im eigenen Tagungszentrum kommt noch ein umfassender Spa. Tipp: Fragen Sie nach den Kursen im schicken "Koch-Atelier"!

59 Zim - 95/175 € 110/265 € - 3 Suiten - 15 €

An der Wasserburg 2 ✉ 38446 - ✆ 05363 9400 - www.an-der-wasserburg.de

Christalle • **Saphir** - siehe Restaurantauswahl

In Wolfsburg-Sandkamp West: 3 km über Heinrich-Nordoff-Straße A1

Jott wie Jäger

FAMILIÄR • MODERN Sicher eines der bestgeführten Hotels in und um Wolfsburg! Es wird stetig investiert, alles ist topgepflegt. Wer's besonders chic mag, sollte die ganz modernen und gleichzeitg schön wohnlichen Zimmer im Gästehaus buchen! Im freundlichen Restaurant stehen Steaks im Mittelpunkt.

59 Zim - 91 € 116 € - ½ P

Stellfelder Straße 42 ✉ 38442 - ✆ 05361 390995 - www.jott-wie-jaeger.de

WORMS

Rheinland-Pfalz - 81 010 Ew. - Höhe 100 m - Regionalatlas **47**-F16
Michelin Straßenkarte 543

Tivoli

ITALIENISCH • FREUNDLICH Seit vielen Jahren bietet man hier klassische italienische Küche, und die sorgt ebenso für zahlreiche Stammgäste wie die unkompliziert-legere Atmosphäre. Probieren Sie z. B. leckere hausgemachte Pasta. Oder mögen Sie lieber frischen Fisch?

Karte 22/46 €

Adenauer-Ring 4b ✉ 67547 - ✆ 06241 28485 - www.tivoli-worms.de - geschl. Montag

Dom-Hotel

URBAN • FUNKTIONELL Zentraler kann man in Worms kaum wohnen und dennoch bietet das Hotel gute Parkmöglichkeiten. Die Zimmer sind unterschiedlich geschnitten und funktionell eingerichtet, von einigen schaut man zum Obermarkt. Reichhaltiges Frühstücksbuffet.

53 Zim - 79/88 € 99/130 € - 2 Suiten

Obermarkt 10 ✉ 67547 - ✆ 06241 9070 - www.dom-hotel.de

WORPSWEDE

Niedersachsen - 9 232 Ew. - Höhe 17 m - Regionalatlas **18**-G6
Michelin Straßenkarte 541

Kaffee Worpswede

INTERNATIONAL • GEMÜTLICH XX Wirklich schön dieses Anwesen von 1925 - der Künstler und Architekt Bernhard Hoetger hat es gestaltet. Am Mittag freut man sich auf hausgemachte Frikadellen oder Wildragout, nachmittags auf feine Kuchen, abends wird aufwändiger gekocht: kross gebratenes Zanderfilet, geschmortes Ochsenbäckchen...

Menü 43/51 € (abends) - Karte 35/63 €

Lindenallee 1 ✉ 27726
- ✆ 04792 1028 (Tischbestellung ratsam) - www.kaffee-worpswede.de
- geschl. Montag - Dienstag

Buchenhof

FAMILIÄR • KLASSISCH Die einstige Künstlervilla besticht durch ihre liebevolle Einrichtung mit zahlreichen schönen Antiquitäten. Hübsch auch das Café "Hans am Ende" - lecker die hausgemachten Torten! Von der Terrasse schaut man in den tollen Garten.

28 Zim - 65/90 € 110/140 €

Ostendorfer Str. 16 ✉ 27726 - ✆ 04792 93390 - www.hotel-buchenhof.de

Hotel Village am Weyerberg

BUSINESS • MODERN "Hotel - Bar - Café - Bistro", so das Motto hier. Ein kleines Hotel in der Ateliergegend mit wohnlich-individuellen Maisonetten und modernem Café-Restaurant mit internationalem Angebot wie Pasta, Flammkuchen, feinen Fisch- und Fleischgerichten, aber auch Rustikalem wie Sülze oder Matjes.

9 Zim - 80/94 € 139/160 € - ½ P

Bergstr. 22 ✉ 27726
- ✆ 04792 93500 - www.village-worpswede.de

WREMEN

Niedersachsen - 16 839 Ew. - Höhe 2 m - Regionalatlas **8**-F5
Michelin Straßenkarte 541

Gasthaus Wolters - Zur Börse

REGIONAL • RUSTIKAL X Lust auf "Blätterteigpastete mit Lachs und Krabben", klassisches Labskaus und als Dessert "rote Grütze mit Vanillesoße"? In dem netten historischen Gasthaus neben der Kirche, einst Viehbörse, bekommt man schmackhafte Speisen mit reichlich regionalen Produkten der Saison.

Menü 30/49 € - Karte 29/47 €

In der Lange Str. 22 ✉ 27639
- ✆ 04705 1277 - www.zur-boerse.de
- geschl. April - Mai 2 Wochen, Oktober - November 3 Wochen und Dienstag - Mittwoch

WÜRSELEN

Nordrhein-Westfalen - 38 205 Ew. - Höhe 195 m - Regionalatlas **35**-A12
Michelin Straßenkarte 543

Alte Feuerwache 

REGIONAL • TRENDY X Angenehm geradliniger Stil und legere Atmosphäre, dazu geschulter Service und gutes Essen - das kommt an! Lust auf "Rindersteak vom Black-Angus-Beef mit Senf-Kräuterkruste"? Oder lieber "Filet von der Mai-Scholle auf Safranrisotto"?

Menü 38/62 € - Karte 37/58 €

Oppener Str. 115 ✉ 52146 - ✆ 02405 4290112
- www.alte-feuerwache-wuerselen.de - geschl. Sonntag - Montag

WÜRZBURG

Bayern - 124 219 Ew. - Höhe 177 m - Regionalatlas **49**-I15
Michelin Straßenkarte 546

KUNO 1408

KREATIV • CHIC Original fränkisch? Nicht ganz, aber nah dran, denn man präsentiert eine ganz eigene Interpretation. In schicker und zugleich warmer Atmosphäre wählt man "Franken pur" oder "pures Franken" - da wird selbst die Wildbratwurst zur finessenreichen Delikatesse. Freundlich-geschulter Service, schöne Weinbegleitung.

➜ Waller, Kraut, Salat, Blumenkohl, Speck. Lammkeule, Erbse, Spargel, Paprika. Grießschnitte, Erdbeere, Joghurt, Fenchel.

Menü 69/119 €

Stadtplan : A2-v - *Hotel Rebstock, Neubaustr. 7 ✉ 97070 - ✆ 0931 30931408 - www.restaurant-kuno.de - nur Abendessen - geschl. Anfang Januar 3 Wochen, August und Sonntag - Dienstag sowie an Feiertagen*

REISERS am Stein

KREATIV • TRENDY Klasse die Lage hoch über Würzburg, entsprechend die Aussicht! Hier kocht das Team um Bernhard Reiser fein, klassisch geprägt und ebenso modern. Trendig die Atmosphäre, aufmerksam der Service, schön die Weine vom "Weingut am Stein". Das Menü "Freistil" wird seinem Namen gerecht: Menüfolge nicht festgelegt.

➜ Spargel, Flusskrebse, Kalbsbries. Schweinekinn, Abalone, Nam Prik. Rote und grüne Erdbeeren, Joghurt.

Menü 69/96 € - Karte 73/90 €

Mittlerer Steinbergweg 5, über Röntgenring A1 ✉ 97080 - ✆ 0931 286901 (Tischbestellung ratsam) - www.der-reiser.de - nur Abendessen - geschl. Sonntag - Montag

Schiffbäuerin

FISCH UND MEERESFRÜCHTE • GEMÜTLICH Wo im 19. Jh. die Tochter eines Schiffbauers eine Weinwirtschaft betrieb, serviert man heute in einem rustikalen Restaurant Fisch aus den eigenen Bassins - Hecht, Karpfen, Forelle & Co. werden ganz frisch vom Mainfischer geliefert.

Karte 30/57 €

Stadtplan : A1-s - *Katzengasse 7 ✉ 97082 - ✆ 0931 42487 - www.schiffbaeuerin.de - geschl. 1. - 9. Januar, 20. Juli - 20. August und Sonntagabend - Montag sowie an Feiertagen abends, Mai - August: Sonntagabend - Dienstag*

Alte Mainmühle

MARKTKÜCHE • RUSTIKAL Schön liegt das Gasthaus an der alten Mainbrücke, nett der Terrassenbereich, reizvoll der Blick auf die Festung. Gekocht wird ein Mix aus bürgerlich und regional, das Spektrum reicht von "blauen Zipfeln" bis zu Saisonalem wie Wild und Gans.

Karte 20/50 €

Stadtplan : A2-a - *Mainkai 1 ✉ 97070 - ✆ 0931 16777 (Tischbestellung ratsam) - www.alte-mainmuehle.de*

Rebstock

HISTORISCH • INDIVIDUELL Das Hotel hat eine hübsche denkmalgeschützte Rokokofassade, hinter der sich u. a. die besonders attraktiven Komfortzimmer verbergen. Die Suiten teilweise mit Blick auf die Festung. Im "SALON" bekommen Sie eine regional beeinflusste internationale Küche vom "Würz-Burger" bis zum Rumpsteak.

72 Zim - 🚹116/174 € 🚹🚹189/234 € - 3 Suiten - ☕ 18 €

Stadtplan : A2-v - *Neubaustr. 7 ✉ 97070 - ✆ 0931 30930 - www.rebstock.com*

KUNO 1408 - siehe Restaurantauswahl

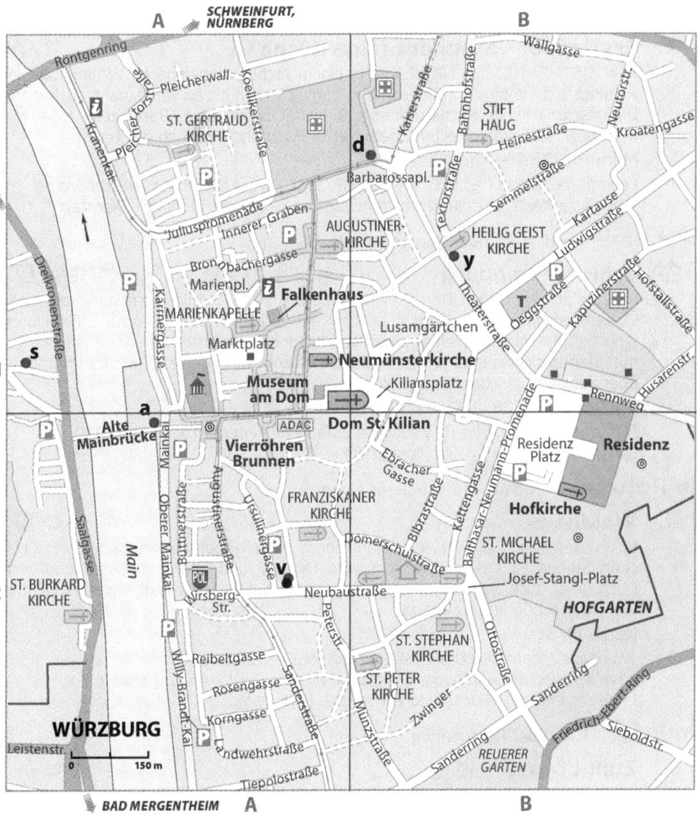

Fränkische Weinstuben:

gemütliche Lokale mit Weinen und Speisen aus der Region.

Weinstuben Juliusspital

REGIONAL • WEINSTUBE In dem gemütlichen Lokal in der Innenstadt sitzt man in rustikalen Stuben mit historischem Flair oder im hübschen Innenhof. Es gibt regionale Küche und Weine vom eigenen Weingut.

Menü 29 € - Karte 21/42 €

Stadtplan : B1-d - *Juliuspromenade 19 ✉ 97070 - ✆ 0931 54080 - www.weinstuben-juliusspital.de*

Bürgerspital-Weinstuben

TRADITIONELLE KÜCHE • WEINSTUBE Das wunderschöne historische Gebäude beherbergt tolle Räume von rustikal bis festlich. Beeindruckend das weiße Kreuzgewölbe, herrlich der Innenhof. Das breite Angebot von "fränkischen Zipfeln" bis "Dry Aged Beef" bietet für jeden etwas.

Menü 25/46 € - Karte 24/50 €

Stadtplan : B1-y - *Theaterstr. 19 ✉ 97070 - ✆ 0931 352880 - www.buergerspital-weinstuben.de*

In Würzburg-Heidingsfeld Süd: 3 km über Friedrich-Ebert-Ring B2

Esszimmer - Stephans feine Küche

KLASSISCHE KÜCHE • TRENDY XX In einem recht unscheinbaren Wohngebiet in Heidingsfeld ist dieses moderne und zugleich gemütliche Restaurant zu finden. Die geschmackvolle Küche gibt es z. B. als "Schwarzwurzel, Bachforelle, Meerrettich" oder "Grünkohl, Heilbutt, gebutterter Fischfond". Hübsch die Terrasse.

Menü 45/75 € – Karte 38/53 €

Lehmgrubenweg 13 ✉ 97074 – ✆ 0931 75631 – www.esszimmer-wuerzburg.de – nur Abendessen, sonntags auch Mittagessen – geschl. Montag - Dienstag

Am Stein Nord-West, über Röntgenring A1

Schloss Steinburg

HISTORISCHES GEBÄUDE • INDIVIDUELL Die schöne Anlage entstand auf den Überresten einer alten Burg - exklusiv die Lage, toll die Aussicht. Stilvoll und wohnlich die individuellen Zimmer, von historisch-charmant bis moderner, einige mit Stadtblick. Gehobene internationale Küche im Rittersaal, im Kaminzimmer oder auf der hübschen Gartenterrasse.

69 Zim – †128/230 € ††198/278 € – ½ P

Mittlerer Steinbergweg 100, schmale Zufahrt ab Unterdürrbach ✉ 97080 – ✆ 0931 97020 – www.steinburg.com

In Rottendorf über Ludwigstraße B1: 6 km

Waldhaus

REGIONAL • GEMÜTLICH XX Der langjährige Familienbetrieb mit seinen gemütlichen Stuben ist beliebt. Gekocht wird regional und international, es gibt viel Fisch, aber auch Saisonales wie Wild und Gans. Das Haus liegt verkehrsgünstig und doch schön am Waldrand.

Karte 19/31 €

Waldhaus 1, nahe der B 8 ✉ 97228 – ✆ 09302 92290 – www.waldhaus-leonhardt.de – geschl. Mitte August - Anfang September, Ende Dezember 1 Woche und Mittwoch - Donnerstag

In Erlabrunn über Röntgenring A1: 12 km

Zum Löwen

TRADITIONELLE KÜCHE • FREUNDLICH X Der fränkische Gasthof a. d. 16. Jh. ist schon seit 1921 in Familienhand. Engagiert und freundlich kümmert man sich in gepflegter ländlicher Atmosphäre um die Gäste, serviert wird z. B. "gebackenes Schäuferla" oder "Deichlammrücken in der Kräuterkruste". Spezialitäten zur Saison: Ente und Gans.

Karte 22/51 €

5 Zim – †60/70 € ††80/95 €

Würzburger Str. 5 ✉ 97250 – ✆ 09364 1327 – www.loewen-erlabrunn.de – nur Abendessen, samtags und sonntags auch Mittagessen – geschl. 27. Dezember - 18. Januar, 23. Juli - 17. August und Montag - Dienstag, Januar - August: Montag - Mittwoch

WUNSIEDEL

Bayern – 9 301 Ew. – Höhe 537 m – Regionalatlas **51**-M15
Michelin Straßenkarte 546

In Wunsiedel-Göpfersgrün Ost: 5 km, Richtung Thiersheim

Wirtshaus im Gut

MARKTKÜCHE • GASTHOF X Ein richtig schöner gemütlicher Landgasthof! Zum umfangreichen Angebot der saisonalen (Kräuter-) Küche gehören neben Süßwasserfischen auch Wild, Lamm und schmackhafte Schmorgerichte. Tipp: Jeden Mittwoch gibt's Kronfleisch!

Menü 35 € (abends) – Karte 18/47 €

Göpfersgrün 2 ✉ 95632 – ✆ 09232 917767 – www.wirtshausimgut.de – geschl. Ende August - Mitte September 3 Wochen und Montagabend - Dienstag

WUPPERTAL

Nordrhein-Westfalen – 345 425 Ew. – Höhe 160 m – Regionalatlas **26**-C11
Michelin Straßenkarte 543

79 °

MARKTKÜCHE • VINTAGE Angenehm unprätentiös und trendig ist hier die Atmosphäre, freundlich-leger der Service, ambitioniert die Küche - das kommt an! Man orientiert sich an der Saison, auch Vegetarisches wird angeboten. Schön der Innenhof.

Menü 33/60 € - Karte 39/50 €

Luisenstr. 61 ✉ 42103 - ✆ 0202 27097070 (Tischbestellung ratsam) - www.79grad.com - nur Abendessen - geschl. 30. März - 5. April, 16. - 31. Juli, 24. Dezember - 1. Januar und Montag - Dienstag

In Wuppertal-Elberfeld

Am Husar

REGIONAL • FREUNDLICH Ein Familienbetrieb, wie er im Buche steht! Seit über 30 Jahren kümmert sich Familie Schmand aufmerksam um die Gäste, und zwar in gemütlichen Stuben oder auf der großen Gartenterrasse. Man kocht regional, im Sommer wird auch gegrillt.

Menü 19 € (mittags)/45 € - Karte 34/66 €

Jägerhofstr. 2 ✉ 42119 - ✆ 0202 424828 - www.restaurant-am-husar.de - nur Abendessen, sonntags auch Mittagessen - geschl. März 2 Wochen, September 2 Wochen und Mittwoch

Miraflores

URBAN • INDIVIDUELL Nicht von der Stange ist das kleine Hotel in dem Stadthaus a. d. 19. Jh. Es wird von der Gastgeberin freundlich geführt und verbindet helle, moderne Einrichtung mit Altbau-Charme. Auf Wunsch können Sie im Sommer auch draußen frühstücken.

6 Zim - †90 € ††90/110 € - 12 €

Nützenberger Str. 23, Zufahrt über Haarhausstraße ✉ 42115 - ✆ 0202 4962869 - www.hotelmiraflores.de

In Wuppertal-Vohwinkel

Trattoria

ITALIENISCH • KLASSISCHES AMBIENTE "Rinderfiletspitzen mit Nudeln", "pochierter weißer Heilbutt", "Ossobuco alla Milanese"... In der etwas legereren Restaurantvariante der Familie Scarpati bekommt man schmackhafte und frische italienische Gerichte, einschließlich beliebter Klassiker. Mittags günstiger Lunch.

Menü 35/38 € - Karte 33/55 €

Restaurant Scarpati, Scheffelstr. 41 ✉ 42327 - ✆ 0202 784074 - www.scarpati.de - geschl. Montag

Scarpati

ITALIENISCH • ELEGANT Schon über 30 Jahre haben die Scarpatis in dieser Jugendstilvilla ihr stilvoll dekoriertes klassisches Restaurant und bieten hier italienische Küche. So richtig schön (und geschützt dank Markise) sitzt man auf der tollen Gartenterrasse. Tipp: dienstags 6-gängiges Amuse-Bouche-Menü zu fairem Preis.

Menü 60/70 € - Karte 44/74 €

7 Zim - †90/95 € ††120/130 € - 1 Suite

Scheffelstr. 41 ✉ 42327 - ✆ 0202 784074 - www.scarpati.de - geschl. Montag

Trattoria - siehe Restaurantauswahl

In Wuppertal-Ronsdorf

Park Villa

PRIVATHAUS • DESIGN An der Südhöhe von Wuppertal hat man mit der aufwändig sanierten Villa von 1907 und dem angebauten "Design House" einen aparten Kontrast geschaffen - hier wie dort ist alles sehr hochwertig und individuell, einschließlich des persönlichen Service. Zum Entspannen: hübscher Garten und Sauna.

30 Zim - †130/150 € ††140/170 € - 6 Suiten - ☕18 €

Erich-Hoepner Ring 5 ✉ 42369
- ✆ 0202 28335400 - www.parkvilla-wuppertal.de

WURZACH, BAD

Baden-Württemberg - 14 316 Ew. - Höhe 654 m - Regionalatlas **64**-I21
Michelin Straßenkarte 545

Adler

REGIONAL • FREUNDLICH X Das ist etwas für Freunde schwäbischer Klassiker: Mit Käsespätzle, Rostbraten, Cordon bleu oder Maultaschensuppe bietet die Küche alles, was man hier in der Region erwartet.

Menü 25 € - Karte 26/47 €

12 Zim ☕ - †78/88 € ††97/115 €

Hotel Adler, Schlossstr. 8 ✉ 88410
- ✆ 07564 93030 - www.hotel-adler-bad-wurzach.de
- nur Abendessen, sonntags auch Mittagessen
- geschl. Anfang Januar 1 Woche, August 2 Wochen und Montag

WUSTROW

Mecklenburg-Vorpommern - 1 162 Ew. - Höhe 6 m - Regionalatlas **5**-N3
Michelin Straßenkarte 542

Schimmel's

REGIONAL • FAMILIÄR XX Hinter der schmucken roten Fassade hat man es dank charmanter Landhausatmosphäre richtig gemütlich. Die ambitionierte saisonale Regionalküche gibt es z. B. als "Darßer Reh mit Sellerie, glasierten Kirschen und Pfifferlingen". Und am Nachmittag hausgebackenen Kuchen? Tipp: Die Gästezimmer sind ebenso schön.

Menü 42/54 € - Karte 37/43 €

3 Zim - †65/75 € ††65/85 € - ☕12 €

Parkstr. 1 ✉ 18347
- ✆ 038220 66500 - www.schimmels.de
- nur Abendessen - geschl. Donnerstag

Dorint Strandresort

SPA UND WELLNESS • GEMÜTLICH Über drei Häuser erstrecken sich hier Wohnkomfort, Wellness und Gastronomie - alles freundlich gestaltet, von Feng Shui inspiriert. Zum Wohlfühlen die schönen hellen Zimmer, der Spa auf 750 qm, das "Inner-Balance"-Teehaus. Und bei den Kids kommt dank diverser Spiel- und Freizeitangebote keine Langeweile auf!

96 Zim ☕ - †100/160 € ††120/250 € - 16 Suiten - ½ P

Strandstr. 46 ✉ 18347
- ✆ 038220 650 - www.dorint.com/wustrow

XANTEN

Nordrhein-Westfalen - 21 281 Ew. - Höhe 22 m - Regionalatlas **25**-B10
Michelin Straßenkarte 543

In Xanten-Obermörmter Nord-West: 15 km über B 57, nach Marienbaum rechts ab

Landhaus Köpp

FRANZÖSISCH-KLASSISCH • ELEGANT Klassik pur! Ohne großes Tamtam, dafür handwerklich top und sehr produktorientiert, so kennt man die Küche von Jürgen Köpp, und er bleibt seinem Stil seit über 25 Jahren treu! Elegant das Ambiente, versiert der Service samt trefflicher Weinberatung. Alternative: "Filius" mit bürgerlichem Angebot.

➜ Steinbutt mit geschmortem Blumenkohl in Champagnerduft. Dialog vom Kalbsfilet und Kaninchenrücken mit dreierlei von Basilikum. Feinstes von der Mango mit Pralinencreme.

Menü 65/97 € - Karte 56/77 €

Husenweg 147 ✉ 46509
- ✆ 02804 1626 (Tischbestellung erforderlich) - www.landhauskoepp.de
- geschl. Anfang Januar 10 Tage und Samstagmittag, Sonntagabend - Montag

ZEISKAM

Rheinland-Pfalz - 2 230 Ew. - Höhe 123 m - Regionalatlas **54**-E17
Michelin Straßenkarte 543

Zeiskamer Mühle

MARKTKÜCHE • GEMÜTLICH Auch gastronomisch kommt die Zeiskamer Mühle an. Man verbindet Regionales und Internationales, auf der Karte z. B. "Rehkeulensteaks vom deutschen Maibock, Spitzkohlgemüse, schwarze Johannisbeersauce". Räumlich stehen die charmante in Holz gehaltene Mühlenstube und das moderne Restaurant zur Wahl.

Menü 38/48 € - Karte 34/57 €

Hotel Zeiskamer Mühle, Hauptstr. 87, Süd: 1,5 km ✉ 67378 - ✆ 06347 97400 - www.zeiskamermuehle.de - Montag - Freitag nur Abendessen - geschl. Anfang August 2 Wochen

Zeiskamer Mühle

FAMILIÄR • MODERN Mit viel Engagement hat die Familie hier ein tipptopp gepflegtes modernes Landhotel geschaffen, das mit geradlinig-wohnlichen Zimmern, gutem Frühstück und schöner Lage Businessgäste und Pfalzurlauber gleichermaßen anspricht.

52 Zim - 85/105 € 125/145 €

Hauptstr. 87, Süd: 1,5 km ✉ 67378
- ✆ 06347 97400 - www.zeiskamermuehle.de
- geschl. Anfang August 2 Wochen

Zeiskamer Mühle - siehe Restaurantauswahl

ZEITHAIN Sachsen ➜ Siehe Riesa an der Elbe

ZELL am HARMERSBACH

Baden-Württemberg - 7 985 Ew. - Höhe 223 m - Regionalatlas **54**-E19
Michelin Straßenkarte 545

Bräukeller

BÜRGERLICHE KÜCHE • GEMÜTLICH In dem engagiert geführten Restaurant werden die Gäste sehr freundlich umsorgt - ob im Hopfengarten (eine wirklich hübsche Terrasse an der alten Stadtmauer) oder im gemütlichen Gewölbekeller von 1768. Man kocht bürgerlich und international.

Karte 29/39 €

Fabrikstr. 8 ✉ 77736
- ✆ 07835 548800 - www.braeukeller-zell.de
- geschl. Montag

ZELL Rheinland-Pfalz ➔ Siehe Zellertal

ZELLA-MEHLIS

Thüringen - 10 669 Ew. - Höhe 500 m - Regionalatlas **40**-J13
Michelin Straßenkarte 544

Waldmühle

GASTHOF • FUNKTIONELL Ein sehr gepflegtes Hotel, das aus einem Gast- und Logierhaus von 1892 entstanden ist. Nett die Lage am Waldrand, dennoch hat man eine gute Anbindung an die Autobahn. Wohnlich gestaltete Zimmer und Saunabereich mit Außenwhirlpool. Das Restaurant ist mit viel Holz in ländlichem Stil eingerichtet.

29 Zim - †49 € ††67 € - 2 Suiten - ☕ 8 € - ½ P

Lubenbachstr. 2 ✉ 98544 - ✆ 03682 89833 - www.hotel-waldmuehle.de

ZELLERTAL

Rheinland-Pfalz - 1 182 Ew. - Höhe 169 m - Regionalatlas **47**-E16
Michelin Straßenkarte 543

In Zellertal-Zell

Kollektur

HISTORISCH • GEMÜTLICH Schön liegt der Familienbetrieb in der Dorfmitte, hübsch der Garten zum Tal. In der ehemaligen Kollektur von 1752 hat man sehr wohnliche und freundliche Zimmer, teils mit Talblick. Toll auch die Aussicht von der Restaurantterrasse.

15 Zim ☕ - †69/98 € ††98/130 € - ½ P

Zeller Hauptstr. 19 ✉ 67308 - ✆ 06355 954545 - www.hotel-kollektur.de - geschl. 23. Dezember - 13. Januar

ZELTINGEN-RACHTIG

Rheinland-Pfalz - 2 222 Ew. - Höhe 120 m - Regionalatlas **46**-C15
Michelin Straßenkarte 543

Im Ortsteil Zeltingen

Saxlers Restaurant

INTERNATIONAL • LÄNDLICH XX An der Uferpromenade unweit des alten Marktplatzes bieten die freundlichen und engagierten Gastgeber internationale Küche. Von März bis Oktober hat man abends als Alternative den Braukeller - hier gibt's Bier vom Kloster Machern.

Menü 24/75 € - Karte 31/73 €

Hotel St. Stephanus, Uferallee 9, B 53 ✉ 54492 - ✆ 06532 680 - www.hotel-stephanus.de

St. Stephanus

HISTORISCHES GEBÄUDE • MODERN An der Mosel liegt das Herrenhaus mit hübscher Bruchsteinfassade a. d. 18. Jh. Neben wohnlichen Zimmern im historischen Haus sowie im angeschlossenen Anbau gibt es für Ihre Entspannung auch fernöstliche Massage- und Kosmetikbehandlungen.

43 Zim ☕ - †65/95 € ††90/160 € - ½ P

Uferallee 9, B 53 ✉ 54492 - ✆ 06532 680 - www.hotel-stephanus.de

Saxlers Restaurant - siehe Restaurantauswahl

ZERBST

Sachsen-Anhalt - 21 975 Ew. - Höhe 55 m - Regionalatlas **31**-M9
Michelin Straßenkarte 542

ꟷ Park-Restaurant Vogelherd 

MARKTKÜCHE • LÄNDLICH XX Idyllisch liegt das einstige Gutshaus im Grünen. Das seit über 100 Jahren familiär geleitete Restaurant bietet saisonale Küche. Gefragt ist auch die hübsche Terrasse bei einem kleinen Teich.

Menü 30/70 € - Karte 31/62 €

Lindauer Str. 78, Nord: 2,5 km ✉ 39261
- ✆ 03923 780444
- geschl. 24. Juli - 8. August und Sonntagabend - Dienstag

ZIMMERN Baden-Württemberg ➜ Siehe Rottweil

ZINGST

Mecklenburg-Vorpommern - 3 049 Ew. - Höhe 2 m - Regionalatlas **5**-N3
Michelin Straßenkarte 542

Meerlust 

INTERNATIONAL • ELEGANT XXX Im eleganten Restaurant und auf der hübschen Terrasse sitzt man gleichermaßen schön, während man sich international-saisonale Speisen wie "gebratenes Filet vom Heilbutt auf Spargel-Morchelragout" servieren lässt. Mittags kleineres Angebot.

Menü 35/65 € - Karte 39/60 €

Hotel Meerlust, Seestr. 72 ✉ 18374
- ✆ 038232 8850 - www.hotelmeerlust.de

Meerlust 

SPA UND WELLNESS • MODERN In dem stilvoll-modernen Hotel kann man wirklich schön Urlaub machen: Die Zimmer sind äußerst wohnlich (besonders komfortabel in der Lodge!), attraktiv der Spa, engagiert die Gästebetreuung. Dazu die Lage: Strand und Deich sind nur einen Steinwurf entfernt! HP inklusive.

45 Zim - 109/183 € 158/292 € - 7 Suiten - ½ P

Seestr. 72 ✉ 18374
- ✆ 038232 8850 - www.hotelmeerlust.de

Meerlust - siehe Restaurantauswahl

Marks 

FAMILIÄR • AM MEER Überzeugend ist hier schon die ruhige Lage in einem kleinen Wäldchen gleich hinterm Deich. Zudem hat man wohnliche, freundliche Zimmer (teilweise mit Terrasse) und ein hübsches Saunahaus im Garten (kostenpflichtig) - nach Terminabsprache auch Massage möglich. Restaurant im Brasserie-Stil mit netter Terrasse.

25 Zim - 69/79 € 115/145 €

Weidenstr. 17 ✉ 18374 - ✆ 038232 16140 - www.hotel-marks.de

Gode Tied 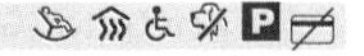

FAMILIÄR • FUNKTIONELL In der familiären kleinen Ferienadresse erwarten Sie wohnliche Zimmer, alle mit Kitchenette und Balkon/Terrasse sowie ein charmanter Frühstücksraum. Sie möchten mit dem Fahrrad die Gegend erkunden? Hier im Haus können Sie eines leihen.

10 Zim - 55/80 € 75/105 €

Friedenstr. 35 ✉ 18374 - ✆ 038232 15639 - www.hotel-gode-tied.eu

ZINNOWITZ Mecklenburg-Vorpommern ➜ Siehe Usedom (Insel)

ZIRNDORF

Bayern - 24 558 Ew. - Höhe 306 m - Regionalatlas **50**-K16
Michelin Straßenkarte 546

Siehe Nürnberg (Umgebungsplan)

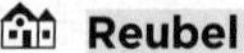

Reubel

FAMILIÄR • INDIVIDUELL Engagiert geführt und tipptopp in Schuss! Man wohnt in individuellen Zimmern von Standard bis zur Themen-Juniorsuite "1001 Nacht" oder den "Playmobil-Zimmern" mit Bezug zum nahegelegenen Park! Alles ist wertig und geschmackvoll. Appartements im Gästehaus. Restaurant mit internationaler und regionaler Küche.

22 Zim – †85/129 € ††98/149 € – ☕10 € – ½ P

Stadtplan : A2-c – *Banderbacher Str. 27 ✉ 90513 – ✆ 0911 96010 – www.hotel-reubel.de – geschl. 23. Dezember - 8. Januar*

ZORNEDING

Bayern – 9 029 Ew. – Höhe 560 m – Regionalatlas **66**-M20
Michelin Straßenkarte 546

Alte Posthalterei

MARKTKÜCHE • GEMÜTLICH XX Paprikasuppe, Gulasch Stroganoff, Marillenknödel... In den liebenswerten Stuben dieses gestandenen Gasthofs werden regional-saisonale Gerichte sowie Klassiker serviert. Lauschiger Biergarten unter Kastanien. Zum Übernachten stehen schöne großzügige Zimmer bereit.

Karte 23/48 €

5 Zim ☕ – †100/140 € ††120/160 €

Anton-Grandauer-Str. 9 ✉ 85604 – ✆ 08106 20007 – www.alteposthalterei-zorneding.de – geschl. Februar und Montag - Dienstag

ZWEIBRÜCKEN

Rheinland-Pfalz – 34 011 Ew. – Höhe 226 m – Regionalatlas **46**-C17
Michelin Straßenkarte 543

Zum StorchenNest

REGIONAL • LÄNDLICH X Die Lage am Stadtrand tut der Beliebtheit dieses Restaurants keinerlei Abbruch! Seit über 20 Jahren kommen die herzlichen Gastgeber, die charmanten Räume und die regionale Küche gut an. Zu trinken gibt es rund 150 Positionen Pfälzer Wein zu fairen Preisen.

Menü 14 € (mittags unter der Woche)/50 € – Karte 25/49 €

Landauer Str. 106a ✉ 66482 – ✆ 06332 49410 – www.zumstorchennest.de – geschl. Anfang Januar 1 Woche, Ende Juli - Anfang August 2 Wochen und Dienstag, Samstagmittag

Außerhalb Ost: 3 km

ESSLIBRIS

MEDITERRAN • ELEGANT XX Chic das freundlich-elegante Ambiente, toll der Blick zum Garten. Gekocht wird mediterran, aber auch regional - Appetit macht z. B. "Filet und Ravioli vom Milchkalb, Karotten, Petersilienwurzeln, Schalotten". Die Küche geht auch gerne auf Ihre Wünsche ein.

Menü 42/83 € – Karte 42/76 €

Hotel Landschloss Fasanerie, Fasanerie 1 ✉ 66482 – ✆ 06332 973205 – www.landschloss-fasanerie.de – geschl. Sonntagabend - Montag

Landhaus

REGIONAL • GEMÜTLICH X Sie mögen's ländlich-gemütlich? Im Winter unterstreicht ein offener Kamin die schöne Atmosphäre in den einstigen Stallungen des Landschlosses, im Sommer speist man draußen mit Blick auf den Park. Die Küche ist regional und international: Rumpsteak, Flammkuchen, Pasta, Vesper...

Karte 22/39 €

Hotel Landschloss Fasanerie, Fasanerie 1 ✉ 66482 – ✆ 06332 973207 – www.landschloss-fasanerie.de – Dienstag - Samstag nur Abendessen

 **Landschloss Fasanerie** 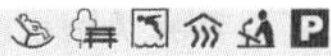

HISTORISCH • INDIVIDUELL Sie genießen den romantischen Park samt Rosengarten und Weiher, entspannen bei Massage und Kosmetik, bleiben fit beim Joggen und Wandern rund ums Hotel, feiern im stilvollen Saal... Tipp: große Ateliers und Maisonette. Jeden 1. Sonntag im Monat Brunch. Im Sommer gibt es alle zwei Wochen einen BBQ-Abend.

50 Zim – 125/240 € 160/310 € – ½ P

Fasanerie 1 66482 – 06332 9730 – www.landschloss-fasanerie.de

ESSLIBRIS • **Landhaus** – siehe Restaurantauswahl

ZWENKAU

Sachsen – 8 882 Ew. – Höhe 129 m – Regionalatlas **41**-N12

Michelin Straßenkarte 542

 **Seehof** 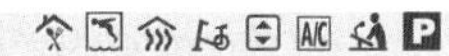

BUSINESS • GEMÜTLICH Ein familiengeführtes Hotel mit wohnlicher Atmosphäre. Angenehm licht ist der Frühstücksraum in klarem modernem Stil. Einige Zimmer hat man besonders charmant dekoriert. Im Restaurant sorgen helles Holz und Kachelofen für Gemütlichkeit.

42 Zim – 74/119 € 88/139 € – ½ P

Zur Harth 1 04442 – 034203 5710 – www.seehof-leipzig.de – geschl. 1. - 7. Januar

ZWIESEL

Bayern – 9 309 Ew. – Höhe 585 m – Regionalatlas **59**-P18

Michelin Straßenkarte 546

Marktstube 

TRADITIONELLE KÜCHE • FREUNDLICH Die persönlich-familiär geführte "Marktstube" ist ein gepflegtes, hell gestaltetes Restaurant, in dem man bürgerliche und internationale Speisen serviert bekommt.

Menü 40 € – Karte 25/38 €

Angerstr. 31 94227 – 09922 6285 – www.restaurant-marktstube.de – geschl. Juni 2 Wochen und Dienstag, November - Mai: Sonntagabend, Dienstag

ZWINGENBERG

Hessen – 6 878 Ew. – Höhe 99 m – Regionalatlas **47**-F16

Michelin Straßenkarte 543

Kaltwassers Wohnzimmer 

MODERNE KÜCHE • RUSTIKAL Gemütliche Wohnzimmer-Atmosphäre macht sich hier breit, was nicht zuletzt an charmanten Details im 50er-Jahre-Stil liegt. Gekocht wird modern-regional - da gibt's z. B. "En rosa Ochs" ("Odenwälder Rumpsteak mit Bierzwiebeln"). Draußen lockt das "Atrium" mit Innenhof-Flair und Blick in die verglaste Küche!

Menü 35/55 € – Karte 33/45 €

Obergasse 15 64673 – 06251 1058640 (Tischbestellung ratsam) – www.kaltwasserswohnzimmer.de – nur Abendessen, sonntags auch Mittagessen – geschl. Januar 1 Woche und Montag - Dienstag

ZWISCHENAHN, BAD

Niedersachsen – 27 965 Ew. – Höhe 7 m – Regionalatlas **17**-E6

Michelin Straßenkarte 541

Antonio Lava 

ITALIENISCH • GEMÜTLICH Lust auf "cucina italiana"? In dem freundlichen Restaurant bietet man passend zum mediterranem Touch des Interieurs ansprechende Gerichte wie "Linguine Carbonara mit geräuchertem Thunfisch" - nicht zu vergessen das frische Antipasti-Buffet.

Menü 20/120 € – Karte 17/80 €

In der Horst 1 26160 – 04403 64970 – www.antonio-lava.de

Der Ahrenshof

TRADITIONELLE KÜCHE • RUSTIKAL XX Nahe dem Kurpark finden Sie das gemütliche und charmant-rustikale Ammerländer Bauernhaus von 1688. Die bürgerliche Küche serviert man auch auf der großen Terrasse im Grünen.

Menü 29/68 € – Karte 26/50 €

Oldenburger Straße ✉ 26160 – ✆ 04403 4711 – www.der-ahrenshof.de

Haus am Meer

BUSINESS • FUNKTIONELL Die Zimmer dieses komfortablen Hotels unmittelbar am Zwischenahner Meer sind mit modernen Möbeln und warmen Farben sehr wohnlich eingerichtet. Ob Tagungsgäste, Urlauber oder Einheimische, besonders gerne genießt man im Sommer die Restaurantterrasse mit Blick aufs Wasser.

71 Zim – †74/136 € ††128/194 € – 1 Suite – ½ P

Auf dem Hohen Ufer 25 ✉ 26160 – ✆ 04403 9400 – www.hausammeer.de – geschl. 3. - 15. Januar

Am Badepark

FAMILIÄR • GEMÜTLICH Das familienfreundliche Ferienhotel mit seinen modernen, chic in warmen Farben gehaltenen Zimmern liegt neben einem großen Freizeitbad (für Hausgäste kostenfrei) und bietet auch einen Fahrradverleih. Neuzeitlich-gediegenes Restaurant mit netter Terrasse.

45 Zim – †69/149 € ††104/169 € – 5 Suiten – ½ P

Am Badepark 5 ✉ 26160 – ✆ 04403 6960 – www.hotelambadepark.de

NordWest Hotel

BUSINESS • MODERN Hier hat sich viel getan: Nach Komplettrenovierung präsentiert sich das Hotel mit einladender Halle, schönen modernen Zimmern in warmen Tönen und einem frischen, freundlichen Wellnessbereich. Attraktiv auch die Lage nahe dem Seerundweg.

48 Zim – †69/149 € ††99/164 € – 2 Suiten

Zum Rosenteich 14 ✉ 26160 – ✆ 04403 9230 – www.hotel-bad-zwischenahn.de

In Bad Zwischenahn-Aschhauserfeld Nord-Ost: 4 km Richtung Wiefelstede

Apicius

FRANZÖSISCH-MODERN • ELEGANT XXX Chic und wertig ist es geworden, das Interieur des Gourmetrestaurants - ein weiteres Glanzlicht neben der unumstrittenen niveauvollen und aromenreichen Küche. Gekocht wird klassisch und mit modernen Einflüssen, großen Wert legt man auf regionale Produkte. Schön das Weinangebot, sehr freundlich der Service.

→ Hamachi leicht gebeizt, Imperial Kaviar, Avocado. Lamm, Kichererbse, Vadouvan, Feta, Aubergine. Passionsfrucht, Salzkaramell, geschmorte Ananas, Kokos.

Menü 85/129 € – Karte 75/97 €

Hote Jagdhaus Eiden am See, Eiden 9 ✉ 26160 – ✆ 04403 698000 (Tischbestellung ratsam) – www.jagdhaus-eiden.de – Mittwoch - Freitag nur Abendessen – geschl. 27. Dezember - 21. Januar, 2. - 15. Juli, 1. - 7. Oktober und Sonntag - Dienstag

Jäger- und Fischerstube

REGIONAL • LÄNDLICH XX Die Lage des Jagdhauses in einem 10 ha großen Park ist fantastisch - da ist die herrliche Gartenterrasse natürlich besonders gefragt! Auch drinnen sitzt man schön bei regionalen Fisch- und Wildspezialitäten sowie internationalen Klassikern.

Menü 51 € – Karte 29/76 €

Hotel Jagdhaus Eiden, Eiden 9 ✉ 26160 – ✆ 04403 698000 – www.jagdhaus-eiden.de

Jagdhaus Eiden am See

LANDHAUS • GEMÜTLICH Ein geschmackvolles familiengeführtes Ferienhotel in Seenähe. Wer es besonders komfortabel mag, bucht eines des schicken Zimmer im Gästehaus - hier auch eine der Wellness-Suiten. Und lassen Sie sich nicht den Spa auf rund 1000 qm entgehen!

99 Zim – †82/164 € ††129/255 € – 3 Suiten – ½ P

Eiden 9 ✉ 26160 – ✆ 04403 698000 – www.jagdhaus-eiden.de

Apicius • **Jäger- und Fischerstube** – siehe Restaurantauswahl

In Bad Zwischenahn-Dreibergen Nord: 7 km Richtung Wiefelstede

Klinkel's

INTERNATIONAL • FREUNDLICH XX Das engagiert geführte Restaurant mit der ambitionierten internationalen Küche kommt gut an! In freundlicher Atmosphäre (ein Muss im Sommer die herrliche Terrasse) kommt z. B. "Simmentaler Rinderrücken, Schalotten, Pastinaken, Steinpilze, Rahmpolenta" auf den Tisch. Sonntagmittags kleineres Angebot.

Menü 48/70 € – Karte 40/56 €

Dreiberger Str. 15 ✉ 26160 – ✆ 04403 9163844 – www.klinkels.de – nur Abendessen – geschl. 1. - 9. Januar, 9. Juli - 24. August, 1. - 9. Oktober und Montag - Dienstag

RICHTIG!

Häufiges Bremsen und Beschleunigen im Stadtverkehr nutzt die Reifen stärker ab! Bewahren Sie in Staus die Geduld und fahren Sie zurückhaltend.

Der Reifenfülldruck wirkt sich nur auf die Sicherheit aus ...

FALSCH!

Neben Bodenhaftung und Kraftstoffverbrauch verringert ein Unterdruck um 0,5 Bar die Nutzungsdauer Ihrer Reifen um 8000 km. Prüfen Sie den Druck etwa einmal pro Monat, vor allem bevor Sie in die Ferien fahren oder vor langen Strecken.

Wenn bei Ihnen
gelegentlich winterliche
Straßenverhältnisse,
plötzliche Regenfälle,
Schnee oder Glatteis
auftreten, können Sie sich
für einen einzigen
Reifentyp
entscheiden.
?
RICHTIG
Der bahnbrechende
MICHELIN CrossClimate
garantiert Ihnen Mobilität und
einfaches Handling unabhängig
von den klimatischen
Bedingungen. Dies ist der
erste Sommerreifen mit
Winterzulassung!

MICHELIN ENGAGIERT SICH

▶ *MICHELIN IST* ***WELTWEIT DIE NR. 1 BEI ENERGIESPARREIFEN*** *FÜR PKW.*

▶ *SO WERDEN* ***DIE JÜNGSTEN MEHR FÜR DIE SICHERHEIT IM STRASSENVERKEHR SENSIBILISIERT,*** *AUCH MIT ZWEIRÄDERN: 2015 WURDEN IN* ***16 LÄNDERN*** *AKTIONEN VOR ORT ORGANISIERT.*

QUIZ

1 WARUM IST DAS MICHELIN-MÄNNCHEN (BIBENDUM) WEISS, OBWOHL DIE REIFEN SCHWARZ SIND?

Die Idee für das Bibendum entstand 1898 aus einem Reifenstapel. Zu dieser Zeit wurden Reifen aus Naturkautschuk, Baumwolle und Schwefel hergestellt. Sie wiesen also eine helle Farbe auf. Erst nach dem ersten Weltkrieg wurde die Zusammensetzung komplizierter und es kam Ruß hinzu. Aber Bibendum bleibt weiß!

2 WISSEN SIE, WIE LANGE DER GUIDE MICHELIN SCHON REISENDE BEGLEITET?

Seit 1900. Damals sagte man, dass das Werk mit dem Jahrhundert erschienen ist und ebenso lange andauern wird. Und heute setzt er weiterhin Maßstäbe mit neuen Ausgaben und einer Auswahl von MICHELIN Restaurants - Bookatable in einigen Ländern auf der Website.

3 SEIT WANN GIBT ES DEN „BIB GOURMAND" IM GUIDE MICHELIN?

Diese Bezeichnung entstand im Jahr 1997, aber seit 1954 erwähnt der Guide MICHELIN gepflegte Mahlzeiten zu gemäßigten Preisen". Heute finden sich MICHELIN Restaurants - Bookatable auf der Website und in der Mobil-App.

Wenn Sie mehr über Michelin erfahren und Spaß haben möchten, besuchen Sie „Abenteuer Michelin" und die dazugehörige Boutique in Clermont-Ferrand, in Frankreich: **www.laventuremichelin.com**

Auszeichnungen

Thematic index

STERNE-RESTAURANTS

STARRED RESTAURANTS ✿

BADEN-WÜRTTEMBERG

Amtzell	Schattbuch ✿
Asperg	Schwabenstube ✿
Baden-Baden	Le Jardin de France ✿
Baden-Baden	Röttele's Restaurant und Residenz im Schloss Neuweier ✿
Baiersbronn	Restaurant Bareiss ✿✿✿
Baiersbronn	Schlossberg ✿✿
Baiersbronn	Schwarzwaldstube ✿✿✿
Bietigheim-Bissingen	Maerz - Das Restaurant ✿
Durbach	Wilder Ritter ✿
Ehningen	Landhaus Feckl ✿
Endingen am Kaiserstuhl	Merkles Restaurant ✿
Ettlingen	Erbprinz ✿
Freiburg im Breisgau	sHerrehus ✿
Freiburg im Breisgau	Wolfshöhle ✿
Freiburg im Breisgau	Zirbelstube ✿
Gernsbach	Werners Restaurant ✿
Grenzach-Wyhlen	Eckert ✿ **N**
Häusern	Adler ✿
Heidelberg	Die Hirschgasse - Le Gourmet ✿
Heidelberg	Scharff's Schlossweinstube im Heidelberger Schloss ✿
Horben	Gasthaus zum Raben ✿
Karlsruhe	Le Salon im Kesselhaus ✿
Kernen im Remstal	Malathounis ✿
Konstanz	Ophelia ✿✿
Konstanz	San Martino - Gourmet ✿
Krozingen, Bad	Storchen ✿
Kuppenheim	Raubs Landgasthof ✿
Lahr	Adler ✿
Langenau	Gasthof zum Bad ✿
Ludwigsburg	Gutsschenke ✿
Mannheim	Doblers ✿
Mannheim	Emma Wolf since 1920 ✿ **N**
Mannheim	le Corange ✿ **N**
Mannheim	Marly ✿
Mannheim	Opus V ✿✿
Meersburg	Casala ✿
Mulfingen	Amtskeller ✿
Nagold	Alte Post ✿
Öhningen	Falconera ✿
Öhringen / Friedrichsruhe	Wald & Schlosshotel Friedrichsruhe - Gourmet-Restaurant «Le Cerf» ✿✿ **N**

Peterstal-Griesbach, Bad	Le Pavillon	✿✿	
Pfaffenweiler	Zehner's Stube	✿	
Pliezhausen	Landgasthaus zur Linde	✿	
Rust	ammolite - The Lighthouse Restaurant	✿✿	
Säckingen, Bad	Genuss-Apotheke	✿	
Salach	Burgrestaurant Staufeneck	✿	
Sasbachwalden	Fallert	✿	
Schwäbisch Hall	Eisenbahn	✿	
Schwäbisch Hall	Rebers Pflug	✿	
Sonnenbühl	Hirsch	✿	
Stuttgart	Délice	✿	
Stuttgart	5 (Fünf)	✿	
Stuttgart	OLIVO	✿	
Stuttgart	Speisemeisterei	✿	
Stuttgart	top air	✿	
Stuttgart	Wielandshöhe	✿	
Stuttgart	YoSH	✿	
Stuttgart	Die Zirbelstube	✿	
Stuttgart / Fellbach	Goldberg	✿	
Stuttgart / Fellbach	Gourmet Restaurant avui	✿	
Stuttgart / Fellbach	Oettinger's Restaurant	✿	
Sulzburg	Hirschen	✿✿	
Teinach-Zavelstein, Bad	Gourmetrestaurant Berlins Krone	✿	
Tübingen	Schranners Waldhorn	✿	
Tuttlingen	Anima	✿	**N**
Ulm	LAGO	✿	
Ulm	SIEDEPUNKT	✿	**N**
Vaihingen an der Enz	Lamm Rosswag	✿	
Vogtsburg im Kaiserstuhl	Schwarzer Adler	✿	
Waiblingen	Bachofer	✿	
Waldbronn	Schwitzer's am Park	✿	
Waldenbuch	Gasthof Krone	✿	
Weikersheim	Laurentius	✿	
Weingarten (Kreis Karlsruhe)	Walk'sches Haus - Gourmet-Restaurant	✿	

BAYERN

Amorbach	Abt- und Schäferstube	✿	
Aschau im Chiemgau	Restaurant Heinz Winkler	✿✿	
Auerbach in der Oberpfalz	SoulFood	✿	
Augsburg	AUGUST	✿✿	
Berchtesgaden	LE CIEL	✿	
Coburg	Esszimmer	✿	
Heroldsberg	Sosein.	✿	
Hohenkammer	Camers Schlossrestaurant	✿	
Kirchdorf (Krs. Mühldorf am Inn)	Christian's Restaurant - Gasthof Grainer	✿	
Kissingen, Bad	Laudensacks Gourmet Restaurant	✿	
Kötzting, Bad	Leo's by Stephan Brandl	✿	**N**
Krün	Luce d'Oro	✿	
Langenzenn	Keidenzeller Hof	✿	
Lindau im Bodensee	VILLINO	✿	
Mittenwald	Das Marktrestaurant	✿	
München	Acquarello	✿	

München	Atelier ✿✿✿ **N**
München	Dallmayr ✿✿
München	Les Deux ✿
München	EssZimmer ✿✿
München	Geisels Werneckhof ✿✿
München	Gourmet Restaurant Königshof ✿
München	Schuhbecks Fine Dining ✿ **N**
München	Schwarzreiter ✿ **N**
München	Showroom ✿
München	Tantris ✿✿
Neunburg vorm Wald	Obendorfer's Eisvogel ✿
Niederwinkling	Buchner ✿
Nördlingen	Wirtshaus Meyers Keller - Restaurant Joachim Kaiser ✿
Nürnberg	Entenstuben ✿
Nürnberg	Essigbrätlein ✿✿
Nürnberg	ZweiSinn Meiers | Fine Dining ✿
Oberstdorf	Das Maximilians ✿
Oberstdorf	ESS ATELIER STRAUSS ✿
Pleiskirchen	Huberwirt ✿
Regensburg	storstad ✿
Rötz	Gregor's ✿
Rottach-Egern	Dichterstub'n ✿
Rottach-Egern	Restaurant Überfahrt Christian Jürgens ✿✿✿
Sommerhausen	Philipp ✿
Sonthofen / Ofterschwang	Silberdistel ✿
Starnberg	Aubergine ✿
Teisnach	Oswald's Gourmetstube ✿
Waldkirchen	Johanns ✿
Wernberg-Köblitz	Kastell ✿✿
Wirsberg	Alexander Herrmann ✿
Würzburg	KUNO 1408 ✿
Würzburg	REISERS am Stein ✿

BERLIN

Berlin	Bandol sur Mer ✿
Berlin	Bieberbau ✿
Berlin	5 - cinco by Paco Pérez ✿
Berlin	Cookies Cream ✿ **N**
Berlin	einsunternull ✿
Berlin	FACIL ✿✿
Berlin	Fischers Fritz ✿✿
Berlin	Frühsammers Restaurant ✿
Berlin	GOLVET ✿ **N**
Berlin	Horváth ✿✿
Berlin	Hugos ✿
Berlin	Lorenz Adlon Esszimmer ✿✿
Berlin	Markus Semmler ✿
Berlin	Nobelhart und Schmutzig ✿
Berlin	Pauly Saal ✿
Berlin	reinstoff ✿✿
Berlin	Richard ✿
Berlin	Rutz ✿✿

Berlin	SKYKITCHEN ✿
Berlin	Tim Raue ✿✿
Berlin	tulus lotrek ✿ **N**

BRANDENBURG

Burg (Spreewald)	17 fuffzig ✿ **N**
Potsdam	Friedrich-Wilhelm ✿

HAMBURG

Hamburg	Le Canard nouveau ✿
Hamburg	Haerlin ✿✿
Hamburg	Jacobs Restaurant ✿✿
Hamburg	Jellyfish ✿ **N**
Hamburg	Landhaus Scherrer ✿
Hamburg	Petit Amour ✿
Hamburg	Piment ✿
Hamburg	SE7EN OCEANS ✿
Hamburg	Süllberg - Seven Seas ✿✿
Hamburg	The Table Kevin Fehling ✿✿✿
Hamburg	Trüffelschwein ✿

HESSEN

Eltville am Rhein	Jean ✿
Frankenberg (Eder)	Philipp Soldan ✿
Frankfurt am Main	Atelier Wilma ✿
Frankfurt am Main	Carmelo Greco ✿
Frankfurt am Main	Erno's Bistro ✿
Frankfurt am Main	Français ✿
Frankfurt am Main	Gustav ✿
Frankfurt am Main	Lafleur ✿✿
Frankfurt am Main	Restaurant Villa Merton ✿
Frankfurt am Main	SEVEN SWANS ✿
Geisenheim	Schwarzenstein Nils Henkel ✿✿ **N**
Hersfeld, Bad	L'étable ✿
Hilders	BjoernsOx ✿ **N**
Homburg vor der Höhe, Bad	Schellers ✿
Kassel	Voit ✿ **N**
Limburg an der Lahn	360° ✿
Wiesbaden	Ente ✿

MECKLENBURG-VORPOMMERN

Dierhagen	Ostseelounge ✿
Doberan, Bad	Friedrich Franz ✿
Feldberger Seenlandschaft	Alte Schule - Klassenzimmer ✿
Krakow am See	Ich weiß ein Haus am See ✿
Rostock	Gourmet-Restaurant Der Butt ✿
Rügen / Binz	freustil ✿
Stolpe	Gutshaus Stolpe ✿
Usedom / Heringsdorf	The O'room by Tom Wickboldt ✿ **N**

NIEDERSACHSEN

Aerzen	Gourmet Restaurant im Schlosshotel Münchhausen	✿	
Bentheim, Bad	Keilings Restaurant	✿✿	**N**
Burgwedel	Ole Deele	✿	
Buxtehude	N°4	✿	**N**
Celle	Endtenfang	✿	
Cuxhaven	Sterneck	✿✿	
Göttingen / Friedland	Landhaus Biewald - Genießer Stube	✿	
Hannover	Jante	✿	
Leer	Perior	✿	
Norderney (Insel)	Seesteg	✿	
Osnabrück	La Vie	✿✿✿	
Wolfsburg	Aqua	✿✿✿	
Wolfsburg	La Fontaine	✿	
Zwischenahn, Bad	Apicius	✿	

NORDRHEIN-WESTFALEN

Aachen	La Bécasse	✿	
Aachen	Sankt Benedikt	✿	
Bergisch Gladbach	Vendôme	✿✿✿	
Bonn	EQUU in der Remise	✿	
Bonn	Halbedel's Gasthaus	✿	
Bonn	Kaspars	✿	
Bonn	Yunico	✿	
Dorsten	Goldener Anker	✿	
Dorsten	Rosin	✿✿	
Dortmund	Palmgarden	✿	
Düsseldorf	Agata's	✿	
Düsseldorf	Berens am Kai	✿	
Düsseldorf	DR.KOSCH	✿	
Düsseldorf	Enzo im Schiffchen	✿	
Düsseldorf	Le Flair	✿	
Düsseldorf	Fritz's Frau Franzi	✿	**N**
Düsseldorf	Nagaya	✿	
Düsseldorf	NENIO	✿	
Düsseldorf	Im Schiffchen	✿✿	
Düsseldorf	Tafelspitz 1876	✿	
Düsseldorf	Yoshi by Nagaya	✿	**N**
Essen	Schloss Hugenpoet - Laurushaus	✿	**N**
Essen	Schote	✿	
Euskirchen	Bembergs Häuschen	✿	
Gummersbach	Mühlenhelle	✿	
Haltern am See	Ratshotel - Ratsstuben	✿	**N**
Heinsberg	St. Jacques	✿	
Hörstel	Westfälische Stube	✿	
Kerpen	Schloss Loersfeld	✿	
Köln	Alfredo	✿	
Köln	L'escalier	✿	
Köln	Himmel un Äd	✿	
Köln	maiBeck	✿	
Köln	Maître im Landhaus Kuckuck	✿	

Köln	Le Moissonnier ✿✿
Köln	Ox & Klee ✿
Köln	La Société ✿
Köln	taku ✿
Köln	Zur Tant ✿
Köln	WeinAmRhein ✿ **N**
Meerbusch	Anthony's ✿ **N**
Mülheim an der Ruhr	am Kamin ✿
Münster	Gourmet 1895 ✿
Odenthal	Zur Post ✿
Paderborn	Balthasar ✿
Pulheim	Gut Lärchenhof ✿
Remscheid	Heldmann Restaurant in der Concordia ✿
Rheda-Wiedenbrück	Reuter ✿
Schmallenberg	Deimann - Hofstube ✿ **N**
Velbert	Haus Stemberg ✿
Xanten	Landhaus Köpp ✿

RHEINLAND-PFALZ

Andernach	Ristorante Ai Pero ✿ **N**
Andernach	YOSO ✿ **N**
Balduinstein	Bibliothek ✿
Daun	Graf Leopold ✿
Deidesheim	L.A. Jordan ✿
Deidesheim	Schwarzer Hahn ✿
Grünstadt / Neuleiningen	Alte Pfarrey ✿
Heidesheim am Rhein	Gourmetrestaurant Dirk Maus ✿
Hermeskeil / Neuhütten	Le temple ✿
Herxheim	Kronen-Restaurant ✿
Kallstadt	Intense ✿ **N**
Kirchheim an der Weinstraße	Schwarz Gourmet ✿ **N**
Koblenz	Da Vinci ✿
Koblenz	Schiller's Restaurant ✿
Mainz	FAVORITE restaurant ✿
Neuenahr-Ahrweiler, Bad	Historisches Gasthaus Sanct Peter Restaurant Brogsitter ✿
Neuenahr-Ahrweiler, Bad	Steinheuers Restaurant Zur Alten Post ✿✿
Neustadt an der Weinstraße	Urgestein im Steinhäuser Hof ✿
Piesport	schanz. restaurant. ✿✿
Pirmasens	Die Brasserie ✿
Selzen	Kaupers Restaurant im Kapellenhof ✿
Sobernheim, Bad	Jungborn ✿
Stromberg (Kreis Kreuznach)	Le Val d'Or ✿
Trier	BECKER'S ✿✿
Trittenheim	Wein- und Tafelhaus ✿
Trittenheim / Naurath (Wald)	Rüssel's Landhaus ✿
Wittlich / Dreis	Waldhotel Sonnora ✿✿✿

SAARLAND

Blieskastel	Hämmerle's Restaurant - Barrique ✿
Perl	Victor's Fine Dining by christian bau ✿✿✿
Saarbrücken	GästeHaus Klaus Erfort ✿✿✿
Sankt Wendel	Kunz ✿

SACHSEN

Dresden	bean&beluga ✪
Dresden	Caroussel ✪
Dresden	Elements ✪
Kirschau	Juwel ✪
Leipzig	Falco ✪✪
Leipzig	Stadtpfeiffer ✪

SACHSEN-ANHALT

Wernigerode	Zeitwerk by Robin Pietsch ✪ **N**

SCHLESWIG-HOLSTEIN

Föhr / Wyk	Alt Wyk ✪
Glücksburg	Meierei Dirk Luther ✪✪
Kiel	Ahlmanns ✪
Lübeck	Buddenbrooks ✪
Lübeck	Villa Mare - Balthazar ✪
Lübeck	Wullenwever ✪
Lütjenburg / Panker	Restaurant 1797 ✪
Scharbeutz	DiVa ✪
Sylt / Hörnum	KAI3 ✪
Sylt / Rantum	Söl'ring Hof ✪✪
Sylt / Tinnum	BODENDORF'S ✪
Timmendorfer Strand	Orangerie ✪
Wangels	Courtier ✪✪ **N**

THÜRINGEN

Erfurt	Clara - Restaurant im Kaisersaal ✪
Weimar	Anna Amalia ✪

VORALBERG (ÖSTERREICH)

Kleinwalsertal / Hirschegg	Kilian Stuba ✪

BIB GOURMAND

BADEN-WÜRTTEMBERG

Achern	Chez Georges
Alpirsbach	Rössle
Auenwald	Landgasthof Waldhorn
Baden-Baden	La Table
Baiersbronn	Bareiss - Dorfstuben
Baiersbronn	Traube Tonbach - Bauernstube
Bellingen, Bad	Landgasthof Schwanen
Bisingen	Gasthof Adler
Bonndorf	Sommerau
Brackenheim	Adler
Bretzfeld	Reinecker's Dorfstube
Brühl (Baden)	KRONE das gasthaus
Bühl	Lamm
Bühl	Pospisil's Gasthof Krone
Bühlertal	Bergfriedel
Bühlertal	Rebstock
Denzlingen	Rebstock-Stube
Donaueschingen	Baader's Schützen
Donzdorf	Castello
Eggenstein-Leopoldshafen	Zum Goldenen Anker
Elzach	Schäck's Adler
Emmingen-Liptingen	Schenkenberger Hof
Endingen am Kaiserstuhl	Die Pfarrwirtschaft
Endingen am Kaiserstuhl	Dutters Stube
Ettlingen	Weinstube Sibylla
Feldberg im Schwarzwald	Adler Bärental
Freiamt	Zur Krone
Freiburg im Breisgau	Eichhalde **N**
Freiburg im Breisgau	Hirschen
Freiburg im Breisgau	Kühler Krug
Freiburg im Breisgau	Markgräfler Hof **N**
Freudenstadt	Warteck
Frickingen	Löwen
Friesenheim	Mühlenhof
Gengenbach	Die Reichsstadt
Gengenbach	Ponyhof
Gengenbach / Berghaupten	Hirsch
Glottertal	Hirschen
Glottertal	Wirtshaus zur Sonne **N**
Glottertal	Zum Goldenen Engel
Gschwend	Herrengass
Gundelfingen	Sonne Wildtal **N**
Hardheim	Wohlfahrtsmühle
Heidelberg	Backmulde
Heilbronn	Bachmaier
Heilbronn	Rebstock la petite Provence
Heilbronn / Leingarten	Dorfkrug

Heiligenberg	Hack
Heitersheim	Landhotel Krone
Herrenalb, Bad	Lamm
Hinterzarten	Prüfer's **N**
Hirschberg	Krone
Hüfingen	Landgasthof Hirschen
Ihringen	Bräutigam
Ihringen	Holzöfele
Ihringen	Weinstube Zum Küfer
Ilsfeld	Häußermann's Ochsen
Immenstaad am Bodensee	Heinzler
Immenstaad am Bodensee	Seehof
Isny	Allgäuer Stuben
Kandern	Pfaffenkeller
Kappelrodeck	Zum Rebstock
Karlsruhe	Oberländer Weinstube
Kehl	Grieshaber's Rebstock
Kenzingen	Scheidels Restaurant zum Kranz
Kirchdorf an der Iller	Landgasthof Löwen
Kirchzarten	Schlegelhof
Kirchzarten	Zum Rössle
Klettgau	Landgasthof Mange
Köngen	Schwanen
Köngen	Tafelhaus
Königsbronn	Widmann's Löwen
Königsfeld im Schwarzwald	Café Rapp
Konstanz	Brasserie Colette Tim Raue **N**
Künzelsau	Anne-Sophie
Lahr	Adler - Gasthaus
Lauffen am Neckar	Elefanten
Lautenbach (Ortenaukreis)	Sonne
Leimen	Weinstube Jägerlust
Leinfelden-Echterdingen	Hotel am Park
Liebenzell, Bad	Gasthaus Hirsch **N**
March	Jauch's Löwen
Maselheim	Lamm
Mosbach	Landgasthof zum Ochsen
Muggensturm	Lamm
Neckargemünd	Christians Restaurant **N**
Neckargemünd	Zum Rössel
Notzingen	Die Kelter
Oberboihingen	Zur Linde
Oberried	Die Halde
Oberried	Gasthaus Sternen Post
Oberstenfeld	Zum Ochsen
Östringen	Güldener Becher
Ötisheim	Sternenschanz
Offenburg	Blume
Ostrach	Landhotel zum Hirsch
Peterstal-Griesbach, Bad	Kamin- und Bauernstube
Plochingen	Cervus

Plochingen	Stumpenhof
Ratshausen	Adler **N**
Ravensburg	Lumperhof
Remchingen	Zum Hirsch
Remshalden	Weinstube zur Traube
Ringsheim	Heckenrose
Rippoldsau-Schapbach, Bad	Klösterle Hof
Rot am See	Landhaus Hohenlohe
Rudersberg	Gasthaus Stern
Salem	Reck's
Sankt Märgen	Zum Kreuz
Sankt Peter	Zur Sonne
Sasbachwalden	Badische Stuben
Sasbachwalden	Engel
Schlat	Gasthof Lamm
Schopfheim	Mühle zu Gersbach
Schorndorf / Winterbach	Landgasthaus Hirsch
Schramberg	Gasthof Hirsch
Schwäbisch Gmünd / Waldstetten	Sonnenhof
Schwäbisch Hall	Landhaus Zum Rössle
Schwendi	Esszimmer im Oberschwäbischen Hof
Schwetzingen	möbius **N**
Simonswald	Hugenhof
Sonnenbühl	Hirsch - Dorfstube
Staufen	Die Krone **N**
Staufen	Kreuz-Post
Steinen	Zum fröhlichen Landmann
Steinenbronn	Krone
Stühlingen	Gasthaus Schwanen
Stühlingen	Geng's Linde
Stuttgart	Goldener Adler
Stuttgart	Zur Linde
Stuttgart	Vetter
Stuttgart / Fellbach	Aldinger's
Stuttgart / Fellbach	Gasthaus zum Hirschen
Sulzburg	Landgasthof Rebstock
Tettnang	Lamm im Kau
Tiefenbronn	Ochsen-Post - Bauernstuben
Todtnau	derWaldfrieden
Überlingen	Landgasthof zum Adler
Villingen-Schwenningen	Rindenmühle
Waiblingen	Brunnenstuben
Waldbronn	Schwitzer's Brasserie
Waldshut-Tiengen	Brauerei Walter
Wangen im Allgäu	Adler
Weikersheim	Laurentius - Bistro
Weinheim an der Bergstraße	bistronauten
Weinstadt	Gasthaus Rössle
Weinstadt	Weinstube Muz
Wertheim	Bestenheider Stuben
Wildberg	Talblick

BAYERN

Abbach, Bad	Schwögler
Adelshofen	Zum Falken
Altdorf (Kreis Landshut)	Augustlhof - Saustall
Amberg	Schön Kilian
Ansbach	La Corona
Aschaffenburg	Zum Goldenen Ochsen - Oechsle
Aying	Brauereigasthof Aying - August und Maria
Bayreuth / Bindlach	Landhaus Gräfenthal
Blankenbach	Brennhaus Behl **N**
Bürgstadt	Weinhaus Stern
Castell	Gasthaus zum Schwan
Cham	Am Ödenturm
Dachau	Schwarzberghof
Dachau / Bergkirchen	Gasthaus Weißenbeck
Dettelbach	Himmelstoss
Dießen am Ammersee	Seehaus
Dinkelsbühl	Altdeutsches Restaurant
Eibelstadt	Gambero Rosso da Domenico
Erlangen	Altmann's Stube
Erlangen	Polster Stube
Erlangen	Rosmarin
Feldkirchen-Westerham	Aschbacher Hof
Feuchtwangen	Greifen-Post
Forchheim	Zöllner's Weinstube
Forstinning	Zum Vaas
Frammersbach	Schwarzkopf
Frasdorf	Schloßwirtschaft Wildenwart
Freising / Oberding	Kandler
Friedberg	Speisezimmer **N**
Füssing, Bad	Glockenturm
Garmisch-Partenkirchen	Reindl's Restaurant
Grönenbach, Bad	Charlys Topf-Gucker
Großheubach	Zur Krone
Gundelfingen an der Donau	neuhof am see **N**
Hauzenberg	Landgasthaus Gidibauer-Hof
Heroldsberg	Freihardt
Heßdorf	Wirtschaft von Johann Gerner
Höchstädt an der Donau	Zur Glocke
Illertissen	Gasthof Krone
Illertissen	Vier Jahreszeiten
Illschwang	Weißes Roß
Iphofen	Deutscher Hof
Kaisheim	Weingärtnerhaus **N**
Kissingen, Bad	Schuberts Weinstube **N**
Klingenberg am Main	Straubs Restaurant
Kronach / Stockheim	Landgasthof Detsch
Küps	Werners Restaurant
Lauf an der Pegnitz	Waldgasthof am Letten
Lenggries	Schweizer Wirt
Lichtenberg (Oberfranken)	Harmonie
Lindau im Bodensee	Schachener Hof

Marktbergel	Rotes Ross
Marktbreit	Alter Esel **N**
Marktbreit	Michels Stern
Marktheidenfeld	Weinhaus Anker
München	Le Barestovino
München	La Bohème **N**
München	Colette Tim Raue
München	Le Cézanne
München	Freisinger Hof
München	Johannas
München	M Belleville
Münsing	Gasthaus Sebastian Limm
Neubeuern	Auers Schlosswirtschaft
Neuburg am Inn	Hoftaferne Neuburg
Neuburg an der Donau	Zum Klosterbräu - Gaststube
Nördlingen	Wirtshaus Meyers Keller - Wirtsstube
Nonnenhorn	Torkel
Nürnberg	Landgasthof Gentner
Nürnberg	Zirbelstube
Oberstdorf	Das Fetzwerk
Oberstdorf	Das Jagdhaus
Oberstdorf	Löwen-Wirtschaft
Pappenheim	Zur Sonne
Passau	Weingut
Pfronten	Berghotel Schlossanger Alp
Piding	Lohmayr Stub'n
Pilsach	Landgasthof Meier
Pleinfeld	Landgasthof Siebenkäs
Ponholz	Einkehr zur alten Post
Presseck	Gasthof Berghof - Ursprung
Rauhenebrach	Gasthaus Hofmann
Regensburg / Donaustauf	Zum Postillion
Regensburg / Neutraubling	Am See
Rötz	Spiegelstube
Rosshaupten	Kaufmann
Rothenburg o.d. Tauber / Windelsbach	Landhaus Lebert
Rottach-Egern / Kreuth	MIZU Sushi-Bar
Samerberg	Gasthof Alpenrose **N**
Schwarzach am Main	Schwab's Landgasthof
Schweinfurt	Kings and Queens
Schweinfurt	Kugelmühle
Spalt	Gasthof Blumenthal
Teisendorf	Gut Edermann - MundArt
Tölz, Bad	Jägerwirt
Traunstein	Restaurant 1888 **N**
Triefenstein	Weinhaus Zum Ritter
Vöhringen	Speisemeisterei Burgthalschenke
Wackersberg	Tölzer Schießstätte - Hager
Waging am See	Landhaus Tanner
Wasserburg am Inn	Herrenhaus
Weissenstadt	Bistro Prinz-Rupprecht Stube
Wernberg-Köblitz	Kaminstube

Wertingen	Gänsweid
Wiessee, Bad	Freihaus Brenner
Windorf	Feilmeiers Landleben
Zorneding	Alte Posthalterei

BERLIN

Berlin	Colette Tim Raue
Berlin	Cordobar
Berlin	Frühsammers Restaurant - Grundschlag **N**
Berlin	Jungbluth
Berlin	Kochu Karu
Berlin	Lokal
Berlin	Lucky Leek
Berlin	Die Nussbaumerin
Berlin	Ottenthal
Berlin	Renger-Patzsch
Berlin	Rutz Weinbar

BRANDENBURG

Reichenwalde	Alte Schule
Wittenberge	Das Kranhaus by Mika **N**

BREMEN

Bremerhaven	PIER 6

HAMBURG

Hamburg	Brechtmanns Bistro **N**
Hamburg	Brook
Hamburg	Casse-Croûte
Hamburg	Cox
Hamburg	Dorfkrug
Hamburg	Heimatjuwel
Hamburg	Landhaus Flottbek - HYGGE Brasserie
Hamburg	LENZ
Hamburg	Nil
Hamburg	philipps
Hamburg	Le Plat du Jour
Hamburg	RIVE Bistro **N**
Hamburg	Speisewirtschaft Wattkorn
Hamburg	Stock's Fischrestaurant
Hamburg	Stüffel
Hamburg	Trific
Hamburg	Tschebull
Hamburg	Weinwirtschaft Kleines Jacob
Hamburg	Zipang

HESSEN

Amöneburg	Dombäcker
Birkenau	Drei Birken
Eltville am Rhein	Gutsausschank im Baiken

Frankenberg (Eder)	Sonne-Stuben
Frankfurt am Main	La Cigale
Fulda	Goldener Karpfen
Gießen	Restaurant Tandreas
Glashütten	Glashüttener Hof
Hersfeld, Bad	Stern's Restaurant
Höchst im Odenwald	Krone - Gaststube
Hungen	Hungener Käsescheune
Karben	Neidharts Küche
Lauterbach	schuberts
Marburg	MARBURGER Esszimmer
Reichelsheim	O de vie
Usingen	essWebers
Zwingenberg	Kaltwassers Wohnzimmer

MECKLENBURG-VORPOMMERN

Greifswald	Tischlerei
Neubrandenburg / Groß Nemerow	Lisette
Neukloster / Nakenstorf	Allesisstgut
Usedom / Ahlbeck	Kaisers Eck **N**
Waren (Müritz)	Kleines Meer
Wustrow	Schimmel's

NIEDERSACHSEN

Bentheim, Bad	Keilings Restaurant - Weinbistro
Braunschweig	Zucker
Celle	der allerKrug
Celle	Schaper
Dornum	Fährhaus
Einbeck	Genusswerkstatt
Gehrden	Berggasthaus Niedersachsen
Gifhorn	Ratsweinkeller
Hann. Münden	Flux - Biorestaurant Werratal
Hannover	boca
Nenndorf, Bad	August
Osnabrück	Walhalla
Scheeßel	Rauchfang
Schneverdingen	Ramster
Stadthagen / Nienstädt	Sülbecker Krug
Twist	Landgasthof Backers
Verden (Aller)	Pades Restaurant
Wildemann	Rathaus **N**
Worpswede	Kaffee Worpswede
Wremen	Gasthaus Wolters - Zur Börse

NORDRHEIN-WESTFALEN

Aachen	Sankt Benedikt - Bistro
Aachen	Schloss Schönau - Schänke
Altenberge	Penz Am Dom
Arnsberg	Menge
Bielefeld	Büscher's Restaurant

Brilon	Almer Schlossmühle
Burbach	Fiester-Hannes
Coesfeld	Freiberger im Gasthaus Schnieder-Bauland
Dortmund	der Lennhof
Düsseldorf	Bistro Fatal
Düsseldorf	Brasserie Hülsmann **N**
Düsseldorf	Brasserie Stadthaus
Düsseldorf	Dorfstube
Düsseldorf	Münstermanns Kontor
Emsdetten	Lindenhof
Essen	HUGENpöttchen
Euskirchen	Eiflers Zeiten
Gütersloh	Medium
Gummersbach	Mühlenhelle - Bistro
Harsewinkel	Poppenborg's Stübchen
Hennef (Sieg)	Sängerheim - Das Restaurant
Herford	Am Osterfeuer
Hövelhof	Gasthof Brink
Horn-Meinberg, Bad	Die Windmühle
Köln	Capricorn [i] Aries Brasserie
Köln	Metzger & Marie
Köln	Scherz
Köln	ZEN Japanese Restaurant
Köln	Zur Tant - Piccolo
Königswinter	Petit Lion
Krefeld	Chopelin
Kürten	Zur Mühle
Meschede	Landhotel Donner
Nettetal	Sonneck
Odenthal	Zur Post - Postschänke
Ratingen	Christian Penzhorn
Remscheid	Herzhaft
Rheda-Wiedenbrück	Gastwirtschaft Ferdinand Reuter
Rheine	Beesten
Rietberg	Domschenke
Rüthen	Knippschild
Schmallenberg	Gasthof Schütte
Sprockhövel	Eggers
Vreden	Büschker's Stuben
Waltrop	Gasthaus Stromberg
Wesel	ART
Wuppertal	Scarpati - Trattoria

RHEINLAND-PFALZ

Altenahr	Gasthaus Assenmacher
Daun / Darscheid	Kucher's Weinwirtschaft
Deidesheim	St. Urban
Dernbach (Kreis Südl. Weinstraße)	Schneider
Dörscheid	Landgasthaus Blücher
Dürkheim, Bad	Käsbüro **N**
Eckelsheim	Kulturhof
Frankweiler	Weinstube Brand

Freinsheim	WEINreich
Hardert	Corona
Hermeskeil / Neuhütten	Le temple - Bistro
Herxheim	Pfälzer Stube
Heßheim	Ellenbergs
Ilbesheim bei Landau in der Pfalz	Hubertushof
Jugenheim	Weedenhof
Kandel	Zum Riesen
Koblenz	GERHARDS GENUSSGESELLSCHAFT
Kreuznach, Bad	Im Kittchen
Landau in der Pfalz	Weinkontor Null41
Laumersheim	Zum Weißen Lamm
Maikammer	Dorf-Chronik
Mainz	Geberts Weinstuben
Meerfeld	Zur Post - Poststuben
Meisenheim	Meisenheimer Hof
Neupotz	Gehrlein's Hardtwald
Neupotz	Zum Lamm
Neupotz	Zur Krone **N**
Neustadt an der Weinstraße	Grünwedels Restaurant
Niederweis	Schloss Niederweis
Reil	Heim's Restaurant
Remagen	Alte Rebe
Saulheim	mundart Restaurant
Serrig	Gasthaus Wagner
Sobernheim, Bad / Meddersheim	Landgasthof zur Traube
Speyer	CLYNe - Das Restaurant **N**
Treis-Karden	Wein- und Schloßstube
Trittenheim / Naurath (Wald)	Rüssel's Hasenpfeffer
Ürzig	Moselschild & Oliver's Restaurant

SAARLAND

Blieskastel	Hämmerle's Restaurant - Landgenuss
Mandelbachtal	Gräfinthaler Hof
Saarbrücken	Restaurant Quack in der Villa Weismüller
Saarlouis	LA MAISON - PASTIS bistro
Sankt Ingbert	Die Alte Brauerei
Sankt Wendel	Kunz - Kaminzimmer

SACHSEN

Aue	Blauer Engel - Tausendgüldenstube
Auerbach (Vogtland)	Renoir
Chemnitz	alexxanders
Chemnitz	Villa Esche
Dresden	e-VITRUM **N**
Dresden	Genuss-Atelier
Dresden	VEN
Görlitz	Tuchmacher - Schneider Stube
Hartmannsdorf	Laurus Vital **N**
Hoyerswerda	Westphalenhof
Pirna	Genusswerk **N**

Radeburg	Gasthof Bärwalde
Wilthen	Erbgericht Tautewalde

SACHSEN-ANHALT

Dessau	Pächterhaus
Magdeburg	Landhaus Hadrys
Merseburg	Ritters Weinstuben
Quedlinburg	Theophano im Palais Salfeldt
Wernigerode	Travel Charme Gothisches Haus - Die Stuben **N**

SCHLESWIG-HOLSTEIN

Barmstedt	Lay's Bistro
Fehmarn (Insel) / Burg	Margaretenhof
Flensburg / Oeversee	Krugwirtschaft
Kiel	Weinstein
Kiel / Molfsee	Bärenkrug
Lübeck	A-ROSA - Weinwirtschaft
Lübeck	Villa Mare - Grand 1904
Lütjenburg / Panker	Forsthaus Hessenstein
Lütjensee	Fischerklause
Neuendorf bei Wilster	Zum Dückerstieg
Sylt / List	Königshafen
Tangstedt	Gutsküche
Thumby	Schlie Krog

THÜRINGEN

Eisenach	Weinrestaurant Turmschänke
Erfurt	Restaurant und Weinstube Zumnorde
Friedrichroda	Hüllrod
Nordhausen	Feine Speiseschenke
Weimar	Anastasia

VORALBERG (ÖSTERREICH)

Kleinwalsertal / Riezlern	Humbachstube im Alpenhof Jäger

ANGENEHME UND RUHIGE HÄUSER

THE MOST PLEASANT ACCOMMODATION

BADEN-WÜRTTEMBERG

Baden-Baden	Belle Epoque
Baden-Baden	Brenners Park-Hotel & Spa
Baden-Baden	Der Kleine Prinz
Badenweiler	Schwarzmatt
Baiersbronn	Bareiss
Baiersbronn	Engel Obertal
Baiersbronn	Forsthaus Auerhahn
Baiersbronn	Traube Tonbach
Bonndorf	Sommerau
Dettighofen	Hofgut Albführen
Durbach	Rebstock
Durbach	Ritter
Ehningen	Landhotel Alte Mühle
Endingen am Kaiserstuhl	Zollhaus
Feldberg im Schwarzwald	Schlehdorn
Fichtenau	Vital-Hotel Meiser
Freiamt	Ludinmühle
Freiburg im Breisgau	Colombi Hotel
Freiburg im Breisgau	The Alex Hotel
Gengenbach	Die Reichsstadt
Gernsbach	Schloss Eberstein
Häusern	Adler
Hagnau	Burgunderhof
Hagnau	Villa am See
Heidelberg	Arthotel
Heidelberg	Astoria
Heidelberg	Die Hirschgasse
Heidelberg	Heidelberg Suites
Heidelberg	Weißer Bock
Hinterzarten	Erfurths Bergfried
Hinterzarten	Kesslermühle
Hinterzarten	Reppert
Hinterzarten	Thomahof
Kandern	Pfaffenkeller
Kehl	Grieshaber's Rebstock
Kirchzarten	Schlegelhof
Konstanz	RIVA
Kressbronn	Boutique-Hotel Friesinger
Kressbronn	Pension am Bodensee
Mannheim	Speicher 7

Meersburg	Residenz am See
Meersburg	Villa Seeschau
Oberried	Die Halde
Öhringen / Friedrichsruhe	Wald und Schlosshotel Friedrichsruhe
Peterstal-Griesbach, Bad	Dollenberg
Pfinztal	Villa Hammerschmiede
Radolfzell	Art Villa am See
Schluchsee	Hegers Parkhotel Flora
Schönwald	Dorer
Schönwald	Zum Ochsen
Schriesheim	Kaiser
Sonnenbühl	Hirsch
Stuttgart	Althoff Hotel am Schlossgarten
Stuttgart	Der Zauberlehrling
Titisee-Neustadt	Seehotel Wiesler
Titisee-Neustadt	Treschers Schwarzwaldhotel
Tübingen	Hospederia La Casa
Uhldingen-Mühlhofen	Landhotel Fischerhaus
Waldenburg	Villa Blum
Weikersheim	Laurentius
Weil am Rhein	Gasthaus zur Krone
Winden	Elztalhotel

BAYERN

Adelshofen	Landhaus Zum Falken
Amorbach	Der Schafhof
Aschaffenburg / Johannesberg	Auberge de Temple
Aschau im Chiemgau	Residenz Heinz Winkler
Aying	Brauereigasthof Aying
Bamberg	Villa Geyerswörth
Bayreuth	Goldener Anker
Berchtesgaden	Kempinski Hotel Berchtesgaden
Birnbach, Bad	Hofgut Hafnerleiten
Coburg	Stadtvilla
Feuchtwangen	Greifen-Post
Freising / Hallbergmoos	Daniels
Garmisch-Partenkirchen	Staudacherhof
Hammelburg / Wartmannsroth	Neumühle
Hindelang, Bad	Obere Mühle
Iphofen	Zehntkeller
Kaisheim	Schloss Leitheim
Kissingen, Bad	Laudensacks Parkhotel
Kitzingen / Sulzfeld am Main	Vinotel Augustin
Kötzting, Bad	Bayerwaldhof
Kohlgrub, Bad	Das Johannesbad
Kronach	Die Kronacher Stadthotels
Krün	Das Kranzbach
Krün	Schloss Elmau
Krün	Schloss Elmau Retreat
Landshut	Fürstenhof
Lindau im Bodensee	Am Rehberg
Lindau im Bodensee	VILLINO

München	Derag Livinghotel
München	Königshof
München	Mandarin Oriental
München	Palace
Neuburg an der Donau	Zum Klosterbräu
Nürnberg	Drei Raben
Nürnberg	Rottner
Oberammergau	Maximilian
Oberstaufen	Alpenkönig
Oberstdorf	Das Freiberg
Oberstdorf	Exquisit
Oberstdorf	Löwen & Strauss
Oberstdorf	Parkhotel Frank
Oy-Mittelberg	Die Mittelburg
Pfronten	Berghotel Schlossanger Alp
Pfronten	Burghotel auf dem Falkenstein
Pullach	Seitner Hof
Regensburg	Orphée Andreasstadel
Regensburg	Orphée Großes Haus
Reichenhall, Bad	Haus Seeblick
Reichenhall, Bad / Bayerisch Gmain	Klosterhof
Reit im Winkl	Gut Steinbach
Rothenburg o.d. Tauber	herrnschlösschen
Rothenburg o.d. Tauber	Villa Mittermeier
Rottach-Egern	Park-Hotel Egerner Höfe
Sankt Englmar	Berghotel Maibrunn
Schönau am Königssee	Alpenhotel Zechmeisterlehen
Sonthofen / Ofterschwang	Sonnenalp Resort
Tegernsee	Leeberghof
Teisnach	Landromantik Wellnesshotel Oswald
Thannhausen	Schreiegg's Post
Wackersberg	Benediktenhof
Wernberg-Köblitz	Burg Wernberg
Wiessee, Bad	Landhaus Marinella
Wiessee, Bad	Relais Chalet Wilhelmy
Wörishofen, Bad	Fontenay

BERLIN

Berlin	Adlon Kempinski
Berlin	The Dude
Berlin	Regent
Berlin	The Ritz-Carlton
Berlin	Am Steinplatz
Berlin	Das Stue
Berlin	Waldorf Astoria
Berlin	Zoo Berlin

BRANDENBURG

Briesen	Gut Klostermühle
Burg (Spreewald)	Bleiche Resort und Spa
Lübben	STRANDHAUS

Michendorf	Gasthof Zur Linde
Neuhardenberg	Schloss Neuhardenberg
Potsdam	Bayrisches Haus
Saarow, Bad	Palais am See

HAMBURG

Hamburg	Eilenau
Hamburg	Fairmont Hotel Vier Jahreszeiten
Hamburg	HENRI
Hamburg	Louis C. Jacob
Hamburg	Mittelweg
Hamburg	Strandhotel

HESSEN

Eltville am Rhein	Eltvinum
Felsberg	Zum Rosenhof
Frankenau	Landhaus Bärenmühle
Frankenberg (Eder)	Die Sonne Frankenberg
Frankfurt am Main	Grandhotel Hessischer Hof
Frankfurt am Main	Roomers
Frankfurt am Main	Sofitel Frankfurt Opera
Frankfurt am Main	25hours Hotel The Goldman
Frankfurt am Main / Neu Isenburg	Kempinski Frankfurt Gravenbruch
Geisenheim	Burg Schwarzenstein
Gießen	heyligenstaedt
Groß-Umstadt	Farmerhaus Lodge
Herleshausen	Hohenhaus
Königstein im Taunus	Falkenstein Grand Kempinski
Königstein im Taunus	Villa Rothschild Kempinski
Taunusstein	Légère
Wiesbaden	De France
Wiesbaden	Klemm

MECKLENBURG-VORPOMMERN

Ahrenshoop	Künstlerquartier Seezeichen
Benz	Schloss Gamehl
Dierhagen	Strandhotel Dünenmeer
Güstrow	Kurhaus am Inselsee
Malchow	Rosendomizil
Neukloster / Nakenstorf	Seehotel am Neuklostersee
Rügen / Binz	CERÊS
Rügen / Sellin	ROEWERS Privathotel
Stolpe	Gutshaus Stolpe
Stralsund	Scheelehof
Usedom / Heringsdorf	Strandhotel Ostseeblick
Zingst	Meerlust

NIEDERSACHSEN

Aerzen	Schlosshotel Münchhausen
Aurich	Hochzeitshaus

Bederkesa, Bad	Bösehof
Bendestorf	Landhaus Meinsbur
Bienenbüttel	GUT Bardenhagen
Braunlage	Residenz Hohenzollern
Bruchhausen-Vilsen	Forsthaus Heiligenberg
Celle	Althoff Hotel Fürstenhof
Cuxhaven	Badhotel Sternhagen
Groß Meckelsen	Zur Kloster-Mühle
Juist	Achterdiek
Langeoog	Kolb
Langeoog	Norderriff
Nörten-Hardenberg	Hardenberg BurgHotel
Norderney (Insel)	Haus Norderney
Norderney (Insel)	Inselloft
Norderney (Insel)	Seesteg
Rotenburg (Wümme)	Landhaus Wachtelhof
Sachsa, Bad	Romantischer Winkel
Wolfsburg	einschlaf
Wolfsburg	The Ritz-Carlton

NORDRHEIN-WESTFALEN

Bergisch Gladbach	Althoff Grandhotel Schloss Bensberg
Bergisch Gladbach	Malerwinkel
Berleburg, Bad	Alte Schule
Bonn	Venusberghotel
Bonn	Villa Godesberg
Detmold	Detmolder Hof
Düsseldorf	Breidenbacher Hof
Erkrath	Wahnenmühle
Essen	Schloss Hugenpoet
Gummersbach	Mühlenhelle
Hörstel	Parkhotel Surenburg
Isselburg	Parkhotel Wasserburg Anholt
Köln	Excelsior Hotel Ernst
Köln	Humboldt1
Köln	THE QVEST hideaway
Laasphe, Bad	Jagdhof Glashütte
Lohmar	Schloss Auel
Lüdinghausen	Hotel No. 11
Mönchengladbach	Palace St. George
Mülheim an der Ruhr	Villa am Ruhrufer
Münster	Hof zur Linde
Rheine	Zum Alten Brunnen
Schermbeck	Landhotel Voshövel
Warendorf	Mersch
Winterberg	Berghotel Astenkrone
Wuppertal	Park Villa

RHEINLAND-PFALZ

Bacharach	Landhaus Delle
Balduinstein	Landhotel Zum Bären

Boppard	Park Hotel
Deidesheim	Deidesheimer Hof
Deidesheim	Ketschauer Hof
Gleisweiler	Landhotel Herrenhaus Barthélemy
Grünstadt / Neuleiningen	Alte Pfarrey
Herxheim	Krone
Horbruch	Historische Schlossmühle
Hornbach	Kloster Hornbach
Hornbach	Lösch für Freunde
Kaiserslautern	Zollamt
Kallstadt	Weinhaus Henninger
Langenlonsheim	Jugendstil-Hof
Mülheim (Mosel)	Weinromantikhotel Richtershof
Neuenahr-Ahrweiler, Bad	Sanct Peter
Oberwesel	Burghotel Auf Schönburg
Sobernheim, Bad	BollAnt's - SPA im Park
Speyer	Residenz am Königsplatz
Stromberg (Kreis Kreuznach)	Johann Lafer's Stromburg
Trier	BECKER'S Hotel
Trier	Villa Hügel
Trittenheim / Naurath (Wald)	Rüssel's Landhaus
Zweibrücken	Landschloss Fasanerie

SAARLAND

Nohfelden	Seezeitlodge Hotel & Spa
Saarlouis	LA MAISON

SACHSEN

Dresden	Bülow Palais
Dresden	Bülow Residenz
Dresden	Suitess
Dresden	Swissôtel Am Schloss
Dresden	Villa Weißer Hirsch
Hartenstein	Jagdhaus Waldidyll
Kirschau	Bei Schumann
Radebeul	Villa Sorgenfrei

SACHSEN-ANHALT

Blankenburg	Viktoria Luise
Havelberg	Art Hotel Kiebitzberg
Ilsenburg	Landhaus Zu den Rothen Forellen
Magdeburg	Residenz Joop

SCHLESWIG-HOLSTEIN

Glücksburg	Alter Meierhof Vitalhotel
Holzdorf	Rosenduft & Kochlust
Lübeck	Anno 1216
Lübeck	A-ROSA
Lütjenburg / Panker	Ole Liese
Passade	Fischerwiege

Ratekau	Landhaus Töpferhof
Rendsburg	1690
Sankt Peter-Ording	Landhaus an de Dün
Sylt / Hörnum	BUDERSAND Hotel - Golf & Spa
Sylt / Keitum	Aarnhoog
Sylt / Keitum	Benen-Diken-Hof
Sylt / Keitum	Severin*s
Sylt / List	Strand am Königshafen
Sylt / Morsum	Hof Galerie
Sylt / Morsum	Landhaus Severin*s Morsum Kliff
Sylt / Munkmarsch	Fährhaus
Sylt / Rantum	Alte Strandvogtei
Sylt / Rantum	Söl'ring Hof
Sylt / Kampen	Village
Sylt / Tinnum	Landhaus Stricker
Sylt / Westerland	Stadt Hamburg
Timmendorfer Strand	Strandhotel Fontana
Wangels	Weissenhaus Grand Village Resort & Spa am Meer

THÜRINGEN

Eisenach	Auf der Wartburg
Gotha	Landhaus & Burg Hotel Romantik

VORALBERG (ÖSTERREICH)

Kleinwalsertal / Hirschegg	Sonnenberg
Kleinwalsertal / Hirschegg	Travel Charme Ifen Hotel

WELLNESS-HOTELS

ACCOMMODATION WITH SPA

BADEN-WÜRTTEMBERG

Baden-Baden	Brenners Park-Hotel & Spa
Baden-Baden	Dorint Maison Messmer
Baiersbronn	Bareiss
Baiersbronn	Engel Obertal
Baiersbronn	Forsthaus Auerhahn
Baiersbronn	Heselbacher Hof
Baiersbronn	Lamm
Baiersbronn	Sackmann
Baiersbronn	Sonne
Baiersbronn	Traube Tonbach
Baiersbronn	Wellnesshotel Tanne
Biberach an der Riß	Parkhotel Jordanbad
Bodman	Seehotel Adler
Bonndorf	Möhringers Schwarzwaldhotel
Deggenhausertal	Biohotel Mohren
Ditzenbach, Bad	Vitalhotel Sanct Bernhard
Donaueschingen	Öschberghof
Durbach	Ritter
Enzklösterle	Enztalhotel
Ettlingen	Erbprinz
Feldberg im Schwarzwald	Schlehdorn
Fichtenau	Vital-Hotel Meiser
Freiamt	Ludinmühle
Freiburg im Breisgau	Colombi Hotel
Freiburg im Breisgau	Schloss Reinach
Freudenstadt	Grüner Wald
Freudenstadt	Langenwaldsee
Freudenstadt	Lauterbad
Friedrichshafen	Krone
Friedrichshafen	Traube am See
Gaienhofen	Höri am Bodensee
Häusern	Adler
Hinterzarten	Erfurths Bergfried
Hinterzarten	Kesslermühle
Hinterzarten	Parkhotel Adler
Hinterzarten	Reppert
Hinterzarten	Thomahof
Höchenschwand	Alpenblick
Höchenschwand	Nägele
Konstanz	RIVA
Lenzkirch	Saigerhöh
Oberkirch	Waldhotel Grüner Baum
Oberried	Die Halde

Öhringen / Friedrichsruhe	Wald und Schlosshotel Friedrichsruhe
Peterstal-Griesbach, Bad	Dollenberg
Pfalzgrafenweiler	Schwanen
Pfalzgrafenweiler	Waldsägmühle
Radolfzell	bora HotSpaResort
Rust	Bell Rock
Rust	Colosseo
Rust	Santa Isabel
Schluchsee	Auerhahn
Schluchsee	Hegers Parkhotel Flora
Schönwald	Zum Ochsen
Schwäbisch Hall	Hohenlohe
Seewald	Oberwiesenhof
Stuttgart	Steigenberger Graf Zeppelin
Teinach-Zavelstein, Bad	Berlins Hotel KroneLamm
Teinach-Zavelstein, Bad	Therme Bad Teinach
Titisee-Neustadt	Bären
Titisee-Neustadt	Seehotel Wiesler
Titisee-Neustadt	Treschers Schwarzwaldhotel
Todtnau	derWaldfrieden
Triberg im Schwarzwald	Parkhotel Wehrle
Vogtsburg im Kaiserstuhl	KreuzPost
Waldshut-Tiengen	Bercher
Winden	Elztalhotel
Wolfach	Adler

BAYERN

Anger	Wellness- und Landhotel Prinz
Bayersoien, Bad	Parkhotel am Soier See
Berchtesgaden	Edelweiss
Berchtesgaden	Kempinski Hotel Berchtesgaden
Berchtesgaden	Neuhäusl
Bernried	Bernrieder Hof
Birnbach, Bad	Sonnengut
Birnbach, Bad	Vitalhotel
Bischofswiesen	Reissenlehen
Bodenmais	Hammerhof Aktiv- und Wohlfühlhotel
Bodenmais	Mooshof Wellness & SPA Resort
Cham	Randsberger Hof
Chieming	Gut Ising
Erding	Victory Therme Erding
Fischen i. A.	Tanneck
Frauenau	St. Florian
Füssen	Sommer
Füssing, Bad	MÜHLBACH
Füssing, Bad	Holzapfel Hotels
Füssing, Bad	Parkhotel
Garmisch-Partenkirchen	Staudacherhof
Grafenwiesen	Birkenhof
Griesbach, Bad	Das Ludwig
Griesbach, Bad	Fürstenhof
Griesbach, Bad	Maximilian

Grönenbach, Bad	allgäu resort
Hammelburg	Neumühle
Heimbuchenthal	Lamm
Hindelang, Bad	Lanig
Hindelang, Bad	Panorama Hotel Oberjoch
Illschwang	Weißes Roß
Kaisheim	Schloss Leitheim
Kissingen, Bad	Dappers Hotel Spa Genuss
Kötzting, Bad	Bayerwaldhof
Kohlgrub, Bad	Das Johannesbad
Krün	Das Kranzbach
Krün	Schloss Elmau
Krün	Schloss Elmau Retreat
Lindau im Bodensee	Bayerischer Hof
Lindau im Bodensee	Helvetia
Lindau im Bodensee	Reutemann-Seegarten
Lindau im Bodensee	VILLINO
Mellrichstadt	Biohotel Sturm
München	Bayerischer Hof
München	The Charles
München	Sofitel Munich Bayerpost
Murnau	Alpenhof Murnau
Neunburg vorm Wald	Landhotel Birkenhof
Neustadt an der Donau	Eisvogel
Neustadt an der Donau	Marc Aurel
Niedernberg	Seehotel
Oberaudorf	Feuriger Tatzlwurm
Obermaiselstein	Berwanger Hof
Oberstaufen	Allgäu Sonne
Oberstaufen	Alpenkönig
Oberstaufen	Bergkristall
Oberstaufen	Haubers Alpenresort
Oberstaufen	Ludwig Royal
Oberstaufen	Rosenalp
Oberstdorf	Exquisit
Oberstdorf	Parkhotel Frank
Oberstdorf	Schüle's Gesundheitsresort & Spa
Ottobeuren	Parkhotel Maximilian
Ramsau	Berghotel Rehlegg
Reichenhall, Bad / Bayerisch Gmain	Klosterhof
Reit im Winkl	Gut Steinbach
Reit im Winkl	Unterwirt
Rötz	Resort Die Wutzschleife
Rosshaupten	Kaufmann
Rottach-Egern	Haltmair am See
Rottach-Egern	Park-Hotel Egerner Höfe
Rottach-Egern	Althoff Seehotel Überfahrt
Rottach-Egern / Kreuth	Bachmair Weissach
Ruhpolding	Ortnerhof
Ruhstorf an der Rott	Antoniushof
Sankt Englmar	Berghotel Maibrunn
Sankt Englmar	Reinerhof

Schliersee	Arabella Alpenhotel am Spitzingsee
Schönau am Königssee	Alm & Wellnesshotel Alpenhof
Schönau am Königssee	Alpenhotel Zechmeisterlehen
Schwangau	Das Rübezahl
Sonthofen / Ofterschwang	Sonnenalp Resort
Teisendorf	Gut Edermann
Teisnach	Landromantik Wellnesshotel Oswald
Titting	Dirsch
Viechtach	Burghotel Sterr
Wallgau	Parkhotel
Wegscheid	Reischlhof
Weiler-Simmerberg	Tannenhof
Wiessee, Bad	Landhaus am Stein
Wirsberg	Reiterhof Wirsberg
Wörishofen, Bad	Edelweiss
Wörishofen, Bad	Fontenay
Wörishofen, Bad	Steigenberger Hotel Der Sonnenhof

BERLIN

Berlin	Adlon Kempinski
Berlin	Grand Hyatt Berlin
Berlin	InterContinental
Berlin	THE MANDALA
Berlin	Das Stue
Berlin	Waldorf Astoria

BRANDENBURG

Briesen	Gut Klostermühle
Burg (Spreewald)	Bleiche Resort und Spa
Kremmen	Sommerfeld
Potsdam	Bayrisches Haus
Saarow, Bad	Esplanade Resort & Spa
Senftenberg	Seeschlößchen

BREMEN

Bremen	Dorint Park Hotel
Bremen	Munte am Stadtwald

HAMBURG

Hamburg	Fairmont Hotel Vier Jahreszeiten
Hamburg	Grand Elysée
Hamburg	Park Hyatt
Hamburg	Steigenberger
Hamburg	The Westin

HESSEN

Frankenberg (Eder)	Die Sonne Frankenberg
Frankfurt am Main	Steigenberger Frankfurter Hof
Frankfurt am Main	Villa Kennedy
Frankfurt am Main / Neu Isenburg	Kempinski Frankfurt Gravenbruch

Friedewald	Göbels Schlosshotel Prinz von Hessen
Hohenstein	Hofgut Georgenthal
Königstein im Taunus	Falkenstein Grand Kempinski
Marburg	VILA VITA Hotel Rosenpark
Nauheim, Bad	Dolce
Vöhl	Freund
Wiesbaden	Nassauer Hof
Willingen (Upland)	Stryckhaus

MECKLENBURG-VORPOMMERN

Ahrenshoop	THE GRAND Ahrenshoop
Dierhagen	Strandhotel Dünenmeer
Dierhagen	Strandhotel Fischland
Doberan, Bad	Grand Hotel Heiligendamm
Göhren-Lebbin	Schloss Fleesensee
Graal-Müritz	IFA
Kühlungsborn	Strandblick
Kühlungsborn	Travel Charme Ostseehotel
Neubrandenburg / Groß Nemerow	Bornmühle
Neukloster / Nakenstorf	Seehotel am Neuklostersee
Prerow / Wiek a. Darß	Haferland
Rostock	Yachthafenresidenz Hohe Düne
Rügen / Baabe	Solthus am See
Rügen / Binz	CERÊS
Rügen / Binz	Grand Hotel Binz
Rügen / Binz	Rugard Strandhotel
Rügen / Binz	Travel Charme Kurhaus Binz
Rügen / Binz	Vier Jahreszeiten
Rügen / Göhren	Hanseatic
Rügen / Göhren	Travel Charme Nordperd
Rügen / Putbus	Badehaus Goor
Rügen / Sellin	ROEWERS Privathotel
Stralsund	Scheelehof
Usedom / Ahlbeck	Das Ahlbeck
Usedom / Ahlbeck	Seehotel Ahlbecker Hof
Usedom / Bansin	Kaiser Spa Zur Post
Usedom / Heringsdorf	Steigenberger Grandhotel und Spa
Usedom / Heringsdorf	Strandhotel Ostseeblick
Usedom / Heringsdorf	Travel Charme Strandidyll
Waren (Müritz) / Groß Plasten	Schloss Groß Plasten
Wustrow	Dorint Strandresort
Zingst	Meerlust

NIEDERSACHSEN

Aerzen	Schlosshotel Münchhausen
Bederkesa, Bad	Bösehof
Cuxhaven	Badhotel Sternhagen
Cuxhaven	Strandhotel Duhnen
Cuxhaven	Strandperle
Dinklage	Vila Vita Burghotel
Göttingen	Freizeit In

Hannover	Crowne Plaza Schweizerhof
Hanstedt	Sellhorn
Juist	Achterdiek
Juist	Pabst
Langeoog	Kolb
Langeoog	Logierhus
Lauterberg, Bad	Revita
Norden	Fährhaus
Norden	Reichshof
Norderney (Insel)	Seesteg
Norderney (Insel)	Strandhotel Georgshöhe
Pyrmont, Bad	Steigenberger
Rotenburg (Wümme)	Landhaus Wachtelhof
Sachsa, Bad	Romantischer Winkel
Schwarmstedt / Essel	Heide-Kröpke
Wolfsburg	An der Wasserburg
Wolfsburg	The Ritz-Carlton
Zwischenahn, Bad	Jagdhaus Eiden am See

NORDRHEIN-WESTFALEN

Aachen	Pullman Quellenhof
Bergisch Gladbach	Althoff Grandhotel Schloss Bensberg
Bonn	Kameha Grand
Datteln	Jammertal-Resort
Delbrück	Waldkrug
Dortmund	l'Arrivée
Driburg, Bad	Gräflicher Park
Düsseldorf	Hyatt Regency
Euskirchen	Ameron Parkhotel
Geldern	See Park Janssen
Hallenberg	Diedrich
Harsewinkel	Residence Klosterpforte
Hörstel	Parkhotel Surenburg
Köln	Savoy
Laasphe, Bad	Landhotel Doerr
Lippspringe, Bad	Park Hotel
Münster	Kaiserhof
Schermbeck	Landhotel Voshövel
Schmallenberg	Deimann
Schmallenberg	Gasthof Schütte
Schmallenberg	Waldhaus
Tecklenburg	Teutoburger Wald
Wenden	Sporthotel Landhaus Wacker
Winterberg	Berghotel Astenkrone

RHEINLAND-PFALZ

Bernkastel-Kues	Vital- & Wellnesshotel Zum Kurfürsten
Bertrich, Bad	Häcker's Fürstenhof
Cochem	Keßler-Meyer
Dahn	Pfalzblick
Daun	Kurfürstliches Amtshaus Dauner Burg

Daun	Panorama
Daun / Schalkenmehren	Michels Wohlfühlhotel
Deidesheim	Kaisergarten Hotel & Spa
Dürkheim, Bad	Kurpark-Hotel Bad Dürkheim
Eisenschmitt	Molitors Mühle
Ems, Bad	Häcker's Grand Hotel
Höhr-Grenzhausen	Heinz
Langweiler	Kloster Marienhöh
Maikammer	Immenhof
Mainz	Hyatt Regency
Mülheim (Mosel)	Schiffmann
Neuenahr-Ahrweiler, Bad	Weyer
Pirmasens	Kunz
Sankt Goar	Schloss Rheinfels
Sankt Martin	Wiedemann's Weinhotel
Sinzig	Maravilla
Sobernheim, Bad	BollAnt's - SPA im Park
Sobernheim, Bad	Maasberg Therme
Speyer	Lindner Hotel & Spa Binshof
Stromberg (Kreis Kreuznach)	Land & Golf Hotel Stromberg
Traben-Trarbach	Jugendstilhotel Bellevue
Wershofen	Kastenholz
Westerburg	Lindner Hotel und Sporting Club Wiesensee
Wilgartswiesen	Landhaus Am Hirschhorn

SAARLAND

Nohfelden	Seezeitlodge Hotel & Spa
Perl	Victor's Residenz - Hotel Schloss Berg

SACHSEN

Elster, Bad	König Albert
Kirschau	Bei Schumann

SACHSEN-ANHALT

Halberstadt	Villa Heine
Ilsenburg	Landhaus Zu den Rothen Forellen
Tangermünde	Schloss Tangermünde
Wernigerode	Travel Charme Gothisches Haus

SCHLESWIG-HOLSTEIN

Glücksburg	Alter Meierhof Vitalhotel
Husum	Altes Gymnasium
Lübeck	A-ROSA
Sankt Peter-Ording	Aalernhüs
Scharbeutz	Bayside
Schleswig	Waldschlösschen
Sylt / Hörnum	BUDERSAND Hotel - Golf & Spa
Sylt / Keitum	Benen-Diken-Hof
Sylt / Keitum	Severin*s
Sylt / List	A-ROSA

Sylt / Munkmarsch Fährhaus
Sylt / Tinnum Landhaus Stricker
Sylt / Westerland Stadt Hamburg
Timmendorfer Strand Grand Hotel Seeschlösschen
Wangels Weissenhaus Grand Village Resort & Spa am Meer

THÜRINGEN

Blankenhain Spa & Golf Hotel Weimarer Land
Weimar Dorotheenhof

VORALBERG (ÖSTERREICH)

Kleinwalsertal / Hirschegg Birkenhöhe
Kleinwalsertal / Hirschegg Naturhotel Chesa Valisa
Kleinwalsertal / Hirschegg Travel Charme Ifen Hotel
Kleinwalsertal / Mittelberg Haller's Genuss & Spa Hotel
Kleinwalsertal / Mittelberg IFA-Hotel Alpenhof Wildental
Kleinwalsertal / Mittelberg Leitner

MICHELIN TRAVEL PARTNER
Société par actions simplifiée au capital de 11 288 880 EUR
27 cours de L'Île Seguin – 92100 Boulogne Billancourt (France)
R.C.S. Nanterre 433 677 721

Dépôt légal : 11-2017
Printed in Italy: 10-2017
Auf Papier aus nachhaltiger Forstwirtschaft

Höhenangaben : ATKIStm - GN250 - © Federal Agency for Cartography and Geodesy (BKG)

Compograveur : JOUVE, Ormes
Imprimeur-relieur : Lego Print, Lavis (Italy)

Unser Redaktionsteam hat die Informationen für diesen Führer mit größter Sorgfalt zusammengestellt und überprüft. Trotzdem ist jede praktische Information (offizielle Angaben, Preise, Adressen, Telefonnummern, Internetadressen etc.) Veränderungen unterworfen und kann daher nur als Anhaltspunkt betrachtet werden. Es ist nicht auszuschließen, dass einige Angaben zum Zeitpunkt des Erscheinens des Führers nicht mehr korrekt oder komplett sind. Bitte fragen Sie daher zusätzlich bei der zuständigen offiziellen Stelle nach den genauen Angaben (insbesondere in Bezug auf Verwaltungs- und Zollformalitäten). Eine Haftung können wir in keinem Fall übernehmen.